Chronik der Weltgeschichte

Chronik
der Weltgeschichte

Chronik Verlag

Abbildungen auf dem Schutzumschlag

Vorderseite: Atlas trägt die Weltkugel (oben); Flachrelief im Tal der Könige, der Totenstadt des alten Theben
Rückseite: Das französische Passagierschiff »France« im Hafen von New York, 1962.

Impressum

Autoren: Brigitte Beier, Uwe Birnstein, Beatrix Gehlhoff, Ernst Christian Schütt
Fachlektorat: Dr. Carl Dietmar, Dr. Wolfgang Westphal
Redaktion,
Layout, Satz: txt redaktion & agentur, Lünen
Bildredaktion: Thekla Sielemann
Karthographie: Böcking & Sander, Bochum
Lithographie: D & L Reichenberg, Bocholt
Umschlaggestaltung: Pro Design, München
Druck: MOHN Media • Mohndruck GmbH, Gütersloh

ISBN 3-577-14579-X

Wer Geschichte verstehen will, muss sich um Weitblick bemühen. Dieser setzt viel Arbeit und viel gesammeltes Wissen voraus. Erkenntnis ist die reiche Frucht dieser Mühen. Der deutsche Philosoph Johann Gottfried von Herder schrieb: »Alle Zweifel und Klagen der Menschen über die Verwirrung und den wenig merklichen Fortgang des Guten in der Geschichte rühret daher, dass der traurige Wanderer auf eine zu kleine Strecke seines Weges siehet«.

Die »Chronik der Weltgeschichte« setzt sich das ehrgeizige Ziel, dem Leser die Vielfalt der Geschichte in ihrer Gesamtheit zu vermitteln – vom ersten Auftreten des Menschen auf unserem Planeten, über die Glanzleistungen der klassischen Antike und die Glaubenskämpfe der Reformationszeit, über das Zeitalter der Revolutionen und der Industrialisierung bis in die Internet-Ära.

Pharaonen und Philosophen, Kalifen und Kaiser, Diktatoren und Demokraten – alle haben Spuren hinterlassen, in denen wir Wegmarken der Weltgeschichte erkennen: ein vielgestaltiger Ideenreichtum, große Eroberungszüge, beeindruckende Kunstwerke und bahnbrechende Erfindungen. In ihrer Größe wie ihrer Grausamkeit ist Geschichte stets Menschenwerk, nicht mehr und nicht weniger.

Die Chronologie und globale Vielfalt der Menschheitsgeschichte sowie die Wissensexplosion der letzten Jahrzehnte machen gewiss auch Einschränkungen notwendig. Nicht jede Facette der Geschichte, nicht jeder Ort, nicht alle Handelnden können Eingang in ein Buch finden, das in erster Linie ein Überblick sein will. Zudem sind Geschichte und Geschichtsschreibung nichts Statisches, sie unterliegen im Licht der ständig neu gewonnenen Erkenntnisse unterschiedlichen Bewertungen. Die Begrenzung schließt Verständnis aber keineswegs aus, sondern gehört zu dessen Bedingungen.

Die »Chronik der Weltgeschichte« breitet die wesentlichen Fakten und übergreifenden Zusammenhänge in konzentrierter Form und bebilderter, farbiger Fülle vor dem Leser aus. So entsteht ein Spektrum voll großer Menschlichkeit und Unmenschlichkeit, kühnen Forschergeistes und kläglichen Scheiterns. Es gilt, den Sinn für das Vergangene mit seinen ganzen Widersprüchen und Errungenschaften zu schärfen und zugleich das Künftige klar im Auge zu behalten. Ein Blick zurück an der Schwelle des dritten Jahrtausends mag uns den Weg in die Zukunft erleichtern.

Ihr Chronik Verlag

INHALT

Frühe Zeugnisse des Menschen: die »Höhle der Hände« (Cueva de las manos) in Patagonien/Argentinien (etwa 7000-3000 v.Chr.)

Der Weg zum Homo sapiens

Von den Anfängen bis 10 000 v.Chr.

Erste Menschenaffen

Die Geschichte der Erde wird nach geologischen Formationen eingeteilt. Im vierten Abschnitt des Tertiär-Zeitalters, im Miozän, also in der Zeit vor etwa 25 Millionen bis 14 Millionen Jahren, war es sehr warm auf der Erde. In Europa, Nordasien und im Norden Nordamerikas wuchsen ausgedehnte Sumpfwälder, deren Ablagerungen später zu mächtigen Braunkohlelagern werden sollten. Die Vegetation in diesen Breiten glich der heutigen Flora in den Sümpfen Floridas. Neben Ahorn, Pappeln, Weiden und Nussbäumen gediehen in den Urwäldern Fächer- und Fiederpalmen, Datteln, Feigen, Lorbeer und andere subtropische Gewächse. Weiter südlich, in Mittelafrika und Südasien, entstanden in dieser Zeit ausgedehnte Baumgrasländer. Das Klima verschlechterte sich jedoch über Jahrmillionen: Es wurde kühler. Die Tierwelt passte sich den neuen Gegebenheiten an. Besonders in Afrika kam es, da sich die Graslandschaften immer weiter ausdehnten, zu einer Blütezeit großer Weidetierherden, denen rasch die Entwicklung zahlreicher neuer Raubtiere folgte.

Zu den Bewohnern der Wälder zählten einige größere Affenarten. Schon seit Jahrmillionen existierten der Pliopithecus, ein Langarmhangler, der heute als Vorfahr des Gibbons gilt, und der Proconsul, ein Urahn des Schimpansen und vielleicht auch des Gorillas. Neu entwickelten sich im Miozän der Oreopithecus und der Dryopithecus. Der Oreopithecus war ein etwa 1,20 m großer und rund 40 kg schwerer früher Menschenaffe, der in Südeuropa (Italien) und Afrika lebte. Der Dryopithecus, ebenfalls eine Vorform des Menschenaffen, war ein Großaffe, der in Ostafrika, Europa, Nordindien und China heimisch war. Er war nicht nur geografisch weit verbreitet, die Mitglieder seiner Art waren auch äußerst zahlreich, und seine Lebensweise erlaubte es ihm, ein rundes Dutzend Jahrmillionen lang – vor 20 bis etwa 8 Millionen Jahren – große Gebiete der Erde zu bevölkern. Dieser Dryopithecus gilt heute als frühester bekannter Vorläufer der Entwicklungslinie, aus der später auch der Mensch hervorging.

Dryopithecus und Ramapithecus

Es war indes nicht so, dass sich der Dryopithecus im Lauf von Jahrmillionen geradlinig über entsprechende Zwischenstufen zum Menschen weiterentwickelte. Er bestand noch lange mehr oder weniger unverändert fort, nachdem sich vor etwas mehr als 14 Millionen Jahren eine neue Art von ihm abgespalten hatte: der nur knapp über einen Meter große Ramapithecus, der erste wirkliche Vorfahr des Menschen. Auch der Ramapithecus stand dem Affen noch weitaus näher als dem Menschen, aber eine Reihe anatomischer Besonderheiten lässt eindeutig darauf schließen, dass er als Erster einen Schritt in die Richtung ging, die vom Affen wegführte.

Bekannt sind vom Ramapithecus bis heute nur Kiefer- und Zahnfunde. Aber sie genügen, um dem Vorzeitforscher wichtige Aufschlüsse zu geben. Wie manche Schimpansenart, die sich mittlerweile aus dem Proconsul entwickelt hatte, lebte auch der Ramapithecus noch vorwiegend auf den Bäumen lichter Wälder. Aber seine Zähne beweisen, dass er sich anders ernährt hat als andere Affen: Im Gegensatz zu den vorwiegend weichen Früchten, die andere frühe Menschenaffen bevorzugten, lebte er von nahrhafter, aber harter Kost. Sein dicker Zahnschmelz, der zudem starke Abnutzungsspuren zeigt, und seine breiten Backenzähne verraten, dass er Nüsse, Samen, Wurzeln und andere feste Nahrung gegessen hat. Seine Schneidezähne waren entsprechend kürzer als bei anderen Affen und kürzer war auch der Zahnboden. Das wiederum brachte eine erste Annäherung an die menschliche Gesichtsform mit sich: Die Schnauze des Ramapithecus war kürzer als bei anderen Affen. Seine Mahlzähne hatten – wie schon die des Dryopithecus – dasselbe Furchenmuster wie die menschlichen Backenzähne. Der Ramapithecus lebte wie sein Vorfahr und Zeitgenosse Dryopithecus in Ostafrika, Südasien und wahrscheinlich auch in Europa. Er veränderte sich bis in die Zeit vor acht Millionen Jahren kaum.

Weltweiter Klimawandel

Das Pliozän, der fünfte und letzte Abschnitt des Tertiär, – es begann vor rund zwölf Millionen Jahren und reichte bis in die Zeit vor etwa 2,8 Millionen Jahren –, leitete die Eiszeit ein. Hatte sich in den Jahrmillionen zuvor mit explosiver Kraft eine große Fülle biologischer Arten und Formen entwickelt, so erzwangen nun die sprunghaften Klimaveränderungen Beschränkungen auch bei den Lebewesen. Zahlreiche Tiere starben aus. Besonders von den Säugern überlebten nur wenige Arten die Klimaverschiebung, in deren Verlauf die Pole vereisten und in Mitteleuropa, Nordamerika und Mittelasien die ersten Fröste auftraten. In diesen Zonen verarmte auch die Pflanzenwelt rasch. Die Wärme liebenden Arten, die gerade zu der bunten Vielfalt der Vegetation auf diesen Subkontinenten beitrugen, starben aus oder zogen sich in südlichere Regionen zurück.

In die Anfangsphase des Pliozäns fiel das Auftreten des Ramapithecus. Wie er sich in der Zeitspanne vor etwa acht bis vier Millionen Jahren weiterentwickelte, ist unsicher, denn es gibt keine Fossilienfunde aus dieser Ära. Fest steht, dass sich in diesen vier Jahrmillionen beachtliche Umwälzungen ereigneten, denn am Ende dieser Epoche lebten zwei Ramapithecus-Nachfahren, die dem Menschen wesentlich ähnlichere Züge besaßen: Vertreter der Gattung Australopithecus und einer Art, die ihre Entdecker, die Vorzeitforscherfamilie Leakey, als »Homo habilis« bereits zur Gattung Homo zählen.

Beide Gattungen lebten nebeneinander in denselben oder zumindest in einander weitgehend überlappenden Gebieten Afrikas, beide existierten bereits vor annähernd vier Millionen Jahren und beide lebten bis vor etwa anderthalb Millionen Jahren.

Die Australopitheciden – nur ein Seitenast?

Die Gattung Australopithecus (»Südaffe«) galt den Vorzeitforschern lange als Bindeglied zwischen Ramapithecus und der Gattung Homo. Heute bezweifeln die meisten führenden Wissenschaftler diese Lehrmeinung. Sie halten die Australopithecinen für einen Seitenast auf dem Weg zum Menschen und gehen davon aus, dass dieser Ast vor etwa eineinhalb Millionen Jahren ausgestorben ist. Für diese Ansicht spricht, dass der von dem Paläontologen Louis Leakey als Homo habilis bezeichnete Vormensch nicht nur ein Zeitgenosse des Australopithecus war, sondern dass er bereits weitaus menschlichere Züge aufwies als dieser.

Vor vier bis anderthalb Jahrmillionen beheimatete der afrikanische Kontinent gleich drei verschiedene Mitglieder der Gattung Australopithecus: den kleinen, in Süd- und Ostafrika lebenden Australopithecus africanus, der mit seinen 1,20 bis 1,25 m Körpergröße und 35 bis 40 kg Körpergewicht etwa einem achtjährigen Kind des 20. Jahrhunderts entsprach, den 1,50 bis 1,55 m großen und 60 bis 70 kg schweren Australopithecus robustus (auch Paranthropus robustus genannt), der ebenfalls im Süden und Osten des afrikanischen Erdteils zu Hause war, und den ostafrikanischen Australopithecus boisei (auch als Paranthropus boisei oder Zinjanthropus bekannt).

Alle drei waren, wie der Bau ihres Beckens beweist, aufrecht gehende Zweibeiner. Der kleine, gewandte Australopithecus africanus lebte im offenen Grasland, der kräftige Australopithecus robustus und der ihm nahe stehende Australopithecus boisei bevorzugten den dichten Busch, die Grenze zum Urwald. Sie alle ernährten sich vorwiegend von pflanzlicher Kost; besonders der in den Steppen lebende Australopithecus africanus verschmähte aber auch kleinere Beutetiere nicht, die er vermutlich schon mit einfachen Werkzeugen wie zerbrochenen Tierknochen oder

Tierkiefern mit scharfen Zähnen zerlegte. Das Gehirn der Australopithecinen war noch kaum größer als jenes des Menschenaffen.

Der Homo habilis – schon ein Mensch?

Im Gegensatz zu den Australopithecus-Arten benutzte der im heutigen Kenia und Nordtansania beheimatete Homo habilis (die Zuordnung zur Gattung Homo ist umstritten!) bereits selbst gefertigte einfache Steinwerkzeuge, deren Vorformen er allerdings wohl im natürlichen Geröll vorfand. Von dieser Werkzeugnutzung stammt der Namensbestandteil »habilis«: Der Homo habilis ist der »fähige« Mensch. Der Schädel des Homo habilis glich erstaunlich dem Kopf des modernen Menschen, doch sein Gehirnvolumen von etwa 650 cm^3 bis 800 cm^3 war noch wesentlich geringer als das des Homo sapiens von durchschnittlich 1400 cm^3. Der Homo habilis war mit einer Körpergröße von nur 1,20 bis 1,25 m wesentlich kleiner als der moderne Mensch und für ein Wesen dieser Größe und mit leichtem Körperbau war das Gehirn des Homo habilis zweifellos überdurchschnittlich gut entwickelt.

Infolgedessen war seine Stirn höher und gewölbter als die der Australopithecus-Arten, die im Gegensatz zum Homo habilis außerdem noch einen großen Knochenwulst längs über dem Schädel aufwiesen. Auch die typischen massiven Knochenwülste über den Augenhöhlen hatte der Homo habilis kaum mehr. Sein Fuß glich ebenfalls viel eher dem des modernen Menschen als dem noch recht affenartigen Fuß der Australopithecus-Arten. Seine gewölbten Mittelfußknochen gaben dem aufrecht gehenden Homo habilis erstmals die Möglichkeit, Stöße beim Laufen federnd abzufangen. Seine kräftig entwickelte große Zehe gestattete ihm, sich beim aufrechten Gang wie später der Homo sapiens abzustoßen. Die Knie konnte er im Gegensatz zu den Australopithecus-Arten vollkommen gerade strecken. Auch seine Hände waren geschickter: Dafür spricht die gezielte Herstellung einfacher Steinwerkzeuge, ein wichtiger Meilenstein in der Entwicklung zum Menschen; schon Benjamin Franklin bestimmte den Menschen als das »Werkzeug herstellende Lebewesen«. Vielleicht hatte der Homo habilis die Schwelle auf dem Weg vom Tier zum Menschen sogar schon überschritten und führt deshalb seinen umstrittenen Gattungsnamen »Homo« zu Recht.

Der aufrecht gehende Homo erectus

Den Australopithecinen und dem Homo habilis folgte zeitlich der Homo erectus, der »aufrechte Mensch«. Der aufrechte Gang gilt als ein wichtiger Schritt in der Entwicklung des Menschen, denn mit der Aufrichtung gingen nicht nur Veränderungen im Kopfbereich einher – das Gehirnvolumen wuchs, das Gebiss wurde kleiner –, auch die Wirbelsäule veränderte sich und Hände und Füße passten sich ihren neuen Funktionen an. Dieser Prozess dauerte Millionen von Jahren.

Wie sich der Homo erectus von seinen Vorfahren ableiten lässt, ist nicht sicher. Manche Forscher sehen in ihm einen Nachkommen der Australopithecinen, was aber angesichts des schon viel weiter entwickelten Zeitgenossen dieser Gattung, des Homo habilis, recht zweifelhaft ist. Wahrscheinlicher ist seine Abstammung vom Homo habilis. Doch auch sie ist keinesfalls gesichert. Der Homo erectus wies zwar in vielem größere Ähnlichkeit mit dem modernen Menschen auf als der Homo habilis, andererseits zeigte er aber affenartige anatomische Merkmale, die der Homo habilis bereits überwunden hatte, etwa die starken Knochenwülste über den Augen.

Fest steht, dass Menschen von der Art Homo erectus vor etwa zwei bis anderthalb Millionen Jahren an verschiedenen Stellen der Altweltkontinente auftraten. Je nach Region unterschieden sich die Mitglieder dieser frühen Menschenart etwas voneinander. So lebte vor zwei Millionen Jahren auf Java der Homo erectus modjokertensis (benannt nach dem Ort Modjokerto auf Ost-Java), ein 1,60 bis 1,70 m großer, robuster Frühmensch, der in kleinen Horden die tropischen Urwälder seiner Heimat durchstreifte, Früchte sammelte, Wurzeln ausgrub und mit selbst gefertigten primitiven Steinwerkzeugen Wild erlegte. Fachleute nennen diese noch roh und kunstlos zugehauenen Steine Abbevillien-Werkzeuge.

Dem Homo erectus modjokertensis folgte vor etwa 600 000 Jahren, ebenfalls auf Java, der Homo erectus erectus (auch als Pithecantropus oder Trinil-Mensch bekannt). Er war 1,60 bis 1,65 m groß und sein Gehirnvolumen lag ziemlich genau in der Mitte zwischen den modernen Menschenaffen (300–600 cm^3) und dem modernen Homo sapiens (1300–1800 cm^3).

Der Trinil-Mensch kannte noch keine Behausungen und lebte frei im Dschungel. Zu den Tieren seiner Heimat gehörten Urelefanten, Nashörner, Flusspferde, Tapire und Antilopen, aber auch der gefährliche Säbelzahntiger. Bereits vor einer halben Million Jahren starb der Homo erectus erectus auf Java, wie auch viele Tierarten der Insel, aus. Vielleicht war eine große Vulkankatastrophe die Ursache.

Etwa zur selben Zeit wie auf Java tauchte der Homo erectus in Europa auf, zunächst als Homo erectus heidelbergensis im heutigen Deutschland, später auch als Homo erectus paleohungaricus im heutigen Ungarn. Wie seine Verwandten auf Java durchstreifte er ohne festen Wohnsitz in Horden die Wälder. In dieser Klimazone waren es schüttere Eichen- und Mischwälder mit dichtem Unterholz. Herden von Waldelefanten, Waldnashörnern, Elche und Biber waren die Zeitgenossen des Homo erectus, der wie seine javanischen Brüder auch in Europa von Säbelzahntigern und anderen großen Raubtieren bedroht war.

In Afrika tauchten die ersten Frühmenschen von der Art Homo erectus als Homo erectus leakeyi vor etwa 1,6 bis 1,3 Millionen Jahren auf. Neuere Funde aus Kenia und Äthiopien lassen sogar ein weit höheres Alter vermuten. Die Frühmenschen lebten hier wie ihre menschenähnlichen Vorfahren im Baumgrasland, im Busch und in lichten Urwäldern und suchten besonders die Nähe der großen Süßwasserseen dieses Gebiets, zum Beispiel den heutigen Lake Turkana. Später, vor rund einer Million Jahren, lebten auch im äußersten Nordafrika (Homo erectus mauritanicus) und im südafrikanischen Kapgebiet (Homo erectus capensis) Vertreter dieser frühen Menschenart auf dem afrikanischen Kontinent.

Der Peking-Mensch, jüngstes und am höchsten entwickeltes Mitglied seiner Art

Das jüngste Mitglied der Art Homo erectus erschien als Peking-Mensch (Homo erectus pekinensis, früher auch Sinanthropus pekinensis) vor etwa 500 000 bis 400 000 Jahren im heutigen China. Der Peking-Mensch war offenbar Nachfahre einer rund eine halbe Million Jahre älteren Unterart (Homo habilis officinalis) und der am höchsten entwickelte Vertreter seiner Art. Sein Hirnvolumen lag bei durchschnittlich 1055 cm^3, seine mittlere Körpergröße zwischen 1,55 und 1,60 m. Außer von pflanzlicher Kost lebte er von seiner Jagdbeute, meist Hirschen und Wildschweinen. In Horden trieb er die Tiere über den Rand von Felshängen, so dass sie abstürzten. Durch diese Fähigkeit zur Jagd unterschied sich dieser Vorfahr des modernen Menschen von den nächstverwandten Menschenaffen, die sich vorwiegend von Pflanzenteilen, aber auch von Insektenlarven und Schnecken ernährten.

Einfache Waffen und Werkzeuge fertigte dieser Homo erectus aus Quarz, Sandstein, Feuerstein und Kalk. Mit Sicherheit kannte er (und mit ihm vielleicht auch schon andere Homo-erectus-Vertreter) das Feuer und hatte die Angst vor ihm überwunden. Aber die oft mehrere Meter hohe Aschenschicht seiner Feuerstätten lässt vermuten, dass er das Feuer zwar nutzte, aber noch nicht selbst entzünden konnte, es also ständig unterhalten musste. Erst später lernte der Mensch das Feuer selbst zu entfachen, zuerst wohl durch Bohren und Reiben und erst in der Folge durch Schlagtechniken, mittels derer Feuersteine und Schwefel zum Funken gebracht wurden.

Vielleicht kannte dieser Homo erectus schon eine Art Zeichensprache: Die Jagd hatte nicht nur die Arbeitsteilung zwischen den Geschlechtern zur Folge, sie führte auch dazu, dass man gemeinsam aß: Sprachliche Verständigungsmöglichkeiten waren dabei gefordert, wurden aber so auch gefördert.

Der vernunftbegabte Mensch

Die geologisch ältesten Formen des Homo sapiens, des »vernunftbegabten Menschen«, knüpften unmittelbar an die Homo-erectus-Formen an. Sie traten in verschiedenen Teilen der Welt in unterschiedlichen Spielarten auf und bereiten heutigen Wissenschaftlern nicht wenig Kopfzerbrechen hinsichtlich ihrer stammesgeschichtlichen Zuordnung. Wer stammte von wem ab? Wer entwickelte sich zeitgleich mit wem an verschiedenen Orten?

In der Warmzeit zwischen der Mindel- und der Riss-Eiszeit, also vor etwa 350 000 bis 200 000 Jahren, lebte in Mittel- und Nordeuropa (Deutschland, Großbritannien, Frankreich, vielleicht auch Spanien) der Homo sapiens steinheimensis (benannt nach dem ersten Fundort Steinheim bei Stuttgart). Er besaß einen schmalen, relativ hohen Schädel, eine gegenüber seinen Vorfahren höher gewölbte Stirn, aber noch ähnliche Überaugenwülste wie etwa der Peking-Mensch. Sein Hirnvolumen betrug etwa 1150 cm^3. Der Homo sapiens steinheimensis, der als Jäger und Sammler lebte, benutzte Steinwerkzeuge. Seine Faustkeile wiesen durchaus ästhetische Formgebungen auf. Die Vorzeitforscher bezeichnen diesen Stil als »Acheulien«.

Der erste Homo sapiens war sich also durchaus schon einfacher geometrischer Formen bewusst. Neben Faustkeilen, die standardisiert hergestellt wurden und über die technischen Notwendigkeiten hinaus eine symmetrische, harmonische Form erhielten, verwandte er Steinmesser, Steinschaber, aber auch Holzkeulen und hölzerne, im Feuer gehärtete Lanzen.

Während der Steinheim-Mensch im milden Klima der Zwischeneiszeit in Europa und im Mittelmeerraum unter ähnlichen Witterungsbedingungen lebte wie der Mensch des 20. Jahrhunderts, fand sein zeitlicher und sehr wahrscheinlich auch sein stammesgeschichtlicher Nachkomme, der Neandertaler, zunächst zwar ebenfalls noch günstige Klimaverhältnisse vor, als er vor 150 Jahrtausenden aus dem Dunkel der Prähistorie trat, doch als »klassischer Neandertaler« musste er vor etwa 80 000 Jahren zunehmend mit Eis und Frost kämpfen.

Der Neandertaler trotzt widrigen Umständen

Der Neandertaler (benannt nach dem ersten Fundort von Skelettresten im Neandertal beim heutigen Düsseldorf) lebte am Südrand der großen Eiswüsten der Würm-Eiszeit. Sein Lebensraum glich dem der heutigen Eskimos. Seine Heimat war eine öde, eisige Tundra, die nur in Südeuropa in Grassteppe und schütteres Taiga-Waldland überging. Eine solche Umwelt erforderte Anpassungsfähigkeit, um überleben zu können. So war der Neandertaler, dessen geografische Verbreitung sich von Südfrankreich bis nach Sibirien, von Afrika bis in den Nahen und Fernen Osten erstreckte, ein sehr kräftiger, ungemein geschickter und listenreicher Jäger, der auch Großwild wie Höhlenbären oder den Sibirischen Steinbock erbeuten konnte. Die Tiere lieferten ihm nicht nur energiereiche Fleischkost, sie versorgten ihn auch mit Pelzen. Einfache Fellgewänder und das wärmende Feuer, auf dem der Neandertaler auch Speisen zubereitete, schützten ihn vor Frösten, die nicht selten –40 °C erreichten.

Der Neandertaler, Homo sapiens neandertalensis, war etwa 1,60 m groß, starkknochig und muskulös. Aber trotz seiner kräftigen Natur erreichte er in seiner rauen Heimat selten ein höheres Lebensalter als 50 Jahre. 40% seiner Art starben vor dem 20., 40% zwischen dem 20. und 30. Lebensjahr.

Der harte Kampf um Leben und Tod im Alltag des Neandertalers erforderte Intelligenz, und die besaß dieser frühe Homo sapiens. Sein Gehirn war mit 1350 bis 1725 cm^3 ungefähr so groß wie das des heutigen Menschen. Darum würde es nicht verwundern, wenn der Neandertaler bereits über den Sinn von Leben und Tod nachgedacht hätte.

Er bestattete seine Toten und gab den Verstorbenen Waffen, Geräte und Nahrung mit ins Grab, glaubte also wohl an ein Leben nach dem Tod. Eine neuere Untersuchung von Skelettresten in Kleinasien führte zu dem romantischen Befund, dass dieser Neandertaler ganz auf Blüten gebettet bestattet worden sein muss. Weil Überlegungen über ein Jenseits und generell über die fernere Zukunft abstraktes Denken voraussetzen, muss er in der Lage gewesen sein, seine Gedanken zu formulieren und eine einfache Sprache zu sprechen. Sogar erste Kunstgegenstände, kleine, einfache Statuetten, fertigte er an.

Ein Zeitgenosse des Neandertalers lebte auf Java: der Solo-Mensch. Er glich dem Neandertaler in manchem, hatte aber noch deutliche Züge des Homo erectus: eine primitivere Schädelform, einen gröberen Körperbau und dickere Überaugenwülste als der Neandertaler. Ein anderer früher Homo sapiens, der Rhodesien-Mensch, war um die gleiche Zeit in Südafrika heimisch, wo er erst vor etwa 30 000 Jahren ausstarb.

Als spätes Mitglied der Neandertaler lebte im Nahen Osten der Homo sapiens praesapiens oder palaestinensis. Zwar noch ganz Neandertaler, war der Palästina-Mensch doch schon größer und zugleich graziler. Seine Schenkelknochen waren gerader und länger, seine Stirn wölbte sich stärker, der Hinterkopf war höher und ausgeprägter gerundet und das Kinn markanter ausgeprägt als beim mitteleuropäischen Neandertaler. Möglicherweise war er der Vorfahr der heutigen Mitteleuropäer, denn der europäische Neandertaler starb vor etwa 40 000 bis 35 000 Jahren aus, während um dieselbe Zeit ein Jägervolk aus dem Osten in Europa einwanderte, das sämtliche Merkmale des heutigen Homo sapiens sapiens aufwies.

Der Cromagnon-Mensch und die Geburt der Kunst

Die Menschen, die vor 40 bis 35 Jahrtausenden aus dem Osten nach Europa kamen, waren große (1,70 bis 1,80 m), athletisch gebaute Erscheinungen mit einem hohen, kantigen, aber eher schmalen Schädel. Ihr markant ausgeprägtes Kinn lief etwas spitz zu, so dass die untere Gesichtshälfte fast dreieckig wirkte. Die Nase war lang und schmal, die Stirn hoch gewölbt.

Diese Cromagnon-Menschen (benannt nach dem ersten Fundort im ehemaligen Steinbruch Crô-Magnon im südfranzösischen Les-Eyzies-de-Tayac) waren ausgezeichnete Jäger. In Horden stellten sie sogar dem Mammut, dem mächtigen Höhlenbären und anderem Großwild der ausgehenden Eiszeit nach. Sie beherrschten die zusammenhängende Rede und konnten deshalb gemeinsam Jagden planen und durchführen. Die freie Jagd mit Speeren, Lanzen und mächtigen Keulen war ebenso ihr Werk wie die Trickjagd mit sorgfältig abgedeckten Fallgruben. Ihre Werkzeuge waren nicht nur vielfältig und dem speziellen Verwendungszweck angepasst, sondern auch äußerst präzise gearbeitet: Scharfe Speerspitzen, steinerne Messerklingen, knöcherne Harpunenköpfe mit Widerhaken, perfekte Faustkeile, Äxte und Geräte verstand der Cromagnon-Mensch durch gezieltes Behauen und Absplittern optimal zu gestalten; auch Geweihe wurden bearbeitet. Die Kunst des Werkzeugmachens vererbte sich von Generation zu Generation. Dazu gehörten auch Kenntnisse wie jene, dass sich ein im Feuer erhitzter, allmählich abkühlender Stein leichter bearbeiten ließ.

Zahlreiche Spuren der Cromagnon-Menschen in ganz Europa weisen auf einen ausgeprägten Jagdzauber hin. Aus Ton wurden Tierfiguren hergestellt und stellvertretend für das wirkliche Beutetier mit Pfeilen durchbohrt und »getötet«. In tiefen Höhlengängen entstanden Hunderte von Wandbildern: geritzt, gezeichnet und gemalt. Auch ihre Bedeutung war magisch, ihre Herstellung mag selbst einer Kulthandlung geglichen haben, denn die meisten dieser Bilder finden sich weit entfernt vom Tageslicht in oft mehrere hundert Meter langen Höhlengängen. Die Cromagnon-Menschen fertigten sie nicht selten in schwierigen Körperpositionen, etwa in einem nur 50 cm hohen Gang auf dem Rücken liegend, im Schein schwacher Tranlampen an.

So wurde die Kunst geboren. Zwar hatte auch der Neandertaler schon sehr selten primitive kleine Steinfigürchen gefertigt, der Cromagnon-Mensch aber entwickelte eine Reihe ausgefeilter Techniken. Vor fast 40 000 Jahren punzte er die ersten Umrisse einer menschlichen Hand in eine Felswand von Bara-Bahau, einer südfranzösischen Höhle. In Les Combarelles, einer anderen benachbarten Höhle, ritzte er Hunderte von Tierfiguren und auch einige Menschendarstellungen in den Stein. In der Höhle von Rouffignac, in Font-de-Gaume und anderenorts zeichnete er Tiere mit Stiften aus Manganoxid; in Niaux, im berühmten nordspanischen Altamira und in der nicht minder bekannten französischen Höhle von Lascaux schuf er polychrome Kunstwerke von beeindruckender Ausdruckskraft. Als Farben benutzte er Erdpigmente, Metalloxide, die er rein oder mit Wasser und tierischen Fetten anrührte. Er trug sie mit der Hand und mit Pinseln aus Knochenröhrchen auf, in denen Tierhaarbüschel staken. Sogar die Spritztechnik beherrschte er: Durch dünne Röhrenknochen blies er Farbpulver auf die feuchte Höhlenwand. Das Wasser band den Farbstaub und das in diesem Sickerwasser gelöste Kalzit, das sich im Lauf der Zeit als Kalksinter an den Wänden niederschlug, konservierte die Kunstwerke.

Der Cromagnon-Mensch gravierte, zeichnete und malte nicht nur, er arbeitete auch dreidimensional. In manchen Höhlen fanden sich Halbreliefs von Tierköpfen oder fast frei stehende Skulpturen von Tieren. Bekannt sind die beiden etwa einen Meter hohen Bisons aus dem Tuc d'Audoubert. Kleine Figuren formte der Cromagnon-Mensch aus Lehm und zerstoßenen Tierknochen, einer Masse, die er durch Brennen härtete. Im Lager der Mammut-Jäger von Dolní Vestonice in Mähren benutzten Cromagnon-Menschen den ältesten bekannten Keramik-Brennofen der Welt.

Venus-Statuetten als Kultgegenstände

Während die berühmtesten Höhlenmalereien, deren Fundorte übrigens auf Teile Südfrankreichs und Nordspaniens begrenzt sind – vermutlich wegen der für bildliche Darstellungen besonders geeigneten großflächigen Höhlenwände –, in die Zeit vor rund 15 000 bis 10 000 Jahren, in die Stilepoche des »Magdalénien«, fielen, traten künstlerisch ausgereifte Kleinpastiken schon weit früher und auch anderswo, sogar in Sibirien und im südlichen Afrika, auf. Etwa 25 Jahrtausende alt ist der nur 3,5 cm große Kopf der »Dame von Brassempouy« (»Périgordien«-Stil) aus Westfrankreich, ein altsteinzeitliches Meisterwerk aus Mammut-Elfenbein von großer Ausdruckskraft. Ebenso alt sind die sog. Venusfiguren, kleine, zwischen 10 und 15 cm große Frauenstatuetten von meist großer Körperfülle, zum Beispiel die »Venus von Willendorf« aus dem österreichischen Willendorf bei Krems an der Donau. Gesichter und Gliedmaßen waren bei diesen Figürchen – etwa 400 von ihnen haben die Archäologen bis heute gefunden und übrigens keine einzige Darstellung eines männlichen Körpers – kaum ausgearbeitet, denn den Künstlern ging es offenbar um die anonymen weiblichen Attribute Brust und Becken. So mögen die Venus-Statuetten mit ihren ausgeprägten Körperrundungen, der Betonung des Nabels und der Vulva Fruchtbarkeitssymbole gewesen sein, vielleicht auch einfach ein Zeichen der Ehrerbietung gegenüber der Frau und Mutter, denn die Mutter spielte eine überragende Rolle in der Gesellschaft der Cromagnon-Menschen, die nach den Gesetzen des Matriarchats aufgebaut war. Die mütterliche Linie bestimmte die Stammeszugehörigkeit und die Stammesgesellschaften führten sich auf eine Urmutter zurück, die sie verehrten.

Die Cromagnon-Menschen huldigten auch einem ausgeprägten Totenkult. Weil sie Künstler waren, gaben sie ihren Verstorbenen neben Gebrauchsgegenständen wie Fellkleidern, Waffen und Proviant auch sorgfältig gearbeiteten Schmuck – wohl als Talismane – mit auf die letzte große Reise. Der auf diese Weise für das Jenseits gerüstete Tote wurde häufig mit roter Erde bestäubt, bevor man sein Grab schloss. In manchen Fällen waren die Toten reich geschmückt. Ketten von Muscheln und durchbohrten Zähnen dienten als besondere Grabbeigaben. Die Bestattungsriten schlossen die Beigabe von nützlichen und schönen Geräten ebenso ein wie Haarnetze und Ringe an Armen und Händen. Flache Steine wurden zum Schutz des Toten über das Gesicht geschichtet. Die Verstorbenen lagen in einer extremen Hockstellung in den Gräbern, häufig berührten die Knie das Kinn.

Der Cromagnon-Jäger lebte in Horden von 15 bis 30 Mitgliedern und errichtete erstmals in der Geschichte Siedlungen. Seine Behausungen waren unter Felsüberhängen und Höhleneingängen angelegt. Die Behausungen lagen fast immer an den windgeschützten, sonnigen Südhängen. In den geschützten Grotten war der Fußboden oft mit einem Pflaster aus Steinquadern befestigt, um den Boden gegen Feuchtigkeit zu isolieren. Der Cromagnon-Mensch kannte ebenfalls bereits feste Zelte aus Häuten und Fellen. In Osteuropa kamen auch tief aus dem Erdreich gearbeitete Wohngruben vor.

Die Besiedlung Amerikas

Vor etwa 40 Jahrtausenden zogen Zeitgenossen des frühen europäischen Cromagnon-Menschen, die auf derselben Entwicklungsstufe standen wie dieser, durch Asien. Rassisch unterschieden sie sich ein wenig, so wie sich heute Menschenrassen der Art Homo sapiens sapiens voneinander unterscheiden. Ob die unterschiedlichen Altsteinzeitrassen sich schon seit der Zeit des Homo erectus in den verschiedenen Gebieten der Welt unterschiedlich entwickelt haben oder auf einen gemeinsamen Homo sapiens zurückgehen, ist unsicher. Man geht jedoch davon aus, dass die »Besiedlung« heute durch die Weltmeere voneinander getrennter Regionen nicht mittels Einbäumen und Booten erfolgte, sondern zu Eiszeiten geschah, als so viel Wasser gebunden war, dass der Meeresspiegel niedrig war und Landbrücken zu heutigen Inseln und zwischen den Kontinenten bestanden.

Als gesichert gilt zum Beispiel, dass mongolische Homo-sapiens-sapiens-Rassen vor etwa 40 Jahrtausenden von Ostsibirien kommend über die Beringstraße – damals eine Landbrücke – nach Alaska vordrangen, um dort als Jäger und Sammler ihren Weg nach Süden zu nehmen, bis sie bald das Gebiet der heutigen Vereinigten Staaten bevölkerten. Fest steht auch, dass es vor ihnen niemals Menschen oder dem Menschen nahe stehende Primaten auf dem amerikanischen Doppelkontinent gegeben hat, der also auch in dieser Hinsicht die Bezeichnung »Neue Welt« zu Recht trägt.

Ob die Steinzeitindianer – und damit alle amerikanischen Indianer – von nur einer einzigen asiatischen Rasse abstammen oder von mehreren verschiedenen, die im Lauf der Jahrtausende den Weg nach Asien in die Neue Welt gefunden haben, ist unsicher. Auf jeden Fall nahmen die Einwanderer aus Asien ihre neue Heimat von Norden nach Süden nach und nach in Besitz: Die heutigen Vereinigten Staaten waren schon vor 40 000 Jahren besiedelt. In Mexiko erschienen die ersten Jäger und Sammler wesentlich später. Die frühesten Funde deuten hier auf ein Alter von wenig mehr als 23 Jahrtausenden hin. Noch später drangen Steinzeithorden in das südliche Amerika vor. Ihre ältesten Spuren im heutigen Venezuela stammen von vor 14 000 bis 12 000 Jahren. In allen anderen Teilen Südamerikas stammen die ersten Anzeichen für eine menschliche Besiedlung aus den zurückliegenden 10 000 Jahren. Erst dann war die »Eroberung« des Globus durch den Homo sapiens sapiens abgeschlossen.

Um 3500-2001 v.Chr.

um 3500-3000 v.Chr.
Mesopotamien/Ägypten
Aus der sumerischen Bilderschrift entwickelt sich die Keilschrift. Ihre Formen entstehen durch die keilartigen Eindrücke des Schreibgriffels in den Schreibstoff Ton. → S. 44

um 3100 v.Chr.
Ägypten
König Menes bzw. Narmer eint Unter- und Oberägypten und begründet das ägyptische Großreich, dessen Hauptstadt Memphis im Nildelta wird. Etwa um die gleiche Zeit entsteht die Hieroglyphenschrift. → S. 45

um 3000-2000 v.Chr.
Ägypten
Die ersten Zentren der Zivilisation entstehen an Flüssen wie Nil, Euphrat und Tigris. → S. 50

nach 2750 v.Chr.
Mesopotamien
Das Reich der Sumerer besteht während der frühdynastischen Zeit (2750-2350 v.Chr.) aus einzelnen Stadtstaaten wie Uruk, Ur, Kisch, Lagasch und Umma.

2675 v.Chr.
Mesopotamien
König Gilgamesch erkämpft die Selbstständigkeit der Stadt Uruk. Ihm wird die Erbauung der Stadtmauer von Uruk zugeschrieben, das er gegen Angriffe der Könige von Kisch verteidigte, wovon auch das sog. Gilgamesch-Epos berichtet.

2615 v.Chr.
Ägypten
Djoser (um 2624-2605 v.Chr.), ein König der 3. Dynastie, lässt durch seinen Baumeister Imhotep, der später als Heiliger und Gott verehrt wird, die Stufenpyramide von Sakkara erbauen. → S. 46

um 2575 v.Chr.
Ägypten
König Snofru (um 2575-2551 v.Chr.) begründet die 4. Dynastie. Er lässt zwei große Pyramiden bei Dahschur im Süden von Memphis errichten (sog. Knickpyramide und Rote Pyramide).

um 2551 v.Chr.
Ägypten
Cheops, der zweite König der 4. Dynastie, tritt die Herrschaft an (bis um 2528 v.Chr.). Er lässt die Cheopspyramide bei Gizeh erbauen.

um 2550 v.Chr.
Ägypten
Beim Tod des Generals Prinz Rahotep werden seinem Grab Statuen beigegeben. Sie zeigen ihn mit seiner Frau Nofret. → S. 46

um 2520 v.Chr.
Ägypten
Chephren, der vierte König der 4. Dynastie, übernimmt die Herrschaft (bis um 2494 v.Chr.). Er lässt die Chephrenpyramide bei Gizeh erbauen. Als erster König nennt sich Chephren »Sohn des Re«, wodurch der ägyptische Sonnengott Re auch als Weltgott anerkannt wird und damit über dem Pharao steht.

um 2500 v.Chr.
Kreta
Der Sage nach soll auf der Insel der sagenhafte König Minos herrschen, der Sohn von Zeus und Europa.

um 2500 v.Chr.
Indien
Die Harappa-Kultur (auch Indus-Kultur genannt), benannt nach der Stadt Harappa an der Rawi im Pandschab (Pakistan), umfasst ein Gebiet von der Grenzregion zwischen Iran und Pakistan bis zu dem Gebiet von Jamuna und dem Ganges östlich von Delhi und vom Westen des Himalayas bis zum Golf von Cambay. → S. 51

2465 v.Chr.
Ägypten
Mit dem Herrschaftsantritt des Königs Userkaf beginnt die 5. Dynastie. In dieser Zeit erstarkt der Kult um den Sonnengott Re, was eine Schwächung des religiös legitimierten Königtums zur Folge hat.

um 2340 v.Chr.
Mesopotamien
Sargon von Akkad (um 2340-2284 v.Chr.) begründet das erste Großreich im Vorderen Orient. → S. 51

2260 v.Chr.
Mesopotamien
Naramsin, König von Akkad (um 2260-2223 v.Chr.), der Enkel und dritte Nachfolger von Sargon I., führt Kriegszüge bis nach Kurdistan und ans Mittelmeer und gibt sich den Titel eines »Königs der vier Weltgegenden«.

um 2254 v.Chr.
Ägypten
Pepi II., König der 6. Dynastie (etwa 2254-2160) kommt als sechsjähriges Kind zur Herrschaft. In seine nach der Überlieferung 94-jährige Regierungszeit fällt der Beginn der Auflösung des ägyptischen Staates durch die Erstarkung der Gaufürsten in Oberägypten. Nach seinem Tod zerfällt das Alte Reich. → S. 51

etwa 2080 v.Chr.
Mesopotamien
Gudea (etwa 2080–2060 v.Chr.) wird König von Lagasch (das heutige Tello im Irak) und eint Südbabylonien.

um 2047 v.Chr.
Babylonien
Der sumerische Großkönig Urnammu (um 2047–2030 v.Chr.) begründet die 3. Dynastie von Ur (heutiger Ruinenhügel Mukajjar am unteren Euphrat) und führt als Erster den Titel »König von Sumer und Akkad«. → S. 53

um 2047 v.Chr.
Babylonien
In Ur entsteht die Zikkurat, ein Bau mit stufenförmig angelegten Tempeltürmen. → S. 53

2040 v.Chr.
Ägypten
Mentuhotep I. (um 2061-2010 v.Chr.) aus der 11. Dynastie von Theben vereint Unter- und Oberägypten und begründet das Mittlere Reich (bis 1650 v.Chr.).

um 2000-1501 v.Chr.

um 2000 v.Chr.
Europa
Die Bronzezeit beginnt. In Mitteleuropa verbreitet sich die Aunjetitzer Kultur (Fürstengräber mit Totenhäusern), in England die Wessex-Kultur, in Spanien die El-Argar-Kultur und in Südost- und Osteuropa die Andronowo- und die Holzkammergrabkultur.

um 2000 v.Chr.
Kreta
Die erste minoische Hochkultur setzt ein (bis etwa 1600 v.Chr.). Es entstehen die älteren Palastbauten von Knossos, Phaistos und Mallia.

um 2000 v.Chr.
England
Nördlich von Salisbury (Grafschaft Wiltshire) entsteht als herausragendes Zeugnis einer Megalith-Kultur die sakrale Steinkreisanlage Stonehenge. → S. 52

1991 v.Chr.
Ägypten
König Amenemhet I. (1991-1962 v.Chr.) begründet die 12. Dynastie. Er verlegt die Residenz von Theben nach Lischt. Seinem Sohn und Mitregenten Sesostris I. (1962-1926 v.Chr.) gelingt die erste Eroberung eines Teils von Nubien.

um 1955 v.Chr.
Mesopotamien
Das Reich der 3. Dynastie von Ur zerfällt unter dem Ansturm der Elamiter und des sich bildenden Reichs von Mari.

um 1900 v.Chr.
Europa und Asien
Die Wanderungsbewegung der Indogermanen aus dem Norden in den Vorderen Orient beginnt. → S. 53

1878 v.Chr.
Ägypten
Sesostris III. (1878-1841 v.Chr.) ist der bedeutendste Herrscher des Mittleren Reichs (um 2040-ca. 1650 v.Chr.). Er unterhält umfangreiche Handelsbeziehungen u.a. bis zum Roten Meer und nach Babylon. → S. 56

1766 v.Chr.
China
Die Shang-Dynastie (1766-1122 v.Chr., nach anderen Quellen 1523-1028 v.Chr.) ist die erste historisch fassbare Dynastie Chinas. → S. 57

1728 v.Chr.
Babylon
Mit dem Regierungsantritt von König Hammurabi (1728-1686 v.Chr.) beginnt die Geschichte des Babylonischen Reiches. Er wirkt u.a. als Gesetzgeber. → S. 57

um 1700 v.Chr.
Kreta
Die Paläste auf der Insel werden durch ein Erdbeben zerstört und bald darauf umso prachtvoller wiederaufgebaut.

1695 v.Chr.
Mesopotamien
Der babylonische König Hammurabi zerstört die bedeutende Handelsstadt Mari am mittleren Euphrat in Syrien.

um 1650 v.Chr.
Ägypten
Die aus Asien eingedrungenen Hyksos (ägyptisch: Herrscher fremder Länder) herrschen bis 1551 v.Chr. in Ägypten und begründen die 15. und 16. Dynastie. → S. 56

um 1640 v.Chr.
Kleinasien
Unter den Kleinstaaten der Hethiter erringt Fürst Labarna aus Kussara die Vormachtstellung. Die Hethiter sind ein Volk mit indoeuropäischer Sprache, das nach 2000 v.Chr. in Anatolien einwanderte und sich zur herrschenden Macht entwickelte. Seine Nachkommen nehmen Labarnas Name als Königstitel an.

um 1600 v.Chr.
Kreta
Die sog. spätminoische Periode beginnt (bis um 1450 v.Chr.). Nach der Zerstörung der älteren Paläste durch Erdbeben erhalten die neuen Palastanlagen in Knossos, Phaistos, Mallia, Hagia Triada und Zakros einen monumentaleren Charakter.

1551 v.Chr.
Ägypten
Der Lokalfürst Ahmose I. aus Theben (1551-1527 v.Chr.) vertreibt die Fremdherrscher der Hyksos aus Ägypten und unterwirft Nubien. Er ist der Begründer der 18. Dynastie, mit der auch das sog. Neue Reich beginnt (1551-1070 v.Chr.).

1531 v.Chr.
Kleinasien
Der Hethiter-Herrscher Mursilis I. (um 1550-1530 v.Chr.) dringt auf einem Kriegszug bis nach Babylon vor, das er zerstört.

1506 v.Chr.
Ägypten
Mit Thutmosis I. (1506-1494 v.Chr.) beginnt die Expansion des sog. Neuen Reiches. Er dehnt die Südgrenze bis nach Tombos am 3. Katarakt aus und macht Nubien zur ägyptischen Provinz unter der Leitung eines »Vizekönigs von Kusch«.

1500-1001 v.Chr.

1490 v.Chr.
Ägypten
Nach dem Tod von Thutmosis II. reißt dessen Halbschwester Hatschepsut die Macht an sich und lässt sich zur Pharaonin krönen. 1468 v.Chr. wird sie von ihrem Stiefsohn Thutmosis III. gestürzt, für den sie eigentlich nur bis zu dessen Mündigkeit die Herrschaft ausüben sollte. Hatschepsut lässt den Terrassentempel Dair al-Bahri im Westen von Theben erbauen. → S. 59

1468 v.Chr.
Ägypten
König Thutmosis III. (1490-um 1436 v.Chr.) tritt die Regierung an. Er unterwirft Syrien und schiebt die ägyptische Grenze bis an den Euphrat vor, nachdem er bei Megiddo (1468) die syrischen Fürsten vernichtend geschlagen hat. → S. 60

um 1450 v.Chr.
Kreta
Mykenische Heerfürsten besetzen das seit den Zerstörungen durch den Vulkanausbruch auf Santorin (um 1500 oder 1470 v.Chr.) darniederliegende Kreta und beenden die kretische Vorherrschaft im Mittelmeer. → S. 58

um 1380 v.Chr.
Kleinasien
Der Herrschaftsantritt von Suppiluliuma I. (um 1380-1346 v.Chr.) begründet das Neue Hethiterreich. Er drängt die feindlichen Nachbarn in Anatolien zurück und erobert Nordsyrien bis an den Euphrat.→ S. 60

1364 v.Chr.
Ägypten
Nach dem Tod von Amenophis III. (1402-1364 v.Chr.) folgt ihm sein Sohn Amenophis IV. nach. Er erhebt 1361 v.Chr. Aton zum Staatsgott und ändert wenig später seinen Namen in Echnaton. Von seiner Frau Nofretete ist eine bemalte Kalksteinbüste aus Tell Al Amarna, ein Werkstattmodell aus dem Atelier des ägyptischen Bildhauers Tuthmose, überliefert. → S. 61

1356 v.Chr.
Nordmesopotamien
Unter König Assuruballit I. (1356-1320 v.Chr.) erringt das Assyrer-Reich am Tigris die Unabhängigkeit vom mesopotamischen Mitanni-Reich.

um 1350 v.Chr.
Griechenland
In Mykene, dem Zentrum der gleichnamigen Kultur in der Landschaft Argolis auf dem Peloponnes, wird mit dem Bau des großen Kuppelgrabes (sog. Schatzhaus des Atreus) begonnen. Der Palast in Mykene wird mit einer Ringmauer, dem Löwentor und Kulträumen erweitert. Die Mykener beherrschen in ihrer Blütezeit (1400-1250 v.Chr.) den Süden Griechenlands.

1347 v.Chr.
Ägypten
Tutanchamun (1347-1338 v.Chr.) aus der 18. Dynastie gelangt neunjährig auf den Thron und kehrt unter Aufgabe der Sonnenreligion zur herkömmlichen Götterverehrung zurück. → S. 62

1303 v.Chr.
Ägypten
Sethos I. (1303-1290 v.Chr.), ägyptischer Pharao der 19. Dynastie, tritt die Nachfolge des Dynastie-Gründers Ramses I. (1306-1303 v.Chr.) an. Er entreißt den Hethitern das unter Echnaton verlorene Syrien. → S. 62

um 1300 v.Chr.
Europa
Mit der Urnenfelderkultur setzt die ausgehende Bronzezeit (13.-8. Jh. v.Chr.) ein. Gegenüber der vorangegangenen Hügelgräber-Kultur zeichnet sie sich weitgehend durch einen neuen Totenkult mit Brandbestattung in Urnen aus.

1290 v.Chr.
Ägypten
Ramses II. (1290–1224 v.Chr.) gelangt an die Herrschaft und wird zum bedeutendsten König der 19. Dynastie. Im Nildelta lässt der Sohn und Nachfolger von Sethos I. bei Qantir eine neue Hauptstadt Ägyptens erbauen (Ramsesstadt) und gewaltige Tempel errichten (u.a. Abu Simbel und seinen Totentempel in Theben-West, das Ramesseum). → S. 62

1285 v.Chr.
Syrien
Beim Versuch, den ägyptischen Einfluss in Nordsyrien zu erweitern, wird Pharao Ramses II. in der Schlacht von Kadesch vom Hethiterkönig Muwatallis aufgehalten. 1270 v.Chr. schließt Ramses II. mit dem Hethiterkönig Hattusilis III. einen Friedensvertrag, der damit besiegelt wird, dass der Pharao 1257 v.Chr. eine hethitische Prinzessin heiratet.

nach 1250 v.Chr.
Ägypten
Unter Führung von Moses ziehen die Israeliten nach Südpalästina. → S. 64

um 1240 v.Chr.
Kleinasien
Die antike Stadt Troja auf einem Hügel bei Hissarlik südwestlich der Dardanellen wird zerstört. → S. 64

um 1200 v.Chr.
Griechenland
Die Ägäische Wanderung, eine von der Balkanhalbinsel ausgehende, wohl vor allem von Illyrern ausgelöste Wanderbewegung führt zur Zerstörung der mykenischen Kultur. Im Zuge der nachfolgenden Dorischen Wanderung gelangen Hirten- und Bauernkrieger aus dem dalmatinisch-albanischen Raum in den östlichen Peloponnes und nach Kreta.

um 1190 v.Chr.
Naher Osten
Die aus dem östlichen Mittelmeerraum und dem Vorderen Orient stammenden sog. Seevölker (altägyptische Bezeichnung) zerstören das Hethiterreich und die Staaten der Levanteküste (Zypern, Kilikien, Nord- und Mittelsyrien).

1184 v.Chr.
Ägypten
Ramses III. aus der 20. Dynastie wird König von Ägypten (1184-1153 v.Chr.). Er verteidigt Ägypten gegen die Angriffe der Libyer und der sog. Seevölker und siedelt die Philister in Südpalästina an. → S. 65

1160 v.Chr.
Babylonien
Die östlich des Tigris und nördlich des Persischen Golfs ansässigen Elamiter erobern und plündern Babylon, das nach 1531 v.Chr. von den Kassiten (ein Grenzvolk unbekannter Herkunft) beherrscht worden war.

um 1128 v.Chr.
Babylonien
Nebukadnezar I. wird König von Babylonien. Er gewinnt die Vorherrschaft über die Elamiter im Osten des Landes. Nach seinem Tod 1106 v.Chr. verfällt die babylonische Macht erneut.

1122 v.Chr.
China
Die Shang-Dynastie wird von den Chou abgelöst. Sie herrschen nominell bis 249 v.Chr., die Könige haben allerdings in den letzten Jahrhunderten nur noch einen Ehrenvorrang vor den Herrschern der einzelnen Feudalstaaten. → S. 69

1115 v.Chr.
Assyrien
König Tiglatpileser I. (1115-1077 v.Chr.) übernimmt die Herrschaft. Unter seiner Führung wird Assyrien zur Großmacht. Tiglatpileser I. dringt bis zum Vansee (heutige Osttürkei) und ans Mittelmeer vor. → S. 69

1070 v.Chr.
Ägypten
Mit Pharao Ramses XI. (1099-1070 v.Chr.) endet die 20. Dynastie und das »Neue Reich« (seit 1551). Der in Tanis im Ostdelta residierende König Smendes begründet die 21. Dynastie. Es beginnt die »Dritte Zwischenzeit« (bis 712 v.Chr.).

um 1012 v.Chr.
Palästina
Der erste israelitische König Saul (1012-1004 v.Chr.) vereinigt die zwölf Stämme Israels im Kampf gegen die Philister (hebräisch: Pelischtim). Dieses Volk aus der Gruppe der sog. Seevölker war um 1180 v.Chr. von Ramses III. in der Küstenebene des später nach ihnen benannten Palästina angesiedelt worden.

1004 v.Chr.
Palästina
Nach dem Freitod von Saul wird David König der Israeliten (bis 965 v.Chr.). Er unterwirft die Philister, erobert Jerusalem und macht es zur Hauptstadt der durch Personalunion geeinten Reiche. Das von ihm durch Siege über die Nachbarstaaten gegründete Großreich umfasst Syrien und Palästina.

1000-751 v.Chr.

969 v.Chr.
Syrien
Unter König Hiram I. (969-936 v.Chr.) steigt die Hafenstadt Tyros zum wirtschaftlichen und politischen Zentrum der phönikischen Städte in Syrien auf. Mit dem israelitischen König Salomo unterhält Hiram rege Handelskontakte.

965 v.Chr.
Palästina
Nach dem Tod Davids wird sein Sohn Salomo bis 926 v.Chr. König von Israel und Juda. → S. 68

945 v.Chr.
Ägypten
Der lybische Söldnerführer Scheschonk I. (regiert bis 924 v.Chr) begründet die 22. Dynastie (bis 722 v.Chr.).

926 v.Chr.
Israel
Nach dem Tod von König Salomo zerfällt das Reich Israel in die rivalisierenden Teilstaaten Israel (Nordreich) mit der Hauptstadt Sichem bzw. Samaria (ab etwa 880 v.Chr.) und Juda mit der Hauptstadt Jerusalem.

912 v.Chr.
Nordmesopotamien
Adadnirari III. wird König von Assyrien (bis 889 v.Chr.). Das von ihm begründete sog. Neuassyrische Reich verschafft sich unter ihm und seinen Nachfolgern, insbesondere Assurnasirpal II. (883-859) durch erneute Eroberungszüge gegen Urartu im Norden, die Meder, Kimmerier und Skythen im Nordosten sowie Syrien und Kilikien im Westen eine Vormachtstellung. → S. 70

878 v.Chr.
Israel
König Omri begründet die nach ihm benannte Dynastie und ersetzt damit das bisherige charismatische Königtum. Seine Nachfolger führen phönikische Gottheiten und den Baal-Kult in Israel ein. → S. 71

um 860 v.Chr.
Armenien
König Sardur I. begründet den Staat Urartu mit der Hauptstadt Tuschpa (das heutige Van) durch die Einigung hurritischer Fürstentümer. Das Reich wird zum Rivalen Assyriens.

845 v.Chr.
Israel
König Jehu (845-818 v.Chr.) kommt durch eine blutige Revolution an die Macht und beseitigt die von seinen Vorgängern eingeführte Verehrung des phönikischen Gottes Baal.

843 v.Chr.
Iran
Der Name der Perser wird erstmals in assyrischen Feldzugsberichten in der Gegend des Urmiasees (Nordwestiran) erwähnt. Auf das Volk der Meder stoßen die Assyrer 835 v.Chr. in der Gegend ihrer späteren Hauptstadt Ekbatana (dem heutigen Hamadan).

814 v.Chr.
Nordafrika
Phönikische Seefahrer aus Tyros gründen Karthago (etwa 12 km nordöstlich vom heutigen Tunis) als Kolonie zur Sicherung der Schifffahrt im westlichen Mittelmeer. → S. 71

um 800 v.Chr.
Mexiko
Die an der mexikanischen Golfküste beheimatete La-Venta-Kultur (bis um 400 v.Chr.) beginnt sich zu verbreiten. → S. 70

um 800 v.Chr.
Mitteleuropa
Die vorrömische Eisenzeit beginnt. Die auf die Bronzezeit folgende Epoche endet etwa mit der römischen Okkupation im 1. Jh. v.Chr. und ist geprägt durch die allmähliche Verdrängung des Werkstoffes Bronze durch das Eisen für die Herstellung von Waffen und Geräten.

um 800 v.Chr.
Griechenland
Aus dem phönikischen Alphabet entsteht die erste Buchstabenschrift Europas, von der sich alle späteren europäischen Schriften ableiten.

776 v.Chr.
Griechenland
Die Siegerliste (Olympioniken-Liste) bei den Olympischen Spielen im Zeusheiligtum von Olympia wird angelegt (bis 393 n.Chr.). Die Wettkämpfe finden erstmals statt. → S. 70

21. 4. 753 v.Chr.
Italien
Der Sage nach wird Rom von Romulus am Ufer des Tiber gegründet. Das Datum wird von dem römischen Schriftsteller Marcus Terentius Varro (116-27 v.Chr.) errechnet. → S. 73

750-501 v.Chr.

um 750 v. Chr.
Italien
Am nördlichen Ende des Golfs von Neapel gründen griechische Kolonisten die Stadt Kyme. Sie ist die Mutterstadt Neapels und wird zum Ausgangspunkt des griechischen Kultureinflusses auf Etrusker und Römer.

nach 750 v.Chr.
Griechenland
Die Epen Ilias und Odyssee entstehen, die nach antiker Überlieferung dem Dichter Homer zugeschrieben werden, der als Vorbild aller abendländischen Epiker gilt. → S. 73

um 740 v.Chr.
Griechenland
Im 1. Messenischen Krieg (bis 720 v.Chr.) unterwirft der Stadtstaat Sparta die im südwestlichen Peloponnes ansässigen Messenier.

733 v.Chr.
Sizilien
Die Stadt Syrakus wird von Siedlern aus Korinth gegründet. → S. 72

722 v.Chr.
Israel
Der assyrische König Sargon II. (722–705 v.Chr.) erobert Samaria und deportiert die Israeliten. Israel geht im assyrischen Großreich auf. Der Nachbarstaat Juda unterwirft sich mit einem hohen Tribut Assyrien und entgeht so dem Schicksal des Nordreiches. → S. 74

712 v.Chr.
Ägypten
Mit der Eroberung durch den nubischen König Pianchi und der Begründung der 25. Dynastie beginnt die sog. Spätzeit (bis 525 v.Chr.). In der 23. und 24. Dynastie war Ägypten in rasch wechselnde Machtgruppierungen zerfallen.

um 710 v.Chr.
Kleinasien
Das Königreich Phrygien mit der Hauptstadt Gordion (heute Yassihüyük, 90 km westlich von Ankara) erreicht unter König Midas den Höhepunkt seiner Macht. Im Bund mit Urartu kann es sich zeitweise gegen die nach Kleinasien vordringenden Assyrer behaupten.

um 708 v.Chr.
Italien
Die Spartaner gründen Tarent als ihre einzige Kolonie in Italien. Die Stadt wird 272 v.Chr. römisch.

704 v.Chr.
Assyrien
Sanherib wird assyrischer König (bis 681 v.Chr.). Er unternimmt Feldzüge nach Medien, Urartu, Syrien und Kilikien, dringt 701 v.Chr. erfolgreich in Palästina ein und erhebt Ninive am Ostufer des Tigris zur Hauptstadt von Assyrien (bis 612 v.Chr.).

um 700 v.Chr.
Peru
An der Küste Südperus endet die um 1100 v.Chr. begonnene ältere Phase der Paracas-Kultur. → S. 75

um 700 v.Chr.
Mitteleuropa
Träger der Hallstattkultur, die auf die jüngere Bronzezeit folgende ältere Stufe der mitteleuropäischen Eisenzeit, sind vermutlich bereits keltische Stämme mit einer ausgeprägten gesellschaftlichen Ordnung. → S. 74

um 700 v.Chr.
Griechenland
Der in Böotien lebende griechische Epiker Hesiod schafft in der »Theogonie« die Grundlage der griechischen Mythologie. → S. 76

um 695 v.Chr.
Kleinasien
Das Reich der Phryger wird von den thrakischen Kimmeriern zerstört und verliert für immer seine Bedeutung. → S. 76

690 v.Chr.
Sizilien
Kolonisten von Rhodos und Kreta gründen die Stadt Gela (bis 1927 Terranova) an der Südküste Siziliens.

689 v.Chr.
Mesopotamien
Der assyrische König Sanherib erobert und zerstört Babylon.

683/82 v.Chr.
Athen
Archonten (Mitglieder des Kollegiums der obersten Staatsbeamten) werden erstmals als jähr-lich gewählte Beamte erwähnt. Die ursprünglich vermutlich lebenslängliche Amtszeit war im 8. Jh. auf zehn Jahre festgesetzt worden.

680 v.Chr.
Nordmesopotamien
Unter König Asarhaddon (bis 669 v.Chr.) erreicht das Neuassyrische Reich seine größte Ausdehnung. Er erobert u.a. 671 v.Chr. Ägypten, das bis 656 v.Chr. assyrische Provinz ist.

um 680 v.Chr.
Kleinasien
Gyges wird König von Lydien (bis 652 v.Chr.). Um seinen Regierungsantritt, mit dem die Dynastie der Mermnaden im westlichen Kleinasien zur Herrschaft gelangt, rankt sich eine Reihe sagenhafter Erzählungen. → S. 76

um 665 v.Chr.
Griechenland
Korinth führt Krieg gegen seine Kolonie Kerkyra (Korfu). Es kommt zur ersten bekannten Seeschlacht in der griechischen Geschichte.

664 v.Chr.
Ägypten
Psammetich I. wird von dem assyrischen König Assurbanipal in Sais im Nildelta als Gaufürst eingesetzt. Er befreit 656 v.Chr. Ägypten von der Fremdherrschaft der Äthiopier und Assyrer. Psammetich I. herrscht bis 610 v.Chr. und begründet die 26. Dynastie.

11.2.660 v.Chr.
Japan
Der offiziellen Überlieferung nach begründet Jimmu Tenno das japanische Kaiserreich. Jimmu Tenno gilt als Abkömmling der Sonnengöttin Amaterasu und zugleich als Ahnherr der bis in die Gegenwart herrschenden Kaiser.

660 v.Chr.
Sparta
Der 2. Messenische Krieg beginnt. Am Ende (640 v.Chr.) unterwirft Sparta die Messenier, die zu Heloten (dem Staat hörige Kleinbauern) geknechtet werden. → S. 77

648 v.Chr.
Assyrien
Assurbanipal, König von Assyrien (668-631 v.Chr.) stellt nach vierjährigem Bürgerkrieg gegen seinen Bruder Schamsch-schum-ukin die Reichseinheit wieder her. Ägypten ging während seiner Regierung verloren. → S. 78

646 v.Chr.
Nordmesopotamien
Der assyrische König Assurbanipal erobert Susa (heute Schusch). Das Reich der Elamiter östlich des Tigris (etwa die heutige iranische Provinz Khusestan) verliert seine Unabhängigkeit.

627 v.Chr.
Griechenland
Unter der bis 585 v.Chr. dauernden Tyrannis (adlige Alleinherrschaft) des Periander erreicht Korinth den Höhepunkt seiner Macht. Unter den nach Kypselos, dem Vater des Periander, benannten Kypseliden, die nach dem Sturz der Oligarchie der Bakchiaden von 650 bis 580 v.Chr. die Tyrannis innehatten, wird u.a. die Gründung von Kolonien gefördert.

626 v.Chr.
Babylonien
Der aus dem Aramäerstamm der Chaldäer stammende Nabopolassar wird König von Babylonien (bis 606 v.Chr.). Er erkämpft die Unabhängigkeit Babylonien von der Vorherrschaft der Assyrer.

um 624 v.Chr.
Griechenland
Drakon verfasst das älteste, wegen seiner »drakonischen Härte« sprichwörtlich gewordene Gesetzbuch der Athener. Er ersetzt die private Blutrache durch staatliche Rechtspflege und unterscheidet Mord von Totschlag.

612 v.Chr.
Nordmesopotamien
Im Bündnis mit den Babyloniern erobert Kyaxares, König der Meder (623-584 v.Chr.) nach Assur (614 v.Chr.) auch die assyrische Hauptstadt Ninive. Das assyrische Reich wird zerschlagen und zwischen Medern und Babyloniern aufgeteilt.

609 v.Chr.
Juda
Josia, König von Juda (639-609 v.Chr.) nutzt den Verfall des Assyrischen Reiches aus, um dessen Oberherrschaft abzuschütteln und die Grenzen Judas zu erweitern. Er fällt jedoch im Kampf gegen Pharao Necho II. von Ägypten in der Schlacht bei Megiddo. → S. 79

um 607 v.Chr.
Kleinasien
Alyattes wird König der Lyder (bis 560 v.Chr.), das unter seiner Herrschaft seine größte Ausdehnung erreicht. In Lydien werden die ersten Münzen geprägt, zunächst aus Elektron, einer Legierung aus Gold und Silber. → S. 79

605 v.Chr.
Syrien
In der Schlacht bei Karkemisch am oberen Euphrat besiegt der babylonische Kronprinz Nebukadnezar II. den ägyptischen König Necho II. Unter Nebukadnezar II. (König 605-562 v.Chr.) erreicht das Neubabylonische Reich den Höhepunkt seiner Macht. → S. 80

um 600 v.Chr.
Ägypten
Auf Veranlassung des ägyptischen Königs Necho II. (610-595 v.Chr.) erfolgt die erste Umseglung Afrikas durch Phönikier. Zugleich beginnt der Bau eines Kanals vom Nil zum Roten Meer. → S. 80

um 600 v.Chr.
Griechenland
Unter der Tyrannis von Kleisthenes (um 600-570 v.Chr.) erlebt die Stadt Sikyon auf dem nördlichen Peloponnes eine politische, wirtschaftliche und kulturelle Blütezeit. Kleisthenes fördert den Kult für den griechischen Vegetationsgott Dionysos. → S. 80

um 600 v.Chr.
Griechenland
In Mytilene auf Lesbos wirkt die griechische Lyrikerin Sappho. Sie versammelt einen Kreis junger Mädchen um sich und unterweist sie in der Dichtkunst. → S. 81

um 600 v.Chr.
Südfrankreich
Griechische Kolonisten gründen Massalia (das spätere Marseille).

um 600 v.Chr.
Iran
In Chorasan erfolgt das vermutlich erste Auftreten des altiranischen Religionsstifters Zarathustra (um 630-um 533 v.Chr.). → S. 82

597 v.Chr.
Juda
Der babylonische König Nebukadnezar II. erobert Jerusalem und lässt einen Teil der jüdischen Oberschicht nach Babylonien deportieren.

594/93 v.Chr.
Griechenland
Der athenische Gesetzgeber Solon (um 640-um 560 v.Chr.) wird zum Archon und Schiedsrichter zur Neuordnung des unter sozialen Missständen leidenden Staates gewählt und reformiert die Verfassung von Athen. Damit wird die Teilnahme des Volkes (Demos) an politischen Entscheidungen institutionalisiert. → S. 82

586 v.Chr.
Juda
Der babylonische König Nebukadnezar II. erobert und zerstört bei der Niederschlagung eines Aufstands unter König Zedekia die Stadt Jerusalem und lässt einen Großteil der Juden nach Babylon deportieren. Die sog. Babylonische Gefangenschaft dauert bis 538 v.Chr.

560 v.Chr.
Kleinasien
Kroisus wird König der Lyder (bis 547 v.Chr.). Er festigt die lydische Herrschaft über die griechischen Siedlungen an der Küste.

559 v.Chr.
Persien
Kyros II. der Große wird persischer König (bis 529 v.Chr.). Er begründet die Vormachtstellung der Perser im Vorderen Orient. Er erhebt sich 550 v.Chr. gegen die medische Vorherrschaft und unterwirft Medien; erobert 545 v.Chr. Lydien und bald auch das übrige Kleinasien. → S. 83

547 v.Chr.
Kleinasien
Der Lyder-König Kroisus überschreitet aufgrund eines falsch ausgelegten delphischen Orakelspruchs den Grenzfluss Halys und unterliegt König Kyros II. von Persien. Nach der Niederlage von Kroisos geraten die Griechen Kleinasiens unter persische Herrschaft. → S. 85

546/45 v.Chr.
Griechenland
Der erfolgreiche Heerführer Peisistratos (um 600-528/27 v.Chr.) errichtet nach zwei Machtergreifungen (561/60 und um 558/57 v.Chr.), die keinen Bestand hatten, die Tyrannis in Athen. → S. 84

540 v.Chr.
Italien
Die Etrusker gründen Felsina, das heutige Bologna. Die Herkunft der Etrusker, die vom 8. Jh. v.Chr. bis ins 1. Jh. v.Chr. im westmittelitalienischen Raum zwischen Arno und Tiber ansässig sind, ist bis heute ungeklärt. Bis 600 v.Chr. unterwarfen sie Volksteile der Umbrer und beherrschten Oberitalien.

539 v.Chr.
Babylonien
Der Perserkönig Kyros II., der Große, besiegt Belsazar, den letzten Kronprinzen von Babylon, und gliedert Babylonien Persien ein. Das Ende des seit 626 v.Chr. bestehenden Neubabylonischen Reiches ermöglicht die Rückkehr der Juden aus der Babylonischen Gefangenschaft. → S. 83

538 v.Chr.
Samos
Polykrates errichtet die Tyrannis auf Samos. Er baut ein Söldnerheer auf und unterhält die stärkste Flotte im damaligen Griechenland. An seinem Hof leben die Dichter Anakreon und Ibykos. Der persische Satrap Oroites von Sardeis lässt ihn 522 v.Chr. in Magnesia am Mäander (Kleinasien) ermorden.

535 v.Chr.
Korsika
In der Schlacht bei Alalia besiegen die Karthager gemeinsam mit den Etruskern die griechischen Phokaier. Mit dem Aufstieg des nordafrikanischen Stadtstaates Karthago im Mittelmeerraum endet zugleich die griechische Kolonisation.

Mai 525 v.Chr.
Ägypten
Der persische König Kambyses II. (530-522 v.Chr.) erobert Ägypten. Er ist Nachfolger des 530 v.Chr. im Kampf gegen die Massageten im Ostiran gefallenen Kyros II. 522 stirbt Kambyses II. auf dem Rückmarsch von Ägypten nach Persien. → S. 85

um 525 v.Chr.
Samos
Der schulbildende Philosoph Pythagoras von Samos (um 570-um 497 v.Chr.) wandert nach Kroton (Crotone) in Unteritalien aus. → S. 84

522 v.Chr.
Persien
Dareios I., der Große, besteigt nach seinem Sieg über den Magier Gaumata den Thron (bis 486 v.Chr.).

518 v.Chr.
Persien
Der Perserkönig Dareios I. gründet das sakrale Zentrum Persepolis in Südwestpersien, rd. 60 km nordöstlich von Shiraz (vollendet um 460 v.Chr.). Eigentliche Residenz bleibt Susa.

514 v.Chr.
Athen
Hipparchos, zusammen mit seinem Bruder Hippias seit 528/27 v.Chr. Tyrann von Athen, fällt dem gegen ihn und seinen Bruder unternommenen Mordanschlag der Freunde Harmodios und Aristogeiton zum Opfer. Hippias entgeht dem Anschlag, wird aber 510 v.Chr. von den Athenern und dem König von Sparta, Kleomenes I., vertrieben.

513/12 v.Chr.
Bosporus
Während eines Feldzuges des persischen Königs Dareios I. gegen die Skythen wird die erste Schiffsbrücke über den Bosporus geschlagen. Zwar scheitert der Skythenfeldzug, aber Thrakien und Makedonien werden persische Vasallenstaaten. Das westliche Industal ist bereits seit 518 v.Chr. eine persische Satrapie.

um 509 v.Chr.
Rom
Nach der Abschaffung der Monarchie übernimmt der Adel durch den 300 Mitglieder umfassenden Senat die Führung. → S. 86

508/07 v.Chr.
Athen
Der athenische Staatsmann Kleisthenes, der nach dem Sturz des Tyrannen Hippias 510 v.Chr. in seine Heimat zurückgekehrt ist, setzt eine Reform der Phylen (Stammes- und Staatenverbände) durch. Eine territoriale Neugliederung Attikas in zehn Phylen bricht die Macht der adeligen Sippenverbände. → S. 87

Um 505 v.Chr.
Latium
Die Etrusker verlieren ihre starke Stellung in Mittelitalien. → S. 86

500-251 v.Chr.

500 v.Chr.
Kleinasien
Aristagoras, der Tyrann von Milet, löst den Aufstand der ionischen Griechen gegen den persischen Großkönig Dareios I. aus. Der Ionische Aufstand bricht nach sechs Jahren mangels Unterstützung durch das griechische Mutterland nach der Niederlage der Ionier zur See vor der Insel Lade und der Zerstörung Milets im Jahr 494 v.Chr. zusammen.

497 v.Chr.
China
Der chinesische Philosoph Konfuzius (latinisiert aus Kong Fuzi; 551-479 v.Chr.) verlässt seine Heimat im Staat Lu (in der heutigen Provinz Shandong). Während der Wanderjahre im Exil (bis 483 v.Chr.) werden seine Gedanken von seinen Schülern schriftlich niedergelegt. Sie werden ab dem 2. Jh. v.Chr. zum Konfuzianismus systematisiert.

492 v.Chr.
Griechenland
Der Perser Mardonios, Schwiegersohn des persischen Königs Dareios I., führt einen erfolgreichen Feldzug nach Thrakien und Makedonien.

September 490 v.Chr.
Griechenland
Bei Marathon an der Ostküste von Attika bereiten im Ersten Perserkrieg die Athener unter ihrem Feldherrn Miltiades den Persern unter Dareios I. eine Niederlage. → S. 90

489 v.Chr.
Griechenland
Nach einem erfolglosen Angriff gegen die Insel Paros kehrt der Feldherr Miltiades (*um 550 v.Chr.) schwer verletzt nach Athen zurück. Er wird deshalb zu einer hohen Geldbuße verurteilt, die sein Sohn Kimon aufbringt, nachdem Miltiades am Wundbrand gestorben ist.

488/487 v.Chr.
Athen
Der Politiker Hipparchos wird als Erster aufgrund eines »Scherbengerichts« (Ostrakismos) für zehn Jahre aus Athen verbannt. Die nicht als ehrenrührig geltende und nicht mit Rechts- oder Vermögenseinbuße verbundene Maßregelung eines Bürgers, der angeblich die Gemeinde gefährdete, geht vermutlich bereits auf Kleisthenes zurück. → S. 87

November 486 v.Chr.
Persien
Nach dem Tod von Dareios (seit 522 v.Chr.), der das persische Weltreich begründet hatte, folgt ihm als Großkönig sein Sohn Xerxes I. (bis 465 v.Chr.) nach. → S. 91

485 v.Chr.
Sizilien
Gelon, seit 491 v.Chr. Tyrann von Gela (im Süden von Sizilien), greift auf Seiten der Großgrundbesitzer in die Auseinandersetzungen in Syrakus ein und wird auch dort Tyrann. Er verlegt seine Residenz nach Syrakus und siedelt die halbe Einwohnerschaft seiner Vaterstadt dort an. Unter der Tyrannis der Deinomeniden (Gelon 485-478 v.Chr.; Hieron I. 478-468 v.Chr.; Thrasybulos 468-466 v.Chr.) steigt Syrakus zur größten und führenden Stadt von Sizilien auf.

1.-3. 8. 480 v.Chr.
Griechenland
Das Heer des Perserkönigs Xerxes I., gegen den sich ein Teil der Griechen, vor allem Sparta mit dem Peloponnesischen Bund und Athen, in einem Hellenenbund vereinigt hatten, besiegt das von dem Spartanerkönig Leonidas geführte hellenische Aufgebot an den Thermopylen.

Spätsommer 480 v.Chr.
Sizilien
In der Schlacht bei Himera werden die mit den Persern verbündeten Karthager vom Heer der beiden Tyrannen Gelon von Syrakus und Theron von Agrigent 480 v.Chr. besiegt.

480/479 v.Chr.
Griechenland
Die Griechen schlagen die persischen Invasoren zurück. → S. 93

um 480 v.Chr.
Kleinasien
Der griechische Philosoph Heraklit von Ephesos (etwa 540 oder 544 v.Chr.) stirbt. → S. 92

um 480 v.Chr.
Indien
Der indische Religionsstifter Buddha (Siddhartha Gautama, *560 v.Chr.) stirbt in Kusinara (nach anderen Überlieferungen †um 540 oder 370 v.Chr.). → S. 92

ab ca. 480 v.Chr.
Griechenland
In der griechischen Kunst geht die archaische Epoche in das Zeitalter der Klassik über. → S. 93

479 v.Chr.
Griechenland
Das griechische Heer unter Führung des Spartanerkönigs Pausanias (†um 467 v.Chr.) besiegt das Heer der Perser bei Plataiai in Böotien. Nachdem auch der Rest der persischen Flotte bei Mykale vernichtet worden ist, fallen die Griechen Kleinasiens vom Perserreich ab.

478 v.Chr.
Zypern/Byzantion
Der spartanische Feldherr Pausanias befreit mit einem hellenischen Heer Zypern und Byzantion (Byzanz) von der Herrschaft der Perser. Er wird später verräterischer Beziehung zu Persien und der Verschwörung mit den Heloten bezichtigt und flüchtet in den Tempel der Athene Chalkioikos zu Sparta, wo er eingemauert wird und um 467 v.Chr. verhungert.

477 v.Chr.
Griechenland
Unter Führung Athens wird der 1. Attische Seebund gegründet, ein Kampfbund der Griechen Kleinasiens und der Ägäischen Inseln zur Abwehr neuer persischer Offensiven. → S. 94

472 v. Chr.
Griechenland
Der Tragödiendichter Aischylos (525/524-456/455 v.Chr.) bringt »Die Perser« zur Aufführung. Der oftmalige Sieger im Wettkampf der Tragiker kämpfte auch in den Perserkriegen mit.

um 466 v.Chr.
Kleinasien
Der attische Aristokrat, Politiker und Heerführer Kimon (etwa 510-449 v.Chr.) bezwingt die Perser am Eurymedon und erhebt damit Athen zur Großmacht.

August 465 v.Chr.
Persien
Aufgrund der militärischen Niederlagen gegen die Griechen wird der persische Großkönig Xerxes. I. mit seinem Sohn Dareios vom Führer seiner Leibgarde bei einer Palastrevolte ermordet. Nachfolger wird sein Sohn Artaxerxes I. (bis 424 v.Chr.).

464 v.Chr.
Sparta
Nach der weitgehenden Zerstörung der Stadt durch ein Erdbeben erheben sich die Heloten in Messenien. Der 3. Messenische Krieg endet 459 v.Chr. mit der Kapitulation der Messenier, fördert aber zugleich die Entfremdung zwischen Sparta und Athen, da die Spartaner 462 v.Chr. ein zur Niederschlagung des Aufstands entsandtes athenisches Hilfsheer abweisen.

462 v.Chr.
Athen
Der demokratische athenische Staatsmann Ephialtes entreißt durch eine Verfassungsreform dem Areopag (nur aus ehemaligen Staatsbeamten bestehender Rat und Gerichtshof) seine politischen Zuständigkeiten und überträgt sie auf Volksversammlung, Volksgericht und Rat der Fünfhundert. 461 v.Chr. lassen ihn die Konservativen ermorden.

459 v.Chr.
Griechenland
Kämpfe zwischen Athen und den mit Sparta verbündeten Städten Korinth, Epidaurus, Ägina und Doris lösen den 1. Peloponnesischen Krieg aus (bis 446 v.Chr.). → S. 95

454 v.Chr.
Ägypten
Athens Versuch, Ägypten durch Unterstützung eines Aufstandes vom Perserreich abzutrennen, endet mit der Vernichtung seiner Interventionsstreitkräfte im Nildelta. Der persische Feldherr Megabyzos erobert die Insel Prosopitis, wohin sich die aufständischen Libyer und eine athenische Hilfsflotte zurückgezogen hatten.

um 450 v.Chr.
Mitteleuropa
Die Latènekultur löst die Hallstatt-Zeit ab (bis um 50 v.Chr.). Die nach der schweizerischen Pfahlbaustation La Tène am Nordufer des Neuenburger Sees benannte Kultur prägt die kulturelle Landschaft Mitteleuropas während der letzten vier vorchristlichen Jahrhunderte. → S. 94

um 450 v.Chr.
Rom
Das sog. Zwölftafelgesetz ist die erste schriftliche Aufzeichnung des römischen Rechts auf zwölf ehernen Tafeln und enthält zivil-, straf- und prozessrechtliche Normen. → S. 97

um 450 v.Chr.
Athen
Perikles (um 490-429 v.Chr.) ordnet den Neuaufbau der Akropolis an. Der griechische Bildhauer Phidias (nach 500-vor 423 v.Chr.) führt die Oberaufsicht über Bau- und Bildhauerarbeiten. → S. 96

449 v.Chr.
Susa
Nach einem weiteren Seesieg Athens 450 v.Chr. bei Salamis auf Zypern beendet der vom Athener Kallias und dem Perserkönig Artaxerxes I. ausgehandelte Kalliasfriede die Perserkriege. Zur Abgrenzung der Interessensphären wird u.a. vereinbart, dass kein persisches Schiff in das Ägäische Meer einlaufen darf und die Autonomie der kleinasiatischen Griechenstädte gewahrt bleibt.

446 v.Chr.
Griechenland
Der 1. Peloponnesische Krieg wird beendet. Athen und Sparta sollen für 30 Jahre Frieden halten. Athen verzichtet auf die Festlandsherrschaft, Sparta erkennt im Gegenzug den Attischen Seebund an.

445 v.Chr.
Jerusalem
Der persische König Artaxerxes I. entsendet seinen jüdischen Hofbeamten Nehemia zur Organisation der jüdischen Kultgemeinde nach Jerusalem. Er verbietet die Verehrung anderer Götter neben Jahwe und untersagt den Juden Ehen mit Andersgläubigen.

443 v.Chr.
Rom
Das Amt der Zensur wird eingerichtet. Alle fünf Jahre werden zwei patrizische Zensoren gewählt. Ihnen obliegt vor allem die Aufstellung der Bürgerliste und die Einteilung der Bürger in die Tribus zur Schätzung ihres Vermögens zu Steuerzwecken. Zu den weiteren Befugnissen gehört die Sittenaufsicht.

443 v.Chr.
Athen
Der athenische Politiker Perikles (*um 490 v.Chr.) wird, gestützt auf die Mehrheit in der Volksversammlung, nach der Verbannung des Oligarchen Thukydides fast Alleinherrscher von Athen. Seine Regierungszeit (sog. Perikleisches Zeitalter, bis zu seinem Tod 429 v.Chr.) ist der wirtschaftliche, kulturelle und politische Höhepunkt der Geschichte Athens.

442 v.Chr.
Griechenland
Der Schauspieler und Tragödiendichter Sophokles (um 496-um 406 v.Chr.) bringt sein Schauspiel »Antigone« zur Uraufführung. Sophokles wird wiederholt in hohe Staatsämter in Athen berufen (Schatzmeister 443/42 v.Chr., Stratege neben Perikles 441-439 v.Chr.). → S. 97

431 v.Chr.
Athen
Euripides (um 480-406 v.Chr.), nach Äschylus und Sophokles der größte griechische Tragödiendichter, bringt seine »Medea« zur Aufführung. Von den 92 ihm zugeschriebenen Dramen sind 18 erhalten.

431 v.Chr.
Griechenland
Mit dem Einfall Spartas in Attika beginnt der 2. Peloponnesische Krieg zwischen Sparta und Athen um die Vorherrschaft in Griechenland. Auf Seiten Athens stehen der Attische Seebund, Thessalien und Teile Westgriechenlands, auf Spartas Seite der Peloponnesische Bund, die meisten mittelgriechischen Staaten und die Kolonien Korinths. Athen ist finanziell und zur See, Sparta zu Land überlegen. Der Krieg endet 404 v.Chr. mit der Niederlage Athens.

um 425 v.Chr.
Thurioi
In Unteritalien stirbt der griechische Geschichtsschreiber Herodot (*um 485 v.Chr.). Der »Vater der Geschichtsschreibung« unternahm ausgedehnte Reisen nach Persien, Ägypten, Babylonien, der Cyrenaica und an das Schwarze Meer und verwendete das gesammelte Material in seinen neun Büchern der Geschichte.

vor 423 v.Chr.
Athen
Phidias (*nach 500 v.Chr.), der bedeutendste klassische Bildhauer Athens stirbt. Zu seinen Hauptwerken zählen die Statuen der »Athene Parthenos« und das Kultbild des Zeustempels in Olympia, eines der sieben Weltwunder des Altertums.

423 v.Chr.
Persien
Ein Jahr nach dem Tod von Artaxerxes I. und nachfolgenden Thronwirren wird Dareios II. Großkönig des Perserreiches (bis 404 v.Chr.). Seine Herrschaft ist von Intrigen geprägt.

421 v.Chr.
Griechenland
Mit dem Frieden des Nikias endet auf der Basis des Status quo ante der Archidamische Krieg (seit 431 v.Chr.), die erste Phase des 2. Peloponnesischen Krieges zwischen Athen und Sparta und ihren Verbündeten.

um 420 v.Chr.
Kos
Der griechische Arzt Hippokrates von Kos (um 460-375 v.Chr.) ist auf der Höhe seines Wirkens. Nach Ansicht des »Vaters der Heilkunde« besteht das Wesen einer Krankheit in einer fehlerhaften Mischung der Körpersäfte. → S. 98

413 v.Chr.
Griechenland
Der 2. Peloponnesische Krieg zwischen Sparta und Athen bricht erneut aus (Dekeleisch-Ionischer Krieg 413-404 v.Chr.), als Athen durch die von dem Feldherrn Alkibiades (um 450-404 v.Chr.) veranlasste Expedition nach Sizilien (415-413 v.Chr.) geschwächt ist.

411 v.Chr.
Athen
Der griechische Komödiendichter Aristophanes (um 445-um 385 v.Chr.), von dessen rd. 40 Stücken elf erhalten sind, bringt seine gegen Krieg und politische Weltfremdheit gerichtete Komödie »Lysistrata« zur Aufführung.

405 v.Chr.
Griechenland
Im 2. Peloponnesischen Krieg zwischen Sparta, das seit 412 v.Chr. mit Persien verbündet ist, und Athen vernichtet der Spartaner Lysander (†395 v.Chr.) die letzte athenische Flotte bei Aigospotamoi und zwingt Athen 404 v.Chr. durch Einschließung und Aushungern der Bevölkerung zur Kapitulation.

405 v.Chr.
Syrakus
Angesichts der Bedrohung durch die Karthager wird Dionysios I. von Syrakus (430-367 v.Chr.) zum Feldherrn mit Sondervollmachten gewählt. Er macht sich 403 v.Chr. zum Tyrannen von Syrakus und errichtet die längste und mächtigste Tyrannenherrschaft der Antike. Nach wechselvollen Kämpfen muss er 374 v.Chr. den Karthagern das westliche Drittel der Insel überlassen.

404 v.Chr.
Melissa
Der persische Satrap Pharnabazos lässt auf Betreiben des spartanischen Feldherrn Lysander und der von Sparta in Athen eingesetzten 30 Tyrannen den athenischen Feldherrn Alkibiades (*um 450 v.Chr.) ermorden. Zwar stammte Alkibiades aus altem attischem Adel, jedoch wechselte er mehrfach die Fronten und kämpfte zeitweise für das mit Athen verfeindete Sparta.

403 v.Chr.
Athen
Der demokratische Politiker Thrasybulos (†388 v.Chr.) vertreibt die auf Druck Spartas nach der Kapitulation der Athener eingesetzten 30 Tyrannen und erneuert im Einvernehmen mit Sparta die Demokratie in Athen.

401 v.Chr.
Persien
Der persische König Artaxerxes II. Mnemon besiegt seinen Bruder Kyros, der sich gegen ihn erhoben hat, in der Schlacht bei Kunaxa am Euphrat, nördlich von Babylon. Xenophon von Athen führt unter dem Oberbefehl des Spartaners Cheirisophos die von Kyros angeworbenen griechischen Söldner durch Armenien zurück zur Schwarzmeerküste bei Trapezunt. Er verfasst darüber den Bericht »Anabasis (Der Zug der Zehntausend)«.

399 v.Chr.
Athen
Der griechische Philosoph Sokrates (*469) wird als Jugendverführer angeklagt und muss den tödlichen Schierlingsbecher (Gift) trinken. → S. 99

396 v.Chr.
Italien
Nach langer Belagerung erobert und zerstört der römische Heerführer Marcus Furius Camillus die etruskische Stadt Veji, deren Gebiet Rom einverleibt wird.

18. 7. 387 v.Chr.
Rom
Nach dem Sieg der Kelten an der Allia (einem Nebenfluss des Tiber) erobert ihr Anführer Brennus Rom bis auf das erbittert verteidigte Kapitol und plündert die Stadt. Brennus erzwingt ein hohes Lösegeld (»vae victis!« = »Wehe den Besiegten!«) für den Abzug aus Rom. → S. 99

386 v.Chr.
Sardes
Der spartanische Offizier und Diplomat Antalkidas schließt mit dem Perserkönig Artaxerxes II. einen Frieden zur Beendigung des Korinthischen Kriegs (seit 395 v.Chr.) der Städte Theben (mit Böotien), Athen, Argos, Korinth u.a. gegen Sparta. In deren Verlauf wurde durch den Sieg der von dem Athener Konon geführten persischen Flotte über die Spartaner bei Knidos im Sommer 394 v.Chr. Spartas Seeherrschaft gebrochen. Allen griechischen Staaten wird Autonomie zugesichert, die Griechenstädte Kleinasiens unterstehen den Persern.

um 385 v.Chr.
Athen
Der griechische Philosoph Platon (428/27-348/47 v.Chr.) begründet eine Philosophenschule im Heiligtum des Heros Akademos (Akademie). → S. 98

380 v.Chr.
Ägypten
Nektanebos I. stürzt Nepheritis II., den letzten König der 29. Dynastie, nach nur viermonatiger Amtszeit und begründet die 30. Dynastie (bis 343 v.Chr.). Es ist die Letzte, die über ein unabhängiges Ägypten herrscht.

5. 8. 371 v.Chr.
Leuktra
Der Sieg der von dem böotischen Bundesfeldherrn Epaminondas (um 420-362 v.Chr.) befehligten Thebaner über die Spartaner beendet die von den Persern unterstützte spartanische Vorherrschaft über Griechenland. Erstmals kommt die sog. schiefe Schlachtordnung zur Anwendung. Theben, das 379 v.Chr. den Böotischen Bund gegen Sparta ins Leben gerufen hat, steigt zeitweise zur führenden Macht in Griechenland auf.

367 v.Chr.
Rom
Die Volkstribunen Gaius Lucius Licinius Stolo und L. Sextius Sextinus Lateranus setzen die sog. licinisch-sextinschen Gesetze durch. Es handelt sich um ein Ackergesetz, wonach niemand mehr als 500 Joch Land besitzen soll; ein Beamtengesetz, nach dem einer der beiden römischen Konsuln Plebejer (einfacher Bürger) sein muss, und ein Gesetz, welches die starke Verschuldung der Plebejer beseitigen soll.

362 v.Chr.
Griechenland
In der Schlacht bei Mantineia im östlichen Arkadien besiegen die Thebaner erneut das Herr der Spartaner, jedoch findet der thebanische Heerführer Epaminondas den Tod und die Hegemonie Thebens zerfällt.

um 360 v.Chr.
Korinth
Der griechische Philosoph Diogenes von Sinope (um 412-323 v.Chr.), ein Schüler des Antisthenes, ist der Hauptvertreter der kynischen Philosophie. Er lehrt Kosmopolitismus und Gleichgültigkeit gegen alle äußeren Kulturgüter.

359 v.Chr.
Makedonien
Philipp II. (um 382-336 v.Chr.) wird Regent in Makedonien für Amyntas IV. Er erhebt Makedonien zur Großmacht und schließt alle Griechenstädte des Mutterlandes (außer Sparta) im Korinthischen Bund unter seiner Führung zusammen. 355 v.Chr. nimmt er selbst den Königstitel an.

356 v.Chr.
Ephesos
Einzig um bekannt zu werden, legt Herostratos, ein Bürger von Ephesos, Feuer an den Artemistempel von Ephesos.

356 v.Chr.
Rom
Claudius Marcius Rutilus wird erster plebejischer Diktator. Nach einem Sieg über die Etrusker verweigert ihm jedoch der Senat den fälligen Triumph.

353 v.Chr.
Halikarnassos
Mausolos, Herrscher und zugleich persischer Satrap von Karien (seit 377 v.Chr.), stirbt. Sein von seiner Schwester und Gattin Artemesia als Grabmal in Auftrag gegebenes Mausoleum gilt als eines der sieben Weltwunder der Antike. → S. 102

346 v.Chr.
Pella
Der nach dem athenischen Verhandlungsführer als Friede des Philokrates genannte Vertrag beendet den 356 v.Chr. begonnenen Krieg zwischen Athen und Makedonien, das seine gemachten Eroberungen behält.

344 v.Chr.
Syrakus
Mit Hilfe eines von dem korinthischen Feldherr Timoleon geführten Expeditionskorps wird die Tyrannis des Dionysios II. gestürzt. Dionysios war 367-357 und erneut ab 347 v.Chr. Tyrann von Syrakus.

342 v.Chr.
Makedonien
Der griechische Philosoph Aristoteles von Stageia (384-322 v.Chr.) wird Lehrer des makedonischen Kronprinzen Alexander und begründet um 335 v.Chr. in Athen eine eigene Philosophenschule. → S. 103

341 v.Chr.
Italien
Im ersten Krieg gegen die Samniten, ein zur oskisch-umbrischen Sprachgruppe gehörendes Volk der Italiker in Mittel- und Süditalien, kommt Rom der Stadt Capua zur Hilfe. Im ersten Latinerkrieg (340-338 v.Chr.) gegen die meisten Latinerstädte dehnt Rom seinen Einfluss bis nach Kampanien aus.

2. 8. 338 v.Chr.
Griechenland
Nach Abschluss eines Freundschaftsvertrages mit Persien (343 v.Chr.) besiegt König Philipp II. von Makedonien in der Schlacht von Chaironeia im westlichen Böotien die verbündeten Athener und Thebaner. Dies ist das Ende der politischen Eigenständigkeit der griechischen Stadtstaaten.

Sommer 336 v.Chr.
Aigai
König Philipp II. von Makedonien fällt während der Hochzeit seiner Tochter Kleopatra mit Alexander von Epeiros einem Attentat zum Opfer. Seine Nachfolge tritt sein Sohn Alexander III. der Große (*356-13. 6. 323 v.Chr.) an.

Herbst 336 v.Chr.
Korinth
Der makedonische König Alexander III., der Große, lässt sich als Führer (Hegemon) eines makedonischen-griechischen Heeres für einen Rachefeldzug gegen die Perser ausrufen.

Herbst 335 v.Chr.
Griechenland
Nach einem erfolgreichen Feldzug gegen Thraker und Illyrer an der makedonischen Nordgrenze und der Niederschlagung verschiedener Aufstände in Griechenland lässt der makedonische König Alexander III. die Stadt Theben bis auf die Kultstätten und das Haus des Lyrikers

Pindar (um 518-nach 446 v.Chr.) zerstören. Athen bleibt unbehelligt, obwohl die Stadt die Auslieferung des Makedonien-Gegners Demosthenes (384-322 v.Chr.) verweigert.

November 333 v.Chr.
Issos
Nach seinem Sieg über die Perser in der Schlacht am Granikos (Mai 334 v.Chr.) besiegt der makedonische König Alexander III., der Große, erneut das Heer des persischen Großkönigs Dareios III. → S. 104

November 332 v.Chr.
Ägypten
Nach der Eroberung und Zerstörung von Tyros (August 332 v.Chr.) zieht Alexander III. glanzvoll in Memphis ein und gründet im Januar 331 Alexandria an der westlichen Mündung des Nils.

1. 10. 331 v.Chr.
Gaugamela
Alexander III. besiegt entscheidend den persischen Großkönig Dareios III., der im Juli 330 durch einen Thronrivalen ermordet wird. Alexander erobert 330-327 v.Chr. die ostiranischen Provinzen und vermählt sich mit der baktrischen Prinzessin Roxane. Er führt sein Heer 327-325 v.Chr. bis an den Indischen Ozean.

326 v.Chr.
Indien
Alexander III. erreicht mit seinen erschöpften Truppen den Hyphasis (Beas, Fluss im Pandschab-Gebiet), wo seine Soldaten den Weitermarsch zum Ganges verweigern. Im Sommer 325 v.Chr. erreicht Alexander den Indischen Ozean und tritt dann den Rückmarsch an.

um 325 v.Chr.
Nordeuropa
Der griechische Seefahrer und Geograf Pytheas aus Massalia (Marseille) bereist die Atlantikküste Frankreichs entlang nach Britannien und fährt dann in die Deutsche Bucht und nach Norwegen.

13. 6. 323 v.Chr.
Babylon
Der makedonische König Alexander III., der Große, stirbt an Fleckfieber. Er hinterlässt das größte Reich in der Geschichte der Alten Welt. → S. 106

322 v.Chr.
Indien
Tschandragupta Maurya löst die Nanda-Dynastie ab, erobert ganz Nordindien und das Dekan-Hochland und besetzt nach einem Vertrag mit Seleukos I. Nikator 305 v.Chr. die griechisch-makedonischen Eroberungen bis nach Afghanistan. → S. 106

Herbst 322 v.Chr.
Griechenland
Der Versuch Athens, nach dem Tod von Alexander III., dem Großen, die politische Unabhängigkeit wiederzugewinnen, wird von dem makedonischen Statthalter (ab 321 v.Chr. Reichsverweser) Antipater (†319) militärisch niedergeworfen.

321 v.Chr.
Makedonien
Die Diadochen (Nachfolger) des Makedonenherrschers Alexanders III. kämpfen um die Macht. In den bis 281 v.Chr. andauernden Diadochenkriegen zerfällt das Reich in fünf Einzelmonarchien. Die legitimen und illegitimen Nachkommen Alexanders werden in den folgenden Jahren ermordet.

321 v.Chr.
Italien
Nach der Niederlage gegen die Samniten bei Caudium im 2. Samnitenkrieg (326-304 v.Chr.) muss sich das römische Heeresaufgebot dem Kaudinischen Joch beugen: Freier Abzug wird nur gewährt gegen die Annahme eines günstigen Friedens, die Stellung von Geiseln und den Durchzug unter einem Joch, was als Zeichen völliger Unterwerfung gilt.

317 v.Chr.
Syrakus
Der Emporkömmling Agathokles (360-298 v.Chr.) macht sich durch einen Staatsstreich zum Tyrannen von Syrakus. Er nimmt 304 v.Chr. den Königstitel an. Agathokles besiegt 310 v.Chr. die Karthager bei Tunis. Seine Absicht, durch eine Hegemonie über Unteritalien ein griechisches Großreich zu gründen, kann er jedoch nicht verwirklichen.

312 v.Chr.
Rom
Die Via Appia von Rom nach Capua wird von dem römischen Zensor (Magistratsbeamten) Appius Claudius Caecus als die erste größtenteils gepflasterte Straße begonnen und 267 v.Chr. über Benevent und Tarent nach Brindisi verlängert.

306 v.Chr.
Griechenland
Der makedonische Feldherr Antigonos I. Monophthalmos (um 382-301 v.Chr.) nimmt den Königstitel von Makedonien an, ebenso Demetrios I. Poliorketes (336-283 v.Chr.) als sein Mitregent. 305 erheben sich auch die übrigen Diadochen zu Königen: Ptolemaios I. Soter (vor 360-283 v. Chr; Ägypten), Lysimachos (um 361-281 v.Chr.; Thrakien) und Seleukos I. Nikator (um 358-281 v.Chr.; Babylonien).

306 v.Chr.
Athen
Der griechische Philosoph Epikur von Samos (341-270 v.Chr.) gründet eine Schule (in einem Garten, daher »Gartenphilosophen«). Philosophie ist ihm vor allem Anleitung zu rechter Lebensführung (Ethik), er lehrt ein Leben des klugen, zurückgezogenen Lebensgenusses (Epikuréismus).

304 v.Chr.
Italien
Der zweite Krieg Roms gegen die Samniten (seit 326 v.Chr.) wird durch einen Kompromissfrieden beendet, der Kampanien unter römischem Einfluss belässt.

301 v.Chr.
Anatolien
Während des vierten Diadochenkrieges (302-301 v.Chr.) wird in der Schlacht bei Ipsos der makedonische König Antigonos I. Monophthalmos besiegt. Er hatte versucht, den 338 v.Chr. begründeten Korinthischen Bund wieder zu beleben. Sein Mitregent Demetrios I. Poliorketes kann entkommen und setzt den Kampf fort. Der thrakische König Lysimachos gewinnt darauf Kleinasien, Seleukos I. Nikator Syrien und Kassander kämpft um die Macht in Makedonien.

April 300 v.Chr.
Syrien
Seleukos I. Nikator gründet Antiochia (das heutige Antakya) am Orontes als Hauptstadt des Seleukidenreiches. Es wird eine der bedeutendsten Städte des Altertums.

300 v.Chr.
Rom
Durch die sog. Lex Ogulnia werden die Plebejer auch zu Priesterämtern (pontifices, augures) zugelassen. Zuvor waren ihnen bereits die Ämter des Diktators (356 v.Chr.), des Zensors (351 v.Chr.) und des Prätors (337 v.Chr.) geöffnet worden.

um 300 v.Chr.
Alexandria
Der griechische Mathematiker Euklid wirkt in Alexandria. In den »Elementen« fasst er in 13 Büchern das mathematische Wissen seiner Zeit systematisch zusammen. → S. 106

um 300 v.Chr.
Nordamerika
Im Ohiogebiet entsteht die indianische Hopewell-Kultur (bis 300 n.Chr.). → S. 107

297 v.Chr.
Kleinasien
Zipoites (327/26-280/79 v.Chr.), der Fürst von Bithynien (im nördlichen Kleinasien), macht sich vom Diadochenherrscher Lysimachos unabhängig und errichtet ein Königreich. Es fällt 74 v.Chr. testamentarisch an Rom und wird römische Provinz.

295 v.Chr.
Italien
Im dritten Samnitenkrieg (298-290 v.Chr.) besiegen die Römer das Heer der Etrusker, Samniten und Kelten in der Schlacht bei Sentinum in Umbrien.

294 v.Chr.
Makedonien
Nach internen Machtkämpfen wird Demetrios I. Poliorketes vom Heer zum König von Makedonien ausgerufen. Er wird 287 v.Chr. vertrieben und stirbt 283 v.Chr. in der Gefangenschaft des Seleukos I. Nikator in Apameia, begründet jedoch die Herrschaft der Antigoniden in Makedonien.

290 v.Chr.
Italien
Rom beendet den dritten Samnitenkrieg (298-290 v.Chr.) siegreich. Die zentralitalienischen

Stämme werden in den römischen Herrschaftsbereich eingegliedert und leisten Heeresfolge.

287 v.Chr.
Rom
Mit der Lex Hortensia erhält die Plebs, die Masse der römischen Bürger, die politische Gleichberechtigung. Der Beschluss der Versammlung der Plebejer, das Plebiszit, ist bindendes Gesetz.

282 v.Chr.
Kleinasien
Philetairos begründet in Pergamon ein selbstständiges Fürstentum. Es steht zunächst in Abhängigkeit von den Seleukiden, wird aber unter Attalos I. (241-197 v.Chr.) zum Königreich erhoben. Das Pergamenische Reich gelangt 133 v.Chr. durch Erbschaft an Rom.

282 v.Chr.
Italien
Der Sieg eines römischen Heeres über die keltischen Bojer und die Etrusker am Vadimonischen See beendet den seit 285 v.Chr. geführten Keltenkrieg. Die keltischen Stämme verlassen Italien und ziehen nach dem Donauraum und nach Griechenland.

281 v.Chr.
Kleinasien
In Persien endet das Zeitalter der Diadochenkämpfe. → S. 108

281 v.Chr.
Kleinasien
Mithridates I. erhebt sich zum König (bis 266 v.Chr.) von Pontos (im nördlichen Kleinasien). Das Land wird später römischer Klientelstaat und römische Provinz.

280 v.Chr.
Tarent
König Pyrrhos, König der Molosser, landet in Süditalien und nimmt den Kampf gegen Rom auf. → S. 107

um 280/79 v.Chr.
Ägypten
Auf der Insel Pharos vor Alexandria errichtet Sostratos den rd. 136 m hohen Leuchtturm. Er gilt als eines der sieben Weltwunder. Im 14. Jh. wird er bei einem Erdbeben zerstört.

275 v.Chr.
Kleinasien
In der Elefantenschlacht besiegt der Seleukidenherrscher Antiochos I. Soter (324/23-261 v.Chr.) die in Kleinasien eingedrungenen Galater und weist ihnen in Phrygien Land zu. Ihre Hauptstadt wird Ankyra (das heutige Ankara).

275 v.Chr.
Syrakus
Hieron II. (um 306-215 v.Chr.) macht sich zum Tyrannen und 269 v.Chr. zum König von Syrakus (bis 215 v.Chr.). Nach anfänglichem Sympathisieren mit Karthago im 1. Punischen Krieg stellt er sich auf Roms Seite und sichert Syrakus im Frieden von 241 v.Chr. die Fortdauer seiner Selbstständigkeit.

272 v.Chr.
Griechenland
Der Versuch von Pyrrhos, König der Molosser, nach seinem Scheitern gegen die Römer die Herrschaft über Griechenland zu erringen, schlägt fehl. Im Kampf gegen den mit Sparta verbündeten Makedonenherrscher Antigonos II. Gonatas (um 319-239 v.Chr.) fällt Pyrrhos beim Straßenkampf in Argos.

271 v.Chr.
Syrien
Der 1. Syrische Krieg (274-271 v.Chr.) zwischen dem Seleudikenherrscher Antiochos I. und Ptolemaios II. von Ägypten bestätigt Ptolemaios im Besitz von Südsyrien und seiner Eroberungen in Kleinasien.

268 v.Chr.
Indien
Der indische Maurya-Kaiser Aschoka (um 290-232 v.Chr.) einigt Indien erstmals in seiner Geschichte. → S. 109

267 v.Chr.
Italien
Nach der Eroberung von Brundisium (Brindisi) durch die Römer und der Unterwerfung von Kalabrien ist die gesamte italienische Adriaküste unter römischer Herrschaft.

264 v.Chr.
Sizilien
Der 1. Punische Krieg (bis 241 v.Chr.) zwischen den Römern und den Karthagern (Puniern) um die Vorherrschaft im westlichen Mittelmeerraum beginnt mit dem römischen Eingreifen in Messina zugunsten der Mamertiner. Hieron II. von Syrakus steht anfangs auf karthagischer Seite, tritt jedoch bald zu den Römern über.

264 v.Chr.
Rom
Erstmals werden im Rahmen einer Beisetzung öffentliche Fechterspiele nach der Art der Etrusker abgehalten. Schauplatz der Kämpfe der Gladiatoren (nach lat. gladius, Schwert) ist der Rindermarkt (forum boarium).

261 v.Chr.
Sizilien
Im 1. Punischen Krieg (264-241 v.Chr.) wird die Stadt Agrigent von den Römern erobert und geplündert, 254 v.Chr. jedoch von den Karthagern zurückgewonnen. 250 v.Chr. siegten die Römer in der Schlacht bei Panormus (Palermo).

260 v.Chr.
Italien
Im 1. Punischen Krieg (264-241 v.Chr.) besiegt die neu geschaffene römische Flotte bei Mylae (westlich von Messina) durch Einsatz von Enterbrücken eine karthagische Flotte. Eine römische Landung in Afrika 256/55 v.Chr. misslingt jedoch.

250-101 v.Chr.

um 248 v.Chr.
Alexandria
Der griechische Gelehrte und Dichter Eratosthenes aus Kyrene (um 275-195 v.Chr.) wird Leiter der Bibliothek von Alexandria. Er begründet die Chronologie und berechnet annähernd richtig den Umfang der Erdkugel aus den Sonnenhöhen an zwei Punkten des gleichen Meridians.

247 v.Chr.
Persien
Die seleukidische Satrapie Parthava im östlichen Iran wird von den iranischen Parthern erobert. Ihr König Arsakes (bis 217 v.Chr.) begründet die Dynastie der Arsakiden; die erste Hauptstadt wird Nisa.

247 v.Chr.
Ceylon (Sri Lanka)
Der buddhistische Mönch Mahinda, ein Sohn des indischen Königs Aschoka, bekehrt die Einwohner der Insel zum Buddhismus.

246 v.Chr.
Ägypten
Ptolemaios II. Philadelphos, König von Ägypten, stirbt. Er förderte Künste und Wissenschaften und machte Alexandria zu einem Zentrum der hellenistischen Welt. Neuer König wird Ptolemaios III. Euergetes (bis 222 v.Chr.), unter dessen Nachfolgern das Ptolemäer-Reich zerfällt. → S. 109

10. 3. 241 v.Chr.
Sizilien
Die Seeschlacht bei den Ägadischen Inseln entscheidet den 1. Punischen Krieg (264-241 v.Chr.) für Rom. Die Karthager verlieren Sizilien und die umliegenden Inseln. Sizilien wird römische Provinz bis auf die Ostküste mit Syrakus als Zentrum.

241 v.Chr.
Kleinasien
Attalos I. Soter (269-197 v.Chr.) wird König von Pergamon. In seiner Regierungszeit kommt wegen einer Ausfuhrsperre des Papyrus-Schreibmaterials durch die Ptolemäer in Ägypten das Pergament als Schreibstoff von Pergamon aus in Umlauf.

240 v.Chr.
Rom
Der aus Tarent gebürtige Dichter Lucius Livius Andronicus (um 284-um 204 v.Chr.) legt durch die Nachdichtung griechischer Tragödien und Komödien die Grundlagen der lateinischen Literatur.

237 v.Chr.
Rom/Karthago
Die seit dem 5. Jh. v.Chr. in karthagischem Besitz befindlichen Mittelmeerinseln Sardinien und Korsika müssen an die Römer abgetreten werden.

227 v.Chr.
Rom
Durch eine Verwaltungsreform werden in den Provinzen Sizilien und Sardinien-Korsika Prätoren als Statthalter eingesetzt und feste Steuerabgaben auf den Ernteertrag (10%) und den Hafenumschlag (5%) festgesetzt.

226 v.Chr.
Rom/Karthago
Durch ein Vertrag wird der Ebro zur Grenze zwischen dem römischen und dem karthagischen Einflussgebiet in Spanien.

223 v.Chr.
Rhodos
Der Koloss von Rhodos, eine etwa 32 m hohe Bronzestatue des Sonnengottes Helios, von Chares von Lindos um 285 v.Chr. erbaut, stürzt bei einem Erdbeben ein.

222 v.Chr.
Italien
Durch den Sieg über die Insubrer bei Clastidium südlich des Po und der Eroberung von Mediolanum (Mailand) beenden die Römer den Keltenkrieg (seit 225 v.Chr.) siegreich.

221 v.Chr.
China
Fürst Zheng von Qin nimmt den Titel Shih-Huang-ti (Erster Kaiser) an. Er begründet die kurzlebige Qin-Dynastie (bis 206 v.Chr.) und wird zum eigentlichen Gründer des Chinesischen Reichs. → S. 108

Frühjahr 218 v.Chr.
Spanien
Der 2. Punische Krieg (218-201 v.Chr.) zwischen den Römern und den Karthagern (Puniern) beginnt. Der karthagische Feldherr Hannibal (247/246-183 v.Chr.) überschreitet den Ebro, überquert die Alpen und dringt in Italien ein.

August 216 v.Chr.
Italien
Im 2. Punischen Krieg (218-201 v.Chr.) besiegt der karthagische Feldherr Hannibal bei Cannae ein römisches Heer. Er kann jedoch Rom nicht einnehmen und die latinischen Bundesgenossen nicht zum Abfall von Rom bringen. → S. 110

212 v.Chr.
Sizilien
Im 2. Punischen Krieg (218-201 v.Chr.) erobert der römische Feldherr Marcus Claudius Marcellus († 208 v.Chr.) Syrakus, das nach dem Tod von König Hieron II. im Jahr 215 auf karthagische Seite übergetreten war. Der griechische Mathematiker Archimedes (*um 285 v.Chr.) wird von römischen Soldaten erschlagen. → S. 111

208 v.Chr.
Vietnam
In chinesischen Schriften wird das Gebiet mit dem Namen Viêt (»Land im Süden«, also südlich von China) erstmals genannt. Die Vietnamesen gehören zu den indonesischen Völkern und bleiben ein Teil des chinesischen Kulturkreises. Von 111 v.Chr. bis 939 n.Chr. ist Vietnam chinesische Provinz.

206 v.Chr.
China
Der Bauernrebell Liu Bang beseitigt die seit 221 v.Chr. bestehende Qin-Dynastie und begründet die Han-Dynastie, die bis 22 n.Chr. Bestand hat. → S. 112

205 v.Chr.
Griechenland
Philipp V. (238-179 v.Chr.), König von Makedonien 221-179 v.Chr., der 215 v.Chr. ein Bündnis mit Karthago geschlossen hat, wird von den Römern im 1. Makedonischen Krieg (seit 215) mit Hilfe einer griechischen Staatenkoalition besiegt. Er behält jedoch seine Machtstellung.

202 v.Chr.
Nordafrika
Im 2. Punischen Krieg (218-201 v.Chr.) besiegt der römische Feldherr Publius Cornelius Scipio Africanus Maior (235-183 v.Chr.), der 204 v.Chr. von Spanien nach Afrika übergesetzt ist, den karthagischen Feldherrn Hannibal in der Schlacht bei Zama.

201 v.Chr.
Rom/Karthago
Der 2. Punische Krieg (218-201 v.Chr.) ist beendet. Aufgrund des Friedensschlusses wird die karthagische Flotte bis auf zehn Schiffe verbrannt. 1000 Talente Kriegsentschädigung müssen an Rom bezahlt werden, Karthago muss den größten Teil seiner afrikanischen Besitzungen aufgeben und jede Selbstverteidigung ist ohne römische Zustimmung untersagt. → S. 110

197 v.Chr.
Makedonien
Der Sieg des römischen Feldherrn Titus Quinctius Flaminius bei Cynoscephalae in Thessalien über den makedonischen König Philipp beendet den 2. Makedonischen Krieg (seit 200 v.Chr.). Er hatte begonnen, als Philipp die ägäischen Besitzungen der Ptolemäer einnehmen wollte. Mit seiner Niederlage endet die makedonische Hegemonie in Griechenland. → S. 112

197 v.Chr.
Spanien
Die römischen Gebiete werden in die Provinzen Hispania ulterior (Baetica) im Süden und Hispania citerior im Norden geteilt.

196 v.Chr.
Griechenland
Der römische Konsul Titus Quinctius Flaminius erklärt bei den Isthmischen Spielen in Korinth nach dem römischen Sieg über Makedonien die griechischen Staaten für unabhängig. → S. 112

190 v.Chr.
Kleinasien
Bei Magnesia westlich von Sardes besiegt ein römisches Heer unter Lucius Cornelius Scipio den Seleukidenherrscher Antiochos III. (243/42-187 v.Chr.). → S. 112

188 v.Chr.
Kleinasien
Der Friede von Apameia in Phrygien beendet den Krieg zwischen dem Seleukidenherrscher Antiochos III., dem Großen, und Rom. Antiochos tritt das seleukidische Gebiet in Kleinasien an Pergamon und Rhodos ab, zahlt 15 000 Talente in zwölf Jahresraten und liefert seine Kriegsflotte bis auf zehn Schiffe aus.

186 v.Chr.
Rom
Ein Beschluss des Senats verbietet wegen zunehmender Üppigkeit und Ausschweifungen private Kultvereinigungen für den Weingott Bacchus (Dionysos). → S. 113

184 v.Chr.
Rom
Der Dichter Titus Maccius Plautus (*um 250 v.Chr.) stirbt. Seine Komödien, davon 21 erhaltene, sind Bearbeitungen griechischer Vorlagen unter Anpassung an römische Verhältnisse. → S. 113

183 v.Chr.
Bithynien
Der karthagische Feldherr und Staatsmann Hannibal (*247/246 v.Chr.) nimmt sich das Leben. Er war nach der Niederlage gegen die Römer 195 v.Chr. zum Seleukidenherrscher Antiochos III. geflohen und hatte nach dessen Niederlage bei Magnesia 190 v.Chr. Asyl bei Prusias I., König von Bithynien (um 230-182 v.Chr.), gefunden. Doch auch dort verlangten römische Gesandte seine Auslieferung.

um 180 v.Chr.
Pergamon
In der Zeit seiner Herrschaft stiftet Eumenes II. Soter, König von Pergamon (197-159 v.Chr.), den Pergamon-Altar. → S. 115

um 171 v.Chr.
Parthien
Mithridates I. wird König von Parthien (bis 139/38 v.Chr.) und macht Parthien zur Großmacht im alten Orient. Bis 141 v.Chr. erobert er fast ganz Mesopotamien.

169 v.Chr.
Jerusalem
Der Seleukidenkönig Antiochos IV. raubt den Tempelschatz und löst den Makkabäeraufstand aus. → S. 114

21. 6. 168 v.Chr.
Makedonien
Der 3. Makedonische Krieg (seit 171 v.Chr.) endet mit dem vollständigen Sieg der Römer in der Entscheidungsschlacht bei Pydna in Makedonien gegen den letzten makedonischen König (179-169 v.Chr.) Perseus und dessen Gefangennahme. Das Königreich Makedonien wird in vier Republiken geteilt und nach einem gescheiterten Aufstand 148 v.Chr. römische Provinz.

168 v.Chr.
Ägypten
Im sog. Diktat von Eleusis zwingt der römische Konsular Gaius Popillius Laenas den in Ägypten

eingefallenen Seleukidenherrscher Antiochos IV. Epiphanes (König 175–163 v.Chr.) zur Räumung Ägyptens. Damit enden die sechs sog. Syrischen Kriege (seit 274 v.Chr.) zwischen den Seleukiden und den Ptolemaiern um den Besitz von Palästina, Syrien und Kilikien (Landschaft im östlichen Kleinasien um das heutige Adana).

150 v.Chr.
Nordafrika
Der Numiderkönig Massinissa (um 238-148 v.Chr.) erobert als Bundesgenosse Roms die Stadt Thugga (Dougga). Weil sich Karthago ohne Erlaubnis Roms zur Wehr setzt, nimmt Rom dies als Anlass für den 3. Punischen Krieg (bis 146 v.Chr.).

146 v.Chr.
Nordafrika
Am Ende des von Rom aus Furcht vor dem Wiederaufstieg Karthagos herbeigeführten 3. Punischen Krieges (149–146 v.Chr.) wird Karthago endgültig von Publius Cornelius Scipio Aemilianus Africanus Minor (185-129 v.Chr.) erobert und zerstört. → S. 115

146 v.Chr.
Griechenland
Korinth, die wichtigste Stadt des Achäischen Bundes, wird von den Römern zerstört, seine Bevölkerung wird getötet oder versklavt. → S. 114

Sommer 133 v.Chr.
Spanien
Nach zehnjährigem Krieg gegen keltisch-iberische Stämme (Keltiberer) erobert Publius Cornelius Scipio Aemilianus Africanus Minor die Stadt Numantia am Oberlauf des Duero (heute Muela de Garray bei Soria), die daraufhin dem Erdboden gleichgemacht wird.

133 v.Chr.
Rom
Gegen den Widerstand des Senats und der Latifundienbesitzer wird auf Initiative des Volkstribunen Tiberius Sempronius Gracchus (162-133 v.Chr.) eine Landreform verkündet, die auf eine Neuverteilung des großenteils in den Händen der adligen Großgrundbesitzer befindlichen Gemeindelandes (ager publicus) abzielt. Gracchus wird im ausbrechenden Straßenkampf von Senatoren erschlagen. → S. 117

um 130 v.Chr.
Milo
Auf der Kykladeninsel Milo formt ein Bildhauer den Körper der Liebesgöttin Aphrodite. → S. 116

129 v.Chr.
Rom
Durch ein Gesetz werden die römischen Senatoren zum Austritt aus den Ritterzenturien gezwungen. Neben dem Senatorenstand (ordo senatarius) entwickelt sich der Ritterstand (ordo equester).

123 v.Chr.
Rom
Als Pontifex Maximus (Oberster Priester) verfasst Publius Mucius Scaevola (†um 115 v.Chr.) die »Annales maximi« (Annalen der Pontifices) und begründet mit der ersten systematischen Darstellung des römischen Zivilrechts die römische Rechtswissenschaft.

122 v.Chr.
Spanien
Die Balearen werden von den Römern erobert und der Verwaltung der Provinz Hispania citerior unterstellt. Die Kolonie Palma auf Mallorca wird gegründet.

121 v.Chr.
Gallien
Ein Jahr nach der Gründung des Kastells Aquae Sextiae (heute Aix-en-Provence) gründen die Römer die Provinz Gallia Narbonensis (Provence).

121 v.Chr.
Rom
Als die nochmalige Wiederwahl des Gaius Sempronius Gracchus (153-121 v.Chr.) als Volkstribun scheitert, kommt es in Rom zu Tumulten. Etwa 3000 seiner Anhänger kommen ums Leben. Auch Sempronius, der die Reformpolitik seines älteren Bruders Tiberius Gracchus fortsetzen wollte, findet den Tod.

120 v.Chr.
Kleinasien
Mithridates VI. Eupator (132-63 v.Chr.) wird König von Pontos im nördlichen Kleinasien (bis 63 v.Chr.). Er dehnt seinen Herrschaftsbereich zeitweise bis an die nördliche Schwarzmeerküste aus.

114 v.Chr.
Rom
Unter dem Vorwurf der Unzucht werden drei Vesta-Priesterinnen (Vestalinnen) zum Tode verurteilt und lebendig begraben.

113 v.Chr.
Rom
Bei Noreia (vermutlich in der Nähe des österreichischen Ortes Neumarkt in der Steiermark) wird ein römisches Heer unter Führung von Gnaeus Papirius Carbo von den Kimbern und Teutonen besiegt. Anschließend fallen sie im südlichen Gallien ein, wo sie den Römern 109 v.Chr. im Norden der Provinz Gallia Narbonensis erneut eine Niederlage zufügen.

6. 10. 105 v.Chr.
Rom
Kimbern und Teutonen besiegen die Römer in der Schlacht bei Arausio (Orange) an der Rhône. → S. 117

105 v.Chr.
Nordafrika
Der römische Feldherr Gaius Marius (158 oder 157-86 v.Chr.) besiegt den numidischen König Jugurtha (nach 160-104 v.Chr.) und beendet damit den sog. Jugurthinischen Krieg (seit 111 v.Chr.). Jugurtha wird nach Rom gebracht, im Triumphzug mitgeführt und anschließend erdrosselt.

104 v.Chr.
Rom
Der römische Konsul Gaius Marius setzt die nach ihm benannte Heeresreform durch, womit u.a. erstmals auch besitzlose römische Bürger (Proletarier) als Legionäre für die Armee rekrutiert werden.

30. 7. 101 v.Chr.
Italien
Der römische Feldherr Gaius Marius besiegt die Kimbern in der Schlacht auf den Raudischen Feldern (campi Raudii) bei Vercelleae in Oberitalien. 102 v.Chr. hatte Marius bereits die Teutonen und Ambronen bei Aquae Sextiae (Aix-en-Provence) besiegt. Die Gefahr für Rom ist gebannt.

100-1 v.Chr.

96 v.Chr.
Nordafrika
Die altgriechische Handelsstadt Kyrene fällt testamentarisch an Rom.

91 v.Chr.
Italien
Aus Protest gegen die Verweigerung des vollen Bürgerrechts durch den römischen Senat erheben sich die minderberechtigten italischen Verbündeten gegen Rom. Der Bundesgenossenkrieg wird 88 v.Chr. durch den Sieg des römischen Feldherrn Lucius Cornelius Sulla (138-78 v.Chr.) beendet. Alle Italiker südlich des Po erhalten das römische Bürgerrecht.

88 v.Chr.
Ephesos
Im 1. Mithridatischen Krieg (89-85 v.Chr.) erobert König Mithridates VI. Eupator von Pontos Bithynien und die römische Provinz Asia und lässt 80 000 in Kleinasien lebende Römer hinrichten (»Vesper von Ephesos«). Athen, Sparta und andere griechische Städte stellen sich auf seine Seite. Der römische Feldherr Lucius Cornelius Sulla zwingt im Sommer 85 v.Chr. Mithridates zum Frieden. → S. 116

88 v.Chr.
Rom
Der Volkstribun Publius Sulpicius Rufus erhebt sich mit Unterstützung der Ritterschaft und Hilfe des Feldherrn Gaius Marius gegen den Senat und den Feldherrn Lucius Cornelius Sulla. Als der Oberbefehl gegen König Mithradates VI. Eupator von Pontos an Marius übertragen werden soll, obgleich dieser Sulla zusteht, führt Sulla erstmals ein römisches Heer gegen Rom und zwingt Marius zur Flucht.

87 v.Chr.
Rom
Nach der Abreise des Feldherrn Lucius Cornelius Sulla in den Osten kehrt dessen im Vorjahr vertriebener Gegner Gaius Marius nach Rom

zurück. Unter Führung des Konsuls Lucius Cornelius Cinna (um 130-84 v.Chr.) haben in Rom die Popularen die Macht. Sie stützen sich auf das Volk und zunächst auch auf die Ritterschaft und wenden sich gegen den Führungsanspruch der Senatsmehrheit, insbesondere der Optimaten.

84 v.Chr.
Italien
Lucius Cornelius Cinna, seit 87 v.Chr. Konsul in Rom, wird bei einer Meuterei von Soldaten erschlagen, als er in Ancona ein Heer gegen den römischen Feldherrn Lucius Cornelius Sulla einschiffen will.

83 v.Chr.
Kleinasien
Tigranes I. (um 121-56 v.Chr.), König von Armenien (94-56 v.Chr.), besetzt das nördliche Syrien und Kappadokien (im östlichen Kleinasien) und gründet Tigranokerta am Nikephorius in Armenien. Als Verbündeter und Schwiegersohn von Mithridates VI. Eupator von Pontos gerät er in Konflikt mit Rom und unterwirft sich 66 v.Chr. dem römischen Feldherrn Gnaeus Pompeius Magnus (106-48 v.Chr.).

82 v.Chr.
Rom
Der römische Feldherr Lucius Cornelius Sulla kehrt nach seinem erfolgreichen Kampf gegen Mithradates VI. Eupator von Pontos nach Rom zurück und beendet gewaltsam die Macht der Popularen. → S. 119

79 v.Chr.
Rom
Lucius Cornelius Sulla tritt vom Amt des Diktators zurück. Er siedelt auf sein Landgut in Kampanien über, wo er im folgenden Jahr stirbt.

73 v.Chr.
Italien
Der Thraker Spartacus entflieht aus der Gladiatorenschule von Capua und schart ein Sklavenheer um sich. Nach anfänglichen Erfolgen wird er vom römischen Feldherrn Marcus Licinius Crassus (um 115-53 v.Chr.) zur Südspitze Italiens abgedrängt und 71 v. Chr. bei Potelia besiegt. 6000 Sklaven werden an der Via Appia gekreuzigt. → S. 119

72 v.Chr.
Spanien
Der römische Feldherr Gnaeus Pompeius Magnus besiegt den römischen Ritter Quintus Sertorius (um 123-72 v.Chr.), einen Anhänger des Gaius Marius und der in Rom von Lucius Cornelius Sulla gestürzten Popularen. Er war 78 v.Chr. nach Spanien gegangen, wo er einen Gegensenat gebildet und eigene Beamte ernannt hatte. Der Widerstand der Marianer wird daraufhin endgültig gebrochen.

70 v.Chr.
Rom
Die Konsuln Marcus Licinius Crassus und Gnaeus Pompeius Magnus stellen die Macht des Volkstribunats wieder her, verleihen Plebisziten Gesetzeskraft und öffnen die Richterstellen den Rittern. Die von Lucius Cornelius Sulla 82/81 v.Chr. vollzogene restaurative Verfassungsreform wird wieder aufgehoben.

68 v.Chr.
Armenien
Ein von Lucius Licinius Lucullus (117-56 v.Chr.) geführtes römisches Heer besiegt den mit Mithridates VI. von Pontos verbündeten armenischen König Tigranes I. und erbeutet in Tigranokerta den armenischen Königsschatz. Trotz militärischer Erfolge meutert im Jahr darauf sein Heer, 66 v.Chr. wird Lucullus aus innenpolitischen Gründen von Gnaeus Pompeius Magnus abgelöst.

67 v.Chr.
Rom
Gegen den Widerstand des Senats erhält Gnaeus Pompeius Magnus eine auf drei Jahre befristete außerordentliche militärische Befehlsvollmacht zur Bekämpfung der Seeräuberei im Mittelmeer. Die Insel Kreta wird von den Römern unterworfen und 64 v.Chr. als Provinz eingerichtet.

64 v.Chr.
Kleinasien
Gnaeus Pompeius Magnus setzt den letzten Seleukidenherrscher Antiochos XIII. Asiatikos ab und erklärt das ihm noch verbliebene Land Syrien zur römischen Provinz Syria. Pompeius, dem 66 v.Chr. der Oberbefehl im 3. Mithridatischen Krieg (74-64 v.Chr.) gegen Mithridates VI. Eupator von Pontos übertragen worden ist, erobert im gleichen Jahr Pontos. Mithridates begeht Selbstmord, nachdem sich sein Sohn, der spätere König Pharnakes II., gegen ihn erhoben hat.

63 v.Chr.
Judäa
Der römische Feldherr Gnaeus Pompeius Magnus greift in den Bruderkampf der Hasmonäer in Jerusalem ein, erobert den Tempelbezirk und bestätigt Johannes Hyrkanos II. als Hohepriester. Judäa wird römischer Klientelstaat.

63 v.Chr.
Rom
Der römische Politiker, Schriftsteller und Philosoph Marcus Tullius Cicero (106-43 v.Chr.) deckt als Konsul die Verschwörung des römischen Adligen Lucius Sergius Catilina (um 108-62 v.Chr.) auf und lässt seine Anhänger hinrichten. → S. 118

60 v.Chr.
Rom
Als dem römischen Feldherrn Gnaeus Pompeius Magnus nach seiner Rückkehr aus dem Osten die Ratifizierung seiner Anordnungen in Asien und seinen Veteranen das versprochene Ackerland verweigert wird, geht Pompeius mit Gaius Julius Cäsar (13. 7. 100-15. 3. 44 v.Chr.) und Marcus Licinius Crassus ein Bündnis (1. Triumvirat) ein, das 56 v.Chr. erneuert wird. → S. 118

58 v.Chr.
Rom/Gallien
Als Prokonsul geht Gaius Julius Cäsar nach Gallien. Er unterwirft bis zum Jahr 51 v.Chr. das Gebiet des heutigen Frankreich, Belgien und der Niederlande bis zum Rhein, dringt 55 und 53 v.Chr. über den Rhein in germanisches Gebiet vor und setzt 55 und 54 v.Chr. zweimal nach Britannien über. → S. 120

55 v.Chr.
Rom
Gnaeus Pompeius Magnus und Marcus Licinius Crassus werden zum zweiten Mal Konsuln. Sie teilen sich mit dem dritten Triumvirn Gaius Julius Cäsar die Verwaltung der Provinzen unter sich auf: Cäsar bleibt in Gallien, Crassus geht nach Syrien, Pompeius erhält beide spanische Provinzen. Im selben Jahr lässt Pompeius auf dem Marsfeld in Rom den ersten steinernen Theaterbau errichten.

54 v.Chr.
Rom
Marcus Tullius Cicero beginnt mit der Erarbeitung seiner grundlegenden Schrift über den Staat nach der Staatslehre des Platon und Aristoteles (»De re publica«, bis 51 v.Chr.).

53 v.Chr.
Kleinasien
In der Schlacht bei Carrhae (Harran südlich von Urfa) am oberen Euphrat wird der römische Feldherr Marcus Licinius Crassus von den Parthern vernichtend geschlagen und getötet.

52 v.Chr.
Rom
Nach gewaltsamen Auseinandersetzungen bei der Wahl des Magistrats wird Gnaeus Pompeius vom Senat als alleiniger Konsul (Consul sine collega) eingesetzt. Er soll die Ordnung in Rom wiederherstellen. Pompeius nähert sich dem Senat und entfremdet sich dadurch Cäsar.

52 v.Chr.
Gallien
Gaius Julius Cäsar wirft einen von Vercingetorix (†46 v.Chr.) geführten Aufstand der Gallier in der Schlacht bei Alesia (bei Dijon) nieder. Über seinen Feldzug verfasst Cäsar seine »Commentarii de bello Gallico«. Während dieses Feldzuges wird auch Lutetia Parisiorum (Paris) von den Römern erobert.

11. 1. 49 v.Chr.
Italien
Gaius Julius Cäsar überschreitet mit seinem Heer den Rubikon (damals der Grenzfluss zwischen Italien und Gallien) und entfesselt den römischen Bürgerkrieg. Zuvor hatte ihn am 1. 1. 49 der Senat aufgefordert, sein Heer zu entlassen. Cäsar zieht im April in Rom ein und wendet sich dann nach Spanien. → S. 120

9. 8. 48 v.Chr.
Griechenland
Bei Pharsalos in Thessalien bringt Gaius Julius Cäsar seinem Rivalen Gnaeus Pompeius Magnus eine entscheidende Niederlage bei. Pompeius entweicht nach Ägypten und wird dort am 28. 9. 48 v.Chr. auf Befehl des Königs Ptolemaios XIII. ermordet.

48 v.Chr.
Ägypten
Bei der Verfolgung des Gnaeus Pompeius Magnus besetzt Gaius Julius Cäsar Alexandria und entscheidet den ptolemäischen Thronstreit für Kleopatra VII. (69-30 v.Chr.), die er 47 v.Chr. als Königin Ägyptens einsetzt. Die Bibliothek von Alexandria, eine der größten der damaligen Welt, geht bei den Kämpfen in Flammen auf.

2. 8. 47 v.Chr.
Kleinasien
Gaius Julius Cäsar besiegt in der Schlacht bei Zela (Zile südlich von Amasya) den Herrscher von Pontos, Pharnakes II. (veni, vidi, vici = »ich kam, sah und siegte«).

6. 4. 46 v.Chr.
Nordafrika
Gaius Julius Cäsar besiegt die Reste der Pompeianer in der Schlacht bei Thapsus (zwischen Sousse und Mahdia) sowie am 17. 3. 45 v.Chr. in der Schlacht bei Munda (Montilla südlich von Cordoba in Spanien).

46 v.Chr.
Rom
Gaius Julius Cäsar führt eine Kalenderreform durch. Der julianische Kalender wird erst 1582 in den katholischen Ländern durch den gregorianischen Kalender ersetzt. An die Stelle des Mondjahres zu 354 bis 355 Tagen tritt das Sonnenjahr zu 365 Tagen mit einem zusätzlichen Schalttag alle vier Jahre.

15. 3. 44 v.Chr.
Rom
Gaius Julius Cäsar (*13. 7. 100 v.Chr.) wird von den Gegnern seiner Alleinherrschaft in der letzten Senatssitzung vor seinem Aufbruch zum geplanten Krieg gegen die Parther erstochen.

20. 3. 44 v.Chr.
Rom
Beim Leichenbegängnis Cäsars verliest Marcus Antonius (82-30 v.Chr.) dessen Testament und wiegelt das Volk gegen die Mörder auf. Cäsar hat seinen Großneffen Gaius Octavius (63 v.Chr.-14 n.Chr.) testamentarisch als Gaius Julius Cäsar Octavianus adoptiert und zum Erben eingesetzt.

27. 11. 43 v.Chr.
Bologna
Marcus Antonius, Octavian und Marcus Aemilius Lepidus (90-13 v.Chr.) schließen das 2. Triumvirat. Das auf fünf Jahre befristete (später verlängerte), mit diktatorischen Vollmachten zur Neuordnung des Staates versehene Bündnis enthält auch Vereinbarungen über die Proskription der politischen Gegner, u.a. von Marcus Tullius Cicero, der am 7. 12. 43 v.Chr. bei Formiae ermordet wird.

1. 1. 42 v.Chr.
Rom
Der am 15. 3. 44 v.Chr. ermordete Gaius Julius Cäsar wird vom Senat zum Gott (divus Iulius) erklärt.

Herbst 42 v.Chr.
Griechenland
Marcus Antonius und Octavian besiegen in der Doppelschlacht bei Philippi (nordwestlich von Kavala) die Cäsarmörder Marcus Iunius Brutus und Gaius Cassius Longinus, die daraufhin Selbstmord begehen.

Herbst 40 v.Chr.
Rom
Im Vertrag von Brundisium (Brindisi) vereinbaren die römischen Triumvirn eine Teilung ihrer Einflusssphären: Marcus Antonius erhält den Osten, Octavian den Westen und Marcus Aemilius Lepidus Afrika. Italien – dem 41. v.Chr. die bisherige Provinz Gallia Cisalpina angeschlossen worden ist – bleibt als Aushebungsgebiet der Triumvirn neutral.

39 v.Chr.
Rom
Der Politiker und Historiker Gaius Sallustius Crispus Sallust (1. 10. 86-13. 5. 34 v.Chr.) beginnt mit der Erarbeitung der »Historiae«, ein kulturkritisches Werk zur Zeitgeschichte bis 67 v.Chr.

38 v.Chr.
Germanien
Der römische Feldherr Marcus Vipsanius Agrippa (63-12 v.Chr.) überschreitet den Rhein. Mit der Ansiedlung der westgermanischen Ubier aus dem linken Rheinufer entsteht die Siedlung oppidum Ubiorum (Vorläuferin von Köln).

37 v.Chr.
Rom
Octavian und Marcus Antonius schließen in Tarent einen Vertrag zur Bekämpfung des Sextus Pompeius (um 68-35 v.Chr.), dem Sohn des Gnaeus Pompeius, mit dem sich Marcus Aemilius Lepidus verständigt.

37 v.Chr.
Palästina
Der einer einflussreichen altjüdischen Familie Idumäas entstammende Herodes I. (um 72-4 v.Chr.), der Große wird von den Römern zum Klientelkönig von Galiläa und Judäa ernannt (bis 4 v.Chr.). Er macht sich u.a. wegen seiner prorömischen Politik unter den Juden unbeliebt.

36 v.Chr.
Rom
Der römische Feldherr Marcus Vipsanius Agrippa besiegt bei Naulochos an der Nordspitze Siziliens Sextus Pompeius, der daraufhin nach Kleinasien flieht und 35 v.Chr. in Milet getötet wird. Marcus Aemilius Lepidus, der sich mit Sextus Pompeius verständigt hat, wird aus dem Triumvirat ausgeschlossen.

36 v.Chr.
Ägypten
Marcus Antonius ehelicht die ägyptische Königin Kleopatra VII. Als die Römer Ägypten eroberten, wurde sie die Geliebte von Gaius Julius Cäsar (gemeinsamer Sohn Kaisarion). Die Ehe mit Marcus Antonius, aus der drei Kinder hervorgehen, führt zur Verschärfung des ohnehin gespannten Verhältnisses zwischen Marcus Antonius und Octavian.

2. 9. 31 v.Chr.
Griechenland
In der entscheidenden Seeschlacht bei Actium am Golf von Ambrakia vor der Westküste Griechenlands besiegt Octavians Heerführer Marcus Vipsanius Agrippa die Flotte der ägyptischen Königin Kleopatra VII.

12. 8. 30 v.Chr.
Ägypten
Zwölf Tage nach dem Selbstmord des Marcus Antonius begeht Kleopatra VII. (*69 v.Chr.) Selbstmord durch Schlangenbiss, um nicht im Triumphzug nach Rom mitgeführt zu werden. Zuvor hat Octavian ihre Hoffnung enttäuscht, Ägypten für einen ihrer Söhne retten zu können. → S. 121

13.-15. 8. 29 v.Chr.
Rom
Der als Sieger des Bürgerkriegs heimgekehrte Octavian feiert einen dreifachen Triumph. Er verteilt großzügige Geldgeschenke an Soldaten und Bürger. Den Janustempel lässt er als Zeichen des Friedenszustandes schließen.

29 v.Chr.
Rom
Der Dichter Vergil (Publius Vergilius Maro, 15. 10. 70-21. 9. 19 v.Chr.) beginnt das römische Nationalepos »Aeneas« (12 Bücher, rd. 10 000 Verse), das im Anschluss an die Ilias und die Odyssee, in Form eines erzählenden Heldenepos, die Irrfahrten geflüchteter Trojaner unter Aeneas und ihre Kämpfe um Latium beschreibt. → S. 122

27 v.Chr.
Rom
Octavian legt die mit allen Vollmachten versehene Triumviratgewalt nieder, stellt damit formal die Republik wieder her. Er erhält jedoch für zehn Jahre die prokonsularische Befehlsgewalt (imperium proconsulare) in den Provinzen Ägypten, Syrien, Gallien und Spanien. Am 16. 1. 27 v.Chr. wird ihm der Ehrentitel »Augustus« verliehen. → S. 122

25 v.Chr.
Kleinasien
Nach dem Tod von König Amyntas (36-25.v.Chr.) wird Galatien im zentralen Kleinasien als römische Provinz Galatia eingerichtet.

23. 6. 23 v.Chr.
Rom
Augustus erhält die Amtsgewalt und damit die Unantastbarkeit eines Volkstribunen (tribunicia potestas) auf Lebenszeit. 19 v.Chr. wird er durch die Verleihung der konsularischen Gewalt (imperium consulare) auf Lebenszeit den Konsuln auch protokollarisch gleichgestellt.

20 v.Chr.
Rom/Parthien
Augustus schließt einen Verständigungsvertrag mit den Parthern. Deren König Phraates IV. gibt die von Marcus Licinius Crassus in der Schlacht bei Carrhae 53 v.Chr. verlorenen Feldzeichen zurück. Gefangene werden ausgetauscht und die Grenze am Euphrat wird bestätigt.

19 v.Chr.
Spanien
Nach Unterwerfung der spanischen Stämme richten die Römer die Provinzen Baetica im Süden Lusitania im Westen und Tarraconensis im Nordosten ein. Spanien wird romanisiert und liefert dem römischen Weltreich vor allem Edelmetalle, Getreide, Wein und Öl.

18 v.Chr.
Korea
Paekche wird als letztes der drei koreanischen Teilkönigreiche schriftlich erwähnt, nach Silla (seit 57 v.Chr.) und Koguryo (37 v.Chr.). → S. 122

16 v.Chr.
Gallien
In der römischen Kolonie Nemausus (Nîmes) entsteht eine Stadtbefestigung und der korinthische Tempel Maison Carrée. Die Stadt erhält ihre Wasserzufuhr durch den fast 50 km langen Aquädukt mit dem eindrucksvollen Pont du Gard. → S. 123

15 v.Chr.
Germanien
Augusta Vindelicorum (Augsburg) wird als Römersiedlung gegründet. Es wird Hauptort der Provinz Raetia, welche die Nordostschweiz, Graubünden, Tirol, Vorarlberg, Bayern und Ostwürttemberg umfasst.

13 v.Chr.
Germanien
Nero Claudius Drusus Germanicus (14. 1. 38-9 v.Chr.) wird zum Statthalter Galliens und Oberbefehlshaber der Rheinfront ernannt. Er kämpft erfolgreich gegen die Germanen am Niederrhein und stößt 9 v.Chr. bis zur Elbe vor.

13 v.Chr.
Rom
Nach dem Tod des Marcus Aemilius Lepidus (*90 v.Chr.) übernimmt Augustus auch das höchste Priesteramt des Pontifex maximus.

8 v.Chr.
Rom
Der achte Monat des julianischen Kalender (Sextilis) wird zu Ehren des Kaisers in Augustus (August) umbenannt.

4 v.Chr.
Palästina
Nach dem Tod König Herodes des Großen wird sein römisches Klientelreich auf drei Söhne aufgeteilt Archelaos erhält Judäa, Samaria und Idumäa, doch wird bis 6 n.Chr. sein Gebiet als Teil der Provinz Syria einem Prokurator mit Sitz in Caesarea unterstellt. Herodes Antipas I. verwaltet (bis 39 n.Chr.) Galiläa und Peräa, Philippus (bis 34 n.Chr.) die Gebiete im Nordosten.

5. 2. 2 v.Chr.
Rom
Augustus erhält per Akklamation von Senat, Ritterschaft und Volk den Ehrentitel »Vater des Vaterlandes« (pater patriae).

1-49

26. 6. 4
Rom
Gaius Caesar, zweiter und einzig überlebender Sohn des Augustus, stirbt. Augustus adoptiert zur Nachfolgesicherung Tiberius Claudius Nero (42 v.Chr.-37 n.Chr.) und bestimmt ihn als Tiberius Julius Caesar Augustus zu seinem Nachfolger.

5
Germanien
Tiberius Claudius Nero besiegt die Langobarden und drängt sie auf das Ostufer der Elbe zurück.

6
Rom
Die Gründung einer Militärkasse (aerarium militare) schafft eine Staatsversorgung für Kriegsveteranen, finanziert durch neu eingeführte Erbschaftssteuer (5%) und Stiftungen aus der Privatkasse des Augustus.

7
Germanien
Publius Quinctilius Varus (um 46 v.Chr.-9 n.Chr.) wird als Nachfolger des C. Sentius Saturninus zum Legaten in Germanien ernannt.

8
Rom
Aus nicht bekannten Gründen wird der Dichter Publius Ovidius Naso (Ovid, 43 v.Chr.-17 oder 18 n.Chr.) nach Tomi (beim heutigen Constanza, Rumänien) verbannt. Er verfasste erotische Dichtungen (»Amores«) und später Sagendichtungen (»Metamorphosen«).

9
Rom
Die Zunahme von Eheschließungen soll durch die »lex papia popea« gefördert werden. Vorgesehen sind u.a. die Bevorzugung von Verheirateten bei Amtsbewerbungen und die Beschränkung des Erbrechts der Ledigen.

9
Germanien
Bei der Schlacht im Teutoburger Wald besiegen die Cherusker und ihre germanischen Verbündeten unter Führung des Cheruskerfürsten Arminius (um 18 oder 16 v.Chr.-um 21 n.Chr.) drei römische Legionen unter dem Feldherrn Publius Quinctilius Varus. → S. 127

19. 8. 14
Italien
In Nola bei Neapel stirbt der römische Kaiser Augustus (*23. 9. 63 v.Chr.). Neuer Alleinherrscher wird sein Adoptivsohn Tiberius Caesar Augustus.

16
Germanien
Der römische Feldherr Gaius Julius Cäsar Germanicus (15 v.Chr.-19 n.Chr.), der seit 14 als Oberbefehlshaber Kriegszüge in Germanien unternimmt, besiegt den Cheruskerfürsten Arminius bei Idistaviso an der Weser. Jedoch scheitert auf der Rückkehr seine Flotte im Sturm. Das rechtsrheinische Germanien wird aufgegeben.

26. 5. 17
Rom
Gaius Julius Cäsar Germanicus hält triumphalen Einzug in Rom. Unter seinen mitgeführten Gefangenen befinden sich Arminius' Gattin Thusnelda, deren Vater Segestes auf der Ehrentribüne sitzt, und der minderjährige Sohn Thumelicus des Arminius.

17
Kleinasien
Nach dem Tod der Klientelkönige Archelaos von Kappadokien und Antiochos III. von Kommagene werden ihre Länder römische Provinzen.

19
Rom
Tiberius befiehlt die Verfolgung von Geheimkulten. 4000 ihrer Anhänger werden wegen Ausübung des jüdischen und des ägyptischen Kults aus Italien ausgewiesen.

um 21
Germanien
Der Cheruskerfürst Arminius (*um 18 oder 16 v.Chr.), der im Jahr 19 an der Spitze einer Koalition von Stämmen den Markomannenfürsten Marbod besiegt hatte, wird von Verwandten ermordet.

1. 7. 23
Rom
Der von Tiberius zum Mitregenten erhobene Iulius Caesar Drusus (*15/12 v.Chr.) wird von seiner Frau Livilla vergiftet. Angestiftet hat sie der kaiserliche Günstling und Prätorianerpräfekt Lucius Aelius Seianus (um 18 v.Chr.-18. 10. 31 n.Chr.)

23
China
Ein Bauernaufstand (Erhebung der »Roten Augenbrauen«) beseitigt den Usurpator Wang Mang, der im Jahr 9 die Hsin-Dynastie proklamiert hat. Im Jahr 25 restauriert Liu Hsiu die seit 206 v.Chr. herrschende Han-Dynastie (bis 220).

um 25
Rom
Die acht Bücher »De medicina« (Heilkunst) des Aulus Cornelius Celsus erscheinen, darin werden u.a. die vier Kardinalsymptome der Entzündung beschrieben »rubor et tumor, cum calore et dolore« (Rötung und Schwellung, mit Wärme und Schmerz).

26
Judäa
Pontius Pilatus wird römischer Statthalter (procurator; bis 36).

27
Rom
Kaiser Tiberius siedelt auf die Insel Caprae (Capri) um, wo er bis zu seinem Tode (37) bleibt. Die Macht in Rom liegt in den Händen des Prätorianerpräfekten Lucius Aelius Seianus. Denun-

ziantentum und Verfolgung politischer Gegner sind an der Tagesordnung.

28

Germanien
Die Friesen vertreiben die Römer aus ihren Siedlungsgebieten, nachdem die römischen Verwaltungsbeamten die Tributzahlungen drastisch angehoben haben. Sie belagern das römische Kastell Flevum (vermutlich Vlieland), das aber von den Römern entsetzt werden kann.

7. 4. 30
Judäa
Der als Wanderprediger aufgetretene Jesus von Nazareth wird auf dem Hinrichtungsberg Golgatha vor Jerusalem ans Kreuz geschlagen. Er ist wegen Gotteslästerung zum Tode verurteilt worden. → S. 126

18. 10. 31
Rom
Kaiser Tiberius befiehlt die Hinrichtung des zuvor mit prokonsulischer Gewalt versehenem Prätorianerpräfekten Lucius Aelius Seianus wegen Hochverrats und ernennt Quintus Naevius Cordus Sutorius Macro zum neuen Führer der Prätorianer.

33

Rom
Eine Krise des römischen Geldmarktes wird durch gesetzliche Maßnahmen gegen Zinswucher und Darlehenskündigungen sowie einen von Kaiser Tiberius bewilligten staatlichen Überbrückungskredit in Höhe von 100 Mio. Sesterzen an die Banken überwunden.

um 34
Judäa
Saulus aus Tarsos (um 10-um 64) wird als späterer Paulus zum Christentum bekehrt und deren Apostel. Bei der Verfolgung der christlichen Gemeinde in Jerusalem stirbt der Heilige Stephanus, einer der sieben Diakone der Urgemeinde, den Märtyrertod durch Steinigung.

16. 3. 37
Italien
Der römische Kaiser Tiberius Caesar Augustus (*16. 11. 42 v.Chr.) stirbt in Kap Misenum. Zu seinem Nachfolger wird Gaius Julius Caesar Germanicus (31. 8. 12-24. 1. 41) ausgerufen, genannt Caligula (»Stiefelchen«), weil er als kleiner Junge im Feldlager häufig in den Stiefeln seines Vaters Germanicus zu sehen war.

39

Gallien
Der römische Kaiser Caligula zieht als Heerführer an den Rhein und zur Kanalküste. Sein Heerführer Servius Sulpicius Galba (24. 12. 3 v.Chr.-15. 1. 69 n.Chr.) wird Statthalter in Obergermanien und drängt die Chatten (Hessen) zurück.

39

Palästina
Herodes Antipas, der Klientelfürst von Galiläa und Peräa, gerät in Rom in Ungnade und wird von Kaiser Caligula nach Lugdunum (Lyon) verbannt. Herodes Antipas hatte Johannes den Täufer hinrichten lassen, der Kritik an Herodes' zweiter Ehe mit seiner Schwägerin geübt hatte.

40

Rom
Nach der Ermordung des von Caligula nach Rom eingeladenen Klientelkönigs Ptolemaios von Mauretanien wird dessen Land zur Provinz erklärt und 42 in die Provinzen Mauretania Caesariensis mit der Hauptstadt Caesarea (Cherchel im westlichen Algerien) und Mauretania Tingitana mit der Hauptstadt Tingis (Tanger, Marokko) geteilt.

24. 1. 41
Rom
Der dem sog. Caesarenwahnsinn verfallene Kaiser Caligula (*31. 8. 12) wird vom Prätorianerführer Cassius Chaerea ermordet. Caligulas Onkel Claudius (Tiberius Claudius Caesar Augustus Germanicus, 1. 8. 10 v.Chr.-13. 10. 54 n.Chr.) wird römischer Kaiser. → S. 128

41

Palästina
Der römische Kaiser Claudius setzt Herodes Agrippa I. († 44) als Herrscher von Judäa und Samaria ein, der damit noch einmal das gesamte jüdisch-hellenistische Königreich seines Großvaters Herodes des Großen vereinigt.

41

Italien
Auf Betreiben von Valeria Messalina (25-48), der dritten Frau des römischen Kaisers Claudius, wird der Dichter und Philosoph Lucius Annaeus Seneca, der Jüngere (um 4 v.Chr.-65 n.Chr.) nach Korsika verbannt (bis 48). Zu Senecas Schriften aus der Verbannung zählen die Tragödien »Medea«, »Phaedra« und »Hercules Furens«, die Bearbeitungen griechischer Klassiker sind.

43

Britannien
Mit vier Legionen setzt der römische Kaiser Claudius nach Britannien über und erobert den südlichen Teil des Landes. Allein die Kelten in Wales entziehen sich zunächst seiner Herrschaft. Der kaiserliche Statthalter Aulus Plautius Silvanus macht Camulodunum (Colchester) zu seiner Hauptstadt. 44 wird Britannien als Provinz eingerichtet.

44

Judäa
Der jüdische Tetrarch Herodes Agrippa I. lässt den Apostel Jakobus den Älteren hinrichten. Nach dem Tod des Herodes Agrippa im selben Jahr wird Judäa der römischen Provinz Syrien zugeschlagen.

45

Kleinasien
Der Apostel Paulus beginnt seine bis 48 dauernde erste Missionsreise nach Zypern und in das südliche Kleinasien. Es folgen weitere Reisen in den Jahren 49-52 nach Galatien und Griechenland sowie von 54 bis 58 durch Galatien und Phrygien nach Ephesos an die Küste der Ägäis sowie nach Korinth und Illyrien.

46

Südosteuropa
Thrakien wird prokuratorische römische Provinz (Thracia). Das gesamte Gebiet südlich der Donaulinie ist somit römisches Territorium.

47

Germanien
Der römische Feldherr Gnaeus Domitius Corbulo bringt die Friesen wieder unter römische Herrschaft.

48

Rom
Valeria Messalina, Ehefrau von Kaiser Claudius, wird auf Befehl des Kaisers wegen Teilnahme an einer Verschwörung hingerichtet.

um 48
Jerusalem
Auf dem Apostelkonzil, einer Zusammenkunft der Urapostel mit Paulus und Barnabas wird festgelegt, dass aus dem Heidentum kommende Christen an das mosaische (alttestamentlich-jüdische) Gesetz gebunden sind. Damit wird die Missionsmethode des Apostels Paulus gebilligt.

49

Rom
Kaiser Claudius heiratet seine Nichte Julia Agrippina (15-59).

50-99

25. 2. 50
Rom
Kaiser Claudius erhebt auf Bitten seiner Frau und Nichte Julia Agrippina ihre Geburtsstadt (bisher Oppidum Ubiorum) zur Colonia Claudia Ara Agrippinensium (Köln). Er adoptiert den Sohn aus ihrer ersten Ehe, Lucius Domitius Ahenobarbus (15. 12. 37-9. 6. 68), der hierdurch den Namen Nero Claudius Caesar Germanicus erhält.

13. 10. 54
Rom
Um den Kaiserthron für ihren Sohn zu sichern, vergiftet Julia Agrippina ihren Gemahl Kaiser Claudius (*1. 8. 10 v.Chr.). Dessen Adoptivsohn Nero wird zum neuen Kaiser ausgerufen. Der Prätorianerpräfekt Burrus und Neros Erzieher Lucius Annaeus Seneca übernehmen zunächst die Reichsverwaltung und halten Nero von Agrippina fern.

55

Rom
Kaiser Nero lässt seinen mit älteren Thronrechten behafteten Stiefbruder Tiberius Claudius Caesar Germanicus Britannicus (*12. 2. 41) vergiften.

58
Rom
Poppaea Sabina (um 31-65), Gattin des Marcus Salvius Otho (28.4.32-16.4.69), wird die Geliebte von Kaiser Nero. Otho wird als Statthalter nach Lusitanien (heutiges Portugal) versetzt.

58
Jerusalem
Der Apostel Paulus wird auf Betreiben der Juden verhaftet, als er eine Geldspende der Heidenchristen an die Urgemeinde überbringt. Er gerät in die Hände der Römer, die ihn bis 60 in Caesarea in Haft halten und dann nach Rom schicken.

59
Italien
Kaiser Nero lässt seine Mutter Julia Agrippina (*15) in Baiae ermorden.

61
Britannien
Ein Aufstand der Icenier unter Führung ihrer Königin Boudicca wird nach schweren Kämpfen von den Römern niedergeschlagen.

62
Rom
Kaiser Nero lässt seine erste Frau Octavia Augusta, die Tochter des Claudius, ermorden und heiratet seine Geliebte Poppea Sabina. Sein Prätorianerführer Burrus wird hingerichtet.

62
Judäa
Jakobus, Bruder Jesu, Apostel und Haupt der Gemeinde in Jerusalem, wird auf Veranlassung des Hohenpriesters Ananos von den Juden gesteinigt.

63
Armenien
Der römische Feldherr Gnaeus Domitius Corbulo (†67) erhält oberste Befehlsgewalt im Orient und erobert Armenien. Er beendet die jahrelangen Kämpfe und setzt Tiridates als römischen Klientelkönig in Armenien ein.

19.-28. 7. 64
Rom
Zwei Drittel der Stadt werden durch ein Feuer zerstört. Nero wird vom Volk der Brandstiftung bezichtigt, lenkt jedoch den Verdacht auf die Christen, die nunmehr gnadenlos verfolgt werden. Der Wiederaufbau Roms, vor allem der Bau von Neros neuem Palast (domus aurea, Goldenes Haus), verschlingt Unsummen und führt in Rom zu Inflation.

64 (oder 67)
Rom
Die Apostel Paulus (*um 10) und Petrus sterben in Rom den Märtyrertod (andere Quellen datieren auf 64). Petrus stirbt durch Kreuzigung, der römische Bürger Paulus durch Enthauptung. → S. 129

19. 4. 65
Rom
Eine nach Gaius Calpurnius Piso (†65) benannte Verschwörung gegen Nero wird aufgedeckt. Neros früherer Erzieher Lucius Annaeus Seneca der Jüngere (*um 4 v.Chr.) und sein Neffe, der Dichter Marcus Annaeus Lucanus (3. 11. 39- 30. 4. 65) werden zum Selbstmord genötigt. Neros zweite Frau Poppaea Sabina stirbt während ihrer Schwangerschaft an einem Fußtritt, den ihr Nero versetzt.

66
Rom
Der bei Nero denunzierte Schriftsteller Gaius Petronius Arbiter, Verfasser des nur teilweise erhaltenen Romans »Satyricon«, begeht Selbstmord. Der Kaiser unternimmt eine Kunstreise nach Griechenland (bis 68) und lässt sich dort als Sänger, Musiker und Dichter feiern.

66
Judäa
Kämpfe zwischen Juden und Nichtjuden in Caesarea führen im ganzen Land zu Unruhen. Die römischen Kräfte reichen nicht aus; erst 68 ist der größte Teil Judäas wieder in römischer Hand.

28. 11. 67
Griechenland
Kaiser Nero erklärt bei den Isthmischen Spielen in Korinth Griechenland für autonom und von Steuern befreit.

8. 6. 68
Rom
In Gallien, Nordafrika, Lusitanien und in Spanien kommt es zu Unruhen. Der vom Militär in Spanien zum Kaiser ausgerufene Servius Sulpicius Galba erhält die Anerkennung des Senats und der Prätorianer.

9. 6. 68
Rom
Nachdem ihn der Senat geächtet hat und die Prätorianergarde von ihm abgefallen ist, begeht der Willkürherrscher Nero (*15. 12. 37) Selbstmord.

2. 1. 69
Germanien
Die rheinischen Legionen rufen Aulus Vitellius (7. 9. 12-21. 12. 69) zum Kaiser aus.

15. 1. 69
Rom
Der römische Kaiser (68/69) Galba (* 24. 12. 3 v.Chr.) wird aufgrund einer Verschwörung des lusitanischen Statthalters Marcus Salvius Otho ermordet.

14. 4. 69
Italien
In der Entscheidungsschlacht bei Betriacum (in der Nähe von Cremona) werden die Truppen des Kaisers Otho (*28. 4. 32) vom Heer seines Gegenspielers Vitellius besiegt. Otho begeht am 16. 4. 69 Selbstmord. Vitellius wird in Rom festlich als Kaiser empfangen und nimmt den Titel eines Konsuls auf Lebenszeit (consul perpetuus) an.

1. 7. 69
Ägypten
In Alexandreia wird Titus Flavius Vespasian (17. 11. 9-24. 6. 79) zum Kaiser ausgerufen.

21. 12. 69
Rom
Nach der Einnahme der Stadt durch die Truppen des Gegenkaisers Vespasian wird Vitellius (*7. 9. 12) getötet. Am 22. 12. 69 wird Vespasian vom Senat anerkannt und begründet die Dynastie der Flavier.

69
Germanien
Die römischen Truppen werden im Bataveraufstand aus dem Rhein-Waal-Gebiet bis nach Xanten (Vetera) vertrieben. Im Jahr 70 werfen die Römer die gallischen Treverer und Lingonen nieder und besiegen die aufständischen Bataver unter Gaius Iulius Civilis. Mit dem Abschluss eines Vertrages und der Begnadigung des Civilis wird der Aufstand beendet.

26. 9. 70
Jerusalem
Der Kaisersohn Titus Flavius Vespasianus (30. 12. 39-13. 9. 81) erobert das aufständische Jerusalem. Die gesamte Bevölkerung wird in die Sklaverei verkauft, die jüdischen Zeloten werden ausgerottet und der Tempel zerstört.

Um 70
Palästina
Das Evangelium des Paulus-Begleiters Markus entsteht, das älteste der drei »synoptischen« Evangelien des Neuen Testaments und in einer ursprünglichen Form eine der Quellen der Evangelien des Matthäus (zwischen 75 und 90) und des Lukas (zwischen 80 und 90).

71
Rom
Vespasian erhebt seinen Sohn Titus zum Mitkaiser.

15. 4. 73
Judäa
Der römische Feldherr Lucius Flavius Silva erobert nach zweijähriger Belagerung die jüdische Bergfestung Masada auf einem Felsplateau über dem Südwestufer des Toten Meeres. Als die Niederlage unabwendbar geworden ist, gehen alle Verteidiger samt der Familienangehörigen in den Freitod. → S. 131

73
Rom
Der jüdische Geschichtsschreiber Flavius Josephus (um 37-um 100) verfasst – zunächst in aramäischer, 75-79 in griechischer Sprache – eine »Geschichte des Jüdischen Krieges«.

74
Germanien
Der römische Legat Gnaeus Pinarius Cornelius Clemens unterwirft von Straßburg aus in einem Feldzug das Neckarland (agri decumates, Dekumatenland).

77

Britannien
Unter Führung des zum Statthalter (bis 84) ernannten Feldherrn Gnaeus Iulius Agricola (40-93) dringen die Römer bis zum Firth of Forth und Firth of Clyde vor. Sie können zwar die Highlands nicht erobern, sichern jedoch die Nordgrenze und unterwerfen auch Wales.

78

Indien
Eine kulturelle Blütezeit beginnt unter dem Kuschan-König Kanischka (nach anderen Angaben erst 144 oder 255), der sich alle nordindischen Könige unterwerfen kann. Die Kuschan sind das erste Volk, welches nach Beginn der christlichen Zeitrechnung in Indien einfällt.

24. 6. 79
Italien
Der römische Kaiser (69–79) Vespasian (*17. 11. 9) stirbt in Aquae Cutiliae. In der ersten geordneten Thronfolge wird sein ältester Sohn Titus Kaiser.

24. 8. 79
Italien
Die Badeorte Pompeji und Herculaneum werden in einem Regen heißer Asche, Bimsstein und Lava des Vesuvs zerstört; 2000 der 20 000 Einwohner Pompejis sterben, unter ihnen der Naturforscher Gaius Plinius Secundus der Ältere (23/24-24. 8. 79). → S. 130

80

Rom
Das etwa 50 000 Besucher fassende Amphitheatrum Flavium (Kolosseum), das größte Amphitheater des Altertums, wird eingeweiht. → S. 131

13. 9. 81
Italien
Der römische Kaiser (79-81) Titus (*30. 12. 39) stirbt in Reate. Nachfolger wird sein jüngerer Bruder Titus Flavius Domitian (24. 10. 51-18. 9. 96).

81

Rom
Der zur Erinnerung an die Niederschlagung des jüdischen Aufstands im Jahr 70 durch Kaiser Titus errichtete Triumphbogen (Titusbogen) wird vollendet.

83

Germanien
Die Römer unter Domition unterwerfen das Rhein-Main-Gebiet sowie die Wetterau und beginnen mit dem Bau des Limes. → S. 132

83

Britannien
Die römische Flotte umsegelt die Nordspitze Schottlands und stellt fest, dass Britannien eine Insel ist.

86

Südosteuropa
Domitian bekämpft auf rechtsseitigem Donaugebiet vordringende Daker, die König Decebalus (um 85-107) geeinigt hat. Die Daker werden aus Mösien (Gebiet zwischen der Drina und Save bis zum Schwarzen Meer) vertrieben. Südlich der unteren Donau werden die Provinzen Moesia superior (etwa das heutige Serbien) und Moesia inferior (etwa nördliches Bulgarien) eingerichtet.

87

Südosteuropa
In Dakien (etwa das heutige Rumänien) erleiden die römischen Truppen eine vernichtende Niederlage. Im Jahr 88 besiegt der Legat von Obermösien, Lucius Tettius Iulianus, die Daker im zweiten Feldzug bei Tapae (nördlich des Eisernen Tores). Im Jahre 89 wird ein Frieden vereinbart.

Ende 88
Germanien
Der römische Statthalter von Obergermanien, Lucius Antonius Saturninus, erhebt sich in Mainz mit Unterstützung der Chatten gegen Kaiser Domitian. Der Aufstand wird Anfang 89 vom untergermanischen Statthalter Lappius Maximus niedergeworfen.

90

Germanien
Zur Grenzsicherung werden die germanischen Provinzen Germania Superior mit der Hauptstadt Mongontiacum (Mainz) und Germania Inferior mit der Hauptstadt Colonia Agrippina (Köln) gegründet.

93

Mitteleuropa
Nach einem erneuten Einfall von Markomannen, Jazygen und Quaden in römisches Territorium wird die Donaugrenze befestigt und das Lager Aquincum (Budapest) erweitert.

94

Rom
Kaiser Domitian vertreibt römische Philosophen zunächst aus Rom, schließlich aus Italien. Auch der griechische Philosoph Epiktet (um 55-135) muss auf Betreiben Domitians Rom verlassen und wendet sich nach Nikopolis in Epirus.

18. 9. 96
Rom
Der römische Kaiser (81–96) Domitian (*24.10.51) wird in einer Palastverschwörung unter Mitwirkung seiner Gattin Domitia Longina durch einen Hofbeamten in seinem Schlafzimmer erdolcht. Nachfolger als Kaiser wird der 70-jährige rangälteste Senator Marcus Cocceius Nerva (8. 11. 30-27. 1. 98). Mit der Ermordung Domitians endet die flavische Dynastie.

27. 10. 97
Rom
Nerva vermeidet einen drohenden Bürgerkrieg, indem er durch Adoption und Benennung zu seinem Mitregenten den aus Spanien stammenden Legaten von Obergermanien Marcus Ulpius Trajanus (18. 9. 53-8. 8. 117) faktisch zum Thronfolger bestimmt. Damit beginnt die Ära der Adoptivkaiser.

97

Rom
Der römische Konsul und Schriftsteller Sextus Julius Frontinus (um 30-um 100) wird zum Verantwortlichen für die römische Wasserversorgung (curator aquarum) ernannt und verfasst eine Schrift »Über Wasserleitungen«.

27. 1. 98
Rom
Nach Tod von Kaiser (96-98) Nerva (*8. 11. 30) wird der in Gallien weilende Trajan unbestritten Alleinherrscher (bis 117). Unter ihm erfährt das Römische Reich seine größte Ausdehnung. Trajan führt die Arbeiten am Limes an Rhein und Donau auch nach dem Ableben des Nerva zu Ende. Durch die Anlage von Legionslagern in Pannonien u.a. in Vindobona (Wien) und Singidunum (Belgrad) wird die Donaugrenze in Pannonien und Mösien bis 106 gesichert.

98

Rom
Die Schilderung »Germania« des römischen Geschichtsschreibers und Politikers Publius Cornelius Tacitus (um 55-um 120) erscheint. Es ist die sicherste Quelle über das Germanien seiner Zeit.

99

Germanien/Rom
Trajan gründet die Kolonien Ulpia Traiana (Xanten) und Ulpia Noviomagus (Nimwegen) und zieht im Triumph in Rom ein. Anklagen wegen Majestätsbeleidigung werden verboten.

100

Nordafrika
Rom gründet in Algerien, 100 km südlich von Constantine, das Militärlager Marcia Traiana Thamugadi (Timgad).

101-149

102

Südosteuropa
Der 101 begonnene römische Feldzug über die Donau gegen die Daker wird mit einem Friedensschluss beendet. Der dakische König Decebalus muss einer römische Besatzung in der dakischen Hauptstadt Sarmizegetusa in Siebenbürgen zustimmen.

105

Südosteuropa
Trajan führt zum zweiten Mal Krieg gegen die Daker. Er lässt unterhalb des Eisernen Tors bei Drobeta (Turnu-Severin) eine Steinbrücke über die Donau errichten. 106 erobert er die dakische Hauptstadt Sarmizegetusa, woraufhin der dakische König Decebalus Selbstmord begeht.

105
China
Der Hofbeamte Ts´ai Lun erfindet das Papier. Das erste aus fasrigen Streifen bestehende Papier wurde im China der Han-Zeit um 100 v.Chr. hergestellt und zu Beginn des 2. Jh. n.Chr. vervollkommnet. → S. 133

105/106
Nordarabien
Nach Eroberung des Nabatäerreichs mit der Hauptstadt Petra durch den syrischen Stadthalter Roms, A. Cornelius Palma, wird die römische Provinz Arabia Petraea gegründet. → S. 132

107
Rom
Kaiser Trajan empfängt Gesandte aus Indien.

107
Südosteuropa
Dakien (das heutige Rumänien mit Siebenbürgen) wird römische Provinz mit der Hauptstadt Colonia Ulpia Traiana (das bisherige Sarmizegetusa). Der Goldpreis in Rom sinkt aufgrund gesteigerten Angebots (Siebenbürger Erzbergwerke).

107
Rom
Apollodoros aus Damaskus beginnt mit der Errichtung des Trajans-Forums (Einweihung 113). Zu diesem größten Forum Roms gehören eine fünfschiffige Basilika, Bibliothek und die Trajanssäule mit Reliefdarstellungen der siegeichen Dakerkriege sowie realistischen Darstellungen germanischer Menschen und deren Sitten und Gebräuche.

109
Rom
Der römische Historiker Publius Cornelius Tacitus vollendet seine »Historien« (die Jahre 69-96 umfassend) mit einer Darstellung der Flavierzeit.

111
Rom
Der Schriftsteller Gaius Plinius Caecilius Secundus der Jüngere (um 61 oder 62-um 113) wird Statthalter von Bithynien und Pontus.

114
Vorderasien
Trajan beginnt seinen lange vorbereiteten Angriffskrieg gegen die Parther. Die Römer erobern Armenien und machen es zur römischen Provinz. Vom Senat erhält Trajan den Ehrentitel »Bester Princeps« (optimus princeps).

115
Mesopotamien
Trajan erobert das Zweistromland mit Babylon und der parthischen Hauptstadt Ktesiphon am Tigris und gründet 116 die Provinzen Assyria und Mesopotamia. Das römische Weltreich hat die größte Ausdehnung seiner Geschichte erreicht.

8. 8. 117
Kilikien
In Selinus am Schwarzen Meer stirbt der römische Kaiser (98-117) Trajan (*18. 9. 53). Sein Nachfolger wird der von ihm adoptierte Publius Aelius Hadrianus (24. 1. 76-10. 7. 138). Hadrian verzichtet auf die Eroberungspolitik seines Vorgängers im Osten, sichert die Grenzen in Mösien und Dakien und schließt Frieden mit den Parthern unter Preisgabe Assyriens und Mesopotamiens. → S. 132

118
Rom
Auf kaiserlichen Befehl wird mit dem Bau der Hadriansvilla bei Tibur (Tivoli) begonnen (bis 134). Die teilweise von Hadrian selbst entworfenen Architekturen imitieren berühmte Bauten des Imperiums, die Hadrian auf seinen Reisen kennen gelernt hatte.

um 120
Rom
Der zeitweise als Geheimsekretär Kaiser Hadrians tätige Schriftsteller Sueton (Gaius Suetonius Tranquillus, um 70-um 140) verfasst unter dem Titel »De vita Caesarum« Kaiserbiografien von Cäsar bis Domitian.

121
Rom
Kaiser Hadrian tritt eine bis 125 dauernde Inspektionsreise durch die römischen Provinzen an (»Reisekaiser«).

121
Rom
Durch Senatsbeschluss wird das Recht, eigene Sklaven zu töten, aufgehoben.

122
Britannien
Der römische Kaiser Hadrian lässt die Provinz Britannien im Norden durch einen Limes gegen die Übergriffe der Caledonier (Schotten) absichern.

124
Thrakien
Hadrian gründet die Stadt Hadrianopolis (Adrianopel, Edirne) und macht den in Bithynien geborenen Antinoos (110-130) zu seinem Lieblingsknaben.

126
Rom
Das 110 durch Blitzschlag zerstörte Pantheon in Rom wird unter Hadrian als größter Zentralkuppelraum der Antike wieder aufgebaut.

128
Römisches Reich
Kaiser Hadrian beginnt zweite große Inspektionsreise seiner Amtszeit. Sie führt ihn bis 132 u.a. nach Afrika, Ägypten und nach Griechenland.

128
Britannien
Der Hadrianswall zum Schutz der römischen Provinz Britannia wird fertig gestellt. Die Grenzbefestigung zwischen dem Solwaybusen und der Tynemündung ist 118 km lang und umfasst 320 Türme, 17 Kastelle und 80 Tore. → S. 132

129
Griechenland
Hadrian weiht die Athener Neustadt (Hadriansstadt mit Hadrianstor) und den Tempel des Olympischen Zeus (Olympieion) ein.

130
Ägypten
Antinoos (*110), der Lieblingsknabe des römisches Kaisers Hadrian, ertrinkt im Nil. Hadrian nimmt ihn unter die Götter auf, er lässt zahlreiche Statuen herstellen und gründet die Stadt Antinoopolis.

130
Judäa
Kaiser Hadrian befiehlt den Wiederaufbau des 70 unter Titus völlig zerstörten Jerusalem als Kolonie Aelia Capitolina, u.a. mit Errichtung eines Jupitertempels auf den Trümmern des salomonischen Tempels.

132
Palästina
Unter Führung des Bar Kochba (Simeon ben Koziba) beginnt eine Erhebung der Juden. Er erobert Jerusalem, stellt den jüdischen Jahwe-Kult wieder her und tritt selbst als Messias auf.

135
Judäa
Nach der Rückeroberung und Zerstörung Jerusalems durch Sextus Julius Severus (134) wird der 132 begonnene jüdische Aufstand völlig niedergeschlagen. Bar Kochba wird bei der Eroberung der Stadt Bethar getötet. Judäa wird als Provinz Syria Palaestina neu organisiert. Jerusalem darf (bis 638) von den Juden nicht mehr betreten werden, die jüdische Diaspora beginnt.

10. 7. 138
Italien
In Baiae stirbt Kaiser (117-138) Hadrian (*24. 1. 76) und wird in seinem Mausoleum (Engelsburg) beigesetzt. Er hinterlässt seinem adoptierten Nachfolger Titus Aurelius Antoninus Pius (86-7. 3. 161) ein gefestigtes Imperium.

141
Rom
Auf dem Forum Romanum lässt Kaiser Antoninus Pius für seine verstorbene Gattin Faustina den Faustina-Tempel errichten (heute Kirche S. Lorenzo in Miranda).

142
Britannien
Kaiser Antoninus Pius legt einen strategisch wichtigen Grenzwall (Antoninuswall) nördlich des Hadrianwalls im nördlichen Britannien entlang der Clyde-Forth-Linie an. Er wird jedoch nach 180 wieder aufgegeben.

145
Rom
Der von Kaiser Antoninus Pius adoptierte und als Nachfolger ausersehene Marcus Aurelius Antoninus (Mark Aurel, 26. 4. 121-17. 3. 180) wird mit Faustina, der Tochter des Antoninus Pius, verheiratet und 146 durch Verleihung der tribunizischen und prokonsulischen Gewalt Mitregent.

um 145
Germanien
Der römische Grenzwall (Limes) wird durch den Ausbau der Kastelle Saalburg und Lorch nach Osten vorgeschoben.

147
Alexandria
Der Gelehrte Claudius Ptolemäus veröffentlicht sein Hauptwerk, in dem er das geozentrische Weltbild vertritt. → S. 134

147
Rom
Das 900-jährige Bestehen der Stadt wird gefeiert.

149
Gallien
Colonia Augusta Nemausus (Nîmes) wird Hauptstadt der römischen Provinz Gallia Narbonensis (Provence).

150-199

um 150
Germanien
Der Weinbau weitet sich vom Moselraum bis an den Rhein aus.

um 150
Nordeuropa
Die Goten, ein ursprünglich in Südschweden, danach auf Gotland beheimatetes ostgermanisches Volk, dringen über das untere Weichselgebiet zur Nordküste des Schwarzen Meeres vor. Dies löst die erste germanische Völkerwanderung aus.

158
Nordafrika
Der römische Dichter und Wanderredner Lucius Apuleius (um 125-180) wird in Sabratha (Libyen) wegen Zauberei angeklagt und freigesprochen.

160
Griechenland
Tiberius Claudius Herodes Atticus (*101-177) stiftet in Athen das Odeion nach Art eines römischen Tempels mit Dach und 5000 Sitzplätzen am Südwestabhang der Akropolis.

7. 3. 161
Italien
Der römische Kaiser (138-161) Antoninus Pius (*86) stirbt in Lanuvium. Nach seinem Tod tritt der von ihm im Jahr 145 adoptierte Mitregent Mark Aurel die Nachfolge an. Er erhebt seinen Adoptivbruder Lucius Verus (Lucius Aelius Aurelius Commodus, 15. 12. 130-169) zum Mitkaiser und beauftragt ihn 162 mit der Abwehr der Parther.

166
Rom
Eine römische Gesandtschaft reist über Tongking auf dem Seeweg an den Hof des chinesischen Kaisers Hun-Ti, um dort Handelsbeziehungen zu knüpfen.

166
Vorderasien
Der verlustreiche Krieg der Römer gegen die Parther, der 162 mit einem Einfall parthischer Heere in Armenien begonnen hat, wird durch einen Friedensschluss mit dem Partherkönig Vologaeses III. beendet. Er behält sein Reich, Mesopotamien fällt an die Römer, die bei ihrer Rückkehr die Pest in den Mittelmeerraum einschleppen. Sie wütet bis 189 und bewirkt einen drastischen Bevölkerungsrückgang.

166
Nordafrika
In Thugga (Dougga) in Tunesien entsteht ein Kapitol als Heiligtum der Götterdreiheit Jupiter, Minerva und Juno.

166
Osteuropa
Die germanischen Markomannen fallen in Oberitalien ein und belagern Aquileia in Venetien. Die Kämpfe gegen die aufständischen Donauvölker dauern mit Unterbrechungen bis 180 an.

168
Osteuropa
Die römischen Kaiser Mark Aurel und Lucius Verus bekämpfen gemeinsam die Markomannen an der Donau. Die dortige Grenze wird wiederhergestellt.

169
Oberitalien
Während eines Feldzuges stirbt in Altinum (Venetien) der römische Mitkaiser (161-169) Lucius Verus (*15. 12. 130). Mark Aurel ist nun Alleinherrscher.

169
Rom
Der griechisch-römische Arzt Galenus von Pergamon (129-199), Leibarzt Mark Aurels, wird auch Leibarzt von dessen Sohn Commodus (Lucius Aelius Aurelius, 161-192). Galenos' Schriften fassen die gesamte antike Heilkunde zusammen. Er teilt die Menschen in vier durch unterschiedliche »Körpersäfte« zu differenzierende Klassen ein: Choleriker, Sanguiniker, Melancholiker, Phlegmatiker.

um 170
Rom
Ein bronzenes Reiterstandbild von Kaiser Mark Aurel wird auf dem Kapitol errichtet.

172
Osteuropa
Kaiser Mark Aurel bekämpft die Markomannen und Quaden an der römischen Donaugrenze. Er baut eine Schiffsbrücke über die Donau und dringt in das Gebiet der Quaden (Mähren) ein. Sein Hauptquartier ist Carnuntum (östlich von Wien).

172
Ägypten
Der römische Heerführer Avidus Cassius wirft einen von dem Priester Isodoros geführten Aufstand nieder.

174
Osteuropa
Mark Aurel erzwingt gegen die Markomannen und Quaden einen Frieden an der Donaugrenze. Am linken Donauufer wird ein Niemandsland eingerichtet. Quadenkönig Ariogais wird abgesetzt und durch den romfreundlichen König Furtius ersetzt. Mark Aurel vollendet in griechischer Sprache eine Schrift »Selbstbetrachtungen« über die Pflichtethik im Geist der stoischen Philosophie.

um 175
Griechenland
Der griechische Schriftsteller Pausanias verfasst die erste bekannte Kunstgeschichte (»Periegese«), eine Art Reisehandbuch über Griechenland.

176
Rom
Nach dem Tod seiner Gemahlin Faustina kehrt Mark Aurel vorübergehend nach Rom zurück. Die Markussäule wird in Rom errichtet mit plastischen Bilddarstellungen der Markomannenkriege.

177
Rom
Commodus, der Sohn Mark Aurels, wird offiziell zum Mitregenten erhoben und erhält den Titel des »Augustus«.

178
Osteuropa
Wegen erneuter Unruhen an der Donaugrenze und dem Beginn des zweiten Markomannenkrieges begeben sich Kaiser Mark Aurel und Commodus an die Donaugrenze.

179
Germanien
Bei der keltischen Siedlung Radasbona an der Donau wird die römische Grenzfestung Castra Regina (Regensburg) errichtet.

17. 3. 180
Pannonien
In Vindobona (Wien) stirbt der römische Kaiser (161-180) Mark Aurel (*26. 4. 121) an den Folgen der Pest. Unter Abkehr von dem System der

Adoptivkaiser hatte er seinen leiblichen Sohn Commodus zum Nachfolger bestimmt. Der zweite Markomannenfeldzug Roms wird durch Friedensschluss beendet. Commodus schließt Klientelverträge mit den Markomannen und Quaden. → S. 135

um 180
Germanien
In Augusta Treverorum (Trier) wird die Stadtbefestigung mit der Porta Nigra erbaut. → S. 135

182
Rom
Kaiser Commodus deckt eine mit Wissen seiner Schwester Annia Lucilla gegen ihn gerichtete Verschwörung auf. Annia Lucilla wird zunächst nach Capri verbannt und dann hingerichtet. Auch seine Gemahlin Bruttia Crispina wird hingerichtet.

183
Britannien
Die Scoten greifen den Hadrianswall in Nordengland an, werden jedoch zurückgeschlagen. Der Antoninuswall wird daraufhin aufgegeben.

186
Rom
Kaiser Commodus lässt sich als »römischer Herkules« im Kampf gegen Gladiatoren und wilde Tiere im Kolosseum feiern.

188
Rom
Kaiser Commodus begünstigt Kulte orientalischer Gottheiten, darunter auch den persischen Mithras-Kult, der von römischen Legionären bis weit nach Germanien verbreitet wird.

189
Rom
In der Stadt kommt es zu Hungerrevolten. Das Silbergeld hat unter Commodus erheblich an Wert verloren.

189
Rom
Viktor I. wird Bischof von Rom (bis um 198). Im Osterfeststreit bringt er den päpstlichen Primat erstmals deutlich zur Geltung: Wegen abweichender Feier des Osterfestes werden kleinasiatische Gemeinden aus der Kirchengemeinschaft ausgeschlossen (exkommuniziert).

31. 12. 192
Rom
Der römische Kaiser (180-192) Commodus (*161) wird in Rom unter Mitwirkung seiner Geliebten Marcia zuerst vergiftet und dann im Bad erdrosselt.

193
Rom
Das Fünfkaiserjahr: Der Prätorianerpräfekt Quintus Aemilius Laetus ruft nach der Ermordung des Commodus den Stadtpräfekten und Konsul Publis Helvius Pertinax (*1. 8. 126) zum Kaiser aus. Er wird jedoch am 28. 3. wegen seiner Bemühungen um die Disziplinierung der Prätorianer gleichfalls ermordet. Der Stadtpräfekt T. Flavius Sulpicianus und der Senator M. Didius Severus Julianus (133 oder 137- 1.6.193) werben mit Geld um die Gunst der Prätorianer. Julianus wird am 28. 3. zum Kaiser proklamiert. Zugleich lässt sich in Antiochia der Legat von Syrien, Gaius Pescennius Niger Iustus (*um 135-194), zum Kaiser ausrufen; in Britannien der Legat Clodius Albinus und am 9. 4. in Carnuntum Lucius Septimius Severus Pertinax (*11. 4. 146-4. 2. 211), der Legat von Oberpannonien.

9. 6. 194
Rom
Der Senat begrüßt Septimius Severus als Kaiser. Der Gegenkaiser Didius Iulianus ist vor seinem Eintreffen am 1. 6. ermordet worden. Severus bildet die Prätorianergarde nach Auflösung um.

194
Syrien
Der römische Gegenkaiser Pescennius Niger wird von den Truppen des Septimius Severus besiegt und im Oktober 194 in Antiochia hingerichtet.

19. 2. 197
Gallien
Kaiser Septimius Severus besiegt seinen Gegenkaiser Clodius Albinus in der Schlacht von Tinurtium in der Nähe von Lugdunum (Lyon) und wird dadurch Alleinherrscher. Lyon wird geplündert und verliert seinen Rang als Hauptstadt Galliens.

197
Rom
Kaiser Septimius Severus erhebt seinen Sohn Caracalla (Marcus Aurelius Antoninus, 4. 4. 186-8. 4. 217) zum Nachfolger (Caesar).

197
Britannien
Die römische Provinz wird in eine östliche (Britannia inferior) und eine westliche Provinz (Britannia superior) geteilt.

198
Rom
Kaiser Septimius Severus erhebt seinen Sohn Caracalla zum Mitkaiser und den jüngeren Sohn Publius Septimius Geta (*27. 5. 189-26. 2. 212) zum Caesar (Nachfolger).

199
Vorderasien
Septimius Severus, der 197 im Krieg gegen die Parther Babylon und die am Tigris gelegene parthenische Hauptstadt Ktesiphon erobert hat, schließt Frieden. Der Partherkönig Vologaeses IV. tritt Mesopotamien ab, das als Provinz Mesopotamia mit der Hauptstadt Nisibis eingerichtet wird.

Um 200
Afrika
Im zentralen Nigeria besteht die Nok-Kultur, die nach dem Dorf Nok benannte und durch Bodenfunde nachgewiesene älteste bekannte Kultur Afrikas. → S. 134

201-249

201
Rom
Kaiser Septimius Severus verbietet durch Edikt den Übertritt zum Judentum und zum Christentum.

202
Alexandreia
Der Kirchenschriftsteller Origenes von Alexandreia (um 185-253/254) ist bis 231 Haupt der alexandrinischen Katechetenschule als Nachfolger und Schüler des Klemens von Alexandria. Origenes bemüht sich als Erster um einen wissenschaftlich geklärten Bibeltext in seiner »Hexapla«, in der in sechs Spalten synoptisch hebräische und griechische Texte zusammengestellt sind.

203
Nordafrika
Der römische Kaiser Septimius Severus hält sich in Nordafrika auf (bis 204). Er lässt seine Geburtsstadt Leptis Magna (bei Tripolis) prächtig ausbauen.

205
Rom
Der römische Mitkaiser Caracalla ermordet seinen Schwiegervater und Prätorianerpräfekten Gaius Fulvius Plautianus. Dessen Nachfolger wird der bedeutende römische Jurist Aemilius Papinianus (*um 140-212).

208
Britannien
Kaiser Septimius Severus drängt die nordschottischen Kaledonier über den Hadrianswall zurück.

209
Rom
Geta wird durch Verleihung der tribunizischen Gewalt und des Titels Augustus dritter Mitkaiser neben Caracalla sowie Septimius Severus.

4. 2. 211
Britannien
In Eboracum (York) stirbt der römische Kaiser (193-211) Septimius Severus (*11. 4. 146) eines natürlichen Todes. Caracalla wird gemeinsam mit seinem jüngeren Bruder Geta Kaiser.

19. 2. 212
Rom
Caracalla lässt Geta (*27. 5. 189) ermorden. Weil der Jurist und Gardepräfekt Aemilius Papinianus (*um 140) den politischen Mord kritisiert, wird er – wie auch viele andere – hingerichtet.

212
Rom
Das römische Bürgerrecht wird durch Kaiser Caracalla mit der »Constitutio Antoniniana« ausgedehnt auf alle Freigeborenen des gesamten Reichsgebietes. Damit werden die Provinzen Italien politisch gleichgestellt. → S. 137

11. 8. 213
Germanien
Kaiser Caracalla überschreitet den rätischen Limes und besiegt die Alamannen in der Nähe des Mains. Er lässt die Palisaden des Limeswalles durch Steinwälle ersetzen und die Ausbauarbeiten am Kastell Saalburg abschließen. In Aquea (Baden-Baden) lässt er die Thermen wieder herstellen.

216
Rom
Die Caracalla-Thermen (Thermae Antoninianae) werden nach zehnjähriger Bauzeit vollendet. Sie bieten für 2500 Besucher Platz.

8. 4. 217
Vorderasien
Auf dem 216 begonnenen Partherfeldzug wird bei Edessa Kaiser (211-217) Caracalla (*4. 4. 186) auf Veranlassung des Prätorianerpräfekten Macrinus (Marcus Opellius Severus Macrinus Augustus, 164-218) ermordet.

11. 4. 217
Vorderasien
Das Heer des Partherfeldzugs ruft Macrinus in Carrhae (Charran) zum Kaiser aus. Er entstammt als erster römischer Herrscher einer nicht senatorischen Familie. Er schließt 218 Friede mit den Parthern, zahlt deren König Artabanos V. eine Entschädigung, Mesopotamien bleibt römisch.

217
Rom
Calixtus I., eine ehemaliger Sklave, wird Papst (bis 222). Er gestattet die Ehe zwischen Freien und Sklaven und wird deshalb und wegen seiner maßvollen Bußpraxis angefeindet. Hippolyt lässt sich als ersten Gegenpapst (217-235) aufstellen.

16. 5. 218
Syrien
Julia Maesa (†226), Schwägerin des Kaisers Septimius Severus, lässt ihren Enkel Marcus Aurelius Antoninus (vorher Varius Avitus, 204-222) als angeblichen Sohn Caracallas in Emesa (Homs) von den Soldaten auf den Thron heben. Er nimmt den Namen Elagabal (nach dem gleichnamigen syrischen Sonnengott) an.

8. 6. 218
Syrien
Der römische Kaiser (217/18) Macrinus (*164) wird von den Truppen des kurz zuvor inthronisierten Elagabal bei Antiochia besiegt und bald darauf ermordet.

29. 9. 219
Rom
Der neue Kaiser Elagabal zieht in Rom ein. Sein Versuch, den syrischen Gott Sol Elagabal zum universalen Reichsgott zu machen, macht ihn jedoch zusehends unbeliebt.

220
China
Die Han-Dynastie (seit 206 v.Chr.) wird gestürzt, China zerfällt in die »Drei Reiche« Wei im Norden, Han in Sichuan und Wu am Chang Jiang. → S. 136

221
Rom
Kaiser Elagabal vermählt sich mit der Vestalin Aquilia Severa. Er adoptiert auf Betreiben seiner Großmutter Julia Maesa seinen Vetter Marcus Aurelius Severus Alexander (1. 10. 208-235) und erhebt ihn zum Caesar (Thronfolger).

11. 3. 222
Rom
Bei einem Aufruhr der Garde wird Kaiser (218-222) Elagabal (*204) mit seiner Mutter Iulia Soemias erschlagen, seine Leiche wird in den Tiber geworfen. Am 13. 3. wird der 13-jährige Severus Alexander zum Kaiser ausgerufen. Maßgebenden Einfluss auf die Regierungsgeschäfte haben seine Mutter, Julia Mamaea, und die Juristen Domitius Ulpianus (als Prätorianerpräfekt) und der aus der Verbannung zurückgeholte Iulius Paulus.

224
Persien
Ardaschir I. (224-241), ursprünglich ein parthischer Vasall in der Persis, besiegt den letzten Partherkönig Artabanus V. und begründet die letzte altpersische Dynastie der Sassaniden. → S. 136

227
Persien
Der Sassanidenherrscher Ardaschir I. besiegt den Parther Vologaeses V. und erobert Ktesiphon am Tigris, die von den Sassaniden zu ihrer Metropole ausgebaut wird.

229
Rom
Der Historiker Cassius Dio (um 155-um 235) ist Konsul, er verfasst eine sorgfältige römische Geschichte von den Anfängen bis 229 n.Chr. in griechischer Sprache in 80 Büchern.

230
Vorderasien
Die Sassaniden greifen die römische Provinz Mesopotamien an. Sie erheben Anspruch auf das gesamtpersische Gebiet und werden zu erklärten Gegnern des geschwächten Roms.

232
Vorderasien
Der römische Kaiser Severus Alexander lässt die Sassaniden nach erfolglosen Verhandlungen mit drei Hauptkontingenten angreifen. Mesopotamien wird nach blutigen Gefechten zurückgewonnen.

233
Germanien
Alamannen und andere Germanenstämme brechen über den obergermanisch-rätischen Limes ins römische Zehntland ein und dringen bis in das Unterelsass und ins Allgäu vor.

234
Germanien
Severus Alexander zieht gegen die Germanen und überschreitet den Rhein auf einer Schiffsbrücke.

22. 3. 235
Germanien
Kaiser (222-235) Severus Alexander (*1. 10. 208) wird in Bretzenheim bei Mainz von eigenen Soldaten ermordet. Die Mainzer Legion ruft den thrakischen Bauernsohn Maximinus Thrax (Gaius Iulius Verus Maximinus Thrax, um 173-238) als Kaiser aus. Damit beginnt die Ära der Soldatenkaiser. Maximinus Thrax schlägt die Alamannen östlich des Rheins und stellt den Limes wieder her.

235
Rom
Pontianus und Hippolytos, Bischof und Gegenbischof von Rom, werden von Kaiser Maximinus Thrax in die Bergwerke Sardiniens verbannt und sterben bald daraufhin.

236
Rom
Kaiser Maximinus Thrax lässt in Rom und in den Provinzen Vermögen und Tempelschätze zur Finanzierung seiner Truppen und Feldzüge konfiszieren.

Mitte April 238
Italien
Kaiser (235-238) Maximinus Thrax (*um 173) wird bei der erfolglosen Belagerung von Aquileia von den eigenen Soldaten ermordet. Bei den folgenden Machtkämpfen in Rom werden die zu Senatskaisern ernannten Konsuln M. Clodius Pupienus Maximus und D. Caelius Calvinus Balbinus von Prätorianern erschlagen. Zum Kaiser wird schließlich am 9.7. der 13-jährige Gordian III. (Marcus Antonius Gordianus, 225-244) ernannt.

238
Osteuropa
Goten und Karpen überschreiten in Untermösien die untere Donau und verwüsten die Provinz. Der römische Statthalter Tullius Menophilos bewegt sie durch Geldgeschenke zur Rückkehr über die Donau.

um 240
Rom
Diogenes Laërtios veröffentlicht zehn Bücher über »Leben und Meinungen berühmter Philosophen«.

241
Persien
Nach dem Tod von Ardaschir I., Perserkönig seit 224, wird sein Sohn Schapur I. sassanidischer König (bis 272). Er besetzt Mesopotamien und Antiochia in Syrien.

242
Mesopotamien
Kaiser Gordian III. und sein Schwiegervater, der Prätorianerpräfekt C. Furius Sabinus Aquila Timesitheus, besiegen den Sassanidenherrscher

Schapur I. am Fluss Aborras (Chabur). Für ihren Feldzug haben sie gotische und germanische Söldnertruppen angeworben.

243
Persien
Timesitheus erliegt in Nisibis einer tödlichen Krankheit. Sein Nachfolger als Prätorianerpräfekt wird Marcus Iulius Philippos, genannt Arabs (um 198-249).

Anfang 244
Mesopotamien
Kaiser (238-244) Gordian III. (*225) wird bei Dura-Europos ermordet, das Heer ruft den Gardepräfekten Philippos Arabs zum Kaiser aus. Er schließt mit den Persern Frieden, Mesopotamien bleibt römische Provinz.

244
Rom
Der griechische Philosoph Plotin (um 205-270) geht von Alexandria nach Rom, wo er zum Begründer des Neuplatonismus wird. Er schreibt seine Lehre in 54 Einzelabhandlungen nieder, die sein Schüler Porphyrios (um 234-304) in sechs Neunergruppen (»Enneaden«) veröffentlicht.

245
Osteuropa
An der Donaugrenze kämpft Philippus Arabs erfolgreich gegen die Karpen und wirft die Daker zurück. 246 wirft er auch die an der Nordgrenze von Siebenbürgen auftauchenden Gepiden zurück.

21. 4. 248
Rom
Die Tausendjahrfeier (am Ende des tausendsten Jahres nach der Gründung) wird pompös gefeiert.

249
Rom
Der zur Verteidigung der Donaugrenze gegen die Goten ausgesandte römische Feldherr Decius (Gaius Messius Quintus Traianus, um 195-251) wird von revoltierenden Truppen im Legionslager Viminacium in Obermösien gegen seinen Willen zum Kaiser ausgerufen. Philippus Arabs (*um 198) marschiert dem auf Rom anrückenden Decius entgegen und fällt im September in der Schlacht bei Verona.

Herbst 249
Rom
Als überzeugter Vertreter und Erneuerer altrömischer Tradition fordert Decius das Kaiseropfer unter Androhung von Gefängnisstrafen, Konfiskation des Vermögens und Hinrichtung.

250-299

250
Rom
Kaiser Decius löst mit seinem Opferedikt die erste große Christenverfolgung aus. Viele fallen deshalb von ihrem Glauben ab, eine ganze Reihe wird zu Märtyrern. Bischof Fabianus von Rom (236-250) wird am 20. 1. 250 hingerichtet, der Kirchenschriftsteller Origenes (um 185-253/54) in Caesarea gefoltert.

Juni 251
Bulgarien
Der römische Kaiser (249-251) Decius (*um 195) fällt bei Abrittus (Razgrad in der Dobrudscha) im Kampf gegen die nach Thrakien eingedrungenen Goten unter ihrem Anführer Kniva. Der Legat von Mösien, Gaius Vibius Trebonianus Gallus (um 206-253) wird Kaiser. Er schließt mit den Goten Frieden gegen Zahlung von Jahresgeldern.

251
Rom
Cornelius wird Bischof von Rom (bis 253). Er führt eine milde Bußpraxis ein, die den in der Verfolgung unter Decius Abgefallenen die Rückkehr zur Kirche erleichterte. Daraufhin erhebt eine strenge Gruppe des römischen Klerus Novatian zum Gegenbischof.

252
Persien
Der Sassanidenherrscher Schapur I. gliedert Armenien seinem Reich ein, König Tiridates II. muss fliehen.

Sommer 253
Römisches Reich
Die Legionen in Mösien rufen den Legaten Marcus Aemilius Aemilianus zum Gegenkaiser aus. Er zieht mit seinen Truppen nach Italien. Kaiser (251-253) Trebonianus Gallus (*um 206) wird bei Interamna (Terni) in Umbrien von den eigenen Truppen ermordet. Publius Licinius Valerianus (*um 185-260) lässt sich in Rätien von seinen Truppen als Valerian zum Kaiser ausrufen und ernennt alsbald seinen Sohn Publius Licinius Egnatius Gallienus (218-268) zum Mitregenten; Aemilianus wird im Herbst von seinen eigenen Leuten umgebracht.

254
Rom
Nach dem Tod von Lucius I. (253-254) wird Stephan I. Bischof von Rom (bis 257). Stephan tritt 255 gegenüber Bischof Cyprian von Karthago und kleinasiatischen Bischöfen für die Gültigkeit der Ketzertaufe ein und fordert erstmals unter ausdrücklicher Berufung darauf, dass er der Nachfolger Petri sei, die allgemeine Befolgung der römischen Regel.

256
Römisches Reich
Karpen und Goten dringen über die Donau bis nach Thessaloniki (Saloniki) vor und plündern die Küsten Kleinasiens. Franken brechen über den Niederrhein in römisches Gebiet ein und stoßen auf Plünderungszügen bis nach Spanien vor. Alamannen durchbrechen den Limes am Oberrhein.

257
Rom
Kaiser Valerian verschärft die Christenverfolgungen: Bischof Cyprian von Karthago (*nach 200-14. 9. 258) und der römische Bischof Sixtus II. (†6. 8. 258) werden hingerichtet.

259
Römisches Reich
Die Franken, ein westgermanischer Stammesverband (u.a. die Kleinstämme der Salier, Chamaven, Chattuarier, Brukterer, Usipier, Amsivarier), durchbrechen den Limes, fallen in Gallien ein und dringen bis nach Spanien vor.

259
Römisches Reich
Der mit der Verwaltung Galliens beauftragte römische Befehlshaber (dux) am Niederrhein, Marcus Cassianus Postumus, wird zum Kaiser ausgerufen. Er gründet ein gallisches Sonderreich mit Anschluss von Spanien und Britannien (bis 273).

260
Mesopotamien
In der Schlacht bei Edessa wird der römische Kaiser (253-260) Valerian (*um 185) vom Sassanidenherrscher Schapur I. besiegt und gefangengenommen. Er stirbt in der Haft. Neuer Kaiser wird sein Sohn Gallienus.

260
Syrien
Septimius Odaenathus, der Stadtherrscher von Palmyra, besiegt die Perser am Euphrat und nimmt den Königstitel an (Palmyrenisches Reich, bis 272).

261
Römisches Reich
Die Römer werfen unter Kaiser Gallienus in einer Schlacht bei Mailand die nach Norditalien eingedrungenen Alamannen zurück.

262
Mesopotamien
Der syrische Klientelfürst Odaenathus von Palmyra kämpft erfolgreich gegen die Perser und drängt den Sassanidenherrscher Schapur I. bis nach Ktesiphon zurück. 261 hat ihn Kaiser Gallienus zum Oberbefehlshaber (dux) im Orient ernannt.

263
Kleinasien
Goten plündern den Artemistempel in Ephesos.

um 263
Römisches Reich
Kaiser Gallienus führt eine Heeresreform durch. Er bildet eine rasch bewegliche Reservereiterei, die vor allem aus Germanen, Sarmaten und Mauren besteht, und verleiht Rittern anstelle von Senatoren die Statthalterschaft in den Provinzen. Er hebt die Edikte gegen die Christen auf

und erlaubt die freie Ausübung christlicher Kulte.

264
Kleinasien
Der syrische Klientelfürst Odaenathus besetzt Edessa und vertreibt die Goten aus Kappadokien. 265 verleiht ihm Kaiser Gallienus den Titel des Augustus und erhebt ihn zum Mitkaiser für den Osten.

267
Kleinasien
Odaenathus wird auf einem Feldzug gegen die Goten von seinem Neffen Maionos in Emesa ermordet. Seine Witwe Zenobia führt als Regentin für ihren unmündigen Sohn das Palmyrische Sonderreich. Sie holt als Berater den griechischen Philosophen Cassius Longinus (um 213-273) nach Palmyra.

267
Griechenland
Die Goten plündern gemeinsam mit den germanischen Herulern Byzanz und Griechenland, werden jedoch von Kaiser Gallienus am Fluss Nestos in Makedonien geschlagen.

22. 3. 268
Römisches Reich
Im Kampf gegen den Usurpator Aureolus fällt der römische Kaiser (253-268) Gallienus (*218) bei Mailand einer Verschwörung zum Opfer. Aureolus lässt sich zum Kaiser ausrufen, wird aber wenig später ebenfalls ermordet. Neuer Kaiser wird im Herbst Claudius II. (Marcus Aurelius Valerius Claudius, 10. 5. 219-270), bisher Befehlshaber in Illyricum (das heutige Bosnien und Dalmatien). Er vertreibt die bis zum See Benacus (Gardasee) vorgedrungenen Alamannen aus Italien.

268
Germanien
Postumus, der Kaiser des Gallischen Sonderreiches, wird bei Mainz von seinen eigenen Soldaten umgebracht. Zu seinem Nachfolger wird Marcus Piavonius Victorinus (bis 270) bestimmt.

268
Syrien
Paulus von Samosata, seit etwa 260 Bischof von Antiochia, wird von der Synode der syrischen Bischöfe wegen seiner Lehre von der menschlichen Natur Christi aus der Kirche ausgeschlossen.

269
Südosteuropa
Kaiser Claudius II. besiegt die Goten bei Naissos (Nis in Serbien) und nimmt den Beinamen Gothicus maximus an.

September 270
Südosteuropa
Kaiser Claudius II. (*10. 5. 219) stirbt in Sirmium (Sremska Mitrovica in Serbien) an der Pest. Sein Bruder Marcus Aurelius Quintillus tritt seine Nachfolge an, wird jedoch bald ermordet. Neuer Kaiser wird Aurelian (Lucius Domitius Aurelianus, 214-275).

270
Ägypten
Antonius der Große (*251/252-356) zieht sich als Eremit in die Wüste am Roten Meer zurück und gilt wegen seiner asketischen Lebensweise als Begründer des Mönchtums. Er wird angeblich 105 Jahre alt.

271
Römisches Reich
Kaiser Aurelian vertreibt die eingedrungenen Alamannen und Juthungen nach einer Niederlage bei Placentia (Piacenca) durch seinen Sieg bei Ticinum (Pavia) aus Italien. Rom lässt er zum Schutz gegen künftige Barbareneinfälle mit einer Mauer umgeben (Aurelianische Mauer). Er überlässt den Goten Dakien (das heutige Rumänien) und führt die dortige römische Bevölkerung nach Mösien zurück.

272
Syrien
Kaiser Aurelian unterwirft durch seine Siege bei Antiochia und Emesa das Sonderreich von Palmyra. Königin Zenobia wird auf der Flucht gefangen und 274 im Triumph durch Rom geführt.

273
Syrien
Nach einem erneuten Aufstand Palmyras lässt Aurelian die Stadt erobern und zerstören.

273
Gallien
Gaius Pius Esuvius Tetricus, der Herrscher über das Gallische Sonderreich, ergibt sich auf den Katalaunischen Feldern kampflos dem römischen Kaiser Aurelian.

274
Rom
Kaiser Aurelian wird nach der Rückgewinnung der Reichseinheit mit dem Ehrentitel »Restitutor Orbis« (Wiederhersteller des Erdkreises) gefeiert. Aurelian führt den Sonnenkult als Staatsreligion ein und errichtet auf dem Marsfeld einen Tempel, den er selbst am 25. 12., dem Geburtstag des Sonnengottes, einweiht.

275
Kleinasien
Kaiser (270-275) Aurelian (*214) wird auf einem Feldzug gegen die Perser in der Nähe von Byzanz Opfer eines Mordanschlags. Der Senat entscheidet sich für den rangältesten 75-jährigen Senator Marcus Claudius Tacitus (um 200-276), der seinen Halbbruder Florianus zum Mitregenten macht. Auf einem Feldzug gegen die erneut in Kleinasien plündernden Goten stirbt Tacitus im Sommer 276, Florianus übernimmt die Regentschaft.

Herbst 275
Gallien
Germanen zerstören Trier, die Hauptstadt des einstigen Gallischen Sonderreiches. Franken und Alamannen fallen, die Rheingrenzen überschreitend, in Gallien ein.

Sommer 276
Syrien
Das Ostheer ruft den Befehlshaber des Ostens (dux orientis) Marcus Aurelius Probus (19. 8. 232-September 282) zum Gegenkaiser aus. Florianus wird im Juni bei Tarsos von seinen Soldaten erschlagen.

26. 2. 277
Iran
Der babylonische Religionsstifter persischer Abstammung Mani (*14.4.216) stirbt in Gandischahpur in der Haft. Der Begründer des Manichäismus (einer gnostischen Erlösungslehre, bei der nicht das Opfer, sondern das Wissen erlöst), trat seit 242 als Abgesandter Gottes in Persien auf und wollte die Religion Zarathustras verdrängen.

277
Gallien
Probus vertreibt die Alamannen aus Gallien und sichert die Rheingrenze durch Kastelle am rechten Rheinufer.

279
Kleinasien
Kaiser Probus besiegt das Bergvolk der Isaurer und nimmt deren Bergfeste Kremna in Pisidien.

280
China
Die Jin-Dynastie unterwirft den Staat Wu. Kaiser Sima Yan erreicht die Einheit Chinas, die bis 316 Bestand hat.

281
Gallien
Kaiser Probus besiegt seine Gegenkaiser Bonosus (in Köln) und Proculus (in Lyon). Zur Förderung der Wirtschaft hebt er das seit 92 geltende Verbot des Weinbaus in den römischen Provinzen auf.

September 282
Südosteuropa
In Sirmium (Sremska Mitrovica in Serbien) wird Kaiser (276-282) Probus (*19. 8. 232) von unzufriedenen Truppen ermordet. Der Prätorianerpräfekt Marcus Aurelius Carus (um 224-283) wird in Rätien zum Gegenkaiser ausgerufen. Carus ernennt seine Söhne zu Caesares (Nachfolgern). Marcus Aurelius Carinus (um 250-285), befehligt die Truppen im Westen, Aurelius Numerius Numerianus (um 253-284) zieht mit ihm gegen Persien.

Juli 283
Mesopotamien
Nach der Eroberung Mesopotamiens und der Einnahme von Seleukeia und Ktesiphon stirbt Kaiser Carus bei Ktesiphon.

284
Nikomedien
Nach der Ermordung des Kaisers Numerianus versucht der neue Herrscher des Römischen Reiches, Diokletian (um 240-316), das Reich aus der Krise zu führen. → S. 138

285
Südosteuropa
Kaiser Carinus, Bruder des Numerianus, zieht Diokletian entgegen. Er besiegt ihn zwar am Fluss Margus (Morawa) in Mösien, wird aber von den eigenen Truppen ermordet.

1. 4. 286
Kleinasien
Diokletian erhebt in Nikomedia Marcus Aurelius Valerius Maximianus (um 240-310) als Maximian zum Augustus für den Westen. Er nimmt seine Residenz in Mediolanum (Mailand), Diokletian residiert in Nikomedia (Izmit in Anatolien).

287
Britannien
Der revoltierende Befehlshaber der römischen Kanalflotte, Marcus Aurelius Mausaeus Carausius, besetzt Gesoriacum (Boulogne) und Rotomagnus (Rouen) mit Hilfe germanischer Hilfstruppen. Er behauptet sich in Britannien bis 293, dann ermordet ihn sein Prätorianerpräfekt Allectus.

288
Mesopotamien
Kaiser Diokletian schließt Frieden mit den Sassaniden. Der Euphrat wird Grenze zwischen Rom und Persien; Armenien und Mesopotamien bleiben römisch.

288
Gallien
Die niederfränkischen Salier (Salfranken) besetzen das Gebiet der Bataver an der Rheinmündung. Maximian bekämpft erfolgreich sächsische Seeräuber in der Nordsee.

290
Römisches Reich
Als Mittel gegen den Zinswucher setzt Kaiser Diokletian den Höchstsatz für Darlehenszinsen auf jährlich 12% fest.

1. 3. 293
Römisches Reich
Diokletian führt das System der Tetrarchie (»Viererherrschaft«) ein. Das Reich wird durch zwei Augusti mit je einem Caesar geführt. Neben die beiden Kaiser Diokletian und Maximian werden zu Caesaren (Nachfolger) die jeweiligen Prätorianerpräfekten erhoben: Gaius Galerius Valerius Maximianus (um 250-311) und Gaius Flavius Valerius Constantius Chlorus (um 264-306). Diokletian verwaltet den Osten (Residenz Nikomedia), Maximian Italien und Africa (Residenz Mailand), Galerius Illyrien, Makedonien, Griechenland (Residenz Sirmium), Constantius I. Chlorus Spanien, Gallien und Britannien (Residenzen Trier und York). Die Augusti sollen nach 20-jähriger Regierung gleichzeitig abdanken und die Caesares dann nachrücken.

296
Ägypten
Diokletian wirft einen 295 begonnenen Aufstand in Ägypten nieder. Die Sonderverwaltung Ägyptens wird durch Einführung der Provinzialordnung aufgehoben.

296
London
Constantius I. Chlorus besiegt bei Londinium (London) den Usurpator des Britannischen Sonderreiches, Allectus.

um 297
Römisches Reich
Diokletian teilt das Reich in zwölf Diözesen mit insgesamt 101 Provinzen auf. Die wirtschaftliche und finanzielle Lage versucht Diokletian durch den Ausbau des Staatsapparates zu verbessern Rigide Steuerreformen und tiefe Eingriffe in die Autonomie der Gemeinden; Ausbau eines beweglichen Feldheeres von bis zu 500 000 Mann und Zwangsinnungen der Handwerker zu dessen Versorgung; Bindung der Bauern an die Scholle (Kolonat) zur Verhinderung der Landflucht und zur besseren Steuererhebung.

298
Rom
Der Bau der Thermen des Diokletian beginnt (bis 305). Das 20 ha große Gebäude für 3000 Badende ist das größte Bauwerk Roms.

298
Mesopotamien
Diokletian besiegt den persischen Sassanidenherrscher Narseh. Die Grenze wird vom Euphrat zum Tigris vorgeschoben. Die Perser erkennen Armenien mit dessen Klientelkönig Tiridates III. als Vasallenstaat Roms an.

300-349

um 300
Mittelamerika
Die Maya-Kultur erreicht ihre größte Ausdehnung. → S. 139

um 300
Armenien
Der vom Metropoliten Caesareas zum Bischof Armeniens geweihte Gregor der Erleuchter (eigentl. Gregor Lusaworitsch) bekehrt den König Tiridates III. Das Christentum wird in Form der armenisch-gregorianischen Kirche Staatsreligion.

4. Jahrhundert
Indien
Der indische Weise Vatsyayana Mallanaga verfasst das Lehrbuch »Kamasutra«, das sich u.a. der Sexualität widmet. → S. 143

301
Römisches Reich
Mit einer Höchstpreisverordnung und einer Währungsreform (Verdoppelung der Nominalwerte) will Kaiser Diokletian die Teuerungswelle und Wucherpreise insbesondere für Brot aufhalten.

23. 2. 303
Römisches Reich
Kaiser Diokletian erlässt das 1. Edikt zur Christenverfolgung. Es wird durch drei weitere Edikte 303 und 304 verschärft. Befohlen wird ein Kultverbot, das Niederreißen der Kirchen, eine Beschlagnahme des Gemeindevermögens und Bibelverbrennungen; ferner werden die Christen gezwungen, dem Bildnis des Kaisers als dem eines Gottes zu opfern und sie haben bei Verweigerung mit Folter und Zwangsarbeit in Bergwerken zu rechnen.

303
Römisches Reich
Mit dem Batavier Aurelius Ianuaris wird in Pannonien zum ersten Mal ein Germane Militärkommandant (dux).

1. 5. 305
Römisches Reich
Die Kaiser (284-305) Diokletian und Maximian danken entsprechend der festgelegten Tetrarchenfolge ab. Galerius und Constantius I. Chlorus ernennen neue Caesaren: Flavius Valerius Severus (†307) im westlichen Reichsteil und 306 zum Augustus erhoben, sowie Gaius Galerius Valerius Maximinus Daia (†313) als Caesar (Kaiser 309 bis 313) des Ostens.

25. 7. 306
Britannien
Kaiser (305-306) Constantius I. Chlorus (*um 264) stirbt auf einem Feldzug in Eburacum (York), die Truppe ruft seinen Sohn Flavius Valerius Constantinus (um 285-22. 5. 337), der spätere Konstantin I., der Große, zum Augustus aus.

28. 10. 306
Rom
Der Sohn des abgetretenen Kaisers Maximian, Marcus Aurelius Valerius Maxentius (*um 280-28. 10. 312), wird in Rom mit Unterstützung der Prätorianer gegen die übrigen vier Augusti des Reiches (Galerius, Flavius Severus, Maximinus Daia und Konstantin I., der Große) zum Augustus ernannt.

April 307
Römisches Reich
Die Truppen des Flavius Severus laufen zu Maxentius über, Flavius Severus wird in Ravenna ermordet.

November 308
Pannonien
Eine Kaiserkonferenz in Carnuntum, an der Diokletian als Senior Augustus und Galerius als Kaiser der östlichen Reichshälfte teilnimmt, versucht die Nachfolgefrage zu regeln. Diokletian bestimmt die endgültige Abdankung von Maximian (erneut 307-308). Anstelle des 307 getöteten Flavius Severus wird Flavius Valerius Licinianus Licinus (um 250-325) am 11. 11. Kaiser des Westens. Konstantin I. und Maximinus Daia werden zu Caesaren mit dem Ehrentitel Söhne der Augusti ernannt; der Usurpator Maxentius wird ignoriert.

308
Römisches Reich
Für den bisherigen Aureus wird der Solidus (4,55 g) als Goldmünze eingeführt.

310
Römisches Reich
Konstantin I., der Große, besiegt den früheren Kaiser Maximian bei dessen Versuch, Südgallien für sich zu gewinnen. Maximian (*um 240) kommt in Massilia (Marseille) ums Leben.

30. 4. 311
Römisches Reich
Die beiden Kaiser Licinius Licianus und Galerius erlassen ein Toleranzedikt, in dem das Christentum zur erlaubten Religion (religio licita) erklärt wird. Anfang Mai stirbt Kaiser (305-311) Galerius (*um 250) in Nikomedia.

28. 10. 312
Rom
Konstantin I., der Große, besiegt an der Milvischen Brücke bei Rom den Augustus von Italien (306–312) Maxentius (*um 280), der nach der vernichtenden Niederlage im Tiber ertrinkt. Konstantin wird Herrscher über den Westteil des Reichs; seine Kreuzesvision vor der Schlacht (»Unter diesem Zeichen wirst du siegen«) veranlasst ihn zur Einführung der Kreuzesfahne mit dem Monogramm Christi.

313
Italien
Konstantin und Licinius verkünden in Mailand ein religionspolitisches Programm, das dem Christentum wie den heidnischen Kulten Religionsfreiheit zusichert (Mailänder Toleranzedikt). → S. 142

30. 4. 313
Griechenland
Licinius besiegt Kaiser (310-313) Maximinus Daia bei Adrianopel in Thrakien, der in Tarsos ums Leben kommt. Licinus dehnt daraufhin das Toleranzedikt auch auf den Osten aus.

313
Palästina
In Caesarea wird Eusebius (um 265-339) Bischof. Er ist der Verfasser der ersten Kirchengeschichte.

8. 10. 314
Römisches Reich
Bei ihrer ersten militärischen Auseinandersetzung besiegt Konstantin I. seinen Mitkaiser Licinius bei Cibellae in Unterpannonien. Er tritt die Donauprovinzen außer Thrakien an Konstantin ab.

314
Rom
Konstantin stiftet die für den späteren Kirchenbau stilbildende Laterankirche San Giovanni. Unter Silvester I. (Papst 314-335) erfolgt der grundlegende Friedensschluss zwischen dem Römischen Reich und dem Christentum.

315
Rom
Für Konstantin I., den Großen, wird ein Triumphbogen errichtet.

320
Kleinasien
Der alexandrische Kirchenführer Arius (um 280-336) wird aus der Kirche ausgeschlossen. Er lehrt, Christus sei nicht wesensgleich mit dem Vater, sondern ein Geschöpf des Vaters aus dem Nichts.

320
Indien
Tschandragupta I. begründet das Gupta-Reich. Es wird unter seinem Sohn Samudragupta, der ab etwa 325 regiert, über ganz Nordindien ausgedehnt. → S. 143

3. 7. 321
Rom
Konstantin I., der Große, verleiht der Kirche das Recht der Annahme von Erbschaften und erklärt den Sonntag zum staatlichen Feiertag.

18. 9. 324
Römisches Reich
Nach den Siegen bei Adrianopel in Thrakien (3. 7. 324) und Chrysopolis am Bosporus über Licinius ist Konstantin I. Alleinherrscher. → S. 143

20. 5. 325
Kleinasien
Kaiser Konstantin I. eröffnet das Konzil von Nicaea (heute Iznik). Es verdammt als Kirchendogma die arianische Lehre der Gottähnlichkeit Christi zugunsten der athanasischen Lehre der Wesenseinheit von Gottvater und Sohn. Das Osterfest wird auf den ersten Sonntag nach dem Frühlingsvollmond festgelegt.

325
Rom
Konstantin I. stiftet die Peterskirche über dem angeblichen Grab des Petrus in Rom.

326
Palästina
Helena (um 257-um 336), die Mutter von Kaiser Konstantin I., lässt in Jerusalem die Heilige Grabeskirche erbauen. Die legendäre Überlieferung bringt sie in Verbindung mit der Auffindung des Kreuzes Christi und der Übertragung des Heiligen Rocks nach Trier.

11. 5. 330
Konstantinopel
Das frühere Byzanz wird nach dem Bau des Forums, des Palastes, des Hippodroms und der Befestigungsmauern offiziell zur neuen Hauptstadt des Römischen Reiches erhoben. Das Reich wird in die vier Präfekturen Oriens (Residenz Konstantinopel), Illyricum (Sirmium oder Thessaloniki), Italia (Mailand, Ravenna oder Rom) und Gallia (Trier) mit 14 Diözesen und 117 Provinzen eingeteilt. Die 312 mit Einführung des Solidus eingeleitete Währungsreform wird vollendet: 1 Solidus gilt 24 Silberstücke und 240 Kupfermünzen.

332
Römisches Reich
Der Kaisersohn Constantinus siegt über die Goten nördlich der Donau: Die Goten werden als Verbündete (foederati) ins Heer aufgenommen und übernehmen gegen Bezahlung den Grenzschutz.

334
Persien
Der Perserkönig Schapur II. erobert den römischen Vasallenstaat Armenien.

335
Römisches Reich
Konstantin I. der Große teilt das Reich testamentarisch unter seine Söhne auf: Konstantin II. (316-340) erhält den Westen (Gallien, Spanien, Britannien), Constans (323-350) bekommt Italien, Nordafrika und Illyricum, Constantius II. (317-361) den Osten.

6. 2. 337
Rom
Julius I. (†12. 4. 352) wird Papst (bis 352). Er bemüht sich erfolglos um eine Abwendung der drohenden Kirchenspaltung.

22. 5. 337
Kleinasien
In Nikomedia (Izmit) stirbt Kaiser (306-337) Konstantin I. der Große (* um 280). Sterbend empfängt er die Taufe durch Eusebius, den arianischen Bischof von Caesarea. Konstantin II. lässt im Einverständnis mit seinen Brüdern alle übrigen Angehörigen der Familie ermorden, lediglich drei Neffen Konstantins I. des Großen entkommen, darunter der spätere Kaiser Julian Apostata (331-26. 6. 363). Am 9. 9. nehmen die drei Brüder den Augustustitel an.

340
Italien
Der Westkaiser Konstantin II. fällt bei Aquileia im Kampf gegen seinen Bruder Constans, den Kaiser des mittleren Reichsteils, der nunmehr auch im Westen regiert.

343
Südosteuropa
Auf der Synode zu Serdica (Sofia) sprechen die abendländischen Teilnehmer dem Papst das Recht der letztinstanzlichen Entscheidungen zu, stoßen aber bei den orientalischen Bischöfen damit auf heftigen Widerspruch.

350-399

um 350
Konstantinopel
Der gotische Bischof Wulfila (um 311-vermutlich 383) übersetzt die Bibel ins Gotische und schafft mit dem gotischen Alphabet die erste germanische Buchstabenschrift. → S. 145

350
Gallien
Flavius Magnus Magnentius, ein römischer Befehlshaber britisch-fränkischer Herkunft, lässt sich in Augustodunum (Autun) zum Kaiser ausrufen. Kaiser (337-350) Constans (*323) wird gestürzt und ermordet. Magnentius zieht nach Italien und wird als Herrscher im Westreich anerkannt.

28. 9. 351
Pannonien
Der Ostkaiser Constantius II. besiegt bei Mursa-Esseg an der Drau den Usurpator Magnentius. Zuvor besiegte der Alamannenfürst Chnodomar den von Magnentius eingesetzten Caesaren Decentius.

August 353
Gallien
Der Usurpator Magnentius begeht in der Nähe von Lugdunum (Lyon) Selbstmord. Constantius II. ist nun Alleinkaiser im gesamtrömischen Reich.

11. 8. 355
Köln
Der römische Heerführer und Franke Sylvanus wird von der Truppe zum Kaiser ausgerufen, jedoch bereits nach 18 Tagen ermordet.

355
Römisches Reich
Kaiser Constantius II. erhebt Julian Apostata zum Caesar des Westens. Auf der Synode von Mailand setzt Constantius II. den so genannten Arianismus auch im Westen durch. Der Kirchenlehrer Athanasius (295-373), Hauptverteidiger der Wesensgleichheit Christi mit Gott gegen die Arianer und der Lehre von den zwei Naturen (göttlich und menschlich) in Christus, wird 356 aus Alexandreia vertrieben.

25. 8. 357
Gallien
Bei Argentorate (Straßburg) besiegt der (seit 355) in Gallien als Caesar eingesetzte Julian Apostata die Alamannen unter Chnodomar. Julian siedelt die Alamannen am Oberrhein und die salischen Franken am Niederrhein an.

3. 11. 361
Römisches Reich
Der bereits 360 in Paris zum Kaiser ausgerufene Julian Apostata wird offiziell zum Alleinkaiser ernannt, nachdem ihn Kaiser (337-361) Constantius II. (*317) noch vor seinem Tod dazu bestimmt hat. Obgleich als Kind christlich erzogen, lässt Julian (Apostata = der Abtrünnige) die Tempel der alten Götter wiederherstellen.

26. 6. 363
Persien
Kaiser Julian Apostata stirbt im Kampf gegen die Perser und wird in Tarsus beigesetzt. Mit Unterstützung des Heeres wird der christliche Offizier Jovian am Tag darauf zum Kaiser gewählt. Er führt sein Heer aus Persien zurück, stirbt jedoch am 17. 2. 364 in Bithynien.

25. 2. 364
Römisches Reich
Als Nachfolger von Jovian wählen die Heeresführer den christlichen Gardetribun Valentinian I. (*321-17. 11. 375) zum Kaiser, der auf Drängen der Heerführer am 28. 3. seinen Bruder Valens (328-9. 8. 378) zum Mitkaiser für den Ostteil erhebt.

27. 5. 366
Kleinasien
Procopius, ein Verwandter Julians, der sich 366 gegen Valens erhoben und sich mit den Westgoten verbündet hat, wird von Valens bei Nakoleia geschlagen und hingerichtet.

366
Gallien
Der weströmische Feldherr Flavius Iovinus schlägt die Alamannen auf den Katalaunischen Feldern (bei Châlons) vernichtend.

367
Römisches Reich
Kaiser Valentinian I. erhebt seinen achtjährigen Sohn Gratian (359-25. 8. 383) zum Mitkaiser im westlichen Reichsteil mit der Residenz in Trier.

368
Britannien
Der römische Feldherr Flavius Theodosius (11. 1. 347-17. 1. 395, der spätere Kaiser Theodosius I., der Große) kämpft gegen die in Süd- und Mittelengland eingefallenen Pikten, Skoten und Sachsen. Er muss 383 den Hadrianswall aufgeben.

369
Südosteuropa
Der oströmische Kaiser Valens und der Gotenherrscher Athanarich legen die Donau als Grenze zwischen dem Römischen Reich und den Westgoten vertraglich fest und lösen das bisherige Föderatenverhältnis auf.

372
Gallien
Martin von Savaria in Pannonien (316/317-8. 11. 397), der als Soldat seinen Mantel mit einem Bettler zu Amiens geteilt haben soll, wird zum Bischof von Tours gewählt. 374 wird Ambrosius von Trier (339-4. 4. 397), Statthalter in Ligurien, zum Bischof von Mailand gewählt.

372
Korea
Die Ausbreitung des chinesischen Buddhismus beginnt.

17. 11. 375
Pannonien
Der römische Kaiser (364-375) Valentinian I. (*321) stirbt in Brigetio (Pannonien). Sein Mitkaiser (seit 367) Gratian (359-383) macht seinen vierjährigen Halbbruder Flavius Valentinianus II. (371-15. 5. 392) am 22. 11. 375 zum Mitregenten in Italien.

375
Russland
Nach ihrer Vertreibung aus China fallen die Hunnen in das Gebiet nördlich des Schwarzen Meeres ein und vernichten das Reich der Ostgoten des Königs Ermanarich. Sie lösen dadurch die Völkerwanderung aus. → S. 144

376
Römisches Reich
Der westliche Kaiser Gratian erlässt unter dem Einfluss des Bischofs Ambrosius von Mailand ein Edikt gegen die Arianer und hebt die Religionsfreiheit zugunsten der katholischen Athanasier auf.

9. 8. 378
Südosteuropa
Der römische Kaiser (364-378) Valens (*328) fällt bei Adrianopel im Kampf gegen die Westgoten unter ihrem Fürsten Fritigern (†nach 382). Den ab 375 von den Hunnen bedrängten Goten hatte Valens Aufnahme in Thrakien gewährt; sie erhoben sich jedoch wegen der schlechten Behandlung durch die römische Verwaltung.

19. 1. 379
Römisches Reich
Kaiser Gratian ernennt den erfolgreich in Britannien kämpfenden Theodosius I. zum Mitkaiser für die von den Goten gefährdeten Donauländer, sein Halbbruder Valentinian II. bleibt Caesar für Italien.

1. 5. 381
Konstantinopel
Kaiser Theodosius I. eröffnet das II. Ökumenische Konzil in Konstantinopel über die Dreieinigkeit. Die Verfolgung der Arianer wird gebilligt; der Patriarch von Konstantinopel erhält nach dem Papst in Rom die Oberherrschaft über die Bischöfe im Osten. → S. 144

3. 10. 382
Südosteuropa
Der oströmische Kaiser Theodosius I. schließt Abkommen mit den Westgoten, wonach sie in Gauverbänden gegen Verpflichtung zum Heeresdienst in Thrakien angesiedelt wurden (foederati).

25. 8. 383
Gallien
Der römische Kaiser (367-383) Gratian (*359) wird in Lugdunum (Lyon) auf der Flucht ermordet, als er dem Usurpator Magnus Clemens Maximus in Gallien entgegentreten will. Seine Truppen laufen zu Maximus über, der 384 von den beiden anderen Kaisern, Valentinian II. und Theodosius I., notgedrungen anerkannt wird.

384
Armenien
Das Land wird durch einen Vertrag zwischen Theodosius I. und dem Sassanidenherrscher Schapur III. (383-388) in eine römische und eine persische Einflusszone aufgeteilt.

386
Palästina
Der Kirchenlehrer Hieronymus (um 347-30. 9. 419 oder 420) verlässt Rom und leitet in Bethlehem ein Mönchskloster. Er ist der Verfasser der lateinischen Bibelübersetzung aus den Originalsprachen (Vulgata).

386
China
In Nordchina gründet der Stamm der Toba die Dynastie der nördlichen Wei-Dynastie, die bis 534 herrscht.

387
Italien
Aurelius Augustinus (13. 11. 354-28. 8. 430) lässt sich in Mailand von Bischof Ambrosius taufen. Als Theologe ist Augustinus richtungweisend für die Trinitäts-, Gnaden- und Kirchenlehre, für die Stellung der Kirche zum Staat und für die Entwicklung des westlichen Mönchtums.

28. 8. 388
Römisches Reich
Der Usurpator Magnus Clemens Maximus wird von Kaiser Theodosius I. bei Siscia und Poetovio in Pannonien geschlagen, gefangen gesetzt und hingerichtet.

390
Griechenland
Kaiser Theodosius I. schlägt einen Aufstand in Thessaloniki nieder und lässt aus Strafe im Zirkus etwa 3000 Menschen töten. Der mailändische Bischof Ambrosius zwingt Theodosius I. deshalb zur öffentlichen Kirchenbuße.

24. 2. 391
Rom
Kaiser Theodosius I. erhebt das Christentum zur Staatsreligion. Heidnische Kulte und Gebräuche werden verboten. Heidnische Tempel (u.a. Verbrennung von 20 000 Schriftrollen in der Serapeion-Bibliothek Alexandrias) werden zerstört.

15. 5. 392
Gallien
Der römische Kaiser (375-392) Valentinian II. (*371) wird vom fränkischen Heermeister Arbogast in Vienna (Vienne) in den Selbstmord getrieben. Arbogast erhebt den Kanzler Flavius Eugenius zum Kaiser des Westens (392-394), dem jedoch Theodosius I. die Anerkennung verweigert.

393
Griechenland
Die seit 776 vor Chr. ausgetragenen Olympischen Spiele finden zum letzten Mal statt. Ihre Durchführung wird im folgenden Jahr auf kaiserliche Anordnung verboten.

8. 9. 394
Römisches Reich
Theodosius I. marschiert gegen Eugenius und Arbogast und besiegt diese am Fluss Frigidus bei Aquileia. Eugenius fällt in der Schlacht, Arbogast endet durch Selbstmord. Das Römische Reich ist noch einmal in einer Hand vereinigt.

17. 1. 395
Italien
In Mailand stirbt Kaiser (379-395) Theodosius I., der Große (*11. 1. 347). Seine Söhne übernehmen die Regierungsgewalt: Arcadius (* 377-1. 5. 408) im Osten und Honorius (*9. 9. 384-15. 8. 423) im Westen. Das Heeresoberkommando überträgt Theodosius an Flavius Stilicho (um 365-22. 8. 408), Sohn eines Wandalen und einer Römerin und verheiratet mit Theodosius' Nichte Serena. → S. 144

400-449

um 400
Japan
Die Teilreiche werden vorübergehend zum Staat Yamato vereinigt. → S. 149

402
Italien
Der römische Feldherr Stilicho zwingt den 401 in Oberitalien eingedrungenen Westgotenkönig Alarich zur Aufgabe der Belagerung von Mailand und besiegt Alarich am 6. 4. bei Pollentia. Der Triumphzug des Honorius 403 in Rom für diesen Sieg ist der letzte dieser Art. Die weströmische Residenz wird von Mailand in das besser zu verteidigende Ravenna verlegt.

31. 12. 406
Germanien
Vandalen, Sueben, Burgunder und Alanen überschreiten bei Mainz den Rhein und dringen nach Gallien ein.

407
Britannien
Die letzte römische Garnison verlässt unter Führung des zum Gegenkaiser ausgerufenen Constantinus III. (†411) Britannien. Er behauptet sich in Gallien und gründet ein von Westrom unabhängiges Reich mit Arelate (Arles) als Hauptstadt.

1. 5. 408
Konstantinopel
Der oströmische Kaiser (seit 383) Arcadius (*377) stirbt und hinterlässt seinen unmündigen Sohn Theodosius II. (10. 4. 401-28. 7. 450) als Nachfolger.

22. 8. 408
Italien
Der römische Feldherr Stilicho (*um 365) wird nach mehreren Intrigen gegen ihn des Hochverrats beschuldigt und in Ravenna enthauptet. Der weströmische Kaiser Honorius stürzt damit das Reich in schwere Wirren.

409
Rom
Alarich belagert zum zweiten Mal nach 408 Rom. Die erste Belagerung hatte Alarich gegen ein hohes Lösegeld aufgegeben.

Herbst 409
Spanien
Vandalen, Sueben und Alanen überschreiten die Pyrenäen und dringen nach Spanien ein.

24. 8. 410
Rom
Der Westgotenkönig Alarich erstürmt die Stadt und lässt sie drei Tage lang plündern und brandschatzen. Anschließend versucht Alarich erfolglos nach Karthago überzusetzen. Er stirbt bei Cosenza und wird im Flussbett des Busento beigesetzt. → S. 148

411
Gallien
Der 407 aus Britannien gekommene Usurpator Constantinus III. wird vom neuen Feldherrn des Honorius, Flavius Constantius (†421), geschlagen und enthauptet.

412
Italien
Die Westgoten ziehen unter Alarichs Schwager Athaulf aus Italien ab und setzen sich im südlichen Gallien fest. 413 erobern sie Narbo (Narbonne).

413
Nordafrika
Der Kirchenlehrer Aurelius Augustinus beginnt sein Hauptwerk »Über den Gottesstaat« (De civitate Dei). → S. 148

413
Konstantinopel
Die Residenzstadt erhält unter Theodosius II. eine massive Stadtmauer mit 118 mächtigen quadratischen Wehrtürmen (Theodosianische Mauer).

413
Burgunderreich
Burgunder unter König Gundahar (Gunther der Nibelungensage) erhalten linksrheinische Gebiete um Worms vom weströmischen Kaiser Honorius vertraglich zugesichert.

Januar 414
Gallien
Der Westgotenkönig Athaulf heiratet in Narbo (Narbonne) die 410 von Alarich aus Rom entführte Galla Placidia (†27. 11. 450), die Tochter von Theodosius I., dem Großen. Im Jahr darauf wird Athaulf ermordet.

416
Gallien
Der weströmische Kaiser Honorius und der Westgotenherrscher Wallia vereinbaren die Ansiedlung der Westgoten in Spanien zur Bekämpfung der dort ansässigen Vandalen und Alanen. Galla Placidia, Tochter von Theodosius I. dem Großen, kommt wieder frei und wird 417 mit Honorius' Heermeister Flavius Constantius vermählt. Am 2. 7. 419 kommt in Ravenna ihr Sohn, der spätere weströmische Kaiser Valentinian III. (†16. 3. 455), zur Welt.

418
Gallien
Der Westgotenkönig Wallia begründet im heutigen Südfrankreich das Tolosanische Westgotenreich mit der Hauptstadt Toulouse. Nach Wallias Tod übernimmt Theoderich I. (†451) die Führung der Westgoten.

um 420
Osteuropa
Die Hunnen wandern weiter nach Westen und bilden ein Großreich.

8. 2. 421
Westrom
Der Heerführer Flavius Constantius wird als Constantius III. Mitregent im Weströmischen Reich. Jedoch stirbt er bereits am 2. 9. 421.

15. 8. 423
Westrom
Der erste weströmische Kaiser (393-423) Honorius (*9. 9. 384) stirbt in Ravenna. Der Senat in Rom wählt den Hofbeamten Johannes zum Kaiser (bis 425).

23. 10. 425
Westrom
Valentinian III. wird in Rom auf Veranlassung des oströmischen Kaisers Theodosius II. zum Kaiser Westroms ausgerufen. Seine Vormundschaft liegt als Regentin (437) in den Händen seiner Mutter Galla Placidia. Der Usurpator Johannes wird hingerichtet.

427
Iran
Die nomadischen Weißen Hunnen (Hephthaliten) bedrängen vom heutigen Nordafghanistan aus das Reich der Sassaniden (bis 552), werden jedoch zurückgeschlagen.

428
Westrom
Der Feldherr Flavius Aetius (um 390-454) von Durostorum (Silistria) wird weströmischer Heermeister. Er erlangt 433 die eigentliche Herrschaftsgewalt im Reich.

429
Spanien
Die Vandalen unter ihrem König (428-477) Geiserich (389-24. 1. 477) setzen nach Nordafrika über und errichten hier ein Reich auf römischem Boden. 431 erobern sie die Stadt Hippo Regius bei Bône (Algerien).

430
Ostrom
Zur Abwendung von Überfällen zahlt Ostrom einen jährlichen Tribut (350 Goldpfund) an den Hunnenherrscher Ruas.

431
Kleinasien
Auf dem III. Ökumenischen Konzil von Ephesos wird die Lehre des Patriarchen Nestorius, der menschliches und göttliches Wesen Christi unterscheidet, verdammt. Nestorius unterliegt und wird verbannt.

434
Osteuropa
Attila (in der germanischen Sage als Etzel bekannt, 410-453) begründet mit seinem Bruder Bleda (†445) das letzte große Hunnenreich.

11. 2. 435
Nordafrika
Der weströmische König Valentinian III. schließt mit den Vandalen unter Geiserich einen Vertrag, der ihnen in Nordafrika mit Numidien einen Teil der afrikanischen Diözese überlässt.

436
Burgunderreich
Der weströmische Heermeister Flavius Aetius vernichtet mit Hilfe der Hunnen das Burgunderreich mit der Hauptstadt Worms (geschichtlicher Kern der Nibelungensage). Der Burgunderkönig Gundahar war 435 entgegen bestehender Verträge in die römische Provinz Belgica eingedrungen. Die Burgunder werden 443 zwischen Genfer See und Rhône angesiedelt (Hauptstadt Lyon).

1. 1. 439
Ost- und Westrom
Die vom oströmischen Kaiser Theodosius. II. veranlasste Sammlung aller gültigen kaiserlichen Gesetze seit dem Jahr 312, der Codex Theodosianus, wird veröffentlicht. Er wird zur Grundlage der Rechtsordnung der späteren germanisch-romanischen Staaten.

19. 10. 439
Nordafrika
Die Vandalen unter Geiserich erobern Karthago fast ohne Gegenwehr und bauen die Stadt zu ihrer Residenz aus.

440
Rom
Leo I., der Große (†10. 11. 461), wird Papst (bis 461). Er begründet den Vorrang des Bischofs von Rom gegenüber den Patriarchen von Konstantinopel, Jerusalem, Antiochia und Alexandria. → S. 150

445
Osteuropa
Attila wird nach Ermordung seines Bruders Bleda Alleinherrscher über das 434 gegründete Hunnenreich. Er macht sich das Oströmische Reich tributpflichtig.

450-499

27. 11. 450
Westrom
Galla Placidia stirbt in Ravenna und wird dort in ihrer eigenen Grabkapelle beigesetzt. Galla Placidia, die Tochter von Kaiser Theodosius des Großen, war von 425 bis 437 Regentin anstelle ihres Sohnes, des Kaisers Valentian III.

um 450
Britannien
Die Britannier rufen mit Erfolg die in Jütland ansässigen Angeln und Sachsen gegen die kriegerischen Pikten und Scoten zu Hilfe. Ihre sagenhaften Führer Hengeist und Horsa führen sie auf die Britischen Inseln. → S. 149

28. 7. 450
Konstantinopel
Nach 42 Regierungsjahren stirbt der oströmische Kaiser (408-450) Theodosius II (*10. 4. 401). Seine Schwester Pulcheria vermählt sich nach dessen Tod mit dem Offizier Marcianus (um 396-26. 1. 457) und lässt ihn am 25. 8. zum Kaiser krönen.

20. 6. 451
Gallien
Die Hunnen unter Attila werden in der Schlacht auf den Katalaunischen Feldern (bei Troyes in der Champagne) von einer Koalition römischer, burgundischer, westgotischer und fränkischer Truppen unter dem Befehl des weströmischen Reichsfeldherrn Flavius Aetius besiegt. → S. 150

Oktober 451
Kleinasien
Auf dem IV. Ökumenischen Konzil von Chalkedon wird die monophysitische Lehre (wonach es nur eine Natur in der Person Christi gibt) als Ketzerei verurteilt und die Zweinaturenlehre (Dyophysitismus) von den zwei (göttlichen und menschlichen) Naturen Christi zum Dogma erklärt. → S. 151

452
Italien
Der Hunnenkönig Attila bricht von Ungarn aus in Italien ein. Papst Leo I., der Große, kann ihn vom Marsch auf Rom abhalten. Aquileia wird zerstört, die Bewohner fliehen auf Lagunen, wo aus der Fluchtsiedlung Venedig entsteht.

453
Westgotenreich
Theoderich II. lässt seinen Bruder Thorismund ermorden und wird König der Westgoten (bis 466). Unter seiner Herrschaft wird das Westgotische Reich in Südfrankreich und Spanien erweitert.

453
Osteuropa
Hunnenkönig Attila stirbt in seinem Lager an der Theiß bei der Vermählung mit der Germanin Ildico. Das Hunnenreich beginnt zu zerfallen.

21. 9. 454
Rom
Während einer Audienz bei Kaiser Valentinian III. wird der weströmische Reichsfeldherr und Patricius Flavius Aetius (*um 390) nach einer Hofintrige ermordet.

454
Osteuropa
In der Schlacht an der Nedao besiegen die Gepiden unter ihrem König Ardarich die Hunnen und werden von ihnen unabhängig. Sie gründen ein Reich in der ungarischen Tiefebene.

16. 3. 455
Rom
Gefolgsleute des im Vorjahr ermordeten Reichsfeldherrn Flavius Aetius erschlagen den letzten weströmischen Kaiser (425-455) Valentinian III. (*2. 7. 419). Damit endet die letzte weströmische Kaiserdynastie.

2. 6. 455
Rom
Die vermutlich von der Kaiserwitwe Eudoxia zu Hilfe gerufenen Vandalen unter König Geiserich erobern und plündern Rom 14 Tage lang. Papst Leo I., der Große, kann aber die Stadt vor Brandschatzung bewahren. Der am 17. 3. zum Kaiser ausgerufene Senator Petronius Maximus wurde bereits am 31. 5. erschlagen. Geiserich führt Eudoxia mit ihrer gleichnamigen Tochter mit nach Afrika. → S. 150

17. 10. 456
Gallien
Flavius Rikimer (†472), ein Germane suebisch-westgotischer Herkunft, zwingt den im Juli 455 zum Kaiser ernannten Prätorianerpräfekten Avitus (um 400-456) zur Abdankung. Rikimer erlangt eine maßgebliche Stellung im Weströmischen Reich, in den folgenden Jahren wechseln sich sieben sog. Schattenkaiser ab.

7. 2. 457
Konstantinopel
In Ostrom, wo der arianische Germane Flavius Ardabur Aspar bis 471 maßgeblich die politischen Geschicke bestimmt, wird Leon I. Kaiser. Mit Leon (um 400-3. 2. 474) beginnt die sog. Thrakische Dynastie (bis 518).

460
Spanien
Die Vandalen vernichten bei Cartagena eine weströmische Flotte. Sardinien und Korsika müssen an die Vandalen abgetreten werden.

461
Gallien
König Gundowech (†um 470) macht Lyon (Lugdunum) zur Hauptstadt des Neuen Burgunderreiches.

464
Gallien
Der weströmische Heermeister Syagrius bildet ein Sonderreich in Gallien (bis 486).

469
Spanien
Die Westgoten unter ihrem König (466-484) Eurich besetzen mit Augusta Emerita (Mérida) eines der wichtigsten Zentren Spaniens. Unter Eurichs Führung entzieht sich das Westgotenreich in Gallien und Spanien der römischen Oberherrschaft.

469
Südosteuropa
Die Ostgoten verlassen Pannonien. Ein Teil wandert unter Widimer nach Westen und vermischt sich mit den Westgoten, ein anderer Teil zieht unter Thiudimer nach Süden.

470
Indien
Unter dem Ansturm der »Weißen Hunnen« (Hephthaliten) zerfällt das Gupta-Reich in Nordindien.

18. 1. 474
Konstantinopel
Der oströmische Kaiser (457-474) Leon I. (*um 400) stirbt. Nach Thronwirren setzt sich Leons Schwiegersohn, der isaurische Fürst Tarasikodissa (*426-9. 4. 491) durch und tritt als Zenon Ende November die Herrschaft an (bis 491).

474
Südosteuropa
Nach dem Tod von Thiudimer wird Theoderich der Große (*um 454-30. 8. 526) König der in Makedonien ansässigen Ostgoten (bis 526), die er an die untere Donau führt.

475/76
Gallien
Der Westgotenkönig Eurich, dessen Reich vom weströmischen König (474-475) Julius Nepos (†9. 5. 480) anerkannt wird, lässt im Codex Euricianus erstmalig westgotisches Recht aufzeichnen. Es ist die früheste Kodifikation germanischen Rechts. → S. 151

um 475
Rheindelta
Die Franken erobern Trier. Zwischen Rheindelta und Trier bildet sich das Königreich der Ripuarier (Rheinfranken), die »Francia Rhinensis«.

23. 8. 476
Rom
Odoaker (um 430-März 493), ein germanischer Edler skirischer Herkunft, setzt den letzten weströmischen Kaiser Romulus Augustulus (seit 31. 10. 475) ab und schickt ihn – versehen mit einer jährlichen Apanage von 6000 Goldstücken – nach Kampanien in den Ruhestand. Odoaker wird von Ostrom als Heermeister anerkannt. → S. 151

25. 1. 477
Nordafrika
Der Vandalenkönig (428-477) Geiserich (*389) stirbt, ihm folgt sein Sohn Hunerich als König (bis 484).

480
Burgunderreich
Der Burgunderkönig Chilperich I. stirbt; Nachfolger werden seine Söhne Gundobad in Lyon, Godigisel in Genf, Godomar I. und Chilperich II.

486
Gallien
Chlodwig I. (466-27. 11.[?] 511), der aus dem Geschlecht der Merowinger stammende Teilkönig der salischen Franken (ab 482), besiegt bei Soissons den römischen Statthalter Syagrius und begründet das Fränkische Reich in Gallien.

488
Konstantinopel
Der oströmische Kaiser Zenon I. ernennt den Ostgotenkönig Theoderich den Großen zum Heerführer (Patricius) und beauftragt ihn mit dem Krieg gegen Odoaker in Italien. Theoderich besiegt Odoaker am Isonzo, dann bei Verona (489) sowie an der Adda (490) und belagert ihn in Ravenna (bis 493).

488
Persien
Der Sassanidenherrscher Kawat I. (488-497) unterstützt die Lehre des Sektengründers Masdak, der die gleichmäßige Verteilung aller Güter sowie Frauen- und Besitzgemeinschaft propagiert. Mit seiner (zeitweiligen) Hinwendung zu dieser sozialrevolutionären Bewegung will Kawat I. die Macht von Adel- und Priesterschaft schwächen.

11. 4. 491
Konstantinopel
Anastasius I. (um 431-10. 7. 518) wird oströmischer Kaiser. Durch eine umsichtige Steuer- und Finanzpolitik kann er das Reich stabilisieren.

492
Rom
Gelasius I. (†21. 11. 496) wird Papst. Er ist ein energischer Vorkämpfer des päpstlichen Primats und betont die Zweigewaltenlehre, die den Vorrang der geistlichen Macht herausstellt. Gelasius I. unterhält gute Beziehungen zum Ostgotenkönig Theoderich dem Großen.

25. 2. 493
Italien
Nach zweieinhalbjähriger Belagerung Ravennas durch den Ostgotenherrscher Theoderich den Großen übergibt der germanische Herrscher Italiens, Odoaker, nach der Zusicherung einer gemeinsamen Herrschaft Italiens die Stadt an Theoderich. Bei einem Versöhnungsmahl wird Odoaker (*um 430) am 15. 3. 493 von Theoderich erschlagen. → S. 150

um 498
Frankenreich
Der Frankenkönig Chlodwig I. lässt sich in Reims durch Bischof Remigius katholisch taufen. 496 hat Chlodwig die Alamannen besiegt und sie nach Süden abgedrängt.

499
Babylon
Der Babylonische Talmud, ein Kompendium jüdischer Gesetze und ihrer Kommentierungen, ist abgeschlossen. Der Palästinensische (Jerusalemitische) Talmud wurde bereits um 400 vollendet, doch gilt allein der wesentlich umfangreichere Babylonische Talmud als verbindlich.

Die neolithische Revolution

8000-3000 v.Chr.

Fortschritt durch Ackerbau

Ackerbau, so lautet das Stichwort für die revolutionären Neuerungen der menschlichen Entwicklung in der Zeit zwischen 8000 und 3000 v.Chr., die als Neolithikum, Neusteinzeit, bezeichnet wird. Archäologische Funde belegen, dass es grundsätzlich zwei verschiedene Steinzeiten gegeben hat: Auf einen ersten Abschnitt mit dem Gebrauch beschlagener Steine, der bis etwa 8000 v.Chr. reichte (Altsteinzeit), folgte ein zweiter Abschnitt der geschliffenen Steine sowie des beginnenden Metallgebrauchs, die Neusteinzeit (Neolithikum). Die grundlegendste Neuerung, der Ackerbau, führte zu solch gewaltigen Veränderungen, dass von einer »neolithischen Revolution« gesprochen wird.

Mit dem Ackerbau gelang es dem Menschen erstmals, seine natürliche Umwelt den eigenen Bedürfnissen anzupassen und für die eigenen Zwecke zu verändern. Während die Jäger und Sammler der Altsteinzeit durch eine vollständige Abhängigkeit von den Gegebenheiten der Natur gekennzeichnet waren, begann der Mensch nun zu produzieren. Der Überschuss an Nahrung, die Entwicklung neuer Techniken und die Ausbildung fester Siedlungen ermöglichten ihm eine relative Unabhängigkeit von den Zufällen und Bedrohungen der natürlichen Umwelt.

Wegen der eiszeitlichen Vergletscherung setzte die Zeit des Ackerbaus nicht gleichzeitig auf der ganzen Erde, sondern zeitlich versetzt ein. Der erste Ackerbau begann um 8000 im Gebiet des »fruchtbaren Halbmonds«, in jenen hügeligen Ausläufern des Sagros- und Taurus-Gebirges, die das Zweistromland der Euphrat- und Tigris-Ebene im Nahen Osten umfasst. Dort wuchs ein Gras, dessen Samen sehr groß und leicht abzuernten waren, der Wildweizen, aus dem sich die wichtigste Kulturpflanze der westlichen Welt entwickeln sollte. Er wuchs so dicht, dass mit bloßen Händen und – noch besser – mit steinzeitlichen Werkzeugen innerhalb der dreiwöchigen Reifezeit von einer Familie vorgeschichtlicher Sammler mehr geerntet werden konnte, als sie in einem Jahr verbrauchten.

Der Prozess der Domestikation

Wildweizen besitzt die natürliche Eigenschaft, dass die reifen Ähren sich spalten und die Körner herabfallen. Mit Hilfe eines langen, rauen Haares fliegen die Samen von der Mutterpflanze fort und sitzen dann nach der Landung ziemlich fest im Boden. Was in der Natur ein sinnvoller Vorgang ist, geriet den ersten Sammlern von Wildweizen zum Nachteil, denn der Samenflug verringerte die Ernte. Entweder es musste unreifes Getreide geerntet werden oder es ergaben sich während der Reifezeit große Verluste.

Gerade diese ungünstige Konstellation führte zur Kulturpflanze. Zahlreiche Weizenpflanzen konnten wegen genetischer Defekte ihre Ähren nicht ausstreuen und sich nicht vermehren und gerade diese Körner wurden zur Reifezeit naturgemäß in größerer Menge gewonnen. Beim Einbringen der Ernte in das Dorf ging vermutlich viel von ihr verloren und die Samen fielen unter Umständen auf günstigen Boden. Die im folgenden Jahr austreibenden Pflanzen waren in der Mehrzahl von der nicht streuenden Art und standen näher am Dorf, wurden also bevorzugt geerntet. Die ständige Wiederholung dieser unbewussten Auslese führte schließlich zu immer größeren und ergiebigeren Weizenfeldern in Dorfnähe.

Eine ähnliche Veränderung, die also nicht auf einem gezielten Eingriff, sondern auf einem Prozess der Anpassung und unbewussten Auslese beruhte, vollzog sich bei allen Pflanzen, die der Mensch sammelte. Der entscheidende Schritt zu wirklichem Ackerbau erfolgte dann mit dem Aufbewahren und planmäßigen Aussäen der kostbaren Körner.

Die erste Pflanze, die um 4000 v.Chr. in China domestiziert wurde, war Hirse. Der Reis, heute wichtigste Kulturpflanze des Landes, wurde um 3000 v.Chr. domestiziert. Noch früheren Ackerbau gab es in Südostasien: In Thailand fanden sich domestizierte Ackerbohnen und eine Erbsenart aus der Zeit um 7000 v.Chr. Reisanbau wurde hier vermutlich schon Jahrtausende vor der Kultivierung in China betrieben.

Früh begann auch der Ackerbau in Mexiko und Peru. Die Vielfalt der Bodenbeschaffenheit garantierte in Mexiko eine ebensolche Vielfalt genießbarer Wildpflanzen. Da diese jedoch nicht in flächendeckenden Verbänden wuchsen, setzte sich die sesshafte Lebensweise hier erst sehr spät durch. Die ersten Hochkulturen entstanden um 1000 v.Chr.

Die ältesten Funde von Mais – der wichtigsten Nahrungsmittelpflanze Mittelamerikas – stammen aus der Zeit zwischen 5200 und 3400 v.Chr. Noch früher wurden Kürbis und Bohnen domestiziert. Bis um 7000 v.Chr. reichen die ältesten Funde neolithischen Ackerbaus am Golf von Mexiko, bis 5600 v.Chr. in Peru zurück.

So wurden bald in allen Teilen der Alten Welt Weizen, Gerste, Linsen und Erbsen angebaut; in Amerika waren es Kürbis, Avocado, Bohnen und Mais, in Ostasien Mandeln, Bohnen, Betelnüsse, Gurken, Erbsen, Weizen und Hirse.

Durch das ausreichende Nahrungsangebot, weniger Jagdunfälle und wegen des Rückgangs der Kindestötungen, die bei den nomadisierenden Jägern überlebensnotwendig waren, kam es zu einem bedeutenden Bevölkerungswachstum. Die Einwohnerzahl einer Ansiedlung überstieg bald die Möglichkeiten der Ernährung in einer Region, so dass einzelne Gruppen abwanderten, nachdem sie ein geeignetes Gelände für eine Neugründung gefunden hatten. Der Ackerbau wurde zur Grundlage der Zivilisation.

Viehzucht

In ähnlicher Weise wie bei den Pflanzen verlief die Domestikation der Tiere, obwohl hier die bewusste Steuerung durch den Menschen den Vorrang hatte. Gewisse Grundsätze der Züchtung müssen schon den Menschen der Altsteinzeit bekannt gewesen sein, denn man tötete nicht die besten Tiere, sondern ließ diese zum Zweck der Arterhaltung am Leben.

Verbesserte Jagdtechniken wie das Treiben ganzer Herden in Pferche, wo sie leichter zu töten waren, leitete schließlich zur Haustierhaltung über. Die ersten Haustiere, Ziege und Schaf in Persien sowie Anatolien um 6500 v.Chr., hatten zudem den Vorteil, dass sie Herdentiere waren, also einem Leittier folgten. Allmählich ersetzte die menschliche Auslese zugunsten ergiebiger und gefügiger Tiere die natürliche Zuchtwahl.

Ziegen und Schafe wurden nicht nur als Schlachttiere, sondern auch wegen ihrer Wolle und Milch gehalten. Schweine, um 6000 v.Chr. domestiziert, spielten wegen ihrer anspruchsvollen Nahrung und ihrer Eigenschaft als Krankheitsüberträger eine weit geringere Rolle und die Auerochsen in den Regionen des Nahen Ostens besaßen wohl eher eine kultische Bedeutung. Vermutlich um 15 000 war bereits der Hund zum Haustier geworden, jedoch nicht zu Nahrungs-, sondern zu Jagdzwecken.

Haus – Dorf – Stadt

Aus den alten Jagd- und Lagerverbänden der Altsteinzeit entwickelten sich Bauerndörfer als neue Siedlungseinheiten unabhängig voneinander in den verschiedensten Teilen der Welt. Die Anfänge lagen wiederum im Nahen Osten um 7000 v.Chr. In den voll ausgeprägten neolithischen Kulturen erreichten die Dörfer und Städte eine beträchtliche Größe; sie umfassten mehrere hundert bis zu tausenden von Einwohnern.

Die ersten Häuser der sesshaft gewordenen Menschen waren Rundbauten, die auf die stets kurzfristig genutzten Behausungen der Jäger- und Sammler-Verbände zurückgingen. Auf einem kreisrunden Fundament stand ein Gerüst aus Stangen, die mit Häuten oder Stroh bedeckt wurden. Es folgten Lehmbauten, die bald auf einen festen Steinsockel gestellt wurden. Bald setzte sich neben den Rundbauten der rechteckige Grundriss durch, der den Vorteil besaß, dass die Wohnfläche durch Anbauten beliebig vergrößert werden konnte. Fußböden und Wände waren mit Gips oder Stampflehm weiß verputzt. Die Bewohner benutzten gewebte Matten oder erhöhte Bänke als Schlafstellen sowie besonders abgetrennte Kochstellen. Bereits früh waren die Orte von Befestigungsanlagen – gewöhnlich ein breiter Graben und eine wallartige Aufschüttung – umgeben.

In späterer Zeit wurden die aus Stein, Holz und luftgetrockneten Ziegeln errichteten Häuser zweigeschossig und mehrräumig, während die Rundbauweise für Getreidespeicher beibehalten wurde.

In Asien wandten die Siedler bis ins Industal die mesopotamische Bauweise an. In China dagegen gab es ebenfalls runde neben rechteckigen Gebäuden, deren Wände jedoch zur Mitte geneigt waren und in ein kuppelförmiges Dach übergingen.

Im südlichen Europa lagen die Siedlungen meist auf Anhöhungen und waren ebenfalls durch Wälle und Gräben geschützt. Vorherrschend waren rechteckige Einzelhäuser von beträchtlicher Größe. Je weiter die Ackerbau-Kulturen nach Norden vordrangen, desto deutlicher wurde die Tendenz zu sehr großen, zum Teil einzeln stehenden Gebäuden. Die hölzernen Langhäuser der Bauern in Nord- und Mitteleuropa erreichten eine Länge von 30 bis 45 m und eine Breite von 6 bis 7 m. Im Innenraum diente eine erhöhte Fläche als Kornspeicher. Mehrere durch Wände abgetrennte Stallanlagen für die Haustiere beanspruchten eine Seite des Hauses, während ein Mittelraum von einer Gruppe eng verwandter Familien bewohnt wurde.

Soziale Verhältnisse – Besitz und Krieg

An die Stelle der altsteinzeitlichen Jagdverbände, die aus Einzelfamilien bestanden und selten mehr als einige Dutzend Mitglieder umfassten, traten die Bauerndörfer mit einem differenzierten Sozialsystem. Die Überschüsse der Landwirtschaft erlaubten die Durchführung umfangreicher Aufgaben, zu denen einzelne Jagdverbände nicht fähig gewesen wären, so die Intensivierung der Landwirtschaft durch Bewässerungsanlagen. Erste Ansätze zur Spezialisierung zeigten sich durch Handwerker, die die Steinbearbeitung, Keramik- und Metallherstellung übernahmen, während andere für die Nahrungsmittel sorgten. Frühe Grabbeigaben zeugen von einer weitgehenden Gleichberechtigung innerhalb der Siedlung und der Geschlechter untereinander.

Die extremste Veränderung des Sozialverhaltens gegenüber den altsteinzeitlichen Gruppen war die Einbeziehung eines regulären Krieges als ein bestimmender Faktor im Zusammenleben der Siedlungen untereinander. Erst der dauerhafte Besitz, dessen Erwerb, Vermehrung und Verteidigung führten zur Ausbreitung einer spezifisch kriegerischen Gesinnung. Erstmals fertigten die Handwerker nun Waffen und technische Neuerungen für den Kampf gegen Menschen an. Dementsprechend änderten sich die Grabbeigaben, so dass Männer häufiger mit Waffen begraben wurden.

Um 3000 v.Chr. begann als tief greifende Veränderung des sozialen Lebens in Ägypten und Mesopotamien die Entwicklung des Herrscheramtes. Aus der Struktur ehemals gleichberechtigten Zusammenlebens entstand ein absoluter Königs- und Beamtenstaat und die Bevölkerung lebte in einer gestaffelten Abhängigkeit zum Herrscher. Aus den funktionalen Einheiten verschiedener »Spezialisten« erwuchsen die Priester, Handwerker, Händler, Arbeiter und Bauern, die sich bald in Adel, Freie und Sklaven gliederten.

Religion und Kunst

Die tief greifenden Wandlungen im Neolithikum berührten auch die Religion und ihre Ausprägungen in der Kunst. An die Stelle einer einheitlichen monotheistischen Vorstellung der altsteinzeitlichen Jäger und Sammler traten aufgrund der neuen Lebensweise zwei gänzlich unterschiedene Religionen.

Bei den viehzüchtenden Nomaden lebte der männliche Gott der Altsteinzeit weiter, verkörpert durch die Kraft des männlichen Tieres, häufig eines Stiers. Einziger fester Ort der Hirten war die Totenstätte, die weithin sichtbar gekennzeichnet wurde. Gewaltige Steinblöcke markierten die kultischen Orte der Ahnenverehrung.

Bei den fest siedelnden Ackerbauern waren Haus, Herd, Same und fruchtbares Land sämtlich auf eine weibliche Gottheit bezogen. Symbole der Frau als Trägerin des Lebens waren die vier Himmelsrichtungen, der Zyklus des Mondes und das Wasser. Statt eines männlichen Gottes existierte die Vorstellung einer Großen Mutter, z.B. in Mesopotamien Innui-Ischtar, in Ägypten Isis, in China in der Maske eines Dämons, in Mexiko als Mutter der Götter sowie als Maisgöttin.

Während die Viehzüchter weiterhin konkrete Tiere künstlerisch abbildeten, gab es in den voll ausgebildeten Ackerbau-Kulturen keine Darstellung, die einfach Natur reproduzierte. Die Formen wandelten sich zu geometrischen Abstraktionen, und die Figuren der weiblichen Gottheit stellten keine wirkliche Frau dar, sondern mittels geometrischer Formen den allgemeinen Begriff der Fruchtbarkeit.

Technische Entwicklungen

Zu den typischen Neuschöpfungen des Neolithikums im technischen Bereich gehören eine neue Art der Steinbearbeitung, der Lehm- und Steinbau, die Entwicklung der Zimmermannskunst, die Töpferei und die Metallbearbeitung.

Die Kenntnis verschiedener Steinarten führte zur neuen Technik des Schleifens und der Durchbohrung zur Herstellung von Schmuck, Messern, Gefäßen und Beilen. Die Steine wurden zunächst zugeschlagen und danach geschliffen, so dass der Schwerpunkt möglichst nahe der Schneide lag. Die kleinen Beile, die nicht mit dem ganzen Arm, sondern vom Ellenbogen aus geschwungen wurden, eigneten sich, obwohl sie häufig nachgeschliffen werden mussten, zum Baumfällen und zur Bearbeitung von Holzbalken für den Hausbau.

Einen bedeutenden Fortschritt stellte die Töpferei dar, da die Menschen erstmals nicht nur die Form eines Rohstoffes, sondern das Material selbst veränderten. Der weiche Ton wurde mit Feuer zu einer harten Substanz gebrannt. Die bäuerliche Keramik, die mit der beginnenden Vorratswirtschaft entstand, fertigten die ersten Töpfer zunächst mittels eines fortlaufenden Tonwulstes, den sie spiralförmig übereinander legten. Das weiche Material ließ sich zu den verschiedensten, den jeweiligen Zwecken angepassten Formen kneten. Um 3000 v.Chr. wurde im Nahen Osten die Töpferscheibe erfunden, die eine weitere Formenvielfalt ermöglichte.

Die folgenreichste Erfindung, die Verarbeitung von Metall, begann bereits um 8000 v.Chr., verbreitete sich jedoch erst später, zunächst im Iran. Erst etwa seit 4000 v.Chr. stellten Handwerker metallene Werkzeuge her. Während in der Steinzeit die Fähigkeiten der Menschen, neue Geräte zu produzieren, von dem Material begrenzt wurden, war mit der Erfindung des Schmelzens und des Gusses die Möglichkeit geschaffen, freie Formen zu entwerfen.

Am Beginn dieser Entwicklung stand die Erfahrung, dass manche Metalle in den Töpferöfen schmolzen und sich, besonders bei leichter Erwärmung, zu einem dünnen, geschliffenen Blech hämmern ließen. Um 3000 v.Chr. blühte die Metallbearbeitung dann in den Städten Mesopotamiens auf. Mittels der verlorenen Form, einer Lehmvorlage, lernte der Mensch komplizierte Metallgüsse herzustellen. Durch die Zugabe von Zinn zum gebräuchlichen Kupfer entstand eine Legierung (Bronze), die leichter zu gießen war, sich aber zu härteren Geräten verarbeiten ließ.

Die technischen Entwicklungen erzeugten einen weiteren Aufschwung der Landwirtschaft, von deren Überschüssen wiederum viele Handwerker leben konnten. Die Suche nach immer neuen Materialien intensivierte den Handel im Mittelmeerraum und vergrößerte den Markt für die Erzeugnisse der mesopotamischen Stadtstaaten.

Im Zuge dieses materiellen und geistigen Fortschritts am Ende des Neolithikums begann die Entwicklung einer Schriftsprache.

MESOPOTAMIEN/ÄGYPTEN

Keilschrift und Hieroglyphen werden

Die Entwicklung der Schrift ermöglicht erstmals Informationsvermittlung und -aufbewahrung mittels eines Systems von Zeichen.

3500-3000 v.Chr.: Die sumerischen Hochkulturen in Mesopotamien entwickeln zwischen 3500 und 3000 v.Chr. das älteste bekannte Schreibsystem der Welt, die Keilschrift. Nur wenig jünger ist die Hieroglyphenschrift der alten Ägypter, die kurz vor 3000 erfunden wird.

Beide Schriften sind keine reinen Bilderschriften. Bei der Keilschrift werden die standardisierten Zeichen für zeichnerisch darstellbare Gegenstände ergänzt um kombinierte Zeichen – z.B. steht die Kombination von »Kopf« und »Brot« für »Essen« – und um grammatische Elemente.

Bei der ägyptischen Schrift gibt es neben der Zuordnung von Zeichen und Wort das Phänomen, dass dasselbe Zeichen für ein Wort ähnlicher Lautung verwendet wird, das nicht zeichnerisch darstellbar ist – wie Namen oder Abstrakta. Um die Übertragbarkeit nicht zu sehr einzuschränken, wird dabei von den Vokalen abgesehen.

Um schneller schreiben zu können, werden in beiden Schriften die Bilder zunehmend stilisiert und entwickeln sich zu Symbolen, deren Bezug zum dargestellten Gegenstand nicht mehr ohne weiteres zu erkennen ist. Ferner werden Wörter, für die es kein ähnlich klingendes, per Zeichen darstellbares Wort gibt, nach der Lautung in Bestandteile zerlegt, denen Zeichen zugeordnet werden (nach einem fiktiven Beispiel ließe sich der Name »Roosevelt« mit Zeichen für »Rose« und »Welt« darstellen). Durch konsequente Anwendung und Systematisierung dieses Prinzips, wonach das Bild nicht mehr für den dargestellten Gegenstand, sondern für seinen Lautwert steht, entsteht so eine kombinierte Wort- und Wortsilbenschrift. Am Ende kann z.B. in der Keilschrift das

Ägyptische Hieroglyphen

AUSBLICK

»Sprung in die Geschichte«: Schrift ist gutes Hilfsmittel

Mit der Erfindung der Schrift gelingt den Sumerern und Ägyptern der »Sprung in die Geschichte« – unsere Kenntnis über ihren Alltag, ihre Kultur und Religion sowie über ihre gesellschaftliche Ordnung verdanken wir nicht nur Fundstücken und Bauwerken, sondern vor allem den überlieferten schriftlichen Zeugnissen.

Die politische Entwicklung Sumers ist gekennzeichnet durch eine Reihe unabhängiger Stadtstaaten, deren Machtzentren Tempel und Königspaläste sind. Über ihre religiöse Bedeutung hinaus sind die Tempel Mittelpunkt des gesamten Lebens in der Stadt und im Umland. Die Tempelbeamten steuern Verwaltung, Bodenorganisation, Bewässerungs- und Verkehrswirtschaft.

Für die Verwaltung ist die Schrift ein wichtiges Hilfsmittel, und so ist davon auszugehen, dass sumerische Tempelbeamte die Erfinder der Keilschrift sind. Sie entwickeln frühzeitig ein System, das die Registrierung wie auch die Abwicklung von Handelsgeschäften erleichtert. Die ältesten erhaltenen Keilschrifttafeln sind Rechenschaftsberichte von Tempelverwaltungen. Sie legen Pachtverträge gegen Leibrente fest und dienen zur Kontrolle und Registrierung von Arbeitsleistungen. So beschäftigt beispielsweise, wie schriftlich überliefert ist, die religiöse Gemeinschaft der kleinen sumerischen Stadt Lagasch 48 Bäcker, 7 Sklaven, 31 Brauer, einige Weber und andere Handwerker. Auch zahlreiche Zinsgeschäfte durch Geldverleih sind dokumentiert.

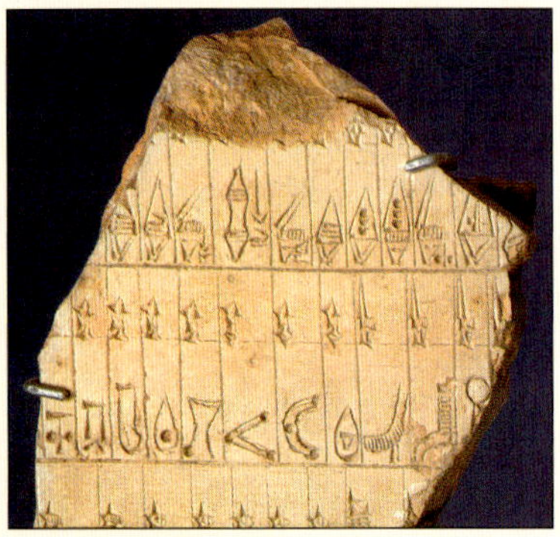

Lexikalische Zeichen in Keilschrift

Die sumerischen Tempel beherbergen auch die Schulen, in denen die angehenden Beamten ausgebildet werden. Ihre Schreibübungen sind auf zahlreichen Tontafeln überliefert. Nach der ägyptischen Mythologie hat der Mondgott Thot die Hieroglyphen geschaffen. Er symbolisiert den Beginn der Schriftkultur und gilt folgerichtig als Schutzpatron der Schreiber und Rechner. Zwar sind die Hieroglyphen, die »heiligen Zeichen« – so die Übersetzung aus dem Griechischen – der Ägypter, zunächst in erster Linie eine Kultschrift, die zu Repräsentations- und Herrschaftszwecken eingesetzt und der eine magische Bedeutung zugeschrieben wird. Doch neben die Aufzeichnung und Kodifizierung der Religion tritt insbesondere beim Schreiben auf Papyrus der Einsatz der Schrift in Verwaltung und Bürokratie und es gibt auch zahlreiche literarische Zeugnisse. In Ägypten mit seinem hierarchi-

Gewicht mit Keilschrift

erfunden

Symbol für das Wort »Biene« für jedes Wort oder jeden Wortteil benutzt werden, der den Laut »b« enthält. Die Anzahl der Zeichen kann wegen ihrer vielseitigen Verwendbarkeit reduziert werden; in der Keilschrift verringert sich die Anzahl der Zeichen schon in der frühesten Entwicklungsperiode von 2000 auf 800 bis 900, später auf 350 bis 400.

Während die von den Sumerern entwickelte Schrift mit dem Rohrgriffel in den weichen Ton der Schreibtafel gedrückt wird, die später getrocknet oder gebrannt wird – die Schrift hat ihren Namen von dem keilförmigen Eindruck des Griffels –, finden die Hieroglyphen der Ägypter u.a. auf Steinwänden von Tempeln und Gräbern sowie in der Malerei Verwendung. Daraus entwickeln sich fast zeitgleich die mit Binse und Tinte auf Papyrus, Kalkstein oder Scherben geschriebene hieratische Schrift, bei der die Zeichen zu Strichen und Strichgruppen verkürzt sind, und im 7. Jahrhundert v.Chr. die vereinfachte demiotische Schrift.

schen, zentral organisierten Verwaltungsapparat sind die Schreiber hoch angesehen. Sie rekrutieren sich nicht aus einer besonderen Schicht, sondern sind unterschiedlicher sozialer Herkunft und der Schreiberberuf kann für jemanden, der ursprünglich nicht dem Stand der Priester oder Höflinge angehört, zum Sprungbrett für eine steile Karriere werden. Ein Beispiel dafür ist Amenophis, der Sohn des Hapu, der zunächst nur »königlicher Schreiber« ist, dann aber zum »Vorsteher aller Bauarbeiten des Königs« Thutmosis III. aufsteigt.

Im weiteren Verlauf nimmt die Zahl der Schreiber beständig zu und es bildet sich eine zunehmende Spezialisierung heraus.

Als die Großen der Schreiberzunft gelten weiter die Priester, die »Vorsteher der Gottesworte«, daneben sind Schreiber je nach Fähigkeiten mit der Registrierung von Waren oder Ernten, der Vermessung von Feldern, aber auch der Zumessung von Strafen betraut.

MESOPOTAMIEN

Gilgamesch und die Stadtgötter

Das Reich der Sumerer besteht aus einzelnen Stadtstaaten wie Uruk, Ur, Kisch, Lagasch und Umma. Jede dieser Städte gehört nach den religiösen Vorstellungen der Sumerer einem Gott oder einer Göttin, beispielsweise dem Himmelsgott Anu, dem Luftgott Enlil oder dem Wassergott Enki, und in jeder Stadt steht ein Tempel des Schutzgottes.

Nach 2750 v.Chr.: In den Tempeln, den irdischen Wohnorten der Götter, vollziehen Priester komplizierte Rituale, um die Götter zu beschwichtigen.

Die Sumerer gehen nämlich davon aus, dass Götter die Welt beherrschen und die Menschen erschaffen worden sind, um diese zu bedienen. In ihrer Furcht vor den Naturgewalten, die ihre Felder überschwemmen und ihnen oder ihre Ernte durch Dürre vernichten könnten, sehen die Menschen es als eine ihrer wichtigsten Aufgaben an, den Zorn der Götter durch Anbetung zu besänftigen. Wenn sie den Dienst an den Göttern nicht persönlich vollziehen können, lassen sie sich durch ihr Abbild, eine Beterstatuette, vertreten. Die Anbetung drückt sich in diesen Figuren in den weit aufgerissenen, übergroßen Augen und in den ineinander verschlungenen Händen aus.

Das an einem – später verlagerten – Euphratarm im Süden des heutigen Irak gelegene Uruk ist die mächtigste Stadt Sumers und an der Entstehung der Hochkultur in Mesopotamien maßgeblich beteiligt. Die sumerischen Epen und Mythen erzählen von den ersten Stadtfürsten von Uruk, von Enmerkar, Lugalbanda, Dumusi und Gilgamesch, der die Unabhängigkeit von Kisch erkämpft und die Stadt mit einer großen Mauer umgeben haben soll. Um den Sohn des Lugalbanda und der Göttin Ninsun rankt sich ein Zyklus von mythisch-epischen Dichtungen, der als bedeutendstes Werk der babylonischen Literatur gilt (überliefert seit etwa 1900 v.Chr.). Das Gilgamesch-Epos berichtet von den Bemühungen des Stadtfürsten, die Unsterblichkeit zu erreichen. Sein Freund Enkidu ist in die Unterwelt gelangt und hat ihm als Totengeist vom trostlosen Schicksal der Bewohner erzählt. Gilgamesch zieht mit Enkidu zu Heldentaten aus. Er erschlägt Huwawa, den dämonischen Hüter des Zedernwaldes, woraufhin die Göttin Inanna den Himmelsstier auf die beiden Helden hetzt. Enkidu tötet den Himmelsstier und muss für diesen Frevel sterben.

Verzweifelt macht sich Gilgamesch auf den Weg zu seinem Ahnherrn Utnapischtim, um von ihm das Geheimnis der Unsterblichkeit zu erhalten. Utnapischtim rät ihm, sechs Tage und sieben Nächte zu wachen, doch Gilgamesch schläft ein. Nach einem weiteren vergeblichen Versuch sieht der Stadtfürst von Uruk ein, dass die Unsterblichkeit für Menschen nicht zu erreichen ist, dass seine Taten ihm jedoch unsterblichen Ruhm einbringen.

Relief-Darstellung aus der Zeit des Gilgamesch mit betenden Figuren

ÄGYPTEN

Menes gründet ägyptisches Großreich

Menes begründet die erste in einer langen Kette von 31 Dynastien.

Um 3100 v.Chr.: Die beiden ägyptischen Reiche werden durch den König Menes (nach anderen Quellen: Narmer, Abb.: Menes triumphiert über Unterägypten) vereinigt. Der erste Pharao trägt nach der Mythologie die weiße Krone Oberägyptens und vereint sie später mit der roten Krone Unterägyptens – das die Region um das Nildelta umfasst – symbolisch zu einer Doppelkrone. Dass Ägypten so groß und bedeutend werden kann, liegt nicht nur an der Erfindung der Schrift, sondern auch an dem strikten Zentralismus einer Gesellschaft, an deren Spitze der als König und Gott angesehene Herrscher steht.

ÄGYPTEN

Prinzengrab mit Statuen

In Ägypten werden die Toten mit umfangreichen Grabbeigaben ausgestattet. Sie sind für die Nachwelt wichtige Zeugnisse, die über Kultur und Religion im Alten Reich Auskunft geben.

Um 2550 v.Chr.: Beim Tod des Generals Prinz Rahotep werden seinem Grab Statuen beigegeben, die ihn mit seiner Frau Nofret zeigen. Die Kleidung der Grabfiguren ist typisch für das Alte Reich: Die Männer tragen einen kurzen Lendenschurz, die Frauen ein Trägerkleid mit losem Mantel. Wie für König und Adlige in der Frühzeit üblich, wird Rahotep in einer großen Mastaba, einem aus Lehmziegeln gemauerten kastenförmigen Grab mit darunter liegenden Kult- und Vorratsräumen, beigesetzt.

Nach dem Glauben der Ägpyter lebt der Tote im Jenseits fort, und zwar nicht als geistige Scheinexistenz, sondern körperlich. Die Seele verlässt zwar beim Tod den Leib des Menschen, kann aber im Jenseits dorthin zurückkehren. Während anfangs nur dem Pharao und seiner Familie Unsterblichkeit zugestanden wird, weitet sich der Kreis bis zum Ende des Alten Reichs (um 2100) allmählich auf Beamte aus, danach wird das Fortleben im Jenseits allen zugestanden.

Vielfältige Anstrengungen gelten der Vorbereitung auf das Leben im Jenseits: Die Wände der Mastabas werden mit Szenen ausgemalt, die Vergnügungen im Diesseits wie Jagen, Segeln, Festlichkeiten oder die Dienste der Knechte und Mägde wie Weben, Backen, Rinderhüten usw. darstellen; damit ist nach dem Glauben der Ägypter gesichert, dass sie auch nach dem Tod fortgesetzt werden können bzw. dem Toten zur Verfügung stehen. Außerdem enthalten die Gräber Nahrungsmittel, Möbel, Waffen und Schmuck für das Leben im Jenseits. Die Versorgung der Toten mit Speisen und Getränken erfolgt über Priester oder Verwandte.

Früher, in vorgeschichtlicher Zeit, wurden die Toten in Ägypten im Sand begraben. Wegen der extremen Trockenheit kam es nicht zur völligen Verwesung, sondern es blieben oft Haar und Haut der Leichen erhalten. Denkbar ist, dass die Ägypter deshalb auf die Idee kommen, die Körper der Pharaonen und anderer adliger Persönlichkeiten durch Einbalsamierung zu konservieren.

Schon früh werden Versuche zur Konservierung von Leichen unternommen, doch diese sind anfangs nicht von Erfolg gekrönt. Deshalb werden – wie bei General Rahotep – in den Gräbern Statuen aufgestellt, die den Toten möglichst ähnlich sehen und diese vertreten sollen. Nach den Vorstellungen der Ägpyter können die in eine Kapelle eingemauerten Statuen durch ein Loch in der Wand das ihnen gebrachte Essen schmecken und den dargebotenen Weihrauch riechen.

Auch in den einfachen Gräbern für die Armen finden sich Utensilien wie ein Dolch, eine einfache Kette oder ein paar Krüge mit Nahrungsmitteln und Getränken.

Die Statuen von Prinz Rahotep und seiner Frau Nofret im Museum in Kairo

König Djoser

Mit der Stufenpyramide von Sakkara entsteht der erste steinerne Monumentalbau der Geschichte.

2615 v.Chr.: Der ägyptische König Djoser (um 2624-2605 v.Chr.) aus der 3. Dynastie lässt sich noch zu Lebzeiten durch seinen Baumeister Imhotep seine Grabstätte errichten.

Die Stufenpyramide besteht aus sechs übereinander gesetzten, sich jeweils verjüngenden Mastabas, wie die für Pharaonen und hohe Adlige üblichen kastenförmigen Gräber genannt werden. Sie ist aus Felsblöcken erbaut, die wie Ziegel zurechtgehauen und wie diese übereinander geschichtet sind. Zu dem Grabbezirk gehören neben diesem Mammutgrab mit 126 x 105 m Grundfläche und 60 m Höhe samt unterirdischen Kammern auch Höfe und Kapellen. In ihnen sind mit Pflanzenornamenten verzierte Kalksteinsäulen aufgestellt und die in die Decke gemeißelten Muster ahmen hölzerne Tragbalken nach.

Die ganze Anlage ist reich mit Plastiken geschmückt, die Djoser, seine Familie und verschiedene Gottheiten darstellen. Im Inneren der Pyramide ist eine Sitzfigur des Königs aus Kalkstein aufgestellt. Sie steht in einer Kammer, die nach der Beisetzung zugemauert worden ist – sie ist also nicht für das Auge eines Betrachters bestimmt. Im Gegensatz zu früheren Bildnissen weist

Baumeister Imhotep, Figur aus dem 7./6. Jh. v.Chr.

HINTERGRUND

Die Zeit der Pyramiden

Mit der Beisetzung von Djoser beginnt die Zeit, in der die ägyptischen Könige in Pyramiden bestattet werden.

Während die Stufenpyramide von Sakkara eine rechteckige Grundfläche hat, sind alle weiteren Pyramiden auf quadratischer Grundfläche erbaut. Aus der Zeit des Alten Reiches (2635-2100) sind etwa 20 steinerne Pyramiden, viele davon mit Neben-Pyramiden, erhalten. Im Mittleren Reich (2040-1650) entstehen mehrere kleinere Pyramiden aus Ziegeln, danach wird die Sitte aufgegeben.

Die erste Pyramide, die nicht stufig, sondern mit ungebrochenem Neigungswinkel erbaut wird, ist die Rote Pyramide von Dahschur, die König Snofru, der Begründer der 4. Dynastie in Ägypten, zusammen mit der Knickpyramide um 2575 errichten lässt. Mit der Roten Pyramide ist der »klassische« Pyramidentypus gefunden, den die Nachfolger Snofrus – Cheops, Chephren und Mykerinos (Menkaure) – weiterentwickeln. Sie sind die Bauherren der bedeutendsten Pyramidengruppe Ägyptens, die etwa in der Zeit zwischen 2540 und 2450 v.Chr. in Gizeh entsteht.

Die größte aus der Gruppe ist die Cheopspyramide mit ursprünglich 146,6 m Höhe (nach Abnahme der äußeren Verkleidung noch 137 m) und einer Seitenlänge der Grundfläche von ursprünglich 230,38 m. Die für Cheops' Sohn Chephren daneben erbaute Pyramide ist mit einer ursprünglichen Höhe von 143,5 m (jetzt 136,5 m) und einer Seitenlänge der Grundfläche von 210 m die zweitgrößte. An den Wänden des zugehörigen Tempels standen ursprünglich 23 überlebensgroße Königsstatuen (einige heute im Ägyptischen Museum in Kairo). Während Chephrens Regentschaft entsteht vermutlich auch die Sphinx von Gizeh, eine Figur mit Löwenleib von 80 m Länge und 22 m Höhe sowie einem menschlichen Gesicht, das wohl Züge des Pharaos trägt. Die für Chephrens Sohn Mykerinos errichtete

ÄGYPTEN

setzt sich in Sakkara ein Denkmal

diese erste lebensgroße ägyptische Steinplastik deutliche Porträtzüge auf: hervortretende Backenknochen, herabgezogene Mundwinkel und tief liegende Augen.

Die Abbildungen in den Grabkammern stellen keine historischen Ereignisse aus Djosers Regierungszeit, sondern typische Verrichtungen eines Königs dar: Jagd- und Kriegsszenen sowie kultische Handlungen, darunter einen Opfertanz Djosers. Dieser hat sich als erster ägyptischer König als »Goldener Re« bezeichnet und damit dem Sonnengott gleichgesetzt. Nach ägyptischen Glaubensvorstellungen ist der König kein Mensch, sondern göttlichen Ursprungs. Er entspricht dem Himmelsgott Horus, einem Sohn des Fruchtbarkeitsgottes Osiris, der – so die Sage – vom Dürregott Seth getötet wurde und wieder auferstanden ist. Osiris' Schicksal versinnbildlicht das Werden und Vergehen in der Natur, die sich in jedem Jahr stets wieder erneuert.

Die Pyramide des Königs Djoser ist das Wahrzeichen von Sakkara.

Der Baumeister der Stufenpyramide von Sakkara, der als Berater des Pharaos tätige Imhotep, wird durch sein Werk ebenso berühmt wie der Herrscher, für die er sie errichtet hat. Der Legende nach soll der Baumeister auch Arzt und Dichter gewesen sein.

Pyramide ist nur etwa 70 m hoch, überragt damit aber immer noch alle, die anderswo in Ägypten je erbaut worden sind. Hinzu kommen in Gizeh kleinere Grabanlagen für Pharaoninnen und Staatsbeamte sowie Tempelbauten.

Die Hilfsmittel, die für den Bau der Pyramiden zur Verfügung stehen, sind äußerst primitiv: Dioritämmer, Kupfersägen und -beile, Poliersteine aus Quarzit. Die Steinquader werden während der Überschwemmungsmonate über den Nil zur Baustelle geschafft und dann über Land mit einem Holzschlitten transportiert. Über Schuttrampen und Holzgerüste werden die Blöcke, die durchschnittlich 50 Zentner wiegen, dann an ihren Ort gebracht. Sie sind so genau bearbeitet, dass die Fugen nicht breiter als 0,5 mm sind.

Die Pyramiden von Gizeh

In der Nähe der Pyramide errichtet man einen Totentempel, in dem die Beisetzungsfeierlichkeiten abgehalten werden. Weitere Tempel werden den Gottheiten geweiht, die vom jeweils in der Pyramide bestatteten Pharao besonders verehrt worden sind.

Der Sarkophag mit den sterblichen Überresten des Königs wird auf dem Nil in die Nähe der Pyramide und dann über einen eigens angelegten Kanal in das Innere der Grabstätte gebracht. Diese Arbeiten führen nicht Sklaven aus, sondern freie Ägypter, die während der Überschwemmung und in der Trockenzeit ohnehin nicht auf den Feldern arbeiten können.

Die Arbeit am Pyramidenbau ist ein religiöses Werk. Das Volk leistet sie für den König, der eine Verkörperung des Weltgottes darstellt und noch aus dem Jenseits seinen segensreichen Einfluss ausüben soll. Die unumschränkte Herrschaft des Gottkönigs garantiert nicht nur die Ordnung im Land, sondern auch die Harmonie mit dem Kosmos. Die Pyramide ist ein Abbild des Himmels und daher nach streng geometrischen Gesichtspunkten gebaut. Bei den Abmessungen spielen magische Zahlen eine Rolle.

Nach den religiösen Vorstellungen der Ägypter fährt der Pharao nach seinem Tod am Tag mit dem Sonnenboot, in der Nacht mit dem Mondboot über den Himmel. Damit ihm dies möglich ist, muss sein Körper erhalten bleiben und er muss mit allem, was er zum Leben braucht, versorgt werden. Man gibt ihm Speis und Trank, Gerätschaften und Schmuck, bildliche Darstellungen und später auch Dienerfiguren, die ihm die Arbeit abnehmen, mit ins Grab.

Ab dem Beginn des 3. Jahrtausends beginnt man in Ägypten die Leichen zu mumifizieren, um sie vor der vollständigen Verwesung zu bewahren. Dazu nimmt man das Gehirn und die inneren Organe (mit Ausnahme des Herzens) heraus, legt die Leiche bis zu 70 Tage in Natronsalz und andere Chemikalien, um ihr die Flüssigkeit zu entziehen, und umwickelt sie dann mit Leinenbinden, um den Körper für die Ewigkeit unversehrt zu erhalten. Die trockene Wüstenluft begünstigt die Konservierung des Körpers.

Dem ägyptischen Glauben zufolge zeugt der König im Augenblick seines Todes mit einer weiblichen Gottheit sich selbst als seinen Nachfolger, um wiederum als Gott den Thron zu besteigen. Das Beisetzungsritual baut auf dem Fruchtbarkeitsmythos auf. Es vollzieht das Werden und Vergehen nach, das auch in den Mondphasen und im Sprießen der Saat sichtbar ist.

Die hierarchische Ordnung im Jenseits entspricht der irdischen. Für die Frauen der Könige und für hohe Beamte werden Grabstätten bei den Pyramiden errichtet, damit sie dem König auch nach dem Tod nahe sind. Um das Weiterleben nach dem Tod zu sichern, müssen die Riten ordnungsgemäß vollzogen und Totenopfer gespendet werden. Beim gottgleichen Pharao geschieht das selbstverständlich täglich, bei anderen Toten seltener.

Mesopotamien – erste Hochkultur der

3500-331 v.Chr.

Euphrat und Tigris

Zwischen 3500 und 3000 v.Chr. entstand auf einer weitgehend kahlen Schwemmlandebene im südlichen Zweistromland (Mesopotamien) zwischen Euphrat und Tigris im zentralen Gebiet des heutigen Irak die erste Hochkultur der Menschheit. Ihre archäologischen Wurzeln reichen allerdings besonders im Norden Mesopotamiens weit in die Vorzeit, bis etwa 7000 v.Chr. zurück. Später verlagerte sich der Ackerbau von den regenreichen Hängen des Sagros-Gebirges in das bei künstlicher Bewässerung fruchtbare Schwemmland des südlichen Mesopotamien. Hier entstanden im 5. Jahrtausend zahlreiche kleine Siedlungen, aus denen die ersten Städte der Menschheit hervorgingen. Der Reichtum dieses Gebietes zog in der Folgezeit immer neue Nomadenvölker an, die rasch sesshaft wurden. Die zahlreichen Einwanderungsschübe und die wechselnden Herrschaftsperioden dieser Neuankömmlinge bestimmten die Kultur und Geschichte der Euphrat- und Tigrisebene für die Zeit der orientalischen Antike.

Sumer und Akkad

Mit dem Volk der Sumerer, die dem südlichen Mesopotamien den Namen Sumer gaben, ist die erste dieser Einwanderungswellen historisch erfassbar. Zu welchem Zeitpunkt dieses Volk aus Zentralasien einwanderte, ist nicht ganz geklärt. Die Sumerer waren gute Landwirte und kannten sich in der Kunst der Bewässerung aus. Es gilt als sicher, dass sie mit den Ureinwohnern zu einem Volk verschmolzen und um die Wende vom 4. zum 3. Jahrtausend die früheste nachweisbare Hochkultur der Menschheit schufen. Die ersten Städte entstanden, die Schrift wurde erfunden, religiöse Riten wurden geschaffen und ein Nachrichtenwesen wurde organisiert. Die frühdynastische Zeit Sumers, die um 2750 v.Chr. begann und bis etwa 2350 v.Chr. reichte, ist nur spärlich durch Quellen belegt und in ihrer zeitlichen Abfolge nicht gesichert. Archäologische Funde bezeugen eine Anzahl von Stadtstaaten geringer räumlicher Ausdehnung mit monumentaler Sakralarchitektur wie Ur, Uruk, Lagasch, Kisch, Umma und Mari, die nebeneinander existierten. Das um 2675 entstandene, doch erst seit etwa 1900 v.Chr. überlieferte Gilgamesch-Epos ist ein beredtes Zeugnis der frühen Kämpfe der Stadtstaaten untereinander.

Die unvollständig erhaltenen sumerischen Königslisten nennen als bedeutende Herrscher Mesilim von Kisch (um 2700 v.Chr.), Gilgamesch von Uruk (um 2675), Eannatum von Lagasch (um 2500), den Reformgesetzgeber Urukagina von Lagasch (bis etwa 2340 v.Chr.) und Lugalzaggesi von Umma (um 2340); er ist der erste Herrscher, der mit Lagasch, Ur, Uruk, Larsa, Kisch und Nippur ganz Sumer unterwarf. Die Könige regierten als absolute Priesterfürsten über befestigte Stadtanlagen, deren augenfälliger Mittelpunkt die monumentale Tempelanlage mit Zikkurat (Stufenturm) war.

Um 2340 v.Chr. beendete der semitische König Sargon I. (um 2340-2284 v.Chr.) von Norden her die Vorherrschaft Sumers und gründete im mittleren Mesopotamien eine Residenz mit Namen Akkad, nach welcher der gesamte Nordteil Mesopotamiens bezeichnet wurde. Sargon I. von Akkad unternahm mit einem gut ausgerüsteten Heer Kriegszüge bis an die Mittelmeerküste und setzte sogar nach Zypern über. Seinem Anspruch auf Weltherrschaft verlieh der Titel »König der vier Weltgegenden« unmissverständlich Ausdruck. Doch schon knapp zwei Jahrhunderte später, um 2220 v.Chr., überrannten die Gutäer, ein kriegerisches Volk aus dem heutigen Iran, vom Sagros-Gebirge her das akkadische Großreich, das sich vom Persischen Golf bis Kleinasien erstreckte. Erst nach 2070 v.Chr. gelang es Utuchengal, dem Herrscher von Uruk, die Eindringlinge zu vertreiben.

Die letzte Blütezeit Sumers brach an. Ihr bekanntester Herrscher war Gudea von Lagasch (um 2080–2060 v.Chr.). Er legte schon während der Gutäerherrschaft die Grundlagen für den Wiederaufstieg Sumers. Bedeutende Herrscher wie Urnammu und Schulgi aus der III. Dynastie von Ur dehnten die Herrschaft Sumers fast auf die Größe des einstigen Großreiches von Akkad aus. Gegen 2000 v.Chr. griffen aus dem Osten die Elamiter an und zerstörten Ur. Bald darauf drangen aus Syrien nomadisierende Amoriter ein, vertrieben die Elamiter und erhoben Babylon am Euphrat zur neuen Hauptstadt. So endete nach 1500 Jahren das sumerische Zeitalter, doch sein kulturelles Erbe lebte weiter und beeinflusste die Geschichte weit über Mesopotamien hinaus.

Babylonien und Assyrien

In der Folgezeit entwickelten sich aus den mesopotamischen Stadtstaaten zwei neue Großreiche: Babylonien im Süden und Assyrien im Norden, die in den nächsten eineinhalb Jahrtausenden weit über das Zweistromland hinausgriffen.

Um 1700 v.Chr. gelang es Hammurabi von Babylon (1728-1686 v.Chr.) die anderen Mächte in Assur, Eschnunna, Larsi und Mari zu besiegen und ein einheitliches Großreich zu errichten, das sich vom Persischen Golf bis zur heutigen Türkei, vom Sagros-Gebirge im Osten bis zum Chabur in Syrien erstreckte. Verwaltung, Handel und Rechtsprechung Babyloniens setzten sich überall durch. Das Babylonische verdrängte das Altakkadische und Sumerische als Amtssprachen und der babylonische Stadtgott Marduk wurde über die Vielzahl der sumerischen und akkadischen Götter zum Reichsgott erhoben. 1531 v.Chr. brach dann die babylonische Herrschaft durch einen Plünderungszug der kleinasiatischen Großmacht der Hethiter zusammen. Nach ihrem Abzug übernahm das iranische Bergvolk der Kassiten für die nächsten Jahrhunderte die Macht in Babylonien, bis 1160 v.Chr. erneut die Elamiter vordrangen und das Kassitenreich zerstörten.

Inzwischen konnte Assyrien im Norden Mesopotamiens, am Oberlauf des Tigris, sein Herrschaftsgebiet erweitern, weil das dort von Churritern vor 1500 v.Chr. gegründete mächtige Mitannireich 1356 v.Chr. von den Hethitern zerschlagen worden war. So entstand das sog. Mittelassyrische Reich (1318-1050 v.Chr.) als erste Militärmacht Vorderasiens. Feldzüge bis zum Vansee in Armenien und zum Mittelmeer dienten der Erweiterung des Herrschaftsbereiches. Die Militäraktionen richteten sich gegen die Aramäer und gegen Babylon, dessen Gott Marduk nach Assur gebracht wurde. Günstig für die kontinuierliche Expansion Assyriens, die erst mit dem Tod Tiglatpilesers I. (1115-1077 v.Chr.) endete, wirkten sich die Verbindungen zu Ägypten und der Untergang des mit Assyrien rivalisierenden Hethiterreiches aus, das von Zentralanatolien aus seit 1600 seine Grenzen ständig vorgeschoben hatte. Es brach um 1200 unter dem Ansturm der sog. Seevölker zusammen; für Jahrhunderte versank Kleinasien im Dunkel der Geschichte.

Blüte und Zerfall der Reiche

In der ersten Hälfte des 1. vorchristlichen Jahrtausends erwuchs mit dem Aufstieg des Neuassyrischen Reiches (883-612 v.Chr.) mit den beiden am Oberlauf des Tigris gelegenen Zentren Kalach und Ninive eine neue Macht im vorderasiatischen Raum heran, die in schweren Kämpfen den Herrschaftsbereich Alt-Assyriens neu begründete und zahlreiche Staaten, darunter auch Israel, Juda und Babylonien, zu Vasallen degradierte. Deportationen ganzer Völker und Grausamkeit kennzeichneten das assyrische Regiment, wie die Reliefs im Palast des Assyrerkönigs Sargon II. in Dur-Scharrukin (heute Chorsabad) und in dem seines Sohnes Sanherib in Ninive unmissverständlich belegen; es wird u.a. gezeigt, wie die Assyrer den Ältesten aufständischer Städte die Haut abzogen und sie an den Wänden aufknüpften. Innerhalb weniger Jahrzehnte wuchs das

Assyrische Reich gewaltig an: Im Jahr 722 v.Chr. wurde Samaria erobert, 714 v.Chr. in Armenien das Reich Urartu zerschlagen, 689 v.Chr. Babylon zerstört, 671 v.Chr. Ägypten erobert, 646 v.Chr. Elam einverleibt. Der Reichtum der Assyrer beruhte nicht nur auf den im Lande hergestellten Waren, sondern auch auf dem Ertrag aus dem Außenhandel und auf der Kriegsbeute. In den Provinzen, die von einem Statthalter des Königs verwaltet wurden, trieben Beamte Naturalien und Edelmetalle als Steuern ein. So ist der Palast von König Assurbanipal (668-631 v.Chr.) mit Gold und Elfenbein aus Ägypten, Silber aus Syrien, Lapislazuli aus Persien und Zedernholz aus dem Libanon geschmückt. Die Verwaltung des Assyrischen Reiches lag in den Händen einer vielköpfigen Beamtenschaft.

Kriege und innere Zwistigkeiten führten schließlich dazu, dass Assyrien gegen Ende des 7. Jahrhunderts unfähig war, seine weiten Grenzen zu verteidigen und die zahlreichen Aufstände in den Provinzen niederzuschlagen. 612 v.Chr. eroberten die Meder und Babylonier die assyrische Hauptstadt Ninive und besiegelten das Ende Neu-Assyriens. Der letzte Herrscher, Assuruballit II., starb vermutlich 609 v.Chr..

Doch auch das Spätbabylonische Reich, das die Nachfolge Assyriens antrat, konnte sich nur knapp hundert Jahre behaupten. Der berühmteste König dieser Zeit war Nebukadnezar II. (605-562 v.Chr.), der sich auf kulturellem Gebiet als Bauherr einen Namen machte. Unter seiner Herrschaft wurde Babylon zur prächtigsten Stadt überhaupt. 539 v.Chr. fiel das Neubabylonische Reich mit der Einnahme Babylons durch den persischen König Kyros II., den Großen (559-530 v.Chr.), der die Oberherrschaft des Mederkönigs Astyages (585-550 v.Chr.) abgeschüttelt und sich selbst zum Herrscher über Persien gemacht hatte. Er ließ Babylon nicht zerstören, sondern machte es zu einer der Hauptstädte seines Reiches.

Staatliche Organisation

Die monarchische, dem Religiösen verhaftete Regierungsform der altorientalischen Stadtstaaten und der späteren Großreiche entwickelte sich mit der Expansion der Reiche zu einem zentralisierten Vasallen- oder Beamtenstaat. In der frühsumerischen Zeit (seit etwa 2750 v.Chr.) bekleidete der Stadtfürst gleichzeitig das Amt des Oberpriesters, der von einem Ältestenrat beraten wurde. Wirtschafts- und Verwaltungszentrum des Stadtstaates war die Tempelanlage. Spätestens seit der Zeit Sargons I. von Akkad ist eine einheitliche zentrale Verwaltung vorhanden, die von einer klerikalen und staatlichen Beamtenschaft getragen wurde. Hohe Beamte wie Schatzmeister, Wesire und Statthalter der Provinzen entstammten zumeist der Aristokratie. Sie gaben häufig ihre Anweisungen in schriftlicher Form, wie die etwa 500 000 erhaltenen Tontafeln dokumentieren.

Als Gesetzgeber und oberste Rechtsinstanz fungierte der Herrscher, wie die Gesetzeskodizes so bedeutender Könige wie Urnammu von Ur und Hammurabi von Babylon bezeugen. Die Rechtsprechung erfolgte durch eingesetzte Richter, denen ein Beratungsgremium beigegeben war. Seit der Akkadzeit, also ab 2350 v.Chr., ist Privateigentum an Grund und Boden, zuvor ein Privileg des Tempels, belegt. Gegen 1500 v.Chr. setzte sich in fast ganz Vorderasien das Lehnswesen mit seiner starren hierarchischen Gliederung der Gesellschaft durch.

Neben der Beamtenschaft bildete das Heer die Hauptstütze der monarchischen Gewalt. Außer einer Kerntruppe, der Leibgarde des Herrschers, existierte seit etwa 900 v.Chr. ein stehendes Heer; Söldner dienten seit Mitte des 8. Jahrhunderts. Ein leistungsstarkes Erdstraßensystem mit Post- und Umspannstationen sorgte für eine rasche Beförderung von Nachrichten und Personen und gewährleistete so eine schnelle Präsenz von König und Truppen.

Gesellschaftliche Ordnung

Die Gesellschaft Mesopotamiens gliederte sich, wie in der um 2600/2500 v.Chr. entstandenen Mosaikstandarte von Ur bildlich dargestellt und im Gesetzeskodex Hammurabis (um 1700 v.Chr.) schriftlich niedergelegt, in drei Schichten: die Aristokratie, die freien Bürger und die Sklaven.

Die adligen Familien, deren Macht und Reichtum sich auf Grundbesitz gründeten, stellten die hohen weltlichen und klerikalen Beamten und Offiziere. Bemerkenswert ist, dass die Dienerschaft den Herrschern durch Freitod mit ins Grab folgte, wie der um 2500 v.Chr. angelegte Königsfriedhof von Ur eindrucksvoll belegt. Dass die dort Bestatteten Herrscherinnen und Herrscher oder Angehörige der hohen Priesterschaft waren, belegen die kostbaren Beigaben – Schmuck aus Gold und Edelsteinen, goldene Trinkgefäße und verzierte Vasen. In einer Grabstätte wurden mit der Königin Schubad 68 Hofdamen mit goldenem und silbernem Kopfschmuck sowie mit Speeren bewaffnete Soldaten beigesetzt, die offenbar freiwillig in den Tod gegangen waren.

Die Stadtbewohner und die im Vergleich zu ihnen geringer angesehenen Bauern bildeten den nicht versklavten Teil der Bevölkerung. Dabei oblag den Bauern, Viehzüchtern, Gärtnern, Fischern und Jägern die Versorgung der Städte, die ihrerseits eine hoch spezialisierte Handwerkerschaft beherbergten. So gab es Maurer, Tischler, Töpfer, Steinmetze, Müller, Bäcker, Fleischer, Weber, Brauer, Lederverarbeiter und Ziegelbrenner. In den Werkstätten innerhalb der Tempelbezirke wurde aus Zinn und Kupfer Bronze hergestellt, es wurden Speere, Äxte, Werkzeuge und Schmuck aus Kupfer, Bronze, Gold und Silber gefertigt. Die Sumerer waren auch die Ersten, die Räderfahrzeuge entwickelten – Streitwagen mit zwei oder vier Rädern sowie Karren für die Landwirtschaft. Eine besondere Rolle in der Verwaltung, aber auch im Wirtschaftsleben spielten die hoch angesehenen Schreiber.

Als sich das Sozialgefüge vom Tempelstaat Altsumers über die bürgerliche Gesellschaftsordnung Altbabyloniens (etwa seit 1500 v.Chr.) zu einem Lehnssystem mit scharfen ständischen Abgrenzungen entwickelte, ging dies mit einer ständig wachsenden Abhängigkeit der bäuerlichen Bevölkerung einher.

Architektur und Kunst

Im Verlauf von etwa 3500 Jahren hat das Zweistromland eine sehr eigenständige und relativ einheitliche Kunst und Kultur hervorgebracht, die auf vielen Gebieten auf die Nachwelt einwirkte.

Die Architektur Mesopotamiens beeindruckt durch ihre Monumentalbauten, durch Paläste, weitläufige Tempelanlagen, sich auftürmende Zikkurats – etwa der um 2064 v.Chr. in Ur erbaute, mit Nischen geschmückte Tempelturm Etemenniguru für den Mondgott Nanna – und gewaltige Stadtmauern. Die Wohnhäuser waren hingegen recht einfach. Als Baumaterial dienten in Ermangelung leicht zugänglicher Steinbrüche luftgetrocknete Ziegel, während gebrannte Ziegel Prachtbauten, die eines dauerhaften Witterungsschutzes bedurften, vorbehalten blieben. Da spätere Gebäude einfach auf dem eingeebneten Schutt der Vorgängerbauten errichtet wurden, erhöhte sich das Gelände der Städte ständig, so dass sich künstliche Hügel, die sog. Tells, bildeten. Der überwiegend aus Grabanlagen bekannte Gewölbebau ist, wie der Brückenbau, durch Kragsteintechnik geprägt, während Säulen kaum Verwendung finden. Plastische Werke sind seit etwa 3000 v.Chr. als Beterstatuetten erhalten. Seit dem 9. Jahrhundert gewinnt die Herrscherstatue eine besondere Bedeutung.

Weit verbreitet ist das Relief – ab der akkadischen Zeit (um 2300 v.Chr.) entstehen in dieser Kunstform lebendige und fantasievolle Darstellungen, die sich deutlich von dem vorangehenden strengen sumerischen Stil abheben. In neuassyrischer Zeit, also etwa seit 1000 v.Chr., versah man häufig den unteren Teil einer Palastmauer mit etwa zwei Meter hohen Kalksteinplatten, sog. Orthostaten, auf denen die Taten des Herrschers veranschaulicht sind. Um diese Zeit gewann auch die Wandmalerei an Bedeutung, vor allem die Schmelzfarbenmalerei, eine gebrannte Glasur auf Tonziegeln, die u.a. den Tempel der Göttin Ischtar (Inanna) und den Palast Nebukadnezars II. in Babylon schmückte.

Als eine Blütezeit der sumerischen Literatur gilt die Isin-Zeit (1953-1730 v.Chr.), in der die Mythen »Enki und die Weltordnung«, »Ninurta und die Steine« sowie »Inannas Gang zur Unterwelt« entstanden.

ÄGYPTEN

Erste Hochkulturen an den Flüssen

Mit der Ausbildung der ersten Hochkulturen beginnt die geschichtliche Zeit. Alle diese frühen Zentren der Zivilisation entstehen an Flüssen.

3.-2. Jahrtausend v.Chr.: Als erste Hochkulturen gelten:

- die mesopotamischen Reiche an Euphrat und Tigris
- das Ägyptische Reich am Nil
- die Harappa-Kultur am Indus
- die chinesischen Reiche am Hoangho, dem Gelben Fluss.

Alle diese Gebiete wurden früh besiedelt. In den fruchtbaren Streifen des Schwemmlandes auf beiden Ufern der Flüsse ließen sich Bauern nieder, die aus wilden Gräsern Getreide züchteten und Tiere zähmten. Sie waren daher nicht mehr wie die Jäger und Sammler gezwungen, als Nomaden herumzuziehen. Aus diesen bäuerlichen Volkskulturen entwickelten sich Hochkulturen, für die u.a. folgende Merkmale kennzeichnend sind; sie finden sich mitunter allerdings nur in den Herrschafts- und urbanen Zentren:

- Die Formen der technischen Naturbeherrschung sind relativ entwickelt
- Es kommt zu Stadtgründungen. Die Stadt wird zum Zentrum von Handel und Herrschaft
- Die Gesellschaft organisiert sich in einem Staat, der hierarchisch in verschiedene soziale Schichten unterteilt ist und über Institutionen verwaltet wird
- Es kommt zur Arbeitsteilung entsprechend den anfallenden Aufgaben
- Als herausragendes Mittel der Kommunikation und Reflexion entsteht die Schrift
- Es kommt zu anspruchsvollen künstlerischen Leistungen (Literatur, Musik, bildende Kunst)
- Durch Sprache, Kultur und Religion bildet sich ein gemeinsames Fühlen und Denken heraus.

Inwieweit die verschiedenen Hochkulturen unabhängig voneinander entstanden sind, ist bis heute nicht geklärt. Zwischen Ägypten und Mesopotamien gibt es wohl relativ früh Kontakt und auch die Menschen im Industal treiben Handel mit den mesopotamischen Kulturen.

Als widerlegt gilt mittlerweile die These, die chinesische Schrift sei aus ägyptischen und sumerischen Zeichen entwickelt worden.

Der Nil, Lebensader der Hochkultur im alten Ägypten, die sich um 3000 v.Chr. herausbildet

HINTERGRUND

Große Ströme – Wiege der Menschheit

Dass sich die ersten Hochkulturen an den Flüssen entwickeln, scheint kein Zufall zu sein. Die alljährlich im wiederkehrenden Rhythmus über die Ufer tretenden Flüsse bedecken das Land mit fruchtbarem Schlamm, der sich nach dem Absinken des Meeresspiegels vorzüglich für die Landwirtschaft nutzen lässt.

Umgeben sind die Flüsse, an denen sich die ersten Hochkulturen des Orients entwickeln, von Wüsten und das Flusswasser ist wegen der allgemeinen Trockenheit besonders kostbar. Um Bewässerungsgräben und Staudämme zu bauen und zu unterhalten, ist ein organisiertes Gemeinwesen die Voraussetzung. Außerdem müssen das Land für die Feldbestellung und die Wasserrechte gerecht verteilt und effizient verwaltet werden. Staatliche Beamte erledigen diese Aufgaben.

Wenn die alljährliche Überschwemmung einmal ausbleibt oder geringer ausfällt, droht eine Hungersnot. Daher ist eine Vorratswirtschaft nötig, und nicht nur aus dem alten Ägypten, sondern auch von der Harappa-Kultur ist der Bau von Getreidespeichern belegt. Viele schriftliche Zeugnisse aus Mesopotamien und dem alten Ägypten beschäftigen sich mit der Vorratswirtschaft. Um nicht von der Flut überrascht zu werden, entwickelt man in Ägypten schon früh einen zuverlässigen Kalender. Das Sonnenjahr ist 365 Tage lang, bei einem Kalenderjahr von 365 Tagen verschiebt sich der Jahresanfang also alle vier Jahre um einen Tag. Darum verknüpft man den Kalender mit dem Stern Sirius, der jedes Jahr nach einer längeren Periode der Unsichtbarkeit am 19. Juli zum ersten Mal wieder aufgeht. Eine Siriusperiode dauert 1460 Tage, also vier Sonnenjahre, und danach fallen Sonnenjahr und Siriusjahr wieder zusammen. Die Arbeit am Kalender ist die Hauptaufgabe der Astronomie, die in Ägypten hoch entwickelt ist. Die Städte der Harappa-Kultur sollen ebenfalls nach astronomischen Gesichtspunkten angelegt sein.

Die Bedeutung, die Flüsse für das Alltagsleben der Menschen in den frühen Hochkulturen haben, spiegelt sich auch in ihren religiösen Vorstellungen. So wird der Nil in Ägypten als Gott verehrt, den sie als Mann mit den schwellenden und nährenden Brüsten einer Frau darstellen. Von Kaiser Yü, dem legendären Begründer der 1. Dynastie in China, heißt es, dass er die Flüsse kanalisieren und die Berge durchstechen ließ. Er gilt deshalb als Retter Chinas vor dem Untergang. Um Gilgamesch, den Helden des bekanntesten sumerischen Epos, rankt sich die Sage, dass er dem einzigen Überlebenden einer Überschwemmung begegnet sein soll. Diese Passage des Gilgamesch-Epos ähnelt auffällig dem Bericht über die Sintflut im Alten Testament der Bibel.

MESOPOTAMIEN

Sargon I. errichtet Großreich

Sargon I. begründet das erste Großreich im Vorderen Orient, das an die Stelle der bisherigen sumerischen Stadtstaaten tritt.

Um 2340 v.Chr.: Sargon I. von Akkad stürzt den König von Kisch und errichtet ein eigenes Fürstentum mit Akkad als Hauptstadt. Nach dem Niedergang Akkads und einem kurzen Wiederaufleben unter Naramsin führt um 2080 v.Chr. der Priesterkönig Gudea das sumerische Lagasch in eine Blütezeit.

Sargon ist semitischer Herkunft und um seine Geburt rankt sich eine Legende, die in ähnlicher Form über viele Helden – bis hin zu Moses – erzählt wird. Danach legte Sargons Mutter das Kind in einen mit Pech versiegelten Korb und setzte es auf dem Euphrat aus. Der Junge wurde von einem Schäfer gerettet und wie ein eigenes Kind aufgezogen. In jungen Jahren kam Sargon als Mundschenk an den Hof von Kisch.

Das von Sargon nach dem Sturz des Königs von Kisch neu gegründete Akkad wird zur Basis für weitere Expansionspläne. Er besiegt König Lugalzaggesi von Umma, der sich nach der Eroberung von Uruk als »König des Landes Sumer« an die Spitze einer Konföderation von Stadtstaaten gesetzt hatte, und lässt ihn in Nippur, dem kultischen Zentrum von Sumer, in einem Käfig gefangen halten. Nach der Eroberung von Südmesopotamien wendet sich Sargon nach Norden und Westen, um sein Reich bis zum Mittelmeer zu erweitern. Die Semiten, die sich vor längerer Zeit am nordwestlichen Rand von Sumer angesiedelt haben, werden unter Sargon zum führenden Volk in der Region. Schon zuvor hatten die Sumerer sie nur noch scheinbar beherrscht, denn die Semiten waren zahlenmäßig überlegen und stellten zumindest im Norden Babyloniens die Oberschicht.

Das Expansionsstreben Sargons und seiner Nachfolger lässt sich hauptsächlich mit wirtschaftlichen Gesichtspunkten erklären: Mesopotamien fehlt es an Rohstoffen wie Holz und Metall, die aus anderen Gebieten, z.B. dem Libanon, importiert werden müssen. Die Struktur der eroberten Völker innerhalb des Akkadischen Reiches bleibt bestehen, nur die oberste Verwaltung wird von Mitgliedern der Königsfamilie oder anderen hoch gestellten Bürgern von Akkad ausgeübt. Eine straffe Militärorganisation sorgt für die reibungslose Abwicklung des Handels und der Tributzahlungen.

Auch kulturell vollzieht sich durch die Errichtung des Semitischen Reiches von Akkad eine entscheidende Veränderung in Mesopotamien. Die sumerische Sprache wird zugunsten der akkadischen Schriftsprache verdrängt; nur im Süden kann sich das Sumerische als Volkssprache behaupten. Die Keilschrift wird der neuen Amtssprache angepasst. In den religiösen Vorstellungen kommt es zu einer Verschmelzung von semitischen und sumerischen Gottheiten.

Bereits während der Herrschaft Sargons kommt es immer wieder zu Aufständen der unterdrückten Völker. Die Auflösung des Akkadischen »Weltreichs« setzt zur Zeit der Herrschaft von Naramsin (um 2260–2223), eines Enkels von Sargon, ein. Nach seinem Tod bricht Akkad endgültig auseinander. Das westiranische Bergvolk der Gutäer errichtet eine Fremdherrschaft in Babylonien, die etwa 40 Jahre anhält. Nachdem einige südsumerische Stadtstaaten erneut die Selbstständigkeit errungen haben, kommt es zu einer neuerlichen kulturellen Blüte am Euphrat unter dem neusumerischen Priesterkönig Gudea, der von etwa 2080 bis 2060 in Lagasch regiert. Er übt zeitweise – weniger durch militärische Eroberungen als durch ein ausgedehntes Netz von Handelsbeziehungen – eine Hegemonie über große Teile Südbabyloniens einschließlich Ur aus und bringt den Stadtstaat Lagasch zu Wohlstand.

Betender aus der Gudea-Epoche (3. Jt. v.Chr.)

INDUSTAL

Städte auch am Indus

Im Industal (heute Pakistan) und in den angrenzenden Gebieten existieren Städte mit einem hohen Entwicklungsstand.

Um 2500 v.Chr.: Nach einer der Städte wird diese einheitliche Zivilisation als Harappa-Kultur bezeichnet. Die Siedlungen haben, wie Funde aus den 20er Jahren des 20. Jahrhunderts belegen, ein hervorragendes Kanalisationssystem, ein rechtwinkliges Straßennetz mit breiten »Boulevards« und sich schneidenden engen Gassen, mehrstöckige, aus gebrannten Lehmziegeln errichtete Wohnhäuser mit Innenhof und zumindest in der Stadt Mohendjo-daro eine öffentliche Badeanlage, die kultischen Zwecken dient. Auch schriftliche Zeugnisse sind auf Siegeln aus Speckstein erhalten. Die Bilderschrift mit etwa 400 Zeichen – Tiersymbole, eine Gottheit mit Hörnern – ist bis heute nicht entziffert.

Ruinen der Stadt Mohendjo-daro

ÄGYPTEN

Altes Reich zerfällt

Während der Regierungszeit von Pepi II., die der Legende nach 94 Jahre währt, beginnt die Auflösung des ägyptischen Staates.

Um 2254 v.Chr.: Im Alter von sechs Jahren kommt Pepi II. als König der 6. Dynastie zur Herrschaft. Nach Pepis Tod kommt es zu Aufständen und das Alte Reich zerfällt. Kennzeichnend für den Verfall der königlichen Macht ist die rasche Abfolge von Herrschern in der 7. und 8. Dynastie. Der Geschichtsschreiber Manetho spricht von 70 Königen in 70 Tagen. Die aus dem Beamtenadel hervorgegangenen Feudalherren beanspruchen den Grundbesitz, den sie ursprünglich als Lehen vom König erhalten haben, als vererbbares Eigentum. In wechselnden Koalitionen ringen diese Gaufürsten um die Macht.

Alabastergefäß des Pharaos Pepi II.

ENGLAND

Rätselhafte Steinkreise von Stonehenge

Ein herausragendes Zeugnis der Megalithkultur ist die Kultstätte von Stonehenge, die zwischen 2460 und 1500 v.Chr. im Süden Englands in der heutigen Grafschaft Wiltshire errichtet wird. Sie ist das größte prähistorische Steinmonument in ganz Europa (s. Abb.).

Um 2000 v.Chr.: Die Anlage besteht aus riesigen Steinblöcken, die in mehreren konzentrischen Kreisen aufgestellt sind. Ihre Funktion ist umstritten. Aufgrund der besonderen Stellung von einzelnen Steinen zum jeweiligen Sonnenstand wird vermutet, dass Stonehenge das Heiligtum eines Sonnenkultes darstellt. So verläuft die Achse der Anlage in Richtung zum Sonnenaufgang am Tag der Sommersonnenwende und verschiedene Sonnenpositionen im Jahresverlauf sind durch das Setzen von Steinblöcken besonders markiert. Noch im 1. Jahrhundert n.Chr. wird die Anlage von Kelten zu kultischen Zwecken genutzt. Die große Anzahl von Rund- und Langhügeln in der Gegend um Stonehenge deutet darauf hin, dass ihr eine besondere Bedeutung bei der Totenverehrung zukommt.

Die Entstehung von Stonehenge ist in drei Phasen verlaufen. Das erste Heiligtum entsteht ungefähr 2460 v.Chr. in der Steinzeit. Diese erste Anlage besteht aus einer einfachen kreisförmigen Einfriedung mit einem Graben und einem inneren Wall und hat einen Durchmesser von 115 m. Auf der Innenseite des Walles werden 56 Gruben angelegt, die vermutlich für Opferrituale genutzt werden; darauf deuten Überreste von Leichenverbrennungen hin. Der Eingang zum Heiligtum befindet sich im Nordosten.

In einer zweiten Bauphase, die um 2200 abgeschlossen ist, wird das Heiligtum verändert. Insbesondere der Eingang wird modifiziert, wobei zwei große Sandsteinmonolithe im Nordosten hinzugefügt werden. Einer davon, der erhalten gebliebene »Heel Stone«, ist 6,2 m hoch. In dieser Zeit werden 80 riesige Blausteine herangeschafft und in einem Doppelkreis in der Mitte der Anlage aufgestellt.

In einer dritten Bauphase, die sich zwischen 2000 und 1500 v.Chr. erstreckt, erhält das Heiligtum seine heute bestehende Gestalt. Die Blausteine werden durch bis zu 26 t schwere Sandsteinblöcke ersetzt, die durch quer liegende Blöcke, sog. Oberschwellen, miteinander verbunden sind. Aus den Blausteinen wird ein weiterer Steinkreis angelegt. In der Mitte des Heiligtums werden in der Form eines Hufeisens, eines Totensymbols, weitere Steine um einen »Altarstein« gruppiert. Von dort aus führt eine

HINTERGRUND

Riesige Steinblöcke

Stonehenge ist das bedeutendste Zeugnis der Megalithkultur, deren Kennzeichen die Errichtung von Kult- und Grabbauten aus großen Steinblöcken ist.

Im 3. Jahrtausend sind verschiedene Megalithkulturen in Europa verbreitet, meist in den küstennahen Regionen in Westeuropa, Skandinavien und des westlichen Ostseeraums, aber auch in Süditalien, auf den Mittelmeerinseln, in Südbulgarien und an der kaukasischen Schwarzmeerküste. Die Steine werden einzeln, in Reihen oder in Kreisen aufgestellt. Außerdem gibt es Steingräber in unterschiedlicher Form und Größe. Die ältesten Megalithgräber entstehen um 3500 v.Chr. in der Bretagne. Als Grabwände dienen meist aufrecht stehende Steinplatten, die von großen flachen Steinen abgedeckt werden. Die Grabkammer, deren Platten ohne Verwendung von Mörtel mit weiteren Steinen abgedichtet sind, werden abschließend mit großen Erdhügeln oder Steinhaufen bedeckt. Außer diesen »Dolmen« genannten Gräbern mit einer Kammer gibt es Gang- und Galeriegräber mit Seitenkammern, die einer ganzen Sippe als Bestattungsstätte dienen.

In manchen Gegenden Europas entstehen neben Grabanlagen auch, wie um 2500 v.Chr. auf Malta, Kult- und Tempelbauten. Die Wände der Tempel auf Malta sind aus behauenen Steinen geschickt zusammengefügt und ursprünglich verputzt sowie mit schwungvollen Mustern bemalt.

Generell gilt für die Megalithkulturen, dass die Wände der Grab- und Tempelanlagen gelegentlich mit Schälcheneintiefungen, Wetzrillen, Ornamenten und symbolischen Darstellungen – z.B. Äxten oder »Augenmustern« – verziert sind.

STICHWORT

Zikkurat: Tempel und Wirtschaftsbau

Aus dem Hochtempel des 4. Jahrtausends, der auf einer unregelmäßigen, künstlichen Tempelterrasse steht, entwickelt sich der mehrstufige Sakralturm der Zikkurats als typisches Bauwerk der sumerischen, assyrischen, babylonischen und elamitischen Tempelarchitektur.

Die Zikkurat, ein bis zu 20 m in die Höhe ragendes Ziegelbauwerk, ist über eine zentrale monumentale Rampentreppe bis zur ersten Plattform und über zwei seitliche, gegenständige Wandtreppen bis zur ersten Terrasse sowie von dort aus in einzelnen Absätzen zu den höheren Terrassen besteigbar.

Der Kern der Zikkurats von Ur besteht aus getrockneten Lehmziegeln, die Außenwände sind mit Backstein verkleidet und mit Nischen geschmückt. Jede Plattform ist von einer Mauer umgeben. An der Innenseite dieser Mauerringe sind längliche Kammern eingerichtet, die als Wohnräume für Priester und Beamte dienen. Stärker noch als in den vergangenen Epochen ist die Zikkurat nicht nur Heiligtum, sondern auch Wirtschaftszentrum, von dem aus die Verwaltung des Landes ausgeübt wird. Ferner ist im Tempel ein umfangreiches Archiv untergebracht.

In den immer steileren und höheren Anlagen der Zikkurats drückt sich das Bedürfnis des Königs und seiner Beamten nach einer Demonstration ihrer religiös fundierten Macht aus. Zugleich liegt dem Bauwerk die Vorstellung zu Grunde, dass sich die Gottheit auf der Zikkurat wie auf einem Berg niederlässt, um dort die heilige Hochzeit zu vollziehen. In der alttestamentlichen Legende vom Turmbau zu Babel lebt in jüdischer Interpretation die Erinnerung an den Zikkuratbau fort.

BABYLONIEN

Stufenförmige Tempeltürme

Eine der bedeutendsten kulturellen Leistungen der vom neusumerischen König Urnammu (um 2047-2030 v.Chr.) begründeten 3. Dynastie von Ur ist die Errichtung stufenförmig angelegter Tempeltürme anstelle der bisher üblichen flachen Terrassentempel.

Um 2047 v.Chr.: Die in Ur erbaute Zikkurat – so der Fachbegriff für diese Tempeltürme mit verschieden breiten Plattformen – Etemenniguru mit einem Umfang an der Basis von rund 210 m besteht aus drei Stockwerken und ist etwa 20 m hoch. Sie dient – wie das ebenfalls in Ur angelegte Heiligtum Ekischnugal – als Kultstätte für den Mondgott Nanna.

Urnammu lässt u.a. auch in Uruk eine Zikkurat errichten.

EUROPA/ASIEN

Indogermanen sind unterwegs

Die Wanderungsbewegung indogermanischer Stämme, die vermutlich in einem Gebiet zwischen Mitteleuropa und Südrussland beheimatet sind, in den Vorderen Orient beginnt. Grundlage ihrer Gesellschaftsordnung ist die vaterrechtlich organisierte Großfamilie.

Um 1900 v.Chr.: Bei der ersten großen Einwanderungswelle entstehen Reiche der Hethiter in Kleinasien sowie der Achäer in Griechenland und in der Ägäis. Gemeinsames Merkmal der indogermanischen Stämme ist eine relativ einheitliche Grundsprache, auf die sich mit Ausnahme der baskischen und finnisch-ugrischen alle bis heute von den europäischen Völkern verwendeten Sprachen zurückführen lassen.

bereits in der zweiten Bauphase errichtete, 21 m breite und von Gräben eingefasste Feststraße nach Norden. Sie gabelt sich nach 400 m und führt zu einer Siedlung bzw. zu einer sog. Rennbahn, die ihrerseits in zwei Phasen angelegt ist.

Die Sandsteinblöcke von Stonehenge stammen aus der Gegend 30 km nördlich der Anlage, während die Blausteine mit einer Gesamtmasse von über 100 t überwiegend über eine Entfernung von 200 km aus dem Südwesten des heutigen Wales herantransportiert worden sind. Die Bearbeitung und Glättung, der Transport und die Aufstellung der Steine stellen eine herausragende technische Leistung dar. Sie werden mühsam mit Schlitten und Rollen von mehreren Personen herangeschleppt, dann über eine abgeböschte Wand in tiefe Gruben gesenkt, mittels primitiver Zugvorrichtungen aufgerichtet und abschließend durch Steine und Geröll verkeilt. Mit schweren Steinhämmern sind sie in die gewünschte konvexe Form gebracht worden, damit sie – aufgestellt – nicht so wirken, als ob sie sich nach oben hin verjüngten. Die Steine haben oben Zapfen, die genau in die Zapfenlöcher der Decksteine hineinpassen. Diese Decksteine werden mit einem Hebegerüst aus Balken aufgesetzt. Einige Steine von Stonehenge weisen eingravierte Darstellungen auf.

BABYLONIEN

Sumer von Urnammu geeint

Urnammu schafft als Großkönig ein einheitliches, mächtiges Reich in Babylonien, das von Ur aus zentral verwaltet wird.

Um 2047 v.Chr.: Der Sumerer Urnammu, ursprünglich lediglich Statthalter und Militärgouverneur des Fürsten Utuchengal von Uruk, löst sich aus der Oberherrschaft von Uruk. Er wehrt die nach dem Zusammenbruch des Reiches von Akkad auflebenden Selbstständigkeitsbestrebungen der südmesopotamischen Provinzen ab.

Urnammu, der den Titel eines Königs von Sumer und Akkad führt, bringt die Fernhandelsstraßen vom Persischen Golf nach Syrien unter seine Kontrolle, nimmt den Seehandel wieder auf und sichert seinem Reich einen wirtschaftlichen Aufschwung, der u.a. in einer bedeutenden Getreide- und Textilproduktion deutlich wird.

Urnammu befasst sich u.a. mit der Verbesserung der Kanalisation und lässt den Grenzverlauf seines Herrschaftsgebiets in einem Katastertext festlegen. Der auf ihn zurückgeführte – allerdings vielleicht in Teilen auf seinen Vorgänger Naramsin zurückgehende – »Kodex Urnammu«, ein Versuch der Rechtsvereinheitlichung, gilt als ältestes Gesetzeswerk der Geschichte. Zehntausende von Rechtsurkunden und Verwaltungstexten, die in Keilschrift auf Tafeln festgehalten sind, belegen die Effizienz von Urnammus Administration. In zahlreichen Gründungsinschriften, die sich auf Backsteinen, Ton- und Bronzenägeln, Steintafeln und -gefäßen sowie auf Türangelsteinen finden, wird Urnammu als Bauherr genannt. Auch unter seinem Nachfolger Schulgi (2030-1998) wird in Ur viel gebaut.

Aus früheren Zeiten, etwa von der Mitte des 3. Jahrtausends, stammen dagegen die Königsgräber von Ur mit ihren Grabbeigaben, darunter kostbarer Schmuck, zwei silberne und eine goldene Leier sowie ein mit Muschelschalen und Lapislazuli verzierter Instrumentenkasten, genannt die »Standarte von Ur«, dessen szenische Darstellungen Aufschluss über die Gesellschaftsordnung der Sumerer geben. Die von Urnammu begründete 3. Dynastie hat bis 2003 Bestand; sie wird von den Gutäern, Elamitern und anderen vernichtet. Danach übernehmen semitische Babylonier und Assyrer die Führung im Vorderen Orient.

Babylonische Kunst: Leier aus Ur (Rekonstruktion)

Das alte Ägypten

3000-332 v.Chr.

Das Land am Nil

Kaum ein Land ist in seiner politischen, wirtschaftlichen und kulturellen Entwicklung durch die geografischen Gegebenheiten so beeinflusst worden wie Ägypten. Die natürliche Dreiteilung in das oberägyptische schmale Niltal, das breite Delta und die westlichen und östlichen Wüstengebiete mit den zugehörigen Oasen bedingte ein Missverhältnis zwischen Wüste und Fruchtland, die Isolation der am Nil lebenden Menschen zu anderen, ebenbürtigen Kulturen und eine spezielle Wirtschaftsform. Insbesondere die jährliche Nilüberschwemmung zwang die Menschen, sich in Arbeitsgemeinschaften zur Regulierung des Wassers zwecks einer planvollen Vorratswirtschaft zusammenzuschließen.

In der Phase der frühen Reichseinigung, um 3100 v.Chr., erfanden die Ägypter die Hieroglyphen, eine Kombination von Symbol- und Lautschrift. In dieser Periode der sog. Thinitenzeit entwickelten sich auch Religion, Technik, Kunst sowie die Bearbeitung von Gold, Kupfer und Elfenbein.

Die erste Reichseinigung

Mit der Gründung der Dynastie von Thinis um 3100 v.Chr. und der Vereinigung beider Reiche Ober- und Unterägyptens zu einem Einheitsstaat beginnt die eigentliche Geschichte Ägyptens. Im Mittelpunkt der neuen Ordnung, die in dem doppelten Herrscheramt des Königs über Ober- und Unterägypten ihren Ausdruck fand, stand das Königtum. Der ägyptische Pharao galt als Inkarnation des Gottes Horus, der durch ihn die Welt regierte.

Zentrum der Verwaltung war die königliche Residenz in Memphis. Verwaltungstechnisch wurde das gesamte Land in 42 Gaue unterteilt, die sich schon in vorgeschichtlicher Zeit als regionale Wasserwirtschaftsgemeinden herausgebildet hatten. Schon die ersten Könige der Thinitenzeit weiteten ihre Macht bis nach Nubien, Libyen und zum Libanon aus, um sich im Lande fehlende Rohstoffe wie Mineralien, Steine und Hölzer durch Importe zu sichern.

Die Pyramidenbauer des Alten Reiches

Um 2635 v.Chr. begann mit der 3. Dynastie die Blütezeit des Alten Reiches, deren beherrschende Gestalt König Djoser (um 2624-2605) war. Beeindruckendes Zeugnis seiner Macht ist die 60 m hohe Stufenpyramide von Sakkara. Mit dieser Anlage setzte die monumentale ägyptische Steinarchitektur ein, die mit den riesigen Anlagen von Gizeh unter den Pharaonen Cheops, Chephren und Mykerinos von der 4. Dynastie ihren Höhepunkt erreichte. Diese Monumentalbauten, die während der Überschwemmungsmonate errichtet wurden, wenn die bäuerliche Bevölkerung unbeschäftigt war, sind als Zeugnis der innerstaatlichen Organisation und wirtschaftlichen Blüte Ägyptens zugleich Ausdruck der vollständigen Durchdringung von politischem und religiösem Leben. Der göttliche Pharao sollte noch aus dem Grab heraus seinem Volk Segen bringen.

Die Zeit der 4. Dynastie endete um 2465 mit Thronwirren, in denen sich die beginnende Entmachtung der königlichen Zentralgewalt ankündigte. Unter den ersten Königen der 5. Dynastie setzte auf politisch-religiösem Gebiet ein Wandel ein: Der Einfluss des Re-Heiligtums und die Sonnenreligion von Heliopolis gewannen entscheidende Bedeutung. Neben das alte Staatsdogma vom König als Mensch gewordenem Himmelsgott Horus trat eine neue Lehre, die nunmehr im König den menschlichen Sohn Gottes sah.

Ein weiterer geistig-religiöser Wandel vollzog sich gegen Ende der Dynastie um 2325. Unter dem Eindruck der wachsenden Osiris-Verehrung wurde der tote Pharao auch mit Osiris, dem Fruchtbarkeits- und Unterweltgott, identifiziert. Die in dieser Zeit entstandenen Pyramidentexte, die ältesten religiösen Texte der Menschheit, lassen sich als Versuch des Ausgleichs zwischen Sonnenglauben und Totenkult deuten.

Mit dem religiös motivierten, universalen Anspruch des Königtums sank zugleich die politische Macht. Die beamteten Gauverwalter wurden mächtige Gaufürsten und die Priesterschaft gewann durch mannigfache Privilegien immer mehr Eigenständigkeit. Unter dem Eindruck der in Ägypten vorherrschenden Naturalwirtschaft wurde aus dem straff organisierten Beamtenstaat mit zunehmender Dezentralisierung ein Feudalstaat, wobei Ägypten dank seiner Handels- und Militärexpeditionen nach Libyen, Syrien, in das Weihrauchland Punt an der Somaliküste und bis nach dem kleinasiatischen Troja auch weiterhin Macht und Reichtum demonstrierte.

Krise und Revolution

Während der Herrschaft der 6. Dynastie (2325-2160) blieb Ägypten ein funktionstüchtiger Beamtenstaat, wovon Grabbauten und Denkmäler reiches Zeugnis ablegen. Gegen Ende trat jedoch eine Zeit des Verfalls ein. Politische und soziale Unruhen sowie Kämpfe an den Grenzen des Reichs, in Nubien und Palästina, begünstigten den Aufstieg lokaler Machthaber, sog. Gaufürsten. Versuche der Pharaonen, die starke Königsgewalt zu erhalten, scheiterten. Schließlich bemächtigte sich die Gaufürstenfamilie von Herakleopolis des Gebietes von Memphis und beanspruchte den Thron der Pharaonen. Das Reich brach auseinander. Im Süden machten sich die Gaue Oberägyptens unter der Führung Thebens 2134 selbstständig (7.–10. Dynastie). Um 2040 gelang König Mentuhotep I. (um 2061-2010) aus der 11. Dynastie mit dem Sieg über das Nordreich von Herakleopolis die erneute Einigung von Ober- und Unterägypten. Damit begann nach der ersten Zwischenzeit das Mittlere Reich.

Blütezeit des Mittleren Reiches

Die zweite große Blütezeit Ägyptens ging von dem Begründer der 12. Dynastie, Amenemhet I., aus, der 1991 v.Chr. den Thron bestieg. Seinem Sohn und Mitregenten Sesostris I. (1962-1926) gelang die erste Eroberung eines Teils von Nubien und Sesostris III., der von 1878 bis um 1842 regierte, konnte das goldreiche Land bis zum zweiten Nilkatarakt als Provinz Ägypten angliedern. Auch die kupferreiche Sinaihalbinsel und das südliche Palästina gerieten unter ägyptische Kontrolle. Dagegen bereitete die Sicherung der Nordwestgrenze gegen feindliche Libyerstämme Schwierigkeiten. Handelsverbindungen bestanden zu dem minoischen Kreta (das in dieser Zeit eine erste eigenständige kulturelle Blüte erlebte) und zum mesopotamischen Raum.

Innenpolitisch war Sesostris III. ebenfalls erfolgreich: Nach langen Kämpfen konnte er die Gaufürstendynastien zugunsten einer Zentralregierung ausschalten. Das Mittelägyptische, die Sprache des Mittleren Reiches, entwickelte sich zur klassischen Schriftsprache. Sie wurde bis in die griechisch-römische Zeit auf Denkmälern in Hieroglyphenschrift verwendet.

Fremdherrschaft der Hyksos

Nach dem Erlöschen der 12. Dynastie 1785 wechselten die Herrscher in rascher Folge. Diese Instabilität führte zum kulturellen Niedergang und zum Verlust der Außenprovinzen Nubien, Sinai und Palästina sowie zur Infiltration des Ostdeltas durch semitische Nomadenstämme. Um 1650 fiel ganz Ägypten unter die Fremdherrschaft der Hyksos, einer Oberhoheit, die in Tanis im Nordostdelta residierte. Gegen sie begann ein einheimisches Fürstengeschlecht aus Theben den nationalägyptischen Befreiungskampf. Dem thebanischen König Ahmose I. (1551-1527), dem Begründer der 18. Dynastie, gelang durch die Übernahme der von den Hyksos eingeführten Kampftechnik, zu der auch der zweirädrige Streitwagen gehörte, die Vertreibung der Fremden. Ahmose wurde nach dem legendären ersten Pharao Menes (Narmer) und Mentuhotep I. der dritte Einiger Ägyptens. Mit ihm begann das Neue Reich.

Weltmachtstreben des Neuen Reiches

Mit Thutmosis I., der von 1506 bis 1494 regierte, setzte die Epoche des ägyptischen Weltmachtstrebens ein. Im Zuge seiner Expansionen entwickelte sich Ägypten zur maßgebenden Macht im Mittelmeerraum. In dieser Zeit entstand auch gegenüber der neuen Reichshauptstadt Theben auf dem Westufer des Nils die Totenstätte der Pharaonen, das »Tal der Könige«. Amun, der Lokalgott Thebens, wurde nun als oberster Reichsgott verehrt.

Nach der Herrschaft von Hatschepsut (1490-1468), der ersten Pharaonin der Geschichte, die die Herrschaft usurpierte und mit dem Terrassentempel Deir el-Bahari eines der schönsten Bauwerke des alten Ägypten errichten ließ, mussten die Hethiter, Babylonier und Assyrer unter Thutmosis III. (1468-um 1436) die ägyptische Machtstellung in Vorderasien anerkennen und Ägypten erreichte die größte territoriale Ausdehnung seiner Geschichte.

Erst mit Amenophis III., der 1402 den Thron bestieg und unter dessen Herrschaft sich wiederum eine rege Bautätigkeit entfaltete, endete die Zeit der aktiven Kriegs- und Expansionspolitik. Der Pharao, unter dem Ägypten eine Zeit der Stabilität und des wirtschaftlichen Wohlergehens erlebte, starb 1364.

Echnatons Kulturrevolution

Eine innenpolitische Erschütterung erlebte das Ägyptische Reich unter der Regierung Amenophis IV. von 1364 bis 1347. Der »Ketzerkönig von Amarna« geriet zu Beginn seiner Herrschaft an die Spitze einer religiösen Bewegung, die in dem Sonnengott Re, symbolisiert durch die Sonnenscheibe »Aton«, die Quelle allen Lebens sah. Der König, selbst Hohepriester seiner sich zum Monotheismus entwickelnden Religion, verlegte die königliche Residenz von Theben, der Hochburg des Gottes Amun, in die neu gegründete Stadt Amarna. Seinen Namen Amenophis (»Amun ist gnädig«) änderte er in Echnaton (»Dem Aton wohlgefällig«).

Ein von Echnaton initiierter naturalistisch-expressionistischer Kunststil, dessen berühmtestes Zeugnis die Büste seiner Gemahlin Nofretete ist, sollte den Wandel des Zeitgeistes und die Absage an die alten religiösen Kulte unterstreichen. Zugleich wurden Beamte, die sich ihm entgegenstellten, entlassen und durch Angehörige unterer Schichten oder durch Ausländer ersetzt.

Doch der Widerstand gegen den vom Pharao verhängten Monotheismus wuchs in allen Volksschichten; gleichzeitig sank mit dem Verlust Syriens an die Hethiter Ägyptens außenpolitische Stärke. Echnatons Nachfolger, der durch seinen Grabfund berühmte Tutanchamun, kehrte wieder zur alten Religion und nach Theben zurück.

Die Ramessiden-Herrscher

Nach dem Tod Tutanchamuns 1338 – er wurde mit etwa 18 Jahren ermordet– gelang es dem Reichsfeldherrn Haremhab, in einer fast 30-jährigen Regierungszeit (1333-1306) durch eine religiöse Restauration und innere Reorganisation die Staatskrise der Amarnazeit zu überwinden. Unter seinen Nachfolgern, den Königen der 19. Dynastie (1306-1186), stieg Ägypten wieder zur Führungsmacht auf.

Ramses II., der berühmteste Herrscher dieser Zeit, leitete während seiner Regierung (1290-1224) ein gewaltiges Bauprogramm ein; u.a. entstand der Tempel von Abu Simbel. Außenpolitisch gelang es ihm, mit den Hethitern, die sich nun mit Ägypten die Herrschaft in Vorderasien teilen mussten, Frieden zu schließen. Aber während die immense Bautätigkeit das Reich erschöpfte, wuchsen die Gefahr durch die Libyer im Westen und die Bedrohung durch die sog. Seevölker im Norden; sie verfügten im 13. Jahrhundert bereits über Stützpunkte auf Kreta und den Ägäischen Inseln.

Zwar konnte der letzte große Pharao des Neuen Reiches, Ramses III., der von 1184 bis 1153 den Thron innehatte, einen Großangriff von Libyern und Seevölkerstämmen zurückschlagen, doch es kam unter seiner Herrschft zu Streiks der Arbeiter an den Königsgräbern und unter seinen Nachfolgern trat der Verfall der Königsmacht immer stärker zu Tage. Allein die Amun-Priesterschaft in Theben wurde so mächtig, dass unter der schwachen 21. Dynastie (1070-945) Ägypten de facto in einen thebanisch-südägyptischen Tempelstaat und den eigentlichen Machtbereich der königlichen Residenz im Nordostdelta zerfiel. Im 10. Jahrhundert bildete sich in der Provinz Nubien das Reich Kusch unter einer einheimischen ägyptisierten Dynastie, die im 8. Jahrhundert Memphis eroberte und zeitweise das gesamte Niltal beherrschte. 671 wurde Memphis von dem assyrischen Großkönig Asarhaddon erobert, 663 zerstörten die Assyrer Theben.

Restauration und Spätzeit

Unter Ausnutzung der bald einsetzenden großen Krise des Assyrerreiches gelang es den Kleinfürsten von Saïs, Necho I. und Psammetich I., den Begründern der 26. Dynastie (664-525), die assyrische Oberherrschaft abzuschütteln und das Niltal unter ihrer Herrschaft neu zu einigen. Noch einmal erlebte Ägypten eine Blütezeit, überall im Land setzte eine erneute Bautätigkeit ein; in den Kunstwerken dieser Zeit knüpfte man bewusst an die Tradition des Alten und Mittleren Reiches an, entwickelte aber auch einen anspruchsvollen eigenen Stil.

Außenpolitisch versuchte Ägypten, Syrien erneut dem Reich anzugliedern. Doch 605 musste Pharao Necho II., Psammetichs Sohn und Nachfolger, eine entscheidende Niederlage gegen die Babylonier bei Karkemisch am Euphrat hinnehmen und auf Expansionsbestrebungen in Vorderasien verzichten. Unter König Amasis erfolgte der Anschluss Zyperns – ein militärischer Erfolg, der belegte, dass das Pharaonenreich noch immer eine Seemacht war.

Der Aufstieg des Perserreiches unter Kyros II., dem Großen, dem Begründer des Achämenidenreiches, seit 559 nötigte Amasis zum Anschluss an das babylonisch-lydisch-spartanische Defensivbündnis gegen die neue Macht. Als jedoch Lydien 547 und Babylonien 539 unter persische Herrschaft gerieten, war die Eroberung Ägyptens nur noch eine Frage der Zeit. 525 unterlag der letzte Saïtenkönig, Psammetich III., dem persischen Großkönig. Ägypten wurde in eine persische Satrapie umgewandelt. Obwohl sich die Perser den unterworfenen Völkern gegenüber tolerant verhielten, standen die Ägypter der persischen Fremdherrschaft mit feindseliger Ablehnung gegenüber. 404 gelang es einer einheimischen Familie, die Besatzungsmacht zu vertreiben, doch diese letzte Zeit der Unabhängigkeit fand bereits 343 durch die persische Rückeroberung ein Ende. Elf Jahre später, 332, wurde Alexander der Große bei seinem Einzug in Ägypten als Befreier von der verhassten persischen Fremdherrschaft jubelnd begrüßt.

Die Kunst im alten Ägypten

Wie die Baukunst der Pyramiden und der späteren Felsengräber und -tempel, die seit der 19. Dynastie monumentale Ausmaße besaßen, standen auch die Plastik und die Flachkunst im Dienste des Totenkultes. Statuen, die den menschlichen Körper frei von allen Zufälligkeiten des Aussehens darstellten, sollten dem Geist des Bestatteten oder der Gottheit als Wohnsitz dienen. Gefertigt wurden sie aus Kalkstein oder farbigen Gesteinen, ferner aus Holz, Bronze oder Edelmetallen. Die meisten Statuen, die in ihren Körperhaltungen weitgehend festgelegt waren, schmückten Bemalungen.

Wandmalereien und – meist bemalte – Reliefs bedeckten die Wände der Gräber und Tempel; im Freien war das versenkte Relief, das stärkere Schatten wirft, besonders beliebt. Themen dieser Flachkunst waren neben dem Alltagsleben u.a. bildliche Schilderungen von Ritualen sowie Schlacht- und Triumphszenen. Eine perspektivische Darstellung kannte man im alten Ägypten nicht. Menschen, Gottheiten – häufig Mensch-Tier-Gestalten – und Tiere wurden mit ganz wenigen Ausnahmen seitlings und im Profil gemalt oder reliefiert. Charakteristisch war die Wiedergabe mehrerer Handlungsphasen auf einem einzigen Bild.

Größte Bedeutung unter den literarischen Texten hatte die Totenliteratur. Auf die bereits erwähnten Pyramidentexte an den Wänden der Königsgräber der 6. Dynastie folgten im Mittleren Reich die sog. Sargtexte, die den Bestatteten ebenfalls vor Mangel schützen und ihm zum Heil verhelfen sollten. Im Neuen Reich trat oft eine Papyrusrolle mit Texten des »Totenbuches« an diese Stelle, eine Sammlung von etwa 200 religiösen Sprüchen.

ÄGYPTEN

Auf dem Gipfel der Macht

Unter der Herrschaft des Pharaos Sesostris III. (1878-1841 v.Chr.) aus der 12. Dynastie erreicht das Mittlere Reich seine größte Ausdehnung und unterhält umfangreiche Handelsbeziehungen zu den Nachbarn.

1878 v.Chr.: Nach rd. 200 Jahren der Zersplitterung und der Machtübertragung an lokale Feudalherren erhält Ägypten um die Wende zum 2. Jahrtausend v.Chr. wieder eine starke Zentralregierung.

Mentuhotep I. (um 2061-2010 v.Chr.) aus der 11. Dynastie von Theben vereint Unter- und Oberägypten und begründet das Mittlere Reich mit Theben als Hauptstadt. Der erste König aus der 12. Dynastie, Amenemhet I. (1991-1962 v.Chr.), verlegt die Residenz von Theben nach Lischt im Bereich von Memphis und lässt den Ostrand des Nildeltas durch die sog. Fürstenmauer schützen.

Pharao Sesostris III.

In Nubien sichert Sesostris I., der Sohn und Mitregent von Amenemhet I., die ägyptische Herrschaft durch Fes-tungsbauten. Als sein Vater 1962 bei einer Palastrevolte ermordet wird, übernimmt Sesostris I. die Herrschaft und macht wiederum seinen Sohn zum Mitregenten. Auf diese Weise sichern sich alle Könige der 12. Dynastie die Thronfolge.

Unter Sesostris III., dem bedeutendsten Herrscher des Mittleren Reiches, wird das ägyptische Staatsgebiet nach Süden bis zum zweiten Nilkatarakt erweitert. Der Pharao lässt dort die Festungen Semne und Kumme errichten. Ein Feldzug bis zur mittelpalästinensischen Stadt Sichem dient dem Schutz Verbündeter gegen Nomaden. Ägypten unterhält unter Sesostris III. Handelsbeziehungen bis zum Roten Meer, auf die Sinaihalbinsel und nach Babylon. Des Pharaos wichtigste Erfolge im Inneren sind die Beseitigung der Selbstständigkeit des Adels und der Bau der Pyramide bei Dahschur.

Lob des Schreiber-Berufs

Der hoch angesehene Schreiber Cheti verfasst nach der Ermordung von Amenemhet die »Lehre des Königs Amenemhet I.«.

In diesem Werk verkündet der Pharao seine Lehre aus dem Jenseits, die auf die Ermahnung hinausläuft: »Habe keinen Vertrauten, kenne keinen Freund!« Cheti ist auch der Verfasser eines ironischen Berichts über die zu seiner Zeit in Ägypten ausgeübten Tätigkeiten. Sein eigener Beruf genießt hohes Ansehen, da nur wenige des Lesens und Schreibens mächtig sind. Die Schreiber gelten deshalb zumeist auch als Weise und haben oft wichtige staatliche Positionen inne. »Ich sah einen Schmied bei seinen Arbeiten. Seine Finger sind runzelig wie Krokodilshaut... Der Steinhauer sucht Arbeit in jeder Art von hartem Steine ... Der Barbier rasiert bis zur Nacht; nur wenn er sich zum Essen setzt, stützt er sich auf seine Ellenbogen, um auszuruhen... Der Schiffer fährt bis Natho [im Nildelta], um seinen Lohn zu bekommen ... Der Weber, im Innern des Hauses, ist elender dran als ein Weib; seine Knie stoßen an den Magen, frische Luft genießt er nicht... Der Kurier vermacht, wenn er in fremde Länder reist, sein Vermögen seinen Kindern, weil er sich vor wilden Tieren und Räubern fürchten muss... Der Schuhmacher ist sehr unglücklich; er ächzt ewig; er nagt am Leder, um sich zu sättigen... Der Schreiberberuf dagegen ist wichtiger als alle übrigen Berufe; es ist kein leeres Wort auf dieser Erde. Wer von Kindheit an daraus Nutzen zu ziehen wusste, ist ein geehrter Mann.«

Ein Schreiber

HINTERGRUND

Osiriskult und Totenbücher

In der Zeit des Mittleren Reiches, um 2000 v.Chr., kommt es zu einem Wandel im ägyptischen Totenkult. Statt der bis dahin üblichen Wandmalereien in den Gräbern, die in Szenen das im Jenseits erhoffte Leben darstellen, werden den Toten nun kleine Holzmodelle mit ins Grab gegeben, welche denselben Zweck erfüllen sollen. Zugleich wird im Volk der Gott Osiris (s. Abb.) immer populärer. Nach dem Glauben der Ägypter ist er von den Toten auferstanden und verheißt allen Gläubigen, ob reich oder arm, eine gerechte Beurteilung ihres irdischen Lebens und ein ewiges Leben im Jenseits. Unsterblichkeit ist nicht länger ein Privileg des Pharaos und der Oberschicht.

Um 1500 v.Chr. kommen Totenbücher als Grabbeilagen auf. Sie sollen den Verstorbenen im Jenseits vor Gefahren schützen.

ÄGYPTEN

Ägypten unter Fremdherrschaft der Nomaden

Im Norden Ägyptens ergreifen die Hyksos – so der ägyptische Ausdruck für »Herrscher fremder Länder« – die Macht.

Um 1650 v.Chr.: Die asiatische (vielleicht churritische) Stammesgruppe übernimmt die ägyptische Kultur und Verwaltung und regiert mit teils ägyptischen Unterkönigen das Land.

Das ursprünglich an der Ostgrenze Ägyptens siedelnde Nomadenvolk der Hyksos kann seine Herrschaft zunächst auf das Gebiet des Nildeltas ausdehnen und schließlich ganz Ägypten unterwerfen; es beherrscht außerdem Syrien und Palästina.

Die Dynastien der Hyksos werden als 15. und 16. in der offiziellen ägyptischen Geschichtsschreibung anerkannt, ihre Herrschaft gilt jedoch als zweite Zwischenzeit, die Mittleres und Neues Reich voneinander trennt.

Die Überlegenheit der Hyksos beruht vor allem auf ihrer Kampftechnik. Sie verfügen über mit Pferden bespannte Streitwagen und über Bögen aus Horn und Holz – Waffen, denen die fast nackt und mit kleinen Streitäxten kämpfenden Ägypter nicht gewachsen sind.

Die Herrschaft der Hyksos in Ägypten; Holzstich aus einer Weltgeschichte vom Ende des 19. Jahrhunderts

Die unterlegenen Ägypter übernehmen im Laufe der Zeit diese Waffen von den Hyksos und können sie im Jahr 1551 v.Chr., nach mehr als 100 Jahren Fremdherrschaft, damit wieder vertreiben.

BABYLON

König Hammurabi schafft Gesetzeswerk

Hammurabi geht als Schöpfer des nach ihm benannten Kodex, der bedeutendsten Rechtssammlung des alten Orients, in die Geschichte ein.

Um 1728 v.Chr.: Mit dem Regierungsantritt von König Hammurabi aus dem semitischen Stamm der Amoriter steigt Babylon zur führenden Macht in Mesopotamien auf.

In einer Verbindung von Bündnispolitik und Kriegszügen gelingt es Hammurabi, alle Teilherrscher in Mesopotamien zu unterwerfen und ein Reich zu schaffen, das fast das gesamte Flussgebiet des Tigris sowie den Mittel- und Unterlauf des Euphrat umfasst.

Im Inneren herrscht Hammurabi mit Unterstützung seiner Beamten in einem zentralisierten Staat mit der Hauptstadt Babylon. Führende Schicht im Land sind neben der häufig mit dem König rivalisierenden Priesterschaft die Großgrundbesitzer, die Land an die Bauern verpachten. In den Städten leben freie Handwerker und Kaufleute, die sich in Gilden zusammenschließen. Hirten, Fischer und andere Berufsstände arbeiten für den König oder die Tempelherrschaften, die große Warenlager unterhalten und Kaufleute beauftragen, damit Handel zu treiben. In den Städten regiert unter Aufsicht des Königs ein Rat der Alten. Stadtbewohner und Bauern sind zum Kriegsdienst verpflichtet.

Unter Hammurabis Führung nehmen Astronomie, Medizin und Mathematik einen großen Aufschwung. Der babylonische Gott Marduk steigt zum Staatsgott auf. Ihm wird der Ursprung und die Ordnung der Welt unter Einschluss der weiter verehrten Naturgottheiten zugeschrieben. Die Keilschrift wird für das ganze Reich verbindlich.

Stele mit den Gesetzestexten Hammurabis (Louvre, Paris)

In Keilschrift sind auch Hammurabis Gesetze verfasst; sie sind auf Stelen angebracht, die im Hauptheiligtum des Marduk in Babylon und in anderen Städten des Reiches öffentlich aufgestellt werden. Diese Stelen verkünden: »Vor diesem Bild soll der Geschädigte, der einen Rechtsanspruch hat, erscheinen und soll die Inschrift lesen und ihre kostbaren Worte beachten. Der Stein wird ihm Klarheit schaffen, auf dass er sein Recht finde.«

Der Kodex Hammurabi umfasst 280 Paragrafen. Sie verkünden u.a. harte Strafen für Diebstahl und Hehlerei. Wer sich an Tempel- oder Königsgut vergeht, muss mit der Todesstrafe rechnen. Prägend sind der Gedanke des Schadenersatzes, den auch die Gemeinschaft dem Einzelnen zu leisten hat, und der Grundsatz »Auge um Auge, Zahn um Zahn«.

Viele Paragrafen beschäftigen sich mit der Regelung des Handels, der Verwaltung und des Alltagslebens. So wird Kinderlosigkeit als ein Scheidungsgrund anerkannt, doch die vom Mann »verstoßene« Frau muss in Höhe ihrer Mitgift und ihres vollen Brautpreises entschädigt werden.

CHINA

Erste Blütezeit in China unter der Shang-Dynastie

Die Shang-Dynastie (nach der orthodoxen Chronologie 1766-1122 v.Chr.) ist die erste historisch fassbare Dynastie in China.

1766 v.Chr.: Ihre Könige führen das Chinesische Reich ab etwa 1400 zu einer politischen und kulturellen Blüte, wobei das Herrschaftsgebiet allerdings auf Mittelchina beschränkt ist.

Eine feste Residenz gibt es in der Shang-Zeit nicht: Achtmal wird die Hauptstadt verlegt. Zentrum des Reichs ist allerdings das Gebiet am unteren und mittleren Lauf des Hoangho, des Gelben Flusses.

Die Shang-Herrscher festigen ihre Macht in mehreren Kriegen gegen benachbarte Stämme und bauen ein gut funktionierendes Lehnswesen auf. Der König ist zugleich der oberste Priester. Die Städte werden mit Mauerwällen befestigt und es werden gewaltige Tempelanlagen gebaut. Oberste Gottheit ist der Shang-ti, der Ahnengeist der Herrscherfamilie. Weit verbreitet ist der Glaube an ein Weiterleben nach dem Tode.

Bronzemaske aus der Zeit der Shang-Dynastie (2. Jt. v.Chr.)

Die von den Orakelpriestern verwendete Zeichenschrift, deren älteste Zeugnisse aus der Zeit um 1500 v.Chr. stammen, dient u.a. dem Erfragen der Zukunft: Um diese vorherzusagen, werden Schriftzeichen auf Schildkrötenschalen oder Knochen eingeritzt. Auch der Bronzeguss, der Streitwagen, die Kalenderrechnung und die Seidenraupenzucht sind in der Shang-Zeit bereits bekannt.

KRETA

Die Mykener lösen die Kreter in der

Um 1450 v.Chr.: Die mykenische Kultur gilt nach der minoischen, der vorgriechischen Kultur auf Kreta, als die zweite europäische Hochkultur.

Mykenische Heerfürsten besetzen das seit den Zerstörungen durch den Vulkanausbruch auf Santorin darnieder liegende Kreta. Sie beenden die kretische Vorherrschaft im Mittelmeer.

Nach der Einwanderung der Indogermanen um 1900 v.Chr. entstand aus traditionell ägäischen und indogermanischen Elementen eine Mischkultur, die sich ab 1600 v.Chr. durch die Begegnung mit zwei unterschiedlichen Hochkulturen – der kretisch-minoischen und der vorderorientalischen – zur mykenischen Kultur entwickelte. Ihre Zentren liegen zunächst in der Argolis mit der strategisch günstig situierten Siedlung Mykene südlich von Korinth sowie auf dem Westpeloponnes.

Kennzeichnend für die Frühzeit von Mykene ist, dass neben den traditionellen Schachtgräbern zunehmend prunkvolle Kuppelgräber errichtet werden. Zu den kostbaren mykenischen Grabbeigaben gehören u.a. goldene Masken, Diademe, Elfenbeinarbeiten, Bernsteinschmuck, Prunkschwerter und -dolche, Gerätschaften, Fayencen, Vasen aus Alabaster und Bergkristall, Edelsteine und Halbedelsteine. Die prächtige Ausstattung der Gräber deutet darauf hin, dass in Mykene ein Totenkult um verstorbene Könige besteht, der vielleicht von ägyptischen Vorstellungen beeinflusst ist.

Goldene Gesichtsmaske eines Fürsten aus einer natürlichen Gold-Silberlegierung, 16. Jh.

RÜCKBLICK

Erste europäische Hochkultur auf Kreta

Lange bevor sich Mykener um 1450 v.Chr. auf Kreta niederließen, bestand dort eine entwickelte Kultur, die als erste europäische Hochkultur gilt.

Seit etwa 7000 v.Chr. besiedelt, nahm die Insel ab etwa 2200 v.Chr. einen glanzvollen Aufschwung. Um 2000 v.Chr. entstanden mindestens fünf Paläste, die religiöse, wirtschaftliche und politische Zentren bildeten.

Erdbeben zerstörten um 1700 v.Chr. die Paläste, die danach nur um so prachtvoller wieder aufgebaut wurden. Der bedeutendste Palast, eine reich mit Fresken geschmückte Anlage mit Repräsentations- und Wohnräumen, Werkstätten und Magazinen, stand in Knossos.

Im 16. Jahrhundert v.Chr. befand sich Kreta mit Stützpunkten auf Ägina, Chios, Kythera, Melos, Rhodos, Santorin sowie in Milet auf dem Gipfel der Macht; Kontakte gab es bis zu den Liparischen Inseln und zum Mitannireich in Mesopotamien. Etwa aus dieser Zeit stammen Zeugnisse in der Schrift Linear A, einer Bilderschrift, deren figürliche Formen nicht aufgelöst, sondern nur mit einfachen Strichen gezeichnet sind. Sie ist bis heute nicht entziffert. Minoische Bauwerke und Bilddarstellungen belegen, dass auf Kreta eine gut entwickelte, zentral gelenkte Wirtschaft bestand. Bauern, Handwerker und Künstler mussten einen Teil ihrer Produkte an den Palast abliefern, der die Weiterverwendung der Erzeugnisse festlegte und den Handel regulierte. Exportiert wurden neben Öl und Getreide Kunstgegenstände und Keramik; der Import konzentrierte sich auf Gold, Silber, Kupfer, Zinn und Elfenbein.

Die Gesellschaft war hierarchisch gegliedert. Frauen hatten eine relativ hohe Stellung.

L.: Alabaster-Sarkophag von Hagia Triada, um 1400 v.Chr.; links zwei Frauen, die Spenden zu einem Altar bringen; r.o.: Bei den in Knossos gefundenen »Schlangengöttinnen« aus dem 17. Jahrhundert v. Chr handelt es sich um Kultfiguren; r. u.: Vase mit in dunkler Malerei auf hellem Grund gestalteten Blumenmotiven, wie sie für die minoische Kultur typisch sind.

STICHWORT

Minos und der Minotaurus

Der sagenhafte erste König von Kreta ist Minos, ein Sohn des Zeus und der Europa, der das Labyrinth in Knossos erbauen lässt. Minos erbittet von Poseidon ein Opfertier als Beweis für die göttliche Herkunft seiner Herrschaft, doch anstelle des aus dem Meer auftauchenden prächtigen Stieres opfert er ein Tier aus der eigenen Herde. Als göttliche Strafe entbrennt seine Frau in Liebe zum Stier und gebiert den Minotaurus, ein Ungeheuer in Gestalt eines Menschen mit Stierkopf (s. Abb.).

Tatsächlich wird in der minoischen Kultur der Stier verehrt. Häufige Kultsymbole sind die Doppelaxt zum Töten von Opferstieren sowie Kulthörner. Auch das auf Fresken dargestellte Turnen auf einem Stier könnte kultische Bedeutung haben. Oft sind Priesterinnen abgebildet – vielleicht ein Hinweis, dass es einen Kult der Großen Mutter gibt, die im gesamten Mittelmeerraum als Fruchtbarkeitsgöttin verehrt wird.

Vorherrschaft über das Mittelmeer ab

Ab ca. 1500 v.Chr. greifen die Mykener nach Kreta aus. Sie besetzen nun den Palast von Knossos, das zu ihrem Machtzentrum auf der Insel wird – Belege für ihre Herrschaft sind neben den Kammergräbern die Schrift Linear B, die nicht nur in Mykene und Pylos, sondern auch in Knossos verwendet wird; sie gibt einen frühgriechischen Dialekt wieder.

Ab 1400 v.Chr. dehnen die Mykener ihr Herrschaftsgebiet auf den ganzen Süden Griechenlands aus, im Norden bis nach Thessalien und im Westen bis zu den Ionischen Inseln. Handelsbeziehungen und Außenposten sichern ihnen Einfluss im ganzen östlichen Mittelmeer bis nach Vorderasien, Syrien, Ägypten und Unteritalien. Mykener errichten in den folgenden Jahren Kolonien u.a. auf den Kykladen, auf Rhodos und im Westen Kleinasiens.

Der Handel wird zur Hauptquelle des mykenischen Reichtums. Man exportiert vor allem landwirtschaftliche Erzeugnisse, Waffen, Gefäße und spezielle Kunstgegenstände wie Elfenbeinreliefs. Mit dem Handel nimmt auch das Handwerk, u.a. beeinflusst von Kreta, einen großen Aufschwung und zeigt eine zunehmende Spezialisierung. Ein gutes Wegenetz begünstigt den Transport der Handelsgüter, die für einen gewaltigen Außenhandelsüberschuss sorgen.

Charakteristisch für die spätmykenische Periode (1400-1200 v.Chr.) sind Monumentalbauten, darunter neun Kuppelgräber vor den Toren von Mykene, deren größtes mit einem Gewölbedurchmesser von 14,5 m und einer Höhe von 13,2 m als »Schatzhaus des Atreus« bezeichnet wird, und das berühmte Löwentor von Mykene: Es ist mit zwei Löwen, deren Vorderklauen auf Altären ruhen, als Kultsymbolen geschmückt.

Die großen Paläste in Mykene, Tiryns, Pylos, Theben und Orchomenos, werden nun nach kretischem Vorbild mit Fresken geschmückt, die jedoch – anders als die minoischen – vor allem Kampf- und Jagdszenen zeigen. Die Paläste haben einen einfacheren Grundriss als die labyrinthischen Anlagen der Kreter; wichtigster Bestandteil ist das sog. Megaron, eine große Halle mit einem von zwei Säulen flankierten Herd in der Mitte. Mit Ausnahme von Pylos sind die mykenischen Paläste durch starke Befestigungsanlagen, sog. Zyklopenmauern, geschützt; sie sind ein Zeichen dafür, dass die mykenische Kultur durchaus kriegerisch ist. Die Burganlage in Mykene selbst ist z.B. von einer 900 m langen und 6 m dicken Mauer umgeben, die ein Areal von 30 000 m² umfasst. Wie die mykenische Kunst belegt, ist die minoische Kultur auch auf religiösem Gebiet von großem Einfluss.

Mit Kriegerfiguren geschmückte Vase aus Mykene, ca. 1200 v.Chr.

Viele Götterdarstellungen und Kultszenen sind nach kretischem Typus gestaltet, u.a. mit Doppelaxt und Doppelhörnern als Motiven. Die Zwölfzahl der olympischen Götter ist allerdings nicht kretischen, sondern eigenständig mykenischen Ursprungs. Götter wie Zeus, Hera, Ares und Athena werden von den Mykenern in Heiligtümern und an umzäunten heiligen Orten mit Altären verehrt.

An der Spitze der mykenischen Sozialordnung steht ein absoluter Monarch, der zugleich der größte Landbesitzer, einflussreichste Großkaufmann und mächtigste Krieger ist. Nach der griechischen Sage ist Mykene im 16. Jahrhundert Sitz des Atridengeschlechts und des Agamemnon. Er stützt sich auf die aristokratische Oberschicht, die er als Gesandte, Verwaltungsbeamte und Offiziere einsetzt. Bauern, Handwerker und Arbeiter stellen den Hauptteil der Bevölkerung, die unterste Schicht bilden die Abhängigen und Sklaven.

ÄGYPTEN

Der Tempel von Theben

Während ihrer 22-jährigen Herrschaft – Hatschepsut wird schließlich von Thutmosis III. gestürzt – erlebt Ägypten kulturell und wirtschaftlich eine Blütezeit.

1490 v.Chr.: Nach dem Tod von Thutmosis II. reißt dessen Halbschwester und Gemahlin Hatschepsut, die eigentlich nur als Regentin für ihren unmündigen Stiefsohn Thutmosis III. eingesetzt ist, als Pharaonin die Macht an sich.

Die Königin lässt eine Handelsexpedition in das sagenhafte Punt (wahrscheinlich Somaliland) durchführen, um Weihrauch und Edelhölzer zu importieren.

Unsterblich macht sich Hatschepsut durch den Tempel Deir el-Bahari, der als Komplex von säulengesäumter Hallen und Altäre terrassenförmig vor einen Steilhang im Westen von Theben erbaut ist. Anders als früher bei den Pyramiden wird der Totentempel von vornherein als Ganzes entworfen und vollendet. Baumeister der Anlage ist Semnut, ein Günstling der Pharaonin, der mehr als 80 offizielle Titel innehat. An der Stelle, wo der Hatschepsut-Tempel entsteht, wird seit der 11. Dynastie der Reichseiniger Mentuhotep I. verehrt, mit dem sich Hatschepsut durch den Bau ihrer Anlage quasi gleichsetzt: Sie versucht die älteren religiösen Bräuche mit dem Kult zu ihrem eigenen Gedenken zu verbinden.

Die Pharaonin nutzt den Tempel, um ihren Staatsstreich zu rechtfertigen, indem sie in den bunten Wandreliefs ihre angebliche göttliche Abstammung und den daraus resultierenden Anspruch auf die Krone darstellen lässt. Hier wie auf allen offiziellen Bildnissen erscheint sie als Mann, in Männerkleidung und mit dem Bart der Pharaonen. Semnut, der es wagt, seine eigene Person auf einigen Wänden des Totentempels darzustellen, wird von der Königin geächtet: Sie lässt, als sie von dieser Anmaßung erfährt, sein Grab verwüsten und seinen Sarkophag zerstören.

Vor einer steilen Felswand der Hatschepsut-Tempel; o.l.: Relief auf einem Obelisken, das die Amtseinsetzung als Pharaonin durch den Stadtgott Amun zeigt.

KLEINASIEN

Hethiter auf dem Vormarsch

Während der über 30-jährigen Herrschaft von Suppiluliuma I. (bis 1346 v.Chr.) steigen die Hethiter zur Großmacht in Kleinasien auf.

Um 1380 v.Chr.: Der Machtantritt von Suppiluliuma I. begründet das Neue Hethiterreich.

In mehreren Feldzügen zerstört Suppiluliuma I. das Mitanni-Reich in Mesopotamien und vertreibt die Ägypter aus Syrien: Die dort bestehenden Kleinfürstentümer, die zuvor unter ägyptischem Einfluss standen, werden durch Vasallenverträge an das Hethiterreich gebunden. Die mächtigen Städte Karkemisch und Alalach gelangen unter hethitische Kontrolle.

Hethitische Plastik

Mit dieser Expansionspolitik sichert Suppiluliuma I. seinem Volk neben den Reichen von Babylon und Ägypten eine Vormachtstellung im Vorderen Orient. Zentrum der neuen Großmacht ist das Hochland von Anatolien mit der Hauptstadt Hattusa (Bogazköy), die von einem doppelten Ring von Kastenmauern samt mächtigen Wachtürmen an den Seiten der Haupttore umgeben ist.

Das hethische Staatswesen ist nach lehnsrechtlichen Prinzipien organisiert. An der Spitze des Feudalstaats steht der König, dem als oberstem Richter und Feldherrn Rechtsprechung und militärische Führung obliegen. Ihm unterstehen eine Reiterei und eine schlagkräftige Streitwagentruppe, ferner zahlreiches bewaffnetes Fußvolk und eine persönliche Leibwache.

Der König ist zugleich oberster Priester seines Volkes und damit zuständig für alle kultisch-religiösen Angelegenheiten. In dieser Funktion ist er auf vielen hethitischen Denkmälern meist in weich gestaltetem Steinrelief abgebildet.

Späthethitische Sphingen

Der Königin kommt eine eigenständige, starke Stellung zu. Der freie Stand der Krieger bildet den Adel, dessen Versammlung im Alten Hethiterreich wichtige Entscheidungen treffen konnte. Seine Stellung verliert er im Neuen Reich an die Beamtenschaft. Der größte Teil der Bevölkerung ist zu Fron- und Kriegsdienst verpflichtet; auf der untersten Stufe stehen Sklaven aus den eroberten Gebieten.

Die Hethiter, ein indogermanisches Kulturvolk, sind um 2000 aus dem östlichen Kleinasien nach Anatolien eingewandert. Das Hethische ist die älteste schriftlich überlieferte indogermanische Sprache. Geschrieben wird es in einer älteren babylonischen Keilschrift.

Neben Tontafeln mit hethitischen Texten meist religiösen Inhalts sind Tafeln erhalten, auf denen Dienstinstruktionen, Staatsverträge, Rechtsgrundsätze und Teile der diplomatischen Korrespondenz, meist in akkadischer Sprache, niedergeschrieben sind.

Seit der Mitte des 17. Jahrhunderts v.Chr. stand Kappadokien, die Landschaft zwischen dem Schwarzen Meer und dem Taurus-Gebirge, unter der Herrschaft der Hethiter. Von dort aus gewannen sie in zahlreichen kriegerischen Auseinandersetzungen die Oberherrschaft über die lokalen anatolischen Kleinfürsten.

Unter dem König Hattusili I. (1600–um 1570 v.Chr.) entstand das Alte Hethiterreich, das durch Kriegszüge nach Süden bis zum Euphrat und bis vor Aleppo in Nordwestsyrien ausgedehnt wurde. Unter seinem Enkel Mursilis I., der bald darauf den Thron bestieg, kam es wieder zu Expansionsbestrebungen. 1531 wurde Babylon erobert, nachdem zuvor bereits Aleppo in Syrien unterworfen worden war.

Bald nach seiner Rückkehr von dem Feldzug wurde Mursilis I. ermordet, was dynastische Probleme und einen starken Machtverlust nach sich zog. Um ähnliche Thronwirren in Zukunft zu vermeiden, wird im Neuen Hethiterreich festgelegt, dass grundsätzlich der älteste Sohn des Herrschers Thronerbe sein soll.

Das Löwentor, eines von ehemals fünf Stadttoren von Hattusa, der 1834 bei Ausgrabungen entdeckten Hauptstadt des Hethiterreiches

ÄGYPTEN

Expansion unter Thutmosis III.

Nachdem Thutmosis III. die Macht übernommen hat, beginnt er mit Eroberungszügen nach Nordosten, um Ägyptens Grenzen militärisch abzusichern.

1468 v.Chr.: Nach dem Sturz seiner Mutter Hatschepsut, die für ihn während seiner Minderjährigkeit die Regentschaft ausüben sollte, aber selbst den Thron usurpiert hatte, tritt Thutmosis III. (s. Abb.) die Regierung am Nil an.

Das Augenmerk des Pharaos richtet sich besonders auf die Sinaihalbinsel und auf Südpalästina, da Ägypten an der Landenge von Suez für Feinde leicht zugänglich ist. In der Schlacht bei Megiddo am Karmel-Gebirge in Kanaan erringt er 1468 einen entscheidenden Sieg über eine Koalition syrischer Fürsten. Die eroberten Provinzen werden nach ägyptischem Muster verwaltet. An strategisch wichtigen Punkten werden Militäreinheiten stationiert und in Megiddo, Betschan sowie im Libanon-Gebirge Festungen errichtet. Die Verwaltungszentrale für Syrien und Palästina liegt in Gaza.

Durch die erheblichen Tributzahlungen, die von den unterworfenen Gebieten zu leisten sind, zieht Ägypten neben den militärischen auch bedeutende wirtschaftliche Vorteile aus den neuen Provinzen. Zugleich wird Ägypten mit der Eroberung Syriens direkter Nachbar des mächtigen Mitanni-Reiches, das sich im Euphratbogen gebildet hat und in der Blütezeit bis an die Grenzen des Hethiterreiches erstreckt. Zwar versucht Thutmosis III. immer wieder diesen bedeutenden Rivalen auszuschalten, er hat damit aber keinen dauerhaften Erfolg. Erst unter seinem Enkel, dem Pharao Thutmosis IV., kommt es 1403 zu einem Friedensschluss zwischen Ägypten und dem Mitanni-Reich, dessen Bewohner dem altorientalischen Volk der Churriter angehören und das ritterlich-feudalistisch geordnet ist. Der ägyptische Pharao nimmt eine Tochter des Königs von Mitanni in seinen Harem auf. Durch diese Heirat entspannt sich das Verhältnis zwischen den Reichen.

ÄGYPTEN

Echnatons Kulturrevolution von oben

Im vierten Jahr seiner Herrschaft erhebt Amenophis, der sich später Echnaton nennt, den Sonnengott Aton zum Staatsgott und revolutioniert damit die ägyptischen Kultvorstellungen.

1364 v.Chr.: Nach dem Tod von Amenophis III. besteigt sein Sohn als Amenophis IV. den Thron.

Schon als Thronfolger teilt Amenophis die Vorliebe seines Vaters für den Sonnenkult, der die Position des Reichsgottes Amun allerdings im polytheistischen Ägypten kaum berührte. Doch nun soll die ganze Verehrung allein Aton gelten, der vom Pharao als »einziger Gott, dem nichts gleicht« bezeichnet wird. Von ihm heißt es, er habe »alle Menschen, das Vieh und die wilden Tiere, alles, was auf Erden ist und auf seinen Beinen geht, und was in der Höhe ist und mit seinen Flügeln fliegt« geschaffen.

Amenophis nennt sich ab 1361 mit Bezug auf den Sonnengott »Echnaton« und verlegt die Hauptstadt und königliche Residenz nach Tell Al Amarna, einer auf halbem Weg zwischen Theben und dem Nildelta neu gegründeten Stadt. Der König befiehlt die Aufgabe des Amun-Kultes und die Auflösung der mächtigen Tempelinstitutionen des alten Reichsgottes. Im gesamten Reich werden alle Amun-Darstellungen mitsamt Begleitinschriften zerstört. Selbst im königlichen Archiv tilgt man von den Tontafeln der auswärtigen Korrespondenz die Zeichen in babylonischer Keilschrift, die den Namen des alten Reichsgottes repräsentieren.

V.l.: Echnaton und seine Familie opfern Aton; Echnaton: Skulptur aus Tell Al Amarna

Mit seinem autoritär verordneten Monotheismus stößt Echnaton nicht auf Gegenliebe bei den Untertanen, die an der alten vielgestaltigen Götterwelt festhalten und sich nicht damit abfinden wollen, dass allein Echnaton Aton anbetet, während sich ihr Gebet an den Pharao als dessen Stellvertreter wenden soll. Beamte, die sich den angeordneten Neuerungen widersetzen, werden entlassen und durch Angehörige des Heeres oder auch durch Ausländer ersetzt.

AUSBLICK

Nofretete-Büste nach Berlin

Die 48 cm große Kalksteinbüste der Nofrete wird 1912 gefunden und nach Berlin gebracht. Bis heute gilt sie als das Glanzstück des dortigen Ägyptischen Museums.

Bei Ausgrabungen in Tell Al Amarna, der von Echnaton gegründeten neuen Residenz, stoßen Wissenschaftler der Deutschen Orient-gesellschaft im Dezember 1912 auf eine Büste der Königin Nofretete, der Gemahlin des Pharaos.

Die Wissenschaftler entdecken das Abbild der altägyptischen Königin, deren Namen übersetzt »Die Schöne ist gekommen« bedeutet, zusammen mit weiteren Modellen und Abgüssen im verschütteten Lagerraum eines Bildhauers. Die Büste diente offenbar dem Künstler im 14. Jahrhundert v.Chr., zu Lebzeiten der Königin, als offizielle Porträtvorlage für die Anfertigung anderer Statuenköpfe.

Die Büste aus bemaltem Kalkstein zeigt eine Frau von ebenmäßiger Schönheit, geschmückt mit der charakteristischen Kopfbedeckung, einer konisch geformten Haube. Größere Beschädigung finden sich

Sinnbild ägyptischer Schönheit: Nofretete-Büste

am Ohr und an einem Auge, dessen Einlage fehlt und auch bei längeren Forschungen nicht gefunden werden kann. Auch wenn Nofretete insbesondere in Deutschland als Inbegriff des ägyptischen Schönheitsideals gilt, ist doch darauf zu verweisen, dass dieses Bildnis wie die gesamte in den 15 Jahren der Herrschaft Echnatons – und, abgeschwächt, in den Jahren davor und danach – entstandene Kunst sich von der im alten Ägypten üblichen deutlich unterscheidet: Sie ist naturalistischer und zugleich expressiver. Dieser »weiche Stil« mit größerem Detailreichtum und einer lockereren Haltung der Statuen begann sich bereits unter Echnatons Vorgänger Amenophis III. durchzusetzen, sie geht auf die zunehmende Vertrautheit mit fremden Kulturen, vielleicht aber sogar auf Anregungen aus der Zeit der Hyksos zurück.

Die Maler gestalten nun ganze Wände mit nur einer Szene, während sie vorher in viele kleine Bildstreifen aufgeteilt waren; manche Darstellungen ziehen sich sogar über mehrere Wände hin, wobei die Figuren mit dem nicht ausgemalten landschaftlichen Hintergrund verschmelzen.

Echnaton selbst lässt sich in bis zu 4 m hohen Kolossalstatuen darstellen, mit ausgeprägten Lippen und sinnlich geschwungenem Mund, lang gezogenem Gesicht, hervorstehendem Bauch und dünnen Beinen, aber geschlechtslos: Die schmale Taille und das breite Becken geben ihm etwas Androgynes, worin sich nach Spekulationen von Kulturwissenschaftlern das Urzeitliche des angebeteten Gottes Aton ausdrücken soll, der die Polarität von männlichem und weiblichem Element in sich vereint.

Ungeachtet solcher Deutungen ist festzustellen, dass Echnaton nicht nur in der Religion, sondern auch in der Kunst bestrebt war, sich vom Althergebrachten zu distanzieren. Dies gilt u.a. für die intimen Reliefdarstellungen des Pharaos mit seiner Familie.

ÄGYPTEN

Tutanchamuns Kehrtwendung

Unter Tutanchamuns kurzer Regentschaft – er wird nur 20 Jahre alt – kehrt Ägypten zur alten Götterverehrung zurück.

Die gehämmerte goldene Totenmaske von Tutanchamun mit dem als Geier und Uräus geformten Kopfschmuck

1347 v.Chr.: Als Neunjähriger gelangt Tutanchamun aus der 18. Dynastie auf den Pharaonenthron. Der neue König ist der Sohn und zweite Nachfolger von Echnaton, der den Kult um den Sonnengott Aton zur Staatsreligion erhob.

Noch in seinem ersten Regierungsjahr wird Tell Al Amarna als Residenz aufgegeben und der Pharao ändert in einer programmatischen Geste seinen Namen von Tutanchaton in Tutanchamun, um den Kult um den Gott Amun zu betonen. Neue Residenz wird Memphis im Norden Ägyptens. Tutanchamun ist politisch ein weitgehend unbedeutender König. Berühmtheit erlangt er allein durch die sensationelle Entdeckung seines Grabes durch den britischen Archäologen Howard Carter am 4. November 1922. Carter, der im Auftrag des britischen Kunstsammlers Lord Carnavon arbeitete, hatte zuvor sechs Jahre vergeblich nach dem Grab des Tutanchamus geforscht. Im November 1921 hatte er sich für einen letzten Grabungsversuch entschieden.

Grabfund: Gott Anubis als Schakal

Es ist das erste Grab eines ägyptischen Königs, das sich bis in unsere Zeit vollständig erhalten hat, und vermittelt einen Eindruck von den unermesslich reichen Grabbeigaben der Pharaonen. Mehr als 2000 Gegenstände finden sich in der Grabkammer, darunter vergoldete Truhen, ein mit Gold überzogener und buntem Glas sowie Halbedelsteinen geschmückter Thron, verschiedene Tiergestalten, kunstvoll gearbeiteter Schmuck, lebensgroße Statuen sowie die ineinander passenden Särge für die Mumie, davon der innerste aus purem Gold, samt der goldenen Totenmaske für den Herrscher.

Ramses II. –

Während der 66-jährigen Herrschaft von Ramses II. erlebt Ägypten eine Zeit der wirtschaftlichen und kulturellen Blüte und erringt letztmalig die Vorherrschaft im Vorderen Orient. In die Geschichte eingegangen ist der Pharao auch durch seine Bautätigkeit.

1290 v.Chr.: Nach dem Tod seines Vaters Sethos I. gelangt Ramses II., der Große, aus der 19. Dynastie an die Macht.

Auseinandersetzung mit den Hethitern: Obwohl sein Vater, Sethos I., gegen Ende seiner Herrschaft die Verständigung mit den Hethitern gesucht hatte, brechen die Feindseligkeiten unter Ramses II. erneut aus. Der Legende nach beruhen sie darauf, dass um 1335 v.Chr. ein hethitischer Prinz auf dem Weg nach Ägypten ermordet wurde. Er folgte einem Ruf der Witwe von Tutanchamun, Anchesenamun, die dem König der Hethiter geschrieben und darum gebeten hatte, einen seiner Söhne heiraten zu dürfen, der dann ägyptischer Pharao werden sollte. Tatsächlich geht es in der Auseinandersetzung zwischen Hethitern und Ägyptern aber um die Macht in Nordsyrien.

Schlacht bei Kadesch: Ramses II. greift die Hethiter unter ihrem König Muwatallis in der am Orontes gelegenen syrischen Stadt Kadesch im fünften Jahr seiner Herrschaft erneut an. Das ägyptische Heer gerät in einen Hinterhalt, kann sich jedoch durch einen küh-

ÄGYPTEN

Die Zeichen stehen auf Expansion: Syrien zurückerobert

Während der 13-jährigen Regentschaft von Sethos I. kann Ägypten seine Herrschaft im Nahen Osten wieder festigen.

1303 v.Chr.: Sethos I. aus der 19. Dynastie tritt seine Herrschaft als Pharao an.

Die Gebiete in Syrien und Palästina, die Thutmosis III. für das Nilreich erobert hatte, waren unter seinen Nachfolgern wieder verloren gegangen, die ehemals ägyptischen Stützpunkte sind inzwischen von Beduinen besetzt.

Schon bald nach seinem Regierungsantritt bricht Sethos I. zu einem Eroberungszug auf. Er dringt über Gaza bis in den Libanon vor. Die Hethiter, die ihm weiter nördlich entgegentreten, vermag das Heer des Pharaos allerdings nicht zu schlagen. Zeitweilig sucht Sethos das Bündnis mit dem Amoriterkönig Bentesina, der jedoch von den Hethitern gefangen genommen wird.

Zwar steht die Regierungszeit von Sethos I. im Zeichen der Expansion, das Reich muss sich jedoch

Sethos I. (r.)

auch gegen Angreifer zur Wehr setzen. Nach Westen verdrängte libysche Nomadenstämme bedrohen die ägyptische Grenze, können aber abgewehrt werden. Zum Schutz gegen die Nubier lässt der König bei Tell Al Amarna eine befestigte Stadt errichten. Ferner lässt er bedeutende Anbauten am Amuntempel in Karnak vornehmen. Sein Grab in Biban Al Muluk übertrifft in seinen Dimensionen sämtliche Pharaonengräber. Sein Sohn und Nachfolger Ramses II. setzt die Bautätigkeit in großem Stil fort.

kriegerischer Pharao und großer Bauherr

nen Gegenangriff des Pharaos und seiner Streitwagentruppe behaupten, so dass die Schlacht unentschieden ausgeht. Schriftliche Berichte und bildliche Darstellungen von Ramses' Tapferkeit während dieser Schlacht schmücken alle größeren Tempel und Bauwerke seiner Zeit.

Friedensvertrag: Tatsächlich können die Ägypter die Hethiter jedoch nicht auf Dauer aus Syrien zurückdrängen. 1270 v.Chr. wird nach langen Verhandlungen ein Friedensvertrag geschlossen, der die Interessensphären der beiden Mächte im Vorderen Orient klar festlegt. Er gilt als einer der ersten internationalen Verträge der Geschichte, von dem eine Urkunde erhalten ist. Zur Besiegelung der Vereinbarung heiratet Ramses II. eine hethitische Prinzessin. Sie ist durchaus nicht seine einzige Frau: Es heißt, der Pharao habe 100 Kinder gezeugt.

Bautätigkeit: Ein großer Teil der altägyptischen Bauten, die noch heute erhalten sind, stammt aus der Zeit von Ramses II. Auffällig ist, dass der Pharao wohl ohne Zögern Bauwerke seiner Vorgänger benutzt hat, um Material für seine eigenen zu bekommen.

Vier 22 m hohe Sitzfiguren des Pharaos bilden die Fassade des Tempels von Abu Simbel, den Ramses II. erbauen lässt. Das Heiligtum wird 1964 bis 1968 im Zusammenhang mit dem Bau des Assuan-Staudamms verlegt.

Tempel von Abu Simbel: Zu den bedeutendsten Bauwerken, die im Auftrag von Ramses II. entstehen, gehören die Tempel von Abu Simbel, die in Nubien nördlich des zweiten Katarakts am Ufer des Nils in den gewachsenen Felsen gehauen werden. Der Große Tempel wird zu Ehren von Re, Amun, Ptah und dem Pharao selbst errichtet. Vier kolossale, 22 m hohe Sitzfiguren von Ramses II. bilden die Fassade. Die Längsachse ist so ausgerichtet, dass die aufgehende Sonne an den Tagundnachtgleichen durch einen 60 m langen Gang genau auf das Heiligtum fällt. Der 150 m weiter nördlich gelegene, für Ramses' Lieblingsfrau Nofretiri erbaute Kleine Tempel ist der Göttin Hathor geweiht. An seiner Fassade halten sechs stehende, etwa 10 m hohe Figuren Wache. Vier davon stellen Ramses dar, zwei Nofretiri. Die Innenräume beider Heiligtümer sind reich ausgeschmückt. Im Großen Tempel werden sowohl die Schlacht von Kadesch als auch – auf der »Hochzeitsstele« – die Hochzeit mit der hethitischen Prinzessin geschildert. Ferner finden sich darin Darstellungen von Feldzügen des Pharaos gegen Syrien, Libyen und Nubien.

Plastik von Ramses II. als Opfernder mit Gabentablett

In den 60er Jahren des 20. Jahrhunderts stehen die Tempel noch einmal im Zentrum der Aufmerksamkeit: Finanziert vom ägyptischen Staat, von den USA und der UNESCO, werden die beiden Monumentaltempel 1964 bis 1968 in riesige Blöcke zersägt und mit Hilfe gewaltiger Kräne 65 m oberhalb ihres bisherigen Standorts wieder zusammengefügt – sie wären sonst nach Vollendung des Assuan-Staudamms vom Nilwasser überflutet worden.

Ramesseum: Der Totentempel des Pharaos, das Ramesseum, wird in Theben-West erbaut. In einem 900 x 600 m großen, von einer Ziegelmauer umschlossenen Bezirk erhebt sich eine gewaltige Anlage aus Säulenhallen und Gewölben. An den eigentlichen Tempel schließen sich der Königspalast, weitere Höfe und Nebengebäude an. Im ersten Hof lässt Ramses II. eine 18 m hohe Statue aufstellen, die aus rotem Granit geschlagen ist und mehr als 1000 t wiegt. Der Kopf misst von Ohr zu Ohr fast 2 m. Im überhöhten zweiten Hof sind Osiris-Pfeiler aufgestellt.

Die riesigen Wandflächen des Ramesseums sind wiederum mit Reliefdarstellungen geschmückt. Sie zeigen die Kriegszüge des Pharaos nach Asien mit der Zerstörung hethitischer Festungen, dem Abführen von Gefangenen, dem Heer auf dem Marsch und im Lager sowie wiederum der Schlacht von Kadesch. Ferner gibt es Darstellungen von religiösen Szenen, etwa das Fest des Erntegottes Min, das mit der Thronbesteigung verbunden ist, und die Inschrift des Königsnamens in die Blätter des heiligen Baumes von Heliopolis durch mehrere Götter.

Amuntempel in Karnak: Der Amuntempel von Karnak am Ostufer des Nils, nördlich von Theben, wird unter Ramses II. weiter ausgebaut. Die Gebäude dieser gewaltigen Anlage gehen bis in die 11. Dynastie, also bis um das Jahr 2000 v.Chr. zurück. Thutmosis I., Hatschepsut und Thutmosis III. ließen bedeutende Komplexe erbauen, die durch ihre Eleganz betören. Die hohe Säulenhalle, die Sethos I. in Angriff nahm und Ramses II. vollendet, beeindruckt hingegen vor allem durch ihre Monumentalität: In diesem dreischiffigen Saal stehen in 16 Reihen 134 kolossale Papyrusbündelsäulen mit einem Umfang von über 10 m; die mittleren Säulen ragen 21 m auf. Die Säulenreliefs zeigen den Pharao beim Opfer für Amun.

ÄGYPTEN

Auszug der Israeliten

Während des 40 Jahre dauernden mühseligen Weges hält Jahwes Versprechen, sein Volk in das Gelobte Land zu führen, die etwa 600 000 Kinder Israels aufrecht.

Nach 1250 v.Chr: Unter der Führung von Moses und Aaron verlassen die Hebräer, die an einen Gott – Jahwe – glauben, Ägypten und machen sich auf in das Land ihrer Väter, nach Kanaan (Südpalästina).

Nach ihrer Überlieferung kamen die ersten Hebräer unter Abraham um 1800 v.Chr. aus dem nördlichen Mesopotamien nach Kanaan. Später zogen sie nach Ägypten, wo sie unter Repressionen zu leiden hatten.

Moses und Aaron, die Führer der im Nildelta zu Fronarbeiten eingesetzten Israeliten, verhandeln nun mit Pharao Ramses II. über die Freilassung. Um den Forderungen Nachdruck zu verleihen, schickt Jahwe neun »Plagen« über Ägypten: den zur Schlange verwandelten Stab, in Blut verwandeltes Wasser, die Frosch-, Stechmücken- und Bremsenplage, eine Viehseuche, Geschwüre verursachenden Staub, eine Hagelkatastrophe, eine Heuschreckenplage und eine Finsternis.

Als der Pharao auch nach diesen Plagen nicht bereit ist, die Israeliten ziehen zu lassen, kündigt Moses die Tötung aller erstgeborenen Ägypter an. Nachdem Jahwe auch diese Ankündigung wahr gemacht hat, dürfen die Israeliten ziehen.

Die Grundlagen ihres Glaubens werden während des Exodus gefestigt: Moses empfängt auf dem Berg Sinai die Zehn Gebote.

Nach der Ankunft in Kanaan behalten die Hebräer zunächst ihre alte Gliederung in Stämme bei; eine monarchische Spitze lehnen sie ab, da allein Jahwe der König sei.

ZITAT

»Macht euch auf ...«

Im zweiten Buch Mose des Alten Testaments sind die Qualen geschildert, unter denen die Israeliten in Ägypten, u.a. wegen ihrer Fruchtbarkeit, zu leiden haben.

»Da kam ein neuer König auf in Ägypten, der... sprach zu seinem Volk: Siehe, des Volks der Kinder Israel ist viel und mehr als wir. Wohlan, wir wollen sie mit List dämpfen, dass ihrer nicht so viel werden. Denn wo sich ein Krieg erhöbe, möchten sie sich auch zu unsern Feinden schlagen... Und man setzte Fronvögte über sie, die sie mit schweren Diensten drücken sollten; denn man baute dem Pharao die Städte Pithon und Raemses zu Vorratshäusern. Aber je mehr sie das Volk drückten, je mehr es sich mehrte und ausbreitete... Und die Ägypter zwangen die Kinder Israel zum Dienst mit Unbarmherzigkeit und machten ihnen das Leben sauer mit schwerer Arbeit in Ton und Ziegeln und mit allerlei Frönen auf dem Felde und mit allerlei Arbeit, die sie ihnen auflegten mit Unbarmherzigkeit.« Als Gott alle Erstgeborenen der Ägypter hat töten lassen, dürfen die Israeliten das Land verlassen: »Und zur Mitternacht schlug der Herr alle Erstgeburt in Ägyptenland von dem ersten Sohn Pharaos an, der auf seinem Stuhl saß, bis auf den ersten Sohn des Gefangenen im Gefängnis und alle Erstgeburt des Viehs ... und ward ein großes Geschrei in Ägypten; denn es war kein Haus, darin nicht ein Toter war. Und er forderte Mose und Aaron in der Nacht und sprach: Macht euch auf und ziehet aus von meinem Volk, ihr und die Kinder Israel; gehet hin und dienet dem Herrn, wie ihr gesagt habt. Nehmet auch mit euch eure Schafe und Rinder, wie ihr gesagt habt; gehet hin und segnet mich auch.«

Reliefdarstellung des Exodus

TROJA

Troja durch Erdbeben

Der griechische Dichter Homer beschreibt in seiner »Ilias« in der 2. Hälfte des 8. Jahrhunderts v.Chr. den zehn Jahre dauernden Krieg zwischen Griechen und Trojanern um die befestigte Stadt.

Um 1240 v. Chr.: Die an der Nordwestspitze Kleinasiens nahe dem Eingang der Dardanellen gelegene Stadt Troja wird durch ein Erdbeben völlig zerstört.

Die Siedlung Troja, deren Ruinen von dem deutschen Archäologen Heinrich Schliemann 1870 entdeckt und bis 1894 – teils mit Wilhelm Dörpfeld – ausgegraben werden, besteht schon seit Jahrhunderten. Bereits in der ersten Hälfte des 3. Jahrtausends v.Chr. gab es hier Häuser; später war der Ort Fürstensitz mit repräsentativen Toranlagen. Ende des 3. Jahrtausends wurde die Siedlung erweitert und mit einer Burgmauer umgeben. Aus dieser Zeit stammt der von Schliemann entdeckte »Schatz des Priamos«, zu dem kostbarer Goldschmuck sowie Gefäße und Gegenstände aus Gold, Silber und Kupfer gehören.

Nach einer Phase relativer Bedeutungslosigkeit entwickelt sich Troja ab 1900 v.Chr. wieder zu einer blühenden Stadt, die Handelsbeziehungen insbesondere zur mykenischen Welt unterhält. Sie umfasst etwa 20 000 m² und ist von einer Stadtmauer mit Toren und Bastionen umgeben.

Diese Siedlung wird nun durch das Erdbeben zerstört. Ob es sich

STICHWORT

Älteste Dichtung der Griechen

Die Schilderung des Trojanischen Krieges durch Homer in dem Epos der »Ilias« stammt aus der 2. Hälfte des 8. Jahrhunderts v.Chr. Homer greift darin auf ältere mündliche Überlieferungen zurück und gestaltet sie zu einer Einheit von großer dramatischer Kraft; ein Höhepunkt ist die Darstellung der Trauer von Achilles um seinen toten Freund Patroklos (Abb.: Achilles verbindet Patroklos' Wunden).

Auffällig sind die Anachronismen in dem Werk: So sind die Waffen der kämpfenden Parteien teils der Bronzezeit zuzurechnen, teils aber auch der Eisenzeit.

Ramses III. kann die Angriffe abwehren, er muss jedoch Syrien preisgeben.

zerstört

dabei tatsächlich um das von Homer besungene Troja handelt, ist allerdings bis heute umstritten. Der »Schatz des Priamos« – Priamos heißt der Trojanerkönig in der »Ilias« – ist von Schliemann mit Sicherheit unpassend benannt, stammt er doch noch aus vormykenischer Zeit und die militärische Auseinandersetzung, die dem Homer-Epos möglicherweise zugrunde liegt, findet in der zweiten Hälfte des 13. Jahrhunderts v.Chr., während der mykenischen Kolonisierung Kleinasiens, statt.

In dramatischer Versdichtung ist in der »Ilias« der zehn Jahre dauernde Kampf zwischen den Griechenheeren und den Trojanern geschildert, der mit der Einnahme der Stadt endet. Anlass der Auseinandersetzung ist der Sage nach die Entführung der mit dem griechischen Prinzen Menelaos verheirateten Helena durch den Prinzen Paris nach Troja – tatsächlich mag das historische Geschehen, sofern es ein solches gab, dadurch verursacht sein, dass die Mykener ihre Handelswege durch die Trojaner bedroht sehen. In die Kämpfe greifen die olympischen Götter auf beiden Seiten ein, so dass die Auseinandersetzung auch auf dem Olymp geführt wird. Zwar ist das Kriegsglück längere Zeit auf Seiten der Trojaner, doch die düsteren Prophezeiungen vom Untergang der Stadt erfüllen sich schließlich. Der Griechenheld Achilles, der sich wegen interner Streitigkeiten im griechischen Heer lange aus dem Kampfgeschehen herausgehalten hat, greift nach dem Tod seines Freundes Protaklos ein und erschlägt Hektor, den Sohn des Priamos. Erobert wird Troja durch eine List: Wie Homer in seinem Epos »Odyssee« schildert, lässt Odysseus als vermeintliches Geschenk ein hölzernes Pferd in die Stadt bringen. Ihm entsteigen nachts 30 griechische Kämpfer, die ihren Gefährten die Stadttore öffnen. Troja fällt danach einem Brand zum Opfer. Das Trojanische Pferd wird vielfach auch als symbolische Darstellung des Erdbebens gedeutet.

Zwischen dem Untergang Trojas und der Niederschrift der »Ilias« erlebt die griechische Kultur einen deutlichen Niedergang. Ursache dafür sind Wanderungsbewegungen in der ägäischen Welt, die um 1250 v.Chr. einsetzen. Die bisher in Nordgriechenland ansässigen Dorer ziehen unter dem Druck der Illyrer nach Süden, die sog. Seevölker fallen in Ägypten, Syrien, Palästina und Kleinasien ein. Diese Ägäische Wanderung führt zur Ablösung der Bronzezeit durch die Eisenzeit.

Eine Kriegslist besiegelt den Untergang: Mit dem hölzernen Pferd gelangen griechische Kämpfer in die Stadt (Kupferstich).

Ruinen der Stadt Troja

ÄGYPTEN

Ramses wehrt Seevölker ab

In die Regierungszeit von Ramses III. fallen die Abwehrkämpfe der Ägypter gegen die so genannten Seevölker, die im Zuge der Ägäischen Völkerwanderung eindringen.

1184 v.Chr.: Ramses III. aus der 20. Dynastie wird König von Ägypten. Der Pharao verteidigt das Reich am Nil mit großem Erfolg gegen Eindringlinge.

Die Angreifer versuchen Ägypten sowohl mit einem Landheer, das mit von Pferden gezogenen Streitwagen ausgerüstet ist, als auch über die Nilmündung mit der Flotte zu erobern. Ihre Herkunft ist nicht völlig geklärt, doch vermutlich gehören die Etrusker, die sich später in Italien niederlassen, und die Lykier als spätere Bevölkerung Sardiniens und Siziliens zu denjenigen, die in ägyptischen Quellen als »vom Meer kommende Völker« bezeichnet werden.

Die Angriffe der Seevölker vom Ägäischen Meer und von Kleinasien aus führen auch außerhalb Ägyptens zu politischen Umwälzungen: Die zu den unterlegenen Seevölkern gehörenden Philister siedeln sich in Südpalästina an und gründen dort einen Staatenbund.

AUSBLICK

Zerfall der Königsmacht

Mit dem Tod von Ramses III., dem letzten bedeutenden Pharao, beginnt der Niedergang der ägyptischen Macht.

Die langwierigen Kämpfe gegen die Seevölker schwächen die Wirtschaft des Landes, was zu innenpolitischen Spannungen führt. Bereits zu Lebzeiten von Ramses III. kommt es zu einem Streik der Nekropolenarbeiter von Deir el-Medine, deren Entlohnung in Naturalien zwei Monate überfällig ist. Der Pharao wird 1153 v.Chr. von Verschwörern beim Besuch seines Totentempels Madinat Habu ermordet. Sein Sohn kann sich gegen die Usurpatoren jedoch durchsetzen. Er lässt sie als Königsmörder aburteilen und besteigt als Ramses IV. den Thron.

Erschwert wird die innenpolitische Situation durch die ungerechte Verteilung des Bodens. Schätzungen zufolge verfügen die Tempel über 30% des Ackerlandes und 20% der Einwohner. Der Hohepriester des Amuntempels in Theben gewinnt auf Grund seiner ökonomischen Macht erheblichen Einfluss auf die Politik Ägyptens.

In China entsteht eine zentralistische

2205-206 v.Chr.

Das geeinte Reich

Im Jahr 221 v.Chr. wurde China, das Reich der Mitte, erstmals in seiner Geschichte geeint. Fürst Cheng, der den Kleinstaat Ch'in regierte, hatte alle konkurrierenden Staaten erobert und sich zum Shih Huang-ti, dem »Erhabenen und Göttlichen Kaiser des Anfangs«, ausrufen lassen. Der Reichseinheit voraus ging eine Zeit der ständigen Kriege zwischen zum Teil politisch klugen, überwiegend jedoch grausamen Tyrannen verschiedener Herrscherhäuser. Doch in der Zeit der Zerrissenheit und Kriege erlebte das chinesische Geistesleben eine Blüte, in der von den »Hundert Schulen«, insbesondere von den Philosophen Lao-tse (6., nach anderen Quellen 4.-3. Jh. v.Chr.) und Konfuzius (551-479 v.Chr.), das Fundament der kulturellen Entwicklung geschaffen wurde. Gleichzeitig entstanden während der Kriege die traditionelle soziale Gliederung der chinesischen Gesellschaft und nicht zuletzt die Schriftsprache, wie sie bis heute erhalten ist.

Der Pekingmensch und die legendäre Vorzeit

Funde von Steinwerkzeugen und Skelettresten des sog. Pekingmenschen lassen darauf schließen, dass China schon sehr früh (vor etwa 500 000 Jahren) besiedelt war. Im 6. bis 4. vorchristlichen Jahrtausend ist eine neolithische Kultur am Fluss Hwangho belegt (Yanshoa-Kultur); in der nachfolgenden Lungshan-Kultur (bis Anfang des 2. Jt. v.Chr.) gab es befestigte Siedlungen und Reisanbau.

Der chinesischen Legende nach war P'an-ku der Vater der Menschheit. Er entstammte der Urform allen Seins, dem Ei. Dieses zersprang und aus dem oberem Teil entstand der Himmel, aus dem unteren die Erde. P'an-ku wuchs täglich um drei Meter, in der gleichen Zeit wurden der Himmel drei Meter höher, die Erde drei Meter dicker. Als P'an-ku nach 18 000 Jahren starb, erwuchs aus seinen Körperteilen die gesamte Natur, aus seinen Flöhen jedoch wurden Menschen.

Ssu-ma Chien (145-um 90 v.Chr.), der die erste allgemeine Geschichte Chinas schrieb, nennt als erste sterbliche Machthaber Huang-ti, den Gelben Kaiser, sowie seine Nachfolger, denen sämtliche zivilisatorischen Entwicklungen zugeschrieben werden: die Verwaltung, das Geldwesen, die Haushaltsführung, Viehzucht, die Erfindung des Kompass, der Schrift und anderes mehr. Der gleichfalls legendäre Yü, Begründer der (archäologisch nicht nachgewiesenen) Hsia-Dynastie (2205-1766 v.Chr.) soll die lebensnotwendigen Flussregulierungen vorgenommen haben. Ein Aufstand gegen Chieh, den letzten grausamen Hsia-Machthaber, bedeutete das Ende dieser Herrscherfamilie. Träger der Revolte waren die Shang, die als neues Herrscherhaus ein Feudalsystem weitgehend unabhängiger Territorialherren begründeten. Dieses wurde von der darauf folgenden Chou-Dynastie bis zu ihrem Ende (249 v.Chr.) übernommen.

Feudalismus – Shang- und Chou-Dynastie

Die Shang-Herrscher schufen eine funktionstüchtige Regierung und förderten vor allem die Landwirtschaft, deren Überschüsse die Versorgung eines ständigen Heeres erlaubten. Dieses war u.a. mit Streitwagen ausgerüstet. Dennoch konnte die Shang-Dynastie gegenüber den Nachbarvölkern offenbar keine drückende Überlegenheit entwickeln, denn der Sitz der Könige musste mehrfach verlegt werden. Das Aufkommen der Bronzeverarbeitung um 1500 v.Chr. führte zu bedeutenden Fortschritten in Kunst und Technik. Gleichfalls begann in der Shang-Zeit die Entwicklung der Schrift aus den magischen Zeichen der Orakelpriester. Diese Texte sind auf Schildkrötenpanzern und Knochen erhalten geblieben.

Die große Masse der steinzeitlich-bäuerlichen Bevölkerung verehrte in ihren Kulten erdverbundene Gottheiten wie den »Fürsten der Erde« und den »Herrn der Hirse«. Für den Adel war der König gleichzeitig das religiöse Oberhaupt, weil er in seiner Funktion als Priester mit den göttergleichen Ahnen in Kontakt stand. Seine Herrschaft begründete sich nicht auf seiner Abstammung, sondern galt als göttlicher Auftrag. Diese Ansicht, die sich von alten Häuptlingswahlen herleitete, erlaubte es der Chou-Sippe, den letzten Herrscher der Shang, den grausamen Chou-Hsien, zu stürzen.

1122 v.Chr. eroberten die Chou die Hauptstadt Ying und zerstörten sie. Nach langen Kämpfen wurde die neue Dynastie begründet, die dem bisherigen Obergott Shang-ti einen eigenen Gott, T'ien, gegenüberstellte, weil die Herrschaft nicht nur durch die tatsächliche Macht, sondern auch durch den »himmlischen Auftrag« legitimiert werden musste.

Die Regierungszeit der Chou gliedert sich in drei Epochen und war eine Zeit des hoch entwickelten Feudalismus, der allmählich die zentrale Königsmacht schwächte und zu einer Fülle sich bekämpfender Teilreiche führte.

In der ersten Epoche, der Westlichen Chou (1050-771 v.Chr.), teilten die Herrscher das Land in Lehen auf, die an adlige Vasallen vergeben wurden. Zudem rüstete der Chou-Herrscher seine Fürsten mit Kriegern aus, was dazu führte, dass die einzelnen Randregionen durch Eroberungen bald mächtiger wurden als das zentrale Königshaus. Die einzelnen Fürsten, von denen es zeitweilig bis zu 1700 gab, herrschten gewöhnlich über eine befestigte Stadt und die im näheren Umland produzierenden Bauern. Trotz Fronarbeit gab es jedoch keine Sklavenklasse größeren Umfangs. 841 v.Chr. zwangen die mächtigen Fürsten den König Li Wang (878-841 v.Chr.) zur Flucht. Um 770 brach das Feudalsystem zusammen, nachdem mit der Verlegung der Hauptstadt nach Lo-Yang der Landbesitz der Königsfamilie weitgehend verloren gegangen war. Die Macht der Chou fiel endgültig an die Fürsten. Nominell regierten die Chou noch bis 249 v.Chr., beschränkt auf den Umkreis ihrer Residenz (Östliche Chou-Zeit).

»Frühling und Herbst«

Die nun – nach der faktischen Verdrängung der Chou-Herrscher – beginnende Periode (771-481 v.Chr.) wird nach dem Buch des Konfuzius, »Ch'unch'iu« (Frühling und Herbst) genannt. Aus den zahlreichen Stadtstaaten waren elf Fürstentümer entstanden. In dieser Zeit entwickelte sich das höfische Leben der adligen Oberschicht. Im 6. vorchristlichen Jahrhundert traten neue staatliche Rechtsgrundlagen an die Stelle des alten Gewohnheitsrechts. Das Gesetzbuch von Chou, »Chou-li«, legte erstmals den Aufbau der chinesischen Gesellschaft fest. An der Spitze stand, als Abgesandter und Sohn des Himmels, der Kaiser. Die Geschäfte des Staates führte auf Grund von Erziehung und Geburt der Adel. Verwaltet wurde die große Masse der Bauern, die in patriarchalischen Familien lebten und keine Stimme in öffentlichen Angelegenheiten hatten. Ein Kabinett mit verschiedenen Ressorts kontrollierte die sozialen Aufgaben, Kriege und Justiz sowie das Leben des Kaisers. Entgegen dieser idealen Konstruktion herrschten die Territorialfürsten jedoch weitgehend unbeschränkt und eigenmächtig in ihrem Gebiet. Lediglich zur Abwehr äußerer Gefahren schlossen sie sich unter einer gemeinsamen Führung zusammen. Der beginnende Handel begründete als neue Gesellschaftsschicht ein Bürgertum, das zwar kein hohes Ansehen genoss, dessen Lebensstandard aber vermutlich höher lag als etwa derjenige seiner Zeitgenossen im antiken Griechenland. Die Kaufleute wurden zudem gesellschaftlich zu einem immer bedeutenderen Faktor, denn sie zogen die Naturalabgaben der Vasallen ein, ohne die die Städte nicht lebensfähig waren.

Monarchie

Epoche der »streitenden Reiche«

In der nächsten Epoche, der Zeit der »Streitenden Reiche« (481-249 v.Chr.), kristallisierten sich durch ständige Kämpfe sieben Staaten heraus, die untereinander verfeindet blieben. Kein Staat war stark genug, die Vorherrschaft im »Reich der Mitte«, wie China seit der frühen Chou-Zeit genannt wurde, zu erringen. Im Jahr 403 v.Chr. spaltete sich Zentralchina in drei Teilreiche, wobei der westliche Staat Ch'in durch seine straffe Organisation eine Machtposition erlangte, die konsequent ausgebaut wurde. Eroberungen, vor allem jedoch eine kluge Bewässerung und Anlage von Kanälen, verschaffte dem ehemals rückständigen Ch'in den für ein Heer notwendigen Lebensmittelüberschuss und strategische Vorteile. Durch die Verwendung von Waffen aus Eisen statt Bronze, die Aufstellung eines Volksheeres und den Übergang von feudaler Kriegsführung zum Vernichtungskrieg überwältigten die Ch'in-Herrscher letztlich alle Staaten. Nach der Schlacht bei Ch'an-p'ing (259 v.Chr.), in der 400 000 Gefangene getötet wurden, bereitete der Fürst Cheng von Ch'in (er regierte seit 246 v.Chr.) die Eroberung ganz Chinas vor. 230 v.Chr. vereinnahmte der »Tiger von Ch'in« den Staat Han, 228 Chao, 225 Wei, 223 Ch'u und 222 Yen. Nach der Annexion des bedeutendsten Gegners, des Staates Ch'i, war China 221 v.Chr. erstmals unter einem Herrscher geeint.

Die Ch'in-Dynastie

Cheng, der sich nun Shih Huang-ti nannte, setzte an die Stelle des Feudalismus eine zentralistische Monarchie. Die gesamte Staatsmacht konzentrierte sich auf den Kaiser, der seine Herrschaft mit großer Härte gegen innere und äußere Gefahren absicherte. Um die ständig bedrohte Nordgrenze gegen die Hsiung-nu (vermutlich die Hunnen) zu schützen, ließ der Kaiser die bereits bestehenden Grenzbefestigungen zur Großen Mauer ausbauen. Die Arbeit, zu der die dienstpflichtige Bevölkerung im Alter von 23 bis 56 Jahren, Sträflinge und Sklaven gezwungen wurden, bot gleichzeitig die Möglichkeit, eine große Zahl der nach der Befriedung des Reiches nutz- und bindungslosen Soldaten zu beschäftigen. Innenpolitisch brach Shih Huang-ti die Macht des Adels, indem er die Ländereien in Bezirke umwandelte. Diesen stand eine zivile und eine militärische Verwaltung vor, die regelmäßig ausgetauscht wurde. Um Machtanhäufung zu vermeiden, wurden die Adligen gezwungen, in der Hauptstadt, fern von ihrem Besitz zu wohnen. Gewichte, Maße, Währung und Sprache wurden vereinheitlicht, was den Handel erleichterte.

Weil er selbst als Begründer Chinas gelten wollte, aber auch um die Erinnerung an die feudalistische Tradition zu tilgen, ließ Shih Huang-ti 213 v.Chr. sämtliche Bücher der Geschichtsschreiber, besonders die des Konfuzius, verbrennen. Doch obwohl bei Zuwiderhandlung Tod oder Zwangsarbeit an der Großen Mauer drohte, blieben einige Bücher erhalten oder wurden mündlich tradiert. Ebenso scheiterte der Wunsch Shih Huang-tis, als erster Kaiser eine dynastische Linie zu begründen, die bis zum zehntausendsten Nachfolger weitergeführt werden sollte. Stattdessen kam es nach seinem Tod (210 v.Chr.) zu Massenerhebungen, die vor allem auf das von übergroßer Härte geprägte Regime des ersten Kaisers zurückzuführen waren. Das Volk revoltierte gegen den zweiten Sohn, der durch Intrigen die Position seines älteren Bruders, des Kronprinzen, an sich gebracht hatte, und beendete die Herrschaft der Ch'in-Dynastie bereits vier Jahre nach dem Tod Shih Huang-tis. Eindrucksvoll wird die Macht des ersten Herrschers über ein geeintes China durch seine (1974 entdeckte) Grabanlage bezeugt, in der ein Arsenal von rund 7000 Terrakotta-Figuren – Soldaten, Pferde und Streitwagen in Lebensgröße – die ewige Ruhe des Kaisers bewacht.

Technik, Schrift und Philosophie

Die Jahrhunderte des ständigen Krieges waren gleichzeitig Epoche des technischen Fortschritts und der Ausbildung der bis heute gültigen Schriftsprache. Das Fehlen einer kaiserlichen Zentralmacht löste tief greifende geistige Auseinandersetzungen aus und ermöglichte eine vielfältige kulturelle Entwicklung, die zur Grundlage der Sprache, Philosophie und Kunst Chinas wurde. Die klassische Periode des Denkens war die Zeit der »Hundert Schulen«.

Die Technik in Kunst und Werkzeugherstellung erlangte nach 1500 v.Chr., als die Bronze-Verarbeitung bekannt war, ein Niveau, das von den Kulturen Asiens und Europas kaum erreicht wurde. Im Zentrum des technischen Fortschritts standen der Wasserbau ebenso wie die Baukunst. Nicht nur der ständige Ausbau der Bewässerungssysteme, sondern auch die Binnenschifffahrt wurden intensiv betrieben. Der Han-kuo-Kanal, der erste funktionstüchtige Kanal der Menschheit, wurde 486 v.Chr. in Auftrag gegeben. In der Baukunst sind besonders Wälle und Mauern entwickelt worden. Jede Stadt hatte eine geschlossene Außenmauer und innerhalb der Wohnviertel rechtwinklig angelegte Mauern, die mit Türmen und Toren die Zugänge der Stadtteile überwachten. Die Große Mauer der Nordgrenze war über 3000 km lang. Die Schrift der Shang-Dynastie beruhte auf Zeichen, die von den Orakelpriestern des Adels benutzt wurden. Die Bilderzeichen gaben keine Laute an, sondern stellten Begriffe dar. Kaiser Shih Huang-ti ließ ein amtliches Verzeichnis der gültigen Symbole anfertigen, das 3300 Zeichen umfasste (um 213 v.Chr.). In der folgenden Han-Zeit (206 v.Chr.-220 n.Chr.) verdreifachte sich ihre Anzahl, so dass eine Rationalisierung notwendig wurde. Man unterteilte die Zeichen nach ihrer Abstammung in Gattungen, von denen es heute 214 Gruppen für die gebräuchlichen Schriftzeichen gibt.

Die chinesische Philosophie begann mit dem einzigen metaphysischen Buch der Literatur, dem I-Ching, »Buch der Wandlungen«, das die uralte Yin-und-Yang-Philosophie zusammenfasst. Das männliche Prinzip Yang, das Positive, Helle und Himmlische, und das weibliche Prinzip Yin, das Negative, Dunkle und Irdische, stehen in einem empfindlichen Gleichgewicht. Alle Weisheit der Natur und Geschichte ist in den 64 möglichen Kombinationen enthalten. Auch die chinesische Gesundheitslehre – z.B. die Akupunktur – entstand in dieser Zeit.

Über das Leben Lao-tses, des Alten Meisters, ist wenig bekannt. Der Geschichtsschreiber Ssu-ma Chien berichtet, Lao-tse habe seine Arbeit als Kurator der Bibliothek von Chou niedergelegt, um in eine friedliche, einsame Gegend zu ziehen. Auf die Bitte eines Zöllners habe der Weise ein Buch in zwei Teilen geschrieben, das »Tao-Te-Ching« (»Buch vom Weg und der Tugend«). Tao ist der Weg der Natur und der Weg zum weisen Leben. Da der Mensch als Teil der Natur begriffen wird, der sich durch die Feudalgesellschaft vom Ganzen, Ursprünglichen entfernt habe, müsse der vollkommene Mensch sich von der Gesellschaft zurückziehen, um im Schweigen und einfachen Leben zur harmonischen Ruhe zurückzufinden. Wenig später als das Tao entstand die Lehre des Konfuzius aus dem Fürstentum Lu. Konfuzius, der sich als Teil der feudalen Gesellschaft verstand, lehrte nicht nach Regeln der Logik, sondern im fragenden Gespräch mit Schülern. Seine Anschauungen, die sich durch Pragmatismus und soziales Bewusstsein auszeichnen, gründen wesentlich in Moral, im Versuch, die Weisheit direkt auf die Lebensführung und besonders die Regierungen anzuwenden. Das politische Chaos seiner Zeit erschien ihm als moralische Krise, die durch eine strenge Ethik für die Feudalgesellschaft zu beseitigen sei. Die Grundlage der Gesellschaft sollte der disziplinierte Mensch in einer hierarchisch geordneten Familie sein. Gehorsam der Kinder gegenüber den Eltern, Gehorsam der Frau gegenüber dem Mann und über allem die Pflicht bilden in Konfuzius' Sinn eine vernünftige Gesellschaft. Von den Regierungen verlangte der Lehrer die Kontrolle von Aufrichtigkeit, Gehorsam und guten Sitten. Der Konservatismus des Konfuzius prägte die gesamte Geschichte Chinas. Die jahrhundertelange extreme Abhängigkeit und Einschränkung der Frauen ist zumindest in großen Teilen eine Folge seiner Lehre.

PALÄSTINA

Blütezeit für Israel unter Davids Sohn

Salomo ist erst der dritte König der Israeliten, deren zwölf Stämme sich lange dagegen gewehrt hatten, eine Monarchie zu errichten, da sie allein Jahwe als König ansahen.

965 v.Chr.: Nach dem Tod seines Vaters, König David, wird Salomo König der vereinigten Reiche von Israel und Juda, die unter seiner Herrschaft einen Aufschwung erleben.

Erster Monarch war Saul, der sich um 1012 v.Chr. als Führer israelitischer Stämme in Kriegszügen bewährt hatte und angesichts der Bedrohung durch die Philister zum König erhoben wurde. Die Philister waren mit dem »Seevölkersturm« um 1180 v.Chr. nach Palästina gekommen, hatten einige Städte in Kanaan erobert und waren darauf aus, die gesamte syropalästinensische Landbrücke, die einst unter ägyptischer und hethitischer Herrschaft gestanden hatte, unter ihre Gewalt zu bringen.

Unter Sauls Königtum versammelten sich zunächst die nordisraelitischen Völker, aus denen später das Nordreich Israel hervorging, sowie der Stamm Juda, der später das Südreich Juda bilden sollte.

Zwar konnte Saul die Philister aus den von den Israeliten besiedelten Gebieten vertreiben, sie jedoch nicht endgültig schlagen. Nach einer Niederlage in der Schlacht im Gilboa-Gebirge nahm sich der König 1005 v.Chr. das Leben. Für sein Scheitern wird nach der hebräischen Bibel, dem christlichen Alten Testament, die Missachtung der Anweisungen des Propheten und Richters Samuel verantwortlich gemacht. Ferner stand Saul in den letzten Jahren seiner Herrschaft im Schatten von David, den er als Musiker und Kämpfer an seinen Hof geholt hatte, der ihn aber in militärischen Dingen bald überflügelte – woraufhin Saul mehrere Mordversuche unternahm, die jedoch sämtlich scheiterten.

Nach Sauls Tod wurde David König von Juda, während Sauls Sohn Esbaal die Herrschaft über die mittel- und nordpalästinensischen Stämme antrat. Nach Esbaals Tod wurde David auch die Herrschaft über dieses Gebiet angetragen, so dass er schließlich sämtliche israelitischen Stämme in einem einheitlichen Reich zusammenfassen konnte. Zu seinen historischen Taten gehören die Einnahme der Stadt Jerusalem, die er zu seiner Residenz ausbauen ließ. Durch militärische Erfolge über die Philister, Moabiter, Armäer, Edomiter und Syrer gelangte ganz Palästina unter seine Oberherrschaft; bis nach Mesopotamien reichte das israelitische Einflussgebiet. Der König profitierte dabei von dem Machtvakuum in der Region nach dem Untergang des Hethiterreiches und der Schwächung der ägyptischen Macht.

Davids letzte Regierungsjahre standen im Zeichen innerer Unruhen und zunehmender Konflikte zwischen dem Nord- und Südreich, und nach seinem Tod 965 v.Chr. ist es durchaus nicht selbstverständlich, dass sein Sohn Salomo auch sein Nachfolger wird, dass David also, wie im Orakel des Propheten Nathan verheißen, eine Dynastie begründet. Salomo kann sich in den Thronauseinandersetzungen schließlich durchsetzen. Unter seiner Herrschaft erreicht das Gesamtreich die größte Ausdehnung: Es erstreckt sich mit der Ausnahme Philistäas von der Mittelmeerküste bis zum Euphrat und im Süden bis zur ägyptischen Grenze. Salomo lässt zum Zeichen seiner Macht in Jerusalem einen Tempel erbauen, bemüht sich jedoch auch um einen Ausgleich mit den Nachbarn, pflegt Beziehungen zu Ägypten und schließt ein Bündnis mit den Phönikern, wodurch Israel den Arabienhandel unter seine Kontrolle bringt. Nach Salomos Tod 926 v.Chr. zerfällt das Reich, nicht zuletzt wegen seiner politisch unfähigen Söhne.

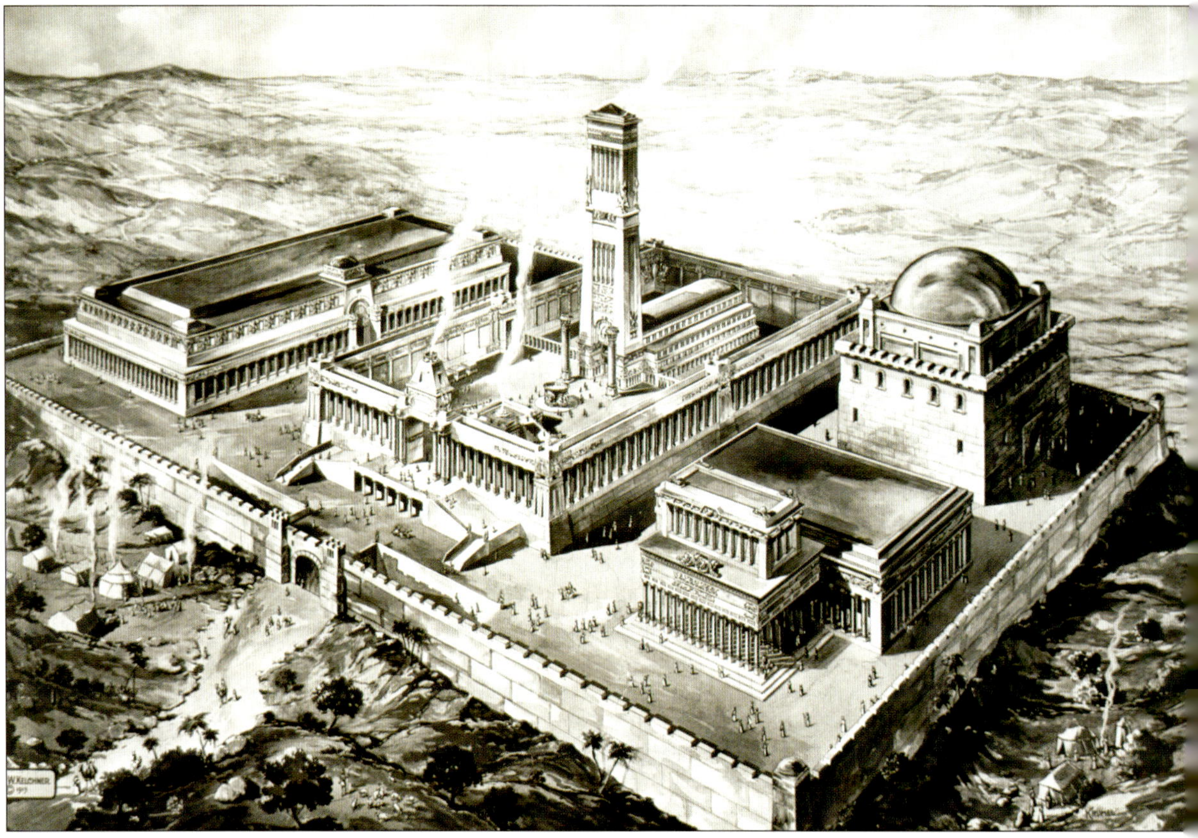

Der Tempel des Salomo (Rekonstruktion aus dem Jahr 1913)

ZITAT

Ein weises Urteil: »Gebt ihr das Kind«

Wegen seiner Weisheit bei der Lösung schwieriger Rechtsprobleme erntet König Salomo viel Lob. Im 1. Buch der Könige in der Bibel wird ein Fall geschildert:

»Zu der Zeit kamen zwei Huren zum König ... Das eine Weib sprach: Ach, mein Herr, ich und dies Weib wohnten in einem Hause, und ich gebar bei ihr im Hause. Und über drei Tage, da ich geboren hatte, gebar sie auch... Und dieses Weibes Sohn starb in der Nacht; denn sie hatte ihn im Schaf erdrückt.

Und sie stand in der Nacht auf und nahm meinen Sohn von meiner Seite, da deine Magd schlief, und legte ihn an ihren Arm, und ihren toten Sohn legte sie an meinen Arm...

Das andere Weib sprach: Nicht also; mein Sohn lebt, und dein Sohn ist tot... Und der König sprach: Holet mir ein Schwert her!... Teilet das lebendige Kind in zwei Teile und gebt dieser die Hälfte und jener die Hälfte. Da sprach das Weib, des Sohn lebte, zum König...: Ach, mein Herr, gebt ihr das Kind lebendig und tötet es nicht! Jene aber sprach: Es sei weder mein noch dein; lasst es teilen! Da antwortete der König und sprach: Gebet dieser das Kind lebendig und tötet's nicht; dies ist seine Mutter.«

ZUR PERSON

König Salomo

In der jüdischen Überlieferung wird Salomo, der Sohn von König David (Abb.: David als Lyraspieler auf einer französischen Miniatur des 15. Jh.s) und der Batseba, als ein besonders kenntnisreicher und weiser König gerühmt.

Der Monarch wird in der hebräischen Bibel als Verfasser von Liedern und Sprüchen genannt, weshalb er nach der jüdischen Tradition als Autor der biblischen Bücher »Sprichwörter«, »Kohelet« und »Hohelied« sowie ferner von Psalmen und Oden angesehen wird. Insbesondere das »Hohelied«, eine wohl ursprünglich selbstständige Sammlung von Liebes- und Hochzeitsliedern, beeindruckt durch hohe literarische Meisterschaft; es stammt vermutlich jedoch nicht von Salomo und ist vielleicht erst nach dem babylonischen Exil entstanden. Zur Sicherung seiner Macht im Inneren teilt Salomon das Großreich in zwölf Gaue ein, die den früheren israelitischen Stammesgebieten entsprechen. Um die Ausgaben des Hofes in Jerusalem zu finanzieren, baut er ein Abgabensystem auf, was eine ausgebaute Verwaltungsstruktur mit einer fähigen Beamtenschaft voraussetzt. Auch der Reichtum aus dem Arabienhandel fließt nach Jerusalem, wo der König als zentrales Heiligtum der Israeliten auf dem heiligen Hügel einen prachtvollen Tempel errichten lässt. Er besteht aus einer Halle, dem Heiligen und dem Allerheiligsten, in dem die Bundeslade aufbewahrt wird. Dieser Kasten enthält die steinernen Gesetzestafeln, die nach der Überlieferung Moses von Gott erhalten hat.

CHINA

Schwache Zentralmacht der Chou

Der letzte König aus der Shang-Dynastie, Di Xin, wird von den aufständischen Chou besiegt, die Hauptstadt Yin wird erobert. Damit beginnt die Zeit der Chou-Dynastie (bis 249 v.Chr.), ein Lehnssystem, in dem während der letzten Jahrhunderte die Könige allerdings nur noch den Ehrenvorrang, nicht mehr die tatsächliche Macht über die Herrscher der einzelnen Feudalstaaten haben.

1122 v.Chr.: Die Chou sind zu Beginn ihrer Herrschaft eine im Tal des Wei-ho ansässige Sippengemeinschaft. Zur Zeit ihrer größten Machtentfaltung herrschen sie nicht nur über ihr Kernland, sondern auch über Hunan und Shandong.

Weder in der Bautechnik noch im Stil der Gräber und der Bronzegefäße gibt es zunächst deutliche Abweichungen von der Shang-Zeit. Jedoch wird die Praxis der Menschenopfer abgeschafft – in späteren Zeiten werden die ersten Chou-Herrscher vielleicht auch deshalb als besonnen und gerecht dargestellt.

Der Urahn der Dynastie, König Wen, und sein Sohn gelten neben einer mythischen Figur als Hauptschöpfer der Urform des »Buchs der Wandlungen«, einer der Hauptquellen der chinesischen Religion und Philosophie, die später von Konfuzius weiterentwickelt wird. Dieses Orakelbuch besteht im Kern aus 64 Zeichen, die durch sechs übereinander stehende durchgezogene bzw. einfach durchbrochene Linien gebildet werden. Jedem dieser Hexagramme sind ein als »Urteil« bezeichneter Spruch und ein »Bild«, also eine Interpretation des Liniensystems, zugefügt. Behauptet wird eine Verbindung zwischen der irdischen Welt und dem übersinnlichen Geschehen: Mittels des Schafgarbenorakels wird ein Hexagramm und dessen »Wandlung« in ein anderes gewonnen und daraus die Zukunft gedeutet.

Ideologische Grundlage der Herrschaft der Chou-Könige ist das »Himmelskönigtum«, wonach sich das Reich des obersten Fürsten als »Sohn des Himmels« über die ganze Welt erstreckt. Wenn er allerdings ungerecht ist und das Wohl des Volkes missachtet, kann ihm das Mandat entzogen werden.

Oben: Weihrauchkessel aus der Chou-Zeit; links: bronzener Drachenkopf, um 771 v.Chr.

Verdiente Beamte und Verwandte des Königs werden mit Kronland belehnt, doch in der Praxis handelt es sich um ein erbliches Gut. So kommt es, dass bis zum 8. Jahrhundert die Chou-Herrscher ihre Macht an die miteinander rivalisierenden Staaten der einstigen Lehnsgebiete verlieren. Es bricht um 770 v.Chr. – nach der Konfuzius zugeschriebenen Chronologie – die »Frühling- und Herbstperiode« an, die bis 481 v. Chr. dauert und durch höfische Eleganz geprägt ist. Die Verwendung von Eisenwerkzeugen führt zu einer höheren Produktivität in der Landwirtschaft; Handwerk und Kunstgewerbe – Lackarbeiten, Holzschnitzerei, Seidenmalerei und Keramik – sind hoch entwickelt.

Aus den zunächst vielen kleinen Staaten bilden sich wieder größere Einheiten heraus, bis sich sieben in Konkurrenz befindliche Königreiche gegenüber stehen: Die »Zeit der kämpfenden Staaten« beginnt, die bis 249 v. Chr. dauert. In dieser Zeit verfassen Lao-tse und Konfuzius ihre Werke.

ASSYRIEN

Tiglatpileser I. stärkt Assyrien

Unter der bis 1077 v.Chr. dauernden Herrschaft von Tiglatpileser I. dringen die Assyrer, deren Hauptstadt Assur in Nordmesopotamien am Tigris liegt, bis zum Vansee in der heutigen Osttürkei und bis zum Mittelmeer vor.

Um 1115 v.Chr.: Tiglatpileser I. wird König von Assyrien. Bereits im 18. Jahrhundert v.Chr. hatte Schamschiadad I. Assyrien, das seit etwa 2400 v.Chr. ein lokales Fürstentum unter sumerischer Oberhoheit bildete, zu einer selbstständigen politischen Einheit verbunden. Dieses Altassyrische Reich dehnte sich nach Mari und nach Syrien am oberen Euphrat aus, wurde aber bald nach dem Tod des Herrschers von Babylonien erobert und geriet später in die Abhängigkeit vom churritischen Mitanni-Reich.

Erst unter Assuruballit I. erreichte Assyrien in der zweiten Hälfte des 14. Jahrhunderts v.Chr. wieder die Selbstständigkeit und wurde, nachdem sich die Herrscher den Titel Großkönig zugelegt hatten, von den damaligen Großmächten Ägypten, Babylonien und dem Hethiterreich als gleichberechtigter Partner anerkannt. Am Ausgang des 13. Jahrhunderts v.Chr. beherrschten die Assyrer vorübergehend sogar Babylonien.

OLYMPIA

Erste Wettkämpfe in Olympia

In Griechenland schlägt die Geburtsstunde der Olympischen Spiele. Fortan werden sie regelmäßig alle vier Jahre veranstaltet.

776 v.Chr.: Die ersten bezeugten Festspiele zu Ehren von Zeus, dem König der Götter, finden in Olympia statt. Sie bestehen aus kultischen Veranstaltungen und sportlichen Wettkämpfen. Jeder Teilnehmer – zugelassen sind nur freie Griechen – muss unbescholten sein und neun Monate in der Heimat und 30 Tage in Olympia trainiert haben. Der Vierjahresturnus wird Grundlage der griechischen Zeitrechnung.

Steht anfangs allein der Stadienlauf über 192,27 m auf dem sportlichen Programm, so kommen 724 v.Chr. der Lauf über die doppelte Stadionlänge und 720 der Langstreckenlauf hinzu. 16 Jahre später treten zu den Laufwettbewerben der Ringkampf und der Fünfkampf, bestehend aus Wettlauf, Weitsprung, Diskuswurf, Speerwurf und Ringkampf. 688 folgt der Faustkampf, 680 das Wagenrennen mit Viergespann. Bei den 33. Olympischen Spielen 644 v.Chr. stehen erstmals der Allkampf, eine nicht ungefährliche Verbindung aus Ring- und Faustkampf, und das Wettreiten auf der Agenda. Damit ist das Standardprogramm der antiken Olympischen Spiele komplett. Seit 724 v.Chr. werden die Sieger auf Geheiß des Orakels von Delphi im Namen des Gottes Apollon mit Lorbeer geschmückt.

Diskuswerfer, römische Bronzekopie

LA VENTA

Rätselhafte Hochkultur in Mittelamerika

Wahrscheinlich liegt in der La-Venta-Kultur der Ursprung von Schrift und Kalender in Mittelamerika. Ihre Kleinkunstwerke tragen schon Hieroglyphen.

Um 800 v.Chr.: Die an der südlichen Golfküste von Mexiko um 1200 v.Chr. entstandene La-Venta-Kultur, die erste Hochkultur in Amerika, verbreitet sich – vermutlich durch Einrichtung von Handelsniederlassungen – in Zentral- und Westmexiko, Guatemala und El Salvador.

Wohl fälschlicherweise wird die La-Venta-Kultur mit den Olmeken, einem zur Zeit der spanischen Eroberung in Mexiko lebenden Indianerstamm, in Verbindung gebracht. Der Hauptort dieser Kultur, deren materielle Grundlage der Maisanbau in einem Gebiet mit hohen Niederschlägen und regelmäßigen Flussüberschwemmungen darstellt, ist San Lorenzo, später La Venta. Die dort zwischen den heutigen Orten Veracruz und Tabasco siedelnden Menschen errichten als erste auf dem gesamten amerikanischen Kontinent zentrale Kultplätze mit aufgeschütteten Pyramiden, Gräbern aus riesigen Basaltsäulen und Plattformen zur Verehrung ihrer Götter, insbesondere des Regengottes; drei aus je 500 Serpentinblöcken gebildete, rituell mit Erde bedeckte Bodenmosaike in La Venta stellen Jaguarmasken dar.

Einer der monumentalen, bis zu 2,90 m großen Basaltköpfe der La-Venta-Kultur

Auffälligste Schöpfungen der Kultur sind die Riesenköpfe aus Basaltstein. Diese rumpflosen Plastiken stellen mit Helmen versehene Individuen mit platten Nasen und aufgeworfenen Lippen dar, die wegen ihres kindlichen Gesichtsausdrucks auch »baby faces« genannt werden. Nach heutigem Stand der Wissenschaft handelt es sich um Herrscherbildnisse.

Daneben gibt es Großplastiken von sitzenden Figuren, gelegentlich mit Jaguarmaske, Steinbänke mit plastischem Dekor, mit fein gearbeiteten Reliefs verzierte Stelen, Wasserspeier, Tröge und Sarkophage.

Ein weiteres Betätigungsfeld der olmekischen Kunst sind Kleinplastiken aus Jade und Ton. Handelsniederlassungen verbreiten den »olmekischen Stil« in ganz Mittelamerika. Ohne erklärbare Ursache verschwindet die Kultur um 400 v.Chr. Sie bildet jedoch die Basis für die folgenden klassischen Kulturen Mittelamerikas in Teotihuacán, Oaxaca und im Maya-Gebiet, die sämtlich daran anknüpfen.

Assyrer

Den Assyrern gelingt es als erstem Volk, den größten Teil des Nahen Ostens in einem Reich zu vereinigen. Ein ausgeklügeltes Fronsystem sichert ihnen die Macht.

912 v.Chr.: Adadnirari II. wird König von Assyrien. Mit seiner Herrschaft (bis 889 v.Chr.) beginnt das Neuassyrische Reich, das unter ihm und seinen Nachfolgern, insbesondere Assurnasirpal II. (883-859 v.Chr.), durch Eroberungszüge gegen Urartu im Norden, gegen die Meder, Kimmerier und Skythen im Nordosten sowie Syrien und Kilikien im Westen eine Vormachtstellung erringt. Seit etwa 900 v.Chr. steht auch Babylonien unter assyrischer Oberhoheit. Dort sind Aufstandsversuche gegen die neuen Herren vergeblich.

Das assyrische Reich ist nicht nur größer, als es Ägypten und das Hethiterreich je waren, es wird auch anders verwaltet: Während Ägypter und Hethiter die Herrschaft über die unterworfenen Völker durch Vasallen ausüben ließen, richten die Assyrer Provinzregierungen ein. Die Provinzgouverneure müssen die Fronarbeit für den Bau und den Unterhalt der – unter strategischen Gesichtspunkten erbauten – Straßen organisieren, die Steuern eintreiben, Soldaten ausheben und für den Truppennachschub sorgen. Die auf ihrem Gebiet stationierten Garnisonen sind jedoch ihrem Zugriff entzogen: Die Armee unterliegt der Befehlsgewalt des Königs.

Als größter Herrscher des Neuassyrischen Reichs gilt Assur-

KARTHAGO

Karthago gegründet

Die Phöniker gründen Karthago, um ihre Handelsschiffe auf dem Weg zu den spanischen Silberminen verproviantieren zu können.

814 v.Chr. Phönikische Seefahrer aus Tyros gründen als Handelsniederlassung an der nordafrikanischen Küste, etwa 12 km nordöstlich vom heutigen Tunis, die Siedlung Karthago (Abb.: Ruinen der Stadt).

Die an der syrisch-libanesisch-israelischen Küste heimischen Phöniker sind die bedeutendste Handelsmacht im Mittelmeerraum. Das Handelsvolk hat seit 1100 v.Chr. Faktoreien u.a. auf Zypern, Sizilien, Malta, Sardinien sowie in Südspanien und Nordafrika. Begünstigt durch das reiche Hinterland, erlebt Karthago einen raschen Aufstieg und zählt bald 300 000 Einwohner.

ASSYRIEN

errichten Reich im Nahen Osten

Die Wandmalerei im Palast von Til Barsip zur Zeit Tiglatpilesers III. (745-727) zeigt eine – vermutlich kultische – Löwenjagd.

nasirpal II. Er schließt die von seinen Vorgängern eroberten Gebiete noch stärker an das Reich an, wobei er militärische Härte und rücksichtslose Kriegsführung mit politischem Weitblick verbindet.

Bei seinen regelmäßigen Kriegszügen, mit denen er zahlreiche Gebiete bis hin zu den phönikischen Kleinstaaten im Libanon unter zeitweilige Kontrolle bringt, geht er zugleich psychologisch geschickt und äußerst brutal vor: Solange der Durchmarsch für sein Heer gesichert ist und der Tribut widerstandslos abgeliefert wird, verzichtet er auf Gräuelmaßnahmen. Begehren die Unterworfenen jedoch auf, werden Gefangene geköpft, eingemauert, gehängt oder gepfählt. Gelegentlich wird auch zum Mittel der Massendeportation gegriffen, um den Widerstand der besiegten Völker zu brechen. Stets errichtet Assurnasirpal II. nach dem Sieg seiner Armee Residenzen und Festungen für die Statthalter und Garnisonen.

Neben politischen sind vor allem wirtschaftliche Erwägungen für viele Feldzüge ausschlaggebend. Die von der assyrischen Armee kontrollierten Gebiete beliefern das Kernland mit Gold, Silber, Rohstoffen und Fertigwaren, Rindern und Pferden, vor allem aber mit Kriegsgefangenen als billige Arbeitskräfte. Von ihnen wird auch der Königspalast in der neuen Residenz Kalach errichtet, der 879 v.Chr. mit einem Festmahl eingeweiht wird: 69 574 Personen, darunter etwa 5000 ausländische Würdenträger, feiern zehn Tage lang. Nicht nur die Prunkgemächer des Palastes in Kalach, auch viele andere Bauwerke belegen, dass die Assyrer durchaus nicht kulturlos sind. Die Wände sind mit Reliefdarstellungen geschmückt: Friese in rhythmischer Gliederung schildern lebendig Kriegszüge und königliche Jagden. Assyrische Reliefs aus späteren Zeiten erwecken sogar durch eine Scheinperspektive die Illusion von Räumlichkeit.

ISRAEL

Zerwürfnis um den Götzen Baal

Die Einführung des Baal-Kults stürzt die Anhänger Jahwes in eine tiefe Glaubenskrise.

878 v.Chr.: König Omri begründet die nach ihm benannte Dynastie und ersetzt damit das bisherige charismatische Königtum in Israel. Seine Nachfolger führen phönikische Gottheiten und den Baal-Kult ein, was wütenden Protest der religiösen Führer, allen voran des Propheten Elias, zur Folge hat.

Baal (Abb.: als Blitze schleudernder Gott mit ägyptischer Krone, Statuette, um 1400-1200 v.Chr.) wird im gesamten Vorderen Orient verehrt: Ursprünglich diente das Wort »Baal« (= Herr) als Bezeichnung für jede lokale Gottheit, später jedoch bezeichnet es den Gott, dem Sonne und Feuer unterstehen und der Fruchtbarkeit und Kriegsglück schenkt. Sein Symbol ist der Stier.

In Israel ist der Glaube an einen Gott offenbar noch nicht gefestigt. Die religiöse Führung nimmt naturgemäß Anstoß daran, dass das Volk von Jahwe abfällt. Sie beschwört die Israeliten immer wieder, die Zehn Gebote zu achten. Insbesondere auf die Menschenopfer reagiert die Geistlichkeit mit Abscheu. Baal erhebt Anspruch auf Erstlingsopfer, wozu die erste Gerste des Jahres, die ersten Lämmer, aber auch die erstgeborenen Kinder gehören.

SIZILIEN

Griechen kolonisieren Mittelmeerraum

Korinth entwickelt sich zur bedeutendsten griechischen Kolonie in Unteritalien und gründet selbst mehrere Kolonien.

733 v.Chr.: Der Korinther Archias gründet auf Sizilien die Siedlung Syrakus.

Mit der Gründung von Kyme (Cumae, nördlich des späteren Neapel) begann um 750 v.Chr. die griechische Kolonisation im Mittelmeerraum. Sie dauert etwa 200 Jahre und führt zu einer Ausbreitung der griechischen Kultur in der Ägäis, im nordwestlichen Mittelmeer, in Unteritalien und am Schwarzen Meer. Andere Küsten bleiben den Griechen versperrt, da hier Assyrer, Etrusker und das von den Phönikern gegründete Karthago ihren Einfluss geltend machen.

Die Ursachen für die griechische Kolonisation sind:

- Verknappung von Ackerland und zunehmender Bevölkerungsdruck
- Allgemeiner Aufschwung des Seehandels, Interesse der griechischen Stadtstaaten an Rohstoffen
- Soziale und politische Gegensätze zwischen den verschiedenen griechischen Stadtstaaten.

Ein griechisches Theater in Syrakus auf Sizilien

Die Griechen unterscheiden zwischen zwei Arten von Kolonien, den Handelsplätzen und den reinen Agrarkolonien. Die Gründung erfolgt durch die griechische Mutterstadt, doch die Kolonie wird meist sofort in die Unabhängigkeit entlassen. Mit der Heimatgemeinde bleibt sie durch gemeinsame Sitten und Gebräuche verbunden. Viele der Siedlungen gründen ihrerseits Kolonien, teils auch im Binnenland. Heute noch existierende Städte, die auf eine griechische Gründung zurückgehen, sind u.a. Reggio (um 720 v.Chr. von Chalkis), Tarent (um 706 v.Chr. von Sparta), Neapel (nach 500 v.Chr. von Kyme), Marseille (um 600 v.Chr. von Phokaia), Istanbul (um 600 v.Chr. von Megara) und Odessa (nach 600 v.Chr. von Milet). Die Kolonisation belegt, dass sich die Griechen auch im Kernland als Stadtstaaten organisiert haben. Sie haben zwar alle eine gemeinsame Religion, aber keinen gemeinsamen Staat. Die politische Einheit ist die Polis, eine städtische Siedlung mit agrarischem Umland, die staatlich und wirtschaftlich unabhängig ist. Wie es zur Ausbildung dieser Organisation kam, ist unklar.

ROM

Rom wird gegründet

Der Sage nach gründet Romulus, der erste der sieben legendären Könige Roms, am 21. April 753 v.Chr. die Stadt am Tiber. Das Datum wird im 1. Jahrhundert v.Chr. von dem Gelehrten und Schriftsteller Marcus Terentius Varro errechnet. Tatsächlich schließen sich am Tiber im 7. Jahrhundert eine latinische und eine sabinische Siedlung zu einer Stadt zusammen.

21. 4. 753 v.Chr. Nach der römischen Gründungslegende flieht der trojanische Held Äneas, nachdem die Griechen die Stadt in Brand gesteckt haben, aus seiner Heimat und landet nach siebenjähriger Irrfahrt in Latium. Die Zwillingsbrüder Romulus und Remus, die auf geheimnisvolle Weise gezeugt und nach ihrer Geburt von König Tarchetius von Alba ausgesetzt werden, sollen von ihm abstammen. Sie werden von einer Wölfin gerettet und großgezogen und Romulus erbaut und befestigt auf dem Palatin, einem der sieben Hügel Roms, eine Siedlung. Nachdem er seinen Bruder im Streit erschlagen hat, beansprucht er den Königstitel. Auch die in den weitaus später entstandenen Annalen der Stadt genannten, auf Romulus folgenden sechs Monarchen sind nicht belegt.

Archäologische Funde zeigen allerdings, dass es spätestens ab dem 10. Jahrhundert v. Chr. auf dem Palatin eine latinische und ab dem 8. Jahrhundert auf dem Quirinal eine sabinische Siedlung gegeben hat. Ihr Zusammenschluss unter Einbezug des Gräberfeldes auf dem späteren Forum Romanum im 7. Jahrhundert geschieht auf etruskische Initiative und der Name »Rom« leitet sich von dem etruskischen Geschlecht der Ruma ab.

Das Volk der Etrusker, deren Existenz ab dem Beginn des 7. Jahrhunderts in Italien belegt ist, zeichnet sich durch städtische Siedlungen und ein relativ hohes Kulturniveau aus, das sich auch in Rom nachweisen lässt.

Die Herrschaft liegt vermutlich in der Hand etruskischer Könige, die mit dem indogermanischen Titel »Rex« angeredet werden, während die Herrscherinsignien und das Amt der Liktoren, wie die Gehilfen des Königs heißen, samt deren Symbolen Rutenbündel und Beile (fasces) wiederum etruskischen Ursprungs sind.

Auch die Deutung der Zukunft durch Schau der Eingeweide, des Himmels und des Vogelflugs ist etruskisch. Latinischer Einfluss macht sich in der römischen Sprache und darin bemerkbar, dass die Gesellschaft auf der Familie als Grundeinheit aufgebaut ist. Ansonsten ist das Sozialleben im frühen Rom durch vielfältige Abhängigkeitsbeziehungen zwischen einzelnen Angehörigen der Aristokratie, ihren Familien und Sippen sowie der einfachen Bevölkerung geprägt. Es gibt das Patriziat als grundbesitzenden Erbadel, freie Bauern und Händler sowie die vom Patriziat abhängigen Bauern und Sklaven.

Der Sage nach säugt eine Wölfin die Zwillinge Romulus und Remus.

ZUR PERSON

Homer

Über das Leben des griechischen Ependichters Homer (s. Abb.) ist wenig bekannt. Er stammt wahrscheinlich aus der Gegend von Smyrna (Izmir) in Kleinasien, zieht als Rhapsode von einem ionischen Fürstenhof zum anderen und erblindet im Alter. Ob er der Schöpfer der »Ilias« und der »Odyssee« ist, bleibt unklar; möglicherweise ist das zweite Epos von einem seiner Schüler verfasst.

GRIECHENLAND

Epen der Griechen

Die dem Dichter Homer zugeschriebenen Epen »Ilias« und »Odyssee«, die in der zweiten Hälfte des 8. Jahrhunderts v.Chr. ihre endgültige Gestalt erhalten, markieren den Beginn der griechischen und damit der europäischen Literatur. Sie sind von herausragender Bedeutung für das kulturelle Selbstverständnis der Griechen.

Nach 750 v.Chr.: Die »Ilias« schildert in 24 Büchern mit insgesamt 16 000 Hexametern den Kampf um die Stadt Troja, während die »Odyssee« in ebenfalls 24 Büchern die zehn Jahre dauernden Irrfahrten des Helden Odysseus und seine Heimkehr zu seiner Frau Penelope nach Ithaka besingen.

Beide Werke sind prägend für die religiösen Vorstellungen der Griechen mit einer auf dem Olymp beheimateten und in vielem menschlichen Gesellschaften ähnelnden Götterwelt, in der es eine Hierarchie, Familien, Rivalitäten und eine Aufgabenteilung unter den einzelnen Göttern gibt.

Auch für das kulturelle Selbstverständnis der Griechen sind die homerschen Epen als Zeugnisse einer schriftlichen Überlieferung von herausragender Bedeutung. Die etwa um 800 v. Chr. entstandene griechische Schrift ist eine Weiterentwicklung des phönikischen Alphabets, das etwa 300 Jahre vorher entstand. Es besteht aus einem System von nicht mehr als 22 Zeichen, die – aneinandergereiht – nicht mehr den Sinn, sondern allein die Lautung eines Wortes wiedergeben. Die Griechen fügen diesem phönikischen Alphabet, das allein Konsonanten kennt, Zeichen für Vokale hinzu und ermöglichen so die exakte, lautgetreue Wiedergabe eines Wortes.

Die Versuchung des Odysseus durch die Sirenen (Gemälde von Leon-Auguste-Adolphe Belly)

MITTELEUROPA

Eisen verdrängt Bronze

Die seit dem 17. Jahrhundert v.Chr. andauernde Bronzezeit geht in Mittel- und Westeuropa allmählich zu Ende. An ihre Stelle tritt die Eisenzeit, benannt nach ihrem wichtigsten Werkstoff, dem Eisen.

Um 700 v.Chr.: Die bisher in Mitteleuropa verbreitete Urnenfelderkultur wird von der eisenzeitlichen Hallstattkultur, benannt nach den Gräberfeldern im Salzkammergut, abgelöst. Ihr Gebiet erstreckt sich vom heutigen Frankreich im Westen quer über die Alpen bis auf den Balkan. Die bisher verbreitete Brandbestattung in Urnen wird mehr und mehr durch Körperbestattungen in Hügelgräbern abgelöst.

Voraussetzung für die Entstehung der Eisenzeit sind die zahlreichen Eisenvorkommen, die zur Ausbildung einer bescheidenen Industrie führen. In Rennöfen wird das im Bergbau geförderte Eisenerz verhüttet. Das neue Metall wird zur Herstellung von Waffen, Gebrauchsgegenständen und Schmuck verwendet. Es ist dem bisherigen Werkstoff Bronze wegen seiner größeren Härte und Zähigkeit deutlich überlegen.

Träger der neuen Kultur, die vom Mittelmeerraum geprägt ist, aber regional große Unterschiede aufweist, sind vermutlich keltische Stämme. Der neue Werkstoff Eisen führt zu einer Ausweitung des Handels und, damit einhergehend, zu einer stärkeren Differenzierung der Gesellschaft in Bauern, Handwerker und Händler. Fürstengräber und Fürstenburgen, etwa die Heuneburg bei Hundersingen an der oberen Donau, deuten darauf hin, dass es bereits eine politische Organisation mit einer hierarchischen Gliederung gibt.

Da die Gewinnung von Salz aus salzhaltigen Quellen zur Deckung des Bedarfs nicht mehr ausreicht, gewinnt auch der Salzbergbau an Bedeutung. Zentren sind u.a. Hallein bei Salzburg und Halle an der Saale.

Die Hallstattkultur wird in der zweiten Hälfte des 5. Jahrhunderts v.Chr. von der La-Tène-Zeit abgelöst.

ASSYRIEN

Assyrer auf dem Gipfe

Der assyrische König Sargon II. (722-705 v.Chr.) setzt, gestützt auf die überlegene Kriegs- und Belagerungstechnik seines Volkes, die kriegerische Expansionspolitik seiner Vorgänger fort.

722 v.Chr.: Mit der Eroberung Samarias geht das palästinensische Nordreich Israel als Provinz im assyrischen Großreich auf; Sargon II. lässt einen Großteil der Bewohner deportieren und an ihrer Stelle Assyrer ansiedeln. Aus der Vermischung der Assyrer mit den im Land verbliebenen Israeliten geht das Volk der Samariter hervor. Das Reich Juda überdauert dagegen den Ansturm der Assyrer, indem es sich rechtzeitig unterwirft.

Expansionsstreben: Zwei Jahre nach dem militärischen Erfolg gegen Israel schlagen die Assyrer unter Sargon II. Ägypten, 709 v.Chr. werden Phrygien, Zypern und Teile von Urartu tributpflichtig. Unter Sargons Sohn und Nachfolger Sanherib (705-681 v.Chr.) werden die phönikischen Seestädte Sidon und Jaffa (701) erobert, Babylon gerät wieder unter assyrische Herrschaft und wird zerstört (689), Juda wird tributpflichtig (701).

Straffe Herrschaft: Die Assyrer richten zur Beherrschung der unterworfenen Völker eine straffe Regierung ein. Eroberte Gebiete, die sich an das Kernland anschließen, erhalten den Status von zentral verwalteten Provinzen; entfernter liegende Gebiete werden zu tributpflichtigen Vasallenstaaten.

Neue Hauptstadt Dur-Scharrukin: Im Jahr 713 v.Chr. gründet Sargon II. nördlich von Ninive eine neue Hauptstadt, Dur-Scharrukin (heute Chorsabad); die großartigen Plastiken seines neuen Palastes ver-

Sargon II. mit Würdenträger, vielleicht Sanherib; Flachrelief aus Dur-Scharrukin

Zeugen einer zu Ende gehenden Epoche: Kultwagen (l.), Schwerter (o.) und Stierplastik aus Bronze

PERU

Paracas- Kultur: Meister der Keramik

Die Paracas-Kultur an der südlichen Küste des heutigen Peru zeichnet sich durch dünnwandige dunkle Tongefäße mit farbigen Einlagen aus.

Um 700 v.Chr.: Die um 1100 v. Chr. begonnene ältere Phase der Paracas-Kultur geht allmählich zu Ende. Die polychrome Keramik, die für diese Kultur typisch ist, wird dadurch erzeugt, dass die mit zwei Ausgussröhren versehenen Tongefäße nach dem Brennen Einlagen in leuchtenden Farben – gelb, olivgrün und schwarz – auf Harzbasis erhalten. Zu den häufig verwandten Motiven gehören Raubtiere.

Charakteristisch für die Paracas-Kultur ist außerdem die Textilkunst. Die Paracas fertigen hauchdünne Schleier, Brokatstoffe und Stickereien an, die als Grab- und Totentücher zur Umhüllung der in Hockstellung bestatteten Leichen dienen und vorher nie getragen worden sind. Die Leichen werden ohne künstliche Mumifizierung durch den trockenen Wüstenboden konserviert. Zu den Grabbeigaben gehören außerdem Körbe, Stein- und Knochengeräte sowie goldener Zierrat.

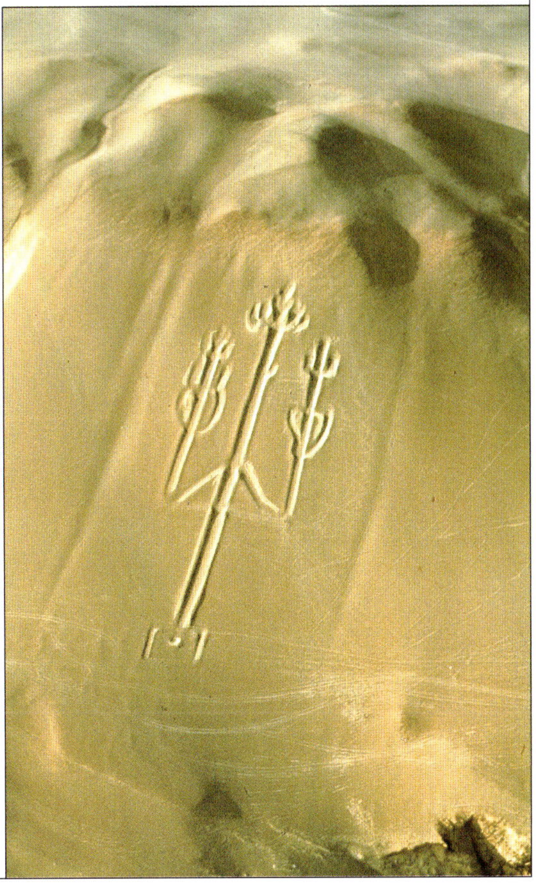

Oben: Farbenfroher Stoff der Paracas-Kultur, entstanden zwischen dem 3. und 1. Jahrhundert v.Chr.; Rechts: Die Paracas-Kultur gilt als Vorläufer der Nazca-Kultur, die für ihre überdimensionalen Scharrbilder bekannt ist.

ihrer Macht

leihen einer imperialen Weltreichsidee Ausdruck. Die Palästwände lässt der Monarch mit Reliefs schmücken, die religiöse Themen darstellen, den Herrscher in Lebensgröße verherrlichen sowie die Niederlagen seiner Feinde und die Plünderungen ihrer Städte abbilden. Die Reliefs, in denen die Farbe Blau dominiert, erzielen eine monumentale Wirkung.

Dur-Scharrukin bedeckt eine Fläche von 3 km². Seinen Mittelpunkt bildet der auf einer künstlichen Terrasse angelegte Königspalast von Sargon II.

Residenz in Ninive: Unter Sanherib wird die Hauptstadt des Assyrischen Reichs von Dur-Scharrukin nach dem alten Ninive verlegt. Der Ort ist mit seinen 170 000 Einwohnern die größte der assyrischen Hauptstädte.

Gipfel der Reliefkunst: Der Königspalast in Ninive veranschaulicht den Höhepunkt der assyrischen Reliefkunst. Die Künstler geben nunmehr die Einteilung der Reliefs in einzelne Platten auf und stellen politische und kriegerische Szenen in voller Größe dar. Die Landschaftsabbildungen sind nicht mehr bloßes symbolisches Hilfsmittel, sondern bilden einen echten Hintergrund, vor dem die Handlung spielt.

Königliche Bibliothek: Der spätere assyrische König Assurbanipal (668-631 v.Chr.) lässt in Ninive einen weiteren Königspalast errichten. Er sammelt außerdem alte sumerische, akkadische und babylonische Texte und Inschriften.

Die königliche Bibliothek enthält etwa 5000 Keilschrifttafeln – Königsannalen, Orakelinschriften, Briefwechsel mit fremden Mächten, Verträge, Urkunden und Namenslisten von vielen königlichen Würdenträgern.

Relief am assyrischen Königspalast in Ninive

GRIECHENLAND

Hesiod schildert die Götterwelt

Der in Böotien lebende griechische Epiker Hesiod schafft wesentliche Grundlagen der griechischen Mythologie mit einer Götterwelt, die der menschlichen in vielem ähnelt: Es gibt eine Hierarchie, Familien und Rivalitäten und jeder Gott hat seinen eigenen Aufgabenbereich.

Um 700 v.Chr.: Hesiod ist der erste historisch fassbare griechische Dichter. In seinem Hauptwerk, der »Theogonie« (Götterabstammung), berichtet er von der Weltentstehung

Sphinx mit dem für die Frühzeit der griechischen Kunst typischen »archaischen Lächeln«

aus dem Chaos und stellt drei Dynastien von Göttern mit der sinnvollen Ordnung des Zeus als letzter dar. Anders als bei Homer erscheinen seine Götter nicht als heitere Gestalten, sondern als erhabene Mächte, denen der Mensch mit Ehrfurcht gegenübertritt.

Nach der griechischen Mythologie – wie groß Hesiods Anteil an deren Systematisierung ist, bleibt umstritten – stammen alle Götter von Uranos ab, dem göttlichen Ursprungsprinzip, dem Chaos vor der Schöpfung. Uranos, der Himmel, zeugt mit Gäa, der Erde, die Kyklopen und die Titanen. Weil er sich weigert, letztere aus dem Schoß der Erde ins Licht zu lassen, stürzt ihn sein Sohn Kronos, entmannt seinen Vater mit der Sichel und wirft die Geschlechtsteile ins Meer. Daraus entsteht Aphrodite, die Schaumgeborene, die Göttin der Liebe und der geschlechtlichen Vereinigung. Kronos ist die Zeit. Nach der Scheidung von Himmel und Erde tritt nun das erste Ordnungsprinzip in die Welt. Aus Angst, selbst gestürzt zu werden, tötet Kronos seine Nachkommen: Er verschlingt seine Kinder – ein deutlicher Hinweis auf die Sterblichkeit (Zeitlichkeit) des Menschen. Zeus entgeht als einziger Sohn dem Mordanschlag und wird heimlich in einer Grotte des Berges Ida auf Kreta großgezogen.

Als er herangewachsen ist, stürzt er Kronos und zwingt ihn, die verschlungenen Kinder wieder auszuspeien. Zeus ist nicht nur der Licht- und Wettergott, er repräsentiert auch die gesellschaftliche Ordnung. Als Himmelsvater kann ihn keine Stadt als Schutzgott für sich allein beanspruchen, denn er steht unparteiisch über allem und regiert vom Olymp aus, dem heiligen Berg, die Welt.

Seine Frau Hera ist zwar die Schutzgöttin der Ehe, doch dies hindert Zeus nicht, mit anderen Göttinnen und sterblichen Frauen Kinder zu haben. Mit Leto zeugt er Apollon und Artemis, mit Demeter Persephone; Leda verführt er als Schwan, Europa als Stier, Danae gar als Goldregen.

Weitere Söhne von Kronos sind Poseidon, der Erderschütterer, dem bei der Teilung des Erbes das Meer zufiel, und Hades, der in der Unterwelt über die Toten herrscht. Hades entführt und heiratet Persephone. Deren für das Wachstum verantwortliche Mutter vernachlässigt auf der Suche nach der Tochter ihre Pflichten, woraufhin die Menschen hungern. Zeus legt daraufhin fest, dass Persephone den Winter in der Unterwelt verbringen, in jedem Frühjahr aber zurückkehren soll – wie das Korn, das im Frühling an der Oberfläche keimt.

Für den Krieg sind in der Götterwelt Ares und Athene zuständig: Da Ares für das Schlachtengetümmel, Athene jedoch für kluge Kriegführung steht, bekämpfen sich die beiden Götter als einander widerstreitende Prinzipien häufig gegenseitig. Athene, die ohne Mutter direkt dem Kopf des Zeus entsprungen ist, ist gleichzeitig die Göttin der Weisheit.

Dionysos ist der Gott des Weines; jeder rauschhafte Zustand, der durch Tanz oder rituelle Handlungen erreicht wird, ist ihm heilig. Apollon unterstehen Kunst und Musik. Er ist ferner der Gott der Heilkunst, tötet aber auch mit seinen Pestpfeilen. Daneben gibt es diverse unbedeutendere Götter.

Härte präg

Militärisches auch in der Kunst: Bronzeskulptur eines Kriegers, Ende 6. Jh.

KLEINASIEN

Gyges wird König von Lydien

Unter König Gyges (um 680-652 v.Chr.) dehnt Lydien seinen Herrschaftsbereich über die griechisch besiedelten Gebiete Westkleinasiens aus.

Um 680 v.Chr.: Gyges, dessen Regierungsantritt von Sagen umwoben ist, stürzt den Heraklidenkönig Kandaules und begründet die Dynastie der Mermnaden in Lydien. Nach dem griechischen Geschichtsschreiber Herodot hat Gyges auf Kandaules' Wunsch dessen Gattin nackt gesehen. Als diese davon erfährt, zwingt sie Gyges, da sie sich in ihrer Ehre verletzt sieht, Kandaules zu töten und selbst den Thron zu besteigen. Laut Platons »Staat« hat sich Gyges mit Hilfe eines Ringes unsichtbar gemacht, bevor er den Mord beging. Beide Überlieferungen verknüpft Friedrich Hebbel in dem Drama »Gyges und sein Ring«.

Phrygisches

Nur etwa 100 Jahre hat das einen Großteil Kleinasiens umfassende Großreich der Phryger Bestand.

Um 695 v.Chr.: Kimmerische Reiterscharen aus Asien zerstören das Reich der Phryger, das damit für immer seine Bedeutung verliert. Unter dem sagenhaften König Midas hat es um 710 v.Chr. den Höhepunkt seiner Macht erreicht und sich im Bund mit Urartu gegen die nach Kleinasien vordringenden Assyrer behaupten können. Die phrygische Kunst zeichnet sich

SPARTA

das Alltagsleben im Königreich Sparta

Um 660 v.Chr.: Der 2. Messenische Krieg beginnt. Nach 20 Jahren hat Sparta die Messenier unterworfen, die zu Heloten geknechtet werden. Bereits im 8. Jahrhundert wurden das südlich gelegene Amyklai und die Landschaft Lakonien im Südosten der Halbinsel Peloponnes erobert.

Sparta, das als Staat den Namen Lakedaimon führt, bildete sich um 900 v.Chr. durch den Zusammenschluss von vier Dörfern dorischer Einwanderer. Es war keine Polis im eigentlichen Sinne, sondern eine offene Siedlung.

Innerhalb der eroberten Gebiete stellen die Spartiaten nur eine kleine Minderheit. Jeder dieser Vollbürger von Sparta erhält ein Landlos von etwa 11 bis 15 ha, das er nicht selbst bewirtschaftet, sondern von den zu Heloten gemachten Bewohnern bestellen lässt – ihm selbst ist jede Erwerbstätigkeit verboten. Während die Heloten als Knechte auch persönlich unfrei sind, haben die Periöken, die nicht in Sparta selbst, sondern in den Gemeinden der umliegenden Bergregionen ansässig sind, zwar mindere politische Rechte, sind aber persönlich frei. Handel und Handwerk ist ihnen vorbehalten, zum Kriegsdienst sind sie aber verpflichtet.

Da die Spartiaten nicht selbst für ihren Lebensunterhalt sorgen müssen, sind sie dazu in der Lage, sich in ihrem Leben ganz auf das Kriegshandwerk zu konzentrieren; sie sind deshalb auch dazu gezwungen, wehrhaft zu bleiben, weil sie gegen

In zwei Kriegen dehnt Sparta im 8./7. Jahrhundert seinen Herrschaftsbereich nach Messenien aus. Mit den Eroberungen werden die Voraussetzungen für die spartanische Sozialordnung geschaffen, die zwischen Spartiaten (Vollbürgern), Heloten (Sklaven) und Periöken (persönlich freie, aber politisch rechtlose Bewohner des Umlandes) unterscheidet.

Aufstände der ihnen zahlenmäßig deutlich überlegenen Heloten gewappnet sein müssen.

In ihren Kämpfen wenden die Spartiaten die Phalanxtaktik an: Schwer bewaffnete Fußsoldaten bilden eine dicht geschlossene, aus acht Gliedern bestehende lineare Kampfformation. Während des Marsches beträgt der Abstand zwischen den Gliedern 2 m, beim Angriff 1 m und bei der Abwehr eines gegnerischen Angriffs 0,5 m. Durch den Kampf in der Phalanx sind die Spartiaten militärisch gleichgestellt. Die schon sprichwörtlich gewordene spartanische Schlichtheit und Härte kennzeichnet den Alltag. Die Erziehung der Knaben wird als Gemeinschaftsaufgabe verstanden: Sie leben ab dem siebten Lebensjahr nicht in der Familie, sondern in sog. Tischgemeinschaften mit Gleichaltrigen. Diese auch in späterem Leben fortbestehenden Gruppen gehen gemeinsam auf die Jagd und nehmen gemeinsam an Kriegen teil. Drill und die Einübung im Ertragen von Schmerzen stehen im Vordergrund der Erziehung.

Im Verlauf des 6. Jahrhunderts v.Chr. kann Sparta nach langen militärischen Auseinandersetzungen mit Tegea und Argos seine Hegemonie auf weite Teile des Peloponnes ausdehnen, indem es alle Nachbarstaaten durch Einzelverträge in den von Sparta dominierten Peloponnesischen Bund integriert; nur Argos und Achaia gehören diesem Zusammenschluss nicht an. Sparta steigt damit neben Athen zum bedeutendsten griechischen Stadtstaat auf.

An der griechischen Kolonisation beteiligt sich Sparta mit Ausnahme der Gründung von Tarent kaum. Den Spartiaten ist es ohne besondere Genehmigung nicht erlaubt, ins »Ausland« zu reisen, Fremde finden keinen Einlass.

Die gewollte kulturelle und wirtschaftliche Isolation, die sich ursprünglich auch in der Prägung von Eisenmünzen ausdrückt, führt in der Folgezeit zu einem allgemeinen Rückschritt bis zu Symptomen der Barbarisierung.

HINTERGRUND

Ephoren beschränken Königsmacht

Nicht nur in der Sozialordnung, auch in der politischen Organisation unterscheidet sich Sparta von anderen griechischen Stadtstaaten. So gibt es nur hier die Institution des Doppelkönigtums.

Die Macht der beiden Könige wird allerdings durch die fünf Ephoren eingeschränkt, die jährlich neu gewählt werden; die Institution des Ephorats ist seit 754/53 v.Chr. bekannt.

Die Ephoren verfügen über umfassende Vollmachten in der Verwaltung, im Polizeiwesen und in der Gerichtsbarkeit. Nur Vollbürger (Spartiaten) haben zu der Vollversammlung Zutritt, die nicht nur die Ephoren, sondern auch den Rat der Alten mit 28 Mitgliedern umfasst. In Fragen der Außenpolitik kommt es bisweilen zu Auseinandersetzungen zwischen Königen und Ephoren: Während die Ephoren meist für eine Politik der Isolation eintreten, setzen sich die Könige für aristokratisch verfasste Staaten ein. Gelegentlich schreitet Sparta gegen Tyrannen, aber auch gegen demokratische Systeme wie Athen ein.

Generell ist die Außenpolitik Spartas jedoch durch eine deutliche Zurückhaltung geprägt. An den militärischen Erfolgen über die Perser ist die mächtigste Landmacht in Griechenland allerdings entscheidend beteiligt. Es kommt jedoch hinsichtlich der Beurteilung des Feldzuges zu Differenzen mit Athen und danach zu wiederholten militärischen Auseinandersetzungen mit dem rivalisierenden Stadtstaat.

KLEINASIEN

Reich am Ende

durch geometrische Kieselmosaiken in den Wohnbauten, tönerne bemalte Reliefs und mit geometrischen Mustern überzogene (Kult-)fassaden aus; auf eine hohe Kunstfertigkeit deuten u.a. Siebkannen mit langem Ausguss sowie Bogenfibeln hin. Für die phrygische Architektur sind mächtige Stadtmauern, monumentale Altäre und eine beeindruckende Felsarchitektur kennzeichnend. Ihre kultische Verehrung gilt vor allem der Großen Mutter Kyble.

Zu den Hinterlassenschaften der Phryger zählen u.a. ihre Musik (phrygische Tonart) und die den Hinterkopf umschließende Mütze aus Tuch mit Kegelform und ausgestopftem Zipfel, die von den Jakobinern während der Französischen Revolution getragen wird. Sie sehen in der phrygischen Mütze ein Symbol der Freiheit.

Festung der Urartäer, die mit den Phrygern verbündet waren

ASSYRIEN

Letzte Blütezeit vor dem Untergang Assyriens

Der assyrische König Assurbanipal setzt sich nach vierjährigem Bürgerkrieg gegen seinen Bruder Schamasch-schum-ukin, König in Nordbabylonien, durch und kann damit vorerst sein Reich in seiner ganzen Ausdehnung behaupten. Wenige Jahrzehnte später wird das Assyrische Großreich jedoch vollständig zerstört; seine Bewohner werden getötet oder vertrieben.

648 v.Chr.: Der nun beendete Bruderkrieg ging auf die unklare Thronfolgeregelung zurück. Der 668 v.Chr. verstorbene König Assarhaddon hatte seinen jüngeren Sohn Assurbanipal zum Kronprinzen bestimmt, den Älteren zum Thronfolger in Babylon. Im Kampf gegen seinen Bruder hatte Schamasch-schum-ukin neben Arabern und Ägyptern auch syrische Fürsten sowie Städte aus dem Süden des Assyrischen Reiches als Verbündete gewonnen.

Rücksichtslose Eroberer: Die Assyrer sind wegen ihrer aggressiven Expansionspolitik und ihres grausamen Vorgehens bei ihren Nachbarn verhasst. Seit etwa 1115 v.Chr. eroberten sie von ihrem Kernland – um die Städte Assur, Ninive und Nimrud am Tigris (nördlich des heutigen Bagdad) – aus große Gebiete vom Mittelmeer bis in die heutige Osttürkei und an den Persischen Golf. 670 v.Chr. erreichte das Assyrische Reich mit der Eroberung Ägyptens seine größte Ausdehnung. Ihre Überlegenheit verdankten die Assyrer u.a. ihrer Militärtechnik. Im 9. Jahrhundert v.Chr. setzten sie als erste berittene Kämpfer ein. Hinzu kamen schwere Streitwagen, an deren Radnaben seitlich abstehende Sicheln befestigt wurden. Solche Sichelwagen dienten dazu, als Vorhut Breschen in das feindliche Heer zu schlagen. Um abtrünnige Städte in die Knie zu zwingen, konstruierten die Assyrer Belagerungsmaschinen mit Rammböcken und Panzerung. Hinzu kam die ungewöhnliche Grausamkeit gegenüber Besiegten. In der Bibel finden sich vielfach Berichte über die Kriegsführung der Assyrer. Folterungen und Massenhinrichtungen sowie die brutale Bestrafung der Führer von Aufständischen waren an der Tagesordnung. Unterworfene Völker wurden oft als Zwangsarbeiter eingesetzt, u.a. Anfang des 7. Jahrhunderts v.Chr. bei der Befestigung der Stadt Ninive durch eine 25 m hohe Doppelmauer mit 15 Toren.

Bauwesen: Ihre technischen Fertigkeiten setzten die Assyrer nicht nur in der Kriegsführung, sondern auch für zivile Zwecke ein, etwa beim Bau von Wasserleitungen und Brücken. 691/90 v.Chr. wurde ein Aquädukt zur Versorgung von Ninive fertig gestellt, eine 48 km lange Wasserleitung, die aus einem System von Brücken, Tunneln und Kanälen bestand. Kernstück war ein aus 2 Mio. Steinquadern errichteter 262 m langer Damm, der ein Tal bei Jerwan überbrückte.

Dank der bei Eroberungsfeldzügen gemachten Beute, aber auch durch die in Form von Naturalien eingetriebenen Steuern bei den unterworfenen Völkern verfügten die assyrischen Herrscher über erheblichen Reichtum. Dies spiegelte sich u.a. in riesigen Palästen wider, die mit reichen Ornamenten verziert und mit umfangreichen Reliefs ausgestattet wurden. Die Verwaltung des Reiches lag in den Händen einer aus der Aristokratie stammenden Beamtenschaft.

Blütezeit unter Assurbanipal: Seine letzte Glanzzeit erlebt Assyrien unter der Herrschaft von Assurbanipal (668-ca. 627). Er lässt nach dem Sieg über seinen Bruder Babylon zerstören. 639 v.Chr. erobert und zerstört er Susa, die nördlich des Persischen Golfs gelegene Hauptstadt des seit mehr als 2000 Jahren bestehenden Reiches Elam. Die Elamiter verlieren damit endgültig ihre Selbstständigkeit. Assyrien gewinnt eine wirtschaftlich blühende Provinz mit fruchtbarem Land, reichen Bodenschätzen und Bauholz hinzu, die zudem an der wichtigen Ost-West-Handelsstraße liegt. Das 671 v.Chr. eroberte Ägypten musste Assurbanipal dagegen schon 656 wieder aufgeben, da es zu weit entfernt lag, um es dauerhaft als Provinz zu sichern.

Kunst und Wissenschaft erweist Assurbanipal durch die Gründung der Bibliothek von Ninive, der bedeutendsten Bibliothek des Alten Orients, einen unschätzbaren Dienst. Auf über 22 000 Tontafeln sind in Keilschrift literarische, historische, philosophische, medizinische und astronomische Texte sowie Dichtungen und Geschäftsurkunden festgehalten.

Untergang Assyriens: Schon in den letzten Jahren vor Assurbanipals Tod kommt es in Assyrien durch Machtkämpfe unter den Söhnen des Königs zu inneren Spannungen. 625 v.Chr. können die Assyrer zunächst einen Ansturm der Skythen aus dem nördlichen Schwarzen Meer abwehren. Doch im Süden erkämpft der Chaldäerfürst Nabopolassar die Unabhängigkeit Babylons und begründet das Neubabylonische Reich. Ab 614 v.Chr. verbünden sich Babylonier und Meder unter ihrem König Kyaxares in einem gemeinsamen Feldzug, um Assyrien zu zerstören. 614 v.Chr. fällt Assur, 612 v.Chr. die Hauptstadt Ninive. Auch alle übrigen assyrischen Städte werden geplündert und zerstört. Zwar macht sich der Führer noch verbliebener Teile der assyrischen Armee als Assuruballit II. zum König, doch auch er muss 608 kapitulieren. Das Kerngebiet Assyriens und seine nördlichen Provinzen fallen an die Meder, im Süden werden Elam, Westmesopotamien, Syrien und Palästina dem Neubabylonischen Reich zugeschlagen.

Oben: Bei Ausgrabungen in Susa (Südwest-Iran) freigelegte Grundmauern. Die antike Stadt existierte bereits im 4. Jahrtausend v.Chr. Um 550 wird sie von den Persern erobert, die hier Paläste mit eindrucksvollen Tierreliefs errichten.
Links: Assurbanipal auf Löwenjagd; es gehörte zu den Pflichten des Assyrerkönigs, die Gefahr durch Berglöwen abzuwenden.

HINTERGRUND

Münzen machen Handel einfacher

Die Lyder gehen als die »Erfinder« des Geldes in die Geschichte ein.

Zwar wurden bereits im 12. Jahrhundert v.Chr. in China Münzen aus Bronze gegossen, doch diese gelangten nicht über eine regionale Bedeutung hinaus. Um 685 v.Chr. – in der Regierungszeit des Königs Ardys – werden in Lydien erstmals Münzen aus Elektron, einer natürlichen Gold-Silber-Legierung, hergestellt. Die Geldstücke tragen auf der einen Seite eine viereckige Stempelprägung, auf der anderen einen assyrischen Löwenkopf (s. Abb.). Die Einführung des Münzgeldes erleichtert den Handel. Gewicht und Materialreinheit der Münzen sind einheitlich und werden vom ausgebenden Herrscher garantiert.

KLEINASIEN

Lyder beherrschen Kleinasien

Im Osten kommt es zu einem Grenzkrieg der Lyder mit dem Reich der Meder, der 585 v.Chr. nach einer Sonnenfinsternis beigelegt wird.

Um 607 v.Chr.: Alyattes übernimmt als König die Herrschaft im Reich der Lyder, das während seiner Regierungszeit (bis 560 v.Chr.) seine größte Ausdehnung erfährt.

Nach dem Zusammenbruch des Phrygerreiches um 695 v.Chr. konnte sich das Reich der Lyder, das wegen seiner Goldvorkommen und als wichtige Handelsmacht sehr wohlhabend war, unter der Dynastie der Mermnaden erheblich ausdehnen. Unter König Gyges (680-652) und seinem Sohn Ardys konnte der Westen Kleinasiens erobert werden. Auch einige der griechischen Handelsstädte an der Mittelmeerküste fielen an die Lyder.

Alyattes dehnt sein Reich bis an den Fluss Halys (heute Kizilirmak) aus und erwirbt eine Reihe von Griechenstädten. Smyrna (heute Izmir), das sich der Übernahme widersetzt, wird um 575 v.Chr. erobert und zerstört. Dagegen scheitert Alyattes mit dem Versuch, Milet einzunehmen. Die Ausdehnung des Lyder-Reiches nach Osten führt zu Zusammenstößen mit den benachbarten Medern, die ebenfalls die Vormachtstellung in Kleinasien beanspruchen. Eine Sonnenfinsternis am 28. Mai 585 (die der griechische Philosoph und Mathematiker Thales von Milet vorausgesagt haben soll) beendet nach sechs Jahren den Krieg zwischen beiden Reichen; der Halys wird als Grenzfluss festgelegt.

Alyattes' Sohn Kroisus (560-547) baut die Machtstellung des Reiches noch weiter aus, führt Lydien dann aber in den Untergang.

Der seinerzeit Halys genannte zentralanatolische Fluss Kizilirmak bildete nach langen Kämpfen die Grenze zwischen Lydien und Medien.

PALÄSTINA

Juden in Babylonischer Gefangenschaft

Nach dem Zusammenbruch Assyriens hatte Josia seinem Land die Unabhängigkeit erkämpft; als er stirbt, fällt Juda jedoch an Ägypten, wenig später an Babylon.

609 v.Chr.: Josia, der König von Juda, fällt im Kampf gegen den ägyptischen Pharao Necho. Das Bestreben Josias, der 639 v.Chr. als Achtjähriger den Thron erbte, war seit 628 darauf ausgerichtet, das Reich des Königs David wieder herzustellen, und zwar sowohl in territorialer wie in religiöser Hinsicht. Juda und Israel sollten wieder zu einem gemeinsamen selbstständigen Land zusammengefasst werden; der Jahwe-Kult war von allen fremden Einflüssen zu befreien, Heiligtümer anderer Gottheiten mussten zerstört werden. Tatsächlich konnte Josia dank der Schwäche Assyriens Juda vorübergehend die Unabhängigkeit sichern, doch als er sich 609 dem Heer des Pharaos Necho in den Weg stellt, werden seine Soldaten geschlagen, der König selbst fällt. Necho lässt wenig später Josias Sohn und Nachfolger auf dem Königsthron absetzen und Jojakim zum Herrscher deklarieren. Als Nechos Heer aber in der Schlacht bei Karkemisch dem babylonischen Feldherrn und späteren König Nebukadnezar II. unterliegt, gerät Juda 605 v.Chr. unter babylonische Herrschaft. In der Folgezeit versuchen Jojakim und sein Nachfolger Zedekia (597-587 v.Chr.) mehrfach die Fremdherrschaft abzuschütteln – mit letztlich verheerenden Folgen. 597 v.Chr. wird Jerusalem in einer Strafaktion erstmals von Nebukadnedzars Truppen erobert und geplündert. Die judäische Oberschicht wird nach Babylon gebracht. 587 wird Jerusalem nach einer neuerlichen Belagerung wiederum erobert und nun auch zerstört. Die Stadtbevölkerung wird in die »Babylonische Gefangenschaft« geführt, die fast 50 Jahre andauert. Juda wird zur babylonischen Provinz.

Josia mit dem Ältestenrat in Jerusalem; das Vorgehen des Königs ist in der Bibel im 2. Buch der Könige, Kapitel 23, beschrieben.

GRIECHENLAND

Tyrannen lösen Adelsherrschaft ab

Das 7. und 6. Jahrhundert v.Chr. ist in Griechenland die Zeit der sog. älteren Tyrannis. Immer wieder reißt in einem Stadtstaat ein Einzelner die Macht an sich und verdrängt zumindest vorübergehend die bislang herrschende Aristokratie.

Um 600 v.Chr.: In Sikyon auf dem nördlichen Peloponnes gelangt Kleisthenes an die Macht und übernimmt die Tyrannis. Zu seiner Politik gehört die Einführung des Dionysos-Kultes.

Der Tyrann stützt sich bei Machtübernahme und Regierung auf unzufriedene, unterdrückte oder politisch rechtlose Bevölkerungsgruppen. Das Herrscheramt wird auf die nächste Generation übertragen, doch können sich Tyrannengeschlechter nie lange halten, da sie bei Anzeichen von Schwäche ihrerseits gestürzt werden. Die Tyrannen sind deshalb bemüht, zumindest ihre Anhängerschaft politisch zufrieden zu stellen. Vielfach führen sie die von ihnen regierten Städte zu wirtschaftlicher und kultureller Blüte. Die Zeit der älteren Tyrannis mündet im 5. Jahrhundert in demokratischere Staatsformen, nachdem die selbst ernannten Herrscher bewiesen haben, dass die Macht nicht notwendigerweise an die Aristokratie gebunden ist. Bei seiner Tyrannis in Sikyon stützt sich Kleisthenes auf die ionische Bevölkerung und entmachtet die dorische Oberschicht. Er verbietet u.a. deren Kultur und führt den Dionysos-Kult (Abb.: Dionysos-Darstellung auf einer attischen Amphore, um 500 v.Chr.) ein, der ursprünglich aus Thrakien stammt. Übernommen wird jedoch nur der Aspekt des Kultes, der zu orgiastischen Feiern Anlass gibt. Diese werden teilweise mit Theateraufführungen kombiniert. Kleisthenes nutzt seine Stellung zu einem prunkvollen Lebensstil nach dem Vorbild der abgesetzten Aristokraten. Der Geschichtsschreiber Herodot schildert z.B. den Aufwand, den der Tyrann von Sikyon bei der Werbung um seine Tochter Agariste betreibt. Hierfür werden aus ganz Griechenland adelige Freier einbestellt.

STICHWORT

Handelszentrum Babylon

Mit 250 000 bis 300 000 Einwohnern ist Babylon in seiner Glanzzeit unter der Herrschaft König Nebukadnezars II. die größte Stadt dieser Epoche.
Die verkehrsgünstige Lage macht die Metropole auch zum Zentrum des Ost-West-Handels. Babylonische Schiffe befahren den Euphrat bis zum Persischen Golf und bringen von dort Handelsware aus Arabien und Indien. Karawanenstraßen verbinden Babylon mit Kleinasien, Syrien und Persien. Exportgüter sind Wolle, Textilien und Getreide. Metalle wie Kupfer, Blei, Eisen, Gold und Silber sowie Holz werden importiert. Im südlichen Palast der Stadt entstehen Anfang des 6. Jahrhunderts die »Hängenden Gärten«, eines der sieben Weltwunder der Antike. Es handelt sich um einen in Terrassen angelegten Dachgarten, dessen Blumen und Bäume künstlich bewässert werden. Die Blütenpracht sticht in der vegetationsarmen Region besonders hervor.

Die »Hängenden Gärten der Semiramis« in Babylon

Nebukadneza

Babylon wird zum Zentrum des Ost-West-Handels und zur prunkvollsten Metropole der Antike.

605 v.Chr.: Bei Karkemisch besiegt Nebukadnezar den ägyptischen König Nacho II. Unter der Herrschaft des Königs Nebukadnezars II. erlebt Babylon eine erneute Blütezeit. Seit dem Aufstieg des Assyrerreiches im 12. Jahrhundert v.Chr. hatte die Stadt an Bedeutung verloren. Tiefpunkte in ihrer Geschichte waren der Verlust der Selbstständigkeit sowie die wiederholte Einnahme und teilweise Zerstörung durch die Assyrer.
Neubabylonisches Reich: Erst dem Chaldäerkönig Nabupolassar gelang es 626 v.Chr. die Fremdherrschaft abzuschütteln und das Babylonische Reich neu zu begründen. Er besiegte im Bündnis mit Kyaxares von Medien das Assyrische Reich und vereinnahmte dessen südlichen Teil sowie die südlichen Provinzen Elam, Syrien und Palästina. In Babylon veranlasste er umfangreiche Bauarbeiten, um die alte Pracht der Stadt wieder herzustellen. Nabupolassar starb 605 v.Chr., ohne seine Pläne vollendet zu haben.

AFRIKA

Phöniker am Kap der Guten Hoffnung

Die Phöniker erweisen sich als ein mutiges Seefahrervolk, das neue Routen befährt und Handel treibt.

Um 600 v.Chr.: Im Auftrag des ägyptischen Pharao brechen phönikische Seeleute zur Erkundung der Ostküste Afrikas auf und umsegeln erstmals den afrikanischen Kontinent.

Die Phöniker benötigen drei Jahre für die Reise vom Roten Meer um die Südspitze Afrikas bis zu den »Säulen des Herkules«, der Meerenge von Gibraltar. Unterwegs gehen sie in jedem Herbst an Land, um Getreide zu säen und es im Frühjahr vor der Weiterfahrt zu ernten. Ihre Berichte über die Umrundung Afrikas stoßen allerdings auf Unglauben, insbesondere die Behauptung, dass am Kap der Guten Hoffnung die Mittagssonne zur Rechten gestanden habe. Zu einer Zeit, in der die Erde als Scheibe angesehen wird, an deren Rand Afrika liegt, erscheint dies unmöglich. Schon seit etwa 1500 v.Chr. haben sich die Phöniker als technisch versiertes und mutiges Seefahrervolk hervorgetan. Im Gegensatz zu den Kretern und später den Griechen und Römern wagten sie, das Mittelmeer in Richtung Atlantik zu verlassen. Auf diese Weise gelangten sie u.a. zu den Kanarischen Inseln und sogar bis nach England; um 470 v.Chr. unternehmen sie eine umfangreiche Expedition zur Gründung von Handelskolonien in Westafrika.

Die Phöniker waren ursprünglich am östlichen Mittelmeer beheimatet, siedelten sich dann aber auch an der nordafrikanischen Küste an, wo sie 814 v.Chr. die Stadt Karthago als eine ihrer vielen Handelsniederlassungen gründeten. Die Handelsschifffahrt wurde bald zu ihrem hauptsächlichen Metier, da ihre Siedlungsgebiete kaum landwirtschaftlich genutzt werden konnten und die Bevölkerung nicht ernährten. In der Schiffsbautechnik waren die Phöniker führend. Um 1500 v.Chr. ähnelten ihre Schiffe noch den älteren ägyptischen Konstruktionen mit großen Überhängen an Bug und Heck sowie senkrecht auslaufenden Steven. Doch schon bald bauten die Phöniker schnellere und wendigere Schiffe. Dank ihres Baumaterials, in den Wäldern an der palästinensischen Küste geschlagenen Langhölzern, konnten sie außerdem sehr stabile Wasserfahrzeuge konstruieren. Zur Zeit der Afrika-Umrundung sind alle phönikischen Schiffe sowohl mit Rudern – teils auf bis zu drei übereinander liegenden Decks – und einem viereckigen Rahsegel mit rd. 300 m² Fläche ausgestattet. Die Boote sind 30 bis 40 m lang, 8 bis 10 m breit und haben einen Tiefgang von 2,50 m. Die Besatzung – Ruderer, Seeleute und Krieger – umfasst etwa 30 Mann.

BABYLON

macht Babylon noch einmal zur führenden Großmacht

Expansion unter Nebukadnezar II.: Nachfolger wird sein Sohn Nebukadnezar II., der sich bereits als Heerführer einen Namen gemacht hat. Als König führt Nebukadnezar weitere erfolgreiche Feldzüge, u.a. 598/97 und 589 bis 587 v.Chr. gegen Juda. Sein Reich, das sich von der Mittelmeerküste bis an den Persischen Golf erstreckt, wirft so hohe Erträge ab, dass Nebukadnezar Babylon zu einer Metropole ausbauen kann, die nach den Worten des griechischen Geschichtsschreibers Herodot »jede andere Stadt der bekannten Welt an Pracht übertrifft«. Da die Babylonier von den Lydern rasch das System des Münzgeldes übernehmen, wird ihre Hauptstadt auch zu einem bedeutenden Finanzzentrum. Priester wickeln einen Großteil der Geldgeschäfte ab, doch entstehen auch private Banken, die noch Bestand haben, als Babylon bereits ein Teil Persiens geworden ist.

Metropole Babylon: Beeindruckend ist u.a. die Befestigung der Stadt. Die alte Doppelmauer wird erneuert; weite unbebaute Gebiete im Umland werden durch eine neue dreifache Mauer befestigt, hinter der die Landbevölkerung Schutz findet. 60 km nördlich der Stadt entsteht die sog. Medische Mauer, die nach griechischen Berichten 30 m hoch gewesen sein soll. Babylon erhält acht Stadttore, darunter das Ischtartor, das der Göttin der Liebe und des Krieges geweiht ist und dessen leuchtend blau glasierte Ziegel mit Tierreliefs geschmückt sind.

In der Regierungszeit Nebukadnezars erhält auch der seit Jahrhunderten unvollendete Tempel zu Ehren des Stadtgottes Marduk, der in der Bibel beschriebene Turmbau zu Babel, seine endgültige Gestalt. Der Bau mit einer Grundfläche von 91,5 mal 91,5 m erhebt sich 90 m in die Höhe. Auf fünf gewaltigen Stufen mit riesigen Freitreppen thront ein zweistöckiger Tempel, der das sog. Hochzeitshaus Marduks, aber auch Kulträume für andere Götter beherbergt.

Babylon fällt an Persien: Allerdings hat das Neubabylonische Reich nicht lange Bestand. Nach dem Tod Nebukadnezars 562 v.Chr. führen Spannungen zwischen seinen Söhnen und der Marduk-Priesterschaft zu Zerfallserscheinungen. 556 übernimmt der Aramäer Nabonid, der »Archäologe auf dem Thron«, die Herrschaft. Auch er überwirft sich mit der Priesterschaft und übersiedelt nach Arabien in die Oasenstadt Teima. Für ihn übt sein Sohn Belsazar die Regentschaft aus. 539 v.Chr. erobert der persische König Kyros II. Babylon und macht das Land zu einer Provinz seines Reiches.

Der Turmbau zu Babel; Gemälde von Pieter Bruegel d. Ä.; 1563 (Wien, Kunsthistorisches Museum)

HINTERGRUND

Forschungsreisen per Segelschiff

Die Ägypter waren, soweit man weiß, die Ersten, die per Schiff auf Entdeckungsreise gingen. Um 2500 v.Chr. segelten sie das Rote Meer hinunter, um das geheimnisvolle Land Punt an der afrikanischen Ostküste zu suchen.

Später stießen sie weiter in den Indischen Ozean vor. Um 1500 v.Chr. waren sie bis zu der Insel Sokotra vorgedrungen und verstanden es, die periodisch wechselnden Monsunwinde zu nutzen. In den folgenden Jahrhunderten entwickelten die Phöniker ihren enormen Forscherdrang, der sie an weit fernere Gestade brachte. Erst über ein Jahrtausend später tat sich ein anderes Volk als Seefahrernation hervor. Im 9. und 10. Jahrhundert n.Chr. erkundeten die Wikinger die Meere und landeten vermutlich um 1000 in Nordamerika.

GRIECHENLAND

Sappho, Dichterin der Antike

Schon zu Lebzeiten ist Sappho weit über ihre Heimat hinaus berühmt. Ihre in einem einfachen Stil gehaltenen Gedichte schreibt sie in äolischem Dialekt.

Um 600 v.Chr.: Sappho (s. Abb.), die bedeutendste Lyrikerin der Antike, leitet auf der Insel Lesbos einen Kreis junger Frauen, die sie bis zu ihrer Verheiratung unterrichtet. In diesem Zusammenhang entsteht ein Großteil ihrer Dichtungen.

Sappho stammt aus Mytilene auf Lesbos, musste ihre Heimat aber 604/603 v.Chr. wegen politischer Querelen verlassen und lebte bis 590 auf Sizilien. Nach ihrer Rückkehr aus der Verbannung (um 585 v.Chr.) bildet sie im Zusammenhang mit dem Aphroditekult den Unterrichtszirkel für junge Mädchen aus vornehmen Familien, die sie in Sitte, Musik und Tanz unterweist.

Ihre Dichtungen beziehen sich vielfach auf ihre Alltagserfahrungen – Begebenheiten aus der Schule, die Rivalität mit Frauen, die ähnliche Zirkel leiten, oder auch das Leben einer ehemaligen Schülerin, die als Ehefrau in der lydischen Stadt Sardes wohnt. Häufiges Thema in Sapphos Gedichten ist außerdem die Liebe, wobei der Mythos des jungen Schiffers Phaon besonders häufig aufgenommen wird.

Der späteren Sage nach soll sich Sappho aus Verzweiflung über ihre unerwiderte Liebe zu dem Jüngling in den Tod gestürzt haben.

Die für die Lieder ihres ersten Buches verwendete vierzeilige Strophenform mit drei Elfsilbern und einem zweitaktigen Kurzvers wird als »sapphische Strophe« vielfach wieder aufgegriffen, zunächst von Catull und Horaz, nach ihrer Wiederentdeckung im 18. Jahrhundert n.Chr. für zahlreiche Oden, u.a. von Rainer Maria Rilke. Nur wenige von Sapphos Werken sind unmittelbar erhalten; die meisten Überlieferungen stammen von Zeitgenossen.

ATHEN

Solon will alle Bürger Athens rechtlich

Die Reformen des Solon bereiten der Athener Demokratie den Weg.

594/93 v.Chr.: Der als »Versöhner« eingesetzte Archon Solon entschärft mit einer neuen Verfassung für Athen die Spannungen zwischen Adel und Bauernstand.

Als sich im Verlauf des 8. Jahrhunderts v.Chr. immer mehr attische Adelsfamilien in Athen niederließen, geriet die bis dahin unangefochtene Königsherrschaft ins Wanken, bis 683 das sog. Archontat das Königtum ablöste. Von nun an wurde die Macht von drei für die Bereiche Militär, Kult- und Rechtsverwaltung zuständigen Archonten ausgeübt, deren Amtszeit jeweils auf ein Jahr beschränkt war.

Der Staatsmann Solon gilt (etwa 640 v.Chr.-nach 559 v.Chr.) auch als der erste große Lyriker Athens.

Drakons Gesetzgebung: Das System, das den Adel stark privilegierte, führte jedoch zu sozialen Spannungen. Zum einen lehnten sich die Kleinbauern auf, die sich durch Missernten gegenüber dem Adel immer mehr verschuldet hatten. Zum anderen forderte der Mittelstand, der durch den Überseehandel an Bedeutung gewonnen hatte, mehr politische Rechte. Unter diesen gesellschaftlichen Gegebenheiten erließ um 621 v.Chr. Drakon eine Reihe neuer Gesetze zum Delikt- und Selbsthilferecht, mit denen Adelsfehden und Übergriffe des Adels auf die Bürger eingedämmt werden sollten. Um die Einhaltung der Gesetze – u.a. über die Ausübung der Blutrache – durchzusetzen, wurden Verstöße mit harten (»drakonischen«) Strafen belegt.

Solons Reformen: Da Drakons Gesetze jedoch an der Schuldenkrise

HINTERGRUND

Die Weisen der Antike

Als »die Sieben Weisen« gelten griechische Politiker und Philosophen des 7. und 6. Jahrhunderts v.Chr., denen u.a. knapp formulierte Lebensweisheiten zugeschrieben werden.

Kleobulos von Lindos (um 600 v.Chr.): Der Tyrann von Lindos auf der Insel Rhodos soll gesagt haben: »Maßhalten ist das Beste.«

Solon von Athen (um 640-559 v.Chr.): Der Gesetzgeber und Sozialreformer soll für das praktische Handeln die Devise ausgegeben haben: »Nichts im Übermaß.« Solon tat sich auch als Dichter hervor, der in seinen Werken seine Ethik des rechten Maßes und der rechten Ordnung zum Ausdruck brachte.

Chilon von Sparta (ca. 556/555 v.Chr.): »Erkenne dich selbst« lautete die Mahnung des in seiner Heimatstadt Sparta hoch verehrten Staatsmannes.

Bias von Priene (um 625-540 v.Chr.): Seine Erfahrungen als Richter mögen ihn zu seinem pessimistischen Satz provoziert haben: »Die meisten Menschen sind schlecht.«

Thales von Milet (um 625-um 547 v.Chr.): Nicht nur als herausragender Mathematiker (der u.a. den Satz zur Konstruktion rechtwinkliger Dreiecke mit Hilfe eines Halbkreises aufstellte), sondern auch als Philosoph und Politiker machte sich Thales einen Namen. Er gilt als der Begründer der europäischen Denktradition, da er als Erster die Natur rational zu erklären versuchte.

Pittakos von Mytilene (um 650-um 580 v.Chr.): Wegen seiner politischen Fähigkeiten – er befreite seine Heimatstadt von der Tyrannis und schuf vorbildliche Gesetze – wird Pittakos zu den Sieben Weisen gerechnet.

Periandros von Korinth (um 626-586 v.Chr.): Der Tyrann von Korinth, der sich für die Beschränkung der Sklavenarbeit und den Erhalt des Kleinbauernstandes einsetzte, verschaffte seiner Heimatstadt durch sein Wirken eine lang anhaltende Blütezeit.

IRAN

Monotheistische Sekte in Persien

Im Mittelpunkt einer neuen Religion steht der Konflikt von Gut und Böse. Der Parsismus erlebt seine Blütezeit in Persien in der Zeit der Sassanidenherrschaft (224-642 n.Chr.)

Um 600 v.Chr.: Nach einer Gottesvision begründet der etwa 30-jährige Zarathustra eine monotheistische Religion, den Parsismus (oder Zoroastrismus).

Über Zarathustra selbst ist wenig bekannt. Vermutlich wurde er um 630 v.Chr. in Baktrien (im heutigen Afghanistan) geboren und starb im Alter von 77 Jahren im persischen Chorasan, wohin er 590 verbannt worden war. Die Stadt wurde zu seiner eigentlichen Wirkungsstätte, nachdem er 588 den Fürsten Wischtaspa bekehrt hatte. Allerdings ist nicht auszuschließen, dass Zarathustra bereits weit früher, im 11. oder 10. Jahrhundert v.Chr., lebte.

Die unvereinbare Dualität von Gut (verkörpert im Schöpfergott Ahura Masda) und Böse (repräsentiert durch Ahriman) steht im Mittelpunkt des Parsismus. Der Kampf der beiden Mächte bestimmt das gesamte Universum. Der Mensch muss in dem Konflikt eine ethische Entscheidung treffen. Er kann das Böse überwinden, indem er Gutes denkt, redet und tut. Das Awesta, die heilige Schrift der Parsen, stammt vermutlich teilweise von dem Religionsstifter selbst. Kennzeichnend für den Kult sind die zahlreichen Reinigungsriten sowie die Verehrung des Feuers. Tote dürfen nicht verbrannt werden.

Die Verstorbenen werden auf sog. Türmen des Schweigens beigesetzt (Parsen-Tempel in Schiras).

gleichstellen

Pittakos, einer der sieben Weisen

der Bauern nichts geändert hatten, wurden Not und Erbitterung schließlich so groß, dass der Adel Solon als Vermittler einsetzte. Dieser hebt zunächst alle Schulden auf und veranlasst, dass bereits als Sklaven veräußerte Schuldner von der Polis zurückgekauft werden. Für die Zukunft wird die Schuldknechtschaft verboten – die Bauern dürfen künftig nur noch ihr Land und nicht mehr sich selbst beleihen.

Um die Konflikte zwischen Adel und Bürgertum zu verringern, verfügt Solon eine neue Verfassung. Dabei wird das Volk von Athen in vier Regionen, sog. Phyle, unterteilt. Jede Phyle ist wiederum in vier Klassen aufgeteilt – Großgrundbesitzer, Adel, Bauern und Besitzlose –, die über unterschiedliche politische Rechte verfügen.

So bleibt das Archontat der obersten Klasse vorbehalten. Alle Klassen mit Ausnahme der Besitzlosen sind künftig in einem Rat der 400 vertreten.

Dieser bildet ein Gegengewicht zum Areopag, dem aus ehemaligen Archonten zusammengesetzten Obersten Gerichtshof. Alle Klassen entsenden Vertreter in das Volksgericht sowie in die Volksversammlung, die ihrerseits Gesetze erlässt, die Beamten wählt und über Krieg und Frieden entscheidet. Die Rechte des Einzelnen werden schriftlich fixiert und verbürgt, so dass jeder Athener die Möglichkeit hat, sein Recht einzuklagen.

Verantwortung des Einzelnen: Grundgedanke von Solons Verfassung ist die prinzipielle rechtliche Gleichstellung der Bürger. Diese sollen sich als Teil des gesamten Gemeinwesens verstehen, für dessen innere und äußere Gestalt sie Mitverantwortung tragen. Ein weiterer wichtiger Aspekt ist die Förderung von Handel und Gewerbe durch die Stärkung des Mittelstandes.

EKBATANA

Neue Macht im Vorderen Orient

Durch kriegerische Expansionspolitik zerschlägt Kyros das bisherige Staatensystem im Vorderen Orient und macht Persien zum Weltreich.

559 v.Chr.: Der Vasallenkönig Kyros II. stürzt seinen Lehnsherrn, den medischen König Astyages, und übernimmt dessen Reich.

Mit der Eroberung der medischen Hauptstadt Ekbatana (heute Hamadan) beendet Kyros II. die dreijährigen Auseinandersetzungen mit Astyages – seinem Schwiegervater – zu seinen Gunsten. An die Stelle der gestürzten Meder-Dynastie tritt die von Kyros gegründete Achämeniden-Dynastie. Nahe der Stätte seines Sieges lässt Kyros seine Residenzstadt Pasargadai errichten, die neben Palästen und einer Tempelanlage auch einen riesigen Wildpark umfasst.

Meder und Perser gehörten zu der zweiten großen Einwanderungswelle, die ab 1500 v.Chr. von Norden her in die iranische Hochebene vordrang. Beide Völker gründeten ein eigenes Reich, doch mussten ab etwa 700 v.Chr. die Perser die Oberhoheit der Meder anerkennen. Medien, das mehrere Eroberungsversuche, u.a. von den Assyrern sowie den Skythen und Kimmeriern abgewehrt hatte, wurde im 7. Jahrhundert in der Regierungszeit des Königs Kyaxares (625-585) zur Großmacht, die mit babylonischer Hilfe Assyrien vernichtete.

Dieses Reich übernimmt nun Kyros II. und erweitert sein Territorium in den folgenden Jahren. 547 v.Chr. besiegt er auf einem Feldzug nach Westen den Lyder-König Kroisus und macht dessen Reich zur persischen Provinz. Er erobert die griechischen Niederlassungen an der Westküste Kleinasiens sowie Phönikien und Palästina und 539 auch das Neubabylonische Reich der Könige Nabonid und Belsazar. Den dort seit fast 50 Jahren gefangen gehaltenen Juden gestattet er die Rückkehr in ihre Heimat und den Wiederaufbau des Tempels in Jerusalem.

Wie gegenüber den Juden beweist Kyros auch gegenüber anderen Völkern, deren Reiche er erobert, Toleranz. Die Besiegten können Religion, Sprache und Gebräuche, oft auch ihre Regierungsform beibehalten. Auf diese Weise gelingt es dem Perserkönig, sein gewaltiges Reich zusammenzuhalten.

Schwieriger ist die Expansion nach Osten: Zwar gliedert Kyros zwischen 545 und 540 v.Chr. Baktrien, Parthien und Sogdiana seinem Herrschaftsbereich ein, doch fällt der König 529 südlich des Aralsees im Kampf gegen die Massageten, eines der Nomadenvölker im Nordosten Irans. Nachfolger auf dem Königsthron wird sein Sohn Kambyses II., der die Eroberungsfeldzüge seines Vaters erfolgreich fortsetzt.

Der verwundete persische König Kyros II. wird in Jerusalem gepflegt.

BABYLON

Menetekel prophezeit das Ende

Der Herrscher von Babylon, Belsazar, dem kurz zuvor in einem Orakel das Ende seines Reiches prophezeit worden ist, kommt bei der Einnahme der Stadt ums Leben.

539 v.Chr.: Der Perserkönig Kyros II. erobert Babylon. Das Babylonische Reich ist durch Spannungen zwischen der Priesterschaft des Stadtgottes Marduk und dem Königshaus, in dem der semitische Mondgott Sin favorisiert wird, geschwächt worden. Belsazar muss zudem dafür büßen, dass sein Großvater Jerusalem eroberte – so wird jedenfalls im Buch des Propheten Daniel in der Bibel berichtet: Nachdem Belsazar Kultgegenstände aus dem Tempel in Jerusalem entweiht hat, schreibt eine Hand das Orakel »Mene mene tekel u-parsin« an die Wand. Daniel deutet die Worte folgendermaßen: »Mene, das ist, Gott hat dein Königtum *gezählt* und beendet. Tekel, das ist, man hat dich auf der Waage *gewogen* und zu leicht befunden. Peres, das ist, dein Reich ist *zerteilt* und den Medern und Persern gegeben.«

KROTON

Die Zahl als Grundprinzip der Welt

Der Philosoph und Mathematiker Pythagoras von Samos lässt sich in Unteritalien nieder und begründet dort eine religiös-politische Gemeinschaft, die Pythagoreer.

Um 525 v.Chr.: Pythagoras (s. Abb.), um 570 v.Chr. auf Samos geboren, soll seine ersten philosophischen Unterweisungen von Thales und Anaximander erhalten haben. Auf ausgedehnten Reisen nach Ägypten und Babylonien ergänzte er seine Kenntnisse. Dass er seine Heimatinsel nun verlässt, hat politische Gründe. Pythagoras wendet sich von der seit etwa 538 v.Chr. bestehenden Tyrannis des Polykrates ab.

Seine in der griechischen Kolonie Kroton gebildete ordensähnliche Gemeinschaft unterliegt strengen Regeln und gewinnt in der Region bald erheblichen politischen Einfluss. Insbesondere die Regierungsform der Pythagoreer, die Oligarchie, bringt Kroton in Konflikt mit benachbarten Städten. Doch bleibt die Herrschaft einer kleinen (elitären) Gruppe noch über Jahrzehnte erhalten.

Direkte Zeugnisse von den Lehren des Pythagoras sind nicht erhalten, doch steht zu vermuten, dass die von seinen Schülern weitergetragenen Ansätze auf ihn zurückgehen. Danach sieht Pythagoras die Zahl als das Prinzip aller Dinge an. In diesem Sinne beschäftigt er sich vor allem mit Mathematik, Astronomie und Musik. Die Entdeckung, dass musikalische Intervalle auf Zahlenproportionen (Oktave 2:1, Quinte 3:2, Quarte 4:3 usw.) zurückzuführen sind, stammt vermutlich von Pythagoras. Die Legende, er habe dies mit Hilfe des Klanges von unterschiedlich schweren Schmiedehämmern festgestellt, ist allerdings widerlegt worden. Aus den Intervallproportionen soll Pythagoras die diatonische Tonleiter entwickelt haben.

Die Pythagoreer fassen die Musik als mathematische Wissenschaft auf, deren Gegenstand die Zahlenrelationen der Intervalle ist. Die Vorstellung, dass die Musik ein Teil des Universums sei, dessen Sphären harmonisch klingen und dessen Gestirne sich im Sinne einer musikalischen Harmonie ordnen und bewegen, bleibt bis ins Mittelalter erhalten.

Pythagoras' Erbe: $a^2 + b^2 = c^2$

Der pythagoreische Lehrsatz ist bis heute einer der grundlegenden Lehrsätze der Geometrie.

Seine Aussage: Im rechtwinkligen Dreieck ist die Summe der Flächeninhalte der Quadrate über den Katheten gleich dem Flächeninhalt des Quadrats über der Hypotenuse oder als Formel $a^2 + b^2 = c^2$. Dieser Lehrsatz war vermutlich bereits um 1700 v.Chr. in Babylon bekannt, doch wird er stets Pythagoras zugeschrieben.

HINTERGRUND

Verehrung für Zeus

Im Auftrag des Tyrannen Peisistratos beginnen die Bauarbeiten für den Tempel des Olympischen Zeus. Das Projekt zeigt nicht zuletzt die Bedeutung, die der Athener Alleinherrscher der Förderung von Kunst und Kultur beimisst.

Das dem höchsten und mächtigsten Gott Zeus gewidmete Bauwerk ruht auf einem Fundament von etwa 30 m mal 40 m mit einem aus 104 Säulen bestehenden umlaufenden Säulengang. Der Tempel wird zu Lebzeiten Peisistratos' nicht vollendet und auch seine Söhne und Nachfolger, die Tyrannen Hippias und Hipparchos, die den Bau eines noch gewaltigeren Tempels planen, können ihr Vorhaben nicht verwirklichen. Erst Jahrhunderte später, um 130 n.Chr., unter dem römischen Kaiser Hadrian, wird der Zeus-Tempel in Athen fertig gestellt. Baugeschichtlich vereint er verschiedene Epochen; so finden sich z.B. nebeneinander ionische und korinthische Merkmale.

Eine weitere bedeutende Kultstätte für den höchsten Gott entsteht im 5. Jahrhundert v.Chr. in Olympia (s. Abb.). Der 456 v.Chr. vollendete Tempel des elischen Architekten Libon ist mit einer Grundfläche von ca. 28 m mal 64 m der bis dahin größte auf dem griechischen Festland. Das Bauwerk besteht aus verputztem Muschelkalk, das Dach ist aus Marmor. Die Außenfassade schmücken Giebelskulpturen und Metopenreliefs, welche die Taten des Herakles darstellen. Das Goldelfenbeinfries des thronenden Zeus mit seinem reichen figürlichen Schmuck zählt zu den berühmtesten Kunstwerken der Antike.

ATHEN

Tyrannis in Athen

Während der knapp 20-jährigen Regierungszeit des Peisistratos erlebt der Stadtstaat eine Blütezeit.

546/45 v.Chr.: Peisistratos übernimmt als Tyrann die Macht in Athen. Die Verfassungsreform des Solon, welche die politische Mündigkeit der Athener voraussetzte, erwies sich in der Umsetzung als problematisch. Die Bevölkerung verstand die ihr so plötzlich zugefallenen Rechte noch nicht zu nutzen, manche Archonten, die jeweils auf ein Jahr gewählten höchsten Beamten, weigerten sich, ihr Amt fristgemäß aufzugeben. In dieser Lage unternahm der Aristokrat Peisistratos, der von den Kleinbauern unterstützt wurde, drei Anläufe, die Macht an sich zu bringen, erst beim dritten Mal mit Erfolg.

Peisistratos lässt die Verfassung im Wesentlichen unangetastet, liberalisiert aber die Grundstücksgesetze. Auf diese Weise fördert er die Bauernschaft und begrenzt die Macht der Großgrundbesitzer. Außerdem ordnet er das Münzwesen neu und schafft die Staatsmünze mit dem Bildnis der Athene und der Eule; dies förderte den Handel: Insbesondere der Export von kunstvoll bemalten Keramikgefäßen sorgt für einen Aufschwung,

Peisistratos zieht nach seiner Verbannung wieder in Athen ein.

jedoch kurbeln auch riesige öffentliche Bauaufträge die Wirtschaft an.

Auch außenpolitisch gewinnt der Stadtstaat Athen unter Peisistratos im gesamten ägäischen Raum an Gewicht, da es sich mit Ionien verbindet.

KLEINASIEN

Kroisos verliert sein Reich an die Perser

Der Lyder-König Kroisos (*um 595) scheitert mit seinem Angriff auf das Perserreich und fällt im Kampf. Lydien wird zur persischen Provinz.

547 v.Chr.: Kroisos unterliegt König Kyros II. von Persien. Unter Kroisos, der um 560 den Königsthron bestiegen hatte, erreichte das Reich der Lyder zunächst seine größte Ausdehnung. Die griechischen Städte an der kleinasiatischen Küste wurden mit Ausnahme von Milet sämtlich Lydien eingegliedert. Kroisos schreckte allerdings davor zurück, auch die Inseln in der Ägäis zu erobern. Das Verhältnis des Lyder-Königs zu den Griechen war durchaus positiv. Kroisos gewährte den griechischen Städten weitgehende Autonomie und übernahm seinerseits vieles von der Lebensweise der Eroberten und interessierte sich für deren Kultur und Philosophie. So soll er u.a. mit dem Athener Staatsmann Solon ein Gespräch über das menschliche Glück geführt haben. Dem Orakel in Delphi machte er mehrfach kostbare Geschenke. Nachdem der persische König Kyros II. 550 v.Chr. den medischen Herrscher Astyages gestürzt und dessen Reich zu seinem gemacht hatte, fühlte sich Kroisos zum Eingreifen berufen, zumal eine Generation zuvor zwischen Alyattes von Lydien und Kyaxares von Medien ein Friedensvertrag geschlossen worden war. Bevor er zu seinem Feldzug aufbrach, befragte Kroisos das Orakel in Delphi und interpretierte dessen zweideutige Antworten auf seine Weise. Wenn er den Halys (heute Kizilirmak), den Grenzfluss zu Kyros' Herrschaftsgebiet überschreite, so wurde ihm prophezeit, werde er ein großes Reich zerstören. Die zweite Weissagung lautete, dass die Perser siegen würden, wenn ein Maulesel über die Meder herrsche. Dies war eine versteckte Anspielung auf die Abstammung des Perserkönigs: Kyros' Mutter war eine medische Prinzessin, die sich mit einem Perser vermählt hatte. Da er die Prophezeiungen für sich positiv deutet, zieht Kroisos über den Halys nach Kappadokien, wo es zu einer Schlacht mit Kyros' Truppen kommt. Diese endet ohne Sieger. Kroisos zieht sich daraufhin in seine Hauptstadt Sardes zurück, um das nächste Frühjahr zu erwarten und Unterstützung von seinen Bundesgenossen Babylonien, Ägypten und Sparta einzufordern, die sich bislang nicht militärisch an dem Feldzug beteiligt haben. Überraschend verfolgt jedoch Kyros die lydischen Truppen und fügt ihnen bei Pteria vor den Toren Sardes eine schwere Niederlage zu. Anschließend belagert er die Stadt und nimmt sie nach nur 14 Tagen ein. Damit ist das Ende des Lydischen Reiches besiegelt.

Der Legende nach verfügte Kroisos über unermessliche Reichtümer.

ÄGYPTEN

Persien reicht bis nach Europa

Kambyses II. hat nach dem Tod seines Vaters Kyros II. 529 die Herrschaft im Persischen Reich übernommen, nachdem er seinen Bruder Bardija getötet hatte.

Mai 525 v.Chr.: Der persische König Kambyses II. erobert Ägypten. Sein Nachfolger Dareios I. dehnt das Perserreich bis nach Europa aus. Kambyses II. setzt die Expansionspolitik seines Vaters mit dem Feldzug nach Ägypten fort und dringt bis Nubien und Libyen vor. 522 stirbt er auf dem Rückweg nach Persien, wo der Magier Gaumata als angeblich noch lebender Bardija die Macht an sich gebracht hat. Nachfolger von Kambyses II. wird Dareios I., ein Schwiegersohn Kyros II. Er schlägt die Aufstände in Persien nieder, tötet Gaumata und dehnt sein Reich im Osten bis an den Indus, im Westen über den Bosporus bis nach Makedonien und Thrakien aus. Bei der Überquerung der Meerenge zwischen Asien und Europa wird 513 v.Chr. die erste Brücke über den Bosporus errichtet. Dareios' Feldzug über die Donau gegen die Skythen in Südrussland scheitert allerdings.

HINTERGRUND

Vieldeutige Weissagungen aus Delphi

Das Orakel von Delphi ist zwischen dem 9. und dem 1. vorchristlichen Jahrhundert eine bei Griechen wie bei anderen Völkern gleichermaßen geachtete Stätte der Weissagung, besonders in politischen Fragen.

In der mittelgriechischen Stadt am Fuß des Berges Parnass gab es schon in mykenischer Zeit eine Kultstätte. Seit dem 8. Jahrhundert v.Chr. befindet sich dort das wichtigste Heiligtum des Gottes Apollon, der – wie die Legende berichtet – durch die Tötung des Drachen Python Herr des Ortes wurde.

Die zum Apollontempel führende »Heilige Straße« ist von zahlreichen Schatzhäusern für Weihgeschenke und Denkmälern der griechischen Staaten gesäumt. Gesondert und tiefer liegt der Bezirk der Athena Pronaia mit der Tholos aus der Zeit um 380 v.Chr. Zum Heiligtum gehören Theater und Stadion; südlich und westlich des heiligen Bezirks liegt die Stadt.

Im Apollontempel sitzt die Orakelpriesterin Pythia auf einem Dreifuß über einer Erdspalte, aus der Dämpfe aufsteigen, und verkündet im Zustand göttlicher Besessenheit in vieldeutigen Sprüchen die Weissagungen Apollons. Obgleich sie damit lediglich Übermittlerin ist, werden immer wieder Versuche unternommen, sie politisch zu beeinflussen. Zeitweilig gibt es zwei bzw. drei Pythien. Die größte politische Bedeutung erreicht das Orakel von Delphi in archaischer Zeit, es wirkt auf die Verfassung der griechischen Städte, viele politische Entscheidungen und die Kolonisation ein. Ab 450 v.Chr. nimmt der Einfluss ab; später verliert die Stadt die Selbstständigkeit: 356 bis 346 v.Chr. wird Delphi von den Phokern besetzt, dann wird es von Makedonien, dem Aitolischen Bund und zuletzt von Rom kontrolliert.

Die Tholos von Delphi, ein Rundtempel, der der Göttin Athene geweiht ist

LATIUM

Niedergang der Etrusker in Italien

Die Vertreibung des etruskischen Königs Lucius Tarquinius Superbus aus Rom hatte um 509 bereits die Stellung der Etrusker in Mittelitalien geschwächt.

Um 505 v.Chr.: Die Niederlage gegen die griechische Kolonie Kyme (nördlich von Neapel) bedeutet für die Etrusker den Verlust der Herrschaft in Latium.

Die Etrusker, ein nicht indogermanisches Volk, dessen Herkunft bis heute umstritten ist, beherrschen seit dem 8. Jahrhundert v.Chr. den westmittelitalienischen Raum zwischen Arno und Tiber. Sie gründeten eine Reihe von Städten, die ohne eine übergeordnete politische Gewalt lose miteinander verbunden waren. Herrscher der Städte waren zunächst Priesterfürsten, seit dem Ende des 6. Jahrhunderts übernahm immer häufiger die Adelsschicht die Regierung.

Bis 600 v.Chr. unterwarfen die Etrusker Teile Umbriens und Oberitaliens; um 540 wurde Felsina

Szene aus dem festlichen Leben: etruskischer Lethra-Spieler (um 490 v.Chr.)

(heute Bologna) gegründet. Zuvor hatte die Expansion nach Süden begonnen, wo in Latium und Kampanien z.T. bereits bestehende Siedlungen als Städte neu gegründet oder organisiert wurden. Um 535 v.Chr. konnten die Etrusker im Bündnis mit Karthago in der Seeschlacht bei Alalia (Aleria auf Korsika) gegen Kolonisten aus dem kleinasiatischen Phokaia den griechischen Einfluss zurückdrängen und die Seeherrschaft über das nach ihnen benannte Tyrrhenische Meer gewinnen. Ebenfalls im 6. Jahrhundert sicherte sich das etruskische Geschlecht der Tarquinier die Vorherrschaft über Rom und die latinischen Städte.

Im 5. Jahrhundert schwindet die Macht der Etrusker. Nach den Niederlagen in Rom und Kyme müssen sie ihre Expansionspläne aufgeben. 474 v.Chr. endet die Seeherrschaft der Etrusker mit einer Niederlage gegen Hieron von Syrakus. Nach 424 v.Chr. bricht die etruskische Herrschaft in Kampanien durch die Erhebung der Samniten zusammen. Ende des 5. Jahrhunderts verlieren sie Oberitalien an die Gallier, die nach Überschreiten der Alpen in die Po-Ebene eindringen. Immer wieder flammen Kämpfe zwischen der aufstrebenden römischen Republik und einzelnen etruskischen Städten oder Städtegruppen auf, bis um 290 ganz Etrurien von Rom beherrscht wird. Im 1. Jahrhundert v.Chr. erhalten die Etrusker das römische Bürgerrecht.

Etruskische Sarkophag-Figur aus dem 3. Jahrhundert v.Chr.

ROM

Römische Republik

Nach der Vertreibung des letzten etruskischen Königs entsteht in Rom eine Republik, in der den Patriziern ein politisches Übergewicht zufällt.

Um 509 v.Chr.: An der Spitze des Staates stehen zwei gleichberechtigte oberste Beamte (zunächst Praetoren, später Konsuln genannt), die jeweils für ein Jahr gewählt werden. In Krisenzeiten wird ein Diktator ernannt, der für höchstens sechs Monate uneingeschränkte Machtbefugnisse erhält und keine Rechenschaft ablegen muss. Der Beamtenapparat (Magistrat) unterhalb der Konsulnebene gliedert sich in Prätoren, die für die Rechtsprechung zuständig sind, Zensoren (frühere Konsuln), Kurulische Ädilen (ab 366 v.Chr.), die u.a. die Polizeiaufsicht führen, und die ab 447 v.Chr. eingesetzten Quästoren, die für die Finanzverwaltung zuständig sind.

Im 300 Mitglieder umfassenden Senat sind die Häupter (patres) der Adelsfamilien sowie ehemalige Magistratsbeamte vertreten. Diese Versammlung berät den Magistrat – später werden die Vorschläge des Senats verbindlich – und wählt den sog. Zwischenkönig, der bei einer Vakanz des Konsulats für fünf Tage die Geschäfte übernimmt.

Die dritte Säule des Staates sind wie schon in der Königszeit die Volksversammlungen. Die wichtigsten sind die Zenturiatkomitien, die einer Heeresversammlung gleichkommen. Die darin versammelten Bürger werden nach ihrem Vermögen – und nicht nach ihrer Abstammung – in fünf Klassen und 193 Hundertschaften aufgeteilt: Es gibt 18 Reiterzenturien, 80 schwer und 90 leicht bewaffnete Zenturien, vier Hundertschaften Techniker und Musikanten sowie eine Zenturie der Besitzlosen. Den Zenturiatkomitien obliegt u.a. die Entscheidung über Krieg und Frieden, die Wahl der obersten Beamten sowie die Abstimmung über Gesetze. Zur Erhebung der Steuern werden sog. Tributkomitien, regionale Verwaltungsbezirke, gebildet.

Die Römische Republik ist zu Beginn in zwei Klassen, die mit politischen und religiösen Vorrechten ausgestatteten Patrizier und die Plebejer, geteilt. Wegen der Benachteilung der Plebs kommt es in der ersten Hälfte des 5. Jahrhunderts v.Chr. zum sog. Ständekampf. Um 450 erhalten die Plebejer durch das Zwölf-Tafel-Gesetz mehr Rechte.

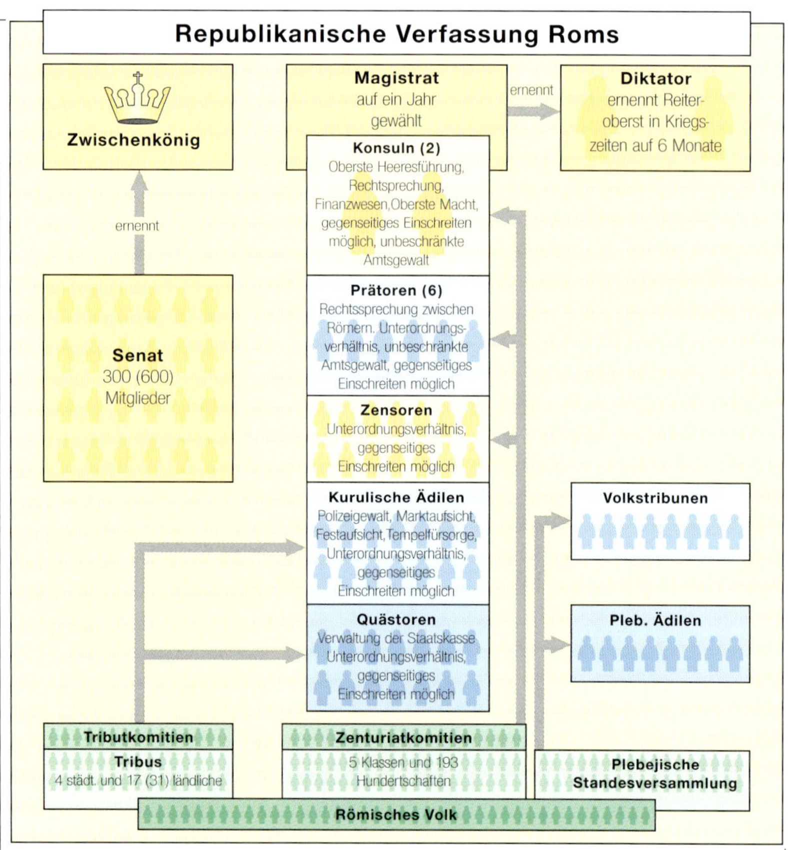

ATHEN

Gleiche Rechte für alle Athener

Kleisthenes gibt dem Stadtstaat eine demokratische Verfassung, die jedem freien männlichen Staatsbürger die gleichen Rechte einräumt. 60 Jahre später fügt Perikles der athenischen Demokratie nochmals wichtige Elemente hinzu.

508/07 v.Chr.: Der Staatsmann Kleisthenes übernimmt nach dem Sturz des Tyrannen Hippias 510 v.Chr. die Regierung in Athen. Grundlage des Staates sind die über 100 Gemeinden (Demen) – Dörfer und Stadtbezirke. Sie verwalten sich selbst, haben eine Gemeindeversammlung und einen Bürgermeister, der einmal jährlich durch Wahl oder per Losentscheid bestimmt wird. Die Demen werden zehn sog. Phylen zugeteilt, deren Mitglieder je zu einem Drittel aus den Bezirken Stadt, Land und Küste stammen. Über die Zusammensetzung entscheidet das Los. Jede Phyle entsendet 50 Vertreter in den Rat der 500. Dieser führt die politischen Geschäfte der Stadt und regiert für eine Amtsperiode (36 Tage). Der Rat wählt jeden Tag einen neuen Vorsitzenden.

Die zehn Phylen bilden zugleich die Grundlage der Heeresverfassung. Jede Phyle stellt ein Regiment, das unter dem Befehl eines gewählten Strategen steht.

Die Athener Verfassung ist in Griechenland einzigartig. In keinem der anderen Stadtstaaten gelingt es die Macht des Adels zu brechen und die Voraussetzung für die Mitwirkung aller Bürger an der Gestaltung des Gemeinwesens zu schaffen. Allerdings sind auch in Athen bei weitem nicht alle der rd. 315 000 Einwohner an den politischen Entscheidungen beteiligt. Frauen sind ebenso ausgeschlossen wie die etwa 30 000 eingewanderten Händler und Gewerbetreibenden sowie die rd. 115 000 Sklaven.

Deutlich zu spüren ist der Wille, jeden Versuch einer Gruppe oder eines Einzelnen, die Macht zu monopolisieren, im Keim zu ersticken. Die Besetzung von Ämtern oder die Zusammensetzung von politischen Institutionen wird häufig durch Los bestimmt. Für kaum ein Amt ist eine besondere Eignung gefragt: Lediglich der für die Finanzverwaltung zuständige Beamte muss über ein gewisses Vermögen verfügen, damit er nötigenfalls für seine Fehler haften kann. Auch die Heerführer werden nicht durch Zufall, sondern aufgrund ihrer Qualifikation gewählt.

Diese weitgehende Gleichheit von Herrschern und Beherrschten verhindert zum einen die Entstehung einer kompetenten politischen Klasse, zum anderen ist sie in der Praxis schwer umzusetzen. Der Staatsmann Perikles, der von 443 bis 429 v.Chr. als Vertrauensmann des Volkes de facto Alleinherrscher in Athen ist, führt deshalb u.a. eine Diätenregelung für die politisch Tätigen ein. Zuvor haben vor allem die Angehörigen niedrigerer Klassen ihre Rechte nicht wahrgenommen, weil sie nicht auf ihren Verdienst verzichten konnten.

Perikles verwirklicht außerdem ein kostspieliges Kulturprogramm, um die politische Ordnung mit einer neuen Geistigkeit zu verknüpfen. Seine Regierungszeit wird so zu einem Höhepunkt der klassischen griechischen Kultur. Im perikleischen Zeitalter wird auch die Akropolis in Athen vollendet. Politisch bleibt Perikles umstritten, da seine quasi monarchische Stellung im Widerspruch zu den demokratischen Prinzipien steht.

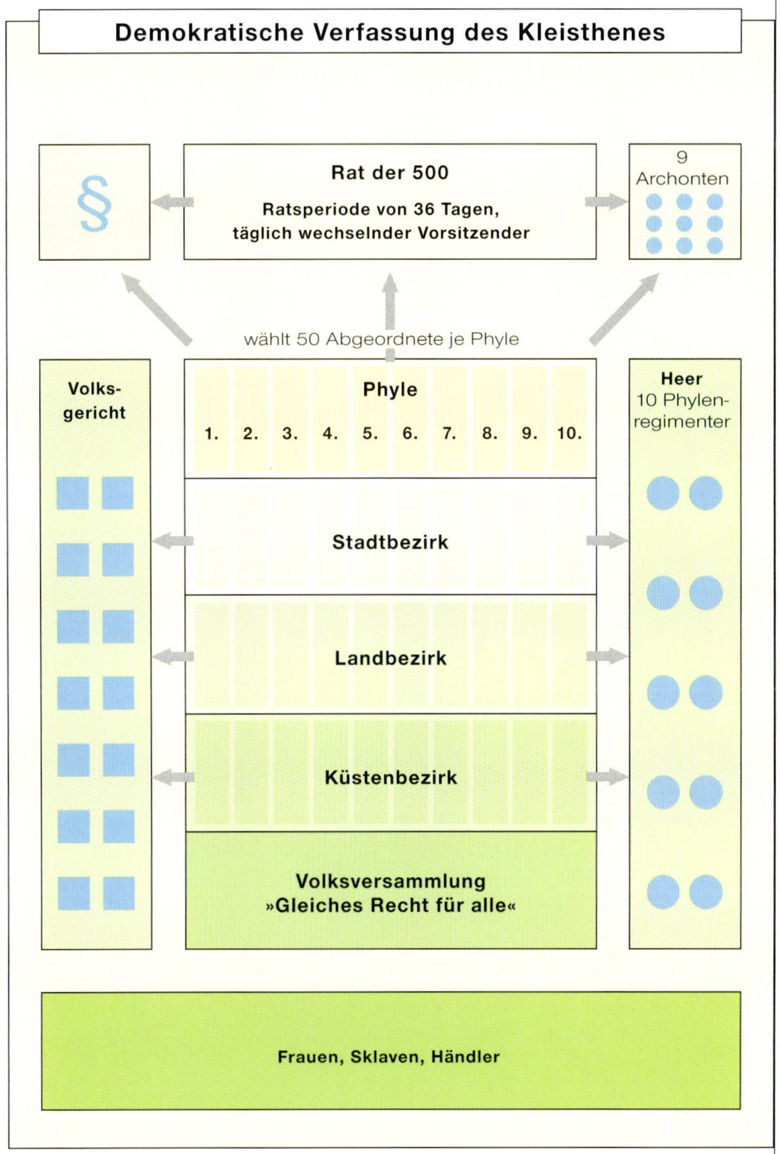

ATHEN

Abstimmung per Tonscherbe

Durch das Scherbengericht in Form einer Volksabstimmung werden Personen, die verdächtigt werden, nach der Alleinherrschaft zu streben und damit gegen die verfassungsmäßige Ordnung verstoßen, für zehn Jahre des Landes verwiesen. Die Verbannten verlieren durch dieses Verfahren jedoch weder ihre Bürgerrechte noch ihr Vermögen.

488/487 v.Chr.: Die Athener Bürger wenden zum ersten Mal das auf Anregung von Kleisthenes eingeführte Scherbengericht (Ostrakismos) an, um den Politiker Hipparchos aus der Stadt zu verbannen. In der Volksabstimmung wird zunächst per Abstimmung geprüft, ob ein Scherbengericht notwendig ist. Dann erfolgt das Votum auf Tonscherben (Ostraka), in die der Name des zu Verbannenden geritzt wird.

Scherbengericht des Themistokles

Das Reich der Perser – Vormacht in

6. Jh. v.Chr.-7. Jh. n.Chr.

Die Vorgeschichte Altirans

Zwischen 1500 und 1000 v.Chr. drangen indoeuropäische Stämme, die sich selbst als Arier bezeichneten, von Nordosten über den Kaukasus auf die iranische Hochebene vor, übernahmen hier die Herrschaft und nannten das Land Iran, »Land der Arier«. Zur letzten Einwanderergruppe gehörten die Stämme der Perser und Meder, die in den assyrischen Annalen Mitte des 9. Jahrhunderts erstmals erwähnt und lokalisiert werden. Diesen Quellen zufolge lag das Gebiet der Perser westlich des armenischen Urmia-Sees, das der Meder südöstlich davon. Im 8. und 7. Jahrhundert zogen die persischen Stämme nach Südosten, besetzen elamitisches Gebiet (Parsumsh) sowie weiter östlich gelegene Landstriche, die sie Parsa (»Perserland«) nannten.

Bereits Teispes (675-645), der Sohn des Dynastiegründers Achämenes (ca. 705-675; »Achämeniden«) führte den Königstitel, doch waren er und seine Nachfolger – zeitweise existierten nebeneinander zwei Perserreiche (640-600) – vom medischen Herrscher abhängig.

Das Reich der Achämeniden

Kyros II., der Große (559-529), stürzte um 550 v.Chr. seinen medischen Oberherrn und Schwiegervater Astyages (585-550) und begründete so das achämenidische Großreich. 545 eroberte er Lydien; die Griechenstädte an der kleinasiatischen Westküste mussten sich ihm ebenso beugen wie die Karier und Lykier. Als Kyros 539 Babylon einnahm, standen ihm auch Mesopotamien, Syrien, Palästina und Phönikien offen. Bei seinem Tod waren die Reichsgrenzen im Nordosten bis zum Jaxartes (Syr-Darja) und im Osten bis Baktrien und der Sogdiane vorgeschoben. Die unterworfenen Reiche bestanden weiter, nun allerdings unter persischer Verwaltung. Religion, Landessitten, Landessprachen und besondere Regierungsformen (wie die griechische Polis) durften beibehalten werden. So wurde das von Kyros II. erbaute Pasargadae zur Residenz, das medische Ekbatana (heute Hamadan) zur zweiten Hauptstadt des Reiches. Die offiziellen Amtssprachen waren das Persische, das Elamitische und das Aramäische.

Kambyses II. (530-522), der seinen älteren Bruder Bardiya (Smerolis) ermorden ließ, um die Nachfolge seines Vaters Kyros zu übernehmen, führte die Eroberungspolitik mit der Besetzung Ägyptens (525) sowie Vorstößen nach Nubien und Libyen fort. Während seiner Abwesenheit usurpierte 522 der Magier Gaumata, ein Anhänger der Lehre Zarathustras, den Thron. Kambyses starb in Syrien auf dem Rückweg nach Persien. Erst seinem Nachfolger, Dareios I., dem Großen (522-486), gelang es 521 durch eine Verschwörung mit sechs persischen Adelsfamilien Gaumata zu töten, seine Anhänger zu beseitigen und die Reichseinheit wieder herzustellen. Ein Bericht über den Aufstand des Gaumata liegt in Dareios großer Felsinschrift von Bisutun vor.

Innenpolitisch beschritt Dareios I. neue Wege, indem er eine Einteilung des Reiches in 20 Satrapien (von einem Statthalter verwaltete Provinzen) vornahm, eine einheitliche Goldmünze (Dareikos) einführte, Steuern und Finanzen ordnete, die Verkehrswege – u.a. die Königsstraße zwischen Susa und Sardes sowie den Kanal vom Nil zum Roten Meer – und Poststationen ausbaute. 518 gründete Dareios I., der aus einer Nebenlinie der Achämeniden stammte und ein Schwiegersohn Kyros' war, die neue Hauptstadt Persepolis, die zugleich zentraler Kultort des Reiches wurde. Unter ihm und seinem Nachfolger Xerxes I. (486-465) erreichte Persien seine größte Ausdehnung. Dareios drang 513 im Osten bis ins Indusgebiet vor; ein Feldzug gegen die Skythen, die nördlich der unteren Donau am Schwarzen Meer beheimatet waren, blieb zwar erfolglos, doch der Perserkönig erzwang die Abhängigkeit Thrakiens und Makedoniens und dehnte sein Reich so bis nach Europa aus. Sein eigentliches Ziel bestand darin, durch die Eroberung der jeweils jenseitigen Ufer des Schwarzen Meers und der Ägäis die Meere ganz unter seine Kontrolle zu bringen.

Mit dem Aufstand der ionischen Griechen in Westkleinasien begannen 500 v.Chr. die sog. Perserkriege, über 50 Jahre sich hinziehende militärische Auseinandersetzungen zwischen Griechen und Persern. Dareios I. gelang es zunächst, den Ionischen Aufstand niederzuschlagen, doch scheiterte 490 ein Vergeltungskrieg gegen die griechischen Städte in der Schlacht bei Marathon. Dareios starb während der Vorbereitungen zu einem neuerlichen Feldzug gegen Griechenland.

Sein Nachfolger Xerxes I. zerstörte zunächst Athen, musste dann aber 480 bei Salamis und 479 bei Platäa entscheidende Niederlagen hinnehmen. Erst 449 kam es zum endgültigen Friedensschluss: Persien erkannte die Zugehörigkeit der griechischen Städte in Kleinasien zum Attischen Seebund an; die Griechen überließen ihnen dafür ihre Niederlassungen auf Zypern. Noch während der Perserkriege kam es in anderen Teilen des Reiches, insbesondere in Ägypten und Babylonien, zu Aufständen, die sich unter den späteren Achämeniden fortsetzten. Hauptunruheherde bildeten neben Ägypten Baktrien, Kleinasien und Phönikien. Zugleich verlor das Herrscherhaus seine ursprüngliche Dynamik; Xerxes wurde mehr und mehr zu einem orientalischen Despoten, der größten Wert auf das Hofzeremoniell legte. Unter seinen Nachfolgern erschütterten Thronstreitigkeiten die innere politische Lage, so z.B. als Kyros der Jüngere seinem Bruder Artaxerxes II. (404-359) vergeblich die Herrschaft streitig machte (401). Artaxerxes III. Ochos (359-338) gelang es noch einmal alle Kräfte zu mobilisieren und kurzfristig dem Reich 343 v.Chr. die alte Größe wiederzugeben. Doch fielen er und sein Sohn Arses 338 bzw. 336 Hofintrigen zum Opfer. Die Niederlage Dareios' III. (336-330) bei Gaugamela 331 gegen den Makedonierkönig Alexander III., den Großen, bedeutete schließlich das Ende der Archämenidenherrschaft.

Seleukiden und Parther

Als Alexander der Große (336-323) Persien in sein Weltreich eingliederte, übernahm er das persische Verwaltungswesen und Herrschaftssystem ohne große Änderungen, gleichzeitig aber wurden die alten iranischen Gebiete hellenisiert. Alexanders General Seleukos wurde 321 Satrap von Babylon, 312 gründete er eine eigene Dynastie und nahm 305 als Seleukos I. Nikator (305-281) die Königswürde an. Sein Herrschaftsbereich umfasste Mesopotamien, Iran und Syrien. Hauptstadt dieses Reiches war Babylon, später Seleukia am Tigris und zuletzt Antiochia in Syrien. Die ständigen Auseinandersetzungen der Seleukiden mit den ägyptischen Ptolemäern und eine wachsende innere Opposition nutzten die Satrapen der nordöstlichen Provinzen, insbesondere Baktrien, bereits im dritten vorchristlichen Jahrhundert für ihre Unabhängigkeitsbestrebungen. Zwar konnte Antiochos III., der Große (223-187), das Reich noch einmal zu seiner alten Größe führen, doch mit seinem Krieg gegen Rom läutete er auch den endgültigen Niedergang der Seleukiden ein. Schon unter seinem Nachfolger Seleukos IV. Philopator (187-175) gingen selbst die Persis und die Elymais verloren.

Schon um 250 v.Chr. waren Nomadenstämme in den Nordwesten des iranischen Hochlandes eingedrungen. Einer ihrer Häuptlinge, Arsakes, nahm 247 den Königstitel an und begründete die Dynastie der Arsakiden (247 v.Chr.-224 n.Chr.). Ausgehend von Parthien (»Parther«) und Hyrkanien drängten die Arsakiden im Verlauf von 150 Jahren die Seleukiden in den Westen ab. Hier

Asien besiegelte der römische Feldherr Pompeius das Ende der Seleukiden, indem er deren letzten Herrscher Philipp II. absetzte und Syrien zur römischen Provinz machte (64).

Den größten Aufschwung nahm das Partherreich unter Mithridates I. (um 171-138), der Babylon (142) und Seleukia am Tigris (141) einnahm, die Persis und die Elymais unterwarf, Baktrien und Teile Indiens gewann (139/138) und somit die Karawanenstraßen des Fernhandels kontrollierte. Im Westen mischte sich erstmals 64/63 v.Chr. Rom in die inneren Verhältnisse des geschwächten Partherreiches ein. Später erkannte der römische Kaiser Augustus (27 v.Chr.-14 n.Chr.) praktisch den Euphrat als Grenze an.

Die Abwehrkämpfe gegen die Völker im Osten und die großen Kriege gegen die römischen Kaiser schwächten das parthische Königtum. Entscheidend wirkten sich aber innere Zwistigkeiten und eine starke nationaliranische Bewegung aus, die in den Stämmen der Persis ihre treibenden Kräfte besaß. Unter Ardaschir I. aus dem Haus der Sassaniden führte die Situation zur offenen Rebellion und 224 n.Chr. zum Ende der Arsakidenherrschaft.

Die Sassaniden

Als Ardaschir I. (224-241) den Thron bestieg, verstand er sich als legitimer Erbe und Erneuerer des Achämenidenreiches. Bis zu seinem Tod hatte er mit Ausnahme Ägyptens, Syriens und Kleinasiens die alten achämenidischen Reichsgrenzen wiederhergestellt und im Innern das Reich wieder unter Kontrolle gebracht. Er reorganisierte die Verwaltung und forderte von den Römern das gesamte Gebiet bis zum Bosporus als altes persisches Erbe zurück (230). Seine gegen Rom begonnenen Kriege führte sein Sohn Schapur I. (241-272) fort, der seinen Herrschaftsanspruch in dem Titel »König der Könige von Iran und Nichtiran« ausdrückte.

Ständige Kriege mit den Römern, innere Wirren, Kämpfe gegen die Skythen und Auseinandersetzungen mit arabischen Grenzstämmen prägten die nächsten Jahrhunderte. Dabei lag häufig die eigentliche königliche Gewalt bei dem übermächtig gewordenen Feudaladel und dem Obermagier, dem Hüter des zur Staatsreligion erhobenen Zoroastrismus. Eine zunehmende Gefahr stellten im 5. Jahrhundert die Kidariten oder Hephtaliten dar, ein hunnisch-türkischer Stamm, den noch Schapur II. (310-379) auf iranischem Gebiet angesiedelt hatte. Gegen Ende des Jahrhunderts erschütterte die Revolte der Mazdakiten das Reich, die im Kampf gegen den Adel die bisherige soziale Ordnung Irans radikal verändern wollten.

Der letzte große König war Chosrau I. Anoscharwan (531-578), der in vielen Legenden als weiser Herrscher fortlebt. Ihm gelang es, das Oströmische Reich zurückzudrängen (561/62), die Heophtaliden zu schlagen und die Reichsgrenzen bis zum Jemen auszudehnen. Innere Reformen folgten diesen außenpolitischen Leistungen. Unter seinen Nachfolgern brachen wiederum Zwistigkeiten aus, der Adel revoltierte, die Herrscher wechselten rasch. Diese inneren Schwächen nutzte der byzantinische Kaiser Herakleios I. (610-641) und schlug das persische Heer 627/28 mehrfach. 637 besetzten die Araber Seleukia und in den nächsten 15 Jahren fiel das gewaltige Sassanidenreich der islamischen Eroberung zum Opfer. Der letzte Vertreter der Dynastie, Jesgerd III., wurde 651 ermordet.

Religion und Kult

In vorachämenidischer Zeit war die iranische Religion polytheistisch geprägt, der Kult lag in den Händen medischer Magier, die das Opferritual vollzogen, Träume deuteten und Zaubersprüche sangen, Tempel und Götterbilder indes strikt ablehnten. Mit der Lehre des baktrischen Magiers Zarathustra (um 630-553) waren sie zu Beginn der Achämenidenherrschaft wohl schon vertraut. Kerngedanken dieser Lehre, die starke Anleihen bei der altiranischen Religion machte, waren die Verehrung nur eines Gottes, des Ahura Masda, des Weltschöpfers, und das kosmische Ringen zwischen »Gerechtigkeit« und »Lüge«. Weil die Wahl eines dieser moralischen Prinzipien dem Menschen freistand, konnte er sein Schicksal mitbestimmen. Allerdings folgte dementsprechend nach seinem Tod Belohnung oder Strafe. Den Mittelpunkt des Kultes stellte die Verehrung des Feuers dar, meist in Tempeltürmen mit Feueraltären. Dargelegt hatte Zarathustra seine Lehre in den 17 Gathas, dem weitaus ältesten Teil des Awestas.

Die Magier übernahmen diese Lehre mit starken Abwandlungen. So ging der Monotheismus verloren; der Gott des Lichts und der Beschützer aller Iraner, Mithras, gewann an Bedeutung. Dieser Zoroastrismus spielte unter den Arsakiden und Sassaniden eine immer wichtigere Rolle und wurde unter den ersten Sassaniden sogar zur Staatsreligion erhoben.

Unter Schapur verkündete Mani (215-275) eine neue iranische Lehre, die bis zum 12. Jahrhundert selbst in China zahlreiche Anhänger fand, bei den Magiern und Sassaniden jedoch als Häresie galt. Dem Manichäismus zufolge war »der Böse« der Schöpfer und Beherrscher der sichtbaren Welt, die Seele als Teil des guten Gottes war im Körper eingekerkert. Eine Befreiung der Seele aus der Finsternis war möglich und dieses Wissen führte zur Selbsterkenntnis und verbürgte für jede »Person« die Erlösung.

Das in Persien seit dem 2. Jahrhundert verbreitete Christentum durchlebte ein wechselhaftes Schicksal, bis die im Jahr 489 aus dem Oströmischen Reich vertriebenen nestorianischen Christen – nach dem Patriarchen Nestor (†451) benannt – für eine Nationalisierung der seit 424 unabhängigen iranischen Kirche sorgten, die sich dann zunehmend für die Belange der Herrscher einsetzte.

Staat und Gesellschaft

Der »König der Könige« regierte in Krieg und Frieden als absoluter Herrscher, der seine Macht von der Gnade Gottes Ahura Masda ableitete. Adlige Berater standen ihm im Rechtswesen und in der Verwaltung zur Seite. Jeder der 20 Reichsteile wurde von einem Satrapen verwaltet, der für die Steuereintreibung, die Rechtsprechung, die bewaffneten Aufgebote der Satrapie und für Ruhe und Ordnung zuständig war. Dagegen lag die militärische Leitung bei einem nur dem Großkönig verantwortlichen Führer. Eine schreibkundige Beamtenschaft bildete neben dem Heer, den sog. 10 000 Unsterblichen, die Hauptstütze des Herrschers.

Sozial der Königsfamilie gleichgestellt waren die sechs Adelsfamilien, die Dareios I. im Kampf gegen den Magier Gaumata unterstützt hatten. Rangmäßig unter ihnen standen die Besitzer erblicher Latifundien, die hohe Positionen als Priester, als Beamte und in der Armee einnahmen. Alle bedeutenden Adligen erhielten vom Großkönig Land, für das sie als Gegenleistung Truppen zu stellen und im Heer zu dienen hatten. Freie Handwerker, freie Tagelöhner und Arbeiter sowie Leibeigene und Sklaven bildeten die unteren sozialen Schichten.

Alexander der Große behielt nach der Eroberung des Achämenidenreiches das persische Verwaltungssystem bei. Der Staat der Arsakiden unterschied sich nur geringfügig von dem der Achämeniden. Neu waren eine Unterteilung der Satrapien in kleinere Einheiten (Eparchien) und die Unterstützung des Herrschers durch die Magier und Weisen. Eine zunehmende Feudalisierung zeigte sich auch daran, dass eine Reihe einheimischer Dynastien relativ frei in ihren Provinzen herrschte. Die Sassaniden ersetzten die alten Satrapen durch neue Provinzialverwalter. Dabei schwankte die Zahl der Provinzen, die sich in Distrikte, »Kantone« und »Dörfer« gliederten. Dem König zur Seite stand ein Wesir; ein General befehligte die Armee und fungierte zugleich als Kriegsminister und Unterhändler.

Das Feudalsystem der Partherzeit blieb unter den Sassaniden bestehen, auch wenn zeitweilig die Zentralisation verstärkt wurde. Die Gesellschaft war in »Berufsgruppen« eingeteilt, in Priester, Krieger, Sekretäre, Bauern und Handwerker. Daneben existierte eine Einteilung des Adels in vier Gesellschaftsschichten, wobei diese Gruppierung der Abstufung von Funktionen im Staatsapparat entsprach.

MARATHON

Perser gestoppt

Mit dem Sieg bei Marathon fügen die Athener nicht nur der bislang ungeschlagenen Großmacht Persien eine empfindliche Niederlage zu, sondern sie stärken auch ihre eigene Position in Griechenland.

September 490 v.Chr.: Durch den Sieg der Athener über die Truppen des Perserkönigs Dareios I. wird der persische Vormarsch nach Europa gestoppt. Athen ist auf dem Weg zur führenden Macht Griechenlands. Die sog. Perserkriege haben im Jahr 500 mit dem Ionischen Aufstand begonnen. Die griechischen Städte Kleinasiens erhoben sich unter Führung des Tyrannen von Milet, Aristagoras, gegen die Oberherrschaft der Perser. Die Aufständischen baten die Stadtstaaten des Mutterlandes um Hilfe, doch Sparta verweigerte die Unterstützung, Athen entsandte 20 und Eretria fünf Schiffe.

498 v.Chr. waren die Aufständischen bis nach Sardes vorgedrungen und zerstörten die ehemalige Hauptstadt des Lydischen Reiches, die inzwischen Sitz des persischen Satrapen (Statthalter) war. Auf dem Rückzug erlitten sie jedoch bei Ephesos eine Niederlage gegen die Perser, die nun ihrerseits einen Gegenschlag starteten. 497 eroberten die Perser Zypern zurück, 496 vernichteten sie die griechische Flotte vor der Insel Lade bei Milet. Mit der Zerstörung der Stadt Milet und der Versklavung ihrer Einwohner endete 494 der Ionische Aufstand. Die übrigen ionischen Städte samt den Tempeln wurden in Brand gesteckt.

Perser in Makedonien: In dem Bestreben, auch die jenseitige Küste des Ägäischen Meeres unter seine Kontrolle zu bekommen, rüstete der Perserkönig Dareios nun zu einem Feldzug nach Europa. 492 eroberte ein persisches Landheer Thrakien und Makedonien. Auf der Rückfahrt erlitten die Perser allerdings empfindliche Verluste, als ihre Flotte bei einem Sturm in der Nordägäis großteils vernichtet wurde. Den Stadtstaaten in Griechenland wurden Boten mit der Aufforderung zur Unterwerfung gesandt. Athen lehnte dies ebenso wie Sparta ab.

Stele mit Darstellung eines Hopliten mit attischem Helm und Beinschienen (um 500 v.Chr.)

Schlacht bei Marathon: Im Frühjahr 490 rüstet Persien abermals zum Feldzug gegen Griechenland. Die Feldherren Datis und Artaphernes sammeln in Kilikien eine Flotte von 600 Schiffen und ein Landheer, um in Dareios Auftrag Griechenland zu erobern. Zunächst wird – als Vergeltung für ihre Unterstützung des Ionischen Aufstands – die Stadt Eretria auf der Halbinsel Euböa zerstört; ihre Einwohner werden in die persische Hauptstadt Susa verschleppt. In der Schlacht bei Marathon können sich dagegen die zahlenmäßig unterlegenen Athener unter Führung des Miltiades gegen die Perser durchsetzen. Ausschlaggebend ist vermutlich eine neuartige Strategie: Miltiades lässt die athenischen Hopliten – schwer bewaffnete Krieger – im Laufschritt über eine Entfernung von rd. einem Kilometer auf das Perserheer vorstürmen, um den gegnerischen Pfeilhagel zu unterlaufen und die Perser zu überrumpeln.

Zwar bringen die Perser den überwiegenden Teil ihres Heeres zurück auf die Schiffe und segeln in Richtung Athen. Doch gelingt es den griechischen Soldaten mit einem Gewaltmarsch rechtzeitig in die Stadt zurückzukehren; daraufhin geben die Perser ihre Pläne auf. Historisch nicht verbürgt ist die Legende, ein Bote sei den 42 Kilometer weiten Weg von Marathon nach Athen gelaufen, um dort den Sieg des griechischen Heeres zu verkünden und dann tot zusammengebrochen.

Führungsrolle für Athen: Mit dem ganz allein errungenen Erfolg gegen die persische Bedrohung kann Athen nun seinerseits eine Führungsrolle in Griechenland beanspruchen, die derjenigen Spartas zumindest ebenbürtig ist. Bisher haben sich die Spartaner als »Vorkämpfer der Hellenen« betrachtet; auch an der Schlacht gegen die Perser wollten sie Teil haben, doch kamen ihre Truppen zu spät, da sie aus religiösen Gründen nicht vor Vollmond abmarschieren wollten.

Schlacht bei Marathon (Farbdruck von 1925)

HINTERGRUND

Hopliten bilden Phalanx

Die Hopliten, deren Bezeichnung sich von ihrem großen Schild, dem Hoplon, ableitet, sind eine spartanische »Erfindung«.

Die Bewaffnung besteht aus einer langen Stoßlanze und einem kurzen zweischneidigen Schwert für den Nahkampf; geschützt sind die Hopliten durch einen Rundschild, Panzerung an Brust und Beinen sowie einen Helm, dessen Visier im Kampf heruntergeklappt wird. Bereits im 7. Jahrhundert v.Chr. haben die Spartaner für den Einsatz der Hopliten eine eigene Kampfformation entwickelt, die Phalanx. Dies ist ein fest geschlossener, mehrere Reihen tiefer Verband von Schwerbewaffneten, in dem keiner von seinem Platz weichen darf, damit keine Lücke entsteht. Wird ein Soldat verwundet oder getötet, so rückt ein Mann aus dem hinteren Glied vor. Als Stoßtrupp eingesetzt ist die Phalanx kaum zu überwinden. Ihre Schwächen sind die geringe Flexibilität und die Verwundbarkeit gegen Angriffe von hinten und von den Seiten. Deshalb werden neben der in Reih und Glied vorwärts marschierenden Hoplitenphalanx meist leicht bewaffnete Fußkämpfer (Peltasten) und Steinschleuderer eingesetzt.

»Die Perser hielte

Der griechische Historiker Herodot (um 490-um 425 v.Chr.) gilt als »Vater der Geschichtsschreibung«. Sein Wissen erwarb er auf Reisen, die ihn u.a. durch den Orient führten. So stellte Herodot u.a. Zusammenhänge zwischen den Kulturvölkern der damals bekannten Welt her und deutete die Perserkriege als eine Auseinandersetzung zwischen Asien und Europa. In seinen »Historien« gibt er einen Überblick über die griechische Geschichte bis 479 v.Chr. Über die Schlacht bei Marathon schreibt er:

»Miltiades ordnete das Heer zur Schlacht und stellte es folgendermaßen auf. Den rechten Flügel befehligte der Polemachos Kallimachos... dann folgten die Phylen, nach ihrer festgesetzten Reihenfolge geordnet, und endlich schlossen auf dem linken Flügel die Plataier die Schlachtreihe ab... Die so geordnete

PERSIEN

Prachtentfaltung im persischen Weltreich

Dareios begründete mit seiner Expansionspolitik das persische Weltreich und schuf durch eine Verwaltungsreform die Basis für dessen Stabilität. Unter seiner Herrschaft wurde die prachtvolle Residenzstadt Persepolis errichtet.

Das prunkvolle und großzügig angelegte Persepolis wurde 330 v.Chr. durch Alexander den Großen zerstört.

November 486 v.Chr.: Der Perserkönig Dareios I., der Große, stirbt während der Vorbereitungen für einen neuerlichen Feldzug nach Ägypten. Dareios I., der einer Nebenlinie des achämenidischen Herrscherhauses entstammte, gelangte 522 an die Macht, nachdem er mit Unterstützung von sechs Adelsfamilien den illegitimen Herrscher Persiens, den Magier Gaumata, gestürzt hatte. Auch in den folgenden Jahren kam es wiederholt zu Revolten innerhalb des Reiches; dies gab vermutlich den Anlass zu einer Reform der Verwaltung: Dareios teilte Persien 517 v.Chr. in 20 (später 28) Provinzen – sog. Satrapien – auf, die von medischen und persischen Adligen relativ eigenständig verwaltet wurden. Der König setzte die tolerante Politik seiner Vorgänger Kyros II. und Kambyses II. fort: Er erlaubte den Völkern seines Herrschaftsbereichs die Beibehaltung nationaler Eigenheiten, ihrer Sprache und Religion. Doch schuf er auch zentralistische Elemente, z.B. ein einheitliches Münzsystem und eine einheitliche Kanzleisprache.

Reliefdarstellung des Königs Dareios I.

Ab 518 unternahm Dareios eine Reihe von Eroberungsfeldzügen und dehnte sein Reich im Osten bis ins Indusgebiet, im Westen bis nach Ägypten und Makedonien aus. Die Unterwerfung Griechenlands gelang jedoch nicht.

Ebenfalls 518 begann der Bau der neuen Königsstadt Persepolis, die zum Inbegriff achämenidischer Weltmacht werden sollte. In 58 Jahren entstanden hier Paläste und Hallen, darunter der Hundertsäulensaal mit dem Herrscherthron. Reliefs künden bis heute von dem Aufmarsch der 23 Völkerschaften des Persischen Reiches, der offenbar alljährlich in der Audienzhalle empfangen wurde. Auch die »unsterblichen Garden« des Königs sind zu sehen. Dargestellt sind außerdem Kämpfe des Herrschers mit Fabelwesen, Tierprozessionen und die geflügelte Sonne, das Symbol des Gottes Ahura Masda.

ZITAT

es für ein ganz tolles selbstmörderisches Beginnen«

Schlachtreihe der Athener bei Marathon war ebenso lang wie die medische, doch war sie in der Mitte nur wenige Reihen tief, die Mitte war also am schwächsten, auf den beiden Flügeln standen die Truppen dichter.

Als die Aufstellung vollendet war und das Opfer günstig ausfiel, stürmten die Athener auf das Zeichen zur Schlacht hin gegen die Barbaren vor. Die Perser sahen die Athener im Laufschritt nahen und rüsteten sich, sie zu empfangen. Sie hielten es für ein ganz tolles selbstmörderisches Beginnen, als sie die kleine Schar heranstürmen sahen, die weder durch Reiterei noch durch Bogenschützen gedeckt wurde. Aber während die Barbaren solche Gedanken hegten, kamen schon die Haufen der Athener heran, der Kampf begann und sie hielten sich wacker ... Der Kampf bei Marathon währte lange. In der Mitte des Heeres siegten die Barbaren, dort stand der persische Stamm selber und der Stamm der Saken. Dort blieben also die Barbaren Sieger, durchbrachen die Reihen der Feinde und verfolgten sie landeinwärts. Auf den beiden Flügeln siegten jedoch die Athener und Plataier. Sie ließen ihre geschlagenen Gegner fliehen und wandten sich gemeinsam gegen die, welche in der Mitte durchgebrochen waren. Dann folgten sie den flüchtenden Persern und trieben sie unter Gemetzel an den Meeresstrand. Dort riefen sie nach Feuerbränden und griffen die Schiffe an. Sieben Schiffe wurden von den Athenern erobert. Mit den übrigen stachen die Barbaren in See, nahmen die auf der Insel zurückgelassenen Sklaven aus Eretria an Bord und segelten um Sunion herum, um vor dem athenischen Heer die Stadt Athen zu erreichen ... Die Athener aber eilten, so schnell die Füße sie tragen wollten, zu ihrer Stadt und langten wirklich eher an als die Barbaren.«

INDIEN

Buddha lehrt achtfachen Pfad zur Erlösung

Der von dem Prediger Buddha begründeten neuen Religion gehören vor allem in Ostasien heute etwa 300 Mio. Menschen an.

Um 480 v.Chr.: Der Religionsstifter Siddharta Gaumata, dessen Ehrenname Buddha (»der Erleuchtete«) lautet, stirbt bei Nautanwa im heutigen indischen Bundesstaat Uttar Pradesh.

Siddharta Gautama wurde um 560 v.Chr. in Kapilavastu (im heutigen nepalesischen Terai) geboren und wuchs als Sohn eines Fürsten am Fuß des Himalaja auf. Im Alter von 29 Jahren geriet er in eine tiefe moralische Krise; er entsagte seiner sozialen Stellung und suchte durch Askese die Erlösung von dem der Welt innewohnenden Schmerz und dem Kreislauf des Wiedergeborenwerdens zu finden. Nach sieben Jahren vergeblicher Selbstkasteiung gelangte er schließlich durch Meditation unter den Bodhi-Baum (dem Baum der Erkenntnis) zur Erleuchtung. In Benares (heute Varanasi) teilte er seine Lehre zunächst fünf Asketen mit und sammelte dann eine große Mönchsgemeinde um sich, deren Haupt er bis zu seinem Tode blieb.

Buddhas Lehre liegt die Erkenntnis zu Grunde, dass alles Leben leidvoll ist. Ursache des Leidens sind die Begierden des Menschen, die aus seiner Unwissenheit resultieren. Zur Erleuchtung und Überwindung des Leidens führt der »edle achtfache Pfad« aus folgenden Elementen: rechte Anschauung und Gesinnung, rechtes Reden, Tun und Leben, rechtes Streben, Überdenken und Sichversenken. Ziel ist die Erlösung, das Aufgehen im Nirwana, in dem jede Unterscheidung zwischen Gut und Böse, Sein und Nichtsein endet und jede Lebensillusion erlischt. Da in der Lehre des Buddha (Abb.: Buddha von Katra) weder die Anerkennung priesterlicher Macht noch kostbare Opfergaben, sondern ausschließlich ethische Verhaltensweisen eine Rolle spielen, findet im vom Kastensystem geprägten Indien vor allem in den niedrigen Kasten eine breite Anhängerschaft. Im 3. Jahrhundert v.Chr. wird der Buddhismus in Indien unter König Aschoka zur Staatsreligion.

HINTERGRUND

Religiöse Lehren entdecken das Individuum

Im 6. und 5. Jahrhundert v.Chr. vollzieht sich in vielen Kulturen ein Wandel in der religiösen Anschauung. Buddha, Mahavira, Konfuzius, Lao-tse, Zarathustra, Pythagoras und Jesaja entwickeln in dieser Zeit ihre Lehren.

Objekt der Verehrung sind nicht länger viele lokale Gottheiten, sondern ein absolutes, allumfassendes Prinzip, das – wie im Buddhismus – nicht notwendigerweise ein Gott sein muss. Auch die Stellung des Menschen ändert sich. Die älteren Kulte kennen keine Trennung zwischen Staat und Religion: Der Einzelne ist als Angehöriger des Gemeinwesens auch in den Kult eingebunden. Die Hochreligion wendet sich dagegen an das Individuum, das direkten Zugang zur Gottheit erhält und aus eigenem Willen über seine Zugehörigkeit zur Religion entscheiden kann.

Laotse

Lao-tse entwickelt den Taoismus, der das Tao als alle Erscheinungen hervorbringendes Weltgesetz begreift. Erfassbar ist das Tao in mystischer Versenkung. Konfuzius stellt ein System von Tugenden auf. Seine Lehre ist ganz auf das Diesseits gerichtet: »Wie kann der Dienst an Geistern gerechtfertigt sein, bevor den lebenden Menschen gedient worden ist?« Mahavira ist der wichtigste Lehrer der indischen Jainas. Aus dem Kreislauf der Seelenwanderung kann sich nur befreien, wer seine Leidenschaften beherrscht. Jesaja erfährt in der babylonischen Gefangenschaft der Juden, dass Gott nicht an bestimmte Orte gebunden ist. Er stellt ethisches Verhalten über Opfergaben.

Konfuzius

KLEINASIEN

Philosophie des Wandels

Heraklits Auffassung vom stetigen Wandel alles Seienden beeinflusste die Philosophie bis hin zu Georg Wilhelm Hegel und Friedrich Nietzsche.

Um 480 v.Chr.: Der griechische Philosoph Heraklit von Ephesos (Abb.: Ölgemälde, 1628) stirbt im Alter von etwa 70 Jahren. Berühmt wurden die ihm – möglicherweise fälschlich – zugeschriebene Formel »panta rhei« (alles fließt) sowie das Sinnbild des Flusses, dessen Wasser ständig wechselt und der dennoch derselbe bleibt.

ZUR PERSON

Themistokles, Heerführer

Der entscheidende Seesieg der Griechen bei Salamis, nominell unter dem Oberbefehl des Spartaners Eurybiades erstritten, beruht auf Plänen des Athener Staatsmannes und Heerführers Themistokles.

Themistokles (*um 525 in Athen; † nach 460 in Magnesia am Mäander, s. Abb. r.) hatte seit 493 den Ausbau des Hafens von Piräus zum Kriegshafen betrieben. Ab 483 setzte er den Bau einer Kriegsflotte durch. Athen verfügte damit über eine Reihe von Triremen, modernen langen Kriegsschiffen mit drei Ruderreihen. Um die persische Flotte, die mit 700 Schiffen der griechischen (mit etwa 300 Booten) weit überlegen ist, zu schlagen, bedient sich Themistokles einer List. Er lockt die Perser in die Meerenge von Salamis, wo diese sich gegenseitig blockieren, ihre Kampfkraft nicht entfalten können und von den wendigeren Schiffen der Griechen versenkt werden.

GRIECHENLAND

Kunst wird lebendig

In der griechischen Kunst vollzieht sich der Wandel von der archaischen Epoche mit ihren starren Formen zum Zeitalter der Klassik, das insbesondere Personendarstellungen mehr Bewegung und Lebendigkeit verleiht.

Ab ca. 480 v.Chr.: Besonders deutlich werden die Veränderungen in der Bildhauerkunst. Die Plastiken der archaischen Zeit bildeten den menschlichen Körper zwar in den richtigen Proportionen ab, zeigten ihn aber stets in symmetrischer Haltung, die auch auf Falten im Gewand oder etwa auf die Haartracht übertragen wurde. Die mit dem Blick strikt nach vorn ausgerichteten Statuen zeigten zumeist das sog. archaische Lächeln, einen Ausdruck von Lebensfreude.

In der klassischen Periode wird diese Starrheit überwunden. Mit der Entdeckung der Ponderation (des harmonischen Ausgleichs der Gewichtsverhältnisse des Körpers) und des Kontrapost (des Gegenspiels von Ruhe und Bewegung, Spannung und Entspannung, ausgedrückt etwa durch den Kontrast von Standbein und Spielbein) eröffnen sich den Bildhauern neue Möglichkeiten. Als Werkstoffe werden Marmor und Bronze verwendet.

Auch in der Vasenmalerei ist der Übergang von Archaik zu Klassik zu erkennen. Im schwarzfigurigen Stil (s. Abb. l., 6. Jh. v.Chr.) haben die Läuferinnen Ornament-Charakter, im rotfigurigen (oben, ab 530 v.Chr.) werden die Kämpfer zu Individuen.

GRIECHENLAND

Griechen verhindern Invasion

In vier großen Schlachten – je zwei zu Lande und zu Wasser – gelingt es den in einem Kampfbund vereinigten Griechen die Invasionstruppen des Perserkönigs Xerxes I. aufzuhalten und zum Rückzug zu zwingen.

480/79 v.Chr.: Nach ihrer Niederlage in der Schlacht bei Marathon im September 490 und dem Tod ihres Königs Dareios I. 486 unternehmen die Perser einen neuerlichen Versuch, Griechenland ihrem Reich einzuverleiben. Im Frühjahr 480 setzt sich der persische Heereszug mit rd. 150 000 Kriegern unter Führung des König Xerxes I. vom kleinasiatischen Sardes aus in Bewegung. Das Heer überquert auf zwei Schiffsbrücken die Dardanellen und stößt – entlang der Küste von der rd. 700 Kriegsschiffe umfassenden Flotte begleitet und versorgt – nach Mittelgriechenland vor.

Schlacht an den Thermopylen: Im August 480 v.Chr. kommt es zur ersten militärischen Auseinandersetzung zwischen den vorrückenden Persern und den Griechen, die sich im Jahr zuvor unter der Führung Spartas zu einem Kampfbund (Symmachie) zusammengeschlossen haben. Am Thermopylenpass an der Südgrenze Thessaliens versucht der Spartanerkönig Leonidas mit etwa 6000 Kriegern das persische Heer aufzuhalten.

Die Griechen können an der strategisch günstigen Stelle der persischen Übermacht drei Tage standhalten, müssen sich dann aber geschlagen geben. Die Perser rücken nach dem Sieg in Mittelgriechenland ein, erobern Athen, plündern die Akropolis und stecken die Stadt in Brand.

Die Perser werden bei Salamis besiegt.

Seeschlacht bei Salamis: Da die Perser an Land unbesiegbar erscheinen, plant der Athener Befehlshaber Themistokles, die Feinde in eine Seeschlacht zu verwickeln. Nachdem er die Evakuierung der Bewohner Athens auf die umliegenden Inseln durchgesetzt hat, gelingt es ihm Ende September 480, die persischen Schiffe in die Meerenge von Salamis zu locken, wo sie von der zahlenmäßig unterlegenen, aber auf engem Raum besser operierenden griechischen Flotte besiegt werden. Die verbliebenen persischen Schiffe ziehen sich nach Kleinasien zurück, das Heer überwintert in Thessalien. Xerxes kehrt nach Sardes zurück und überlässt Mardonios den Oberbefehl über die Truppen. Dieser bemüht sich den Winter über vergeblich, das Bündnis der Griechen aufzuspalten.

Schlacht bei Plataä: Im Frühjahr 479 rücken die Perser ein zweites Mal nach Athen vor und zerstören die Stadt. Wenig später erringen die Griechen jedoch unter Führung des Spartaners Pausanias in der Schlacht bei Plataä in Südböotien den entscheidenden Sieg. Im Herbst wird auch die beim Mykale-Gebirge in der Nähe von Milet liegende persische Flotte geschlagen.

Die Perser geben daraufhin ihre Eroberungspläne endgültig auf; die Griechen haben mit ihrem Zweckbündnis ihre Unabhängigkeit gemeinsam verteidigt. 478 v.Chr. gelingt es ihnen darüber hinaus die Griechenstädte in Kleinasien zu befreien, die mit dem Ionischen Aufstand 499 den Anstoß zu den Perserkriegen gegeben hatten.

nd Staatsmann

WEST- UND MITTELEUROPA

La-Tène-Kultur in Mitteleuropa

Mit der La-Tène-Kultur entsteht eine selbstständige, auf Expansion ausgerichtete keltische Kultur mit nationaler Religion, die Mitteleuropa während der letzten vier vorchristlichen Jahrhunderte prägt.

Um 450 v.Chr.: In West- und Mitteleuropa entwickelt sich die La-Tène-Kultur, die zweite Periode der europäischen Eisenzeit. Die Kelten, von den Römern Gallier genannt, verbreiten sich von ihren Ursprungsgebieten an Oberrhein und oberer Donau nach Frankreich, Spanien und auf die Britischen Inseln sowie entlang der Donau. Dank ihrer Eisenwaffen sind sie den dort siedelnden Völkern militärisch zumeist überlegen.

Anders als in der Hallstatt-Kultur setzt in der La-Tène-Zeit (benannt nach dem Fundplatz La Tène am Nordostende des Neuenburger Sees in der Schweiz) eine weitergehende Arbeitsteilung ein. Dabei lösen sich selbstständige Gewerbe wie Töpferei und Metallverarbeitung von der Landwirtschaft. Eine dritte Arbeitsteilung – zwischen Herstellung und Handel – zeichnet sich ab.

Inneres einer Schmiede der La-Tène-Zeit mit Ofen und Blasebalg

Bronzestatuette eines Ebers

Die handwerklichen Erzeugnisse der Kelten zeigen einen hohen technischen Stand. Keramik – erstmals in Mitteleuropa mit Hilfe der Töpferscheibe gefertigt –, Glaswaren und Schmiedearbeiten werden bereits in Serienproduktion hergestellt. Das Kunsthandwerk zeigt Einflüsse aus dem griechischen und etruskischen Bereich, die aber in einem völlig eigenen Stil umgearbeitet sind. Die ornamentale Verzierung auf Beschlägen und Metallgefäßen beruht auf exakten Zirkelornamenten. Plastische Verzierungen (Menschenmasken, Tierfratzen, S-Spiralen, Fischblasen) finden sich vorzugsweise auf Fibeln und Ringschmuck.

Die Kelten der La-Tène-Zeit leben in Sippenverbänden zusammen, die nicht mehr von einem König, sondern von einem gewählten militärischen Führer aus der aristokratischen Oberschicht beherrscht werden. Großen Einfluss übt die Priesterschaft, die Druiden, aus. Sie dürfen als einzige Opfer darbringen, sagen die Zukunft voraus, deuten Träume, fungieren als Erzieher der Aristokratie sowie als Heil- und Sternkundige. Außerdem sind sie die entscheidende Instanz in allen Rechtsfragen.

Die Siedlungen der Kelten werden durch Ringwälle geschützt. In der späteren La-Tène-Zeit (im 2. und 1. Jh. v.Chr.) entwickeln sich diese Fluchtburgen zu sog. Oppida (lat. Oppidum: Stadt), ummauerten Siedlungen, die z.T. mehrere hundert Hektar groß sind.

ZUR PERSON

Perikles führt Athen zur Blüte

Der Staatsmann Perikles (Abb.; um 490-429 v.Chr.) übernimmt 443 quasi die Alleinherrschaft über Athen, stützt sich dabei aber auf die Mehrheit in der Volksversammlung. Während seiner Regierungszeit, dem Perikleischen Zeitalter, erlebt das antike Athen seine höchste Blüte. Die Demokratie wird reformiert, Handel und Gewerbe nehmen erheblichen Aufschwung, die Akropolis wird ausgebaut, Kunst, Literatur und Wissenschaft werden gefördert. Außenpolitisch gelangt Perikles 449 zum sog. Kalliasfrieden mit den Persern, der die jeweiligen Machtbereiche festschreibt. Die Auseinandersetzungen mit Sparta können dagegen nur aufgeschoben werden. 429 fällt Perikles der Pest zum Opfer.

ATHEN

Offensiv-Bündnis zum Schutz gegen die Perser

Mit der Gründung des Attisch-Delischen Seebundes übernimmt Athen die Initiative im Kampf der Griechen gegen die Perser.

477 v.Chr.: Das neue Bündnis stärkt die wirtschaftliche Position Athens und verschärft den Gegensatz zu Sparta, das um seine angestammte Führungsrolle fürchtet. Der Bund, dem neben Athen die Insel- und Küstenstädte rund um die Ägäis bis nach Kleinasien angehören, verfolgt eine offensive Politik gegenüber den Persern, die 480/79 vergeblich versucht hatten, Griechenland zu erobern. Im Gegensatz dazu bewahrt der Peloponnesische Bund – Sparta und seine Verbündeten – eine defensive Haltung. Jedes Mitglied des Attisch-Delischen Seebundes muss durch die Ausrüstung von Kriegsschiffen oder Tributzahlungen einen Beitrag zur gemeinsamen Verteidigung leisten. Zentraler Ort des Bündnisses ist die Insel Delos, wo die Bundeskasse aufbewahrt wird und die Abgesandten der beteiligten Staaten sich versammeln. Alle – zu Beginn sind es vermutlich 100 bis 200, um 430 bereits 400 Mitglieder – erhalten im Bundesrat gleiches Stimmrecht. Athen übernimmt den Oberbefehl über die Flotte und gewinnt so an politischem Gewicht. Außerdem kommt der notwendige Bau neuer Schiffe vor allem der Athener Wirtschaft zugute. Die erste ernsthafte Konfrontation mit den Persern endet 466 mit einem Erfolg für den Attisch-Delischen Seebund: Der athenische Feldherr Kimon siegt bei Eurymedon im Süden Kleinasiens.

GRIECHENLAND

Peloponnesischer Krieg schwächt Polis

Am Ende der Peloponnesischen Kriege ist Sparta formell Sieger über den Konkurrenten Athen, doch profitiert in erster Linie Persien von der Schwächung beider Kontrahenten.

459 v.Chr.: Die Konkurrenz zwischen Sparta und Athen um die Vorherrschaft in Griechenland führt zu kriegerischen Auseinandersetzungen, die – von Friedensperioden unterbrochen – bis 404 anhalten. Mit der Gründung des Attisch-Delischen Seebundes 477 hatten sich die Spannungen zwischen Athen und Sparta verschärft. Unter der Herrschaft des Perikles hatte Athen systematisch seine Flotte ausgebaut und den Zugang zum Hafen Piräus durch die ab 460 errichteten »Langen Mauern« gesichert.

Ab 461 kam es wiederholt zu Kämpfen zwischen Athen und Mitgliedern des von Sparta geführten Peloponnesischen Bundes – u.a. Korinth, Epidaurus und Ägina. 457 tritt Sparta in den Krieg ein. Zusätzlich wird der Attisch-Delische Seebund 454 in Auseinandersetzungen mit Persien verwickelt. Da Athen in dem Zweifrontenkrieg auf Dauer nicht bestehen kann, schließt es 451 einen Waffenstillstand mit Sparta. 448 folgt der sog. Kalliasfrieden mit Persien. Der dadurch überflüssig gewordene Attisch-Delische Seebund wird zum Attischen Reich umgewandelt, dessen Mitglieder weiter Tribut zahlen müssen.

Alkibiades

445 schließt Athen mit Sparta einen 30-jährigen Frieden, in dem beide Seiten ihre jeweiligen Bündnisse und Einflusssphären anerkennen. Nachdem Athen 433 ein Bündnis mit Korkyra (Korfu) gegen dessen Mutterstadt, die zweitgrößte griechische Seemacht Korinth, geschlossen und eine Handelssperre gegen die zum Peloponnesischen Bund gehörende Stadt Megara verhängt hat, fallen 431 peloponnesische Truppen in Attika ein. Damit beginnt der Zweite Peloponnesische Krieg, dessen erste Phase 421 mit dem sog. Nikias-Frieden endet. Darin wird der Vorkriegsstatus wiederhergestellt, jedoch bleiben die Spannungen bestehen.

Auf Anraten des Heerführers Alkibiades entsendet Athen 415 eine Flotte nach Sizilien, um die mit Sparta verbündete Stadt Syrakus und damit die gesamte Insel zu erobern. Nach Anfangserfolgen wird die Flotte jedoch 413 im Hafen von Syrakus vernichtet, das Heer wird bei Asinaros geschlagen. Die Seemacht Athens erfährt dadurch eine entscheidende Schwächung; in der folgenden Zeit fallen viele Verbündete von ihr ab. Auf Rat des zu den Spartanern übergelaufenen Alkibiades rücken in der letzten Phase des Krieges peloponnesische Truppen nach Attika vor. Auch Persien greift 412 zugunsten Spartas ein. In Athen wird 411 angesichts der Notlage die Demokratie gestürzt und durch eine Oligarchie der führenden Adelsgeschlechter ersetzt. Nach wechselndem Kriegsglück müssen die Athener 404 ihre Stadt an Sparta übergeben. Der Peloponnesische Krieg trägt zum Verfall der griechischen Polis bei. Sieger und Unterlegene sind derart geschwächt, dass Griechenland dem Einfluss auswärtiger Mächte ausgeliefert ist.

Der spartanische Feldherr Lysander lässt die Mauern von Athen einreißen.

HINTERGRUND

Seemacht Athen kontra Kriegerstaat Sparta

Athen und Sparta, die beiden mächtigsten Stadtstaaten in Griechenland, unterscheiden sich grundlegend in ihrer Lebensauffassung. Der Peloponnesische Krieg trägt zum Zerfall der griechischen Polis bei.

Sparta ist ein kriegerischer Bauernstaat, Athen eine Seemacht mit weit gespannten Handelsbeziehungen, in der Kunst und Wissenschaft hoch geschätzt werden. Die Spartaner, im 11. Jahrhundert v.Chr. eingewanderte Dorer, sind noch von den harten Bedingungen der Völkerwanderung geprägt.

Ständige Bedrohung von außen zwingt sie zu dauernder Verteidigungsbereitschaft. Sprichwörtlich ist die spartanische Erziehung: Jungen werden mit sieben Jahren in Kasernen untergebracht, wo sie eine Kriegerausbildung erhalten. Wichtigste Tugenden sind Mut, Opferbereitschaft und Härte. Auch die erwachsenen Männer leben in Kriegergemeinschaften. Vom Widersacher Athen fürchtet Sparta auch die Infiltration durch demokratisches Gedankengut.

Den Bewohnern von Attika ist es während der Völkerwanderung gelungen, Eindringlinge abzuwehren, was eine ungestörte Entwicklung gewährleistete. Athen erlangte im Laufe der Zeit die Vormachtstellung in Attika. Seine Bürger gelten als findig und unternehmungslustig. Als starke Seemacht spielt Athen eine führende Rolle in der griechischen Kolonisationsbewegung und hat ihren Einflussbereich weit über die Grenzen Griechenlands ausgedehnt.

ATHEN

Akropolis überragt Athen

Oben: Detail des Parthenon; Mitte: der Parthenon-Tempel (r.) mit dem Erechtheion (l.); unten: das Erechtheion (Südseite mit Korenhalle)

Die Akropolis von Athen, früher Sitz der Könige bzw. Tyrannen, wird in der Regierungszeit des Perikles zum Heiligtum, das hauptsächlich der Göttin Athene geweiht ist.

Um 450 v.Chr.: Perikles ordnet den Neuaufbau der Akropolis an, die im Jahr 480 durch die Perser zerstört worden war. Ungeachtet des Peloponnesischen Krieges werden bis 406 die prachtvollen Tempel und Theater fertig gestellt, die der Akropolis ihr klassisches Gesicht verleihen. Die Akropolis, eine befestigte Anlage auf dem Stadthügel, wie sie auch in anderen griechischen Städten zu finden ist, entstand zu mykenischer Zeit, beherbergte aber zunächst nur die Burg des Königs. Erst später kamen Tempel und kleinere Heiligtümer hinzu.

Parthenon: Der Bau des größten Tempels, des der jungfräulichen Athene (Parthenos) geweihten Parthenon, steht unter der Leitung des Bildhauers Phidias. Die Architekten Iktinos und Kallikrates setzen zwischen 447 und 432 die Pläne für den an der Stelle mehrerer Vorgängerbauten errichteten Tempel um.

Der Cella, dem Innenraum des Kulthauses, sind an der Stirn- und Rückseite sechssäulige Hallen vorgelagert; der gesamte Bau mit einem Ausmaß von 30,88 m mal 69,50 m ist von mächtigen dorischen Säulen umgeben, die ohne Basis in einem schlichten Kapitell enden.

Giebel, Metopen und Friese, die Phidias mit Motiven aus der Sage Athens ausstattet, schmücken den technisch und künstlerisch vollendeten Quaderbau. Der Parthenon beherbergt das ebenfalls von Phidias geschaffene, 12 m hohe Standbild der Göttin, das aus Holz, Elfenbein und 1130 kg Gold besteht.

Dem Parthenon steht eine bewegte Geschichte bevor: Im 5. Jahrhundert n.Chr. wird er in eine christliche Kirche umgewandelt; die Akropolis wird im Mittelalter zum Sitz des Erzbischofs. Im 15. Jahrhundert richten die Türken auf der Akropolis eine Garnison ein, der Parthenon wird im Jahr 1458 zur Moschee. Im Krieg Venedigs gegen die Türken wird er als Pulvermagazin verwendet und 1687 stark beschädigt. 1834 beginnt man mit der Restaurierung; 1929/30 werden die Säulen der Nordseite wieder aufgerichtet.

Propyläen: Zwischen 438 und 432 werden von Mnesikles die Propyläen, die Durchgangshallen am Eingang zur Akropolis, errichtet.

Sie sind asymmetrisch angelegt und mit dorischen sowie den schlankeren ionischen Säulen, die in ein schneckenförmiges Kapitell auslaufen, geschmückt. Im Nordflügel der Propyläen ist eine Gemäldegalerie untergebracht. Besucher können sich dort auf Liegebetten ausruhen.

Erechtheion: Das bedeutendste Heiligtum der Akropolis, das Erechtheion, wird zwischen 421 und 406 erbaut.

Der Tempel, benannt nach dem mythischen König Erechtheus, vereinigt verschiedene Kultstätten, darunter die Dreizackspur des Poseidon, die er hinterließ, als er mit Athene um die Schutzherrschaft über die Stadt wetteiferte, das Grab des Ur-Königs Kekrops unter der von Mädchenstatuen statt Säulen getragenen Korenhalle, den Ölbaum Athenes und das Xoanon, das älteste Standbild der Göttin aus Olivenholz.

Das Erechtheion ist im ionischen Stil erbaut und hat schlanke Säulen, die in einem Volutenkapitell enden.

Nike-Tempel: Der »siegverheißenden« Athena Nike ist der zwischen 430 und 421 nach Plänen von Kallikrates errichtete Nike-Tempel geweiht. Er ist ebenfalls im ionischen Stil gebaut. Front- und Rückseite des einräumigen Kulthauses sind von je vier Säulen gesäumt.

ATHEN

Unausweichlichkeit des Schicksals

Die griechische Tragödie erlebt im 5. Jahrhundert v.Chr. mit den Werken von Aischylos, Euripides und Sophokles eine Blütezeit. Gleichzeitig entwickelt sich die zeitkritische Komödie, deren Hauptvertreter Aristophanes ist.

442 v.Chr.: Die Tragödie »Antigone« von Sophokles kommt zur Aufführung. Seit den Perserkriegen ist Athen der geistige Mittelpunkt Griechenlands. Die unter Perikles besonders geförderte Tragödie ist aus dem Dionysos-Kult entstanden. Das Heraustreten eines Sängers aus dem Chor, der zu Ehren des Gottes Lieder und Tänze vorträgt, wird von Aischylos durch das Einführen eines zweiten Schauspielers zu Dialog und dramatischen Handlungen umgedeutet. Der Chor behält eine tragende Rolle als Kommentator des Geschehens.

Thematisch behandeln die Tragödien Mythen, Sagen und gelegentlich historische Ereignisse. Sie zeigen den Konflikt zwischen dem Einzelnen und seinem unausweichlichen Schicksal. Die Handelnden lehnen sich auf, beugen sich dann aber dem unerschütterlichen Willen der Götter. Dagegen befassen sich die Komödien kritisch mit sozialen Fragen, aktuellen politischen Entwicklungen oder auch mit philosophischen Strömungen.

Das Theater von Epidaurus zählt zu den am besten erhaltenen Theatern des antiken Griechenland.

Athener Dramatiker des 5. Jh.s

Aischylos (525/24-456/55)
Orestie (Trilogie), Der gefesselte Prometheus, Die Perser, Sieben gegen Theben, Die Schutzflehenden
Sophokles (um 496-um 406)
Antigone, Elektra, König Ödipus
Euripides (um 485-406)
Alkestis, Medea, Iphigenie in Aulis, Iphigenie bei den Taurern, Elektra, Andromache, Orest
Aristophanes (um 445-um 385)
Lysistrate, Die Vögel (Komödien)

STICHWORT

Plebs und Patrizier

Als Plebejer werden in Rom die weitgehend rechtlosen Bewohner im Gegensatz zu den privilegierten Patriziern bezeichnet.

Die soziale Ordnung beruht zunächst auf einer strengen Trennung beider Bevölkerungsgruppen. Eheschließungen über die Standesgrenze hinweg sind verboten. Ebenso haben die Plebejer, die oft unter Landnot und Verschuldung leiden, kein Recht auf Teilhabe an dem im Krieg eroberten Gemeindeland. Von den Priesterämtern, der Rechtsprechung und Verwaltung sind sie ausgeschlossen. Vor Gericht müssen sie sich durch ihren adligen Schutzherrn vertreten lassen.

ROM

Recht wird schriftlich festgehalten

Mit dem Zwölf-Tafel-Gesetz, der schriftlichen Fixierung des Gewohnheitsrechtes, erreichen die Plebejer in Rom die rechtliche Gleichstellung mit den Patriziern.

Um 450 v.Chr.: Das römische Recht ist bislang nach alten, den Plebejern unbekannten Überlieferungen gehandhabt worden. Nun werden die Gesetze von zehn Männern auf zwölf Bronzetafeln geschrieben, die auf dem Forum aufgestellt werden. Die Gesetze befassen sich vor allem mit privatrechtlichen Fragen, besonders in Bezug auf Eigentum und Nachlass, aber auch mit Straf- und Prozessrecht. Die Römische Republik ist von Beginn an vom Ständekampf – den Auseinandersetzungen zwischen Patriziern und Plebs, der Masse des Volkes – bestimmt. Da sie immer stärker zum Kriegsdienst herangezogen wurden, verlangten die Plebejer die rechtliche, soziale, politische und religiöse Gleichstellung mit der regierenden Schicht. Um ihre Forderungen durchzusetzen, waren sie 494 aus der Stadt ausgezogen und erst nach Zugeständnissen zurückgekehrt: Sie erhielten ein politisches Organ, eine eigene Versammlung unter dem Vorsitz eines Volkstribunen. Dieser hatte die Aufgabe, die Plebejer vor Willkürakten zu schützen und für den Einzelnen wie für den gesamten Stand ein Einspruchsrecht wahrzunehmen. Nach der Durchsetzung garantierter Rechte durch das Zwölf-Tafel-Gesetz fällt 445 auch das Eheverbot zwischen Plebejern und Patriziern. Außerdem entsteht eine Zenturiatsverfassung, nach der alle männlichen Bürger zum Kriegsdienst herangezogen werden.

Auch an der politischen Gestaltung haben die Plebejer einen immer größeren Anteil; 366 wird festgelegt, dass einer der beiden Konsuln aus der Plebs stammen soll, bis 300 v.Chr. werden auch die anderen hohen Staats- und Priesterämter den Plebejern zugänglich. 287 werden schließlich die Beschlüsse der Plebejerversammlung, die Plebiszite, bindendes Gesetz.

KOS

Medizin als Wissenschaft

Der griechische Arzt Hippokrates, der als Begründer der Medizin als Erfahrungswissenschaft gilt, erreicht auf seiner Heimatinsel Kos den Höhepunkt seines Wirkens. Seine Erkenntnisse und Beobachtungen sind wegweisend für die weitere Entwicklung der Medizin.

Um 420 v.Chr.: Hippokrates (um 460-375 v.Chr.), der »Vater der Heilkunst«, bricht mit der an die Religion gebundenen Vorstellung, wonach der Verlauf einer Krankheit vom Eingreifen der Götter abhängt. Vielmehr fordert er die unbefangene, vorurteilslose Beobachtung und Beschreibung der Krankheitssymptome. Er verlangt außerdem, dass der Arzt das »Ganze der Natur kennen«, d.h. den Menschen im Zusammenhang mit Kosmos und Natur betrachten müsse.

Um 400 beginnen die Ärzte auf der Insel Kos mit der Aufzeichnung medizinischen Wissens und ärztlicher Erfahrungen. Die entstehende Textsammlung wird nach Hippokrates benannt, obwohl vermutlich nur ein kleiner Teil der Schriften von ihm stammt. Ziel der Sammlung ist es, eine allgemeine Krankheitssymptomatik zu verfassen und dem Arzt objektive, allgemein gültige Maßstäbe für seine Arbeit zu geben.

Grundlegend ist die Lehre, wonach die Ursache für Krankheiten auf eine fehlerhafte Mischung der Körpersäfte zurückzuführen sei. Daraus folgt, dass der Arzt die Naturheilkraft kennen muss, um das Gleichgewicht der Säfte wiederherzustellen.

Entsprechend konzentrieren sich die hippokratischen Ärzte auf Prognose und Prophylaxe (Vorhersage und vorbeugende Maßnahmen) der Krankheit. Die Aufmerksamkeit gilt zum einen dem Konstitutionstypus des Patienten, zum anderen den äußeren Einflüssen.

STICHWORT

Der hippokratische Eid

Der sog. Eid des Hippokrates ist bis heute das Fundament der ärztlichen Ethik. Hippokrates' (s. Abb.) Urheberschaft an dem Dokument gilt jedoch als umstritten.

Das Schriftstück stammt aus dem »Corpus Hippocraticum«, einer zwischen 400 v.Chr. und 100 n.Chr. entstandenen Textsammlung zur Medizin. Das Operationsverbot sowie das Verbot der Abtreibung und der Hilfe beim Selbstmord (damals legitime Maßnahmen) deuten jedoch auf eine spätere Entstehungszeit hin. Als ärztliche Pflichten sind im Eid des Hippokrates u.a. festgelegt: »Ich schwöre,... dass ich diesen Eid und diesen Vertrag nach meiner Fähigkeit und nach meiner Einsicht erfüllen werde... Ärztliche Verordnungen werde ich treffen zum Nutzen der Kranken nach meiner Fähigkeit und meinem Urteil, hüten aber werde ich mich davor, sie zum Schaden und in unrechter Weise anzuwenden... In alle Häuser, in die ich komme, werde ich zum Nutzen der Kranken hineingehen, frei von jedem bewussten Unrecht und jeder Übeltat, besonders von jedem geschlechtlichen Missbrauch an Frauen und Männern, Freien und Sklaven.

Was ich bei der Behandlung oder auch außerhalb meiner Praxis im Umgang mit Menschen sehe und höre, das man nicht weiterreden darf, werde ich verschweigen und als Geheimnis bewahren.«

ATHEN

Anfänge der abendlä

Die griechische Philosophie erlebt im 5. und 4. Jahrhundert v.Chr. ihre Blütezeit.

Platon

Um 385 v.Chr.: Der Sokrates-Schüler Platon eröffnet in der Nähe des Heiligtums des altattischen Heros Akademos eine Philosophenschule, die sog. Akademie, die bis 529 n.Chr. bestehen bleibt. In Griechenland hat sich während des 6. vorchristlichen Jahrhunderts ein Wandel von der mythischen Weltsicht hin zum wissenschaftlich-philosophischen Denken vollzogen, das natürliche Phänomene mit den Mitteln der kritischen Vernunft zu deuten sucht.

Zentrum des neuen Denkens ist Athen, das als Seefahrer- und Handelsstadt vielfach mit Sitten, Mythen und Ideen anderer Völker in Berührung kommt. Die alten Kulturen Ägyptens und Mesopotamiens vermitteln außerdem reiches Material an mathematischen und astronomischen Beobachtungen, das die Griechen in eine systematische Ordnung bringen und auch theoretisch verarbeiten. Dadurch werden sie zu den Begründern wissenschaftlichen Denkens.

In der philosophischen Auseinandersetzung liegt der Schwerpunkt zunächst in der Frage nach der Ordnung der Dinge und der Stellung des Menschen im Kosmos.

Die Vorsokratiker versuchen das Werden und Vergehen durch Annahme eines oder mehrerer Elementarstoffe (Arche) zu erklären und gelangen zu unterschiedlichen Ergebnissen: Pythagoras nimmt die Zahl, Heraklit den Logos als Wesen aller Dinge an. Empedokles (um 483/82-424/23) führt alles Geschehen auf die vier Grundelemente Feuer, Wasser, Luft und Erde zurück. Zenon (um 490-um 430), den Aristoteles als Erfinder der Dialektik bezeichnet, nimmt an, dass alle Dinge, auch Raum und Zeit, aus unendlich kleinen Einheiten bestehen. Diese Philosophie baut Demokrit (um 460-371) weiter aus. Die von ihm begründete Atomistik (das Naturgeschehen wird durch eine Vielzahl bewegter kleinster, unteilbarer Einheiten verursacht) kommt zu einer konsequent mechanistisch-materialistischen Weltdeutung und ist wegweisend für die Entwicklung der modernen Naturwissenschaft.

Im Streit zwischen Sophisten und Sokratikern geht es um den Dualismus von Sein und Schein. Die Sophisten, die seit der Mitte des 5. Jahrhunderts in Athen auftreten, proklamieren den Satz »Der Mensch ist das Maß aller Dinge« und stellen die Möglichkeit zu rationaler Erkenntnis radikal in Frage. In diesem Sinne lehren sie gegen Entgelt die Kunst der Rhetorik und der Dialektik.

Dem stellen Sokrates und sein Schüler Platon (427-347) die Erkenntnis gegenüber, dass dem Denken und Handeln des Menschen durch die ewigen Ideen ein allgemeingültiges Maß gesetzt ist. Nach Platon sind die Ideen die eigentliche Wirklichkeit, die der Mensch zu erkennen bzw. zu erinnern vermag, da seine unsterbliche Seele sich vor der Geburt im Reich der Ideen aufgehalten hat. Höchstes Gut in dieser Ideenwelt ist die Tugend (Weisheit, Gerechtigkeit, Besonnenheit, Tapferkeit).

Demokrit

Seine Philosophie legt Platon in zahlreichen Schriften dar, die nach dem Vorbild des Sokrates als stufenweise zur Erkenntnis führende Dialoge abgefasst sind.

Aristoteles (384-322 v.Chr.), der sich zunächst eng an Platons Ideenlehre anlehnt, rückt später die Erkenntnisse der Erfahrung und den auf Stoff und Form begründeten Realismus in den Vordergrund.

ndischen Philosophie

Platons Akademie (Mosaik; Archäologisches Nationalmuseum, Neapel)

Sokrates: »Wissen ist Tugend«

Der Athener Philosoph Sokrates vollstreckt im Jahr 399 das gegen ihn verhängte Todesurteil wie vorgesehen durch das Trinken des Schierlingsbechers. Unter der Anklage, er erkenne die Götter des Staatskultes nicht an, führe neue Gottheiten ein und verderbe die Jugend, wurde Sokrates zum Tode verurteilt. Die ihm angebotene Flucht lehnte er ab. Da Sokrates seine Lehren nur mündlich weitergab und keine philosophischen Schriften verfasste, lassen sich Informationen über seine Philosophie und sein Leben nur durch sekundäre Quellen erschließen, etwa durch die Aufzeichnungen seiner Schüler, unter denen Platon der bedeutendste ist.

Sokrates wurde um 470 in Athen geboren; seine Lebensführung war bescheiden und im Gegensatz zu den von ihm bekämpften Sophisten lehrte er unentgeltlich. In den Mittelpunkt seiner Philosophie stellte Sokrates die Überzeugung »Wissen ist Tugend«. Danach besitzt jeder Mensch das allen Handlungen zugrunde liegende sittliche Wissen, auch wenn er darüber keine Rechenschaft ablegen kann. Durch das Bewusstmachen des Wissens gelangt jeder zum rechten Handeln, da – so Sokrates Überzeugung – niemand gegen seine bessere Einsicht handeln kann.

Die sokratische Methode, durch Fragen und angebliches Nichtwissen (sokratische Ironie) das zugrunde liegende Wissen seiner Gesprächspartner an den Tag zu bringen, nannte er Mäeutik (Hebammenkunst). Sein Bemühen, die Menschen vom Scheinwissen zu echtem Wissen zu bringen (»Ich weiß, dass ich nichts weiß«), ließ ihn auch angesehene Männer in der Öffentlichkeit ins Gespräch ziehen und ihren Wissensdünkel entlarven.

Sokrates' Tod – Gemälde von C.A. Dufresnoy

ROM

Kelten erobern Rom

Die Erstürmung durch die Gallier (Kelten) zählt zu den schwärzesten Stunden der »Ewigen Stadt«. Dennoch können die Römer durch neue Bündnissysteme und eine Reform der Streitkräfte im folgenden Jahrhundert ihren Herrschaftsbereich erheblich ausdehnen.

18. 7. 387 v.Chr.: Nach der Niederlage der Römer in der Schlacht an der Allia stürmen die siegreichen Gallier (Kelten) das unverteidigte Rom und zerstören die Stadt. Die Gallier drangen Ende des 5. Jahrhunderts aus ihren ursprünglichen Siedlungsgebieten nördlich der Alpen bis nach Norditalien vor und ließen sich in der nördlichen Poebene nieder. Von hier aus stieß eine etwa 30 000 Mann starke Truppe über die Küstenebenen entlang der Adria nach Süden vor. In der Nähe von Clusium (heute Chiusi) kam es 391 v.Chr. zu einer ersten Konfrontation mit den Römern, die als Verbündete der Stadt in die Kämpfe eingriffen.

Etwa vier Jahre später treffen Gallier und Römer am Flüsschen Allia zur entscheidenden Schlacht zusammen. Die Römer sind offenbar nicht hinreichend auf den Ansturm vorbereitet und erleiden eine vernichtende Niederlage. Damit ist der Weg nach Rom frei: Da keine Verteidiger in der Stadt zurückgeblieben sind, haben die Angreifer leichtes Spiel. Lediglich auf dem Kapitol kann sich ein kleiner Teil der römischen Streitmacht durch erbitterten Widerstand halten. Die Gallier erzwingen nach langer Belagerung die Zahlung eines hohen Lösegeldes, ziehen dann jedoch wieder ab. Bei dieser Gelegenheit soll der Ausspruch »Vae victis!« – »Wehe den Besiegten!« gefallen sein. Eine weitere Legende ist mit dem »dies ater«, dem schwarzen Tag in der römischen Geschichte, verknüpft: Der Sage nach retten die auf dem Kapitol zu Ehren der Göttin Juno gehaltenen Gänse die Belagerten, als sie bei einem nächtlichen Angriff der Gallier an Stelle der erschöpft eingeschlafenen Wachen durch ihr Schnattern die römischen Verteidiger wecken.

Die Bundesgenossen Roms, Volsker, Äquer, Etrusker, Latiner und Herniker nehmen die Gelegenheit wahr, sich von ihrer geschwächten Schutzmacht zu lösen. Der Latinische Bund bricht auseinander, die in langen Kämpfen erreichte Vormachtstellung Roms in Latium schwindet.

Doch die Römer ziehen Konsequenzen aus der Niederlage gegen die Kelten. Ab 380 wird Rom wieder aufgebaut; um die sieben Hügel entsteht ein starker Befestigungsring, die sog. Servianische Mauer. Außerdem kommt es zu einer umfassenden Heeresreform: Die nun eingeführte Organisation und Taktik der Streitkräfte bleiben über Jahrhunderte bestehen. Die zu Fuß kämpfenden Legionäre werden in drei unterschiedlich bewaffnete Klassen eingeteilt. Diese werden in der Tiefe gestaffelt, so dass eine flexible Formation entsteht, die einem Angriff auch über längere Zeit standhält.

Angesichts der andauernden Galliergefahr – die Kelten ziehen als plündernde Banden weiterhin durch Mittel- und Süditalien – kommt es 358 zu einer Erneuerung des Bündnisvertrags zwischen Rom sowie den Latinern und Hernikern. Im Vertrag mit Karthago erreicht Rom 348 eine weitere Absicherung seines Herrschaftsgebiets. Bis 272 v.Chr. dehnen die Römer – teils mit kriegerischen Mitteln, teils durch Bündnisse und Zugeständnisse an die Partner – ihre Herrschaft auf ganz Mittel- und Unteritalien aus.

Lösegeldverhandlungen der Gallier in Rom

Griechenland wird zur Wiege des

750-2./1. Jahrhundert v.Chr.

Griechenland und der Hellenismus

Im Jahr 404 v.Chr. wurden die Athener nach ihrer Niederlage gegen Sparta und dessen Verbündete dazu gezwungen, die bislang unüberwindlichen »langen Mauern«, die ihre Stadt mit dem Hafen Piräus verbanden, einzureißen. Sie taten dies überraschenderweise ohne Gram. Der Geschichtsschreiber Xenophon berichtet:

»Die Athener legten unter Flötenspiel mit großer Begeisterung ihre Mauern nieder, da sie glaubten, dieser Tag sei für Griechenland der Anfang der Freiheit.« Sie glaubten auch, dass nun endlich nach Jahrzehnten der Kriegsplagen ein allgemeiner Frieden einziehen würde. Ihn hatten die Griechen nie nötiger gehabt als jetzt. Denn die Selbstzerfleischung der einzelnen Stadtstaaten musste über kurz oder lang zum Zusammenbruch der Staatenwelt zwischen Kleinasien und Unteritalien führen und konnte nur ihre Unterjochung unter die Herrschaft einer der stärkeren Randmächte bringen. doch der Traum vom allgemeinen Frieden (koinè eiréne) war nicht zu verwirklichen.

Griechenland blieb zerrissen und schließlich gegenüber äußerer Gefahr wehrlos, während zugleich seine Kultur die gesamte Mittelmeerwelt, ja zeitweilig den gesamten Mittleren Osten eroberte und prägte.

Entstehung der griechischen Staatenwelt

Die Zerrissenheit Griechenlands war ein Produkt der verschiedenen Wanderungen, der geografischen Beschaffenheit des besiedelten Raumes und wohl auch des ausgeprägt individualistischen Charakters jenes hochbegabten Volkes. Nach 1000 v.Chr. kam die Wanderungsbewegung, die der Vorstoß der Dorer nach Süden verursacht hatte, zum Stehen. Nun bildete sich die politische Landkarte heraus, die den griechischen Kulturkreis bis zu seiner Eingliederung ins Römische Reich prägen sollte. Die Zerklüftung der Griechischen Halbinsel und Kleinasiens mit ihren oft zum Meer hin offenen Tälern sowie die zahlreichen Inseln in der Ägäis begünstigten das Entstehen vieler kleiner staatlicher Einheiten (»Poleis«, im Singular »Polis«) mit einem städtischen Mittelpunkt, in oder bei dem sich meistens eine Burg (Akropolis) mit einem Heiligtum befand.

Die »politische« Gemeinschaft war zugleich Kultgemeinschaft. Alle Griechen einte aber – neben dem Bewusstsein der sprachlichen Verwandtschaft der verschiedenen Dialekte (von denen der ionisch-attische die größte Bedeutung, z.B. als Grundlage des Griechischen der Bibel, erlangen sollte) – der gemeinsame Kultus der Götter um den Himmelskönig Zeus (dem zu Ehren man alle vier Jahre, jede »Olympiade«, zu Olympia auf der Peloponnes Spiele abhielt, nach denen man die Jahre zählte) oder des Apollon mit dem Orakel der Pythia zu Delphi, das in schwierigen Situationen von allen Griechen um Rat gefragt wurde.

Die relative Kargheit des Landes verwies die meisten Poleis längerfristig auf den Handel, vor allem mit den einheimischen Hauptprodukten Wein und Öl sowie mit Krügen zu deren Transport, später auch mit anderen handwerklichen Erzeugnissen, und damit aufs Meer. Dies brachte enge Beziehungen mit den Phönikiern, deren Schrift übernommen und zu dem uns bekannten griechischen Alphabet umgestaltet wurde, von dem sich die Schrift der Römer ableitet.

Der Bevölkerungsüberschuss machte die Suche nach geeigneten Plätzen für die Neuanlage von Siedlungen außerhalb des Staatsgebiets erforderlich. Vom 8. bis zum 6. Jahrhundert wurden zahlreiche Pflanzstädte an den Gestaden der Mittelmeerwelt überall dort angelegt, wohin die Phönikier nicht gelangt waren, besonders am Schwarzen Meer und in Libyen, in Süditalien (das noch die Römer als »Großgriechenland« bezeichneten) und Sizilien sowie an der heute französischen Mittelmeerküste.

Waren an dieser Bewegung noch altadlige Geschlechter führend beteiligt, so gelangte mit der wachsenden Bedeutung von Handel und Gewerbe eine neue Schicht zu Vermögen und Einfluss. Ihr kam auch die Veränderung der Kriegstaktik zugute, denn sie stellte die ihre Ausrüstung selbstfinanzierenden schwer bewaffneten Fußsoldaten, die jetzt als Hauptteil einer geschlossenen, durch die Wucht des gemeinsamen Angriffs den frühen Einzelkämpfern überlegenen Kampfformation (Hoplitenphalanx) die Schlachten entschieden.

Die soziale Differenzierung hatte aber auch die Entstehung armer, meistens mit Schulden überladener bäuerlicher wie städtischer Schichten und dadurch starke innere Spannungen zur Folge. Sie konnten nur durch innere Reformen, schriftliche Fixierung des Rechts und von oben diktierte Schuldenbeseitigung überwunden werden. Dies gelang den Staatswesen nicht überall aus eigener Kraft. Wo die inneren Gegensätze nicht entschärft wurden, kam es - in der Regel nur kurzfristig - zur Alleinherrschaft oft fortschrittlich denkender Adliger, die als »Tyrannen« für ihren Abbau sorgten.

Sparta und Athen

Zwei Staatswesen traten mit der Zeit besonders hervor: Athen und Sparta. Im Staat der Athener, der ganz Attika (etwa 2500 km²) umfasste, bildete sich allmählich die gemeinsame Herrschaft der Vollbürger aus, die in der Volksversammlung, durch Volksgerichte und über gewählte Beamte ihre Belange regelten (Demokratie). Sparta dagegen behielt nach Unterwerfung des fruchtbaren Messenien und als Vormacht auf dem Peloponnes seit der Mitte des 7. Jahrhunderts sein vermutlich aus der Wanderungszeit herrührendes Doppelkönigtum bei. Allerdings wurden die beiden nur in Kriegszeiten wichtigen Könige durch Volksversammlung, Ältestenrat und vor allem durch jährlich gewählte »Aufseher« (die fünf Ephoren) kontrolliert. Im eigentlichen, vielleicht 9000 km² großen Staatsgebiet herrschten wenige tausend Vollbürger (Spartiaten) über zwei Schichten Minderberechtigter (Periöken und Heloten, wobei letztere für den Unterhalt der Spartiaten aufzukommen hatten). Diese Vollbürger konnten sich so ganz dem Waffenhandwerk widmen, wodurch Sparta bald auch zur bedeutendsten Macht der griechischen Welt wurde. Diese Hegemonialstellung wurde freilich im 5. Jahrhundert von Athen nicht ohne Erfolg in Frage gestellt.

Die Perserkriege (490-449/8) und Athens Blütezeit

Der Aufsteig Athens hing damit zusammen, dass es sich besonders dabei hervortat, als es galt, die Vorstöße der Perser nach Griechenland abzuwehren (Schlachten von Marathon 490 und Alamis 480) und die Freiheit der Griechenstädte Kleinasiens aufrechtzuerhalten. Im Zug der Perserkriege schuf sich Athen auf Betreiben seines überragenden Staatsmanns Themistokles eine für lange Zeit unüberwindliche Kriegsflotte. 478/77 vereinigte es den größten Teil der ägäischen Inselwelt unter seiner Führung im Delisch-Attischen Seebund, dessen Mitglieder durch ihre Beiträge die Flottenpolitik ermöglichten. Neben die traditionelle Landvormacht Sparta stellte sich so die neue Seemacht Athen, die sich wiederum zu Land durch die Errichtung der Befestigungswerke bis zum Meer hin sicherte. Athen war es auch, das den Kampf gegen die Perser weiterführte, bis der Frieden des Kallias 449/48 nach Erschöpfung beider Parteien die relative Eigenständigkeit der kleinasiatischen Städte vom persischen Großkönig sicherte, der versprach, seine Flotten aus der Ägäis herauszuhalten.

Die 50 Jahre zwischen Salamis und dem Ausbruch des Peloponnesischen Krieges brachten die kulturelle Blüte des klassischen Athens, vor allem unter der seit 443 unbestrittenen politischen Führung des Perikles. Die Überführung des Bundesschatzes von Delos nach Athen ermöglichte hier die Entfaltung einer ausgedehnten Bautätigkeit (Anlagen auf der Akropolis), die ein Aufblühen der gesamten Wirtschaft nach sich zog. In ihr gedieh auch das geistige Leben und entfaltete einen breiten Reichtum: Aischylos, Sophokles und Euripides trieben die klassische Tragödie zu ihrer höchsten Blüte; etwa gleichzeitig entwickelte sich die alte Komödie mit ihrer Zeitkritik durch Aristophanes, Eupolis und Kratinos. Mythen-Parodien und literarischer Spott bewiesen die Eigenständigkeit der Literatur. Herodot und Thukydides begründeten die Geschichtsschreibung, Hippokrates die medizinische Literatur.

Darstellende Kunst

Auch die darstellende Kunst spiegelt den geistigen Höhepunkt der klassischen Zeit. Grundlagen hatte die archaische Kunst (700 bis 480 v. Chr.) mit ihren oftmals aus Sagen entliehenen Motiven in Statuen und Reliefs sowie der Vasenmalerei gelegt. Monumentale Tempelbauten im ionischen und dorischen Stil standen unter anderem in Samos, Olympia, Athen; detaillierte Bauplastiken (Giebelfiguren, Friese) fanden weite Anwendung. Die spätarchaische Kunst leitete zur frühen Klassik über und verwandelte das sinnenfrohe, helle archaische Menschenbild zu neuer Strenge; sie ließ eine stark empfundene Daseins-

Abendlands

schwere deutlich werden. Beispiele dafür sind die Jünglings- und Mädchen-Statuen auf der Akropolis zu Athen, das Athenerschatzhaus in Delphi und der Ostgiebel des Aphaiatempels von Ägina. Zwei kunsttechnische Erfindungen beschleunigten den Übergang von der archaischen zur klassischen Kunst: der Großerzguss und der rotfigurige Malstil.

Die erste Phase der klassischen Kunst (480 bis 460 v.Chr.), die Zeit des »strengen Stils«, ist geprägt von der großen Auseinandersetzung mit Persien. Neue Besinnung auf den Lebenssinn und ein stärkeres Schicksalsbewusstsein ist den Götterbildern abzulesen, die jetzt ihre klassische Form erhielten (Poseidon vom Kap Artemision; Athene des Myron, Appollon vom Westgiebel in Olympia). Den Höhepunkt der Frühklassik, aus der eine Reihe von Meistern bekannt ist, darunter Polygnot und Kritios, markieren die Skulpturen des Zeustempels von Olympia. Phidias, der Hauptmeister des Parthenon zu Athen, schuf beeindruckende Götterbilder von Athene, Zeus und Apollon. Athletenstatuen wurden für die gesamte Antike vorbildhaft im Bewegungsrhythmus und Körpergleichgewicht gestaltet. In der vom Parthenon beeinflussten attischen Kunst steht gegenüber dem Formalen die schicksalsbestimmte Menschlichkeit im Vordergrund. Im Tempelbau wurde die völlige Harmonisierung der Proportionen erreicht (Parthenon, Poseidontempel). Daneben entstanden neue Architekturformen (korinthischer Stil). Von der Kunst des 5. Jahrhunderts v.Chr. stellen die attischen Grabreliefs (Grabmal der Hegeso in Athen, der Mnesarete in München) sowie die Bauplastik am Erechtheion (Karyatiden der Korenhalle) und der Fries am Nike-Tempel einen nahtlosen Übergang her zur späten Klassik des 4. Jahrhundert v.Chr., die hauptsächlich von Praxiteles, Skopas u. Lysippos geprägt wurde. Das Götterbild wurde weiter vermenschlicht und im Sinn eines verklärten Daseins umgewandelt (Apollon Sauroktonos; Aphrodite von Knidos; Hermes in Olympia); das Menschenbild erscheint dagegen heroisiert (Porträts des Sokrates, Sophokles, Euripides, Alexander, Athletenstatuen des Lysippos); Baukunst und Bauplastik standen noch in der Nachfolge des Parthenon, bevorzugten jedoch den ionischen Stil (Athene-Tempel von Priene, Mausoleum von Halikarnassos) und schufen größeren Formenreichtum. Die hellenistische Kunst setzte gegen Ende des 4. Jahrhunderts v.Chr. ein und entwickelte sich mit besonderen Stilmerkmalen bis zum Ausgang des 1. Jahrhunderts v.Chr.. Die Psychologisierung des Porträts, die Ausstrahlung der Plastik in den Raum und Auflösung des klassischen Formenkanons sind ihre Hauptkennzeichen. Barocke Formen und die Darstellung extremer Situationen vereinigen sich besonders im Großen Fries des Pergamon-Altars. Bedeutend sind auch die Skulpturen der Nike von Samothrake und der Aphrodite von Melos. Die letzte Steigerung hellenistischer Formprinzipien verkörpert die Gruppe des Laokoon und seiner Söhne. Andere Werke wie der Dornauszieher (Rom, Konservatorenpalast) lassen die verstärkte Hinwendung zu einer klassizistischen Gestaltungsform erkennen. Zu reicher Entfaltung gelangte die Profanarchitektur (Theater, Bäder, Markthallen u.a.), die die Baulust der Diadochen zu befriedigen hatte.

Selbstzerfleischung und Ohnmacht

Rivalitäten der beiden griechischen Vormächte Sparta und Athen entluden sich im Peloponnesischen Krieg (431-421 und 415-404), der mit der Niederlage Athens und der Auflösung des Seebunds endete. Spartas Hegemonie bedeutete aber keineswegs die dauerhafte Sicherung des allgemein ersehnten Friedens. Längst hatten die Perser die Kontrolle über die griechischen Poleis übernommen. Sie hatten bereits Sparta zum Sieg verholfen und hetzten nun die größeren Staaten gegeneinander. Neben Athen, das die langen Mauern wiedererrichten und 377 den Attischen Seebund wieder ins Leben rufen konnte, stieg die Vormacht Böotiens, Theben, auf, dessen Feldherr Epaminondas die Spartaner mehrfach besiegte (Anwendung der »schiefen Schlachtordnung« bei Leuktra 371) und für ein Jahrzehnt seiner Vaterstadt eine Hegemonialstellung in Griechenland sicherte (371-362).

Zu dieser Zeit lebte als Geisel in Theben der spätere makedonische König Philipp II., der 359 an die Regierung kam, sein bisher von der griechischen Zivilisation kaum berührtes (gleichwohl den Griechen verwandtes) Volk mit den Errungenschaften griechischen Kriegswesens bekanntmachte und sein vorher in verhältnismäßig autonome Teilstämme zersplittertes Herrschaftsgebiet zu einem straff geführten Einheitsstaat umgestaltete. Weil er ins nördliche Griechenland und die Ägäis ausgriff, kam er schließlich in Konflikt mit den griechischen Mächten, über die er durch den Sieg bei Chaironeia 338 die Hegemonialstellung errang. Anschließend plante er, diese Stellung durch einen Feldzug aller Griechen unter seiner Führung gegen das inzwischen immer schwächer gewordene Perserreich zu festigen, doch wurde er 336 durch eine Palastrevolution ermordet.

Das Weltreich Alexanders des Großen

Sein Ziel wurde durch seinen Sohn und Nachfolger Alexander weiterverfolgt, der - nach der Sicherung der Grenzen Makedoniens im Norden und der Machtbasis in Griechenland - 334 nach Kleinasien aufbrach, innerhalb von vier Jahren das morsche Perserreich in seine Gewalt brachte und seine Macht 329/327 bis nach Turkmenistan sowie 326 bis zum Indus ausdehnte, wo seine Truppen freilich meuterten, als er weitermarschieren wollte. Seinen Plan, die griechisch-makedonischen Eliten mit den persischen zu verschmelzen (Massenhochzeit von zehntausend Makedonen und Griechen mit vornehmen Perserinnen 324 in Susa), konnte er nicht zu Ende führen. Als er schon 323 starb, stand kein ebenbürtiger Nachfolger bereit, der das rasch eroberte Riesenreich hätte zusammenhalten können.

So zerfiel es, als seine Generäle darum zu streiten begannen, in verschiedene Reiche. Die Generäle (Nachfolger = Diadochen) teilten es unter sich auf. Am bedeutendsten waren schließlich außer dem Mutterland Makedonien selbst das Reich der Ptolemäer mit dem Zentrum Ägypten sowie das der Seleukiden, das schließlich Syrien, Mesopotamien und das eigentliche Persien umfasste. In Kleinasien bildeten sich mehrere kleinere Staaten, als wichtigster das Königreich Pergamon. Die griechischen Poleis selbst, die sich immer wieder zu verschiedenen Bündnissen zusammenschlossen, im Grunde aber die makedonische Hegemonie nicht abschütteln konnten, hatten als Machtfaktor keine Bedeutung mehr.

Hellenismus und die römische Expansion

Zugleich aber trat die griechische Kultur in der gesamten Mittelmeerwelt und im Orient einen unaufhaltsamen Siegeszug an. Das Griechische wurde allenthalben zur Sprache der Gebildeten. Die griechische Wissenschaft (Mathematik, Astronomie, Medizin, Philologie) wurde überall bestimmend. Ihr eigentlicher Mittelpunkt wurde die große Bibliothek, welche die Ptolemäer im ägyptischen Alexandria einrichteten. Hier berechnete z.B. Eratosthenes von Kyrene (gest. 202 v.Chr.) ziemlich genau den Erdumfang. Hier übersetzten jüdische Gelehrte ihre heiligen Schriften ins Griechische (Septuaginta, die griechische Fassung des Alten Testaments). Der Siegeszug des Christentums, zunächst im östlichen Mittelmeerraum, vollzog sich vor allem über das Medium der griechischen Sprache. Die »Hellenisierung« (von »héllenoi« = die Griechen) erfasste aber auch die seit dem dritten vorchristlichen Jahrhundert aufsteigende neue Weltmacht des Mittelmeergebiets: Rom.

Angeblich hatte Alexander der Große die Eroberung dieses in Italien ausgreifenden Stadtstaats geplant. Nun, seit dem 2. Jahrhundert unterwarf dieser sich ein griechisches Staatsgebiet nach dem anderen, zuletzt 30 v.Chr. das Ägypten der Ptolemäerin Kleopatra. Längst aber war Rom selbst hellenisiert. Dem gebildeten Römer gefiel die Sage, er stamme von geflohenen Trojanern unter deren Führer Aeneas und damit von der Liebesgöttin Aphrodite ab. Er wurde von Griechen erzogen und sprach deren Sprache ebenso geläufig wie die eigene. Das Lateinische, das zur Mutter der romanischen Sprachen werden sollte, wurde nach dem Muster des Griechischen verfeinert und der hellenischen Dichtkunst angepasst. Mit dem Übergreifen des Hellenismus auf Rom und Italien wirkte die griechische Kunst befruchtend auf die römische Kunst ein und brachte in Verbindung mit der italischen Wesensart auch auf dem Gebiet der Malerei und Mosaikkunst bedeutende Leistungen hervor. Für den großen Bedarf der Römer an griechischen Kunstwerken arbeitete in Athen die Schule der Neuattiker; auch fanden griechische Bildhauer den Weg nach Rom und bereiteten dort den Boden für den augusteischen und trajanischen Klassizismus. Die Tradition der klassisch-griechischen Plastik lebte jedoch auch im Osten weiter, wie die dort entstandenen, von einer im Westen nicht üblichen Geistigkeit getragenen Porträts beweisen (Trajan in Samos, Herodes Atticus, Antinous). Auch die gemalten Mumienporträts aus dem Nildelta sind dieser Tradition verpflichtet. Freilich blieb die griechische Kultur im Westen des Römerreichs eher aufgepfropft. Im Osten behielt sie stets die Oberhand. Auf ihr sollte in der Spätantike das »Oströmische« oder Byzantinische Reich aufbauen, das bis 1453 Bestand hatte.

MITTELMEER

Die sieben Weltwunder der antiken Welt

Von sieben bewundernswerten, ganz außergewöhnlichen »Schaustücken« berichten antike Schriftsteller: Bauwerke, die aufgrund ihrer ausgefeilten Technik, ihrer Größe und ihrer Perfektion die Bewohner der antiken Welt in ehrfürchtiges Erstaunen versetzten. So ist erklärlich, dass die »Schaustücke« bald als »Weltwunder« bezeichnet wurden.

353 v.Chr.: Der persische König Mausolos stirbt in Halikarnassos. Das von ihm in Auftrag gegebene Grabmal wird später zu den sieben Weltwundern der Antike gerechnet. Welche Bauwerke zu den Weltwundern zählen – darüber gab es allerdings unterschiedliche Auffassungen. Einige Vorschläge konnten sich nicht durchsetzen: Zum Beispiel die Mauern Babylons, die so breit waren, dass Streitwagen darauf fuhren – der Schriftsteller Antipatros von Sidon führte sie in seiner Liste der Weltwunder im 2. Jahrhundert v.Chr. an. In seiner »Naturkunde« rechnete der römische Gelehrte Gaius Plinius Secundus der Ältere (23-79) auch die hunderttorige Stadt Theben und gar die ganze Stadt Rom zu den Weltwundern. 500 Jahre später trieb Cassiodor, ein weströmischer Gelehrter, dieses Ansinnen noch weiter: Die antiken Weltwunder seien zwar außergewöhnliche Bauwerke, mittlerweile aber habe Rom ihnen den Rang abgelaufen: »Ganz Rom ist ein Wunder.« Auch Christen hegten ein eigenes Interesse. Der Kirchenvater Gregor von Nazianz (329–390) stellt den Bauwerken das »größte Wunder« gegenüber, den »direkten Weg zum Heil, den leichten Aufstieg zum Himmel«. Gregor, Bischof von Tours (538–594), wollte die Arche Noah und den Tempel des Salomo als Weltwunder anerkannt wissen. Der alexandrinische Ingenieur Philon von Byzanz (um 260-200 v.Chr.) beschreibt in seinem »Reiseführer zu den Sieben Weltwundern« fast alle Bauwerke. Seine Auswahl spiegelt den universalen Anspruch der hellenistischen Kultur: Sämtliche Weltwunder liegen in dem von Alexander dem Großen eroberten Gebiet. Im 16. Jahrhundert wurde die Zuordnung der Weltwunder neu und heftig diskutiert. 1721 veröffentlichte der österreichische Architekt Johann B. Fischer von Erlach zeichnerische Rekonstruktionen der sieben bis heute anerkannten Weltwunder – so wie sie ausgesehen haben könnten.

Pharos-Leuchtturm, Zeichnung von J. B. Fischer von Erlach, um 1700.

Pyramiden von Gizeh: Das älteste Weltwunder ist zugleich das einzige bis heute erhaltene: drei Pyramiden bei Gizeh in der Wüste bei Kairo, erbaut zwischen 2551 und 2471 v.Chr. Cheops, Chephren und Mykerinos, drei Pharaonen der 4. ägyptischen Dynastie, lassen sich die gewaltigen Kegel als Grabstätten errichten. Das Herbeischaffen von Steinen aus dem fast 1000 km entfernten Assuan und die Errichtung der teils 30 Tonnen schweren Blöcke zeigen ebenso wie die Konstruktion und astronomische Ausrichtung Meisterleistungen der Bautechnik wie auch der Logistik.

Die Hängenden Gärten von Babylon: Der babylonische König Nebukadnezar II. (606–562 v.Chr.) soll seiner iranischen Frau nahe seines Tempels prächtige Gärten erbaut haben, um sie an die Berglandschaft ihrer Heimat zu erinnern. Antike Schriftsteller berichten von einem 120 m mal 120 m großen Areal mit vielen Terrassen und Gewölben mit üppiger Vegetation und einem ausgeklügelten Bewässerungssystem. Später wird die sagenhafte babylonische Königin Semiramis (um 800 v.Chr.) als Erbauerin vermutet.

Der Artemis-Tempel von Ephesos: Als »himmlischen Schmuck der Unsterblichkeit« bewundert Philon von Byzanz den 550 v.Chr. erbauten Tempel in Ephesos, der der Jagd- und Fruchtbarkeitsgöttin Artemis (Diana) geweiht ist. Ein 20 m hoher Tempel aus Marmor überragt den Sockel von 55 m mal 110 m Größe; 127 vom sagenhaft reichen König Kroisos finanzierte Säulen tragen das hölzerne Dach. 356 v.Chr. legte Herostrat, ein ruhmsüchtiger Bürger Ephesos', Feuer. Ein neuer Tempel wird an gleicher Stelle errichtet, der im 4. Jahrhundert n.Chr. zerstört wird.

Das Standbild des Zeus in Olympia: Der athenische Bildhauer Phidias (um 500-423 v.Chr.) schafft in Olympia ein 12 m hohes Kultbild des Zeus, das im kurz zuvor erbauten Zeus-Tempel Platz findet. Für den Körper verwendet Phidias Elfenbein und Gold, für den Thron Holz. In der rechten Hand trägt Zeus eine Figur der Siegesgöttin Nike, in der linken ein Zepter mit einem Adler; Zeus' Kopf ist von einem Lorbeerkranz bekrönt. Der Verbleib der Statue ist ungeklärt – eventuell wurde sie 462 n.Chr. nach Konstantinopel gebracht und dort Opfer eines Großfeuers.

Das Mausoleum von Halikarnassos: Mausolos (377-353 v.Chr.), der König der persischen Provinz Karien (Kleinasien), gab den Bau eines Grabmals in seiner Residenzstadt Halikarnassos in Auftrag. Als Material für den zweigeschossigen Bau dient Marmor. Auf einer Fläche

V.l.: Das Mausoleum von Halikarnassos nach einer Rekonstruktion aus dem Jahr 1643; Koloss von Rhodos. Unhistorische Darstellung aus dem Jahr 1643

Cheopspyramide in Gizeh, Foto von 1880

von 38 m mal 32 m erhebt sich das Mausoleum in eine Höhe von 49 m, die 24-stufige Dachpyramide krönt eine Quadriga. Den Unterbau zieren drei Friese mit Kriegsszenen. Nach dem Tod des Mausolos vollendet dessen Schwester und Frau Artemesia den Bau. Im 16. Jahrhundert wird das Mausoleum vollständig zerstört.

Ruinen des Artemis-Tempels

Der Koloss von Rhodos: Nur 66 Jahre überschattet die gigantische Skulptur des Sonnengottes Helios den Hafen der griechischen Insel Rhodos. Aus Dank für die erfolglose Belagerung durch den syrischen Diadochenherrscher Demetrios verkaufte Rhodos 304 v.Chr. das Kriegsgerät des Gegners und beauftragt den Bildhauer Chares von Lindos mit der Anfertigung einer Statue (»Koloss«). Ein Innengerüst aus Eisen und Steinmauern umkleidet er mit einer Bronzeschicht. Nach zwölf Jahren Bauzeit ist der Koloss fertig; ein Erdbeben zerstört 226 v.Chr. das Monument.

Der Pharos-Leuchtturm von Alexandria: 136 m hoch erhebt sich der Leuchtturm über der dem Hafen von Alexandria vorgelagerten Insel Pharos. 35 km weit reicht sein Leuchtfeuer, das durch Spiegel verstärkt wird. Ptolemaios I. hatte mit dem Bau begonnen, sein Nachfolger Ptolemaios II. weiht ihn 283 v.Chr. ein.

MAKEDONIEN

Aristoteles erzieht Alexander

Einer der bedeutendsten Philosophen der Antike, Aristoteles, prägt mit neuen philosophischen Theorien das mittelalterliche Abendland. Aristoteles' Schüler greifen die Ideen ihres Meisters auf und entwickeln sie weiter.

342 v.Chr.: Der Philosoph Aristoteles (s. Abb.) erhält eine neue Aufgabe: Am Hof des makedonischen Königs Philipp II. soll er dessen Sohn Alexander erziehen. Aristoteles verlässt seinen Wohnsitz auf der Insel Lesbos und zieht in die makedonische Metropole Pella.

Der 42-jährige prominente Philosoph entstammt einem Ärztegeschlecht. Aus seiner Geburtsstadt Stagira in Thrakien war er im Alter von 17 Jahren nach Athen gezogen und Schüler des Philosophen Platon (427–347 v.Chr.) geworden, der 387 v.Chr. in Athen eine eigene Akademie gegründet hatte. Hier machte sich Aristoteles mit dem philosophischen Denken und mit den Wissenschaften seiner Zeit vertraut. Nach dem Tode Platons (347 v.Chr.) begab er sich nach Assos, wo er in dem Fürsten Hermias einen persönlichen Freund und Förderer fand. Aristoteles heiratete und zog auf die Insel Lesbos; dort ereilt ihn der Ruf des Königs. Aristoteles ordnete das Wissen seiner Zeit durch eine Systematik, als deren Instrument er die formale Logik entwickelt. Nach sechs Jahren stirbt Philipp II., Alexander besteigt den Thron. Aristoteles kehrt nach Athen zurück und gründet 335 v.Chr. am staatlichen Gymnasium (Lykeion) eine eigene Schule, an der er gemeinsam mit seinem Schüler Theophrast von Eresos (372–287 v.Chr.) unterrichtet. Als sich nach dem Tode Alexanders des Großen 323 v.Chr. die Athener erheben, wollen sie Aristoteles wegen »Gottlosigkeit« verurteilen. Der vorher hoch angesehene Philosoph wird als Günstling des makedonischen Königshauses bezeichnet und flieht auf die Insel Euböa, wo er 322 v.Chr. stirbt. Sein Werk wirkt weiter: 318 v.Chr. gründet sein Freund Theophrast in Athen die eigentliche aristotelische Schule; deren Mitglieder nennen sich (nach den Wandelgängen des Gebäudes) Peripatetiker. Sie studieren das Werk des Meisters, der nahezu das gesamte Wissen der Antike zusammengefasst und systematisiert hatte. Besonders seine Schriften über den Staat und das Gemeinwesen wirken fort: Aristoteles geht vom Wesen des Menschen als eines »zoon politicon« aus, das auf die gesellschaftliche Organisierung angewiesen ist, um seinen Lebenszweck erfüllen zu können.

Er entwirft eine philosophische Theorie der menschlichen Gemeinschaft von der Familie bis zum Staat, analysiert auf der Basis historischer Studien alle seinerzeit denkbaren Formen der Staatsmacht und zeichnet das Bild der »besten Polis«, eines vollkommenen Staates.

HINTERGRUND

Der Philosoph des Abendlands

Aristoteles, ein universaler Geist, der Weltoffenheit mit Geistesschärfe, Tiefsinn mit größter Verstandeshelle, Spekulation mit Erfahrung verbindet, ist die vielleicht wirkungsmächtigste Gestalt der antiken Philosophie. Die überlieferten Werke sind vor allem Lehrschriften für den inneren Kreis der von ihm geleiteten Schule. Die Titel der Schriften sind oft spätere Bezeichnungen, zum Beispiel die »Metaphysik«. Ebenso bestehen die darunter zusammengefassten Bücher oft aus uneinheitlichen, später thematisch einander zugeordneten Vorlesungen oder Entwürfen.

Die Philosophie des Aristoteles, ein Riesenwerk nach thematischer Reichweite, Gedankenreichtum, Originalität und schöpferischer Denkkraft, ist hervorgegangen aus der Auseinandersetzung mit Platon. In der Philosophie des Aristoteles wirken die Ideen in den Dingen als treibende Kraft. Insbesondere bestimmt Aristoteles das Verhältnis der wechselnden Erscheinungen (des Seienden) zum Sein, indem er Bewegung, das Werden und das Geschehene als Verwirklichung (Form, Akt) einer Möglichkeit (Stoff, Potenz) kennzeichnet. Die Zielbestimmung unterliegt dabei einem Formprinzip, das sich an der Zweckmäßigkeit orientiert. Die Prinzipien seiner Erkenntnisse untersucht Aristoteles in der Metaphysik und prägt einen für das Abendland richtungweisenden Apparat mit Begriffspaaren.

Aristoteles, Ethik: freundschaftliche Unterweisung (Ms., 15. Jh.)

Schließlich ist seine Theorie der Bewegung, die vier Arten unterscheidet (Entstehen–Vergehen, Zunehmen–Schwinden, qualitative Veränderung und Ortsbewegung), die spekulative Krönung seiner Philosophie. Sie mündet mit dem Begriff »des unbewegten Bewegenden« in eine Theologie. Diese beeindruckende Verbindung von Philosophie und Theologie führt im Mittelalter zu einer umfassenden Aristoteles-Renaissance. Arabische Übersetzungen, die über das maurische Spanien Verbreitung finden, machen das europäische Mittelalter mit Aristoteles bekannt. Sein Denken bildet eine wesentliche Grundlage für die Geistes- und Wissenschaftsgeschichte des Abendlandes. Ihren Höhepunkt findet die Rezeption Aristoteles' in der christlich-scholastischen Philosophie des Mittelalters, wie sie von Thomas von Aquin am herausragendsten repräsentiert wird. Erst im 17. Jahrhundert lassen Philosophen wie René Descartes und Naturwissenschaftler wie Johannes Kepler und Isaak Newton das aristotelische Weltbild in den Hintergrund treten.

ISSOS

Alexander der Große

Alexander der Große (356–323 v.Chr., Mosaik aus dem 1. Jh. n.Chr.)

Mit ausgefeilter Taktik, einem riesigen Heer und erbarmungslosen Feldzügen schafft Alexander ein Reich bis an die Grenzen Indiens.

November 333 v.Chr.: Bei Issos schlägt Alexander der Große den persischen König Dareios III. in die Flucht. 50 000 makedonische Soldaten unter ihrem Führer Alexander III. stehen dem 70 000-köpfigen persischen Heer gegenüber. Alexander gibt den Einsatzbefehl. Auf einer Länge von 20 Kilometern lässt er sein Heer in Stellung gehen. Als Dareios III. die taktische Überlegenheit seiner Gegner erkennt, flieht er und überlässt seine Soldaten den Makedoniern, die sie brutal niedermetzeln. Dareios' Mutter, Ehefrau und Kinder geraten in Alexanders Gefangenschaft. Als Geisel lässt er sie unversehrt. Für den erst 23-jährigen Feldherrn Alexander ist der Sieg der Beginn eines beispiellosen Feldzuges.

Alexander wurde 356 v.Chr. in Pella als Sohn Philipps II. geboren – jenes Herrschers, der ganz Makedonien unter seiner Herrschaft vereinigt und schließlich sogar Athen besiegt hatte, den letzten großen Rivalen im Kampf um die Vorherrschaft in Griechenland. Mit einem vereinten Heer wollte Philipp II. sein Reich in Richtung Osten ausweiten. 336 v.Chr., mitten in den Vorbereitungen zu einem Feldzug gegen die Perser, ermordete ihn ein Attentäter. Sein Sohn Alexander III. bestieg den makedonischen Kaiserthron. Zunächst zeigte er Härte im Kampf gegen aufständige Griechen; u.a. ließ er das rebellische Theben fast vollständig zerstören. Als Führer des makedonisch-griechischen Heeres überquerte er im Frühjahr 334 v.Chr den Hellespont und betrat erstmals kleinasiatischen Boden. Zunächst besuchte er Troja, den von Homer beschriebenen mythischen Kriegsschauplatz. Unweit der Stadt, am Fluss Granikos, formierten sich persische Truppen unter ihrem Führer Memnon, verstärkt durch griechische Söldner, um den Eindringling abzuwehren. Entgegen dem Rat seines Feldherrn Parmenion griff Alexander an. Seine ungewöhnliche Schlachtordnung ließ ihn den ersten Sieg auf persischem Territorium davontragen. Ermutigt zog er an der ägäischen Küste südwärts, befreite vormals griechische Städte von persischer Herrschaft. Nach einem Jahr der Triumphe trifft er bei Issos auf Dareios' Truppen.

Der Sieg bedeutet eine weitere Ermutigung – Alexander führt seine Truppen durch Syrien und Palästina bis nach Ägypten. Dort wird er als Befreier vom persischen Joch empfangen – und als Pharao verehrt. An der Stelle eines unbedeutenden Fischerdorfes gründet er Alexandria (Alexandreia) und festigt damit die griechische Vormacht im südlichen Mittelmeer. Die alten Kulte und religiösen Zentren erkennt er an, sich selbst lässt er zum Sohn des Gottes Ammon weihen.

Perserkönig Dareios III. hat mittlerweile sein Heer vergrößert und sich auf eine Entscheidungsschlacht vorbereitet. Alexander trifft in der Gaugamela-Ebene nahe dem Tigris auf seine Gegner. Wieder sind sie ihm zahlenmäßig weit überlegen und wieder siegt er dank seiner Kriegslist. Mit Babylon, Persepolis und Susa erobert Alexander die Hauptstädte und Kultzentren des Perserreiches. Nach dem Tode Dareios' III. nimmt Alexander den Titel »König von Asien« an. Doch seine Mission ist noch nicht erfüllt. Obwohl die Soldaten angesichts der Strapazen murren, führt er sein Heer durch die ostiranischen Provinzen bis nach Indien. Offenbar verwirrt durch seine Machtfülle und Erfolge, fordert er von seinen Untergebenen göttliche Verehrung nach altorientalischen Riten. Erbarmungslos lässt er Widersacher ermorden.

Zwei Jahre lang treibt er seine Soldaten durch asiatische Wüsten und die schneebedeckten Pässe des Hindukusch, gründet unentwegt Städte, die seinen Namen tragen. 326. v.Chr. trifft er auf seinen letzten großen Gegner: Poros, der auf der östlichen Seite des Flusses Hydaspes über das Pauvara-Reich herrscht. Dem durch viele einheimische Söldner aufgestockten, demotivierten Heer Alexanders stehen 50 000 indische Soldaten, verstärkt durch Furcht erregende Kampf-Elefanten, gegenüber. Ein weiteres Mal siegt Alexander aufgrund seiner Kriegstaktik: In der Nacht durchquert er den Fluss, greift aus völlig unerwarteter Richtung an und setzt Poros fest. In staatsmännischer Manier lässt er ihn frei und kann damit ein weiteres Vasallenreich verbuchen. Opfer des Kampfes sind unzählige Soldaten – und das Pferd, das Alexander seit Beginn des Feldzuges begleitet hatte. Ihm zu Ehren gründet er die Stadt Bukephala.

Eine Meuterei seiner Soldaten zwingt Alexander schließlich doch zur Umkehr. Den Rückzug durch die Wüste überlebt nur ein Bruchteil der Männer. 324 v.Chr. trifft Alexander wieder in Susa ein. Er hegt neue Eroberungspläne – diesmal in Richtung Arabien.

Um die Verbindung von griechischer und persischer Kultur nachhaltig zu stärken, vermählt er 80 seiner Offiziere mit adligen Perserinnen; er selbst heiratet eine Tochter des Dareios III.. Auf dem Weg nach Babylon erliegt Alexander einer nicht näher zu bestimmenden Krankheit.

Alexander der Große erreicht Babylon (Gemälde, 17. Jh.)

Der gordische Knoten

Im Winter 334/333 v.Chr. erreicht Alexander III. Gordion, die Hauptstadt Phrygiens. Der sagenhafte Gründer des Landes, König Gordios, hatte eine Weissagung hinterlassen: Jener Mann solle der künftige Herrscher Asiens sein, der einen verschlungenen Knoten lösen könne, der um das Joch des gordischen Streitwagens gewickelt war. Alexander III. durchschlägt ihn mit einem Schwerthieb.

RÜCKBLICK

Philipp contra Athen: Makedonien setzt sich durch

Alexander der Große beginnt seine erfolgreichen Feldzüge gegen Persien auf der Grundlage der von seinem Vater Philipp II. eingeleiteten Machtpolitik, die das nordgriechische Reich Makedonien zur Vormacht geführt hatte.

356 v.Chr., als Philipp an die Macht kommt, hätte niemand diesen Aufstieg Makedoniens geahnt: Von äußeren Feinden bedrängt und durch innere Thron-Querelen geschüttelt, müssen die Makedonier um ihre Unabhängigkeit bangen

Als König Perdikkas III. im Kampf gegen Illyrien fiel, gelangte dessen dreijähriger Sohn Amyntas IV. als Erbfolger auf den Königs-Stuhl. Sein Onkel Philipp II., damals 23 Jahre alt, wurde stellvertretend mit der Führung der Amtsgeschäfte betraut. Schon bald wurden sein diplomatisches Talent und sein Kampfgeschick offenbar. 358 v.Chr. eroberte er das nordmakedonische Paionien, im Jahr darauf besetzte er Chalkidike und verschaffte sich damit den strategisch wichtigen Zugang zum Ägäischen Meer.

Als Philipp II. 356 v.Chr. das Herrscheramt vollends an sich reißt, schwächen zwei Kriege seine potenziellen Gegner: Im Bundesgenossenkrieg versucht Athen vergeblich, die vom zweiten Attischen Seebund abgefallenen Staaten, unter anderem Chios, Rhodos, Kos und Byzanz, zu unterwerfen. Der »Heilige Krieg« zwischen Theben und Phokis eröffnet Makedonien den Weg nach Mittelgriechenland. Die stärkste militärische Macht in Griechenland ist nun Makedonien.

Zunächst erfolglos versuchen athenische Politiker ein Bündnis gegen die neuen Machthaber zu schmieden. Demosthenes, einer der führenden Köpfe Athens, fordert in mitreißenden Reden (»Philippica«) die Athener auf, ihre Unabhängigkeit zu verteidigen. 346 v.Chr. beauftragt die delphische Kultgemeinschaft Philipp II., in Griechenland einen »allgemeinen Frieden« herzustellen. Verängstigt durch Philipps Gebietsgewinne, bilden Athen und Theben ein antimakedonisches Bündnis. Zur Entscheidungsschlacht kommt es 338 v.Chr. bei Chaironeia. Alexander, der Sohn Philipps und spätere König, befehligt die Reiterei. Obwohl sich auf jeder Seite gleich viele Soldaten (30 000) gegenüberstehen, siegen die makedonischen Truppen aufgrund ihrer überlegenen Kampftaktik. Unter Makedoniens Führung verbünden sich – bis auf Sparta – alle griechischen Staaten im Korinthischen Seebund und unterstellen sich der makedonischen Vorherrschaft. Philipp II. sieht damit die Voraussetzung gegeben für einen erfolgreichen Kampf gegen die Perser, deren Reich bis nach Kleinasien reicht. 336 v.Chr. schickt er eine Truppe von 10 000 Mann nach Kleinasien, um die Lage zu erkundschaften; später will er ihr folgen. Vorher wohnt er der Hochzeit seiner Tochter Kleopatra bei. Als er zwischen seinem Sohn und seinem künftigen Schwiegersohn einzieht, erdolcht ihn sein Leibwächter Pausanias.

Die Wirren nach dem Attentat nutzt Alexander, um die Macht an sich zu reißen. Kaum zum neuen König von Makedonien ausgerufen, lässt Alexander den 359 v.Chr. entmachteten König Amyntas IV. und viele seiner Verbündeten hinrichten. Ob diese tatsächlich hinter der Ermordnung von Philipp II. stecken, bleibt ungeklärt.

INDIEN

Die Maurya-Dynastie führt Indien zu einem

Osttor des Stupa in Sanchi (das heutige Madhya Pradesh)

Indien, bislang ein Gebilde aus vielen kleinen Königreichen, wird unter den Maurya-Herrschern erstmals zu einem Großreich vereint.

322 v.Chr.: Tschandragupta Maurya gelangt gewaltsam an die Macht. Mit dem Aufstieg des Maurya-Reiches vollzieht sich ein tief greifender Wandel. In Indien bildet sich erstmals ein zentralistisch regiertes Großreich heraus.

Tschandragupta Maurya, ein Mann aus dem Volk, kann mit Hilfe seines Ministers Kautilya den Umsturz herbeiführen. Die Nanda-Dynastie muss zugunsten Tschandraguptas abtreten, der von der Region Magadha im Nordosten Indiens aus das Maurya-Reich aufbaut. Die Machtverschiebungen, die Alexander der Große mit seinem Indienfeldzug verursacht hat, kommen ihm dabei zugute. Hauptstadt des neuen Reiches, das sich vom Indus bis nach Bengalen, vom Himalaja bis zum südlichen Vindhya-Gebirge erstreckt, wird Pataliputra (Patna). Nach einem Bericht des Griechen Megasthenes, der sich als Gesandter des Seleukos I. Nikator am Hof des Tschandragupta aufhält, ist die Stadt gebaut »in Form eines Parallelogramms mit einer hölzernen, durchlöcherten Umgehung, so dass man durch die Löcher schießen könne, davor liege auch ein Graben zum Schutze und um die Abflüsse der Stadt aufzunehmen«. Zunächst muss sich Tschandragupta gegen seine westlichen Nachbarn behaupten: Hier hatte der Diadochen-König Seleukos I. Nikator, ein Feldherr des verstorbenen Alexanders, das eigene Seleukiden-Reich errichtet und beansprucht Gebiete in Indien. Tschandragupta gelingt es, dessen Rückeroberungsversuche abzuwehren und geht gestärkt aus dem Kampf hervor: Durch die Zahlung von 200 Kriegselefanten (andere Quellen nennen 500) erkauft er sich von Seleukos die Anerkennung der Herrschaft über Belutschistan und Afghanistan. Die Verwaltung des Maurya-Reiches wird von einer mächtigen Bürokratie ausgeübt. Das gesamte Territorium ist in einzelne Provinzen mit Gouverneuren an den Spitzen aufgeteilt. Diese hohen Beamten sind nach verschiedenen Aufgabengebieten in Regierungskollegien zusammengefasst, die direkt dem König unterstehen. Die Wirtschaft mit einem gut ausgebildeten Steuersystem ist ebenfalls auf den zentralistischen Staat ausgerichtet.

Indischer Grabhügel (»Stupa«) aus dem Jahr 150 v.Chr. in Sanchi

BABYLON

Alexanders Weltreich zerbricht

Nach dem Tod Alexanders des Großen in Babylon zerfällt dessen Reich in Diadochenstaaten.

13. 6. 323 v.Chr.: Alexander der Große stirbt in Babylon. Im makedonisch-griechischen Reich brechen Kämpfe um seine Nachfolge aus. Seine Feldherren übernehmen die Verwaltung: Antipatros und sein Sohn Kassandros herrschen über Makedonien und Griechenland; Lysimachos fallen Thrakien und Teile Kleinasiens zu. Antigonos I. Monopthalmos »der Einäugige« und sein Sohn Demetrios I. Poliorketes haben wechselnde Herrschaftsgebiete (zunächst Phrygien und Lykien). Seleukos I. Nikator übernimmt die Macht über Kleinasien und Persien, Ptolemaios I. Soter über Ägypten und die Ägäischen Inseln. Perdikkas wird Reichsverweser. Vor seinem Tod hatte Alexander keine Regelung für die Thronfolge hinterlassen. Formal sind damit sein geistig behinderter Halbbruder Philipp Arrhidaios und sein kurz nach Alexanders Tod geborener Sohn Alexander IV. nachfolgeberechtigt. Stellvertretend übernehmen die Diadochen die Herrschaft. Da einige von ihnen die Gesamtherrschaft über das von Alexander eroberte Reich anstreben, entbrennen 40-jährige erbitterte Kämpfe (die sechs »Diadochenkriege«). Zunächst bekämpfen die Diadochen den Reichsverweser Perdikkas, der offensichtlich die Alleinherrschaft anstrebt. Als er Ägypten angreift, wird Perdikkas 321 v.Chr. am Nil ermordet. 307 v.Chr. dokumentiert Athen seine vermeintliche neue Unabhängigkeit mit der Wiedereinführung der Demokratie, der Korinthische Seebund formiert sich neu. Dagegen verbünden sich Makedonien, Ägypten, Thrakien und Persien. In der entscheidenden Schlacht bei Ipsos (301 v.Chr.) siegt dieses Bündnis. Die Diadochenherrscher nehmen Königstitel an. Damit ist der endgültige Zerfall des Reiches besiegelt und die Reichseinheit aufgelöst. 288 v.Chr. erliegt Makedonien einem Diadochenbündnis und wird aufgeteilt. Der Sieg des Seleukidenherrschers Seleukos I. Nikator über den thrakisch-kleinasiatischen König Lysimachos in der Schlacht auf dem Kurupedion (281 v.Chr.) beendet den sechsten Diadochenkrieg. Seleukos zieht nach Makedonien und wird 281 v.Chr. von Ptolemaios Keraunos ermordet. Damit haben sich am Ende der Diadochenzeit drei Königreiche herausgebildet: die Seleukiden in Kleinasien, Syrien, Babylon und Persien; die Ptolemäer in Ägypten; die Antigoniden in Makedonien und Griechenland.

Euklid schafft

Mit seinem mathematischen Lehrwerk legt Euklid die Grundlagen für die Geometrie.

Um 300 v.Chr.: In Alexandria lehrt Euklid. Der Mathematiker fasst die bisherigen Lehren der griechischen Mathematiker zusammen und entwickelt neue Berechnungswege.

Euklid (*um 365 v.Chr.) kam in Athen mit der Philosophie in Berührung; danach studierte er am alexandrinischen Museion (»Musenhügel«, das 307 v.Chr. gegründete Wissenschaftszentrum) die griechischen Lehrer, unter anderem Pythagoras (580– 496 v.Chr.) und Platon (427–347 v.Chr.). Euklid befasst sich mit der geometrischen Optik (»Optica«) sowie mit Astronomie (»Phainmena«) und Musiktheorie (»Sectio canonis«). Seine größte Leidenschaft gilt der

Großreich

Ein stehendes Heer verteidigt den Staat nach außen, Spitzel sollen die Feinde im Inneren aufspüren und unschädlich machen. Sieben Berufsgruppen nennt Megasthenes: Philosophen, Bauern, Hirten, Kunsthandwerker, Soldaten, Spione und Ratgeber. Wesentlichen Anteil an den politischen Erfolgen Tschandraguptas scheint sein Kanzler Kautilya alias Chanakya zu haben.

Ruhmreiche Legenden beschreiben das Ende des Tschandragupta. Als Anhänger des Jainismus, einer asketischen Mönchsreligion, soll er gestorben sein. Als in Nordindien eine Hungersnot ausbrach, sei Taschandragupta mit 12 000 Jaina-Gläubigen nach Südindien gewandert. Dort fastete er sich zu Tode – ein Ritual, das bei den Anhängern des Jainismus üblich war.

297 v.Chr. tritt Tschandraguptas Sohn Bindusara die Nachfolge an. Dessen Kampfeskraft wird im Beinamen, den ihm die Griechen gaben, deutlich: »der Schlächter der Feinde«. Bindusara behauptet die Grenzen des indischen Großreiches und festigt die Herrschaft auch über Südindien. Wie sein Vater, arrangiert auch er sich auf diplomatischem Weg mit den Seleukiden.

TARENT

Pyrrhos' Siege können Rom nicht bremsen

In den Machtkampf zwischen Rom und Süditalien greift erstmals ein hellenistischer König ein.

280 v.Chr.: In Tarent, an der Südküste Italiens, landet König Pyrrhos (s. Abb.). Mit 20 000 Fußsoldaten, 2000 Bogenschützen, 500 Schleuderern, 3000 Reitern und 20 Kriegselefanten will er Tarent gegen das Machtstreben Roms stärken. Sofort rekrutiert er die dortigen jungen Männer zum Kriegsdienst, schließt Schulen und verteilt Waffen.

Pyrrhos, König der Molosser im Epirus (heutiges Gebiet von Albanien), plant ein Weltreich zu errichten und den Kampf gegen die hellenistischen Diadochenstaaten aufzunehmen. Bislang hatte er nur kleine Erfolg gegen Makedonien und Thessalien erzielen können. Der Hilferuf nach Italien kam ihm da recht. Dort setzten sich die süditalienischen Stämme gegen die Expansionspolitik Roms zur Wehr. 282 v.Chr. ankerte eine römische Flotte vertragswidrig im Tarentinischen Golf; die Tarentiner vernichteten sie.

Rom erklärte Tarent daraufhin den Krieg. In Süditalien formierte sich ein Bündnis, das König Pyrrhos um Hilfe ersuchte. Gemeinsam mit den Samniten, die seit 343 gegen Rom kämpfen, nimmt Pyrrhos die Herausforderung an. Als der römische Senat von dem neuen Bündnis erfährt, entsendet er ein konsularisches Heer.

Ein erstes blutiges Zusammentreffen mit den Römern – die sich erstmals Kriegselefanten gegenübersehen – endet bei Herakleia zwar erfolgreich, aber mit großen Verlusten für Pyrrhos. Dem antirömischen Bündnis schließen sich nun noch mehr Stämme an.

Auf ein Friedensangebot gehen die Römer wider Pyrrhos' Erwarten nicht ein. Pyrrhos setzt seine Truppen in Richtung Rom in Bewegung. Als er merkt, dass er keine neuen Bündnispartner gewinnen kann, bricht er den Vormarsch ab und zieht sich nach Tarent zurück.

Bei Ausculum trifft sein Heer erneut auf die Römer. Wieder können die Molosser einen »Pyrrhos-Sieg« davontragen, doch erleiden sie höhere Verluste als ihre Gegner. Als die sizilianischen Griechen ihn um Hilfe gegen Karthago bitten, setzt er nach Sizilien über. Obwohl Karthago sich inzwischen mit den Römern verbündet hat und eine Flotte entsendet, ist Pyrrhos weiter erfolgreich und bringt fast die gesamte Insel unter seine Kontrolle. Jedoch bleibt ihm auch hier der entscheidende Erfolg versagt, weil sich die sizilianischen Griechenstädte hinter seinem Rücken mit Karthago verbünden.

276 v.Chr. kehrt er nach Italien zurück, will dort ein Königreich errichten. Das römische Heer hatte sich mittlerweile auf die Kampftaktik der Hellenen eingestellt. Bei Benevent kommt es zur erneuten Schlacht gegen die Römer. Pyrrhos Reserven sind erschöpft, so dass der Kampf unentschieden endet.

Zurück in Epirus, fällt Pyrrhos in Makedonien ein und besetzt den Westteil. 273 v.Chr. stößt er bis in den Peloponnes vor. In Argos stirbt er ein Jahr später im Straßenkampf – der Legende nach durch einen herunterfallenden Dachziegel.

In Süditalien nutzen die Römer inzwischen den Abzug des Molosser-Heeres. Sie schließen Bundesgenossenverträge mit den geschwächten ehemaligen Gegnern ab. 272 v.Chr. ergibt sich auch die letzte Bastion Tarent.

ALEXANDRIA

Grundlagen der Geometrie

Mathematik. »Elemente« nennt der Wissenschaftler sein 13-bändiges Werk, in dem er das mathematische Wissen seiner Zeit systematisiert. Die Bücher 1 bis 4 (ebene Geometrie) und sieben bis zehn (Zahlentheorie) basieren auf Arbeiten der Pythagoräer; Buch 5 (Theorie der inkommensurablen Größen) und Buch 12 (Stereometrie) werden dem Astronom und Platonschüler Eudoxos (408–355 v.Chr.) zugeschrieben. Als Autor von Buch 10 (Irrationalitäten) und Buch 13 (reguläre Polyeder) gilt Theaitetos (410–368 v.Chr.). Die »Elemente« sind das erste mathematische Werk, das einen axiomatisch-deduktiven Aufbau hat und mit strengen Beweisen arbeitet: Anhand einfacher Rechnungen entwickelt Euklid mathematische Formeln, die er dann zur Berechnung umfangreicher und komplizierter Aufgaben verwendet. Zwei Lehren Euklids ragen aus seinem Werk hervor: Der »euklidische Algorithmus« beschreibt ein Verfahren, den größten gemeinsamen Teiler zweier ganzer rationaler Zahlen zu bestimmen. Das »Parallelen-Axiom« bezeichnet eine Grundannahme Euklids für den Aufbau seiner Geometrie: Parallel zu einer gegebenen Geraden kann durch einen gegebenen Punkt nur eine einzige Gerade gezogen werden. Bis ins 19. Jahrhundert bilden die »Elemente« die Grundlage des geometrischen Unterrichts an Schulen und Hochschulen.

Euklid: Relief am Dom in Florenz

NORDAMERIKA

Die Hopewell-Kultur

In Nordamerika entsteht eine der ersten Hochkulturen des Kontinents.

300 v.Chr.: Aus dem waldreichen Gebiet im Osten Nordamerikas dringen Stämme in das Ohio-Tal ein und werden dort sesshaft. In der Folgezeit entwickeln sie die sogenannte »Hopewell-Kultur«. Die »Hopewell«-Leute leben vom Handel mit weit entlegenen Regionen, sind begabte Handwerker und führen ein verschwenderisches und luxuriöses Leben, was die Funde wertvoller Grabbeigaben zeigen. Sie führen neue Keramiktechniken ein, produzieren Schmuck aus kaltgehämmertem Kupfer, fertigen Tabakspfeifen aus Stein, stellen aus Glimmertafeln Figuren her, formen Gegenstände aus Schildkrötenpanzern, Alligatorenzähnen und Tierknochen. Die Religion ist ebenfalls weit entwickelt: Auf Hügeln werden Kultstätten errichtet, umgrenzt durch lange, teilweise geometrisch angeordnete Erdwälle. Tote werden in Zeremonienbauten bestattet (s. Abb.). Über 600 Jahre lang dauert diese erste Hochkultur.

KLEINASIEN

Seleukiden-Reich zerfällt

Antiochos I. und seine Nachfolger können dem riesigen Seleukiden-Reich wegen seiner Größe und inneren Zerrissenheit keine dauerhafte Machtposition verschaffen.

281 v.Chr.: Antiochos I., der Sohn des Diadochen Seleukos I. Nikator, übernimmt von seinem Vater die Herrschaft über den persischen Teil des von Alexander dem Großen eroberten Reichs.

Seleukos I. Nikator (der Sieger) hatte als Feldherr Alexanders des Großen nach dessen Tod (323 v.Chr.) den persischen Teil des makedonischen Weltreichs übernommen. Aus den Diadochenkriegen war er durch den Sieg bei Kurupedion siegreich hervorgegangen und konnte seinem Reich weite Teile Kleinasiens eingliedern. Doch sein Weg an die Spitze der hellenistischen Welt wurde jäh gestoppt: 281 v.Chr. ermordete ihn ein Sohn seines Rivalen Ptolemaios I.

Schon zu Lebzeiten hatte Seleukos I. Nikator seinen Sohn Antiochos I. zum Mitregenten für die Ostprovinzen gemacht. Nun wird er Alleinherrscher. Antiochos I. sieht sich einer schwierigen außenpolitischen Lage gegenüber: In Syrien muss er einen Aufstand niederschlagen, der ägyptische König Ptolemaios II. Philadelphos besetzt Inseln in der Ägäis, Bithynien weitet sein Herrschaftsgebiet bis zum Schwarzen Meer aus.

Als der makedonische Herrscher Antigonos II. Gonatas in Kleinasien einfällt, muss Antiochos mit ihm aus taktischen Gründen Frieden schließen: Nur gemeinsam können sie die Kelten abwehren, die von Norden die hellenistische Welt zu erschüttern drohen.

Auch im kleinasiatischen Pergamon ist Antiochos nicht mehr Herr der Lage: Dessen Herrscher Philetairos war einst Seleukos I. Nikator ergeben, hatte nach dessen Tod jedoch ein eigenständiges Reich gegründet und sich dem Einfluss des Antiochos I. entzogen. Die Autonomiebestrebungen in seinem Einflussbereich kann Antiochos nicht hinnehmen, 263 v.Chr. kommt es bei Sardes zum Kampf gegen die Truppen des neuen Pergamon-Königs Eumenes – Antiochos unterliegt. Zwei Jahre später fällt er im erneuten Kampf gegen die Kelten. Auch seine Nachfolger vermögen das Seleukidenreich nicht zu befrieden. Kämpfe gegen ständige Gebietsansprüche der Ptolemäer zermürben die Herrscher, die Unterschiedlichkeit und Weite des Reiches stellt die Verwaltung vor unlösbare Aufgaben. Nur Antiochos III. (»der Große«), der 223 v.Chr. die Herrschaft übernimmt, kann für kurze Zeit das Reich sichern und sogar ausweiten. Gegen die Römer erleidet er 190 v.Chr. eine Niederlage. Als er bei Susa einen Baaltempel plündern lässt, erschlagen ihn aufgebrachte Einheimische.

Kopf einer Statue des Antiochos I. in Nemrut Dag (Türkei)

CHINA

Der »erste Kaiser« vereint China

Terrakotta-Armee im Grab des chinesischen Kaisers Qin in Xian (Provinz Shaanxi)

Ein zentralistisches Reich ersetzt die chinesischen Einzelstaaten. Gegen äußere Feinde erbaut Kaiser Qin Shihuang-ti die »Große Mauer«, innere Kritik versucht er mit Bücherverbrennungen zu bekämpfen.

221 v.Chr.: Qin Shihuang-ti ruft sich zum »Erhabenen Kaiser der Qin« (auch »Ch'in«) und damit zum ersten Alleinherrscher über China aus. Damit ist die »Zeit der kämpfenden Staaten« beendet und China vereint. Unter seinem eigentlichen Namen Zheng war Shi-huang-di seit 249 v.Chr. Kaiser des Staates Qin. Er eroberte die sechs Königreiche Han, Zhao, Wei, Chu, Yan und Q und vereinigt sie zu einem Einheitsstaat. Mit seinem Machtantritt begründet er die Qin-Dynastie.

Qin Shihuang-ti schafft das bisher bestehende feudalistische Lehenswesen ab und errichtet ein zentralistisch ausgerichtetes, von Beamten getragenes Verwaltungssystem. Die 36 neugeschaffenen Bezirke werden von je einem Zivil- und Militärgouverneur regiert. Im Zug der Vereinheitlichung werden Schrift, Maße, Gewichte und die Spurbreite der Wagen neu festgelegt sowie das Straßensystem reformiert. Der auch als Militärführer erfolgreiche Kaiser weitet seinen Herrschaftsbereich über Südchina nach Annam aus.

Die Staatsreform stößt auf den Widerstand der gebildeten Oberschicht, die mit Hilfe von alten Schriften – insbesondere des Philosophen Konfuzius – und deren Auslegung gegen die neuen Maßnahmen protestiert. Um ihr die Argumente zu entziehen, lässt der Kaiser 213 v.Chr. die in Privatbesitz befindlichen Bücher beschlagnahmen und verbrennen. Von der Vernichtung ausgenommen sind die geschichtlichen Aufzeichnungen des Staates Qin sowie Bücher über Heilkunde, Wahrsagekunst und Landbau. Diejenigen, die weiterhin die alten Lehren verbreiten, werden entweder hingerichtet oder zum Bau der »Großen Mauer« deportiert. Mit ihr will der Kaiser das Reich im Nordosten vor einfallenden Hunnen-Stämmen sichern. Von 214 v.Chr. an verbindet er die schon vorhandenen Erdwälle mit Lehmbefestigungen zur »Großen Mauer«, die bis zum 17. Jahrhundert zur »Chinesischen Mauer« ausgebaut wird. 210 v.Chr stirbt der »erste Kaiser« von China. Mehr als 700 000 Männer werden zum Bau seines unterirdischen Grabmals herangezogen. Die Räume sollen das Universum nachbilden, berichtet der Historiker Sima Qian (145–86 v.Chr.). Der Bau ist palastartig angelegt; eine 460 m lange unterirdische Mauer umfasst unzählige Säle und Gruben, in denen kostbare Grabbeigaben liegen – unter anderem eine Terrakotta-Armee mit 7000 lebensgroßen Krieger- und Pferdestatuen, die in Schlachtordnung aufgestellt sind.

ALEXANDRIA

Ägypten wird zum Zentrum des Wissens

Unter der Herrschaft der Ptolemäer wird die Stadt Alexandria zum kulturellen Mittelpunkt der hellenistischen Welt.

246 v.Chr.: Ptolemaios II. Philadelphos stirbt. Sein Nachfolger, Ptolemaios III. Euergetes, muss sein Reich gegen Machtansprüche der Seleukiden verteidigen.

285 v.Chr. hatte er nach dem Tod seines Vaters, dem Diadochen Ptolemaios I. Soter, die Herrschaft übernommen. Geschickt hatte Ptolemaios II. die makedonische Fremdherrschaft über Ägypten durch einen gottgleichen Herrscherkult kaschiert. Das ägyptische Volk ehrte ihn als Pharao. Der Serapiskult, eine Vermischung griechischen und ägyptischen Glaubens, vereinte beide Bevölkerungsgruppen.

Gestärkt wurde diese Verehrung, als Ptolemaios II. 278 v.Chr. seine Schwester Arsinoë II. heiratete (daher der Beiname »Philadelphos«, »Liebhaber der Schwester«). An den religiösen Herrscherkult kann Nachfolger Ptolemaios III. anknüpfen. Vater und Sohn setzten sich mit großen Bauwerken ein Denkmal. Während Ptolemaios II. die Bibliothek in Alexandria erbaute und die Stadt damit zum Zentrum für alle Gelehrten der hellenischen Welt gemacht hatte, errichtete Ptolemaios III. Euergetes (»der Erhabene«) in Edfu einen Tempel. Außenpolitisch waren die ptolemäischen Herrscher in die seit der Diadochenzeit schwelenden Rivalitäten verwickelt. Zum Konflikt kommt es immer wieder um Syrien, das sowohl von den Seleukiden als auch Ptolemäern beansprucht wird. 273 v.Chr. hatten die Ptolemäer mit Rom diplomatische Beziehungen aufgebaut. 170 v.Chr. greifen die Römer erstmals zugunsten der Ptolemäer ein. Die letzte Herrscherin, Kleopatra VIII., versucht 44 v.Chr., den alten Umfang des Reiches wiederherzustellen. Gegen Octavian erleidet sie eine Niederlage; 30 v.Chr. endet das Ptolemäerreich, Ägypten wird römische Provinz.

Ptolemäus (Medaillon)

Der Brand der Bibliothek zu Alexandria im Jahre 47 v.Chr. vernichtet unschätzbares Wissen (Holzstich).

INDIEN

Ein Friedensreich in ganz Indien

Maurya-König Aschoka stellt seine Herrschaft unter die Maximen der Toleranz und Gewaltlosigkeit.

268 v.Chr.: Im indischen Maurya-Reich tritt Aschoka, der Enkel des Reichsgründers Tschandragupta, die Thronnachfolge an. Aschoka gelingt es, den indischen Subkontinent fast vollständig zu erobern und erstmals eine kulturelle Einheit Indiens zu erreichen. Erschreckt von den Grausamkeiten der Kriege zu Beginn seiner Regierungszeit, reorganisiert Aschoka in der Folgezeit den Staat nach humanen Gesichtspunkten, bemüht sich um das öffentliche Wohl, um Gewaltlosigkeit und Frieden. »Alle Menschen sind für mich wie meine Kinder«, bekennt Aschoka. Sich selbst nennt er »der freundlich Schauende« und »Göttergeliebter«. Aschoka erlässt Edikte, die seine Vorstellungen über menschliches Verhalten darlegen und in Steinsäulen (Abb.: Löwenkapitell einer Aschoka-Säule) und Felsen überall im Land eingemeißelt werden. Aschokas Gesetze stellen neue Rechtsnormen auf und regeln auch die Pflichten des Königs. Aschoka bekennt sich zum Buddhismus, der sich dank seiner Unterstützung weiter ausbreitet. Ein buddhistisches Konzil in Paliputra fasst den Beschluss, Missionare ins Reich und in die Nachbarregionen zu entsenden. Aschoka zeigt sich jedoch auch anderen Religionen gegenüber tolerant. Nach seinem Tod 232 v.Chr. zeichnet sich der Niedergang des Reiches ab: Die Staatsfinanzen sind am Ende, in den Nachbarstaaten formieren sich Machtkonkurrenten, die Anhänger der alten Religionen fürchten um ihre Privilegien. Um 180 v.Chr. zerfällt das Maurya-Reich.

CANNAE

Karthago fordert Rom heraus

Der karthagische Feldherr Hannibal bereitet den Römern die bislang schwersten militärischen Niederlagen ihrer Geschichte. Dennoch kann er den Fall Karthagos und den Aufstieg Roms zur Weltherrschaft nicht verhindern.

August 216 v.Chr.: Trotz zahlenmäßiger Unterlegenheit siegen in der Schlacht bei Cannae die Truppen Hannibals über das römische Heer – ein wichtiger Erfolg im Kampf um die Vormacht im Mittelmeerraum.

Schon im Ersten Punischen Krieg (264-241 v.Chr.) waren die Karthager und Römer aufeinander geprallt. Kriegsschauplatz war Sizilien, das zum Teil unter karthagischer Herrschaft stand. Im Bündnis mit Syrakus belagerte Karthago die Stadt Messana. Rom, von den Eingekesselten um Beistand gebeten, schickte Truppen. Nun standen sich Karthago und Rom auf Sizilien direkt gegenüber. Ein Seekrieg entbrannte: Während die Karthager italische Küstenstriche verwüsteten, bauten die Römer 260 v.Chr. eine eigene Flotte und nahmen den Kampf auf. Aus karthagischem Hoheitsgebiet mussten sie sich nach dem Verlust ihrer Schiffe durch einen Sturm zurückziehen. Die neu erbaute Flotte wurde 249 v.Chr. durch die Karthager in zwei Seeschlachten vernichtet. Erst 241 v.Chr. gelang es Rom, Karthago durch einen Sieg vor Sizilien zum Friedensschluss zu bewegen. Karthago musste zwar Sizilien abgeben, in Spanien baute es jedoch systematisch seinen Einflussbereich aus. Feldherr Hamilkar Barkas unterwarf Südspanien und erklärte es zur karthagischen Provinz. Nach dessen Tod führten seine Söhne Hasdrubal und Hannibal das Eroberungswerk fort. Für Rom wuchs die Bedrohung. Als Hannibal die mit Rom verbündete Stadt Sagunt besetzte, erklärten die Römer Karthago 218 v.Chr. den Krieg (»Zweiter Punischer Krieg«, 218-201 v.Chr.).

Feldherr Hannibal fasste einen verwegenen Plan: Um mögliche römische Angriffe zu unterlaufen, wollte er mit seinem Heer von Spanien aus durch Gallien über die Alpen und Oberitalien gegen Rom ziehen. Diese Strategie war für die Römer zunächst undurchschaubar; um den Angriff abzuwehren, zogen sie unter Konsul Scipio nach Spanien. Dort traf er nur Hannibals Bruder Hasdrubal mit einem 11 000 Mann starken Heer – der größte Teil der Truppe war bereits mit Hannibal nach Gallien unterwegs. Mit 60 000 Soldaten, Pferden und Elefanten überquerte der unerschrockene Feldherr die Alpen. »Den größten Dienst leisteten ihm die Elefanten«, schildert später der griechische Geschichtsschreiber Polybios (220-120 v.Chr.) Hannibals Marsch; »dort, wo diese sich in der Marschkolonne befanden, wagten sich die Feinde nicht nahe heran, aus Angst vor der ungewohnten Erscheinung dieser Tiere«. Die Strapazen der Berg-Überquerung forderten ihren Tribut. Kämpfe mit Alpenstämmen, vorzeitiger Wintereinbruch, Erschöpfung und Mangel an Nahrungsmitteln dezimierten das Heer um mehr als die Hälfte. »Da der Weg eng und steil hinab führte und der Schnee den Boden, auf den sie zu treten hatten, verdeckte, stürzte alles, was den Weg verfehlte und abglitt, in die Tiefe«, schreibt Polybios – »als sie aber an die Stelle kamen, wo der Weg so eng war, dass weder die Elefanten noch die Lasttiere ihn passieren konnten, da sank ihnen aufs neue der Mut, und die Menge begann zu verzagen.« Die Aussicht auf einen Sieg war unter diesen Bedingungen schlecht. Dennoch schlugen die karthagischen Truppen in einem ersten Reitergefecht bei Ticinus (September 216 v.Chr.) ihre römischen Gegner unter dem mittlerweile aus Spanien zurückgeeilten Konsul Scipio. Als Folge konnte sich Hannibal der Unterstützung sowohl gallischer und spanischer Stämme als auch italischer Gemeinden sicher sein, die auf eine Befreiung von den Römern hofften. Auf 40 000 Mann verstärkten sie das karthagische Heer. In Trebia kam es im Dezember 218 v.Chr. zum Kampf gegen die vereinigte römische Armee. Dank seiner ausgeklügelten Kampfstrategie errang Hannibal einen weiteren Sieg.

Der Weg nach Rom schien ihm nun frei zu stehen. Plündernd zog er mit seinen Soldaten nach Mittelitalien, überschritt den Appenin. Eine ihm folgende römische Truppe lockte er in einen Hinterhalt; am Trasimenischen See vernichtete er das Heer unter Konsul Gnaeus Servilius. Nach dem Sieg über zwei weitere römische Einheiten stand Hannibal kurz vor Rom. Das römische Heer war geschlagen, die Bevölkerung drohte in Panik zu verfallen. Der zum Diktator ernannte Fabius Maximus (280-203 v.Chr.) ordnete religiöse Sühneriten an: dem Gott Jupiter wurde für den Fall eines Sieges der gesamte Ertrag eines Frühlings an Vieh gelobt; anderen Göttern wurden Opfer dargebracht, um sie freundlich zu stimmen. Gleichzeitig ordnete Maximus das römische Herr neu.

Den in Spanien kämpfenden Truppen schickte er Verstärkung. An der Spitze von vier Legionen zog er selbst 216 v.Chr. Hannibal entgegen, um durch ständige militärische Präsenz die noch mit Rom verbündeten Gemeinden am Pakt mit Hannibal zu hindern sowie eine große Schlacht zu vermeiden. Obgleich Fabius' Ermattungsstrategie in dieser Hinsicht aufging, trug sie ihm seitens der römischen Bevölkerung Spott und den Beinamen Cunctator (»Zauderer«) ein.

Die Siege gegen die Karthager in Spanien ermutigten die Römer, noch einmal direkt gegen Hannibal zu Felde zu ziehen. Im Frühjahr 216 sammelten sie bei Gerunium, in unmittelbarer Nähe von Hannibals Heer, 80 000 Soldaten in acht Legionen. Um einen günstigeren Kampfplatz auszuwählen, zieht

In der Schlacht bei Zama (202 v.Chr.) besiegt Scipio den Karthager Hannibal (Gemälde, römische Schule, 1521).

ZUR PERSON

Hannibal

Hannibal (*247 v.Chr.) nimmt mit beispiellosem Durchhaltevermögen und einer neu entwickelten Heerestaktik, der sog. Kesselschlacht, den Kampf mit Rom auf. Am Ende muss er vor seinen Gegnern fliehen. Als römische Gesandte ihn 183 v.Chr. in Bithynien entdecken, nimmt er sich das Leben.

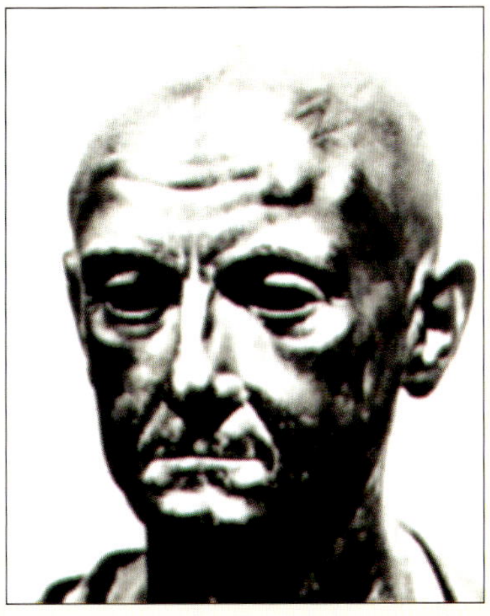

Scipio Africanus

Publius Cornelius Scipio (*235 v.Chr) entstammt einer römischen Patrizierfamilie. Ermutigt durch die Erfolge in Spanien, bereitet er die Invasion vor und besiegt im Zweiten Punischen Krieg die Karthager. Wegen Unterschlagung angeklagt, stirbt er 183 v.Chr. auf seinem Landgut.

Hannibal weiter nach Cannae. Dort kommt es im Juni zur Schlacht. Die geniale Kriegsführung Hannibals führt ein weiteres Mal zum Erfolg: Zunächst lässt er das römische Fußvolk gegen die spanischen und gallischen Truppenteile vorrücken. Halb eingekesselt, greifen die libyschen Verbündeten die Römer von den Seiten an.

Als die Römer, geführt von den Konsuln Lucius Aemilius Paullus Macedonicus und Marcus Terentius Varro, eingeschlossen sind, lässt Hannibal die karthagischen Reiter-Soldaten von hinten angreifen. Das römische Heer, obwohl zahlenmäßig überlegen, wird fast völlig vernichtet.

Trotz des Sieges greift Hannibal Rom nicht direkt an. Ein Bündnis mit dem makedonischen König Philipp V. bringt ihm nicht die erhoffte Stärkung. Als er 215 v.Chr. mit der sizilianischen Stadt Syrakus ein Bündnis eingeht, erhält er die Kontrolle über weite Teile Süditaliens. Ständige Kämpfe in den folgenden Jahren schwächen Hannibals Streitmacht. Das römische Heer, gestärkt durch Erfolge in Spanien, erobert mit Agrigent und Tarent wichtige Sädte zurück; als Hasdrubal 207 v.Chr. mit seinen Truppen über die Alpen in Italien einzieht, erwarten ihn dort bereits Römer.

Wegen der aussichtslosen Lage sieht sich Karthago nach zermürbenden Kriegsjahren 203 v.Chr. gezwungen, mit Rom Frieden zu schließen. Hannibal wird nach Afrika zurückbeordert. Sein ungebrochener Kampfeswille überzeugt seine Landsleute von der Notwendigkeit einer entscheidenden Schlacht.

Im nordafrikanischen Zama besiegt das römische Heer Hannibal. Der römische Konsul Scipio wendet Hannibals Umfassungstaktik an. Hannibal zieht sich zurück; die Römer kesseln Karthago ein. Vor einer gewaltsamen Besetzung lenken die punischen Stadtherren ein und führen Friedensgespräche. Karthago büßt Kriegsschiffe, Elefanten und Territorium ein und wird für 50 Jahre zur Kriegskostenentschädigung verpflichtet. Ohne Rom um Erlaubnis zu fragen, darf die Stadt künftig keine Kriege mehr führen. Zwar besitzt Karthago weiterhin Autonomie, ist aber letztlich von Rom abhängig. Rom hat seine letzten Widersacher auf dem Weg zur Weltmacht geschlagen. Als der siegreiche Scipio 201 v.Chr. mit seinem Heer nach Rom zurückkehrt, verleiht das Volk ihm den ehrenvollen Beinamen »Africanus«.

SYRAKUS

Tod des Archimedes

Nach der Einnahme von Syrakus ermorden römische Soldaten Archimedes, einen der Wegbereiter der Mathematik und Physik.

212 v.Chr.: Römische Truppen erobern die sizilianische Stadt Syrakus. Die Soldaten setzen sich über die ausdrückliche Anweisung ihres Feldherrn Marcus Claudius Marcellus hinweg und töten Archimedes (s. Abb.). Der Physiker und Mechaniker hatte u.a. Kriegsgerät zur Verteidigung seiner Heimatstadt entwickelt. Um gegen Rom bestehen zu können, hatte sich Syrakus mit Hannibal verbündet.

Drei Jahre lang hatten die Römer Syrakus belagert und waren an dem bollwerkartigen Ausbau des Hafens gescheitert. Erfahren durch viele Kriege, hatten die Syrakuser Herrscher Hieron II. (306–215 v.Chr.) und sein Sohn Gelon II. (†216 v.Chr.) die Stadt zur Festung ausbauen lassen. Unterstützung bekamen sie von dem Forscher Archimedes, der sein physikalisches Wissen in den Dienst der Verteidigung stellte. Flaschenzüge, Wurfmaschinen und Hebelmaschinen brachten den syrakusischen Verteidigern militärische Vorteile. Mit den von Archimedes entwickelten Brennspiegeln steckten sie die Kriegsmaschinen der Römer in Brand. Nach dem Sieg gliedert Rom das strategisch wichtige Sizilien in sein Reich ein und erklärt es zur Provinz.

HINTERGRUND

Geniale Erfindungen

Wegbereitende Erfindungen und Entdeckungen gehen auf den griechischen Mechaniker und Mathematiker Archimedes zurück. Als Sohn des Astronomen Pheidias 287 v.Chr. in Syrakus geboren, studierte er in Alexandria Mathematik. Zurück in seiner Heimatstadt, widmet er sich der Entwicklung von physikalischen Grundgesetzen und mathematischen Formeln.

Wie Wunder der Technik erschienen die von ihm erdachten und erbauten Maschinen. »Heureka, ich hab's«: Dieser Ausruf des Archimedes bei der Entdeckung des hydrostatischen Gesetzes wird zum geflügelten Wort der nachfolgenden Wissenschaftlergenerationen.

Mathematik: Mit der Aufteilung von Zahlen in Ordnungen und Perioden schafft Archimedes die Voraussetzung für die Berechnung riesiger Zahlen.

Archimedische Schraube: Durch die Entwicklung einer Spirale (s. Abb.) ermöglicht Archimedes den Transport von Flüssigkeiten und festen Stoffen von tieferem auf höheres Niveau.

Gewichtmessung: Als er die Gold-Anteile in der Krone seines Herrschers Hieron II. bestimmen soll, entdeckt Archimedes das Prinzip des spezifischen Gewichts.

Geometrie: Archimedes erdenkt Formeln zur Berechnung des Volumens von Kugeln, Kegel- und Zylindermänteln sowie Polyedern (»archimedische Körper«).

Physik: Bei der Berechnung von Schiffsbauten und entdeckt er das archimedische Prinzip des Auftriebs, nach dem ein Körper schwimmt, wenn das Gewicht der von ihm verdrängten Wassermenge seinem eigenen Gewicht entspricht. Die Entdeckung hilft bei der Konstruktion von Kriegsschiffen.

Hebelmechanik: Archimedes bestimmt das Prinzip des Hebels, nämlich dass große Lasten mit kurzem Lastarm durch geringe Kräfte mit langem Kraftarm bewältigt werden können. Dies ermöglicht ihm den Bau von Waagen und Wurfmaschinen.

Außerdem konstruiert Archimedes Flaschenzüge und Brennspiegel, berechnet kubische Gleichungen, bestimmt Quadratwurzeln, treibt Studien zur Lichtbrechung und experimentiert mit Zahnradgetrieben.

PEKING

Ein Rebell wird Kaiser

Der zentralistische Kaiser-Staat wird unter der Herrschaft der Han-Dynastie demokratisiert.

206 v.Chr.: Nach dem Tod des ersten Kaisers von China, Qi Shi-huang-di, reißt der Rebellenführer Liu Pang die Macht an sich und begründet die Han-Dynastie.

Nach dem Tode des Shi-huang-ti (210 v.Chr.) ergriff zunächst ein ehrgeiziger Eunuch namens Zaho Gaho die Herrschaft. Die legitimen Nachfolger, zwölf Söhne des Kaisers, ließ er hinrichten. Trotzdem konnte Zaho Gaho seine Macht nicht verteidigen. Überall im Land kam es zu Aufständen.

Die Rebellen werden vor allem von der Landbevölkerung unterstützt, die sich gegen die zu hohe Besteuerung auflehnt. In dieser Situation stellt sich Liu Pang an die Spitze der Aufrührer. Sie greifen den Palast an und ermorden den selbst ernannten Herrscher Zaho Gaho.

Liu Pang stammt von ostchinesischen Bauern ab und begann seine Laufbahn zunächst als unbedeutender der Aufsichtsbeamter. Auf den Kaiserthron gelangt, schaltet er in einem vierjährigen Kampf seinen adligen Kontrahenten Xiang Yu aus. Die Reichshauptstadt verlegt er nach Chang'an am Gelben Fluss, baut die Große Mauer weiter aus und begründet die Dynastie der Han, die 400 Jahre lang – bis 220 n.Chr. – herrschen wird. Die Han befreien die Bauern von der übermäßigen Steuerlast und geben ihnen mehr Freiheit.

Zwei Reiter mit Speeren, Bronze

Mit diplomatischem Geschick beteiligt der ungebildete Liu Pang ehemalige Mitstreiter an der Macht: Als Vasallenkönige dürfen sie regieren, wenn auch unter strenger Überwachung durch kaiserliche Regierungsbeamte. 195 v.Chr. erliegt Liu Pang Kriegsverletzungen.

KORINTH

Sieg der Römer

Die Römer besiegen Makedonien und erheben Machtansprüche im östlichen Mittelmeerraum.

196 v.Chr.: Der römische Feldherr Titus Quinctius Flamininus verkündet die »Freiheit aller Griechenstädte«. Mit dieser Proklamation beendet Rom die Vorherrschaft der Makedonier über Griechenland und gibt den hellenisierten griechischen Staaten und Stadtstaaten ihre Autonomie zurück.

Dem Sieg der Römer ging ein Machtkampf zwischen Makedonien und dem Ptolemäerreich voraus. Philipp V. von Makedonien und der syrische König Antiochos III. hatten sich verbündet, um von den Ptolemäern Inseln und Gebiete in der Ägäis zurückzuerobern. Dem Hilfeersuchen von Rhodos und Pergamon kam Rom nach. Als die Makedonier zwei Ultimaten Roms ablehnten, erklärte der römische Senat Makedonien den Krieg. 197 v.Chr. endete dieser »2. Makedonische Krieg« mit dem Sieg der römischen Truppen.

Unter dem römischen Feldherrn Flamininus fügen sie den Makedoniern in der Schlacht bei Kynoskephalai eine Niederlage bei. Philipp V. wird in sein makedonisches Territorium zurückgedrängt. Im Rahmen der »Isthmischen Spiele« verkündet Flamininus die Botschaft der Befreiung. Die Griechen, seit über 200 Jahren von dem Makedoniern bedrängt und besetzt, ehren Flamininus wie einen Gott – erst recht, als er 195 v.Chr. auch noch Argos von der Herrschaft des Tyrannen Nabis von Sparta befreit.

Die nun einsetzende allgemeine politische Neuregelung schafft durch eine Verschärfung der wirtschaftlichen und sozialen Gegensätze neue Unzufriedenheit, die vorerst noch vom Freudentaumel der Griechen über ihre neu gewonnene Freiheit überdeckt wird. 194 v.Chr. zieht Rom alle Soldaten aus Griechenland zurück.

Die erfolgreiche Einmischung Roms beunruhigt viele Mächte der von Kriegen und wechselnden Machtbündnissen geschüttelten östlichen Mittelmeerwelt. Philipp V. plant die Rückeroberung Griechenlands; sein Sohn Perseus, seit 179 v.Chr. makedonischer König, will sie in die Tat umsetzen und den Friedensvertrag mit Rom ändern. Als der pergamenische König Eumenes II. davon erfährt, informiert er Rom, das Makedonien den Krieg erklärt. Am 22. Juni 168 v.Chr. beendet die Schlacht bei Pydna den dreijährigen »3. Makedonischen Krieg«: Binnen einer Stunde siegen die Römer unter dem erfahrenen Heerführer Paullus. Perseus flieht. Als er merkt, dass ihm keine Stadt Unterschlupf gewährt, ergibt er sich. Perseus' Niederlage bedeutet das Ende des eigenständigen Makedoniens. Das Land wird in vier Regionen aufgeteilt und 148 v.Chr. römische Provinz.

MAGNESIA

Rom dehnt seinen Einflussbereich aus

Auch Kleinasien profitiert von der Einmischung Roms, das den Seleukidenherrscher Antiochos III. von der Eroberung Griechenlands abhält und ihn schließlich zurückdrängt.

190 v.Chr.: In einer offenen Feldschlacht nahe dem kleinasiatischen Magnesia besiegen die Römer das Herr des Seleukidenkönigs Antiochos III. (»der Große«).

Sechs Jahre zuvor hatte der römische Feldherr Flamininus die Freiheit aller griechischen Städte proklamiert. Smyrna und Lamsakos, zwei kleinasiatische Städte, wollten ebenfalls in den Schutz Roms aufgenommen werden. Antiochos III., König des Seleukidenreiches, bedrängte die mit dem Ptolemäerreich verbundenen Städte. Als Antiochos III. über den Hellespont nach Europa vordrang, versuchte Rom den Herrscher in seine Schranken zu weisen. Immerhin hatte er als Feldherr einige Erfolge gehabt: In zahlreichen Feldzügen führte er das Seleukidenreich äußerlich zu alter Größe. Auf den Spuren Alexanders des Großen stieß er bis Indien vor. 195 v.Chr. war der aus seiner Heimatstadt Karthago vertriebene Feldherr Hannibal zu ihm geflohen, der ihn vermutlich in seinen Kriegsplänen gegen Rom unterstützte. 192 v.Chr. setzte Antiochos als Verbündeter nach Aetolien über und verletzte damit die Sicherheitsinteressen mehrerer Mächte, die sich zu einem denkwürdigen Bündnis einten: Makedonien unter Philip V., Ptolemaios V., Pergamon unter Eumenes II. und Rom. 191 v.Chr. vertrieben Römer Antiochos III. in der Schacht bei Thermopylen vom griechischen Festland; im Jahr darauf fügen ihm die Römer die entscheidende Niederlage bei. 188 v.Chr. muss sich Antiochos III. einer Neuordnung Kleinasiens beugen: Weite Gebiete fallen an Pergamon und Rhodos; die Römer ziehen sich zurück.

Der Seleukidenkönig Antiochos III.

ROM

Der Senat verbietet geheime Kulte

Orgiastische Geheimsekten hindern das Bestreben des Senats, einen zentralen römischen Staatskult einzurichten. Verbote können die Ausbreitung religiöser Mysterienkulte jedoch nicht stoppen.

186 v.Chr.: Der römische Senat verbietet die geheimen Bacchanalien-Feste und ordnet die Zerstörung der Kultstätten an. 7000 Anhänger des Kultes werden festgenommen, viele von ihnen mit dem Tod bestraft. Ausnahmen sind nur nach vorheriger Genehmigung durch römische Beamte erlaubt. Vermehrte Gerüchte über angebliche Ausschweifungen, Ekstasen und Verbrechen wie Menschenopfer sowie die Sorge um den Bestand des Staates veranlassen den römischen Senat zu energischem Handeln.

Bacchus gehört zu den populärsten Gottheiten der römischen Welt. Unzählige Bilder und Kunstwerke zeigen den Gott des Weines und des Feierns. Schon seit dem 5. Jahrhundert v.Chr. wurde der altitalische Weingott Liber verehrt; ihn setzten die Römer mit dem griechischen Gott Dionysos gleich, einem Sohn des Zeus. Dem Mythos nach vernichtet Dionysos seine Gegner, seinen Anhängern hingegen erweist er Wohltaten – zum Beispiel durch die Erschaffung des Weinstocks. Dionysos wird als Fruchtbarkeitsgott verehrt; Dichter und Künstler zeigen ihn in Tiergestalt, meist als Bock oder Stier. Sein Gefolge besteht aus Naturdämonen wie Nymphen, Satyrn, Silenen und in Ekstase versetzten Anhängern, den Bacchanten. In orgiastischem Taumel umschwärmen sie ihn – ihr Ziel ist, den Zustand des Enthusiasmos (»des Gottes voll«) zu erreichen. Dabei fallen die Bacchanten wilde Tiere an und verschlingen sie roh. In Athen war man den wilden Auswüchsen des Dionysos-Kultes begegnet, indem man öffentliche Prozessionen veranstaltete. In Rom, wo Dionysos »Bacchus« genannt wird, bilden sich orgiastisch-mythische Sekten, die aus den ländlichen Gebieten bis nach Rom vordringen und immer mehr Anhänger gewinnen. Fünfmal monatlich treffen sie sich nachts zu ihren Geheimriten (»Bacchanalien«). Der Zulauf bedeutet eine große Konkurrenz zu den öffentlichen Staatskulten. So bleibt dem Senat keine Wahl, als die Geheimtreffen zu verbieten und die Bacchus-Feierlichkeiten in geordnete öffentliche Bahnen zu lenken.

Bacchus (Skulptur von Michelangelo, 15. Jh.)

Ein Fest ganz anderer Art sind die Saturnalien, ein Volksfest zu Ehren des römischen Bauern- und Erntegottes Saturn. Die Saturnalien beginnen am 17. Dezember. Dieses größte römische Bauernfest ist gleichzeitig ein Jahresfest der Gründung des Saturn-Tempels, dem ersten und ältesten Tempel auf dem Forum Romanum aus dem Jahr 497 v.Chr. Das Fest der Saturnalien hat in seiner Fröhlichkeit und Ausgelassenheit viel Ähnlichkeit mit dem Karneval späterer Zeiten. An den Feiern nimmt die gesamte Bevölkerung Roms teil. Sklaven sind bei dem Fest ebenfalls zugelassen. Für die Dauer des Volksfestes sind sie frei, speisen und trinken mit ihren römischen Herren an einem Tisch und werden von diesen sogar bedient und hofiert.

Ebensowenig wie solche verstaatlichten Volksfeste können gesetzliche Verbote die weitere Ausbreitung mystischer Geheimkulte verhindern. In der Folgezeit dringen besonders aus dem Osten immer neue Mysterienreligionen vor und erreichen Rom. Der Zulauf weist auf zunehmende soziale Spannungen in der römischen Gesellschaft hin.

ROM

Komödiendichter üben Kritik mit Witz und Anspruch

Die römische Komödie kleidet Kritik am Sittenverfall und Alltagsfragen in kunstvolle Formen.

184 v.Chr.: In Rom stirbt Plautus (s. Abb.), einer der bedeutendsten und beliebtesten Komödienschriftsteller Roms. Seine Werke rissen das Volk zu Beifallsstürmen hin.

Marcius Titus Plautus, *250 v.Chr. in Sarsina, hatte Anstöße und Vorlagen der griechischen Kultur entnommen. Die Charaktere der Stücke, unter anderem des Menander, passte Plautus den römischen Verhältnissen an. Seine Protagonisten sind oft strenge Väter, leichtsinnige Söhne, verliebte junge Männer und schlaue Sklaven. Die Sprache ist volkstümlich, der Witz meist derb, die Handlung voller überraschender Einfälle. Mit den Werken kritisiert Plautus den Sittenverfall bei den Griechen, den er, wenn auch indirekt, mit der Unverdorbenheit der Römer konfrontierte. Er übernimmt die Sprache des einfachen Volkes und legt Wert auf die musikalische Untermalung seiner Stücke. Die bekanntesten Werke des Plautus sind »Amphitruo«, »Aulularia«, »Miles Gloriosus«, »Stichus«, »Trinummus«. Die geistige Nachfolge Plautus' tritt Terenz (um 190-159 v.Chr.) an. In seinen insgesamt sechs Lustspielen verwendet er keine volkstümlichen Späße; kunstvolle Sprache und anspruchsvolle Themen wie Kindererziehung und Menschlichkeit sind auf ein bürgerliches Publikum zugeschnitten. Bis in die neuzeitliche Theaterliteratur wirken Terenz' Werke nach.

KORINTH

Rom zerstört Korinth und unterwirft

146 v.Chr.: Römische Legionen zerstören und plündern die griechische Stadt Korinth. Damit ist die Machtfrage in Griechenland für Rom entschieden.

50 Jahre zuvor hatten die Römer den griechischen Städten feierlich die Freiheit verkündet. Bald darauf war klar, dass Freiheit die Abhängigkeit von Rom bedeutete. Dass Rom keinen Widerstand gegen seine Herrschaft duldete, war schon 168 v.Chr. deutlich geworden, als Rom den makedonischen König Perseus besiegt und die Machtverhältnisse in der Ägäis neu geordnet hatte. Rom verfolgte das Ziel der bedingungslosen Unterwerfung sowohl mit brutaler Gewalt als auch mit politischen Schritten. Der ägäischen Insel Delos erteilte es den Status eines Freihafens. Auf dieses Weise wurde die Seemacht Rhodos seiner Einnahmen beraubt und bis an den Rand des finanziellen Ruins getrieben. Die Bevölkerung Makedoniens musste Steuern an Rom entrichten. Die Bevölkerung des Molossen-Reiches wurde in die Sklaverei geführt.

Bevor Rom sich aus den griechischen Städten zurückzog, wurde die Rom-kritische Oberschicht in die Reichshauptstadt deportiert und dort interniert. Unter den 1000 Geiseln befand sich auch der Geschichtsschreiber Polybios (200-120 v.Chr.).

Mit einem demütigenden Sieg zeigt Rom der griechischen Welt seine Überlegenheit. Unwiderruflich hat sich Rom nun die Vormacht im gesamten Mittelmeerraum erkämpft.

Auch Werte der hellenistischen Kultur gelangten so nach Rom: Aus der Bibliothek des makedonischen Königshauses wurden die Werke griechischer Philosophen, Rhetoriker und Naturwissenschaftler nach Rom gebracht und begierig studiert. Die Kultur Athens, verbunden mit dem scheinbar unbändigen Freiheitswillen des Volkes, galt den Römern zugleich als Vor- und Feindbild. Erst wenn diese kulturelle Konkurrenz ausgeschaltet oder romanisiert sei, so Roms Sicht, sei die hellenistische Herrschaft endgültig gebrochen. Deshalb befriedigte die Oberhoheit über Griechenland und Kleinasien den römischen Machtdrang nicht.

Einen willkommenen Anlass für die völlige Unterwerfung bot ein Aufstand in Korinth. Sklaven, Seeleute und Arbeiter schlossen sich zusammen und protestierten gegen Roms Politik, die von Korinth den Austritt aus dem Achaiischen Bund verlangte. Die Revolte breitete sich schnell auf die Nachbarstädte aus. Kritolaos, ein Feldherr des Achaiischen Bundes, setzte sich an die Spitze der Bewegung. »Die Achäer hatten gehofft, in den Römern Freunde, nicht Herren zu finden«, klagte er römischen Gesandten. In Makedonien formierten sich daraufhin die römischen Truppen und zogen nach Süden. Bei Skarpheia erleidet Kritolaos 146 v.Chr. eine vernichtende Niederlage. Auch seinem Nachfolger Diaios gelingt es nicht, die Römer zu stoppen. Am Isthmos unterliegen die Aufständischen. Obwohl Korinth kapituliert, fallen die Römer unter dem Feldherrn Lucius Mummius in die Hafenstadt ein. Zunächst sammeln sie die Kunstwerke und bringen sie in Sicherheit. Dann zünden sie die Stadt an und machen sie dem Erdboden gleich. Unzählige Menschen werden getötet, versklavt oder nach Rom verschifft.

Damit ist die Geschichte des eigenständigen Griechenlands faktisch beendet. Der römische Statthalter für die Provinz Makedonien verwaltet nun von Thessaloniki aus auch das griechische Gebiet. Auch im Osten fällt Rom neue Macht zu: Der per-

Zerstörung von Korinth unter Mummius (Holzstich, 19. Jh.)

JERUSALEM

Widerständige Makkabäer trotzen den Besatzern

Der Versuch der Seleukiden, in Judäa bei den von ihnen beherrschten Juden die griechisch-hellenistische Religion durchzusetzen, führt zum Aufstand der Massen.

169 v.Chr.: Der Seleukidenkönig Antiochos IV. betritt das Allerheiligste des jüdischen Tempels in Jerusalem und raubt den Tempelschatz. In den Augen der Juden macht er sich damit der Gotteslästerung schuldig. Fromme jüdische Gruppen rufen zum Widerstand auf.

Palästina ist zum umkämpften Gebiet zwischen Ptolemäern und Seleukiden geworden. Auf seinen Feldzügen nach Ägypten fällt der Seleukidenkönig Antiochos IV. (s. Abb.) in Jerusalem ein und versucht die Hauptstadt der Juden zu hellenisieren. Den Tempel entheiligen die Besatzungstruppen, indem sie den syrischen Kult des Baal Schamin einführen (»Gräuel der Verwüstung«). Antiochos IV., der sich selbst als Epiphanes (»Gotteserscheinung«) verehren lässt, führt an heiligen jüdischen Stätten den Zeus-Kult ein. Außerdem ordnet er an, die Gottesdienste nach griechischem Ritus zu vollziehen, verbietet die Sabbatheiligung und überlieferte jüdische Bräuche wie die Beschneidung.

Mit seinen Anordnungen zieht er den Zorn gesetzestreuer jüdischer Gruppen auf sich. Ihren Anführer finden sie in dem Priester Matthathias, der sich gewaltsam dem Zwang zum heidnischen Opfer widersetzt. Sein Sohn Judas Makkabäus (»der Hammermann«) formiert die Aufständischen und beginnt einen Guerillakrieg gegen die seleukidische Fremdherrschaft. Deren Heerführer Lysias muss drei Niederlagen hinnehmen. Nach zweijährigem Kampf erobern die Makkabäer Jerusalem und weihen 164 v.Chr. den geschändeten Tempel neu. Im Jahr darauf erreicht Judas Makkabäus sein Ziel: die Rücknahme der antijüdischen seleukidischen Gesetze sowie einen Friedensvertrag. Inzwischen erhebt Rom ebenfalls Gebietsansprüche. Als sich die Makkabäer mit romfreundlichen Kreisen verbünden, kommt es zu neuen Kämpfen, bei denen Judas Makkabäus 160 v.Chr. fällt. Sein Nachfolger Jonathan setzt schließlich eine von Rom abhängige, aber relativ eigenständige judäische Selbstverwaltung durch.

Athen

gamenische König Attalos III. vermacht Rom nach seinem Tod 133 v.Chr. testamentarisch sein Reich.

Es folgen nur noch kleine Revolten, die Rom schnell niederschlägt: In Laureion rebellieren Sklaven. 88 v.Chr. formiert sich ein letzter Widerstand in Athen, der nach zwei Jahren gebrochen wird.

Von der historischen Schnittstelle zwischen Hellenismus und römischen Imperium berichtet der Historiker Polybios mit bemerkenswerter Weitsicht. Als Geisel war er nach 168 v.Chr. aus Makedonien nach Rom geschafft worden; dort lebt er im Umkreis des Scipio Aemilianus, unter dessen Führung das römische Heer 146 v.Chr. Karthago zerstört. Polybios nimmt an dem Krieg teil. Seine Bewunderung für die römische Macht und Stärke wächst. Wieder zurückgekehrt, verfasst er die Geschichte Roms zwischen 246 und 144 v.Chr. Darin schildert er die Verwandlung des Mittelmeerraums zur politischen Einheit unter der Herrschaft des römischen Weltreichs, dessen Aufstieg Polybios durch die geschichtsphilosophische Idee vom Kreislauf der Verfassungen deutet. Seine in 40 Büchern verfasste Historie ist eine der ersten Universalgeschichten der Antike. Den Aufstieg Roms hält er aus geschichtsphilosophischen Gründen für folgerichtig.

PERGAMON

Der Altar von Pergamon wird geweiht

Das Königreich Pergamon wird zum Bündnispartner Roms und entwickelt sich neben Alexandria zum Kulturzentrum des Hellenismus.

Um 180 v.Chr.: Eumenes II., König von Pergamon, stiftet seiner Residenzstadt einen riesigen Altar. Nach 20-jähriger Bauzeit wird er Zeus und Athene geweiht – ein Dank an die Götter für die im Krieg geleistete Hilfe.

Ein 2,30 m hohes Relief bedeckt die Wände des Unterbaus (36,44 m mal 34,20 m). Eine 20 m breite Freitreppe führt zu dem von einer ionischen Säulenhalle umgebenen Altarkopf mit dem Brandopferaltar. Der Fries am Unterbau stellt den Kampf der Götter gegen die Giganten dar; die mythischen Kampfszenen symbolisieren die Kriege Pergamons mit seinen Gegnern. Der dargestellte Mythos erzählt von der Erhebung der Giganten, der Söhne der Erde, gegen die olympischen Götter, die jedoch laut einem Orakelspruch nur siegen können, wenn ein Sterblicher mit ihnen kämpft. Das Relief zeigt einen unerbittlichen Kampf und das Leiden der Sterblichen. Die Figuren haben Überlebensgröße, die Giganten sind zum Teil als Mischwesen mit Schlangenbeinen, Löwenköpfen und Vogelkrallen dargestellt.

Das Bauwerk ist steinerner Zeuge des Aufstiegs Pergamons von einer unbedeutenden Provinzstadt zur Kulturmetropole. 282 v.Chr. hatte die Festungsstadt relative Eigenständigkeit erlangt. Trotz wechselnder Machtbegehren der Seleukiden und Ptolemäer gelang es den pergamenischen Königen, sich ihre Unabhängigkeit zu bewahren. Siege gegen die galatischen Kelten und Bündnisse mit Rom stärkten Pergamon. Attalos I. Soter, von 241 bis 197 v.Chr. König, förderte die Künste und Wissenschaft in Pergamon u.a. durch Einrichtung einer Bildhauerschule und der Bibliothek. In die Regierungszeit seines Sohnes Eumenes II. (197-160 v.Chr.) fällt die Niederlage des Seleukidenherrschers Antiochos III. bei Magnesia; Rom unterstellt daraufhin Pergamon weite Teile Kleinasiens.

Pergamon-Altar, heute im Berliner Antiken-Museum (Rekonstruktion der Westseite)

ZUR PERSON

Cato der Ältere

Der römische Politiker wird 234-149 v.Chr. wegen seiner Unnachgiebigkeit gefürchtet. Den Beinamen »Censorius« erwirbt sich Marcus Procius Cato (»der Ältere«, s. Abb.) durch seine besondere Strenge während seiner Amtszeit als Zensor. Erbarmungslos geht er gegen den sittlichen Verfall der römischen Oberschicht an. Er befürchtet eine kulturelle Annäherung Roms an den Hellenismus. Seine Härte bewahrt er sich auch als hoher Staatsbeamter (204 v.Chr. Quaestor in der Provinz Africa und Sizilien, 196 v.Chr. Konsul in Spanien) und römischer Senator: Angesichts des machtpolitischen Wiederaufstiegs Karthagos plädiert er vehement für dessen endgültige Zerstörung. Als Schriftsteller und Redner begründet er den lateinischen Prosastil.

KARTHAGO

Karthago ist besiegt

Im dritten Punischen Krieg siegen die Römer endgültig über Karthago.

146 v.Chr.: Nach dreijähriger Belagerung erobern römische Truppen unter Publius Cornelius Scipio Aemilianus Numantinus Karthago. Nach einem sechstägigen blutigen Straßenkampf machen die Römer die nordafrikanische Stadt dem Erdboden gleich (s. Abb.). Nur ein Zehntel der 500 000 Einwohner überlebt – sie werden in die Sklaverei verkauft. Das Gebiet wird zur römischen Provinz Africa erklärt. Obwohl durch den Friedensvertrag von 202 v.Chr. eingeschränkt, hatte Rom ein Wiedererstarken der punischen Herrschaft befürchtet.

ROM

Venus wird Schutzgöttin

Der Kult um Venus, die Göttin der Liebe und Schönheit, steuert in Rom auf seinen Höhepunkt zu. Viele hellenistische Herrscher führen ihre Herkunft auf Venus zurück.

Um 130 v.Chr.: Auf der Kykladeninsel Milo formt ein Bildhauer aus Marmor den Körper der Liebesgöttin Aphrodite, die in Rom unter dem Namen Venus verehrt wird. 1820 wird die Statue entdeckt. Bis heute gilt sie wegen ihrer makellosen Schönheit als eines der bedeutendsten Kunstwerke der Antike. Der Aphrodite-Kult war aus Asien über verschiedene Inseln und Hafenstädte nach Griechenland gelangt; Kultstätten finden sich besonders auf Zypern und Kythera. In Aphrodite verbinden sich Züge der semitischen Fruchtbarkeitsgöttin Astarte, kleinasiatischer Muttergottheiten und griechischer Mythologie. Hier gilt Aphrodite als Tochter des Zeus; ihr Name bezeichnet sie als »auf Schaum Wandelnde«. Ihren Gemahl Hephaistos hat sie mit dem Kriegsgott Ares betrogen; der Liebesgott Eros (römisch: Amor) ging aus dieser Verbindung hervor. Mit dem Trojaner-Fürsten Anchises zeugt Aphrodite ihren Sohn Aeneas, den es aus Troja nach Karthago und schließlich nach Rom verschlägt.

Die Venus von Milo

Dass Aphrodite – unter dem Namen Venus – auch in Rom große Verehrung erfährt, ist in der römischen Religionspolitik begründet: Möglichst viele fremde Kulte sollten in der Reichshauptstadt angesiedelt werden. Von 295 v.Chr. an ist ein Staatskult für Venus belegt. Venus gilt als Numina, als eine der Verkörperungen römischer Tugenden; hier steht sie in einer Reihe neben Spes (»Hoffnung«), Concordia (»Eintracht«) und Virtus (»Mannhaftigkeit«). Als er 217 v.Chr. Hannibals Truppen unterlag, gelobte Feldherr Fabius Maximus, der Venus einen Tempel in Rom zu errichten. 215 v.Chr. wurde er eingeweiht. Im gleichen Jahr entsteht in Sizilien auf dem Berg Eryx eine Kultstätte. Als Erster erhebt Kaiser Sulla (138-78 v.Chr.) Venus zur persönlichen Schutzgottheit. In Delphi empfängt Sulla ein Orakel, in dem ihm Venus als Begleiterin im Kampf gegen Makedonien und als Ahnherrin des römischen Kaisergeschlechtes erscheint.

Somit können Sulla und nach ihm Pompeius (106-48 v.Chr.) und Caesar (100-44 v.Chr.) ihre kaiserliche Stellung als direkte Nachkommenschaft von Venus und Zeus darstellen. 48 v.Chr. weiht Caesar der Venus einen Tempel mit einem großen Kultbild des Bildhauers Arkesilaos; als glühender Verehrer führt Caesar ein Bild der Venus in seinem Siegelring. Bei der Totenfeier wird Caesars Leichnam in einem vergoldeten Nachbau des römischen Venus-Tempels aufgebahrt. Unzählige Statuen belegen die Verehrung der Aphrodite und Venus im gesamten römisch-hellenistischen Kulturraum.

EPHESOS

Blutbad unter Römern

Im kleinasiatischen Königreich Pontos formiert sich Widerstand gegen Rom. Mithridates VI. nutzt die innere Schwäche Roms für seine Großmachtträume aus.

88 v.Chr.: In mehreren kleinasiatischen Städten werden etwa 80 000 Römer ermordet, Männer und Frauen, Alte und Kinder, Sklaven und Bürger. Mit diesem Zeichen seiner Macht hofft König Mithridates VI. Rom aus seinem Einflussbereich auszugrenzen.

Mithridates VI. (132 v.Chr.-63 v.Chr.) war aus heftigen Thronwirren als Herrscher hervorgegangen. Mit zwölf Jahren bestieg er den Thron. Kämpfe mit den anliegenden Kleinstaaten brachten ihm Landgewinne, so dass sein Reich schließlich das gesamte Schwarze Meer umfasste. Mithridates VI. träumte von einem neuen hellenistischen Großreich. Roms Präsenz in Kleinasien war ihm ein Ärgernis. 89 v.Chr. fiel Mithridates in die von Rom besetzte Provinz Asia ein; die griechische Bevölkerung feierte ihn als Befreier. Um die römischen Besatzer zu vernichten, lässt er im Jahr darauf 80 000 Römer im Blutbad enden. Eine Hälfte des konfiszierten Besitzes verteilt Mithridates an die Mordkommandos; die andere Hälfte wird in die königliche Schatzkammer zurückgeführt. Athen schließt sich Mithridates an, es kommt zum Krieg gegen Rom. 86 v.Chr. plündert das römische Heer unter Konsul Sulla Athen und siegt über Mithridates.

ZITAT

»Vesper von Ephesos«

Mithridates VI. lässt im Jahr 88 v.Chr. an einem Tag in Kleinasien rund 80 000 römische und italische Bürger hinrichten. Der Historiker Theodor Mommsen (1817-1903, s. Abb.) schildert die »Vesper von Ephesos« in seiner »Römischen Geschichte«:

»Von Ephesos aus erließ König Mithridates an alle von ihm abhängigen Statthalter und Städte den Befehl, an einem und demselben Tage sämtliche in ihrem Bezirk sich aufhaltende Italiker, Freie und Unfreie, ohne Unterschied des Geschlechts und des Alters, zu töten und bei schwerer Strafe keinem der Verfemten zur Rettung behilflich zu sein, die Leichen der Erschlagenen den Vögeln zum Fraß hinzuwerfen, die Habe einzuziehen und sie zur Hälfte an die Mörder, zur Hälfte an den König abzuliefern.

Die entsetzlichen Befehle wurden mit Ausnahme weniger Bezirke... pünktlich vollzogen und achtzig-, nach anderen Berichten hundertundfünfzigtausend wenn nicht unschuldige, so doch wehrlose Männer, Frauen und Kinder mit kaltem Blut an einem Tage in Kleinasien geschlachtet – eine grauenvolle Exekution, wie welcher die gute Gelegenheit, der Schulden sich zu entledigen und die dem Sultan zu jedem Henkerdienst bereite asiatische Schergenwillfährigkeit wenigstens ebensosehr mitgewirkt haben wie das vergleichungsweise edle Gefühl der Rache. Politisch war die Maßregel nicht bloß ohne jeden vernünftigen Zweck..., sondern sogar zweckwidrig, indem sie einerseits den römischen Senat, soweit er irgend noch der Energie fähig war, zur ernstlichen Kriegführung zwang, andererseits nicht bloß die Römer traf, sondern ebensogut des Königs natürliche Bundesgenossen, die nichtrömischen Italiker.

Es ist dieser ephesische Mordbefehl durchaus nichts als ein zweckloser Akt der tierisch blinden Rache, welcher nur durch die kolossalen Proportionen, in denen hier der Sultanismus auftritt, einen falschen Schein von Großartigkeit erhält.«

Die siegreichen Germanen in einem Holzstich von 1860

ORANGE

Kampf der Germanen

Die germanischen Stämme der Kimbern und Teutonen fügen den siegesgewohnten Römern eine ganze Serie von ernsten Niederlagen zu.

6. 10. 105 v.Chr.: Die Stämme der Kimbern und Teutonen siegen an der Rhône und bei Arausio (Orange) über zwei römische Heere. Bereits 113, 109 und 107 v.Chr. hatten die beiden Stämme die Römer geschlagen. Nach den Kämpfen gegen Makedonien und Karthago bedeuten die Schlachten für Rom eine neue ernst zu nehmende Bedrohung, diesmal aus dem Norden. Hier hatten einige germanische Stämme ihre Heimat verlassen, um im Süden eine sicherere Bleibe zu finden. Kimbern, Teutonen und Ambronen waren nach einer schweren Sturmflut etwa 120 v.Chr. aus Nordjütland aufgebrochen und zogen über Böhmen in Richtung Spanien.

Dem Konsul Gaius Marius (158 v.Chr.-86 v.Chr.) traute der römische Senat einen Sieg über die Germanen zu. Für das römische Heer hatte Marius eine Reform durchgesetzt: Erstmals wurden auch besitzlose römische Bürger, die proletarii, als Legionäre rekrutiert. 102 v.Chr. gelingt es Marius, die mit den Ambronen verbündeten Teutonen zu besiegen (102 v.Chr. bei Aquae Sextiae, heute Aix-en-Provence); ein Jahr später vernichtet er bei Vercellae auch die Kimbern.

ROM

Streit um gerechte Landverteilung endet

Ein Ackergesetz soll den italischen Bauern Rechte und Land garantieren. Die römischen Senatoren, aufgestiegen zu Großgrundbesitzern, lehnen die Reform ab.

133 v.Chr.: Mit Stuhlbeinen bewaffnete Senatoren erschlagen mitten in einer Volksversammlung den Volkstribun Tiberius Gracchus (162 v.Chr.-133 v.Chr.) und seine Anhänger. Damit geht ein Konflikt um die gerechte Verteilung von Land blutig zu Ende.

Der Streit hatte sich an einer Landreform entfacht, die Tiberius Sempronius Gracchus (s. Abb.) eingebracht hatte. Die Situation, die er verbessern wollte, widersprach dem Gerechtigkeitsempfinden weiter Teile vor allem der ländlichen Bevölkerung Italiens. Tiberius Gracchus stammte aus einer angesehenen Familie. Er war ein Enkel des Scipio Africanus, der 202 v.Chr. Karthago in die Knie gezwungen hatte. Rhetorik hatte Tiberius ebenso studiert wie die stoische Philosophie mit ihrem ausgeprägten Gerechtigkeitssinn. Auf seinem Wegen nach Spanien, wo er als Quaestor wirkte, erlebte Tiberius Gracchus immer wieder die Armut der ländlichen Bevölkerung Italiens. Nicht mehr italische Bauern, sondern barbarische Sklaven arbeiteten auf den Feldern. Weite Teile des Landes gehörten römischen Großgrundbesitzern – eine Folge der Belohnungspolitik Roms: Durch die militärischen Erfolge waren große Mengen an Kriegsentschädigungen in Form von Geld- und Sachleistungen nach Italien gebracht worden.

STICHWORT

Volkstribun

Seit den Anfängen der römischen Republik stehen sich zwei Bevölkerungsgruppen gegenüber: die mit vielen Vorrechten ausgestatteten Patrizier und die Landbevölkerung (Plebejer). Um sich gegen die Willkür der Patrizier zu schützen, organisiert sich die Plebs und richtet das Amt des Volkstribuns ein. Als Repräsentanten des Volkes haben die Tribunen zwar keine Amtsinsignien, sind aber trotzdem von den Patriziern geachtete Verhandlungspartner. Mit dem Ende der Ständekämpfe (nach 287 v.Chr.) werden die Volkstribunen in die allgemeine römische Ämterhierarchie eingeordnet. Ihre Macht wird so groß, dass sie später teilweise sogar gemeinsam mit dem Senat gegen die Interessen des Volkes entscheiden.

Weil es den Senatoren, der politischen Führungsschicht Roms, verboten war, sich an Geld- und Handelsgeschäften zu beteiligen, investierten sie die ihnen aus der Eroberung zukommenden Gelder in Grundbesitz, den sie von Sklaven bewirtschaften ließen. In diesen Latifundien wurden in großem Umfang Monokulturen betrieben, die sich auf wenige Exportgüter wie Öl und Wein beschränkten. Die Bauern, die den Kern der römischen Armee bildeten und wegen der zahlreichen Feldzüge ihr Land nicht mehr bewirtschaften konnten, verarmten und mussten ihr Land abgeben.

Der Niedergang des freien Bauernstandes bedeute eine Gefahr für die Römische Republik, befürchtete Volkstribun Tiberius Gracchus. Mit Hilfe einer Landreform wollte er die Nutzungsrechte des Staatslandes begrenzen und die Lage der Kleinbauern verbessern. Außerdem sollte das Ackergesetz den Zugang der ehemaligen Bauern, den nunmehr besitzlosen Proletarii, in die Städte aufhalten und ihnen neuen Grundbesitz zuweisen: Niemand sollte mehr als 500 Morgen Land besitzen dürfen; das frei werdende Land sollte unter den besitzlosen Bauern aufgeteilt werden. Mit rhetorischem Geschick sprach Tiberius Gracchus der Landbevölkerung aus der Seele: »Die Tiere in Italien haben ihr Lager, und jedes von ihnen weiß, wo es sein Haupt hinlegen kann; diejenigen jedoch, die für Italien kämpfen und sterben, diesen läßt man wohl Licht und Luft, aber sonst nichts... (sie) sterben für fremden Luxus oder Reichtum, angeblich die Herren der Welt, in Wirklichkeit ohne eine einzige eigene Erdscholle.« Während die Volksversammlung ihren Tribun unterstützt, lehnt der Senat das Ackergesetz ab. Den Widerstand der

Senatsmehrheit bricht Tiberius Gracchus unter Missachtung geltenden Rechts. Als er sich entgegen der Verfassung erneut zum Volkstribunen wählen lassen will, kommt es zum Kampf. Tiberius Gracchus und 300 seiner Anhänger werden ermordet. Zehn Jahre später erweitert sein Bruder, Gaius Gracchus, das Reformwerk. Neue Auseinandersetzungen folgen.

ROM

Triumvirat in Rom

Die drei wichtigsten Politiker Roms schließen ein Geheimbündnis. Mit Hilfe ihres Triumvirats wollen sie die Macht des Senats brechen.

Gnaeus Pompeius wird 48 v.Chr. in Ägypten ermordet.

60 v.Chr.: Mit Hilfe eines Geheimpaktes wollen die drei bedeutendsten Männer des Römischen Reiches ihren Einfluss steigern. Die drei Politiker sind auf dem Weg zum Höhepunkt ihrer Macht:

Gnaeus Pompeius (106 v.Chr.-48 v.Chr.), ein erfolgreicher Feldherr. 71 v.Chr. hatte er die letzten Anhänger des Sklavenführers Spartacus besiegt. Sein taktisches Geschick verschaffte ihm 67 v.Chr. außerordentliche Vollmachten zur Bekämpfung der Seeräuber und ein Jahr später den Oberbefehl im Krieg gegen den pontischen König Mithridates VI. 63 v.Chr. Er eroberte Jerusalem und schuf die Provinzen Syria und Cilicia. Nach seiner Rückkehr verweigerte ihm der Senat die Durchsetzung seiner Forderungen.

Marcus Licinius Crassus (115 v.Chr.-53 v.Chr.), Bankier. Er galt als Finanzgenie und war der reichste Mann Roms. Außerdem war er an der Niederschlagung des Sklaven-Aufstandes beteiligt, in dem er Anführer Spartacus erschlagen und seine Anhänger gekreuzigt hatte. Gemeinsam mit Pompeius hatte er 70 v.Chr. in Rom dem Volkstribunat wieder zu seiner ursprünglichen politischen Funktion verholfen.

Gaius Julius Caesar (100 v.Chr.-44 v.Chr.), erfahrener und machthungriger Politiker. Der ehemalige Quästor von Spanien führte 65 v.Chr. in Rom prunkvolle Spiele durch, die ihn in der Volksgunst erheblich steigen ließen. 61 v.Chr. übernahm Caesar als Praetor die Verwaltung der Provinz Südspanien, die er mit großem politischem Geschick ausfüllte. Um sich für das Amt das Konsuls zu bewerben, kehrte Caesar 60 v.Chr. aus Spanien zurück. Sein Vorhaben stieß bald auf Widerstand des Senats. In dieser Situation wendete sich Pompeius an Caesar. Verbittert über die Senatsherrschaft gelang es beiden, Crassus für ein Geheimbündnis zu gewinnen, das als »Erstes Triumvirat« in die Geschichte eingehen sollte. Der Bund wird durch die Heirat des Pompeius mit Julia, der einzigen Tochter Caesars, besiegelt. Die drei Männer geloben, nichts zu unternehmen, was der andere missbilligen könnte.

Die Forderungen, zu deren Durchsetzung das Drei-Männer-Bündnis gegründet wurde, beinhalten die Versorgung der Veteranen des Pompeius und die Anerkennung der von ihm im Osten getroffenen Regelungen. Caesar verlangt für sich die Einrichtung eines militärischen Kommandos für die Zeit nach seinem Konsulat – Crassus verspricht sich von dem Bündnis eine Absicherung seiner wirtschaftlichen Interessen.

Die drei Politiker bringen die geeigneten Voraussetzungen zur Durchsetzung dieser Ziele mit: Pompeius kann sich auf die Gefolgschaft seiner Soldaten stützen, Caesar besitzt staatsmännisches Talent und genießt Popularität im Volk, Crassus verfügt über die nötigen Geldmittel. Der Geheimpakt mit Hilfe des legalen Staatsapparates – Caesar gelingt die Wahl zum Konsul im Jahr 59 v.Chr. – löst allmählich die republikanische Staatsform ab. Die Weichen für eine monarchische Struktur des Reiches sind gestellt.

ROM

Cicero deckt Verschwörung auf

Der angesehene Politiker und Redner Cicero wird Konsul. Er wehrt den Angriff Caesars auf die Macht ab und deckt eine Verschwörung auf. Damit ist für Rom ein Höhepunkt der ideologischen Auseinandersetzungen erreicht.

63 v.Chr.: Der berühmte Redner und Politiker Marcus Tullius Cicero (106 v.Chr.-43 v.Chr., s. Abb.) wird in Rom zum Konsul ausgerufen und bekleidet somit das höchste Amt in der Republik. Cicero hatte sich großes Ansehen erarbeitet. Er hatte Rhetorik, Philosophie und Rechtswissenschaft studiert und sich mit Literatur und Geschichte befasst. Sein Ansehen und seine Redekunst verschafften ihm viele Ämter: 75 v.Chr. wurde er Quästor in Sizilien, 69 v.Chr. Ädil, 66 v.Chr. Prätor, 63 v.Chr. Konsul.

Als Gaius Julius Caesar und Marcus Licinius Crassus auf dem Wege einer Landreform an die Macht gelangen wollen, durchschaut Cicero beider Ambitionen und bringt das Gesetz zu Fall. Doch er kann nicht verhindern, dass Caesar unter Einsatz gewaltiger Bestechungsgelder zum Pontifex maximus (Vorsitzender des Priesterkollegiums) gewählt wird.

Im selben Jahr kommt es zur Catilinarischen Verschwörung: Mit der Unterstützung von Caesar und Crassus führt der Demagoge Sergius Catilina einen Wahlkampf um das Konsulat. Nach der Niederlage plant Catilina einen Staatsstreich, die Ermordung des Cicero soll das Signal geben. Doch Cicero deckt die Putschpläne auf und wird vom Senat zu Notstandsmaßnahmen ermächtigt. Cicero lässt Catilina aus Rom ausweisen, am 15. November wird Catilina zum Feind erklärt. Einige Anhänger Catilinas werden hingerichtet. Im Januar 62 v.Chr. fällt Catilina bei Pistoria im Kampf.

CAPUA

Spartacus führt Sklaven

Mit der Niederschlagung des bislang größten Sklavenaufstandes wehrt Rom eine große innere Gefahr ab.

73 v.Chr.: Aus der Gladiatorenschule in Capua brechen der Sklave Spartacus und einige seiner keltischen und thrakischen Mitgefangenen aus. Unter der Führung des Gladiators Spartacus, einem Nachkommen des thrakischen Königshauses, können die Sklaven binnen weniger Monate ein über 40 000 Mann starkes Heer aufstellen, das sich aus Kelten, Germanen, Thrakern und flüchtigen Sklaven zusammensetzt.

Spartacus lässt sie militärisch ausbilden. Gemeinsam mit dem Kelten Krixos schlagen sie am Vesuv erstmals ein römisches Heer. Spartacus, der die Sklaven über die Alpen in die Freiheit führen will, zieht nach Norden. 72 v.Chr. wird das 10 000 Mann starke Heer von Krixos von den Römern vernichtet.

Die Armee des Spartacus schlägt auf ihrem Weg mehrere römische Legionen und das römische Heer unter Cassius Longinus. Spartacus beschließt in Italien zu bleiben. Die aufständigen Sklaven ziehen mordend und plündernd durch Italien. In dieser Lage betraut der Senat den Feldherrn Marcus Licinius Crassus (115 v.Chr.-53) mit der Niederschlagung des Aufstandes. Crassus widmet sich dieser Aufgabe mit größtem Eifer, da ihm, als dem größten Sklavenhändler Roms, der Aufruhr sein einträgliches Geschäft mit Sklaven zu verderben droht. Crassus gelingt es 71 v.Chr., Spartacus und sein Heer auf der bruttischen Halbinsel in die Enge zu treiben. Die Flucht über den Seeweg misslingt. Als Spartacus die von Crassus erbaute 53 km breite Belagerungsmauer überwindet, wird er von Crassus getötet. Ihres Führers beraubt, werden die übrigen Aufständigen bald überwältigt. Einige Versprengte, die nach Norden flüchten, werden dort von Gnaeus Pompeius vernichtet. Crassus lässt zur Abschreckung 6000 der überlebenden Sklaven entlang der Via Appia ans Kreuz schlagen.

In eine ähnlich gefährliche Lage war der römische Senat schon einmal in den Jahren 136-132 v.Chr. geraten, als sich in Sizilien 70 000 Sklaven erhoben hatten. Deren Anführer, der Sklave Eunus, beanspruchte unter dem Namen Antiochos den Königstitel. Nach Niederschlagung des Aufstandes kreuzigten die Römer 20 000 Sklaven. Genauso wenig wie im Spartacusaufstand ging es darum, die Sklaverei abzuschaffen; Forderung der Sklaven war lediglich eine gerechtere Behandlung.

Besonders die Sklaven auf den Latifundien und in den Fechtschulen lebten meist unter menschenunwürdigen Bedingungen und haben keine Möglichkeit, sich freizukaufen.

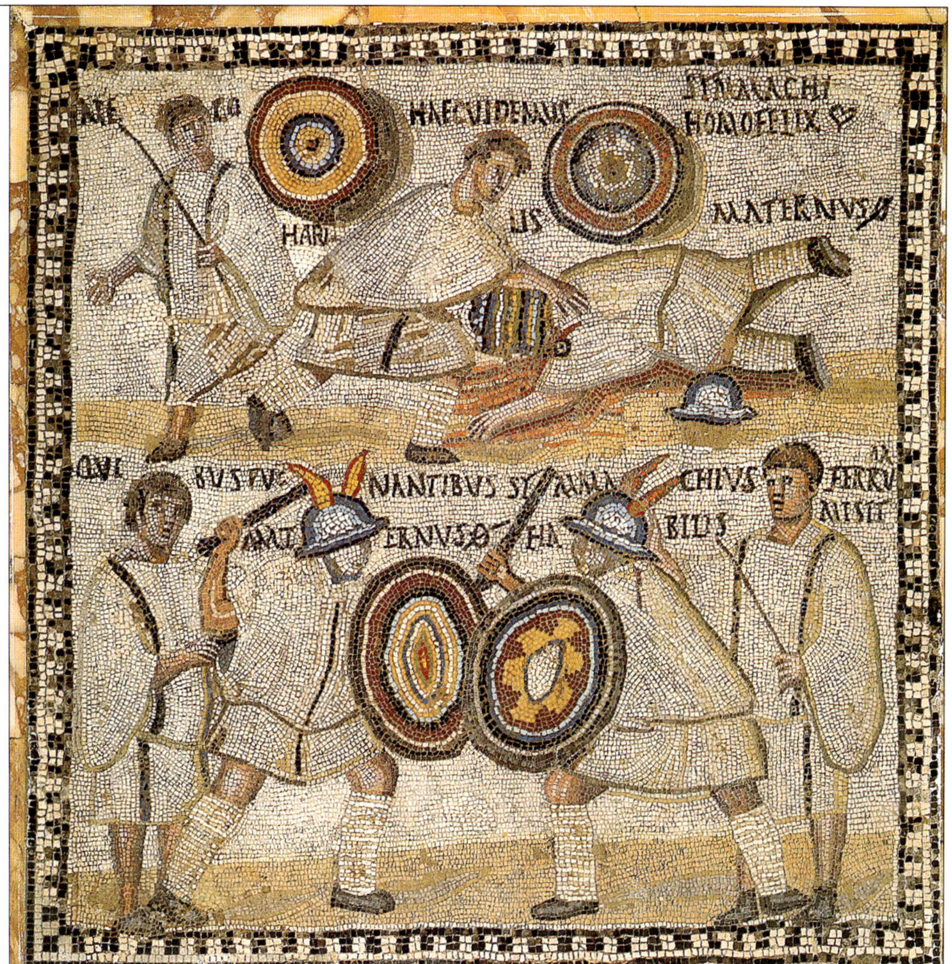

Mosaik mit einer Gladiatorenszene. In den Amphitheatern kämpften vornehmlich Sklaven.

HINTERGRUND

Menschenhandel im Römischen Reich

Die Sklavenwirtschaft ist eine der Grundlagen der antiken Gesellschaft. Nach Siegen über Nachbarvölker werden vom 4. Jahrhundert v.Chr. an hunderttausende Menschen nach Rom gebracht. Innerhalb der Sklavenschaft herrschen soziale Unterschiede: Luxussklaven können als Lehrer oder Hauswirtschafter arbeiten, oftmals sogar gegen Geld; auf dem Land arbeiten Sklaven in Latifundien, unterste Stufe ist die Arbeit in Bergwerken. Strafe für Verfehlungen ist die Einweisung in Fechtschulen, in denen Sklaven zu Gladiatoren ausgebildet werden.

ROM

Diktator Sulla entmachtet das Volk

Aus den Kämpfen zwischen den eher volksverbundenen Popularen und den adligen Optimaten geht Sulla siegreich hervor. Als Diktator stärkt er einseitig den Senat.

82 v.Chr.: Nach einem blutigen Bürgerkrieg erhält Feldherr Lucius Cornelius Sulla die Vollmachten eines Diktators. Seine weit reichenden Reformen zugunsten des Senats führen in den folgenden Jahrzehnten zu harten sozialen Kämpfen.

Während Sulla in Kleinasien gegen den pontischen König Mithridates VI. kämpfte, besetzten die senatsfeindlichen Popularen Rom. Gemeinsam mit dem Konsul Lucius Cornelius Cinna übte Sullas Widersacher Gaius Marius eine Gewaltherrschaft aus und richtete unter den Optimaten ein Blutbad an.

Nach seinem Sieg im Osten zog Sulla mit seinem Heer 83 v.Chr. gegen Rom und befreit die Hauptstadt von den Popularen. Mit den Besiegten geht Sulla hart ins Gericht: 6000 lässt er töten, die Namen der Restlichen lässt er öffentlich aushängen und erklärt sie damit für vogelfrei. Die Ländereien, die er seinen Gegnern abnimmt, verteilt er unter 120 000 Veteranen. Der Senat wählt Sulla zum Diktator auf unbestimmte Zeit mit dem Auftrag, die Römische Republik »neu zu errichten«. Sullas Maxime ist die Stärkung des Senats und die Schwächung der Volkstribunen. Im gleichen Zug erweitert er den Senat von 300 auf 600 Mitglieder und erhöht die Zahl der Staatsämter. Italien lässt er entmilitarisieren; um die Gefahr von Putschversuchen zu unterbinden, gesteht er dem Senat die Entscheidung über militärische Handlungen in den Provinzen zu. Sulla setzt auf einseitige Stärkung des Adels. Damit bereitet er den Weg Roms zum Kaisertum vor.

GALLIEN

Rom unterwirft Gallien

Mit der Besetzung Galliens weitet Caesar das Römische Reich aus und festigt seine Macht.

58 v.Chr.: Nach seinem Konsuljahr wird Gaius Julius Caesar Prokonsul und bekommt die Provinzen Südgallien (Cisalpina) und Narbonensis zugesprochen. Von hier aus beginnt Caesar seinen Krieg gegen die gallischen, germanischen und keltischen Stämme. In seinem mehrbändigen Buch »De bello Gallico« (Der gallische Krieg) dokumentiert Caesar seinen militärischen Siegeszug.

Das südliche Gallien war bereits in römischer Gewalt. 59 v.Chr. fiel der germanische Heerkönig Ariovist über den Rhein in Mittelgallien. Zwar trug Ariovist seit 59 v.Chr. den Titel »Freund des römischen Volkes«, doch als mehrere gallische Stämme Caesar um Hilfe gegen den Feind aus Germanien bitten, sichert Caesar ihnen trotzdem Hilfe zu. Im Elsass trifft er auf das Heer des Ariovist. Während der sein älteres Anrecht auf Gallien betont, stellt sich Caesar als Verteidiger der Freiheit des gallischen Volkes dar. Es kommt zum erbitterten Krieg, in dem Ariovist unterliegt. Roms Vormachtstellung in Mittelgallien ist damit garantiert. Nach siegreichen Kämpfen Caesars gegen weitere keltisch-germanische Stämme werden in Rom ihm zur Ehre Dankesfeiern und Freudenfeste veranstaltet. Dennoch bangt Caesar um seinen Einfluss. Deshalb erneuert er 56 v.Chr. das vier Jahre zuvor geschlossene Geheimbündnis (Triumvirat) mit Crassus und Pompeius. In Gallien muss sich Caesar gegen Aufstände des Seefahrerstammes der Veneter, der Usipeter und Tenkterer behaupten. Seine Taktik, eine Mischung aus Verhandlung und Angriff, ist in Rom umstritten. Doch die Erfolge und die ungewöhnlich große Kriegsbeute, die er in die Hauptstadt schickt, lässt Kritiker verstummen. Den Rhein betrachtet Caesar nun als Grenze des römischen Reiches. 55 v.Chr. lässt er beim heutigen Neuwied binnen zehn Tagen eine Rheinbrücke erbauen. Die größte Belastungsprobe steht ihm 54/53 v.Chr. bevor: Mehrere Stämme revoltieren gemeinsam gegen die römische Besatzung. Mit zehn Legionen (50 000 Soldaten) schlägt Caesar den Aufstand blutig nieder. Damit ist der Widerstand noch nicht gebrochen: Einige Stämme rufen den gallischen Häuptlingssohn Vercingetorix zum König aus. Sogar die bislang romtreuen Häduer schließen sich Vercingetorix an. Doch Caesar geht in die Offensive, verstärkt seine Legionen und kesselt Vercingetorix in Alesia ein. Mit dessen Kapitulation hat Caesar den letzten Widerstand gebrochen. Nach kleineren Feldzügen kann er die Eroberung Galliens bis zur Rheingrenze 51 v.Chr. abschließen und sich wieder verstärkt seinen Machtplänen in Rom widmen.

Keltenfürst Vercingetorix (Illustration von 1935)

Auszug aus »Der gallische Krieg«

»Dem Kampfgeschrei antwortet der Zuruf vom Wall und allen Befestigungen. Unsere Soldaten werfen ihre Speere und kämpfen dann im Nahkampf mit dem Schwert. Plötzlich erscheinen unsere Reiter im Rücken der Feinde... Die Feinde wenden sich zur Flucht. Den Fliehenden wirft sich die Kavallerie in den Weg... 74 erbeutete Feldzeichen werden zu Caesar gebracht. Nur wenige... gelangen lebend ins Lager.«

ROM

Diktator Caesar führt

Im Bürgerkrieg gelangt Caesar an die Macht. Erstmals wird das römische Weltreich nicht vom Senat, sondern von einem monarchisch auftretenden Diktator regiert.

11. 1. 49 v.Chr.: Mit seinen Truppen überschreitet Gaius Julius Caesar den gallisch-italienischen Grenzfluss Rubikon. Er ist bereit zum Kampf gegen seinen ehemaligen Verbündeten Gnaeus Pompeius. In einem Bürgerkrieg will Caesar die Macht über das römische Weltreich erlangen. Bei seinem Kampf kann sich Caesar auf seine Popularität im Volk und sein lang erprobtes und erfolgreiches militärisches Geschick verlassen.

Politische Auseinandersetzungen kannte Caesar schon seit seiner Jugend. Schon damals war er in politische Konflikte um Lucius Cornelius Sulla verwickelt. Trotz seiner adligen Herkunft aus dem Patriziergeschlecht gehörte Caesar zu den Führern der Volkspartei (Popularen) und stand damit eher auf der Seite des Plebs als auf der des Senats (Optimaten). Um die Senatsmacht zu umgehen, schloss er nach seiner Rückkehr aus Spanien 60 v.Chr. mit Pompeius und Crassus das Erste Triumvirat. 58 v.Chr. ging Caesar als Prokonsul für fünf Jahre nach Gallien und setzte danach die Verlängerung seiner Amtszeit bis 51 v.Chr. durch. Er unterwarf das Gebiet des heutigen Frankreichs, Belgiens und der Niederlande bis zum Rhein, drang nach Germanien und Britannien vor.

Durch diese Erfolge, seine reiche Kriegsbeute und sein starkes, kampferprobtes Heer zum mächtigsten Mann im Imperium geworden, bewarb er sich von Gallien aus im Jahr 58 v.Chr. um das Konsulat. Dem Senat erschien Caesars Macht jedoch zunehmend als Bedrohung. Auf Betreiben Cato des Jüngeren befahlen die Senatoren Caesar, das Heer zu entlassen und auf seine Herrschaft über die Provinzen zu verzichten. Gleichzeitig erteilte der Senat Pompeius, der seit Crassus' Tod auf die Seite des Senats geschwenkt war, diktatorische Vollmachten. Um seiner politischen Entmachtung zuvorzukommen, beginnt Caesar 49 v.Chr. einen Bürgerkrieg gegen Pompeius und

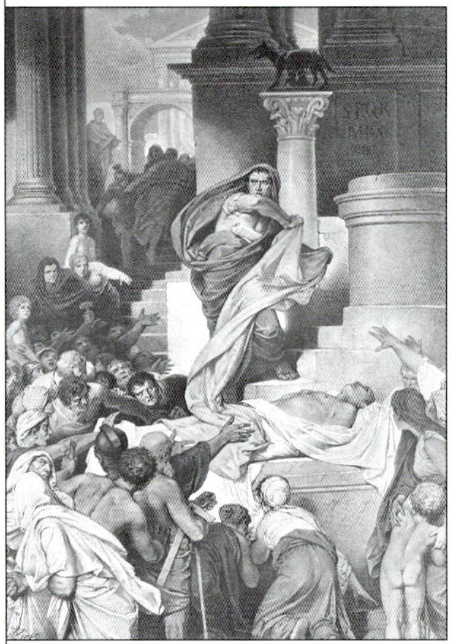

Der Tod Julius Caesars

ZITAT

Urteile der Nachwelt

»An Caesars Person knüpfte sich die Bürgschaft der Oberherrlichkeit Roms über die Welt... Brutus wollte nicht einsehen, dass Caesars Gewalt eine rechtmäßige war, weil sie ... das Interesse Roms in seinem ganzen Umfang wahrte.«

Napoleon I., Übersicht der Kriege Caesars (1836)

»Caesar ist vielleicht der einzige unter den Gewaltigen des Herrn, welcher im Großen wie im Kleinen nie nach Neigung oder Laune, sondern ohne Ausnahme nach seiner Regentenpflicht gehandelt hat.«

Theodor Mommsen, Römische Geschichte (1856)

»Caesar weiß, dass der Augenblick des Erfolges nicht der ist, den die Menge dafür hält, und so braucht er, um den Eindruck vollkommenen Desinteresses und der Großherzigkeit zu erwecken, nur mit uneingeschränkter Selbstsucht zu handeln, und das ist vielleicht der einzige Sinn, in dem man von einem Mann sagen kann, er sei von Natur groß.«

George Bernard Shaw, Caesar und Cleopatra (1898)

Rom in die Monarchie

Nach siegreichem gallischen Feldzug zieht Caesar als Triumphator in Rom ein.

ZUR PERSON

Caesar

Gaius Julius Caesar (s. Abb.) wird am 13.7.100 v.Chr. geboren; er entstammt dem Patriziergeschlecht der Julier. Schon mit 14 Jahren wird er Jupiterpriester, nach dem Militärdienst im Osten und Studium auf Rhodos bekleidet er viele hohe Staatsämter. Die Durchführung prunkvoller Spiele verleiht ihm in Rom Popularität. Als Diktator handelt er machtbewusst, übergeht dabei aber nicht die Bedürfnisse des Volkes. Am 15. März 44 v.Chr. wird er von republikanischen Verschwörern erstochen.

dessen Anhänger. Mit seinem Heer überschreitet er den Grenzfluss Rubikon. »Alea iacta est« (Der Würfel ist gefallen): Mit diesem Wort setzt er zum Marsch auf Rom an. Binnen zwei Monaten erobert er Italien und bald darauf Spanien. 48 v.Chr. setzt er nach Epirus über und besiegt das Heer des Pompeius, der mit seinen Truppen nach Griechenland geflohen war. Pompeius entkommt nach Ägypten und wird dort ermordet. Caesar besetzt Alexandria und setzt Cleopatra 47 v.Chr. als Vasallenkönigin in Ägypten ein. Im Sieg über den pontischen König Pharnakes sichert sich Caesar die Macht im Osten.

Nach seinem Sieg über die Reste der Pompeianer in Nordafrika und in Südspanien wird ihm die Diktatur auf Lebenszeit übertragen. Er beginnt mit Reformen: Noch im selben Jahr führt er den Julianischen Kalender ein; populäre Maßnahmen zur Linderung der Schuldennot, zur Landversorgung der Veteranen, Vorbereitungen zur Reform des römischen Rechts, zur Regulierung des Tiber, zur Trockenlegung der Pontinischen Sümpfe und zum Wiederaufbau von Karthago und Korinth folgen.

Obgleich Caesar die ihm angetragene Königswürde mehrfach ablehnt, formiert sich der Widerstand der Republikaner gegen seine Alleinherrschaft. In einer Senatssitzung wird er als Opfer einer Verschwörung von einer Gruppe um Marcus Brutus erstochen.

ALEXANDRIA

Cleopatra nimmt Einfluss

Die ägyptische Königin Cleopatra beeinflusst als Liebhaberin Caesars und später des Antonius die römische Politik.

12. 8. 30 v.Chr.: Dramatisch endet das Leben der ägyptischen Königin Cleopatra VII.: Nach der Niederlage gegen den römischen Feldherrn Octavian und dem Selbstmord ihres Ehemanns Marcus Antonius tötet sie sich durch einen Schlangenbiss.

Caesar begegnete Cleopatra erstmals 48 v.Chr. in Alexandria, wo er seinen politischen Rivalen Pompeius vermutete. Die Ägypter präsentierten ihm den abgeschlagenen Kopf und den Siegelring seines ehemaligen Weggefährten.

Caesar wurde in die Thronwirren nach dem Tode des Herrschers Ptolemaios XII. hineingezogen. Als Cleopatra von Caesars Aufenthalt erfuhr, bat sie ihn um Unterstützung im Machtkampf mit ihrem Bruder Ptolemaios XIII. Caesar versuchte zu schlichten, es gelang ihm mit Hilfe verbündeter Truppen, die Verhältnisse zu seinen Gunsten zu entscheiden. Caesar setzte Cleopatra und ihren Bruder Ptolemaios XIV. als Könige ein. Die Kontrolle über die beiden Vasallen und damit über Ägypten war ihm sicher.

Mit der Einsetzung Cleopatras verfolgte Caesar nicht nur taktische Gründe. Er war vor allem auch ihrem Charme erlegen. »Der Klang ihrer Stimme machte glücklich«, beschrieb der Historiker Plutarch die Herrscherin. Cleopatra war gebildet in Geschichte, Philosophie und Literatur, sie sprach mehrere Sprachen und kannte sich in Verwaltungsangelegenheiten ihres Landes genau aus. Mit ihrem Geliebten Casear fuhr sie auf einer prächtigen Barke nilaufwärts und zeigte ihm die Wunder Ägyptens.

Der lange Aufenthalt Caesars am Nil führte zu unruhigen Verhältnissen im Reich. In Kleinasien wollte Pharnakes, König des Bosporanischen Reiches, das Reich seines Vaters Mithridates VI. wiederherstellen. Plündernd und siegesgewiss zog er durch die Provinzen und fiel in die römische Provinz Asia ein.

47 v.Chr. zog Caesar mit seinen Truppen nach Kleinasien und vernichtete das Heer des Pharnakes. »Veni, vidi, vici« (»Ich kam, sah und siegte«) schrieb Caesar nach Rom. Nachdem er die Lage in Kleinasien neu geordnet hatte, kehrte er nach Rom zurück.

Hier besuchte ihn 46 v.Chr. Cleopatra und blieb bis zu seinem Tod 44 v.Chr. Caesar ließ ein Standbild seiner Geliebten am Venustempel aufstellen. Ob sie einen gemeinsamen Sohn hatten, ist nicht eindeutig belegt. Caesarion wurde 47 v.Chr. in Ägypten geboren; nach Cleopatras Rückkehr lässt sie ihren Bruder vergiften und setzt ihren Sohn unter dem Namen Ptolemaios XV. zum Mitregenten ein.

Im Jahr 41 v.Chr. ging sie eine Verbindung mit Marcus Antonius ein, der nach Caesars Tod die Macht beanspruchte. Von ihm ließ sie sich große Teile seines Reiches übertragen.

Im Kampf gegen Octavian erleiden Antonius und Cleopatra 31 v.Chr. eine Niederlage. Um nicht im Triumphzug durch Rom vorgeführt zu werden, nimmt sich Cleopatra durch einen Schlangenbiss das Leben.

Die ägyptische Königin Cleopatra VII. beeinflusste maßgeblich die Politik ihrer Zeit.

BRUNDISIUM

Vergil schreibt Nationalepos

Mit dem römischen Nationalepos »Aeneas« geht der Dichter Vergil in die Geschichte ein.

29 v.Chr.: Der römische Dichter Vergilius Maro beginnt das zwölfbändige Nationalepos »Aeneas«.

Der 70 v.Chr. in der Nähe von Mantua (Oberitalien) geborene und aus bäuerlicher Familie stammende Vergil hatte in Mailand und Rom Rhetorik und Philosophie studiert. In Neapel lebte er mit Schülern des Philosophen Epikur (341-270 v.Chr.). Seine zehn Hirtengedichte (»Bucolica«) griffen auch die Geschichte Italiens auf. Unterstützung fand Vergil bei Octavian, den er in seinen Werken wie einen Gott verehrte und als Retter der Welt pries. 37 v.Chr. schloss sich Vergil dem Dichterkreis um Maecenas an. In dieser Zeit entstanden das vierbändige landwirtschaftliche Lehrgedicht »Georgica« (30 v.Chr.) und die Sage von »Aeneis«, begonnen um 29 v.Chr. Das Werk mit über 10 000 Versen orientiert sich an den Epen »Odyssee« und »Ilias« des griechischen Dichters Homer. Der Sage nach gilt Aeneas, der Sohn der Aphrodite, durch die Ansiedlung der Trojaner in Latium als der Begründer des Römischen Reiches.

Dieses Mosaik aus Tunis zeigt den Dichter Vergil von Musen umgeben.

KOREA

»Drei Reiche« in Korea

Erstmals wird das von China beherrschte Korea politisch und kulturell eigenständig.

18 v.Chr.: In Korea konstituiert sich das Reich Paekche. Mit den beiden Neben-Reichen Koguryo (gegründet 37 v.Chr) und Silla (57 v.Chr.) beginnt die »Periode der Drei Reiche«, die Korea eine eigenständige kulturelle Blüte ermöglicht. Während sich die beiden südlichen Reiche aus den dort siedelnden Stammesgruppen der Mahan, Chinhan und Pyonhan entwickelt hatten, kamen die Vorfahren des nördlichen Reiches Koguryo aus der Mongolei. Mit der Gründung der Reiche ist die Koreanische Halbinsel erstmals eigenständig und von der Vorherrschaft Chinas, das Korea 108 v.Chr. erobert hatte, befreit. Dennoch bleibt der Einfluss Chinas bestehen, vor allem in der Landwirtschaft. Auch wurde die strenge hierarchische Gesellschaftsordnung beibehalten. In die folgenden Kämpfe zwischen den drei Reichen greift auch die chinesische Tang-Dynastie mit ein.

Kaiser Augustu

Unter Caesars Nachfolger Augustus (s. Abb.) erlebt das römische Weltreich seine politische und militärische Blütezeit.

27 v.Chr.: Der römische Senat verleiht dem Caesar-Nachfolger Octavian den Titel Augustus («der Erhabene«) und gesteht ihm sämtliche Macht im Reich zu.

Caesar hatte testamentarisch seinen Großneffen Gaius Octavian adoptiert und damit zum Thronfolger bestimmt. Der 18jährige – wie Caesar selbst stammte er aus dem julischen Hause und konnte seine Herkommenschaft auf Venus und Aeneas begründen – war von seinem Großonkel bereits mit der Kunst der Kriegführung vertraut worden. Als er vom Mord an Caesar hörte, reiste er sofort nach Rom. Erst auf dem Weg erfuhr er, welches Amt ihm Caesar vermacht hatte. In Rom hatte unterdessen Caesars Vertrauter, der Feldherr Marcus Antonius, seine Stunde kommen gesehen. Durch geschickte Rhetorik gelang es ihm, das Volk gegen die Tyrannenmörder Marcus Brutus und Gaius Cassius Longinus aufzubringen. Dass Caesar jedem Römer eine Geldsumme vermacht hatte, wirkte als zusätzliche Propaganda. Mit Caesar war zwar ein Diktator vernichtet, nicht aber die Willkürherrschaft und der Kaiserkult abgeschafft worden. Darauf baute Octavian, als er sich erstmals römischen Soldaten vorstellte und sich den Namen »Gaius Julius Caesar, Sohn des Caesar« gab. Damit war der Name Caesar zum Titel geworden und Octavians Kontrahent Marcus Antonius öffentlich in seine Schranken verwiesen. Durch geschickte Diplomatie sowie die Unterstützung des Senats und Ciceros verschaffte sich Octavian die Befehlsgewalt über Antonius. Doch obwohl er ihn sogar militärisch bekämpfte, entschloss sich Octavian angesichts der Bedrohung durch die Truppen der Cäsarmörder Cassius und Brutus zu einem Bündnis mit seinem Rivalen. Inzwischen zum Konsul gewählt, ging er 43 v.Chr. mit Marcus Antonius und Heerführer Marcus Aemilius Lepidus das zweite Triumvirat in der Geschichte Roms ein. Diesmal jedoch nicht als Geheimpakt, sondern vom Senat legitimiert und für fünf Jahre mit diktaturähnlichen Vollmachten ausgestattet. Gemeinsam besiegten sie 42 v.Chr. bei Philippi die Truppen der Caesarmörder. Im Vertrag von Brindisi vereinbarten die drei Bündnispartner eine Teilung ihrer Einflussspähren: Antonius erhielt den Osten, Octavian den Westen, Lepidus Afrika, das Octavian nach der Entmachtung seines Verbündeten 36 v.Chr. ebenfalls zufiel. Antonius hatte seine Macht durch die Ehe mit der ägyptischen Königen Cleopatra VII. im Osten ausgebaut. Auch ihn schaltete Octavian aus: Nach dem Sieg in der Seeschlacht bei Aktium begingen Antonius und Cleopatra Selbstmord. 30 v.Chr. konnte Octavian in Alexandria einmarschieren. Bei seiner Rückkehr nach Rom schloss er die Janusporte, das Symbol des Krieges, um eine neue Friedens-Ära zu eröffnen.

ROM

befriedet das gesamte römische Weltreich

In einem geschickt inszenierten Staatsakt legt Octavian 27 v.Chr. die Triumviralgewalt nieder und erklärt sich auf Drängen des Senats bereit, die Provinzen Ägypten, Syrien, Gallien und Spanien zu befrieden und ihre Grenzen zu sichern. Zum Dank verleiht der Senat ihm den Ehrentitel Augustus (der Erhabene). Außerdem trägt Octavian in Erinnerung an seinen Großonkel den Namen »Divi Filius«, »Sohn des Göttlichen«. Mit der Verantwortung für die Provinzen erhält Augustus auch den Oberfehl über das römische Heer. Als Konsul amtiert er nur bis 24 v.Chr.; danach lässt er sich mit derselben Amtsgewalt wie seine Vorgänger ausstatten, verbunden mit der Unantastbarkeit der Volkstribunen. Auf diese Weise hält er sich hinsichtlich der Ämter und Kompetenzen strikt an die republikanische Ordnung, durchbricht sie aber durch außerordentliche Vollmachten und Ämterhäufungen.

Als Kaiser beweist er, dass er seinem Volk nicht zu viel versprochen hat: 20 v.Chr. schließt er einen Verständigungsvertrag mit den Parthern. Er festigt die römische Herrschaft in Gallien und Spanien, ordnet die Verwaltung der Provinzen neu und dehnt durch Unterwerfung großer Gebiete östlich des Rheins, in den Alpen und in Südosteuropa bis zur Donau das Römische Reich beträchtlich aus. Seine Ziele sind die Erreichung natürlicher Grenzen, gesicherte Verbindungswege und die dauerhafte Einrichtung einer Friedens-Ära, der »Pax Augusta«.

Augustus stirbt 14 n.Chr. bei Neapel – nach einer Regierungszeit, die dem Reich eine Epoche kultureller und wirtschaftlicher Blüte brachte und die Kaiserzeit der folgenden Jahrhunderte begründete.

HINTERGRUND

Römische Ingenieure vollbringen Glanzleistungen

Die Amtszeit des Augustus bringt der römischen Baukunst einen ungeahnten Aufschwung. Wie andere Kunstarten auch, steht die öffentliche Baukunst in Rom immer im Dienst der Politik.

So wie Vergil die politischen Vorgänge und Machthaber literarisch überhöht, so spiegeln viele der Bauwerke die Kaiserverehrung und die Kriegserfolge des Heeres wider. Der Kaiserkult erfordert Tempelanlagen: zerfallene werden erneuert, zusätzliche erbaut. Um die Massen zusammenzuführen, konstruieren römische Ingenieure und Architekten riesige Hallen und Theater. Dabei bedienen sie sich hellenistischer Baustile und etruskischer Architektur, aber auch andere Stile aus den östlichen römischen Provinzen sind zu erkennen.

Das römische Wohnhaus ist zunächst Einzelhaus; das typisch italische Atriumhaus mit kleinem offenem Hof in der Mitte wird unter hellenistischem Einfluss um einen zweiten Gartenhof erweitert. In den großen Städten wie Rom und Ostia müssen sich die weniger wohlhabenden Bürger in engen Mietskasernen mit einem bescheideneren Wohnkomfort begnügen. Die Mietshäuser, die oft eine Höhe von über 20 m erreichen, verfügen im Allgemeinen über eine Grundfläche von nicht mehr als 300 m². Darüber hinaus ist u.a. auch der Durchmesser der Decken zu gering.

Als sich im 1. Jahrhundert v.Chr. die Ziegel-Mörtel-Bauweise und das Gussmauerwerk durchsetzt, wird die Konstruktion von Bogen und Wölbung einfacher und stabiler. Das ermöglicht eine Weiterentwicklung der Fassadenarchitektur, auch der Bühnenfronten, Theater (Sabratha, Orange) und Platzanlagen (Nymphäum in Leptis Magna, Markttor von Milet). Auch den Bau von Brücken und Aquädukten erleichtert die Bogenbautechnik wesentlich. In der Kaiserzeit dokumentiert sich die römische Baukunst eindrucksvoll in Amphitheatern (Kolosseum in Rom), Aquädukten (Pont du Gard bei Nîmes, Aquädukt von Segovia), Brücken (bei Narni, Tajobrücke bei Alcántara), Torbauten und Thermen. Der Typus des römischen Rundgrabs (Mausoleum des Augustus in Rom, Grabmal der Caecilia Metella an der Via Appia, Engelsburg) geht auf etruskische Vorbilder zurück.

In Gallien und Germanien entstehen aus Legionslagern neue Städte. Die wichtigsten römischen Legionslager, aus denen sich deutsche Städte entwickeln, sind Oppidum Ubiorum (Köln), Augusta Treverorum (Trier), Mogontiacum (Xanten) Aquae Mattiacae (Wiesbaden) und Augusta Vendelicum (Augsburg).

Bau eines Kastells (Detail der Trajanssäule)

Amphitheater in Pula/Kroatien

Barbarathermen in Trier

Pont du Gard bei Nîmes (Frankreich)

Aufstieg und Niedergang Roms

753 v.Chr.-476 n.Chr.

Rom im Wandel

Kurz vor seinem Tod im Sommer des Jahres 14 verfasste Augustus einen Rechenschaftsbericht, der auf Lateinisch und Griechisch in Inschriften im ganzen Reich bekannt gemacht wurde. Darin schrieb der Kaiser: »Nachdem ich den Bürgerkriegen ein Ende gesetzt hatte, habe ich, der ich mit Zustimmung der Allgemeinheit zur höchsten Macht gelangt war, den Staat aus meinem Machtbereich wieder der freien Entscheidung des Senats und des römischen Volkes übertragen. Für dieses Verdienst wurde ich auf Senatsbeschluss Augustus genannt... Seit dieser Zeit überragte ich zwar alle an Einfluss und Ansehen, Macht aber besaß ich hinfort nicht mehr als diejenigen, die auch ich als Kollegen im Amt gehabt habe.«

Diese Worte beschreiben die vielleicht seltsamste Alleinherrschaft der Geschichte. Hatte der Versuch ihrer Einrichtung noch den Adoptiv-Vater des Augustus, Julius Caesar, das Leben gekostet, so wurde sie nun allgemein begrüßt. Das goldene »Augusteische Zeitalter« löste die Dauerkrise ab, in der sich die Römische Republik ein Jahrhundert lang befunden hatte. Das Römische Reich fand endlich zu einem stabilen Zustand, der es ihm ermöglichte, weitere vier Jahrhunderte zu überstehen.

Die Krise der Römischen Republik rührte letztlich daher, dass der Stadtstaat Rom von seiner gesellschaftlichen und wirtschaftlichen Struktur her ebensowenig dazu geschaffen war, das größte Reich der damals bekannten Welt zu beherrschen, wie seine staatliche Organisation dazu ausreichte. Denn die Geschichte »Roms« ist die erstaunliche Entwicklung eines kleinen Orts auf der Apenninenhalbinsel zur Vor-, dann zur Alleinmacht des gesamten Mittelmeerraums. Sie wird dadurch erklärbar, dass dieser Aufstieg selten von überlegenen Konkurrenten in Frage gestellt wurde. Hinzu kommt eine bemerkenswerte Beharrlichkeit der Römer bei der Verfolgung einmal abgesteckter Ziele.

Vom Stadtstaat zur Republik

Der Ort Rom ist eine etruskische Gründung, die um die Mitte des 6. Jahrhunderts v.Chr. verschiedene, zum Teil jahrhundertealte Siedlungen auf den Hügeln 20 km nordöstlich der Tibermündung zusammenfasste. Als Teil des etruskischen Machtbereichs gelang der Stadt ein bemerkenswerter Aufschwung zur Hegemonialmacht unter den stammesverwandten Latinern (was zum Teil bereits im Vertrag mit Karthago, der bedeutendsten Handelsmacht im westlichen Mittelmeer, von 507/08 v.Chr. deutlich wird). Der Stadtstaat, der damals über ein Gebiet von etwa 800 km² Fläche herrschte, wurde zunächst von Königen regiert (offenbar aus etruskischem Geschlecht), die gegen Ende des 6. Jahrhunderts, als der Höhepunkt der etruskischen Macht in Italien überschritten war, von den führenden Geschlechtern Roms vertrieben wurden. Obwohl der Schutz der Etrusker fortfiel, gelang es in wechselvollen Kämpfen die Herrschaft über die Latiner zu behaupten und bis zum Beginn des 3. Jahrhunderts auf Mittelitalien auszudehnen. Dieser Prozess wurde durch die Vorstöße der Kelten nach Mittelitalien zwischen 387 und 340 v.Chr. nur vorübergehend aufgehalten. Mit dem endgültigen Sieg über die um Benevent siedelnden Samniten (290 v.Chr.) wurde Rom Führungsmacht in Italien. Diese Position konnte auch der 280 v.Chr. von der griechischen Stadt Tarent herbeigerufene und 275 von den Römern besiegte König Pyrrhos von Epeiros nicht erschüttern.

Entscheidend für diese Erfolge war eine gut ausgebildete Staats- und Heeresverfassung, dessen Leitung die sich jährlich abwechselnden obersten Beamten, die beiden Konsuln, in Notzeiten ein von ihnen für sechs Monate ernannter Diktator innehatte. Beraten und unterstützt wurden sie von den Oberhäuptern der adligen oder patrizischen Geschlechter. Innere Konflikte (sog. Ständekämpfe) mit dem nicht adligen Volk (Plebs) führten bis zum Beginn des 3. Jahrhunderts dazu, dass die reicheren plebejischen Geschlechter den Patriziern gleichgestellt wurden, die Volksversammlung politische Mitwirkungsrechte erhielt und im Amt der Volkstribunen eine Einrichtung bestand, die gegen Handlungen der führenden Amtsträger einschreiten konnte, wenn sie als unrechtmäßig erschienen. Die so erreichte innere Stabilität ermöglichte die äußere Expansion, die durch den engen Bund mit anderen italischen Städten, die Anlage von Kolonien auf fremdem Boden und ein gut ausgebautes Straßennetz zur raschen Bewegung von Truppen abgesichert wurde.

Konflikt mit Karthago

Die erreichte Stellung musste über kurz oder lang zur Konfrontation mit der zweiten politischen Großmacht im westlichen Mittelmeerbecken führen, der nordafrikanischen Handelsmetropole Karthago. Der Konflikt zwischen beiden entbrannte 264 v.Chr. um den beherrschenden Einfluss in Sizilien. Die Zwänge des ersten Punischen Krieges (264-241) führten zum Aufbau einer römischen Kriegsflotte und machten Rom auch zu einer führenden Seemacht im Mittelmeer. Der Vorstoß des Karthagers Hannibal über Spanien und Südfrankreich nach Italien brachte im zweiten Punischen Krieg (218-201) Rom an den Rand einer völligen Niederlage. Dass es dennoch überlebte, lag nicht zuletzt daran, dass Hannibal seinen Krieg weitgehend ohne Konsens mit seiner Vaterstadt auf eigene Faust führen musste. Nach seiner Niederlage war Rom unbestrittene Führungsmacht in der westlichen Mittelmeerwelt. Nach der endgültigen Zerstörung Karthagos 146 v.Chr. aber sahen sich die Römer in die vielfältigen Konflikte unter den Nachfolgestaaten des Reiches Alexanders des Großen und dem Königreich Pontos im Norden Kleinasiens sowie in die Probleme der parthischen Ausdehnung nach dem östlichen Mittelmeer hineingezogen. Weil die Beherrschung der Lage von außen immer schwerer fiel, wurden Griechenland, Kleinasien und die Küstengebiete des Mittelmeers schließlich dem Römischen Reich einverleibt oder ihm faktisch unterworfen.

Die Krise der Republik

Diese Ausdehnung blieb jedoch für Rom nicht ohne schwerwiegende innere Folgen. Als Stadtstaat war die Republik auf die Verwaltung eines so riesigen Reichs nicht vorbereitet. Die Steuereinziehung in den unterworfenen Gebieten wurde an kapitalkräftige Bürger verpachtet, die sich an den ihnen zugewiesenen Provinzen schadlos hielten. Aufgrund der langen Kriege seit 264 v.Chr. mussten die Bauernsoldaten ihr Land verlassen, das verfiel oder von reichen adligen Grundherrn mit Beschlag belegt wurde. In der Hauptstadt strömten gewaltige Massen landlosen Proletariats zusammen, die Rekrutierung des Heeres geriet in Gefahr. Die Reformen der Gracchen (133-121), die auf Landverteilung für die Armen abzielten, scheiterten. Das Milizheer wurde schließlich von Gaius Marius zum Söldnerheer umgewandelt. Das Problem der Landverteilung blieb aber bestehen, weil künftig die Heerführer Land für ihre aus dem Dienst ausscheidenden Soldaten forderten. Angesichts dieser sozialen Spannungen geriet das Gleichgewicht des römischen Staatswesens aus den Fugen. Eine Restauration der Herrschaft der »Nobilität«, die sich gegen Aufsteiger immer mehr abkapselte, gelang zwar noch Lucius Cornelius Sulla (82-79), hatte aber über dessen Rücktritt hinaus kaum Bestand. Seitdem wurde die Politik von Einzelpersönlichkeiten bestimmt, die über gute Verbindungen in den herrschenden Kreisen, Heeresanhang und Gefolgschaft bei den Volksmassen verfügten.

Unter diesen Persönlichkeiten war zunächst Gnaeus Pompeius am bedeutendsten. Seine Erfolge gegen das aufständische Spanien bei der Säuberung des Mittelmeeres vom Piratenunwesen und bei der Neuordnung der römischen Herrschaft im Osten (64-62) ließen ihn zum einflussreichsten Politiker aufsteigen, der in Rom faktisch hätte herrschen können, ohne immer das höchste Amt zu bekleiden und ohne die bestehende Verfassung anzutasten. Dies wäre der Stellung, die später Augustus besaß, nahe gekommen. Die Senatsnobilität verweigerte sich aber, was zum Bündnis des Pompeius mit den beiden anderen damals wichtigen Politikern führte, dem kapitalkräftigen Marcus Licinius Crassus und dem Führer der Popularen Gaius Julius Caesar (Erstes Triumvirat, 60 v.Chr.). Letzterer ließ sich die gallischen Provinzen in Norditalien und Südfrankreich zuweisen und eroberte von ihnen aus von 58 bis 51 das gesamte Gallien. Mit dieser Machtbasis und seinem erprobten Heer gelang es ihm nach dem Tod des Crassus im Partherkrieg (53) und dem Umschwenken des Pompeius zur Senatspartei, beide zu überwinden und die Alleinherrschaft zu erringen.

Von Caesar zu Augustus

Zunächst zum Diktator auf Lebenszeit ernannt, hat Caesar anscheinend nach der Königswürde gestrebt und jene heftige Opposition in den – von ihm nach dem Sieg weitgehend verschonten – Kreisen der Senatspartei hervorgerufen, die 44 v.Chr. zu seiner Ermordung führte. Die Folge waren neue Wirren und Bürgerkriege, in denen sich Caesars Adoptivsohn Octavius und seine ehemaligen Unterfeldherrn Marcus Antonius und Lepidus 43 zum zweiten Triumvirat zusammenschlossen. Von ihnen besaß Octavius das meiste politische Geschick. Nach Ausschaltung des Lepidus und Aufteilung des Reiches mit Antonius konnte er diesen schließlich 31 v.Chr. in der Seeschlacht von Aktium besiegen und endgültig die Alleinherrschaft erringen.

Octavius übte sie allerdings eher verdeckt aus. Aufgrund seiner Verdienste konnte er es sich im Januar 27. v.Chr. leisten, auf seine bisherigen Sondervollmachten zu verzichten und die alte republikanische Verfassung formell wiederherstellen. Der Senat verlieh ihm daraufhin den Ehrentitel Augustus. Außerdem erhielt er die militärische Befehlsgewalt (imperium), während er nur noch sporadisch auch als Konsul fungierte. Auf diese Art beruhte seine Herrschaft als »erster Bürger« (princeps) vor allem auf dem eigenen und dem mit seinen Amtsgewalten verbundenen Ansehen (auctoritas). Als Voraussetzung des römischen inneren Friedens (der als »Pax Romana« in die Geschichte einging) beließ Augustus den Provinzen trotz ihrer Fremdherrschaft eine relative Eigenständigkeit, die auch von den römischen Provinzstatthaltern (Legaten, Prokonsuln oder Prokuratoren) nicht abgeschafft werden konnte.

Zwischen Atlantik und Euphrat, zwischen Donau und afrikanischer Wüste verwirklichte Augustus so das alte römische Ideal eines einheitlichen Reichs, das sich nicht durch Unterschiede von Rassen oder Nationen, sondern durch kulturelle und religiöse Einheit auszeichnete. Als Zeichen dieser Einheit steht der Kaiser, der als »Pontifex Maximus« nicht nur dem Staat und dem Heer, sondern auch dem römischen Kultwesen vorsteht. Gefördert wird die innere Einheit durch die Bevölkerungsvermischung in Folge zahlreicher Truppenbewegungen, durch den regen Verkehr auf neugebauten Straßen sowie durch den wachsenden Warenhandel zwischen den Provinzen.

Die Form des augusteischen Prinzipats, die kontinuierliches Regieren des Kaisers ohne Ausschaltung der bisherigen Eliten ermöglichte, hat rund zwei Jahrhunderte Bestand gehabt. Unfähige Herrscher, die durch Grausamkeiten von sich reden machten wie Caligula (37-41), Nero (54-68) oder Domitian (81-96), blieben die Ausnahme. Das gut verwaltete Reich blühte wirtschaftlich auf und konnte sich sogar weiter ausdehnen, so auf Britannien, ins heutige Rumänien und zeitweilig bis zum Persischen Golf.

Im 3. Jahrhundert wandelten sich die Rahmenbedingungen. Die Zerrüttung der Staatsfinanzen durch hohe Militärausgaben zur Reichsverteidigung gegen Germanen und Perser sowie höfischen Luxus, das Aussterben der stadtrömischen bzw. italischen Eliten und deren Ersatz durch dem römischen Wesen Fremde (möglich durch die Übertragung des römischen Bürgerrechts an alle freien Reichsangehörigen 212), führten zu einer Nivellierung der Reichsuntertanen.

Die Führung des Reiches fiel jahrzehntelang an die jeweils stärksten Feldherren (»Soldatenkaiser«), denen meistens zu wenig Zeit zur Konsolidierung ihrer Herrschaft blieb. Die Konsequenzen zog daraus der 284 zur Macht gelangte Dalmatiner Diokletian. Die Straffung der Verwaltung, die strenge Unterordnung des Heeres und die Aufteilung des Reiches unter zwei Ober-Herrscher (Augusti) und zwei zur Nachfolge vorgesehene Vertreter (Caesari) sollten das Reich stabilisieren. Gegen religiöse Sekten, vor allem die Christen, ging man mit aller Schärfe vor. Die Viererherrschaft (Tetrarchie) bewährte sich indessen nicht. Mit Konstantin dem Großen (324-337) war das neue, absolute Kaisertum zur Alleinherrschaft eines Einzelnen geworden. Zugleich wurde das Christentum zur beherrschenden Religion, die später (380) als einigendes Band zur Staatsreligion erhoben wurde. Aus dem Glauben einer Handvoll ungebildeter Fischer aus Palästina hatte sich mit erstaunlicher Geschwindigkeit die bestimmende Religion des römischen Weltreiches entwickelt.

Der Erfolg der Kirche

Wahrhaft atemberaubend war der Weg des Christentums in den ersten Jahrhunderten. Die grundlegendsten theologischen Entscheidungen wurden getroffen. Die Kirche trennte sich von Irrlehre(r)n, formulierte Dogmen, die bis heute gelten. Theologen schufen Denksysteme, die wegen ihrer kühnen Zusammenschau von Philosophie und Glaube, von Kirche und Kultur, von Wahrhaftigkeit und Wissenschaft ungebrochen Faszination ausübten.

Ausgerechnet einer der eifrigsten Christenverfolger, der pharisäische Jude Paulus, wurde aufgrund einer visionären Christusoffenbarung zum Katapult des Christentums in die gesamte heidnische Mittelmeerwelt bis ins Zentrum Rom hinein. Die Abgrenzung vom jüdischen Glauben führte zum »Sieg« des Christentums. Vier Eigenschaften waren es, die ihre Anziehungskraft steigerten und sie auf dem römischen multireligiösen Markt der Weltanschauungen konkurrenzlos siegen ließen:

Mit bemerkenswerter Wandlungsfähigkeit stellte sich die Kirche auf ihre Umgebung ein. Dabei verließ sie nicht den schmalen Grat zwischen dem Festhalten am eigenen Glauben und dem Aufnehmen volksreligiöser Elemente aus anderen populären Kulten. Erlösungssehnsüchte von Anhängern orientalisch-römischer Mysterienkulte wurden ebenso befriedigt wie die asketischen Bedürfnisse zuerst radikaler Gottesgläubiger, später auch bürgerlicher Städter. Dass für Kaiser Konstantin zunächst kein großer Unterschied zwischen dem heidnischen Sonnenkult und dem Christengott bestand, zeigt diesen schmalen Grat des Synkretismus. Dass die Kirche nicht von ihm abgekommen ist, liegt an ihrer Wahrhaftigkeit. Ohne Gewalt setzten sich diejenigen Theologen durch, die die heiligen Schriften des Judentums und die Jesusgeschichten nicht ergänzen, sondern redlich auslegen wollten. In einem leidenschaftlichen Prozess hat sich jener Glaube als orthodox herausgebildet, der weder unbequeme Texte der Bibel ausmerzte (wie etwa Marcion, für den der Schöpfergott des Alten Testaments nicht mit dem Gott-Vater Jesu Christi vereinbar war) noch die Überlieferung durch eigene Offenbarungen ergänzte (wie die Montanisten). Für ihre Überzeugung nahmen die Gläubigen großes Leiden auf sich. Im Blick auf den Gekreuzigten schmolz die Angst vor dem Tod dahin. Erlösungsgewiss ertrugen Christen das ihnen auferlegte Martyrium. Grausamste Christenverfolgungen überstanden sie, im Gegenteil: Im Nachhinein erklärten sie die Verfolgung sogar als hilfreich für die Ausbreitung des christlichen Glaubens.

Die Kraft dazu nahmen sie aus der Geschichtlichkeit des (jüdisch-)christlichen Glaubens. Der Gott der Christen ist keine mythische Gestalt (wie die römischen Götter); er erschöpft sich nicht in zeitloser Wahrheit (wie die Philosophen behaupteten) und läßt sich nicht durch Opfer oder geheime Rituale beschwören (wie die Mysterienkulte es praktizierten). Dass Gott als Person zu den Menschen in die Geschichte eingetreten ist – dieser Gedanke war faszinierender als die Annahme weltabgewandter und menschenferner Gottheiten.

Das distanzierte, selbstbewusste Verhältnis zur römischen Staatsmacht hat schließlich – paradoxerweise! – zum Bündnis von Kaiser und Christentum geführt, das in der Staatskirche seinen sichtbarsten Ausdruck gefunden hat. Zu ähnlich waren sich die Interessen, als dass sich beide Mächte auf Dauer hätten bekämpfen können: Das Christentum sah im römischen Weltreich mit seinen hervorragenden Verkehrswegen das ideale Terrain für seine Mission. Zwar weigerten sich Christen hartnäckig, am Kaiserkult teilzunehmen; trotzdem (oder gerade deswegen?) erschien dem römischen Kaiser der Gott der Christen so stark, dass er das römische Imperium noch einmal zusammenführen könnte. Das distanzierte, selbstbewusste Verhältnis zur römischen Staatsmacht hatte schließlich – paradoxerweise! – zum Bündnis von Kaiser und Christentum geführt.

Am Ende siegen die Germanen

Dies alles vermochte den Niedergang des Reiches, dessen Hauptstadt Konstantin nach Byzanz am Bosporus (»Konstantinopel«) verlegte, nicht aufzuhalten. Die Abwehr der Perser und der im Norden andrängenden Germanen machte seit 395 eine dauernde Teilung in West- und Ostrom erforderlich, wobei die weströmischen Kaiser meistens in Mailand oder Ravenna, nahe der gefährdeten Grenzen, residierten. Immer mehr germanische Völker drangen ins Reichsgebiet ein, wurden zum Teil angesiedelt und durchlöcherten das Herrschaftsgefüge, während in leitenden Stellungen der Verwaltung und des Heeres romanisierte Germanen saßen. Während das Oströmische Reich wegen der günstigen Lage seiner Hauptstadt, die schwer zu erobern war, weiterbestehen konnte, wurde Rom 410 und 455 von germanischen Völkerschaften erobert und geplündert.

Die weströmischen Kaiser mussten tatenlos zusehen. Als 476 der germanische Heerführer Odoaker den letzten von ihnen, Romulus Augustulus, entthronte, fand das alte Römische Reich mit dem Zentrum Rom sein Ende. Als eigentlicher Sieger geht aus dem Chaos des Zerfalls das Christentum hervor. Trotz Bürgerkrieg und Verwüstung hat es sich als stabil und erhaben selbst über epochale Umwälzungen wie die Völkerwanderung erwiesen.

Kreuzigung Jesu legt Grundstein der Kirche

Jesus von Nazareth, ein jüdischer Wanderprediger aus Galiläa, sammelt mit seiner Botschaft des nahen Gottesreiches Gläubige um sich. Aus der kleinen Nachfolgerschar wird nach seinem Tod eine riesige Bewegung, die Gemeinden im gesamten Mittelmeerraum gründet.

7. 4. 30: Auf Golgatha, einem Hügel vor den Stadttoren Jerusalems, wird Jesus von Nazareth gekreuzigt. Die Anklage: Aufwieglertum. Ein Schild am Kreuz nennt ihn spöttisch: »I.N.R.I.«: »Jesus von Nazareth, König der Juden«.

Die historischen Quellen, vor allem die Schriften des Neuen Testaments, geben viele Hinweise auf Jesu Botschaft und wenige auf sein äußeres Leben. Fest steht: Jesus (»der Herr hilft«) entstammte dem bäuerlichen Milieu Palästinas. In dem unbedeutenden Ort Nazareth wurde er etwa im Jahr 4 v.Chr. geboren. Er wuchs in jüdischer Umgebung auf und sprach die Landessprache Aramäisch. Wie sein Vater wird er den Beruf des Zimmermanns erlernt haben. Die Evangelien nennen vier Brüder Jesu und eine Schwester; die Mutter Jesu, Maria, überlebt ihren Sohn.

Etwa im Jahr 27 begegnete Jesus Johannes dem Täufer, einen asketischen Prediger, der zur Umkehr angesichts des nahen Endgerichts aufrief. Jesus schloss sich Johannes an und ließ sich von ihm im Jordan taufen. Nach Johannes' gewaltsamem Tod durch den römischen Prokurator Herodes Antipas zog Jesus durch Galiläa. Mit charismatischen Predigten scharte er Männer und Frauen um sich. Wie Jesus selbst gaben sie ihre Berufe auf, verließen ihre Familien und zogen verkündigend durch die Dörfer. Das Dorf Kapernaum am westlichen Ufer des Sees Genezareth könnte Zentrum der Jesusbewegung gewesen sein. Jesus predigte, das Reich Gottes sei nahe und werfe seine Zeichen bereits voraus – sein eigenes Auftreten verstand er als Hinweis darauf. Damit teilte er die zeitgenössisch-jüdische Erwartung vom baldigen Anbruch des Reiches Gottes und rief seine Landsleute auf, Buße zu tun. Jesus führte Auseinandersetzungen mit jüdischen Gelehrten über die Auslegung des jüdischen Gesetzes und hoffte mit ihnen auf die Auferstehung der Toten. Mit seinen teilweise harschen Worten gegen Gesetzeslehrer kritisierte er den menschenfeindlichen, prinzipiellen Gehorsam gegen die in der jüdischen Bibel gegebenen Gesetze, denn dieser könnte gegen den Willen Gottes verstoßen. In Gleichnissen beschrieb er das barmherzige und vorurteilsfreie Handeln Gottes. Wo das menschliche Miteinander von der Liebe Gottes getragen sei, sei das Reich Gottes bereits angebrochen. Mit dieser Botschaft erregt die Jesusbewegung Aufsehen – erst recht, als Jesus nach Jerusalem einzog. Im Vorhof des jüdischen Tempels sorgte er für Aufruhr, als er Händler vertrieb. Durch den Verrat seines Jüngers Judas wurde er von Soldaten des Jerusalemer Hohenpriesters verhaftet. Der für religiöse Fragen zuständige jüdische Gerichtshof (Synedrium) übergab ihn dem Statthalter Pontius Pilatus. Vor einem Tribunal wird Jesus zum Tode verurteilt und am Freitag, den 15. Nisan, wahrscheinlich im Jahr 30, nach der üblichen römischen Methode der Kreuzigung hingerichtet.

Christus am Kreuz, Altarbild von Mathias Grünewald (um 1480-1528)

Nach seinem Tod kehrt Jesu Anhängerschaft zunächst nach Galiläa zurück. Der Jünger Petrus erkennt in einer Vision Jesus und sammelt die Jünger wieder in Jerusalem; hier entsteht die Urgemeinde. Ihnen gemeinsam ist, dass sie die Erscheinungen Jesu als Auferstehung deuten. Nahe dem jüdischen Tempel wollen sie auf die baldige Parusie (Wiederkunft) ihres Herrn Jesus warten. Bald nach den Visionen des Auferstandenen machen die Jesus-Jünger ekstatische Erfahrungen, die sich in der Apostelgeschichte als »Pfingstwunder« dokumentieren.

Wie Jesus, so bleiben auch seine Anhänger dem jüdischen Glauben verhaftet, wollen ihn reformieren. Doch wandelt sich der zentrale Inhalt der Verkündigung: Stand in Jesu Wirken das Gottesreich im Mittelpunkt, so wird für die Jünger die Messianität (Gottessohnschaft) Jesu zum zentralen Inhalt des Glaubens. Durch ihr mit Missionseifer verbundenes Elite-Bewusstsein wirken die ersten Christen auf ihre Umwelt wie eine jüdische Sekte. Unter der Leitung der drei Jesus-Jünger Simon (Petrus), Jakobus und Johannes wächst die Urgemeinde rasch. Entscheidungen werden gemeinsam getroffen, Armen- und Witwenfürsorge steht im Mittelpunkt des Handelns. Als Aufnahmeritus in die Gemeinschaft zelebrieren sie die Taufe; sie treffen sich zu Gebetsversammlungen, in deren Rahmen sie in Erinnerung an das letzte Mahl Jesu mit seinen Jüngern gemeinsam essen und trinken. Die Praxis der Gütergemeinschaft lässt soziale Unterschiede vergessen. Die Kritik am institutionalisierten Judentum führt zu ersten Verfolgungen. Unter der Anklage der Gotteslästerung wird Stephanus 43 vom jüdischen Rat zum Tod durch Steinigung verurteilt.

Ein Teil der Anhängerschaft flieht daraufhin in die umliegenden hellenistisch geprägten Regionen Phönikien, Zypern und Antiochien. Zwischen ihnen und der Jerusalemer Urgemeinde entbrennt ein erbitterter Streit um die Zulässigkeit der Mission auch unter Heiden. Auf einem Apostelkonzil in Jerusalem im Jahr 44 wird die Mission von Nichtjuden für rechtens erklärt. Damit sind die Weichen für die Heidenmission und die weltweite Ausbreitung des christlichen Glaubens gestellt. Deren Hauptakteur wird Saulus aus Tarsus, ein ehemals frommer Pharisäer, der selbst Christen verfolgt hatte. Nach einer Christus-Vision bei Damaskus bekehrt er sich und nennt sich hinfort Paulus (»der Kleine«). Auf mehreren Missionreisen durch Kleinasien gründet er viele Gemeinden, unter anderem in Korinth, Ephesus und Galatien. In Athen beschreibt er den christlichen Glauben als Antwort auf die Fragen der Philosophen. Paulus' Briefe an die Gemeinden enthalten die erste systematische theologische Deutung des Lebens und des Todes Jesu von Nazareth: »Christus ist für unsere Sünden gestorben gemäß der Schrift; und er ist begraben worden. Er ist am dritten Tag auferweckt worden gemäß der Schrift.«

TEUTOBURGER WALD

Arminius schlägt Römer zurück

Rückschlag für Rom: Germanische Stämme fügen dem römischen Heer eine vernichtende Niederlage zu. Roms Vormacht in Germanien ist gebrochen. Das römische Heer zieht sich an die Rheingrenze zurück.

9: Im Teutoburger Wald greifen mehrere germanische Verbände unter der Führung des Cheruskerfürsten Arminius (Hermann) drei römische Legionen an. Die erbitterten Kämpfe in dem unwegsamen Wald- und Sumpfgebiet dauern drei Tage – dann sind die Römer geschlagen. Der für das Desaster verantwortliche römische Feldherr Varus begeht daraufhin Selbstmord.

Tiberius, von Kaiser Augustus adoptierter römischer Feldherr, hatte weite Gebiete in Germanien erobert. Gemeinsam mit seinem Bruder Drusus hatte er 16-13 v.Chr. das Alpenvorland bis zur Donau unterworfen und das Legionslager Augsburg als Zentrum der neu gebildeten Provinzen Raetia und Noricum gegründet. 5 v.Chr. drang Tiberius bis an die Elbe vor und besiegte an der Elbmündung die Langobarden.

7 n.Chr. überließ er dem Feldherrn Quinctilius Varus den Oberbefehl über die eroberten Gebiete, um dort römische Provinzen zu errichten. Varus führte das römische Recht ein und verpflichtete die Völker zu Steuerzahlungen.

Diese erzwungene Romanisierung trieb die germanischen Stämme in den Widerstand. Ihren Führer fanden sie in Arminius, einem in römischem Dienst stehenden Soldaten aus dem Stamm der Cherusker (Gebiet des heutigen Hameln). Als Anführer eines Hilfsheeres war er aus Rom in seine Heimat zurückgekehrt und sammelte Verbündete, um die römische Fremdherrschaft zu brechen. Nachdem Verhandlungen von Varus und Germanenführern gescheitert sind, marschiert Varus mit drei Legionen zurück vom Sommerlager an der Weser in Richtung Rhein. Da er die germanische Heereskraft für ungefährlich einschätzt, lässt Varus seine Truppen in nicht ausreichend gesicherter Schlachtordnung marschieren. Arminius jedoch hatte die Zeit der Verhandlungen genutzt, um unbemerkt seine Truppen zu formieren.

Zum ersten Mal verbünden sich germanische Stämme zu einer groß angelegten Aktion gegen das Imperium. In unwegsamem Gelände locken sie die Römer in einen Hinterhalt. Varus und seine Legionen sind völlig überrascht. Nach einem erbitterten Kampf werden sie in einer offenen Feldschlacht vernichtet. Nur wenige der 25 000 römischen Soldaten überleben. Varus begeht Selbstmord. Mit der Niederlage ist der Versuch der Römer endgültig gescheitert, das Gebiet nördlich der Donau und östlich des Rheins als Provinz dem Römischen Reich anzugliedern.

Hermannsdenkmal bei Detmold

AUSBLICK

Die Evangelien – vier Lebensbeschreibungen der Figur Jesu

Die Evangelien schildern das Leben Jesu und der ersten Christen.

Vier Evangelien beschreiben ausführlich und mit vielen Überschneidungen das Leben und die Lehre des Jesus von Nazareth. Keine andere historische Figur der Antike ist so vielseitig dokumentiert wie Jesus. Den vier Evangelisten Markus, Matthäus, Lukas und Johannes geht es jedoch nicht um eine historisch korrekte Darstellung des irdischen Lebens Jesu. Je nach ihrer religiösen und sozialen Herkunft deuten sie mit ihren Lebensbeschreibungen die Figur Jesu. Keiner der Evangelisten kannte Jesus persönlich; nur auf der Grundlage mündlicher Überlieferung und schriftlicher Berichte konnten sie ihre Biografien verfassen.

Markus schrieb kurz nach 70 sein »Evangelium von Jesus Christus, dem Sohn Gottes«. In einfacher Sprache und literarisch geschickt berichtet Markus, vermutlich ein Heidenchrist aus Syrien, vom Leben Jesu. Nicht nur mündliche Erzählungen vom Wirken Jesu schreibt Markus nieder. Ihm liegen auch schriftliche Quellen vor, die er kunstvoll zusammenfügt. Das von ihm gelegte Fundament dient den beiden Evangelisten Matthäus und Lukas schließlich als Vorlage, die sie für ihre eigenen Evangelien mit anderen Überlieferungen anreichern. Eine herausragende Rolle nimmt dabei die sogenannte »Spruchquelle« ein, eine Sammlung von Jesus-Worten, die wahrscheinlich vor dem Evangelium des Markus entstanden ist. Zum Inhalt der Spruchquelle gehört unter anderem die Bergpredigt Jesu (Matthäus 5-7, Lukas 6).

Matthäus legt einen besonderen Akzent auf Jesu Verwurzelung im Judentum. Texte der jüdischen Bibel dienen ihm als Beweis, dass Jesus der wahre und von den Propheten angekündigte Gottessohn sei. Weil die Juden diese Erkenntnis abgelehnt hätten, gelte das Evangelium nun der ganzen Welt.

Anfang des Matthäus-Evangeliums, Lorscher Evangeliar, Hofschule Karls des Großen, 9. Jh.

Von Lukas, der sich als Arzt und neutraler Beobachter vorstellt, stammt das ausführlichste und durchdachteste Evangelium; die Zeit Jesu schreibt er in der Apostelgeschichte fort bis zum Wirken des Paulus in Rom. Nach der Himmelfahrt Jesu hilft – Lukas zufolge – der Geist Gottes den Christen, die Zeiten der Verfolgung zu überstehen.

Von Johannes stammt das vierte Evangelium, geschrieben in Kleinasien um die erste Jahrhundertwende. Johannes ist am wenigsten an Fakten interessiert; er beginnt nicht mit einem Geburtsbericht, sondern mit der Aussage: »Am Anfang war das Wort, und das Wort war bei Gott... und das Wort ward Fleisch und wohnte unter uns...« Die Evangelien und die Apostelgeschichte bilden den geschichtlichen Teil des Neuen Testaments. Älter sind allerdings die Briefe des Apostels Paulus; sie und weitere Briefe von unbekannten Verfassern lassen Rückschlüsse auf das Leben in den ersten Gemeinden zu. Wegen ihrer gemeinsamen theologischen Prägung stellt das johanneische Schrifttum (Johannes-Evangelium, Johannes-Briefe) eine eigene Einheit dar. Die Apokalypse (»Offenbarung«) schildert schließlich visionär das Geschehen bei der Wiederkunft Christi auf Erden, dem »Jüngsten Gericht«. Sammlungen von Paulusbriefen und Evangelien waren schon sehr früh in den christlichen Gemeinden im Umlauf und erhielten mit der Zeit dieselbe Bedeutung wie die jüdischen heiligen Schriften. Um 200 ist die Festlegung des Inhalts des Neuen Testaments (Kanon) im Wesentlichen abgeschlossen. 367 verleiht der alexandrinische Bischof Athanasius ihm kirchliche Autorität. Keine neutestamentliche Schrift ist im Original vorhanden; sämtliche Übersetzungen gehen auf griechische Handschriften zurück. Anhand der sich zum Teil widersprechenden Handschriften versuchen Bibelwissenschaftler den ursprünglichen Wortlaut zu rekonstruieren.

Despoten stürzen Rom in die Krise

Nach den politisch weitsichtigen Begründern des römischen Kaisertums Julius Caesar und Augustus führen die folgenden Kaiser mit Despotismus und ausufernder Dekadenz das Römische Reich in die Krise.

24. 1. 41: Während der Palatinischen Spiele ermordet ein Tribun der Prätorianergarde Kaiser Caligula (12-41). Damit endet seine fast vier Jahre andauernde Schreckensherrschaft.

Caligula hatte den Thron 37 bestiegen. Sein Vorgänger Tiberius soll den Mord an Caligulas Eltern und seinen beiden älteren Brüdern veranlasst haben, um sie als Konkurrenten auszuschalten. Caligulas Vater, Julius Caesar Germanicus, war der Neffe und Adoptivsohn des Tiberius. In einem germanischen Feldlager wuchs Gaius Julius Caesar Germanicus auf; wegen seiner kleinen Soldatenstiefel erhielt er bald den Spitznamen Caligula (»Stiefelchen«). Ein Prätorianerpräfekt verhalf ihm auf den Thron. Zu Beginn seiner Herrschaft erfreute sich Caligula noch großer Popularität, zu der eine Amnestie politischer Gefangener wesentlich beitrug.

Die Apotheose des Claudius

Schon bald entwickelte er sich, vermutlich als Folge einer psychischen Erkrankung, zum tyrannischen Willkürherrscher. Größenwahn, Vergnügungssucht und Irrsinn prägten fortan seine Regierungszeit. Exzentrisch verschwendete er das gesamte Vermögen seines Vorgängers Tiberius. Auch in seinem politischen Vorgehen wurde er immer unberechenbarer. Um sich unliebsamer Personen aus seiner Umgebung zu entledigen, führte er Hochverratsprozesse wieder ein. Hinrichtungen und Erpressungen waren an der Tagesordnung. Für sich selbst beanspruchte er Göttlichkeit nach dem Vorbild der ägyptischen Pharaonen. Der Despotismus des Caligula veranlasste sogar ehemalige Anhänger einer Verschwörung. Der Prätorianeroberst Cassius Chaerea ermordet schließlich den ungeliebten Kaiser.

Nachfolger wird Caligulas Onkel Claudius (10-54), ein kränklicher, sprech- und gehbehinderter und zudem charakterschwacher Mann ohne jede politische Erfahrung. Mit Unterstützung des loyalen Heeres und sachkundiger Verwaltungsbeamter wird seine Regentschaft unerwarteter Weise erfolgreich. Mauretanien, das südliche Britannien und Thrakien werden als römische Provinzen eingerichtet; der Feldherr Corbulo unterwirft die Friesen. Claudius verwirklicht die bereits von Julius Cäsar geplante Anlage eines neuen Hafens an der Tibermündung. Bezeichnend für Claudius sind seine Vorliebe für altertümelnde Religiosität und für die griechische Sprache. Als besonderes Problem für seine kaiserliche Herrschaft erweisen sich seine unglücklichen Ehen. Insbesondere das Privatleben seiner dritten Frau Messalina erschüttert den Hof und das Ansehen des Kaiserhauses. Mit zahlreichen Affären, sexuellen Eskapaden und großer Verschwendungssucht beschwört sie fast eine Staatskrise herauf. Als Messalina heimlich eine weitere Ehe eingeht, wird sie hingerichtet.

Ermordung Caligulas; Gemälde von Sir Lawrence Alma-Tadema (1871)

Claudius' Nichte Agrippina die Jüngere (15-59), die er trotz der Mahnungen seiner Berater im Frühjahr 49 heiratet, wird ihm schließlich zum Verhängnis. Um ihrem Sohn Lusius Domitius Ahenobarbus aus erster Ehe – dem von Claudius adoptierten späteren Kaiser Nero – die Nachfolge zu sichern, ermordet Agrippina ihren Mann.

Nero (37-68) lässt sich unter anderem von dem Philosophen Seneca beraten. Mit dessen Hilfe grenzt er sich von seiner herrschsüchtigen Mutter Agrippina ab, die er verbannt und schließlich ermorden lässt. Als sich Seneca zurückzieht und 62 der neue Prätorianerpräfekt Tigellinius ins Amt tritt, wandelt sich Nero vollends zum Despot. Dem Volk, das von den Eskapaden am Kaiserhof wenig erfährt, präsentiert sich Nero als Künstler: In Neapel tritt er öffentlich als Sänger und Zither-Spieler auf, in seinem Privatzirkus, den vatikanischen Gärten am Tiber, als Wagenlenker auf. Als Rom im September 64 in Flammen steht, vermutet das Volk den Kaiser als Brandstifter.

Der lenkt die Schuld auf die Christen und lässt sie unter schrecklichen Folterungen für ihr vermeintliches Verbrechen büßen. Um Geld für seine Vergnügungen zu bekommen, beseitigt er Senatoren und zieht deren Besitz ein. Eine Verschwörung unter Piso schlägt fehl; alle Beteiligten müssen ihre Teilnahme mit dem Leben bezahlen. Statt der Lage Herr zu werden, reist Nero nach Griechenland und lässt sich dort als Sänger feiern. An die Spitze des Widerstandes stellt sich nun der Feldherr Galba. Selbst die Prätorianergarde wendet sich von Nero ab; desillusioniert begibt sich der Kaiser in eine Villa bei Rom und erdolcht sich.

Aprippina die Jüngere

STICHWORT

Prätorianer

Eine Folge der von Kaiser Augustus angestrebten Reform der römischen Armee war die Einrichtung einer speziellen Truppe zum Schutz des Kaisers, die sich bald zu einem bestimmenden Machtfaktor am Kaiserhof entwickelt. Dieser »Prätorianergarde« stehen von 2 v.Chr. an zwei Präfekten vor; die neun Kohorten zu je 1000 Mann sind in Garnisonen in Rom und Umgebung stationiert. Gegenüber den Legionären sind die Prätorianer wesentlich besser gestellt, da ihre Dienstzeit nur 16 Jahre beträgt und sie den dreifachen Sold erhalten. Der wirtschaftlich privilegierten Truppe gehören vornehmlich Italiker an; als Ausbildungsstätte für den Offiziersnachwuchs üben sie großen politischen Einfluss aus. Während verschiedener Thronwirren spielen sie eine bedeutende Rolle: Sie beteiligen sich an Putschversuchen, stützen oder stürzen Kaiser. 217 gelingt es zum ersten Mal einem Prätorianerpräfekten, den Thron zu besteigen: Marcus Opellius Macrinus gelangt ein Jahr lang an die Macht. 222 reformiert Kaiser Serverus Alexander die Prätorianer; die Präfekten erhalten nun senatorischen Rang. 312 löst Konstantin der Große die Garde auf.

HINTERGRUND

Rom in Flammen

Nero lässt Rom niederbrennen und macht die Christen zum alleinigen Sündenbock.

In der Nacht vom 18./19. 7. 64 bricht im Circus Maximus ein Feuer aus, das sich rasch über die ganze Stadt ausbreitet. Drei Tage lang steht Rom in Flammen, in den engen Straßen springt das Feuer schnell auf die Holzhäuser über. In Panik verlassen die Römer ihre Stadt. Von den 14 Stadtteilen Roms bleiben nur vier von dem Brand verschont, hunderte von Wohnhäusern brennen nieder, auch der Kaiserpalast wird zerstört. Mehre tausend Römer werden obdachlos. Kaiser Nero kehrt sofort aus Antium nach Rom zurück und beaufsichtigt die Löscharbeiten. Er ergreift Maßnahmen, um Plünderungen, Hungersnot und Epidemien vorzubeugen. Nach der Löschung des Brandes plant Nero den Wiederaufbau der Stadt. Er lässt breite Straßen anlegen, die neuen Gebäude aus Stein statt aus Holz bauen. Für sich selbst lässt er einen prunkvollen Palast, das »Goldene Haus«, anlegen.

In Rom hält sich das Gerücht, Nero selbst habe den Brand legen lassen, um die Stadt großartiger wieder aufbauen zu können. Außerdem habe Nero während des Brandes zum Klang seiner Lyra Gedichte über den Fall Trojas zitiert. Um dem Verdacht zu begegnen und der aufgebrachten Öffentlichkeit einen Sündenbock zu liefern, bezichtigt Nero die Christen der Brandstiftung. Damit löst er die erste Christenverfolgung in Rom aus.

Kaiser Nero beobachtet den Brand Roms. Gemälde von Johann Styka (um 1890)

ROM

Petrus und Paulus sterben den Märtyrertod

Nach zweijähriger Haft wird Paulus in Rom hingerichtet, wenig später auch der Apostel Petrus. Damit endet die Ära der ersten Generation von Jesus-Anhängern. Der missionarische Grundstock, den sie durch ihr Wirken gelegt haben, führt dennoch zu einer schnellen Ausbreitung des Christentums.

64 (oder 67): Petrus, der Apostel des Jesu von Nazareth, wird im Zuge der Christenverfolgungen unter Kaiser Nero in Rom hingerichtet. Seine letzten Tage bleiben, ebenso wie die näheren Umstände des Todes des Heidenmissionars Paulus, historisch ungeklärt.

Der Evangelist Lukas berichtet in der Apostelgeschichte, Paulus habe während seiner Gefangenschaft in Rom noch missionieren können. Schon bei seiner Anreise sei er auf der Via Appia von »Brüdern« erwartungsvoll abgeholt worden. Mit einem Wachsoldaten habe er in einem Privatquartier wohnen dürfen; dort hätten ihn einige der römischen Juden aufgesucht, von denen einige bekehrt worden seien. Historisch gilt jedoch lediglich als gesichert, dass Paulus in Rom starb; wahrscheinlich lebte er dort einige Zeit in leichter Haft, bis ihm der Prozess gemacht wurde. Unter Nero wurde er hingerichtet. Andere, weniger zuverlässigere Quellen berichten, Paulus sei nach Spanien gereist.

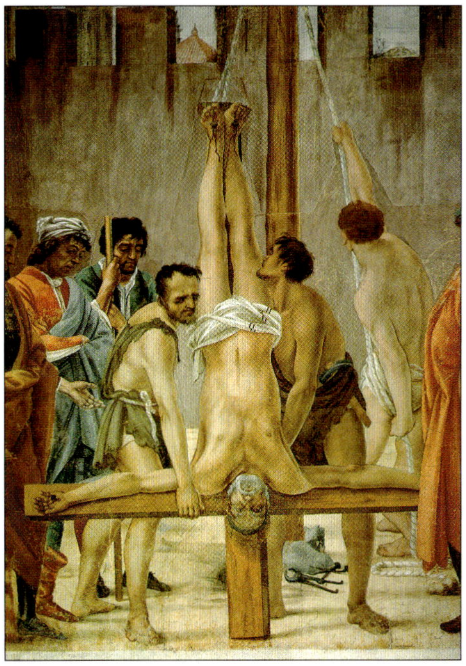

Die Kreuzigung Petri (aus einem Fresko), 15. Jh.

Auch das Ende des Petrus ist unklar. Die Legendenbildung um seinen Tod entspricht seiner herausgehobenen Stellung innerhalb der Jüngerschar um Jesus. Simon, geboren in Bethsaida, war verheiratet und arbeitete als Fischer am See Genezareth. Den Evangelien nach berief Jesus ihn und seinen Bruder Andreas und verlieh ihm den Beinamen Petrus (»Stein, Fels«). Nachdem Petrus als erster Mensch Jesus als den Messias erkannt hatte, verhieß ihm Jesus: »Auf diesen Felsen will ich meine Kirche bauen« – bis heute die Legitimation der göttlichen Berufung des römisch-katholischen Papstamtes. Trotzdem wird Petrus als »Kleingläubiger«, sogar als Versager geschildert: Als er auf Jesu Geheiß auf dem Wasser wandeln soll, scheitert er. Den Mut, sich zu Jesus nach dessen Verhaftung zu bekennen, brachte er nicht auf – dreimal verleugnete er, »diesen Mann« zu kennen. Nach der Kreuzigung erschien Jesus zuerst dem Petrus, der daraufhin in Jerusalem die Anhänger sammelte. Mit den Zebedaiden Jakobus und Johannes bildete er die »Säulen« der Jerusalemer Urgemeinde. In der Frage um die Heidenmission unterstützte er Paulus; als Erster taufte jedoch Petrus einen Heiden. Doch wieder wurde seine wankelmütige Gestalt deutlich, wegen der ihn Paulus sogar als »Heuchler« bezichtigte.

In Jerusalem wurde Petrus im Verlauf der ersten Anfeindungen gegen Christen durch Herodes Agrippa I. gefangen genommen. Unter unbekannten Umständen gelangte er nach Rom. Der Kirchengeschichtler Eusebius von Caesarea (263-339) berichtet, Petrus soll seinem eigenen Wunsch entsprechend an einem umgekehrten Kreuz hingerichtet worden sein.

Um den Ort des Petrusgrabes streiten sich die Archäologen. Obwohl der Vatikan davon ausgeht, der Petersdom sei über dem historischen Grab erbaut, fehlen hierfür schlüssige Beweise. Heute liegen die »Rumpf-Reliquien« der beiden »Apostelfürsten« getrennt in Rom, im St.Peters-Dom und in der St. Pauls-Kirche. Ihre Häupter allerdings sind seit Ostern 1370 vereint in der Lateranskirche. Die Geschichte der sterblichen Überreste ist ungeklärt: Das Grabmal des Petrus soll auf dem vatikanischen Hügel gelegen haben, das des Paulus an der Straße nach Ostia. Christen sollen die Gebeine gestohlen und zusammen in Katakomben deponiert haben. Von dort seien sie anlässlich des Baus einer Basilika während der Regierungszeit Kaiser Konstantins (306-337) zurückgeführt worden.

POMPEJI

Vesuvausbruch zerstört Pompeji

Der Ausbruch des Vesuv bedeckt den süditalienischen Landstrich um Pompeji mit Lava und Asche. Die Katastrophe kostet viele Menschenleben, konserviert aber wichtige Kulturgüter für die Nachwelt.

24. 8. 79: Ein Ausbruch des Vulkans Vesuv begräbt Pompeji und die umliegenden Ortschaften. Binnen weniger Stunden werden Menschen und Kultur der Mittelmeerstädte unter einer Schicht von Lava, Schlamm und Asche begraben.

Pompeji stand seit dem 5. Jahrhundert v.Chr. unter der Herrschaft der Samniten, die während des Bundesgenossenkrieges (91-88 v.Chr.) Rom unterlagen. Als Folge erklärte Diktator Sulla Pompeji 82 v.Chr. zur römischen Kolonie. Verwaltung und Kultur Pompejis wurden romanisiert; die Stadt entwickelte sich zu einem blühenden Wirtschaftszentrum. Stoffproduktion, Landwirtschaft, Oliven- und Weinanbau sorgten für eine reiche Oberschicht und allgemeinen Wohlstand. 63 n.Chr. suchte die Region ein starkes Erdbeben heim, das viele Gebäude zerstörte. Die Bevölkerung ist noch mit dem Wiederaufbau beschäftigt, als sich im Sommer 79 eine noch größere Naturkatastrophe ereignete: Der bislang stärkste Ausbruch des Vesuvs setzt riesige Massen von Lava, Schlamm, Geröll und Asche in Bewegung.

Unter einer sechs Meter hohen Schicht werden Pompeji und die Nachbarorte Herculaneum, Stabiae und Oplontis bedeckt. Die 20 000 Bewohner sind völlig überrascht; nur wenige können sich retten. Sie versuchen noch wertvolle Gegenstände zu bergen, geben aber nach kurzer Zeit auf.

Fast 1500 Jahre bleibt die Stadt vergessen. Bis Ende des 16. Jahrhunderts bei einem Kanalbau Spuren gefunden werden. Ausgrabungen lösen im 18. Jahrhundert Begeisterung aus; 1860 beginnen Archäologen mit der systematischen Freilegung des antiken Pompeji. Bis heute sind etwa zwei Drittel des Stadtgebietes erschlossen.

Großes Bild: Von den Verstorbenen blieben nur Hohlräume in der erkalteten Lava zurück. Durch Gipsausgüsse konnten die Körper rekonstruiert werden. Kleines Bild: Fresko eines pompejanischen Ehepaares.

HINTERGRUND

Stadtleben

Die Ausgrabungen in Pompeji vermitteln wesentliche Einblicke in das Alltagsleben einer antiken Stadt. Die reiche Oberschicht Pompejis bewohnt eigene Häuser mit Innenhöfen (Atriumhaus). Das durch einen Lichtschacht in der Mitte des Hauses fallende Regenwasser wird in einem Becken aufgefangen. Noch größere Villen verfügen über einen üppig bewachsenen Innengarten (»Peristyl«). Warmwasser wird in Holzkohle-Öfen bereitet, Thermen werden von einem ausgeklügelten Zentralheizungssystem versorgt. Bronzebeschlagene Möbel zeugen vom Reichtum der Bewohner. Kostbare Fresken, Statuen und andere Kunstwerke gehören zur Innenausstattung der Villen. Das im »Haus des Fauns« gefundene »Alexandermosaik« stellt eine Kriegsszene zwischen Alexander dem Großen und dem Perserkönig Dareios III. dar. Andere Wandmalereien zeigen Alltagsszenen und Motive der hellenistischen Mythologie. Rückschlüsse auf den Lebensstil in den wohlhabenden Schichten lässt die Wandinschrift eines Speisezimmers zu: »Erzeige dich liebenswürdig und behalte deine streitsüchtigen Bemerkungen für dich.« Ihre Nachtruhe verbringen die reichen Städter auf kunstvollen Bettgestellen, teils mit Bronze verziert und mit Polstern belegt. Für Kinder steht Spielzeug zur Verfügung – Puppen, Rasseln, Tierfiguren. Steinerne Lettern warnen vor dem Haushund: »Cave Canem!« Eine Markthalle (Marcellum), von Säulen eingefasst, ist Geschäftszentrum der Stadt, die von gepflasterten Straßen durchzogen ist (s. Abb.). Graffitti, in Stein geritzte Sprüche oder Bilder, kommentieren Alltagsereignisse.

MASADA

Ende des Judenaufstands

Der Fall der Bergfestung Masada beendet die Geschichte des Staates Israel für fast 1900 Jahre.

15. 4. 73: Nach zweijähriger Belagerung erstürmen römische Truppen die Festung Masada, die letzte Zufluchtstätte aufständischer Juden. Sie finden lediglich zwei Frauen und fünf Kinder lebend vor – die restlichen 960 Bewohner haben Selbstmord begangen.

Unter Konsul Pompejus war Palästina 63 v.Chr unter den Machtbereich Roms geraten. 40 v.Chr. ernannte der römische Senat Herodes zum König über Judäa. Gewaltsam sicherte er die Herrschaft – unter anderem durch die Hinrichtung jüdischer Nationalisten. Mit einem seiner größten

Die Festung Masada am Toten Meer

Bauprojekte sicherte er sich dennoch Popularität bei den Juden: Er erneuerte das jüdische Heiligtum, den Tempel. Dennoch standen die Juden den römischen Besatzern sehr skeptisch gegenüber. Seit einer Steuerschätzung im Jahr 6 n.Chr. kam es in Palästina immer wieder zu Aufständen gegen korrupte römische Statthalter.

Die Zeloten, die »Eiferer«, stellten das Gros des Widerstandes. Sie bekämpften die Steuerpflicht und strebten eine Landreform an. Das Bild des Kaisers wollten sie ebenso wenig verehren wie mit römischen Münzen zahlen. Der Konflikt eskalierte 66, als der Statthalter Florus Geld aus der Tempelkasse verlangte, um Tributschulden zu tilgen. Als alternative Form des Protestes veranstalteten demonstrierende Zeloten eine Straßensammlung. Florus schickte Truppen nach Jerusalem und ließ das Kriegsrecht ausrufen. Während einer blutigen Razzia starben Hunderte. Der Aufstand dehnte sich aus, schließlich entbrannte ein erbitterter Kampf um Jerusalem. Römische Truppen verschanzten sich in den Türmen des Herodespalastes, konnten aber nicht ausbrechen und erhandelten den freien Abzug ohne Waffen. Auf ihrem Rückzug wurden sie außerhalb Jerusalems umgebracht. Das gleiche Schicksal ereilte die Römer auf der Festung Masada. Im November 66 zog der syrische Statthalter Cestius Gallus mit zwölf Legionen gegen Jerusalem, konnte aber nur den Nordteil besetzen und wurde mit seinen Truppen isoliert. Er zog sich zurück, geriet in einen Hinterhalt und verlor 6000 Mann sowie seine Waffen. Schließlich bat er den Kaiser in Rom um Hilfe. Dort herrschten nach dem Ende der Schreckensherrschaft Neros (68) ebenfalls chaotische Verhältnisse. 69 wurde Vespasian zum Kaiser ausgerufen. Der beauftragte seinen Sohn Titus, den Krieg gegen die Juden zu führen und Jerusalem einzunehmen. Im Frühjahr 70 rückte Titus vor, schloss Jerusalem ein, hungerte die Bevölkerung aus und kreuzigte alle Gefangenen vor der Stadtmauer. Am 6. August 70 plünderten die römischen Soldaten – entgegen der Anweisung Titus' – den Tempel und brannten ihn ab. Unter der überlebenden Bevölkerung richtete Titus ein Blutbad an. Als er 71 nach Rom zurückkehrte, feierte die Stadt ihn mit dem Bau eines Triumphbogens (der aber erst nach 81, nach seinem Tod, fertig gestellt wird).

Doch der jüdische Widerstand war noch nicht gebrochen. Masada wurde zur letzten Fluchtburg für die jüdischen Aufständischen: eine 440 m oberhalb des Westufers des Toten Meeres liegende Verteidigungsanlage. Der Statthalter Flavius Silva erhält den Auftrag, Masada einzunehmen. Da die Festung auf einem Felsmassiv liegt, lässt Silva eine riesige Rampe anschütten, um Rammböcke und Belagerungstürme heranbringen zu können. Die Römer schlagen eine Bresche in die Mauer und legen Feuer. Fast alle Belagerten wählen den Freitod, um nicht in römische Gefangenschaft zu geraten.

Der Titusbogen für die »Erfolge Titus' im Kampf gegen die Juden«

ROM

Ein Zirkus für blutige Spiele

Der Bau des Kolosseums markiert einen Höhepunkt der römisch-hellenistischen Monumentalarchitektur.

80: Nach achtjähriger Bauzeit wird in Rom das Flavium-Amphitheatrum eingeweiht, das später den Namen Kolosseum erhält. Während der von Kaiser Titus veranstalteten hunderttägigen Einweihungsfeiern töten Gladiatoren 5000 wilde Tiere.

Der 48,5 m hohe, auf einer Grundfläche von 188 m mal 156 m errichtete Bau ist das größte geschlossene Bauwerk der Antike. Das Stadion bietet 50 000 Zuschauern Platz. Über der Arena befindet sich die kaiserliche Loge. Im ersten Stock haben Hofstaat und hohe Beamte ihre Sitze, im zweiten vornehme Familien. Der dritte und vierte Stock sind für das Volk vorgesehen. Die Unterbauten bergen Kammern für Personal, Tierkäfige und Maschinerien. Die Fassade ist in drei Stockwerken durch jeweils 80 Arkadenbogen gegliedert. Im Gesims darüber befinden sich Tragmasten für Sonnensegel. 405 findet im Kolosseum der letzte Gladiatorenkampf statt.

Ruine des Kolosseums, das vom Mittelalter an als Steinbruch diente.

BRITANNIEN

Grenzlinie Hadrianswall

Friedenssicherung statt Eroberungspolitik lautet das Motto des Kaisers Hadrian (117-138). Der Bau eines Grenzwalls in Britannien dient dem Ziel der Befriedung.

128: Nach sechsjähriger Bauzeit wird der Hadrianswall fertig gestellt. Auf 118 km Länge grenzt die Sicherungsanlage die Provinz Britannia vollständig gegen schottische Stämme ab.

Der Hadrianswall erstreckt sich an der schmalsten Stelle Britanniens zwischen Nordsee und Irischer See. Im östlichen Teil besteht er aus einer bis zu 4,5 m hohen Steinmauer, im Westteil aus einem Erdwall. Ein Grabensystem gewährt zusätzlichen Schutz. 320 Türme, 17 Kastelle und 80 Tore vervollständigen die Grenzbefestigung. Die Bauarbeiten wurden immer wieder durch Angriffe der Kaledonier aus dem schottischen Gebiet unterbrochen.

Der britische Limes war Teil des Programms Hadrians, der sich seit 117 vor allem um den Ausbau von Verwaltung und Infrastruktur des Reiches kümmerte; er ließ Straßen und Städte bauen und legte Wasserleitungen an. Außenpolitisch war Hadrian auf Aussöhnung bedacht – mit den von seinem Vorgänger Trajan unterworfenen Parthern schloss er einen Friedensvertrag.

Reste der riesigen Befestigungsanlage

Unter Hadrians Herrschaft entstehen bedeutende Bauwerke der Antike: das Pantheon und das Mausoleum (Engelsburg) in Rom, die Hadriansvilla bei Tivoli und die Bibliothek in Athen.

PETRA

Rom greift nach dem Osten

Unter Kaiser Trajan annektiert Rom das Nabatäerreich. Durch die Schaffung neuer Provinzen baut der erfolgreiche Kaiser die Grenzen des Imperiums nach Osten aus.

105/106: Von Syrien aus erobert Feldherr Cornelius Palma das Nabatäerreich und nimmt die wohlhabende Handelsstadt Petra ein. Sofort erbaut er Grenzsicherungen und Straßen und richtet die römische Provinz Arabia ein.

Bereits seit Mitte des 1. Jahrhunderts v.Chr. war Petra wichtiger Handelspartner Roms. Als Station des Karawanenhandels zwischen Indien und dem Mittelmeerraum war die in einen Felsenpass gebaute Stadt zu Reichtum gelangt. Mit ihrer Einnahme kam der 98 zum Kaiser gekürte Trajan seinem großen Ziel näher: einem Kampf gegen die Parther.

Aufgrund reicher Kriegsbeuten aus dem Kampf gegen Drakien (107) kann Trajan populäre Reformen wie Steuererleichterungen durchsetzen. Ein großes Bauprogramm beschert dem Reich neue Straßen, Brücken und Kanäle. In einem Feldzug erringt er 113-115 bedeutende Erfolge gegen die Parther, dringt bis zum Persischen Golf vor und richtet dort die Provinz Mesopotamien ein.

Treppengrab in Petra (Jordanien)

Unter Kaiser Trajan erreicht das Römische Reich die größte Ausdehnung seiner Geschichte. Der Senat verleiht dem Herrscher deshalb die höchste Auszeichnung: den Titel »optimus princeps«.

GERMANIEN

Domitian lässt Limes errichten

Mit dem Limes entsteht ein gigantisches Befestigungswerk an den römischen Grenzen, das u.a. die Völker aus dem freien Germanien in ihre Schranken weisen soll.

83: Um die Reichsgrenzen vor den Angriffen der umliegenden Stämme zu schützen, erbauen die Römer an mehreren Stellen einen Limes: künstliche Befestigungsanlagen, teils aus Palisadenzaun und hölzernen Beobachtungstürmen, teils aus Steinmauern gebaut und durch Wälle und Gräben ergänzt. Am bekanntesten ist der 548 km lange obergermanisch-rätische Limes, der von 83 an unter den Kaisern Domitian, Antonius Pius, Trajan und Hadrian angelegt wird. Er sichert die römischen Provinzen Rätien und Obergermanien. Mit mehr als 1000 Wachtürmen und über 100 Kastellen stellt er für die nach neuem Siedlungsland suchenden germanischen Stämme lange Zeit ein nahezu unüberwindliches Hindernis dar. Bis ins dritte Jahrhundert hinein befriedet er die Region. 259 zerstören die Alamannen große Teile des Limes, der in der Folgezeit Raubzüge immer seltener verhindern kann. 406 fällt die Rhein-Donau-Grenze.

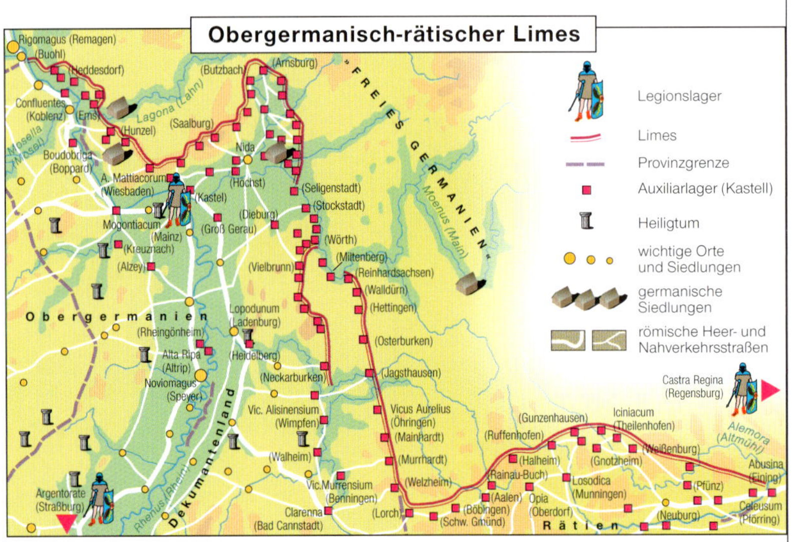

Der Verlauf des Limes

HINTERGRUND

Germanische Sitten

»Germanen« ist eine nachträgliche Sammelbezeichnung für jene Stämme und Kultverbände, die um die Zeit von Christi Geburt in Nord- und Mitteleuropa in Erscheinung traten. Sie leben in Sippenverbänden und Großfamilien. Die höchste Gewalt übt die Volksgemeinschaft aus. Sie wählt auch die Richter, die aber nur bei Großverbrechen eingreifen; sonst überlässt man die Ahndung dem Geschädigten oder seiner Sippe. Aus der Heerführung entsteht ein Königtum mit priesterlichen Funktionen. Die Germanen haben feste Wohnsitze; sie siedeln in Dörfern und Einzelgehöften. Grundlage der Wirtschaft sind Ackerbau und Viehzucht. Die Religion setzt eine Götterwelt mit menschlichen Zügen voraus; deren Kampf gegen »unholde Gewalten« wie Riesen und Ungeheuer bestimmt das germanische Weltgeschehen.

Ts'ai Lun erfindet das Papier

Das Papier verdrängt alle bisherigen Schreibmaterialien und tritt von China aus seinen Siegeszug über die ganze Welt an.

105: Der Hofbeamte Ts'ai Lun berichtet seinem Kaiser Ho-Ti, dass ihm die Herstellung von Papier gelungen sei. Maulbeerbast, Baumrinde, Lumpen und Hanf hatte der Erfinder zerstampft; das so gewonnene Rohmaterial vermengte er mit Wasser zu einem dünnen Faserbrei, den er in eine aus Holzrahmen und einem Sieb aus Bambusgeflecht bestehende Form schöpfte. An der Sonne getrocknet und danach mit Steinen geglättet, entstehen auf diese Weise haltbare Papierblätter.

Bevor das Papier erfunden wurde, schrieben die Menschen auf unterschiedliche, wesentlich schwerer zu handhabende Materialien: Tontafeln bewahrten Dokumente relativ sicher und lange auf; sie waren fälschungssicher und feuerfest, jedoch äußerst unhandlich in der Beschriftung und Aufbewahrung. Papyrus, von den Ägyptern seit etwa 3000 v.Chr. aus der Papyrusstaude hergestellt, war bereits papierähnlich: Aus dem Mark der Stängel wurden Streifen geschnitten, kreuzweise übereinander gelegt, gepresst, geklopft und geglättet. Die Blätter waren leicht zu beschriften und sogar zu korrigieren. Als Tinte dienten Lösungen von Ruß, Ocker und Zinnober, als Schreibgerät Binsenhalme oder gespaltene Schreibrohre. Für lange Texte konnten die Papyrusblätter aneinandergeklebt und beliebig vergrößert werden. In Rollenform entstanden lange Schriftstücke. Bei Bedarf konnte Papyrus auch beidseitig beschrieben und nach Abwaschen der vorangegangenen Schrift sogar mehrfach benutzt werden. Aufbewahrt wurde es in Kisten oder Tonkrügen. Der Nachteil: Bei Feuchtigkeit zerfiel Papyrus leicht und war deshalb etwa für die Aufbewahrung wichtiger politischer Erlässe nicht brauchbar. Aus diesem Grund wurden staatliche Verlautbarungen in Ägypten weiter in Stein gemeißelt.

Pergament wurde seit dem 2. Jahrtausend v.Chr. ebenfalls in Ägypten und in Mesopotamien benutzt; seinen Durchbruch als Schreibmaterial schaffte es jedoch erst in der Antike. Ungegerbte, enthaarte Tierhaut von Schaf, Ziege oder Kalb wurde gespannt und geglättet und konnte leicht beschriftet werden; es war haltbarer als Papyrus. In China wurden Seidenbänder beschriftet: geschöpfte Stoffe aus Resten der Seidenproduktion. Da die Herstellung sehr teuer war und das Material zudem sehr weich, fiel auch dieser Stoff als allgemein nutzbares Schreibmaterial aus. Wachstafeln wurden vielfach im Handel und in Schulen eingesetzt: Tafeln aus Holz oder Elfenbein, mit gefärbtem Wachs überzogen, konnten mit einem Griffel (Stilus) beschriftet werden. Funde aus Ägypten und Pompeji belegen die Verwendung in der Antike. Außerdem wurden Knochen, Blätter und Baumrinden bis in die Antike hinein als Schreibmaterial benutzt.

Erst Papier ermöglichte die Anfertigung großer, haltbarer Schriftstücke. Bevor Ts'ai Lun seine Entdeckung machte, wurde in China bereits Hanf-Papier hergestellt. In der Folgezeit wird die Papierherstellung rasch weiterentwickelt. Die Fasern des Maulbeerbaumes werden mit Holzasche vermischt und zerstoßen, bis sie sich auflösen. Der so entstandene Faserbrei wird in einen Rahmen geschöpft; nach der Trocknung ist so ein glattes Blatt Papier entstanden. Zusatzstoffe, vor allem Stärke und Gummi-Leim, erhöhen die Reißfestigkeit des Papiers. Natürliche Färbemittel sorgen nicht nur für Farbe, sondern schützen auch vor zerstörerischem Insektenbefall. Anfang des 7. Jahrhunderts erreicht die bahnbrechende chinesische Erfindung Japan und Korea, 150 Jahre später gelangt sie durch Kriegsgefangene auch nach Arabien. Dort entsteht eine blühende Papierwirtschaft, die über Handelswege den gesamten islamischen Raum und von etwa 1000 an auch Europa beliefert. Schon bald breitet sich die Papierindustrie auf den gesamten Mittelmeerraum aus. Nach Spanien, Italien, Österreich und Frankreich arbeitet die erste sicher nachgewiesene Papiermühle in Deutschland um 1389 bei Nürnberg. Das Papier verdrängt die in den vor allem klösterlichen Schreibstuben vorherrschenden Pergamente, setzt sich jedoch erst im 16./17. Jahrhundert als Hauptschreibmaterial für private wie offizielle Schriftstücke in Mitteleuropa durch.

Ts'ai Lun am Schreibtisch in seiner Pagode (chinesischer Holzschnitt)

ALEXANDRIA

Ptolemäus entwirft neues Weltbild

Das geozentrische ptolemäische Weltbild, nach dem alle Himmelsgestirne um die Erde kreisen, setzt sich durch und wirkt bis in die Neuzeit hinein.

Weltkarte nach Ptolemäus in einem mittelalterlichen Manuskript (15. Jh., Royal Navy Museum, Greenwich)

147: Nach 20-jährigen Studien präsentiert der in Alexandrien lehrende Forscher Claudius Ptolemäus sein 13-bändiges Werk »Almagest« (urspr. »Mathematike syntaxis«), in dem er seine – rein mathematisch entwickelte – Hauptthese erklärt: Sonne, Mond und Sterne umkreisen die Erde.

Mit seinem Werk erschüttert Ptolemäus die bisherigen Vorstellungen, nach dem sich der Himmel über der scheibenförmigen Erde wölbe und die Götter auf einem Berg über den Wolken wohnten. Zwar war Aristoteles (348-322 v.Chr.) auch zu der Einsicht gelangt, die Erde werde von Planeten umkreist. Doch Ptolemäus begründet dies erstmals mathematisch: Um die Erde würde in elliptischer Bahn eine Kugel rotieren, an deren Oberfläche sich die Planeten in festen Bahnen bewegten. Der Mittelpunkt des Kosmos liegt Ptolemäus zufolge neben der Erde. Bis ins Mittelalter gilt »Almagest« als Standardwerk der abendländischen und orientalischen Astronomie. Erst Kopernikus (1473-1543) und Johannes Kepler (1571-1630) können das geozentrische Weltbild des Ptolemäus schlüssig widerlegen und durch das heliozentrische Weltbild ersetzen, nach dem die Erde und die anderen Planeten die Sonne umkreisen. Ptolemäus fertigt auch eine Weltkarte an, die mit bislang ungekannter Genauigkeit die Lage von 8000 Orten verzeichnet. Die Karte umfasst ein Gebiet, an dessen Rändern China, Afrika, Island, die Kanarischen Inseln sowie ein unbekannter Kontinent liegen.

NIGERIA

Nok-Kultur blüht in Afrika

In Zentralafrika lebende Feldbauernstämme entwickeln beachtliche eigenständige Kunstformen. Eine der wenigen historisch belegten Kulturen ist die »Nok-Kultur«.

Um 200: In Zentralnigeria, südwestlich des Tschad-Sees, lebt die heute »Nok-Kultur« genannte Gemeinschaft. Erste Spuren dieses afrikanischen Stammes reichen bis etwa 500 v.Chr. zurück.

Die Nok-Menschen ernähren sich hauptsächlich durch Landwirtschaft, die durch die Nähe zum Benue-Fluss möglich ist. Zur Herstellung der Feldgeräte entwickeln und betreiben sie Schmelzöfen, in denen sie vom 1. Jahrhundert an Eisen bearbeiten. Außerdem modellieren sie eine Vielzahl kunstvoller Terrakotta-Figuren. Die aus Ton gefertigten Figuren und Amulette stellen Tiere und Menschen dar und bestechen durch ihren Detailreichtum: Miniaturen von Elefantenköpfen und Affen ebenso wie Menschenköpfe in Lebensgröße.

Ein Nok-Kopf aus gebranntem Ton

Typisch bei der Erstellung von Menschenköpfen sind durchbohrte Augen, Nasen- und Ohrenlöcher sowie der geöffnete Mund. Der Kopfschmuck besteht aus kunstvoll gestalteten Haarknoten mit fein ausgearbeiteten Perlensträngen aus geflochtenen Fasern oder Eisenketten. Die Art der Darstellung gilt in der Ethnologie als Hinweis auf eine höfische Lebensweise und damit eine hierarchische Gesellschaftsstruktur.

Marc Aurel

Reiterstandbild des Marc Aurel

ZUR PERSON

Claudius Ptolemäus

Geboren etwa um 100 im oberägyptischen Ptolemais, wirkt Ptolemäus (s. Abb.) als Geograf, Mathematiker und Astronom in Alexandria. Acht Bände umfasst seine »Geographike hyphegesis«, in der er eine mathematisch-astronomische Geografie der damals bekannten Welt entwickelt. Mit dem astrologischen Handbuch »Tetrabiblos« schafft er ein lange gültiges Regelwerk. Außerdem befasst er sich mit Optik, Harmonik und philosophischen Fragen.

TRIER

Kaiserstadt des Nordens

Augusta Treverorum (das heutige Trier) wird zur blühenden Stadt an der römisch-germanischen Grenze. Die Geschichte der Stadt spiegelt den wirtschaftlichen Aufschwung und die kulturelle Entwicklung als Folgen der römischen Eroberungspolitik.

Um 180: In Augusta Treverorum wird das nördliche Stadttor fertig gestellt, die »Porta Nigra«. Mit dem beeindruckenden Bollwerk ist die Verbindungsstraße in die germanischen Provinzen gegen Angriffe gesichert.

Die Geschichte Triers als römische Stadt begann mit der Eroberung Galliens durch Gaius Julius Caesar. 54 v.Chr. unterwarf er das keltisch-germanische Volk der Treverer, das zwischen Rhein und Maas lebte. 29 v.Chr. versuchten die Treverer erfolglos die Fremdherrschaft abzuschütteln. Kaiser Augustus erklärte 16 v.Chr. die an der Mosel gelegene Haupt- und Kultstadt der Treverer zur römischen Kolonie Augusta Treverorum. Unter Tiberius wurde sie Hauptstadt der Provinz Belgica. Ein weiterer Befreiungsversuch der Treverer schlug 21 n.Chr. fehl. Danach entwickelte sich Augusta Treverorum zu einer blühenden und wohlhabenden Stadt mit eigenem, 20 000 Menschen fassenden Amphitheater (fertig gestellt um 100) und den luxuriösen Barbarathermen (140). Eine Prachtstraße durchzog die Stadt, deren Mittelpunkt das Forum bildete. Wegen seiner Lage an der Kreuzung zweier Heerstraßen florierte der Handel insbesondere mit Tüchern und Töpferwaren. Über die Stadt wurden die römischen Garnisonslager entlang des nördlichen Limes versorgt. Um 180 wird im Zuge des Stadtmauer-Baus das seit dem Mittelalter »Porta Nigra« (schwarzes Tor) genannte Tor errichtet, mit 36 m Breite der größte Torbau aus römischer Zeit. Zwei Durchfahrten, flankiert von zwei jeweils 30 m hohen viergeschossigen Türmen, bilden den Zugang zur Stadt aus Richtung Norden. Fallgitter und Holztore sichern das Tor. Hellgrauer Sandstein, vermittelt einen festungsartigen Eindruck. Die sechs Tonnen schweren Quader wurden mit Bronzesägen zurechtgeschnitten.

Nach seiner Zerstörung durch Germanen im Jahr 275/276 und nach der Neuordnung des Römischen Reiches durch Kaiser Diokletian wird Augusta Treverorum im Jahr 293 zur Residenz des Unterkaisers Konstantius I. Chlorus ausgebaut. Anfang des 5. Jahrhunderts zerstören einfallende Franken die Stadt.

Die »Porta Nigra«: Der Name rührt vom nachgedunkelten Sandstein her.

WIEN

– ein Philosoph auf dem römischen Kaiserthron

Mit Angriffen verschiedener Stämme aus den Nachbarländern beginnt der Niedergang des Römischen Reiches. Mark Aurel, der »Philosophenkaiser«, beendet das System des Adoptivkaisertums.

17. 3. 180: Während der Kämpfe gegen die Markomannen, die versuchen, die römische Donaugrenze zu überschreiten, stirbt in Wien der römische Kaiser Marcus Aurelius an der Pest.

Gemeinsam mit seinem Adoptivbruder Lucius Verus hatte Marc Aurel 161 die Nachfolge von Kaiser Antonius Pius angetreten. Eigentlich wollten beide die relativ friedlich verlaufende Herrschaftszeit ihres Vaters fortsetzen. Doch mehrere Grenzübergriffe zwangen sie zum Umdenken und zu mehreren Kriegen. 161 griffen die Parther in die armenische und syrische Provinz ein und lieferten den Römern schwere Kämpfe. Als die Römer die Lage befriedet hatten, drangen die germanischen Stämme der Markomannen und Quaden von Norden aus über die Donaugrenze und konnten zeitweise bis nach Oberitalien vordringen. In Britannien und Ägypten mussten römische Truppen Aufstände niederschlagen, in Spanien durchbrachen die Mauren die Grenze. Mark Aurel ging zwar siegreich aus allen Schlachten hervor, doch die Brüchigkeit der Grenzen war noch nie so deutlich wie zu seiner Herrschaftszeit.

Innenpolitisch vergrößerte Mark Aurel den kaiserlichen Einfluss in Verwaltung und Rechtsprechung, stärkte die Beamtenschaft und sorgte für die Anlage von Registern aller römischen Bürger. Die Zusammenarbeit mit dem Senat gestaltete der Kaiser sehr eng. Aber angesichts der kostspieligen Kriege stürzte Rom zunehmend in eine Finanzkrise, der Mark Aurel zeitweise durch Veräußerung kaiserlicher Schätze entgegentreten musste.

Die Hinwendung zur Philosophie gab Mark Aurel in dieser Krisenzeit inneren Halt. Der in Rhetorik geschulte Herrscher hatte sich 146 der stoischen Philosophie zugewandt. 172 verfasste er seine einzige erhaltene Schrift, die »Selbstbetrachtungen«. Als Stoiker vertrat Mark Aurel die Auffassung, dass nur ein leidenschaftsloser, von der Vernunft geleiteter Mensch wahrhaft frei sei.

Im Jahr 180, während eines erneuten Markomannenkrieges, stirbt Mark Aurel an der Pest, die römische Truppen nach dem Partherkrieg (168) nach Italien eingeschleppt hatten und die unzählige Menschenopfer forderte.

Seinen leiblichen Sohn Commodus hatte Mark Aurel bereits im Jahr 176 zum Mitregenten und Nachfolger erklärt. Damit durchbrach Mark Aurel das seit Kaiser Nerva (96) praktizierte System des Adoptivkaisertums zugunsten der dynastischen Erbfolge.

IRAN

Neue Machthaber in Persien

Der Aufstieg der Sassaniden beendet die fast 500-jährige Vormacht der Parther im Mittleren Osten. Bis 651 entwickelt sich das sassanidische Persien zum stärksten Reich der Spätantike.

Der Palast Ardaschirs I. in Firuzabad (auf dem Gebiet des heutigen Iran) stammt aus dem 3. Jahrhundert n.Chr.

224: Der Vasallenkönig Ardaschir I. aus der Dynastie der Sassaniden besiegt den Parther-König Artabanus V. 226 zum »König der Könige« gekrönt, begründet Ardaschir ein neues persisches Großreich.

Die Parther hatten ihr Reich von Syrien bis weit nach Mesopotamien ausgedehnt. Beharrlich widerstanden sie den römischen Feldzügen, die sich vor allem im Konflikt um Armenien entzündeten. Die römischen Angriffe unter den Kaisern Trajan und Caracalla hatten die parthischen Herrscher geschwächt. Nicht äußere Gegner besiegelten letztlich ihren Machtverlust, sondern eine Rebellion im Inneren des Reiches unter Ardaschir, dem König des Vasallenreiches Persis am östlichen Persischen Golf. Bereits seine Vorgänger Vologaeses IV. und Papak hatten seit etwa 200 den Parthern weite Gebiete (Isfahan, Elymais und Kirman) abgetrotzt. Als Partherkönig Artabanos den 222 inthronisierten Ardaschir nicht als Vasallenkönig anerkennt, kommt es 224 in Hormezdaghan zur Entscheidungsschlacht, bei der die Parther eine verheerende Niederlage erleiden. Zwei Jahre später lässt sich Ardaschir in Ktesiphon zum neuen »König der Könige« über das gesamte Reich küren. Zielstrebig weiten er und seine Nachfolger das Sassanidenreich aus: Schapur I., der Sohn des Reichsgründers, besiegt in mehreren Schlachten die Römer und nimmt 259 sogar den römischen Kaiser Valerian gefangen. Sein Machtanspruch auch gegenüber neu eroberten Gebieten dokumentiert sich in dem Titel »König der Könige von Iran und Nichtiran«. Schapur II. (»der Große«) gewinnt von den Römern alle Besitzungen östlich des Tigris und arrangiert sich schließlich mit ihnen in einem 30-jährigen Frieden (363/64). So kann er sich neuer Feinde im Osten erwehren, wo nomadische Hunnenstämme die Grenzen überschreiten.

Im 6. und 7. Jahrhundert weiten die Sassaniden durch die Eroberung von Damaskus, Jerusalem und Ägypten das Reich noch einmal aus. 651 setzen die Araber der Sassaniden-Herrschaft ein Ende.

CHINA

Das Reich der Mitte versinkt im Chaos

In China endet die über 400-jährige Epoche des Han-Reiches. In der Folgezeit zerfällt das Reich in Splitterstaaten.

220: Tsào Ts'ao, ein machtgieriger Heerführer der Han-Dynastie, wird nach bürgerkriegsähnlichen Wirren von drei Feldherren zur Abdankung gezwungen. Damit endet die 206 v.Chr. begründete Herrschaft der Han.

Bereits im Jahrhundert davor begann der Verfall der Macht der Han-Dynastie. Nach kulturellen Blütejahren erwies sie sich als unfähig, die finanziellen Probleme des Reichs zu lösen. Streitigkeiten der kaiserlichen Familie, Palastintrigen unter maßgeblicher Beteiligung der Eunuchen und Kämpfe zwischen den Generälen in den Provinzen erschütterten das Land. Der Mahayana-Buddhismus verdrängte den traditionellen Konfuzianismus. Weite Bevölkerungsteile verarmten, während die Oberschicht über große Grundbesitztümer verfügte. Die Auseinandersetzungen in den herrschenden Schichten gingen zu Lasten des Volkes, was 184 zum Bauernaufstand der »Gelben Turbane« im Osten und der »Fünf-Scheffel-Reis«-Sekte (benannt nach dem Preis für die Aufnahme in den Geheimbund) in Sichuan führte. Nach der Niederschlagung des Aufstands durch das Militär kämpfen drei Heerführer um die Macht in China. Da keiner sich allein durchsetzen kann, spaltet sich das Reich in drei Staaten: Wei im Norden, Shu in Sichuan und Wu am Yangtse. Die feudalistischen Staaten können sich nur kurz behaupten. Von 280 an gelingt es der Jin-Dynastie, das Land noch einmal zu einen, bis es 316 für Jahrhunderte zersplittert: Im Norden kommt es zu wenig stabilen Staatsbildungen nicht chinesischer Völker, im Süden folgen kurzlebige Dynastien aufeinander. Archäologisch ist die letzte Epoche des Han-Reiches vor allem durch Grabfunde zu erhellen. Tote der oberen Schichten wurden in Totengewänder aus dem legendenumrankten Jadestein (Nephrit) bestattet, die im Streben nach der Unsterblichkeit den menschlichen Leib noch nach Eintritt des Todes vor dem Verfall schützen sollten. Im Grabgut fand man neben zahlreichen Lampen auch Weihrauchgefäße aus Ton oder vergoldeter Bronze mit Motiven schwebender Menschen, die anscheinend durch Magie die gepriesene Schwerelosigkeit erreicht hatten.

Grabfigur, um 220 v.Chr.

ROM

Bürgerrecht für alle Römer

Die Schreckensherrschaft des Kaisers Caracalla leitet die Krise des Römischen Reiches ein. Selbst seine Maßnahme, allen freien Bewohnern des Römisches Reiches das Bürgerrecht zu verleihen, entpuppt sich als Schachzug im rücksichtslosen Kampf um die Macht.

212: Kaiser Caracalla (s. Abb.) erlässt die »Constitutio Antoniana«: Alle freien Bewohner des römischen Reiches erhalten das volle Bürgerrecht.

Die Provinzen sind damit Italien und Rom völlig gleichgestellt. Die Folgen sind zweischneidig: Die »neuen« Römer erhalten Wahlrecht für die Volksversammlung sowie Berufungsrecht in Gerichtsverfahren; andererseits unterliegen sie nun der Wehrpflicht und müssen Steuern zahlen. Letzteres dürfte der eigentliche Grund Caracallas für die Maßnahme sein. Um seine Feldzüge zu finanzieren, ist er auf neue Einnahmequellen angewiesen. Auch der Bau luxuriöser Thermen in Rom verschlingt große Geldmengen.

Marcus Aurelius Antoninus (186-217) hatte seinen Beinamen »Caracalla« wegen seines keltischen Kapuzenmantels erhalten. Im Jahr 198 hatte sein Vater Septimius Severus ihn bereits zum Mitregenten gemacht; nach dessen Tod übernahm er 211 mit seinem Bruder Geta die Kaiserschaft.

Nach einem Jahr zeigte sich Caracallas finsterer Charakter: In den Armen seiner Mutter ließ er seinen Bruder ermorden. In der Folgezeit versieht seine Mutter Julia Domna die Amtsgeschäfte in Rom, während Caracalla mit seinen Soldaten Kriegszüge unternimmt – durchaus erfolgreich: 213 schlägt er am Main die Alamannen, 214 die Karpen an der Donau.

Um Geld für den erhöhten Sold zu beschaffen, lässt er unter anderem die Größe und den Silbergehalt von Geldmünzen verringern. Nach dem Vorbild Alexanders des Großen will er seinen Anspruch auf die Weltherrschaft u.a. durch die Eroberung des Partherreiches verwirklichen. Durch Syrien zieht er im Jahr 215 nach Alexandria, ein Jahr später bis zum Tigris. Dort endet 217 jäh sein verschwenderisches und machtgieriges Leben: Der Prätorianerpräfekt Macrinus ersticht den machtgierigen Kaiser und wird zu dessen Nachfolger ausgerufen.

Oben: Fußbodenmosaik aus den Thermen; unten: Baderaum der Caracalla-Thermen in Rom. Neben Bädern verfügt die Anlage über großzügige Freizeiteinrichtungen.

NIKOMEDIEN

Diokletian lässt Christen verfolgen

Der Krise des Römischen Reiches versucht Kaiser Diokletian mit umfassenden Reformen Herr zu werden. Sie schaffen kurzzeitig Stabilität, können aber das Reich nicht vor dem Verfall retten.

284: Der neue »Augustus« übernimmt ein geschwächtes Imperium. Sein erster Schritt ist die Einsetzung einer Viererherrschaft (»Tetrarchie«), um nach dem Prinzip «divide et impera« (»teile und herrsche«) zu verfahren. 285 teilt er das Reich auf mehrere Mitregenten auf: Seinem Freund und Feldherrn Maximian vertraut er als zweitem »Augustus« den Westen an (Italien und Africa, Residenz Mailand), während Diokletian selbst von Nikomedien aus der Osten untersteht. Zu Unterkaisern ernennt er 293 Gaius Galerius Maximinianus (für Illyrien, Makedonien, Griechenland; Residenz Sirmium) und Constantius I. Chlorus (für Spanien, Gallien und Britannien, Residenzen in Trier und York). Sein System der Viererherrschaft, das jedem der beiden Augusti einen Unterkaiser (Caesar) zuordnet, strukturiert die Herrschaft im Römischen Reich neu. Außenpolitisch ist die Überwachung der Grenzen durch die Präsenz der vier Herrscher erleichtert. Im Inneren führt Diokletian weit reichende Reformen in sämtlichen Gebieten des öffentlichen Lebens durch. Militär- und Zivilverwaltung werden streng getrennt. Indem er auch Barbaren und Veteranensöhne zum Wehrdienst

Rückseite einer Münze des Diokletian

verpflichtet, wächst das Heer enorm. Die Gliederung und Verwaltung des Reiches wird durch die Einrichtung von zwölf Diözesen mit insgesamt 101 Provinzen dezentralisiert. Die seit Mitte des 3. Jahrhunderts galoppierende Inflation versucht Diokletian durch ein Preisedikt zu bremsen, das Höchstpreise für Waren und Dienstleistungen festlegt. Eine Münzreform (Abb.: Rückseite einer Münze des Diokletian) soll die Folgen der Geldentwertung stoppen, mit der seit Caracalla die Kaiser den Feingehalt der Münzen zugunsten der Heeres-Besoldung herabgesetzt hatten. Durch ein neues Steueredikt will Diokletian gleichzeitig die Staatseinnahmen erhöhen. Zusätzliche Abgaben für Grundbesitz und Arbeitskraft verschärfen die Steuerlast und heben gleichzeitig die berufliche Freizügigkeit auf. Handwerker müssen Zwangsinnungen beitreten, Bauern werden durch das Kolonat an ihre Landschollen gebunden. In der unaufhaltsamen Ausbreitung des Christentums sieht der den Sonnengott «Sol Invictus« verehrende und sich selbst vergötternde Diokletian einen weiteren Grund für die Reichskrise. Viele Christen verweigern ebenso den Kaiserkult wie auch den Kriegsdienst. Nach einem Orakelspruch des Gottes Apollo, den sich Diokletian 303 in Milet holt, lässt er die bislang (und für die Zukunft) grausamste Christenverfolgung anbrechen. Diokletian greift die Opfer-Edikte von Kaiser Decius (249-251) auf, setzt aber noch neue Zwänge dazu: Sämtliche Christen müssen unter Androhung von Todesstrafe heidnische Trankopfer leisten, Kleriker werden gefangen genommen. Tausende von ihnen erleiden das Martyrium. Allen Christen werden sämtliche Ehren und Würden sowie jeglicher Rechtsschutz abgesprochen – »ohne Rücksicht auf Rang oder Stand seien sie der Folter zu unterwerfen«, schreibt der Historiker Lactanz wenig später. »Die Zahl der Verurteilten war so groß«, fährt Lactanz fort, »dass man sie nicht mehr einzeln hinrichtete, sondern scharenweise zusammentrieb, mit einem Feuerkreis umgab und verbrannte.« Während die Verwaltungsreformen kurzzeitige Stabilität bringen, erreicht Diokletian mit der Christenverfolgung nicht sein Ziel, die Wiedereinführung des alten Glaubens, der das Römische Reich einen soll. Die Kämpfe gegen Nachbarvölker besteht Diokletian erfolgreich: Er schlägt die Franken und Alamannen, sichert die Reichsgrenzen an Rhein und Donau, im nordwestlichen Gallien und in Britannien. In Armenien erzwingt er 289 die Anerkennung der römischen Oberhoheit durch die sassanidischen Perser und einigt sich mit ihnen auf den Euphrat als Grenzlinie. In Ägypten kämpft er einen Aufstand nieder. 305 tritt Diokletian schwer erkrankt zurück und stirbt 316 in seinem Palast von Spalato.

Diokletians Altersbüste

HINTERGRUND

Hochkulturen in Mittelamerika

In mehreren Regionen Mittelamerikas bezeugen archäologische Funde die Existenz zum Teil lange bestehender hoch entwickelter Kulturen, unter anderem auf dem Gebiet des heutigen Mexiko, Guatemala, Honduras, Nicaragua, Costa Rica und Panama.

Diese Gebiete waren zur Zeit der spanischen Eroberung von verschiedenen indianischen Völkern und Stämmen mit unterschiedlichem Kulturniveau bewohnt: Jäger und Sammler, Ackerbauern und Hochkulturen mit städtischer Zivilisation. Gemeinsam ist ihnen ein stark religiös und kultisch geprägtes Leben. Zur Herstellung von Waffen und Geräten verwenden sie weitgehend Stein. Kupfer ist selten, Bronze benutzt man erst kurz vor der Ankunft der Spanier. Eisen, Glas, Räder, Wagen, Zugtiere, Pflug und Töpferscheibe sind unbekannt. Die zurückliegenden mittelamerikanischen Kulturen sind zum Teil auch aus schriftlichen Zeugnissen der indianischen Völker zu erschließen.

Ausschnitt aus dem mixtekischen Codex

Um 200 v.Chr. tritt in Mexiko die klassische Kultur von Teotihuacán (Blüte um 500 n.Chr.) hervor. Sie beeinflusst weite Teile Mittelamerikas und stellt die kulturelle Hegemonie Zentralmexikos für die Zeit bis zur spanischen Eroberung sicher. Mittelpunkt des Reiches ist die Stadt Teotihuacán, beherrscht von einer weltlichen Oberschicht mit religiösen Funktionen. Stadtplanung, Architektur, Handel und Handwerk nehmen großen Aufschwung. Teotihuacán wird um 670 durch Brand und im Zuge der aus dem nordmexikanischen Steppengebiet einfallenden Otomi zerstört. Zentren der Zapoteken (Blütezeit 3.–5. Jahrhundert) sind Mitla und Monte Albán. An der mexikanischen Golfküste blüht zu dieser Zeit die klassische Kultur von Veracruz (Tajín-Kultur, etwa 300-650).

Im südlichen Mittelamerika leben zahlreiche kulturell unterschiedliche Gruppen. Groß-Nicoya (Nicoya-Halbinsel, Gebiete in Costa Rica und Nicaragua) blüht in vorklassischer Zeit und dehnt sich zwischen 300 und 500 erheblich aus. Die polychrome Malerei von Groß-Chiriqui und der weiter südlich gelegenen panamesischen Gebiete geht auf die Einwanderung von Stämmen aus dem Süden zurück. Sie führen auch die Kenntnis der

Maya-Observatorium (l.) und der Maya-»Tempel der Krieger« in Chichén Itzá, heute Mexiko, auf der Halbinsel Yucatán

Die Blütezeit der Maya-Kultur

Um 300: Im Bereich des heutigen Mexiko und Guatemala entstehen mehrere kleinere Fürstentümer mit einer reichen Kultur. Tempelpyramiden und monumentale Plastiken sowie Schrift und mathematische Erkenntnisse zeugen von ihrer

Zwischen Guatemala und Mexiko erlebt die Kultur der Maya ihre klassische Phase. Von mehreren mittelamerikanischen Kulturen entwickeln die Maya Baukunst und Wissenschaft am weitesten.

hohen Entwicklungsstufe. Die Herrschaftsgebiete sind kulturell miteinander verbunden, befehden sich zum Teil aber heftig. An ihrer Spitze stehen erbliche Fürsten, die von einem reichen Zeremoniell umgeben sind. Hofhaltung und religiöse Zeremonien erfordern viele Gegenstände, die durch spezialisierte Handwerker hergestellt werden. Sie leben in Städten und bilden zusammen mit den Hofbeamten und der Priesterschaft eine gegenüber den einfachen Bauern der Dörfer und Weiler kulturell fortgeschrittene Gruppe.

Als einziges Volk Amerikas kennen die Maya eine abstrakte Schrift, die über eine Bilderschrift hinaus entwickelt ist. Sie besitzen zwei Kalender, einen recht genauen Sonnenkalender von 365 Tagen und einen Ritualkalender von 260 Tagen. Die Zeitrechnung gliedert sich in Perioden zu je 20 Jahren. Am Ende jeder Periode werden mit Inschriften versehene Stelen aufgestellt. Auch die Mathematik, die wie alle Bereiche der Kultur von der Religion beeinflusst ist, beruht auf einem Zwanzigersystem. Die Maya, die mit der Zahl Null operieren, sind in der Lage, komplexe Berechnungen anzustellen.

In religiöser Hinsicht ist für sie ihr Fatalismus kennzeichnend. Ohne eine Möglichkeit der Erlösung fühlen sie sich ihren Göttern hilflos ausgeliefert. Ihr Götterhimmel spiegelt die Abhängigkeit von der Natur wider: Sie verehren einen Maisgott (Yum Kaax), den Sonnengott Itzamná und den Regengott Chac. Die Götter ernähren sich vom Blut der Menschenopfer, die ihnen reichlich dargebracht werden müssen, damit sie weiterleben und für das Wohl der Menschen sorgen können. Kultische Feste sind ein Ausdruck der Ergebenheit den Göttern gegenüber. Dabei ist das Ballspiel von großer Bedeutung. Der hin- und herrollende Ball symbolisiert die Wanderung der Sonne, die nie aufhören darf. Nach dem Spiel wird der Anführer der unterlegenen Mannschaft dem Sonnengott geopfert. Der Opfertod auf dem Altar gilt als verdienstvoll. Er ist neben dem Tod in der Schlacht oder im Kindbett die einzige Möglichkeit, ins Paradies zu gelangen. Alle anderen Toten führen im Jenseits ein Schattendasein. Die Lebensbedingungen sind für den größten Teil des Volkes primitiv. Der Ackerbau wird mit steinzeitlichen Mitteln betrieben, Pflug und Zugtiere sind unbekannt.

Goldbearbeitung und der Negativmalerei ein. Dabei kommt es zu einer Aufsplitterung in zahlreiche Stile. Besonders charakteristisch sind stilisierte Goldadler mit ausgebreiteten Schwingen, die wohl Würdezeichen von Häuptlingen sind. Zentrum ist die Coclé-Kultur an der pazifischen Küste von Panama. Nach 500 bestehen in Coclé mehrere Territorialstaaten, deren Fürsten und Adel in reich ausgestatteten Gräbern bestattet werden.

Chichén Itzá: Chac Mool – toltekischer Opferstein am Eingang des Tempels der Krieger

Hochkulturen in Indien

2500 v.Chr.-700 n.Chr.

Nur wenige Zeugnisse

Schriftliche Überlieferungen, die die Geschichte Indiens und seiner Herrscher beschreiben, sind nur sehr spärlich vorhanden. Die wenigen Aufzeichnungen stammen aus Zeiten, als der Religionsstifter Buddha (um 560-480 v.Chr.), die erste historische Persönlichkeit Indiens, längst nicht mehr lebte. Die Gründe für diese dürftige Geschichtsschreibung sind in der Lebensphilosophie der Inder von der Stellung des Einzelnen in der Welt begründet. Wer so offensichtlich dem Wandel, dem Vergehen unterliegt wie das einzelne Wesen, dessen persönliches Schicksal ist unwichtig für die Erkenntnis der Wahrheit, die alles überdauert. So versucht die indische Philosophie im Einzelnen das Ewige, Beständige zu erkennen. Darum bleibt die Einzigartigkeit und Einmaligkeit einer historischen Begebenheit von geringer Bedeutung. Bewahrt wird nur das zeitübergreifende Gültige.

Unsere Kenntnisse der Geschichte des vorislamischen Indien beruhen auf Quellen, die für andere Hochkulturen als geschichtliche Nebenüberlieferungen gelten: auf Archäologie, Münzkunde und Inschriften, auf Literatur und Legenden sowie auf Berichten ausländischer Reisender und Pilger.

Die Indus-Kultur

Lange bestand die Annahme, dass die Grundlagen der indischen Geschichte erst nach dem Einbruch der Arier im 2. vorchristlichen Jahrtausend gelegt wurden. Als jedoch im 19. Jahrhundert n.Chr. im Pandschab (West-Pakistan) die Ruinen der Stadt Harappa und später auch der Stadt Mohendjo-daro gefunden wurden, traten Spuren einer Zivilisation ans Licht, die etwa 1000 Jahre lang – von 2500 bis 1700 v.Chr. – existiert hatte. Diese Indus-Kultur der Bronzezeit wurde nach ihrem ersten Fundort auch als Harappakultur bezeichnet. Die Harappakultur umfasst ein Gebiet von der Grenze Iran-Pakistans bis zu der Ganges- und Jamuna-Region östlich von Delhi, vom Westen des Himalajas bis zum Golf von Cambey.

Bedeutender noch als Harappa selbst war für die Indus-Kultur Mohendjo-daro (»Ort der Toten«), eine Siedlung mit schon großstädtischem Charakter. Besiedelt war sie etwa zwischen 2300 und 1750 v.Chr. Die Anlage hatte einen Umfang von fast 5 km. Zu ihr gehörte u.a. eine Zitadelle aus gebrannten Ziegeln. Die Zitadelle, die in beiden Städten westlich der Wohnstadt lag, war vermutlich Sitz eines Priesterkönigs. Die Landbevölkerung hatte Naturalabgaben zu leisten, die in städtischen Betrieben veredelt und von Kaufleuten auch in überseeische Gebiete verkauft wurden. Ob die Städte der Indus-Kulturen Metropolen kleinerer Reiche oder ob eine der beiden (zeitweise) Hauptstadt eines Großreiches war, ist nicht bekannt. Mohendjo-daro wies ein für das Altertum einzigartiges Be- und Entwässerungssystem auf und besaß viele mehrstöckige Häuser. Fast 1000 Jahre lang behielten die rechtwinklig gekreuzten Haupt- und Nebenstraßen ihre Lage bei. Sie bildeten genau abgemessene Stadtviertel, in denen die Bevölkerung getrennt nach Berufsgruppen lebte. In dieser strengen Einteilung wird die Grundlage eines an Beruf und Erblichkeit gebundenen Kastensystems vermutet, das sich bis in die heutige Zeit auswirkt.

Die Religion der Harappa-Zivilisation weist überraschend Ähnlichkeiten mit dem Hinduismus auf. So wurden unter anderem Tonfiguren in Form von Tieren und Muttergöttinnen gefunden, wie sie noch heute im ländlichen Indien auf Hausaltären stehen. Auf einigen alten Siegeln ist ein männlicher Gott abgebildet, der gehörnt ist und drei Gesichter hat. Er gilt als vorgeschichtliche Form des Gottes Schiva. Schon damals galten die Kühe als heilig. Ihr Fleisch – wie auch das anderer Tiere – durfte nicht verzehrt oder den Göttern geopfert werden. Tempel- und Palastbauten wurden bei den Ausgrabungen jedoch nicht freigelegt. Die Schrift der Harappa-Kultur ist noch unentschlüsselt. Bislang kennt man etwa 270 verschiedene Zeichen, ausschließlich auf Siegeln, die man zu Tausenden gefunden hat. Nach der Entzifferung der bildhaften Schriftzeichen konnte die Bevölkerung Harappas den Drawiden zugeordnet werden, einer großen Sprachfamilie, die keiner anderen Sprachgruppe zurechenbar ist. Heute noch ist diese Sprachgruppe in Zentral- und Südindien beheimatet. Die Menschen, die dort lebten, waren überwiegend dunkelhäutig, von kleinem Wuchs, mit dunklen lockigen Haaren und Bärten. Sie müssen sehr friedliebend gewesen sein, denn ihre Städte weisen keinerlei militärische Anlagen auf, weder für den Angriff noch für die Verteidigung. So standen sie dem Ansturm der Arier, die beritten waren und Streitwagen mit sich führten, um 1500 v.Chr. wehrlos gegenüber.

Die Epoche der Arier

Die Herkunft des hellhäutigen Hirten- und Viehzüchtervolkes, das sich selbst »arya« (Edle) nannte, ist bis heute nicht sicher geklärt. Die Arier sprachen eine Urform des Sanskrit, einer indoeuropäischen Sprache; darum wird vermutet, dass sie aus dem indoeuropäischen Raum stammen. Um das Jahr 1500 v.Chr. eroberten sie weite Teile Nordindiens; bis 200 n.Chr. dehnten sie ihren Einflussbereich auf das gesamte Gebiet zwischen dem Himalaja- und dem Vindhya-Gebirge aus, von einem Meer bis zum anderen. Friedliche Kundschafter wurden ebenfalls in den Süden gesandt, konnten dort aber (im Gegensatz zum Norden) die dravidische Kultur nicht tief greifend beeinflussen. So sind heute die Sprachen des Südens Indiens dravidischen Ursprungs, während drei Viertel aller indischen Sprachen dem arischen Sanskrit verwandt sind.

Die Arier huldigten verschiedenen Naturgöttern, die zum Teil Personifizierungen von Naturgewalten wie zum Beispiel Feuer, Wasser und Luft waren. Die Gunst der Götter suchten sie durch Gebete und Tieropfer auf Gras-Altären zu erlangen. Der Ranghöchste unter ihren Göttern war der Kriegsgott Indra, eine Verherrlichung des arischen Kriegers: groß, stark, mit schlohfarbenem Bart und alkoholischen sowie aufputschenden Getränken zugetan. Aus diesen ersten Jahrhunderten arischer Herrschaft in Indien stammt das älteste überlieferte literarische Werk dieses Volkes, die »Veden« (»Das Wissen«, 1500-1200 v.Chr.), eine Sammlung volkstümlicher Lieder, magischer Sprüche und anderer Zeugnisse.

Im Lauf der Jahrhunderte vermischten sich Kultur und Religion der Arier mit denen der Urbevölkerung. Es entstand der Brahmanismus, eine neue religiöse Vorstellung von der universalen Seele (Brahmas), in der die individuelle Seele des einzelnen Menschen aufgeht. Um diese Verschmelzung zu erreichen, muss das Individuum nach Erkenntnis des übergreifend Gültigen streben, nur so kann es das Leiden des täglichen Lebens überwinden.

In dieser Periode entwickelte sich auch die Lehre vom Kreislauf der Seele, die besagt, dass die Taten des Menschen im gegenwärtigen Leben über das Los und die Kastenzugehörigkeit im folgenden entscheiden. Weil die Regeln des Brahmanismus, der als Vorläufer des heutigen Hinduismus gilt, an strenge und komplizierte Opferrituale geknüpft waren, gewannen die Priester an gesellschaftlicher Bedeutung. Die Macht der Krieger und des Kriegsgottes Indra sank. In den »Upanischads« (»Buch der Wege«), die um 800 v.Chr. entstanden, sind sämtliche Naturgötter der Arier durch die Vorstellung von der universalen Seele abgelöst. Parallel zu dieser Entwicklung wuchs die Ehrfurcht vor den Tieren erneut: Die Tieropfer verschwanden, Kühe wurden wieder heilig, es wurde vorwiegend vegetarisch gegessen. Diese allmähliche Sinnesänderung lässt sich in dem großen indoarischen Epos »Mahabharata« verfolgen, das in der überlieferten Form um 200 v.Chr. entstand, dessen Gestaltung aber Jahrhunderte in Anspruch nahm. Hier werden Schlachtungen von Tieren in frühen Passagen noch mit Zustimmung, in späteren jedoch mit deutlichem Entsetzen geschildert.

Eine Anzahl kleiner Königshöfe waren die Organisationszentren der arischen Macht; an ihnen spielten Brahmanen als Opferpriester und Berater eine bedeutende Rolle. Die Arier übernahmen von der Indusbevölkerung die Institution der Kasten, ordneten diese jedoch neu in ein hierarchisch aufgebautes Vier-Kasten-System. Die Brahmanen (Priester) standen an höchster Stelle, es folgten abgestuft die Ksatriya (Krieger), die Vaisya (Handwerker) und zuunterst die Sudras (Bauern und Diener). Außerhalb dieser festgeordneten Gemeinschaft standen die »Unberührbaren«, Angehörige noch nicht assimilierter Stämme und so genannter unreiner Berufe, wie zum Beispiel Straßenkehrer. Die Arier selbst nahmen in diesem System die oberen Ränge ein; noch heute finden sich in den oberen Kasten überwiegend hellhäutige Inder.

Die Lehre des Buddha

Um 500 v.Chr. bildete sich im Osten der Gangesebene in Magadha (dem heutigen Bihar) ein neues Kultur- und Machtzentrum. Siddharta Gautama, der Buddha (der »Erleuchtete«, der »zur vollen Einsicht Gelangte«), überwand hier mit seiner Lehre die Anschauungen der brahmanischen Opferpriester. Er verkündete eine mögliche Erlösung vom Kreislauf der Wiedergeburten nicht durch Opfer und Askese, sondern durch Meditation, Selbstvervollkommnung und letztendlich Aufgabe des Ich. Buddha entstammte einem Adelsgeschlecht in Kapilavastu im Grenzgebiet zwischen Indien und Neapel. Unbefriedigt vom Leben eines reichen Edelmannes, verließ er 29-jährig sein Schloss, seine Frau und den neu geborenen Sohn Rahula. Als wandernder Asket und Schüler mehrerer Yoga-Lehrer zog er sieben Jahre umher, bis er schließlich in Uruvela unter einem Feigenbaum die erlösende Erkenntnis (Bodhi) fand, die ihn zu einem Buddha werden ließ. Durch das nordöstliche Indien wandernd, lehrte er dann – begleitet von einem Jüngerkreis, der Keimzelle des späteren Mönchsordens – die von ihm entdeckte Heilslehre von der Erlösung. Als er 80-jährig in Kusinara starb, ging er ins endgültige Nirvana ein.

Grundlage des Buddhismus ist auch heute noch die Vorstellung, dass jegliche lebende Existenz jedweder Form Leiden ist. Das Heil – die Erlösung vom Leiden, die im Erlöschen der Individualität und allen Strebens besteht – ist nur durch Erkenntnis zu gewinnen. Diese Erkenntnis muss alle Lebensebenen eines Menschen umfassen und hat zwangsläufig Auswirkungen auf die Lebensführung. Nach Buddhas Lehre gibt es kein dauerhaftes »Selbst«; der Glaube an die Existenz einer unvergänglichen Seele ebenso wie die Vorstellung von der Materie sind Selbsttäuschungen, durch die der Unerlöste im Kreislauf der Existenzen festgehalten wird – abhängig vom Gesetz der Vergeltung guter und böser Taten (Karma), das in der nächsten Existenz die Art und Höhe der Wiederverkörperung regelt. Jeder Mensch, der das zur Erlösung aus dem Samsara führende vollkommene Wissen (Bodhi) verwirklicht hat, ist ein Buddha (»Erleuchteter«) und erlangt das Heilsziel: das Eingehen ins Nirvana, den Zustand vollkommener Befreiung, aus dem es keine Rückkehr in die Welt der Erscheinungen gibt. Die Meditation als letzter Teil des achtgliedrigen Pfades spielt als Glied des Heilsweges zur Erlösung eine bedeutende Rolle.

Um die Verwirklichung des Heilsweges bemühten sich die buddhistischen Orden, in denen die strenggläubigen Mönche und Nonnen abgeschieden von der Außenwelt lebten. Buddha lehnte das Kastensystem entschieden ab.

Das Reich der Mauryas

Mit seiner Lehre schuf Buddha die Grundlage für die Herrschaft der Maurya-Dynastie, die kurz nach dem Einfall Alexander des Großen in Indien (327-325 v.Chr.) einsetzte und bis ins zweite vorchristliche Jahrhundert im Norden und Nordwesten Indiens andauerte.

Die Hauptstadt dieser Dynastie lag im alten Pataliputra, dem heutigen Patna in Bihar. Mit der Kontrolle der wichtigsten Handelswege, einer durchdachten und zugleich repressiven Staatsverwaltung, einem riesigen stehenden Heer und schließlich dem Anspruch auf eine indische Universalmonarchie besaßen die Mauryas neue wirksame Herrschaftsmittel. Aus der Zeit der Maurya-Herrschaft stammt eine Vielzahl von Überlieferungen: Der Maurya-Herrscher Kautilya liefert in seinem Staatslehrbuch »Arthasastra« eine ironische Beschreibung seiner Epoche; Aschoka (um 268-232 v.Chr.), der dritte und mächtigste Fürst dieser Dynastie, ließ seine Edikte in Steinsäulen und Felsen einmeißeln. Interessanterweise wurden diese frühesten Denkmäler indischer Schreibkunst in mittelindischen Sprachen und nicht in Sanskrit abgefasst. Weil sie bestimmte Herrschernamen enthalten, liefern sie die ersten gesicherten Daten indischer Geschichte aus eigener Quelle. Aschoka führte die expansive Politik seiner Vorfahren fort und begann seine Regierungszeit mit der Eroberung des Bundesstaates Orissas. Den Inschriften zufolge muss dieser Feldzug äußerst blutig verlaufen sein. Er hinterließ einen nachhaltigen Eindruck auf den strenggläubigen buddhistischen Herrscher, dessen Religion ja selbst das Töten von Tieren verwarf.

Nach dem Tod Aschokas 232 v.Chr. sank der Einfluss der Maurya-Dynastie und das Gebiet wurde 500 Jahre lang von Machthabern verschiedener Herkunft regiert. So dehnten zunächst die griechischen Seleukiden-Könige, an die um 250 v.Chr. Baktrien (heute: Nordostiran und Nordafghanistan) gefallen war, ihr Gebiet nach Süden aus. Sie errichteten in Gandhara ein Reich, von dem aus sie später weiter ins Innere Indiens vordrangen. Um 95 v.Chr. wurden die Griechen von den Saken, einem zentralasiatischen Nomadenvolk, aus Indien verdrängt. In späteren Jahren besiegten die Parther die Saken und mussten ihrerseits den Skythen weichen. Das Staatswesen und die Glaubensformen hatten sich in Indien unter den Mauryas allerdings so weit gefestigt, dass alle Eroberer über kurz oder lang zu Indern wurden. Die Herrscher nahmen indische Namen an; ihre Bekehrungen wurden in Legenden ausgeschmückt. Die Maurya-Periode brachte eine eigenständige reichhaltige Kultur mit sich, die bis heute hauptsächlich in der Baukunst bewahrt ist. Bei einer Grabung am Rande Pataliputras wurde der königliche Palast aus der Maurya-Zeit (etwa 400 v.Chr.) entdeckt, der über runden, polierten Steinsäulen ein hölzernes Deckengebälk trägt. Der griechische Gesandte des Seleukos I., Megasthenes (3. Jh. v.Chr.), berichtet über den Reichtum der Stadt Pataliputra. Die Ediktsäulen, deren 9 bis 12 m hohe polierte Schäfte von mächtigen Tierkapitellen gekrönt sind, wurden von Kaiser Aschoka aufgestellt. In der Folgezeit entstanden drei architektonische Gattungen: monolithische Felsbauten, Stupas (Grabhügel) und Tempel. Rund 1200 bislang bekannte Felshallen zeugen von der Popularität dieses Bautyps, der vom 3. Jahrhundert v.Chr. bis in das 9. Jahrhundert n.Chr. fortentwickelt wurde: Die erste Phase (200 v.Chr. bis 200 n.Chr.) wird eröffnet mit den Höhlen der Barabar-Hügel in Bihar, deren Wände und Decken innen glatt poliert sind; dann folgen die buddhistischen Anlagen um Bombay. Sie setzen sich aus jeweils einer Kulthalle (chaityagriha) und den Räumen des Klosters (vihara) zusammen. Sie bestehen aus einem »Schiff« mit Tonnengewölbe; im Zentrum der Apsis steht ein aus gewachsenem Stein geschlagener Chaitya (Stupa). Zwei Säulenreihen teilen die Halle längsseits in Hauptschiff und Seitengänge. Die mit blinden Fenstern und Balkenbrüstungen über den Eingangstoren verzierten Außenfassaden lassen diese Hallen als Kopien nicht erhaltener Holzarchitekturen erkennen. Die bedeutendsten Hallen sind Bhaja, Karla, Ajanta und Nasik. Die Anlagen von Sanchi, Bharhut und Amaravati (200 v.Chr.-200 n.Chr) gehören wegen der großartigen Zaunu. Torreliefs zu den wichtigsten Denkmälern frühindischer Kunst.

Die Gupta-Dynastie

Nach dem Niedergang der buddhistischen Großreiche setzte eine brahmanische Renaissance ein. Viele kleine Fürstenhäuser förderten die Brahmanen, die für das Staatswesen weniger Kosten verursachten als die buddhistischen Mönchsorden. Als Gegenleistung für die Unterstützung untermauerten die brahmanischen Priester die Herrschaftsansprüche ihrer Fürsten in ihre Lehre und im Ritual. Um 320 erhob sich aus der Mitte dieser Fürstenhäuser die Gupta-Dynastie, die durch ein dem Feudalismus vergleichbares System verschiedene Fürstenhäuser an sich band. Durch Berichte chinesischer Pilger sind wir über das Staatswesen dieser Periode besonders gut informiert. Die Guptas entwickelten eine neue höfische Kultur und pflegten wieder das klassische Sanskrit. Der kulturelle Einfluss dieser Epoche blieb über Jahrhunderte, weit über die Herrschaftszeit dieser Dynastie hinaus, bestimmend. Die Regierungszeit der Guptas gilt allgemein als das goldene Zeitalter des mittelalterlichen Indien. Zwar wurde das Kastensystem noch strenger als vor der buddhistischen Zeit gehandhabt, die Strafgesetze waren jedoch wesentlich milder als in der Maurya-Zeit.

Unter dem Ansturm zentralasiatischer Nomaden, der Hunnen, brach das Gupta-Reich Ende des fünften vorchristlichen Jahrhunderts zusammen. Es folgte eine Epoche des Kampfes, die nur kurz von der Herrschaft des mächtigen Monarchen Harscha von 606 bis 647 unterbrochen wurde. Danach zerfiel Indien wieder in einzelne Regionen, die von Lokaldynastien regiert wurden. So gibt es für die Zeit zwischen dem Ende der Gupta-Dynastie und dem Ende des 12. Jahrhunderts keine einheitliche geschichtliche Entwicklung im Norden und Nordwesten Indiens.

Der Süden Indiens

Der Süden Indiens entwickelte nahezu unabhängig von den nördlichen Reichen eine eigene Kultur und behielt die dravidische Sprachzugehörigkeit. Die Völker des Südens lebten zwar, ebenso wie die des Nordens von Ackerbau und Viehzucht, waren jedoch in erster Linie Fischer und Seefahrer. So betrieb die Shatawahana-Dynastie, die in den ersten Jahrhunderten n.Chr. weite Teile der südlichen Halbinsel beherrschte, regen Handel und unterhielt ausgedehnte Geschäftsverbindungen, wie unter anderem zahlreiche römische Münzfunde anzeigen.

MAILAND

»Mailänder Edikt« fördert das Christentum

Das Edikt ebnet der Kirche den Weg in die Freiheit. Das Christentum breitet sich aus.

313: Nach fast 200-jähriger Verfolgung räumen Kaiser Konstantin und sein Mitregent Licinius den Christen völlige Religionsfreiheit ein. Den ehemals Verfolgten werden sämtliche Bürgerrechte zugesichert. »Über die Wiederherstellung der Kirche« ist das »Mailänder Edikt« betitelt. »Ungehinderte und uneingeschränkte Freiheit in Ausübung ihrer Religion« gestehen die beiden Kaiser den Christen zu. Konfiszierte Güter, Gebäude und Grundstücke sind an die Kirchen zurückzugeben. Gerade im Osten, wo der Mitherrscher Maximian Daza bis zu seinem Sturz im April 313 eine christenfeindliche Politik betrieben hatte, stößt die Toleranz-Forderung zunächst auf Unverständnis. Zu den von Konstantin erlassenen Verfügungen gehören:

- Verbot der Gesichtsschändung. Gefangene – auch Christen – dürfen nicht mehr »am Gesicht, sondern allenfalls an Händen und Waden gebrandmarkt werden... denn das nach dem Gleichnis der himmlischen Schönheit gebildete Antlitz darf nicht geschändet werden«.
- Einführung des Sonntags als Feiertag. Außer den Landwirten sollen alle Berufe am »verehrungswürdigen Tag der Sonne« ruhen.
- Privilegien für den kirchlichen Klerus. Kleriker sind »von allen öffentlichen Dienstleistungen völlig befreit«.
- Anerkennung der Kirchengerichte. Neben staatlichen Gerichten werden auch bischöfliche Gerichte als vollgültig anerkannt.
- Abschaffung der Kreuzigungsstrafe als für Christen besonders anstößige Bestrafungspraxis.

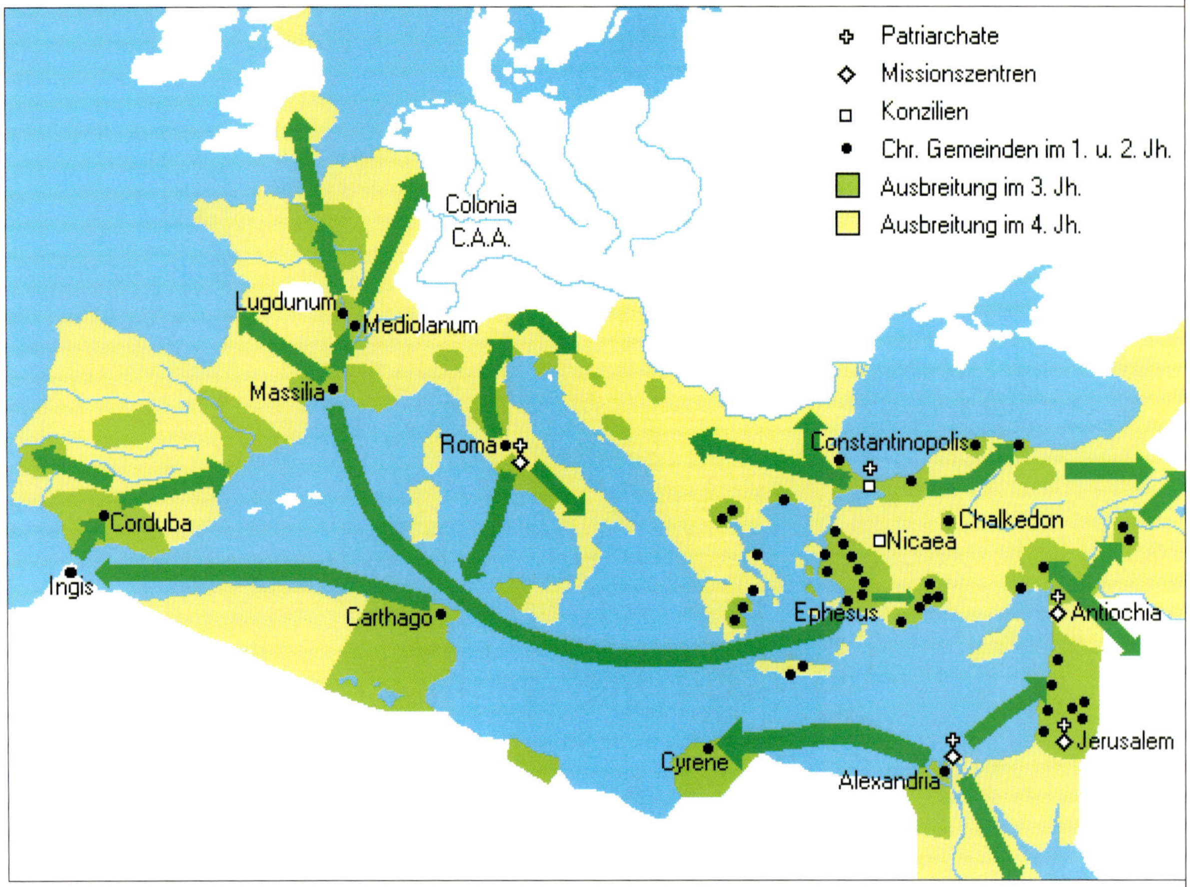

Die Ausbreitung des Christentums vom 1. bis zum 4. Jahrhundert

Das »Mailänder Edikt« bringt der Kirche ungeahnte Freiheiten und unzählige neue Mitglieder. Zu Zeiten der Verfolgung gehörten Bekennermut und Risikobereitschaft dazu, sich der Kirche anzuschließen. Nun bekehren sich Menschen nicht mehr nur aus hehren Motiven zum Glauben. Prächtige Kirchenbauten, durch die Regierung finanziert, entstehen. Folge der Religionsfreiheit ist die Ausbreitung des christlichen Glaubens im gesamten Römischen Reich (siehe Karte).

Christen kämpfen in der Zirkusarena (Mosaik, 2. Jh.)

STICHWORT

Die Kirchenväter

Die Entwicklung der christlichen Bewegung zu einer Religion ist vor allem Theologen und Philosophen zu verdanken. Die »Kirchenväter« haben sämtliche grundlegenden dogmatischen Probleme, neben anderen das Verhältnis von Gott-Vater, Christus und dem Heiligen Geist (»Trinität«), durchdacht. Die meisten ihrer Lehren wurden für rechtgläubig erklärt – eine wichtige Voraussetzung für die Entstehung der Kirche. Wo die biblischen Schriften Eindeutigkeit vermissen lassen, werden bis heute in theologischen Streitigkeiten die Kirchenväter als Autorität angeführt. Zu den bedeutendsten Kirchenvätern zählen Tertullian (um 160-225), Origenes (185-253/254), Athanasius (295-373) und Augustin (354-430). Johannes von Damaskus (675-749) und Isidor von Sevilla (560-636), der eine Gesamtschau von Theologie, Ethik und profanem Wissen schafft (Abb.: Ausschnitt aus seiner »Etymologiae«), beenden die Epoche der Kirchenväter.

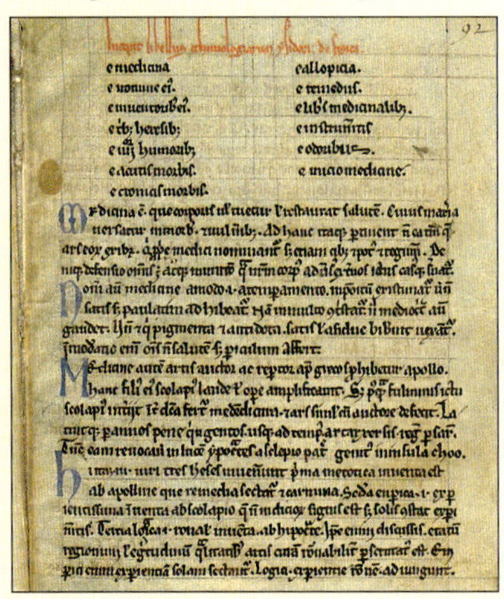

CHRYSOPOLIS

Konstantins Siegeszug

Unter Konstantin I. liegt die Macht über das gesamte Römische Reich wieder in einer Hand. Geschickt nutzt der erste christliche Kaiser die Kirche für die Festigung des Imperiums.

18. 9. 324: In der Schlacht von Chrysopolis besiegt Konstantin (s. Abb.) seinen Mit-Regenten

Licinius. Damit ist Konstantin einziger Kaiser des Reiches. 306 war Konstantin von Soldaten zum Nachfolger seines Vaters, Constantius I. Chlorus, ausgerufen worden. Zeitgleich hatte in Rom das dortige Militär den Kaisersohn Maxentius zum Herrscher proklamiert. Aus der Schlacht an der Milvischen Brücke (312) ging Konstantin, obwohl militärisch unterlegen, als Sieger hervor und unterwarf damit den gesamten Westteil des Reiches. Der Sieg über den oströmischen Mitherrscher Licinius verschafft Konstantin 324 die Alleinherrschaft. Als Zeichen lässt er Byzanz zur christlichen Reichshauptstadt Konstantinopel umbauen und umbenennen (330). Seinen gottgleichen Machtanspruch festigt Konstantin durch die Einführung eines strengen Hofzeremoniells, zu dem auch der demütige Fußfall (»Proskynese«) gehört. Den unerwarteten Sieg über Rom hatte Konstantin dem Christengott zugeschrieben. In einem Traum habe ihn Christus angewiesen, unter dem Kreuz gegen die Feinde anzutreten. Um den Streit um das Verhältnis von Gott und Christus zu beenden, beruft er 325 das erste allgemeine Konzil nach Nicaea ein. Die Lehre des Kirchenvaters Athanasius, der Gott und Sohn als »wesenseins« beschreibt, wird für rechtgläubig erklärt. Erst auf dem Sterbebett lässt sich Konstantin taufen (337).

INDIEN

Das Kamasutra

Das Kamasutra, ein Lehrbuch der Erotik, beschreibt die Sexualität als eine wichtige Stufe auf dem Weg zur Erlösung.

4. Jahrhundert: In Indien verfasst der Weise Vatsyayana Mallanaga das Lehrbuch »Kamasutra«. Es enthält nüchterne Anweisungen zum erfüllten Leben. Ein Kapitel ist der sexuellen Vereinigung von Mann und Frau gewidmet.

Das Kamasutra entsteht im Kulturkreis des Shaktismus, einer Religion, in der die weiblich gedachte göttliche Kraft Shakti (Energie, Kraft, Macht) als sexuelle Schöpfermacht verehrt wird. Diese, die Grundpolarität von männlich und weiblich vereinende und neues Leben hervorbringende sexuelle Kraft, symbolisieren Lingam (Penis) und Yoni (Vagina). Als ein Weg zur Erfahrung der letzten Lebenswirklichkeit werden sexuelle Praktiken angesehen. Auf dem Hintergrund der Lehre von der Wiedergeburt erhält die Erotik ihren Stellenwert auf dem Weg zur Erlösung. Zu ihm gehören drei Bereiche, die zusammen ein ausgefülltes und glückliches Leben ermöglichen: dharma, das allgemeinreligiöse Verhalten und die Fügung in die »Ewige Ordnung«; artha, das Streben nach Materiellem und die Sorge um den Lebensunterhalt; und kama, die Liebe und das Streben nach sinnlichen Genüssen.

Das Kamasutra, das in erster Linie Männern zu verfeinertem Sinnesgenuss verhelfen will, ist in sieben Hauptteile gegliedert: Nach einer Einführung werden verschiedene Möglichkeiten des Geschlechtsverkehrs von Mann und Frau beschrieben, unter anderem Umarmen und Küssen, Oralverkehr sowie Stellungsvarianten. Der Kunst des Kennenlernens sind drei Kapitel gewidmet, in denen allgemeine Menschenkunde gelehrt werden. Von Prostitution handelt ein Abschnitt, der letzte stellt Geheimmittel dar, mit denen sexuelle Erregung gesteigert werden kann.

Indisches Sandsteinrelief mit Darstellung der Liebeskunst

NORDINDIEN

Gupta an der Macht

Das indische Gupta-Reich entsteht. Während seines 300-jährigen Bestehens hat es entscheidenden Einfluss auf Politik, Kultur und Gesellschaftsentwicklung im Ganges-Tal und in Südostasien.

320: In Nordindien begründet der Fürstensohn Tschandragupta I. ein neues Reich, das die Nachfolge des Maurya-Reiches (322 bis 185 v.Chr.) antreten will. Durch die Hochzeit mit der nepalesischen Prinzessin Kumaradevi legt Tschandragupta den Grundstein für sein neues Reich. Von der Bedeutung seiner Krönung überzeugt, lässt er eine neue Zeitrechnung beginnen. Sein Sohn und Nachfolger Samudragupta (335-375) unterwirft auf Eroberungszügen Nachbarstaaten, darunter auch Nepal und Assam. König Tschandragupta II. (um 375-415) nennt sich »Sonne der Macht« und führt das Reich sowohl zu einer politischen, wirtschaftlichen und kulturellen Blüte als auch zu seiner größten Ausdehnung: Eroberungen bringen neue Landgewinne im Nordwesten und Süden des Subkontinents. Zentrum des Reiches ist Pataliputra am Ganges.

Buddhafigur der Gupta-Periode

Mit seiner Münzprägung, für die er erstmals außer Gold auch Silber und Kupfer einsetzt, belebt Tschandragupta II. die Handelsbeziehungen. Theater, Tanz und Pantomime entwickeln sich zur klassischen Kunstform. Architektur, Skulptur und Malerei erreichen ihren Höhepunkt, wichtige Werke der Sanskrit-Literatur entstehen. Der Hinduismus beginnt den Buddhismus als Hauptreligion abzulösen.

MAILAND

Römisches Reich wird geteilt

Mit der Teilung des Römischen Reichs setzt dessen Untergang ein: Das Imperium muss weite Gebiete aufgeben und wird immer stärker von den benachbarten Völkern bedrängt.

17. 1. 395: Kaiser Theodosius I. der Große, der letzte gesamtrömische Herrscher, stirbt in Mailand. In seinem Testament hatte er die Aufteilung des Reichs auf seine beiden Söhne verfügt: Honorius erhält den Westen, Arcadius den Osten.

Die Grenze zwischen den beiden neuen Reichen verläuft östlich von Italien von Norden nach Süden quer durch Illyrien. Hauptstadt des Oströmischen Reichs, das politisch wie kulturell eigene Wege geht, bleibt Konstantinopel. Die Stadt Rom dagegen verliert weiter an Bedeutung. Neues politisches Zentrum des Weströmischen Reichs wird ab 395 Mailand und ab 402 Ravenna.

Theodosius I. der Große, seit 394 Alleinherrscher, gilt als der letzte Reichs-Einiger in Roms über 1000-jähriger Geschichte. Theodosius, 347 in Cauca (Spanien) geboren und seit 379 Mitregent, war es gegen inneren und äußeren Widerstand gelungen, die Reichseinheit zu wahren und keine Gebietsverluste zu erleiden. Die von ihm verfügte Reichsteilung soll den Zerfall des von wandernden Germanenstämmen bedrohten Reichs verhindern, letztlich führt sie jedoch zu neuen Konflikten. Nach Theodosius' Tod übernimmt für den minderjährigen Honorius der germanische Heerführer Stilicho die Regentschaft im Westen, während im Osten der germanenfeindliche Rufinus die Herrschaft an sich zieht. In den folgenden Jahren muss das Römische Reich an allen Fronten Niederlagen einstecken. Seit Jahrhunderten bestehende Grenzen müssen aufgegeben werden. Der Ansturm der germanischen Völker ist nicht mehr aufzuhalten: 401 bis 403 kann Stilicho nur unter Einsatz aller verfügbaren militärischen Mittel den Einfall der Westgoten unter König Alarich in Italien abwehren. 406/407 müssen römische Truppen die Rheingrenze aufgeben – Sueben, Burgunder und Franken überschreiten den Rhein und unterwerfen Teile Galliens. Aus Britannien zieht Rom 407 seine letzten Legionen ab. Pikten, Sachsen und Goten erobern die Insel. Die Völkerwanderung ist nicht mehr aufzuhalten. Die Germaneneinfälle stehen am Ende eines langwierigen Zerfallprozesses des Römischen Reiches, der besonders durch die Einrichtung der Viererherrschaft und die Verlegung der kaiserlichen Residenz 330 von Rom nach Konstantinopel verstärkt wurde. Der westliche Reichsteil hatte dadurch immer mehr an Bedeutung verloren.

Prunkschale zur Ehren Theodosius, 389

KONSTANTINOPEL

Gottes Dreieinigkeit wird zum Dogma

Mit der Formulierung eines verbindlichen Glaubensbekenntnisses legt das II. Ökumenische Konzil das erste Dogma der Christenheit fest, das bis heute Gültigkeit hat.

1. 5. 381: Kirchenvertreter beenden den fünf Jahrzehnte dauernden »arianischen Streit«. Konstantins Schlichtungsversuch auf dem Konzil von Nicaea (325 v.Chr.) hatte wichtige theologische Probleme offen gelassen. Zum einen ergab sich die Frage nach der Gottheit des Heiligen Geistes; zum anderen führten die unterschiedlichen kirchenpolitischen Interessen von Konstantins Nachfolgern zu neuer Verwirrung. Der Streit führte an den Rand einer Kirchenspaltung zwischen den Abendländern und dem Orient, die sich gegenseitig mit Bann belegten. Der Kirchenvater Basilius der Große (um 330-379) schafft mit neuen Begriffen Klärung: Gott, Christus und der Heilige Geist seien »Hypostasen«, würden also selbstständig existieren; gleichzeitig bilden sie eine Wesenheit (»Usia«). Das 381 von Kaiser Theodosius nach Konstantinopel berufene Konzil erweitert das in Nicaea formulierte Glaubensbekenntnis hauptsächlich um Aussagen über den Heiligen Geist, der nicht wie Christus aus Gott »gezeugt wurde«, sondern der von Gott »ausgeht«. Damit wird die Dreieinigkeit Gottes dogmatisch festgelegt.

KONSTANTINOPEL

Germanen werden christianisiert

Mit der ersten Bibelübersetzung in gotischer Sprache schafft Wulfila die Voraussetzung für die Missionierung der Germanen.

Um 350: Der gotische Bischof Wulfila übersetzt die Bibel ins Gotische. Als Sohn eines gotischen Vaters und einer verschleppten kappadokischen Mutter wurde Wulfila 311 in einem christlichen Elternhaus geboren. Als er 341 als Mitglied einer Delegation bei Kaiser Konstantius weilt, ernennt Bischof Eusebius von Nikomedien ihn 341 zum Missionsbischof für die Goten. Im Streit um den Trinitätsglauben steht Eusebius auf der Seite der arianischen Partei. Diesen Glauben trägt Wulfila in die gotische Welt.

Sein Bekenntnis steht im offenen Widerspruch zum katholischen Glaubensbekenntnis von Nicaea. »Ich glaube«, bekennt Wulfila, »dass der Sohn in allen Dingen untertan und gehorsam ist seinem Gott, dem Vater, und ihm ähnlich, wie die Schrift lehrt.« Den Heiligen Geist bezeichnet Wulfila als »weder Gott noch Herr, sondern der treue Diener Christi, ihm nicht gleich, sondern untertan in allen Dingen dem Sohn untertan und gehorsam«. Von der rechtgläubigen Wesensgleichheit ist dieses Bekenntnis weit entfernt.

Bischof Wulfila (Radierung von Bernhard Rode (1725-97)

Auf dieser Grundlage übersetzt Wulfila große Teile der Bibel ins Gotische. Da viele Begriffe des christlichen Glaubens im Gotischen fehlen, erschafft Wulfila neue Worte. Eine Übertragung der biblischen Welt in das germanische Empfinden soll den Goten die Glaubensinhalte in einer ihnen verständlichen Form nahe bringen. Für seine Bibel entwickelt Wulfila ein eigenes Alphabet, das auf der griechischen und lateinischen Schrift sowie der gotischen Runenschrift beruht.

Dem schlichten Glauben der Germanen kommt die bildhafte arianische Form des philosophisch geprägten christlichen Glaubens entgegen. Dass es verschiedene, einander untergeordnete Gottheiten gäbe, entspricht sowohl dem schlichten wie polytheistischen Glauben der Goten als auch ihrem Gehorsamsverständnis.

Nach teilweise heftigen Kämpfen und der Verfolgung durch heidnische Goten setzt sich der im Balkangebiet residierende Bischof Wulfila mit der Bekehrung seines Volkes zum Christentum erfolgreich durch. Seine Bibel wird Grundlage für die Missionierung sämtlicher ins Römische Reich eingewanderten germanischen Stämme.

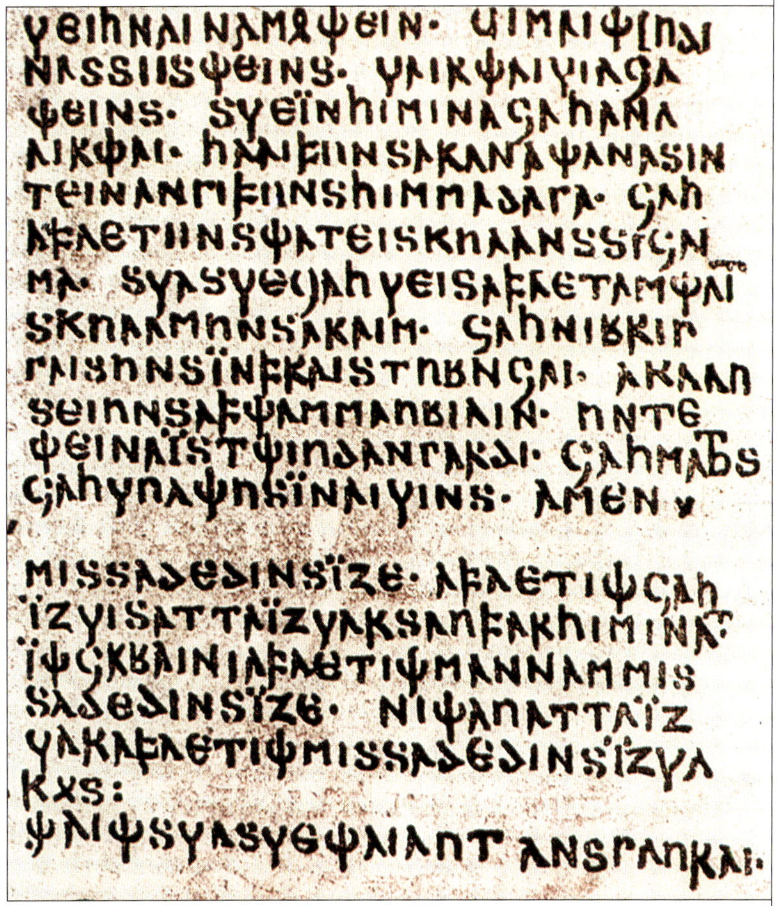

Eine Seite aus der Bibelübersetzung des gotischen Bischofs Wulfila

STICHWORT

Die Goten

In der spätantiken Welt nehmen die Goten eine herausragende Stellung ein. Innerhalb weniger Jahrhunderte entwickelt sich das Volk zu einem entscheidenden Machtfaktor in Europa.

Das ostgermanische Volk der Goten (»Männer«, »Helden«), ursprünglich aus Südschweden stammend, ließ sich im 1. Jahrhundert v.Chr. im unteren Weichselgebiet nieder, dehnte seine Grenzen nach Ostpreußen aus und zog im 2. Jahrhundert n.Chr. bis ans Schwarze Meer, wo etwa 230 das gotische Dnjepr-Reich entstand. Um diese Zeit fallen die Goten in das Römische Reich ein, unterliegen aber den Römern unter Kaiser Claudius II. 269 bei Naissos. Im 3. Jahrhundert spalten sich die Goten: Die Ostgoten bilden unter Ermanarich (etwa 350-375) ein Großreich, geraten aber 375 unter die Herrschaft der Hunnen. Durch Attilas Tod 453 werden sie wieder frei und siedeln in Pannonien. Von hier führt sie Theoderich der Große (473-526) im Auftrag des oströmischen Kaisers nach Italien, das sie im Kampf gegen Odoaker erobern. Der Plan Theoderichs, einen germanischen Staatenbund unter seiner Führung zu bilden, scheitert am Frankenkönig Chlodwig.

Westgotischer Fußsoldat mit Kettenhemd und Speer (Mozarabische Buchmalerei, 1109)

Den Westgoten gelingt es, vor den Hunnen rechtzeitig nach Westen zu fliehen. Sie schlagen 378 den römischen Kaiser Valens bei Adrianopel und erzwingen 380 von Kaiser Theodosius die Aufnahme in das Römische Reich als Bundesgenossen. Alarich I. (†410) wird oströmischer Statthalter von Illyrien und erobert Italien (410 Einnahme Roms).

Nach seinem Tod ziehen die Westgoten nach Südfrankreich und Spanien, wo Theoderich I. (418-451) ein Reich mit der Hauptstadt Toulouse gründet und gegen die Hunnen zieht; in der siegreichen Schlacht auf den Katalaunischen Feldern fällt er. Eurich (466-484) führt das Westgotenreich zur größten Ausdehnung (fast ganz Spanien und Gallien bis zur Loire.

Der Verfall beginnt unter Alarich II. (484-507), der fast ganz Gallien an die Franken verliert. Letzter Westgoten-König ist Roderich (711), der große Teiles seines Reiches an die Araber verliert.

Germanen, Goten und Hunnen veränderr

4.-6. Jahrhundert

Alarich plündert Rom

Im August 410 erschütterte eine geradezu unglaubliche Nachricht die Mittelmeerwelt: Der Westgotenführer Alarich I. hatte Rom eingenommen und die Stadt drei Tage lang geplündert. Die Nichtchristen meinten, dies sei eine Strafe für Roms Abfall von den alten Göttern. Der Kirchenvater Augustinus verfasste zur Widerlegung dieses Vorwurfs sein berühmtes Werk »Der Gottesstaat« (413-426), das die Theologen des Mittelalters entscheidend beeinflussen sollte. Richtig an den Vorwürfen war sicherlich, dass das Römische Reich dem Untergang geweiht war. Eine der Ursachen dafür waren die seit über 100 Jahren andauernden Germanenkriege. Das einst tolerante, republikanisch verfasste Imperium Romanum war zum Militärstaat geworden, dessen Finanzbedarf die Landwirtschaft und das einst blühende Städtewesen ruiniert hatte. Längst bestanden die Heere zum großen Teil aus germanischen Söldnern. Auch die Truppenführer, ja selbst die hohen Beamten waren nicht selten Germanen, die zu römischen Bürgern geworden waren. Das Römische Reich, von Germanen bedroht, schien sich innerlich bereits »germanisiert« zu haben. So war römischerseits der größte Gegenspieler Alarichs der gebürtige Vandale Stilicho, dessen Ermordung 408 den Westgoten ihren Angriff auf Rom erleichterte. Formal blieb das Weströmische Reich mit der Hauptstadt Ravenna bis 476 bestehen. Faktisch sind jedoch die Goten die neuen Machthaber. »In ungepflegten Kleidern mit hoch auf die Schulter gestapelten Pelzen« waren sie gekommen – schon nach wenigen Jahrzehnten hatten sie sich dem römischen Lebensstil angepasst.

Die Germanen und Rom bis 375

Kriegszüge germanischer Völkerschaften gegen die Römer waren nichts Neues. Bereits um 100 v.Chr. hatte man sich der aus Jütland stammenden Kimbern und Teutonen kaum erwehren können. Gaius Julius Caesar war bei der Eroberung Galliens gleichfalls auf vordringende Germanen gestoßen. Den Versuch zur Zeit des Augustus, weite Teile Germaniens bis zur Elbe dem Römischen Reich einzuverleiben, hatte die Niederlage im Teutoburger Wald vereitelt (9 v.Chr.). Kaiser Mark Aurel stand seit 166 im Kampf gegen die die Donaugrenze berennenden Markomannen. Im 3. Jahrhundert überfluteten germanische Stämme den Limes zwischen Rhein und Donau, drangen weit nach Gallien und bis Norditalien vor, ehe sie zurückgeworfen werden konnten. Diese Züge hingen mit fortwährenden Bewegungen germanischer Völker, Teilstämmen oder Gefolgschaftsverbänden zusammen, die unter Führung von Mitgliedern adliger Familien Kriegs- und Beuteexpeditionen unternahmen.

Die Gründe dafür sind bis heute nicht restlos geklärt. Klimaverschlechterungen, Flutkatastrophen an der Nordseeküste, zeitweilige Überbevölkerung mancher Gebiete mögen dazu beigetragen haben. Der reiche Süden bot für Beutelustige eine gewaltige Anziehungskraft. Hinzu kam der Brauch, dass die männliche Jugend sich jeweils im Frühjahr zur Wehrertüchtigung auf Kriegsfahrt begab. Fest steht, dass sich kriegsbereite Stammesgruppen und Stämme seit dem 3. Jahrhundert zu größeren und gefährlicheren Verbänden unter so genannten Heerkönigen zusammenfanden. Hinzu kamen weiträumigere Wanderungen wie die der Alamannen, der Sachsen, später der Franken, vor allem aber der Goten, die in den ersten beiden nachchristlichen Jahrhunderten langsam aus dem heutigen Mittelschweden über das Weichselgebiet bis zur Schwarzmeerküste zogen. Bereits Mitte des 3. Jahrhunderts beunruhigten die gotischen Völkerschaften die Römer im Bereich des unteren Donaulaufs und suchten als Seeräuber sogar die Gestade des Schwarzen Meeres heim.

269 schieden sich die verschiedenen gotischen Stämme in die »Ostrogoten«, die unter ihrem König Ermanarich (350-375) den weiten Bereich des europäischen Russlands beherrschten, und die »Wesegoten«, deren Schwerpunkt mehr zum Balkan hin lag. Die übrigen Teilstämme gingen allmählich in den Ost- und Westgoten auf.

Hunnen, Westgoten und Vandalen

Bereits die Wanderung und Reichsbildung dieser Völker hatte die germanischen Stämme immer wieder in Bewegung gebracht. 375 aber traf die Goten selbst der Stoß eines wandernden Volkes, und zwar der aus den Steppen Zentralasiens westwärts drängenden hunnischen Reiterscharen. In ihrer Heimat waren sie auf Widerstand des benachbarten Chinesischen Reichs gestoßen. Nun suchten sie im Westen fruchtbares Land und unterwerfungswillige Völker. Die »schwarzen Hunnen« besiegten im Wolgagebiet die Ostgoten und trieben jene westgotischen Stämme, die sich nicht unterwarfen, vor sich her. Diese baten die Römer um Ansiedlungsrecht an der unteren Donau. Misshelligkeiten zwischen den Westgoten und der oströmischen Zentralgewalt führten aber zum Kampf, der mit der vernichtenden Niederlage des Kaisers Valens bei Adrianopel (378) endete. Während der Hunnenvorstoß 451 nach der Niederlage des Hunnenkönigs Attila, der kurz darauf starb (453), durch Römer und germanische Hilfstruppen auf den Katalaunischen Feldern in der heutigen Champagne zum Stehen kam, waren die nun in heftige Bewegung geratenen Germanenvölker nicht mehr aufzuhalten. Der politische Gegensatz zwischen der 395 endgültig von eigenen Kaisern regierten westlichen und östlichen Hälfte des Römischen Reichs spielte dabei eine erhebliche Rolle. Die Westgoten, die zunächst Griechenland durchzogen, wandten sich 400 nach Italien, dessen Verteidigung die Entblößung der Rheingrenze zur Folge hatte. Über sie drangen Vandalen, Alanen und Sueben nach Gallien und von dort nach Spanien ein. Hier setzten sich die Vandalen unter ihrem Anführer Geiserich zunächst im Süden (Andalusien) fest, wo sie sich die Kunst des Schiffbaus aneigneten und eine Seestreitkraft aufbauten. 429 setzten sie nach Afrika über, wo Geiserich 439 das erste selbstständige germanische Königreich mit der Hauptstadt Karthago gründete. Von hier aus beherrschte er das westliche Mittelmeer, kontrollierte die Kornzufuhr nach Italien und konnte 455 ungehindert die Stadt Rom erneut plündern. Die alte Gegnerschaft zwischen Rom und Karthago, die 146 v.Chr. mit der vernichtenden und schmachvollen Niederlage Karthagos im 2. Punischen Krieg ihr Ende gefunden hatte, erfuhr auf diese Weise eine neue Wende – dem verbliebenen Nationalstolz der Römer versetzte das einen weiteren Stoß.

Die Germanen als »Bundesgenossen«

Dass sich auf Reichsboden neue germanische Staaten bildeten lag zunächst jenseits der politischen Absichten der einfallenden Völker. Sie suchten lediglich Ansiedlungsmöglichkeiten und weil es sich meistens nur um 20 000 bis 100 000 Menschen gehandelt haben dürfte, von denen nicht mehr als ein Fünftel zu den eigentlichen Kriegern zählte, kam man diesen Absichten römischerseits auch entgegen. Ansiedlungswillige wurden als Bundesgenossen (foederati) in den Reichsverband aufgenommen und erhielten dort, wo sie sich niederließen, ein Drittel des Grundbesitzes zugewiesen. Diese Regelung entsprang der bewährten Bevölkerungspolitik Roms, das während seiner Hoch-Zeit viele verschiedene Völkerschaften erfolgreich integriert hatte und nun auch die Romanisierung der meisten Germanen ermöglichte. Sie gaben oft schon nach wenigen Generationen ihre Sprache auf und verschmolzen mit der übrigen Bevölkerung. Nur ein Teil ihres Wortbestandes (etwa in der Bezeichnung von Farben oder von Himmelsrichtungen, vielfach auch in Orts- und Landschaftsnamen) lebt in den romanischen Sprachen fort. Erleichtert wurde das Zusammenleben auch dadurch, dass sich die meisten Germanen schon früh zum Christentum bekehrten. Bei den Goten, deren Missionsbischof Wulfila um 350 die Bibel ins Gotische übersetzte – der Text des Neuen Testaments ist uns noch größtenteils erhalten –, war das zuerst der Fall. Allerdings hingen sie zum Teil noch bis ins 6. Jahrhundert hinein dem Bekenntnis des Häretikers Arius (280-336) an, der die Gottgleichheit Christi und folglich die Dreifaltigkeitslehre ablehnte und nur an die Gottähnlichkeit des »Sohnes« glaubte. Erst als sich die Goten davon abwandten, wurde eine echte Verschmelzung mit den neuen Nachbarn möglich. Der Zerfall der weströmischen Zentralgewalt ließ jedoch eine Fortsetzung solcher friedlichen Bemühungen auf Dauer nicht zu, so dass gewaltsame Landnahmen immer häufiger wurden.

Die neuen Germanenreiche im Römischen Reich

Die Westgoten siedelten sich nach dem Italienzug Alarichs I. zunächst im südlichen Gallien an, um dann nach Spanien zu ziehen, wo ihr Reich 711 dem Ansturm der Araber erlag. An sie erinnert heute nur noch der Name der Landschaft Katalonien (»Gotalandia«). Die nach dem Ende des Hunnenreichs wieder erstarkten Ostgoten rückten um 490 nach Italien ein. Ihr bedeutendster Herrscher, Theoderich der Große (474-526), der Dietrich von Bern (»Verona«) der germanischen Sage, gebot schließlich auch über das gesamte Alpengebiet und den Nordostteil des Balkans. Ravenna, dessen Bauten um 800 Karl der Große in Aachen nachahmte, wurde zu einem der großen Kulturzentren der spätantiken westlichen Welt. Dieses Reich wurde freilich nach Theoderichs Tod – ebenso wie das der Vandalen – von den Heeren des oströmischen Kaisers Justinian I. (527-565) erobert. Dieser – auch durch die von ihm angeordnete Kodifikation des römisches Rechts berühmte – Herrscher versuchte die römische Herrschaft über das gesamte Mittelmeergebiet wiederherzustellen. Dies war darum möglich, weil der Osten des Römischen Reichs von den wirtschaftlichen Krisenerscheinungen seit dem 3. Jahrhundert nicht so stark betroffen und inzwischen wieder in einem wirtschaftlichen Erholungsprozess begriffen war. Mochte auch das Weströmische Reich den Germaneneinfällen erlegen sein, der Kaiser in Konstantinopel gebot nach wie vor über die einzige stabile Großmacht des Mittelmeerraums, wie denn auch sein Titel ihn über die übrigen Könige emporhob.

Während das Vandalenreich 533/34 beim ersten Vorstoß der oströmischen Heere zusammenbrach, dauerte die Eroberung Italiens fast 20 Jahre und war erst 553 abgeschlossen. Bereits 550 war den Westgoten der Südostzipfel Spanien zwischen Cadiz und Córdoba entrissen worden. Die Bemühungen der Rückeroberung und Erneuerung des Römischen Reiches schwächten allerdings Konstantinopel so stark, dass es kurze Zeit später den Angriffen des neupersischen Sassanidenreiches und anschließend der zum Islam bekehrten Araber kaum noch standhalten konnte. Auch konnten es die Nachfolger Justinians nicht verhindern, dass seit 568 die Langobarden (aus dem »Bardengau« um Lüneburg und seit 490 östlich der Alpen siedelnd) den größten Teil Italiens besetzten, deren nördlicher Teil, die Lombardei, noch ihren Namen trägt. Wirklich prägend für die neuen Siedlungsgebiete wurden so nur wenige germanische Stämme. Die Burgunder, die aus dem Gebiet zwischen Oder und Weichsel stammten und im 3. Jahrhundert an den Main gelangt waren, wurden 436 zum großen Teil von den Hunnen vernichtet, während der Rest am Alpen-Ostrand von den Römern angesiedelt wurde und später im Frankenreich aufging.

Die Alamannen waren ein Stammesverband aus dem mittleren Elbegebiet, der im 3. Jahrhundert das heutige Schwaben besetzte und bis zur Mitte des 6. Jahrhunderts weiter südlich bis ins Alpenland sowie ins Oberrheintal vordrang. Auch ihnen gelang keine dauerhafte Reichsbildung; endgültig wurden sie im 8. Jahrhundert von den Franken unterworfen. Die Angeln und Sachsen kamen aus Jütland. Während die Sachsen weit nach Süden vorstießen und das heutige Niedersachsen, Westfalen und Thüringen eroberten, setzten Teile von ihnen gemeinsam mit den Angeln im 5./6. Jahrhundert auf die Britischen Inseln über und gründeten dort verschiedene Kleinkönigreiche, die schließlich im 9. Jahrhundert zu einem angelsächsischen Königreich vereint wurden. Auch die Sachsen, die einen Stammesverband ohne Königtum bildeten, konnten ein mächtiges Reich aufbauen, das sich von allen Völkerwanderungsstaaten am längsten der christlichen Mission verschloss. Erst der Frankenkönig und Kaiser Karl der Große konnte diesen Stammesstaat nach mehr als 30-jährigem Kampf niederringen und christianisieren. Da den Franken sich auch die Langobarden sowie endgültig die einst aus Böhmen ausgewanderten Baiern unterwarfen, war auf dem Kontinent von den Reichen der Völkerwanderung um 800 nur noch das fränkische Reich übrig.

Die Franken als Erben der Völkerwanderung und Roms

Die fränkische Wanderung war die kürzeste und zugleich die für die weitere Geschichte des Abendlandes folgenreichste. Die Franken (gleichbedeutend mit die »Kühnen«, »Ungestümen«) bildeten sich im 3. Jahrhundert als Bündnis einer Reihe kleinerer rechtsrheinischer Völkerschaften. Seit dem 4. Jahrhundert drangen sie tiefer nach Gallien ein. Wo sie mit der romanischen Bevölkerung verschmolzen, hinterließen sie in den sich aus dem Latein der unteren Volksschichten herausbildenden romanischen Dialekten (aus denen unter anderem das Provenzalische und das Französische hervorgingen) und in der Landschaft nur geringe Spuren. Anders im nördlichen Gallien bis zur Somme. Hier verschob sich die romanisch-germanische Sprachgrenze vom Rhein bis auf die heutige, quer durch Belgien und den Kamm der Vogesen entlanglaufende Linie.

Nach Ausschaltung sämtlicher Machtkonkurrenten erhob sich Chlodwig I., der König der salischen Franken seit 482, schließlich zum Gesamtherrscher. Bis zu seinem Tod (511) hatte er sein Reich bis ins Vorland der Pyrenäen ausgedehnt. Politisch kam ihm hierbei zugute, dass er 498 mit mehreren tausend Gefolgsleuten offiziell zum (katholischen) christlichen Bekenntnis übertrat. Erstmalig in der westeuropäischen Missionsgeschichte entschied sich somit ein germanischer Stamm für den universalen Religionsanspruch der römisch-katholischen Christenheit und gegen den Arianismus oder heidnischen Götterkult. Mit seinem Übertritt erhielten die Franken eine gewisse Rückendeckung des in der Mittelmeerwelt immer noch mächtigen Oströmischen Reichs gegenüber den übrigen – arianischen – Germanenkönigen. Die Kirche Roms ging ebenfalls gestärkt aus der Bekehrung hervor. Sie strebte nach weltlicher Macht und politischem Einfluss, zugleich aber enthielt sie ein kräftiges Moment der Weltverneinung, die mönchische Tradition, die fast gleichzeitig mit Chlodwigs Taufe die Tür zum Mittelalter aufstieß. In ihrem Schoß trug sie die antike Kultur ins Mittelalter hinein. Im fränkischen Staat arbeiteten die verbliebenen römischen Fachbeamten loyal mit, ebenso die als gesellschaftliche und wirtschaftliche Kraft bedeutsame Kirche. So konnte jene Symbiose zwischen römisch-antiker Kultur christlicher Prägung und germanischen Traditionen entstehen, die das Frankenreich schließlich im 8. Jahrhundert zum mächtigsten Staatswesen des Westens werden ließ, das neben den Byzantinern allein den Sturm des expandierenden Islams aufzuhalten vermochte. Im Frankenreich, dessen König 800 das weströmische Kaisertum erneuerte, vollzog sich die Geburt des mittelalterlichen Europas.

Die Kultur der Völkerwanderungszeit

Was sich im historischen Rückblick als kartografisch zu rekonstruierende Wanderungsbewegungen darstellen lässt, ist nur zum Teil aus schriftlichen Quellen zu erschließen. Genauere Kenntnisse vermitteln die archäologischen Hinterlassenschaften der germanischen Völker, insbesondere die Grabausstattungen. Archäologisch gesehen endete die Völkerwanderungszeit erst mit dem Ende der Reihengräberzivilisation im fränkischen Bereich, als sich im 8. Jahrhundert der Brauch der Grabbeigaben auflöste. Im 5. und 6. Jahrhundert zeigt die Kultur der Völkerwanderungszeit in Europa mehrere Formengruppen, die sich im Kern den führenden germanischen Stämmen zuschreiben lassen. Vom 6. bis zur Mitte des 8. Jahrhunderts ist sie, besonders in den westlichen germanischen Gebieten, von der merowingischen Kultur bestimmt, die vorwiegend aus den Funden der Reihengräber bekannt ist (in Reihen nebeneinander bestattete Leichen). Sie waren die allgemein übliche Bestattungsart: Leichname wurden in völliger Bekleidung bestattet, die Frauen mit Schmuck, die Männer mit Waffen versehen; die Gräber des hohen Adels hoben sich durch ihre prächtige Ausstattung von den übrigen ab. Schwerter und Schwertscheiden, Helme, Gürtel- und Riemenschnallen, Fibeln, Ringe und Armreifen sind oft kunstvoll gearbeitet und vielfach mit flächendeckenden Ornamenten in Guss- und Treibarbeit unter Verwendung von Halbedelstein-Einlagen, Zellverglasung und Granulation verziert. Sehr beliebt waren farbige Einlagen in Gold oder vergoldetem Silber. Die oft halbplastisch angebrachten Tierornamente wurden im Lauf der Zeit bis zur Unkenntlichkeit aufgelöst (Tierstil). Aus Holzschnitzerei wurde eine kerbschnittartige Oberflächengestaltung auf das Metall übertragen. Die besonders in westlichen Gebieten und auf den Britischen Inseln weiter tradierten keltischen Muster gewannen für die Buchmalerei des Mittelalters große Bedeutung. Die Kunst der Völkerwanderungszeit hat ihren Ursprung im pontischen und danubischen Raum, wo sie sich aus der Verschmelzung der Steppenkunst mit der spätrömischen Kunstindustrie entwickelte. Außer dem Schmied, der gleichzeitig auch Waffenschmied sein konnte, gab es ansässige und wandernde Goldschmiede. Im 5. Jahrhundert nahm die Produktion einen solchen Aufschwung, dass einige Artikel bis weit in den Norden exportiert wurden. In den Glashütten des Rheinlands wurde die in der römischen Zeit ausgeübte Kunst weitergepflegt. Neben der Metallarbeit tritt die Keramik an künstlerischem Wert zurück, obgleich auch hier (etwa in der sächsischen Buckelkeramik) ein eigener Stil entwickelt wurde. Das bedeutendste Zeugnis der Baukunst der Völkerwanderungszeit ist das Grabmal Theoderichs bei Ravenna. Wichtige Beispiele für die Kunst sind unter anderem die Adlerfibel aus Cesena, ein Diptychon mit der Darstellung der ostgotischen Königin Amalasuntha (gest. 535) sowie die Schiffsgrab-Funde von Sutton Hoo (England).

NORDAFRIKA

Augustins »Gottesstaat«

Auf wegweisende Weise durchdenkt der Kirchenvater Aurelius Augustinus die christliche Theologie. Mit seiner Schrift »Der Gottesstaat« bestimmt er das Verhältnis zwischen Kirche und Staat.

413: Augustin, Bischof im nordafrikanischen Hippo Regio, beginnt mit seinen Arbeiten an der Schrift »De civitate Dei« (Über den Gottesstaat), dessen 22 Bücher im Jahr 426 abgeschlossen sind.

Zunächst wirkte Augustin als Rhetor in Karthago, Rom und Mailand, wo er im Jahr 387 unter dem Einfluss seiner christlichen Mutter Monnika und des Kirchenvaters Ambrosius im Alter von 32 Jahren getauft wurde. Fortan entwickelte er wichtige theologische Lehren. Vor allem seine Erbsündenlehre und die Lehre von der Vorherbestimmung des göttlichen Willens (Prädestination) bleiben wegweisend für die mittelalterliche Geistesgeschichte. Die menschliche Seele deutet er als Abbild des dreieinigen Gottes als Gedächtnis, Verstand und Wille. Mit seiner Lehre von der Kirche (Ekklesiologie) trägt Augustin dem Wandel des Christentums von der Minderheiten- zur Volkskirche Rechnung.

In seinem Werk über den Gottesstaat bestimmt Augustin angesichts des Niedergangs Roms das Verhältnis von Gottesstaat und irdischem Reich, von Welt und Kirche neu. Gottes Erlösungswille durchdringe auch die Weltgeschichte, schreibt Augustin; der weltliche «Teufelsstaat«, das Reich des Hochmuts und der Herrschsucht, liege im Kampf mit dem »Gottesstaat«, dem himmlischen Reich der Demut. Augustinus stirbt im Jahr 430 während der Belagerung von Hippo Regius durch die Vandalen.

Bischof Augustinus und der Teufel (rechter Flügel des Kirchenväteraltars von Michael Pacher, um 1480)

ROM

Alarich siegt: Goten erobern Rom

Nachdem Westgoten Rom geplündert haben, steht das Weströmische Reich faktisch unter germanischer Herrschaft.

24. 8. 410: Westgotische Truppen unter König Alarich I. besetzen Rom. Drei Tage lang plündern sie das ehemalige Weltmachtzentrum. Die Nachricht vom Fall Roms löst im gesamten Reich Entsetzen und Panik aus.

Alarich war einer der erfolgreichsten westgotischen Heerführer. Um sein Volk vor den anrückenden Hunnen zu schützen, war er 391 in Thrakien eingefallen, später in Makedonien, von wo aus er in Richtung Konstantinopel zog. Auf der Suche nach neuem Gebiet brach er in Italien ein, wurde jedoch 402 vom römischen Heerführer Stilicho zurückgehalten. Als Honorius, Kaiser des Weströmischen Reichs, Stilicho wegen Hochverrats hinrichten ließ, nutzte Alarich das Chaos und marschierte plündernd und brandschatzend bis nach Rom. Eine erste Belagerung Roms hob er 408 gegen die Zahlung eines enormen Lösegeldes (5000 Pfund Gold, 30 000 Pfund Silber, zusätzlich 4000 Seidentuniken, 3000 Pfund kostbare Gewürze und 3000 gegerbte Lederhäute) auf, setzte sie aber im Jahr darauf wieder fort.

Im Sommer 410 erreicht er sein Ziel. Seine Truppen erbeuten wertvolle Schätze, unter anderem Teile des jüdischen Tempelschatzes. Außerdem nimmt Alarich die Schwester des Kaisers Honorius, Galla Placidia (390-450), gefangen. Alarich zieht weiter nach Sizilien, um nach Nordafrika überzusetzen – erfolglos. Auf dem Rückweg stirbt Alarich in Süditalien und wird im Fluss Busento begraben.

Die Plünderung und den Fall ihrer Stadt lasten die heidnischen Bürger Roms den Christen an. Die Niederlage Roms wird zugleich als eine Niederlage der Zivilisation gegen die Barbaren gedeutet.

Einzug Alarichs in Rom (Holzstich, 19. Jh.)

BRITANNIEN

Kampfplatz Britannien

Nach dem Abzug der Römer kämpfen britische und germanische Stämme um die Vormacht.

Um 450: Angeln, Sachsen und Jüten setzen vom heutigen Nordwestdeutschland und Dänemark aus nach Britannien über und beginnen mit der Eroberung des Landes. Die Britannier hatten die germanischen Stämme um Hilfe gebeten im Kampf gegen die Keltenstämme der Pikten und Skoten, die nach Beendigung der Besatzung ihr Gebiet auszudehnen versuchten. Nach dem Sieg drängen die Germanen die Britannier nach Schottland, Wales und in die später nach ihnen benannte Bretagne ab.

Ankunft der Angelsachsen in Britannien (Lithografie, 19. Jh.)

JAPAN

Yamato-Reich in Japan

Die Gründung des Yamato-Reiches leitet Japans Wandlung von einer Sippengesellschaft zur Monarchie ein.

Um 400: Nach heftigen Machtkämpfen gelingt es einem Bündnis von Sippenfürsten die mehr als 100 Teilstaaten des Reiches zu einem Staatsverband zusammenzuschließen. Ein loser Adelsverband, die »Tenson«-Gruppe (»Sonnenlinie«), unterwirft der Legende nach auf ihrem Zug von Nord-Kyushu nach Osten zahlreiche Stammesfürsten und schafft von der Yamato-Region aus ein staatsähnliches Reich. Damit ist der Grundstein für das künftige monarchische Gesellschafts- und Regierungssystem gelegt. Die Yamato-Herrscher beanspruchen als Abkommen der Sonnengöttin Amaterasu göttliche Verehrung und Kaiserwürde. Die führenden Schichten grenzen sich scharf vom einfachen Volk ab. Die südliche Halbinsel Kyuschu wird Ausgangspunkt für weitere Eroberungszüge nach Korea und zu den nördlichen japanischen Inseln. Der Einfluss Chinas auf die japanische Kultur bleibt trotz Japans politischer Eigenständigkeit bedeutend. Der Schintoismus, die japanische Urreligion, wird durch den Buddhismus ersetzt und um 610 Staatsreligion. Ziel der Entwicklung ist eine absolutistische Monarchie in Japan, die zu Beginn des 8. Jahrhunderts eingerichtet ist.

Japanische Münze

HINTERGRUND

Germanenreiche

Von der Völkerwanderung sind insbesondere die Stämme der Westgoten, Franken, Langobarden, Burgunder, Vandalen und der zentralasiatischen Hunnen betroffen. Schon vor der christlichen Zeitrechnung waren die Germanen in Bewegung geraten: Vandalen, Goten, Langobarden und andere Stämme zogen von Südskandinavien zur baltischen Küste und ließen sich im Gebiet zwischen Oder und Neiße nieder. Die Germanen (im heutigen Westdeutschland) drangen weiter nach Westen vor, drängten die Kelten ab und überschritten zur Zeit Caesars den Rhein. Der bedeutende Stamm der Markomannen wich im letzten Jahrzehnt vor Christus aus seinem Gebiet im Maintal vor der römischen Expansion nach Böhmen. Ende des 3. Jahrhunderts zeigt sich folgendes Bild: Unmittelbar östlich des Rheins und nördlich des Mains siedeln die Franken, südlich des Mains die Alamannen und im oberen Maintal die Burgunder. Die Friesen und Sachsen haben sich an der Nordseeküste der heutigen Niederlande und Deutschlands bis Holstein niedergelassen, die Angeln in Jütland. Die einst im Oder-Neiße-Gebiet ansässigen Stämme bewegen sich inzwischen in südöstliche Richtung: die Ostgoten in der Ukraine, die Westgoten in der früheren römischen Provinz Dakien nördlich der Donau, die Vandalen westlich von ihnen. Mit ihrem Eindringen in die europäischen Kernländer lösen die Hunnen ab 370 neue Wanderbewegungen aus. Der Zerfall des Weströmischen Reiches und das entstehende Machtvakuum sorgt Anfang des 5. Jahrhunderts für eine erneute Umverteilung der Siedlungsgebiete. Die Westgoten überqueren die untere Donau und dringen auf ehemals römisches Gebiet vor. Die Angelsachsen besetzen England, die Franken das nördliche Frankreich. Die Burgunder, deren Königreich um Worms 436 von Hunnen zerstört wird, siedeln in Savoyen und im Rhônetal. Westlich von ihnen haben Westgoten ihr Reich mit der Hauptstadt Toulouse errichtet. Die Sueben dringen 409 in Spanien ein, und die Vandalen setzen 429 unter ihrem König Geiserich nach Nordafrika über, und gründen das Vandalenreich. Die Langobarden besetzen nach Wanderungen durch das heutige Nord- und Ostdeutschland um 490 Gebiete nördlich von Noricum, siedeln dann in Pannonien. Von den hunnischen Awaren vertrieben, erobern sie von 568 an Norditalien (Lombardei), Tuszien, Spoleto und Benevent und gründen ein Reich mit der Hauptstadt Pavia. Die Gebiete in Ost- und Mitteldeutschland werden nach und nach von Slawen eingenommen.

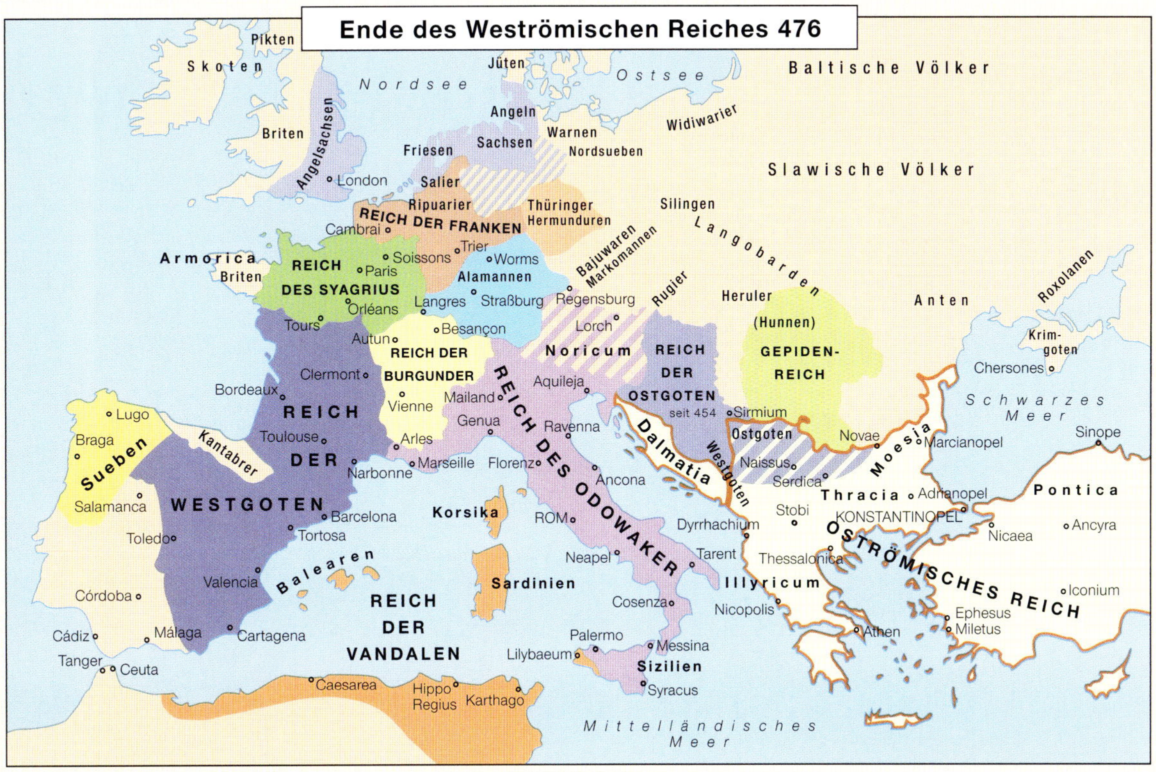

KATALAUNISCHE FELDER

Sieg über die Hunnen

Gegen die Hunnen trägt das weströmische Heer seinen letzten bedeutenden Sieg davon.

20. 6. 451: Auf den Katalaunischen Feldern in der heutigen Champagne besiegt eine Allianz von Germanen und Römern die Hunnen. König Attila wird auf seinem Siegeszug gen Westen gestoppt.

Ursprünglich lebte das Reiter- und Nomadenvolk der Hunnen in Zentralasien. Schon 300 v.Chr. sind die Hunnen als »Xiongnu« in der chinesischen Geschichtsschreibung durch Raubzüge nach China dokumentiert. Von den Chinesen bekämpft, zog ein Teil der Hunnen (»schwarze Hunnen«) im 4. Jahrhundert über Kaukasien und Südrussland in die Donauebene nach Pannonien (Ungarn). Bei ihrem weiteren Vorrücken drängten sie die Goten nach Westen vor sich her.

433/34 übernahm Attila die Führung des Reiches. Mit ihrer bewährten Reit-Kampftechnik (berittene Bogenschützen, Nahkampf-Gefechte mit Säbeln und Lanzen, geschickte Reiter-Soldaten) schienen Attila Siege gegen die eher schwerfällige römische Taktik sicher. An der Donau greift er das Oströmische Reich an; den Weströmern stellt er zunächst hunnische Söldner für den Kampf gegen die von Norden vordringenden Burgunder zur Verfügung.

Als sich beide römischen Reiche auf die Verweigerung von Tributzahlungen an die Hunnen einigen, kommt es zu einer Entscheidungsschlacht. Zusammen mit einigen unterworfenen germanischen Stämmen überschreitet Attila die Rheingrenze und fällt in Gallien ein. Angesichts des gemeinsamen Feindes verbündet sich der weströmische Heerführer Aetius mit dem Westgotenkönig Theoderich. Ihre gemeinsamen Truppen besiegen die Hunnen. Attila gibt sich nicht geschlagen und zieht plündernd durch Norditalien. Kurz nach seinem Tod (453) zerfällt das Hunnenreich.

Die Hunnen lebten als Nomaden- und Reitervolk in Innerasien.

ZUR PERSON

König Attila

Während des Untergangs des Weströmischen Reiches schafft Attila (*410, s. Abb.) mit seinem Bruder und Mitregenten Bleda, den er 445 ermordet, das letzte große Hunnenreich vom Kaukasus über Ungarn fast bis zum Rhein. Während er nach Einfällen in das Oströmische Reich (441-443, 447) von Ostrom hohen Goldtribut erhält, stößt er bis Mittelfrankreich vor, wo er 451 von den Römern und Westgoten auf den Katalaunischen Feldern geschlagen wird. 452 zieht Attila nach Italien und verwüstet zahlreiche Städte. Papst Leo I. bewegt ihn, vor Rom umzukehren; König Attila kehrt in sein Stammland Pannonien (heute Ungarn) zurück. In der Nacht nach seiner Hochzeit mit der Burgunderkönigin Hildiko wird er vermutlich ermordet (453). In Sagen und Legenden, wie dem Nibelungenlied, lebt sein Name fort.

ROM

Vandalen hausen in der Ewigen Stadt

Nach den Goten plündern die Vandalen Rom 14 Tage lang und versetzen dem untergehenden Reich einen erneuten Stoß.

2. 6. 455: Die Vandalen fallen in Rom ein. Nachdem sie die römische Flotte zerschlagen haben, plündern sie die Stadt. Sie decken das vergoldete Dach des Jupitertempels, des alten Wahrzeichens römischer Macht, ab, rauben Gold, Silber und Kunstwerke und bringen zahlreiche Statuen vom Forum auf ihre Schiffe, die vor dem Hafen Ostia ankern. Der römische Kaiser Maximus verzichtet auf jeglichen Widerstand. Die Vandalen nehmen viele reiche und vornehme Römer gefangen, von deren Familien sie ein hohes Lösegeld verlangen. Unter den Geiseln befinden sich auch die Kaiserin Eudoxia und deren Tochter, die Vandalenkönig Geiserich nach Nordafrika verschleppt und mit seinem Sohn Hunerich verheiratet.

Die Vandalen, ursprünglich in Jütland beheimatet, waren über Ungarn Anfang des 5. Jahrhunderts nach Gallien und weiter nach Spanien gezogen. Mit 80 000 Menschen setzten sie unter König Geiserich 429 bei Gibraltar nach Nordafrika über. Nach dem Sieg über den römischen Statthalter Bonifatius errichteten sie das Vandalenreich. Der Staat, seit 439 mit der Hauptstadt Karthago, wurde 442 als erstes Germanenreich von Rom anerkannt. Geiserich, der sein Volk als legitimen Nachfolger des im Jahr 146 v.Chr. von Rom zerstörten Karthago betrachtete, sann auf Rache. Mit einer überlegenen Seemacht unterwarf er zunächst Teile von Sizilien, Sardinien, Korsika und den Balearen und zog schließlich gegen Rom.

Plündernde Vandalen (Holzstich von 1865)

RAVENNA

Germanen besiegeln das Ende Westroms

Mit der Absetzung des letzten weströmischen Kaisers endet die Geschichte des Imperiums. Germanische Herrscher regieren von Ravenna aus die Reste des Reiches.

23. 8. 476: Germanische Söldnertruppen stürzen Kaiser Romulus Augustulus und rufen ihren Führer, den Offizier Odoaker, zum König aus.

Der oströmische Kaiser Zenon hatte Odoaker beauftragt, den weströmischen Gegenkaiser Romulus Augustulus, ein Kind, abzusetzen. Odoaker war als Sohn eines germanischen Skirenfürsten geboren, dessen Volk sich mit den Hunnen verbündet hatte und unter Attila gegen Rom gezogen war. Seit 470 hatte Odoaker als Offizier der kaiserlichen Leibgarde direkten Zugang zum Hof.

476 sammelt er auf Geheiß Zenons germanische Söldner und verbannt den Kindkaiser nach Kampanien.

Für die Bewohner des Reichs ändert sich durch diesen Epochenwechsel wenig. Odoaker will keineswegs anstelle des Weströmischen Reiches einen germanischen Staat setzen. Vielmehr soll der Westen dem Kaiser in Konstantinopel unterstellt werden und Odoaker als kaiserlicher Stellvertreter in Rom herrschen. Odoaker regiert von Ravenna aus, tastet die römische Verwaltung in ihren Grundzügen nicht an und respektiert den Senat. In Rom lässt er das Kolosseum erneuern und Spiele veranstalten. Der oströmische Kaiser Zenon erkennt Odoaker zwar als König an, vermutet in ihm jedoch einen militärischen Konkurrenten. Deshalb schickt Zenon 488 seinen ostgotischen Heermeister und Konsul Theoderich den Großen nach Italien, um dort gewaltsam die Herrschaft zu übernehmen. Aus zwei Schlachten in Norditalien geht Theoderich siegreich hervor; Odoaker zieht sich nach Ravenna zurück. Zweieinhalb Jahre belagern Theoderichs Truppen die schwer einnehmbare Kaiserstadt. Durch Vermittlung des Bischofs von Ravenna handeln die Kontrahenten einen Kompromiss aus, der die gemeinsame Regentschaft vorsieht. Odoaker öffnet die Stadttore. Zehn Tage später, am 15. März 493, ersticht Theoderich Odoaker und sichert sich die Alleinherrschaft. Zur Verwaltung seines Herrschaftsgebietes zieht der neue Regent römische Staatsmänner und Gelehrte als Berater und Hofbeamte heran, unter ihnen auch den Philosophen Boethius und den Schriftsteller Cassiodorus, der die Politik des neuen Herrschers in Briefen dem römischen Volk vermittelt. Wie schon sein Vorgänger, lässt auch Theoderich die römische Landesverwaltung unberührt, übt nur die Ober- und Schutzherrschaft aus, toleriert die katholische Kirche und bringt Italien eine seit langem entbehrte Friedenszeit.

Das Mausoleum des Theoderich in Ravenna

Für die Stadt Ravenna bedeuten die neuen Machtverhältnisse einen kulturellen Aufschwung, der durch rege Bautätigkeit sichtbar wird. Schon Galla Placidia, Halbschwester des Kaisers Honorius und von 425 bis 437 selbst Kaiserin, ließ in Ravenna zahlreiche Kirchen und ein Mausoleum erbauen.

Unter Gotenherrschaft entstehen weitere Kirchen, Wasserleitungen und das Mausoleum des Theoderich. Der hegt einen großen und ehrgeizigen Plan: Durch Verheiratungen will er einen germanischen Bund mit den Westgoten, Burgundern, Vandalen, Thüringern und Franken schließen, das Weströmische Reich restaurieren und einen Ostrom ebenbürtigen Staat bilden. Der Plan scheitert an der Gegnerschaft seines Schwagers, des Frankenkönigs Chlodwig I.

CHALKEDON

Die Zweinaturenlehre

Die Kirche trifft eine der letzten großen Lehrentscheidungen und erkennt Roms Sonderstellung in Lehrfragen an.

Oktober 451: Auf dem vierten ökumenischen Konzil nehmen 600 Bischöfe mit Zustimmung das Lehrschreiben von Papst Leo I. auf, in dem er die zwei Naturen Christi beschreibt: Im Gottmenschen Jesus Christus seien die göttliche und die menschliche Natur unvermischt und unlösbar verbunden. Damit wendet sich die Kirche gegen die Monophysiten, die die göttliche Natur Christi betonen und damit die Erlösung preisgeben. Damit erkennt die Bischofsversammlung Roms Sonderstellung (Primat) an.

Papst Leo I., der Große

TOULOUSE

Gesetzbuch der Germanen

Mit dem »Codex Euricianus« entsteht die erste schriftliche Rechtssammlung eines germanischen Reiches.

475/76: Eurich, seit 466 König des Westgotenreichs mit Residenz in Toulouse, lässt eine Gesetzessammlung verfassen. In der Hoffnung, die unterschiedlichen Bevölkerungsteile seines Reiches zu einen, verknüpft Eurich römisches mit dem bislang nur mündlich überlieferten germanischen Recht. Bereits sein Vater Theoderich I. hatte begonnen, Gesetze in lateinischer Sprache zu veröffentlichen. Eurich fasst sie zusammen und lässt sie überarbeiten. Der erst unter Eurichs Sohn Alarich II. fertig gestellte Codex Euricianus enthält vor allem für Kauf- und Tauschgeschäfte detaillierte Bestimmungen: So wird ein erzwungener Kaufvertrag für ungültig erklärt, der Verkauf von fremdem Eigentum bestraft und der Verkauf von Sklaven geregelt. Ein Sklave darf nicht ohne Wissen und Willen seines Herrn ein Geschäft tätigen, außerdem wird es verboten, einen freien Mann als Sklaven zu verkaufen. Auch germanische Bräuche, etwa zur Anwendung der Todes- und Prügelstrafe, finden Einzug in das Gesetzbuch. Das Verhältnis zwischen Adel und Privatsoldaten, eine Voraussetzung für spätere Feudalherrschaftsformen, wird geregelt. Allen folgenden Rechtssammlungen dient der Codex Euricianus als Vorlage.

500-549

501
Burgunderreich
Gundobad († 516) besiegt mit Hilfe der Westgoten seinen Bruder Godegisel, lässt ihn ermorden und wird Alleinherrscher. Etwa um die gleiche Zeit lässt er für den germanischen Teil seiner Bevölkerung das Recht kodifizieren (»Lex Gundobada« bzw. »Lex Burgundionum«).

507
Frankenreich
In der Schlacht von Vouillé (bei Poitiers) werden die Westgoten unter König (seit 484) Alarich II. von den verbündeten Franken und Burgundern geschlagen. Mit Alarichs Tod endet das seit 418 bestehende Tolosanische Reich der Westgoten mit der Hauptstadt Toulouse.

um 507
Frankenreich
Das Stammesrecht der salischen Franken, die »Lex Salica«, wird bis 511 in lateinischer Sprache aufgezeichnet.

27.11. 511
Frankenreich
Nach den Tod des fränkischen Königs (seit 482) Chlodwig I. (*466) in Paris wird das Frankenreich unter seine vier Söhne aufgeteilt. → S. 182

511
Gotenreich
Der Ostgotenkönig (seit 474) Theoderich I. der Große (um 454-30. 8. 526) wird auch König der Westgoten. Er vereinigt damit bis zu seinem Tod beide Gotenreiche in Personalunion.

10. 7. 518
Byzanz
Der oströmische Kaiser (seit 491) Anastasius (*um 431) stirbt. Neuer Kaiser in Ostrom wird der Gardepräfekt Justin (um 450-1.8.527). Damit beginnt die sog. Dynastie des Justinian.

21. 6. 524
Burgunderreich
In der Schlacht bei Vézeronce werden die Franken von den Burgundern besiegt.

524
Italien
Der Ostgotenkönig Theoderich I. der Große lässt seinen ersten Minister, den römischen Philosophen Boethius (*um 480), nach einem Jahr Kerkerhaft wegen der angeblichen Teilnahme an einer Verschwörung hinrichten.

525
Italien
Der in Rom lebende skythische Mönch Dionysius Exiguus (um 470-um 550) berechnet in päpstlichem Auftrag die noch heutige gültigen Ostertafeln. Die damit eingeführte christliche Zeitrechnung zählt erstmalig die Jahre von Christi Geburt an, irrt sich dabei aber um sechs oder sieben Jahre.

30. 8. 526
Italien
In Ravenna stirbt Theoderich I. der Große (*um 454), König der Ostgoten seit 471, Herrscher über Italien seit 493. Er lebt als »Dietrich von Bern« in der Sage fort. Seine Tochter Amalasuntha († 535) ist für ihren unmündigen Sohn Athalarich (516 -2. 10. 534) neue Regentin.

1. 8. 527
Byzanz
Nach dem Tod seines Onkels Justin I. (*um 450) wird Justinian I. der Große (11. 5. 482-11. 11. 565) zum byzantinischen Kaiser ausgerufen. Mit seiner Gattin Theodora (497-28. 6. 548) bemüht er sich um eine Erneuerung des Römischen Reiches. → S. 183

528
Byzanz
Der oströmische Kaiser Justinian I. lässt im Corpus juris civilis bis 534 als Grundlage des römischen Rechts alle seit der Herrschaft Kaiser Hadrians (117-138) ergangenen kaiserlichen Erlasse aufzeichnen. Mit dieser Kodifikation des römischen Rechts wird die Grundlage seiner Weltgeltung geschaffen.

529
Italien
Benedikt von Nursia (um 480/90-21. 3. 547) begründet das Kloster Monte Cassino und damit das europäische Mönchswesen (Benediktiner). → S. 185

529
Griechenland
Der oströmische Kaiser Justinian I. lässt die 388/385 v.Chr. begründete Akademie in Athen schließen.

531
Frankenreich
Die Westgoten unter König (seit 526) Amalarich werden bei Narbonne von den Franken unter ihrem König (511-558) Childebert I. geschlagen; Amalarich wird auf der Flucht in Barcelona ermordet.

531
Iran
Chosroes I. Anuschirvan wird Großkönig (bis 579). Als einer der bedeutendsten sassanidischen Herrscher reorganisiert er Heer- und Steuerwesen und führt mehrere erfolgreiche Feldzüge gegen Byzanz.

Januar 532
Byzanz
Der sog. Nika-Aufstand der Zirkusparteien (nach der Parole der Verschwörer: griechisch nika, »siege«) wird gewaltsam niedergeschlagen. Bei den fünftägigen Kämpfen wird Konstantinopel zum Teil zerstört. Es entfaltet sich eine reiche Bautätigkeit, so wird die Kirche der Heiligen Weisheit (Hagia Sophia) bis 537 als Kuppelbau neu errichtet.

533/534
Nordafrika
Der Feldzug des oströmischen Feldherrn Belisar (um 500-13. 3. 565) zerstört das 429 begründete Vandalenreich. 533 hatte Belisar bereits Malta wieder dem Oströmischen Reich eingegliedert.

534
Spanien
Toledo wird Residenzstadt des Westgotenreichs. 712 gerät es unter arabische Herrschaft.

534
Burgunderreich
Die Franken überfallen erneut Burgund und siegen in der Schlacht bei Autun. Das am Genfer See und um Lyon bestehende Burgunderreich gerät in den folgenden zwei Jahren vollständig unter fränkische Hoheit.

535
Italien
Amalasuntha, seit 526 Regentin der Ostgoten, wird von ihrem Vetter Theodahad (vor 479-536) auf einer Insel im Bolsano-See (Umbrien) ermordet, was Byzanz Veranlassung zum Eingreifen in Italien gibt.

9. 12. 536
Italien
Der oströmische Feldherr Belisar erobert Rom, das die Ostgoten trotz zweijähriger Belagerung nicht zurückerobern können.

537
Frankenreich
Die Ostgoten treten die Provence dem fränkischen König (533-548) Theudebert I. ab.

Mai 540
Italien
Der oströmische Feldherr Belisar erobert Ravenna und nimmt den Ostgotenkönig (seit 536) Witigis gefangen. Dieser wird nach Konstantinopel gebracht und stirbt dort 541.

540
Syrien
Im Kampf gegen das Oströmische Reich erobern die Perser Syrien mit der Hauptstadt Antiochia.

541
Italien
Totila (†Ende Juni 552) wird König der Ostgoten. Er leistet den Byzantinern in Italien erfolgreich Widerstand.

541
Byzanz
Die seit dem 3. Jahrhundert in Ägypten und Syrien nachweisbare Beulenpest erreicht Byzanz. Täglich sterben bis zu 1000 Menschen.

543
Frankenreich
Ganz Europa wird von der vermutlich über Marseille eingeschleppten Beulenpest heimgesucht.

549
Italien
Die seit um 535 in Bau befindliche frühbyzantinische Basilika Sant' Apollinare in Classe wird in Ravenna vollendet. In ihr sind wertvolle Mosaiken enthalten, darunter »Die Anrufung des

Petrus und Andreas« und »Die drei Weisen aus dem Morgenland«. 547 entstand in Ravenna der frühbyzantinische achtseitige Zentralbau San Vitale.

550-599

552
Byzanz
Mönche schmuggeln zwei Seidenraupeneier in einem Spazierstock von Ceylon nach Konstantinopel und begründen damit die ab 553 bestehende monopolistische Seidenindustrie im Byzantinischen Reich.

Ende Juni 552
Italien
Der Ostgotenkönig (seit 541) Totila fällt bei Tadinae (Gualdo Tadino) in Umbrien im Kampf gegen den byzantinischen Feldherrn Narses (um 480-574). Totilas Nachfolger Teja verteidigt sich am Mons Lactarius (heute Monte Lattaro) monatelang gegen Narses und fällt schließlich im Oktober 552 im Kampf. Italien wird gänzlich in das Oströmische Reich einbezogen.

555
Italien
Der oströmische Feldherr Narses wird erster Exarch (Statthalter) über die oströmische Provinz Italien. Die Statthalterschaft mit Sitz in Ravenna besteht bis zur Eroberung durch die Langobarden 751.

558
Frankenreich
Chlothar I. (498-29. 11. 561), Merowingerkönig im Frankenreich, kann durch den Tod seiner Brüder und Neffen das gesamte Frankenreich vereinigen, das nach seinem Tod jedoch erneut geteilt wird. Als Sohn Chlodwigs I. hatte er nach dessen Tod 511 das Teilreich um Soissons geerbt. 531 eroberte er Thüringen und 532-534 Burgund.

558
Byzanz
Die Awaren, turkvölkische Reiternomaden, erscheinen nach ihrer Verdrängung durch die Türken aus Westasien im Steppenraum nördlich des Kaspischen und Schwarzen Meers und schicken eine Gesandtschaft zu Kaiser Justinian I.

559
Byzanz
Der oströmische Feldherr Belisar wehrt einen Angriff der Hephtaliten (»Weiße Hunnen«) auf Byzanz ab.

561
Byzanz
Der oströmische Kaiser Justinian I. schließt mit den persischen Sassaniden einen »50-jährigen Frieden«, der hohe Tributzahlungen Ostroms an die Perser enthält.

29. 11. 561
Frankenreich
Chlothar I. (*498), alleiniger Frankenkönig seit 558 und einzig überlebender Erbe des von Chlodwig I. begründeten Frankenreiches, stirbt. Das Frankenreich wird erneut unter seine vier Söhne erbgeteilt (in Austrien mit Hauptstadt Reims und Metz, Neustrien mit Soissons, Paris, Orléans und Tours, Burgund im Rhônegebiet, und Aquitanien).

562
Frankenreich
In der Nähe von Regensburg wehrt der fränkische Teilkönig Sigibert einen Einfall der turkvölkischen Awaren erfolgreich ab.

11. 11. 565
Byzanz
In Konstantinopel stirbt der oströmische Kaiser (seit 527) Justinian I. (*11. 5. 482). Sein Nachfolger wird sein Neffe Justin II. (†5. 10. 578)

567
Frankenreich
Nach dem Tod von Charibert I. wird das Frankenreich nochmals geteilt in Austrien (Reims, Metz), Neustrien (Paris, Soissons) und Burgund (Orléans). Diese Einteilung hat bis 613 Bestand.

567
Osteuropa
Die Awaren unterwerfen im Bund mit den Langobarden das an der unteren Weichsel seit 454 bestehende Reich der Gepiden und nehmen nach dem Abzug der Langobarden nach Italien das Gebiet zwischen Donau und Theiß in Besitz.

567
Frankenreich
Chilperich I., der König von Neustrien (561-584) mit Sitz in Soissons, lässt seine Frau Galswintha ermorden. Chilperich heiratet wenige Tage nach der Beerdigung seine Geliebte Fredegunde (um 550-597). Das führt zu dem in die Nibelungensage eingegangenen Bruderkrieg mit dem austrischen König (561-575) Sigibert I. (um 536-575) und dessen Gattin Brunhilde (†613), einer Schwester der Galswintha.

568
Spanien
Leovigild wird König der Westgoten (bis 586). Er unternimmt zum letzten Mal den Versuch, den arianischen Glauben der Goten auch bei der unterworfenen katholischen Bevölkerung Spaniens durchzusetzen. 575-585 gliedert er das Suebenreich in Nordwestspanien ein und eint dadurch den Großteil der Iberischen Halbinsel.

568
Italien
Der Langobardenkönig Alboin (†28. 6. 572) führt sein Volk aus dem Donauraum nach Oberitalien. Nach der Eroberung von Friaul und dem Veneto erobern sie die nach ihnen benannte Lombardei mit der Hauptstadt Pavia (571) und begründen dort das Langobardenreich.

573
Frankenreich
Der fränkische Geschichtsschreiber Gregor von Tours (30. 11. 538 oder 539-17. 11. 594) wird Bischof von Tours. Als wichtige Quelle für die Geschichte des Merowingerreichs verfasst er eine fränkische Geschichte (»Historiarum libri X« oder »Gesta Francorum« genannt).

575
Frankenreich
Sigibert I. (*um 535), König von Austrien (seit 561), wird auf Veranlassung Fredegundes, Gemahlin Chilperichs I. von Neustrien, ermordet. Sigiberts Gattin Brunhilde verteidigt die Thronrechte des Sohnes Childebert II. (570-Dezember 595).

581
China
Der Militärherrscher Yang Chien fasst China unter seiner Herrschaft zusammen und begründet die Sui-Dynastie (bis 618).

582
Byzanz
Die Awaren bringen mit ihren Eroberungszügen Byzanz in Bedrängnis, das sich zu hohen Tributzahlungen verpflichten muss, und erobern Sirmium (Sremska Mitrovica in Serbien), das Hauptstadt ihres Reiches in Pannonien wird.

Herbst 584
Frankenreich
Chilperich I., der König von Neustrien (seit 561), wird ermordet. Seine Gattin Fredegunde erhebt ihren Sohn Chlothar II. zum neustrischen König (bis 629).

584
Italien
Nach zehnjährigem Interregnum wird angesichts äußerer Bedrohungen mit der Wahl von Authari (†5. 9. 590) zum König der Langobarden die Reichseinheit erneuert. Er verteidigt seine Herrschaft erfolgreich gegen Byzanz und schließt Frieden mit den Franken gegen Anerkennung fränkischer Oberhoheit und Tributzahlung.

23. 10. 585
Frankenreich
In der Synode von Mâcon wird unter Vorsitz von König (561-592) Guntram von Burgund die Frage erörtert, ob man Frauen als Menschen bezeichnen könne. Darüber hinaus beansprucht die Kirche von den Gläubigen eigene Steuereinnahmen (»Kirchenzehnten«).

587
Spanien
Rekkared I., der neue König der Westgoten (586-601), tritt auf einem Reichskonzil in Toledo mit seinem ganzen Volk vom Arianismus zum römischen Katholizismus über. Auf dem dritten Konzil zu Toledo wird der Katholizismus 589 zur spanischen Staatsreligion erhoben.

588
Italien
Austrasische Franken unternehmen einen Heereszug gegen die Langobarden, der mit einer vernichtenden Niederlage der Franken endet.

589
China
Der chinesische Militärführer Yang Chien (541-604) eint ganz China unter seiner Herrschaft. → S. 184

3. 9. 590
Italien
Gregor I. der Große (um 540-12. 3. 604) wird Papst. Er stärkt das Papsttum durch die Förderung des Mönchswesens und legt die Grundlage für die weltliche Machtstellung der Päpste im Mittelalter. → S. 184

5. 9. 590
Italien
Nach dem Tod des Langobardenkönigs Authari vermählt sich seine Witwe Theudelinde mit dem Turiner Grafen Agilulf. Unter seiner Herrschaft (bis 616) findet die langobardische Eroberung in Italien ihren Abschluss. Unter oströmischer Herrschaft bleiben in Italien nur Venedig, die Statthalterschaft von Ravenna, Latium mit Rom, Kampanien mit Neapel sowie Apulien, Kalabrien, Sizilien und Sardinien.

um 590
Frankenreich
Der irische Mönch und Wanderprediger Columbanus (um 543-23. 11. 615) kommt nach Burgund und gründet die Klöster Luxeuil und Bòbbio (Italien). → S. 184

591
Iran
Chosroes II. Aparvez wird sassanidischer Großkönig (bis 628). Unter seiner Herrschaft führt das Sassanidenreich langjährige Kriege gegen Byzanz und erreicht seine größte Ausdehnung.

28. 3. 592
Frankenreich
Nach dem Tod des kinderlosen Guntram, König in Burgund (seit 561) in Chalon-sur-Saône, wird Burgund infolge des Vertrages von Andelot (28. 11. 587) mit Austrien vereinigt.

594
Japan
Der japanische Politiker und Regent (seit 593) Shotoku Taishi (574-622) erhebt den Buddhismus zur Staatsreligion. Beeinflusst vom Vorbild Chinas, strebt er einen zentralistischen Beamtenstaat an und erlässt 604 ein vom Konfuzianismus beeinflusstes Gesetzbuch, die sog. Verfassung in 17 Artikeln. → S. 185

Dezember 595
Frankenreich
Childebert II. (*570), König von Austrien (seit 575) und Burgund (seit 593), stirbt. Sein Erbe wird durch Losentscheid unter seine beiden noch unmündigen Söhne aufgeteilt. Die Regentschaft liegt in den Händen seiner Mutter Brunhilde.

596
England
Papst Gregor I. schickt den Benediktinermönch Augustinus (†604) als Missionar nach England. Er gründet 597 das erste englische Bistum (ab 601 Erzbistum) in Canterbury. Damit beginnt die Missionierung der Angelsachsen.

600-649

23. 11. 602
Byzanz
Kaiser (seit 582) Maurikios I. (*539) wird im Verlauf einer Revolte gestürzt. Die Armee ernennt ihren Feldherrn Phokas (um 547-5. 10. 610) zum Kaiser. Byzanz führt Krieg gegen die Awaren auf dem Balkan und gegen die sassanidischen Perser.

11. 11. 604
Frankenreich
Unter Führung ihrer Hausmeier (höchste Amtsträger) Bertoald und Landerich treffen die Heere Burgunds und Neustriens bei Orléans aufeinander. Einem vereinbarten Zweikampf der beiden Heerführer weicht der Neustrier Landerich aus.

25. 12. 604
Frankenreich
König (seit 595) Theuderich II. von Burgund (587-613) besiegt das Heer des neustrischen Hausmeiers Landerich und zieht siegreich in Paris ein.

606
Indien
Nach dem Hunneneinbruch (um 500) vereint der frühmittelalterliche König Harsha Nordindien bis 647 wieder unter seiner Herrschaft. Er ist der letzte große Förderer des Buddhismus in Indien.

606
China
Ein literarisches Beamtenprüfungs-System wird eingeführt, das bis 1905 Gültigkeit hat.

5. 10. 610
Byzanz
Kaiser (seit 602) Phokas (*um 547) wird gestürzt und hingerichtet. Herakleios I. (575-11. 2. 641) wird byzantinischer Kaiser. Er nimmt 627 den griechischen Herrschertitel Basileios (anstelle des lateinischen Titels Imperator) an, erhebt das Griechische zur Amtssprache und erneuert grundlegend die Reichsverwaltung. → S. 186

612
Frankenreich
Arnulf (†18. 7. 640) wird Bischof von Metz. Er regiert Austrien unter dem Merowinger Dagobert I. (†639) ab 623 zusammen mit dem Hausmeier Pippin I. (†640). Durch die Ehe seines Sohns Ansegisel mit Pippins Tochter Begga wird Arnulf Stammvater der Karolinger. 629 zieht er sich als Einsiedler in die Vogesen zurück.

613
Frankenreich
Chlothar II. (584-629), König von Neustrien (seit 584), lässt die Herrscherin von Burgund und Austrien, Brunhilde, und ihren Urenkel Sigibert II. zu Tode foltern. Er einigt das gesamte Frankenreich mit der Hauptstadt Paris. Chlothar muss 614 auf der Synode und Reichsversammlung von Paris im Edictum Chlotarii als Gegenleistung dem burgundischen und austrischen Adel weitreichende Zugeständnisse machen. → S. 187

613
Syrien
Mit der Einnahme von Damaskus, der Eroberung Jerusalems (614) und später auch Ägyptens erlebt die persische Sassaniden-Dynastie ihren letzten Höhepunkt. → S. 186

616
Spanien
Im Westgotenreich beginnt die Verfolgung von Juden und ihre Zwangsbekehrung.

Juni 617
Byzanz
Konstantinopel wird von den Awaren und Slawen belagert. Zu dieser Zeit sind nur noch wenige Städte auf dem Balkan fest in der Hand des Oströmisches Reiches.

618
China
Li Yüan (später Kao-tsu) proklamiert die Tang-Dynastie. Sie führt das Chinesische Reich bis 906 zu ihrer geschichtlich größten Ausdehnung und Macht. → S. 187

619
Ägypten
Die Perser erobern Ägypten und damit die »Kornkammer« des Oströmischen Reiches.

April 622
Byzanz
Nach einem Friedensschluss mit den Awaren (619) beginnt Kaiser Herakleios I. nach langen Vorbereitungen einen Gegenangriff gegen das Perserreich, um Kleinasien wieder in byzantinische Hand zu bekommen.

September 622
Arabien
Der Religionsstifter Mohammed (eigentl. Abul Kasim Muhammad Ibn Abdallah, um 570-8. 6. 632) wird durch den starken Widerstand der Mekkaner gegen seine beginnende Lehrtätigkeit zur Auswanderung (Hedschra) nach Medina gezwungen. Mit 622 beginnt die islamische Zeitrechnung.

623
Böhmen und Mähren
Unter Führung des fränkischen Kaufmanns Samo (†um 659) erheben sich die Slawen gegen die Awarenherrschaft und begründen ein

großes Reich. 631 siegt Samo in der Schlacht bei der Wogastisburg gegen die Franken.

um 625
Frankenreich
In Saint-Denis wird durch den letzten bedeutenden Merowingerherrscher Dagobert I. eine Benediktinerabtei gegründet.

August 626
Byzanz
Die Awaren und die mit ihnen verbündeten Perser belagern erfolglos Konstantinopel.

9. 12. 627
Mesopotamien
Der byzantinische Kaiser Herakleios I. besiegt die sassanidischen Perser entscheidend bei Ninive und dringt 628 bis zur persischen Hauptstadt Ktesiphon vor.

628
Indien
Der indische Mathematiker und Astronom Brahmagupta verfasst in Versform das »Brahmasphutasiddhanta«, ein Lehrbuch der Astronomie und Mathematik. Er kennt die Null und das Bruchrechnen, verbessert das Verfahren zur Auflösung unbestimmter und quadratischer Gleichungen und löst astronomische Probleme.

628
Persien
Der sassanidische Großkönig (seit 590) Chosroes II. Aparvez wird bei einer Revolte ermordet. Nach der Eroberung Jerusalems durch byzantinische Truppen 629 müssen die Perser im Jahr 630 das »Heilige Kreuz«, an dem Jesus Christus gestorben sein soll, wieder zurückgeben.

Januar 630
Arabien
Der Religionsstifter Mohammed erobert Mekka, zerstört heidnische Bildnisse und erklärt die Kaaba zum islamischen Heiligtum und Wallfahrtsort.

8. 6. 632
Arabien
Der Begründer der islamischen Lehre, Mohammed (*um 570), stirbt in Medina. → S. 190

633
Spanien
Auf dem IV. Konzil von Toledo wird Wahlmonarchie für das Westgotenreich festgeschrieben.

23. 8. 634
Arabien
In Medina stirbt Abu Bakr (*um 573), der Nachfolger Mohammeds und erste »rechtgeleitete« Kalif (seit 632). Nachfolger wird Omar I. (um 592-3. 11. 644), der 635 die Byzantiner aus Syrien vertreibt und Damaskus (Kalifenstadt bis 750) sowie Gaza und Südpalästina erobert.

635
England
Der iroschottische Mönch Aidan († 651) begründet das Kloster Lindisfarne auf der Nordseeinsel Holy Island vor der Küste von Northumberland.

20. 8. 636
Syrien
In der Schlacht am Yarmuk (Nebenfluss des Jordan) besiegen die muslimischen Araber das byzantinische Hauptheer. Die kleinasiatischen Gebiete werden fortan arabisch und muslimisch geprägt. Die Araber erobern auch Ktesiphon, die Hauptstadt des Sassanidenreiches (637) sowie Jerusalem (638).

636
Italien
Der Arianer Rothari wird König der Langobarden (bis 652). Er lässt 643 im Edictus Rothari das langobardische Volksrecht aufzeichnen.

19. 1. 639
Frankenreich
Nach dem Tod des Merowingerkönigs Dagobert I., Herrscher Austriens ab 623 und des gesamten Frankenreichs ab 629, wird sein siebenjähriger Sohn Chlodwig II. (633-657) unter Vormundschaft sein Nachfolger. Die Macht liegt jedoch in den Händen der Hausmeier, die Macht der Merowinger verfällt zusehends.

11. 2. 641
Byzanz
Der byzantinische Kaiser (seit 610) Herakleios (*575) stirbt. Seine Nachfolge tritt nach inneren Wirren Ende September 641 sein Enkel Constans II. (630-15. 9. 668) an, der ab 663 in Syrakus residiert.

641
Ägypten
Die Muslime erobern Alexandria, die letzte byzantische Stellung in Ägypten. Dabei soll die bedeutendste Bibliothek der Antike in Flammen aufgegangen sein.

645
Japan
Mit einem Staatsstreich beginnt die sog. Taika-Reform, das bis 702 in Japan durchgeführte Reformwerk, welches auf Umwandlung des Staates in eine zentralistisch organisierte absolutistische Monarchie nach chinesischem Vorbild abzielt. Diese Ordnung hat bis 1192, dem Beginn der Shogunherrschaft und des Feudalismus, Bestand.

647
Indien
Nach dem Tod des letzten Großkönigs (seit 606) Harsha zerfällt das nördliche Indien in eine Vielzahl von Kleinstaaten der Kriegerkaste.

648
Mittelmeer
Die Muslime setzen ihren Eroberungsfeldzug fort und besetzen nach Tripolitanien und der Cyraneika (647) auch Zypern.

650-699

um 650
Russland
Das vom Ural her eingewandert Turkvolk der Chasaren erobert das Großbulgarische Reich im Süden Russlands. Vom 7. bis zum 9. Jh. erstreckt sich ihr Reich vom Ural bis zum Dnjepr und vom Kaukasus bis zur mittleren Wolga.

um 650
Tibet
Die nomadischen Hochlandstämme schließen sich zu einem Staat zusammen. Damit beginnt die überlieferte Geschichte Tibets.

653
Italien
Unter ihrem König (bis 661) Aripert I. konvertieren die Langobarden zum Katholizismus.

653
Arabien
Der Kalif Othman (†17. 6. 656) lässt die kanonische Fassung des Korantextes ausarbeiten und wird damit zum eigentlichen Schöpfer des theokratischen islamischen Weltreiches. Mohammed Othman ist Nachfolger von Kalif (seit 634) Omar I. (*um 592), der einem Mordanschlag (3. 11. 644) zum Opfer fiel. → S. 191

654
Mittelmeer
Die zum Byzantinischen Reich gehörende Insel Rhodos wird erstmals von den Arabern geplündert.

654
Spanien
Der Westgotenkönig (653-672) Rekkaswinth stellt mit dem »Liber iudiciorum« die römisch-gotische Rechtseinheit wieder her. Bis dahin existierte das westgotische Volksrecht in Spanien neben dem römischen Recht.

655
Mittelmeer
In der ersten Seeschlacht gegen die Araber vor der Südküste von Kleinasien wird der byzantinische König Constans II. geschlagen.

1. 2. 656
Frankenreich
Sigibert III. (*630), seit 633/34 König von Austrien, stirbt. In einem Staatsstreich lässt sein Hausmeier Grimoald den vierjährigen Thronfolger Dagobert II. in ein irisches Kloster verbannen. Grimoald (*um 620) wird 662 wird gefangen gesetzt, an Neustrien ausgeliefert und stirbt dort unter der Folter. 676 wird Dagobert II. erneut zum König erhoben, am 23. 12. 679 jedoch ermordet.

17. 6. 656
Arabien
In Medina wird der dritte Kalif (seit 644) Othman von Aufständischen ermordet. In den Kämpfen um seine Nachfolge kann sich am 9. 12. 656 in der sog. Kamelschlacht bei Basra

zunächst Ali Ibn Abi Talib (um 600-24. 1. 661) behaupten. Es kommt zur Spaltung der Mohammedaner in Schiiten (Anhänger von Ali, sie erkennen ausschließlich die Verwandtschaft des Propheten als Kalifen an) und Sunniten (Anhänger der Omaijaden, sie erkennen die Sunna und mündliche Überlieferungen des Propheten an).

658
Frankenreich
Der fränkische Hausmeier Ebroin (†14. 5. 680) führt für die neustrischen Könige Chlothar III. (657-673) und Theuderich III. (673-690) die Regierung und baut das Amt des Hausmeiers zur Statthalterschaft aus.

661
Arabien
Der neue Kalif (bis 680) Moawija I. (um 603-April 680), bisher Gouverneur in Syrien, begründet nach Machtkämpfen die Omaijadendynastie mit Sitz in Damaskus (bis 750).

664
England
Auf der Synode von Whitby (Northumberland) entscheidet sich der Adel für den Anschluss an die römisch-katholische und gegen die irisch-schottische Kirche. Nach den Beschlüssen von Whitby reformiert Theodorus von Tarsus (602-19. 9. 690) ab 668 als Erzbischof von Canterbury die englisch-römische Kirche.

15. 9. 668
Byzanz
Nach der Ermordung seines Vaters Constans (*630) verlegt der neue oströmische Kaiser Konstantin IV. Pogonatos (»der Bärtige«, um 654-685) den Sitz des Hofes von Syrakus wieder nach Konstantinopel.

Frühjahr 673
Frankenreich
Nach dem Tod von Chlothar III. (*654), seit 657 König von Neustrien und Burgund, wird Childerich II. von Austrien (seit 662) Herrscher im gesamten Frankenreich, jedoch bereits im Herbst 675 auf Anstiften des neustrischen Adels ermordet.

674
Byzanz
Die erste Belagerung von Konstantinopel (bis 678) durch die Araber unter ihrem Kalifen Moawija I. wird abgeschlagen, vor allem unter Verwendung hochbrennbarer Brandsätze, des sog. griechischen Feuers. Die Erfindung im Jahr 671 wird Hallikinos aus Heliopolis zugeschrieben.

680
Balkan
Die Bulgaren, ein turksprachiges Volk von Reiternomaden, überschreiten die Donau und gründen unter ihrem Khan Asparuch (um 644-700) in der oströmischen Dobrudscha ein eigenes Reich. Asparuch zwingt 681 Byzanz zur vertraglichen Anerkennung seiner Herrschaft und zu jährlichen Tributzahlungen.

20. 5. 685
England
Nach dem Sieg der Pikten über die Angeln in der Schlacht bei Dunnichen Mere wird der Firth of Forth Grenze zwischen Schottland und England. → S. 192

685
Arabien
Abd Al Malik (646 oder 647-8.10.705) wird Kalif im Omaijadenreich. Er besiegt 692 den Gegenkalifen Abdullah ibn Az Zubair in Mekka und stellt die Einheit des islamischen Reichs wieder her. Anstelle des Griechischen bzw. Persischen führt er die arabische Verwaltungssprache ein.

687
Frankenreich
In der Schlacht bei Tertry besiegt der austrische Hausmeier Pippin der Mittlere (um 635-16. 12. 714) den König Theuderich III. von Neustrien-Burgund sowie seinen Hausmeier Berchar und erlangt damit die Stellung eines Hausmeiers des gesamten Frankenreichs, die er in seiner Familie (Karolinger) erblich macht.

689
Frankenreich
Der fränkische Hausmeier Pippin der Mittlere besiegt bei Dorestad den Friesenherzog Radbod (†719) und gliedert Westfriesland in das Frankenreich ein.

um 689
Frankenreich
Der iroschottische Missionsbischof Kilian wird in Würzburg samt zwei seiner Gefährten überfallen und als Märtyrer durch Enthauptung hingerichtet.

690
China
In China wird die einzige Frauendynastie durch Kaiserin Wu nach Entmachtung ihrer Söhne gebildet. Sie hat bis 705 Bestand.

691
Palästina
Kalif Abd Al Malik lässt in Jerusalem den Felsendom errichten. Der achtseitige Kuppelbau mit bedeutendem Glasmosaikschmuck im Innern ist nach der Kaaba in Mekka das zweithöchste Heiligtum des Islam. → S. 193

691
Byzanz
Die nach dem Sitzungssaal des kaiserlichen Palastes zu Konstantinopel benannte Trullanische Reichssynode lehnt den Zölibat der Priester ab und wendet sich gegen den Primat des Papstes. Papst (seit 687) Sergius I. (†8. 9. 701) verweigert die vom oströmischen Kaiser Justinian II. geforderte Anerkennung der trullanischen Beschlüsse – ebenso wie seine Nachfolger.

Ende 695
Byzanz
Der byzantinische Kaiser (seit 685) Justinian II. Rhinotmetos (»mit abgeschnittener Nase«, 669 -Dezember 711) wird wegen seiner Gewaltherrschaft verstümmelt und verbannt. 705 wird er zurückgeholt, bei einem Aufstand aber getötet. Das Oströmische Reich gerät in eine schwere Krise, bis 716 lösen sechs Kaiser einander ab.

698
Nordafrika
Auf ihrem Vormarsch zerstören die Araber die Stadt Karthago und beenden damit die byzantinische Herrschaft auf afrikanischem Boden. Als Nachfolgestadt wird Tunis gegründet.

698
Luxemburg
Der angelsächsische Benediktiner und Apostel der Friesen Willibrord (658-7. 11. 739), später Bischof von Utrecht, gründet als Stützpunkt für seine Arbeit die Abtei Echternach (in Luxemburg).

700-749

um 700
Irland
Irische Mönche erstellen in jahrzehntelanger Arbeit das nach dem Kloster Kells im mittelirischen County Meath benannt »Book of Kells«. Das prächtig ausgestattete Evangeliar ist ein Höhepunkt der mittelalterlichen Buchkunst. → S. 192

um 700
Peru
Die altindianische Moche-Kultur (seit 200) an der Nordküste von Peru, welche die Täler von Pacasmayo, Chicama, Moche, Virú, Santa und Nepeña beherrschte, erlischt. Im zentralperuanischen Hochland kommt die Huari-Kultur (600-1200) zur Blüte. → S. 193

um 700
Frankenreich
Angesichts der allmählichen Erschöpfung der Goldvorräte verdrängt die Silberwährung die Goldmünze.

8. 10. 705
Arabien
Unter dem sechsten Omaijadenkalifen Walid I. (um 670-23. 2. 715) wird die arabisch-islamische Herrschaft auf das gesamte Nordafrika sowie im Osten bis nach Buchara, Samarkand und Fergana und in das Pandschab ausgedehnt. Walid I. lässt an der Stelle der abgerissenen christlichen Johanneskirche zwischen 705 und 715 die Omaijaden-Moschee in Damaskus erbauen.

710
Japan
Nara wird Japans erste feste Hauptstadt (bis 784). Die Nara-Periode ist eine Blütezeit der Malerei. → S. 192

711
Nordafrika
Der arabische Heerführer Tarik landet in Gibraltar (Dschebel Al Tarik), besiegt die von Roderich

geführten Westgoten bei Jerez de la Frontera und erobert den größten Teil der Iberischen Halbinsel. Damit beginnt die rd. 500-jährige Herrschaft des Islam in Spanien und Portugal. Die Festung Gibraltar bleibt bis 1462 maurisch.

712
Italien
Liutprand wird König der Langobarden (bis 744). Er nimmt die Angriffspolitik gegen Byzanz wieder auf und erobert nach 725 die byzantinischen Besitzungen in Ober- und Mitelitalien.

16. 12. 714
Frankenreich
Der fränkische Hausmeier Pippin der Mittlere (*um 635) stirbt in Jupille bei Lüttich. Sein Sohn Karl Martell (um 688-15. 10. 741) setzt 715 seinen Anspruch auf das Majordomat über Austrasien durch (bis 741) und besiegt die Neustrier 716 und 717 sowie 719 bei Soissons auch die von ihnen zu Hilfe gerufenen Aquitanier.

716
Portugal
Die Araber erobern Lissabon. Unter westgotischer Herrschaft (seit dem 5. Jh.) war der Ort als Festung ausgebaut worden.

18. 4. 717
Byzanz
Leon III. (um 675-18. 6. 741) wird oströmischer Kaiser und beendet die seit 695 andauernden Thronwirren. Er verteidigt 717/18 Konstantinopel erfolgreich gegen die Araber und vertreibt sie anschließend bis 740 aus Kleinasien.

719
Frankenreich
Der angelsächsische Benediktinermönch und Missionar Bonifatius (eigentl. Wynfrith, um 675-5. 6. 754) beginnt im päpstlichen Auftrag mit der Missionierung der heidnischen Germanen. Er gründet 724 das Kloster Fritzlar und 741/42 das Bistum Würzburg.

719
Frankenreich
Der alamannische Mönch Otmar (†16. 11. 759) ist Vorsteher der Galluszelle und wird 720 erster Abt des Klosters St. Gallen.

720
Frankenreich
Die Araber überschreiten die Pyrenäen und erobern Narbonne, werden aber von einem fränkischen Heer zurückgeschlagen.

722
Spanien
Der Westgotenfürst Pelayo (†737) besiegt die Araber in der Schlacht bei Covadonga (Provinz Oviedo) und gründet das kleine christliche Königreich Asturien.

724
Frankenreich
Der Mönch Pirmin (†3. 11. 753) gründet das Kloster Reichenau.

726
Byzanz
Kaiser Leon III. verbietet die Anbetung religiöser Bilder und löst damit den sog. Bilderstreit aus. 730 verfügt er im Ikonoklastischen Edikt die Zerstörung aller Heiligenbilder in Kirchen und Klöstern sowie die Verbannung des Patriarchen aus Byzanz. Diese Maßnahme führt zu einer andauernden Entfremdung zwischen östlichen und westlichem Christentum und stürzt das Oströmische Reich in eine mehr als 100-jährige innere Krise.

30. 5. 727
Frankenreich
In Tervueren bei Brüssel stirbt Hubertus (*um 655), Bischof von Maastricht-Lüttich, der durch die im 10./11. Jh. auftauchende Hirsch-Legende zum Patron der Jäger wird.

17.-25. 10. 732
Frankenreich
In der Schlacht bei Tours und Poitiers besiegt der fränkische Hausmeier Karl Martell mit Unterstützung durch rechtsrheinische Stämme die Araber und bringt die muslimische Expansion in Europa zum Stehen. → S. 194

Frühjahr 737
Frankenreich
Nach dem Tod des merowingischen Schattenkönigs (seit 721) Theuderich IV. regiert der Hausmeier Karl Martell als Alleinherrscher, nimmt jedoch nicht den Königstitel an. Er vergibt Güter an Adlige nicht mehr als Geschenk, sondern nur als Lehen, wobei die Gegenleistung die Verpflichtung zum Kriegsdienst ist.

739
Italien
Papst (seit 731) Gregor III. (†28. 11. 741) bittet Karl Martell um Hilfe gegen die Langobarden, hat damit jedoch keinen Erfolg. 740 trägt er ihm vergeblich den Titel »Patricius Romanorum« (Schutzherr der Römer) an.

18. 6. 741
Byzanz
In Konstantinopel stirbt der byzantinische Kaiser (seit 717) Leon III. (*um 675). Sein Nachfolger Konstantin V. (719-14. 9. 775) kämpft erfolgreich gegen Araber und Bulgaren und setzt den Kampf der sog. Ikonoklasten gegen die Verehrung von christlichen Bildern fort.

15. 10. 741
Frankenreich
Der fränkische Hausmeier Karl Martell (*um 688) stirbt in Quierzy. Die Herrschaft teilen sich seine Söhne. Karlmann (vor 714-17. 8. 754) erhält als Hausmeier Austrien, Alamannien und Thüringen, Pippin III. der Jüngere (um 715-24. 9. 768) Neustrien-Burgund und die Provence.

744
Frankenreich
Die fränkischen Hausmeier Pippin und Karlmann unterwerfen die Alamannen und heben das alamannische Herzogtum auf. Beim Gerichtstag von Cannstadt werden die Anführer der Alamannenerhebung 746 verurteilt.

747
Frankenreich
Der austrische Hausmeier Karlmann zieht sich in das von ihm gegründete Kloster Soracte (nördlich Rom) und später nach Montecassino zurück. Pippin ist nun Alleinherrscher im Frankenreich.

749
Arabien
Abul Abbas (†9. 6. 754) wird von seinen Anhängern zum Kalifen ausgerufen. Im Jahr 750 besiegt er den letzten Omaijadenherrscher Merwan II. am oberen Zab (Irak) und begründet die Abassiden-Dynastie (bis 1258). → S. 195

750-799

November 751
Frankenreich
Im Einverständnis mit Papst (seit 741) Zacharias (†15. 3. 752) setzt der fränkische Hausmeier Pippin III., der Jüngere, den letzten merowingischen König (seit 743) Childerich III. (†754) ab, und lässt sich selbst in Soissons zum König erheben und nach alttestamentlichem Vorbild salben. Damit endet die Ära der Merowinger (seit 482), es beginnt die Zeit der Karolinger (bis 911 bzw. 987).

751
Italien
Die Langobarden unter ihrem König (749-756) Aistulf erobern von Byzanz das Exarchat von Ravenna und bedrohen Rom.

752
Italien
Zwischen 752 und 806 entsteht in Rom die sog. Konstantinische Schenkung (lat. Constitutum Constantini), eine gefälschte Urkunde, durch die Kaiser Konstantin I., der Große, dem Papst Silvester I. neben anderen Rechten den Vorrang Roms über alle Kirchen zuerkannt und die Herrschaft über die Stadt Rom, ganz Italien sowie die Westhälfte des Römischen Reichs übertragen haben sollte. Die Urkunde diente im Mittelalter zur Begründung eines freien Papsttums und wird erst 1440 endgültig als Fälschung erkannt.

14. 4. 754
Italien
Papst (752-757) Stephan II. (†26. 4. 757) und der Frankenkönig Pippin III. der Jüngere unterzeichnen den Vertrag von Quierzy. Der Papst erkennt die Karolinger als rechtmäßige Frankenherrscher an. Die im Gegenzug erfolgte sog. Pippinische Schenkung begründet den Kirchenstaat. Zuvor hatte das Oberhaupt der Kirche den Frankenkönig um Unterstützung gegen die Langobarden gebeten (7. 1. 754). Pippin zieht nach Italien gegen die Langobarden und zwingt diese in zwei Feldzügen (754 und 756) zur Abtretung des Exarchats Ravenna und sonstiger Eroberungen in Mittelitalien. → S. 194

756
Spanien
Der vor den Abbasiden geflohene einzige Spross des Omaijadengeschlechts, Abdarrahman I. (bis 788), gründet in Spanien das von Bagdad unabhängige Emirat mit der Hauptstadt Córdoba (bis 1031).

757
England
Offa (†796) wird König von Mercia und dehnt als sog. Overlord (Oberkönig) seinen Einfluss über den ganzen Süden Englands aus. Zwischen Wales und Mercia lässt er einen großen Erdwall (Offa's Dyke) errichten.

762
China
Der chinesische Dichterfürst Li Bai (Li Po, *um 701) stirbt. Bekannt wurde er vor allem durch seine Trinklieder und Naturschilderungen, aber auch durch Klagelieder über den sozialen Niedergang seiner Zeit. → S. 194

762
Arabien
Der zweite Abbasidenkalif (754-775) Abu Dschafar Al Mansur (712-Oktober 775) gründet Bagdad und erhebt es im Jahr darauf zur neuen Residenz des islamischen Reiches.

24. 9. 768
Frankenreich
König (seit 751) Pippin III., der Jüngere (*um 715) stirbt. Seine beiden Söhne Karl (2. 4. 747-28. 1. 814) und Karlmann (751-4. 12. 771) werden gemeinsam Könige der Franken.

um 770
Deutschland
Im Kloster Freising entsteht der »Abrogans«, ein alphabetisch geordnetes, latein-deutsches Glossar.

4. 12. 771
Frankenreich
Nach dem Tod seines Bruders Karlmann (*751) wird Karl (der Große) alleiniger Frankenkönig. Erbansprüche von Karlmanns Witwe Gerberga und ihres Sohnes werden dabei übergangen.

774
Italien
Auf ein Hilfeersuchen des vom Langobardenkönig Desiderius bedrängten Papstes (seit 772) Hadrian I. (†25. 12. 795) erobert der Frankenherrscher Karl (der Große) das seit 568 in Italien bestehende Langobardenreich. Desiderius wird abgesetzt und in ein fränkisches Kloster verbracht. Karl lässt sich zum König der Langobarden krönen.

um 775
Java
In Zentraljava errichten Shailendra-Könige einen 32 m hohen Tempel zu Ehren Buddhas. → S. 195

778
Spanien
Nach einem erfolglosen Feldzug des Frankenherrschers Karl gegen das Emirat von Córdoba fällt im Tal von Roncesvalles bei einem baskischen Überfall Roland, Graf der bretonischen Mark. Der Vorfall wird um 1100 im »Rolandslied« verewigt.

781
Frankenreich
König Karl holt den angelsächsischen Gelehrten, Dichter und Theologen Alkuin (um 730-804 Tours) als Leiter an seine Hofschule. Er hat großen Anteil an der Neugestaltung des Bildungswesens im Frankenreich.

782
Frankenreich
Nach jahrelangen Kämpfen lässt König Karl auf dem Reichstag zu Lippspringe das Land der Sachsen in fränkische Grafschaften teilen. Einen Aufstand der Sachsen wirft er gewaltsam nieder (angeblich 4500 Hinrichtungen beim sog. Blutgericht in Verden im Oktober 782). Der Sachsenführer Widukind lässt sich 785 in Attigny taufen.

785
Spanien
In Córdoba wird mit dem Bau der Großen Moschee begonnen (Fertigstellung 990, im 16. Jh. zur Kathedrale umgebaut). Sie wird zur Hauptmoschee der westlichen arabischen Welt.

786
Arabien
Harun Ar Raschid (763 oder 766-24. 3. 809) wird Kalif von Bagdad. Unter seiner Regierung erreicht das Abbasidenreich die größte Macht und kulturelle Blüte. In den Erzählungen »Tausendundeine Nacht« wird er volkstümlich idealisiert.

23. 10. 787
Byzanz
Zum Abschluss des zweiten Konzils von Nicäa (VII. ökumenisches Konzil) wird unter dem Einfluss der oströmischen Kaiserinmuttter und Regentin (seit 780) Irene (um 752-9. 8. 803) die Bilderverehrung im Byzantinischen Reich wiederhergestellt und der sog. Ikonoklasmus als Häresie verurteilt. Auf einer vom Frankenkönig Karl (der Große) am 1. 6. 794 nach Frankfurt am Main eröffneten Reichssynode werden die Beschlüsse von Nicäa abgelehnt.

788
Frankenreich
König Karl setzt den bayerischen Herzog (seit 748) Tassilo III. auf der Reichsversammlung in Ingelheim wegen Bruch seines Treueids ab und verbannt ihn samt seiner Familie zu ewiger Klosterhaft. Mit der Eingliederung Bayerns in das Frankenreich wird das letzte ältere Stammesherzogtum beseitigt.

789
Spanien
Die Araber erobern die Balearen.

8. 6. 793
England
Norwegische Wikinger überfallen das Kloster Lindisfarne. Damit beginnt die Wikingerzeit in England und die Raubzüge der Normannen in Europa und Russland.

18. 11. 794
Japan
Die Hauptstadt wird von Nara nach Heian (heutiges Kyoto) verlegt, das bis 1867 das Machtzentrum bleibt. Kaiser Kammu will sich dem Einfluss der buddhistischen Klöster in Nara entziehen.

795
Frankenreich
Karl gründet die Spanische Mark als Bollwerk gegen die Omaijaden; mit Grenzverlauf am oberen Ebro. Mit der Eroberung von Barcelona am 28. 12. 801 wird die Grenzprovinz weiter nach Süden ausgedehnt.

796
Frankenreich
Ein vom Markgrafen Erich von Friaul und König Pippin von Italien geführtes Heer erstürmt den sog. Awarenring (Hauptlager), unterwirft die Awaren zwischen Donau und Theiß und gründet die Awarische Mark. Ein weiterer Feldzug durch Karl den Großen beendet 803 endgültig die Existenz des Awarenreiches.

15. 8. 797
Byzanz
Kaiserinmutter Irene von Byzanz lässt ihren Sohn Konstantin VI., der sie 790 von der Macht verdrängt hatte, blenden und wird damit erste Kaiserin. Am 31. 10. 802 wird sie durch eine Palastrevolte gestürzt. Da ein weibliches Kaisertum in West- und Mitteleuropa nicht anerkannt wird, ist damit die Voraussetzung für die Kaisererhebung des Frankenkönigs Karl I. gegeben.

800-849

25. 12. 800
Italien
Karl der Große wird in Rom von Papst (seit 795) Leo III. (†12. 6. 816) während der Weihnachtsmesse in der Peterskirche zum Kaiser gekrönt. Damit wird ein bis 1806 bestehendes westliches Kaisertum gegründet, das von Byzanz erst 812 stillschweigend anerkannt wird. → S. 197

um 800
Indonesien
In Zentraljava entsteht unter der Shailendra-Dynastie die buddhistische Kultstätte Borobudur.

um 800
Dänemark
Der dänische Teilkönig Göttrik (†um 810) errichtet die erste Befestigungsanlage (Danewerk) südlich der Schlei zur Abwehr des Frankenreiches. Er siedelt in Haithabu eine Kaufmannschaft an (erstmals erwähnt 804).

nach 800
Frankenreich
Im Kloster Fulda wird in einer althochdeutschen-altsächsischen Mischsprache das Hildebrandslied aufgeschrieben, das Bruchstück des einzigen überlieferten deutschen Beispiels eines germanischen stabreimenden Heldenlieds.

24. 3. 809
Arabien
Nach dem Tod des Abbasidenkalifen (seit 786) Harun Ar Raschid (*763 oder 766) wird das Reich unter seinen Söhnen Abd Allah Mamun (Ostteil) und Al Amun (Westteil) aufgeteilt. Den folgenden Machtkampf entscheidet Mamun (786-August 833) für sich. Er fördert die Übernahme antiken Geistesgutes im arabischen Kulturkreis.

26. 7. 811
Byzanz
Der oströmische Kaiser (seit 802) Nikephoros I. (*765) fällt bei Pliska im Kampf gegen den Bulgaren-Khan (seit 802) Krum (†13. 4. 814), der aus seinem Schädel einen Trinkbecher fertigen lässt. Die Bulgarengefahr löst in Konstantinopel eine Reihe von Thronwechseln aus.

811
Italien
Die schwer zugängliche Laguneninsel Rialto wird Regierungssitz von Venedig. Agnello Participazio (bis 827) ist der erste bedeutende Doge (gewähltes Staatsoberhaupt). → S. 196

812
Frankenreich
Im Vertrag von Aachen wird der 806 begonnene Krieg in Südeuropa beendet, Dalmatien, Venedig und Unteritalien bleiben unter byzantinischer Herrschaft. Im Gegenzug erkennt Byzanz den fränkischen Kaiser Karl den Großen als Kaiser an.

28. 1. 814
Frankenreich
Nach dem Tod von Karl dem Großen (*2. 4. 747), König der Franken (seit 768) und Kaiser (seit 800), in Aachen geht die Macht auf seinen einzigen noch lebenden Sohn Ludwig den Frommen (778-20. 6. 840) über.

Juli 817
Frankenreich
Kaiser Ludwig der Fromme erlässt die »ordinatio imperii«. Er ernennt seinen ältesten Sohn Lothar I. (795-29. 9. 855) zum Mitkaiser und ernennt seine beiden jüngeren Söhne Ludwig den Deutschen und Pippin (†838) zu Unterkönigen in Bayern bzw. Aquitanien. → S. 199

819
St. Gallen
Gozbert, Abt von St. Gallen, erhält den Plan einer Klosteranlage, die in idealer Weise ein Leben nach der Benediktinerregel ermöglicht. → S. 199

25. 12. 820
Byzanz
Mit Michael II. (†Oktober 829) gelangt in Konstantinopel die sog. amorische Dynastie zur Regierung (bis 867).

Um 820
Frankenreich
Für den Ausbau des Klosters St. Gallen verfasst Haito (†823), der Bischof von Basel, einen Idealgrundriss und sendet ihn an den St. Galler Abt Gozbert. Der Plan wird – wenn auch nicht in allen Einzelheiten ausgeführt – zur Grundlage für den Umbau des Klosters.

821
Iran
Tahir Ibn Al-Husein, der Statthalter des Kalifen in Khorasan im Nordosten Irans, begründet die sunnitische Dynastie der Tahiriden (bis 873). Damit beginnt die politische Loslösung des Iran vom Kalifat in Bagdad.

um 823
Mittelmeer
Die Araber erobern Kreta und setzen sich ab 827 auf Sizilien fest, das bis 902 gänzlich erobert wird. Auch Sardinien (828) und Korsika (850) werden arabisch.

824
Frankenreich
Der fränkische Mitkaiser Lothar I. erlässt die »Constitutio Romana«, ein Gesetz, welches die Rechte des Kaisers gegenüber dem Papst erneuert und von jedem neu gewählten Papst einen Treueid auf den Kaiser verlangt.

825
England
König (seit 802) Egbert von Wessex (†839) erobert in der Schlacht bei Ellendun das Königreich Mercia und nennt sich nach der Eroberung der übrigen Teilkönigreiche (bis 829) »King of the English«.

826
Frankenreich
Der aus Jütland vertriebene dänische Teilkönig Harald Klak (»Schmutzfleck«) lässt sich in Ingelheim als erster nordischer König taufen.

um 830
Mähren
Fürst Mojmir gründet ein bis 906 bestehendes Großmährisches Reich, in dessen Grenzen zeitweise Böhmen, Ungarn und Teile Polens liegen. Es zerfällt schließlich unter dem Ansturm der Ungarn.

831
Frankenreich
Der Missionar Ansgar (um 801-3. 2. 865) gründet nach Missionsreisen in Dänemark und Schweden (827-830) das Bistum Hamburg, dessen Sitz nach der Zerstörung Hamburgs durch die Dänen im Sommer 845 nach Bremen verlegt wird.

841
Irland
Aus Norwegen kommende Wikinger errichten den Stützpunkt Dublin, ab 853 Zentrum eines Fürstentums.

841
Italien
Muslime erobern die byzantinische Hafenstadt Bari in Apulien.

14. 2. 842
Frankenreich
Zwei Jahre nach dem Tod von Kaiser Ludwig dem Frommen bekräftigen zwei seiner Söhne, die Könige Ludwig der Deutsche (um 806-28. 8. 876) und Karl II., der Kahle (13. 6. 823-6. 10. 877), in den Straßburger Eiden ihr Bündnis gegen Kaiser Lothar I., den sie 841 in der Schlacht bei Fontenoy besiegt haben. Der Bund wird von Karl althochdeutsch, von Ludwig altfranzösisch und von beiden Heeren in der eigenen Sprache beschworen.

10. 8. 843
Frankenreich
Im Vertrag von Verdun wird das Reich endgültig aufgeteilt: Westfranken unter Karl II., den Kahlen, ein Mittelreich mit Burgund und Italien unter Lothar I., der den Kaisertitel behält, und Ostfranken unter Ludwig dem Deutschen.

843
Byzanz
Unter der Herrschaft der byzantinischen Kaiserin Theodora (um 810-11. 2. 867), die 842-856 die Regierung für ihren Sohn Michael III. (842-867) führt, tagt in Konstantinopel eine Synode, welche die Bilderverehrung in der orthodoxen Kirche akzeptiert. Damit ist der »Bilderstreit« endgültig beigelegt.

844
England
Die Scoten unter ihrem König (um 840-858) Kenneth I. Mac Alpin erobern das Piktenreich und bilden das Königreich Alban. Damit beginnt die eigenständige Geschichte Schottlands. Die Dynastie herrscht bis 1286.

844
China
Kaiser (840-846) Wu Tsung ordnet ein Verbot des weit verbreiteten Buddhismus und »anderer fremder Religionen« an. Der reiche Besitz der buddhistischen Klöster wird beschlagnahmt. Die Statuen werden eingeschmolzen und zu Münzen verarbeitet.

844
Portugal
Die Wikinger plündern Lissabon und Sevilla und dringen 845 bis Paris vor. → S. 198

846
Italien
Die Sarazenen überfallen die Außenbezirke von Rom. Der 847 zum Papst gekrönte Leo IV. (†17. 7. 855) bemühte sich daraufhin um den militärischen Schutz. Das rechtstiberinische Viertel mit St. Peter erhält eine starke Befestigung (Leostadt).

847
Frankenreich
Der frühmittelalterliche Gelehrte Hrabanus Maurus (um 784-4. 2. 856), 822-842 Abt in Fulda, wird Erzbischof von Mainz. Er verfasst das

erste Lehrbuch der mittelalterlichen Pädagogik »De institutione clericorum« und erzielt damit große erzieherische Wirkung.

850-899

6. 4. 850
Rom
Papst Leo IV. krönt in Rom Ludwig II. (um 822, -12. 8. 875), seit 844 Unterkönig von Italien und König der Langobarden, zum Kaiser. Diese Verleihung der Kaiserwürde wird stilbildend für spätere Jahrhunderte. Nach dem Tod seines Vaters Lothar I. am 29. 9. 855 wird dessen Mittelreich geteilt: Ludwig II. behält Italien; Lothar II. (um 835-8. 8. 869) erhält ein Gebiet zwischen Alpen, Rhein, Nordsee, Schelde, Maas und Saône (Lothari regnum, Lotharingien) und Karl († 863) die Provence und das Rhônegebiet.

858
Japan
Das 669 begründete Adelsgeschlecht der Fujiwara rückt für über 300 Jahre an die erste Stelle in der Hofaristokratie und übt bis 1945 Einfluss auf den Kaiserhof aus.

859
Jemen
Jahja Ibn Al Hussain, der bis 911 herrscht, begründet die schiitische Dynastie der Zaiditen, die sich nach Zaid Ben Ali (†739), einem Urenkel Alis, nennt. Den Zaiditen gehören die Herrscher von Jemen bis zum Bürgerkrieg 1962-1970 an; der König ist zugleich religiöses Oberhaupt (Imam).

um 860
Norwegen
Harald Haarfagri (»Schönhaar«, † um 933) eint Norwegen unter seiner Herrschaft und führt Verwaltungsreformen nach karolingischem Vorbild ein. Nach seinem Tod zerfällt das Land wieder in Kleinkönigreiche.

862
Russland
Der Warägerfürst (schwedische Wikinger) Rurik erobert mit seinen Brüdern das Land Nowgorod und herrscht von Nowgorod aus bis 879 über das Gebiet zwischen Newa und Oka. Die von ihm begründete Rurikiden-Dynastie regiert in Russland bis 1598.

863
Byzanz
Die griechischen Brüder Kyrill (826/27-14. 2. 869) und Methodios (um 815-6. 4. 885) unternehmen eine Missionsreise auf den Balkan. Sie führen eine nach griechischem Vorbild entwickelte eigene Schrift ein, die in Russland, einigen ehemaligen Sowjetrepubliken sowie in Bulgarien, Serbien und der Mongolei in vereinfachter Form bis in die Gegenwart Gebrauchsschrift ist. → S. 200

864
Bulgarisches Reich
Boris I. (†2. 5. 907), Khan der Bulgaren 852-889, lässt sich als erster bulgarischer Fürst taufen. Er unterstellt die bulgarische Kirche 870 dem Patriarchen von Konstantinopel und zieht sich 889 ins Kloster zurück.

23. 9. 867
Byzanz
Basileios I. (um 812-29. 8. 886), der vom Stallknecht zum Mitkaiser Michael III. (seit 842) aufgestiegen war, wird durch die Ermordung des Herrschers byzantinischer Kaiser (bis 886). Er begründet die makedonische Dynastie (bis 1056). Er erobert im gleichen Jahr Ragusa (Dubrovnik) von den Muslimen zurück.

868
Ägypten
Ahmed Ibn Tulun (†884) begründet die erste vom Kalifat unabhängige islamische Herrscherdynastie der Tuluniden in Ägypten und Syrien (bis 905).

9. 8. 870
Frankenreich
Nach dem Tod von König Lothar II. von Lotharingien (+8. 8. 869) wird im Vertrag von Meersen das fränkische Mittelreich zwischen Ludwig dem Deutschen und Karl I., dem Kahlen, geteilt.

870
Mähren
Unter der Herrschaft von Swatopluk (um 830-894) erreicht das Großmährische Reich den Höhepunkt seiner Macht.

870
Malta
Die Araber besetzen die Insel (bis 1091). Von ihrem kulturellen Einfluss zeugt die eigenständige maltesische Sprache, die arabischen Ursprungs ist.

874
Island
Norwegische Wikinger besiedeln Island. Es entsteht ein Freistaat, der in zwölf Thingkreise eingeteilt wird; 930 wird das erste Althing abgehalten.

12. 8. 875
Italien
Ludwig II. (*um 822), seit 844 Unterkönig von Italien und König der Langobarden und nomineller Kaiser 855-875, stirbt kinderlos in Brescia. Der westfränkische Herrscher Karl II., der Kahle, sichert sich das Erbe und lässt sich in Rom am 25. 12. 875 zum Kaiser krönen.

28. 8. 876
Ostfränkisches Reich
Nach dem Tod von Ludwig dem Deutschen (*um 806) in Frankfurt am Main versucht der westfränkische König Karl II., der Kahle, vergeblich, das Erbe an sich zu reißen, das unter Ludwigs drei Söhne aufgeteilt wird.

6. 10. 877
Westfränkisches Reich
Karl II., der Kahle (*13. 6. 823), König der Franken 843-877, stirbt. Seine unmittelbaren Nachkommen erleiden einen frühen Tod. Das geschwächte Westfränkische Reich muss im Vertrag von Ribémont im Februar 880 auch den Westteil Lotharingiens an Ostfranken abtreten.

Februar 881
Italien
Karl III., der Dicke (839-13. 1. 888), König der Franken seit 876, wird zum Kaiser gekrönt. Nach dem Tod seiner Brüder Karlmann und Ludwig III. (880 bzw. 882) Alleinherrscher über das Ostfrankenreich, wird er Anfang 885 auch von den Westfranken zum König gewählt und vereinigt fast das ganze Reich Karls des Großen unter seinem Zepter.

882
Spanien
Der König von Asturien (866-910), Alfons III. (848-20. 12. 912), gründet Burgos, die spätere Hauptstadt des Königreichs Kastilien. Nach seiner Abdankung wird das Reich geteilt; es entstehen das Königreich León und die selbstständige Grafschaft Kastilien.

882
Russland
Der Waräger-Fürst Oleg (†912 oder 922), seit 879 Herrscher in Nowgorod, erobert Kiew und begründet durch die Unterwerfung ostslawischer und finnischer Stämme das erste russische Großreich. Kiew ist bis 1169 Hauptstadt der Kiewer Rus und Zentrum der Warägerherrschaft. → S. 200

886
England
Der König (871-899) von Wessex, Alfred der Große (849-26. 10. 899), der nach jahrelangen Kämpfen die Dänen aus Wessex vertrieben hat, erobert London. → S. 200

11. 11. 887
Ostfrankenreich
Der willensschwache Kaiser Karl III., der Dicke, wird auf den Reichstag von Tribur von seinem Neffen Arnulf von Kärnten (um 850-8. 12. 899) gestürzt. Damit zerfällt endgültig das Karolingische Großreich und das Ostfränkische wandelt sich zum Deutschen Reich.

Januar 888
Italien
Berengar I. (†924), der Markgraf von Friaul, lässt sich in Pavia zum König von Italien ausrufen. Er behauptet seine Herrschaft zunächst nur im Nordosten mit der Hauptstadt Verona. Als sein Konkurrent lässt sich Wido von Spoleto (†894) 889 zum König Italiens wählen und 891 als erster Nichtkarolinger vom Papst zum Kaiser krönen.

Januar 888
Burgund
Der Welfe Rudolf I. (†25. 10. 912), Markgraf und Laienabt von St. Maurice d'Agaune (Unterwallis), lässt sich zum König von Hochburgund proklamieren und begründet das bis 1032 bestehende Burgunderreich der Welfen.

890
Provence
Ludwig III. (882-928) wird König der Provence (Niederburgund). Auf einem Kriegszug gegen Berengar I. von Friaul empfängt er 900 die langobardische Königskrone und 901 auch die römische Kaiserkrone. Er wird jedoch 905 von Berengar in Verona überfallen, geblendet und in die Provence zurückgeschickt, wo er bis zu seinem Tod regiert.

891
Ostfrankenreich
König Arnulf von Kärnten besiegt die Normannen entscheiden in der Schlacht bei Leuwen an der Dyle.

896
Ungarn
Unter ihrem ersten Großfürsten (etwa 890-907) Árpád dringen die Magyaren aus Südrussland an die untere Donau und ihre heutigen Siedlungsgebiete ein (sog. magyarische Landnahme). Árpád begründete die Dynastie der Árpáden in Ungarn, die 1301 im Mannesstamm erlischt.

8. 12. 899
Ostfränkisches Reich
Arnulf von Kärnten (*um 850), ostfränkischer König (seit 887) und römischer Kaiser (seit 896), stirbt. Sein am 2. 2. 900 zu seinem Nachfolger erhobener Sohn Ludwig IV., das Kind (*893), steht unter der Vormundschaft des Erzbischofs Hatto von Mainz und stirbt bereits am 24. 9. 911. → S. 201

900-949

905
Spanien
Das zur Spanischen Mark des Frankenreichs gehörende Navarra gewinnt unter Sancho I. Garcés (†925) seine Unabhängigkeit als Königreich mit der Hauptstadt Pamplona.

906
China
Die seit 618 in China herrschende Tang-Dynastie bricht angesichts separatistischer Tendenzen zusammen. Es folgte eine Zeit der Wirren unter den »Fünf Dynastien« im Norden und den »Zehn Staaten« im Süden.

5./6. 7. 907
Mähren
In der Schlacht bei Pressburg vernichten die Ungarn ein bayerisches Heer unter Herzog Luitpold, der im Kampf fällt. Damit geht die Ostmark des Fränkischen Reiches verloren, zugleich zerfällt das Großmährische Reich unter dem Ansturm der Ungarn.

909
Nordafrika
Ubaid Allah (um 879-4. 3. 934) vertreibt die seit 800 in Nordafrika bestehende Dynastie der Aghlabiden (Residenz Kairouan) und begründet die ismailitisch-schiitische Dynastie der Fatimiden mit der Hauptstadt Mahdiyah. Sie herrscht bis 1171 in Nordafrika, 969-1171 auch in Ägypten.

5. 8. 910
England
König Eduard der Ältere von Wessex (†924/25) besiegt in der Schlacht bei Tettenhall (Staffordshire) die northumbrischen Dänen aus dem Königreich York und leitet damit die Rückeroberung von Süd- und Mittelengland an.

910
Aquitanien
Herzog Wilhelm III. von Aquitanien gründet die Benediktinerabtei Cluny. Sie wird zum Ausgangs- und Mittelpunkt der cluniazensischen Reform, die eine Erneuerung des Mönchtums erstrebt. → S. 203

10. 11. 911
Ostfränkisches Reich
Nach dem Erlöschen der Karolinger wählt der ostfränkische Adel den Herzog von Franken (906) Konrad I. (†23. 12. 918) zum König.

911
Westfränkisches Reich
Der Wikingerführer Rollo (846-931) wird zum Herzog der Normandie erhoben und ist der Ahnherr des normannischen Herzogsgeschlechts. 912 lässt er sich auf den Namen Robert taufen und verzichtet 927 auf sein Herzogtum.

915
Italien
Nach seinem Sieg über die nach Süditalien eingefallenen Muslime lässt sich König Berengar I. (†924) in Rom zum Kaiser krönen.

918
Bulgarien
Simeon I., der Große (865-27. 5. 927), seit 893 Fürst (Knjaz) von Bulgarien, nimmt den Titel »Zar der Bulgaren« an. Er erzwingt vom Patriarchen von Konstantinopel die Krönung zum Zaren (Basileus) der Bulgaren und Griechen. Das Byzantinische Reich ist ihm gegenüber seit 896 tributpflichtig. → S. 203

12. 5. 919
Ostfränkisches Reich
Franken, Alamannen, Bayern, Thüringer und Sachsen wählen in Fritzlar den Sachsenherzog Heinrich I. (um 875-2. 7. 936) zum ostfränkischen König. Mit ihm beginnt die Dynastie der Ottonen (bis 1024). → S. 202

7. 11. 921
Ostfränkisches Reich
Im Vertrag zu Bonn bestätigen König Heinrich I. und der westfränkische Herrscher (893-923) Karl III. der Einfältige (17. 9. 879-7. 10. 929) die Grenzen ihrer Reiche.

924
Kroatien
Tomislav aus der Dynastie der Trpimirovci nimmt den Titel eines Königs der Kroaten an.

927
England
Der angelsächsische König (924-939) Aethelstan (um 894-27. 10. 939) erobert York von den Normannen und dehnt bis zum Ende seiner Herrschaft seine Macht über einen großen Teil Englands aus.

928
Italien
Der in der Engelsburg inhaftierte Papst (seit 914) Johannes X. stirbt. Sein Streben nach politischer Selbstständigkeit hatte ihn in Konflikt mit der toskanischen Prinzessin Marozia (um 892-um 937) gebracht, die als Senatrix Rom beherrscht. → S. 203

929
Spanien
Der seit 912 herrschende Emir Abd Ar Rahman III. (889-15. 10. 961), der bedeutendste Omaijadenherrscher des arabischen Spanien mit Sitz in Córdoba, nimmt den Titel Kalif an und tritt in Konkurrenz mit dem abbasidischen Kalifen von Bagdad. → S. 202

15. 3. 933
Ostfränkisches Reich
Der ostfränkische König Heinrich I., der zunächst die Ungarn ab 926 gegen Tributzahlungen von weiteren Angriffen auf das Reich abgehalten hatte, besiegt die einfallenden Ungarn bei Riade an der Unstrut vernichtend. 934 erobert er die Wikingersiedlung Haithabu an der Schlei (nahe dem heutigen Schleswig).

933
Ostfränkisches Reich
Bischof Adalbero I. von Metz reformiert die Benediktinerabtei Gorze südwestlich von Metz. Die sog. Gorzer Reform erstrebt eine Erneuerung des Benediktinerordens durch eine Intensivierung der Askese.

28. 9. 935
Böhmen
Der Herzog von Böhmen (seit 921) aus der Premyslidendynastie, Wenzel der Heilige (*um 903), wird in Altbunzlau ermordet. → S. 202

19. 6. 936
Westfränkisches Reich
Mit der Krönung von Ludwig IV. des Überseeischen (wegen seiner in England verbrachten Jugend, 921-10. 9. 954) wird das karolingische Herrscherhaus erneuert.

7. 8. 936
Ostfränkisches Reich
Otto I., der Große (23. 10. 912-7. 5. 973), wird in Aachen zum König gewählt und gekrönt. Sein am 2. 7. 936 verstorbener Vater König Heinrich I. hatte ihn im September 929 in der Quedlinburger Hausordnung zu seinem Nachfolger bestimmt. Damit war die Unteilbarkeit des ostfränkisch-deutschen Reiches gewährleistet. → S. 206

936
Korea
General Wang Gon erlangt mit seinem Reich Koryo die Herrschaft über ganz Korea. Mit General Wang Gon beginnt die Wang-Dynastie (bis 1392). Sie gibt dem Staat den Namen Koryo, der später in Europa zu Korea umgebildet wird. → S. 206

939
Vietnam
Rebellen vertreiben die seit 111 v.Chr. herrschenden Chinesen und errichten ein Kaiserreich, das bis 1804 unter dem Namen Dai Viêt, dann bis 1945 als Viêt-Nam Bestand hat.

945
Kalifenreich
Der Begründer der Bujiden, einer arabisierten persischen Dynastie schiitischen Bekenntnisses, Mu'izz Ad Daula (932-967), besetzt Bagdad. Die abbasidischen Kalifen amtieren formell weiter (bis 1258 in Bagdad, bis 1517 noch als Scheinkalifen in Kairo).

950-999

um 950
Dänemark
Der Dänenkönig Gorm der Alte stirbt. Unter seiner Herrschaft wurde das Land erstmals staatlich zusammengefasst. Zu Ehren Gorms und seiner Frau Thyra wird der große Runenstein von Jellinge (Jütland) errichtet.

um 950
Griechenland
Die Mönche auf dem Berg Athos führen das Koinobitentum ein, sie leben in dauernder räumlicher Gemeinschaft unter einheitlicher Führung zusammen. Um 963 wird das erste Kloster gegründet.

951
Italien
Der ostfränkische König Otto I., der Große, zieht über die Alpen nach Italien. Er übernimmt die langobardische Königswürde, die er im selben Jahr durch seine Heirat zu Pavia mit der Witwe des 980 verstorbenen König Lothars von Italien, Adelheid von Burgund, zusätzlich legitimiert. Berengar II. von Ivrea (†6. 8. 966), der sich 950 zum König von Italien erhoben hatte, wird 952 von Otto I. mit Italien belehnt, 963 wieder abgesetzt und gefangen gehalten.

953
Ostfränkisches Reich
König Otto I., der Große, ernennt seinen Bruder Bruno (925-11. 10. 965) zum Erzbischof von Köln und Herzog von Lothringen. Es wird unter ihm geteilt in Oberlothringen (das Land um Metz und Nancy) und Niederlothringen (das Gebiet der heutigen Niederlande, Belgiens und der späteren Rheinprovinz).

954
Ostfränkisches Reich
König Otto I., der Große, schwenkt auf dem Reichstag in Arnstadt zur Politik der Reichskirche über und baut sie als Gegengewicht gegen die Herzogsgewalt weiter aus. Bischöfe und Äbte werden Träger höchster Reichsämter, deren Erblichkeit wegen des Zölibats nicht zu befürchten ist.

10. 8. 955
Ostfränkisches Reich
In der Schlacht auf dem Lechfeld bei Augsburg wehrt ein aus mehreren deutschen Stämmen aufgebotenes Heer unter König Otto I. dem Großen einen Ungarneinfall nach Süddeutschland ab. Nach dieser Niederlage werden die Magyaren endgültig sesshaft. → S. 207

959
England
Edgar (943-8. 7. 975), seit 957 König in Mercia und Northumbria, dehnt seine Herrschaft auf ganz England aus.

960
China
Durch einen Militärputsch kommt der spätere Kaiser Taizu an die Macht. Er begründet die Sung-Dynastie. Sie wird unterteilt in die nördliche Sung-Dynastie (960-1126) mit der Hauptstadt Kaifeng, und die südliche Sung-Dynastie (1126-1279) mit der Hauptstadt Hangzhou. → S. 206

2. 2. 962
Italien
Der ostfränkische König Otto I., der Große, lässt sich in Rom von Papst (955-964) Johannes XII. (†14. 5. 964) zum Kaiser krönen und begründet damit eine jahrhundertelange Verbindung der deutschen Königs- mit der westlichen Kaiserwürde. Der Papst hatte ihn gegen Berengar II. von Ivrea zu Hilfe gerufen.

963
Griechenland
Auf dem Berg Athos, auf der Halbinsel Chalkidike, gründet Athanasios von Trepezunt das Kloster Megisti Lavra. → S. 209

966
Polen
Der aus dem Piasten-Geschlecht stammende Mieszko I. (†992), seit etwa 960 Herzog von Polen, lässt sich im Zusammenhang mit seiner 965 erfolgten Heirat mit der böhmischen Prinzessin Dubravka taufen. 968 wird Posen Sitz eines Bischofs, der noch bis 1000 in Abhängigkeit des Erzbistums Magdeburg steht. → S. 208

966
Westfränkisches Reich
Auf der Felseninsel Mont-Saint-Michel wird eine Benediktinerabtei gegründet, die zu den bedeutendsten Klöstern Frankreichs zählt. Sie wird 1790 aufgehoben.

25. 12. 967
Italien
Kaiser Otto I., der Große, lässt seinen Sohn Otto II. (955-7. 12. 983, allein regierender Kaiser 973-983) zum Mitkaiser krönen und gewinnt durch dessen Verheiratung (972) mit der byzantinischen Prinzessin Theophanu (um 950-15. 6. 991) die Anerkennung seines Kaisertums durch den oströmischen Kaiser.

11. 12. 969
Byzanz
Der byzantinische Kaiser (seit 963) Nikephoros II. Phokas (*912) wird in Konstantinopel von seinem Nachfolger Johannes I. Tzimiskes (um 924-10. 1. 976) ermordet. Der neue Kaiser erobert 971 große Teile von Bulgarien und drängt auf mehreren Feldzügen 974/75 das Abbasidenreich in Anatolien, Syrien und Mesopotamien zurück.

Juni 972
Ägypten
Die Al-Azhar-Moschee, ein bedeutendes Zentrum des Islam, wird eingeweiht. Das 969 von den Fatimiden gegründete Militärlager Misr Al Qahirah (»Stadt des siegreichen Mars«) wird zum Stadtkern der künftigen ägyptischen Hauptstadt. → S. 208

974
Ungarn
Der ungarische Fürst (seit 972) Géza (940/45-1. 2. 997) lässt sich taufen und öffnet damit Ungarn dem Christentum und der abendländischen Kultur.

11. 1. 976
Byzanz
Kaiser Basileios II. (957-15. 12. 1025) tritt die Regierung an. Er vernichtet in einem grausamen Krieg das Bulgarenreich, das dem Byzantinischen Reich eingegliedert wird, und führt Byzanz auf den Höhepunkt der äußeren Macht. → S. 208

Juli 976
Österreich
Luitpold I. (†10. 7. 994) wird mit der bayerischen Ostmark belehnt und dehnt sein Gebiet bis zum Wienerwald aus. Damit beginnt die Herrschaft der Babenberger als Markgrafen in der Ostmark und seit 1156 als Herzöge im Herzogtum Österreich (bis 1246).

982
Grönland
Der norwegische Wikinger Erik der Rote landet auf dem von ihm so benannten Grönland (»Grünes Land«) und leitet dessen Besiedelung ein. → S. 210

986
Dänemark
Sven Tvesked (»Gabelbart«, um 960-1014) vertreibt seinen Vater Harald Blaatand (»Blauzahn«, †986 oder 987) vom dänischen Thron. Er besiegt die Sachsen in England und wird dort Ende 1013 König. → S. 211

3. 7. 987
Frankreich
Nach dem Erlöschen der westfränkischen Karolinger wird Hugo Capet (um 940-24. 10. 996) König von Frankreich. Er begründet die Dynastie der Kapetinger. Sie herrscht bis 1328, in

Nebenlinien (mit der Unterbrechung 1792-1814) bis 1848 (Haus Valois 1328-1589; Haus Bourbon 1589-1792 und 1814-1830; Haus Orléans 1830-1848). → S. 210

988
Russland
Der byzantinische Kaiser Basileios II. verheiratet seine Schwester Anna mit dem Großfürsten von Kiew (978-1015), Wladimir dem Heiligen (um 956-15. 7. 1015), der sich nach orthodoxem Ritus taufen lässt. Damit wird die Christianisierung Russlands eingeleitet. → S. 209

992
Polen
Boleslaw I. Chrobry (»der Tapfere«, 967-1025) wird Herzog von Polen. Er gewinnt in Kämpfen gegen das Römisch-Deutsche Reich 1002 bis 1018 die Lausitz und Mähren sowie 1018 von Kiew die Westukraine und wird 1025 zum König gekrönt.

992
Venedig
Ein Handelsvertrag mit Byzanz gewährt den Venezianern freien Zugang zum Hafen von Konstantinopel und ermäßigte Zollsätze. Dies ist die Grundlage für den Aufstieg Venedigs im Fernhandel mit den Orient.

995
Norwegen
Olaf I. Tryggvasson (um 960-1000) ist der erste christliche König von Norwegen und bemüht sich erfolgreich um die Christianisierung Norwegens, Islands und Grönlands.

998
Mittelasien
Der persische Arzt und Philosoph Avicenna (980-1037) erhält Gastrecht am Hof in Buchara. Er verfasst eine umfangreiche philosophische Enzyklopädie (»Buch der Heilung der Seele«) und ist der bedeutendste Vermittler griechischen Denkens im Orient. → S. 211

1000-1049

25. 12. 1000
Ungarn
Stephan I. (um 975 -15. 8. 1038) wird als König von Ungarn gekrönt. → S. 211

1000
Polen
Der deutsche König (983-1002) und Kaiser (seit 996) Otto III. (980-24. 1. 1002) begründet das Erzbistum Gnesen am Grab des 997 bei der Missionierung in Preußen erschlagenen Bischofs Adalbert von Prag. Damit wird Polen kirchlich selbstständig, Gnesen ist im 10. und 11. Jh. auch Hauptstadt Polens. Otto III. strebt nach einer Erneuerung des Römischen Reiches (renovatio imperii Romanorum) und fördert die christliche Mission.

um 1000
Nordamerika
Der norwegische Seefahrer Leif Eriksson erreicht von Grönland das sog. Vinland, vermutlich die amerikanische Küste im heutigen Massachusetts. Er gilt daher als erster Entdecker Amerikas.

um 1000
Mexiko
Die Tolteken besetzen unter ihrem mythischen Führer Mixcoatl das Hochtal von Mexiko. Machtkämpfe zwischen den Alteingesessenen und den Eindringlingen werden in mythischer Verbrämung als Kampf der Götter Quetzalcoatl und Tezcatlipoca erzählt. → S. 212

um 1000
Peru
Nach dem Untergang des Huari-Reichs entsteht in den Küstentälern Nord- und Mittelperus das Chimú-Reich mit Hauptstadt Chanchan. Es wird 1470 von den Inka erobert. → S. 212

24. 1. 1002
Ostfränkisches Reich
Nach dem Tod Otto III. wird Heinrich II. deutscher König.

1002
Italien
Markgraf (seit 989) Arduin von Ivrea (†14. 12. 1015) erhebt sich zum König von Italien, kann sich allerdings gegen Heinrich II. nicht durchsetzen.

1005
Spanien
Sancho III. Garcés, der Große (992-1035), wird König von Navarra und macht sein Reich zur stärksten christlichen Macht auf der Iberischen Halbinsel. 1026 erobert er die Grafschaft Kastilien und baskische Gebiete von León. Durch Aufteilung seiner Herrschaft unter seine Söhne entstehen die Reiche Navarra, Kastilien und Aragón.

1008
Schweden
Mit der Taufe von König Olaf Skötkonung (»Schoßkönig«, regiert von 995-1022) beginnt die Christianisierung des Landes, die allerdings erst um 1100 abgeschlossen ist.

29. 7. 1014
Bulgarien
Der bulgarische Zar (seit 997) Samuel (†6. 10. 1014) unterliegt am Belasica-Pass entscheidend dem byzantinischen Kaiser Basileios II., der anschließend 14 000 Gefangene blenden lässt und den Beinamen Bulgaroktonos (»Bulgarentöter«) erhält. Samuels Territorium mit der Hauptstadt Ochrid wird 1018 als Teil des Byzantinischen Reiches eingezogen.

1014
Irland
In der Schlacht von Clontarf (bei Dublin) besiegen die Iren unter ihrem König Brian Boru entscheidend die Wikinger. Allerdings stirbt der König im Kampf, Irland zerfällt wieder in einander sich bekämpfende Kleinreiche.

um 1014
Persien
Der persische Epiker Firdausi (eigentl. Abu-l Kasim Mansur, um 940-1020) vollendet das Reimepos »Schahname« (»Königsbuch«) und gibt darin u.a. auch eine Beschreibung des Schachspiels. → S. 212

18. 10. 1016
England
In der Schlacht bei Ashingdon in Essex unterliegt der englische König Edmund Ironside den Dänen unter Knut dem Großen (um 1000-12. 11. 1035). Durch die Übernahme der Herrschaft in England, in Dänemark (ab 1018) und in Norwegen (ab 1028) errichtet er ein nordisches Großreich, welches allerdings bald nach seinem Tod zerfällt.

4. 9. 1024
Deutsches Reich
Nach dem Tod von Heinrich II. (*6. 5. 973), deutscher König (seit 1002) und Kaiser (seit 1014) am 13. 7. 1024, mit dem das sächsische Kaiserhaus (Ottonen) im Mannesstamm erloschen ist, wird Konrad II. (um 990-4. 6. 1039) zum König gewählt, der Erste aus dem Geschlecht der Salier. → S. 213

um 1025
Italien
Der italienische Benediktiner und Musiktheoretiker Guido von Arezzo (um 992-17. 5. 1050) begründet mit seinem Hauptwerk »Micrologus de musica« die noch heute übliche Intervall-Notenschrift, indem er die Neumenzeichen auf ein System von vier verschiedenfarbigen Linien im Terzabstand setzt. → S. 214

29. 7. 1030
Norwegen
Bei dem Versuch, die an den dänischen König Knut den Großen 1028 verloren gegangene Herrschaft über Norwegen zurückzugewinnen, fällt König Olaf II. Haraldsson (*um 995) bei Stiklestad in der Nähe von Trondheim. Er gilt als Schutzpatron Norwegens und Ahnherr der Nation.

2. 2. 1033
Burgund
Nach dem Tod von Rudolf III. von Burgund fällt gemäß eines 1024 ausgehandelten Erbschaftsvertrages das Land an das Römisch-Deutsche Reich. Der 1027 zum Kaiser gekrönte Konrad II. wird zum König von Burgund gewählt.

Juli 1033
Polen
Auf dem Hoftag zu Merseburg muss Mieszko II. (990-10. 5. 1034) auf die 1025 angenommene Königswürde verzichteten und die Lausitz und das Milzener Land an den deutschen König Konrad II. abtreten.

1035
Dänemark
Kaiser Konrad tritt das Gebiet zwischen Schlei und Eider an den dänischen König Knut den Großen ab. Die Eider bleibt bis 1864 die dänische Südgrenze.

1037
Russland
In Kiew stiftet Großfürst (seit 1019) Jaroslaw I. der Weise (978-20. 2. 1054) die Sophienkirche als Metropolitankirche. Er führt das Kiewer Reich zu seiner Blüte und kodifiziert das russische Recht (»Russkaja Prawda«). Nach seinem Tod wird das Reich unter seine Söhne aufgeteilt, was zu einer fortdauernden Schwäche Russlands führt.

1037
Spanien
Ferdinand I., der Große (um 1018-27. 12. 1065), seit 1035 König von Kastilien, vereinigt erstmals in Personalunion sein Königreich mit León. → S. 215

1042
England
Nach dem Ende der Dänenherrschaft wird Eduard der Bekenner (nach 1002-5. 1. 1066) letzter König von England aus dem Hause Wessex. Er ist ein großzügiger Förderer von Kirchen und Klöstern, insbesondere von Westminster Abbey, das durch sein Grab zum Nationalheiligtum wird.

1044
Birma
Anawratha ist Gründer und König (bis 1077) des ersten birmanischen Reiches von Pagan (bis 1287). Er erobert 1057 das Mon-Reich von Thaton in Südbirma, übernimmt dessen Theravada-Buddhismus und Architektur und lässt die Shwezigon-Pagode in Pagan erbauen. → S. 215

25. 12. 1046
Italien
Der deutsche König (seit 1039) Heinrich III. (28. 10. 1017-5. 10. 1056) lässt sich in Rom zum Kaiser krönen. Zuvor hatte er auf den Synoden von Sutri und Rom drei miteinander rivalisierende Päpste abgesetzt und den sächsischen Adligen Suitger (†9. 10. 1047) zum Papst Klemens II. eingesetzt.

1050-1099

16. 7. 1054
Byzanz
Durch Niederlegung einer päpstlichen Bannbulle gegen den Patriarchen von Konstantinopel wird endgültig das sog. Morgenländische Schisma zwischen Rom und Byzanz vollzogen. Der über Jahrhunderte gewachsene Gegensatz betrifft sowohl liturgische und kirchendisziplinarische als auch kulturelle und politische Fragen. → S. 214

1055
Arabien
Die türkische Fürstendynastie der Seldschuken übernimmt die Schutzherrschaft über die abbasidischen Kalifen in Bagdad und vertreibt die schiitischen Bujiden. → S. 214

1057
Schottland
In der Schlacht von Lumphanan erringt Malcolm III. Canmore (»Dickkopf«, um 1031-13. 11. 1093) die Herrschaft über Schottland und begründet 1058 die Herrscherdynastie von Canmore. Er besiegt Macbeth, der sich 1040 durch Mord an Malcolms Vater, König Duncan I., zum König von Schottland erhoben hatte.

6. 12. 1058
Italien
Gerhard von Burgund (†27. 7. 1061) wird zum Papst Nikolaus II. gewählt. Er erlässt ein Papstwahldekret, das den Einfluss des Kaisers und des römischen Stadtadels ausschalten soll und die Papstwahl allein dem Kardinalskollegium überträgt.

1059
Italien
Der Normanne Robert Guiscard (»Schlaukopf«, um 1015-17. 7. 1085), Herzog von Apulien und Kalabrien, erhält von Papst Nikolaus II. das noch zu erobernde Sizilien als Lehen. 1061 erobern die Normannen Messina, 1072 auch Palermo. → S. 215

1061
Deutsches Reich
Der um 1030 begonnene Bau des Speyerer Doms wird geweiht (um 1082-1111 erweitert). Der Kirchenbau ist eines der Hauptwerke der Romanik. → S. 216

1062
Nordafrika
Die Almoraviden, ein aus einer islamisch-religiösen Bewegung hervorgegangenes Fürstengeschlecht des berberischen Stamms Senhadscha, gründen ein Reich in Marokko mit der neuen Hauptstadt Marrakesch. 1086 bemächtigt sich der Almoraviden-Herrscher Jussuf Ibn Taschfin des arabischen Spaniens. Die Almoraviden herrschen in Spanien und Marokko bis zum Auftauchen der Almohaden 1147.

1063
Italien
Die Markuskirche in Venedig erhält unter der Herrschaft des Dogen Domenico Contarini (1043-1070) ihre endgültige Gestalt. → S. 216

25. 9. 1066
England
Der in England gelandete norwegische König (seit um 1046) Harald Hardraadi (»der Harte«, *um 1015) fällt in der Schlacht bei Stamfordbridge (nordöstlich von York) im Kampf gegen die Angelsachsen.

14. 10. 1066
England
In der Schlacht bei Hastings besiegt der am 28.9. in England gelandete Normannenherzog Wilhelm der Eroberer (um 1027-9. 9. 1087) den angelsächsischen König Harald II. (*um 1022). Wilhelm wird am 25. 12. in Westminster zum König von England gekrönt, das er bis zu seinem Tod zusammen mit der Normandie in Personalunion regiert. → S. 216

19. 8. 1071
Anatolien
In der Schlacht bei Manzikert (nahe dem Vansee) besiegen die von ihrem Herrscher (1063-1072) Alp Arslan geführten Seldschuken das Heer des Byzantinischen Reichs unter Kaiser (seit 1068) Romanos IV. Diogenes (†1072). Das Byzantinische Reich muss fast ganz Kleinasien abtreten und bleibt im wesentlichen auf das europäische Gebiet beschränkt. → S. 219

1071
Italien
Der Normannenfürst Robert Guiscard erobert mit Bari den letzten Stützpunkt der Byzantiner in Unteritalien

Sommer 1072
Schottland
König Malcolm III. Canmore unterwirft sich im Vertrag von Abernethy (Perthshire) dem englischen König Wilhelm dem Eroberer.

März 1075
Italien
Papst (seit 1073) Gregor VII. (zwischen 1019 und 1030-25. 5. 1085) erhebt im sog. Dictatus Papae den Anspruch auf die Universalherrschaft und spricht dem Papst das Recht zu, Kaiser oder Untertanen vom Treueid gegen ungerechte Herrscher zu befreien.

28. 1. 1077
Italien
Der deutsche König (seit 1056) Heinrich IV. (11. 11. 1050-7. 8. 1106) muss sich im Investiturstreit um die Einsetzung der Bischöfe Papst Gregor VII. in Canossa unterwerfen. Er erreicht damit die Aufhebung des päpstlichen Bannes und kann in Deutschland die Fürstenopposition zurückzudrängen. → S. 218

1077
Sudan
Die islamischen Almoraviden erobern Kumbi Saleh, die Hauptstadt des mittelalterlichen Ghana-Reichs im westlichen Sudan, das um 1000 den Höhepunkt seiner Macht erreicht hatte. Das Reich wird endgültig durch Mali im 13. Jh. vernichtet. → S. 219

4. 4. 1081
Byzanz
Durch einen Militärputsch ergreift der aus kleinasiatischem Offiziersadel stammende Alexios I. Komnenos (1048-15. 8. 1118) die Macht und lässt sich zum Kaiser krönen. Unter ihm erreicht das Byzantinische Reich seine letzte Blütezeit.

31. 3. 1084
Italien
Der deutsche König Heinrich IV. erklärt nach der Eroberung Roms Papst Gregor VII. für abgesetzt und lässt sich von einem eigens eingesetzten Gegenpapst (Klemens III.) zum Kaiser krönen.

1084
Frankreich
Bruno von Köln (um 1030-6. 10. 1101) gründet im Tal La Chartreuse bei Grenoble den Orden der Kartäuser, der 1176 die päpstliche Approbation erhält.

1085
Spanien
Alfons VI. (1040-30. 6. 1109), König von León (seit 1065) und Kastilien (seit 1072), erobert Toledo von den Mauren und nennt sich »Kaiser von ganz Spanien«. Nach einer Niederlage gegen die afrikanischen Almoraviden 1086 ist der Fluss Tajo die Grenze zwischen dem christlichen und dem maurischen Spanien.

1086
England
Auf Befehl des englischen Königs Wilhelm I. des Eroberers wird das Domesday Book (engl., Buch des Jüngsten Gerichts) angelegt, eine Bestandsaufnahme des Landbesitzes in den 34 Grafschaften, die durch eine straffe Lehnshierarchie dem König untergeordnet sind.

1091
Mittelmeer
Der normannische Graf von Sizilien (seit 1072) Roger I. (1031-22. 6. 1101) gliedert Malta seinem sizilianischen Reich ein, das er nach langen Kämpfen gegen die Araber erobert hat.

1094
Spanien
Der spanische Ritter El Cid (eigentl. Rodrigo Díaz de Vivar, um 1043-10. 7. 1099) schafft sich ein eigenes Herrschaftsgebiet um Valencia. Er wird später als Nationalheld gefeiert: Das »Poema del Cid« (Cantar de Mío Cid) ist das älteste überlieferte spanische Heldenlied; entstanden um 1140. → S. 219

27. 11. 1095
Frankreich
Papst (1088-1099) Urban II. (um 1035-29. 7. 1099) ruft auf der Synode zu Clermont unter dem Leitspruch »Gott will es!« zur Befreiung des Heiligen Landes von den Seldschuken auf und leitet damit die Kreuzzugsbewegung ein.

1095
Portugal
Heinrich von Burgund erhält durch seinen Schwiegervater König (1072-1109) Alfons VI., dem Tapferen, von Kastilien-León die Grenzgrafschaft Portucalia im Norden des Landes zwischen Tejo und Minho als Herrschaft. Es ist die Keimzelle des späteren Staates Portugal.

19. 6. 1097
Kleinasien
Das aus nord- und südfranzösischen, lothringischen, flämischen und normannischen Rittern unter Führung von Gottfried von Bouillon (um 1060-18. 7. 1100) bestehende Kreuzfahrerheer erobert als erste seldschukische Stadt Nicäa (Iznik).

1097
England
Der zur Themse-Überwachung dienende älteste Teil des Tower, der White Tower (Baubeginn 1078), wird vollendet.

10. 3. 1098
Kleinasien
Die Grafschaft Edessa wird als erster Kreuzfahrerstaat gegründet. Am 3. 6. 1098 wird Antiochia erobert und die muslimische Bevölkerung niedergemetzelt.

15. 7. 1099
Palästina
Das Kreuzfahrerheer erobert Jerusalem und richtet dort ein Blutbad unter Muslimen und Juden an. Gottfried von Bouillon nimmt den Titel »Vogt des Heiligen Grabes« an. Nach seinem Tod 1100 wird ein christliches Königreich gegründet, das bis 1291 (Fall von Akko) Bestand hat. → S. 220

1100-1149

um 1100
Frankreich
Das älteste französische Heldenlied »Chanson de Roland« preist die Taten des 778 bei Roncesvalles im Kampf gegen die Basken gefallenen Markgrafen Roland (Hruodlandus) von der Bretagne. → S. 220

1102
Kroatien
Durch einen Vertrag mit dem kroatischen Adel, der »Pacta conventa«, gewinnt der ungarische König (1095-1116) Koloman (um 1074-3. 2. 1116) Kroatien und Dalmatien. Der letzte kroatische Herrscher Svonimir war kinderlos gestorben. Kroatien behält jedoch die innere Selbstverwaltung. Die Union hat bis 1918 Bestand.

1104
Schweden
In der südschwedischen Stadt Lund wird mit Gründung eines Erzbistums (bis 1536) eine Kirchenprovinz für Dänemark und den gesamten Norden Europas eingerichtet.

3.8.1108
Frankreich
Ludwig VI., der Dicke (1081-1. 8. 1137) wird König von Frankreich (1108-1137). Er stärkt die Königsmacht gegen die nach Selbstständigkeit drängenden Kronvasallen.

24. 7. 1115
Italien
Nach dem Tod von Mathilde (*1046), seit 1052 Markgräfin von Tuszien (Toskana), entbrennt ein Streit um ihr Erbe – die sog. Mathildischen Güter – zwischen Kaiser und Papst, der 1213 zu Gunsten des Papstes entschieden wird.

1118
Spanien
König (1104-1134) Alfons I. von Aragón (1073-8. 9. 1134) erobert seine spätere Hauptstadt Saragossa. Die muslimische Herrschaft in Spanien wird immer weiter zurückgedrängt.

1119
Palästina
Hugo von Payns gründet in Jerusalem den Templerorden (Arme Ritterschaft Christi vom Salomonischen Tempel) zum Pilgerschutz, später auch Hospitaldienst (Tracht: Weißer Mantel mit rotem Kreuz). Der Orden kämpft u.a. gegen die Sarazenen in Palästina, die Mauren in Spanien und die Mongolen bei Liegnitz.

1119
Rom
Der als Reformbewegung aus dem Benediktinerorden hervorgegangene Orden der Zisterzienser erhält die päpstliche Approbation. 1098 hatte der französische Benediktiner Robert von Molesme (um 1027-17. 4. 1111) das Kloster Cîteaux gegründet, aus dem der Orden hervorgegangen ist. → S. 223

1120
Frankreich
Norbert von Xanten (um 1082-6. 6. 1134), ab 1126 Erzbischof von Magdeburg, gründet den Orden der Prämonstratenser mit dem Mutterkloster in Prémontré bei Laon. Der Orden erlangte große Bedeutung durch die Kolonisation der deutschen Ostgebiete.

23. 9. 1122
Deutsches Reich
Das Wormser Konkordat beendet den Investiturstreit. Heinrich V. (11. 8. 1086-23. 5. 1125), deutscher König (seit 1106) und Kaiser (seit 1111), verzichtet auf das Recht der Investitur mit Ring und Stab, erreicht aber, dass eine Bischofswahl im Reich nur in Anwesenheit des Königs oder seines Vertreters stattfinden darf. → S. 223

23. 5. 1125
Deutsches Reich
Mit dem Tod von Heinrich V. (*11. 8. 1086) erlischt das Haus der Salier. Zu seinem Nachfolger wird am 30. 8. 1125 Lothar III. von Supplinburg (1075 ?-3./4. 12. 1137) gewählt (ab 1133 Kaiser). Damit setzt sich erstmals das freie Wahl- gegen das Geblütsrecht durch.

um 1125
Kambodscha
Unter dem Khmer-König Suryavarman II. (1113-1150) entsteht im Südosten des alten Stadtbezirks von Angkor Thom mit Angkor Vat (=Hauptstadt-Kloster) das größte Bauwerk Südostasiens. → S. 220

1126
China
Der Tungusenstamm der Tschurtschen vertreibt die seit 960 herrschende Sung-Dynastie aus ihrer Hauptstadt Kaifeng in Nordchina und begründet das Chin-Reich der Tschurtschen (bis 1234).

27. 9. 1130
Italien
Graf Roger II. (22. 12. 1095-26. 2. 1154) wird mit Zustimmung des 1130 zum Gegenpapst ausgerufenen Anaklet II. (um 1090-25. 1. 1138) in Palermo zum König von Sizilien, Kalabrien und Apulien ausgerufen. → S. 222

22. 12. 1135
England
Nach dem Tod von Heinrich I. (*1068), seit 1100 König von England, beginnt ein Bürgerkrieg um sein Erbe. Anstelle von Heinrichs Tochter Mathilde lässt sich Stephan von Blois (um 1097-25. 10. 1154) krönen. Er behauptet sich nur mühsam gegen Mathilde und erkennt deren Sohn Heinrich II. Plantagenet (5. 3. 1133-6. 7. 1189) als Thronerben an. → S. 222

1137
Palästina
Der aus einem um die Mitte des 11. Jh.s von Kaufleuten aus Amalfi gestifteten Spital in Jerusalem zur Pilgerbetreuung und Krankenpflege hervorgegangene Johanniterorden, der 1113 die päpstliche Bestätigung erhielt, wird in einen Ritterorden umgewandelt, der ab 1267 von einem Großmeister geleitet wird. Die Ritter tragen schwarze Mäntel mit weißem Kreuz.

7. 3. 1138
Deutsches Reich
Der frühere Gegenkönig Konrad III. (1093 oder 1094-15. 2. 1152) wird von einer Minderheit der Fürsten zum deutschen König gewählt. Damit beginnt die Herrschaft der Staufer.

1138
Polen
Nach dem Tod von Boleslaw III. Krzywousty (»Schiefmund«,*1085), Herzog von Polen seit 1102, löst sich Polen in mehrere Teilfürstentümer auf. Einer der Fürsten genießt jeweils eine Vorrangstellung (als Senior).

25. 7. 1139
Portugal
Graf Alfons-Heinrich (1110-6. 12. 1185) nimmt nach einem Sieg gegen die Mauren (Ourique 1139) den Titel eines Königs von Portugal mit der Hauptstadt Coimbra an, wird vom Papst allerdings erst 1179 anerkannt. → S. 222

21. 4. 1142
Frankreich
Im Kloster St. Marcel (Saône) stirbt der Philosoph und Theologe Peter Abälard (*1079). Er wurde mit seiner Schrift »Sic et non« (1121/22) beispielgebend für die scholastische Methode. Seine theologischen Lehren wurden kirchlich verurteilt. Berühmt wurde sein Liebesverhältnis zu seiner Schülerin Heloise.

1144
Syrien
Der Kreuzfahrerstaat Edessa wird von den Muslimen erobert. 1146 ruft der Zisterzienser Bernhard von Clairvaux (um 1090-20. 8. 1153) zum zweiten Kreuzzug auf. 1147 erobert der portugiesische König Alfons I. mit Hilfe einer Kreuzfahrerflotte Lissabon, das seit 715/16 unter der Herrschaft der Mauren steht.

1146
Byzanz
Der byzantinische Kaiser (1143-1180) Manuel I. Komnenos (1120-24. 9. 1180) heiratet Bertha, Tochter des deutschen Königs Konrad III. 1158 versucht er vergeblich, sich im Kampf gegen die Normannen wieder in Italien festzusetzen.

Frühjahr 1147
Europa
Mit dem Ziel der Rückeroberung des Kreuzfahrerstaates Edessa beginnt der zweite Kreuzzug. → S. 224

4. 11. 1147
Russland
Erstmals wird Moskau in einer Chronik schriftlich erwähnt.

1147
Nordafrika
Die von Abd Al Mumin (1130-1163) geführten Almohaden, eine islamische Herrscherdynastie, verdrängen die Almoraviden und erobern Nordwestafrika bis Tunis sowie 1155 das arabische Spanien. Anfang des 13. Jh.s geht die Herrschaft über Spanien verloren, 1269 werden die Almohaden in Marokko durch die Meriniden gestürzt.

1149
Syrien
Der zweite Kreuzzug, dem sich neben dem deutschen König Konrad III. auch Ludwig VII. (1120-18. 9. 1180), der König von Frankreich (1137-1180), angeschlossen hat, endet vor Damaskus mit einem Debakel. Keines der angestrebten Ziele wird erreicht.

1150-1199

um 1150
Frankreich
Die Troubadour-Dichtung erlebt an den Fürstenhöfen der Provence ihre Blütezeit. → S. 225

4. 3. 1152
Deutsches Reich
Der Friedrich I. Barbarossa (»Rotbart«, 1122- 10. 6. 1190) wird von den deutschen Fürsten zum König gekürt. → S. 224

19. 12. 1154
England
Heinrich II. Plantagenet (5. 3. 1133-6. 7. 1189) wird König von England (bis 1189). Damit gelangt das Haus Plantagenet auf den Thron, das – mit Nebenlinien – bis 1499 regiert. Durch seine im Jahr 1152 geschlossene Ehe mit Eleonore von Aquitanien ist er auch Herr eines Drittels von Frankreich. → S. 225

18. 6. 1155
Italien
Der deutsche König Friedrich I. Barbarossa wird in Rom zum Kaiser gekrönt. Der ihn krönende Papst (1154-1159) Hadrian IV. (eigentl. Nikolaus Breakspear, †1 .9. 1159) ist der einzige zum Papst gewählte Engländer. Zuvor hatte Friedrich I. den antipäpstlichen Reformprediger Arnold von Brescia (*um 1100) an den Papst ausgeliefert, der ihn hinrichten lässt.

17. 6. 1156
Deutsches Reich
Kaiser Friedrich I. Barbarossa heiratet Beatrix von Burgund (um 1140-15. 11. 1184). Die Erbin der Pfalzgrafschaft Hochburgund ist die zweite Gemahlin des Monarchen.

17. 9. 1156
Österreich
Durch das »Privilegium minus«, eine von Kaiser Friedrich I. Barbarossa für den Markgrafen der Ostmark, den Babenberger Heinrich II. Jasomirgott (2. 4. 1114-13. 1. 1177), ausgefertigte Urkunde wird die Mark Österreich – allerdings ohne Bayern – zum selbstständigen Herzogtum erhoben.

Oktober 1157
Deutsches Reich
Auf dem Hoftag von Besançon weist Kaiser Friedrich I. Barbarossa einen päpstlichen Vorstoß gegen die kaiserliche Vormachtstellung zurück und proklamiert demgegenüber die Unabhängigkeit des Kaisertums vom Papst.

1158
Italien
Auf seinem zweiten Zug nach Italien privilegiert Kaiser Friedrich I. Barbarossa die Universität Bologna. Die dort tätigen Professoren und Studenten erhalten die wirtschaftliche und rechtliche Freiheit zum Lehren und Lernen. → S. 229

1159
Deutsches Reich
Der Sachsenherzog (1142-1180) Heinrich der Löwe (1129/30-6. 8. 1195) gründet die Stadt Lübeck neu. Eine 1143 erfolgte erste Gründung hatte keinen Bestand gehabt. 1226 wird Lübeck zur freien Reichsstadt erhoben. → S. 228

18. 5. 1160
Schweden
In Uppsala fällt König Erich IX. von Schweden einem Mordanschlag zum Opfer. 1157 unternahm er einen Kreuzzug nach Südfinnland. Er wird als Heiliger und Schutzpatron Schwedens verehrt.

30. 1. 1164
England
Auf dem Hoftag von Clarendon (Jagdschloss bei Salisbury) versucht König Heinrich II. durch die dort erlassenen Konstitutionen das Verhältnis der englischen Kirche zur Krone im Sinne eines strengeren königlichen Kirchenregimentes neu zu regeln. Er beschwört dadurch einen Streit mit der papsttreuen Kirchenführung herauf.

1. 12. 1167
Italien
Zahlreiche oberitalienische Städte schließen sich gegen die kaiserlichen Herrschaftsansprüche im Lombardenbund zusammen. Sie erkämpfen im Frieden von Konstanz am 25. 6. 1183 ihre Freiheit von Kaiser Friedrich I. Barbarossa, müssen dafür aber erhebliche finanzielle Opfer bringen.

8. 3. 1169
Russland
Der Großfürst von Wladimir (seit 1157) Andrej Bogoljubskij (um 1111-29. 6. 1174) erobert Kiew. Die politische Vorherrschaft in Russland verlagert sich daraufhin in den Nordosten des Landes.

29. 12. 1170
England
Der englische König Heinrich II. Plantagenet lässt seinen Kanzler Thomas Becket (*21. 12. 1118), seit 1162 Erzbischof von Canterbury, in der Kathedrale von Canterbury erschlagen. Becket war durch sein Eintreten für die kirchlichen Freiheiten und die Rechte des Papstes sowie der Geistlichkeit in Gegensatz zum König geraten.

1171
Irland
Der englische König Heinrich II. Plantagenet landet in Irland, nachdem er sich vom (englischen) Papst Hadrian IV. mit der Insel hatte belehnen lassen. Der irische Hochkönig Rory O'Connor muss die englische Oberherrschaft anerkennen. Damit beginnt die englische Kolonisation Irlands.

1171
Ägypten
Saladin (1138-3. 3. 1193), der Heerführer des Sultans von Damaskus, stürzt den letzten Fatimiden-Kalifen in Ägypten und wird 1174/75 Nachfolger des Sultans Nureddin in Syrien.

21. 5. 1172
England
Im Kompromiss von Avranches erreicht der englische König Heinrich II. Plantagenet die Lösung des nach der Ermordung von Thomas Becket gegen einige Zugeständnisse die Lösung des über ihn verhängten päpstlichen Banns.

1175
Frankreich
Petrus Waldes (†vor 1218) gründet die Gemeinschaft der Waldenser. Mit gleich gesinnten Männern und Frauen, die sich Arme von Lyon oder Arme Christi nennen, zieht er durch das Land und predigt Buße. Der Gegensatz zum Klerus führte 1184 auf der Synode zu Verona zur Verurteilung und Verfolgung.

um 1175
Westafrika
Unter seinem Herrscher Bilali erreicht das um 1100 am oberen Niger entstandene Großreich Mali bis 1200 seine erste Blütezeit. Das Mali-Reich in Westafrika wird zu Beginn des 15. Jahrhunderts von Sonni-Fürsten erobert. → S. 229

17. 9. 1176
Anatolien
Der byzantinische Kaiser (1143-1180) Manuel I. Komnenos (1120-24.9.1180) unterliegt den Rum-Seldschuken entscheidend in der Schlacht bei Myriokephalon. Byzanz verliert damit die Großmachtstellung in Vorderasien.

17. 9. 1179
Deutsches Reich
Hildegard von Bingen (*1098), die Äbtissin der von ihr gegründeten Klöster Rupertsberg und Eibingen, stirbt in Rupertsberg. Mit der 1141 begonnenen Niederschrift ihrer Visionen im »Liber Scivias« begründete sie das deutsche mystische Schrifttum. → S. 228

1180
Heiliges Römisches Reich
Kaiser Friedrich I. Barbarossa lässt Herzog Heinrich dem Löwen wegen dessen Weigerung, den Kaiser 1176 in Oberitalien militärisch zu unterstützen (Sieg der Lombarden bei Legnano 1176), die Herzogtümer Bayern und Sachsen aberkennen. Heinrich der Löwe geht 1182 in die Verbannung nach England.

um 1180
Serbien
Unter Führung von Stephan I. Nemanja (um 1113-um 1200), des Großzupans (Großfürsten) von Raszien, kann sich Serbien von byzantinischer Einflussnahme lösen. Stephan wird 1196 Mönch und Hauptheiliger der serbisch-orthodoxen Kirche.

1181
Frankreich
Der lothringische Goldschmied und Emailmaler Nikolaus von Verdun, durch datierte Werke nachweisbar zwischen 1181 und 1205, beginnt mit dem Dreikönigschrein im Kölner Dom, der endgültig 1230 vollendet wird. → S. 229

1185
Ägypten
Der jüdische Religionsphilosoph und Arzt Moses Maimonides (30. 3. 1135-13. 12. 1204) veröffentlicht sein Hauptwerk »Führer der Unschlüssigen«. → S. 231

12. 9. 1185
Byzanz
Durch die Ermordung des seit 1183 herrschenden Kaisers Andronikos I. (*1122) endet die Dynastie der Komnenen. Die Dynastie der Angeloi (bis 1204) ergreift die Macht, unter denen die Autorität der staatlichen Institutionen zerfällt. Die Angeloi halten sich noch bis 1318 in Westgriechenland (sog. Despotat Epiros).

3. 7. 1187
Palästina
Sultan Saladin besiegt die Kreuzfahrer vernichtend bei Hattin und erobert anschließend Jerusalem. Er löst damit den dritten Kreuzzug aus, an dem sich 1189 u.a. die Könige von Frankreich, England und der römisch-deutsche Kaiser Friedrich I. Barbarossa beteiligen.

10. 6. 1190
Kleinasien
Kaiser Friedrich I. Barbarossa (*1122) ertrinkt auf dem dritten Kreuzzug im Fluss Saleph. Er galt seinen Zeitgenossen als Verkörperung eines idealen Herrschers. Im Reich folgt ihm unangefochten sein zweiter Sohn Heinrich VI. (Herbst 1165-28. 9. 1197), deutscher König (ab 1190) und Kaiser (ab 1191). → S. 231

12. 7. 1191
Palästina
Die vom englischen König (1189-1199) Richard I. Löwenherz, (8. 9. 1157-6. 4. 1199) geführten Kreuzfahrer gewinnen die Festung Akko zurück. Er vereinbart am 2. 9. 1192 mit dem Sultan Saladin vertraglich die christliche Herrschaft im Küstenstrich von Tyrus bis Jaffa und den freien Zugang zu den heiligen Stätten.

21. 8. 1192
Japan
Der Samurai Yoritomo Minamoto lässt sich vom Kaiser den Titel eines erblichen Shogun (Kronfeldherr) verleihen und begründet damit die Shogun-Herrschaft (bis 1868). Das Shogunat wird zunächst von der Familie Minamoto in Kamakura, 1338-1573 von den Ashikaga und schließlich von 1603-1867 von den Tokugawa ausgeübt. → S. 230

1192
Indien
Zentralasiatische Turkvölker unter dem Ghuriden-Sultan Mohammed von Ghor besiegen bei Delhi entscheidend die letzte große Hindu-Konföderation. Nach dem Tod Mohammeds 1206 entsteht unter dem von ihm eingesetzten Statthalter Kutbuddin Aibak das Sultanat von Delhi in Nordindien.

1192
Zypern
Auf der Mittelmeerinsel, die 1183 von Byzanz abgefallen ist, begründet das französische Adelsgeschlecht Lusignan eine Herrscherdynastie. 1489 fallen die Rechte durch Heirat an Venedig.

4. 2. 1194
Deutsches Reich
Nach Zahlung von 100 000 Silbermark Lösegeld kann der englische König Richard I. Löwenherz in seine Heimat zurückkehren. Er geriet auf der Rückfahrt vom dritten Kreuzzug in Gefangenschaft des von ihm beleidigten Herzogs Leopold V. von Österreich. Er übergab ihn an Kaiser Heinrich VI., den Richard Löwenherz als Lehnsherrn anerkennen musste. → S. 231

1198
Palästina
Der 1190 vor Akko während des dritten Kreuzzugs als Spitalbrüderschaft von deutschen Kaufleuten gegründete Deutsche Orden (Orden des Spitals S. Mariens vom Deutschen Hause) wird in einen geistl. Ritterorden umgewandelt. Der erste Sitz des Hochmeisters ist Akko, ab 1291 Venedig, seit 1309 die Marienburg (Ostpreußen). Das Ordenskleid ist ein weißer Mantel mit schwarzem Kreuz.

1200-1249

um 1200
Deutsches Reich
Das Nibelungenlied entsteht, ein mittelhochdeutsches strophisches Heldenepos eines unbekannten Dichters aus dem Donauraum. In 39 »aventiuren« knüpft es an die Sage vom Untergang der Burgunder durch die Hunnen an. → S. 233

um 1200-1210
Deutsches Reich
Der mittelhochdeutsche Dichter Wolfram von Eschenbach (um 1170-nach 1220) vollendet sein um 1200 begonnenes Gralsepos »Parzival«. Er gilt als der sprachgewaltigste Epiker der höfischen Dichtung. → S. 232

12. 11. 1203
Deutsches Reich
Der deutsche Minnesänger und Spruchdichter Walther von der Vogelweide (um 1170-nach 1229) wird ein einziges Mal urkundlich als Fahrender erwähnt, dem Bischof Wolfger von Passau fünf Goldstücke für einen Mantel schenkt.

13. 4. 1204
Byzanz
Die Teilnehmer des vierten Kreuzzuges, geführt von dem venezianischen Dogen Enrico Dandolo (um 1108-1. 6. 1205), erobern Konstantinopel, das unter venezianischen Einfluss gerät. Das sog. Lateinische Kaiserreich hat bis 1261 Bestand. → S. 232

16. 5. 1204
Byzanz
Balduin IX. (1171-1206), der Graf von Hennegau und Flandern, wird nach der Eroberung Konstantinopels als Balduin I. der erste lateinische Kaiser von Konstantinopel, gelangt jedoch am 14. 4. 1205 nach der Niederlage bei Adrianopel in bulgarische Gefangenschaft.

Juni 1204
Frankreich
König (1180-1223) Philipp II. August (21. 8. 1165-14. 7. 1223) entreißt den Engländern endgültig die Normandie. Bis 1206 hat er (durch Prozesse und Feldzüge) alle englischen Festlandsbesitzungen nördlich der Loire (außer der Normandie noch Berry, Auvergne, Anjou, Maine, Touraine und Poitou) in seinem Besitz.

21. 6. 1208
Deutsches Reich
In Bamberg wird der Staufer Philipp von Schwaben (*um 1178), jüngster Sohn Friedrichs I. Barbarossa, aus persönlicher Rache vom bayerischen Pfalzgrafen Otto VIII. von Wittelsbach (†1209) ermordet. Philipp von Schwaben war 1198 im Zuge einer Doppelwahl ebenso wie der Welfe Otto IV. zum deutschen König gewählt und am falschen Ort (Mainz), aber mit den rechten Insignien gekrönt worden. Er konnte sich jedoch nicht gegen den Papst durchsetzen. Aufgrund des Thronstreits setzte sich im Reich der Grundsatz der Wahlmonarchie durch.

Juli 1209
Frankreich
Mit der Eroberung der Stadt Béziers in der Küstenebene des französischen Languedoc durch ein Kreuzfahrerheer beginnen die bis 1229 dauernden Kriege gegen die als Ketzer verfolgte südfranzösische Sekte der Albigenser. Die Albigenser verwerfen die kirchlichen Sakramente, Altäre, Kreuze und Bilder sowie die Heiligen- und Reliquienverehrung und predigen Armut und Askese.

um 1209
England
Nach Oxford (um 1170) entsteht mit Cambridge die zweite bedeutende englische Universität.

1210
Italien
Franz von Assisi (eigentl. Giovanni Bernardone, (1181 oder 1182-3. 10. 1226) gründet den Orden der Minoriten (der minderen Brüder). Er erhält 1223 die päpstliche Bestätigung. → S. 235

16. 7. 1212
Spanien
In der Schlacht bei Las Vavas de Tolosa (in Andalusien) besiegen die vereinigten Heere der christlichen Königreiche Aragón, Navarra und Portugal die muslimischen Almohaden. Die islamische Herrschaft über Spanien ist entscheidend geschwächt.

9. 12. 1212
Deutsches Reich
Mit päpstlicher Unterstützung zieht der Staufer Friedrich II. (26. 12. 1194-13. 12. 1250) von Sizilien nach Deutschland und wird in Frankfurt am Main zum deutschen König gekrönt. Der seit 1198 herrschende Welfe Otto IV. (um 1173/1182-19. 5. 1218) ist 1210 wegen seiner Absicht, das Königreich Sizilien zu erobern, vom Papst gebannt worden. → S. 234

1212
Frankreich/Italien
Tausende junger Leute, von religiösem Eifer ergriffen, brechen in den Rheinlanden und in Niederlothringen zum sog. Kinderkreuzzug auf. Auf ihrem Marsch nach Genua und Marseille kommen die meisten unterwegs elend um oder werden als Sklaven verkauft.

27. 7. 1214
Frankreich
König (1180-1223) Philipp II. August (21.8. 1165-14. 7. 1223) besiegt in der Schlacht bei Bouvines (bei Lille) ein deutsch-englisches Heer unter Kaiser Otto IV. Er sichert sich damit endgültig die ehemals englischen Besitzungen nördlich der Loire. → S. 234

15. 6. 1215
England
Nach seiner Niederlage bei Bouvines muss der englische König (1199-1216) Johann ohne Land (24. 12. 1167-19. 10. 1216) den Baronen die Magna Charta gewähren, ein Gesetz zur Begrenzung der Lehensverpflichtungen und der Rechte der Magnaten und Ritter. → S. 234

30. 11. 1215
Italien
Das IV. Laterankonzil endet mit neuen Beschlüssen über die Stellung der Kirche zu Juden und sog. Ketzern. Der römisch-deutsche Kaiser Otto IV. wird für abgesetzt erklärt und der Staufer Friedrich II. anerkannt. Er wird am 22. 11. 1220 in Rom zum Kaiser gekrönt. → S. 239

1215
China
Der Mongolenherrscher Dschingis Khan (um 1167-18. 8. 1227) erobert Peking. Vor seinem Tod teilt er sein riesiges Reich unter seine Söhne auf. → S. 238

1217
Serbien
Großzupan Stephan (um 1165-24. 9. 1228) wird durch einen päpstlichen Legaten zum ersten König der Serben gekrönt.

1218
Spanien
Alfons IX., König von León (1188-1230), gründet die Universität Salamanca.

1219
Ägypten
Der ungarische König (1205-1235) Andreas II. (um 1177-1235) unternimmt einen Kreuzzug, der weitgehend erfolglos bleibt und lediglich zur kurzfristigen Eroberung der unterägptischen Stadt Damietta führt.

1219
Estland
Waldemar II. (28. 6. 1170-28. 3. 1241), der König von Dänemark (1202-1241) besiegt die Esten in einer Schlacht, in deren Verlauf der Danebrog, die dänische Nationalflagge (weißes Kreuz in rotem Feld) vom Himmel gefallen sein soll. An der Nordküste Estlands gründen die Dänen Reval (Tallinn).

um 1220
Westafrika
Im Südwesten Nigerias siedelt das Volk der Yoruba, deren heilige Stadt Ife von einem vergötterten Priesterkönig – dem Oni von Ife – regiert wird. Er gilt den Yoruba als priesterliches Oberhaupt.

um 1220
Island
Der isländische Staatsmann und Schriftsteller Snorri Sturluson (1179-22. 9. 1241) schreibt eine Prosa-Bearbeitung der Edda-Sagen.

um 1220
Frankreich
In Amiens wird mit dem Bau der Kathedrale begonnen (bis 1270), eine der bedeutendsten hochgotischen Kathedralen neben Chartres (geweiht 1260) und Reims (1211-1311). → S. 239

um 1224
Deutsches Reich
Der sächsische Ritter Eike von Repkow (um 1180-nach 1233) verfasst den Sachsenspiegel und fixiert damit erstmals das Gewohnheitsrecht. → S. 241

um 1224
China
In seiner Geburtsstadt Hangzhou stirbt Ma Yüan (*um 1150), Mitglied der kaiserlichen Akademie und Hauptvertreter der bis in die Ming-Kunst und in die japanische Malerei nachwirkenden Ma-Xia-Schule.

März 1226
Italien
Durch die sog. Goldbulle von Rimini verleiht Kaiser Friedrich II. dem Deutschen Orden landesherrliche Hoheitsrechte im Kulmer Land. Herzog Konrad von Masowien hat den Orden zur Christianisierung der Pruzzen ins Land gerufen. Zuvor waren die Ordensritter im Jahr 1211 vom König von Ungarn mit der Christianisierung der Kumanen im siebenbürgischen Burzenland beauftragt, aber 1225 wieder verdrängt worden.

11. 4. 1226
Italien
Der aus Eremitengemeinschaften vom Berg Karmel Mitte des 12. Jh.s erwachsene Bettelorden der Karmeliter erhält die päpstliche Bestätigung.

18. 3. 1229
Palästina
Kaiser Friedrich II., der 1228 den fünften Kreuzzug angeführt hatte, krönt sich selbst zum König von Jerusalem. Durch Verhandlungen hat er erreicht, dass die Muslime die heiligen Stätten mit Ausnahme des Tempelberges und der El-Aksa-Moschee freigeben. → S. 240

1229
Spanien
Im Kampf gegen die Mauren erobert Jakob I. (22. 2. 1208-27. 7. 1276), der König von Aragón (1213 bis 1276), die Insel Mallorca und 1238 das Königreich Valencia.

1230
Spanien
Nach dem Tod von Alfons IX. wird das Königreich León unter König Ferdinand III. dem Heiligen (um 1200-30. 5. 1252) dauerhaft mit Kastilien vereinigt. 1236 erobert er Córdoba.

1231
Deutschordensstaat
Die Eroberung Preußens beginnt der Deutsche Orden von der Weichsel her mit der Errichtung einer Burg in Thorn, es folgen 1232 Kulm, 1233 Marienwerder und 1237 Elbing. Im gleichen Jahr wird der Schwertbrüderorden in Litauen mit dem Deutschen Orden vereinigt.

1238
Spanien
In Granada erklärt sich der maurische Herrscher Ibn Ahmar für unabhängig von den Kalifen von Córdoba. Bis 1492 ist Granada ein maurisches Königreich unter der Dynastie der Nasriden.

9. 4. 1241
Polen
Nach der Eroberung von weiten Teilen Russlands (1237-1240) besiegt der mongolische Heerführer Batu (1204-1255), ein Enkel Dschingis Khans, das deutsch-polnische Ritterheer bei Liegnitz. Die Ungarn werden am 11.4. auf der Ebene Mohi besiegt. Batu rückt jedoch nicht weiter nach Westen vor und kehrt nach dem Tod des Groß-Khans Ögädäi (*um 1185) am 11. 12. 1241 nach Innerasien zurück. → S. 241

5. 4. 1242
Russland
Fürst Alexander Newski von Nowgorod besiegt auf dem zugefrorenen Peipussee ein Heer des Schwertbrüderordens und verhindert damit dessen Eindringen nach Russland. → S. 240

1243
Russland
Batu Khan gründet Sarai an der unteren Wolga in der Nähe von Astrachan als Hauptstadt der Goldenen Horde, des bis 1480 in Osteuropa und Westsibirien bestehenden Mongolenreichs. In dieser Zeit müssen die russischen Fürsten die Oberhoheit des jeweiligen Khans anerkennen.

23. 8. 1244
Palästina
Die choresmischen Türken (Tataren) erobern im Auftrag der ägyptischen Ajjubiden Jerusalem und vertreiben auf Dauer die Kreuzritter.

12. 7. 1245
Frankreich
Papst (seit 1243) Innozenz IV. (um 1195-7. 12. 1254) setzt auf dem Konzil von Lyon Kaiser Friedrich II. ab. Da der Monarch dem Papst dazu das Recht abspricht, formuliert Innozenz IV. die sog. Zweischwerterlehre, in der die Überordnung der geistlichen über die weltliche Gewalt gelehrt wird. Obwohl der Papst die gegen Friedrich II. in Deutschland gewählten Gegenkönige unterstützt kann er die Macht des Kaisers weder in Deutschland noch in Italien brechen.

15. 6. 1246
Österreich
Mit Friedrich II. (*um 1210), Herzog von Österreich seit 1230, der im Kampf gegen die Ungarn fällt, erlischt das Herrscherhaus der Babenberger. Nach den Zähringern (1248-1250) und den Przemysliden (1251-1278) wird Österreich ab 1282 von den Habsburgern regiert.

1248
Spanien
Nach der Eroberung von Córdoba, Murcia, Jaén bedeutet die Einnahme von Sevilla (durch Kastilien und León) den vorläufigen Abschluss der sog. Reconquista, der Wiedereroberung des maurischen Spaniens durch die christlichen Könige.

1248
Deutsches Reich
Nach dem Vorbild der Kathedrale von Amiens wird mit dem Bau des Kölner Doms St. Peter begonnen, des größten gotischen Kirchenbaus innerhalb des deutschen Sprachgebiets. Der Chor wird 1322 vollendet, die übrigen Bauarbeiten werden bis 1560 weitergeführt und ab 1842 fortgeführt.

1249
Portugal
Mit der Eingliederung der Algarve und der Eroberung von Faro und Silva hat das Königreich Portugal seine heutigen Grenzen erreicht. Lissabon ist ab 1260 Residenz der portugiesischen Könige.

1250-1299

13. 12. 1250
Italien
In Castel Fiorentino (Provinz Foggia) stirbt Friedrich II. (*26. 12. 1194), deutscher König seit 1196 bzw. 1212 und römisch-deutscher Kaiser seit 1220. Mit dem Tod des umfassend gebildeten, in seiner Staatskunst und politischen Ideenwelt für die italienische Renaissance vorbildhaften Monarchen endet das universell gedeutete Kaisertum des Mittelalters. Als deutscher König folgt ihm sein Sohn Konrad IV. (25. 4. 1228-21. 5. 1254) nach.

1250
Schweden
Mit Waldemar Birgersson (bis 1278) gelangt die Herrscherdynastie der Folkunger an die Macht. Sie regiert bis 1363 in Schweden.

1250
Ägypten
Die Mamelucken, ursprünglich die Leibwache islamischer Herrscher, schwingen sich nach einer Empörung gegen den letzten Ajjubiden Turan Schah durch Aibek (1250-1257) selbst zur Regierung auf, die er mit der Sultanin Schadscharat Ad Durr (+28. 4. 1258) teilt. Die Mamelucken-Herrschaft hält sich bis 1517. → S. 243

1252
Frankreich
Der Theologe und Philosoph Thomas von Aquin (um 1225-7. 3. 1274) lehrt in Paris (bis 1259), geht dann bis 1268 in Italien und kehrt 1269 für drei Jahre nach Paris zurück. Ebenso wie sein früherer Lehrer, der in Köln wirkende Albertus Magnus (um 1193-15. 11. 1280), ist er ein Hauptvertreter der scholastischen Philosophie. → S. 242

1253
Litauen
Der erste bekannte Großfürst von Litauen, Mindaugas (†1263), lässt sich taufen und zum König krönen.

17. 5. 1257
Deutsches Reich
Richard von Cornwall (5. 1. 1209-2. 4. 1272) wird in Aachen zum deutschen König gekrönt. Damit gibt es zwei Könige im Reich, denn zuvor war bereits der kastilische König Alfons X., der Weise (23. 11. 1221-4. 4. 1284), zum deutschen König gewählt worden. Erstmals treten die sieben Kurfürsten als alleinige Inhaber des Wahlrechts auf. Beide Könige können sich im Reich nicht durchsetzen. Es beginnt das sog. Interregnum.

Juni/Juli 1258
England
Die englischen Barone setzen in den »Provisions of Oxford« eine Einschränkung der königlichen Macht durch.

1258
Arabien
Die Mongolen zerstören Bagdad und vernichten endgültig die 750 entstandene Abassiden-Monarchie im Kalifenreich. Der Mongolenfürst Hülägü (um 1217-8. 2. 1265) nennt sich ab 1260 Ilchan (»Landesfürst«); seine Nachfolger (Ilkhane) nahmen den Islam an und herrschen in Iran bis 1335 bzw. 1353.

28. 5. 1259
Frankreich
Im Vertrag zu Paris muss der englische König (1216-1272) Heinrich III. (1. 10. 1207-16. 11. 1272) den Verlust des britischen Festlandbesitzes nördlich der Charente anerkennen und für die Gascogne dem französischen König Lehnseid leisten.

1260
Frankreich
Die hochgotische Kathedrale von Chartres wird geweiht.

1260
Zentralasien
Kublai Khan (23. 9. 1215-18. 2. 1294) setzt sich gegen seinen Bruder Arik Bögä als Groß-Khan der Mongolen durch, einigt durch die Eroberung des südlichen Sung-Reiches China und verlegt 1264 seine Residenz nach Chan-balig. Dort herrschen seine Nachkommen als Kaiser der Yüan-Dynastie bis 1368.

25. 7. 1261
Byzanz
Michael VIII. Palaiologos (1224-11. 12. 1282), der 1258 den Kaiserthron von Nicäa usurpiert hat, erobert mit Hilfe der Genuesen Konstantinopel zurück und beendet damit das sog. Lateinische Kaiserreich. Er lässt sich am 15. 8. 1261 ein zweites Mal krönen.

1262
Island
Nach Grönland (1261) erwirbt der norwegische König (seit 1217) Håkon IV. Haakonsson, der Alte (1204-1263), auch Island. Er einigte Norwegen und legte 1260 die Unteilbarkeit des Reichs sowie die Erblichkeit des Königtums fest.

4. 8. 1265
England
In der Schlacht bei Evesham fällt der Earl of Leicester, Simon de Montfort (*um 1208). Er unterliegt einem königlichen Heer. Damit ist der Aufstand der Barone niedergeworfen, der nach dem Sieg über König Heinrich III. in der Schlacht bei Lewes (14. 5. 1264) zur Einberufung eines Parlaments aus Baronen, Rittern und gewählten Bürgern geführt hatte. Die konstituierende Sitzung dieses Parlaments (20. 1. 1265) gilt als der Geburtstag des britischen Unterhauses. → S. 243

26. 2. 1266
Italien
Manfred (*1232), der natürliche Sohn Kaiser Friedrichs II. und König von Sizilien (1258), fällt in der Schlacht bei Benevent gegen Karl von Anjou (1226-7. 1. 1285), der ganz Sizilien an sich reißt.

8. 11. 1266
England
König Heinrich III. von England gestattet den Kaufleuten aus Hamburg in seinem Land eine »Hanse« zu halten, also eine Vereinigung der dort ansässigen Kaufleute zu gründen. 1282 verbinden sich die Kölner, Lübecker und Hamburger Hanse in England zu einer gemeinsamen Kaufmannschaft.

18. 5. 1268
Syrien
Die Muslime erobern den Kreuzfahrerstaat Antiochia.

29. 10. 1268
Italien
Herzog Konradin von Schwaben (*25. 3. 1252), der letzte legitime Staufer, wird in Neapel hingerichtet. Er war nach Italien gezogen, um seinen Anspruch auf das Königreich Sizilien durchzusetzen. Er wurde jedoch am 23. 8. bei Tagliacozzo von Karl von Anjou besiegt. Konradin wurde auf der Flucht gefangen und als Landfriedensstörer zum Tode verurteilt.

25. 8. 1270
Nordafrika
Auf einem Kreuzzug nach Tunesien stirbt der französische König (seit 1226) Ludwig IX. der Heilige (*25. 4. 1214). Er unternahm 1248-1254 den sechsten Kreuzzug gegen Ägypten. Dabei eroberte er am 6. 6. 1249 die unterägyptische Stadt Damietta, wurde am 6. 4. 1250 jedoch in Ägypten besiegt und nur gegen ein hohes Lösegeld wieder freigelassen.

16. 11. 1272
England
Nach dem Tod von Heinrich III. (*1. 10. 1207) wird Eduard I. (17. 6. 1239-7. 7. 1307) König von England. Er behauptet das Königtum gegenüber dem Hochadel, drängte den kirchlichen Einfluss zurück und richtet eine zuverlässige Verwaltung ein.

1. 10. 1273
Deutsches Reich
Mit Rudolf I. (1. 5. 1218-15. 7. 1291) wird der erste Habsburger zum deutschen König gewählt. Damit ist das sog. Interregnum nach 20 Jahren beendet. → S. 242

1274
Norwegen
König (seit 1263) Magnus VI. Lagaboetir (»Gesetzesverbesserer«, 1238-9. 5. 1280) lässt das Land- und Stadtrecht vereinheitlichen und stellt so die Rechtseinheit für Norwegen her.

1275
China
Der venezianische Kaufmann und Weltreisende Marco Polo (1254-1324) trifft mit seinem Vater Niccolò und dessen Bruder Matteo nach einer Reise über die Türkei, Persien und den Pamir in Chan-balig (dem heutigen Peking) ein und gewinnt das Wohlwollen des Groß-Khans. Die Europäer bleiben 17 Jahre in China. → S. 244

1276
Deutsches Reich
Beim Bau des Straßburger Münsters, einem der Hauptwerke mittelalterlicher Kirchenbaukunst, wird nach der Errichtung des Langhauses als hochgotische Kathedrale (1250-1275) mit dem Bau der von Erwin von Steinbach entworfenen Westfassade begonnen.

26. 8. 1278
Österreich
Der deutsche König Rudolf I. von Habsburg besiegt im Kampf um die Landeshoheit in Österreich, Steiermark, Kärnten und Krain in der Schlacht auf dem Marchfeld bei Dürnkrut Ottokar II. (*1233), seit 1253 König von Böhmen, der auf der Flucht gefangen und von persönlichen Feinden erschlagen wird.

1279
China
Der Mongolenherrscher Kublai Khan begründet die Yüan-Dynastie, die bis zum Jahr 1368 in China herrscht. → S. 245

1281
Japan
Ein zweiter Invasionsversuch der Mongolen auf das japanische Kaiserreich nach 1274 scheitert, weil die Invasionsflotte durch einen Sturm (Göttlicher Wind, jap. Kamikaze) vernichtet wird.

30. 3. 1282
Sizilien
Ein Aufstand gegen die Franzosen (Sizilianische Vesper) führt zum Sturz des seit 1266 als König von Neapel-Sizilien herrschenden Karl I. von Anjou. Am 4. 9. 1282 wird in Palermo der König von Aragón, Peter III. (28. 3. 1239-10. 11. 1285), zum Herrscher von Sizilien gekrönt, der mit der Stauferprinzessin Konstanze von Sizilien verheiratet ist.

1282
Österreich
Der deutsche König Rudolf I. von Habsburg belehnt seine Söhne Albrecht (I., 1255-1. 5. 1308) und Rudolf (†1290) gemeinsam mit Österreich, Steiermark, Kärnten und Krain und legt damit die Grundlage für die Hausmacht der Habsburger.

25. 4. 1284
England
Auf Caernarvon Castle wird der britische Thronfolger Eduard (II., †21. 9. 1327) geboren. Sein Vater Eduard I. verleiht ihm 1301 den Titel Prince of Wales, den seither der jeweils älteste Sohn des Monarchen und Thronfolger innehat.

6. 10. 1285
Frankreich
Philipp IV. der Schöne (1268-29. 11. 1314) besteigt den französischen Thron. Durch seine 1284 geschlossene Ehe mit der Königin Johanna I. (1273-1305) ist Navarra bis 1328 mit Frankreich in Personalunion verbunden.

1288
Vietnam
Nach langen Kämpfen erkennt das Königreich Vietnam die mongolische Oberherrschaft an.

26. 4. 1289
Libanon
Mit Tripoli wird die vorletzte Kreuzfahrerfestung von den Mamelucken erobert. 1109 war die Stadt von den Kreuzrittern erobert worden und anschließend Sitz einer christlichen Grafschaft.

1289
Deutsches Reich
Der deutsche König Rudolf I. sichert Wenzel II. (17. 9. 1271-21. 6. 1305), dem König von Böhmen (seit 1278), die erbliche Kurwürde zu. Er soll dafür die Wahl von Rudolfs jüngstem Sohn zum deutschen König unterstützen.

18. 5. 1291
Palästina
Mit der Eroberung von Akko fällt auch der letzte Kreuzfahrerbastion im Heiligen Land in die Hände der Muslime.

Anfang August 1291
Schweiz
Die Innerschweizer Talgemeinden Uri, Schwyz und Unterwalden schließen einen Bund zur Friedenswahrung, die Keimzelle der späteren Eidgenossenschaft. → S. 244

August 1295
England
König Eduard I. beruft das Model Parliament ein, in dem mit der Hinzuziehung der Gemeinen (Commons) auch die Städte und Grafschaften vertreten sind.

27. 4. 1296
Schottland
Nach dem Sieg über die Schotten in der Schlacht bei Dunbar ist der englische König Eduard I. bis 1306 auch König von Schottland, er lässt den Krönungsstein von Scone nach Westminster bringen.

1297
Italien
Die Verfassung der Stadtrepublik Venedig wird im aristokratischen Sinn umgebildet. Der Große Rat wird auf Mitglieder der 287 im »Goldenen Buch« verzeichneten Familien beschränkt. Er wählt den Dogen auf Lebenszeit, seine sechs Räte, den kleinen Rat, aus dem sich seit dem 13. Jh. das eigentlich regierende Gremium entwickelt, sowie den aus 60 Mitgliedern bestehenden Consiglio dei Pregadi, später Senat genannt.

2. 7. 1298
Deutsches Reich
Der von den Kurfürsten wegen seines Strebens nach einer Hausmacht in Mitteldeutschland abgesetzte deutsche König (seit 1292) Adolf von Nassau (*1255) fällt in der Schlacht bei Göllheim. Der Sieger, der Habsburger Albrecht I., wird am 27. 7. 1298 zum König gewählt.

22. 7. 1298
Schottland
In der Schlacht bei Falkirk besiegt der englische König Eduard I. die Schotten unter William Wallace (um 1270-1305), der – als schottischer Freiheitsheld verehrt – von den Engländern gehängt wird.

1300-1349

1300
Italien
Papst (seit 1294) Bonifatius VIII. (†11. 10. 1303) führt das Heilige Jahr ein, das seither in verschiedenen Abständen innerhalb der katholischen Kirche gefeiert (seit 1475 alle 25 Jahre) und bei dem ein besonderer Ablass gewährt wird.

um 1300
Kleinasien
Osman I. Ghazi (1259-1326), der als Vasall der Seldschuken von Konya das byzantinische Gebiet in Kleinasien eroberte, begründet das nach ihm benannte Osmanische Reich und die Osmanen-Dynastie. → S. 246

14. 1. 1301
Ungarn
Mit dem Tod des ungarischen Königs (seit 1290) Andreas III. (*um 1270) erlischt das Königsgeschlecht der Árpáden. Nach Thronstreitigkeiten setzt sich das Haus Anjou-Neapel durch (1308-1382).

11. 7. 1302
Flandern
In der Sporenschlacht bei Kortrijk verteidigen die flandrischen Städte und Zünfte ihre Eigenständigkeit von Frankreich gegen ein französisches Ritterheer. → S. 246

18. 11. 1302
Italien
Papst Bonifatius VIII. verkündet mit der Bulle »Unam sanctam« (lat., »eine heilige« Kirche) die Vorherrschaft der geistlichen vor der weltlichen Gewalt und damit den Vorrang des Papsttums gegen den französischen König Philipp IV. den Schönen. Er wird daraufhin am 7. 9. 1303 auf Betreiben des Königs in Anagni gefangengenommen, jedoch von den Bürgern und einem römischen Ritterheer befreit. Am 11. 10. 1303 stirbt Bonifatius VIII. (*um 1235) in Rom.

1302
Italien
Nach dem Sieg der kaiserfeindlichen Partei in Florenz werden die Anhänger der Gegenseite aus der Stadt verbannt, darunter der italienische Dichter Dante Alighieri (1265-14. 9. 1321), der von da an ein unstetes Wanderleben führt.

5. 6. 1305
Frankreich
Auf Drängen des französischen Königs Philipp IV. des Schönen wird der Erzbischof von Bordeaux, Raymond Bertrand de Got (†20. 4. 1314), zum Papst gewählt. Er nimmt den Namen Klemens V. an.

25. 3. 1306
Schottland
Robert I. Bruce (11. 7. 1274-7. 6. 1329) lässt sich als Gegner des englischen Königs Eduard I. zum König von Schottland krönen und erreicht am 4. 6. 1314 in der Schlacht von Bamockburn die Unabhängigkeit von England.

4. 8. 1306
Böhmen
In Olmütz wird Wenzel III. (*1289), König von Böhmen seit 1305, ermordet. Damit erlischt in Böhmen das Herrscherhaus der Premysliden im Mannesstamm. Böhmen gelangt danach 1307 erstmals kurz unter die Herrschaft der Habsburger.

13. 10. 1307
Frankreich
König Philipp IV. der Schöne lässt alle Mitglieder des in Frankreich ansässigen Templerordens verhaften und klagt sie der Ketzerei an. Er will Zugriff auf das Vermögen des Ordens gewinnen, um damit die Staatskasse zu sanieren.

1307
Frankreich
Die Stadt Lyon, seit 1032 zum Römisch-Deutschen Reich gehörig, wird Frankreich einverleibt.

1. 5. 1308
Schweiz
In Brugg an der Aare wird Albrecht I. (*1255), deutscher König seit 1298, wegen einer Erbforderung von seinem Neffen Johann Parricida ermordet. Zu seinem Nachfolger wird am 27. 11. 1308 der Graf von Luxemburg, Heinrich VII. (*1278-24. 8. 1313), gewählt.

1309
Frankreich
Der 1305 gewählte französische Papst Klemens V. (†20. 4. 1314), der frühere Erzbischof von Bordeaux, verlegt die päpstliche Residenz nach Avignon. Fortan unterliegt das Papsttum dem starken Einfluss der französischen Krone (»Babylonische Gefangenschaft der Kirche« bis 1376). → S. 246

1309
Rhodos
Die Insel wird vom Johanniterorden besetzt. Sie entfalten dort bis zu ihrer Vertreibung durch die Osmanen 1522 eine eindrucksvolle Bautätigkeit.

7. 2. 1311
Böhmen
Johann von Luxemburg (10. 8. 1296-26. 8. 1346) wird zum König von Böhmen gekrönt. Bis 1437 regieren Luxemburger in Böhmen. Die Residenzstadt Prag erlebt einen großen Aufschwung und wird 1344 Sitz eines Erzbischofs.

6. 5. 1312
Frankreich
Das am 16. 10. 1311 von Papst Klemens V. einberufene Konzil von Vienne geht zu Ende. Nachträglich wird das Vorgehen des französischen Königs Philipp IV., des Schönen, gegen den Templerorden gebilligt. Er wird unter fadenscheinigen Vorwürfen wegen angeblicher Entartung (Häresie, Blasphemie, Unzucht) aufgehoben. Der letzte Großmeister Jacques de Molay wird 1313 hingerichtet.

24. 8. 1313
Italien
In Buonconvento bei Siena stirbt der deutsche König Heinrich VII. (*1274 oder 1275) während der erfolglosen Belagerung von Florenz. Am 29. 6. 1312 war er in Rom zum Kaiser gekrönt worden. Nach seinem Tod kommt es 1314 zu einer Königsdoppelwahl. Erst durch den Sieg bei Mühldorf am Inn (28. 9. 1322) kann der Wittelsbacher Ludwig IV. der Bayer (1. 4. 1282-11. 10. 1347) den Thronstreit gegen den Habsburger Friedrich den Schönen (1289-13. 1. 1330) für sich entscheiden. 1325 wird Friedrich wieder freigelassen und als Mitkönig anerkannt.

15. 11. 1315
Schweiz
In der Schlacht am Morgarten (Kanton Zug) besiegen die drei »Waldstätte« Uri, Schwyz und Unterwalden das von Herzog Leopold I. geführte Heer der Österreicher. Durch ihren Sieg können die Eidgenossen ihre politische Unabhängigkeit sichern.

1316
Litauen
Unter Großfürst Gedymin (um 1275-1341) sowie unter dessen Söhnen Olgerd (1296-1377) als Großfürst und Kejstut (um 1297-15. 8. 1382) als Fürst der westlichen Reichshälfte steigt Litauen zum Großreich auf. Sie können alle einst zum Kiewer Reich gehörenden Gebiete Weißrusslands und der Ukraine unter sich vereinigten (lediglich Galizien wird 1349 polnisch).

nach 1317
Italien
Die Fresken der Arenakapelle in Padua (um 1305) und in Santa Croce in Florenz sind die Hauptwerke des italienischen Malers und Architekten Giotto (vermutlich 1266-8. 1. 1337). → S. 247

8. 5. 1319
Norwegen
Mit dem Tod von König (seit 1299) Håkon V. (*1270) erlischt in Norwegen das erste Königsgeschlecht. Seither wird das Land fast durchgängig in Personalunion entweder mit Schweden (1319-1343, 1362/63, 1814-1905) oder Dänemark (1380-1814) regiert, bis es 1905 seine Eigenständigkeit zurückerlangt.

1320
Polen
Mit der Königskrönung von Wladislaw I. Lokietek (»Ellenlang«, 1260-2. 3. 1333) in Krakau wird das Land wieder geeinigt. Wladislaw, ursprünglich Herzog von Kujawien, konnte sich nach dem Tod der Böhmenkönige Wenzel II. (1305) und Wenzel III. (1306), die auch die polnische Krone trugen, durchsetzen.

1321
Italien
Kurz vor seinem Tod vollendet der italienische Dichter Dante Alighieri (*1265) das große Epos »La commedia«, von den Zeitgenossen »Divina commedia« (»Göttliche Komödie«) genannt (Erstdruck 1472). → S. 247

23. 3. 1324
Frankreich
Der in Avignon residierende französische Papst (seit 1316) Johannes XXII. (um 1245-4. 12. 1334) erklärt den deutschen König Ludwig IV., den Bayern, für gebannt. Durch den Streit um den Vorrang der geistlichen und weltlichen Macht in der Christenheit wird das Ansehen des Papstes und der Kirche im Reich stark beeinträchtigt.

1326
Kleinasien
Der osmanische Sultan (seit 1326) Orchan (um 1279-1359) erobert Prusa (Bursa) und macht es zu seiner Hauptstadt. In den folgenden Jahren gelingt mit der Einnahme von Nizäa (Izmit, 1329) und Nikomedia (Koçaelia, 1337) die Eroberung des größten Teils des nordwestlichen Kleinasien, womit das Herrschaftsgebiet von Byzanz immer kleiner wird.

21. 9. 1327
England
Der englische König Eduard II. (*25. 4. 1284) wird auf Berkeley Castle ermordet. Zuvor war er am 20. 1. 1327 auf Betreiben des Hochadels, an dessen Spitze seine Frau Isabella (1292-1358) trat, abgesetzt worden. Zum Nachfolger wurde am 25. 1. 1327 sein Sohn Eduard III. (13. 11. 1312-21. 6. 1377) ausgerufen.

17. 1. 1328
Italien
Der deutsche König Ludwig IV. der Bayer empfängt auf seinem Italienzug (1327-1330) in Rom die Kaiserkrone, allerdings nicht von dem in Avignon residierenden Papst, sondern von einem Laien als Vertreter des römischen Volks.

4. 5. 1328
England
Im Vertrag zu Northampton wird Schottlands Unabhängigkeit von England garantiert. → S. 249

27. 5. 1328
Frankreich
Nach dem Erlöschen der direkten männlichen Linie der Kapetinger tritt das Haus Valois, eine Seitenlinie der Kapetinger, die Herrschaft an und regiert bis 1498, in seinen Nebenlinien Orléans und Angoulême bis 1589. Erster König aus dem Haus Valois ist Philipp VI. (1293-22. 8. 1350).

1328
Russland
Der Fürst von Moskau (seit 1325), Iwan I. Danilowitsch Kalita (tatarisch: »Geldsack«, †31. 3. 1341), erlangt vom Groß-Khan der Goldenen Horde die Würde eines Großfürsten von Wladimir und Moskau. Er legt die Grundlage für die Hegemonie Moskaus in Russland. → S. 248

25. 4. 1330
Deutsches Reich
Die Frühjahrsmesse steigert die Bedeutung von Frankfurt am Main als Wirtschaftsmetropole. Die Herbstmesse ist bereits seit 1150 nachweisbar. → S. 248

20. 10. 1330
England
Eduard III. wird mündig. Er lässt den Regenten Roger Mortimer, Baron of Wigmore, Earl of March, festnehmen und hinrichten.

um 1330
Frankreich
Die Sekte der Albigenser (nach der südfranzösischen Stadt Albi) wird mit Unterstützung des französischen Königtums durch die Inquisition ausgerottet.

7. 11. 1332
Schweiz
Der Ewige Bund der drei Waldstätte wird um Luzern (1332) sowie später um Zürich (1351), Glarus und Zug (1352) sowie Bern (1353) vergrößert. Damit entstehen die sog. acht alten Orte der Eidgenossenschaft.

1335
Böhmen/Polen
Kasimir III. von Polen (1333-1370) und Böhmens König Johann von Luxemburg (1310-1346) vereinbaren einen territorialen Ausgleich beider Länder: Böhmen gesteht den Piastenherrschern die polnische Krone zu und erhält dafür Schlesien.

Mai 1337
Frankreich
König Philipp VI. von Frankreich provoziert durch die Einziehung der Gascogne ein militärischen Konflikt mit dem englischen König Eduard III. → S. 251

16. 7. 1338
Deutsches Reich
Im sog. Kurverein von Rhense erklären die deutschen Kurfürsten, dass der von ihnen bzw. ihrer Mehrheit gewählte König nicht der Approbation durch den Heiligen Stuhl bedarf. Daraufhin verkündet Kaiser Ludwig IV., der Bayer, am 4. 8. 1338 das Reichsgesetz »Licet iuris«, wonach sich das Kaisertum allein aus der gültigen Wahl zum König ableitet und der Papst darauf keinen Einfluss hat.

1338
England
König Eduard III. landet mit einem Heer in Antwerpen und löst den Hundertjährigen Krieg gegen Frankreich aus (bis 1453).

1338
Japan
Die Muromachi-Zeit in Japan beginnt, in dieser bis 1573 dauernden Epoche der japanischen Geschichte werden die Shogune von der Familie Ashikaga gestellt, die im Kyotoer Stadtviertel Muromachi residierten. Es ist eine Zeit der Wirren und permanenten Feudalkriege, geprägt von der Einflusslosigkeit der Zentralregierung und der Entwicklung unabhängiger Territorialstaaten (Daimyos). → S. 248

1339
Genua
Ein Volksaufstand beendet den Konkurrenzkampf der großen genuesischen Familien Doria und Grimaldi. Simone Boccanegra wird zum Dogen gewählt.

24. 6. 1340
Flandern
Im Seegefecht von Sluys besiegen die verbündeten Engländer und Flamen eine französische Flotte. König Eduard III. nimmt als Enkel König Philipps des Schönen den französischen Königstitel an (1340), den bis 1801 jeder englische König führt.

1341
Italien
Auf dem Kapitol in Rom wird der italienische Frühhumanist Francesco Petrarca (20. 7. 1304-18. 7. 1374) zum Dichter gekrönt. Er beeinflusst sowohl inhaltlich als auch formal die gesamte Lyrik des 15. u. 16. Jh.s.

16. 4. 1346
Makedonien
Der König der Serben (seit 1331), Stephan IV. Dusan (um 1308-20. 12. 1355), lässt sich in Skopje zum Kaiser krönen. Seine Regierungszeit ist der Höhepunkt des mittelalterlichen serbischen Staats. Stephan IV. gewann Makedonien, Albanien, Epiros und Thessalien und baute sein Reich nach byzantinischem Vorbild auf. Er löst die serbische Kirche von Byzanz und errichtete ein serbisches Patriarchat.

11. 7. 1346
Deutsches Reich
Fünf Kurfürsten wählen unter päpstlichem Einfluss den Luxemburger Karl IV. (14.5. 1316-29. 11. 1378) zum deutschen Gegenkönig gegen Ludwig IV. den Bayern. Bevor es zur Auseinandersetzung kommen kann, stirbt Ludwig am 11. 10. 1347. Nachdem Karl sich gegen den Gegenkönig Günther von Schwarzburg (Januar-Mai 1349) durchgesetzt hat, ist seine Herrschaft unangefochten.

26. 8. 1346
Frankreich
Unter Führung von König Eduard III. schlagen die Engländer das französische Ritterheer Philipps VI. in der Schlacht bei Crécy in der Picardie. Dieser Erfolg festigt für die folgenden 90 Jahre die englische Hegemonie in Frankreich. Am 4. 8. 1347 erobern die Engländer Calais, das einer ihrer Hauptstützpunkte auf dem Festland wird und erst 1558 an Frankreich zurückfällt.

17. 10. 1346
England
Zur Unterstützung der mit ihm verbündeten Franzosen fällt der schottische König (1329-1371) David II. (5. 3. 1324-22. 2. 1371) in Nordengland ein, wird jedoch bei Neville´s Cross besiegt und im Tower gefangen gesetzt.

1346
Indien
Vijayanagar (»Siegesstadt«) wird gegründet, das letzte hinduistische Großreich Südindiens (bis 1565). Die Geschichte des Reiches wird bestimmt durch die Kämpfe gegen das Sultanat von Delhi, das unter der Herrschaft der Tughluk-Dynastie (1320-1388) seine größte territoriale Ausdehnung erreicht.

20. 5. 1347
Italien
Der Notar der städtischen Kammer in Rom, Cola di Rienzo (eigentlich Nicolà di Lorenzo Gabrini, 1313-8. 10. 1354), macht sich nach Vertreibung der adeligen Senatoren zum Volkstribun. Er verkündete die Wiedererrichtung der Römischen Republik und verkündet den Souveränitätsanspruch des römischen Volkes über Kaiser und Papst. Durch einen päpstlichen Bann am 15. 12. 1347 zur Flucht gezwungen, wird er 1350 von Kaiser Karl IV. in Prag eingesperrt und 1352 an den Papsthof nach Avignon ausgeliefert. Von dort aus 1354 wieder nach Rom gelangt, wird er nach kurzer Regentschaft während eines Volksaufstandes erschlagen.

7. 4. 1348
Böhmen
Der deutsche König Karl IV. gründet die Universität Prag, die erste deutsche Universität.

1348
England
Zu Ehren des hl. Georg stiftet König Eduard III. den Hosenbandorden (Order of the Garter). → S. 253

1348
Europa
Die Pest erreicht Italien und Frankreich, im folgenden Jahr auch Deutschland. In den Jahren 1347 bis 1352 führt eine große Pestepidemie zu riesigen Menschenverlusten. In England wird etwa ein Viertel der Bevölkerung dahingerafft. Die Folgen sind die Verödung riesiger Acker- und Weideflächen, der Rückgang der Getreideernten und eine Teuerung. → S. 250

1349
Frankreich
König Philipp VI. erwirbt mit kaiserlicher Zustimmung die zu Burgund gehörende Dauphiné mit dem Zentrum Grenoble. Bedingung ist allerdings, dass jeder französische Thronerbe Titel und Wappen der Dauphiné tragen und das Land seine Grenzen behalten darf.

1350-1399

1350
Siam
Die thailändische Stadt Ayutthaya am Menam wird Hauptstadt von Siam (bis 1767). Unter der Herrschaft von Rama Thiboldi I. beginnt der Aufstieg von Ayutthaya. → S. 253

1351
Deutsches Reich
Unter der Führung des zum Hochmeister berufenen Winrich von Kniprode (um 1310-24. 6. 1382) erreicht der Deutsche Orden den Höhepunkt seiner Macht. Er drängt das Litauische Großreich in die Defensive, fördert den Handel des Ordens, gründet mehrere Städte und veranlasst die Vollendung der Marienburg. → S. 252

1351
England
Um einen Anstieg der Reallöhne infolge des durch die Pest bedingten Arbeitskräftemangels abzuwenden, werden mit dem »Statue of Labourers« Löhne und Preise auf den Stand von 1346, vor Ausbruch der großen Pest, festgeschrieben.

1351
Italien
Der italienische Dichter Giovanni Boccaccio (1313-21. 12. 1375) vollendet sein nach dem Pestjahr 1348 entstandenes »Decamerone« (Erstdruck 1470). Es besteht aus 100 Novellen, die durch eine Rahmenhandlung verbunden sind: Sieben Frauen und drei Männer, die vor der Pest aus Florenz geflohen sind, erzählen einander zehn Tage lang Geschichten. → S. 252

Oktober 1353
England
Gemäß den vom englischen Parlament gebilligten »Statute of Praemunire« dürfen englische Geistliche weder in kirchlichen noch in weltlichen Angelegenheiten geistliche oder päpstliche Gerichte anrufen. Durch zwei weitere Statuten, die in den Jahren 1365 und 1393 erlassen werden, wird verfügt, dass päpstliche Bullen, die Exkommunikation oder Provisionen zur Folge haben, englischen Boden nicht berühren dürfen.

1353
Böhmen
Der deutsche Bildhauer und Architekt Peter Parler (1330-13. 7. 1399) wird nach Prag berufen.

5. 4. 1355
Italien
Der deutsche König Karl IV., am 6. 1. 1355 bereits in Mailand zum König Italiens gekrönt, wird von einem päpstlichen Legaten in Rom zum Kaiser gekrönt. → S. 253

17. 4. 1355
Venedig
Wegen des Versuch eines Staatsstreichs gegen die Adelsrepublik mit dem Ziel der Wiederherstellung einer absoluten Monarchie wird der Doge Marino Faliero hingerichtet.

1355
Portugal
Der seit 1325 über Portugal herrschende König Alfons IV. (1290-28. 5. 1357) lässt seine Hofdame Inês de Castro hinrichten, mit der sein Sohn Peter I. (19. 4. 1320-18. 1. 1367) ein Verhältnis hat. Nach seiner Thronbesteigung 1357 rächt sich der neue Monarch an den Verantwortlichen für das Todesurteil.

10. 1./25. 12. 1356
Deutsches Reich
Auf den Reichstagen von Nürnberg und Metz wird die sog. Goldene Bulle des deutschen Königs und römisch-deutschen Kaisers Karl IV. verkündet. Sie bestätigt u.a. das Königswahlrecht des Kurfürstenkollegs, den Grundsatz der Mehrheitswahl, die Siebenzahl der Kurfürsten und legt ihre Ausstattung mit Sonderrechten fest.

19. 9. 1356
Frankreich
In der Schlacht bei Maupertuis (eine Ebene bei Poitiers) besiegen die Engländer unter dem Königssohn Eduard, dem Prinzen von Wales (15. 6. 1330-8. 6. 1376), nach der Farbe seiner Rüstung der Schwarze Prinz genannt, die Franzosen unter Führung von Johann II., dem Guten (16. 4. 1319-8. 4. 1364), König von Frankreich (seit 1350).

Oktober 1357
England
Im Vertrag von Berwick unterwirft sich der schottische König David II. dem englischen König Eduard III. und kehrt nach Schottland zurück, wo er allerdings die Macht der Krone nicht wiederherstellen kann.

28. 5. 1358
Frankreich
Angesichts der militärischen Niederlagen und der durch den Krieg gegen England verursachten Lasten kommt es, zunächst in der Compiègne, zu einem Aufstand der verächtlich als »Jacques Bonhomme« bezeichneten Bauern. Die sog. Jacquerie wird im Juni vom Adel ebenso blutig niedergeschlagen wie ein Zunftaufstand in Paris.

Mai 1358
Deutsches Reich
Im Zusammenhang mit einem Handelskonflikt mit Flandern treten die »steden van der dudeschen hense« (Städte der deutschen Hanse) erstmals geschlossen auf, um ihre Interessen zu vertreten.

8. 5. 1360
Frankreich
In Brétigny schließen die Könige Johann II. von Frankreich und Eduard III. von England einen Waffenstillstand, der die erste Phase des Hundertjährigen Krieges beendet. Frankreich muss den Südwesten, das Poitou und Calais an England abtreten. Dafür verzichtet Eduard auf die französische Krone.

1361
Kleinasien
In der Schlacht bei Adrianopel (das heutige Edirne) muss der byzantinische Kaiser Johannes V. (1332-16. 2. 1391) die Abhängigkeit vom Osmanischen Reich anerkennen. Der siegreiche osmanische Sultan Murad I. (1319-15. 6. 1389) macht Adrianopel 1366 zu seiner Hauptstadt. Er führt als erster türkischer Sultan den Titel Kalif.

1363
Frankreich
Das Herzogtum Burgund mit der Hauptstadt Dijon wird vom französischen König Johann II. an seinen jüngstem Sohn übertragen. Unter der Herrschaft von Herzog Philipp II., dem Kühnen (17. 1. 1342-27. 4. 1404), beginnt der Aufstieg Burgunds. Er erwirbt 1384 durch Heirat die Grafschaften Artois, Flandern und die Freigrafschaft Burgund (Franche Comté).

1363
Norwegen
Durch seine Heirat mit der dänischen Prinzessin Margarete bereitet Håkon VI. Magnusson (1340-1380), König von Norwegen (1343-1380) und 1362-1364 auch Regent in Schweden, die Vereinigung der drei nordischen Königreiche vor.

1363
Österreich
Margarete Maultasch (1318-3. 10. 1369), seit 1335 Gräfin von Tirol, tritt Tirol an die Habsburger ab.

1365
Österreich
Herzog Rudolf IV. der Stifter (1. 11. 1339-27. 7. 1365) gründet die Wiener Universität als zweite im Reich und leitet den Ausbau des Stephansdomes in Wien in gotischem Stil ein.

1366
Irland
Mit dem Statut von Kilkenny soll die englische Autorität in Irland gestärkt werden. Der öffentliche Gebrauch der irischen (gälischen) Sprache wird verboten, die Suprematie des englischen Rechts über das einheimische Recht erklärt und ein Friedensrichter- und Sheriffsystem nach englischem Muster eingerichtet.

1367
Spanien
Eduard, Prince of Wales, der Schwarze Prinz, führt König Peter den Grausamen von Kastilien (1334-1369) mit Waffengewalt auf seinen Thron zurück.

1368
China
Ein Bauernaufstand stürzt die mongolische Yüan-Dynastie. Der ehemalige buddhistische Novize Chu Yüan-chung gründet als Kaiser Hung Wu (T'ai-tsu) die Ming-Dynastie, die bis 1644 herrscht. → S. 254

1369
Frankreich
Der französische König (seit 1364) Karl V. der Weise (21. 1. 1338-16. 9. 1380) erklärt Aquitanien zum Kronlehen. Damit beginnt der Hundertjährige Krieg aufs Neue, denn Eduard, der Prinz von Wales, hatte seit 1362 als Prinz von Aquitanien in Bordeaux residiert. Die Engländer geraten zunehmend in die Defensive.

17. 2. 1370
Litauen
In der Schlacht bei Dudau besiegt der Deutsche Orden unter Führung seines Hochmeisters Winrich von Kniprode die Litauer.

22. 4. 1370
Frankreich
In Paris wird der Grundstein für die Bastille gelegt. Die schlossähnliche Befestigungsanlage wird zum Symbol für königlichen Despotismus.

24. 5. 1370
Nordeuropa
Der Friede von Stralsund beendet den Krieg des Dänenkönigs (1340-1375) Waldemar IV. Atterdag (um 1320-24. 10. 1375), der 1361 die Insel Gotland mit dem wichtigen Handelsplatz Visby erobert hatte und die Vorrechte der Hanse auf Schonen nicht anerkannte, gegen die 1367 in der Kölner Konföderation geeinten Hansestädte. Die siegreiche Hanse sichert ihre Vormachtstellung im Norden. → S. 255

5. 11. 1370
Polen
Mit dem Tod von Kasimir III., dem Großen (*30. 4. 1310), König von Polen seit 1333, in Krakau sterben die polnischen Piasten in der königlichen Linie aus. Kasimir hatte mit dem Erwerb Galiziens und eines Teils von Wolynien eine neue, nach Osten gerichtete Politik Polens eingeleitet und im Innern durch die Gründung der Universität Krakau (1364) und der erstmaligen Kodifizierung polnischen Rechts den Staat stabilisiert.

1370
Mongolenreich
Der mongolische Herrscher Timur-Leng, in Europa auch Tamerlan genannt (8. 4. 1336-19. 1. 1405), erklärt sich nach der Eroberung von Transoxanien zum Groß-Khan der Mongolen und Erben Dschingis Khans.

22. 2. 1371
Schottland
Nach dem Erlöschen des Hauses Bruce gelangen mit Robert II. Stuart (1316-1406) die Stuarts auf den Thron von Schottland. Sie müssen sich allerdings gegen eine von den Douglas geführte Adelsopposition behaupten.

23. 7. 1373
Italien
Birgitta von Schweden (*um 1303) stirbt in Rom. Sie gründete um 1350 in Vadstena den Birgittenorden (Ordo Sanctissimi Salvatoris). Sie wird 1391 heiliggesprochen.

15. 8. 1373
Deutsches Reich
Der deutsche König Karl IV. erwirbt die Mark Brandenburg für das Haus Luxemburg. In dem Bemühen, seine Hausmacht zu stärken, erwirbt er auch die einzelnen schlesischen Herzogtümer, die Niederlausitz, sowie weitere Gebiete und

vermählt seine Söhne mit bayerischen und ungarischen Prinzessinnen.

1373
Portugal
König (1367-1383) Ferdinand I. (31. 10. 1345-22. 10. 1383) geht ein Bündnis mit England ein, welches die Grundlage für eine mehrfach erneuerte Allianz bildet.

8. 6. 1376
England
Der Tod des Schwarzen Prinzen Edward, Prinz von Wales (*15. 6. 1330), beendet den Versuch von Angehörigen des Parlaments, Günstlinge des Königs nach dem sog. Impeachment-Verfahren anzuklagen.

4. 7. 1376
Deutsches Reich
Unter Führung von Ulm wird der Schwäbische Städtebund zur Sicherung gegen Verpfändung an Landesfürsten und zur Erhaltung ihrer Reichsunmittelbarkeit gegründet. Bis ins Elsass, in die Schweiz, nach Franken und Bayern findet der Bund Anhänger, bis er nach anfänglicher Machtentfaltung am 23. 8. 1388 von Graf Eberhard II. von Württemberg in der Schlacht bei Döffingen besiegt wird.

17. 1. 1377
Italien
Papst (seit 1370) Gregor XI. (1329-27. 3. 1378), der 1376 Avignon verlassen hat und wieder nach Rom zurückgekehrt ist, erhebt den Vatikan zur päpstlichen Residenz. Damit endet die 1309 begonnene sog. »Babylonische Gefangenschaft« des Papsttums.

21. 6. 1377
England
Nach dem Tod von König Eduard III. (*13. 11. 1312) wird Richard II. (6. 1. 1367-14. 2. 1400), der Sohn des Schwarzen Prinzen, König von England (bis 1399).

1377
Deutsches Reich
Der Stadtarzt von Frankfurt am Main erhält den Auftrag, sich auch um die Spitalkranken zu kümmern. Damit beginnt die Geschichte der städtischen Krankenversorgung. → S. 254

1377
Marokko
In Fès stirbt der arabische Weltreisende Ibn Battuta (*24. 2. 1304). Er bereiste 1325-1349 Nord- und Ostafrika, den Orient, Indien, die Sunda-Inseln, China, Turan und Südrussland, 1352/53 das Nigergebiet.

1377
Deutsches Reich
In Ulm wird mit dem Bau des Münsters begonnen, der mit 161 m höchsten gotischen Pfarrkirche Deutschlands. 1529 werden die Bauarbeiten eingestellt, die Vollendung und Restaurierung erfolgt in den Jahren 1844-1890.

1377/78
England
Die Schriften des englischen Kirchenreformers John Wyclif (um 1320/1330-31. 12. 1384) werden von Papst Gregor XI. in mehreren Bullen wegen seiner Kritik an der Amtskirche verurteilt. Wyclif entwickelt in zahlreichen Schriften seine Lehren von Prädestination, Armutsideal, Demut, Gottes- und Nächstenliebe.

27. 3. 1378
Italien
Nach dem Tod von Gregor XI. (*1329) kommt es zu einer Papstdoppelwahl: Die Kardinäle wählen am 8. 4. Bartolomeo Prignano als Urban VI. (um 1318-15. 10. 1389) zum Papst. Wegen Bedenken gegen Vorgänge bei der Wahl und überzeugt von seiner Geistesstörung wählen die französischen Kardinäle am 20. 9. Robert von Genf als Gegenpapst Klemens (VII., 1342-16. 9. 1394). Damit beginnt das große abendländische Schisma. Klemens residiert in Avignon, wo er in völlige Abhängigkeit von Frankreich gerät. → S. 254

Sommer 1378
Italien
In den Ciompi-Tumulten, der von den Wollarbeitern angeführten Erhebung des Volkes in Florenz, entläd sich zur Durchsetzung sozialer Forderungen der Unmut breiter Schichten gegen das Stadtregiment . Die Empörung wird niedergeworfen.

29. 11. 1378
Deutsches Reich
In Prag stirbt der deutsche König (seit 1346) und römisch-deutsche Kaiser (seit 1355) Karl IV. (*14. 5. 1316). Im Reich folgt ihm sein bereits am 6. 7. 1376 zum König gewählter Sohn Wenzel (26. 2. 1361-16. 8. 1419).

1379
Deutsches Reich
In Ritterbünden vereinigen sich die Ritter im 14. und 15. Jh. zur Sicherung ihrer Interessen gegen die Territorialfürsten und vor allem gegen die Städte. Die größte Verbreitung findet der von der Wetterau ausgehende Löwenbund.

8. 9. 1380
Russland
Der Fürst von Moskau (seit 1359) und Großfürst von Wladimir Dmitri Donskoi (12. 10. 1350-19. 5. 1389) siegt als erster russischer Fürst in offener Feldschlacht auf dem Kulikowo Pole am Don (daher der Beiname Donskoi) gegen die Mongolen. Die Mongolen rächen sich, indem sie am 26. 8. 1382 Moskau brandschatzen.

16. 9. 1380
Frankreich
König (seit 1364) Karl V. der Weise (*21. 1. 1338) stirbt auf Schloss Beauté-sur-Marne. Nachfolger als König von Frankreich wird Karl VI. (3. 12. 1368-21. 10. 1422). Er steht bis 1388 unter Aufsicht seiner drei Onkel, übernimmt dann die Regierung, verfällt jedoch 1392 in Wahnsinn und steht zunehmend unter dem Einfluss seiner Frau, der bayerischen Herzogstochter Isabeau de Bavière (1371-29. 9. 1435).

15. 6. 1381
London
Mit der Ermordung des Bauernführers Wat Tyler endet der Bauernaufstand, der als Folge der hohen Geldsummen, welche die Kriege in Frankreich und gegen Schottland verschlingen, breite Volksschichten erfasste. Tyler marschierte an der Spitze aufständischer Bauern nach London und erzwang von Richard II. die Abschaffung der Überbesteuerung und der Leibeigenschaft sowie Agrarreformen. Auf Befehl des Londoner Bürgermeisters wurde er anschließend erstochen, die Versprechungen wurden zurückgenommen.

22. 10. 1383
Portugal
Mit dem Tod von König (seit 1367) Ferdinand I. (*31. 10. 1345) erlischt die seit 1095 in Portugal herrschende Burgunder-Dynastie. Die Ständeversammlung (Cortes) proklamiert am 6. 4. 1385 Ferdinands Halbbruder Johann I. (11. 4. 1357-14. 8. 1433) zum König, den ersten Monarchen aus dem bis 1580 herrschenden Haus Aviz.

14. 8. 1385
Portugal
König Johann I. besiegt das Heer von Kastilien bei Aljubarrota (zwischen Lissabon und Coimbra) und sichert damit Portugals Unabhängigkeit. Zum Dank stiftet der König 1388 das Kloster Mosteiro de Santa Maria de Vitória in Batalha.

17. 2. 1386
Polen
Jagiello, der Großfürst von Litauen (1377-1401), wird als Wladislaw II. (1351-31. 5. 1434) zum König von Polen gekrönt. Vorangegangen waren sein Übertritt zum Christentum und seine Heirat mit der polnischen Thronfolgerin Hedwig (Jadwiga, 1374-17. 7. 1399). Polen wird mit Litauen in Personalunion verbunden und bis 1572 von den Jagiellonen regiert. → S. 256

9. 7. 1386
Schweiz
In der Schlacht bei Sempach besiegen die Eidgenossen ein österreichisches Ritterheer. Nach der Sage soll der Sieg durch das Opfer des Arnold Winkelried möglich geworden sein. Der Sagenheld aus Unterwalden soll Spieße der habsburgischen Reiter mit den Armen umfasst und sich in die Brust gebohrt haben, so dass eine Lücke in der feindlichen Schlachtordnung entstand. Nach einer weiteren Niederlage der Österreicher gegen die Glarner bei Näfels 1388 muss Habsburg 1389 die Eigenständigkeit der Schweiz anerkennen. 1415 werden der Aargau und 1460 der Thurgau erobert und als erste Untertanenländer aufgenommen.

1386
England
Der Abschluss des Windsorvertrages zur Erneuerung des Bündnisses von 1373 zwischen England und Portugal leitet die jahrhundertelange Anlehnung Portugals an England ein. Die Verbindung wird untermauert durch die 1387 geschlossene Ehe des portugiesischen Königs Johann I. mit der englischen Prinzessin Philippa von Lancaster in Porto.

3. 8. 1387
Dänemark
Nach dem Tod ihres Sohnes Olaf (*1370), König in Dänemark und Norwegen, wird Margarete I. (März 1353-28. 10. 1412) von den Großen des Reiches zur »Frau, Herrscherin und zum mächtigen Vormund der Reiche« gewählt, was der Stellung einer Königin gleichkommt. 1388 wird sie auch zur Herrscherin von Schweden gewählt und tritt das Amt 1389 an, nachdem sie ihren Konkurrenten, den seit 1364 herrschenden Albrecht von Mecklenburg (um 1340-31. 3. 1412) besiegt hat.

1388
Mongolenreich
Der Mongolenherrscher Timur-Leng nimmt den Sultanstitel an und macht Samarkand zur Hauptstadt. Er erobert 1382-1393 Iran und Kaukasien und besiegt 1395 entscheidend das Heer der Goldenen Horde, führt 1398 einen Plünderungsfeldzug gegen das Sultanat von Delhi und besiegt 1400/01 in Syrien den Mamelucken-Sultan von Ägypten. → S. 257

28. 6. 1389
Balkan
Auf dem Amselfeld (Kosovo polje) besiegt der osmanisch-türkische Sultan (seit 1359) Murad I. (*1319) den serbischen Fürsten Lazar (*um 1329). Nach der Ermordung des Sultans lassen die Osmanen Lazar töten und fast den gesamten serbischen Adel ausrotten. → S. 256

1390
Persien
In Shiraz stirbt der persische Lyriker Hafis (»der den Koran auswendig kennt«, *um 1326). Er verfasst in glänzenden Versen mystische, später auch Natur- und gesellige Lieder, die Wein, schöne Knaben und Liebe besingen. → S. 257

1392
Korea
Die von General Yi Sungye (Herrschername T'aejo) begründete Dynastie Yi gelangt an die Macht, die bis 1910 die Herrscher stellt. 1394 wird Hanyang (heute Seoul) die Residenz der Dynastie.

1. 5. 1395
Italien
Giangaleazzo Visconti (1351-3. 9. 1402) wird zum ersten Herzog von Mailand gekrönt. Er hatte am 6. 5. 1385 die Alleinherrschaft übernommen und durch den Erwerb von Verona (1387) sowie Padua und Vicenza (1388) eine erfolgreiche Expansionspolitik in Norditalien betrieben. 1389 übertrug ihm Siena die Signoria (Stadtherrschaft). Bis 1447 stellt das kaisertreue lombardische Geschlecht die Stadtoberhäupter von Mailand.

12. 3. 1396
England
König Richard II. heiratet in zweiter Ehe die französische Königstochter Isabella (†1409). Der Hundertjährige Krieg zwischen beiden Ländern ruht daraufhin für 18 Jahre.

25. 9. 1396
Bulgarien
In der Schlacht bei Nikopolis besiegt der osmanisch-türkische Sultan (1389-1402) Bajezid I. (1354-8. 3. 1403) ein abendländisches Kreuzfahrerheer, Bulgarien wird osmanische Provinz und erlangt erst 1908 wieder seine völlige Unabhängigkeit.

20. 6. 1397
Nordeuropa
Die Herrscherin Margarete I. beruft die Versammlung der Großen der drei Reiche Dänemark, Schweden und Norwegen nach Kalmar, wo sie die Kalmarer Union, die mit Unterbrechungen bis 1523 dauert, begründet. Sie lässt ihren Neffen Erich von Pommern (Erich VII., um 1382-16. 6. 1459) zum ersten Unionskönig krönen, regiert jedoch de facto bis zu ihrem Tode. → S. 259

1398
Indien
Der Mongolenherrscher Timur-Leng führt 1398 einen Plünderungsfeldzug gegen das Sultanat von Delhi und lässt die Stadt völlig zerstören. Das Sultanat bricht daraufhin zusammen.

29. 9. 1399
England
Der seit 1397 immer selbstherrlicher regierende König Richard II. wird mit Billigung des Parlaments abgesetzt. Am 14. 2. 1400 wird er in Pontefract Castle vermutlich ermordet. Damit endet die Herrschaft des Hauses Anjou-Plantagenet, mit Heinrich IV., Herzog von Bolingbroke (April 1366-20. 3. 1413) gelangt am 30. 9. 1399 das Haus Lancaster an die Herrschaft. → S. 258

Dezember 1399
Byzanz
Der byzantinische Kaiser (1391-1425) Manuel II. Palaiologos (1350-21. 7. 1425) wirbt auf einer bis 1402 dauernden Reise an den europäischen Fürstenhöfen vergeblich um Hilfe beim Kampf gegen die Osmanen.

1400-1449

20. 8. 1400
Deutsches Reich
Der deutsche König Wenzel, der sich durch seine Untätigkeit immer unbeliebter gemacht hatte und seit 1387 Deutschland ferngeblieben war, wird von den Kurfürsten abgesetzt. Zum neuen König wird Ruprecht von der Pfalz (5. 5. 1352-18. 5. 1410) gewählt.

25. 10. 1400
England
Kurz vor der Vollendung seiner 1387 begonnenen »Canterbury Tales« stirbt in London der englische Dichter Geoffrey Chaucer (*um 1340). → S. 258

20. 10. 1401
Deutsches Reich
In Hamburg wird der Freibeuter Klaus Störtebeker hingerichtet. Er war seit 1394 mit Godeke Michels Führer der sog. Vitalienbrüder und wurde im Frühjahr 1401 von den Hamburgern bei Helgoland gefangen.

27. 7. 1402
Osmanisches Reich
In der Schlacht von Ankara besiegt der mongolische Groß-Khan Timur Leng den osmanisch-türkischen Sultan Bajezid I. Das Osmanenreich zerfällt anschließend in mehrere Teilstaaten. Das Byzantinische Reich kann sich vorübergehend vom Druck der Osmanen und bis 1424 auch aus der Tributpflicht lösen.

3. 9. 1402
Italien
Nach dem Tod von Gian Galeazzo Visconti (*1351), dem ersten Herzog von Mailand, beginnt das von ihm zusammengefügte Territorialreich zu zerfallen. Venedig eignet sich 1405 die Städte Verona, Vicenca und Padua; Florenz gewinnt 1406 Pisa und damit einen Zugang zum Mittelmeer.

1402
Polen
Konrad von Jungingen (um 1355/1360-30. 3. 1407), der Hochmeister des Deutschen Ordens, erwirbt für den Deutschen Orden von den Luxemburgern die Neumark östlich von der Oder. Dadurch wächst in Polen die Furcht vor einer Übermacht des Ordens.

1403
Südostasien
Fürst Paramesjwara gründet die Hafenstadt Malakka. Sie steigt schnell zu einem Sultanat und wegen ihrer günstigen Lage zum wichtigsten Hafen Südostasiens auf. → S. 261

27. 4. 1404
Burgund
Nach dem Tod von Philipp II., dem Kühnen (*17. 1. 1342), wird sein Sohn Johann ohne Furcht (28. 5. 1371-10. 9. 1419) Herzog von Burgund.

27. 11. 1407
Frankreich
Der Herzog von Burgund, Johann ohne Furcht, lässt den französischen Reichsverweser (seit 1404) Ludwig von Orléans (*1372) ermorden. Die Folge ist ein 1411 ausbrechender Bürgerkrieg in Frankreich zwischen den Orléans-Parteigängern (Armagnacs) und den Bourguignons, den Anhängern des Hauses Burgund.

26. 6. 1409
Italien
Auf der Synode zu Pisa wird nach der Absetzung von Gregor XII. (in Rom) und Benedikt XIII. (in Avigon) mit dem Franziskaner Petros Philargis ein dritter Gegenpapst gewählt als Alexander V. (um 1340-3. 5. 1410). Er findet jedoch ebenfalls keine Anerkennung.

18. 5. 1410
Deutsches Reich
Der deutsche König (seit 1400) Ruprecht von der Pfalz (*5. 5. 1352) stirbt. Zum neuen König wählen die Kurfürsten am 20. 9. 1410 den Luxemburger Sigismund (15. 2. 1368-9. 12. 1437), der sich allerdings erst nach dem Tod seines gleichfalls zum König gewählten Vetters Jobst von Mähren (1354-18. 1. 1411) allgemein behaupten kann.

15. 7. 1410
Deutschordensstaat
In einer der größten Ritterschlachten des Mittelalters siegt bei Tannenberg ein polnisch-litauisches Heer gegen das Heer des Deutschen Ordens. Hochmeister Ulrich von Jungingen (*um 1360) fällt. Im 1. Thorner Frieden (1. 2. 1411) muss der Deutsche Orden Samogitien an Litauen abtreten und eine Kriegsentschädigung bezahlen. → S. 260

um 1411
Russland
Die »Dreifaltigkeitsikone« ist das Hauptwerk des russischen Ikonen- und Freskenmalers Andrej Rubljow. → S. 260

20. 3. 1413
England
Nach dem Tod von Heinrich IV.(*April 1366) wird sein Sohn Heinrich V. (16. 9. 1387-1. 9. 1422) König von England. Er unternimmt den letzten erfolgreichen Versuch, die Herrschaft über Frankreich zu erringen.

April 1413
Frankreich
Unter Führung des Abdeckers Simon Caboche stürmt eine Volksmenge die Bastille, um von der Krone die Neuordnung der für die Unterschicht nachteiligen Steuergesetze zu erlangen. Der Aufstand, ein Teil der Machtkämpfe zwischen den Parteigängern von Burgund und Orléans, wird blutig niedergeworfen. → S. 260

30. 4. 1415
Deutsches Reich
Der römisch-deutsche König Sigismund belehnt den Nürnberger Burggrafen Friedrich VI. mit der Markgrafschaft Brandenburg. Damit beginnt die mehr als 500 Jahre dauernde Herrschaft des Hauses Hohenzollen in Brandenburg bzw. Preußen.

29. 5. 1415
Deutsches Reich
Auf dem Konzil zu Konstanz (1414-1418) wird der 1410 gewählte Gegenpapst Johannes (XXIII., †22. 12. 1419) abgesetzt. Am 4. 7. dankt der in Rom residierende Papst Gregor XII. freiwillig ab; der am 26. 7. 1417 für abgesetzt erklärte Papst und Benedikt XIII. (in Avignon) hält hingegen an seinem Anspruch auf Rechtmäßigkeit fest.

6. 7. 1415
Deutsches Reich
Der tschechische Reformator Jan Hus (um 1370) wird in Konstanz zum Tode verurteilt und verbrannt. Obwohl er freies Geleit zum Konzil von Konstanz von König Sigismund zugebilligt bekommen hatte, um dort seine Lehre zu verteidigen, war er 1414 verhaftet worden. → S. 262

25. 10. 1415
Frankreich
Der im August in Frankreich gelandete englische Königs Heinrich V. besiegt ein überlegenes französisches Heer in der Schlacht von Azincourt. → S. 260

1415
Nordafrika
Mit der Eroberung von Ceuta durch König Johann I. von Portugal beginnt Portugals Expansion nach Afrika. Johanns Sohn Heinrich der Seefahrer (4. 3. 1394-13. 11. 1460) fördert und finanziert die Erforschung der afrikanischen Westküste und gibt damit den Anstoß für die portugiesische Seemachtstellung. → S. 263

11. 11. 1417
Deutsches Reich
Mit der auf dem Konstanzer Konzil erfolgten Wahl von Martin V. (eigentl. Odo Colonna, 20. 2. 1368-20. 2. 1431) wird die Einheit der Kirche sowie die Macht und Ansehen des Papsttums weitgehend wiederhergestellt. Martin V. kehrt 1420 nach Rom zurück. → S. 263

28. /29. 5. 1418
Frankreich
Der burgundische Herzog Johann ohne Furcht erobert Paris. Seine Anhänger, die mit England verbündeten Bourguignons, lassen die Armagnags (Anhänger des Hauses Orléans) umbringen. Der französische Thronfolger Karl VII. (22. 2. 1403-22. 7. 1461) wird aus Paris vertrieben.

Januar 1419
Frankreich
Die Engländer erobern Rouen und haben damit die Normandie in ihrem Besitz.

30. 7. 1419
Böhmen
Aus Protest gegen die Verhaftung ihrer Glaubensgenossen werfen Anhänger des 1415 hingerichteten Reformators Jan Hus 13 Personen, darunter einen Richter und drei Ratsherren, aus dem Rathausfenster (erster Prager Fenstersturz).

10. 9. 1419
Frankreich
Gefolgsleute des französischen Thronfolgers Karl (VII.) ermorden in Montereau bei einer zur Aussöhnung anberaumten Besprechung mit dem Dauphin den burgundischen Herzog Johann ohne Furcht (*28. 5. 1371).

21. 5. 1420
Frankreich
Der Vertrag zu Troyes mit dem Herzog Philipp III., dem Guten, von Burgund (31. 7. 1396-15. 6. 1467) macht den englischen König Heinrich V. zum Herrn Frankreichs. Beschlossen wird die Heirat des Königs mit Catherine (1401-1437), der Tochter des geisteskranken Karl VI. Der Dauphin Karl (VII.) wird von der Erbfolge ausgeschlossen.

28. 7. 1420
Böhmen
Als Nachfolger seines 1419 verstorbenen Bruders Wenzel lässt sich der deutsche König Sigismund zum König von Böhmen krönen. Er erleidet jedoch am 1. 11. 1420 eine Niederlage gegen die von Jan Ziska (um 1370-11. 10. 1424) und Prokop dem Großen (um 1380-30. 5. 1434) geführten Hussitenheere. Die Hussiten erklären am 7. 7. 1421 Sigismund als König von Böhmen für abgesetzt und besiegen ihn am 8. 1. 1422 bei Deutsch-Brod.

1421
Italien
Der italienische Architekt und Bildhauer Filippo Brunelleschi (1377-15. 4. 1446), der einflussreichste Baukünstler der italienischen Renaissance, erbaut in Florenz die Domkuppel, seit 1421 das Findelhaus (Spedale degli Innocenti), die Kirchen S. Lorenzo und S. Spirito und die Pazzi-Kapelle in Sta. Croce. → S. 263

1421
China
Unter Kaiser Ch'eng-tsu wird Peking Hauptstadt der Ming-Dynastie und erhält ihren heutigen Namen, der »nördliche Hauptstadt« bedeutet (im Unterschied zu Nanjing, der »südlichen Hauptstadt«).

1. 9. 1422
Frankreich
Auf einem neuerlichen Feldzug stirbt in Vincennes überraschend König Heinrich V. (*16. 9. 1387) von England. König wird sein erst neun Monate alter Sohn Heinrich VI. (6. 12 1421-21. 5. 1471), der bis zu seiner Volljährigkeit unter der Vormundschaft des Herzogs Humphrey von Gloucester (1391-1447) steht.

27. 9. 1422
Deutschordensland
Der Frieden von Meldensee beendet den 1419 begonnen Krieg mit Polen-Litauen. Der Orden muss endgültig auf Sarmogitien verzichten, die neue Grenze des Ordenslandes (später Preußen) gegen Litauen hat bis 1919 Bestand.

21. 10. 1422
Frankreich
Mit dem Tod von König VI., dem Wahnsinnigen (*3. 12. 1368), in Paris soll gemäß dem Vertrag von Troyes der französische Thron auf den englischen König übergehen. Der eigentliche Thronfolger Karl (VII.) wird jedoch südlich der Loire anerkannt.

1425
Belgien
Durch die von Herzog Johann IV. von Brabant gegründete Universität wird Löwen zum geistigen Mittelpunkt der Niederlande.

1428
Mexiko
Die von ihrem König (1428-1440) Itzcoatl geführten Azteken (Hauptstadt seit 1325 Tenochtitlan) zerstören 1428 mit Hilfe der Acolhua von Texcoco das mächtige Tepanekenreich, dessen Vasallen sie waren. → S. 266

10. 1. 1429
Burgund
Herzog Philipp III., der Gute, von Burgund stiftet den Orden vom Goldenen Vlies (Ordenszeichen: goldenes Widderfell, rote Tracht). Die Souveränität des Ordens geht 1477 durch Heirat auf das Haus Habsburg über.

25. 2. 1429
Frankreich
Die lothringische Bauerntochter Jeanne d'Arc (um 1411-30. 5. 1431) erscheint auf dem Schloss Chinon vor dem Dauphin Karl (VII), um ihn von ihrer Vision (»göttliche Stimmen«) zur Befreiung Frankreichs zu überzeugen.

8. 5. 1429
Frankreich
Jeanne d'Arc entsetzt als Befehlshaberin eines französischen Heeres die von den Engländern belagerte Stadt Orléans und führt am 17. 7. 1429 den Thronfolger Karl (VII.) zur Krönung in Reims. → S. 267

30. 5. 1431
Frankreich
Die am 23. 5. 1430 von den Burgundern gefangen genommene und für eine hohe Geldsumme an die England ausgelieferte Jeanne d'Arc (*um 1411) wird nach ihrer Verurteilung durch ein Kirchengericht auf dem Marktplatz von Rouen als Hexe verbrannt.

23. 7. 1431
Schweiz
Papst (seit 1431) Eugen IV. (um 1383-23. 2. 1447) eröffnet das Konzil in Basel. Er erklärt jedoch bereits im Dezember 1431 das Konzil für aufgelöst, das allerdings dennoch fortgesetzt wird.

1432
Belgien
Der Genter Altar (Gent, St. Bavo) wird vollendet, das Hauptwerk der beiden niederländischen Maler Hubert van Eyck (um 1370-18. 9. 1426) und Jan van Eyck (um 1390-9. 7. 1441). → S. 266

31. 5. 1433
Italien
Der deutsche König Sigismund, König von Ungarn und Böhmen, wird in Rom von Papst Eugen IV. zum römisch-deutschen Kaiser gekrönt.

1433
Italien
Kaiser Sigismund erhebt Mantua, das 1328-1627 von der Familie Gonzaga beherrscht wird, zur Markgrafschaft. Mantua, das einen Pufferstaat zwischen Mailand und Venedig bildet, wird 1530 Herzogtum.

30. 5. 1434
Böhmen
Der Hussiten-Anführer Prokop der Große (*um 1380) fällt in der Schlacht bei Lipary als Führer der radikalen Hussiten (Taboriten) im Kampf gegen die gemäßigten Hussiten (Utraquisten). Damit eröffnet sich die Möglichkeit einer Beendigung der Hussitenkriege.

1434
Italien
Der Bankier Cosimo de Medici, der Alte (27. 9. 1389-1. 8. 1464), der »Vater des Vaterlands«, übernimmt faktisch die Macht in Florenz und verbindet in geschickter Weise sein Mäzenatentum mit seiner Politik und dem Bankgeschäft. → S. 266

15. 7. 1435
Dänemark
Im Frieden von Vordingborg muss der dänische König Erich von Pommern zur Beendigung des seit 1426 geführten Krieges den Städten Lübeck, Hamburg, Wismar und Stralsund ihre Handelsprivilegien bestätigen und sie vom Sundzoll befreien.

21. 9. 1435
Frankreich
In Arras vereinbaren König Karl VII. von Frankreich und Herzog Philipp, der Gute, von Burgund den Frieden. Karl VII. tritt einige Gebiete ab und erhält dadurch freie Hand für eine Fortführung des Krieges gegen die Engländer, deren Delegation den am 5. 8. 1435 eröffneten Friedenskongress vorzeitig verlassen hat. Am 13. 4. 1436 zieht Karl VII. in Paris ein.

1435
Belgien
Der niederländische Maler: Rog(i)er van der Weyden (1399 oder 1400-18. 6. 1464) wird Stadtmaler in Brüssel. Sein ungewöhnlich umfangreiches Werk bildet einen Höhepunkt der altniederländischen Malerei.

5. 7. 1436
Böhmen
In Iglau werden durch die Annahmen der Iglauer Kompaktaten die Hussitenkriege beendet. Den Hussiten wird der Laienkelch zugestanden und der hussitische Theologe Johann Rokyzana (1390/1392-21. 2. 1471) wird als Erzbischof von Prag eingesetzt. Kaiser Sigismund wird im Gegenzug als König von Böhmen anerkannt.

18. 9. 1437
Schweiz
Das 1431 eröffnete Baseler Konzil spaltet sich: Die papstfreundlichen Konzilsväter tagen weiter in Ferrara (ab 1439 in Florenz), die papstfeindliche Mehrheit verbleibt in Basel.

18. 3. 1438
Deutsches Reich
Zum Nachfolger des am 9. 12. 1437 in Znaim (Böhmen) verstorbenen deutschen Königs (seit 1410) und römisch-deutschen Kaisers (seit 1433) Sigismund (*15. 2. 1368) wird zunächst sein Schwiegersohn gewählt, der Habsburger Albrecht II. (*16. 8. 1397), der allerdings bereits am 27. 10. 1439 auf einem Feldzug in Neszmély (Ungarn) ums Leben kommt. → S. 270

7. 7. 1438
Frankreich
König Karl VII. von Frankreich verkündet die Pragmatische Sanktion von Bourges, die den Einfluss des Papstes auf die französische (gallikanische) Kirche einschränkt.

1438
Peru
Pachacutec Yupanqui (1438-1471) rettet die Inka-Dynastie vor dem Angriff der Chancay, die Cuzco bedrohten, und beginnt die Reihe von Eroberungen, die den Inka-Staat zur Großmacht werden lassen. → S. 270

6. 7. 1439
Italien
Auf Drängen des byzantinischen Kaisers (seit 1425) Johannes VIII. (1391-31.10.1448) wird unter dem Druck der Türkengefahr auf dem in Florenz tagenden Konzil eine Union zwischen der West- und der Ostkirche verkündet (»Latentur Coeli«). Sie wird jedoch von der griechischen Geistlichkeit und vom Volk nicht akzeptiert.

5. 11. 1439
Schweiz
Die in Basel gebliebene Minderheit der Konzilsteilnehmer wählt mit dem Herzog von Savoyen, Amadeus VIII. (4. 9. 1383-7. 1. 1451), den letzten Gegenpapst der Kirchengeschichte (Felix V.). Er kann sich jedoch gegen Eugen IV. nicht durchsetzen und tritt 1449 zurück.

2. 2. 1440
Deutsches Reich
Der Habsburger Friedrich III. (21. 9. 1415-19. 8. 1493) wird zum deutschen König gewählt. Er legt durch seine unkriegerische, abwartende Politik und seine kluge Finanzwirtschaft sowie eine Reihe glücklicher Erbfälle und Heiraten die Grundlage für die habsburgische Weltmacht. Das Kaisertum der Habsburger dauert im Heiligen Römischen Reich Deutscher Nation (bis auf 1742-1745) bis 1806 und in Österreich-Ungarn bis 1918.

9. 4. 1440
Dänemark
Als Nachfolger des 1439 für abgesetzt erklärten Königs der drei nordischen Länder Schweden, Dänemark und Norwegen, Erich von Pommern, wird dessen Neffe, der Pfalzgraf bei Rhein und zu Neumarkt Christoph III. (26. 2. 1416-5./6. 1. 1448), zum König von Dänemark sowie – jeweils in Einzelwahl – auch von Schweden (1441) und Norwegen (1442) gewählt.

12. 6. 1442
Italien
Alfons V. der Großmütige (1396-27. 6. 1458), seit 1416 König von Aragón, wird nach der Eroberung von Neapel zum König des vereinigten Königreichs Neapel-Sizilien gekrönt. Alfons V. war zunächst von Johanna II. von Neapel (†1435) als Erben eingesetzt worden, die sich später jedoch für Ludwig III. von Anjou (†1434) entschied. Nun werden Neapel und Sizilien erstmals seit 1282 wieder vereint.

26. 8. 1444
Schweiz
König Karl VII. von Frankreich greift in den sog. Alten Zürichkrieg ein, eine innerschweizerische Auseinandersetzung, die sich im Streit um das umfangreiche Erbe des 1436 kinderlos verstorbenen Grafen Friedrich VII. von Toggenburg entzündet hat. Er entsendet die Armagnaken,

zügellose Söldner des Grafen von Armagnac, die bei St. Jakob an der Birs zwar ein Baseler Heer besiegen, dann aber wegen schwerer eigener Verluste abrücken.

10. 11. 1444
Bulgarien
Der türkische Sultan (1421-1451) Murad II. (1401-5. 2. 1451) besiegt in der Schlacht von Varna ein Heer des Königs Wladislaw III. von Polen und Ungarn (*31. 10. 1424), der im Kampf fällt.

1444
Albanien
Eine Adelsversammlung in Alessio wählt den Rebellen Skanderbeg (eigentl. Georg Kastriota, 1405-17. 1. 1468), der von 1423 bis 1334 in osmanischen Diensten gestanden hatte, zum militärischen Oberbefehlshaber der »Albanischen Liga«. Er verteidigt bis zu seinem Tode erfolgreich die albanische Selbstständigkeit gegen türkische Angriffe.

13. 8. 1447
Italien
Nach dem Aussterben des Herrscherhauses Visconti wird in Mailand die »Ambrosianische Republik« ausgerufen. Am 25. 3. 1450 erringt der Condottiere (Söldnerführer) Francesco Sforza (23. 7. 1401-8. 3. 1466), der mit Bianca Maria Visconti verheiratet ist, die mailändische Herzogswürde.

1. 9. 1448
Dänemark
Der Graf von Oldenburg und Delmenhorst wird als Christian I. (1426-21. 5. 1481) zum König von Dänemark gewählt. Er ist der Stammvater des noch heute in Kopenhagen regierenden Königshauses und wird auch in Norwegen (seit 1450) und in Schweden (seit 1457) als Monarch anerkannt.

17. 12. 1448
Deutsches Reich
Das Wiener Reichskonkordat regelt die Beziehungen zwischen der römischen Kurie und dem Reich (bis 1806). Der Papst erhält bedeutende Rechte bei der Pfründenbesetzung, den Bischofswahlen und der Einnahme von Abgaben im Reich.

19. 4. 1449
Schweiz
Das 1431 eröffnete Baseler Konzil löst sich, mittlerweile in Lausanne tagend, endgültig auf. Die Oberhoheit des Papstes hat sich gegenüber den Ansprüchen des Konzils (sog. Konziliarismus) durchgesetzt.

1450-1499

Juni 1450
Frankreich
Nachdem im Juli 1449 der französische König Karl VII. den Krieg wieder aufgenommen hat, müssen die Engländer die Normandie räumen.

17. 8. 1451
Schweiz
Das Stift St. Gallen wird zugewandter Ort der Eidgenossenschaft. 1454 erlangen Schaffhausen und die Stadt St. Gallen sowie 1468 für einige Zeit die schwäbische Reichsstadt Rottweil diesen Status.

19. 3. 1452
Italien
Friedrich III. wird in Rom als letzter deutscher König zum Kaiser gekrönt.

18. 5. 1452
Italien
Das Adelshaus d'Este wird von Kaiser Friedrich III. zu Herzögen von Mòdena und Règgio und 1471 von Papst Paul zu Herzögen von Ferrara erhoben.

6. 1. 1453
Österreich
Kaiser Friedrich III. bestätigt das »Privilegium maius« und erhebt Österreich zum Erzherzogtum. In dieser 1358/59 gefälschten Urkunde wird den Herzögen von Österreich ein besonderer Rang zuerkannt.

29. 5. 1453
Byzanz
Der türkische Sultan (1451-1481) Mehmed II. Fatih (30. 3. 1432-3. 5. 1481) erobert nach fast zweimonatiger Belagerung Konstantinopel. Dessen letzter Kaiser (seit 1449) Konstantin XII. Dragases (*1403) fällt im Kampf. → S. 272

Juni 1453
Frankreich
Ohne förmlichen Friedensvertrag endet der Hundertjährige Krieg zwischen Frankreich und England, das bis auf Calais alle französische Territorien eingebüßt hat.

4. 2. 1454
Deutschordensland
Die mit der Herrschaft des Deutschen Ordens unzufriedenen Stände (Adel und Städte), die sich am 14. 3. 1440 in Marienwerder zum Preußischen Bund vereint haben, kündigt dem Deutschen Orden formell den Gehorsam auf und verbündet sich mit Polen.

9. 4. 1454
Italien
Der Friede von Lodi zwischen Mailand und Venedig, dem Florenz, Neapel-Sizilien und der Papst beitreten, garantiert eine Ära des Gleichgewichts zwischen den fünf italienischen Mittelstaaten. Er hat bis zum Beginn der französischen Intervention 1494 Bestand. → S. 272

18. 4. 1454
Italien
Nach dem Fall Konstantinopel muss Venedig mit dem osmanischen Sultan Mehmed II. einen Vertrag schließen, der den Verzicht auf die Vorherrschaft im östlichen Mittelmeer bedeutet, zugleich aber die Handelsfreiheit im Osmanischen Reich sichert.

18. 2. 1455
Italien
Der Dominikanermönch und Maler Fra Angelico (eigentl. Guido di Pietro, *1387) stirbt in Rom. Sein ausschließlich religiös bestimmtes Werk verbindet Wesenszüge der Gotik mit dem Naturalismus der Frührenaissance. Am 1. 12. 1455 stirbt in Florenz der Bildhauer, Kunsttheoretiker, Baumeister und Maler Lorenzo Ghiberti (*1378), einer der Hauptmeister der italienischen Plastik.

22. 5. 1455
England
Mit der Schlacht bei St. Albans beginnen in England die sog. Rosenkriege, eine Reihe von Bürgerkriegen (bis 1485) zwischen den Häusern Lancaster (Rote Rose) und York (Weiße Rose). Richard von York (1411-30. 12. 1460) macht König Heinrich VI. den Thron streitig.

1455
Deutsches Reich
Der Mainzer Erfinder und Buchdrucker Johannes Gutenberg (um 1400-wohl am 3. 2. 1468) fertigt seine 42-zeilige Bibel. Der Buchdruck mit beweglichen Lettern leitet eine Revolution der Kommunikationstechnik ein. → S. 274

11. 8. 1456
Serbien
Der ungarische Feldherr und Reichsverweser (1446-1452) János Hunyadi (*um 1400) stirbt in Semlin an der Pest. Er hatte im Juli 1454 den Einfall des osmanischen Sultans Mehmeds II. nach Belgrad abgewehrt und war 1456 siegreich mit einem Entsatzheer in Belgrad eingezogen.

23. 11. 1457
Böhmen
In Prag stirbt (vermutlich ermordet) Ladislaus Posthumus (*22. 2. 1440), König von Ungarn und Böhmen. Auf dem ungarischen Thron folgt ihm am 24. 1. 1458 Matthias Corvinus (*23. 2. 1443) nach, neuer König von Böhmen wird am 2. 3. 1458 der gemäßigt hussitische Georg Podiebrad (*23. 4. 1420).

29. 7. 1459
Serbien
Die Osmanen besetzen mit Smederovo den letzten serbischen Teilstaat und erobern in der Folgezeit auch Bosnien (1463) und die Herzegowina (1483). Sie sind damit unangefochten die Hegemonialmacht auf dem Balkan.

5. 3. 1460
Dänemark
Der dänische König Christian I. (1426-21. 5. 1481) wird in Ripen (Ribe) zum Herzog von Schleswig und Grafen von Holstein gewählt. Er garantiert den beiden Territorien im sog. Ripener Freiheitsbrief ihr Zusammenbleiben und ihre innere Selbstständigkeit.

14. 9. 1460
Schweiz
Die Eidgenossen beginnen mit der Eroberung des habsburgischen Thurgaus, den sie – wie zuvor bereits ein Teil des 1415 erworbenen Aargaus – als sog. Gemeine Herrschaft durch mehrere Orte verwalten lassen.

30. 12. 1460
England
In der Schlacht bei Wakefield wird Richard von York (*1411), der am 31. 10. 1460 mit Unterstützung des Parlaments von König Heinrich VI. die Krone gefordert hat, besiegt und getötet.

1460
Italien
Der italienische Maler und Kupferstecher Andrea Mantegna (1431-13. 9. 1506) wird an den Hof der Gonzaga nach Mantua berufen und bleibt hier Hofmaler bis zu seinem Tod. Hier entsteht auch sein Hauptwerk, die Fresken in der »Camera degli Sposi«.

4. 3. 1461
England
Nach der Einnahme Londons durch die Yorkisten wird Heinrich VI. für abgesetzt erklärt und flieht mit seiner Frau Margaret (1430-1482) nach Schottland. Als neuer König wird Eduard IV. (28. 4. 1442-9. 4. 1483) aus dem Hause York ausgerufen.

15. 8. 1461
Anatolien
Mit der Eroberung von Trapezunt (heute Trabzon), seit 1204 selbstständiges Kaiserreich, werden die Reste byzantinischer Staatlichkeit von den Osmanen beseitigt.

22. 7. 1461
Frankreich
In Mehun-sur-Yèvre stirbt der französische König (seit 1422) Karl VII. (*22. 2. 1403). Nachfolger wird sein Sohn Ludwig. XI. (3. 7. 1423-30. 8. 1483).

5. 1. 1463
Frankreich
Der Vagabund und Balladendichter François Villon (*um 1431) wird in Paris zum Tode verurteilt, später jedoch verbannt. Sein Schicksal ist unbekannt. → S. 275

13. 2. 1466
Italien
In Florenz stirbt der italienische Bildhauer Donatello (eigentl. Donato di Niccolò di Betto Bardi, *um 1386), Schöpfer u.a. der bronzenen Davidstatue (um 1430), der ersten plastischen Aktdarstellung und des Gattamelata-Denkmals (1446/47) in Padua, des ersten Reiterstandbilds der Renaissanceplastik.

15. 6. 1467
Burgund
In Brügge stirbt Philipp III., der Gute (*31. 7. 1396), Herzog von Burgund (seit 1419). Seine Nachfolge tritt sein Sohn Karl der Kühne (10. 11. 1433-5. 1. 1477) an.

18. 10. 1469
Spanien
Die Heirat der »Katholischen Könige« (Titel seit 1496) schafft die Voraussetzung für die Einheit Spaniens: Ferdinand II. (10. 3. 1452-23. 1. 1516), der Erbe der Krone von Aragón, ehelicht die kastilische Thronerbin Isabella I. (22. 4. 1451 -26. 11. 1504) und übt ab dem 14. 12. 1474 gemeinsam mit ihr die Regierung in Kastilien aus.

3. 10. 1470
England
Der seit 1465 im Tower eingekerkerte König Heinrich VI. gelangt nach der Flucht seines Rivalen Eduard IV. erneut auf den Thron.

21. 5. 1471
England
Der aus dem burgundischen Exil nach England zurückgekehrte Eduard IV. lässt nach seinem Sieg über das Lancaster-Heer bei Tewkesbury (4. 5. 1471) König Heinrich VI. (*6. 12. 1421) im Tower ermorden.

9. 8. 1471
Italien
Kardinal Francesco della Rovere wird als Sixtus IV. (21. 7. 1414-12. 8. 1484) zum Papst gewählt. Er fördert Kunst und Wissenschaft (u.a. Bau der Sixtinischen Kapelle), lässt jedoch auch schrankenlosen Nepotismus und Pfründenwirtschaft zu.

10. 10. 1471
Schweden
In der Schlacht am Brunkeberg vor Stockholm besiegt der schwedische Reichsverweser Sten Sture (um 1440-14. 12. 1503), der mit Unterstützung der schwedischen Bauern für die Auflösung der Union mit Dänemark kämpft, den dänischen König Christian I.

30. 3. 1474
Schweiz
Die Eidgenossen schließen in Konstanz einen Vertrag mit Herzog Sigismund von Tirol. In dieser sog. Ewigen Richtung verzichtet das Haus Österreich endgültig auf seine früheren Territorien auf dem Gebiet der Eidgenossenschaft.

29. 8. 1475
Frankreich
Im Frieden von Picquigny beendet der in Frankreich gelandete englische König Eduard IV. und der französische König Ludwig XI. formell den Hundertjährigen Krieg. Gegen eine jährliche Rente verzichtet der englische König auf alle seine französischen Besitzungen mit Ausnahme von Calais.

6. 7. 1476
Italien
In Rom stirbt der deutsche Mathematiker und Astronom Regiomontanus (eigentl. Johannes Müller, *6. 6. 1436), der durch die Beobachtung von Kometen und mit seiner Dreieckslehre die Grundlage für die moderne Trigonometrie legte.

5. 1. 1477
Lothringen
Nach seinen Niederlagen bei Grandson (2. 3. 1476) und Murten (22. 6. 1476) gegen die Eidgenossen fällt der Burgunderherzog Karl der Kühne (*10. 11. 1433) vor Nancy in der Schlacht gegen Eidgenossen und Lothringer. Seine Tochter Maria (1457-1482) ehelicht am 19. 8. 1477 den späteren Kaiser Maximilian I. (22. 3. 1459-12. 1. 1519). Damit kommen Teile des burgundischen Erbes an die Habsburger, was langwierige Streitigkeiten mit Frankreich zur Folge hat. → S. 275

26. 4. 1478
Italien
In Florenz entkommt Lorenzo I. de Medici (1. 1. 1449-8. 4. 1492) der Pazziverschwörung, der sein Bruder Giuliano zum Opfer fällt. Er gewinnt mit Hilfe des Volkes die Oberhand und steigt zum Herrscher des Stadtstaates auf (mit dem Beinamen: »il Magnifico«, italienisch: der Prächtige). Selbst Dichter, fördert er Gelehrte und Künstler, gründet die Bibliotheca Laurenziana und ist ein großzügiger Mäzen der Maler und Bildhauer.

1. 11. 1478
Spanien
Papst Sixtus IV. veranlasst die Einrichtung der Inquisition in Kastilien. 1483 wird Thomas de Torquemada (1420-16. 9. 1498) zum Großinquisitor berufen.

1479
Spanien
Im Vertrag von Alcaçovas verzichtet Portugal auf seinem Ansprüche auf den Thron von Kastilien und erhält das Seefahrtsmonopol südlich der Kanarischen Inseln. Die Südostpassage nach Indien wird damit zur Domäne der Portugiesen, während Spanien bei seinen Entdeckungsreisen nach Westen ausgreifen muss.

1480
Russland
Der kampflose Abzug Achmat Khans aus Moskau bedeutet das Ende der Tatarenherrschaft. Iwan III. Wassiljewitsch (22. 1. 1440-27. 10. 1505), seit 1462 Großfürst von Moskau, vollendet die Einigung Russlands, indem er nach Nowgorod (1478) auch Twer (1485) sowie Wjatka (1489) und Rjasan (1503) unterwirft. → S. 277

3. 5. 1481
Osmanisches Reich
Nach dem Tod von Sultan Mehmed II. Fatih (*30. 3. 1432), des Eroberers von Konstantinopel, tritt sein Sohn Bajezid II. (1447-26. 5. 1512) die Herrschaft an.

22. 12. 1481
Schweiz
Im sog. Stanser Verkommnis wird die drohende Spaltung der Eidgenossenschaft abgewendet und der Beitritt von Solothurn und Freiburg im Uechtland (zugewandte Orte seit 1353 und 1403) vollzogen.

1481
Frankreich
Der französische König Ludwig XI. erwirbt die Provence (mit Marseille) sowie das Anjou und Maine aus dem Besitz des Hauses Anjou. Damit gewinnt die französische Krone breiten Zugang zum Mittelmeer.

23. 12. 1482
Frankreich
Der Friede von Arras zwischen Ludwig XI. von Frankreich und Maximilian von Österreich (als dem Regenten der Niederlande) sichert Habsburg den Besitz von Flandern und der Niederlande. Das Herzogtum Burgund fällt zurück an die französische Krone.

9. 4. 1483
England
In Westminster stirbt der englische König Eduard IV. (*28. 4. 1442). Ihm folgt sein unmündiger Sohn Eduard V. (*1470). Am 26. 6. 1483 erklärt Richard, Herzog von Gloucester, der Regent und Onkel des jungen Königs, diesen für abgesetzt. Er usurpiert als Richard III. (2. 10. 1452-22. 8. 1485) den englischen Thron und lässt danach wahrscheinlich seine thronberechtigten Neffen Eduard V. und Richard (*1472) ermorden.

5. 12. 1484
Europa
Papst (seit 1484) Innozenz VIII. (1432-25. 7. 1492) verschärft durch eine sog. Hexenbulle (»Summis desiderantis«) die Hexenverfolgung. → S. 276

1. 6. 1485
Österreich
Der ungarische König Matthias Corvinus erobert Wien und gewinnt Niederösterreich, die Steiermark und Kärnten. Kaiser Friedrich III. muss Österreich verlassen und geht ins Reich.

22. 8. 1485
England
In der Schlacht bei Bosworth (Leicestershire) verliert der englische König (seit 1483) Richard III. (*2. 10. 1452) Reich und Leben. Heinrich Tudor war am 7. 8. 1485 mit 2500 Mann in Milford Haven (Pembrokeshire) gelandet und hatte viele Gegner Richards um sich geschart. Er wird zum König Heinrich VII. (28. 1. 1457-21. 4. 1509) proklamiert und versucht durch die am 18.1.1486 geschlossene Ehe mit Elisabeth von York (1466-1503), seine Herrschaft zu legitimieren. → S. 278

1487
Deutsches Reich
In Straßburg wird der »Hexenhammer« (lat. Malleus Maleficarum) erstmals gedruckt, ein von dem Dominikaner Heinrich Cramer (Institoris) verfasstes Inquisitionshandbuch für Hexenprozesse. Es ist in drei Teile untergliedert: Hexerei, Wirkung der Hexerei und Gegenmittel, Hexenprozessrecht.

1487
Spanien
Im Namen des katholischen Königspaares Ferdinand und Isabella von Aragón und Kastilien-León wird Málaga erobert. Die südspanische Hafenstadt in Andalusien war seit 711 im Besitz der Mauren.

Winter 1487/88
Afrika
Der portugiesische Seefahrer Bartolomeu Diaz (um 1450-29. 5. 1500) umfährt als erster Europäer die Südspitze Afrikas, der er den Namen Cabo tormentoso (Stürmisches Kap) gibt.

1489
Zypern
Die letzte Königin der Kreuzfahrer-Dynastie Lusignan, Caterine Cornaro (seit 1474), dankt ab und überträgt die Insel der Stadtrepublik Venedig.

6. 12. 1491
Frankreich
König Karl VIII. bringt durch Heirat mit Anna von Bretagne dieses Herzogtum an die französische Krone.

2. 1. 1492
Spanien
Die katholischen Könige Isabella und Ferdinand nehmen die Kapitulation von Granada entgegen. Damit endet die Reconquista, der etwa 800-jährige Kampf der Christen in Spanien gegen die Araber. Am 31. 3. 1942 ordnen Isabella und Ferdinand die Vertreibung aller Juden aus ihren Königreichen Kastilien und Aragón an. → S. 278

11. 8. 1492
Italien
Der Spanier Rodrigo de Borgia (1431/32-18. 8. 1503) wird zum Papst gewählt und nimmt den Namen Alexander VI. an. In seiner Lebensführung bedenkenlos, erreicht das Papsttum unter ihm den Gipfelpunkt seines moralischen Verfalls. Er sorgt sich vor allem um das Wohlergehen seiner Kinder, darunter Cesare Borgia (13. 9. 1475-12. 3. 1507), zuletzt ab 1501 Herzog der Romagna und der mehrfach verheirateten, von ihren Zeitgenossen (wohl zu Unrecht) einer unsittlichen Lebensführung beschuldigten Lucrezia Borgia (18. 4. 1480-24. 6. 1519).

12. 10. 1492
Karibik
Christoph Kolumbus (1451-21. 5. 1506), genuesischer Seefahrer in spanischen Diensten, entdeckt auf seiner ersten Reise (1492/93) mit den drei Schiffen Niña, Pinta, Santa Maria die Bahama-Insel Guanahani sowie Kuba (27. 10.) und Hispaniola (6. 12.). Am 15. 3. 1493 kehrt er über die Azoren und Lissabon nach Palos zurück. Er glaubte, über den Atlantik den westlichen Seeweg nach Indien finden zu können. → S. 283

1492
Deutsches Reich
Der deutsche Kosmograf und Seefahrer Martin Behaim (6. 10. 1459-29. 7. 1507) konstruiert in Nürnberg den ersten Globus (»Erdapfel«). → S. 279

19. 8. 1493
Österreich
In Linz stirbt Friedrich III. (*21. 9. 1415), deutscher König (seit 1440) und römisch-deutscher Kaiser (seit 1452). Seine Nachfolge tritt sein Sohn Maximilian I. an, der 1486 zum König gewählt worden war.

25. 9. 1493
Spanien
Christoph Kolumbus bricht in Cádiz zu einer zweiten Reise nach Amerika auf (1493-1496) und erreicht mit 17 Schiffen die Kleinen Antillen (Dominica und Guadeloupe), Puerto Rico (19. 11. 1493) und Jamaika (4. 5. 1494).

7. 6. 1494
Spanien
Im Vertrag von Tordesillas grenzen Spanien und Portugal auf der Grundlage eines Schiedsspruchs von Papst Alexander VI. ihre Besitz- und Entdeckungsräume durch eine Demarkationslinie 370 Meilen westlich der Kapverdischen Inseln von Pol zu Pol ab. Spanien gehört die westlich dieser Linie entdeckten Gebiete. Damit stehen Afrika und der westliche Teil Brasiliens der portugiesischen Expansion offen. → S. 284

22. 10. 1494
Italien
Ludovico Sforza (27. 7. 1452-27. 5. 1508) wird Herzog von Mailand (bis 1499). Durch die Vermählung seiner Nichte Bianca mit Kaiser Maximilian hatte er die Investitur erlangt.

8. 11. 1494
Italien
König Karl VIII. von Frankreich erhebt Anspruch auf das Erbe der Anjou in Neapel und fällt in Italien ein. In Florenz werden durch einen von ihm unterstützten Volksaufstand die Medicis gestürzt. 1495 muss Karl VIII. angesichts eines Bündnisses zwischen deutschem Kaiser, Papst und Ferdinand von Aragón (Liga von Venedig am 31. 3. 1495) abziehen.

24. 6. 1497
Nordamerika
Der in englischen Diensten stehende italienische Seefahrer John Cabot (Giovanni Caboto, um 1450-1498 oder 1499) entdeckt auf der Suche nach einem nordwestlichen Seeweg mit Endziel China das nordamerikanische Festland (wahrscheinlich Labrador).

7. 4. 1498
Frankreich
In Amboise stirbt König (seit 1483) Karl VIII. (*30. 6. 1470) bei einem Unfall. Mit ihm erlischt die ältere Linie des Hauses Valois. Die Nachfolge des kinderlosen Karl tritt Ludwig XII. (27. 6. 1462-1. 1. 1515) aus der Seitenlinie Valois-Orléans an.

20. 5. 1498
Indien
Der portugiesische Seefahrer Vasco da Gama (1469-24. 12. 1524) erreicht nach Umseglung des Kaps der Guten Hoffnung auf dem Seeweg Indien und landet in Kalikut. 1499 kehrt er nach Lissabon zurück. → S. 284

23. 5. 1498
Italien
Der Dominikaner-Bußprediger Girolamo Savonarola (*21 9. 1452) wird nach vorangegangener Folterung in Florenz als Ketzer verbrannt. Er hatte nach dem Sturz der Medici (1494) in Florenz eine Demokratie auf theokratischer Grundlage durchsetzen wollen und war in fanatischen Reden dem allgemeinen Sittenverfall, vor allem der Herrschaft von Papst Alexander VI. entgegengetreten. → S. 284

22. 9. 1499
Schweiz
Der Friede von Basel beendet den sog. Schwabenkrieg. Die Eidgenossenschaft wird faktisch unabhängig, bleibt aber formal beim Heiligen Römischen Reich Deutscher Nation. → S. 284

PARIS

Fränkisches Großreich wird Vormacht in

Die Franken festigen ihre politische und territoriale Stellung. Eroberungen, Intrigen und geschickte Kirchendiplomatie sichern ihre Herrschaft. Erstmals verbinden sich germanisches Königtum und katholisches Christentum.

27. 11. 511: Der fränkische König Chlodwig I. stirbt 45-jährig in Paris. Nach seinem Tod wird das fränkische Großreich auf seine vier Söhne verteilt.

482 trat Chlodwig I. in Nachfolge seines Vaters Childerich I. die salfränkische Herrschaft im Kleinkönigtum von Tournai an. Mit List, Gewalt und Verrat beseitigte er alle Gaukönige der übrigen Frankenstämme sowie die rivalisierenden Mitglieder seiner Sippe. Seinen Aufstieg zum fränkischen Großherrscher erreichte er 486 maßgeblich durch die Vertreibung des letzten römischen Statthalters von Gallien, Syagrius. Indem er das römische Verwaltungssystem übernahm,

Die vier Söhne des Frankenkönigs Chlodwig I.: Childebert, Chlothar, Chlodomir, Theuderich (Miniatur 1493)

Entstehung des fränkischen Großreichs

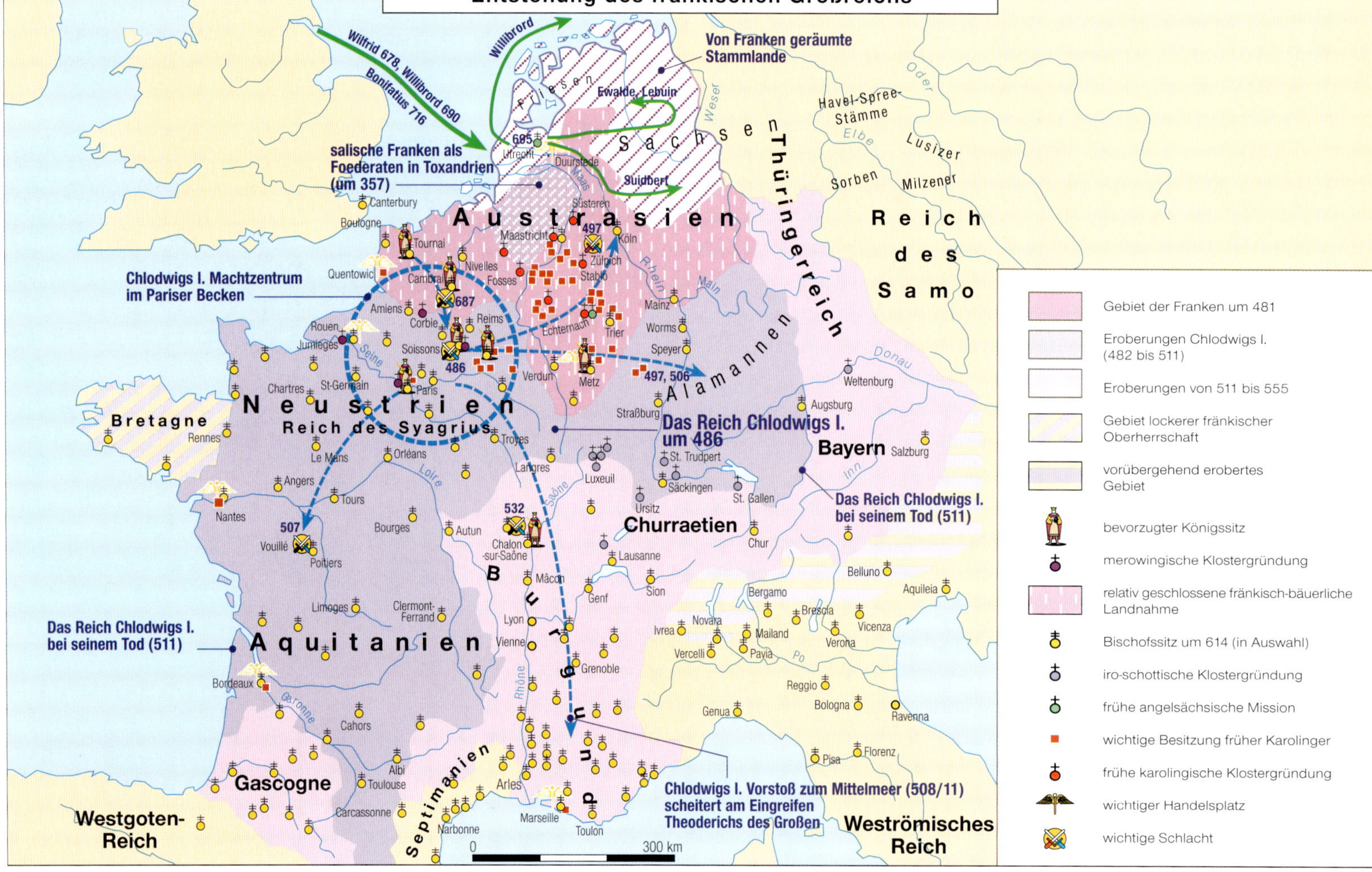

Europa

festigte Chlodwig seine Herrschaft. Die südliche Grenze des Frankenreichs verlief nun im Gebiet der Loire, im Norden reichte das Herrschaftsgebiet Chlodwigs bis zur Maas. Nach militärischen Erfolgen gegen die Alamannen (496/497) und die Westgoten (507) übernahm das Frankenreich die führende Rolle unter den Germanenstämmen. Innenpolitische Gründe spielten eine wichtige Rolle bei der Taufe Chlodwigs Weihnachten 498 in Reims durch Bischof Remigius: Auf diese Weise konnte er die kirchlichen Verwaltungsstrukturen auf Dauer nutzen.

Nach seinem Tod übernehmen Chlodwigs Söhne Childebert, Chlothar, Chlodomir und Theuderich die Macht; dieser Entscheidung liegt die Vorstellung vom »Königsheil« zu Grunde, wonach die Abkömmlinge gleichen Blutes in gleicher Weise zur Herrschaft berufen sind. Es gelingt ihnen das Reich weiter auszuweiten; unter anderem durch die Unterwerfung der Thüringer (531). Chlothar I. vereint das Frankenreich; nach seinem Tod kommt es zu einer erneuten Aufteilung unter seine Söhne Charibert, Chilperich, Guntram und Sigibert.

KONSTANTINOPEL

Justinian will Rückbesinnung

Trotz seiner Machtpolitik gelingt es Kaiser Justinian I. nicht, das Römische Reich in altem Glanz neu zu errichten.

1. 8. 527: Als Nachfolger seines Onkels Justin I. (um 450-527) besteigt der bisherige Mitkaiser Justinian I. den Thron in Konstantinopel. Zur Mitregentin ernennt er seine Frau Theodora, eine ehemalige Schauspielerin. Justinian setzt sich zum Ziel, durch militärische Expansionspolitik und eine umfassende Verwaltungs- und Rechtsreform das römische Weltreich wieder herzustellen.

Innenpolitisch gerät der Kaiser rasch unter Druck: Im Nika-Aufstand erheben sich städtische Parteien gegen den Kaiser; nach fünf Tagen blutiger Kämpfe kann Justinian den Aufstand niederschlagen. Im Laufe seiner Regierungszeit führt er zahlreiche erfolgreiche Kriege gegen die Vandalen in Nordafrika, die sich 534 dem oströmischen Feldherrn Belisar ergeben, die West- und Ostgoten, die Slaven und die Sassaniden, die er durch Tributzahlungen beruhigen kann. Die territoriale Expansion belastet jedoch – ebenso wie eine umfassende Bautätigkeit – die Kassen des Reiches und führt zu erhöhten Steuerforderungen, denen soziale und politische Unruhen folgen. Mit einer umfassenden Verwaltungsreform will Justinian die weit verbreitete Korruption unterbinden und das Steueraufkommen erhöhen. Doch der Plan misslingt: Zu groß ist der Gegensatz zwischen dem prunkvollen Leben des Adels, der Gebildeten, der Beamten und dem Elend der Diener, Soldaten und Landarbeiter.

Justinian I., byzantinischer Kaiser von 527-565. Mosaik aus Ravenna (6. Jh.)

Durchgreifender Erfolg ist dem Kaiser nur in seiner Rechtspolitik beschieden: Eine Sammlung von Zivil- und Strafgesetzen, das Corpus Juris Civilis, fasst die römischen Rechtssätze und die Erlasse des Kaisers zusammen und wird zur Grundlage seiner Herrschaft.

Römisches Reich, römisches Recht und christlicher Glaube bilden für Justinian und Theodora eine Einheit, die der Kaiser in seinem Selbstverständnis als Diener Gottes wahren will. So schließt er 527 im Rahmen der Heidenverfolgung die platonische Akademie in Athen. Die Herstellung der Kirchenunion, die er 519 noch unter Kaiser Justin durch Beilegung des über den Monophysitismus ausgebrochenen Schismas vorbereitet hatte, scheitert jedoch 553 beim 5. Ökumenischen Konzil in Konstantinopel.

Als Ausdruck seines Weltherrschaftsanspruches stattet Justinian Konstantinopel reich aus und lässt die Kirche Hagia Sophia (»Heilige Weisheit«) nach ihrer Zerstörung während des Nika-Aufstands erneuern. Mit chinesischen Seidenraupen sichert Justinian dem Reich das ertragreiche Seidenmonopol für das ganze Abendland. 565 stirbt der Kaiser in Konstantinopel.

Die Kuppelkirche Hagia Sophia in Konstantinopel, 532 bis 537 erbaut. Die Minarette sind nach der türkischen Eroberung (1453) errichtet worden.

ROM

Papst Gregor schafft Grundlagen

Der volksnahe und diplomatisch geschickte Papst Gregor stellt die Weichen für die Macht Roms im Mittelalter. Er stärkt das Papsttum sowohl gegenüber der Politik als auch gegenüber der Kirche im Osten.

3. 9. 590: Gregor wird zum Bischof von Rom gewählt. Er ist der erste Schriftsteller und der erste Mönch im Papst-Amt. Als Gregor sein Amt antritt, steht der Westteil des Byzantinischen Reichs vor dem Zusammenbruch. 568 waren die Langobarden in Italien eingefallen – Christen arianischen Bekenntnisses. Die Besatzer überließen Rom den Päpsten. Mehr als 400 Landgüter, das »Vermächtnis St. Peter«, größtenteils in Sizilien gelegen, lieferten die Naturalien und die Geldmittel für den Unterhalt der Stadt Rom, für die Auslösung und Umsiedlung der Gefangenen sowie den Sold für die kaiserlichen Garnisonen.

Gregor ordnet die Besitztümer der Kirche neu. Er räumt den Pächtern Pachtzinsen ein, setzt Anbaupläne durch und gibt den Verwaltern Ratschläge für eine ökonomische Bewirtschaftung. Seine erster großer Erfolg ist der Freikauf Roms von den Langobarden (593), denen er eine stattliche Summe Gold anbietet. Nur sechs Jahre später kann er einen Friedensschluss zwischen den Langobarden und Byzanz vermitteln. Seine guten Beziehungen zur langobardischen Königin Theudelinde führen sogar dazu, dass sich ein großer Teil des Volkes vom Arianismus abwendet und katholisch wird.

Papst Gregor der Große, Porträtgemälde von Carlo Saraceni, um 1610

Als erster Papst erkennt Gregor die Bedeutung der germanischen Völker für die römische Kirche. Im Jahr vor seinem Amtsantritt waren die Westgoten zum Katholizismus konvertiert. Gregor erinnert sich an die heidnischen Nationen, denen das Evangelium noch gepredigt werden muss. Als eine Abordnung aus Britannien erscheint, ergreift Gregor die Gunst der Stunde und schickt 597 eine starke römische Mission nach England. Unter der Führung von Augustinus, eines Mönches aus Gregors römischem Kloster, erhalten sie die Erlaubnis, in der Nähe der königlichen Residenz von Kent ein Kloster in den Ruinen einer ehemaligen römischen Stadt zu gründen. Die Stadt »Purovernum« wird von den Angelsachsen Cantwarabyrig genannt und wird später als Canterbury zum Zentrum der britischen Kirche. Zehntausende Angelsachsen lassen sich bekehren.

Aufgrund der politischen und kirchlichen Verhältnisse scheint der Vorrang des römischen Bischofs im Westen eindeutig. Selbstbewusst tritt Gregor dem geistlichen Oberhaupt von Konstantinopel, Johannes IV., entgegen, als dieser den Titel »Ökumenischer Patriach«, also »Gesamtbischof«, beansprucht. Der Titel sei »gottlos und stolz«, rügt Gregor, er schade dem Glauben und dem Frieden in der Kirche.

Ihm ist daran gelegen, die Kirche innerlich zu festigen und ihren Zusammenhalt durch Frömmigkeit und geistliche Disziplin zu gewährleisten. Zeitlebens bleibt Gregor der mönchischen Tradition verpflichtet, betreibt keine Machtpolitik, sondern versucht durch »praedicatio«, die Predigt, die Welt zu verändern. Nach seinem Tod im Jahr 604 bemächtigen sich rasch Legenden und Dichtungen um die Person Gregors. Ihm werden Entwicklungen zugeschrieben, an denen er nur kleinen oder gar keinen Anteil hat. So werden die Ordnungen des Gottesdienstes (gregorianische Messe) und die Form des Kirchengesanges (Gregorianik) mit ihm verbunden.

GALLIEN

Ein Ire missioniert Gallien

Als Columbanus Gallien zum Missionsfeld erklärt, trifft die raue irische Klosterfrömmigkeit auf die intellektuell gefärbte abendländische Kirche.

Um 590: Der Mönch Columbanus zieht durch England nach Gallien. In Burgund gründet er mehrere Klöster, für die er eigene strenge Regeln aufstellt.

Schon früh hatte seine christliche Mutter den 530 geborenen Columbanus (»Täubchen«) zum geistlichen Stand bestimmt. Er erlernte die lateinische Schrift und Sprache und lebte lange asketisch als Mönch im größten irischen Kloster Bangor.

Die Sehnsucht, aus der Abgeschiedenheit in die lateinisch geprägte Kultur zu treten, führt ihn im Alter von 60 Jahren gemeinsam mit zwölf Brüdern auf das fränkische Festland. Im Burgund findet er blühendes kirchliches Leben vor. Dem Land fehle die »Arznei der Buße«, befinden die irischen Missionare. In Annegray, Fontaine und Luxeuil gründen sie Klöster, in denen sie strengste Buße und Askese praktizieren und von den Gläubigen die persönliche Beichte fordern. Bußbücher (»Poenitentialien«) schreiben für einzelne Sünden bestimmte Wiedergutmachungen vor. Buße ziehe nur dann die erhoffte Vergebung nach sich, wenn sie in oder nahe bei Klöstern geschehe. Großzügige Spenden an die Klöster seien unerlässlich für die persönliche Heilsgewissheit. Die gallischen Bischöfe sind nicht sehr erfreut über das Wirken der irischen Mönche, deren Theologie sie für einen Rückschritt halten. Auch nachdem Columbanus 610 wegen eines Streits mit dem König verbannt ist, wächst der Einfluss seines Klosters weiter.

CHINA

China ist wieder vereint

Die jahrhundertelange Zersplitterung Chinas hat ein Ende, als Yang Chien an die Macht gelangt und das Reich nicht nur militärisch, sondern auch kulturell neu vereint.

589: Dem chinesischen Militärführer Yang Chien (541-604) gelingt es, ganz China unter seiner Herrschaft zu vereinigen. Er setzt die neue Herrscherdynastie der Sui ein.

Auch der Beginn des neuen Reiches ist von politischen Machtkämpfen gekennzeichnet. Dennoch erlebt das Land eine kulturelle, insbesondere künstlerische Blütezeit.

Dieser dritten Reichseinigung in der chinesischen Geschichte folgen institutionelle Reformen, sparsame Regierungen und der Ausbau der Militärkolonien. Auf religiösem Gebiet kann sich der Buddhismus trotz der Widerstände von Taoismus und Konfuzianismus immer stärker durchsetzen und große Anhängerschaft gewinnen. Im Zusammenhang damit finden auch westliche Einflüsse Eingang, die sich gleichermaßen in der Kunst – buddhistische Plastik, Dichtkunst und Malerei – wie im Geistesleben niederschlagen. Die »Seidenstraße« – benannt nach dem wohl begehrtesten chinesischen Importartikel, verbindet China mit dem Mittelmeerraum.

Ton-Figur, 7. Jh.

MONTE CASSINO

Benediktiner-Mönche leben nach neuen Klosterregeln

Benedikt von Nursia reformiert das Mönchtum. Durch eine weitsichtige Ordensregel, die »Regula Benedicti«, führt er das Mönchtum zur organisierten Größe.

529: Der Mönch Benedikt von Nursia gründet in einem ehemaligen Apollotempel ein Kloster, von dem aus bis zum Ende des Frühmittelalters das gesamte Abendland geprägt wird. Das aus dem Orient in den Westen vorgedrungene Mönchtum drohte zu zerfallen. Einzelne umherziehende Mönche ohne Anbindung trieben mit dem asketischen Ideal Geschäfte. Dem 480 in Umbrien geborenen Benedikt gelingt es schließlich, das Mönchtum zu einigen. Als Eremit hatte Benedikt in Subiaco bei Rom von sich reden gemacht. Bald war er zum Abt des Klosters Vicovaro berufen worden. Doch vertrieben ihn die Mönche wegen seiner strengen Führung. Schließlich gründet er ein eigenes Kloster. Um das Leben der Brüder zu ordnen, verfasst er die »Regula Benedicti«. Die Mischung aus Weltabgewandtheit, Demut, Verpflichtung zur Ortsgebundenheit und unhinterfragbarem Gehorsam gegenüber dem Abt weist auf die Verschmelzung spätantiker Klostertraditionen mit römisch-militärischem Geist hin. Um die Ernsthaftigkeit des mönchischen Lebens zu gewährleisten, schreibt Benedikt eine einjährige Probezeit vor (»Noviziat«). Neben Gastfreundschaft, Armenpflege und Handwerk tritt die Bildungsarbeit neu zu den klösterlichen Aufgaben hinzu: Begründet in der Erziehung der dem Kloster überlassenen jungen Männer, weitet sich das Klosterschulwesen im Mittelalter stark aus. Den »Gehorsam ohne Zögern« erklärt Benedikt zur »höchsten Stufe der Demut«.

Handschrift der Benediktinerregel, um 1430

ÜBERBLICK

Geistliches Leben und Ordensleben

Seit der Frühzeit predigte die Kirche das Ideal der Askese. Man versuchte die menschlichen Wünsche und Begierden zu unterdrücken, um so zu einer geistigen Vertiefung und schließlich zur Vollkommenheit zu gelangen. Ursprünglich lebten die Asketen innerhalb der christlichen Gemeinde, wenn auch zurückgezogen allein oder in Kolonien. Großen Einfluss auf das mönchische Leben hatte der Eremit Antonius der Große (251-356). Die erste Klostergemeinschaft entsteht 320 unter Pachomius (287-347), der mit seinen Schülern nahe Theben (Ägypten) klösterlich lebt. Während im Orient die Abgeschiedenheit und das christliche Armutsideal große Faszination ausüben, bildet im Abendland die Erkenntnislust höherer Schichten den Hauptgrund für die mönchische Entsagung. Durch reiche Gönner kann das Mönchtum im Westen seine Machtstellung in der Gesellschaft wie in der Kirche rasch ausbauen. Benedikt von Nursia vereint erstmalig die unterschiedlichen mönchischen Bewegungen und erklärt neben der Kontemplation weltliche Tätigkeiten wie Arbeit und Armenpflege zu klösterlichen Aufgaben. Dadurch werden Klöster u.a. auch immer mehr zu einem wichtigen wirtschaftlichen Faktor.

JAPAN

Neue Staatsreligion

Mit der Einführung des Buddhismus stehen sich in Japan zwei Religionen gegenüber.

594: Kronprinz Shotoku Taishi erklärt den Buddhismus zur Staatsreligion. Damit ist die 538 ursprünglich aus Indien stammende und über Korea nach Japan gekommene Religion offiziell anerkannt und bildet eine Alternative zum Shintoismus.

Im Mittelpunkt der japanischen Urreligion, dem polytheistischen Shintoismus, wird die Sonnengöttin Amaterasu verehrt; von ihr stammt der Legende nach Jimmu-Tenno, der erste Kaiser Japans, ab. Er soll 660 v.Chr. den Thron bestiegen haben. Neben den Gottheiten Sonne, Mond und anderen Naturphänomenen werden auch die Ahnen einer Familie verehrt, die nach shintoistischer Auffassung im Jenseits weiterleben. Ort der Verehrung sind Schreine. Der Buddhismus wurde zunächst vom Volk abgelehnt. Er fand überwiegend in höfischen Kreisen Verbreitung. Nach seiner Einführung werden die japanischen Gottheiten als Erscheinungsformen Buddhas gedeutet. Ansichten beider Religionen verschmelzen zu einem synkretistischen Glauben. Mit der Förderung des Buddhismus stärkt Shotoku die chinesische Tradition in Japan. Er führt den Kaisertitel »Tenno« ein, der aus dem Chinesischen stammt und »Himmelssohn« bedeutet. Auch reformiert er umfassend das japanische Verwaltungssystem. Er installiert eine zentralistische Beamtenbürokratie und verkündet im Jahr 604 ein stark vom Konfuzianismus beeinflusstes Gesetzbuch, die »Siebzehn-Artikel-Verfassung«.

Shaka Sanko, Gottheit des japanischen Shintoismus

DAMASKUS

Die Glanzzeit der Sassaniden

Unter den Königen Chosroe I. und Chosroe II. erlebt das persische Sassanidenreich eine letzte Blüte.

613: Sassanidische Truppen besetzen Damaskus. Unter König Chosroe II. Aparvez erobern die Perser weitere wichtige Gebiete des Byzantinischen Reiches.

Die Eroberungen stellen den militärischen Höhepunkt der Sassanidenherrschaft dar. 532 hatte Chosroe I. Anuschirvan (»unsterbliche Seele«) die Herrschaft über das Sassanidenreich übernommen. Zunächst musste er die Auswirkungen von Aufständen in den Griff bekommen, die seit 494 das Reich erschütterten: Mazdak, der sich als Prophet am Dualismus des Zarathustra orientierte, initiierte mit seinen sozialrevolutionären Predigten einen Volksaufstand.

Seine Forderungen fanden begeisterte Aufnahme: Er agierte gegen die Verschwendungssucht und unmoralische Lebensweise des persischen Adels, für eine allgemeine Bruderliebe und eine gleichmäßige Verteilung des Eigentums. Im Kampf gegen die Macht des Adels unterstützte zeitweilig sogar König Kawadh (488-531) die Anliegen des Sektenstifters. Mit tausenden seiner Anhänger wurde Mazdak schließlich umgebracht. Als Chosroe I. die Macht übernahm, reformierte er die innere Verwaltung, das Steuerwesen, das Militär und die Landverteilung. Mit der Aufnahme der durch den byzantinischen Kaiser Justinian I. vertriebenen Neuplatoniker öffnete er sein Reich der hellenistischen und byzantinischen Kultur. Nach mehreren erfolgreichen Feldzügen machte er Byzanz 532 tributpflichtig. 540 eroberte er die Stadt Antiocheia. Der Abschluss eines auf 50 Jahre angelegten Friedensvertrages mit Byzanz (562) hielt ihm den Rücken frei, um dem Druck der »weißen Hunnen« zu begegnen, die er 567 besiegte. Auch in der Architektur ließ er sich von der byzantinischen Welt inspirieren: In seiner Winterresidenz Ktesiphon (südlich Bagdads) ließ er einen Palast errichten, der alle persischen Bauten überragen sollte. Das 35 m hohe, 25 m breite und 50 m lange parabolische Gewölbe diente als Kaiser-Saal.

Ruine des Palastes von Taq i Kisra von König Chosroe I. in Ktesiphon

579 starb Chosroe I.; sein Enkel Chosroe II. Aparvez (»der Siegreiche«) führte das Reich zu seiner größten Ausdehnung. In langjährigen Eroberungskriegen gelang es ihm, Byzanz wichtige Regionen abzunehmen. 613 erobert Chosroe II. Damaskus, 614 Jerusalem, zwei Jahre später Ägypten. 626 belagern die Sassaniden gemeinsam mit den Awaren Konstantinopel.

Der Gegenoffensive des byzantinischen Kaiser Herakleios sind die Sassaniden jedoch nicht gewachsen; bei Ninive erleiden sie 627 die entscheidende Niederlage. Innenpolitisch gärt ein erbitterter Machtkampf zwischen Adel und König. 628 zettelt Kaiser-Sohn Scheroes eine Revolte an; Chosroe II. wird ermordet. Bürgerkriege stürzen das Sassanidenreich in Wirren, an deren Ende 651 die Eroberung durch die Araber steht.

BYZANZ

Byzanz behauptet sich gegen seine Nachbarn

Unter der Regentschaft des Kaisers Herakleios I. erstarkt das Byzantinische Reich. Umfassende Reformen und der Kampf gegen die moslemischen Araber prägen seine Amtszeit.

5. 10. 610: Der Armenier Herakleios stürzt das Terrorregime des Kaisers Phokas (602-610) und übernimmt die Herrschaft.

Damit beginnt das mittelbyzantinische Zeitalter des Römischen Reiches. Herakleios I. tauscht den römischen Titel »Imperator« gegen den alten griechischen Königsnamen »Basileos«. Er hat sich gegen viele Nachbar-Mächte zu behaupten: Auf dem Balkan besiegt er die Awaren; von den Persern gewinnt er in den Jahren 622-628 Syrien und Kleinasien sowie Ägypten zurück. Im Jahr 636 spürt er erstmals die Macht der Araber, die ihm unter dem Kalifen Omar auf ihrem Weg zur Großmacht Syrien, Palästina und Ägypten wieder abtrotzen.

Große Erfolge kann Herakleios I. dagegen auf innenpolitischem Terrain verzeichnen. Mit weit reichenden Reformen, vor allem auf militärischem Gebiet, erwirkt er eine neue Einheit des Reiches. Er bildet eine einheimische Armee, indem er Soldaten in den Provinzen auf kleinen Höfen ansiedelt, die sie gegen Ableistung von Militärdienst erhalten. Mehrere Provinzen stellen einen großen Militärbezirk dar, der unter dem Oberbefehl eines Militärgouverneurs steht.

Den Bauernsoldaten kommt eine bedeutende wirtschaftliche, soziale und militärische Funktion zu. Sie stärken die freie Bauernschaft und die Regierung bemüht sich darum, den bäuerlichen Wohlstand zu sichern. Seiner kaiserlichen Stellung verleiht er neue Macht durch die Einführung des iranischen Herrscherkults. Seine kunstvoll gestaltete Krone trägt auf dem Mittelschild das Abbild Christi, der den Kaiser krönt. Herakleios, der zwischen orientalischem und abendländischem Christentum vermitteln will, führt die Bilderverehrung, den Ikonenkult, in Konstantinopel ein. Auch setzt er für das Byzantinische Reich die auf der Blutsbindung beruhende Thronfolge durch und begründet damit eine Dynastie, die bis zum Jahr 711 in Konstantinopel herrscht.

CHINA

Tang-Dynastie: Kurze Phase der Stabilität

Die Tang-Herrscher führen China mit Reformen zu politischer Stabilität und kultureller Größe.

618: Ein Verschwörung führt zum Sturz des chinesischen Kaisers Yang und damit zum Ende der Sui-Dynastie, die 581 an die Macht gelangt war. An der Spitze des Aufstandes stehen Li Shi-Min und sein Vater Li Yüan, der den Kaisertitel für sich beansprucht und die Tang-Dynastie einsetzt. Die Unruhen hatten sich an der verschwenderischen Hofhaltung des Kaisers Yang und der Verpflichtung zur Zwangsarbeit für seine umfangreichen und aufwändigen Bauprojekte entzündet. Das größte Vorhaben war der Bau eines insgesamt 2700 km langen und 40 m breiten Kanals, der Nord- und Südchina miteinander verbindet. Über eine Million Arbeiter mussten das Projekt umsetzen; die Kosten führten das Reich in eine finanzielle Krise, die Unzufriedenheit sowohl in der Bauernschaft als auch in Adelskreisen hervorrief. 618 ermorden Rebellen Kaiser Yang; ihren Führer Li Yüan rufen sie zum Kaiser aus. 626 putscht sein Sohn gegen ihn, zwingt ihn zur Abdankung und übernimmt als Kaiser Taizong die Macht. Er setzt die Eroberungspolitik Li Yüans fort und leitet damit eine der größten Expansionsbewegungen der chinesischen Geschichte ein. Durch die Aufnahme diplomatischer Beziehungen zu Südasien stärkt er das Reich; die Belebung des Fernhandels und des kulturellen Austauschs zwischen Ost und West befruchten die Architektur, Kultur und Kunst Chinas. Grundlegende Reformen verändern das Leben. Beamte müssen in einem literarischen Prüfungssystem die Beherrschung der klassischen chinesischen Literatur, insbesondere des Konfuzius, nachweisen.

Statuen aus der Zeit der Tang-Dynastie

Die stabile Phase Chinas währt wieder nur kurz. Neue Wirren entstehen, als 684 der Tang-Kaiser Kao-Tsung stirbt. Zunächst übernehmen dessen Söhne formal die Herrschaft. 690 erhebt sich die 55-jährige Kaiser-Witwe Wu zur Herrscherin und verleiht sich den Titel »Die Erhabene«.

FRANKENREICH

Königin Brunhilde wird zu Tode gefoltert

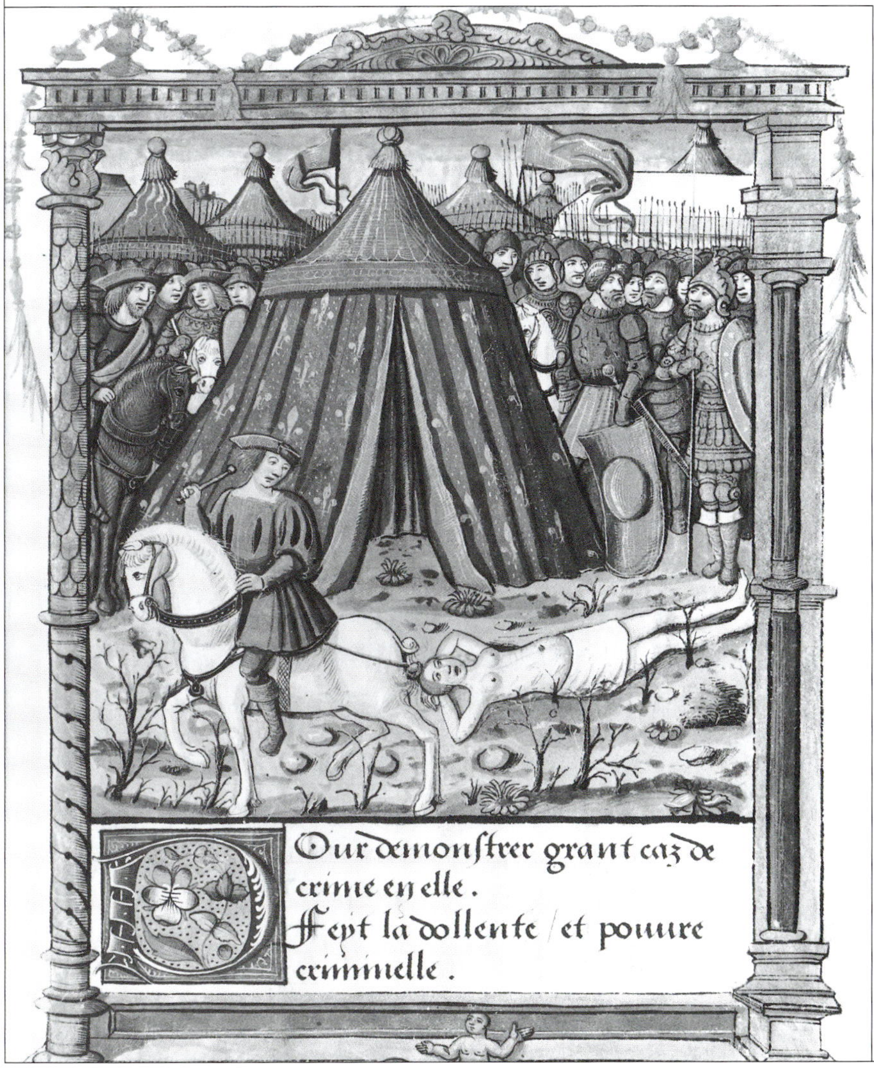

Der Tod der fränkischen Königin Brunhilde (Miniatur aus einer französischen Chronik)

Kämpfe der merowingischen Könige um die Vormacht im Frankenreich bestimmen die Politik. Zwischen den fränkischen Teilreichen Neustrien und Austrien entzünden sich erbitterte Kämpfe.

613: Grausam endet die Herrschaft der Merowinger-Königin Brunhilde. Ihr Widersacher, Frankenkönig Chlothar II., ermordet sie nach dreitägigem Martyrium und reißt damit die Herrschaft über das Frankenreich an sich.

Die Verteilung der Herrschaft auf die jeweiligen Söhne der Könige hatte seit der ersten Reichsteilung (511) immer wieder zu Machtzwistigkeiten geführt. Zwei Blöcke standen sich gegenüber: im Westen Neustrien mit der Hauptstadt Paris; im Osten Austrien mit Reims, später Metz als Residenz. Der merowingische Familienzwist schwächte die Autorität und politische Gestaltungskraft der Herrscher; der Adel nutzte die Situation aus und drängte an die Macht, litt jedoch unter der kompromisslosen Politik vor allem des neustrischen Königs Chilperich I. (561-584). Ihn und seinen Rivalen Sigibert verband die Ehe mit den Schwestern Galaswintha und Brunhilde, Töchter des Westgoten-Königs Athanagild. Als Sigibert I. 575 von seiner Mätresse Fredegunde vergiftet wurde, geriet seine Ehefrau Brunhilde in neustrische Gefangenschaft. Sie konnte fliehen und übernahm für ihren unmündigen Sohn Childebert II. die Regentschaft über Austrien. Machtbewusst und skrupellos verfolgte sie zwei Ziele: Zum einen wollte sie den Einfluss des Adels beschränken, zum anderen das Frankenreich unter ihrer Königherrschaft wieder vereinen.

Damit trat sie in Rivalität zum Frankenkönig Chlothar II., der seit 584 Neustrien regierte. Auch in den Adelskreisen des eigenen Landes provozierte Brunhildes rücksichtslose Herrschaft Widerstand. Bischof Arnulf von Metz setzte sich an die Spitze des Aufstandes. Gemeinsam mit König Chlothar II. gelingt es ihnen, Brunhilde gefangen zu nehmen. Drei Tage lang muss sie Folter erleiden; danach wird sie von einem Pferd zu Tode geschleift. Damit gewinnt Chlothar II. den Machtkampf um die Frankenherrschaft – muss aber dem Adel größeren Einfluss zusichern.

Der Islam und die Welt der Araber

Um 570-8. Jahrhundert

Der Islam, die jüngste der Weltreligionen, entstand erst im frühen 7. Jahrhundert in einem Gebiet, das zu den unwirtlichsten der Erde zählt: in einer heißen, ausgedörrten Landschaft, die sich eine Million Quadratkilometer weit zwischen Asien und Afrika erstreckt.

Im 6. und 7. Jahrhundert lebten dort überwiegend nomadisierende Beduinen, die sich notdürftig von Milch und Datteln ernährten und in Zelten hausten. Oft herrschte Blutfehde zwischen den Stämmen, Kinder wurden häufig gleich nach der Geburt getötet, um die ohnehin kärgliche Nahrung eines Stammes nicht durch weitere Esser zu verknappen. Als die höchsten menschlichen Tugenden galten bei den Beduinen Großzügigkeit, Loyalität und Mut.

Um die Mitte des 6. Jahrhunderts gab es in Nordarabien drei bedeutende Städte, alle im gebirgigen Landstrich Hedschas gelegen, den im Westen das Rote Meer, im Osten die große Wüste begrenzt. In der Mitte des Hedschas lag Jasrib, das spätere Medina, in einem kleinen, fruchtbaren Oasengebiet. 400 km weiter südlich befand sich – in den kühleren Bergen – die Stadt Taif und nordwestlich davon in einer Senke das von vegetationslosen Bergen umgebene Mekka.

Mekka war damals wegen seiner verkehrsgünstigen Lage die blühendste der drei Städte und bezog hohe Einnahmen von reich beladenen Kamelzügen, die diesen Knotenpunkt des Karawanenhandels zahlreich durchquerten. Führende Bürger der Stadt gehörten der Koraischitensippe an, die mit finanzieller und militärischer Macht in Mekka regierten. Zu ihrem Wohlstand trugen unter anderem die Pilger bei, die zur Kaaba in Mekka, der heiligsten Stätte der Araber, reisten. In der Kaaba wird noch heute der Schwarze Stein (ein Meteorit) von den Moslems als heilig verehrt. Allah, später einziger Gott der Moslems, war damals eine der Hauptgottheiten Mekkas; dort wurden noch etwa 300 weitere Götter und Göttinnen angebetet.

Mohammed verkündet Lehre des Islam

In Mekka wurde 570 Mohammed als Sohn eines verarmten Koraischiten geboren. In jungen Jahren verdiente er seinen Lebensunterhalt als Angestellter der reichen, 15 Jahre älteren Witwe Chadidscha. Als Mohammed 25 Jahre alt war, heiratete sie ihn. Der Ehe entstammten mehrere Kinder.

Im Jahr 610 erschien Mohammed auf dem Berg Hira der Erzengel Gabriel, der ihm verkündete, Mohammed sei der Apostel und Gesandte Gottes. Mohammed zweifelte jedoch an der Echtheit der Erscheinung. Doch schon bald offenbarte sich ihm Gabriel abermals und beauftragte ihn, die Menschen zu erwecken und sie vor dem drohenden Gericht Gottes zu warnen. So begann Mohammed im Jahr 613 in Mekka öffentlich zu predigen, was der Engel ihm als Glaubensgut verkündet hatte: Allah ist alleiniger Gott des Weltalls, neben ihm gibt es keine anderen Götter. Vor Allah sind alle Gläubigen gleich und obwohl Allah das Schicksal der Menschen ohne ihr Zutun bestimmt, müssen sie sich vor ihm am Tag des Jüngsten Gerichts verantworten. Reiche müssen ihr Vermögen mit den Armen teilen. Die Anhänger Mohammeds nannten diese neue Lehre »Islam«, das bedeutet »Ergebung in den Willen Gottes«.

Mit seinen Predigten gab Mohammed den Beduinen neue Verheißungen. Bis dahin galt den Arabern der Tod als das Ende jeglicher Existenz. Als einziger Maßstab für den persönlichen Erfolg galt Reichtum, den ein Mensch während seines Lebens ansammelte. So waren viele der ersten Anhänger des »Gesandten« Arme, die Allahs Botschaft mit großer Hoffnung auf ein besseres dies- und jenseitiges Leben aufnahmen. Die reichen Koraischiten jedoch bekämpften Mohammed erbittert, stellte er doch durch die neuen Lehren ihre persönliche Lebensweise in Frage. Nachdem unter wachsendem Druck der Mächtigen schon viele seiner Anhänger aus Mekka geflohen waren, verließ auch Mohammed im Jahr 622 heimlich die Stadt in Richtung Jasrib, die nun den Namen »Medinet al-Nabi«, kurz »Medina« (»Stadt des Gesandten«) erhielt. Dieser Auszug Mohammeds, »Hedschra« genannt, gilt als Beginn der islamischen Zeitrechnung.

Mit der Predigt des wahren Glaubens und der Reinigung der alten Religion erwuchsen Mohammed zugleich politische Aufgaben. Er verkündete auch soziale und gesetzgeberische Richtlinien. So verbesserte er unter anderem die Stellung der arabischen Frau. In vorislamischer Zeit konnte ein Mann so viele Frauen heiraten wie er wollte. Mohammed ordnete zwar, ähnlich wie das Christentum, die Frau weiterhin dem Mann unter, reduzierte jedoch die Polygamie auf eine Ehe mit vier Frauen, die der Ehemann mit gleicher Güte zu behandeln hatte. Lediglich für ihn als Propheten galt eine Ausnahme; nach dem Tode Chadidschas heiratete er noch neun weitere Frauen. Lange Zeit versuchte Mohammed auch Juden und Christen zum Islam zu bekehren, denn der Islam verstand sich nicht als neue Religion, sondern als endgültige Offenbarung gegenüber den als Vorläufer anerkannten jüdisch-christlichen Propheten. So sind in vielen Aussagen des Koran, des heiligen Buches der Moslems, Entsprechungen zum Alten und Neuen Testament zu finden. Die christliche Vorstellung, Jesus sei der Sohn Gottes, wird im Koran allerdings ausdrücklich bestritten. Gemäß dem Glauben der Moslems sind die darin festgehaltenen Offenbarungen die Wiedergabe einer im Himmel befindlichen Urschrift, der auch die Tora der Juden und die Evangelien der Christen entstammen, was die Gemeinsamkeiten dieser drei Religionen erklärt. Da der Koran als Richtschnur für das religiös-soziale Leben nicht ausreichte, entstand die Sunna mit ihren Nachrichten über Aussprüche, Wirken und Leben des Propheten sowie seiner Genossen, die im Hadith gesammelt wurden und als Leitsätze für Denken, Leben und Handeln normative Bedeutung haben.

Als es Mohammed nicht gelang, die Juden Medinas zu Allah zu bekehren, gab er seine Zugeständnisse an jüdische Rituale (wie das Fasten am Versöhnungstag und das Beten gen Jerusalem) auf. Er schuf neue Gebräuche, die nur der islamischen Religion zu eigen sind. So forderte nun anstelle der Glocken ein Gebetsrufer, der Muezzin, die Gläubigen zu festgesetzten Zeiten zum Gebet auf, das gegen Mekka zu verrichten war. Das Fasten dehnte Mohammed auf einen Monat, den Ramadan, aus.

Schon bald gewann der »Gesandte« Anhänger unter kriegerischen Beduinenstämmen, die durch den gemeinsamen Glauben alte Stammesrivalitäten überwanden, so dass eine politische Einigung erfolgen konnte. Unter Mohammeds Führung entwickelte sich der Islam zur Grundlage eines theokratischen Gemeinwesens, das eine sendungsbewusste Militanz entwickelte, die sich zunächst gegen die Koraischiten Mekkas richtete. Weil die Moslems eine Reihe von Siegen errangen, schlossen sich ihnen viele Gefolgsleute an, denn der Kampf für Allah bot den Kriegern zweifachen Anreiz: Bei einem Sieg fiel die Beute an die Soldaten, beim Tod in der Schlacht erwartete die Gefallenen unmittelbar das Paradies. Um 630 eroberten die Moslems Mekka. Mohammed ließ in der Kaaba alle Götzenbilder vernichten, erklärte die Stätte zum islamischen Heiligtum und schuf so der Religion ein geistiges Zentrum.

Im Jahr 632 starb Mohammed. In den 22 Jahren eines Wirkens war es ihm zum einen gelungen, die jüdisch-christliche Tradition eines einzigen Gottes und ein unterschwellig vorhandenes arabisches Nationalgefühl zu vereinen; zum anderen schuf er mit dem heiligen Buch, dem Koran, in dem Worte Allahs gesammelt sind, das praktisch-theologische Fundament des Islam, an dem auch heute noch die Moslems ihr Leben und ihre religiösen Pflichten ausrichten.

Die Moscheen (»Ort des Sich-Niederwerfens«) gehen in ihrer Gestaltung auf das Haus des Mohammed in Medina zurück. An der nach Mekka gerichteten Seite (Qibla) befindet sich der Betsaal (Haram) mit Gebetsnische (Mihrab), im Hof ein Brunnen für rituelle Waschungen. Die mit Balkonen versehenen Minarette dienen der Gebetsausrufung durch den Muezzin. Zum Inventar gehören bis heute ein Predigtstuhl (Kurse), Lesepulte (Rahle), Korankästen und Gebetsteppiche (Sedschadea).

Die fünf Säulen des Islam

Fünf rituelle Pflichten bestimmen das Leben eines Gläubigen, die, von Allah Mohammed offenbart, bis zum heutigen Tag nichts von ihrer Gültigkeit für den Moslem verloren haben: Glaube, Gebet, Almosen, Fasten und die Pilgerfahrt; sie werden die »fünf Säulen des Islam« genannt.

Auf dem Satz »Es gibt keinen Gott außer Allah und Mohammed ist sein Gesandter« beruht der Glauben. Legt ein Gläubiger dieses Zeugnis ab, wird er selbst zum Moslem, ohne dass – wie in anderen Religionen – besondere Aufnahmerituale erforderlich sind. Als höchste Tugend gilt der Gehorsam gegenüber Allah. Der Moslem glaubt, dass Mohammed der letzte der Gesandten ist und dass sein Wort die Gläubigen bis zum Jüngsten Gericht leiten wird.

Die zweite Säule des Islam ist das Gebet, das fünfmal am Tag zu festgelegten Zeiten verrichtet werden muss. Dazu muss der Gläubige rituelle

Waschungen vornehmen, ohne die seine Gebete keine Gültigkeit haben. Die Gebetszeiten werden durch den Muezzin von den Minaretten der Moscheen ausgerufen. Heiliger Wochentag ist der Freitag, an dem die Arbeit mittags eingestellt werden soll, um am Freitagsgottesdienst in der Moschee teilnehmen zu können. Dritte Pflicht des Islam ist das Almosengeben, das so genannte Sakat. Die Almosen wurden vom Staat eingezogen und zur Unterstützung Bedürftiger verwendet. Indem ein Moslem einen Teil des Besitzes gibt, »reinigt« er den ihm verbleibenden Rest.

Das Fasten im Monat Ramadan ist die vierte Pflicht des Gläubigen. Im Ramadan offenbarte Allah seinem Propheten zum ersten Mal den Koran und in diesem Monat errang Mohammed seinen ersten Sieg über die Koraischiten. Während der Stunden des Tageslichts muss der Moslem fasten; Essen und Trinken ist nur nach Sonnenuntergang und vor Sonnenaufgang gestattet. Letzte Pflicht des Gläubigen ist die Pilgerfahrt nach Mekka, die so genannte Hadsch, die jeder Moslem mindestens einmal im Leben unternehmen soll. Dieser aus arabischer Tradition übernommene Brauch fand einmal im Jahr statt, im Monat Dsul-Hidscha. Weil zu dieser Zeit Gläubige aus den entferntesten Gebieten in Mekka zusammenströmten und gleichgekleidet dieselben Andachtsübungen verrichteten, verlieh (und verleiht bis heute) dieses Erlebnis den Moslems ein Gefühl von Einigkeit und Stärke ihres Glaubens. Dies trug wesentlich dazu bei, das Arabische Reich zu einigen. Zu den Verboten zählt unter anderem der Genuss von Alkohol und Schweinefleisch. Als die beiden Hauptfeste gelten der »kleine« und der »große« Beiram. Ersterer als »Fest des Fastenbrechens« beendet den Ramadan und Letzterer wird als »Opferfest« von den Nicht-Mekka-Pilgern zu Hause mit der Opferung eines Schafs gefeiert.

Ein entscheidender Unterschied des Islam zum Christentum liegt in der Einstellung zum Krieg. Während Jesus Christus seine Jünger aussandte, um den wahren Glauben friedlich zu verkünden, forderte Mohammeds seine Anhänger auf, den Islam mit dem Schwert zu verbreiten. Der dschihad (»Anstrengung«) ist der »heilige Krieg« der Moslems gegen alle Nicht-Muslime. Ein Moslem, der kämpfend »auf dem Weg Allahs« stirbt, ist ein Märtyrer und kommt direkt ins Paradies. In der Praxis ist dieser Unterschied jedoch kaum bedeutend: Die Unterwerfung fremder Völker unter das Christentum verlief häufig grausamer als die Bekehrung zum Islam.

Der Islam als Weltmacht

Nach dem Tod des Propheten entwickelte sich die religiöse Gemeinschaft des Islam durch Eroberungen zu einem machtvollen politischen Reich. Weil Mohammed es versäumt hatte, einen Nachfolger zu benennen, kam es nach seinem Tod bis zur Mitte des 8. Jahrhunderts allerdings zu blutigen Kämpfen um das Amt des »Nachfolgers«, des Kalifen, des religiösen und politischen Führers an der Spitze des Islam.

Der erste der vier »rechtsgeleiteten« Kalifen, die das goldene Zeitalter des Islam begründeten, war der Koraischite Abu Bakr, der Vater von Mohammeds Lieblingsfrau Aischa. Er führte siegreiche Kämpfe gegen vom Islam abgefallene Araberstämme und einte die Gläubigen wieder. Zugleich vergrößerte er den Machtbereich des Islam um große Gebiete Persiens und des Byzantinischen Reichs. Als Abu Bakr im Jahr 634 an Fieber starb, wurde Omar I., ein enger Berater Mohammeds, zum Nachfolger erhoben. Während der zehnjährigen Herrschaft dieses Kalifen gelangen dem Islam die größten Eroberungen. So gliederten die Araber Palästina, Syrien, Ägypten und fast ganz Persien dem islamischen Reich an. Die einheimische Bevölkerung in diesen Gebieten empfing die Eroberer als Befreier von der byzantinischen und persischen Herrschaft. Die Araber ließen die bestehenden Verwaltungsorganisationen in den eroberten Gebieten weitgehend unangetastet. Angehörigen der »Schriftreligionen« (Juden, Christen, Zarathustra-Anhänger) wurde gegen eine Kopfsteuer Religionsfreiheit gewährt. Durch Übertritt zum Islam erwarb man den Status des »Mawali« (Verbundenen). Araber jedoch konnte man nicht werden.

Spaltungen und Machtkämpfe unter den Moslems

Nach der Ermordung Omars durch einen christlichen Sklaven ging das Kalifat auf Mohammeds Schwiegersohn Othman über, der der Sippe der Omaijaden angehörte. Othman zog sich den Hass vieler Araber zu, weil er wichtige Regierungsposten mit Angehörigen seiner Familie besetzte und fähigere Männer benachteiligte. Nach nur zwölfjähriger Regierungszeit starb auch er durch Mord. Als vierten Kalifen wählte die islamische Oberschicht Ali, einen Vetter und Schwiegersohn Mohammeds. Ali stellte sich jedoch ein Gegenkalif entgegen: Muawija I., der Statthalter von Damaskus und ein Neffe des Kalifen Othman war. Er warf Ali vor, den Mord an Othman nicht hinreichend gesühnt zu haben. Während der Vorbereitungen auf den Kampf gegen Muawija wurde Ali ermordet. Seine Anhänger aber, die Schiiten, spalteten sich auch theologisch vom Islam ab: Diese Konfession ist heute vor allem im Iran beheimatet. Muawija begründete das erbliche Omaijaden-Kalifat (661-750), eine Art erblicher Herrschaft (was den Prinzipien des Islam widersprach). Die Hauptstadt des Reiches verlegte er von Medina nach Damaskus.

Unter den Omaijaden breitete sich der Islam nach Nordafrika aus. 711 setzten die Araber bei Gibraltar nach Europa über, eroberten fast die gesamte Iberische Halbinsel und setzten dem Westgotenreich ein Ende. Im selben Jahr erreichten sie im Osten Indien.

Im Lauf der Jahrzehnte schwächten innere Konflikte die Macht der Omaijaden-Dynastie. Unter der Führung von Abul Abbas, dem Nachfahren eines Onkels der Propheten, revoltierten die Abasiden gegen die Omaijaden. 749 erhob sich Abbas zum Kalifen. Merwan II. versuchte die Herrschaft der Omaijaden zu retten, wurde aber 750 am oberen Zab (Irak) vernichtend geschlagen. Nur in Córdoba konnte der Omaijade Abd Ar Rahman 756 seine Dynastie erneuern. Unter den ersten Abbasidenkalifen, besonders Harun Ar Raschid (786-809), blühten Wissenschaft, Kunst, Handel und Verwaltung. Das Arabische wurde die das ganze Reich einigende Bildungssprache. Das Reich lebte in relativem inneren und äußeren Frieden. Der Islam hatte sich als religiöse und politische Macht durchgesetzt.

Kunst als Schmuck für Allahs Bauten

Der Kunst gab der Aufstieg des Islam neue Impulse; arabische Stile verbanden sich mit den Stilen der eroberten Länder und bildeten eine Einheit. Gekennzeichnet ist die islamische Kunst durch die Ablehnung des Kultbildes (»Das Heilige ist nicht darstellbar«) und die Überwindung des spätantiken Erbes einer Trennung von »freier« und »angewandter« Kunst. Ihr Ziel – nicht Aussage, sondern Schmuck – wird durch Arabeszierung und Ornamentalisierung der Formen bewirkt, wobei geometrische Gliederungen und die abstrakten Elemente der Schrift eine wichtige Rolle spielen.

Die durch die Religion bedingte Einheit der islamischen Kunst hindert nicht die Ausprägung verschiedener Stile, die zeitlich am günstigsten durch Benennung nach den herrschenden Dynastien begrenzt werden. Mit dem Bau von Festungsmoscheen (Lagermoscheen in Kufa, Hira, Basra, Fustat) in der Periode der Eroberungen begann die islamische Kunst im Anschluss an antike und christliche Vorbilder. Unter der Herrschaft der Omaijaden (661-750) entwickelte sich ein monumentaler Baustil, ausgebildet besonders an der Hofmoschee in Damaskus. Dem von Säulen getragenen, flachgedeckten Gebetshaus ist ein von Bogengängen – mit einem quadratischen Minarett in der Hauptachse der Anlage – umgebener Hof mit Reinigungsbrunnen vorgelagert. Beispielgebend sind die Moscheen Sidi'Oqba in Kairouan, die Große Moschee von Córdoba, die 705 begonnene Große Moschee von Damaskus, alle mit reichem Mosaik- bzw. Fayenceschmuck. So genannte Wüstenschlösser entstanden in Palästina und Syrien (Quseir 'Amra mit reich ausgemalter Badeanlage, Khirbet Al Mafjar mit Kalifenstatue, Qasr Al Hair Al Gharbi mit Fresken u. Stuckdekor). Unter den Abbasiden (750-1258) nahm der Einfluss der persischen Kunst zu. Es entstand eine erste Blüte der Fayencekunst, Lüstermalerei, Glasbearbeitung und der Teppichknüpfkunst.

Das Einzigartige der neuen Religion

So überrascht das frühe Mittelalter mit einer Entwicklung, die einzigartig scheint: dem kulturellen und politischen Eroberungszug einer neu entstandenen Weltreligion. Bis dahin war es stets so, dass der mit dem Schwert Siegende durch den Erliegenden geistig überwunden wurde: Die Römer wurden, als sie die Griechen unterworfen hatten, durch deren geistliche Kraft geprägt, die Griechen und Römer durch jene Religionen aus dem besiegten Vorderen Orient, aus dem Judentum und Christentum als prägende Kräfte des geistigen Abendlandes hervorgingen, die Germanen schließlich betraten den Boden des alten Römischen Reiches als Sieger, wurden kulturell aber geprägt durch die antiken Traditionen, die das Christentum aufgesogen hatte. Der Islam schien anderen Regeln zu folgen. Wo er die Fahne des Propheten Mohammed aufgerichtet hatte, dort überwand er auch die Traditionen und Kulturen des eroberten Gebietes: Ägypten, den Vorderen Orient bis vor die Tore Konstantinopels, die nordafrikanischen Länder, in denen Tertullian und Augustinus einst eine scheinbar unerschütterliche christliche Tradition begründet hatten, bis in den Süden Spaniens.

MEDINA

Der Islam erobert die arabische Welt

Die Lehre des Propheten Mohammed fasziniert die Menschen in den arabischen Ländern und breitet sich schnell aus.

8. 6. 632: In Medina stirbt Mohammed. Seine Lehre der vollkommenen Hingabe an Gott (»Islam«) hatten bereits fast alle arabischen Stämme übernommen.

In den einsamen Bergen bei Medina hatte der Kaufmann Mohammed seit 610 häufig Visionen und Auditionen erlebt und war der festen Überzeugung, Gottes Stimme zu hören und den Erzengel Gabriel zu sehen. In glühenden Farben verkündigte er das Weltgericht am Ende der Tage, bei dem die guten gegen die bösen Taten abgewogen werden, und malte Paradiesfreuden aus. Seine Landsleute sollten das gottlose Leben hinter sich lassen und sich ganz dem Willen Gottes hingeben. Diese Botschaft, davon war Mohammed überzeugt, sei nicht neu, sondern auch in der jüdischen und christlichen Tradition – allerdings verfälscht – vorhanden. In seinen Augen vollende der Islam, der schon vor Moses und Jesus gestiftet worden sei, die monotheistischen Religionen.

Mohammeds Botschaft des »Islam«, der vollkommenen Hingabe an Gott, fand in Mekka nur wenige Anhänger. Im 150 km entfernten Medina dagegen gewann Mohammed rasch viele Gläubige. Hier erhielten die Institutionen des Islam ihre zum großen Teil bis heute gültige Verfassung. Dem gläubigen Muslim sind fünf Hauptpflichten auferlegt: das Bekenntnis zu dem einen Gott (»Es gibt keinen Gott außer Allah«), das fünfmalige Gebet am Tage, das Almosengeben, das Fasten im heiligen Monat Ramadan und die Wallfahrt nach Mekka.

Ali Ibn Abi Talib, einer der ersten vier Kalifen

Acht Jahre nach seiner Emigration kehrte Mohammed im Triumphzug in seine Geburtsstadt Mekka zurück. Er reinigte die Stadt, indem er die zahllosen Götzenbilder aus der »Kaaba«, dem alten arabischen Heiligtum, entfernte. Abraham habe vor Moses und Jesus die göttliche Offenbarung des Islam erhalten und gemeinsam mit seinem Sohn Ismael die Kaaba erbaut. Mit unglaublicher Geschwindigkeit breitete sich die Lehre aus; als Mohammed stirbt, haben sich nahezu alle arabischen Stämme dem Islam zugewandt. Das religiöse Leben hat zugleich eine feste Form gefunden: In der Moschee (»Ort der Niederwerfung«) hat die Gemeinde ihren Ort als Mittelpunkt des Gebetes, gleichzeitig wird sie zum sozialen Zentrum.

An der Spitze des sich rasch organisierenden islamischen Reiches stehen die Kalifen (Nachfolger). Die Ära der ersten vier, Abu Bakr, Omar, Othman und Ali Ibn Abi Talib, gilt für die islamische Überlieferung als das »goldene Zeitalter«. Unter Kalif Omar (644-656) überschreitet der Islam die Grenzen Arabiens. 635 erobern arabische Truppen Damaskus, 639 bis 641 Ägypten und 640 bis 644 Persien. Bei diesen Feldzügen zwingen die Eroberer der Bevölkerung den Glauben nicht mit Gewalt auf, vielmehr schließen sie eine Reihe von Verträgen, die die neuen Gebiete durch Abgaben an den Kalifen binden. Durch die Aufnahme christlicher und jüdischer Elemente hat der Islam eine assimilierende Wirkung und bindet die Menschen schließlich auch religiös. Schon knapp 100 Jahre nach dem Tod des Propheten Mohammed erstreckt sich der Islam bis zum Atlantik in Marokko und zum Indus in Pakistan.

AUSBLICK

Spaltung: Sunniten und Schiiten

Wegen unterschiedlicher Auffassungen über die rechtmäßige Nachfolge des Propheten Mohammed kommt es zu Bruderkriegen und Ende des 7. Jahrhunderts zur Spaltung des Islam, aus der drei Gruppierungen hervorgehen:

Die Sunniten, die heute 83 Prozent aller Muslime zählen, halten an der Sunna (arabisch, »Gewohnheit, Tradition«) fest, deren Überlieferungen und Aussprüche, Wirken und Leben des Mohammed im »Hadith« gesammelt sind und die in Verbindung mit dem Koran die Richtschnur ihres Handelns bilden. Die Sunniten erkennen alle Kalifen – trotz verschieden geregelter Erbfolge bei Omaijaden, Abbasiden und Osmanen – als rechtmäßige Nachfolger des Propheten an.

Im Gegensatz dazu anerkennen alle Schiiten (von arab. »Schia«, Partei) nur Ali (602-661; Kalif seit 656), den Vetter und Schwiegersohn Mohammeds sowie dessen leibliche Nachkommen aus der Ehe mit der Prophetentochter Fatima als die Imame, das heißt rechtmäßige Nachfolger und Leiter der Gesamtgemeinde. In der Frage, wie viele und welche Nachkommen die rechtmäßigen sind, unterscheiden sich die drei schiitischen Hauptrichtungen, die entweder fünf (Zaiditen), sieben (Ismaeliten) oder zwölf (Imamiten) als »sichtbare« Imame achten.

Die Kharidschiten, die »Abtrünnigen«, plädieren nicht für eine erbliche Nachfolge des Kalifats, sondern für den jeweils Würdigsten.

»Mohammed, Propheten und Kalifen auf ihren Thronen«, islamische Miniatur

Der Koran entsteht

Die Heilige Schrift des Islam wird kanonisiert und prägt die Religion und den Alltag jedes Mohammedaners.

653: Eine von Kalif Othman (644-565) eingesetzte Kommission stellt den Koran, die Heilige Schrift der Moslems, zu seiner endgültigen Form zusammen. Damit beendet Othman die Streitigkeiten über verschiedene Lesarten.

Bis zur endgültigen schriftlichen Fassung kursierten schriftlich und mündlich viele Offenbarungen Allahs. Mohammed hatte sie immer wieder mündlich vorgetragen, die Gläubigen rezitierten sie im Rahmen von Gottesdiensten. Nach islamischem Glauben erhielt Mohammed am 1. Februar 610 in der »Nacht der Bestimmung« die erste Offenbarung; bis zu seinem Tod folgten viele weitere. Othman, der dritte Kalif der Omaijaden-Dynastie und ein Kenner der Überlieferungen, wählt gemeinsam mit anderen Weggefährten des »Propheten« die ursprünglichen Offenbarungen aus. Es heißt, man habe seine Lehren von »Zetteln, Steinen, Palmenstängeln und den Herzen der Menschen« zusammengetragen. Die Kanonisierung des Textes erhebt ihn zur allein gültigen Form, die in theologischen Streitigkeiten Autorität besitzt. Um Verfälschungen des Glaubens zu vermeiden, ist eine Übersetzung aus dem Arabischen in andere Sprachen verboten. Nach islamischem Glauben ist der Koran präexistent, hat also bei Allah schon vor der Offenbarung an Mohammed bestanden; ob er von Allah erschaffen wurde oder unerschaffen seit Ewigkeit existiert, ist eine dogmatische Streitfrage zwischen der Orthodoxie und bestimmten Sekten. Der Koran ist nicht nur göttlich und ewig, er ist zugleich ein Spiegel der Anfechtungen eines Menschen, der sucht, irrt und verzagt, der mit Gott hadert und von ihm zurechtgewiesen und getröstet wird. In ihm finden sich Glaubenslehren über Gott und das Jüngste Gericht, kultische Regeln für Gottesdienste und Fastenzeiten sowie sittliche Maßstäbe für die einzelnen Gläubigen und die Gesellschaft. Als vermeintlich einzige unverfälschte und letztgültige Offenbarung korrigiert er auch die Bibel der Juden und Christen. In der heute gebräuchlichen Form umfasst das heilige Buch des Islam 114 Abschnitte (»Suren«) mit 6236 Versen.

Neben den Koran tritt die Hadith. Sie beinhaltet die Überlieferung der Gebräuche und der Reden des Propheten Mohammed. Die dritte islamische Offenbarungsquelle ist die Idschma, die Überlieferung der Rechtsgelehrten. Sie betrifft vor allem die soziale Ordnung. Zusammen bilden die drei Quellen die »Sunna«, den »Pfad«.

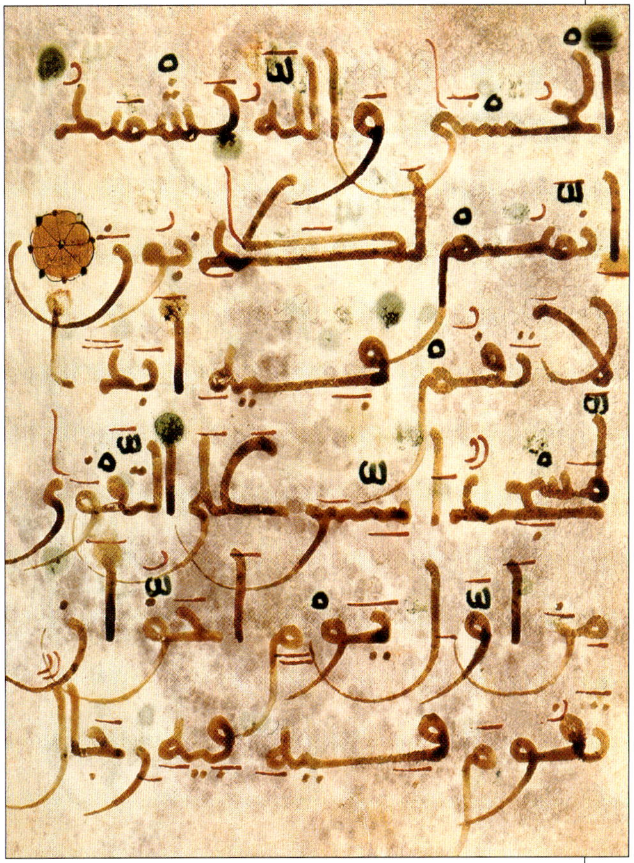

Teile einer Sure des Koran in arabischer Schrift

ZUR PERSON

Religionsgründer Mohammed

Um das Jahr 570 wird Mohammed, mit vollem Namen Abul Kasim Muhammad Ibn Abd Allah, in Mekka als Angehöriger des Stammes der Koraischiten geboren. Als Waise wächst er bei Verwandten auf. Die Witwe Chadidscha nimmt sich seiner an, setzt ihn zum Verwalter ein und heiratet ihn. Mohammed wird Kaufmann. Als er den jüdischen und christlichen Glauben kennen lernt, ist er tief beeindruckt und gibt sich immer weiter den religiösen Gedanken hin. Er hat Visionen, hört die Stimme Gottes und fühlt sich als Prophet berufen, seinem Volk die Offenbarung Gottes zu verkünden. Sein Ansehen wächst, als er 630 Medina zum Sieg gegen das verfeindete Mekka führt. Als seine Frau stirbt, legt er sich einen Harem zu und richtet sein Handeln auf politische Ziele aus. Nach kurzer Krankheit stirbt er 632 in den Armen seiner Lieblingsfrau Aischa. In Medina wird er bestattet.

HEIJO

Nara-Zeit beginnt

Mit dem Bau einer neuen Hauptstadt festigt die japanische Aristokratie ihre Macht.

710: Heijo (das heutige Nara) wird Japans erste Hauptstadt. Damit beginnt eine kulturelle Blütezeit, die chinesische Einflüsse und japanische Kultur verschmelzen lässt. Nach vierjähriger Bauzeit ist die japanische Hauptstadt Heijo 712 vollendet. Auf einer Fläche von 20 Quadratkilometern stehen Regierungsgebäude, kaiserliche Paläste und Tempel.

Immer wieder war es zu Konflikten zwischen mächtigen Sippen und dem Kaiserhof gekommen. Der »Taiho-Kodex« setzte 701 erstmals ein allgemein gültiges Straf- und Verwaltungsrecht für das gesamte Japan ein. Mit der Gründung der neuen Hauptstadt will das Kaisertum seinen zentralen Anspruch sichtbar machen.

In Heijo entstehen Tempel und Paläste, die im Inneren mit prachtvollen Malereien, Stickereien und Teppichwebereien geschmückt sind.

Der im Jahr 607 erbaute buddhistische Horyuji-Tempel in Nara zeigt chinesische Einflüsse.

Besonders die Malerei erfährt seitens des Adels eine bedeutende Förderung.

Die Literatur bringt Werke zur Geschichte und zur Religion Japans (»Kojiki«, »Nihongi«) hervor. Das Werk »Manyoshu« trägt über 4000 Gedichte aus den vergangenen Jahrhunderten zusammen. Der Einfluss der chinesischen Kultur ist nicht nur in der Kunst, sondern auch in der Architektur deutlich. Obwohl der Shintoismus weit verbreitet ist, fördert das Kaisertum den Buddhismus, unter anderem durch die Stiftung von Tempeln und Klöstern. Kaiser Kammu, der 781 an die Macht gelangt, baut die Aristokratie weiter aus.

Die Macht des Adels und der Fremdreligion Buddhismus führt zu Unruhe in der Bevölkerung, die durch Steuern das strenge Verwaltungssystem mit seinem riesigen Beamtenapparat sowie das Heer finanzieren muss.

Die Rivalität zwischen Klöstern und dem Adel veranlasst Kaiser Kammu 784 dazu, die Hauptstadt zu verlegen. Zehn Jahre später erklärt er Heiankyo (das heutige Kyoto) zur neuen Residenz. Sie bleibt es für mehr als 1000 Jahre.

NORDBRITANNIEN

Die Geburt Schottlands

Bei Kämpfen im Norden der Britischen Insel wird eine wichtige Grenze abgesteckt: Zwischen dem angelsächsischen Raum und dem künftigen Schottland verläuft sie am Fluss Forth.

20. 5. 685: In einem erbitterten Kampf besiegen die Pikten einfallende Northumbrier und schlagen sie zurück. Damit schaffen sie die Voraussetzung für die Entstehung des Schottischen Reiches.

Das Königreich Northumbrien hatte sich im 7. Jahrhundert eine Vormachtstellung auf der Britischen Insel erkämpft. 638 gelang ihm unter König Oswald die Eroberung von Edinburgh; die in den umliegenden Gebieten sesshaften Völker der Briten, Scoten und Pikten waren die nächsten Ziele der northumbrischen Expansionspolitik. Seit 650 versuchten die Northumbrier verstärkt das von Scoten und Pikten bewohnte Gebiet des heutigen Schottland zu besetzen. Aus der Schlacht bei Carron ging der northumbrische König Egfrid 672 siegreich hervor. Siegesgewiss führt er seinen Truppen noch weiter nach Norden. Die Pikten (»die Bemalten«) unter Führung ihres Königs Brudei täuschten ihren Gegnern eine Flucht vor, locken sie aber in Wirklichkeit in eine Falle. In einem Tal nahe dem Höhenzug Dunnichen und begrenzt von einem Moor, greifen die Pikten überraschend an. Die Northumbrier erleiden 685 eine bittere Niederlage; Egfried und seine Leibwachen werden ermordet, das Heer entweder niedergemetzelt oder in die Sklaverei verschleppt.

Der Kampf bannt die Expansion der Angelsachsen und besiegelt die künftige Grenze zwischen England und Schottland.

MEATH

Das »Book of Kells«

In Irland entwickelt sich eine prächtige Buchmalerei, die keltische Motive und christliche Botschaft zusammenbringt.

Um 700: Irische Mönche beginnen mit der Arbeit am »Book of Kells«, benannt nach dem Kloster Kells im mittelirischen County Meath. Das prächtig ausgestattete irische Evangelienbuch stellt einen Höhepunkt der frühmittelalterlichen Buchmalerei dar. Besonderes Kennzeichen ist die großformatige Ausschmückung der Anfangsbuchstaben, die oftmals eine ganze Seite einnehmen. Die Buchstabenformen sind germanischen und keltischen Schriftzeichen ähnlicher als der überkommenen römischen Buchschrift. Keltische Ornamentik verbindet sich mit germanischen Tierflechtwerkmustern. In irischen Klöstern entstehen auch Skulpturen und Miniaturen aus Gold und Elfenbein sowie detailreiche Stickereien.

Initiale »L« aus dem Book of Kells

JERUSALEM

Islamisches Heiligtum in Jerusalem

Der Bau des prachtvollen Felsendoms auf dem Grund des jüdischen Tempels dokumentiert den erstarkenden Machtanspruch des Islam.

691: In Jerusalem wird der Felsendom (»Qubbat As Sachra«) fertig gestellt, ein achtseitiger Kuppelbau mit prächtigem Glasmosaikschmuck im Innern.

Das Gebäude des Felsendoms erhebt sich über einem 13 m mal 18 m großen Felsen, der sowohl nach jüdischer als auch nach islamischer Tradition heilig ist: Abraham soll hier geopfert und Mohammed soll von hier aus seine Himmelfahrt angetreten haben. Seinen Vorrang gegenüber dem Christentum zeigen Koran-Suren, die in Mosaiken eingelegt sind: »Der Messias Jesus, der Sohn der Maria, ist der Gesandte Allahs...« Den Bau des Felsendomes hat Abd Al Malik in die Wege geleitet, ein Herrscher der Omaijaden-Dynastie, die seit 661 das Kalifenreich regiert. Abd Al Malik residiert in Damaskus – zum Unwillen der arabischen Bevölkerungsschicht. In Mekka herrscht ein Gegenkalifat unter Abdallah ibn az-Zubair; im Jahr 692 erobert Abd Al Malik Mekka zurück und tötet seinen Kontrahenten. Jerusalem galt bereits seit der Eroberung durch Omar (638) als dritte heilige Stadt neben Medina und Mekka. Als neues muslimisches Heiligtum errichtet Abd Al Malik hier den »Felsendom« auf dem Platz des im Jahr 70 n.Chr. durch die Römer zerstörten jüdischen Salomon-Tempels in Jerusalem. Als Vorbild dient ihm die ebenfalls achteckige Muttergottes-Kirche auf dem Berg Gazirim.

Die Errichtung eines Heiligtums außerhalb der Heimatstädte Mohammeds ist ein wichtiger innenpolitischer Schachzug, der den politischen wie religiösen Vormachtanspruch gegenüber dem Volk Gottes, Israel, signalisiert.

Die prächtige Ausgestaltung soll die christliche Auferstehungskirche überstrahlen. Mit Reformen versucht Kalif Abd Al Malik erfolgreich, das islamische Reich zu einen. Die allmähliche Durchsetzung des Arabischen als Verwaltungssprache auch in den unterworfenen Gebieten fördert eine Vereinheitlichung der Verwaltung und bedeutet gleichzeitig den Beginn eines kulturellen Verschmelzungsprozesses.

Felsendom im Tempelbezirk Jerusalems; links oben eine Innenansicht

PERU

Huari verdrängt Moche

Die Huari-Herrscher erobern die Moche-Kultur, die in einigen Tälern Perus verbreitet ist und dort u.a. hoch entwickeltes Kunsthandwerk und einige prächtige Bauwerke hervorgebracht hat.

Um 700: Die Moche-Kultur, eine altindianische Hochkultur an der Nordküste von Peru, wird vom Huari-Reich verdrängt.

Über 500 Jahre lang prägte die Moche-Kultur mehrere Täler im nördlichen Peru. In der Hauptstadt Moche steht das größte Bauwerk, die Sonnenpyramide. In der Nähe liegt die Mondpyramide, vermutlich der Palast einer aristokratischen Familie. Die Staatsform des Moche-Reiches ist theokratisch, die Gesellschaft ist streng und hierarchisch gegliedert. Wirtschaftliche Grundlage ist ein intensiver Bewässerungsfeldbau mit einem Kanalverbundsystem durch mehrere Täler; daneben gibt es Fischfang und Jagd sowie einen florierenden Handel mit dem Hochland. Das Kunsthandwerk ist ebenfalls hoch entwickelt; es finden sich Gold- und Kupfer-Arbeiten, Türkismosaike, Freskenmalerei, Lehm-Ornamentik bei der Architektur, Kupfer für Werkzeug, Waffen und militärische Rangabzeichen; herausragend ist die Keramik mit ausgesprochen realistischen Darstellungen des menschlichen Alltags.

Die vorrückenden Huari-Herrscher, die ihr Reich bis 800 über ganz Peru ausdehnen, führen die Moche-Kultur in den Untergang. In den eroberten Gebieten lassen sie Garnisonen und Verwaltungszentren anlegen und errichten große Städte.

Figürliches Tongefäß der Moche-Kultur in Peru, um 700

TOURS UND POITIERS

Die Karolinger übernehmen die Macht

Über das Amt der Hausmeier gelangt die Familie der Karolinger an die Macht im Frankenreich. Karl Martell wird neuer Herrscher.

17.-25. 10. 732: Als »Retter des Abendlandes« feiert das fränkische Volk Karl Martell: Bei Tours und Poitiers hatte der Hausmeier in einer erbarmungslosen Schlacht die einfallenden maurischen Araber besiegt. Die Schwäche der MerowingerKönige im 7. Jahrhundert bedeutete einen Machtzuwachs für die Hausmeier, die höchsten Amtsträger am Königshof. Hausmeier standen an der Spitze des Dienstadels, der Hofgerichte und des Heers. Dem Geschlecht der Karolinger (auch »Arnulfinger«) gelang es 687, das Amt und damit die zentrale Gewalt erblich für das ganze Reich an sich zu bringen. Die Karolinger drängten die merowingischen Könige schließlich zur Bedeutungslosigkeit herab. Karl Martell (»Hammer«), Sohn des karolingischen Hausmeiers Pippin II., musste sich zunächst gegen den Hausmeier Neustriens durchsetzen. In zahlreichen Kämpfen sicherte er das Reich nach außen: 732 besiegt er die Araber bei Tours, 737 bei Narbonne, 733 erneuert er die Vorherrschaft der Franken in Burgund. Nach dem Tod des merowingischen Schattenkönigs Theuderich IV. 737 regiert er selbst mit königlichem Status. Um sich die Gefolgschaft seiner schlagkräftigen Reiterei zu sichern, stattet er die Ritter mit Benefizien (Lehen) aus Kirchengut aus und begründet damit das feudale Lehenswesen. Missionsbemühungen des Bonifatius in Thüringen, Friesland und Hessen schützt er, ohne ihm Einfluss auf die fränkische Kirche zu gewähren. Kurz vor seinem Tod (741) teilt Karl Martell die Herrschaft unter seine beiden Söhne Karlmann und Pippin III. auf.

In der Schlacht bei Poitiers besiegt Karl Martell 732 die einfallenden Mauren. Holzstich, um 1865

QUIERZY

Bündnis von Kirche und Staat

Die »Pippinsche Schenkung« legt den Grundstein für die Jahrhunderte währende Verbindung von Papsttum und weltlicher Herrschaft. Der Kirchenstaat entsteht.

14. 4. 754: Papst Stefan II. und der fränkische König Pippin III. unterzeichnen in Quierzy einen weit reichenden Vertrag: Der Papst erkennt die Karolinger als legitime Königsdynastie an; im Gegenzug garantiert der Frankenkönig der Kirche Land und Schutz für einen eigenen Kirchenstaat.

Das fränkisch-päpstliche Bündnis war notwendig geworden, als die langobardische Expanisionspolitik in Italien die politische Existenz des Papsttums gefährdete. Im Einzelnen sehen die Vereinbarungen vor: Pippin III. (»der Jüngere«) garantiert dem Papst den Besitzstand des »Patrimonium Petri«, Grundbesitz im Gebiet um Rom. Papst Stephan II. wiederholt die Königssalbung für den König und dessen Söhne und verleiht ihnen den Titel »Schutzherr von Rom« (Patricius Romanorum).

Bereits zwei Jahre später muss Pippin III. auf dringende päpstliche Bitte gegen den Langobardenkönig Aistulf zu Felde ziehen, um die Einhaltung der Vertragsbedingungen zu sichern. Aistulf wird gezwungen, das byzantinische Exarchat von Ravenna dem Papst zu übergeben.

Pippin III. »der Jüngere«, Frankenkönig 751 bis 768

NANKING

Dichter Li Po

Unter der Tang-Dynastie können sich Künstler und Schriftsteller frei entfalten.

762: Im Alter von 61 Jahren stirbt der chinesische Lyriker Li Po, einer der bedeutendsten Dichter des Reiches. Das Werk des um 701 geborenen Li Po umfasst frei komponierte Gedichte sowie traditionelle Lyrik, darunter beliebte Trinklieder, reichhaltige Naturschilderungen, Gedanken über Freundschaft und Vergänglichkeit. Zeitgenossen schwärmen von Li Pos Ausstrahlung und bewundern sein geniales Schaffen. Der taoistische Lyriker führte ein rastloses Wanderleben. Seine Jugend verbrachte er bei Einsiedlern. 742 bis 744 hielt er sich am Kaiserhof in Chang'an auf. In Folge von Hofintrigen wurde er als Verschwörer verbannt, 759 jedoch wieder rehabilitiert.

JAVA

Ein Heiligtum für Buddha

Die Indonesischen Inseln geraten unter den Einfluss des Buddhismus.

Um 775: In Zentraljava erbauen Shailendra-Könige einen spektakulären Tempel zur Ehre Buddhas. Das 32 m hohe Bauwerk, der Borobudur, ist eine Abbildung des Universums.

Die Maße des Heiligtums sind gewaltig: Auf einem quadratischen Grundriss erhebt sich eine neunterrassige Stufenpyramide. An ihren Seiten stellen Friese auf mehr als 1200 Relieftafeln Bilder aus dem Leben Buddhas, buddhistische Mythen sowie Alltagsszenen des Volkes dar. 504 Buddha-Statuen zieren den Borobudur. Die Stufenform verleiht der buddhistischen Hoffnung auf eine stufenweise Läuterung und Erlösung von Not und Verzweiflung Ausdruck. Die Anordnung der Terrassen symbolisiert die Harmonie des Weltganzen.

Der Tempel ist ein Zeugnis der raschen Ausbreitung des Buddhismus. Über Burma und Sumatra hatte die Religion ihre südlichste Grenze erreicht; starken Einfluss üben indische Berater aus. Auf Java verbindet sich der Buddha-Glaube mit den ansässigen Naturreligionen und dem Siwa-Kult. Das Volk bringt dem König gottähnliche Verehrung entgegen; sein Reich gilt als Mittelpunkt der Welt. Diese Vorstellung greift die Architektur des Borobudur-Tempels auf.

Der zentrale Stupa auf dem Borobudur-Tempel in Java. Im Vordergrund eine Buddha-Statue.

BAGDAD

Bagdad wird zur Kulturmetropole

Mit dem Sturz der Dynastie der Omaijaden erringen die Abbasiden das Kalifat. In Spanien entsteht der erste unabhängige islamische Staat.

749: Abul Abbas wird von seinen Anhängern zum Kalifen ausgerufen. 750 besiegt er den letzten Kalifen der Omaijaden-Dynastie und rottet fast dessen gesamte Familie aus.

Seit Beginn war die 661 begründete Omaijaden-Dynastie umstritten: Ihr Begründer, Moawija I., gehörte der Mohammed gegenüber ursprünglich feindlich eingestellten Familie der Banu aus Mekka an. Durch Eroberungen hatten die Omaijaden das Reich von Spanien über Nordafrika bis nach Indien ausdehnen können. Die Einnahme Konstantinopels misslang 718, kurz darauf auch die Eroberung des Frankenreiches. Trotz großer Erfolge wuchs der Widerstand gegen die Omaijaden. Fromme Moslems warfen ihren Herrschern Verweltlichung vor und forderten, dass Verwandte des Propheten Mohammeds das Kalifat übernehmen. Soziale Spannungen zwischen der arabischen Kriegerkaste, die von Steuerzahlungen befreit war, und den zum Islam bekehrten Untertanen verschärften die Situation. 749 rufen die Aufständischen im mesopotamischen Kufa Abul Abbas as Saffah (»Blutvergießer«) zum Kalifen aus. Seine Rechtmäßigkeit begründet er mit seinem Vorfahren Abbas, einem Onkel des Propheten Mohammed. Abul Abbas besiegt seinen Widersacher, den letzten Omaijadenherrscher Marwan II., und rottet dessen Familie fast vollständig aus. Lediglich dem Omaijaden-Prinzen Abd Ar Rahman I. gelingt es, nach Spanien zu fliehen, wo er 756 das Emirat Córdoba gründet, den ersten vom Kalifat unabhängigen islamischen Staat. Zu politischer Stabilität, wirtschaftlicher und kultureller Blüte gelangt das Abbasidenreich unter der Herrschaft des Kalifen Harun Ar Raschid (786-809). Die Hauptstadt Bagdad entwickelt sich zu einem Zentrum des Handels zwischen Europa und dem Orient. Hier treffen sich Gelehrte, Dichter und Künstler aus aller Welt, hier findet ein Austausch von späthellenistischem, arabischem, christlichem, persischem und indischem Gedankengut statt.

STICHWORT

Märchenhaft: »1001 Nacht«

»Tausendundeine Nacht« stellt eine Sammlung von über 300 persischen, indischen, arabischen und ägyptischen Märchen dar, Liebesgeschichten, Sagen, Legenden und Anekdoten von Schelmen und Seefahrern. Die Rahmenerzählung geht auf persische und indische Traditionen zurück. Sie berichtet von einem König aus Samarkand, der infolge der Untreue seiner Frau von Welt-Ekel erfasst wird und sich zum frauenfeindlichen Despoten entwickelt: An jedem Abend heiratet er eine Frau, nach der Hochzeitsnacht bringt er sie um. Erst Scheherezade, eine Tochter des Wesirs, kann die Grausamkeit des Königs stoppen: sie erzählt ihm Geschichten, die sie bei Morgengrauen abbricht und erst am Abend weitererzählt – 1001 Nächte lang. Damit gelingt es ihr, sein Interesse zu fesseln und das Töten zu beenden: er schenkt ihr das Leben. Einige der Märchen finden im Mittelalter Verbreitung bis in den europäischen Kulturraum – so unter anderem die abenteuerlichen Geschichten von dem Seefahrer Sindbad, »Aladin und die Wunderlampe« und »Ali Baba und die 40 Räuber«.

Illustr. zu »Sindbad der Seefahrer«

VENEDIG

Venedigs Aufstieg zur Seemacht

Venedig am Dogenpalast. Gemälde von Francesco Guardi, 18. Jahrhundert.

Als Knotenpunkt zwischen Byzantinischem Reich, islamischem Orient und fränkischem Kaisertum erlebt Venedig einen beispiellosen Aufstieg zum Handelszentrum.

811: Die schwer zugängliche Laguneninsel Rialto wird Regierungssitz des venezianischen Dogen. Die Stadtvergrößerung ist sichtbares Zeichen der wachsenden Macht Venedigs.

Nach dem Einfall der Hunnen (452) waren viele Bewohner Norditaliens auf die Laguneninsel geflohen. Auf künstlichem Baugrund errichten sie eine neue Stadt. Wegen ihrer günstigen Lage entwickelte sich Venedig rasch zur bedeutenden Hafenstadt und zur Seemacht. Seine Stellung konnte Venedig auch gegenüber dem Langobardenreich bewahren. Seit 715 genoss Venedig weit reichende Handelsprivilegien. Zunächst Umschlagplatz des auf den vorgelagerten Lagunen gewonnenen Salzes, entwickelte sich in der Folge ein blühender Handel mit Holz und Getreide, Seide und Sklaven. Die Venezianer handelten mit den am Po liegenden Städten und den Umschlaghäfen des Byzantinischen und islamischen Reiches. Trotz der langobardischen Vorherrschaft in Norditalien blieb Venedig unter der Oberhoheit von Byzanz. Aus den Kreisen des venezianischen Adels wählte sich die Bevölkerung seit 726 einen Herzog (lat. dux), den Dogen, und dokumentierte damit ihre Eigenständigkeit. Seit 778 war die Macht des Dogen so angewachsen, dass er bereits zu Lebzeiten seinen Nachfolger berief und damit eine Erbfolge einrichten konnte. 811 verlegt der Doge seinen Regierungssitz auf die schwer zugängliche Laguneninsel Rialto. Prächtige Paläste und Kirchen entstehen, die sich an der byzantinischen Architektur orientieren. 829 wird der Markusdom errichtet, eine Kreuzkuppelkirche mit fünf Türmen, deren Grundriss der Apostelkirche in Konstantinopel folgt. Verträge mit den benachbarten Franken-Herrschern ermöglichten den Handel mit dem Binnenland. Diplomatische Beziehungen zu Byzanz und zum Kalifenreich erfordern vom Dogen größte Sensibilität, um sowohl die Eigenständigkeit als auch den Schutz des Oströmischen Reiches zu bewahren.

HINTERGRUND

Karolingische Renaissance fördert das Geistesleben

Karl der Große leitet im Karolingerreich eine fundamentale Erneuerung der Bildung und Künste ein, die sich an spätantiken Vorbildern orientiert und den Menschen wieder in den Mittelpunkt stellt.

Diese vom Herrscher und seinen geistlichen Beratern – hochrangigen Gelehrten aus Spanien, Italien, Deutschland und England – zielgerichtet geförderte Bewegung der »karolingischen Renaissance« stellt einen bedeutenden Fortschritt in der Geistesgeschichte des Abendlandes dar.

Sprache: Latein wird als Sprache der Literatur wiederbelebt und von »barbarischen« Wendungen bereinigt. Christliche und antike Texte werden abgeschrieben und zu liturgischen und literarischen Büchern zusammengestellt. Neben die Großtreten nun die Kleinbuchstaben, die »karolingischen Minuskeln«.

Karolingische Torhalle des früheren Klosters Lorsch

Karolingische Kunst: »Der Geldwechsler«

Buchmalerei: Sie zeichnet sich durch phasische Durchgestaltung der Figuren und eine durchkomponierte Seitengestaltung aus. Seit der karolingischen Bildungsreform gehört ein Skriptorium, ein Schreibraum für die Mönche, zu einem gut ausgestatteten Kloster.

Architektur: Das »Westwerk«, ein monumentaler westlicher Kirchenvorbau mit turmartigem Abschluss und flankierenden Truppentürmen, gehört zu den eigentümlichsten Schöpfungen der karolingischen Baukunst. Die Torhalle des Klosters Lorsch (bei Worms) ist in der Art eines antiken Triumphbogens erbaut.

Plastik: Reliefkunst und Bronzeguss-Statuen greifen ebenfalls antike Stile auf und mischen sie mit germanischen und keltischen Elementen.

ROM

Karl der Große, Herrscher des Abendlandes

Karl der Große erweckt das Weströmische Reich zu neuem Leben. Als bedeutendster christlicher Herrscher des Mittelalters schafft er die wesentlichen Grundlagen für die geistige und politische Einheit des Abendlandes.

25. 12. 800: Papst Leo III. krönt den fränkischen Herrscher Karl den Großen zum Kaiser. In Anlehnung an antike Traditionen nennt sich Karl nunmehr Kaiser und Augustus. Die feierliche Krönungszeremonie findet in der Basilika des heiligen Petrus statt. Die dem Krönungsakt beiwohnenden Römer begrüßen den neuen Kaiser mit seinem Titel: »Karl, der allergnädigste, erhabene, von Gott gekrönte, große und friedbringende Kaiser, der das Römische Reich regiert.« Papst Leo III. huldigt dem Kaiser mit dem Kniefall.

Karl der Große ist beseelt von seiner christlichen Mission. Er will »allüberall die Kirche Christi vor Einbrüchen der Heiden und Verwüstungen durch die Ungläubigen nach außen gewendet mit der Waffe verteidigen, im Inneren aber durch Erkenntnis der katholischen Glaubenslehre befestigen«. Neben dem byzantinischen Basileos ist Karl der zweite Herrscher, der den Kaisertitel trägt. Weder das byzantinische Kaiserreich in Südosteuropa noch das islamische Emirat in Spanien können aber die Großmachtstellung des Fränkischen Reiches im westlichen Europa gefährden.

Mit der Krönung befindet sich Karl auf dem Höhepunkt seiner Macht. Nach dem Tode seines mitregierenden Bruders Karlmann wurde Karl 771 Alleinherrscher im Frankenreich. Drei Jahre später setzte er sein erstes großes Ziel um, die Eroberung des Langobardenreichs. Gleichzeitig organisierte er die fränkische Reichskirche. Durch die Gründung neuer Bistümer, unter anderem in Bremen, Verden, Minden, Münster, Paderborn und Osnabrück, sicherte Karl seine Macht. 324 Jahre nach der Absetzung des letzten westgotischen Kaisers Romulus Augustus (476) gibt es im Westen wieder einen römischen Kaiser und ein von den übrigen europäischen Herrschern anerkanntes Reich. Aus den ehemaligen Hausmeiern ist unter Karl dem Großen das Herrschergeschlecht der Karolinger mit weltweitem Ansehen und Macht geworden. Zur Sicherung der immer wieder von den Normannen, Dänen, Slawen und Sarazenen bedrohten Reichsgrenze hatte Karl der Große Markschaften errichten lassen. Zur Konsolidierung seiner Herrschaft im Innern führte er eine Verwaltungsreform durch. Seine Herrschaft gründet sich auf den königlichen Hof, das Pfalzgericht und die Kanzlei unter Führung eines Kanzlers, meist ein gebildeter Kleriker. Die mit besonderen Vollmachten ausgestatteten Königsboten üben im Reich die Kontrolle über die Grafen aus und sprechen königliches Recht.

Der marmorne Kaiserthron im Aachener Dom

Die Krönung Kaiser Karls des Großen (Aquatintaradierung)

ZUR PERSON

Fränkischer König, römischer Kaiser

Büstenreliquiar Karls des Großen

Als Sohn des ersten Karolinger-Königs Pippin III. wird Karl 748 geboren. Nach seines Vaters Tod übernimmt er 768 gemeinsam mit seinem verfeindeten, vier Jahre jüngeren Bruder Karlmann die Herrschaft über das Frankenreich. Als Alleinherrscher erlangt er ab dem Jahr 771 außerordentlich wichtige Siege: Er zerschlägt das Langobardenreich, sichert Aquitanien gegen die islamischen Mauren, unterwirft in blutigen Schlachten die Sachsen und die Awaren. Nach seiner Krönung im Jahr 800 versteht sich Karl der Große als weltliches Oberhaupt der christlichen Kirche, die er geschickt zur Sicherung seiner Macht zu nutzen versteht. 812 erkennt auch der oströmische Kaiser Michael I. die Kaiserschaft Karls für den Westen an. Ein Jahr später kürt Karl seinen Sohn Ludwig den Frommen zum Mitkaiser und Nachfolger. Am 28. Januar 814 stirbt Karl der Große in Aachen.

Einfall der Wikinger in die Normandie, Farbdruck 1911

LISSABON

Wikinger plündern Europa

Die Suche nach Land und Beute treibt das kriegerische Seefahrervolk zu den Britischen Inseln und aufs europäische Festland. Ihre überfallartigen Raubzüge verunsichern die Bevölkerung und erschüttern die alten Herrschaftsverhältnisse.

844: Die Wikinger erobern Lissabon und Sevilla, eines der Zentren des islamischen Emirats von Córdoba. In den folgenden Jahren versetzen normannische Kriegszüge auch die Bevölkerung des Frankenreichs in Angst und Schrecken.

Am Ende des 8. Jahrhunderts waren die Normannen (auch Wikinger genannt) aus ihren Gebieten in Skandinavien aufgebrochen. Immer häufiger suchten die plündernden Seefahrer die Küsten- und Flussgebiete des Frankenreichs heim. Überbevölkerung und innenpolitische Machtkämpfe sind die Gründe für den Aufbruch der dänischen, schwedischen und norwegischen Wikinger. Sie begeben sich auf die Suche nach Land – und nach den Schätzen des europäischen Kontinents, von denen ihnen Fremde berichten. Die Raubzüge der Wikinger laufen nach stets gleichem Muster ab: Schiffe landen, einfallende Krieger verwüsten Städte und Klöster, rauben Wertgegenstände und hissen wieder die Anker. England und Irland kamen zuerst in Berührung mit den Wikingern: Die Klöster Lindisfarne, Jarrow, Rechreyn und schließlich Iona (806) sind wegen ihrer Schätze bevorzugte Ziele der Normannen. Beflügelt von ihren raschen Erfolgen, siedelten Normannen bald darauf auch im Feindesland. Normannische Heerführer, die in ihrer Heimat keine Aussicht auf Herrscherwürden hatten, errichteten in der Fremde in der Hoffnung auf bleibende Macht ihre kleinen Reiche.

Während norwegische und dänische Normannen Teile Englands und Irlands besetzten, zogen andere Wikingerscharen an der Nordküste des Kontinents entlang. Die flache und moderne Bauweise ihrer Segelschiffe erlaubte ihnen das Befahren der Flüsse, unter anderem der Elbe, des Rheins, der Seine, Garonne und Loire. 844 fällt ihnen Lissabon und Sevilla zum Opfer, im Jahr darauf Hamburg. Normannische Schiffe gelangen bis ins Mittelmeer, 859 landen sie auf Mallorca und in der Provence, sie stoßen nach Marokko und in die Toskana vor.

Widerstand erfahren die Normannen weniger von der adligen Oberschicht als von den Bauern. Als die Normannen 882 über das Rheintal ins Moselgebiet vorstoßen, stellen sich ihnen verbündete bewaff-

HINTERGRUND

Siedlung Haithabu

Die Wikingersiedlung am Westufer einer Schleibucht (im heutigen Schleswig-Holstein) wurde im 8. Jahrhundert gegründet. Aus dem Sliesthorp genannten Handelsort entsteht bald eine planmäßige Siedlung mit Häusern, umzäunten Höfen und Wegen. Handwerker siedeln sich an, Haithabu bekommt eine Münzstätte und wird Knotenpunkt des Transithandels zwischen den Nord- und den Ostseeländern, Skandinavien und dem fränkischen Raum. Hauptfaktor für Haithabus Rolle als Handelsplatz ist die Einfuhr von Pelzen und Sklaven. In den Werkstätten der Wikingerstadt blüht das Kunsthandwerk: Hergestellt werden Kunstgewerbeartikel aus Metall, Keramiken, Textilien sowie aus Hirschgeweihen gefertigte Kämme, Nadeln, Messergriffe und Spielsteine. 890 besetzen schwedische Wikinger Haithabu. Sie befestigen die 24 Hektar große Siedlung mit einem Halbkreiswall aus Holz und Erde. 934 erobert der deutsche König Heinrich I. Haithabu und zwingt König Knuba, sich taufen zu lassen. Vom Jahr 1000 an verödet der inzwischen wieder unter dänische Herrschaft gefallene Ort und wird 1050 durch Brand zerstört. In der Nähe der Siedlung fanden sich Friedhöfe mit zum Teil reich ausgestatteten Gräbern.

Versuch einer Rekonstruktion des Wikingerdorfes Haithabu (nahe Schleswig)

nete Bauern entgegen und schlagen sie in die Flucht.

Auch im äußersten Norden besetzen die Normannen weite Gebiete. Hier finden sie ähnliche klimatische und landschaftliche Lebensbedingungen wie in ihrer Heimat vor. Die Färöer, die Orkney- und Shetland-Inseln sowie die Hebriden waren schon im 7./8. Jahrhundert normannisch geworden. Von 860 an kommen die Normannen nach Island und lassen sich dort ab 874 nieder, etwa 981 erreichen sie Grönland, um 1000 gelangen sie über Neufundland nach Amerika. Schwedische Normannen, die Waräger, dringen in den Ostseeraum und nach Russland vor, gelangen auf der Wolga und durchs Schwarze Meer bis Byzanz, in dessen Militärdienst sie zum Teil treten. Das Mittelmeer war seit dem Niedergang der römischen und später der byzantinischen Flottenmacht begehrtestes Raubgebiet für Normannenzüge.

Normannische Bronzehelme

Die Normandie und die Stadt Rouen entwickeln sich zu einem Hauptstützpunkt der Wikinger. 911 erkennt der westfränkische König Karl III. (»der Einfältige«) die Landnahme der dänischen Wikinger an der Seinemündung vertraglich an. Der Normannenführer Rollo erhält das Gebiet zu Lehen und verpflichtet sich zur Landesverteidigung. Rollo wird Christ, nennt sich Robert – und wird Ahnherr des normannischen Herzogengeschlechts, das im 11. Jahrhundert mit Wilhelm I. dem Eroberer die englische Königskrone erringt.

FRANKENREICH

Frankenreich bricht auseinander

Auch ein Reichsteilungsgesetz kann den Niedergang der Karolinger-Dynastie und die Teilung des Frankenreiches nicht verhindern.

Juli 817: Ludwig der Fromme, Sohn und Thron-Nachfolger Karls des Großen, erlässt ein Gesetz, mit dem er die Reichseinheit wahren will. Die römische Kaiserwürde galt als unteilbar; deshalb war es in der Vergangenheit immer wieder zu Streitigkeiten zwischen den legitimen Thronfolgern um den Kaisertitel gekommen. Die von Ludwig dem Frommen verordnete »Ordinatio Imperii« soll hier Klarheit schaffen. Der älteste Sohn eines Kaisers soll von nun Kaiser werden. Ludwig der Fromme ernennt seinen Sohn Lothar I. zum Mitkaiser. Doch sein jüngerer Bruder Karl (»der Kahle«) erhebt gleichfalls Anspruch auf die Erbfolge. 830 bricht deswegen ein Aufstand aus. Ludwig muss den Thron räumen, wird zwei Jahre später wieder Kaiser, verliert aber seine Autorität.

Ludwig der Fromme (Miniatur, um 840)

Als er 840 stirbt, bekämpfen sich seine drei Söhne. Im Vertrag von Verdun (843) teilen sie das Reich auf. Karl der Kahle erhält das westliche Reichsgebiet (»Westfranken«), Ludwig dem Deutschen werden die östlich des Rheins und nördlich der Alpen liegenden Länder zugesprochen (»Ostfranken«), Lothar I. behält die Kaiserwürde und ein Gebiet, das zwischen den Ländern seiner Brüder liegt (»Mittelreich«).

ST. GALLEN

Das ideale Kloster

Ludwig der Fromme unterstützt das Mönchtum; das teilweise verweltlichte Klosterleben will er mit Hilfe der Benediktinerregel zu alter Strenge zurückführen.

819: Der St. Gallener Abt Gozbert erhält den Musterplan eines idealen Klosters. Das 77 cm mal 122 cm große detailreiche Kalbs-Pergament zeigt eine Anlage, die ein Leben nach der benediktinischen Regel ermöglicht.

»Ora et labora«, »bete und arbeite!« hatte Ordensgründer Benedikt von Nursia (480/490-547) von den Mönchen gefordert. Bildung und Handwerk, Medizin und Landwirtschaft, Wissenschaft, Bibliothekswesen und Armenfürsorge gehören seitdem zu den gleichberechtigten Aufgaben der Klöster. 817 ordnete die Synode von Aachen die Benediktinerregel verbindlich an. Ein Musterplan wird gezeichnet; eine bis heute erhaltene Kopie gelangt nach St. Gallen. Um die Kirche, eine dreischiffige Basilika, sind Schreibstuben und Wohnräume, Werkstätten, Ställe und Küchen, ein Hospital und eine Schule, ein Armenhaus und ein Pilgerheim angeordnet.

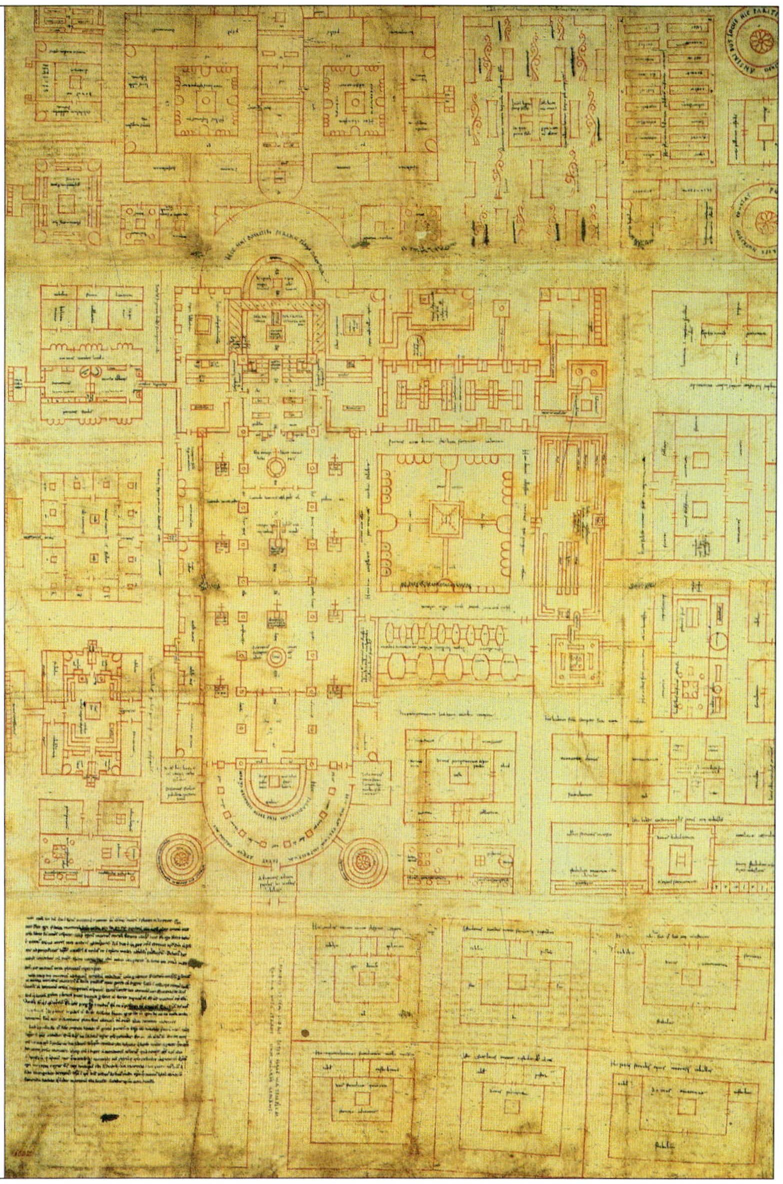

Klosterplan von St. Gallen, Pergamentzeichnung um 820, Originalgröße: 77 cm x 122 cm.

BYZANZ

Slawen-Apostel

Zwei Mönche legen das Fundament für national-orthodoxe Kirchen. Ihr Wirken provoziert Konflikte zwischen Rom und Byzanz.

863: Die beiden griechischen Mönche Kyrill und Methodios brechen zu einer Missionsreise in den Balkan auf. Anders als die germanischen Völker im Westen lernen die Slawen das Christentum in ihrer Muttersprache kennen.

Ratislaw, der Fürst des Großmährischen Reiches, hatte 860 den byzantinischen Kaiser Michael III. um Entsendung slawisch sprechender Priester gebeten. Der Patriarch von Byzanz, Photius, schickte daraufhin zwei griechische Mönche, die in Makedonien in der Nähe slawischer Siedlungen aufgewachsen waren und darum die Sprache beherrschten: Konstantin (der sich später Kyrill nannte) und Methodios. Noch bevor sie mährisches Gebiet betraten, erarbeiteten sie ein Alphabet für die noch schriftlose Sprache (kyrillisches Alphabet) und übersetzten die Bibel und die Gottesdienstliturgie ins Slawische. Drei Jahre lang tragen die Brüder das Christentum zu den slawischen Völkern. Die römische Kirche beobachtet das Wirken der »Slawen-Apostel« mit Unmut, besonders die Verwendung einer anderen als der Kirchensprachen Griechisch und Latein. 867 erreichen Kyrill und Methodius dennoch die Anerkennung durch Papst Hadrian II. Kyrill stirbt 869 in Rom; bayerische Bischöfe setzen den zum Erzbischof ernannten Methodios 870 ab und inhaftieren ihn. Die Ausbreitung des slawischen Christentums, das in der Gründung national-orthodoxer Kirchen mit der Landessprache als Kirchensprache gipfelt, können sie nicht aufhalten.

Kyrill und Methodios, Illustrirte Zeitung Leipzig, 1863

KIEW

Waräger in Russland

Die später Waräger genannten Normannen aus Schweden setzen von Skandinavien nach Russland über und erobern von den Flüssen aus große Landstriche. Erstmals einen sie die russischen Kleinstaaten zu einem größeren Reich.

882: Der Waräger-Fürst Oleg erobert Kiew und begründet die Ruriken-Dynastie. Damit haben die Waräger ihr Ziel erreicht, den Seeweg auf der Wolga bis zum Orient zu kontrollieren und für ihren Handel nutzbar zu machen. Vor der Ankunft der Waräger aus Skandinavien bestehen in Russland mehrere Kleinstaaten. Im Norden ist Nowgorod die bedeutendste Stadt. Das wirtschaftliche Zentrum des Südens bildet Kiew. 862 übernahm der warägische Heerführer Rurik die Macht in Nowgorod und beherrschte damit den russischen Norden.

LONDON

Alfred der Große vertreibt die Dänen

Stück für Stück erobert Alfred, König von Wessex, von den Dänen besetzte Gebiete Angelsachsens zurück und schafft die Grundlagen für das einheitliche englische Reichsgebiet.

886: Alfred der Große erobert London. Damit fügt er den Dänen eine empfindliche Niederlage bei. Im 9. Jahrhundert erschütterten die einfallenden Dänen die angelsächsische Herrschaft. Auch Wessex, das mächtigste Königreich, war bedroht. Der dort seit 871 regierende König Alfred der Große organisierte den Widerstand gegen die dänischen Besatzer, erobert London zurück und besiegt sie entscheidend in der Schlacht bei Edington. Aus dem verbleibenden Siedlungsgebiet Danelaw (nördlich der Linie Chester-London) werden sie von Alfreds Nachfolgern vertrieben. Alfred der Große baut das vom Krieg verwüstete Land neu auf, errichtet Festungen, reorganisiert das Heer und beginnt mit dem Bau einer englischen Flotte. Eine Rechtssammlung sowie Reformen der Verwaltung, des Finanz- und Schulwesens fördern die Reichseinheit.

Alfred der Große (Ölgemälde von 1868)

FRANKENREICH

Herrschaft der Karolinger beendet

Thronstreitigkeiten und Machtkämpfe führen das von Chlodwig I. begründete und von Karl dem Großen erstarkte Frankenreich ans Ende. Mit dem Tode Ludwigs des Kindes ist das Ende der Karolinger-Dynastie besiegelt.

8. 12. 899: Arnulf von Kärnten stirbt. Als Kaiser hatte er zwar die Zentralgewalt über das gesamte Frankenreich, jedoch herrschte er faktisch nur über das Ostfrankenreich. Nach Arnulfs Tod verstärken sich die Tendenzen zur Ausbildung mächtiger unabhängiger Stammesherzogtümer.

Die Teilungen des Frankenreichs seit Karl dem Großen in den Verträgen von Verdun (843) und Mersen (870) sowie die innerfamiliären Thronstreitigkeiten hatten dem Ansehen der Krone und der Idee eines fränkischen Gesamtreichs geschadet. Die zuletzt im Vertrag von Ribémont (880) festgelegte Grenze zwischen Ost- und Westfrankenreich (die Grundlage der späteren Grenze zwischen Frankreich und Deutschland), wurden weniger nach Gesichtspunkten der Stammes- oder Volkszugehörigkeit als nach dynastischen Interessen vorgenommen. Nach dem Tod des westfränkischen Königs und römischen Kaisers Karls des Kahlen setzte unter dessen rasch wechselnden Nachfolgern vorübergehend eine Periode des Niedergangs im Westfrankenreich ein. Karls Nachfolger sind Ludwig II. (»der Stammler«), Ludwig III. und Karlmann, nach dessen Tod die westfränkische Krone an das Ostfrankenreich fällt. Kaiser Karl der Dicke kann das Frankenreich 885 noch einmal unter seinem Szepter vereinen. Ohne die plündernden Normannen abwehren zu können und machtlos gegenüber dem Hochadel, zudem an Epilepsie leidend, wurde er im November 887 auf der Reichsfürstenversammlung zu Tribur abgesetzt, die Arnulf von Kärnten zu seinem Nachfolger erhob. Mit Karls Sturz begann endgültig die Auflösung des karolingischen Großreichs. Arnulf, Markgraf von Kärnten und Pannonien, gewann die Oberherrschaft über Westfranken, Hochburgund und Oberitalien, doch reichte seine reale Macht nicht weit über das Ostfrankenreich hinaus. Die Normannen besiegte er in der Schlacht bei Löwen 891. Als Papst Formosus Arnulf um Hilfe gegen den erstarkenden Langobardenkönig Guido II. zu Hilfe rief, zog der Kärntner 894 über die Alpen, eroberte Rom und ließ sich 896 vom Papst als letzter Karolinger zum Kaiser krönen. Zu seiner Zeit bildeten sich überall im Reich kleine Königtümer. In den Annalen des Klosters Fulda für das Jahr 888 findet sich folgende Schilderung: »In der Zeit König Arnulfs von Kärnten erhoben sich zahlreiche Könige. Berengar, der Sohn Eberhards von Friaul, erklärte sich selbst zum König von Italien. Rudolf, Sohn Konrads, begann seine Herrschaft als König von Hochburgund. Ludwig, der Sohn des Boso, regierte in der Provence und Guido, Sohn des Herzogs von Spoleto, strebte nach der Königsherrschaft über das belgische Gallien. Odo, der Sohn Roberts des Tapferen, riss die Königsmacht über das nördlich der Loire gelegene Gebiet an sich und Ramnulf erklärte sich zum König über einen Teil von Aquitanien.« Als Arnulf von Kärnten 899 stirbt, gelangt sein sechsjähriger Sohn Ludwig IV. (»das Kind«) auf den Thron. Erzbischof Hatto von Mainz regiert für den unmündigen Herrscher.

Arnulf von Kärnten

Der Tod Ludwigs des Kindes beendet die Karolinger-Dynastie am 24. Juni 911 endgültig. Der ostfränkische Adel erhebt mit dem Frankenherzog Konrad I. zum ersten Mal einen Nichtkarolinger zum König und begründet damit das Deutsche Reich. Der Westen setzt den Grafen Odo von Paris an die Spitze des Reiches, obwohl er nicht aus dem Geschlecht der Karolinger stammt. Bis 987 herrschen die Karolinger nur noch formal weiter.

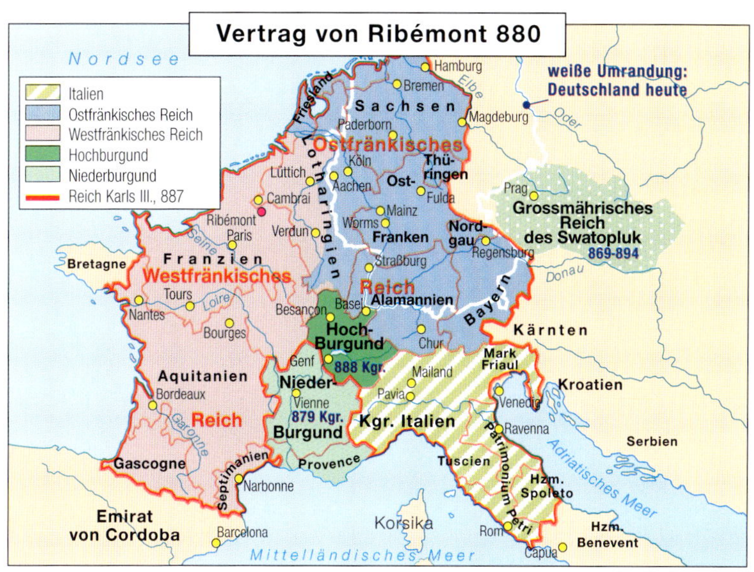

CÓRDOBA/BAGDAD

Bagdad verliert an

Das Kalifat in Bagdad verliert seine Machtposition im islamischen Reich. Deutliche Zeichen für den Niedergang des Kalifats sind die Abspaltung des Kalifats in Córdoba und die Eroberung Bagdads durch die Bujiden.

929: Der seit dem Jahr 912 im arabischen Spanien herrschende Emir Abd Ar Rahman III. nimmt den Kalifentitel an. Beide nun bestehenden Kalifate, das abbasidische von Bagdad und das omaijadische von Córdoba, beanspruchen die alleinige Legitimität.

Sechs Jahre nach dem gewaltsamen Sturz der Omaijaden-Kalifen in Bagdad im Jahr 750 hatte sich im spanischen al-Andalus das Emirat von Córdoba konstituiert, an dessen Spitze der einzige überlebende Omaijade, Abd Ar Rahman I., stand.

Palast des Kalifen Abd Ar Rahman nahe Córdoba

Unter der Herrschaft von Abd Ar Rahman III. entwickelt sich Córdoba nun zu einem geistigen Zentrum des Islam, zu einem »Mekka des Westens«. Die Bevölkerung der Stadt, die 3000 Moscheen und 300 Bäder besitzt, zählt bald eine halbe Million. In Córdoba, Granada und Sevilla werden Bildungsinstitute eingerichtet, in denen Recht, Philosophie, Literatur, Mathematik, Medizin, Astronomie, Geschichte und Geografie gelehrt werden.

Der Reichtum von al-Andalus beruht auf der Produktion von Luxusgütern, aber auch auf einer hoch entwickelten Landwirtschaft und Bewässerungstechnik.

Im Jahr 945 erobern die Bujiden, ein arabisierter iranischer Stamm, Bagdad, den Sitz des abbasidischen Kalifen. Sie verdrängen die Mamelucken, türkische Kriegersklaven aus Zentralasien, die in der ersten Generation islamisiert worden waren. Sie waren von den Abbasiden-Kalifen Anfang des 9. Jahrhunderts eingesetzt worden, um nach internen Machtkämpfen die unzuverlässigen arabischen Stammeskrieger aus dem Kernbereich des Heeres auszuschalten. Doch die Mamelucken-Offiziere machten ihrer-

BUNZLAU

Brudermord in Böhmen

Ein Höhepunkt der bayerisch-sächsischen Rivalität ist die Bluttat an Herzog Wenzel I.

28. 9. 935: Der böhmische Herzog Wenzel I., der Heilige, fällt während eines Aufstandes von Adligen einem Mordanschlag zum Opfer, an dem auch sein heidnischer Bruder Boleslaw II. beteiligt ist.

Wenzel stammt aus der Familie der Premysliden, die seit Anfang des 10. Jahrhunderts Anlehnung an die bayerischen Luitpoldinger und an das Bistum Regensburg suchen. Er wurde 929 vom deutschen König Heinrich I. unterworfen. Wenzel, der sich um eine Förderung des Christentums bemüht, geht als Landespatron in die Geschichte ein.

Ermordung des heiligen Wenzel in Bunzlau; Illustration aus dem Codex Guelf

FRITZLAR

Ein Sachse wird König

Nach dem Tod des Franken Konrad I. 918 wird erstmals ein Sachse deutscher König – auch wenn sein Titel weiterhin König der Franken lautet.

Der Liudolfinger Heinrich I.

12. 5. 919: Der von Konrad I. zu seinem Nachfolger designierte Sachsenherzog Heinrich I. wird von Franken und Sachsen zum König gewählt. Später kann er auch die anderen Stämme – Bayern, Schwaben und Lothringer – unterwerfen und damit die sächsische Führung im Ostfränkischen Reich durchsetzen. Er stützt sich dabei auf außenpolitische Erfolge: Einen Waffenstillstand mit den 925 eingefallenen Ungarn nutzt er für Eroberungszüge gegen die Elbslawen und Böhmen, schlägt dann im Jahr 933 die Ungarn und bringt 934 Teile der dänischen Gebiete unter die Oberhoheit des Reichs. Um eine Reichsteilung unter seinen Söhnen nach seinem Tod zu vermeiden, designiert er allein den ältesten, Otto, zu seinem Nachfolger. Er begründet die Dynastie der Ottonen.

Einfluss

seits rasch die Kalifen von sich abhängig – schon vor der Eroberung durch die Bujiden gab es in Bagdad quasi nur noch ein Schattenkalifat. Ahmad, der neue Herrscher, belässt jedoch den abasidischen Kalifen offiziell in seinem Amt, auch wenn ihm in der Folgezeit jegliche politische Macht genommen wird.

Die Rolle des abbasidischen Kalifen besteht nun darin, den Fürsten der Bujiden die Herrscherlegitimität zu verleihen und ihnen die tatsächliche politische Macht zu übertragen. Die Funktion des Kalifen selbst beschränkt sich auf das geistliche Amt. Zwar unterstehen ihm nach wie vor Sekretäre, aber die Regierungsorgane sind ohne Ausnahme den bujidischen Machthabern, den »Emiren der Emire«, zugeordnet.

Der Zerfall des Kalifats hatte bereits vor der Abspaltung Córdobas begonnen, als die Militärgouverneure – auch sie meist Mamelucken – an der Peripherie des Kalifats, in Tunis, Ägypten, Ostafrika und Mittelasien, allmählich die Herrschaft übernahmen. Dieser Prozess wurde unterstrichen durch das im Jahr 909 errichtete schiitische Gegenkalifat der Fatimiden, die 969 auch Ägypten erobern.

BURGUND

Cluny bemüht sich um Klosterreform

Cluny in Burgund wird zum Ausgangspunkt einer Reformbewegung, die sich gegen Verweltlichungstendenzen im Klosterleben wendet.

910: Herzog Wilhelm III. von Aquitanien gründet in Burgund das Benediktinerkloster Cluny, dessen Äbte es in der Folgezeit als ihre Pflicht ansehen, durch eine Reform der Benediktinerregel und der Liturgie das Mönchtum von innen heraus geistig zu erneuern. Die Regel verlangt unbedingten Gehorsam gegenüber dem Abt, Gebet, Meditation und Arbeit.

Schon der Gründungsakt des Klosters ist ungewöhnlich, denn Wilhelm verzichtet auf seine Rechte als Eigenkirchenherr (also auf die Eingriffsmöglichkeiten, die ihm als Stifter zustehen) und unterstellt es direkt dem Schutz des Papstes. Bereits im Jahr 931 erhält das Kloster die Erlaubnis, Mönche auch aus anderen Klöstern aufzunehmen bzw. andere Klöster zu übernehmen, um auch dort die entsprechenden Reformen zu initiieren.

In den folgenden Jahrzehnten werden zahlreiche Klöster Cluny zugeordnet, ihre Prioren werden dem Abt von Cluny unterstellt. Der Einfluss des Klosters bleibt jedoch im Wesentlichen auf Frankreich beschränkt.

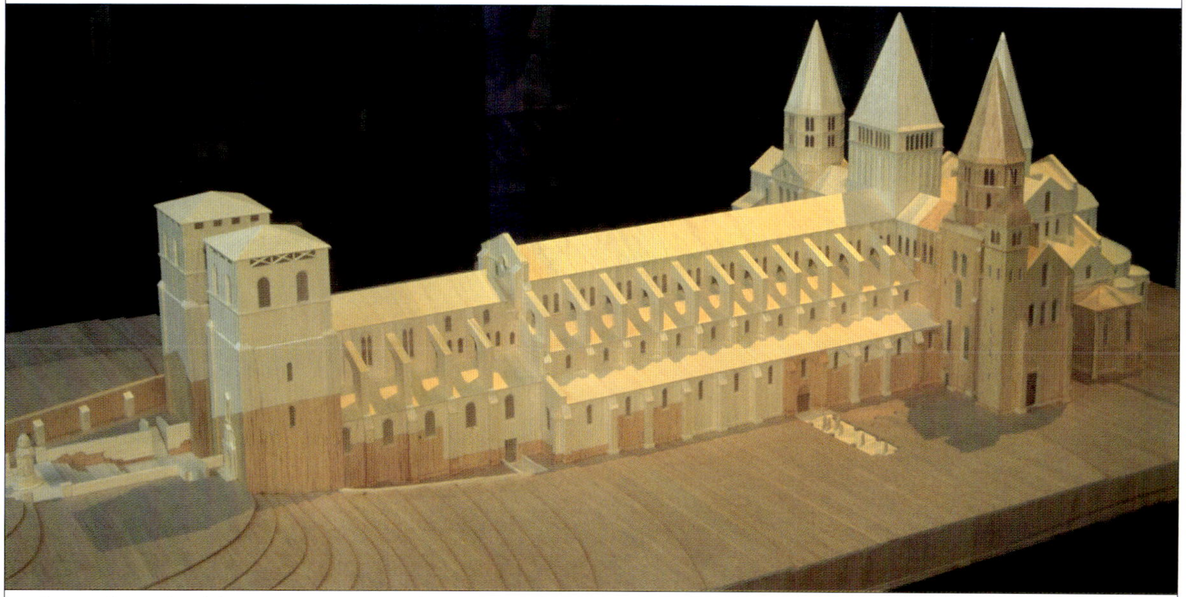

Rekonstruktion der dritten, 1088-1132 errichteten Klosterkirche von Cluny

BULGARIEN

Simeon I. wird »Zar der Bulgaren«

Unter Simeon I., dem Großen, erreicht das 1. Bulgarische Reich seine größte Ausdehnung seit 681.

918: Simeon I., seit 893 Khan der Bulgaren, nimmt den Titel »Zar der Bulgaren und Selbstherrscher der Griechen« an und bringt damit seinen erweiterten Herrschaftsanspruch zum Ausdruck.

Unter seiner Regierung gelangt ein Großteil des Balkans unter bulgarische Gewalt, doch mehrfache Versuche zur Einnahme Konstantinopels sind erfolglos, so dass Simeon die angestrebte byzantinische Kaiserkrone nicht erreicht. Um die Eigenständigkeit Bulgariens gegenüber Konstantinopel zu sichern, gründet er das erste von Byzanz unabhängige Patriarchat.

ROM

Roms Adel beherrscht den Papst

Nach dem Zerfall des Karolingerreichs, dessen Herrscher das Papsttum gestützt hatten, werden die Päpste zum Spielball römischer Adelsparteien.

Um 928: Der in der Engelsburg in Rom inhaftierte Papst Johannes X. stirbt; wahrscheinlich wird er ermordet. Sein Streben nach politischer Selbstständigkeit gegenüber den römischen Adelsfamilien hat ihn in Konflikt mit der toskanischen Prinzessin Marozia gebracht, die als Senatrix Rom beherrscht.

Die Bezeichnung »Saeculum obscurum« (dunkles Jahrhundert) für die Zeit zwischen dem Ende der Karolingerherrschaft (880) und dem Beginn der gregorianischen Reform (1046), die durch religiösen und kulturellen Niedergang gekennzeichnet ist, trifft auch auf das Papsttum zu. In den brutalen Machtkämpfen und Skandalen, die zum politischen Alltag gehören, bilden die Päpste keine Ausnahme. Immer wieder werden sie ein- und abgesetzt, vertrieben, inhaftiert und ermordet, doch auch ihr eigenes Verhalten ist moralisch durchaus nicht einwandfrei – was ihrem Ansehen bei der Christenheit schadet.

Papst Johannes X. (914-928, Stich)

Von Johannes X. heißt es, er sei auf Betreiben von Marozias Mutter Theodora, die seine Geliebte war, zum Papst gewählt worden. Theodora wiederum ist die Frau des römischen Senators Theophylakt, bis zu seinem Tod 925 der mächtigste Mann der Stadt.

Das fernöstliche Mittelalter und seine

2. Jahrhundert v.Chr. bis 14. Jahrhundert n.Chr.

China bis zur Ming-Dynastie

Die Herrschaft der Ch'in-Dynastie, die 221 v. Chr. das erste Kaiserreich in China errichtet hatte, wurde bereits 206 v.Chr. durch einen Aufstand beendet. Der Führer Kao-tsu (Liu Pang) bemächtigte sich des Throns und begründete die Han-Dynastie (206 v.Chr.-220), die zunächst ein Mischsystem aus Feudalherrschaft und staatlichen Verwaltungsgebieten war und unter Kaiser Wu-Ti (141-87) zur absoluten Monarchie wurde, in der eine neue Beamtenschicht an die Stelle der Lehnsfürsten trat. Unter Wu-Ti, der erfolgreich gegen die Hunnen Krieg führte, erreichte China seine größte Ausdehnung.

Die neuen Beamten hingen den Lehren des Konfuzius an, mussten den Dialekt der Hauptstadt sprechen, konfuzianische Texte auswendig wissen und wurden häufig versetzt, um eine Anhäufung der Macht in ihrer Hand zu verhindern. Trotzdem wurde das Kaisertum mit dem Aufstieg der Beamtenschaft geschwächt, weil es unter dem Konfuzianismus seine Göttlichkeit verlor und der Kaiser nur noch als oberster Vertreter der Menschheit angesehen wurde. Zudem wuchs in der Zeit langwieriger Kämpfe gegen die nördlichen Nomadenstämme die Macht der selbstständigen Provinzgouverneure, bis im Zuge der Verschlechterung der Wirtschaftslage der Usurpator Wang Mang von der Hsin-Dynastie die Herrschaft an sich reißen konnte (9-23). Er wurde jedoch durch einen Aufstand von Landarbeitern, die durch Verschuldung und Überschwemmungen heimatlos geworden waren, bald gestürzt. Bereits in dieser Zeit entwickelte sich die chinesische Besonderheit, dass sich die Führungs- und Organisationskader solcher Bauernaufstände aus Geheimgesellschaften rekrutierten.

Auf die Han-Zeit folgte die »Zeit der Drei Reiche«: Generäle gründeten die Staaten Wei, Shu und Wu. Weil jeder von ihnen die Herrschaft über ganz China beanspruchte – die Idee eines einheitlichen Reichs der Mitte war seit der Ch'in-Dynastie bestimmende Norm geblieben –, befanden sich die drei Staaten in einem permanenten Kriegszustand. Vorübergehend gelang es den Herrschern des Nordstaates von Wei, der Chin-Dynastie (265-421), China zu einen. Bürgerkriege und der Verlust des gesamten Nordens und Nordwestens an die Nomaden der nördlichen Steppe führten jedoch zu einer neuerlichen Spaltung des Reichs. Im Norden herrschten die T'opa, ein Verbund türkischer und hunnischer Stämme, die sich mit dem Territorialadel der Chinesen verbündeten. Im Süden blieb hingegen die Chin-Dynastie an der Macht. Beide Teilreiche zerfielen auf Grund innerer Auseinandersetzungen. Im Norden bekämpften traditionsbewusste Stämme den chinesischen Einfluss, im Süden gab es einen Machtkampf verschiedener Adelsgruppen untereinander.

589 gelang es einem T'opa-General, die zerstrittenen Gebiete zu erobern und China unter der Sui-Dynastie zu einigen. Der im Norden verbreitete Buddhismus, der durch das Mönchwesen und die in den Klöstern abgehaltenen Märkte eine beherrschende gesellschaftliche und ökonomische Stellung erreicht hatte, wurde zur Staatsreligion des neuen Reiches, das nach kurzer Zeit (um 618) allerdings wieder im Bürgerkrieg zusammenbrach. Ein bleibendes Bauwerk aus der Sui-Zeit ist der Kaiserkanal, der 610 gebaut wurde, um eine Verbindung zwischen dem chinesischen Kernland im Norden um den Hoangho und den neuen Kolonisationsgebieten im Süden jenseits des Jangtsekiang zu schaffen.

Erneut war es die nördliche Aristokratie, die nach dem Zusammenbruch des Sui-Staates unter der T'ang-Dynastie ein neues Gesamtreich gründete. China wurde in dieser Zeit (618-906) zu einem weltoffenen Staat, der eine kulturelle Blüte erlebte und einen Höhepunkt seiner Geschichte erreichte. Wie schon in der Han- und Sui-Zeit wurde die Verwaltung des Reichs weiter ausgebaut. Literatur und Malerei erlebten einen großen Aufschwung. Die Erfindung des Drucks von Buchstaben im Jahr 770 brachte die erste Zeitung der Geschichte hervor. Im Jahr 806 wurde erstmals Papiergeld für den expandierenden Handel eingeführt. Trotzdem war das Reich innenpolitisch von schweren Auseinandersetzungen gekennzeichnet. Der Adel bekämpfte die reiche Beamtenschicht und die regionalen Führer wurden durch Landanhäufung immer mächtiger.

Der Verfall des T'ang-Reichs begann im 8. Jahrhundert durch den zunehmenden Einfluss der Palast-Eunuchen und die Abhängigkeit des Staates von Söldnerheeren, die gegen die neuen Staaten der Tibeter und Uiguren eingesetzt wurden. Im Zuge des Verbots aller fremden Religionen waren Buddhisten und Fremde in dem einst durch Toleranz geprägten Staat nun massiven Verfolgungen ausgesetzt und wegen des kaum einzudämmenden Landkaufs durch Beamte, Klöster und den Hochadel wuchs die Not der unteren Schichten. Mit dem Machtzuwachs der Provinzgouverneure brach der T'ang-Staat faktisch auseinander.

An seine Stelle trat nach einer kurzen Zeit der »Fünf Dynastien« (906-960) der einheitliche Staat der Sung-Dynastie, der ebenfalls einen wirtschaftlichen und kulturellen Gipfel in der chinesischen Geschichte darstellte; getragen wurde er wiederum von der Rückbesinnung auf die konfuzianische Tradition. Im Gegensatz zu den vorhergehenden Herrschern entmachteten die Sung das Militär zugunsten einer Zivilverwaltung. Statt gegen die Stämme des Nordens mit militärischen Mitteln vorzugehen, zahlten die Sung Tribute, um den Frieden zu erhalten. Trotzdem mussten sich die neuen Herrscher 1126 in den Süden Chinas, das eigentliche ökonomische Zentrum, zurückziehen und den Bestand Restchinas durch neue Zahlungen erkaufen.

Der Einfall der Mongolen beendete die Sung-Zeit. 1227, als der Mongolen-Führer Dschingis Khan starb, hatte sein Volk den Norden Chinas erobert. 1279, nach dem Tod des letzten Sung-Prinzen, einte der mongolische Groß-Khan Khubilai-Khan ganz China und begründete als Kaiser Shih-tsu die Yüan-Dynastie. Als Teil des mongolischen Weltreichs wurde China von Verwaltungskräften und Beratern unterschiedlichster Kulturkreise, unter ihnen auch der Venezianer Marco Polo, kontrolliert. Die Chinesen bildeten die unterste von vier Gesellschaftsschichten des Reiches. Die Repressionsmaßnahmen der Fremdherrscher sowie hohe Steuerlasten führten zu Aufständen. Die Herrschaft der Khane endete, als 1368 der letzte Yüan-Herrscher durch einen Aufstand, der 1351 begonnen hatte, zum Rückzug in die Mongolei gezwungen wurde. Danach wurde China unter der Ming-Dynastie wieder selbstständig.

Die Entwicklung des Beamtenstaates

Ein riesiges Reich wie China war in seiner Existenz vollständig von einer funktionsfähigen Verwaltung abhängig. An der Spitze des Han-Staates stand ein theoretisch absolut mächtiger Kaiser, den ein Palastrat unterstützte. Zwei Verwaltungsapparate, ein Kanzler und ein Oberbefehlshaber der Armee, die jeweils von einem weiteren Kanzler, dem Großsekretär, kontrolliert wurden, bildeten die zweite Schicht. Die Gouverneure der 13 Inspektionskreise des Staates mussten jährlich über die Arbeit ihrer Ämter an das Innere Kabinett mit seinen neun Ressorts berichten. De facto herrschten sie jedoch wie Könige in ihren Bezirken. Neue Beamte rekrutierten sich aus reichen Familien, den bereits bestehenden Beamtenfamilien und einer Akademie, die seit 165 v.Chr. Staatsprüfungen durchführte.

Nach dem Zusammenbruch der Han-Dynastie verwahrloste die Staatsverwaltung: Es kam zu ungeregelten Ämterbesetzungen und zur Cliquenwirtschaft verschiedener Adelssippen. Erst in der Sui- und der frühen T'ang-Zeit wurde um 618 das Reich reorganisiert. Kurse über Texte konfuzianischer Klassiker sowie Staatsprüfungen sorgten erneut für qualifizierte Beamte, deren Amts-

Vorläufer

führung von einem Kontrollamt überprüft wurde.

In der T'ang-Zeit kam ein Wirtschaftsamt als weitere Spezialisierung hinzu. Die Sung-Kaiser strafften wiederum den Prüfungsstoff der Beamten, indem sie allein die Lehre des Konfuzius gelten ließen. Alle Befugnisse, auch das Heereswesen, lagen in den Händen der Zivilbeamten. Die Verwaltung bestand aus Provinz-, Präfektur- und Kreisbehörden. Dem Kaiser unterstanden drei beratende Gremien, insbesondere das Zensorat, das von der Zentralregierung kontrolliert wurde.

Die chinesische Gesellschaft gliederte sich in Adelssippen, Beamte und die breite Masse des Volkes. Seit der T'ang-Dynastie waren die Beamten als gebildete Literaten die eigentlichen Träger von Politik und Kultur; sie bildeten die herrschende Schicht.

Japan von den Anfängen bis zur Einführung des Buddhismus

Die heiligen Inseln Japans entstanden nach der Legende aus Wassertropfen, die von dem juwelengeschmückten Speer der Götter Izanagi und Izanami herabfielen. Von den Göttern leiten sich hiernach auch die Tennos (Kaiser) Dai Nippons (Japans) ab. Tatsächlich sind die Inseln vulkanischen Ursprungs. Zwar ist der Zeitraum ihrer Besiedelung nicht bekannt, es lassen sich jedoch Spuren von Jäger- und Sammlergesellschaften aus der Dschomon-Kultur (etwa 4500-300 v. Chr.) nachweisen. Daran schloss sich eine nach ihrem Keramikstil als Jajoi bezeichnete Kultur von Festlandeinwanderern an, die bis etwa 300 dauerte.

Die erste schriftliche Quelle, die von den Bewohnern Japans berichtet, sind die Annalen des chinesischen Staates Wei aus dem Jahr 297. Weitere chinesische Aufzeichnungen berichten von 100 Ländern in Japan, von denen 30 Beziehungen zu China unterhielten. Diese Länder waren Herrschaftsgebiete von Geschlechterverbänden, den »Uli« genannten Zusammenschlüssen von Elitefamilien, in denen eine beherrschende Sippe eine Reihe anderer kontrollierte. Die Macht in einem Gebiet lag in den Händen des Oberhauptes der führenden Familie. Im 3. und 4. Jahrhundert gewann eine Familie, die sich göttlicher Herkunft rühmte, eine Vormachtstellung und vereinte die Teilstaaten in der Ebene zwischen Osaka, Kyoto und Nara zum Yamato-Reich. Aus den Angehörigen dieser Sippe gingen die japanischen Kaiser hervor.

Der Ahnenkult bestimmte die religiösen Praktiken der Ackerbaukultur der frühen Japaner. Die Toten wurden gefürchtet und zugleich verehrt. Hin und wieder wurden bei Katastrophen Menschenopfer dargebracht. Der Ahnenkult entwickelte sich zur ältesten noch lebenden Religion Japans, dem Shintoismus oder »Weg der Götter«. Der Shintoismus kennt kein Glaubensbekenntnis, keine Priesterschaft oder Lehre, sondern verlangt nur gelegentliche Pilgerfahrten sowie die Verehrung der Ahnen und der Vergangenheit.

Im Jahr 538 kam über Korea der Buddhismus nach Japan. Seine Verbreitung verdankte er dem religiösen Bedürfnis des Volkes ebenso wie dem politischen Bedürfnis des Staates. Der in Japan verbreitete Mahayana-Buddhismus zeichnet sich durch sanftmütige Götter, fröhliche Zeremonien und die Vorstellung persönlicher Unsterblichkeit aus. Er schärfte dem Volk die Tugenden von Frömmigkeit, Friedfertigkeit und Gehorsam ein und ließ sie das eintönige, von harter Arbeit geprägte Leben auf dem Lande leichter ertragen.

Die neue Religion bewirkte eine Spaltung innerhalb des Adels und führte zu jahrzehntelangen Machtkämpfen, die schließlich 587 die pro-buddhistische Partei der Soga durch einen Sieg über die shintoistischen Mononobe für sich entscheiden konnte.

Der Absolutismus

Kronprinz Shotoku (574-622) beherrschte das Land als Prinzregent. Um den Zerfall des Reiches zu verhindern, versuchte er einen Beamtenstaat nach chinesischem Vorbild aufzubauen. Nachdem er 594 den Buddhismus als Staatsreligion eingeführt hatte, verkündete er 604 einen Regierungskodex der »17 Artikel«, mit dem er die Stellung des Kaisers und »Himmelssohnes« begründete. Nach dem Tod des Kronprinzen kam es zu harten Auseinandersetzungen um seine Nachfolge. Eine Sippe, die wie keine andere die Geschichte Japans prägen sollte, die Fujiwara, setzte sich 644 an die Spitze eines von mehreren Familien getragenen Staatsstreichs, errang den Sieg über die Soga und vollendete das Reformwerk des Shotoku mit der 646 erlassenen Taika-Reform: Die alten Geschlechterverbände wurden aufgelöst, der Tenno war von nun an aufgrund seiner himmlischen Abstammung Staatsoberhaupt und alleiniger Grundbesitzer im ganzen Land. Seine Befehle wurden von einer nach chinesischem Vorbild geschaffenen Hofadministration mit besoldeten Beamten umgesetzt. Planmäßig wurde das Land verteilt, Rechtsnormen wurden aufgezeichnet. An die Stelle der Sippen trat als neue Wirtschaftseinheit der Haushalt, der je nach Umfang Steuern zu zahlen hatte. Das Reich wurde in Provinzen und Distrikte aufgeteilt und von den Gouverneuren des Hofadels verwaltet.

Die neu angelegte Hauptstadt Nara wurde 710 bezogen. Um dem immer stärker werdenden politischen Einfluss der buddhistischen Mönche zu entgehen, wurde die Hauptstadt zunächst 784 nach Nagaoka und dann 794 nach Heian-Kio, dem heutigen Kyoto, verlegt. Mit dem Niedergang der chinesischen T'ang-Dynastie verlor Japan seinen Bezug zum Festland und beschritt nun einen eigenen Weg in der Kultur.

Der Niedergang der Monarchie

Der Aufstieg des Hofadels, der nicht nur erblich viel Land besaß, sondern zusätzlich öffentliches Land steuerfrei in Besitz nahm, schwächte die Stellung des Tenno. Die Fujiwara-Familie trat immer stärker in den Vordergrund und besetzte nach und nach alle Schlüsselpositionen im politischen und kulturellen Leben des Landes. Nach dem Tod des Tenno Montoku im Jahr 858 ließ sich Joshifusa Fujiwara zum Regenten für den minderjährigen Tenno ernennen und behielt die Regentschaft auch nach dessen Volljährigkeit. Die Fujiwara setzten auch danach unmündige Herrscher auf den Thron, für die sie die Regierungsführung übernahmen. Den Höhepunkt ihrer Macht erreichten sie unter Michinaga (966-1028). Der Adel verlor weitgehend seinen Einfluss und seinen Besitz, während die Fujiwara das Land von ihrer Hauskanzlei aus beherrschten.

Gegen Ende des 11. Jahrhunderts versuchte der Tenno noch einmal gegen die Macht der Fujiwara vorzugehen. Er tat dies, indem er früh abdankte, um eine eigene Hausmachtpolitik auf seinem Besitz zu betreiben. Seine wichtigste Behörde war das Prüfungsamt. Aller Besitz, für den keine Urkunden vorlagen, sollte in die Hände des Ex-Tennos fallen. In den daraus resultierenden Machtkämpfen versuchten beide Parteien Unterstützung vom Landadel zu erhalten, der als einzige Schicht über bewaffnete Truppen verfügte. Dieser Landadel, der ursprünglich den Hofadel auf deren Gütern vertrat, war mit der Zeit unabhängig geworden und unterhielt eine Kaste von Kriegern, den Samurai, die aus den Haustruppen hervorgegangen war. Für ihre Kämpfe benötigten die streitenden Hofparteien die Truppen der Großfamilien der Provinz, besonders die der mächtigen Taira- und Minamoto-Familie, die je nach eigenem Vorteil bald die eine, bald die andere Partei unterstützten.

Gleichzeitig begannen Kämpfe zwischen den beiden Landadelssippen. Nach einer kurzen Vorherrschaft der Taira wurden diese in der Seeschlacht von Dannoura (1185) von den Minamotto vernichtend geschlagen. Das Oberhaupt der siegreichen Familie, Yoritomo Minamoto, ließ sich daraufhin vom Hof das Amt des Shogun erblich verleihen und wurde der eigentliche Machthaber des Landes. Ursprünglich war dieser Titel dem Heerführer des Reiches in Kriegszeiten vorbehalten. Yoritomo baute seine Haushofhaltung zu einem umfassenden Regierungsapparat aus. In Japan gab es nun gleichzeitig drei Regierungen: den Hof, die Höfe der Ex-Tenno und das Shogunat, das am mächtigsten war.

CHINA

Sung fördern Beamtentum

»Erst der Süden, dann der Norden« lautet die politische Linie der Sung-Dynastie, welche die Herrschaft in China antritt.

960: Durch einen Militärputsch kommt der spätere Kaiser Taizu an die Macht und begründet die Sung-Dynastie, die bis 1279 in China herrscht. Doch auch das neue Herrscherhaus muss zulassen, dass andere Staaten auf chinesischem Boden existieren, darunter zwischen 907 und 1125 als bedeutendster der Liao-Staat, dessen Nachfolge der Chin-Staat (bis 1234) antritt.

Das wirtschaftliche Zentrum des von der Sung-Dynastie beherrschten Staates verschiebt sich in die Provinzen südlich des Jangtse. Durch Deichbauten wird die Anbaufläche des Landes vergrößert. In der gesellschaftlichen Ordnung erreichen die mit höherer Bildung ausgestatteten Zivilbeamten als Träger der Staatsmacht eine herausragende Bedeutung. Neben den Großgrundbesitzern, die ihre Stellung wahren können, entsteht eine neue soziale Schicht von Großkaufleuten, die in ihrer Lebensführung den Beamten nahezu gleichgestellt sind. Zugleich bildet sich in den Städten, deren Einwohnerschaft oft mehrere Hunderttausend beträgt, ein Mittelstand aus Kleinkaufleuten und Handwerkern. Sämtliche Berufe sind in Gilden organisiert, die der Gewerbekontrolle unterliegen. Auch kulturell erlebt China unter der Sung-Dynastie eine Blütezeit, die durch den Einfall der Mongolen ein jähes Ende nimmt.

Beamte in ihrer jeweiligen Amtstracht, die den Rang erkennen lässt

KOREA

Korea wieder vereinigt

Die Wang-Dynastie vereinigt das unter vier rivalisierende Dynastien aufgespaltene Korea.

936: General Wang Gon erlangt mit seinem Reich Koryo die Oberhoheit über ganz Korea. Aus Koryo wird in Europa später der Staatsname Korea gebildet. Die Geschichte Koreas wird seit alters von seiner Nähe zum mächtigen China bestimmt. Bereits um 1100 v. Chr. gründeten die Chinesen eine erste Kolonie bei Pjöngjang. 108 v. Chr. wurde das Gebiet von China erobert. Um die Zeitenwende bildeten sich in Korea drei einheimische Königreiche heraus, die sich untereinander befehdeten. Später spaltete sich eine vierte Dynastie ab.

AACHEN

Otto I. stärkt das

Die Herrschaft von Otto I., dem Großen, steht im Zeichen der Festigung der Zentralgewalt im Deutschen Reich und des Aufstiegs des deutschen Königtums zur stärksten Macht in Europa.

7. 8. 936: Einen Monat nach dem Tod seines Vaters, König Heinrich I., wird Otto I. in der Pfalzkapelle von Aachen zum König gekrönt. Er stellt sich mit der Wahl dieses Ortes in die direkte Nachfolge des großen Frankenkaisers Karl.

Auch im weiteren Verlauf seiner Regierungszeit erfüllt Otto das karolingische Erbe, dem er sich verpflichtet sieht, obwohl er weder Karolinger noch Franke, sondern Sachse ist: Er lässt sich am 2. Februar 962 in Rom von Papst Johannes XII. zum Kaiser des Römisch-Deutschen Reiches krönen. Die Anerkennung durch Konstantinopel wird durch die Vermählung seines Sohnes und Thronfolgers Otto, des späteren Königs Otto II., mit der byzantinischen Prinzessin Theophanu 972 bestätigt. Elf Jahre vor der Kaiserkrönung ist Otto das erste Mal über die Alpen nach Italien gezogen und hat die langobardische, also die norditalische Königswürde übernommen. Wie bei Karl dem Großen steht auch Ottos Ausgreifen nach Italien im Zusammenhang mit akuten Machtkämpfen in einem Gebiet, das durch geringe Geschlossenheit gekennzeichnet ist.

Ein weiterer Schwerpunkt seiner außenpolitischen Aktivitäten liegt im Osten. Im Raum der unteren Elbe und in den Grenzgebieten beiderseits von Elbe und Saale richtet er Markgrafschaften ein. Die Markgrafen, darunter der 937 eingesetzte Herrmann Billung, haben die Aufgabe, die Grenzen gegen Überfälle der Slawen zu schützen, sie dienen aber auch als Operationsbasen für neue Eroberungen des Königs. So gelingt es Otto I., die Grenzlinie des Reichs bis zur Oder vorzuschieben. Die Slawen dürfen ihren Grundbesitz – allerdings gegen Tributzahlung

AUSBLICK

Kaiserkrone bleibt für deutsche Könige reserviert

Mit der Kaiserkrönung von Otto I., dem Großen, durch Papst Johannes II. 962 wird eine jahrhundertelange Verbindung zwischen dem deutschen Königs- und dem Kaisertitel begründet. Das (West-)Römische Reich wird in Anknüpfung an das Karolingerreich wiederhergestellt, getragen vom deutschen Königreich.

Abgesehen von Gegenkönigen, die sich nicht durchsetzen können, werden bis zum Jahr 1133 alle regierenden deutschen Könige in Rom vom Papst zum Kaiser gekrönt und bis in die zweite Hälfte des 13. Jahrhunderts überwiegt unter den deutschen Königen die Zahl derer, die auch den Kaisertitel tragen.

Wiederholte Versuche der Franzosen, den eigenen Herrscher zum Kaiser krönen zu lassen, bleiben erfolglos: Der Titel bleibt fest mit dem deutschen Herrscheramt verbunden. Erst im 19. Jahrhundert krönt sich Napoleon I. im Beisein des Papstes, aber ohne dessen Beteiligung, zum Kaiser der Franzosen.

Kaiser und Papst sind nach mittelalterlichem Verständnis Universalgewalten, Personifikationen einer von Gott gewollten Weltgeschichte. Ein Infragestellen dieses Rahmens durch eine der beiden Instanzen hätte stets auch eine Gefahr für die eigene Institution bedeutet.

Das wiederhergestellte Reich, das als Imperium Romanum, Sacrum Imperium Romanum und später als Heiliges Römisches Reich Deutscher Nation bezeichnet wird, hat formal bis 1803 Bestand. Es umfasst neben den Königreichen Deutschland und Italien ab der Mitte des 11. Jahrhunderts auch Burgund, wird erweitert um das Königreich Böhmen und die Ostkolonisation.

Durch die Herausbildung des Reichsfürstenstandes kommt es nach 1180 zu einer territorialen Zersplitterung und einem Machtvakuum im Reich; es wird teilweise durch ausländische Kaiser gefüllt.

Reich

– behalten; nur das herrenlose Land wird Königsgut und von Deutschen besiedelt. Die Einverleibung des Gebiets zwischen Elbe und Oder stützt sich auf eine intensive Missionstätigkeit; geistlicher Stützpunkt ist das 968 von Otto begründete Erzbistum Magdeburg. Die Festigung der Zentralgewalt unter Otto beruht zwar vor allem auf außenpolitischen Erfolgen, u.a. gegen die Ungarn, aber auch darauf, dass er Bischöfe und Äbte durch Verleihung hoher Reichsämter zur Herrschaft heranzieht. Bei ihnen muss der König nicht befürchten, dass ein nach Selbstständigkeit strebendes Machtzentrum entsteht.

Die enge Verbindung zwischen Königtum und den Reichsbischöfen wird zu einer Besonderheit der deutschen Entwicklung (ottonische Reichskirche).

Otto I., Goldfigur auf dem Karlsschrein im Aachener Münster

AUGSBURG

Schlacht auf dem Lechfeld (Buchmalerei von Hektor Muelich, 1457)

Sieg auf dem Lechfeld

Das Reitervolk der Ungarn (Magyaren), das wiederholt Beutezüge nach Westeuropa und Byzanz unternommen hat, wird nach der Niederlage gegen ein vom deutschen König geführtes Heer an Donau und Theiß sesshaft.

10. 8. 955: In der Schlacht auf dem Lechfeld schlägt ein aus mehreren deutschen Stämmen aufgebotenes, zahlenmäßig unterlegenes Heer unter König Otto I., dem Großen, die Ungarn zurück, die das von Bischof Ulrich verteidigte Augsburg belagern. 954 sind die Ungarn bis an den Rhein und nach Italien vorgedrungen.

Nach dem überwältigenden Sieg am Tag des von den Ottonen besonders verehrten heiligen Laurentius wird der König von seinem Heer begeistert gefeiert und nach einer Notiz des Geschichtsschreibers Widukind von Corvey zum Kaiser ausgerufen – legitimer Kaiser wird er jedoch erst mit der Krönung durch den Papst 962. Otto ist mit der heiligen Lanze, in die ein Stück Holz vom Kreuz Christi eingelassen sein soll, in die Schlacht gegangen.

Die von den Petschenen aus ihrem alten Wohngebiet an Don und Dnjepr vertriebenen Ungarn besetzten ab 896 das Pannonische Becken und unternahmen von dort aus Raubzüge. Betroffen waren neben Byzanz, mit dem die Ungarn sich zuvor gegen Bulgarien verbündet hatten, Burgund, Frankreich, Norditalien, vor allem aber das Ostfränkisch-Deutsche Reich. Der erste militärische Erfolg gegen das Reitervolk gelang 933 in Riade an der Unstrut König Heinrich I. Er hatte einen ersten, gegen die Auslieferung eines gefangenen Führers des Gegners und hohe Tributzahlungen erkauften Waffenstillstand 926 genutzt, um das Heer zur reorganisieren und Befestigungen auszubauen.

Für die europäische Geschichte bedeutet die Schlacht auf dem Lechfeld einen Wendepunkt: Die Ungarn stellen danach ihre Raubzüge ein und lassen sich im Gebiet an der Theiß und der mittleren Donau nieder. Sie, die sich gegen Missionsversuche aus Byzanz gewehrt hatten, lassen nun römisch-christliche, vor allem bayerische Missionare ins Land.

ÄGYPTEN

Fatimiden in Kairo

Nach der Eroberung Ägyptens durch die Fatimiden wird Kairo das geistliche Zentrum des Ismailismus.

Juni 972: Im neu gegründeten Kairo wird die Al-Azhar-Moschee eingeweiht, deren Aufgabe es ist, die Staatsdoktrin der Fatimiden zu verbreiten. Diese sind das einzige erfolgreiche schiitische Herrschergeschlecht im islamischen Mittelalter. Die Fatimiden gehen davon aus, dass der letzte Imam (Nachfolger des Propheten), Ismail, nicht tot sei, sondern einst als Erneuerer des Glaubens zurückkehren werde.

Der fünfte Fatimiden-Kalif Al Asis Billah (975-996) steigt zum mächtigsten islamischen Herrscher überhaupt auf. Kairo wird zu einer Stätte der Gelehrsamkeit und Prachtentfaltung.

Der herrliche Innenhof der Al-Azhar-Moschee in Kairo

BULGARIEN

Byzanz schaltet Bulgaren aus

Das 1. Bulgarenreich wird dem Byzantinischen Reich eingegliedert. Byzanz erlebt den Höhepunkt seiner äußeren Macht.

11. 1. 976: Basileios II. tritt seine Amtszeit als byzantinischer Kaiser an. Seinen Beinamen »Bulgaroktonos« (Bulgarentöter) erhält er, weil er das Bulgarenreich mit einem grausamen Krieg überzieht und dem byzantinischen Reich einverleibt. Nach dem Tod von Simeon I. hatte das 1. Bulgarenreich rasch an Bedeutung verloren. Die Eroberung durch Byzanz begann bereits im Jahr 971 unter Basileos' Vorgänger, Johannes I. Tzimiskes, der den bulgarischen Zaren Boris II. zwang, öffentlich die kaiserlichen Insignien abzulegen; zuvor hatte er die zu Hilfe gerufenen Russen vertrieben.

Byzanz sichert mit der Expansion seine Grenze im Westen; zuvor hatte es von dort aus wiederholt Überfälle gegeben.

Kaiser Basileios II. mit fußfälligen Höflingen und besiegten Bulgaren, Buchmalerei, zwischen 1017 und 1025

POLEN

Polen werden katholische Christen

Die Taufe von Herzog Mieszko I. von Polen markiert die Anfänge polnischer Staatlichkeit.

966: Nach seiner Heirat mit der böhmischen Prinzessin Dubravka lässt sich Herzog Mieszko I. von Polen nach westlich-römischem Ritus taufen. Als erster polnischer Herrscher wird er von dem sächsischen Geschichtsschreiber Widukind von Corvey im Jahr 963 schriftlich erwähnt. Widukind bezeichnet Mieszko als Freund von Kaiser Otto I., dem Großen, und hebt hervor, dass er für das Gebiet zwischen Oder und Warthe vom römisch-deutschen König lehnsabhängig sei. Die Einigung der slawischen Stämme muss jedoch schon deutlich vorher erfolgt sein.

Die enge Bindung der Polen an das Römisch-Deutsche Reich bleibt zunächst bestehen. Unterstützt von den Ottonen, erobern sie Schlesien (990) und die Lausitz (1002) und erringen eine Vormachtstellung unter den christlichen Slawen. Das 968 gegründete Bistum in Posen ist zunächst vom deutschen Erzbistum Magdeburg abhängig. Als Kaiser Otto III. jedoch im Jahr 1000 nach Gnesen pilgert, um am Grab des Erzbischofs Adalbert von Prag zu beten, trifft er eine folgenschwere Entscheidung: Gnesen wird Erzbistum mit den Suffraganbistümern Krakau, Kolberg und Breslau. Damit erhalten die Polen – im Unterschied zu den zwischen Elbe und Oder siedelnden Slawen – eine eigene Kirchenorganisation.

Ein Vierteljahrhundert später lässt sich der polnische Herzog Boleslaw I. Chrobry (992-1025) mit Billigung des Papstes zum König krönen. Vorausgegangen sind allerdings kriegerische Auseinandersetzungen mit dem Römisch-Deutschen Reich, das sich gegen die Einrichtung eines Doppelstaates Polen-Böhmen/Mähren zur Wehr setzte.

GRIECHENLAND

Klöster gegründet

Die auf dem Berg Athos gegründeten Klöster sind Zentren des byzantinisch-orthodoxen Christentums.

963: Auf dem Berg Athos, gelegen auf der griechischen Halbinsel Chalkidike, gründet Athanasios von Trapezunt mit Hilfe des byzantinischen Kaisers Nikephoros Phokas das Kloster Megisti Lavra. Noch im gleichen Jahrhundert bilden sich dort weitere Klöster. Die Mönche sind Koinobiten, »in Gemeinschaft Lebende«. Während im westlichen Mönchtum Armut, Keuschheit und Gehorsam als die Grundtugenden gelten, stehen bei den östlichen Klöstern Wachen, Fasten und Beten an oberster Stelle. Jeweils acht von 24 Stunden verbringen die Mönche in den Athosklöstern im Gebet. Der Genuss von Fleisch ist ihnen untersagt.

Das Athoskloster Iwrion aus dem 10. Jahrhundert

KIEW

Orthodoxe Mission in Russland

Russland öffnet sich mit der Taufe von Großfürst Wladimir der Missionierung durch Byzanz.

988: Großfürst Wladimir der Heilige von Kiew lässt sich nach orthodoxem Ritus taufen und zerstört in seinem Herrschaftsgebiet die heidnischen Götterbilder und Kultstätten; begünstigt wird die Entscheidung durch seine Vermählung mit der byzantinischen Prinzessin Anna. Da die Mehrheit der Bevölkerung in seinem an der Wende zum 10. Jahrhundert entstandenen Kiewer Reich sich seinem Schritt anschließt, markiert dies den Beginn der Christianisierung Russlands.

Das Kiewer Reich bildete sich durch die Vereinigung der beiden Herrschaften, die Waräger (schwedische Normannen) um Nowgorod und im Gebiet des Dnjepr ausübten, durch die Unterwerfung ostslawischer Stämme in der Nachbarschaft und das Abschütteln der Vorherrschaft des Turkvolkes der Chasaren im Wolgagebiet.

Die Grundlage für die christliche Missionierung des Gebiets legte die Witwe von Fürst Igor, Olga, die sich in der Mitte des 10. Jahrhunderts, eventuell in Konstantinopel, taufen ließ. Sie rief byzantinische Missionare ins Land, nahm aber, um eine einseitige Abhängigkeit zu vermeiden, zugleich Kontakt zur Kirche im Römisch-Deutschen Reich auf. Missionsversuche von ottonischer Seite blieben jedoch erfolglos. Unter Fürst Swjatoslaw (962-72) wandten sich die Russen gegen Konstantinopel und mussten nach einer Niederlage Bulgarien wieder räumen. Die Hinwendung der Russen zum Christentum orthodoxer Prägung geht mit einer kulturellen Blüte einher. Das Kiewer Reich übernimmt nicht nur die altslawische Liturgie, sondern auch das slawische Alphabet und das byzantinische Recht. Nach byzantinischem Vorbild wird die Technik des Steinbaus eingeführt, die Wände der Kirchen werden mit Mosaiken und Fresken im byzantinischen Stil mit starr frontal ausgerichteten Figuren geschmückt. Auch mit der Ikonenverehrung stellt sich Russland in die Tradition der Ostkirche.

Die heilige Jungfrau; Ikone byzantinischer Schule

Großfürst Wladimir der Heilige (Zeichnung aus dem 19. Jh.)

GRÖNLAND

Wikinger segeln nach Grönland und Amerika

Abenteuerlust führt die Wikinger mit ihren flachen Segelbooten nach Grönland und Nordamerika.

982: Nachdem bereits um 900 der Wikinger Gunnbjörn – durch einen Sturm abgetrieben – die Südküste Grönlands gesichtet hatte, unternimmt Erik Thorwaldsson, der wegen seines roten Haares Erik der Rote genannt wird, von Island aus eine Entdeckungsfahrt nach Westen.

Nach Umsegelung der Südküste Grönlands geht Erik der Rote mit seinen Leuten an Land und gründet dort eine Kolonie. Die Insel nennt er, um die Kolonisation attraktiv erscheinen zu lassen, »Grünes Land«. Durch den Zuzug weiterer Siedler aus Island entsteht weiter nördlich eine zweite Wikingersiedlung.

Der Wikinger Leif Eriksson, ein Sohn des Grönland-Entdeckers Erik der Rote, landet um 1000 auf dem nordamerikanischen Festland. Die 1800 Seemeilen legt er großenteils ohne Landsicht zurück. Er ist einem Hinweis des Grönländers Björn Herjolfsson gefolgt und mit dem Segelboot weiter nach Westen aufgebrochen. An drei Stellen des neu entdeckten Kontinents geht Leif Eriksson an Land: in Helluland (»Flachsteinland«, vermutlich der Süden von Baffinland), in Markland (»Waldland«, vermutlich Labrador) und in Vinland (»Weinland«, zwischen Neufundland und Cape Cod). Eriksson und seine Männer überwintern in Vinland und treten im folgenden Frühjahr die Heimreise an. Wenig später unternimmt sein Bruder Thorwald Eriksson wieder eine Fahrt nach Vinland, die er jedoch nicht überlebt.

Für ihre Entdeckungsfahrten benutzen die Wikinger dieselben Boote wie für ihre Kriegszüge: Schiffe mit einer Länge von etwa 23 m, 5,30 m Breite und 2 m Seitenhöhe. Durch einen massiven Kiel sind die Gefährte in der Lage, auch weite Entfernung auf hoher See zurückzulegen. Ein Rahsegel dient ihnen dabei als Antriebsmittel. Der Tiefgang von nur etwa 90 cm erlaubt es den Wikingern, nahezu überall an Land zu gehen.

Die Wikinger beherrschen nicht nur hervorragend die Segeltechnik, sie navigieren auch nach den Gestirnen, unter Nutzung von Polarstern, Mond und Sonne. Zur Ortsbestimmung benutzen sie eine Art Astrolabium und eine Sonnenuhr, zur Errechnung der zurückgelegten Strecke und der Geschwindigkeit berücksichtigen sie Windstärke und -richtung. Bei ihren Reisen ist möglichst ein Navigator an Bord, der die Route vorher schon einmal befahren hat und sich in den Strömungen, den vorherrschenden Winden und den besten Landungsmöglichkeiten auskennt.

An Bord herrschen trotz der für die damalige Zeit ausgereiften Technik harte Bedingungen, denn die niedrigen Rümpfe werden bei bewegter See überspült, und die Schiffe ziehen Wasser.

Rekonstruierte Erdhäuser aus der Zeit, als Wikinger auf Neufundland gelandet sind

WESTFRÄNKISCHES REICH

Kapetinger lösen die Karolinger ab

Nach dem Tod des letzten Karolingerkönigs Ludwig V. begründet Hugo Capet eine neue Dynastie im Westfrankenreich. Die Stellung des Königs gegenüber den Lehnsfürstentümern bleibt jedoch schwach.

3. 7. 987: Hugo Capet, Sohn und Erbe von Herzog Hugo, dem Großen, von Franzien (einem zwischen Seine und Loire gelegenen Gebiet), wird im Westfränkischen Reich zum König erhoben. Er begründet eine Dynastie, die bis 1328, in Nebenlinien (Haus Valois, Haus Bourbon und Haus Orléans) sogar bis 1848 – mit Ausnahme der Republik und der napoleonischen Zeit 1792 bis 1814 – an der Herrschaft bleibt; von Hugo Capet stammen alle französischen Könige in männlicher Linie ab. Im Rückblick wird seine Wahl als Geburt Frankreichs interpretiert. Hugo Capet lässt sich nach dem Tod König Ludwigs V., des letzten Karolingers auf dem westfränkischen Thron, zum König wählen. Schon zuvor war das seit 843 selbstständige Westfrankenreich wiederholt von Nicht-Karolingern regiert worden. Dies sowie die führende Rolle der Reichsaristokratie bei der Abwehr der Normannen führten zur Herausbildung starker Lehnsfürstentümer wie Aquitanien, die Normandie, Burgund, Blois-Tours, Anjou, Flandern und Toulouse. Die Stellung Capets und seiner Nachfolger gegenüber den Lehnsfürsten bleibt schwach, obwohl er durch die Wahl seines Sohnes Robert II. die Erblichkeit des Königtums sichern kann.

Hugo Capet lässt sich den Stadtschlüssel von Laon aushändigen, um den letzten Karolinger zu begraben (Buchmalerei, 15. Jh.).

STICHWORT

Die Stephanskrone

Die Stephanskrone, die König Stephan I. vermutlich vom Papst erhält, ist für Ungarn von hoher Bedeutung. Als »Länder der Stephanskrone« werden später, unter habsburgischer Herrschaft, Ungarn, Oberungarn (Slowakei), Kroatien und Siebenbürgen bezeichnet. Die Krone steht als Träger königlicher Gewalt für erste

Ansätze einer von der Person des Herrschers losgelösten Staatsvorstellung. Die Krone wird 1270 nach Böhmen entführt. König Stephan V. ersetzt sie 1271/72 durch eine neue Krone (s. Abb.). Diese gelangt nach dem Zweiten Weltkrieg in die USA und kommt 1978 an Ungarn zurück.

UNGARN

Fürst Stephan wird König

Die Erhebung von Fürst Stephan (I., dem Heiligen) zum König gilt als Geburtsstunde des Staates Ungarn.

25. 12. 1000: Im Einverständnis mit dem römisch-deutschen Kaiser Otto III. erhält der ungarische Fürst Stephan von Papst Silvester II. die Königswürde und wird in Gran (Esztergom) gekrönt.

Während sich die Ungarn in der Zeit, als sie noch nicht im Donau-Theiß-Raum sesshaft geworden waren, von Christianisierungsversuchen aus Byzanz wenig beeindruckt gezeigt hatten, haben sie sich unter Stephans Vater, Fürst Géza, gegenüber der westlichen Mission geöffnet. Géza nahm Verbindung zum ottonischen Reich auf und ließ seinen Sohn Waik 973 taufen; er erhielt dabei den christlichen Namen Stephan. Durch die Vermählung mit einer Schwester von Herzog Heinrich von Bayern, dem späteren König Heinrich II., ist er mit dem ottonischen Kaiserhaus verschwägert.

Nach Gézas Tod 997 konnte sich Stephan gegenüber Rivalen aus der eigenen Familie und aus anderen Stämmen die Thronfolge sichern und mit Unterstützung aus Bayern die Christianisierung weiter vorantreiben. Im Jahr 1000 lässt Otto III. das Erzbistum Gran gründen. Seine Absicht ist es, Ungarn ebenso wie Polen mit dem Römisch-Deutschen Reich zu verbinden. Stephan allerdings sorgt durch die Gründung eines weiteren Erzbistums, von acht Bistümern und vielen Klöstern für eine eigenständige kirchliche Organisation und ermöglicht in Ungarn so eine relativ selbstständige Entwicklung. 1087 wird er heiliggesprochen.

Stephan I. wird zum König gekrönt (Historiengemälde, 18. Jh.).

BUCHARA

Islamische Wissenschaft

Islamische Philosophen und Gelehrte, darunter Avicenna, sorgen für die Überlieferung antiker Schriften und leisten Beachtliches in verschiedenen Bereichen der Wissenschaft.

998: Der persische Arzt und Philosoph Avicenna (Ibn Sina) erhält Gastrecht am Hof in Buchara. Mit ihm und seinem Lehrer Al Farabi erreicht die islamische Philosophie eine Blütezeit. Die Verbindung von Aristotelismus und Neuplatonismus in Werken wie »Heilung der Seele«, »Rettung« und »Beweise und Behauptungen« wirkt in der neuplatonischen Metaphysik des europäischen Mittelalters fort. Bei seinem Tod 1037 hinterlässt Avicenna 156 Schriften, darunter das medizinische Handbuch »Kanon der Medizin«, das über Jahrhunderte – bis zum Beginn der modernen Medizin – unbestrittene Autorität genießt und auch an europäischen Universitäten gelehrt wird. Es enthält Beschreibungen der Symptome verschiedener Krankheiten, darunter Gelbsucht, Diabetes und Meningitis.

Neben eigenen Leistungen in Wissenschaft und Philosophie sorgen Araber und andere islamisierte Völker dafür, dass die Texte der griechischen Antike, z.T. als arabische Übersetzungen, der Nachwelt erhalten bleiben. Die Schriften des Aristoteles, an den die mittelalterliche Scholastik anknüpft, gelangen z.B. über das islamisierte Spanien ins Abendland.

DÄNEMARK/ENGLAND

Dänen Könige in England

Unter den Königen Sven Gabelbart und Knut II., der Große, entsteht ein skandinavisches Großreich, zu dem neben Dänemark auch England sowie zeitweise Norwegen gehört.

986: Sven Gabelbart vertreibt seinen Vater, König Harald Blauzahn, besteigt selbst den dänischen Thron und führt Dänemark zur beherrschenden Macht in Nordeuropa. Er landet 1013 mit einem Heer in Sandwich, besiegt die Angelsachsen und wird noch im gleichen Jahr englischer König. Nach seinem Tod 1014 setzte sich sein Sohn Knut gegen den Widerstand der Angelsachsen durch und erreicht 1017 seine Anerkennung als König von ganz England. Im Jahr darauf wird er als Knut II. König von Dänemark und bemüht sich um eine Aussöhnung zwischen Skandinaviern und Angelsachsen.

Runenstein im dänischen Jelling, 983 von Harald Blauzahn errichtet

MEXIKO

Tolteken überformen Maya-Zivilisation

Eine Gruppe der in Zentralmexiko siedelnden Tolteken wandert nach internen Auseinandersetzungen auf die Halbinsel Yucatán aus. Die Kultur der dort lebenden Maya wird toltekisch umgeformt.

Um 1000: Eine Gruppe Tolteken lässt sich in dem alten Maya-Heiligtum Chichén Itzá nieder und beherrscht von dort aus die Halbinsel Yucatán. Die dort lebenden Maya, deren Lebensgrundlage der Maisanbau ist, haben eine hoch stehende Kultur entwickelt. Im Zentrum ihrer Städte stehen Stufenpyramiden, in deren Innerem häufig Fürsten bestattet sind, oder auf Plattformen aus Steinen erbaute Tempel und Paläste. Kunsthandwerker fertigen u.a. Keramiken, Knochen- und Jadeschnitzereien.

Der Kult der Maya besteht zunächst vor allem aus der Ahnenverehrung der Herrschergeschlechter, bis sich ab 950 unter mexikanisch-toltekischem Einfluss Götterglaube verbreitet.

Die Maya sind das einzige indianische Volk, das eine über das Stadium bloßer Bildzeichen hinausgehende Schrift entwickelt hat. Inschriften finden sich u.a. eingeritzt auf Steinsäulen und -altären vor den Pyramiden, aber auch gemalt auf Vasen oder Wänden. Außerdem verfügen die Maya über eine ausgebildete, auf der Zahl 20 und ihren Vielfachen aufbauende Mathematik und über einen äußerst genauen Kalender.

Die um 300 begonnene klassische Zeit der Mayakultur geht mit dem Vordringen der Tolteken zu Ende. Das Toltekische Reich in Zentralmexiko, das sich Anfang des 10. Jahrhunderts herausbildete, hat bis 1160 Bestand.

Quetzalcóatl, die gefiederte Schlange, wird von den Tolteken als Gott verehrt.

PERU

Chimú-Kultur entsteht

Im Hochland der Anden geht die Vorherrschaft der durch gleiche Religion verbundenen Huari- und Tiahuanaco-Kultur ihrem Ende entgegen. In der Nachfolge entstehen eine Vielzahl neuer Staaten.

Um 1000: Im Nordwesten Perus bildet sich das Großreich der Chimú mit der Hauptstadt Chan-Chán heraus, das sich bei der Eroberung durch die Inkas im Jahr 1470 von Tumbez im Norden bis fast nach Lima entlang der peruanischen Küste erstreckt.

Die Bevölkerung wird planmäßig in von Mauern umschlossenen, meist rechteckigen Bezirken angesiedelt. Die terrassenförmig angelegten Wohnbauten aus Lehm sind an den Wänden mit Reliefs verziert. Auch die Massenproduktion von Gebrauchsgütern, eine hoch entwickelte Goldschmiedekunst und schwarzgrundige Keramik sind Kennzeichen der Chimú-Kultur. Besonders auffällig sind sog. Pfeifgefäße: Beim Ausgießen des Inhalts entweicht die Luft mit einem pfeifenden Geräusch.

Nach der Eroberung übernehmen die Inka viele Elemente der Chimú-Kultur, vermutlich auch die Anlage der Straßen und Städte.

Goldfigur im Stil der Chimú

PERSIEN

Königsbuch vollendet

Mit seinem »Buch der Könige« (Schahnameh) schreibt der Dichter Firdausi einen Klassiker der Weltliteratur.

Um 1014: Das »Königsbuch«, an dem der persische Epiker Firdausi 35 Jahre lang gearbeitet hat, ist abgeschlossen. Es umfasst 50 000, in einigen Handschriften sogar 60 000 Doppelverse und schildert die iranische Geschichte von der Erschaffung der Welt bis zum Ende der Sassanidenherrschaft (um 651). In die historischen Erzählungen sind mythische Sagen und Heldenepen eingearbeitet. Durch das Buch zieht sich der Kampf zwischen Gut und Böse, Iran und Turan, Sesshaften und Nomaden.

Der Dichter baut mit dem Werk auf mündliche und schriftliche Überlieferungen auf. Dazu gehört das »Herrscherbuch«, das zoroastrische Priester Mitte des 7. Jahrhunderts verfassten, das aber im Original wie in der Prosaübersetzung ins Arabische verloren ging.

Nicht nur wegen des Stoffes, auch wegen der klaren, von arabischen Lehnwörtern noch nicht durchsetzten Sprache wird das »Königsbuch« zum iranischen Nationalepos. Einzelne Episoden werden über Jahrhunderte von fahrenden Sängern oder Dichtern vorgetragen. Obwohl es zur höfischen Literatur gehört, enthält es doch viele folkloristische und volkstümliche Elemente – und eine erste Beschreibung des Schachspiels.

Miniatur aus dem »Buch der Könige« (arabisch), Ermordung des Chusrau Parwiz

HINTERGRUND

Die Salier: eine bedeutende Dynastie

Die Dynastie der Salier, die mit der Wahl Konrads II. die Herrschaft im Reich antritt, stellt bis zum Jahr 1125 den deutschen König.

Im Jahr 1028 lässt Konrad II. seinen Sohn Heinrich zum König wählen, der nach dem Tod Konrads 1039 als Heinrich III. die Herrschaft antritt (bis 1056); weitere Salierkönige sind Heinrich IV. und Heinrich V. Alle Könige aus dem Geschlecht der Salier lassen sich vom Papst zum Kaiser krönen. Den Namen erhält die Dynastie erst im späteren Mittelalter; er soll an die Salfranken aus der Völkerwanderungszeit erinnern.

Heinrich III., König 1039-1056

Aus dem vorangegangenen Geschlecht der Ottonen (Liudolfinger) stammen die Könige Heinrich I. (919-936), Otto I., der Große (936-973), Otto II., der Rote (973-983)), Otto III. (983-1002) und Heinrich II., der Heilige (1002-1024). Abgesehen von Heinrich I. sind alle von ihnen auch Kaiser.

Das von Kaiser Otto I. begründete Reichskirchensystem mit einer engen Bindung zwischen dem Königshof und der Reichskirche, deren Amtsträger vielfach mit weltlichen Aufgaben betraut werden, wird unter den Saliern fortgesetzt. Während Konrad II. noch in den Bahnen traditioneller Frömmigkeit bleibt, macht sich Heinrich III. die Bestrebungen um eine Kirchenreform zu eigen, kämpft gegen die weit verbreitete Praxis der Priesterehe und gegen den geistlichen Ämterkauf.

Heinrich IV., König 1056-1106

Er greift sogar in das Geschehen in Rom ein, indem er die Synoden von Sutri und Rom 1046 dazu veranlasst, drei miteinander rivalisierende Päpste abzusetzen. Heinrich IV. gerät in der Frage der Investitur (Einsetzung) der Bischöfe in eine schwer wiegende Auseinandersetzung mit dem Papsttum.

Heinrich V., König 1106-1125

RÖMISCH-DEUTSCHES REICH

Stärkung des Reichs

Das Königshaus der Salier setzt nach dem Aussterben der Ottonen die Reichspolitik in Italien fort und erreicht eine Konsolidierung.

4. 9. 1024: Graf Konrad aus dem Adelsgeschlecht der Salier, deren Machtzentrum im Gebiet um Worms und Speyer sowie im Nahegau liegt, wird zum neuen König gewählt.

Mit dem Tod von König Heinrich II. am 13. Juli 1024 ist das Herrschergeschlecht der Ottonen in männlicher Linie erloschen.

Die geistlichen und weltlichen Herren entscheiden sich bei der Wahl seines Nachfolgers für den Außenseiter Konrad, da dieser der älteste Verwandte der Ottonen in weiblicher Abstammung ist. Seine Wahl erfolgt zwar in Abwesenheit der Sachsen und gegen den Willen der Lothringer, doch mit einem Umritt durch das Reich erreicht Konrad II. die Anerkennung als rechtmäßiger Herrscher. Mit dem ohne größere Probleme vollzogenen Dynastiewechsel ist der Prozess der Herausbildung des Reichs abgeschlossen.

Konrad II. schließt in seiner Politik an ottonische Traditionen an und festigt die deutsche Herrschaft in Italien: 1026 wird er auf seinem ersten Italienfeldzug zum König der Langobarden gekrönt, im Jahr darauf lässt er sich in Rom vom Papst zum Kaiser krönen, 1033 kommt das Königreich Burgund, zu dem über Konrads Frau Gisela dynastische Verbindungen bestehen, zum Reich. In der Grenzpolitik gegenüber Ungarn und Polen ist der Salierkönig ebenfalls erfolgreich.

Konrad II.; Historiengemälde aus dem 19. Jahrhundert

KONSTANTINOPEL

Spaltung in Ost- und Westkirche vollzogen

Der Gegensatz zwischen abendländisch-lateinischer und morgenländisch-orthodoxer Kirche mündet in ein Schisma, eine Spaltung, die – trotz der Aufhebung der entsprechenden Bannbullen im Jahr 1965 – faktisch bis heute anhält.

16. 7. 1054: Kardinalbischof Humbert von Silva Candida, der Gesandte des – mittlerweile verstorbenen – Papstes Leo IX., legt nach vergeblichen Verhandlungen zwischen Rom und Byzanz vor versammeltem Volk und Klerus die Bannbulle gegen den Patriarchen von Konstantinopel, Michael Kerullarios, auf den Altar der Hagia Sophia. Diese Aktion und der daraufhin verhängte Gegenbann markieren, obwohl sie sich nur gegen den Patriarchen und seine Anhänger auf der einen und den Verfasser der Bannbulle auf der anderen Seite richten, den endgültigen Bruch zwischen lateinischer und griechischer Kirche.

Humbert von Silva Candidas Versuch einer Beilegung der Streitigkeiten mit dem Ziel eines Bündnisses gegen die Normannengefahr ist gescheitert, da der Patriarch einen Autoritätsverlust durch eine politische Allianz mit dem Papst befürchtete. Er ließ bereits 1053 lateinische Kirchen und Klöster in Konstantinopel schließen und entfachte eine Kampagne gegen den angeblich missbräuchlichen lateinischen Ritus.

Die Kirchenspaltung steht am Ende eines langen Prozesses der Entfremdung zwischen Rom und Konstantinopel, der bis ins Jahr 451 zurückgeht; damals wurden die fünf Patriarchen rangmäßig gleichgestellt, wogegen Papst Leo I. scharf protestierte. Zu Konflikten kam es vor allem im 9. Jahrhundert. Die orthodoxe Kirche war nicht bereit, die zu Beginn des 9. Jahrhunderts durch fränkische Bischöfe in der westlichen Kirche eingeführte Formel vom »Filioque«, wonach der Heilige Geist vom Vater »und vom Sohn« ausgegangen sei, nachzuvollziehen. Nun verschärft sich der dogmatische Streit auch in der Frage des Zölibats: Während in der morgenländischen Kirche Geistlichen mit Ausnahme von Bischöfen die Ehe gestattet ist, haben westliche Kirchenreformer gerade der Priesterehe den Kampf angesagt.

Papst Leo IX.

BAGDAD

Seldschuken beherrschen Bagdad

Das Kalifat in Bagdad gerät unter den Einfluss der türkischen Fürstendynastie der Seldschuken.

1055: Die vom abbasidischen Kalifen nach Bagdad eingeladenen Seldschuken besetzen unter ihrem Führer Tughrul Beg die Stadt und werden die neuen Schutzherrscher über das Kalifat.

Die Seldschuken sind eine sunnitische türkische Dynastie, deren Name von Seldschuk, einem turkmenischen, ogusischen Stammeshäuptling, abgeleitet ist. Er nahm mit seinen Gefolgsleuten 970 den islamischen Glauben an. Im 11. Jahrhundert begannen die Seldschuken ihren Eroberungszug nach Süden und nahmen zunächst den Iran ein. In Bagdad vertreiben sie die schiitischen Bujiden, unter deren Schutzherrschaft die Kalifen bisher standen. Auch unter den Seldschuken behalten die Abbasiden formell weiterhin die Oberherrschaft. Die Seldschuken beanspruchen nicht den Kalifentitel, sondern ihre Herrscher nennen sich »Sultan«, was übersetzt »Träger der Macht« bedeutet.

Seldschuken-Moschee im ostanatolischen Dirigi (13. Jh.) mit Hospital (rechts)

ITALIEN

Notenschrift erfunden

Der italienische Benediktinermönch Guido von Arezzo legt erstmals genaue Tonhöhen in einer Notenschrift nieder.

Um 1025: In dem Werk »Micrologus de disciplina artis musicae« legt Guido von Arezzo das erste System vor, das genaue Tonhöhen durch eine Notenschrift festlegt. Er benutzt eine rote Linie für das f und eine gelbe für das c, zeichnet dazwischen eine schwarze für das a und ober- und unterhalb wiederum je eine schwarze Linie. Damit legt er als Unterschied zwischen den Linien den Terzabstand fest.

Eine weitere Erfindung Guidos ist die sog. Solmisation, also die Zuordnung von Silben zu Intervallen.

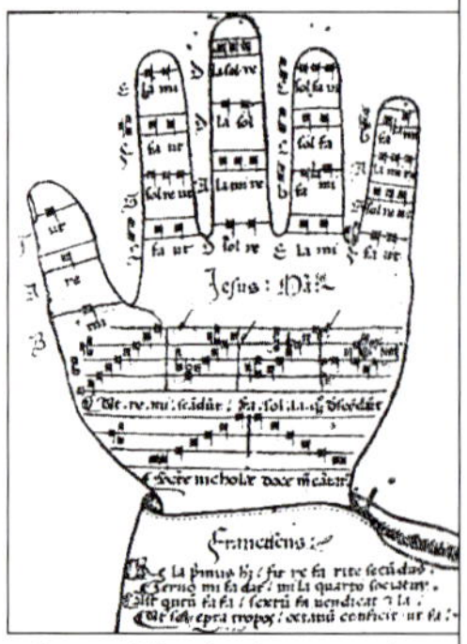

Die Guidonische Hand erleichtert das Lernen von Ganz- und Halbtönen.

AUSBLICK

Entwicklung der orthodoxen Kirche

Das Jahr 1054 markiert das Ende einer Entwicklungsphase der orthodoxen Kirche, die mit der Loslösung orientalischer Nationalkirchen (wie der Nestorianer und der Monophysiten) Mitte des 5. Jahrhunderts begonnen hatte. In der nächsten Periode wird die Orthodoxie vom Vordringen des Islam und durch die Kreuzzüge bedrängt, sie dauert bis zum Untergang des Oströmischen Reiches 1453. Im Anschluss daran wird Moskau zum Erben von Byzanz. Im 19. Jahrhundert entstehen auf dem Balkan orthodoxe Nationalkirchen. Ein wichtiger Einschnitt ist die Wiederherstellung des Patriarchats von Moskau im Jahr 1917. Der Patriarchenstuhl war 217 Jahre verwaist.

SPANIEN

Union aus Kastilien und León

Unter der Herrschaft von Ferdinand I., dem Großen, werden Kastilien und León erstmals vereinigt.

1037: Ferdinand I., seit 1035 König von Kastilien, besiegt seinen Schwager Bermudo III. von Léon und fasst beide Reiche unter seiner Herrschaft zusammen. In den Folgejahren kann er seinen Machtbereich weiter nach Süden ausdehnen.

Er erobert Asturien, Galicien und einen Teil Navarras und drängt die Mauren aus Nordportugal bis nach Coimbra zurück. Sein Reich erstreckt sich von Kastilien im Osten bis zum Ebro und zum Tajo.

Wegen seiner Erfolge im Kampf gegen die Muslime wird Ferdinand als Oberhaupt des christlichen Spanien auch Kaiser genannt. Er trifft auf günstige Voraussetzungen, da der letzte Kalif Hiskam III. 1031 Córdoba verlassen hat.

Seitdem ist nicht nur das Kalifat erloschen, sondern der Ort hat auch seine Stellung als Zentrale verloren. Die maurische Herrschaft zersplittert in eine Vielzahl voneinander unabhängiger Kleinstaaten.

UNTERITALIEN

Normannen erhalten Sizilien

Der Grundstein für die normannische Herrschaft in Unteritalien und Sizilien wird gelegt.

1059: Papst Nikolaus II. belehnt den Normannenführer Robert Guiscard mit Kalabrien, Apulien und Sizilien. Die Insel muss allerdings noch von den Arabern erobert werden.

Die Normannen sind um 1000 nach Süditalien gekommen und haben einheimische Herrscher in ihrem Kampf gegen die Araber unterstützt, später eine offene Eroberungspolitik gegenüber langobardischen und byzantinischen Herrschaften betrieben und den Papst, der den Langobarden zu Hilfe eilen wollte, 1053 vorübergehend gefangen genommen. Nikolaus II. vollzieht nun eine Kehrtwendung in der päpstlichen Normannenpolitik, die Robert Guiscard geschickt ausnutzt. 1061 kann er Messina als erste sizilianische Stadt einnehmen und 1091 ist die normannische Eroberung abgeschlossen.

Anders als im zersplitterten italienischen Festland können die Normannen die zentralistische Verwaltung der Araber mit einer sachkundigen Beamtenschaft übernehmen. 1130 lässt sich Robert Guiscards Enkel Roger II. zum König von Sizilien krönen; 1139 erreicht er die Anerkennung des sizilianischen Königtums durch den Papst. Von Sizilien aus unternimmt er Eroberungszüge nach Nordafrika.

Der Normannendom von Cefalù (12. Jh.) auf Sizilien

BIRMA

Tempel und Pagoden schmücken Pagan

In Birma (heute Myanmar) entsteht das kulturell hoch stehende Reich von Pagan.

1044: Das 847 gegründete Pagan wird Hauptstadt des ersten Birmanischen Reiches unter König Anawratha, der seine Herrschaft weit nach Süden ausdehnen kann. Das bis 1287 existierende Reich gilt als kulturelle Blütezeit in der birmanischen Geschichte. Es entstehen tausende von Tempeln und Pagoden. In dieser Zeit erhalten die mächtigen glockenförmigen Kultbauten der Stupas ihren mehrstufigen Sockel. Die berühmtesten Bauwerke sind u.a. die Shwezigonpagode, der Nanda-, und der Thatbyinnyutempel.

Die unter Anawratha erbaute Shwezigonpagode

ITALIEN

Glanzvolles Venedig

Der Markusdom ist sichtbares Zeichen für den steilen Aufstieg Venedigs zur See- und Handelsmacht. 1094 erfolgt die Weihe des neuen Gotteshauses.

1063: Die grundlegende Erneuerung der 829 gegründeten Markuskirche wird in Angriff genommen. Mit den fünf Kuppeln folgt der Markusdom dem byzantinischen Bauschema der Kreuzkuppelkirche, das jedoch durch abendländisch-romanische Elemente wie die Hallenkrypta erweitert ist. Als repräsentative Staatskirche erhält das Gebäude eine prachtvolle Schauseite und einen reichen Mosaikschmuck.

Zwar erkannte Venedig stets die Oberhoheit von Byzanz an, doch die Lagunenstadt gab sich bereits im 8. Jahrhundert mit dem Dogen ein eigenes Stadtoberhaupt. Mit einer schlagkräftigen Flotte leistete sie Konstantinopel unverzichtbare Dienste. Nachdem die Venezianer 1082 die Normannen bei einem Angriff auf Byzanz zurückgeschlagen haben, erhalten sie von Konstantinopel umfangreiche Handelsprivilegien, die ihnen eine Vormachtstellung im Orienthandel ermöglichen.

Schaufassade des Markusdoms

Wilhelm

Die normannische Eroberung Englands führt mit der Einführung des Lehnsystems zu einer durchgreifenden Veränderung der gesellschaftlichen Strukturen auf der Insel.

14. 10. 1066: Der Normannenherzog Wilhelm der Eroberer besiegt in der Schlacht bei Hastings den angelsächsischen König Harold II. und lässt sich noch am ersten Weihnachtstag in Westminster zum englischen König krönen. Er regiert seitdem die Normandie und England in Personalunion.

Die Vorgeschichte: Nach dem Zusammenbruch des von Knut dem Großen begründeten nordischen Großreichs war England wieder in die Hand der westsächsischen Herrscherdynastie gelangt; im Jahr 1042 bestieg Eduard der Bekenner aus diesem Geschlecht den Thron.

Selbst in der Normandie aufgewachsen, hielt der kinderlose Eduard auch als König enge Verbindungen zu seiner Exilheimat aufrecht und versprach Wilhelm, seit

SPEYER

Wuchtiger Dom geweiht

Ein Meisterwerk der Romanik in Deutschland ist der Dom in Speyer, der als Grablege für acht Könige und Kaiser des Römisch-Deutschen Reichs dient.

1061: Der von Kaiser Konrad II. gegründete Dom in Speyer wird gut 30 Jahre nach Baubeginn geweiht. Mit den Kaiserdomen in Mainz (1081-1137) und Worms (1125-13. Jh.) markiert er den Höhepunkt der deutschen Romanik und mit 134 m Länge ist er der größte Sakralbau der Frühromanik überhaupt.

Entwicklungsgeschichtlich von Bedeutung ist der Dom in seiner ersten, nun vollendeten Gestalt nicht nur wegen der voll ausgebildeten Hallenkrypta, sondern auch wegen der Überwölbung der Seitenschiffe mit einem Kreuzgrat- und des Hochchors mit einem Tonnengewölbe – in dieser Größe eine Neuigkeit in der abendländischen Architektur. Ungewöhnlich sind auch die Steilheit des Raumes im Mittelschiff, die Vielzahl der Türme und die plastische Durchgliederung der Innenwände durch Halbsäulenvorlagen in Verbindung mit Pilastern und Blendbögen, die im Mittelschiff fast bis zur Decke reichen.

Aufgrund statischer Probleme wird bereits ab 1082 ein Umbau in Angriff genommen, der um 1106 abgeschlossen ist und dem Gotteshaus fast eine neue Gestalt gibt. Apsis und Chor bis zum Ansatz der flankierenden Türme werden neu erbaut und auch die Hochschiffe erhalten nun Kreuzgratgewölbe – der Dom ist damit der erste vollständig überwölbte Bau in Mitteleuropa.

Bei den Kreuzgratgewölben, die mit den Rundbogen für den romanischen Stil charakteristisch sind, werden Längs- und Quertonnen zusammengeführt. Die Last der Decke liegt nicht auf der ganzen Wand, sondern auf den Eckpunkten des Kreuzes. Da die Wände nun entlastet sind, können niedrigere Seitenschiffe angesetzt und Obergadenfenster eingebaut werden.

Beim Umbau erhalten nun auch die äußeren Wände des Doms eine plastische Durchgliederung und als neuartiges Element wird eine Zwerggalerie geschaffen, die den ganzen mächtigen Bau umzieht. Für plastischen Schmuck innen und außen sorgen ferner korinthische Säulenkapitelle, das vielgliedrige Gesims und Akanthus- sowie Rankenfriese.

Der Dom St. Maria und St. Stephan in Speyer (Ostansicht)

ENGLAND

der Eroberer nimmt England ein

1035 Herzog der Normandie, schon früh, dass dieser sein Nachfolger werden solle.

Doch nach Eduards Tod am 5. Juni 1066 wurde der mit ihm verschwägerte Earl Harold auf den Thron erhoben, was nicht nur Wilhelm, sondern auch den norwegischen König Harald Hardrade auf den Plan rief: Dieser erhob als Erbe Knuts Anspruch auf den englischen Thron. Harald Hardrades Invasionsheer wurde jedoch am 25. September 1066 bei Stamford Bridge von englischen Truppen vernichtend geschlagen.

Unterdessen hatte Wilhelm an den europäischen Höfen einen Propagandafeldzug gegen Harold gestartet. Ihm gelang es, die Unterstützung des Papstes für seine Angriffsaktion zu bekommen.

Am 28. September, drei Tage nach der Schlacht bei Stamford Bridge, landet Wilhelm mit seinen Gefolgsleuten auf der Insel. Harolds Heer zieht ihm entgegen, muss sich jedoch, erschöpft durch die erst kurz zurückliegende Schlacht und den langen Fußmarsch, trotz zahlenmäßiger Überlegenheit den Eroberern bei Hastings geschlagen geben; Harold selbst stirbt während der Kampfhandlungen.

Die Schlacht von Hastings, dargestellt auf dem Bayeuxteppich, um 1077

Obwohl Wilhelm bei seiner Krönung verspricht, die Traditionen und die von seinen Vorgängern erlassenen Gesetze zu wahren, führt er tatsächlich mit dem auf dem Kontinent verbreiteten Lehnswesen ein bis dahin in England unbekanntes Herrschafts- und Organisationsprinzip ein und reformiert zudem durch die Einführung des Ritterdienstes die Wehrverfassung.

Das angelsächsische Verwaltungs- und Abgabensystem wird hingegen unter Wilhelm fortgeführt. Diese Verbindung von normannischem Feudalsystem und dem nach volksrechtlichen Vorstellungen konstituierten englischen Königtum schafft eine neue Grundlage für eine dauerhaft gefestigte Monarchie.

Zudem besetzt Wilhelm alle hohen Kirchen- und Staatsämter sowie die meisten Vasallenposten mit eigenen Gefolgsleuten.

Wilhelm stirbt am 9. September 1087 während eines Feldzugs in Frankreich.

STICHWORT

Romanik

Die Kirchen im romanischen Baustil, der sich mit der Jahrtausendwende in Europa durchzusetzen beginnt, erscheinen wie wuchtige Gottesburgen. Die Türme erheben sich über der Vierung (der Raum, wo sich Querschiff und Langbau kreuzen), an den Westfassaden und neben den Chören. Neu an der Romanik ist die rhythmische Durchgliederung des Baus: Ein Raumelement wird als Maßeinheit für alle anderen Elemente genommen. Frühestes Beispiel für dieses gebundene System ist die ottonische Kirche St. Michael in Hildesheim (1010-1033). Während es für die Baumeister des antiken Rom und von Byzanz kein Problem war, auch größere Räume nach oben mit einem Gewölbe abzuschließen, beginnt sich das christliche Abendland erst Mitte des 11. Jahrhunderts wieder auf diese Kunst zu besinnen. Die Überwölbung breiter Mittelschiffe wird in unterschiedlichen Regionen fast gleichzeitig in Angriff genommen.

STICHWORT

Domesday Book

Das im Jahr 1086 von reisenden Kommissionen zusammengestellte »Domesday Book« (Gerichtstagebuch, s. Abb.) ist ein Grundkataster, also eine allgemeine Bestandsaufnahme des Landbesitzes in den einzelnen englischen Shires (Grafschaften), die nun nach neuem Recht als Ritterlehen vergeben sind.

Das Buch dient als Grundlage der von Wilhelm dem Eroberer geschaffenen Verwaltung und Gerichtsbarkeit. An die Stelle der angelsächsischen Besitzer sind Gefolgsleute des neuen Königs getreten. Mit Hilfe des Domesday Books wird in England ein zentralistischer, straff verwalteter Staat begründet.

CANOSSA

König unterwirft sich dem Papst

Im Streit mit Papst Gregor VII. um die Einsetzung (Investitur) von Bischöfen unternimmt König Heinrich IV. einen Bußgang nach Canossa und erreicht so die Aufhebung des gegen ihn verhängten Kirchenbanns.

28. 1. 1077: Der römisch-deutsche König Heinrich IV., der 1076 von Gregor VII. mit dem Kirchenbann belegt worden ist, erscheint an drei aufeinander folgenden Tagen im Büßergewand vor der Burg Canossa, in der sich der Papst aufhält, und erreicht so die Aufhebung des Banns. Der König ist dem Papst entgegengereist, um ein Zusammentreffen des Oberhaupts der Kirche mit der deutschen Fürstenopposition zu verhindern.

Der Konflikt zwischen König und Papst entzündete sich an der Frage der Einsetzung der Bischöfe. Dem König als »Gesalbten des Herrn« kam bei der Auswahl des neuen Bischofs im Römisch-Deutschen Reich eine entscheidende Rolle zu. Obwohl in der Mitte des 11. Jahrhunderts im Zuge der gregorianischen Kirchenreform die Vergabe von Kirchenämtern durch Laien zunehmend in Verruf geriet, nahm an dieser Praxis zunächst niemand Anstoß: Der König galt qua Amt nicht als Laie und da der Bischof im Römisch-Deutschen Reich auch viele weltliche Aufgaben zu erfüllen hatte, sah man seine Investitur durch den König als obersten weltlichen Herrn als fraglos gerechtfertigt an.

Als Heinrich IV. jedoch 1075 einen neuen Bischof von Mailand einsetzte, obwohl der Papst kraft seiner geistlichen Autorität eine andere Person zum von Gott gewünschten und damit rechtmäßig gewählten Amtsträger erklärt hatte, stellte Gregor VII. die Investiturfrage in den Mittelpunkt seiner Reformbemühungen und verlangte die Unterwerfung Heinrichs. Eine unter dem Vorsitz des Königs in Worms tagende Bischofssynode erklärte den Papst daraufhin für abgesetzt. Gregors Antwort war die Verhängung des Kirchenbanns gegen Heinrich IV.

Die Unterwerfung, die Heinrich nun mit seinem Gang nach Canossa vollzieht, ist eine politische Notwendigkeit. Seit seiner Bannung haben ihm die deutschen Bischöfe die Unterstützung entzogen, die deutschen Fürsten beschlossen, ihn nicht länger als König anzuerkennen, wenn er nicht binnen eines Jahres die Aufhebung des Banns erreichen könne.

Die nun erfolgte Lösung vom Bann bringt Heinrich IV. zunächst nicht den gewünschten Erfolg: Die oppositionellen Fürsten wählen 1077 einen Gegenkönig, den Heinrich jedoch 1080 besiegt. Eine zweite Bannung Heinrichs durch den Papst bleibt wirkungslos, da sich die deutschen Bischöfe, die mit der Verschärfung der Kirchenpolitik unter Gregor nicht einverstanden sind, nun erneut auf Heinrichs Seite stellen. Eine Lösung des Konflikts über die Investitur wird erst am 23. September 1122 mit dem Wormser Konkordat erreicht, das zwischen den weltlichen und geistlichen Aufgaben der Bischöfe eine klare Trennlinie zieht und einen doppelten Einsetzungsakt konstituiert.

Papst Gregor VII. und König Heinrich IV.; Altar von Michael Pacher, vor 1483

HINTERGRUND

Papst stellt klar: Kardinäle wählen Oberhirten

Um den Einfluss der römisch-deutschen Könige und des römischen Stadtadels auf die Wahl des Papstes zurückzudrängen, hat Papst Nikolaus II. bereits 1059 auf der Ostersynode ein Papstwahldekret erlassen, das die Wahl des Kirchenoberhaupts allein in die Hände eines Kardinalskollegiums legt. Schon seit längerer Zeit beeinflussten die römisch-deutschen Könige die Wahl des Papstes. In einigen Fällen wurde die Wahl von Gesandten des Königs geleitet, in anderen musste der an der Papstwahl beteiligte römische Stadtadel vor der Wahl schwören, nur mit Zustimmung des Königs die Stimme abzugeben.

Ungünstiger als der Einfluss des Königs wirkte sich auf die Papstwahl aus, dass der römische Stadtadel daran beteiligt war. So wurde der Papst von der Politik der befreundeten oder verfeindeten Adelsfamilien in Rom abhängig. Das von Nikolaus II. erlassene Papstwahldekret sieht vor, dass zuerst die Kardinalbischöfe über den Kandidaten beraten, dann erst sollen der übrige Klerus und das Volk von Rom der Wahl zustimmen. Zwar enthält das Dekret ein kaiserliches Bestätigungsrecht und verlangt vom Papst, den Kaisern den schuldigen Respekt zu erweisen. Die Bestimmungen sind aber unklar formuliert und können nicht verhindern, dass es in der Frage der Investitur der Bischöfe zum Konflikt kommt. Seinen absoluten Führungsanspruch formuliert Papst Gregor VII. 1075, zwei Jahre vor dem Bußgang von König Heinrich IV. nach Canossa, im »Dictatus Papae«. Darin heißt es u.a.:

»1. Die römische Kirche ist von dem Herrn allein gegründet worden.
2. Der römische Bischof allein darf der allgemeine Bischof genannt werden.«

OSTANATOLIEN

Niedergang von Byzanz

Die Niederlage des oströmischen Kaisers gegen die Seldschuken markiert den Beginn des Niedergangs von Byzanz.

19. 8. 1071: In der Schlacht von Manzikert in Ostanatolien schlägt der Seldschukensultan Alp Arslan, ein Neffe des Bagdad-Eroberers Tughrul Beg, den byzantinischen Kaiser Romanos IV. Diogenes vernichtend; der oströmische Herrscher wird in Gefangenschaft genommen.

Die Schlacht bei Manzikert leitet den Niedergang des Byzantinischen Reiches ein: Ostanatolien gerät unter den Einfluss der Seldschuken, die bis 1092 ganz Kleinasien einschließlich Syrien und Palästina erobern, zum mächtigsten Staat im Nahen Osten aufsteigen und das Sultanat Rum gründen. Prägende Persönlichkeit und Urheber dieses Aufstiegs ist Nisam al-Mulk, der Wesir von Tughruls Sohn, Sultan Melikschah.

Für Byzanz ist das Ausgreifen der islamisch-sunnitischen Seldschuken deshalb besonders bitter, weil es in der zweiten Hälfte des 11. Jahrhunderts auch Bari, seine letzte Bastion in Unteritalien, an die Normannen verliert.

WESTSUDAN

Ghana-Reich islamisiert

Mit der Eroberung des Ghana-Reichs durch die muslimischen Almoraviden entsteht ein weiterer Ausstrahlungspunkt des Islam in Afrika.

1077: Die Almoraviden, eine Berbergruppe aus Mauretanien, erobert unter Abu Bakr die Hauptstadt des mittelalterlichen Ghana-Reichs, Kumbi Saleh. Die seit Anfang des 11. Jahrhunderts muslimischen Almoraviden haben, angelockt durch den Reichtum des Ghana-Reichs, um 1050 einen heiligen Krieg gegen den Staat begonnen, der um 1000 den Höhepunkt seiner Macht erreicht hatte. Ghana wird nach der Eroberung als Tributärstaat zwangsislamisiert, so dass trotz des Rückzugs der Almoraviden, die bereits um 1100 ihren Schwerpunkt nach Marokko verlagern, sich der Islam auch von hier aus in Afrika auszubreiten beginnt.

Grundlage der Machtentfaltung des Ghana-Reichs im Westsudan ist seine überragende Rolle als Drehscheibe des Salz- und Goldhandels, denn es liegt am Ende der Karawanenroute aus Marokko. Das Reich kann allerdings nach dem Abzug der Almoraviden nie wieder seine alte Integrationskraft entfalten, die Provinzen fallen ab.

SPANIEN

El Cid erobert Valencia

Wegen seiner Erfolge im Kampf gegen die Mauren und die von ihnen zu Hilfe gerufene fanatisch religiöse Berbergruppe der Almoraviden wird der Ritter El Cid als Held der Reconquista verehrt.

1094: Der spanische Ritter El Cid (arabisch: »der Herr«; eigentl. Rodrigo Díaz de Vivar) erobert nach einjähriger Belagerung Valencia und verteidigt die Stadt in mehreren Kämpfen gegen die maurischen Almoraviden. Sowohl 1094 bei Cuarte als auch 1097 bei Bairén bleibt El Cid erfolgreich.

Bis 1094 verlief das Leben des Ritters alles andere als geradlinig. Ursprünglich war er ein Kampfgenosse des späteren kastilischen Königs Sancho II., der mit seinem Bruder Alfons VI. um das Erbe stritt. Nach Sanchos Ermordung im Jahr 1072 trat er in die Dienste von Alfons. Zweimal kam es zum Bruch zwischen El Cid und dem Herrscher, was den Ritter veranlasste, zwischenzeitlich auf Seiten des maurischen Fürsten von Zaragoza gegen die Christen zu kämpfen.

Titelseite einer Chronik des spanischen Nationalhelden El Cid aus dem Jahr 1498

Die Gestalt des Cid, der im Spannungsfeld zwischen Vasallentreue, Familienehre und tapferem Kampf gegen die Mauren agiert, wird Gegenstand einer reichhaltigen, allerdings großenteils verschollenen spanischen Epenliteratur. Das um 1140 entstandene, in einer Handschrift von 1307 erhaltene Heldenepos »Poema (Cantar) de Mío Cid«, das das Leben des Helden bis in die Details nachvollzieht, markiert den Beginn der spanischen Literatur.

Auch außerhalb Spaniens wird der Cid-Mythos literarisch verarbeitet, etwa in der Tragikomödie »Le Cid« des französischen Dramatikers Pierre Corneille (1636), bei dem der Kampf gegen die Mauren in den Hintergrund tritt. Auch bei ihm geht es jedoch um den Konflikt zwischen Neigung und aristokratischen Ehrbegriffen.

STICHWORT

Die Reconquista

Als Reconquista (deutsch: Rückeroberung) wird der Prozess der Vertreibung der muslimischen Mauren von der Iberischen Halbinsel bezeichnet. Die Mauren hielten ab 711 Territorien in Spanien besetzt. Nach der Ermordung von Ramiro I. von Aragon durch einen Muslim wird die Reconquista 1064 intensiviert; zwar gab es auch zuvor schon Kämpfe zwischen Christen und Mauren auf der Halbinsel, diese standen jedoch nicht unter religiösen Vorzeichen. Erst indem der Papst christlichen Kriegern in Iberien seinen Segen erteilt und ihnen einen Sündenablass gewährt, erhält die

Arabische Stuckverzierung in der Alhambra (Granada)

Reconquista den Charakter eines Kreuzzuges. Erste Stationen der Reconquista sind die Eroberung von Toledo (1085), von Lissabon (1147), der Balearen (1235), Córdobas (1236) und weiterer andalusischer Städte bis 1250. Die Reconquista endet mit der Eroberung des Königreichs Granada 1492.

KAMBODSCHA

Angkor Vat entsteht

Das Khmer-Reich in Kambodscha erlebt im 12. Jahrhundert seine Blütezeit.

Um 1125: Unter König Surjawarman (1112-1150), der wie seine Vorgänger als Gottkönig verehrt wird, entsteht in nicht einmal 30 Jahren Bauzeit die Tempelanlage Angkor Vat, der wahrscheinlich größte je errichtete Sakralbau. Die Gesamtanlage hat eine Grundfläche von 1,95 km^2. Der Haupttempel ist eine terrassenförmige Pyramide, auf deren Stufen sich fünf mit Galerien verbundene Türme bis zu 65 m hoch erheben. Das Volk der Khmer ist durch die Produktionsüberschüsse einer intensiven Landwirtschaft zu erheblichem Reichtum gelangt. Unter König Jasowarman (889-vor 910) hatte der Bau von Stauseen und Bewässerungsanlagen begonnen.

Blick auf Angkor Vat mit dem von fünf Türmen überragten Haupttempel

NORDFRANKREICH

Epos zwischen Historie und Sage

Roland erschlägt einen Heiden und übergibt dem Heiligen Michael seinen Handschuh (Miniatur aus der Weltchronik des Rudolf von Ems, Anfang 14. Jh.)

Das Heldenepos »Rolandslied« beeinflusst die mittelalterliche Literatur in ganz Europa.

Um 1100: Das »Rolandslied«, wohl das bedeutendste Beispiel altfranzösischer Heldenepik, wird niedergeschrieben. Das vermutlich zunächst mündlich tradierte Lied berichtet vom Kampf Karls des Großen in Spanien gegen die Mauren, die in dem Werk Sarazenen genannt werden. Benannt ist das Lied nach dem ebenso tapferen wie kühnen Roland, einem Neffen Karls.

Er deckt den Rückzug des siegreichen Karolingerheeres, wird aber von seinem Stiefvater an den noch immer unbesiegten Sarazenenkönig Marsilius verraten und, da er sich weigert, mit seinem Horn Olifant Hilfe herbeizurufen, mit seinem Trupp von den Feinden aufgerieben und getötet. Karl, der zu spät zurückkehrt, um Roland und seine Getreuen zu retten, gelingt es schließlich, die Sarazenen endgültig zu besiegen.

Das von einem unbekannten Verfasser aufgezeichnete Epos wirkt noch bis ins 19. Jahrhundert nach, als die französische und deutsche Romantik den Stoff ganz oder in Teilen wieder aufnimmt.

In Deutschland wird das Rolandslied durch die Übersetzung und Bearbeitung des Regensburger Pfaffen Konrad (um 1170) bekannt.

In der italienischen Renaissance entsteht eine satirische Version, »Orlando furioso« von Ludovico Ariosto, der die Liebe zur Triebkraft des Helden macht.

Kreuzritter

Der erste Kreuzzug endet mit der Eroberung Jerusalems durch christliche Ritter.

15. 7. 1099: Mit der Einnahme Jerusalems, bei der die christlichen Ritter an der muslimischen und jüdischen Bevölkerung der Stadt furchtbare Massaker verüben, endet der erste Kreuzzug. Gottfried von Bouillon gründet das Königreich Jerusalem, den bedeutendsten Kreuzfahrerstaat.

Papst Urban II. rief 1095 zum Abschluss der Synode von Clermont zum bewaffneten Kampf gegen die türkischen Seldschuken auf, um das Heilige Land mit Jerusalem von der Herrschaft der »Ungläubigen« zu befreien. Die Seldschuken hatten 1071 Jerusalem erobert und behinderten seither den stetig wachsenden Strom abendländischer Pilger zum Standort der Grabeskirche Christi.

Den Kreuzfahrern wurde der Erlass aller zeitlichen Sündenstrafen (der sog. Ablass) und der Schutz ihrer Habe während ihrer Abwesenheit zugesichert. Sollten sie im Kampf sterben, erwarte sie Vergebung aller Sünden und ewiges Leben, erklärte Urban II. Schon bald nach dem Aufruf des Papstes formierten sich einzelne Heerzüge, die überwiegend aus armen Bauern und Abenteurern bestanden. Sie zogen keineswegs nach Palästina, sondern richteten unter den »Ungläubigen« im eigenen Land, den Juden in den Städten am Rhein, entsetzliche Blutbäder an.

Im Herbst 1096 brachen die eigentlichen Kreuzfahrer unter der Führung einiger Fürsten, die ihren

Tracht des Johanniterordens

JERUSALEM

erobern Jerusalem

»Die Eroberung Jerusalems 1099«; französische Miniatur aus dem 15. Jahrhundert

	Zeitraum	Ziel	Teilnehmer (davon erreichen Palästina)	Anführer	Ergebnis
1. Kreuzzug	1096 bis 1099	Schutz der christlichen Kirche im Heiligen Land vor muslimischen Übergriffen	330 000 (40 000)	Robert von der Normandie, Gottfried von Bouillon, Balduin und Robert II. von Flandern, Raimund von Toulouse, Boemund von Tarent	Eroberung Jerusalems; Gründung des Königreichs Jerusalem
2. Kreuzzug	1147 bis 1149	Befreiung des 1144 durch den Emir von Mossul eroberten Kreuzfahrerstaates Edessa	240 000 (90 000)	Stauferkönig Konrad III., Ludwig VII. von Frankreich	Kreuzzug scheitert
3. Kreuzzug	1189 bis 1192	Rückeroberung des 1187 durch Sultan Saladin eingenommenen Jerusalem	350 000 (280 000)	Kaiser Friedrich I., Barbarossa, Richard Löwenherz, Philipp II. von Frankreich	Vertrag mit Saladin, der freien Zugang nach Jerusalem sichert
4. Kreuzzug	1202 bis 1204	Wiederherstellung des Königreichs Jerusalem; Eroberung Ägyptens	30 000	Bonifaz von Montferrat, Ludwig von Blois, Balduin von Flandern	Eroberung und Plünderung Konstantinopels; Errichtung des Lateinischen Kaiserreichs
5. Kreuzzug	1228/29	Einlösung des Kreuzzuggelübdes von Kaiser Friedrich II. trotz päpstlichen Banns	70 000 (60 000)	Kaiser Friedrich II., Hermann von Salza	Rückgewinnung von Jerusalem; Bethlehem und Nazareth; Vertrag mit Sultan Elkamil von Ägypten
6. Kreuzzug	1248 bis 1254	Vernichtung Ägyptens als Hauptmacht der Muslime	25 000 (10 000)	Ludwig IX., der Heilige, von Frankreich	Gefangennahme des Heeres, Freilassung gegen Lösegeld; Befestigung der Besitzung Akkon
7. Kreuzzug	1270	Bekehrung des Sultans von Tunis	25 000 (10 000 erreichen Tunis)	Ludwig IX., Karl von Anjou	Ludwig stirbt; Karl von Anjou bricht den Kreuzzug ab.

Besitz in das Unternehmen investierten, auf verschiedenen Routen ins Heilige Land auf. Zweieinhalb Jahre später sind von den rd. 330 000 vorwiegend französischen Rittern etwa 40 000 in Palästina eingetroffen. Am 6. Juni 1099 besetzen die Kreuzfahrer Bethlehem, die Geburtsstadt Christi, wenige Wochen später nehmen sie – nach vierwöchiger Belagerung – Jerusalem ein. Die Stadt wird geplündert, zwischen 10 000 bis 100 000 Menschen fallen Massakern zum Opfer, der moslemische Felsendom wird entweiht.

STICHWORT

Ritterorden zum Schutz der Pilger

Die Ritterorden entstehen zur Zeit der Kreuzzüge als eine Sonderform der geistlichen Orden. Aufgaben der Ritterorden, deren Mitglieder die drei Mönchsgelübde (Armut, Keuschheit, Gehorsam) ablegen, sind zunächst der Schutz der Pilger sowie die Betreuung der Kranken und Verwundeten in Palästina. Später treten der Kampf gegen die »Ungläubigen« und die Ausbreitung des Christentums durch die Eroberung weiter Gebiete vor allem in Osteuropa stärker hervor.

An der Spitze der straff organisierten und disziplinierten Ritterorden steht ein Großmeister, der von den Generalkapiteln auf Lebenszeit gewählt wird.

Die kleinste Verwaltungseinheit eines Ritterordens ist die Kommende, meist mit einer Ordensburg. Mehrere Kommenden werden zu einer so genannten Ballei zusammengefasst.

Als erster Ritterorden entsteht 1119 der Templerorden, dessen Mitglieder einen weißen Mantel mit einem roten Kreuz tragen. Die Tracht des ein Jahr später ins Leben gerufenen Johanniterordens ist der schwarze Mantel mit weißem Kreuz.

1198 wird der Deutsche Orden gegründet, der umfangreichen Landbesitz im Mittelmeerraum, vor allem aber im Baltikum und dem heutigen Polen erwirbt.

In Westpreußen errichten die Deutschritter die Marienburg, von 1309 bis 1457 Sitz des Ordens.

Ritter des Templerorden

PORTUGAL

Alfons I. macht Portugal zum Königreich

Im Westen der Iberischen Halbinsel entsteht eine neue Monarchie. Zuvor war es gelungen, die Mauren zurückzudrängen.

25. 7. 1139: Der portugiesische Graf Alfons-Heinrich nimmt nach seinem Sieg über die Mauren bei Ourique den Königstitel für Portugal (als Alfons I., der Eroberer) an.

Portugal, die ehemalige römische Provinz Lusitanien, die vom 5. bis 7. Jahrhundert von eingefallenen Sueben und Westgoten beherrscht wurde, war 711 von den Arabern erobert worden. Die christliche Wiedereroberung der Iberischen Halbinsel begann in Portugal – vom Norden ausgehend – unter Ferdinand I., dem Großen, seit 1035 König von Kastilien und seit 1037 von Léon. Ihm gelang es, seinen Herrschaftsbereich gegen die Mauren in Portugal erheblich zu vergrößern. Aus den neu eroberten Gebieten schuf er 1097 die Grafschaft Portugal, die er einem seiner getreuesten Gefolgsleute, dem Franzosen Heinrich von Burgund (der zugleich sein Schwiegersohn war), als Lehen übergab. Heinrich erreichte weitgehende Unabhängigkeit von Kastilien und Léon. Außerdem gelang es ihm, sein Gebiet weiter nach Süden auszudehnen.

Sein Sohn Alfons-Heinrich, – im Jahr 1110, zwei Jahre vor dem Tod seines Vaters geboren – setzte nicht nur die Reconquista fort, sondern kämpfte auch um die Unabhängigkeit von seinem Cousin, König Alfons VII. von León. Um diesem nicht Gefolgschaft leisten zu müssen, unterstellt er sein Land 1143 dem Schutz des Papstes und legt ihm seinen Lehnseid ab. Zwar erkennt Alfons VII. daraufhin Alfons I. als Souverän von Portugal an, doch bleibt das Lehnsverhältnis bestehen. Erst Alfons VIII. befreit den ersten portugiesischen König 1179 von seiner Lehnspflicht. Alfons I., der den Beinamen der Eroberer erhält, dehnt sein Herrschaftsgebiet beträchtlich nach Süden aus. Mit Hilfe einer Flotte von Kreuzfahrern, die sich dem zweiten Kreuzzug anschließen wollen, befreit er 1147 Lissabon und den Unterlauf des Tajo von maurischer Oberhoheit. Lissabon macht er an Stelle von Coimbra zur Hauptstadt des Landes. Um 1250 erreicht Portugal mit der Eroberung der Algarve seine heutige Ausdehnung. Das Geschlecht der Burgunder regiert das Land noch bis 1385, danach übernimmt das Haus Aviz die Macht.

Mit Hilfe der Kreuzfahrer befreit Alfons I. 1147 Lissabon von den Mauren (Stahlstich von Rebel).

SIZILIEN

Sizilien wird Königreich

Der Normannenherzog Roger II. lässt sich vom mit ihm verbündeten Gegenpapst Anaklet II. als König von Sizilien anerkennen.

27. 9. 1130: Roger II. wird König von Sizilien. Nachdem sein Vater Roger I. 1059 die Herrschaft der Normannen über Sizilien begründet hatte, konnte der 1095 geborene Roger II., der 1105 als Nachfolger seines Vaters Graf von Sizilien geworden war, durch die Eroberung von Kalabrien und Apulien sein Herrschaftsgebiet auf Unteritalien ausdehnen. Bis zu seinem Tod 1154 unternimmt er Feldzüge nach Nordafrika und ins östliche Mittelmeer, doch können sich die Normannen dort nicht festsetzen. Die Anerkennung Rogers II. als König von Sizilien ist eine Folge von Streitigkeiten um den Papsttitel: Im Februar 1130 sind sowohl Anaklet II. als auch Innozenz II. zum Papst gewählt worden. Während Innozenz Unterstützung beim deutschen König Lothar III. findet, muss sich Anaklet zur Behauptung seines Anspruches auf den Stuhl Petri der Hilfe der Normannen vergewissern. Roger II. gewinnt nach dem Tod Anaklets 1138 auch die Anerkennung durch Innozenz.

ENGLAND

Thronwirren in England

In England beginnt ein Bürgerkrieg um die Thronfolge. Am Ende der Kämpfe besteigt die Dynastie der Plantagenets den englischen Thron.

22. 12. 1135: Als nach dem Tod Heinrichs I. – er ist der jüngste Sohn Wilhelm des Eroberers – der normannische Herrscherstamm in direkter männlicher Linie ausstirbt, wird Heinrichs Neffe Stephan von Blois zum König gekürt. 1128 hatte Heinrich I., dessen einziger Sohn 1120 bei einem Schiffbruch umgekommen war, jedoch seine Tochter Mathilde, die Witwe des römisch-deutschen Kaisers Heinrich V., als Erbin anerkennen lassen und sie mit dem Grafen von Anjou, Gottfried V. Plantagenet, verheiratet. Aus dieser Ehe stammt sein noch minderjähriger Enkel Heinrich, den er als Thronfolger ausersehen hatte.

Im Kampf gegen Stephan von Blois landet Mathilde 1139 in England, um den Anspruch ihres Sohnes auf den Thron durchzusetzen. Adel und Kirche nutzen die Kontroverse, um ihrerseits ihre Position zu stärken.

Die Thronwirren stürzen das ganze Land ins Chaos. Erst 1154 erkennt Stephan von Blois den Thronanspruch Heinrichs II. an.

ROM

Tätiges Leben in Klausur

Die Zisterzienserabtei Maulbronn wird 1147 gegründet und 1530 säkularisiert.

Die Satzungen des Zisterzienser-Ordens betonen die apostolische Armut, die abgeschiedene Lage der Klöster und die regelmäßige Handarbeit.

1119: Die Ordensverfassung der Zisterzienser wird vom Papst anerkannt. Begründet wurde der Orden, der nach seinem Stammkloster Cîteaux benannt ist, 1098 durch den Benediktinerabt Robert von Molesme. Ihre rasche Ausbreitung verdanken die Zisterzienser dem Abt Bernhard von Clairvaux, der von 1115 bis zu seinem Tod 1153 dem Kloster Clairvaux vorsteht.

Der Orden ist auf die Verbindung von geistlichem Leben und praktischer Arbeit ausgerichtet. Hieraus entwickelt sich eine umfangreiche Landwirtschaft, die den Zisterziensern zu erheblichem Reichtum verhilft, da nur dem Einzelnen, nicht aber der Gemeinschaft der Besitz verboten ist.

Im Alltagsleben regiert die Einfachheit – bei der Kleidung, beim Essen, aber auch bei Bau und Ausstattung der Klöster. Dank seiner vorbildlichen Landwirtschaftsmethoden spielt der Orden im 12. und 13. Jahrhundert eine wichtige Rolle bei der deutschen Ostsiedlung.

WORMS

Konkordat beendet Investiturstreit

Die Auseinandersetzung um das Recht zur Einsetzung von Geistlichen, die zugleich über weltliche Hoheitsrechte verfügen, wird durch einen Kompromiss beigelegt.

23. 9. 1122: Das Wormser Konkordat zwischen dem römisch-deutschen Kaiser Heinrich V. und Legaten von Papst Kalixt II. beendet den Jahrzehnte währenden Investiturstreit. Der Kompromiss unterscheidet zwischen Temporalia (auf Zeit verliehene weltliche Güter) und Spiritualia (geistliche Würden). Der Kaiser verzichtet auf die Investitur (Einsetzung) mit Ring und Stab und gesteht der Kirche die freie kanonische Wahl der Bischöfe zu. Die Wahl findet in Gegenwart des Königs statt. Damit erhält dieser zwar keine rechtlichen Befugnisse, faktisch jedoch die Möglichkeit, den Wahlausgang in seinem Sinne zu beeinflussen.

Die Belehnung mit den »Regalien« (Münz-, Zoll-, Markt- und Gerichtsrechte) erfolgt in Deutschland sofort nach der Wahl noch vor der Weihe der Gewählten, in Burgund und Reichsitalien dagegen sechs Monate nach der Weihe. Heinrich V. sichert außerdem die Rückgabe aller seit Beginn des Investiturstreits einbehaltenen Kirchengüter zu.

In Frankreich und England ist der Streit um die Einsetzung der Bischöfe bereits seit längerem beigelegt. Der französische König Philipp I. verzichtete 1106 auf die Investitur mit Stab und Ring. Ein Jahr später beendete das Konkordat von Westminster die Auseinandersetzungen des englischen Königs mit dem Papst in dieser Frage. Der Investiturstreit zog sich fast 50 Jahre hin. Im Kern ging es um die Frage, ob die Kirche oder der weltliche Herrscher in einem christlichen Staat die Vorrangstellung innehaben soll. Begonnen hatten die Auseinandersetzungen mit dem päpstlichen Verbot der Laieninvestitur auf der römischen Fastensynode 1075. König Heinrich IV. setzte daraufhin Papst Gregor VII. ab. Dieser wiederum sprach dem deutschen Herrscher Rang und Würde ab und exkommunizierte ihn. Da die deutschen Fürsten ihm mit dem Entzug ihrer Unterstützung drohten, sollte er keine Aufhebung des Kirchenbannes erreichen, tat Heinrich mit dem Gang nach Canossa Buße. Doch setzte sich der Streit trotz der päpstlichen Absolution fort.

Papst Kalixt II. geht gestärkt aus dem Streit hervor.

Mit dem Wormser Konkordat schwindet die Abhängigkeit der Bischöfe und Reichsäbte vom König. Sie werden von Reichsbeamten zu Lehnsfürsten, die wie die weltlichen Fürsten nach dem Ausbau ihrer Macht streben. Auch gegenüber dem Papst, dessen Wahl er lange Zeit wesentlich mitbestimmte, hat der römisch-deutsche Herrscher erheblich an Macht eingebüßt.

Der römisch-deutsche Kaiser Heinrich V.

FRANKFURT AM MAIN

Fürsten bestimmen Friedrich Barbarossa

Nach dem Tode des deutschen Königs Konrad III. wird dessen Neffe, der Staufer Friedrich I., Barbarossa (»Rotbart«), zum König gewählt. Er wird zu einer der herausragenden Herrschergestalten des Mittelalters.

4. 3. 1152: Friedrich Barbarossa (s. Abb.), der Sohn Herzog Friedrichs von Schwaben, wird von den deutschen Fürsten zum König gewählt.

Seit dem Aussterben der Salier beanspruchen die Fürsten das alte Recht der deutschen Stämme auf freie Königswahl. Dass die Wahl auf Friedrich fällt, ist vermutlich auf seine Herkunft zurückzuführen: Er stammt aus der Verbindung des staufischen Herzogs Friedrich II. von Schwaben mit der Welfin Judith, der Tochter Herzog Heinrichs des Schwarzen von Bayern, und scheint prädestiniert, die jahrzehntelangen Auseinandersetzungen zwischen Staufern und Welfen beizulegen.

Staufer contra Welfen: Tatsächlich gelingt Friedrich I. 1156 vorübergehend eine Lösung des Konflikts. Er gibt seinem welfischen Vetter, dem Sachsenherzog Heinrich dem Löwen, Bayern zurück, allerdings verringert um die Ostmark, die als eigenständiges Herzogtum Österreich dem Geschlecht der Babenberger verliehen wird.

1176 bricht der Konflikt mit Heinrich dem Löwen, der sein Herrschaftsgebiet im Norden und Osten erweitert und durch Verträge mit Dänemark, Schweden und Russland seine Macht ausgebaut hat, erneut aus. Auf Friedrichs Betreiben wird der Welfe 1179 geächtet und verliert 1180 seine Reichslehen. Sachsen wird aufgeteilt, Bayern fällt (ohne die Steiermark) an die Wittelsbacher.

Ausbau der Königsmacht: Um die deutsche Königsherrschaft dauerhaft zu sichern, betreibt Friedrich Barbarossa eine zielstrebige Hausmachtpolitik. Er erweitert den Besitz der Staufer vom Elsass bis ins Egerland und errichtet so ein »Königsgut« nach dem Vorbild der Salier. Durch Städtegründungen und neue Münzstätten werden Handel und Wirtschaft in der Region gefördert. Zahlreiche Burgen besetzt Friedrich mit königlichen Beamten, sog. Reichsministerialen. Durch die Eheschließung seines Sohnes Heinrich VI. mit der normannischen Königstochter Konstanze wird außerdem ein neues Verhältnis zum Normannenreich begründet.

Italienzüge: Weniger erfolgreich ist Friedrich Barbarossa in seiner Politik gegenüber den italienischen Teilen des Reiches und dem Papst. Zwar wird der erste Italienzug 1154/55 noch zu einem Erfolg: Friedrich hilft Papst Hadrian IV. aus seiner bedrängten Lage und wird von diesem zum Kaiser gekrönt.

FRANKREICH

Kreuzzug scheitert kläglich

Der Versuch, den 1144 von den Seldschuken eroberten Kreuzfahrerstaat Edessa zu befreien, endet in einer militärischen Katastrophe.

Frühjahr 1147: Ein 240 000 Mann starkes Heer bricht zu einem Kreuzzug auf.

Treibende Kraft des zweiten Kreuzzugs ist der Zisterzienserabt Bernhard von Clairvaux. Er kann durch seine Predigten im Auftrag des Papstes Eugen III. sowohl den deutschen König Konrad III. als auch den französischen Herrscher Ludwig VII. zu Teilnahme und Ausrüstung eines Kreuzfahrerheeres bewegen.

Allerdings ist der Kreuzzug von Beginn an militärisch geschwächt, da gleichzeitig mehrere deutsche Fürsten mit Billigung des Papstes den sog. Wendenkreuzzug gegen die Slawen in Mecklenburg und Pommern beginnen.

Bereits in Kleinasien werden die Kreuzfahrer weitgehend aufgerieben, lediglich 90 000 Soldaten kommen im Heiligen Land an. Die Rückeroberung Edessas wird aufgegeben; stattdessen belagern die Kreuzfahrer Damaskus, um die Position Jerusalems zu stärken. Doch dieses Vorhaben scheitert kläglich. Verbittert und enttäuscht kehren der deutsche und der französische König 1149 nach Europa zurück. Der militärische Misserfolg bringt den Kreuzzugsgedanken in Verruf. Die Hoffnungen auf eine Seelenrettung werden zerstört. Manche Kritiker bezeichnen den Kreuzzug nun als ein Werk des Teufels.

Die Kreuzfahrer belagern Damaskus (Buchmalerei, 15. Jh.).

ZITAT

»Sieg bringt Ruhm, Tod, Gewinn«

Der Zisterzienserabt Bernhard von Clairvaux verheißt den Kreuzfahrern den Erlass der Sündenstrafen und die Seelenrettung:

Bernhard von Clairvaux (Ausschnitt aus einem Wandgemälde)

»Du tapferer Ritter... jetzt hast du eine Fehde ohne Gefahr, wo der Sieg Ruhm bringt und der Tod Gewinn. Bist du ein kluger Kaufmann... – einen großen Markt sage ich dir an; sieh zu, dass er dir nicht entgeht. Nimm das Kreuzeszeichen und für alles, was du reuigen Herzens beichtest, wirst du auf einmal Ablass erlangen. Die Ware ist billig...; und wenn man fromm für sie bezahlt, ist sie ohne Zweifel das Reich Gottes wert.«

zum König

In den folgenden Jahren gerät Friedrich Barbarossa jedoch in einen immer stärker werdenden Gegensatz zur Kurie und zu den nach größerer Unabhängigkeit strebenden Städten in Ober- und Mittelitalien.

Fünf weitere Italienzüge sichern zunächst seine Stellung in Italien, doch nach der Niederlage von Legnano im Jahr 1176 gegen das lombardische Städteheer muss der Kaiser 1177 im Frieden von Venedig die volle Unabhängigkeit des Papstes und seines Landbesitzes anerkennen.

1183 kommt es in Konstanz auch mit dem lombardischen Bund zu einem Kompromissfrieden, der den Reichsstädten in diesem Gebiet eine größere Autonomie als bisher garantiert.

Im Jahr 1189 bricht Friedrich I. Barbarossa zum dritten Kreuzzug auf, stirbt aber am 10. Juni 1190 auf dem Weg nach Jerusalem.

PROVENCE

Lieder zum Ruhm der Liebe

In Südfrankreich erlebt die Troubadour-Lyrik, vom Dichter selbst vertonte und vorgetragene Lieder, deren Inhalt sich zumeist mit der Liebe befasst, ihre Blütezeit.

Um 1150: Die Troubadour-Dichtung ist Teil des Unterhaltungsprogramms, das im Kreis des Adels, aber auch in den Städten geboten wird. Während manche Troubadours sich fest an einem Fürstenhof etablieren können, ziehen andere mit weiteren Spielleuten, den sog. Jongleuren, umher, welche die Gesangsdarbietungen durch allerlei Kunststücke ergänzen.

Die Troubadours stammen aus fast allen Gesellschaftsschichten, auch Frauen, etwa die berühmte Beatriz de Dia, sind darunter. Einer der frühesten Troubadours ist Herzog Wilhelm IX. von Aquitanien (1071-1127), dessen Lieder noch eine vergleichsweise derbe Thematik aufweisen. Bald wird jedoch die Liebe nur noch im Sinne der Minne besungen, als Verehrung eines Ritters für eine – zumeist sozial höher stehende – Dame, die als Idealbild der Frau gilt. Die Begegnung mit anderen Kulturen – auf den Kreuzzügen und bei der Reconquista der Iberischen Halbinsel – beeinflusst die Troubadour-Dichtung nachhaltig. Mit den Albigenserkriegen (1209-29) wird die Kultur der Troubadours in Südfrankreich zerstört. Die Sänger wandern u.a. nach Nordfrankreich ab, wo man sie als Trouvères bezeichnet.

Troubadour mit Psalterium, einer Vorform der Zither

ENGLAND

Heinrich II. stärkt Zentralautorität in England

Graf Heinrich von Anjou wird König von England. Zu seinen Verdiensten zählt die Einrichtung eines ständigen Gerichtshofes mit einem geordneten Untersuchungs- und Beweisverfahren.

19. 12. 1154: Heinrich II., Begründer der bis 1399 regierenden Dynastie Plantagenet-Anjou, ist Nachfolger des am 25. Oktober gestorbenen Stephan von Blois, mit dem er seit dem Tod Heinrichs I. fast 20 Jahre lang um die Thronfolge gerungen hatte.

Der neue Herrscher regiert nicht nur England, sondern auch einen großen Teil Frankreichs: Normandie und Bretagne hat er als Kronlehen von seiner Mutter Mathilde geerbt, Anjou, Maine und Touraine von seinem Vater, Graf Gottfried von Anjou, Poitou, Guyenne und Gascogne sind ihm durch seine Frau Eleonore von Aquitanien zugefallen. 1171/72 erobert Heinrich auch einen Teil Irlands und vergrößert so noch sein »Angevinisches Reich«.

Innenpolitisch gelingt es Heinrich II. – gestützt auf seinen Kanzler Thomas Becket, Erzbischof von Canterbury – in England die königliche Autorität gegenüber Adel und Kirche deutlich zu stärken. Gegen Beckets Widerstand setzt er im Jahr 1164 die Konstitutionen von Clarendon durch, die dem König weitgehende Rechte gegenüber dem Klerus einräumen.

Wegen dieses Konflikts lässt Heinrich II. Thomas Becket im Jahr 1170 von vier Höflingen ermorden. Becket hatte zuvor Zuflucht beim Papst gesucht und nach seiner Rückkehr mehrere Bischöfe exkommuniziert.

Grabmal König Heinrichs II. (Skulptur Ende 12. Jh.)

Das europäische Mittelalter

8.-15. Jahrhundert

Ursprung und Welt des Mittelalters

Am 10. Juni 1190 ertrank auf dem dritten Kreuzzug Kaiser Friedrich I. Barbarossa in einem Gebirgsfluss Kilikiens. Mit ihm starb eine der überragenden Herrschergestalten des Mittelalters. Er verkörperte den Anspruch des abendländischen Kaisertums auf den Rang einer Universalmonarchie im Gegensatz zum Papsttum und zugleich christliches Rittertum auf bewaffneter Pilgerfahrt ins Heilige Land (Kreuzzüge).

Als Mittelalter Europas bezeichnet man die Epoche zwischen der Entstehung der Germanenreiche auf dem Boden des Weströmischen Reiches im 5. Jahrhundert und den überseeischen Entdeckungen seit 1492. Geprägt wurde diese Zeit von der Glaubensherrschaft und -einheit der römisch-katholischen Kirche. Darum kann man als das Ende des Mittelalters auch die Reformation ansehen, als diese Einheit zerbrach.

Räumlich begrenzt waren die Erscheinungsformen des Mittelalters zunächst auf die romanisch-germanischen Völker West- und Mitteleuropas (die von Italien aus gesehen im Westen liegen und deshalb »Abendland« bzw. »Okzident« genannt wurden). Die von dort ausstrahlende Mission gewann dem christlichen Abendland Nord- und Ostmitteleuropa hinzu, also die Völker Skandinaviens, des Gebiets zwischen Elbe, Saale und Weichsel, ja zuletzt bis zum Baltikum und zum Dnjepr sowie Böhmens und Mährens, Ungarns und Kroatiens. Außerdem wurden der Süden der Apennin- und die Pyrenäenhalbinsel dem Islam in zähen, meist kriegerischen Auseinandersetzungen wieder entrissen. Dagegen scheiterten Versuche, im Verlauf der Kreuzzüge das Byzantinische Reich und den Nahen Osten auf Dauer in den Einflussbereich des Abendlandes einzubeziehen.

Die Erscheinungsformen mittelalterlichen Lebens wurden durch die christliche Antike sowie durch germanische Anschauungen und Lebensweisen bestimmt. Die Begegnung germanischer Völker mit dem spätrömischen Reich führte dazu, dass sie das Christentum mitsamt der Kirchenorganisation übernahmen, ebenso – mit dem Lateinischen als Sprache der Gebildeten – einen Teil des antiken Bildungsguts, ferner Teile des römischen Rechts und der römischen Verwaltung. Auch bestimmte Formen des Wirtschaftslebens, vor allem im Agrarbereich die Bewirtschaftung großer Gutskomplexe, beeinflussten die Germanen. Diese wiederum brachten Elemente ihres Verfassungslebens, vor allem das Prinzip der Gefolgschaftstreue, und ihre in Adlige, Freie und sklavenähnliche Halbfreie abgestufte Gesellschaftsordnung sowie ihren ausgeprägten Sinn für Symbolisches – im Alltag wie bei Feierlichkeiten – in die für sie recht fremde Welt ein.

Die Franken und die Geburt Europas

Gerade das Frankenreich war für die Herausbildung der abendländischen mittelalterlichen Welt von entscheidender Bedeutung. Unter Karl dem Großen umfasste es – von den Britischen Inseln abgesehen – sämtliche noch christlichen Gebiete West- und Mitteleuropas. Es ging in Spanien gegenüber dem Islam und im Osten gegenüber den nicht-christlichen Völkerschaften der Germanen und Slawen zur Expansion über. Hierbei gelang vor allem die Eingliederung Sachsens, dessen führende Geschlechter später in der europäischen Politik bestimmend wurden (ottonische Kaiser). Das Bündnis der Karolinger mit dem Papsttum brachte ihnen selbst den kirchlichen Segen beim Griff nach der fränkischen Königswürde. Es wertete aber auch die Bischöfe von Rom auf, deren geistliche Oberhoheit nun die gesamte Christenheit des Westens anerkannte. Als Papst Leo III. im Jahr 800 Karl den Großen zum Kaiser krönte, wurde an das 476 untergegangene weströmische Kaisertum angeknüpft. In der Blüte von Bildung und Kunst des Karolingerreichs (karolingische Renaissance) erreichte die abendländische Welt ihren ersten kulturellen Höhepunkt. Freilich war dieses Reich zu groß und zu dünn besiedelt, um auf die Dauer äußeren Angriffen Stand halten zu können. Sie gingen vor allem von den Normannen aus, die die Küstenlandschaften immer wieder plünderten. Außerdem bestanden innere Gegensätze. Schon bald zerfiel das Frankenreich daher in einige kleinere Reiche im Alpengebiet und in Italien sowie in zwei größere Teile: das Westfrankenreich (später Frankreich) und das Ostfrankenreich, aus dem sich das deutsche Königreich (Regnum Teutonicum) entwickelte. In ihnen behielten die alten regionalen Amtsträger, die Herzöge und Grafen, ihre Herrschaft.

Feudalismus, Gesellschaft und Staat

Diese adligen Herren erhielten früh ausgedehnte Güter durch die Hand des Königs, deren Ertrag zur Entlohnung diente. Viele kleinere Adlige, aber auch freie Bauern, begaben sich in den Schutz dieser Herrn, indem sie ihnen ihre Güter »aufließen«, um sie künftig für sie mit zu bearbeiten und einen Teil der Erträge abzuführen oder aber Heeresfolge zu leisten. Denn der Besitz eines größeren »Lehn«-Gutes (lateinisch »feudum«) diente dazu, die Kosten für den Militärdienst, vor allem für Pferd, Rüstung und Waffen, aufzubringen. Mit der Zeit wurden die Lehen erblich, die Kontrolle des Königs als Oberlehnsherr über seine Lehnsleute schwieriger. So entstand die mittelalterliche »Feudal«-Gesellschaft. Sie wurde durch die Ordnung und wechselseitige Treueverpflichtung des Lehnswesens geprägt, das abgestuft, gleich einer Pyramide, vom Kaiser oder König über die großen »Vasallen« bis zu den kleineren »Aftervasallen« reichte. Sie alle lebten von der Arbeit der ihnen untertanen »hörigen« Bauern, zu deren Schutz sie sich verpflichtet hatten. Der Staat des Mittelalters war somit zunächst ein »Personenverbandsstaat«. Er kannte keine moderne bürokratischeVerwaltung. Eine Herrschaft ließ sich zunächst in kleineren Räumen aufbauen, wo ein mächtiger Lehnsherr über viel Eigengut verfügte, als Schirmherr über kirchliche Einrichtungen wirkte und sich allmählich königliche Rechte (»Regalien« wie Gerichts-, Burg-, Bergbau-, Zoll-, Münz- und Marktverleihungsrecht) aneignete. Dadurch bekam er einen Landstrich durchgehend in seine Hand, den er mit besonderen, von ihm abhängigen Einrichtungen zu verwalten begann (»institutioneller Flächenstaat«).

Die Erben der Karolinger: Deutschland und Frankreich

Die ostfränkischen bzw. deutschen Könige, die mit Otto I. das karolingische Bündnis mit dem Papsttum erneuerten und 962 die Kaiserwürde erlangten, gingen einen anderen Weg. Neben ihrem Hausgut und dem damit vereinten Reichsgut diente ihnen die Kirche als Herrschaftsstütze. Sie setzten Bischöfe und Äbte ein, diese erhielten weltliche Rechte und Verwaltungsaufgaben und leisteten Heeresfolge. Im 11. Jahrhundert aber besannen sich die Päpste auf die geistlichen Aufgaben der Kirche sowie auf ihren Führungsanspruch und machten den Kaisern seitdem das Recht auf Bischofseinsetzung (»Investitur«) streitig. Die Kaiser konnten sich nicht durchsetzen. Das »Reich« (bestehend aus den Königreichen Deutschlands, Burgunds und Italiens) besaß daher bald keine starke Zentralgewalt mehr. Das Schwergewicht verlagerte sich auf regionale Adelsgeschlechter, die als erbliche Fürsten ihre Macht in kleinen Territorien ausbauten, während die Reichsspitze, der König, weiterhin gewählt wurde.

Im Gegensatz zu den römisch-deutschen Herrschern setzten sich die westfränkischen Könige (seit 987 die Kapetinger), zugleich Herzöge von »Franzien«, der Île-de-France (um Paris), als Lehnsoberherren nach dem Aussterben oder Niederringen der bedeutenden Vasallengeschlechter bis 1200 als erbliche Monarchen durch und bauten eine wirksame Verwaltung auf. Das gleiche galt von England, das 1066 von dem normannischen Herzog Wilhelm erobert wurde. Überall jedoch trat im Lauf der Entwicklung dem Herrscher eine Vertretung des Landes zur Seite, die er einberief, wenn besondere Anlässe zusätzliche Geldmittel erforderten. Hier versammelten sich die »Stände«, Vertreter der nach Abstammung, Geburt und Rechten gesonderten Gruppen der Geistlichkeit, des Adels und der Städte.

Stadtfreiheit und ländliche Fron

Als mittelalterliche Form des menschlichen Zusammenlebens entstand die Stadt als durchaus neuartige Siedlungsform. In Mitteleuropa knüpfte sie nur zum Teil und dann auch nur örtlich an städtische Siedlungen der Antike an, die im spätrömischen Reich fast völlig verfallen waren. Viele Städte gingen aus Bischofssitzen oder aus Mittelpunkten des Regional- und vor allem des Fernhandels hervor. Zur »Stadt« wurde eine Siedlung, wenn sie Markt-, Befestigungs- und Selbstverwaltungsrecht von einem Herrn errang oder zugestanden erhielt. Städtegründungen dienten aber auch zur Festigung der Landesherrschaft; dann handelte es sich um bedingt autonome Landstädte.

Im Deutschen Reich setzten es viele Städte durch, nur dem König untertan, also faktisch unabhängig zu sein. Die Bürger bildeten eine Genossenschaft, die sich aus vielen kleineren Gruppierungen zusammensetzte, besonders solchen, die Produktion und Absatz bestimmter Waren und Güter genau regelten und gegen Konkurrenz abschirmten, den Zünften. Manche Städte schlossen untereinander Zweckbündnisse wie die den Nord- und Ostseehandel beherrschende Hanse, die sich im 12. Jahrhundert herausbildete. Andere – wie Venedig oder Florenz – entwickelten sich zu eigenständigen Staatswesen mit bedeutenden Territorien.

Im ländlichen Bereich glichen sich freie und unfreie Bauernschaften an. Aus den Zwangsverbänden leibeigener Bauern, die dem Herren- oder »Frohn«-Hof eines kirchlichen oder weltlichen Grundeigentümers zugeordnet waren, wurden im 12. und 13. Jahrhundert Genossenschaften mit größerer Eigenständigkeit in Dorfangelegenheiten wie der Nutzung der Flur im Rhythmus der Dreifelderwirtschaft. Die zunehmende Verdrängung der Naturalwirtschaft durch den Geldverkehr ermöglichte die Ablösung drückender Verpflichtungen. Die Bauern blieben aber persönlich meist unfrei sowie zu Diensten und Abgaben an ihre Grundherren verpflichtet. Die Verminderung der Lasten ermöglichte jedoch auch eine wesentliche Steigerung der Agrarproduktion. Sie hielt mit dem Wachstum der Bevölkerung (allein in Mittel-und Westeuropa von etwa 5,5 Millionen um das Jahr 650 auf rund 35,5 Millionen im Jahr 1340) Schritt.

Baukunst, Musik, Literatur

Seinen kulturellen Höhepunkt erlebte das Mittelalter im 12. und 13. Jahrhundert. Zuvor schon – ab etwa 950 – waren die romanischen Kirchenbauten entstanden (darunter der Dom zu Magdeburg), um 1100 setzte sich etwa gleichzeitig in Frankreich und Deutschland die Wölbung durch (u.a. Dom zu Speyer). Technische Neuerungen ermöglichten den Übergang zum gotischen Stil, der ab etwa 1140 in der Île-de-France entstand und sich von dort in West- und Mitteleuropa verbreitete. Kennzeichnend sind die mächtigen Innenräume der monumentalen Kirchenbauten (u.a. Notre Dame de Paris, Kölner Dom), die nun als Einheit und nicht mehr als Zusammensetzung mehrerer Einzelräume empfunden wurden.

Bildhauerkunst, Glasmalerei und die beginnende Tafelmalerei entstanden in engem Zusammenhang mit der Architektur, insbesondere mit dem Kirchenbau. Auch die Musik, in der sich ein allmählicher Übergang von der Ein- zur Mehrstimmigkeit vollzog, war zunächst noch eng an die Kirche gebunden, doch kamen ab dem 11. Jahrhundert auch verschiedene weltliche Gattungen auf, insbesondere die Lieder der südfranzösischen Troubadoure. Stärker noch löste sich die Literatur von der Religion. Die eng mit Adel und Rittertum verbundene höfische Literatur umfasste als wichtigste Gattungen die Heldendichtung – wie das Rolands- oder das Nibelungenlied sowie den großen Kreis der Artusepik –, und die Minnelyrik. Im 13. Jahrhundert setzte eine Verbürgerlichung der Literatur ein.

Wandel des Weltbildes

Der Gesichtskreis der Menschen weitete sich nach innen wie nach außen. Hierbei spielten verstärkte Kontakte – während der Kreuzzüge und durch den Handel – mit benachbarten Kulturen, Islam und Byzanz, eine Rolle. Zugleich wuchs der Zweifel am überkommenen Wissen und Glauben, ja selbst an der Kirche als dem Hort abendländischer Traditionen. Auch innerhalb der Kirche entstand das Bedürfnis, die Übereinstimmung der theologischen Lehren mit dem verstandesmäßigen Denken nachzuweisen. Die Scholastik (Schulwissenschaft) suchte teils von den Glaubensinhalten ausgehend zur wissenschaftlichen Erkenntnis ihrer Wahrheit zu gelangen, teils umgekehrt vom begrifflichen Denken aus die kirchlichen Dogmen als vernunftgemäß zu begründen. Einen Gegenpol stellte das Frömmigkeitsdenken des Zisterzienserabtes Bernhard von Clairvaux (um 1090-1153) dar, der zum Begründer der abendländischen Mystik wurde.

Neben Kirchen und Klöstern als Bildungsträgern entstanden weltliche Bildungseinrichtungen, die genossenschaftlich organisierten Universitäten, als Vermittler der scholastischen und der humanistischen Wissenschaft. Die Schätze antiker Wissenschaft wurden, anfangs durch arabische Übersetzungen, seit dem 14. und 15. Jahrhundert durch Flüchtlinge aus dem von den Türken bedrohten und 1453 eroberten Konstantinopel dem Abendland übermittelt.

Ein Grund für die allmähliche Ablösung von kirchlichen Institutionen lag darin, dass das Papsttum als geistliche und auch politische Vormacht Europas immer weniger anerkannt wurde. Doppelwahlen von Päpsten führten mehrfach zur Spaltung der Glaubensgemeinschaft, deren Einheit erst im 15. Jahrhundert durch allgemeine Kirchenversammlungen (Konzilien) mühsam wieder hergestellt wurde. Das mittelalterliche Europa kennzeichnete nun Vielfalt im Staats-, Wirtschafts-, Geistes- und Kulturleben bei vollem Gefühl des Wurzelns in gemeinsamen Traditionen. Hinzu kam ein durchgreifender Bewusstseinswandel im Gefolge der vom Orient hereinbrechenden Pestwellen seit 1348.

Krise des späten Mittelalters

Der »schwarze Tod«, die große Pestepidemie, die seit 1348 ganz Europa heimsuchte, traf auf ein übervölkertes, von Hungerkrisen geschütteltes Abendland. Bis zur Mitte des 15. Jahrhunderts raffte die Pest über ein Drittel der Bevölkerung hinweg, entvölkerte ganze Dörfer und verwandelte fruchtbaren Ackerboden in ödes Brachland. Die Landwirtschaft geriet durch stockenden Absatz und Preisverfall in eine tiefe Krise. Ihr entzogen sich viele Bauern durch Flucht in die Städte. Oftmals – vor allem östlich der Elbe – wirkten dem die Grundherren durch engere Schollenbindung ihrer Bauern entgegen, so dass diese einen großen Teil ihrer Freizügigkeit einbüßten. Zugleich schürten Enge und Not die sozialen Konflikte in den Städten.

Die Krise des Spätmittelalters bewirkte Lebensunsicherheit und Drang nach Genuss der noch verbleibenden Zeit, tiefes, ja bis zum Wahnsinn gehendes Frömmigkeitsgefühl (Geißlerzüge), dem die an sich und ihren Glaubensregeln zweifelnde Kirche nur wenig entgegenzusetzen hatte und das zu teilweise häretischen religiösen Bewegungen (Katharer, Waldenser, Hussiten) führte. Das Mittelalter klang aus mit Elend und Not, dunklem Drang nach Befriedigung religiöser Sehnsucht durch Kasteiung auf Erden zur Vorbereitung aufs Jenseits, aber auch mit der Blüte von Literatur und bildenden Künsten des Humanismus und der Renaissance, ohne dass jene expansive Dynamik des Abendlandes verloren ging, die Abenteurernaturen am Ende des 15. Jahrhunderts auf die Weltmeere und zu neuen Kontinenten trieb.

KLOSTER RUPERTSBERG

Mystikerin und streitbare Äbtissin

Ihre schriftlich niedergelegten Visionen machten die Ordensfrau Hildegard von Bingen berühmt. Ungewöhnlich für eine Frau des Mittelalters äußerte Hildegard öffentlich ihre Ansichten zu kirchlichen und politischen Fragen.

17. 9. 1179: Im Alter von über 80 Jahren stirbt die Äbtissin Hildegard von Bingen, die durch die in ihren Schriften dargelegten mystischen Visionen sowie durch die Aufzeichnung ihrer naturwissenschaftlichen und medizinischen Kenntnisse bekannt geworden ist.

Hildegard von Bingen wurde im Jahr 1098 als zehntes Kind einer Adelsfamilie geboren und erhielt eine geistliche Erziehung. Zwischen 1147 und 1150 wirkte sie an der Errichtung des Frauenklosters Rupertsberg bei Bingen mit, deren Leitung sie 1151 übernahm.

Insgesamt über 300 Briefe richtete sie u.a. an Päpste, Fürsten und Bischöfe, aber auch an den römisch-deutschen Kaiser Friedrich I. Barbarossa.

Ab 1141 begann die Klosterfrau damit, ihre Visionen aufzuzeichnen, u.a. im »Liber Scivias« (Wisse den Weg) und dem »Liber vitae meritorum« (Buch der Lebensverdienste). Dabei ging es ihr um eine mystische Gotteserfahrung und um ihre Sicht des Kosmos.

Diesen begriff sie als einmalige Schöpfung Gottes, in der alles wunderbar geordnet und aufeinander bezogen ist. Dem Menschen, als der »kostbarsten Perle« Gottes, kommt eine herausragende Stellung, aber auch eine besondere Verantwortung für das Gleichgewicht des Kosmos zu.

Die Äbtissin hat sich nicht nur für theologische, sondern auch für wissenschaftliche Fragen interessiert. Neben einem naturwissenschaftlichen Werk hat Hildegard eine medizinische Abhandlung über Krankheitsursachen und Behandlungsmethoden, »Causae et curae«, verfasst.

Sie hat Empfängnis, Schwangerschaft sowie Geburt beschrieben und auch ihre tiefere Bedeutung in der Heilsgeschichte erläutert. Ihre Behandlungsanweisungen verraten weit reichende Kenntnisse der natürlichen Heilmittel. Nebenbei hat sich Hildegard als Komponistin betätigt. Sie verfasste u. a. 77 geistliche Gesänge.

Kosmosmensch aus Hildegards »Buch der Gotteswerke«

LÜBECK

Beispielhaft: Der Aufstieg Lübecks

Lübecks Verfassung und das sog. Lübische Recht werden vorbildlich für den Ostseeraum.

1159: Die Stadt Lübeck wird neu gegründet. Die erste Gründung 1143 des Schauenburger Grafen Adolf II. von Holstein hatte keinen Bestand. 1163 wird Lübeck Sitz des Bischofs von Oldenburg. Nach vorübergehender dänischer Herrschaft (1201-25) wird die Stadt 1227 zur freien Reichsstadt erhoben.

HINTERGRUND

»Stadtluft macht frei«

Mit dem wirtschaftlichen Aufstieg Europas seit dem 11. Jahrhundert, entstehen Städte als Handels- und Wirtschaftszentren. Am Ausgang des Mittelalters ist die Stadt zu einem politischen Machtfaktor neben Adel und Kirche geworden.

Neben dem Ausbau gewachsener Siedlungen kommt es zur Neugründung von Städten. Viele entstehen planmäßig mit der Besiedelung deutscher Ostgebiete. Wichtiger Faktor für den Aufstieg einer Stadt ist ihre günstige Lage an Verkehrs- und Handelswegen, denn die Funktion als Markt und Warenumschlagsplatz steht zunächst im Vordergrund.

Stadtgründung, von de Bles (1510-1555)

Die Stadtgründer (König, Bischöfe, Fürsten) treten Hoheitsrechte an die Siedlungen ab (z.B. Markt-, Handels-, Zoll- und Münzrechte). Außerdem erhalten die Städte politische Freiheiten, so dass sie sich selbst verwalten und eine eigene Rechtsprechung haben. Unter diesen Bedingungen zieht es viele Menschen vom Land in die Städte – »Stadtluft macht frei«.

STICHWORT

Mit den Städten entstehen Schulen

Im Mittelalter waren Schulen lange Zeit der Ausbildung des geistlichen Nachwuchses vorbehalten und hatten ausschließlich religiöse Lernziele. Später öffneten sich die Kloster- und Domschulen auch höfischen Kreisen.

Erst in den Städten kommt es zunehmend zur Gründung weltlicher Schulen – teils in städtischer Hand, teils privat organisiert. Notwendig werden sie vor allem deshalb, weil der Handelsverkehr zunehmend schriftlich abgewickelt wird. Doch je mehr die städtischen Kaufleute und Handwerker ihre Stellung im sozialen Gefüge verbessern, wird der Schulbesuch auch zu einer Prestigefrage.

Die Schulen des Mittelalters vermitteln nicht nur Grundwissen, sondern bilden gezielt für bestimmte Berufe aus – Kleriker, Jurist, Mediziner. Aus den auf ein bestimmtes Fach bezogenen Schulen entwickeln sich die Universitäten.

BOLOGNA

Erste Universität Europas

Das Statut der Universität Bologna beeinflusst die Gründung weiterer Universitäten in Europa.

1158: Die 1119 als Rechtsschule gegründete Universität Bologna wird mit kaiserlichen Privilegien ausgestattet und erhält damit die wirtschaftliche und rechtliche Freiheit zum Lehren und Lernen.

Durch den Erlass »Authentica Habit« stellt der römisch-deutsche Kaiser Friedrich I. Barbarossa die Studenten unter seinen Schutz und befreit die Universitätsangehörigen von Abgaben an die örtlichen Kirchen. Diese Privilegien sind nicht an die Institution, sondern an Personen gebunden, was Professoren und Scholaren einen Ortswechsel erleichtert.

An der Universität, die bald 10 000 Studenten zählt, bilden sich Fakultäten für Theologie, Medizin, Jura und Philosophie. Vor dem Hauptstudium ist ein »Studium generale« zu absolvieren, das den sieben »Artes liberales«, den »freien Künsten« entspricht. Die Fächer Grammatik, Rhetorik, Dialektik, Arithmetik, Geometrie, Musik und Astronomie unterweisen die Studierenden in Gebieten, die neben ihrem Schwerpunktfach liegen. Unterrichtssprache ist Latein.

Nach dem Vorbild Bolognas werden auch andere bereits bestehende Schulen in Universitäten mit umfassenderem Bildungsangebot umgewandelt, etwa die Medizinschule von Salerno oder die Rechtsschule von Montpellier. Andernorts werden Klosterschulen zu Universitäten – u.a. in Oxford oder Paris – oder es entstehen durch die Abwanderung von bestehenden Hochschulen neue Universitäten (Padua, Cambridge). Der deutschsprachige Raum erlebt im 14. Jahrhundert eine Welle von Universitätsgründungen, u.a. in Prag (1348), Heidelberg (1386) und Köln (1388).

Lehrbetrieb in Bologna um 1400: Meister Antonio da Budrio unterrichtet seine Schüler von der Kanzel aus – Unterrichtssprache ist Latein.

LOTHRINGEN

Kunst aus Gold und Emaille

In der Werkstatt des Goldschmieds und Emailleurs Nikolaus von Verdun entsteht ein Reliquienschrein für die Gebeine der Heiligen Drei Könige.

1181: Nikolaus von Verdun beginnt mit der Arbeit am Dreikönigsschrein für den Kölner Dom. Zuvor hat Nikolaus den sog. Verduner Altar für die Stiftskirche Klosterneuburg bei Wien fertig gestellt, einen Altaraufsatz, der als eines der Hauptwerke romanischer Schmelzkunst gilt. Nikolaus schuf die 68 vergoldeten und emaillierten Kupfertafeln mit Darstellungen aus dem Alten und Neuen Testament.

Den Dreikönigsschrein für die Gebeine der Heiligen Drei Könige, die Rainald von Dassel 1164 nach Köln überführte, kann Nikolaus nicht selbst vollenden – er stirbt um 1205, 25 Jahre vor der Fertigstellung des Schreins. Von ihm stammen aber der Gesamtentwurf sowie die Längswände.

Stirnseite des Dreikönigsschreins

WESTAFRIKA

Muslim-Reich in Westafrika

Das Reich Mali dehnt sich bis zum 14. Jahrhundert weit nach Norden und Osten aus und erlangt durch den Handel mit Gold und Salz Reichtum.

Um 1175: Das um 1100 am oberen Nil entstandene Reich Mali erlebt seine erste Blützezeit. Im 13. und 14. Jahrhundert wird es zum führenden Staatswesen Westafrikas.

Die Herrscher des Reiches Mali sind Muslime, seit zu Beginn des 11. Jahrhunderts einer ihrer Vorfahren sich zum Islam bekehren ließ. Daraufhin, so berichtet der arabische Geschichtsschreiber Ibn Khaldun, begann es zu regnen und die Hungersnot hatte ein Ende. Schillernde Berichte gibt es von der Pilgerfahrt des Königs Kankan Mussa (1312-1337) nach Mekka, bei der er über 20 000 Goldstücke als Almosen verteilt haben soll. Sein Tod leitet den Zerfall des Reichs ein. Anfang des 15. Jahrhunderts fällt es in die Hand der Sonni aus dem Nachbarreich Songhai.

Große Moschee von Djenné (Mali)

JAPAN

Shogune übernehmen die Macht

In Japan bestimmen die sog. Kriegerfamilien, die als einzige über militärische Mittel verfügen, die Richtung der Politik. Sie begründen eine fast 700 Jahre lang andauernde Militärherrschaft.

21. 8. 1192: Der Samurai Yoritomo Minamoto lässt sich vom japanischen Kaiser den Titel eines erblichen Shogun (Kronfeldherr) verleihen. Schon seit dem 9. Jahrhundert verfügt der japanische Tenno kaum noch über wirkliche politische Macht. 858 übernahm die Adelsfamilie Fujiwara die Vormundschaft über den Kaiser, der schließlich nur noch repräsentative und rituelle Pflichten zu erfüllen hatte. Zugleich wuchs der Einfluss der sog. Kriegerfamilien.

Mitte des 12. Jahrhunderts war die Vormachtstellung der Fujiwaras geschwunden, andererseits hatten sich zwei führende Militärsippen – Taira und Minamoto – herausgebildet, denen die übrigen Kriegerfamilien in einer Art Feudalsystem verbunden waren. Zunächst übernahmen um 1150 die Taira die Vorherrschaft; im Gempeikrieg 1180 bis 1185 setzten sich aber die Minamoto durch.

Um den Kaiserhof zu umgehen, verlegen die Shogune ihre zentrale Militärbehörde nach Kamakura in der Bucht von Tokio. In der Hauptstadt Kyoto bleiben der Hofstaat und seine Behörden lediglich als Scheinregierung bestehen. In Kamakura entsteht eine Militärdiktatur, die keine nationalen Belange, sondern vorrangig die Interessen des Kriegerverbandes wahrt.

Allerdings ist die Anfangszeit des Shogunats von heftigen inneren Unruhen und äußeren Bedrohungen geprägt. Yorimoto bemüht sich um den Aufbau einer funktionierenden Verwaltung und Gerichtsbarkeit, führt aber auch blutige Feldzüge gegen Regionalherrscher, die sich seinem Regime widersetzen.

Nach seinem Tod 1199 geht die Shogun-Würde nacheinander auf seine beiden Söhne über, die jedoch nicht das politische Geschick ihres Vaters aufweisen. Stattdessen gelingt es Yorimotos Witwe Masa-ko, der Familie ihres Vaters Macht und Einfluss zu verschaffen, so dass die Shogune vorübergehend das gleiche Schicksal erleiden wie der Tenno: Nominell üben sie die Regierung aus, doch die tatsächlichen Machthaber sind die Hojo. Sie garantieren Japan für etliche Jahrzehnte eine relativ friedliche Existenz, bis sich das Land mit dem Einfall der Mongolen konfrontiert sieht.

Yoritomo Minamoto erlangt als Erster den erblichen Titel eines Shogun (japanische Malerei, Tokio Nationalmuseum).

Krieger ohne Familienbindung

Das Wort Samurai bezeichnet »jemanden, der dient«; ursprünglich waren dies die bewaffneten Begleiter eines Adligen, doch vom 12. Jahrhundert an werden sie zu Angehörigen einer angesehenen und mächtigen Kriegerkaste. Die Samurai sind an einen strengen Ehrenkodex gebunden, der u.a. stoische Todesverachtung und unbedingte Treue gegenüber dem Lehnsherrn verlangt. Bindungen an die Familie aber auch an Land oder Nation sind dagegen belanglos. Hauptwaffe der Samurai ist ein zweischneidiges Schwert, das mit beiden Händen geschwungen wird. Hinzu kommt ein kürzerer Dolch. Ein umständliches Ritual ist erforderlich, um die Rüstung anzulegen. Sie besteht aus hunderten von lackierten Eisenplättchen, die von Seidenschnüren zusammengehalten werden.

ANATOLIEN

Kaiser ertrinkt im Saleph

Nach Friedrichs Tod kehren viele deutsche Kreuzfahrer in ihre Heimat zurück. Zwei Jahre später wird der Kreuzzug fast ergebnislos beendet.

10. 6. 1190: Der römisch-deutsche Kaiser Friedrich I. Barbarossa ertrinkt auf dem dritten Kreuzzug beim Baden im Fluss Saleph.

Anlass für den Kreuzzug war die Eroberung Jerusalems durch Sultan Saladin im Jahr 1187. Friedrich I., der französische König Philipp II. und der englische Thronfolger Richard Löwenherz riefen daraufhin zum Kreuzzug auf. Insgesamt 350 000 Teilnehmer brachen in den Nahen Osten auf.

Zu den ausgesprochen mageren Ergebnissen dieses Kreuzzuges zählen die Eroberung der Festung Akko sowie der Abschluss eines Vertrages über die künftige Zulassung von Pilgerbesuchen in Jerusalem.

Barbarossa (Miniatur aus dem Kloster Schäftlarn, 1188/89)

KAIRO

Judentum und Aristoteles

In seinen Schriften, die großen Einfluss auf die christliche Scholastik ausüben, regt Maimonides zum Studium der Werke des Aristoteles an.

1185: Der jüdische Religionsphilosoph und Arzt Moses Maimonides veröffentlicht sein Hauptwerk »Führer der Unschlüssigen«, das eine Vermittlung zwischen Glauben und Wissen sucht. Maimonides, 1135 in Córdoba geboren, floh nach der Eroberung seiner Heimat durch die Almohiden ins christliche Spanien, später nach Marokko und Ägypten, wo er als Arzt tätig ist.

Maimonides verfasst ein zentrales Werk der mittelalterlichen jüdischen Religionsphilosophie.

BURG TRIFELS

Englands König muss Kaiser anerkennen

Kaiser Heinrich VI. kann seine Machtposition durch die Gefangennahme des englischen Königs Richard I. Löwenherz erheblich stärken.

4. 2. 1194: Gegen ein hohes Lösegeld und nachdem er den römisch-deutschen Kaiser Heinrich VI. als Lehnsherrn anerkannt hat, wird der englische König Richard I. Löwenherz nach über einjähriger Gefangenschaft auf Burg Trifels in der Pfalz freigelassen. Richard I., seit 1189 als Nachfolger seines Vaters Heinrich II. auf dem englischen Thron, hatte ebenso wie der französische König Philipp II. und der römisch-deutsche Kaiser Friedrich Barbarossa am dritten Kreuzzug teilgenommen. Auf der Rückreise erlitt Richard Schiffbruch und musste den Heimweg durch Österreich antreten, mit dessen Herzog Luitpold V. er sich während des Kreuzzuges überworfen hatte. Bei dem Streit ging es um ein Abkommen über die Aufteilung der Beute, das Frankreich und England in Messina geschlossen hatten, das aber einen Teil der Kreuzfahrer unberücksichtigt ließ. Als Luitpold seinen Anspruch durchzusetzen suchte, indem er in der eroberten Stadt Akko das Banner der Babenberger aufstellte, riss Richard es nieder.

Die Beleidigung und der materielle Verlust veranlassten Luitpold 1192 zur Festnahme des englischen Königs in Österreich. Im folgenden Jahr lieferte er Richard an Heinrich VI. aus. Der Hohenstaufer fürchtete ein Wiedererstarken des Welfen Heinrichs des Löwen, der unter seinem Vorgänger Friedrich Barbarossa seine Gebiete Bayern und Sachsen verloren hatte und diese nun – mit Unterstützung des englischen Königs – wiederzuerlangen suchte. Durch die Lehnsbeziehung zu Richard Löwenherz unterbindet Heinrich VI. nun dessen Beziehungen zu Heinrich dem Löwen. Das enorme Lösegeld ermöglicht es dem Kaiser zugleich, sein Heer zu verstärken.

Richard Löwenherz kehrt nach seiner Freilassung nach England zurück, um sogleich nach Frankreich aufzubrechen. Hier liegt er – wegen der umfangreichen Besitzungen des Anglo-Angevinischen Reiches auf dem Kontinent – im Streit mit Philipp II. Richard fällt 1199 im Kampf.

Der gefangene Richard Löwenherz huldigt Kaiser Heinrich VI.

»Die Eroberung von Konstantinopel« (Ausschnitt); Gemälde von Domenico Tintoretto (1560-1635)

KONSTANTINOPEL

Sturm auf Byzanz

Der vierte Kreuzzug wird zu einem Eroberungsfeldzug. Byzanz wird in Kreuzfahrerstaaten aufgeteilt, die bis z.T. 1261 Bestand haben.

13. 4. 1204: Die Kreuzfahrer stürmen Konstantinopel (heute Istanbul), die Hauptstadt des Byzantinischen Reiches und Zentralsitz der Ostkirche. Papst Innozenz III. hatte seit 1198 den europäischen Adel zu einem Kreuzzug aufgerufen. Für den Transport sollte Venedig sorgen. Ein Teil des Preises wurde durch die Eroberung der dalmatinischen Stadt Zara abgegolten, die sich 1186 von Venedig gelöst hatte. Auf Bitten des byzantinischen Kronprätendenten Alexios IV., der die Wiedervereinigung von West- und Ostkirche in Aussicht stellte, wurde das Heer dann nach Konstantinopel umgeleitet. Die Kreuzfahrer erobern die Stadt und toben, nachdem Alexios sein Versprechen nicht erfüllt hat, ihren Hass auf die Ostkirche in Gräueltaten und Plünderungen aus.

DEUTSCHES REICH

Artus-Epik spiegelt das Idealbild des Ritters

Mit dem »Parzival« erweitert der mittelhochdeutsche Dichter Wolfram von Eschenbach die höfisch-ritterliche Abenteuergeschichte zu einem Entwicklungsroman.

Um 1200-1210: Wolfram von Eschenbach vollendet seinen Versroman »Parzival«, den bedeutendsten höfischen Roman des deutschen Sprachraums. Über seine französische Vorlage, den »Perceval« des Chrétien de Troyes, geht Wolfram weit hinaus. Er nutzt die Erkenntnissuche seines Helden zur Erörterung religiös-philosophischer Fragestellungen. Parzival sucht nicht nur nach ritterlicher Vollkommenheit, sondern auch nach dem Gral, dem Sinnbild geistig-religiöser Erfüllung, das nur der erlangen kann, der reinen Herzens ist. »Parzival« zählt zur sog. Artusdichtung. Die Gestalt des König Artus geht vermutlich auf einen britannischen Heerführer zurück, der 537 in der Schlacht am Camlann gefallen sein soll. Als sagenhafter Herrscher unterhält Artus eine Tafelrunde auserwählter und vorbildlicher Ritter, darunter Parzival, Tristan, Gawan und Lanzelot. Über diese Gestalten ist seit dem 12. Jahrhundert in Europa eine vielfältige erzählende Literatur entstanden, die von Abenteuern berichtet, aber auch eine Vorstellung vom Idealbild des Ritters vermittelt.

Als oberstes Gebot wird vom Ritter »maze« – Mäßigkeit – verlangt, sein Verhalten soll stets ausgewogen und angemessen sein. Er hat seine Gemütsregungen zu unterdrücken und innere Festigkeit zu beweisen; erst dadurch bestätigt sich seine adlige Geburt. Durch die ritterliche Erziehung lernt der junge Standesherr das rechte Auftreten bei Hof. Mäßigung und Beständigkeit sind neben gesellschaftlicher Tüchtigkeit und Zielstrebigkeit, einem festen Willen und guter Urteilsfähigkeit die Grundlagen für den Erfolg des Einzelnen. Erwartet werden darüber hinaus Gerechtigkeit sowie Mitleid, Hilfsbereitschaft und Freigebigkeit gegenüber Bedürftigen. Um 1200 gerät mit dem vierten Kreuzzug und der damit verbundenen Krise der weltlichen Macht auch das Idealbild des Ritters ins Wanken. Schon im »Parzival« sind Zweifel am Sinn des höfischen Lebens zu spüren, das Rittertum wird um eine religiöse Dimension erweitert. Zwei Jahrzehnte später wird in Frankreich der Tod des König Artus und damit das Scheitern der höfischen Gesellschaft besungen.

Wolfram von Eschenbach (um 1170/80-um 1220) mit Knappe

DEUTSCHES REICH

Vom Recken Siegfried

Im »Nibelungenlied« sind verschiedene germanische Heldendichtungen miteinander verbunden und teilweise neu gedeutet.

Um 1200: Im Donaugebiet entsteht das »Nibelungenlied«, in dem ein unbekannter Dichter die Heldentaten des Recken Siegfried von Xanten mit der Geschichte vom Untergang der Burgunder verknüpft. Die 2400 Strophen (39 sog. Aventiuren) umfassende Dichtung verweist deutlich auf historische Ereignisse. Für die Siegfriedhandlung dient vermutlich die Einheirat eines Merowingerkönigs in das burgundische Königshaus als Vorbild; das Schicksal der Burgunder vermischt den Sieg der Hunnen über die Burgunder (436) mit der Vernichtung ihres Reiches durch die Franken (538).

Das »Nibelungenlied« berichtet von Siegfried, der dem Burgunderkönig Gunther hilft, Brunhild zu freien, um selbst Gunthers Schwester Kriemhild zur Frau zu bekommen. Als Brunhild erfährt, dass nicht Gunther, sondern Siegfried sie im Kampf und im Schlafgemach bezwungen hat, lässt sie den Helden von Gunthers Gefolgsmann Hagen ermorden. Siegfrieds Nibelungenschatz versenkt Hagen im Rhein. Später willigt Kriemhild in die Heirat mit dem Hunnenkönig Attila ein, doch ist sie beseelt von dem Wunsch nach Rache für Siegfrieds Tod. Sie lädt die Burgunder an Attilas Hof ein und fordert die Auslieferung Hagens. Als die Burgunder dies verweigern, schreckt Kriemhild nicht vor einem Blutbad zurück, um den verhassten Hagen zu töten.

Schließlich sind Gunther und Hagen die einzigen Überlebenden, die Kriemhild ausgeliefert werden. Diese interessiert allein der Verbleib des Nibelungenhortes, der ihr als Vermächtnis ihres Mannes und als Inbegriff der Macht erscheint. Da Hagen sich weigert, das Versteck preiszugeben, solange einer seiner Herren lebt, lässt Kriemhild kurzerhand ihren Bruder enthaupten, nur um von Hagen nun erst recht verhöhnt zu werden. Die wutentbrannte Kriemhild schlägt ihm mit Siegfrieds Schwert Balmung den Kopf ab, nicht ohne noch einmal zärtlich an ihren »holden Liebsten« zu denken. Sie selbst wird von Hildebrand (dem historischen Dietrich von Bern), der bei Attila im Exil lebt, getötet. Die Schilderungen des höfischen Leben sind der Stauferzeit entlehnt. Ein neues Motiv ist das zentrale Thema der Gattenliebe.

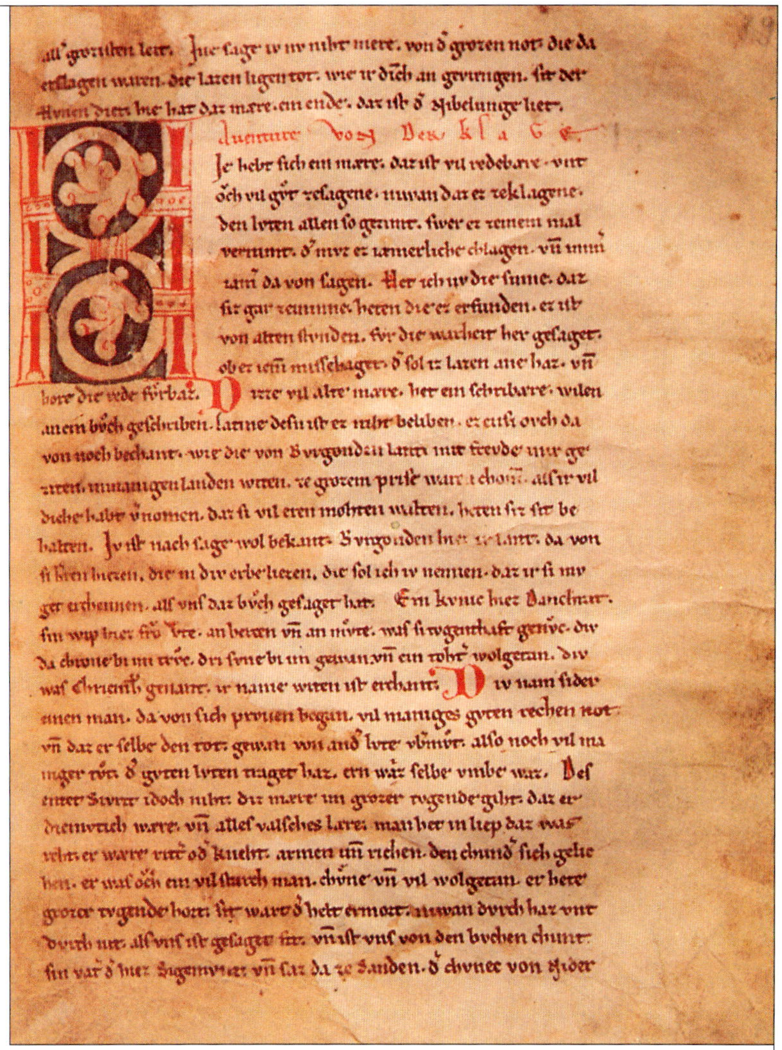

Das »Nibelungenlied« ist in zehn Handschriften vollständig überliefert.

HINTERGRUND

Minnesang wandelt sich mit der Gesellschaft

Als Produkt und Abbild der ritterlichen Gesellschaft verbreitet sich der Minnesang, von den provenzalischen Troubadours übernommen, ab ca. 1170 auch in Deutschland.

In der ersten Phase – bis etwa 1200 – befassen sich die Lieder mit dem Liebesdienst für eine hoch stehende Dame. Der Lohn besteht in der Erziehung zu den sittlichen Idealen des Rittertums. Mit den Kreuzzügen kommt ein zweites Element in die Minnelyrik. Der Sänger überlegt, ob er zu Hause um die Zuneigung einer Dame ringen oder auf dem Kreuzzug die »Gottesminne« erlangen soll.

Nach 1200 wird der Minnesang vielfältiger. Zweifel am Sinn des Minnedienstes kommen auf, stattdessen entstehen nun u.a. Hartmann von Aues Tagelieder, die Abschiedsdialoge zweier Liebender bei Tagesanbruch. Walther von der Vogelweide wendet sich in seinen Liedern der niederen Minne zu, der Beziehung zu Frauen aus den niederen Schichten des Volkes. Statt von »minne« spricht er nun von »herzliebe«. Neidhart von Reuenthal gebraucht Vokabeln des höfischen Minnesangs, stellt sie aber parodierend in ein entgegengesetztes Umfeld.

Walther von der Vogelweide (um 1170-nach 1229)

Tannhäuser im Ornat des Deutschen Ritterordens

BOUVINES

Sieg für Kapetinger und Staufer

Mit seinem Sieg über die vereinigten englischen, welfischen und flandrischen Truppen sichert sich der französische König Philipp II. August die Herrschaft über weite Teile Frankreichs und stärkt die Position der mit ihm verbündeten Staufer in Deutschland.

27. 7. 1214: Der auf dem Schlachtfeld bei Bouvines, südöstlich von Lille in der Grafschaft Flandern, errungene Sieg verändert entscheidend die politische Konstellation in Europa. In Frankreich selbst wird die Stellung der Monarchie gefestigt. Dem französischen Herrscherhaus, den Kapetingern, gelingt es, Einfluss und Macht der Kronvasallen zu brechen.

Der Zerfall des Anglo-Angevinischen Reiches, das bis 1214 neben England, Irland und Wales den größten Teil West- und Südfrankreichs umfasst, wird beschleunigt.

Im Friedensschluss von Chinon muss der englische König Johann I. auf den größten Teil seines Festlandbesitzes verzichten und alle Gebiete nördlich der Loire an Frankreich abtreten. Selbst Anjou, das Stammland seines Großvaters Heinrich I., geht verloren. Dank päpstlicher Vermittlung bleibt dem englischen König, der nun Johann Ohneland genannt wird, Aquitanien erhalten.

Auch der welfisch-staufische Streit um die Vorherrschaft in Deutschland wird nach der Schlacht bei Bouvines endgültig entschieden. Der Welfenkaiser Otto IV., ein Verbündeter Johanns, muss fliehen und verliert endgültig seinen politischen Rückhalt.

Philipp übersendet seinem Bündnispartner, dem Stauferkönig Friedrich II., den in der Schlacht erbeuteten Reichsadler und ebnet ihm den Weg zur Kaiserkrone.

Schlacht bei Bouvines, Gemälde von Horace Vernet (1789-1863)

Philipp II. August, König von Frankreich

FRANKFURT AM MAIN

Thronstreit in Deutschland beendet

Die erneute Krönung Friedrichs II. leitet die Rückkehr der Staufer an die Spitze des Heiligen Römischen Reiches ein.

9. 12. 1212: Friedrich II. wird – mit Unterstützung von Papst Innozenz III. – wie schon 1196 zum deutschen König gekrönt. Da die deutsche Königswürde nicht erblich ist, sondern durch die Wahl der Fürsten vergeben wird, hatte Kaiser Heinrich VI. (1190-97) 1196 seinen zweijährigen Sohn Friedrich zum König wählen lassen, um die Erbfolge der Staufer zu sichern. Nach Heinrichs Tod kam es 1198 jedoch zu einer doppelten Königswahl, bei der Friedrich übergangen wurde: Philipp von Schwaben und der Welfe Otto IV. beanspruchten gleichermaßen den Thron. Die Auseinandersetzungen zwischen den Herrscherhäusern führten zum Bürgerkrieg. Nach Philipps Tod 1208 gewann Otto die Unterstützung des Papstes, dem er wichtige Rechte zusicherte. Otto wurde zum Kaiser gekrönt, wenig später aber gebannt, da er seine Versprechen nicht einhielt.

Friedrich II., Förderer von Künsten und Wissenschaften

Magna

In ihrer endgültigen Form von 1225 wird die »große Urkunde der Freiheiten« die Grundlage des englischen Verfassungsrechts.

15. 6. 1215: In der »Magna Charta libertatum« garantiert der englische König Johann I. Ohneland Adel und Geistlichkeit ihre lehnsrechtlichen Privilegien. Innen- und außenpolitische Probleme zwingen Johann zu Zugeständnissen gegenüber den Baronen: Im Konflikt mit Papst Innozenz III. musste der König 1213 eine Demütigung hinnehmen und England als päpstliches Lehen akzeptieren, nicht zuletzt, um Beistand vor einer drohenden französischen Invasion zu erhalten. Durch die Niederlage bei Bouvines verlor er bis auf Aquitanien und die Gascogne alle englischen Besitztümer in Frankreich.

Formal ein königliches Privileg stellen die Bestimmungen der Magna Charta tatsächlich jedoch einen Vertrag zwischen König und Adel dar, der nach schwierigen Verhandlungen zustande kommt. Über die Hälfte der 63 Artikel befassen sich mit dem Feudalrecht. Insbesondere werden die Möglichkeiten zur Erhebung immer neuer Abgaben auf Feudalleistungen ein-

ZUR PERSON

Franz von Assisi – Armut als Ideal

Franz von Assisi wurde 1181/82 als Sohn eines Händlers geboren. Nach einer Predigt über die Aussendung der Jünger veränderte er 1208 sein Leben radikal: Er gab seinen Besitz auf und wurde Wanderprediger. Der »Troubadour Gottes« zieht sich 1220 auf den Monte Alverno zurück und stirbt 1226. Zwei Jahre später wird er heiliggesprochen.

RUNNYMEDE

Charta

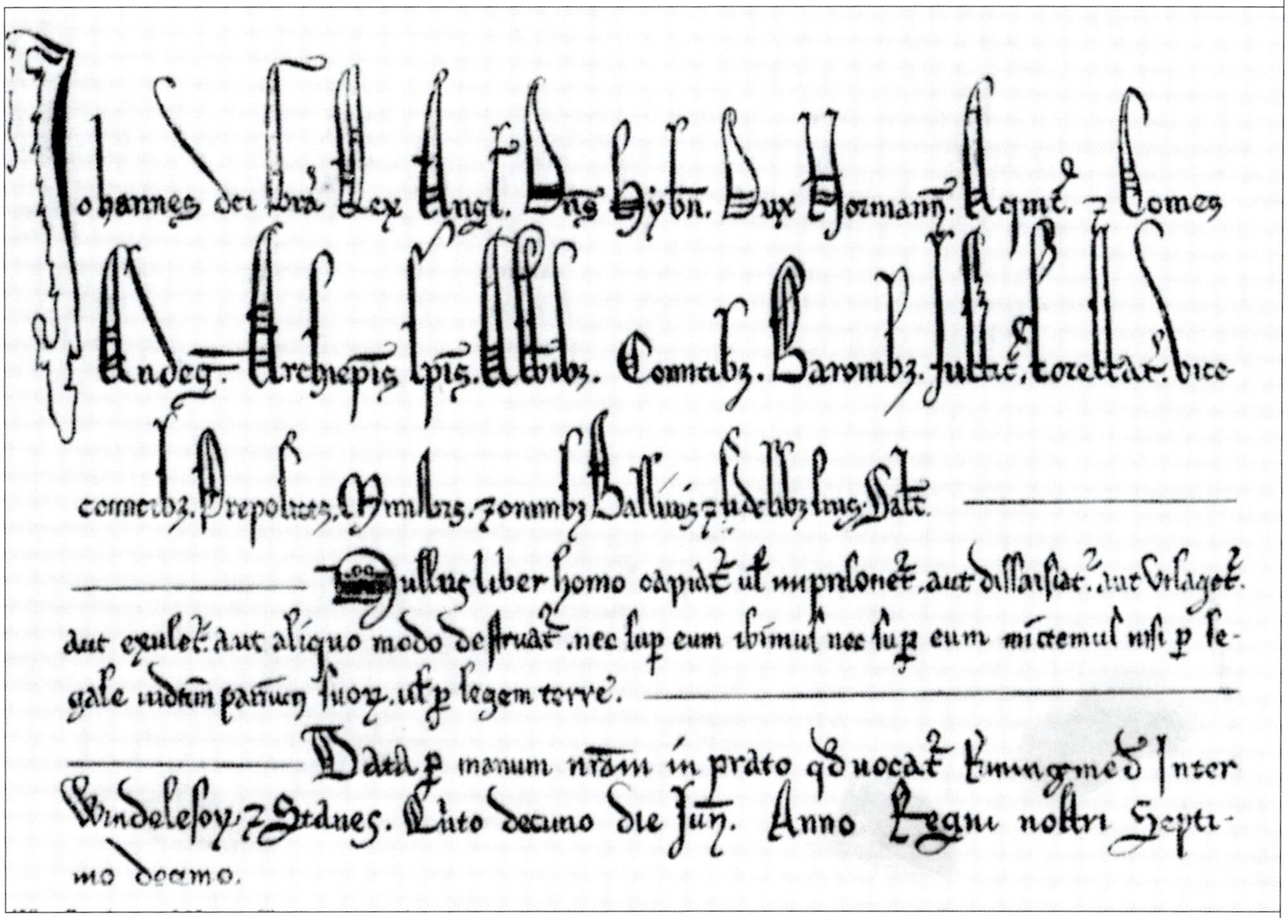
Johannes dei gra' Rex Angl. Dns Hybn. Dux Normann. Aquit. & Comes Andeg. Archiepis. Epis. Abbatibz. Comitibz. Baronibz. Justic. Forestar. Vicecomitibz. Prepositis. Ministris. & omnibz Ballivis & fidelibz suis Salt.

Nullus liber homo capiat' vel imprisonet' aut dissaisiat' aut utlaget' aut exulet' aut aliquo modo destruat' nec sup eum ibimus nec sup eum mittemus nisi p legale iudiciu pariu suoru vel p legem terre.

Data p manum nram in prato qd vocat' Runingmed Inter Windlesor & Stanes. Quinto decimo die Jun. Anno Regni nostri Septimo decimo.

In 63 Artikeln legt die Magna Charta die Rechte des Adels und der Kirche fest und unterbindet so Willkürmaßnahmen des Königs.

geschränkt. Die Barone setzen durch, dass der König neue Steuern und Abgaben nicht »ohne gemeinsame Beratung des Reiches«, also auch unter Einbeziehung der Städte, festsetzen darf. Dies ist ein allererster Schritt zu Parlamentarismus und Demokratie.

In Bezug auf die Rechte des Königs und die allgemeine Gerichtsbarkeit werden u.a. folgende Vereinbarungen getroffen:

- Kontrolle der königlichen Gerichtsbarkeit
- Normierung der Rechtsprechung: Jedem Freien wird garantiert, dass er nicht willkürlich verfolgt, sondern nur durch seine Standesgenossen und nach den Gesetzen des Landes verurteilt werden darf
- Ansätze einer Kontrolle der königlichen Gewalt durch einen Ausschuss von 25 Baronen
- Rechtssicherheit auch für nicht feudale Gruppen (Schutz von Bauern und Kaufleuten, Bestätigung der städtischen Freiheiten, Begünstigung Londons).

Papst Innozenz III. als Lehnsherr Englands erhebt gegen die Magna Charta heftigen Protest. Offenbar sieht er seine Macht durch die garantierten Freiheitsrechte und die Festschreibung der Regelungen innerer Angelegenheiten gefährdet.

ITALIEN

Franziskaner predigen Dienst am Menschen

Viele der im 13. Jahrhundert entstehenden Bettelorden streben die Rückbesinnung auf das frühe, besitzlose Christentum an.

1210: Der Prediger Franz von Assisi begründet den Orden der Franziskaner. Angesichts einer reich und mächtig gewordenen Kirche trifft sein Ruf, zur einfachen Lebensweise der Apostel zurückzukehren, auf offene Ohren. Das wohlhabende Bürgertum wird durch die Mahnung zum christlichen Teilen veranlasst. Die Landbevölkerung, die am wirtschaftlichen Erfolg der Städte keinen Anteil hatte, erfährt durch die praktische Solidarität des Predigers, eine klare Aufwertung. Die Volksverbundenheit Franz von Assisis bewirkt, dass sich auch viele Laien seine Grundsätze zu eigen machen wollen. Die Franziskaner werden 1223 – wie 1220 die Dominikaner – vom Papst bestätigt. Andere Armutsbewegungen geraten in Konflikt mit der Kirche: Die Waldenser wollen sich der kirchlichen Obrigkeit nicht unterwerfen; die radikal asketischen Katharer betrachten die katholische Kirche gar als Gegenkirche. Beide Gruppen werden Opfer der Inquisition.

Die Vogelpredigt des Franz von Assisi, Altarbild

Mongolen erobern ein Weltreich

13./14. Jahrhundert

Die Ausrufung des Groß-Khans

Wir wollen dich zum Khan machen. Wenn du, Temudschin, Khan wirst, wollen wir als Spitze gegen die Feinde anreiten und ihre schönsten und besten Mädchen und Frauen und ihre Palastjurte, aus ihrem Staate und Volke die schönwangigen Frauen und Mädchen und die feinschenkligen Wallache wollen wir dir im Trabe anbringen... Wenn wir am Tag des Kampfes deinen Kommandos nicht entsprechen, dann reiße uns von unserem Besitz und Gattin und Frauen und wirf unsere schwarzen Köpfe auf den Erdboden.« Mit diesen Worten, die in der »Geheimen Geschichte der Mongolen« (1241) festgehalten sind, wählte eine Stammesversammlung (sog. Khwiltai) in der Nähe der Onon-Quelle im Jahr 1206 Temudschin, der sich Dschingis Khan nannte (um 1155-1227), zum Groß-Khan aller Mongolen.

Unter Dschingis Khans strategischer Führung begann die rasche Expansion des Nomadenvolkes aus Zentralasien zu einem Weltreich, das unter Kublai Khan (1215-1294) seit 1260 seine größte Ausdehnung erlebte und in Europa unter dem Namen »Mongolensturm« Angst und Schrecken erregte.

Ebenso schnell wie der Aufstieg zu einem Reich, das vom Arabischen Golf bis zu den nördlichen Wäldern Sibiriens, vom Schwarzen Meer bis zum Pazifik reichte, kam der Niedergang – das Reich zerfiel in verschiedene autonome Gebiete, die bereits im 14. Jahrhundert vor dem Untergang standen. Einzig das Khanat der Goldenen Horde hielt sich bis zum Ende des 18. Jahrhunderts, allerdings unter osmanischer Oberhoheit.

Der Aufstieg unter Dschingis Khan

Zur Zeit von Dschingis Khans Geburt lebte südöstlich des Baikalsees ein Stamm mit dem Namen Mongchol, der zusammen mit den Naiman und Oirat sowie den Kereït und Merkit den Kern der Stammesföderation bildeten, die von Dschingis' Großvater bereits eingeleitet worden war. Die unzähligen Familien und Stämme der zentralasiatischen Steppe betrieben eine nomadische Viehwirtschaft, bei der das Weidegebiet Gemeineigentum war, mit zwei- bis viermaligem Weidewechsel im Jahr, mit Jurten (mit Filzteppichen, Schaffellen, Koffern) sowie Holzpalästen der Fürsten.

So gehen manche Historiker von einer egalitären Stammesorganisation aus, die sich auf Grund des Viehbesitzes aber in eine soziale Hierarchisierung wandelte. Aus der jeweiligen Wahl eines Führers für Jagd- und Raubzüge ging eine Militäraristokratie hervor, deren Privilegien unter Dschingis erblich wurden. Gesellschaftlich gliederte sich das Nomadenvolk in den Khan mit seiner Familie, den politisch und wirtschaftlich mächtigen Adel, das niedere Volk der gemeinen Stammesangehörigen und Gefangenen.

Der Einfluss der Familie, der Temudschin angehörte, war mit dem Tod seines Vaters Yesügei (um 1165) zurückgegangen, die Vasallen wandten sich nach der Auflösung des väterlichen Haushalts anderen Sippen zu. In der »Geheimen Geschichte der Mongolen« wird die Jugend des späteren Groß-Khans als extremes Elend geschildert. Allerdings übertreibt der Verfasser die Armut und Verfolgung durch fremde Sippen, um den späteren Glanz des Khans um so deutlicher hervorheben zu können. Besonders gut ging es ihnen allerdings nicht: Zeitweise mussten sie sich vom Fischen und Jagen ernähren. Mit Hilfe des Khans der Kereït, Toghril, gelang es ihm, sich den Status eines kleinen Fürsten zu erringen. Wie schon sein Großvater und Vater ging Dschingis Bündnisse mit anderen Sippen ein, um seinen früheren Besitz wiederzugewinnen. In einem zehnjährigen Kampf mit wechselnden Bündnispartnern unterwarf oder vernichtete er die rivalisierenden Stämme, besiegte auch seinen einstigen Beschützer Toghril, und wurde 1206 zum Groß-Khan aller Stämme östlich des Altai-Gebirges ausgerufen. Damals schon gut 50 Jahre alt, begann er mit dem Aufbau einer Militärorganisation und erließ die grundlegenden Vorschriften für die Regierung seines rasch wachsenden Reiches (sog. Yassa).

In diesen Kämpfen begründete der Khan seine Militärtechnik, deren Beweglichkeit und Disziplin allen anderen Heeren weit überlegen wurde. Dschingis' Armeen bestanden aus Reitern, die Eintausend-, Hundert- und Zehnerschaften einteilte. Jeweils zehn Soldaten hatten einen Führer und stammten vermutlich aus der gleichen Sippe. Militärisch orientierte sich Dschingis Khan zunächst nach dem Osten und Südosten, wo er erstmals seine neue Armee erprobte und die buddhistischen Tanguten unterwarf. Ziel der Aktion war jedoch China, dessen nördliche Hälfte 1126 von den Dschurtschen erobert worden war, die bis 1134 als Chin-Dynastie herrschten.

Der aggressive Charakter der mongolischen Kriegführung beruhte wesentlich auf der nomadisierenden Lebensweise. Ein großer Teil der Bevölkerung konnte ständig unter Waffen stehen, ohne dass die wirtschaftliche Lage darunter litt. Die Viehwirtschaft erlaubte keine stärkere Expansion, so dass ein möglicher Reichtum nur durch Eroberungen und vor allem durch die Abgaben der Handelskarawanen erreicht werden konnte. Die Einigung der zentralasiatischen Steppe unter einer Herrschaft musste in den Augen der mongolischen Führer zu einer Intensivierung des Handels auf den großen Fernstraßen, wie z.B. der Seidenstraße, führen.

Nach der Niederwerfung der Oiraten und Kirgisen (1206-1209) im Nordwesten der Mongolei und des Tangutenstaates Si-hia im Süden der Mongolei begannen 1211 die Vorbereitungen eines Angriffs auf China mit einem Heer von 200 000 Mann. Gegen Ende des Jahres hatte das Heer die Große Mauer überwunden und marschierte aufgesplittert in verschiedenen Armeen auf Peking zu, wo es sich 1214 wieder vereinigte. Die Friedensbedingungen wurden von den Chinesen wieder gebrochen, Mongolen zerstörten 1215 Peking und richteten ein Blutbad unter der Bevölkerung an. Ein Jahr später war das Heer in die Ausgangsstellungen nahe dem Machtzentrum Karakorum südlich des Baikalsees zurückgekehrt.

Der Zug nach Westen

Aufstände und Unruhen in den westlichen Gebieten Turkestans und im Altai-Gebirge führten zur Entsendung zweier mongolischer Armeen, die beide Regionen 1218 wieder unter Kontrolle brachten. Durch diesen Feldzug kam das Mongolen-Reich in direkten Kontakt mit dem islamischen Schah Muhammad II., der das Choresm-Reich um Buchara und Taschkent beherrschte. Obwohl beide Fürsten Botschaften austauschten, in denen sie sich gegenseitig als Herrscher des Westens und Ostens anerkannten, kam es zum Krieg. Ein Gouverneur des Schahs hatte eine 450 Personen zählende, mongolische Karawane vernichten lassen; die Botschafter von Dschingis Khan, die daraufhin Genugtuung verlangten, ließ der Schah selbst hinrichten. Der Krieg, wie immer sorgfältig geplant, dauerte von 1219 bis 1221 und endete mit der Unterwerfung des Reiches, dessen Schah bereits im ersten Kriegsjahr auf einer Insel im Kaspischen Meer gestorben war.

Mongolische Reiter hatten ihn bis dorthin pausenlos verfolgt. Während des Feldzuges waren zwei Generäle bis an den Unterlauf der Wolga vorgedrungen, wo sich ihnen ein 80 000 Mann starkes Heer der russischen Fürsten entgegenstellte, das am 31. Mai 1223 (in anderen Quellen wird der 16. Juni 1224 genannt) in der Schlacht am Kalka-Fluss vernichtend geschlagen wurde.

Nach diesem Sieg begann Dschingis Khan mit der weiteren Eroberung Chinas. Während der Vernichtung des Hsi-hsia-Volkes, das ausgerottet wurde, starb der Groß-Khan 1227.

Höhepunkt der Eroberungen

Das riesige Reich der Mongolen, das bereits in Verwaltungsbezirke unterteilt war, hatte Dschingis Khan seinen vier Söhnen zugesichert. Dschotschi gehörte das Land der Kirgisen und der Westen, nach seinem frühen Tod 1227 übernahm sein Sohn Batu den Besitz, den er zielgerichtet ausweitete. Tschagatai erhielt Zentralasien, Ögädäi die Regionen des Altai-Gebirges und des Flusses Irtysch und Tolui, der jüngste Sohn, regierte – wie traditionell üblich – im Stammgebiet der Mongolen. Wie Dschingis Khan es bestimmt hatte, wurde Ögädäi 1229 zum Groß-Khan des Gesamtreiches.

Nachdem der neue Khan die Eroberung Chinas abgeschlossen hatte, berief er 1235 eine Versammlung der Würdenträger ein, um einen groß angelegten Feldzug zur Eroberung des gesamten Westens zu beraten. Im Sommer 1236 sammelten sich 150 000 Reiter am Oberlauf der Wolga und besetzten 1237/38 die ersten Städte westlich des Flusses. Während des Tauwetters im Sommer, das die Bewegungsfreiheit stark einschränkte, siedelte das Heer auf den Weiden des Don und der Wolga, um im darauf folgenden Winter die Eroberung Russlands fortzusetzen, die zwei Jahre später mit dem Fall von Kiew abgeschlossen war. Nur die Stadt Nowgorod, die inmitten von Sümpfen lag, konnte sich behaupten, geriet jedoch wegen der doppelten Bedrohung durch die Mongolen im Osten und die Kreuzritter im Westen in politische Abhängigkeit.

Bis tief nach Ungarn und Polen in hinein drangen die Mongolen in mehreren Marschsäulen vor und verbreiten Angst und Schrecken: »In diesem Jahr drang zu uns Kunde von einem verderbenschwangeren Unheil, von deren Grausamkeit uns die Ohren klingen und die Herzen erbeben« – so ein Chronist. Am 9. April 1241 versuchte ein vom Piastenherzog Heinrich II. von Schlesien geführtes deutsch-polnisches Ritterheer den Mongolensturm bei Liegnitz aufzuhalten und wurde von den beweglichen mongolischen Reitern vernichtet. Fast gleichzeitig, am 11. April 1241, erlitt ein ungarisches Heer unter König Bela IV. eine vernichtende Niederlage gegen die mongolische Südarmee. Ganz Ungarn war damit in der Hand des Khans, die Vorhut der Armee war bereits in Österreich eingedrungen, als eine plötzliche Wende eintrat. Am 11. Dezember 1241 war in der Hauptstadt Karakorum Groß-Khan Ögädäi an den Folgen seiner Trunksucht gestorben. Nach der Gesetzessammlung von Dschingis Khan mussten in diesem Fall alle Nachkommen des ersten Herrschers an der Wahl eines neuen Herrschers teilnehmen.

Die Herrschaft Kublai Khans und der Zerfall des Weltreichs

Als Ögädäi starb, gab es bereits die ersten Spannungen innerhalb des Großreichs. Unter Ögädäis Sohn Göjük (1246-1248) und Möngke, dem ältesten Sohn von Tolui (1252-1259), hielt das mongolische Großreich noch zusammen. Möngkes Bruder Hülägü eroberte 1256-1258 Bagdad, den Sitz des Kalifen und Persien, wurde aber von den ägyptischen Mamelucken 1260 geschlagen; er begründete in Iran die Herrschaft der Ilkhane (bis 1335). Nach Möngkes Tod wurde ein Enkel Dschingis Khans, Kublai, zum Groß-Khan gewählt und setzte die Eroberung Chinas fort. 1280 waren die Aktionen abgeschlossen und Kublai begründete mit der Verlegung der Hauptstadt von Karakorum nach Chan-balisk (Peking) 1264 die chinesische Yüan-Dynastie (Bezeichnung ab 1271). Obwohl zwei Invasionsversuche nach Japan scheiterten, breitete sich die Mongolen-Herrschaft in Südostasien weiter aus, in der Zeit zwischen 1285 und 1288 sogar bis auf die Insel Java.

Mit der endgültigen Vernichtung des südlichen Sung-Reiches 1279 war Kublai der erste »Barbarenherrscher«, dem es gelungen war, ganz China zu beherrschen. Die Mongolen hatten schon vor Kublai Khan geplant, ganz Nordchina in ein Weideland zu verwandeln, erkannten jedoch bald den Vorteil der Steuererhebung auf den Reichtum des Landes und den Handel. Die Straßen in Zentralasien waren sicherer als je zuvor. In China wurden die Fernstraßen ausgebaut und mit Poststationen versehen. Kurier- und Reisedienste an den großen Straßen belebten den Handel zusätzlich. In dieser Zeit waren die wirtschaftlichen Beziehungen zwischen Europa, China und der Mongolei intensiver denn je. Insbesondere Kaufleute der Seidenstraße brachten Berichte über die mongolischen Herrscher Chinas nach Europa.

1271 verließ der junge Marco Polo zusammen mit seinem Vater Niccolo und seinem Onkel Matteo die Heimatstadt Venedig, um an den Hof des Khans zu ziehen. Die beiden Kaufleute waren bereits zuvor bereits in der Mongolei gewesen und hatten eine Botschaft des Khans an den Papst übermittelt, deren Antwort sie jetzt zurück brachten. Nach einer dreieinhalbjährigen Reise wurden sie mit großen Ehren empfangen und Marco avancierte zum Gesandten und Gouverneur des Khans. Seinem Bericht über den Glanz des mongolischen Staates, den er nach seiner Rückkehr 1295 veröffentlichte, insbesondere der Schilderung von Städten mit mehreren Millionen Einwohnern, wollte man im christlichen Europa jedoch keinen Glauben schenken.

Der Zerfall des blühenden Weltreichs begann mit dem Tod Kublai Khans 1294.

Der Niedergang

Das riesige Reich der Mongolen trug bereits Mitte des 13. Jahrhunderts den Keim des Zerfalls in sich. Ein Imperium solchen Umfangs, das größte Reich der Geschichte bis zu diesem Zeitpunkt, konnte nicht mehr zentral verwaltet werden. Trotz eines guten Kommunikationssystems brauchten Nachrichten Monate, um bis nach Peking zu gelangen. Formal ließen sich die regionalen Führer noch von den Groß-Khanen bestätigen, doch bildeten sich rasch eigenständige Herrschaftsgebiete, so das Groß-Khanat der Yüan-Dynastie in China, das Khanat Tschagatai nordöstlich von Tibet, das Gebiet der Goldenen Horde nördlich des Schwarzen und des Kaspischen Meeres und das Ilkhanat in Persien.

In China begannen im 14. Jahrhundert große Volksaufstände gegen die mongolische Fremdherrschaft. Ausgangspunkt der Erhebung war die buddhistische Sekte »Weißer Lotos«. Dem Mönch Chu Yüan-chang (1328-1398) gelang mit der Vertreibung der letzten Mongolen-Kaiser die Gründung der rein chinesischen Ming-Dynastie im Jahr 1368. 1410 zerstörten die Chinesen die alte und neue Hauptstadt der Mongolen, Karakorum. Nach einer kurzen Zeit der Erstarkung, in der die Mongolen wieder zu einem ernst zu nehmenden Gegner Chinas wurden, mussten sie sich dem neuen Machtfaktor der Region, dem Mandschu-Stamm, unterwerfen.

Mit der Übergabe des Siegels der Khane an die Mandschu-Herrscher verschwand das Groß-Khanat endgültig. In das Machtvakuum nach dem Niedergang der Dschingiskhaniden-Fürsten stieß ein türkischer Herrscher, der verwandtschaftliche Beziehungen zu den Mongolen besaß und Dschingis Khan als Vorbild ansah: Timur-Leng (1336-1405). Er errichtete 1370 ein Reich östlich des Kaspischen Meeres und entfaltete insbesondere in Samarkand eine rege Bautätigkeit. Die Armeen Timur-Lengs drangen bis nach Kleinasien und Indien vor. 1379-1385 eroberte er Ostiran, 1385-1387 Georgien, Armenien und den Iran, 1391 stieß er bis zur Wolga vor, 1395 nach Syrien und in den Irak, gelangte 1398 auf einem Feldzug bis zum Indus und besiegte 1402 bei Ankara den osmanisch-türkischen Sultan Bajezid I.; er konnte das Reich jedoch innerlich nicht festigen, so dass es bereits unter seinem Enkel Ulugh Beg (†1449) zerfiel (Timuriden, vor allem im Iran, bis 1506). 1405 verletzte er sich selbst am Fuß und starb an einer Blutvergiftung.

Ein bedeutender Nachfahre dieses letzten großen mongolischen Führers war Babur (1483-1530), der 1526 das Sultanat von Delhi eroberte und das islamische Großreich der indischen Mogule errichtete (bis 1858). Im Westen des Mongolenreichs hatten die Mongolen zumeist den Islam angenommen, in der Mongolei seit 1586 den lamaistischen Buddhismus, womit ihre politische Aktivität aufhörte. Seit dem 17. Jahrhundert gehörte die Mongolei zu China; 1911 spaltete sich die Äußere Mongolei ab und wurde 1924 zur Mongolischen Volksrepublik.

PEKING

Dschingis Khan begründet Mongolenreich

Unter ihrem überragenden Herrscher Dschingis Khan erobert das Nomadenvolk der Mongolen ein Weltreich.

1215: Der Mongolenherrscher Dschingis Khan (eigentl. Temudschin) erobert Peking und macht sich zum Herrn von ganz Zentralasien. Vermutlich um 1155/56 als Spross der zentralasiatischen Kleinfürstenfamilie der Bordschigin geboren, schwang sich Temudschin um 1196 zum Fürsten des Stamms Mongchol auf, der dann dem ganzen Volk den Namen Mongolen gab. Bis 1206 unterwarf Temudschin die nomadischen Steppenvölker Zentralasiens und ließ sich dann durch eine Volksversammlung als Dschingis Khan (»Groß-Khan«) zu ihrem obersten Herrscher ausrufen.

Zunächst schuf sich Dschingis Khan ein schlagkräftiges Reiterheer. Die Reiter wurden in Zehntausendschaften (und weiteren Untergliederungen bis hin zu Zehnschaften) eingeteilt, mit einer direkten Befehlsübermittlung von oben nach unten, und zuverlässige Verwandte und treueste Gefolgsleute mit ihrer Führung betraut. Eine eigens geschaffene Intendantur sorgte für die Beschaffung von Lebensmitteln und Pferden sowie den Transport des Belagerungsgeräts. Schnelligkeit und Beweglichkeit machen die Mongolen für ihre Nachbarstaaten zu einem übermächtigen Gegner.

Mit diesen disziplinierten Truppen unterwarf er (teilweise auch durch seine Söhne und Feldherren) ganz Zentralasien: 1206-1209 die Oiraten und Kirgisen im Nordwesten der Mongolei, woraufhin die südwestlich vom Altai lebenden Uiguren freiwillig ihre Unterwerfung verkündeten; 1209 dann die Tanguten südlich der Mongolei. Stets bereitete Dschingis Khan seine Eroberungsfeldzüge sorgfältig vor und sammelte ausführliche Informationen über seinen potenziellen Gegner. Dabei bediente er sich vor allem der Kenntnisse von Kaufleuten, die er gleichzeitig unter seinen Schutz stellte.

Das eigentliche Ziel seines Expansionsdrangs war das reiche China. 1211/12 rückte er erstmals gegen das heutige Nordchina vor. 1214 stand er – bereits mit reicher Beute versehen – vor Peking. Er versuchte jedoch keine Eroberung, sondern schloss zunächst Frieden. 1215 jedoch wird Peking und damit die Schatzkammer der Chin-Dynastie (Dschurtschen) geplündert, die seit 1126 den Norden Chinas beherrscht. Die Kämpfe gegen die Chin dauern jedoch noch bis 1234 an.

Der Einnahme von Peking folgt bis 1218 die komplette Eroberung des Kara-Chitai-Reiches am Balchasch-See. Dieser Feldzug verschaffte den Mongolen eine gemeinsame Grenze mit dem islamischen Großreich des Choresm-Schahs Mohammed II., der u.a. den größten Teil des heutigen Iran und Afghanistan sowie die Handelsstraßen zwischen China und dem Mittleren Osten kontrolliert.

Als im Jahr 1218 eine Gruppe von etwa 450 Angehörigen einer mongolischen Karawane von einem Gouverneur des Mohammed II. ermordet wird, rüstet Dschingis Khan erneut zum Krieg. Im Sommer 1219 dringt er mit einem Heer, das zwischen 150 000 und 200 000 Mann zählt, in das Reich des Choresm-Schahs ein, erobert im März 1220 Buchara, bald darauf Samarkand und hat bis 1221 den nördlichen Teil des Reiches in seinem Besitz.

Vor seinem Tod – vermutlich am 18. August 1227 auf einem erneuten Feldzug gegen die Tanguten – teilt er das Reich unter seine Söhne auf. So erhält sein ältester Sohn Dschotschi (bzw. dessen Sohn Batu) das Land westlich des Irtysch, Tolui die Mongolei, Tschagatai Turkestan und Ögädäi die Westprovinzen und den Titel des Groß-Khans.

Dschingis Khan, der Begründer des mongolischen Weltreiches, hält eine Audienz (persische Miniatur)

AMIENS

Gotische Kathedralen

Der aus der Romanik entwickelte Kunststil der Gotik prägt zwischen dem 12. und dem Beginn des 16. Jahrhunderts vor allem die sakrale Architektur in Europa.

Um 1220: In Amiens wird mit dem Bau der 1270 vollendeten Kathedrale Notre-Dame begonnen, eine der bedeutendsten hochgotischen Kathedralen neben Chartres (1260 geweiht) und Reims (1311 vollendet).

In der Architektur der Gotik treten an die Stelle der massiven Wände der Romanik dünne Wandflächen, die häufig in große vielfarbige Glasfenster aufgelöst werden. Der Entlastung der Mauer dienen der Spitzbogen und das überaus komplizierte System von Kreuzrippen. Die gotische Baukunst kämpft mit ihrem komplizierten Formenapparat gleichsam gegen das Gewicht der Steine an, sie will durch den imposanten Bau der Kathedralen ein Sinnbild für die Allmacht Gottes geben.

In Frankreich setzt die gotische Baukunst um die Mitte des 12. Jahrhunderts ein, in Deutschland erst in der Mitte des 13. Jahrhunderts (Straßburger Münster mit dem 1250-1275 erbauten Langhaus als hochgotische Kathedrale, Kölner Dom ab 1248). In Italien entstehen in Siena (13./14. Jh.) sowie in Mailand (seit 1386) große gotische Dome, doch setzt hier bereits um 1420 die Renaissance ein.

Die 130 m lange, 33 m breite und 37 m hohe Kathedrale von Chartres; die farbigen Fenster bedecken eine Fläche von 2500 m²

HINTERGRUND

Baukunst, die in den Himmel strebt

Die europäische Baukunst im Hoch- und Spätmittelalter steht im Zeichen der Gotik.

Die Bezeichnung wurde zunächst abwertend gebraucht und geht zurück auf die in der italienischen Renaissance herrschende Auffassung, dem »goldenen Zeitalter« der Antike sei ein barbarisches, durch die Goten bestimmtes Mittelalter gefolgt. Erst um 1820, in der Zeit der Romantik, erhält der Begriff der Gotik eine prägende Bedeutung.

Die Gotik führt eine neue Epoche der Verbildlichung der gesamten christlichen Ideenwelt herauf und bedient sich in großem Umfang des Symbols und der Allegorie. Kennzeichen für den neuen Baustil sind u.a. die Spitzbogen, die schon aus statischen Gründen von Bedeutung sind: Im Gegensatz zu den Rundbogen der vorangegangenen Romanik machen sie eine feinere Ausbildung der Konstruktionsglieder möglich.

ROM

Ketzerverfolgung nimmt zu

Ketzer werden in Orléans zum Scheiterhaufen geführt.

Die Verfolgung von Ketzern wird durch die Kooperation von Staat und Kirche zunehmend intensiviert.

30. 11. 1215: Das von Papst Innozenz III. einberufene IV. Laterankonzil fasst u.a. Beschlüsse über die Stellung zu sog. Ketzern. Ihre Verfolgung obliegt demnach nicht nur der 1184 eingerichteten Inquisition, sondern auch den weltlichen Fürsten. Verfolgt werden vor allem die Sekten der Waldenser und Albigenser.

Die Waldenser sind benannt nach ihrem Gründer Petrus Waldes, der 1175 zu einem ein Leben in apostolischer Armut aufrief. Gleichfalls vom Armutsideal geprägt sind die Katharer, von denen sich die Albigenser (nach der südfranzösischen Stadt Albi) abgespalten haben. Sie verwerfen Sakramente, Altäre, Kreuze und Bilder sowie Heiligen- und Reliquienverehrung. Da sie an ihrem Glauben festhalten, beginnen die überaus grausam geführten Albigenser-Kriege (1209-1229). Ausgerottet wird die Bewegung um 1330 durch die Inquisition.

Inquisitionsgericht (Gemälde von Pedro Berruguete, um 1500)

JERUSALEM

Letzter Triumph der Kreuzfahrer

Fast kampflos gewinnt der römisch-deutsche Kaiser Friedrich II. auf dem fünften Kreuzzug die heiligen Stätten für die Christenheit zurück.

18. 3. 1229: Der deutsche Kaiser Friedrich II. krönt sich in der Grabeskirche selbst zum König von Jerusalem. Er hat durch ein Übereinkommen mit dem ägyptischen Sultan Al Kamil Jerusalem, Bethlehem und Nazareth gewonnen. Ausgenommen von dem Vertrag sind der Felsendom und die El-Aksa-Moschee auf dem Tempelberg.

Mit diesem Erfolg verbessert er sein Verhältnis zur Kurie, das durch das Ausbleiben des von Friedrich II. bereits im Jahr 1215 gelobten Kreuzzuges belastet war.

Im Juli 1225 hatte der Kaiser sein Versprechen erneuert und zwei Jahre später in Brindisi ein etwa 70 000 Mann starkes Heer zusammengezogen. Zwar stieß die Flotte in See, doch es brachen Seuchen aus. Als auch der Kaiser selbst erkrankte, kehrten die Kreuzfahrer um.

Daraufhin verhängte Papst Gregor IX. am 29. September 1227 den Bann über den Kaiser. Davon unbeeindruckt brach er im Juli 1228 erneut ins Heilige Land auf und traf mit rd. 60 000 Mann in Palästina ein. Nach dem erfolgreichen Abschluss seiner Mission kehrt er im Juni 1229 nach Brindisi zurück und erreicht im August 1230 durch einen Vertrag mit dem Papst die Loslösung vom Bann.

Jerusalem wird allerdings bereits am 23. August 1244 von den Muslimen zurückerobert. Akko fällt am 18. Mai 1291 als letzte Bastion der Kreuzfahrer im Heiligen Land, das bis August 1291 vollständig geräumt wird. Damit endet auch die Geschichte des Königreichs Jerusalem.

Der römisch-deutsche Kaiser Friedrich II. setzt sich in der Grabeskirche die Krone von Jerusalem auf (Holzstich um 1880).

ZUR PERSON

Kaiser Friedrich II.

Unter Friedrich II. (*26. 12. 1194) erreicht das Herrscherhaus der Staufer seine größte Machtfülle.

Als deutscher König (seit 1196 bzw. 1212), König von Sizilien (seit 1198), römisch-deutscher Kaiser (seit 1220) sowie König von Jerusalem (seit 1229) genießt der Monarch schon zu Lebzeiten große Verehrung.

Friedrich II. erweist sich in vielerlei Beziehung als ein kluger Regent. 1220 lässt er seinen Sohn Heinrich (VIII.) zum deutschen König wählen und überlässt den geistlichen Fürsten dafür einige königliche Privilegien. Seine überragende Staatskunst und seine Ideenwelt, sein Interesse für Dichtung, Mathematik, Philosophie und Naturwissenschaft sind vorbildhaft für die spätere italienische Renaissance.

Die Herrschaftszeit von Friedrich II. ist zugleich geprägt von Machtkämpfen gegen die deutsche Fürstenopposition, die selbstbewussten Städte in Oberitalien und gegen den Papst.

Am 13. Dezember 1250 stirbt er in Fiorentino bei den Vorbereitungen zu einem Kriegszug. Seine Nachfolger können die Machtfülle Friedrichs II. nicht erreichen.

PEIPUSSEE

Siegreicher Feldherr Alexander Newski

Alexander Newski sichert auf dem Schlachtfeld die Nordwestgrenze Russlands gegen die Schweden und den Deutschritterorden.

5. 4. 1242: Auf dem Eis des Peipussees besiegt Alexander Newski (1218-1263), seit 1236 Fürst von Nowgorod, ein Heer des mit dem Schwertbrüderorden verbündeten Deutschen Ordens.

Er verhindert damit deren Eindringen nach Russland und stoppt auch die katholische Mission. Am 15. Juli 1240 hat er bereits die Schweden in der Schlacht an der Newa besiegt, was ihm den Beinamen »Newski« eintrug. Als Fürst von Nowgorod hat Alexander vor allem die Funktion eines Heerführers, die eigentliche Macht liegt in den Händen einer Versammlung einflussreicher Bürger sowie – als Exekutive – einem »Rat der Herren«.

Nowgorod im Nordwesten Russlands ist eines der mächtigsten Teilfürstentümer neben Halitsch-Wolynien (im Südwesten) und Wladimir-Susdal im Nordosten.

Alexander Newski, Fürst von Nowgorod und ab 1252 auch Großfürst von Wladimir (Kupferstich, 18. Jh.)

SACHSEN

Recht des Mittelalters in Buchform

Der »Sachsenspiegel« ist das älteste und bedeutendste deutsche Rechtsbuch des Mittelalters.

Um 1224: Der ostsächsische Ritter Eike von Repkow (um 1180-nach 1233) verfasst den Sachsenspiegel und fixiert damit erstmals das Gewohnheitsrecht der nordostdeutschen Heimat des Verfassers. Der Sachsenspiegel will das sächsische Gewohnheitsrecht seiner Zeit »wie in einem Spiegel« aufzeichnen. Das Werk wird zunächst lateinisch verfasst und dann vom Autor selbst ins Niederdeutsche übersetzt.

Behandelt werden das Landrecht mit Privat-, Straf-, Prozess- und Gerichtsverfassungsrecht sowie das Lehnsrecht. Nur selten schöpft der Autor aus schriftlichen Quellen, er stützt sich in erster Linie auf seine praktische Erfahrung, die er sich als Lehnsmann und rechtskundlicher Berater des Grafen Hoyer von Falkenstein erworben hatte.

Zwar ist der Sachsenspiegel eine Privatarbeit, dennoch genießt es bald gesetzesgleiches Ansehen und dient anderen Rechtsaufzeichnungen (z.B. Schwabenspiegel, Meißener Rechtsbuch, Magdeburger Stadtrecht) als Vorlage. Der Sachsenspiegel ist in mehr als 200 Handschriften überliefert und wird u.a. ins Niederländische und Tschechische übersetzt und in Polen, Teilen Russlands und Ungarn befolgt. In Thüringen und in Anhalt bleibt er sogar bis zum Inkrafttreten des Bürgerlichen Gesetzbuches (1. 1. 1900) wirksam.

Bebilderter Sachsenspiegel (Heidelberger Fassung)

LIEGNITZ

Mongolen bedrohen Westeuropa

Nur der Zufall – der Tod des Groß-Khans – bewahrt Westeuropa vor einer Invasion durch die Mongolen.

9. 4. 1241: Nach der Eroberung von weiten Teilen Russlands (1237-1240) besiegen die Mongolen ein deutsch-polnisches Ritterheer bei Liegnitz. Die Ungarn werden am 11. April an der Theiß besiegt. Der mongolische Heerführer Batu (1204-1255) rückt jedoch nicht weiter nach Westen vor, sondern kehrt Ende des Jahres zurück, um die Wahl des neuen Groß-Khans zu beeinflussen, nachdem der bisherige Herrscher Ögädäi (*um 1185) am 11. Dezember 1241 verstorben ist.

1236 hatte eine mongolische Reichsversammlung Batu mit einem Feldzug gegen Russland und Ostmitteleuropa beauftragt. Nach dem Zusammenbruch des Wolgabulgarischen Reiches (1237) begann die systematische Unterwerfung der russischen Teilfürstentümer: Am 21. Dezember 1237 wurde nach fünftägiger Belagerung Rjasan erobert, bald darauf mit einem Sieg über ein russisches Heer auch Moskau und am 7. Februar 1238 Wladimir, die Residenzstadt des Großfürsten. Lediglich die nordwestrussischen Gebiete um Nowgorod blieben verschont. Kiew wurde am 6. Dezember 1240 erobert und anschließend die südwestrussischen Fürstentümer unterworfen.

Von Galizien aus stießen die Mongolen in drei Heeressäulen nach Ungarn, Schlesien und Siebenbürgen vor. Die in Richtung Schlesien ziehende Armee eroberte und zerstörte am 24. März 1241 Krakau und rückte dann an Breslau vorbei auf Liegnitz zu.

Allein auf sich gestellt, von Kaiser und Reich im Stich gelassen, zieht Herzog Heinrich II. von Niederschlesien ein etwa 10 000 Mann starkes Heer zusammen. Ihnen gegenüber stehen 30 000-40 000 Mongolen, die in kurzer Zeit in offener Feldschlacht ihren Gegner vernichten. Auch Herzog Heinrich II. fällt in der Schlacht.

Die mongolische Hauptarmee besiegt fast gleichzeitig das Heer des Ungarnkönigs Bela IV.

Anschließend wenden sich die Mongolen nach einem Vorstoß in die Lausitz südostwärts, wo sie die Nachricht vom Tod des Groß-Khans erreicht. Batu tritt den Rückmarsch an und begründet ein Reich an der Wolga.

Tod Herzog Heinrichs II. auf dem Schlachtfeld von Liegnitz (Detail der »Hedwigstafel« ,15. Jh.)

DEUTSCHES REICH

Erster Habsburger wird deutscher König

Die Wahl des ersten deutschen Königs aus dem Hause Habsburg beendet nach 20 Jahren das sog. Interregnum.

1. 10. 1273: Das Kurfürstenkolleg entscheidet sich für Rudolf I. von Habsburg (*1. 5. 1218), den vermögendsten und einflussreichsten Territorialherrn im Südwesten, als neuen König. Das Interregnum – die »kaiserlose« Zeit – war durch eine Doppelwahl ausgelöst worden: Am 17. Mai 1257 wurde Richard von Cornwall in Aachen zum deutschen König gekrönt. Kurz zuvor war jedoch auch der kastilische König Alfons X., der Weise – von einem Teil der Kurfürsten – zum König gewählt worden.

Rudolf I. (zeitgenössisches Siegel)

Beide Herrscher konnten sich im Reich nicht durchsetzen. Alfons X. mied das Reich völlig, Richard von Cornwall hielt sich bis 1269 immerhin viermal zeitweilig in Deutschland auf und ließ ansonsten seine Interessen durch Prokuratoren vertreten. Am 2. April 1272 starb Richard von Cornwall in England.

Der deutsche König Rudolf I. von Habsburg zieht im Jahr 1273 in Basel ein (Gemälde, 19. Jh.)

In seiner fast 18-jährigen Regierungszeit vermag es Rudolf von Habsburg, dem Reich wieder eine feste Regierung zu geben. Zugleich versteht er es geschickt, das Interesse des Reiches und den Nutzen seines Hauses miteinander zu verknüpfen. Seinen Hauptgegner Ottokar II. von Böhmen, der sich 1262 von Richard von Cornwall mit Österreich und der Steiermark hatte belehnen lassen und der nun die Wahl des neuen Königs nicht anerkennt, lässt er unter die Reichsacht stellen und besiegt ihn am 26. August 1278 auf dem Marchfeld bei Dürnkrut. Dadurch kann Rudolf 1282 seine Söhne Albrecht und Rudolf gemeinsam mit Österreich, Steiermark, Kärnten und Krain belehnen. Die Kaiserkrone erhält Rudolf jedoch nicht, obwohl sie ihm 1276 und 1287 versprochen wird. Der Tod der jeweiligen Päpste macht diese Pläne hinfällig. Am 15. Juli 1291 stirbt Rudolf I. in Speyer.

HINTERGRUND

Theologie als Wissenschaft

Zwischen 800 und 1500 entwickelt sich die theologisch-philosophische Wissenschaft der Scholastik. Sie wird sowohl in der Form der »Lectio« (lat.=Lesung) als auch in der »Disputatio« (lat.=Streitgespräch) gelehrt. Schulbildend wird die Schrift »Sic et non« (1121/22) von Peter Abälard: Er lässt zu jeder Frage verschiedene »Autoritäten« (Bibel, Kirchenlehrer) zu Wort kommen, um dann die Lösung zu formulieren. Gestritten wird vor allem um die Seinsweise des Allgemeinen: Bestehen die sog. Universalien unabhängig von konkreten Dingen, existieren sie nur im Zusammenhang mit diesen oder sind sie nur Ergebnis menschlichen Denkens?

Der Scholastiker Albertus Magnus

PARIS

Antike beeinflusst scholastische

Aus der Theologie entwickelt sich im Mittelalter die philosophische Schule der Scholastik, welche die christliche Lehre auf wissenschaftliche Grundlagen stellen will.

1252: Der italienische Theologe und Philosoph Thomas von Aquin (um 1225-7. 3. 1274) nimmt einen Lehrauftrag in Paris an. Ebenso wie sein früherer Lehrer, der in Köln wirkende Albertus Magnus (um 1193-15. 11. 1280), ist er ein Hauptvertreter der hochscholastischen Philosophie.

Die Hochscholastik (12./13. Jh.) ist geprägt durch die Entdeckung der Zeugnisse griechischer und arabischer Wissenschaft, insbesondere aber der Naturphilosophie und Metaphysik des Aristoteles und seiner griechischen und arabischen Kommentatoren.

Thomas von Aquin

Thomas von Aquin versucht – wie zuvor bereits Albertus Magnus – zur Klärung der Glaubensgeheimnisse die natürliche Vernunft, vor allem das philosophische Denken des Aristoteles, in vollem Umfang heranzuziehen und der Theologie den Charakter einer Wissenschaft zu geben. Auf Basis der Lehre des Aristoteles entwickelt er ein philosophisch-theologisches

STICHWORT

Sieben Fürsten wählen König

An der Königswahl von 1257 sind zum ersten Mal nur sieben Kurfürsten beteiligt. Es handelt sich um die Erzbischöfe von Trier, Mainz und Köln, den Pfalzgrafen bei Rhein, der Herzog von Sachsen, den Markgrafen von Brandenburg sowie den König von Böhmen.

Die Kurfürsten werden im Lauf der Zeit zu Gegenspielern des Königtums: Sie nutzen die Wahl zu eigenem Vorteil aus, wählen ihnen genehme Könige und lassen sich durch »Handsalben« (Bestechungsgelder) beeinflussen.

In der sog. Goldenen Bulle von 1356 wird endgültig Frankfurt am Main zum Ort der Wahl und Aachen zum Ort der Krönung bestimmt. Die böhmische Kurwürde ruht nach den Hussitenkriegen (1419-1436) bis 1708, die Rheinpfalz verliert 1623 das Kurrecht an Bayern, bekommt aber 1654 eine achte Kurstimme, die durch Erbgang 1777 wieder mit der bayerischen vereinigt wird. Im Jahr 1692 wird der Herzog von Braunschweig-Lüneburg Kurfürst von Hannover.

Philosophie

System, welches die Macht der Kirche stützt und eine christliche Dogmatik herausarbeitet. Darin ist Gott absolute Form. Natur und Vernunft sind auf Gott hingeordnet. Die menschliche Seele ist die niedrigste der »absoluten« und zugleich die oberste der materiellen Formen. Die Entwicklung seiner vernünftigen Natur wird als sein sittliches Ziel definiert. Zugleich ist der Mensch von Natur aus auf Geselligkeit und Einbindung in Familie, Gemeinde und Staat angelegt.

Der Staat ist eine rein weltliche Einrichtung, in der Herkunft und Besitz die wichtigsten Einteilungskriterien sind. Er ist jedoch nur Vorbereitung auf den in der Kirche bereits sinnbildlich gegenwärtigen himmlischen Staat.

EVESHAM

England bekommt ein Parlament

Der sog. Aufstand der Barone in England wird zwar niedergeworfen, die Stände erhalten jedoch eine Mitbestimmung.

4. 8. 1265: In der Schlacht bei Evesham unterliegt der Earl of Leicester, Simon de Montfort (*um 1208), mit einem Heer der niederen Barone und der Städte einem königlichen Heer und fällt. Der seit 1227 persönlich herrschende König Heinrich III. wird wieder in seine Rechte eingesetzt, die tatsächliche Macht liegt allerdings beim Thronfolger, dem späteren König Eduard I. (1272-1307).

Der Missmut der Barone über das selbstherrliche Regime Heinrich III., der sich in zahlreiche kostspielige außenpolitische Abenteuer gestürzt hatte, war im Sommer 1258 eskaliert: Die Barone setzten in den »Provisions of Oxford« eine politische Mitbestimmung durch, die allerdings im Januar 1264 wieder annulliert wurde.

Unter Führung von Simon de Montfort, einem Schwager des Königs, erhoben sich daraufhin die Barone, besiegten in der Schlacht bei Lewes am 14. Mai 1264 ein königliches Heer und nahmen den Thronfolger in Gewahrsam. Am 20. Januar 1265 trat erstmalig eine Ständeversammlung (Parlament genannt) zusammen, um über die Steuer zu beraten (»parlieren«). Versammelt waren Barone, Ritter und gewählte Bürger (burgesses) als Vertreter der Grafschaften. Doch das Parlament hatte nicht lange Bestand, der aus der Haft entflohene Kronprinz Eduard besiegt mit seinem Heer Montfort. Das mit Montfort verbündete London verliert seine Vorrechte und seine Parteigänger büßen ihre Besitztümer ein.

In der Folgezeit beruft Eduard I., der nach dem Tod seines Vaters (16. 11. 1272) zum König ausgerufen wird, noch mehrfach Parlamente ein, um sich Steuern und Abgaben billigen zu lassen. Im August 1295 – als er gleichzeitig gegen Frankreich, Schottland und Wales Krieg führt – beruft er das Model Parliament (»Musterparlament«) nach Westminster ein, das erstmals alle sozial und politisch bedeutsamen Bevölkerungsgruppen vereinigt.

KAIRO

Mamelucken an der Macht

Die Mamelucken, die Leibwache islamischer Herrscher, schwingen sich zu den Herren Ägyptens auf.

1250: In Kairo kommt es zu einer Palastrevolution. Die Leibgarde der Mamelucken ermordet den letzten Ajjubidenherrscher Turan Schah. Der Mamelucken-Führer Aibek herrscht bis 1257, er teilt die Regierung allerdings mit der Sultanin Schadscharat Ad Durr (†28. 4. 1258).

Die 1171 von Saladin begründete Dynastie der Ajjubiden hatte Ägypten zu neuer Macht und kultureller Blüte geführt. Die Mamelucken (arabisch für Leibeigene, Sklaven) sind die Elitetruppe der Ajjubidenherrscher. Zunächst herrschen bis 1382 bachritische, dann burdschitische Mamelucken. Zu den bedeutendsten Herrschern zählt Baibars (1260-1277), der die Mongolen 1260 und 1277 besiegt. Kalawun (1279-1290) verdrängt die Kreuzritter fast vollständig aus Palästina. Mit Barkuk (1382-1389 und 1390-1399) wird der erste Tscherkesse Sultan. Der Mameluckenstaat (Ägypten mit Syrien und Palästina) wird 1516/17 von den osmanischen Türken unterworfen.

Mameluckenkrieger in seiner typischen Tracht und mit Krummschwert

SCHWYZ

Der Bund der Eidgenossen

Der Bundesbrief von Uri, Schwyz und Unterwalden ist die Keimzelle der Eidgenossenschaft.

Anfang August 1291: Die Bewohner des Tales Uri, die Landgemeinde von Schwyz und die Gemeinde von Nidwalden beschwören ein ewiges Bündnis. Es ist eine Zeit der Unruhe: Der deutsche König Rudolf I. von Habsburg ist am 15. Juli 1291 gestorben, ein Nachfolger noch nicht gewählt.

Vereinbart und beschworen werden in dem ewigen Bündnis die gegenseitige Hilfe bei Gewalttaten innerhalb und außerhalb der Täler: »Und auf jeglichen Fall hat jede Gemeinde der anderen gelobt, ihr beizuspringen, ...und in eigenen Kosten, soweit es erforderlich sein wird, dem Angriff Böswilliger zu widerstehen und Beleidigungen zu rächen, indem sie hierüber einen leiblichen Eid geschworen, dies ohne Hintergedanken zu halten, und die alte eidlich bekräftigten Bundesurkunde durch Gegenwärtiges zu erneuern.« Ferner wird vereinbart die Anrufung eines Schiedsgerichts bei Streitigkeiten, die Sicherung des Landfriedens durch gemeinsame Rechtssatzungen und die zeitlich unbegrenzte Dauer des Bundes. Bedeutsam ist auch der Artikel über die Einsetzung von Richtern, der zeigt, dass die Waldstätte gewillt sind, ihre Verwaltung selbst auszuüben: Kein Richter soll anerkannt werden, der sein Amt gekauft hatte, ferner soll kein Fremder in einem der Täler Recht sprechen.

Der Text der in lateinischer Sprache abgefassten Urkunde von 1291 nimmt ausdrücklich Bezug auf ältere Abmachungen, die erneut beschworen und schriftlich festgelegt werden. Auf die erste ernsthafte Probe gestellt wird der Bund ein Vierteljahrhundert später: Im Oktober 1314 kommt es zu einer Königsdoppelwahl: Uri, Schwyz und Unterwalden stellen sich auf die Seite von Ludwig IV., dem Bayern; dessen Rivale Friedrich der Schöne von Österreich verhängt daraufhin die Reichsacht über sie und beauftragt seinen Bruder, Herzog Leopold I. von Österreich, mit der Niederwerfung der Waldstätte.

Marco Polos Reisen

Die Entdeckungsreise des Marco Polo vermittelt dem mittelalterlichen Europa erstmals umfangreiche Kenntnisse vom Leben in China.

1275: Der venezianische Kaufmann und Weltreisende Marco Polo trifft mit seinem Vater Niccolò und dessen Bruder Matteo nach einer langen und gefährlichen Reise in China ein.

Es ist nicht die erste friedliche Begegnung von Europäern mit den Mongolen: Im Auftrag des Papstes Innozenz IV. und König Ludwigs IX. von Frankreich war von Konstantinopel aus bereits der Franziskanermönch Wilhelm von Rubruk 1253-1255 in die Mongolei an den Hof des Groß-Khans Möngke in Karakorum gereist und hatte wertvolle völkerkundliche und geografische Erkenntnisse zurück nach Europa gebracht.

Auch Marco Polos Begleiter hatten eine solche Reise schon einmal absolviert: Niccolò und Matteo waren bereits 1260 zu einer Expedition zum Groß-Khan Kublai Khan aufgebrochen und 1269 nach Venedig heimgekehrt. Sie überbrachten eine Bitte des Groß-Khans an den Papst, er möge ihnen 100 Theologen zur christlichen Unterweisung schicken.

1271 waren sie aufgebrochen, versehen mit einer Botschaft von Papst Gregor X., der ihnen Geschenke mitgab und sie zu Gesandten ernannte. Ihr Weg führte sie über die südliche Karawanenroute nach Hormus, durch Persien und das Hochland des Pamir (1272), dann entlang dem Verlauf des Amudarja, schließlich durch die Wüste Takla-Makan, durch das Lob-Nur-Seengebiet und am Rand der Wüste Gobi entlang (1274). Am Huang He werden sie 1275 von Boten Kublai Khans empfangen, die sie zunächst zu dessen Sommerresidenz Xandu geleiten. Im Herbst siedeln sie mit dem Hof nach Chan-balig (heute Peking) über.

Sie gewinnen das Wohlwollen des Groß-Khans, der Marco Polo

AUSBLICK

Schweizer behaupten sich gegen das Haus Habsburg

Am 15. November 1315 wird ein vom österreichischen Herzog Leopold I. geführtes Ritterheer am Morgarten von den Eidgenossen vernichtend geschlagen.

Auf ungünstigem Terrain kämpfend und eingeklemmt zwischen Gebirge, Sumpf und See, sind die Ritter den flinken Kämpfern aus Uri und Schwyz nicht gewachsen.

Unmittelbare Folge ist die erneute Beschwörung des Bundes am 9. Dezember 1315 in Brunnen. Erstmals ist die Urkunde in deutscher Sprache abgefasst.

Die gemeinsame Frontstellung gegen Habsburg führt am 7. November 1332 die Stadt Luzern an die Seite der Waldstätte. Auch Zürich tritt am 1. Mai 1351 dem Bund bei. Ende 1351 beginnt die Eidgenossenschaft, ihr Territorium zu erweitern: Glarus wird erobert und mit dem am 4. Juni 1352 abgeschlossenen Vertrag Mitglied, wenn auch nicht als gleichberechtigter Partner. Am 27. Juni 1352 folgt Zug, am 6. März 1353 auch Bern.

Am 9. Juli 1386 besiegen Luzerner, Urner, Schwyzer und Unterwaldner das Heer Herzogs Leopold III. von Österreich bei Sempach. Die Folge des Krieges ist die endgültige Erweiterung der Eidgenossenschaft auf acht Orte, nachdem die österreichischen Rechte auf Glarus, Zug und Luzern nicht mehr geltend gemacht werden. Aus dem Bund der Landleute von 1291 ist eine – wenn auch lockere – Verbindung aus Ländern und Städten geworden.

Die Eidgenossen besiegen das schwer gepanzerte Ritterheer (Zeichnung aus der »Berner Chronik«, 15. Jh.).

PEKING

erweitern das Wissen über den Fernen Osten

1276 in die Nobelgarde aufnimmt und ihn bald mit geheimen politischen Missionen beauftragt, für die sich Marco Polo umfassende Sprachkenntnisse (Persisch, Türkisch, Mongolisch, Chinesisch) aneignet. Im Jahr 1280 wird Marco Polo für drei Jahre einer der Statthalter der Stadt Yangzhou. Im Verlauf seines 17-jährigen Aufenthalts unternimmt er ausgedehnte Expeditionen nach Birma, Tonkin und Annam sowie umfangreiche Reisen innerhalb von China.

Mit dem Auftrag, eine mongolische Prinzessin als Braut zu einem persischen Fürsten zu geleiten, tritt er 1292 auf dem Seeweg die Rückreise an. 1294 halten sich die Polos für neun Monate in Persien auf und kehren 1295 nach Venedig zurück.

1298 gerät Marco Polo in genuesische Gefangenschaft, wo er seine Erlebnisse in französischer Sprache niederschreiben lässt. Er stirbt vermutlich am 8. Januar 1324 in Venedig.

Gefecht zwischen Elefanten und Reitern auf einem Feldzug der Mongolen unter Kublai Khan in Birma

CHINA

Mongolenfürst Kublai Khan

Die Herrschaft des Mongolenkaisers Kublai Khan vollendet die Unterwerfung Chinas. Das Reich der Mitte befindet sich unter Fremdherrschaft.

1279: Kublai Khan (s. Abb.), ein Enkel von Dschingis Khan, erobert mit seinem Heer weite Teile Chinas und treibt den letzten Kaiser der Südlichen Song in den Selbstmord. Die Mongolen gründen die Yüan-Dynastie, die in China bis 1368 herrscht. 1264 hatte Khan bereits seine Residenz ins chinesische Chan-balig (ab 1421 Peking) verlegt. Kublai Khan hatte sich 1260 als Nachfolger des im Jahr zuvor verstorbenen Möngke gegen seinen jüngeren Bruder Arik Bögä durchgesetzt. Am 18. Februar 1294 stirbt er in Peking.

ZITAT

»Kostbarste Dinge aus Indien«

Im »Buch des Marco Polo« (s. Abb.) findet sich u.a. ein Bericht über die Städte Fugiu (heute Foutschou) und Zaiton (Chuanchow):

In den Werften der Stadt [Fugiu] werden zahlreiche Schiffe hergestellt, die den Handel zu Fluss bewerkstelligen. Zucker, Edelsteine, Perlen bilden die Haupthandelsgüter, wegen deren die Kaufleute sogar aus Indien kommen. Der Hafen Zaiton... ist nicht weit... entfernt. Die kostbarsten Dinge kommen dort aus Indien an. Zu essen gibt es hier genug, denn es gibt viele Gärten und Obstpflanzen. Alles ist so gut geordnet, dass man nur staunen kann... Hier liegt eine unglaubliche Zahl von Schiffen, die von hier aus in die gesamte Provinz fahren. Der Groß-Khan verdient an diesem Hafen ungeheure Summen, denn von allen hier abgeschlossenen Geschäften erhält er zehn Prozent an Steuern...

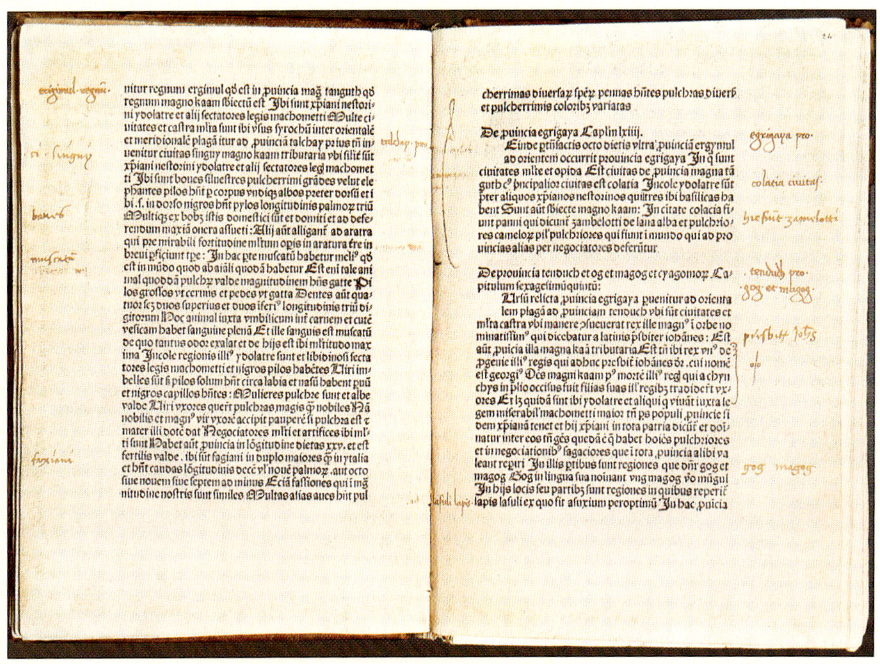

Der Groß-Khan hat vier Frauen ersten Ranges, die als legitim geachtet werden, und der ältestgeborene Sohn einer jeden derselben folgt in der Herrschaft nach dem Tode des Groß-Khans. Die vier Frauen haben gleichmäßig den Titel von Kaiserinnen und ihre besonderen Haushaltungen. Keine von ihnen hat weniger als 300 auserlesene Jungfrauen von großer Schönheit zu Dienerinnen...«

KLEINASIEN

Osmanisches Reich entsteht in Anatolien

Osman I. Ghasi legt den Grundstein für das Osmanenreich, das die Geschichte Asiens, Nordafrikas und Europas entscheidend mitbestimmt.

Um 1300: Osman I. Ghasi nimmt den Titel eines Sultans an. Vermutlich 1281 trat Osman die Nachfolge seines Vaters Khan Ertogrul als Führer einer Kriegergemeinschaft und Stammesoberhaupt der turkmenischen Ogusen an. Das von seinem Vater im Nordwesten Anatoliens geschaffene Grenzfürstentum baut Osman aus und macht es zum Osmanischen Reich. Symbol des neuen Herrschergeschlechts wird das Schwert Osmans. 1326 erobert Osman I. die Stadt Brussa, sein Sohn Urchan nimmt 1337 Nikomedia (Ismid) ein. Murad I. dringt bis nach Europa vor und macht 1361 Adrianopel (Edirne) zur Hauptstadt des Reiches.

Osman I. Ghasi (1259-1326) ist der Begründer des Osmanischen Reiches.

Papst geht

Die sog. Babylonische Gefangenschaft der Kirche beginnt.

1309: Papst Klemens V. verlegt seine Residenz nach Avignon und besiegelt damit die Abhängigkeit des Papsttums von Frankreich.

Bulle Unam Sanctam: Ende des 13. Jahrhunderts bahnte sich ein Machtkampf zwischen katholischer Kirche und dem französischen König an. Er eskalierte, als Papst Bonifatius VIII. 1302 in seiner Bulle »Unam Sanctam« in scharfer Weise seinen Herrschaftsanspruch über den weltlichen Machthaber formulierte. Der französische König Philipp IV., der Schöne, wollte deshalb ein allgemeines Konzil einberufen. Um Kirchenstrafen gegen Philipp zu verhindern, wurde der Papst 1303 festgenommen, allerdings wenig später befreit. Bonifatius starb kurz darauf. Sein Nachfolger Benedikt XI. schlug einen moderateren Kurs ein. Er starb 1305 und wurde von einem Franzosen, dem Erzbischof von Bordeaux, abgelöst, der sich Klemens V. nennt.

Avignon wird Residenz: Auf Drängen Philipps lässt sich Klemens nach langem Zögern in Avig-

KORTRIJK

Flanderns Zünfte erkämpfen Eigenständigkeit

Mit einem militärischen Sieg verteidigen die flandrischen Zünfte ihre ständischen Rechte, auch wenn sie die französische Obrigkeit anerkennen müssen.

11. 7. 1302: Das flandrische Bürgerheer besiegt in der »Schlacht der goldenen Sporen« bei Kortrijk das französische Ritterheer. Die Truppen des französischen Königs Philipps IV., des Schönen, waren 1297 in Flandern einmarschiert.

Die Grafschaft ist dank ihrer Wollproduktion und Tuchherstellung ein führendes Wirtschaftszentrum in Europa. Außerdem verfügt das Land über mehrere schiffbare Flüsse und vor allem Seehäfen, von denen aus Tuche und andere Güter nach England exportiert werden. An dem Aufschwung haben insbesondere die Städte teil, in denen sich die gewerbliche Wirtschaft konzentriert – Gent, Ypern, Brügge und Kortrijk. Innerhalb der Städte haben die Zünfte immer mehr wirtschaftliche und politische Macht an sich gezogen. Die Händler- und Handwerkerorganisationen setzen die Preise für ihre Produkte, die Arbeitszeiten und die Zahl der Lehrlinge fest, prüfen die Produktqualität und sorgen durch den Zunftzwang für den Ausschluss unerwünschter Konkurrenz. Die Zugehörigkeit zur Zunft ist an Voraussetzungen gebunden. Neben überprüfbaren Kenntnissen und Fertigkeiten gehören dazu ein freier Stand und ein guter Leumund. Die Entscheidungen über den wirtschaftlichen und politischen Kurs der Zünfte fallen in den Versammlungen der Meister. Wichtigstes Anliegen ist die Sicherung der Einkommen. Als neue Mittelklasse verdrängen die Zünfte den überkommenen Stadtadel. Neben direktem Einfluss auf die politische Führung gehört dazu auch ein Beitrag zur Verteidigung der Stadt: Als Teil der städtischen Miliz mit eigenen Fahnen und Wappen sind Zünfte für Bau, Unterhaltung und Verteidigung der ihnen zugewiesenen Teile der Stadtbefestigung verantwortlich.

Ein Schulwandbild zeigt die Meisterbeförderung im Spätmittelalter

AVIGNON

nach Frankreich

non, einem ganz von französischem Gebiet umschlossenen päpstlichen Besitz, nieder. Ganz im Sinne Frankreichs setzt er Prozesse gegen den verstorbenen Papst Bonifatius VIII. und gegen den Templerorden in Gang.

Zerwürfnis mit dem Kaiser: In den übrigen europäischen Ländern, insbesondere im Heiligen Römischen Reich, löst die enge Bindung des Papstes an Frankreich Besorgnis aus.

Johannes XXII. versucht 1324 noch einmal in die deutschen Thronstreitigkeiten einzugreifen, indem er König Ludwig IV., den Bayern, bannt, doch dies bleibt wirkungslos. 1338 erklären die deutschen Kurfürsten, dass der von ihnen gewählte König nicht mehr der Bestätigung durch den Heiligen Stuhl bedürfe.

Finanzwesen der Kurie: Unwillen erregen die in Avignon residierenden Päpste auch durch ihre aufwändige Hofhaltung sowie die zentralisierte Verwaltung, die erhebliche Summen verschlingt. Der Nepotismus, die Begünstigung Verwandter bei der Vergabe von Ämtern, ist an der Tagesordnung. Um ihren enormen Finanzbedarf zu decken, werden eine Reihe neuer Steuern und Gebühren – z.B. auf geistliche Handlungen – erhoben und teilweise mit Banndrohungen eingetrieben.

All dies führt zum Verfall von Einfluss und Ansehen des Papsttums. Der Ruf nach einer grundlegenden Reform der Kirche wird immer lauter. Zunächst jedoch verschlimmert sich die Situation 1376 durch die Rückkehr von Papst Gregor XI. nach Rom: Es kommt zur Spaltung der Kirche.

Der Papstpalast in Avignon dient den Päpsten von 1309 bis 1376 als Residenz.

RAVENNA

»Die Göttliche Komödie«

Dante, gemalt von Andrea del Castagno

In seinem Epos über die katholische Glaubenswelt verarbeitet der italienische Dichter Dante Alighieri (1265-1321) sein umfassendes theologisches und philosophisches Wissen sowie eine Vielzahl aktueller politischer Konflikte.

1321: Dante vollendet sein Hauptwerk, das Versepos »La divina commedia«. Das Epos versinnbildlicht den mühevollen Weg einer verirrten Seele zum himmlischen Heil: Dante selbst durchwandert unter Führung Vergils und (im Paradies) seiner Jugendliebe Beatrice die drei Jenseitsbereiche des katholischen Glaubens – Hölle, Fegefeuer, Paradies. Geschildert wird auch die Begegnung mit den Seelen Verstorbener, mythologischen oder historischen Personen.

PADUA

Malerei wird plastischer

Mit seinen Fresken – u.a. in Santa Croce in Florenz – leitet der Maler und Architekt Giotto di Bondone eine realistischere Gestaltungsweise ein, die im 15. Jahrhundert schließlich in die Renaissance mündet.

Nach 1317: Giotto (vermutlich 1266-1337) vollzieht die Abkehr vom Schematismus der byzantinischen Schule und deren flächiger Malweise und kommt zu einem persönlicheren Stil. Die den Bildaufbau bestimmenden Figuren rundet er durch die Andeutung von Licht und Schatten, auch den Raum gestaltet er plastischer. Die dargestellten Menschen zeigen eine bis dahin nicht gekannte Intensität des individuellen Ausdrucks.

Giotto: »Himmelfahrt« (Arenakapelle, Padua)

MOSKAU

Moskau gewinnt an Bedeutung

Unter tatarischer Oberhoheit beginnt der Aufstieg Moskaus.

1328: Der Moskauer Fürst Iwan I. Danilowitsch, genannt Kalita (Geldsack), wird vom Mongolen-Khan zum Großfürsten von Wladimir erhoben und mit dem Eintreiben der Tributzahlungen aus den russischen Fürstentümern beauftragt. Damit ist der Grundstein für die Hegemonie Moskaus in Russland gelegt.

Russland besteht zu Beginn des 14. Jahrhunderts aus einer Reihe von Fürstentümern. Die meisten von ihnen sind der tatarischen Goldenen Horde tributpflichtig, die 1240 am Unterlauf der Wolga ihr Reich mit der Hauptstadt Sarai etabliert hat.

Die Tataren trieben die Tributleistungen zunächst durch eigene Beauftragte ein, doch als sich die Belästigungen häuften, sahen sie sich genötigt, Einheimische mit der Aufbringung zu betrauen.

Um 1300 setzte ein Kristallisationsprozess um das relativ junge Teilfürstentum Moskau ein. Alexander Newskis jüngster Sohn Daniel Alexandrowitsch war 1263 als erster Fürst über das Gebiet eingesetzt worden, und vermutlich mit Unterstützung der Tataren gelang es ihm 1302 das Stammland seiner Familie, das Fürstentum Perejaslawl, gegen die Ansprüche der Fürsten von Twer hinzuzugewinnen. Weitere Territorialzuwächse waren Kolomnaa (1301) und Moshaisk (1304).

Nach Daniels Tod 1303 ging die Herrschaft auf seinen Sohn Juri über, der 1315 durch die Heirat mit der Schwester des Khans Ösbeg Kontschaka eine dynastische Verbindung zu den Mongolen herstellte. In diesen Jahren führten die Fürstentümer Twer und Moskau einen erbitterten Kampf um die Gunst und das Vertrauen der Tataren und damit um die Großfürstenwürde für das Gebiet Wladimir.

Erst Iwan I. Kalita, der 1325 nach dem Tod seines Bruders Juri Fürst von Moskau geworden war, gelingt es, die Großfürstenwürde von Wla-

»Iwan-Kalita-Silbertopf« von Carl Peter Fabergé (um 1900)

JAPAN

In Teilreiche zersplittert

Gut 300 Jahre lang bleibt die Ashikage-Familie an der Macht.

1338: Nach einer Rebellion gegen Kaiser Go-Dáigo, der die Shogunatsregierung nicht mehr anerkennen will, setzt sich Tagauji Ashikage selbst als Shogun ein und begründet die bis 1573 anhaltende Herrschaft seiner Familie.

Der neue Shogun verlegt die Residenz von der Stadt Kamakura ins Muromachi-Viertel von Kyoto (daher die Bezeichnung Muromachi-Zeit). Trotz großer Anstrengungen gelingt es Tagauji und seinen Nachfolgern nicht, die mächtigen japanischen Kriegersippen und die buddhistischen Klöster unter ihren Einfluss zu bringen. Hinzu kommen Kämpfe der nach Selbstständigkeit strebenden Feudalherren.

FRANKFURT AM MAIN

Frankfurt wird ein Drehkreuz im

Mit der Einführung einer weiteren Messe im Frühjahr wird Frankfurt neben Leipzig, Brügge, Gent und Lyon zu einem international bedeutenden Messeplatz.

25. 4. 1330: Kaiser Ludwig der Bayer erteilt der Stadt das Privileg, neben der herkömmlichen Herbstmesse (die seit 1150 nachweisbar ist) um Ostern eine 14-tägige Frühjahrs- oder Fastenmesse abzuhalten. Damit steigt die Bedeutung Frankfurts – bislang schon Drehscheibe des Handels zwischen Italien und dem Norden – für den europäischen Warenaustausch.

Zu den wichtigsten Handelswaren in Frankfurt gehören u.a. Wein, Heringe, Pelze, Wachs, Pferde sowie Vieh, Metallwaren, Luxusgüter und vor allem auch Wolltuche.

Die Stadt nimmt dank der zusätzlichen Messegeschäfte einen enormen Aufschwung.

Tuchmarkt in 's-Hertogenbosch, Gemälde Niederlande um 1530

dimir dauerhaft an sein Fürstentum zu binden. Außerdem gliedert er – teils durch Kauf – weitere Teilfürstentümer in seinen Herrschaftsbereich ein und gilt daher als erster »Sammler russischer Erde«.

Mit Iwan beginnt auch der Aufstieg Moskaus zur Metropole im Nordosten Russlands, nachdem 1325/26 der Sitz des russischen Metropoliten von Wladimir nach Moskau verlegt worden ist. Damit wird die Stadt zur Residenz der einzigen von den Tataren geduldeten Organisation, die ganz Russland umfasst.

Während Iwan I. Kalita (†1340) seine Herrschaft noch auf der Willfährigkeit gegenüber den Tataren aufbaut, beginnen seine Nachfolger gegen die Mongolenherrschaft zu opponieren.

Schon Dmitri Donskoi (1359-1389) veranlasst die meisten russischen Fürsten zur Heerfolge gegen die Mongolen und führt sie 1380 auf dem Schnepfenfeld am Don zum ersten russischen Sieg gegen die Besatzer. In einer Racheaktion brennen die Tataren 1382 Moskau zum großen Teil nieder. Das Ende des Tributärverhältnisses zu den Mongolen wird allerdings erst ein Jahrhundert später besiegelt.

NORTHAMPTON

Schottland wieder autonom

Bis zur Gründung Großbritanniens im Jahr 1707 gelingt es den Schotten, ihren hart erkämpften Autonomiestatus zu wahren.

4. 5. 1328: Die englische Königin Isabella und ihr Liebhaber Roger Mortimer, Earl of March, sowie der schottische König Robert I. Bruce ratifizieren den Vertrag von Northampton, durch den die Autonomie Schottlands garantiert wird.

Im Königreich Schottland, das um 843 durch den Skotenkönig Kenneth I. MacAlpin begründet wurde, ist mit dem Tod Alexanders III. 1286 die Dynastie der Canmore ausgestorben. Die Thronfolge sollte zunächst Alexanders Enkelin Margarete, eine 1283 geborene Tochter des Königs von Norwegen, übernehmen. Margarete starb jedoch auf dem Weg nach Schottland auf den Orkney-Inseln.

Da bereits 1174 der schottische König Wilhelm der Löwe die Lehnshoheit des englischen Königs Heinrich II. hatte anerkennen müssen, erklärten sich die Anwärter auf den schottischen Thron nach Margaretes Tod bereit, die Entscheidung des englischen Herrschers Edward I. über die Nachfolge anzuerkennen.

Überraschend bestimmte Edward John Balliol zum König und ließ ihn 1292 traditionsgemäß auf dem Stein von Scone krönen. Jedoch stieß seine Wahl bei den schottischen Adligen auf wenig Gegenliebe. Edward forderte zudem seine Rechte als Overlord über die Barone Schottlands ein: Dies bedeutete u.a. seine Gerichtshoheit über den schottischen König. Später verlangte er darüber hinaus im Konflikt mit Frankreich feudale Ritterdienste von den Schotten.

Schon 1296 setzte Edward John Balliol wieder ab und betrachtete sich nun selbst als König von Schottland. Den Stein von Scone ließ er nach London schaffen und in Westminster in der Kapelle Edwards des Bekenners aufstellen.

Die Schotten, angeführt von Sir William Wallace, revoltierten gegen die englische Herrschaft. Wallace wurde 1305 hingerichtet, im Jahr darauf krönten die Schotten Robert I. Bruce, den von Edward abgelehnten Thronprätendenten, zum König. Der englische König, aufgerieben zwischen den Konflikten im Süden und im Norden, starb 1307 auf dem Weg nach Schottland.

In der Schlacht von Bannockburn 1314, der vernichtendsten Niederlage der Engländer seit der Schlacht von Hastings 1066, errang Robert I. Bruce gegen den englischen König Edward II. die Unabhängigkeit Schottlands zurück: Der Frieden von Northampton besiegelt nun den 14 Jahre zuvor erreichten Status. Nach Robert I. Bruce' Tod 1329 wird David II. Bruce als letzter Träger seines Namens König von Schottland.

Ab 1371 übernimmt das Haus Stuart die Macht in Edinburgh, das seit dem Ende des 11. Jahrhunderts als schottische Hauptstadt fungiert. Als Mitglied dieser Dynastie gelingt es Jakob IV. (1488-1513) durch die Ehe mit Margarete Tudor den Erbanspruch der Stuarts auf den englischen Thron zu erwerben. Dadurch sind England und Schottland unter König Jakob VI. (in England Jakob I.) ab 1603 in Personalunion miteinander verbunden sind. 1707 werden beide Länder – unter englischer Führung – zum Königreich Großbritannien vereint.

Statue von König Robert I. Bruce am Burgtor von Edinburgh

Warenaustausch Europas

HINTERGRUND

Messe fördert den Handel

Die Messe als Forum des Handels ist im 12. Jahrhundert entstanden. Zunächst wurde sie meist im Zusammenhang mit kirchlichen Feiertagen oder Jahrmärkten veranstaltet; dann wurde es üblich, regelmäßig Frühjahrs- und Herbstmessen abzuhalten. Die Messen des Mittelalters dienen durchweg dem direkten Warenabsatz (bei den späteren Mustermessen werden lediglich Warenmuster ausgestellt; die Lieferung bestellter Ware erfolgt vom Herstellungsort aus). Die bedeutendsten Messeorte lagen bis ins 14. Jahrhundert in der Champagne, später kamen u.a. Antwerpen, Brügge, Lyon, Paris, Nischni Nowgorod hinzu. In Deutschland sind neben Frankfurt am Main auch Köln, Leipzig und Frankfurt an der Oder wichtige Messeplätze. Die internationalen Handelsmessen fördern die Entwicklung eines europäischen Handelsnetzes. Die anreisenden Kaufleute können hier frei kaufen, verkaufen und Rechnungen begleichen, ohne wie sonst gegenüber den Einheimischen benachteiligt zu sein. Während der Messe dürfen keine Schuldner verhaftet oder ihre Waren beschlagnahmt werden, sofern das zu bestrafende Vergehen nicht unmittelbar am Ort verübt worden ist. Dieser Messefriede wird vom Landesherrn garantiert, danach müssen die auswärtigen Kaufleute das Messegebiet wieder verlassen.

EUROPA

Pest wütet in Europa

Europa wird von der schwersten Pestepidemie seiner Geschichte heimgesucht. 25 Mio. Menschen, etwa ein Drittel der europäischen Bevölkerung, fallen bis 1352 dem »schwarzen Tod« zum Opfer.

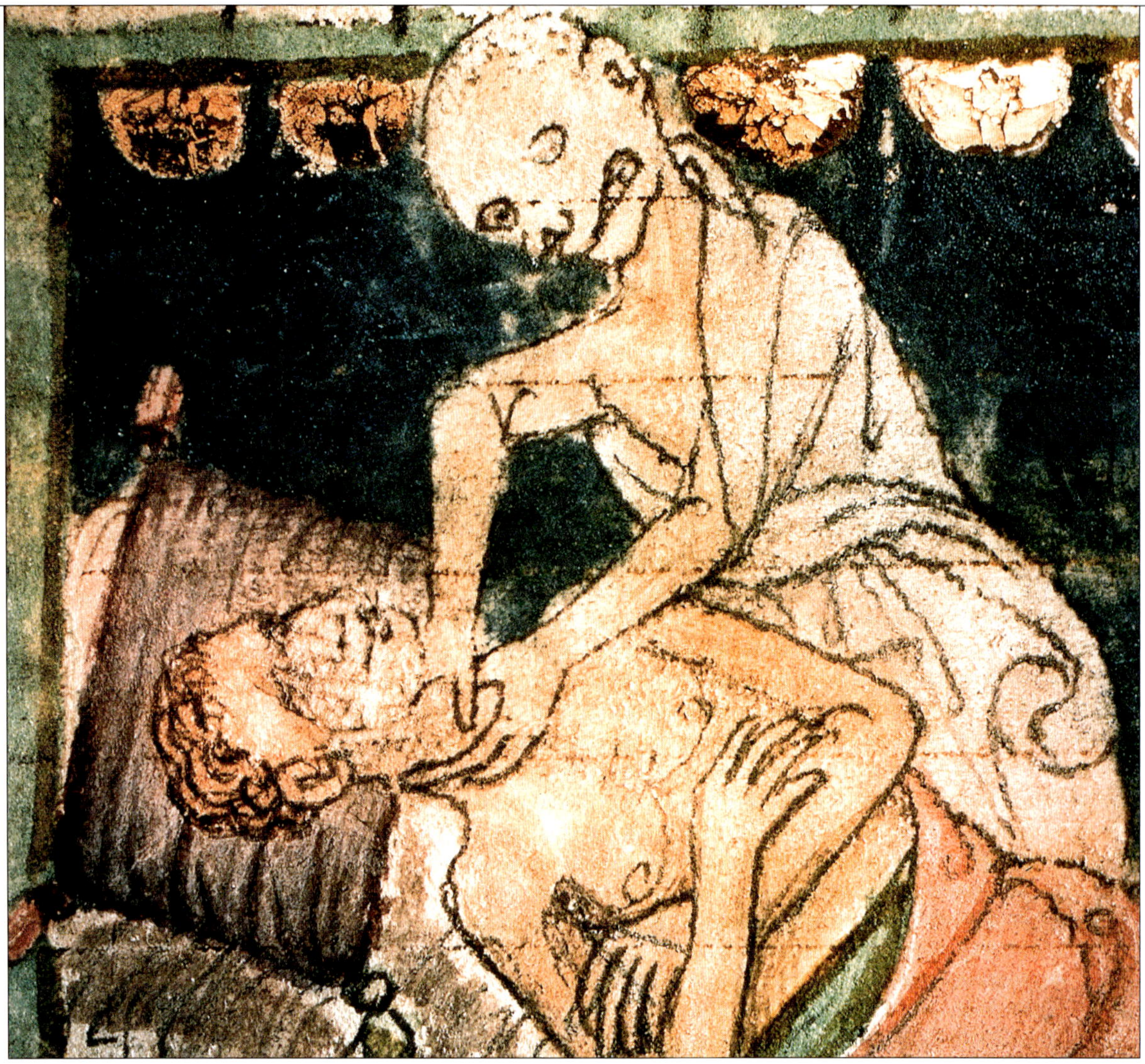

»Der Tod erwürgt ein Pestopfer« (böhmische Buchmalerei aus dem 14. Jahrhundert)

1348: Die Pest erreicht Italien, Frankreich und einen Teil Englands. 1349 greift sie auf Deutschland und das übrige England und 1350 auf Skandinavien über.

Erreger über Handelswege: Die Seuche hat vermutlich 1333 in China während einer Hungersnot begonnen. Über Indien erreichte sie 1347 die Küsten des Schwarzen Meeres, wo sie in den Lagern der Tataren wütete. Genueser Kaufleute schleppten mit ihren Handelsschiffen die Pesterreger von der Krim nach Südeuropa. Von hier verbreitet sich die Seuche innerhalb von zwei bis drei Jahren über die mittelalterlichen Handels- und Schifffahrtswege über ganz Europa, den Orient und Nordafrika.

Maßnahmen ohne Wirkung: Verheerend wirken sich vor allem die schlechten hygienischen Verhältnisse in den Städten aus. Es gibt weder Kanalisation noch Müllbeseitigung. Über die Ursachen der Krankheit und ihre Übertragungswege ist wenig bekannt. Ebenso kennt man keine wirksamen Gegenmittel. Man benutzt beispielsweise Riechwässer, um die Luft zu reinigen. Eine andere Empfehlung lautet, man solle den Regen meiden, da er die Pest weitertrage. Ebenso wirkungslos zur Vorbeugung und Therapie sind Feuer, Räucherung, Aderlass oder Diäten.

Die Medizin des Mittelalters versagt bei der Bekämpfung der Pest. Doch entspinnt sich eine intensive Diskussion über die Verbreitung von

STICHWORT

Der »Schwarze Tod«

Die Pest ist eine Infektionskrankheit, die von Nagetieren – vor allem Ratten – und deren Flöhen auf den Menschen übertragen wird; auch eine Verbreitung durch Tröpfcheninfektion ist möglich.

Die Krankheit befällt die Lymphknoten, führt dort zu Entzündungen, Schwellungen und Geschwüren (Beulenpest). Gelangen die Erreger durch Tröpfcheninfektion in die Atemwege, entsteht die Lungenpest, bei der es zu massiven inneren Blutungen kommt und die unbehandelt noch weit schneller zum Tod führt. In beiden Fällen wird schließlich der gesamte Organismus erfasst, hohes Fieber, Erbrechen, Benommenheit und am Ende Herz-Kreislaufversagen sind die Folge. Durch Blutungen unter der Haut und mangelnde Sauerstoffversorgung treten am ganzen Körper schwarze Flecken auf.

Den Pesterreger entdecken 1894 unabhängig voneinander der Japaner Shibasaburo Kitasato und der Schweizer Alexandre Yersin. Eine Therapie der Krankheit ist erst nach der Entdeckung des Penicillins 1928 möglich, doch schon zuvor sorgt eine verbesserte Hygiene dafür, dass keine Pestepidemie in Europa noch einmal das Ausmaß der Katastrophe aus dem ausgehenden Mittelalter erreicht.

HINTERGRUND

Wahn und Gewaltexzesse

Das apokalyptische Hereinbrechen der Pest erschüttert die Moral der Bevölkerung. Die zeigt sich besonders in gewalttätigen Massenbewegungen mit wahnhaften Zügen – Geißlertum und Judenverfolgung.

Um die Barmherzigkeit Gottes herabzurufen, geloben die Flagellanten sich 33 Tage – das entspricht der Zahl der Lebensjahre Jesu Christi – zu geißeln. In Prozessionen ziehen sie durch Dörfer und Städte, beten und singen, geißeln sich gegenseitig, beichten und sprechen einander von ihren Sünden los. Auch der ekstatische Massenwahn der Tanzwut, in dem sich Angst und Verzweiflung der Menschen entladen, reißt Tausende mit sich. Vielerorts müssen soziale und ethnische Randgruppen als Urheber der Pest herhalten.

Insbesondere den Juden wird vorgeworfen, die Brunnen vergiftet und damit die Pest hervorgerufen zu haben, zumal sie dank ihrer kultischen Reinheitsvorschriften in besseren hygienischen Verhältnissen leben und eher von der Krankheit verschont bleiben. Den unter der Folter erzwungenen Geständnissen Einzelner folgt der Massenmord. Etwa 350 jüdische Gemeinden im Elsass und Rheinland, in Thüringen, Bayern und Österreich werden vernichtet.

Krankheiten. Gegenüber der bisher vorherrschenden Theorie, dass die Pest sich über faulige Stoffe in der Luft und der Materie verbreite, findet die These von der Übertragung durch spezielle Krankheitserreger immer mehr Anhänger.

Manche Städte versuchen ihre Bürger durch gesundheitspolitische Maßnahmen – z.B. die in Ragusa (Dubrovnik) verhängte See-Quarantäne – zu schützen. Doch da diese ersten Ansätze einer modernen Stadthygiene selten konsequent angewandt werden, verfehlen sie ihre Wirkung.

Buße als Schutz: Die Christen interpretieren die Seuche als Strafe Gottes. Mit Bußprozessionen und Stiftungen an Kirchen und Klöster erbitten sie Gottes Gnade. Als Pestheilige werden St. Sebastian und St. Rochus um Hilfe angefleht.

Vor allem die Wohlhabenderen versuchen der Pest zu entkommen, indem sie die Städte verlassen und in völliger Isolation das Ende der Seuche abwarten. Der italienische Schriftsteller Giovanni Boccaccio beschreibt in seinem »Decamerone« (1349-53) ironisch die Reaktion der Bürger von Florenz: »Einige waren nun der Meinung, durch ein mäßiges Leben und durch Enthaltsamkeit von allem Überflusse vermöge man besonders, diesem Übel zu widerstehen. Diese bildeten eine Gesellschaft und lebten, verschlossen in Häusern, in welchen kein Kranker sich befand, beisammen. Hier genossen sie die feinsten Speisen und ausgewähltesten Weine mit großer Mäßigkeit und ergötzten sich, jede Ausschweifung vermeidend, mit Musik und anderen Vergnügungen.«

Bevölkerung geschwächt: Nicht nur für den Einzelnen, sondern auch für die ganze Entwicklung Europas hat die Pestepidemie verheerende Auswirkungen. Im 13. Jahrhundert hatte es nur wenige Seuchen und Hungersnöte gegeben, die Bevölkerung Europas war von rd. 61 Mio. auf 73 Mio. Menschen angewachsen, die durchschnittliche Lebenserwartung lag bei etwa 35 Jahren. Eine spürbare Verschlechterung des Klimas, eine sog. kleine Eiszeit, sorgte jedoch ab etwa 1310 in Nord- und Mitteleuropa für Missernten; die Jahre 1313 bis 1317 brachten eine erste schwere Hungersnot, die die Bevölkerung schwächte. Bis zur Mitte des Jahrhunderts folgten weitere Perioden der Nahrungsknappheit, so dass die Pestepidemie vielfach auf unterernährte Menschen trifft.

FRANKREICH

Eduard III. landet mit seinen Truppen in Frankreich; französische Miniatur aus der Chronik von Jean Froissart

England und Frankreich 100 Jahre im Krieg

Die Interessengegensätze zwischen Frankreich und England führen zu einem Krieg, der – mit Unterbrechungen – über hundert Jahre dauert.

Mai 1337: Der französische König Philipp VI. Valois lässt die bis dahin englische Gascogne für die französische Krone konfiszieren und provoziert damit den englischen König Eduard III. Dieser erhebt Anspruch auf den französischen Thron und versucht ihn mit militärischer Gewalt durchzusetzen. Der Hundertjährige Krieg beginnt. Ohne dass zwischen Frankreich und England formell ein Friedensvertrag geschlossen wird, enden die Kampfhandlungen 1453.

Mit dem Tod des französischen Königs Karl IV. ist im Jahr 1328 die Dynastie der Kapetinger in männlicher Linie erloschen, so dass die Krone an Philipp VI. aus dem Haus Valois fiel. Eduard III., ein – in weiblicher Linie – Enkel des Kapetinger-Königs Philipp IV., des Schönen, sieht sich dagegen als legitimer Thronerbe Frankreichs. Hinzu kommen ökonomische Gegensätze; so sieht England seine Handelsinteressen durch französische Versuche, in Flandern Fuß zu fassen, bedroht. Eduard III. wird 1338 vom römisch-deutschen Kaiser Ludwig IV., dem Bayern, als französischer König anerkannt – Ludwig sucht in England Unterstützung für seinen Kampf mit dem französisch dominierten Papsttum in Avignon. Mit seinem Heer landet Eduard III. noch im gleichen Jahr auf dem Festland und kann zunächst beträchtliche militärische Erfolge erzielen.

Der Hundertjährige Krieg

1340:	Englischer Sieg bei Sluis
1346:	Sieg der Engländer bei Crécy
1347:	Trotz heldenhaften Widerstandes besetzen die Engländer die Stadt Calais.
1356:	Englischer Sieg bei Maupertuis, Gefangennahme König Johann II., des Guten
1360:	Friede von Brétigny
1415:	Sieg der Engländer bei Azincourt
1420:	Frieden von Troyes
1429:	Der neu entfachte französische Widerstand zwingt die Engländer zur Aufgabe von Orléans.
1453:	Nach dem Sieg der Franzosen bei Castillon kommen die Kampfhandlungen zum Erliegen.

DEUTSCHES REICH

Deutscher Orden auf der Höhe der Macht

Unter Winrich von Kniprode gelangt der Deutsche Orden zu hoher Blüte.

1351: Winrich von Kniprode wird Hochmeister des Deutschen Ordens. Der auf Lebenszeit gewählte politische Führer des Deutschen Ordensstaates gründet zahlreiche Städte, weitet den Handel aus und kann im Kampf gegen die Litauer Erfolge erzielen.

Der 1198/99 im Heiligen Land gegründete Deutsche Orden erhielt 1126 von Kaiser Friedrich II. den Auftrag, sich an der Missionierung der heidnischen Pruzzen an der unteren Weichsel zu beteiligen; sechs Jahre später folgte die päpstliche Bestätigung. Zugleich bekam der Orden vom Kaiser die politischen Herrschaftsrechte in dem noch zu erobernden, außerhalb des Deutschen Reichs gelegenen Gebiet zugesprochen.

Bis Mitte des 13. Jahrhunderts gelang es dem Orden, den militärischen Widerstand der Pruzzen zu brechen. In den eroberten Gebieten wurden Ordensburgen – darunter die ab 1308 als Residenz fungierende Marienburg – errichtet und ein straff organisierter Ordensstaat aufgebaut.

Ab 1308 unternahm der Orden Eroberungszüge über die ihm ursprünglich übertragenen Gebiete hinaus. Durch den Erwerb von Pomerellen und Danzig entstand eine territoriale Verbindung zum Reich und im Osten bildete sich mit Livland ein neues Herrschaftsgebiet heraus, das allerdings durch das sich der Mission widersetzende Litauische Großreich vom übrigen Territorium des Ordensstaates abgeschnitten ist.

Hochmeister Winrich von Kniprode

STICHWORT

Ostkolonisation

Wegen des Mitte des 11. Jahrhunderts einsetzenden Bevölkerungswachstums muss neues Land gerodet werden, damit die Ernährung für alle gesichert ist. Dies geschieht in den Altsiedelgebieten, doch viele Bauern ziehen auch nach Osten, um sich dort als Siedler niederzulassen. Während Heinrich der Löwe, Herzog von Sachsen und Bayern, in der zweiten Hälfte des 12. Jahrhunderts vor allem flämische, holländische und niederdeutsche Bauern veranlasste, sich in Holstein und Mecklenburg anzusiedeln und das Land dort zu erschließen, ruft der Deutsche Orden Siedler, damit sie das unter seiner Herrschaft stehende Pruzzenland bebauen. Diese vom Orden eingeleitete Ostkolonisation ist mit dem Kolonialismus des 19./20. Jahrhunderts nicht vergleichbar, da es nicht um die Unterdrückung der in dem Gebiet lebenden Bevölkerung, sondern um die Erschließung des Landes geht, die von den dort lebenden Menschen allein nicht geleistet werden kann.

»Hofmeister des Deutschen Ordens/Schwertbruder« (Farbholzstich)

ITALIEN

Früher Gipfel italienischer Prosa

Die italienischen Dichter Francesco Petrarca (1304-1374) und Giovanni Boccaccio (1313-1375) schaffen in Lyrik und Prosa wegweisend Neues, das ihren Werken in ganz Europa Vorbildcharakter verleiht.

1351: Giovanni Boccaccio vollendet »Das Dekamerone«, eine Sammlung von 100 Novellen, in denen erstmals in der Geschichte der italienischen Literatur das menschliche Leben und Verhalten in seiner ganzen Diesseitigkeit – mit einer starken Betonung der Sexualität – ohne religiöse Überhöhung zur Sprache kommt. Das Werk begründet die Literaturgattung der Novelle. Boccaccio bedient sich hier wie in »Filocolo« (1336-1338) und anderen Werken der italienischen Volkssprache, schreibt daneben aber auch auf Lateinisch, um die römische Antike wieder lebendig werden zu lassen.

Wie sein Freund Petrarca wird Boccaccio so zu einem Wegweiser des Humanismus. Petrarcas herausragendes, ebenfalls auf Italienisch geschriebenes dichterisches Werk sind die »Canzoniere«, eine Sammlung von 369 Gedichten, die er bis zu seinem Tod immer wieder überarbeitet. In ihnen bringt er seine innersten Seelenregungen in der vergeistigten Liebe zu einer Frau kunstvoll zum Ausdruck.

Iohannes bzw. Giovanni Boccaccio

ENGLAND

Der Hosenbandorden

Der erste Ritterorden neuen Typs ist der englische Hosenbandorden, der u.a. auf die geistlichen Ritterorden zurückgeht.

1348: Der englische König Eduard III. stiftet den Hosenbandorden (englisch: The Most Noble Order of the Garter). Angeblich liegt der Stiftung ein galanter Zwischenfall zugrunde: Bei einem Hoftanz soll eine Hofdame ihr Strumpfband verloren haben, das der König mit den französischen Worten aufhob: »Honi soit qui mal y pense« (Verachtet sei, wer Arges dabei denkt) – sie sind bis heute die Devise des Ordens geblieben. Getragen wird der Orden von Männern unter dem linken Knie, von Frauen am linken Oberarm.

Der Hosenbandorden ist der erste eines neuen Ordenstyps, der in der Regel von Monarchen unter Berufung auf die geistlichen Ritterorden oder auf die Sage von König Artus gestiftet wird; auch für den Hosenbandorden gibt es die Interpretation, der König habe ihn ins Leben gerufen, um die Tafelrunde von König Artus wieder herzustellen. Wichtige weitere Orden sind der Annunziatenorden in Savoyen (1360), der Orden vom Goldenen Vlies in Burgund (1429) und der Elefantenorden in Dänemark (1462). Nur Adlige können Mitglieder in diesen Orden werden.

Englischer Hosenbandorden

SIAM

Der Aufstieg Siams

Mit der Krönung von Rama Thibodi I. beginnt der Aufstieg Siams (Thailands) zur vorherrschenden Macht in Südostasien.

1350: Rama Thibodi I., Fürst von U Thong, wird zum König des Reiches von Siam mit der Hauptstadt Ayutthaya gekrönt. Die von zahlreichen Kanälen durchzogene Stadt liegt auf einer Insel zwischen zwei Armen des Menam.

Als Geburtsstunde Siams oder Thailands gilt die Befreiung von der Herrschaft der Khmer im Jahr 1238. Das damals als Königsresidenz geschaffene Sukhothai ist inzwischen zu einem lokalen Reich neben anderen Thai-Reichen herabgesunken.

Die neuen, nun von Ayutthaya aus regierenden Herrscher beginnen damit, ihren Herrschaftsbereich in Ostasien auszudehnen.

Tempel Wat Si Sanphet in Ayutthaya

STICHWORT

Goldene Bulle

Der in Prag residierende Kaiser Karl IV. legt am 10. Januar 1356 in der Goldenen Bulle, dem bedeutendsten Reichsgesetz des Heiligen Römischen Reiches, die Prinzipien der deutschen Königswahl und die Rechte der Kurfürsten fest.

Wahlberechtigte Kurfürsten sind die Erzbischöfe von Mainz, Trier und Köln, der König von Böhmen, der Pfalzgraf bei Rhein, der Herzog von Sachsen-Wittenberg und der Markgraf von Brandenburg. Durch die Einführung des Mehrheitsprinzips sollen Doppelwahlen verhindert werden. Für die Kurfürstentümer gelten die Unteilbarkeit und das Prinzip der Erstgeburt bei der Nachfolge. Der päpstliche Anspruch auf Approbation (Anerkennung) der Wahl wird in dem Gesetz stillschweigend übergangen. Die Goldene Bulle wurde auf den Reichstagen zu Nürnberg und Metz 1356 angenommen.

Der gotische Veitsdom in Prag, mit dessen Bau 1344 begonnen wurde.

ROM

Karl IV. zum Kaiser gekrönt

Unter Karl IV. weitet sich die böhmisch-luxemburgische Hausmacht aus.

5. 4. 1355: Der Kardinalslegat von Papst Innozenz VI. krönt Karl IV. in Rom zum Kaiser. Der böhmische König (seit 1341) wurde auf Veranlassung des Papstes 1346 zum römisch-deutschen König gewählt. Karl macht die Prager Neustadt zu seiner Residenz, gründet 1348 in Prag die erste deutsche Universität und erwirbt durch Erbverträge, Kauf, Kriege oder Eheschließung bedeutende Territorien, darunter die Ober- und Niederlausitz sowie die Mark Brandenburg. Die Reichskanzlei in Prag trägt ganz wesentlich zur Herausbildung der hochdeutschen Schriftsprache bei.

Karl IV. (15. Jh., nach Vorlage von 1360)

Blick auf die Verbotene Stadt in Peking. Der ehemalige Kaiserpalast ist heute ein UNESCO-Weltkulturerbe.

CHINA

Mongolen verjagt

Soziale Unruhen führen zum Machtwechsel in China: Die mongolische Yüan-Herrschaft wird verjagt.

1368: Ein 1351 begonnener Bauernaufstand vertreibt Shun-Ti, den letzten Kaiser der mongolischen Yüan-Dynastie, aus China. Der Führer der aufständischen Bauern, Chu Yüan-chang, begründet als Kaiser Hung Wu (T'ai-tsu) die Ming-Dynastie, die bis 1644 an der Macht bleibt.

Die letzten Regierungsjahre der Yüan-Dynastie waren von schweren Erschütterungen geprägt: Naturkatastrophen und eine große Pestwelle bereiteten zusammen mit der wachsenden Unzufriedenheit der Bauern den Boden für einen nationalen Aufstand, der den letzten Yüan-Kaiser zur Flucht in den Norden zwingt.

Die Ming-Dynastie beginnt mit einer umfassenden Reorganisation von Staat und Gesellschaft. Die unbeschränkte Macht des Kaisers wird wiederhergestellt, der Einfluss der Bürokratie begrenzt.

Porzellanschale aus der Ming-Dynastie

STICHWORT

Die Verbotene Stadt in Peking

Die Verbotene Stadt, der Kaiserpalast in Peking, wird 1406 bis 1420 erbaut. In ihm residieren bis 1911, dem Ende des chinesischen Kaiserreichs, insgesamt 24 Herrscher der Ming- und Ch'ing-Dynastie. Seinen Namen trägt das von einer 10 m hohen Mauer umgebene Ensemble mit einer Gesamtfläche von 720 000 m², weil es gewöhnlichen Untertanen nicht zugänglich ist. Kern der gewaltigen Anlage sind drei imposante Zeremonienhallen. Die Verbotene Stadt hat vier Tore: Das südliche Mittagstor, das westliche und das östliche Blumentor sowie im Norden das »Tor des göttlichen Heldenmuts«.

ROM/FONDI

Die Christenheit ist gespalten

Die Wahl zweier Päpste führt zum Abendländischen Schisma, einer bis 1417 anhaltenden Spaltung der lateinischen Kirche.

27. 3. 1378: Nach dem Tod des von Avignon nach Rom zurückgekehrten Papstes Gregor XI. wird unter römischem Druck der Erzbischof von Bari als Urban VI. in Rom zum Papst gewählt.

Drei Monate später wählen die französischen Kardinale, die das erste Konklave als erzwungen ansehen, in Fondi einen Franzosen als Klemens VII. zum Papst. Beide Päpste beharren auf ihrer Legitimät und bannen die jeweils Anhänger des anderen. Alle Ämter und Pfründen werden doppelt besetzt. Die Kirche gerät in eine schwere institutionelle Krise.

Pontifikat im Zeichen des Schisma: Alexander V., Papst 1409/10 (Kupferstich). Sein Widersacher ist Gregor VII. (1406-1415).

FRANKFURT/MAIN

Städtische Krankenpflege

Die ärztliche Versorgung von Kranken im Spital wird zur städtischen Aufgabe.

1377: Der Stadtarzt von Frankfurt am Main erhält den Auftrag, sich auch um die Spitalkranken zu kümmern. Um diese Zeit beginnt nicht nur die städtische Versorgung der Kranken, sondern auch ihre Behandlung durch einen Arzt. Zuvor beschränkten sich die Spitäler auf die Pflege der Insassen, zu denen auch Arme und Alte gehören, die ihren Lebensabend dort verbringen. Ab dem 16. Jahrhundert sind die ersten hauptamtlichen Spitalsärzte bekannt.

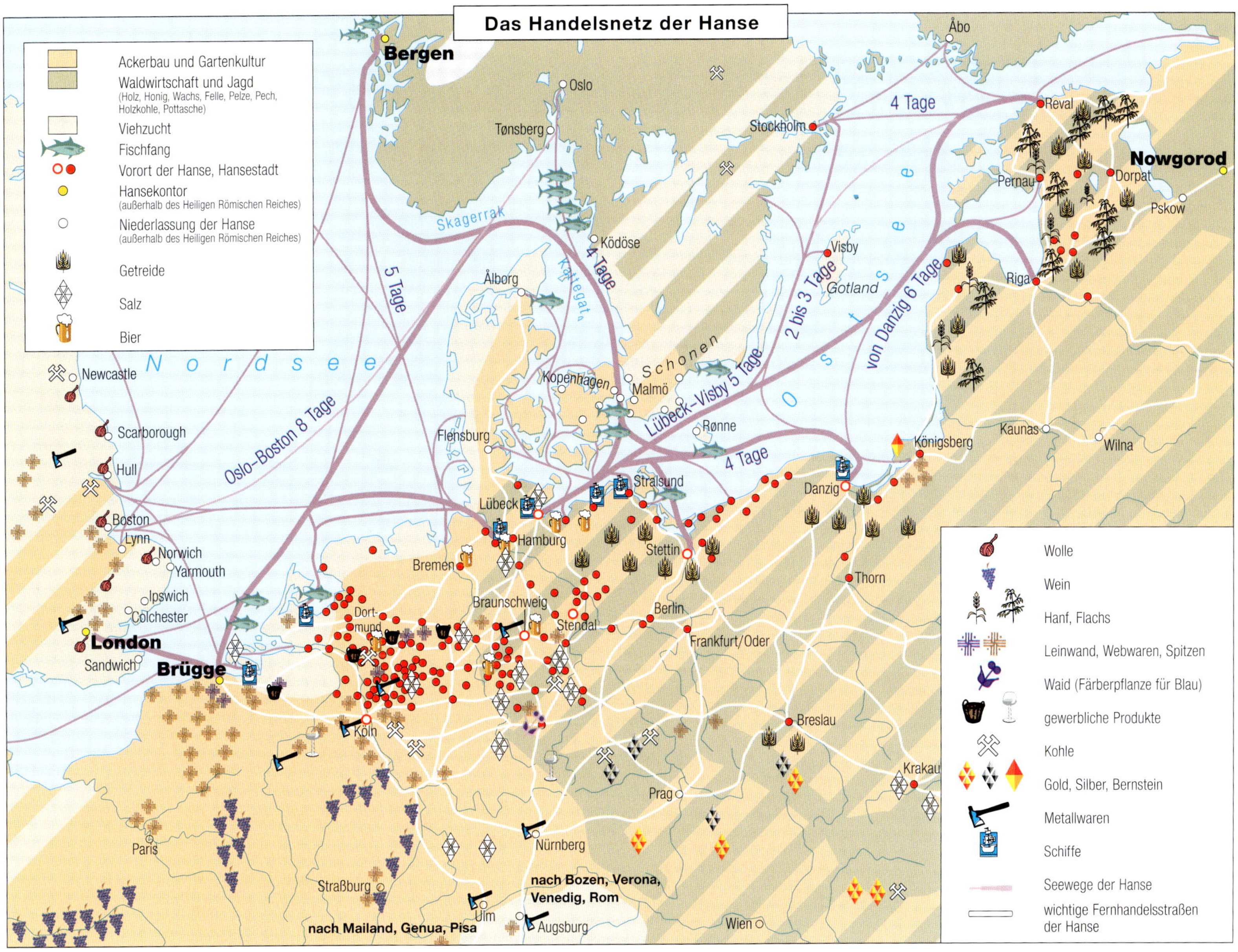

NORDEUROPA

Hanse bildet mächtigen Städtebund

Mit dem Frieden von Stralsund sichert sich der Städtebund der Hanse die Vorherrschaft im Norden Europas.

24. 5. 1370: Der Friede von Stralsund beendet den Krieg des Dänenkönigs Waldemar IV. Atterdag gegen die seit 1367 in der Kölner Konföderation geeinten Hansestädte. Der Krieg war ausgebrochen, da Waldemar die Ostseeinsel Gotland mit dem wichtigen hansischen Handelsplatz Visby erobert und die Vorrechte der Hanse auf Schonen bestritten hatte, und endet mit einem militärischen Erfolg der Hanse.

Erster Hansetag: Erst 1356 hatte sich auf dem ersten allgemeinen Handelstag in Lübeck die bis dahin bestehende Kaufmannshanse in eine Städtehanse mit einer relativ straffen Organisation umgewandelt. Seitdem sollen Zusammenkünfte eine Vertretung der gemeinsamen Interessen nach außen ermöglichen, um unerwünschte Konkurrenz abzuwehren und die Handelsprivilegien der Hansekaufleute zu sichern.

Kaufmannshanse: Der Anstoß zur Gründung der Hanse erfolgte 1160, als sich west- und niederdeutsche Fernkaufleute, die regelmäßig Gotland anfuhren, zur Gotländischen Genossenschaft zusammenschlossen. Die im Zuge der Ostsiedlung gegründeten deutschen Städte an der Ostseeküste und ältere Nordseestädte sowie die deutsche Siedlung in Visby bildeten den Ausgangspunkt für die Aktivitäten der Kaufleute der Hanse, die als eigene Rechtsperson ihre Mitglieder gegenüber fremden Gewalten vertrat.

Aufstieg: Dass sich die Hansekaufleute gegenüber skandinavischen Konkurrenten gut behaupten konnten, lag weniger an dem von ihnen verwendeten Schiffstyp der Hansekogge als an einer durchdachten Konzeption mit einer Spezialisierung zwischen dem Transportgeschäft auf See und dem kaufmännischen Handelsgeschäft. Die Hanse stützte sich auf großzügig privilegierte Kontore (Niederlassungen) im russischen Nowgorod, im norwegischen Bergen, in Brügge und London. Haupthandelsachse sind Mitte des 14. Jahrhunderts Nord- und Ostsee in Ost-West-Richtung: Nowgorod–Reval–Riga–Danzig–Lübeck–Hamburg–Brügge–London sowie die Route Stockholm–Lübeck.

Wichtige Handelsgüter sind Kupfer, Eisen, Fisch, Butter, Getreide, Holz, Flachs, Hanf, Erze, Metallwaren, Salz, Bier, Leinwand und Bernstein.

Der Niedergang: Die Ursachen für den Niedergang des Städtebundes ab dem 15. Jahrhundert liegen u.a. in regionalen Interessenkonflikten, der Entstehung national-protektionistischer Handelspolitik und der Verlagerung der Haupthandelsströme nach Übersee im Zuge der Entdeckung der Neuen Welt.

SERBIEN

Serben unterliegen Osmanen

Nach der Niederlage gegen die Osmanen in der Schlacht auf dem Amselfeld wird Serbien zum osmanischen Vasallenstaat.

28. 6. 1389: Der osmanische Sultan Murad I. bereitet den verbündeten Serben, Bosniern, Albanern und Bulgaren unter dem serbischen Fürsten Lazar in der Schlacht auf dem Amselfeld (serbisch: Kosovo polje) eine vernichtende Niederlage.

Nach der Ermordung des Sultans durch einen Gefangenen gehen die Osmanen mit brutaler Härte gegen die Serben vor: Sie lassen fast den gesamten serbischen Adel ausrotten und machen das Land zwischen den Flüssen Donau, Save, Drina und Timok tributpflichtig.

Vorgeschichte: Der Sohn des ersten osmanischen Herrschers, Osman I. Ghasi, Orchan (1326-1360), setzte das Eroberungswerk seines Vaters fort. Er machte Bursa zur ersten osmanischen Hauptstadt und nahm den Byzantinern Iznik (Nicäa) und Izmid (Nikomedia) ab. Nach Einnahme des Fürstentums Karesi im Nordwesten von Kleinasien gelangte er bis ans Ägäische Meer.

Durch seine Hochzeit mit der Tochter des byzantinischen Kaisers Johannes VI. Kantakuzenos mit Konstantinopel verbunden, leistete Orchan militärische Unterstützung bei dessen Kämpfen in Europa. Als er 1360 starb, hatte sich das Osmanische Reich mit einer ausgebildeten Militär- und Justizverwaltung gefestigt. Seine Söhne Süleyman Schah und Murad I. setzten das Werk Orchans fort: Süleyman eroberte Ankara, Murad nahm Edirne (Adrianopel) ein und machte es 1365 zur neuen Hauptstadt.

Murad I. ist der osmanische Herrscher, der die Elitetruppe der Janitscharen einrichtet. Sie rekrutiert sich aus Soldaten, die als Kinder oder Jugendliche ihrer christlichen Familie entrissen oder gefangen genommen werden.

Unter Murads Sohn Bajezid I. greifen die Osmanen noch weiter aus: 1393 wird Bulgarien erobert, 1394 wird die Walachei tributpflichtig gemacht. Der 1395 unternommene Versuch einer Einnahme Konstantinopels bleibt noch ohne Erfolg, doch 1396 bereiten osmanische Truppen einem Kreuzfahrerheer unter dem späteren Kaiser Sigismund eine vernichtende Niederlage. Gegen Timur-Lengs Mongolen ist Bajezid I. 1402 hingegen unterlegen, er gerät in Gefangenschaft und stirbt bald darauf. Erst unter Murad II. (1421-1451) erreicht das Osmanische Reich wieder seine alte Machtstellung, kann die während des vorangegangenen Interregnums verlorenen Gebiete zurückerobern und Teile von Griechenland, Albanien und Serbien einnehmen; 1439 wird die serbische Hauptstadt Semendria erobert. 1448 wird das Amselfeld wieder zum Schlachtfeld, als sich dort ungarische und osmanische Truppen gegenüberstehen.

Die Schlacht auf dem Amselfeld (Farbdruck nach Gemälde, 20. Jh.)

POLEN

Polen wird europäische

Die Jagiellonen üben bis zum Jahr 1572 die Herrschaft über Polen aus.

17. 2. 1386: Der litauische Großfürst Wladislaw II. Jagiello wird zum König von Polen gekrönt und begründet den polnisch-litauischen Staat.

Polnische Magnaten hatten die Thronerbin Hedwig (Jadwiga) zuvor gezwungen, ihre Verlobung mit Wilhelm von Österreich zu lösen und sich mit Jagiello zu vermählen. Der vor seiner Krönung christlich getaufte neue Herrscher leitet die Christianisierung Litauens ein – mit der Konsequenz für den Deutschen Orden, dass er seine Eroberungspolitik gegenüber Litauen nicht mehr mit dem Missionsgedanken legitimieren kann.

Wladislaw II. (Lithographie nach einem Gemälde von Matejko)

Schon zu Beginn des 14. Jahrhunderts hatte sich unter König Kasimir III. (1333-1370), dem letzten Piasten auf dem polnischen Thron, die Stellung Polens gefestigt: Kasimir erreichte durch den Verzicht auf weite Teile Schlesiens, dass der König von Böhmen seine Thronansprüche auf Polen aufgab. Für die Abtretung des übrigen Schlesien an den böhmisch-deutschen König Karl IV. erhielt Kasimir Masowien-

AUSBLICK

Amselfeld wird Nationalmythos

Das Amselfeld (Kosovo polje) ist ein Hochbecken, das sich westlich der Stadt Priština erstreckt. Es gilt als Kern des mittelalterlichen Serbien. Nach dem Sieg der Osmanen über die Serben hat der St. Veitstag, der 28. Juni, in Serbien eine nationale Bedeutung.

Das Amselfeld wird nach dem Sieg der Osmanen über die Ungarn im Jahr 1448 von den Südslawen geräumt. Im 14./15. Jahrhundert erfolgt die Besiedelung der Region durch Albaner, die bis heute im Kosovo die Bevölkerungsmehrheit stellen. Nach der Eroberung im Jahr 1913 wird das bis dahin zum Osmanischen Reich gehörende Kosovo unter Serbien und Montenegro aufgeteilt.

Im Tito-Jugoslawien eine autonome Provinz innerhalb der Republik Serbien, verliert das Kosovo 1989 diesen Status; die Albaner werden massiv aus dem öffentlichen Leben zurückgedrängt.

1998 nimmt die UÇK den bewaffneten Kampf für die Unabhängigkeit des Kosovo auf. 1999 greift die NATO mit Luftangriffen auf Jugoslawien in den Konflikt ein. Seit Sommer 1999 wird das Kosovo von einer internationalen Friedenstruppe verwaltet.

Großmacht

Plozk zum Lehen. Mit dem Deutschen Orden erreichte er 1343 eine Einigung: Polen verzichtete auf Pomerellen und das Kulmer Land und sicherte sich im Gegenzug Teile Kujawiens und das Dobriner Land. Auch im Erbfolgestreit mit Litauen setzte er sich weitgehend durch und Polen bekam Galitsch und Teile Wolhyniens. Kasimir III. förderte die Gründung von Städten und Dörfern, siedelte aus Mitteleuropa vertriebene Juden an, ließ das Rechts- und Münzwesen vereinheitlichen, setzte Bezirksgouverneure ein und gründete 1364 in Krakau eine Universität.

PERSIEN

Höchste Stilkunst im »Diwan«

Die Gedichte des freigeistigen Lyrikers Hafis markieren den Höhepunkt der persischen Literatur. Sie sind bis heute im Iran lebendig, werden von breiten Schichten gelesen und rezitiert.

1390: In der Stadt Shiraz stirbt der persische Dichter Hafis (»der den Koran auswendig kennt«) im Alter von etwa 64 Jahren. Erst nach seinem Tod erscheint eine Zusammenstellung seiner fast 600 Gedichte in einem »Diwan« (Sammlung). Die von höchster Stilkunst zeugenden Werke kreisen um religiöse, politische und erotische Themen. Hafis greift den Klerus und seine Bigotterie an, wendet sich gegen Autoritäten und preist die Liebe und den – für strenggläubige Muslime verbotenen – Wein, der ihm als Mittel intensivsten Lebensgenusses und mystischer Verzückung erscheint.

Den Begriff Liebe gebraucht der Dichter in einem umfassenden Sinn: Liebe zu Gott, zum Dasein, zur Schönheit und zu einem anderen Menschen. Eine besondere Note erhalten die an eine Person gerichteten Gedichte durch die Verwendung des Personalpronomens »u«, das im Persischen sowohl »er« als auch »sie« bedeuten kann. Ob Hafis in seinen Liebesgedichten Frauen oder, wie vielfach angenommen, Knaben besingt, lässt sich anhand des Textes also nicht klären.

Hafis in einer persischen Miniatur

SAMARKAND

Timur Leng erneuert das Mongolenreich

Der Mongolenherrscher Timur Leng erklärt sich zum Erben Dschingis Khans und führt grausame Eroberungszüge durch.

1388: Timur Leng (Timur, der Lahme) nimmt den Sultanstitel an. Er sieht sich in der Nachfolge von Dschingis Khan als Erneuerer des Monogolenreichs und Vorkämpfer für den Islam.

Um 1360 errang Timur Leng als eine Art Hausmeier des nur nominell regierenden Khans aus der Dynastie von Dschingis Khan die Macht in Transoxanien. Er eroberte 1363 Samarkand als Basis für die Kriegszüge seiner Reiterarmee, mit der er Choresm (1371-1379) und den Iran (1380-1386) unter mongolische Herrschaft brachte. 1391/95 besiegt er die Goldene Horde im südlichen Russland, nimmt 1398 Delhi, 1399 Panjab, 1400 den Irak ein, zieht 1400/01 gegen Syrien, bereitet den Osmanen 1402 bei Angora eine vernichtende Niederlage und stirbt 1405 auf dem Weg nach China. Nach seinem Tod zerfällt sein Reich in mehrere zentralasiatische Nachfolgestaaten unter der Herrschaft seiner Nachkommen, der Timuriden.

Angreifende Mongolen (persische Miniatur, 14.Jh.)

ENGLAND

Englische Bauern im Aufstand

Die u.a. durch Pestepidemien ausgelösten sozialen Krisen in England führen zu einem Bauernaufstand und zum Sturz von König Richard II., dem letzten Herrscher aus der Dynastie Plantagenet.

29. 9. 1399: Richard II. wird von seinem Vetter, dem späteren König Heinrich IV. aus dem Haus Lancaster, unter dem Vorwurf der Willkürherrschaft zur Abdankung gezwungen und gefangen genommen.

Innenpolitisch sah sich Richard II. vor der kaum lösbaren Aufgabe, zwischen dem Kleinadel (Gentry) und den Magnaten, zwischen der Kirche und den radikalen Laienpredigern der »Lollarden« zu vermitteln. Zudem war er während seiner Regierung mit der schwersten sozialpolitischen Krise des mittelalterlichen England konfrontiert: Ein in den 70er Jahren einsetzender Preisverfall für Agrarprodukte und die Unzufriedenheit über die Kriegführung mit Frankreich entlud sich in einem Bauernaufstand, als 1381 das Parlament die Einführung einer Kopfsteuer zur Deckung der Kriegskosten beschloss. Diese sollte auch von der ärmeren Bevölkerung eingetrieben werden. Der von Kent und Essex ausgehende Aufstand wurde von den ländlichen Unterschichten, aber auch von materiell besser stehenden Bauern getragen. Zwar konnten die nach London eindringenden Bauern den Monarchen so in Bedrängnis bringen, dass er ihnen Zugeständnisse machen musste, doch wurden diese bald zurückgenommen, die Rädelsführer hingerichtet. Langfristig jedoch setzen die Bauern ihre Forderung nach Abschaffung der Leibeigenschaft durch.

Richard II. empfängt aufständische Bauern (Lithographie)

LONDON

Die »Canterbury Tales«

Die »Canterbury Tales« von Geoffrey Chaucer, eine Sammlung in Vers und Prosa, liefern ein genaues Bild der Gesellschaft in England.

25. 10. 1400: Der englische Dichter Geoffrey Chaucer stirbt vor Vollendung seines Hauptwerks, der »Canterbury Tales«.

Dieser in eine Rahmenhandlung eingebettete Zyklus von Vers- und Prosaerzählungen bietet eine präzise Schilderung des Alltagslebens im England des ausgehenden 14. Jahrhunderts für alle Stände der mittelalterlichen Gesellschaft: Adel, Klerus, Grundbesitzer, Intellektuelle, Kaufleute und leibeigene Bauern sind darin in ihren Lebensbedingungen und -gewohnheiten porträtiert, wobei drastische Liebes-, Eifersuchts- und Bettszenen großen Raum einnehmen.

Chaucers »Canterbury Tales« erscheinen so als Gegenstück zu Giovanni Boccaccios »Dekamerone«.

Die 24 Einzelgeschichten erzählen sich 31 Pilger auf dem Weg zum Grab des heiligen Thomas Beckett nach London; einer von ihnen ist der Fiktion nach der Autor selbst, der sich als stümperhafter Literat porträtiert und seine Novelle jäh abbrechen lässt. Auch die anderen Erzähler erscheinen nur auf den ersten Blick als Typen und gewinnen im Verlauf ihrer Schilderungen zunehmend individuellere Züge.

Eine besonders auffällige Figur ist die Frau von Bath, die in ihrer sexuellen Gier fünf Ehemänner verbraucht hat und sich gleichwohl im Prolog zu ihrer Geschichte vehement für die Ehe ausspricht – allerdings nur unter der Bedingung, dass die Frau dominiert.

Whan that aprille with his shoures soote
The drought of marche hath perced to ye roote
And bathed euery veyne in swich licour
Of which vertue engendred is ye flour
Whan zephirus eek with his swete breeth
Enspired hath in euery holte and heeth
The tendre croppes and ye yonge sonne
Hath in ye Ram his halfe cours y ronne
And smale fowles maken melodie
That slepen al ye nyght with open yhe
So priketh hem nature in here corages
Thanne longen folk to gon on pilgrimages
And palmers for to seken straunge strondes
To ferne halwes kouthe in sondry londes
And specially from euery shires ende
Of Engelond to Cantirbury they wende
The holy blisful martir for to seke
That hem hath holpen whan that they were seke
Byfel that in that seson on a day
In Southwerk at ye Tabbard as I lay
Redy to wenden on my pilgrimage
To Cantirbury with ful deuout corage
At nyght was come in to that hostelrie

»Canterbury Tales« (zeitgenössische Handschrift)

NORDEUROPA

Union in Skandinavien

Die skandinavischen Staaten beschließen eine Personalunion. Die drei Länder verpflichten sich zu einem Dauerbündnis mit gemeinsamem Auftreten nach außen und gemeinsamer Thronfolgeregelung.

20. 6. 1397: In der Kalmarer Union bestätigt eine Städteversammlung die Vereinigung der drei skandinavischen Reiche Dänemark, Schweden-Finnland und Norwegen-Island unter Königin Margarete I. Die Gesetze der jeweiligen Staaten bleiben jedoch erhalten.

Zwar wird in Kalmar der 15-jährige Großneffe Margaretes, Herzog Erich VII. von Pommern, zum König ganz Skandinaviens gekrönt, die Regierungsgewalt übt jedoch weiterhin die ehrgeizige und diplomatisch geschickte Margarete I. aus.

Nach dem Tod ihres Vaters, König Waldemar IV. Atterdag, übernahm Margarete 1375 die Regentschaft in Dänemark, 1380, nach dem Tod ihres Mannes, König Håkon VI. von Norwegen, auch die Regentschaft in Norwegen. 1389 gelang es ihr, König Albrecht von Schweden, der ihren Sohn um Unterstützung gegen den opponierenden Adel gebeten hatte, zu stürzen.

Schloss in Kalmar/Schweden

HINTERGRUND

Piraten auch im staatlichen Auftrag auf Kaperfahrt

Der Kalmarer Union vorausgegangen ist ein Krieg zwischen Dänemark und Mecklenburg, in den auch Seeräuber verwickelt sind.

Herzog Albrecht III. von Mecklenburg, seit 1364 König von Schweden, wird 1389 in der Schlacht bei Falköping von der dänisch-norwegischen Königin Margarete I. besiegt und gefangen genommen, die Hauptstadt Stockholm bleibt aber frei.

Piraten, die zuvor im staatlichen Auftrag Handelsschiffe des Gegners ausgeraubt hatten, machen nun auf eigene Rechnung weiter. 1393 erobern sie Bergen, im Jahr darauf brandschatzen sie Malmö und nehmen Visby auf Gotland ein. Obwohl 1395 ein Friedensvertrag zwischen Margarete und Albrecht geschlossen und Stockholm durch die Hanse besetzt wird, machen die Seeräuber weiter die Ostsee unsicher. In dieser Lage beschließt der Deutsche Orden zu handeln: Er besetzt 1398 Gotland, die Basis der Piraten. Etliche der Seeräuber setzten sich in Richtung Nordsee ab.

Schon vor ihrer Vertreibung aus der Ostsee machten Piraten die Deutsche Bucht und die Küsten Ostfrieslands unsicher.

Hamburg bereitet ihrem Unwesen schließlich ein Ende: Eine gemeinsame lübisch-hamburgische Flotte läuft 1400 aus und berichtet bei der Rückkehr, man habe 80 Seeräuber getötet. Im Jahr darauf kann Hamburg zwei Anführer der Piraten, Klaus Störtebeker und Godeke Michels, gefangen nehmen. Sie werden mit ihren Kumpanen – insgesamt über 100 an der Zahl – hingerichtet. Zu einer gemeinsamen militärischen Aktion gegen die Piraten konnten sich die Hansestädte nicht aufraffen. Kriminelle, aber auch einstmals ehrliche Seeleute und verarmte Adlige finden sich unter den Piraten. Sie nennen sich »Likedeeler« (Gleichteiler), weil die Beute gleichmäßig aufgeteilt wird. 1392 wird erstmals der Begriff Vitalienbrüder (Proviantbeschaffer) verwendet, der auf die Rolle der Piraten bei der Versorgung eingeschlossener Städte verweist.

Hinrichtung der Vitalienbrüder Klaus Störtebeker und Godeke Michels auf dem Grasbrook in Hamburg (1402, zeitgenössischer Stich)

TANNENBERG

Deutscher Orden

Mit der Niederlage gegen das polnisch-litauische Großreich verliert der Ordensstaat seine politische Vorrangstellung in der Region.

15. 7. 1410: In einer der größten Feldschlachten des Mittelalters besiegen die vereinigten polnisch-litauischen Truppen bei Tannenberg (Ostpreußen) das Ritterheer des Deutschen Ordens. Damit ist das polnisch-litauische Großreich zur Führungsmacht in Osteuropa geworden. Die Niederlage des seit fast 200 Jahren im Preußenland herrschenden Ordensstaates kommt einer Katastrophe gleich. Zwar kann die Marienburg, der Sitz des Hochmeisters des Deutschen Ordens, verteidigt werden, der am 14. Februar 1411 geschlossene 1. Thorner Friede schreibt jedoch den Verlust Westlitauens, also des Verbindungslandes zwischen Preußen und Livland, fest und erlegt dem Ordensstaat hohe Kontributionen auf. Finanzprobleme und fehlgeschlagene Reformen führen in der Folgezeit zur Staatskrise. Mit dem zweiten Thorner Frieden von 1466 ist die Macht des Ordens endgültig gebrochen.

Abbildung der in der Schlacht erbeuteten Feldzeichen des Deutschen Ordens (Zeichnung, 1448, von Stanislaw Durink)

PARIS

Aufstand der Unterschicht

Ein Aufstand in der französischen Hauptstadt verfolgt das Ziel, die steuerliche Benachteiligung der Unterschicht und Kleinbetriebe zu beseitigen.

April 1413: In einer Zeit der Thronwirren und des Bürgerkriegs in Frankreich unternehmen Angehörige der Mittel- und Unterschicht einen Aufstand, der sich gegen die drückende Steuerlast richtet. Die nach ihrem Führer, dem Schlachter und Tierhäuter Simon Caboche, benannten Cabochien stürmen die Bastille und errichten ein Schreckensregiment.

In der Auseinandersetzung zwischen Orléans und Burgund stehen die Cabochien auf Seiten der Burgunder. Ihr Aufstand wird von den Parteigängern Orléans blutig niedergeschlagen.

In ihrem Kampf für eine grundsätzliche, dem allgemeinen Wohl dienende Reform des französischen Verwaltungsapparats berufen sie sich auf Stellen aus dem Alten Testament und aus der Literatur der römischen Antike. Anders als den englischen Lollarden und den Hussiten geht es ihnen jedoch nicht um eine Reform der als zu verweltlicht erlebten Kirche.

FRANKREICH

Bund mit Burgund

Der englische König Heinrich V. greift in den Bürgerkrieg zwischen den Herzogshäusern von Orléans und Burgund auf Seiten Burgunds ein und kann nach militärischen Erfolgen den englischen Einfluss in Frankreich weiter ausdehnen. Wie sein Urgroßvater Eduard III. beruft er sich auf seine Ansprüche auf die französische Krone.

25. 10. 1415: In der Schlacht bei Azincourt bereitet ein englisches Invasionsheer unter König Heinrich V. den französischen Truppen eine vernichtende Niederlage. Heinrich V. erzwingt seine Verheiratung mit einer Tochter des französischen Königs Karl VI., des Wahnsinnigen, und erreicht im Vertrag von Troyes 1420 die Zusage, dass er nach dessen Tod gemeinsam mit Burgund die Herrschaft in Frankreich ausüben wird.

In dem im Mai 1337 ausgebrochenen Krieg zwischen England und Frankreich hatten sich die gut geführten englischen Truppen mit ihren hervorragenden Langbogenschützen dem schwerfälligen französischen Ritterheer zunächst stets als überlegen erwiesen. Nach militärischen Erfolgen Englands wurde am 18. Mai 1360 der Frieden von Brétigny geschlossen, in dem der englische König Eduard III. auf seine Thronansprüche in Frankreich verzichtete und dafür die Souveränität über Guyenne, die Gascogne, Guines, Calais, Limousin und Patou erhielt.

Im Jahr 1369 brachen die Kampfhandlungen erneut aus. Die zahlenmäßig unterlegenen Engländer wurden nun in einem Kleinkrieg an die Küste zurückgedrängt, ein Aufstand flandrischer Städte gegen die französische Herrschaft 1382 niedergeschlagen.

Dennoch war die französische Krone durch die sich lange hinziehenden militärischen Auseinandersetzungen geschwächt. Nachdem es bereits in den 50er Jahren zu Aufständen der ländlichen und städtischen Unterschichten gekommen war, sind es nun die Rivalitäten zwischen den Herzögen von Orléans und Burgund, die 1407 in einen offenen Bürgerkrieg münden.

Der Hintergrund: Als der französische König Karl VI. 1392 in geistige Umnachtung fiel, wurde mit Zustimmung des Thronfolgers, Karl (VII.), die Regierungsgewalt Herzog Karl von Orléans übertragen. Das mächtige Burgund, das teils zum Heiligen Römischen Reich, teils zu Frankreich gehört, sah sich in seiner

MOSKAU

»Göttliche« Ikonen

Die russische Ikonenmalerei erreicht Anfang des 15. Jahrhunderts einen Gipfel.

Patronatsikone, um 1411

Um 1411: Die russische Ikone »Die heilige Dreifaltigkeit« gilt wegen ihrer zarten Farbgebung, des klaren Aufbaus und der eleganten Linienführung als einzigartig. Sie strahlt eine Intimität und Individualität aus, die in Byzanz als unzulässig angesehen würde. Bis in die 80er Jahre des 20. Jahrhunderts wird die Ikone dem russischen Maler Andrej Rubljow zugeschrieben; seitdem gilt sie als Werk eines unbekannten Meisters.

Seit dem 6. Jahrhundert geht die Ostkirche von der Existenz »nicht von Menschenhand geschaffener« Bilder aus. Der Legende nach handelt es sich dabei im engeren Sinne

Stellung bedroht. Nach blutigen Auseinandersetzungen festigt es nun mit dem Vertrag von Troyes im Bündnis mit dem siegreichen England seine alten und neuen Machtansprüche: Es wird festgelegt, dass der englische König Heinrich V. und Burgund nach dem Tod Karls VI. gemeinsam die Regierung über Frankreich ausüben sollen. Als der Monarch 1422 stirbt, proklamieren Adel und Klerus jedoch Karl VII. zum Herrscher von Frankreich. Zwar beschränkt sich seine Macht zunächst allein auf den Süden des Landes, doch mit Hilfe der »Heiligen Jungfrau von Orléans« Jeanne d'Arc kann er die Engländer in die Defensive drängen.

Die Schlacht bei Azincourt (Buchmalerei, 15. Jh., aus der »Chronique de l'Angleterre«)

um Bildnisse Christi, die durch den Abdruck seines Gesichts auf einem Schweißtuch bzw. dem Gewand einer Frau entstanden sind, sowie um Heiligendarstellungen.

Aufgabe des Künstlers ist es, die ihm in Kopien als Ikonen überlieferten »nicht von Menschenhand geschaffenen« Bilder seinerseits genau zu kopieren – der individuelle Ausdruck subjektiven religiösen Empfindens ist dabei nach orthodoxer Vorstellung nicht gefragt. Anweisungen hinsichtlich der Bildinhalte, des Bildaufbaus und der Farbgebung werden in Malerhandbüchern an nachfolgende Generationen weitergegeben.

Die bekannteste Ikone überhaupt ist die »Muttergottes von Wladimir«, die vermutlich in Konstantinopel gemalt worden und zwischen 1120 und 1130 nach Russland gekommen ist. Sie soll 1395 bewirkt haben, dass der Mongolenherrscher Timur-Leng vor den Toren Moskaus umkehrte.

MALAKKA

Islam findet Verbreitung

Mit dem Übertritt des Gründers von Malakka, Fürst Paramesjwara, zum islamischen Glauben wird die Ausbreitung der Religion im südostasiatischen Raum gefördert.

1403: Fürst Paramesjwara gründet auf der Malaiischen Halbinsel den Stadtstadt Malakka, der dank der günstigen Küstenlage rasch zu einem bedeutenden Handelszentrum aufsteigt.

Malakka wird zu einem ernsthaften Konkurrenten für das hinduistisch-buddhistische Großreich Majapahit, das sein Zentrum in Mittel- und Ostjava hat, sich in seiner Blütezeit, der zweiten Hälfte des 14. Jahrhunderts, aber über den gesamten indonesischen Archipel, die Malaiische Halbinsel und zumindest nominell auch über weite Teile des heutigen Indochina erstreckt. Paramesjwara hatte seine Unabhängigkeit von Majapahit erklärt, war von seiner ursprünglichen Heimat auf Sumatra vertrieben worden und auf die Malaiische Halbinsel geflohen. Bei der Gründung seines Staates erhielt er Unterstützung durch die Chinesen, die ihm auch den Königstitel zusprachen. Malakka profitiert vor allem vom chinesischen Überseehandel.

Der Staat wird zum Brückenkopf des Islam im südostasiatischen Raum, als sich Fürst Paramesjwara 1414 bekehren lässt.

Anders als in anderen Regionen breitet sich der Islam in Südostasien nicht mit dem Schwert, sondern auf friedliche Weise aus: Arabische und persische Kaufleute haben ihn auf den Haupthandelsrouten des Ostens verbreitet. Ihren Siegeszug verdankt die Religion auch der führenden wirtschaftlichen Stellung dieser Händler. Bereits im 11. Jahrhundert sind muslimische Handelsniederlassungen auf den Molukken, bald auch auf Java, Nordborneo sowie auf Sumatra entstanden.

Der Islam verbreitet sich im 15. Jahrhundert schließlich über den gesamten Malaiischen Archipel bis zu den Philippinen, während das Großreich Majapahit allmählich zerbröckelt. Im frühen 16. Jahrhundert wird das letzte hinduistische Königreich auf Java erobert und islamische Sultanate treten die Nachfolge an. Lediglich die heute zu Indonesien gehörende Insel Bali bleibt noch als hinduistische Exklave erhalten.

KONSTANZ

Jan Hus auf dem Konzil als Ketzer verbrannt

Das Konstanzer Konzil setzt sein Bestreben, gegen Irrlehren vorzugehen, gewaltsam um: Der tschechische Reformator Jan Hus muss das standhafte Festhalten an seinen Glaubensüberzeugungen mit dem Tode bezahlen.

6. 7. 1415: Das Konstanzer Konzil verurteilt Jan Hus zum Tode, weil er die »Irrlehren« des englischen Theologen John Wyclif verteidigt und gepredigt habe. Da er das Angebot, zu beichten und zu widerrufen, ablehnt, stirbt er noch am selben Tag auf dem Scheiterhaufen. Sein Tod ist das Fanal zum Aufstand gegen König und Kirche in ganz Böhmen.

Anliegen des Konzils: Das Konzil tagt seit dem 5. November 1414. Es ist auf Drängen des 1410/11 gewählten deutschen Königs Sigismund von (Gegen-) Papst Johannes XXIII. einberufen worden; etwa 70 000 Teilnehmer aus ganz Europa sind angereist. Sigismund wird zur beherrschenden Gestalt des bis zum Jahr 1418 dauernden Konzils, das sich die Beseitigung der Kirchenspaltung, die Reform der Kirche an Haupt und Gliedern sowie die Überwindung der Irrlehren zum Ziel gesetzt hat.

Reformen: Während dem Konzil die Überwindung der Kirchenspaltung gelingt, werden innere Reformen der Kirche nur in Ansätzen verwirklicht. Bezeichnend ist, dass auf dem Konzil nach »Nationen« abgestimmt und außerdem beschlossen wird, Reformen mittels Konkordaten zwischen der Kirche und einzelnen Fürsten umzusetzen.

Die vom Konzil gefassten Beschlüsse zur Beschneidung der päpstlichen Eingriffe in das Ämter- und Pfründenwesen, zur Beschränkung der Ablässe und gegen die Vereinigung mehrerer kirchlicher

Jan Hus wird verbrannt (Chronik des Ulrich von Richental, 1482); die Inschrift auf der Papiermütze weist ihn als »Erzketzer« aus.

AUSBLICK

Religiöser und politischer Protest der

Der Märtyrertod von Jan Hus (s. Abb.) führt zu Unruhen in Prag, die 1419 in einen Krieg münden. Die Anhänger des Reformators, die Hussiten, leisten Widerstand gegen fünf Kreuzzüge, die König Sigismund gegen sie organisiert, und unternehmen Feldzüge in die Nachbarländer.

In den von Tschechen getragenen Hussitenkriegen verknüpfen sich religiöser und politischer Protest gegen den größtenteils aus Deutschen bestehenden hohen Klerus in Böhmen und gegen den deutschen König Sigismund, der nach dem Tod von König Wenzel IV. am 16. August 1419 auch die böhmische Krone geerbt hat. Er wird 1421 für abgesetzt erklärt. Für die Entwicklung tschechischen Nationalbewusstseins sind die Hussiten von herausragender Bedeutung.

Allen Hussiten gemeinsam sind die For-

derungen nach freier Predigt, Laienkelch (Trinken konsekretierten Weins durch Laien bei Messe oder Abendmahl), Säkularisierung des Kirchenbesitzes und strenge Kirchenzucht. Die Taboriten verfolgen darüber hinaus sozialrevolutionäre Ziele.

Stellen in einer Person werden nachher nur halbherzig umgesetzt. Die Forderung nach grundlegenden Reformen wird aber nicht mehr verstummen.

Konziliarismus: Der wichtigste auf dem Konzil selbst gefasste Reformbeschluss ist das Dekret »Frequens«. Danach sind im Abstand von zehn Jahren regelmäßig Konzilien einzuberufen. In Konstanz und auf dem folgenden Konzil von Basel (1431-1438) kommt es vor allem zu heftigen Auseinandersetzungen über die Frage des Verhältnisses zwischen Konzil und Papst. Beide Konzilien vertreten die Lehre, dass ihre Beschlüsse über denen des Papstes stehen. In der Folgezeit scheuen sich die Päpste, weitere Konzilien einzuberufen.

Hus' Wirken: Jan Hus, der in Anlehnung an die radikalen Ideen Wyclifs die Autorität des Gewissens und apostolische Armut predigt und dessen Kritik sich gegen das Finanzgebaren der Kirche, gegen Pfründen, Ämterkauf und Ablasshandel richtet, wurde 1410 von Papst Alexander V. gebannt. Er setzte jedoch, gestützt auf das Volk und den böhmischen König Wenzel IV., seine Tätigkeit fort, bis sich die Prager theologische Fakultät 1412 gegen ihn erklärte.

Auftreten in Konstanz: Nachdem König Sigismund Hus freies Geleit zugesichert hatte, traf der von der Rechtmäßigkeit seiner Lehren überzeugte Reformator am 3. November auf dem Konstanzer Konzil ein. Er wurde nach einem ersten Verhör am 28. November gegen Sigismunds Protest verhaftet. Das Ansinnen, 30 für ketzerisch erklärte Sätze aus seinen Schriften zu widerrufen, lehnt er bis zuletzt ab.

Tschechen

Nachdem ihnen Laienkelch und Predigt auf Tschechisch zugestanden wurden, schließen die gemäßigten Hussiten 1433 einen Friedensvertrag mit der Kirche, der jedoch von den Taboriten abgelehnt wird. Der Meinungsstreit wird mit Waffen ausgetragen und endet mit dem Sieg der Gemäßigten. Mit den Iglauer Kompaktaten, die zudem einen Hussiten als Erzbischof von Prag einsetzen, endet am 5. Juli 1436 der Krieg. Sigismund wird als König von Böhmen anerkannt.

CEUTA

Portugal expandiert

Landkarte von Westafrika (Gemälde von 1540, im 18. Jh. erneuert)

Mit der Einnahme von Ceuta ist der Weg frei für Portugals Expansion in Afrika, die zunächst entlang der Westküste Richtung Süden führt.

1415: Portugal erobert den marokkanischen Handelsplatz Ceuta. Dies markiert den Beginn der portugiesischen Erkundungsfahrten an der Westküste Afrikas. 1418/19 entdecken portugiesische Seefahrer im östlichen Atlantik die Inseln Porto Santo und Madeira, 1427 folgen die Azoren. Bis 1434 fahren die portugiesischen Karavellen an der westafrikanischen Küste nicht über das Kap Bojador hinaus, dann wird es erstmals umsegelt. Organisator der Expeditionen ist Heinrich der Seefahrer, ein Sohn des portugiesischen Königs Johann I. Er stützt sich auf den Christusorden. Im Hintergrund stehen zunächst Entdeckungslust und der Kreuzzugsgedanke, später vor allem Handelsinteressen.

KONSTANZ

Einheit der Kirche

Mit der Neuwahl eines Papstes ist das seit 1378 währende Abendländische Schisma überwunden.

11. 11. 1417: Das Konstanzer Konzil wählt Oddo Colonna als Martin V. zum alleinigen Papst. Damit ist die Spaltung der Kirche mit doppelter Besetzung aller Stellen überwunden. Auf dem Konstanzer Konzil verlieren drei Päpste ihre Macht: Gegenpapst Johannes XXIII. sieht seine Hoffnungen, als allein rechtmäßiger Papst anerkannt zu werden, schwinden und flieht im März 1415 aus Konstanz. Er wird verhaftet und am 29. Mai 1415 für abgesetzt erklärt. Am 4. Juli 1417 dankt der in Rom residierende Papst Gregor XII. freiwillig ab. Am 26. Juli 1417 wird der Papst in Avignon, Benedikt XIII., für abgesetzt erklärt.

Bereits am 6. April 1415 hatte sich das Konzil in dem Dekret »Haec Sancta« zur rechtmäßigen Vertretung der Gesamtkirche erklärt, der auch der Papst Gehorsam schulde.

Papst Martin V.

FLORENZ

Renaissance

Mit dem Bau der Kuppel des prachtvollen Doms von Florenz wird der italienische Baumeister und Bildhauer Filippo Brunelleschi zum Mitbegründer der Renaissance in der Baukunst.

1421: Filippo Brunelleschi beginnt mit dem Bau der Kuppel, die den 1296 im gotischen Stil entworfenen Dom von Florenz überwölben soll. Nach 15 Jahren ist das Werk vollendet, das auf neuen Berechnungen und Konstruktionen beruht und damit über die mittelalterliche Bauhüttentradition hinausweist. Auch mit San Lorenzo, der Pazzikapelle an Santa Croce und Santo Spirito, alle in Florenz, erweist sich der Architekt als Schöpfer eines Stils: Die Verwendung antiker Motive wie Säulen und Rundbogen und die harmonischen Proportionen zeugen von einer Abkehr von der Gotik.

»Die fünf Begründer der Florentiner Kunst: Giotto, Uccello, Donatello, Manetti, Brunelleschi« (Gemälde, um 1450)

Glanzvolle Reiche in Schwarzafrika

10.-16. Jahrhundert

Wiederentdeckung der Geschichte

Noch vor wenigen Jahrzehnten galt das subsaharische Afrika als der schwarze, geschichtslose Kontinent. Erst mit der Gründung der jungen afrikanischen Staaten und der damit verbundenen Entwicklung eines eigenen afrikanischen Selbstbewusstseins geriet auch die eigene Geschichte vor der Entdeckung und Eroberung durch die Europäer ins Blickfeld der historischen Forschung. Man knüpfte an afrikanisch-einheimische Traditionen an und erinnerte an längst vergessene Reiche wie das von Mali oder Ghana. Als sich die ehemalige britische Kolonie Goldküste, 1957 als erster westafrikanischer Staat in die Unabhängigkeit entlassen, den Namen Ghana gab, geschah dies als Zeichen für die einstige Macht und Größe jener Region Afrikas, deren Blütezeit etwa zwischen dem 4. und 16. Jahrhundert lag.

Ghana – Land des Goldes

Das wohl älteste schwarzafrikanische Reich südlich der Sahara war das »Land des Goldes«, Ghana. Sein Reichtum basierte auf den Goldvorkommen im Südwesten und den Salzlagern im Norden des Landes, das im Übrigen keineswegs mit dem modernen Ghana an der Voltamündung identisch war. 977, als das Reich von Ghana auf dem Höhepunkt seiner Macht stand, erklärte der arabische Geschichtsschreiber Ibn Haukal schlicht: »Der König von Ghana ist der reichste Mann der Erde.« Sein Einflussgebiet erstreckte sich vom Atlantik bis nahe Timbuktu am Niger; angeblich gebot er über ein 200 000 Mann starkes Heer.

In arabischen Berichten wurde immer wieder vom unermesslichen Reichtum Ghanas erzählt, von der prunkvollen Hofhaltung der Herrscher und davon, wie sie ihren Besitz ganz offen zur Schau stellten. Dieser Reichtum erweckte Aufsehen und Neid, doch die eigentliche Gefahr für Ghana erwuchs aus dem missionarischen Eifer der Almoraviden, einer fanatischen islamischen Erneuerungsbewegung, deren Zentrum ein auf einer Insel im Fluss Senegal gelegenes Kloster war. Mitte des 11. Jahrhunderts begannen sie einen Glaubenskrieg, stießen nach Norden vor und gründeten eine neue Hauptstadt für ihren Herrschaftsbereich, Marrakesch. Nach blutigen Kämpfen eroberten die Almoraviden 1077 Ghanas Handelsmetropole Kumbi Saleh im Süden des heutigen Mauretanien, plünderten und brandschatzten sie. Obwohl die Almoraviden, die 1090 auch im maurischen Spanien eine Dynastie errichteten, nach etwa einem Jahrzehnt vertrieben werden konnten, erlangte Ghana nie mehr seine frühere Machtstellung und wurde 1240 endgültig unterworfen.

Das Reich der Malinke

Die Nachfolge Ghanas trat das Reich der Malinke, kurz Mali genannt, an. Die Stammesfürsten von Mali, die lange Zeit von Ghana abhängig waren, hatten bereits früh den Islam angenommen. Unter ihrem legendären Herrscher Sundjata (1230-1255), der den Beinamen Mari Djata (Löwe von Mali) trug, vergrößerten die Malinke ihren Einflussbereich, zerstörten die Hauptstadt Ghanas und beherrschten das Gebiet von der Senegal-Mündung im Westen bis zum Nigerknie sowie von Walata, einem wichtigen Karawanenumschlagplatz in Mauretanien, bis zu den Bergen im Süden. Das Reich von Mali lebte vom Transsaharahandel; zudem kontrollierte es die reichen Goldfelder von Wangara.

Seine größte Ausdehnung erlangte Mali unter Mansa (König) Kankan Mussa in der ersten Hälfte des 14. Jahrhunderts. Berühmt wurde die Pilgerfahrt des »Sultans der Neger« 1324 nach Mekka, in deren Verlauf eine riesige Kamel- und Sklavenkarawane durch Kairo zog. Die Pilgerfahrt diente vor allem der Anknüpfung von wirtschaftlichen und kulturellen Beziehungen mit der arabischen Welt.

Neben Kaufleuten lockte Musa auch weiße Gelehrte und Baumeister an den Niger. Timbuktu wurde zur wichtigsten Handelsmetropole und zum kulturellen Zentrum im westlichen Sudan. Ende des 14. Jahrhunderts schwächten dynastische Streitigkeiten und der Druck einfallender Mossi-Stämme im Süden bzw. der Tuareg im Norden das Reich von Mali; 1435 eroberten die Tuareg Timbuktu, Mali zerfiel wie einst Ghana und ein neues Reich trat an die Stelle Malis, das der Songhai.

Bücher, Sklaven und Pferde – die Songhai

Die Songhai bewohnten ursprünglich das Gebiet am Mittellauf des Niger, ihre Hauptstadt war das bereits um 890 erwähnte Gao, rund 350 km stromabwärts von Timbuktu. Wie die Malinke nahmen auch sie bereits im 11. Jahrhundert den Islam an, gerieten dann in Abhängigkeit von Mali, bevor sie unter ihrem Herrscher Sonni Ali fast das gesamte Gebiet des ehemaligen Mali-Reiches eroberten. Alis militärische Erfolge trugen ihm den Beinamen »der Große« ein.

Als Sonni Ali 1492 in einem Gebirgsstrom ertrank, riss einer seiner Heerführer aus dem Stamm der Soninke die Macht an sich und begründete als Askia Mohammed I. die Dynastie der muslimischen Askia, unter denen das Reich von Songhai im 16. Jahrhundert seine größte Ausdehnung erlangte. Die Macht der Askia gründete sich vor allem auf ein stehendes Heer, das über feste Garnisonen im ganzen Reich verfügte. Selbst eine Flotille kreuzte auf dem Niger.

1497 unternahm Mohammed I. eine Pilgerfahrt nach Mekka. 500 Reiter und 1000 Mann Fußvolk begleiteten ihn. Der Askia kehrte mit dem Titel eines Emirs und zahlreichen arabischen Gelehrten in sein Reich zurück, dessen Städte sich nun zu Zentren der Wissenschaft und Kultur entwickelten: Vor allem die Islamschule von Timbuktu stand in höchstem Ansehen in der muslimischen Welt.

Ende des 16. Jahrhunderts allerdings unterwarfen die Marokkaner, angelockt vom sagenhaften Gold der Songhai, deren Reich. Ein mit Kanonen und Pulver ausgerüstetes Heer von spanischen Konquistadoren, die in marokkanischen Diensten standen, eroberte Gao und Timbuktu, ohne allerdings die weiter im Süden gelegenen Goldgruben zu erreichen. Die Marokkaner, deren Herrscher Al Mansur den Beinamen »der Goldene« erhielt, errichteten eine Gewaltherrschaft, konnten das Land jedoch nicht völlig unterwerfen und verloren bald das Interesse an Songhai, weil der Unterhalt des Söldnerheeres die Einnahmen zu übersteigen drohte. Die Askia konnten aber ihre einstige Macht nicht mehr zurückgewinnen. Zahlreiche Vasallen Songhais lösten sich vom Reich, dem letzten der drei afrikanischen Großreiche im westlichen Sudan.

Von Kanem nach Bornu

Ghana, Mali und Songhai waren zwar die größten, doch keineswegs die einzigen Staaten im Sudan. So entwickelte sich z.B: am Tschadsee das Reich von Kanem-Bornu als Knotenpunkt des Handels zwischen dem arabischen Norden bzw. den westafrikanischen Reichen auf der einen und dem Süden Schwarzafrikas, dem Menschenreservoir für den Sklavenhandel, auf der anderen Seite. Ebenfalls seit dem 11. Jahrhundert islamisiert, erreichte das alte Kanem-Reich, gestützt auf ein Reiterheer von angeblich 30 000 Mann, im 12. und Anfang des 13. Jahrhunderts seine größte Ausdehnung und wirtschaftliche Bedeutung. Ende des 15. Jahrhunderts verschob sich das Machtzentrum vom Nordosten (Kanem) nach Westen (Bornu). Das Reich erlebte eine neue Blüte. Die um 800 begründete Saif-Dynastie regierte mehr als 1000 Jahre, wenn auch mit schwindendem Einfluss, bevor 1846 der letzte Sultan dieses Geschlechts hingerichtet wurde.

Königsmord und Menschenopfer

Während die Entwicklung in der Sudanzone wesentlich durch die Ausbreitung des Islam bestimmt wurde, blieb das westafrikanische Wald- und Küstengebiet davon unbeeinflusst. Der Urwald verhinderte ein weiteres Vordringen der islamischen Reiterkrieger, so dass die Geschichte dieser Region bis ins 14. Jahrhundert nur aus stark mythisch gefärbten Überlieferungen bekannt ist. Bedeutung erlangt haben vor allem die sog. Yoruba-Staaten und das Reich Benin. Älteste Stadt und politisches Zentrum war Oyo, etwa 180 km nördlich vom heutigen Lagos, religiöser Mittelpunkt das 100 km entfernte Ife. Der Überlieferung nach soll der bedeutendste Herrscher, Oluascho, 320 Jahre regiert und nicht weniger als 1460 Kinder gezeugt haben. Die meisten Alafine (Palastherren) der Yoruba starben jedoch früh; sie galten als Träger der Lebenskraft ihres Volkes und genossen göttliche Verehrung. Schwand aber die Körper- oder Geisteskraft des Regenten oder sank der Wohlstand des Volkes, so wurde seine Amtszeit kurzerhand beendet: Der Ältestenrat sandte ihm einen Becher, dessen Inhalt – Papageieneier – eine Aufforderung zum Selbstmord darstellte. Folgte der Herrscher dieser Aufforderung nicht, so half man gewaltsam nach. Im Übrigen war die Macht des Herrschers beschränkt: Die Städte der Yoruba-Völker mit teilweise bis zu 100 000 Einwohnern wurden von Männerbünden verwaltet, die selbst den Bürgermeister und seine »Stadträte« einsetzten. Hervorragende Erzeugnisse der Yoruba-Kunst sind die Bronzen von Ife: Porträtköpfe von Königen, die mit parallel verlaufenden, das Gesicht vertikal überziehenden Linien geschmückt sind und, dem Herrscheramt gemäß, große Ruhe und Gelassenheit ausstrahlen, ferner bis zu 2 m hohe geschnitzte Figurengruppen, geschnitzte Masken, die vor allem religiösen Zwecken dienten, sowie Terrakotta-Statuetten.

Um die Mitte des 12. Jahrhunderts gründete der aus Ife stammende Yoruba-Prinz Eweka den Stadtstaat Benin, der im 16. Jahrhundert einen Umfang von fast 10 km gehabt haben und von einer 3 m hohen Mauer umgeben gewesen sein soll. Ein holländischer Reisender, der Benin besuchte, verglich den Palast des Herrschers von der Größe her mit der Stadt Haarlem. Benin entwickelte sich zum Zentrum des Sklavenhandels; Menschen galten wenig und es wird berichtet, dass tausende von Sklaven bei kultischen Feiern geopfert wurden.

Das Reich von Benin ist vor allem wegen seiner Bronzereliefs, Holz- und Elfenbeinschnitzereien – ganze Elefantenzähne wurden kunstvoll verziert – sowie Plastiken berühmt; die Kunstwerke wurden von spezialisierten Handwerkern gefertigt, die in eigenen Stadtbezirken angesiedelt waren. Reliefplatten, die den Herrscher und seine Taten verherrlichten, waren an den Pfeilern und Wänden des Königspalastes befestigt. Die Technik des Bronzegusses in verlorener Form wurde aus Ife übernommen, in Benin aber weiterentwickelt und erlebte im 15. und 16. Jahrhundert eine Blüte. Das Rohmaterial Bronze führte der Staat, der aus dem Sklavenhandel seine Profite zog, aus Europa ein. Statuetten stellen neben Höflingen, Soldaten und Musikanten auch Europäer dar, die das Land besuchten.

Der Herr des Kongo

Parallel zu den Yoruba-Staaten und zu Benin entwickelten sich entlang der Küste Westafrikas bis zur Mündung des Kongo eine Reihe von kleinen, durch verwandtschaftliche Beziehungen föderalistisch verbundenen Hegemonien, in deren Zentrum das »Königreich« Kongo lag. Der Herrscher des Bantuvolks der Bakongo, Manikongo (Herr des Kongo) genannt, residierte in Mbanzakongo, dem portugiesischen San Salvador. Als der Portugiese Diego Cão 1482 die Kongomündung entdeckte, stieß er auf ein entwickeltes Staatswesen von beträchtlicher Ausdehnung. Der Manikongo bezog Einkünfte aus den Zöllen des schon vor Ankunft der Europäer florierenden Handels mit dem Landesinneren. 1490 kamen die ersten Portugiesen an den Kongo, weil der Manikongo Nzinga Nkuwu zur Zusammenarbeit mit den Europäern bereit war, die sich immer enger gestaltete, obzwar die Portugiesen ausschließlich ihre eigenen wirtschaftlichen Interessen verfolgten.

Rätsel um Zimbabwe

Wie an der Mündung des Kongo, so gab es auch an der Küste Ostfrikas zahlreiche Staatsbildungen, meist unter islamischem Einfluss entstandene Stadtstaaten wie Mogadischu, Malindi, Mombasa oder Kilwa, die jedoch wirtschaftlich ganz nach Osten ausgerichtet waren und afrikanische Produkte wie Gold und Elfenbein, aber auch Sklaven exportierten. Hauptabsatzgebiet war Indien.

Über die Reiche im Inneren des südlichen Afrika ist wenig bekannt. So zeugen in Südostafrika tausende von Ruinen und ausgebeuteten Minen von alten Kulturen, von denen einzig über das Reich des Monomotapa Berichte vorliegen. Monomotapa, Herr der Minen, war die Bezeichnung für den Herrscher eines Reiches im Gebiet des heutigen Sambia und Zimbabwe, wo sich eindrucksvolle Überreste einstiger Monumentalbauten erhalten haben. Der Herrscher verbarg sich hinter einer über 10 m hohen Außenmauer, die seine Festung umgab, vor den Blicken seiner Untertanen, die sich ihm generell kriechend oder auf Knien zu nähern hatten. Jede seiner Handlungen, und sei es ein einfaches Husten, wurde von den Höflingen imitiert. Die wirtschaftliche Existenz des Reiches gründete sich auf die Förderung und Bearbeitung von Kupfer und Gold: Im 15. Jahrhundert erreichte es seine größte Festigkeit, bevor es zunehmend unter portugiesischen Einfluss geriet und an Bedeutung verlor.

Tief im Landesinneren, im Bergbaugebiet von Katanga, der südlichen Provinz der heutigen Demokratischen Republik Kongo, lagen die Reiche der Luba und Lunda; ihre Blütezeit ereichten sie allerdings erst im 15. Jahrhundert, als sie den Kontakt mit den Europäern suchten und Handel mit ihnen trieben. Terrassenanlagen und Bewässerungskanäle zeugen auch in Kenia und Uganda von hoch entwickelten vergangenen Kulturen. Sie gingen jedoch unter, bevor der Zusammenstoß mit europäischen Kolonisten die Erinnerung an sie erhalten konnte.

Einflüsse von außen

Am Anfang der afrikanischen Geschichte stand eine Naturkatastrophe, die Verödung der Sahara, die eine große Wanderungsbewegung der afrikanischen Stämme auslöste. Die Kontakte in den Mittelmeerraum rissen aber nie ab. Auf Karawanenwegen gelangten europäische Waren durch die Wüste nach Schwarzafrika, lange bevor die Europäer selbst auftauchten. Die zweite Phase wurde entscheidend geprägt durch die Ausbreitung des Islam, der die uns bekannten Reiche in West- und Zentralafrika zu einer politischen und kulturellen Blüte führte, die dem europäischen Hochmittelalter durchaus vergleichbar ist.

Eine Sonderentwicklung nahmen allein die christianisierten Reiche in Nubien sowie das aus dem Reich Aksum entstandene Äthiopien, die über Jahrhunderte dem Druck des Islam widerstehen konnten. Die elf von der Oberfläche her aus dem Felsen gemeißelten Kirchen von Lalibela in den Bergen von Äthiopien, die kunstvoll ineinander verschachtelt und gegeneinander verschoben sind, entstanden Anfang des 13. Jahrhunderts; sie sind ein eindrucksvoller Beleg für die kulturelle Blüte in diesem christlich dominierten und sich gleichwohl eigenständig entwickelnden Gebiet. Eine kulturelle Renaissance erlebt Äthiopien im 14./15. Jahrhundert, vermittelt durch rege Kontakte mit der Ostkirche; Wandmalereien und Buchilluminationen waren die bevorzugten Ausdrucksformen.

Die Ankunft der Europäer

Im 15. und 16. Jahrhundert führten die Bemühungen der Europäer, den Seeweg nach Indien zu finden, dazu, dass die meisten Reiche des schwarzen Kontinents in Abhängigkeit von den weißen Kolonisten gerieten, an Bedeutung verloren oder ganz zerfielen. Der Sklavenhandel, der bis dahin vor allem in arabischer Hand gelegen hatte, ging in die Hände der Europäer über und wurde immens ausgeweitet: Sklaven aus Afrika sollten den wachsenden Bedarf an Arbeitskräften in den Gold- und Silberminen sowie auf den Zucker-, Baumwoll- und Tabakplantagen der Neuen Welt decken. Bis zum Verbot des Sklavenhandels Anfang des 19. Jahrhunderts wurden Schätzungen zufolge mehr als elf Millionen Menschen aus Afrika in die Neue Welt transportiert, weitere drei bis vier Millionen starben während der Überfahrt. Hungersnöte, massive soziale Konflikte und ständige Gewalttätigkeiten prägten als Folge dieses Aderlasses die Situation in Afrika.

MEXIKO

Aufstieg der Azteken

Mit der Vernichtung der Tepaneken wird das Reich der Azteken zum mächtigsten Staat in Mittelamerika.

1428: Unter ihrem König Itzcoatl befreien sich die Azteken, die im 13. Jahrhundert als Nomaden in das Hochbecken von Mexiko eingewandert sind, von der Herrschaft der Tepaneken, deren Vasallen sie waren. Itzcoatl gründet einen Dreibund aus den aztekischen Stadtstaaten. Zwar sind die Städte jeweils selbstständig, jedoch werden die jeweiligen Könige gemeinsam gewählt und auch die Entscheidung über Krieg und Frieden wird gemeinsam getroffen. In den folgenden 100 Jahren dehnt sich das Aztekische Reich stark aus.

Kulthandlung vor dem Totengott

An der Spitze der Sozialstruktur stehen bei den Azteken der König als Heerführer und der Oberpriester, der in Friedenszeiten herrscht.

In der Religion übernehmen die Azteken viele Vorstellungen von früheren Kulturen. Regen- und Sonnengötter, Erd- und Mondgöttin, Stern-, Vegetations- und Schutzgötter für einzelne Berufe bevölkern ihren Götterhimmel. Auffällig ist die große Anzahl von Menschenopfern, die nach aztekischen Vorstellungen die Kraft der Götter und der Natur erneuern. Außerdem hofft man durch den Genuss des Opferfleisches an der göttlichen Kraft teilzuhaben.

HINTERGRUND

Zwei Arten von Kalendern

Die Azteken benutzen einen kultisch-zeremoniellen Kalender, der 260 Tage umfasst, und einen Sonnenkalender, der das exakt 365 Tage umfassende Sonnenjahr misst.

Jeder Tag wird also nach zwei verschiedenen Zyklen bestimmt. Dieselbe Kombination wiederholt sich nur alle 52 Jahre, und an einem solchen Tag erwarten die Azteken den Weltuntergang.

Die Azteken glauben, dass das Universum bereits viermal geschaffen und jedesmal zerstört worden ist. Sie selbst leben in der fünften Ära, dem Zeitalter des Sonnengottes. Der aztekischen Legende nach ist die derzeitige Welt durch das Selbstopfer der Götter entstanden, das die Sonne erneut zum Leben erweckte. Der Gott Quetzalcoatl hatte die Menschen neu geschaffen, indem er die Knochen der Toten in der Unterwelt mit seinem Blut besprengte. Menschenopfer wiederholen die Opfer der Götter und halten die Sonne auf ihrer Bahn (Abb.: Kalenderstein mit Sonnengott im Zentrum).

FLORENZ

Die Medici fördern die

Ohne ein politisches Amt zu bekleiden, steigen die kunstsinnigen Medici zur führenden Familie in Florenz auf.

1434: Nach einer nur kurze Zeit währenden Verbannung durch seinen Gegner Rinaldo degli Albizzi übernimmt der Bankier Cosimo de' Medici, genannt Cosimo der Alte, faktisch die Macht in Florenz.

Gemäß den Vorstellungen der Re-

Cosimo de' Medici (Porträt von Pontormo, 1518/19)

NIEDERLANDE/FLANDERN

Bilder als Spiegel der Welt

In den niederländischen und flandrischen Gebieten entsteht ein neuer Malstil, den eine detailgetreue Wiedergabe der Wirklichkeit – einschließlich des menschlichen Individuums – auszeichnet.

1432: Die niederländischen Maler Hubert und Jan van Eyck vollenden den Genter Altar, ein vielteiliges Werk in Öltechnik.

Jan van Eyck gilt als unbestrittener Meister unter den »alten Niederländern«, die mit ihren Gemälden das Mittelalter hinter sich lassen. Er bringt die vorher kaum bekannte Öltechnik, die ein Ineinanderarbeiten und Schichten von Farben ermöglicht, zur Meisterschaft. Durch geduldiges Nebeneinandersetzen von Detail um Detail schafft er mit seinen durchkomponierten, Nah- und Fernraum durch eine empirisch erfasste Perspektive verschmelzenden Gemälden einen »Spiegel der sichtbaren Welt«. Zu seinen bedeutenden Kollegen gehören Rogier van der Weyden, der seine Fähigkeit zur Detailtreue in den Dienst ernster Aussage stellt, etwa in seiner monumentalen »Kreuzabnahme«, und Hugo van der Goes, der auch die inneren Empfindungen seiner Figuren zum Ausdruck bringt.

Mittelteil des Genter Altars: Maria, Gottvater, Johannes, Anbetung des Lammes

Künste

naissance verbindet sich in seiner Person, ohne dass er ein politisches Amt innehat, das Ideal eines sich für das Wohl der Stadt aufopfernden Politikers und Diplomaten mit dem eines großzügigen Förderers der Künste und Wissenschaften, der Umgang mit den führenden Persönlichkeiten seiner Zeit pflegt. 600 000 Goldgulden soll Cosimo de' Medici als Mäzen ausgegeben haben.

Auch in den folgenden Generationen wird die Familie der Medici, die ihren Reichtum vor allem Bankgeschäften verdankt, dieser Rolle gerecht. Florenz wird zur Hochburg der Renaissance. Die Stadt am Arno gehört zu den größten und glanzvollsten Metropolen in Europa. Ihr Wohlstand beruht in erster Linie auf ihrer Stellung im Fernhandel mit Wolle und Tuch, aber auch darauf, dass ihre führenden Familien die Finanzen des Papstes kontrollieren.

Die Hinrichtung von Jeanne d'Arc durch die Engländer in Rouen (kolorierter Holzstich, um 1860)

Bauernmädchen befreit Frankreich

Der Erfolg des von Jeanne d'Arc geführten französischen Heeres über die Engländer bei Orléans leitet die Wende im Hundertjährigen Krieg zwischen beiden Ländern ein.

8. 5. 1429: Das lothringische Bauernmädchen Jeanne d'Arc, gekleidet in eine weiße Rüstung und ausgestattet mit einem Banner, befreit als Befehlshaberin der französischen Truppen die von den Engländern belagerte Stadt Orléans.

Die »Jungfrau von Orléans« handelt im Auftrag des 1422 gewählten französischen Königs Karl VII., dessen Herrschaft sich auf die Gebiete südlich der Loire beschränkt, während das übrige Frankreich von den mit Burgund verbündeten Engländern besetzt ist.

Nach ihrem Erfolg bei Orléans und der Einnahme der Städte an der Loire führt Jeanne d'Arc Karl nach Reims, wo er am 17. Juli desselben Jahres zum König gekrönt und gesalbt wird. Die sich auf einen göttlichen Auftrag berufende Visionärin erfüllt für Frankreich zwei historische Missionen: Sie ermutigt die französischen Truppen in ihrem Kampf gegen die Besatzer und sie stärkt Karls Legitimität gegen seinen englischen Rivalen um die französische Krone.

Jeanne d'Arc drängt ihren Monarchen, das Heer gegen das von den Engländern gehaltene Paris marschieren zu lassen, doch Karl VII. ist eher an Verhandlungen mit den Burgundern, den Verbündeten der Engländer, interessiert. Als Jeanne d'Arc bei Kampfhandlungen in der Compiègne von Burgundern gefangen genommen und an die Engländer verkauft wird, unternimmt er keinerlei Anstrengungen zu ihrer Befreiung; sie wird 1431 auf dem Scheiterhaufen hingerichtet, nachdem man ihr in Rouen vor einem kirchlichen Gericht den Prozess wegen Zauberei und Ketzerei gemacht hat. Vom 21. Februar bis 30. Mai steht Jeanne d'Arc vor einem Inquisitionstribunal aus etwa 60 Geistlichen. Die Anklage umfasst nicht weniger als 70 Punkte, z.B. Zauberei, falsche Weissagungen und Hochmut. Ihre Verurteilung steht von Anfang an fest, weil Jeanne für die Engländer und Burgunder zu gefährlich ist. Vor Gericht betont sie immer wieder ihren Glauben.

Tatsächlich erreicht der französische König 1435 im Frieden von Arras einen Ausgleich mit Burgund. Die Aufstellung eines stehenden Heeres 1438 und eine umfassende Steuerreform 1439 festigen seine Macht, nachdem die nationale Begeisterung für den Monarchen zunehmend von militärischen Erfolgen begleitet war. Nach dem Einmarsch in die Normandie und dem französischen Sieg von Castillon 1453 ist der Hundertjährige Krieg ohne formellen Friedensvertrag faktisch beendet. Die Engländer haben fast ihre gesamten französischen Besitzungen verloren.

Zu einer endgültigen Friedensregelung zwischen beiden Ländern kommt es im Jahr 1475 unter dem französischen König Ludwig XI. Gegen die Zahlung hoher Geldbeträge erreicht er den vollständigen Abzug der Engländer vom Festland; allein die Festung Calais bleibt ihnen erhalten.

Bei der Wiederbesiedelung der zuvor englischen Gebiete durch französische Bauern, die um 1460 einsetzt, können diese ihre Besitzrechte an Grund und Boden verbessern.

ZUR PERSON

Jeanne d'Arc

Die zwischen 1410 und 1412 geborene Jeanne aus dem Dorf Domrémy-La-Pucelle in Lothringen tritt im 14. Lebensjahr mit der Behauptung auf, ihr seien Heilige erschienen und Stimmen hätten ihr den Auftrag erteilt, zu Karl VII. zu gehen, in den Hundertjährigen Krieg gegen die Engländer zu ziehen und Karl zum König zu krönen.

Über den weiteren Werdegang des Bauernmädchens aus den Vogesen sind wir durch die Akten des Prozesses, der 1431 gegen sie in Rouen geführt wird, gut unterrichtet. Sie verteidigt sich zunächst standhaft gegen die Vorwürfe der Zauberei und Ketzerei, unterschreibt dann aber angesichts der bevorstehenden Hinrichtung auf dem Scheiterhaufen eine Abschwörungsformel, wird daraufhin zu lebenslanger Haft verurteilt, widerruft und stirbt am 30. Mai 1431 den Feuertod. 1920 wird sie heilig gesprochen.

Hoch entwickelte Kulturen in Altamerika

15./16. Jahrhundert

Das Reich der Azteken

Unter dem Herrscher Itzcoatl, der 1440 starb, begann der Aufstieg der Azteken, des bedeutendsten Stamms der Nahua-Indianer, zur führenden Großmacht im mittelamerikanischen Raum. Mit der Befreiung von der Vorherrschaft der Tepaneken und der Gründung eines Dreibundes zwischen den Städten Tezoco, Tacopan und dem aztekischen Tenochtitlán legte Itzcoatl den Grundstein für das Reich der Azteken. Ihm wird auch die erste Reinigungsaktion der aztekischen Geschichtsüberlieferung zugeschrieben: Itzcoatl ließ die historischen Bilderhandschriften aus der Zeit vor seiner Regierung verbrennen.

Erst im 14. Jahrhundert waren die Azteken aus dem Norden in das dicht besiedelte Hochland von Mexiko eingewandert. Sie fielen insbesondere durch ihre militärischen Leistungen auf und dienten daher hier zunächst als Söldner. Innerhalb kurzer Zeit übernahm dieser Nomadenstamm die hoch entwickelten, traditionsreichen Kulturtechniken der mittelamerikanischen Völker, vom Kalendersystem bis zum Pyramidenbau, von der Keramik über die Textil- und Goldschmiede- bis zur Skulpturkunst.

In einem unwirtlichen Seen- und Sumpfgebiet gründeten die Neuankömmlinge um 1370 die Stadt Tenochtitlán – dort, wo heute Mexiko-Stadt liegt. Am Vorabend der spanischen Eroberung umfasste die Hauptstadt der Azteken 100 000 bis 300 000 Einwohner. Sie war damals nicht nur eine der größten Städte Altamerikas, sondern der gesamten Welt. Die Unsicherheit hinsichtlich der Bevölkerungszahlen – die Angaben über die Einwohnerzahl im gesamten mittelamerikanischen Raum schwanken zwischen drei und 30 Millionen – ist darin begründet, dass die archäologischen Spuren, auf die man sich stützt, häufig sehr unterschiedliche Berechnungen zulassen.

Tenochtitlán hatte eine gewisse Ähnlichkeit mit der Lagunenstadt Venedig, denn zahlreiche Entwässerungskanäle machten das Boot zum Hauptverkehrsmittel – ein unschätzbarer Vorteil in einem Raum, in dem Pferd und Wagen nicht existierten. Mit Hilfe einer Art schwimmender Gärten (»Chinampas«) konnte Tenochtitlán einen großen Teil seines Lebensmittelbedarfs selbst decken. Zahlreiche den Europäern unbekannte Nahrungspflanzen wurden im vorkolumbischen Amerika kultiviert, darunter Mais und Kartoffeln, Ananas und Kürbis. Auch die berauschende und halluzinogene Wirkung der Kokapflanze und diverser Giftpilze war bekannt.

Gesellschaft und Religion der Azteken

Gegen Ende des 15. Jahrhundert war der größte Teil des heutigen Mexiko den Azteken tributpflichtig, doch das Azteken-Reich besaß nur einen geringen Grad wirtschaftlicher und politischer Integration, so dass große Gebiete von der Verwaltung her, einige sogar politisch ihre Unabhängigkeit bewahren konnten.

Grundeinheiten der aztekischen Gesellschaft waren Sippengemeinschaften, sog. Calpulli. Der Boden war Eigentum des Calpulli, wurde aber seinen Mitgliedern zur erblichen Nutzung überlassen. Er fiel bei ausbleibender Nachkommenschaft an die Gemeinschaft zurück. Viele seiner Funktionen trat der Calpulli an die sich rasch entwickelnde Oberschicht ab, die sich um den Herrscher und seinen Ältestenrat gruppierte. Diese bestand aus einem Erbadel – der alten Stammesaristokratie – sowie einem Verdienstadel, der sich aus ausgezeichnetn Kriegern rekrutierte. Im Gegensatz zum einfachen Volk war der Oberschicht Polygamie gestattet. Eine privilegierte Stellung hatten auch Kaufleute und Handwerker inne. Die Masse der Bevölkerung bildeten Gemeinfreie, also die Mitglieder der Calpulli, sowie Hörige, vermutlich die Ureinwohner der von den Azteken beherrschten Gebiete. Einen geringen Bevölkerungsanteil machten die Sklaven aus, die in Haushalten und vor allem im Transportwesen arbeiteten. Bei ihnen handelte es sich um eine nicht erbliche Schuldsklaverei.

Einem besonderen Zweck dienten die aztekischen Kriegsgefangenen: Sie wurden den Göttern geopfert. So hatten die aztekischen Kriegszüge nicht zuletzt die Funktion, Menschenopfer zu beschaffen. Das Menschenopfer, bekannt bei zahlreichen Völkern der Alten wie der Neuen Welt, spielte bei den Azteken eine ganz besondere Rolle. Nach ihrer Reglion hatten die Azteken die Mission, die Götter durch Menschenopfer zu ernähren und damit den Bestand der Welt zu garantieren. Die Übernahme der Götter unterworfener Völker, ein bewährtes Mittel zur politischen Integration, führte zu einer außerordentlichen Komplexität des aztekischen Pantheons, dessen zentrale Plätze der Sonnen- und der Regengott einnahmen. Der Vielfalt des Götterhimmels entsprach wiederum die Vielfalt der Menschenopfer. Zu Ehren des Sonnen- und Kriegsgottes Huitzilopochtli Geopferten wurde z.B. das Herz bei lebendigem Leibe herausgerissen; die nach Herausreißen des Herzens vom Opfer abgezogene und dem Priester übergestülpte Haut stand dem Frühlings- und Fruchtbarkeitsgott Xipe Totec zu usw.

Eine wichtige Rolle nahm in der Religion der Azteken auch das Ballspiel ein. Es war kein bloßer Sport, sondern ein Kultakt, der auch der Zukunftsschau diente. Gespielt wurde mit einem Vollgummiball, der nur mit Hüften, Knien und Gesäß berührt werden durfte, auf einem heiligen Ballspielplatz, der sich innerhalb des umfriedeten Tempelbezirks befand. Auch andere Völker Mittelamerikas banden das Ballspiel in ihre religiösen Zeremonien ein.

Das Ende der Azteken

Die Eroberung des kriegerisch orientierten Azteken-Reiches durch eine vergleichsweise kleine spanische Truppe unter Hernán Cortés hatte mehrere Ursachen. In technologischer Hinsicht waren die Spanier mit ihren Eisen- und Feuerwaffen, mit ihren Pferden und Bluthunden den mit Stein- und Holzwaffen ausgestatteten Indianern überlegen. Zudem wussten die Azteken unter ihrem Herrscher Moctezuma II. Xocoyotzin, der zwischen 1503 und 1519/20 regierte, zunächst nicht, wie sie den Fremden entgegentreten sollten. Eine alte Prophezeiung über die Wiederkehr des vom Stamm der Tolteken übernommenen Gottes Quetzalcoatl, die sich auf das Erscheinen der Fremdlinge anwenden ließ, sowie der Glaube an eine Bestimmung zum Untergang führten dazu, dass Moctezuma sich abwartend und zögernd verhielt. Der Nimbus von der Göttlichkeit und Unsterblichkeit der Spanier wurde erst zerstört, als es den Azteken 1520 gelang, die Fremden aus Tenochtitlán zu vertreiben. Zum spanischen Sieg 1521 trugen die indianischen Hilfstruppen entscheidend bei. Sie waren von den traditionellen Feinden der Aztekten und aus Regionen, die unter besonders harten aztekischen Tributforderungen zu leiden hatten, entsandt worden. Der letzte Aztekenherrscher, Cuauhtémoc, wurde 1525 hingerichtet.

Das Reich der Inka

Zeitgleich mit dem Azteken-Reich entstand in Südamerika ein anderer Großstaat, der Inkastaat. Ende des 15. Jahrhunderts erreichte er seine größte Ausdehnung und umfasste das Gebiet des heutigen Peru, Boliviens, Süd-Ecuadors sowie des nordwestlichen Argentinien. Die Inka aus dem Tal von Cuzco (Südperu), ein Stamm unter zahlreichen Andenstämmen, expandierten seit Mitte des 15. Jahrhunderts und unterwarfen mächtige, traditionsreiche Staaten wie den von Chimor an der Nordküste Perus.

Im Gegensatz zu den Azteken bauten die Inka ihren Staat zentralistisch auf. An der Spitze der sozialen Pyramide stand der als Sohn der Sonne verehrte Gottkönig, der Sapa Inka; seine Hauptfrau verkörperte die Mondgöttin. Die Verwandten der Inkaherrscher, die Angehörigen der nicht königlichen Sippe von Cuzco sowie die Herrscher der unterworfenen Völker bildeten die Oberschicht. An der Basis der sozialen Pyramide lebten bäuerliche Sippengemeinschaften, die sog. Ayllu, in denen ungefähr alle zwei Jahre der Boden neu verteilt wurde. Handwerker arbeiteten nur für den staatlichen Bedarf und auch für den Handel bestand ein staatliches Monopol. Die Herrschaft der Inka beruhte auf den Prinzipien der Gegenleistung und der Wiederverteilung. So bot die Beteiligung an neuen Eroberungszügen den gerade Unterworfenen Entschädigung. Diese Praxis trug wesentlich zur Schlagkraft der Inka-Armee bei.

Eine staatliche Bevorratungspolitik verhinderte Hungersnöte; Bewässerungs- und Terrassenbauten erhöhten die landwirtschaftliche Produktivität. Die Kehrseite der staatlichen Fürsorge war ein Netz von Kontrollmaßnahmen, das jedes Individuum von der Wiege bis zum Grab erfasste. Die gesamte tributpflichtige Bevölkerung war in Alters- und Leistungsklassen eingeteilt, um die Rekrutierung für öffentliche Arbeiten wie Kriegsdienst sowie Tätigkeiten auf Staats- und Tempelland zu erleichtern. Der staatliche Eingriff konnte bis zur Zuweisung des Ehepartners reichen, denn mit der Heirat setzte die Tributpflicht ein. Auch im Inkareich galt, wie bei den Azteken, für die Oberschicht Polygamie und Monogamie für das übrige Volk.

Die gesamte Bevölkerung wurde nach dem Dezimalsystem in Gruppen gegliedert, deren kleinste Einheit die Zehner-Gruppe bildete. Mit Hilfe eines Systems von Knotenschnüren, das fälschlicherweise oft als Schrift bezeichnet wird, konnte die Bürokratie diese Fülle von Daten registrieren. Ein bestens ausgebautes Straßensystem von etwa 16 000 km Länge sowie ein gut funktionierendes Nachrichtenwesen boten ideale Voraussetzungen für ein bewegliches Vorgehen und schnelles Eingreifen der Armee, wobei auch das – ansonsten, wie das Alpaka als Wolllieferant geschätzte – Lama als Lasttier zum Einsatz kam. Aufständische Bevölkerungsgruppen wurden zwangsweise umgesiedelt. Die Erhebung des Sonnenkultus zur Staatsreligion sowie die Verbreitung einer gemeinsamen Sprache sorgten für Zusammenhalt im Reich.

Der Untergang der Inka

Die Eroberung des mächtigen Inka-Imperiums durch die Spanier unter der Führung von Francisco Pizarro wäre nicht möglich gewesen, wenn sich der Staat nicht in einer Krise befunden hätte. Das Ende der militärischen Expansion Anfang des 16. Jahrhunderts führte zu Rivalitäten innerhalb der Oberschicht der Inka, die sich schließlich in einem Bruderkrieg zwischen Huáscar und Atahualpa um die Herrschaft entluden.

Aus der Eroberung Mexikos hatten die Spanier gelernt, den Herrscher rasch zu vernichten und soziale Spannungen auszunutzen. Sie überfielen das Militärlager Atahualpas, des herrschenden Inka der nördlichen Hälfte des Reichs Quito, in Cajamarca, erschlugen einige tausend Mann, nahmen Atahualpa gefangen und töteten ihn wenige Monate später. Auch Pizarro gelang es, wie Cortés, für die weitere Eroberung indianische Verbündete zu gewinnen. Mit der Einnahme Cuzcos 1533 zerstörten die Spanier endgültig den Machtapparat des Inkastaates. Aber noch drei Jahrzehnte konnte sich im Andengebirge um Vilcabamba (Machu Picchu, nördlich von Cuzco) inkaischer Widerstand gegen die spanische Kolonialmacht halten. Die Hinrichtung des letzten Inka-Herrschers erfolgte 1572 in Cuzco. Ende des 18. Jahrhunderts erhoben sich die Indios noch einmal gegen die spanische Herrschaft.

Die frühen Kulturen

Eine weitere hoch entwickelte Kultur Altamerikas war die der Maya. In einzelne Stadtfürstentümer zerfallen, gerieten die Maya auf der Halbinsel Yucatán im Anschluss an die Eroberung des Azteken-Reichs bald unter spanische Herrschaft, während die Bewohner der südlichen Waldgebiete noch bis zum Ende des 17. Jahrhunderts Widerstand leisteten. Zur Zeit der Ankunft der Spanier lag die Blütezeit der Maya-Kultur mit ihrer weit reichenden politischen Integrationskraft schon lange zurück. Auch bei den Maya gab es Menschenopfer, doch weitaus seltener als bei den Azteken; bei bestimmten religiösen Anlässen wurde das Fleisch der Opfer auch verzehrt.

Der Zeitraum zwischen dem 3. und 10. Jahrhundert gilt als Blütezeit der Maya und als Klassik der vorkolumbischen Kulturen. Sie bildeten im sog. Kernamerika, das sich von Nordmexiko entlang der Pazifikküste bis nach Nordchile erstreckte, zwar Großräume, nie jedoch einen einheitlichen Raum. Für Südamerika seien hier beispielsweise die Küstenkultur der Moche (Peru) und die Hochlandkultur von Tiahuanaco, die im Umkreis des Titcacasees im heutigen Peru und Bolivien beheimatet war, genannt, für Mittelamerika die der Olmeken, die mit ihren Skulpturen rumpfloser Kolossalköpfe als älteste der altamerikanischen Kulturen gilt, sowie die von Teotihuacán, nördlich von Mexiko-Stadt, erwähnt.

Die nachklassischen Kulturen der Azteken und Inka halten gerade in künstlerischer Hinsicht dem Vergleich mit den klassischen Kulturen nicht stand. Aber unsere Kenntnisse der Inka und Azteken sind viel umfassender als die der klassischen Periode, bei deren Erforschung wir vor allem auf archäologische Quellen angewiesen sind, während über die Inka und Azteken zahlreiche schriftliche Quellen existieren. Diese Aufzeichnungen stammen von europäischen Konquistadoren, Mönchen und Nachfahren der indianischen Herrscher. Sie sind zwar ideologisch gefärbt, bei richtigem Umgang vermitteln sie jedoch ein lebendiges Bild von der inkaischen und aztekischen Gesellschaft. Herausragend ist die von Indianern diktierte, auf Initiative eines Franziskaners entstandene »Historia general de las cosas de Nueva España«, die einen umfassenden Überblick über das Leben und die Religion der Azteken bietet.

Die spanische Kolonisation

Mit der Ankunft der Spanier bzw. Portugiesen in Lateinamerika setzte sofort die koloniale Besitzergreifung der Neuen Welt ein, bei der sich christliches Sendungsbewusstsein und Nationalstolz mit Brutalität und Habgier so verquickten, dass es zu einem beispiellosen Völkermord kam. Ungeachtet aller spitzfindigen juristisch-theologischen Rechtfertigungen für ihr Tun – eine übergreifende ideologische Legitimation bot die Kirche mit ihrer Forderung, den Kampf gegen Nicht-Christen, während der »Reconquista« die islamischen Mauren, nun gegen die Indianer fortzusetzen –, verfuhren die Konquistadoren, meist Abenteurer, Glücksritter und verarmte Adlige, tatsächlich nach dem primitiven Recht des Stärkeren.

Mehr als zwei Jahrzehnte nach der Landung von Kolumbus 1492 blieben die Spanier hauptsächlich auf den Karibischen Inseln und unternahmen nur kurze Expeditionen an die Festlandküste. Nachrichten vom sagenhaften Reichtum der auf dem Festland lebenden Völker zogen schließlich Banden von Konquistadoren auf der Suche nach Gold und Silber ins Innere Mittel- und Südamerikas, zumal eine Ausbeutung der Inseln bald nicht mehr ertragreich genug erschien. Innerhalb eines Jahrzehnts war die Inselbevölkerung fast ausgerottet worden und bereits 1503 wurden die ersten Negersklaven importiert. Die Ursache für die Dezimierung der Bevölkerung – ein Phänomen, das auch auf dem Festland zu beobachten war – lag in eingeschleppten Krankheiten, aber auch im System der »Repartimientos«, d.h. der Zuteilung indianischer Arbeitskräfte an die Weißen.

Gegen diese Form der Versklavung und Misshandlung der Indios erhob sich Protest in kirchlichen Kreisen, der von dem Dominikanermönch Bartolomé de Las Casas angeführt wurde. Er verfasste mit dem ursprünglich nur für Kaiser Karl V. bestimmten »Kurzen Bericht über die Verwüstung und Zerstörung der indianischen Länder« eine wütende Anklage gegen das spanische Vorgehen in der Neuen Welt. Doch erst 1536 wurde die direkte indianische Zwangsarbeit in die Tributabgabe eines bestimmten Bezirkes an einen spanischen »Encomendero« umgewandelt. Im Jahr darauf erklärt eine Papstbulle die Indianer zu Menschen, womit eine wesentliche Rechtfertigung für ihre Versklavung entfiel.

Gegen Mitte des 16. Jahrhunderts war die Verwaltungsorganisation abgeschlossen. Es entstanden die Vizekönigreiche Neu-Spanien (1535) und Peru (1543).

PERU

Rascher Aufstieg der Inka

Unter den Herrschern Pachacutec Yupanqui und seinem Sohn Tupac Yupanqui entsteht zwischen 1438 und 1493 ein Inka-Großreich.

1438: Pachacutec Yupanqui rettet die Inka-Dynastie vor dem Angriff der Chancay, die ihre Hauptstadt Cuzco bedrohen, und beginnt mit seinen Eroberungszügen.

Territoriale Ausdehnung: Beim Tod seines Sohnes Tupac Yupanqui 1493 gehören zum Inka-Reich neben dem heutigen Peru Teile des heutigen Ecuador, Bolivien, Teile Chiles und Nordwestargentinien. Unter Huayna Cápac (1493-1527) dehnt sich das Inka-Reich vom heutigen Südkolumbien bis nach Nordchile aus. Bei der Invasion der Spanier hat es seinen Zenit schon überschritten.

Gesellschaftspyramide: Um ein so ausgedehntes Reich zu beherrschen, ist eine straffe Organisation unabdingbar. An der Spitze des Reichs steht der Sapa-Inka, der als gottgleich verehrte Herrscher. Zwar nehmen die Inka die Götter unterworfener Völker in ihren Himmel auf, die Verehrung des über allen stehenden Sonnengottes ist jedoch vorgeschrieben – Religion und die gezielt verbreitete Inka-Sprache Ketschua sorgen für kulturelle Einheitlichkeit im Reich.

Dem Sapa-Inka sind vier hohe Verwaltungsbeamte unterstellt, die einer gut ausgebildeten Elite von Beamten Anweisungen geben. Zu Tausenden durchkämmen die Staatsdiener das in Provinzen, Sektionen und Gebiete unterteilte Land, sammeln Abgaben ein, sprechen Recht und führen Buch – allerdings kennen die Inka keine Schrift, sondern benutzen ein System von Knotenschnüren. Die niederen Beamten haben Zugriff auf die Ayllu, die Sippengemeinschaften, deren Mitglieder an einem Ort leben, und über sie auf die einzelnen Familien.

Landwirtschaft: Der Boden gehört dem Staat. Er wird von der Einwohnerschaft eines Dorfes gemeinsam bebaut; ein Drittel der Erträge erhält das Dorf, ein Drittel geht an den Sapa-Inka und die Verwaltung, ein Drittel an den Tempel und die Priesterschaft.

Durch kunstvolle Terrassen an steilen Berghängen sowie durch ein ausgeklügeltes Bewässerungssystem werden relativ hohe Erträge erzielt. Staatliche Vorratsspeicher für Ernteüberschüsse gewährleisten die Versorgung mit Nahrungsmitteln in Krisenzeiten.

Infrastruktur: Die Bewohner des Inka-Reichs sind verpflichtet, sich am Berg- und Straßenbau zu beteiligen. So entsteht ein hervorragendes Verkehrsnetz mit gerade angelegten Straßen im Flachland, Hängebrücken zum Überqueren von Schluchten sowie Pontons, mit deren Hilfe auch breite Ströme passiert werden können. Diese ausgebaute Infrastruktur schafft die Voraussetzung für einen raschen Vormarsch der Inka-Truppen gegen ihre Gegner, aber auch für die schnelle Verbreitung von Informationen.

Inka-Hauptstadt Cuzco (Plan von 1576)

Kultur: In den Bereichen Kunsthandwerk und Architektur bauen die Inka auf den Leistungen anderer Völker auf und erreichen einen hohen Stand, der wiederum durch einen Zug zur Vereinheitlichung gekennzeichnet ist. Öffentliche Bauten wie Tempel und Paläste sind aus Steinblöcken erbaut, die mit Bronzewerkzeugen exakt behauen sind, so dass sie ohne Mörtel zusammengefügt werden können. Zur höchsten Blüte gelangt die Inka-Kunst vor allem im Gold- und Silberschmiedehandwerk, denn diese Metalle sind dem Sonnengott heilig. Die Wände der Tempel und Paläste sind mit Silberplatten behängt.

Albrecht II.

Der als Albrecht II. zum deutschen König gewählte Herzog Albrecht V. ist zwar nicht der erste Habsburger auf dem deutschen Thron, mit ihm beginnt jedoch die Zeit, in der die Krone bis zur Auflösung des Heiligen Römischen Reichs Deutscher Nation (mit einer kurzen Unterbrechung 1742-1745) stets dem Hause Habsburg gehört. In Österreich bleiben die Habsburg-Lothringer bis 1918 an der Macht.

18. 3. 1438: Die deutschen Kurfürsten wählen Herzog Albrecht V. von Österreich einstimmig zum König. Er tritt die Nachfolge seines Schwiegervaters Kaiser Sigismund an, mit dessen Tod 1437 die Linie der Luxemburger im Mannesstamm erloschen ist; auch als König von Ungarn und Böhmen folgt Albrecht Sigismund nach.

Zwar stirbt Albrecht bereits am 27. Oktober 1439, doch die deutsche Königskrone bleibt dem Haus Habsburg, das seinen Stammsitz in der Schweiz, im Kanton Aargau, hat, dauerhaft erhalten. 1440 wird Friedrich V., Herzog von Steiermark, als Friedrich III. zum deutschen König gewählt und 1452 in Rom als letzter Monarch überhaupt vom Papst zum Kaiser gekrönt.

Friedrich III. schafft durch die 1477 vollzogene Eheschließung seines Sohnes Maximilian mit Maria, der Erbin Herzog Karls des Kühnen von Burgund, die Voraussetzung für den Aufstieg der Habsburger, also des Hauses Österreich, zur Großmachtstellung in Europa. Zwar beschwört er durch diesen Schritt einen Konflikt mit Frankreich herauf, das ebenfalls Anspruch auf Burgund erhebt, er kann das Erbe aber weitgehend behaupten und – da es 1490 zur Wiedervereinigung der österreichischen Erblande kommt – seinem Sohn und Nachfolger Maximilian eine starke Hausmacht hinterlassen. 1508 nimmt Maximilian I., seit dem Tod seines Vaters 1493 Alleinherrscher im Reich, zu seinem Königstitel mit Zustimmung des Papstes den Titel »erwählter deutscher Kaiser« an.

Auch in der nächsten Generation sorgen die Habsburger durch ihre Heiratspolitik für einen beträchtlichen Machtzuwachs: 1496 schließt Maximilians Sohn Philipp, der Schöne, die Ehe mit Johanna,

FRANKFURT AM MAIN

sichert dem Hause Habsburg die Krone

der Wahnsinnigen, einer Tochter des spanischen Königspaars Ferdinand II. von Aragonien und Isabella von Kastilien. Der frühe Tod aller vorberechtigten spanischen Thronfolger und die Schwermut Johannas, die sie regierungsunfähig macht, führen dazu, dass nach dem Tod Ferdinands II. ihrem in Burgund regierenden Sohn Karl Spanien mitsamt Neapel-Sizilien und den überseeischen Besitzungen zufällt. Er ist zudem Anwärter auf die österreichischen Erblande sowie – über seinen 1519 verstorbenen Großvater Maximilian – auf die Kaiserwürde. Als Kaiser Karl V. wird er Herrscher über ein Reich, in dem die Sonne nicht untergeht. 1526 fällt seinem Bruder Ferdinand als Schwager des bei Mohács im Kampf gegen die Türken gefallenen Königs Ludwig II. von Ungarn und Böhmen auch die Wenzels- und die Stephanskrone zu. Habsburg steht auf dem Höhepunkt seiner Macht.

Die Habsburg im Schweizer Kanton Aargau, Stammsitz des Herrscherhauses Habsburg

RÜCKBLICK

Geschickte Territorialpolitik flankierte den Aufstieg

Erstmalig quellenmäßig belegt ist das Haus Habsburg, das am Oberrhein über umfangreichen Grundbesitz verfügt, in der Mitte des 10. Jahrhunderts.

Albrecht II. (s. Abb.) ist bereits der vierte Habsburger auf dem deutschen Königsthron. Ihm voraus gingen Rudolf I. (1273-1291), Albrecht I. (1298-1308) und Friedrich III., der Schöne (1314-1330; nicht zu verwechseln mit dem Albrecht II. nachfolgenden Friedrich III.). Unter diesen war Rudolf der bedeutendste Herrscher, gelang es ihm doch, die territoriale Machtgrundlage der Habsburger im deutschen Südwesten auszubauen und nach dem Sieg über König Ottokar II. von Böhmen seine Söhne Albrecht

und Rudolf mit Österreich, der Steiermark, Kärnten, Krain und dem Egerland zu belehnen.

Eine Verbindung der Stammlande mit den neuen Territorien im Südosten gelang im Verlauf des 14. Jahrhunderts durch den Erwerb von Tirol (1363), Freiburg im Breisgau (1368) und Triest (1383); zugleich gehen die angestammten schweizerischen Besitzungen im Verlauf des 14. und 15. Jahrhunderts verloren. Die Bezeichnung Haus Österreich für die Besitzungen der Habsburger setzt sich durch. Obwohl die Habsburger Ende des 14. Jahrhunderts über den größten Territorialkomplex im Reich verfügen, gelingt ihnen nicht der Aufstieg unter die Kurfürsten. Herzog Rudolf IV. (1358-1365) versucht durch eine Fälschung, seinem Haus den Titel eines Erzherzogs und Privilegien zu verschaffen (1453 anerkannt).

KONSTANTINOPEL

Osmanen erobern Konstantinopel

Mit der osmanischen Eroberung von Konstantinopel endet nach 1100 Jahren das oströmisch-byzantinische Kaiserreich.

29. 5. 1453: Nach siebenwöchiger Belagerung erobern osmanische Truppen im Sturmangriff Konstantinopel, die Hauptstadt des byzantinischen Kaiserreichs. Der letzte byzantinische Kaiser, Konstantin XII. Dragases, fällt im Kampfgetümmel. Der Triumph der Osmanen ist ein Sieg des muslimischen Morgenlandes über das christliche Abendland.

Die Niederlage des Byzantinischen Reichs war angesichts des inneren Zerfalls des Staates abzusehen. Schon seit dem 11./12. Jahrhundert war Ostrom bei der Auseinandersetzung mit islamisch-arabischen Gruppen, normannischen Eroberern in Russland und mit den Bulgaren auf die Hilfe italienischer Seestädte und ihrer Flotten angewiesen, die im Gegenzug große Teile im Westen des byzantinischen Territoriums besetzten. Hinzu kam die Plünderung Konstantinopels durch Kreuzfahrer 1204. Zwar hatte das danach gegründete lateinische Kaiserreich nur bis 1261 Bestand, doch die Gefährdung durch die türkischen Osmanen blieb.

Mitte des 15. Jahrhunderts ist der byzantinische Staat zu Lande völlig eingeschlossen, und der osmanische Sultan Mehmed II. setzte sich bei seinem Amtsantritt 1451 sogleich die Eroberung der Stadt zum Ziel, die ein Hindernis in der Verbindung zwischen den europäischen und den asiatischen Teilen des Osmanischen Reiches darstellte. Es war ihm zudem ein Dorn im Auge, dass sich die Byzantiner in der Vergangenheit wiederholt in dynastische Streitigkeiten der Osmanen eingemischt und osmanischen Prinzen Unterschlupf gewährt hatte.

»Die Türken erobern Constantinopel« (kolorierte Lithografie, 1832)

Kaiser Konstantin XII. Dragases verfügte zur Verteidigung Konstantinopels bei einer Einwohnerzahl von 50 000 nur über rund 5000 waffenfähige Bürger; hinzu kamen etwa 2000 Venezianer. Das osmanische Heer bestand demgegenüber aus mehr als 100 000 Soldaten und verfügte über gewaltige, über 8 m lange Kanonen und 600 kg schwere Kugeln.

Nach der Einnahme wird die Stadt geplündert, jedoch nicht zerstört. Die Hagia Sophia sowie einige andere Kirchen werden in Moscheen umgewandelt. Die Bewohner werden versklavt, Konstantinopel wird als Istanbul neue Hauptstadt des Osmanischen Reichs. Die Besiedlung mit muslimischen Türken, christlichen Griechen und Slawen sowie mit Juden wird zügig in Angriff genommen.

Der Verlust Konstantinopels für die Christenheit führt zu bedeutenden geistigen und politischen Veränderungen in Europa:

- Das Osmanische Reich wird zu einer asiatisch-europäischen Großmacht mit Expansionsbestrebungen auf dem Balkan
- Der Abwehrkampf der Christenheit gegen die Türken wird in der Folgezeit zu einer zentralen Aufgabe der uneinigen europäischen Staatenwelt
- Europa verliert den Zugang zum Schwarzen Meer und damit den Landweg nach Indien. Auf der Suche nach Seewegen dorthin wird die »Neue Welt« entdeckt
- Die Führung der orthodoxen Kirche geht endgültig von Byzanz auf das russische Zarentum über; Moskau wird zum »dritten Rom«
- Die Emigration vieler byzantinischer Gelehrter nach Italien führt zu einem engen Kontakt mit dem antiken griechischen Kulturerbe und gibt dem europäischen Humanismus und der Renaissance bedeutende Impulse.

Italiens

Durch das Bündnis der fünf italienischen Mittelstaaten wird ein – wenn auch labiles – Gleichgewicht in Italien geschaffen. Es hat bis zur französischen Intervention 1494 Bestand.

9. 4. 1454: Mailand und Venedig schließen den Friedensvertrag von Lodi, dem Florenz, Neapel und der Kirchenstaat beitreten, so dass 1455 die Lega Italica entsteht. Diese garantiert eine Machtbalance zwischen den fünf italienischen Mittelstaaten, die auch angesichts der osmanischen Bedrohung dringend geboten erscheint.

Mit geschickter Diplomatie können sich die italienischen Mittelstaaten trotz enger Verbindungen zur Krone von Aragonien, der weiter existierenden Reichsrechte in Oberitalien und französischen Expansionsbestrebungen behaupten.

Wirtschaftliche Blüte: Ökonomisch befindet sich Italien in der zweiten Hälfte des 15. Jahrhunderts in einer Führungsposition: Eine ertragreiche Agrarwirtschaft

Im 15. Jahrhundert löst sich der Mensch langsam aus der gottgewollten Ordnung des Mittelalters und begreift sich als Individuum, als Mittelpunkt der Welt.

Kleidung im Renaissance-Stil

Im 15. Jahrhundert von Italien ausgehend, bildet sich in ganz Europa ein neues Welt- und Menschenbild heraus, das mit dem Begriff Renaissance bezeichnet wird.

Materielle Voraussetzungen: Italiens reiche Stadtstaaten werden nicht vom Klerus oder von einer ritterlichen Idealen anhängenden Aristokratie, sondern von Patrizierfamilien bzw. einem stark verbürgerlichten Adel regiert. Ihren Aufstieg verdankt diese Schicht persönlichen und diesseitigen Tugenden wie Sparsamkeit, Fleiß, Geschick im Handel und in Geldgeschäften. Dieser neue Menschentypus ersehnt nicht länger in

ITALIEN

Stadtstaaten schließen sich zusammen

in Ober- und Mittelitalien, die Kontrolle der europäischen Handelswege vor allem im östlichen Mittelmeer sowie der Aufstieg von Handel und Gewerbe, Bank- und Geldwesen in den merkantilen städtischen Zentren wie Venedig, Genua, Pisa, Florenz und Mailand haben quasi zu einem frühkapitalistischen System mit städtischem Unternehmertum geführt.

Rivalität der Stadtstaaten: Behindert wurde die Entwicklung durch Auseinandersetzungen zwischen den Stadtstaaten, die sich in oftmals blutigen Kämpfen Macht und Einfluss streitig machten. Daraus gingen zunächst Mailand, Florenz und Venedig als Sieger hervor: Florenz annektierte 1406 Pisa, Venedig besiegte 1381 Genua, das dann nach vorübergehenden Phasen unter französischer Hegemonie schließlich unter mailändische Kontrolle geriet.

Organisation der Stadtstaaten: Ihrer inneren Ordnung nach sind die Stadtstaaten zumeist Republiken, wobei jedoch in der Regel der städtische Adel, reiche Kaufleute oder Bankiers faktisch die Herrschaft innehaben.

Florenz war im 15. Jahrhundert glanzvoller Mittelpunkt der italienischen Renaissance.

In Florenz (gelangte 1434 mit Cosimo dem Alten die Familie Medici zu Einfluss, in Mailand behauptete sich während der in den 70er Jahren des 13. Jahrhunderts ausgebrochenen Machtkämpfe zwischen Guelfen (Anhängern des Papstes) und Ghibellinen (Parteigängern des Kaisers) im 14. Jahrhundert die ghibellinische Familie der Visconti, die 1395 vom deutschen König Wenzel den erblichen Herzogtitel bekam. Nach dem Tod des letzten männlichen Visconti 1450 hat Francesco Sforza Mailand eingenommen.

In Venedig, das seinen Herrschaftsbereich auf dem Festland durch die Eroberung von Verona (1405), Padua (1406), Brescia und Bergamo (beide 1428) ausgedehnt hat, ist die Macht der auf Lebenszeit gewählten Dogen seit dem 12. Jahrhundert in ein Gefüge von Institutionen – Großer Rat, Kleiner Rat, Rat der Zehn, Rat der Vierzig – eingebunden, so dass es sich faktisch um eine oligarchische Adelsherrschaft handelt.

HINTERGRUND

Rückbesinnung auf die Antike und das Individuum

der Religion eine Überwindung des elenden Erdendaseins, sondern er sucht das Göttliche in der Schönheit und Harmonie der Welt. Der Mensch wird nach der Auflösung mittelalterlicher Feudalstrukturen und fest gefügter Ordnungssysteme als »Maß aller Dinge« (Protagoras) wieder entdeckt.

»Die Flucht nach Ägypten«, Gemälde des Renaissancemalers Fra Angelico

Rückbesinnung auf Antike: In einer weltlich ausgerichteten Wissenschaft beginnen die Menschen im Vertrauen auf ihre Vernunft und Erfahrung die Realität zu hinterfragen, die Welt in Entdeckungsfahrten zu erkunden, die Naturgesetze zu erforschen und ihre Beherrschung durch technische Erfindungen voranzutreiben.

Im Zeichen der Ideale von der Autonomie des Ichs, der freien Entfaltung der Persönlichkeit und der Harmonie von Körper und Geist steht die Antikenbegeisterung, die sich u.a. im Quellenstudium lateinischer Schriften – von denen viele nach dem Fall von Konstantinopel nach Europa kommen – manifestiert.

Renaissance in der Malerei: Das Interesse der Menschen an der sie umgebenden Welt schlägt sich auch in der Malerei und Bildhauerei nieder, denn für sie wird die exakte Wiedergabe der Wirklichkeit nun erstmals zur zentralen Aufgabe. Um diesem Anspruch zu genügen, ist es unabdingbar, beim Bildbetrachter eine Illusion von Raumtiefe zu erzeugen, also dreidimensionale Gegenstände auf einer zweidimensionalen Bildfläche räumlich darzustellen. Es sind die Architekten Filippo Brunelleschi und Leon Battista Alberti, welche die Gesetze der Zentralperspektive erkennen.

Santa Maria Novella (Fassade von Alberti Leon Battista)

Beflügelt durch diese Neuerung, schaffen Künstler wie Masaccio, Fra Angelico, Piero della Francesca, Andrea Mantegna, Filippi Lippi, Sandro Botticelli, Giovanni Bellini und viele andere Gemälde, die sich durch Wirklichkeitsnähe und eine einheitliche Lichtführung auszeichnen. Die italienische Malerei erlebt eine nie zuvor erreichte Blüte. Neben christliche Motive – besonders beliebt sind Madonnenbilder – treten Szenen aus der heidnischen Mythologie. In beiden Fällen bilden detailliert ausgemalte Landschaften oft den Hintergrund.

Entwicklung des Profanbaus: Auch die Baukunst der Renaissance orientiert sich an Vorbildern aus dem Altertum. Neben der Sakralarchitektur gewinnt der Profanbau zunehmend an Bedeutung. Dem Selbstbewusstsein der Bürger entspricht es, ihre Häuser glanzvoll auszugestalten. Die Fassaden der Palazzi werden zunehmend reicher gestaltet. Erstmals seit der Antike rückt die Stadtplanung wieder in den Mittelpunkt des Interesses.

MAINZ

Buchdruck revolutioniert die Kommunikation

Mit der Erfindung des Buchdrucks mit beweglichen, in großer Stückzahl gegossenen Lettern leitet Johannes Gutenberg eine Revolution der Kommunikationstechnik ein, die durch die Möglichkeit zur Verbreitung von Wissen die Gesellschaft grundlegend verändert.

Doppelseite aus der berühmten Gutenberg-Bibel, von der insgesamt lediglich 36 Exemplare erhalten sind.

1455: Der Druck der lateinischen Bibel in der Werkstatt des Mainzer Patriziers Johannes Gutenberg ist vollendet. Das 1282 Seiten umfassende, aus zwei Bänden bestehende Werk ist mit Hilfe von 20 Druckern und Setzern entstanden. Fast alle zweispaltig bedruckten Seiten sind 42 Zeilen lang. Die Initialen, roten Textzeichen und farbigen Illustrationen sind von Hand gemalt. Etwa 180 bis 200 Exemplare werden gedruckt, davon vermutlich 30 auf kostbarem Pergament, die übrigen auf italienischem Papier.

Die Lettern der Bibel: Für den Druck der Bibel fertigt Gutenberg insgesamt 290 verschiedene Lettern. Zwar umfasst das Alphabet deutlich weniger Zeichen, doch es müssen nicht nur Lettern für Satzzeichen, Abkürzungen und Großbuchstaben hergestellt werden, sondern bei den Kleinbuchstaben sind – aufgrund der Tendenz der gotischen Schrift zu Ligaturen (Verschmelzungen von zwei Buchstaben) – 243 verschiedene Formen nötig. Erst die seit etwa 1520 verbreitete neue Antiqua-Schrift mit ihren isolierten Buchstaben reduziert die Anzahl der Lettern entscheidend.

Gutenbergs Erfindung: Der von Gutenberg erfundene Buchdruck beruht auf der Grundidee, den Text in alle Einzelelemente zu zerlegen und diese als seitenverkehrte Lettern in beliebiger Anzahl zu gießen, um sie dann zu Wörtern, Zeilen und Seiten zusammenzufügen.

Solche Drucklettern wurden zwar auch zuvor schon in der Form von Stempeln geschnitten – in China experimentierte man bereits im Jahr 1040 erfolgreich mit beweglichen Lettern aus Keramik –, doch Gutenberg gelang es als Erstem, sie im Gussverfahren in großer Stückzahl herzustellen.

Das von ihm erfundene Handgießinstrument ermöglicht es, im schnellen Wechsel die unterschiedlichsten Lettern in den jeweils erforderlichen Mengen herzustellen – bis zu 100 Stück pro Stunde. Als Gussmetall wird eine Legierung aus Blei, Zinn, Wismut und Antimon verwendet, die relativ rasch erkaltet und dem Druck der Presse standhält.

Die von Gutenberg entwickelte Druckerpresse ist eine sog. Spindelpresse, die eine gleichmäßige Übertragung des Druckbildes von der Form auf das Papier ermöglicht.

Gutenbergs Werkstatt: Nachdem er Erfahrungen mit kleineren Drucksachen – vor allem mit Donaten, also Schulbüchern zum Erlernen der lateinischen Grammatik – gesammelt hatte, nahm Gutenberg 1451 in seiner Druckerei das Bibelprojekt in Angriff. Wegen der komplizierten Setztechnik mit vielen verschiedenen Lettern, die nach Gebrauch mit größter Sorgfalt wieder in die Setzkästen eingeordnet werden müssen, schafft ein Setzer allerhöchstens eine Bibelseite pro Tag. Zeitgleich mit der Bibel werden in Gutenbergs Werkstatt mit anderen Lettern tausende von Ablassbriefen gesetzt und gedruckt.

Finanzierung: Um das Projekt der gedruckten Bibel realisieren zu können, hat Gutenberg 1449 Johannes Fust bewegen können, das Unternehmen durch einen Kredit zu finanzieren; bis 1453 stellt der Mainzer Kaufmann und Geldverleiher Gutenberg 1600 Gulden zur Verfügung. Gegen Ende des Bibeldrucks kommt es zu Auseinandersetzungen zwischen Gutenberg und seinem Geldgeber, der sein geliehenes Kapital zurückfordert und einen Prozess gegen Gutenberg anstrengt. Dieser wird verurteilt, Fust die Bibel-Druckerei und vermutlich die Hälfte der ausgedruckten Bibeln zu überlassen. Mit einem Mitarbeiter Gutenbergs, Peter Schöffer, führt Fust die Bibel-Druckwerkstatt weiter und entwickelt sie zu einem Unternehmen mit großem wirtschaftlichem Erfolg.

Ausbreitung des Buchdrucks: Zwar hat Gutenberg seine Erfindung anfangs geheim halten wollen, doch nachdem ihm mit der Werkstatt von Schöffer und Fust ein Konkurrent erwachsen ist, verkauft er in seiner wirtschaftlichen Not seine nicht für die Bibel verwendeten Typen nach Bamberg.

Für die weitere Ausbreitung der »schwarzen Kunst« sorgt 1463 ein Streit um die Besetzung der Position des Mainzer Erzbischofs, in dessen Folge eine Anzahl Mainzer Bürger, darunter auch etliche Setzer und Drucker aus den Werkstätten von Gutenberg und seiner Rivalen Fust und Schöffer, aus der Stadt vertrieben werden. Vor allem auf ihre Initiative entstehen in kurzer Zeit Druckereien in verschiedenen größeren Städten, zunächst vor allem in Südwestdeutschland, bald aber in vielen Bischofssitzen mit ihrem großen Bedarf an liturgischer Literatur. Um 1500 existieren in Europa etwa 1120 Druckereien in 260 Orten. Ein Zentrum des Druckhandwerks ist Venedig mit ca. 1500.

ZUR PERSON

Johannes Gutenberg

Über das Leben des Buchdruckers Johannes Gutenberg (s. Abb.) ist relativ wenig bekannt.

Als Sohn des Mainzer Patriziers Friele Gensfleisch zur Laden kommt er um 1400 in Mainz zur Welt. 1434 bis 1444 lebt er in Straßburg, das mit 25 000 Einwohnern eine der größten Städte im Reich ist. Er arbeitet dort als Goldschmied und Schreiber und organisiert ein Projekt zur Herstellung sog. Pilgerspiegel, mit denen Wallfahrer die angeblich von Reliquien ausgehenden, Heil bringenden Strahlen auffangen.

Ab 1448 wieder in Mainz, richtet Gutenberg eine Druckwerkstatt ein. Nach dem Verlust der Bibel-Druckerei an seinen Geldgeber Johannes Fust und seinen ehemaligen Mitarbeiter Peter Schöffer arbeitet Gutenberg weiter als Drucker, doch beschränkt er sich in der Folgezeit auf Kleindrucke wie Kalender, Aufrufe zum Kreuzzug und ein Verzeichnis aller Erzbistümer. Ob das 1460 fertiggestellte »Mainzer Catholicon« aus seiner Druckerei stammt, ist bis heute nicht geklärt. Gutenberg stirbt am 3. Februar 1468 in seiner Geburtsstadt.

Die erste Buchdruckpresse Gutenbergs im Mainzer Gutenberg-Museum. An der Leine sind die fertig gedruckten Seiten zum Trocknen aufgehängt.

Schlacht von Murten 1476 (Gemälde von Ferdinand Hodler, 1917)

NANCY

Karl der Kühne fällt

Mit der Niederlage gegen die Eidgenossen und die Lothringer endet der Aufstieg Burgunds.

5. 1. 1477: Herzog Karl der Kühne von Burgund fällt vor Nancy in der Schlacht gegen ein lothringisch-schweizerisches Heer.

Das Herzogtum Burgund hat sich seit der zweiten Hälfte des 14. Jahrhunderts von Frankreich gelöst und per Erbe weite Gebiete erworben, darunter die Freigrafschaft Burgund und Teile der Niederlande. Karl der Kühne bemühte sich, das Territorium zu einem zusammenhängenden Gebiet auszubauen und die Königswürde zu erlangen, um die teils unter französischer, teils unter kaiserlicher Lehnshoheit stehenden burgundischen Gebiete zu einem selbstständigen Staat zusammenzufassen. Der Habsburger Kaiser Friedrich III. stimmte zwar 1473 der Verlobung seines Sohnes Maximilian mit Karls Tochter Maria zu, doch die Königswürde verweigerte er Burgund.

Nachdem der Versuch, im Kampf gegen Lothringen und die Eidgenossen Savoyen zu gewinnen, mit dem Tod Karls gescheitert ist, kommt es am 19. August 1477 doch zur Ehe zwischen Maximilian und Maria, die aufgrund der ausbrechenden Unruhen nur so meint, ihr Erbe retten zu können. Ein lang andauernder Konflikt ist die Folge.

FRANKREICH

Villons Gaunerballaden

Der aus Paris verbannte François Villon gilt als erster moderner Lyriker Frankreichs.

5. 1. 1463: Die gegen François Villon ausgesprochene Todesstrafe wegen Totschlags wird in eine zehnjährige Verbannung umgewandelt. Danach gibt es kein Zeugnis mehr von dem Dichter, der in deftigen, in der Sprache des Volkes geschriebenen Balladen Erfahrungen seines unsteten Lebens und seiner zeitweisen Existenz als Gauner verarbeitet hat. Er entwirft ein satirisches Bild einer Gesellschaft im Umbruch mit den daraus resultierenden Spannungen. Später treten Themen wie Tod und unerwiderte Liebe in den Vordergrund.

Holzschnitt aus der Erstausgabe der Werke Villons

ITALIEN

»Hexen«, Juden und Muslime brutal verfolgt

Die 1231 als zentrale Glaubensinstitution gegründete Inquisition geht am Beginn der Neuzeit mit brutalen Mitteln gegen nicht genehme Personen vor. In Deutschland richtet sich die Verfolgung gegen Hexen, in Spanien gegen Juden und Muslime.

5. 12. 1484: Papst Innozenz VIII. erlässt die Bulle »Sumnis desiderantis«, in der er den Hexenverfolgern umfassende Vollmachten überträgt. Der Papst beklagt, dass »zahllose Personen... vom heiligen katholischen Glauben abfallen, Unzucht mit Teufeln treiben und mit ihren Zaubersprüchen... die Menschen insgesamt verderben«. Im selben Jahr beauftragt er die deutschen Inquisitoren Heinrich Institoris und Jakob Sprenger, gegen Zauberer und Hexen anzugehen. Die Dominikanermönche veröffentlichen 1487 den »Hexenhammer«, eine präzise Anweisung zur Hexenverfolgung. Das Buch, das von einem wahnhaften Frauenhass zeugt, dient in der Folgezeit zur Rechtfertigung des brutalen Vorgehens gegen Verdächtige. Hunderttausende, wenn nicht Millionen Frauen werden in den nächsten Jahrhunderten als Hexen verfolgt, gefoltert und hingerichtet.

Der Hexenwahn ist kein blinder Ausbruch des Volksaberglaubens, denn den Hexen wird von der geistlichen und weltlichen Obrigkeit offiziell der Prozess gemacht. Ein Ursprung liegt in der Verfolgung von Ketzern, die zur Einrichtung der Inquisition und 1352 zur Zulassung der Folter führte; in den Kampf gegen Ketzer mischt sich die Überzeugung von der Existenz dämonischer Mächte und magischer Kräfte.

Den Hexen wird nachgesagt, einen Pakt mit dem Teufel geschlossen oder sogar Geschlechtsverkehr mit ihm gehabt zu haben. Sie werden für Unwetter, Viehsterben und Krankheiten verantwortlich gemacht. Am Anfang des Hexenprozesses steht die Anzeige, auf die das Verhör folgt. Die Frauen werden so lange gefoltert, bis sie gestehen, oder sie werden einer »Probe« unterzogen. Bei der »Nadelprobe« wird als Kennzeichen des Teufels am Körper der Frau das Hexenmal gesucht – und z.B. in einem Leberfleck oder Muttermal gefunden. Bei der »Wasserprobe« wird die Verdächtige gefesselt ins Wasser geworfen. Ertrinkt sie, war sie unschuldig, wenn sie aber an der Oberfläche bleibt, ist der Teufel im Spiel. Sie wird dem Henker übergeben und auf dem Scheiterhaufen verbrannt.

Papst Sixtus IV. hatte am 1. November 1478 die Einrichtung der spanischen Inquisition veranlasst, einer in staatlicher Hand befindlichen Organisation. 1483 wurde der Dominikaner Tomas de Torquemada zum Generalinquisitor ernannt.

Nach Abschluss der Reconquista wird die Inquisition zur Schreckensherrschaft. Nach der Einnahme von Granada lassen die Könige Ferdinand und Isabella den Juden eine Frist von vier Monaten, um ihren Besitz aufzugeben und das Land zu verlassen oder sich taufen zu lassen. 1499 und 1501 werden die Muslime in Spanien vor dieselbe Alternative gestellt. Hunderttausende Vertriebene ziehen zunächst nach Portugal, dann in die Niederlande, nach England, Süd- und Südosteuropa und Nordafrika.

Die Judenverfolgung ist in Spanien, wie auch anderswo in Europa, kein neues Phänomen. Unter maurischer Herrschaft erlebte das spanische Judentum bis ins 12. Jahrhundert hinein dank religiöser Toleranz der Muslime eine einzigartige kulturelle Blüte. In den christlich eroberten Gebieten wurden hingegen Synagogen zwangsweise in Kirchen umgewandelt sowie Pogrome und Zwangsbekehrungen durchgeführt. Insbesondere gegen diese »Neuchristen« richtet sich nun der Hass. Beim »Autodafé« (portugiesisch: Glaubensakt) wird ein von der Inquisition gefälltes Urteil verkündigt und vollstreckt: Diejenigen, die sich mit der Kirche »aussöhnen«, werden zwar zur Schau gestellt, aber freigesprochen, die anderen werden verbrannt. Den Nachkommen beider Gruppen sind im Namen der »Reinheit des Blutes« kirchliche und weltliche Ämter versperrt.

Eine Hexe wird der »Wasserprobe« unterzogen (Lithographie, 1848).

Schreckensherrschaft der Inquisition: »Autodafé auf der Plaza Mayor in Madrid im Juni 1680« (Gemälde von Francisco Rizi, 1683)

RUSSLAND

Russen schütteln das Tatarenjoch ab

Mit der Befreiung von der Oberherrschaft der Tataren (Mongolen) bekräftigt Großfürst Iwan III. die Führungsrolle des Moskauer Reichs in Russland, das unter seiner Herrschaft zu einem Einheitsstaat wird.

1480: Großfürst Iwan III. von Moskau (s. Abb) verweigert die Tributzahlungen an die Mongolen. Deren Khan Achmat rückt daraufhin mit einem Heer in Richtung Moskau vor. Iwan III. rückt ihm entgegen. Monatelang stehen sich beide Heere, nur durch den Fluss Ugra getrennt, gegenüber, ohne dass es zu entscheidenden Kampfhandlungen kommt.

Sieg ohne Schlacht: Im Spätherbst kehrt Iwan nach Moskau zurück. Die Mongolen, die an eine

Kriegslist glauben, ergreifen panikartig die Flucht. Dieser Sieg ohne Schlacht wird als »Abschüttelung des Tatarenjochs« gewertet. Begünstigt ist die Befreiung von der Tributpflicht an die Mongolen durch den Zerfall der Goldenen Horde.

»Sammlung russischer Erde«: Seit der Eroberung Russlands durch die Mongolen hat das 1147 erstmals erwähnte Moskau seine Position innerhalb der russischen Teilfürstentümer stetig ausbauen können. Die territoriale Basis konnte meist durch Kauf – Moskau war Tributeinnehmer für die Mongolen – Zug um Zug ausgeweitet werden.

Seit 1263 ständige Fürstenresidenz, wurde Moskau 1326 auch Sitz des Metropoliten. Die Kirche als einzige gesamtrussische Institution trug wesentlich dazu bei, dass Moskau – seit 1328 Großfürstentum – seinen Führungsanspruch untermauern und nach dem ersten Sieg über das Mongolenkhanat 1380 endgültig durchsetzen konnte.

Die Wiedervereinigung der Gebiete des Kiewer Reichs unter Moskauer Herrschaft, bezeichnet als »Sammlung der russischen Erde«, vollendet nun Iwan III.: Er bezieht Jaroslawl (1471) und Rostow (1474) in sein Herrschaftsgebiet ein, unterwirft das abtrünnige Nowgorod (1478), annektiert Twer (1485) und gewinnt bestimmenden Einfluss auf Rjasan und Pskow. Mehrere Feldzüge gegen Litauen führen in den 1490er Jahren zu Gebietseroberungen im oberen Oka-Gebiet und im Nordosten, dagegen endet ein Krieg gegen Schweden 1495 bis 1497 ohne Territorialgewinne.

Alleinherrscher Iwan III.: Seit 1494 bezeichnet sich Iwan III. als »Zar von ganz Russland«. Seine Eheschließung mit der Nichte des letzten byzantinischen Kaisers, Zoe, ist ihm Anlass, Moskau als Erbe Konstantinopels zum »dritten Rom« zu erklären. Er führt ein feierliches Hofzeremoniell ein, das auf byzantinische Devotionsformen zurückgreift und seine Autorität stärken soll. Anstelle der selbstständigen Teilfürstentümer in Russland entsteht ein autokratisch regierter und zentral von einem neuen Dienstadel verwalteter Einheitsstaat mit Großmachtanspruch.

SPANIEN

Reconquista erfolgreich abgeschlossen

Mit der Einnahme des muslimischen Reichs Granada ist die christliche Rückeroberung der Iberischen Halbinsel von den Mauren abgeschlossen und ein wichtiger Schritt bei der Herausbildung des spanischen Staates getan.

2. 1. 1492: Als letzte muslimische Bastion in Iberien wird Granada von einem aragonesisch-kastilischen Heer erobert. Damit ist die Herrschaft der Mauren auf der iberischen Halbinsel beendet.

Reconquista: Seit dem 8. Jahrhundert beherrschten die Mauren, also muslimische Araber, die Iberische Halbinsel bis zum Ebro und nach Barcelona und führten ihre Gebiete unter dem Kalifat von Córdoba zu einer kulturellen Blüte. Die Reconquista, also die Rückeroberung, ging zunächst von Zentren des christlichen Widerstands in Asturien, Navarra und Aragon aus. 1085 wurde Toledo eingenommen, 1147 Lissabon, 1236 Córdoba und 1248 Sevilla. El Cid, der Eroberer Valencias, wurde zum spanischen Nationalhelden. Die von den Mauren »befreiten« Gebiete blieben aber in verschiedene Herrschaften geteilt.

Spaniens Einheit: Der Prozess der Herausbildung eines spanischen Staates kam entscheidend voran, als der 17-jährige Ferdinand II., der zukünftige Herrscher über das Königreich Aragonien, und die 18-jährige Isabella I., Thronfolgerin von Kastilien-León, am 19. Oktober 1469 die Ehe schlossen. Zehn Jahre später waren mit der Erhebung Ferdinands zum König von Aragón und dem Ende des kastilischen Erbfolgekriegs – Portugal verzichtete endgültig auf Kastilien – beide Königreiche in Personalunion vereinigt. Frühzeitig wurde vereinbart, dass die Ehepartner im Königreich des jeweils anderen Erbrecht genießen.

Zusammenführung zweier Reiche: Ferdinand und Isabella stehen vor der Aufgabe, zwei Staaten mit unterschiedlichen Gesellschaftsordnungen zusammenzuführen: Während Kastilien zentral regiert wird, ist Aragonien (bestehend aus Aragon, Katalonien, Valencia, Sardinien und Sizilien) in einer Föderation jeweils unterschiedlich verfasster Staaten verbunden. Hier und in Kastilien hat der in den Cortes organisierte Adel gegenüber der Krone einen bedeutenden Machtzuwachs erreicht. Im Bündnis mit den kastilischen Städten gelingt es dem »katholischen Paar« jedoch, den Adel zur Rückgabe der Krongüter zu bewegen

Die Übergabe von Granada an König Ferdinand II. und Königin Isabella I. (Historiengemälde von Francisco Pradilla, 19. Jh.)

ENGLAND

Ende der Rosenkriege: Tudor regiert

Mit der Krönung von Heinrich VII. zum König ist der seit 30 Jahren gewaltsam ausgetragene Thronstreit in England beigelegt.

22. 8. 1485: Der wegen seiner Verwandtschaft mit dem Haus Lancaster als Thronprätendent auftretende Heinrich Tudor, Earl of Richmond, besiegt – gestützt auf eine breite Oppositionsbewegung – bei Bosworth (Leicestershire) König Richard III. aus dem Haus York und besteigt als Heinrich VII. den englischen Thron.

Um die Thronansprüche beider Häuser zu vereinigen, heiratet Heinrich Elisabeth, die Tochter von Eduard IV. aus dem Haus York, und begründet die Tudor-Dynastie, die bis 1603 über England herrscht. Richard III., der sich die Krone durch Ermordung seiner Neffen, der legitimen Thronfolger, gesichert hatte, fällt in der Schlacht. Der neue Monarch nutzt die Machtlosigkeit des Adels, der durch den Krieg geschwächt ist, schlägt mehrere Aufstände nieder und baut u.a. durch die Verbesserung der Justiz und durch Einschreiten gegen Privatarmeen die Position der Krone aus.

Mit der Thronbesteigung Heinrichs VII. enden die Rosenkriege, die 1455 ausgebrochenen Erbauseinandersetzungen zwischen den beiden Plantagenet-Seitenlinien Lancaster (Feldzeichen: rote Rose) und York (Feldzeichen: weiße Rose). In ihnen stützte sich das Haus York auf die Städte und den niederen Adel, während der Hochadel auf der Seite des Hauses Lancaster stand.

Bei den Auseinandersetzungen handelte es sich nicht um einen echten Bürgerkrieg. Entsprechend gering sind die wirtschaftlichen Schäden. Vielmehr trugen Magnaten mit zahlenmäßig begrenzten Söldnertruppen Fehden gegeneinander aus. Finten, Betrügereien, Verrat und Hinterlist prägten dieses Ringen, das und die Macht der Cortes zurückzudrängen.

Der Aufbau einer zentralen Verwaltung erfolgt mittels eines Königlichen Rates von Kastilien, einer obersten Verwaltungsbehörde, die zugleich als oberster Gerichtshof fungiert. Sie ist aus Bürgerlichen und Juristen zusammengesetzt. Allein dem König kommt das Recht zum Eintreiben von Steuern zu.

Die Kirche als Stütze der Herrschaft: Die erste gemeinsame Institution von Kastilien-Léon und Aragonien bildet seit 1478 die Inquisition, die in Spanien in staatlicher Hand liegt. Opfer des Bestrebens von Ferdinand und Isabella, einen auch religiös einheitlichen Staat zu schaffen, sind die Juden und Muslime, die zu Hunderttausenden in die Flucht getrieben bzw. zwangsbekehrt werden. Durch das königliche Vorschlagsrecht für die Besetzung hoher Kirchenämter und Bistümer sowie die Unterordnung der wichtigen Orden verschafft Ferdinand II. der Krone großen Einfluss auf die Kirche.

Außenpolitische Erfolge: Zwar sind die Versuche, durch Heirat eine dynastische Verbindung zu Portugal zu schaffen, nicht von Erfolg gekrönt, in Italien aber erreicht Ferdinand II. einen bedeutenden Machtzuwachs. Durch den französischen Feldzug nach Italien 1494/95 und erneut ab 1499 ist auch das zu Aragon gehörende Sizilien bedroht. Ferdinand gelingt es in einer Gegenoffensive, 1504 die Vereinigung Neapels und Siziliens unter aragonesischer Herrschaft zu erreichen. Entscheidend für den Aufstieg Spaniens zur Weltmacht ist die Entdeckung Amerikas durch den in spanischen Diensten stehenden Christoph Kolumbus.

Der Löwenhof der Alhambra in Granada, der seinen Namen von den zwölf stilisierten Löwen erhielt, die den Brunnen in der Mitte des Hofes tragen.

wohl auch deshalb Gegenstand der Literatur wird: Viele der Shakespeareschen Königsdramen spielen zur Zeit der Rosenkriege. Anfang des 19. Jahrhunderts macht Walter Scott die Schurken aus dem 15. Jahrhundert zu Helden seiner historischen Romane.

Der Tod König Richards III. auf dem Schlachtfeld von Bosworth (Kupferstich von Walker nach einer Zeichnung von Wale, 1774)

NÜRNBERG

Der erste Globus

Die erste erhaltene, nach den damaligen geografischen Kenntnissen einigermaßen wirklichkeitsnahe Darstellung der Erde in Kugelgestalt schafft am Vorabend der Entdeckung Amerikas der Nürnberger Kaufmann Martin Behaim.

1492: Martin Behaim gibt in seiner Heimatstadt Nürnberg den Anstoß zur Herstellung des ersten realistischen Erdglobus (s. Abb). Sein eigener wissenschaftlicher Beitrag an dem Werk ist wohl eher gering. In Anspielung an den in Nürnberg aufbewahrten Reichsapfel nennt er seinen Globus »Erdapfel«.

Die Herstellung: Der Nürnberger Rechen- und Waagmeister Ruprecht Kolberger überzieht eine Lehmkugel mit Stoff und Leim, die anschließend von Georg Glockendon, einem Nürnberger Maler und Formschneider, bemalt wird. Er zeichnet die 24 Globussegmente und beiden Polkappen nach der Vorlage einer Weltkarte, die Behaim vermutlich in Portugal gekauft hatte. Zwar heißt es auf einer am Südpol angebrachten Widmungsinschrift, der Erdapfel sei 1492 im Auftrag des Nürnberger Rats angefertigt und der Stadt als Geschenk vermacht worden, sie ist aber nicht korrekt, denn Quellen belegen, dass der Globus 1494 vom Rat bezahlt wird und erst 1493/94 fertig gestellt ist.

Das Weltbild des Globus: Selbstverständlich ist auf der Kugel die »Neue Welt« nicht abgebildet, wohl aber Europa sowie große Teile Asiens und Afrikas. Die Darstellung bleibt hinter den neuesten Erkenntnissen portugiesischer Seefahrer zurück: Die Breiten- und Längenangaben enthalten Fehler, Eurasien ist zu gestreckt dargestellt und Afrika sehr ungenau geortet.

Beschriftungen: Der Globus ist mit ausführlichen Beschriftungen versehen. Sie zeigen Orte auf, an denen Gold, Edelsteine, exotische Tiere und Gewürze zu finden sind. Auch Erkenntnisse, die Beheim vermutlich bei einer eigenen Seereise an der afrikanischen Küste gewonnen hat, sind in die Beschriftungen eingeflossen. Daneben finden sich Informationen, die auf antiken und mittelalterlichen Quellen sowie Reiseberichten, u.a. von Marco Polo, beruhen. In dieser Hinsicht ist das Werk das typische Erzeugnis einer Zeit, in der Meinungen anerkannter Autoritäten noch mit empirischen Erkenntnissen in Einklang gebracht werden müssen.

Zweck des Globus: Es gibt Hinweise, dass der Behaim-Globus als Prototyp für die Herstellung weiterer Globen gedacht war, die im Druckverfahren erzeugt werden sollten; das Projekt wurde jedoch nicht realisiert. Spekulationen gehen dahin, dass Behaim den Globus fertigen ließ, um reiche Kaufleute zur Finanzierung einer Expedition zu bewegen.

Behaims Lebensweg: Der am 6. Oktober 1459 in Nürnberg geborene Patriziersohn Martin Behaim erhielt in den Niederlanden eine Ausbildung in der Tuchmacherei und im Tuchhandel. 1484 brach er zu einer Reise auf, die ihn über Lissabon in nicht genauer bekannte Gegenden führte. Während der Fahrt machte er sich vermutlich um Portugal verdient, denn nach seiner Rückkehr wurde er 1485 in Lissabon zum Ritter geschlagen. Erbschaftsangelegenheiten führten ihn 1490 wieder nach Nürnberg. 1493 kehrt Behaim nach Portugal zurück. Nach einem Zwischenaufenthalt in Flandern lebt er ab 1494 in Portugal – vermutlich auf den Azoren. Während eines Aufenthalts in Lissabon stirbt er am 29. Juli 1507 in Armut an der Pest.

Im 19. Jahrhundert wird er im Zuge des deutschen Nationalismus zum herausragenden Wissenschaftler, Navigator und Erfinder stilisiert.

Das Zeitalter der Entdeckungen

15./16. Jahrhundert

Motive und Voraussetzungen für Entdeckungsreisen

Die Zeit der Renaissance, das 15. und 16. Jahrhundert, wird auch das Zeitalter der Entdeckungen genannt, denn damals stieß Christoph Kolumbus auf Amerika (1492), fand Vasco da Gama den Seeweg nach Indien (1498) und umsegelte Magellan (Fernão de Magalhães) die Erde (1519-1521). Das bedeutet nicht, dass es in anderen Zeiten keine bemerkenswerten Entdeckungen gegeben habe. So fuhren die norwegischen Wikinger bereits im Jahr 1000 nach Amerika und Marco Polo reiste schon im 13. Jahrhundert auf dem Landweg nach Indien und China.

Die Entdeckungsfahrten der Renaissance waren im großen Maßstab organisierte, von Herrschern und Kaufleuten finanzierte Expeditionen. Bei der Auswahl der Männer, die sie durchführten, spielte die Nationalität zunächst keine Rolle; insbesondere viele Italiener waren in spanischen und portugiesischen Diensten unterwegs. Von den Entdeckungsreisen versprachen sich die europäischen Könige und Händler zum einen Gewinn bringenden direkten Handel mit den reichen Ländern Mittel- und Ostasiens, zum anderen erhofften sich vor allem Spanien und Portugal durch die Ausdehnung ihrer Machtbereiche auf die außereuropäische Welt nicht nur ökonomische, sondern auch politische und militärische Vorteile. Neben diesen Motiven spornte im 15. Jahrhundert der Kreuzzugsgedanke und später der christliche Missionseifer zur Erschließung neuer Länder an: Der islamische Einfluss im Mittelmeerraum sollte ebenso zurückgedrängt wie das Christentum in der ganzen Welt verbreitet werden.

Die neuen naturwissenschaftlichen Erkenntnisse auf dem Gebiet der Navigation sowie die Entwicklung der Seefahrtstechnik schufen allerdings erst die Voraussetzungen für erfolgreiche Entdeckungsfahrten. So bedienten sich die meisten Entdecker mit der Karavelle eines neuen Schiffstyps, der zugleich wendig und den Anforderungen einer längeren Reise angepasst war. Die Karavellen waren leicht und hochbordig gebaut, besaßen meist drei Masten, segelten hoch am Wind und kreuzten gut.

Ebenso wichtig waren die Fortschritte in der Kartografie. Zu einer vollkommen neuen Weltsicht führte die sich im 15. Jahrhundert durchsetzende Erkenntnis, dass die Erde eine Kugel ist. Sie löste die seit alters gängige Auffassung ab, die Erde habe die Gestalt einer Scheibe. Der Nürnberger Martin Behaim entwarf 1492, also im Jahr der Entdeckung Amerikas durch Kolumbus, den ersten bekannten Erdglobus.

Der Erkenntnis von der Kugelgestalt der Erde folgte in der ersten Hälfte des 16. Jahrhunderts der Wandel des geozentrischen zum heliozentrischen Weltbild. Fortan galt nicht mehr die Erde, sondern die Sonne als Mittelpunkt des Universums. Dieses Forschungsergebnis, das erstmals 1543 Nikolaus Kopernikus veröffentlichte und das später von Giordano Bruno und Galileo Galilei weiterentwickelt wurde, entzog der im christlichen Glauben verwurzelten Auffassung von der besonderen Stellung der Erde und des Menschen – als Schöpfung Gottes – im Kosmos das Fundament und wurde daher von der Kirche heftig verfolgt und bekämpft.

Die Erkundung der afrikanischen Küste

Den Portugiesen war es seit langem ein Dorn im Auge, dass der Handel mit den reichen Ländern Ostasiens in den Händen der europäischen Mittelmeerländer lag und von arabischen Zwischenhändlern abhing, denn dadurch verteuerten sich die Waren. Auch wurden die Geschäfte oft durch politische Fährnisse oder Glaubenshändel gestört.

Diese wirtschaftlichen Nachteile wollte Portugal im eigenen Interesse überwinden. In der ersten Hälfte des 15. Jahrhunderts gründete Prinz Heinrich der Seefahrer (1394-1460), der vierte Sohn König Johann I., in Sagres am Kap São Vicente (Südportugal) die erste Seefahrerschule Europas. Hier sollten junge Seeleute ausgebildet werden. Prinz Heinrichs Ziel war es, durch die systematische Erkundung der afrikanischen Westküste die muslimischen Händler in Nordafrika zu umgehen und auszuschalten. Dies war für ihn nicht nur eine ökonomische Angelegenheit, sondern auch eine Frage des Glaubens. Als Christ hatte er 1415 im Alter von 21 Jahren in Nordafrika gegen die Muslime gekämpft. Diesen Kampf, dessen Endziel die Befreiung des Heiligen Landes war, gedachte er nun über den Atlantik zu führen. Im Jahr 1434 konnten die Portugiesen als erste Europäer Kap Bojador, südlich der Kanarischen Inseln, umsegeln. Von nun an tasteten sie sich mit jeder Expedition ein Stück weiter die afrikanische Küste entlang nach Süden. 1441 erreichten sie Kap Blanco und 1441/42 Kap Verde: Der Weg in die Tropen war frei. In dieser Zeit begann eines der bedenklichsten Kapitel der christlichen Geschichte, der Menschenhandel zwischen Afrika und Europa: 1441 brachte ein Expeditionsschiff die ersten Sklaven nach Portugal.

Mit jedem weiteren Schritt südwärts zum Äquator gewannen die Entdecker neue Erkenntnisse über unbekannte Gebiete. Zugleich steigerte sich mit der Annäherung an den Äquator die Angst der Seeleute. Legendäre Erzählungen von ungeheuren Gefahren, die in der fernen Fremde lauerten, schreckten: So sollte das Meer zum Äquator hin immer zähflüssiger werden und sogar ins Kochen geraten. Ein Überschreiten dieser Breiten sei für den Menschen unmöglich, hieß es. 1473 widerlegte Lopo Conçalves alle Gerüchte, fuhr über den Äquator und kam dabei weder selbst zu Schaden noch die Mannschaft oder das Schiff.

Der Seeweg nach Indien

Der bahnbrechende Erfolg, der ihnen den Seeweg nach Indien wies, wurde den Portugiesen durch ein Missgeschick zuteil. Bartolomeu Diaz geriet im Januar 1488 vor der westafrikanischen Küste in einen schweren Sturm, der ihn weit auf das offene Meer trug. Als er Tage nach dem Unwetter wieder Land erreichte, befand er sich nicht mehr an der westafrikanischen Küste, sondern in der Gegend des Großen Fischflusses an der Mosselbai. Er hatte das Südkap Afrikas umschifft. Diaz nannte dieses Kap zunächst »Kap der Stürme«, später taufte es der portugiesische König Johann II. auf den bis heute gebräuchlichen Namen »Kap der Guten Hoffnung«.

Zehn Jahre später, im Jahr 1497, verließ Vasco da Gama Portugal mit vier Schiffen. Auf Anraten seines Vorgängers steuerte er einen völlig neuen Kurs: Bei den Kapverdischen Insel verließ er die Küste, segelte über das offene Meer nach Süden und gelangte im weiten Bogen zum Kap der Guten Hoffnung. So entging er den gefährlichen Stürmen und Strömungen vor der westafrikanischen Küste. Nach der Umsegelung des Südkaps fuhr da Gama nordwärts die ostafrikanische Küste entlang und erreichte die große Hafenstadt Moçambique. Hier begann der Bereich des arabischen Handels. Die Portugiesen wurden, weil die Araber den Fremden aus dem Abendland misstrauten, keineswegs begeistert aufgenommen. Weiter nördlich, in Mombasa, schlug dieses Misstrauen sogar in offene Feindseligkeit um: Einheimische versuchten da Gamas Flaggschiff zu kapern. Erst in Malindi wurden die Portugiesen vom dort herrschenden Sultan freundlich empfangen. Von hier aus brach Vasco da Gama in Begleitung eines erfahrenen arabischen Lotsen zu seiner abenteuerlichen Fahrt quer über den Indischen Ozean auf.

Am 20. Mai 1498 landeten die Portugiesen in Kalikut an der Westküste Südindiens. Auch in diesem Hafen schlug den Europäern eine Welle des Misstrauens entgegen; besonders die ortsansässigen arabischen Kaufleute waren den Fremden feindlich gesonnen. Der wirtschaftliche Erfolg der Reise erwies sich daher als gering. Nur unter großen Schwierigkeiten konnte da Gama seine Handelsgeschäfte abwickeln. Er traf im September 1499 wieder in Lissabon ein. Für den Welthandel begann mit dieser einzigartigen Reise ein völlig neues Zeitalter.

Die Entdeckung Amerikas

Wenn die Erde tatsächlich eine Kugel war, so lag es nahe, von Europa aus einfach nach Westen zu segeln, um Indien zu erreichen, und nicht den Umweg um Afrika zu nehmen. Lange vor da Gamas Expedition fasste der aus Genua stammende Christoph Kolumbus diesen genialen Plan. Fast zehn Jahre lang versuchte er die Höfe Portugals und Spaniens dafür zu begeistern. König Johann II. von Portugal wies ihn ab; die spanischen Herrscher Isabella und Ferdinand vertrösteten ihn von Jahr zu Jahr. 1491 wurde Kolumbus noch einmal von Königin Isabella von Kastilien empfangen und erhielt nach zähen Verhandlungen den Auftrag, nach Westen zu segeln.

Am 3. August 1492 verließ Kolumbus mit drei Schiffen, den Karavellen »Niña« und »Pinta« sowie dem Flaggschiff »Santa Maria«, den spanischen Hafen Palos am Rio Tinto. Bei der Festlegung der Reiseroute stützte sich Kolumbus hauptsächlich auf die Weltkarte seines Landsmanns Paolo Toscanelli. Die Entfernungen zwischen Europa und Asien waren auf dieser Karte bei weitem zu gering eingetragen: China war nach Toscanellis Berechnungen nur 5000 Seemeilen entfernt; die tatsächliche Distanz aber beträgt 11 760 Seemeilen. Kolumbus selbst ging sogar nur von einer Entfernung von 3000 Seemeilen aus. Als am 12. Oktober 1492 endlich Land in Sicht kam, waren die Männer über 70 Tage auf See gewesen. Das neu entdeckte Land war eine kleine Bahama-Insel, die Kolumbus San Salvador nannte. Der Kapitän war fest davon überzeugt, auf eine vor der japanischen Küste gelegene Insel gestoßen zu sein. Als die Schiffe 15 Tage später nach Kuba gelangten, glaubte Kolumbus Japan erreicht zu haben.

Drei Monate erforschte die kleine Flotte die Karibik, vergeblich hoffend, auf die reichen Länder Indien und China zu treffen. Dieser ersten Reise folgten drei weitere, auf denen Kolumbus auch zum amerikanischen Festland gelangte. Er selbst war bis zu seinem Tod im Jahr 1506 davon überzeugt, den asiatischen Kontinent erreicht zu haben.

Amerika – ein neuer Kontinent

Als Kolumbus 1493 von seiner ersten Reise heimkehrte, brach sogleich ein Streit zwischen Portugal und Spanien um die neu entdeckten Gebiete aus, der 1494 durch den Vertrag von Tordesillas beigelegt wurde. Spanien konnte danach über alle Entdeckungen westlich der Demarkationslinie von 46°37′ westlicher Länge verfügen, während Portugal dasselbe Recht für die Gegenden östlich dieses Längengrads zugesichert erhielt. Durch diese Teilung der Welt fiel später Brasilien als einziges Land des amerikanischen Doppelkontinents an Portugal.

Brasilien wurde zu Beginn des 16. Jahrhunderts von dem Florentiner Amerigo Vespucci erforscht. Er stellte 1504 – durchaus nicht als Erster – die Behauptung auf, bei den neu entdeckten Ländern im Westen handele es sich um einen eigenständigen Kontinent und nicht um Teile Asiens. Beeindruckt von dieser Behauptung, betitelte der deutsche Kartograf Martin Waldseemüller den südlichen Teil des neuen Kontinents auf seiner 1507 erschienenen Weltkarte »Amerika«.

Die erste Umsegelung der Erde in den Jahren 1519 bis 1522 durch Magellan bestätigte die These, die Vespucci und andere aufgestellt hatten. Im Auftrag Spaniens entdeckte Magellan – nachdem der spanische Konquistador Vasco Nuñez de Balboa 1513, von einem indianischen Gerücht getrieben, die Landenge von Darien in Mittelamerika überquert und als erster Europäer den Pazifik gesehen hatte – die Südwestpassage und durchfuhr die später nach ihm benannte Meeresstraße zwischen dem südamerikanischen Festland und der Insel Feuerland. Der Seeweg vom Atlantik zum Pazifik war gefunden. Magellan selbst erlebte das Ende der ersten Weltumsegelung nicht mehr. Er starb 1521 auf den Philippinen im Kampf mit Einheimischen. Kapitän Sebastian del Cano führte die Reise zu Ende und kehrte 1522 mit nur einem der fünf ausgelaufenen Schiffe nach Sevilla zurück.

Zwei Jahre brauchte der Spanier Hernán Cortés, um das Reich der Azteken, das sagenhafte Goldland Mexiko, zu erobern. Im November 1519 erreichte Cortés die Hauptstadt des Aztekenreiches, Tenochtitlán. Der Herrscher Moctezuma II. Xokcoyotzin empfing die Fremden freundlich, in der Annahme, dass mit ihnen die »weißen Götter« zurückgekehrt seien. Die Spanier nutzten diesen Glauben und die aztekische Gastfreundschaft rücksichtslos aus. Als sie aber erkannten, dass sie die Residenz nicht friedlich unter spanische Herrschaft bringen konnten, nahmen sie Moctezuma als Geisel und versuchten die Azteken zur Aufgabe der Stadt zu bewegen. Bei den anschließenden Kämpfen wurde Moctezuma zwar getötet, Cortés aber musste entfliehen. Erst 1521 gelang es ihm, mit einem verstärkten Heer die Hauptstadt des Aztekenreichs einzunehmen.

Die Entdeckungen der Engländer und Franzosen

Neben den erfolgreichen Entdeckungsfahrten der Spanier und Portugiesen blieben die Expeditionen anderer europäischer Nationen im Hintergrund. Eine kühne Fahrt im Auftrag der englischen Krone unternahm John Cabot, der als Giovanni Caboto in Genua zur Welt gekommen war. 1497 stieß er bei seiner ersten Expedition vermutlich, wie seine wenigen erhaltenen Aufzeichnungen nahe legen, auf Neufundland oder Neu-Schottland. Bei der nächsten Reise ging er vermutlich in Labrador an Land – in dem Glauben, China erreicht zu haben – und erforschte danach einen Großteil der nordamerikanischen Ostküste, eventuell bis nach Florida. Zwar stieß er dabei nicht auf die erhofften Gewürze und andere Reichtümer, er erregte aber mit seinen Berichten von ausgedehnten Kabeljauschwärmen Aufsehen.

Zu Beginn des 16. Jahrhunderts machten sich der Florentiner Giovanni da Verrazano und der Franzose Jacques Cartier um die Erforschung Nordamerikas verdient. Beide suchten nach einer Nordwestpassage zum Pazifik. 1523 segelte Verrazano in französischen Diensten von North Carolina nach Norden bis in die Gegend des heutigen New York. Cartier erforschte 1535 bis 1541 den St.-Lorenz-Golf in Kanada.

Die seit Mitte des 16. Jahrhunderts immer wieder unternommenen Versuche, eine Nordost- oder Nordwestpassage nach Indien und China zu finden, blieben alle buchstäblich im Eise stecken. So scheiterte Stephen Burroughs 1556 bei seinem Versuch, entlang der russischen Nordküste nach Osten zu fahren, und Martin Frobisher 1576 bei seiner Fahrt in entgegengesetzter Richtung im Packeis nördlich von Labrador. Auch John Davis musste zehn Jahre später seinen Versuch aufgeben, eine Durchfahrt zum Pazifik entlang der Nordküste Kanadas zu finden.

Das Zeitalter der Entdeckungen ging mit diesen weniger erfolgreichen Fahrten ins Unbekannte zu Ende. Die führenden Entdeckernationen aber blieben Spanien und Portugal. Beide Länder stiegen durch die meist mit brutalen Mitteln durchgeführte Kolonisierung und Ausbeutung der in Besitz genommenen »neuen« Weltgegenden zu Großmächten auf. Portugal gewann neben Brasilien zahlreiche weitere Kolonien wie Goa, Malakka, Macao, Luanda, Moçambique und Angola. Unermessliche Reichtümer flossen nach Portugal, wurden aber nur ungenügend zum Aufbau der heimischen Wirtschaft verwendet, im Gegenteil: Man behinderte die Einrichtung gewerblicher Betriebe. Unter dem spanischen König Karl I., dem ersten Habsburger auf dem spanischen Thron (als Karl V. römisch-deutscher Kaiser), und seinem Sohn Philipp II. wurden nicht nur Mexiko und Peru erobert, sondern auch die Philippinen. Nach dem Tod des portugiesischen Königs Heinrich erhob Philipp II. Anspruch auf den portugiesischen Thron, ließ den Herzog von Alba in Portugal einmarschieren und proklamierte 1580 die Personalunion Spanien–Portugal, die bis 1640 Bestand hatte. Zwar behielt Portugal eine gewisse Eigenständigkeit, doch die Annexion des Landes und seiner Kolonien machte Spanien zur unangefochten größten Kolonialmacht der damaligen Welt.

Landung von Kolumbus auf der zu den Bahamas gehörenden Insel San Salvador am 12. Oktober 1492 (Historiengemälde)

ZITAT

»Um zwei Uhr morgens kam das Land in Sicht«

In seinem Logbuch gibt der in spanischen Diensten stehende Entdecker Christoph Kolumbus über die Landung auf den Bahamas am 12. Oktober 1492 einen Bericht:

»Da die Karavelle ˋPintaˊ schneller war als die anderen beiden Schiffe und mir vorgefahren war, so entdeckte man an Bord der ˋPintaˊ zuerst das Land und gab auch die angeordneten Signale.

Als Erster erspähte dieses Land ein Matrose, der Rodrigo da Triana hieß, wiewohl ich um zehn Uhr nachts vom Aufbau des Hinterschiffes aus ein Licht bemerkt hatte...

Nachdem ich meine Beobachtung gemeldet hatte, sah man das Licht ein-, zweimal aufscheinen; es sah so aus, als würde man eine kleine Wachskerze auf und nieder bewegen, was wohl in den Augen der wenigsten als Anzeichen nahen Landes gegolten hätte – allein ich war fest davon überzeugt, mich in der Nähe des Landes zu befinden...

Um zwei Uhr morgens kam das Land in Sicht, von dem wir etwa acht Seemeilen entfernt waren. Wir holten alle Segel ein und fuhren nur mit einem Großsegel, ohne Nebensegel.

Dann lagen wir bei und warteten bis zum Anbruch des Tages, der ein Freitag war, an welchem wir zu einer Insel gelangten, die in der Indianersprache »Guanahani« heißt.

Dort erblickten wir allsogleich nackte Eingeborene. Ich begab mich, begleitet von Martin Alonso Pinzón und dessen Bruder Vicente Yáñez, dem Kapitän der ˋNiñaˊ, an Bord eines mit Waffen versehenen Bootes an Land.

Dort entfaltete ich die königliche Flagge...

Ich rief die beiden Kapitäne und auch die anderen, die an Land gegangen waren, ferner Rodrigo d'Escobedo, den Notar der Armada, und Rodrigo Sánchez von Segovia, zu mir und sagte ihnen, durch ihre persönliche Gegenwart als Augenzeugen davon Kenntnis zu nehmen, dass ich im Namen des Königs und der Königin, meiner Herren, von der ernannten Insel Besitz ergreife...

Sofort sammelten sich an jener Stelle zahlreiche Eingeborene der Insel an. In der Erkenntnis, dass es sich um Leute handle, die man weit besser durch Liebe als mit dem Schwerte retten und zu unserem Heiligen Glauben bekehren könne, gedachte ich sie mir zu Freunden zu machen und schenkte also einigen von ihnen rote Kappen und Halsketten aus Glas und noch andere Kleinigkeiten von geringem Werte, worüber sie sich freuten.«

Kolumbus beschreibt die Einwohner der »Neuen Welt« und bittet das spanische Königspaar, Ferdinand II. und Isabella I., möglichst bald Missionare zu entsenden:

»Diese Leute kennen keine Arglist und sind wenig kriegerisch. Männer und Frauen gehen nackt umher, wie sie Gott erschaffen hat. Allerdings tragen die Frauen ein Baumwolltuch um die Lenden, aber das ist auch alles.

Ihre Hautfarbe ist nicht sehr dunkel und heller als jene der Frauen auf den Kanarischen Inseln. Ich bin überzeugt,... dass alle diese Leute gute Christen würden, sobald fromme und gläubige Männer ihre Sprache beherrschen werden.

Deshalb hoffe ich zu Gott, dass Eure Hoheiten sich baldigst dazu verstehen werden, derartige Männer hierher zu senden...«.

BAHAMAS

Kolumbus entdeckt einen neuen Kontinent

Auf der Suche nach dem Seeweg in westlicher Richtung nach Indien entdeckt der Genueser Christoph Kolumbus einen neuen Kontinent, der später Amerika genannt wird.

12. 10. 1492: Die in Palos in See gestochene, in spanischen Diensten stehende Flotte aus drei Karavellen erreicht nach 71 Tagen eine Insel in der Bahamagruppe, die der Leiter der Entdeckungsfahrt, Christoph Kolumbus, San Salvador nennt.

Der Entdecker: Kolumbus kam 1479 nach Portugal, beschäftigte sich mit Geografie und segelte u.a. nach Madeira und Guinea. Er kam zu dem Schluss, dass Indien, China und Japan angesichts der Kugelgestalt der Erde zu erreichen seien, wenn man von Europa aus Richtung Westen fuhr. Nach seinen auf fehlerhafte Karten gestützten Berechnungen betrug die Entfernung dorthin etwa 3000 Seemeilen (tatsächlich: über 11 000).

Die Auftraggeber: Zunächst wandte sich Kolumbus mit seinem Vorhaben an den portugiesischen König Johann II. Erst als er am Hof in Lissabon nicht auf Gegenliebe gestoßen war, trug er sein Anliegen 1486 Königin Isabella I. von Kastilien vor. Doch erst nach der aragonesisch-kastilischen Personalunion und dem erfolgreichen Abschluss der Reconquista hatte man in dem zuvor mit internen Problemen beschäftigten Spanien den Kopf frei für eine solche Unternehmung. Am 17. April 1472 erhielt Kolumbus von Isabella I. und Ferdinand II. den Auftrag, eine Expedition nach Ostasien zu unternehmen, verbunden mit der Zusage, dass er Vizekönig und Gouverneur aller Inseln und Festlande würde, die er für Spanien in Besitz nähme. Ferner sollten ihm 10% aller Produkte aus den Gebieten zustehen.

Die erste Expedition: Kolumbus startete am 3. August 1492 mit der »Santa Maria« und zwei weiteren kleinen Karavellen. Nach einem Zwischenaufenthalt auf den Kanarischen Inseln kamen die Schiffe gut voran. Das am 12. Oktober gesichtete San Salvador hält Kolumbus für eine abseits gelegene Insel des Malaiischen Archipels. Monatelang zieht die Flotte auf der Suche nach Gold von einer Insel zur anderen, erreicht am 27. Oktober Kuba und am 6. Dezember Hispaniola (Haiti). An der Nordküste erleidet die »Santa Maria« Schiffbruch. Kolumbus lässt einige Männer zurück, macht sich mit einem anderen Schiff auf den Heimweg und trifft am 15. März 1493 wieder in Palos ein. Bald erhält er vom Königspaar den Auftrag, eine zweite Reise vorzubereiten. Angesichts der zu erwartenden Rivalitäten mit Portugal wendet sich die spanische Krone an den Papst, der die Interessenzonen beider Länder festlegen soll.

Kolumbus 1451-1506 (Gemälde, Ghirlando zugeschrieben)

Die zweite Expedition: Am 25. September 1493 bricht Kolumbus erneut auf. Angesichts von Kolumbus' Berichten, dass auf den Inseln friedliche Menschen lebten und dort Gold zu finden sei, ist nun geplant, Hispaniola zu besiedeln, um von dort aus weitere Erkundungsfahrten nach Japan und zum indischen Festland zu unternehmen.

Die Expedition trifft am 3. November 1493 bei den Kleinen Antillen ein, erreicht am 19. November 1494 Puerto Rico und stößt am 4. Mai auf die Insel Jamaika. Nach Streitigkeiten zwischen den Spaniern auf Hispaniola kehrt Kolumbus zurück und trifft am 11. Juni 1496 wieder in Spanien ein.

Die dritte und vierte Expedition: Auf seiner dritten Fahrt, die vom 30. Mai 1498 bis zum 25. November 1500 dauert, erreicht Kolumbus erstmals das südamerikanische Festland. In Hispaniola angekommen, findet er die spanische Kolonie im Aufruhr.

Nach Anschuldigungen der Siedler wird Kolumbus als Gouverneur abgesetzt und mit seinem Bruder in Ketten nach Spanien gebracht. Weitgehend rehabilitiert, unternimmt er 1502 bis 1504 eine weitere Reise, bei der er zur Küste Mittelamerikas gelangt. Bis zuletzt davon überzeugt, Indien entdeckt zu haben, stirbt er am 20. Mai 1506.

Das neue Weltbild: Schon vor dem Ende des 15. Jahrhunderts wird, da neben Kolumbus u.a. Vicente Yanez Pinzon und Alonso de Hojeda Erkundungsfahrten durchführen, deutlich, welch gewaltige Ausdehnung die Festlandküste Südamerikas hat. Die Erkenntnis setzt sich durch, dass eine »Neue Welt« entdeckt ist, die per se die Erforschung lohnt.

Kolumbus und sein Bruder Bartholomeo werden in Ketten zurückgeschickt (Kupferstich, 16. Jh.).

FLORENZ

Savonarola als Ketzer verbrannt

Dem Experiment einer Demokratie auf theokratischer Grundlage in Florenz wird durch die Hinrichtung des fanatischen Bußpredigers Girolamo Savonarola ein Ende bereitet.

23. 5. 1498: Der Dominikanerprediger Savonarola wird auf der Piazza della Signoria mit zwei Getreuen als »Schismatiker, Häretiker und Verächter des Heiligen Stuhls« gehenkt und verbrannt, nachdem er unter Folter das »Geständnis« abgelegt hat, nicht von Gott gesandt zu sein. Savonarola wirkte seit 1482 als Prediger in Florenz und übte seit 1491 das Amt des Priors im Dominikanerkloster San Marco aus. Schon früh prangerte er die Verderbtheit der Kirche an und wandte sich insbesondere gegen das sittenlose Leben von Papst Alexander VI., der sich nicht an das Zölibat halte, seine eigenen unehelichen Kinder mit hohen Ämtern versorgt und an andere Kirchenämter gegen hohe Geldzahlungen vergeben habe. Die Medici, die führende Familie in Florenz, griff Savonarola ebenfalls an. Lorenzo de' Medici bezeichnete er in einer öffentlichen Predigt als »hochmütig, wollüstig und habgierig« und erklärte: »Er besticht die Beamten, beraubt die Witwen und Waisen, knechtet das Volk und begünstigt diejenigen, die ihn dazu ermuntern, den Staat zu plündern.«

Angestachelt durch den Bußruf, vertrieb das Volk 1492 Lorenzo de' Medici aus der Stadt. Als zwei Jahre darauf König Karl VIII. von Frankreich Florenz vorübergehend besetzte, erschien er den Savonarola-Anhängern als gottgewollter Erneuerer der Kirche. Nachdem der Monarch die Stadt verlassen hatte, gab der Dominikaner Florenz eine demokratische, religiös unterfütterte Verfassung. Das öffentliche Leben wurde nach Geboten der Frömmigkeit gestaltet: Prozessionen statt Karneval, Buße und Beichte statt Pomp und Schmuck.

Das Vorgehen von Papst Alexander VI. gegen Savonarola hat auch politische Gründe: Das Frankreich-freundliche Florenz soll in die zur Abwehr der Türken gegründete Heilige Liga eingegliedert werden, der Venedig, Spanien, Mailand, der Papst und der deutsche König Maximilian I. angehören.

Savonarola wird als Ketzer verbrannt (Gemälde, San Minimato al Monte, Florenz).

TORDESILLAS

Madrid und Lissabon grenzen Machtbereiche ab

Die beiden Großmächte Spanien und Portugal teilen im Vertrag von Tordesillas die Welt unter sich auf.

7. 6. 1494: Der auf einem Schiedsspruch von Papst Alexander VI. beruhende Vertrag, den Portugal und Spanien schließen, sieht eine Teilung der Welt in zwei Hälften entlang einer etwa am 46. westlichen Längengrad von Nord nach Süd verlaufenden Demarkationslinie vor. Spanien erhält die westlich dieser Grenze liegenden Gebiete, Portugal die östlichen. Entdeckungen, die eine der beiden Seiten in des anderen Gebiet macht, gehören der jeweiligen Kolonialmacht in diesem Teil der Welt. Vor allem Portugal profitiert von dem Vertrag: Die Rechnung der portugiesischen Delegation, Brasilien in ihren Einflussbereich zu ziehen, ist aufgegangen. Afrika steht der portugiesischen Eroberung ohnehin frei.

Bereits 1479 hatten beide Mächte die Gebiete im südlichen und östlichen Atlantik unter sich aufgeteilt.

BASEL

Eidgenossen tragen Reichsreform nicht mit

Die Schweizer Eidgenossenschaft scheidet faktisch aus dem Heiligen Römischen Reich aus.

22. 9. 1499: Der Friede von Basel beendet den Krieg zwischen dem deutschen König Maximilian I. und den Schweizer Eidgenossen. Wichtigstes Ergebnis des Friedensvertrags ist, dass die Eidgenossenschaft zwar formal im Reichsverband verbleibt, ihn tatsächlich jedoch verlässt.

Der Konflikt hatte sich an der Weigerung der Schweizer entzündet, die finanziellen Lasten der Reichsreform mitzutragen und das Reichskammergericht anzuerkennen. Am 7. August 1495 hatte Maximilian I. anlässlich des Wormser Reichstags, zu dem sich der König und die Stände versammelt hatten, den »ewigen Reichslandfrieden«, also ein Verbot jeglicher Fehden verkündet. Das zu seiner Durchsetzung eingerichtete Gericht soll durch eine allgemeine Steuer, den »gemeinen Pfennig«, finanziert werden.

Vasco da

Vasco da Gama schafft die Grundlage für die Vorherrschaft der Portugiesen im Indischen Ozean.

20. 5. 1498: Der portugiesische Seefahrer Vasco da Gama trifft in Kalikut an der indischen Westküste ein und hat damit den Seeweg nach Indien gefunden. Das damit vollbrachte Unternehmen wurde nicht nur aus purer Entdeckerlust, sondern vor allem aus wirtschaftlichen Gründen vorangetrieben. Die Portugiesen wollten arabische Zwischenhändler, in deren Händen bisher der Handel mit Gewürzen und anderen Waren aus Indien und Südostasien lag, ausschalten und direkte Geschäftsbeziehungen knüpfen.

Grundlagen gelegt: Voraussetzung für da Gamas Entdeckung sind die Erkundungsfahrten der

ZUR PERSON

Vasco da Gama

Der 1468 oder 1469 in Sines geborene Vasco da Gama (s. Abb.) wird 1502 noch einmal mit 20 Schiffen nach Indien geschickt, nachdem die in Kalikut lebenden Portugiesen im Verlauf eines Aufstands ermordet worden sind. Er lässt Kalikut zerstören, macht den Sultan von Quilon tributpflichtig und baut den portugiesischen Stützpunkt aus. Nach seiner Rückkehr 1504 wird er vom portugiesischen König zum Grafen von Vidigueira und zum Vizekönig von Portugiesisch-Indien ernannt. Er stirbt am 24. Dezember 1524 in Kochin.

INDIEN

Gama entdeckt den Seeweg nach Indien

Portugiesen entlang der afrikanischen Westküste, die von Heinrich dem Seefahrer initiiert worden waren. Mit der Umsegelung des Kaps der Guten Hoffnung durch Bartolomeu Diaz 1488 wurde der Weg für da Gama geebnet.

Bis zur Südspitze Afrikas: Da Gama brach am 8. Juli 1497 mit seinem Schiff »São Gabriel« und weiteren Begleitschiffen auf. Nach einer 13-wöchigen Reise mit Zwischenstation auf den Kapverdischen Inseln erreichte er das Kap der Guten Hoffnung. Da er ohne Landsicht gefahren war, hatte er eine wesentlich geringere Strecke zurückgelegt als sein Vorgänger.

Die afrikanische Ostküste: Nach der Umsegelung der Südspitze Afrikas wandte sich da Gama nach Norden und passierte am 16. Dezember die Mündung des Großen Fischflusses und am 25. Dezember einen Landstrich, den er in Erinnerung an Christi Geburt Natal nannte. Am 7. April erreichte der Seefahrer Mombasa im heutigen Kenia.

Ein Araber hilft: Da Gama setzte seine Reise nach Norden fort. In Malindi gelang es ihm, sich der Dienste des führenden arabischen Navigators Ahmad Ibn Madschid zu versichern. Unter der Führung des Arabers kamen die portugiesischen Schiffe sicher nach Kalikut, der indischen Handelsmetropole.

Verhandlungen in Kalikut: Dort beginnt da Gama mit dem Aufbau eines portugiesischen Handelsstützpunkts. Nach langwierigen Verhandlungen mit dem König (Samudrin) von Kalikut kommt es zum Abschluss eines Handelsvertrags. Am 8. Oktober 1498 sticht da Gama mit voll beladenen Schiffen wieder in See Richtung Portugal.

Rückkehr nach Portugal: Nach einer schwierigen Reise landen die portugiesischen Schiffe im August 1499 in Lissabon, wo die Entdecker begeistert empfangen werden.

Vorherrschaft im Indischen Ozean: Nachdem da Gama bereits 1502 nach Kalikut zurückgekehrt ist, legen die Portugiesen entlang der Westküste Indiens Handelsstützpunkte an und schaffen so die Voraussetzung für ihre Hegemonie im Indischen Ozean. Die Handelsplätze dienen zugleich als militärische Stützpunkte für portugiesische Flotteneinheiten.

Die portugiesischen Schiffe: Die Karavellen der Portugiesen sind besser ausgerüstet und bewaffnet als die arabischen Schiffe. Der Warentransport zwischen Indien und Portugal wird mit Hilfe riesiger Naos oder Karraken durchgeführt. Diese Schiffe mit drei oder vier Decks erreichen häufig eine Tragfähigkeit von knapp 2000 Tonnen und sind mit einer Mannschaft von 800 Seeleuten oft überbelegt, um die Verluste an Menschenleben, die während der Reise entstehen, ausgleichen zu können.

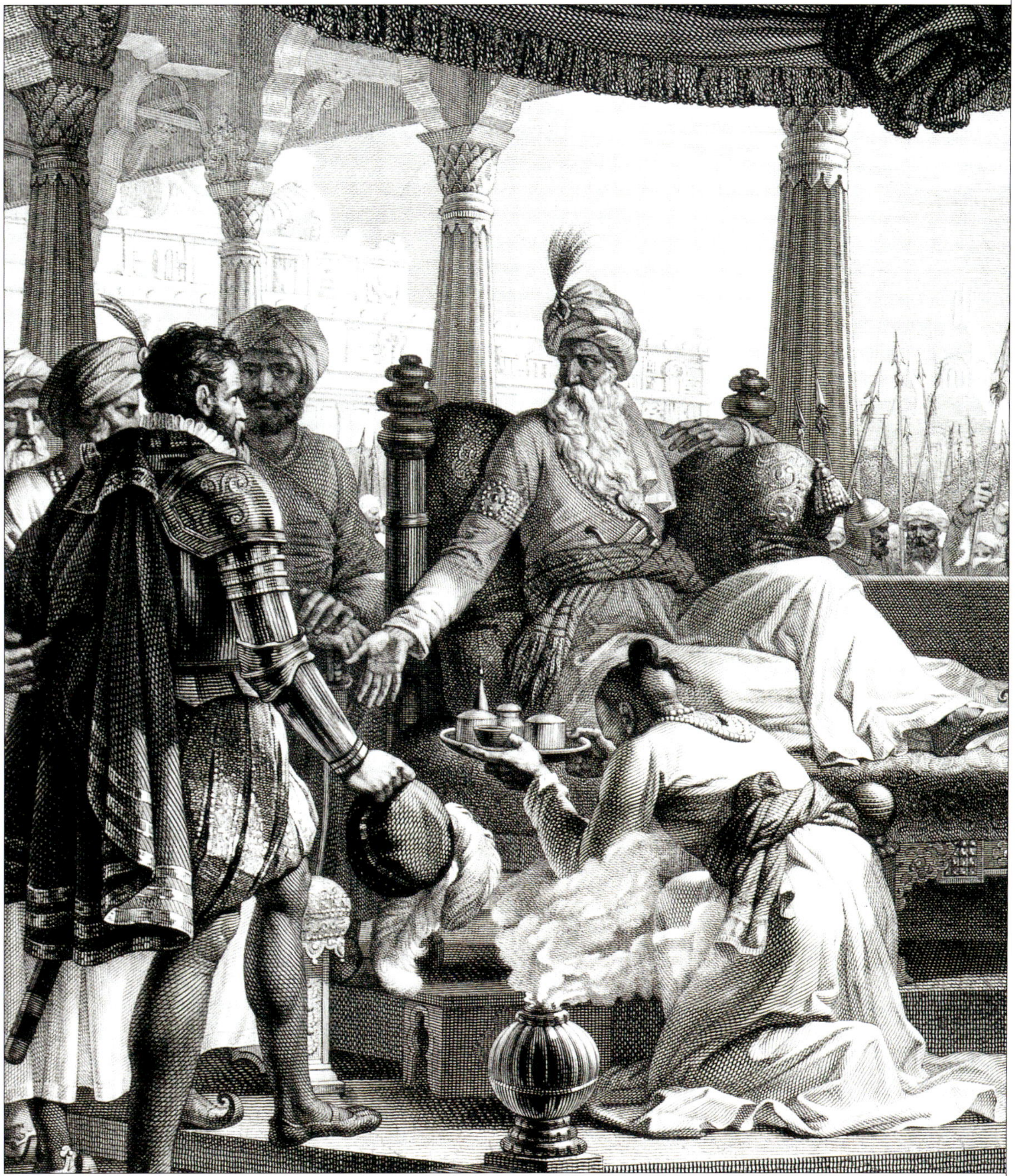

Da Gama beim Samudrin von Kalikut (Kupferstich von François Forster)

ZITAT

Gold im Überfluss

Ein Teilnehmer der Expedition Vasco da Gamas berichtet über dessen Begegnung mit dem Samudrin von Kalikut:

»Der Kommandant sagte ihm, dass er Gesandter eines Königs von Portugal wäre ... (Auch die vorigen portugiesischen Könige) wüssten, dass es hier christliche Könige gebe wie sie, und hätten deshalb befohlen, dieses Land zu entdecken, nicht weil sie Gold oder Silber bräuchten, denn das hätten sie ... im Überfluss ...«

1500-1549

Januar 1500
Südamerika
Der spanische Seefahrer Vicente Yañez Pinzón (1460-um 1524) entdeckt die Amazonas- und die Orinocomündung.

25. 4. 1500
Brasilien
Der portugiesische Seefahrer Pedro Alvares Cabral (um 1467-um 1526) nimmt bei der Umseglung Afrikas (auf der Reise nach Indien) einen zu weit westlichen Kurs und entdeckt dabei Brasilien. → S. 338

1500
Transoxanien
Muhammad Schaibani gründet ein Usbeken-Khanat, welches u.a. die Städte Buchara, Samarkand und Taschkent umfasst.

13. 7. 1501
Schweiz
Die Stadt Basel tritt der Eidgenossenschaft bei. Am 10. 8. 1501 folgt Schaffhausen, am 17. 12. 1513 als 13. Ort Appenzell.

11. 3. 1502
Persien
Der persische Herrscher Ismail I. (17. 7. 1487-23. 5. 1524) begründet die iranische Dynastie der Safawiden (bis 1736), die das Land im Zeichen des schiitischen Islams einigt und eine kulturelle und wirtschaftliche Blüte herbeiführt.
→ S. 338

Juni 1502
Russland
Die mit dem Großfürstentum Moskau verbündeten Krimtataren zerschlagen endgültig das Mongolenreich der Goldenen Horde.

30. 10. 1503
Spanien
Königin Isabella I., die Katholische (22. 4. 1451-26. 11. 1504) erlässt eine Verfügung zum Schutz der Indianer in den südamerikanischen Kolonien, was allerdings deren Los nicht dauerhaft verbessert.

1. 11. 1503
Italien
Kardinal Giuliano della Rovere wird zum Papst Julius II. (5. 12. 1443-21. 2. 1513) gewählt. Politisch ambitioniert, erreicht er die Vertreibung der Franzosen aus Italien und sorgt als großzügiger Mäzen für eine prächtige Ausgestaltung des Vatikans unter der Mitarbeit der bedeutendsten Künstler seiner Zeit. → S. 338

1504
Deutsches Reich
Der deutsche Maler und Grafiker Lucas Cranach der Ältere (1472-16. 10. 1553) wird als Hofmaler nach Wittenberg berufen.

1504
Italien
Der italienische Bildhauer, Maler, Baumeister und Dichter Michelangelo (eigentl. Michelangelo Buonarroti, 6. 3. 1475-18. 2. 1564) vollendet in Florenz die Großplastik des »David«.

27. 10. 1505
Russland
Nach dem Tod des Moskauer Großfürsten Iwan III., des Großen (*22. 1. 1440), folgt ihm sein Sohn Wassilij III. (1479-3. 12. 1533) auf den Thron. In seiner Herrschaftszeit beseitigt er die letzten selbstständigen russischen Teilfürstentümer.

22. 1. 1506
Italien
Papst Julius II. gründet die Schweizergarde.

1506
Mexiko
Der mexikanische Indianerstamm der Mixteken wird bis auf ein kleines Fürstentum an der pazifischen Küste von den Azteken unterworfen.
→ S. 341

1507
Deutsches Reich
Der deutsche Kartograf Martin Waldseemüller (um 1475-um 1521) verwendet in der Weltkarte »Universalis cosmographia« erstmals die Bezeichnung »America« für die Neue Welt. Es ist der latinisierte Vorname des vermeintlichen Entdeckers von Amerika, des in spanischen Diensten stehenden italienischen Seefahrers Amerigo Vespucci (9. 3. 1454-22. 2. 1512).

10. 12. 1508
Frankreich
In der Liga von Cambrai verbindet sich Kaiser Maximilian I. mit Papst Julius II. sowie Frankreich, England und Spanien zur gemeinsamen Eroberung und Aufteilung des Festlandbesitzes der Republik Venedig.

21. 4. 1509
England
In Richmond stirbt Heinrich VII. (*28. 1. 1457), der erste König von England (seit 1485) aus dem Hause Tudor. Ihm folgt sein Sohn Heinrich VIII. (28. 6. 1491-28. 1. 1547) nach.

1510
Indien
Afonso de Albuquerque (1453-16. 12. 1515), der portugiesische Vizekönig in Ostindien, erobert 1510 Goa – das bald Mittelpunkt der portugiesischen Herrschaft in Ostindien wird – sowie 1511 Ceylon und Malakka, der Umschlagplatz des Handels auf der Route zwischen China und Indien.

4. 10. 1511
Italien
Papst Julius II. kündigt das 1508 geschlossene Bündnis mit dem Kaiser und Frankreich auf und verbündet sich mit den Eidgenossen sowie Venedig und Spanien gegen die Franzosen in Italien.

25. 4. 1512
Osmanisches Reich
Sultan (seit 1481) Bajezid II. (*1448) dankt ab und wird am 26. 5. 1512 bei Adrianopel vergiftet. Die Nachfolge tritt Selim I. Yavuz (türk. = »der Strenge«, 1467-20. 9. 1520) an. Er besiegt am 23. 8. 1514 Schah Ismail I. von Persien in der Schlacht bei Çaldiran (im Gebiet des oberen Arax) und begründet die Vormachtstellung des Osmanischen Reiches im Vorderen Orient.

29. 12. 1512
Italien
Eine eidgenössische Armee besetzt Mailand und setzt Massimiliano Sforza (1491-1530) in seine Rechte als Herzog ein.

20. 2. 1513
Dänemark
Nach dem Tod von Johann I. (*5. 6. 1455), König von Dänemark (seit 1481), Norwegen und Schweden (seit 1483), tritt Christian II. (1. 7. 1481-25. 1. 1559) das Erbe an.

11. 3. 1513
Italien
Giovanni de Medici wird zum Papst Leo X. (11. 12. 1475-1. 12. 1521) gewählt. Seine Ablassgeschäfte zur Finanzierung des Baus der Peterskirche lösen 1517 die Reformation aus.

6. 6. 1513
Italien
Eine eidgenössische Armee besiegt in der Schlacht von Novara die in das Herzogtum Mailand eingefallenen Venezianer und Franzosen, die zum Rückzug über die Alpen gezwungen werden. Die Eidgenossenschaft steht auf der Höhe ihrer Macht.

9. 9. 1513
England
In der Schlacht von Flodden Field fällt der schottische König (seit 1488) Jakob IV. (*17. 3. 1473) gegen die Engländer. Seine Witwe Margarete Tudor (1489-1541), die Schwester des siegreichen englischen Königs Heinrich VIII., übernimmt die Regentschaft für den unmündigen Sohn (Jakob V., 10. 4. 1512-14. 12. 1542).

1513
Italien
Der Politiker, Geschichtsschreiber und Dichter Niccolò Machiavelli (3. 5. 1469-22. 6. 1527) verfasst seine Schrift »Il Principe« (»Der Fürst«, gedruckt 1532) und erhebt das Prinzip der Staatsräson zum Grundgesetz der modernen europäischen Staatenwelt. → S. 341

1. 8. 1514
Russland
Im Krieg gegen Polen-Litauen zieht der Moskauer Großfürst Wassilij III. in Smolensk ein. Trotz eines Sieges bei Orsa am Dnjepr (8. 9. 1514) können die Polen die Stadt nicht zurückgewinnen.

1514
China
Die ersten Portugiesen landen auf der Halbinsel Macao im Perlfluss-Delta an der Südküste Chinas. 1557 wird dort eine Handelsniederlassung gegründet. → S. 341

1514
Deutsches Reich
Der Kaufmann Jakob II. Fugger, der Reiche (6. 3. 1459-30. 12. 1525) erhält den Titel eines Reichsgrafen. In ihrer Heimatstadt Augsburg errichten die Fugger die Fuggerei (1511-1517), eine Siedlung für mittellose Bürger. → S. 340

1. 1. 1515
Frankreich
In Blois stirbt Ludwig XII. (*27. 6. 1462), König von Frankreich (seit 1498), aus der Seitenlinie Valois-Orléans. Ihm folgt sein Schwiegersohn Franz I. (12. 9. 1494-31. 3. 1547) aus der Nebenlinie Angoulême.

22. 7. 1515
Österreich
Im Vertrag von Wien vereinbaren Kaiser Maximilian I. und König Wladislaw V. bzw. II. (1. 3. 1456-13. 3. 1516), König von Böhmen und Ungarn, die Vermählung von Wladislaws Kindern mit den Enkeln Maximilians. Durch diesen doppelten Ehevertrag kommen später Böhmen und Ungarn an Habsburg.

13./14. 9. 1515
Italien
Eine eidgenössische Armee unterliegt in der Schlacht bei Marignano dem französischen König Franz I. und zieht sich nach Mailand zurück. Dies bedeutet das Ende der Schweizer Großmachtträume. In dem am 29. 11. 1516 mit Frankreich abgeschlossenen sog. »Ewigen Frieden« verpflichtet sich die Eidgenossenschaft zur Neutralität. → S. 340

1515
Deutsches Reich
Der Maler Matthias Grünewald (eigentl. Mathis Gothart Nithardt, um 1470/1480-31. 8. 1528) vollendet eines seiner Hauptwerke, den Hochaltar der Kirche des Antoniterklosters in Isenheim im Elsass (Isenheimer Altar, Colmar).

23. 1. 1516
Spanien
In Madrigalejo stirbt Ferdinand II. (*10. 3. 1452), König von Aragón bzw. Spanien seit 1479. Formal regiert nun seine Tochter Johanna die Wahnsinnige (6. 11. 1479-12. 4. 1555), de facto liegt die Herrschaft aber in den Händen ihres Sohnes Karl (des späteren Kaisers Karl V.).

Februar 1516
Südamerika
Auf der Suche nach einer Südwestpassage wird der spanische Seefahrer Juan Díaz de Solís in der La-Plata-Mündung von Eingeborenen erschlagen.

1516
England
Der spätere englische Lordkanzler (1529-1532) Sir Thomas More (latinisiert Morus, 7. 2. 1477-6. 7. 1535) schildert in seiner sozialkritisch-satirischen Schrift »Utopia« (1516) eine auf Gemeineigentum aufgebaute Gesellschaft.

22. 1. 1517
Deutsches Reich
Der Dominikanermönch Johann Tetzel (um 1465-11. 8. 1519) wird zum Generalsubkommissar für den Vertrieb des Jubiläumsablasses in der Kirchenprovinz Magdeburg bestellt. → S. 344

23. 1. 1517
Ägypten
Die Niederlage gegen den Osmanenherrscher Selim I. Yavuz bei Rajdanija in der Nähe von Kairo bedeutet das Ende der 1250 begründeten Mameluckenherrschaft in Ägypten, Syrien und Palästina. Die Mamelucken bleiben jedoch bis zum Ende des 18. Jh.s. die führende Schicht in Ägypten.

Januar 1517
Panama
Der spanische Konquistador Vasco Núñez de Balboa (*um 1475) wird in Acla (Panama) wegen angeblicher Verschwörung enthauptet. Er hatte am 29. 9. 1513 als erster Europäer über die Landenge von Darién (Panama) die Küste des Pazifik erreicht. → S. 346

31. 10. 1517
Deutsches Reich
Der Wittenberger Theologe Martin Luther (10. 11. 1483-18. 2. 1546) formuliert in 95 Thesen seine Kritik am Ablasshandel. Luthers Thesen finden großen Widerhall im Reich und lösen die Reformation aus. → S. 344

1517
Deutsches Reich
Der Reichsritter und Humanist Ulrich von Hutten (21. 4. 1488-29. 8. 1523) wird in Augsburg von Kaiser Maximilian I. zum Dichter gekrönt (»O Jahrhundert! O Wissenschaften! Es ist eine Lust zu leben!«).

1518
Deutsches Reich
Der Bildhauer, Maler und Kupferstecher Veit Stoß (um 1445-1533) fertigt mit der Holzplastik »Der englische Gruß« für die Kirche St. Lorenz in Nürnberg sein zweites Meisterwerk nach dem Hochaltar für die Marienkirche in Krakau (1477-1489).

1518
Deutsches Reich
Der Rechenmeister Adam Riese (1492-30. 3.1559) verfasst sein erstes Buch »Rechnen auff der Linihen«, 1524 führt er das moderne Wurzelzeichen ein.

12. 1. 1519
Deutsches Reich
In Wels stirbt Maximilian I. (*22. 3. 1459), »der letzte Ritter«, deutscher König seit 1493 und »Erwählter Römischer Kaiser«.

2. 5. 1519
Frankreich
Auf Schloss Cloux bei Amboise stirbt das italienische Universalgenie Leonardo da Vinci (*15. 4. 1452). → S. 347

15. 5. 1519
Algier
Der Barbareskenpirat Cheir-ed-Din mit dem Beinamen »Barbarossa« (um 1467-4. 7. 1546), der mit seinem Bruder Horuk 1515 Algerien erobert hatte, unterstellt Algier der Oberhoheit des Osmanischen Reiches.

24. 6. 1519
Italien
In Ferrara stirbt Lucrezia Borgia (*18. 4. 1480), wegen ihres angeblich unzüchtigen Lebenswandels umstrittene Tochter des 1492 unter dem Namen Alexander VI. zum Papst gewählten Rodrigo Borja. → S. 346

28. 6. 1519
Deutsches Reich
Mit Hilfe von Wahlgeldern, die das Haus Fugger vorstreckt, wählen die Kurfürsten in Frankfurt am Main den spanischen Habsburger Karl V. (24. 2. 1500-1. 9. 1558) gegen Franz I. von Frankreich zum deutschen König. Drei Tage nach seiner Krönung in Aachen (23. 10. 1520) nimmt er mit päpstlichem Einverständnis den Titel eines »Erwählten Römischen Kaisers« an. → S. 346

15. 6. 1520
Italien
Die päpstliche Bulle »Exsurge Domine« verurteilt 41 Sätze aus Martin Luthers Schriften und fordert seine Unterwerfung. Der deutsche Reformator antwortet mit der Veröffentlichung von drei großen, weithin beachteten Programmschriften »An den christlichen Adel deutscher Nation von des christlichen Standes Besserung« (August 1520), »Von der babylonischen Gefangenschaft der Kirche« (Oktober 1520) und »Von der Freiheit eines Christenmenschen« (November 1520). Die päpstliche Bulle seiner Verurteilung übergibt er mitsamt dem kirchlichen Rechtsbuch am 10. 12. 1520 in Wittenberg feierlich den Flammen.

21. 9. 1520
Osmanisches Reich
Nach dem Tod von Selim I. Yavuz (*1467), der das Osmanische Reich zu einer Weltmacht geführt hatte, wird sein Sohn Süleiman II. Kanuni (türk. = der Gesetzgeber, um 1494-7. 9. 1566) Sultan, in Europa Süleiman der Prächtige genannt.

8. 11. 1520
Schweden
Beim sog. Stockholmer Blutbad lässt König Christian II. von Dänemark 82 seiner Gegner hinrichten. Es sind Gefolgsleute des früheren Reichsverwesers Sten Sture (*um 1492), der am 3. 2. 1520 in der Schlacht gegen Christian II. bei Stockholm gefallen war. Zwar erzwang Christian II. damit seine Wahl zum erblichen schwedischen König, jedoch entfacht er erneut den Kampf der Schweden gegen die dänische Herrschaft.

3. 1. 1521
Italien
Der deutsche Reformator Martin Luther wird durch die päpstliche Bulle »Decet Romanum Pontificem« mitsamt seinen Anhängern exkommuniziert. Auf dem Reichstag zu Worms verweigert er am 18. 4. den Widerruf seiner Schriften, woraufhin über ihn am 8. 5. 1521 die Reichsacht verhängt wird.

Mai 1521
Deutsches Reich
Der Reformator Martin Luther wird von seinem Landesherrn auf der Wartburg interniert und übersetzt dort das Neue Testament ins Deutsche. → S. 348

13. 8. 1521
Mexiko
Der spanische Konquistador Hernando Cortés (1485-2. 12. 1547) erobert Tenochtitlán (heute Mexico-Stadt), die Hauptstadt des Aztekenreichs. Den letzten Aztekenherrscher Cuauhtemoc nimmt er als Geisel gefangen und lässt ihn am 28. 2. 1525 ermorden. → S. 349

29. 8. 1521
Serbien
Die Osmanen erobern die Festung Belgrad. Die Stadt bleibt mit kurzen Unterbrechungen österreichischer Besetzung bis 1867 in osmanischer Hand.

21. 10. 1521
England
In seiner Streitschrift »Assertio Septem Sacramentorum« äußert sich der englische König Heinrich VIII. sehr abfällig über den deutschen Reformator Martin Luther. Dies trägt ihm den päpstlichen Titel eines Fidei defensor (»Verteidiger des Glaubens«) ein, den die englischen Könige seither führen.

9. 1. 1522
Italien
Der niederländische Kardinal und frühere Erzieher von Karl V., Adrian Florisz., wird zum Papst gewählt und nimmt den Namen Hadrian VI. (2. 3. 1459-14. 9. 1523) an. Er ist der letzte nicht italienische Papst bis 1978.

8. 9. 1522
Spanien
Nach 18 Monaten erreichen die Überlebenden der ersten Weltumseglung unter Führung von Juan Sebastián de Elcano (um 1476-4. 8. 1526) wieder Spanien. Der Anführer der Expedition, der portugiesische Seefahrer Fernão de Magalhães (*um 1480), war am 27. 4. 1521 in Mataan auf den Philippinen von Eingeborenen erschlagen worden. → S. 349

20. 12. 1522
Rhodos
Die Osmanen nehmen nach langer Belagerung Besitz von der Insel Rhodos. Der dort ansässige Johanniterorden, dem freier Abzug garantiert worden ist, verlässt am 1. 1. 1523 die Insel. Von 1530 bis 1798 liegt der Hauptsitz des Ordens auf Malta, der sich seitdem Malteserorden nennt.

20. 1. 1523
Dänemark
Der nordische Unionskönig Christian II. wird gestürzt. In Dänemark und Norwegen folgt ihm am 20. 4. 1523 sein Onkel Friedrich I. (3. 9. 1471-10. 4. 1533) nach, der die Durchsetzung der Reformation fördert.

29. 1. 1523
Schweiz
Der Rat der Stadt Zürich befiehlt allen Geistlichen, sich in ihren Predigten nur noch nach der Heiligen Schrift zu richten und unterstützt damit die reformatorischen Ziele des Leutpriesters Ulrich Zwingli (1. 1. 1484-11. 10. 1531).

6. 6. 1523
Schweden
Mit Gustav I. Wasa (12. 5. 1496-29. 9. 1560) gelangt das Geschlecht der Wasa in Schweden auf den Thron und regiert bis 1654. → S. 348

19. 11. 1523
Italien
Mit Giulio de Medici, der mit kaiserlicher Unterstützung zum Papst gewählt wird und den Namen Klemens VII. (26. 5. 1478-25. 9. 1534) annimmt, kommt der letzte Renaissancepapst auf den Stuhl Petri.

1523/24
Nordamerika
Der italienische Seefahrer Giovanni da Verrazano (1485-1528) entdeckt bei der Erkundung der nordamerikanischen Ostküste die heutige Hudson-Mündung, der er den Namen Vendôme gibt.

24. 2. 1525
Italien
Durch seinen Sieg in der Schlacht bei Pavia entscheidet Kaiser Karl V. den 1521 begonnenen ersten Italienkrieg gegen den französischen König Franz I. für sich. Der König gerät in Gefangenschaft und muss im Frieden von Madrid am 14. 1. 1526 auf Mailand, Genua, Asti und das Königreich Neapel sowie auf die Lehenshoheit über Flandern und das Artois verzichten.

8. 4. 1525
Preußen
Albrecht von Brandenburg-Ansbach (17. 5. 1490-20. 3. 1568), seit 1510 der letzte Hochmeister des Deutschen Ordens in Preußen, unterwirft sich der polnischen Krone und wandelt den Ordensstaat in ein weltliches Herzogtum um. Mit der gleichzeitigen Reformation macht er Preußen zum ersten protestantischen Territorium.

27. 5. 1525
Deutsches Reich
Mit der Hinrichtung des Theologen und Revolutionärs Thomas Müntzer (*um 1490) in Mühlhausen (Thüringen) endet nach der vernichtenden Niederlage des Bauernheeres am 15. 5. 1525 in der Schlacht bei Frankenhausen der Bauernkrieg in Mitteldeutschland.

1525
Deutsches Reich
Die Bauernaufstände in Mitteldeutschland sowie in Süd- und Südwestdeutschland werden blutig niedergeworfen. → S. 350

21. 4. 1526
Indien
In der Schlacht von Panipat besiegt der Mongolenherrscher Babur (14. 2. 1483-30. 12. 1530) den Sultan von Delhi und begründet das Mogulreich (bis 1858). → S. 351

22. 5. 1526
Frankreich
König Franz I. von Frankreich gründet zur Fortführung des Krieges in Italien die sog. Liga von Cognac (bis 1529) mit Papst Klemens VII., England sowie italienischen Fürsten und Städten (u.a. Venedig, Florenz, Siena, Mailand) gegen Kaiser Karl V.

29. 8. 1526
Ungarn
Durch die Schlacht bei Mohács gewinnt der osmanische Sultan Süleiman II. Ungarn. Ludwig II. (*1. 7. 1506), seit 1516 König von Ungarn und Böhmen, fällt in der Schlacht. Mit dem Tod des kinderlosen Monarchen werden Erbansprüche der Habsburger wirksam.

16. 12. 1526
Ungarn
In Pressburg wird der Bruder von Kaiser Karl V., Ferdinand I. (10. 3. 1503-25. 7. 1564), zum König von Ungarn gewählt, am 21. 2. 1527 auch zum König von Böhmen. Damit sind Ungarn (das allerdings teilweise von den Osmanen besetzt ist) und Böhmen einschließlich ihrer jeweiligen Nebenländer bis 1918 fester Bestandteil des habsburgischen Reiches.

1526
Deutsches Reich
Der in Nürnberg tätige Maler und Grafiker Albrecht Dürer (21. 5. 1471-6. 4. 1528) krönt seine Lebensarbeit durch die »Vier Apostel« (München, Alte Pinakothek). Dürers Gesamtwerk umfasst etwa 125 Gemälde, 100 Kupferstiche, 350 Holzschnitte und mehr als 1000 Handzeichnungen. → S. 350

6. 5. 1527
Italien
Im zweiten Italienkrieg erobern und plündern die spanisch-habsburgischen Truppen Rom (Sacco di Roma). Papst Klemens VII. findet Zuflucht in der Engelsburg. → S. 351

5. 8. 1529
Frankreich
Der sog. Damenfriede von Cambrai, der von der Mutter des französischen Königs Franz I. und der Tante von Kaiser Karl V. vermittelt wurde, beendet den zweiten Krieg um Italien. Mailand und Neapel geraten damit unter den direkten Einfluss von Karl V.

1.-4. 10. 1529
Deutsches Reich
Das Marburger Religionsgespräch, an dem u.a. Martin Luther und Ulrich Zwingli teilnehmen, scheitert am sog. Abendmahlsstreit. Es gelingt nicht, deutsche Protestanten und Schweizer Reformierte auf eine gemeinsame Linie zu verpflichten.

18. 10. 1529
England
König Heinrich VIII. entlässt seinen seit 1515 amtierenden Lordkanzler Thomas Wolsey (*um 1475), der wegen Hochverrats angeklagt wird und am 29. 11. 1530 in der Haft stirbt. Wolsey hatte im Ehescheidungsprozess des Königs nicht die erhofften Zugeständnisse des Papstes erreicht. Nachfolger Wolseys wird der Humanist Thomas More (Morus), der jedoch 1532 ebenso in Ungnade fällt und 1535 hingerichtet wird.

24. 2. 1530
Italien
Papst Klemens VII. krönt Karl V. in Bologna zum Kaiser. Es ist die letzte Kaiserkrönung durch einen Papst.

25. 6. 1530
Deutsches Reich
Auf dem Reichstag zu Augsburg legen die lutherischen Reichsstände die von dem Theologen Philipp Melanchthon (eigentl. Schwarzerd, 16. 2. 1497-19. 4. 1560) verfasste »Confessio Augustana« (»Augsburger Bekenntnis«) vor. Der von dieser Schrift erhoffte Ausgleich mit den Katholiken kommt jedoch nicht zustande.

12. 9. 1530
Italien
Truppen Kaiser Karls V. erobern Florenz und erneuern die Herrschaft der Medici. Alessandro Medici (um 1510-6. 1. 1537) wird im Oktober 1530 zum Capo della Repubblica berufen, am 1. 5. 1532 erhebt ihn der Kaiser zum ersten Herzog von Florenz.

7. 7. 1531
Deutsches Reich
In Würzburg stirbt der deutsche Bildschnitzer und Bildhauer Tilman Riemenschneider (*um 1460), zu dessen Hauptwerken u.a. der Creglinger Mariae-Himmelfahrt-Altar (1505-1510) gehört. → S. 353

11. 10. 1531
Schweiz
In der Schlacht bei Kappel gegen die katholischen Innerschweizer fällt der Zürcher Reformator Ulrich Zwingli (*1. 1. 1484). Der am 20. 11. 1531 geschlossene sog. Kappeler Landfrieden schreibt die konfessionelle Spaltung der Eidgenossenschaft fest: Die sog. gemeinen Herrschaften werden teilweise rekatholisiert, katholische Minderheiten werden geschützt, ansonsten behalten beide Parteien ihren Glauben. Der Friede legt zugleich die Machtverteilung innerhalb der Eidgenossenschaft fest. → S. 352

27. 7. 1532
Deutsches Reich
Auf dem Reichstag zu Regensburg wird die »Constitutio Criminalis Carolina« (›Peinliche Halsgerichtsordnung‹) Kaiser Karls V. verkündet. Das Gesetzgebungswerk beherrscht bis ins 18. Jahrhundert Theorie und Praxis des Strafrechts. → S. 353

Mai 1533
England
Der neu ernannte Erzbischof von Canterbury Thomas Cranmer (2. 7. 1489-21. 3. 1556) erklärt die 1509 geschlossene Ehe des englischen Königs Heinrich VIII. mit Katharina von Aragón (16. 12. 1485-7. 1. 1536) für nichtig. Heinrich VIII. hat am 25. 1. 1533 heimlich seine Geliebte Anna Boleyn geheiratet. Am 7. 9. 1533 kommt in Greenwich ihre Tochter zur Welt (die spätere Königin Elisabeth I.).

Juli 1533
Italien
Papst Klemens VII. exkommuniziert den englischen König Heinrich VIII. sowie den Erzbischof von Canterbury, Thomas Cranmer, und alle an der Scheidung des Königs von Katarina von Aragón beteiligten Personen. → S. 352

29. 8. 1533
Peru
Der spanische Konquistador Francisco Pizarro (um 1478-26. 6. 1541), der 1531 im Norden Perus gelandet war, lässt in Cajamarca den 13. und letzten Inkaherrscher (seit 1525) Atahualpa trotz Zahlung eines gewaltigen Lösegeldes hinrichten und erobert am 15. 11. 1533 die Inkahauptstadt Cuzco. → S. 355

28. 10. 1533
Frankreich
Papst Klemens VII. traut in Marseille die aus Florenz stammende Katharina von Medici (13. 4. 1519-5. 1. 1589) mit dem französischen Thronfolger Heinrich (II., 31. 3. 1519-10. 7. 1559).

3. 12. 1533
Russland
Nach dem Tod des Moskauer Großfürsten (seit 1505) Wassilij III. (*1479) folgt ihm – unter Vormundschaft – sein Sohn Iwan IV., der Schreckliche (25. 8. 1530-28. 3. 1584), nach.

10. 5. 1534
Kanada
Auf der Suche nach der Nordwestpassage entdeckt der französische Seefahrer Jacques Cartier (1491-1. 9. 1557) Neufundland.

15. 8. 1534
Frankreich
Der frühere spanische Offizier Ignatius von Loyola (1491-31. 7. 1556) gründet in Paris den Jesuitenorden, der am 27. 9. 1540 die päpstliche Bestätigung erhält. 1541 wird Ignatius von Loyola zum ersten Ordensgeneral gewählt. → S. 354

November 1534
England
Die »Act of Supremacy« erklärt den englischen König zum Oberhaupt der englischen Kirche mitsamt aller zugehöriger Rechte. Wegen Nichtanerkennung der Suprematsakte werden in den folgenden Monaten zahlreiche Kritiker des Königs hingerichtet.

24. 6. 1535
Deutsches Reich
Truppen des Bischofs von Münster erobern die Stadt Münster und beenden die dort im Vorjahr begründete Herrschaft der Wiedertäufer. Ihr Anführer Johann von Leiden (eigentl. Jan Bockelson, *1509) wird am 22. 1. 1536 in Münster hingerichtet.

Juli 1535
Tunesien
Die von dem genuesischen Dogen Andrea Doria (30. 11. 1468-25. 11. 1560) geführte kaiserliche Flotte beseitigt vorübergehend die Piratengefahr. Kaiser Karl V. besiegt in der Schlacht bei Goletta die mit dem Osmanischen Reich verbündeten Piraten und besetzt Tunis.

19. 5. 1536
England
In London wird Anna Boleyn (*1507), die Geliebte und zweite Frau von Heinrich VIII., wegen angeblichen Ehebruchs enthauptet. Am 30. 5. 1536 heiratet der König in dritter Ehe Jane Seymour (*um 1509), die jedoch am 24. 10. 1537 in Hampton Court stirbt, zwölf Tage nach der Geburt des Thronfolgers (Eduard VI.).

12. 7. 1536
Schweiz
In Basel stirbt der Theologe und Humanist Erasmus von Rotterdam (*28. 10. 1466 oder 1469). → S. 354

20. 9. 1537
Italien
Nach der Ermordung von Herzog Alessandro Medici (*um 1510) am 6. 1. 1537 wird Cosimo I. von Medici (1519-21. 4. 1574) von Kaiser Karl V. zum Herzog von Florenz erhoben. Am 27. 8. 1569 erhält er sogar den Rang eines Großherzogs der Toskana.

1538
Italien
Der Maler Tizian (eigentl. Tiziano Vecelli, um 1477-27. 8. 1576), malt mit der »Venus von Urbino« (Florenz, Uffizien) eines seiner Hauptwerke. → S. 356

9. 7. 1540
England
Heinrich VIII. lässt die erst am 6. 1. 1540 geschlossene Ehe mit der protestantischen Fürstin Anna von Kleve (22. 9. 1515-28. 7. 1557) aus Enttäuschung über ihr Aussehen für nichtig erklären. Am 28. 7. 1540 geht er seine fünfte Ehe mit Katharina Howard (*um 1520) ein, die er jedoch bereits am 13. 2. 1542 unter dem Vorwurf des Ehebruchs hinrichten lässt.

11. 10. 1540
Italien
Kaiser Karl V. belehnt seinen Sohn Philipp (II.) mit dem Herzogtum Mailand, das bis 1706 mit der Krone Spaniens verbunden bleibt.

13. 9. 1541
Schweiz
Der Reformator Johannes Calvin (10. 7. 1509-27. 5. 1564) kehrt nach Genf zurück, von wo er 1538 verbannt worden war. Dort richtet er eine neue kirchliche Ordnung ein, den auf einer strengen Auslegung des Evangeliums fußenden Calvinismus. → S. 357

24. 9. 1541
Österreich
In Salzburg stirbt der Schweizer Arzt und Naturforscher Paracelsus (eigentl. Philippus Aureolus Theophrastus Bombastus von Hohenheim (*17. 12. oder 10. 11. 1493 oder 1494), der im Widerspruch zur Schulmedizin die Unterstützung der Heilkraft der Natur durch ein naturgemäßes Leben propagierte. → S. 357

21. 7. 1542
Italien
Mit der Bulle »Licet ab initio« errichtet Papst (seit 1534) Paul III. (29. 2. 1468-10. 11. 1549) das Sanctum Officium, die neue Zentralinstanz für die Gegenreformation (heute Glaubenskongregation).

24. 8. 1542
Südamerika
Der spanische Konquistador Francisco de Orellana (um 1505 oder um 1511-1546 oder 1550) befährt als erster Europäer den Amazonas bis zur Mündung. → S. 356

22. 11. 1542
Spanien
Die spanische Krone erlässt die »Neuen Gesetze« (»Leyes Nueves«) zur Milderung der Sklaverei in den spanischen Kolonien. → S. 356

24. 5. 1543
Deutsches Reich
In Frauenburg stirbt der Astronom Nikolaus Kopernikus (*19. 2. 1473). Unmittelbar vor seinem Tod wird sein Hauptwerk »De revolutionibus orbium coelestium« gedruckt. Er beschreibt darin das sog. kopernikanische Weltsystem. → S. 358

18. 9. 1544
Frankreich
Im Frieden von Crépy, der den vierten und letzten Italienkrieg beendet, verzichtet König Franz I. gegenüber Kaiser Karl V. erneut auf seine Ansprüche in Italien.

13. 12. 1545
Italien
Papst Paul III. eröffnet das Trienter Konzil (Tridentinisches Konzil, bis 1563) zur Erarbeitung der Glaubensinhalte der katholischen Kirche angesichts der Herausforderung durch den Protestantismus.

1545/46
Bolivien
Die Spanier gründen Potosí (Villa Imperial) in Südwest-Bolivien am Fuß des ertragreichen Silberbergs (Cerro Rico). → S. 359

1546
Mexiko
Mit der Eroberung der Halbinsel Yucatán schließen die Spanier die Eroberung des Maya-Reiches ab. → S. 359

16. 1. 1547
Russland
Großfürst Iwan IV. lässt sich in der Moskauer Himmelfahrts-Kathedrale zum ersten Zaren von Russland krönen. → S. 358

28. 1. 1547
England
In Westminster stirbt Heinrich VIII. (*28. 6. 1491), der als König von England (seit 1509) durch die Trennung der englischen Kirche von Rom die königliche Machtstellung wesentlich erweitert hatte. Von seinen sechs Ehen hat nur die letzte (seit 1543) mit Katharina Parr (1512-7. 9. 1548) über seinen Tod hinaus Bestand. Nachfolger wird sein minderjähriger Sohn Eduard VI. (12. 10. 1537-6. 7. 1553).

31. 3. 1547
Frankreich
In Rambouillet stirbt König (seit 1515) Franz I. (*12. 9. 1494). Ihm folgt sein Sohn Heinrich II. nach. Der mit Katharina von Medici verheiratete König steht unter dem Einfluss seiner streng katholischen Geliebten Diane de Poitiers (3. 9. 1499-22. 4. 1566) und des Hugenottenfeindes François de Lorraine Guise (17. 2. 1519-24. 2. 1563).

24. 4. 1547
Deutsches Reich:
In der Schlacht bei Mühlberg an der Elbe erringt Kaiser Karl V. einen entscheidenden Sieg über das Heer des 1531 gegründeten Schmalkaldischen Bundes der protestantischen Reichsstände. Der in Gefangenschaft geratene sächsische Kurfürst Johann Friedrich I., der Großmütige (30. 6. 1503-3. 3. 1554) muss zugunsten seines kaisertreuen Vetters Herzog Moritz von Sachsen (21. 3. 1521-11. 7. 1553) auf die sächsische Kurwürde verzichten.

1. 4. 1548
Polen
Nach dem Tod von König (seit 1506) Sigismund I. (*1. 1. 1467) tritt mit seinem Sohn Sigismund II. August (1. 8. 1520-7. 7. 1572) der letzte Jagiellone in Polen die Thronfolge an.

10. 4. 1548
Peru
Nach seiner Niederlage in der Schlacht bei Sacsayhuamán wird der spanische Abenteurer Gonzalo Pizarro (*um 1502) in Jaquijaguana bei Cuzco hingerichtet.

15. 5. 1548
Deutsches Reich
Kaiser Karl V. verkündet das Augsburger Interim: Bis zu einer endgültigen Entscheidung des Religionsstreits durch das Tridentiner Konzil gesteht er den Protestanten Priesterehe und Laienkelch zu, verlangt jedoch von ihnen in Dogma und Ritus eine Rückkehr zum katholischen Glauben.

1549
Japan
Der Jesuit Franz Xavier (7. 4. 1506-3. 12. 1552) beginnt sein Bekehrungswerk in Japan. → S. 361

1550-1599

15. 1. 1552
Frankreich
Als Oberhaupt der sog. deutschen Fürstenverschwörung schließt Kurfürst Moritz von Sachsen mit Heinrich II. von Frankreich den Vertrag von Chambord: Gegen die Zahlung erheblicher Geldsummen als Unterstützung für den Kampf der Protestanten gegen Kaiser Karl V. sollen dem König die zum Reich gehörenden Städte Cambrai, Metz, Toul und Verdun als Pfand überlassen werden.

2. 10. 1552
Russland
Russische Truppen besetzen Kasan, die Hauptstadt der Wolgatataren und ein Sprungbrett nach Sibirien.

1552
Italien
Der italienische Baumeister Andrea Palladio (30. 11. 1508-19. 8. 1580) vollendet in Vicenca die für seinen Stil wegweisende Villa Rotonda.

6. 7. 1553
England
Nach dem Tod von König Eduard VI. (*12. 10. 1537) wird aufgrund einer dem König abgenötigten testamentarischen Erklärung die Protestantin Lady Jane Grey (*Oktober 1537) zur Königin ausgerufen. Sie wird jedoch bereits am 19. 7. wieder abgesetzt und am 12. 2. 1554 hingerichtet. Den Thron besteigt die Tochter von Heinrich VIII. aus erster Ehe Maria I., die Katholische (18. 2. 1516–17. 11. 1558). Sie betreibt die Rekatholisierung und lässt etwa 300 Protestanten auf dem Scheiterhaufen verbrennen.

27. 10. 1553
Schweiz
Der Genfer Reformator Johannes Calvin lässt den spanischen Arzt und Theologen Michael Servet (eigentl. Miguel Serveto, *29. 9. 1511) wegen dessen Kritik an der Lehre von der Dreieinigkeit als Gotteslästerer verbrennen.

25. 9. 1555
Deutsches Reich
Der Augsburger Reichstag verkündet den Religionsfrieden, mit dem das lutherische Bekenntnis (nicht aber das der Täufer und Reformierten) gleichberechtigt anerkannt wird. Das Recht zur Bestimmung der Konfession wird dem Landesherrn überlassen. → S. 360

16. 1. 1556
Spanien
Kaiser Karl V. dankt als König von Spanien ab. Sein ihm nachfolgender einziger legitimer Sohn Philipp II. (21. 5. 1527-13. 9. 1598) begründet die Linie der spanischen Habsburger. Er ist seit dem 25. 7. 1554 – aus dynastisch-politischen Gründen – in zweiter Ehe mit Königin Maria I., der Katholischen von England, verheiratet, doch bleibt die Verbindung kinderlos.

12. 9. 1556
Deutsches Reich
Karl V. dankt auch als römisch-deutscher Kaiser ab. Am 24. 2. 1558 wird sein Bruder Ferdinand I., bisher schon Herrscher in den österreichischen Erblanden sowie König von Böhmen und Ungarn und deutscher König, zum Kaiser gekrönt.

7. 6. 1557
Flandern
Im Verlauf des spanisch-französischen Krieges erleiden die Franzosen in der Schlacht von Saint-Quentin eine schwere Niederlage. Auch bei Gravelines (23. 7. 1557) sind die spanischen Truppen siegreich.

6. 1. 1558
Frankreich
Die Franzosen erobern nach kurzer Belagerung Calais, den letzten englischen Festlandsbesitz in Frankreich.

4. 4. 1558
Russland
Zar Iwan IV. übereignet dem Handelsherrn Anikita Stroganow alles unbebaute Land an der Kama und ihren Nebenflüssen auf 20 Jahre zur freien Nutzung. Die Stroganows üben in der Folgezeit großen Einfluss auf die Entwicklung Sibiriens aus.

17. 11. 1558
England
Nach dem Tod von Königin Maria I., der Katholischen (*18. 2. 1516), besteigt ihre Halbschwester Elisabeth I. (7. 9. 1533-24. 3. 1603) den englischen Thron. Sie führt wieder den Protestantismus in England ein. William Cecil, Baron Burleigh (13. 9. 1520-4. 8. 1598), ist zunächst als Erster Sekretär (Principal Secretary), dann ab 1572 als Lord Treasurer führender Berater Elisabeths I. → S. 360

1558
Frankreich
Der Astrologe Nostradamus (eigentl. Michel de Notre-Dame, 14. 12. 1503-2. 7. 1566) veröffentlicht seine bis 3000 n.Chr. reichenden Prophezeiungen.

3. 4. 1559
Frankreich
Im Frieden von Cateau-Cambrésis zwischen Frankreich, Spanien, England und Savoyen überlässt Frankreich Spanien die Vorherrschaft in Italien und erhält dafür Calais. Emanuel Philibert I., der Herzog von Savoyen (8. 7. 1528-30. 8. 1580), der 1548 in die Dienste Kaiser Karls V. getreten war, erhält den größten Teil seines Landes zurück. → S. 363

Mai 1559
Schottland
Der nach dem Regierungsantritt von Königin Maria I., der Katholischen, 1554 aus England vertriebene calvinistische Prediger John Knox (um 1514-24. 11. 1572) kehrt nach Schottland zurück und beginnt mit der Werbung für den calvinistischen Glauben. Knox ist auch der Hauptverfasser der »Confessio Scotica« (1560).

10. 7. 1559
Frankreich
In Paris stirbt König (seit 1547) Heinrich II. (*31. 3. 1519) nach einem Turnierunfall. Seine Mätresse Diane de Poitiers wird daraufhin vom Hof verbannt, neuer König wird Franz II. (*19. 1. 1544) der jedoch – körperlich und geistig anfällig – nur ein Jahr regiert.

1559
Italien
Papst (seit 1555) Paul IV. (28. 6. 1476-18. 8. 1559) führt den »Index librorum prohibitorum«, das Verzeichnis der für jeden Katholiken verbindlich verbotenen Bücher ein (letzte amtliche Ausgabe 1948).

25. 6. 1560
Schweden
König Gustav I. Wasa (*12. 5. 1496) dankt ab und stirbt am 29. 9. 1560 in Stockholm.

5. 12. 1560
Frankreich
In Orléans stirbt nach nur einjähriger Regierungszeit König Franz II. (*19. 1. 1544). Seine Witwe, die schottische Königin Maria Stuart (8. 12. 1542-8. 2. 1587) kehrt daraufhin in ihre Heimat zurück. Auf dem Thron folgt ihm sein jüngerer Bruder Karl IX. (27. 6. 1550-30. 5. 1574), der bis 1563 unter der Vormundschaft seiner Mutter Katharina von Medici steht.

1560
Europa
Der Tabak wird in Europa eingeführt. Die erste Kenntnis von der Tabakpflanze, die in Amerika u.a. als Heilpflanze benutzt wurde, erhielt die Alte Welt durch Christoph Kolumbus. → S. 362

1. 3. 1562
Frankreich
Durch das Blutbad von Vassy in der Champagne, bei dem die dortige hugenottische Gemeinde niedergemetzelt wird, entfacht Herzog François de Lorraine Guise (17. 2. 1519-24. 2. 1563) die französischen Religionskriege. Zuvor hatte im Januaredikt die Regentin Katharina von Medici den Hugenotten Freiheit des Gottesdienstes außerhalb der Städte gewährt.

6. 3. 1562
Livland/Polen
Der letzte Landmeister des Deutschen Ordens in Livland, Gotthard Kettler (um 1517-17. 5. 1587), nimmt Kurland als erbliches Herzogtum protestantischer Konfession von Polen zu Lehen.

1562
England
Der spätere Admiral Sir John Hawkins (1532-12. 11. 1595) unternimmt als von der englischen Krone privilegierter Freibeuter die erste Kaperfahrt in den spanischen Gewässern Westindiens und gerät als Afrikakaufherr und Sklavenhändler wiederholt mit den Spaniern in Konflikt. Seinem Beispiel folgen zahlreiche andere englische Freibeuter.

1562
Spanien
Am Südhang der Sierra de Guadarrama, nordwestlich von Madrid, lässt König Philipp II. das monumentale Klosterschloss El Escorial (Monasterio de San Lorenzo del Escorial) errichten (bis 1584), seit Karl V. die Grabstätte der spanischen Könige.

4. 12. 1563
Italien
Das Konzil von Trient wird beendet. Es setzte in drei Tagungsperioden (I. 1545-1547 in Trient und 1547 in Bologna, II. 1551/52, III. 1562/63 in Trient) gegenüber der Reformation die Lehre der katholischen Kirche fest. → S. 363

1563
England
Das Parlament billigt die 39 Artikel der anglikanischen Kirche. Sie werden 1571 erneut vom Parlament bestätigt und stellen die gültige Lehrmeinung dar.

25. 7. 1564
Deutsches Reich
In Wien stirbt Kaiser Ferdinand I. (*10. 3. 1503). Seine Nachfolge tritt sein Sohn Maximilian II. (31. 7. 1527-12. 10. 1576) an. Er wurde 1562 zum deutschen König und zum König von Böhmen sowie 1563 zum König von Ungarn gewählt. Persönlich dem Luthertum zuneigend, bleiben seine Bemühungen um einen Ausgleich der Konfessionen erfolglos.

1564
Deutsches Reich
Der niederländische Komponist Orlando di Lasso (um 1532-14. 6. 1594), wird Leiter der Hofkapelle in München. Er gilt als der letzte große universale Musiker des 16. Jh.s, sein vielfältiges Werk wird auf etwa 2000 Kompositionen geschätzt.

1565
Mittelmeer
Der Johanniterorden unter seinem Großmeister Jean Parisot de la Valette (1494-1568) weist eine Belagerung Maltas durch das türkische Heer Sultan Süleimans II., des Prächtigen, ab.

10. 8. 1566
Niederlande
Als Reaktion auf die von den Spaniern eingeleitete Gegenreformation kommt es in den ländlichen Gebieten und später auch in den Städten von Flandern zur Übergriffen (sog. Bildersturm), denen mehrere hundert Kirchen und Klöster zum Opfer fallen.

7. 9. 1566
Osmanisches Reich
Während der Belagerung von Szigetvár in Ungarn stirbt der osmanische Sultan Süleiman II., der Prächtige (*um 1494). Ihm folgt sein Sohn Selim Mest (türk. = der Trunkenbold; 1524-12. 12. 1574).

24. 7. 1567
Schottland
Königin Maria Stuart verzichtet zugunsten ihres einjährigen Sohnes Jakob (VI. von Schottland, später I. von England) auf den schottischen Thron, wird inhaftiert und flieht nach England, wo sie am 19. 5. 1568 gleichfalls gefangen gesetzt wird. 1565 heiratete sie ihren Vetter Henry Stuart, Lord Darnley (*1545), der am 9. 3. 1566 ihren Vertrauten Davido Riccio ermorden ließ. Darnley wurde (angeblich im Einverständnis mit Maria Stuart) am 10. 2. 1567 von James Hepburn, Earl of Bothwell (um 1536-1578), ermordet, den sie am 15. 5. 1567 heiratete. Diese Ehe gab den Anlass zu dem Aufstand des calvinistischen Adels.

1567
Niederlande
Der spanische Feldherr und Politiker Fernando Álvarez de Toledo, Herzog von Alba (29. 10. 1507-11. 12. 1582), wird von Philipp II. als Generalkapitän und Statthalter in die aufrührerischen Niederlande entsandt. → S. 362

1567
Brasilien
Die Portugiesen gründen Rio de Janeiro unter dem Namen São Sebastião do Rio de Janeiro. 1763 löst es Salvador als Hauptstadt der Kolonie ab.

5. 6. 1568
Niederlande
Auf Befehl des Herzogs von Alba werden zwei Repräsentanten der niederländischen Unabhängigkeitsbewegung wegen Hochverrats in Brüssel hingerichtet: Lamoral Graf von Egmont, Fürst von Gavre (*18. 11. 1522), Statthalter von Flandern und Artois, sowie Philipp von Montmorency-Nivelle, Graf von Hoorn (*1524), Admiral von Flandern und Statthalter von Geldern und Zutphen.

30. 9. 1568
Schweden
König Erich XIV. (*13. 12. 1533) wird wegen Geisteskrankheit für amtsunfähig erklärt und am 26. 2. 1577 in Orbyhus vermutlich ermordet. Sein Bruder Johann III. Wasa (21. 12. 1537-27. 11. 1592) besteigt mit Hilfe seines jüngsten Bruders Karl (IX.) den Thron. Johann wurde 1556 Herzog von Finnland und ist mit einer katholischen polnischen Prinzessin verheiratet.

13. 3. 1569
Frankreich
In Dreux wird einer der bekanntesten Führer der Hugenotten, Louis I. von Bourbon, Fürst von Condé (*7. 5. 1530), nach seiner Gefangennahme erschossen.

1. 7. 1569
Polen/Litauen
Durch die Lubliner Union wird – anstelle der bis dahin bestehenden Personalunion – eine bundesstaatliche Verbindung zwischen Polen und Litauen hergestellt. Der Staat erhält einen gemeinsamen Herrscher und Reichstag, gemeinsame Außenpolitik und einheitliche Währung.

9. 9. 1569
Niederlande
In Brüssel stirbt der niederländische Maler Pieter Bruegel der Ältere (*um 1525/30), genannt Bauern-Bruegel. Sein erhaltenes Werk, mit dem er der Malerei die Welt der Bauern als neues Darstellungsgebiet erschließt, umfasst etwa 40 Gemälde, über 100 Handzeichnungen und ca. 300 Kupferstiche. → S. 363

1569
Deutsches Reich
Der in Duisburg tätige flämische Kartograf Gerhard Mercator (5. 3. 1512-2. 12. 1594) benutzt erstmals für eine Weltkarte die nach ihm benannte, vor allem für Seekarten geeignete winkeltreue Mercator-Projektion. → S. 366

25. 2. 1570
Italien
Papst (seit 1566) Pius V. (17. 1. 1504-1. 5. 1572) erklärt mit der Bulle »Regnans in excelsis« die englische Königin Elisabeth I. für gebannt und entbindet alle ihre Untertanen von ihrem Treueeid.

25. 7. 1570
Russland
Zar Iwan IV., der Schreckliche, lässt in Moskau eine Reihe seiner engsten Berater, Diplomaten und Beamte öffentlich hinrichten. Die psychopathische Persönlichkeitsstruktur des Zaren mündet in einen schrankenlosen Terror.

8. 8. 1570
Frankreich
König Karl IX. gesteht nach dem dritten Hugenottenkrieg im Frieden von Saint-Germain-en-Laye den Hugenotten vier sichere Plätze (Cocnac, La Charité, La Rochelle und Montauban) zur Ausübung ihres Kults zu. Er beruft den 1557 zum Calvinismus übergetretenen Admiral Gaspard de Coligny (16. 2. 1519–24. 8. 1572) zu seinem Berater und leitet die Hochzeit seiner Schwester Margarete von Valois (14. 5. 1553-27. 3. 1615) mit dem Hugenottenführer Heinrich von Navarra (dem späteren Heinrich IV.; 13. 12. 1553–14. 5. 1610) ein.

13. 12. 1570
Deutsches Reich
Der Friede von Stettin beendet den 1563 ausgebrochenen Dreikronenkrieg, den Dänemark mit Hilfe von Lübeck gegen Schweden geführt hatte. Beide nordischen Staaten dürfen fortan die drei Kronen (der früheren Kalmarer Union) im Wappen führen. Die Vorkriegsgrenzen in Südschweden werden bestätigt, Lübeck muss auf militärische Unternehmungen zur Unterstützung seines Handels verzichten.

1570
Mittelmeer
Osmanische Truppen erobern Tunis und landen auch auf Zypern, das bis 1571 vollständig besetzt wird. Venedig schließt daraufhin mit Papst Pius V. und Philipp II. von Spanien ein Bündnis gegen die Osmanen.

1570
England
Der Bankier Sir Thomas Gresham (1519-1579) gründet mit königlicher Hilfe die Londoner Börse (»Royal Exchange«) vor allem als Konkurrenz zu der schon seit 1531 bestehenden Börse von Antwerpen. Auch in Hamburg gibt es bereits seit 1558 eine Börse.

September 1571
England
Die Ridolfi-Verschwörung wird aufgedeckt, eine von dem florentinischen Bankier Roberto Ridolfi (1531-1612) mit Wissen König Philipps II. von Spanien und Maria Stuarts geplantes Komplott zur Ermordung von Königin Elisabeth I. Es sollte ein Zeichen für eine katholische Erhebung in England geben. Beteiligt an dem Komplott ist auch Thomas Howard, Duke of Norfolk (1536-1572), der daraufhin verhaftet und hingerichtet wird.

7. 10. 1571
Griechenland
Bei Lepanto (Naupaktos am Golf von Korinth) besiegt die Flotte der Heiligen Liga die Türken, die dennoch die 1570 eroberte Insel Zypern behaupten können. Den Oberbefehl über die Flotte hat Don Juan d'Austria (24. 2. 1547-1. 10. 1578), ein unehelicher Sohn des Kaisers Karl V. und Halbbruder des spanischen Königs Philipp II. → S. 366

1571
Philippinen
Der Spanier Miguel López de Legaspi gründet Manila, das sich bald zum Zentrum des Handels mit allen spanischen und portugiesischen Häfen an den Pazifikküsten – vor allem mit Acapulco in Mexiko – entwickelt.

7. 7. 1572
Polen
In Knyszyn stirbt Sigismund II. August (*1. 8. 1520) als letzter Herrscher aus dem Haus der Jagiellonen, König von Polen (seit 1548) und Großfürst von Litauen (seit 1529). Nach seinem Tod beginnt die Zeit der Wahlkönige.

23./24. 8. 1572
Frankreich
Nach der Hochzeit des protestantischen Königs Heinrich von Navarra mit Margarete von Valois, der katholischen Schwester des französischen Königs Karl IX. (am 18. 8. 1572), die zu einer Annäherung beider Konfessionen führen sollte, wird nach einem missglückten Mordanschlag

der Königinmutter Katharina von Medici auf den Hugenottenführer Admiral Gaspard de Coligny am 22. 8. 1572 die sog. Bartholomäusnacht ausgelöst: In Paris werden etwa 2000, in der Provinz anschließend 10 000-20 000 Hugenotten von den Katholiken ermordet. → S. 367

1572
Niederlande
Die beiden Provinzen Holland und Seeland, die protestantisch geprägt sind, lösen sich von der spanischen Vorherrschaft. Zum gemeinsamen Provinzialstatthalter wählen sie Wilhelm I. von Oranien, Graf von Nassau und Prinz von Oranien (25. 4. 1533-10. 7. 1584).

1572
Panama
Der englischer Pirat und Seeheld Sir Francis Drake (um 1540-28. 1. 1596) plündert die Stadt Nombre de Dios in Panama und kapert die spanische Silberflotte. → S. 366

11. 5. 1573
Polen
Heinrich von Valois (18. 9. 1551-2. 8. 1589), der Bruder des französischen Königs, wird von einer Adelsversammlung zum König von Polen gewählt. Er verlässt jedoch bereits am 18. 6. 1574 heimlich Krakau, um in Frankreich seine Thronansprüche durchzusetzen.

1573
Japan
Der Feldherr Oda Nobunaga (1534-1582) setzt den letzten Shogun (Militärstatthalter) aus dem Adelsgeschlecht der Ashikaga ab. Damit endet die Muromachi-Zeit (seit 1338). Nobunaga bemüht sich im Kampf mit den mächtig gewordenen Feudalherrn (Daimyos) um eine Reichseinigung.

30. 5. 1574
Frankreich
In Vincennes stirbt König (seit 1560) Karl IX. (*7. 6. 1550). Sein Bruder Heinrich von Valois, bisher König in Polen, tritt als Heinrich III. die Herrschaft an.

1574
Russland
Die Kaufmannsfamilie Stroganow erhält von Zar Iwan IV. das Privileg zur Errichtung von Handelsniederlassungen in Sibirien. → S. 369

14. 12. 1575
Polen
Der Fürst von Siebenbürgen, Stephan Báthory IV. (27. 9. 1533-12. 12. 1586), wird als Gatte einer Jagiellonenprinzessin vom polnischen Reichstag zum König gewählt und am 1. 5. 1576 in Krakau gekrönt.

Februar 1576
Frankreich
Der französische Staatsrechtler Jean Bodin (1530-1596) veröffentlicht sein Hauptwerk »Six livres de la république« und wird damit zum Begründer der Lehre von der Souveränität und erster Theoretiker der absoluten Monarchie.

12. 10. 1576
Deutsches Reich
In Regensburg stirbt Kaiser (seit 1564) Maximilian II. (*31. 7. 1527). Sein in Spanien erzogener Sohn Rudolf II. (18. 7. 1552-20. 1. 1612) besteigt den Thron. Er ist ein überzeugter Anhänger der Gegenreformation, erhielt 1572 bereits die ungarische, 1575 die böhmische Krone und regiert vor allem in Prag.

1576
Kanada
Der englische Seefahrer Sir Martin Frobisher (um 1535-22. 11. 1594) entdeckt auf der Suche nach der Nordwestpassage die nach ihm benannte Frobisher Bay im Südosten von Baffinland.

1577
Spanien
El Greco (eigentl. Dominico Theotocopuli, (1541-6. oder 7. 4. 1614), ein Maler und Bildhauer griechischer Herkunft, geht nach Toledo, wo er seinen ekstatisch-visionären Manierismus entwickelt. → S. 369

23. 1. 1579
Niederlande
Die sieben nördlichen calvinistischen Provinzen (Geldern, Holland, Seeland, Utrecht, Friesland, Overijssel und Groningen) bilden die Utrechter Union. Die südlichen katholischen Provinzen (die Stände des Artois und von Hennegau) bleiben hingegen bei Spanien, sie haben sich bereits am 6. 1. 1579 in der Union von Arras vereinigt. → S. 368

31. 1. 1580
Portugal/Spanien
Nach nur anderthalbjähriger Regierungszeit stirbt der portugiesische König Heinrich (*1512), Nachfolger des am 4. 8. 1578 im Kampf gegen die Muslime in Marokko gefallenen jugendlichen Königs Sebastian (*1554). Nun ergreift Philipp II., König von Spanien, als Onkel des verstorbenen Sebastian die Macht und vereint Portugal in Personalunion mit Spanien. → S. 371

1580
Frankreich
Der Philosoph und Schriftsteller Michel Eyquem, Seigneur de Montaigne (28. 2. 1533-13. 9. 1592), begründete mit seinen »Essais de messire Michel« die literarische Gattung des Essays.

1580
Südamerika
Der Spanier Juan de Garay gründet am Rio de la Plata die »Ciudad de la Santissima Trinidad y Puaerto de Santa Maria de los Buenos Aires«, das heutige Buenos Aires.

26. 7. 1581
Niederlande
Die in der Utrechter Union vereinigten sieben nördlichen Provinzen lösen sich auch formell von der spanischen Herrschaft (als Republik der Vereinigten Niederlande) und ernennen Wilhelm I. von Oranien zu ihrem Statthalter.

15. 1. 1582
Polen/Russland
Ein Waffenstillstand, der Polen-Litauen für zehn Jahre den Besitz von Livland und Polock belässt, beendet den 1558 begonnenen russischlivländischen Krieg. Auch im Krieg gegen Schweden, das am 6. 9. 1581 die Festung Narwa erobert hatte, muss Russland am 10. 8. 1583 Frieden schließen. Der auf drei Jahre geschlossene Waffenstillstand belässt Schweden den Besitz von Estland und des daran östlich anschließenden Ingermanlands.

24. 2. 1582
Italien
Auf Anordnung von Papst (1572-1585) Gregor XIII. (1. 1. 1502-10. 4. 1585) wird der gregorianische Kalender in Italien und einigen anderen Ländern eingeführt. Auf den 4. Oktober folgt unmittelbar der 15. Oktober 1582. → S. 370

18. 3. 1584
Russland
In Moskau stirbt Zar (seit 1547) Iwan IV., der Schreckliche (*25. 8. 1530). Sein geistesgestörter Sohn Fjodor I. (11. 5. 1557-7. 1. 1598), der letzte Herrscher der Rurikidendynastie, überlässt die Regierung seinem Schwager Boris Godunow (um 1551-13. 4. 1605).

10. 7. 1584
Niederlande
In Delft wird Wilhelm I. von Oranien (*25. 4. 1533) von einem fanatischen Katholiken ermordet. 1585 wird sein Sohn Prinz Moritz (14. 11. 1567-23. 4. 1625) Statthalter der nördlichen Niederlande.

24. 4. 1585
Italien
Kardinal Felice Peretti wird zum Papst gewählt und nimmt den Namen Sixtus V. (13. 12. 1521-27. 8. 1590) an. Er reorganisiert die Kurie (Einrichtung von Kardinalskongregationen, Beschränkung der Zahl der Kardinäle auf 70) und legt durch großzügige, kostspielige Bauten (Vollendung der Peterskuppel, Aufrichtung des Obelisken auf dem Petersplatz) den Grundstein zum barocken Rom.

Juli 1585
Nordamerika
Sir Walter Raleigh (um 1554-29. 10. 1618), englischer Seefahrer und Günstling von Königin Elisabeth I., gründet die erste englische Kolonie in Nordamerika, die er zu Ehren der »jungfräulichen Königin« Virginia nennt. → S. 370

6. 8. 1585
Sibirien
Der Kosakenführer Timofejewitsch Jermak, der 1579 im Dienst der Kaufherrenfamilie Stroganow den Ural überschritten und damit die Eroberung Sibiriens eingeleitet hatte, ertrinkt auf der Flucht vor den Tataren im Irtysch.

1585
Niederlande
Unter dem Befehl von Alessandro Farnese (27. 8. 1545-3. 12. 1592), seit 1578 spanischer Statthalter in den Niederlanden, rücken die Spanier in Antwerpen ein. Die meisten der dort lebenden Protestanten verlassen die Stadt, die daraufhin ihren wirtschaftlichen Rang einbüßt, und siedeln sich vor allem in Amsterdam, in London und in Hamburg an.

20. 9. 1586
England
Als Haupt einer mit Zustimmung des spanischen Königs Philipp II. gegen Königin Elisabeth I. unternommenen Verschwörung wird der englische Höfling Anthony Babington (*Oktober 1561) in London hingerichtet. Er wollte die Königin ermorden und Maria Stuart auf den Thron heben.

8. 2. 1587
England
Königin Elisabeth I. von England lässt die frühere schottische Königin Maria Stuart (*8. 12. 1542) auf Fotheringhay Castle hinrichten.

19. 8. 1587
Polen
Der katholisch erzogene schwedische Thronfolger Sigismund III. Wasa (20. 6. 1566-30. 4. 1632) wird zum König von Polen gewählt und am 28. 12. 1587 in Krakau gekrönt.

4. 4. 1588
Dänemark
Nach dem Tod von König (seit 1559) Friedrich II. (*1. 7. 1534) besteigt sein Sohn Christian IV. (12. 4. 1577-28. 2. 1648) den dänischen Thron.

12. 5. 1588
Frankreich
Im Verlauf des 1585 begonnenen erneuten Krieges der Hugenotten gegen die vom Papst und von Spanien unterstützte katholische Liga wird König Heinrich III. durch den sog. Barrikadenaufstand aus Paris vertrieben. Er gerät in die Gewalt des Katholikenführers Henri I. de Lorraine Guise (*31. 12. 1550). Der König muss ihn zum Generalstatthalter ausrufen, lässt ihn jedoch bereits am 23. 12. 1588 in Blois ermorden.

27. 7.-8. 8. 1588
England
König Philipp II. von Spanien entsendet die Armada unter Führung von Admiral Alonzo Perez de Guzman, Herzog von Medina Sidonia (1550-1615), mit dem Ziel einer Invasion nach England. Die Flotte wird jedoch in verlustreiche Gefechte mit den beweglicheren englischen Schiffen verwickelt und durch Stürme dezimiert, so dass sie unverrichteter Dinge heimkehren muss. → S. 370

Januar 1589
Russland
Der bisherige Moskauer Metropolit (Erzbischof) wird vom Zaren Fjodor I. zum Patriarchen erhoben. Zuvor hatte Boris Godunow dafür die Zustimmung vom Patriarchen in Konstantinopel eingeholt. Damit wird die russische Kirche selbstständig.

2. 8. 1589
Frankreich
In Saint-Cloud ermordet der Mönch Jacques Clément den französischen König Heinrich III. (*19. 9. 1551), der auf dem Sterbebett dem Hugenottenführer Heinrich von Navarra als Heinrich IV. den Thron vermacht.

27. 11. 1592
Schweden
Nach dem Tod von König (seit 1569) Johann III. (*21. 12. 1537) wird sein in Polen herrschender Sohn Sigismund III. auch König von Schweden. Als praktizierender Katholik kann er sich jedoch in Schweden nicht auf Dauer durchsetzen.

1593
Niederlande
In Leiden gründet der 1580 wegen seines calvinistischen Glaubens aus Amsterdam geflohene Louis Elsevier (1542-4. 2. 1617) das Verlagshaus Elsevier, das im 17. Jh. die Führung im westeuropäischen Buchgewerbe übernimmt.

2. 2. 1594
Italien
In Rom stirbt der italienische Komponist Giovanni Pierluigi da Palestrina (*um 1525), seit 1555 in Rom wirkend und 1571 zum Kapellmeister an die Peterskirche berufen. Sein fast gänzlich kirchenmusikalisches Werk zeigt einen einheitlich wirkenden Sonderstil, der den Forderungen des Trienter Konzils nach einer andachtsvollen Musik und Textverdeutlichung entspricht (Palestrina-Stil).

27. 2. 1594
Frankreich
Heinrich IV., der am 25. 7. 1593 seinem calvinistischen Glauben abgeschworen und zum katholischen Glauben übergetreten ist, wird in Chartres zum König gekrönt und zieht am 22. 3. 1594 in Paris ein. Er begründet die letzte französische Königsdynastie der Bourbonen (bis 1792 und 1814-1830). → S. 372

18. 5. 1595
Russland
Im Frieden von Täyssinä (Teusino) wird der 25 Jahre dauernde schwedisch-russische Krieg endgültig beendet. Schweden behauptet den Besitz von Estland und Narwa.

20. 6. 1597
Nördliches Eismeer
Der holländische Seefahrer Willem Barents (*um 1550) kommt in der Nähe der Küste von Nowaja Semlja auf der Suche nach der Nordostpassage ums Leben. Er entdeckte die Bäreninsel und Spitzbergen und die nach ihm benannte Barentssee, der zwischen Nordskandinavien und Nowaja Semlja liegende Teil des Nordmeeres.

7. 1. 1598
Russland
Mit dem Tod von Zar (seit 1584) Fjodor I. (*11. 5. 1557) beginnt eine 15-jährige Zeit der Wirren. Der bisherige Regent, Fjodors Schwager Boris Godunow, setzt am 17. 2. seine Wahl zum Zaren durch. Am 1. 9. 1598 wird er gekrönt.

13. 1. 1598
England
Königin Elisabeth I. schließt den Stalhof, das Handelskontor der Hanse, in London und verbietet der Hanse jeglichen Handel in England mit Ausnahme der Kaufleute aus Danzig und Elbing, die keine kaiserlichen Untertanen sind.

30. 1. 1598
Italien
Nach dem Erlöschen der älteren Linie des in Ferrara residierenden Herrscherhauses Este durch den Tod von Herzog Alfonso II. am 27. 10. 1597 fällt das Herzogtum Ferrara als päpstliches Lehen an den Papst zurück. Der neue Herzog Cesare (*1552-11. 12. 1628) herrscht als Herzog von Modena.

13. 4. 1598
Frankreich
König Heinrich IV. erlässt das Edikt von Nantes, das die Hugenottenkriege beenden soll. Es bestätigt zwar den Katholizismus als Staatsreligion und macht eine weitere Ausbreitung des Protestantismus (in der Form des Calvinismus) in Frankreich unmöglich, doch gewährt es den Hugenotten volles Bürgerrecht sowie die Einrichtung von ca. 100 places de sûreté (»Sicherheitsplätzen«), in denen auf Kosten des Staates hugenottische Garnisonen unterhalten werden durften.

2. 5. 1598
Frankreich
Der seit 1595 andauernde Krieg zwischen Spanien und Frankreich wird durch den Frieden von Vervins beendet, der die 1559 getroffenen Abmachungen von Cateau-Cambrésis bestätigt.

13. 9. 1598
Spanien
In Escorial bei Madrid stirbt Philipp II. (*21. 5. 1527), König von Spanien. Die Thronfolge tritt sein Sohn aus der 1570 geschlossenen vierten Ehe mit Anna von Österreich an. Philipp III. (14. 4. 1578-31. 3. 1621) überlässt jedoch Günstlingen die Herrschaft. Als leitender Minister hat Francisco Gómez de Sandóval y Rojas, Herzog von Lerma, bis 1618 gänzlich die Regierungsgewalt inne.

1598
Persien
Abbas I., der Große (27. 1. 1571-19. 1. 1629), seit 1587 Schah von Persien aus der Safawiden-Dynastie, macht Isfahan zur Hauptstadt seines Reiches.

1599
Deutsches Reich
Kaiser Rudolf II. beruft den dänischen Astronomen Tycho Brahe (14. 12. 1546-24. 10. 1601) als Hofastronomen nach Prag. Brahe ist ein Gegner des kopernikanischen Systems und stellt ein eigenes Weltsystem auf: Im tychonischen Weltsystem bewegen sich Mond und Sonne um die feststehende Erde, die Planeten aber um die Sonne.

1599
England
Die Theatertruppe von William Shakespeare (getauft 26. 4. 1564-23. 4. 1616) erhält mit dem Globe-Theatre ihre erste feste Spielstätte. → S. 373

1600-1649

17. 2. 1600
Italien
In Rom wird der Philosoph Giordano Bruno (*1548) nach achtjähriger Gefangenschaft als Ketzer öffentlich verbrannt. → S. 374

November 1600
Schweden
Ein Reichstag zu Linköping erklärt den katholischen König Sigismund III., der Schweden seit 1592 in Personalunion mit Polen regiert, für abgesetzt. Sigismunds Onkel, der seit 1595 als Reichsverweser amtierende Karl IX. (4. 10. 1550-30. 10. 1611), nimmt am 22. 3. 1604 den Königstitel an.

17. 12. 1600
Frankreich
König Heinrich IV. heiratet Maria von Medici (26. 4. 1573-3. 7. 1642).

31. 12. 1600
England
Elisabeth I. verleiht der 1599 von Kaufleuten gegründeten East India Company (Ostindienkompanie) durch königliche Charta die entsprechenden Privilegien zur Brechung des portugiesischen Monopols im Handel mit Ostindien. → S. 372

um 1600
Italien
Der italienische Maler Michelangelo Merisi da Caravàggio (28. 9. 1573-18. 7. 1610) wird zum bedeutendsten Meister der frühbarocken Helldunkelmalerei mit großem Einfluss auf spätere Malergenerationen. → S. 375

Januar 1602
Irland
Die letzten der seit Mitte 1601 zur Unterstützung der katholischen Rebellen nach Irland entsandten spanischen Truppen ergeben sich dem englischen Oberkommandierenden Charles Blount, Lord Mountjoy (1563–1606), der Mitte September 1601 die spanische Hauptmacht und die irischen Rebellen südlich von Cork bei Kinsale besiegt hatte.

20. 3. 1602
Niederlande
In Konkurrenz zur englischen East India Company wird die Vereenigde Oost-Indische Compagnie (Vereinigte Ostindische Kompanie) gegründet. Sie ist zeitweilig die größte und erfolgreichste europäische Handelsgesellschaft in Übersee, muss aber 1799 wegen Überschuldung aufgelöst werden.

24. 3. 1603
England
Nach dem Tod von Elisabeth I., Königin von England seit 1558 (*7. 9. 1533), besteigt ihr Großneffe Jakob VI. von Schottland (19. 6. 1566-27. 3. 1625) den Thron. Als Jakob I. (von England) vereint er beide Kronen in Personalunion. → S. 374

1603
Japan
Ieyasu Tokugawa (1543-1616) lässt sich vom Tenno den Titel des Shogun verleihen und begründet die Tokugawa-Dynastie, die bis 1868 ununterbrochen die faktische Herrschaft über Japan ausübt. → S. 374

August 1604
England
Der neue englische König Jakob I. beendet den seit 1585 andauernden Kriegszustand mit Spanien.

5. 11. 1605
England
Der Versuch fanatischer Katholiken, als Antwort auf ihre Diskriminierung König Jakob I. und das gesamte Parlament in die Luft zu sprengen, wird rechtzeitig aufgedeckt. Guy Fawkes (*16. 4. 1570), der die Pulvermine anzünden sollte, wird mit seinen Mitverschwörern angeklagt und am 31. 1. 1606 hingerichtet.

1605
Spanien
Der spanische Dichter Miguel de Cervantes Saavedra (Ende September 1547-23. 4. 1616) veröffentlicht seinen »Don Quijote« (2. Teil 1615), eine Parodie auf die Ritterromane seiner Zeit. → S. 377

11. 11. 1606
Österreich
Im Frieden von Zsitvatorok (bei Komorn) erkennt der osmanische Sultan (seit 1603) Ahmed I. (18. 4. 1590-22. 12. 1617) Kaiser Rudolf II. als gleichberechtigten Herrscher an. Der Frieden belässt den beiderseitigen Gebietsstand auf der Basis des Status quo und hat bis 1663 Bestand.

1606
Australien
Der spanische Seefahrer Luis Vaez de Torres entdeckt den Louisiade-Archipel und die Torresstraße, eine flache Meerenge zwischen Australien und Neuguinea, deren Existenz von den Spaniern 150 Jahre geheim gehalten werden kann.

24. 2. 1607
Italien
Der italienische Komponist Claudio Monteverdi (getauft 15. 5. 1567-29. 11. 1643) bringt »L'Orfeo«, die erste und stilprägende italienische Oper, zur Uraufführung. → S. 378

16. 4. 1607
Nordamerika
Schiffe der im Vorjahr gegründeten London Company setzen in der Chesapeake-Bay 120 Siedler an Land. Am 24. Mai gründen sie mit Jamestown in Virgina die erste permanente englische Siedlung in Nordamerika. → S. 376

September 1607
Irland
Der irische Clan-Häuptling Hugh O'Neill, Earl of Tyrone (um 1540-20. 7. 1616) verlässt nach einem niedergeworfenen Aufstand mit anderen Stammesführern das Land. Dieser als »Flucht der Grafen« bezeichnete Auszug und die Konfiskation ihrer riesigen Ländereien markiert den Beginn der vollkommenen Anglisierung der Provinz Ulster durch protestantische Siedler aus England und Schottland.

14. 5. 1608
Deutsches Reich
Die protestantischen Reichsstände Anhalt, Ansbach, Baden-Durlach, Kulmbach, Hessen-Kassel, Kurbrandenburg, Kurpfalz, Pfalz-Neuburg, Württemberg sowie die Städte Straßburg, Ulm und Nürnberg schließen sich unter Führung des pfälzischen Kurfürsten Friedrich IV. (5. 3. 1574-19. 9. 1610) zur Union zusammen.

3. 7. 1608
Kanada
Der französische Seefahrer Samuel de Champlain (um 1565-25. 12. 1635) gründet die Siedlung Quebec.

9. 7. 1609
Böhmen
Unter dem Druck der protestantischen Stände unterzeichnet Kaiser Rudolf II. den »böhmischen Majestätsbrief«, der Protestanten und Katholiken gleiche Rechte gibt. Auch die schlesischen Stände erhalten am 20. 8. 1609 die Religionsfreiheit zugesichert.

10. 7. 1609
Deutsches Reich
Die katholischen Reichsstände Oberdeutschlands und der Rheinlande schließen sich unter Führung von Herzog Maximilian I. von Bayern (17. 4. 1573-27. 9. 1651) zur Liga zusammen.

1609
Böhmen
Der deutsche Astronom Johannes Kepler (27. 12. 1571-15. 11. 1630), seit 1601 Kaiserlicher Mathematiker in Prag, veröffentlicht die nach ihm benannten ersten beiden Gesetze der Planetenbewegung in seinem Hauptwerk »Astronomia nova«. 1619 veröffentlicht er seine Schrift »Harmonices mundi« mit dem dritten Gesetz der Planetenbewegung, 1627 seine Tafeln der Planetenbewegung: »Tabulae Rudolphinae« (rudolfinische Tafeln). → S. 378

1609
Niederlande
Der flämische Maler Peter Paul Rubens (28. 6. 1577-30. 5. 1640) wird Hofmaler des spanischen Statthalterpaares in Antwerpen und heiratet Isabella Brant. Er zählt zu den kreativsten und produktivsten Künstlern seiner Zeit. → S. 378

1609
Spanien
Der spanische Dramatiker Lope Félix de Vega Carpio, kurz Lope de Vega genannt (25. 11. 1562-27. 8. 1635), verfasst die Programmschrift »Arte nuevo de hacer comedias« über die spanische Theaterkunst. Von den mehr als 1500 Comedias, die er geschrieben haben soll, sind etwa 500 erhalten.

1609
Deutsches Reich
Die Straßburger »Relation aller fürnemmen und gedenckwürdigen Historien« und die »Aviso Relation oder Zeitung« in Wolfenbüttel sind die ersten regelmäßigen deutschen Zeitungen. → S. 378

1609
Nordamerika
Auf der Suche nach der Nordost- und der Nordwestpassage entdeckt der englische Polarfahrer Henry Hudson (*um 1550) die Mündung des Hudson River sowie 1610 die Hudsonstraße und die Hudsonbai. Nach einem harten Winter wird er bei einer Meuterei im Juni 1611 von seinen Matrosen ausgesetzt und bleibt verschollen.

14. 5. 1610
Frankreich
In Paris ermordet der katholische Fanatiker François Ravaillac den französischen König (seit 1589) Heinrich IV. (*13. 12. 1553). Auf dem Thron folgt ihm sein minderjähriger Sohn Ludwig XIII. (27. 9. 1601-14. 5. 1643), der bis 1614 unter der Vormundschaft seiner Mutter Maria von Medici steht.

30. 10. 1611
Schweden
In Nyköping stirbt Karl IX. (*4. 10. 1550), König von Schweden seit 1604. Den Thron besteigt sein Sohn Gustav II. Adolf (19. 12. 1594-16. 11. 1632).

20. 1. 1612
Deutsches Reich
In Prag stirbt Kaiser (seit 1576) Rudolf II. (*18. 7. 1552). Die Nachfolge tritt sein Bruder Matthias (24. 2. 1557-20. 3. 1619) an, der am 13. 6. 1612 zum Kaiser gewählt wird. Matthias hatte seinen Bruder bereits 1604 genötigt, zu seinen Gunsten auf die Herrschaft in Österreich, Ungarn und Mähren sowie 1611 auf Böhmen zu verzichten.

20. 1. 1613
Dänemark/Schweden
Der Friede von Knäred beendet den von Dänemark 1611 erneut eröffneten Krieg gegen Schweden. Dänemark erreicht die Freiheit des Livlandhandels, den Besitz der Finnmarken und erhält Älvsborg (in Südschweden) als Pfand.

14. 2. 1613
England
Elisabeth (1596-1662), älteste Tochter von König Jakob I. von England, wird mit Friedrich V. (26. 8. 1596-29. 11. 1632), dem Kurfürsten der Pfalz und Führer der Union der protestantischen Reichsstände, verheiratet.

21. 2. 1613
Russland
Mit der Wahl von Michael Fjodorowitsch Romanow (22. 7. 1596-13. 7. 1645), der am 11. 7. 1613 in Moskau zum Zaren gekrönt wird, endet die Zeit der Wirren. Er begründet das russische Kaiserhaus der Romanows, das von 1613 bis 1762 (davon bis 1730 in männlicher Linie) und in Form der Seitenlinie Romanow-Holstein-Gottorf bis 1917 in Russland herrscht. → S. 382

27. 10. 1614
Frankreich
In Paris treten zum letzten Mal bis 1789 die Generalstände (États généraux) zusammen, in Frankreich seit 1302 die Versammlung der Abgeordneten der drei Stände (Adel, Geistlichkeit sowie Städte und Bauern) aus allen Provinzen; die wegen des Steuerbewilligungsrechts bedeutenden Einfluss haben.

12. 11. 1614
Deutsches Reich
Der Vertrag von Xanten beendet den Jülich-Kleveschen Erbfolgestreit, an dem auch Frankreich und England Anteil nahmen. Der Konflikt war durch den Tod des kinderlosen Johann Wilhelm (1592-1609) ausgelöst worden. Daraufhin machten Brandenburg, Pfalz-Neuburg und Sachsen aus verwandtschaftlichen Gründen Ansprüche geltend. Nun wird Pfalz-Neuburg die Landesteile Jülich und Berg zugesprochen; Brandenburg erhält Kleve, Mark, Ravensberg und Ravenstein.

1615
Deutsches Reich
Das General-Oberst-Postmeisteramt im Reich und in den Niederlanden wird erbliches Lehen des Fürstenhauses Thurn und Taxis. Die aus der Lombardei stammende Familie war seit dem 15. Jh. mit der Beförderung der kaiserlichen Kurierpost betraut und erlangt 1695 die erbliche Reichsfürstenwürde.

1616
Osmanisches Reich
Nach siebenjähriger Bauzeit wird die Sultan-Ahmed-Moschee (auch Blaue Moschee) im Wesentlichen vollendet. Bauherr ist Sultan (1603-1617) Ahmed I. (18. 4. 1590-22. 12. 1617).

1616
Grönland
Der englische Seefahrer William Baffin (1584-23. 1. 1622) entdeckt auf der Suche nach der nordwestlichen Durchfahrt die nach ihm benannte Baffinbai zwischen Grönland und Baffinland. Baffins Suche nach der Nordwestpassage zum Pazifik ist jedoch erfolglos und wird daraufhin für mehr als 200 Jahre aufgegeben.

9. 3. 1617
Russland
Der Frieden von Stolbowo beendet die schwedische Besetzung von Nordrussland. Moskau gewinnt Nowgorod zurück, bleibt aber ohne direkten Zugang zur Ostsee, da Ostkarelien und Ingermanland bei Schweden bleiben.

23. 5. 1618
Böhmen
Der zweite Prager Fenstersturz, bei dem böhmische Protestanten aus Protest gegen die Verletzung des sog. Majestätsbriefes durch die katholische Regierung zwei kaiserliche Räte und einen Schreiber aus einem Fenster der Prager Burg werfen (alle drei überleben), leiteten den Böhmisch-Pfälzischen Krieg ein, die erste Phase des Dreißigjährigen Krieges. → S. 382

27. 8. 1618
Deutsches Reich
Nach dem Tod von Herzog Albrecht Friedrich von Preußen (*1553) fällt das Herzogtum (Ost-)Preußen an die brandenburgische Linie der Hohenzollern.

29. 10. 1618
England
In London wird der Seeheld Sir Walter Raleigh (*um 1554) enthauptet. König Jakob I. lässt aus außenpolitischen Rücksichten ein früher verhängtes Todesurteil gegen Raleigh vollstrecken, nachdem dieser eine Expedition nach Guyana unternommen und dort eine spanische Stadt zerstört hatte.

11. 12. 1618
Russland
Ein auf vierzehneinhalb Jahre geschlossener Waffenstillstand mit Russland beendet den Versuch des polnischen Kronprätendenten Wladislaw (IV., 19. 4. 1594-20. 5. 1648), die Zarenkrone zu gewinnen. Russland tritt das Gebiet von Smolensk und die sog. severischen Städte an der Desna (Ukraine) an Polen ab.

20. 3. 1619
Deutsches Reich
Nach dem Tod von Kaiser (seit 1612) Matthias (*24. 2. 1557) wird am 28. 8. 1619 sein Vetter Ferdinand II. (9. 7. 1578-15. 2. 1637) zum römisch-deutschen Kaiser gewählt. Er ist gleichzeitig König von Böhmen (1617) und Ungarn (1618).

13. 5. 1619
Niederlande
In Den Haag wird der niederländische Ratspensionär Jan van Oldenbarnevelt (*25. 9. 1547) nach einem Konflikt mit dem Statthalter Moritz von Nassau zum Tode verurteilt und hingerichtet.

22. 8. 1619
Böhmen
Die böhmischen Stände erklären Kaiser Ferdinand II. für abgesetzt und wählen den protestantischen Kurfürsten Friedrich V. von der Pfalz zum neuen König von Böhmen.

August 1619
Nordamerika
Die ersten 20 Negersklaven werden in Jamestown (Virginia) an Land gebracht.

1619
Java
Der niederländische Kolonisator Jan Pieterszoon Coen (8. 1. 1587-21. 9. 1629) gründet für die Ostindische Kompanie den Stützpunkt Batavia (Jakarta). Coen ist 1618-1623 und 1627-1629 Generalgouverneur von Niederländisch-Indien. → S. 383

8. 11. 1620
Böhmen
Durch seinen Sieg in der Schlacht am Weißen Berg bei Prag beendet Johann Tserclaes Graf von Tilly (1559-30. 4. 1632) als Führer der katholischen Truppen die Herrschaft des »Winterkönigs« Friedrich V., der sich ins niederländische Exil begibt.

21. 11. 1620
Nordamerika
Die »Mayflower« bringt die sog. Pilgerväter (Pilgrim Fathers, eine kleine Gruppe von englischen Puritanern, die in ihrer Heimat wegen ihrer religiösen Anschauung verfolgt werden) nach Nordamerika. In Cape Cod (heute Provincetown/Massachusetts) gründen die Pilger Plymouth Plantation und schließen am 22. 3. 1621 einen Vertrag mit dem Indianerhäuptling Massaoit.

31. 3. 1621
Spanien
Nach dem Tod von König (seit 1598) Philipp III. (*14. 4. 1578) geht die Herrschaft auf seinen Sohn Philipp IV. (8. 4. 1605-17. 9. 1665) über. Der prunk- und genussliebende Herrscher überlässt die Regierungsgeschäfte bis 1643 seinem Günstling Gaspar de Guzmán, Graf von Olivares (6. 1. 1587-22. 7. 1645). Er kann den Verlust der Niederlande, Portugals und Kataloniens nicht verhindern.

3. 6. 1621
Niederlande
Die Generalstaaten rufen die Westindien-Kompanie ins Leben, die das Handelsmonopol in Nordamerika erhält.

16. 9. 1621
Livland
König Gustav II. Adolf von Schweden erobert die Stadt Riga und ganz Livland nördlich der Düna, was endgültig 1660 von Polen anerkannt wird.

1621
England
Der englische Renaissancephilosoph und Staatsmann Francis Bacon (22. 1. 1561-9. 4. 1626) wird als Lordkanzler vom Unterhaus wegen Bestechlichkeit angeklagt und verurteilt, von König Jakob I. jedoch begnadigt. Bacon gilt als Begründer des englischen Empirismus, von ihm stammt der Satz »Wissen ist Macht«.

25. 2. 1623
Deutsches Reich
Kaiser Ferdinand II. überträgt die pfälzische Kurwürde, die bisher Friedrich V. von der Pfalz innehatte, dem bayerischen Herzog Maximilian I. auf Lebenszeit, als Dank für die Unterstützung gegen den böhmischen Aufstand.

1623
Spanien
Der spanische Maler Diego Rodríguez de Silva y Velázquez (getauft 6. 6. 1599-7. 8. 1660) wird Hofmaler bei König Philipp IV. Das künstlerische Werk umfasst sowohl naturalistische Darstellung aus dem Alltag, Porträts hoch gestellter Persönlichkeiten als auch religiöse Motive und Monumentalgemälde zeitgenössischer Ereignisse. → S. 384

29. 4. 1624
Frankreich
Kardinal Armand Jean du Plessis, Herzog von Richelieu (9. 9. 1585-4. 12. 1642), wird zum Ersten Minister in Frankreich berufen. Er erneuert die Verfolgung der Hugenotten, schaltet sie als politischen Machtfaktor aus und errichtet den absolutistischen Einheitsstaat. → S. 385

27. 3. 1625
England
Jakob I. (*19. 6. 1566), König von England (seit 1603) und (als Jakob VI. seit 1567) König von Schottland, stirbt. Sein Sohn Karl I. (19. 11. 1600-30. 1. 1649) tritt in England und Schottland die Herrschaft an.

23. 4. 1625
Niederlande
Als Nachfolger des in Den Haag verstorbenen Moritz von Nassau-Oranien (*14. 11. 1567) wird sein Bruder Friedrich Heinrich Prinz von Oranien (29. 1. 1584-14. 3. 1647) Statthalter der Republik der Vereinigten Niederlande.

Mai 1625
Dänemark
Angesichts der Versuche der Habsburger, die militärischen Erfolge zur Festigung der kaiserlichen Macht im Reich und zur Durchführung der Gegenreformation in Norddeutschland zu nützen, greift der dänische König Christian IV. auf Seiten der Protestanten in den Krieg ein. Er findet dabei Unterstützung durch England und die Niederlande. → S. 384

1625
Niederlande
Der niederländische Rechtsgelehrte, Theologe und Politiker Hugo Grotius (10. 4. 1583-28. 8. 1645), der als »Vater des modernen Völkerrechts« gilt, behandelt in seinem Werk »De jure belli ac pacis« fast alle Probleme des zeitgenössischen Staats- und Völkerrechts.

25. 4. 1626
Deutsches Reich
Der böhmische Großgrundbesitzer Albrecht Wenzel Eusebius von Wallenstein (24. 9. 1583-25. 2. 1634), der im kaiserlichen Auftrag ein eigenes Heer zusammengestellt hatte, besiegt in der Schlacht bei Dessau das protestantische Heer des Söldnerführers Ernst II. Graf zu Mansfeld (1580-29. 11. 1626).

4. 5. 1626
Nordamerika
Der in Diensten der niederländischen Westindischen Kompanie stehende Peter Minnewit (Minuit) aus Wesel am Niederrhein kauft die Insel Manhattan von den Manhatto-Indianern für Waren im Wert von nur 24 Dollar. Das bald danach gegründete Neu-Amsterdam an der Südspitze von Manhattan erhält 1653 Stadtrechte und hat 1664 bereits rd. 1500 Einwohner.
→ S. 387

27. 8. 1626
Deutsches Reich
Der kaiserliche Feldherr Johann Tserclaes Graf von Tilly besiegt in der Schlacht bei Lutter am Barenberge Christian IV. von Dänemark.

26. 12. 1627
Italien
Mit dem Tod von Herzog Vincenco II. (*1594) erlischt das Haus der Gonzaga, die seit 1328 in direkter Linie die Stadt Mantua beherrscht haben. Daraufhin beginnt der Mantuanische Erbfolgekrieg zwischen Frankreich und den Habsburgern, in dem schließlich am 16. 4. 1631 Frankreich mit der Anerkennung der französischen Linie Gonzaga–Nevers seine Ansprüche durchsetzt.

1627
Deutsches Reich
Der kaiserliche Feldherr Albrecht Wenzel Eusebius von Wallenstein drängt den dänischen König Christian IV. von Dänemark nach Norden zurück und erobert Mecklenburg, Holstein, Schleswig und Jütland. Der Kaiser ernennt Wallenstein 1628 zum »General des ozeanischen und baltischen Meeres« und verleiht ihm am 16. 6. 1629 das Herzogtum Mecklenburg als erbliches Lehen.

7. 6. 1628
England
Im Konflikt mit dem Parlament muss König Karl I. der »Petition of Right« zustimmen. Er verzichtet damit auf jedes besondere Kriegs- und Notrecht, die Zustimmung zur Steuerbewilligung bleibt Sache des Parlaments, die Regierungsverantwortlichkeit gegenüber dem Parlament bleiben ebenso erhalten wie die Garantien der persönlichen Freiheiten durch die Habeas-Corpus-Akte.

23. 8. 1628
England
In Portsmouth ermordet ein Leutnant Fenton den englischen Staatsmann George Villiers, Herzog von Buckingham (*28. 8. 1592). Als Günstling des früheren Königs Jakob I. hatte er eine rasche Karriere gemacht und war bis 1619 aus dem ländlichen Kleinadel zum Lord High Admiral aufgestiegen. Seine wechselhafte Außenpolitik, die England sowohl in Konflikte mit Spanien als auch mit Frankreich brachte, führte zur Einleitung eines Amtsenthebungsverfahrens, das König Karl I. durch Auflösung des Parlaments verhinderte.

28. 10. 1628
Frankreich
Nach fast 15-monatiger Belagerung kapituliert die Hugenottenstadt La Rochelle vor den königlichen Truppen. Im Edikt von Alés wird die Glaubensfreiheit der Hugenotten bestätigt, allerdings verlieren sie den größten Teil ihrer im Toleranzedikt von Nantes 1598 zugebilligten Festungen.

1628
England
Der englische Anatom William Harvey (1. 4. 1578-3. 6. 1657) begründet die Lehre vom Blutkreislauf, womit er zugleich die Vorstellungen der antiken Medizin widerlegt. → S. 387

6. 3. 1629
Deutsches Reich
Kaiser Ferdinand II. erlässt das Restitutionsedikt, gemäß dem alle seit dem Passauer Vertrag (1552) von den Protestanten eingezogenen Stifte und Kirchengüter an die Katholiken zurückgegeben, die Reformierten vom Religionsfrieden ausdrücklich ausgeschlossen und den katholischen Reichsständen das Recht zur Rekatholisierung ihrer Untertanen eingeräumt wird. Im Westfälischen Frieden 1648 müssen die Habsburger auf die Durchführung des Restitutionsedikts verzichten.

10. 3. 1629
England
Im Streit mit dem Parlament über die königliche Verfassungs-, Religions- und Finanzpolitik löst König Karl I. das Parlament auf und regiert bis 1640 ohne Unterhaus.

22. 5. 1629
Deutsches Reich
Der Lübecker Friede zwischen Kaiser Ferdinand II. und König Christian IV. von Dänemark beendet den sog. Dänischen Krieg. Für die Wiedererlangung seiner Besitzungen verzichtet Christian auf weitere Einmischung im Reich und auf Ansprüche auf die Stifte Bremen, Verden und Schwerin.

6. 7. 1630
Deutsches Reich
König Gustav II. Adolf von Schweden landet mit 13 000 Mann auf der Insel Usedom. Die Festigung der kaiserlichen Machtstellung in Norddeutschland, vor allem die Pläne zur Errichtung einer kaiserlichen Ostseeherrschaft und die Bedrohung des Protestantismus veranlassen ihn zum Eingreifen. → S. 386

13. 8. 1630
Deutsches Reich
Auf dem Regensburger Reichstag erzwingen die deutschen Kurfürsten die Absetzung von Albrecht Wenzel Eusebius von Wallenstein als kaiserlichen Feldhauptmann.

17. 9. 1630
Nordamerika
Puritanische Siedler der Massachusetts Bay Company gründen die Siedlung Trimountane, deren Name jedoch in Boston umgewandelt wird. Sie wird 1632 Hauptstadt der Kolonie Massachusetts.

11. 11. 1630
Frankreich
Nachdem der leitende Minister Armand Jean du Plessis, Herzog von Richelieu, einer Verschwörung des Hochadels entkommen ist, lässt er die Befestigungen der Adelsburgen schleifen und verbietet die Duelle. Zu den Häuptern der Verschwörung zählt die Königinmutter Maria von Medici, die zeitweise sogar in Haft gesetzt wird, jedoch ins Ausland entkommt.

23. 1. 1631
Deutsches Reich
In Bärwalde (bei Stettin) unterzeichnet der schwedische König Gustav II. Adolf eine zunächst auf fünf Jahre befristete Übereinkunft mit dem katholischen Frankreich, womit die schwedische Kriegsführung durch Zahlung von Subsidien unterstützt wird.

26. 4. 1631
Italien
Mit dem Aussterben des Hauses della Rovere fällt das Herzogtum (seit 1474) Urbino an den Kirchenstaat zurück und verliert rasch an Bedeutung.

20. 5. 1631
Deutsches Reich
Johann Tserclaes Graf von Tilly, der neue Generalissimus der kaiserlichen Truppen, erobert Magdeburg. Die Hochburg der Protestanten wird ausgeplündert und anschließend in Brand gesteckt.

17. 9. 1631
Deutsches Reich
Der schwedische König Gustav II. Adolf besiegt bei Breitenfeld (in der Nähe von Leipzig) entscheidend den kaiserlichen Generalissimus Johann Tserclaes Graf von Tilly, der am 15. 4. 1632 bei der gegen die Schweden verlorenen Schlacht bei Rain am Lech tödlich verwundet wird und am 30. 4. 1632 in Ingolstadt stirbt.

15. 12. 1631
Deutsches Reich
Einen Monat nach der Eroberung von Prag durch ein sächsisches Heer beauftragt Kaiser Ferdinand II. erneut Albrecht Wenzel Eusebius von Wallenstein mit der Kriegführung gegen den Schwedenkönig.

30. 4. 1632
Polen
Nach dem Tod von Sigismund III. Wasa (20. 6. 1566) folgt ihm sein Sohn Wladislaw IV. Wasa (19. 4. 1594-20. 5. 1648) auf dem Thron. Er wird im November 1632 einstimmig zum König gewählt.

16. 11. 1632
Deutsches Reich
In der für die Schweden siegreichen Schlacht bei Lützen fällt König Gustav II. Adolf (*19. 12. 1594). Königin von Schweden (bis 1654) wird seine unmündige Tochter Christine (17. 12. 1626-19. 4. 1689). Die Leitung der Politik liegt in den Händen des Reichskanzlers Axel Oxenstierna, Graf von Södermöre (26. 6. 1583-7. 9. 1654).

1632
Nordamerika
Lord Cecil Calvert Baltimore (1605-1675) gründet mit Erlaubnis des englischen Königs Karl I. die Kolonie Maryland, die Religionsfreiheit für alle christlichen Bekenntnisse gewährt und somit auch Zufluchtsstätte für Katholiken aus England und Irland wird.

1632
England
Der flämische Maler Anthonis van Dyck (22. 3. 1599-9. 12. 1641) wird Hofmaler von König Karl I. in London und dort vor allem als Porträtist der höfischen Gesellschaft gefeiert. Er gilt neben Peter Paul Rubens als der bedeutendste Meister der flämischen Barockmalerei.

1632
Polen
Der mährische Theologe und Pädagoge Johann Amos Comenius (28. 3. 1592-15. 11. 1670) wird durch sein Hauptwerk »Didactia Magna« zum Begründer der modernen Pädagogik.

1632/33
Frankreich
Der französische Grafiker Jacques Callot (1592-24. 3. 1635) fertigt seine berühmten Radierungen »Misères de la guerre« (Die Schrecken des Krieges) an.

22. 6. 1633
Italien
Der italienische Mathematiker und Physiker Galileo Galilei (15. 2. 1564-8. 1. 1642) muss in Rom vor dem Inquisitionsgericht seine Lehre widerrufen. Nach seiner Berufung als Hochschullehrer nach Florenz (1610) war er dort 1615 wegen seines Bekenntnisses zum heliozentrischen, kopernikanischen Weltsystem mit der Kirche in Konflikt geraten und wurde deshalb 1616 zum Schweigen verurteilt. → S. 388

25. 2. 1634
Böhmen
In Eger wird Albrecht Wenzel Eusebius von Wallenstein (*24. 9. 1583) von kaisertreuen Offizieren ermordet. Er hatte sich durch seine gleichzeitigen Verhandlungen mit den Schweden, mit Brandenburg und Sachsen am Wiener Hof verdächtig gemacht. Ein kaiserliches Patent vom 24. 1. 1634 bezichtigte ihn des Verrats und befahl, ihn tot oder lebendig zu fangen.

14. 6. 1634
Polen/Russland
Die Friedensverhandlungen an der Pljanovsk beenden den 1632 ausgebrochenen russisch-polnischen Krieg um Smolensk. Russland tritt fast alle besetzten Städte wieder ab, der polnische König Wladislaw IV. Wasa erhält eine Kriegsentschädigung und verzichtet auf seine Ansprüche auf den Zarenthron.

6. 9. 1634
Deutsches Reich
In der Schlacht bei Nördlingen wird der schwedische Heerführer Gustaf Horn, Graf von Björneborg (22. 10. 1592-10. 5. 1657), seit dem Tod von König Gustav II. Adolf Oberbefehlsha-

ber der schwedischen Truppen in Deutschland, von den Kaiserlichen geschlagen und ist bis 1642 in Gefangenschaft.

25. 1. 1635
Frankreich
Aus einem Kreis von Schriftstellern und Gelehrten, die im Haus des Literaten Valentin Conrart (1603-23. 9. 1675) in Paris verkehren, geht die Académie française zur Pflege der französischen Sprache und Literatur hervor, die nun durch den leitenden Minister Armand Jean du Plessis, Herzog von Richelieu, zur staatlichen Institution erweitert wird.

30. 5. 1635
Deutsches Reich
Kaiser Ferdinand II. schließt mit dem sächsischen Kurfürsten Johann Georg I. (15. 3. 1585-18. 10. 1656) den Prager Frieden, dem sich die meisten Reichsstände anschließen. Der Kaiser verzichtetet darin auf die Durchführung des sog. Restitutionsedikts von 1629 und belässt den Protestanten jene Hochstifte und Abteien, die am 21. 11. 1627 in ihrem Besitz waren. Dafür billigt Sachsen die Übertragung der pfälzischen Kurfürstenwürde auf Bayern.

27. 10. 1635
Deutsches Reich
Die Franzosen stellen durch den Vertrag von St.-Germain-en-Laye dem protestantischen Herzog Bernhard von Sachsen-Weimar (16. 8. 1604-18. 7. 1639) Geldmittel für die Kriegführung zur Verfügung. Er bekämpft erfolgreich die Kaiserlichen in Lothringen, Burgund und am Oberrhein. Mit der Intervention der Franzosen beginnt die vierte, die blutigste Epoche des Dreißigjährigen Krieges.

1635
Spanien
Pedro Calderón de la Barca (17. 1. 1600-25. 5. 1681) wird Hofdramatiker in Madrid. Von Calderón sind etwa 120 Dramen (Comedias), 80 geistliche Festspiele (Autos sacramentales) und zahlreiche Kurzszenen erhalten.

28. 10. 1636
Nordamerika
In Cambridge bei Boston wird die Harvard University gegründet.

Januar 1637
Frankreich
Der französische Bühnendichter Pierre Corneille (6. 6. 1606-11. 10. 1684) bringt in Paris seine Tragikomödie »Der Cid« zur Uraufführung.

15. 2. 1637
Deutsches Reich
Nach dem Tod von Ferdinand II. (*9. 7. 1578) wird sein Sohn Ferdinand III. (13. 7. 1608-2. 4. 1657), König von Ungarn (1626) und Böhmen (1627), römisch-deutscher Kaiser. Bereits am 22. 12. 1636 ist er zum deutschen König gewählt worden.

28. 7. 1637
Nordamerika
Weiße Siedler aus den englischen Kolonien Plymouth, Massachusetts und Connecticut rotten den Indianerstamm der Pequots aus. Die Landnahme der Weißen hatte die Indianer zum Widerstand herausgefordert.

1637
Niederlande
Anonym veröffentlicht in Leiden der französische Philosoph, Mathematiker und Naturforscher René Descartes (31. 3. 1596-11. 2. 1650) seine Schrift »Discours de la méthode pour bien conduire et chercher la verité dans les sciences« (Abhandlung über die Methode, seine Vernunft richtig zu leiten und die Wahrheiten in den Wissenschaften zu suchen). → S. 389

1637
Frankreich
Der Mathematiker Pierre de Fermat (17. 8. 1601-12. 1. 1665) formuliert das fermatsche Theorem, die Unmöglichkeit, die Gleichung x n + y n = z n für natürliche Zahlen von x, y, z und für ganzzahlige n >2 lösen zu können. Der Satz wird erst 1993 durch den englischen Mathematiker Andrew J. Wiles allgemein bewiesen.

28. 2. 1638
Schottland
Im National Convenant schließen sich die presbyterianischen schottischen Stände zur Wahrung der Einheit des Evangeliums zusammen. Der Versuch, die weitgehend unabhängige schottische presbyterianische Kirche durch ein »Book of Canons« der königlichen Oberhoheit unterzuordnen, wird im November 1638 von der schottischen Nationalversammlung zurückgewiesen.

1639
Niederlande
Der seit 1631 in Amsterdam ansässige niederländische Maler und Grafiker Rembrandt (eigentl. Rembrandt Harmensz. van Rijn, 15. 7. 1606-4. 10. 1669) erreicht nach der Heirat mit Saskia van Uylenburgh (†1642), deren Vermögen ihm zu Wohlstand verhilft, mit dem Kauf eines eigenen Hauses den Höhepunkt seines gesellschaftlichen Ansehens. → S. 388

1639
Indien
Die englische East India Company gründet Fort St. George, aus dem die Stadt Madras hervorgeht.

1639
Japan
Nachdem bereits seit 1614 die rd. 500 000 Christen in Japan verfolgt wurden, müssen die bisher in Japan ansässigen Portugiesen das Land verlassen. Nur Holländern und Chinesen wird ein streng kontrollierter Handel über die Insel Deshima im Hafen von Nagasaki gestattet. Da auch den Japanern bei Todesstrafe das Verlassen ihrer Inseln untersagt ist, bleibt Japan bis 1853 gänzlich vom Ausland abgeschlossen.

13. 4. 1640
England
Aus Geldnot und angesichts eines drohenden Religionskrieges gegen Schottland muss König Karl I. das Parlament wieder einberufen. Allerdings werden die widerspenstigen Abgeordneten am 5. 5. wieder nach Hause geschickt, jedoch am 3. 11. 1640 wieder einberufen und tagen als sog. langes Parlament bis 1653.

15. 12. 1640
Portugal
Mit König Johann IV. (1604-6. 11. 1656) aus dem Haus Bragança löst sich Portugal aus der Personalunion mit Spanien. Unter der neuen Dynastie, die bis 1853 (in Form des Hauses Bragança-Coburg bis 1910) herrscht, kann Portugal mit englischer Hilfe die gänzliche Unabhängigkeit zurückerlangen.

16. 2. 1641
England
Durch den sog. Triennial Act wird festgelegt, dass der englische König mindestens alle drei Jahre das Parlament einberufen muss. Das Gesetz wird 1716 revidiert, fortan darf eine Parlamentsperiode nicht länger als sieben Jahre dauern. 1911 wird die Parlamentsperiode auf fünf Jahre verkürzt.

12. 5. 1641
England
In London wird der Hauptratgeber von König Karl I., Thomas Wentworth, Earl of Strafford (*13. 4. 1593), auf Betreiben des Parlaments wegen angeblicher Verletzung fundamentaler Grundrechte hingerichtet. Der König stimmt der Hinrichtung zu, um seinen eigenen Kopf zu retten.

23. 10. 1641
Irland
Angesichts der Verfassungskämpfe in England beginnt in Irland der sog. Große Aufstand, in dessen Verlauf tausende englische Siedler in Ulster von den enteigneten Iren getötet werden.

1641
Ostasien
Die Holländer vertreiben die seit 1511 hier ansässigen Portugiesen aus der wichtigen Hafenstadt Malakka im heutigen Malaysia.

1641
Indien
Die aus Tibet stammende Herrscherfamilie Namgjal beseitigt in Sikkim im Westen Indiens die einheimischen Leptscha-Fürsten. Sikkim ist bis 1975 ein selbstständiges Königreich.

4. 1. 1642
England
König Karl I. versucht persönlich fünf ihm feindlich gegenüberstehende Parlamentsabgeordnete wegen Hochverrats zu verhaften. Doch die Oppositionellen – darunter John Pym (1584-8. 12. 1643), Führer des »Langen Parlaments« – werden gewarnt und können entkommen. Am 10. 1. 1642 flieht der König mit seiner Familie nach Oxford.

22. 8. 1642
England
Nachdem ein letzter Verständigungsversuch zwischen König und Unterhaus am 18. 6. 1642 gescheitert ist, befiehlt König Karl I. seinen »Cavaliers« den Angriff auf London. Er wird von einer Parlamentsarmee unter dem Befehl von Robert Devereux, Earl of Essex (1591-14. 9. 1646), abgewiesen. Essex kommandiert bis April 1645 die Armee des Parlaments (sog. Roundheads).

2. 11. 1642
Deutsches Reich
In der zweiten Schlacht bei Breitenfeld besiegen die Schweden unter ihrem Oberkommandierenden Lennart Torstensson, Graf von Ortala (17. 8. 1603-7. 4. 1651), die Kaiserlichen unter Ottavio Piccolomini, Herzog von Amalfi (11. 11. 1599-11. 8. 1656).

24. 11. 1642
Australien
Der von der Vereenigden Oostindischen Compagnie ausgeschickte niederländische Seefahrer Abel Janszoon Tasman (1603-Oktober 1659) entdeckt die nach ihm benannte Insel Tasmanien (bis 1856 Van Diemen's Land) und die Südinsel von Neuseeland.

4. 12. 1642
Frankreich
In Paris stirbt Armand Jean du Plessis, Herzog von Richelieu (*9. 9. 1585), seit 1624 leitender Minister. Auf seine Empfehlung hin wird Kardinal Jules Mazarin (14. 7. 1602-9. 3. 1661), ein gebürtiger Italiener, Richelieus Nachfolger als leitender Staatsmann.

1642
Deutsches Reich
Der aus Basel gebürtige Kupferstecher Matthäus Merian (22. 9. 1593-19. 6. 1650) gibt als Besitzer eines eigenen Verlags in Frankfurt am Main die »Topographia« Europas heraus, ein 30-bändiges Stichwerk mit mehr als 2000 Stadtansichten, Plänen und Karten. Das Gesamtwerk wird 1688 durch seine Söhne abgeschlossen. → S. 389

14. 5. 1643
Frankreich
In Saint-Germain-en-Laye stirbt König Ludwig XIII. (*27. 9. 1601). Der Thron geht auf seinen vierjährigen Sohn Ludwig XIV. (5. 9. 1638-1. 9. 1715) über, der bis 1661 unter Vormundschaft seiner Mutter Anna von Österreich (22. 9. 1601-20. 1. 1666) und von Kardinal Jules Mazarin steht.

19. 5. 1643
Nordamerika
Wachsende Spannungen mit den niederländischen Kolonialisten und ständige Auseinandersetzungen mit den Indianern führen zum Zusammenschluss der englischen Siedler von Massachusetts Bay, Plymouth, Connecticut und New Haven in der Neuengland-Konföderation.

2. 6. 1644
England
In der Schlacht bei Marston Moor in der Grafschaft York werden die königlichen Truppen von der Parlamentsarmee unter Führung des Kleinadligen Oliver Cromwell (25. 4. 1599-3. 9. 1658) vernichtend geschlagen. Cromwell hat eine Privatarmee um sich gesammelt (sog. Ironsides) und wird nach dem Sieg von Marston Moor mit der Neuaufstellung des Parlamentsheeres beauftragt.

6. 6. 1644
China
Shi-Tsu (1638–1662) ist der erste chinesische Kaiser der Ch'ing, der bis 1911 in China herrschenden Mandschu-Dynastie. → S. 390

14. 6. 1645
England
In Naseby südlich von Leicester besiegt im englischen Bürgerkrieg das Parlamentsheer die königstreuen Truppen unter Prinz Rupprecht von der Pfalz (1619-1682) und entscheidet damit die erste Phase des englischen Bürgerkriegs zugunsten des Parlaments.

13. 7. 1645
Russland
In Moskau stirbt Zar (seit 1613) Michael Fjodorowitsch (*22. 7. 1596), der Gründer der Dynastie Romanow. Die Nachfolge tritt sein Sohn Alexej Michailowitsch (19. 3. 1629-29. 1. 1676) an.

13. 8. 1645
Schweden
Der Friede von Brömsebro zwischen Schweden und Dänemark verdrängt Dänemark nach zweijährigem Krieg aus seiner beherrschenden Stellung in Nordeuropa. Schweden sichert sich die Ostseeinseln Ösel und Gotland sowie die Provinzen Jämtland, Herjedalen und Halland.

23. 1. 1647
England
Für 400 000 Pfund liefert der schottische Adlige Archibald Campbell., Marquess of Argyll, den englischen König Karl I. an das englische Parlament aus. Der König wird am 3. 6. von Soldaten entführt und flieht am 11. 11. 1647 auf die Insel Wight, von wo aus er sich Hilfe suchend an die Schotten wendet.

30. 1. 1648
Russland
Der ukrainische Kleinadlige Bogdan Chmielnicki (um 1595-6. 8. 1657) wird zum Kosakenhauptmann der Ukraine gewählt, besiegt polnische Heere in der Schlacht an den »Blauen Wassern« (5./6. 5. 1648) und Korsun (16. 5. 1648), zieht am 23. 12. 1648 in Kiew ein und vereinbart 1654 im Vertrag von Perejaslawl den Anschluss der Ukraine an Russland.

28. 2. 1648
Dänemark
Nach dem Tod von König (seit 1596) Christian IV. (*12. 4. 1577) besteigt Friedrich III. (18. 3. 1609-9. 2. 1670) den Thron. Nach zwei verlustreichen Kriegen gegen Schweden führt er die Erbmonarchie ein, die im Königsgesetz (Lex regia) von 1665 verankert ist.

20. 5. 1648
Polen
In Merecz (Litauen) stirbt König (seit 1632) Wladislaw IV. Wasa (*19. 4. 1594). Zum Nachfolger wird im November 1648 sein Halbbruder Johann II. Kasimir (22. 3. 1609-16. 12. 1672) gewählt, der letzte polnische Herrscher aus der Dynastie Wasa.

26. 8. 1648
Frankreich
Mit einem Volksaufstand, der vom Parlament ausgeht, beginnt die Empörung der Fronde (franz. = die »Schleuder«), die sich gegen Kardinal Jules Mazarin und das absolutistische Königtum richtet.

24. 10. 1648
Deutsches Reich
Der Westfälische Friede zu Münster und Osnabrück beendet den Dreißigjährigen Krieg, der sich – aus konfessionellen Gegensätzen entstanden – zu einem auf deutschem Boden geführten Machtkampf um die europäische Stellung des Hauses Habsburg entwickelt hatte. → S. 390

1648
Indien
In Agra (Nordindien) wird der Taj-Mahal vollendet, erbaut vom Mogulkaiser (1628-1658) Schah Dschahan (1592-22. 1. 1666) als Mausoleum für seine früh verstorbene Gemahlin Mumtaz-i-Mahal. → S. 390

29. 1. 1649
Russland
Nach einem Volksaufstand gegen den Zarenerzieher Boris Morozow in Moskau (1.-10. 6. 1648) wird in Russland durch eine im Juni erlassene Reichsversammlung ein neues Gesetzbuch erlassen (»Uloschenje«), das u.a. die Leibeigenschaft verschärft und bis ins 19. Jh. hinein gültig bleibt.

30. 1. 1649
England
Nach einem Schauprozess vor einem Sondergericht wird König Karl I. (*19. 11. 1600) vor seinem Palast in Whitehall hingerichtet. Am 19. 5. 1649 wird ein Staatsrat gebildet, dem u.a. Oliver Cromwell angehört. Der englische Staat führt fortan die Bezeichnung Commonwealth.
→ S. 393

11. 9. 1949
Irland
Um die irische Rebellion, die nach der Hinrichtung von König Karl I. erneut aufgeflammt ist, zu unterdrücken, lässt der im Mai 1649 in Dublin gelandete Oliver Cromwell im Blutbad von Drogheda tausende von Iren töten. Am 11. 10. muss Wexford vor Cromwell kapitulieren, am 27. 10. 1649 auch Limerick.

1650-1699

9. 10. 1651
England
Oliver Cromwell erlässt die Navigationsakte (geltend bis 1849), die vor allem dem niederländischen Zwischenhandel einen vernichtenden Schlag versetzt und den Vorrang der englischen Schifffahrt festigt: Kolonialgüter dürfen ausschließlich auf englischen Schiffen nach England befördert werden. → S. 392

1651
England
Der englische Philosoph und Staatstheoretiker Thomas Hobbes (5. 4. 1588-4. 12. 1679) veröffentlicht sein Hauptwerk »Leviathan«, in der er seine Lehre vom Naturzustand und vom Gesellschaftsvertrag (Naturrecht) darlegt. → S. 392

März 1652
Polen
Erstmals wird im polnischen Sejm (Adelsparlament) vom »Liberum veto« Gebrauch gemacht, dem Recht jedes Abgeordneten, gegen einen Beschluss Einspruch zu erheben, wodurch dieser unwirksam wird. Dieses Recht erschwert erheblich die Gesetzgebung und erleichtert die Einflussnahme von außen, wird jedoch erst 1764 praktisch abgeschafft.

6. 4. 1652
Südafrika
Als Versorgungsstation für die Schiffe der holländischen Ostindien-Kompanie gründet der Arzt Jan van Riebeeck die Siedlung Kapstadt.

1652
England
Der Schuhmacher und Wanderprediger George Fox (1624-13. 1. 1691) gründet die Society of Friends, die bald die Bezeichnung Quäker (engl. = Zitterer) erhält. Die im Gegensatz zur Staatskirche stehende Gemeinschaft von Laien, die religiöse Ernsthaftigkeit mit praktischer Nächstenliebe verbindet, gewinnt vor allem in Nordamerika zahlreiche Anhänger.

Januar 1653
Frankreich
Nach dem gescheiterten Aufstand der Adelsopposition (Fronde) kehrt der im Januar 1649 geflohene Kardinal Jules Mazarin aus dem Exil zurück.

20. 4. 1653
England
Oliver Cromwell löst das Rumpfparlament auf. Ein am 4. 7. einberufenes independistisches Parlament, das sich am 6. 12. wieder auflöst, trägt Cromwell am 16. 12. das Amt eines Lordprotektors an. Cromwell ist damit praktisch Alleinherrscher.

1653
Frankreich
Der seit 1645 in Frankreich tätige, aus Florenz gebürtige Jean-Baptiste Lully (28. 11. 1632-22. 3. 1687) wird königlicher Hofkomponist, 1662 auch Kapellmeister der königlichen Familie. Er wird dort stilprägend für die französische Barockoper, deren prunkvolle Ausstattung dem Herrschaftsstil von König Ludwig XIV. entspricht.

5. 4. 1654
England
Der Friede von Westminster beendet den ersten englisch-niederländischen Seekrieg. Die Niederlande müssen die ihren Handel schädigende englische Navigationsakte anerkennen.

16. 6. 1654
Schweden
Christine, seit 1632 Königin von Schweden, legt wegen ihres Übertritts zum Katholizismus gemäß der Verordnung von Örebro (1617) die Krone nieder. Neuer König von Schweden wird ihr Vetter, Karl X. Gustav (8. 11. 1622-23. 2. 1660) aus dem Haus Pfalz-Zweibrücken.

1654
Deutsches Reich
Der Magdeburger Bürgermeister Otto von Guericke (20. 11. 1602-11. 5. 1686), der 1649 die Luftpumpe erfunden hat, beweist auf dem Regensburger Reichstag die Existenz des atmosphärischen Luftdrucks mit den luftleer gepumpten Magdeburger Halbkugeln.

1654
Frankreich
Der französische Mathematiker, Physiker und Philosoph Blaise Pascal (19. 6. 1623-19. 8. 1662) beginnt mit seinem unvollendeten Hauptwerk »Pensées sur la religion« (posthum zuerst 1670). Pascals Denken befasst sich u.a. mit den Grenzen rationaler Erkenntnis und dem Recht intuitiver Gewissheit (»Logik des Herzens«).

22. 1. 1655
Westindien
Admiral William Penn (1621-1670), Vater des gleichnamigen Quäker-Missionars, nimmt die Insel Jamaika für England in Besitz.

Sommer 1655
Polen
Der schwedische König Karl X. von Schweden nimmt den Anspruch des in Polen regierenden katholischen Wasa Johann II. Kasimir auf die schwedische Krone zum Anlass, um in Polen einzufallen. Er erobert im September Warschau und im Oktober Krakau.

17. 1. 1656
Brandenburg
Der schwedische König Karl X. Gustav schließt mit Kurfürst Friedrich Wilhelm von Brandenburg (16. 2. 1620-9. 5. 1688) in Königsberg ein Bündnis und besiegt mit dessen Hilfe die Polen. Jedoch veranlassen die ungebrochene Kampfkraft Polens, der Einfall russischer Truppen in Livland (17. 5. 1656) und die dänische Kriegserklärung an Schweden Friedrich Wilhelm, am 19. 9. 1657 den Vertrag von Wehlau mit Polen zu schließen, in dem Brandenburg die Souveränität über Preußen (das spätere Ostpreußen) zuerkannt wird.

1656
Ceylon
Die niederländische Vereenigde Oostindische Compagnie verdrängt die Portugiesen gänzlich aus Ceylon, dem wichtigen Umschlagplatz für den Gewürzhandel.

2. 4. 1657
Deutsches Reich
In Wien stirbt der römisch-deutsche Kaiser Ferdinand III. (*13. 7. 1608). Erst am 18. 7. 1658 wird sein Sohn Leopold I. (9. 6. 1640-5. 5. 1705) zum Kaiser gewählt und sieht sich – obwohl persönlich musisch interessiert und wenig tatkräftig – während seiner Herrschaft in zahlreiche Kriege verwickelt.

26. 2. 1658
Dänemark
Der Friede von Roskilde beendet die erste Phase des 1655 begonnenen Nordischen Krieges. Dänemark muss seinen Besitz auf schwedischem Boden räumen; Schweden erhält Zugang zur Ostsee.

26. 6. 1658
Indien
Mohammed Muhi Ad din Aurangseb Alamgir I. (3. 11. 1618-2. 3. 1707) reißt als Großmogul die Macht an sich. Unter ihm erreicht das Mogulreich die größte Ausdehnung. → S. 395

3. 9. 1658
England
In London stirbt der Lordprotektor Oliver Cromwell (*25. 4. 1599). Das Amt geht auf seinen von ihm bereits als Nachfolger designierten Sohn Richard Cromwell (4. 10. 1626-12. 7. 1712) über, der jedoch bereits am 24. 5. 1659 auf Drängen des Langen Parlaments und des Heeres zurücktreten muss. Neuer starker Mann ist General George Monk (6. 12. 1608-3. 1. 1670), der eine neue Militärherrschaft verhindert, die Wahlen zum Konventionsparlament in die Wege leitet und so die Rückkehr der Stuarts ermöglicht.

7. 11. 1659
Spanien/Frankreich
Auf der Fasaneninsel im Grenzfluss Bidassoa schließen der durch Kardinal Jules Mazarin vertretene Ludwig XIV. von Frankreich und König Philipp IV. von Spanien den sog. Pyrenäenfrieden. Er beendet den seit 1635 geführten Krieg und entscheidet das 150-jährige Ringen Frankreichs gegen die spanisch-habsburgische Umklammerung zugunsten der Franzosen. Die Pyrenäen werden zur Grenze zwischen Frankreich und Spanien, das u.a. seine Stellung im Artois, in Flandern, Luxemburg, Lothringen und Pignerol verloren geben muss. Frankreich wiederum gibt den unter seinem Einfluss verbleibenden Herzögen von Lothringen und Savoyen sowie dem Herzog von Mòdena ihre Besitzungen zurück. Ludwig XIV. heiratete die spanische Infantin Maria Theresia, genannt Maria von Österreich (10. 9. 1638-30. 7. 1683).

23. 2. 1660
Schweden
In Göteborg stirbt Karl X. Gustav (*8. 11. 1622). Ihm folgt sein Sohn Karl XI. (24. 11. 1655-5. 4. 1697) nach, der bis 1672 unter vormundschaftlicher Regierung steht.

3. 5. 1660
Polen
Der Friede von Oliva (nordwestlich von Danzig) zwischen dem Kaiser, Polen, Brandenburg und Schweden beendet den schwedisch-polnischen Krieg. Polen und Schweden erkennen die Souveränität des Kurfürsten von Brandenburg im Herzogtum Preußen an; Polen überlässt Schweden das nördliche Livland, Estland und die Insel Ösel, die polnischen Wasa verzichten auf den schwedischen Thron. → S. 394

29. 5. 1660
England
Aus dem Exil im niederländischen Breda kehrt König Karl II. (29. 5. 1630-6. 2. 1685) nach London zurück. Am 5. 5. hatte das neu gewählte royalistisch-presbyterianisch geprägte Parlament seine Rückkehr beschlossen, mit der die Zeit des republikanischen »Commonwealth« (1469-1659) beendet wird.

10. 3. 1661
Frankreich
Einen Tag nach dem Tod des leitenden Ministers Jules Mazarin (*14. 7. 1602) tritt König Ludwig XIV. die Alleinherrschaft an. Der 1661 zum Oberintendanten der Finanzen berufene Jean-Baptiste Colbert, Marquis de Seignelay (29. 8. 1619-6. 9. 1683), legt die wirtschaftliche Grundlage für den Absolutismus durch die Steigerung der Staatseinkünfte, Förderung von Handel und Industrie sowie die Verbesserung von Straßen und Wasserwegen. → S. 394

1. 7. 1661
Estland
Der Friede von Kardis beendet endgültig den russisch-schwedischen Krieg. Russland muss auf Ingermanland, Ostkarelien und die Eroberungen in Estland sowie Livland verzichten und verliert damit wiederum den Zugang zur Ostsee.

Herbst 1661
England
Das Parlament billigt das erste Gesetz des sog. Clarendon Code – benannt nach dem Politiker und Historiker Edward Hyde, Earl of Clarendon (18. 2. 1609-9. 12. 1674) – zur Wiederherstellung des Primats der anglikanischen Staatskirche im öffentlichen und kirchlichen Leben. Die sog. Nonkonformisten werden aus der Kommunalverwaltung ausgeschlossen sowie von kirchlichen Ämtern, sofern sie den Eid und die Benutzung des revidierten »Common Prayer Book« verweigern (1662) und sie werden in ihrer Religionsausübung Beschränkungen unterworfen (1664). Das Nonkonformistengesetz wird erst 1812 aufgehoben.

21. 5. 1662
England
König Karl II. heiratet die portugiesische Prinzessin Katharina von Bragança (1638-1795). Als Heiratsgut gewinnt England die Städte Tanger (in Marokko) und das indische Bombay, das 1668 an die East India Company übergeben und zum Hauptstützpunkt des englischen Kolonialreiches in Indien ausgebaut wird.

20. 1. 1663
Deutsches Reich
In Regensburg eröffnet Kaiser Leopold I. den Reichstag. Er löst sich – wegen der Türkengefahr – bis zum 1. 8. 1806 nicht mehr auf und tagt als »Immerwährender Reichstag« in Form eines Gesandtenkongresses.

12. 5. 1664
Frankreich
Der französische Dichter und Schauspieler Molière (eigentl. Jean Baptiste Poquelin, 15. 1. 1622-17. 2. 1673) erregt mit der Uraufführung des »Tartuffe« im Schloss von Versailles den Zorn der Geistlichkeit. → S. 396

10. 8. 1664
Ungarn
Der erste Türkenkrieg endet für Österreich mit einem Misserfolg. Obwohl Raimund Graf von Montecuccoli (21. 2. 1609-16. 10. 1680) die Türken bei der Abtei St. Gotthard an der Raab schlagen konnte, bedeutet der Friede von Vasvár für die Österreicher den Verlust der Städte Großwardein und Neuhäusel.

27. 8. 1664
Frankreich
Jean-Baptiste Colbert, der Oberintendant der Finanzen, gründet die Ostindische und die Westindische Handelskompanie. Die Antilleninsel Martinique wird französische Kolonie.

7. 9. 1664
Nordamerika
Zu Beginn des zweiten niederländisch-englischen Seekrieges erobern die Engländer die holländische Kolonie am Hudson. Petrus Stuyvesant (1592-Februar 1672), seit 1647 Gouverneur der Kolonie Nieuw Nederland mit Sitz in Nieuw Amsterdam, muss seine Siedlung den Engländern übergeben. Die Stadt geht in den persönlichen Besitz des Herzogs von York über und erhält den Namen New York.

17. 9. 1665
Spanien
Nach dem Tod von Philipp IV. (*8. 4. 1605) folgt mit Karl II. (6. 11. 1661-1. 11. 1700) der letzte Habsburger auf den spanischen Thron. Unter dem kränklichen Monarchen muss Spanien große Gebietsverluste hinnehmen.

1665
England
Die Royal Society, die 1660 gegründete Akademie der Wissenschaften in London, beginnt mit der Herausgabe des ältesten wissenschaftlichen Blattes der Welt, der »Philosophical Transactions«.

1. 9. 1666
Niederlande
Der bedeutende niederländische Porträtmaler Frans Hals (*um 1581/1585) wird in Haarlem begraben, wo er seit 1591 ansässig war.

2.-7. 9. 1666
England
Ein Jahr nach der großen Beulenpest mit 68 000 Toten trifft London ein neuer Schicksalsschlag: Beim »Great Fire of London« wird die Stadt zum größten Teil zerstört. Allein 89 Kirchen brennen aus, darunter auch die alte Saint Paul's Cathedral.

1666
England
Der englische Physiker, Mathematiker und Astronom Sir (1705) Isaac Newton (4. 1. 1643-31. 3. 1727) entdeckt die gegenseitige Anziehung von Massen (Gravitation) und schließt aus dem dritten keplerschen Gesetz, dass die dabei wirkende Kraft umgekehrt proportional dem Quadrat des Abstands der beiden Körper ist. → S. 397

1666
Marokko
Mit Mulai Ar Raschid (1631-1672) kommt in Marokko die Linie der Alawiten, die noch heute herrschende Dynastie, zur Macht.

13. 5. 1667
Russland
Die seit November 1666 in Moskau tagende Kirchensynode fasst den Beschluss, dass jeder Gläubige, der die nikonianischen Neuerungen – nach Nikon (eigentl. Nikita Minitsch, 24. 5. 1605-17. 8. 1681), dem Patriarchen von Moskau – nicht annimmt, aus der orthodoxen Kirche ausgeschlossen wird. Damit werden die sog. Raskolniki (auch Altgläubige) aus der Kirche vertrieben.

Mai 1667
Niederlande
Französische Truppen fallen in die spanischen Niederlande ein. Damit beginnt der Devolutionskrieg. Als Schwiegersohn des verstorbenen Königs Philipp IV. von Spanien erhebt König Ludwig XIV. wegen des in Brabant geltenden Devolutionsrechts Erbansprüche. Die Franzosen werden zum Frieden von Aachen (2. 5. 1668) genötigt, der ihnen immerhin den Besitz von zwölf Grenzfestungen einbringt (u.a. Lille, Charleroi, Tournai, Valenciennes).

31. 7. 1667
Niederlande /England
Der Friede von Breda beendet den seit 1664 andauernden zweiten niederländisch-englischen Seekrieg, nachdem der niederländische Admiral Michiel Adriaanszoon de Ruyter (24. 3. 1607-29. 4. 1676) in der sog. Viertageschlacht die Engländer 1666 im Ärmelkanal besiegt hatte. Die Niederlande verzichten auf ihren nordamerikanischen Besitz, dafür ziehen sich die Engländer aus dem Malaiischen Archipel zurück und die Niederlande erhalten Surinam, das sie zur blühendsten Plantagenkolonie der Karibik machen.

1667
England
Der seit 1652 erblindete Dichter John Milton (9. 12. 1608-8. 11. 1674) veröffentlicht sein Hauptwerk, das in zwölf Büchern abgefasste Blankversepos »Paradise lost« (»Das verlorene Paradies«; endgültige Fassung 1674). Darin stellt er überaus bildhaft die Entstehung des Bösen durch Satans Abfall von Gott und den Sündenfall des Menschen dar.

16. 9. 1668
Polen
König (seit 1648) Johann II. Kasimir, unter dem Polen seine Vorrangstellung in Osteuropa verloren hat, dankt ab und geht ins Exil nach Frankreich. Am 19. 6. 1669 wird als Kandidat der prohabsburgischen Adelspartei der politisch schwache Michael Korybut Wisniowiecki (31. 7. 1640-10. 11. 1673) zum König gewählt.

5. 9. 1669
Mittelmeer
Mit Kandia (Iraklion) verlieren die Venezianer den letzten Stützpunkt auf Kreta an die Osmanen.

1. 6. 1670
England
In Dover wird ein englisch-französischer Geheimvertrag unterzeichnet. Gegen eine Subsidienzahlung von 2 Mio. französischen Pfund und eine Eventualstreitmacht von 6000 Mann zu Fuß verspricht der englische König Karl II. einen baldigen Angriff auf die Niederlande und stellt seinen Übertritt zum Katholizismus in Aussicht.

1670
Kanada
Durch Freibrief von König Karl II. von England wird für den Pelzhandel die Hudson's Bai Company in London gegründet. Sie erhält weit gehende Hoheits- und Handelsrechte (u.a. die Verwaltung und Gerichtsbarkeit) in der Hudsonbai und Hudsonstraße und schickt Expeditionen aus, die den Westen Kanadas erforschen.

21. 5. 1671
Brandenburg
Der Große Kurfürst Friedrich Wilhelm von Brandenburg ermöglicht 50 aus Wien vertriebenen jüdischen Familien die Ansiedlung in der Mark Brandenburg und gewährt ihnen Handelsfreiheit.

16. 6. 1671
Russland
Auf dem Roten Platz in Moskau wird der Donkosakenführer Stepan Timofejewitsch (Stenka) Rasin (*um 1630) hingerichtet. Er hatte seit 1670 einen Kosaken- und Bauernaufstand in Südrussland angeführt, der durch die Verschärfung der Leibeigenschaft hervorgerufen wurde.

Frühsommer 1672
Niederlande
Wenige Wochen nach dem Beginn des dritten englisch-niederländischen Seekriegs (März 1672), in dessen Verlauf der niederländische Admiral Michiel Adriaanszoon de Ruyter den Engländern in der Solebay und 1673 bei Kamperduin (Texel) schmerzhafte Niederlagen beibringt, beginnt der Holländische Krieg: Französische, kurkölnische und münstersche Truppen rücken in Holland ein. Angesichts des raschen gegnerischen Vordringens muss der Ratspensionär Johan de Witt (*24. 9. 1625) die Regierungsgeschäfte abgeben und wird am 20. 8. 1672 in Den Haag ermordet. Als Generalstatthalter organisiert (der spätere englische König) Wilhelm III. von Oranien (14. 11. 1650-8. 3. 1702) erfolgreich den Widerstand.

März 1673
England
Das Parlament erzwingt von König Karl II., der Sympathien für den Katholizismus hat, die Zustimmung zur Testakte (Test Act): Nur der darf ein ziviles oder militärisches Amt ausüben, der dem anglikanischen Ritus und Glauben folgt.

30. 8. 1673
Deutsches Reich
Kaiser Leopold I. verbündet sich in der Haager Allianz mit den Niederlanden, Spanien und Lothringen gegen Frankreich. Zuvor waren die Franzosen im Sommer 1673 ins Elsass eingedrungen und hatten Trier besetzt. Im November werden die Franzosen durch die Eroberung Bonns hinter den Rhein zurückgedrängt.

19. 2. 1674
England
Der zweite Frieden von Westminster beendet den dritten englisch-holländischen Seekrieg auf der Basis des Status quo ante. England scheidet damit aus dem Krieg aus und erhält New York, das 1673 von den Holländern erobert worden ist, zurück.

21. 5. 1674
Polen
Mit französischer Unterstützung wird Johann III. Sobieski (17. 8. 1629-17. 6. 1696) zum König von Polen gewählt. Er führt jahrelange kostspielige Kriege gegen die Osmanen.

24. 5. 1674
Deutsches Reich
Der Reichstag in Regensburg beschließt den Reichskrieg gegen Frankreich, der jedoch wenig erfolgreich verläuft. Der französische Marschall Henri de la Tour d'Auvergne, Vicomte de Turenne (11. 9. 1611-27. 7. 1675), verwüstet die Pfalz und schlägt die kaiserlichen Truppen bei Sinsheim und Mühlhausen. Durch seinen Sieg bei Türkheim (5. 1. 1675) zwingt er die Kaiserlichen zum Rückzug aus dem Elsass.

1674
Indien
Die französische Ostindische Kompanie errichtet in Pondicherry an der Coromandelküste südlich von Madras ihren wichtigsten Stützpunkt in Asien.

1674
Indien
Im Kampf gegen den muslimischen Großmogul Aurangseb erobert der indische Furst Shivaji (1627-4. 4. 1680) ein Reich um Poona und erhebt sich zum Maharadscha. Er wird zum Vorkämpfer des Hinduismus und bildete aus einer Föderation der Stammesverbände der Marathen ein Reich, welches in der Folgezeit die Vorherrschaft in Indien gewinnt.

20. 6. 1675
Nordamerika
Die Indianerstämme der Wampanoag, Abenaki, Massachusetts und Mohegan, die sich zu einer Konföderation unter dem Wampanoag-Häuptling Metacom (von den Engländern König Philip genannt) vereinigt haben, greifen englische Siedler in Neuengland an. Nach anfänglichen Erfolgen werden die Indianer zurückgedrängt, Metacom wird am 12. 8. 1676 mit Hilfe eines indianischen Verräters ermordet.

28. 6. 1675
Brandenburg-Preußen
In der Schlacht bei Fehrbellin besiegt der Große Kurfürst Friedrich Wilhelm die mit Frankreich verbündeten Schweden. → S. 396

15. 12. 1675
Niederlande
In Delft wird der niederländische Maler Jan Vermeer (getauft 31. 10. 1632) beigesetzt. Seine insgesamt 34 (bekannten) Bilder zeigen das »goldene Zeitalter« der Niederlande in der Mitte des 17. Jh.s.

1675
England
In Greenwich an der Themse wird die Sternwarte (Royal Observatory) gegründet.

29. 1. 1676
Russland
Nach dem Tod von Zar Alexej Michailowitsch (*19. 3. 1629) besteigt sein ältester Sohn Fjodor III. (30. 5. 1661-27. 4. 1682) den Zarenthron.

1. 1. 1677
Frankreich
Nach der Uraufführung seiner von den Zuschauern als unsittlich empfundenen Tragödie »Phèdre« (»Phädra«) im Hôtel de Bourgogne zieht sich der französische Bühnendichter Jean Racine (21. 12. 1639-21. 4. 1699) aus dem öffentlichen Leben zurück.

21. 2. 1677
Niederlande
In Den Haag stirbt der niederländische Philosoph Baruch (Benedictus) de Spinoza (*24. 11. 1632). Erst nach seinem Tod wird sein Hauptwerk veröffentlicht, die zwischen 1663 und 1675 entstandene »Ethik« (»Ethica ordine geometrico demonstrata«).

17. 11. 1677
Niederlande
Angesichts der jahrelangen englisch-niederländischen Seekriege überraschend, heiratet der niederländische Generalstatthalter Wilhelm III. von Oranien die Nichte des englischen Königs, Maria (II.) Stuart (30. 4. 1662-28. 12. 1694).

10. 8. 1678
Niederlande
Die Friedensschlüsse von Nimwegen, zuerst zwischen Frankreich und den Vereinigten Niederlanden, beenden den Holländischen Krieg. Die Niederlande erhalten ihr gesamtes Gebiet zurück. Spanien tritt am 17. 9. 1678 an Frankreich die Franche-Comté (Freigrafschaft Burgund) und Grenzfestungen der spanischen Niederlande ab: Kaiser Leopold I. gewinnt (am 5. 2. 1679) die Festung Philippsburg und verzichtet auf Freiburg im Breisgau. Brandenburg muss (im Frieden von Saint-Germain-en-Laye am 29. 6. 1678) alle Eroberungen an Schweden zurückgeben). → S. 399

12. 7. 1679
England
König Karl II. billigt die Habeas-Corpus-Akte, wonach kein Engländer ohne Angabe von Gründen verhaftet werden kann bzw. nach seiner Verhaftung das Recht hat, sich vor einem ordentlichen Gericht zu verantworten. → S. 399

15. 11. 1680
England
Im Parlament kommt es in der Frage eines Thronausschlusses des katholischen Thronanwärters Jakob (II.) zu einer heftigen Debatte. In dieser sog Exclusion-Krise bilden sich erstmals die beiden parlamentarischen Parteien, die liberalen Whigs und die konservativen Tories, heraus.

30. 9. 1681
Elsass
Die freie Reichsstadt Straßburg wird durch ein französisches Heer zur Übergabe und zur Huldigung des französischen Königs Ludwig XIV. gezwungen. Kaiser Leopold und das Reich erkennen diese Annexion durch den Regensburger Stillstand am 15. 8. 1684 für die Dauer von zunächst 20 Jahren an.

1681
Frankreich
Der französische Physiker Denis Papin (getauft 22. 8. 1647-vermutlich zwischen 1712-1714), erfindet den Papintopf, mit dem eine Flüssigkeit über den normalen Siedepunkt hinaus erhitzt werden kann, und das dazugehörige Sicherheitsventil für Überdruck. → S. 399

19. 3. 1682
Frankreich
Die Generalversammlung des französischen Klerus verkündet die gallikanischen Artikel, mit denen gegenüber dem Führungsanspruch des Papstes die Selbstständigkeit der französischen Kirche und der Könige von Frankreich betont wird.

9. 4. 1682
Nordamerika
Der französische Entdecker Robert Chevalier de La Salle (21. 11. 1643-20. 3. 1687) befährt den Mississippi bis zur Mündung und nimmt das Land zu beiden Seiten des Stromes unter dem Namen Louisiana für Frankreich in Besitz.

27. 4. 1682
Russland
Der Tod von Zar Fjodor III. (*30. 5. 1661) löst Machtkämpfe am Zarenhof aus: Zunächst wird sein Stiefbruder Peter I., der Große (9. 6. 1672-8. 2. 1725), als Zar ausgerufen. Am 23. 5. 1682 wird jedoch sein geisteskranker Stiefbruder Iwan V. (1666-29. 1. 1696) zum Mitherrscher ernannt. Die Regentschaft liegt in den Händen von Peters Schwester Sophie Alexejewna (27. 9. 1657-14. 7. 1704). Sie überträgt die Regierungsgeschäfte ihrem Favoriten Wassilij Wassiljewitsch Fürst Golizyn (1643-1. 5. 1714).

1. 1. 1683
Westafrika
An der Goldküste (im heutigen Ghana) errichtet die 1682 gegründete, kurfürstlich-brandenburgisch privilegierte »Handels-Compagnie auf denen Küsten von Guinea« die Festung Groß-Friedrichsburg. Der ersten deutschen Afrikakolonie ist jedoch kein wirtschaftlicher Erfolg beschieden.

12. 9. 1683
Österreich
In der Schlacht am Kahlenberg werden die Osmanen, die zwei Monate lang Wien belagert hatten, von einem deutsch-polnischen Ersatzheer unter Führung des polnischen Königs Johann III. Sobieski besiegt und nach Ungarn zurückgedrängt. → S. 400

1683
Nordamerika
Der englische Quäker William Penn (14. 10. 1644-30. 7. 1718), der am 14. 3. 1681 eine königliche Konzession für eine Eigentümerkolonie in Nordamerika erhalten hat, gründet auf dem Gebiet des heutigen Pennsylvania die Stadt Philadelphia. → S. 398

5. 3. 1684
Österreich
Papst (seit 1676) Innozenz XI. (19. 5. 1611-12. 8. 1689), das bedeutendste katholische Kirchenoberhaupt des 17. Jh.s., vermittelt die in Linz unterzeichnete Heilige Liga zwischen Kaiser Leopold I., Polen, Venedig und (ab 1686) Russland. Der erfolgreiche Kriegsverlauf leitet die Rückeroberung Ungarns und die Verdrängung der Türken aus Südosteuropa ein.

1684
Italien
Der italienische Komponist Alessandro Scarlatti (2. 5. 1660-22. 10. 1725) wird Leiter des Konservatoriums in Neapel. Scarlatti schreibt über 100 Opern und gilt als Begründer der Neapolitanischen Schule.

17. 1. 1685
Österreich
In Wien wird das erste Kaffeehaus eröffnet. → S. 401

6. 2. 1685
England
Nach dem Tod von Karl (*29. 5. 1630) besteigt mit dessen Bruder Jakob II. (14. 10. 1633-5. 9. 1701) erstmals seit 1553 wieder ein Monarch katholischen Glaubens den englischen Thron. Die von ihm eingeleiteten Rekatholisierungsmaßnahmen führen bald zu Konflikten.

26. 5. 1685
Deutsches Reich
Nach dem Tod des kinderlosen Kurfürsten Karl II. von Pfalz-Simmern (*10. 4. 1651) erhebt König Ludwig XIV. von Frankreich willkürliche Erbansprüche auf die Pfalz als Schwager der Elisabeth Charlotte von Orléans (Liselotte von der Pfalz, *27. 5. 1652-8. 12. 1722). Dies ist der Anlass für den im Herbst 1688 beginnenden Pfälzischen Erbfolgekrieg (bis 1697).

18. 10. 1685
Frankreich
König Ludwig XIV. widerruft mit dem »Edikt von Fontainebleau« das Toleranzedikt von Nantes und treibt damit viele Hugenotten in die Emigration.

9. 7. 1686
Deutsches Reich
Kaiser Leopold I. bildet angesichts des Pfälzischen Erbfolgestreits die »Augsburger Allianz« unter Beteiligung von Spanien, Schweden, Bayern und zahlreichen Reichsfürsten in einer Defensivallianz gegen Frankreich.

1. 9. 1686
Frankreich/Siam
Die Franzosen sichern sich durch einen Vertrag mit dem Königreich Ayutthaya (Siam/Thailand) die Errichtung von Handelsniederlassungen, ungehinderte Missionstätigkeit französischer Priester und das Recht zur Stationierung französischer Soldaten.

2. 9. 1686
Ungarn
Der kaiserliche Feldherr Karl V. Leopold, Herzog von Lothringen (3. 4. 1643-18. 4. 1690), erobert Ofen (Buda) am rechten Donauufer zurück und besiegt die Osmanen auch am 12. 8. 1687 in der Schlacht bei Mohács.

8. 11. 1687
Osmanisches Reich
Nach den Misserfolgen gegen Österreich wird der osmanische Sultan (seit 1648) Mehmed IV. (2. 1. 1642-17. 12. 1692) von den Janitscharen abgesetzt und Süleiman III. (1644-23. 6. 1691) zu seinem Nachfolger ausgerufen.

9. 12. 1687
Ungarn
Der Sohn von Kaiser Leopold I., Joseph I. (26. 7. 1678-17. 4. 1711), wird zum König von Ungarn gekrönt. Nach der Vertreibung der Osmanen aus Ungarn setzen die Habsburger die Erblichkeit der ungarischen Krone im Haus Habsburg durch.

30. 6. 1688
England
Sieben Oppositionspolitiker rufen Wilhelm III. von Oranien, Generalstatthalter der Niederlande, zur Regierungsübernahme in England auf. Daraufhin landet Wilhelm am 15. 11. in Brixham, während König Jakob II. nach Frankreich flieht, was als Abdankung interpretiert wird.

Herbst 1688
Frankreich
Mit dem Vordringen französischer Truppen über den Rhein beginnt König Ludwig XIV. den Pfälzischen Erbfolgekrieg (bis 1697).

13. 2. 1689
England
Wilhelm III. von Oranien und seine Frau Maria II. besteigen gemeinsam den englischen Thron. Damit ist die sog. Glorreiche Revolution vollzogen. → S. 401

15. 2. 1689
Deutsches Reich
Der Regensburger Reichstag beschließt den Reichskrieg gegen Frankreich, dessen Truppen deutsche Gebiete und Städte am Rhein erobern und teilweise systematisch zerstören (u.a. Mannheim, Heidelberg, Worms und Speyer). Am 12. 5. 1689 verbindet sich Kaiser Leopold I. mit England, den niederländischen Generalstaaten und Spanien gegen Ludwig XIV., der seine Truppen aus der Pfalz zurückzieht.

30. 7. 1689
Irland
Der aus England vertriebene katholische König Jakob II., der im März 1689 in Kinsale gelandet ist, um seinen Thron zurückzugewinnen, muss die am 17. 4. begonnene Belagerung von Londonderry erfolglos abbrechen.

27. 8. 1689
Russland
Im ersten russisch-chinesischen Grenzvertrag wird im Abkommen von Nertschinsk provisorisch der Grenzverlauf am Amur festgelegt.

12. 9. 1689
Russland
Zar Peter I., der Große, wird mündig. Er schickt seine Schwester Sophie Alexejewna, die seit 1682 die Regentschaft ausübt, in das Neujungfrauenkloster vor Moskau. Ihr Favorit, der leitende Minister Wassilij Wassiljewitsch Fürst Golizyn wurde bereits am 7. 9. gestürzt und nach Archangelsk verbannt.

1689
Frankreich
Das Schloss von Versailles, an dem seit 1661 gebaut wurde, ist im Wesentlichen vollendet.
→ S. 402

1. 6. 1690
Irland
Der abgesetzte englische König Jakob II. unterliegt in der entscheidenden Schlacht an der Boyne dem englischen Heer unter Führung von Wilhelm III. von Oranien. Der Sieg wird noch bis in die Gegenwart von den englischen Protestanten gefeiert. → S. 402

1690
England
Der Philosoph und Begründer des englischen Empirismus, John Locke (29. 8. 1632-28. 10. 1704), erklärt in seiner staatsphilosophischen Schrift »Two treatises on government«, dass der Staat von den Menschen errichtet wurde, um Freiheit, Gleichheit und Eigentum durch gegenseitige Beschränkungen zu garantieren.
→ S. 403

1690
Indien
Die englische East India Company gründet Fort William in Bengalen, den Ursprung der Stadt Kalkutta.

4. 12. 1691
Siebenbürgen
Mit dem sog. »Decretum Leopoldinum« bestätigt Kaiser Leopold I. die Sonderstellung von Siebenbürgen, das sich nach dem Ende der türkischen Lehnshoheit an die Habsburger (als Könige von Ungarn) bindet. Das Leopoldinische Diplom garantiert in 18 Artikeln die bestehenden Religionsverhältnisse, die ausschließliche Ernennung einheimischer Wojwoden und alle von den ungarischen Königen für Siebenbürgen gewährten Privilegien.

29. 5. 1692
Frankreich
In der Seeschlacht bei La Hogue, einem Kap der Halbinsel Cotentin, vernichten Engländer und Niederländer eine Flotte Ludwigs XIV. und verhindern damit einen erneuten Versuch zur Wiederherstellung der Herrschaft des gestürzten Königs Jakob II. in England.

19. 12. 1692
Deutsches Reich
Ernst August I. von Braunschweig-Calenberg (20. 11. 1629-23. 1. 1698) erhält von Kaiser Leopold I. die Kurwürde, womit die Zahl der Kurfürsten auf neun erhöht wurde. Durch seine Ehe mit Sophie von der Pfalz (Enkelin von König Jakob I.) sichert er 1692 seinem Haus die Anwartschaft auf die britische Krone.

1695
Westafrika
Osei Tutu gründet an der Goldküste das Ashanti-Reich mit der Hauptstadt Kumasi.
→ S. 402

29. 1. 1696:
Russland
Nach dem Tod des Zaren Iwan V. (*1666) übernimmt Peter I., der Große, die Alleinherrschaft.
→ S. 404

18. 7. 1696
Russland
Mit der Eroberung der osmanischen Festung Asow am Don gewinnt Russland erstmals Zugang zu einem eisfreien Meer.

5. 4. 1697
Schweden
Nach dem Tod von König Karl XI. (*24. 11. 1655), der Schweden im Sinne des Absolutismus reformiert hatte, besteigt sein Sohn Karl XII. (27. 6. 1682-11. 12. 1718) den Thron, dessen Großmachtambitionen die Kräfte des Landes rasch überfordern.

11. 9. 1697
Ungarn
Der kaiserliche Feldherr Prinz Eugen von Savoyen (18. 10. 1663-21. 4. 1736) besiegt die Türken entscheidend in der Schlacht bei Zenta (an der Theiß südlich von Szeged).

15. 9. 1697
Polen
Der sächsische Kurfürst (seit 1694) August II., der Starke (12. 5. 1670-1. 2. 1733), wird – nach vorherigem Übertritt zum Katholizismus – zum König von Polen gekrönt. Johann III. Sobieski (*17. 8. 1629) war am 17. 6. 1696 gestorben.
→ S. 404

29. 9. 1697
Niederlande
Der Friede von Rijswijk, geschlossen von den Niederlanden, England, Spanien sowie Kaiser Leopold I. und dem Reich (am 30. 10. 1697) mit Frankreich, beendet den Pfälzischen Erbfolgekrieg. König Ludwig XIV. muss, bis auf das Elsass, alle Eroberungen zurückgeben und Wilhelm III. von Oranien als englischen König anerkennen. Das Herrscherhaus Lothringen wird wiederhergestellt.

1698
England
Nachdem Privatleuten der Sklavenhandel erlaubt worden ist, beginnt ein schwungvoller Dreieckshandel mit Rum, Sklaven und Zucker zwischen Neuengland, Afrika und der Karibik.
→ S. 405

26. 1. 1699
Österreich
Der Friede von Karlowitz beendet den seit 1683 geführten Türkenkrieg zwischen Österreich, Venedig, Polen einerseits und dem Osmanischen Reich andererseits. Ungarn mit Siebenbürgen (bis auf Temésvar) fällt an Österreich, Podolien an Polen, Teile des Peloponnes an Venedig.
→ S. 406

1700-1725

1. 1. 1700
Russland
Im Zarenreich wird der julianische Kalender eingeführt. Bis dahin wurde nach der byzantinischen Weltära gezählt.

Februar 1700
Nordeuropa
Mit einem Überfall sächsischer Truppen auf Riga beginnt der Nordische Krieg, in dem eine Koalition aus Dänemark, Sachsen, Polen und Russland (ab 1713 auch Preußen und Hannover) gegen Schweden kämpft. Dänemark verlässt je-

doch bereits am 18. 8. 1700 im Frieden von Travendal die Allianz, erkennt den unter schwedischem Schutz stehenden Herzog von Gottorf als unabhängigen Herrscher an und verzichtet auf die Lehnshoheit über Schleswig.

13. 7. 1700
Osmanisches Reich
Mit dem Frieden von Konstantinopel, der den zweijährigen Waffenstillstand von Karlowitz ablöst, sichert sich Russland den Besitz von Asow und Taganrog, muss aber die geschleiften Festungen am Dnjepr zurückgeben.

3. 10. 1700
Spanien
König (seit 1665) Karl II. (*6. 11. 1661) bestimmt statt des berechtigten deutschen Habsburgers Kaiser Leopold I. den Franzosen Philipp (V.) von Bourbon, Herzog von Anjou (19. 12. 1683-9. 7. 1746), zum Thronfolger, der am 18. 2. 1701 in Madrid eintrifft und als Monarch anerkannt wird. Dies ist der Anlass für den Spanischen Erbfolgekrieg (1701-1714). Mit Karl II., der am 1. 11. 1700 kinderlos stirbt, erlischt die Linie der spanischen Habsburger. → S. 406

18. 1. 1701
Brandenburg-Preußen
Kurfürst (seit 1688) Friedrich III. von Brandenburg (11. 7. 1657-25. 2. 1713) krönt sich in Königsberg (außerhalb der Reichsgrenzen) zum König Friedrich I. in Preußen. → S. 407

7. 9. 1701
Niederlande
Weil der neue spanische König Philipp V. nicht aus der französischen Erbfolge ausscheidet und deshalb eine bourbonische Hegemonie in Europa befürchtet wird, verbinden sich Kaiser Leopold I., England und die niederländischen Generalstaaten, später auch Portugal, in der Haager Allianz gegen Frankreich.

8. 3. 1702
England
Nach dem Tod von Wilhelm III. von Oranien (*14. 11. 1650) wird Anna Stuart Alleinherrscherin. Weil sie kinderlos ist, hat das Parlament bereits am 22. 3. 1701 im »Act of Settlement« die Thronfolge des Hauses Hannover beschlossen. Das von Wilhelm III. gleichzeitig ausgeübte Amt des Statthalters der Niederlande bleibt zunächst unbesetzt.

27. 5. 1703
Russland
Zur Sicherung der im Nordischen Krieg eroberten Gebiete am Finnischen Meerbusen legt Zar Peter I., der Große, den Grundstein für die Peter- und- Pauls-Festung in der sumpfigen Newa-Mündung. Damit beginnt die Errichtung von Sankt Petersburg, das unter großen Anstrengungen rasch ausgebaut und 1712 zur kaiserlichen Residenz und Hauptstadt Russlands erhoben wird.

17. 9. 1703
Österreich/Spanien
Karl Joseph Franz (1. 10. 1685-20. 10. 1740), der zweite Sohn von Kaiser Leopold I. aus dessen dritter Ehe mit Eleonore Magdalene von Pfalz-Neuburg (1655-1720), wird in Wien als Karl III. zum König von Spanien gegen Philipp V. von Bourbon ausgerufen.

27. 12. 1703
Portugal
John Methuen (1672-1757), der diplomatische Vertreter Englands in Portugal, schließt den Methuen-Vertrag, in dem sich Portugal verpflichtet, seinen Markt dem Import englischer Wolle zu öffnen und England zusagt, den Import portugiesischer zu Lasten französischer Weine zu fördern. Der gegen Frankreich gerichtete Vertrag gilt bis 1836 und hat die Zerstörung der portugiesischen Wollindustrie zur Folge.

12. 7. 1704
Polen
Der schwedische König Karl XII., der Polen besetzt hat, erzwingt die Wahl von Stanislaus I. Leszczynski (20. 10. 1677-23. 2. 1766) zum König von Polen. Am 30. 11. 1706 muss der bisherige König August II., der Starke, dem polnischen Thron entsagen.

4. 8. 1704
Spanien
Im Spanischen Erbfolgekrieg besetzt eine englische Flotte Gibraltar.

13. 8. 1704
Bayern
In der Schlacht bei Höchstädt an der Donau (in England Schlacht bei Blenheim genannt) besiegen im Spanischen Erbfolgekrieg die Kaiserlichen unter Prinz Eugen von Savoyen und die Engländer unter John Churchill, Herzog von Marlborough (26. 5. 1650-16. 6. 1722), ein bayrisch-französisches Heer. Anschließend wird Kurbayern von den Kaiserlichen besetzt; die Bedrohung Österreichs ist damit abgewendet.

5. 5. 1705
Deutsches Reich
In Wien stirbt Kaiser (seit 1658) Leopold I. (*9. 6. 1640). Im Reich und in den österreichischen Erblanden folgt ihm sein bereits am 24. 1. 1690 zum deutschen König gewählter Sohn Joseph I. (26. 7. 1678-17. 4. 1711).

23. 5. 1706
Belgien
In der Schlacht bei Ramillies (in Belgien, nahe Namur) besiegt eine englisch-niederländische Armee die Franzosen und Bayern, die daraufhin die spanischen Niederlande räumen müssen.

25. 6. 1706
Spanien
Der Habsburger Karl Joseph Franz wird in Madrid zum König Karl (III.) ausgerufen, kann sich jedoch nicht behaupten.

7. 9. 1706
Italien
In der Schlacht bei Turin besiegt der kaiserliche Feldherr Prinz Eugen von Savoyen die Franzosen, die daraufhin Oberitalien aufgeben müssen. Herzog Viktor Amadeus II. von Savoyen (14. 5. 1666-31. 10. 1732) kehrt nach Turin zurück.

29. 4. 1707
Großbritannien
Mit der Unionsakte wird aus der englisch-schottischen Personalunion der Staat Großbritannien geschaffen. Aufgrund dieses Gesetzes ziehen 45 Commoners und 16 Peers aus Schottland in das Parlament von Westminster ein.

11. 7. 1708
Belgien
In der Schlacht bei Oudenaarde (Ostflandern) besiegen Engländer und Österreicher unter John Churchill, Herzog von Marlborough, und Prinz Eugen von Savoyen die Franzosen.

1708
Indien
Govind Singh, der seit 1675 amtierende zehnte und letzte Guru der Sikh-Gemeinschaft, wird am Hof des Großmoguls Opfer eines religiös motivierten Anschlags. Die Sikhs (hinduistisch = Schüler) sind Anhänger einer Ende des 15. Jh.s. im Pandschab gegründeten Religionsgemeinschaft, die beeinflusst ist durch Lehren des Islams und Hinduismus.

8. 7. 1709
Russland
In der Schlacht bei Poltawa siegt Zar Peter I., der Große, im Nordischen Krieg entscheidend über den Schwedenkönig Karl XII., der in das Osmanische Reich entflieht. Daraufhin zerbricht die schwedische Machtstellung in Polen. König Stanislaus I. Leszczynski verlässt im August das Land, König August II., der Starke, kehrt nach Polen zurück und wird am 16. 4. 1710 wieder in seine Rechte eingesetzt. → S. 408

11. 9. 1709
Frankreich
In der sehr verlustreichen Schlacht von Malplaquet werden die französischen Truppen von den vereinten Österreichern, Preußen und Briten unter Prinz Eugen von Savoyen und John Churchill, Herzog von Marlborough, besiegt und zum Rückzug aus den südlichen Niederlanden gezwungen.

23. 1. 1710
Sachsen
Der Alchimist Johann Friedrich Böttger (4. 2. 1682-13. 3. 1719) gründet die erste europäische Porzellan-Manufaktur in Meißen. → S. 408

10. 12. 1710
Spanien
In der Schlacht bei Villaviciosa behaupten sich die französischen Truppen gegen die Kaiserlichen. Damit wird eine Wende im Spanischen Erbfolgekrieg eingeleitet.

1710
Deutsches Reich
Der Universalgelehrte Gottfried Wilhelm Freiherr von (ab 1713) Leibniz (1. 7. 1646-14. 11. 1716) veröffentlicht seine grundlegende philosophische Schrift »Essai de Théodicée«. Leibniz' Arbeiten sind wegweisend vor allem im Bereich der Mathematik (Grundlagen der Differenzial- und Integralrechnung), Philosophie (Logistik), Psychologie (Begriff der unbewussten Vorstel-

lungen) und Sprachwissenschaft (Ursprache).
→ S. 409

17. 4. 1711
Deutsches Reich
In Wien stirbt Kaiser (seit 1705) Joseph I. (*26. 7. 1678) ohne männlichen Erben. In den österreichischen Erblanden folgt ihm sein Bruder Karl Joseph Franz als Karl III., König von Spanien, der am 12. 10. 1711 als Karl VI. zum römisch-deutschen Kaiser gewählt wird. Die Gefahr einer Vereinigung Österreichs und Spaniens in der Hand des Habsburgers macht Großbritannien und die Niederlande friedensbereit.

25. 7. 1712
Schweiz
In der Schlacht bei Villmergen besiegt ein Heer aus Bern in der blutigsten Schlacht der eidgenössischen Religionskriege das Aufgebot der katholischen Orte. Unmittelbare Folge ist am 11. 8. 1712 der Friede von Aarau, der die seit 1531 bestehende Hegemonie der katholischen Orte in den sog. Gemeinen Herrschaften beendet und damit die Machtverteilung in der Schweiz zugunsten der Reformierten verändert.

26. 3. 1713
Großbritannien/Spanien
In dem mit Spanien geschlossenen sog. Asiento-Vertrag erhält England für 33 Jahre das Monopol für den jährlichen Verkauf von 4800 Negersklaven in den spanischen Kolonien.

11. 4. 1713
Niederlande
Großbritannien schließt mit Frankreich den Frieden von Utrecht, dem sich die Niederlande, Portugal und Savoyen anschließen. England behält Gibraltar (seit 1704) und das 1708 eroberte Menorca. Frankreich muss in Nordamerika Neufundland, Neuschottland und die Hudsonbai an England abtreten. Philipp erhält (als Philipp V.) Spanien, muss aber zusagen, dass keine Vereinigung mit den französischen Bourbonen stattfindet. Das Königreich Sizilien fällt an Savoyen. → S. 408

19. 4. 1713
Österreich
Kaiser Karl VI. erlässt die Pragmatische Sanktion, ein Staatsgrundgesetz, mit dem die Unteilbarkeit der habsburgischen Länder und die weibliche Erbfolge beim Aussterben des Mannesstammes festgelegt werden. → S. 410

6. 3. 1714
Deutsches Reich
Der neue Kaiser Karl VI. schließt mit Ludwig XIV. den Frieden von Rastatt, der für das Heilige Römische Reich im Frieden von Baden (7. 9. 1714) bestätigt wird. Mailand, Neapel und die spanischen Niederlande kommen an Österreich. Jedoch erhält Holland das Besatzungsrecht in einer Reihe von Festungen an der französisch-belgischen Grenze. Straßburg bleibt französisch.

1. 8. 1714
Großbritannien
Nach dem Tod von Königin (seit 1702) Anna Stuart (*6. 2. 1665) geht die Thronfolge an das Haus Hannover über. Kurfürst Georg Ludwig von Hannover (28. 3. 1660-11. 6. 1727) wird als Georg I. König. Er unterdrückt 1715 und 1719 Umtriebe der Jakobiten in Schottland, überlässt die Regierung aber weitgehend der Whig-Partei.
→ S. 411

1. 9. 1715
Frankreich
In Versailles stirbt Ludwig XIV. (*5. 9. 1638), König von Frankreich seit 1643. Ihm folgt sein Urenkel Ludwig XV. (15. 2. 1710-10. 5. 1774), der bis 1723 unter der Vormundschaft von Philipp II., Herzog von Orléans (1674-1723), steht.

24. 6. 1717
Großbritannien
Durch den Zusammenschluss der vier Londoner Logen entsteht die erste Großloge der Freimaurer.

22. 8. 1717
Serbien
Der kaiserliche Feldherr Prinz Eugen von Savoyen zieht nach einem Sieg über die Türken bei Peterwardein (bei Novi Sad) am 5. 8. 1716 und bei Belgrad am 16. 8. 1717 in die Stadt Belgrad ein.

21. 7. 1718
Serbien
Der Friede von Passarowitz beendet den 1716 begonnenen Türkenkrieg. Österreich gewinnt das Banat, Teile Bosniens und Serbiens mit Belgrad und die Kleine Walachei. → S. 411

11. 12. 1718
Norwegen
Bei der Belagerung von Frederikshald fällt der schwedische König Karl XII.(*27. 6. 1682). Die Nachfolge tritt seine Schwester Ulrike Eleonore (1688-5. 12. 1742) an, mit deren Thronverzicht am 24. 3. 1720 die Herrschaft des Hauses Pfalz-Zweibrücken endet.

1718
Nordamerika
Als Hauptstadt der französischen Kolonie Louisiana wird New Orleans gegründet und nach dem Herzog von Orléans benannt.

9. 11. 1719
Schweden
Im Frieden von Stockholm gewinnt das Kurfürstentum Hannover die bisher schwedischen Herzogtümer Bremen und Verden. Am 21. 1. 1720 sichert sich Brandenburg-Preußen in einem Friedensschluss den Besitz Vorpommern zwischen Oder und Peene mit Stettin, Usedom und Wollin.

1719
Großbritannien
Der englische Schriftsteller, Journalist und Politiker Daniel Defoe (*um 1660-26. 4. 1731) verfasst den Abenteuerroman »Robinson Crusoe«.
→ S. 411

21. 2. 1720
Schweden
Der Reichstag billigt ein neues Staatsgrundgesetz. Damit beginnt die »Freiheitszeit«, die Herrschaft des Reichstags und des Reichsrats. Sie ist von Auseinandersetzungen zwischen den abwechselnd herrschenden Parteien der »Mützen« und der »Hüte« geprägt, die von Russland bzw. Frankreich unterstützt werden. Der neue König Friedrich I. (8. 5. 1676-5. 4. 1751), Landgraf von Hessen-Kassel, bleibt politisch einflusslos.

24. 3. 1720
Frankreich
Die von dem schottischen Finanzmann John Law of Lauriston (21. 4. 1671-21. 3. 1729) 1716 gegründete Staatsnotenbank bricht wegen unbeschränkter Geldschöpfung zusammen. Frankreich wird von einer schweren Finanz- und Wirtschaftskrise erschüttert. → S. 410

24. 8. 1720
Mittelmeer
Herzog Viktor Amadeus II. von Savoyen tauscht Sizilien, das er aus dem spanischen Erbe als Erbberechtigter erhalten hatte, mit Kaiser Karl VI. gegen das zum Königreich erhobene bisherige Herzogtum Sardinien.

3./4. 4. 1721
Großbritannien
Der Whig-Politiker (Vorläufer der Liberalen) Sir Robert Walpole, Earl of Orford (26. 8. 1676-18. 3. 1745), wird zum Lordschatzkanzler berufen und damit praktischer erster Premierminister (formell bestätigt am 15. 5. 1730). Bis 1742 bestimmt er die Richtlinien der Politik und sichert sich durch Patronage, Ämtervergabe und Dotationen stets eine parlamentarische Mehrheit.

18. 7. 1721
Frankreich
In Nogent-sur-Marne stirbt Jean-Antoine Watteau (*10. 10. 1684), ein Hauptmeister der französischen Rokokomalerei.

10. 9. 1721
Finnland
Der Friede von Nystad (Uusikaupunki nordwestlich von Turku) beendet den Nordischen Krieg zwischen Russland und Schweden. Russland erhält mit Livland, Estland, Ösel, Ingermanland und einem Teil Kareliens einen breiten Zugang zur Ostsee. Zar Peter I., der Große, nimmt am 22. 10. 1721 den Titel Allrussischer Kaiser an.

1722
Persien
Afghanische Stämme brechen in Persien ein und erobern die Hauptstadt Isfahan. → S. 412

5. 5. 1723
Deutsches Reich
Der deutsche Komponist Johann Sebastian Bach (21. 3. 1685-28. 7. 1750), wird Kantor der Thomaskirche in Leipzig. → S. 413

2. 12. 1723
Frankreich
König Ludwig XV. wird volljährig, überlässt bis 1743 jedoch die Leitung der Staatsgeschäfte dem leitenden Minister Kardinal André Hercule de Fleury (22. 6. 1653-29. 1. 1743).

1725-1749

8. 2. 1725
Russland
In St. Petersburg stirbt Zar (seit 1682) Peter. I., der Große (*9. 6. 1672). Die Herrschaft übernimmt seine Frau Katharina I. (eigentl. Marta Skawronskaja, 15. 4. 1684-17. 5. 1727). Die Regierungsgeschäfte führt Alexander Danilowitsch Fürst Menschikow (16. 11. 1672-2. 11. 1729).

1726
Großbritannien
Der angloirische Schriftsteller Jonathan Swift (30. 11. 1667-19. 10. 1745) veröffentlicht »Travels into several remote nations of the world by Lemuel Gulliver, first a surgeon, and then a captain of several ships« (»Gullivers Reisen«). → S. 412

17. 5. 1727
Russland
Nach dem Tod von Zarin Katharina I. (*15. 4. 1684) übernimmt der Enkel von Peter dem Großen, Peter II. (*23. 10. 1715), die Regierung. Alexander Danilowitsch Fürst Menschikow wird nach Sibirien verbannt. Peter II. stirbt bereits am 29. 1. 1730.

11. 6. 1727
Großbritannien
In Osnabrück stirbt Georg I. (*28. 3. 1660), König von Großbritannien (seit 1714) und Kurfürst von Hannover (seit 1698). In beiden Funktionen folgt ihm sein Sohn Georg II. (10. 11. 1683-25. 10. 1760), der sich – wie auch sein Vater – mehr als Hannoveraner denn als Engländer fühlt.

1728
Russland
Der dänische Asienforscher Vitus Bering (*1680) umfährt in russischen Diensten die Ostspitze Asiens und findet dabei die nach ihm benannte Beringstraße. Er stirbt nach der Entdeckung der Alaskaküste auf der Beringinsel am 19. 12. 1741 an Skorbut. → S. 412

1729
Persien
Der aus dem Stamm der Afschar stammende Nadir Schah (*22. 10. 1688-19. 6. 1747) vertreibt die afghanischen Stämme, die 1722 Isfahan erobert haben, aus der Hauptstadt. Er richtet das Neupersische Reich wieder auf, zwingt 1736 den letzten Herrscher aus dem Haus der Safawiden zur Abdankung.

20. 1. 1731
Italien
Mit dem Tod von Herzog Antonio (*1679) erlischt im Herzogtum Parma und Piacenza die Dynastie Farnese. Mit britischer Unterstützung setzen die spanischen Bourbonen am 29. 12. 1731 ihren Herrschaftsanspruch durch. Neuer Herzog wird der spätere spanische König Karl III. (bis 26. 3. 1736).

2. 2. 1732
Brandenburg-Preußen
König (1713-1740) Friedrich Wilhelm I. (14. 8. 1688-31. 5. 1740) erlässt ein Einwanderungspatent für die aus Salzburg vertriebenen Lutheraner, um das von der Pest entvölkerte Ostpreußen zu besiedeln. Der Salzburger Erzbischof lässt über 15 000 Protestanten vertreiben, die größtenteils in Brandenburg-Preußen Aufnahme finden.

1732
Schweiz
Der Dichter und Gelehrte Albrecht von Haller (16. 10. 1708-12. 12. 1777) veröffentlicht seinen »Versuch schweizerischer Gedichte«. Die Sammlung enthält auch sein viel beachtetes, zwischen Herbst 1728 und März 1729 entstandenes Alexandrinergedicht »Die Alpen«, in dem Haller die Erhabenheit des heimatlichen Hochgebirges und die Einfalt der alten Sitten rühmt.

1. 2. 1733
Polen
Nach dem Tod von August II., dem Starken (*12. 5. 1670), beginnt ein Thronstreit: Am 12. 9. wird mit französischer Unterstützung (zum zweiten Mal nach 1704-1709) Stanislaus I. Leszczynski zum König gewählt. Der Sohn August des Starken erhebt jedoch als August III. (17. 10. 1696-5. 10. 1763) mit der Unterstützung von Russland und Österreich Anspruch auf den Thron und lässt sich am 5. 10. zum König wählen. Daraufhin beginnt am 10. 10. 1733 mit der Kriegserklärung Frankreichs an Österreich und Russland der Polnische Erbfolgekrieg.

31. 10. 1735
Polen
Im Präliminarfrieden von Wien wird August III. als polnischer König anerkannt. Stanislaus I. Leszczynski verzichtet auf die polnische Krone und wird Herzog von Lothringen und Bar (die nach seinem Tod an Frankreich fallen); Kaiser Karl VI. verzichtet auf Neapel und Sizilien, erhält dafür als Ersatz Parma und Piacenza sowie die Anwartschaft auf die Erbfolge in der Toskana.

1735
Schweden
Der schwedische Naturforscher Carl von (seit 1757) Linné (23. 5. 1707-10. 1. 1778) wird mit seiner Abhandlung »Systema naturae« zum Begründer der Systematik in der Biologie.

12. 2. 1736
Österreich
Die österreichische Thronerbin Maria Theresia (13. 5. 1717-29. 11. 1780), die älteste Tochter von Kaiser Karl VI., heiratet Franz Stephan von Lothringen (8. 12. 1708-18. 8. 1765), der – nach der Abtretung Lothringens an Frankreich und des Erlöschens der Linie Medici in der Toskana – am 9. 7. 1737 Großherzog der Toskana wird.

1736
China
Unter Kaiser Kao-tsung (1711-1799), dem vierten Kaiser der Ch'ing-(Mandschu-)Dynastie, erreicht das Kaiserreich durch zahlreiche Eroberungsfeldzüge seine größte Machtausdehnung. Kao-tsung dankt 1795 ab.

18. 12. 1737
Italien
In seiner Heimatstadt Cremona stirbt der italienische Geigenbauer Antonio Stradivari (1644 oder 1648/49), dessen Streichinstrumente in Form und Ausführung als Ideal gelten. Von Stradivari sind etwa 520 Violinen bekannt, von denen bei manchen die Echtheit allerdings umstritten ist.

18. 9. 1739
Serbien
Der Friede von Belgrad beendet den 1736 von Österreich und Russland eröffneten (weitgehend erfolglosen) Feldzug gegen die Türkei: Österreich tritt den Westteil der Walachei und das nördliche Serbien mit Belgrad wieder an das Osmanische Reich ab. Russland muss die Festung Asow schleifen und darf auf dem Schwarzen Meer keine Flotten unterhalten.

19. 10. 1739
Großbritannien
Wegen angeblicher Misshandlung britischer Staatsbürger – dem Matrosen Robert Jenkins wurde angeblich von den Spaniern ein Ohr abgeschnitten – und Grenzkonflikten in Florida erklärt England dem Königreich Spanien den Krieg. Der »Ohrenkrieg« (»War of Jenkin's Ear«) geht 1740 in den erst 1748 beendeten Österreichischen Erbfolgekrieg über.

1739
Indien
Nadir Schah, der sich 1736 selbst zum Schah von Persien ernannt hatte, besiegt den Großmogul, plündert Delhi und erbeutet den Pfauenthron. Damit beginnt der Zerfall des indischen Mogulreiches.

31. 5. 1740
Preußen
Nach dem Tod des »Soldatenkönigs« Friedrich Wilhelm I. (*14. 8. 1688) wird sein Sohn Friedrich II., der Große (24. 1. 1712-17. 8. 1786), König von Preußen. → S. 414

17. 10. 1740
Russland
Nach dem Tod der Zarin (seit 1730) Anna Iwanowna (*28. 1. 1693), einer Nichte von Peter I., dem Großen, übernimmt nominell der zwei Monate alte Iwan VI. Antonowitsch (24. 8. 1740-16. 7. 1764) die Herrschaft. Er steht zunächst unter der Vormundschaft von Ernst Johann, Reichsgraf von Biron (23. 11. 1690-29. 12. 1772), der jedoch am 8. 11. gestürzt und verbannt wird. Am 9. 11. 1740 übernimmt die Mutter des Zaren, Anna Leopoldowna (18. 12. 1718-

18. 3. 1746) des Zaren Iwan IV. zunächst die Regentschaft.

20. 10. 1740
Österreich
In Wien stirbt Karl VI. (*1. 10. 1685), römisch-deutscher Kaiser seit 1711. In den habsburgischen Erblanden folgt ihm gemäß der Pragmatischen Sanktion seine Tochter Maria Theresia. Jedoch bestreitet der Kurfürst (seit 1726) Karl Albrecht von Bayern (6. 8. 1697-20. 1. 1745) diese Erbfolge und erhebt Anspruch auf die habsburgischen Erblande und auf den Kaisertitel. → S. 415

16. 12. 1740
Preußen
König Friedrich II., der Große, nutzt österreichische Erbfolgeprobleme und rückt in Schlesien ein. Er behauptet sich nach schweren Kämpfen bei Mollwitz (10. 4. 1741) und Chotusitz (17. 5. 1742).

1740
Indien
Balaji Baji Rao wird Herrscher des hinduistischen Marathen-Reiches mit Residenz in Poona, das nun den Höhepunkt seiner Ausdehnung erreicht.

um 1740
Arabien
Mohammed Ibn Abd Al Wahhab (1720-1792) missioniert erfolgreich im Nadjd und gewinnt den Anaza-Scheich Ibn Saud (1735-1765) für die puritanische Religionsbewegung der Wahhabiten, die den sunnitischen Islam gemäß dem Koran und der Sunna zu seiner ursprünglichen Form zurückführen und alle Neuerungen (wie Heiligenverehrung, Wallfahrten, Feste) ausmerzen wollen. Die Nachfolger Ibn Sauds einigen 1790-1800 die nordarabischen Stämme und erobern 1806 Mekka.

28. 7. 1741
Österreich
In Wien stirbt der aus Venedig stammende Geiger und Komponist Antonio Vivaldi (*4. 3. 1678). Er führte zahlreiche spieltechnische Neuerungen ein, setzte das Solokonzert durch und beeinflusste mit seinem umfangreichen Werk (u.a. 46 Opern und 344 Solokonzerte) fast alle Komponisten des frühen 18. Jh.s.

24./25. 11. 1741
Russland
Elisabeth Petrowna (29. 12. 1709-5. 1. 1762), die Tochter Peters I., des Großen, stürzt mit Hilfe der Palastgarde den einjährigen Zaren Iwan VI. und die Regentin Anna Leopoldowna. Zum Nachfolger bestimmt sie ihren Neffen Peter von Holstein-Gottorf (Peter III.), den sie 1745 mit Sophie Friederike Auguste von Anhalt-Zerbst (der späteren Zarin Katharina II.) vermählt.

24. 1. 1742
Deutsches Reich
Der bayerische Kurfürst wird als Karl VII. Albrecht einstimmig zum Kaiser gewählt und am 12. 2. gekrönt. Allerdings erobern am 14. 2. 1742 die österreichischen Truppen München. Nach wechselndem Kriegsverlauf kann Karl VII. Albrecht am 23. 10. 1744 nach München zurückkehren, wo er am 20. 1. 1745 stirbt.

11. 2. 1742
Großbritannien
Der unbefriedigende Fortgang des Krieges gegen Spanien (seit 1739) und eine Hofintrige führen zum Sturz von Sir Robert Walpole, Earl of Orford, der von 1715 bis 1717 und seit 1721 die Politik maßgeblich bestimmt hatte. Die Whigs bleiben jedoch noch bis 1762 an der Regierung.

13. 4. 1742
Großbritannien
Der deutsche Komponist Georg Friedrich Händel (23. 2. 1685-14. 4. 1759) bringt sein Oratorium »Messias« zur Uraufführung. → S. 414

28. 7. 1742
Preußen
Der Friede von Berlin beendet den ersten Schlesischen Krieg. Niederschlesien, Teile Oberschlesiens und die Grafschaft Glatz fallen an Preußen.

29. 1. 1743
Frankreich
Nach dem Tod seines leitenden Ministers (seit 1726) Kardinal André Hercule de Fleury (*22. 6. 1653) erklärt König Ludwig XV., er wolle allein regieren.

13. 9. 1743
Österreich
Nach einer Niederlage der Franzosen gegen die mit Österreich verbündeten Briten und Niederländer bei Dettingen am Main (27. 6. 1754) wechselt Sardinien-Piemont die Seiten und stellt sich im sog. Wormser Traktat auf die Seite Österreichs.

25. 5. 1744
Preußen
Durch Erbschaft fällt Ostfriesland an den preußischen König Friedrich II., den Großen.

August 1744
Preußen
Nach der Gründung der sog. Frankfurter Union mit Kaiser Karl VII. Albrecht (22. 4. 1744) und dem Abschluss einer Offensivallianz mit Frankreich (5. 6. 1744) eröffnet der preußische König Friedrich II., der Große, den zweiten Schlesischen Krieg (1744/45).

22. 4. 1745
Bayern
Im Frieden von Füssen verzichtet der neue Kurfürst von Bayern, Maximilian III. Joseph (28. 3. 1727-30. 12. 1777) auf alle Ansprüche gegenüber Österreich und erhält die besetzten bayerischen Erblande zurück.

13. 9. 1745
Deutsches Reich
Franz I. Stephan, der Gemahl Maria Theresias, wird in Frankfurt am Main zum römisch-deutschen Kaiser gewählt.

14. 9. 1745
Frankreich
Ludwig XV. von Frankreich erhebt seine Mätresse zur Marquise de Pompadour (Jeanne Antoinette Poisson, 29. 12. 1721-15. 4. 1764). Sie nimmt in der Folgezeit mehrfach Einfluss auf die französische Politik. → S. 416

25. 12. 1745
Sachsen
Der Friede von Dresden beendet den zweiten Schlesischen Krieg und bestätigt den schlesischen Besitz Preußens. → S. 416

16. 4. 1746
Großbritannien
In der Schlacht bei Culloden Moor (nordöstlich von Inverness) unterliegt der schottische Thronprätendent Karl Eduard (1720-1788) dem englischen Oberbefehlshaber Wilhelm August von Hannover, Herzog von Cumberland (1721-1765). → S. 417

9. 7. 1746
Spanien
Nach dem Tod von König (seit 1700) Philipp V. (*19. 12. 1683), des ersten spanischen Bourbonen, besteigt Ferdinand VI. (1713-1759) den Thron.

21. 9. 1746
Indien
Die britische East India Company verliert Madras an die Franzosen. Im Frieden von Aachen fällt Madras 1748 jedoch wieder an die Briten.

22. 11. 1747
Niederlande
Mit der Erhebung von Wilhelm I. von Oranien (1711-22. 10. 1751) zum Statthalter der Vereinigten Provinzen wird das – nunmehr erbliche – höchste Staatsamt wiederbelebt.

1747
Preußen
In Potsdam wird nach zweijähriger Bauzeit das von Georg Wenzeslaus von Knobelsdorff (17. 2. 1699-16. 9. 1753) entworfene Rokokoschloss Sanssouci vollendet. → S. 417

18. 10. 1748
Deutsches Reich
Der Friede von Aachen beendet endgültig den Österreichischen Erbfolgekrieg. Die Habsburger verzichten nur auf Parma und Piacenza zugunsten der Bourbonen, behaupten jedoch ansonsten ihre Stellung in Italien. In Nordamerika erfolgt der Frieden auf der Basis des Status quo.

1748
Frankreich
Der Schriftsteller sowie Rechts- und Staatsphilosoph Charles de Secondat, Baron de La Brède et de Montesquieu (18. 1. 1689-10. 2. 1755), stellt in seiner Schrift »De l'Esprit des lois« (»Der Geist der Gesetze«) eine Gesetzgebungslehre in Beziehung zu den drei Staatsformen der Demokratie, der Monarchie und der Despotie auf und leitet daraus das Prinzip der Gewaltenteilung ab.

1749
Dänemark
In Kopenhagen wird die »Københavnske Danske Post Tidende« (ab 1936 »Berlingske Tidende«) gegründet. Das konservative Blatt ist die älteste durchgängig erscheinende Zeitung von Bedeutung. Ab Februar 1751 erscheint in Berlin die »Vossische Zeitung«, am 12. 1. 1780 erstmals die »Neue Zürcher Zeitung« und am 1. 1. 1788 in London die »Times«.

1749
Großbritannien
Henry Fielding (22. 4. 1707-8. 10. 1754) begründet mit »Tom Jones« die Gattung des humorvoll-realistischen Romans.

1750-1774

31. 7. 1750
Portugal
Joseph I. (1714-24. 2. 1777) wird König in Portugal und herrscht im Geist des aufgeklärten Despotismus. Er beruft Sebastião José de Carvalho e Mello, Marquês de Pombal (13. 5. 1699-8. 5. 1782), zum leitenden Minister, der durch seine Reformpolitik als Begründer des modernen Portugal gilt. Er wird 1778 entlassen und verarmt, seine Reformen werden großenteils rückgängig gemacht.

um 1750
Westeuropa
Die Bezeichnung »Aufklärung« kommt in Deutschland in Umlauf für eine Geistesrichtung, die das Vertrauen in die Vernunft als entscheidende Quelle aller Erkenntnis, als Richtschnur menschlichen Handelns und als Maßstab aller Werte ansieht. → S. 418

28. 6. 1751
Frankreich
Der erste Band der »Encyclopédie ou dictionnaire raisonné des sciences, des arts et des métier« erscheint. Herausgeber des maßgeblichen Sammelwerks aufklärerischen Gedankenguts sind Denis Diderot (5. 10. 1713-31. 7. 1784) und Jean le Rond d'Alembert (16. 11. 1717-29. 10. 1783), der auch die Einleitung (»Discours préliminaire«) verfasst. → S. 418

1753
Großbritannien
Aus der Zusammenfügung privater Sammlungen entsteht das British Museum in London mit Werken der altorientalischen, griechisch-römischen und mittelalterlichen Kunst (eröffnet 1759).

14. 11. 1754
Großbritannien/Nordamerika
König Georg II. bekräftigt die Unterstützung für die englischen Siedler in Nordamerika. Dort beginnt der sog. French and Indian War mit einer verlustreichen britischen Expedition ins Ohiotal, an der auch George Washington (22. 2. 1732-14. 12. 1799) als Oberst (seit 1753) der Miliz von Virginia teilnimmt.

1. 11. 1755
Portugal
Lissabon wird durch ein schweres Erdbeben zu mehr als 50% zerstört. → S. 420

November 1755
Großbritannien
Eine britische Flotte unter Admiral Edward Hawke (1705-1781) kapert etwa 300 französische Handelsschiffe. Da die britische Regierung den geforderten Schadenersatz verweigert, beginnt am 10. 1. 1756 der britisch-französische Krieg.

16. 1. 1756
Großbritannien
In der Westminster-Konvention verbünden sich England und Preußen.

1. 5. 1756
Frankreich
Die preußische Annäherung an England führt zum »Umsturz der Bündnisse«, zur Einigung Österreichs mit Frankreich und Sachsen. Preußen wird auf dem Festland isoliert.

29. 8. 1756
Sachsen
Um einem Angriff der weit stärkeren Verbündeten zuvorzukommen, fällt der preußische König Friedrich II., der Große, in Sachsen ein und löst damit den Siebenjährigen Krieg aus. Die Preußen siegen bei Lobositz am 1. 10. und zwingen die sächsische Armee am 15. 10. 1756 zur Kapitulation von Pirna. → S. 421

1756
Venedig
Dem venezianischen Abenteurer, Spieler und Frauenhelden Giovanni Giacomo Casanova (2. 4. 1725-4. 6. 1798) gelingt die Flucht aus den Bleikammern in Venedig (Staatsgefängnis), wo er 1755 wegen Atheismus eingekerkert worden war. → S. 420

1. 5. 1757
Österreich
Angesichts des erneuten preußischen Überfalls wandelt der leitende österreichische Minister Wenzel Anton Fürst (seit 1764) von Kaunitz-Rietberg (2. 2. 1711-27. 6. 1794) die bisherige Defensivallianz mit Frankreich in ein Offensivbündnis um. Auch Russland (am 2. 2. 1757) und Schweden (März 1757) schließen sich dem Bündnis an. Das mit Großbritannien in Personalunion verbundene Hannover sowie Braunschweig, Hessen-Kassel und Sachsen-Gotha stellten sich auf die Seite Preußens.

23. 6. 1757
Indien
Bei Plassey (nördlich von Kalkutta) besiegt der im Dienst der East India Company stehende englische Kaufmann und Offizier Robert Clive (29. 9. 1725-22. 11. 1774) den Nabob von Bengalen vernichtend und begründet damit die britische Herrschaft in Indien.

5. 11. 1757
Sachsen
Der preußische König Friedrich II., der Große, bringt der vereinigten französischen und Reichsarmee bei Roßbach (zwischen Naumburg und Merseburg) eine Niederlage bei und erobert durch seinen Sieg über die Österreicher bei Leuthen (nordwestlich von Breslau) am 5. 12. 1757 Schlesien zurück. Allerdings wurden Hannover und Hessen von den Franzosen besetzt, vor denen am 8. 9. 1757 das englisch-hannoversche Korps bei Zeven kapituliert hatte.

11. 4. 1758
Großbritannien/Preußen
Durch den Abschluss der zweiten Westminsterkonvention stellt England den Preußen erhebliche Subsidiengelder in Aussicht. Beide Partner verzichten auf den Abschluss eines Separatfriedens.

25. 8. 1758
Preußen
König Friedrich II., der Große, zwingt durch die Schlacht bei Zorndorf (nördlich von Küstrin) ein russisches Hilfskorps zum Rückzug und verhindert damit einen Zusammenschluss mit den Österreichern, erleidet aber in der Schlacht bei Hochkirch (östlich von Bautzen) am 14. 10. 1758 empfindliche Verluste gegen die Österreicher.

Dezember 1758
Frankreich
Der französische Nationalökonom François Quesnay (4. 6. 1694-16. 12. 1774) und Leibarzt Ludwigs XV. gibt in seinem »Tableau économique« (1758) erstmals eine Darstellung des Wirtschaftskreislaufs. → S. 422

10. 8. 1759
Spanien
Nach dem Tod seines Stiefbruders Ferdinand VI. (*1713) wird Karl III. (20. 1. 1716-14. 12. 1788) König von Spanien. Er herrschte bisher als Herzog von Parma (als Karl I. seit 1731) und König beider Sizilien (als Karl VII. seit 1734). Als Repräsentant eines aufgeklärten Absolutismus leitet er eine Reformpolitik ein.

12. 8. 1759
Preußen
Bei Kunersdorf (östlich von Frankfurt an der Oder) erleidet der preußische König Friedrich II., der Große, durch die Österreicher und Russen die schwerste Niederlage des Krieges.

18. 10. 1759
Nordamerika
Mit der Eroberung von Quebec durch die Engländer ist der Krieg in Nordamerika praktisch entschieden. Der französische Oberbefehlshaber Louis Joseph Marquis de Montcalm de Saint-Veran (*1712) ist am 13. 9. 1759 in der Schlacht auf der Hochebene von Abraham gefallen. Am 8. 9. 1760 strecken die Garnison von Montreal und sämtliche französischen Streitkräfte in Nordamerika die Waffen.

25. 10. 1760
Großbritannien
Nach dem Tod von Georg II. (*10. 11. 1683) folgt ihm sein Enkel Georg III. (4. 6. 1738-29. 1. 1820) als König von Großbritannien und Irland sowie als Kurfürst (ab 1814 König) von Hannover.

1761
Österreich
Der Komponist Joseph Haydn (wahrscheinlich 31. 3. 1732-31. 5. 1809), wird (bis 1790) Kapellmeister im Dienst des Grafen Esterházy in Eisenstadt und Wien. → S. 423

5. 1. 1762
Russland
Nach dem Tod von Zarin (seit 1741) Elisabeth Petrowna (*29. 12. 1709) tritt ihr Neffe Peter von Holstein-Gottorf als Peter III. (*21. 2. 1728) die Herrschaft an. Als Bewunderer von Friedrich II., dem Großen, ruft er die russischen Truppen aus dem Siebenjährigen Krieg zurück und schließt am 5. 5. Frieden mit Preußen. Er wird jedoch am 29. 6. zur Abdankung gezwungen und am 17. 7. 1762 ermordet. Herrscherin von Russland wird Peters Gattin Katharina II., die Große (eigentl. Sophie Friederike Auguste von Anhalt-Zerbst, 2. 5. 1729-17. 11. 1796). → S. 422

1762
Frankreich:
Der aus Genf gebürtige Schriftsteller und Philosoph Jean-Jacques Rousseau (28. 6. 1712-2. 7. 1778) veröffentlicht seinen Erziehungsroman »Émile oder Über die Erziehung«, in dem er das Ideal einer naturnahen Erziehung aufstellt, und seine grundlegende Schrift »Der Gesellschaftsvertrag«, in der er den Staat als eine freiwillige Vereinigung der Einzelwillen zu einem »Gesamtwillen« (»volonté générale«) definiert, womit die Souveränität vom Volk ausgeht.

10. 2. 1763
Frankreich
Im Frieden von Paris zwischen England und Portugal einerseits, Frankreich und Spanien (das am 2. 1. 1762 in den Krieg eingetreten ist) andererseits wird der Siebenjährige Krieg für die beteiligten Länder beendet. Großbritannien gewinnt u.a. Kanada (von Frankreich) und Florida (von Spanien). → S. 422

15. 2. 1763
Sachsen
Der Friede von Hubertusburg (Jagdschloss westlich von Oschatz) beendet den Siebenjährigen Krieg für Preußen, Österreich und Sachsen: Schlesien und die Grafschaft Glatz bleiben bei Preußen, das sich als Großmacht behauptet.

5. 4. 1764
Großbritannien
Das britische Parlament erlässt den »Sugar Act« (Zuckergesetz), das erste Gesetz zur Eintreibung von Geld in den nordamerikanischen Kolonien für die britische Krone. Dagegen wehren sich die Siedler unter der Parole »No taxation without representation«.

7. 9. 1764
Polen
Stanislaw II. August Poniatowski (17. 1. 1732-12. 2. 1798), ein Günstling der Zarin Katharina II., wird zum polnischen König gewählt und am 25. 11. 1764 in Warschau gekrönt. Durch Reformen auf kulturellem und erzieherischem Gebiet erreicht er eine Erneuerung Polens, kann jedoch die Teilungen seines Landes nicht verhindern.

1764
Deutsches Reich
Die »Geschichte der Kunst des Altertums« von Johann Joachim Winckelmann (9. 12. 1717-8. 6. 1768) erscheint, der damit die wissenschaftliche Archäologie begründet.

1764
Großbritannien
Der Handweber James Hargreaves (um 1740-22. 4. 1778) aus Stanhill bei Blackburn erfindet die – im Jahr 1770 patentierte – »spinning jenny«, eine Spinnmaschine, an der durch eine Konstruktion von Klemmen und Spindeln mehrere Fäden gleichzeitig gesponnen werden können. Diese Erfindung steht am Anfang der »industriellen Revolution«. → S. 426

22. 3. 1765
Großbritannien/Nordamerika
Der britische Premierminister (1763-1765) George Grenville (14. 10. 1712-13. 11. 1770) setzt ohne Mitwirken der Kolonisten-Parlamente den »Stamp Act« (Stempelgesetz) durch. Es bedeutet eine direkte Besteuerung von Dokumenten und Druckschriften aller Art in den nordamerikanischen Kolonien. Wegen der dadurch hervorgerufenen Empörung wird das Gesetz bereits am 18. 3. 1766 wieder aufgehoben.

12. 8. 1765
Indien
In Bengalen zwingt Robert Clive, Gouverneur und Oberbefehlshaber der britischen Streitkräfte in Ostindien, den Mogulkaiser (1759-1806) Schah Alam II., der britischen Ostindischen Kompanie die Verwaltung der Provinz zu übertragen. Die Ostindische Kompanie wird damit Nabob (Statthalter).

18. 8. 1765
Deutsches Reich
Nach dem Tod von Kaiser Franz I. Stephan (*8. 12. 1708) wird sein Sohn Joseph II. (13. 3. 1741-20. 2. 1790) römisch-deutscher Kaiser und Mitregent in den sog. habsburgischen Erblanden. → S. 426

23. 2. 1766
Frankreich
Die Herzogtümer Lothringen und Bar fallen nach dem Tod des früheren polnischen Königs Stanislaus I. Lesczynski (*20. 10. 1677) an seinen Schwiegervater, König Ludwig XV. von Frankreich.

24. 7. 1766
Nordamerika
Pontiac (um 1720-10. 4. 1769), der Häuptling der Ottawa-Indianer, unterzeichnet bei Oswego ein Friedensabkommen mit den Briten und beendet damit den am 7. 5. 1763 begonnenen Indianerkrieg (sog. Pontiac-Verschwörung) gegen die Briten.

5. 11. 1766
Frankreich
Der französische Offizier und Seefahrer Louis-Antoine de Bougainville (11. 11. 1729-31. 8. 1811) bricht in Nantes zur ersten französischen Weltumseglung auf (bis 1769). Ihm gelingt die Wiederentdeckung der Salomonen, deren größte Insel nach ihm benannt wird.

1766
Italien
Der Strafrechtslehrer Cesare Beccaria (15. 3. 1738-28. 11. 1794) veröffentlicht sein in fast alle Kultursprachen übersetztes Buch »Dei delitti e delle pene« (»Von den Verbrechen und Strafen«). Er wendet sich gegen die Todesstrafe sowie gegen Inquisitionsprozesse und Folterungen.

1766
Großbritannien
Der angloirische Schriftsteller Oliver Goldsmith (10. 11. 1728-4. 4. 1774) veröffentlicht seinen empfindsamen Roman »The vicar of Wakefield« (»Der Landpfarrer von Wakefield«).

27. 2. 1767
Spanien
In Madrid wird ein Edikt über die Vertreibung des Jesuitenordens aus Spanien erlassen. Davon sind rd. 4000 Ordensmitglieder betroffen.

1767
Siam
Die Burmesen zerstören Ayutthaya, die Hauptstadt des Königreichs der Thai. → S. 427

1767
Großbritannien
Der angloirische Beamte und Schriftsteller Laurence Sterne (24. 11. 713-18. 3. 1768) vollendet seinen besinnlich-humoristischen Roman »Life and Opinions of Tristram Shandy« (»Leben und Meinungen des Herrn Tristram Shandy«).

29. 2. 1768
Polen
In Bar in Podolien schließt sich der polnische Adel zu einer Konföderation zusammen. Sie hat die Beseitigung der russischen Fremdherrschaft zum Ziel. Russland interveniert militärisch, während die Barer Konföderation ihrerseits militärische Unterstützung von Frankreich erhält.

10. 5. 1768
Großbritannien
Bei einer Demonstration von etwa 20 000 Menschen für den populären Politiker John Wilkes (17. 10. 1725-26. 12. 1797), der eine Wahlrechtsreform zugunsten der stärker bevölkerten städtischen Wahlkreise verlangt, auf dem St. George's Field in Manchester kommt es zu Unruhen. Das »Massaker vom St. George's Field«, das elf Tote fordert, löst eine Welle von politischen und ökonomischen Streiks aus.

15. 5. 1768
Mittelmeer
In einem zu Versailles abgeschlossenen Vertrag tritt die Republik Genua die Insel Korsika an Frankreich ab.

26. 8. 1768
Großbritannien
Mit seinem Schiff »Endeavour« sticht in Plymouth der Forschungsreisende James Cook (27. 10. 1728-14. 2. 1779) in See. Er soll im Pazifik astronomische Berechnungen anstellen und im Auftrag der Admiralität die Existenz eines angeblichen Südkontinents erforschen. Am 13. 7. 1771 kehrt er zurück. → S. 427

22. 4. 1769
Frankreich
Marie Jeanne Bécu (19. 8. 1743-8. 12. 1793) wird am französischen Hof eingeführt und steigt als Gräfin du Barry zur Mätresse von Ludwig XV. auf.

3. 5. 1769
Tahiti
Auf der ersten Station seiner Forschungsreise beobachtet James Cook den Durchgang der Venus vor der Sonne zur Bestimmung der Entfernung von der Erde.

1769
Frankreich
Der Ingenieur Joseph Cugnot (25. 2. 1725-1804) konstruiert einen Dampfwagen, ein dreirädriges Automobil mit einer Höchstgeschwindigkeit etwa 4 km/h. Ein Verkauf der Erfindung scheitert an der mangelhaften Brauchbarkeit des Gefährts.

1769
Großbritannien
Richard Arkwright (23. 12. 1732-3. 8. 1792) baut in Nottingham die erste brauchbare, mit Wasserkraft arbeitende Spinnmaschine. Sie besitzt bereits eine automatische Garnzuführung.

1769
Großbritannien
Der englische Kunstreiter Philip Astley (8. 1. 1742-20. 10. 1814) begründet – indem er eine runde Manege aufbaut – den modernen Zirkus.

28. 1. 1770
Großbritannien
Frederick, Lord North (13. 4. 1732-5. 8. 1792) wird Premierminister. Er leitet bis 1782 die britische Politik und vertritt während des amerikanischen Unabhängigkeitskrieges die harte Linie von König Georg III.

27. 3. 1770
Spanien
In Madrid stirbt Giovanni Battista Tiepolo (*5. 3. 1696), ein Hauptmeister der spätbarocken Malerei und der letzte bedeutende Vertreter der venezianischen Kunst.

16. 5. 1770
Frankreich
In Paris erfolgt die Vermählung des französischen Thronfolgers Ludwig (XVI., 23. 8 1754-21. 1. 1793) mit der österreichischen Erzherzogin Marie Antoinette (2. 11. 1755-16. 10. 1793).

6. 7. 1770
Osmanisches Reich
In der Seeschlacht bei Çesme vor der Küste Westanatoliens vernichtet ein russisches Geschwader unter dem Oberbefehl von Alexej Grigorjewitsch, Graf Orlow (5. 10. 1737-6. 1. 1808), die türkische Flotte und gewinnt die Seeherrschaft in der Ägäis.

24. 12. 1770
Frankreich
Étienne-François, Herzog von Choiseul-Amboise, Marquis von Stainville (28. 6. 1719-8. 5. 1785), wird aufgrund einer Hofintrige der Gräfin du Barry gestürzt. Er leitete seit 1758 die französische Außenpolitik.

12. 2. 1771
Schweden
Der Regierungsantritt des schwedischen Königs Gustav III. (24. 1. 1746-29. 3. 1792) beendet die Ständeherrschaft der profranzösischen »Hüte« und der prorussischen »Mützen«. → S. 428

1771
Schweden
Carl Wilhelm Scheele (9. 12. 1742-21. 5. 1786), ein schwedischer Chemiker deutscher Herkunft, entdeckt den Sauerstoff durch Kondensieren von Quecksilberoxid. Unabhängig davon entdeckt auch der Brite Joseph Priestley (13. 3. 1733-6. 2. 1804) den Sauerstoff, und zwar durch Erhitzen von Salpeter in einem Gewehrlauf.

1771
Preußen
Angesichts einer Hungersnot und Agrarkrise in den Ostprovinzen von Brandenburg-Preußen setzt sich die Kartoffel als Nahrungsmittel und der Fruchtwechsel nach britischem Vorbild durch. → S. 428

13. 3. 1772
Deutsches Reich
In Braunschweig wird das Bühnenstück »Emilia Galotti« uraufgeführt. Gotthold Ephraim Lessing (22. 1. 1729-15. 2. 1781) begründet damit und mit dem bereits 1755 verfassten Werk »Miß Sara Sampson« in Deutschland die Tradition des bürgerlichen Trauerspiels, in dessen Mittelpunkt nicht höfisches Leben und Politik, sondern eine familiäre Welt und Geschäftsleben stehen.

23. 4. 1772
Polen
Mit der Kapitulation Krakaus vor den österreichischen Truppen, die auf Seiten der Russen in den polnischen Bürgerkrieg eingreifen, ist die Rebellion der sog. Barer Konföderation endgültig niedergeworfen.

28. 4. 1772
Dänemark
Wegen seines Verhältnisses mit der dänischen Königin wird in Kopenhagen Johann Friedrich Graf von Struensee (*5. 8. 1737) hingerichtet. Er war seit 1769 Hofarzt und seit 1771 Geheimer Kabinettsminister des an Geisteskrankheit leidenden dänischen Königs Christian VII. (1749-13. 3. 1808).

22. 6. 1772
Großbritannien
In einem Grundsatzurteil, genannt »Mansfield's Judgement«, erklärt der britische Lordoberrichter William Murray, Earl of Mansfield, dass Sklaverei nach geltendem britischem Recht in Großbritannien nicht erlaubt sei.

13. 7. 1772
Großbritannien
Von Plymouth aus bricht der britische Entdecker James Cook zu seiner zweiten Reise auf, bei der er auf Tahiti landet und in die Gewässer der Antarktis vordringt, ohne den sagenhaften Südkontinent zu finden. Diese Fahrt dauert bis 1775.

5. 8. 1772
Russland
Preußen, Österreich und Russland einigen sich in St. Petersburg auf die sog. Erste Teilung Polens. Preußen erhält Westpreußen, Ermland, Pommerellen ohne Danzig, das Kulmer Land, das nördliche Kujawien und das Netzegebiet; Österreich fallen Galizien, die südlichen Teile der Wojwodschaften Krakau, Sandomir und die Wojwodschaft Reussen mit Lemberg zu; Russland die Gebiete östlich der Düna und des Dnjepr. → S. 428

21. 7. 1773
Italien
Papst (seit 1769) Klemens XIV. (31. 10. 1705-22. 9. 1774) hebt durch das Breve »Dominus ac Redemptor noster« den Jesuitenorden auf.

16. 12. 1773
Nordamerika
Die Unruhen in den britischen Kolonien erreichen mit der »Boston Tea Party« einen Höhepunkt. Bostoner Bürger – als Indianer verkleidet – stürmen die Schiffe der britischen East India Company und werfen 342 Kisten Tee ins Wasser. Die Amerikaner wehren sich damit gegen den Fortbestand der britischen Teesteuer. → S. 428

1773
Indien
Der britische Premier Frederick Lord North erlässt den sog. Regulating Act, womit die Befugnisse der Ostindischen Kompanie zugunsten einer verstärkten staatlichen Kontrolle eingeschränkt werden. Gleichsam als Ausgleich überträgt das Parlament der East India Company das Monopol für den Opiumhandel mit China.

10. 5. 1774
Frankreich
Nach dem Tod von Ludwig XV. (*15. 2. 1710) wird sein Enkel Ludwig XVI. König. → S. 430

20. 5. 1774
Kanada
Angesichts der wachsenden Unruhe in den nordamerikanischen Kolonien erlässt die britische Krone für ihre Kolonie Neufrankreich den sog. Quebec Act. Die Frankokanadier erhalten Religionsfreiheit und Mitspracherecht bei der Regierung der Kolonie.

21. 7. 1774
Rumänien
Der Friede von Küçük Kaynarci (bei Silistra) beendet den seit 1768 andauernden Russisch-Türkischen Krieg. Russland gewinnt die Mündungen von Don, Dnjepr und Bug und wird die Schutzmacht der orthodoxen Christen auf dem Balkan. Das Osmanische Reich muss die Oberhoheit über die Krim aufgeben und verliert in der Folgezeit seinen Großmachtstatus.

August 1774
Frankreich
Der Volkswirtschaftler und Physiokrat Anne Robert Jacques, Baron de l'Aulne (10. 5. 1727-20. 3. 1781), wird Generalkontrolleur der Finanzen. Er macht den Versuch, den Staatshaushalt auszugleichen. Die von ihm eingeführten Maßnahmen – Gewerbefreiheit, höhere Steuern und Sparmaßnahmen – scheitern aber am Widerstand der privilegierten Stände. Am 12. 5. 1776 wird er nach einer Hofintrige entlassen.

1774
Deutsches Reich
Der Briefroman »Die Leiden des jungen Werthers« erscheint in Leipzig. Das Buch wird zu einem Bestseller des 18. Jahrhunderts und bringt seinem Autor Johann Wolfgang von (seit 1782) Goethe (28. 8. 1749-22. 3. 1832) Weltruhm ein.

1774
Großbritannien
Nach seiner Übersiedlung von Bath nach London wird Thomas Gainsborough (getauft 14. 5. 1727-2. 8. 1788) zum bevorzugten Bildnismaler der königlichen Familie und der vornehmen Gesellschaft.

1775-1799

21. 1. 1775
Russland
In Moskau wird der Kosakenführer Jemeljan Iwanowitsch Pugatschow hingerichtet (*um 1742). Er hatte sich im September 1773 zum Zaren Peter III. erklärt, die Kosaken zum Aufstand gegen die Zarin Katharina II. aufgewiegelt und zeitweise fast ganz Südrussland unter seine Herrschaft gebracht.

19. 4. 1775
Nordamerika
Der Unabhängigkeitskrieg beginnt mit dem Gefecht von Lexington in Massachusetts. Auch in den kurz darauf folgenden Gefechten bei Concord müssen die Briten Verluste hinnehmen. Am 10. 5. 1775 beginnt in Philadelphia der zweite Kontinentalkongress. Er wählt George Washington am 14. 6. einstimmig zum Oberbefehlshaber und proklamiert am folgenden Tag die amerikanischen Milizen zur Kontinentalarmee (Continental Army).

1775
Schweiz
Der Zürcher Schriftsteller Johann Kaspar Lavater (15. 11. 1741-2. 1. 1801) veröffentlicht seine »Physiognomischen Fragmente zur Beförderung der Menschenkenntnis und Menschenliebe«. Mit seiner Auffassung, dass sich der psychische Zustand eines Menschen von dessen physischer Erscheinung ableiten lasse, beeinflusst er viele Philosophen der Aufklärung.

10. 1. 1776
Nordamerika
Der Publizist Thomas Paine (29. 1. 1737-8. 6. 1809) erhebt in seiner weit verbreiteten Flugschrift »The common sense addressed to the inhabitants of America« die Forderung nach Unabhängigkeit vom britischen Mutterland.

9. 3. 1776
Großbritannien
Der schottische Nationalökonom und Moralphilosoph Adam Smith (5. 6. 1723-17. 7. 1790) publiziert in London sein zweibändiges Hauptwerk »An inquiry into the nature and causes of the wealth of nations« (»Eine Untersuchung über Natur und Ursachen des Volkswohlstandes«). → S. 433

4. 7. 1776
Nordamerika
Nachdem am 2. 7. der zweite Kontinentalkongress in Philadelphia der Loslösung von England zugestimmt hat, wird die von Thomas Jefferson (13. 4. 1743-4. 7. 1826) verfasste Unabhängigkeitserklärung angenommen. → S. 430

12. 7. 1776
Großbritannien
Der britische Entdeckungsreisende James Cook bricht mit seinem Schiff »Resolution« zu seiner dritten und letzten Forschungsreise auf. Er sucht die nördliche Durchfahrt zwischen Atlantik und Pazifik. Am 14. 2. 1779 wird er auf Hawaii von Eingeborenen erschlagen.

16. 12. 1776
Nordamerika:
Nach Überquerung des vereisten Delaware überrumpeln die nordamerikanischen Milizen unter Führung von General George Washington eine von den Briten angeworbene hessische Brigade bei Trenton. Sie machen 900 Gefangene.

1. 4. 1777
Deutsches Reich
In Leipzig wird das Schauspiel »Sturm und Drang« des deutschen Dichters Friedrich Maximilian Klinger (17. 2. 1752-9. 3. 1831) uraufgeführt. Es gibt der folgenden literarischen Epoche ihren Namen.

14. 6. 1777
Nordamerika
Der Kongress in Philadelphia beschließt über eine Nationalflagge. 13 Streifen und 13 Sterne im oberen Eckfeld entsprechen der Zahl der Bundesstaaten.

17. 10. 1777
Nordamerika
Mit seiner fast 5700 Mann starken Armee muss der britische General John Burgoyne bei Saratoga vor den Amerikanern kapitulieren.

30. 12. 1777
Deutsches Reich
Mit dem Tod des bayerischen Kurfürsten Maximilian III. Joseph (*28. 3. 1727) erlischt die jüngere Hauptlinie des Hauses Wittelsbach. Neuer Herrscher wird der pfälzische Kurfürst Karl IV. Theodor (11. 12. 1724-16. 2. 1799). Die pfälzische wird mit der bayerischen Kurstimme vereinigt.

6. 2. 1778
Frankreich
In Paris unterzeichnen das Königreich Frankreich und die britischen Kolonien in Nordamerika einen Freundschafts- und Handelsvertrag. Daraufhin kommt es zum Krieg zwischen Großbritannien und Frankreich.

30. 5. 1778
Frankreich
In Paris stirbt der Schriftsteller und Philosoph Voltaire (François Marie Arouet, *21. 11. 1694). Er gilt als der bedeutendste Vertreter der europäischen Aufklärung und verteidigt in seinem umfassenden Werk Toleranz, Menschenrechte und Vernunft.

3. 8. 1778
Italien
Das Teatro alla Scala in Mailand wird eröffnet.

13. 5. 1779
Österreich/Bayern
Der Friede von Teschen zwischen Österreich und Preußen beendet den Bayerischen Erbfolgekrieg. Gegen Abtretung des bayerischen Innviertels räumt Österreich die Oberpfalz und Niederbayern und bestätigt die Erbfolge des pfälzischen Kurfürsten Karl Theodor in Bayern. Der Krieg hatte am 5. 7. 1778 mit dem Einmarsch preußischer und sächsischer Truppen in Böhmen begonnen, größere Kampfhandlungen gab es jedoch nicht.

21. 6. 1779
Spanien
Aufgrund eines am 12. 4. mit Frankreich in Aranjuez geschlossenen Geheimvertrages tritt Spanien in den Krieg gegen Großbritannien ein.

1779
Großbritannien
Die erste eiserne Brücke wird fertig gestellt. Sie überquert den Fluss Severn im östlichen England. Die Teile wurden im Hüttenwerk Coalbrookdale gefertigt.

1779
Großbritannien
Der britische Handweber Samuel Crompton entwickelt eine Spinnmaschine. Sie vereinigt Elemente der Hargreaves-Maschine von 1764 und der 1769 von Richard Arkwright erfundenen »Mule« und heißt »Spinning Mule«. Sie kann nicht nur mehrere Garne gleichzeitig, sondern auch unterschiedliche Garne produzieren.

29. 11. 1780
Österreich
Nach dem Tod der Erzherzogin Maria Theresia (*13. 5. 1717) ist Kaiser Joseph II. der Alleinregent in den habsburgischen Erblanden. Er versucht dort ein radikales Modernisierungsprogramm durchzusetzen (sog. Josephinismus).

13. 3. 1781
Großbritannien
Der deutsche Musiker und Astronom Friedrich Wilhelm Herschel (15. 11. 1738-25. 8. 1822) entdeckt den Planeten Uranus sowie 1787 dessen Satelliten Titania und Oberon, ferner 1789 die Saturnsatelliten Mimas und Enceladus.

18. 5. 1781
Peru
In Cuzco wird der indianische Revolutionär Tupac Amarú II. (eigentl. José Gabriel Condorcanqui, *19. 3. 1743) hingerichtet. Er hatte 1780 einen Indianeraufstand gegen die spanische Kolonialherrschaft angezettelt.

19. 5. 1781
Frankreich
Der Bankier Jacques Necker (30. 9. 1732-9. 4. 1804), der 1777 die Verwaltung der französischen Staatsfinanzen übernommen hat, wird aus seinem Amt entlassen. Er hatte erstmals Angaben über den Staatshaushalt publiziert, in denen ein breites Publikum Einzelheiten über die Zuwendungen für Adel und Hofhaltung erfährt.

8. 7. 1781
Österreich
Nachdem sich der Komponist Wolfgang Amadeus Mozart (27. 1. 1756-5. 12. 1791) erneut mit seinem salzburgischen Landesherrn überworfen hat, gibt er seinen Posten als Hofkapellmeister zugunsten einer freien Komponisten- und Vortragstätigkeit auf. → S. 432

19. 10. 1781
Nordamerika
Nach dreiwöchiger Belagerung muss sich eine knapp 8000 Mann starke britische Armee unter Führung von General Charles Cornwallis (31. 12. 1738-5. 10. 1805) den doppelt so starken amerikanischen und französischen Truppen in Yorktown (Virginia) ergeben. → S. 432

1781
Preußen
Der Königsberger Philosoph Immanuel Kant (22. 4. 1724-12. 2. 1804) veröffentlicht in Riga sein erkenntnistheoretisches Werk »Kritik der reinen Vernunft«. 1788 folgt die »Kritik der praktischen Vernunft« mit dem kategorischen Imperativ: »Handle so, dass die Maxime deines Willens jederzeit zugleich als Prinzip einer allgemeinen Gesetzgebung gelten könnte.«

1781
Großbritannien
Der britische Ingenieur und Erfinder James Watt (19. 1. 1736-19. 8. 1819) verbessert seine Dampfmaschine mit einem Planetengetriebe und einem Schwungrad und befähigt sie damit erstmals zu Rotationsbewegungen. → S. 433

13. 1. 1782
Deutsches Reich
Friedrich (seit 1802 von) Schillers (10. 11. 1759-9. 5. 1805) erstes Schauspiel »Die Räuber« wird im Mannheimer Nationaltheater uraufgeführt und erzielt mit der Anklage gegen Despotie und der Forderung nach Freiheit eine außerordentliche öffentliche Wirkung.

25. 4. 1782
Frankreich
Der französische Offizier Pierre Ambroise François Choderlos de Laclos (19. 10. 1741-5. 9. 1803) lässt in Paris anonym seinen Briefroman »Les liaisons dangereuses« (»Die gefährlichen Liebschaften«) erscheinen. Die Publikation löst eine heftige moralische Entrüstung beim Publikum aus.

1782
Irland
Der protestantische irische Politiker Henry Grattan (3. 6. 1746-6. 6. 1820) erreicht die legislative Unabhängigkeit des irischen Parlaments (sog. Grattan's Parliament) vom britischen Unterhaus.

8. 4. 1783
Russland
Zarin Katharina II. verkündet die Annexion der Krim, der Tamanhalbinsel und des Kubangebietes, die bis 1774 zum Osmanischen Reich gehört hatten. Verwalter der Krim wird der Günstling der Zarin, Grigorij Alexandrowitsch Fürst Potjomkin (24. 9. 1739-16. 10. 1791). → S. 433

3. 9. 1783
Frankreich/Nordamerika
Im Frieden von Paris wird die Unabhängigkeit der Vereinigten Staaten von Großbritannien anerkannt und die Besitzverteilung des Pariser Friedens von 1763 in einigen Punkten korrigiert: Großbritannien tritt an Frankreich die Insel Tobago sowie das Senegalgebiet ab, an Spanien Florida und die Insel Menorca.

19. 9. 1783
Frankreich
In Anwesenheit des Königspaares starten die Brüder Joseph-Michel (26. 8. 1740-26. 6. 1810) und Jacques-Étienne Montgolfier (7. 1. 1745-2. 8. 1799) in Versailles einen Heißluftballon mit einem Huhn, einem Schaf und einer Ente im Korb. → S. 435

19. 12. 1783
Großbritannien
König Georg III. ernennt den erst 24 Jahre alten Tory-Politiker William Pitt d. J. (28. 5. 1759-23. 1. 1806) zum Premierminister. Er bleibt bis 1801 und von 1804 bis 1806 in diesem Amt und wird zum Führer der europäischen Koalition gegen die Französische Revolution.

25. 3. 1784
USA
In Baltimore betritt der Deutsche John Jacob Astor (17. 7. 1763-29. 3. 1848) amerikanischen Boden und wird durch den Pelzhandel in wenigen Jahren zum Millionär.

27. 4. 1784
Frankreich
Nach mehrjährigem Kampf um das Aufführungsrecht wird das fünfaktige Lustspiel »Le Mariage de Figaro« (»Figaros Hochzeit«) des französischen Dichters Pierre Augustin Caron de Beaumarchais (24. 1. 1732-18. 5. 1799) in der Comédie Française in Paris öffentlich gezeigt.

20. 5. 1784
Großbritannien/Niederlande
In Paris wird der vierte britisch-niederländische Seekrieg (1780-1784) beendet. Großbritannien gibt Trinquemale und die übrigen während des Krieges in Indien gemachten Eroberungen zurück und erhält die Stadt Negapatnam in Ostindien.

1784
Frankreich
Der Maler Jacques Louis David (30. 8. 1748-29. 12. 1825) vollendet den »Schwur der Horatier« (Paris, Louvre), das nach Form und Inhalt erste rein klassizistische Gemälde.

1784
Großbritannien
Das Unterhaus schränkt die Rechte der East India Company weiter ein und setzt einen halbstaatlichen »Board of Control« ein, dessen Präsident die Belange Indiens im britischen Parlament vertritt.

1784
Großbritannien
Der Hammer- und Walzwerkbesitzer Henry Cort erfindet in Lancaster das sog. Puddelverfahren. Damit lässt sich aus Roheisen sowohl Stahl als auch Schmiedeeisen herstellen. Der Brennofen und der Ofen, in dem das Roheisen gefertigt wird (sog. Puddelofen), werden voneinander getrennt.

1784
Großbritannien
Der Geistliche Edmund Cartwright (24. 4. 1743-30. 10. 1823) baut den ersten mechanischen Webstuhl.

15. 8. 1785
Frankreich
König Ludwig XVI. lässt Kardinal Louis Prinz von Rohan-Guéméné (25. 9. 1734-17. 2. 1803), eine der Hauptpersonen der sog. Halsbandaffäre, verhaften. Er hatte auf Vermittlung der angeblichen Gräfin Jeanne de la Motte ein Halsband erworben, um damit die Gunst von Königin Marie Antoinette zurückzuerlangen. In einem am 5. 9. 1785 beginnenden Strafverfahren wird der Kardinal am 31. 5. 1786 freige-

sprochen. Das Ansehen der Monarchie ist aber beschädigt.

8. 8. 1786
Frankreich
Jacques Balmat und Michel Gabriel Paccard erklettern den Gipfel des 4807 m hohen Montblanc in den Westalpen. Damit beginnt die erste Epoche des Bergsteigens.

17. 8. 1786
Preußen
Nach dem Tod von König Friedrich II., dem Großen (*24. 1. 1712), wird sein Neffe Friedrich Wilhelm II. (25. 9. 1744-16. 11. 1797) König von Preußen.

30. 10. 1786
Italien
Der Anatom und Physiologe Luigi Galvani (9. 9. 1737-4. 12. 1798) entdeckt die sog. Berührungselektrizität. Er beobachtet, dass ein frisch präparierter Froschschenkel stark zusammenzuckt, wenn ein Muskel und ein entblößter Nerv mit zwei verschiedenen Metallen berührt werden, die über einen Leiter miteinander verbunden sind.

1787
Westafrika
Freigelassene Sklaven aus Großbritannien lassen sich an der Mündung des Sierra Leone nieder und gründen die Provinz Freetown, die Hauptstadt der späteren Kolonie Sierra Leone.

26. 1. 1788
Australien
In Port Jackson werden die ersten britischen Sträflinge an Land gesetzt. Der fünfte Kontinent wird in der Folgezeit vor allem von Sträflingen, ab 1793 auch von freien Siedlern kolonisiert. → S. 435

21. 6. 1788
USA
Die am 17. 9. 1787 beschlossene Verfassung der Vereinigten Staaten tritt in Kraft.

26. 8. 1788
Frankreich
König Ludwig XVI. holt Jacques Necker als Generalkontrolleur der Finanzen zurück. Er schlägt vor, dass bei der für Mai 1789 angesetzten Einberufung der Generalstände der sog. Dritte Stand eine doppelte Stimmenzahl erhalten soll. Am 27. 12. wird dies schließlich vom Kronrat gebilligt.

14. 12. 1788
Spanien
Nach dem Tod von Karl III. (*20. 1. 1716) wird sein zweiter Sohn als Karl IV. (1748-20. 1. 1819) neuer Herrscher von Spanien.

1788
Deutsches Reich
Adolph Freiherr von Knigge (16. 10. 1752-6. 5. 1796) veröffentlicht sein gesellschaftsethisches Werk »Über den Umgang mit Menschen«, das im Geist der Aufklärung Anregungen für das tägliche Verhalten gibt.

Januar 1789
Frankreich
Vor der Einberufung der Generalstände veröffentlicht der Abbé Emmanuel Joseph Sieyès (3. 5. 1748-20. 6. 1836) seine viel gelesene Denkschrift »Qu'est-ce que le Tiers-État?« (»Was ist der dritte Stand?«) und fordert ein Ende der Standesunterschiede.

7. 4. 1789
Osmanisches Reich
Selim III. (24. 12. 1761-28. 7. 1808) wird Sultan. Er leitet vor allem im Bereich der Streitkräfte eine Modernisierung des Reiches ein, scheitert aber an der Macht der Janitscharen.

28. 4. 1789
Südsee
Auf dem britischen Kriegsschiff »Bounty« wird der Kapitän William Bligh (9. 9. 1753-7. 12. 1817) von Meuterern ausgesetzt und erreicht nach abenteuerlicher Bootsfahrt Timor.

30. 4. 1789
USA
George Washington wird als erster Präsident in sein Amt eingeführt. Vizepräsident wird der bei der ersten Präsidentschaftswahl mit 34 gegen 69 Wahlmännerstimmen gegen Washington unterlegene John Adams (30. 10. 1735-4. 7. 1826). → S. 434

5. 5. 1789
Frankreich
Erstmals seit 1614 treten in Versailles die Generalstände zusammen, die Versammlung von Vertretern des Klerus, des Adels und des Bürgertums (Dritter Stand). Sie sollen Wege zur Sanierung der Staatsfinanzen finden. Die knapp 600 Abgeordneten des Dritten Standes erklären sich am 17. 6. zur Nationalversammlung und schwören am 20. 6. im Ballhaus von Versailles, nicht eher auseinander zu gehen, ehe eine neue Verfassung angenommen ist. → S. 438

2. 7. 1789
Kanada
Der schottische Pelzhändler und Forschungsreisende Alexander Mackenzie (1755-11. 5. 1820) erreicht auf dem später nach ihm benannten Mackenzie-River im kanadischen Nordwest-Territorium das Nördliche Eismeer.

14. 7. 1789
Frankreich
Mit dem Sturm auf die Bastille, dem Staatsgefängnis in Paris und Symbol des verhassten Despotismus, beginnt die Französische Revolution. → S. 439

4./5. 8. 1789
Frankreich
In einer abendlichen Sitzung, die als »Opfernacht der Privilegierten« bekannt wird, verfügt die Verfassunggebende Nationalversammlung die Aufhebung des Feudalsystems. Am 26. 8. 1789 nimmt die Nationalversammlung die Erklärung der Menschen- und Bürgerrechte an.

5. 10. 1789
Frankreich
Da sich König Ludwig XVI. weigert, die Erlasse der Constituante zu unterzeichnen, organisiert die Linke den sog. Zug der Marktweiber nach Versailles. Der König wird gezwungen, nach Paris überzusiedeln, die Constituante schließt sich an.

2. 11. 1789
Frankreich
Auf Vorschlag von Charles Maurice de Talleyrand (13. 2. 1754-17. 5. 1838) beschließt die Nationalversammlung die Verstaatlichung der Kirchengüter.

1789
Brasilien
Unter Führung von Joaquím José da Silva Xavier, genannt Tiradentes (»Zahnzieher«), beginnt die sog. Tiradentes-Verschwörung gegen die portugiesische Kolonialmacht. Der Aufstand wird 1790 blutig niedergeschlagen.

20. 2. 1790
Deutsches Reich
Nach dem Tod von Kaiser Joseph II. (*13. 3. 1741) wird sein jüngerer Bruder Leopold II. (5. 5. 1747-1. 3. 1792), dritter Sohn von Maria Theresia und bisher Großherzog der Toskana, Herrscher in Österreich. Er wird am 30. 9. 1790 in Frankfurt am Main zum römisch-deutschen Kaiser gewählt.

14. 8. 1790
Schweden/Russland
Der Friede von Väräla beendet den im Jahr 1788 von Schweden begonnenen Krieg gegen Russland ohne territoriale Veränderungen auf der Basis des Status quo ante.

21. 10. 1790
Frankreich
Die Trikolore wird zur Nationalflagge erklärt.

1. 11. 1790
Großbritannien
Der Publizist Edmund Burke (12. 1. 1729-9. 7. 1797) veröffentlicht seine »Reflections on the Revolution in France« (»Betrachtungen über die Französische Revolution«). Es ist die einflussreichste Kritik an der Revolution von einem britischen Autor und zugleich die Begründung der neuzeitlichen konservativen Staatsauffassung.

27. 11. 1790
Frankreich
Die Nationalversammlung verpflichtet alle Geistlichen zum Eid auf die Verfassung. Am 3. 1. 1791 wird allen eidverweigernden Priestern verboten, ihr Amt öffentlich auszuüben.

2. 4. 1791
Frankreich
In Paris stirbt Honoré Gabriel de Riqueti, Graf von Mirabeau (*9. 3. 1749). Als Abgeordneter des Dritten Standes in die Generalstände gewählt, bemühte er sich, seine Forderungen nach einer konstitutionellen Monarchie durchzusetzen.

3. 5. 1791
Polen
Der 1788 zusammengetretene Sejm Wielki (Reichstag) verabschiedet eine Verfassung, das erste geschriebene Staatsgrundgesetz Europas. → S. 441

20. 6. 1791
Frankreich
König Ludwig XVI. gelingt die Flucht aus Paris. Bei Varennes wird die königliche Familie jedoch am 21. 6. erkannt und am Abend des 25. 6. nach Paris zurückgebracht. Dieser Zwischenfall führt zur Radikalisierung der Revolution. → S. 440

4. 8. 1791
Österreich
In Sistowa (Bulgarien) beenden Österreich und das Osmanische Reich den Krieg, in den der damalige Kaiser Leopold II. am 9. 2. 1788 als Verbündeter Russlands eingetreten war, auf der Basis des Status quo ante.

1. 10. 1791
Frankreich
In Paris tritt entsprechend der Verfassung vom 3. 9. die auf zwei Jahre gewählte Gesetzgebende Versammlung (franz. = Assemblée nationale législative) zusammen. Unter den 745 Abgeordneten sind 264 sog. Feuillants (konstitutionelle Monarchisten) und 136 Girondisten (gemäßigte Linke).

5. 12. 1791
Österreich
In Wien stirbt der Komponist Wolfgang Amadeus Mozart (*27. 1. 1756). Am 30. 9. 1791 war seine Oper »Die Zauberflöte« uraufgeführt worden. Die Anregung dazu stammte von dem Schauspieler und Sänger Emanuel Schikaneder (1. 9. 1751-21. 9. 1812), der auch die Rolle des Papageno übernahm.

15. 12. 1791
USA
Die »Bill of Rights« treten in Kraft, die ersten zehn Zusatzartikel (Amendment) zur Verfassung vom 17. 9. 1787, die u.a. die Grundsätze der freien Religionsausübung sowie der Presse-, Rede- und Versammlungsfreiheit begründen.

1791
Preußen
In Berlin vollendet der Architekt Carl Gotthard Langhans (15. 12. 1732-1. 10. 1808) den Bau des klassizistischen Brandenburger Tors. Der Klassizismus erstrebt in der Baukunst eine Neubelebung der antiken klassischen Formensprache. → S. 441

9. 1. 1792
Russland
Nach dem verlorenen Krieg gegen Russland (seit 1787) muss das Osmanische Reich im Frieden von Jassy (Moldau) einen Teil der Schwarzmeerküste vom Bug bis zum Dnjstr an Russland abtreten.

1. 3. 1792
Deutsches Reich
In Wien stirbt Leopold II. (*5. 5. 1747). Am 14. 7. 1792 wird sein Sohn Franz II. (12. 2. 1768-2. 3. 1835) als letzter Monarch in Frankfurt am Main zum römisch-deutschen Kaiser gekrönt.

16. 3. 1792
Schweden
König Gustav III. (*24. 6. 1746) wird bei einem Maskenball in Stockholm Opfer eines Attentats. Nach seinem Tod am 29. 3. tritt sein Sohn Gustav IV. Adolf (1. 11. 1778-7. 2. 1837) die Nachfolge an, steht allerdings bis Ende 1796 unter Vormundschaft.

2. 4. 1792
USA
Mit dem Dollar wird eine neue Währungseinheit geschaffen, dessen Name vom niederdeutschen bzw. niederländischen »daler« abgeleitet ist.

20. 4. 1792
Frankreich
Der erste Koalitionskrieg (1792-1797) beginnt mit der Kriegserklärung der französischen Revolutionäre an Österreich. Preußen, Sardinien, Neapel, die Niederlande, Spanien, Portugal und England treten im Krieg an die Seite Österreichs.

17. 5. 1792
USA
24 New Yorker Kaufleute machen die Wall Street zum Zentrum für Börsengeschäfte und begründen damit die Tradition der »New York Stock Exchange«.

30. 7. 1792
Frankreich
Ein in Paris einziehendes Freiwilligenbataillon aus Marseille singt erstmals die »Marseillaise«, die im April der musisch begabte Ingenieuroffizier Claude Joseph Rouget de Lisle (10. 5. 1760-26. 6. 1836) in Straßburg als »Kriegslied der Rheinarmee« gedichtet und komponiert hat. Sie wird 1795 bzw. 1879 zur Nationalhymne.

10. 8. 1792
Frankreich
Mit dem Sturm auf die Tuilerien, den Wohnsitz des Königs in Paris, durch die Sansculotten (franz.; = Ohne Kniehosen, ein Spottname für die Revolutionäre) beginnt die zweite Phase der Revolution. Über 1000 Schweizergardisten verlieren bei der Verteidigung ihr Leben. Vom 2. bis 5. 9. werden etwa 6000 Gegner der Revolution ermordet (sog. Septembermorde). → S. 442

21. 9. 1792
Frankreich
Die 1791 gewählte Legislative wird durch einen Nationalkonvent ersetzt, der die Republik (Erste Republik) ausruft. In dem dritten Parlament der Revolution stellen die Girondisten etwa 180 der 750 Abgeordneten, die radikale Linke (Montagnards) etwa 100.

6. 11. 1792
Frankreich
Bei Jemappes schlägt eine französische Armee unter General Charles François Dumoriez (25. 1. 1739-17. 3. 1823) die Österreicher. Habsburg verliert dadurch die gesamten österreichischen Niederlande (Belgien). Zuvor gelang den Franzosen in der Kanonade von Valmy (20. 9.) ein wichtiger Abwehrerfolg gegen die Preußen.

15. 11. 1792
Spanien
Königin Marie Luise Farnese von Parma (1754-1819) setzt bei König Karl IV. die Berufung ihres Günstlings Manuel de Godoy y Alvarez de Faria (12. 5. 1767-4. 10. 1851) zum leitenden Minister durch. Er wird zum Herzog von Alcudia erhoben und bestimmt bis 1808 die Politik Spaniens.

21. 1. 1793
Frankreich
In Paris wird König Ludwig XVI. (*23. 8. 1754) hingerichtet. Der Konvent hatte ihn am 17. 1. wegen Hochverrats zum Tode verurteilt. → S. 442

23. 1. 1793
Polen
Im Petersburger Vertrag wird Polen zwischen Preußen und Russland ein weiteres Mal geteilt. Russland erhält Litauen, Podolien und Wolhynien, Preußen das Gebiet um Posen sowie Danzig und Thorn.

1. 2. 1793
Frankreich
Der Konvent erklärt Großbritannien und den Niederlanden den Krieg. Am 7. 3. erfolgt die Kriegserklärung an Spanien. Großbritannien schließt mit Preußen (14. 6.) und Österreich (30. 6.) gegen das revolutionäre Frankreich gerichtete Verträge ab.

10. 3. 1793
Frankreich
Nach mehreren Niederlagen im ersten Koalitionskrieg und angesichts eines royalistischen Aufstandes in der Vendée (1793-1796) wird auf Initiative der Bergpartei ein Revolutionstribunal eingesetzt. Es ist ein außerordentlicher politischer Gerichtshof, gegen dessen Urteile es keine Appellationsmöglichkeit gibt.

5. 4. 1793
Frankreich
Nach seiner Niederlage bei Neerwinden (18. 3.) und der Räumung Brüssels läuft General Charles François Dumoriez zu den Österreichern über. Mit ihm geht der spätere französische »Bürgerkönig« (1830-1848) Louis Philippe (6. 10. 1773-26. 8. 1850). Er ist der Sohn des Louis Philippe Joseph, Herzog von Orléans, genannt Philippe Egalité (*13. 4. 1747). Er hatte sich den Jakobinern angeschlossen, wird nun aber in Paris verhaftet und am 6. 11. 1793 hingerichtet.

6. 4. 1793
Frankreich
Der Nationalkonvent bestimmt als Exekutivorgan den mit diktatorischen Befugnissen versehenen Wohlfahrtsausschuss.

13. 7. 1793
Frankreich
Die Royalistin Charlotte de Corday d'Armont (*27. 8. 1768) ersticht in Paris den Publizisten, Arzt und Revolutionär Jean Paul Marat (*24. 5. 1744), Herausgeber der Zeitung »Ami du peuple« und zeitweise Präsident des Jakobinerklubs. Die Täterin wird am 17. 7. guillotiniert.

23. 8. 1793
Frankreich
Der Nationalkonvent und der Wohlfahrtsausschuss verfügen die Einführung der allgemeinen militärischen Dienstpflicht (levée en masse) für alle ledigen Männer zwischen 18 und 25 Jahren. Die Organisation dieses Revolutionsheeres übernimmt das Mitglied des Wohlfahrtsausschusses, der frühere Pionierhauptmann Lazare Nicolas Carnot (13. 5. 1753-3. 8. 1823).

16. 10. 1793
Frankreich
In Paris wird Königin Marie Antoinette (*2. 11. 1755) hingerichtet.

24. 3. 1794
Polen
General Tadeusz Kosciuszko (4. 2. 1746-15. 10. 1817) beginnt in Krakau einen Aufstand gegen die Besatzungsmächte und erobert Warschau. Am 6. 6. geht jedoch Krakau verloren, am 10. 10. wird Kosciuszko bei Maciejowice von den Russen unter Alexander Wassiljewitsch Fürst Suworow (24. 11. 1729-18. 5. 1800) geschlagen.

5. 4. 1794
Frankreich
In Paris wird der Revolutionär Georges Jacques Danton (*28. 10. 1759), seit August 1792 Justizminister und ab April 1793 führendes Mitglied im Wohlfahrtsausschuss, wegen seiner kompromissbereiten Haltung hingerichtet.

1. 6. 1794
Preußen
Das Allgemeine Landrecht tritt in Kraft. Es ist eine Kodifikation des Rechts, die getragen ist vom Geist der Aufklärung und sich trotz des Festhaltens am Absolutismus an einer rechtsstaatlich gesicherten Gesellschaft freier Staatsbürger orientiert. → S. 445

27. 7. 1794
Frankreich
Am 9. Thermidor des Jahres II. wird Maximilien de Robespierre (*6. 5. 1758), seit April 1794 praktisch Diktator in Frankreich, mit seinen Anhängern gestürzt und am folgenden Tag hingerichtet. Damit ist die Zeit des Terrors vorbei.

20. 8. 1794
USA
In der Schlacht von Fallen Timbers besiegt der US-General Anthony Wayne mit seinen Truppen die Shawnees und andere Indianer, die ihr Land am Ohio gegen vordringende weiße Siedler verteidigen. Wayne zwingt sie zur Hergabe ihrer Gebiete, die sofort von weißen Siedlern besetzt werden (der größte Teil der heutigen Bundesstaaten Ohio und Indiana).

28. 3. 1795
Russland
Der Landtag des Herzogtums Kurland kündigt das bestehende Lehnsverhältnis zu Polen und unterwirft sich der russischen Zarin Katharina II. Nach der Abdankung des letzten Herzogs (seit 1772) Peter (1724-13. 1. 1800) aus dem Hause Biron wird Kurland unter Wahrung seiner Privilegien dem Russischen Reich angegliedert.

5. 4. 1795
Preußen
Durch den Sonderfrieden von Basel scheidet Preußen aus dem ersten Koalitionskrieg aus und tritt seine linksrheinischen Territorien ab.

7. 5. 1795
Luxemburg
Französische Truppen unter dem Befehl von Jean Baptiste Jourdan (29. 4. 1762-23. 11. 1833) besetzen das Herzogtum Luxemburg.

16. 5. 1795
Niederlande
Nach der Besetzung durch französische Truppen werden die Vereinigten Provinzen der Niederlande im Haager Frieden zur »Batavischen Republik« erklärt. Der letzte Erbstatthalter Wilhelm V. hat am 18. 1. 1795 abgedankt.

8. 6. 1795
Frankreich
In Paris stirbt der Dauphin Louis Joseph (*27. 3. 1785), der zweite Sohn Ludwigs XVI., der nach Hinrichtung seines Vaters 1793 vom Adel im Exil zum König Ludwig XVII. ausgerufen wurde. Der im Koblenzer Exil lebende Graf von Provence (eigentl. Louis Stanislas Xavier, 17. 11. 1755-16. 9. 1824), der älteste Bruder des Königs, nimmt am 24. 6. unter dem Namen Ludwig XVIII. selbst den Königstitel an.

Juni 1795
Westafrika
Der schottische Arzt und Forschungsreisende Mungo Park (*10. 9. 1771) bereist bis 1797 das Senegal-, Sudan- und Nigergebiet. Damit setzt die systematische Erforschung von Innerafrika ein. Park ertrinkt auf der zweiten Reise 1806 im Niger.

22. 7. 1795
Spanien
Nachdem eine französische Armee die spanische Grenze überschritten und am 19. 7. Bilbao erobert hat, schließt Spanien in Basel mit Frankreich Frieden. Die Franzosen räumen Katalonien und das Baskenland, bekommen aber den spanischen Teil der Insel Hispaniola.

15. 8. 1795
Frankreich
Der Franc wird die offizielle Währungseinheit anstelle des Livre.

22. 8. 1795
Frankreich
Der Nationalkonvent verkündet die bürgerliche Direktorialverfassung, mit der die vollziehende Gewalt einem fünfköpfigen Direktorium übertragen wird. Am 23. 9. votieren bei einer Abstimmung über 900 000 Bürger für und rd. 42 000 gegen die Direktorialverfassung.

5. 10. 1795
Frankreich
Der erst 26-jährige Brigadegeneral Napoleon Bonaparte (15. 8. 1769-5. 5. 1821) schlägt einen royalistischen Aufstand in Paris nieder. → S. 444

24. 10. 1795
Russland
Österreich, Russland und Preußen teilen das noch verbliebene polnische Territorium untereinander auf. Am 25. 11. dankt der polnische König Stanislaw August II. Poniatowski ab. → S. 444

27. 10. 1795
Spanien
In Madrid wird der Vertrag von San Lorenzo unterzeichnet. Darin erkennt Spanien die Grenzen im Süden und Südwesten der USA (Mississippi und 31. Breitengrad) als rechtmäßig an.

31. 10. 1795
Frankreich
Aufgrund der am 23. 9. verkündeten neuen Verfassung wird das fünfköpfige Direktorium als oberste Regierungsbehörde gewählt. Damit ist die radikale Phase der Revolution endgültig beendet. Der Nationalkonvent hat sich am 26. 10. aufgelöst.

2. 3. 1796
Frankreich
Der französische General Napoleon Bonaparte wird zum Oberbefehlshaber der Italienarmee ernannt. Er zieht am 15. 5. nach einem Blitzfeldzug siegreich in Mailand ein. Durch einen in Paris zwischen Frankreich und dem König von Sardinien unterzeichneten Friedensvertrag fallen Savoyen und Nizza an Frankreich.

10. 5. 1796
Frankreich
Die »Verschwörung der Gleichen«, ein sozialrevolutionärer Umsturzversuch von François Noël Babeuf (gen. Gracchus, *23. 11. 1760) gegen die Direktoriumsregierung, scheitert. Babeuf wird verhaftet und am 28. 5. 1797 hingerichtet.

14. 5. 1796
Großbritannien
Der Landarzt Edward Jenner (17. 5. 1749-26. 1. 1823) impft erstmalig ein Kind mit Kuhpockenlymphe (Vakzine) und begründet damit die Pockenschutzimpfung. → S. 446

1. 6. 1796
USA
Als 16. Staat tritt Tennessee der Nordamerikanischen Union bei. Es ist der erste Staat, der aus einem vorherigen US-Territorium gebildet wird.

19. 8. 1796
Spanien
Im Vertrag von San Ildefonso tritt Spanien aus Verärgerung über Großbritannien auf die Seite des revolutionären Frankreich.

16. 10. 1796
Italien
Nach mehreren Siegen über die Österreicher und der vollständigen Besetzung des Herzogtums Modena proklamiert Napoleon Bonaparte in Bologna die Cispadanische Republik.

17. 11. 1796
Russland
Nach dem Tod von Zarin Katharina II. (*2. 5. 1729), die in Zarskoje Selo (Puschkin) einem Schlaganfall erliegt, übernimmt ihr ungeliebter Sohn Paul I. (1. 10. 1754-24. 3. 1801) die Regierungsgeschäfte.

7. 12. 1796
USA
Der bisherige Vizepräsident John Adams wird zum zweiten Präsidenten der Vereinigten Staaten gewählt.

1796
Bayern
In München entwickelt der gebürtige Österreicher Aloys Senefelder (6. 11. 1771-26. 2. 1834) das Drucken von Steinplatten (Lithographie), das erste Flachdruckverfahren, welches auf der abstoßenden Wirkung von Wasser und Fett beruht.

19. 2. 1797
Italien
Durch den Frieden von Tolentino tritt Papst (seit 1775) Pius VI. (25. 12. 1717-29. 8. 1799) den nördlichen Teil des Kirchenstaates (die Romagna, Bologna und Ferrara) an die Cispadanische Republik ab.

16. 5. 1797
Italien
Französische Truppen unter Napoleon Bonaparte rücken in Venedig ein. Der letzte Doge Lodovico Manin hat am 12. 5. abgedankt.

17. 6. 1797
Persien
Der Eunuch Agha Mohammed (*1742), Begründer der persischen Dynastie der Kadscharen und Schah von Persien (seit 1794), wird auf einem Feldzug ermordet. → S. 447

9. 7. 1797
Italien
Die beiden 1796 errichteten Satellitenstaaten Cispadanische Republik (südlich des Po) und Transpadanische Republik (nördlich des Po) werden zur Cisalpinischen Republik mit der Hauptstadt Mailand vereinigt. Der neue Staat umfasst die Lombardei und die Emilia-Romagna (ohne Parma, Piacenza und Guastalla). Am 10. 10. erfolgt die Angliederung der zuvor eidgenössischen Territorien Veltlin, Bormio und Chiavenna.

4. 9. 1797
Frankreich
Im Staatsstreich des 18. Fructidor werden die Royalisten aus dem Direktorium entfernt. Im neuen Dreierdirektorium (Triumvirn) hat Paul Jean, Vicomte de Barras (30. 6. 1755-29. 1. 1829), eine führende Stellung inne.

17. 10. 1797
Italien
Der Friede von Campo Fòrmio zwischen Österreich und Frankreich beendet den ersten Koalitionskrieg. Österreich verliert Belgien, Mailand, Modena und Mantua und stimmte in einem geheimen Artikel der Abtretung des linken Rheinufers an Frankreich zu. Dafür erhält es Venetien links der Etsch, Istrien und Dalmatien. → S. 447

16. 11. 1797
Preußen
Nach dem Tod von König Friedrich Wilhelm II. von Preußen (*25. 9. 1744) besteigt sein Sohn als Friedrich Wilhelm III. (3. 8. 1770-7. 6. 1840) den Thron.

um 1797
Spanien
Der Maler und Grafiker Francisco José de Goya (30. 3. 1746-16. 4. 1828) provoziert mit den Gemälden »Die nackte Maja« und »Die bekleidete Maja« die spanische Gesellschaft. → S. 446

15. 2. 1798
Italien
Nach der Besetzung des Kirchenstaates durch französische Truppen wird dort der Satellitenstaat Römische Republik errichtet. Da sich der 80-jährige Papst Pius VI. weigert, Rom zu verlassen, wird das Kirchenoberhaupt gefangen genommen, in einer Kartause bei Florenz inhaftiert und später nach Frankreich geschafft, wo er am 29. 8. 1799 stirbt.

5. 3. 1798
Schweiz
Französische Truppen erobern Bern und beenden damit erfolgreich ihren Feldzug gegen die Eidgenossenschaft. Am 12. 4. billigen in Aarau die Vertreter von zehn Kantonen die von dem Basler Peter Ochs (20. 8. 1752-19. 6. 1821) erarbeitete Verfassung des Einheitsstaates Helvetische Republik.

21. 6. 1798
Irland
Die Hauptstreitmacht der irischen Aufständischen erleidet bei Vinegar Hill eine entscheidende Niederlage gegen die Briten. Zwar landet noch am 22. 8. ein französisches Expeditionskorps in Killala im nordwestlichen Irland, doch die Franzosen müssen sich am 15. 9. den Briten in Ballynamuck ergeben. Der Anführer der United Irishmen, Theobald Wolfe Tone (*20. 1. 1763), begeht am 19. 11. 1798 in Gefangenschaft Selbstmord.

21. 7. 1798
Ägypten
Der französische General Napoleon Bonaparte besiegt das Heer der Mamelucken in der Schlacht bei den Pyramiden und zieht am 24. 7. in Kairo ein. Jedoch vernichtet der britische Admiral Horatio Nelson (29. 9. 1758-21. 10. 1805) am 1. 8. bei Abukir im Nildelta die französische Flotte. → S. 448

22. 8. 1798
Ägypten
Napoleon Bonaparte gründet in Kairo ein wissenschaftliches Institut. Die Forschungsarbeit der ihn begleitenden Künstler und Wissenschaftler begründet die Ägyptologie. → S. 448

1798
Großbritannien
Der Nationalökonom Thomas Robert Malthus (17. 2. 1766-23. 12. 1834) kritisiert in seinem demographischen Werk »An essay on the principle of population«, Bath) den ungehemmten Konsumtrieb und befürwortet eine Geburtenkontrolle.

26. 1. 1799
Italien
Nach der Besetzung durch französische Truppen wird in Neapel und Umgebung der Satellitenstaat Parthenopäische Republik gegründet. Am 20. 6. ziehen jedoch britische und russische Truppen in Neapel ein und stellen die Herrschaft des Königs (seit 1759) von Neapel, Ferdinand IV. (12. 1. 1751-4. 1. 1825), wieder her.

1. 3. 1799
Europa
Der französische General Jean Baptiste Jourdan überschreitet mit seiner Donauarmee zwischen Basel und Kehl den Rhein. Damit beginnt der 2. Koalitionskrieg gegen Russland, Großbritannien, Österreich, Portugal, Neapel und das Osmanische Reich. → S. 449

12. 3. 1799
Frankreich
Das Direktorium erklärt Österreich und dem Großherzogtum Toskana den Krieg, der jedoch für die Franzosen zunächst ungünstig verläuft. Am 29. 4. ziehen russische Truppen in Mailand ein. Die Cisalpinische Republik wird wieder aufgelöst. Bis August 1799 büßen die Franzosen fast ganz Norditalien ein.

4. 5. 1799
Indien
Tipu Sultan, der Sultan von Mysore (»Tiger von Mysore«), fällt im Kampf bei der Einnahme von Seringapatam, der Hauptstadt seines indischen Staates Mysore. Die Briten setzen die Wadijarddynastie wieder als Fürsten von Mysore ein, die 1761 von Tipu Sultans Vater Haidar Ali vertrieben worden war

23. 8. 1799
Ägypten
Napoleon Bonaparte verlässt auf der Fregatte »La Muiron« Ägypten und betritt am 9. 10. in Fréjus wieder französischen Boden. Das Kommando über die Ägypten-Armee hat Bonaparte zuvor an General Jean-Baptiste Kléber (*9. 3. 1753) übergeben, der am 14. 6. 1800 in Kairo von einem Türken ermordet wird.

23. 10. 1799
Russland
Kaiser Paul I. erklärt aus Enttäuschung über die Kriegführung den Austritt seines Landes aus der antifranzösischen Koalition und ruft seine Truppen zurück.

9. 11. 1799
Frankreich
Im Staatsstreich des 18. Brumaire setzt General Napoleon Bonaparte das Direktorium ab. Die bisherigen parlamentarischen Gremien – der »Rat der Alten« und der »Rat der Fünfhundert« – werden aufgehoben. Am 24. 12. wird die am 15. 12. publizierte Konsulatsverfassung in Kraft gesetzt. Sie sichert die fast uneingeschränkte Herrschaft des Ersten Konsuls Napoleon Bonaparte und wird nachträglich in einem Referendum gebilligt. → S. 448

1799
Deutsches Reich
Der deutsche Philosoph Johann Gottlieb Fichte (19. 5. 1762-29. 1. 1814) wird seines Lehrstuhls an der Universität Jena enthoben. Gegen ihn war der Vorwurf des Atheismus erhoben worden.

1799
Deutsches Reich
Der deutsche Dichter Friedrich Schiller siedelt von Jena zu Johann Wolfgang von Goethe nach Weimar über. Die freundschaftliche Zusammenarbeit befruchtete beide Dichter so, dass jene Zeit als das klassische Jahrzehnt der deutschen Literatur gilt. → S. 451

1800-1809

1. 1. 1800
Großbritannien
Der britische Unternehmer Robert Owen (14. 5. 1771-17. 11. 1858) beginnt in seiner Baumwollspinnerei New Lanark in Schottland mit der Verwirklichung sozialreformerischer Ideen. Er beschränkt u.a. die Arbeitszeit auf zehneinhalb Stunden und verbietet die Beschäftigung von Kindern unter zehn Jahren.

7. 5. 1800
USA
Das zwischen dem Ohio, dem Mississippi und der kanadischen Grenze gelegene sog. Northwest Territory wird in die Territorien Ohio und Indiana aufgeteilt. Dabei umfasst Indiana das Gebiet der späteren US-Bundesstaaten Illinois, Indiana, Wisconsin und Michigan sowie Teile von Minnesota.

5. 9. 1800
Mittelmeer
Mit Unterstützung der einheimischen Bevölkerung besetzen die Briten die Mittelmeerinsel Malta. Am 11. 6. 1798 hatten die Franzosen Malta besetzt und den Johanniterorden zum Verzicht auf seine Hoheitsrechte genötigt.

1. 1. 1801
Irland
Durch das Inkrafttreten der sog. Unionsakte wird Irland mit England zum Vereinigten Königreich verbunden.

22. 1. 1801
Dominikanische Republik
In Santo Domingo kapitulieren die Spanier vor den Truppen des Revolutionärs François-Dominique Toussaint-Louverture (*20. 5. 1743). Am 9. 5. verkündete er eine republikanische Verfassung für den Westteil der Insel Hispaniola (heute Haiti) und erklärt sich zum Staatspräsidenten. 1802 wird er von französischen Truppen verhaftet und stirbt am 7. 4. 1803 in Fort Joux bei Besançon in Kerkerhaft.

9. 2. 1801
Frankreich
Der Friede von Lunéville (Lothringen) zwischen Frankreich und Österreich (mit Geltung für das Deutsche Reich) beendet den 2. Koalitionskrieg. Das linke Rheinufer kommt an Frankreich; die dadurch geschädigten deutschen Reichsfürsten sollen durch geistliche Territorien entschädigt werden.

17. 2. 1801
USA
Der bisherige Vizepräsident Thomas Jefferson wird zum Präsidenten der USA gewählt.

21. 3. 1801
Ägypten
Die Franzosen erleiden in einer Seeschlacht zwischen Abukir und Alexandria eine vernichtende Niederlage gegen die Briten. Nach weiteren Niederlagen müssen die Franzosen am 30. 8. kapitulieren. Der Versuch, Englands Stellung im Mittelmeer zu erschüttern, ist gescheitert.

24. 3. 1801
Russland
In St. Petersburg wird Zar Paul I. (*1. 10. 1754) von Offizieren ermordet. Die Nachfolge tritt sein Sohn Alexander I. (23. 12. 1777-1. 12. 1825) an.

7. 11. 1801
Frankreich
Der italienische Physiker Alessandro Graf (ab 1810) Volta (18. 2. 1745-5. 3. 1827) führt in Paris dem Ersten Konsul, Napoleon Bonaparte, seine Stromquelle (sog. voltasche Säule) vor. → S. 451

1801
Deutsches Reich
Der Göttinger Mathematiker, Physiker und Astronom Carl Friedrich Gauß (30. 4. 1777-23. 2. 1855) begründet mit seinem Hauptwerk »Disquisitiones arithmeticae« die moderne Zahlentheorie.

24. 3. 1802
Großbritannien
Der britische Ingenieur Richard Trevithick (13. 4. 1771-22. 4. 1833) erhält ein Patent auf die von ihm entwickelte Hochdruckdampfmaschine. 1804 baut er die erste Schienendampflokomotive, die in einem Hüttenwerk auf eisernen Gleisen fünf Wagen mit etwa 10 t Kohle in einem Tempo von 6 km/h 15 km weit zieht.

27. 3. 1802
Frankreich
Der 2. Koalitionskrieg wird durch den Frieden von Amiens auch zwischen Frankreich und Großbritannien beendet.

19. 5. 1802
Frankreich
Der Erste Konsul, Napoleon Bonaparte, stiftet die Légion d'honneur, den Orden der Ehrenlegion, für militärische und zivile Verdienste.

23. 6. 1802
Südamerika
Der deutsche Naturforscher Alexander Freiherr von Humboldt (14. 9. 1769-6. 5. 1859) besteigt auf seiner Forschungsreise nach Südamerika (1799-1804) mit dem französischen Botaniker Aimé Jacques Alexande Bonpland den Chimborazo (6267 m) bis zu einer Höhe von 5749 m. → S. 450

4. 9. 1802
Deutsches Reich
Der deutsche Philologe Georg Friedrich Grotefend (9. 6. 1775-15. 12. 1853) stellt in Göttingen seine Erkenntnisse über die Entzifferung der Keilschrift vor. Er ging dabei von der Buchstabenschrift achämenidischer (altpersischer) Inschriften in Persepolis aus.

1802
Deutsches Reich
Postum erscheint in Berlin der fragmentarische Entwicklungsroman »Heinrich von Ofterdingen« des Dichters Novalis (eigentl. Friedrich Freiherr von Hardenberg, 2. 5. 1772-25. 3. 1801). Seine »blaue Blume« wird zum Symbol für die Dichtung in der Romantik.

19. 2. 1803
Schweiz
Napoleon Bonaparte gibt der Eidgenossenschaft eine neue Verfassung. Mit dieser Mediationsakte wird die Schweiz wieder ein Bundesstaat aus 19 (vorher 13) Kantonen, allerdings mit einer gestärkten Tagsatzung (Parlament) und einem Landamann an der Spitze.

25. 2. 1803
Deutsches Reich
Eine außerordentliche Kommission des Reichstages des Heiligen Römischen Reichs Deutscher Nation in Regensburg beschließt den Reichsdeputationshauptschluss. Damit wird die Entschädigung der Fürsten, die ihre linksrheinischen Gebiete an Frankreich hatten abtreten müssen, festgesetzt. → S. 453

1. 3. 1803
USA
Ohio wird als 17. Bundesstaat aufgenommen.

2. 5. 1803
Nordamerika
Frankreich verkauft für 60 Mio. Francs das im Jahr 1800 von Spanien erworbene Louisiana-Gebiet westlich des Mississippi an die Vereinigten Staaten, die dadurch ihr Territorium verdoppeln.

16. 5. 1803
Großbritannien
Der britisch-französische Krieg beginnt erneut.

31. 8. 1803
USA
Meriwether Lewis (18. 8. 1774-11. 10. 1809) und William Clark (1770-1838) brechen in Pittsburgh zu einer Expedition in das noch unerforschte Gebiet rund um den Missouri auf. Sie befahren bis 1806 die Flüsse Mississippi, Missouri, den Snake River und den Columbia River und erreichen die Pazifikküste.

4. 2. 1804
Serbien
Der Bauernsohn Karadjordje (türk. = »Schwarzer Georg«, eigentl. Djordje Petrovic, *um 1768) proklamiert sich im Freiheitskampf gegen die Osmanen zum Fürsten von Serbien. 1813 auf habsburgisches Territorium geflohen, wird er am 25. 7. 1817 durch seinen Rivalen Milos Obrenovic ermordet.

21. 3. 1804
Frankreich
In Vincennes bei Paris wird Louis Antoine Henri de Bourbon-Condé, Herzog von Enghien (*2. 8. 1772), nach der Verurteilung durch ein Kriegsgericht erschossen. Er war auf Veranlassung des Ersten Konsuls Napoleon Bonaparte völkerrechtswidrig in Ettenheim in Baden, wo er seit 1801 lebte, gefangen genommen und verschleppt worden. Der Justizmord erregt großes Aufsehen und schadet dem Ansehen Napoleons.

21. 3. 1804
Frankreich
Der Code civil (Zivilgesetzbuch) tritt in Kraft.
→ S. 452

11. 8. 1804
Österreich
Der römisch-deutsche Kaiser Franz II. erhebt nach der Kaiserproklamation Napoleons die österreichischen Erblande zum Kaiserreich und nimmt den Titel eines erblichen Kaisers von Österreich an. → S. 452

2. 12. 1804
Frankreich
In Paris krönt Napoleon Bonaparte sich und seine Gemahlin Josephine Beaurharnais (23. 6. 1763-29. 5. 1814) und nimmt den Titel »Empereur des Français« (Kaiser der Franzosen) an.
→ S. 452

8. 12. 1804
Haiti
Jean Jacques Dessalines (vor 1758-17. 10. 1806) lässt sich als Kaiser Jacques I. von Haiti ausrufen, erklärt die Insel für unabhängig und gibt ihr eine Verfassung.

18. 3. 1805
Italien
Der 1797 geschaffene französische Satellitenstaat Cisalpinische Republik in Oberitalien mit der Hauptstadt Mailand wird zum Königreich Italien erhoben. Kaiser Napoleon I. krönt sich am 26. 5. zum König von Italien.

25. 5. 1805
Frankreich
Die Ligurische Republik (Genua) wird vom französischen Kaiserreich annektiert. Am 21. 7. werden die oberitalienischen Herzogtümer Parma, Piacenza und Guastalla französisch.

4. 6. 1805
USA
Der seit 1801 andauernde Krieg gegen den Pascha von Tripolis wird beendet. Gegen eine einmalige Zahlung von 60 000 US-Dollar verpflichtet sich Tripolis, die US-Handelsschiffe im Mittelmeer unbehelligt zu lassen.

9. 8. 1805
Österreich
Die britisch-russische Allianz von Petersburg (11. 4. 1805) wird um Österreich erweitert. Daraufhin beginnt am 8. 9. mit dem Einmarsch österreichischer Truppen in Bayern der 3. Koalitionskrieg.

21. 10. 1805
Spanien
In der Seeschlacht bei Kap Trafalgar in Südspanien siegt die britische Flotte unter Admiral Horatio Nelson (*29. 9. 1758) über die verbündeten Franzosen und Spanier. Nelson wird in der Schlacht an Bord der »Victory« tödlich verwundet. → S. 453

2. 12. 1805
Böhmen
Nach der Besetzung Wiens gelingt Kaiser Napoleon I. in der »Dreikaiserschlacht« bei Austerlitz (an der Straße von Brünn nach Olmütz) ein entscheidender Sieg gegen die vereinigten Österreicher und Russen. Am 26. 12. 1805 zwingt Napoleon I. im Frieden von Pressburg Österreich zur Abtretung von Tirol, Vorarlberg (an Bayern) sowie Trentino, Istrien und Dalmatien.

1805
Frankreich
Der Lyoner Seidenweber Joseph-Marie Jacquard (7. 7. 1752-7. 8. 1834) erfindet die nach ihm benannte Jacquardmaschine, einen Webstuhl, der auch die Herstellung schwieriger Muster ermöglicht.

30. 3. 1806
Italien
Kaiser Napoleon I. setzt seinen Bruder Joseph Bonaparte (7. 1. 1768-28. 7. 1844) zum König von Neapel ein.

5. 6. 1806
Niederlande
Napoleon I. ernennt seinen Bruder Louis Napoléon Bonaparte (2. 9. 1778-25. 7. 1846) zum König von Holland. Zuvor war am 26. 5. die Batavische Republik in ein Königreich umgewandelt worden.

12. 7. 1806
Deutsches Reich
Auf Veranlassung von Kaiser Napoleon I. schließen sich 16 süd- und südwestdeutsche Fürsten, die sich unter französischem Protektorat für souverän erklären und am 1. 8. 1806 vom Heiligen Römischen Reich Deutscher Nation lösen, im Rheinbund (frz. Confédération du Rhin) zusammen.

6. 8. 1806
Österreich
Kaiser Franz II. legt nach der Gründung des Rheinbundes die römisch-deutsche Kaiserwürde nieder. Als Franz I. bleibt er Kaiser von Österreich.

9. 10. 1806
Preußen
König Friedrich Wilhelm III. erlässt ein Kriegsmanifest gegen Frankreich. Damit beginnt der 4. Koalitionskrieg, in dem Sachsen, Braunschweig und Sachsen-Weimar auf der Seite Preußens kämpfen.

14. 10. 1806
Preußen
Kaiser Napoleon I. besiegt die Preußen in der Doppelschlacht von Jena und Auerstedt. Der Krieg Preußens gegen Frankreich endet mit der Kapitulation von General Gebhard Leberecht von Blücher (16. 12. 1742-12. 9. 1819) am 7. 11. bei Ratekau. → S. 454

21. 11. 1806
Preußen
In Berlin verhängt Kaiser Napoleon I. die Kontinentalsperre gegen Großbritannien, das durch die Absperrung des europäischen Festlands wirtschaftlich entscheidend getroffen werden soll.
→ S. 455

1806
Schweiz
Der Pädagoge Johann Heinrich Pestalozzi (12. 1. 1746-17. 2. 1827) gründet in Yverdon ein pädagogisches Institut, das bis 1825 Bestand hat.
→ S. 455

2. 3. 1807
USA
Der Kongress der USA verbietet zum 1. 1. 1808 die Einfuhr von Sklaven (allerdings nicht die Sklaverei). In Großbritannien wird mit dem zum gleichen Zeitpunkt in Kraft tretenden »Abolition-act of Slavery« gleichfalls der Sklavenhandel gesetzlich verboten.

29. 5. 1807
Osmanisches Reich
Der osmanische Sultan (seit 1789) Selim III. wird wegen seiner versuchten Reformpolitik von den Janitscharen entthront und am 28. 7. 1808 in Istanbul ermordet. Seine Nachfolge tritt sein Neffe an, der den Namen Mustafa IV. annimmt.

7./9. 7. 1807
Preußen
Der Friede von Tilsit zwischen Frankreich und Russland sowie Preußen beendet den 4. Koalitionskrieg (1806/07). Preußen verliert alle Gebiete westlich der Elbe an das neu gegründete Königreich Westfalen; die in der 2. und 3. Polnischen Teilung gewonnenen Gebiete fallen an das neue Herzogtum Warschau.

17. 8. 1807
USA
Der US-amerikanische Techniker Robert Fulton (14. 11. 1765-24. 2. 1815) befährt mit dem Dampfschiff »Clermont« erstmals den Hudson. Er benötigt nur 32 Stunden von New York nach Albany.

18. 8. 1807
Deutschland
Kaiser Napoleon I. bildet das Königreich Westfalen mit der Hauptstadt Kassel. Es umfasst Hessen-Kassel, Braunschweig und Hannover sowie preußische Gebiete westlich der Elbe. Zum Herrscher wird Napoleons Bruder Jérôme Bonaparte (15. 11. 1784-24. 6. 1860) ernannt. → S. 455

5. 9. 1807
Dänemark
Nach einem dreitägigen Bombardement erobern die Briten Kopenhagen und nehmen die dänische Flotte als Prisengut.

9. 10. 1807
Preußen
Der zu Jahresbeginn 1807 aus preußischen Diensten entlassene und am 30. 9. als leitender Minister zurückgeholte Karl Reichsfreiherr vom und zum Stein (26. 10. 1757-29. 6. 1831) erlässt das Edikt zur Bauernbefreiung und zur Aufhebung ständischer Berufsschranken. → S. 456

27. 11. 1807
Portugal
Französische Truppen besetzen Lissabon. Der seit 1792 herrschende Regent Johann (13. 5. 1769-10. 3. 1826) flieht nach Brasilien.

2. 2. 1808
Italien
Da sich Papst (seit 1800) Pius VII.(14. 8. 1742-20. 8. 1823) weigert, an der Kontinentalsperre gegen England teilzunehmen, besetzen französische Truppen den Kirchenstaat. Der Papst wird am 6. 7. 1809 in Haft genommen.

28. 3. 1808
Russland
Zar Alexander I. erklärt die Vereinigung Finnlands mit dem Russischen Reich und nimmt am 24. 12. 1808 den Titel eines Großfürsten von Finnland an.

5. 5. 1808
Spanien
Der französische Kaiser Napoleon I. erzwingt den Thronverzicht von König Karl IV. und dessen designiertem Nachfolger Ferdinand VII. Am 6. 6. 1808 ernennt er seinen Bruder Joseph Bonaparte, bisher König von Neapel, zum König von Spanien. Nachfolger in Neapel wird der französische Marschall Joachim Murat (25. 3. 1767-13. 10. 1815), der seit 1800 mit Napoleons Schwester Karoline verheiratet ist.

7. 12. 1808
USA
James Madison (16. 3. 1751-28. 6. 1836), seit 1801 Außenminister der USA, wird zum 4. Präsidenten gewählt (bis 1817).

13. 3. 1809
Schweden
Nach der Niederlage im Finnischen Krieg gegen Russland wird König (seit 1792) Gustav IV. Adolf von Offizieren entthront. Am 20. 6. wird sein kinderloser Onkel Karl XIII. (7. 10. 1748-5. 2. 1818) König.

27./28. 7. 1809
Spanien
Der britische Feldherr Arthur Wellesley (1. 5. 1769-14. 9. 1852), der seit 1808 als britischer Oberbefehlshaber auf der Iberischen Halbinsel kämpft, besiegt die Franzosen in der Schlacht bei Talavera de la Reina.

14. 10. 1809
Österreich
Der Friede von Schönbrunn beendet den am 9. 5. 1809 begonnenen Krieg gegen Frankreich, an der sich auch norddeutsche Aufständische unter dem preußischen Major Ferdinand von Schill (6. 1. 1776-31. 5. 1809) beteiligt hatten. Österreich muss Galizien an das Großherzogtum Warschau und Russland, ferner seine Gebiete an der Adria (an Napoleon I.) sowie Salzburg und das Innviertel (an Bayern) abtreten. → S. 456

1810-1819

20. 2. 1810
Italien
In Mantua wird der Tiroler Freiheitskämpfer Andreas Hofer (*22. 11. 1767) standrechtlich erschossen. 1809 Oberkommandant und zeitweilig Regent von Tirol kämpfte er erfolgreich gegen Franzosen und Bayern. Nach dem Frieden wurde er am 28. 1. 1810 von den Franzosen festgenommen.

2. 4. 1810
Frankreich
Nach der Scheidung von Josephine Beauharnais (wegen nicht fürstlicher Abstammung und Kinderlosigkeit) am 15. 12. 1809 heiratet Kaiser Napoleon I. in zweiter Ehe Erzherzogin Marie Louise (1791-1847) von Österreich. Aus dieser Ehe geht am 20. 3. 1811 Napoleons einziger Sohn hervor. Er wird auf den Namen Napoleon François Joseph Charles (†22. 7. 1832) getauft und zum König von Rom proklamiert.

1. 7. 1810
Holland
Louis Bonaparte tritt als König von Holland zurück. Am 9. 7. lässt Napoleon I. Holland mit dem Kaiserreich Frankreich vereinigen.

2. 11. 1810
Preußen
Der neue preußische Staatskanzler Karl August Reichsfreiherr von Hardenberg, (31. 5. 1750-26. 11. 1822) führt die Gewerbefreiheit ein, die u.a. den Zunftzwang beseitigt.

1810
Deutschland
Der Arzt Samuel Friedrich Christian Hahnemann (10. 4. 1755-2. 7. 1843 begründet mit seinem Hauptwerk »Organon der rationellen Heilkunde. Die reine Arzneimittellehre« die Homöopathie.

5. 2. 1811
Großbritannien
Anstelle seines Vaters Georg III., der zunehmend Anzeichen von Geisteskrankheit zeigt, übernimmt sein Sohn Georg IV. (12. 8. 1762-26. 6. 1830) die Regentschaft.

1. 3. 1811
Ägypten
Mehmet Ali (1769-2. 8. 1849), ein aus Makedonien nach Ägypten gekommener Offizier, der 1805 den türkischen Statthalter verdrängt und die Regierung übernommen hatte, lässt etwa 300 Anführer der Mamelucken in der Zitadelle von Kairo töten und bricht ihre Macht im Land. Er ist der Begründer des bis 1952 in Ägypten regierenden Königshauses.

11. 3. 1811
Großbritannien
In der Grafschaft Nottinghamshire zerstören aufrührerische Textilarbeiter aus Protest gegen den drohenden Verlust ihrer Arbeitsplätze die Arbeitsgeräte. Damit beginnt die Bewegung der Maschinenstürmer (bis 1813), nach ihrem legendären Anführer Ned Ludd auch Ludditen genannt.

19. 6. 1811
Preußen
In der Hasenheide in Berlin legt Friedrich Ludwig Jahn (11. 8. 1778-15. 10. 1852), der Begründer und Organisator des deutschen Turnwesens, den ersten Turnplatz an und veranstaltet das erste »Turnfest«.

5. 7. 1811
Venezuela
Nachdem eine revolutionäre Junta unter der Führung von Francisco de Miranda (28. 3. 1750-14. 7. 1816) 1810 den spanischen Generalkapitän abgesetzt hatte, erklärt sich das Land nun für unabhängig. Schon 1814 wird Venezuela jedoch erneut von Spanien unterworfen.

7. 11. 1811
USA
Mit seinem Sieg über die Indianer am Tippecanoe-River vereitelt General William Henry Harrison (9. 2. 1773-4. 4. 1841) den Versuch des Shawnee-Häuptlings Tecumseh (März 1768-5. 10. 1813), einen Aufstand der zwischen Ohio und Mississippi ansässigen Indianer zu entfachen.

18. 3. 1812
Spanien
Die vor den Franzosen nach Cádiz ausgewichene Nationalversammlung (Cortes) erlässt eine liberale Verfassung, mit der Spanien zu einer konstitutionellen Erbmonarchie erklärt wird.

30. 4. 1812
USA
Das Louisiana-Territorium von New Orleans wird 18. Bundesstaat.

28. 5. 1812
Russland
Der Friede von Bukarest beendet den seit 1806 andauernden russisch-türkischen Krieg. Russland erhält Bessarabien und die östliche Moldau. Der Pruth wird zur Grenze erklärt.

24. 6. 1812
Russland
Kaiser Napoleon I. marschiert mit seiner Großen Armee in Russland ein. Nach seinem verlustreichen Sieg bei Borodino (7. 9.) erreicht er am 14. 9. Moskau, dessen Gouverneur die Stadt zwei Tage später in Brand stecken lässt. Erst am 20. 9. sind die Brände gänzlich gelöscht. Napoleon I. rückt am 19. 10. aus Moskau ab.

26.–28. 11. 1812
Russland
Kaiser Napoleon I. verliert beim Überqueren der Beresina (bei Studenka) einen großen Teil der ihm verbliebenen Truppen. Er verlässt seine in Auflösung befindliche Armee und trifft am 19. 12. wieder in Paris ein. → S. 457

30. 12. 1812
Preußen
Der preußische Offizier Ludwig Yorck von Wartenburg (26. 9. 1759-4. 10. 1830), der Führer des preußischen Hilfskorps im russischen Feldzug, schließt eigenmächtig mit dem russischen General Iwan Graf von Diebitsch-Sabalkanskij (13. 5. 1785-10. 6. 1831) die Konvention von Tauroggen. Das preußische Kontingent scheidet aus der napoleonischen Armee aus.

28. 2. 1813
Polen
In Kalisch vereinbaren Preußen und Russland ein Militärbündnis gegen Frankreich. Am 10. 3. stiftet der preußische König Friedrich Wilhelm III. das Eiserne Kreuz als Kriegsauszeichnung und erlässt am 17. 3. in Breslau den Aufruf »An Mein Volk« zum Kampf gegen Napoleon I.

21. 6. 1813
Spanien
Der britische Feldherr Arthur Wellesley, Herzog (ab 1814) von Wellington, besiegt entscheidend die Franzosen in der Schlacht bei Vitoria im Baskenland.

8. 10. 1813
Bayern
Im Vertrag von Ried mit Österreich erklärt Bayern seinen Austritt aus dem Rheinbund, der nun rasch zerfällt.

16.–19. 10. 1813
Sachsen
In der Völkerschlacht bei Leipzig besiegen die verbündeten Russen und Preußen die Franzosen und erwirken ihren Rückzug. → S. 457

6. 11. 1813
Mexiko
Auf dem Kongress von Chilpango proklamiert José Maria Morelos y Pavón (*30. 9. 1765) die Unabhängigkeit Mexikos. Er wird jedoch von den Spaniern gefangen genommen, zum Tode verurteilt und am 22. 12. 1815 in San Cristobál hingerichtet.

1. 12. 1813
Niederlande
Der Sohn des letzten Erbstatthalters der Vereinigten Provinzen wird zum Souverän der Niederlande ausgerufen und nennt sich ab 16. 3. 1815 als Wilhelm I. (24. 8. 1772-12. 12. 1843), König der Niederlande.

14. 1. 1814
Dänemark
Im Frieden von Kiel muss das mit Napoleon I. verbündete Dänemark Norwegen den Schweden überlassen, behält jedoch die norwegischen Nebenländer Island, Grönland und Färöer-Inseln.

31. 3. 1814
Frankreich
Die Alliierten ziehen in Paris ein. Am 6. 4. dankt Napoleon I. als Kaiser der Franzosen ab. Ihm wird als Fürstentum die Insel Elba übergeben, wo er am 4. 5. eintrifft.

26. 4. 1814
Frankreich
Ludwig XVIII. betritt in Calais wieder französischen Boden. Am 4. 6. 1814 erlässt er eine liberale Verfassung.

4. 5. 1814
Spanien
König Ferdinand VII. (14. 10. 1784-29. 9. 1833) kehrt aus dem Exil zurück. Er weigert sich, die 1812 von der in Cádiz tagenden Nationalversammlung (Cortes) verkündete liberale Verfassung zu akzeptieren.

23. 5. 1814
Österreich
In Wien findet die Uraufführung der endgültigen Fassung von »Fidelio« statt, der einzigen Oper Ludwig van Beethovens (getauft 17. 12. 1770-26. 3. 1827). → S. 460

30. 5. 1814
Frankreich
Der 1. Pariser Friede beendet die Koalitionskriege. Frankreich behält die Grenzen von 1792; Großbritannien gibt den französischen Kolonialbesitz bis auf einige Inseln zurück, behält jedoch Malta.

7. 8. 1814
Italien
Papst Pius VII., der am 24. 5. aus französischer Gefangenschaft wieder nach Rom zurückgekehrt ist, lässt den 1773 aufgehobenen Jesuitenorden wieder zu.

12. 8. 1814
Deutschland
Das bisherige Kurfüstentum wird zum Königreich Hannover erhoben.

4. 11. 1814
Norwegen
Nach dem gescheiterten Versuch, mit dem dänischen Statthalter Christian Friedrich die Selbstständigkeit zu erlangen, wählt der norwegische Storting Karl XIII. von Schweden zum König von Norwegen.

29. 11. 1814
Großbritannien
Die Londoner Tageszeitung »The Times« wird erstmals auf einer Zylinderdruckmaschine (Schnellpresse) der deutschen Konstrukteure Friedrich Koenig (17. 4. 1774-17. 1. 1833) und Andreas Bauer (1783-1860) gedruckt.

24. 12. 1814
Niederlande
Der Friede von Gent beendet den Krieg zwischen Großbritannien und den Vereinigten Staaten (1812–1814) auf der Basis des Status quo ante. → S. 461

1814
Großbritannien
Der Entdeckungsreisende Matthew Flinders (16. 3. 1774-19. 7. 1814) schlägt in seinem Reisebericht »A voyage to Terra Australis« den Namen Australien für den fünften Kontinent vor.

1. 3. 1815
Frankreich
Der frühere Kaiser Napoleon I. kehrt von seinem Verbannungsort Elba nach Frankreich zurück und landet bei Cannes. Damit beginnt die Herrschaft der »Hundert Tage«.

18. 5. 1815
Österreich
Durch Beschluss des Wiener Kongresses erhält der 1806 von Napoleon I. entthronte und seither in Sizilien residierende Ferdinand IV. das Königreich Neapel zurück. Der vereinigt seine Besitzungen zum Königreich beider Sizilien (8. 12. 1816).

8. 6. 1815
Österreich
Auf dem Wiener Kongress wird der Deutsche Bund begründet, der bis 1866 bestehende »unauflösliche« Bund von souveränen deutschen Fürsten und Freien Städten.

9. 6. 1815
Österreich
Mit der Annahme der Schlussakte, die u.a. die territoriale Neuordnung Europas regelt, endet der Wiener Kongress. → S. 462

18. 6. 1815
Belgien
In der Schlacht bei Waterloo (Belle-Alliance) südlich von Brüssel wird Napoleon I. von Briten und Preußen vernichtend geschlagen. Er dankt am 22. 6. in Paris ein zweites Mal ab. → S. 461

7. 8. 1815
Schweiz
Die Eidgenossenschaft erhält unter Einschluss der drei neuen Kantone Genf, Neuenburg (zugleich Fürstentum unter dem König von Preußen) und Wallis einen neuen Bundesvertrag.

26. 9. 1815
Frankreich
Auf Veranlassung des Zaren Alexander I. schließen die Monarchen von Russland, Österreich und Preußen in Paris die Heilige Allianz. Alle europäischen Herrscher außer Großbritannien und dem Papst treten dem restaurativen Bündnis bei.

16. 10. 1815
St. Helena
Der frühere französische Kaiser Napoleon I. trifft an seinem Verbannungsort im Südatlantik ein. → S. 460

20. 11. 1815
Frankreich
Der 2. Pariser Friede erlegt den Franzosen u.a. 700 Mio. Francs Kriegsentschädigung auf, das Land wird auf die Grenzen von 1790 zurückgeführt.

4. 3. 1816
Nepal
Der Schutzvertrag von Segauli beendet den 1814 ausgebrochenen Gurkha-Krieg. Nepal tritt unter britischen Schutz, in Katmandu amtiert ein britischer Resident.

9. 5. 1816
Frankreich
Der französische Offizier und Erfinder Joseph Nicéphore Niepce (7. 3. 1765-5. 7. 1833) entdeckt ein fotografisches Ätzdruckverfahren. Die älteste, heute noch erhaltene Fotografie der Welt, fertigt Niepce 1826 in einer Belichtungszeit von acht Stunden.

9. 7. 1816
Argentinien
Ein Kongress in Tucumán verkündet formal die Unabhängigkeit der Vereinigten Provinzen des Río de la Plata (Argentinien) von Spanien.

4. 12. 1816
USA
Der frühere Diplomat und Außenminister James Monroe (28. 4. 1758-4. 7. 1831) wird zum fünften Präsidenten der USA gewählt (bis 1825).

1816
Südafrika
Der Bantu-Häuptling Chaka (1787-22. 9. 1828) gründet im östlichen Südafrika das Zulu-Reich, ein straff organisierter Kriegerstaat, der bis 1879 Bestand hat.

12. 2. 1817
Chile
Die argentinisch-chilenische Unabhängigkeitsarmee unter General José de San Martín (25. 2. 1778-17. 8. 1850) beendet durch ihren Sieg bei Chacabuco die spanische Herrschaft. Am 5. 4. 1818 wird Bernardo O'Higgins (20. 8. 1776-24. 10. 1842) erster, diktatorisch regierender Präsident (bis 1823) des unabhängigen Chile.

18./19. 10. 1817
Deutscher Bund
Studenten und Professoren von elf deutschen Hochschulen kommen auf der Wartburg bei Eisenach zusammen. Dabei werden Forderungen nach der Einheit der deutschen Nation laut.

10. 12. 1817
USA
Der westliche, Sklaven haltende Teil des Mississippi-Territoriums wird als 20. Staat in die Vereinigten Staaten aufgenommen. Der östliche Teil erhält die Bezeichnung Alabama-Territorium.

1817
Großbritannien
Der britische Nationalökonom David Ricardo (19. 4. 1772-11. 9. 1823) stellt in »On the principles of political economy and taxation« (Grundlagen der politischen Ökonomie und des Steuersystems) seine Arbeitswerttheorie vor, wonach die zur Produktion erforderliche Arbeitsmenge der Maßstab und die Ursache für den Tauschwert der Waren ist.

5. 2. 1818
Schweden
Nach dem Tod von König Karl XIII. (*7. 10. 1748) wird der von ihm am 5. 11. 1810 adoptierte frühere französische Marschall Jean-Baptiste Bernadotte unter dem Namen Karl XIV. Johann (26. 1. 1763-8. 3. 1844) neuer König.

21. 11. 1818
Deutscher Bund
In Aachen endet der am 29. 9. eröffnete Kongress der Gesandten der europäischen Großmächte. Frankreich erreicht den sofortigen Abzug der alliierten Besatzungstruppen aus seinem Territorium (am 30. 11.) und die Ermäßigung der restlichen Kriegsschulden. Geleitet wird der Kongress vom österreichischen Staatskanzler (1810–1848) Klemens Wenzel Lothar Fürst von Metternich (15. 5. 1773-11. 6. 1859), dem Hauptträger der Restauration.

3. 12. 1818
USA
Das sklavenfreie Illinois wird der 21. Bundesstaat der USA.

1818
Preußen
Der Philosoph Georg Wilhelm Friedrich Hegel (27. 8. 1770-14. 11. 1831) wird als Rektor der Universität nach Berlin berufen. → S. 463

1818
Sachsen
Der Philosoph Arthur Schopenhauer (22. 2. 1788-21. 9. 1860) veröffentlicht sein Hauptwerk »Die Welt als Wille und Vorstellung«.

1818
Großbritannien
Die englische Schriftstellerin Mary Wollstonecraft Shelley (30. 8. 1797-1. 2. 1851) veröffentlicht anonym ihren Schauerroman »Frankenstein oder der moderne Prometheus«.

22. 2. 1819
USA
Spanien verkauft das östliche Florida für 5 Mio. Dollar an die Vereinigten Staaten.

23. 3. 1819
Deutscher Bund
In Mannheim wird der Theaterdichter und Publizist August von Kotzebue (*3. 5. 1761) erstochen. Der Täter ist der Burschenschaftler Karl Ludwig Sand (*5. 10. 1795), der wegen des politisch motivierten Mordes am 20. 5. 1820 in Mannheim hingerichtet wird. Der Kotzebue-Mord löste die mit den sog. Karlsbader Beschlüssen (6.-31. 8. 1819) einsetzende Demagogenverfolgung aus: eine verschärfte Überwachung der Universitäten, Zensur von Büchern und Zeitschriften sowie die Einsetzung einer Zentraluntersuchungskommission zur Verfolgung »demagogischer Umtriebe« in Mainz.

24. 5. 1819
USA
In Savannah (Georgia) läuft der Dampfsegler »Savannah« mit Ziel Liverpool aus und überquert bis zum 20. 6. den Atlantik. → S. 462

16. 8. 1819
Großbritannien
Auf dem St. Peter's Field in Manchester fordern rd. 60 000 Arbeiter eine Parlamentsreform. Bei der gewaltsamen Auflösung der Veranstaltung werden elf Menschen getötet. In Anspielung auf die Schlacht bei Waterloo wird der Zusammenstoß »Peterloo Massacre« genannt.

1820-1829

1. 1. 1820
Spanien
Ein Militärputsch weitet sich zu einem Aufstand aus. König Ferdinand VII. muss am 7. 3. die liberale Verfassung von 1812 beschwören und eine provisorische Regierung einberufen.

3. 3. 1820
USA
Zur Wahrung des inneren Friedens wird der Missouri-Kompromiss vereinbart. Durch die Abtrennung des neuen Bundesstaates Maine von Massachusetts und die Aufnahme von Missouri umfasst die Union jeweils zwölf sklavenfreie und Sklaven haltende Staaten. In allen künftigen Staaten nördlich einer Linie zwischen dem 36. und 37. Breitengrad soll die Sklaverei verboten werden.

1820
Großbritannien
In dem Werk »Grundsätze der politischen Ökonomie« erläutert der britische Nationalökonom Robert Malthus (17. 2. 1766-23. 12. 1834) eine pessimistische Bevölkerungstheorie: Da sich die Bevölkerung schneller vermehre als der Zuwachs der Nahrungsmittelproduktion, fordert er spätes Heiraten und Geburteneinschränkungen.

26. 1.-12. 5. 1821
Österreich
Auf dem Kongress in Laibach (heute Ljubljana) beschließen die konservativen Großmächte (gegen den Einspruch Großbritanniens) eine bewaffnete Intervention im Königreich Neapel und in Sardinien-Piemont. Österreichische Truppen stellen in beiden Staaten die absolutistische Ordnung wieder her.

24. 2. 1821
Mexiko
Der spanische Offizier Agustín de Itúrbide (*27. 9. 1783) verkündet den sog. Plan von Iguala, wodurch Mexiko am 28. 9. zu einem unabhängigen Kaiserreich erklärt wird. Am 18. 5. 1822 lässt er sich als Agustín I. zum Kaiser ausrufen. Er wird jedoch am 20. 3. 1823 gestürzt und bei seiner Rückkehr aus dem Exil am 19. 7. 1824 hingerichtet. Mexiko wird Republik. → S. 464

8. 3. 1821
Griechenland
Alexandros Ypsilantis (12. 12. 1792-31. 1. 1828) ruft vom Fürstentum Moldau aus die Griechen zum Freiheitskampf gegen das Osmanische Reich auf. Am 19. 6. vernichten die Osmanen seine sog. Heilige Schar beim Kloster Dragasani.

24. 6. 1821
Venezuela
Mit seinem Sieg über die Spanier in der Schlacht bei Caraboba südlich von Caracas sichert der venezolanische Freiheitskämpfer Simón Bolívar (24. 7. 1783-17. 12. 1830) seinem Heimatland die Freiheit von der Kolonialherrschaft.

28. 7. 1821
Peru
Der Kongress in Lima proklamiert die Unabhängigkeit Perus von Spanien. Am 3. 8. wird der argentinische General José de San Martín zum Protektor von Peru berufen.

1. 1. 1822
Griechenland
Der sog. Nationalkongress von Epidauros verkündet die Unabhängigkeit des hellenischen Volkes vom Osmanischen Reich. Der Freiheitskampf der Griechen bleibt zwar zunächst erfolglos, findet jedoch in ganz Europa einen lebhaften Widerhall.

24. 5. 1822
Ecuador
Der Sieg des aus Venezuela stammenden Unabhängigkeitskämpfers Antonio José de Sucre (3. 2. 1795-4. 6. 1830) über die Spanier am Vulkan Pichincha beendet die Kolonialherrschaft in Ecuador.

7. 9. 1822
Brasilien
Regent Pedro I. (12. 10. 1798-24. 9. 1834) erklärt die Unabhängigkeit Brasiliens von Portugal und wird am 1. 12. zum Kaiser von Brasilien gekrönt. → S. 465

27. 9. 1822
Frankreich
In Paris wird ein Schreiben des Ägyptologen Jean François Champollion (23. 12. 1790-4. 3. 1832) veröffentlicht, in dem er die Entzifferung der Hieroglyphen bekannt gibt.

1. 10. 1822
Portugal
Der aus dem Exil in Brasilien heimgekehrte König Johann VI. legt den Eid auf die – nach spanischem Vorbild – vom Parlament (Cortes) in Lissabon verabschiedete liberale Verfassung ab, die Portugal zur konstitutionellen Monarchie macht.

20. 10.-14. 12. 1822
Italien
In Verona tagt der letzte Monarchenkongress unter Beteiligung der Kaiser von Österreich und Russland sowie der Könige von Preußen und beider Sizilien. Frankreich wird zur Intervention in Spanien ermächtigt, um die dortige liberale Bewegung zu unterdrücken.

1822
Westafrika
Auf einem von der American Colonization Society angekauften Gelände wird Liberia als Siedlung von freigelassenen Sklaven gegründet. Am 26. 7. 1847 wird Liberia eine unabhängige Republik mit einer Verfassung nach US-Vorbild. → S. 465

1. 4. 1823
Mittelamerika
Aus den Provinzen des (bis 1821 spanischen) Generalkapitanats Guatemala wird die Zentralamerikanische Konföderation gebildet. Sie löst sich 1839 in die selbstständigen Republiken El Salvador, Guatemala, Honduras, Nicaragua und Costa Rica auf.

7. 4. 1823
Spanien
Französische Truppen marschieren in Spanien ein. Am 10. 10. hebt der aus der Gewalt der Liberalen befreite König Ferdinand VIII. alle seit 1820 ergangenen Verfügungen wieder auf.

2. 12. 1823
USA
Präsident James Monroe verkündet die nach ihm benannte Monroe-Doktrin. Sie besagt, dass die USA sich nicht in europäische Verhältnisse einmischen werden, dass aber auch keinem europäischen Staat die Einmischung in amerikanische Verhältnisse oder die Schaffung von Kolonien in Amerika gestattet sein soll (»Amerika den Amerikanern«). → S. 465

19. 4. 1824
Griechenland
In der von den Türken belagerten Stadt Missolunghi (Mesolongion) stirbt der englische Dichter George Gordon, Baron of Byron (*22. 1. 1788), an Sumpffieber. Seine Teilnahme am griechischen Freiheitskampf lässt den romantischen Dichter zum international bewunderten Helden werden.

11. 5. 1824
Burma
Mit der Eroberung der Hafenstadt Rangun beginnt der erste von drei britisch-birmanischen Kriegen (1824-1826, 1852/53 und 1885/86), in deren Verlauf die Briten ganz Burma besetzen.

21. 6. 1824
Großbritannien
Durch Aufhebung der zwischen 1794 und 1799 erlassenen sog. Combination Acts, die in der Zeit der Napoleonischen Kriege der politischen Überwachung der Arbeiter dienten, wird wieder die Gründung von Gewerkschaften möglich.

16. 9. 1824
Frankreich
Nach dem Tod von König (seit 1814) Ludwig XVIII. (*17. 11. 1755) folgt ihm sein reaktionärer Bruder Karl X. (9. 10. 1757-6. 11. 1836) auf dem Thron nach.

9. 12. 1824
Peru
Bei Ayacucho besiegen die Truppen von Simón Bolivar entscheidend die Spanier. Damit ist die spanische Herrschaft in Südamerika endgültig beendet. → S. 464

9. 2. 1825
USA
Der frühere Außenminister John Quincy Adams (11. 7. 1767-23. 2. 1848) wird zum sechsten Präsidenten der USA (bis 1829) gewählt.

12. 2. 1825
USA
In Vertrag von Indian Springs treten die Häuptlinge der Creek-Indianer ihr Land in Georgia an die USA ab.

6. 8. 1825
Bolivien
Der Kongress von Chuquisaca proklamiert die Unabhängigkeit von Spanien. Am 11. 8. nimmt das Land zu Ehren des Freiheitskämpfers Simón Bolivar den Namen Bolivien an.

27. 9. 1825
Großbritannien
Zwischen Stockton und Darlington verkehrt die erste öffentliche Personen-Dampfeisenbahn. Der Zug wird von der »Locomotion« gezogen, einer von George Stephenson (9. 6. 1781-12. 8. 1848) gebauten Lokomotive.

26. 10. 1825
USA
Der Erie-Kanal wird eröffnet, der den Hudson-River und den Atlantischen Ozean mit den Großen Seen verbindet.

1. 12. 1825
Russland
In Taganrog stirbt der russische Zar (seit 1801) Alexander I. (*23. 12. 1777). Ihm folgt sein Bruder Nikolaus I. (6. 7. 1796-2. 3. 1855), unter dessen autokratischer Herrschaft Russland sich den Ruf erwirbt, der »Gendarm Europas« zu sein.

26. 12. 1825
Russland
Zwei Tage nach der feierlichen Proklamation von Nikolaus I. zum Zaren versuchen die Dekabristen (russ. dekabr, »Dezember«) den Thronwechsel zu einem Aufstand zu nutzen. Fünf der Verschwörer werden hingerichtet, 121 nach Sibirien verbannt. → S. 467

10. 3. 1826
Portugal
Nach dem Tod seines Vaters Johann VI. (*13. 5. 1769) wird Kaiser Peter I. von Brasilien auch König von Portugal. Er tritt am 5. 5. die portugiesische Krone an seine Tochter Maria II. da Glória (4. 4. 1819-15. 11. 1853) ab.

16. 6. 1826
Osmanisches Reich
Der osmanische Sultan (seit 1808) Mahmud II. (20. 7. 1785-1. 7. 1839) nutzt eine Revolte der Janitscharen, um die frühere Elitetruppe – und damit den stärksten Rückhalt der Reformgegner – zu beseitigen.

20. 10. 1827
Griechenland
In der für den griechischen Freiheitskampf entscheidenden Seeschlacht bei Navarino wird die Flotte der Osmanen von den verbündeten Seestreitkräften Englands, Frankreichs und Russlands besiegt.

28. 2. 1828
Portugal
Kaiser Peter I. von Brasilien, der als Peter IV. zugleich König von Portugal ist, ernennt seinen Bruder Dom Miguel (26. 10. 1802-14. 11. 1866) zum Regenten für die unmündige Königin Maria da Glória. Er usurpiert am 30. 6. 1828 als König Michael I. die Herrschaft, wird jedoch von seinem Bruder mit Unterstützung der Liberalen besiegt und muss am 26. 5. 1834 abdanken.

27. 8. 1828
Brasilien
Im Vertrag von Rio de Janeiro erkennen die beiden Nachbarstaaten Argentinien und Brasilien die Unabhängigkeit von Uruguay an. Brasilien hatte Uruguay 1821 als Provincia Cisplatina annektiert. 1825 machte sich Uruguay jedoch mit argentinischer Hilfe selbstständig.

3. 12. 1828
USA
Der frühere General Andrew Jackson (15. 3. 1767-8. 6. 1845) wird zum siebten US-Präsidenten gewählt (bis 1837). In seiner Amtszeit wird das »Beutesystem« (Spoils System) bei der Verteilung öffentlicher Ämter eingeführt.

19. 1. 1829
Deutscher Bund
Im Nationaltheater von Braunschweig wird Johann Wolfgang von Goethes »Faust I.« erstmals aufgeführt. → S. 466

13. 4. 1829
Großbritannien
König Georg IV. genehmigt den »Catholic Emancipation Act«. Er gibt das Wahlrecht jedem Katholiken, der 10 Pfund Pacht aufbringen kann. Am 9. 5. 1828 war bereits die sog. Testakte (von 1673 bzw. 1678) aufgehoben worden, die protestantischen Dissidenten den Zugang zum Unterhaus und den öffentlichen Ämtern verwehrte.

3. 8. 1829
Frankreich
Mit der Uraufführung der Oper »Wilhelm Tell« in Paris verabschiedet sich der italienische Komponist Gioacchino Rossini (29. 2. 1792-13. 11. 1868) vom Bühnenleben. → S. 467

14. 9. 1829
Osmanisches Reich
Der Friede von Adrianopel (Edirne) beendet den neuerlichen, am 26. 4. 1828 begonnenen russisch-türkischen Krieg. Er sichert Russland auf Kosten des Osmanischen Reiches das Donaudelta und einen Teil Armeniens. Moldau und Walachei werden autonome Fürstentümer unter osmanischer Oberhoheit.

1830-1839

6. 4. 1830
USA
Gestützt auf das angeblich von ihm durch Offenbarung entdeckte Buch Mormon, gründet Joseph Smith (23. 12. 1805-27. 6. 1844) die Kirche der Mormonen (»Kirche Jesu Christi der Heiligen der letzten Tage«). → S. 467

28. 5. 1830
USA
US-Präsident Andrew Jackson unterzeichnet den »Indian Removal Act«, der den Indianern jegliche Bürgerrechte und Freiheiten östlich des Mississippi verweigert. → S. 469

26. 6. 1830
Großbritannien
Nach dem Tod von Georg IV. (*12. 8. 1762) folgt ihm sein Bruder Wilhelm IV. (21. 8. 1765-20. 6. 1837) als König von Großbritannien und Irland sowie König von Hannover. Die folgenden Unterhauswahlen gewinnen die Whigs.

5. 7. 1830
Nordafrika
Bei Algier gelandete französische Truppen erobern die Stadt, um die Piraterie im Mittelmeer zu beenden.

27. 7. 1830
Frankreich
Die Juli-Revolution führt zum Sturz von König Karl X., der am 2. 8. abdankt. Am 9. 8. wird der »Bürgerkönig« Louis-Philippe (6. 10. 1773-26. 8. 1850) von beiden Kammern des Parlaments zum König der Franzosen gewählt. → S. 468

25. 8. 1830
Belgien
Der Brüsseler Aufstand und die Abwehr der niederländischen Rückeroberungsversuche im September 1830 leiten die Selbstständigkeit des Landes ein. → S. 468

14. 9. 1830
Venezula
Nach dem Ausscheiden aus der Republik Großkolumbien (mit Kolumbien und Ecuador) 1829 macht sich Venezuela unter Führung des Präsidenten General José Antonio Páez (13. 6. 1790-7. 5. 1873) selbstständig. Ecuador hatte bereits am 13. 5. 1830 seine Selbstständigkeit erklärt.

15. 9. 1830
Großbritannien
Die erste Eisenbahnstrecke zwischen Liverpool und Manchester wird in Betrieb genommen. Damit beginnt in Großbritannien das Zeitalter der Dampfeisenbahn. → S. 469

4. 10. 1830
Belgien
Eine provisorische Regierung proklamiert die Unabhängigkeit Belgiens, das bisher ein Teil der Vereinigten Niederlande war.

7. 4. 1831
Brasilien
Einen Tag nach dem Beginn eines Volksaufstandes in Rio de Janeiro dankt Kaiser Peter I. ab und begibt sich nach Portugal. Die Herrschaft geht auf seinen Sohn Peter II. (2. 12. 1825-5. 12. 1891) über.

21. 7. 1831
Belgien
Leopold I. (16. 12. 1790-10. 12. 1865) aus dem Hause Sachsen-Coburg besteigt nach seiner Wahl durch den Nationalkongress als König der Belgier den Thron. Die am 7. 2. 1831 erlassene Verfassung gilt als Modell aller liberalen und parlamentarischen Verfassungen in Europa.

8. 9. 1831
Kongresspolen
Mit der Kapitulation von Warschau vor den russischen Invasionstruppen bricht der am 29. 11. 1830 begonnene Aufstand in sich zusammen. Unter Aufhebung der meisten Privilegien wird Polen bis 1856 unter Ausnahmezustand regiert. → S. 470

16. 11. 1831
Preußen
In Breslau wird der preußische Offizier Carl von Clausewitz (*1. 6. 1780) Opfer einer weithin grassierenden Choleraepidemie. Erst nach seinem Tode erscheint sein Werk »Vom Kriege« (1832-1834).

1831
Italien
Der italienische Politiker Giuseppe Mazzini (22. 6. 1805-10. 3. 1872), der 1830 als Mitglied des Geheimbunds der Carbonari hatte emigrieren müssen, gründet in Marseille den Geheimbund »Giovine Italia« (Junges Italien), den er 1834 mit gleichgerichteten Zirkeln anderer Nationen zum »Jungen Europa« vereint.

8. 8. 1832
Griechenland
Die Nationalversammlung in Navplion wählt den Wittelsbacher Otto I. (1. 6. 1815-26. 7. 1867) zum König von Griechenland.

1. 4. 1833
Mexiko
General Antonio López de Santa Anna (21. 2. 1795-20. 6. 1876), schon seit Mitte der 1820er Jahre der »starke Mann« in Mexikos Politik, tritt das Amt des Präsidenten an. Er hat 1833-1836, 1839, 1841-1844, 1846/47 das höchste Staatsamt inne und regiert zuletzt 1853-1855 als Diktator.

28. 8. 1833
Großbritannien
König Wilhelm IV. bestätigt das Verbot der Sklaverei im gesamten britischen Empire zum 1. 8. 1834.

29. 9. 1833
Spanien
Der Tod von König Ferdinand VII. (*14. 10. 1784) löst einen Bürgerkrieg zwischen den Anhängern seiner Tochter Isabella II. (10. 10. 1830-9. 4. 1904), den sog. Isabellinen, und seinem Bruder Don Carlos Maria Isidoro de Borbón (als Thronprätendent Karl V. 29. 3. 1788-10. 3. 1855), der nach Abschaffung des salischen Erbfolgerechts durch Ferdinand (1830) zugunsten Isabellas von der Thronfolge ausgeschlossen wurde, aus. Die sog. Karlistenkriege (1834-1839, 1847-1849 und 1872-1876) werden mit äußerster Grausamkeit geführt. → S. 470

1833
Großbritannien
Mit dem »Factory Act« wird die Arbeit von Kindern unter neun Jahren in den Mühlen verboten. Für Neun- bis 13-Jährige wird die Arbeitszeit auf 48 Wochenstunden begrenzt, 14- bis 18-Jährige dürfen höchstens 68 Wochenstunden arbeiten.

1. 1. 1834
Deutscher Bund
Der Deutsche Zollverein tritt in Kraft, ein einheitlicher Wirtschaftsraum ohne Binnenzölle mit gemeinsamen Zollaußengrenzen.

9. 4. 1834
Frankreich
Zum zweiten Mal nach 1831 ist Lyon Ausgangspunkt von Aufständen der Seidenarbeiter gegen die Julimonarchie. Die Erhebung wird bis zum 13. 4. blutig niedergeschlagen, ebenso ein vier Tage später in Paris beginnender Aufstand gegen die Regierung.

Juli 1834
Deutscher Bund
Der Dichter Georg Büchner (17. 10. 1813-19. 2. 1837) und der Lateinschulrektor Friedrich Ludwig Weidig (*1791) geben die sozialistische Kampfschrift »Hessischer Landbote« heraus (»Friede den Hütten! Krieg den Palästen!«). Während Büchner der Polizei entkommen kann, wird Weidig gefangen und begeht am 23. 2. 1837 in der Haft Selbstmord.

2. 3. 1835
Österreich
In Wien stirbt Franz I. (*12. 2. 1768), erster Kaiser von Österreich (seit 1804) und als Franz II. letzter römisch-deutscher Kaiser (1792-1806). Ihm folgt sein geistesschwacher Sohn Ferdinand I. (19. 4. 1793-29. 6. 1875), der in der Zeit seiner Herrschaft bis 1848 unter Leitung einer erstmals am 12. 12. 1835 tagenden Geheimen Staatskonferenz steht.

7. 12. 1835
Deutscher Bund
Zwischen Nürnberg und Fürth wird die erste deutsche Dampfeisenbahnlinie in Betrieb genommen.

1835
Südafrika
Ein Teil der Buren an der Ostgrenze der britischen Kapkolonie wandern aus (»trekken«) und gründen die Republiken Natal, Oranjefreistaat und Transvaal. → S. 471

2. 3. 1836
Nordamerika
Das überwiegend von Nordamerikanern besetzte Texas erklärt die Unabhängigkeit von Mexiko, die im sog. Texanischen Krieg (bis 1843) erkämpft wird. → S. 471

15. 6. 1836
USA
Das früher zu Louisiana gehörende Arkansas wird als 25. und 13. sklavenhaltender Staat in die Union aufgenommen. Am 26. 1. 1837 wird mit der Aufnahme von Michigan das Gleichgewicht zwischen sklavenhaltenden und sklavenfreien Staaten wiederhergestellt.

7. 12. 1836
USA
Der Demokrat Martin Van Buren (5. 12. 1782-24. 7. 1862) wird zum achten US-Präsidenten gewählt.

10. 2. 1837
Russland
In St. Petersburg stirbt nach einem Duell der russische Dichter Alexander Sergejewitsch Puschkin (*6. 6. 1799), der Begründer der modernen russischen Literatur und Wegbereiter des Realismus (u.a. »Eugen Onegin«, 1825–1833; »Bjelkins Erzählungen«, 1830; »Boris Godunow«, 1831; »Pique Dame«, 1833).

20. 6. 1837
Großbritannien
Mit dem Tod von Wilhelm IV. (*21. 8. 1765) endet die Personalunion zwischen Großbritannien und Hannover. Im Königreich Hannover folgt ihm sein absolutistisch gesinnter Bruder Ernst August II. (5. 6. 1771-18. 11. 1851), in England seine Nichte Viktoria (24. 5. 1819-22. 1. 1901). → S. 472

16. 9. 1837
Portugal
Ferdinand (II.) von Sachsen-Coburg-Saalfeld (1816-29. 10. 1885) wird nach seiner Heirat mit der portugiesischen Königin Maria II. da Glória (1836) und seiner Ernennung zum Herzog von Bragança König von Portugal. Er begründet die bis 1910 herrschende letzte portugiesische Dynastie Sachsen-Coburg-Bragança.

18. 11. 1837
Deutscher Bund
Gegen die Suspendierung der Verfassung des Königreichs Hannover durch König Ernst August II. am 1. 11. protestieren sieben Professoren der Göttinger Universität. Sie werden am 12. 12. 1837 entlassen, die Verfassung bleibt außer Kraft. Unter den »Göttinger Sieben« sind auch die durch ihre »Kinder- und Hausmärchen« (drei Bände 1812-1822) bekannten Germanisten Jacob (4. 1. 1785-20. 9. 1863) und Wilhelm Grimm (24. 2. 1786-16. 12. 1859).

23. 4. 1838
Großbritannien
Das britische Dampfschiff »Great Western« erreicht nach 15-tägiger Überfahrt von Bristol aus New York, Segelschiffe benötigen etwa doppelt so lange. Gebaut wurde das Schiff vom britischen Ingenieur Isambard Kingdom Brunel (9. 4. 1806-15. 9. 1859). Er konstruiert auch die noch größeren Schiffe »Great Britain« (1843) und »Great Eastern« (1858).

8. 5. 1838
Großbritannien
Die Chartisten, die Anhänger einer radikaldemokratischen Arbeiterbewegung, legen ihre »People's Charter« vor. In dieser Programmschrift wird u.a. eine Parlamentsreform auf der Grundlage des allgemeinen und geheimen Wahlrechts gefordert. → S. 473

6. 6. 1838
USA
Die US-Armee beginnt mit der zwangsweisen Vertreibung der Cherokee-Indianer aus ihren Siedlungsgebieten in den Appalachen nach Oklahoma. Auf diesem »Zug der Tränen« kommt etwa ein Viertel der 60 000 Cherokees ums Leben, fast 9000 weitere sterben in den ersten zwei Jahren nach ihrer Ankunft im Gebiet westlich des Mississippi.

16. 12. 1838
Südafrika
Nach der Ermordung ihres Anführers Piet Retief am 6. 2. besiegen die Buren in der Schlacht am Blood River (Blutfluss) die Zulus, deren Herrscher (seit 1828) Dingaan nach Swaziland ins Exil flieht, wo er 1843 umgebracht wird.

1838
Großbritannien
Der englische Erzähler Charles Dickens (7. 2. 1812-9. 6. 1870) veröffentlicht seinen sozialkritischen Roman »Oliver Twist«.

März 1839
Großbritannien
Unter Führung des Textilfabrikanten Richard Cobden (3. 6. 1804-2. 4. 1865) wird die »Anti-Corn-Law League« gegründet. Sie fordert im Interesse der Arbeiterschaft und der Mittelschichten die Aufhebung der 1815 eingeführten Getreidezölle (»Corn Laws«) zugunsten des Freihandels.

1. 7. 1839
Osmanisches Reich
In Konstantinopel stirbt Sultan (seit 1808) Mahmud II. (*20. 7. 1784). Sein Sohn Abd ül-Medschid I. (25. 4. 1823-25. 6. 1861) setzt die Reformen seines Vaters fort und verkündet am 3. 11. 1839 den Beginn der »Tanzimat«-Ära. Darin wird u.a. eine gerechte und öffentliche Rechtsprechung, die Gleichberechtigung aller Religionsgemeinschaften und eine zeitlich begrenzte Armee-Dienstpflicht angekündigt.

19. 8. 1839
Frankreich
In Paris wird erstmals ein praktisch verwendbares fotografisches Verfahren vorgestellt, die nach dem französischen Maler und Erfinder Louis Jacques Mandé Daguerre (18. 11. 1787-10. 7. 1851) benannte Daguerreotypie.

1839
Deutscher Bund
Mit seinem im Münchener Kunstverein ausgestellten Gemälde »Der arme Poet« schafft der Maler Carl Spitzweg (5. 2. 1808-23. 9. 1885) ein als Inbegriff des sog. Biedermeier empfundenes Werk.

1840-1849

6. 2. 1840
Neuseeland
Durch den Vertrag von Waitangi mit den eingeborenen Maori wird Neuseeland eine britische Kronkolonie. → S. 472

10. 2. 1840
Großbritannien
Königin Viktoria heiratet in London ihren Cousin Prinz Albert von Sachsen-Coburg-Gotha (26. 8. 1819-14. 12. 1861). Die Verbindung mit dem liberal-konstitutionell gesinnten Coburger erfolgt nicht aus dynastischen Gründen, sondern aus Zuneigung. Der Prinzgemahl übt in der Folgezeit einen großen Einfluss auf die Politik aus.

6. 5. 1840
Großbritannien
Die erste Briefmarke der Welt kommt heraus, die schwarze One-Penny (Penny Black).
→ S. 473

7. 6. 1840
Preußen
Nach dem Tod seines Vaters König (seit 1797) Friedrich Wilhelm III. (*3. 98. 1770) wird Friedrich Wilhelm IV. (15. 10. 1795-2. 1. 1861) König von Preußen.

2. 12. 1840
USA
Mit William Henry Harrison (*9. 2. 1773) wird erstmals ein Vertreter der Whig Party (Neue Republikaner) zum Präsidenten gewählt. Der neunte US-Präsident stirbt jedoch bereits am 4. 4. 1841. Nachfolger wird Vizepräsident John Tyler (29. 3. 1790-18. 1. 1862).

30. 1. 1841
Zentralamerika
Als letzter Staat der 1823 gebildeten Zentralamerikanischen Konföderation (außer El Salvador noch Nicaragua, Costa Rica, Guatemala und Honduras) erklärt sich El Salvador für unabhängig. → S. 474

13. 3. 1841
Großbritannien
Der ägyptische Statthalter Mehmet Ali willigt in die von der sog. Londoner Quadrupelallianz gestellten Friedensbedingungen ein und beendet damit den 1839 begonnenen Krieg gegen das Osmanische Reich. Ägypten erringt die faktische Unabhängigkeit.

10. 4. 1841
USA
Der Publizist Horace Greely (3. 2. 1811-29. 11. 1872) gründet die »New York Tribune«, die in den folgenden 20 Jahren die bedeutendste Zeitung der USA bleibt.

5. 7. 1841
Großbritannien
Der Baptistenprediger Thomas Cook (22. 11. 1808-19. 7. 1892) veranstaltet seine erste Gruppenfahrt von Leicester mit der Bahn nach Loughborough und begründet damit die Pauschalreise.

13. 7. 1841
Großbritannien
Das Osmanische Reich sowie Großbritannien mit Russland, Preußen, Österreich und Frankreich unterzeichnen den Dardanellenvertrag, der allen nicht osmanischen Kriegsschiffen die Durchfahrt durch die Dardanellen untersagt, sofern keine osmanische Genehmigung vorliegt.
→ S. 474

17. 7. 1841
Großbritannien
In London wird die satirische Wochenschrift »Punch« gegründet, die älteste ununterbrochen erscheinende Zeitschrift der Welt.

26. 8. 1841
Deutscher Bund
Der Dichter August Heinrich Hoffmann von Fallersleben (2. 4. 1798-19. 1. 1874) verfasst auf der zu Großbritannien gehörenden Nordseeinsel Helgoland sein »Deutschlandlied«.

1841
USA
Der US-amerikanische Schriftsteller James Fenimore Cooper (15. 9. 1789-14. 9. 1851) publiziert »Der Wildtöter«, den fünften und letzten Teil der »Lederstrumpf«-Romane.

1841
USA
Der amerikanische Schriftsteller Edgar Allen Poe (19. 1. 1809-7. 10. 1849) begründet mit seiner Erzählung »Der Doppelmord in der Rue Morgue« das literarische Genre des Kriminalromans.

1. 1. 1842
Afghanistan
Der britische Generalmajor William George Keith Elphinstone unterzeichnet in Kabul mit den afghanischen Rebellenführern die Kapitulationsurkunde. Im ersten Britisch-Afghanischen Krieg wurde seine 18 000 Mann starke Streitmacht fast gänzlich vernichtet. Am 6. 1. beginnt der Rückzug der Überlebenden zum Khaiber-Pass. → S. 475

9. 3. 1842
Italien
Die Oper »Nabucco« von Giuseppe Verdi (10. 10. 1813-27. 1. 1901) wird in Mailand uraufgeführt. Mit seinem mitreißenden Werk stärkt Verdi zugleich das Nationalgefühl der Italiener.
→ S. 474

29. 8. 1842
China
Der Vertrag von Nanking beendet den Opiumkrieg (1840-1842). China wird gezwungen, fünf Häfen für den britischen Handel zu öffnen und die Insel Hongkong an Großbritannien abzutreten. → S. 475

1842
Russland
Der Dichter Nikolai Gogol (31. 3. 1809-4. 3. 1852) veröffentlicht den ersten Teil seines Romans »Die toten Seelen« und begründet die »natürliche Schule« der russischen Literatur.

24. 3. 1843
Indien
Nach der Niederschlagung eines Aufstands in der Provinz Sindh am Indus in Britisch-Indien heben die Briten die noch bestehende Unabhängigkeit der dortigen Fürstentümer auf und unterstellen die Provinz Sindh direkt der britischen Verwaltung.

14. 8. 1843
USA
Der im November 1835 ausgebrochene zweite Seminolen-Krieg endet mit der fast völligen Ausrottung der Indianer durch US-Milizen. Die Seminolen, ein im Grenzbereich zwischen dem früher zu Spanien gehörenden Florida und dem

amerikanischen Georgia lebender Indianerstamm, waren in den Jahren 1817-1819 von US-Truppen besiegt und in eine Reservation in den Florida Everglades gedrängt worden. Der zweite Seminolen-Krieg begann, als die Indianer unter ihrem Häuptling Osceola (um 1800-30. 1. 1838) gegen eine Vertreibung nach Oklahoma rebellierten.

1843
Frankreich
Im Pariser »Journal des Débats« erscheint die letzte Folge der als Fortsetzungsroman abgedruckten »Geheimnisse von Paris«, mit dem der französische Schriftsteller Eugène Sue (10. 12. 1804-3. 8. 1857) die Gattung des Feuilletonromans begründet.

1843
Großbritannien
In London wird »The Economist« gegründet. Die Zeitschrift macht sich einen Namen als Kampfblatt der Liberalen und Freihändler gegen die Kornzölle.

24. 5. 1844
USA
Der Maler und Erfinder Samuel Morse (27. 4. 1791-2. 4. 1872), Erfinder eines elektromagnetischen Schreibtelegrafen (Morsetelegraf), übermittelt zwischen Washington und Baltimore das erste Telegramm. → S. 476

4. 6. 1844
Preußen
In Schlesien kommt es zu einem Hungeraufstand von Webern. Die Rebellion wird vom Militär blutig niedergeschlagen, erregt aber als erste proletarische Erhebung in Deutschland großes Aufsehen.

10. 9. 1844
Nordafrika
Der von Großbritannien vermittelte Friede von Tanger beendet den im Mai 1844 ausgebrochenen Kolonialkrieg zwischen Marokko und Frankreich. Marokko hatte den algerischen Aufständischen gegen die Franzosen Hilfe geleistet.

November 1844
Dänemark
Auf Initiative des evangelischen Geistlichen Nikolai Severin Frederik Grundtvig (8. 9. 1783-2. 9. 1872) wird in Rödding die erste Heimvolkshochschule gegründet.

4. 12. 1844
USA
Der Demokrat James Knox Polk (2. 11. 1795-15. 6. 1849) wird zum elften Präsidenten der USA gewählt (bis 1849).

1844
Deutscher Bund
Beim Verlag Hoffmann und Campe in Hamburg veröffentlicht der seit Mai 1831 in Paris lebende Dichter Heinrich Heine (13. 12. 1797-17. 2. 1856) seine »Neuen Gedichte« mit der Verssatire »Deutschland. Ein Wintermärchen«.

25. 1. 1845
Frankreich
Der seit 1843 in Paris lebende deutsche Journalist Karl Marx (5. 5. 1818-14. 3. 1883) wird aus Frankreich ausgewiesen und geht nach Brüssel. Im Mai 1845 verfasst er seine »Elf Thesen über Feuerbach«. Die elfte lautet: »Die Philosophen haben die Welt nur verschieden interpretiert, es kommt darauf an, sie zu verändern.«

3. 3. 1845
USA
Florida wird als 27. Bundesstaat in die USA aufgenommen, es ist der 14. Sklavenhalterstaat der nordamerikanischen Union. Am 29. 12. kommt mit Texas ein weiterer sklavenhaltender Staat hinzu.

Ende Mai 1845
Deutscher Bund
In Leipzig erscheint die Untersuchung über »Die Lage der arbeitenden Klasse in England«. Darin schildert Friedrich Engels (28. 11. 1820-5. 8. 1895) das Elend der britischen Industriearbeiterschaft.

Herbst 1845
Irland
Der teilweise Ausfall der Kartoffelernte durch Unkraut und Ungeziefer hat eine Hungersnot zur Folge. Mindestens 700 000 Menschen verhungern, weitaus mehr noch wandern in dieser Zeit und danach nach England oder nach Übersee aus. → S. 477

13. 5. 1846
USA/Mexiko
Die USA erklären im Streit um Texas Mexiko den Krieg. Der sog. Mexikanische Krieg endet nach militärischen Erfolgen der USA am 2. 2. 1848 mit dem Frieden von Guadalupe Hidalgo. Der Rio Grande wird zur Grenze erklärt. Die Territorien Kalifornien (das sich am 14. 6. 1846 für unabhängig erklärt hat) und Neu-Mexico sowie Texas fallen endgültig an die USA.

15. 6. 1846
USA
Der in Washington unterzeichnete Oregon-Vertrag zwischen den USA und Großbritannien legt den 49. Breitengrad als Grenze zwischen den Vereinigten Staaten und der britischen Kolonie Kanada fest.

16. 10. 1846
USA
In Boston erfolgt die erste chirurgische Operation nach vorheriger Betäubung des Patienten durch Äther. Entwickelt wurde das Verfahren von dem Bostoner Zahnarzt William Thomas Green Morton (9. 8. 1819-15. 7. 1868).

21. 7. 1847
USA
Etwa 12 000 Angehörige der Mormonen-Kirche, die wegen ihrer Glaubensvorstellungen ihre Heimat hatten verlassen müssen, erreichen unter Führung ihres Präsidenten Brigham Young (1. 6. 1801-22. 8. 1877) den Großen Salzsee. Hier gründen sie ihre Hauptstadt Salt Lake City.

10. 10. 1847
Österreich
In Wien kommt es infolge von Lebensmittelknappheit und Preiserhöhungen zu einer Hungerrevolte. Die im April 1847 in Großbritannien ausgebrochene Wirtschaftskrise greift auf den Kontinent über.

29. 11. 1847
Schweiz
Mit der Kapitulation des Wallis endet der am 3. 11. begonnene sog. Sonderbundskrieg mit dem Sieg der von General Guillaume Henri Dufour (15. 9. 1787-14. 7. 1875) geführten regulären Armee gegen die katholisch-konservativen Kantone der Innerschweiz.

23. 12. 1847
Nordafrika
Der algerische Emir Abd El Kader (1808-26. 5. 1883), seit 1835 Führer des algerischen Freiheitskampfes, ergibt sich den Franzosen.

24. 1. 1848
USA
Auf den Besitzungen des Deutschschweizers Johann August Suter (23. 2. 1803-18. 6. 1880) in Kalifornien wird erstmals Gold gefunden. Die Nachricht löst den sog. Goldrausch aus. → S. 477

24. 2. 1848
Frankreich
In der Februarrevolution wird der »Bürgerkönig« Louis Philippe zur Abdankung gezwungen. Eine neue provisorische Regierung ruft die Republik aus. → S. 476

Ende Februar 1848
Großbritannien
Karl Marx und Friedrich Engels veröffentlichen in London das »Kommunistische Manifest«.

3. 3. 1848
Österreich
Der ungarische Nationalistenführer Lajos Kossuth (19. 9. 1802-20. 3. 1894) fordert in Wien in seiner »Taufrede der Revolution« eine Verfassung für alle Länder Österreichs.

13. 3. 1848
Österreich
Der österreichische Haus-, Hof- und Staatskanzler Klemens Wenzel Fürst Metternich tritt nach dem Ausbruch der Märzrevolution in Wien zurück und flieht nach Großbritannien. → S. 479

18. 3. 1848
Preußen
Die Revolution in Berlin erreicht ihren Höhepunkt, als das Militär die auf dem Schlossplatz versammelten Demonstranten angreift. In der nachfolgend erlassenen Proklamation »An meine lieben Berliner« verspricht König Friedrich Wilhelm IV. den Abzug aller Truppen aus der Stadt, falls die Barrikadenkämpfe beendet werden.

20. 3. 1848
Bayern
Ludwig I. (25. 8. 1786-29. 2. 1868), seit König von Bayern, dankt zugunsten seines Sohnes Maximilian II. Joseph (28. 11. 1811-10. 3. 1864) ab. Ludwig I. war durch seine Beziehung zu der schottisch-kreolischen Tänzerin Lola Montez (eigentl. Maria Dolores Gilbert, 25. 8. 1818-17. 1. 1861) kompromittiert worden. → S. 479

23./24. 3. 1848
Dänemark
Die Herzogtümer Schleswig und Holstein fallen vom Königreich Dänemark ab und werden am 12. 4. in den Deutschen Bund aufgenommen. Auf Drängen Großbritanniens und Russlands muss Preußen, das auf Seiten der Aufständischen in den Krieg eingegriffen hat, im Vertrag von Berlin (2. 7. 1850) die »gesetzliche Autorität Dänemarks« in den beiden Herzogtümern anerkennen.

18. 5. 1848
Deutscher Bund
In der Paulskirche in Frankfurt am Main tritt die Deutsche Nationalversammlung zusammen. Ende Juni wird der österreichische Erzherzog Johann (20. 1. 1782-10. 5. 1859) zum Reichsverweser gewählt. → S. 478

16. 6. 1848
Böhmen
Der österreichische Feldmarschall Alfred Fürst zu Windischgrätz (11. 5. 1787-21. 3. 1862) schlägt nach drei Tagen den sog. Prager Pfingstaufstand nieder.

24. 6. 1848
Frankreich
Der aus Protest gegen die Auflösung der sog. Nationalwerkstätten für Beschäftigungslose begonnene Arbeiteraufstand (sog. Junischlacht) wird von dem von der Nationalversammlung zum Militärdiktator ernannten Kriegsminister Louis Eugène Cavaignac (15. 2. 1802-28. 10. 1857) niedergeschlagen.

19. 7. 1848
USA
Auf der ersten Frauenrechtskonferenz in Seneca Falls (US-Bundesstaat New York) wird die »Seneca Falls Convention« verabschiedet. Diese stellt fest, dass Männer und Frauen gleich geboren sind, und fordert das Ende der Diskriminierung der Frau.

31. 10. 1848
Österreich
Feldmarschall Alfred Fürst zu Windischgrätz erobert Wien und wirft damit die am 6. 10. begonnene sog. Oktoberrevolution nieder.

16. 11. 1848
Schweiz
Die am 6. 11. in Bern zu ihrer konstituierenden Sitzung zusammengetretene erste schweizerische Bundesversammlung wählt Jonas Furrer (3. 3. 1805-25. 7. 1861) zum ersten Bundespräsidenten. Am 28. 11. wird Bern zur Bundeshauptstadt bestimmt.

2. 12. 1848
Österreich
Am Tagungsort des Reichstages in Kremsier in Südmähren dankt Kaiser Ferdinand I. ab. Sein Neffe besteigt als Franz Joseph I. (18. 8. 1830-21. 11. 1916) den Thron.

20. 12. 1848
Frankreich
Nach seinem Wahlsieg am 10. 12. wird der aus dem Londoner Exil heimgekehrte Louis Napoléon Bonaparte (der spätere Napoleon III, 20. 4. 1808-9. 1. 1873) in sein Amt als Präsident der II. Republik eingeführt.

9. 2. 1849
Italien
In Rom wird die Republik ausgerufen. Papst (seit 1846) Pius IX. (13. 5. 1792-7. 2. 1878) ist bereits im November 1848 nach Gaeta geflohen. Französische Truppen stürzen am 3. 7. die Republik.

21. 2. 1849
Indien
In der Schlacht bei Gujrath besiegen die Briten entscheidend die Sikhs. Damit ist der 1848 ausgebrochene zweite Sikh-Krieg beendet. Großbritannien annektiert das Sikh-Königreich im Pandschab.

5. 3. 1849
USA
Zachary Taylor (*24. 11. 1784) tritt sein Amt als zwölfter Präsident der USA an. Er stirbt jedoch bereits am 9. 7. 1850 in Washington.

23. 3. 1849
Italien
In der Schlacht bei Novara gelingt dem österreichischen Feldmarschall Joseph Wenzel Radetzky (2. 11. 1766-5. 1. 1858) der entscheidende Sieg über König Albert von Sardinien-Piemont. Albert dankt noch am selben Tag zugunsten seines Sohnes Viktor Emanuel II. (14. 3. 1820-9. 1. 1878) ab. Im Frieden von Mailand (6. 8.) wird der österreichische Herrschaftsanspruch in Norditalien bekräftigt.

28. 3. 1849
Deutscher Bund
Die Frankfurter Nationalversammlung nimmt die »Frankfurter Verfassung« an. Sie sieht die Schaffung eines Deutschen Reiches ohne Österreich unter dem Kaisertum des preußischen Königs Friedrich Wilhelm IV. vor, der jedoch am 28. 4. die ihm angetragene Kaiserkrone zurückweist.

14. 4. 1849
Ungarn
Der ungarische Reichstag erklärt das Haus Habsburg für abgesetzt und proklamiert die Republik. Lajos Kossuth wird zum Reichsverweser (Staatspräsident) gewählt, muss jedoch am 11. 8. vor den von den Österreichern zu Hilfe gerufenen Russen in die Türkei flüchten.

30. 5. 1849
Preußen
Für die Wahl zum Abgeordnetenhaus wird ein Dreiklassenwahlrecht eingeführt, das eindeutig den Adel und die Großgrundbesitzer begünstigt.

23. 7. 1849
Deutscher Bund
Mit der Kapitulation der Festung Rastatt vor den Reichstruppen und preußischen Truppen endet der am 11. 5. begonnene Aufstand in Baden, der zur Flucht des Großherzogs und zur Bildung einer demokratischen Landesversammlung geführt hatte.

27. 11. 1849
Preußen
Bernhard Wolff (3. 3. 1811-11. 5. 1879) gründet in Berlin die erste deutsche Nachrichtenagentur »Wolffs Telegraphisches Bureau«.

1849
USA
Der Schriftsteller Henry David Thoreau (12. 7. 1817-6. 5. 1862) veröffentlicht seine sozialkritische Schrift »Über die Pflicht zum Ungehorsam gegen den Staat« und entwickelt darin seine Theorie eines ethisch-individualistischen Idealismus.

1850-1859

24. 2. 1850
China
Wen Tsung (1831-22. 8. 1861) wird Kaiser von China und legt sich den Namen Hsien Feng (»Fülle des Segens«) zu. Nach seinem Herrschaftsantritt bricht der sozialrevolutionäre Taiping-Aufstand aus.

12. 4. 1850
Italien
Papst Pius IX. zieht nach der Auflösung der Römischen Republik wieder in Rom ein und erneuert das reaktionäre Polizeiregiment.

10. 7. 1850
USA
Der bisherige Vizepräsident Millard Fillmore (7. 1. 1800-8. 3. 1874) wird 13. Präsident der USA (bis 1853).

18. 8. 1850
Frankreich
Honoré de Balzac (*20. 5. 1799) stirbt in Paris. Er gilt als Begründer des französischen realistischen Romans.

28. 9. 1850
USA
New York ist die erste Station der zweijährigen USA-Tournee mit insgesamt 150 Konzerten, auf der die schwedische Sopranistin Jenny Lind (6. 10. 1820-2. 11. 1887) ebenso wie zuvor in Europa begeistert gefeiert wird.

Dezember 1850
Deutscher Bund
In Kiel läuft das erste betriebsfähige Unterseeboot vom Stapel, der »Brandtaucher« des deutschen Ingenieurs Wilhelm Bauer (23. 12. 1822-20. 6. 1875)

1. 5. 1851
Großbritannien
Im eigens errichteten Londoner Kristallpalast wird die erste Weltausstellung eröffnet. → S. 480

18. 9. 1851
USA
Die Tageszeitung »The New York Times« erscheint erstmals (bis 1859 als »The New York Daily Times«).

2. 12. 1851
Frankreich
Präsident Louis Napoléon Bonaparte lässt führende Oppositionspolitiker verhaften und löst die Nationalversammlung auf. Am 20. 12. 1851 lässt er sich seinen Staatsstreich nachträglich durch ein Referendum billigen. → S. 481

1851
USA
Der Schriftsteller Herman Melville (1.8.1819-28.9.1891) veröffentlicht seinen Roman »Moby Dick«. Das Buch zeigt mit der verhängnisvollen Jagd auf einen weißen Wal den selbstzerstörerischen Herrschaftsdrang des Menschen und gilt als Hauptwerk des Symbolismus in der amerikanischen Literatur.

1851
Großbritannien
Königin Viktoria stiftet einen Pokal für das Wettsegeln zweier Hochseeyachten. Nach dem siegreichen New Yorker Lotsenschoner »America« erhält die Trophäe den Namen Americas' Cup.

1851
Siam
Der buddhistische Mönch Mongkut besteigt als Rama IV. (18. 10. 1804-1. 10. 1868) den Thron von Siam (Thailand). Unter seiner Herrschaft beginnt die Modernisierung des Landes.

1. 1. 1852
Österreich
Das sog. Silvesterpatent von Kaiser Franz Joseph I. wird verkündet. Es stellt in Österreich die absolute Monarchie wieder her.

12. 3. 1852
USA
Der Roman »Uncle Tom's cabin« (»Onkel Toms Hütte«), eine kompromisslose Anklage gegen die Sklaverei von Harriet Beecher Stowe (14. 6. 1811-1. 7. 1896), erscheint in Boston. → S. 480

21. 3. 1852
Montenegro
Danilo I. (25. 5. 1826-13. 8. 1860) begründet das erbliche Fürstentum in Montenegro.

24. 9. 1852
Frankreich
Der französische Luftfahrtpionier Henry Giffard (1825-1882) startet mit einem von ihm selbst gebauten Einmannluftschiff in Paris und fährt damit 27 km weit.

2. 11. 1852
USA
Der Demokrat Franklin Pierce (23. 11. 1804-8. 10. 1869) wird zum 14. Präsidenten der USA gewählt (bis 1856).

4. 11. 1852
Italien
Camillo Graf Benso di Cavour (10. 8. 1810-6. 6. 1861) wird Ministerpräsident des Königreichs Sardinien. Mit seiner 1847 gegründeten Zeitschrift »Il Risorgimento« (ital.: Wiedergeburt) gilt Cavour als Wortführer der nationalen Reformbewegung.

2. 12. 1852
Frankreich
Der französische Präsident Louis Napoléon Bonaparte wird in Saint-Cloud als Napoleon III. zum Kaiser der Franzosen proklamiert. Zuvor hatte er am 21. 11. in einem Plebiszit mit 97% Ja-Stimmen die Wiedererrichtung des Kaiserreichs von den Wählern billigen lassen.

16. 10. 1853
Osmanisches Reich
Sultan Abd ül-Medschid I. erklärt Russland den Krieg, nachdem die ultimative Forderung nach Räumung der seit dem 3. 7. 1853 besetzten Donaufürstentümer unerfüllt geblieben war. Damit beginnt der Krimkrieg, in den Großbritannien, Frankreich und Sardinien-Piemont auf Seiten des Osmanischen Reiches eingreifen. → S. 482

15. 11. 1853
Portugal
Peter V. (16. 9. 1837-11. 11. 1861) aus dem Hause Sachsen-Coburg-Bragança wird König von Portugal. In seiner Regierungszeit wird eine Politik der Modernisierung eingeleitet.

30. 12. 1853
USA
Die Republik Mexiko verkauft die südlichen Teile von Arizona sowie New Mexico an die USA (sog. Gadsden Purchase).

31. 3. 1854
Japan
US-Commodore Matthew C. Perry (10. 4. 1794-4. 3. 1858) erreicht mit dem sog. Vertrag von Kanagawa die Öffnung Japans für den Außenhandel. → S. 483

24. 4. 1854
Österreich
Die bayerische Prinzessin Elisabeth (»Sisi«, 24. 12. 1837-10. 9. 1898) heiratet in Wien Kaiser Franz Joseph I.

6. 7. 1854
USA
In Jackson im US-Bundesstaat Michigan wird die Republikanische Partei gegründet, die sich gegen die Sklaverei wendet.

8. 12. 1854
Italien
Papst Pius IX. erklärt in der Bulle »Ineffabilis Deus«, dass die Gottesmutter Maria selbst unbefleckt empfangen worden, die Erbsünde also nicht auf sie übertragen worden sei.

11. 2. 1855
Äthiopien
Theodor II. (1820-14. 4. 1868) nimmt nach der Unterwerfung weiter Teile Abessiniens den Titel »Negus Negesti« (»König der Könige«) an.

2. 3. 1855
Russland
Zar (seit 1825) Nikolaus I. (*6. 7. 1786) stirbt in Petersburg. Nachfolger wird sein ältester Sohn, Alexander II. (29. 4. 1818-13. 3. 1881), der seine Herrschaft mit liberalen Reformen beginnt.

1855
Großbritannien
Der Ingenieur Sir Henry Bessemer (19. 1. 1813-15. 3. 1898) erfindet das für die Stahlerzeugung bahnbrechende Windfrischverfahren. → S. 484

30. 3. 1856
Frankreich
Der Friede von Paris beendet den Krimkrieg. Russland muss u.a. das Protektorat über die Donaufürstentümer und die orthodoxen Christen im Osmanischen Reich aufgeben, der Freiheit der Donauschiffahrt und der Neutralisierung des Schwarzen Meeres zustimmen und auf eine eigene Schwarzmeerflotte verzichten.

4. 11. 1856
USA
Der Demokrat James Buchanan (23. 4. 1791-1. 6. 1868) wird zum 15. Präsidenten gewählt (bis 1861).

1856
Großbritannien
Der englische Chemiker William Henry Perkin (12. 3. 1838-14. 7. 1907) entdeckt das Mauvein, die erste praktisch verwertbare Anilinfarbe, und gründet die erste Teerfarbenfabrik.

24. 1. 1857
Frankreich
In Paris beginnt der Sittlichkeitsprozess gegen den Schriftsteller Gustave Flaubert (12. 12. 1821-8. 5. 1880) wegen seines Romans »Madame Bovary«. Flaubert wird jedoch freigesprochen.

10. 5. 1857
Indien
Der Sepoy-Aufstand in Britisch-Indien beginnt mit einer Meuterei indischer Soldaten (Sepoys) in Meerut bei Delhi.

20. 8. 1857
Frankreich
Der französische Dichter Charles Baudelaire (9. 4. 1821-31. 8. 1867) wird wegen seiner Gedichtsammlung »Les fleurs du mal« (»Die Blumen des Bösen«), die den französischen Symbolismus einleiten, wegen Verletzung der öffentlichen Moral zu einer Geldstrafe verurteilt.

24. 8. 1857
USA
Die Zahlungsunfähigkeit der New Yorker Zweigstelle der »Ohio Life Insurance and Trust Company« löst die bisher schwerste Weltwirtschaftskrise aus. Diese erfasst im September auch Europa und hält bis zum Frühjahr 1858 an.

1857
Frankreich
Der französische Maler Jean François Millet (4. 10. 1814-20. 1. 1875) vollendet sein Gemälde »Die Ährenleserinnen«. Als Mitglied der sog. Schule von Barbizon sind seine Werke eine sozial motivierte Darstellung des Alltags.

1857
Russland
Die Hauptvertreter der nationalrussischen Musik gründen die Gruppe »Das mächtige Häuflein«. Zu diesem Kreis gehören u.a. Modest Mussorgski (21. 3. 1839-28. 3. 1881), Nikolai Rimski-Korsakow (18. 3. 1844-21. 6. 1908) und Alexandr. P. Borodin (12. 11. 1833-27. 2. 1887).

11. 2. 1858
Frankreich
Die 14-jährige Bernadette Soubirous (17. 2. 1844-16. 4. 1879) erlebt ihre erste Marienerscheinung in der Grotte von Massabielle bei Lourdes.

11. 5. 1858
USA
Das sklavenfreie Minnesota wird als 32. Bundesstaat in die USA aufgenommen.

26./27. 6. 1858
China
In den Verträgen von Tientsin, die den zweiten Opiumkrieg (1856-1860) beenden sollen, verpflichtet sich die chinesische Regierung, europäische Gesandte in Peking zuzulassen, die Ausübung des Christentums nicht zu behindern sowie Großbritannien und Frankreich die Kriegskosten zu erstatten.

1. 9. 1858
Indochina
Französische Kolonialtruppen erobern die Stadt Da Nang im Kaiserreich Annam (Vietnam). Bis 1861 besetzen die Franzosen den südlichen Teil Vietnams (Cochinchina), bis 1882 auch den nördlichen Teil (Tonkin).

26. 10. 1858
Preußen
Wilhelm I. (22. 3. 1797-9. 3. 1888) übernimmt die Regentschaft für seinen geisteskranken Bruder, König Friedrich Wilhelm IV. Damit beginnt in Preußen die liberale »Neue Ära«.

1. 11. 1858
Indien
Nach der Niederwerfung des Sepoy-Aufstandes und der Absetzung des letzten Mogulkaisers verliert die britische East India Company die Regierungsmacht. Ganz Britisch-Indien untersteht fortan der Krone. → S. 485

14. 2. 1859
USA
Oregon wird 33. US-Bundesstaat. Es ist der 18. sklavenfreie Staat der Union.

23. 4. 1859
Italien
Österreich verlangt vom Königreich Sardinien-Piemont ultimativ die sofortige Verringerung des Heeres. Daraufhin kommt es zum Krieg, in dem Sardinien von Frankreich unterstützt wird. Am 11. 7. wird in Villafranca bei Mailand zwischen dem französischen Kaiser Napoleon III. und Kaiser Franz Joseph I. von Österreich ein Waffenstillstand unterzeichnet.

12. 8. 1859
USA
In Titusville (US-Bundesstaat Pennsylvania) wird die erste Ölquelle erschlossen. → S. 484

10. 11. 1859
Schweiz
Der Friede von Zürich beendet den sardinisch-französisch-österreichischen Krieg. Österreich tritt die Lombardei mit Ausnahme der Festungen Mantua und Peschiera an Frankreich ab, das sie wiederum an Sardinien weitergibt. Dafür erhält Frankreich von Sardinien Nizza und Savoyen.

24. 11. 1859
Großbritannien
Charles Darwin (12. 2. 1809-19. 4. 1882) veröffentlicht die Schrift »On the origin of species by means of natural selection« (»Über die Entstehung der Arten durch natürliche Zuchtwahl«). Damit verwirft er die bisher geltende Vorstellung von der Unabänderlichkeit der Arten und löst eine jahrzehntelange Kontroverse aus. → S. 485

1860-1869

23. 1. 1860
Frankreich
In Paris wird der nach dem Freihandels-Befürworter Richard Cobden benannte Cobden-Vertrag geschlossen. Er sieht eine Aufhebung früherer Einfuhrverbote und Zollsenkungen vor.

11. 5. 1860
Italien
Giuseppe Garibaldi (4. 7. 1807-2. 6. 1882) landet mit 1076 Freiwilligen bei Marsala an der Westspitze von Sizilien. Er will das Königreich beider Sizilien von der Bourbonenherrschaft befreien. Am 7. 9. zieht er siegreich in Neapel ein, einen Tag zuvor ist König Franz II. (1836-27. 12. 1894) aus seiner Hauptstadt geflohen. Am 21. 10. 1860 votiert die Bevölkerung für die Vereinigung mit dem Königreich Sardinien-Piemont zum Königreich Italien.

24. 10. 1860
China
Der Friede von Peking beendet den zweiten Opiumkrieg (Lorcha-Krieg), in dem China den europäischen Mächten weitere Zugeständnisse machen muss.

9. 11. 1860
USA
Der Republikaner Abraham Lincoln (12. 2. 1809-15. 4. 1865) wird zum 16. Präsidenten der USA gewählt. Zuvor hatte sich die Demokratische Partei auf dem Kongress von Charleston (23. 4. 1860) in der Sklavereifrage gespalten.

29. 1. 1861
USA
Kansas wird als 34. Staat in die Union aufgenommen. Es ist der 19. sklavenfreie Bundesstaat der USA.

8. 2. 1861
USA
Die Abgeordneten der sieben abtrünnigen Südstaaten verabschieden in Montgomery (Alabama) die Verfassung der »Konföderierten Staaten von Amerika« und wählen einen Tag später Jefferson Davis (3. 6. 1808-6. 12. 1889) zum Präsidenten.

3. 3. 1861
Russland
Zar Alexander II. erlässt das Manifest zur Bauernbefreiung. Bei rd. 23 Mio. bäuerlichen Untertanen fällt damit die Leibeigenschaft fort. An den bestehenden Besitzverhältnissen ändert sich jedoch nichts. → S. 487

17. 3. 1861
Italien
König Viktor Emanuel II. von Sardinien-Piemont nimmt auf Beschluss des ersten italienischen Parlaments in Turin den Titel eines Königs von Italien an. → S. 487

12. 4. 1861
USA
Mit dem Angriff der Konföderierten auf Fort Sumter in South Carolina beginnt der Amerikanische Sezessionskrieg. → S. 486

25. 6. 1861
Osmanisches Reich
Abd ül-Aziz (*9. 2. 1830) wird neuer Sultan. Unter seiner Herrschaft beginnt der Verfall des Staates. Er muss 1875 den Staatsbankrott erklären und wird am 4. 6. 1876 ermordet.

22. 8. 1861
China
Mu-tsung (1856-13. 1. 1875) wird Kaiser und wählt die Regierungsdevise T'ung-chih (chin. Vereinigte Ordnung).

26. 10. 1861
Deutscher Bund
Der Lehrer Johann Philipp Reis (7. 1. 1834-14. 1. 1874) führt im Physikalischen Verein in Frankfurt am Main zum ersten Mal Geräte zur elektrischen Sprachübertragung vor, aus denen das Telefon hervorgeht.

23. 12. 1861
Rumänien
Fürst Alexandru Ioan I. Cuza (20. 3. 1820-15. 5. 1873) proklamiert die Vereinigung der Donaufürstentümer Moldau und der Walachei und wird der erste Fürst des vereinigten Fürstentums Rumänien. → S. 488

1861
Ungarn
Der Frauenarzt und Geburtshelfer Ignaz Philipp Semmelweis (1. 7. 1818-13. 8. 1865) veröffentlicht sein Hauptwerk »Die Ätiologie, der Begriff und die Prophylaxis des Kindbettfiebers«.

1. 6. 1862
USA
General Robert Edward Lee (19. 1. 1807-12. 10. 1870) übernimmt im Sezessionskrieg den Oberbefehl über die Truppen der Südstaaten.

24. 9. 1862
Preußen
König Wilhelm I. ernennt Otto von Bismarck (1. 4. 1815-30. 7. 1898) zum Ministerpräsidenten. Er soll den Widerstand der liberalen Mehrheit im preußischen Abgeordnetenhaus gegen die vom König angestrebte Verlängerung der Wehrdienstzeit durchsetzen und regiert fortan ohne Parlament.

24. 10. 1862
Griechenland
Durch eine Militärrevolte wird König (seit 1832) Otto I. aus dem Haus Wittelsbach gestürzt. Unter dem Einfluss Großbritanniens wählt die griechische Nationalversammlung am 30. 3. 1863 den dänischen Prinzen Wilhelm als Georg I. (24. 12. 1845-18. 3. 1913) zum König der Hellenen. Er besteigt am 31. 10. 1863 den Thron.

10. 1. 1863
Großbritannien
In London wird die weltweit erste Untergrundbahn eröffnet, zunächst noch mit Dampfbetrieb.

22. 1. 1863
Kongresspolen
Der Januar-Aufstand beginnt, der im 19. Jh. letzte Versuch der Polen, sich von der russischen Herrschaft zu befreien. Der Aufstand, der sich zu einem Guerillakrieg entwickelt, wird bis April 1864 niedergeworfen.

23. 5. 1863
Deutscher Bund
In Leipzig wird der Allgemeine Deutsche Arbeiterverein (ADAV) gegründet, die erste eigenständige deutsche Arbeiterpartei. Ihr Präsident ist Ferdinand Lassalle (*11. 4. 1825), der jedoch bereits am 31. 8. 1864 wegen einer Frauenaffäre in einem Duell sein Leben verliert.

1.-3. 7. 1863
USA
In der Schlacht bei Gettysburg in Pennsylvania erringen die Nordstaaten einen entscheidenden Sieg über die Konföderierten.

15. 11. 1863
Dänemark
Nach dem Tod von König (seit 1848) Friedrich VII. (*6. 10. 1808) gelangt gemäß dem Londoner Protokoll von 1852 der sog. Protokollprinz Christian IX. (8. 1. 1818-29. 1. 1906) aus dem Hause Schleswig-Holstein-Sonderburg-Glücksburg auf den Thron. Seine Zustimmung zur sog. eiderdänischen Verfassung löst am 1. 2. 1864 den Deutsch-Dänischen Krieg aus.

19. 7. 1864
China
Mit dem Einmarsch chinesischer und britischer Truppen in Nanking endet der sozialrevolutionäre Taiping-Aufstand, der etwa 2 Mio. Menschenleben gekostet hat. → S. 489

22. 8. 1864
Schweiz
Vertreter von 16 Staaten unterzeichnen in Genf die Konvention über »die Verbesserung des Loses der Kranken und Verwundeten bei den Armeen im Felde«. Als Schutzzeichen wird ein rotes Kreuz auf weißem Grund vereinbart. Die Initiative ging von dem Schweizer Schriftsteller und Philanthropen Henri Dunant (8. 5. 1828-30. 10. 1910) aus. → S. 489

30. 10. 1864
Österreich
Der Wiener Friede zwischen Dänemark einerseits, Österreich und Preußen andererseits, beendet den Deutsch-Dänischen Krieg. Dänemark muss die Herzogtümer Schleswig, Holstein und Lauenburg an Österreich und Preußen abtreten. → S. 488

8. 2. 1865
Österreich
Der Augustinermönch und Biologe Gregor Mendel (22. 7. 1822-6. 1. 1884) veröffentlicht nach systematischen Kreuzungsversuchen mit Erbsen und Bohnen seine Abstammungslehren (mendelsche Gesetze). → S. 489

9. 4. 1865
USA
Der Oberkommandierende der Südstaaten, General Robert E. Lee, kapituliert bei Appomattox Courthouse in Virginia. Damit ist der Amerikanische Bürgerkrieg beendet. → S. 490

15. 4. 1865
USA
Der am Abend zuvor bei einem Theaterbesuch durch ein Attentat schwer verwundete US-Präsident Abraham Lincoln (*12. 2. 1809) erliegt seinen Verletzungen. Als Lincolns Nachfolger wird Vizepräsident Andrew Johnson (29. 12. 1808-31. 7. 1875) vereidigt. Der einzige im Sezessionskrieg der Union anhängende Senator der Südstaaten ist der 17. Präsident der USA (bis 1869).

14. 7. 1865
Schweiz
Einer britisch-französischen Seilschaft unter Edward Whymper (27. 4. 1840-16. 9. 1911) gelingt die Erstbesteigung des 4478 m hohen Matterhorns in den Walliser Alpen.

10. 12. 1865
Belgien
Nach dem Tod von König (seit 1831) Leopold I. (*16. 12. 1790) wird sein Sohn Leopold II. (9. 4. 1835-17. 12. 1909) König der Belgier. Er erwirbt 1876 große Gebiete im Bereich des Kongostroms.

18. 12. 1865
USA
Der 13. Verfassungszusatz verbietet in allen Bundesstaaten und Territorien die Sklaverei.

23. 2. 1866
Rumänien
Durch eine Offiziersverschwörung wird Fürst Alexandru Ioan I. Cuza gestürzt. Am 20. 4. wird Prinz Karl Eitel Friedrich von Hohenzollern-Sigmaringen als Karl I. (20. 4. 1839-10. 10. 1914) Fürst von Rumänien.

9. 4. 1866
USA
Der »Civil Rights Act« verleiht allen in den USA geborenen Personen, auch den Schwarzen, jedoch nicht den Indianern, das Bürgerrecht.

3. 7. 1866
Böhmen
In der Schlacht bei Königgrätz in Ostböhmen fällt die Entscheidung in dem am 14. 6. begonnenen sog. Deutschen Krieg: Die preußischen Truppen unter dem Befehl von Helmuth Moltke (26. 10. 1800-24. 4. 1891) besiegen die vereinigten Österreicher und Sachsen. → S. 490

18. 8. 1866
Norddeutscher Bund
Unter Führung Preußens bilden die mit ihm gegen Österreich verbündeten Staaten den Norddeutschen Bund, den Vorläufer des 1871 gegründeten deutschen Kaiserreichs.

23. 8. 1866
Österreich
Der Friede von Prag beendet den Deutschen Krieg. Österreich verzichtet zugunsten Preußens auf seine Ansprüche in Schleswig-Holstein, zahlt eine Kriegsentschädigung und erkennt die Auflösung des Deutschen Bundes an. Hannover, Kurhessen, Nassau, Frankfurt am Main und Schleswig-Holstein mit Lauenburg werden Preußen einverleibt.

3. 10. 1866
Österreich
Im Wiener Frieden mit Italien, das auf Seiten Preußens am 20. 6. in den Krieg eingetreten ist, muss Österreich auf Venetien verzichten.

30. 3. 1867
USA
Russland verkauft Alaska und die Aleuten für 7,2 Mio. Dollar an die USA. → S. 492

19. 6. 1867
Mexiko
Mit der Hinrichtung von Kaiser Maximilian (*6. 7. 1832) in Querétaro endet das von Napoleon III. 1864 begründete mexikanische Kaiserreich. Maximilian kann sich nach dem von den USA erzwungenen Abzug der französischen Truppen gegen Präsident Benito Juárez García (21. 3. 1806-18. 7. 1872) nicht behaupten. → S. 491

11. 9. 1867
Norddeutscher Bund
In Hamburg erscheint der erste Band des »Kapital. Kritik der politischen Ökonomie« von Karl Marx. → S. 493

3. 1. 1868
Japan
Mit dem Regierungsantritt des 15-jährigen Kaisers Mutsuhito (3. 11. 1852-30. 7. 1912) wird in Japan das Shogunat abgeschafft und eine moderne Regierungsform mit dem Monarchen an der Spitze etabliert. Für seine Regierungszeit wählte er die Devise Meiji (»erleuchtete Regierung«). → S. 492

1. 10. 1868
Siam
Chulalongkorn wird als Rama V. (20. 9. 1853-23. 10. 1910) König von Siam (Thailand).

17. 10. 1868
Luxemburg
Das durch die Auflösung des Deutschen Bundes selbstständig gewordene, bis 1890 mit den Niederlanden in Personalunion verbundene Großherzogtum erhält eine Verfassung als erbliche konstitutionelle Monarchie.

3. 11. 1868
USA
Der Republikaner Ulysses Simpson Grant (27. 4. 1822-23. 7. 1885) wird zum 18. Präsidenten der Vereinigten Staaten gewählt.

3. 12. 1868
Großbritannien
Nach dem Wahlsieg der Liberalen (Whigs) wird William Ewart Gladstone (29. 12. 1809-19. 5. 1898) erstmals britischer Ministerpräsident (bis 1874, erneut 1880-1885, 1886 und 1892-1894).

1868
Russland
Der russische Schriftsteller Fjodor Michajlowitsch Dostojewskij (11. 11. 1821-9. 2. 1881) veröffentlicht seinen Roman »Der Idiot«.

6. 3. 1869
Russland
Der russische Chemiker Dimitrij Iwanowitsch Mendelejew (7. 2. 1834-2. 2. 1907) stellt in Petersburg das Periodensystem der Elemente vor.

10. 5. 1869
USA
In Promontory Point in Utah wird durch die Verbindung der Schienenstrecken der Union Pacific mit der Central Pacific die erste kontinentale Eisenbahnstrecke vollendet.

17. 11. 1869
Ägypten
Der Suezkanal wird eingeweiht. → S. 492

1869
Russland
Der russische Schriftsteller Lew Nikolajewitsch Graf Tolstoj (9. 9. 1828-20. 11. 1910) veröffentlicht seinen Roman »Krieg und Frieden«.

1870-1879

10. 1. 1870
USA
John Davison Rockefeller (8. 7. 1839-23. 5. 1937) gründet die Standard Oil Company of Ohio mit Sitz in Cleveland. Am 2. 1. 1882 entsteht der Standard Oil Trust, der jedoch 1892 wieder aufgelöst werden muss und durch die Standard Oil Company (New Jersey) abgelöst wird (seit 1972 Exxon Corporation).

1. 3. 1870
Paraguay
Der Diktator von Paraguay (seit 1862), Francisco Solano López (*1827), fällt im Kampf gegen brasilianische Truppen. Damit endet der seit 1865 andauernde verlustreiche Krieg gegen Argentinien, Brasilien und Uruguay.

18. 7. 1870
Italien
Das von Papst Pius IX. einberufene erste Vatikanische Konzil (1869/70) nimmt das Dogma von der Unfehlbarkeit des Papstes an.

19. 7. 1870
Frankreich
Wegen des Streits um die spanische Thronfolge, für die der deutsche Fürst Leopold von Hohenzollern-Sigmaringen (22. 9. 1835-8. 6. 1905) in Aussicht genommen worden war, erklärt Frankreich Preußen den Krieg. → S. 494

4. 9. 1870
Frankreich
Nach der Niederlage von Sedan (2. 9.) und der Gefangennahme von Kaiser Napoleon III. wird Frankreich wieder zur Republik erklärt. → S. 495

20. 9. 1870
Italien
Italienische Truppen ziehen in Rom ein und beenden damit die Existenz des Kirchenstaates. → S. 494

16. 11. 1870
Spanien
Die Cortes wählen den Herzog von Aosta, Amadeus I. (30. 5. 1845-18. 1. 1890), zum König von Spanien. Es gelingt ihm jedoch nicht, die Staatsgewalt zu stabilisieren.

18. 1. 1871
Frankreich
In Versailles wird König Wilhelm I. zum deutschen Kaiser ausgerufen. Damit entsteht unter Führung Preußens der deutsche Nationalstaat. → S. 496

10. 5. 1871
Deutsches Reich
Mit dem Frankfurter Frieden wird der Deutsch-Französische Krieg beendet. Frankreich muss das Elsass (ohne Belfort) und Lothringen (mit Metz) an Deutschland abtreten und innerhalb von drei Jahren eine Kriegsentschädigung von 5 Mrd. Francs (4 Mrd. Mark) zahlen.

29. 5. 1871
Frankreich
Die Kommune von Paris, der am 18. 3. 1871 begonnene Aufstand der Arbeiterschaft und Nationalgarde gegen die Nationalversammlung, wird von den Regierungstruppen unter Marschall Patrice Maurice Comte de Mac-Mahon (13. 6. 1808-17. 10. 1893) in blutigen Straßenkämpfen niedergeworfen.

31. 8. 1871
Frankreich
Die Nationalversammlung in Versailles wählt den liberalen Politiker Adolphe Thiers (14. 4. 1797-3. 9. 1877) zum ersten Präsidenten der II. Republik.

28. 10. 1871
Ostafrika
Der britische Journalist Henry Morton Stanley (28. 1. 1841-10. 5. 1904) findet in Ujiji (heutiges Tansania) den verschollen geglaubten Missionar und Entdeckungsreisenden David Livingstone (19. 3. 1813-1. 5. 1873).

30. 11. 1872
Großbritannien
In Glasgow tragen Schottland und England das erste Fußballländerspiel aus (0:0).

9. 5. 1873
Österreich
Der Wiener Börsenkrach löst die sog. Gründerkrise aus. Sie mündet in die »Große Depression«, eine bis 1895/96 dauernde Weltwirtschaftskrise. → S. 497

11. 5. 1873
Preußen
Mit den sog. Maigesetzen beginnt der preußische Ministerpräsident Otto von Bismarck den »Kulturkampf« gegen den Einfluss der katholischen Kirche. Erst 1887 werden die letzten Ausnahmegesetze aufgehoben.

31. 5. 1873
Osmanisches Reich
Der deutsche Kaufmann und Altertumsforscher Heinrich Schliemann (6. 1. 1822-26. 12. 1890) entdeckt nach dreijähriger Arbeit bei Grabungen nach dem homerischen Troja im Hügel von Hissarlik den »Goldschatz des Priamos«.

22. 10. 1873
Österreich
Durch eine sog. Akzessionsakte tritt der deutsche Kaiser Wilhelm I. dem österreichisch-russischen Bündnis von Schönbrunn (6. 6. 1873) bei. Es entsteht das Dreikaiserabkommen (1873-1878 und 1881-1886), das vor allem Frankreich in Europa isolieren soll.

1873
Frankreich
Der Schriftsteller Jules Verne (8. 2. 1828-24. 3. 1905) veröffentlicht in Paris seine »Reise um die Welt in 80 Tagen«, einen Klassiker der utopischen Unterhaltungsliteratur.

15. 4. 1874
Frankreich
Das im Atelier Nadar in Paris ausgestellte Gemälde »Impression – soleil levant« (»Eindruck – aufgehende Sonne«) von Claude Monet (14. 2. 1840-6. 12. 1926) gibt der neuen Kunstrichtung des Impressionismus ihren Namen. → S. 497

29. 12. 1874
Spanien
Nach einem Militärputsch wird der älteste Sohn der früheren Königin Isabella II. als Alfons XII. (28. 11. 1857-25. 11. 1885) zum König von Spanien ausgerufen. Er festigt die Monarchie durch eine neue Zweikammerverfassung, die mit Unterbrechung bis 1931 Gültigkeit hat.

6. 2. 1875
Deutsches Reich
Im Zusammenhang mit dem sog. Kulturkampf wird im Deutschen Reich die obligatorische Zivilehe eingeführt. Am Tag zuvor hat Papst Pius IX. in der Bulle »Quod numquam« die gesamte preußische Kirchengesetzgebung für ungültig erklärt.

20. 5. 1875
Frankreich
In Paris unterzeichnen 17 Staaten die internationale Meterkonvention, welche die Ausbreitung des metrischen Systems fördern soll.

22.-27. 5. 1875
Deutsches Reich
Auf dem Gründungsparteitag der durch die Vereinigung des Allgemeinen Deutschen Arbeitervereins (ADAV) mit der Sozialdemokratischen Arbeiterpartei (SDAP) entstandenen Sozialistischen Arbeiterpartei Deutschlands (der späteren SPD) wird das Gothaer Programm angenommen.

24. 11. 1875
Ägypten
Wegen seiner zerrütteten Staatsfinanzen muss der Khedive Ismail Pascha (31. 12. 1830-2. 3. 1895) seine Aktienanteile an der Suezkanalgesellschaft an Großbritannien verkaufen. Mit Hilfe des Bankhauses Rothschild gewinnt Großbritannien für fast 4 Mio. Pfund Sterling maßgeblichen Einfluss auf den strategisch wichtigen Wasserweg.

1. 1. 1876
Großbritannien
Königin Viktoria nimmt den Titel der Kaiserin von Indien (Empress of India) an. Maßgeblich geprägt wird die britische Weltmachtpolitik durch den konservativen Politiker Benjamin Disraeli, Earl of Beaconsfield (21. 12. 1804-19. 4. 1881), Premierminister 1868 und 1874-1880.

1. 1. 1876
Deutsches Reich
Die Mark wird als einheitliche Währung eingeführt. An die Stelle der bisher geltenden Silberwährung tritt – wie bereits in Großbritannien (seit 1816) und später auch in den anderen Industriestaaten – die Goldwährung.

14. 2. 1876
USA
Alexander Graham Bell (3. 3. 1847-1. 8. 1922) meldet seinen Fernsprechapparat zum Patent an. → S. 501

9. 5. 1876
Deutsches Reich
Dem Ingenieur Nikolaus August Otto (10. 6. 1832-26. 1. 1891) gelingt es erstmals, den von ihm konstruierten Viertakt-Verbrennungsmotor in Gang zu bringen.

25. 6. 1876
USA
In der Schlacht am Little Bighorn River besiegen die Sioux-Indianer die US-Kavallerie unter General George Armstrong Custer. → S. 500

1. 8. 1876
USA
Als 38. Bundesstaat wird Colorado in die Union aufgenommen.

13.-17. 8. 1876
Deutsches Reich
Im neuen Bayreuther Festspielhaus wird erstmals die Operntetralogie »Der Ring des Nibelungen« von Richard Wagner (22. 5. 1813-13. 2. 1883) vollständig aufgeführt. → S. 500

7. 11. 1876
USA
Der Republikaner Rutherford B. Hayes (4. 10. 1822-17. 1. 1893) wird zum 19. Präsidenten der USA (bis 1881) gewählt. Er lässt die seit Ende des Bürgerkriegs 1865 im Süden stationierten Regierungstruppen abziehen.

23. 12. 1876
Osmanisches Reich
Der am 31. 8. zum Sultan ernannte Abd ül Hamid II. (21. 9. 1842-10. 2. 1918) gibt dem Osmanischen Reich erstmals eine Verfassung.

15. 2. 1877
Mexiko
General Porfirio Díaz (15. 9. 1830-2. 7. 1915), der im Dezember 1876 die Macht übernommen hat, lässt sich zum Präsidenten wählen (bis 1880 und 1884-1911). Er befriedet mit Gewalt das bürgerkriegsgeschwächte Land und verschafft den USA großen Einfluss auf die Wirtschaft.

4. 3. 1877
Russland
In Moskau findet die Uraufführung des Balletts »Schwanensee« von Peter Tschaikowskij (7. 5. 1840-6. 11. 1893) statt.

9. 7. 1877
Großbritannien
Der All England Croquet Club veranstaltet das erste Tennisturnier in Wimbledon.

3. 3. 1878
Osmanisches Reich
Der Vorfriede von San Stefano beendet den russisch-türkischen Krieg 1877/78. Auf Kosten des Osmanischen Reiches wird ein großer bulgarischer Staat geschaffen. Russland sichert sich Einfluss auf dem Balkan.

13. 6.-13. 7. 1878
Deutsches Reich
Der Berliner Kongress der europäischen Großmächte berät über die Revidierung des Vorfriedens von San Stefano. Russland muss auf die Gründung eines Großbulgarischen Reiches und auf die Einverleibung fast aller besetzten Gebiete verzichten. → S. 501

21. 10. 1878
Deutsches Reich
Nach zwei Attentaten auf Kaiser Wilhelm I. billigt der Reichstag das Gesetz »wider die gemeingefährlichen Bestrebungen der Sozialdemokratie«. Das Sozialistengesetz soll die Sozialdemokratie als politische Kraft ausschalten, verfehlt jedoch sein Ziel und endet am 30. 9. 1890.

1878
Großbritannien
Der methodistische Prediger William Booth (10. 4. 1829-20. 8. 1912) gründet in London die Heilsarmee (engl. Salvation Army). Sie will nicht nur missionieren, sondern auch den Armen Nahrung, Unterkunft und Arbeit beschaffen.

5. 4. 1879
Südamerika
Mit der Kriegserklärung Chiles gegen Peru und das mit ihm verbündete Bolivien beginnt der Salpeterkrieg (bis 1883) um die Salpeterlager in der Atacamawüste. → S. 503

31. 5. 1879
Deutsches Reich
Der Ingenieur Werner Siemens (13. 12. 1816-6. 12. 1892) führt auf der Gewerbeausstellung in Berlin die erste elektrische Eisenbahn der Welt vor.

19. 10. 1879
USA
Thomas Alva Edison (11. 2. 1847-18. 10. 1931) gelingt in Menlopark bei New York der Dauerbetrieb einer Glühbirne.

21. 12. 1879
Dänemark
Am königlichen Theater in Kopenhagen wird das Schauspiel »Nora oder Ein Puppenheim« des norwegischen Dramatikers Henrik Ibsen (20. 3. 1828-23. 5. 1906) uraufgeführt.

1880-1889

14. 7. 1880
Frankreich
Der Jahrestag des Sturms auf die Bastille ist erstmals Nationalfeiertag.

1. 9. 1880
Afghanistan
Mit dem Sieg der von General Frederick Sleigh Roberts (30. 9. 1832-14. 11. 1914) geführten Briten am Baba Wali endet der 2. afghanische Krieg (1878-1880) für die Briten erfolgreich.

2. 11. 1880
USA
Der Republikaner James A. Garfield (*19. 11. 1831) wird zum 20. Präsidenten der USA gewählt.

8. 11. 1880
USA
Die französische Schauspielerin Sarah Bernhardt (25. 9. 1844-26. 3. 1923) tritt ihr erstes umjubeltes Auslandsgastspiel in den USA an.

13. 3. 1881
Russland
In St. Petersburg wird Zar Alexander II. (*29. 4. 1818) von Angehörigen der Gruppe Narodnaja Wolja (»Volkswille«) bei einem Bombenanschlag ermordet. Am selben Tag besteigt sein Sohn Alexander III. (10. 3. 1845-1. 11. 1894) den Thron. → S. 502

26. 3. 1881
Rumänien
Das Parlament in Bukarest proklamiert das bisherige Fürstentum Rumänien zum Königreich.

12. 5. 1881
Tunesien
Um den Besitz Algeriens zu sichern und italienischen Ansprüchen zuvorzukommen, zwingt Frankreich im Bardo-Vertrag den Bei von Tunis, sein Land der französischen Schutzherrschaft zu unterstellen.

29. 6. 1881
Sudan
Der Ordensscheich Muhammad Ahmad Ibn Abd Allah (12. 8. 1844-22. 6. 1885) bezeichnet sich öffentlich als der verheißene Mahdi und führt seine Anhänger zum Aufstand gegen die ägyptische Regierung.

3. 8. 1881
Südafrika
Nach dem erfolgreichen Kampf der Buren um ihre Unabhängigkeit muss Großbritannien in der Konvention von Pretoria die Unabhängigkeit von Transvaal bestätigen.

19. 9. 1881
USA
Der bisherige Vizepräsident Chester A. Arthur (5. 10. 1830-18. 11. 1886) wird 21. Präsident der USA (bis 1885).

6. 3. 1882
Serbien
Der bisherige Fürst Milan IV. (seit 1868) aus dem Hause Obrenović nimmt als Milan I. (22. 8. 1854-11. 2. 1901) den Titel eines Königs von Serbien (bis 1882) an.

24. 3. 1882
Deutsches Reich
Der deutsche Bakteriologe Robert Koch (11. 12. 1843-27. 5. 1910) berichtet auf einer Sitzung der Berliner Physiologischen Gesellschaft über die Entdeckung des Tuberkelbazillus. → S. 502

20. 5. 1882
Österreich-Ungarn
Der seit 1879 bestehende Zweibund zwischen Deutschland und Österreich-Ungarn wird durch den Beitritt Italiens zum Dreibund erweitert.

1. 6. 1882
Schweiz
Die seit 1872 errichtete 240 km lange Gotthardbahn wird mit dem 15 km langen Sankt-Gotthard-Tunnel in Betrieb genommen.

11. 7. 1882
Ägypten
Britische Kriegsschiffe beschießen die Forts von Alexandria. Ägypten gerät unter britische Herrschaft, ohne dass die formelle Zugehörigkeit zum Osmanischen Reich endet. → S. 502

25. 5. 1883
USA
Als erste Brücke über den East River in New York wird die Brooklyn Bridge eröffnet, die mit einer Spannweite von 486 m bis 1903 längste Hängebrücke der Welt.

15. 6. 1883
Deutsches Reich
Der Reichstag billigt das Gesetz zur Krankenversicherung. Mit seiner Sozialgesetzgebung – es folgt noch eine Unfallversicherung (1884) sowie eine Alters- und Invalidenversicherung (1889) – versucht Reichskanzler Otto von Bismarck die Arbeiterschaft von der Sozialdemokratie zu entfremden.

26./27. 8. 1883
Ostasien
Durch eine Vulkanexplosion wird die Insel Krakatau in der Sundastraße zwischen Sumatra und Java von 32,5 auf 10,7 km² verkleinert. Etwa 20 000 m³ vulkanische Masse werden ausgeworfen, die erzeugten Flutwellen fordern 36 000 Menschenleben.

20. 10. 1883
Südamerika
Der Friede von Ancón beendet den 1879 begonnenen Salpeterkrieg. Das siegreiche Chile sichert sich mit den Provinzen Tararpacá, Arica und Tacna (von Peru) das Weltmonopol für Natursalpeter sowie im Vertrag von Valparaíso (4. 4. 1884) die kupferreiche Provinz Antofagasta, wodurch Bolivien seinen Zugang zum Meer verliert.

22. 10. 1883
USA
Das Metropolitan Opera House in New York wird eröffnet.

1883
Spanien
Der spanische Architekt Antoni Gaudí (25. 6. 1852-1. 6. 1926) beginnt in Barcelona mit dem Bau der unvollendeten Kathedrale »Sagrada familia«, die an maurische Traditionen anknüpft.

24. 4. 1884
Westafrika
Reichskanzler Otto von Bismarck stellt die deutschen Niederlassungen in Südwestafrika unter den Schutz des Reiches und schafft damit die erste deutsche Kolonie. Später folgen die sog. Schutzgebiete Togo (5. 7.) und Kamerun (14. 7.) sowie Deutsch-Ostafrika (27. 2. 1885) und in Asien Neuguinea, Bismarck-Archipel und Marshall-Inseln.

26. 6. 1884
Großbritannien
Ein neues Wahlgesetz erhöht den Anteil der wahlberechtigten Männer von 33% auf 70%.

26. 8. 1884
USA
Der 1872 aus Deutschland ausgewanderte Ottmar Mergenthaler (11. 5. 1854-28. 10. 1899) erhält ein Patent auf eine Zeilensetzmaschine. Mit Mergenthalers Linotype wird die Produktion von Druckerzeugnissen wesentlich beschleunigt.

4. 11. 1884
USA
Mit der Wahl Grover Clevelands (18. 3. 1837-24. 6. 1908) zum 22. Präsidenten der USA (bis 1889) gewinnt erstmals seit 1856 wieder ein Kandidat der Demokraten.

26. 2. 1885
Deutsches Reich
In Berlin endet die am 15. 11. 1884 eröffnete internationale Kongokonferenz. → S. 503

5. 5. 1885
USA
Der Industrielle und Erfinder George W. Eastman (12. 7. 1854-14. 3. 1932) erhält ein Patent auf den ersten Rollfilm.

6. 7. 1885
Frankreich
Der Chemiker und Bakteriologe Louis Pasteur (27. 12. 1822-28. 9. 1895) erprobt erstmals einen Impfstoff gegen Tollwut.

25. 11. 1885
Spanien
In Madrid stirbt Alfons XII. (*28. 11. 1857), König von Spanien seit 1874. Auf dem Thron folgt ihm sein erst am 17. 5. 1886 geborener Sohn Alfons XIII. (†28. 2. 1941), der bis 1902 unter der Regentschaft seiner Mutter Maria Christine von Österreich (1858-1929) steht.

1885
Frankreich
Der Schriftsteller Émile Zola (2. 4. 1840-29. 9. 1902) veröffentlicht seinen sozialkritischen Roman »Germinal«.

1885
Deutsches Reich
Der Philosoph Friedrich Nietzsche (15. 10. 1844-25. 8. 1900) lässt den vierten und letzten Teil seiner Gedankendichtung »Also sprach Zarathustra« (Teil I–III 1883/84) erscheinen, in der er seine Lehren vom Übermenschen und von der ewigen Wiederkehr darstellt.

29. 1. 1886
Deutsches Reich
Der Ingenieur Carl Friedrich Benz (25. 11. 1844-4. 4. 1929) erhält das Patent für seinen Motorwagen. → S. 504

8. 5. 1886
USA
Der Apotheker John S. Pemberton erfindet den Coca-Cola-Sirup. Coca-Cola entwickelt sich schnell zum Genussmittel und tritt im 20. Jh. seinen weltweiten Siegeszug an.

13. 6. 1886
Bayern
Unter ungeklärten Umständen ertrinkt der zuvor entmündigte König Ludwig II. (*25. 8. 1845) im Starnberger See.

20. 7. 1886
Großbritannien
Nachdem sein Gesetzentwurf für eine beschränkte Autonomie in Irland im Unterhaus gescheitert ist, erklärt Premierminister William Ewart Gladstone seinen Rücktritt.

3. 9. 1886
USA
Der Apachenhäuptling Geronimo (†17. 2. 1909) ergibt sich Kundschaftern der US-Armee. Damit ist der letzte Indianerkrieg beendet.

7. 9. 1886
Bulgarien
Auf russisches Betreiben muss Alexander I., seit 1879 Fürst von Bulgarien, abdanken. Zum Nachfolger wird am 7. 7. 1887 Ferdinand I. (26. 2. 1861-14. 8. 1948) aus der Linie Sachsen-Coburg-Gotha-Koháry. Damit endet zugleich die Bulgarienkrise, die Russland und Österreich-Ungarn an den Rand eines Krieges geführt hatte.

28. 10. 1886
USA
In New York wird die Freiheitsstatue aufgestellt, ein Geschenk der Republik Frankreich. → S. 504

8. 12. 1886
USA
In Columbus (Ohio) wird die American Federation of Labor als Spitzenverband der US-amerikanischen Gewerkschaften gegründet.

18. 10. 1887
Südostasien
Die französischen Protektorate Annam, Tonking, Kambodscha und die französische Kolonie Cochinchina werden zur Indochinesischen Union vereinigt. Am 3. 10. 1893 wird das französische Kolonialreich in Südostasien durch die Annexion von Laos erweitert.

8. 11. 1887
Deutsches Reich
Der Deutsch-Amerikaner Emil Berliner (20. 5. 1851-3. 8. 1928) erhält ein Patent auf das Grammophon mit drehbarer Schallplatte. → S. 505

9. 3. 1888
Deutsches Reich
In Berlin stirbt Wilhelm I. (*22. 3. 1797), König von Preußen (seit 1861) und Deutscher Kaiser (seit 1871). Sein liberal gesinnter Sohn Friedrich III. (*18. 10. 1831) besteigt den Thron, stirbt jedoch bereits nach 99 Tagen am 15. 6. in Potsdam. Ihm folgt sein Sohn Wilhelm II. (27. 1. 1859-4. 6. 1941) nach.

31. 8. 1888
Großbritannien
In London nimmt eine unaufgeklärte Mordserie an Prostituierten ihren Anfang. »Jack the Ripper« tötet und verstümmelt fünf Prostituierte im Elendsviertel Whitechapel.

29. 11. 1888
Deutsches Reich
Der Physiker Heinrich Hertz (22. 2. 1857-1. 1. 1894) weist die Existenz elektromagnetischer Wellen nach. Seine Versuche sind grundlegend für die Radiotechnik.

8. 1. 1889
USA
Der Ingenieur Hermann Hollerith (29. 2. 1860-17. 11. 1929) erhält ein Patent auf eine elektromagnetische Sortier- und Zählmaschine für Lochkarten. Er gründet 1896 die Tabulating Machine Corporation, aus der 1911 die International Business Machines Corporation (IBM) hervorgeht.

30. 1. 1889
Österreich-Ungarn
Auf Schloss Mayerling in Niederösterreich begeht der österreichische Thronfolger Erzherzog Rudolf (*21. 8. 1858) gemeinsam mit der Baronin Mary Vetsera Selbstmord.

15. 5. 1889
Frankreich
Zur Eröffnung der Weltausstellung in Paris wird der von André Gustave Eiffel (15. 12. 1832-28. 12. 1923) konstruierte Eiffelturm eingeweiht. → S. 505

14.-21. 7. 1889
Frankreich
In Paris gründen sozialistische Parteien aus 20 Ländern mit der Errichtung des »Ständigen Internationalen Sozialistischen Büros« die Zweite Internationale.

20. 10. 1889
Deutsches Reich
Als geschlossene Veranstaltung wird das soziale Drama »Vor Sonnenaufgang« in Berlin uraufgeführt. Der Autor Gerhart Hauptmann (15. 11. 1862-6. 6. 1946) wird mit diesem Stück und dem Erfolg von »Die Weber« (1892) zum führenden Vertreter des deutschen Naturalismus..

15. 11. 1889
Brasilien
Kaiser Peter II. (2. 12. 1825-5. 12. 1891) wird wegen Aufhebung der Sklaverei auf Druck der Kaffeepflanzer abgesetzt. Brasilien wird zur Republik erklärt.

1889
Österreich-Ungarn
Die Pazifistin Bertha von Suttner (9. 6. 1843-21. 6. 1914) verfasst ihren weltweit beachteten Roman »Die Waffen nieder!«.

1890-1899

20. 3. 1890
Deutsches Reich
Kaiser Wilhelm II. nimmt das Entlassungsgesuch seines Reichskanzlers Otto von Bismarck an, dessen gegen die Sozialdemokratie gerichtete Politik gescheitert ist.

1. 7. 1890
Deutsches Reich
Gegen territoriale Zugeständnisse in Ostafrika und die Anerkennung des britischen Protektorats über die Inseln Sansibar und Pemba wird die Nordseeinsel Helgoland wieder deutsch.

3. 7. 1890
USA
Idaho und eine Woche später Wyoming werden der 43. und 44. US-Bundesstaat.

29. 7. 1890
Frankreich
In Auvers-sur-Oise stirbt der niederländische Maler und Grafiker Vincent van Gogh (*30. 3. 1853). → S. 505

6. 8. 1890
USA
In Auborn im US-Bundesstaat New York erfolgt erstmals eine Hinrichtung auf dem elektrischen Stuhl.

23. 11. 1890
Niederlande
Mit dem Tod von König Wilhelm III. (*19. 2. 1817) erlischt das Haus Nassau-Oranien im Mannesstamm und auch die Personalunion der Niederlande mit Luxemburg. In den Niederlanden besteigt seine Tochter Wilhelmina (31. 8. 1880-28. 11. 1962) den Thron; in Luxemburg als Großherzog der frühere Herzog Adolf von Nassau (24. 7. 1817-17. 11. 1905).

4. 12. 1890
Deutsches Reich
Der Bakteriologe und Serologe Emil Adolph von Behring (15. 3. 1854-31. 3. 1917) veröffentlicht seine Erkenntnisse über das Diphtherie-Heilserum. 1901 erhält er hierfür den (ersten) Nobelpreis für Medizin.

29. 12. 1890
USA
Angehörige der US-Armee verüben am Wounded Knee Creek ein Massaker unter Angehörigen des Stammes der Sioux-Indianer. Unter den etwa 200 Getöteten sind zwei Drittel Frauen und Kinder. → S. 506

15. 5. 1891
Italien
Papst (seit 1878) Leo XIII. (2. 3. 1810-20. 7. 1903) begründet mit der Enzyklika »Rerum novarum« (lat., »Nach Neuerungen [begierig]«) die katholische Soziallehre.

31. 5. 1891
Russland
In Wladiwostok beginnt der Bau der Transsibirischen Eisenbahn nach Moskau. Sie ist 1916 in ganzer Länge (rd. 7500 km; Entfernung Moskau–Wladiwostok 9302 km) befahrbar.

1. 1. 1892
USA
Im Hafen von New York wird die Insel Ellis Island als Abfertigungsstation für die Einwanderer in die USA eingerichtet. → S. 506

5. 11. 1892
Deutsches Reich
Eine Ausstellung von Gemälden des norwegischen Malers Edvard Munch (12. 12. 1863-23. 1. 1944) in Berlin löst einen Skandal aus, der zur Spaltung des Vereins Berliner Künstler und zur Gründung der »Berliner Secession« führt.

8. 11. 1892
USA
Zum zweiten Mal nach 1885-1889 wird der Demokrat Grover Cleveland zum Präsidenten der USA gewählt (bis 1897).

1892
Großbritannien
Unter dem Titel »Die Abenteuer von Sherlock Holmes« veröffentlicht der englische Kriminalschriftsteller Sir Arthur Conan Doyle (22.5.1859-7.7.1930) eine Sammlung von Kurzgeschichten um die Figur des Meisterdetektivs Sherlock Holmes.

23. 2. 1893
Deutsches Reich
Der Ingenieur Rudolf Diesel (18. 3. 1858-29. 9. 1913) erhält rückwirkend zum 28. 2. 1892 ein Patent auf den von ihm erfundenen Dieselmotor.

27. 6. 1893
USA
Der Zusammenbruch der New Yorker Börse löst eine Wirtschaftskrise aus, die eine rapide steigende Arbeitslosigkeit zur Folge hat.

20. 6. 1894
China
Während einer Pestepidemie in Hongkong entdeckt der schweizerische Tropenarzt Alexandre Yersin (22. 9. 1863-1. 3. 1943) den Pesterreger. Unabhängig von Yersin entdeckt der japanische Bakteriologe Shibasaburo Kitasato (20. 12. 1853-13. 6. 1931) den Pestbazillus.

1. 11 1894
Russland
Nach dem Tod von Zar (seit 1881) Alexander III. (*10. 3. 1845) folgt ihm sein ältester Sohn Nikolaus II. (18. 5. 1868-16. 7. 1918) auf den Thron.

22. 12. 1894
Frankreich
Der jüdische Artilleriehauptmann Alfred Dreyfus (9. 10. 1859-11. 7. 1935) wird aufgrund gefälschter Dokumente wegen Landesverrats zu lebenslänglicher Deportation verurteilt.

17. 4. 1895
Korea
Der Friede von Schimonoseki beendet den japanisch-chinesischen Krieg 1894/95. China muss Korea als unabhängig anerkennen und Taiwan (Formosa) und die Pescadores-Inseln an Japan abtreten.

25. 5. 1895
Großbritannien
Ein Londoner Gericht verurteilt den angloirischen Schriftsteller Oscar Wilde (16. 10. 1854-30. 11. 1900), Verfasser des Romans »Das Bildnis des Dorian Gray« (1890), wegen homosexueller Betätigung zu zweijähriger Zuchthausstrafe.

21. 6. 1895
Deutsches Reich
Kaiser Wilhelm II. eröffnet den Kaiser-Wilhelm-Kanal zwischen Nord- und Ostsee.

8. 11. 1895
Deutsches Reich
Der Würzburger Physikprofessor Wilhelm Conrad Röntgen (27. 3. 1845-10. 2. 1923) entdeckt die X- oder Röntgenstrahlen. → S. 507

28. 12. 1895
Frankreich
Mit den Vorführungen von »lebenden Bildern« der Brüder Lumière in Paris und der Brüder Skladanowsky in Berlin beginnt die Ära der Kinematographie in Europa. → S. 507

4. 1. 1896
USA
Utah wird 45. Bundesstaat der USA.

1. 3. 1896
Äthiopien
Kaiser Menelik II. von Äthiopien (17. 8. 1844-22. 12. 1913) besiegt die italienischen Invasionstruppen in der Schlacht bei Adua und erreicht die Anerkennung der Selbstständigkeit Äthiopiens.

6.-15. 4. 1896
Griechenland
Die ersten Olympische Spiele der Neuzeit finden in Athen statt. Der Gründer (1894) und Präsident (1896-1925) des Internationalen Olympischen Komitees ist der Franzose Pierre Baron de Coubertin (1. 1. 1863-2. 9. 1937). → S. 510

10. 8. 1896
Deutsches Reich
Der Flugpionier Otto Lilienthal (*23. 5. 1848), der am Tag zuvor nach mehr als 2000 gesteuerten Gleitflügen abgestürzt ist, erliegt in Berlin seinen Verletzungen. Er führte 1891 mit einem von ihm gebauten Flugapparat den ersten Gleitflug durch und verfasste »Der Vogelflug als Grundlage der Fliegekunst« (1889).

9. 9. 1896
Norwegen
Der norwegische Polarforscher Fridtjof Nansen (10. 10. 1861-3. 5. 1930) kehrt von seiner 1893 begonnenen Driftfahrt mit der »Fram« durch das Nordpolarmeer zurück.

15. 2. 1897
Deutsches Reich
Der Physiker Karl Ferdinand Braun (6. 6. 1850-20. 4. 1918) erfindet die braunsche Röhre (Kathodenstrahl-Oszillographenröhre), die zur Grundlage der elektronischen Bilderzeugung wird.

31. 8. 1897
Schweiz
Auf dem 1. Zionistenkongress in Basel wird Theodor Herzl (2. 5. 1860-3. 7. 1904) zum Präsidenten der Zionistischen Weltorganisation gewählt. → S. 510

13. 1. 1898
Frankreich
In seinem offenen Brief »J'accuse!« protestiert der französische Schriftsteller Émile Zola gegen das Dreyfus-Urteil. Die Affäre führt zu heftigen innenpolitischen Auseinandersetzungen und einem Aufleben des Antisemitismus. Alfred Dreyfus wird am 9. 9. 1899 bei Wiederaufnahme des Verfahrens zu zehn Jahren Gefängnis verurteilt, aber begnadigt. 1906 wird er gänzlich freigesprochen und rehabilitiert. → S. 510

10. 12. 1898
Frankreich
Der Pariser Frieden beendet den am 25. 4. begonnenen spanisch-amerikanischen Krieg. → S. 510

29. 7. 1899
Niederlande
Auf der ersten Haager Friedenskonferenz, auf der 26 Staaten vertreten sind, wird u.a. die Haager Landkriegsordnung verabschiedet.

11. 10. 1899
Südafrika
Die Burenrepublik Transvaal, die vom Oranjefreistaat unterstützt wird, erklärt Großbritannien den Krieg. Der Burenkrieg dauert bis 1902 und endet mit dem militärischen Sieg der Briten. → S. 511

BRASILIEN

Portugal nimmt Brasilien in Besitz

Portugal eignet sich das spätere Brasilien an. Es ist die einzige portugiesische Kolonie in Südamerika.

25. 4. 1500: Der Portugiese Pedro Alvares Cabral landet in der Bucht von Porto Seguro (heute Bahia Cabrália) und nimmt das entdeckte Gebiet als Terra da Vera Cruz für sein Land in Besitz. 1499 ist die brasilianische Küste von dem spanischen Seefahrer Vicente Yáñez Pinzón entdeckt worden. Gemäß dem Vertrag von Tordesillas (1494) steht das Gebiet Portugal zu, da es östlich der mit Spanien vereinbarten Demarkationslinie liegt.

Die Portugiesen sehen das neu entdeckte Land zunächst als Insel an, die als Zwischenstation auf dem Seeweg nach Indien von Nutzen sein kann. An Siedlungskolonien ist nicht gedacht; bald aber beginnt der Handel mit dem als rötlichem Farbstoff begehrten Brasilholz, das bislang aus den asiatischen Tropen bezogen worden ist. Dieser Rohstoff gibt dem Land seinen Namen.

1532 beginnen die portugiesische Besiedelung der brasilianischen Küste sowie der systematische Anbau von Zuckerrohr, der durch die Arbeit afrikanischer Sklaven zu einem blühenden Geschäft wird. Bei den weißen Siedlern handelt es sich weitgehend um Zwangsverschickte, da in Portugal selbst die Arbeitskräfte knapp sind und kaum ein Anreiz zur Auswanderung besteht. 1541 wird Bahia zur Hauptstadt Brasiliens erhoben; 1549 erhält die Kolonie einen Vizekönig, in dessen Gefolge Jesuitenmissionare ins Land kommen.

Der Seefahrer Pedro Alvares Cabral segelte am 9. März 1500 von Lissabon ab.

Von der Küste aus dringen sog. Bandeirantes (»Waldläufer«) ins bewaldete Hinterland bis zu den Anden vor. Die im Tropenwald siedelnden Indianer werden zum größten Teil ausgerottet oder versklavt, obwohl der portugiesische König 1570 die Versklavung der Eingeborenen verbietet. Um 1690 entdecken die Bandeirantes in Minas Gerais, Mato Grosso und Goiás Goldvorkommen. Diese Funde lösen eine massive Einwanderungswelle aus.

TÄBRIS

Safawiden-Dynastie regiert im Iran

Nach fast 900 Jahren der Fremdherrschaft und Zersplitterung wird der Iran wieder zu einem einheitlichen Staat mit einem einheimischen Monarchen: Schah Ismail I. Safiadin begründet das moderne Persien.

11. 3. 1502: Der 15-jährige Ismail wird in Täbris, das er 1501 mit syrischer und anatolischer Unterstützung erobert hat, gekrönt. Er stammt aus dem kleinen Mönchsstaat Ardebil im Nordwesten des Iran. Die Mönche gehören zum schiitischen Derwischorden, dem Scheich Sefi 1335 die Verteidigung des wahren schiitischen Glaubens zur Regel gemacht hat.

Ismail I., Begründer der bis 1722 regierenden Safawiden-Dynastie, formt durch die Angliederung von Aserbaidschan und Armenien nicht nur ein neues persisches Großreich. Er setzt auch den schiitischen Glauben als Staatsreligion durch.

Ismail I., Schah von Persien 1501-24

Päpste der

Unter Papst Julius II. erreicht die italienische Renaissance ihren Höhepunkt.

1. 11. 1503: Als Nachfolger des nach nur einmonatigem Pontifikat verstorbenen Pius III. wird Kardinal Giuliano della Rovere als Julius II. zum Papst gewählt.

Politik: Julius II. gilt als typischer Vertreter des Renaissancepapsttums, bei dem politische Ambitionen und die Förderung der Künste vor den seelsorgerischen Aufgaben in den Vordergrund treten. Durch eine geschickte Bündnis- und Interessenpolitik gelingt es Julius II. in seinem zehnjährigen Pontifikat, dem Kirchenstaat verlorene Gebiete zurückzugewinnen. Er entmachtet den Renaissancefürsten Cesare Borgia, den Sohn Papst Alexanders VI. (1492-1503), der noch in der Amtszeit seines Vaters die Romagna, Umbrien und Siena erobert hatte. Diese Gebiete muss Borgia nun an Julius II. abtreten. Im Jahr 1506 gewinnt der Papst außerdem Perugia und Bologna zurück. In der sog. Heiligen Liga (mit Venedig und Spanien) erwirbt er Parma, Piacenza und Reggio und erreicht die Vertreibung der Franzosen aus Italien. Mit der Festigung und Vergrößerung des Kirchenstaates schafft Julius II. die Voraussetzungen für die Machtstellung des neuzeitlichen Papsttums.

Cesare Borgia

Baukunst: 1506 gibt Julius II. bei dem Architekten Bramante (eigentlich Donato d'Angelo Lazzari) den Neubau des Petersdoms an Stelle von Alt-Sankt-Peter, einer im 4. Jahrhundert über dem Petrusgrab errichteten, jedoch seit über 50 Jahren baufälligen Basilika, in Auftrag. Bramantes Pläne sehen einen Zentralbau vor, für den antike Vorbilder wie das Pantheon oder frühchristliche Taufkapellen maßgebend sind. Die Renaissance bevorzugt diesen Typus in ihrem Streben nach harmonischen Proportionen, obgleich er Tradition und liturgischen Bedürfnissen widerspricht. Als Grundriss

ROM

Hochrenaissance – Politiker und Kunstmäzene

Bramante: San Pietro in Monorio, Rom

Michelangelos Fresko »Das Jüngste Gericht« in der Sixtinischen Kapelle

ist eine vollkommen symmetrische Anlage in Form des griechischen Kreuzes mit Vierungskuppel, selbstständigen überkuppelten Nebenräumen sowie vier von Türmen gekrönten Eckkapellen vorgesehen.

Letztlich wird der Petersdom in dieser Form nicht verwirklicht. Nach Bramantes Tod 1513 betreuen wechselnde Architekten den Bau, verändern und ergänzen den Entwurf, so dass die Hauptkirche der katholischen Christen letztlich zu einem Langbau mit barocker Fassade wird.

Bildende Kunst: Zu den besonders von Julius II. geförderten Künstlern zählt der Maler und Bildhauer Michelangelo Buonarroti. Dieser beginnt 1513 mit der Arbeit an einer Mosesfigur aus Marmor, die für das (nicht vollendete) Grabmal seines Gönners bestimmt ist. Typisch für die Hochrenaissance verleiht der Künstler seiner Skulptur emotionsgeladene, kraftvolle Züge. Sein Moses blickt nach der Rückkehr vom Berg Sinai voller Zorn auf das Volk Israel, welches um das Goldene Kalb tanzt. Gleichwohl erscheinen die am Studium antiker Statuen geschulten Werke Michelangelos – u.a. der siegesgewisse David – im Umriss ruhig: Die einfache Form des Marmorblocks, aus dem sie entstanden sind, bleibt im vollendeten Bildwerk bewahrt.

Raffaels »Sixtinische Madonna«

1508 bis 1512 erstellt Michelangelo im Auftrag des Papstes die Deckenfresken in der Sixtinischen Kapelle im Vatikan. Zusammen mit dem 1541 vollendeten »Jüngsten Gericht« an der Altarwand der Kapelle markieren sie einen Gipfelpunkt der europäischen Malerei. Der Künstler löst das Problem eines figürlichen Großgemäldes mit zahlreichen gekrümmten Flächen, indem er eine Scheinarchitektur hineinmalt und so eine klare Gliederung herstellt. Die Decke zeigt neun Szenen aus der Genesis von der Scheidung von Licht und Dunkelheit über die Erschaffung Adams und den Sündenfall bis zur Arche Noah.

Den Auftrag für die Fresken in den Stanzen des Vatikanpalastes – monumental gestaltete Szenen aus Christentum und Antike – erhält 1508 der 25-jährige Raffael (eigentlich Raffaello Santi). Sein berühmtestes Bildnis – die »Sixtinische Madonna« – malt Raffael allerdings für die Kirche San Sisto in Piacenza. Seine Marienfigur gilt als ein Idealbild weiblicher Schönheit, die vom unteren Bildrand emporblickenden Engel sind mit den individuell gestalteten Gesichtern und ihrem eigenwilligen Ausdruck typische Renaissance-Figuren.

AUGSBURG

Das um 1494 erbaute Fuggerhaus in Augsburg (Bildpostkarte nach farbiger Zeichnung von Karl Nikolai, um 1910)

Allianz von Kapital und Politik

Dank seiner Finanzkraft übt das Haus Fugger einen bedeutenden Einfluss auf die geistigen und weltlichen Fürsten Europas aus.

1514: Der Handelsherr und Bankier Jakob II. Fugger, genannt der Reiche, wird zum Reichsgrafen erhoben. Der Aufstieg der Fugger zur europäischen Handelsmacht begann 1494, als sich die Tuchhändler mit der ungarischen Unternehmerfamilie Thurzo zur Ausbeutung der Silber- und Kupferminen in der Slowakei zusammenschlossen. In kurzer Zeit brachte das Firmenkonsortium den nordosteuropäischen Kupferhandel unter seine Kontrolle.

Für einen Kredit in Höhe von 150 000 Goldgulden verpfändete der ständig verschuldete Erzherzog Sigismund von Tirol 1498 einem Augsburger Firmenkonsortium unter Führung der Fugger die Ausbeutungsrechte für die dortigen Silber- und Kupferbergwerke. Bald konnte das Augsburger Kupfersyndikat – allen voran die Fugger – die Preise fast nach Belieben diktieren.

Auch in das Überseegeschäft mit dem Import von Gewürzen griffen die Fugger und das gleichfalls in Augsburg ansässige Handelshaus der Welser ein und beteiligten sich mit Erlaubnis des Königs von Portugal am ertragreichen Gewürzhandel. 1514 sichern sich die Fugger außerdem den Vertrieb des Ablasshandels in Deutschland, ebenfalls ein profitables Geschäft.

Die Unterstützung der Obrigkeit erwarb sich Jakob Fugger durch Finanzhilfen an den römisch-deutschen Kaiser Maximilian I. Bei der Wahl des spanischen Königs Karl I. zum Kaiser geben Kredite der Fugger und der Welser den Ausschlag für den Habsburger.

HINTERGRUND

Weltweit erste Sozialsiedlung

Da der Augsburger Kaufmann Jakob Fugger, der Reiche vom Ablasshandel der Kirche profitiert, liegt es nahe, dass er sich mit Blick auf sein Seelenheil um vorzeigbar gute Werke bemüht.

1509 stiftet Jakob Fugger (Abb. u. mit Hauptbuchhalter Matthäus Schwarz) die Fuggerkapelle in der ehemaligen Klosterkirche St. Anna, 1516 lässt er in seinem und im Namen der verstorbenen Brüder Ulrich und Georg in der Augsburger Jakobervorstadt eine Armensiedlung errichten, die aus 67 Häusern bestehende Fuggerei. Die Jahresmiete für eine der 147 Wohnungen mit jeweils drei Zimmern, Küche und Garten beträgt einen Rheinischen Gulden. Im 17. Jahrhundert zählt der Maurer Franz Mozart, der Urgroßvater des Komponisten Wolfgang Amadeus Mozart, zu den Bewohnern der ältesten Sozialsiedlung der Welt.

MARIGNANO

Schweizer verpflichten sich zu Neutralität

Die Eidgenossen geben nach einer empfindlichen militärischen Niederlage ihr Großmachtstreben auf und entschließen sich für die Zukunft zu strikter Neutralität.

13./14. 9. 1515: Im Kampf um die Vorherrschaft in Oberitalien besiegen die Truppen des französischen Königs Franz I. die Schweizer Söldnertruppen des Herzogs Massimiliano Sforza von Mailand. Um die Wende zum 16. Jahrhundert ist Italien, das in Königreiche, Fürstentümer und Stadtstaaten zersplittert ist, Schauplatz der Eroberungspolitik ausländischer Mächte. König Karl VIII. von Frankreich (1483-1498) erhob Anspruch auf das Königreich Neapel und setzte 1494 sein Begehren militärisch durch. Karls Nachfolger Ludwig XII. (1498-1515), ein Erbe der Visconti, verstand sich als Erbe deren oberitalienischer Besitzungen.

Gegen die französischen Ansprüche auf Italien wendet sich eine Allianz aus Spanien, den Habsburgern und England. In die Auseinandersetzungen verstrickt sind auch die Schweizer, die sich 1511 der von Papst Julius II. gegründeten »Heiligen Liga zur Befreiung Italiens« anschlossen. 1513 erkämpften die Eidgenossen durch einen Sieg über die französisch-venezianische Koalitionsarmee westlich von Mailand ihre größte Machtausdehnung. Die schweizerischen Söldnerheere gelten in Europa als unbesiegbar.

Von ihrer kurzlebigen Großmachtstellung in Oberitalien bleibt der Schweiz nur noch der Kanton Tessin.

MEXIKO

Herausragende Kunsthandwerker

Die Mixteken stammen aus der Bergregion der Mixteca alta und dem Tal von Oaxaca. Durch den Zusammenschluss ihrer Stadtstaaten um 1000 begann eine Blüte des Kunsthandwerks.

1506: Der Indianerstamm der Mixteken wird bis auf ein kleines Fürstentum an der Pazifikküste von den Azteken unterworfen, beeinflusst diese aber dank seiner herausragenden handwerklichen Fertigkeiten in künstlerischer Hinsicht. Neben anderen mexikanischen Indianervölkern sind die Mixteken Hauptgestalter und Träger des Mixteka-Puebla-Stils. Bekannt sind u. a. polychrom bemalte Keramikarbeiten und aus Bergkristall gefertigte Schalen, Schmuckstücke aus Gold und Silber, die mit Edelsteinen und Perlen verarbeitet sind, Türkismosaike, Schnitzarbeiten und Federschmuck. Aus vorspanischer Zeit sind sieben Bilderhandschriften erhalten, darunter der Codex Borgia. Als Material der Faltbücher dienten Hirschhautpergament oder Feigenbaumbastpapier.

Schmuckstück in Form einer Maske aus dem Mixtekenschatz von Monte Albán

Die Mixteken gründeten zu Beginn des 8. Jahrhunderts zahlreiche kleine Fürstentümer im südmexikanischen Oaxaca und Puebla. Anfänge einer Zusammenfassung der mixtekischen Städte zu einem einheitlichen Reich blieben zunächst erfolglos. Um 1000 eroberten die Mixteken den Monte Albán, das Zentrum der benachbarten Zapoteken, etwa 300 Jahre später auch deren zweite Hauptstadt Mitla, die sie architektonisch umgestalteten.

ITALIEN

Machiavelli gebietet Staatsräson

Der von den Thesen Machiavellis abgeleitete Begriff des »Machiavellismus« dient heute als Bezeichnung für skrupellose Machtpolitik.

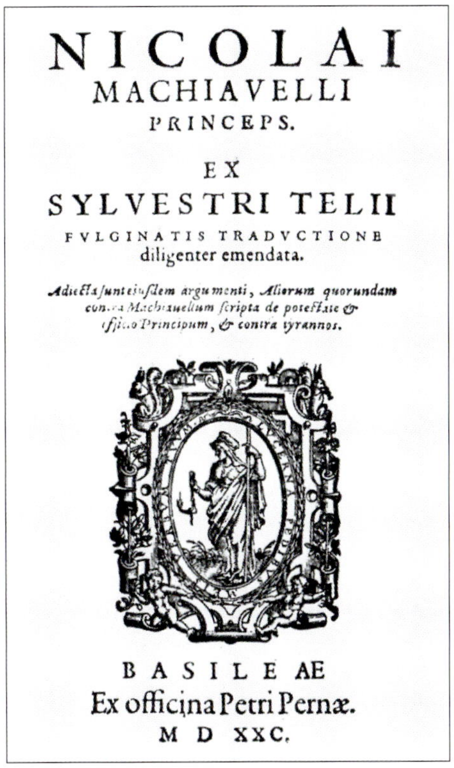

NICOLAI
MACHIAVELLI
PRINCEPS.
EX
SYLVESTRI TELII
FVLGINATIS TRADVCTIONE
diligenter emendata.
Adiecta sunt eiusdem argumenti, Aliorum quorundam contra Machiauellum scripta de potestate & officio Principum, & contra tyrannos.
BASILEAE
Ex officina Petri Pernæ.
M D XXC.

Oben: Niccolò Machiavelli (1469-1527) Terrakotta-Büste; Palazzo Vecchio, Florenz
Links: Machiavellis »Fürstenspiegel« (»Il principe«); Titelseite der lateinischen Ausgabe von 1580. Die deutsche Übersetzung erscheint 1532.

1513: Der italienische Politiker und Schriftsteller Niccolò Machiavelli verfasst sein Hauptwerk »Il principe«, in dem er u.a. seine Vorstellung von der Macht als Grundlage des Staates darlegt.

Machiavelli trat 1498 als Kanzler des Rates der Zehn in die Dienste der Republik Florenz. In den 14 Jahren seiner Amtszeit wurde er zu einer Reihe diplomatischer Missionen ins Ausland geschickt. Nach der Rückkehr der Medici verlor Machiavelli 1512 seine Ämter, wurde im Jahr darauf sogar mit einer Verschwörung in Verbindung gebracht, gefangen gesetzt und gefoltert.

Nach seiner Freilassung zieht er sich auf sein Landgut in der Toskana zurück und bemüht sich neben seiner schriftstellerischen Tätigkeit um Rehabilitierung. Nach 1519 wird er von den Medici zu kleineren Aufträgen herangezogen; 1525 überträgt man ihm die Erneuerung der Stadtmauer. Kurz nach Ausrufung der Republik 1527 stirbt Machiavelli, erneut seiner Ämter beraubt, verbittert.

In seinen politischen Schriften formuliert Machiavelli ein gegenüber dem mittelalterlichen Denken stark verändertes Staatsverständnis. Der Herrscher ist nicht länger ein den christlichen Tugenden verpflichteter Prinzipal. Seine Stellung gründet sich vielmehr auf der Macht. Oberstes Ziel jeder Politik muss es nach seiner Auffassung sein, das Staatswesen zu erhalten.

Ausgehend von einem pessimistischen Menschenbild fordert Machiavelli zwischen dem Gebot der politischen Verantwortung und der persönlichen Gesinnung zu unterscheiden. Der Herrscher handelt in diesem Sinne ausschließlich im Interesse des Staates und ist unter bestimmten Voraussetzungen genötigt, die ethischen Normen seines Handelns außer Acht zu lassen. Damit beschreibt der Italiener, der auch Gedichte verfasste, das Prinzip der Staatsräson, ohne selbst diesen Begriff zu benutzen.

MACAO

Portugal kontrolliert den Gewürzhandel

Mit der Besetzung Macaos sichert sich Portugal einen weiteren wichtigen Handelsstützpunkt.

1514: Die Portugiesen segeln von Malakka aus nach Norden und erreichen als erste Europäer China auf dem Seeweg. Die Expansion Portugals und der Aufstieg Lissabons zum europäischen Handelszentrum begannen 1415 mit der Eroberung des marokkanischen Handelsplatzes Ceuta, der den Weg für afrikanische Küstenfahrten frei machte. In der Folge baute Portugal seinen Überseehandel planmäßig aus. Nachdem Vasco da Gama 1498 den Seeweg nach Indien entdeckt hatte, unternahmen die Portugiesen zahlreiche Expeditionen in den Indischen Ozean, eroberten 1510 Goa und 1512 Malakka sowie Ambon. Damit sicherten sie sich die Spitzenposition im Handel mit Gewürzen, die leicht zu transportieren sind und großen Gewinn abwerfen.

Portugiesische Kathedrale im indischen Goa

Das Zeitalter der Glaubensspaltung

16./17. Jahrhundert

Kritik an der Kirche – Hoffnung auf Veränderung

Zu Beginn des 16. Jahrhunderts beherrschte eine krisenhafte Stimmung die Bevölkerung in ganz Europa. Ökonomische Veränderungen – erste Anzeichen einer Trennung von Kapital und Arbeit, Einführung neuer Produktionstechniken und -organisationen, Preisrevolution bei gleichzeitiger Stagnation der Löhne – riefen materielle Sorgen hervor. Zugleich lebten die Menschen in Angst vor Unordnung, Krieg, Umsturz und vor der Bedrohung des Abendlandes durch die Osmanen. Dieses Krisenbewusstsein bewirkte eine stark veräußerlichte Frömmigkeit, übersteigerte Heilserwartungen sowie wachsende Kritik an der Kurie und dem Klerus. Die Unzufriedenheit entzündete sich an der zunehmenden Verweltlichung der Kirche. Durch das Primat des Politischen war die römische Kurie zu einem Fürstenstaat unter vielen geworden. Der Fiskalismus der Kirche, d.h. das unaufhörliche Bestreben nach Vergrößerung der Kircheneinnahmen, ging mit der Bürokratisierung und Materialisierung der kirchlichen Heils- und Gnadenmittel einher. Viele Glaubensangelegenheiten und seelsorgerische Aufgaben der Kirche konnten nun mit Geld geregelt werden.

Luther und die deutsche Reformation

Als Auslöser der Reformation in Deutschland, der den Prozess der Glaubensspaltung und der Entstehung eigenständiger Konfessionen neben der katholischen Kirche in Europa einleitete, gilt die Veröffentlichung der 95 Thesen Martin Luthers gegen den Ablasshandel am 3l. Oktober 1517. Diese Thesen des Augustinermönchs und Inhabers der Bibelprofessur in Wittenberg (der ein überzeugter Katholik war und lediglich eine radikale Reinigung der Kirche von Irrtümern zum Ziel hatte) erregten weit über die angesprochenen theologischen Kreise hinaus Aufmerksamkeit, da sie nicht nur das Verhältnis des Einzelnen zu Gott, sondern auch wirtschaftliche Fragen zur Diskussion stellten.

1519 erfolgte der Bruch Luthers mit Rom, im folgenden Jahr fasste er seine Glaubenslehre in drei Schriften, die dank des Buchdrucks rasche Verbreitung fanden, programmatisch zusammen. Nach Luthers Auffassung kann der Mensch das Heil allein durch den Glauben erlangen, nicht durch Werkgerechtigkeit, d.h. durch gute Taten, eine Vermittlung des Klerus zwischen Gott und dem einfachen Gläubigen ist nicht erforderlich, allein die Heilige Schrift und keine anderen Glaubenssätze der Kirche sind für den Gläubigen verbindlich. Auf dem Reichstag zu Worms (1521) wurde über Luther, der nicht bereit war, seiner Lehre abzuschwören, die Reichsacht verhängt; auch seinen Anhängern drohte diese Strafe. Luther selbst wurde auf der Wartburg in Schutzhaft genommen, wo er sich an die Übersetzung des Neuen Testaments auf der Grundlage des griechischen Urtextes machte.

Trotz des Edikts verbreitete sich Luthers Lehre im Reich: Ihre Anhänger formierten sich zunächst als eine Bewegung von unten, wobei sich die antikirchliche Einstellung der Bevölkerung oftmals mit wirtschaftlichen und sozialen Forderungen verband. Der »gemeine Mann« stellte die Massenbasis der reformatorischen Bewegung dar: Er erhoffte sich vom reinen, allein aus der Bibel begründeten Glauben und der Lehre von der Freiheit des Gewissens eine neue, wahrhaft christliche Gesellschaftsordnung. Im großen Bauernkrieg (1525) kämpften die Bauern, unter Berufung auf das Evangelium und theologisch unterstützt von Thomas Müntzer, für die Abschaffung der Frondienste und der Leibeigenschaft, für die Aufhebung aller Standesunterschiede. Als Luthers an Bauern und Fürsten gerichtete Ermahnung zum Frieden nicht fruchtete, brandmarkte er die Aufständischen und forderte die Fürsten als die von Gott eingesetzte Obrigkeit auf, den Aufstand niederzuschlagen. In der Folgezeit förderten die Territorialherren die Reformation in ihren Herrschaftsbereichen. Durch die Übernahme der ehemals kirchlichen Besitzungen, durch die Einführung des »landesherrlichen Kirchenregiments« – die evangelischen Geistlichen wurden vom Landesherrn eingesetzt, der kirchliche Besitz von ihm verwaltet – konnten die evangelischen Fürsten ihre Stellung gegenüber der Zentralgewalt des Reiches beträchtlich stärken.

Diese Entwicklung wurde durch die Reichspolitik von Kaiser Karl V. begünstigt. Karl V. hatte sich der Idee eines Universalreiches nach mittelalterlichem Vorbild verschrieben; er sah in der Reformation zunächst nicht viel mehr als eine lästige Rebellion, die seinen Interessen zuwiderlief. Dies umso mehr, als die Reformation vielfach sozialrevolutionären Charakter annahm und die verschiedensten Interessengruppen aus ihr Vorteile zu ziehen hofften. Eine solche Veränderung war allein zu Lasten des Kaisers denkbar. Karl V. versuchte deshalb die Bewegung durch kleinere Zugeständnisse unter Kontrolle zu halten, zumal er selbst lange Zeit außerhalb des deutschen Reichsgebietes weilte, da er in Kriege mit Frankreich, in Auseinandersetzungen mit Rom verwickelt und mit der Abwehr der Osmanengefahr beschäftigt war. Die Lösung der deutschen Probleme wurde vertagt. Des Kaisers Versuch, 1530 auf dem Augsburger Reichstag die Glaubenseinheit zu retten – inzwischen waren weite Teile des Reiches, darunter Hessen und Kursachsen, evangelisch geworden –, scheiterte. Mit dem Augsburger Religionsfrieden (1555) wurde der Status quo anerkannt und besiegelt: Fortan mussten sich Untertanen dem Bekenntnis ihres Landesherren anschließen, allein die lutherische und katholische Konfession wurden anerkannt. Die Glaubensspaltung des Reiches war damit ebenso festgeschrieben wie die erstarkte Position der Reichsstände gegenüber dem »Reichsregiment«. Karl V. dankte 1556 resigniert ab.

Auch in der römischen Kirche hatte mittlerweile ein innerer Erneuerungsprozess eingesetzt. Im sich über 18 Jahre hinziehenden Trienter Konzil wurden der Verweltlichung der Kurie Einhalt geboten und die Grundlage für den modernen Katholizismus gelegt. In Fragen der Lehre machte die römische Kirche allerdings keine Konzessionen, wohl aber in ihrem Verhaltenskodex für den Klerus. Die Gegenreformation begann, von Spanien unterstützt und von den Jesuiten in Szene gesetzt, in Deutschland Fuß zu fassen.

Zwingli und Calvin – Die Reformation in der Schweiz

Die Reformation blieb nicht auf Deutschland beschränkt, sondern fand Anhänger in allen Teilen Europas. Eine starke reformatorische Richtung setzte sich seit 1519 in Zürich unter dem humanistisch orientierten Pfarrer Huldrych Zwingli durch. Zwinglis Lehre unterschied sich von Luthers u.a. durch eine konsequentere Ablehnung der katholischen kirchlichen Zeremonien und Kultformen, vor allem aber in der Interpretation des Abendmahls: Zwingli sah darin allein eine symbolische Handlung, ein Gedächtnismahl, während für Luther gemäß dem Wortlaut des Neuen Testaments Christus im unverwandelten

Brot und Wein gegenwärtig war. Die Schweiz spielte auch nach dem Tod Zwinglis (1531) eine entscheidende Rolle für die Reformation. In Genf etablierte sich seit 1536 eine neue protestantische Richtung: der Calvinismus. Der gebürtige Franzose Johann Calvin floh 1534 in die Schweiz, weil er als Protestant in Frankreich um sein Leben fürchten musste. Nach kurzer Tätigkeit in Genf wurde er wegen seiner außerordentlich strengen Glaubenspraxis der Stadt verwiesen, jedoch 1541 zurückgerufen. Nun konnte er seine religiösen Vorstellungen verwirklichen. Sein Ziel war es, das menschliche Leben vollkommen zu verchristlichen und auch die Obrigkeit der Kontrolle durch die Kirche zu unterwerfen. Die Gemeinde sollte dagegen von staatlicher Bevormundung frei sein. Calvin vertrat strenge moralische Grundsätze, verbot u.a. Tanz und Glücksspiel. Übertretungen wurden gerichtlich geahndet. Gegnern des »Genfer Gottesstaates« begegnete man mit äußerster Härte. Bis 1564 wurden 58 Todesurteile wegen Gotteslästerung und Hochverrats vollstreckt.

Calvins Lehre ist von der Vorstellung geprägt, dass der äußere Reichtum eines Menschen auf Erden über sein Heil nach dem Tod entscheidet. Nur dem von Gott Erwählten ist irdischer Wohlstand beschieden. Genf entwickelte sich in den 50er Jahren des 16. Jahrhunderts zum führenden Zentrum der protestantischen Bewegung. Der Calvinismus erfasste von dort aus weite Teile West- (Frankreich, Schottland, Niederlande) und Osteuropas (Polen, Ungarn, Siebenbürgen). Seine Wirkung reichte auch in den Südwesten Deutschlands hinein.

Die Entstehung der anglikanischen Kirche in England

Die englische Reformation war von Beginn an eher eine politische als eine theologische Bewegung. Nicht Vertreter der Kirche, sondern der englische König Heinrich VIII. leitete die Kirchenreform ein. In einer Reihe von legalen Akten löste er die englische Kirche immer stärker von Rom ab. Erster Anlass war die Weigerung des Papstes, Heinrichs VIII. ohne Söhne gebliebene Ehe mit Katharina von Aragonien zu annullieren. Um (die spätere Königin) Anna Boleyn heiraten zu können, ließ Heinrich seine erste Ehe durch den Erzbischof von Canterbury für nichtig erklären (1533). Diese Entscheidung wurde durch den zuvor vom Parlament verabschiedeten »Act in Restraint of Appeals« gerechtfertigt, der fremden Mächten – also auch Rom – die Gerichtsbarkeit in englischen Angelegenheiten absprach. Heinrichs Bestreben, die englische Kirche von der päpstlichen Autorität zu befreien, wurde auch künftig von machtpolitischen Interessen bestimmt. Er ließ sich zum Oberhaupt der englischen Kirche erklären (1534), löste die Klöster auf und konfiszierte deren Güter.

Nach dem Tod Heinrichs VIII. (1547) kam es unter seiner Tochter Maria der Katholischen, die mit Philipp II. von Spanien verheiratet war, zu einer Unterbrechung der Reformbewegung. Maria versuchte mit aller Härte den Katholizismus zu restaurieren.

Elisabeth I., die (nach katholischer Auffassung illegitime) Tochter Anna Boleyns, bestieg nach dem Tod Marias 1558 den Thron. Sie vollendete, nicht zuletzt aus politischer Gegnerschaft zu Spanien, die von Heinrich VIII. eingeleitete Kirchenreform. Während ihrer Amtszeit bildete sich die anglikanische Kirche heraus, wie sie sich in ihren Grundzügen noch heute darstellt. Sie basiert im Dogma auf Luther, hält aber am katholischen Ritus fest. Abweichende Glaubensrichtungen duldete Elisabeth nicht. Die radikalen Calvinisten (Puritaner) wurden unterdrückt und verfolgt, sie flohen später in die Neue Welt.

Die Verfolgung der Hugenotten in Frankreich

Seit Mitte des 16. Jahrhunderts drang die Reformation in ihrer schweizerischen Spielart in Frankreich vor. Die Hugenotten, wie die Anhänger des Calvinismus in Verballhornung des Wortes »Eidgenossen« genannt wurden, gehörten vor allem dem hohen Adel an. Auf der Nationalsynode von Paris formulierten sie 1559 erstmals ihr Glaubensbekenntnis.

Wegen des Bemühens um Anerkennung ihres Glaubens sowie ihrer bürgerlichen und politischen Rechte wurden die Hugenotten von der französischen Krone unterdrückt und verfolgt. Mit dem Blutbad von Vassy (1562) begann der erste von insgesamt acht Hugenottenkriegen. 1563 wurde den Hugenotten zwar die Ausübung ihres Kultes an bestimmten Orten gestattet; in der Bartholomäusnacht (1572) wurden jedoch die Anführer des hugenottischen Adels, die sich anlässlich der Hochzeit des Hugenotten Heinrich, des Königs von Navarra, in Paris versammelt hatten, mit tausenden ihrer Anhänger ermordet.

Nachdem Heinrich von Navarra legitimer Thronerbe geworden war, verbündete sich König Heinrich III. mit der katholischen Liga und mit Spanien (1585), widerrief alle den Hugenotten gewährten Rechte und entfesselte den achten Hugenottenkrieg. Nach des Königs Ermordung (1589) bestieg Heinrich von Navarra als Heinrich IV. den Thron. Er trat zwar zur Wahrung der nationalen Einheit Frankreichs zum Katholizismus über (1593), gestattete den Hugenotten jedoch die freie Religionsausübung (1598) und räumte ihnen politische Sonderrechte ein. Doch schon unter Richelieu wurde den Hugenotten 1629 die Sonderstellung wieder genommen, unter König Ludwig XIV. wurden schließlich 1685 auch ihre religiösen Freiheiten so weit eingeschränkt, dass die Konfession in Frankreich nur in der Verborgenheit überleben konnte. Eine halbe Million ihrer Anhänger wanderten nach Nord-amerika, Großbritannien, in die Niederlande, die Schweiz und nach Brandenburg-Preußen aus. Dieser Verlust fügte Frankreich schweren Schaden zu.

Der Dreißigjährige Krieg

Der Religionskonflikt in Europa weitete sich zu Beginn des 17. Jahrhunderts zu einem politischen Machtkampf aus, der im Dreißigjährigen Krieg seinen Höhepunkt erreichte. Deutschland war de facto in viele Einzelstaaten zersplittert, von denen jeder selbst seine Staatsreligion bestimmte. Die Verbindung mit der Macht der Kirche stärkte den Einzelstaat, entzweite die Konfessionen und das Reich.

Besonders in Böhmen wuchs der Widerstand gegen den katholischen König. 1618 kam es in Prag zum Aufstand, der in einen offenen Krieg gegen die kaiserlich-habsburgische Vorherrschaft mündete. Während der folgenden 30 Jahre wurde Deutschland zum Kriegsschauplatz für mehrere europäische Mächte. Die böhmischen Stände, die sich einen protestantischen König gewählt hatten, wurden nach fünf Kriegsjahren von kaiserlichen Truppen besiegt. In den österreichischen Erblanden wurde der Protestantismus fortan unterdrückt. In der Erwartung, seinen Machtbereich zu vergrößern, trat der dänische König Christian IV. 1623 in den Krieg gegen den Kaiser ein. Auch dieser Feldzug wurde von kaiserlichen Truppen zurückgeschlagen (1629). Eine Kräfteverschiebung zugunsten des Katholizismus schien sich anzubahnen, doch die zentralistischen Bestrebungen des Kaisers riefen auch den Widerstand der katholischen Reichsstände hervor.

Das Bestreben des schwedischen Königs Gustav II. Adolf, der 1630 in den Krieg eingegriffen hatte, seine Herrschaft bis nach Süddeutschland auszudehnen, blieb zunächst erfolglos. Als aber das protestantische Schweden sich 1636 mit dem katholischen Frankreich verbündete – ein Beleg dafür, dass konfessionelle Fragen in dem Konflikt immer weniger eine Rolle spielten –, gelangen größere Siege über die »Kaiserlichen«. Wegen der allgemeinen Erschöpfung kam es, nachdem ein Drittel der deutschen Bevölkerung im Krieg umgekommen war, 1648 endlich zum Frieden.

Im Westfälischen Frieden wurde im Wesentlichen der Augsburger Beschluss von 1555 bestätigt, demzufolge sowohl Katholiken als auch Lutheraner anerkannt waren; zusätzlich erhielten fortan auch die Calvinisten Glaubensfreiheit. Das Bekenntnis des Landesherrn entschied weiterhin über die Glaubenszugehörigkeit seiner Untertanen; Konfessionswechsel sollten jedoch geduldet werden. Für das Heilige Römische Reich bedeutete der Friedensschluss, dass sich die absolutistischen Bestrebungen des Kaisertums gegenüber der föderalistischen Reichsverfassung nicht durchgesetzt hatten. Dadurch waren die Voraussetzungen für die Entstehung der modernen Nationalstaaten gegeben. Das Reich aber blieb wegen der Kriegsschäden und wegen der territorialen Zersplitterung – gemessen an den neu aufgestiegenen Großmächten Frankreich, Schweden und Niederlande – schwach.

HL. RÖMISCHES REICH

Ablass verschafft der Kirche Geld

Die römische Kirche ermöglicht ihren Gläubigen den Freikauf von Sündenstrafen. Diese sog. Ablassbriefe sind ein entscheidender Auslöser für die Reformation.

22. 1. 1517: Der Dominikanermönch Johannes Tetzel wirbt im Namen des Mainzer Kurfürsten und Erzbischofs Albrecht II. für den Kauf von Ablassbriefen, durch die den Gläubigen die Sündenstrafen erlassen werden.

Nach katholischer Lehre zieht jede Sünde eine zeitliche Strafe nach sich. Auch wer bereut, behält nach Beichte und Absolution einen Teil seiner Sünden. Diese Schuld muss er in seinem Erdenleben oder nach dem Tod im Fegefeuer abbüßen, um in den Himmel zu gelangen. Die Kirche kann – bei entsprechender Bußleistung des Gläubigen – aus dem »Kirchenschatz« der Verdienste Christi und der Heiligen einen außersakramentalen Nachlass, den sog. Ablass, gewähren. Als Buße geeignet sind Opfer an die Kirchen zu deren Ausschmückung und Verschönerung, aber auch Gebete, Fasten oder die Teilnahme an einer Wallfahrt. Statt eines ideellen Opfers kann der Gläubige auch eine Geldbuße entrichten. Der sich aus dieser Praxis entwickelnde Ablasshandel gerät in Verruf, da er sich rasch zu einer bequemen Geldquelle für die Kurie entwickelt.

»Tetzel, der Ablasskrämer«; kolorierte Lithographie aus dem 19. Jahrhundert

Papst Leo X. schreibt 1517 einen Ablass aus, um Geld für den Bau des Petersdoms zu beschaffen. Die Hälfte der Einkünfte sollen nach Rom fließen, die andere an Albrecht II., der damit seine Schulden beim Augsburger Bankhaus Fugger begleichen will. Die Fugger hatten Albrecht 29 000 Rheinische Gulden geliehen, damit er die für den Erwerb des Mainzer Erzbischofstuhls und für den Dispens von der verbotenen Ämterhäufung (er war bereits Erzbischof von Magdeburg) erforderlichen Zahlungen an den Papst leisten konnte. Tetzel wird auf seiner Reise durch die Länder Brandenburg und Magdeburg von Beamten der Fugger begleitet, die den Eingang der Ablassgelder kontrollieren und teils eigenhändig die Gebühren für die Ablassbriefe von den Gläubigen kassieren. Der Prediger bedient sich marktschreierischer Methoden und erweckt dabei den Eindruck, ein Sünder könne sich loskaufen, auch wenn er keine Reue zeige. Der Preis der Ablassbriefe richtet sich nach dem Einkommen des Käufers.

Wunsch

Der Theologe Martin Luther legt den Grundstein für die Reformation. Die daraus entstehende Kirchenspaltung führt in den folgenden Jahrhunderten zu Verfolgungen und Kriegen, denen Millionen Menschen zum Opfer fallen.

31. 10. 1517: Mit der Veröffentlichung seiner Thesen gegen den Ablasshandel löst Luther die Reformation und damit die Bildung einer neuen Konfession innerhalb des Christentums aus.

Zeit der Unsicherheit: Das soziale Klima zu Beginn des 16. Jahrhunderts ist von Unsicherheit geprägt. Religiöse Ergriffenheit und Heilssehnsucht, die in Reliquienkult, Wallfahrten und religiösen Stiftungen ihren Ausdruck finden, sind deutliche Zeichen für die Ängste der Menschen. Die römische Kirche widmet sich jedoch zunehmend ihren weltlichen Interessen. Auf dem 5. Laterankonzil, das von 1512 bis 1517 in Rom tagt, um die Beschwerden gegen die Kirche zu verhandeln, werden keine greifbaren Reformen beschlossen.

AUSBLICK

Rechtfertigung entzweit christliche Gemeinschaft

Die Rechtfertigungslehre Martin Luthers, die Frage, wie der sündenbeladene Mensch vor Gott Gnade finden kann, ist Kernstück des evangelischen Bekenntnisses. Luther gewinnt die Überzeugung, dass der Mensch sich nicht durch eigene Leistung von seiner Schuld befreien könne. Nur durch die Gnade Gottes, durch den Glauben an den auferstandenen Christus werde er »gerechtfertigt«, also erlöst. Luther bezieht sich dabei auf eine Bibelstelle, den Römerbrief des Paulus, Kapitel 3, Vers 28: »So halten wir nun dafür, dass der Mensch gerecht werde, ohne des Gesetzes Werke, allein durch den Glauben.« Das Wort »allein« fehlt im griechischen Originaltext und wird von Luther zur Bekräftigung der Aussage im Deutschen eingefügt.

Luthers Rechtfertigungslehre birgt erhebliche Sprengkraft: Die Kirche ist demnach die Gemeinschaft aller Gläubigen, nicht aber Mittlerin zwischen Gott und Gläubigen oder Verwalterin des Heils. Der Priester ist damit nicht Träger geistlicher Gewalt und Vermittler der Gnade, sondern Diener am Wort Gottes durch Predigt und Seelsorge. Dies macht ein allgemeines Priestertum möglich. Die Bibel ist für Luther die alleinige Glaubensquelle (sola scriptura); die Tradition der Kirche, auf die sich die Katholiken berufen, wird verworfen. Von den sieben Sakramenten der Katholiken (Taufe, Firmung, Eucharistie, Buß-Sakrament, Krankensalbung, Priesterweihe und Ehe) sind nach seiner Auffassung nur Taufe und Abendmahl schriftgemäß. Auch lehnt Luther den Opfercharakter der Messe klar ab.

Reformatoren v.r. nach l.: Philipp Melanchthon, Caspar Cruciger, Justus Jonas, Erasmus von Rotterdam, Johannes Bugenhagen, Martin Luther (Kopie nach dem Meienburgischen Epitaph von Lucas Cranach d.J.; Wittenberg, Lutherhalle)

Fast 500 Jahre nach der Kirchenspaltung bekennen sich Lutheraner und Katholiken am 31. Oktober 1999 in einer »Gemeinsamen Erklärung« zu einem »Konsens in Grundfragen dieser Lehre«: Der Mensch, so heißt es, werde allein auf Grund des Glaubens und der Barmherzigkeit Gottes erlöst; gute Taten seien nicht Bedingung, sondern »Früchte« der Erlösung. Dennoch bleiben die Katholiken bei der Überzeugung, dass der Mensch durch seine Zustimmung zu Gottes rechtfertigendem Handeln »mitwirke«, auch wenn dies kein Tun aus eigenen Kräften sei, sondern eine Wirkung der Gnade. Die Lutheraner verneinen jede Möglichkeit eines eigenen Beitrags des Menschen zu seiner Rechtfertigung, nicht aber sein volles personales Beteiligtsein im Glauben.

WITTENBERG

nach Reform spaltet die Kirche

95 Thesen: Aus der eigenen Gewissensnot heraus hat der Augustinermönch Luther zunächst einzelne Verfallserscheinungen kritisiert, bald greift er aber Dogma, Verfassung und Tradition der Kirche an und bringt damit zum Ausdruck, was Hunderttausende denken und empfinden: Dies erklärt die ungeheuer rasche Ausbreitung der Reformation. In seinen 95 Thesen gegen den Ablasshandel richtet sich Luther gegen die Vorstellung, ein Erlass der Sündenstrafen sei ohne Reue möglich. Zudem bestreitet er den Nutzen der Ablassbriefe: Wer Reue über seine Sünde empfinde, dem werde die Strafe erlassen.

Anklage wegen Ketzerei: Luthers Thesen werden rasch auch in Rom zur Kenntnis genommen; im Frühjahr 1518 erhebt der Dominikanerorden Anklage gegen den »Ketzer«. Der Papst lässt Luther am Rande des Augsburger Reichstages von Kardinal Thomas Cajetan, einem führenden Theologen seiner Zeit, verhören. Luther verweigert jedoch den geforderten Widerruf seiner Überzeugungen.

Leipziger Disputation: Im Sommer 1519 gewinnt Luthers Position in der Leipziger Disputation, einem dreiwöchigen Streitgespräch mit Andreas Karlstadt und Johannes Eck in der Thomaskirche, klarere Konturen. Luther bestreitet den Anspruch des Papstes und der Konzilien als unfehlbare Autoritäten und erkennt ausschließlich die Bibel als maßgebliche Instanz an.

1520 legt Luther seine Ansichten in drei großen Schriften – darunter »Von der Freiheit eines Christenmenschen« – vor. Darin vertritt er die These vom allgemeinen Priestertum aller Gläubigen und bestreitet jede Ausnahmestellung des Klerus. Er legt sein Verständnis der Sakramente dar und formuliert eine erste kurz gefasste protestantische Glaubenslehre: Der Christ ist einerseits Herr aller Dinge und niemandem unterworfen, wenn er im Glauben das Evangelium annimmt. Andererseits ergibt sich aus diesem Glauben die Liebe zum Nächsten, dem er in freiwilliger Demut dienen will.

Bruch mit Rom: Im Juni 1520 wird Luther durch eine päpstliche Bulle mit dem Kirchenbann bedroht. Im Dezember 1520 verbrennt er das Schriftstück und wird daraufhin im Januar 1521 vom Papst wegen Ketzerei verurteilt und mit dem Bann belegt. Durch die Unterstützung ihm gewogener Territorialherren und Reichsstädte erhält er im Mai 1521 Gelegenheit, seine religiösen Auffassungen vor dem Reichstag zu Worms zu rechtfertigen. Als er jedoch nicht von seiner Überzeugung abrückt, verhängt Kaiser Karl V. am 8. Mai das Wormser Edikt, das die Reichsacht über Luther und seine Gefolgsleute ausspricht und die Lektüre sowie Verbreitung seiner Schriften untersagt. Die folgenden Monate verbringt Luther in »Schutzhaft« auf der Wartburg, doch die von ihm in Gang gebrachte Reformation ist nicht mehr aufzuhalten.

Gegenüberstellung von lutherischer Glaubenslehre und katholischer Kirchenpraxis (Lucas Cranach d.J., Holzschnitt von 1544)

ZUR PERSON

Martin Luther

Der Reformator wurde am 10. November 1483 in Eisleben als Sohn eines Bergmanns geboren. Nach dem Willen des Vaters nahm er 1501 in Erfurt ein Jurastudium auf, doch 1505 veränderte eine einschneidende Erfahrung sein Leben: Angesichts der Gefahr in einem Gewitter gelobte er Mönch zu werden, falls er errettet werde. Luther trat dem Orden der Augustiner-Eremiten bei. 1507 wurde er zum Priester geweiht und studierte Theologie. Bei einem Aufenthalt in Rom 1510 wurde er auf viele Missstände in der Kirche aufmerksam.

1511 übersiedelte Luther nach Wittenberg; im Jahr darauf wurde er Doktor der Theologie und erhielt eine Professur an der Universität (Abb.: Luther als Professor; Gemälde von Lucas Cranach d.Ä.). Aus seinen Schwierigkeiten und Zweifeln bei der Auslegung der Bibel gelangte er zu seinem »Turmerlebnis«, einer grundlegenden Erkenntnis der Reformation: »Also fließt aus dem Glauben die Liebe zu Gott und aus dieser Liebe ein freies, williges, fröhliches Leben, dem Nächsten zu dienen umsonst.«

Mit seinen Thesen gegen den Ablasshandel leitete Luther 1517 die Reformation ein; 1520 brach er endgültig mit dem Papsttum, 1525 heiratete er die Nonne Katharina Bora. In Zusammenarbeit mit Philipp Melanchthon widmete er sich in den folgenden Jahren dem Ausbau und der Festigung des neuen Kirchen- und Schulwesens. Er verfasste zahlreiche theologische Schriften und Kirchenlieder und schloss die Bibelübersetzung ab. Martin Luther starb am 18. Februar 1546 in seiner Geburtsstadt Eisleben.

FRANKFURT AM MAIN

Karl V. wird deutscher König

Der aus der Dynastie der Habsburger stammende spanische König Karl I. wird als Nachfolger seines Großvaters Maximilian I. als Karl V. zum Herrscher des Heiligen Römischen Reiches gewählt. Er vertritt die Vorstellung eines mittelalterlichen Kaisertums, das neben dem Papsttum die Führung der Christenheit innehaben soll.

28. 6. 1519: Gegen seinen Mitbewerber bei der Königswahl, den französischen König Franz I., kann Karl sich dank der Wahlgelder durchsetzen, die ihm die Augsburger Handelshäuser Fugger und Welser zur Verfügung gestellt haben. Karl verspricht noch vor der Krönung nicht nur, die Vorrechte der Fürsten zu achten, sondern sichert den Kurfürsten auch eine Beteiligung an Gesetzgebung, Verträgen, Steuern und der allgemeinen Politik des Reiches zu. Außerdem garantiert er, dass er im Reich keine fremden Söldner einsetzen wird.

Karl V., seit 1506 durch den frühen Tod des Vaters Herr der habsburgischen Erblande und seit 1516 König von Spanien, vereinigt in seiner Hand das seit Karl dem Großen an Bevölkerungszahl, Ausdehnung und Reichtum größte Reich. Doch um seine deutschen Interessen kann sich der Kaiser zunächst nur wenig kümmern. Bis 1522 nimmt ihn der Aufstand der spanischen Communeros (Stadtgemeinden) in Anspruch. Ab 1521 führt Karl V. insgesamt vier Kriege gegen Franz I. und sichert sich die Herrschaft in Italien und den Niederlanden. Als seine eigentliche Aufgabe betrachtet Karl jedoch die Wiederherstellung der mittelalterlichen Glaubenseinheit und die weitere Ausbreitung des Christentums. Unter diesem Gesichtspunkt fördert er einerseits u.a. die Eroberung Mexikos und Perus sowie die erste Weltumsegelung unter Magellan und bekämpft andererseits die Reformation. Letztlich muss er im Augsburger Religionsfrieden von 1555 den Protestantismus anerkennen. Verbittert legt Karl V. 1555/56 die Regierung in den Niederlanden, Spanien und Neapel zugunsten seines Sohns Philipp II. nieder und überlässt die Kaiserwürde seinem Bruder Ferdinand I. Er stirbt 1558 in der Nähe des Klosters San Yuste in Spanien.

Karl V. wird 1530 gekrönt (Jugendbildnis, um 1516).

ZUR PERSON

Landgewinn durch Heirat

Der spätere Kaiser Karl V. wurde am 24. Februar 1500 als Sohn Philipps I., des Schönen, und Johannas der Wahnsinnigen in Gent geboren.

Er wuchs am Hof seiner Tante Margarethe von Österreich in den Niederlanden auf. Seine Erzieher waren Wilhelm von Croy, Herr von Chièvres, und Adrian Florisz., der spätere Papst Hadrian VI. (1522/23). Karl wurde als burgundischer Edelmann erzogen, seine Muttersprache ist Französisch.

Dass »in seinem Reiche die Sonne nicht untergeht«, verdankt Karl der Heiratspolitik seines Großvaters Maximilian I.

Der hatte durch seine Ehe mit Maria von Burgund Anspruch auf alle burgundischen Besitzungen erworben und weitgehend behauptet. Indem er seinen Sohn Philipp mit Johanna von Kastilien und seinen Enkel Ferdinand I. mit Anna, der Tochter Wladislaws V. von Böhmen verheiratete, sicherte Maximilian seinem Haus über das Stammgebiet der Habsburger hinaus die spanische Erbschaft einschließlich des Kolonialreiches sowie die böhmische und die ungarische Krone.

PANAMA

Todesstrafe für Entdecker

Der »Entdecker des Pazifik« wird in Panama enthauptet.

Januar 1517: Der spanische Konquistador Vasco Núñez de Balboa, der als erster Europäer den kürzesten Landweg zwischen Atlantik und Pazifik entdeckte, wird wegen angeblicher Verschwörung hingerichtet. Von der spanischen Niederlassung am Golf von Darién aus unternahm Balboa im September 1513 eine Expedition zu einem großen Meer im Süden, von dem er gehört hatte. Nach drei Wochen erreichte er den Pazifik, den er »Südmeer« nannte. Die Entdeckung des kürzesten Landwegs durch Mittelamerika über die Landenge von Panama ist ein bedeutender Fortschritt in der Erkundung des Kontinents. Das Interesse der Europäer gilt aber dem kürzesten Seeweg nach Indien. Da man annimmt, dass die Region zwischen Mexiko und Panama aus Inseln besteht, wird weiter nach einer Seeverbindung zum Pazifik gesucht.

Balboa ergreift Besitz von der Südsee.

FERRARA

Papsttochter fördert Kunst

Die Renaissancefürstin und Mäzenin Lucrezia Borgia stirbt 39-jährig.

24. 6. 1519: Lucrezia Borgia war die Tochter von Papst Alexander VI. und seiner langjährigen Geliebten Vannezza Catanei. Aus machtpolitischen Gründen verheiratete ihr Vater sie mit 13 Jahren an Giovanni Sforza, Herr von Pesaro. Er löste die Ehe aber fünf Jahre später auf, um Lucrezia mit Alfonso von Aragonien, Fürst von Bisceglie, zu verheiraten. Alfonso wurde 1500 von Alexanders Sohn Cesare ermordet.

Im Jahr darauf ging Lucrezia mit Alfonso I. d'Este, Herzog von Ferrara, ihre dritte Ehe ein. Als dessen Frau erwies sie sich als großzügige Mäzenin und zog Gelehrte und Dichter (u.a. Ludovico Ariosto und Pietro Bembo) an ihren Hof. Ihre bewegte Biografie trug ihr (wohl zu Unrecht) einen schlechten Ruf ein, der noch Jahrhunderte anhält.

Lucrezia Borgia; Porträt eines unbekannten Künstlers (Kopie, 16. Jh.)

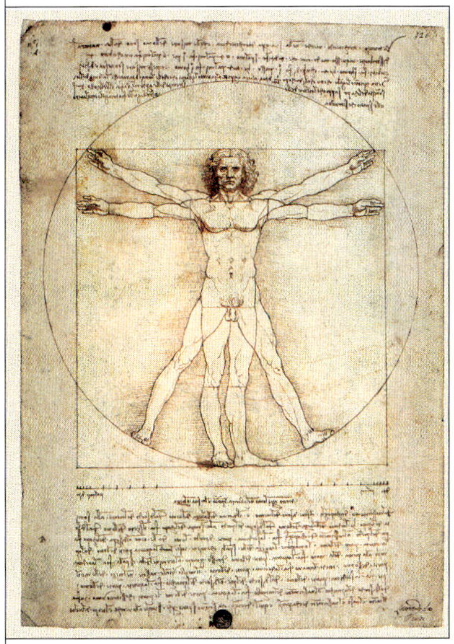

Anatomische Aufzeichnungen

»Abendmahl« in Santa Maria delle Grazie in Mailand, eines von Leonardos berühmtesten Bildern, entstand 1495 bis 1498.

Leonardo, Universalgenie der Renaissance

Der italienische Maler, Bildhauer, Baumeister, Zeichner, Naturforscher und Erfinder Leonardo da Vinci: Er gilt als beispielhafte Verkörperung des von der Renaissance geforderten Universalmenschen.

2. 5. 1519: Leonardo da Vinci stirbt im Alter von 67 Jahren auf Schloss Cloux bei Amboise. Die Vielseitigkeit seines Schaffens begründete Leonardo theoretisch: Er schuf einen engen Zusammenhang zwischen Kunst und Wissenschaft, indem er »Sehen« mit »Erkennen« gleichsetzte. Der Künstler, der ebenso über eine präzise Wahrnehmung wie über die Fähigkeit der Veranschaulichung seiner Erkenntnisse verfügt, ist nach Leonardo am ehesten geeignet, Wissen zu vermitteln. Leonardo selbst trieb seine unermüdlichen Forschungen auf allen Gebieten von Wissenschaft und Kunst häufig nur bis zu einem Punkt, an dem ihm die Lösung eines Problems klar vor Augen stand. Von diesem Vorgehen zeugen zahlreiche Zeichnungen, Skizzen und viele theoretische Schriften, die weit mehr als seine (z.T. vernichteten) vollendeten Werke einen Eindruck von Art und Umfang seiner Tätigkeit vermitteln. Als bildender Künstler verwirklichte Leonardo am reinsten die Schönheitsideale der italienischen Hochrenaissance. In seinem kunsttheoretischen Hauptwerk »Traktat über die Malerei« forderte er das unmittelbare Studium der Natur, gab eine Lehre der Schatten (farbige Reflexe) und führte neben der Linienperspektive die Luftperspektive ein. Ihm selbst gelang es, Natur nicht nur abzubilden, sondern auch Atmosphärisches darzustellen. Dazu diente u.a. sein berühmtes »sfumato«, bei dem die Konturen im Bildhintergrund in »rauchigen« Übergängen verschwimmen.

Geheimnisvolles Lächeln: »Mona Lisa« (um 1503)

Bei seinen Naturforschungen suchte Leonardo vor allem Einzelerscheinungen zu begreifen und den Aufbau der Natur durch sinnliche Beobachtung zu erkunden.

Er betrieb intensive Studien auf den Gebieten der Botanik, Optik und Mechanik und entdeckte eine Reihe von Naturgesetzen: Als Erster fand er die Erklärung der Kräfte auf der schiefen Ebene, er bewies die Unmöglichkeit des Perpetuum mobile, entdeckte die Bewegungs- und Hebelgesetze und beschrieb die Umkehrung des naturgegebenen Bildes im menschlichen Auge. Zahlreiche Erfindungen, darunter eine Taucherglocke, der Fallschirm, Druckpumpen und eine automatische Spinnmaschine, gehen auf sein Konto.

Selbstporträt des Meisters

Ganz besonders erfolgreich waren Leonardos Studien im Bereich der Anatomie, für die er als einer der Ersten menschliche Leichen sezierte.

SCHWEDEN

Wasa befreit Schweden

Gustav I. Wasa begründet den modernen schwedischen Staat.

6. 6. 1523: Der Reichstag zu Strängnäs wählt Gustav Erikson aus dem Adelsgeschlecht der Wasa zum König, nachdem dieser Schweden aus der Abhängigkeit von Dänemark befreit hat.

Seit der Union von Kalmar hat das Land unter dänischer Vorherrschaft gestanden, wenngleich es schon im 15. Jahrhundert anhaltenden Widerstand gegen das Zwangsbündnis gab. Seit 1470 sorgten die Reichsverweser Sten Sture der Ältere und der Jüngere für eine eigenständige schwedische Politik, auch wenn formell ein Unionskönig das Land beherrschte.

Der Dänenkönig Christian II. erhob jedoch weitergehende Ansprüche auf Schweden und versuchte diese 1520 gewaltsam durchzusetzen. Im »Stockholmer Blutbad« ließ er adlige Anhänger Sten Stures (der zuvor im Kampf gefallen war) hinrichten. Daraufhin kam es 1521 in Dalarna unter Führung Gustav Erikssons, der im selben Jahr zum Reichsverweser gewählt wurde, zu einem Volksaufstand. Mit Finanzhilfe aus Lübeck gelang es Gustav in bis 1523 anhaltenden Kämpfen, die dänischen Statthalter zu vertreiben. Damit war der Austritt Schwedens aus der Kalmarer Union besiegelt.

Trotz seiner Verdienste bei der Befreiung von der dänischen Herrschaft hat Gustav I. Wasa im Inneren gegen erhebliche Widerstände zu kämpfen – insbesondere von Seiten des mächtigen Adels. Dessen ungeachtet bemüht sich Gustav um die Festigung der Zentralregierung, indem er die Lokalverwaltung stärker auf nicht adlige Beamte überträgt, die der monarchischen Zentralverwaltung direkt unterstehen.

Vor allem aber setzt er 1527 auf dem Reichstag zu Västeras gegen den Willen der Bevölkerung die Reformation durch, von der er sich eine Stärkung der Königsmacht verspricht. Er schafft eine dem König unterstellte lutherische Staatskirche, in der die katholischen Riten beibehalten werden. Das bisherige Kirchengut lässt er einziehen.

Außenpolitisch sind Gustavs Regierungszeit (bis 1560) und die folgenden 150 Jahre von Auseinandersetzungen mit Dänemark, Polen und Russland um die Vorherrschaft im Ostseeraum geprägt.

Gustav I. Wasa (Gemälde von Friedrich Pecht, um 1868)

SACHSEN

Dem Volk aufs Maul geschaut

Die Kenntnis der Bibel und das richtige Verständnis des Evangeliums gelten Luther als Voraussetzungen für den Glauben. In diesem Sinne übersetzt er die Bibel, führt eine deutsche Gottesdienstordnung ein und legt den Grundstock für ein deutschsprachiges Gesangbuch.

Mai 1521: Um die Folgen der über Martin Luther verhängten Reichsacht abzuwenden, lässt der sächsische Kurfürst Friedrich III., der Weise, den Reformator auf der Wartburg bei Eisenach internieren. Dort überträgt Luther binnen weniger Monate das Neue Testament nach der lateinischen »Vulgata« und dem griechischen Urtext ins Deutsche. Seine Übersetzung gestaltet er frei, bildhaft und kräftig im Ausdruck, denn sein wichtigstes Ziel ist die Allgemeinverständlichkeit und Lebendigkeit des Textes. In seinem »Sendbrief vom Dolmetschen« von 1530 erklärt er, man müsse »die Mutter im Hause, die Kinder auf der Gasse, den gemeinen Mann auf dem Markt darum fragen und denselbigen auf das Maul sehen, wie sie reden, und danach dolmetschen«.

Die Übertragung des neuen Testaments erscheint 1522 im Druck. In den folgenden Jahren übersetzt Luther auch das Alte Testament, 1534 liegt seine erste Vollbibel in deutscher Sprache vor.

Seit 1523 nimmt Luther eine Neuordnung des Gottesdienstes vor, um die Gläubigen stärker einzubeziehen. Der lutherische Gottesdienst basiert auf der römischen Messe, wird aber in deutscher Sprache abgehalten. Neu hinzugefügt ist die Predigt, die einen stark lehrhaften Charakter trägt.

Im Gottesdienst werden deutsche Kirchenlieder gesungen, da Luther sich von der Musik eine belehrende und erbauende Wirkung verspricht. 1524 erscheint das erste evangelische Gesangbuch, für das Luther etliche Kirchenlieder übersetzt oder dichtet und auch einige Melodien komponiert.

Der Psalter.

I.

Wol dem der nicht wandelt im rat der Gottlosen/noch trit auff den weg der sünder/Noch sitzt da die Spötter sitzen.
Sondern hat lust zum Gesetz des HERRN/Und redet von seinem Gesetze tag und nacht.
Der ist wie ein bawm gepflantzet an den wasserbechen/der seine frucht bringet zu seiner zeit/Und seine bletter verwelcken nicht/und was er machet/das gerett wol.
Aber so sind die Gottlosen nicht/Sondern wie sprew/die der wind verstrewet.
Darumb bleiben die Gottlosen nicht im b gerichte/noch die sunder jnn der Gemeine der gerechten.
Denn der HERR kennet den weg der gerechten/Aber der gotlosen weg vergehet.

(Spötter) Die es fur eitel narheit halten/was Gott redet und thut.

b (Gerichte) Das ist/sie werden weder ampt haben/noch sonst jnn der Christen gemeine bleiben/ja sie verweben sich selb/wie die sprew vom korn

II.

Warumb toben die Heiden/Und die leute reden so vergeblich?
Die Könige im lande lehnen sich auff/und die Herrn ratschlahen miteinander/Wider den HERRN und seinen gesalbeten.
Lasset uns zureissen jre bande/und von uns werffen jre seile.
Aber der im Himel wonet/lachet jr/Und der HERR spottet jr.
Er wird einest mit jnen reden jnn seinem zorn/Und mit seinem grim wird er sie schrecken.
Aber ich

Seite der ersten Gesamtausgabe der Lutherbibel

SANLÚCAR DE BARRAMEDA

In drei Jahren erstmals per Schiff um die Erde

Die erste Weltumseglung dauert fast drei Jahre.

8. 9. 1522: Die »Victoria« unter dem Kommando von Juan Sebastián Elcano erreicht wieder ihren Ausgangshafen. Der Initiator und ursprüngliche Leiter der Expedition, Fernão de Magalhães, ist unterwegs ums Leben gekommen.

Der portugiesische Seefahrer Magalhães, um 1480 in Sabrosa geboren, war 1517 aus Verärgerung über seinen Brotgeber, König Manuel von Portugal, in spanische Dienste getreten. Dem spanischen König Karl I. (dem späteren Kaiser Karl V.) erläuterte er seinen Plan, Richtung Westen segelnd zu den Gewürzinseln im Pazifik zu gelangen. Dies schien zum einen deshalb günstig, weil die Route um die Südspitze Afrikas von den Portugiesen beherrscht wurde; zum anderen wollte Magalhães beweisen, dass die Molukken westlich der im Vertrag von Tordesillas festgelegten Demarkationslinie und demzufolge im spanischen Einflussgebiet lagen.

Am 20. September 1519 stach Magalhães mit fünf Schiffen und insgesamt 265 Mann Besatzung in See. Über Teneriffa und Guinea erreichte die kleine Flotte im Dezember 1519 die argentinische Küste und überwinterte bis August 1520 in der Bucht von San Julián. Eine durch die miserable Lebensmittelversorgung ausgelöste Meuterei schlug Magalhães brutal nieder. Am 21. Oktober 1520 entdeckte Magalhães die lange gesuchte Südwestpassage zwischen der Südspitze des amerikanischen Kontinents und der Insel Feuerland, den (heute Magellanstraße genannten) Seeweg zwischen Atlantik und Pazifik. Als erster Europäer durchquerte Magalhães mit inzwischen nur noch drei Schiffen und einer erheblich dezimierten Mannschaft den Pazifischen Ozean, den er das »Stille Meer« nannte, da die See im Vergleich zum Atlantik relativ ruhig war. Am 6. März 1521 erreichten die Schiffe die Ladronen (Marianen), zehn Tage später die Europäern noch unbekannten Lazarusinseln (Philippinen), die für Spanien in Besitz genommen wurden. Die Bewohner der Insel Mactan widersetzten sich der spanischen Eroberung. Am 27. April 1521 fiel Magalhães im Kampf mit den Einheimischen.

Elcano übernahm nun das Kommando über die einzig noch hochseetüchtige »Victoria«, die er in 16 Monaten um das Kap der Guten Hoffnung zurück nach Spanien brachte. Bei der Ankunft verfügt der Segler noch über 18 Mann Besatzung.

Mit der ersten Weltumsegelung wird der empirische Nachweis für die Kugelform der Erde erbracht. In wirtschaftlicher Hinsicht verläuft das Unternehmen jedoch enttäuschend: Die Reise hat gezeigt, dass der Pazifik weit größer ist als bislang von den Experten berechnet. Damit ist das Vorhaben, von Spanien aus westwärts zu den Gewürzinseln im Pazifik und nach Südostassien zu gelangen, völlig unrentabel. Kaiser Karl V. verkauft daraufhin 1529 im Vertrag von Saragossa seine Rechte auf die Philippinen an Portugal, das ohnehin die Molukken für sich beansprucht.

Allegorische Darstellung des »Erfinders des Magellanischen Meeres« (Kupferstich 16. Jh.)

MEXIKO

Konquistadoren zerstören Kultur

Schlacht von Otumba (Freskengemälde)

Der spanische Konquistador Hernán Cortés erobert mit seinen Truppen Tenochtitlán, die Hauptstadt des Aztekenreiches. Eine der bedeutendsten indianischen Hochkulturen Mittelamerikas ist damit zerstört.

13. 8. 1521: Die Spanier trafen am 8. November 1519 in Tenochtitlán ein und wurden freundlich aufgenommen. Der Aztekenherrscher Moctezuma II. Xocoyotzin hielt Cortés für den in alten Weissagungen angekündigten Gott Quetzalcoatl, der weißhäutig und bärtig aus dem Osten zurückkehren sollte – zu einer Zeit, die mit der Ankunft der Spanier übereinstimmte.

Erst als sie die wahre Identität der Eindringlinge erkannten, leisteten die Azteken Widerstand und setzten sich gegen Zwangschristianisierung und die Plünderungen der Spanier zur Wehr. Moctezuma II. wurde 1520 in spanischer Gefangenschaft von Angehörigen seines Volkes ermordet, weil er die Rebellion gegen die Konquistadoren zu beschwichtigen versuchte. Sein Nachfolger Cuauhtemoc kämpfte dagegen erbittert gegen die Spanier, doch waren die Azteken waffentechnisch weit unterlegen und konnten die Eroberung lediglich hinauszögern. Bei der Einnahme Tenochtitláns wird Cuauhtemoc gefangen, als Geisel auf Cortés' Eroberungszug nach Honduras mitgeschleppt und später ermordet. Knapp ein Jahr nach der Zerstörung Tenochtitláns beginnen die Spanier 1522 mit dem Wiederaufbau der Stadt unter dem Namen Mexiko. Die Anlage erfolgt nach dem kolonialspanischen Schachbrettmuster. Das Stadtzentrum bildet der Bezirk des ehemaligen aztekischen Haupttempels.

NÜRNBERG

Dürer zeigt Individuen

Mit den beiden Tafeln »Die vier Apostel«, die er dem Rat seiner Heimatstadt überreicht, krönt Albrecht Dürer sein Lebenswerk. Der Maler und Grafiker, der an der Wende von deutscher Spätgotik und italienischer Renaissance steht, gilt als eine der beherrschenden Gestalten der deutschen Kunst.

1526: »Die vier Apostel« finden ihren Platz im Rathaus und nicht in einer Kirche. Mit ihnen dankt der Künstler dafür, dass die konfessionellen Wirren im nun lutherischen Nürnberg friedlich beendet werden konnten. Die Gemälde sind auch Ausdruck von Dürers religiöser Überzeugung. Seine einfach gekleideten, bodenständigen Figuren, zugleich eine Darstellung der vier Temperamente, beschwören die neue Kirche als Gemeinschaft gleichrangiger, souveräner Individuen.

»Der Todesreiter« von Dürer, 1513

Albrecht Dürer, 1471 in Nürnberg geboren und 1528 dort gestorben, erlernte bei seinem Vater das Goldschmiedehandwerk, wechselte dann aber in die Werkstatt des Malers und Holzschneiders Martin Wolgemut. Im Anschluss begab er sich vier Jahre auf Wanderschaft, deren wichtigste Stationen Colmar, Basel und Straßburg waren. 1494 kehrte er nach Nürnberg zurück, heiratete und richtete eine eigene Werkstatt ein, ging aber schon bald wieder auf Reisen – diesmal zog es ihn nach Oberitalien, insbesondere nach Venedig; 1505 bis 1507 besuchte Dürer Italien ein zweites Mal.

Diese Aufenthalte machten ihn mit den Neuerungen der Renaissance vertraut. Er gewann grundlegende Erkenntnisse in Bezug auf die Perspektive, den Bildaufbau und die Darstellung des menschlichen Körpers. Er lernte aber auch die gesellschaftliche Wertschätzung des Künstlers in Italien kennen, während er in Deutschland ebenso wie ein Tischler oder Schneider als Handwerker galt. Als er allerdings 1520/21 in den Niederlanden weilte, wurde Dürer dort wie ein Fürst empfangen. Zeugnis seines Selbstbewusstseins sind eine Reihe von Selbstporträts, in denen sich der Maler in stolzer Haltung und in der Kleidung eines Edelmannes darstellt. Sein Porträt von 1500 weist gar christusähnliche Züge auf, Ausdruck einer angenommenen Verwandtschaft zwischen dem Schöpfergott und dem unter seiner Gnade stehenden kreativen Künstler.

In der Malerei der Zeit ist das Porträt ein verhältnismäßig neues Thema. Es gewinnt in dem Maß an Bedeutung, wie auch in den anderen Lebensbereichen der Mensch als Einzelner wahrgenommen wird. Dürer gestaltet in seinen Bildnissen nicht mehr Typen, sondern lässt die individuellen Züge der dargestellten Personen deutlich werden. Die Individualität seines Schaffens unterstreicht Dürer dadurch, dass er die Urheberschaft seiner Bilder deutlich macht, etwa durch seine Initialen und die Jahreszahl des Entstehens. In Dürers umfangreichem Werk – etwa 125 Gemälde, 100 Kupferstiche, 350 Holzschnitte und über 1000 Handzeichnungen – spielt die Grafik eine besondere Rolle. In den im 15. Jahrhundert entwickelten Techniken des Holzschnitts und des Kupferstichs bringt er es in der differenzierten Behandlung von Licht, Schatten und Textur mit bewegten Strichgefügen in kleinen Formen zur Meisterschaft, wie die noch spätgotisch anmutende Holzschnittfolge zur Apokalypse (1498) und Stiche wie »Ritter, Tod und Teufel« (1513/14) eindrucksvoll zeigen.

Dass er auch mit der Farbe virtuos umzugehen versteht, belegen Dürers Gemälde, die perspektivische Raumkonstruktion und Komposition im Idealfall harmonisch in Einklang bringen. Mit seinen während und nach der ersten Italienreise entstandenen Aquarellen und Gouachen, die allerdings Entwürfe sind, schafft Dürer mit die ersten reinen Landschaftsblätter der Geschichte.

Dürers Mutter (Kupferstich von 1514)

Bauern kämpfen für

Unter Berufung auf ein »göttliches Recht« fordern die Bauern u.a. die Aufhebung der Leibeigenschaft.

1525: Der Aufstand der Bauern in Mittel- und Süddeutschland findet ein gewaltsames Ende.

Seit dem 14. Jahrhundert hat es – aus unterschiedlichen Anlässen – wiederholt Bauernaufstände gegeben, die zumeist blutig unterdrückt wurden. Ende des 15. Jahrhunderts entstanden etliche Geheimbünde, von denen Bauernunruhen ausgingen. 1476 kam es in Franken zur Revolte des »Pfeifers von Niklashausen«, 1493 am Oberrhein und in den folgenden Jahren auch an anderen Stellen des Reiches zu Revolten des »Bundschuh«. 1514 erlebte Schwaben den Aufstand des »Armen Konrad«.

Mit dem Aufkommen der Reformation sehen sich die Bauern in ihren Vorstellungen von größerer persönlicher Freiheit bestärkt. Sie berufen sich nun auf ein göttliches Naturrecht, das sie aus der Bibel ableiten, aber auch auf Martin Luthers Schriften, insbesondere auf »Von der Freiheit eines Christenmenschen«. Formuliert sind die – moderaten – Forderungen der Bauern in den »Zwölf Artikeln der Bauernschaft in Schwaben«, die ab März 1525 in Flugschriften Verbreitung finden. An erster Stelle der

Titelblatt der Schrift »Der Bundschuh« von Pamphilius Gengenbach (1514)

HL. RÖMISCHES REICH

individuelle Rechte

»Artikel« steht der Wunsch, dass jede Gemeinde sich ihren Pfarrer künftig selbst aussuchen könne. Verlangt werden außerdem Freizügigkeit bei Jagd, Fischfang und Holzeinschlag sowie die Aufhebung der Leibeigenschaft und der Standesunterschiede.

Luther selbst wehrt sich vehement gegen den von den Fürsten erhobenen Vorwurf, die Revolte in Gang gesetzt zu haben. Er bemüht sich zunächst um Vermittlung und ruft beide Seiten zur Mäßigung auf. Später fordert er in der Schrift »Wider die räuberischen und mörderischen Rotten der Bauern« von den Territorialfürsten, dem Aufstand um jeden Preis ein Ende zu setzen.

Die Unruhen haben 1524 in Waldshut und Stühlingen begonnen, 1525 breiten sie sich schlagartig bis nach Thüringen und Oberösterreich aus. Da von Seiten der Guts- und Landesherren keinerlei Bereitschaft zu Verhandlungen erkennbar wird, kommt es zu einer Radikalisierung der Unruhen. Mehrfach werden Festungen, Schlösser und Burgen geplündert bzw. abgebrannt.

Einzelne Reichsstädte und Reichsritter schließen sich den Aufständen an. Die Reichsritter, die selbst 1522/23 in der Pfalz einen Aufstand angezettelt haben, sind wegen der gewandelten Gesellschaftsstruktur massiv vom sozialen Abstieg bedroht. Unter dem Einfluss Thomas Müntzers, eines radikalen Theologen der Reformation und Anführers der Aufstände in Thüringen, treten die Bauern mancherorts für einen Gottesstaat auf Erden ein, in dem alle Menschen gleich sind.

Nach Anfangserfolgen der Bauern setzen die Fürsten mit ihren gut organisierten und ausgerüsteten Heeren den Aufständen ein blutiges Ende und vollziehen an den Aufrührern furchtbare Strafen.

Etwa 100 000 Bauern werden – oft auf grausame Weise – getötet, viele von ihnen sind zuvor gefoltert worden. Nach der Zerschlagung der Bauernaufstände bleibt in Deutschland die Agrarordnung weitere drei Jahrhunderte erhalten.

Oberschwäbische »Haufen«: Memminger Bundesordnung der Bauern (Titelblatt-Holzschnitt, 16. Jh.)

INDIEN

Mogulreich entsteht

Nach dem Sieg in der Schlacht bei Panipat begründet der Timuride Babur das islamische Mogulreich auf dem indischen Subkontinent. Die Dynastie mongolisch-türkischer Abstammung hat bis 1858 Bestand.

21. 4. 1526: Bis zu seinem Tod im Jahr 1530 erobert Babur das Pandschab und das nordwestliche Ganges-Gebiet. Sein Sohn Humajun (1530-1556) legt mit einer konsequenten Zentralisierung der Macht die Basis des künftigen Großreiches. Baburs Enkel Akbar (1556-1605) dehnt sein Herrschaftsgebiet über Nordindien, Kaschmir, Bihar, Bengalen, Orissa und einen großen Teil des Dekan aus und erobert 1581 Kabul. Seine größte Ausdehnung erfährt das Mogulreich im 17. Jahrhundert unter Aurangseb.

ROM

»Ewige Stadt« geplündert

Nach wochenlangen Verwüstungen und Plünderungen nehmen führerlose deutsche und spanische Söldner Kaiser Karls V. die Stadt Rom ein. Seit Karls Wahl 1519 schwelt der Konflikt um die Vorherrschaft in Italien.

6. 5. 1527: Der Sacco di Roma (ital.: Plünderung Roms) vollzieht sich im Rahmen des Krieges des von Karl V. geführten Heiligen Römischen Reiches gegen Frankreich. Er bedeutet das Ende des Renaissancepapsttums. Nach dem Sieg der Habsburger 1525 in der Schlacht bei Pavia kam es erneut zum Krieg, als Franz I. von Frankreich sich mit dem Papst, Mailand, Florenz und Genua in der »Heiligen Liga« verbündete. Der zweite Italienkrieg endet 1529 unter dem Eindruck der Türkengefahr mit dem »Damenfrieden« von Cambrai.

HINTERGRUND

Neuordnung des Staates

Anfang des 16. Jahrhunderts sind etwa 80 Prozent der deutschen Bevölkerung Bauern. Wirtschaftlich geht es den meisten vergleichsweise gut, da sie für ihre Produkte in den Städten genügend Abnehmer finden. Politisch sind die Bauern jedoch praktisch rechtlos.

Im Mittelalter waren die ursprünglich freien germanischen Bauern in zunehmende Abhängigkeit von Grundherren geraten. König, Adel und Klerus herrschten über »Land und Leute«; sie waren zum Schutz der auf ihrem Territorium lebenden Bauern verpflichtet und erhielten dafür Abgaben in Form von Naturalien oder Geld sowie sog. Frondienste, d.h. die Mithilfe der Bauern bei anstehenden Arbeiten. Mit dem Verfall der Feudalordnung gerieten die Bauern unter Druck, da viele der Grundherren verarmten und dies durch wachsende Geld- und Fronforderungen gegenüber ihren Bauern zu kompensieren versuchten. Andererseits bemühten sich die Landesherren geschlossene Territorialgebilde zu schaffen und schränkten die Selbstverwaltung der Bauern ein. Bei den Bauernunruhen geht es den Aufständischen zwar überwiegend um die Minderung ihrer Lasten und die Möglichkeit der eigenverantwortlichen Organisation ihres Agrarbetriebs, doch gibt es auch Forderungen nach einer grundsätzlichen Neuordnung des Reiches mit bäuerlichen Gemeinschaften als Ausgangspunkt und der Beschränkung der landesfürstlichen Gewalt. Das Ende Mai 1525 in Heilbronn gegründete Bauernparlament verlangt die rechtliche und wirtschaftliche Einheit des Reiches, Trennung von Kirche und Staat, Reform des Gerichtswesens, ein Sozialnetz für Arme und Handelsfreiheit.

ROM

König Heinrich VIII. löst die englische Kirche

Gestützt auf eine antiklerikale und antipäpstliche Stimmung im Lande vollzieht der englische König Heinrich VIII. aus dynastisch-persönlichen Gründen den Bruch mit Rom. Er gründet die anglikanische Staatskirche.

Juli 1533: Papst Klemens VII. exkommuniziert König Heinrich VIII. von England und den Erzbischof von Canterbury, Thomas Cranmer. Die rechtliche Trennung der englischen Kirche von Rom erfolgt am 3. November 1534, indem das englische Parlament in der Suprematsakte den Inhaber der Königswürde als »oberstes irdisches Haupt der Kirche von England« anerkennt.

Verteidiger des Glaubens: Heinrich VIII. galt lange als treuer Anhänger des Papsttums. Ursprünglich für die theologische Laufbahn ausersehen und nur durch den Tod seines älteren Bruders 1509 König geworden, verfasste er im Jahr 1521 eine Flugschrift, in der er gegen Martin Luther die Siebenzahl der Sakramente verteidigte; zum Dank erhielt er vom Papst den Titel »Defensor Fidei« (Verteidiger des Glaubens).

Konflikt mit dem Papst: Anlass für die Trennung von Rom ist die Weigerung von Klemens VII., Heinrichs seit 1509 bestehende Ehe mit Katharina von Aragonien aufzulösen. Der Monarch will die Scheidung, weil Katharina ihm keinen Sohn geboren hat, auf den er aus dynastischen Gründen Wert legt, aber auch wegen seiner Liebe zu der Hofdame Anna Boleyn. Der Papst lehnt die Annullierung der Ehe unter dem Druck von Kaiser Karl V., dessen Tante Katharina ist, ab.

Der Bruch wird vollzogen: Nachdem das englische Parlament den Beschluss gefasst hat, dem Papst die Einmischung in englische Angelegenheiten zu untersagen, erklärte Erzbischof Cramner im Mai 1533 die Ehe zwischen Heinrich und Katharina für ungültig. Bereits im Januar 1533 hatte der Monarch Anna Boleyn heimlich geheiratet. Es folgen die Exkommunikation und die Suprematsakte, mit der die anglikanische Staatskirche begründet wird.

Der König als Kirchenoberhaupt und Ehemann: Heinrich VIII. festigt seine Stellung, indem er von seinen Untertanen einen Eid auf seine neue Ehe und die sich daraus ergebende Thronfolge fordert. Als sein Kanzler Thomas More, ein hoch gebildeter Humanist, den Eid verweigert, wird er 1533 geköpft.

Die Frage des männlichen Thronfolgers und politische Erwägungen führen in der Folgezeit zu vier weiteren Eheschließungen des Monarchen. Zwei seiner Frauen – Anna

Der englische König Heinrich VIII. mit Bischof Sherburne (Gemälde, 1519)

SCHWEIZ

Konfessionelle Spaltung der Eidgenossen

Mit dem Friedensschluss, der die Kappeler Religionskriege beendet, wird die konfessionelle Spaltung der Schweiz festgeschrieben.

11. 10. 1531: Der schweizerische Reformator Ulrich Zwingli fällt im Kampf gegen die katholischen Kantone der Schweiz. Der danach, am 20. November 1531, geschlossene Zweite Landfriede von Kappel legt fest, dass sich jeder Kanton selbstständig für oder gegen die Reformation entscheiden kann. Zürich, Basel und Schaffhausen bleiben protestantisch, die Urkantone Uri, Schwyz, Unterwalden, Zug und Luzern katholisch, der Abt von Sankt Gallen wird wieder in seine Rechte eingesetzt und schreibt für sein Gebiet den katholischen Glauben vor. Die weltlichen Fürsten unterstehenden Gemeinden verlieren das Recht, ihre Konfession zu wechseln.

Die Reformation hat unter Zwingli eine besondere Ausprägung erlangt. Seit 1519 Leutpriester am Großmünster in Zürich und damit so etwas wie der oberste Pfarrer der Schweiz, folgte der humanistisch orientierte Prediger bereitwillig der Aufforderung des Züricher Rats, »nach der Schrift zu predigen«. Im Einvernehmen mit den weltlichen Herren beseitigte er nach und nach in der Stadt alle kirchlichen Bräuche und Handlungen, die sich nicht aus der Bibel begründen lassen.

Nachdem er 1523 in öffentlichen Glaubensdisputationen Anerkennung für seine Position erhalten hatte, wurden im Bündnis mit dem Rat der Stadt Zürich die Bilder und Reliquien aus den Kirchen entfernt, die lateinische Messe samt Orgelspiel und Gemeindegesang ebenso abgeschafft wie die Firmung und die letzte Ölung, die Klöster wurden säkularisiert.

Schlacht bei Kappel (Stich, M. Merian d.Ä., 1630)

von Rom

Boleyn und Katharina Howard – lässt Heinrich VIII. hinrichten.

Kirchenreform: Mit der Suprematsakte wird die englische Kirche zur Staatskirche. Die dem Papst zustehenden Pfründen werden eingezogen, die Klöster aufgelöst, finanzielle Abgaben an Rom verboten. Die Säkularisierung der Klöster beschert dem Staat Einnahmen, die vor allem der Mittelklasse zugute kommen. Der Monarch kann sich daher auf die Unterstützung durch das Parlament und die Land besitzende Bevölkerung verlassen.

Zwischen Katholizismus und Protestantismus: Während unter Heinrich VIII. Lutheraner ebenso wie Anhänger Roms als Ketzer verfolgt werden, erfolgen nach dem Tod des Monarchen 1547 unter Eduard VI. (bis 1553) gemäßigt protestantische Reformen in Liturgie und Glaubenslehre, die allerdings weniger lutherisch als calvinistisch geprägt sind. Unter Eduards Nachfolgerin, Königin Maria (1553–1558), wird die englische Kirche 1554 wieder dem Papst unterstellt, die Protestanten werden unter der »katholischen Maria«, die König Philipp II. von Spanien heiratet, erbarmungslos verfolgt. Unter den etwa 300 Hingerichteten ist auch Thomas Cranmer. Erst unter Königin Elisabeth I. setzt sich die Reformation durch.

STICHWORT

Marburger Religionsgespräch

Hauptstreitpunkt des Treffens von reformorientierten Theologen – unter ihnen Martin Luther und Ulrich Zwingli – vom 1. bis 4. Oktober 1529 ist die Bewertung des Abendmahls. Während Luther die Einsetzungsworte beim Abendmahl, »dies ist mein Leib«, buchstäblich versteht und der Ansicht ist, dass der Gläubige über das Wie der Gegenwart Christi beim Abendmahl nicht nachgrübeln solle, deutet Zwingli sie symbolisch.

Das Brot »bedeutet« für ihn den Leib Christi, der Wein sein Blut. Das Abendmahl ist für ihn ein Gedenken an den Tod Christi und ein Bekenntnis als Mitglied der christlichen Gemeinde.

WÜRZBURG

Spätgotische Schnitzaltäre

Heiligenblutaltar in Rothenburg ob der Tauber (1501-1504)

Der vor allem durch seine Schnitzaltäre hervorgetretene Tilman Riemenschneider gilt als Meister der deutschen Spätgotik.

7. 7. 1531: Im Alter von etwa 70 Jahren stirbt der Künstler Tilman Riemenschneider in Würzburg, wo er seit 1483 seinen Wohnsitz hat.

Während sich in Italien der Kunststil der Renaissance längst durchgesetzt hat, werden die im deutschen Sprachraum entstandenen Werke der bildenden Kunst bis weit ins 16. Jahrhundert hinein der Spätgotik zugerechnet. Dies gilt besonders für die monumentalen Flügelaltäre, die den Mittelpunkt der Kirchenausstattung insbesondere in Süddeutschland und Österreich bilden. Diese Altäre bestehen meist aus einem Aufsatz, einem schrankartigen Schrein mit geschnitzten Holzfiguren, die allerdings nur an besonderen Feiertagen für die Gläubigen sichtbar sind, den außen häufig bemalten, innen mit Flachreliefs geschmückten Flügeln und dem Gesprenge, einem Aufbau aus verflochtenem gotischem Maßwerk.

In der Verbindung verschiedener Techniken sind die Schnitzaltäre ein echtes Gesamtkunstwerk. Die mitwirkenden Holzschnitzer sind, anders als die an Bauhütten gebundenen mittelalterlichen Steinmetze, wie andere gelernte Handwerker in Zünften organisiert. Zu den Meistern der Schnitzaltäre gehört neben Veit Stoß, Michael Pacher und Hans Brüggemann auch Tilman Riemenschneider, der – anders als seine Kollegen – auf die übliche Bemalung und Vergoldung der geschnitzten Figurengruppen verzichtet. Die Figuren seiner Kompositionen wirken besonders zart, verinnerlicht und idealisiert.

HL. RÖMISCHES REICH

Einheitliches Strafrecht im Reich

Die Constitutio Criminalis Carolina, die Peinliche Gerichtsordnung Kaiser Karls V., ist das erste allgemeine deutsche Strafgesetzbuch mit einer Strafprozessordnung im Reich. Sie beherrscht bis ins 18. Jahrhundert in Deutschland Theorie und Praxis des Strafrechts.

27. 7. 1532: Der Reichstag zu Regensburg verabschiedet die Constitutio Criminalis Carolina, ein Gesetz, das eine einheitliche Rechtsprechung im Reich schaffen soll, in dem bisher die verschiedenen Landesrechte gelten. Da die Landesfürsten, die Eingriffe in ihre Rechtshoheit ablehnen, eine sog. salvatorische Klausel durchsetzen, gelingt dies nur zum Teil: Ihre landesherrlichen Rechte werden durch die Constitutio Criminalis Carolina nicht angetastet.

Die Gerichtsordnung regelt das Strafprozessverfahren, unterscheidet nach verschiedenen Delikten wie Diebstahl, Körperverletzung und Mord und legt eine genaues System von Strafen fest: Jedem Verbrechen wird ein bestimmtes Strafmaß zugeordnet. Folgende Grundsätze sind explizit genannt:

- Der Täter darf nur bei erwiesener Schuld bestraft werden
- Das Recht auf Notwehr wird anerkannt
- Bei der Festsetzung des Strafmaßes ist zwischen vorsätzlicher und fahrlässiger Tötung zu unterscheiden
- Die Frage der Zurechnungsfähigkeit von jugendlichen oder geisteskranken Angeklagten ist von einem Sachverständigenrat zu klären
- Die Strafe folgt dem Prinzip der Vergeltung.

Die Peinliche Gerichtsordnung Karls V. bildet den vorläufigen Endpunkt einer Anpassung des spätmittelalterlichen Strafrechts an die aktuelle Situation. Die Reform nahm ihren Anfang auf dem Reichstag zu Lindau 1496/97. Es dauerte 36 Jahre, bis sich Kaiser und Reichsstände auf das Strafrecht einigen konnten, das verabschiedet wird.

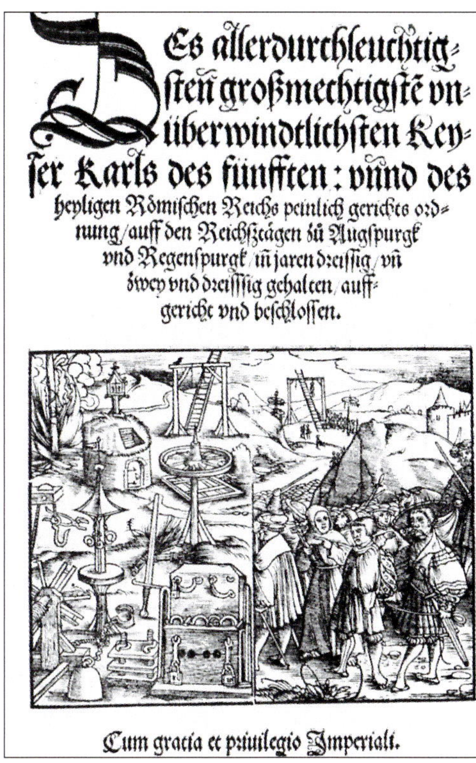

Des allerdurchleuchtigsten großmechtigsten vn überwindtlichsten Keyser Karls des fünfften: vnnd des heyligen Römischen Reichs peinlich gerichts ordnung/ auff den Reichßtägen zů Augspurgk vnd Regenspurgk in jaren dreissig/ vn zwey vnd dreissig gehalten/ auffgericht vnd beschlossen.

Cum gratia et priuilegio Imperiali.

Titelblatt der Peinlichen Gerichtsordnung

BASEL

Der Humanismus predigt Toleranz

Erasmus von Rotterdam ist der führende Vertreter des Humanismus, jener Geistesrichtung, die sich die freie, durch Bildung und Erziehung geförderte Entfaltung der Persönlichkeit und die entsprechende Umgestaltung der Gesellschaft zum Ziel gesetzt hat.

12. 7. 1536: Im Alter von 66 Jahren stirbt in Basel der niederländische Theologe Desiderius Erasmus von Rotterdam, der sich im Geiste des Humanismus für eine Erneuerung der christlichen Kirche einsetzte, dem Reformator Martin Luther in seiner radikalen Ablehnung des Papsttums jedoch nicht folgte.

Ein typischer Vertreter des Humanismus war Erasmus in seiner Kritik am Hochmut des Adels und am Krieg sowie in seinem Einsatz für Toleranz in Glaubensfragen. In seiner Satire »Lob der Torheit« (1511), einer ironischen Lobrede auf das Laster, überschüttete er die in dogmatischen Spitzfindigkeiten erstarrte Scholastik und die verweltlichte Kirche mit beißendem Spott.

Der Humanismus – der Begriff wird häufig synonym mit »Renaissance« verwendet, meist legt man bei ihm jedoch das Schwergewicht auf philosophische, literarische und philologische Werke, weniger auf bildende Kunst – breitete sich im 15. Jahrhundert von Italien auf ganz Europa aus. Das humanistische Bekenntnis zur Menschenwürde und zu einer im Diesseits verankerten menschlichen Indivualität fasste der Italiener Pico della Mirandola in einer Rede, in der er Gott zum Menschen sprechen lässt, in die berühmten Worte: »Nicht himmlisch, nicht irdisch haben wir dich erschaffen. Denn du sollst dein eigener Werkmeister und Bildner sein und dich aus dem Stoffe, der dir zusagt, formen.«

Erasmus von Rotterdam
(Gemälde, H. Holbein d. J., 1523)

Zwar entstand der Humanismus unter dem Vorzeichen einer Rückbesinnung auf die Antike, jedoch nicht aus einer antichristlichen Haltung heraus. Die Humanisten bemühten sich, den griechischen Philosophen Plato und den römischen Schriftsteller Cicero mit dem Christentum zu versöhnen, und warben um Verständnis auch für die Zeugnisse anderer Religionen.

Im Zusammenhang mit dem Konflikt zwischen Johannes Reuchlin, dem Begründer der hebräischen Sprachforschung, und der Inquisition über die Frage, ob die außerbiblische hebräische Literatur zu vernichten sei, entstanden 1515/17 die »Dunkelmännerbriefe«, eine anonyme fingierte Briefsammlung, die sich satirisch gegen die verknöcherte mittelalterliche Gelehrsamkeit wendet. Sie sind eines der berühmtesten literarischen Werke des Humanismus.

PARIS

Ignatius von Loyola gründet Jesuitenorden

Die Gesellschaft Jesu, ein neuartiger Orden, deren Mitglieder zu bedingslosem Gehorsam gegenüber dem Papst verpflichtet sind, prägen die Gegenreformation und tragen die äußere Mission insbesondere in Ostasien und Lateinamerika.

15. 8. 1534: Ignatius von Loyola (s. Abb.), ein ehemaliger spanischer Offizier, der nach einer Kriegsverletzung ein Bekehrungserlebnis hatte, gründet mit sechs Freunden auf dem Montmartre die »Societas Jesu«. Man verpflichtet sich zu einer Wallfahrt nach Jerusalem binnen Jahresfrist und unterstellt sich, da diese nicht zustande kommt, direkt dem Papst. Sechs Jahre später, am 27. September 1540, wird der neue Jesuitenorden von Papst Paul III. anerkannt.

Grundlage der Gesellschaft Jesu, deren Wahlspruch »Alles zur größeren Ehre Gottes« lautet, sind die Gelübde der Armut, der Keuschheit, der Missionsarbeit sowie die strenge zentralistische Organisation. An der Spitze der »Soldaten des Papstes« steht ein General; bis zu seinem Tod 1556 übt Ignatius von Loyola dieses Amt aus. Charakteristisch für den Orden ist der Verzicht auf eine Ordenstracht und auf das gemeinsame Chorgebet sowie eine große Beweglichkeit – im räumlichen wie im übertragenen Sinne – ihrer Mitglieder: Immer wieder stellen sich die Jesuiten in aller Welt neuen Aufgaben, die sie mit großer Zielstrebigkeit sowie praktischer, lebensnaher Frömmigkeit in Angriff nehmen.

Die straffe militärische Struktur des Ordens, dessen Mitglieder nur ihrem General, dem Papst und Jesus selbst verpflichtet sind, macht ihn zu einem äußerst wirkungsvollen Instrument. Obwohl unabhängig von der Reformation gegründet, bestimmt der Orden bald die Gegenreformation in Europa. Als Seelsorger, Missionare und Wissenschaftler spielen die Jesuiten im kulturellen und politischen Leben bald eine bedeutende Rolle. Auch durch ihre Unterrichtstätigkeit in höheren Schulen und Universitäten bzw. als Erzieher an Fürstenhöfen nehmen die Mitglieder der Gesellschaft Jesu Einfluss im Sinne des katholischen Glaubens. 1531 ruft Ignatius von Loyola in Rom die Hochschule Collegium Romanum

ins Leben, die beispielhaft für weitere Gründungen der Jesuiten wird.

Trotz ihrer Verdienste in der Missionarbeit sind die Jesuiten von Anbeginn auch Zielscheibe der Kritik. Schon bald wird ihnen vorgeworfen, nach dem Motto »Der Zweck heiligt die Mittel« zu handeln, mit geschmeidigem Verhalten und spitzfindigen Argumenten ihre eigenen Ansichten und Vorteile durchzusetzen und Schlüsselpositionen zu erobern.

Im Zeitalter der Aufklärung, im 18. Jahrhundert, sind die Jesuiten heftigsten Anfeindungen ausgesetzt, da sie sich den neuen Ideen von Freiheit und Toleranz nicht öffnen, sondern auf den traditionellen Werten beharren.

Katholische Länder wie Portugal, Frankreich und Spanien vertreiben die Angehörigen des Ordens und Papst Klemens XIV. hebt 1773 unter dem Druck katholischer Herrscher die Societas Jesu auf. Das Verbot wird allerdings 1814 durch einen Entscheid von Papst Pius VIII. zurückgenommen.

Im Deutschen Reich wird der Jesuitenorden als Folge des Kulturkampfes durch das sog. Jesuitengesetz zwischen 1872 und 1917 verboten. 1999 hat der Orden über 22 000 Mitglieder in 129 Ländern.

PERU

Inkareich erobert

Der Konquistador Francisco Pizarro vernichtet das Inkareich im südamerikanischen Andengebiet.

29. 8. 1533. Ungeachtet der Zahlung eines hohen Lösegeldes lässt Francisco Pizarro den letzten Inka-Herrscher Atahualpa hinrichten. Damit ist der Widerstand in dem führungslos gewordenen Imperium gebrochen. Am 15. November 1533 nimmt der spanische Konquistador die Inka-Hauptstadt Cuzco ein.

Pizarro war 1529 in Toledo von Kaiser Karl V. zum spanischen Statthalter und Generalkapitän für das noch zu erobernde Peru ernannt worden. Mit seiner Expeditionstruppe, der auch drei Brüder bzw. Halbbrüder angehörten, setzte er von Spanien in die Neue Welt über, ging am 13. Mai 1531 im Golf von Guayaquil an Land und zog im Folgejahr ins peruanische Hochland. Während Francisco Pizarro über Cajamarca und Huaraz Richtung Cuzco maschierte, zog sein Bruder Hernán mit seinen Truppen die Pazifikküste entlang bis Pachácamac und von dort aus ins Landesinnere nach Janja, wo es zu einer blutigen Schlacht zwischen den Konquistadoren und der einheimischen Bevölkerung kam.

Francisco Pizarro nahm den Inka Atahualpa 1532 in Cajamarca gefangen, der nun hingerichtet wird. Wie bei der Eroberung des Aztekenreichs durch Hernando Cortés nutzte auch Pizarro die Instabilität der Inka-Herrschaft, die der Streit zwischen Atahualpa und seinem Bruder Huáscar hervorgerufen hatte, und die Gottgläubigkeit der Inka ganz gezielt aus. Anders als Cortés konnte er sich bei seinem Eroberungszug, bei dem tausende von Kilometern zurückzulegen waren, auf eine große Streitmacht stützen. Über 100 000 in »Amerika« stationierte Spanier beteiligen sich an dem Eroberungszug.

Pizarro nimmt Atahualpa gefangen (Farblithographie, 19. Jh.).

Zwei Jahre nach der Einnahme Cuzcos, 1535, gründet Pizarro Ciudad de los Reyes, das spätere Lima. Er wird in Auseinandersetzungen der Konquistadoren untereinander am 26. Juni 1541 in Ciudad de los Reyes ermordet. Hier wird 1543 eine »Audiencia« eingerichtet – an die Stelle des Inka-Reichs ist die spanische Herrschaft über Peru getreten. Ein letzter Aufstandsversuch gegen die Eroberer unter dem von den Spaniern eingesetzten Inka Maco wird erst 1548 niedergeschlagen.

HINTERGRUND

Wettlauf um die Schätze der Neuen Welt

Während Spanier und Portugiesen bis Mitte des 16. Jahrhunderts erste eigene Verwaltungsinstitutionen im südlichen Teil des amerikanischen Doppelkontinents etablieren, wachsen ihnen mit Frankreich und England im Wettlauf um die Schätze der Neuen Welt Konkurrenten heran.

Im Hintergrund steht bei diesen maritimen Großmächten der Versuch, einen nördlichen, kürzeren Seeweg nach Indien und China als Alternative zu den von den Portugiesen beherrschten Routen um das Kap der Guten Hoffnung zu finden. Diese Suche hat eine genauere Erforschung der nordamerikanischen Küste zur Folge.

Der Franzose Jacques Cartier erreicht mit seiner Expedition am 10. Mai 1534 Neufundland, das er für die französische Krone beansprucht. Er ruft damit Protest aus England hervor, denn John Cabot hatte bereits 1497 im Auftrag der englischen Krone die nordamerikanische Küste abgesegelt und war dabei vermutlich auch in Neufundland und Neu-Schottland gelandet.

Landkarte des amerikanischen Kontinents »hinder Hispanien gegen Orient vor dem Land India« (kolorierter Holzschnitt aus: Sebastian Münster, Cosmographia Universalis, 1550)

Im Jahr darauf erforscht Cartier genauer den Sankt-Lorenz-Strom und gründet an seinem Ufer 1535 die Stadt Montreal. Der Franzose glaubt, mit diesem Fluss die Nordwestpassage gefunden zu haben. Mit Cartier beginnt die französische Kolonisation Nordamerikas. 100 Jahre nach seiner Expedition nimmt die französische Krone das von Cartier entdeckte Gebiet im heutigen Kanada in Besitz.

Auf dem Gebiet der heutigen USA sind erste englische Kolonisationsversuche im Verlauf des 16. Jahrhunderts zum Scheitern verurteilt; erst 1607 entsteht mit Jamestown (Virginia) die erste englische Dauersiedlung in Amerika.

Die Spanier sind die führende Kolonialmacht: 1513 erkundete Ponce de León die Küste Floridas, 1539 entdeckt Hernando de Soto den Mississippi, 1540 bis 1542 dringt Vázquez de Coronado bis zum Arkansas vor. Die erste ständige europäische Dauersiedlung auf dem Gebiet der USA gründen 1565 die Spanier in Florida.

ITALIEN

Tizian malt

Der italienische Maler Tizian (eigtl. Tiziano Vecellio) erreicht schon zu Lebzeiten eine Berühmtheit, mit der sich allenfalls Michelangelo messen kann. Von Kaiser Karl V., in dessen Dienst der Künstler seit 1530 steht, wird berichtet, dass er Tizian einmal einen heruntergefallenen Pinsel aufgehoben habe. Weitere Auftraggeber sind u.a. der Vatikan und König Philipp II. von Spanien.

1538: Tizian vollendet eines seiner berühmtesten Gemälde; es geht als »Venus von Urbino« in die Kunstgeschichte ein, obwohl der dargestellten nackten Frau alle Eigenschaften einer Göttin fehlen und nichts auf eine mythologische Deutung hinweist. Das Bildnis einer Nackten, die ihren Körper ohne Scham zur Schau stellt und den Betrachter mit weit geöffneten Augen wie einen Liebhaber zu empfangen scheint, strahlt eine intensive Sinnlichkeit aus.

Wie sein Lehrer, der Venezianer Giovanni Bellini, ist auch Tizian ein großer Porträtist, was er u.a. mit seinen Papst- und Herrscher-

Tizians »Venus von Urbino« (um 1538; Florenz, Uffizien)

SPANISCHE KOLONIEN

Reformgesetze für die Indianer

Die »Neuen Gesetze« der spanischen Krone führen nur zu einer geringfügigen Verbesserung der Lage der Indios in den spanischen Kolonien Mittel- und Südamerikas. In Brasilien und Paraguay nehmen sich die Jesuiten der Indianer an.

22. 11. 1542: Die für die spanischen Kolonien erlassenen »Neuen Gesetze« (Leyes Nuevas) sehen eine stufenweise Abschaffung der Sklaverei von Indios vor, nachdem sich vor allem der spanische Dominikanermönch Bartolomé de Las Casas für die Rechte der Urbevölkerung eingesetzt und den Völkermord in Mittel- und Südamerika angeprangert hat.

Die Reformen stoßen auf den Widerstand der Konquistadoren, die sich einer lohnenden Einnahmequelle beraubt sehen, und werden deshalb nur zögernd umgesetzt.

Im portugiesischen Brasilien sind Jesuiten mit der Mission betraut. Sie bemühen sich, die Urbevölkerung vor Misshandlungen und Versklavung zu schützen. Im 17. Jahrhundert unternehmen sie mitten im Urwald, im Gebiet des heutigen Paraguay, den Versuch, das Reich Christi auf Erden unter den Indios zu errichten. Abgesehen von den Patres, die diesen geschlossenen »Jesuitenstaat« leiten, haben Europäer keinen Zutritt. 1759/67 werden die Jesuiten schließlich aus Lateinamerika vertrieben.

Jesuitenkirche von São Miguel (Paraguay)

SÜDAMERIKA

Amazonas erkundet

Der spanische Konquistador und Entdeckungsreisende Francisco de Orellana befährt erstmals den Amazonas in seiner ganzen Länge.

24. 8. 1542: Nach achtmonatiger Fahrt erreicht Orellana die Mündung des Amazonas und kehrt nach Spanien zurück. Orellana hatte an einer Expedition teilgenommen, die 1539 von der Inka-Stadt Quito aus aufgebrochen war, um das Gebiet jenseits der Anden zu erkunden. Mit 57 Mann an Bord wurde Orellana ausgeschickt, um Nahrung zu suchen. Wegen zahlreicher Angriffe bewaffneter Indianerfrauen benennt er den Fluss nach den kriegerischen Frauen der griechischen Mythologie.

seine Venus

bildnissen unter Beweis stellt. In ihnen verbinden sich eine genaue Personencharakteristik mit einem Ausdruck von Glanz und Würde.

Tizian stammt aus Pieve di Cadore in Oberitalien, kommt aber schon als junger Mann nach Venedig und verlässt auch auf dem Gipfel seines Ruhms die Lagunenstadt nur zu kurzen Aufenthalten in Oberitalien und – im Auftrag des Kaisers – in Augsburg. Typisch venezianisch ist Tizians Kunst durch die reich orchestrierte, souveräne Farbgebung, der er mit bewegten Pinselstrichen immer neue, nuancierte Ausdrucksmittel abzugewinnen vermag. Die Farbe steht zwar nicht im Gegensatz zu Körperform oder Zeichnung, scheint sie jedoch zu überstrahlen. Mit mächtigen Akzenten, in der Blütephase meist in Blau und Rot, gelingt es ihm, auch ungewöhnliche, asymmetrische Kompositionen in Balance zu bringen. In der dramatischen Steigerung des Ausdrucks weist der Meister der Hochrenaissance bereits auf den Barock voraus.

Unter dem Eindruck der Gegenreformation entwickelt der bis ins hohe Alter tätige Tizian (um 1477 oder 1488/90-1576) einen persönlichen Spätstil mit einer dumpfen Farbpalette und einem reduzierten Farbauftrag.

GENF

Calvin reformiert die Kirche

Der aus Nordfrankreich stammende Johannes Calvin macht Genf zum Zentrum einer strikt »nach Gottes Wort« reformierten Kirche.

13. 9. 1541: Der Reformator Johannes Calvin kehrt nach Genf zurück, von wo er 1538 verbannt worden war, und richtet eine neue, auf einer strengen Auslegung des Evangeliums fußende kirchliche Ordnung ein. Nach dem Tod von Ulrich Zwingli wird er zum Begründer der reformierten Kirche, die sich als »Calvinismus« von der Schweiz aus insbesondere in Frankreich, den Niederlanden und Schottland ausbreitet.

Die gegen den Widerstand vor allem des wohlhabenden Bürgertums der Stadt durchgesetzte Genfer Kirchenordnung führt zu einer Einheit von politischer und geistlicher Herrschaft. Sowohl das kirchliche und schulische als auch das wirtschaftliche, politische und private Leben der Gläubigen wird umfassend geregelt. Wer sich der Kirchenzucht nicht fügt, muss mit schweren Strafen rechnen, die bis zur Hinrichtung reichen.

Ein »Konsistorium«, eine Art kirchliches Sittengericht, überwacht den Lebenswandel der Gemeindemitglieder. Es setzt sich aus Pfarrern und Ältesten zusammen und entscheidet im Auftrag der Stadt.

Die Theologie Calvins sieht im Wort Gottes den einzigen Maßstab zur Beurteilung von Wahrheit und Gerechtigkeit, sie betont die Souveränität Gottes und die Einzigartigkeit seines Sohnes.

Die Genfer Akademie wird Ausgangspunkt der calvinistischen Mission. Zwar sind die Grundsätze des Glaubens seit 1549 im »Consensus Tigurinus« festgelegt, doch nach dem Tod des Begründers 1564 entwickelt der Calvinismus unterschiedliche Ausprägungen.

Johannes Calvin (Kupferstich, 17. Jh.)

SALZBURG

Paracelsus begründet moderne Heilkunde

Paracelsus (Theophrastus Bombastus von Hohenheim), der berühmteste Arzt seiner Zeit, steht mit seiner Medizin – zwischen astrologischer Spekulation und magischer Heilpraktik auf der einen Seite und alchimistischer Arzneimittelzubereitung und empirischer Naturforschung auf der anderen Seite – an der Schwelle der Neuzeit.

24. 9. 1541: Im Alter von 48 Jahren stirbt der Arzt und Naturforscher Paracelsus verarmt in Salzburg. An dem unehelichen Spross eines schwäbischen Adelsgeschlechts, der für seinen exzessiven Alkoholkonsum und liederlichen Lebenswandel bekannt war, schieden sich schon zu Lebzeiten die Geister.

Als der Mediziner, der sich seine Kenntnisse weniger durch theoretische Studien als durch eigene Erfahrungen während seiner Wanderschaft in Europa angeeignet hatte, 1527 auf Betreiben des Humanisten Erasmus von Rotterdam als Stadtarzt und Professor an die Universität nach Basel berufen wurde, legte die Medizinische Fakultät gegen den entsprechenden Ratsbeschluss ihr Veto ein.

Nach Paracelsus' Lehre kann von der sichtbaren Welt auf die verborgenen, unsichtbaren Kräfte, z.B. von der Konstellation der Gestirne auf die Zustände im menschlichen Organismus geschlossen werden. Er greift die antike Vorstellung von der »Heilkraft der Natur« auf, zu deren Verbündeten sich der Arzt zu machen habe.

Titel des Paracelsus-Buches »Die große Wundarznei« (Ausschnitt)

Zu den Erneuerern der Medizin gehört Paracelsus als Begründer der chemischen Heilkunde. Er ist der Erste, der chemische Präparate, die seit der Antike nur in der Wundarznei (Chirurgie) äußerlich angewandt wurden, auch bei der inneren Behandlung zum Einsatz brachte, darunter Antimonchlorid, Kupfervitriol, Arsen- und Wismutverbindungen, Goldchlorid und Bleipräparate. Zugrunde liegt die Vorstellung vom Stoffwechsel im menschlichen Organismus. Nach Paracelscus werden sämtliche Körpervorgänge von einem Kraftzentrum, dem Acheus, gesteuert. Dieses Prinzip, von dem alle Lebenskräfte ausgehen, ist der »innere Alchimist« im Organismus, der Nahrungsstoffe in Körpersubstanzen verwandelt. In der Herstellung von Arzneimitteln hat sich laut Paracelsus der Arzt und Apotheker an der Tätigkeit dieses »inneren Alchimisten« zu orientieren.

DEUTSCHES REICH

Kopernikus erschüttert das Weltbild

Kopernikus' heliozentrisches Planetensystem (kolorierter Kupferstich, 1660)

Der Astronom Nikolaus Kopernikus geht als Begründer eines neuen Weltbilds in die Geschichte ein: Nicht die Erde, sondern die Sonne bildet, wie er nachweist, den Mittelpunkt unseres Planetensystems.

24. 5. 1543: Im Alter von 70 Jahren stirbt im masurischen Frauenburg der deutsche Astronom Nikolaus Kopernikus.

Unmittelbar vor seinem Tod wird sein Buch über die Kreisbewegung der Himmelskörper, »De revolutionibus orbium coelestium libri VI«, gedruckt, in dem er das seit Claudius Ptolemäus gültige geozentrische Weltsystem verwirft und stattdessen postuliert, dass die Planeten, einschließlich der Erde, um die Sonne als Mittelpunkt kreisen. Kopernikus hat erkannt, dass sich mit der ptolemäischen Lehre, wonach Sonne, Mond und die Planeten um die Erde als ruhendem Mittelpunkt des Alls kreisen, die Bewegungen der Planeten langfristig nicht exakt vorhersagen lassen. Gestützt auf den antiken Forscher Aristarchos von Samos, der bereits im 3. vorchristlichen Jahrhundert aufgrund von Beobachtungen und Berechnungen der Umlaufgeschwindigkeit von Planeten und ihrer Abstände voneinander sowie von der Sonne zu dem Schluss gekommen war, dass die um die eigene Achse kreisende Erde die Sonne umrunde, erklärt Kopernikus die Drehung des Fixsternhimmels aus der Bewegung der Erde um ihre eigene Achse. Davon ausgehend ist es ihm möglich, die Planetenbahnen – die von ihm als kreisförmig vermutet werden – leichter und genauer zu berechnen als Ptolemäus.

Die Erkenntnisse des Kopernikus bedeuten eine Abkehr von den bisherigen Glaubensgrundsätzen über die Stellung der Erde und damit des Menschen im Kosmos.

Die »kopernikanische Wende« widerspricht den Auffassungen der Kirche, wonach sich nur im Zentrum der Welt die Heilsgeschichte ereignen kann.

MOSKAU

Zar Iwan IV. – Reformer und Despot

Iwan IV., »der Schreckliche«, der sich als erster russischer Herrscher zum Zaren krönen lässt, führt zentralisierende Reformen durch, stürzt das Land aber auch mit einem brutalen Terrorregime in eine soziale, wirtschaftliche und politische Krise.

16. 1. 1547: In der Himmelfahrtskathedrale lässt sich der Moskauer Großfürst Iwan IV. mit Unterstützung des Metropoliten Makari zum ersten Zaren und Selbstherrscher von ganz Russland krönen. Das Krönungszeremoniell lehnt sich an byzantinische Vorbilder an.

Der Zar erhält von seinen Zeitgenossen wegen seiner brutalen Herrschaft später den Beinamen »Grosny«, der im Deutschen meist mit »der Schreckliche« wiedergegeben wird, eigentlich aber »der Gestrenge, der Furchtgebietende« bedeutet. Der 1530 geborene Iwan ist seit 1533, seit dem Tod seines Vaters Wassili III., Großfürst von Moskau, stand aber bisher unter der Regentschaft seiner Mutter bzw. sich ablösender Cliquen von Bojaren, also von Angehörigen der alten Hocharistokratie. Um die Ausschaltung dieser Schicht und die Einsetzung eines neuen Dienstadels geht es dem neuen Zaren vorrangig bei seinen Reformen, mit denen er Russland als Großmacht festigen will.

Reformen im Inneren: 1549 ersetzt Iwan IV. die Duma der Bojaren durch einen Auserwählten Rat als höchstem Beratungsorgan, der eine Reihe durchgreifender Reformen durchführt:

- Das geltende Recht wird neu kodifiziert
- Ein neues, für ganz Russland gültiges Kirchenrechtsbuch wird verabschiedet
- Mit den Strelitzen, regulären, mit Feuerwaffen ausgestatteten Fußtruppen, wird der Kern eines stehenden Heers geschaffen, das an die Stelle des adligen Lehnsaufgebots tritt
- Die Zentralbehörden werden ausgebaut
- Die Größe der als Entlohnung vergebenen Güter wird festgelegt
- An die Stelle der »Durchfütterung« des jeweiligen Amtsträgers durch die Bevölkerung treten nach und nach neu eingeführte Selbstverwaltungsorgane. Dies stärkt das bürgerliche und bäuerliche Selbstbewusstsein.

Terrorregime: Mit zunehmendem Alter des als misstrauisch und äußerst jähzornig bekannten Zaren – 1581 erschlägt er seinen ältesten Sohn – wird die Regierungspolitik immer willkürlicher und unberechenbarer. Gegen die Opposition aus Kirche und Bojaren geht Iwans persönliche Garde, die sog. Opritschniki, die sich aus Angehörigen des russischen Dienstadels und ausländischen Abenteurern zusammensetzt, mit brutalen Mitteln vor. Die Leibgardisten erhalten umfangreiche Ländereien im Gebiet vom Moskau, deren Besitzer zwangsausgesiedelt oder ermordet werden (Opritschnina, 1565).

Iwan der Schreckliche

Außenpolitik: Nach außen fördert Iwan IV. nicht nur den Handel mit Holland und England, er betreibt auch eine expansive Machtpolitik. Russland erobert die Tataren-Khanate Kasan, Astrachan und Sibir; damit beginnt das russische Ausgreifen nach Sibirien. 1558 fallen russische Truppen in Livland ein, um Russland einen Zugang zur Ostsee zu verschaffen, und zerschlagen den Ordensstaat. Ein langwieriger Krieg gegen Polen-Litauen und Schweden endet 1583 mit dem Verlust sämtlicher Eroberungen; auch Ingermanland geht verloren. Nach Iwans Tod 1584 entbrennt ein Streit um seine Nachfolge mit der Folge schwerer sozialer Unruhen: Russland droht seine nationale Selbstständigkeit zu verlieren.

Nikolaus Kopernikus, der Begründer eines neuen Weltbildes (Gemälde, 16. Jh.)

MEXIKO

Maya-Kultur zerstört

Mit der Eroberung der Halbinsel Yucatán wird nach den Azteken und Inka auch die Hochkultur der Maya von den Spaniern unterworfen. Die Einnahme Mexikos durch die neuen Herren ist damit beendet.

1546: Der spanische Konquistador Francisco de Montejo d. J. schließt nach 19 Jahren die Eroberung der Halbinsel Yucatán ab.

Sie wurde bereits 1517/18 von Europäern erkundet, doch mit systematischen Eroberungszügen begannen die Spanier erst zehn Jahre später. Sie stießen dabei auf eine Vielzahl von Stadtstaaten, deren Mittelpunkt gewaltige Tempel- und Palastkomplexe bildeten. Die bedeutendsten Anlagen sind die von Chichén Itzá, deren Bauten im Zeitraum zwischen 600 und 900 entstanden sind – darunter eine 30 m hohe Pyramide –, und die etwa im gleichen Zeitraum zum Zeremonialzentrum ausgebaute Anlage von Uxmal mit einer ovalen »Pyramide des Wahrsagers«.

Die klassische Periode der Kultur der Maya, zu denen 18 indianische Stämme mit gleicher Muttersprache gehörten, lag zur Zeit der spanischen Eroberung Jahrhunderte zurück. Schon vor der Jahrtausendwende waren die Maya auf Yucatán toltekischen, später auch mixtekischen Einflüssen ausgesetzt. Zwar kam es ab etwa 1280 zu einer Rückbesinnung auf die eigenen kulturellen Ursprünge, doch der Niedergang der Maya-Kultur war damit nicht aufzuhalten.

BOLIVIEN

Koloniale Neuordnung

Mit der Gründung von Städten und den in ihnen eingerichteten »Audiéncas« als Gerichts- und Verwaltungsorganen tritt an die Stelle der unumschränkten Herrschaft der Konquistadoren allmählich eine neue Ordnung im spanischen Kolonialreich. Insbesondere das in den Silberbergwerken von Potosí geförderte Edelmetall trägt zur Finanzierung des verschwenderischen spanischen Hofes bei, kann aber den Niedergang des Mutterlandes langfristig nicht aufhalten.

1545/46: Spanier gründen am Fuß des ertragreichen Silberbergs Cerro Rido die Siedlung Potosí, die Kaiser Karl V. (als spanischer König: Karl I.) bald darauf zur Villa Real (königliche Stadt) des spanischen Reichs ernennt.

Auch in anderen Teilen des spanischen Kolonialreichs werden Städte gegründet. Die dort eingerichteten Juristenkollegien der Audiéncas sind die untersten Regierungsorgane der neuen spanischen Gebiete. Diese Gremien werden in Santo Domingo (1511), Mexiko (1527), Panamá (1538), Guatemala und Lima (beide 1543), Bogotá und Guadalajara (beide 1548), La Plata (heute Sucre, 1559), Quito und Santiago de Chile (beide 1563) eingerichtet. Ihnen übergeordnet sind die Vizekönige von Neuspanien (Mexiko) und Lima (Peru), die wiederum seit 1524 dem Indienrat untergeordnet sind; dieser untersteht direkt dem spanischen König.

Dank seiner ergiebigen Silberschätze entwickelt sich die spanische Gemeinde in Potosí rasch zu einem Zentrum des Bergbaus und zu einer der reichsten Städte des spanischen Kolonialreichs. Um 1700 ist es mit rd. 200 000 Einwohnern die größte Stadt in Amerika.

Die einheimischen Indios aus dem umliegenden Andenhochland werden von den spanischen Kolonialherren zwangsweise zur mühsamen Arbeit im Silberbergbau verpflichtet. Teilweise werden die Indios auch an die Bergwerksunternehmen verkauft bzw. von diesen als Eigenkapital betrachtet, das sie im Silberbergbau investieren. Wegen der mangelhaften Versorgung und der harten Arbeitsbedingungen ist die Todesrate unter den ausgebeuteten Indios hoch.

Das begehrte Edelmetall wird von spanischen Silberflotten im Auftrag der spanischen Krone aus den Kolonien nach Europa transportiert. Die Fahrten sind beschwerlich und mühsam und oft werden die kostbaren Frachten von Seeräubern gekapert.

Ab Mitte des 16. Jahrhunderts steigt mit der Entdeckung großer Silbervorkommen und der Einführung der Silbergewinnung durch Quecksilberamalgamation in Amerika die Lieferung nach Europa stark an. Ein Fünftel des Silbers geht an die spanische Staatskasse, die auf das geförderte Silber angewiesen ist. Ferner tragen die Edelmetalle aus den Kolonien zur Durchsetzung der Geldwirtschaft in Europa bei.

Münzprägemaschine in der Casa de la Moneda

ENGLAND

Elisabeth I., Königin von England (Gemälde von Marcus Geeraerts d.J., 1588)

Elisabeth I. auf dem englischen Thron

Während der 44-jährigen Herrschaft von Königin Elisabeth I. stabilisieren sich die inneren Verhältnisse in England. Wirtschaft und Kultur erleben eine Blüte, das Land steigt zur Weltmacht auf.

17. 11. 1558: Nach dem Tod ihrer Halbschwester, Maria I. Tudor, besteigt Elisabeth I. den englischen Thron. Sie kam 1533 als Tochter des englischen Königs Heinrich VIII. und seiner zweiten Ehefrau Anna Boleyn zur Welt.

Position der Mitte: Kennzeichnend für die Regierung der Monarchin, die sich in ihren Entscheidungen von William Cecil, Baron Burleigh, als Erstem Sekretär, später als Lord Treasurer, beraten lässt, ist eine gemäßigte Haltung. So lehnt sie alle Heiratsangebote ausländischer Dynastien ab, um eine zu enge Bindung an eine der europäischen Konfliktparteien zu vermeiden, und geht als »jungfräuliche Königin« in die Geschichte ein.

Konsolidierung: Elisabeths Regierung steht im Zeichen der Stabilisierung des zentral verwalteten Staates mit dem Staatsrat als höchstem Verwaltungsorgan. Der Hochadel verliert im elisabethanischen Zeitalter gegenüber der Gentry und dem Bürgertum an Bedeutung. Eine Ursache liegt darin, dass die Königin Entdeckungsreisen, den Aufbau einer Handelsflotte und die Gründung von Handelskompanien fördert, was den genannten Schichten wirtschaftlich zugute kommt.

Religionspolitik: Auch in der konfessionellen Auseinandersetzung bemüht sich die humanistisch erzogene, fanatischer Frömmigkeit abgeneigte Elisabeth I. um Mäßigung. Während ihr Halbbruder, König Eduard VI., noch den Calvinismus gefördert und Maria I. eine Kehrtwendung zum Katholizismus vollzogen hatte, steuert Elisabeth einen Kurs der Mitte: Sie lehnt zwar den Katholizismus ab, vermeidet aber trotz vielfältiger Herausforderungen ein rigoroses Vorgehen gegen dessen Anhänger und erteilt auch den puritanischen und presbyterianischen Richtungen des Calvinismus eine Absage. Die von ihrem Vater Heinrich VIII. geschaffene anglikanische Kirche weiß Elisabeth mit Unterstützung des Parlaments zu festigen. Im April 1559 wird die Suprematsakte in leicht abgeschwächter Form bestätigt.

Situation in Schottland: Nachdem der Prediger John Knox den Calvinismus puritanischer Prägung in Schottland verbreitet hat, stehen sich dort bei Elisabeths Regierungsantritt in England eine Frankreich-freundliche katholische Krone und eine protestantische Adelsopposition gegenüber. In die mit Waffengewalt ausgetragene Auseinandersetzung greift Elisabeth zurückhaltend auf Seiten der Protestanten ein.

Elisabeth und Maria Stuart: Die nach dem Tod Franz' II. 1561 nach Schottland zurückgekehrte schottische Königin Maria Stuart verhält sich in der konfessionellen Frage

Katholikenverfolgung unter Elisabeth I. (nach zeitgenössischem Kupferstich)

AUGSBURG

»Wessen Land, dessen

Mit dem Augsburger Religionsfrieden enden die Glaubenskämpfe im Heiligen Römischen Reich; die konfessionelle Spaltung wird festgeschrieben.

25. 9. 1555: Kaiser Karl V. und die Reichsstände schließen gemeinsam den Augsburger Religionsfrieden. Die protestantische Glaubenslehre wird damit im ganzen Reich als gleichberechtigt anerkannt.

Landesherrliches Kirchenregiment: Auf dem Reichstag in Speyer war 1526 beschlossen worden, dass die Religionsfrage so lange der Gewissensfreiheit unterliegen solle, bis auf einem zu erwartenden Konzil eine Entscheidung gefällt sei. Die evangelischen Landesherren, die – wie die katholischen – durch den Sieg im Bauernkrieg gegenüber dem Kaiser in ihrer Stellung erheblich gestärkt worden waren, nahmen diesen Beschluss zum Anlass, um in ihren Territorien ein sog. landesherrliches Kirchenregiment aufzubauen: Von den Landesherren eingesetzte Kommissionen führten sog. Visitationen in den Gemeinden durch, erließen einheitliche Vorschriften für den Gottesdienst, die Glaubenslehre sowie den Unterricht an den Schulen und erfassten den Kirchenbesitz.

Confessio Augustana: Als Ferdinand I., der Bruder Kaiser Karls V. und dessen Statthalter im Reich, 1529 den drei Jahre zuvor gefassten Beschluss aufzuheben versuchte, erhob sich Protest von Seiten der Evangelischen, die seitdem »Protestanten« genannt werden. Im Jahr darauf legten sie auf dem Reichstag in Augsburg dem Kaiser die Confessio Augustana (Augsburger Bekenntnis) vor, in der Philipp Melanchthon die neue Lehre der Lutheraner darstellte. Dem Augsburger Bekenntnis wurde auf dem Reichstag mit Billigung des Kaisers eine katholische Confutatio (Widerlegung) entgegengestellt.

Schmalkaldischer Krieg: Unter der Führung von Hessen und Kursachsen schlossen sich viele evangelische Reichsstände 1531 zum Schmalkaldischen Bund zusammen. Zwar galt weiterer Widerstand in der Religionsfrage als Landfriedensbruch, doch der Kaiser war auf die evangelischen Landesherren im Kampf gegen die Türkengefahr angewiesen und zögerte deshalb, militärisch gegen den Bund vorzuge-

Religion«

hen. Erst 1546/47 kam es zum Schmalkadischen Krieg, der mit einer totalen Niederlage für die Schmalkaldener endet. Nach einer Verschwörung der Landesfürsten gegen den Kaiser handelte Kurfürst Moritz von Sachsen mit Ferdinand I. 1552 in Passau einen vorläufigen Kompromiss in Glaubensfragen aus.

»Cuius regio – eius religio«: Der 1555 auf dem Reichstag in Augsburg gefundene Ausgleich zwischen den Konfessionen erfolgt gegen den Willen des Kaisers. Die Glaubenslehre der Confessio Augustana wird rechtlich anerkannt, die Reichsfürsten können für ihr Land eine der beiden Konfessionen wählen. Dem Bekenntnis des Landesherrn müssen sich seine Untertanen nach dem Grundsatz »cuius regio – eius religio« (wessen Land, dessen Religion) anschließen. Anderenfalls dürfen sie ohne Verlust an Ehre oder Eigentum auswandern.

Sonderregelungen für Städte und geistliche Landesfürsten: Hinsichtlich der Städte wird festgelegt, dass in ihnen beide Konfessionen nebeneinander ausgeübt werden können, sofern sie bis dahin praktiziert wurden. Katholische geistliche Reichsfürsten müssen bei einem Konfessionswechsel auf ihr Amt verzichten; so soll eine weitere Säkularisierung der Bistümer verhindert werden. Die Protestanten verweigern diesem »geistlichen Vorbehalt« allerdings ihre Zustimmung. Den evangelischen Untertanen solcher geistlicher Reichsfürsten wird ein Konfessionswechsel nicht zugemutet.

Der Religionsfriede und die Folgen: Evangelische und katholische Reichsstände versichern in Augsburg, dass sie sich einander wegen der Religionsfrage nicht bekriegen werden – und sie halten sich über Jahrzehnte an diesen Schwur. Erst mit dem Dreißigjährigen Krieg (1618-48) eskalieren die konfessionellen Gegensätze wieder in einer militärischen Auseinandersetzung.

Übergabe der Confessio Augustana durch Kurfürst Johann den Beständigen an Karl V., l. die Kaisertreuen, r. die Protestanten

zunächst neutral, denn ihr vorrangiges Ziel ist es, als Urenkelin des englischen Königs Heinrich VII. Ansprüche auf den englischen Thron zu erheben.

Ihre im Jahr 1565 geschlossene Ehe mit dem katholischen Lord Henry Stewart Darnley führt zu einem Aufstand des protestantischen Adels, den Maria niederschlagen lässt. Danach verständigt sie sich mit den Lords, Darnley wird im Jahr 1567 ermordet und die Königin heiratet den mutmaßlichen Mörder, dessen Geliebte sie seit längerem ist.

Der daraufhin ausbrechende Aufstand zwingt Maria Stuart zur Abdankung und 1568 zur Flucht nach England.

Auch im Umgang mit Maria, die ihr den englischen Thron streitig machen wollte, lässt Elisabeth lange Besonnenheit walten. Elisabeth zögert bald 20 Jahre, bis sie das Todesurteil gegen ihre Rivalin unterschreibt und damit einen Konflikt mit dem katholischen Spanien provoziert.

JAPAN

Jesuiten missionieren in Japan

In Japan erzielen die Jesuiten ihren vorläufig größten Missionserfolg in ganz Asien.

1549: Franz Xaver, einer der Mitbegründer des Jesuitenordens, gelangt über Indien nach Japan und nimmt dort seine Missionstätigkeit auf. Seine Erfolge begründen sich darin, dass er die einheimischen Sprachen, Religionen und Gebräuche studiert und mit seiner Mission darauf antwortet. Durch die »Akkomodation« (Anpassung) setzen sich die Jesuiten in ihrer Mission von der gängigen Vorstellung ab, dass erst alles Heidnische ausgerottet werden müsse, bevor der Same des Christentums gesät werden könne.

Mit einheimischen Helfern gründet Franz Xaver, nachdem ihm verschiedene japanische Territorialfürsten die Erlaubnis zum Predigen erteilt haben, zahlreiche Christengemeinden. Er wendet sich in seinen Predigten zunächst an das einfache Volk, muss jedoch die Erfahrung machen, dass die Japaner die christliche Lehre nur schwer verstehen. Sie halten das Christentum für eine andere Form des Buddhismus. Nach kurzer Zeit wendet er sich vor allem an die herrschende Klasse und verbindet seine religiöse Botschaft mit materiellen Anreizen. Einige Territorialfürsten wechseln tatsächlich die Religion und befehlen auch ihren Untertanen die Konversion, jedoch vor allem aus dem Motiv heraus, den Handel mit Europa zu beleben.

Missionar Franz Xaver (japanisches Bildnis, 17. Jh.)

NIEDERLANDE

Herzog von Alba verfolgt Katholiken

Gegen den vom spanischen König Philipp II. als seinen Statthalter in die Niederlande entsandten Herzog von Alba und seine Gewaltherrschaft erhebt sich Widerstand.

1567: Philipp II. von Spanien überträgt dem Herzog von Alba die Statthalterschaft über die Niederlande und sendet ihn mit einem spanischen Heer dorthin; Aufgabe des Herzogs ist es, die 17 Provinzen der habsburgischen Niederlande zu unterwerfen.

Entstehung der Niederlande: Im Wesentlichen aus dem burgundischen Erbe der Habsburger haben sich die Niederlande erst im Spätmittelalter herausgebildet; weitere Gebiete kamen im 16. Jahrhundert hinzu. 1555 übertrug Kaiser Karl V. seinem Sohn Philipp die Herrschaft über die habsburgisch-niederländischen Gebiete, die in 17 Provinzen gegliedert sind und einen losen, föderalistisch organisierten Verband von Territorien, Städten und Korporationen darstellen. Die sog. Generalstaaten, die Versammlung der Stände aus allen Provinzen, bilden das gemeinsame Band. In der Gestaltung ihrer inneren Angelegenheiten sind die Provinzen hingegen souverän.

Herzog von Alba

Opposition gegen Spanien: Als strenger Katholik ging Philipp II. gegen die protestantischen Niederländer mit großer Härte vor. Im Zuge der Gegenreformation sollten die neuen Glaubensrichtungen wie der calvinistisch beeinflusste Protestantismus, aber auch die schwärmerischen Wiedertäufer mit den Mitteln der Inquisition und Ketzerverfolgung bekämpft werden. Dagegen empörte sich, als eine Bittschrift zur Aufhebung der Ketzeredikte 1566 erfolglos blieb, der niederländische Adel. In seinem Protest verbanden sich religiöse mit politischen Motiven: Die adlige Opposition sah in der Durchsetzung der spanischen Staatshoheit ihre ständischen Privilegien bedroht.

Im August 1566 brach in den ländlichen Betrieben der flandrischen Textilindustrie der (Bilder-)»Sturm« auf katholische Kirchen los, der auf Gent, Antwerpen und auf die nördlichen Provinzen der Niederlande übergriff. An der Spitze der Stürmer standen in der Regel Prediger, die von Bewaffneten eskortiert wurden.

Eskalation unter dem Herzog von Alba: Nach dem Eintreffen des Herzogs von Alba verschärft sich die Situation noch. Der spanische Statthalter verhängt innerhalb kurzer Zeit über 1000 Todesurteile und lässt am 5. Juli 1568 den Statthalter von Flandern, Lamoral Graf von Egmont, und den Statthalter von Geldern und Zutphen, Philipps van Montmorency-Nivelle, Graf von Horne, in Brüssel hinrichten. Die beiden hatten gemeinsam mit dem Statthalter von Utrecht, Seeland und Holland, Wilhelm Graf von Nassau und Prinz von Oranien, die ständischen Interessen im niederländischen Staatsrat gegenüber der spanischen Verwaltung vertreten und sich für eine maßvolle Religionspolitik eingesetzt.

Freiheitskampf: Der Widerstand entflammt erneut, als Herzog von Alba ein neues Steuergesetz dekretiert, das die Kosten für den Unterhalt der spanischen Truppen decken soll und vor allem die städtische Kaufmannschaft trifft. Das Bürgertum verbündet sich daraufhin mit der Adelsopposition.

Angesichts der unnachgiebigen Verfolgung der Bilderstürmer und Aufständischen bricht 1572 der offene Freiheitskampf aus.

Gegen die Schreckensherrschaft der Spanier erhebt sich der Widerstand (Stich aus dem 17. Jh.).

EUROPA

Tabak tritt Siegeszug an

Die Europäer entdecken den Tabak, der zuvor nur in der Neuen Welt bekannt war, als Genussmittel. Auch andere agrarische Produkte kommen erstmals nach Europa.

1560: Der Tabak wird in Europa eingeführt, zunächst am spanischen Hof von König Philipp II. vor allem als Zierpflanze.

Von dort aus wird er vom französischen Botschafter Jean Villemain Nicot (daher »Nikotin«) nach Paris gebracht, wo das Schnupfen von Tabak rasch in Mode kommt. Nach 1586 verbreitet sich durch aus Amerika heimgekehrte Engländer das Tabakrauchen in Europa, doch erst im 17. Jahrhundert wird das Rauchen in Europa ein verbreitetes Laster.

Auch andere landwirtschaftliche Produkte aus Lateinamerika setzen sich nur langsam durch. Die ersten Kartoffelpflanzen kommen 1565 nach Spanien und werden dort als botanische Merkwürdigkeiten bestaunt. Als Nutzpflanze wird die Kartoffel 1586 in Irland angebaut, doch erst im 18. Jahrhundert setzt sie sich in Deutschland durch. Beim Zucker ist es wenig anders: Zwar entsteht bereits 1573 in Augsburg die erste Raffinerie, Zucker bleibt jedoch ein Luxusprodukt für wenige Begüterte.

Für Baumwolle und den 1539 erstmals erwähnten Kautschuk fehlen die Verarbeitungsmöglichkeiten.

Rauchender Mann in der Maya-Kunst

BRÜSSEL

Drastische Kunst

Pieter Bruegel d.Ä. erschließt die Welt der Bauern als Gegenstand der Malerei. Er gilt als der bedeutendste niederländische Maler des 16. Jahrhunderts.

9. 9. 1569: Der flämische Maler Pieter Bruegel stirbt in Brüssel; bekannt wurde er durch seine Landschaften und später vor allem durch seine didaktisch-moralischen Genrebilder von strahlender Leuchtkraft. Wegen der verfremdeten und verzerrten Gestaltung wird der Maler dem Manierismus zugerechnet. In seinen Darstellungen des Bauernlebens – »Bauerntanz« und »Bauernhochzeit« (um 1568) – verbinden sich eine minutiöse Schilderung der Wirklichkeit und derb-komische Elemente zu einem monumentalen Gesamtbild.

Pieter Bruegel ist das Haupt einer ganzen Dynastie von Malern. Der ältere Sohn Pieter (d.J.) malt in Variation der Themen des Vaters vor allem spukhafte Szenen und Darstellungen der Hölle, der jüngere Sohn Jan geht wegen seiner Blumenstillleben als »Blumenbruegel« in die Kunstgeschichte ein.

Das Schlaraffenland (Gemälde von Pieter Bruegel d. Ä., 1567)

TRIENT

Antwort auf Reformation

Das Trienter Konzil, das als Reaktion der katholischen Kirche auf die Reformation zusammentritt, stärkt mit einem Bündel von Reformen den Katholizismus. Das Kirchentreffen bildet den Auftakt zur Gegenreformation.

4. 12. 1563: Das Konzil von Trient ist zu Ende. In drei Sitzungsperioden (1545-1547 in Trient, 1551/52 in Bologna, 1562/63 in Trient) hat es die katholische Lehre in Fragen, die seit der Reformation umstritten sind, festgelegt. Die wichtigsten Entscheidungen:

- Die apostolischen Traditionen, also die kirchliche Überlieferung, sind »mit der gleichen Ehrfurcht« zu betrachten wie die Heilige Schrift (laut Luther die einzige Offenbarungsnorm).
- Der Mensch ist von Natur aus nicht völlig verderbt und kann durch eigenes Tun an seinem Heil mitwirken (laut Luther ist der Mensch allein durch Gottes Gnade gerechtfertigt).
- Die Siebenzahl der Sakramente wird festgeschrieben, die Lehre von der Wesensverwandlung von Brot und Wein bestätigt, die Messe als Opferhandlung erklärt.
- Wichtige kirchliche Reformen sind die Residenzpflicht für Bischöfe und Kardinäle, die Einführung von Priesterseminaren, die Betonung der seelsorgerlichen Aufgaben sowie der Rolle der Predigt im Gottesdienst.

CATEAU-CAMBRÉSIS

Frankreich verliert im Machtpoker

In fünf Kriegen kann das von den Habsburgern in Spanien und im Römisch-Deutschen Reich eingekreiste Frankreich lediglich seinen Besitzstand wahren; Spanien baut seine Vormachtstellung in Europa aus. Nach dem Tod von König Heinrich II. gewinnt seine Witwe Katharina de Medici als Mutter der drei letzten Könige aus dem Hause Valois (Franz II., Karl IX. und Heinrich III.) bedeutenden Einfluss auf die französische Politik.

3. 4. 1559: Der Friede von Cateau-Cambrésis beendet den vorerst letzten Krieg zwischen Spanien und Frankreich. Frankreich muss auf seine Kriegsziele verzichten und den Verlust aller Rechte auf die burgundischen Territorien endgültig anerkennen. Die Position der burgundisch-niederländischen Herrschaft Spaniens geht gestärkt aus der Auseinandersetzung mit Frankreich hervor, die Position Spaniens in Italien ist dauerhaft gefestigt.

Heinrich II., seit dem Tod von Franz I. 1557 französischer König, behält zwar Metz, Toul und Verdun, muss aber Thionville, Marienburg, Yvoix, Damvilliers, Montmedy und eroberte Gebiete im Artois, in Flandern und im Charolais an Spanien zurückgeben. Das Herzogtum Savoyen wird von Frankreich wieder mit seinem Besitz ausgestattet.

Auch nach dem Damenfrieden von Cambrai waren die französisch-habsburgischen Auseinandersetzungen weitergegangen, da Frankreich nach Savoyen vordrang, neuerlich Ansprüche auf Mailand erhob und sich sogar mit den Türken verbündete. Auch der Friede von Crépy, in dem Franz I. 1544 auf Norditalien und Neapel verzichtete sowie Karl V. in einem Geheimvertrag Unterstützung gegen die Protestanten im Reich und bei seinem geplanten Kreuzzugsunternehmen zusicherte, brachte nur eine Atempause im Konflikt der beiden Länder.

Karl IX., 1560 bis 1574 König von Frankreich (Gemälde von F. Clouet, 1561)

Der nunmehr 1559 nach schweren französischen Niederlagen gefundene Friede soll durch Heirat gefestigt werden: Der spanische König Philipp II., seit dem Tod der englischen Königin Maria I. Tudor 1558 Witwer, schlägt das Heiratsangebot der englischen Königin Elisabeth I. aus und schließt die Ehe mit Elisabeth, der Tochter Heinrichs II. von Frankreich. Außerdem heiratet die Schwester des Monarchen, Margareta, Herzog Emanuel Philibert von Savoyen.

Die glückliche Fügung kostet allerdings den französischen König indirekt das Leben: Er verunglückt am 10. Juli 1559 bei dem aus Anlass der Heirat zwischen Philipp und Elisabeth veranstalteten Festturnier tödlich – ein endgültiges Verbot dieser Wettkämpfe ist die Folge.

Heinrichs Witwe Katharina de Medici gewinnt nach seinem Tod großen Einfluss auf die französische Politik. Nach dem Tod von Franz II., der als 15-Jähriger seinem Vater auf dem Thron nachfolgte, wird am 5. Dezember 1560 sein zehnjähriger Bruder als Karl IX. neuer französischer König; er steht bis 1563 offiziell unter der Vormundschaft seiner Mutter und ist auch danach noch in seinen politischen Entscheidungen von ihr abhängig.

Katharinas innenpolitisches Ziel ist es, trotz der mit kriegerischen Mitteln geführten Glaubensauseinandersetzungen die staatliche Einheit Frankreichs zu wahren. Sie erschöpft sich jedoch in einem politischen Intrigenspiel, laviert unglücklich zwischen den Parteien und gibt schließlich den Anstoß zur Pariser Bluthochzeit (1572).

Machtkämpfe in China und Japan

14.-19. Jahrhundert

Von der Ming- zur Ch'ing-Dynastie

Nach Vertreibung der mongolischen Fremdherrscher kam in China mit Kaiser Tai-tsu (Hung Wu; 1368-1399) wieder eine rein chinesische Dynastie an die Macht. Während der Ming-Dynastie bestand nun eine lange Friedensperiode. Das Land konnte sich zu einem zentralistischen Staatswesen entwickeln und die Beamtenschaft besann sich auf Traditionen im Sinne des Konfuzianismus.

Diese Blütezeit, in der China zahlreiche Handelskontakte mit benachbarten Völkern unterhielt, endete jedoch nach fast 300 Jahren im Chaos ständiger Bauernaufstände gegen die immer höhere Steuerlast und durch die Eroberungen der nördlichen Mandschuren unter ihrem Fürsten Nurhatschi. Nach einem jahrzehntelangen Krieg gegen die Ming-Herrscher war China unter dem Sohn Nurhatschis, Tai-tsung (1626-1643), wieder unter einer Fremdherrschaft, der mandschurischen Ch'ing-Dynastie, vereint.

Die Ming-Zeit

Der erste Kaiser der Ming, Tai-tsu, ließ zunächst sämtliche Generäle, die seine Macht bedrohten, hinrichten und konzentrierte die Regierungsgewalt auf seine Person. Der Tod dieses absoluten Herrschers löste einen Bürgerkrieg aus, den der vierte Sohn gewann; er übernahm unter dem Namen Ch'eng-tsu (1402-1425) die Macht. Ch'eng-tsu verlegte die Hauptstadt von Nanking nach Peking, wo der Kaiserpalast, die imposanteste Anlage altchinesischer Baukunst, errichtet wurde. Von dort aus regierten die Ming-Kaiser das in 13 Verwaltungsbezirke unterteilte Land mit Hilfe eines Beamtenapparates, der zunehmend von Mitgliedern des sozial niedrig stehenden, jedoch reichen Händlerstandes besetzt wurde. Die Stellung der Beamten innerhalb der Administration war von ihrem Erfolg in einem gestaffelten Prüfungssystem abhängig, dessen Hauptabschluss die sog. Palastprüfung in der kaiserlichen Han-lin-Akademie war.

Zu den bedeutendsten kulturellen Leistungen dieser Zeit zählt neben dem Ausbau der Großen Mauer eine Universal-Enzyklopädie mit 11 000 Bänden sowie ein großes Werk über Produktions- und Verarbeitungsverfahren, das vom hohen Stand der Technologie zeugt. Zu Beginn der Ming-Herrschaft wurde eine Hochseeflotte gebaut, deren Aufsehen erregende Expeditionen bis an die ostafrikanische Küste führten und zahlreiche Kontakte mit fremden Herrschern ermöglichten. Trotz dieser zunächst intensiven Handelsbeziehungen kam es gegen Ende dieser Dynastie zu einer immer stärkeren Isolation von der übrigen Welt; genau zu dem Zeitpunkt, als die Seeherrschaft der europäischen Entdecker im Indischen und Pazifischen Ozean begann. 1514 erschienen die Portugiesen an der südchinesischen Küste und begannen mit Pfeffer, Elfenbein, Sandelholz und Räucherwerk zu handeln. 1557 erhielten sie die Erlaubnis, sich auf der bis dahin nicht besiedelten Halbinsel Macao niederzulassen. 1575 kamen die Spanier nach China, 1604 die Niederländer, die bald darauf eine Handelsniederlassung auf Formosa errichteten, und 1637 die Engländer; sie dominierten im 18. Jahrhundert, als neben Seide und Porzellan der Tee zunehmend an Bedeutung gewann, den Chinahandel.

Mit dem Vordringen des Handels begann auch die christliche Mission. Wie in Japan verlegten sich auch in China die Jesuiten darauf, durch Anpassung an die gegebenen Verhältnisse missionarisch zu wirken. So verkleideten sie sich zunächst als Buddhisten und dann, da sie erkannten, dass der Buddhismus zu dieser Zeit kein hohes Ansehen genoss, als Konfuzianer. Dem italienischen Jesuiten Matteo Ricci (1552-1610) gelang es 1601 bis in den Kaiserpalast vorzudringen, wo er wegen seiner naturwissenschaftlichen Kenntnisse hoch angesehen war.

Die innenpolitische Lage hatte sich jedoch schon zu Beginn des 17. Jahrhunderts extrem verschlechtert. Die politische Führung zerfiel in den permanenten Kämpfen zwischen den Militärs, den Grundbesitzern und den Beamten. Die bäuerliche Bevölkerung litt unter der Last der Steuern, die sie für die Großgrundbesitzer und die ständig verschuldeten Beamten aufzubringen hatte, und schloss sich seit 1628 zu einer aufständischen Bauernarmee zusammen. Diese Verwirrung nutzten die mandschurischen Stämme des Nordens, die bereits weite Gebiete außerhalb der Großen Mauer erobert hatten. Sie nahmen 1644 die vom Bauernheer besiegte Hauptstadt Peking ein, wo sich der letzte Ming-Kaiser, Chuang-Lieh-Ti (1628-1644), erhängte.

Die Ch'ing-Dynastie

Bereits Nurhatschi und sein Sohn Tai-tsung hatten die nördlichen Mandschu-Stämme vereinigt und den gesamten Norden erobert. Nach dem Fall von Peking konnte der dritte Mandschu-Herrscher, Shih-txu (1644-1662), sich zum Kaiser des Gesamtreiches ausrufen lassen und seine Familie zur Ch'ing-Dynastie proklamieren. Er musste jedoch bis zum Tod des letzten Ming-Prinzen noch einen mörderischen Krieg führen, der erhebliche Verluste in der Zivilbevölkerung verursachte.

Die neuen Herrscher zwangen die chinesischen Männer, nach mandschurischer Sitte den Vorderkopf zu rasieren und einen Zopf zu tragen. Die hohen Regierungsämter wurden jeweils doppelt mit einem Chinesen und einem Mandschu besetzt; die Militärgewalt blieb in den Händen der Eroberer. Trotz des Verbots von Heirat zwischen den Bevölkerungsgruppen kam es zu einer allmählichen Assimilation der Fremden. Steuersenkungen und der Bau von Bewässerungsanlagen kamen der Landwirtschaft zugute und auch für Handwerk und Handel in den Städten brachen bessere Zeiten an. Bedeutendster Herrscher der Ch'ing war Kaiser Sheng-tsu (K'ang-hsi; 1662-1723), dessen Regierungszeit wiederum zu einem Höhepunkt in Wissenschaft und Kultur führte. Die chinesischen Gelehrten, jedoch auch die vom Kaiser hoch geschätzten Jesuiten, verfassten zahlreiche Enzyklopädien sowie ein 1716 abgeschlossenes Werk über die chinesischen Schriftzeichen, das bis ins 20. Jahrhundert das wichtigste Zeichenlexikon darstellte.

Sheng-tsu erließ 1692 ein Edikt, das den Christen die freie Religionsausübung gestattete. Infolge des sog. Ritenstreits zwischen den in China konkurrierenden Missionaren der Dominikaner, Franziskaner und Jesuiten, der als Einmischung in die inneren Angelegenheiten des Reichs angesehen wurde, hob der Nachfolger des Kaisers das Toleranzedikt wieder auf; die Christen wurden massiv verfolgt. Unter Kao-tsung (Ch'ien Lung; 1736-1795), der die Eroberungen seiner Vorgänger fortsetzte, erreichte China die größte Ausdehnung seiner Geschichte. Die Expansion war ein Versuch, für das Reich »natürliche Grenzen« zu schaffen und potenzielle Feinde, wie bis an die chinesische Grenze vordringende russische Siedler in Sibirien, von einem Überfall abzuhalten.

Mit dem Regierungsantritt von Jen-tsung (Chia Ch'ing; 1795-1820) begann bereits der Zerfall der Ch'ing-Dynastie durch Aufstände verschiedener Geheimsekten mit hunderttausenden von Anhängern sowie einiger Stämme am Rand des Machtgebiets. Hinzu kam, dass die Großgrundbesitzer und Händler kein Interesse zeigten, eine Industrialisierung einzuleiten, weil sich ihre Macht vor allem vom Grundbesitz herleitete.

Die innere Schwäche des Reichs der Mitte nutzten die europäischen Mächte, indem sie zunächst in den Vasallenstaaten und den Randgebieten ihren politischen und wirtschaftlichen Einfluss geltend machten. Die eigentliche Katastrophe für diese letzte Kaiser-Herrschaft resultierte schließlich aus den Handelsbeziehungen mit den westlichen Kolonialmächten, die China zunehmend als Absatzmarkt entdeckten. Durch den Handel mit agrarischen Gütern hatte China zunächst große Mengen Silber eingenommen, doch begannen die Briten um 1830 mit der Einfuhr von Opium, was verheerende Folgen für die Produktivkraft der Bevölkerung, aber auch für die Staatsfinanzen hatte, weil das Opium aus den Silbervorräten bezahlt wurde. Verschiedene gewalttätige Auseinandersetzungen führten zum ersten Opiumkrieg von 1840, in dessen Folge China mehrere ungleiche Verträge mit den Europäern akzeptieren musste und immer deutlicher in die Abhängigkeit der Kolonialherren geriet. Bis zur Ausrufung der Republik 1911 war China praktisch eine Kolonie der westlichen Mächte.

Japan unter dem Shogunat

Die Regierungszeit der regionalen Militärführer, der aus der Kriegerkaste der Samurai stammenden Shogune (Kronfeldherren), veränderte die japanische Gesellschaft grundlegend. Der Tenno verlor seine politische Bedeutung, seitdem die Regierungsgeschäfte in die Haushaltungen der mächtigen Familien verlegt wurden. Eine zunächst feudale Herrschaft wandelte sich während des Shogunats zu einem zentralistischen Militärstaat, der von der übrigen Welt fast vollständig isoliert lebte und erst im 19. Jahrhundert durch die Schiffskanonen des US-Commodores Matthew C. Perry dem westlichen Kolonialismus zugänglich gemacht wurde. Gleichzeitig war mit der Öffnung des Landes der Kriegszustand beendet und die kaiserliche Regierung wurde wieder in ihr Recht gesetzt.

Macht und Ohnmacht der Shogune

Der im Bürgerkrieg der Samurai siegreiche Familienführer Yoritomo Minamoto (1147-1199) hatte bereits 1180 Kamakura, ein kleines Fischerdorf in der Nähe des heutigen Tokio, zum Stammsitz seines Hofes gemacht. Yorimoto ließ sich 1192 den Titel eines Shogun verleihen, der aus dem Jahr 800 stammte und bis ins 19. Jahrhundert von allen Regenten geführt wurde. Er untermauerte die Herrschaft seines Familien-Clans, indem er seinen eigenen Ländereien den Grundbesitz der unterworfenen Gegner einverleibte. Der Besitz wurde von Verwaltern geführt, die wiederum von einer neuen Polizeibehörde überwacht wurden. Nach seinem Tod ging die Herrschaft auf die Familie seiner Frau über, die Hodscho, die zwar erfolgreich die beiden Mongolenangriffe von 1274 und 1281 abwehren konnten, durch zunehmende Misswirtschaft jedoch bald geschwächt waren. Fehlende Kriegsbeute aus dem Kampf gegen die Mongolen führte zudem zur Unzufriedenheit der Krieger, deren Loyalität gegenüber dem Shogun auch darauf beruhte, dass sie für ihren Kampf auch eine Entlohnung erhielten. Daraufhin konnte der amtierende Tenno zwar für drei Jahre seine Macht wiederherstellen, doch wurde er rasch von einem neuen Shogun, Takauji Aschikaga (1303-1358), abgelöst, der das Muromachi-Shogunat begründete. Dies war jedoch so schwach, dass die anderen Territorialfürsten ständig versuchten, ihren Besitz auszuweiten. Japan stürzte in den größten Bürgerkrieg seiner Geschichte.

Eingeleitet vom Onin-Krieg (1467-1477), dauerten die Auseinandersetzungen über 100 Jahre an. In diesem Chaos, dem eine Zentralgewalt fehlte, konnten sich die mächtigen Familien der verschiedenen Regionen, die Daimyos, zu absoluten Feudalherren entwickeln. Gerade jedoch in der Zeit der Zerstrittenheit kam es zu bedeutenden Fortschritten in der Architektur, besonders der Gartenbaukunst, in den Keramik-Arbeiten, der Malerei und Literatur. Die Klöster des Zen-Buddhismus hatten hohen Anteil an diesen außerordentlichen kulturellen Leistungen. Der Zen-Buddhismus wurde praktisch zur Staatsreligion in Japan. In den Händen der Zen-Mönche lag auch der Handel mit China.

Japan wieder geeint

Die Einigung Japans nach dem Krieg war das Werk von drei Männern: Nobunaga Oda (1534-1582), Hideyoshi Toyotomi (1536-1598) und schließlich Ieyasu Tokugawa (1542-1616). Nobunaga hatte von Portugiesen, die an seiner Küste gestrandet waren, zwei Musketen erworben, die rasch nachgebaut wurden. Das dadurch überlegene Heer beendete die Ashikaga-Herrschaft. Nach dem Selbstmord des Nobunaga – er war in die Hände eines aufständischen Generals gefallen – übernahmen der erste Feldherr, Hideyoshi, die Macht. Er überschätzte allerdings seine militärischen Möglichkeiten bei zwei erfolglosen Invasionsversuchen in Korea. Hideyoshi schuf die Grundlage für die Militärherrschaft seines Nachfolgers, indem er ein rigoroses Steuersystem errichtete und den Bauern verbot, Waffen zu tragen. Dies war nur noch den Samurai vorbehalten.

In den Feudalkämpfen nach Hideyoshis Tod konnte sich Ieyasu durchsetzen, der auf der Grundlage der vorherigen Edikte die Herrschaft seiner Familie für 250 Jahre begründete. Ieyasu hatte rechtzeitig die Abstammung seiner Familie von den alten Minamoto feststellen bzw. fingieren lassen und konnte sich deshalb 1603 zum Shogun ausrufen lassen. Sowohl die lokalen Daimyo als auch der Tenno blieben entmachtet. Von Edo, dem heutigen Tokio, aus errichtete er einen straffen Polizeistaat, in dem alle Straßen kontrolliert wurden, Wohnort und Beruf nicht gewechselt werden durften. Die Beziehungen zum Ausland, die Ieyasu als Bedrohung ansah, wurden auf ein Mindestmaß eingeschränkt. Ausländer, bis auf die Niederländer, mussten das Land verlassen, Christen waren massivsten Verfolgungen ausgesetzt. Jedem Japaner, der aus dem Ausland zurückkehrte, drohte die Todesstrafe.

Die japanische Gesellschaft war in drei Gruppen, die jeweils noch einmal unterteilt waren, gegliedert: An der Spitze standen die Daimyo als Zweigfamilien, Verbündete und Unterworfene. Darauf folgten die Samurai als unmittelbare Gefolgsleute, Vertreter unterer Ämter und als Gefolgsleute der Daimyo. Die dritte Gruppe, das Volk, gliederte sich in Bauern, Handwerker, Kaufleute und sog. Unreine.

Niedergang der Tokugawa – Abschaffung des Shogunats

Um die Mitte des 18. Jahrhunderts nahmen die wirtschaftlichen Schwierigkeiten zu, die letztlich zum Untergang der Tokugawa-Herrschaft führten. Ein wesentlicher Grund war der Übergang von der Natural- zur Geldwirtschaft. Die in den Provinzen lebenden Daimyo waren vor allem wegen der großen Beamtenschaft und des Zwangs, einige Zeit des Jahres in der Hauptstadt zu wohnen, so stark verschuldet, dass sie immer mehr Papiergeld ausgaben. Die zentrale Haushofhaltung des Shoguns befand sich ebenfalls in einer prekären Lage und versuchte mit ständigen Geldentwertungen dem Ruin zu entkommen. Der entscheidende Anstoß für den Zusammenbruch kam jedoch von außen. Neben einer immer stärkeren innenpolitischen Opposition und den zahlreichen Bauernaufständen gegen die Steuerlast begannen die Probleme mit den westlichen Ländern. Am 8. Juli 1853 erschien Commodore Perry in der Bucht von Uraga und bat im Auftrag der USA, ab dem folgenden Jahr Handelsbeziehungen aufzunehmen. Aus Angst vor einem etwaigen Angriff gab das Shogunat der Aufforderung nach und öffnete mit dem Vertrag von Kanagawa vom 31. März 1854 zwei Häfen für US-amerikanische Schiffe.

Die innenpolitische Opposition gegen die Shogune war, unterstützt durch das Studium der japanischen Geschichte, mittlerweile zu der Erkenntnis gelangt, dass die Militärherrscher nur die Macht an sich gerissen hatten, die eigentlich dem Tenno zustand. Mit der Parole: »Verehrt den Tenno, vertreibt die Barbaren« richteten sich starke Gruppen gegen die Fremden und das Shogunat, das zu schwach war, den fremden Einfluss abzuwehren. Der daraus resultierende Aufstand junger Samurai brach allerdings im Feuer der amerikanischen, französischen, britischen und niederländischen Kriegsschiffe zusammen.

In einem Kompromiss versuchte der amtierende Shogun zwar die Regierungsgewalt an den Tenno zurückzugeben, um selbst Premierminister zu werden, doch drangen am 3. Januar 1868 Truppen der Aufständischen in den Palast von Edo ein und proklamierten die Rückgabe der Herrschaft an den Kaiser. Das Amt des Shogun wurde abgeschafft und die über 250 Jahre alte Herrschaft der Tokugawa-Familie beendet.

PANAMA

Kapern im Dienst der englischen Krone

Im Rahmen des unerklärten Kleinkriegs zur See gegen die Spanier kapert der englische Kapitän Francis Drake die spanische Silberflotte.

1572: Francis Drake erobert in einem kühnen Handstreich die spanische Stadt Nombre des Dios in Panama und kapert die Flotte, die das begehrte Silber aus den spanischen Minen in Bolivien und Mexiko nach Spanien bringen sollte.

Nach einer kurzen Überrumpelungsaktion fällt Drake das seinem Schiff an Größe und Feuerkraft weit überlegene spanische Schiff »Nuestra Señora de la Concepción« in die Hände. Bei der Kaperung dieses Schiffes erbeutet er neben einem riesigen Silberschatz und zahllosen Schmuckstücken für den königlichen Hof auch 40 t Barrengold.

Drakes Raubzüge sind Teil des unerklärten und nicht regulären englischen Seekriegs gegen Spanien, der von Königin Elisabeth I. legitimiert wird und unter dem Schutz der Krone steht. Gerechtfertigt wird diese Piraterie damit, dass England den spanischen und portugiesischen Entdeckungsanspruch zurückweist und den Vertrag von Tordesillas für nicht rechtsgültig erklärt. Außerdem verweist Elisabeth I. darauf, dass die offene See niemandem gehöre und es keine Einschränkungen der Handelsfreiheit geben dürfe.

Bereits 1562/63 hatte der Engländer John Hawkins auf eigene Faust Westafrikaner ins spanische Hispaniola gebracht und dort als Sklaven verkauft; weitere Expeditionen erfolgten mit ausdrücklicher Unterstützung der englischen Regierung und führten zu einer deutlichen Verschlechterung des englisch-spanischen Verhältnisses.

Sir (seit 1580) Francis Drake

An dem Kaperkrieg verdienen auf Seiten der Engländer neben den Kapitänen, die ihre Überfälle nicht als Angehörige der englischen Marine, sondern als »privateers« durchführen, und ihren Mannschaften auch die Königin und diejenigen Adligen und leitenden Hofbeamten, die mit ihren Kapitalanteilen die Schiffe und deren Ausrüstung finanziert haben. Die Profite aus der Piraterie werden zu einem Teil in den Aufbau einer schlagkräftigen Flotte gesteckt: England rüstet sich zur direkten Konfrontation mit Spanien.

Bevor Francis Drake sich in diesem Krieg bewährt, führt er als Zweiter nach Magellan 1577 bis 1580 eine Weltumsegelung durch. Wie sein Vorgänger fährt auch er mit fünf Schiffen los, kehrt aber nur mit einem zurück – allerdings mit gesunder Mannschaft und wertvoller Fracht. Drake durchfährt die Magellanstraße in 16 Tagen, erforscht die Westküste von Feuerland, führt eine Kaperfahrt an der Küste von Chile und Peru durch, segelt wahrscheinlich bis nach Kalifornien und mit dem Passat über den Pazifik bis zu den Molukken und dann auf der Route von Sebastian del Cano nach Europa zurück. Seine Weltumsegelung hat zwar keine unmittelbaren Folgen, macht aber deutlich, dass die Spanier keinesfalls das Schifffahrtsmonopol im Pazifik haben und die Portugiesen nicht unangefochtene Herren des Ostens sind.

HINTERGRUND

Galeonen zu Handels- und Kriegszwecken

Der im Spätmittelalter von den Portugiesen entwickelte Schiffstyp der Galeone wird von den Spaniern und Engländern nachgebaut und hat am Ende des 16. Jahrhunderts die schlecht zu manövrierenden Karacken fast vollständig von den Weltmeeren verdrängt.

Durch den schlanken, strömungsgünstigeren Rumpf bewegt sich dieser Schiffstyp deutlich leichter durch das Wasser. Reduzierte Aufbauten, die dem Wind weniger Angriffsfläche bieten, sowie ein größerer Tiefgang sorgen dafür, dass die Galeonen schneller und steifer zu segeln und auf See wesentlich leichter zu steuern sind. Das hochbordige Schiff von etwa 800 t hat 3-5 Masten. Das Oberdeck läuft in einer Art Balkon (Galion) über den Bug hinaus.

Schwere Galeonen bilden das Herzstück der spanischen Kriegsflotte, der Armada. Sie sind aber auch im Einsatz, um Gold und andere Edelmetalle aus Amerika nach Spanien zu bringen. Zum Schutz vor den Überfällen der englischen Freibeuter fahren sie bald nur noch im Konvoi.

GRIECHENLAND

Heilige Liga stoppt Osmanen bei Lepanto

Der Sieg einer Flotte der Heiligen Liga über die Osmanen bei Lepanto belegt die Verwundbarkeit der im christlichen Abendland gefürchteten Türken. Deren Expansionsbestrebungen im Mittelmeer erleiden einen Rückschlag.

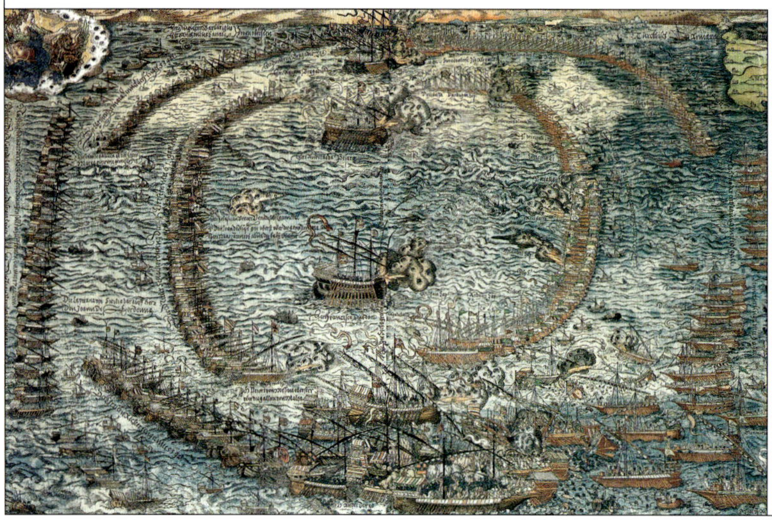

7. 10. 1571: In der Seeschlacht bei Lepanto besiegt die Flotte der Heiligen Liga die osmanischen Seestreitkräfte. Zur Heiligen Liga haben sich am 20. Mai 1571 Spanien, Venedig und der Papst zusammengefunden, um die Macht der Osmanen im Mittelmeer zu brechen. Bereits Sultan Süleiman der Prächtige (regiert1520-1566) hatte die osmanische Expansionspolitik im Mittelmeer intensiviert. 1521 eroberten die Osmanen Rhodos, 1519/20 wurde Algier, 1551 Tripolitanien osmanischer Vasallenstaat. Überfälle auf »christliche« Handelsschiffe, auf Küstenstädte in Spanien, Italien und dem Balkan häuften sich.

Seesieg der venezianisch-spanischen Flotte (Holzschnitt von Jost Amman, 16. Jh.)

DUISBURG

Karten-Revolution durch Mercator

Mit einer neuen Karten-Darstellung der Erdoberfläche erleichtert Gerhardus Mercator den Seeleuten die Navigation.

1569: Der niederländische Kartograf Mercator, der seit 1552 in Duisburg lebt, veröffentlicht eine Weltkarte in der später nach ihm benannten Zylinderprojektion, bei der die Erde nicht als Kugel, sondern als Zylinder in Breite des Äquators angenommen wird. Zwar nimmt die Verzerrung der Erdoberfläche in Richtung der Pole überhand, doch sie hat den Vorteil, dass sich die Meridiane und Breitenkreise senkrecht schneiden. Diese Winkeltreue ist für die Schifffahrt von großer Bedeutung.

FRANKREICH

Mord an Hugenotten

Bartholomäusnacht 1572, zeitgenössisches Gemälde von Francois Dubois

Die Ermordung von etwa 10 000 Hugenotten in der Bartholomäusnacht führt zu einer Verschärfung des Konfessionskriegs in Frankreich.

23./24. 8. 1572: Nach der Hochzeit der Katholikin Margarete von Valois, der Schwester des französischen Königs Karl IX., mit dem hugenottischen König Heinrich von Navarra werden der Hugenottenführer Admiral Gaspard de Coligny und mit ihm zahlreiche Angehörige des protestantischen Adels, die aus Anlass des Festes nach Paris gekommen sind, ermordet. Angeordnet hat das Blutbad die Königinmutter Katharina de Medici, die wie die katholische Adelsfamilie der Guise im Falle einer Aussöhnung der Konfessionen um ihren politischen Einfluss fürchten muss.

Unterstützt durch die Bevölkerung, bringen die Guisen in der Bartholomäusnacht allein in Paris etwa 2000 Menschen um. Die Massaker breiten sich in den Tagen darauf auf die Provinz aus; etwa 10 000 Hugenotten verlieren ihr Leben.

Erste Ansätze zur Reformation gab es in Frankreich ab 1535, doch erst um 1545 begann sich die neue Konfession unter dem Einfluss Johannes Calvins auszubreiten. 1559 gaben sich die Protestanten, deren Hauptverbreitungsgebiete im Süden und Südwesten des Landes lagen, auf der ersten Nationalsynode in Paris ihr Bekenntnis, die Confessio Gallicana. Zwar fand die – katholisch gebliebene – französische Krone nichts dabei, die protestantischen deutschen Fürsten gegen ihre Gegner, die Habsburger, zu unterstützen, doch im eigenen Land wurden die Anhänger des neuen Glaubens als Ketzer verfolgt.

Nachdem auch einige Familien des hohen Adels, z.B. das Haus Bourbon, zum Protestantismus übergetreten waren, begann um 1560 die Zeit der Politisierung des Glaubensgegensatzes. Die Führer der Protestanten – sie wurden von ihren Gegnern »Hugenotten«, abgleitet vom französischen Wort für Eidgenossen, genannt – kämpften nicht nur für Glaubensfreiheit, sondern auch für die Wahrung der nationalen Unabhängigkeit gegenüber dem katholischen Spanien, während die katholische Partei mit den Guisen an der Spitze die Bindung an Spanien suchte.

Nach dem Scheitern eines letzten Versöhnungsgesprächs wurde 1562 das Duldungsedikt von St. Germain erlassen, das ein Nebeneinander der beiden Konfessionen anordnete und den Hugenotten eine beschränkte Duldung gewährte; dagegen verstießen die Guisen, indem sie in einer hugenottischen Gemeinde in Vassy ein Blutbad anrichteten. Damit begann in Frankreich die Zeit der Hugenottenkriege.

AUSBLICK

Hugenottischer und katholischer Adel

Nach der »Bluthochzeit von Paris« wird deutlich, dass der konfessionell geprägte Bürgerkrieg in Frankreich zugleich ein von Mord und Intrigen geprägter Versuch des konfessionell gespaltenen Adels ist, die eigenen Interessen gegen die letzten schwachen Könige aus dem Hause Valois, Karl IX. (regiert 1560-1574) und Heinrich III. (regiert 1574-1589), durchzusetzen.

Die bis dahin loyal zur Krone stehenden Protestanten werden nach der Bartholomäusnacht zu Feinden der Monarchie. Sie errichten ein eigenes protestantisches Staatswesen, vertreten als calvinistische Monarchomachen (griech.: »Monarchenbekämpfer«) die Theorie, dass durch ein System von Herrschaftsverträgen die Gewalt des Souveräns zugunsten der Stände einzuschränken sei, und rechtfertigen die Absetzung und Tötung tyrannischer Herrscher.

Doch auch von katholischer Seite gerät die französische Krone in Gefahr. Als König Heinrich III. 1576 im Frieden von Beaulieu den Hugenotten weitgehende Religionsfreiheit zugesteht, gründet Herzog Heinrich von Guise im Einverständnis mit Papst Gregor XIII. und finanziell unterstützt durch König Philipp II. von Spanien die Heilige Liga.

Sie setzt sich die Vernichtung des Protestantismus in Frankreich zum Ziel, verknüpft mit Ansprüchen des Herzogs auf den französischen Thron. Zwar nimmt der König die Zusicherung allgemeiner Religionsfreiheit wieder zurück und untersagt den Hugenotten die Ausübung ihrer Religion. Doch der Herzog plant weiterhin eine Verschwörung gegen Heinrich III. Dieser lässt nach langem Zögern Weihnachten 1588 Heinrich von Guise ermorden, fällt aber im Jahr darauf dem Attentat eines »ligistischen« Dominikanermönches zum Opfer.

Damit ist der Weg frei für Heinrich von Navarra aus dem Hause Bourbon. Er war nach der Bartholomäusnacht am Hof gefangen gehalten und zum Übertritt zum Katholizismus genötigt worden. Heinrich flieht 1576 zu den Hugenotten und wird wieder Protestant.

Verfolgung der französischen Hugenotten (Farblithographie)

NIEDERLANDE

Glauben spaltet Niederlande

Nur vorübergehend eint der Kampf gegen die spanische Vorherrschaft die niederländischen Provinzen: Die konfessionellen Gegensätze sind so groß, dass sich die südlichen, überwiegend katholischen Provinzen 1579 mit dem spanischen Statthalter zu einer Union zusammenschließen, während die nördlichen Provinzen einen eigenen Bund gründen. Zwei Jahre später sagen sich die nördlichen Provinzen von Spanien los.

6./23. 1. 1579: Die südlichen Provinzen der Niederlande, Artois, Hennegau und Westflandern, begründen am 6. Januar mit dem spanischen Generalstatthalter, Herzog Alessandro Farnese von Parma, die Union von Arras. Dem entgegen vereinigen sich am 23. Januar die nördlichen Provinzen Holland, Utrecht, Seeland, Geldern und Groningen zur Union von Utrecht. Brabant und der übrige Süden treten in der Folge der Union von Arras bei.

Kampf gegen Spanien: In ihrem Aufstand gegen die spanische Herrschaft bilden die Niederländer keine einheitliche Front, sondern sind entlang politischer und vor allem konfessioneller Trennlinien in verschiedene Parteien zerstritten. Wilhelm, Graf von Nassau und Prinz von Oranien, der bereits seit 1568 den Widerstand der Stände gegen den spanischen Zentralismus organisiert und 1572 von den Aufständischen zum Statthalter ernannt wurde, gelang es nur vorübergehend, alle niederländischen Provinzen zu vereinen: Am 5. November 1576 schlossen nach Übergriffen spanischer Soldaten in Antwerpen und Brabant die aufständischen Provinzen Holland und Seeland mit den nicht aufständischen Generalstaaten die Genter Pazifikation, ein Friedens-, Eintrachts- und Freundschaftsbündnis zur Vertreibung der spanischen Soldateska.

Konfessionelle Gegensätze: In den zunehmend brutaleren Auseinandersetzungen zwischen den Konfessionen werden die gemäßigten Kräfte zerrieben: Viele Katholiken befürworten im Zuge der Gegenreformation ein gewaltsames Vorgehen gegen die »Ketzer«, Spanien ist ohnehin nicht zu einem Kompromiss mit den Protestanten bereit und auch die meisten Reformierten wollen prinzipiell nur den Calvinismus als Religion zulassen.

Spaltung der Niederlande: Die Gründung der Union von Arras und der Union von Utrecht markiert die Spaltung der Niederlande. Die Union von Arras sichert den südlichen Provinzen ihre ständische Freiheit und Verfassung zu. Dafür erkennen sie den König von Spanien als Souverän und die alleinige Geltung des katholischen Glaubens an. Ein im Frühjahr 1579 unternommener Versuch, bei den Kölner Friedensverhandlungen die konfessionelle Frage mit friedlichen Mitteln zu lösen, scheitert. Im Haager Manifest vom 26. Juli 1581 sagen sich Holland, Seeland, Utrecht, Geldern, Groningen, Overijssel und Friesland von Spanien los und erklären den spanischen König für abgesetzt.

Bis zum Westfälischen Frieden führen nun die nördlichen Niederlande ihren Unabhängigkeitskampf gegen Spanien allein weiter. Im Verlauf der militärischen Auseinandersetzungen bildet sich die Grenze zwischen den nördlichen Niederlanden (Generalstaaten, Republik der Vereinigten Niederlande) und den südlichen Niederlanden (das spätere Belgien und Luxemburg) heraus.

Unterschiedliche Entwicklungen: Im Zuge der Gegenreformation verlieren die südlichen Niederlande viele Angehörige des städtischen Bürgertums, die dem Calvinismus anhängen, an den Norden, dessen Wirtschaftskraft damit erheblich gestärkt wird. Einige Glaubensflüchtlinge finden auch Zuflucht in Deutschland.

In den nördlichen Niederlanden münden die Auseinandersetzungen fast in einen Bürgerkrieg. Erst mit Beginn des 17. Jahrhunderts bildet sich hier nach und nach ein Klima der religiösen Toleranz heraus.

Spanisch-niederländischer Krieg: Die Schlacht bei Nimwegen (Gemälde von Rodrigo de Holanda, Ende 16. Jh.)

ZUR PERSON

Wilhelm I., Prinz von Oranien

Wilhelm I. (s. Abb. zu Pferde), Graf von Nassau und Prinz von Oranien (seit 1544), ist der Führer des niederländischen Unabhängigkeitskampfes und der Begründer der Oranier-Dynastie.

Am 25. April 1533 geboren und katholisch erzogen, erbt Wilhelm 1544 großen Besitz in den Niederlanden. Seit 1559 ist er Statthalter von Holland, Seeland, Utrecht und der Franche-Comté sowie Mitglied des Staatsrats. Mit dieser Machtfülle ausgestattet, stellt sich Wilhelm an die Spitze des ständischen Widerstandes gegen Spanien.

Nach Erfolgen gegen die Spanier ernennen ihn die Aufständischen 1572 zum Statthalter. 1573 tritt Wilhelm zum Calvinismus über, setzt sich aber für Toleranz gegenüber Katholiken und Lutheranern ein und erreicht 1576 die Pazifikation von Gent.

Nach der Spaltung der Niederlande wird Wilhelm von Oranien 1580 von Spanien geächtet. Am 10. Juli 1584 wird er von einem Katholiken ermordet.

TOLEDO

Visionär El Greco

Die Bilder von El Greco bezeugen einen radikalen Stilwandel in der Malerei zugunsten einer dramatisch erregten Kunst.

1577: Der Kreter Dominico Theotocopuli lässt sich in der spanischen Stadt Toledo nieder. Bis zu seinem Tod am 7. April 1614 hat der Maler, den die Spanier El Greco (»der Grieche«) nennen, dort seinen Wohnsitz.

El Greco erhielt in seiner Heimat zunächst eine Ausbildung als Ikonenmaler und setzte ab etwa 1560 seine Ausbildung in Venedig bei Tintoretto (eigtl. Iacopo Robusti) fort. Ab 1570 versuchte er Aufträge in Rom zu erhalten, scheiterte jedoch, da er nicht bereit war, in dem dort immer noch vorherrschenden Stil Michelangelos zu malen.

In Spanien entwickelt El Greco endgültig seinen eigenen Stil. Er malt in leuchtenden Farben, die er wie die venezianischen Künstler mit dunklen Tönen kontrastiert. Die Figuren werden idealisiert, die Körper überlängt, die Gesicher erscheinen schmal und die Hände feingliedrig.

Die harmonisch-realistische Darstellung der natürlichen Proportionen, die der Kunst der Renaissance so am Herzen lag, wird zugunsten der Steigerung des Ausdrucks verlassen; damit ist El Greco ein Vertreter des neuen manieristischen Stils.

Um eine leidenschaftliche, visionäre Gestaltung des Nicht-Sichtbaren geht es El Greco mit den ekstatisch aufwärts strebenden Figuren seiner religiösen Bilder. Seine Kunst entsteht in einer Situation, in der die katholische Kirche im Zuge der Gegenreformation der Kunst die Aufgabe zuerteilt hat, sich auf die mystischen und übernatürlichen Seiten der Religion zu konzentrieren.

El Grecos Werke entstehen in einem Land, in dem im 16. Jahrhundert eine zutiefst spirituelle Mystik gedeiht, wie die Lebensgeschichten der heiligen Theresia von Avila und des heiligen Johannes vom Kreuz belegen.

Doch auch in Spanien stößt El Grecos Malerei wegen der grellen Farben und der freien Interpretation biblischer Themen auf Kritik, vor allem bei König Philipp II. Der Künstler erhält allerdings genügend Aufträge von Kirchen und Privatpersonen.

»Das Schweißtuch der heiligen Veronika« (Gemälde von El Greco)

STICHWORT

Manierismus

Ab etwa 1530 lässt mancher Maler aus Italien die Renaissancenormen von Harmonie und Proportion nicht mehr gelten und sucht nach einer eigenen Manier – der Manierismus hat begonnen.

Merkmale sind u.a. überlängte Körper sowie extrem asymmetrische, verzerrte Kompositionen. Die neuen Stilmittel stehen im Dienst neuer Inhalte: Der für die manieristische Malerei typische Zug nach oben und die Aufhebung des realistischen Bildraums sollen dem Betrachter eine übernatürliche Welt dramatisch vor Augen stellen. Wichtige Vertreter sind u.a. Tintoretto, der in fahlen Farben und mit bewegten Strichen ein religiöses Geheimnis beschwört, und Giuseppe Arcimboldo, dessen naturgetreue Einzelobjekte sich zu einer menschlichen Figur verbinden.

Surrealistisch anmutend: »Das Feuer« von Giuseppe Arcimboldo, 1566

RUSSLAND

Die Stroganows erschließen Sibirien

Die Kaufmannsfamilie der Stroganows trägt wesentlich zur Erschließung und Kolonisierung Sibiriens durch Russland bei.

1574: Die Stroganows erhalten von Zar Iwan IV., dem Schrecklichen, das Privileg zur Errichtung von Handelsniederlassungen in Sibirien. Bereits 1558 hatte Anikita Stroganow, der Stammvater der Kaufmannsfamilie, vom Zaren eine Besitzurkunde über Sibirien erhalten.

Der Herrscher überließ ihm alles Land am Fluss Kama mitsamt seinen Nebenflüssen auf 20 Jahre zur freien Verfügung und zur wirtschaftlichen Nutzung. Das nun erteilte Privileg ist im Wesentlichen eine Erweiterung des alten Dokuments.

Die Stroganows tragen mit ihrem umfangreichen Handel, beruhend auf Jagd, Fischerei, Landwirtschaft und Salzgewinnung, wesentlich zur Erschließung neuer Gebiete in Sibirien bei. Dabei macht sich anfangs insbesondere der Kosakenführer Jermak verdient. Er zieht 1581 erstmals im Auftrag der Stroganows in Richtung Osten gegen das Reich des Mongolenherrschers Sibir. Ausgangspunkt für seine Unternehmungen sind die halb autonomen Besitzungen seiner Auftraggeber an der Kama.

Von dort aus dringt Jermak mit seinem Heer bis zum Irtysch vor, erobert 1582 die Stadt Sibir (heute Tobolsk) und erschließt im weiteren das gesamte Gebiet zwischen Ob, Tobol und Irtysch – damit beginnt die russische Kolonisierung Sibiriens. Jermak stirbt im Jahr 1585. Bald nach seinem Tod werden in Sibirien mit Tjumen und Tara erste Städte gegründet. Weitere Expeditionen nach Osten folgen.

ÄRMELKANAL

Niederlage der Armada – Aufstieg Englands

Auf die Hinrichtung der ehemaligen schottischen Königin Maria Stuart, einer Katholikin, durch die englische Königin Elisabeth I. reagiert das katholische Spanien mit Empörung. Der Versuch der Eroberung Englands durch die spanische Flotte, die Armada, scheitert jedoch kläglich. Englands Aufstieg zur führenden Seemacht beginnt.

Die spanische Armada wird von englischen Schiffen angegriffen.

27. 7./8. 8. 1588: Mit sechs Feuerschiffen greifen die Engländer die spanische Armada an, die im Juni mit 130 Schiffen Richtung England ausgelaufen ist. Es beginnt eine erbitterte Seeschlacht, bei der die zahlenmäßig überlegenen Spanier viele Schiffe verlieren. Der Versuch der Spanier, sich bei Calais mit der spanischen Landungsarmee aus den Niederlanden zu vereinigen, um gemeinsam den entscheidenden Angriff gegen England durchzuführen, ist vereitelt.

Die übrig gebliebenen spanischen Schiffe werden von ungünstigen Winden immer weiter nach Norden getrieben und müssen den Heimweg um Schottland und Irland herum antreten. Dabei gehen in Stürmen weitere Schiffe verloren.

Zwar erreichen zwei Drittel der spanischen Flotte die Heimat, doch das Unternehmen hat den spanischen Hof viel Geld gekostet. Sein Scheitern stellt für den spanischen König Philipp II. und die katholische Sache einen herben Prestigeverlust dar, während die Engländer mit dem Triumph über die als unbesiegbar geltende Armada ihren Anspruch auf Weltgeltung eindrucksvoll unterstreichen.

Die Beziehungen zwischen England und Spanien sind seit längerem gespannt, u.a. wegen des von der

NORDAMERIKA

Erste Siedlungsversuche der Engländer

Die ersten Versuche der Engländer, in Nordamerika Kolonien zu gründen, schlagen fehl.

Juli 1585: Zwei Jahre nachdem erste Versuche des englischen Seefahrers Sir Humphrey Gilbert, in Neufundland eine Siedlung zu errichten, gescheitert sind, lässt Sir Walter Raleigh, ausgestattet mit einem Patent der englischen Königin Elisabeth I., deren Günstling der Seeheld ist, auf der Insel Roanoke vor der Küste des heutigen North Carolina eine erste Ansiedlung gründen. Zu Ehren der unverheirateten Herrscherin tauft er die neue Kolonie auf den Namen Virginia (»die Jungfräuliche«).

Sir Walter Raleigh

Die Gründung erfolgt von Richard Greenville und Ralph Lane, die jedoch – auch angesichts der Kriegsgefahr mit Spanien – mit der etwa 100 Mann starken Siedlergruppe in die Heimat zurückkehren.

1587 sendet Raleigh unter der Leitung John Whites eine zweite Siedlergruppe aus und eine zweite Ansiedlung entsteht. White kehrt nach England zurück, um Nachschub aus dem Mutterland zu holen. Seine zweite Reise nach Virginia kann er erst 1590 antreten.

Bei seiner Ankunft findet er jedoch keinen der Siedler mehr vor. Ob sie durch Hunger, Krankheiten oder Kämpfe mit Indianern umgekommen sind, bleibt ungeklärt.

ITALIEN

Kalender

Auf Geheiß von Papst Gregor XIII. wird in den meisten europäischen Ländern ein reformierter Kalender eingeführt.

24. 2. 1582: Der nach der Reform gültige gregorianische Kalender behält die Schaltregel bei, wonach die Jahre als Schaltjahre gelten, deren zwei letzte Zahlen durch vier teilbar sind. Die Schaltjahre umfassen, da es in ihnen einen 29. Februar gibt, 366 statt 365 Tage. Man erreicht nun jedoch mit der Reform eine noch nähere Angleichung an das Sonnenjahr, indem man alle 400 Jahre drei Schaltjahre ausfallen lässt. So sind die Jahre 1700, 1800 und 1900

englischen Krone unterstützten Kaperkriegs von Francis Drake, der den spanischen Schiffsverkehr mit den Kolonien in der Neuen Welt erheblich stört. Der nach dem französisch-spanischen Bündnis zur Bekämpfung der Hugenotten im Jahr 1585 geschlossene Vertrag Englands mit den gegen Spanien rebellierenden Niederländern und die Entsendung englischer Truppen zur Unterstützung der Aufständischen bedeuteten eine weitere massive Verschlechterung der beiderseitigen Beziehungen.

Nach immer stärkeren Drohungen aus Spanien und nach Bekanntwerden von Verschwörungsplänen gegen die englische Krone, in die auch die ehemalige schottische Königin Maria Stuart verwickelt sein sollte, entschloss sich Königin Elisabeth I. 1587, ihre katholische Rivalin, die sich seit 1568 in englischer Gefangenschaft befand, hinrichten zu lassen – ein offener Affront gegen Frankreich und Spanien, welche die schottische Ex-Monarchin wegen des gemeinsamen katholischen Glaubens und wegen verwandtschaftlicher Bindungen unterstützten.

Da Maria statt ihres protestantischen Sohnes Jakob den spanischen König Philipp II. zu ihrem Nachfolger in Schottland und England ausersehen hatte, nahm dieser ihre Hinrichtung zum Anlass, die spanische Flotte zum entscheidenden Schlag gegen England zu rüsten, um das Land wieder für den Katholizismus zurückzugewinnen. Dass Drake in dieser Situation noch einen Überfall auf den spanischen Hafen Cádiz unternahm, um die Flottenrüstung zu stören, war nur noch eine weitere Provokation.

Für das Scheitern der geplanten Invasion der spanischen Armada gibt es mehrere Gründe: Zum einen sind die englischen Schiffe kleiner und damit im Ärmelkanal wesentlich manövrierfähiger als die spanischen Schiffe, zudem verfügen sie über eine bessere Bewaffnung. Zum anderen können die Engländer die Wetterverhältnisse besser nutzen. Es gelingt ihnen durch günstige Winde während der Schlacht, sich in vorteilhafte Positionen zu manövrieren.

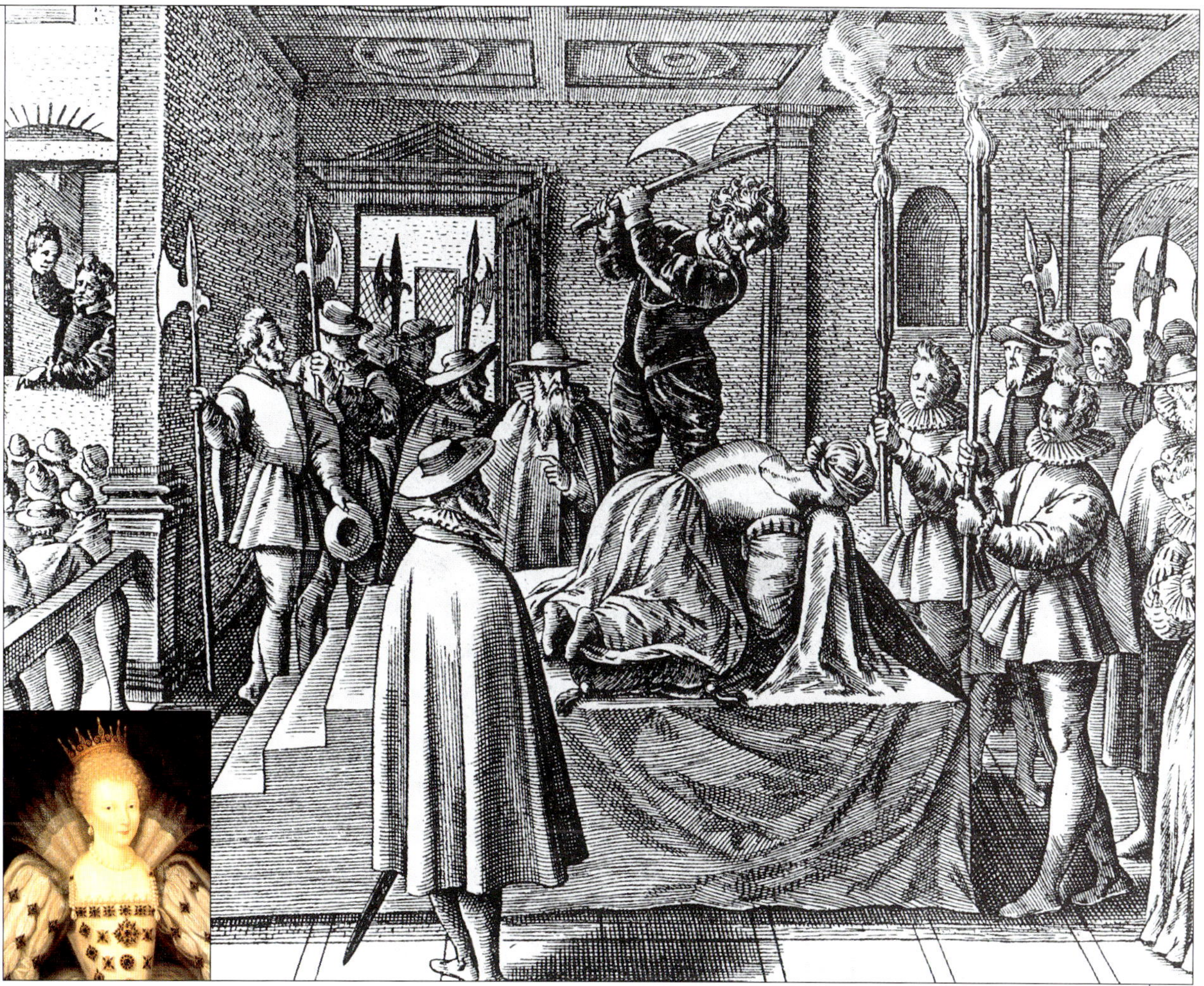

Großes Bild: Hinrichtung Maria Stuarts in Fotheringhay (Kupferstich, 1588); Kleines Bild: Maria Stuart (Gemälde, 16. Jh.)

reformiert

keine Schaltjahre, aber das Jahr 2000 hat wieder einen 29. Februar. Die verbleibenden Fehlerreste, die sich nach der gregorianischen Reform gegenüber dem Sonnenjahr ergeben, wachsen erst in 3333 Jahren wieder auf einen Tag an.

Seit der Einführung des julianischen Kalenders durch den römischen Feldherrn und Staatsmann Gaius Julius Cäsar im 1. Jahrhundert v.Chr. war der Unterschied zwischen dem Datum und dem Sonnenjahr auf mittlerweile zehn Tage angewachsen. Um ihn auszugleichen, folgt im Jahr 1582 auf den 4. Oktober unmittelbar der 15. Oktober.

SPANIEN/PORTUGAL

Weltmacht Spanien unter Philipp

Durch die Personalunion mit Portugal wird Spanien die größte Kolonialmacht.

31. 1. 1580: Nach dem Tod von König Heinrich, dem letzten Herrscher über Portugal aus dem Haus Avis, erhebt König Philipp II. von Spanien als nächster Erbe Anspruch auf den portugiesischen Thron, lässt den Herzog von Alba in Portugal einmarschieren und proklamiert die Personalunion Spanien–Portugal, die bis 1640 Bestand hat. Durch die Annexion Portugals einschließlich des portugiesischen Kolonialreichs, das sich von Brasilien über Afrika bis Indien und Südostasien erstreckt, wird Spanien unangefochten zur Weltmacht. Philipp II. ist der zweite Habsburger auf dem spanischen Thron. Nach der Abdankung seines Vaters, Kaiser Karl V. (als spanischer König Karl I.), 1556 erhielt er Spanien, die Niederlande, Burgund, Mailand und Neapel. Mit dem Frieden von Cateau-Cambrésis konnte er die spanische Machtstellung gegen Frankreich behaupten, doch der strenggläubige Monarch, der sich verpflichtet fühlte, die katholische Christenheit unter spanischer Führung zu einen, war zu Konzessionen gegenüber den niederländischen Protestanten nicht bereit und geriet in einen unversöhnlichen Gegensatz mit England. Philipp II. machte 1561 Madrid anstelle von Toledo zur Hauptstadt und ließ ab 1563 in der Nähe den Klosterpalast des Escorial erbauen. Innenpolitisch kann der König zwar die Macht der Stände zurückdrängen, nicht jedoch einen absolutistisch regierten einheitlichen Nationalstaat begründen. Nach seinem Tod 1598 setzt der Niedergang Spaniens ein.

Philipp II. von Spanien

FRANKREICH

König aller Franzosen

Unter König Heinrich IV. stabilisiert sich die Lage in dem von konfessionellen Auseinandersetzungen zerrissenen Frankreich.

27. 2. 1594: Heinrich IV. wird in Chartres zum französischen König gekrönt.

König Heinrich III. von Navarra, zugleich Herzog von Bourbon, erhob nach dem Tod des französischen Königs Heinrich III. als Heinrich IV. 1589 Anspruch auf den französischen Thron. Zu dieser Zeit standen sich die Hugenotten und die katholischen »Ligisten« wie zwei selbstständige Staaten gegenüber, die beide die Autorität der Krone nicht anerkannten. Der Hugenotte Heinrich besiegte zunächst in harten Kämpfen die Ligisten und trug dann zur nationalen Versöhnung bei, indem er – »Paris ist eine Messe wert« – am 25. Juli 1593 katholisch wurde. Am 22. März 1594 zieht Heinrich IV. tatsächlich in die französische Hauptstadt ein.

König Heinrich IV.

Heinrich IV. versteht sich als König aller Franzosen. Ziele seiner Regierung sind die religiöse Befriedung und eine neue Begründung der Autorität des Monarchen: »Mein Wille allein dürfte genügen, um als Rechtsgrund zu dienen... Ich bin der König, ich spreche zu euch als König und ich verlange Gehorsam« heißt es im Edikt von Nantes, mit dem 1598 die Hugenottenkriege beendet werden. Heinrich IV. stellt damit die Weichen für einen absolutistischen Staat. Er wird am 14. Mai 1610 von einem katholischen Fanatiker ermordet.

ZUR PERSON

William Shakespeare

Über die Lebensgeschichte des größten Dramatikers weiß man wenig. Bis heute gibt es Spekulationen, dass die unter dem Namen William Shakespeare bekannten Stücke nicht aus der Feder dieses ungebildeten Schauspielers stammen, sondern dass sich ein adliger Autor seines Namens bedient bzw. dass ein ganzes Team unter diesem Pseudonym geschrieben hat.

Mr. WILLIAM SHAKESPEARES COMEDIES, HISTORIES, and TRAGEDIES.
Published according to the true Originall Copies.
The second Impression.
LONDON,
Printed by Tho. Cotes, for Robert Allot, and are to be sold at the signe of the Blacke Beare in Pauls Church-yard. 1632.

Als Sohn eines Landwirts und Handschuhmachers im mittelenglischen Stratford-upon-Avon geboren und dort am 26. April 1564 getauft, heiratet William Shakespeare 1582 die wesentlich ältere Anne Hathaway. Nach einigen Jahren Ehe lässt er seine Frau und seine drei Kinder zurück und schließt sich in London einer Theatertruppe an. Spätestens ab 1592 ist er als Schauspieler und Stückeschreiber in der englischen Hauptstadt nachweisbar.

Zwei Jahre darauf wird er Mitglied von Lord Chamberlain's Men, einer führenden Londoner Theatertruppe, die von Königin Elisabeth I. unterstützt und gefördert wird. Als wichtigster Dramatiker des Ensembles, das im Jahr 1599 mit dem Globe Theatre eine feste Bühne erhält, und als ihr Aktionär (ab 1608 auch des Blackfriars Theatre) kommt der Künstler zu Geld und Ansehen. Seine letzten Lebensjahre verbringt Shakespeare in Stratford, wo er am 23. April 1616 stirbt.

STICHWORT

Edikt von Nantes gewährt Toleranz

Das Edikt von Nantes, das König Heinrich IV. von Frankreich am 13. April 1598 erlässt, sichert den bislang verfolgten Hugenotten in ganz Frankreich Gewissensfreiheit zu. Die Verfolgung Andersgläubiger ist fortan gesetzeswidrig.

Die Katholiken erhalten das Recht, überall ihre Gottesdienste auszuüben, auch da, wo sie bisher – als konfessionelle Minderheit – daran gehindert wurden. Protestantische Gottesdienste dürfen nur in den Städten stattfinden, wo sie schon vor dem Erlass durchgeführt wurden. In Paris werden sie ausdrücklich verboten. Damit soll eine weitere Ausbreitung des Protestantismus erschwert werden. Die örtliche Beschränkung gilt nicht für die etwa 3500 protestantischen Adligen, welche die hohe Gerichtsbarkeit besitzen. Rechtlich werden die Protestanten mit den Katholiken gleichgestellt. Urteile aus religiösen Gründen werden für nichtig erklärt, Gefangene freigelassen. Im Ausland geborene Kinder von Hugenotten werden zu französischen Bürgern erklärt.

Die protestantische Kirche »Le Paradis« in Lyon, erbaut nach dem Edikt von Nantes

Engländer

Die Ausdehnung des Welthandels bringt neue Kaufmannsgesellschaften hervor: Mit staatlicher Unterstützung werden Firmen gegründet, die durch Monopole geschützt den Handel mit den asiatischen Küstenregionen kontrollieren.

31. 12. 1600: Die im Vorjahr gegründete private East India Company erhält durch königliche Charta das Monopol für den englischen Handel mit Ostindien, der bisher von Portugiesen beherrscht wird. Bereits 1601 werden erste Fahrten nach Indien durchgeführt und eine Niederlassung in Surat errichtet; später entstehen Faktoreien in Madras, Bombay und Kalkutta.

In Amsterdam bildet sich 1602 durch Fusion mehrerer im Indiengeschäft tätiger Firmen mit der Holländisch-Ostindischen-Kompanie eine Konkurrenz für die

ENGLAND

Das Globe Theatre als feste Spielstätte

In London genießt der Schauspieler, Theaterleiter und Dramatiker William Shakespeare höchstes Ansehen. Seine 36 Theaterstücke, darunter 14 Komödien, zwölf Tragödien und zehn Historiendramen, markieren den Höhepunkt der europäischen Theatergeschichte.

1599: Die Theatertruppe von William Shakespeare erhält mit dem Globe Theatre in London ihre eigene Spielstätte. Aufgeführt werden vorrangig Dramen aus der Feder Shakespeares, der auch als Schauspieler auftritt.

Seit einigen Jahren hat sich die Situation der Schauspieler, die sozial geächtet waren, verbessert: Adlige haben verschiedentlich das Patronat über eine Schauspieltruppe übernommen und in allen Bevölkerungsschichten hat die Begeisterung für das Theater deutlich zugenommen. 1575 wurde die erste öffentliche Bühne in London eingerichtet, eine Freilichtbühne.

Zwar greift Shakespeare wie alle Dramatiker seiner Zeit bei der Gestaltung seiner Stücke auf Grundelemente der Mythologie und Geschichtsschreibung sowie auf berühmte literarische Vorlagen aus Antike und Renaissance zurück, er übertrifft jedoch alle durch ein stupendes dramaturgisches Geschick und durch seine dichterische Einbildungskraft. Im Zeitalter des entstehenden Individualismus sind seine Figuren nicht bloße Träger von Ideen, sondern treten als denkende, fühlende und leidende Personen auf, die in einen Konflikt mit ihrer Umgebung geraten. Gemeinhin wird Shakespeares Werk in vier Perioden unterteilt: In der ersten Periode entstehen, als Ausdruck vielleicht auch des allgemeinen Optimismus der Zeit, beschwingte, optimistische Komödien wie »Viel Lärm um nichts« (1598).

Szene aus William Shakespeares um 1599 entstandenem Drama »Julius Cäsar«

Die Königsdramen und Historienstücke der zweiten Periode, in denen es um die Frage der Legitimation von Macht geht, offenbaren ein gebrochenes Verhältnis des Dramatikers auch zur aktuellen Entwicklung. In ihnen wird die soziale Ordnung als stets gefährdet, aber doch als wiederherstellbar dargestellt. Shakespeare macht deutlich, dass Macht immer zu offenem Terror pervertieren kann.

In den Tragödien der dritten, pessimistisch geprägten Periode konfrontiert Shakespeare seine Figuren mit einer aus den Fugen geratenen Welt, in der die traditionellen Werte nichts gelten und das Vertrauen in zwischenmenschliche Beziehungen geschwunden ist. Helden wie Hamlet, Othello oder König Lear geraten in Phasen tiefer Desorientierung und Isolation. In den Komödien der letzten Schaffensperiode (»Der Sturm«) erscheint alles Tun des Menschen als eitel und das Leben nur als Zugehen auf den Tod.

INDISCHER OZEAN

und Niederländer drängen nach Asien

Engländer. Sie betätigt sich allerdings vor allem auf Ceylon und im späteren Indonesien, bald auch in Japan.

Im Lauf des 16. Jahrhunderts haben sich an den Küsten des Indischen Ozeans, insbesondere in Ostafrika, Indien, China, Siam, Borneo und Sumatra, europäische Kaufleute niedergelassen. Unter militärischem Schutz errichteten zunächst die Portugiesen zahlreiche Niederlassungen. Später kommen vor allem Engländer und Niederländer an die Küsten Asiens. Neben Gewürzen aus Indien, Sumatra, Borneo und Java locken Seide, Tee und Porzellan aus China, Diamanten, Baumwollwaren, Indigo, Kaffee und Gold aus Indien, Teppiche aus Persien sowie Kupfer und Edelsteine aus Siam.

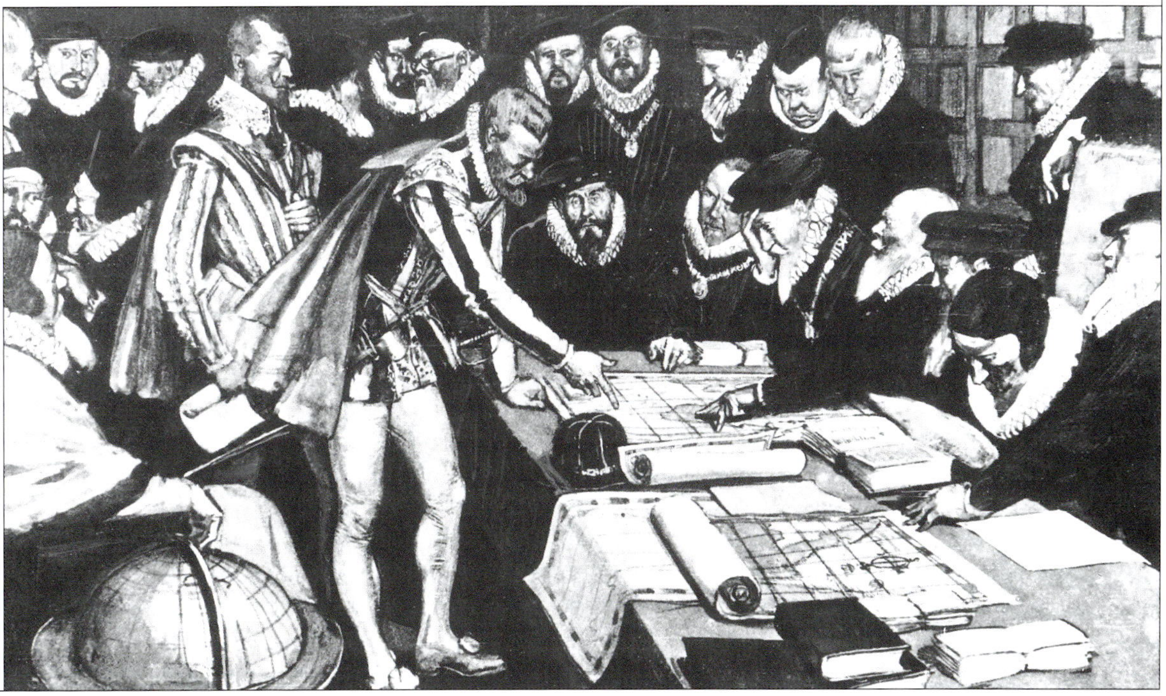

Gründung der Ostindischen Kompanie (Aquatinta nach Gemälde, 1903)

ROM

Philosoph Bruno als Ketzer verbrannt

Giordano Bruno, einer der Wegbereiter der modernen Philosophie, wird als Ketzer öffentlich verbrannt.

17. 2. 1600: Bruno, 1548 in Nola geboren, gehörte von 1563 bis 1576 in Neapel dem Dominikanerorden an. Wegen seiner Überzeugungen der Ketzerei angeklagt, floh er aus dem Orden und führte ein ruheloses Wanderleben durch Frankreich, England und Deutschland, wobei er zeitweilig unter dem Schutz König Heinrichs III. von Frankreich stand. 1592 wurde Bruno in Venedig von der Inquisition verhaftet und bis zu seiner Hinrichtung in Rom gefangen gehalten.

Als einer der großen Denker der Renaissance vollzog Giordano Bruno die Trennung zwischen Philosophie und Theologie. Aufbauend auf den astronomischen Erkenntnissen des Nikolaus Kopernikus lehrte er die Unendlichkeit der Welt, die nach seiner Überzeugung der Unendlichkeit Gottes entspricht, sowie die Vielheit und Gleichwertigkeit der Weltsysteme. Sein metaphysischer Pantheismus wurde wegweisend für das moderne Lebensbild.

»Giordano Bruno auf dem Scheiterhaufen der Inquisition«; Bronzerelief Ettore Ferrari (1887); Rom, Piazza di Campo de' Fiori

Ein Schotte

Nach dem Tod Königin Elisabeths I. von England besteigt ihrem Wunsch gemäß ihr Großneffe, König Jakob VI. von Schottland, als Jakob I. den englischen Thron.

24. 3. 1603: Jakob VI. wird der erste englische König aus der Dynastie der Stuarts. England mit Irland und Schottland werden damit in Personalunion regiert, bleiben aber vorerst eigenständig.

Erst die Union von 1707 macht aus beiden Ländern das Königreich Großbritannien. Jakob, 1566 als Sohn Maria Stuarts in Edinburgh geboren, wurde 1567 nach der Abdankung seiner Mutter König von Schottland. Im Interesse seiner Anwartschaft auf den englischen Thron verbündete er sich 1586 mit Königin Elisabeth I. gegen Spanien und hielt auch nach der Hinrichtung seiner Mutter an dieser Allianz fest. Noch bevor er die englische Krone übernimmt, hat er in etlichen Schriften die Theorie vom göttlichen Herrscherrecht der Könige vertreten. Dieser absolutistische Anspruch bringt Jakob I. in Gegensatz zur englischen Führungsschicht, die das Parlament zu ihrem politischen Forum macht. Die Spannungen brechen jedoch erst unter seinem Sohn Karl I. in einen offenen Konflikt aus.

Um seine Herrscheransprüche zu behaupten, stützt sich Jakob I. auf die anglikanische Staatskirche,

JAPAN

Japan schottet sich gegen äußere Einflüsse vollständig ab

Ieyasu Tokugawa begründet in Japan das Shogunat der Tokugawa-Dynastie (bis 1867). Diese Epoche ist durch eine lange Friedensperiode sowie die Abgrenzung Japans gegen europäische Einflüsse gekennzeichnet.

1603: Mit der Machtübernahme Ieyasus' endet die 40-jährige shogunlose Zeit, in der führende japanische Adelsfamilien um die Macht im Land kämpften.

Ieyasu leitet seine Herkunft von Yoritomo Minamoto, dem Begründer der Kamakura-Samurai-Herrschaft ab, dessen Familie mit dem Kaiserhaus verwandt ist. Aufgrund dieser Verbindung fühlt er sich zur Herrschaft berufen. Seine letzten Konkurrenten um die Alleinherrschaft, die Familie Toyotomi, konnte er 1600 aus dem Feld schlagen.

Politisch machtloser Tenno: 1603 erhält Ieyasu vom Tenno den Titel »Großer General, der die Barbaren unterwirft«, der zuletzt 1192 an Yoritomo Minamoto verliehen wurde. Zwar ist der neue Shogun nicht offiziell Regent, doch der Tenno zieht sich nach Kyoto zurück, wo er ein Leben im Dienst der Shinto-Religion führt. Er genießt göttliche Verehrung, beteiligt sich aber nicht am politischen Leben.

Abschottung des Landes: Ieyasu macht Edo (heute Tokio) zum Regierungssitz und wählt den Konfuzianismus als Staatsideologie. Das Christentum, das durch die Missionstätigkeit des Jesuitenpaters Franz Xaver in Japan eine gewisse Verbreitung gefunden hat, gerät mit seiner Betonung einer höheren Loyalität Gott gegenüber in die Rolle einer staatsgefährdenden Sekte. 1614 ergeht ein Edikt, das den Jesuiten Konspiration und Agententätigkeit für Spanien und Portugal vorwirft; 1620 beginnt die Christenverfolgung in Japan, vier Jahre später wird der Handel mit Spanien abgebrochen. Nach dem Aufstand von Shimabara 1637/38 wird das Christentum verboten; die Anhänger der Religion werden getötet oder ausgewiesen. 1639 werden alle japanischen Häfen für ausländische Schiffe gesperrt. Einzig die Handelsbeziehungen zu China bleiben erhalten. Niederländischen Kaufleuten wird 1641 eine Handelstätigkeit über die künstlich angelegte Insel Deshima vor Nagasaki gestattet, nachdem sie zugesichert haben, auf jegliche Missionstätigkeit zu verzichten. Den Japanern selbst ist es bei Todesstrafe verboten, das Inselreich zu verlassen. Die Landesabschließung Japans (Sakoku) bleibt bis zu dem erzwungenen Freundschafts- und Handelsvertrag mit den USA 1854 bestehen.

ENGLAND

folgt Elisabeth I. auf dem englischen Thron

Jakob I., König von England 1603 bis 1625, und seit 1567 als Jakob VI. König von Schottland; Rowland Lockey zugeschriebenes Ölgemälde von 1621

Versuch einer friedlichen Lösung: Der Lord Lieutnant of Ireland verhandelt mit dem irischen Rebellen Tyrone (Stich, um 1630).

bleibt aber dem Katholizismus, der Religion seiner Mutter, gewogen. Dennoch enttäuscht er die Katholiken, die auf seinen Regierungsantritt große Hoffnungen gesetzt haben. Ihrem Zorn machen sie 1605 in der – von Spanien mit großzügigen Zahlungen unterstützten – »Pulververschwörung« Luft. Eine Verschwörergruppe unter Führung von Guy Fawkes versucht König und Parlament in die Luft zu sprengen, wird aber gefasst. Dennoch gibt Jakob I. seine katholikenfreundliche Haltung nicht auf. In Irland ist der König allerdings bemüht, die Macht der Katholiken zu brechen. Zwischen 1609 und 1611 werden etwa 100 000 Reformierte, die zum überwiegenden Teil aus den anglisierten Lowlands in Schottland kommen, in der nordirischen Provinz Ulster angesiedelt. Sie bilden die Massenbasis für die englische Herrschaft in Irland.

Der Ansiedlung vorausgegangen ist in Ulster ein Aufstand gegen die englische Herrschaft, der 1593 ausbrach. Die irischen Rebellen erhielten Unterstützung von Spanien; nachdem die spanisch-irischen Truppen unter dem Earl of Tyrone jedoch 1601 in der Schlacht bei Kinsale von den Engländern entscheidend besiegt worden waren, brach die Revolte zusammen.

Starre Feudalordnung: Bis 1868 erhalten 15 Shogune aus der Tokugawa-Familie dem japanischen Reich ein Zeitalter des inneren Friedens, allerdings um den Preis einer starren feudalistischen Gesellschaftsordnung und teils streng autoritärer Methoden zur Festigung der Zentralmacht.

Belagerung der Burg von Osaka

ROM

Spiel mit dem Licht

Mit seinem künstlerischen Übergang zu Hell-Dunkel-Effekten wird der italienische Maler Caravàggio zum bedeutendsten Meister der frühbarocken Helldunkelmalerei.

Um 1600: Im Auftrag seines Gönners, des Kardinals F. M. del Monte, gestaltet Caravàggio (eigtl. Michelangelo Merisi, 1573-1610) die Gemälde der Contarellikapelle in der römischen Kirche S. Luigi dei Francesco.

Neben der dramatischen Lichtbehandlung, bei der grell erleuchtete Partien sich gegen große dunkle Bildteile abheben, geht der Maler in seiner Menschendarstellung zu einem drastischen Realismus über, der von den Zeitgenossen als schockierend empfunden wird. Den Apostel Matthäus zeigt er beispielsweise als alten Mann mit kahlem Kopf und schmutzigen Füßen.

Im Frühwerk – u.a. »Der Lautenspieler« (um 1594) – malt Caravàggio weltliche Themen.

Caravàggios Malweise beeinflusst stark die Kunst in Mittel- und Südeuropa. Seine Anregungen übernehmen u.a. Velázquez und Rembrandt.

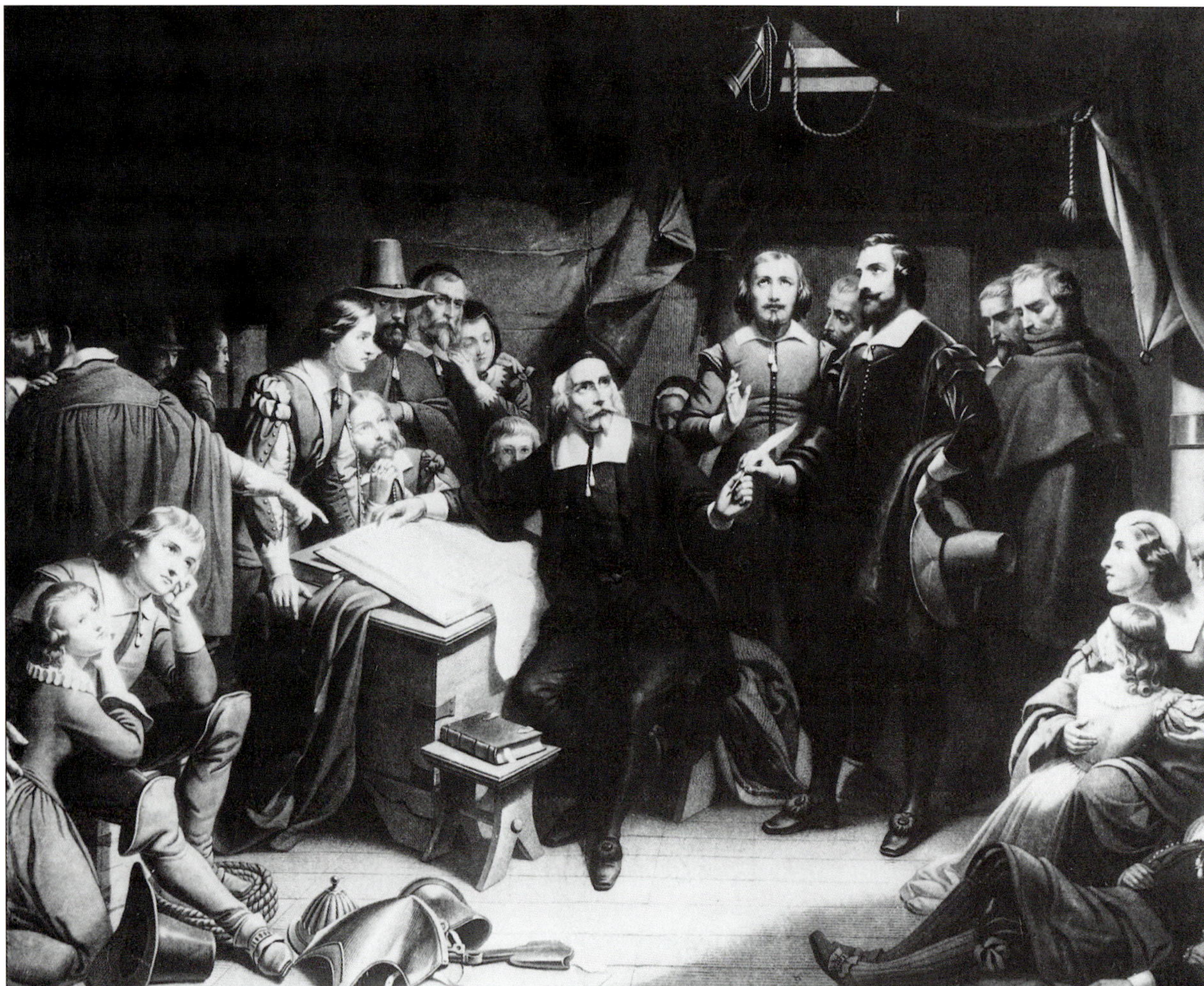

Die Pilgerväter unterzeichnen den »Mayflower Compact« über die Errichtung eines puritanischen Gemeinwesens.

Engländer

In Virginia wird die erste dauerhafte englische Siedlung in Nordamerika gegründet.

16. 4. 1607: Nach dem gescheiterten Versuch einer Kolonialgründung durch Sir Walter Raleigh 1585 landen erneut Schiffe der im Vorjahr gegründeten London Company of Virginia mit über 100 Siedlern an Bord in der Chesapeake-Bucht in Virginia. Die Gesellschaft hat vom englischen König Jakob I. das Recht zur Besiedelung der Ostküste Nordamerikas erhalten. Die Hoffnungen auf den Fund von Goldvorkommen und wertvollen Gewürzpflanzen werden enttäuscht. In der Anfangszeit sterben rd. zwei Drittel der Ankömmlinge.

In den folgenden Jahrzehnten nutzt England die Kriegssituation auf dem europäischen Kontinent, an der es selbst nicht beteiligt ist, um sein Kolonialreich ungestört zu erweitern. Im Gegensatz zu Spanien, Portugal und Frankreich sind die Vorstöße zur Eroberung neuer Gebiete kein Monopol des Staates, sondern sie werden nach holländischem Beispiel von privaten Handelsgesellschaften unternommen,

HINTERGRUND

Nach friedlichem Auftakt herrscht Krieg zwischen

Als die Europäer Anfang des 17. Jahrhunderts den nordamerikanischen Kontinent zu erobern beginnen, leben dort schätzungsweise zwischen einer und zehn Millionen Indianern. Sie siedeln in Hunderten kleiner Stammesgruppen, die sich in ihrer Kultur und Lebensweise stark unterscheiden und teilweise miteinander verfeindet sind.

Engländer: Die Kontakte zwischen Einheimischen und Neuankömmlingen verlaufen zunächst mehr oder weniger friedlich. So schließen die Pilgerväter 1621 in Plymouth mit dem Indianerhäuptling Massasoit einen Vertrag über gegenseitige Hilfe. Die Einheimischen überlassen den weißen Siedlern Land zur Bebauung, informieren sie über unbekannte Pflanzen sowie die Klima- und Bodenverhältnisse. Mit wachsender Zahl der Siedler verschärfen sich jedoch die Konflikte. Grundlegende Unterschiede gibt es z.B. in der Auffassung über den Besitz. Die Siedler fühlen sich durch königliche Freibriefe berechtigt, Land in Besitz zu nehmen. Auch das ihnen überlassene Land sehen sie als dauerhaften Besitz an, ein Gedanke, der den Indianer gänzlich fremd ist. Die Siedler, die auf Verträge über den Landerwerb verweisen, fühlen sich ihrerseits getäuscht. Sie beginnen die Einheimischen aus ihren angestammten Wohngebieten zu verdrängen.

1637 wird der Stamm der Pequot-Indianer von den vereinigten Streitkräften der englischen Kolonien Plymouth, Massachusetts und Connecticut ausgerottet. 1643 kommt es mit Einverständis von Willem Kiefft, dem Generaldirektor der Neuniederlande, zu einem Massaker an den friedlichen Algonquin-Indianern.

1675 schließen sich Wampanoag-, Abenaki-, Massachusetts- und Mohegan-Indianer unter Führung des Wampanoag-Häuptlings Metacom zu einer Konföderation zusammen, um das weitere Vordringen weißer Siedler zu verhindern. Doch bricht ihr Aufstand nach über einem Jahr zusammen. Racheaktionen und weitere Massaker von Seiten der Weißen folgen. Viele der Überlebenden fliehen. Um 1680 leben nur noch 15 000 Indianer in den Neuengland-Staaten.

Franzosen: Mit der Gründung der Siedlung Quebec beginnt 1608 die französische Kolonialisierung Nordamerikas. Schon im 16. Jahrhundert haben Franzosen den Norden des Kontinents bereist, damals allerdings auf der Suche nach einer nördlichen Route nach Asien.

Die niederländische Handelsniederlassung Neu-Amsterdam

Die Franzosen sind in ihren nordamerikanischen Kolonien stärker am Handel als an einer Besiedelung und der Erzeugung landwirtschaftlicher Produkte interessiert. Außerdem geht es darum, sich gegenüber den anderen Kolonialmächten zu behaupten. So erhebt der französische König Ludwig XIV. 1671 An-

JAMESTOWN

besiedeln Virginia

Nachgebautes Modell der »Mayflower«

die allerdings mit königlichen Privilegien ausgestattet sind.

Ein weiterer wichtiger Schritt zur englischen Besiedelung Nordamerikas ist 1620 die Landung der »Mayflower« in Kap Cod im heutigen Bundesstaat Massachusetts. An Bord sind 41 Puritaner, die sog. Pilgerväter, mit ihren Familien, die England wegen ihres Konflikts mit der anglikanischen Staatskirche verlassen haben. Schon vor ihrer Ankunft in dem »Neu-England« genannten Gebiet haben die Pilgerväter eine Grundsatzvereinbarung verabschiedet, in der sie sich als treue Untertanen des englischen Königs erklären, aber das Recht beanspruchen, Gesetze und Verordnungen zu erlassen und eine eigene Verwaltung zu errichten. Der »Mayflower Compact« schreibt außerdem die Gleichheit aller vor dem Gesetz fest.

Zehn Jahre später gründen puritanische Auswanderer die Stadt Boston, in der 1636 das Harvard-College entsteht. 1639 begründen Baptisten Providence auf Rhode Island. 1643 schließen sich die englischen Kolonien von Massachusetts Bay, Plymouth, Connecticut und New Haven zur Neuengland-Konföderation zusammen, u.a. um eine Ausdehnung der niederländischen Kolonien zu verhindern. 1664 gelingt es den Engländern, das holländische Neu-Amsterdam in Besitz zu nehmen, das in New York umbenannt wird.

Einheimischen und Siedlern

spruch auf das gesamte Binnenland des Kontinents. Noch während seiner Regierungszeit dringen die Franzosen von ihrem ursprünglichen Siedlungsgebiet am Sankt-Lorenz-Strom über die Großen Seen entlang des Mississippi weiter ins Landesinnere vor. 1682 wird das Mündungsgebiet des Flusses als Louisiana der Kolonie Neufrankreich angegliedert.

Niederlande: Nach dem Vorbild der Ostindien-Kompanie gründen die Generalstaaten der Niederlande 1621 die Westindien-Kompanie und übertragen ihr das Handelsmonopol und das Kolonisationsrecht für Amerika, die Inseln des Pazifischen Ozeans und die westafrikanische Küste. 1626 erwirbt die Westindien-Kompanie für 60 Gulden Manhattan von dort ansässigen Indianern. Zwar siedeln die Niederländer schon länger in dieser Gegend, doch erhoffen sie sich auf der Halbinsel besseren Schutz vor Indianerangriffen. Während die Engländer in geschlossenen Dörfern wohnen, die rund um die Kirche gruppiert sind, leben die Holländer auf weit verstreuten Einzelhöfen.

Die anhaltenden Rivalitäten zwischen den See- und Handelsmächten Niederlande und England führen 1664 zum Verlust aller niederländischen Kolonien in Nordamerika. Im Frieden von Breda werden 1667 die Neuniederlande England zugesprochen. Zwar kann Holland 1673 das in New York umbenannte Neu-Amsterdam auf Manhattan noch einmal zurückerobern, muss die Siedlung aber im Jahr darauf endgültig abtreten.

Schweden: Die schwedische Westindienkompanie sorgt ab 1638 für die Ansiedlung von Schweden und Finnen auf dem Gebiet des heutigen US-Bundesstaates Delaware. Im Jahr 1642 wird hier die Kronkolonie Neuschweden gegründet, die aber schon 1655 an die Neuniederlande fällt.

SPANIEN

Ein idealistischer Träumer

Mit »Don Quijote« gelingt dem Spanier Miguel de Cervantes Saavedra ein Welterfolg. In Spanien wird »Der Ritter von der traurigen Gestalt« zum Nationalhelden.

1605: Der Roman »Der sinnreiche Junker Don Quijote von der Mancha« des Spaniers Miguel de Cervantes Saavedra erscheint. 1615 kommt der zweite Teil heraus.

Die Hauptfigur, der 50-jährige Edelmann Alonso Quijanos, fühlt sich durch die Lektüre von Ritterromanen zum »fahrenden Ritter« berufen. Er gibt sich den Namen Don Quijote de la Mancha (da er aus dieser Region stammt) und wirbt auf den spöttischen Rat eines Bekannten hin einen Schildknappen an, den bauernschlauen Sancho Pansa, den er zum Lohn für seine Dienste als Statthalter über eine Insel einsetzen will.

Miguel de Cervantes

Das ungleiche Paar – der große, hagere Ritter auf seiner Schindmähre Rosinante und der kleine, rundliche Knappe auf einem Esel, quasi die Verkörperung von Idealismus und Realismus, die unlösbar miteinander verknüpft sind und stets aufeinander einwirken – durchstreift fortan gemeinsam die Mancha. Kein noch so bizarres Abenteuer, kein noch so unbarmherziger Zusammenstoß mit der Realität kann Don Quijote von seinen Träumen und Fantasiebildern abbringen. Die Diskrepanz zwischen Realität und Vorstellung führt er auf eine Verzauberung der Wirklichkeit zurück: »Ich denke so, und so ist es«, lautet sein Wahlspruch, ob er nun vergeblich gegen Windmühlenflügel ankämpft, die er für Riesen hält, oder zwei Galeerensträflinge befreit, weil es sein »Gewerbe« ist, »Zwang aufzuheben und den Unglücklichen zu helfen und beizustehen«. Sancho Pansa hält seinem Herrn trotz dessen närrischen Verhaltens die Treue und erkennt schließlich, dass die idealistischen Ziele weit mehr wert sind als das tatsächlich Erreichte.

Cervantes' Roman ist ursprünglich als Parodie auf die Ritterromane der Zeit angelegt, doch gerät er zunehmend zu einem Zeitbild und einem Bild des Menschen überhaupt. Er beklagt eine Wirklichkeit, die für den idealistischen Träumer nur Spott übrig hat, obgleich auch ihre Realität oft genug nur Illusion ist, eine Wirklichkeit, deren bedrückende Allgegenwart sich nur in Träumen aufheben lässt.

Schon 1612 erscheint – in England – die erste fremdsprachige Ausgabe des Romans. Don Quijote lebt als Gestalt in zahlreichen literarischen Werken, aber auch in der Musik und der bildenden Kunst immer wieder auf; er ist außerdem Vorbild für verwandte »Helden«, die wie er der Zeitkritik dienen.

Cervantes, 1547 in der Universitätsstadt Alcalá de Henares geboren, stammt aus einer zum ritterlichen Adel zählenden, doch mittellosen Familie. Er ging 1569 nach Italien, wurde zunächst Kammerherr bei einem Kardinal, trat dann aber der Armee bei. 1575 fiel er in die Hände algerischer Seeräuber, aus deren Gefangenschaft er 1580 freigekauft wurde.

Don Quijote und Sancho Pansa; Grafik von Gustave Doré

Aviſa

Relation oder Zeitung.

Was ſich begeben vnd zugetragen hat / in Deutſch: vnd Welſchland/ Spannien/ Niederlandt/ Engellandt/ Franckreich/ Vngern/ Oſterreich/ Schweden/ Polen/ vnnd in allen Provintzen/ in Oſt: vnnd Weſt Indien etc.

So alhie den 15. Januarij angelangt.

Gedruckt im Jahr/ 1609.

Titelblatt der ältesten regelmäßig erscheinenden Zeitung

STRASSBURG

Erste Zeitung

In Deutschland werden erstmals Zeitungen herausgegeben, die regelmäßig jede Woche erscheinen. 1650 kommt mit den Leipziger »Einkommenden Zeitungen« die erste Tageszeitung auf den Markt.

1609: Der Buchbinder und Druckereibesitzer Johann Carolus bittet in der ersten Ausgabe seiner »Relation aller fürnemmen und gedenckwürdigen Historien« die Leser um Nachsicht im Umgang mit dem neuen Medium. Mögliche Versehen, die wegen der eiligen Zusammenstellung der Neuigkeiten »bei der Nacht« entstanden sein könnten, möge man entschuldigen. Die vier Seiten umfassende erste Ausgabe vermeldet Nachrichten aus den Städten Köln, Wien, Prag, Antwerpen, Rom und Venedig.

Schon vor den ersten regelmäßig erscheinenden Zeitungen hat sich eine Art »Newsletter« etabliert. In Briefzeitungen stellten berufsmäßige sog. Avisenschreiber gegen Honorar Nachrichten über Reichs-, Städte- und Hansetage sowie Kirchenkonzile zusammen und verschickten sie an Interessierte.

Ein Werk voller

Rubens' Werk reicht von religiösen, historischen und mythologischen Themen bis zur Landschafts- und Porträtmalerei.

1609: Peter Paul Rubens, der bedeutendste Meister des flämischen Barock, wird zum Hofmaler des Erzherzogs Albert ernannt. Rubens, 1577 als Sohn eines Antwerpener Rechtsgelehrten in Siegen geboren, wo seine calvinistische Familie vorübergehend Zuflucht suchte, erhielt eine humanistische Schulbildung, bis er seine Ausbildung zum Maler durchsetzen konnte. 1598 nahm ihn die Lukasgilde in Antwerpen als Meister auf. Von 1600 bis 1608 stand Rubens im Dienst des Herzogs von Gonzaga, der ihn in diplomatischer Mission nach Spanien, Rom und Genua schickte. Während seines Aufenthalts in Italien lernte der Maler u. a. Werke Michelangelos, Tizians und Caràvaggios kennen, von denen er Anregungen übernahm.

Nach seiner Rückkehr wird Rubens in Antwerpen Hofmaler des spanischen Statthalters im katholi-

MANTUA

Dramatik pur

Mit der Uraufführung von Claudio Monteverdis »Orfeo« erreicht die noch junge musikalische Gattung der Oper ihren ersten Höhepunkt.

24. 2. 1607: Im Palazzo Gonzaga wird Monteverdis »Orfeo« uraufgeführt. Vorläufer der neuen Verbindung von Musik und dramatischer Darstellung gab es schon im Mittelalter, etwa in Liederspielen, liturgischen Dramen oder Madrigalkomödien. Unmittelbare Vorläufer der Oper waren auch die Intermedien, zwischen den Akten eines Dramas aufgeführte Zwischenspiele mit eigener Thematik.

Den Anstoß zur Komposition der ersten Opern gab jedoch die »Florentiner Camerata«, ein Kreis kunstbegeisterter Adliger, Dichter, Musiker und Maler, die sich bei ihren Treffen ab etwa 1580 darum bemühten, die antike griechische Tragödie, die man sich vorwiegend gesungen vorstellte, neu zu beleben. Mit der Aufführung von Jacopo Peris Musikdramen »Dafne« 1598 und »Euridice« 1600 schien dieses Ziel erreicht. Die ersten Opern bestanden aus rezitativischen Einzelgesängen.

Monteverdi entwickelt jedoch über die Erzählung hinaus einen expressiv darstellenden Stil, der die Musik als Ausdruck von Geschehen und Gefühl einsetzt und ihr ungewöhnliche Freiheiten einräumt – etwa in Bezug auf Dissonanzen oder Tonartwechsel. Die Instrumente dienen zur Charakterisierung von Personen und Situationen – z.B. Holzorgel für Orfeo, Posaunen in Todes-, Streicher in Schlafszenen. Monteverdis »Orfeo« ist wahrscheinlich die erste Oper mit einer Ouvertüre.

Der Komponist Claudio Monteverdi (1567-1643)

Kepler

In seinem Hauptwerk »Astronomia Nova« veröffentlicht der Astronom Johannes Kepler zwei von ihm entdeckte grundlegende Gesetze der Planetenbewegung.

1609: Grundlage für Keplers Entdeckungen sind die Arbeiten des 1601 verstorbenen Dänen Tycho Brahe, seines Vorgängers als Hofastronom bei Kaiser Rudolf II. in Prag. Dieser hatte u.a. die Positionen der Planeten auf ihrer Umlaufbahn um die Sonne exakt notiert. Insbesondere die Daten über die Bewegung des Mars veranlassten Kepler, mathematische Gesetzmäßigkeiten für die Planetenbewegung zu suchen, die er 1609 veröffentlicht:

»Die Planeten bewegen sich auf elliptischen Bahnen um die Sonne. Diese steht genau im Brennpunkt einer der beiden Ellipsen.

Verbindet man die Sonne durch eine gedachte Linie mit einem Planeten, so überstreicht diese Linie während der Wanderung des Pla-

ANTWERPEN

Sinnlichkeit und Vitalität

schen Flandern und nutzt die politische Situation so geschickt für seine Zwecke, dass er zu einem der ersten echten Großverdiener unter den europäischen Künstlern wird. Anders als in der protestantischen holländischen Republik sind die Künstler in Flandern nicht auf den Verkauf ihrer Werke auf dem freien Markt angewiesen, da weltliche Fürsten und kirchliche Würdenträger sie großzügig mit Aufträgen für repräsentative Werke versorgen. Für mehrere europäische Herrscherhäuser tätig, weiß Rubens Kunst und diplomatisches Wirken – er setzt sich u.a. tatkräftig für einen Friedensschluss zwischen Spanien und England ein – wirksam miteinander zu verbinden und sich aller drückenden Verpflichtungen zu entziehen.

Peter Paul Rubens

Rubens richtet eine wohl organisierte Werkstatt ein, in der Gehilfen nach seinen Ölskizzen die Werke ausführen, denen er dann kurz vor dem Abschluss mit wenigen Pinselstrichen Leben einhaucht. Die Preise dieser Bilder werden nach dem Anteil, den der Meister selbst daran hat, festgesetzt. Aus dem Gesamtœuvre von 2000 bis 3000 Gemälden gelten etwa 600 als eigenhändig. Rubens bildet zahlreiche Gehilfen heran, darunter Anthonis van Dyck (1599-1641), wichtiger Porträtmaler seiner Zeit und neben Rubens einer der bedeutenden Vertreter des flämischen Barock.

Die Gemälde zeigen die für das Barock typische Vitalität und Sinnlichkeit. In der Komposition werden vor allem die Diagonalen betont. Auch auf großen Flächen bringt Rubens seine Figuren in ausgreifend angelegten Bewegungen in ein spannungsvolles Gefüge und erzeugt mit kräftigen Farbakzenten und temperamentvollem Pinselstrich den Eindruck froher Festlichkeit und Lebensfülle.

Rubens: »Die Geschichte der Maria von Medici« (1620-25; Ausschnitt)

PRAG

berechnet Grundgesetze der Himmelsmechanik

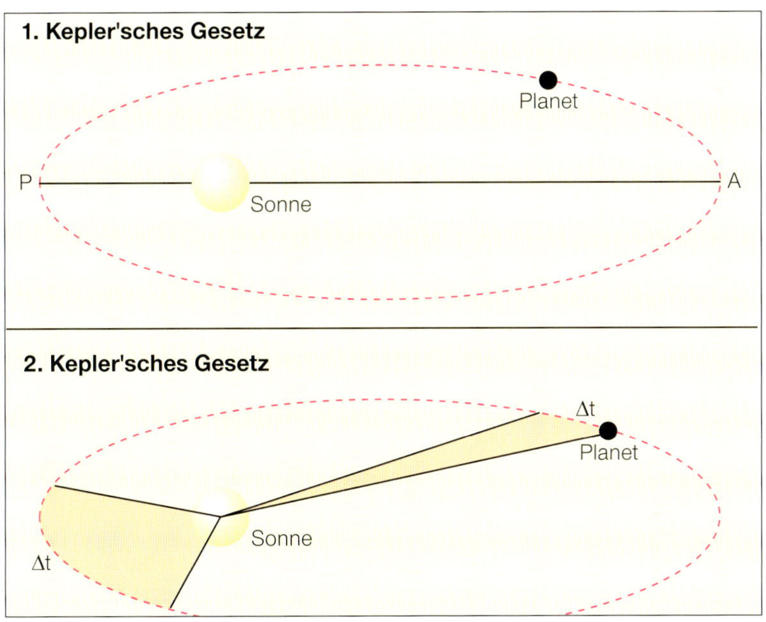

Planetengesetze: 1. Ellipsenförmige Bahn, 2. Gleiche Flächen in gleicher Zeit

neten in gleichen Zeiträumen gleich große Flächen.« Aus diesen Erkenntnissen zieht Kepler den Schluss, dass zwischen bewegten Himmelskörpern ein Kräftegleichgewicht bestehen muss. In »De Stellae Martis«, das ebenfalls 1609 erscheint, beschreibt er die Anziehungskraft zwischen Erde und Mond und führt als Beweis die Gezeiten an. Außerdem schließt Kepler von der gegenseitigen Anziehung der Himmelskörper auf eine generelle Anziehung schwerer Massen. 1619 veröffentlicht der Astronom in seinem Werk »Harmonices Mundi« das dritte Gesetz über die Planetenbewegung:

Johannes Kepler

»Die Quadrate der Umlaufzeiten der Planeten verhalten sich wie die dritten Potenzen ihrer mittleren Entfernung von der Sonne.« Aus dieser Erkenntnis leitet Isaac Newton 1666 das Gravitationsgesetz ab. Kepler, 1571 in Weil geboren, hatte sich ursprünglich der Theologie zugewandt, bis er die Astronomie entdeckte. Als 23-Jähriger wurde er Lehrer für Mathematik und Moral an der Stiftsschule in Graz. Ein Jahr später veröffentlichte er sein »Mysterium Cosmographicum«, ein weitgehend spekulatives Werk über den Kosmos. 1600 wurde Kepler Gehilfe Tycho Brahes in Prag und nach dessen Tod sein Nachfolger als Kaiserlicher Mathematiker. Von 1612 bis 1626 lehrt Kepler als Professor in Linz; dann siedelt er nach Ulm, 1628 ins Fürstentum Sagan des Feldherrn Albrecht von Wallenstein über, dem er – aus finanziellen Gründen – Horoskope erstellt. Kepler hinterlässt weitere astronomische Hilfsmittel – die »Rudolfinischen Tafeln« (1627 veröffentlicht), die bis zum 18. Jahrhundert als Basis aller astronomischen Berechnungen dienen, sowie (in dem Buch »Dioptrik« von 1611) die Grundkonstruktion des Fernrohrs mit zwei Konvexlinsen.

Entstehung und Aufstieg Russlands

13.-17. Jahrhundert

Die Anfänge

Das Bild Russlands zwischen dem 13. und 15. Jahrhundert, dem Zeitraum, in dem es sich zu einem mächtigen Reich entwickelte, wirkt im Gegensatz zu dem des vorangegangenen Kiewer Großfürstentums uneinheitlich, vielgestaltig und zerrissen. Das Kiewer Reich bestand noch aus einem solidarischen Fürstenbund, der – mit Kiew als Residenz – fast ganz Russland wirkungsvoll gegen den Einfall von Feinden zu schützen vermochte. Die Bevölkerung nahm den byzantinischen christlichen Glauben an, nachdem sich Wladimir I. im Jahr 988 hatte taufen lassen, Bildung und Kunst standen in Blüte.

Nach der Eroberung Kiews durch den Fürsten von Wladimir-Susdal Ende des 12. Jahrhunderts zersplitterte die ehemals politisch starke Einheit in mehrere schwache, einander befehdende Teilfürstentümer, die äußeren Feinden nur wenig wirkungsvollen Widerstand entgegensetzen konnten. So dauerte die Periode der Teilfürstentümer nur 70 Jahre, dann überrannten die Mongolen nahezu alle Gebiete Russlands.

Die Herrschaft der Mongolen

Als im 13. Jahrhundert die Mongolen erstmalig von Asien aus in die russische Steppenzone einbrachen, sahen die russischen Fürsten darin keine besondere Gefahr. Aufgrund früherer Erfahrungen nahmen sie an, dass dieses Nomadenvolk bald sesshaft werden und nach der Assimilierung an die einheimische Bevölkerung sein kriegerisches Verhalten ablegen würde.

Doch diese Einschätzung erwies sich als falsch. Im Jahr 1223 trafen in der südrussischen Steppe Russen und Mongolen zum ersten Mal aufeinander. Die Russen wurden trotz starker zahlenmäßiger Überlegenheit vernichtend geschlagen. Schon bald beherrschten die Mongolen – von der russischen Bevölkerung auch Tataren genannt – fast den gesamten asiatischen Kontinent.

Batu, der Enkel des Mongolenführers Dschingis Khan, brachte nach und nach alle russischen Gebiete bis auf Nowgorod, die Hauptstadt des Fürstentums Wladimir-Susdal, unter seine Gewalt und ließ Kiew, die »Mutter der russischen Städte«, zerstören. Mit dem raschen Eindringen islamischer Einflüsse – im 14. Jahrhundert bekannte sich die gesamte tatarische Oberschicht zum Islam – konsolidierte sich die staatliche Ordnung. In dieser Zeit entstanden kulturelle, politische und ökonomische Verbindungen nach Osten, Süden und Westen.

Die Mongolen veränderten die politische Ordnung in den russischen Teilfürstentümern kaum: Die Fürsten behielten ihre Hoheitsgebiete, mussten sich allerdings ihre Rechte vom Groß-Khan bestätigen lassen und diesem huldigen. Außerdem waren sie gezwungen, den Mongolen Rekruten zu stellen und Tribute zu entrichten. Das Eintreiben der Zwangssteuern überließ die »Goldene Horde« den russischen Fürsten, die auch in anderen Bereichen ihre Loyalität gegenüber den Machthabern bewiesen, um sich eine gewisse Unabhängigkeit zu bewahren.

Alexander Newski, Fürst von Nowgorod

Nur vereinzelt versuchten die russischen Fürsten der Mongolenherrschaft zu trotzen. Daniel Romanowitsch, der Fürst von Galizien, war westlich-abendländisch orientiert. Als orthodoxer Herrscher war er bereit, das Primat der römisch-katholischen Kirche anzuerkennen und nahm von Papst Innozenz II. die Königskrone an. Doch die von der Kirche versprochene Hilfe gegen die Mongolen blieb aus. Galizien wurde von der Goldenen Horde erobert und unterjocht.

Anders verhielt sich der Fürst von Wladimir-Susdal (Nowgorod), Alexander, der sich gezielt nach Osten orientierte. Er unterstellte sein Fürstentum freiwillig den Mongolen und ließ Tribute an sie entrichten, obwohl sie Nowgorod nicht erobert hatten. Indem er bewusst westliche Hilfe ablehnte, bewahrte er seine Ländereien vor dem Mongolenschrecken. Nachdem er 1240 an der Nordwestgrenze seines Reiches die Schweden an der Newa – seitdem trug er den Beinamen »Newski« – und 1242 den Deutschen Orden auf seinem Vormarsch nach Osten besiegt hatte, waren sein Fürstentum abgesichert und seine Stellung gefestigt.

Gestützt auf die Autorität des Groß-Khans, der ihm die Großfürstenwürde zuerkannte, entwickelte Alexander Newski autokratische Herrschaftsformen. Die Stadt Nowgorod blühte auf und unterhielt nicht nur mit dem Osten, sondern auch mit dem Westen rege Handelsbeziehungen.

Die russische Kirche als Symbol für ein einiges Großrussland

Große Bedeutung kam der orthodoxen Kirche in den Jahrhunderten der Goldenen Horde für die Einigung des russischen Volkes zu. Die Tataren betrieben eine tolerante Religionspolitik: Sie duldeten nicht nur christliche Kirchen, Klöster, Priester und Mönche, sondern förderten sie sogar: Die Geistlichkeit war von den Steuern befreit und jeglichem Arbeitszwang enthoben. Der Klerus allerdings musste seinerseits die Oberhoheit der Tataren anerkennen und für sie beten. So verkündeten die Priester von den Kanzeln herab, dass die Mongolen als gerechte Strafe für begangene Sünden über das russische Volk gekommen seien.

In dieser Periode konnte die russische Kirche, die dem griechisch-byzantinischen Patriarchen in Konstantinopel unterstand, ihre Stellung festigen und ausbauen, aber auch als Mittler zwischen Tataren und Russen fungieren. Die einige russische Kirche wurde zum Symbol für ein einiges russisches Volk. Die kirchliche Autorität erstreckte sich über die Grenzen der Teilfürstentümer hinweg auf das ganze Land. Die gemeinsame Religion hielt die Russen zusammen und trennte sie von den muslimischen Mongolen.

Seit der Mitte des 14. Jahrhunderts begann der allmähliche Niedergang der Goldenen Horde; sie zerfiel in mehrere Teil-Khanate, die sich untereinander befehdeten. Das hierdurch entstehende Machtvakuum füllten allerdings zunächst nicht die Russen, sondern deren traditionelle Feinde: Seit etwa 1350 regierten die Polen das reiche Fürstentum Galizien und um 1400 beherrschten die – sich allerdings bald assimilierenden – Litauer ein riesiges Großfürstentum, das sich von der Ostsee fast bis ans Schwarze Meer erstreckte.

Der Aufstieg Moskaus zum Großrussischen Reich

Das Großfürstentum Moskau, ursprünglich nur ein kleiner Fürstensitz, nahm in der zweiten Hälfte des 13. und im 14. Jahrhundert einen raschen Aufschwung. Die Moskauer Fürsten machten es sich zunutze, dass in Russland im Allgemeinen nicht das Recht des Erstgeborenen galt und es seit der Mongolenzeit Sitte war, dass Fürsten ihre Ländereien den männlichen Nachkommen zu gleichen Teilen vererbten. So entstanden unzählige unbedeutende, provinzielle Fürstentümer. In Moskowien dagegen vermachten die Fürsten ihrem ältesten Sohn den größten Teil des Landes, während die jüngeren nur kleinere Gebiete erhielten. Der Zersplitterung wurde so entgegengewirkt.

Iwan I., auch »Kalita« oder »Geldsack« genannt, wurde Anfang des 14. Jahrhunderts zum »Sammler der russischen Erde«. Er kaufte an Moskau angrenzende kleine Fürstentümer auf oder brachte sie durch Intrigen und erzwungene Verträge unter seine Kontrolle. Mit dem Mongolen-Khan paktierend, erhielt er schließlich 1328 das Recht, sich Großfürst von ganz Russland zu nennen. In diesem Zusammenhang sicherte er sich das Privileg, in einem Großteil Russlands die

Steuern einzutreiben. Iwan holte auch das Oberhaupt der russischen Kirche, den Metropoliten und Patriarchen von Kiew, der seine großrussischen Bestrebungen unterstützte, nach Moskau und bestimmte damit die Stadt zum geistigen Mittelpunkt Russlands (1326).

Um 1378 war unter dem Großfürsten Dmitri die Macht Moskaus so weit angewachsen, dass die Stadt es wagen konnte, die Mongolen herauszufordern: Dmitri Donskois Truppen schlugen ein kleines mongolisches Heer und das Fürstentum weigerte sich fortan, die Tribute zu entrichten. 1380 schlugen die Moskowiten, unterstützt von anderen russischen Fürsten, in der Schlacht auf dem Schnepfenfeld am Don die Tataren vernichtend. Als Rache verheerten die Mongolen zwar zwei Jahre später die Stadt Moskau, der russische Freiheitsdrang und der Glaube an einen endgültigen Sieg konnten jedoch nicht mehr gebrochen werden.

Großfürst Iwan III. (1462-1505) bereitete schließlich 1480 der tatarischen Oberherrschaft formell ein Ende. Er setzte die Eroberungspolitik für Moskau fort und versuchte alle Gebiete des ehemaligen Kiewer Reiches an sich zu bringen. Als bedeutendsten Gewinn verzeichnete er Nowgorod mit dem Fürstentum Wladimir-Susdal. Gegen Ende seiner Regierungszeit befanden sich drei Millionen Quadratkilometer Landes, fast ganz Russland, in seiner Hand.

Mit dem ausgedehnten Moskauer Reich begründete Iwan III. das Großrussische Reich, das einem Nationalstaat gleichkam: Es umfasste ein einheitliches Volk, das derselben Religion anhing, eine gemeinsame Sprache hatte und sich durch die langen Schrecken der Mongolenherrschaft miteinander verbunden fühlte. Die Selbstständigkeit der Teilfürstentümer wurde beseitigt. Der neue autokratische Einheitsstaat stützte sich auf einen neuen Dienstadel, der auf Kosten des alten Adels und der Bauern gefördert wurde.

Nach der Heirat Iwans III. mit der Nichte des letzten byzantinischen Kaisers im Jahr 1472 erklärte sich der Fürst zum Schutzherrn der gesamten orthodoxen Christenheit und verkündete den Anspruch Moskaus, als »drittes Rom« die Nachfolge Roms und Konstantinopels als Haupt der rechtgläubigen Christenheit anzutreten.

Iwan der Schreckliche – Zar von ganz Russland

Der Enkel Iwans III. war der erste Herrscher, der sich 1547 als Iwan IV. zum »Zaren von ganz Russland« krönen ließ. Mit diesem Titel, der vom römischen »Cäsar« abgeleitet ist, sollten die Verbindung zu Rom und Byzanz sichtbar hergestellt und die Herrschaft durch den Glauben gestützt werden.

Iwan IV., der Schreckliche (1533-84), setzte die auf absolutistische Machtansprüche gerichtete Politik seiner Vorgänger fort. Er festigte seine Stellung nach innen, u.a. durch eine neue Kodifizierung des Rechts (1550), die Einführung einer zentralen Verwaltung und Reformen beim Heer. Den Beinamen »der Schreckliche« erhielt der Zar für sein despotisches Regime im Innern, das er mit Grausamkeiten, Misshandlungen und Deportationen absicherte. Anfang der 60er Jahre des 16. Jahrhunderts begann er einen Vernichtungskampf gegen die alte Aristokratie, um den ihm ergebenen Dienstadel zu fördern. In dieser Zeit setzte er das System der Opritschnina durch: Umfangreiche Gebiete um Moskau wurden durch Massenumsiedlungen und Morde ihren rechtmäßigen Besitzern entzogen und seiner aus Angehörigen des Dienstadels und Ausländern bestehenden Leibgarde übertragen. Die ihm treu ergebenen Opritschniki setzte er u.a. für Unterdrückungsmaßnahmen und grausame Strafaktionen ein – wie 1570 gegen Nowgorod, wobei die ganze Stadt zerstört wurde.

Innenpolitisch mächtig, konnte Iwan IV. beträchtliche außenpolitische Erfolge erzielen. Er dehnte seine Herrschaft auf das gesamte Wolgagebiet aus und schuf damit eine wichtige verkehrstechnische Voraussetzung für weitere Eroberungen. Im Westen bemühte sich Iwan IV. um einen Zugang zur Ostsee, um sein Reich aus der im Zuge der Mongolenherrschaft entstandenen Isolation zu befreien. Der Einfall nach Livland hatte jedoch einen Krieg gegen Polen und Schweden (1558-1582/83) zur Folge, der mit der Niederlage der Russen und dem Verlust aller Eroberungen endete und zum wirtschaftlichen sowie sozialen Verfall des Reiches beitrug.

Erfolgreich verlief dagegen die Aufnahme von Handelsbeziehungen zu England, die über die neu entdeckte Seeroute zwischen Westeuropa und Russland über das Weiße Meer abgewickelt wurden. Für einen Aufschwung sorgte auch die beginnende Kolonisierung Sibiriens: Im Auftrag der Kaufmannsfamilie Stroganow eroberte eine Kosakenabteilung unter Führung von Jermak Timofejewitsch 1582 Isker und unterstellte es dem russischen Zaren. Die Gründung von Tobolsk (1587) und Tomsk (1604) machte den Weg nach Mittel- und Ost-Sibirien frei. 1647 wurde Ochotsk am Pazifik gegründet. Die Besiedelung der unübersehbaren neuen russischen Ländereien erfolgte entlang der Flusssysteme. Mitte des 17. Jahrhunderts umfasste die Bevölkerung etwa 200 000 Menschen; sie mussten Moskau ihre Steuern zumeist in Form von Zobel- und Fuchspelzen entrichten – für die Zentralmacht eine einträgliche Einnahmequelle.

Romanows beenden »Zeit der Wirren«

Nach dem Tod Iwans des Schrecklichen stürzte Russland in eine tiefe Krise, die »Zeit der Wirren«. Formell hatte Iwans Sohn Fedor die Herrschaft übernommen; in Wahrheit regierte jedoch Boris Godunow, ein Angehöriger des Großadels, der schließlich 1598 selbst zum Zaren gewählt wurde. Schwere Hungersnöte und soziale Unruhen bestimmten die ersten Jahre des 17. Jahrhunderts. Durch die Affäre um den »falschen Dmitri«, einen angeblichen Sohn Iwans, der 1604 von Polen unterstützt Anspruch auf den russischen Thron erhob, gerieten die politischen Verhältnisse noch weiter in Verwirrung. Schweden und Polen nutzten die Gelegenheit, um Teile des Reiches an sich zu bringen; 1605 wurde Moskau sogar von polnischen Truppen eingenommen. Erst im November 1612 gelang es den in einer patriotischen Volksbewegung geeinten Russen die Polen zu vertreiben.

Anfang 1613 wurde ein neuer Zar gewählt, der 16-jährige Michail Romanow, der Begründer der bis 1762 bzw. in einer Seitenlinie bis 1917 herrschenden Dynastie. Der erste Romanow auf dem Zarenthron konnte seine Position allerdings nur mit Mühe bewahren. Innen- und außenpolitisch zeigte sich das Reich höchst instabil. Michails Sohn, Zar Alexei (1645-1676), machte dagegen zumindest nach außen Großmachtansprüche geltend. Nach langem Krieg gegen Polen (1654-1667) gewann Russland die Ukraine östlich des Dnjepr. Seit der Mitte des 17. Jahrhunderts öffnete sich Russland dem Westen und modernisierte sich auch im Innern. Westliche Methoden der Gesetzgebung, der Verwaltung und des Heereswesens wurden eingeführt. Allerdings kam es unter Alexei zur Spaltung der orthodoxen Kirche durch die Liturgiereform des Moskauer Patriarchen Nikon in den 1650er Jahren. Die »Altgläubigen« hielten an den traditionellen Ritualen fest und wurden erbarmungslos verfolgt.

Für eine entscheidende Festigung des Zarentums sorgte 1682 Fjodor III., indem er Verwaltungsfunktionen, die seit dem 15. Jahrhundert bei der Bojarenaristokratie gelegen hatten, auf neu gegründete zentrale Behörden übertrug. War zuvor die Rangfolge der Familien in der Hierarchie bei Hof ausschlaggebend gewesen, so wurden die Würdenträger nun nach Eignung und Leistung ausgewählt.

Nach dem überraschend frühen Tod des 27-jährigen Fjodor III. brachen 1682 in Moskau heftige Thronstreitigkeiten aus. Zwar wurde der erst zehnjährige Halbbruder des Verstorbenen, Peter, zum Zaren gewählt, doch Peters Stiefschwester, Großfürstin Sophia, putschte sich mit Hilfe der Strelitzen, der Leibwache des Moskauer Hofes, an die Macht und übernahm die Regentschaft, wobei sie die Thronansprüche ihres schwachsinnigen Bruders Iwan gegen die Romanows durchzusetzen hoffte. 1689 gewann indes Peter die Oberhand und verbannte Sophia in das Neujungfrauenkloster vor den Toren Moskaus. Als Peter I., der Große, ging der Zar in die russische Geschichte ein. Dank seiner umfassenden Reformen im Innern und insbesondere der Öffnung seines Landes nach Westeuropa gilt der »Handwerksmeister auf dem Thron« als der Schöpfer des modernen Russland.

PRAG

»Prager Fenstersturz« löst den Dreißigjährigen

Der schon lange schwelende Streit zwischen Katholiken und Protestanten in Böhmen eskaliert im sog. Prager Fenstersturz.

23. 5. 1618: Protestantische Gegner der habsburgischen Herrschaft in Böhmen werfen auf dem Hradschin in Prag zwei kaiserliche Ratsherren und ihren Schreiber aus einem Fenster der böhmischen Kanzlei. Zwar überleben alle drei den Sturz aus etwa 17 m Höhe, doch wird damit der Böhmisch-Pfälzische Krieg ausgelöst, die erste Phase des Dreißigjährigen Krieges.

Ausgangspunkt ist die Verletzung des sog. Böhmischen Majestätsbriefs, den am 9. Juli 1609 Kaiser Rudolf II. in seiner Eigenschaft als König von Böhmen unterzeichnet hatte. Unter dem Druck der protestantischen Stände hatte der Monarch Religionsfreiheit gewährt.

Der 1617 zum böhmischen König gewählte, streng katholische Habsburger Ferdinand II., der am 28. August 1619 – nach dem Tod seines Vetters Matthias – zum römisch-deutschen Kaiser gewählt wird, respektiert diesen Religionsfrieden allerdings nicht. Die Rekatholisierungspolitik ihres Landesherrn – u.a. in Form von Gewaltmaßnahmen gegen protestantische Kirchen im Ort Braunau – ruft den Widerstand der Protestanten hervor. Im Heiligen Römischen Reich Deutscher Nation hat die Religionsspaltung bereits zur Bildung zweier feindlicher Lager geführt: Am 14. Mai 1608 haben sich die protestantischen Reichsstände Anhalt, Ansbach, Baden-Durlach, Kulmbach, Hessen-Kassel, Kurbrandenburg, Kurpfalz, Pfalz-Neuburg, Württemberg und die Städte Straßburg, Ulm und Nürnberg unter Führung des pfälzischen Kurfürsten Friedrich IV. zur Union vereinigt. Am 10. Juli 1609 schlossen sich die katholischen Reichsstände Oberdeutschlands und der Rheinlande unter Führung von Herzog Maximilian I. von Bayern zur Liga zusammen.

Der »Prager Fenstersturz« 1618 (Stich von Matthäus Merian d.Ä.)

Nach dem Prager Fenstersturz bemühen sich die böhmischen Stände um den Beistand der Union. Sie erklären am 22. August 1619 Ferdinand II. als König von Böhmen für abgesetzt und wählen den protestantischen Kurfürsten Friedrich V. von der Pfalz zum neuen Landesherrn. Sie erhoffen sich damit auch Beistand aus dem Ausland, denn der Pfälzer ist seit 1613 mit der ältesten Tochter von König Jakob I. von England verheiratet.

Doch die Hilfe bleibt aus: Die Union erklärt sich im Juli 1620 aus außenpolitischen Rücksichten für neutral, England ist uninteressiert. Dagegen erhält Ferdinand II. die Un-

MOSKAU

Erster Zar aus dem Hause Romanow herrscht in

Mit dem Beginn der Dynastie Romanow endet in Russland die Zeit der Wirren.

21. 2. 1613: Der erst 16-jährige Michael Fjodorowitsch Romanow (s. Abb.) wird nach der Vertreibung der Polen von einer Landesversammlung in Abwesenheit zum Zaren gewählt und nach seiner Ankunft in Moskau am 11. Juli 1613 in der Mariä-Himmelfahrts-Kathedrale gekrönt. Er begründet das russische Kaiserhaus der Romanow, das von 1613 bis 1762 und in Form der Seitenlinie Romanow-Holstein-Gottorf bis 1917 in Russland regiert.

Die Reichsversammlung spricht sich einmütig gegen die Kandidatur eines ausländischen und/oder andersgläubigen Monarchen aus. Aufgrund der Jugend des neuen Zaren, der sich zum Zeitpunkt der Wahl in einem befestigten Kloster bei Kolomna aufhält, tagt die sonst nur bei Bedarf einberufene Reichsversammlung (zemskij sobor) fortan bis 1622 in Permanenz.

Zar Michail steht in den ersten Jahren seiner Herrschaft unter dem Einfluss seines Vaters Fjodor Nikititsch (Philaret). Der Ahnherr der Dynastie wird 1619 zum Patriarchen von Moskau geweiht und spielt bis zu seinem Tod 1633 als »Großer Herrscher« eine bedeutende Rolle. Die Romanows sind eine nicht fürstliche Bojarenfamilie und durch eine Seitenlinie mit der Familie des Zaren Iwan IV., des Schrecklichen, verwandt. Im Juni 1601 waren sie von dem damaligen Zaren Boris Godunow ins Kloster verbannt worden.

Michail schließt am 9. März 1617 den Frieden von Stolbowo mit dem schwedischen König Gustav II. Adolf, durch den der Zar Nowgorod zurückgewinnt, aber ohne direkten Zugang zur Ostsee bleibt, da Ostkarelien und Ingermanland schwedisch bleiben. Mit Polen kommt im Juni 1634 eine Verständigung zustande, in der – gegen einen Landgewinn und 20 000 Rubel Kriegsentschädigung – der polnische König auf alle Thronansprüche verzichtet.

Mit der Wahl und Krönung von Zar Michail endet in Russland die Zeit der Wirren, die am 7. Januar 1598 mit dem Tod des seit 1584 herrschenden Zaren Fjodor I. begonnen hatte. Der bisherige Regent, Fjodors Schwager Boris Godunow, setzte daraufhin seine Wahl zum Zaren durch und wurde am 1. September 1598 gekrönt. Als Boris Godunow am 13. April 1605 starb, riss – mit Unterstützung des polnischen Königs Sigismund III. – der sog. falsche Demetrius die Macht an sich. Es handelte sich vermutlich um den entlaufenen Mönch Grigorij Otrepjew. Er behauptete, ein Sohn des früheren Zaren Iwan IV. zu sein. Am 21. Juli 1605 wurde er in Moskau zum Zaren gekrönt, jedoch bei einem

Krieg aus

Graf von Tilly besiegt den Markgrafen Georg Friedrich von Baden-Durlach bei Wimpfen (Stich von Matthäus Merian d.Ä.).

terstützung der katholischen Liga und Spaniens.

Am 8. November 1620 beendet Johann Tserclaes Graf von Tilly als Führer der katholischen Truppen durch seinen Sieg in der Schlacht am Weißen Berg bei Prag die Herrschaft des »Winterkönigs«. Friedrich V. flieht ins niederländische Exil. 27 Anführer des Böhmischen Aufstandes werden hingerichtet.

Am 10. Mai 1627 werden Böhmen (und am 10. 5. 1628 auch Mähren) durch die »Verneuerte Landordnung« feste Bestandteile der habsburgischen Erblande. Die Macht der Stände wird gebrochen, die Erblichkeit beider Länder im Haus Österreich verankert und das katholische Bekenntnis als einziges zugelassen.

Als Dank für die Unterstützung gegen den böhmischen Aufstand überträgt am 25. Februar 1623 Kaiser Ferdinand II. die pfälzische Kurwürde, die bisher Friedrich V. innehatte, dem bayerischen Herzog Maximilian I. auf Lebenszeit.

Der Krieg verlagert sich ins Reichsgebiet. Der von Friedrich V. zum General mit unbeschränkten Vollmachten ernannte Heerführer Ernst II. Graf zu Mansfeld versucht vergeblich die Rückeroberung Böhmens, kämpft mit wechselndem Erfolg im Elsass und in Hessen gegen die Kaiserlichen und tritt dann in die Dienste der niederländischen Generalstaaten. Am 2. 11. 1622 besetzt Tilly nach der Einnahme von Heidelberg (19. 9. 1622) auch Mannheim. Damit ist die Pfalz, die fortan rekatholisiert wird, in den Händen der katholischen Liga.

Am 6. August 1623 besiegt Tilly den protestantischen Söldnerführer Christian von Halberstadt entscheidend bei Stadtlohn.

Russland

Aufstand in der Hauptstadt am 17. Mai 1606 gestürzt. Zum Nachfolger wurde Wassilij Schujskij ausgerufen, der sich bis 1610 halten konnte. Die unsichere Lage im Lande nutzte im Sommer 1607 ein zweiter Thronprätendent aus. Der zweite Pseudo-Demetrius bedrohte zeitweise Moskau mit einem Kosaken- und Bauernheer, wurde jedoch im Dezember 1610 in Kaluga von einem Tatarenfürsten ermordet.

Nun versuchte der polnische König Sigismund III. die Thronwirren in Russland auszunutzen und sich selbst zum Zaren zu erheben. Doch am 27. Oktober 1612 scheiterte dies mit der Eroberung von Moskau und des Kreml durch russische Truppen.

BATAVIA

Holländer begründen Handelsimperium

In Auseinandersetzung mit den Portugiesen sichern sich die Niederlande ein Kolonialreich in Ostasien.

Stadtansicht Batavias (Kupferstich, 17. Jh.)

1619: Jan Pieterszoon Coen gründet für die Vereenigde Oostindische Compagnie (VOC, Vereinigte Ostindische Kompanie) den Stützpunkt Batavia (Jakarta). Coen ist 1618-1623 und 1627-1629 Generalgouverneur von Niederländisch-Indien.

Die Gründung der Handelskompanie am 20. März 1602 sollte das portugiesische Seehandelsmonopol mit dem Fernen Osten brechen. Wie vergleichbare Gesellschaften in England und Frankreich besitzt auch die VOC das Handelsmonopol zwischen ihren Besitzungen und dem Mutterland, finanziert ihre Geschäfte mit privatem Kapital und erstrebt vorrangig Gewinn aus dem Handelsgeschäft.

Batavia ist der Hauptsitz in Asien, weitere größere Stützpunkte befinden sich in Malakka (Malaysia), in Penang (Sumatra) und Makasar (Celebes). Die Kolonialverwaltung beruht in erster Linie auf dem Prinzip der indirekten Herrschaft durch einheimische Fürsten, mit denen Schutz- und Protektoratsverträge abgeschlossen werden. Bis 1656 ganz in Besitz genommen wird das wegen des Zimthandels wichtige Ceylon. Als die – lange Zeit profitabel arbeitende – VOC 1799 wegen Überschuldung aufgelöst werden muss, erbt der Staat zwar die Schulden, aber auch den ausgedehnten Kolonialbesitz in Indonesien.

DÄNEMARK

Christian IV. zieht in den Krieg

Der Kriegseintritt Dänemarks gegen das Haus Habsburg verwandelt den Dreißigjährigen Krieg in einen europäischen Konflikt.

Mai 1625: Angesichts der Versuche der Habsburger, die militärischen Erfolge zur Festigung der kaiserlichen Macht im Reich und zur Durchführung der Gegenreformation in Norddeutschland zu nutzen, greift der dänische König Christian IV. auf Seiten der Protestanten in den Krieg ein. Er lässt sich in seiner Eigenschaft als Herzog von Holstein zum Kreisobersten des Niedersächsischen Reichskreises wählen.

Im Haager Vertrag vom 9. Dezember 1625 verbinden sich die von Spanien schwer bedrängten niederländischen Generalstaaten mit England, Dänemark und dem nach Holland geflohenen Friedrich V. von der Pfalz. Ein koordinierter Feldzug wird geplant: Der dänische König Christian IV. soll in Niedersachsen angreifen, der Söldnerführer Christian von Halberstadt am Rhein, Ernst II. Graf zu Mansfeld in Böhmen und Gábor Bethlen, der Fürst von Siebenbürgen, soll Niederösterreich in seine Gewalt bringen.

Angesichts dieser Bedrohung und um sich von der Abhängigkeit der katholischen Liga zu befreien, akzeptiert Kaiser Ferdinand II. das Angebot des böhmischen Großgrundbesitzers Albrecht Wenzel Eusebius von Wallenstein, auf eigene Kosten ein neues Heer von 40 000 Mann auszurüsten und zu besolden, wofür er unbedingte Vollmacht zur Erhebung von Geld und Naturalien in den eroberten Provinzen des Reichs verlangt.

In dieser Konstellation beginnt der Dänisch-Niedersächsische Krieg. Am 25. April 1626 besiegt Wallenstein das Heer des Grafen Mansfeld bei Dessau und verhindert seinen Einmarsch nach Böhmen. Johann Tserclaes Graf von Tilly schlägt am 27. August 1626 Christian IV. bei Lutter am Barenberge und zwingt ihn zur Räumung von Niedersachsen. Während Gábor Bethlen aus dem Krieg ausscheidet, drängt Wallenstein im Verlauf des Jahres 1627 die Dänen nach Norden zurück und erobert Mecklenburg, Holstein, Schleswig und Jütland. Kaiser Ferdinand II. ernennt Wallenstein daraufhin 1628 zum »General des ozeanischen und baltischen Meeres« und verleiht ihm am 16. Juni 1629 das Herzogtum Mecklenburg als erbliches Lehen. Dies trägt dem Feldherrn die Feindschaft der katholischen Reichsfürsten ein. Am 22. Mai 1629 schließt Christian IV. den Lübecker Frieden. Für die Wiedererlangung seiner Besitzungen verzichtet der Dänenkönig auf weitere Einmischung im Reich sowie Ansprüche auf die Stifte Bremen, Verden und Schwerin. Auf dem Höhepunkt seiner Macht erlässt Kaiser Ferdinand II. am 6. März 1629 das Restitutionsedikt, nach dem alle seit dem Passauer Vertrag (1552) von den Protestanten eingezogenen Stifte und Kirchengüter an die Katholiken zurückgegeben, die Reformierten vom Religionsfrieden ausdrücklich ausgeschlossen und die katholischen Reichsstände das Recht zur Rekatholisierung ihrer Untertanen erhalten. Die Durchführung hätte nicht nur die Rekatholisierung weiter Teile des Reiches bedeutet, sondern auch eine erhebliche Stärkung der kaiserlichen Macht, denn mit den wiedergewonnenen Territorien hätte Ferdinand II. seine Familienmitglieder und treue Anhänger belohnen können.

Das wallensteinsche Heer belagert 1628 das von Dänemark und Schweden unterstützte Stralsund (Lithographie).

ZUR PERSON

Wallenstein

Albrecht Wenzel Eusebius von Wallenstein (*24. 9. 1583), ein Politiker des Krieges, wird zum wichtigsten Feldherrn von Kaiser Ferdinand II. Nach der Niederwerfung des Aufstands in Böhmen und Mähren 1618/19 belohnt ihn Ferdinand II. für seine Hilfe mit großen Besitztümern. Wallenstein ist der erste militärische Unternehmer, der Feldzüge und Versorgung der Armee nach ökonomischen Gesichtspunkten organisiert. Der Kaiser erhebt Wallenstein zum Herzog von Friedland (1625) und Mecklenburg (1629) sowie zum Fürsten von Sagan (1627). Auf Druck der Fürsten 1630 entlassen, ruft ihn der Kaiser nach den Siegen der Schweden zurück. Schließlich lässt er Wallenstein – da durch seine Kontakte zum Gegner verdächtig geworden – am 25. Februar 1634 in Eger ermorden.

Der Porträtist

Diego Rodríguez de Silva y Velázquez ist der Hauptvertreter der klassischen Epoche der spanischen Malerei.

1623: Der Maler Diego Rodríguez de Silva y Velázquez erlangt Zugang zum Hof in Madrid und kann erstmals König Philipp IV. porträtieren, der ihn in seine Dienste nimmt.

Velázquez, der aus einer adligen und vermögenden Familie stammt, erhielt zwischen 1611 und 1617 eine Ausbildung bei dem

PARIS

Ein Kardinal als »graue Eminenz«

Unter dem Herzog von Richelieu wird in Frankreich ein absolutistisches Staatswesen aufgebaut.

29. 4. 1624: Kardinal Armand Jean du Plessis, Herzog von Richelieu, wird von König Ludwig XIII. zum Ersten Minister in Frankreich berufen. Er erneuert die Verfolgung der Hugenotten, unterdrückt die Adelsopposition und errichtet den absolutistischen Einheitsstaat.

Die politischen Sonderrechte der protestantischen Hugenotten werden abgeschafft. Richelieu nimmt ihnen ihre sog. Sicherheitsplätze und schaltet sie damit als politischen Machtfaktor aus. Aufgrund ihrer Privilegien hatten die Hugenotten seit Heinrich IV. gleichsam einen »Staat im Staate« gebildet.

Am 28. Oktober 1628 muss – nach fast 15-monatiger Belagerung – mit der westfranzösischen Hafenstadt La Rochelle das politische Zentrum der Hugenotten vor den königlichen Truppen kapitulieren. Im Edikt von Ales wird zwar in der Folge die Glaubensfreiheit der Hugenotten bestätigt, allerdings verlieren sie den größten Teil ihrer im Toleranzedikt von Nantes 1598 zugebilligten Festungen.

Nach der Ausschaltung der Hugenotten wendet sich Richelieu gegen den Adel, dessen Opposition gegen das Königtum er gleichfalls gewaltsam unterdrückt.

Nachdem der Kardinal am 11. November 1630 einer Adelsverschwörung gerade noch entkommen ist, lässt er zahllose Burgen und Schlösser auch des Hochadels zerstören. Zu den Drahtziehern der Verschwörung zählt die Königinmutter Maria von Medici, die den König vergeblich um Richelieus Entlassung bittet. Sie wird zeitweise sogar in Haft gesetzt, kann jedoch ins Ausland entkommen und stirbt 1642 in Köln.

Mit der Hinrichtung ihres Heerführers Henri II., Herzog von Montmorency am 30. Oktober 1632 in Toulouse, ist die Adelsopposition endgültig ausgeschaltet. Henri II. hatte die Opposition der Stände und der Gouverneure aus dem französischen Hochadel gegen die Reformpolitik der Zentralregierung unterstützt und wird als Majestätsverbrecher zum Tode verurteilt.

Kardinal Richelieu leitet 18 Jahre die französische Politik.

Unter Richelieu gilt die Formel des absoluten Königtums: »Un roi, une foi, une loi« (Ein König, ein Glaube, ein Gesetz). Das stehende Heer, die Machtbasis der Könige, wird ausgebaut, die Provinzverwaltung – bisher in Form der Gouverneure eine Domäne des Adels – wird gegen den Widerstand der regionalen Stände durch Entsendung sog. Intendanten unter königliche Kontrolle gestellt.

Auch im Bereich Kunst und Kultur wird Richelieu ordnend tätig: Am 25. Januar 1635 geht aus einem Kreis von Schriftstellern und Gelehrten, die im Haus des Literaten Valentin Conrart in Paris verkehren, die Académie française zur Pflege der französischen Sprache und Literatur hervor, die durch Richelieu zur staatlichen Institution erweitert wird. Er stellt den 40 Mitgliedern der Académie u.a. die Aufgabe, eine Grammatik, eine Anleitung zur Rhetorik sowie ein Wörterbuch der französischen Sprache zu erarbeiten, das schließlich 1694 erscheinen kann. In Fragen der Aufstellung von Sprachregeln und der künstlerischen Gestaltung zeigt sich die Académie überaus konservativ.

Außenpolitisch gilt Richelieus Hauptinteresse vor allem der Sprengung des habsburgischen Rings um Frankreich, indem er zunächst im Dreißigjährigen Krieg den schwedischen König Gustav II. Adolf finanziell unterstützt und ab 1635 direkt auf Seiten der Schweden in den Krieg eingreift. Am 4. Dezember 1642 stirbt Richelieu (*9. 9. 1585) in Paris. Auf seine Empfehlung hin wird mit Kardinal Jules Mazarin ein gebürtiger Italiener sein Nachfolger.

MADRID

des königlich spanischen Hofes

Maler Francisco Pacheco, dessen Schwiegersohn er 1618 wurde. Velázquez wird in seiner Frühzeit von der Helldunkelmalerei beeinflusst, die insbesondere von Caravaggio herrührt. Ab 1627 fest am Hofe angestellt, porträtiert er zahlreiche Mitglieder der königlichen Familie und andere hoch gestellte Persönlichkeiten. Doch auch naturalistische Darstellungen aus dem Alltag, religiöse Bilder und Monumentalgemälde zeitgenössischer Ereignisse (z.B. »Übergabe von Breda«, 1635) entstehen in dieser Zeit. Berühmte Gemälde aus dieser Zeit sind u.a. »Christus im Hause der Martha« und »Die Trinker«. »Die Schmiede des Vulkan« entsteht 1630 und lässt Einflüsse von Tizian, Veronese und Tintoretto erkennen, die Velázquez auf seiner ersten Italienreise 1629-1631 studiert. Nach der zweiten Italienreise 1646-1651 beginnt die bedeutendste Schaffenszeit des Künstlers. Velázquez widmet sich den sphärischen Elementen von Luft und Licht und wird zu einem Vorläufer des Impressionismus. Als Höhepunkte seiner Kunst gelten aus dem Spätwerk vor allem die Bildnisse von Papst Innozenz X. (1650) und der Infantin Margareta Theresia (1654). 1652 zum königlichen Haushofmeister ernannt, stirbt Velázquez (*1599) am 7. August 1660 in Madrid.

Velázquez: »Der Hofzwerg Sebastián de Morra« (1642-1644)

USEDOM

Die Schweden ziehen durch ganz Deutschland

Mit der Landung der Schweden in Pommern beginnt die dritte Phase des Dreißigjährigen Krieges.

6. 7. 1630: König Gustav II. Adolf von Schweden landet mit 13 000 Mann auf der Ostseeinsel Usedom. Die Entlassung von Albrecht Wenzel Eusebius von Wallenstein als kaiserlicher Feldhauptmann, die am 13. August 1630 von den Kurfürsten erzwungen wird, nutzt der Schwedenkönig zur Eroberung Pommerns.

In Bärwalde unterzeichnet er am 23. Januar 1631 eine fünfjährige Übereinkunft mit Frankreich, die ihm jährlich 1 Mio. Livres als Subsidien einbringt. Nach der Eroberung und Plünderung von Magdeburg (20. 5. 1631) durch den kaiserlichen Generalissimus Johann Tserclaes Graf von Tilly schließen die protestantischen Landesfürsten von Hessen-Kassel (12. 8. 1631) und Kursachsen (11. 9. 1631) Bündnisse mit den Schweden.

Gustav II. Adolf besiegt die Kaiserlichen am 17. September 1631 bei Breitenfeld und am 15. April 1632 bei Rain am Lech. In großer Not beauftragt Kaiser Ferdinand II. am 15. Dezember 1631 deshalb Wallenstein erneut mit der Kriegführung und gibt ihm in den Vereinbarungen von Göllersdorf (13. 4. 1632) weitreichende Befugnisse.

Am 17. Mai 1532 rückt Gustav II. Adolf in München ein, wird aber von Wallenstein genötigt, sich nach Norden zu wenden. Der König fällt in der Schlacht bei Lützen am 16. November 1632.

Der schwedische Reichskanzler Axel Oxenstierna, Graf von Södermöre, schließt am 23. April 1633 den Heilbronner Bund mit den protestantischen Ständen, um den schwedischen Einfluss weiter zu sichern. Der Tod Wallensteins, der 1633 begonnen hatte, mit den Schweden und Sachsen einen Ausgleich zu suchen, beendet die Hoffnungen auf baldigen Frieden. Kaisertreue Offiziere ermorden Wallenstein am 25. Februar 1634 in Eger. Nach ihrer Niederlage am 6. September 1634 bei Nördlingen räumen die Schweden Süddeutschland.

Am 30. 5. 1635 schließt Ferdinand II. mit dem sächsischen Kurfürsten Johann Georg I. den Prager Frieden, dem sich die meisten Reichsstände anschließen. Der Kaiser verzichtet darin auf die Durchführung des Restitutionsedikts (1629) und belässt den Protestanten jene Hochstifte und Abteien, die am 12. 11. 1627 in ihrem Besitz waren.

Der schwedische König Gustav II. Adolf fällt in der Schlacht bei Lützen (1632).

ZUR PERSON

Gustav II. Adolf wahrt Eigeninteresse

Gustav II. Adolf (*19. 12. 1594) wurde nach dem Tode seines Vaters König Karl IX. schon im Alter von 17 Jahren von Adel und Reichsrat für mündig erklärt und bestieg am 30. Oktober 1611 den Thron. Innenpolitisch leitete er eine Reihe nachhaltiger Reformen ein (z.B. die Neuordnung der Reichsverwaltung, der Rechtsprechung und des Unterrichtswesens). Seine siegreichen Kriege gegen Dänemark (1611-1613), Russland (1614-1617) und Polen (1621-1629) brachten Schweden in den Besitz von Ingermanland, Karelien, Livland und Teilen der preußischen Ostseeküste. Ein sechsjähriger Waffenstillstand mit dem von den Habsburgern unterstützten Polen (26. 9. 1629) ermöglicht ihm die Landung in Pommern 1630 und die Rettung des schwer bedrängten deutschen Protestantismus. Religiöse Motive gehen dabei mit politischen Hand in Hand: Er befürchtet – nach dem Ausscheiden des Dänenkönigs Christian IV. aus dem Krieg – die Ausbreitung der kaiserlichen Macht an der Ostsee, die Beeinträchtigung des schwedischen Handels und eine katholische Restauration in Norddeutschland. Angesichts des kaiserlichen Restitutionsedikts (6. 3. 1929) will er nicht abwarten, inwieweit seine Stellung dadurch beeinträchtigt wird, sondern geht zum Angriff über. Mit finanzieller Unterstützung des katholischen Frankreich dringt er bis nach Bayern vor, muss sich dann jedoch wieder zurückziehen. Sein Tod am 16. November 1632 bei Lützen – der König fällt im Nahkampf – ist ein schwerer Schlag für die schwedische Großmachtpolitik und die deutschen Protestanten.

Gustav II. Adolf (Öl auf Holz, 1631)

HINTERGRUND

»Tyrannisiert und gewütet«

Die Eroberung und Plünderung Magdeburgs durch die Kaiserlichen am 20. Mai 1631 gilt den Zeitgenossen als eines der schrecklichsten Ereignisse des Krieges.

Der kaiserliche Generalissimus Johann Tserclaes Graf von Tilly erobert Magdeburg. Die Hochburg der Protestanten wird ausgeplündert und in Brand gesteckt.

Die Zerstörung Magdeburgs wird beschrieben im »Theatrum Europaeum«, einer Chronik der Jahre 1618-1632. Darin heißt es: So »ist doch alle Defension [Verteidigung] umsonst gewesen, also dass etwa um 11 Uhr die Stadt gänzlich in des Feinds Gewalt gewesen, da sich die Bürger mehrenteils nach ihren Häusern retirieret, die andern, so sich widersetzen wollen, sind niedergehauen worden. Etliche, so noch auf den Wällen gewesen und um Quartier [Gnade] gebeten, haben es, wiewohl gar schwerlich und nicht von allen Tillyschen Soldaten erlanget; denn das Pappenheimische Volk, wie auch die Wallonen, so am aller unchristlichsten und ärger als Türken gewütet, haben... mit Niederhauen beides der Weiber und kleinen Kinder in Häusern und Kirchen also tyrannisiert und gewütet, dass auch viele von dem anderen Tillyschen Volk selber einen Abscheu dafür gehabt... Nachdem die Tillyschen etwa zwei oder drei Stunden in der Stadt gewesen, ist das Feuer, welches sie an unterschiedlichen Orten den Bürgern zum Schrecken, damit sie keinen starken Widerstand tun könnten, angezündet, mit solcher Macht aufgegangen und hat so geschwind überhand genommen, dass die Soldaten an ihrer Plünderung verhindert worden sind, auch wegen der großen Hitze meisteneils sich wiederum aus der Stadt haben begeben müssen. Weil gar ein unversehener Sturmwind sich erhoben, hat das Feuer so geschwind überhandgenommen, dass von zehn Uhr des Mittags bis wieder zu zehn zu Nacht die ganze Stadt durchaus abgebrannt und in Asche gelegt war bis auf 139 Häuser.«

Auch die Eroberung von Heidelberg durch Tillys Soldaten im September 1622 wird drastisch geschildert: »Es taten sonderlich die Kroaten und Kosaken... mit Mord, Raub und Brand großen Schaden; ...den Kindern hauten sie die Köpfe ab und zerstückelten sie hernach; die Eltern, so sie bekamen und nicht gar ermordeten, richteten sie jämmerlich zu... durch Niederhauen, Plündern und Geldherausmarten, mit Däumeln, Prügeln, Nägelbohren und dergleichen.«

Während weite Teile des Reiches vom Krieg gar nicht oder nur wenig betroffen werden, sind andere Landstriche mehrfach Ziel von Plünderungen durch eine der Kriegsparteien.

»Raubende Soldateska« (Holzstich von Hans Ulrich Franck, 1643)

ENGLAND

Neues über den Blutkreislauf

Mit seiner Lehre vom Blutkreislauf widerlegt der englische Anatom William Harvey die Vorstellungen der antiken Medizin.

1628: Der Mediziner William Harvey (1578-1657) publiziert in seiner in Deutschland verlegten Schrift »Exercitatio anatomica de motu cordis et sanguinis in animalibus« (Eine anatomische Studie über die Bewegung des Herzens und des Blutes bei den Lebewesen) seine Erkenntnis über die Blutbewegung.

Er rechnet anhand des geschätzten Volumens der linken Herzkammer mal Anzahl der Herzschläge pro Tag vor, dass die Menge des umgetriebenen Blutes keineswegs aus der Leber nachgeliefert werden kann, wie von dem griechisch-römischen Arzt Galenus von Pergamon (129-199) behauptet wurde. Bei der Kontraktion der Herzkammern (Systole) wird das Blut durch die Arterien in die Peripherie gedrückt, wobei der Puls entsteht. Die linke Herzkammer drückt das Blut in die Körperschlagader (Aorta), die rechte in die Lunge.

Das Blut fließt nun aus der rechten Kammer über die Lunge in die linke Kammer (kleiner Blutkreislauf). Von der Lunge kommend strömt das Blut über die Aorta in die Arterien der Körperorgane und kehrt schließlich über die Venen in die rechte Kammer zum Herzen zurück.

Bereits bei den Hippokratikern und bei Aristoteles ist das Herz ein zentrales Organ. Es galt als Sitz des Verstandes und der »eingeborenen Wärme« (calor innatus). Erst Harvey entwickelt das Konzept eines Kreislaufes der Blutbewegung mit dem Herzen als zentralem Antriebsmotor.

Titelseite der Abhandlung von Harvey

MANHATTAN

New York gegründet

Niederländische Siedler gründen die Keimzelle der späteren Millionenstadt New York.

4. 5. 1626: Der in den Diensten der niederländischen Westindischen Kompanie stehende Peter Minnewit aus Wesel am Niederrhein kauft für Waren im Wert von nur 24 Dollar die Insel Manhattan von den Manhatto-Indianern. Das wenig später gegründete Neu-Amsterdam an der Südspitze von Manhattan erhält 1653 Stadtrechte und hat 1664 bereits rd. 1500 Einwohner.

Die niederländische Kolonisierung Nordamerikas begann – nach dem Auslaufen eines 1609 mit Spanien geschlossenen Waffenstillstands – mit der Gründung der Westindien-Kompanie am 3. Juni 1621. Das holländische Kolonialreich in Nordamerika wird 1655 durch die Eroberung der benachbarten Niederlassung Neu-Schweden (Delaware) erweitert, ferner gehörten dazu u.a. Curaçao (1634), Aruba (1642) und Surinam (1667).

Zu Beginn des zweiten niederländisch-englischen Seekrieges erobern die Engländer die holländische Kolonie am Hudson. Am 7. September 1664 muss Petrus Stuyvesant, seit 1647 Gouverneur, seine Siedlung den Engländern übergeben. Neu-Amsterdam geht in den persönlichen Besitz des Herzogs von York über und erhält am 4. Oktober 1664 den Namen New York.

ROM

Galilei zum Widerruf gezwungen

Nach über 20-jähriger Auseinandersetzung mit der römisch-katholischen Kirche muss der italienische Mathematiker und Physiker Galileo Galilei seinen angeblichen »Irrlehren« abschwören.

22. 6. 1633: »Ich halte jene Meinung des Kopernikus nicht für wahr und habe sie nie für wahr gehalten.« Mit dieser unter Folterandrohung seitens des »Gerichts des Heiligen Offiziums« erzwungenen Notlüge opfert Galileo Galilei seine wissenschaftliche Überzeugung und rettet dafür Leib und Leben.

Der als Sohn des Komponisten und Musiktheoretikers Vincenzo Galilei (um 1520-1591) am 15. Februar 1564 in Pisa geborene Galilei besuchte die Klosterschule von Vallombrosa bei Florenz. Als Student in Pisa (ab 1580) beobachtete er die Gesetzmäßigkeit der Pendelschwingungen (1580) und stellte fest, dass gleichlange Pendel unabhängig von ihrem Gewicht und ihrer Ausschlagweite gleich schnell schwingen. 1586 erfand er die hydrostatische Waage zur Bestimmung spezifischer Gewichte. Im Jahr 1589 erhielt er eine Dozentenstelle an der Universität Pisa und befasste sich dort mit den Fallgesetzen. 1592 wurde er Professor der Mathematik in Padua.

Er konstruierte 1609 – ein Jahr nach der Erfindung des Fernrohrs in den Niederlanden – ein ähnliches, aber verbessertes Fernrohr und entdeckte Mondberge, Jupitermonde, Sonnenflecken, Phasengestalten der Venus u.a. astronomische Erscheinungen. Aus dieser wissenschaftlichen Beschäftigung wusste Galilei von den Bahnen der Planeten und ihrer Trabanten und verwarf das von der katholischen Kirche vertretene ptolemäische System. Diese bis dahin geltende Lehrmeinung stellte die (ruhende) Erde in den Mittelpunkt des Universums.

Der englische Dichter John Milton zu Besuch bei Galileo Galilei (Gemälde)

Im März 1610 publizierte er die Arbeit »Sidereus Nuncius« (»Botschafter der Sterne«). Er widmete sie Cosimo II. Medici, dem Großherzog der Toskana, der ihn nach Florenz berief. Im Jahr 1615 geriet er dort wegen seines – in Form eines Briefes veröffentlichten – Bekenntnisses zum heliozentrischen Weltsystem (die Sonne im Mittelpunkt des Planetensystems) des Nikolaus Kopernikus mit der Kirche in Konflikt und wurde bei der Inquisition denunziert.

Im Jahr 1616 wurde das wissenschaftliche Hauptwerk des Kopernikus (»De revolutionibus orbium coelestium libri VI«, 1543) von einer päpstlichen Kommission verworfen und auf den Index der für Katholiken verbotenen Bücher gesetzt. Im selben Jahr formulierte Galilei eine Theorie von Ebbe und Flut, die er in erster Linie auf die doppelte Bewegung der Erde (Rotation um die eigene Achse und um die Sonne) zurückführte.

Die Inquisition griff Galileis wissenschaftliche Arbeit an. Er wurde 1616 zum Schweigen ermahnt und unterwarf sich. 1623 provozierte er den Jesuitenorden, als er die Arbeiten des Mönchs Orazio Grassi über die 1618 beobachteten drei Meteore widerlegte. In der von Galilei geschaffenen Figur des wissenschaftlich ungebildeten »Simplicio« glaubten Kritiker Papst Urban VIII. zu erkennen, was die Angriffe noch verschärfte.

1626-1630 schrieb er sein erstes Hauptwerk – »Dialog über die beiden großen Weltsysteme« – in dem er wiederum versuchte, die Richtigkeit des heliozentrischen Weltbilds zu beweisen.

Im Februar 1632 wurde der »Dialog« veröffentlicht, im August wurde jedoch die Auslieferung des Buches gestoppt und Galilei vor die Inquisition geladen. Er wurde wegen Ungehorsams und Ketzerei angeklagt. Daraufhin widerruft der Wissenschaftler im Kloster Santa Maria sopra Minerva in Rom seine Lehren. Dass er seinen Widerruf mit den Worten »Eppur si muove« (»Und sie [die Erde] bewegt sich doch«) umgehend zurückgenommen habe, ist jedoch eine Legende.

Galilei bleibt bis zu seinem Tod als Gefangener der Inquisition unter Hausarrest in seiner Villa in Arcetri bei Florenz. 1637 erblindet der Wissenschaftler. Galilei stirbt am 8. Januar 1642 in Arcetri. 1835 wird der »Dialog« vom päpstlichen Index gestrichen. Erst 550 Jahre nach seinem Tod – 1992 – wird Galilei von Papst Johannes Paul II. rehabilitiert.

Galileo Galilei vor dem Inquisitionstribunal in Rom 1633 (Farblithographie)

Rembrandt

In den Werken des niederländischen Malers Rembrandt ist die Kunst von jeder Bindung an das Kultische und Dekorative befreit und das Geschehen auf seinen tieferen Gehalt reduziert.

1639: Der seit 1631 in Amsterdam ansässige niederländische Maler und Grafiker Rembrandt (eigentl. Rembrandt Harmensz. van Rijn) erreicht nach der Heirat mit Saskia van Uylenburgh, deren Vermögen ihm zu Wohlstand verhilft, mit dem Kauf eines eigenen Hauses den Höhepunkt seines gesellschaftlichen Ansehens. Am 15. Juli 1606 als Sohn eines Müllers geboren, besuchte er dort die Lateinschule und 1620 die Universität in Leiden. Von 1620 bis 1623 ging er in die Lehre bei dem aus Italien zurückgekehrten Historienmaler Jacob van Swanenburgh, anschließend in Amsterdam bei Pieter Lastman. 1625 begann Rembrandts selbstständige künstlerische Tätigkeit. Dem Aufenthalt in Leiden und der Zusammenarbeit mit seinem Schüler Jan Lievens folgte 1631 die Übersiedlung nach Amsterdam. In dieser Zeit entstanden u.a. die »Anatomie des Dr. Tulp« (1632), »Blendung Simsons« (1636) und »Susanna,

AMSTERDAM

malt zeitlose Kunstwerke

Rembrandt: »Selbstbildnis mit Samtbarett und einem Mantel mit Pelzkragen« (1634)

von den beiden Alten überrascht« (um 1637). 1634 heiratete er Saskia van Uylenburgh. Rembrandt schuf sich eine bedeutende Kunstsammlung. 1642 stirbt Saskia. Von ihren vier Kindern bleibt nur Titus am Leben. Zu dieser Zeit steht er auf dem Höhepunkt seines Ruhms und löst sich gänzlich von den Konventionen barocker Malerei hin zu einer starken Verinnerlichung. Es entstehen u.a. die Hauptwerke »Nachtwache« (1642), »Christus und die Ehebrecherin« (1644), »Christus und die Jünger in Emmaus« (1648), und »Bathseba mit dem Brief Davids« (1654). In den 50er Jahren beginnt der gesellschaftliche Niedergang des selbstständigen Künstlers. In dieser letzten Schaffenszeit ragen heraus die »Anatomie des Dr. Deyman« (1656) und sein letztes Gruppenbild, »Die Staalmeesters« (1662), das die Mitglieder des Ausschusses der Tuchmachergilde zeigt. Trotz immer noch vieler Aufträge – auch aus dem Ausland – ständig in Geldnöten, wird Rembrandt 1656 für zahlungsunfähig erklärt, 1657/58 folgt die Versteigerung des gesamten Besitzes. Am 4. Oktober 1669 stirbt Rembrandt in Armut und Einsamkeit und wird in der Westerkerk in Amsterdam beigesetzt.

Rembrandt gilt als die vielseitigste Persönlichkeit der niederländischen Kunst im 17. Jahrhundert. In den bekannten etwa 600 Gemälden, über 300 Radierungen und mehr als 1500 Zeichnungen widmete er sich allen künstlerischen Stoffgebieten. Etwa 60 Selbstbildnisse zeigen nicht nur seine künstlerische, sondern auch seine persönliche Entwicklung.

FRANKFURT AM MAIN

Ansicht der bedeutenden Freien Reichsstadt Lübeck (Mitte des 17. Jh.s.).

Städtebilder von Merian

Mit seinen Kupferstichen verewigt Matthäus Merian Ansichten von den größeren und kleineren Städten Europas.

1642: Der Kupferstecher Matthäus Merian gibt als Besitzer eines eigenen Verlags in Frankfurt am Main die »Topographia« Europas heraus, ein insgesamt 30-bändiges Stichewerk mit mehr als 2000 Stadtansichten, Plänen und Karten. Während seiner Lehre als Kupferstecher in Basel hatte Merian gemeinsam mit seinem Meister Dietrich Meyer ein neues Deckmaterial für Druckplatten zur Einritzung der Zeichnung mit der Nadel entwickelt, dem Meyer den Namen »Merianischer Ätzgrund« verlieh.

Matthäus Merian (*22. 9. 1593) stirbt am 19. Juni 1650 in Schwalbach. Das Gesamtwerk wird 1688 durch seine Söhne Caspar und Matthäus d.J. abgeschlossen.

LEIDEN

René Descartes: »Ich denke, also bin ich…«

Mit dem französischen Denker René Descartes beginnt die neuzeitliche Philosophie.

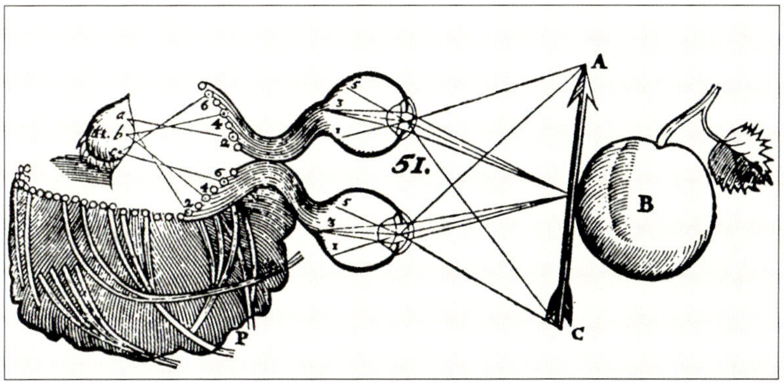

Der Vorgang des Sehens nach René Descartes (1664)

1637: Anonym veröffentlicht René Descartes in den Niederlanden seine Schrift »Discours de la méthode pour bien conduire et chercher la verité dans les sciences« (Abhandlung über die Methode, seine Vernunft richtig zu leiten und die Wahrheiten in den Wissenschaften zu suchen). Dabei geht es dem französischen Philosophen, Mathematiker und Naturforscher um eine Neubestimmung der Erkenntnistheorie.
Aufgrund des Gesamtaufbaus eines Systems und seiner Naturauffassung gilt Descartes als erster systematischer Denker der Neuzeit. Er befreit die Philosophie vom Autoritätsglauben der Scholastik. Er fordert »klare« und »distinkte« (deutliche) Vorstellungen und das Zurückgehen auf die einfachsten Einsichten, die durch Intuition gewiss sind. Er sucht insofern nach einer Methode, in der Philosophie zu Erkenntnissen zu gelangen, die mathematischen Gewissheiten gleichkommen. Um die letzte Gewissheit zu erreichen, unterzieht er sinnliche Wahrnehmungen und Aussagen über Mensch und Welt einem grundlegenden Zweifelsprozess und gelangt zu dem Fundamentalsatz seines philosophischen Systems: »cogito, ergo sum« (»Ich denke, also bin ich.«). Aus diesem Kernsatz leitet er die Wesenheit menschlichen Denkens ab. Descartes begründet zugleich die analytische Geometrie und tritt in der Physik durch seine Arbeiten zur Dynamik, Optik und Astronomie hervor.

Während seine physikalischen Leistungen bald durch die Erkenntnisse eines Isaac Newton verdrängt werden, ist seine Philosophie bis heute wirksam geblieben. Der am 31. Mai 1596 in La Haye (Touraine) geborene Descartes besuchte die Jesuitenschule in La Flèche, trat 1618 in Kriegsdienste und wurde 1622 durch eine Erbschaft finanziell unabhängig. 1628 nahm er an der Belagerung der Hugenottenstadt La Rochelle teil und ging dann in die Niederlande, wo seine wichtigsten Schriften entstanden. 1649 lädt ihn die schwedische Königin Christine nach Stockholm ein, wo er sich eine Lungenentzündung zuzieht und am 11. Februar 1650 stirbt. Seine Schriften werden lange – auch kirchlicherseits – heftig kritisiert, erst 1701 kann in Paris eine französische Gesamtausgabe erscheinen.

AGRA

Das Taj-Mahal steht auf einem quadratischen Sockel, eingefasst von Minaretts.

Denkmal für »Auserwählte«

Das Taj-Mahal im nordindischen Agra ist ein Höhepunkt der Mogul-Architektur.

Mumtaz-i-Mahal und ihr Mogul

1648: Der Großmogul Schah Dschahan I. errichtet seiner Lieblingsfrau Mumtaz-i-Mahal ein Mausoleum. Die »Auserwählte des Harems« hatte 1631 ihren Mann bei einem Feldzug begleitet und war an der Geburt ihres 14. Kindes gestorben. Das Mausoleum entsteht auf dem Gelände des »Diadem-Palastes«, einer Palastanlage aus dem 14. Jahrhundert. Mit dem Bau des marmornen Grabmals am Ufer des Flusses Jumna wurde 1632 begonnen; die Hauptgebäude waren wohl 1643 vollendet. Der Baumeister des Grabmals ist unbekannt geblieben, sicherlich waren jedoch Künstler aus Persien, aus der Türkei, Samarkand und Indien an dem Bau beteiligt. Die gesamte Anlage umfasst eine Fläche von 567 m mal 305 m. Von einem mit Arkaden und vier Torbauten eingefassten Torhof gelangt man in einen geometrisch angelegten Garten, der durch Wasserläufe unterteilt ist.

PEKING

Mandschu-Kaiser regieren

In China wird die Dynastie der Ch'ing errichtet. Bis zum Ende des Kaiserreichs 1911 steht das »Reich der Mitte« unter Fremdherrschaft.

6. 6. 1644: Shi-Tsu (1638-1662) ist nach der Machtübernahme durch die Mandschu der erste Kaiser der Ch'ing-Dynastie. Mit Hilfe eines abtrünnigen Ming-Generals haben die Mandschu, ein halbnomadisches Volk in der Nachfolge der Dschurdschen-Stämme, die unter Nurhaci (1559-1626) geeint worden waren, Peking erobert. Der letzte Kaiser der seit 1368 herrschenden Ming-Dynastie beging Selbstmord. Ihre Macht war in den letzten Jahren von Bauernrevolten erschüttert worden.

Die Mandschu-Herrscher übernehmen den Verwaltungsapparat der Ming-Kaiser. Zwar sind anfangs Heiraten zwischen Chinesen und Mandschuren untersagt, doch im Laufe der Zeit geraten die Mandschuren unter den Einfluss der chinesischen Kultur.

MÜNSTER/OSNABRÜCK

Nach 30 Jahren endet

Das Ende des Dreißigjährigen Krieges beendet das Ringen um die konfessionelle und territoriale Vormacht in Deutschland und Europa. Die verheerenden Kriegsschäden und die Verluste an Menschen haben die deutschen Länder um Jahrzehnte zurückgeworfen.

24. 10. 1648: Der Westfälische Friede beendet den Dreißigjährigen Krieg, der sich – aus konfessionellen Gegensätzen entstanden – zu einem auf deutschem Boden geführten Machtkampf um die europäische Stellung des Hauses Habsburg entwickelt hatte.

Die Erleichterung über das Ende des Blutvergießens ist überall groß. Viele Gebiete entlang der großen Heerstraßen sind völlig verwüstet, die Bevölkerung teilweise um die Hälfte dezimiert.

Schon seit 1645 war im katholischen Münster und im protestantischen Osnabrück über ein Ende des Krieges verhandelt worden, in dem die Religionszugehörigkeit der jeweiligen Kriegsparteien eine immer geringere Rolle spielte. Viele Truppenbewegungen wurden nur unternommen, um die Heere aus einem bereits ausgeplünderten Landstrich in einen anderen zu führen, wo man – nach dem Motto »Der Krieg ernährt den Krieg« – hoffte, noch Verpflegung zu finden. Die letzten Schlachten dienten vor allem der Verbesserung der eigenen Verhandlungsposition.

Die letzte Phase des Krieges seit 1635 wurde vor allem von Frankreich bestimmt, das die habsburgische Umklammerung aufbrechen wollte: In Spanien, im Deutschen Reich und in den südlichen Niederlanden herrschten jeweils die Habsburger. Durch den Frieden von Prag (30. 5. 1635), mit dem Kaiser Ferdi-

HINTERGRUND

Ergebnis: Schwacher Kaiser –

Aus dem Westfälischen Frieden gehen die unmittelbar am Krieg beteiligten Territorialstaaten Schweden und Frankreich gestärkt hervor.

Innerhalb des Heiligen Römischen Reiches Deutscher Nation wird durch den Friedensschluss die Stellung der Fürsten zu Lasten des Kaisers gestärkt, dessen Machtbereich sich im Wesentlichen auf die habsburgischen Erblande beschränkt. Der Protestantismus hat sich behauptet, die katholische Kirche muss hinnehmen, dass die Fürsten weiterhin die Religion ihrer Untertanen bestimmen.

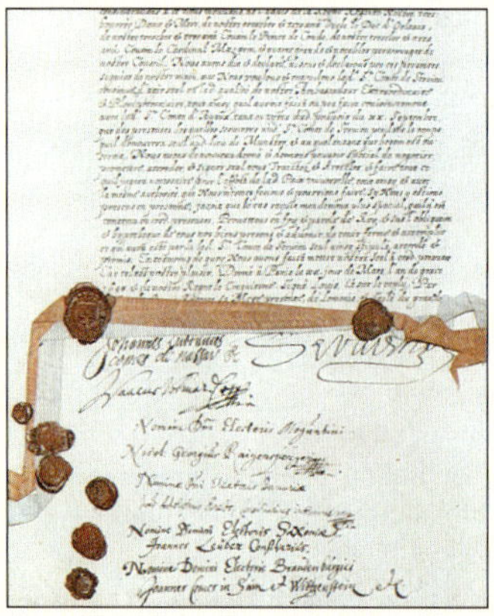

Textauszug des Friedensschlusses

Territoriale Regelungen: Frankreich wird der Besitz der 1552 gewonnenen Bistümer Metz, Toul und Verdun bestätigt, dazu vom Haus Habsburg die Landgrafschaften Unter- und Oberelsass, der Sundgau und die Landvogtei über die zehn elsässischen Reichsstädte. Hinzu kommen die Festung Breisach sowie das Besatzungsrecht in der Festung Philippsburg (südlich von Mannheim). Schweden erhält Vorpommern, Wismar und die Bistümer Bremen und Verden als Reichslehen mit Sitz und Stimme auf dem Reichstag. Brandenburg gewinnt – für seine Erbansprüche auf Vorpommern – Hinterpommern und Cammin, die Bistümer Halberstadt und Minden sowie die Anwartschaft auf das Erzbistum Magdeburg-Halle. Mecklenburg erhält als Ausgleich für Wismar die Bistümer Schwerin und Ratzeburg. Hessen-Kassel bekommt Abtei Hersfeld und die Grafschaft Schaumburg. Bayern erhält die Oberpfalz sowie die lange strittige pfälzische Kurwürde. Die Rheinpfalz (mit dem Zentrum Mannheim) wird mit der neuen achten Kurwürde an Karl Ludwig von der Pfalz – den Sohn des böhmischen »Winterkönigs« Friedrich V. von der Pfalz – zurückgegeben. Kursachsen erhält die Ober- und Niederlausitz

Krieg in Deutschland

nand II. das Ausscheiden von Kursachsen und der meisten Reichsstände aus dem Kriegsgeschehen erreicht hatte, waren sowohl Schweden als auch Frankreich ins Abseits geraten: Schweden konnte allein, ohne die protestantischen deutschen Fürsten, nicht weiterkämpfen. Frankreich sah sein Ziel in Gefahr, Habsburg zu schwächen.

Der französische Kanzler Kardinal Armand Jean du Plessis, Herzog von Richelieu schloss deshalb Bündnisse mit allen Gegnern des Hauses Habsburg und nahm am 27. Oktober 1635 durch den Vertrag von St.-Germain-en-Laye den Herzog Bernhard von Sachsen-Weimar in französische Dienste. Frankreich verpflichtete sich zur Zahlung von jährlich 4 Mio. Livres an den Herzog zur Aufstellung und Unterhaltung einer Armee von 18 000 Mann. Der Herzog bekämpfte die Kaiserlichen in Lothringen, Burgund und am Oberrhein, starb jedoch am 18. Juli 1639 in Neuenburg am Rhein.

Am 24. Februar 1638 schloss Frankreich einen erneuten Subsidienvertrag mit Schweden, der 1641 bis zum Ende des Krieges verlängert wurde. Am 4. Oktober 1636 besiegte bei Wittstock (nordwestlich von Berlin) ein zahlenmäßig unterlegenes schwedisches Heer eine kaiserliche Streitmacht unter Melchior Graf von Gleichen und Hatzfeldt. In der zweiten Schlacht bei Breitenfeld (2. 11. 1642) besiegten die Schweden unter ihrem Oberkommandierenden Lennart Torstensson, Graf von Ortala die Kaiserlichen unter Ottavio Piccolomini, Herzog von Amalfi.

Zuletzt wurde vor allem in Böhmen und Süddeutschland gekämpft. Am 6. März 1645 besiegte bei Jankau (südöstlich von Prag) Torstensson erneut die Kaiserlichen, das letzte größere Gefecht bei Zusmarshausen am 17. Mai 1648 entschieden die Schweden und Franzosen für sich, die anschließend bis zum Abschluss des Friedens einen großen Teil Bayerns verwüsteten.

Feldzüge und Schlachten des Dreißigjährigen Krieges

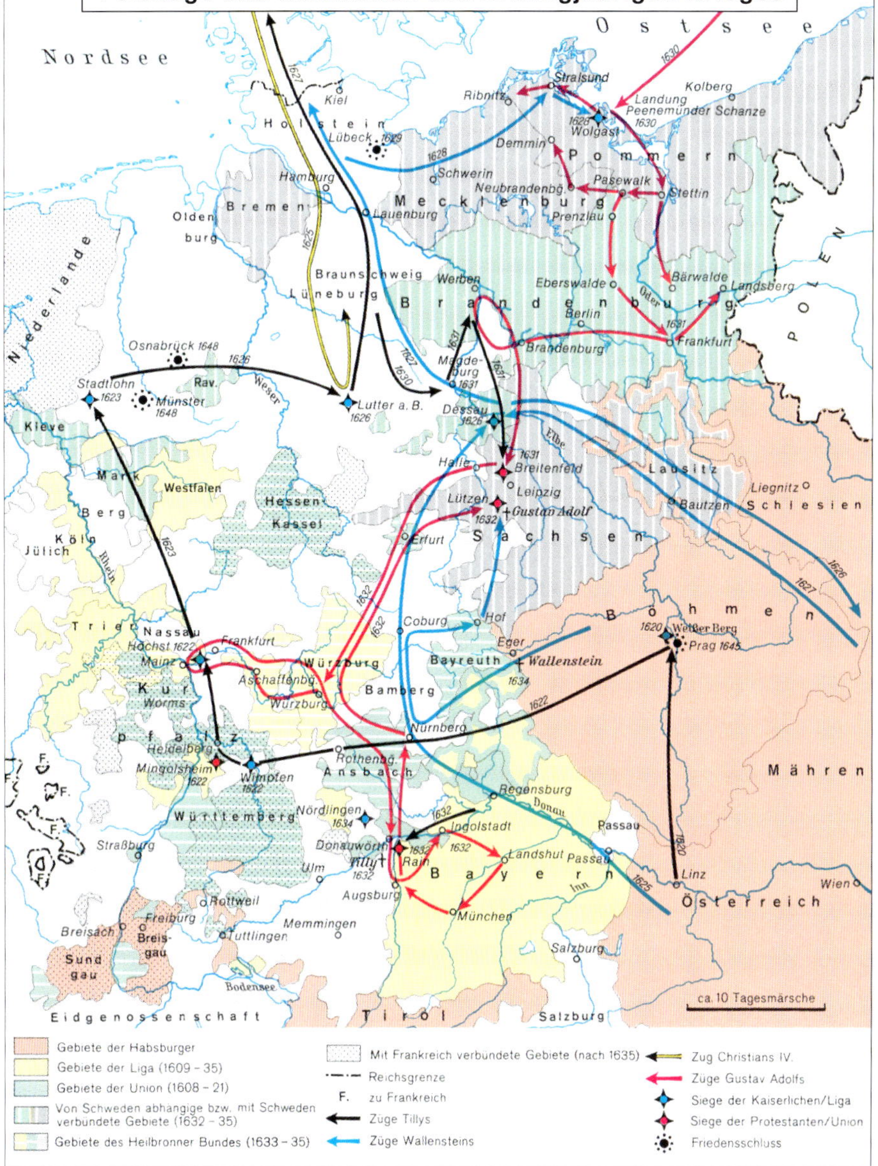

starke Fürsten

als erbliches böhmisches Lehen (seit 1635 in Pfandbesitz). Die Republik der Vereinigten Niederlande scheidet aus dem Reich aus, ebenso offiziell anerkannt wird das Ausscheiden der Schweizerischen Eidgenossenschaft (die schon seit 1499 faktisch nicht mehr zum Reichsverband gehört).

Konfessionelle Regelungen: Der Passauer Vertrag (1552) und der Augsburger Religionsfriede (1555) werden anerkannt und auf die Reformierten ausgedehnt. Der 1. Januar 1624 wird als Stichtag für den Besitzstand geistlicher Güter und die Konfessionszugehörigkeit festgelegt.

Reichsverfassung: Kurfürsten und Fürsten werden als gleichberechtigt neben dem Kaiser anerkannt. Die Außenpolitik des Reiches bedarf künftig der Zustimmung des Reichstags, in dem die Reichsstädte endgültig Sitz und Stimme erringen und (als dritte Kurie) neben Kurfürsten und Fürsten treten. Die Reichsstände dürfen unter sich und mit auswärtigen Mächten Bündnisse abschließen. Auch Reichsgesetze müssen künftig vom Reichstag beschlossen werden. Gilt ein Verhandlungsgegenstand als Religionssache, so stimmt der Reichstag nach Konfessionen ab.

»Der Friedensschwur von Münster«, die Anerkennung der Vereinigten Niederlande durch das Königreich Spanien am 15. Mai 1648 (Gemälde von Gerard ter Borch)

LONDON

Theoretiker der Staatsmacht

Als erster Philosoph unternimmt es Thomas Hobbes, die mathematischen Methoden der Naturerklärung folgerichtig auf die Geisteswissenschaft anzuwenden.

1651: Der englische Philosoph und Staatstheoretiker Thomas Hobbes veröffentlicht sein Hauptwerk »Leviathan«. Darin legt er seine Lehre vom Naturzustand und vom Gesellschaftsvertrag (Naturrecht) dar.

Hobbes gilt als einer der großen Systematiker der neuzeitlichen Philosophie. Vertraut mit der Philosophie Réne Descartes und ein Bewunderer des Werks von Galileo Galilei, steht er unter dem Einfluss des modernen physikalischen Denkens.

Ausgehend von der Erkenntnis, dass der Mensch auch mit seinem geistigen Leben ein Glied der natürlichen Ordnung ist, bildet das Studium des einzelnen Menschen und seiner Gedanken den Ausgangspunkt. Hobbes stellt fest, dass alle Begriffe aus Sinneswahrnehmungen abgeleitet sind. Denken ist somit eine geregelte Abfolge von Bildern im Bewusstsein, die Sprache gibt diesen Bildern ihren Namen.

In seiner Staatsphilosophie formuliert er als Erster die Lehre vom Naturzustand und vom Gesellschaftsvertrag (Naturrecht). In der Natur herrscht das Recht des Stärkeren (der Mensch als reißendes Tier), jedoch ist der Krieg aller gegen alle (»bellum omnium contra omnes«) unvernünftig, weil er sich gegen die Interessen jedes Einzelnen wendet. Er muss daher beendet werden, indem sich alle freiwillig einer Staatsmacht unterwerfen, in dem also jeder Einzelne sein Recht der Selbstbestimmung auf den einen überträgt, der fortan den gemeinsamen Willen ausführen soll. Für Hobbes ist somit die absolute Staatsmacht der Garant des inneren Friedens. Allerdings ist diese Übertragung nicht an die monarchische Staatsform gebunden.

Darüber hinaus lässt sich der Gedanke des Gesellschaftsvertrages auch in revolutionärem Sinne deuten: Dann nämlich, wenn die Souveränität des Volkes betont wird, das seine Rechte, auf die es verzichtet hat, zurückverlangt. Diese Frage jedoch spielt erst im 18. Jahrhundert eine Rolle.

Verständlich wird dies vor allem angesichts von Hobbes' Lebensweg: Der am 5. April 1588 geborene Philosoph emigrierte – um der englischen Revolution zu entgehen – 1640 nach Paris und kehrt erst 1651 zurück. Er erhält nach der Thronbesteigung von König Karl II., den er in der Verbannung unterrichtet hat, eine Pension. Hobbes stirbt am 4. Dezember 1679. Neben dem »Leviathan« zählen zu seinen Hauptwerken die »Elements of law natural and political« (1640) und die »Elementa philosophiae de cive« (1642).

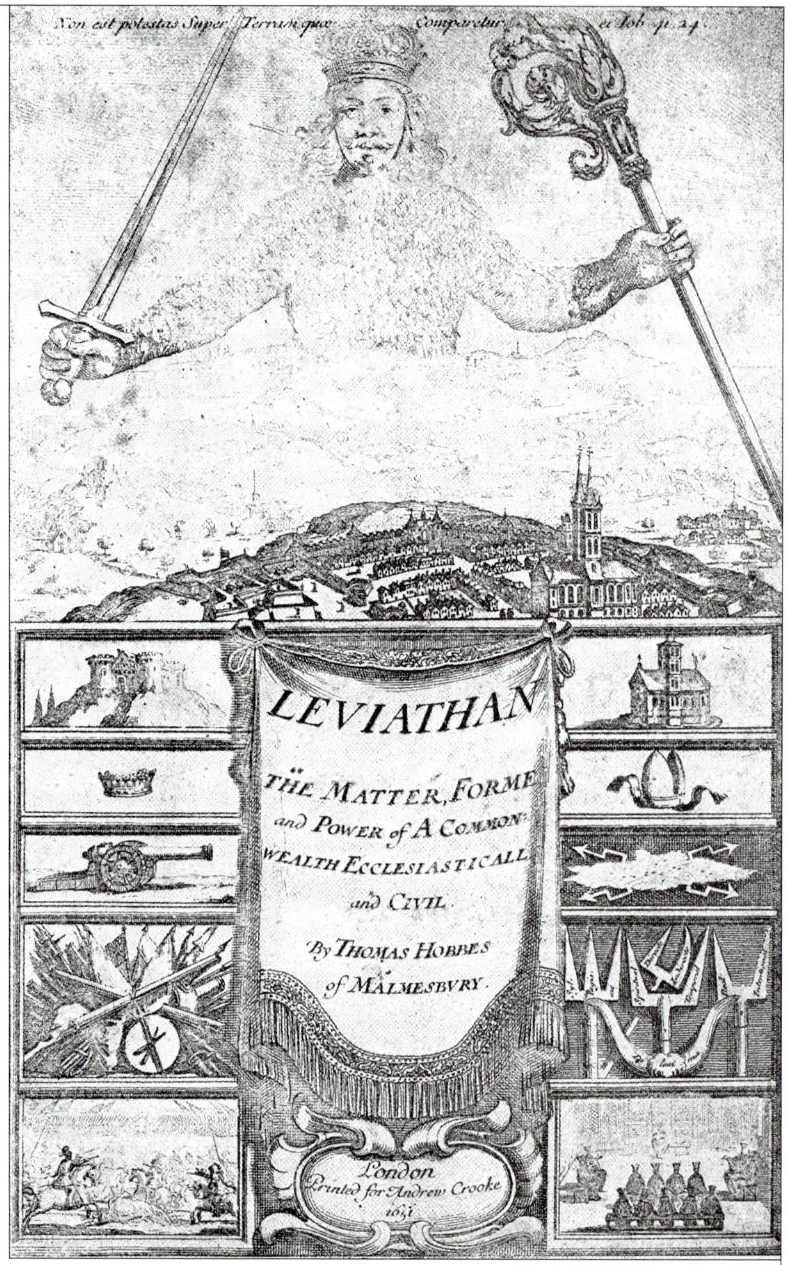

Titelblatt der Erstausgabe von Thomas Hobbes' »Leviathan« 1651 in London

LONDON

England setzt den Führungsanspruch auf See durch

Der englisch-niederländische Handelsgegensatz führt zu drei Seekriegen, in denen die Holländer trotz einzelner Erfolge die englische Dominanz anerkennen müssen.

9. 10. 1651: Oliver Cromwell verkündet die Navigationsakte. Sie hat bis 1849 Gültigkeit und richtet sich vor allem gegen den niederländischen Zwischenhandel. Die Einfuhr aus Übersee nach England darf nur auf englischen Schiffen, die Einfuhr aus Europa nur auf englischen oder Schiffen des Ursprungslands abgewickelt werden. Darüber hinaus sind alle englischen Schiffe innerhalb des eigenen Hoheitsgebiets durch Dippen der Flagge zu grüßen und die heimischen Fischgründe sollen nur englischen Fischern offen stehen. 1664 wird ergänzend festgelegt, dass die englischen Kolonien nur über England versorgt werden dürfen.

Bereits im Frühsommer des Jahres 1652 beginnt der erste Seekrieg, in dessen Verlauf u.a. der englische Admiral Robert Blake (1599-1657) in der Schlacht im Ärmelkanal (28. 2.-2. 3. 1653) die Niederländer unter Maarten H. Tromp (1598-1653) bezwingen kann. Am 5. April 1654 wird der Friede von Westminster geschlossen. Die Niederlande müssen die ihren Handel schädigende englische Navigationsakte anerkennen. Die Friedensbedingungen sind milde, weil Cromwell sich die protestantischen Niederlande als Bündnispartner gegen die katholischen Monarchien Spanien und Frankreich erhalten will.

Koloniale Streitigkeiten führen zum zweiten niederländisch-englischen Seekrieg, an dessen Beginn die Engländer am 7. September 1664 die Kolonie Neu-Amsterdam (später New York) erobern. Der niederländische Admiral Michiel Adriaanszoon de Ruyter (1607-1676) kann die Themse hinaufsegeln und in der sog. Viertageschlacht vom 19. bis 24. Juni 1667 bei Chatham zahlreiche englische Kriegsschiffe zerstören. Am 31. Juli

Oliver Cromwell

LONDON

Cromwell lässt König Karl I. köpfen

In England wird erstmals ein souveräner Monarch gemäß dem Willen des Volkes hingerichtet.

30. 1. 1649: Nach einem Schauprozess wird König Karl I. (*19. 11. 1600) enthauptet. England wird zur Republik.

Religiöse Auseinandersetzungen und der Streit mit dem Unterhaus um die Steuerhoheit prägten die gesamte Regierungszeit Karls I., der am 27. März 1625 den Thron bestiegen hatte. Durchdrungen von der Überzeugung des Gottesgnadentums seiner Herrschaft geriet er in Konflikt mit den Abgeordneten. Seinem dritten Parlament musste Karl I. am 7. Juni 1628 die »Petition of Right« gewähren, worin u.a. die Steuererhebung an die Bewilligung des Parlaments geknüpft und die Unverletzlichkeit der persönlichen Freiheit des Bürgers bekräftigt wurde.

Von 1629 bis 1640 regierte der König ohne Parlament. Der 1637 unternommene Versuch, in Schottland einen Gottesdienst nach englischer Art einzuführen, löste eine Rebellion aus. Aus Geldnot und angesichts eines drohenden Religionskrieges musste er am 13. April 1640 das Parlament wieder einberufen. Zwar wurden die widerspenstigen Abgeordneten am 5. Mai nach Hause geschickt, jedoch am 3. November 1640 zurückgeholt und tagten als sog. langes Parlament bis 1653.

Die Abgeordneten nutzten die Krise, um ihren Einfluss zu stärken. Einige der engsten Vertrauten des Königs werden verhaftet und hingerichtet, darunter am 12. Mai 1641 Thomas Wentworth, Earl of Strafford. Dem Hauptratgeber des Königs wurde die angebliche Verletzung fundamentaler Grundrechte angelastet. Karl I. billigte die Hinrichtung, um seinen eigenen Kopf zu retten.

Der englische König Karl I. wird am 30. Januar 1649 vor seinem Palast in Whitehall enthauptet.

Der Konflikt verschärfte sich, als der König am 4. Januar 1642 den Versuch unternahm, fünf ihm feindlich gegenüberstehende Parlamentsabgeordnete wegen Hochverrats zu verhaften. Doch die Oppositionellen wurden gewarnt und konnten entkommen. Der König floh mit seiner Familie nach Oxford.

Damit begann der Bürgerkrieg, in dem der König vom höheren Adel und der anglikanischen Staatskirche unterstützt wurde, während die Schotten und der niedere Adel für das Parlament Partei ergriffen. In der Schlacht bei Marston Moor in der Grafschaft York wurden die königlichen Truppen (»Cavaliers«) am 2. Juni 1644 von der Parlamentsarmee (»Roundheads«) unter Führung des aus dem ländlichen Kleinadel stammenden Oliver Cromwell vernichtend geschlagen. Der zutiefst religiöse Cromwell – ein Vertreter der individualistisch-spiritualistisch ausgerichteten Independenten – hatte eine Privatarmee um sich gesammelt (sog. Ironsides) und wurde anschließend mit der Neuaufstellung des Parlamentsheeres beauftragt. Diese sog. New Model Army bestand aus bestens ausgerüsteten und regelmäßig bezahlten Berufssoldaten.

Mit dieser disziplinierten Armee wurden am 14. Juni 1645 bei Naseby südlich von Leicester die königstreuen Truppen besiegt. Karl floh im April 1646 nach Schottland, wo ihn jedoch am 23. Januar 1647 der Adlige Archibald Campbell, Marquess of Argyll, für 400 000 Pfund an das englische Parlament auslieferte.

Oliver Cromwell als siegreicher Heerführer (Kupferstich, 17. Jh.)

Karl I. konnte jedoch auf die Insel Wight entkommen und wandte sich Hilfe suchend an die Schotten. Doch ein zu seiner Unterstützung entsandtes schottisches Heer wurde am 17./18. August 1648 bei Preston in Lancashire vernichtend besiegt.

Nun war Cromwell gewillt, sich des Königs zu entledigen: Um eine Mehrheit für seine Verurteilung im Parlament zu sichern, wurden am 6. Dezember 1648 über 80 meist presbyterianische Abgeordnete ausgeschlossen, weitere 60 flohen. Es verblieb nur noch ein Rumpfparlament, welches nach der Hinrichtung des Königs aufgelöst wird.

Am 19. Mai 1649 wird ein Staatsrat gebildet, dem u.a. Cromwell angehört. Der englische Staat führt fortan die Bezeichnung »Commonwealth«. Der lange Bürgerkrieg hat das Land geschwächt. In Irland und Schottland brechen Aufstände aus, die jedoch – besonders grausam in Irland – bis 1651 niedergeworfen werden.

Ein vom 4. Juli bis 6. Dezember 1653 tagendes independistisches Parlament (»Parlament der Heiligen«) trägt Cromwell das Amt eines Lordprotektors an. Am 8. Mai 1657 lehnt Cromwell die ihm angetragene Königskrone ab, verschafft sich jedoch das Recht auf die Regelung seiner Nachfolge.

Am 3. September 1658 stirbt Oliver Cromwell (*25. 4. 1599) in London. Das vakante Amt des Lordprotektors geht auf seinen Sohn Richard Cromwell über, der aber schon am 24. Mai 1659 auf Drängen des Parlaments und des Heeres zurücktreten muss.

1667 kommt der Friede von Breda zustande. Im März 1672 beginnt der dritte englisch-niederländische Seekrieg, in dessen Verlauf der niederländische Admiral de Ruyter den Engländern in der Southwold Bay (7. 6. 1672) und 1673 bei Kamperduin (Texel) Niederlagen beibringt. Am 19. Februar 1674 wird der Krieg auf der Basis des Status quo ante beendet. England scheidet damit aus dem sog. Holländischen Krieg aus und erhält New York, das 1673 von den Holländern erobert worden ist, zurück. Dennoch behauptet sich England als führende Seemacht und schaltet in den Napoleonischen Kriegen (1803-1815) auch Frankreich aus.

PARIS

Die Herrschaft des »Sonnenkönigs«

Ludwig XIV. führt das französische Königtum auf den Gipfel seiner Macht und verkörpert zugleich als »Sonnenkönig« (frz.: »Roi Soleil«) den Höhepunkt des Absolutismus französischer Prägung.

10. 3. 1661: Einen Tag nach dem Tod des leitenden Ministers Jules Mazarin tritt König Ludwig XIV. (*5. 9. 1638) die Alleinherrschaft an. Mit seinem Anspruch, die oberste Leitung allein in seiner Hand zu vereinigen – Gesetzgebung, Verwaltung, Rechtsprechung, militärische Gewalt – entzieht der Monarch der Staatsverwaltung wesentliche Befugnisse. In der absoluten Monarchie, die zur vorherrschenden Regierungsform im Europa des 17./18. Jahrhundert wird, gilt der Herrscher als über dem Recht, zumindest aber als über den Gesetzen stehend.

Die staatliche Willensbildung ist somit kein verfahrensmäßig begründeter oder rechtlich nachprüfbarer Akt. Der Monarch hat das Recht des Eingriffs sowohl gegenüber öffentlichen Einrichtungen als auch gegenüber den Staatsbürgern. Durch die straffe Zusammenfassung aller staatlichen Kräfte führt der Absolutismus zugleich zum Nationalstaat neuzeitlicher Prägung.

Die absolute Monarchie ist eine Reaktion auf die Schrankenlosigkeit der Adels- und Ständeherrschaft. Die schon unter Mazarin durchgesetzte Beschränkung der Adelsmacht wird durch Ludwig XIV. fortgesetzt: Indem er die Hofhaltung von Paris nach Versailles verlagert zwingt er den Adel, ihm zu folgen und macht ihn dadurch politisch weitgehend unschädlich.

Staatstheoretisch legitimiert wird der Absolutismus sowohl durch die Lehre des englischen Philosophen Thomas Hobbes, wonach sich der Mensch schon aus Selbsterhaltungstrieb einer absoluten Macht unterwerfen müsse, als auch durch die Souveränitätsthese des französischen Staatsrechtlers Jean Bodin (1530-1596). Von ihm stammt die Formel: »summa potestas (regis) legibus (ab) soluta est«, also: »Die höchste Gewalt des Königs ist nicht an Gesetze gebunden.«

Allerdings kann auch Ludwig XIV. nicht allein regieren. Er stützt sich jedoch nicht – wie seine Vorgänger – auf Kardinals-Premiers wie Mazarin, sondern auf tatkräftige Helfer, die ihre Arbeit tun, sich jedoch ständig bewusst sind, dass letztlich der König entscheidet.

Ludwig XIV. findet zunächst fähige Mitarbeiter: Sein wichtigster ist der 1661 zum Oberintendanten der Finanzen berufene Jean-Baptiste Colbert, Marquis de Seignelay (1619-1683). Er legt die wirtschaftliche Grundlage für den Absolutismus durch die Steigerung der Staatseinkünfte, Förderung von Handel und Industrie und die Verbesserung von Straßen und Wasserwegen.

Hugues de Lionne, Marquis de Berny (1611-1671), übernimmt als Mazarins Nachfolger die Außenpolitik; François Michel Le Tellier, Marquis de Louvois (1641-1691), schafft als Kriegsminister durch Reorganisation und die Erweiterung des Heeres auf 300 000 Mann die Voraussetzungen für Ludwigs Kriegs- und Eroberungspolitik; Henri de la Tour d'Auvergne, Vicomte de Turenne (1611-1675), ist des Königs erfolgreichster Heerführer; der 1678 zum Generalinspekteur des Festungswesens ernannte Sébastien le Prestre de Vauban (1633-1707) errichtet zahlreiche große Befestigungswerke (u.a. Metz, Namur und Neubreisach).

Ludwig XIV. verknüpft seine Person und seinen Ruhm stets mit dem Ruhme Frankreichs. In seinen »Betrachtungen über den Herrscherbe-

Ludwig XIV. (Barockgemälde von Hyacinthe Rigaud)

OLIVA

Friede ist beschlossen

Der Erste Nordische Krieg (1655-1660) wird durch einen Kompromiss beendet.

3. 5. 1660: Der Friede von Oliva beendet den schwedisch-polnischen Krieg (Erster Nordischer Krieg). Polen und Schweden erkennen die Souveränität des Kurfürsten von Brandenburg im Herzogtum Preußen (Ostpreußen) an. Polen überlässt Schweden das nördliche Livland, Estland und die Insel Ösel, Polens König Johann II. Kasimir verzichtet auf den schwedischen Thron.

Im Sommer 1655 hatte der schwedische König Karl X. Gustav den Anspruch des in Polen regierenden Wasa Johann II. Kasimir auf die schwedische Krone zum Anlass genommen, um in Polen einzufallen. Er eroberte Warschau und Krakau. Der Tod Karls X. am 23. Februar 1660 machte den Weg für einen Frieden frei.

ZUR PERSON

Jules Mazarin

Über 18 Jahre lang beherrschte der Minister und Kirchenfürst Jules Mazarin (eigtl. Giulio Mazarini, *14. 7. 1602) maßgeblich die französische Politik.

Der gebürtige Italiener stand ab 1622 zunächst in päpstlichen Diensten, kam 1635/36 als Nuntius nach Paris und wurde 1641 Kardinal. 1640 trat er unter Kardinal Armand Jean du Plessis, Herzog von Richelieu in französische Dienste und wurde 1642 auf dessen Empfehlung sein Nachfolger als leitender Minister. Mazarin musste zeitweilig ins Exil, konnte sich aber behaupten und führte Frankreich auf dem von Richelieu begonnenen Weg zur europäischen Vormachtstellung. Nach seinem Tod am 9. März 1661 in Vincennes tritt Ludwig XIV. die Alleinherrschaft an.

ruf« (1679) schreibt er: »Wenn man seine Sorge dem Staate schenkt, so arbeitet man für sich selbst. Das Wohl des einen führt zum Ruhm des anderen. Wenn der Staat glücklich, groß und mächtig ist, so ist der, der diesen Zustand herbeigeführt hat, ruhmreich... Der Beruf des Herrschers ist groß, edel und erquickend, wenn man sich würdig fühlt, alle Aufgaben, zu denen er verpflichtet, wohl zu erfüllen; aber er ist nicht frei von Kummer, Mühen und Unruhe.«

Die kostspielige Hofhaltung, das ausschweifende Hofleben – das bald zum Vorbild für das übrige Europa wird – sowie die aufwändig gestalteten Schlösser und der Ehrgeiz, ein möglichst großes, stehendes Heer zu unterhalten, nötigen Ludwig XIV. – wie alle absolutistischen Herrscher – dazu, die Staatseinnahmen ständig zu erhöhen.

Das wichtigste Instrument hierfür ist das von seinem Finanzverwalter Colbert entwickelte System des Merkantilismus.

Mit diesem fast planwirtschaftlichen System sollte Frankreich in den Stand gesetzt werden, mit einer arbeitsteilig organisierten Produktion hochwertige Güter zu erzeugen, um zu einer positiven Handelsbilanz zu gelangen.

Zwar verfügt Frankreich nun über die stärkste Militärmacht des Kontinents, dennoch scheitert der groß angelegte Versuch, den Staat durch eine konsequente Erb- und Eroberungspolitik zur europäischen Hegemonialmacht zu erheben. Durch Überspannung der finanziellen und militärischen Macht Frankreichs leitet Ludwig XIV. zugleich den Niedergang ein.

Als König Ludwig XIV. am 1. September 1715 stirbt, ist Frankreich von der Last seines persönlichen Regiments befreit.

Ludwig XIV. bei einem Empfang im Zentrum des höfischen Lebens 1714 (Ölgemälde von L. Silvestri)

STICHWORT

Staat erhöht die Wirtschaftskraft

Der Merkantilismus ist eine Lehre und Praxis der Nationalökonomie, die den Reichtum eines Landes vor allem durch die verfügbare Menge an Edelmetall definiert.

Ihr Ziel ist die Deckung des gewachsenen Finanzbedarfs (u.a. durch pompöse Hofhaltung, Unterhalt eines stehenden Heeres, Staatsverwaltung) der absolutistischen Staaten Europas vom 16. bis 18. Jahrhundert. Die wichtigsten Mittel zur Erhöhung der Wirtschaftskraft eines Staates sind die Bevölkerungsvermehrung, eine zielgerichtete Gewerbe- und Handelspolitik im Inland (Förderung neuer Gewerbe, Subventionen, Zolleinheit) und eine aktive Außenhandelspolitik mit dem Ziel einer positiven Handelsbilanz (Förderung der Ausfuhr und Verteuerung der Einfuhr von Fertigwaren). Allerdings überschätzt der Merkantilismus den Wert des Geldes und die Rolle des Staates.

DELHI

Aurangseb beherrscht Indien

Unter Aurangseb erreicht das indische Mogulreich seine größte Ausdehnung.

26. 6. 1658: Mohammed Muhi Ad din Aurangseb Alamgir I. (*3. 11. 1618) reißt als Großmogul die Macht an sich. Der dritte von vier Söhnen des Großmuguls Schah Dschahan I. (1628-1658) besiegt seinen Bruder und Thronrivalen Dara Schikoh, lässt ihn im folgenden Jahr hinrichten und übernimmt die Herrschaft noch zu Lebzeiten seines Vaters, den er gefangen setzt.

Unter seinem Vater war Aurangseb mit der Verwaltung der eroberten und tributpflichtig gemachten Reiche Golkonda und Bijapura auf dem Dekan sowie Ahmadnagar beauftragt worden. Aurangseb setzt die Eroberungspolitik seiner Vorgänger fort und beherrscht schließlich fast den ganzen Subkontinent. Er ist ein strenggläubiger Anhänger des Islam und zerstört in seinem Fanatismus alle Möglichkeiten einer Partnerschaft mit den Hindus, vor allem mit den nordindischen Rajputen, aber auch mit der Religionsgruppe der Sikhs.

Zugleich bemüht er sich darum, das Steuerwesen so zu reformieren, dass den Bauern das zum Leben Notwendige erhalten bleibt und die Rechtssicherheit zu erhöhen.

Nach Aurangsebs Tod am 21. Februar 1707 verfällt das Mogulreich allmählich.

Aurangseb, Großmogul von Indien (Kupferstich)

FEHRBELLIN

Großer Kurfürst legt Grundstein für den

Unter dem Großen Kurfürsten Friedrich Wilhelm vollzieht Brandenburg-Preußen den Aufstieg vom zersplitterten Ständestaat zum absolutistisch-zentralistischen Staatswesen.

In der Schlacht bei Fehrbellin (28. 6. 1675) behaupten sich etwa 5700 Brandenburger gegen rd. 11 000 Schweden (zeitgen. Kupferstich)

28. 6. 1675: In der Schlacht bei Fehrbellin (Osthavelland) besiegt der Große Kurfürst Friedrich Wilhelm die mit Frankreich verbündeten Schweden. Die Schlacht ist ein Teil des sog. Holländischen Krieges (2. Reunionskrieg), in dem Brandenburg-Preußen auf der Seite der Niederlande und des Kaisers Leopold I. gegen die Franzosen und die mit König Ludwig XIV. verbündeten Schweden kämpfen.

Entscheidenden Anteil am Gewinn der Schlacht von Fehrbellin, durch den Brandenburg vom Feind befreit wird, hat Friedrich II., Landgraf von Hessen-Homburg (1633-1708), seit 1670 in brandenburgischen Diensten (Titelheld des Dramas »Prinz Friedrich von Homburg« von Heinrich von Kleist).

Friedrich Wilhelm (*16. 2. 1620), seit 1640 Kurfürst von Brandenburg, erlangte im Westfälischen Frieden mit dem Erwerb Hinterpommerns, Mindens und der Anwartschaft auf das Erzbistum Magdeburg als Entschädigung für den Verzicht auf Vorpommern mit Stet-

VERSAILLES

Meister der Komödie

Der französische Dichter und Schauspieler Molière zählt zu den größten Lustspieldichtern der Weltliteratur.

12. 5. 1664: Im Schloss von Versailles bringt der Dichter und Schauspieler Molière (eigtl. Jean Baptiste Poquelin) seinen »Tartuffe« zur Uraufführung. Die bittere Komödie um den Schurken, der den Frommen spielt, erregt den Zorn der Geistlichkeit. Der Klerus erreicht die sofortige Absetzung des Stücks, das erst fünf Jahre später in einer abgemilderten Fassung von König Ludwig XIV. wieder erlaubt werden kann.

Der am 15. Januar 1622 in Paris geborene Molière war 13 Jahre lang mit einer Schauspieltruppe durch die französische Provinz getingelt, ehe er 1658 erstmals mit seiner Truppe im Louvre vor Ludwig XIV. auftreten konnte.

Der Monarch förderte ihn in der Folgezeit, nahm ihn immer wieder gegen seine zahlreichen Gegner in Schutz und stand sogar Pate bei Molières erstem Kind, als dieser wegen einer Heirat mit einer viel jüngeren Frau – angeblich seine Tochter – den Vorwurf der Blutschande auf sich zog. Molière revanchierte sich, indem er Ludwig XIV. in seinen Ballett-Komödien als Tänzer auftreten ließ.

Berühmt wurde Molière durch »Die lächerlichen Preziösen« (1659), eine Satire auf die höfische Gesellschaft. In seinen letzten 14 Lebensjahren entstehen die Bühnenstücke – nur 32 seiner vielen Werke sind erhalten –, die ihm Eingang in die Weltliteratur verschaffen: »Don Juan« (1665); »Der Misanthrop« (1666); »Amphitryon« (1668); »Der Bürger als Edelmann« (1670); »Der eingebildete Kranke« (1673). Bei der vierten Vorstellung dieses Stücks im Palais Royal bricht Molière – selbst todkrank – auf der Bühne zusammen und stirbt am 17. Februar 1673 an einem Blutsturz im Kostüm des »eingebildeten Kranken«.

Zwischen zwei Frauen: Szene aus Molières »Le Monsieur du Pourceaugnac«

Aufstieg Preußens

tin die territorialen Voraussetzungen für den Aufstieg Brandenburgs. Unter Ausnutzung des durch den Westfälischen Frieden gesicherten Bündnisrechts der Territorien legte er durch geschicktes Lavieren zwischen den europäischen Mächten den Grundstein für die spätere preußische Großmachtstellung in Europa.

Im Ersten Nordischen Krieg verschaffte er sich – bestätigt im Frieden von Oliva 1660 – durch wechselnde Koalitionen die Souveränität über das Herzogtum Preußen (Ostpreußen), mit dem er 1641 von Polen belehnt worden war: Zunächst 1656 mit Schweden verbündet, wechselte er 1657 auf die Seite Polens.

Durch den Sieg bei Fehrbellin vertreibt der Große Kurfürst die Schweden aus Vorpommern und Preußen, muss aber im Frieden von Saint-Germain-en-Laye (29. 6. 1678) erneut auf Vorpommern verzichten und alle Eroberungen an Schweden zurückgeben.

Innenpolitisch setzt der Große Kurfürst gegen den Widerstand der Provinzialstände die landesherrliche Steuerhoheit durch, baut seit 1643/44 ein kleines stehendes Heer auf (Vergrößerung von 8000 auf 31 000 Mann) und errichtet einen durchorganisierten Staatsapparat mit einer staatstreuen Beamtenschaft.

Der Kurfürst betreibt eine merkantilistische Wirtschaftspolitik (Kanalbauten, Anfänge einer Handelsflotte) und errichtet am 1. Januar 1683 einen Stützpunkt an der Küste Guineas (Groß-Friedrichsburg). Er gründet eine brandenburgisch-afrikanische Kompagnie, die den Kolonialhandel fördern soll. Allerdings sind den brandenburgischen Unternehmen in Afrika keine größeren wirtschaftlichen Erfolge beschieden und die Handelskompagnie wird schließlich 1721 an die Niederlande verkauft.

Seine Religionspolitik ist ausgerichtet auf den Kirchenfrieden zwischen den Lutheranern und der reformierten Minderheit, der er selbst angehört. Religiöse Toleranz und die Gewinnung wirtschaftlicher Vorteile gehen bei ihm Hand in Hand: Am 21. Mai 1671 ermöglicht er 50 aus Wien vertriebenen jüdischen Familien die Ansiedlung in der Mark Brandenburg und gewährt ihnen Handelsfreiheit. Zwar werden ihnen Finanzgeschäfte untersagt, aber sie dürfen mit Wolle, Tuch und Konfektionswaren handeln. Ihren Glauben müssen sie aber in ihren Häusern ausüben.

Hugenottische Fabrikanten führen ihre Waren vor (Stich von Chodowiecki).

Nachdem der französische König Ludwig XIV. am 18. Oktober 1685 mit dem »Edikt von Fontinebleau« das Toleranzedikt von Nantes widerruft und damit viele Hugenotten in die Emigration treibt, finden etwa 15 000 Glaubensflüchtlinge (Réfugiés) in Brandenburg und Preußen eine neue Heimat. Hier gewährt ihnen Friedrich Wilhelm am 8. November 1685 im Edikt von Potsdam völlige Glaubensfreiheit, unbegrenztes Niederlassungsrecht und weitgehende wirtschaftliche Privilegien. Da unter den nach Brandenburg gekommenen Hugenotten ungewöhnlich viele Beamte, adelige Offiziere, Richter, Ärzte, Lehrer, kapitalkräftige Kaufleute und qualifizierte Handwerker sind, verzeichnet der Große Kurfürst von der Zuwanderung der Hugenotten unmittelbaren wirtschaftlichen Gewinn.

Friedrich Wilhelm stirbt am 9. Mai 1688 in Potsdam. Seine Nachfolge tritt sein Sohn Kurfürst Friedrich III. (als Friedrich I. König in Preußen) an.

WOOLSTHORPE

Newtons Gesetze

Mit seinen Arbeiten über die Schwerkraft, die Optik und die Mechanik legt Isaac Newton die Grundlagen der modernen Physik.

1666: Der englische Physiker, Mathematiker und Astronom Isaac Newton (1643-1727) entdeckt die gegenseitige Anziehung von Massen (Gravitation) und schließt aus dem dritten keplerschen Gesetz, dass die dabei wirkende Kraft umgekehrt proportional dem Quadrat des Abstands der beiden Körper ist.

Der Legende nach soll der 23-jährige Student während seines Aufenthalts auf dem heimischen Landgut in Lincolnshire durch einen vom Baum fallenden Apfel zu seinem Gravitationsgesetz gekommen sein. Die gleiche Kraft, die den Apfel zu Boden ziehe, müsse auch auf den Mond wirken. Damit erklärt Newton, was die Himmelskörper auf ihren Bahnen hält und stellt fest, dass die physikalischen Gesetze nicht nur auf Erden, sondern im Prinzip universal gelten.

1669 beweist er mit Hilfe eines Fernrohrs mit Fadenkreuz sein Gravitationsgesetz durch astronomische Beobachtungen. Veröffentlicht und erweitert wird das Gravitationsgesetz in seinem Hauptwerk »Philosophiae naturalis principia mathematica« (1687).

Die nach ihm benannten Axiome der Mechanik (newtonsche Axiome) lauten im einzelnen: 1. Jeder Körper beharrt in seinem Zustand der Ruhe oder der geradlinigen, gleichförmigen Bewegung, sofern er nicht durch einwirkende Kräfte gezwungen wird, seinen Zustand zu ändern. 2. Die Bewegungsänderung ist der Einwirkung der bewegenden Kraft proportional, sie geschieht in der Richtung, in der die Kraft wirkt (Kraft = Masse mal Beschleunigung). 3. Die Wirkung ist stets der Gegenwirkung gleich oder die Wirkung zweier Körper aufeinander ist stets gleich und von entgegengesetzter Richtung (»actio gleich reactio«). Newtons Grundlagen der Mechanik werden erst im 20. Jh. durch die Relativitätstheorie von Albert Einstein modifiziert.

Gleichfalls 1666 befasst sich Newton mit dem Charakter des Lichts und kommt zu dem Ergebnis, dass sich das farblose Licht aus dem Spektrum farbigem Lichts zusammensetzt. Er lässt das Sonnenlicht durch ein kleines rundes Loch in seinem Fensterladen ins verdunkelte Zimmer eintreten und zerlegt die Lichtstrahlen durch ein Glasprisma in die Spektralfarben. Allerdings neigt Newton zu der Meinung, dass jede Lichtfarbe durch andersartige Lichtteilchen hervorgerufen werde (Korpuskulartheorie). Erst Christiaan Huygens (1629-1695) formuliert 1678 die Vorstellung von der Wellennatur des Lichts.

Im Jahr 1671 baut Newton ein Spiegelteleskop. Beim sog. Newton-Spiegel werden die Lichtstrahlen kurz vor ihrer Vereinigung im Brennpunkt von einem um 45° gegen die optische Achse geneigten Spiegel reflektiert und zum Okular geleitet. 1676 befasst er sich mit den nach ihm benannten newtonschen Ringen. Sie entstehen z.B., wenn eine leicht gekrümmte Glaslinse auf eine ebene Glasplatte gelegt wird, durch Interferenz (Lichtwellenüberlagerung) zwischen dem Teil einer Lichtwelle, der an der Grenzfläche zwischen der Linsenunterseite und der Luft, und dem Teil, der an der Oberfläche der Glasplatte reflektiert wird.

In der Mathematik findet Newton (1671) unabhängig vom deutschen Universalgelehrten Gottfried Wilhelm Leibniz (vor 1676) die Grundlagen der Differenzial- und Integralrechnung, die Newton als Fluxionsrechnung bezeichnet.

Isaac Newton untersucht den Lichtstrahl.

PHILADELPHIA

Heimat für Verfolgte

Die nordamerikanische Kolonie Pennsylvania wird als Heimstatt für religiöse Minderheiten gegründet.

1683: Der englische Philanthrop und Politiker William Penn (1644-1718) gründet auf dem Gebiet des heutigen Pennsylvania die mit regelmäßigen Straßenkarrees geplante Ortschaft Philadelphia (Ort »brüderlicher Liebe«) als Hauptstadt. Penn hat am 14. März 1681 von König Karl II. eine Konzession für eine Eigentümerkolonie in Nordamerika erhalten. Er benennt das Land nach seinem Vater, dem erfolgreichen Admiral William Penn (1621-1670), der u.a. 1655 die Insel Jamaika für England in Besitz genommen hatte.

William Penn wurde in Irland Mitglied der Religionsgemeinschaft der Quäker und war als Prediger in England, Deutschland und den Niederlanden tätig. Bei längeren Aufenthalten in seiner Eigentümerkolonie in den Jahren 1682 bis 1684 sowie 1699 bis 1701 gibt er dem Quäkerland eine freiheitliche Verfassung mit der Garantie weitgehender Religionsfreiheit, was die weitere Zuwanderung von religiös Verfolgten ermöglicht. Dieses Staatsgrundgesetz bleibt bis 1776 in Kraft. Penn verfasst über 100 theologische und religiöse Schriften, darunter »Ohne Kreuz keine Krone« (1669) und den »Essay on the present and future peace of Europe«, worin er den Plan für eine europäische Föderation entwirft.

William Penn

Penn legt auch die Grundlage für das weitgehend gutnachbarliche Verhältnis zu den benachbarten Indianern. Zwischen 1675 und 1715 lassen sich etwa 2300 Engländer in Pennsylvania nieder, die zur wirtschaftlich erfolgreichsten Eigentümerkolonie wird.

Als Zweiter der 13 Gründerstaaten nimmt Pennsylvania 1787 die Verfassung der USA an.

Außer Quäkern lassen sich auch iroschottische Gruppen und zahlreiche deutsche Einwanderer in Pennsylvania nieder, sog. Pennsylvania Dutch, vor allem Angehörige der Mennoniten und andere Täufergruppen. Im Oktober 1683 gründen zwölf Familien von Mennoniten aus Krefeld die Ortschaft Germantown (seit 1854 ein Stadtteil von Philadelphia). Auch andere Neuengland-Kolonien verdanken ihre Existenz und ihren Aufstieg der Rolle als Heimstatt religiös Verfolgter: So entstand die Kolonie Plymouth an der Küste des späteren Massachusetts als Heimat für englische Puritaner. 1632 gründete Lord Cecil Calvert Baltimore (1605-1675) mit Erlaubnis des englischen Königs Karl I. die Kolonie Maryland, die Religionsfreiheit für alle christlichen Bekenntnisse gewährt und somit auch Zufluchtstätte für Katholiken aus England und Irland wird. Jüdische Religionsflüchtlinge bildeten im Jahr 1654 erste Gemeinden in Neu-Amsterdam bzw. New York.

Der englische Quäker William Penn gründet im Jahr 1683 die Stadt Philadelphia.

STICHWORT

Neue Freikirchen gegründet

In England bilden sich im 17. Jahrhundert im Zusammenhang mit dem Bürgerkrieg mehrere religiöse Gruppen heraus, die meist dem Lager der sog. Independenten entstammen.

Sie gründen ihre eigenen Kirchen und erlangen als sog. Dissenters (Abweichler vom anglikanischen Glauben) 1689 Religionsfreiheit, von dem jedoch die Katholiken und die Unitarier (protestantische Gegner der Trinitätslehre) ausgenommen sind.

Die Baptisten (griech., »Täufer«), freikirchliche Calvinisten, 1608 von John Smyth gegründet, lehnen die Kindertaufe ab und stellen die Bekenntnistaufe der Erwachsenen in den Mittelpunkt des Gemeindelebens.

Die Quäker bezeichnen sich selbst – nach dem Bibelwort »Ihr seid meine Freunde, wenn ihr meine Gebote haltet« – als Society of Friends (engl., Gesellschaft der Freunde) und werden gegründet von dem Wanderprediger George Fox (1624-1691), der den »inneren Christus« als einzige Autorität anerkennt. Die Quäker lehnen kultische Handlungen ab. Durch die strikte Verweigerung von Eid und Kriegsdienst werden sie häufig Opfer von Verfolgungen. Den Spottnamen Quäker (engl., »Zitterer«) verleiht ihnen 1650 ein Richter, weil bei ihren Treffen einige von ekstatischem Zittern befallen werden, sobald sie den Geist Gottes zu spüren vermeinen. Auch die Quäker wandern unter Führung von William Penn in großer Zahl nach Nordamerika aus.

PARIS

Experimente mit Dampf

Die zweite Hälfte des 17. Jahrhunderts bringt für die Naturwissenschaften wichtige Erkenntnisse.

1681: Der französische Physiker Denis Papin (1647-1714) bringt seinen Dampfkochtopf in den Handel. Papin hat beobachtet, dass die Siedetemperatur des Wassers und anderer Flüssigkeiten vom Druck abhängt. In dem aus Metall gefertigten, hermetisch abgeschlossenen Papintopf, der mit einem von ihm selbst erfundenen Überdruckventil ausgestattet ist, erhöht sich beim Kochen stetig der Dampfdruck. Durch dieses Prinzip werden die Speisen viel schneller gar.

Bei der Untersuchung der Eigenschaften von Dampf erkennt Papin, dass abgekühlter Dampf zu Wasser kondensiert. Ausgelöst wurden die von Papin und anderen angestellten Experimente mit Dampf durch das Vakuumexperiment des Otto von Guericke (1602-1686) mit den luftleer gepumpten »Magdeburger Halbkugeln« 1654. Damit bewies Guericke die Existenz des Vakuums und zeigte das Vorhandensein des atmosphärischen Luftdrucks.

Neben der Suche nach dem Charakter dieser »Kraft aus dem Nichts« führt in der zweiten Hälfte des 17. Jahrhunderts die Suche nach besseren Möglichkeiten des Zählens, Messens und Rechnens u.a. 1656 zum Bau der ersten exakten Pendeluhr durch den Niederländer Christiaan Huygens (1629-1695) und 1673 zur Fertigung der Staffelwalze, der Rechenmaschine des Deutschen Gottfried Wilhelm Leibniz (1646-1716). Damit können automatische Rechnungsüberträge von Dezimalstelle zu Dezimalstelle vorgenommen werden.

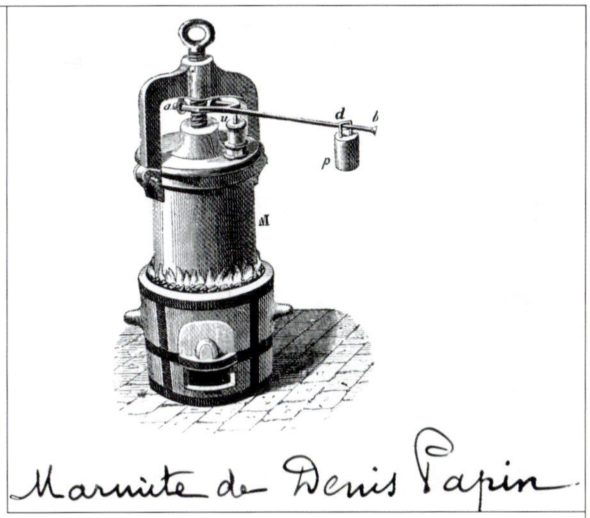

Der Dampfkochtopf von Denis Papin

NIMWEGEN

Ludwig XIV. führt Krieg

Mit wechselhaftem Erfolg versucht der französische König Ludwig XIV. in den sog. Reunionskriegen das französische Herrschaftsgebiet nach Norden und Osten zu erweitern.

10. 8. 1678: Der Friede von Nimwegen, zuerst zwischen Frankreich und den Vereinigten Niederlanden, beendet den sog. Holländischen Krieg (seit 1672). Die Niederlande erhalten ihr gesamtes Gebiet zurück.

Die französische Armee besetzt Straßburg (Kupferstich, 18. Jh.)

Spanien tritt am 17. September 1678 die Franche-Comté (Freigrafschaft Burgund) und Grenzfestungen der spanischen Niederlande an Frankreich ab; Kaiser Leopold I. gewinnt am 5. 2. 1679 die Festung Philippsburg und verzichtet dafür auf Freiburg im Breisgau.

Mit dem Einfall französischer Truppen in die spanischen Niederlande hatte im Mai 1667 zunächst der sog. Devolutionskrieg begonnen. Als Schwiegersohn des verstorbenen Königs Philipp IV. von Spanien machte König Ludwig XIV. wegen des in Brabant geltenden Devolutionsrechts (es sichert Kindern aus erster Ehe auch bei erneuter Verheiratung des Vaters die Erbschaft) Ansprüche geltend. Im Frieden von Aachen (2. 5. 1668) gewannen die Franzosen immerhin zwölf Grenzfestungen (u.a. Lille, Charleroi, Tournai, Valenciennes).

Im Frühsommer 1672 rückten die Franzosen in den Niederlanden ein. Nachdem sie im Sommer 1673 auch ins Elsass eingedrungen waren sowie Trier besetzt hatten, verbündete sich am 30. August 1673 Kaiser Leopold I. mit den Niederlanden, Spanien und Lothringen.

Nach dem Tod des kinderlosen Kurfürsten Karl II. von Pfalz-Simmern (26. 5. 1685) erhebt König Ludwig XIV. Erbansprüche auf die Pfalz. Dies ist der Anlass für den im Herbst 1688 beginnenden Pfälzischen Erbfolgekrieg.

Die 1689 geschlossene »Große Allianz« (Deutsches Reich, Niederlande, England, Savoyen, Spanien) zwingt die Franzosen zur Räumung der Pfalz. Am 29. September 1697 muss König Ludwig XIV. im Frieden von Rijswijk bis auf das Elsass alle Eroberungen wieder zurückgeben.

LONDON

Bürgerliche Freiheitsrechte

In der Auseinandersetzung mit König Karl II. erzwingt das englische Parlament die Gewährung des Grundrechts auf Schutz vor willkürlicher Verhaftung.

12. 7. 1679: König Karl II. billigt die Habeas-Corpus-Akte (lat., »du mögest den Körper haben«), wonach kein Engländer ohne Angabe von Gründen verhaftet werden kann bzw. nach seiner Verhaftung das Recht hat, sich vor einem Gericht verantworten zu können.

Karl II. (1630-1685) ist der Sohn des am 30. Januar 1649 hingerichteten Karl I. und war am 29. Mai 1660 aus dem niederländischen Breda nach London zurückgekehrt. Im März 1673 erzwang das englische Parlament vom König die Zustimmung zur Testakte (Test Act): Nur der durfte fortan ein ziviles oder militärische Amt ausüben, der dem anglikanischen Ritus und Glauben folgt.

Nach dem Tod von Karl II. am 6. Februar 1685 besteigt mit Jakob II. ein Katholik den Thron.

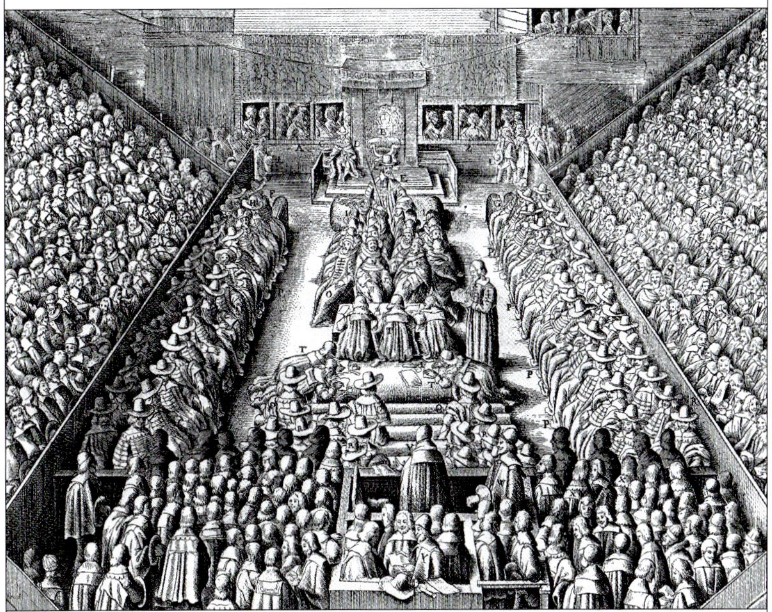
Sitzung des Parlaments (Radierung von Wenzel Hollar)

WIEN

Osmanen abgewehrt

Nach zweimonatiger Belagerung durch die Osmanen wird Wien durch ein Entsatzaufgebot befreit. Damit ist der osmanische Angriff auf Mitteleuropa abgewehrt.

Entsatz des belagerten Wien am Kahlenberg (Schulwandbild): Die Osmanen sind vernichtend geschlagen.

12. 9. 1683: In der Schlacht am Kahlenberg (heute Leopoldsberg) werden die Osmanen von einem deutsch-polnischen Entsatzheer unter Führung des polnischen Königs Johann III. Sobieski besiegt und nach Ungarn zurückgedrängt.

Am 1. Juli hatte der osmanische Großwesir Kara Mustafa Pascha mit einem Heer von etwa 150 000 Mann und 300 Kanonen die Leitha überschritten und war auf Wien marschiert. Am 13. Juli begann die Belagerung von Wiener Neustadt, das über zwei Monate standhielt. Einen Tag später erschienen die Türken vor Wien, das von etwa 15 000 Mann verteidigt wurde.

Am 15. Juli begann die Beschießung der Stadt, ab dem 2. August wurden regelmäßig Minen gezündet, welche den Befestigungsmauern der Stadt teilweise schwere Schäden zufügten.

Nachdem bereits gut die Hälfte der Verteidiger gefallen ist und sich der Lebensmittel- und Munitionsmangel sowie Seuchen (Ruhr) zunehmend nachteilig auf die Kampfkraft auswirkten, erscheint in den frühen Morgenstunden des 12. September das Entsatzheer. Es besteht aus der kaiserlichen Feldarmee, größeren Kontingenten aus Sachsen und Bayern unter den Kurfürsten Johann Georg III. und Max Emanuel sowie Reichstruppen des fränkischen und schwäbischen Reichskreises. Das größte Aufgebot (10 200 Fußsoldaten und 14 000 Reiter) befehligt der polnische König Johann III. Sobieski. Insgesamt zählt das Entsatzheer über 75 000 Mann mit 150 bis 170 Geschützen. Ihnen gegenüber stehen rd. 30 000 Osmanen in den Belagerungsgräben und ein etwa 107 000 Mann zählendes Feldheer. Nach erbittertem Ringen ist die Schlacht zwischen 15 und 16 Uhr am Nachmittag entschieden. Der Polenkönig betritt als Erster das Zelt Kara Mustafas, der entkommen kann, aber am 25. Dezember in Belgrad auf Befehl des Sultans ermordet wird. Etwa 10 000 Osmanen sind gefallen, alle 300 Geschütze und 15 000 Zelte, ungezählte Waffen und Feldzeichen mussten die Belagerer bei ihrer überstürzten Flucht zurücklassen. Die Verbündeten verlieren nur etwa 2000 Soldaten. Nach 62 Tagen ist die Belagerung beendet, am 13. September zieht der polnische König in Wien ein – was ihm Kaiser Leopold sehr verübelt. Er hatte sich am Abend des 7. Juli aus Wien abgesetzt und trifft erst am 14. September wieder in seiner Residenzstadt ein. Am 2. September 1686 erobert der kaiserliche Feldherr Karl V. Leopold, Herzog von Lothringen, von den Osmanen Ofen (Buda) am rechten Donauufer zurück und besiegt die Osmanen auch am 12. August 1687 in der Schlacht bei Mohács.

Nach den Misserfolgen gegen Österreich und dem Fall von Ofen wird Sultan (seit 1648) Mehmed IV. am 8. November 1687 von den Janitscharen abgesetzt. Süleiman III. wird zu seinem Nachfolger ausgerufen. Am 19. August. 1691 besiegt Ludwig Wilhelm I., Markgraf von Baden, die Osmanen nordwestlich von Belgrad entscheidend.

ZITAT

»Wie wild gewordene Schweine«

Der Zeremonienmeister von Sultan Mehmed IV. beschreibt die Ankunft des christlichen Entsatzheeres.

»Am Sonntag, dem 12. September, kam am frühen Morgen die Meldung, dass die Truppen der unseligen Giauren [türk. = »Ungläubige«] in Stärke von 200 000 Mann über den Berg am Donauufer anrückten...

Die Giauren unternahmen einen Angriff und drängten die Unseren aus ihren Stellungen. Darauf gingen die Unseren zum Gegenangriff über und trieben die Giauren wieder die Anhöhen hinauf.

Schließlich stürmten aber die Giauren, das Fußvolk vorne und dahinter die Reiterei, wie wild gewordene Schweine auf die Unseren los und drängten sie bergab bis in das zerstörte Nußdorf hinunter, Dort ging der Kampf noch eine Zeitlang hin und her.

Dann konnten die Schurken links und rechts durchbrechen und griffen nun die Streiter des Islams von allen Seiten an...

Als nun die Truppen um den Großwesir sahen, wie der Feind auf beiden Seiten stürmend vordrang und das Heer des Islams sich zur Flucht zu wenden begann, da schwand jedem von ihnen die Kraft und die Lust zu Kampf und Streit...

Jedermann im Heer packte nur sein leichteres Gepäck zusammen und ließ seine sonstige Habe im Stich. So zogen sie ab...«

LONDON

Unblutige Revolution siegt in England

Die unblutig verlaufende »Glorious Revolution« wird in England zum Meilenstein auf dem Weg zur konstitutionellen Monarchie.

13. 2. 1689: Wilhelm III. von Oranien (1650-1702) und seine Frau Maria II. Stuart (1662-1694) besteigen gemeinsam den englischen Thron. Damit ist die sog. Glorreiche Revolution vollzogen.

Der Umsturz war ausgelöst worden durch die Versuche des seit 1685 herrschenden Königs Jakob II. (1633-1701), den Katholizismus zu fördern und den politischen Einfluss der Krone auf Kosten der traditionellen politischen Eliten zu vermehren.

Durch die gezielte Vergabe von Ämtern in Armee, Justiz, Kirche und Verwaltung an Katholiken versuchte Jakob II. eine ihm ergebene katholische Oberschicht zu schaffen. 1687 wurden die geltenden antikatholischen Ausnahmegesetze praktisch aufgehoben.

Die Geburt seines Sohnes Prinz Jakob Eduard am 10. Juni 1688 weckte die Furcht vor einer katholischen Dynastie. Bis dahin war Jakobs protestantische Tochter Maria die Thronerbin. Sie hatte am 17. November 1677 den niederländischen Generalstatthalter Wilhelm III. von Oranien geheiratet.

Die Opposition gegenüber dem König vereinte Whigs (Liberale), Tories (Konservative) und die anglikanische Kirche. Am 30. Juni 1688 riefen sieben prominente Oppositionspolitiker Wilhelm III. von Oranien zur Regierungsübernahme in England auf. Wilhelm nahm die Aufforderung an, rüstete ein Heer aus und landete am 15. November bei Brixham. Jakob II. floh mit seiner Familie nach Frankreich.

Die Martis 12° February 1688
The Declaration of the Lords Spiritual & Temporall and Commons Assembled at Westm...
Whereas the late King James the second by the Assistance of diverse evill Councellors Judges and Ministers imployed by him did endeavour to subvert and extirpate the Protestant Religion and the Lawes and Libertyes of this Kingdome
By assumeing and exerciseing a Power of dispencing with and suspending of Lawes and the execution of Lawes without consent of Parliament:
By committing and prosecuting diverse worthy Prelates for humbly petitioning to be excused from concurring to the said assumed Power
By issueing and causeing to be executed a Commission under the Great Seale for erecting a Court called the Court of Commissioners for Ecclesiasticall Causes
By levying money for and to the use of the Crown by pretence of Prerogative for other time and in other manner then the same was granted by Parliament:
By raiseing and keeping a Standing Army within this Kingdom in time of Peace without consent of Parliament ...

Die vom Parlament im Februar 1688 dem König abgeforderte »Declaration of Rights«

Am 29. Dezember wurde eine neue Volksvertretung gewählt, die am 28. Januar den Thron für vakant erklärte. Jakob II. habe den mit dem Volk geschlossenen »Original Contract« gebrochen, die Grundrechte der Bürger verletzt und somit durch die Flucht seiner Herrschaft entsagt. Die Krone ging auf Wilhelm und Maria gemeinsam über, wobei die ausübende Autorität bei Wilhelm von Oranien liegt. Die Erben Jakobs wurden von der Thronfolge ausgeschlossen. Die neue Monarchie wird durch eine Reihe von Verfassungsgesetzen als konstitutionell-parlamentarische eingerichtet.

In den »Bill of Rights« (engl., »Gesetz der Rechte«) werden die »ancient rights and liberties« (»alten Rechte und Freiheiten«) der Engländer zu Verfassungsgrundsätzen der neuen Ordnung: Ausschluss der Katholiken von der Thronfolge, Aufhebung des königlichen Rechts zum Dispens (Befreiung) von Gesetzen und zur Suspendierung (Aufhebung) von Gesetzen, Verbot der Erhebung von Steuern ohne Zustimmung des Parlaments, Verbot der Aufstellung eines stehenden Heeres in Friedenszeiten, Freiheit der Wahlen zum Parlament und Rede-, Debattier- und Verfahrensfreiheit im Parlament, Autonomie der Geschworenengerichte und Geltung des Prinzips der Verhältnismäßigkeit bei der Festsetzung von Kaution und Strafmaß.

Allerdings besitzt der König nach wie vor noch weitreichende Vorrechte wie die Wahl der Minister, die Ämtervergabe und die Außenpolitik. Allerdings kann von einer Souveränität des Parlaments ebenso wenig die Rede sein wie von Demokratie.

Dennoch bedeutet das Nebeneinander von Krone, Hochadel und Unterhaus eine politische Errungenschaft zu einer Zeit, in der auf dem europäischen Kontinent der Absolutismus regiert und die Stände von einer Mitregierung ausgeschlossen werden.

WIEN

Kaffeehäuser in Mode

Im 17. Jh. wird in Europa das Angebot an Genussmitteln durch Tee und Kaffee erweitert.

17. 1. 1685: In Wien erhält der Armenier Johannes Diodato – als Dank für Kundschafterdienste während der Belagerung Wiens durch die Türken – das kaiserliche Privileg, »solches orientalisches Getränkh auf 20 jahr allein zu verkauffen«. Dies ist die Geburtsstunde des Wiener Kaffeehauses.

Es sollen Mönche im äthiopischen Kaffa gewesen sein, die um 1440 die belebende Wirkung des aus der Kaffeebohne gewonnenen Getränks während ihrer Gebetsstunden entdeckt haben. Das erste nachweisbare Kaffeehaus wurde 1554 in Istanbul eröffnet. 1624 brachten die Venezianer den Kaffee nach Italien. 1652 gelangte der Kaffee nach England, um 1670 nach Deutschland. Kaffeehäuser entstehen u.a. 1686 in Nürnberg und Regensburg, 1687 in Hamburg und 1712 in Stuttgart.

Noch älter als der Kaffee ist der Tee. Er soll der Legende nach in China schon um 2700 v.Chr. bekannt gewesen sein. Zunächst diente er vor allem als Arzneimittel. 1610 führte die niederländische Vereenigde Oostindische Compagnie den Tee in Mitteleuropa ein, wo sich das Teetrinken rasch verbreitete. 1657 wurde das erste Teehaus in London eröffnet. Auf den Britischen Inseln ist Tee seit Mitte des 18. Jh.s eines der bevorzugten Getränke.

Leipziger Kaffeehaus im 18. Jahrhundert (zeitgenössische Lithographie)

VERSAILLES

Der Spiegelsaal: Hier wird 1871 der deutsche Kaiser ausgerufen; 1919 erhalten die Deutschen hier den Friedensvertrag.

Das Schloss des »Sonnenkönigs«

Das Schloss von Versailles, von 1682 bis 1789 die Residenz der französischen Könige, ist der Hauptbau des französischen Barock. Es wird zum Inbegriff herrschaftlicher Prachtentfaltung im Europa des ausgehenden 17. und des 18. Jahrhunderts und dient vielen Fürsten als bewundertes Vorbild für ihre Residenzen.

1689: Das Versailler Schloss – 20 km südwestlich von Paris – von König Ludwig XIV. (1638-1715) zu seinem eigenen Ruhm und zur Ehre Frankreichs erbaut, ist weitgehend vollendet. An die Stelle eines bescheidenen, 1624-1626 errichteten Jagdschlosses seines Vaters Ludwig XIII. setzte der »Sonnenkönig« das Schloss Versailles, eine riesige Anlage, die an der Gartenseite eine Länge von 580 m aufweist und den 10 000 Personen umfassenden Hofstaat mühelos aufnehmen kann.

Mit den Bauarbeiten in Versailles wurde 1661 unter Leitung der königlichen Baumeister Louis Le Vau und Charles Le Brun sowie des Gartengestalters André le Nôtre begonnen. 1678 beschloss der König, seinen gesamten Hofstaat und sämtliche Ministerien von Paris nach Versailles zu verlegen, und beauftragte Jules Hardouin-Mansart mit der Gestaltung der weiteren Bauvorhaben. Bis zur weitgehenden Fertigstellung des Palastes 1689 waren täglich rd. 36 000 Menschen und 6000 Pferde auf der größten Baustelle des Landes tätig.

Von den Eingangstoren führen drei immer kleiner werdende Höfe – die Cour des Ministres, flankiert durch lang gestreckte Ministerialbauten, die Cour Royal und die Cour de Marbre – zu den königlichen Gemächern, welche den Mittelpunkt des Schlosses bilden. Sie werden flankiert durch zwei mächtige Seitenflügel. Dahinter beginnen die Gärten von Versailles. Auf einem Gelände von fast 9 km² fassen sie durch ihre symmetrische Anordnung, die strahlenförmig angeordneten Wege und Straßen mitsamt der vielen sorgfältig arrangierten Brunnen und Wasserspiele die Landschaft zu einem harmonischen Gesamtbild zusammen.

Die Huldigung des absoluten Herrschers ist Leitmotiv der Gestaltung von Park und Schloss. Das große Apollonbecken mit der Skulptur des mit seinem Streitwagen aus den Fluten auftauchenden griechischen Sonnengottes Apollon am östlichen Ende des 1500 m langen Grand Canal liegt geometrisch exakt auf der Zentralachse von Schloss und Parkanlage und damit zugleich auf einer Linie mit dem Schlafzimmer des Königs.

In der nördlichen Hälfte des Parks erbaute Hardouin-Mansart für seinen König 1688 das Schloss Trianon als Ort persönlicher Entspannung und intimer Festlichkeiten. Gleichfalls von Hardouin-Mansart stammt der 72 m lange und 12,50 m hohe Spiegelsaal. Hier wird das von der Gartenfront durch 17 Fenster einfallende Licht von ebenso vielen Spiegeln reflektiert.

Als Mittelpunkt eines durch strenge Zeremonien geregelten Hoflebens ist der König ständig von Würdenträgern und Bediensteten umgeben. Seine prunkvollen Feste am Hof nehmen sich die anderen europäischen Monarchen rasch zum Vorbild. Unter Ludwig XV. entsteht 1768 das Petit Trianon als Aufenthaltsort für seine Mätressen Madame Pompadour und Madame Du Barry. Die Gemahlin von König Ludwig XVI., die Österreicherin Marie-Antoinette, lässt 1783 unweit des Petit Trianon die Nachbildung eines Dorfes, den Hameau, errichten, wo die Monarchin und ihr Hofstaat ländliches Leben nachspielen.

Englands

Der Versuch des abgesetzten englischen Königs Jakob II., durch die Eroberung Irlands den englischen Thron zurückzugewinnen, scheitert. Der Sieg von König Wilhelm III. von Oranien ist zugleich eine Niederlage für Frankreich.

1. 6. 1690: Das Heer Jakobs II. unterliegt in der entscheidenden Schlacht an der Boyne dem englischen König Wilhelm III. von Oranien, der eine gemischte Armee aus Schotten, protestantischen Nordiren, Holländern, Schweden und französischen Hugenotten befehligt. Der Sieg wird noch bis in die Gegenwart von den englischen Protestanten gefeiert. Jakob II. flieht nach Dublin. Er muss seine Ambitionen endgültig aufgeben und geht ins Exil nach Frankreich.

Kurz nach der Thronbesteigung von Wilhelm III. und seiner Frau Maria II. am 13. Februar 1689, mit der die »Glorious Revolution« vollzogen wurde, war Jakob im März 1689 in Kinsale gelandet. Vom 17. April bis zum 30. Juli belagerte er vergeblich Londonderry. Im August 1689 wurde ein englisches Expeditionskorps nach Irland geschickt. Mit der Schlacht an der Boyne ist der Krieg entschieden.

In der Folgezeit üben die Engländer blutige Vergeltung an

GOLDKÜSTE

Großreiche in Westafrika

An der Goldküste in Westafrika entsteht unter der Herrschaft der Ashanti ein Großreich.

1695: Osei Tutu (1695-1731) gründet das Ashanti-Reich mit der im Binnenland gelegenen Hauptstadt Kumasi. Durch Krieg und Unterwerfung benachbarter Stämme oder auch durch Verhandlung und Zusammenschluss wird das Ashanti-Reich zum Zentrum eines Staatenbundes. Die Häuptlinge der Stämme, die ihre Souveränität und ihre alten Traditionen aufgeben, werden von Osei Tutu respektiert und in seinen Beraterkreis aufgenommen. Künstlerisch treten die Ashanti vor allem durch Goldar-

IRLAND

König verteidigt Herrschaft über Irland

allen, die Jakob unterstützt haben. So werden im Januar und Februar 1692 im sog. Massaker von Glencoe 38 Angehörige des Clans der Macdonalds ermordet, weil sie den Treueeid für das englische Königspaar fünf Tage zu spät geleistet haben.

Zwischen dem 29. Mai und dem 3. Juni 1692 vereiteln Engländer und Niederländer in der Seeschlacht bei La Hogue durch ihren Sieg über die Franzosen einen erneuten Versuch zur Wiederherstellung der Herrschaft des gestürzten Königs Jakob II. in England.

Sieg der Engländer und Holländer bei La Hogue am 29. Mai 1692 (Stahlstich)

Ausnahmegesetze: Zwischen 1695 und 1705 erlässt das irische Parlament die sog. Penal Laws, mit denen der Katholizismus unterdrückt wird: Priester werden verbannt, der öffentliche Gottesdienst sowie der katholische Unterricht und Mischehen zwischen Angehörigen verschiedener Konfessionen werden verboten. Katholiken werden von öffentlichen Ämtern, vom Dienst in Heer und Flotte ausgeschlossen und das Wahlrecht wird ihnen verweigert. Kein Katholik darf Land kaufen oder es länger als für 31 Jahre pachten. Auf diese Weise ändert sich die Landverteilung: 1603 waren noch etwa 90% des Bodens in den Händen der Katholiken, 1688 sind es nur noch 20%, bis 1778 ist fast alles Land in protestantischer Hand. Von nun an zwingt die wirtschaftliche Verelendung viele Iren zur Auswanderung.

Die Gegenwehr äußert sich in der Gründung von Geheimbünden. Sie tragen fantasievolle Namen wie »Whiteboys« (wegen ihrer weißen Hemden) oder »Moonlighters« und verüben aus dem Untergrund heraus nächtliche Überfälle auf Steuereinnehmer und protestantische Landbesitzer.

Englische Herrschaft: Seit dem Beginn des 17. Jh.s. steht Irland gänzlich unter englischer Herrschaft. Nach der Flucht der einheimischen Großgrundbesitzer (sog. Flight of the Earls im September 1607) wurde das Land, besonders in der nördlichen Provinz Ulster, an die einwandernden englischen Siedler verteilt. Angesichts der Verfassungskämpfe in England zwischen dem Parlament und König Karl I. begann am 23. Oktober 1641 der sog. Große Aufstand, in dessen Verlauf tausende englische und schottische Neusiedler in Ulster von den enteigneten Iren getötet wurden.

In der Folgezeit versuchten die Engländer den Aufstand zu unterdrücken, was jedoch nur teilweise gelang. Nach der Hinrichtung von Karl I. landete Oliver Cromwell im Sommer 1649 mit einem Heer von rd. 15 000 Mann in Irland. Er führte den Krieg als einen Kreuzzug gegen Royalisten und Katholiken und versprach seinen Soldaten Land, das den Rebellen abgenommen werden sollte.

Am 11. September 1649 warf Cromwell im sog. Blutbad von Drogheda jeden Widerstand nieder, von den etwa 3000 Iren kamen kaum 30 mit dem Leben davon. Am 11. Oktober musste Wexford vor Cromwell kapitulieren, am 27. Oktober 1649 auch Limerick. Überall kam es zu vergleichbaren Übergriffen, ganze Landstriche wurden entvölkert, das Hab und Gut aller an der Erhebung Beteiligten beschlagnahmt.

Bis 1650 blieb Cromwell in Irland, wo die Politik der Enteignungen zugunsten der Protestanten fortgesetzt wurde.

beiten hervor und gestalten eindrucksvolle Plastiken aus Holz und Grabskulpturen aus Terrakotta. Ein bedeutender wirtschaftlicher Faktor ist neben dem Anbau von Jamswurzeln und Kakao der Sklavenhandel, den die Ashanti im Binnenland kontrollieren. 1471 sind die Portugiesen als erste Europäer an der Goldküste gelandet. Gleichfalls auf den Sklavenhandel mit europäischen Ländern (gegen Munition und Waffen) stützt sich das Königreich Dahomey mit der Hauptstadt Abomey – im Unterschied zum Ashanti-Reich keine Föderation, sondern eine absolute Monarchie. Schon im 10. Jahrhundert begründet und damit älter als Ashanti und Dahomey ist das Reich der Yoruba, eine Konföderation von straff organisierten Stadtstaaten, deren Kern das Reich Oyo mit der gleichnamigen Hauptstadt (im westlichen Nigeria) bildet.

LONDON

Theoretiker der Gewaltenteilung

Der englische Philosoph John Locke formuliert in seiner Staatstheorie das Prinzip der Gewaltenteilung.

1690: John Locke erklärt in seiner staatsphilosophischen Schrift »Two treatises on government« (»Zwei Abhandlungen über die Regierung«), dass jeder Mensch unveräußerliche Rechte hat, z.B. auf Leben, Freiheit und Eigentum. Der Staat hat nun die Aufgabe, diese Grundrechte – durch gegenseitige Beschränkungen – zu garantieren. Damit ist – im Unterschied zu Thomas Hobbes – der Charakter des Staates eindeutig im Sinne der Volkssouveränität bestimmt. Weder patriarchalische noch absolutistische Regierungsformen können somit anerkannt werden.

Nur die Gewaltenteilung in Legislative, Exekutive und Judikative sowie das Recht auf freie Rede können ein Abgleiten in den Despotismus unterbinden. Nach Locke gibt es vier Grenzen, die jeder legislativen Gewalt gezogen sind: Regiert werden kann nur »nach öffentlich bekannt gemachten, festen Gesetzen«, die »nicht in besonderen Fällen geändert werden dürfen«. Diese Gesetze dürfen nur dem Wohl des Volkes dienen, ferner dürfen keine Steuern »von dem Eigentum des Volkes« erhoben werden ohne die »durch das Volk selbst oder seine Vertreter gegebene Zustimmung.« Schließlich darf die Legislative die Befugnis zum Erlassen von Gesetzen auf niemand anderen übertragen, »als es durch das Volk geschehen ist.«

John Locke

Das Volk hat das Recht des Widerstands gegen jede Form verfassungswidriger Herrschaft, kann unrechtmäßige Gewalt also auch gewaltsam beseitigen. Damit wird Locke zum Wegbereiter nicht nur der Ideen der Aufklärung, sondern auch der Gründervater der amerikanischen Unabhängigkeit und der Vordenker der Französischen Revolution.

Mit seinem philosophischen Hauptwerk »An essay concerning human understanding« (1689/90) wird er zum Begründer des englischen Empirismus.

MOSKAU

Russland wird Großmacht

Die Herrschaft des Zaren Peter I., des Großen, ist gekennzeichnet durch einen Modernisierungsschub und außenpolitische Erfolge.

29. 1. 1696: Nach dem Tod seines Halbbruders Iwan V. übt Zar Peter I. die Alleinherrschaft in Russland aus. Der 23-Jährige trägt seit 1682 den Zarentitel, er stand jedoch zunächst unter der Regentschaft seiner Stiefschwester Sophia. Erst nach dem Tod seiner Mutter 1694 übernahm Peter faktisch die Regierungsgewalt.

Vorbild Westeuropa: Unter Peter I. vollzieht Russland eine Öffnung gegenüber westeuropäischen Vorstellungen in Politik, Wirtschaft, Verwaltung und Kultur. Angeregt durch Begegnungen innerhalb der »Ausländervorstadt« von Moskau, reist Peter I. 1697/98 inkognito durch Westeuropa – der Weg führt ihn über Livland, Kurland und Preußen in die Niederlande und weiter nach England. Sein besonderes Augenmerk gilt der europäischen Wirtschaft und Handwerkskunst, insbesondere der niederländischen und englischen Werftenindustrie.

Ausländer helfen mit: Nach seiner Rückkehr nach Russland konzentriert sich Peters Interesse u.a. auf den Aufbau eines Schulwesens, die Errichtung von Tuch- und Gobelinmanufakturen nach französischem Vorbild sowie den Hafen- und Schiffbau. Ausländische Fachkräfte werden ins Land geholt, um als Handwerker, Kaufleute und Offiziere an der »Revolution von oben«, die der Zar anstrebt, mitzuwirken.

Leistungsprinzip auch für den Adel: Besonders stark betroffen von der Modernisierung ist der – in Russland grundsätzlich dienstpflichtige – Adel. 1722 führt Peter I. eine sog. Dienstrangtabelle ein, die das staatliche Ämterwesen völlig neu ordnet. In 14 Rangklassen stehen die Rangstufen der Verwaltung, der Flotte und der Armee nebeneinander, wobei nur noch in den acht obersten Rangstufen der Adelstitel erblich ist – kombiniert mit Steuerfreiheit. Die unteren Ränge müssen sich durch persönliche Tüchtigkeit den Aufstieg erdienen. Mit dieser Maßnahme will der Zar die Verwaltung im Sinne größerer Effizienz reformieren.

Neue Staatsorgane: Ein weiteres Mittel dazu ist die bis 1722 verwirklichte Strukturreform der Staatsverwaltung durch die Einführung von neun Kollegien als Zentralbehörden. Bereits 1711 verfügt Peter, dass ein Regierender Senat als oberstes Staatsorgan eingerichtet wird, dem eine wichtige Funktion nicht nur in der Verwaltung, sondern auch in der Gesetzgebung zukommt. Peters Bemühungen, das Bürgertum durch die Einführung städtischer Selbstverwaltung zu stärken, sind nicht von besonderem Erfolg gekrönt.

Peter I. während seiner Westeuropa-Reise in England (Gemälde von Daniel Maclise)

Verschärfung der Leibeigenschaft: Die Bauern werden von den Reformen hart getroffen. Um die Finanzkraft des Staates zu heben, stellt Peter I. 1722 die schollengebundenen Bauern mit den rechtlosen Cholopen steuerlich gleich, mit der Folge, dass die Leibeigenschaft beträchtlich ausgeweitet wird.

Militärreformen: Der Staat braucht das Geld nicht nur für die ambitionierte merkantilistische Wirtschaftspolitik des Zaren, sondern auch zur Stärkung der Militärmacht, der Peter I. besondere Aufmerksamkeit widmet: Er lässt ein stehendes Heer und eine moderne Kriegsflotte aufbauen, die sich im Nordischen Krieg durchaus bewähren: Russland läuft Schweden den Rang als führende Macht im Ostseeraum ab.

Staatliche Kirchenaufsicht: Um sein Reformwerk abzurunden, schafft Peter I. 1721 das Allerheiligste Synod, ein Bischofskollegium zur Kirchenaufsicht, das wiederum von einem staatlichen Beamten beaufsichtigt wird. Die Kirche wird so zu

DRESDEN/WARSCHAU

August der Starke baut Dresden zur prachtvoller

Als typischer Barockherrscher fördert August der Starke, Kurfürst von Sachsen und König von Polen, die Kunst. Dresden steigt unter seiner Herrschaft zur europäischen Kulturmetropole auf.

Der Wallpavillon im Dresdner Zwinger

15. 9. 1697: Kurfürst Friedrich August I., der Starke, von Sachsen wird als August II. zum König von Polen gekrönt. Um die Krone zu erhalten, hat er nicht nur ungeheure Bestechungsgelder aufgewendet, sondern ist auch zum Katholizismus übergetreten. Der Konfessionswechsel hat ihm die Unterstützung Österreichs bei der Königswahl eingebracht.

August der Starke, der seinen Beinamen wegen seiner stattlichen Statur, aber auch wegen seiner zahlreichen Mätressen erhält, bemüht sich, dem Vorbild des französischen Königs Ludwig XIV. nachzueifern. Zwar kann er ein absolutistisches Herrschaftssystem gegen den Widerstand der Stände weder in Polen noch in Sachsen errichten, doch in seiner prunkvollen Hofhaltung und ausgedehnten Bautätigkeit steht er dem »Sonnenkönig« kaum nach; er ruiniert damit allerdings die Staatsfinanzen.

Schönstes Zeugnis barocker Baukunst, das unter August dem Starken 1711 bis 1728 in Dresden entsteht, ist der Zwinger, eine von Galerien und Arkaden gesäumte Platzanlage. Dieser »Festsaal im Freien«, der nicht zu Wohnzwecken dienen soll, beeindruckt durch die Verschmelzung von Architektur (Matthias Daniel Pöppelmann) und Plastik (Balthasar Permoser). Die berühmteste Kunstsammlung, die August der Starke in Dresden einrichten lässt, ist die Schatzkammer des »Grünen Gewölbes«, eine Sammlung erlesenster Kostbarkeiten aus Gold, Silber und Edelstein.

Zeitgen. Karikatur zur Bartsteuer

einer Abteilung des Staatsapparats. In seinem Kampf gegen die Altgläubigen erlässt der Zar 1722 eine Verordnung, wonach Altgläubige, denen das Bartscheren kirchlicherseits untersagt ist, eine Bartsteuer von 50 Rubel zahlen müssen; ferner führt er den julianischen Kalender ein.

Widerstände: Mit Gründung der Stadt Sankt Petersburg 1703 und ihrer Erhebung zur Hauptstadt 1712 setzt sich der Zar selbst ein Denkmal. Seine Reformen, die gegen die religiösen Werte und traditionellen Vorstellungen des Moskauer Staates verstoßen, rufen teils erheblichen Widerstand hervor. Die Altgläubigen sehen in Peter dem Großen sogar den Antichristen.

Residenz aus

August muss nach der Niederlage im Nordischen Krieg 1706 als polnischer König abdanken, erhält aber dank russischer Unterstützung bereits 1710 die Krone zurück. Nach seinem Tod 1733 kann sich sein Sohn – August III. als König von Polen, Friedrich August II. als Kurfürst von Sachsen – im polnischen Thronfolgekrieg gegen Stanislaw Leszczynski, der bereits 1706 bis 1709 König war, durchsetzen.

In Sachsen begründen August der Starke und Friedrich August II. die Tradition der religiösen Toleranz. Zwei Dresdner Barockkirchen geben davon Zeugnis: 1738-1755 wird die Hofkirche für das katholische Herrscherhaus erbaut. Ab 1726 entsteht die Frauenkirche, die mit dem zentralen, einheitlichen Innenraum ganz auf die Bedürfnisse des lutherischen Predigtgottesdienstes ausgerichtet ist.

LONDON

Dreieckshandel mit Rum, Sklaven und Zucker

Mit einem vom englischen Parlament beschlossenen Gesetz wird das Monopol im Sklavenhandel, das bisher in der Hand staatlich privilegierter Handelsgesellschaften lag, aufgehoben und der Freihandel eingeführt. Zuvor schon hatte es immer auch Kaufleute gegeben, die auf eigene Faust, also illegal, aktiv waren.

Sklavenmarkt im Senegal: Der transatlantische Sklavenhandel nimmt zu.

1698: Das englische Parlament erlaubt Privatleuten den Handel mit Sklaven. Damit beginnt ein schwungvoller Handel zwischen Europa, Afrika, Neuengland und der Karibik. Weitere Produkte, die in den Handel einbezogen werden, sind Melasse, Baumwolle, Kakao und Kaffee.

Der Handel mit Sklaven aus Afrika hatte über Jahrhunderte ausschließlich in arabischer Hand gelegen, bis portugiesische Seefahrer seit dem ausgehenden 15. Jahrhundert die westafrikanischen Küsten erforschten. Danach nahm der Sklavenhandel in den europäisch-afrikanischen Wirtschaftsbeziehungen eine zentrale Rolle ein, wobei die im Inneren des Kontinents gelegenen afrikanischen Reiche als Zulieferer dienten.

Bereits 1501 begannen die Spanier auf Hispaniola Rohrzucker anzubauen, vier Jahre darauf trafen die ersten Sklaven aus Afrika dort ein. Die Westindischen Inseln entwickelten sich zu den wichtigsten Zentren der Produktion subtropischer Agrargüter für den europäischen Markt. Im portugiesischen Brasilien betrug der Abstand zwischen der Einrichtung der ersten Zuckermühle (1533) und dem ersten Sklaventransport fünf Jahre. Die anderen europäischen Mächte mussten ihre »Interessen« in diesem Handel gegen den spanischen Monopolanspruch in Westindien und den portugiesischen in Afrika durchsetzen. England sicherte sich als Anbauorte für Zucker ab 1623 einige Inseln in der Karibik, zuletzt 1655 Jamaica; obwohl mit Portugal verbündet, konnte es sich erst erheblich später an der afrikanischen Goldküste festsetzen. Holland, Frankreich, Schweden, Dänemark und Preußen verfuhren nach ähnlichem Muster. Die Pflanzer in den südlichen englischen Kolonien in der Neuen Welt sind an der Einfuhr von Sklaven sehr interessiert. Unter den günstigen klimatischen Bedingungen können sie dreimal im Jahr ernten, erst Tabak, dann Reis, danach Indigo. Das Problem für sie ist, dass ihnen nicht genügend Arbeitskräfte zur Verfügung stehen: Es gibt genügend Land für alle, so dass sich jeder als Bauer niederlassen kann. Die Lohnarbeit ist angesichts dessen nicht attraktiv und deshalb drei- bis viermal so teuer wie in England. Sklaven sollen diesen Mangel ausgleichen.

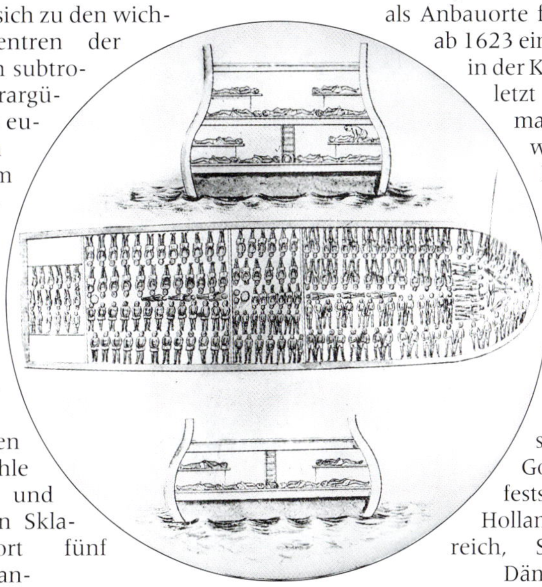

Unterbringung von Sklaven auf dem Zwischendeck eines Transportschiffes, nach einem Kupferstich aus dem 18. Jahrhundert

Für die nördlichen Kolonien sind Sklaven hingegen unrentabel. Es gibt nur eine Ernte im Jahr, daneben Holzwirtschaft und Fischfang. Sklaven bleiben in dieser Situation das halbe Jahr ungenutzt. Zudem sind die Höfe im Norden bedeutend kleiner. Der Aufwand für die Ernährung der Sklaven übersteigt den Ertrag, den sie einbringen. Schätzungen zufolge werden bis zum Verbot im 19. Jahrhundert mehr als 14 Mio. Afrikaner verschleppt.

HINTERGRUND

Befreiung Grans von den Türken im Jahr 1683 (Gemälde von Pierre-Denis Martin)

Kampf gegen Osmanen

Als Türkenkriege werden die Kämpfe zwischen den christlichen europäischen Staaten und dem islamischen Reich der osmanischen Türken bezeichnet, das seit der Mitte des 14. Jahrhunderts in Südosteuropa Fuß gefasst hat und seit 1453 von Istanbul (Konstantinopel) aus regiert wird.

Zu diesem Zeitpunkt befinden sich bereits weite Teile des Balkans unter osmanischer Herrschaft. Venedig als führende Seemacht im östlichen Mittelmeer kämpft seit 1423 gegen die Osmanen. Bis 1718 verliert Venedig seine letzten Stützpunkte auf dem Peloponnes und auf Kreta. Die Türkenkriege der Habsburger eskalieren 1529 mit der ersten Belagerung von Wien. Mitte des 16. Jahrhunderts haben die Habsburger weite Teile Ungarns und das zum Vasallenstaat gewordene Siebenbürgen an die Osmanen abtreten müssen. Polen verliert 1676 die Ukraine und Podolien an das Osmanische Reich. Den Krieg mit Russland brechen die Osmanen 1681 ab, um sich mit den Ungarn gegen die Habsburger zu verbünden. Es beginnt 1683 der Große Türkenkrieg, der mit dem Friedensschluss von Karlowitz endet.

KARLOWITZ/DONAU

Türkengefahr in Mitteleuropa vorerst gebannt

Durch den Friedensschluss von Karlowitz wird der Aufstieg Österreichs zur europäischen Großmacht vorbereitet. Im 18. Jahrhundert bleibt zumindest Mitteleuropa von Türkenkriegen verschont.

26. 1. 1699: Nach langwierigen Verhandlungen beendet der Friede von Karlowitz, östlich von Peterwardein (bei Novi Sad) an der Donau gelegen, den über 15 Jahre dauernden Krieg zwischen Österreich und dem Osmanischen Reich. Der von Kaiser Leopold I. und Sultan Mustafa II. geschlossene Vertrag sieht vor, dass das Osmanische Reich den größten Teil Ungarns, Siebenbürgen sowie Teile von Kroatien und Slowenien an Österreich abtritt; Teile Dalmatiens und der Herzegowina sowie Morea auf dem Peloponnes gehen an Venedig. Die Osmanen werden nach Südosteuropa zurückgedrängt; sie behalten lediglich Temesvar und das Banat.

Kaiser Leopold I. hat auf eine Belagerung Belgrads, das noch in osmanischer Hand ist, verzichtet und den Krieg beendet, weil die Finanznot eine Fortführung sinnlos erscheinen lässt. Außerdem will er freie Hand haben für den anstehenden spanischen Erbfolgestreit. Die militärische Auseinandersetzung mit den Osmanen hat bisher ein Vorgehen gegen Frankreich, das mit kriegerischen und diplomatischen Aktivitäten an der Westgrenze Österreichs für Unruhe sorgt, vereitelt.

Nach dem Sieg über die Osmanen in der Schlacht am Kahlenberge bei Wien am 12. September 1683 hatte sich Österreich 1684 mit dem Papst, Polen und Venedig zur sog. Heiligen Liga verbunden und eine Offensive gegen die Osmanen begonnen. Auf die Einnahme von Ofen (Buda) folgte 1687 ein glanzvoller Sieg des kaiserlichen Heeres unter Herzog Karl V. von Lothringen und Kurfürst Max Emanuel von Bayern über das osmanische Heer beim ungarischen

Kaiserlicher Gesandter in Istanbul

König Philipp V. von Spanien im Kreise seiner Familie (Gemälde von Jacob van Loo)

SPANIEN

Krieg um die Thronfolge

Im Spanischen Erbfolgekrieg stehen sich Frankreich und seine Verbündeten auf der einen Seite sowie Österreich in einer Koalition mit England und Holland auf der anderen Seite gegenüber. Während Frankreich eine Vormachtstellung in Europa erringen will, hat Kaiser Leopold I. die Restauration des Reiches von Kaiser Karl V., das von Spanien bis nach Österreich reichte, vor Augen. Er erklärt den Reichskrieg.

3. 10. 1700: Um Spanien vor Thronwirren zu bewahren, setzt der letzte spanische Habsburger, König Karl II., seinen Großneffen Philipp von Bourbon, Herzog von Anjou, zum Universalerben ein. Philipp ist ein Enkel des französischen Königs Ludwig XIV.

Neben dem französischen Monarchen erhebt jedoch auch Leopold I. für die österreichischen Habsburger Ansprüche auf den spanischen Thron; beide Herrscher sind mit Karl II. verschwägert.

Nach dem Tod des spanischen Königs am 1. November 1700 beginnen die kriegerischen Auseinandersetzungen um das Erbe. Frankreich kann dabei auf Verbündete im Reich zählen: Kurfürst Joseph Klemens von Köln aus dem Hause Wittelsbach und der bayerische Kurfürst Max Emanuel schließen sich ihm an; der Bayer erhofft sich vom

Mohács. Dieser militärische Erfolg leitete die Rückeroberung ganz Ungarns durch kaiserliche Truppen ein. Neben den beiden Heerführern zeichneten sich bei Mohács Markgraf Ludwig Wilhelm I. von Baden und Prinz Eugen von Savoyen aus.

Der Markgraf kämpfte nach der Eroberung Belgrads 1688 zunächst erfolgreich gegen die Osmanen, musste jedoch seit 1690 schwere Verluste hinnehmen; auch Belgrad eroberten die Truppen des Sultans zurück. Am 19. August 1691 errang Ludwig Wilhelm I. von Baden dann bei Szlankamen an der Theißmündung gegen die zahlenmäßig weit überlegenen Osmanen einen Sieg, der ihm den Beinamen »Türkenlouis« einbrachte. Danach herrschte drei Jahre Waffenruhe, da die Osmanen erst neue Truppen aufstellen und ausrüsten mussten.

Prinz Eugens große Stunde als Feldherr schlug am 11. September 1697, als das kaiserliche Heer unter seiner Führung bei Zenta südlich von Szegedin die Osmanen über die Theiß zurückdrängte und ihnen schwere Verluste zufügte. Anschließend leitete Prinz Eugen die Friedensgespräche zwischen den Gesandten des Kaisers und den Vertretern der Hohen Pforte in Istanbul ein, die im Friedensschluss von Karlowitz einen erfolgreichen Abschluss finden. Ein Jahr darauf, am 16. Februar 1700, nehmen Wien und Istanbul diplomatische Beziehungen auf.

in Spanien

Krieg Gebietsgewinne aus den habsburgischen Landen, vielleicht sogar die Kaiserkrone. Zu den Alliierten der Habsburger gehören neben Holland und England auch Savoyen und Friedrich I., König in Preußen. Gekämpft wird in Italien, den spanischen Niederlanden und am Oberrhein. In der kriegsentscheidenden Schlacht bei Höchstädt an der Donau werden 1704 Bayern und Franzosen geschlagen, im gleichen Jahr nehmen die Engländer Menorca und Gibraltar ein und in den Niederlanden und Italien verzeichnet die Allianz weitere Erfolge. Nach einer geänderten Kräftekonstellation in Europa kommt es jedoch erst am 11. April 1713 in Utrecht zu einem ersten Friedensschluss.

KÖNIGSBERG

Herzogtum Preußen wird Königreich

Die Erhebung des preußischen Herrscherhauses der Hohenzollern zur Königsdynastie dokumentiert den Aufstieg Brandenburg-Preußens von einer unbedeutenden Markgrafschaft zu einer ernst zu nehmenden politischen Kraft innerhalb des Heiligen Römischen Reiches Deutscher Nation.

Die Krönung in Königsberg (Gemälde von Anton von Werner, um 1887)

18. 1. 1701: Der brandenburgische Kurfürst und Herzog in Preußen, Friedrich III., krönt sich als Friedrich I. zum König in Preußen. Da der Herzog nicht als Fürst des Reichsteils Brandenburg die Königskrone erwerben kann, vollzieht er den Krönungsakt als souveräner Herrscher des außerhalb des Reichsgebiets liegenden Herzogtums Preußen.

Ausdruck gefestiger Herrschaft: Die Königswürde soll das einigende Band des brandenburgisch-preußischen Gesamtstaates sein und ihm staatsrechtlich Ausdruck verleihen. Vorausgegangen sind in den letzten Jahrzehnten Gebietserweiterungen und eine Festigung der Hohenzollernherrschaft in Brandenburg-Preußen. Bei dem prunk- und geltungssüchtigen Friedrich spielt das Bestreben, seiner Stellung äußeren Glanz zu verleihen, eine fast noch größere Rolle als diese politischen Überlegungen.

Zustimmung des Kaisers: Die Proklamation Friedrichs III. zum König ist an die Zustimmung des habsburgischen Kaisers Leopold I. gebunden; der Hohenzoller ist nicht mächtig genug, um Kaiser und Reich mit der Krönung vor vollendete Tatsachen zu stellen. Seit 1690 führte er deshalb Verhandlungen mit Wien und versuchte den Hof durch Bestechungsgelder in seinem Sinne zu beeinflussen. Im Krontraktat vom 16. November 1700 gestand der Kaiser dem preußischen Kurfürsten die Königswürde zu, nachdem dieser sich verpflichtet hatte, die habsburgischen Ansprüche im Streit um das spanische Erbe zu unterstützen und im Kriegsfall ein Truppenkontingent von 8000 Mann zur Verfügung zu stellen. Außerdem verpflichteten sich die Hohenzollern, bei der nächsten Kaiserwahl den habsburgischen Kandidaten zu unterstützen.

Präliminarien: Die Königskrönung findet in einem glanzvollen Rahmen statt. Bereits am 17. Dezember 1700 war der königliche Tross von Berlin aus zur zwölftägigen Reise nach Königsberg aufgebrochen. Vor der eigentlichen Zeremonie lässt Kurfürst Friedrich III. am 15. Januar 1701 in Königsberg die Erhebung des Herzogtums Preußen zum souveränen Königreich verkünden. Am 17. Januar stiftet er den Schwarzen Adlerorden mit der Devise »Jedem das Seine«, der die Adligen an das neue preußische Königtum binden soll.

König Friedrich I. (Gemälde, 18. Jh.)

Ein selbstbewusster Herrscher: Die Krönung selbst, die im Königsberger Deutschordensschloss am 18. Januar vollzogen wird, demonstriert die barocke Prachtentfaltung eines selbstbewussten Herrschers. Friedrich setzt sich selbst und seiner Frau Sophie Charlotte die Krone auf und lässt sich erst danach in der Schlosskirche von einem reformierten Bischof und einem lutherischen Oberhofprediger salben. Die Kosten für die Feierlichkeiten werden durch drückende Abgaben und Steuern an die Bevölkerung weitergegeben: »Die Unterthanen versanken unter der Schwere der Abgaben; der Hof versank unter der Bürde von Festen«, heißt es in einem Rückblick auf die Anfänge des Königtums in Preußen.

Der Weg zum Königtum: Der Aufstieg Brandenburg-Preußens ist bemerkenswert. Zwischen 1134 und 1157 ist die Markgrafschaft Brandenburg unter den Askaniern entstanden, 1415/17 wurden die Hohenzollern, ehemals Burggrafen von Nürnberg, mit Mark und Kurfürstentum belehnt. 1657/60 erlangten die Brandenburger Kurfürsten endgültig die Souveränität über das Herzogtum Preußen.

»Die Schlacht bei Poltawa« (Gemälde von Jean Marc Nattier, 1717): Schweden erleidet eine Niederlage gegen Russland.

POLTAWA

Russlands

Im Zweiten (Großen) Nordischen Krieg stehen sich Schweden und eine von Russland angeführte Koalition gegenüber. Schweden verliert bei diesem Krieg seine Besitzungen im Baltikum und in Norddeutschland. Führungsmacht im Ostseeraum ist künftig Russland.

8. 7. 1709: Die unter der Führung von König Karl XII. tief nach Russland eingedrungenen schwedischen Truppen erleiden bei Poltawa (Ukraine) eine vernichtende Niederlage. Der schwer verwundete Monarch schlägt sich ins Osmanische Reich durch. Dieser russische Sieg markiert die Wende im 1700 ausgebrochenen Großen Nordischen Krieg, der allerdings erst 1721 für alle beteiligten Länder mit dem Frieden von Nystad offiziell zu Ende geht.

Um die schwedische Hegemonie zu brechen, schlossen Zar Peter I., der Große, August II., der Starke, von Polen-Sachsen und Friedrich IV. von Dänemark 1698/99 einen Angriffspakt gegen den Schwedenkönig. Mit dem Einfall in Livland eröffnete Sachsen-Polen die Kampfhandlungen.

Die ersten Kriegsjahre waren von schwedischen Erfolgen bestimmt: Dänemark musste sich nach einem militärischen Desaster bereits im Sommer 1700 zum Ausscheiden aus der Allianz verpflichten, Russland erlitt im selben Jahr eine schwere Niederlage vor Narwa in Estland. Danach wandte sich Karl XII. gegen August den Starken, der 1706 nach der schwedischen Eroberung Polens auf die

HINTERGRUND

Krieg als Mittel absolutistischer Politik

Die absolutistische Epoche ist geprägt durch zahlreiche Kriege, in denen die europäischen Staaten ihre Macht ausweiten wollen.

Während im Mittelalter und bis in die frühe Neuzeit militärische Auseinandersetzungen mit einer ideologischen Rechtfertigung, etwa der Religion, geführt werden, sind nun häufig dynastische Streitigkeiten der Anlass, in den Krieg zu ziehen: Nach der Doktrin des Absolutismus sind der Herrscher, der in einem Krieg einen vermeintlich gerechtfertigten Anspruch, z.B. auf die Thronfolge, durchzusetzen versucht, mit dem Land und seinem Volk zu einer Einheit verschmolzen.

Der Hauptgegensatz in Europa besteht zwischen dem nach Hegemonie strebenden Frankreich und allen anderen Staaten, insbesondere jedoch England und dem Heiligen Römischen Reich, die in einem System des Machtgleichgewichts ihre Interessen zu wahren suchen. Im nordöstlichen Europa geht es v.a. um den schwedisch-russischen Gegensatz.

Die Kriege in Europa haben in der Regel auch Auswirkungen auf die überseeischen Besitzungen der beteiligten Staaten, wobei England in dieser Zeit zur führenden Kolonialmacht aufsteigt.

UTRECHT

Spanischer Erbfolgekrieg beendet

Der Friedensschluss von Utrecht beendet den Krieg in Europa, in dem es um die Herrschaft über Spanien nach dem Tod des letzten spanischen Habsburgers Karl II. ging.

11. 4. 1713: Die am Spanischen Erbfolgekrieg beteiligten Mächte mit Ausnahme der Habsburger und des Heiligen Römischen Reichs schließen im niederländischen Utrecht Frieden. Der von England angestrebte Friede steht im Zeichen eines Gleichgewichts der europäischen Mächte. Seine wichtigsten Bestimmungen sind:

- König Philipp V., ein Enkel des französischen Königs Ludwig XIV., bleibt spanischer König
- Eine Vereinigung von Frankreich und Spanien wird ausgeschlossen
- Frankreich erkennt die Thronfolge des Hauses Hannover in Großbritannien an
- Großbritannien erhält von Frankreich die Hudson Bay, Neuschottland, Neufundland und eine Antillen-Insel sowie von Spanien Gibraltar, Menorca und das Recht zum Handel mit den spanischen Kolonien
- Frankreich verzichtet auf die spanischen Niederlande, die damit an den Kaiser fallen
- Die Erhebung des Kurfürsten von Brandenburg zum König in Preußen wird anerkannt
- Die italienischen Besitzungen Spaniens gehen an Österreich, Savoyen erhält Sizilien.

Porzellan aus Meißen

Johann Friedrich Böttger, dem es als erstem Europäer gelungen ist, weißes Porzellan herzustellen, übernimmt die Leitung einer neu gegründeten Porzellanmanufaktur.

23. 1. 1710: August der Starke, Kurfürst von Sachsen und König von Polen, erteilt ein Patent für die Gründung einer Porzellanfabrik. Damit wird erstmals öffentlich be-

[E]influss wächst

polnische Krone verzichten musste. Nach dem Sieg in der Schlacht bei Poltawa wendet sich das Blatt zugunsten der antischwedischen Koalition. Mit russischer Hilfe wird August der Starke wieder als polnischer König eingesetzt, Schwedisch-Pommern wird erobert, russische Truppen nehmen 1714 das schwedische Finnland ein und besetzen die Åland-Inseln. Zwar kann der ins Osmanische Reich geflohene Schwedenkönig die Osmanen zum Eingreifen gegen Russland bewegen, doch trotz eines militärischen Misserfolgs muss Zar Peter I. 1711 nur Asow an sie abtreten. Ab 1715 treten auch Hannover und Preußen auf Seiten Russlands in den Krieg ein. Dieser Koalition ist Karl XII. militärisch nicht mehr gewachsen. Er fällt am 11. Dezember 1718 während der Belagerung der norwegischen Festung Frederikshald. Der 1720 geschlossene Friede von Stockholm, der zum Ausscheiden Dänemarks und Polen-Sachsens führt, und der schwedisch-russische Friede von Nystad 1721 besiegeln die schwedische Niederlage: Karl XII. bekommt zwar gegen Zahlung von zwei Millionen Reichstalern Finnland zurück, verliert aber die Provinzen Livland, Estland, Ingermanland und Teile Kareliens an Russland, das damit einen breiten Zugang zur Ostsee erhält. Zar Peter I. nennt sich nach dieser Ausweitung der russischen Einflusssphäre »Allrussischer Kaiser«. Preußen erhält das bisher schwedische Vorpommern bis zur Oder sowie Pommern bis zur Peene.

HANNOVER

Leibniz beschwört die beste aller Welten

In seinem philosophischen System betont der deutsche Universalgelehrte Gottfried Wilhelm von Leibniz zwar als typischer Vertreter des Rationalismus die Vernunft, doch sein gesamtes Gedankengebäude beruht auf der Idee eines vollkommenen Wesens: Auf Gott kann er nicht verzichten.

1710: Für seine Schülerin, Königin Sophie Charlotte von Preußen, veröffentlicht Leibniz den »Essai de Théodicée«. In Reaktion auf eine Schrift von Pierre Bayle rechtfertigt er darin Gott gegen den Vorwurf, er sei auch für das Böse in der Welt verantwortlich. Gott habe, so Leibniz' Gedankengang, da nur er selbst vollkommen sei, mit der Welt etwas Unvollkommenes schaffen müssen. Leibniz kommt schließlich zu dem berühmten – oft missverstandenen – Urteil, dass unsere Welt »die beste aller möglichen« sei: Eine noch bessere Welt wäre vollkommen und damit mit Gott identisch.

Leibniz gilt schon zu Lebzeiten als einer der größten Gelehrten in Europa. Bereits mit 21 Jahren zum Doktor der Rechte promoviert, trat er zunächst in den Dienst des Mainzer Hofes, lebte von 1672 bis 1676 in diplomatischer Mission in Paris und wurde danach Hofbibliothekar in Hannover, wo er eine Geschichte des Welfenhauses verfasste. Die Gründung der »Societät der Wissenschaften« in Berlin 1700 geht auf seine Initiative zurück. Leibniz ist als Berater für verschiedene Fürstenhäuser tätig und steht in persönlichem und brieflichem Kontakt mit den großen Gelehrten Europas.

Mit seinen mathematischen und naturwissenschaftlichen Erkenntnissen trägt Leibniz wesentlich zum Fortschritt der Wissenschaften bei, mit seiner Monadenlehre bindet er sie in ein einheitliches philosophisches System der Welterklärung ein. Leibniz geht von der Vorstellung aus, dass die gesamte Welt nach logischen Gesetzen aufgebaut und daher auch durch menschliches

Gottfried Wilhelm von Leibniz

Denken erkennbar sei. Bei dem Bemühen um die Konstruktion einer logischen, mit mathematischen Symbolen arbeitenden Wissenschaftssprache – sie soll die Missverständnisse, die sich aus der Umgangssprache ergeben, vermeiden – stößt er auf die Grundgesetze der höheren Mathematik.

Der Gedanke, dass die räumliche und zeitliche Ordnung der Gegenstände nur relativ ist – Leibniz nimmt damit Erkenntnisse der Relativitätstheorie Albert Einsteins vorweg –, ergibt sich laut Leibniz aus der Annahme, dass die materielle Welt bloße Erscheinung ist, dem Geistigen hingegen allein Realität zugesprochen werden kann.

Die Einführung der Kraft als Grundbegriff der Physik durch Leibniz leitet sich aus der Idee her, dass die gesamte Welt aus kleinen, unteilbaren geistigen Kraftzentren, den so genannten Monaden, besteht. In der »Monadologie« erläutert Leibniz seine Vorstellung von der universellen Harmonie des Kosmos, die sich aus dem Zusammenspiel der Monaden ergibt. Diese werden von Leibniz als »fensterlos« bezeichnet, d.h. sie wirken nicht aufeinander ein. Die Entsprechungen in ihren Veränderungen ergeben sich vielmehr daraus, dass sie alle dasselbe Universum – allerdings jeweils aus einer anderen Perspektive und in unterschiedlicher Deutlichkeit – spiegeln. Die Monaden stehen somit auch in einer hierarchischen Ordnung zueinander. Ein einzelner Mensch z.B. besteht aus unendlich vielen Monaden, wobei der Geist als oberste Monade (sie allein hat Bewusstsein) für den Zusammenhalt der Person sorgt. Die höchste Monade überhaupt ist Gott, der diese universelle Harmonie geschaffen hat und sie als Einziger in ihrer Totalität überschauen kann.

MEISSEN

kannt, dass Böttger das europäische Hartporzellan erfunden hat. Im März wird beschlossen, die Manufaktur in der Albrechtsburg von Meißen einzurichten. Der Alchimist Johann Friedrich Böttger, der behauptete, Gold machen zu können,

Götterstatuen von 1715

war 1701 von August dem Starken gefangen genommen worden. Im November 1707 konnte Böttger rotes Steinzeug nach chinesischem Vorbild herstellen, Anfang 1708 produzierte er das erste weiße (tatsächlich eher gelbliche) Porzellan; erst ab 1717 ist das Meißener Porzellan wirklich weiß.

Böttger musste seinem Landesherrn im September 1709 gestehen, dass er das Geheimnis des Goldmachens nicht kenne. Das Porzellan erfindet er nicht, wie die Legende sagt, »aus Versehen« bei Experimenten mit der Goldherstellung, sondern in gezielten Versuchen.

HINTERGRUND

»Weißes Gold« in China erfunden

Weißes Porzellan wird in China schon seit dem 7. Jahrhundert hergestellt. Mitte des 9. Jahrhunderts kommt die Kunde davon nach Europa: »Die Chinesen besitzen feinen Ton, aus dem man Schalen herstellt; diese haben... die Feinheit von Gläsern, in denen man die Spiegelung des Wassers sieht.« Ende des 13. Jahrhunderts treffen die ersten Einzelstücke chinesischen Porzellans in Europa ein. Von nun an versucht man hier den Stoff nachzuahmen. Im 16./17. Jahrhundert wird die erste sehr feine Keramik, »Irdengut« oder »Fayence« genannt, erzeugt. Schwierigkeiten bereitet das Porzellan, bei dem die mineralischen Grundmaterialien nicht gebrannt, sondern bei hohen Temperaturen verschmolzen werden müssen. Das von Böttger erfundene europäische Porzellan unterscheidet sich vom chinesischen: Während in Asien als Grundstoff der Feldspat überwiegt, herrscht in Europa das Kaolin vor, ein an sich unschmelzbarer Ton, dem Böttger als Flussmittel geringe Mengen Feldspat und Quarz beimengt.

FRANKREICH/ENGLAND

Finanzspekulationen enden im Ruin

Zwei große Finanzskandale erschüttern 1720 Westeuropa: In Frankreich enden die Finanzgeschäfte des zum Präsidenten der Staatsnotenbank ernannten Schotten John Law mit der ersten Papiergeldinflation der Geschichte, in Großbritannien bricht die South Sea Company zusammen.

24. 3. 1720: Nach der Flucht ihres Präsidenten John Law muss die französische Staatsnotenbank ihre Schalter schließen. Durch den Bankkrach werden vor allem bürgerliche Wertanleger und adlige Grundbesitzer geschädigt.

Der am 1. September 1715 gestorbene König Ludwig XIV. hatte ein finanziell zerrüttetes Frankreich hinterlassen; die Staatsschulden summierten sich auf dreieinhalb Milliarden Livre. In dieser Situation gründete der schottische Finanzexperte Law, der mit seinen Plänen zur Reform des Bankwesens im eigenen Land am Parlament gescheitert war, 1716 die private Notenbank »Banque Générale«. Zwar gelang es ihm anfangs die Staatsschulden deutlich zu mindern, doch Intrigen und Spekulationen führten schließlich zum Zusammenbruch des Geldinstituts, das seit 1718 »Banque Royale« heißt und als Staatsnotenbank unter Laws Direktion steht. Kurz vor dem Zusammenbruch war Law zum Generalkontrolleur der französischen Finanzen ernannt worden.

Law ging davon aus, dass Geldüberfluss den öffentlichen Wohlstand fördern würde. Systematisch vermehrte er deshalb die Zahl der umlaufenden Banknoten, trieb die Aktien seiner Notenbank in die Höhe und vereinigte das Geldinstitut mit der ebenfalls von ihm gegründeten Westindiengesellschaft, deren Kurse er – durch Berichte über umfangreiche Goldfunde in Louisiana – ebenso nach oben steigen ließ.

Flucht des Staatsnotenbankpräsidenten John Law (Karikatur, 1720)

August 1720: Der »South Sea Bubble«, der Zusammenbruch jener Firma, die 1711 von der britischen Krone gegen eine Anleihe von zehn Millionen Pfund das Handelsmonopol für Süd- und Mittelamerika erhalten hatte, erschüttert die gesamte britische Gesellschaft. Hoch riskante Aktienspekulationen konnten die Öffentlichkeit zeitweise über die schwierige finanzielle Lage der Firma hinwegtäuschen, doch nach dem Bankrott wird allgemein bekannt, dass Bestechungsgelder bis in die höchsten Regierungskreise gezahlt worden sind.

WIEN

»Pragmatische Sanktion« erlaubt weibliche Erbfolge

Kaiser Karl VI. (Ölgemälde)

Kaiser Karl VI. erlässt eine neue Thronfolgeregelung, die auch Frauen zulässt. Er will damit die habsburgischen Erblande seiner Familie erhalten.

19. 4. 1713: Karl VI., nach dem Tod seines Bruders, Kaiser Joseph I., zum Kaiser gewählt, erlässt die »Pragmatische Sanktion«, mit der die Unteilbarkeit der habsburgischen Erblande gesichert werden soll. In dem Dokument, das zum Staats- und Hausgesetz der Habsburger erhoben wird, ist festgelegt, dass die Thronfolge nach dem Erstgeburtsrecht nicht nur im männlichen, sondern auch im weiblichen Stamm gilt.

Seit der Wahl zum Kaiser hat sich Karl VI., der nach dem frühen Tod seines Sohnes nur Töchter als Nachkommen hat, um die Durchsetzung der weiblichen Erbfolge in der habsburgischen Monarchie bemüht. Nach der Pragmatischen Sanktion soll die Erbfolge zunächst auf die Nachkommen des Kaisers selbst beschränkt sein. Erst bei Aussterben dieser Linie tritt für die Töchter seines verstorbenen Bruders Joseph der Erbfall ein.

Mit dem Gesetz wird das »Pactum mutuae successionis« außer Kraft gesetzt, das Kaiser Leopold I. 1703 erlassen hatte. Darin wurde bei allein männlicher Erbfolge die josephische (österreichische) Linie vor die karolinische (spanische) gestellt.

Die neue Thronfolgeregelung erhält durch die Zustimmung der Landstände in Österreich, Ungarn und Siebenbürgen (1720–1723) Bedeutung für den Zusammenhalt des Habsburgerreiches.

Die Anerkennung der Erbfolgeregelung in ganz Europa durchzusetzen wird zum bestimmenden Ziel der kaiserlichen Außenpolitik. In langwierigen Verhandlungen, die 1720 beginnen und bei denen von Seiten des Wiener Hofs große Zugeständnisse gemacht werden müssen, erreicht Karl VI. die Zustimmung der europäischen Großmächte. Er sichert damit zwar formal den Anspruch seiner ältesten Tochter Maria Theresia auf den habsburgischen Thron, doch nach seinem Tod fühlen sich einige Mächte nicht mehr an diese Vereinbarung gebunden. Die Kurfürsten von Bayern und Sachsen melden ältere Rechte an: Sie sind mit Frauen aus dem Hause Habsburg verheiratet und streben nach der Kaiserwürde. Sie erhalten Unterstützung von Spanien und Frankreich. Als dann auch noch Preußen die Schwäche Wiens nutzt und einen Krieg um Schlesien anzettelt, stehen die europäischen Mächte wieder am Rande einer militärischen Auseinandersetzung um die Machtverteilung in Europa.

LONDON

Haus Hannover regiert England

Wie bereits 1701 im »Act of Settlement« festgelegt und im Frieden von Utrecht sanktioniert, besteigt nach dem Tod der britischen Königin Anna Stuart ein Hannoveraner den britischen Thron.

1. 8. 1714: Nach dem Ableben der britischen Königin Anna Stuart tritt das neue Thronfolgegesetz in Kraft, wonach die Krone auf das Haus Hannover, die protestantischen Nachkommen der Stuarts, übergeht. Kurfürst Georg Ludwig von Hannover wird als Georg I. König von Großbritannien.

Anna Stuart

Der »Act of Settlement«, der die protestantische Thronfolge sichern soll, wurde erforderlich, weil die in England herrschenden Oranier König Wilhelm III. und Königin Maria II. (Stuart) kinderlos blieben und auch deren Nachfolgerin Anna Stuart nach dem Tod des letzten ihrer 17 Kinder 1701 ohne Erben war. Die nächste protestantische Thronfolgerin, Sophie von der Pfalz, die Witwe des hannoverschen Kurfürsten Ernst August und Enkelin des englischen Königs Jakob I., verzichtete auf ihren Anspruch zugunsten ihres Sohnes Georg. Der wird nun, ohne die englische Sprache zu beherrschen, Herrscher über Großbritannien, dessen politische Probleme er nur vom Hörensagen kennt. Die verstorbene Königin Anna hatte sich bis zuletzt vergeblich bemüht, den Thron für die Stuarts zu erhalten: Ihr Neffe Jakob Eduard war nicht bereit, zum Protestantismus zu konvertieren.

Georg I.

In die Regierungszeit Annas, die selbst unpolitisch war und unter dem Einfluss ihrer Hofdamen stand, fiel ein für die britische Geschichte wichtiger Akt: 1707 verkündete die Monarchin die Union des englischen und schottischen Parlaments. England und Schottland, die seit 1603 in Personalunion vereint waren, vollzogen die Realunion und nennen sich fortan Großbritannien (Vereinigtes Königreich).

PASSAROWITZ

Gebietsgewinne für Habsburger

Der Frieden von Passarowitz (südöstlich von Belgrad), mit dem nach zwei Jahren ein neuerlicher Krieg zwischen dem Osmanischen Reich und den Habsburgern zu Ende geht, bringt Österreich erheblichen Gewinn an Land.

21. 7. 1718: Unter Vermittlung von Großbritannien, den Niederlanden und Schweden schließen die Habsburger und die Osmanen Frieden. Er bringt Österreich das Banat, Nordserbien mit Belgrad und die Kleine Walachei ein. Das Land wird sofort erschlossen und es beginnt eine organisierte, intensive Südostsiedlung Insbesondere aus Südwestdeutschland kommen Handwerker und Bauern in die Region; sie werden später als Banater Schwaben bekannt.

Im Frieden von Passarowitz verpflichten sich die Osmanen außerdem, gegenüber ihren christlichen Untertanen Toleranz zu üben, und sie schließen einen Handelsvertrag mit Österreich: Händler aus der Donaumonarchie genießen künftig im ganzen Osmanischen Reich Handels- und Schifffahrtsfreiheit – einen Vorteil, den sie kaum nutzen können, da es Österreich an einer schlagkräftigen Handels- und Kriegsflotte mangelt.

Die Vorgeschichte: Nachdem die Osmanen 1711 einen Sieg gegen Russland erzielt hatten, wandten sie sich gegen Venedig, das den Peleponnes und ganz Kreta verlor. Der Stadtstaat bat daraufhin im April 1716 Österreich um Beistand. Bereits am 5. August 1716 kam es bei Peterwardein (nahe Novi Sad) zum ersten großen Aufeinandertreffen der Heere von Kaiser und Sultan. Unter der Führung von Prinz Eugen von Savoyen besiegten die Österreicher die zahlenmäßig überlegene Streitmacht der Osmanen, deren Großwesir Ali Pascha in der Schlacht fiel. Am 13. Oktober eroberte Prinz Eugen Temesvar, am 19. Juni 1717 nahm er die Belagerung von Belgrad auf. Nachdem ein osmanischer Versuch, den Belagerungsring zu durchbrechen, gescheitert war, wurden die Festung und die Stadt Belgrad am 22. August 1717 von österreichischen Truppen eingenommen. Dieses Ereignis wird in dem bekannten Lied »Prinz Eugen der edle Ritter« verherrlicht.

Der Prinz ist offenbar nicht nur ein guter Feldherr, sondern auch ein geschickter Diplomat. Dass die bald nach der Einnahme Belgrads aufgenommenen Friedensverhandlungen mit einem so günstigen Ergebnis für Österreich enden, gilt als sein Verdienst.

Prinz Eugen (vorn l.) in der Schlacht bei Belgrad (Gemälde von J. van Huchtenburgh, 1717)

GROSSBRITANNIEN

»Robinson Crusoe«

102 LIFE AND ADVENTURES

and I kept the 30th of September in the same solemn mann as before, being the anniversary of my landing on the islan having now been there two years.

It was now that I began to feel how much more happy tl life I led was, with all its miserable circumstances, than tl abominable life I had led all the past part of my days. Fo

Buchseite aus »Robinson Crusoe«

In dem Roman »Robinson Crusoe« erzählt der englische Autor Daniel Defoe von einem auf eine einsame Insel verschlagenen Schiffbrüchigen, der sich unter widrigen Umständen einrichtet und einem »Eingeborenen« das Christentum und die europäische Zivilisation nahe bringt.

1719: 60-jährig veröffentlicht Defoe seinen ersten Roman, »Das Leben und die seltsamen Abenteuer des Robinson Crusoe, eines Seemanns aus York«. Der Schriftsteller lässt sich dazu durch das Schicksal eines englischen Matrosen inspirieren, der fünf Jahre auf einer unbewohnten Insel vor Chile verbracht hatte, bis er 1709 von einem britischen Schiff aufgenommen wurde. Der Roman hat die Form einer fingierten Autobiografie. Crusoe erscheint als typisch bürgerlicher Held, der an die eigenen Fähigkeiten glaubt und pragmatisch auf die Umstände reagiert.

LONDON

Die fantastischen Reisen des Gulliver

Der angloirische Schriftsteller Jonathan Swift nimmt in dem satirischen Roman »Gullivers Reisen« die politischen und gesellschaftlichen Zustände seiner Zeit, aber auch allgemeine menschliche Schwächen aufs Korn.

1726: »Reisen in verschiedene ferne Länder der Erde. Von Lemuel Gulliver, zuerst Wundarzt, später Kapitän verschiedener Schiffe« lautet – ins Deutsche übersetzt – der Titel des vierbändigen Romans, den Jonathan Swift seit 1721 in Dublin verfasst hat und nun in London veröffentlicht. Das Buch wird vom Publikum mit Begeisterung aufgenommen und sofort übersetzt. Bereits in den Jahren 1727/28 erscheint die erste deutsche Ausgabe.

Illustration aus »Gullivers Reisen« (1882)

Gulliver, zugleich Handlungsträger und Erzähler des Romans, ist eine individuell gezeichnete Persönlichkeit mit einem spezifischen biografischen Hintergrund – zu seinen Charaktereigenschaften gehören u.a. Leichtgläubigkeit, politische Naivität, auch Sprachbegabung und Sinn für Humor – und doch erscheint er in einigen Episoden als eine Figur, die ihre Erfahrungen stellvertretend für den Durchschnittsmenschen und damit auch für den Leser macht. Dieser Gulliver lernt auf vier Reisen in den Pazifik vier Phantasieinseln kennen, hat Begegnungen mit Zwergen, Riesen und verschiedenen Tieren, darunter mit Pferden, die sich allein von ihrer Vernunft leiten lassen. Das Werk trägt teils märchenhafte Züge – es wird vor allem deshalb zu einem Jugendbuch-Klassiker –, teils stellt es eine präzise Allegorie auf die politische Situation seiner Entstehungszeit dar. Swifts Spott richtet sich u.a. gegen den englisch-französischen Gegensatz, die sinnlosen Auseinandersetzungen zwischen Whigs und Tories sowie die Konflikte zwischen den Konfessionen, die bei ihm als Streit über die Frage erscheinen, ob ein Ei am stumpfen oder am spitzen Ende aufzuschlagen sei.

Die Gesellschaften, in die Gulliver auf seinen Reisen gerät, erscheinen teils als Utopie eines idealen, meist jedoch als Anti-Utopie eines vom Autor abgelehnten Staatswesens; doch dieser Gegensatz wird durch den Autor, der es konsequent auf die Verunsicherung des Leser anlegt, immer wieder relativiert. Ließe sich aus dem Roman, der zu vielfältigen Deutungen Anlass gegeben hat, überhaupt eine Tendenz herauslesen, dann vielleicht die, dass Swift dem Glauben an die Vernunft und an den Fortschritt der Zivilisation mit immer tieferer Skepsis begegnet. Swift setzt sich auch in Flugschriften und Pamphleten mit aktuellen politischen Ereignissen auseinander.

TSCHUKTSCHEN-SEE

Neuer Seeweg entdeckt

Der Asienforscher und Kartograf Vitus Bering umfährt im russischen Auftrag die Ostspitze Asiens und entdeckt dabei die später nach ihm benannte Seestraße, die Asien und Nordamerika voneinander trennt.

1728: Der dänische Forscher Vitus Bering unternimmt im Auftrag von Zar Peter I., dem Großen, als russischer Seeoffizier eine Expedition Richtung Norden. Bereits 1725 hat er den Auftrag erhalten, nach Kamtschatka zu reisen und von dort aus mit zwei Expeditionsschiffen eine Durchfahrt zwischen Asien und Amerika (Alaska) zu finden. Bering entdeckt die St.-Lorenz-Insel und stößt durch die nach ihm benannte Meerenge zwischen beiden Kontinenten nach Norden in die Tschuktschen-See vor. 1741 startet Bering eine neuerliche Expedition zum Nordpolarmeer, um die Arktis zu erforschen. Der Südküste Alaskas nähert er sich dabei bis in Sichtweite des Mount Elias und er entdeckt die Kette der Aleuten-Inseln. Die Ausbreitung von Skorbut, einer durch Vitaminmangel hervorgerufenen Krankheit, und schlechte Witterungsbedingungen erzwingen die Rückkehr der Expedition nach Kamtschatka. Bering stirbt noch auf dem Weg dorthin am 19. Dezember 1741 im Alter von 61 Jahren auf der größten der Kommandeurinseln.

Vitus Bering

ISFAHAN

Afghanen stürzen Safawiden-Dynastie

Unter dem Ansturm afghanischer Stämme zerbricht allmählich die Herrschaft der Safawiden, die seit 1501 Persien regieren und den schiitischen Islam als Staatsreligion eingeführt haben.

1722: Die persische Hauptstadt Isfahan wird von Afghanen, die plündernd in Persien eingebrochen sind, erobert. Die herrschenden Safawiden, durch den allgemeinen Reichtum des Landes nachlässig geworden, setzen dem Raubzug der afghanischen Stämme nur wenig Widerstand entgegen.

Der bedeutendste Herrscher der Safawiden war Abbas I., der Große, der 1629 starb. Unter seiner Regierung gelangte Persien zu wirtschaftlicher und kultureller Blüte. Abbas verlegte die Residenz des Schahs nach Isfahan und ließ die neue Hauptstadt glanzvoll ausbauen. Unter seiner Herrschaft wurde der Bau der Königs- und der Frauenmoschee in Angriff genommen, die bis heute als Meisterwerke islamischer Baukunst gelten. Abbas' Nachfahren ruhten sich auf dem von ihm erzeugten Reichtum aus und unternahmen kaum noch Anstrengungen, ihre Herrschaft zu sichern. Die Macht der Zentralgewalt verfiel.

Aga Khan

Die afghanische Dynastie von Kandahar, die nach 1722 Persien beherrscht, wird ihrerseits 1729 von dem Turkmenen Nadir Schah vertrieben, der zwar bedeutende Gebietsgewinne im Osten erzielt, aber seine Herrschaft nicht festigen kann. Nach seinem Tod 1747 wird Afghanistan ein selbstständiges Reich. Die zwischenzeitlich wiederhergestellte Herrschaft der Safawiden in Persien endet endgültig 1794 mit dem Tod von Mohammed Aga Khan.

LEIPZIG

Bach vollendet seine funktionale Musik

Nach seiner Anstellung als Thomaskantor in Leipzig konzentriert sich Johann Sebastian Bach auf die Komposition von Kirchenmusik.

5. 5. 1723: Johann Sebastian Bach übernimmt das Amt des Thomaskantors in Leipzig. Der Rat der Stadt hätte lieber Georg Philipp Telemann oder Johann Christoph Graupner auf dem Posten gesehen und entschied sich erst nach deren Absagen für Bach.

Gegenüber seiner vorigen Position als Hofkapellmeister des Fürsten Leopold von Anhalt-Köthen (seit 1717) bedeutet die neue Position für Bach einen Abstieg. Obwohl er sich wiederholt um eine andere Stelle bemüht, bleibt er bis zu seinem Tod 1750 in Leipzig. Als »Director musicus« ist er auch für das allgemeine Musikleben der Stadt zuständig.

Bach entstammt einer Familie von Stadtpfeifern und Organisten, so dass seine Laufbahn als Musiker vorgezeichnet scheint. Auch vier der fünf Söhne, die Johann Sebastian Bach mit seinen beiden Frauen Maria Barbara (ab 1707; †1720) und Anna Magdalena (ab 1721) hat, treten in die Fußstapfen des Vaters.

Der am 21. März 1685 in Eisenach geborene Johann Sebastian Bach erhielt eine solide musikalische Grundausbildung; er lernte Klavier, Orgel, Violine und Gesang. Sein Wissen über Kompositionstechniken eignete er sich durch das Studium von Werken anderer Komponisten an.

Seine berufliche Laufbahn begann Bach 1703 als Kammermusiker in Weimar (1703). Es folgten Organistenämter in Arnstadt (1703–1707) und in Mühlhausen (1707/08). Danach kehrte Bach an den Hof des Herzogs Wilhelm Ernst nach Weimar zurück, doch persönliche Streitigkeiten mit seinem Geldgeber trübten diese Phase seines Berufslebens. Mit der Berufung an den Hof von Köthen 1717 wendete sich das Blatt, doch sein Aufenthalt fand 1723 ein jähes Ende, nachdem der Fürst eine an Musik nicht interessierte Frau geheiratet hatte.

In Leipzig entstehen nun Bachs geistliche Hauptwerke: mehrere Jahrgänge Kantaten (für den jeweiligen sonntäglichen Gottesdienst), von denen etwa 150 erhalten sind, das Magnificat (1723), die Passionen nach Johannes (1724), Matthäus (1727) und Markus (1731, verschollen), das Weihnachtsoratorium (1734/35) und die h-Moll-Messe (1747 vollendet).

Johann Sebastian Bach

HINTERGRUND

Verbindung von Genie und Technik

Johann Sebastian Bach wird von seinen Zeitgenossen zwar als Instrumentalist und Improvisationskünstler an der Orgel geschätzt, doch seine schöpferischen Kompositionsleistungen finden weniger Anklang. So äußert der Leipziger Bürgermeister im Zusammenhang mit Bachs Anstellung, man brauche einen Kantor und keinen Kapellmeister.

Viele Bach-Kompositionen gelten dem Publikum als zu schwer und anspruchsvoll, aber auch als altmodisch: Sie entsprechen nicht dem galanten Stil, in dem z.B. Georg Philipp Telemann und Bachs Sohn Carl Philipp Emanuel komponieren.

Kaum eines von Bachs Werken wird zu Lebzeiten gedruckt. Er verwendet häufig bereits bestehende eigene Kompositionen neu, unterlegt einen anderen Text, schreibt ein Werk für ein anderes Instrument um oder nimmt Änderungen im Detail vor.

Bachs Niederschrift der Matthäuspassion

Erst am Ende des 18. Jahrhunderts wird Bach wieder entdeckt und das musikalische Genie erkannt, das hinter seinen nach Regeln und vorgegebenen Ordnungen gearbeiteten Werken steht. Sein Werk gilt seitdem als abschließender Kulminationspunkt jenes älteren Verständnisses von Musik, das diese funktional eingebunden in das gesellige Leben, die öffentliche Veranstaltung oder den Gottesdienst sieht. Obwohl Bachs Kompositionen also nie als »absolute«, allein ästhetischen Kriterien gehorchende Musik gedacht sind (dieses Konzept beginnt sich bei anderen Komponisten in der ersten Hälfte des 18. Jahrhunderts durchzusetzen), haben sie als Meisterwerke des Barock bis in unsere Zeit ihre Gültigkeit behauptet. Musikwissenschaftler gehen sogar so weit, Bachs Spätwerke, die nicht im Zusammenhang mit seinem geistlichen Amt stehen, wie die »Goldberg-Variationen« (1742/43), das »Musikalische Opfer« (1747) und die unvollendet gebliebene »Kunst der Fuge« (ab 1750) unter diesem funktionalen Aspekt zu betrachten. Sie sehen in diesen nicht zur Aufführung bestimmten Studienwerken eine Lobpreisung Gottes, der nach der Vorstellung des tief gläubigen Protestanten Bach die von ihm nur »entdeckten« musikalischen Ordnungen geschaffen hat. Fast alle seine Kompositionen unterzeichnet Bach mit Formeln wie »Soli Deo Gratia« (allein zur Ehre Gottes). 1738 erklärt er seinen Schülern, Musik, die nicht »Gottes Ehre und der Recreation des Gemüths« diene, sei »ein Teuflisches Geplerr und Geleyer«. Bach hinterlässt ein umfangreiches Werk, das mit Ausnahme der Oper quasi alle musikalischen Gattungen umfasst: neben den Kantaten und Passionen u.a. Konzerte und Ouvertüren, Sonaten für Violine, Gambe und Flöte, Cellosuiten, englische und französische Suiten für Klavier, das sog. »Wohltemperierte Klavier«, Partiten, rd. 50 Präludien und Fugen für Orgel, ferner Tokkaten, Fantasien und Orgelchoräle. Er zeichnet – wie im Barock üblich – in seiner Musik, teils nach vorgegebenen Formeln, Affekte nach, führt die Kompositionstechniken des Cantus firmus und Kontrapunkts zur Vollendung, stellt aber auch hintergründige Beziehungen zu Außermusikalischem her: Er zeichnet ein Kreuzzeichen ins Notenbild oder benutzt zehn Stimmeneinsätze als Allegorie für die Zehn Gebote.

POTSDAM

Friedrich II. auf dem Thron

Die Regierungszeit des preußischen Königs Friedrich II., der schon zu Lebzeiten den Beinamen »der Große« erhält, steht im Zeichen des aufgeklärten Absolutismus: Der Herrscher versteht sich als »erster Diener des Staates«.

31. 5. 1740: Nach dem Tod des preußischen Königs Friedrich Wilhelm I. besteigt sein Sohn als Friedrich II. den Thron. Er übernimmt von seinem Vater ein wohl geordnetes Gemeinwesen.

Schwere Jugend: Der am 24. Januar 1712 geborene Friedrich ist von seinem Vater äußerst streng erzogen und wiederholt gedemütigt worden. 1730 nutzte der Kronprinz eine gemeinsame Reise mit dem Vater zu einem Fluchtversuch, wurde jedoch entdeckt und gemeinsam mit seinem Freund, Leutnant Hans Hermann von Katte, eingekerkert. Ein Militärgericht verurteilte von Katte wegen Fluchthilfe zu lebenslanger Festungshaft, doch der König ordnete die Umwandlung in die Todesstrafe an: Vor den Augen des Kronprinzen wurde von Katte am 6. November 1730 enthauptet.

Friedrich II., Tafelrunde in Sanssouci

Friedrich selbst blieb bis 1732 in Küstrin in Festungshaft und heiratete im folgenden Jahr auf Befehl seines Vaters die ungeliebte Elisabeth von Braunschweig-Wolfenbüttel. Ab 1736 bereitete er sich in Schloss Rheinsberg auf sein künftiges Amt vor. Hier entstand 1739 sein »Antimachiavell«, eine kritische Auseinandersetzung mit der Theorie des Italieners Niccolò Machiavelli, wonach die Staatskunst allein auf politischer Berechnung und der Fähigkeit zum Machterwerb und -erhalt beruhe.

Friedrich II., der Große, mit seinem »Antimachiavell«

Die Staatsräson: Indem er Machiavellis von einer Verachtung der Bürger und einer Ablehnung moralischer Prinzipien in der Politik geprägten Vorstellungen zurückwies, formulierte Friedrich so schon als Kronprinz die Überzeugungen, die seine Regentschaft in Preußen bestimmen sollten: Zwar hält er im Sinne des Absolutismus an der uneingeschränkten Herrschaft des Monarchen fest und regiert selbst mit harter Hand, doch er sieht sich dabei als Sachwalter der Allgemeinheit. Die Staatsräson, also die Orientierung am Wohl des Staatsganzen, ist die oberste Maxime seiner Politik, doch er verlangt auch von seinen Untertanen, dass sie sich diesem Gemeinwohl unterordnen. Der Aufklärung verpflichtet ist er nicht nur in seinem unermüdlichen Einsatz für religiöse Toleranz – »jeder soll nach seiner Façon selig werden« –, sondern auch durch die Reformen, mit

DUBLIN

Händels »Messias« feiert triumphale Erfolge

Mit dem »Messias« schafft der in London lebende deutsche Barockkomponist Georg Friedrich Händel ein Oratorium, das bis heute in der ganzen christlichen Welt zu den meistaufgeführten gehört.

13. 4. 1742: Die Uraufführung des Oratoriums »Der Messias« von Georg Friedrich Händel findet zugunsten von Gefängnisinsassen in der neu erbauten Dubliner Music Hall statt. London erlebt die erste Aufführung im Folgejahr. Allein zu Händels Lebzeiten wird das Werk über 50mal aufgeführt.

»Der Messias« ist ein eher handlungsarmes Oratorium. Im ersten Teil wird nach Worten der Bibel das Kommen des Heilands prophezeit, der zweite besteht aus Christi Passion, Kreuzigung und Auferstehung, der dritte schildert die durch seinen Opfertod erlangte Erlösung der Menschheit. Am Ende des zweiten Teils erklingt der überwältigende Halleluja-Chor, mit dem der Hass der Heiden gebrochen wird. Die Musik verbindet Elemente aus dem Sologesang der italienischen Oper und des Oratoriums mit Traditionen der nord- und mitteldeutschen Kirchenmusik sowie des englischen Anthems zu einer großartigen, durchaus extrovertierten Synthese. Seit 1710 lebt Händel nach einem kurzen Zwischenspiel am Hof von Hannover in London. 1718 stellte ihn der Herzog von Chandos als Musikdirektor ein. 1727 erwarb der Komponist die britische Staatsbürgerschaft.

Im Jahr 1719 war Händel beauftragt worden, ein königliches Opernhaus in London zu gründen. Weitere Oratorien von Händel sind »Samson« (1743) und »Judas Maccabäus« (1746).

denen die größten gesellschaftlichen Missstände beseitigt werden: Die Folter wird abgeschafft, es gibt erste Ansätze zu einem Rechtsstaat mit Gleichheit aller vor dem Gesetz und die Einführung eines staatlichen Schulwesens ist ein wichtiger Schritt zu einer allgemeinen Bildung. Der König bemüht sich ferner um eine Reform des Behördenapparates; von den Beamten fordert er – wie auch von seinen Soldaten – bedingungslosen Gehorsam.

Allgemeine Wohlfahrt: Als aufgeklärt absolutistischer Herrscher erweist sich Friedrich II. auch in seiner merkantilistischen Wirtschaftspolitik und in den systematischen Maßnahmen zur inneren Kolonisation, die er in Angriff nimmt: Finanziert vom preußischen Staat, werden der Oderbruch, der Warthe-Netze-Bruch und andere Flussniederungen entwässert und urbar gemacht. So entstehen tausende von Hektar Wiesen- und Ackerland, die teils von den Bewohnern umliegender Dörfer bebaut, teils aber auch neuen Siedlern zugewiesen werden. Die Einführung der Kartoffel und die Erprobung neuer Anbaumethoden führen zu einer Verbesserung der Lage der Bauern, deren Abhängigkeit vom Grundherrn zudem per Gesetz gemildert wird, und stärken die Wirtschaftskraft des Staates.

Förderer der Kultur: Die Ideen der Aufklärung werden dem preußischen Herrscher vor allem durch den französischen Philosophen Voltaire nahe gebracht. Bereits als 24-Jähriger schrieb Friedrich ihm einen ersten Brief und während Voltaires Aufenthalt auf Schloss Sanssouci (1750-1753) bildet der Aufklärer den Mittelpunkt der königlichen Abendgesellschaften.

Unter lebhafter Beteiligung des Monarchen werden hier Themen aus Kunst, Literatur und Philosophie diskutiert und der Preußenkönig spielt auf der Flöte eigene und fremde Kompositionen vor. Friedrich der Große gibt sogar einem Kunststil den Namen: Als friderizianisches Rokoko bezeichnet man jene Sonderform der Stilepoche, deren Charakteristika schwungvolle Festlichkeit, harmonische Proportionen und spielerische Leichtigkeit sind. Ein vollendetes Beispiel ist Schloss Sanssouci selbst, das sich Friedrich II. von Georg Wenzeslaus von Knobelsdorff 1745 bis 1747 bei Potsdam als Sommerresidenz erbauen lässt.

WIEN

Eine Frau regiert Österreich

Die Thronbesteigung Maria Theresias von Österreich löst einen langwierigen Krieg in Europa aus: Die bayerischen Wittelsbacher wollen die weibliche Thronfolge nicht anerkennen und erhalten Unterstützung durch Frankreich und Spanien; der preußische König Friedrich II., der Große, nutzt die dadurch entstandene Schwäche des österreichischen Königshauses zu einem rechtswidrigen Einfall in Schlesien.

Maria Theresia mit 26 Jahren (Gemälde, M. van Meytens)

20. 10. 1740: Nach dem Tod Kaiser Karls VI. übernimmt seine älteste Tochter, die 23-jährige Maria Theresia, das österreichische Erbe. Sie wird jedoch nicht von allen europäischen Mächten als legitime Herrscherin anerkannt. Ihre Thronbesteigung beschwört daher einen Konflikt herauf, der in eine Auseinandersetzung um die Vormachtstellung in Europa mündet.

Weibliche Erbfolge: Ausgangspunkt für den Konflikt ist die Frage der österreichischen Thronfolge. Zwar hatte Kaiser Karl VI., der nach dem Tod des einzigen Sohnes nur Töchter als Nachkommen hatte, am 19. April 1713 durch die Pragmatische Sanktion die weibliche Thronfolge in den österreichischen Erblanden gesichert und dafür auch die Zustimmung der meisten europäischen Mächte erhalten, einige von ihnen zeigen nun aber wenig Neigung, an den Vereinbarungen festzuhalten.

Ältere Ansprüche: Der bayerische Kurfürst Karl Albrecht aus der Dynastie der Wittelsbacher hat die Pragmatische Sanktion von Beginn an nicht akzeptiert. Er ist – wie der Kurfürst von Sachsen – mit einer Tochter von Karls Bruder und Vorgänger Joseph I. verheiratet und erhebt nun Ansprüche auf Teile der habsburgischen Monarchie und auf den Kaisertitel. Unterstützt wird er dabei von einer großen europäischen Koalition: Neben den Kurfürsten von Sachsen, Köln und der Pfalz stehen auch Frankreich und Spanien dem Wittelsbacher zur Seite.

Einfall in Schlesien: Die isolierte Lage Österreichs ermuntert den preußischen König Friedrich II. am 16. Dezember 1740 in die österreichische Provinz Schlesien einzumarschieren. Er begründet seinen Anspruch auf die reiche Provinz mit dem wenig überzeugenden Hinweis auf Erbverträge zwischen Hohenzollern und Piastenherzögen aus dem Jahr 1537. Damit beginnt der erste Schlesische Krieg. Durch ein Bündnis mit König Ludwig XV. sichert sich der Preußenkönig die Unterstützung Frankreichs, das angesichts der vermeintlichen Schwäche Maria Theresias die Möglichkeit eines territorialen Zugewinns sieht. Doch unerwartet interveniert Großbritannien, das an einer »balance of power« in Europa interessiert ist, auf Seiten Österreichs.

Kaiserin Maria Theresia vor dem Landtag in Pressburg (Kreidelithographie)

ZUR PERSON

Maria Theresia

Auf die Erschütterungen, die mit ihrer Thronbesteigung einhergehen, reagiert Maria Theresia (* 13. 5. 1717 Wien, † 29. 11. 1780 ebd.) mit umfassenden Reformen im Heeres-, Justiz- und Bildungswesen sowie im Staatsapparat: Gegen den Protest der Stände führt sie die allgemeine Steuerpflicht ein und macht den österreichisch-böhmischen Landesteil zu einem absolutistischen Staat, der zentral verwaltet wird. Zu ihrer merkantilistischen Wirtschaftspolitik gehören die Aufhebung von Binnenzöllen, die Einführung neuer Gewerbe und Landerschließungsmaßnahmen im Banat und der Batschka. Die Herrscherin lebt mit dem lothringischen Herzog Franz Stephan, seit 1745 Kaiser, in harmonischer Ehe und schenkt 16 Kindern das Leben.

VERSAILLES

Der Einfluss der Madame Pompadour

König Ludwig XV. von Frankreich, Urenkel und Nachfolger des »Sonnenkönigs« Ludwig XIV., unterhält am Hof eine Günstlings- und Mätressenwirtschaft. Da die drängenden politischen Probleme ungelöst bleiben, wächst in der Bevölkerung die Unzufriedenheit mit der Monarchie.

14. 9. 1745: Der französische König Ludwig XV., der 1715 im Alter von fünf Jahren den Thron bestiegen hat, erhebt seine offizielle Mätresse Jeanne Antoinette Poisson zur Marquise von Pompadour. Der Monarch lebt nur für seine Genüsse und zieht sich von der Etikette des Hofes zurück, um sich bei zahllosen Liebesabenteuern und bei der Jagd zu vergnügen. Verheiratet ist er mit Maria Leszczynska, deren Vater Stanislaus I. Leszczynski von 1706 bis 1709 polnischer König war.

Madame Pompadour ist nur eine in einer langen Reihe von Mätressen, mit denen sich Ludwig XV. die Langeweile vertreibt. Ihre unmittelbaren Vorgängerinnen waren drei Schwestern. Als die letzte von ihnen, Marie-Anne de Mailly-Nesle, Herzogin von Châteauroux, am 8. Dezember 1744 starb, ergriff Jeanne Antoinette Poisson, Tochter eines Fleischers, die Gunst der Stunde und ließ sich von Charles-Guillaume Le Normant D'Etioles scheiden, um die offizielle Geliebte des Monarchen zu werden.

Madame Pompadour, die von der französischen Bevölkerung als hartherzig, ehrgeizig, berechnend und verschwendungssüchtig abgelehnt wird, tut sich fortan als Förderin von Kultur und Wissenschaft hervor und hat bestimmenden Einfluss auf die Bautätigkeit des Hofes: Auf ihre Anordnung entstehen mehrere Lustschlösser im Stil des Rokoko.

Von ihrem Mäzenatentum profitieren neben vielen anderen der Maler François Boucher, aber auch der Literat und Philosoph Voltaire. Dass die Aufklärer Denis Diderot und Jean Le Rond d'Alembert ihre berühmte »Enzyklopädie« veröffentlichen können, ist zumindest der Legende nach dem Einfluss der Marquise auf Ludwig XV. zu verdanken.

Madame Pompadour (Gemälde von Quentin de la Tour)

Vor allem aber entwickelt sich Madame Pompadour, die 1752 vom König auch den Herzogintitel erhält, von der Geliebten zur politischen Ratgeberin. Gelassen erträgt sie es, dass der König sinnliche Genüsse bei jüngeren, reizvolleren Frauen sucht, wenn sie stattdessen ihren Einfluss bei der Besetzung von Staatsämtern geltend machen kann: Sie lässt sie nach Möglichkeit mit ihren Angehörigen besetzen.

Außerdem führt Madame Pompadour diplomatische Verhandlungen mit den europäischen Höfen. Ihre Gespräche mit der österreichischen Herrscherin Maria Theresia haben einen gewissen Anteil daran, dass sich das traditionell mit Preußen verbundene Frankreich den Österreichern anschließt. Nach der verheerenden Niederlage, den die Verbündeten im Siebenjährigen Krieg gegen Preußen erleiden, wird die Mätresse beim Volk noch unbeliebter.

Auch in der Innenpolitik widersetzt sich die Marquise de Pompadour den Traditionen. Sie stellt sich u.a. gegen die Jesuiten, die daraufhin 1764 in Frankreich verboten werden.

DRESDEN

Schlesien fällt an Preußen

In zwei Kriegen sichert sich Preußen das bisher zu Österreich gehörende Schlesien.

25. 12. 1745: Der Friede von Dresden beendet den zweiten Schlesischen Krieg, mit dem der schlesische Besitz Preußens bestätigt wird. Der preußische König Friedrich II. erkennt Franz I. Stephan, den Mann der österreichischen Herrscherin Maria Theresia, als Kaiser an.

Friedrich II. hatte 1740 die Schwäche Österreichs wegen der von manchen Staaten nicht anerkannten Erbfolge Maria Theresias zum Einmarsch in Schlesien genutzt und nach militärischen Erfolgen im Berliner Frieden am 28. Juli 1742 erreicht, dass Preußen die Grafschaft Glatz sowie – einige kleinere Gebiete ausgenommen – Nieder- und Oberschlesien erhielt. Er verpflichtete sich, keine weiteren Territorialforderungen an Österreich zu stellen und die katholische Religion in Schlesien aufrecht zu erhalten. Was als preußisch-österreichische Auseinandersetzung begann, hat sich mittlerweile zum österreichischen Erbfolgekrieg ausgeweitet, in dem sich auf der preußischen Seite Frankreich, Kursachsen und die Wittelsbacher Kurfürsten von Bayern, Köln und der Pfalz engagieren, während das zunächst isolierte Österreich ab 1742/43 Unterstützung von Großbritannien, Sardinien und den Generalstaaten erhält.

Schauplatz der militärischen Auseinandersetzungen werden nun neben Bayern, Böhmen und Mähren auch Oberitalien, das Elsass und die österreichischen Niederlände.

Nach österreichischen Erfolgen auf dem Schlachtfeld und in der Diplomatie beginnt Friedrich II. 1744 den zweiten Schlesischen Krieg, der nach wechselhaftem Verlauf nun mit dem auf englische Vermittlung zustande gekommenen Frieden endet. Der österreichische Erbfolgekrieg endet am 18. Oktober 1748 mit dem Frieden von Aachen.

Sieg Friedrichs des Großen 1744 bei Hohenfriedeberg im zweiten Schlesischen Krieg

Darin verzichtet Maria Theresia auf das von Preußen eroberte Schlesien, Frankreich gibt die österreichischen Niederlande und die besetzten britischen Kolonialgebiete zurück, die hannoversche Erbfolge in Großbritannien wird von allen Vertragsmächten garantiert und die Pragmatische Sanktion international anerkannt.

HINTERGRUND

Mätressen und Intrigen

Der französische König Ludwig XV. interessiert sich nicht für Politik und lässt die Regierungsgeschäfte durch seine Minister erledigen, die – wie er selbst – häufig unter dem Einfluss seiner Favoritinnen stehen. Marie Jeanne Becu, Gräfin Dubarry, die nach dem Tod von Madame Pompadour offizielle Mätresse des Königs wird, ist allerdings politisch weniger ambitioniert und interessiert. Der ständige Wechsel der Geliebten des Monarchen und das Fehlen einer kontinuierlichen politischen Linie führen das finanziell ruinierte Frankreich unter Ludwig XV. weiter in die Krise. Versuche, den Staatsbankrott durch ein neues Steuersystem, einer Art progressiver Einkommensteuer bei Abschaffung der Steuerprivilegien von Klerus und Adel, zu beheben, scheitern am Widerstand der königlichen Familie, der Geistlichkeit und des Adels.

Gräfin Dubarry

SCHOTTLAND

Katholiken sind geschlagen

Der letzte Aufstand schottischer Katholiken gegen das in Großbritannien regierende Haus Hannover scheitert.

16. 4. 1746: Wilhelm August, der Bruder des britischen Königs Georg II., ist der Befehlshaber der englischen Truppen, die in der blutigen Schlacht von Culloden Moor die schottischen Aufständischen unter ihrem Führer Karl Eduard Stuart vernichtend schlagen.

Karl Eduard muss seinen Widerstand gegen das in Großbritannien regierende Königshaus der Welfen aufgeben. Der Prinz, ein Enkel des während der Glorious Revolution vertriebenen Königs Jakob II., hat zuvor mehrfach mit politischen und militärischen Mitteln versucht, die Ansprüche der katholischen Stuarts auf den britischen Thron durchzusetzen.

POTSDAM

Blick über die terrassenförmig angelegten Gärten auf Schloss Sanssouci

Ein Lustschloss für den König

Schloss Sanssouci bei Potsdam, die Sommerresidenz des preußischen Königs Friedrich II., des Großen, ist ein Meisterwerk des friderizianischen Rokoko.

1747: Nach zweijähriger Bauzeit vollendet der Baumeister Georg Wenzeslaus von Knobelsdorff Schloss Sanssouci (»Sorgenfrei«), eine eingeschossige intime Anlage von vollendeter Harmonie und spielerischer Leichtigkeit.

Friedrich II. hat den Bau des Sommersitzes mit einer eigenhändigen Skizze bei Knobelsdorff in Auftrag gegeben. Wegen der vom Architekten bevorzugten Aufsockelung des Baus kam es zum Streit mit dem Monarchen, der ungehindert ins Freie treten wollte.

Das Lustschloss, das über Weinbergterrassen erreichbar und in einen großzügigen Park eingebettet ist, bringt einen neuen herrscherlichen Lebensstil zum Ausdruck, der Naturnähe und Bequemlichkeit höher schätzt als höfisches Zeremoniell.

In Sanssouci gibt der Monarch seine Flötenkonzerte, hier trifft er sich mit seiner »Tafelrunde«, um in geselliger Runde über philosophische Fragen zu diskutieren.

STICHWORT

Spielerisches Rokoko

Als letzte Stilphase des Barock setzt sich ab 1710 in Europa das Rokoko durch, das seinen Namen nach einer asymmetrischen Muschelform, der »rocaille«, erhält.

Hochaltar der Wallfahrtskirche Wies

An die Stelle der bei aller Dynamik doch schweren Barockformen tritt im Rokoko eine spielerische, unbeschwerte Leichtigkeit. Der an die Fläche gebundene Dekorationsstil dehnt sich in der Architektur vom Außenbau auf den Innenraum und die Einrichtung bis zu den zierlichen Porzellanplastiken aus. In der Malerei werden, etwa von den Franzosen François Boucher und Jean Honoré Fragonard, idyllische und galante Themen bevorzugt. In der Baukunst gewinnt der deutschsprachige Raum, insbesondere Bayern und Österreich, nicht nur Anschluss an die Entwicklung in anderen Ländern, sondern übernimmt sogar eine Vorreiterrolle. Herausragende Vertreter im Kirchenbau sind die Brüder Cosmas Damian und Egid Quirin Asam, die in der Verschmelzung von Skulptur, Stukkatur und Architektur Kirchenräume von theatralischer Wirkung schaffen, und Dominikus Zimmermann, der Schöpfer der Wallfahrtskirche in Wies. Diese von außen unscheinbare kleine Wallfahrtskirche entfaltet im überbordend dekorierten Innenraum einen beschwingten, sinnenfreudigen und durchaus diesseitigen Eindruck. Das Bauwerk gilt als Höhepunkt des bayerischen Rokoko. In der Profanarchitektur sind Schloss Sanssouci und das Nymphenburger Schloss bei München Juwelen dieses aristokratisch-verfeinerten Kunststils.

Unterricht durch Anschauung im Naturalienkabinett; aus dem »Elementarwerk« des Pädagogen Johannes Bernhard Basedow

Im Namen der Aufklärung gegen den Adel

Das 18. Jahrhundert ist das Jahrhundert der Aufklärung. Wie schon der Name für diese ganz Europa ergreifende geistige Strömung besagt – im Englischen »enlightenment«, im Französischen »illumination« –, geht es darum, Licht in das Dunkel der unaufgeklärten Vorzeit zu bringen. Das Mittel dafür ist die Vernunft.

Um 1750: Der Begriff »Aufklärung« kommt in der deutschen Intelligenz – mit einer gewissen Verspätung – in Umlauf. Die dahinter stehende Bewegung ist im deutschen Sprachraum weniger radikal und auch weniger praxisorientiert als in England, wo sie bereits im 17. Jahrhundert in der »Glorious Revolution« (1688/89) ihren politischen Höhepunkt fand, und in Frankreich, wo sie die geistigen Grundlagen für eine grundstürzende Umgestaltung der Gesellschaft in der Französischen Revolution (1789) legt. Die bereits in der Renaissance zu beobachtende Tendenz zur Abkehr vom christlich-mittelalterlichen Weltbild vollendet sich in der Aufklärung: Als wahr gilt nun nicht mehr das, was die christliche Religion offenbart, sondern das, was die autonome menschliche Vernunft erkennt. Die Vernunft ist die Instanz, an der sich das Handeln orientiert und an der sich alle Normen, Institutionen, Autoritäten und Traditionen messen lassen müssen. Eine dieser Institutionen ist naturgemäß die Kirche, die durch die Herausbildung unterschiedlicher Konfessionen ohnehin geschwächt ist: Differenzen in der Beurteilung zentraler Glaubensfragen, die in verschiedenen europäischen Staaten mit Bürgerkriegen und Kriegen ausgetragen worden sind, haben den Zweifel am kirchlichen Dogma generell gesät. So ist das Zeitalter der Aufklärung auch eine Zeit der Säkularisierung: Weltliche Erklärungsmuster treten an die Stelle ex cathedra verkündeter Überzeugungen. Der Kampf der Aufklärung gegen nicht hinterfragte Überlieferungen und Vorurteile mündet in direkter Kritik am Gesellschaftssystem des Absolutismus. Gestützt auf die in der Aufklärung entwickelte Vorstellung von unveränderlichen, jedem Menschen zustehenden Rechten, die allen Gesetzen übergeordnet sind, wird der göttliche Ursprung von Herrschaft angezweifelt. Träger dieser politischen Aufklärung ist das Bürgertum, das sich im Namen der Gleichheit aller gegen die Privilegien wendet, die in der feudalabsolutistischen Gesellschaft der Adel per Geburt für sich beansprucht. In der Überzeugung, dass die Leistungen der Vernunft nahezu unbegrenzt seien, gründet sich der Fortschrittsglaube der Aufklärung, der mit einem Aufschwung der Pädagogik einhergeht. Da jeder Mensch als bildungswürdig und im Prinzip auch als bildungsfähig angesehen wird, erscheint es nun erstrebenswert, seine Anlagen durch Bildung zur Entfaltung zu bringen. Die Aufmerksamkeit richtet sich daher nicht nur auf das höhere, sondern auch auf das Volksschulwesen; dies gilt insbesondere für den Schweizer Bildungsreformer Johann Heinrich Pestalozzi (1746-1826).

EUROPA

Das Zeitalter

Im Namen der Vernunft unterziehen die Aufklärer alles Überlieferte und Gegebene der Kritik, denn Wahrheit setzt sich nach ihrer Vorstellung allein in der öffentlichen Diskussion vernünftiger Individuen durch. Unabdingbare Voraussetzungen dafür sind Toleranz und Meinungsfreiheit. Ein Sprachrohr der Aufklärung ist die 35 Bände umfassende Encyclopédie, die Denis Diderot und Jean Le Rond d'Alembert mit 200 Mitarbeitern 1751 bis 1780 herausgeben.

Naturwissenschaften: Die methodisch verfahrenden, auf allgemeine Überprüfbarkeit angelegten Wissenschaften gelten als die Instanz, in der die menschliche Vernunft ihr höchstes Betätigungsfeld findet. Die Erfolge der modernen empirischen, sich auf die eigene unvoreingenommene Beobachtung verlassenden Naturwissenschaften sind in der Tat beeindruckend: In der Physik erforschen der Brite Isaac Newton und viele andere den geordneten, durch Naturgesetze bestimmten Aufbau der Welt. Die Astronomie kommt zu der Erkenntnis, dass die Erde nicht den Mittelpunkt der Welt darstellt, und die Medizin stellt den Menschen als Teil der Natur in eine Reihe mit anderen Lebewesen. Durch diese naturwissenschaftlichen Erkenntnisse wird eines der wesentlichen Dogmen der christlichen Religion in Frage gestellt: Der Mensch ist nicht mehr die Krone der Schöpfung. Doch indem an die Stelle des mittelalterlichen, von der Autorität des Aristoteles und von den Dogmen der scholastischen Philosophie geprägten Weltbildes die mechanistische Vorstellung einer prinzipiell erkennbaren und erklärbaren Welt tritt, eröffnen sich ihm auch ungeahnte Möglichkeiten: Der Mensch kann seine Umgebung nicht nur erkennen, sondern sie sich auch aneignen und beherrschen.

Erkenntniskritik: Die Philosophie der Aufklärung besteht zwar aus unterschiedlichen Strömungen, doch allen gemeinsam ist das Bestreben, die Erkenntnis auf eine sichere Basis zu stellen. Während der Rationalismus in der einseitigen Betonung der an den Gesetzen der Logik orientierten Vernunft die Erfahrung vernachlässigt, setzt der insbesondere in England verbreite-

der Vernunft

te Empirismus auf die Sinneserfahrung als Mittel zur Erkenntnis der Wirklichkeit. Erst Immanuel Kant bringt beide Positionen zusammen: Die Wahrnehmung liefert die Daten, die von der Vernunft geordnet werden. Indem Kant nicht nur nach den Möglichkeiten, sondern auch nach den Grenzen der Vernunft fragt, weist er über die Aufklärung hinaus.

Moralphilosophie: Für Kant ist die Vernunft auch der Maßstab, an dem sich sittliches Handeln zu messen habe: Sein kategorischer Imperativ: »Handle so, dass die Maxime deines Handelns zugleich zur allgemeinen Gesetzgebung dienen könne« überträgt den Gleichheits- und Allgemeingültigkeitsanspruch der Rationalität auf das Feld der Moralphilosophie. Auch hier geht die englische Philosophie andere Wege, indem sie zum einen ein »moralisches Empfinden« postuliert, das den Menschen auf den Pfad der Tugend führen könne, zum anderen »das größte Glück der höchsten Zahl« als Ziel moralischer Anstrengung bestimmt: Das Glücksstreben des Einzelnen wird zum Kriterium der Beurteilung individuellen und staatlichen Handelns.

ENCYCLOPÉDIE,
OU
ICTIONNAIRE RAISONNÉ
DES SCIENCES,
S ARTS ET DES MÉTIERS,
TOME PREMIER.
A PARIS,
M. DCC. LI.

»Encyclopédie«

Gesellschaftstheorie: Da die Aufklärung in ihrem Vernunft- und Fortschrittsglauben davon ausgeht, dass den Menschen ein Zustand irdischer Glückseligkeit erreichbar sei, beschäftigt sie sich mit den Rahmenbedingungen, die den Weg dorthin behindern bzw. fördern. Typisch aufklärerisch ist die Vorstellung, dass Herrschaft nicht gottgewollt und gottgegeben sei, sondern dass sich die Menschen in einem – fiktiven – Gesellschaftsvertrag souverän ihre Ordnung gegeben hätten. Das Postulat eines Widerstandsrechts gegen ungerechte Herrschaft, die Idee der menschlichen Würde und der aus der Natur ableitbaren unveräußerlichen Menschenrechte sowie die Vorstellung, dass auch die Beziehungen der Staaten durch das Völkerrecht zu regeln seien, gehören zum Kern aufklärerischer Gesellschaftstheorie.

ÜBERBLICK

Die Wegbereiter der Aufklärung

Voltaire (eigtl. François Marie Arouet; 1694-1778) gilt als einer der bedeutendsten Denker der französischen Aufklärung. Sein Kampf gegen Ungerechtigkeit und Unvernunft äußert sich in seiner Religionskritik, die sich gegen Fanatismus, Aberglaube, Dogmatismus und Mystizismus wendet, und in seinen Angriffen auf die absolutistische Monarchie in Frankreich. Ihr stellt Voltaire die politischen Verhältnisse in Großbritannien gegenüber, den Parlamentarismus, die Toleranz, die Pressefreiheit sowie den Schutz vor Folter und willkürlicher Haft.

Voltaire

Jean-Jacques Rousseau (1712-1778), von Geburt Schweizer, erklärt in seiner staatstheoretischen Schrift »Über den Gesellschaftsvertrag« (1762) die Entstehung des Staates aus einem Vertrag, den die Menschen freiwillig eingegangen sind, der ihre Rechte wahren soll und in dem der Einzelne sich dem Allgemeinwohl unterordnet. Der Vertrag ist laut Rousseau jedoch gebrochen worden, so dass es nun darauf ankommt, die Position des Allgemeinwillens, die Volkssouveränität, wiederherzustellen. Zu diesem Zweck müssen die Interessen des Einzelnen dem allgemeinen Gesetz untergeordnet werden. Rousseau geht davon aus, dass der Mensch von Natur aus gut sei; erst die Zivilisation habe ihn zum Bösen verführt. Dementsprechend sieht Rousseau – im Unterschied zum Fortschrittsoptimismus anderer Aufklärer – im Rückgriff auf die natürliche Einfachheit die Bedingungen für einen idealen Staat.

Jean-Jacques Rousseau

Denis Diderot (1713-1784) vertritt in den Schriften und Artikeln, die er für die »Encyclopédie« verfasst – er gibt dieses Monumentalwerk mit dem Naturwissenschaftler und Philosophen Jean Le Rond d'Alembert heraus –, deistische und materialistische Vorstellungen. Der Deismus erkennt für theologische Aussagen nur Vernunftgründe an, nicht die Autorität der Offenbarung. Gotteserkenntnis ist für die Deisten allein aus der Natur und der natürlichen Moral des Menschen möglich, unabhängig von allen Kirchen und Glaubensgemeinschaften. Der Franzose Diderot kritisiert die von Kirche und Staat aufgestellten Ordnungen und Forderungen, da sie die Menschen einem widernatürlichen Zwang unterwürfen. Er verlangt vom Monarchen, der Gerechtigkeit und der Vernunft zu folgen und das per Gesetz festgeschriebene Recht auch für sich selbst gelten zu lassen.

Denis Diderot

Charles de Secondat, **Baron de la Brède et de Montesquieu** (1689-1755), ebenfalls Franzose, stellt in seinem wichtigsten Werk, »Vom Geist der Gesetze« (1748), das Prinzip der Gewaltenteilung im Staat auf: Regierung, Gesetzgebung und Rechtsprechung sollten bei verschiedenen Instanzen liegen. Montesquieu hebt die Rolle der Konflikte in einem Staat mit republikanischer Verfassung hervor und betont, dass Interessenausgleich zwischen den verschiedenen sozialen Schichten die Stabilität des Staates gewährleiste und Machtmissbrauch verhindere. Der Zweck jeder Staatsform liegt für ihn in der gesetzlichen Sicherung der Freiheit des Einzelnen.

Baron de Montesquieu

Immanuel Kant (1724-1804) führt in seiner Heimatstadt Königsberg ein zurückgezogenes, unauffälliges Leben, seine kritische, jede Spekulation und Metaphysik von sich weisende Philosophie stellt jedoch die Welt des Geistes ebenso auf den Kopf wie die kopernikanische Wende die Naturwissenschaften. Dreh- und Angelpunkt im kantschen Denken ist das nur sich selbst verantwortliche, autonom denkende und handelnde Individuum. Kants 1784 veröffentlichte Schrift »Was ist Aufklärung?« beginnt mit den programmatischen, berühmt gewordenen Sätzen: »Aufklärung ist der Ausgang des Menschen aus seiner selbst verschuldeten Unmündigkeit. Unmündigkeit ist das Unvermögen, sich seines Verstandes ohne Leitung eines anderen zu bedienen. Selbst verschuldet ist diese Unmündigkeit, wenn die Ursache derselben nicht am Mangel des Verstandes, sondern der Entschließung und des Mutes liegt, sich seiner ohne Leitung eines anderen zu bedienen. Sapere aude! Habe Mut, dich deines eigenen Verstandes zu bedienen! ist also der Wahlspruch der Aufklärung.«

Immanuel Kant

Gotthold Ephraim Lessing (1729-1781) ragt neben Kant unter den deutschen Aufklärern hervor. Er hat mit seiner dramatischen Dichtung »Nathan der Weise« dem aufklärerischen Toleranzgedanken eine vollendete literarische Form gegeben.

LISSABON

Jahrhundert-Beben vernichtet Lissabon

Die Naturkatastrophe im Süden Europas sorgt weit über die Grenzen Portugals hinaus für Bestürzung.

1. 11. 1755: An Allerheiligen werden die portugiesische Hauptstadt und die umliegenden Regionen von einem verheerenden Beben heimgesucht, bei dem etwa 30 000 Menschen ums Leben kommen. Ein Großteil der Stadt und wertvolle Kunstschätze werden vernichtet. Der 1749 geborene Johann Wolfgang Goethe berichtet in seinem autobiografischen Werk »Dichtung und Wahrheit«, welche Wirkung dieses Geschehen auf ihn hatte: »Durch ein außerordentliches Weltereignis wurde die Gemütsruhe des Knaben zum erstenmal tief erschüttert«, heißt es dort.

Die Naturkatastrophe wird zur großen Stunde für Graf José de Carvalho e Melo, den Marquis von Pombal, der dem portugiesischen König Joseph I. als persönlicher Ratgeber dient. »Die Toten müssen begraben und die Verletzten behandelt werden«, erklärt er denjenigen, die in dieser Stunde schwerster Not den Kopf verlieren. Er behält die Übersicht, leitet Sanitätsmaßnahmen ein und nimmt bald darauf systematisch den Wiederaufbau der Stadt in Angriff.

Nicht nur mit diesem disziplinierten Aufbauwerk, auch auf politischem Feld verprellt der Marquis mit seinem Reformeifer und seiner Energie die privilegierten Schichten des Adels und des Klerus. Nachdem ein Attentat auf den König 1758 gescheitert ist, für das Vertreter des Hochadels und Jesuiten verantwortlich gemacht werden, lässt Pombal allen Besitz der Gesellschaft Jesu beschlagnahmen und verweist den Orden des Landes.

Ab 1773 setzt der Marquis dann sein Reformwerk im Geist des aufgeklärten Absolutismus endgültig durch. Es erstreckt sich auf Finanzverwaltung und Rechtsprechung, Heer und Marine, Wirtschaft, Handel, Landwirtschaft und Weinbau.

Zeitgenössisches Flugblatt aus Augsburg zum Erdbeben in Lissabon, das für das aufgeklärte Europa zum Menetekel wird

VENEDIG

Casanovas Meisterstück

Mit seiner Flucht aus den Bleikammern sorgt der venezianische Abenteurer, Spieler und Frauenheld Giacomo Girolamo Casanova in ganz Europa für Gesprächsstoff.

1756: Der unter dem Vorwurf des Atheismus in den gefürchteten Bleikammern des Dogenpalastes von Venedig inhaftierte Casanova kann sich auf rätselhafte Weise befreien.

Der Coup ist nur einer von vielen, mit denen der illustre Abenteurer die Menschen in Atem hält. Der Lebenslauf des gebürtigen Venezianers, der ihn kreuz und quer durch Europa führt, verläuft einzigartig. Ständig in Händel verwickelt und auf der Flucht vor dem Kerker, ist der weltgewandte Casanova u.a. als Doktor der Rechte in seiner Heimatstadt, als Kardinalssekretär in Rom, als Offizier der venezianischen Truppen, als Lotterieeinnehmer und Unterhändler des französischen Königs sowie als Geheimagent der venezianischen Inquisition tätig.

Giacomo Casanova

Nach einem bewegten und wechselhaften Leben nimmt er 1785 im Alter von 60 Jahren eine Stellung als Bibliothekar des Grafen Waldstein auf Schloss Dux in Nordböhmen an. Dort beginnt er 1790 seine Memoiren zu verfassen. Auf fast 4000 Seiten entwirft Casanova, der mit den bedeutendsten Persönlichkeiten seiner Zeit persönlich bekannt ist, ein farbiges Gemälde des politischen und gesellschaftlichen Lebens in der Zeit des Rokoko. Am meisten Beachtung finden jene Passagen, in denen der Mann, der sein Leben den sinnlichen Genüssen gewidmet hat, bis ins Detail über seine zahllosen Liebesabenteuer berichtet.

Eines von vielen Liebesabenteuern (Illustration zu den Memoiren, um 1850)

SACHSEN

Preußen beginnt Siebenjährigen Krieg

Mit der preußischen Invasion in Sachsen beginnt der Siebenjährige Krieg, in den mehrere europäische Mächte eingreifen und der sich zu einer Auseinandersetzung über die politische und wirtschaftliche Vormacht zwischen Großbritannien und Frankreich ausweitet.

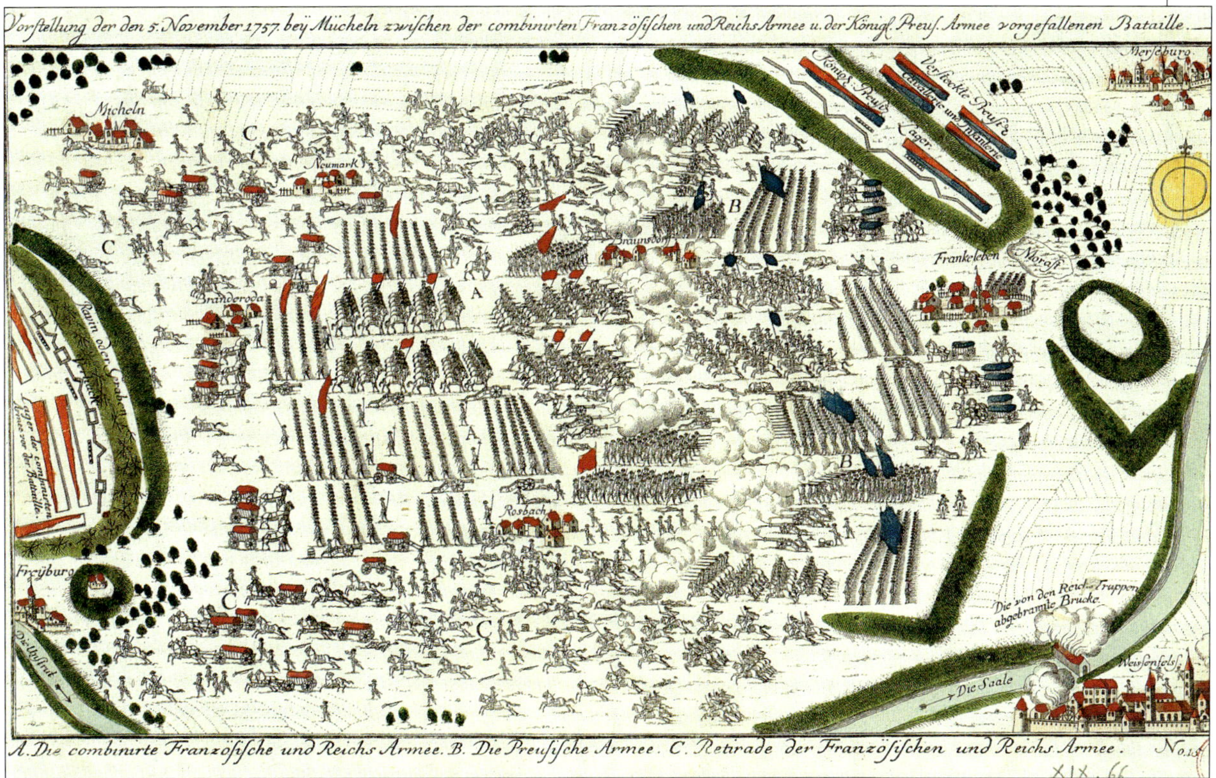

Schlachtordnung der Bataille bei Roßbach (zeitgenössischer Einblattdruck)

29. 8. 1756: Friedrich II., der Große, König von Preußen, marschiert in Kursachsen ein, um die von Österreich gebildete antipreußische Koalition zu sprengen. Hauptsächlich koloniale Interessen, die in Europa zu Spannungen sowohl zwischen Großbritannien und Frankreich geführt haben, aber auch der seit langem wegen Schlesien bestehende Konflikt zwischen Preußen und Österreich sind Ursache für den Ausbruch des Krieges.

Unmittelbarer äußerer Anlass waren Kämpfe zwischen französischen und britischen Kolonisten am Ohio-Becken. Zunächst verfochten die Siedler noch ihre Sache selbst, doch dann wurden im Frühjahr 1756 mit der offiziellen Kriegserklärung die Auseinandersetzungen auf den europäischen Kontinent getragen. Sowohl Frankreich als auch Großbritannien sahen sich nach Bündnispartnern um. Dabei kam es zu ganz neuen Mächtegruppierungen.

Als der König von Preußen die Aufforderung Frankreichs ablehnt, in Hannover, das in Personalunion mit Großbritannien verbunden ist, einzufallen, wird das bisher gute Verhältnis zwischen Berlin und Paris stark getrübt. Stattdessen schließen der preußische König Friedrich II. und der britische König Georg II. ein Abkommen, in dem Hannover für neutral erklärt wird. Friedrich will mit diesem Schwenk Österreichs Isolierung erreichen, da er zudem von einer probritischen Neigung Russlands ausgeht. Weil aber Frankreich ein Bündnis mit Österreich schließt und auch Russland sich Österreich nähert, trägt das Manöver des preußischen Königs dazu bei, eine Koalition gegen sein Land zu beschleunigen.

Der Krieg verläuft für Preußen zunächst günstig. Um sein Land nicht zum Schauplatz werden zu lassen, unternimmt Friedrich II. Angriffsfeldzüge. Noch 1756 zwingt er Sachsen zur Kapitulation und erringt zwei Siege in Schlachten gegen Österreich auf böhmischem Boden. Nach wechselndem Kriegsglück u.a. auf Schauplätzen in Schlesien, Böhmen, Mähren, Ostpreußen und Pommern werden, preußische Truppen dann am 12. August 1759 in Kunersdorf von einem österreichisch-russischen Heer vernichtend geschlagen. Preußen, das mit seinen Kräften am Ende ist, bemüht sich um einen Verhandlungsfrieden, der abgelehnt wird.

AUSBLICK

Sieg für Großbritannien und Preußen

Der Friede von Paris, der am 10. Februar 1763 zwischen Großbritannien und Portugal sowie Frankreich und Spanien geschlossen wird, und der Friede von Hubertusburg, auf den sich am 15. Februar 1763 Preußen, Österreich und Sachsen einigen, beenden den Siebenjährigen Krieg.

Die Friedensschlüsse bedeuten einen Sieg für Großbritannien und Preußen sowie das Ende der französischen Kolonialmacht. Großbritannien erhält von Frankreich Kanada, Louisiana östlich des Mississippi und Senegambien; von Spanien gewinnt es Florida. Außerdem erreichen die Briten die Vorherrschaft in Indien. Die Gebietserwerbungen Preußens in Schlesien werden bestätigt.

Der Kriegsverlauf nach Kunersdorf: Nach katastrophalen Niederlagen gelang es dem preußischen König Friedrich II., dem Großen, bereits im Sommer 1760, trotz russisch-österreichischer Überlegenheit die strategische Initiative zurückzugewinnen. Zugute kam ihm ein Umschwung der außenpolitischen Bündnisverhältnisse im Winter 1761/62.

Der nach dem Tod des britischen Königs Georg II. 1760 und dem Ausscheiden von William Pitt, dem Älteren, als Leiter der Politik 1761 als Premierminister an die Macht gekommene John Stuart Lord Brute drängte auf einen baldigen Frieden in Mitteleuropa, da seit Januar 1762 Großbritannien auch in einen Krieg mit Spanien verwickelt war.

In Russland brachte ein Wechsel auf dem Thron die Wende: Peter III., von Januar bis Juli 1762 Kaiser von Russland, wechselte ins preußische Lager und zwang damit auch Schweden zum Friedensschluss. Seine Nachfolgerin Katharina II. zog sich aus dem Krieg zurück.

Die Auseinandersetzung, die in den überseeischen Kolonialgebieten begann, wurde auch dort beendet. Nachdem Frankreich fast alle Stützpunkte in Kanada und Ostindien verloren hatte, schloss es bereits am 3. November 1762 mit Großbritannien einen Präliminarfrieden.

Obwohl Friedrich II., der Große, schwere Verluste in seinem Heer hinnehmen muss, kann sich Preußen in den Kämpfen gegen die stärksten europäischen Mächte letztlich durchsetzen; das Land festigt mit dem Siebenjährigen Krieg seine Großmachtstellung. Der Preußenkönig verpflichtet sich, die Kurstimme Brandenburgs bei der Wahl des römisch-deutschen Kaisers für den österreichischen Erzherzog Joseph (II.) abzugeben.

PARIS

Britische Offiziere in Indien; der Sieg der Briten bei Plassey 1757 verdrängt die Franzosen weitgehend aus Indien.

England errichtet das Empire

Sowohl in Nordamerika als auch in Indien setzen sich die Briten gegen die Franzosen durch. Nachdem der mächtigste koloniale Rivale aus dem Feld geschlagen ist, errichtet Großbritannien sein Weltreich.

10. 2. 1763: Durch den Frieden von Paris behält Frankreich in Nordamerika nur die Inseln Miquelon und St. Pierre südlich von Neufundland. Von Spanien erhält England Florida und alles Land westlich des Mississippi.

Der Kolonialkrieg in Nordamerika hatte bereits 1754 begonnen. Nachdem im November 1755 eine britische Flotte etwa 300 französische Handelsschiffe gekapert und die britische Regierung Schadenersatz verweigert hatte, begann am 10. Januar 1756 formell der britisch-französische Krieg. Ab 1757 gerieten die Franzosen in Nordamerika in die Defensive: Die Engländer eroberten u.a. 1758 Louisburg. Mit der Eroberung von Quebec war am 18. Oktober 1759 der Krieg in Nordamerika praktisch entschieden. Am 8. September 1760 streckten die Garnison von Montreal und alle französischen Streitkräfte in Nordamerika die Waffen. In Indien war die Entscheidung zu Gunsten der Briten bereits am 23. Juni 1757 gefallen. Bei Plassey besiegen sie die Truppen des mit Frankreich verbündeten Nabob von Bengalen. Damit ist der Traum von einem französischen Kolonialreich in Indien zu Ende.

Der britische General James Wolfe fällt bei der Einnahme von Quebec 1759.

Katharina

Unter Russlands bekanntester Zarin werden weitreichende Reformen in Angriff genommen. Die Sonderstellung des Adels bleibt aber bestehen.

5. 1. 1762: Nach dem Tod der seit 1741 herrschenden Zarin Elisabeth Petrowna tritt ihr Neffe Peter von Holstein-Gottorf als Peter III. (*21. 2. 1728) die Herrschaft an. Dies hat eine entscheidende Wende im Siebenjährigen Krieg zur Folge: Als Bewunderer des preußischen Königs Friedrich II., des Großen, ruft er die russischen Truppen zurück und schließt am 5. Mai Frieden mit Preußen. Er wird jedoch bereits am 29. Juni zur Abdankung gezwungen und am 17. Juli 1762 in Ropscha bei Moskau ermordet.

Peters Gattin, die am 2. Mai 1729 in Stettin geborene Sophie Friederike Auguste von Anhalt-Zerbst, besteigt als Katharina II. den Zarenthron. Intelligent und gebildet, steht sie mit führenden Geistern ihrer Zeit im Briefverkehr und hält sich zahlreiche Liebhaber (u.a. Grigorij Grigorjewitsch, Graf Orlow, und Grigorij Alexandrowitsch Fürst Potjomkin).

Sie beginnt ihre Amtszeit mit einer Reihe von Reformen. Gemäß einem im Juli 1763 verkündeten

FRANKREICH

Wirtschaft als Kreislauf

Die Physiokratie (griech; Herrschaft der Natur) ist der erste Versuch eines geschlossenen Denkgebäudes der Nationalökonomie.

Dezember 1758: Der französische Nationalökonom und Leibarzt von König Ludwig XV., François Quesnay (1694-1774), gibt in seinem »Tableau économique« erstmals eine Darstellung des Wirtschaftskreislaufs.

Das physiokratische System fußt auf der Grundlage des Naturrechts und folgt dem Gedanken einer von Gott gewollten natürlichen Ordnung: Der nationalökonomische Kreislauf wird nach Ansicht der Physiokraten beherrscht

MOSKAU

die Große begründet Russlands Aufstieg

Manifest der Zarin beginnt 1764 die Ansiedlung vor allem deutscher Bauern in dem fruchtbaren, aber bis dahin fast unbevölkerten Gebiet an der Wolga. Dabei lässt sich Katharina II. von denselben merkantilistischen Vorstellungen leiten wie auch andere Territorialfürsten: Gemäß der sog. Populationstheorie soll eine Steigerung der Zahl der Arbeitskräfte einen Wirtschaftsaufschwung bewirken. Die Anwerbung ausländischer Siedler ist für Russland von besonderer Bedeutung, weil das Zarenreich aufgrund der Leibeigenschaft über keine ausreichende Zahl von freien Siedlern verfügt. Den Kolonisten werden eine Reihe von Privilegien in Aussicht gestellt: Religionsfreiheit, Befreiung vom Militär- und Zivildienst, Steuerfreiheit für bis zu 30 Jahre, Selbstverwaltung und staatliche Unterstützung bei der Umsiedlung.

Katharinas aufgeklärtem Absolutismus entspringen ferner die Reform des Senats (1763) und der Gouvernementsverwaltung (1764), die Säkularisierung der Kirchengüter (1764) und zahlreiche Schulgründungen. Im Juli 1767 beginnt die von der Zarin eingesetzte große Gesetzgebungskommission mit der Arbeit für ein neues Gesetzbuch. Die zweijährigen Beratungen verfehlen ihr eigentliches Ziel, sie geben jedoch ein umfassendes Bild vom Zustand Russlands: Das Analphabetentum ist weit verbreitet, vor allem in den ländlichen Gebieten fehlt es an Banken, Ärzten, Apothekern und Schulen. Das europäische und sibirische Russland zählt etwa 17 Mio. Einwohner, davon etwa 7,5 Mio. der sog. Seelensteuer unterworfene Bauern und etwa eine Million Adlige, Kaufleute, Geistliche und Soldaten. Die bestehenden sozialen Spannungen entladen sich in zahlreichen Bauernrevolten, besonders in dem großen Bauern- und Kosakenaufstand des Jemljan Iwanowitsch Pugatschow, der im September 1773 in einem Manifest, das er als angeblicher Zar Peter III. unterzeichnet, den Kosaken die Wiederherstellung ihrer alten Privilegien verspricht und zum Widerstand gegen die Grundherrn aufruft.

Zarin Katharina II., die Große, in russischem Kostüm

Der Pugatschow-Aufstand vereint die unzufriedenen Bevölkerungselemente in der Wolgaregion und das Steppenproletariat – Kosaken, Bauern und Altgläubige – zu einer breiten sozialrevolutionären Bewegung.

Von seinen eigenen Leuten wird Pugatschow – auf dessen Kopf eine Belohnung von 20 000 Rubeln ausgesetzt worden ist – schließlich an die Russen ausgeliefert und in einem eisernen Käfig nach Moskau gebracht. Hier wird er vor Gericht gestellt, zum Tode verurteilt und am 21. Januar 1775 hingerichtet. Sein Tod wird zum Spektakel: Adlige sichern sich die besten Plätze bei diesem Volksschauspiel, weil Pugatschow es ja auf ihre Vernichtung abgesehen hatte. Das freie Kosakentum verliert seine Autonomie und seinen alten oppositionellen Charakter und wird in eine Grenzschutzmiliz umgewandelt.

Alle Ansätze zu einer Landreform verhindert der Erbadel, auf den sich die Zarin stützt. Sie bestätigt ihm durch einen »Gnadenbrief« (21. 4. 1785) die Standesprivilegien – z.B. die Freistellung von der Dienstpflicht, von Steuerzahlungen und der körperlichen Bestrafung sowie die volle Verfügungsgewalt über die Leibeigenen – und gewährt ferner den Adligen das Recht auf kollektive Zusammenschlüsse mit gewählten Repräsentanten.

durch wirtschaftliche Gesetze, sie sind objektiv bedingt durch die Ergiebigkeit der Natur, subjektiv durch das Prinzip der Rationalität.

Die Physiokraten sehen einzig die Land- und Forstwirtschaft als produktiv an, weil nur hier ein Reinertrag (produit net) erwirtschaftet werde. Die mit den Landwirten in Geschäftsbeziehungen stehenden Handel- und Gewerbetreibenden (classe stérile) könnten nur von der Natur erzeugte Stoffe umwandeln. Weil somit der Boden die einzige Reichtumsquelle sei, wird eine Abgabe auf Grund und Boden als einzige Steuer verlangt.

Mit der Kritik am Merkantilismus und der Forderung nach sog. Laissez faire (Nichteingreifen des Staates in die Wirtschaft) ist die Physiokratie der Vorläufer der klassischen Schule der Volkswirtschaftslehre von Adam Smith.

WIEN

Begründer der klassischen Sinfonie

Der österreichische Komponist Joseph Haydn (1732-1809) ist ein herausragender Vertreter der sog. Wiener Klassik. Er gilt als Begründer der klassischen viersätzigen Sinfonie.

1761: Haydn tritt als Hofmeister in die Dienste der Grafen Esterházy, in denen er – mit einer Unterbrechung 1790 bis 1795 – bis zu seinem Tod verbleibt. Aus einer niederösterreichischen Handwerkerfamilie stammend, wurde er mit acht Jahren als Sängerknabe in die Wiener Domkapelle aufgenommen. In Wien, damals eines der musikalischen Zentren Europas, vervollständigte er seine Ausbildung und begann zu komponieren. Anfang der 1790er Jahre unternimmt der bereits hoch angesehene Komponist zwei ausgedehnte Konzertreisen nach England. Haydns Kompositionen bestechen durch die Kraft der musikalischen Erfindung, die trotz der relativ fest gefügten Form ein hohes Maß an Originalität erreicht. Der Komponist gilt als Begründer der klassischen viersätzigen Sinfonie: Viele Elemente des formalen Bauplans dieser Gattung gehen auf ihn zurück. Der Schwerpunkt von Haydns Schaffen liegt bei der Instrumentalmusik – neben seinen über 100 Sinfonien sind Quartette und Trios bedeutsam – doch schreibt er auch Opern und komponiert zwei Oratorien,– »Die Schöpfung« (1798) und »Die Jahreszeiten« (1801) –, die zum festen Bestandteil bürgerlichen Musiklebens werden.

Opernaufführung in Esterházy, vermutlich Haydns »L'incontro improvuiso«, um 1775; Joseph Haydn (o.r.)

Die industrielle Revolution

1750-1850

Neue Techniken – veränderte Wirtschaft

In der zweiten Hälfte des 18. Jahrhunderts wurde Großbritannien zum Ausgangspunkt tief greifender wirtschaftlicher und sozialer Veränderungen. Diese »industrielle Revolution« erfasste etwas später auch den europäischen Kontinent und die Vereinigten Staaten von Amerika.

Die technische und wirtschaftliche Entwicklung verlief zwischen 1750 und 1850 in einem höheren Tempo und war mit tiefer gehenden sozialen Umwandlungsprozessen verbunden als vergleichbare frühere Ereignisse in der Geschichte der Menschheit. Die Industrieproduktion wurde zum Motor der wirtschaftlichen Entwicklung und zur Quelle des wirtschaftlichen Wachstums. Stand am Anfang der Industrialisierung die Mechanisierung der Textilindustrie und die Verwendung von Kohle zur Erzeugung von Dampfkraft, so wurde in einem zweiten Stadium der Eisenbahnbau zur Triebkraft der Wirtschaftsentwicklung. Das neue Verkehrsmittel veränderte durch seine Schnelligkeit und Zuverlässigkeit nicht nur das Transportwesen, sondern vermehrte noch den Bedarf für Kohle und Stahl. Die Stahlproduktion wurde zur Schlüsselindustrie in der zweiten Phase der »industriellen Revolution«.

Zwar vergrößerte der Wirtschaftsaufschwung das Volkseinkommen und beseitigte die Massenarmut, die infolge des starken Bevölkerungszuwachses und der Herausbildung eines ländlichen Proletariats entstanden war, gleichzeitig schuf sie jedoch eine Industriearbeiterschaft, die sich schlechten Arbeitsbedingungen und elenden Wohnquartieren gegenübersah. Die Lage der Lohnarbeiterschaft wurde für die Epoche der »industriellen Revolution« zur sozialen Hauptfrage.

In der Mitte des 19. Jahrhunderts zeigte sich dann auch, dass die Wirtschaft zum Schicksal aller geworden war: Die Wirtschaftskrise von 1857 war die erste, die durch Überproduktion und Absatzprobleme hervorgerufen worden war und sie ließ keines der in die Weltwirtschaft einbezogenen Länder unberührt.

Großbritannien – Heimat der »industriellen Revolution«

Zwischen 1700 und 1800 wuchs die Bevölkerung in Großbritannien (ohne Irland) von 6,7 auf 10,2 Mio., bis 1851 weiter auf etwa 21 Mio. an. Neben einer verbesserten medizinischen Versorgung war diese Zunahme durch eine intensivere Bewirtschaftung und Vermehrung des landwirtschaftlich genutzten Bodens möglich. Wegen der im Vergleich zum Kontinent relativ billigen Grundnahrungsmittel konnten in begrenztem Umfang auch die unteren und mittleren Einkommensschichten Geld für Dinge ausgeben, die über die Befriedigung des täglichen Grundbedarfs hinausgingen. Diese Nachfrage kam insbesondere der britischen Textilindustrie zugute, die aufgrund einer ausgedehnten Schafzucht über sichere Rohstoffquellen verfügte.

Bereits im 17. Jahrhundert hatten die adligen Grundbesitzer damit begonnen, das bisherige Gemeinde- und Weideland für die Schafzucht zu nutzen und die Bauern von der Nutzung dieses Bodens auszuschließen. Ein großer Teil der Bauern wurde auf diese Weise zu Pächtern degradiert, andere wanderten in die Städte ab, die zu großen Wirtschaftszentren heranwuchsen. Die Zusammenballung großer Menschenmassen war eine wesentliche Voraussetzung für die Einrichtung großer Fabrikanlagen. Im Gegensatz zum Kontinent, wo der Wirtschaft durch eine Fülle staatlicher Reglementierungen und handwerklicher Zunftverfassungen wenig Entfaltungsmöglichkeiten gegeben waren, bestanden in Großbritannien kaum derartige Beschränkungen. Hier hatte sich der Adel frühzeitig am Handel beteiligt und sich in Verbindung mit dem städtischen Bürgertum gegenüber der Krone wirtschaftlichen Freiraum erkämpft.

Die Entwicklung eines einheitlichen Binnenmarktes wurde in Großbritannien auch nicht – wie z.B. lange Zeit in Deutschland – durch eine territoriale Zersplitterung behindert. Hinzu kam, dass die großen Städte und Wirtschaftsregionen untereinander durch Straßen und Wasserwege verbunden waren.

Zum langsam expandierenden Binnenmarkt kam ein gleichfalls steigender Export. Gestützt auf eine starke Kriegsflotte, hatte sich Großbritannien einen bedeutenden Anteil am Welthandel gesichert. Das auf diese Weise angesammelte Kapital stand zur Finanzierung der neuen Technologien bereit. Großbritannien schaffte somit als erster Staat den Übergang vom Agrarland zur Industrienation.

Zu diesen vielen objektiven Faktoren trat in Großbritannien eine innovationswillige Unternehmerschicht, bei der sich gesunder Erwerbssinn mit dem Interesse an technischen Neuerungen verband. Die ideologische Rechtfertigung für das neue Wirtschaftsethos lieferte der schottische Nationalökonom Adam Smith. Sein 1776 erschienenes Werk über die Ursachen des Volkswohlstandes ist ein Plädoyer für ein freies Spiel der ökonomischen Kräfte, wodurch sowohl die Wohlfahrt des Einzelnen als auch die der Gemeinschaft am besten gewährleistet werden sollte.

Neue Technologie in der Textilindustrie

Ausgangspunkt für die Einführung neuer Technologien war die Textilindustrie. Die arbeitsintensiven Fertigungsschritte von der Wolle bis zum Gewebe hätten bei einem gleich gebliebenen Stand der Technik nur durch längere Arbeitszeiten oder durch mehr Arbeitskräfte zu einer Produktionssteigerung führen können. Weil um 1750 bereits rund 27% aller Erwerbstätigen in England und Wales im Wollgewerbe tätig waren, mussten die Textilproduzenten zwangsläufig die Produktivität erhöhen, um mehr zu erzeugen. Dies machte eine verbesserte Technik nötig. Um den sehr arbeitsaufwändigen Prozess des Spinnens abzukürzen, schrieb die »Royal Society of Arts« 1761 einen Preis für ein Spinngerät aus, welches mindestens sechs Fäden gleichzeitig herstellen konnte.

1764 stellte der Handweber James Hargreaves mit der »Spinning Jenny« erstmals eine mechanische Spinnmaschine vor, die sich in ihrer Arbeitsweise jedoch noch stark am bisherigen manuellen Spinnvorgang orientierte. Sie konnte zunächst acht, 1769 dann 16 Fäden gleichzeitig verarbeiten. Allerdings verarbeitete sie nur Baumwolle und keine Wolle und lieferte nur weich gedrehte Garne, die sich höchstens als Schuss-, aber nicht als Kettfäden eigneten.

Erst Richard Arkwright mit seiner »Waterframe« (1768), die fest gezwirnte Kettgarne lieferte, und Samuel Crompton mit der »Mule« (1779), die als Universalmaschine wahlweise weiche oder feste Garne liefern konnte, bahnten mit ihren Erfindungen den Weg zur automatischen Spinnmaschine. Der 1825 von dem Maschinenbauer Richard Roberts erfundene »Selfaktor« war die erste automatisierte Feinspinnmaschine.

Der zweite Bereich der Textilproduktion – die Verarbeitung der Garne zu Geweben – blieb in der Mechanisierung zunächst noch zurück. Erst durch den technisch interessierten englischen Geistlichen Edmund Cartwright, der 1785 mit der Konstruktion eines Maschinenwebstuhls begann, hielt auch hier die Technik Einzug, wenn es auch noch etwa 40 Jahre dauerte, bis die Maschinenweberei qualitätsmäßig den Handwebern überlegen war.

Durch die Erfindung und industrielle Nutzung von Kraftmaschinen wurden die Fabriken unabhängig von geografischen Gegebenheiten. Tempo, Leistungskraft und Präzision der Arbeit wurden in einem bislang nicht gekannten Maß gesteigert. Die von James Watt entwickelte Dampfmaschine wurde ab 1769 laufend technisch verbessert und fand außer in der Schwerindustrie auch in der Textilindustrie Verwendung. Um 1800 waren bereits rd. 1000 Dampfmaschinen in Betrieb.

Nach der Textilindustrie wurde auch die Schwerindustrie in den wirtschaftlichen Wandlungsprozess einbezogen. So wurde durch das von

Henry Cort 1784 entwickelte »Puddel-Verfahren« die Technik der Stahlproduktion verbessert, neuartige Walzverfahren ermöglichten die Massenverarbeitung von Stahl und Kokshochöfen leiteten das moderne Eisenhüttenwesen ein. Der immer knapper werdende Rohstoff Holz wurde als Brennstoff von der Kohle und als Werkstoff vom Eisen abgelöst.

Die Eisenbahn – Motor des Fortschritts

Zur Modernisierung der Wirtschaft wurden neben Fortschritten in der Produktion auch leistungsfähigere Verkehrswege als bisher vorhanden gebraucht. In Großbritannien begann man früh mit dem Ausbau der Wasserstraßen. Im Lauf des 18. Jahrhunderts wurde das Kanalnetz von 165 auf 1004 km ausgebaut. Allein zwischen 1791 und 1794 wurden 42 Kanalbaugesellschaften mit einem Kapital von 6,5 Mio. Pfund gegründet. Der Transport zu Wasser verbilligte die Beförderung schwerer Massengüter wie Kohle und Eisen. Auch das notorisch schlechte Straßennetz wurde verbessert.

Neben einer Senkung der Transportkosten wurde jedoch vor allem die wachsende Geschwindigkeit bei der Beförderung von Menschen und Material zu einem Merkmal der »industriellen Revolution«. Seit Thomas Newcomen im Jahr 1711 und James Watt 1769 die ersten Dampfmaschinen zum praktischen Einsatz erfunden hatten, wurde immer wieder versucht, diese Kraft zum Antrieb eines Fahrzeugs einzusetzen. 1769 rollte das erste dampfbetriebene Fahrzeug über die Straßen. Das von dem französischen Erfinder Joseph Cugnot gebaute dreirädrige Automobil erwies sich jedoch als unpraktikabel und ging bei der ersten Probefahrt zu Bruch. Die erste funktionsfähige Dampflokomotive baute der britische Ingenieur Richard Trevithick. Sie kam erstmals im Februar 1804 in einem walisischen Eisenwerk zum Einsatz, doch waren die damals verlegten Schienen ihrem Gewicht nicht gewachsen. George Stephenson, der in den Grubenbahnen der Kohlenzechen von Newcastle die Probleme des Lokomotivenbaus hatte studieren können, gründete 1823 in Newcastle die erste Lokomotivfabrik der Welt und eröffnete 1825 die erste Eisenbahnstrecke von Stockton in das 39 km entfernte Darlington. Ihm blieb es vorbehalten, mit seiner 1829 gebauten »Rocket« endgültig das Eisenbahnzeitalter einzuleiten.

Am 15. September 1830 wurde auf der Strecke Liverpool-Manchester mit dem regelmäßigen Personenverkehr begonnen. Die Eisenbahn verbesserte nicht nur das Transportsystem, sondern sorgte durch den ständig steigenden Bedarf an Eisen für den Bau der Lokomotiven, Waggons und Schienen für einen gewaltigen Nachfrageschub. Ohne Eisen als billiger Massenwerkstoff sowie die großen Fortschritte in der Fertigungstechnik und beim Bau von Werkzeugmaschinen wäre die massenhafte Verbreitung von Dampfmaschinen allerdings nicht möglich gewesen.

Zwischen 1830 und 1850 wurde das Streckennetz in Großbritannien von 152 auf 10 653 km erweitert, in Deutschland – wo erst 1835 mit dem Eisenbahnbau begonnen wurde – lagen 1850 6044 km Schienen, in den USA 14 524 km.

Der Eisenbahnbau zog nicht nur Kapital an – zwischen 1844 und 1847 stiegen die Bruttoausgaben für den Bahnbau von 4,3 auf 36,8 Mio. Pfund –, sondern veränderte auch den Kapitalmarkt: Aktiengesellschaften wurden ins Leben gerufen, ein regelrechtes »Eisenbahnfieber« brach aus und eine neue Gruppe von Kapitalbesitzern wurde geboren, die ihr Geld profitabel anzulegen wusste. Zunächst war der Eisenbahnbau eine Sache privater Kapitalgeber, im letzten Viertel des 19. Jahrhunderts gelangten dann allerdings in Europa immer mehr Bahnen in staatlichen Besitz.

Die Industrialisierung im übrigen Europa und den USA

Außerhalb Großbritanniens setzte der wirtschaftliche Entwicklungsprozess später ein. Auf dem europäischen Kontinent wurden im ersten Drittel des 19. Jahrhunderts zunächst Belgien, die Niederlande, Frankreich und die Schweiz von der Industrialisierung erfasst, in der Mitte des 19. Jahrhunderts Deutschland und später die übrigen europäischen Länder.

Die Gründe für das Zurückbleiben lagen vor allem im Fehlen der Voraussetzungen, die in Großbritannien die »industrielle Revolution« möglich machten, wobei sich in Deutschland insbesondere die Kleinstaaterei und in Frankreich das staatlich beeinflusste merkantilistische Wirtschaftssystem sowie das Fehlen einer expansionswilligen Unternehmerschicht nachteilig auswirkten.

In Frankreich stand noch während des gesamten 19. Jahrhunderts die Landwirtschaft, nicht die Industrie, im Vordergrund der gesamtwirtschaftlichen Entwicklung. Die französische Textilindustrie blieb in ihrem technologischen Stand ebenso hinter der englischen zurück wie die Eisen- und Stahlindustrie: Erst 1818 wurde der erste Kokshochofen eingesetzt, 1820 erstmals Stahl nach dem »Puddel-Verfahren« hergestellt.

In Deutschland wurde erst nach 1815 begonnen, die staatliche Zersplitterung zumindest im wirtschaftlichen Bereich zu überwinden. Maßgeblichen Einfluss auf diese Entwicklung, die mit der Gründung des Deutschen Zollvereins 1834 einen vorläufigen Abschluss fand, hatte Preußen, das mit der Rheinprovinz über eine schon relativ weit entwickelte Industrieregion verfügte.

In den USA, die bis zum Ende des 19. Jahrhunderts neben Deutschland und Großbritannien zur führenden Wirtschaftsnation heranwuchsen, wurde erst durch die starke Einwanderung ab 1850 die Grundlage für die Wirtschaftsexpansion geschaffen. Lange Zeit blieb die Baumwolle das Hauptausfuhrprodukt, wenn auch der 1830 beginnende Eisenbahnbau Anstöße zur Entwicklung einer ausgedehnten Schwerindustrie gab, die neben der Erdölforderung Träger des rasch expandierenden Kapitalismus wurde.

Die Gesellschaft verändert sich

Die »industrielle Revolution« veränderte jedoch nicht nur die Produktionsprozesse, sondern beeinflusste die Entwicklung der Gesellschaft in den Industriestaaten insgesamt. Neben Adel, Bauern und Kleingewerbetreibenden traten zwei Klassen hervor, die sich konträr gegenüberstanden: Kapitalbesitzer und Lohnarbeiter.

Der mechanisierte Arbeitsprozess hatte eine ausgeprägte Arbeitsteilung und -zerlegung zwischen einzelnen Produktionsstätten und innerhalb der betrieblichen Abläufe zur Folge. Gleichzeitig wurde durch die maschinelle Produktion die menschliche Arbeit der Maschine untergeordnet. Zugleich wurden die Arbeitsabläufe vereinfacht, die Arbeitsqualifikationen vermindert und die Beschäftigung von Frauen und Kindern in der Industrie möglich gemacht.

Überlange Arbeitszeiten, die zumeist sehr hohe Arbeitsintensität und die schlechten hygienischen Verhältnisse am Arbeitsplatz hatten in Verbindung mit den katastrophalen Wohnverhältnissen in den Industriegebieten zur Folge, dass die Sterblichkeit der Fabrikarbeiter in Großbritannien weit höher war als die anderer Berufsgruppen. Aufgrund dieser Tatsachen wurde 1833 in Großbritannien erstmals die Fabrikarbeit von Frauen und Kindern eingeschränkt. In Preußen wurden 1839 erste Gesetze zur Einschränkung der Kinderarbeit erlassen.

Die unzumutbaren Arbeits- und Lebensbedingungen führten schon früh zu Aktionen der Arbeiter, die zunächst gegen die neuen Maschinen in der Textilindustrie gerichtet waren, die viele Heimarbeiter brotlos machten. Bereits 1769 erließ die britische Krone ein Gesetz gegen die Zerstörung von Maschinen und Fabrikgebäuden. Am 11. März 1811 zerstörten in der englischen Grafschaft Nottinghamshire aufrührerische Textilarbeiter aus Protest gegen den drohenden Verlust ihrer Arbeitsplätze die Arbeitsgeräte. Damit begann die bis 1813 andauernde Bewegung der Maschinenstürmer, die nach ihrem legendären Anführer Ned Ludd auch Ludditen genannt wurden. 1819 endete eine Demonstration von Handwerkern und Fabrikarbeitern auf dem St. Petersfield in Manchester nach dem Eingreifen von Militär mit zahlreichen Toten und Verletzten. 1838 formierte sich mit den Chartisten erstmals die englische Arbeiterklasse in einer politischen Organisation und forderte in der »People's Charter« die Einführung des allgemeinen Wahlrechts.

STANHILL

Industrielle Revolution in Großbritannien

Großbritannien wird in der zweiten Hälfte des 18. Jahrhunderts zum Ausgangspunkt einschneidender, mit der »industriellen Revolution« verbundener wirtschaftlicher und sozialer Veränderungen.

1764: Der Handweber James Hargreaves aus Stanhill bei Blackburn erfindet die – im Jahr 1770 patentierte – »Spinning Jenny«.

Es handelt sich um eine Spinnmaschine, an der durch eine Konstruktion von Klemmen und Spindeln mehrere Fäden gleichzeitig gesponnen werden können. Diese Erfindung steht am Anfang der »industriellen Revolution«, die einige Jahre später auch den europäischen Kontinent und Nordamerika erfasst. Ihre wichtigsten Kennzeichen sind der mechanische anstelle von biologischem Antrieb (Wasser- bzw. Dampfkraft), die Ersetzung des Spinnrads durch die Spinnmaschine und des Handwebstuhls durch die Maschinenweberei sowie neue Techniken in der Eisenerzeugung- und verarbeitung.

In Großbritannien wirken mehrere auslösende Faktoren zusammen: Die Bevölkerung wächst zwischen 1700 und 1800 von 6,7 auf 10,2 Mio.; eine leistungsfähige Landwirtschaft liefert billige Grundnahrungsmittel; durch Landflucht steigt die Verfügbarkeit von Arbeitskräften; wirtschaftlicher Liberalismus und steigende Ausfuhren begünstigen eine innovationsfähige Unternehmerschicht.

Die Einführung neuer Technologien beginnt in der Textilindustrie, um 1750 in Großbritannien der wichtigste Produktionszweig, vor allem bei der Herstellung der Woll- und Baumwollwaren. Im Jahr 1733 bereits erfand John Kay für den Webstuhl das automatische Schiffchen (»Schnellschütze«), welches das Bedienen mehrerer Maschinen durch einen Weber erlaubt. Dies rief frühe Formen des Arbeiterprotests hervor: Erbitterte Weber stürmten Kays Haus, denn durch die Erfindung des mechanisch bewegten Schiffchens konnte ein einzelner Weber schneller arbeiten und mehr fertigen. Dies machte viele Weber brotlos.

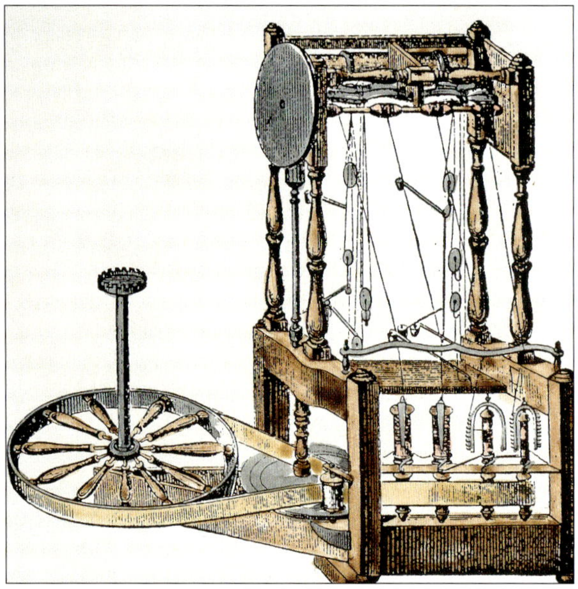

Die »Water-frame« (1769) des Erfinders Richard Arkwright

Allerdings bestand zwischen der Baumwollspinnerei und der Weberei ein Missverhältnis: Um einen Weber einen Tag zu beschäftigen, mussten in der Spinnerei etwa zehn Arbeiter Garn spinnen. Dies gab den Anstoß zur Erfindung von Maschinen in der Baumwollverarbeitung. Mit der »Spinning Jenny« kann an einem Tag wesentlich mehr Baumwollgarn erzeugt werden als mit einem Spinnrad. Der Nachteil ist, dass sie aus Holz gebaut und somit einer starken Beanspruchung nicht gewachsen ist.

Erst Richard Arkwright mit der »Water-frame« überwindet 1769 die Grenze zur automatischen Spinnmaschine: Mit Wasserkraft angetrieben, liefert Arkwrights Maschine gut gezwirntes Garn. 1775 führt Arkwright auch das Aufbereiten der Rohfasern zu gekämmtem und in Laufrichtung gezogenem Vorgarn maschinell aus, was bis dahin nur durch Handarbeit möglich war. Den vorläufig letzten Schritt in der Entwicklung des maschinellen Spinnens stellt 1779 Samuel Cromptons »Mule« dar: Sie vereinigt Elemente der beiden Vorgängermaschinen und arbeitet mit bis zu 48 Spindeln auf einem Laufwagen.

Neben der Textilindustrie wird auch die Schwerindustrie in den Innovationsprozess einbezogen. Bereits 1708 erfand Abraham Darby für den Eisenguss die Kastenformerei mit nassem Sand und führte 1713 Koks (anstelle von Holzkohle) als Brennstoff für Hochöfen ein. 1711 baute der Brite Thomas Newcomen die erste Dampfmaschine für das Abpumpen von Grubenwasser in einem Bergwerk. 1754 errichtete Henry Cort das erste Eisenwalzwerk zur Umformung des Stahls zu Flach-, Stab- und Profilstangen.

Um die neuen Arbeitsmaschinen anzutreiben, wird zunächst die Wasserkraft ausgenutzt. Als aber immer mehr Spinn- und Webmaschinen eingesetzt werden, reicht dies nicht mehr aus. Durch die Erfindung von Kraftmaschinen – vor allem die von James Watt erfundene Dampfmaschine – werden die Fabriken unabhängig von den bis dahin notwendigen natürlichen Energiequellen.

WIEN

Herrscher im Geist der Aufklärung

Der neue römisch-deutsche Kaiser Joseph II. bemüht sich um eine Stärkung des Reichsgedankens und beginnt eine auf dem aufgeklärten Absolutismus beruhende Reformpolitik in den habsburgischen Erblanden.

18. 8. 1765: In Innsbruck stirbt Kaiser Franz I. Stephan von Habsburg-Lothringen. Als Nachfolger im Reich und Mitregent folgt ihm sein Sohn Joseph II.

Nach dem Tod seiner Mutter Maria Theresia, Erzherzogin von Österreich und Regentin der habsburgischen Erblande (seit 1740), Königin von Ungarn (1741) und Böhmen (1743), am 29. November 1780 tritt Joseph II. die Alleinherrschaft an und beginnt seine Reformpolitik (sog. Josephinismus). So erlaubt das am 13. Oktober 1781 ergangene »Toleranzpatent« allen Protestanten und Reformierten »ein ihrer Religion gemäßes Privatexercitium«. Das am 16. Januar 1783 verkündete »Ehepatent« führt die »Civil-Ehe« ein. Durch die »Josephinische Gerichtsverordnung« (1. 5. 1787) werden Justiz und Verwaltung getrennt, Sondergerichte aufgehoben und ein Kriminalgericht geschaffen.

In Ungarn kommt es wiederholt zu Unruhen gegen die 1784 erfolgte Einführung von Deutsch als Amtssprache und die Neuordnung der Regionalverfassung. Auch die Kirchenreformen in den habsburgischen Niederlanden und die Aufhebung der alten Landesverfassung von Brabant führen zu Aufruhr. Daraufhin widerruft Joseph II. am 28. Januar 1790 alle für Ungarn erlassenen Verordnungen mit Ausnahme des Toleranzedikts und die Abschaffung der Leibeigenschaft. Am 20. Februar 1790 stirbt Joseph II. in Wien.

Radikaler Reformer in Wien: Kaiser Joseph II.

AUSBLICK

Webstuhl von Jacquard

In der Mechanisierung bleibt der zweite Bereich der Textilproduktion, die Verarbeitung der Garne zu Geweben, zunächst zurück. Erst 1785 baut der Brite Edmund Cartwright einen Maschinenwebstuhl. Es dauert jedoch noch Jahre, bis der Qualitätsvorsprung der Handweberei aufgeholt ist.

Besonders fortschrittlich wirkt der 1805 erbaute Webstuhl (Jacquardmaschine) des Lyoner Seidenwebers Joseph-Marie Jacquard, der es ermöglicht, auch schwierige Muster herzustellen.

Im Bereich der Stahlerzeugung wird das von dem Industriellen Henry Cort 1783 erfundene »Puddel-Verfahren« bedeutsam, das die Herstellung von Roheisen und Stahl aus Schmiedeeisen in einem Flammofen, der mit Steinkohle befeuert wird, möglich macht.

Neben solchen technischen Innovationen bewirkt die »industrielle Revolution« eine Veränderung des Arbeitsprozesses. In der Manufaktur wurden einheitliche Waren zur Befriedigung des Massenbedarfs mit Handarbeit hergestellt. In der mechanisierten Fabrik tritt die Maschine an die Stelle des Handwerkzeugs. Der mechanisierte Arbeitsprozess bewirkt eine ausgeprägte Arbeitsteilung und Zerlegung zwischen einzelnen Produktionsstätten. Zugleich ordnet die maschinelle Produktion die menschliche Arbeitskraft der Maschine unter: Die Arbeitsabläufe werden vereinfacht, die Arbeitsqualifikationen werden reduziert und die – geringer bezahlte – Beschäftigung von Frauen und Kindern wird möglich gemacht. Weil die Maschinen das Arbeitstempo bestimmen, sind lange Arbeitszeiten von zwölf bis 16 Stunden die Regel. Schutzbestimmungen sind unbekannt, erst 1833 wird in England erstmals die Fabrikarbeit von Frauen und Kindern eingeschränkt.

Der von Jacquard erbaute Webstuhl

Die industrielle Produktionsweise verdrängt einen Teil des Handwerks, ein anderer Teil erhält neue Aufgaben in der Reparatur industriell hergestellter Produkte. Die Ausdehnung des gewerblichen Sektors führt zum Anwachsen des Güteraustausches, was im 19. Jahrhundert neue Transportmittel (z.B. Kanäle, Eisenbahn) nötig macht. Die kostengünstige Anwendung der Maschinen steigert die britische Industrieproduktion.

PLYMOUTH

Die Reisen des James Cook

Der britische Seefahrer James Cook wird durch seine Weltreisen zum Entdecker der Südsee.

26. 8. 1768: Im Auftrag der britischen Krone und der Royal Society sticht James Cook mit dem umgebauten Kohlenfrachter »Endeavour« in See. Er soll astronomische Berechnungen im Südpazifik anstellen und nach dem geheimnisvollen Südkontinent suchen, die »Terra Australis Incocnita«.

Der am 27. Oktober 1728 in Yorkshire geborene Cook wurde 1746 Seemann und trat 1755 in die Kriegsmarine ein. Seine erste Reise führt Cook um Kap Hoorn in den Stillen Ozean, wo er am 3. Juni 1769 auf Otaheite (Tahiti) den Durchgang der Venus vor der Sonne beobachtet, um die Entfernung der Erde zur Sonne bestimmen zu können. Anstatt des »Südkontinents« sichtet er am 7. Oktober 1769 die Nordküste von Neuseeland und findet die Durchfahrt zwischen der Nord- und Südinsel (Cook-Straße). Dann segelt er westwärts und erreicht am 20. April 1770 am »Point Hicks« die Ostküste von Australien. An der sog. Botany Bay geht Cook am 29. April an Land. Durch die Torres-Straße (zwischen Neuguinea und Australien) erreicht er Batavia (Jakarta) auf Java. Am 13. Juli 1771 ist Cook wieder in Großbritannien. Mit den Schiffen »Resolution« und »Adventure« läuft Cook am 13. Juli 1772 erneut aus. Vom Kap der Guten Hoffnung dringt Cook südwärts bis über den südlichen Polarkreis hinaus vor, bis ihm Eisschollen die Weiterfahrt versperren. Am 27. März 1773 erreicht er wieder Neuseeland, von wo aus er im Juni 1773 nach Tahiti weitersegelt. Im folgenden Jahr dringt er bis 71° 10' südlicher Breite vor, bis er am 30. Januar 1774 erneut von einer Eisbarriere aufgehalten wird. Cook kehrt nach Tahiti zurück und steuert von dort aus westwärts, wo er die Neuen Hebriden und – weiter südlich – Neu-Kaledonien entdeckt, bis er nach drei Jahren und 18 Tagen am 29. Juli 1775 wieder in Großbritannien eintrifft.

James Cook (1728-1779)

Am 12. Juli 1776 sticht er erneut mit seiner »Resolution« in See, entdeckt am 18. Januar 1778 die Sandwich-Inseln (Hawaii), erreicht im März 1778 die Küste Amerikas und segelt anschließend nordwärts in Richtung Alaska. Seine Fahrt durch die Beringstraße muss er wegen des Eisgangs am 29. August abbrechen. Am 26. November 1778 ist Cook wieder auf Hawaii, wo er am 14. Februar 1779 von Eingeborenen getötet wird.

James Cook wird auf Hawaii am 14. Februar 1779 von Eingeborenen erschlagen.

AYUTTHAYA

Thai-Metropole zerstört

Mit der Zerstörung von Ayutthaya endet die Geschichte des ersten Königreiches der Thai.

1767: Die Burmesen erobern und zerstören Ayutthaya.

Über 400 Jahre lang hatten die Könige der Thai von dieser Stadt aus über ein mächtiges Reich geherrscht. 1350 hatte Fürst U Thong, der sich zum König Rama Thibodi I. proklamierte, das Reich Siam begründet. Er besiegte mehrere Thai-Fürstentümer und eroberte den Khmer-Staat Kambodscha mit seiner Hauptstadt Angkor.

In Ayutthaya entstanden zahlreiche prächtige Paläste sowie Tempel- und Klosterbauten. Rama Thibodi II. (1491-1529) war der erste Thai-König, der Kontakte zu den Europäern (Portugiesen) aufnahm. Im Jahr 1686 wurde den Franzosen das Recht auf die Errichtung von Handelsniederlassungen erteilt.

Nach Vertreibung der Burmesen besteigt 1782 ein Thai-General als Rama I. den Thron (bis 1809). Er verlegt seine Residenz nach Bangkok und begründet die bis heute regierende Chakri-Dynastie. Unter seinen Nachfolgern tritt Siam (ab 1939 Thailand) mit den meisten europäischen Staaten in Handelsbeziehungen und wahrt als einziger Staat Südostasiens seine Selbstständigkeit.

ST. PETERSBURG

Polen ist geteilt

Drei europäische Großmächte verkleinern Polen um rd. ein Drittel.

5. 8. 1772: Russland, Österreich und Preußen vereinbaren die Teilung Polens, das über 200 000 km² seines Bodens mit mehr als 4 Mio. Einwohnern einbüßt.

Ausgelöst wurde die Teilung durch den Bürgerkrieg nach Gründung der sog. Konföderation von Bar. Am 29. Februar 1768 hatten sich mit Unterstützung Frankreichs national gesinnte polnische Adlige vereinigt, um den Einfluss Russlands zu beseitigen. Der nachfolgende Bürgerkrieg schwächte das Land. Österreich bot den Konföderierten Stützpunkte in Oberungarn an, Frankreich entsandte General Charles François Dumoriez im Sommer 1770 mit einer Hilfstruppe. Daraufhin versuchten die Aufständischen vergeblich, sich im Oktober 1770 König Stanislaw II. August Poniatowski zu bemächtigen. Doch nach dem Abzug der Franzosen und dem Ausbleiben österreichischer Hilfe wurden die Konföderierten im Frühsommer 1772 besiegt.

Durch den Teilungsvertrag erhält Russland Polnisch-Livland und Weißruthenien mit Witebsk und Mogilew (etwa 84 000 km²), wo etwa 1,25 Mio. Weißruthenen, Russen und Letten wohnen. Preußen bekommt Westpreußen (ohne Danzig, Graudenz und Thorn) sowie das Ermland und den Netzedistrikt, (etwa 35 000 km² mit rd. 356 000 Deutschstämmigen und Polen). Österreich erhält Kleinpolen südlich der Weichsel, Rotrussland, Wolhynien und Podolien (rd. 84 000 km² Boden mit etwa 2,6 Mio. Einwohnern, fast gänzlich Polen und Ruthenen). Das Gebiet wird als Königreich »Galizien und Lodomerien« in das Gesamtreich eingegliedert.

Die Herrscher Russlands, Preußens und Österreichs studieren die Karte Polens.

»Boston

In den nordamerikanischen Kolonien führt die Empörung über die wirtschaftliche und politische Bevormundung durch Großbritannien zum offenen Widerstand.

16. 12. 1773: Bostoner Bürger stürmen als Indianer verkleidet drei Schiffe der britischen East India Company und werfen 342 Kisten Tee ins Wasser. Die sog. Boston Tea Party ist sowohl ein Protest gegen die Aufrechterhaltung der vom britischen Parlament für Nordamerika erlassenen Importsteuern als auch gegen das bestehende Verkaufsmonopol der Ostindienkompanie.

Die Auseinandersetzungen um die Gültigkeit der in London beschlossenen Gesetze begannen 1764: Durch den »Sugar-Act« (Zuckergesetz) war die Besteuerung des nach Nordamerika eingeführten Zuckers aus dem nicht britischen Westindien neu geregelt worden. Dies war der Auftakt für eine umfangreiche Steuergesetzgebung, welche die 13 Kolonien in Amerika profitabler für die britische Krone machen sollte, zugleich aber den Grundstein legte für den Abfall der Kolonien vom Mutterland.

Das viele Geld, welches der 1763 beendete Krieg gegen Franzosen und Spanier die Krone gekostet hatte, wollte der britische Premierminister und Schatzkanzler George Grenville wenigstens zum Teil durch eine Besteuerung der Kolonien wieder hereinholen. Am härtesten traf der »Stamp-Act« (Stempelsteuergesetz) von 1765 die Kolonisten: Er unterwarf Zeitungen, Schriften und Flugblät-

STOCKHOLM

Ende der schwedischen »Freiheitszeit«

König Gustav III. beendet in Schweden die Ständeherrschaft und begründet den aufgeklärten Absolutismus.

12. 2. 1771: Nach dem Tod von Adolf Friedrich wird sein Sohn als Gustav III. (*24. 1. 1746) König von Schweden.

Er beendet die im Jahr 1720 begonnene »Freiheitszeit«, in der die Stände der wichtigste Träger der Volkssouveränität waren. Diese Zeit eines relativ schwachen Königtums ging einher mit einem wachsenden Einfluss von Interessengruppen. Anhänger Frankreichs (»Hüte«) und Russlands (»Mützen«) rangen um die Macht. In einem unblutigen Staatsstreich nimmt der König am 19. August 1772 die Macht in die Hand. Die Außenpolitik, die Festlegung des Staatshaushalts und die Ernennung von Beamten und Bischöfen ist Sache des Königs. Den Ständen verbleibt das Recht auf Gesetzesinitiative, ein Vetorecht gegen geplante Angriffskriege sowie die Mitbestimmung über die Geschäfte der Reichsbank und neue Steuern. Gustav III. schafft die Folter ab, erlässt ein liberal geprägtes Pressegesetz und gewährt auch Nicht-Lutheranern Glaubensfreiheit.

Gustav III.

Die Kartoffel

Um einen Ausweg aus der Versorgungskrise zu finden, die eine Folge der Missernten zwischen 1770 und 1772 ist, wird der Anbau von Kartoffeln propagiert.

1771: In weiten Teilen Deutschlands, vor allem in Brandenburg-Preußen, aber auch in der Schweiz wächst angesichts einer Hungersnot die Bereitschaft zum Anbau der Kartoffel, die langfristig zu

BOSTON

Tea Party«

ter, offizielle Dokumente, Handelspapiere, Spielkarten und sogar Würfel der Steuerpflicht.

Doch die Abgaben wurden ohne Anhörung der Betroffenen erhoben, was nach Ansicht der Kolonisten gegen das englische »Common Law« verstieß. Da die Untertanen in den Kolonien darüber hinaus kein Wahlrecht für das Unterhaus besaßen, konnten die Gesetze – so ihre Ansicht – für sie auch nicht gültig sein. Am 30. Mai 1765 bestritt als erstes Kolonialparlament die Vertretungskörperschaft von Virginia (House of Burgess) auf Antrag des Anwalts Patrick Henry dem britischen Unterhaus das Recht, das Eigentum der Kolonien ohne deren Zustimmung mit Steuern zu belasten. Patriotische Gruppen, die sich »Sons of liberty« (Söhne der Freiheit) nannten, unterbanden mit Gewalt den Verkauf der Gebührenmarken. Der Widerstand in den Kolonien gab jenen wenigen Gegnern im Parlament Auftrieb, die gegen die Gesetze gestimmt hatten. Als Vertreter der amerikanischen Kolonien durfte Benjamin Franklin aus Pennsylvania vor dem Unterhaus über die Steuerfrage sprechen. Die Stempelakte wurde 1766 zurückgezogen, allerdings behielten sich König und Parlament »die volle Macht und Autorität« vor, weiterhin Gesetze und Verordnungen für die Kolonien in Amerika zu erlassen. Der Konflikt war somit nicht beendet. Der New Yorker Jurist James Otis verlangte, den gesetzgebenden Versammlungen der Kolonisten ebenso viele Rechte einzuräumen wie dem Parlament in Westminster. Die Parole »Taxation without representation is tyranny« (Besteuerung ohne Parlamentsvertretung ist Tyrannei) wurde zum zugkräftigen Schlagwort gegen das Mutterland. 1767 legte der britische Schatzkanzler Charles Townshend ein umfangreiches Gesetzeswerk vor. Um die koloniale Verwaltung und Rechtsprechung zu finanzieren, waren darin u.a. neue Einfuhrzölle auf sechs wichtige Importgüter vorgesehen. Diese sog. Townshend-Acts lösten nicht weniger Empörung aus als die frühere Gesetzgebung. In New York und Boston kam es zu Auseinandersetzungen. In der »Schlacht von Golden Hill« in der Kolonie New York gingen am 19. Januar 1770 rd. 40 britische Soldaten mit ihren Bajonetten gegen die mit Knüppeln bewaffneten »Sons of Liberty« vor; beim »Boston Massaker« vom 5. März 1770 schossen Angehörige des 29. Regiments in der Hauptstadt von Massachusetts auf Zivilisten. Es gab fünf Todesopfer, sechs weitere Personen wurden verwundet, von denen zwei starben.

Virginia proklamierte einen Einfuhrstopp für britische Waren und die meisten anderen Kolonien schlossen sich diesem Boykott an. Wieder hatten sie Erfolg: Im April 1770 strich das britische Parlament sämtliche Güter von der Steuerliste mit Ausnahme von Tee. Die gewaltsame Aufrechterhaltung der Teesteuer löste schließlich die sog. Boston Tea Party aus.

»Boston Tea Party«: Britische Waren werden von Bostoner Bürgern unter dem Jubel der Zuschauer ins Wasser geworfen.

Beim »Boston Massaker« feuern Soldaten am 5. März 1770 auf Zivilisten.

BERLIN

setzt sich in Europa durch

einer Änderung der Ernährungsgewohnheiten führt.

Erste Berichte über Kartoffeln kamen durch die spanischen Konquistadoren nach Europa. Über Spanien kamen die »Trüffeln« nach Europa. Weil man hier die Blätter und die giftigen beerenähnlichen Früchte aß, kam die Knolle in Verruf und wurde ausschließlich in Parks angepflanzt. Erst später wurde man in Europa auf den Geschmack der Knolle aufmerksam. Der Anbau von Kartoffeln ist in England schon seit Mitte des 17. Jahrhunderts üblich. Über Burgund und die Niederlande kamen die »Erdäpfel« nach Deutschland. In Preußen fördert König Friedrich II. erfolgreich den Kartoffelanbau.

Friedrich II. überwacht die Kartoffelernte im Oderbruch (Gemälde, 1886).

VERSAILLES

Finanzkrise in Frankreich

Unter dem neuen König Ludwig XVI. verschärfen sich die sozialen und politischen Spannungen im »Ancien Régime«.

10. 5. 1774: Im Alter von 64 Jahren stirbt Ludwig XV. (*15. 2. 1710), seit 1715 König von Frankreich, der bei einem Jagdausflug von den Blattern befallen worden war. Die Krone geht auf seinen Enkel Ludwig XVI. (*23. 8. 1754) über.

Ludwig XVI. (1754-1793)

Die längste Zeit seiner Herrschaft unter dem Einfluss von Ratgebern, Günstlingen und Mätressen, hatte Ludwig XV. erst 1770 den festen Willen zu politischen Reformen entfaltet, die geeignet gewesen wären, das »Ancien Régime« dauerhaft zu festigen. Das Hauptproblem des bestehenden Systems – die Privilegien von Adel und Klerus und die ungerechte Besteuerung – war jedoch ungelöst geblieben. In der Gesetzgebung musste der Monarch auf das Einspruchsrecht der Parlamente (Gerichtshöfe) achten. Auf der Basis jahrhundertealter Traditionen beanspruchten diese Institutionen ein Registrierungsrecht für die vom König erlassenen Gesetze. Diese Parlamente – vor allem Interessenvertreter des Adels – wurden 1771 aufgelöst. Ferner wurde eine vorsichtige Steuerreform und die Abkehr vom Getreide-Freihandel eingeleitet, um durch Vorratshaltung ein Mittel gegen die Getreidespekulation zu gewinnen.

Unter Ludwig XVI. wird diese Reformpolitik gestoppt. Er entlässt den 1768 zum Kanzler ernannten Nicolas de Maupeou und setzt das von diesem aufgelöste Pariser Parlament wieder ein. Der von Ludwig XVI. zum Finanzminister berufene Nationalökonom Anne Robert Jacques Turgot, Baron de l'Aulne, versucht, die Ideen der Physiokraten zu verwirklichen und die Prinzipien von Angebot und Nachfrage in die Preis- und Lohngestaltung einzuführen. Er hebt den staatlichen Frondienst, den Zunftzwang und die Binnenzölle auf, wird jedoch im Mai 1776 entlassen, nachdem sich das Parlament seinen Reformplänen widersetzt hat. Sein Nachfolger, der Schweizer Bankier Jacques Necker, muss am 19. Mai 1781 gehen. Er veröffentlicht erstmals Angaben über den Staatshaushalt, wodurch die Öffentlichkeit Einzelheiten über die Zuwendungen für Adel und Hofhaltung erfährt.

Ludwig XVI. hatte sich am 16. Mai 1770 in Paris mit Marie Antoinette vermählt. Die am 2. November 1755 geborene österreichische Prinzessin ist die jüngste Tochter von Erzherzogin Maria Theresia. Die Verwandtschaft mit den französischen Bourbonen war der Abschluss der europäischen Ehebünde, die Maria Theresia den Beinamen »Schwiegermutter Europas« einbrachten.

Die Königin erwirbt sich in Frankreich den Ruf, zwar hübsch, aber auch frivol und unklug zu sein. Ihr sorgloses Leben trägt dazu bei, das Königtum beim einfachen Volk in Misskredit zu bringen. Ihre Verschwendungssucht ist ebenso sprichwörtlich wie ihre mangelnde Kenntnis von den Lebensumständen des einfachen Volkes. Die Königin wird – obwohl in diesem Fall schuldlos – 1785/86 durch die sog. Halsbandaffäre diskreditiert: In diesen Skandal sind vor allem der Kardinal Louis de Rohan und der italienische Abenteurer und Alchimist Alessandro Graf von Cagliostro verwickelt. Rohan, der u.a. Bischof von Straßburg ist, fällt bei der Königin in Ungnade. Durch ein teures Geschenk – ein Halsband von 2800 Karat – will Rohan wieder die Gunst der Königin gewinnen, doch geht er dabei einer Betrügerin auf den Leim und die Sache wird publik. In der Öffentlichkeit wird Marie Antoinette beschuldigt, sie habe sich durch eine Liebschaft mit Rohan das Diamantenkollier verschaffen wollen.

Marie Antoinette (1755-1793)

PHILADELPHIA

13 Kolonien bilden

Mit der Verkündung der Unabhängigkeitserklärung beginnt die gewaltsame Loslösung der nordamerikanischen Kolonien von der britischen Krone.

4. 7. 1776: Zwei Tage nach der Entscheidung des zweiten Kontinentalkongresses über die Verkündung der Unabhängigkeit von Großbritannien billigen die Vertreter von zwölf Kolonien (New York erteilt seine Zustimmung wenige Tage später) die Unabhängigkeitserklärung. Die 13 ehemals britischen Kolonien – New Hampshire, Massachusetts, Rhode Island, Connecticut, New York, New Jersey, Pennsylvania, Delaware, Maryland, Virginia, North und South Carolina sowie Georgia – bilden nun die Vereinigten Staaten von Amerika.

Diese Proklamation ist nicht nur ein moralisch kühner Schritt, sondern auch ein gewagtes militärisches und politisches Unternehmen. Zudem ist die künftige innere Struktur der Bundesstaaten und ihr Verhältnis zueinander noch ungeklärt. So bleibt auch die Sklavenfrage – mit Rücksicht auf die Staaten South Carolina und Georgia – zunächst offen. Selbst die Autoren der Erklärung sind skeptisch über

Das Autorenkomitee der Unabhängigkeitserklärung mit Benjamin Franklin (M.)

HINTERGRUND

Komitee der Gründerväter

Der Kontinentalkongress beauftragt fünf Männer, eine Erklärung über die Trennung vom Mutterland zu verfassen.

Benjamin Franklin (1706-1790), von Beruf Buchdrucker erreicht als Gesandter in Frankreich (1776-1785) 1778 den Abschluss eines Bündnisses gegen Großbritannien und wird 1785 Gouverneur von Pennsylvania. Er wird auch durch wissenschaftliche Arbeiten (u.a. Blitzableiter) bekannt.

Der Jurist John Adams (1735-1826) ist 1774-1777 Delegierter im Kontinentalkongress. Als späterer zweiter Präsident der USA (1797-1801) vertritt er eine Politik bewaffneter Neutralität.

Robert Livingston (New Jersey) und Roger Sherman aus Connecticut sind später auch an der Ausarbeitung der Bundesverfassung beteiligt; Livingston steigt zum Gouverneur von New Jersey auf.

Thomas Jefferson (1743-1826) erarbeitet den Entwurf. Der Sohn eines Großgrundbesitzers war 1769-1775 Abgeordneter und ist 1779-1781 Gouverneur von Virginia. 1785 zum Nachfolger Franklins in Paris ernannt, amtiert Jefferson 1789-1793 als erster Außenminister der USA. Er wird schließlich dritter US-Präsident (1801-1809).

die USA

den Erfolg ihrer Staatsgründung. Benjamin Franklin erklärt: »Wir müssen alle zusammenhängen oder wir werden sicherlich alle einzeln hängen.«

Der Unabhängigkeitskrieg hat am 19. April 1775 mit dem Gefecht von Lexington in Massachusetts begonnen. Dabei mussten die Briten – ebenso wie wenig später bei Concord – Verluste hinnehmen. Am 10. Mai 1775 begann in Philadelphia der zweite Kontinentalkongress. Er wählte George Washington am 14. Juni einstimmig zum Oberbefehlshaber und proklamierte am folgenden Tag die amerikanischen Milizen zur Kontinentalarmee (Continental Army). Zum Auslöser für den Abfall vom britischen Mutterland wurde eine am 10. Januar 1776 veröffentlichte, in über 150 000 Exemplaren verbreitete Flugschrift »Common Sense« von Thomas Paine. Darin erhob der Publizist die Forderung nach einer eigenen Republik.

Einem fünfköpfigen Komitee unter Leitung von Thomas Jefferson war die Ausarbeitung der Deklaration aufgetragen worden, in der die Gründe der Trennung dargelegt werden. Die darin enthaltene Betonung der Menschenrechte geht auf die Grundrechtserklärung des Staates Virginia vom 12. Juni 1776 zurück. Die »Virginia Bill of Rights« ist die erste praktische Umsetzung der Idee der Menschenrechte, wie sie in den Theorien des Engländers John Locke und den Philosophen der Aufklärung formuliert worden waren. Weil der Kampf um die Grundrechte in erster Linie ein Kampf um die Freiheit war, steht das Grundrecht auf freie Entfaltung der Persönlichkeit zuoberst. Es wird zu universell geltendem Recht erklärt, was – juristisch gesehen – vom Staat nicht gewährt, sondern lediglich gewährleistet werden kann. Weitere Rechte sind z.B. die Religions- und Weltanschauungsfreiheit sowie auch die Pressefreiheit, die dann in der »Virginia Bill of Rights« erstmals Erwähnung findet. Diese Erklärung übt großen Einfluss auf die europäischen Freiheitsbestrebungen aus und findet ihren stärksten Widerhall in der französischen Menschenrechtsdeklaration des Jahres 1789.

Proklamation der Unabhängigkeit in Philadelphia durch das Aufstellen eines Freiheitsbaums.

ZITAT

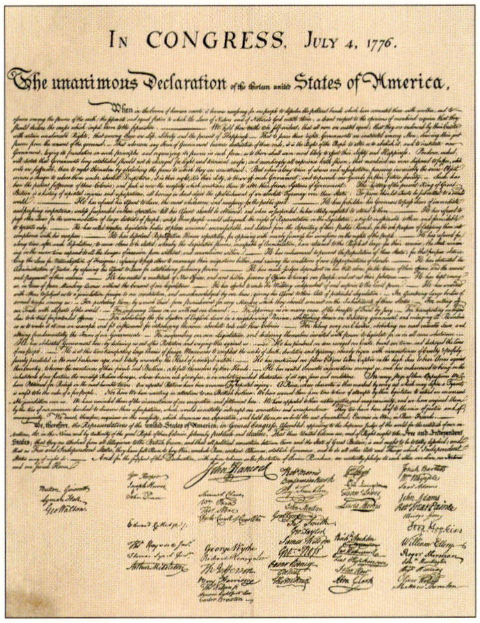

IN CONGRESS, JULY 4, 1776.

The unanimous Declaration of the thirteen united States of America,

»Freiheit und das Streben nach Glück«

Die amerikanische Unabhängigkeitserklärung (s. Abb.) spricht dem englischen König Georg III. wegen zahlreicher Verfehlungen und unter Berufung auf naturgegebene Rechte das Recht ab, Souverän der Amerikaner zu sein:

»Folgende Wahrheiten erachten wir als selbstverständlich: dass alle Menschen gleich geschaffen sind; dass sie von ihrem Schöpfer mit gewissen unveräußerlichen Rechten ausgestattet sind; dass dazu Leben, Freiheit und das Streben nach Glück gehören; dass zur Sicherung dieser Rechte Regierungen unter den Menschen eingesetzt werden, die ihre rechtmäßige Macht aus der Zustimmung der Regierten herleiten; dass, wenn immer irgendeine Regierungsform sich als diesen Zielen abträglich erweist, es Recht des Volkes ist, sie zu ändern oder abzuschaffen und eine neue Regierung einzusetzen und diese auf solchen Grundsätzen aufzubauen und ihre Gewalten in der Form zu organisieren, wie es ihm zur Gewährleistung seiner Sicherheit und seines Glückes geboten zu sein scheint.

Gewiss gebietet die Weisheit, dass von alters her bestehende Regierungen nicht aus geringfügigen und vorübergehenden Anlässen geändert werden sollten; und demgemäß hat jede Erfahrung gezeigt, dass die Menschen eher geneigt sind, zu dulden, solange die Missstände noch erträglich sind, als sich unter Beseitigung altgewohnter Formen Recht zu verschaffen. Aber wenn eine lange Reihe von Missbräuchen und Übergriffen... die Absicht erkennen lässt, sie absolutem Despotismus zu unterwerfen, so ist es ihr Recht und ihre Pflicht, eine solche Regierung zu beseitigen und neue Wächter für ihre künftige Sicherheit zu bestellen.«

WIEN

Mozart ohne gesicherte Existenz

Mozart, neben Joseph Haydn und Ludwig van Beethoven Hauptvertreter der Wiener Klassik, löst sich aus den Verpflichtungen eines Hofmusikers, verliert dabei aber seine finanzielle Basis.

8. 7. 1781: Aus Enttäuschung über die rüde Behandlung durch den Fürsterzbischof von Salzburg quittiert Wolfgang Amadeus Mozart seinen Dienst und wird so zum ersten von höfischen Bindungen freien Komponisten.

Mozart (1756-1791) machte als »Wunderkind« Furore. Sein Vater, der Musiker Leopold Mozart, unternahm ausgedehnte Konzertreisen mit Wolfgang und seiner älteren Schwester »Nannerl«, die als Klaviervirtuosen beeindruckten. Aufenthalte in zahlreichen deutschen Städten, Paris, London und Italien machten Mozart mit allen wichtigen musikalischen Strömungen seiner Zeit vertraut, die er in seine eigenständige Kompositionsweise integrierte. Mit neun Jahren schrieb er seine erste Oper »Apollo und Hyacinthus«.

1769 ernannte der damalige Fürsterzbischof von Salzburg, Siegmund Christof von Schrattenbach, den 13-Jährigen zu seinem Konzertmeister. Die Tätigkeit in Salzburg wurde wiederholt durch Reisen unterbrochen. Nachdem Hieronymus von Colloredo 1772 das Amt des Salzburger Kirchenfürsten übernommen hatte, wurde Mozarts Lage allmählich unerträglich. 1781 zieht er die Konsequenzen und ersucht während eines Wien-Aufenthaltes um seine Entlassung. Hier heiratet er 1782, kurz nach der Aufführung seiner Oper »Die Entführung aus dem Serail«, Konstanze Weber. Die folgenden Jahre sind von ständigen Geldsorgen überschattet, doch ist es auch die Epoche seiner Meisterwerke, neben Sonaten, Sinfonien, Streichquartetten und Messen die Opern »Figaros Hochzeit« 1786, »Don Giovanni« 1787, »Così fan tutte« 1790 und »Die Zauberflöte« 1791. Mozarts letztes Werk, das »Requiem«, bleibt unvollendet. Mozarts Schaffen zeichnet sich durch melodischen Reichtum und eine vor ihm unerreichte Ausgeglichenheit von Form und Inhalt aus, insbesondere in den Instrumentalgattungen. Auf dem Gebiet der Oper löst er die traditionellen Formen aus ihrer starren Schematik, indem er die Figuren in handelnde Personen verwandelt und der Musik durch textbezogenen Ausdruck, Erweiterung der Schlussszenen und Betonung der Ensembleszenen Gewicht verleiht.

Szenenbild aus »Don Giovanni«; oben: »Mozart am Klavier« (unvollendet, J. Lange, um 1782)

YORKTOWN

Amerikaner erkämpfen Unabhängigkeit

Kapitulation der Briten in Yorktown

Mit der Kapitulation der Briten ist der Unabhängigkeitskrieg zugunsten der verbündeten Amerikaner und Franzosen entschieden.

19. 10. 1781: Drei Wochen nach Beginn der Belagerung muss sich eine knapp 8000 Mann starke britische Armee unter Führung von General Charles Cornwallis den doppelt so starken amerikanischen und französischen Truppen ergeben. Zum Zeitpunkt der Unabhängigkeitserklärung waren zunächst die Briten militärisch im Vorteil. Als jedoch am 26. Dezember 1776 der amerikanische Oberbefehlshaber George Washington mit 2400 Mann den vereisten Delaware überquerte, bei Trenton (New Jersey) die von den Briten angeworbene hessische Brigade Rall überrumpelte und über 900 Gefangene machte, gab dies dem Widerstandswillen Auftrieb.

Die Kapitulation des britischen Generals John Burgoyne am 14. Oktober 1777 in Saratoga bedeutete einen Wendepunkt. Burgoyne wollte mit seinen 5700 Mann von Montreal aus ins Hudsontal vordringen. Dies gelang nicht, die Briten gingen den rd. 16 000 Amerikanern in die Falle. Am 6. Februar 1778 kam die ersehnte Allianz mit Frankreich zustande, der sich im August 1779 auch Spanien anschloss. Der Konflikt weitete sich auf die Gewässer in Europa (u.a. Gefechte der Briten gegen die Franzosen bei Ouessant 1778) aus. Während die Briten in Westindien siegreich blieben (bei Grenada 1779, Martinique 1780, bei St. Kitts 1782 und Dominica 1782), bedeutete ihre Niederlage bei Kap Henry (5. 9. 1781) die Entscheidung des Krieges: 19 britische Linienschiffe konnten den von 24 französischen Schiffen errichteten Sperrriegel nicht durchbrechen.

HINTERGRUND

Musik nicht zweckgebunden

Als Wiener Klassik wird die musikgeschichtliche Epoche zwischen 1770 und 1823 bezeichnet, insbesondere die Musik Joseph Haydns, Mozarts und Ludwig van Beethovens.

Charakteristisch ist Haydns Aussage: »Meine Sprache versteht man in der ganzen Welt.« Angestrebt werden ein heiter-natürlicher Ausdruck und eine schlichte, gleichwohl künstlerisch hoch stehende Komposition. Die Musik ist allgemein und zeitlos gültig konzipiert. Diese Emanzi-

Autograf Wolfgang Amadeus Mozarts

pation der Kunstmusik von den Funktionen am Hofe gehört zu den zukunftweisenden Verdiensten dieses Stils. Die in ihrer lokalen Gebundenheit einmalige musikalische Blüte hängt eng mit den Bedingungen ihres Entstehungsortes zusammen: Wien kann zu jener Zeit politisch und kulturell als Welthauptstadt gelten; Adel und einzelne Bürger der Stadt pflegen ein großzügiges Mäzenatentum.

BIRMINGHAM

Watt perfektioniert die Dampfmaschine

Die Dampfmaschine ist technisch so ausgereift, dass sie als Kraftmaschine eingesetzt werden kann.

1781: Der britische Ingenieur und Erfinder James Watt (1736-1819) verbessert seine Dampfmaschine mit einem Planetengetriebe (später durch eine Kurbelstange), wandelt die Auf-und-Ab-Bewegung in Drehbewegungen um und überwindet die dabei entstehenden Totpunkte durch Einführung eines Schwungrades. Damit werden erstmals Rotationsbewegungen erreicht. Der Dampfkessel wird in rechteckiger Form gebaut (sog. Kofferdampfmaschine).

Watt gilt als Erfinder der Dampfmaschine, die zusammen mit dem zunehmenden Einsatz von Maschinen in der Textilindustrie den Beginn der »industriellen Revolution« darstellt. Schon vorher wurde mit Dampfkraft experimentiert: 1690 baute Denis Papin in Marburg eine Maschine, deren Kolben durch Dampf bewegt wurde und dadurch Arbeit leisten konnte. Der Engländer Thomas Newcomen verbesserte sie 1705 und 1711, aber erst Watt gelang 1769 der Bau einer praktisch brauchbaren Dampfmaschine.

Eine der newcomenschen Dampfmaschinen (Balanciermaschine), die dem in Glasgow tätigen Mechaniker zur Reparatur übergeben wurde, konnte von Watt so verbessert werden, dass sie gegenüber dem herkömmlichen Modell bei gleicher Leistung 75% weniger Kohlen verbrauchte. Watt trennte den Kondensator vom Zylinder, wodurch dieser nicht immer wieder gekühlt werden musste.

Im Januar 1769 meldete er – zusammen mit dem Industriellen John Roebuck, der einen Prototyp finanzierte – ein Patent auf eine »neue Methode zur Senkung des Dampf- und Brennstoffverbrauchs bei Feuermaschinen« an. Dies war die Geburtsstunde der Niederdruck-Dampfmaschine. Bei Watts sog. doppeltwirkender Niederdruckmaschine leitete er Dampf an beide Seiten des Kolbens.

Da Roebuck wenig später in finanzielle Probleme geriet, ging Watt eine Verbindung mit dem Fabrikanten Matthew Boulton aus Soho bei Birmingham ein und gründete im Jahr 1774 die in kurzer Zeit geschäftlich erfolgreiche Maschinenfabrik Boulton & Watt.

1784 verbessert Watt seine Maschine und hält durch die Einführung eines Fliehkraftreglers die Dampfzufuhr konstant. Damit ist die Dampfmaschine als Kraftmaschine technisch ausgereift.

Dampfmaschine von James Watt, der 1769 die erste direktwirkende Niederdruckdampfmaschine konstruiert.

KRIM

Russischer Landgewinn

Mit der Annexion der Krim setzt sich Russland an der Küste des Schwarzen Meeres fest.

8. 4. 1783: Ein Manifest der Zarin Katharina II. verkündet die Annexion der Krim, der Tamanhalbinsel und des Kubangebietes. Damit gewinnt Russland große, unbesiedelte Gebiete fruchtbaren Landes und einen Küstenstrich mit wertvollen Häfen. Widerwillig akzeptiert der osmanische Sultan Abdul Hamid I. am 8. Januar 1784 die Annexion.

Durch den ersten Russisch-Türkischen Krieg (1768-1774) war die bis dahin unter osmanischer Hoheit stehende Krim in Abhängigkeit von Russland geraten. Schließlich geht der letzte Khan aus der Dynastie Girai, die seit 1438 über die Halbinsel Krim – ab 1475 unter osmanischer Oberhoheit – herrschten, auf das russische Angebot ein. Er verzichtet auf den Thron und nimmt eine russische Pension an. Die Krim wird unter dem Namen Tauris Teil des Russischen Reiches.

Organisator der »Russifizierung« der Krim ist der Generalgouverneur von »Neurussland« und der Krim, Grigorij Alexandrowitsch Fürst Potjomkin (1739-1791), ein Günstling der Zarin.

LONDON

Das freie Spiel der Kräfte

Der schottische Wirtschaftswissenschaftler Adam Smith gilt als Begründer der Nationalökonomie.

9. 3. 1776: Adam Smith (1723-1790) publiziert sein zweibändiges Hauptwerk »An inquiry into the nature and causes of the wealth of nations« (»Eine Untersuchung über Natur und Ursachen des Volkswohlstandes«, s. Abb.).

Mit seinem Eintreten für den Freihandel und seiner Lehre von der Preisbildung (im freien Spiel von Angebot und Nachfrage) grenzt sich Smith sowohl vom Merkantilismus als auch den sog. Physiokraten ab.

Wie die Merkantilisten vertritt Smith als Leitidee den »Volkswohlstand«. Er soll jedoch nicht durch Einwirkung des Staates (z.B. durch Schutzzölle und Bildung von Monopolen) erreicht werden, sondern durch den Individualismus des Einzelnen. Geregelt wird dies durch die »unsichtbare Hand« (»invisible hand«), denn weil jeder für sich das Beste will, bewirkt er auch das Beste für die Allgemeinheit.

NEW YORK

Erster US-Präsident

In den Vereinigten Staaten von Amerika beginnt das Zeitalter der Präsidialdemokratie.

30. 4. 1789: George Washington (s. Abb. unten) wird in sein Amt als erster Präsident der USA eingeführt. Bei den in elf Staaten (North Carolina und Rhode Island haben die Verfassung noch nicht ratifiziert) durchgeführten Wahlen erhielt Washington 69 Wahlmännerstimmen, 34 entfielen auf John Adams – der daraufhin Vizepräsident wird – und 35 auf andere Bewerber.

Der Präsident wird indirekt vom Volk gewählt: In jedem Staat werden so viele Wahlmänner (electors) bestimmt, wie der Staat Vertreter in den Kongress entsendet, also mindestens drei. Alle Wahlmännerstimmen eines Staates zählen für den Präsidentschaftsbewerber, der die Mehrheit der Stimmen in diesem Staat erhalten hat.

Mit Washington beginnt das Zeitalter der Präsidialdemokratie. Sie zeichnet sich dadurch aus, dass sie eine strikte Gewaltenteilung verwirklicht: Der Präsident leitet seine Autorität aus der Wahl durch das Volk ab. Seine Amtszeit von vier Jahren kann auch von oppositionellen Mehrheiten im Kongress nicht verkürzt werden. Ebenso kann auch der Präsident die Legislaturperiode beider Häuser des Kongresses nicht abkürzen.

Im Gegensatz zum parlamentarischen Regierungssystem hält die amerikanische Demokratie an der Einheit der Exekutive fest: Der Präsident ist gleichzeitig Regierungschef und Staatsoberhaupt. Den Missbrauch der Macht soll ein System der Gewaltverschränkung sicherstellen: Der Präsident verleiht den Gesetzen, die durch den Kongress verabschiedet werden, durch seine Unterschrift Geltung oder kann sie durch Verweigerung aufhalten.

Als Sohn eines reichen Pflanzers wurde George Washington am 22. Februar 1732 in Wakefield in Virginia geboren. Er machte sich zuerst 1753-1758 einen Namen im Kolonialkrieg der Briten gegen die Franzosen. Im Juni 1775 vom Konvent zum Obergeneral gewählt, übernahm er vor Boston die etwa 14 000 Mann zählenden, aus regulären Truppen und Milizen bestehenden Streitkräfte, und führte sie – trotz wiederholter Rückschläge – schließlich mit Hilfe der Franzosen zum Sieg. Am 23. Dezember 1783 nahm er seinen Abschied.

Es gelingt seiner Regierung die Staatsschuld zu ordnen (Schaffung einer Nationalbank 1791), die Landesverteidigung sowie die Verwaltung auf eine feste Grundlage zu stellen. Am 4. März 1797 wird er nach zwei Amtsperioden verabschiedet und stirbt am 14. Dezember 1799 in Mount Vernon (Virginia).

Im Sommer 1789 wird ein umfassender Regierungsapparat aufgebaut. Es entstehen Ämter für auswärtige Angelegenheiten (Secretary of State), Krieg (Secretary of War) und Finanzen (Secretary of Treasury). Später kommen ein Generalpostmeister und ein Justizminister (Attorney General) hinzu. Thomas Jefferson (als Außenminister) und Alexander Hamilton (Schatzminister) sind die wichtigsten Kabinettsmitglieder. Gemäß Verfassung wird 1789 ein Oberster Gerichtshof (Supreme Court) geschaffen, dem 13 Distriktsgerichtshöfe untergeordnet sind.

Eine neue Hauptstadt entsteht ab 1790 am Ufer des Potomac. Am 13. Oktober 1792 legt dort Washington den Grundstein für die neue Regierungszentrale. Am 1. Oktober 1800 bezieht Präsident John Adams das Weiße Haus an der Pennsylvania Avenue.

Am 3. September 1783 hatten in Paris Großbritannien und die USA einen Friedensvertrag unterzeichnet, den wichtigsten von vier Verträgen (auch noch mit Frankreich, Spanien und den Niederlanden), mit denen Großbritannien den Unabhängigkeitskrieg und den Konflikt mit den europäischen Verbündeten der Amerikaner beendete. In diesem Vertrag erkannte Großbritannien die bisherigen Kolonien als »frei, unabhängig und souverän« an. Das Gebiet jenseits der Appalachen bis zum Mississippi fiel an die USA, Florida und das Gebiet westlich des Mississippi an Spanien.

Die ersten elf US-Präsidenten (v.o. im Uhrzeigersinn): John Adams, James Madison, John Quincy Adams, Martin van Buren, John Tyler, James K. Polk, William Henry Harrison, Andrew Jackson, James Monroe, Thomas Jefferson. In der Mitte George Washington.

AUSBLICK

Verfassung tritt in Kraft

Durch eine Verfassung werden die USA ein Bundesstaat.

17. 9. 1787: Eine im Januar 1787 einberufene verfassungsändernde Versammlung billigt ein neues Staatsgrundgesetz, das am 21. Juni 1788 in Kraft tritt. Die USA werden zum Bundesstaat.

Die Legislative wird vom Kongress ausgeübt. Die erste Kammer, der Senat, setzt sich aus den in den Einzelstaaten auf sechs Jahre gewählten Senatoren (jeweils zwei pro Staat) zusammen. Die zweite Kammer, das Repräsentantenhaus, bilden die Abgeordneten, die alle zwei Jahre in den Einzelstaaten vom Volk gewählt werden.

Die Exekutive ist personifiziert durch den Präsidenten. Er wird auf vier Jahre vom Volk gewählt und ist Staatsoberhaupt, Regierungschef und Verantwortlicher für die Verwaltung. Er kann in schweren Fällen von Amtsmissbrauch seines Amtes enthoben werden, darf aber auch wiedergewählt werden (ab 1951 allerdings nur einmal, so dass die Amtszeit acht Jahre nicht überschreitet). Ein Oberstes Bundesgericht mit recht weitgehenden Befugnissen ist die höchste richterliche Instanz.

Die Verfassung umfasst nur sieben Artikel und kann durch Zusätze (sog. Amendments) novelliert werden. Die erste Ergänzung wird 1791 mit den Zusatzartikeln I bis X wirksam. Diese »Bill of Rights« werden wegweisend für die künftigen, bürgerlich-liberalen Verfassungen mit Begriffen wie Menschenwürde, freie Entfaltung der Persönlichkeit, Gleichheit vor dem Gesetz, Glaubens- und Gewissensfreiheit sowie Meinungs- und Pressefreiheit.

VERSAILLES

»Montgolfiere« erhebt sich in die Lüfte

Der Heißluftballon der Brüder Montgolfier erfüllt erstmals den Menschheitstraum vom Fliegen.

19. 9. 1783: Im Beisein des französischen Königspaares starten die Brüder Joseph-Michel (1740-1810) und Jacques-Étienne Montgolfier (1745-1799) einen Heißluftballon mit einem Huhn, einem Schaf und einer Ente im Korb. Der Ballon hält sich acht Minuten in der Luft.

Der Erststart einer »Montgolfiere« erfolgte am 5. Juni 1783 in Annonay bei Lyon. Bald darauf beginnt auch das Zeitalter der bemannten Ballonfahrten: Am 15. Oktober absolviert der 26-jährige Physiker Jean-François Pilâtre de Rozier in Gennevilliers einen viereinhalbminütigen Aufstieg mit einem Fesselballon. Der erste freie Aufstieg erfolgt am 21. November: Pilâtre de Rozier startet gemeinsam mit François L. d'Arlandes zu einem Freiflug mit einer »Montgolfiere« und landet nach 25 Minuten östlich von Paris.

Der Physiker Jacques Alexandre César Charles benutzt für seine Experimente nicht Heißluft wie die Brüder Montgolfier, sondern Wasserstoffgas. Am 27. August 1783 lässt er einen Freiballon von 4 m Durchmesser in Paris starten. Die Seidenhülle ist durch Gummilösung imprägniert, der Auftrieb erfolgt durch eine Wasserstofffüllung. Der unbemannte Ballon landet in der Nähe des Dorfes Gonesse, wo ihn die verängstigten Bauern nach der Landung mit Mistgabeln zerstören. Am 1. Dezember 1783 absolvieren auch Charles und Nicolas-Louis Robert einen freien Aufstieg. Zwei Stunden nach dem Start landet das Luftgefährt in der Nähe von Nesle. Zu Ehren des Erfinders wird der wasserstoffgefüllte Ballon »Charliere« genannt.

Es ist ein uralter Traum der Menschheit, sich den Vögeln gleich in die Luft zu erheben. Leonardo da Vinci z.B. hinterließ fast 500 Skizzen mit Lösungen für muskelkraftbetriebene Schwingenflugapparate. In der Praxis erweist sich jedoch zunächst das Prinzip »leichter als Luft« Erfolg versprechender.

Joseph-Michel Montgolfier, Ballonpionier und Papierfabrikant

Aufstieg einer Montgolfiere (Gemälde 18. Jh.)

AUSTRALIEN

Fünfter Kontinent wird englische Sträflingskolonie

Unter Bewachung machen britische Sträflinge die Küstengebiete urbar.

Mit der Landung der ersten britischen Sträflinge beginnt die weiße Besiedlung Australiens.

26. 1. 1788: Unter dem Befehl von Kapitän Arthur Phillip, der zum Gouverneur und Oberbefehlshaber von Neusüdwales ernannt worden ist, gehen sechs britische Kriegsschiffe an der Küste Australiens vor Anker. An Bord sind u.a. 778 Verbrecher, die bei der späteren Stadt Sydney angesiedelt werden.

Der Name des fünften Kontinents stand schon vor der Entdeckung fest, wenn auch die endgültige Benennung erst 1814 durch den Briten William Flinders erfolgt: Die Karthographen des 16. Jahrhunderts glaubten an die Existenz eines großen Südlandes und nannten es »Terra australis incognita«. Am 26. November 1642 entdeckte der Niederländer Abel Janszoon Tasman die Westküste der Insel Tasmanien (Van-Diemens-Land) und stellte bis 1644 fest, dass der Kontinent Neuholland nicht mit dem unbekannten Südland zusammenhängen könne.

Der nächste Weiße, der die Küsten Australiens systematisch erforschte, war James Cook. Zunächst war der britischen Krone dieses neu entdeckte Land zu abgelegen. Erst das französische Interesse an den Inseln im Pazifik und der Abfall der Kolonien in Nordamerika gaben den Anstoß für eine Neuorientierung der britischen Kolonialpolitik.

Aufklärung und Revolution

18. Jahrhundert

Aufklärung - die Weltanschauung des 18. Jahrhunderts

Zwei politische Ereignisse in der Alten und Neuen Welt prägten in entscheidendem Maß die Entwicklung der zweiten Hälfte des 18. Jahrhunderts: Die nordamerikanische Unabhängigkeitsbewegung mit der Gründung der USA (1776) und die Französische Revolution (1789). Beide Ereignisse hatten ihren Ursprung im Gedankengut der Aufklärung, der großen übergreifenden und umwälzenden kulturellen und geistigen Bewegung dieses Jahrhunderts.

Die Aufklärung war – als Weltanschauung – Ergebnis und Höhepunkt eines jahrhundertelangen Säkularisierungs- und Rationalisierungsprozesses in Philosophie und Wissenschaft. Dieser Wandel erfasste, ausgehend vom Humanismus und der Renaissance und diese dabei überwindend, die Gesamtheit der Vorstellung von Gott und der Stellung des Menschen in der Welt. Der deutsche Theologe und Philosoph Ernst Troeltsch definierte die Aufklärung als »Beginn und Grundlage der eigentlichen modernen Periode der europäischen Kultur und Geschichte im Gegensatz zu der bis dahin herrschenden kirchlich und theologisch bestimmten Kultur«.

Auch wenn die Aufklärung kein geschlossenes philosophisches System besaß, ja geradezu voller innerer Widersprüche steckte, so wurde sie trotzdem die verbindliche Ideologie für die intellektuelle Elite Europas, einig in dem Bestreben, den »Ausgang des Menschen aus seiner selbstverschuldeten Unmündigkeit« (so definierte Kant 1784 in seiner Schrift »Was ist Aufklärung?« diese Bewegung) zu vollziehen. In ihrer Entwicklung anfänglich auch vom Adel getragen, war die Aufklärung eine bürgerliche Emanzipationsbewegung mit den gesellschaftspolitischen Zielen des Dritten Standes (politische Freiheit, soziale Gleichheit), wirkte mit ihren Forderungen jedoch weit über das Bürgertum hinaus und trug zur Entstehung des Vierten Standes, der Arbeiterklasse, entscheidend bei.

Die Aufklärung nahm ihren Ausgang Ende des 17. Jahrhunderts in den niederländischen Generalstaaten (Grotius, Spinoza) und Großbritannien (Locke, Hume, Newton). Von dort griff sie auf Frankreich über, wo sie Mitte des 18. Jahrhunderts mit einer rationalistisch-materialistischen Ausformung ihre stärkste Verbreitung fand (Diderot, Voltaire, Rousseau, Montesquieu). In Italien und Deutschland wurde sie zeitlich und inhaltlich erst mit Verzögerung wirksam (Wolff, Lessing, Kant).

Die Vernunft bestimmt den Menschen

Zentraler Aspekt der Aufklärung war die Vernunft, sie wurde zum Prüfstein aller Erkenntnis und aller Erklärungen in der Welt. Die Aufklärung war von der Fähigkeit des Menschen überzeugt, sich selbst zu vervollkommnen. Der Einzelne war in seiner Entscheidung autonom und frei, jeder geschichtlichen Geprägtheit wurde eine Absage erteilt. »Sapere aude« – »Habe Mut dich deines eigenen Verstandes zu bedienen«, lautete der Wahlspruch des Königsberger Philosophen Immanuel Kant.

Die Aufklärung mit ihrer Enttheologisierung des philosophischen Denkens – der Mensch, nicht mehr Gott stand im Mittelpunkt der Betrachtungsweise – ging einher mit einschneidenden Veränderungen in politischen, gesellschaftlichen und sozialen Bereichen. Erstmals in der Geistesgeschichte stand die Philosophie in prinzipieller Opposition zu Kirche, Religion und zum Christentum. Unbegrenzter Optimismus und ungehemmter, geradezu naiver Fortschrittsglaube trat an die Stelle der bisherigen Autoritäts- und Traditionsgläubigkeit. Der Pflicht zur umfassenden Bildung entsprach die Forderung nach dem Recht auf Bildung. Erziehung zur Selbsterziehung und damit zur Selbstbestimmung hieß die Maxime im Sinne der Vernunft. Im vernünftigen Denken und in einem durch die Vernunft bestimmten Handeln sahen die Aufklärer die Garantie für ein ständiges Fortschreiten der Menschheit in der Beherrschung der Kräfte der Natur ebenso wie in der Herbeiführung einer gerechten sozialen Ordnung.

Die Naturrechtslehre des John Locke

In dem Bemühen um die Popularisierung dieser philosophischen Gedanken und Erkenntnisse mündete der aufklärerische Anspruch, dass jeder Einzelne seine Rechte erkennen und auch wahrnehmen sollte, in der Forderung nach politischem Mitspracherecht und Beteiligung am öffentlichen und politischen Leben.

Der englische Philosoph John Locke (»Two treatises on government«, 1690) formulierte – ausgehend von den politischen Verhältnissen in Großbritannien (»Glorious Revolution« von 1688) – in seiner Naturrechtslehre das Recht eines jeden Menschen auf Leben, Freiheit und Eigentum als ewiges und unveräußerliches Naturrecht. Um dieses Naturrecht vor Rechtsbrechern zu sichern, schließen die Menschen – ein Gebot der Vernunft – auf freiwilliger Basis einen Gesellschaftsvertrag miteinander, in dem sie sich verpflichten, eine Institution (Staat) zu errichten, die den Schutz ihrer Rechte gewährleistet. Lockes Vertragslehre beruhte auf dem Grundsatz, dass die so zustande gekommene staatliche Autorität sich auf die ausdrückliche Zustimmung oder zumindest stillschweigende Duldung der Bürger berufen konnte. Das Volk hat bei Locke das Recht des Widerstands gegen jede Form verfassungswidriger Herrschaft.

Die Rechtsgrundsätze – Recht auf Leben, Freiheit und Eigentum – die der Staat zu schützen hat und die er dem Staatsbürger nicht nehmen kann, da sie als unveräußerliches Naturrecht bereits vor der Gründung des Staatswesens bestanden, machten Locke zum klassischen Vertreter der Idee der Menschenrechte (Menschenrechtserklärung der USA von 1776 und Frankreichs von 1789) sowie zum Begründer des politischen Liberalismus im 19. und 20. Jahrhundert.

Gewaltenteilung und Volkssouveränität

Der französische Jurist und Philosoph Charles de Secondat, Baron de La Brède et de Montesquieu, entwickelte 1748 in seiner Schrift »De l'Esprit des lois« (»Der Geist der Gesetze«) eine anthropologisch-soziologische-historische Gesetzgebungslehre in Bezug auf die drei Staatsformen der Republik (Demokratie), der Monarchie und der Despotie. Auf Montesquieu geht die Lehre von der Gewaltenteilung und der parlamentarischen Regierungsverantwortlichkeit zurück, die für die weitere Entwicklung des Verfassungsstaates von entscheidender Bedeutung war. Ausgehend von der Beobachtung, dass Freiheit weniger eine Folge besonderer moralischer Eigenschaften eines Volkes sei, als vielmehr ein Ergebnis der Einschränkung staatlicher Gewalt, konstruierte Montesquieu das folgende Modell: Die Aufsplitterung der staatlichen Macht in Legislative (gesetzgebende Gewalt), Exekutive (ausführende Gewalt) und Judikative (rechtsprechende Gewalt), deren Ausübung in verschiedenen Händen und bei unterschiedlichen sozialen Gruppen liegen soll, gewährleistet am wirksams-ten die gegenseitige Kontrolle und verhindert damit den Machtmissbrauch, der für Montesquieu immer auch Freiheitsentzug bedeutet.

Einen anderen Weg der politischen Mitbeteiligung des Volkes am staatlichen Leben schlug der Genfer Philosoph Jean-Jacques Rousseau ein. Unter dem Einfluss der Demokratie im antiken Griechenland entwickelte er ein Demokratie-Modell, welches die Einordnung des Einzelnen in die Gesellschaft mit den Werten Freiheit und Gleichheit zu verbinden suchte. Rousseaus Überlegungen, die er in seiner Schrift »Contrat social« (»Der Gesellschaftsvertrag«) 1762 darlegte, gingen von einer direkt praktizierten Demokratie aus. Das gesamte Volk ist der Souverän. Alle Bürger sind gleichberechtigt, zugleich Gesetzgeber und Regierung in einem. Das Recht der Mehrheit hat Vorrang vor dem des Einzelnen: »Der Gesellschaftsvertrag stellt die Gleichheit unter den Staatsbürgern in der Weise her, dass sich alle auf die gleichen Bedingungen verpflichten und alle einen

Anspruch auf dieselben Rechte haben.« Entschieden wird nach dem Gemeinwillen (volonté générale). Mit seiner Preisschrift über den (negativen) Einfluss der Künste und Wissenschaften auf die Sitten (»Discours sur les sciences et les arts«, 1750) wurde Rousseau zum Begründer der modernen Kulturkritik. Darin bezichtigt er die Kultur, dass sie den Menschen einem naturnahen, glücklichen Urzustand entfremdet und ihm Unschuld, Freiheit und Tugend geraubt habe.

Kants Vorstellung vom Rechtsstaat

Im deutschen Sprachraum beschäftigte sich der Königsberger Philosoph Immanuel Kant mit der Lehre von einer verantwortlichen Regierung. Seine politische Theorie ging, in Anlehnung an die Verfassungsstaatsideen der britischen und französischen Denker, von der Schaffung einer »bürgerlichen Gesellschaft« aus, welche dem einzelnen Staatsbürger ein Höchstmaß an Freiheit bescheren soll. Die Grenzen der Freiheit des Einzelnen sind bestimmt durch die Vereinbarkeit der Freiheit mit der des Anderen. Aufgabe der gemeinsamen Rechtsordnung, unter welcher die bürgerliche Gesellschaft lebt, ist die Garantie dieser Freiheit und ihre Sicherung vor Missbrauch.

Die Regierungsart, welche diese Grundsätze verwirklichen sollte, nannte Kant republikanisch. Die Regierungsart war für ihn weit wichtiger als die jeweilige Staatsform (Monarchie, Aristokratie, Demokratie). Kants politisches Denken beeinflusste die preußischen Reformer zu Beginn des 19. Jahrhunderts und förderte wesentlich die Entwicklung des Rechtsstaats in Deutschland. 1788 veröffentlicht er seine einflussreiche Schrift »Kritik der praktischen Vernunft« mit dem kategorischen Imperativ: »Handle so, dass die Maxime deines Willens jederzeit zugleich als Prinzip einer allgemeinen Gesetzgebung gelten könnte.«

Die Emanzipation der Neuen Welt

Der nordamerikanische Unabhängigkeitskampf entzündete sich an der Weigerung der 13 Kolonien, an das Mutterland Großbritannien Steuern zu zahlen, ohne dafür politische Mitbestimmungsrechte im Londoner Parlament zu erhalten. Der Wirtschafts- und Finanzkonflikt weitete sich in der Folge zum Rechtsstreit über politische Grundsatzfragen aus. Im Gegensatz zur Französischen Revolution lag die Ursache der Nordamerikanischen Revolution nicht in wirtschaftlicher Bedrückung oder sozialer Not begründet, sondern im Eingriff in verbriefte Rechte und in der Missachtung des im britischen »Common law« begründeten Widerstandsrechtes der Kolonisten gegenüber dem – in ihren Augen rechtsbrüchigen – König Georg III. Die Unabhängigkeitserklärung von 1776 formulierte dieses Recht auf Widerstand gegen eine ungerechte Regierungsform und erstmals auch die Menschenrechte als Grundsatzprogramm für ein freiheitliches Gemeinwesen (»Leben, Freiheit und Streben nach Glück«).

Die – nach heftigen Auseinandersetzungen zwischen den Anhängern eines lockeren Staatenbundes und eines die regionalen Besondernisse achtenden Bundesstaates formulierte – Verfassung der USA von 1787 verband die Tradition der naturrechtlichen Forderungen eines John Locke mit der Tradition nordamerikanischer Selbstverwaltung und -regierung (Country-Ideologie). Verfassung und Unabhängigkeitserklärung kombinierten in idealer Weise die liberalen Gedanken der britischen Freiheitstradition (Magna Charta 1215, Habeas-Corpus-Akte 1679) mit den Grundsätzen der demokratischen Gleichheit und politischen Mitbestimmung, in dem die Rechte der Bürger in den ersten zehn Zusatzartikeln (»Amendments«) ausformuliert worden waren (»Bill of Rights«. 1791).

1789 – der Zusammenbruch des »Ancien Régime«

Einen wesentlichen Aspekt der vielschichtigen Ursachen der Französischen Revolution bildete das Zusammentreffen einer neu formierten, aufklärerisch gesonnenen Öffentlichkeit mit dem Vertrauensverlust in das von Missernten und Wirtschaftskrisen erschütterte absolutistische Herrschaftssystem des »Ancien Régimes«, in dem Adel und Geistlichkeit nicht bereit waren, auch nur auf einen Teil ihrer Privilegien zu verzichten, um den Staat vor dem finanziellen Kollaps zu bewahren.

Die Französische Revolution bildete in ihren Abläufen keinen einheitlichen Block, sondern bestand aus einem Geflecht von mehreren parallel laufenden, sich teilweise überschneidenden und gegenläufigen revolutionären Bewegungen. Unter dem Banner »Freiheit, Gleichheit, Brüderlichkeit« vollzog sich in Frankreich eine vom Bürgertum getragene politische Verfassungsrevolution (1791 konstitutionelle Monarchie, 1792 Republik). Daneben gab es eine von der politisierten kleinbürgerlichen Stadtbevölkerung organisierte städtische Volksrevolution (1789 Bastillesturm, 1793 Sansculotten-Aufstand), hinzu kamen die Unruhen in der Provinz (1789 Panik der »Großen Angst«, 1793 gegenrevolutionärer Vendée-Aufstand).

Die soziale Grundfrage hatte der Abbé Emmanuel Joseph Sieyès bereits im Januar 1789 in seiner Schrift »Qu'est-ce que le Tiers-État?« (»Was ist der Dritte Stand?«), die zum liberal-demokratischen Manifest der beginnenden Revolution wurde, auf den Punkt gebracht: »1. Was ist der Dritte Stand? Alles. 2. Was ist er bis jetzt in der staatlichen Ordnung gewesen? Nichts. 3. Was verlangt er? Etwas zu werden.«

In ihrem Verlauf wurde die Französische Revolution ein Opfer ihrer eigenen Radikalität (1793/94 jakobinische Schreckensherrschaft), an dessen Ende der Staatsstreich des 18. Brumaire des Jahres VIII (9. 11. 1799) stand, als sich Napoleon Bonaparte nach seiner überraschenden Rückkehr aus Ägypten zum Ersten Konsul erhob.

Die Französische Revolution zerstörte zwar die alte Ständeordnung des »Ancien Régime«, die Lage der Stadtbevölkerung und der Bauern änderte sich jedoch kaum. Hauptnutznießer war vielmehr das politisch und wirtschaftlich erstarkte Bürgertum. Die freiheitlichen Losungen der Französischen Revolution erzeugten jedoch ein bleibendes politisches Bewusstsein von der Veränderbarkeit alter, überkommener Ordnungen, das im 19. Jahrhundert in den nationalen Freiheitskämpfen wirksam wurde.

Der aufgeklärte Absolutismus Friedrichs II., des Großen

Im Gegensatz zu Frankreich und den USA, wo Revolutionen den Ideen der Aufklärung zum Durchbruch verhalfen, setzte sie sich auf dem europäischen Kontinent vor allem in Preußen und Österreich (»Josephinismus«) in Form des aufgeklärten Absolutismus durch. Prototyp des aufgeklärten absolutistischen Herrschers war der preußische König Friedrich II., der Große. Dem – Ludwig XIV. zugeschriebenen – Anspruch »L'état c'est moi« (»Der Staat bin ich«) setzte Friedrich die Überzeugung entgegen, der erste Diener seines Staates zu sein. Gottesgnadentum legitimiert zwar des Königs Herrschaft, erfordert aber die Pflichterfüllung des aufgeklärten Fürsten gegenüber seinen Untertanen.

Der frankophile, literarisch gebildete Friedrich war von der wohltätigen Wirkung der Monarchie auf seine Untertanen überzeugt: »Der Fürst ist für den Staat, den er regiert, dasselbe, was das Haupt für den Körper ist: Er muss für die Allgemeinheit sehen, denken und handeln, um ihr jeglichen wünschenswerten Vorteil zu verschaffen.« Ein bestimmendes Merkmal des aufgeklärten Absolutismus war es, einerseits durch grundlegende Rechtsreformen (1794 Allgemeines Landrecht) die Rechtssicherheit des einzelnen Bürgers zu erhöhen, andererseits jedoch gleichzeitig durch eine zunehmende Bürokratisierung den Einzelnen in seiner persönlichen Freiheit zu reglementieren. Das Wohl des Individuums hatte sich letztlich dem Wohl des Staates, der Staatsräson, unterzuordnen.

Oberstes politisches Gebot Friedrichs des Großen war die Machterhaltung und -erweiterung des preußischen Staates. Um dieser Staatsräson willen führte der aufgeklärte Monarch drei verlustreiche Kriege, die Preußen zur europäischen Großmacht machten, es jedoch auch an den Rand seiner staatlichen Existenz trieben.

VERSAILLES

Stände sollen Frankreich vor Bankrott retten

Die Einberufung der Generalstände ist der letzte Versuch des Königtums, die schwere Finanzkrise in Frankreich zu überwinden.

5. 5. 1789: König Ludwig XVI. eröffnet die Versammlung der Generalstände des Königreiches mit einer Ansprache und fordert die Volksvertreter auf, Möglichkeiten zur Sanierung der Staatsfinanzen zu finden. Zum letzten Mal hatten die Generalstände 1614 getagt.

Im Vorfeld hatte es heftige Auseinandersetzungen um die Wahl und die Zusammensetzung gegeben. Schließlich setzte die am 24. Januar 1789 von Ludwig XVI. publizierte Wahlordnung die doppelte Stimmenzahl des Dritten Standes durch.

Das komplizierte Wahlverfahren auf der Basis der alten Amtsbezirke, die bis auf das 13. Jahrhundert zurückgehen, verschaffte dem Bürgertum innerhalb des Dritten Standes einen Vorzug gegenüber den Bauern. Wahlberechtigt waren alle mindestens 25 Jahre alten männlichen Franzosen, die einen festen Wohnsitz hatten und direkte Steuern zahlten. Damit waren 90% der Erwachsenen von der Wahl ausgeschlossen.

Es werden 291 Geistliche, 270 Adlige (die bretonischen Adligen verzichteten wegen der dortigen Unruhen Ende Januar 1790) und 578 Mitglieder des Dritten Standes gewählt. Zunächst hatte der König versucht, den drohenden Staatsbankrott durch die am 22. Februar 1787 eröffnete Versammlung von Notabeln abzuwenden. Doch sie versagten den von Finanzminister Charles Alexandre de Calonne ausgearbeiteten Reformplänen ihre Zustimmung.

Die Schuldenlast in dreifacher Höhe der jährlichen Einnahmen ließ nur zwei Möglichkeiten: Erklärung des Staatsbankrotts oder Heranziehung aller Untertanen zu den öffentlichen Lasten entsprechend ihrer Einkünfte.

König Ludwig XVI. eröffnet den Zusammentritt der Generalstände in Versailles (Radierung)

Doch die 144 Vertreter der privilegierten Stände lehnten es ab, die Geldnot des Staates durch Verzicht auf ihre weitgehende Steuerfreiheit abzuwenden.

Am 26. August 1788 holte Ludwig XVI. den 1781 als Finanzminister entlassenen Bankier Jacques Necker zurück. Vor den Generalständen erläutert Necker die Lage des Budgets und regt an, die ersten beiden Stände sollten »Opfer darbringen«.

Der französische König Ludwig XVI.

Nachdem sechs Wochen mit ergebnislosen Debatten über Verfahrensfragen verstrichen sind, erklären sich schließlich am 17. Juni die Vertreter des Dritten Standes zur Nationalversammlung. Mit ihrem Anspruch, allein den Willen der Nation zu repräsentieren, folgen sie den Vorstellungen des im Januar 1789 veröffentlichten Pamphlets »Qu'est-ce que le Tiers-État?« (»Was ist der Dritte Stand?«) des Abbés Emmanuel Joseph Sieyès: »Der Dritte Stand umfasst also alles, was zur Nation gehört. Und alles, was nicht Dritter Stand ist, kann sich nicht als Bestandteil der Nation betrachten.«

HINTERGRUND

Die Mehrheit ist politisch rechtlos

Das vorrevolutionäre Frankreich ist eine nach Ständen gegliederte Vereinigung von privilegierten Körperschaften. Die beiden politisch bevorrechtigten Stände sind der Klerus mit rd. 120 000 Priestern, Mönchen und Nonnen und die etwa 350 000 Angehörigen der Aristokratie. Innerhalb dieser Stände gibt es Unterschiede nach Macht und Einfluss. Weit über 90% der Bevölkerung bilden den politisch rechtlosen Dritten Stand.

Die Geistlichkeit genießt die größten Privilegien. Sie bildet eine eigene Körperschaft, hat eine eigene Verwaltung und eigene Gerichte. Zu den Obliegenheiten des katholischen Klerus zählt auch die Führung der Tauf-, Heirats- und Totenregister.

Die hohe Geistlichkeit, 18 Erzbischöfe und 121 Bischöfe, sind Adlige, ebenso die meisten Äbte und Domherren. Der untere Klerus ist einfacher Herkunft.

Der Adel verfügt über etwa ein Fünftel des Bodens und hat das Monopol auf die hohen Offiziersränge, Kirchenämter und Verwaltungsposten. Der Hofadel zählt etwa 4000 Personen. Der Amtsadel besetzt die Leitung des Verwaltungs- und Justizapparats sowie die 13 »Parlamente« des Königreiches, die als Hohe Gerichtshöfe dienen. Der Landadel ist auf die Feudalabgaben seiner Bauern angewiesen. Alle Nichtadligen bilden den Dritten Stand. Der größte Teil – über 20 Mio. Menschen – lebt auf dem Dorf. Die meisten Bauern sind Pächter. Die Bourgeoisie, eine besitzende nicht adlige Schicht, macht sich zum Wortführer des Dritten Standes.

»Der Bauer trägt Adel und Klerus auf seinem Rücken« (zeitgenössische französische Karikatur, koloriert)

PARIS

Sturm auf die Bastille

Sturm auf die Bastille: Die Belagerer feuern mit Kanonen auf die Tore.

Mit dem Sturm auf die als Staatsgefängnis dienende mittelalterliche Zwingburg durch Handwerker, Kaufleute und Bürger ist die bisherige »Verfassungsrevolution« den Händen der Bourgeoisie entglitten und zu einer Angelegenheit des Volkes geworden.

14. 7. 1789: Gegen 17 Uhr kapituliert die ungenügend verteidigte Bastille, die als Symbol des Despotismus galt. Am Morgen des 14. Juli hatte eine Volksmenge das Zeughaus (Hôtel des Invalides) ohne Widerstand besetzt und der Rüstkammer rd. 32 000 Gewehre entnommen. Der als Augenzeuge anwesende Publizist Camille Desmoulins schreibt: »Kaum hat man Waffen, so geht es zur Bastille.« Die Idee zum Angriff entsteht spontan, ist allerdings eine Reaktion auf die Zusammenziehung von Truppen rund um Paris und die am 11. Juli erfolgte Entlassung des populären Finanzministers Jacques Necker.

Graf von Mirabeau

Der Sturm auf die Bastille fordert 83 Tote und 88 Verwundete. Der Gouverneur der Bastille, Bernard René, Marquis de Launey, sowie vier andere Offiziere und drei Schweizergardisten werden von der aufgebrachten Volksmenge ermordet.

Camille Desmoulins

Am Tag darauf kündigt König Ludwig XVI. vor der Nationalversammlung in Versailles den Rückzug seiner Truppen an, holt am 16. Juli Necker zurück und kommt am 17. Juli nach Paris. Hier nimmt er eine dreifarbige Kokarde als Zeichen der »ewigen Allianz zwischen dem Monarchen und dem Volk«. Diese Trikolore zeigt die Farben von Paris (blau und rot) und dazwischen das Weiß der Bourbonen.

»Ballhausschwur«: Am 20. Juni hatten die im Ballhaus von Versailles versammelten Vertreter des Dritten Standes einander geschworen, nicht eher auseinander zu gehen, bis sie der Nation eine Verfassung gegeben hätten. Damit reagierte die am 17. Juni zur Nationalversammlung erklärte Volksvertretung auf die Schließung ihres bisherigen Versammlungssaales durch die Regierung, nachdem sich die Mehrheit des geistlichen Standes und Angehörige des Adels dem Dritten Stand angeschlossen haben.

Am 23. Juni wurden die Ständevertreter zu einer »königlichen Session« berufen. Nachdem der Monarch sein Reformprogramm hatte vortragen lassen, welches – unter Fortbestand der adligen Privilegien – eine konstitutionelle Monarchie begründet hätte, folgten die beiden ersten Stände dem König aus dem Saal, der Dritte Stand blieb sitzen. Auch unter Androhung von Gewalt tagten die Volksvertreter weiter, wobei Honoré Gabiel Riqueti, Graf von Mirabeau, dem königlichen Zeremonienmeister erklärte: »Sagen Sie denen, die Sie hierher schickten, dass wir hier sind durch den Willen des Volkes und nur die Gewalt der Bajonette uns von hier vertreiben soll.«

Ende des Feudalsystems: In einer nächtlichen Sitzung beschließt am 4. August in Versailles die Nationalversammlung die Abschaffung aller Privilegien und Feudallasten. Das entsprechende Dekret wird am 11. August erlassen und stellt in Art. 1. fest: »Die Nationalversammlung... dekretiert, dass von den Feudal- wie Grundzinsrechten und -pflichten sowohl jene, die sich aus unveräußerlichem Besitz an Sachen und Menschen und aus persönlicher Leibeigenschaft herleiten, als auch jene, die an ihre Stelle getreten sind, entschädigungslos aufgehoben werden; alle übrigen Lasten werden für ablösbar erklärt.« Die Regelung der Rechte des Grundbesitzes bedeutet allerdings in der Praxis, dass viele Bauern, die zu arm sind, um den bisherigen Inhabern der Rechte eine Entschädigung zu zahlen, sich aus Fronbauern in Lohnknechte verwandeln.

Verkündung der Menschen- und Bürgerrechte: Die Parole »Freiheit, Gleichheit, Brüderlichkeit« gilt als universelle Richtschnur und Parole der Revolutionäre.

Menschenrechtsdeklaration: Am 26. August billigt die Nationalversammlung eine »Erklärung der Menschen- und Bürgerrechte«. Sie bekräftigt die unabhängig vom Staat bereits existierenden bürgerlichen Freiheitsrechte. Die Garantie dieser Bürgerrechte erblickt die Nationalversammlung in der Teilnahme des politisch aktiven Staatsbürgers (Citoyen im Unterschied zum inaktiven Bourgeois) an den öffentlichen Angelegenheiten. Grundlegende Rechtsgüter sind Freiheit und Gleichheit. Dabei bleiben die Grenzen der Freiheit unbestimmt: Die Freiheit des Einzelnen soll erst dort ihre Schranken finden, wo die Freiheit des anderen beginnt. Deutlicher ist der Begriff der Gleichheit gefasst: Gleichheit aller Bürger besteht vor dem Gesetz, in dem Zugang zu allen öffentlichen Ämtern und bei der Besteuerung.

Ludwig XVI. in Paris: Dem König gehen jedoch die Beschlüsse zu weit, auch das aufschiebende Vetorecht, welches die Volksvertreter dem Monarchen zubilligen, ändert nichts an seiner ablehnenden Haltung. Eine spürbare Verschlechterung der Versorgungslage und die Furcht vor einer adligen Verschwörung lösen am 5. Oktober den Marsch von etwa 7000 Proletarierfrauen nach Versailles aus – eine Aktion, die von einflussreichen Führern der Partei der »Patrioten«, namentlich Louis Philippe Joseph, Herzog von Orléans, und Marie Joseph Motier, Marquis de La Fayette, dem Führer der Nationalgarde, zwar nicht geplant, so doch unterstützt wird.

Die königliche Familie wird genötigt, nach Paris überzusiedeln, die Nationalversammlung schließt sich an. Damit stellt sich der König unter den Schutz der Revolution und zieht in die Tuilerien um.

PARIS

Revolutionäres Frankreich ist

Plakat der Französischen Revolution

ZITAT

Kanonade von Valmy

Johann Wolfgang von Goethe ist Augenzeuge der Kanonade:

»Die größte Bestürzung verbreitete sich über die Armee. Noch am Morgen hatte man nicht anders gedacht, als die... Franzosen aufzuspießen... Ich hatte die Schar gewöhnlich mit kurzen Sprüchen erheitert, diesmal sagte ich: Von hier und heute geht eine neue Epoche der Weltgeschichte aus, und ihr könnt sagen, ihr seid dabei gewesen.«

Der missglückte Versuch von König Ludwig XVI., sein Land zu verlassen, ist ein Wendepunkt der Französischen Revolution.

20. 6. 1791: Nach monatelangen Vorbereitungen gelingt der königlichen Familie die Flucht aus Paris. In Varennes vereitelt jedoch am 21. Juni die Aufmerksamkeit eines Postmeisters die Weiterfahrt zur Grenze. Die gescheiterte Flucht macht deutlich, dass Ludwig XVI. sich mit dem Ausland gegen das eigene Volk hatte verbünden wollen.

Ludwig XVI. wollte zur Armee von Feldmarschall François Claude Amour, Marquis de Bouillé, nach Metz und von dort aus Verbindung mit der österreichischen Armee in Belgien aufnehmen. Danach wollte er siegreich nach Paris zurückkehren, die Verfassunggebende Nationalversammlung und die revolutionären Clubs beseitigen und dann seine unbeschränkte Herrschaft wieder aufrichten.

Der Fluchtversuch des Königs schwächt entscheidend das Lager der konstitutionellen Monarchisten, die am 2. April 1791 mit dem Tod von Honoré Gabriel Riqueti, Graf von Mirabeau, ihren Anführer verloren haben. Nach seinem Tod versucht ein »Triumvirat« aus Antoine Barnave, Adrien Duport und Alexandre Théodore Victor de Lameth zwischen Aristokratie und dem Dritten Stand zu vermitteln. Sie sind Mitglieder des Jakobinerklubs, dessen Mitglieder sich im Dominikanerkloster St. Jakob in der Rue St. Honoré in Paris treffen und dessen Symbol die Jakobinermütze ist. Das »Triumvirat« versucht seinen Einfluss auszudehnen und nähert sich Marie Joseph Motier, Marquis de La Fayette, an, dem Kommandanten der Nationalgarde. Dieser Rechtsschwenk sorgt für eine Mitte-Rechts-Mehrheit in der Nationalversammlung und hat den Erlass einer Reihe von konservativen Gesetzen zur Folge.

Im Jakobinerklub verlangt der Rechtsanwalt Maximilien de Robespierre – allerdings vergeblich – eine Bestrafung des Königs, woraufhin am 16. Juli die Konservativen unter Führung von Barnave den Klub verlassen. Sie bilden fortan den Klub der Feuillants, benannt nach ihrem Treffpunkt, einem ehemaligen Kloster. Die Bezeichnung »Feuillant« wird zum Synonym für Aristokraten und Königstreue, weil sich auch die Anhänger La Fayettes und die Konstitutionalisten dem Klub anschließen. Im Jakobinerklub verbleiben von den etwa 2400 Mitgliedern wenig mehr als 500, darunter nur noch sechs Abgeordnete.

Währenddessen reißt der radikale sog. Klub der Cordeliers – darunter Jean Paul Marat und Georges Jacques Danton – die Initiative an sich. Dieser Klub und die Mitglieder der sog. Volksgesellschaften rufen für den 17. Juli zu einer Kundgebung auf dem Marsfeld auf. Doch auf Betreiben der konservativen Mehrheit der Nationalversammlung wird der Ausnahmezustand verhängt, La Fayette lässt seine Nationalgarde ohne Warnung auf die unbewaffnete Menge feuern. Etwa 50 Menschen werden getötet, mehrere Hundert verletzt. Damit ist die radikale Volksbewegung zunächst gestoppt.

Am 3. September 1791 billigt die Nationalversammlung eine konstitutionelle Verfassung. Die relativ schwache Exekutive bilden der Monarch und sein Kabinett. Der erbliche König hat gegenüber der Nationalversammlung nur ein aufschiebendes, aber kein aufhebendes Vetorecht. Der Exekutive gegenüber steht die aus einer Kammer bestehende Nationalversammlung, deren Abgeordnete nach dem Zensuswahlrecht (nach Besitz und Einkommen) indirekt gewählt werden, wodurch die unteren Volksschichten ausgeschlossen werden. Sie hat die letzte Entscheidung über Krieg und Frieden. Die schon 1789 beschlossene Einteilung Frankreichs in 83 Departements bleibt bestehen.

Am 1. Oktober nimmt die neu gewählte Gesetzgebende Versammlung (Assemblée nationale législative) ihre Arbeit auf. Von den 745 Mitgliedern gehören 264 Deputierte dem Klub der Feuillants an, der nunmehr die »Rechte« bildet. 345 Parlamentarier bilden das »verfassungstreue« Zentrum, die »Linke« stellen 136 liberale Abgeordnete, die »Girondisten« genannt werden, weil viele von ihnen aus der Gironde kommen.

Gut einen Monat zuvor, am 27. August 1791, erklären auf Schloss Pillnitz (Sachsen) der preußische König Friedrich Wilhelm II. und Kaiser Leopold II. das Schicksal der französischen Monarchie zur Angelegenheit aller monarchischen Staaten Europas und legen mit dieser »Pillnitzer Konvention« den Grundstein für die erste antirevolutionäre Koalition.

Die Kanonade von Valmy (20. 9.), am 6. 11. 1792 besiegt General Charles François Dumoriez die Österreicher bei Jemappes

isoliert

Am 20. April 1792 erklärt die Nationalversammlung Österreich den Krieg, an dessen Seite sich am 6. Juli auch Preußen stellt. Unmittelbarer Anlass ist vor allem die Weigerung des römisch-deutschen Kaisers Franz II., die sich in Koblenz sammelnde französische Emigrantenarmee aufzulösen. Der Erste Koalitionskrieg beginnt, in dem sich die Spannungen zwischen dem revolutionären Frankreich und den monarchisch-autoritär regierten Nachbarstaaten entladen. Bis 1815 dauert – mit kurzen Unterbrechungen – dieser »Kampf der Systeme« an. Ausdruck konservativer Gesinnung ist die Proklamation des preußischen Feldherrn Karl Wilhelm Ferdinand, Herzog von Braunschweig, der am 25. Juli verkündet, er werde »eine exemplarische, in wenigem Andenken bleibende Rache nehmen, die Stadt Paris einer militärischen Exekution und gänzlichen Zerstörung preisgeben«, sollte Ludwig XVI. auch nur ein Haar gekrümmt werden.

Zwar rücken die Franzosen am 28. April in Belgien ein, doch die alte Armee des Königreiches ist nicht kriegsfähig: Fast zwei Drittel der Offiziere sind emigriert, die Vorräte an Waffen und Munition sind unzureichend, den Soldaten fehlt es an Kampfmoral und Disziplin.

Während die kommandierenden Generäle die Kampfhandlungen einstellen und den sofortigen Friedensschluss fordern, werden in Paris 50 000 Mann in die reguläre Armee und 34 000 Mann in Freiwilligenbataillone einberufen. Die Wende des ersten Kriegsjahres erbringt die »Kanonade von Valmy« am 20. September: Die Franzosen, nun unter dem Oberbefehl von Charles François Dumoriez, zwingen in einem Artillerieduell die Preußen zum Abzug.

Mit der »Marseillaise«, die erstmals am 30. Juli von Freiwilligen aus Marseille gesungen wird, erhalten die Soldaten ein zündendes Kriegslied, dessen Verfasser aber zunächst unbekannt bleibt: Gedichtet hat es in der Nacht vom 24. auf den 25. April 1792 in Straßburg der Ingenieuroffizier Claude Joseph Rouget de Lisle (1760-1836), der es »Schlachtgesang der Rheinarmee« (Le chant de guerre pour l'arme du Rhin) betitelte. Sein Lied wird 1879 offiziell Nationalhymne.

BERLIN

Klassizismus prägt Kunst und Kultur

Der Klassizismus erstrebt in der Baukunst eine Neubelebung der antiken klassischen Formensprache.

1791: Der Architekt Carl Gotthard Langhans vollendet den Bau des Brandenburger Tors. Neben Karl Friedrich Schinkel (in Berlin u.a. Neue Wache, 1817/18; Schauspielhaus, 1818-1824; Altes Museum, 1822-1830) ist Langhans einer der führenden deutschen Architekten des Klassizismus. Prägend für diese Architektur sind strenge einfache Klarheit in sich geschlossener Baukörper mit symmetrisch gegliederten Fassaden.

In Frankreich sind Architekten wie Jacques-Ange Gabriel (u.a. Petit Trianon in Versailles, 1762-1764) und Jacques-Germain Soufflot (Entwurf der Kirche Sainte-Geneviève, des heutigen Panthéon, 1764-1790) die ersten Vertreter des Klassizismus, der später zur Ausprägung besonderer Einzelstile führt.

Das neu entdeckte Interesse am griechischen und römischen Altertum wurde vorbereitet durch die Arbeiten des deutschen Archäologen und Kunstwissenschaftlers Joachim Winckelmann (1717-1768). Er bestimmte mit seiner Wesensdeutung der griechischen Kunst (»edle Einfalt und stille Größe«) maßgeblich die Schönheitsideale des Klassizismus, der bald auch die bildende Kunst und die Literatur in hohem Maße beeinflusst.

Das Brandenburger Tor in Berlin; kolorierte Radierung von 1825

WARSCHAU

Verfassung für das Königreich Polen

Polen erhält das erste geschriebene Staatsgrundgesetz Europas.

3. 5. 1791: Der Große Reichstag (Sejm Wielki) verabschiedet eine elf Artikel umfassende Verfassung. Sie setzt die Gewaltenteilung durch: König und Staatsrat bilden die Exekutive, der aus zwei Kammern bestehende Reichsrat die Legislative. Der Thron soll künftig im Haus Wettin erblich sein, womit das seit 1573 übliche Wahlkönigtum endet.

Der Regierung sollen künftig neben den fünf vom König zu ernennenden Ministern und zwei Staatssekretären auch der katholische Primas von Polen und der Marschall des Sejm (Reichstagspräsident) angehören.

Sie unterliegt der Kontrolle des Parlaments, das dafür insgesamt vier Kommissionen für die großen Bereiche der Politik bildet.

Die staatsrechtliche Sonderstellung des Großfürstentums Litauen wird stillschweigend aufgehoben und beide Länder im Oktober 1791 förmlich vereinigt.

Obwohl Polen durch die erste Teilung 1772 fast 30% des Staatsgebiets verloren hatte, erlebte das Land eine Zeit des wirtschaftlichen und kulturellen Aufschwungs. Der als König ausersehene Kurfürst Friedrich August III. von Sachsen (aus der sog. albertinischen Linie der Wettiner) schlägt jedoch die Krone aus.

PARIS

Die Pariser Bevölkerung, verstärkt durch Freiwillige aus Marseille und der Bretagne, stürmt die Tuilerien.

Monarchie in Frankreich stürzt

Der Sturm auf die Tuilerien leitet das Ende der Monarchie in Frankreich ein. Im neu gewählten Nationalkonvent sind Royalisten und Feuillants nicht mehr vertreten.

10. 8. 1792: Radikale Sansculotten (nach ihrer Kleidung »ohne Kniehosen«) organisieren den Sturm auf die Tuilerien, die Residenz Ludwigs XVI. Die militärischen Misserfolge zu Beginn des Ersten Koalitionskrieges und die andauernde Obstruktionspolitik des Königs gegen die Beschlüsse der Nationalversammlung haben die Stimmung angeheizt.

Während die vor dem Schloss aufgestellte Nationalgarde zu den Aufständischen überläuft, lassen die in den Tuilerien postierten Schweizergardisten die Demonstranten in die Schlosshöfe eindringen und eröffnen das Feuer. Erst nach zwei Stunden endet die Schießerei. Die überlebenden Schweizer und das Schlosspersonal werden niedergemacht.

Politisch bewirkt dieser Gewaltakt das Ende der Partei der Feuillants, die den liberalen Adel und die Großbourgeoisie repräsentierte. Als neue politische Kraft treten die bisher von der politischen Willensbildung ausgeschlossenen sog. Passivbürger, die Handwerker und kleinen Ladenbesitzer, hervor.

Nachdem sich die königliche Familie unter den Schutz der Nationalversammlung gestellt hat, beschließt die Versammlung: »1) Das französische Volk ist eingeladen, einen Nationalkonvent zu bilden...2) Der Träger der Exekutivgewalt [König Ludwig XVI.] wird vorläufig seiner Befugnisse enthoben, bis der Nationalkonvent über die Maßregeln entschieden hat, die er zur Sicherung der Volkssouveränität und der Durchsetzung von Freiheit und Gleichheit für erforderlich hält.« Am 11. August schafft die Gesetzgebende Nationalversammlung das Zensuswahlrecht ab. Um wahlberechtigt zu sein, genügt es, »Franzose und 21 Jahre alt zu sein, seit einem Jahr seinen Wohnsitz am Orte zu haben, von seinen Einkünften oder dem Ertrag seiner Arbeit zu leben und nicht dem Dienstbotenstand anzugehören.«

Einer provisorischen Regierung gehört neben fünf Ministern der Gironde u.a. der Jakobiner Georges Jacques Danton als Justizminister an. Danton und Jean Paul Marat, der Wortführer der Sansculotten, organisieren die sog. Septembermorde (2.-6. 9. 1792). Bis zum 6. September werden etwa 1100 Gefangene ermordet, davon mehr als die Hälfte gewöhnliche Kriminelle, ferner etwa 300 den Eid auf die Verfassung verweigernde Priester, 150 Angehörige des Adels und rd. 50 inhaftierte Schweizergardisten.

Am 21. September 1792 tritt der neu gewählte Nationalkonvent zusammen. Royalisten und konstitutionelle Monarchisten (Feuillants) fehlen. Etwa 180 Abgeordnete zählen zur liberalen Gironde, die das gehobene Bürgertum vertritt. Rd. 110 gehören der – im Parlament erhöht platzierten – Bergpartei an, die das mittlere Bürgertum sowie Handwerker, kleine Kaufleute und städtische Arbeiter repräsentiert. Die restlichen Volksvertreter bilden das Zentrum, »Ebene« oder auch »Sumpf« genannt.

In seiner ersten Sitzung schafft der Nationalkonvent die Monarchie ab. Der 22. September ist der erste Tag der Republik, die am 25. September für »einheitlich und unteilbar« erklärt wird.

Der Tod

Die Hinrichtung von König Ludwig XVI. bedeutet die Radikalisierung der Französischen Revolution, die damit endgültig alle Brücken zum monarchischen Europa abbricht.

21. 1. 1793: Auf der Place de la Révolution (heute Place de la Concorde) wird der frühere König Ludwig XVI. enthauptet. Laut Anklageschrift ist der aller seiner Titel entkleidete und »Louis Capet« genannte Angeklagte u.a. schuldig, 1789 die Sitzungen des Dritten Standes behindert und mit dem Ausland konspiriert zu haben.

Die großbürgerlichen Girondisten wollten zunächst einen Prozess verhindern. Erst die Entdeckung belastender Unterlagen bei einer Durchsuchung der königlichen Gemächer am 20. November 1792 führt eine Wende herbei. Nun konnte man die Argumente der radikalen Bergpartei (Montagnards) nicht mehr übergehen. Einer ihrer Wortführer, Louis de Saint-Just, erklärte am 13. November: »Ich für meinen Teil sehe keinen Mittelweg; dieser Mann muss regieren oder sterben...« Am 3. Dezember ergänzte Maximilien de Robespierre: »Ludwig ist durch sein Verbrechen entthront... Ist er aber unschuldig, was wird aus der Revolution?«

Nach mehreren Verhören des Königs legte am 14. Januar 1793 der Konvent den Abgeordneten drei Fragen vor: »Ist Louis Capet der Verschwörung gegen die öffentliche Freiheit und der Anschläge auf die nationale Sicherheit

Maximilien de Robespierre

PARIS

Ludwigs XVI. leitet die Terrorherrschaft ein

Die Hinrichtung König Ludwigs XVI. mit der Guillotine auf dem Place de la Révolution in Paris

STICHWORT

Guillotine

Die »Guillotine« verdankt ihre Entstehung und ihren Namen dem Arzt und Politiker Joseph Ignace Guillotin (1738-1814), Abgeordneter in der ersten Nationalversammlung.

Er stellte am 10. Oktober 1789 im Nationalparlament den Antrag, die Todesstrafe in einer »humanen« und für alle Stände gleichen Art und Weise zu vollstrecken und schlug dafür eine Köpfmaschine vor. Auf der Grundlage eines von Antoine Louis, Sekretär der Chirurgischen Akademie in Paris, am 7. März 1792 vorgelegten Gutachtens wurde am 25. März 1792 die Einführung des mechanischen Fallbeils in Frankreich vorgeschrieben. Am 21. August 1792 wurde die Guillotine erstmals tätig.

schuldig? Soll der gefällte Urteilsspruch der Nation zur Abstimmung gestellt werden? Welche Strafe soll ihm auferlegt werden?«

Zunächst wurde die Schuld einstimmig bei 14 Enthaltungen am 15. Januar bejaht. Dann lehnte der Konvent es mit 426 gegen 278 Stimmen ab, das Urteil – wie von der Gironde gefordert – dem Volk zur Abstimmung vorzulegen. Am 16. Januar abends begann die Abstimmung über das Strafmaß: 387 Abgeordnete votierten für, 334 gegen die Todesstrafe. 26 Abgeordnete wollten eine Hinrichtung aussetzen. Dies lehnte der Konvent am 18. Januar mit 380 gegen 310 Stimmen ab.

Als der Henker den Kopf der großen Volksmenge zeigt, tanzt diese begeistert um das Schafott herum. Unmittelbare Folge ist die Ausweitung des Ersten Koalitionskrieges: Als die britische Regierung den französischen Botschafter des Landes verweist, erklärt auf Antrag des Girondisten Jacques Pierre Brissot der Nationalkonvent England sowie den Niederlanden den Krieg. Am 7. März wird auch Spanien der Krieg erklärt.

Der Nationalkonvent setzt am 10. März ein Revolutionstribunal ein, gegen dessen Entscheidungen keinerlei Berufung möglich ist. Als »Öffentlicher Ankläger« wird Antoine Quentin Fouquier-Tinville zum Inbegriff des juristisch legitimierten Schreckens. Am 6. April wird als Exekutivorgan des Konvents ein mit fast unbeschränkten Vollmachten versehener Wohlfahrtsausschuss (Comité du salut public) gegründet.

Georges Jacques Danton

Am 13. Juli erdolcht eine Sympathisantin der Girondisten, Marie Anne Charlotte de Corday d'Armont, den Revolutionär Jean Paul Marat in dessen Badezimmer. Marat hatte in seiner Zeitung »L'Ami du peuple« den Tod der führenden Revolutionsfeinde verlangt, um Freiheit, Gleichheit und Brüderlichkeit zu verwirklichen.

Robespierre übernimmt am 27. Juli den Vorsitz im Wohlfahrtsausschuss und am 22. August auch im Konvent. Mit dem Erlass eines »Gesetzes gegen die Verdächtigen« am 17. September beginnt die Schreckensherrschaft. Am 31. Oktober werden Brissot und weitere 20 prominente Girondisten hingerichtet. Anfang Oktober 1793 sind in Paris etwa 2400 Personen in Haft, am 21. Dezember 1793 bereits 4525. Am 16. Oktober wird auch Königin Marie Antoinette guillotiniert.

Am 5. April 1794 werden der frühere Justizminister Georges Jacques Danton und seine mit ihm am 30. März verhafteten Anhänger hingerichtet. Sie hatten das Ende des Terrors gefordert und sich dem Wohlfahrtsausschuss durch dieses »Versöhnlertum« verdächtig gemacht.

Damit ist der Weg frei für die Diktatur Robespierres, der den Terror als Ausdruck höchster Tugend predigt: »Ohne die Tugend ist der Terror verhängnisvoll, ohne den Terror ist die Tugend machtlos.« Am 10. Juni 1794 wird ein verschärftes Terrorgesetz erlassen. Damit wird die Voruntersuchung der Angeklagten, ihre Verteidigung und die Befragung von Zeugen abgeschafft. Stattdessen reicht auch ein »moralischer Schuldbeweis«. Nun fallen – so Fouquier-Tinville – die »Köpfe wie Dachziegel«. Vom 11. Juni bis zum 27. Juli werden in Paris 1376 Personen hingerichtet, während es in den zwölf Monaten zuvor »nur« 1251 gewesen waren. Insgesamt starben von März 1793 bis August 1794 in Frankreich 16 594 Menschen aus politischen Gründen unter der Guillotine; hinzu kommen etwa 20 000 Todesopfer als Folge von Massenerschießungen- und ertränkungen, sowie durch Hunger und Entbehrung.

Am 27. Juli 1794 werden Robespierre und seine Anhänger gestürzt. Am Tag zuvor hatte Robespierre die »Vernichtung der Verschwörer gegen die Freiheit« angekündigt. Weil er jedoch keine Namen nennt, fühlen sich viele bedroht, darunter auch seine bisherigen Anhänger wie Joseph Fouché und Paul François Jean Nicolas, Vicomte de Barras. Sie verbünden sich mit den Gemäßigten, um sich selbst zu retten.

Am 28. Juli werden Robespierre, Saint-Just und 20 ihrer Anhänger aufgrund eines Dekrets des Konvents ohne Prozess und Urteil enthauptet.

ST. PETERSBURG

Polen von der Landkarte gelöscht

Mit der zweiten und dritten Teilung durch die Großmächte hört Polen zu Bestehen auf.

24. 10. 1795: Preußen tritt dem bereits am 3. Januar zwischen Russland und Österreich ausgehandelten Teilungsvertrag über Polen bei. Mit der dritten Teilung Polens nach 1772 und 1793 verschwindet das selbstständige Polen für mehr als ein Jahrhundert von der Landkarte Europas. Die »polnische Frage« bleibt jedoch auf der Tagesordnung.

warf nach zwei Monaten den Widerstand des polnischen Heeres unter Führung von Fürst Józef Poniatowski und General Tadeusz Kosciuszko nieder. Die Verfassung von 1791 wurde aufgehoben.

Zweite Teilung Polens: Da Österreich diesmal an einem Gebietszuwachs nicht interessiert war, blieb die am 23. Januar 1793 in St. Petersburg ausgehandelte Teilung eine Sache Russlands und Preußens. Russland sicherte sich ein Gebiet von 236 000 km², bestehend u.a.

mierte Kosciuszko am 24. März 1794 in Krakau eine Volkserhebung. Nach anfänglichen Erfolgen in die Defensive gedrängt, unterlag Kosciuszko am 10. Oktober den Russen vernichtend bei Maciejowice und blieb bis 1796 in russischer Gefangenschaft.

Dritte polnische Teilung: Bei den nun anstehenden Verhandlungen über die dritte Teilung Polens nahm das russische Zarenreich eine Führungsrolle ein. Das Abkommen sieht Folgendes vor: Russland ge-

Tadeusz Kosciuszko besiegt am 4. April 1794 mit seinen Soldaten und einem Aufgebot von Bauern die Russen.

Den Anfang vom Ende für Polens Staatlichkeit bildete die Verfassung vom 3. Mai 1791. Sie machte aus dem lange Zeit politisch gelähmten Polen zwar ein handlungsfähiges Staatswesen, provozierte zugleich aber den Widerstand der Nachbarstaaten. Russlands Zarin Katharina II. versammelte polnische Großgrundbesitzer in St. Petersburg zu einer sog. Konföderation, die – unter dem falschen Datum 14. Mai 1792 – vom Grenzort Targowica aus zum Kampf gegen die Reformer aufrief (sog. Konföderation von Targowica). Am 18. Mai 1792 rückte eine russische Armee in Polen ein und

aus der Ukraine, dem Ostteil von Wolhynien, Podolien sowie Polozk, Minsk, die östliche Hälfte von Nowgrodek und erzwang einen Unionsvertrag, der u.a. ein Durchmarschrecht für seine Truppen beinhaltete.

Preußen erhielt rd. 55 000 km² mit Danzig und Thorn sowie u.a. Posen, Kalisch und Gnesen (fortan »Südpreußen« genannt). Das nach der zweiten Teilung verbliebene Rest-Polen umfasste zusammen mit Kurland noch rd. 230 000 km² und etwa 4,4 Mio. Einwohner, war aber kaum noch lebensfähig.

Der Kosciuszko-Aufstand: Aus Protest gegen diese Teilung prokla-

winnt rd. 43 000 km² mit Kurland und dem restlichen Litauen sowie alle weißrussischen und ukrainischen Restgebiete; Österreich erhält etwa 46 000 km² mit Krakau und Lublin; Preußen erwirbt ca. 55 000 km², bestehend aus einem kleinen Gebiet an der oberen Warthe (Neu-Schlesien) sowie Masowien bis hinauf zur Memel (Neu-Ostpreußen) und Warschau. König Stanislaus August Poniatowski dankt am 25. November in Grodno förmlich ab, erhält ein Jahrgeld der drei Mächte in Höhe von 200 000 Dukaten und stirbt am 12. Februar 1798 in St. Petersburg.

Liberales

Mit der Herrschaft des Direktoriums erhält in Frankreich das Großbürgertum den politischen Einfluss zurück, den es in den Tagen der Jakobinerherrschaft verloren hatte.

5. 10. 1795: Der erst 26-jährige Brigadegeneral Napoleon Bonaparte schlägt einen royalistischen Putsch in Paris nieder. Etwa 20 000 Aufständische hatten weite Teile von Paris besetzt. Jedoch scheitert die Erhebung am Widerstandswillen der vom Nationalkonvent unter Führung von Paul François Jean Nicolas, Vicomte de Barras, aufgebotenen loyalen Truppenteile. Die Niederwerfung des Aufstands ist das Sprungbrett für die Karriere Bonapartes.

Ausgelöst worden war der Putschversuch durch die Landung von rd. 3500 Emigranten aus Großbritannien am 23. Juni in der Bucht von Quiberon. Sie wollten sich mit den noch kämpfenden Rebellen der Vendée vereinigen. Hier tobt seit 1793 ein grausamer Bürgerkrieg gegen die Revolution, der erst im April 1796 endgültig niedergeworfen werden kann. Die Mehrheit der Bevölkerung ließ die Emigranten jedoch im Stich. Der republikanische General Lazare Hoche konnte das Invasionsgebiet

AUSBLICK

»Polnische Frage«

Auch nach der dritten Teilung bleibt die »polnische Frage« für die europäischen Staaten von herausragender Bedeutung.

Nach dem Frieden von Tilsit im Jahr 1807 bildet Kaiser Napoleon I. aus den von Preußen und Österreich annektierten polnischen Gebieten das Großherzogtum Warschau; König Friedrich August von Sachsen wird als Regent in Warschau eingesetzt (1807-1815). Der Wiener Kongress gründet 1815 Kongresspolen, das – mit eigener Verfassung – in Personalunion mit Russland verbunden wird. Österreich erhält Galizien und Preußen das Großherzogtum Posen (Großpolen); Krakau wird Freie Stadt (Republik Krakau bis 1846), bis es 1846 von Österreich annektiert wird.

PARIS

Bürgertum regiert in Frankreich

abriegeln. Nun regieren in Paris die »Thermidorianer«, benannt nach dem Datum des Sturzes von Robespierre, dem 9. Thermidor des Jahres II im Revolutionskalender. Am 22. August verkündete der Nationalkonvent die bürgerliche Direktorialverfassung. Am 23. September votierten bei einer Abstimmung über 900 000 Bürger für und rd. 42 000 gegen die Direktorialverfassung.

Es ist das dritte Staatsgrundgesetz seit 1789 und überträgt die vollziehende Gewalt einem fünfköpfigen Direktorium. Inhaltlich knüpft die Verfassung (mit Presse-, Religions-, Meinungs- und Zunftfreiheit) an die Forderungen des Bürgertums von 1789 an. Die Nation definiert sich wieder als das Besitzbürgertum, Volk, Adel und Klerus sollen außen vor bleiben. Ein zweistufiges Wahlrecht nach dem Zensusprinzip hält die Lohnabhängigen von der Mitsprache in politischen Angelegenheiten fern. Allerdings hat jeder, der in irgendeiner Form Steuern zahlt, als Aktivbürger Zutritt zu der Primärversammlung der Urwähler. Dort werden die Wahlmänner gewählt, diejenigen, die ein Einkommen im Wert von 200 Arbeitstagen (in den Städten) bzw. 150 Arbeitstagen (auf dem Land) nachweisen können. Dies sind in ganz Frankreich rd. 30 000 Personen. Ein Zweikammerparlament soll ein Wiederaufleben der Jakobinerdiktatur verhindern.

Napoleon Bonaparte lässt Royalisten niederkartätschen.

Um die Royalisten fern zu halten, bestimmt der Konvent, dass zwei Drittel der Volksvertreter aus den eigenen Reihen kommen sollen. Das 750 Mitglieder zählende Parlament besteht aus dem Großen Rat oder »Rat der 500« und dem »Rat der Alten«. Der Große Rat soll die Gesetze vorschlagen, der Kleine Rat sie beschließen. Beide Körperschaften sollen jährlich zu einem Drittel neu gewählt werden, ein solches Rotationsprinzip gilt auch für das fünfköpfige Direktorium, das vom »Rat der Alten« gewählt wird und das dann über die Besetzung der sieben Ministerposten entscheidet.

Am 31. Oktober wird das fünfköpfige Direktorium gewählt: Es besteht aus den beiden »Linken« Paul François Jean Nicolas, Vicomte de Barras (Polizei und Justiz) und Jean-François Reubell (Diplomatie, Finanzen und Justiz), den »Gemäßigten« Lazare Nicolas Carnot (Armee) und Louis François Honorè Letourneur (Flotte) und dem ehemaligen Girondisten Louis Marie La Revellière-Lépeaux (Erziehung). Die führende Rolle spielt zunächst Carnot, später Barras, der Förderer von Napoleon Bonaparte.

Am 10. Mai 1796 scheitert die »Verschwörung der Gleichen«, ein Umsturzversuch des Revolutionärs François Noël Babeuf, genannt Gajus Gracchus, gegen die Direktoriumsregierung mit dem Ziel einer proletarischen Diktatur. Babeuf und seine Anhänger werden verhaftet und vor Gericht gestellt. Babeuf und einer seiner Anhänger, Auguste-Alexandre-Joseph Darthé, werden am 27. Mai 1797 hingerichtet.

Frühkommunist François Noël Babeuf

Die Aufständischen in der Vendée schließen Frieden.

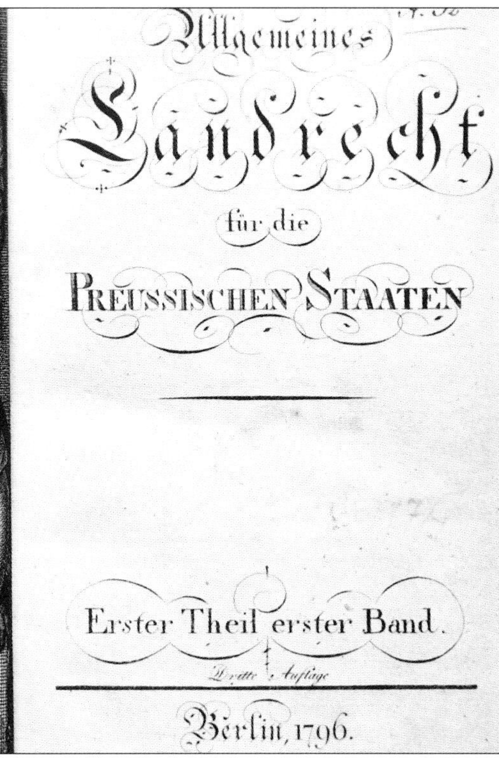

Allgemeines
Landrecht
für die
Preussischen Staaten
Erster Theil erster Band.
Dritte Auflage
Berlin, 1796.

Haupttitel des Landrechts mit der Justitia

BERLIN

Gesetze für Preußen

Das »Allgemeine Landrecht für die Preußischen Staaten« ist das erste moderne Gesetzbuch Deutschlands.

1. 6. 1794: Eine neue Rechtsordnung wird in Preußen verkündet. Sie umfasst Staats- und Verwaltungsnormen, Stände- und Lehnsrecht, Kirchenrecht, Strafrecht und Privatrecht. Nur das Prozess- und Militärrecht ist ausgeklammert. Allgemeine Rechtsnormen sind in der Einleitung beschrieben.

Das Landrecht zerfällt in zwei Teile und 43 Titel mit rd. 19 000 Paragrafen. Auch nach der Reform behält der König das Recht auf Gesetzgebung. König und Verwaltung sind aber an einmal erlassene Gesetze gebunden. Ziele der Reform sind vor allem Rechtssicherheit, Gleichheit aller vor dem Gesetz und Unabhängigkeit der Justiz von obrigkeitlicher Willkür sowie Schutz der Person und des Eigentums. Das Leben der Untertanen wird nach der neuen Rechtsordnung bis in alle Einzelheiten geregelt.

Unter den Juristen, die die neuen Gesetze und Vorschriften ausgearbeitet haben, sind Carl Gottlieb Svarez und Johann H. C. Graf von Carmer die bedeutendsten.

MADRID

Goya provoziert

Die moralisch engagierte Kunst von Francisco de Goya schafft ein Bindeglied zwischen der älteren und der modernen Malerei.

Das um 1797 entstandene Bild »Die nackte Maja« bereitet Francisco de Goya Probleme mit der spanischen Inquisition.

Um 1797: Der spanische Maler und Grafiker Francisco José de Goya erregt mit den Gemälden »Die nackte Maja« und »Die bekleidete Maja« Aufsehen.

Der am 30. März 1746 in einfachen Verhältnissen in Fuendetodos (Aragón) geborene Goya hielt sich 1770/71 auf eigene Kosten in Italien (Rom, Parma) auf. 1775 heiratete er die Schwester des Malers Francisco Bayeu und fand später Zugang zum königlichen Hof. Seine von Giovanni Battista Tiepolo (1696-1770) beeinflussten Frühwerke (Wandgemälde, Altarbilder, Teppichkartons) sind noch dem Rokoko verpflichtet. In den Porträts knüpfte er zunächst an den Klassizisten Anton Raphael Mengs (1728-1779) an, der am Hofe die künstlerische Linie bestimmte. 1786 wurde Goya zum Maler des Königs ernannt, 1789 vom neuen König Karl IV. sogar zum Hofmaler erhoben. 1792 wurde Goya Präsident der Akademie San Fernando. 1799 zum Ersten Hofmaler ernannt, veröffentlicht er im selben Jahr seine satirischen Radierfolgen »Caprichos«. 1800 entsteht das Gruppenbild »Karl IV. und seine Familie«. Zu dieser Zeit erfreut sich Goya der Protektion des Herrschers. Die Napoleonischen Kriege (1808-1813) unterbrechen seine Tätigkeit nicht. In seinen Radierfolgen »Desastres de la Guerra« (1809-1814), welche die Schrecken des Krieges dramatisch abbilden, sowie »Tauromaquia« (1815) und »Disparates« (1815) zeigt er alltägliche Größe und Erbärmlichkeit.

Nach der Thronbesteigung Ferdinands VII. 1814, der sich von Goya im Königsornat porträtieren lässt, entsteht »Die Erschießung der Aufständischen am 3. Mai 1808« (1814). Zwischen 1819-1823 malt der schwer kranke und zurückgezogen in seinem Landhaus lebende Goya 14 Wandbilder mit fantastischen Szenen, wegen ihrer Düsternis »pinturas negras« genannt. 1824 emigriert er nach Bordeaux, wo er die letzten Jahre seines Lebens verbringt und am 16. April 1828 stirbt.

Seine letzten Bilder zeigen ihn als einen Vorläufer des Impressionismus.

BERKELEY

Impfstoff gegen die Pocken

Edward Jenner begründet die moderne Immunologie.

14. 5. 1796: Der Landarzt Edward Jenner (1749-1823) impft erstmalig ein Kind mit Kuhpockenlymphe (Vakzine) und begründet damit die Pockenschutzimpfung.

Die von Jenner eingeführte Vakzination (Impfung, zu lat. vacca = Kuh) geht auf die Beobachtung zurück, dass die Sonderform der Kuhpocken beim Menschen eine leichte Verlaufsform hat und dass ihr Überstehen unempfänglich gegen die echten Pocken macht.

Jenner weist nach, dass bei der Impfung mit Kuhpocken gegenüber der bisher üblichen sog. Variolation (Übertragung von Pockeneiter von leicht Erkrankten mit einer Nadel auf Gesunde) große Vorteile hat: Es entstehen keine Pusteln und es ist nicht mit Verunstaltungen durch Narben zu rechnen. Ein tödlicher Ausgang ist darüber hinaus bei der Kuhpockenimpfung nicht zu erwarten, die Impflinge bilden keine Ansteckungsgefahr. Die Pockenimpfung nach dem Verfahren Jenners setzt sich nicht nur in Großbritannien, sondern auch auf dem Kontinent bald durch. Durch die Einführung der Pockenschutzimpfung werden die Pocken (Blattern, Variola), die als ansteckende Infektionskrankheit zuvor viele Opfer forderten, bis Ende 1979 praktisch ausgerottet. Bis zu 60 Mio. Menschen sollen der Seuche zum Opfer gefallen sein.

Edward Jenner

ZITAT

»In so milder Form infizierter Knabe«

Edward Jenner veröffentlicht 1798 einen Bericht über das neue Verfahren der Vakzination mit dem Titel »Untersuchungen über die Ursachen und Wirkungen der Kuhpocken« und beschreibt die Übertragung des von einem Menschen gewonnenen Impfstoffs:

»Um den Verlauf der Infektion noch genauer zu beobachten, impfte ich einem gesunden achtjährigen Knaben die Kuhpocken ein. Der Stoff stammte aus der Pustel des Armes einer Milchmagd, die sich bei den Kühen ihres Herrn angesteckt hatte, und wurde am 14. Mai 1796 mittels zweier seichter Hautschnitte, von denen jeder halb daumenbreit war, dem Arme des Knaben appliziert. Am 7. Tag klagte er über Schwere in der Achsel, am 9. Tag befiel ihn leichter Frost, er verlor den Appetit und hatte geringen Kopfschmerz. Während des ganzen Tages war er offensichtlich krank und verbrachte die Nächte in Unruhe, doch am nächsten Tage fühlte er sich wiederum wohl. Die Erscheinung an den Einschnittstellen war in ihrem Fortschreiten bis zum Stadium der Eiterung ganz dieselbe, wie sie in ähnlicher Weise bei der Blatternmaterie zustande kommt...

Um mir größere Gewissheit zu verschaffen, ob dieser vom Virus der Kuhpocken in so milder Form infizierte Knabe gegen Variola [Pocken] immun wäre, unterzog ich ihn am 1. Juli der Impfung mit der aus einer Pustel entnommenen Blatternmaterie.

Sie wurde auf beiden Armen nach Vornahme mehrerer Einstiche und Schnitte sorgfältig übertragen, doch zu einem Ausbruch der Blattern kam es nicht.«

TEHERAN

Kadscharen beherrschen Iran

Unter den Kadscharen erlebt Persien die letzte Blütezeit.

17. 6. 1797: Der Eunuch Agha Mohammed (*1742), Begründer der persischen Dynastie der Kadscharen und Schah von Persien (seit 1794), wird auf einem Feldzug von einem Diener ermordet. Agha Mohammad hatte als Häuptling des turkmenischen Stammes der Kadschar (»Eilende«) seit 1779 schrittweise Persien unterworfen und als Schah eine Dynastie mit der Residenz in Teheran begründet, die bis 1925 an der Macht bleibt.

Nadir Schah (*1688), der sich 1736 zum Herrscher gemacht hatte, konnte die Einheit des Reiches wahren und seine Macht bis nach Afghanistan, Hindustan und Delhi ausweiten. Bald nach seiner Ermordung am 19. Juni 1747 entstanden verschiedene Regionalherrschaften: Im Ostiran das Reich der Afghanen, das für Persien fortan verloren war; im westlichen Iran mehrere kleine Königreiche, von denen das von Mohammed Karim Khan im Januar 1750 gegründete Reich der Zand mit der Hauptstadt Schiras das mächtigste wurde.

Sein Tod am 13. März 1779 rief blutige Stammesfehden im Haus der Zand hervor, bis Lutf Ali Khan seinem Herrschaftsgebiet eine gewisse Stabilität geben konnte. Auf die Dauer konnte er sich jedoch nicht gegen Agha Mohammad behaupten. Dieser nannte sich wieder Schah, ohne jedoch an die mächtigen Herrscher mit dieser Bezeichnung aus der Safawiden-Dynastie (1502-1736) anknüpfen zu können.

Agha Mohammads Neffe Fath Ali (*1768) kann durch eine Reihe von Feldzügen seine Macht im Innern festigen, muss jedoch im Grenzgebiet zu Russland dauerhafte Rückschläge hinnehmen: Das umkämpfte Georgien wird 1802 russische Provinz, nach einem missglückten Krieg gegen das Zarenreich verliert er im Frieden von Gulistan 1813 seine Besitzungen am Kaukasus an Russland und – nach einem erneuten verlorenen Krieg 1826-1828 – seinen Anteil an Armenien mit Eriwan und Nachitschewan. Als Fath Ali am 20. Oktober 1834 stirbt, ist Persien geschwächt und immer wieder in die Konflikte zwischen Russland und Großbritannien hineingezogen.

Unter Nasir ad-Din (*1831) scheitern erste Ansätze für eine Reformpolitik in den Jahren bis 1851 an der Opposition der orthodoxen Geistlichkeit. Von Russland ermuntert, erobern persische Truppen im März 1852 die Stadt Herat in Afghanistan, müssen sich jedoch 1857 nach Intervention der Briten zurückziehen. Ab 1860 wahrt Persien offiziell Neutralität und regelt durch Verträge mit der Türkei (1878) und Russland (1882) seine Grenzen. Die Ermordung von Nasir ad-Din durch einen religiösen Eiferer am 1. Mai 1896 ändert nichts an der Politik des Iran, dessen Infrastruktur mit westlichem Geld allmählich verbessert wird. Die Abhängigkeit wächst dadurch noch, 1907 wird ein Teilungsvertrag unterzeichnet: Die Briten erhalten den Südosten des Iran, die Russen den Norden. Die Gebiete werden im Ersten Weltkrieg von russischen bzw. britischen Truppen besetzt.

Musiker und Tänzerinnen am Hof von Nasir ad-Din in Teheran

CAMPO FÒRMIO

Frankreich behauptet sich gegen die Monarchien

Die Französische Republik sichert sich ihre Anerkennung durch die Monarchen Europas.

17. 10. 1797: Der Friede von Campo Fòrmio (heute Campoformido) zwischen Österreich und Frankreich beendet den Ersten Koalitionskrieg. Österreich büßt Belgien, Mailand und Mantua ein, gewinnt aber Venetien, Istrien und Dalmatien.

General Napoleon Bonaparte führte mit seinem im März 1796 begonnenen Italienfeldzug die Entscheidung herbei. Nur Großbritannien setzt den Krieg noch weiter fort.

Frankreich hatte am 20. April 1792 Österreich den Krieg erklärt, auf dessen Seite u.a. Preußen trat. Der Tod von Ludwig XVI. führte zum Kriegseintritt Großbritanniens, der Niederlande, Spaniens und weiterer Länder. Belgien wurde zurückerobert, doch verhinderte die Niederlage bei Wattignies (15./16. 10. 1793) eine Invasion Frankreichs. Die Österreicher mussten nach der Schlacht bei Fleurus (26. 6. 1794) Belgien räumen. Im Januar 1795 rückten die Franzosen in die Niederlande ein und proklamierten die Batavische Republik. Preußen und Spanien schlossen am 22. Juli 1795 Frieden.

Die Österreicher besetzen im Januar 1798 Venedig

KAIRO

Das rd. 5000 Mann starke Mamelucken-Heer wird am 21. Juli 1798 in der Schlacht bei den Pyramiden besiegt.

Napoleon kämpft in Ägypten

Der Versuch von Napoleon Bonaparte, den Erzfeind Großbritannien durch die Eroberung Ägyptens zu schwächen, wird nach Anfangserfolgen zu einem Fehlschlag.

21. 7. 1798: Der französische General Napoleon Bonaparte besiegt das Heer der Mamelucken in der Schlacht bei den Pyramiden und zieht am 24. Juli in Kairo ein. Am 19. Mai war Napoleon mit einer rd. 36 000 Mann starken Streitmacht in Toulon aufgebrochen. Am 11. Juni wurde Malta erobert.

Zwar wird das Mameluckenheer besiegt und Kairo eingenommen, doch gefestigt ist die Lage noch nicht. Erst als am 1. Februar 1799 die verbliebenen Reste der Mamelucken bei Assuan geschlagen werden, ist ganz Oberägypten in der Hand der Franzosen.

Zugleich vernichtet der britische Konteradmiral Horatio Nelson in der am 1. August 1798 beginnenden 18-stündigen Seeschlacht vor der Insel Abukir die französische Flotte. Der türkische Sultan Selim III. geht daraufhin am 30. August mit dem bisher verfeindeten Russland ein Militärbündnis ein und erklärt am 9. September Frankreich den Krieg. Bonaparte rückt am 6. Februar 1799 mit 13 000 Mann in Syrien ein, besiegt am 15. Februar die Osmanen bei El-Arisch und erobert am 7. März Jaffa. Dort aber wütet die Pest, die auch auf die Franzosen übergreift. Die Belagerung von Akko wird am 17. Mai abgebrochen. Am 23. August verlässt Bonaparte auf der Fregatte »La Muiron« Ägypten und landet am 9. Oktober bei Frèjus.

Die Ägyptenarmee befehligt nun General Jean Baptiste Klèber. Er wird jedoch am 14. Juni 1800 in Kairo erdolcht. Nach Landung eines britischen Expeditionskorps kapitulieren die Franzosen am 30. August 1801 bei Alexandria.

PARIS

Revolution

Napoleon Bonapartes Staatsstreich führt in Gestalt der Konsularverfassung das Ende der Französischen Revolution herbei.

9. 11. 1799: Am 18. Brumaire des Jahres VIII der Revolution stürzt General Napoleon Bonaparte das Direktorium und bahnt sich damit den Weg zur Alleinherrschaft.

Nach der Proklamation der bürgerlichen Verfassung des Jahres III 1795 wurde Frankreich zwei Jahre lang von einem fünfköpfigen Direktorium geführt, dessen führender Kopf Lazare Nicolas Carnot, dann – seit Frühjahr 1797 – Paul François Jean Nicolas, Comte de Barras, war. Diese Mitte-Links-Koalition hielt sich bis Spätsommer 1797. Dann zwangen der zunehmende Einfluss der Royalisten und ihre Erfolge im März 1797 bei den Wahlen zu den beiden Kammern (»Rat der Alten« und »Rat der Fünfhundert«) die Linken zum Handeln.

Mit Unterstützung der meisten Generäle erklärten sich Barras, Jean-François Reubell und Louis-Marie La Revellière-Lèpaux am 4. September 1797 (18. Fructidor V) zum sog. Triumvirat und entmachteten die Royalisten. Am 11. Mai 1798 (22. Floréal VI) folgte ein zweiter Staatsstreich, diesmal gegen die erstarkte Linke: 106 Neo-Jakobiner und Rechte wurden aus den Kammern ausgeschlossen (»floréalisiert) und durch gemäßigte Parlamentarier

KAIRO

Ägyptenfeldzug lüftet Rätsel der Hieroglyphen

Durch die französische Expedition an den Nil wird die Erforschung des alten Ägypten zu einer echten Wissenschaft.

22. 8. 1798: Der französische General Napoleon Bonaparte gründet in Kairo das »Institut d'Egypte«. Als Bonaparte in Toulon zu seiner Expedition aufbrach, waren an Bord auch 167 Wissenschaftler und Gelehrte verschiedener Wissensgebiete, darunter Ingenieure, Geologen, Zoologen, Mathematiker, Mineralogen, Archäologen und Zeichner.

Der reiche Ertrag der Sammeltätigkeit der französischen Wissenschaftler bildet die Grundlage für die Ägpytologie, die Erforschung der ägyptischen Geschichte, Sprache, Kunst und Religion sowie Archäologie. Als ihr eigentlicher Begründer gilt Jean François Champollion (1790-1832), der 1822 und 1824 Grundlagenwerke über die Hieroglyphen publiziert.

Das wichtigste wissenschaftliche Ergebnis der Ägyptenexpedition ist 1799 das Auffinden des sog. Steins von Rosette nördlich der gleichnamigen Stadt (arab. Raschid) in Unterägypten. Der Stein enthält einen dreifachen Text in hieroglyphischer, demotischer (einer ägyptischen Kurantschrift) und griechischer Schrift. Aus dem griechischen Text geht hervor, dass alle drei Inschriften dasselbe Dekret aus dem Jahr 196 v.Chr. enthalten. Zwar geht der Stein nach der Rückeroberung Ägyptens in britischen Besitz über, doch es werden von dem Originalstein Abgüsse gefertigt, die Forschern in aller Welt als Material dienen.

Erst Champollion gelingt 1822 eine erste Analyse der Schrift. Ausgangspunkt ist seine Hypothese, dass es sich bei bestimmten Schriftzeichen – die in einem schildähnlichen Oval stehen – um Königsnamen handelt. Aufgrund seiner Kenntnisse über die griechische und die demotische Schrift beginnt Champollion Wortlängen und Stellungen zu vergleichen und die Zeichen auszuzählen. Er gelangt zu der entscheidenden Erkenntnis, dass die Hieroglyphen keine Symbol, sondern eine Lautschrift sind. Bald darauf gelingt es ihm, durch Kombinationen die im griechischen Text vorkommenden Eigennamen in Hieroglyphen zu übertragen. Champollion durchreist zwischen 1828 und 1830 Ägypten und erhält am 18. März 1831 den ersten Lehrstuhl für Ägyptologie am Collège de France.

endet

ersetzt. Angesichts der Schwäche des Direktoriums verließ Bonaparte die Ägyptenarmee und landete am 9. Oktober in Fréjus. Eine Woche später in Paris begann er sofort mit der Vorbereitung für einen Staatsstreich. Gemeinsam mit Sieyès und Außenminister Charles Maurice de Talleyrand sicherte er sich die Unterstützung von Barras und Polizeiminister Joseph Fouché und ließ seinen Bruder Lucien Bonaparte zum Präsidenten des »Rates der Fünfhundert« wählen.

Bei Marengo besiegen die Franzosen am 14. Juni 1800 die Österreicher.

Der Staatsstreich verläuft nicht so glatt wie erhofft. Zunächst werden unter dem Vorwand eines angeblichen Komplotts der »Rat der Alten« und der »Rat der Fünfhundert« nach Saint-Cloud verlegt. Bonaparte wird zum Oberbefehlshaber der Pariser Truppen ernannt. Barras, Sieyès und Pierre Roger Ducos treten als Direktoren zurück, die beiden anderen Direktoren werden in Gewahrsam genommen.

Doch am 10. November durchschauen die Jakobiner im »Rat der Fünfhundert« das Manöver Bonapartes und nur das rasche Eingreifen der Grenadiere rettet den Staatsstreich. Auf Lucien Bonapartes Drängen hin erkennen etwa 100 Abgeordnete aus dem »Rat der Fünfhundert« einen »Exekutiven Konsulatsausschuss« aus Bonaparte, Sieyès und Ducos an.

Am 24. Dezember 1799 wird die am 15. Dezember verkündete, 95 Artikel umfassende »Verfassung des Jahres VIII« in Kraft gesetzt. Laut Verfassung hat der auf zehn Jahre gewählte Erste Konsul große Vollmachten: Er »verkündet die Gesetze; er ernennt und entsetzt nach Willkür die Mitglieder des Staatsrats, die Minister, die Gesandten..., die Offiziere der Land- und Seemacht, die Mitglieder der örtlichen Verwaltungen und die Regierungskommissarien bei den Gerichtshöfen«. Die drei Konsuln – außer Bonaparte noch Jean Joseph Régis de Cambacérès und Charles François Lebrun, die aber nur beratende Funktion haben – erklären die Revolution für beendet.

ZUR PERSON

Napoleon Bonaparte

Napoleon Bonaparte wird am 15. August 1769 in Ajacchio auf Korsika geboren. Nach Besuch der Militärschulen von Brienne und Paris tritt er am 1. September 1785 als Leutnant in ein Artillerieregiment in Valence ein. Bei der Einnahme von Toulon (20. 12. 1793) zeichnet er sich aus. Nach zeitweiliger Streichung aus der Armeeliste schlägt er am 5. Oktober 1795 in Paris den Royalistenaufstand nieder, wird Divisionsgeneral (16. 10. 1795) und Befehlshaber der Armee im Innern (26. 10. 1795).

Bald nach der Heirat mit Joséphine Beauharnais (9. 3. 1796) Chef der Italienarmee geworden, erobert er Norditalien, gründet mehrere französische Satellitenstaaten und zwingt Österreich zum Frieden von Campò Formio. 1798 führt er eine Invasionsarmee nach Ägypten. Zurück in Paris, stürzt er am 9./10. November 1799 das Direktorium und wird Erster Konsul. Bis 1814 ist er Herrscher Frankreichs und lässt sich am 2. Dezember 1804 als Napoleon I. zum Kaiser der Franzosen krönen. Nach den Siegen über Preußen (1806/07) und Österreich (1809) auf der Höhe seiner Macht, verschleißt er einen Teil seiner Armee in Spanien und Portugal (1807-1814). In Russland geschlagen (1812/13), unterliegt er bei Leipzig (16.-18. 10. 1813) den Alliierten und muss am 6. April 1814 dem Thron entsagen. Die Wiedererrichtung des Kaisertums (26. 2.-22. 6. 1815) scheitert bei Waterloo (18. 6. 1815). Napoleon ergibt sich den Briten und stirbt am 5. Mai 1821 auf St. Helena.

Napoleon Bonaparte (1769-1821)

EUROPA

2. Koalitionskrieg

Die französische Expansion in Italien und in Ägypten hat zur Bildung einer zweiten Koalition unter Führung Großbritanniens geführt, der noch Österreich, Russland und Neapel angehören.

1. 3. 1799: Der französische General Jean Baptiste Jourdan überschreitet mit der Donauarmee den Rhein zwischen Basel und Kehl. Der österreichische Erzherzog Karl schlägt am 25. März Jourdan bei Stockach, worauf dieser über den Rhein zurückweicht.

In Italien werden die Franzosen bei Magnano (5. 4.) und Cassano (27. 4.) von Österreichern und den Russen unter General Alexander Wassiljewitsch Fürst Suworow besiegt. Nach ihrer Niederlage bei Novi Ligure am 15. August haben die französischen Truppen Italien praktisch verloren.

In der Schweiz zwingen am 4. Juni die Österreicher unter Erzherzog Karl und Feldmarschall-Leutnant Friedrich Freiherr von Hotze die von General André Masséna kommandierten Franzosen bei Zürich zum Rückzug hinter die Limmat. Um die Vereinigung mit dem aus Italien anrückenden Suworow zu verhindern, greift Masséna am 26. September überraschend an und wirft Österreicher und Russen aus ihrer Stellung bei Zürich.

Bei Den Helder setzt am 27. August ein britisches Geschwader 30 000 Mann an Land. Am 19. September und am 6. Oktober schlägt General Guillaume Brune die Alliierten bei Bergen und Castricum. Daraufhin zieht Paul I. die russischen Truppen am 23. Oktober 1799 zurück. Auch die Briten ziehen ab.

Im Winter 1800 rückt Napoleon Bonaparte über den Großen St. Bernhard nach Italien ein, erobert Mailand (2. 6.) und schlägt bei Montebello (9. 6.) und Marengo (14. 6.) die Österreicher.

In Lunéville wird am 9. Februar 1801 die Abtretung der linksrheinischen Reichsgebiete an Frankreich bestätigt. Österreich behält Venedig, Istrien und Dalmatien und erkennt alle französischen Republiken in Italien an. Am 27. März 1802 endet in Amiens auch der Krieg zwischen Großbritannien sowie Frankreich, Spanien und der Batavischen Republik (Niederlande). Großbritannien gibt außer Ceylon (von den Niederlanden) und Trinidad (von Spanien) alle Eroberungen zurück.

CHIMBORAZO

Entdecker Humboldt

Eine fünf Jahre und einen Monat dauernde wissenschaftliche Expedition erbringt wesentliche neue Erkenntnisse über Süd- und Mittelamerika.

23. 6. 1802: Der deutsche Naturforscher Alexander Freiherr von Humboldt besteigt gemeinsam mit dem französischen Botaniker Aimé Jacques Alexandre Bonpland den Chimborazo (6267 m). Humboldt erreicht als erster Weißer eine Höhe von 5749 m.

Am 5. Juni 1799 verließen Humboldt und Bonpland auf der Korvette »Pizarro« La Coruña und erreichten am 16. Juli 1799 Cumana in Venezuela. Humboldt und Bonpland durchwanderten zunächst die Küstenregion und das gebirgige Hinterland. Am 7. Februar 1800 ging es von Caracas aus nach Süden, über die Llanos (Ebenen) an den Orinoco. Auf ausgehöhlten Baumstämmen drangen Humboldt und Bonpland mühsam zum Rio Negro vor und fuhren diesen großen Nebenfluss des Amazonas hinab bis zum Fort San Carlos.

Von dort aus gelangten die beiden Reisenden durch den Rio Casiquiare wiederum in den Orinoco, erreichten nach insgesamt 75 Tagen Flussfahrt Angostura (Ciudad Bolivar) und waren am 27. August 1800 wieder in Cumana. Diese Reise lieferte als erste eine auf astronomischer Berechnung gegründete Kenntnis von der Bifurkation (Abfluss nach zwei verschiedenen Flussgebieten) des Orinoco.

Humboldt und Bonpland schifften sich im November 1800 nach Havanna ein und reisten am 5. März 1801 zurück aufs Festland nach Cartagena, um auf dem Magdalenenstrom südwärts und dann weiter nach Bogotá zu fahren. Im September ging die Wanderung nach Süden in Richtung Quito.

Nach der Besteigung des Chimborazo wandern Humboldt und Bonpland quer durch die Anden über Cuenca das Tal des oberen Amazonas hinab, erreichen die Cordilleren im heutigen Peru, gelangen bei Trujillo an die Küste und von dort aus nach Lima. Am 5. Dezember 1802 schiffen sie sich nach Acapulco ein und erreichen im April 1803 Mexiko City, wo sie die nähere Umgebung durchstreifen.

Im Januar 1804 reisen sie zuerst in die Hafenstadt Veracruz und dann am 7. März nach Havanna. Über die Vereinigten Staaten von Amerika kehren die Forscher zurück und gehen am 3. August 1804 in Bordeaux an Land.

Alexander Freiherr von Humboldt und Aimé Jacques Alexandre Bonpland am Fuß des Chimborazo, der zu dieser Zeit als höchster Berg der Welt gilt.

AUSBLICK

Neue Erkenntnisse über die außereuropäische Welt

Alexander Freiherr von Humboldt (1769-1859) und Aimé Jacques Alexandre Bonpland werden, als sie wieder in Frankreich an Land gehen, als »zweite Entdecker Amerikas« gefeiert. Die mitgebrachten 35 großen Kisten enthalten Sammlungen und Beobachtungen auf verschiedenen Gebieten der Naturwissenschaften und der Ethnografie.

Durch seine Forschungen ist Humboldt der letzte universale Kosmograph der Neuzeit. Seine Entdeckungen gehen über die bloße Anschauung und Beschreibung weit hinaus und führen in den Bereich der Erkenntnis von allgemein gültigen Gesetzmäßigkeiten.

- Die Erkenntnis, dass die Vegetation eines Gebietes abhängig ist von Klima und Höhenlage, begründet die Pflanzengeografie
- Die erstmals präzise getroffene Unterscheidung zwischen dem Binnen- und dem Meeresklima legt die Basis für die moderne Klimatologie
- Die Beobachtung, dass der Erdmagnetismus zum Äquator hin abnimmt, liefert entscheidende Erkenntnisse für die Geophysik.

Humboldt

Humboldts Untersuchungen der Topografie und der Bodenschätze sowie über die Bevölkerung, Ökonomie und den Verkehr in Mexiko gilt als erste moderne Länderkunde. Humboldt wertet seine in Süd- und Mittelamerika gewonnenen Erkenntnisse von 1807 bis 1827 in Paris aus. Das 30-bändige Werk »Voyage aux régions équinoxiales du nouveau continent« erscheint 1805-1834. 1829 bereist er das asiatische Russland und beginnt 1830 mit der Darstellung des gesamten Wissens über die Erde (»Kosmos«, 1845–1862). Auch Afrika gerät ins Blickfeld der Forschungsreisenden. Am 9. Juni 1788 gründete der britische Naturforscher Joseph Banks in London die »Gesellschaft zur Förderung der Entdeckung der Inneren Teile Afrikas«. Bei den wenigen Weißen, die sich bis dahin in das Innere Afrikas gewagt hatten, war vor allem kaufmännischer Unternehmungsgeist in Verbindung mit Eroberungs- und Abenteuerlust die Triebfeder gewesen. Nun kam das Interesse an Rohstoffquellen und Handelswegen hinzu. Die Gesellschaft ließ 1790 eine Karte Afrikas drucken, die zwar noch viele Fehler enthielt, aber alles bisherige Wissen zusammenfasste. Im Juni 1795 ging der schottische Arzt und Forschungsreisende Mungo Park (1771-1806) an der Mündung des Gambia-Flusses an Land und bereiste das Senegal-, Sudan- und Nigergebiet. Damit setzte die systematische Erforschung von Innerafrika ein.

WEIMAR

Große Zeit der Weimarer Klassik

Mit der Übersiedlung Friedrich Schillers von Jena nach Weimar beginnt das »klassische Jahrzehnt« der deutschen Literatur.

1799: Friedrich (ab 1802 von) Schiller kommt zu Johann Wolfgang von Goethe nach Weimar. Während der freundschaftlichen Zusammenarbeit entstehen in kurzer Zeit Schillers große historische Dramen.

Der am 10. November 1759 in Marbach geborene Schiller musste auf Befehl des württembergischen Herzogs Karl Eugen die militärische Karlsschule besuchen. Er studierte Medizin und wurde 1780 Regimentsmedikus in Stuttgart. Nach der Uraufführung des – von der Auflehnung gegen die absolutistische Gesellschaft geprägten – Dramas »Die Räuber« am 13. Januar 1782 in Mannheim verhängte der Herzog ein Schreibverbot. Schiller floh daraufhin aus Stuttgart. Es folgten u.a. »Die Verschwörung des Fiesco zu Genua« (1783), »Kabale und Liebe« (1784) und »Don Carlos« (1787). Historische Studien trugen dem häufig in finanziellen Nöten lebenden Schiller 1789 eine Professur in Jena ein. 1791 wurde er schwer lungenkrank.

Schillers letzte Schaffenszeit steht unter dem Zeichen seiner Freundschaft mit Goethe, dem er erstmals am 7. September 1788 begegnet war und mit dem er im Sommer 1794 einen Briefwechsel aufnahm. Bei dem Stuttgarter Verleger J. F. Cotta gab Schiller (1795-1797) die Zeitschrift »Die Horen« und 1796-1800 einen »Musen-Almanach« heraus. Gemeinsam mit Goethe entstanden für den Almanach von 1797 die »Xenien« (satirische Angriffe auf die zeitgenössische Literatur), im Jahr darauf die Balladen.

In Schillers letzten »klassischen Dramen« steht immer wieder der Konflikt zwischen Pflicht und Neigung im Mittelpunkt: die »Wallenstein«-Trilogie (Uraufführung 1798/99), »Maria Stuart« (1800), »Die Jungfrau von Orléans« (1801) sowie »Die Braut von Messina« (1803) und das freiheitliche Volksstück »Wilhelm Tell« (1804).

Am 9. Mai 1805 stirbt Schiller in Weimar.

Friedrich Schiller im 28. Lebensjahre.
Nach einer Photographie des Ölgemäldes von Anton Graff im Körner-museum zu Dresden.

Deutsche Schulausgaben
Band 21
Wilhelm Tell
Ein Schauspiel von Schiller
Herausgegeben von Prof. Dr. A. Thorbecke
Mit sechs, teils farbigen, Abbildungen, nach Gemälden und Skizzen von E. Stückelberg, einem Bildnis Schillers und einer Übersichtskarte
Bielefeld und Leipzig. 1922
Velhagen & Klasing

Titelseite des »Wilhelm Tell« mit einen Porträt von Schiller

PARIS

Erste Batterie

Die »Voltasche Säule« eröffnet das Zeitalter der Elektrizität.

7. 11. 1801: Der italienische Physiker Alessandro Graf (ab 1810) Volta führt an der Académie des Sciences dem Ersten Konsul Napoleon Bonaparte seine Stromquelle (sog. Voltasche Säule) vor, die als erste Batterie einen gleichmäßig fließenden elektrischen Strom liefert.

Die »Voltasche Säule« besteht aus einer übereinander geschichteten Anordnung verschiedener Metalle – Kupfer (oder Silber) und Zinn (Zink) mit Zwischenlagen aus Pappe (Leder) – die mit einer Salzlösung (Lauge) getränkt sind, also einer den Strom leitenden Flüssigkeit. Die Hintereinanderschaltung einzelner Stromquellen ermöglicht einige hundert Volt (die nach Volta benannte Maßeinheit) Spannung. Allerdings ist die Leistung begrenzt: Die Voltasche Säule lässt sich nur einmal entladen. Erst als 1867 Werner von Siemens (1816-1892) den elektromagnetischen Generator erfindet, kann Elektrizität in großen Mengen erzeugt werden. Volta (1745-1827) kam 1793 durch die Analyse der von Luigi Galvani (1737-1798) unternommenen Froschschenkelversuche auf die Spur der Elektrizität.

STICHWORT

Aneignung antiken Geisteslebens

Als Weimarer Klassik gilt in der Literatur das Werk und die geistige Welt Johann Wolfgang von Goethes und Friedrich von Schillers in den Jahren ihrer künstlerischen Vollendung.

Bei Goethe beginnt diese Zeit 1786 mit dem Antritt seiner ersten Italienreise und endet mit Schillers Tod im Jahr 1805. Schillers bedeutendste Werke entstehen ab 1794, dem Beginn seiner Freundschaft mit Goethe. Gleichfalls zum Weimarer Geistesleben der Jahrhundertwende zählen die Dichter Christoph Martin Wieland und Johann Gottfried (ab 1802) von Herder.

Die Weimarer Klassik folgt auf die Rationalität der Aufklärung und den dynamischen Ausdruck der sog. Sturm-und-Drang-Zeit, jener nach dem Drama »Sturm und Drang« von Friedrich M. Klinger (1766) benannten, zutiefst gefühlsbetonten Epoche der deutschen Literatur von 1765 bis etwa 1790, der auch Goethe und Schiller in ihren jüngeren Jahren angehörten.

Ein Wesensmerkmal der Weimarer Klassik ist die Aneignung des von Johann Joachim Winckelmann vermittelten Erlebnisses der griechischen Antike, verbunden mit einer Ästhetisierung der Wirklichkeit und einem Schönheitsideal, in dem Ruhe, Ebenmaß und sittliche Ordnung die tragenden Säulen bilden.

Goethe-Schiller-Denkmal in Weimar

Die Idealform der allseits gebildeten Persönlichkeit, das Zusammenbringen der Gegensätze Geist und Natur sowie Verstand und Gefühl und daraus resultierende Konflikte des Individuums mit den Gegenkräften der Umwelt oder der Geschichte finden in der Weimarer Klassik ihre Kunstform. Ewige Weltgesetze werden im Symbol dargestellt und die exemplarischen Urbilder werden hinter Einzelphänomenen verdeutlicht. Gesucht wird nach der Konstante im Wechsel, nach dem Gesetzhaften in der Abfolge der Ereignisse.

An Werken entstehen in der Weimarer Klassik u.a. von Goethe die Dramen »Iphigenie auf Tauris« (1787), »Egmont« (1789), »Torquato Tasso« (1790) und »Faust« (1790 bzw. 1808; Uraufführung 1829), das Epos »Hermann und Dorothea« (1797), der Roman »Wilhelm Meisters Lehrjahre« (1795/96), die Balladen (1797) sowie die »Römischen Elegien« (in Schillers Zeitschrift »Die Horen« 1795) und »Venezianische Epigramme« (in Schillers Musen-Almanach für 1796); von Schiller die Dramen »Wallensteins Lager« (Uraufführung 1798) sowie »Die Piccolomini« und »Wallensteins Tod« (beide 1799), »Maria Stuart« (1800), »Die Jungfrau von Orléans« (1801), »Die Braut von Messina« (1803) und »Wilhelm Tell« (1804) sowie die Balladen.

PARIS

Napoleon krönt sich selbst

Mit der Kaiserkrönung dokumentiert Napoleon I. seinen weit über Frankreichs Grenzen hinausreichenden Machtanspruch.

2. 12. 1804: In der Kathedrale Notre-Dame in Paris krönt Napoleon Bonaparte sich selbst sowie seine sechs Jahre ältere Gemahlin Joséphine. Der Korse nimmt den Titel »Empereur des Français« (Kaiser der Franzosen) an.

Der französische Senat hatte den Ersten Konsul bereits am 18. Mai zum Kaiser proklamiert. Am 6. November wurde auch formell in einer Volksabstimmung die Umwandlung der Republik in ein erbliches Kaiserreich gebilligt.

Um der Krönung einen möglichst feierlichen Anstrich zu geben, war Papst Pius VII. aus Rom nach Paris beordert worden, wo er am 21. November eintraf. Ihm wurde die Aufgabe zugewiesen, Napoleon im Rahmen der Krönungszeremonie den kirchlichen Segen zu erteilen. Allerdings verlangte Pius VII. dafür die kirchliche Trauung des künftigen Kaiserpaares, die am 1. Dezember vollzogen wurde.

Vor der Selbstkrönung lässt sich Napoleon vom Papst salben und knüpft damit an die mittelalterlichen Traditionen des von der Kirche beglaubigten Universalherrschers an.

Anschließend leistet Napoleon I. den Eid auf die revolutionären Ideale. Seine Herrschaft ist gefestigt: Die Armee steht fest an seiner Seite, auch der neue Dienstadel, das Handelsbürgertum und der alte Adel, der das während der Revolution eingezogene Land teilweise zurückkaufen kann, ist zufrieden. Die durch soziale, administrative und rechtliche Reformen geschaffene Ordnung legt den Grundstein für künftige Expansionen. In seinen Memoiren sieht sich Napoleon als Friedensstifter: »Ich habe den Schlund der Anarchie geschlossen und das Chaos entwirrt. Ich habe die Revolution gereinigt, die Völker veredelt, die Throne befestigt. Ich habe alle Talente aufgemuntert, alle Verdienste belohnt und die Grenzen des Ruhms weiter hinausgerückt.«

Widerspruch duldet er jedoch nicht: So wird ein prominenter Kritiker, der Revolutionsgeneral Jean Victor Moreau, 1804 wegen angeblicher Teilnahme an einer Verschwörung zuerst verhaftet und dann des Landes verwiesen. Außerdem wird die Zensur verschärft.

Napoleon I. krönt seine Gemahlin Joséphine (Gemälde von Jacques Louis David)

WIEN

Auch Österreich wird Kaiserreich

Als Antwort auf die Kaiserkrönung Napoleons wird auch Österreich zum Kaiserreich erhoben.

11. 8. 1804: Der römisch-deutsche Kaiser Franz II. erhebt nach der Kaiserproklamation Napoleons I. (18. 5. 1804) die österreichischen Erblande zum Kaiserreich und nimmt den Titel eines erblichen Kaisers von Österreich an. Als solcher ist er fortan Franz I. Der schwarze Doppeladler auf goldenem Grund, das Symbol des Deutschen Reiches, ist künftig das Wappen des Kaiserreiches Österreich.

Mit seinem Schritt begegnet der Wiener Hof diesem als Usurpation angesehenen Vorgehen Napoleons, mit dem das römisch-deutsche Kaisertum seinen universellen Anspruch verloren hat. Die Rangerhöhung soll »jene vollkommene Gleichheit des Titels und der erblichen Würde mit den vorzüglichsten Europäischen Regenten und Mächten aufrecht erhalten«.

Franz II.

Nach dem Reichsdeputationshauptschluss 1803 ist die Erhebung Österreichs zum Kaiserreich der zweite wichtige Schritt hin zur Auflösung des fast 900 Jahre alten Heiligen Römischen Reiches Deutscher Nation. Am 6. August 1806 legt Franz II. nach Gründung des Rheinbundes die römisch-deutsche Kaiserwürde nieder.

PARIS

Code civil gilt

Das napoleonische Zivilgesetzbuch wird von entscheidender Bedeutung für die internationale Rechtsgeschichte.

21. 3. 1804: Der Code civil (auch Code Napoleon) tritt als Zivilgesetzbuch in Kraft. Es ist das erste von fünf Gesetzbüchern, die in der Ära des Ersten Konsuls bzw. Kaisers Napoleon I. erscheinen. Dem Zivilgesetzbuch folgen der Code de procédure civile (Zivilprozessrecht, 1806), Code de commerce (Handelsrecht, 1807), Code d'instruction criminelle (Strafprozessrecht, 1808) und der Code pénal (Strafrecht, 1810).

Mit der Arbeit an dem Zivilgesetzbuch war bereits zu Zeiten der Französischen Revolution begonnen worden. Im August 1793 hatte der Jurist Jean Joseph Règis de Cambacérés dem Nationalkonvent den Entwurf eines etwa 700 Artikel umfassenden Zivilgesetzbuches vorgelegt. Er wurde ausführlich diskutiert, aber wieder verworfen. 1800 nahm Napoleon die Gesetzgebungsarbeit wieder auf und setzte eine vierköpfige Kommission ein, deren Entwurf im Staatsrat unter seinem Vorsitz ausführlich beraten wurde.

Napoleon nahm besonders Einfluss auf die Vorschriften zur Scheidung aufgrund gegenseitiger Vereinbarung. Dies kam ihm zugute, als er sich (wegen nicht fürstlicher Abstammung und Kinderlosigkeit) am 15. Dezember 1809 von Josephine Beauharnais scheiden lässt, um sich mit Erzherzogin Marie Louise zu verehelichen. Bei der Verkündung hat der Code civil 2281 Artikel und ist in vier Teile gegliedert (Einleitung, Personenrecht, Sachenrecht sowie Erb-, Schuld-, Ehegüter-, Pfand- und Hypothekenrecht). Die grundlegenden Errungenschaften der Revolution erhalten den Status juristisch sanktionierter Normen: Gleichheit vor dem Gesetz, Anerkennung der Freiheit des Individuums und des Eigentums, Trennung von Staat und Kirche durch Einführung der obligatorischen Zivilehe. Die Rechtsquellen sind römisches Recht (vor allem im Sachen- und Schuldrecht) sowie das Gewohnheitsrecht.

Durch die französischen Eroberungsfeldzüge kommt der Code civil auch nach Deutschland, wo er in den linksrheinischen Teilen und unwesentlich abgewandelt als badisches Landrecht in Baden bis 1900 Geltung hat. Eine Reihe von Ländern wie Belgien, Luxemburg, die Niederlande, Spanien, Portugal, Rumänien, Italien und Griechenland sowie die meisten Staaten Südamerikas und der US-Bundesstaat Louisiana übernehmen die Inhalte des Code civil.

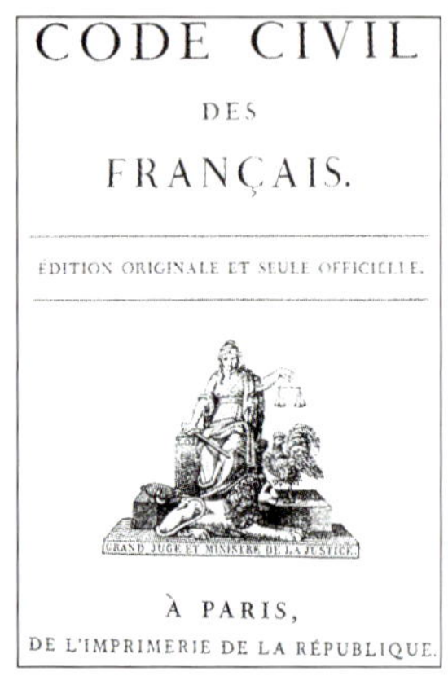

CODE CIVIL

DES

FRANÇAIS.

ÉDITION ORIGINALE ET SEULE OFFICIELLE.

À PARIS,

DE L'IMPRIMERIE DE LA RÉPUBLIQUE.

Titelblatt des Code civil, Paris 1804

Mit etlichen Änderungen, vor allem im stets konservativ gehaltenen Zivilrecht, bleibt der Code civil in Kraft. Im Laufe der Jahre werden etwa ein Siebentel der Artikel geändert. Das Strafgesetzbuch, der Code pénal, wird erstmals 1994 umfassend reformiert.

TRAFALGAR

Nelson siegreich

Die Seeschlacht bei Trafalgar sichert auf Dauer die britische Herrschaft zur See. Größte Landmacht bleibt das napoleonische Frankreich.

21. 10. 1805: Die britische Flotte unter Führung von Admiral Horatio Viscount Nelson vernichtet ohne eigene Verluste bei Kap Trafalgar, nordwestlich der Straße von Gibraltar nahe Cádiz, den Großteil der verbündeten französisch-spanischen Flotte.

Noch vor dem endgültigen Sieg über die von Admiral Pierre Charles de Villeneuve geführten Franzosen und Spanier wird Nelson von einer Musketenkugel getroffen und stirbt.

Der Sieg sichert jedoch Großbritannien für das gesamte 19. Jahrhundert die Seeherrschaft. Der zwischen Großbritannien und Frankreich geschlossene Friede von Amiens (27. 3. 1802) war nicht von Dauer. Ein Teil der erheblichen englischen Konzessionen (u.a. Rückgabe von Malta an den Malteserorden und Verzicht auf Tobago und St. Lucia sowie auf Kapstadt) wurde durch den neuerlichen Kriegsausbruch 1803 bzw. im Jahr 1806 hinfällig.

Französische Provokationen in Westindien und die verspätete Räumung Maltas durch Großbritannien beschworen bereits im Frühjahr 1803 wieder eine Krise herauf, die durch ein rigides französisches Zollgesetz (28. 4.) noch verschärft wurde. Sie führte am 18. Mai 1803 zum Kriegsausbruch, nachdem Frankreich der britischen Forderung nach Räumung der Niederlande nicht nachgekommen war.

Die Briten besetzten daraufhin die französischen Kolonien in Indien und Westindien und legten einen Blockadering vor die Häfen Brest, Rochefort und Toulon. Nach der Besetzung des mit England in Personalunion verbundenen Kurfürstentums Hannover im Juni 1803 zog Napoleon eine Invasion Großbritanniens in Erwägung.

Er sammelte in Boulogne eine Invasionsflotte mit mehr als 600 Schiffen und über 100 000 Soldaten. Zugleich versuchte er durch einen Flottenvorstoß nach Westindien die Briten abzulenken, um freie Bahn für eine Invasion zu haben.

Doch die Vorbereitungen für ein geplantes Landungsunternehmen in England müssen nach Trafalgar aufgegeben werden. Am 26. August 1805 beorderte Napoleon I. die Truppen von Boulogne an den Rhein, um auf einen erneuten Landkrieg vorbereitet zu sein. Um Großbritannien in die Knie zu zwingen, bleibt Napoleon allein der Wirtschaftskrieg.

Der Krieg gegen Frankreich wurde zur Lebensaufgabe des am 29. September 1758 in Burnham-Thorpe in Norfolk als Pfarrerssohn geborenen Nelson. Er war im Krieg gegen die Vereinigten Staaten vom Leutnant (1777) zum Kapitän (1779) aufgestiegen und nahm 1787 seinen Abschied. Im August 1793 reaktiviert, verlor er auf Korsika das

Kleines Bild: Nelson; großes Bild: Seeschlacht bei Trafalgar – 27 britischen stehen 33 französisch-spanische Schiffe gegenüber (Gemälde von 1805).

rechte Auge und – nachdem er sich als Kommodore bei Kap St. Vincent (14. 2. 1797) ausgezeichnet hatte – im Juli 1797 bei Teneriffa auch den rechten Arm.

Im Sommer 1798 erneut einsatzfähig, erhielt er als Konteradmiral das Kommando im Mittelmeer. Der Seesieg über die Franzosen bei Abukir brachte ihm den Titel eines Baron of the Nile ein. Er ging nach Neapel, um König Ferdinand III. zum Krieg zu bewegen, was ihm mit Hilfe von Lady Emma Hamilton – der Frau des britischen Gesandten – auch gelang. Zurück in England, im November 1800, ließ er sich ihretwegen von seiner Frau scheiden. Im April 1801 vernichtete er einen Teil der dänischen Flotte vor Kopenhagen und wurde zum Viscount Nelson erhoben.

Der Seesieg von Trafalgar hat auch Auswirkungen auf Südamerika, wo die Niederlage der spanischen Seemacht der dortigen Unabhängigkeitsbewegung neuen Auftrieb gibt: Der Freiheitskämpfer Simón Bolívar, der sich im Jahr 1810 in London aufhält und (nicht offizielle) britische Hilfszusagen erhält, beteiligt sich 1810 in Caracas an der Erhebung gegen die französisch-spanische Herrschaft und wird zum viel umjubelten Befreier Venezuelas, Kolumbiens, Panamas, Ecuadors, Perus und Boliviens von der spanischen Herrschaft.

REGENSBURG

Neuordnung des Reiches beschleunigt dessen Ende

Für die Abtretung linksrheinischer Gebiete an Frankreich werden die weltlichen Herrscher mit geistlichen Territorien entschädigt.

25. 2. 1803: Eine außerordentliche Kommission des Reichstages des Heiligen Römischen Reiches Deutscher Nation in Regensburg beschließt den Reichsdeputationshauptschluss. Er wird am 24. März vom Reichstag als Reichsgrundgesetz angenommen.

Damit wird die Entschädigung der Fürsten, die ihre linksrheinischen Gebiete an Frankreich hatten abtreten müssen, festgesetzt.

Der letzten, außerordentlichen Reichsdeputation des Regensburger Reichstags gehören Kurmainz, Böhmen (Österreich), Sachsen, Brandenburg (Preußen), Pfalz-Bayern, der Hoch- und Deutschmeister, Württemberg und Hessen-Kassel an.

Als Entschädigung der Fürsten, die infolge der Frieden von Basel (1795) und Lunéville (1801) ihre linksrheinischen Gebiete verloren hatten, wird festgesetzt: 1. Aufhebung aller geistlicher Fürstentümer (mit wenigen Ausnahmen); 2. Säkularisierung des Kirchenguts; 3. Mediatisierung (Verlust der Reichsunmittelbarkeit) der Reichsstädte bis auf Hamburg, Lübeck, Bremen, Frankfurt am Main, Augsburg und Nürnberg; 4. Neuschaffung der weltlichen Kurfürstentümer Baden, Württemberg, Hessen-Kassel und Salzburg, um das Übergewicht der katholischen Reichsstände zu beseitigen. Insgesamt sind durch den Reichsdeputationshauptschluss mit der Kurpfalz sowie Kurköln und Kurtrier ein weltliches und zwei geistliche Kurfürstentümer sowie 19 Reichsbistümer, 44 Reichsabteien und 41 Reichsstädte betroffen. Sie werden herrschafts- und vermögensrechtlich in den Besitz der weltlichen Reichsfürstentümer überführt. Etwa 3 Mio. Menschen wechseln ihre Landeszugehörigkeit.

Die Folge ist die bislang größte territoriale Umgestaltung des Reiches und das Entstehen weniger, vor allem von Frankreich abhängiger süddeutscher Mittelstaaten, die am Fortbestehen des Reiches nun ebenso wenig interessiert sind wie die Großmächte Preußen und Österreich. Mit dem Reichsdeputationshauptschluss ändert sich auch die konfessionelle Zusammensetzung im Reichsfürstenrat (77 protestantische gegen 53 katholische Stimmen) sowie im Kurkolleg (sechs gegen drei).

JENA UND AUERSTEDT

Kaiser Napoleon I. beherrscht Mitteleuropa

Mit der Niederlage gegen Frankreich zerbricht der Mythos von der militärischen Stärke Preußens und zugleich der friderizianisch geprägte Staat des 18. Jahrhunderts.

14. 10. 1806: Kaiser Napoleon I. besiegt die Preußen in der Doppelschlacht von Jena und Auerstedt. Mit dem Sieg über Österreich und Preußen im 3. und 4. Koalitionskrieg hat sich Frankreich endgültig seine Vorherrschaft über den Kontinent gesichert.

3. Koalitionskrieg: Im Sommer und Herbst 1805 hatte sich der britisch-französische Konflikt zum 3. Koalitionskrieg (1805/06) ausgeweitet. Es bildete sich eine Koalition zwischen England, dem Zarenreich (11. 4. 1805), Österreich (9. 8. 1805) sowie Schweden und Neapel.

Der Krieg begann am 8. September 1805 mit dem Einmarsch österreichischer Truppen in Bayern. Doch Napoleon I. überquerte am 15. September mit seiner Hauptarmee den Rhein und zwang in einem raschen Umgehungsfeldzug die 23 000 Mann starke österreichische Armee unter dem Befehl von Feldmarschall-Leutnant Karl Freiherr von Mack in Ulm am 17. Oktober zur Kapitulation.

Nach der Besetzung Wiens am 13. November gelang Napoleon I. am 2. Dezember in der »Dreikaiserschlacht« bei Austerlitz (an der Straße von Brünn nach Olmütz) ein entscheidender Sieg gegen die vereinigten Österreicher und Russen, deren Aufmarsch jedoch bei Schlachtbeginn noch nicht abgeschlossen war.

Während die von Zar Alexander I. befehligten Russen nach Osten abzogen, zwang Napoleon I. am 25. Dezember 1805 im Frieden von Pressburg den österreichischen Kaiser Franz I. u.a. zur Abtretung von Tirol, Vorarlberg (an Bayern) sowie von Trentino, Istrien und Dalmatien an das Königreich Italien. Am 18. März 1805 war der 1797 geschaffene französische Satellitenstaat Cisalpinische Republik in Oberitalien mit der Hauptstadt Mailand zum Königreich Italien erhoben worden und Napoleon I. hatte sich am 26. Mai zum König von Italien gekrönt. Als einziges Zugeständnis erhielt Österreich im Tausch gegen das bayerische Bistum Würzburg sein Kurfürstentum Salzburg zurück.

4. Koalitionskrieg 1806/07: Seit dem Sonderfrieden von Basel (5. 4. 1795) hatte sich Preußen neutral verhalten. Dies führte jedoch letztlich in eine hoffnungslose Isolation. Im Vertrag von Schönbrunn (15. 12. 1805) hatte Napoleon I. Preußen die Besitznahme des mit Großbritannien in Personalunion verbundenen Kurfürstentums Hannover zugesichert. Im Pariser Traktat (15. 2. 1806) konnte Napoleon I. Preußen sogar verpflichten, die Annexion Hannovers sofort zu vollziehen, wodurch sich Preußen ab dem 11. Juni 1806 mit England im Kriegszustand befand. Napoleons Angebot der Rückgabe Hannovers an England führte schließlich Anfang August zum Bruch mit Preußen.

Am 9. Oktober 1806 erließ Preußens König Friedrich Wilhelm III. ein Kriegsmanifest gegen Frankreich. Damit begann der 4. Koalitionskrieg, in dem Sachsen, Braunschweig und Sachsen-Weimar auf der Seite Preußens kämpfen. Doch der Sieg der Franzosen in der Doppelschlacht von Jena und Auerstedt enthüllt die Schwäche des mit veralteter Taktik kämpfenden preußischen Heeres.

Die wichtigsten preußischen Festungen – Erfurt, Magdeburg, Spandau, Stettin und Küstrin – kapitulieren. Berlin wird am 24. Oktober besetzt. Friedrich Wilhelm III. kämpft mit russischer Unterstützung in Ostpreußen weiter. Der unentschiedenen Schlacht bei Preußisch-Eylau (7./8. 2. 1807) folgt der Sieg Napoleon I. bei Friedland über die Russen (14. 6.). Er zwingt den Zaren zum Frieden von Tilsit (7. 7.), dem sich Preußen anschließt (9. 7.).

Preußen verliert alle Gebiete westlich der Elbe an das neu gegründete Königreich Westfalen; die in der 2. und 3. Polnischen Teilung gewonnenen Gebiete fallen an das neue Herzogtum Warschau.

Um eine Vereinigung der dänischen, spanischen und französischen Kriegsflotte zu verhindern, erobern die Briten nach einem dreitägigen Bombardement am 5. Dezember 1807 Kopenhagen und nehmen die dänische Flotte als Prisengut. Dänemark verbündet sich mit Napoleon I. und Russland wendet sich von Großbritannien ab.

Biwak des französischen Kaisers Napoleon I. am Vorabend der »Dreikaiserschlacht« bei Austerlitz (Gemälde von Louis François Lejeune)

KASSEL

Europa neu gestaltet

Die Gründung von Satellitenstaaten soll die französische Hegemonie über Europa dauerhaft sichern.

18. 8. 1807: Kaiser Napoleon I. bildet das Königreich Westfalen mit der Hauptstadt Kassel. Es umfasst Hessen-Kassel, Braunschweig und Hannover sowie preußische Gebiete westlich der Elbe. Zum Herrscher wird Napoleons Bruder Jérôme Bonaparte ernannt. 1810 werden noch Teile Hannovers hinzugefügt.

Die imperialistische Politik hatte zu Zeiten der Republik begonnen: Die 1794 eroberten österreichischen Niederlande (Belgien) wurden annektiert, die nördlichen Niederlande als Batavische Republik 1795 französisches Einflussgebiet. Ab 1806 regierte Louis Napoleon – Napoleons jüngerer Bruder – das Königreich Holland, das am 30. Juni 1810 ebenfalls Frankreich angeschlossen wird.

Das 1797 eroberte Genua wurde zur Ligurischen Republik erklärt und 1805 mit Frankreich vereint. 1798 entstand die Römische Republik, die 1809 in das Königreich Italien eingegliedert wird. Neapel ist 1806-1815 napoleonisches Königreich und wird von Napoleons ältestem Bruder Joseph (bis 1808), dann von seinem Schwager Joachim Murat regiert.

Im Frühjahr 1798 wurde die Eidgenossenschaft besetzt und die Helvetische Republik als ein Einheitsstaat gegründet. Die Schweiz erhielt nach innerem Streit 1803 eine von Napoleon diktierte föderale Verfassung.

Französische Schwesterrepubliken und Satellitenstaaten 1797-1814

Niederlande	
Holland	1795-1806 Batavische Republik, 1806-1810 Königreich Holland (König: Louis Napoleon), 1810 von Frankreich annektiert
Italien	
Genua	1797-1805 Ligurische Republik, dann von Napoleon I. annektiert
Mailand	1797-1802 Cisalpinische Republik, ab 1802 Italienische Republik, 1805 Königreich Italien (König: Napoleon I.)
Rom	1798/99 Römische Republik, 1809 französisch
Neapel	1799 Parthenopäische Republik, 1806 Königreich Neapel (Könige: bis 1808 Joseph Bonaparte, 1808-1815 Joachim Murat, Ehemann von Karoline Bonaparte)
Lucca	1799-1805 Republik Lucca, 1805-1815 Fürstentum Lucca (Fürstin: Napoleons Schwester Elisa Bacciocchi)
Toskana	1801-1807 Königreich Etrurien (Könige: bis 1803 Ludwig I. von Bourbon-Parma, bis 1807 Ludwig II. von Bourbon-Parma), 1807 mit Frankreich vereinigt, ab 1809 Großherzogtum Toskana (Großherzogin: Napoleons Schwester Elisa Baciocchi)
Schweiz	
Helvetische	1798-1803 Einheitsstaat, 1803-1814 auf Grund einer Republikvon Napoleon verfügten Verfassung (Mediationsakte) Staatenbund
Deutschland	
Berg	Großherzogtum Berg (Großherzöge: ab 1806 Napoleons Schwager Joachim Murat, ab 1809 Napoleon Louis, Sohn des Königs von Holland, Louis Napoleon), 1813 aufgelöst
Westfalen	1807-1813 Königreich Westfalen (König: Jérôme Bonaparte)
Polen	
Warschau	1807-1814 Großherzogtum Warschau (Großherzog: König Friedrich August von Sachsen)
Spanien	
Spanien	1808-1813 Napoleonisches Königreich (König: Joseph Bonaparte)

YVERDON

Neue Pädagogik

Johann Heinrich Pestalozzi wird zu einem Wegbereiter der Volksschule und der Lehrerbildung.

Johann Heinrich Pestalozzi und seine Frau Anna beim Elementarunterricht auf ihrem Reformgut Neuhof bei Birr im Aargau

1806: Der Schweizer Pädagoge Johann Heinrich Pestalozzi gründet in Yverdon (Waadt) ein Lehrinstitut. Es wird zur Erprobungsstätte für seine pädagogischen Ideen und zieht Schüler aus ganz Europa an.

Der als Sohn eines Arztes am 12. Januar 1746 in Zürich geborene Pestalozzi hatte 1775 in Neuhof im Aargau eine Erziehungsanstalt für rd. 50 verwaiste oder verwahrloste Bettelkinder gegründet. Das Experiment der tätigen Armenhilfe scheiterte 1780, wurde aber zum Ausgangspunkt für eine neue Pädagogik.

Unter dem Einfluss der Aufklärung verbindet sich bei Pestalozzi die Absicht, die sozialpolitischen Verhältnisse zu verbessern, mit der Erkenntnis, dass die Verknüpfung von praktischer Arbeit mit theoretischer Bildung die Selbsttätigkeit des lernenden Kindes am besten verwirklicht. Erziehung zur Selbstständigkeit gilt ihm als Voraussetzung für eine Veränderung der gesellschaftlichen Verhältnisse.

Zu den Prinzipien seiner »Elementarmethode« gehören die »Kräftebildung« des Menschen und die Bewusstmachung des eigenen Könnens, eine natürliche Erziehung gegenüber der »Künstlichkeit« der bisherigen Schulbildung. Anschaulichkeit als Kennzeichen der Natürlichkeit sowie Anregung zur »Selbsttätigkeit« und Vermittlung von elementarem Wissen für die ganze Bevölkerung. Seine Erfahrungen legte Pestalozzi in mehreren Schriften nieder (»Abendstunde eines Einsiedlers«, 1780; »Lienhard und Gertrud«, 1781).

Nach vielen Enttäuschungen wird er durch die Lehranstalt in Yverdon international bekannt, 1825 muss er diese Anstalt jedoch nach einem Streit mit seinen Mitarbeitern schließen. Am 17. Februar 1827 stirbt Pestalozzi in Brugg im Kanton Aargau.

BERLIN

Kontinentalsperre verhängt

Mit der Absperrung Festlandeuropas will Kaiser Napoleon I. seinen Hauptgegner Großbritannien entscheidend schwächen.

Eingeschmuggelte britische Waren werden in Frankfurt am Main öffentlich verbrannt (Aquarell, 1810)

21. 11. 1806: Im eroberten Berlin verhängt Kaiser Napoleon I. die Kontinentalsperre gegen Großbritannien. Sämtliche Häfen und Küsten des europäischen Kontinents werden für den Handel mit Großbritannien und britischen Gütern gesperrt. Nachdem der Verlust der französischen Flotte bei Trafalgar eine Seeblockade unmöglich gemacht hat, soll nun eine Landblockade Großbritannien in die Knie zwingen und es zugleich nötigen, die am 16. Mai über alle von Frankreich kontrollierten Häfen zwischen Brest und der Elbmündung verhängte Seeblockade zu beenden.

1807 wird die Auseinandersetzung noch schärfer: England unterbindet am 7. Januar die Küstenschifffahrt zwischen Frankreich und seinen Verbündeten und bedroht alle nicht britischen Schiffe mit Aufbringung, sofern sie nicht zuvor britische Häfen zur Zollabfertigung anlaufen. Die Kontinentalsperre scheitert jedoch an der fehlenden Möglichkeit, sie lückenlos durchzuführen. Zwar werden zum 1. Januar 1811 sogar die Hansestädte Hamburg, Lübeck und Bremen sowie die gesamte deutsche Nordseeküste zu Teilen des französischen Kaiserreichs erklärt, um die Absperrung wirksamer durchführen zu können, doch entzieht sich Schweden der Teilnahme und Russland tritt wieder aus, weil es durch die britischen Gegenmaßnahmen vom Seehandel abgeschnitten wird.

WIEN

Schmach für Österreich

Der 5. Koalitionskrieg endet mit einer vernichtenden Niederlage der Österreicher gegen Napoleon I.

14. 10. 1809: Der Friede von Schönbrunn beendet den Krieg zwischen Österreich und Frankreich. Österreich büßt ein Gebiet von 2150 Quadratmeilen mit rd. 3,5 Mio. Einwohnern ein. Angesichts der militärischen Verstrickung der Franzosen auf der Iberischen Halbinsel hatte Österreich am 9. April 1809 Frankreich den Krieg erklärt. Zwar gelang Erzherzog Karl bei Aspern (am 22. Mai) der erste Sieg über Napoleon I., doch nach der Niederlage bei Wagram (5./6. 7.) war der Krieg für die Donaumonarchie verloren.

Andreas Hofer mit Gefährten (Umrissradierung, um 1810)

Die Hoffnung auf Bundesgenossen in Deutschland, auf die Entfesselung eines Volkskriegs gegen Napoleon I., blieb vergeblich. Es kam lediglich zu lokalen Aufständen durch das Freikorps des »Schwarzen Herzogs« Friedrich Wilhelm von Braunschweig-Oels (1771-1815) und den preußischen Major Ferdinand von Schill (*1776), der am 31. Mai 1809 in Stralsund den Tod im Straßenkampf fand. Auch der Aufstand in Tirol unter Andreas Hofer (*1767) schlug fehl. Der Gastwirtsbesitzer aus dem Passeiertal besiegte zwar die Franzosen und ihre bayerischen Hilfstruppen dreimal am Berg Isel. Durch Verrat kommt er in Gefangenschaft und wird auf Befehl Napoleons I. am 20. Februar 1810 in Mantua standrechtlich erschossen.

Fehlschlag in Russland

Rückzug aus Russland; auf dem entbehrungsreichen Heimweg erleidet die »Grande Armée« große Verluste (Aquatintablatt von Johann Adam Klein)

BERLIN

Reformen bereiten Preußens Wiederaufstieg vor

Die stein-hardenbergschen Reformen ermöglichen Preußen eine Neuorganisation der Staatsverwaltung.

9. 10. 1807: Der zu Jahresbeginn 1807 aus preußischen Diensten entlassene und am 30. September als leitender Minister zurückgeholte Karl Reichsfreiherr vom und zum Stein (1757-1831) erlässt das Edikt zur Bauernbefreiung und zur Aufhebung ständischer Berufsschranken. Mit der Bauernbefreiung wird die Gutsuntertänigkeit aller Bauern abgeschafft und die Ablösung der auf den Höfen liegenden Belastung geregelt. Durch die Aufhebung ständischer Beschränkungen können Adlige bürgerliche Gewerbe betreiben und Bürgerliche dürfen Rittergüter erwerben. Negative Folge ist allerdings das Entstehen eines Landproletariats, während die ostelbischen Großgrundbesitzer die Höfe der Mittel- und Kleinbauern aufkaufen, die ihre Scholle aus finanziellen Gründen nicht behalten können. Mit der Städteordnung vom 19. November 1808 wird allen städtischen Gemeinden die Selbstverwaltung verliehen.

Grundlegend für die Neuorganisation der Staatsverwaltung wird die mit der Verordnung vom 24. November 1808 vollzogene Einrichtung eines Staatsministeriums (ab 1810 Staatskanzler) mit fünf Fachministern. Am selben Tag wird Stein auf Betreiben Napoleons zum zweiten Mal entlassen. Er geht ins Exil. Das Reformwerk Steins wird vom leitenden Minister Karl August von Hardenberg fortgesetzt (stein-hardenbergsche Reformen). Ein Steueredikt ersetzt die undurchschaubare Vielfalt an Steuern und Abgaben durch ein System weniger Hauptsteuern (27. 10. 1810), die Gewerbefreiheit wird eingeführt (28. 10. 1810) und der Zunftzwang vollständig abgeschafft (7. 9. 1811). Die jüdischen Bürger werden weitgehend rechtlich gleichgestellt (11. 3. 1812) und durch die Gründung der Universität Berlin (16 .8. 1809) wird die höhere Bildung gefördert.

Besonders vordringlich war jedoch die Militärreform, mit der bereits im Juli 1807 begonnen wurde. Die Reformer Gerhard Johann David von Scharnhorst (1775-1813), August Graf (ab 1814) Neidhardt von Gneisenau (1760-1831) und Hermann von Boyen (1771–1848) sorgten dafür, dass das vom Kadavergehorsam geprägte preußische Heer zum Volksheer umgewandelt wurde, auch wenn die allgemeine Wehrpflicht erst am 9. Februar 1813 eingeführt werden kann. Zunächst wurde ein Großteil der alten Offiziere entlassen, dann die Söldneranwerbung und die Kompaniewirtschaft aufgehoben und – wie bei den siegreichen Franzosen – Brigaden eingerichtet, die jeweils alle Waffengattungen umfassen. Der Kasernenhofdrill wurde zugunsten eines erweiterten Schieß- und Gefechtsdienstes verkürzt und die veraltete Linientaktik durch die französische Gefechtsführung mit raschen Schlachtmanövern und Massenangriffen ersetzt. 1808 wurde das Monopol des Adels für Offiziersstellen abgeschafft. Um die Zahl der ausgebildeten Soldaten trotz der von den Franzosen erzwungenen Reduzierung auf 42 000 Mann zu erhöhen, wurde das sog. Krümpersystem erfunden: Die Krümper sind die zwischen 1808 bis 1812 kurz dienenden Soldaten, die eine Reserve für das Heer im Kriegsfall bilden.

Preußische Reformer: v.l. Boyen, König Friedrich Wilhelm III., Gneisenau, Scharnhorst, Karl Wilhelm Georg von Grolman und Freiherr vom Stein (Chromotypie)

BERESINA

ist der Anfang vom Ende Napoleons

Das Scheitern des Russlandfeldzugs 1812 wird zum Wendepunkt der napoleonischen Herrschaft und löst die Befreiungskriege aus.

26.-28. 11. 1812: Kaiser Napoleon I. verliert beim Überqueren der Beresina (bei Studenka) einen großen Teil der ihm verbliebenen Truppen. Er verlässt seine in Auflösung befindliche Armee und trifft am 19. Dezember wieder in Paris ein, um seine Herrschaft zu retten.

Russlandfeldzug: Nach der Absage Alexanders I. an die gegen Großbritannien gerichtete Kontinentalsperre im Jahr 1810 und den folgenden politischen Spannungen rüsteten beide Seiten zum Krieg. Am 24. Juni 1812 überschritt Napoleon I. mit seiner mehr als 600 000 Mann starken »Grande Armée« die Memel bei Kowno (Kaunas) und marschierte ohne Kriegserklärung in Russland ein. Daraufhin unterzeichneten Russland und Großbritannien in Örebro (Schweden) am 18. Juli einen Bündnisvertrag.

Napoleons Armee gehörten Soldaten aus fast allen eroberten europäischen Ländern an: 120 000 Mann kamen aus den Staaten des Rheinbundes, 90 000 aus Italien, 20 000 aus Preußen und 30 000 aus Österreich. Auch etwa 100 000 Polen, 12 000 Schweizer sowie Holländer und Belgier kämpften für den Kaiser der Franzosen.

Vor der von Napoleon selbst geführten Hauptarmee, die über Wilna in Richtung Moskau vorstieß, zogen sich die Russen ins Innere des Landes zurück, räumten Smolensk (16./17. 8.) und erlitten unter ihrem Oberbefehlshaber Michail J. Kutusow eine schwere Niederlage bei Borodino am 7. September. Am 14. September zog Napoleon in Moskau ein, dessen Gouverneur die Stadt zwei Tage später in Brand stecken ließ. Erst am 20. September waren die Brände gänzlich gelöscht. Die strikte Weigerung des Zaren, über einen Frieden zu verhandeln und der früh einsetzende russische Winter zwangen Napoleon am 19. Oktober zum Abzug aus Moskau.

Auf dem Rückzug, der sich zu einer militärischen Katastrophe auswächst, kommen Hunderttausende im Kampf gegen die Russen sowie durch Hunger, Kälte und Erschöpfung ums Leben. Im Dezember 1812 erreichen die Reste der »Grande Armée« die preußische Grenze.

Der Krieg in Spanien: Vor dem Russlandfeldzug waren Napoleon I. bereits in Spanien die Grenzen seiner politischen und militärischen Macht aufgezeigt worden. Zunächst hatte ihm der Thronstreit zwischen Karl IV. (1748-1819) und dem Kronprinzen Ferdinand VII. (1784-1833) Gelegenheit gegeben, die beiden Bourbonen am 5. Mai 1808 zum Thronverzicht zu nötigen. Am 6. Juni 1808 ernannte er seinen Bruder Joseph Bonaparte zum König von Spanien.

Jedoch begann mit dem Aufstand des Volkes unter der Leitung des Adels und des Klerus ein jahrelanger erbitterter Kleinkrieg gegen die Fremdherrschaft. Nach dem ergebnislosen Feldzug Napoleons in Spanien zwischen November 1808 und Juni 1809 gaben der Ausbruch des Krieges gegen Österreich und die Entsendung einer starken britischen Armee unter Arthur Wellesley, Duke of (seit 1814) Wellington, auf die Iberische Halbinsel den Spaniern willkommene Entlastung. Wellington behauptete sich und erzwang in der Schlacht bei Vitoria (21. 6. 1813) die Entscheidung über die Masse des französischen Heeres, woraufhin Joseph Bonaparte Spanien wieder räumen musste.

Befreiungskriege: Ohne Zustimmung des preußischen Königs Friedrich Wilhelm III. schließt Johann David Ludwig Yorck von Wartenburg als Führer des Napoleon unterstellten preußischen Hilfskorps am 30. Dezember 1812 mit den Russen die Konvention von Tauroggen und gibt den Anstoß zur Erhebung in Preußen.

Nach Zögern willigt der König in das Bündnis mit Zar Alexander I. ein. Nach Einführung der allgemeinen Wehrpflicht wird das preußische Heer auf eine Stärke von rd. 280 000 Mann gebracht. Am 28. Februar 1813 schließen Preußen und Russland in Kalisch ein Bündnis mit Grenzgarantien. Am 10. März stiftet Friedrich Wilhelm III. das »Eiserne Kreuz« und erlässt am 17. März in Breslau den Aufruf »An mein Volk«, worin er zum Volkskrieg gegen Napoleon aufruft.

Die Völkerschlacht bei Leipzig ist die bis dahin größte Schlacht der bekannten Geschichte (Kupferstich).

Das napoleonische Europa zerfällt

Die Völkerschlacht bei Leipzig entscheidet die Befreiungskriege und beendet die napoleonische Herrschaft über Deutschland.

16.-19. 10. 1813: In der Völkerschlacht erzwingen die verbündeten Russen, Preußen und Österreicher den Rückzug der Franzosen. Etwa 530 000 Soldaten nahmen an der Schlacht teil, davon 330 000 auf alliierter und rd. 200 000 auf französischer Seite. Nach Anfangserfolgen schloss Napoleon mit den Preußen und Russen den Waffenstillstand von Poischwitz (5. 6.-10.8.). Österreich, England und Schweden schlossen sich in den Verträgen von Reichenbach (14. 6.) den Verbündeten an. Die Franzosen wurden bei Großbeeren, an der Katzbach, bei Kulm und Nollendorf und bei Dennewitz auf Leipzig zurückgedrängt.

Nach der Niederlage zerfällt das napoleonische Herrschaftssystem: Bereits am 8. Oktober erklärte Bayern im Vertrag von Ried mit Österreich seinen Austritt aus dem Rheinbund. Die schweizerische Eidgenossenschaft (am 18. 11.) und die besetzten Niederlande (1. 12.) erklären ihre Selbstständigkeit. Am 31. März 1814 ziehen die Alliierten in Paris ein. Am 6. April dankt Napoleon I. als Kaiser der Franzosen ab. Der 1. Pariser Friede vom 30. Mai 1814 belässt Frankreich die Grenzen von 1792; Großbritannien gibt den französischen Kolonialbesitz bis auf Tobago, St. Lucia und Île de France zurück, behält Malta, das dänische Helgoland, das niederländische Kapland und Ceylon. Die Niederlande werden unter Souveränität des Hauses Oranien um Belgien vergrößert.

Das Zeitalter der Nationalstaaten

19. Jahrhundert

Die Nation – eine Solidargemeinschaft

Das 19. Jahrhundert war in Europa wie auch in Lateinamerika das Zeitalter der Nationalstaaten. Neben der Industrialisierung prägte die Nationalstaatsidee das Gesicht der Zeit. In beiden Kontinenten kam es zu Erhebungen und Revolutionen unterdrückter Völker gegen die angestammten Herrschaftssysteme. Der Emanzipationsprozess, ein langer, beschwerlicher und oft mit Opfern verbundener Weg in die Selbstständigkeit und Selbstbestimmung, erschütterte die gesamte Staatenwelt und veränderte das politische und gesellschaftliche Gefüge der Alten wie der Neuen Welt.

Die Ideen der Französischen Revolution von 1789 – Freiheit, Gleichheit, Brüderlichkeit und das Beispiel der nordamerikanischen Unabhängigkeitsbewegung von 1776, die Emanzipation der 13 Neuengland-Kolonien vom Mutterland Großbritannien, – standen am Beginn des modernen Nationalstaates.

Im Gegensatz zum alten Nationalbewusstsein gibt es für die moderne Nation grundsätzlich keinen Unterschied mehr zwischen bevorrechtigten (Adels-)Ständen und rechtlosem Volk. Im Gegenteil, das Volk selber wird zum Souverän und zum Träger des nationalen Willens. Diese Nation der allgemeinen Staatsbürgerschaft strebt zum Nationalstaat, in dem sich die Grenzen der Nation mit denen des Staates decken sollen.

Zu den bestimmenden Merkmalen, die eine Nation ausmachen, gehören zum einen die gemeinsame Abstammung, Sprache und ihre Geschichte (objektive Bestimmung), zum anderen das politische Bekenntnis und die willentliche Selbstbestimmung eines Volkes, eine Nation sein zu wollen und sich als eine nationale Gemeinschaft zu begreifen (subjektive Bestimmung). Der französische Schriftsteller Ernest Renan formulierte es 1882 so: »Eine Nation ist also eine große Solidargemeinschaft, gebildet durch das Gefühl der Opfer, die man gebracht hat und die man zu bringen weiterhin bereit sei. Sie begreift sich durch ihre Vergangenheit [und] fasst sich gleichwohl in der Gegenwart zusammen... Die Existenz einer Nation ist... eine immerwährende Volksabstimmung, so wie die Existenz des Individuums eine fortgesetzte Bejahung zum Leben ist.« In der Alten Welt, in Europa, erfolgte dieser Emanzipationsprozess zu Beginn des 19. Jahrhunderts als Reaktion auf die Unterdrückungs- und Hegemoniepolitik Kaiser Napoleons I.; in der Neuen Welt, in Lateinamerika, als Reaktion auf die Unterdrückung der einheimischen Bevölkerung durch die alten Kolonialmächte Spanien und Portugal. Die Forderung nach nationaler Freiheit und Gleichheit löste eine Welle der konservativen Reaktion und Restauration der in ihrem Bestand gefährdeten Staaten aus und führte zu blutigen Auseinandersetzungen und Kriegen.

Politische und geistige Strömungen

Die Forderung nach einer nationalstaatlichen Existenz, nach einer Politik der nationalen Einigung und Einheit, ist nicht ohne die großen geistigen und politischen Strömungen des Konservatismus und des Liberalismus sowie der demokratischen und sozialistischen Bewegung denkbar. Diese Denkrichtungen, die im Verlauf des 19. Jahrhunderts zu Weltanschauungen wurden, entstanden in Anlehnung an die Ideen der Französischen Revolution und in Auseinandersetzung mit dem konservativen Gedankengut der europäischen Restaurationsepoche nach 1815.

Entschiedener Verfechter des Nationalstaatsprinzips war der politische Liberalismus. Der von Fortschritt und Vernunft überzeugte Liberalismus forderte den Verfassungs- und nationalen Einheitsstaat, der seine Macht durch demokratische Verfassungsgesetze und Gewaltenteilung bindet und auf Unterdrückungs- und Machtstaatspolitik verzichtet. Liberales Denken glaubte an die Reformfähigkeit, an die immer freiheitlichere Ausgestaltung und allmähliche Demokratisierung des Staatswesens.

Die Demokraten betonten die Prinzipien der Gleichheit und Volkssouveränität (alle Staatsgewalt geht vom Volke aus). Sie lehnten Kleinstaaterei und Absolutismus ab, da beide nicht den wahren Gemeinwillen der Staatsbürger widerspiegeln und dem Prinzip der Volkssouveränität widersprechen. Konservativem Denken ging es um die Bewahrung und Erhaltung der politischen, gesellschaftlichen und geistigen Verhältnisse. Die scheinbar gottgewollte Ordnung von Thron und Altar wurde verteidigt. Der Gedanke an nationale Einheit kam für konservatives Denken einem Umsturz der geheiligten Ordnungen des »Ancien Régime« gleich. Der Staat (mitsamt dem Volk) wurde als das privatrechtliche Eigentum des Fürsten angesehen, der nur Gott verantwortlich war.

Nationale Erhebungen gegen Napoleon

Der Wiener Kongress von 1814/15 schrieb die Niederlage Napoleons fest. Die Hegemonie des französischen Kaisers über Europa war gebrochen, der Korse musste endgültig in die Verbannung nach St. Helena. Die Katastrophe der Großen Armee im Russlandfeldzug 1812 entflammte den nationalen Widerstand der europäischen Völker gegen die französische Fremdherrschaft. Getragen von nationaler Begeisterung, erhoben sich die deutschen Patrioten unter Preußens Führung: Friedrich Wilhelms III. Aufruf »An mein Volk« weckte durch die Verknüpfung der Begriffe »Preußen« und »Deutsche« die Hoffnung, dass ein Sieg die ersehnte deutsche Einheit würde befördern können.

In den Befreiungskriegen 1813 bis 1815 wurden mit russischer, britischer und österreichischer Hilfe die Franzosen niedergerungen. Die napoleonische Fremdherrschaft über Deutschland hatte die deutsche Kulturnation des 18. Jahrhunderts, symbolisiert in der geistig-literarischen Bewegung der »Weimarer Klassik«, allmählich und endgültig politisiert. Bereits 1808 war es in Spanien zur nationalen Erhebung gegen Napoleon gekommen. Österreich folgte – allein gelassen und besiegt – ein Jahr später.

Zwischen Restauration und Revolution

Der Wiener Kongress gab Europa nach alten Prinzipien eine neue politische Ordnung, die bis zum Ersten Weltkrieg im Wesentlichen Gültigkeit behalten sollte. Er sicherte dem Europa der fünf Großmächte (Großbritannien, Frankreich, Preußen, Österreich und Russland) eine längere Friedensepoche, unterdrückte jedoch die nationalen und liberalen Hoffnungen des aufgeklärten Bürgertums.

Die Ordnung des Wiener Kongresses basierte auf den drei politischen Prinzipien der Restauration (Wiederherstellung alter Grenzen), der Legitimität (Rechtfertigung der absolutistisch-monarchischen Herrschaftsansprüche) und der Solidarität (gemeinsame Interessenpolitik der konservativen Staatsführungen zur Abwehr revolutionärer Ideen, Heilige Allianz). Allerdings blieb die als Reaktion des auf die Expansionspolitik des revolutionären Frankreich 1803 verfügte Säkularisierung des kirchlichen Eigentums – trotz der nachträglichen Proteste des Papstes auf dem Wiener Kongress – ebenso unangetastet wie die von Napoleon verfügten Rangerhöhungen der ihm willfährigen deutschen Monarchen: Bayern blieb Königreich, ebenso Württemberg und Sachsen – im Grunde ein Verstoß gegen das Legitimitätsprinzip und die Lehre von der »gottgewollten Herrschaft«.

An die Stelle des 1806 aufgelösten Heiligen Römischen Reiches Deutscher Nation trat der Deutsche Bund, die von 1815 bis 1866 bestehende »unauflösliche« Verbindung von 37 souveränen deutschen Fürsten und vier Freien Städten zur

Erhaltung der äußeren und inneren Sicherheit Deutschlands, basierend auf der Bundesakte vom 8. Juni 1815 (als Teil der Kongressakte des Wiener Kongresses) und der sog Wiener Schlussakte (15. 5. 1820). Dem Deutschen Bund mit zunächst knapp 30 Mio. Einwohnern gehörten u.a. auch Österreich und Preußen mit den Gebieten an, die bis 1806 Teil des Reichs gewesen waren, sowie der König von Großbritannien und Irland für das Königreich Hannover, der König von Dänemark für Holstein und der König der Niederlande für Luxemburg und (ab 1839) Limburg.

Die Grundsätze der Heiligen Allianz bedeuteten die Konfrontation mit der liberalen Forderung nach nationaler Einheit und demokratischer Freiheit. In Deutschland waren es vor allem die studentischen Burschenschaften, die ihre Forderung nach nationaler Einheit, nach Verfassungsstaat sowie nach bürgerlichen Rechten und Freiheiten formulierten. Zur Sicherung der reaktionären Obrigkeit erließ der österreichische Staatsmann Klemens Wenzel Lothar Fürst von Metternich 1819 als Reaktion auf den sog. Kotzebue-Mord für den Deutschen Bund die »Karlsbader Beschlüsse«, eine Art Radikalenerlass, der jede Form der nicht staatskonformen Handlung verfolgte (Pressezensur, Überwachung, Demagogenverfolgung). Die liberal demokratische Bewegung war damit jedoch nicht auf Dauer mundtot zu machen.

Auch im übrigen Europa gärte es. Griechenland erkämpfte sich 1829 nach siebenjährigem blutigem Krieg die Unabhängigkeit vom Osmanischen Reich. Freiwillige aus ganz Europa (u.a. Lord Byron) unterstützten den griechischen Freiheitskampf. Die Juli-Revolution 1830 in Frankreich gab der nationalen Bewegung in Europa weiteren Auftrieb und brachte das Großbürgertum anstelle des Adels an die Macht. Belgien erklärte 1830 seine Unabhängigkeit von den Vereinigten Niederlanden; die Polen, nach drei Teilungen seit 1795 kein eigenständiger Staat mehr, erhoben sich 1830 gegen den Zaren, wurden jedoch blutig geschlagen. Geflohene polnische Patrioten warben in Europa um Sympathie und wurden begeistert als Freiheitskämpfer gefeiert. Noch hatte sich die Restauration durchsetzen können, aber in der erzwungenen innenpolitischen Ruhe der Biedermeierzeit schlummerte bereits der Sturm von 1848.

Lateinamerika wird unabhängig

Der politische Emanzipationsprozess der lateinamerikanischen Staaten begann mit der allmählichen Auflösung des spanischen und portugiesischen Kolonialreiches zu Beginn des 19. Jahrhunderts. Während der napoleonischen Herrschaft im spanischen Mutterland formierte sich in den Kolonien der politische Widerstand gegen die fast 200-jährige Ausbeutung. Es bildeten sich Junten (Regierungen) unter der Führung von wagemutigen Caudillos (Anführern).

Zu Trägern der Revolution wurde die kreolische Oberschicht, das wohlhabende, doch politisch zurückgesetzte koloniale Bürgertum. Der Kampf galt vorwiegend der politischen Bevormundung und der wirtschaftlichen Ausbeutung, weniger der Not der einheimischen Indianer und Mestizen. Der Versuch des spanischen Königs Ferdinand VII., die Uhr zurückzudrehen und die alten Verhältnisse mit Waffengewalt wiederherzustellen, führte zur Radikalisierung der Unabhängigkeitsbestrebungen.

Zentrale Bedeutung für die lateinamerikanische Unabhängigkeitsbewegung erlangten die beiden Freiheitskämpfer Simón Bolívar und José de San Martin. Im Schutz der vom Präsidenten der Vereinigten Staaten, James Monroe, 1823 formulierten Erklärung gegen europäische Interventionsabsichten (Monroe-Doktrin: »Amerika den Amerikanern«) erkämpften sich die vier ehemaligen spanischen Vizekönigreiche La Plata (Argentinien/Paraguay), Peru (Peru/Bolivien), Neu-Granada (Kolumbien, Ecuador, Venezuela) und Neu-Spanien (Mexiko) ihre nationale Souveränität. Einzig die portugiesische Kolonie Brasilien löste sich ohne blutigen Krieg vom Mutterland und verkündete 1822 ihre Unabhängigkeit.

Mit der erstrebten und erreichten Unabhängigkeit sowie nationalen Eigenstaatlichkeit verschwanden jedoch nicht die alten Probleme (wirtschaftliche Unterentwicklung, Rassenprobleme, instabile politische Verhältnisse und Vetternwirtschaft, Analphabetentum). An die Stelle der alten Kolonialmächte traten gegen Ende des 19. Jahrhunderts die Vereinigten Staaten mit ihrem handelspolitischen Dollar-Imperialismus (United Fruit Company).

Reichseinigung in Deutschland und Italien

Die revolutionären Ereignisse 1848 in Frankreich – wo im Februar der »Bürgerkönig« Louis Philippe gestürzt wurde und am Ende des Jahres der Neffe des großen Korsen, Louis Napoleon Bonaparte, mit der Wahl zum Präsidenten die erste Stufe der Karriereleiter erklomm – griffen auch auf Deutschland und Österreich über. In den deutschen Klein- und Mittelstaaten kam es zur Einsetzung von liberalen »Märzministerien« und zur Aufstellung der sog. Märzforderungen: Konstitutionelle Verfassung, Pressefreiheit, Einberufung eines deutschen Nationalparlaments. Blutige Straßen- und Barrikadenkämpfe zwangen die Obrigkeiten sogar in Wien und Berlin zum Nachgeben: Metternich musste gehen, der preußische König Friedrich Wilhelm IV. sah sich genötigt, den »Märzgefallenen« seine Reverenz zu erweisen. Die in der Frankfurter Paulskirche versammelte Nationalversammlung proklamierte den deutschen Nationalstaat, erarbeitete eine Verfassung und bot dem Preußenkönig die Würde eines »Kaisers der Deutschen« an, was dieser jedoch ablehnte: Friedrich Wilhelm IV. wollte sich nicht mit einem »Hundehalsband an die Revolution anketten« lassen. Die deutsche Revolution wurde schließlich im Frühsommer 1849 blutig niedergeschlagen. Sie scheiterte an der Uneinigkeit der liberal demokratischen Bewegung, klein- oder großdeutsche Lösung, Nationalstaat mit oder ohne Österreich und an der realen Machtstaatspolitik der konservativen Mächte Preußen und Österreich.

Der Wunsch nach nationaler Einigung blieb trotz des Scheiterns der Revolution in der deutschen Bevölkerung lebendig, doch wandte sich das liberale Bürgertum enttäuscht und um seine Hoffnungen gebracht ausschließlich Wirtschaft und Handel zu, wo die Einheit seit dem Deutschen Zollverein von 1834 bereits weit gediehen war. Es blieb dem preußischen Staatsmann Otto von Bismarck vorbehalten, in drei Reichseinigungskriegen (1864 Dänemark, 1866 Österreich und 1870/71 Frankreich) den deutschen Nationalstaat, den Traum des politischen Liberalismus, von Staats wegen zu schaffen. Die Liberalen spalteten sich über diese »von oben« durch »Blut und Eisen« vollzogene Reichseinigung.

In Italien brauchte es ebenfalls mehrere Anläufe, um die nationale Einigung zu erreichen. Nach dem Scheitern der italienischen Revolution von 1848/49 wurde das Königreich Piemont-Sardinien unter Ministerpräsident Camillo Graf Benso di Cavour zur großen Hoffnung des italienischen »Risorgimento« (Wiedergeburt). Während der Sieg im sardisch-französischen Krieg gegen Österreich den Grundstein für ein geeintes Italien legte, erhob sich die italienische Bevölkerung im Königreich Neapel-Sizilien. Der »Zug der Tausend« unter Führung des italienischen Freiheitskämpfers Giuseppe Garibaldi führte zum Sturz der dort regierenden Bourbonen und zur Eroberung Siziliens. 1861 wurde Viktor Emanuel II. König des ersten italienischen Nationalstaates. Mit der Besetzung des von französischen Truppen gehaltenen Kirchenstaates 1870 wurde die Einigung Italiens abgeschlossen.

Die verhängnisvolle Tendenz zum Nationalismus

Die Entwicklung der Nationalstaaten zeigte im Verlauf des 19. Jahrhunderts zwei gefährliche Entwicklungen: Im Zuge der ideologischen Verhärtung und einer reinen Machtstaatspolitik kam es einerseits zu einer Übersteigerung des Nationalbewusstseins zum emotional hochgeputschten Nationalismus und Chauvinismus, andererseits schlug das Selbstbestimmungsrecht der Völker ins Gegenteil um und führte zu einer rigorosen Unterdrückungs- bzw. Assimilierungspolitik von nationalen Minderheiten (z.B. Polen und Dänen im deutschen Kaiserreich). Der Imperialismus des ausgehenden 19. Jahrhunderts, der durch koloniale Erwerbungen und militärische Intervention andere Länder und ihre Bewohner abhängig machen und ausbeuten will, ist Ausdruck für diese Wandlung.

WIEN

Beethoven als Opernkomponist

Im dritten Anlauf wird Ludwig van Beethovens einzige Oper ein Erfolg.

23. 5. 1814: Beethovens »Fidelio oder die eheliche Liebe« wird in ihrer endgültigen Fassung uraufgeführt.

Der Komponist befindet, er habe sich mit »Fidelio« die »Märtyrerkrone« erworben, denn bis zum Erfolg der Oper musste er etliche Rückschläge einstecken. Die Uraufführung 1805 in Wien fiel beim Publikum ebenso durch wie die überarbeitete Fassung von 1806. Außerdem komponierte Beethoven für seine einzige Oper vier Ouvertüren.

Partitur des »Fidelio«

Humanität und Freiheit sind die tragenden Ideen der Oper: Florestan ist von dem Gouverneur Don Pizarro unrechtmäßig gefangen genommen worden und soll ermordet werden, damit er beim angekündigten Besuch des Ministers nicht entdeckt wird. Doch gelingt es seiner Frau Leonore – die sich als Mann verkleidet unter dem Namen Fidelio als Gehilfe ins Gefängnis hat einschleichen können – in den Kerker vorzudringen und die Hinrichtung so lange zu verzögern, bis der Minister erscheint. Nach der geglückten Aufführung verhilft die Sängerin Wilhelmine Schröder-Devrient Beethovens Oper ab 1822 zum endgültigen Durchbruch. Ab jetzt findet die dramatische Ausdruckskraft stärkere Beachtung.

»Beethoven komponiert«; Gemälde, Carl Schlösser, um 1890

Napoleon auf St. Helena im südlichen Atlantik (kolorierte zeitgenössische Radierung)

Tod im Exil

Die Insel St. Helena im Südatlantik wird der letzte Aufenthaltsort des einstigen Kaisers Napoleon I.

16. 10. 1815: Napoleon I., der am 22. Juni in Paris ein zweites Mal abgedankt und sich in die Hände der Briten begeben hatte, trifft an seinem Verbannungsort ein, der seit 1659 im Besitz der britischen East India Company befindlichen Insel St. Helena. Hatte der Korse auf Elba, wo er vom 4. Mai 1814 bis zum 26. Februar 1815 lebte, noch wie ein Fürst residiert, ist seine Unterbringung in Longwood nun sehr viel bescheidener. Dort stirbt der ehemalige Kaiser der Franzosen am 5. Mai 1821 im Alter von 51 Jahren an einem Magengeschwür. 1840 werden seine sterblichen Überreste nach Paris überführt.

ZUR PERSON

Hinwendung zur Subjektivität des Ausdrucks

Ludwig van Beethoven wird am 17. Dezember 1770 in Bonn getauft – sein genaues Geburtsdatum steht nicht fest. Als Kind einer Musikerfamilie erhält er früh Musikunterricht. Mit seinem ersten Auftreten als Pianist im Alter von sieben Jahren soll er an Erfolge des »Wunderkindes« Mozart anknüpfen.

Mit 17 Jahren tritt Beethoven seine erste Stelle als Hofmusiker an, doch bleibt dies Episode. Letztlich gelingt es ihm, als unabhängiger Künstler zu leben. Auch durch die Rente, die er in Wien (ab 1792) von drei Gönnern bezieht, lässt er sich in seiner Anschauung nicht beeinflussen. Beethoven lebt auch von seinen Auftritten als Pianist und Dirigent, die allerdings wegen seiner fortschreitenden Ertaubung immer seltener werden. Der Komponist stirbt am 26. März 1827 in Wien.

In der Musikgeschichte steht Beethoven am Übergang zweier Epochen: Seine frühen Werke sind mit ihrer heiteren Universalität der Wiener Klassik zuzurechnen, den Romantikern des 19. Jahrhunderts gilt er dagegen als »Kronzeuge« für ihre von Subjektivität geprägte Musikauffassung. Jenseits solcher Kategorien entwickelt Beethoven einen unverwechselbaren Stil. Besonders in seinem Alterswerk geht der Komponist an die Grenzen des musikalischen Systems, sprengt vielfach die hergebrachten Vorstellungen von Form und Inhalt, um zu einer neuen klanglichen Synthese zu gelangen. Ein Beispiel hierfür ist unter anderen die 9. Sinfonie, in deren Schlusssatz er für die »Ode an die Freude« Singstimmen einfügt. Sieben Jahre vor seinem Tod wird sie uraufgeführt.

Manche der von ihm entwickelten Ideen werden erst im 20. Jahrhundert wieder aufgegriffen. Dies gilt besonders für die späten Streichquartette, die unter anderem in den Werken Bela Bartóks und Arnold Schönbergs ihre Spuren hinterlassen haben.

Ludwig van Beethoven (Gemälde um 1890)

WATERLOO

Napoleons Herrschaft endet nach 100 Tagen

Bei Waterloo endet der Traum Napoleons I. von einer Wiedererrichtung des französischen Kaiserreichs.

18. 6. 1815: In der Schlacht bei Waterloo (Belle-Alliance) südlich von Brüssel wird Napoleon I. von Briten und Preußen vernichtend geschlagen. Damit endet seine »Herrschaft der 100 Tage«.

Napoleon I. hatte sich am 26. Februar mit 1050 Mann und vier Geschützen in Elba eingeschifft und war am 1. März bei Cannes gelandet. In einer Proklamation rief er die Soldaten der Armee des Bourbonenkönigs Ludwig XVIII. dazu auf, ihm zu folgen: »Euer General, den die Wahl des Volkes auf den Thron rief, den ihr auf eure Schilder erhoben, ist euch wiedergegeben: Schart euch um ihn.«

Der Übertritt des Marschalls Michel Ney mit seinen Truppen zur Armee Napoleons brachte bereits am 14. März die Entscheidung über den Sturz der Bourbonen. Am 19. März floh Ludwig XVIII. aus Paris nach Gent, einen Tag später nahm Napoleon Residenz in den Tuilerien.

Am 13. März erklärten die in Wien tagenden Alliierten Napoleon »des Schutzes der Gesetze und der bürgerlichen Ordnung« für verlustig und bekräftigten am 25. März mit der Quadrupelallianz von Wien ihr Bündnis gegen Napoleon, der am 14. Juni in Belgien einmarschierte. Er wollte mit seiner 108 300 Mann starken Armee die einzelnen, zahlenmäßig isolierten Heere der Preußen und Österreicher noch vor ihrer Vereinigung schlagen.

Zunächst besiegte er die von Generalfeldmarschall Gebhard Leberecht von Blücher geführten preußischen Truppen (insgesamt 111 600 Mann) am 16. Juni verlustreich bei Ligny. Blücher zog sich zurück, allerdings nicht nach Osten, wie Napoleon glaubte, sondern nach Norden. Die von Napoleon zu Blüchers Verfolgung ausgesandten 27 100 Soldaten fehlen Napoleon, als es bei Waterloo zur Entscheidungsschlacht kommt.

Das Eintreffen der Preußen entscheidet die Schlacht bei Waterloo (Radierung, um 1815).

Er verfügt über 72 000 Soldaten und 266 Geschütze, sein britischer Gegenüber – General Arthur Wellesley, Herzog von Wellington – über 68 000 Mann und 156 Geschütze. Nach erbittertem Kampf soll in den Abendstunden der Angriff von Napoleons Alter Garde auf den Hügel von Waterloo den Sieg erzwingen, doch Blüchers inzwischen eingetroffene preußische Husaren setzen zum Flankenangriff an und entscheiden die Schlacht. Die fliehenden Franzosen haben rd. 24 000 Tote und Verwundete, die Alliierten etwa 23 000 Opfer zu beklagen.

Am 20. Juni ist Napoleon wieder in Paris, zwei Tage später erklärt er seine Abdankung. Widrigenfalls hatten die französischen Kammern ihm mit Absetzung und Verhaftung gedroht. Ludwig XVIII. kehrt am 8. Juli nach Paris zurück und begründet wieder die Herrschaft der Bourbonen.

Der 2. Pariser Friede vom 20. November 1815 ist für die Franzosen sehr viel härter als der Frieden von 1814: Ihnen werden 700 Mio. Francs Kriegsentschädigung auferlegt sowie die Besetzung der nordöstlichen Départements, wo die alliierten Truppen bis 1818 bleiben. Die geraubten Kunstschätze müssen zurückgegeben werden. Frankreich wird auf die Grenzen von 1790 zurückgeführt und verliert u.a. Saarlouis und Saarbrücken an Preußen, die noch verbliebenen Teile Savoyens an Sardinien und Landau an Österreich, das es an Bayern weitergibt.

GENT

Ergebnisloser Krieg zwischen USA und Großbritannien

Der letzte militärische Konflikt zwischen den USA und der einstigen Kolonialmacht Großbritannien endet ohne Sieger.

24. 12. 1814: Der Friede von Gent beendet den Krieg zwischen Großbritannien und den Vereinigten Staaten auf der Basis des Status quo ante.

Der Krieg in Nordamerika hatte sich an der napoleonischen Kolonialsperre entzündet. Wegen der britischen Seeblockade des Kontinents wurden zahlreiche US-Handelsschiffe aufgebracht. Diese Handelsquerelen und der Streit um die nordwestliche Grenzlinie zwischen den USA und Kanada führten am 18. Juni 1812 zur Kriegserklärung der USA an Großbritannien. Die USA waren auf den Krieg nicht vorbereitet. Der Versuch der US-Armee, Kanada zu erobern, wurde am 14. Oktober 1812 bei Queenstown Heights abgewehrt. 1813 gewannen die Amerikaner die Kontrolle über den Eriesee zurück, zugleich jedoch blockierte die britische Flotte die amerikanischen Häfen.

Im März 1814 besiegte der spätere US-Präsident (1829-1837) Andrew Jackson die mit den Briten verbündeten Creek-Indianer. Nach dem Sieg über Napoleon I. konnten die Briten jedoch ihre Truppen verstärken, sie siegten am 24. August 1814 bei Bladenburg, besetzten anschließend Washington und zündeten die Regierungsgebäude an. Ein britischer Angriff auf New Orleans endet – schon nach Kriegsende – am 8. Januar 1815 mit einer Niederlage gegen die von Jackson geführten US-Truppen. Letztlich sind beide Seiten des Kampfes müde, zumal außerdem die Frage der Seeblockade nach dem Kriegsende in Europa gegenstandslos geworden ist.

Amerikanische Truppen unter General Andrew Jackson besiegen die Briten 1815 bei New Orleans (Farblithographie, 19. Jh.).

WIEN

Wiener Kongress

Nach den Napoleonischen Kriegen legt der Wiener Kongress das neue Mächtegleichgewicht in Europa auf Jahre hinaus fest.

9. 6. 1815: Mit der Annahme der Schlussakte endet der am 18. September 1814 eröffnete Wiener Kongress. Russland, Österreich und Preußen sichern sich einen territorialen Zugewinn; Großbritannien behält seine Eroberungen (Malta, Ceylon, Kapprovinz und Helgoland); Frankreich wahrt seinen vorrevolutionären Besitzstand und damit seine Großmachtstellung.

An dem Kongress nahmen Vertreter von rd. 200 Staaten, Städten und Körperschaften teil. Die Neuordnung Europas erfolgte zunächst einmal unter dem Gesichtspunkt der Wiederherstellung der vorrevolutionären politischen Ordnung, zum anderen als territoriale Neugliederung unter dem Aspekt des Gleichgewichts der Mächte.

Im Westen werden die Grenzen Frankreichs durch den 2. Pariser Frieden (20. 11. 1815) auf den Stand von 1790 festgelegt. Den süddeutschen Rheinbundstaaten waren ihre Grenzen durch Sonderverträge (nach dem Vorbild Bayerns im Vertrag von Ried am 8. 10. 1813 mit Österreich) garantiert worden.

Dagegen waren im Osten schwere Unstimmigkeiten wegen Russlands Anspruch auf den größten Teil Polens zu überwinden. Schließlich erhält das Zarenreich den Hauptteil des Herzogtums Warschau, das als Königreich Polen mit Russland in Personalunion vereinigt wird. Krakau wird Freistaat, bis es im Jahr 1846 von Österreich einverleibt wird.

Preußen beansprucht dafür ganz Sachsen, da König Friedrich August I. bis zur Völkerschlacht bei Leipzig mit Napoleon verbündet war. Dagegen schlossen Österreich, England und Frankreich am 3. Januar 1815 ein geheimes Defensivbündnis. Sachsen wird letztendlich geteilt: Preußen erhält den größeren nördlichen Teil und als weitere Entschädigung das Rheinland, Westfalen und Schwedisch-Pommern mit Rügen.

Die wichtigsten Delegationsteilnehmer des Wiener Kongresses (Gemälde von Jean Baptiste Isabey)

Österreich verzichtet auf seine Besitzungen am Oberrhein (Breisgau fällt an Baden und Württemberg) und auf die österreichischen Niederlande (Belgien), sichert sich jedoch mit dem Lombardo-Venezianischen Königreich die Vorrangstellung in Italien sowie mit Galizien und der Bukowina eine beherrschende Rolle im Donauraum. Seine an Bayern abgetretenen Gebiete (u.a. Tirol, Vorarlberg) erhält es zurück, dafür erhält Bayern von Preußen Ansbach und Bayreuth.

Die Niederlande und Belgien werden auf Englands Betreiben zum Königreich der Vereinigten Niederlande zusammengeschlossen. Das Großherzogtum Luxemburg wird mit den Niederlanden in Personalunion verbunden.

Norwegen, das sich von Dänemark losgesagt hatte, muss die Vereinigung (Personalunion) mit Schweden hinnehmen. Dänemark wird durch Schwedisch-Pommern entschädigt, welches es gegen Lauenburg vertauscht, das seinerseits zuvor vom neu erstandenen Königreich Hannover an Preußen abgetreten worden war.

Italien wird eine Einheit versagt: In Savoyen-Sardinien (dem Genua angeschlossen wird), Modena und Neapel werden die alten Dynastien erneuert, der 1806 von Napoleon I. entthronte und seither in Sizilien residierende König Ferdinand IV. von Neapel vereinigt 1816 seine Besitzungen zum Königreich beider Sizilien. Napoleons Ex-Gattin Marie-Louise wird Herzogin von Parma,

SAVANNAH

Schiffe unter Dampf

Die »Savannah« eröffnet das Zeitalter der Hochsee-Dampfschifffahrt.

24. 5. 1819: Im US-Bundesstaat Georgia läuft der Dampfsegler »Savannah« mit Ziel Liverpool aus und überquert bis zum 20. Juni den Atlantik. Die dreimastige »Savannah« ist noch als Fregatte getakelt: Die Einzylinder-Niederdruckmaschine von 30 PS Leistung kann nur stundenweise die seitlichen Schaufelräder antreiben.

Die 1818 vom Stapel gelaufene »Savannah« ist 36,53 m lang und 7,90 m breit

Während der Jungfernfahrt über den Atlantik ist die Maschine nur an 18 Tagen insgesamt 85 Stunden unter Dampf. Die zusätzliche Takelage bleibt bei Dampfschiffen noch bis in die 1870er Jahre üblich.

Aus Kostengründen wird allerdings die Transatlantikschifffahrt bis nach 1850 noch weitgehend von Segelschiffen beherrscht, obwohl die technische Überlegenheit und Zuverlässigkeit des Dampfantriebs schon lange bewiesen ist.

Piacenza und Guastalla. Die Schweizer Eidgenossenschaft, die sich am 7. August 1815 einen neuen Bundesvertrag gibt (ein Staatenbund mit einer schwachen Zentralgewalt und einer starken Stellung der 22 Kantone), erhält ihre »immerwährende Neutralität« garantiert.

Am 8. Juni, einen Tag vor der Schlusssitzung, wurde der Deutsche Bund begründet, der bis 1866 bestehende »unauflösliche« Bund von 37 souveränen deutschen Fürsten und vier Freien Städten. Der lose Staatenbund ohne ein gemeinsames Oberhaupt soll nach dem Willen seiner Schöpfer vor allem einer einheitlichen Verteidigungspolitik dienen. Als oberstes Gremium wird ein Bundestag (Gesandtenkongress) in Frankfurt am Main geschaffen. Dem Deutschen Bund gehören u.a. Österreich und Preußen mit den Gebieten an, die bis 1806 Teil des Reichs gewesen waren, sowie der König von England für Hannover, der König von Dänemark für Holstein und der König der Niederlande für Luxemburg (ab 1839 auch Limburg).

Auf Veranlassung des Zaren Alexander I. schließen am 26. September 1815 die Monarchen von Russland, Österreich und Preußen in Paris die – von religiösem Anspruch geprägte – Heilige Allianz. Alle europäischen Herrscher außer Großbritannien und dem Papst treten dem restaurativen Bündnis bei, das – ebenso wie der Wiener Kongress und der Vierbund der Großmächte (20. 11. 1815) – die »Ruhe der Welt« sicherstellen soll.

HINTERGRUND

Metternich prägt Restaurationszeit

»Der Kongress macht keine Fortschritte, er tanzt« – dieses geflügelte Wort von Charles Joseph Fürst von Ligne aus dem Spätherbst 1814 zeigt die Atmosphäre des Wiener Kongresses vor der glanzvollen Kulisse der kaiserlichen Hauptstadt.

Hinter den Kulissen werden jedoch ständig Intrigen geschmiedet und Geheimabsprachen getroffen. Die in Wien geschaffene Ordnung sichert Europa immerhin bis zum Krimkrieg (1853-1856) fast 40 Friedensjahre.

Zu den anwesenden Monarchen zählen neben Kaiser Franz I. von Österreich auch Zar Alexander I. von Russland, König Friedrich Wilhelm III. von Preußen und König Friedrich VI. von Dänemark. Gänzlich neuartig ist die Verfahrensweise: Die Verhandlungsergebnisse werden in Kommissionen erarbeitet und durch die Schlusssitzung bestätigt. Zu gemeinsamen Tagungen aller Kongressteilnehmer kommt es nicht.

Eine herausragende Rolle spielen der britische Außenminister Robert Stewart Viscount Castlereagh (1769-1822), der preußische Staatskanzler Karl August Fürst von Hardenberg (1750-1822) und der französische Staatsmann Charles Maurice de Talleyrand, Fürst von Benevent, Herzog von Talleyrand-Périgord (1754-1838), der mit großem diplomatischem Geschick dafür sorgt, dass Frankreich trotz seiner militärischen Niederlage auf dem Kongress eine fast gleichberechtigte Stellung einnehmen kann. Der Spross eines alteingesessenen Adelsgeschlechts wurde 1797 – unter der Herrschaft des Direktoriums – französischer Außenminister. Seit 1807 in Opposition zur Außenpolitik Napoleons stehend, unterstützt er die Rückkehr der Bourbonen auf den Thron, wird aber im September 1815 zum Rücktritt gezwungen.

Charles Maurice de Talleyrand

Klemens Fürst von Metternich

Noch wichtiger ist der Gastgeber: Klemens Wenzel Lothar Fürst von Metternich (1773-1859), 1809 zum österreichischen Außenminister ernannt und von 1810 bis 1848 Staatskanzler. Metternich, auch als »Kutscher Europas« apostrophiert, eröffnet und leitet den Wiener Kongress, löst die (vor allem zwischen Russland und Preußen strittige) polnische und sächsische Frage, ist bestrebt, Frankreich in seinen alten Grenzen zu erhalten und regelt die deutschen Verhältnisse durch Schaffung des Deutschen Bundes mit Österreich als Vormacht.

Metternich wird zum Hauptträger der Restauration: Er ist maßgeblich beteiligt an der »Heiligen Allianz« zwischen Russland, Österreich und Preußen und Urheber der antirevolutionären »Karlsbader Beschlüsse« von 1819. Auf den Fürstenkongressen zu Aachen (1818), Troppau (1820), Laibach (1821) und Verona (1822) tritt er erfolgreich für die Erhaltung des Legitimitätsprinzips und den Kampf gegen alle liberalen und nationalrevolutionären Bestrebungen ein. Außenpolitisch erstrebt der 1821 zum Haus-, Hof- und Staatskanzler berufene Fürst von Metternich das Gleichgewicht zwischen den europäischen Mächten, um die Vormachtstellung eines einzelnen Landes zu unterbinden.

Das sog. metternichsche System, das sich im Innern vor allem auf Polizeigewalt stützt, kann bis zur Märzrevolution 1848 den liberalen Kräften standhalten. Am 13. März 1848 wird Metternich entlassen. Er flieht nach Großbritannien und stirbt im Jahr 1859.

ZUR PERSON

Hegel

Der Philosoph Georg Wilhelm Friedrich Hegel (*27. 8. 1770 in Stuttgart) studiert 1788-1793 in Tübingen Philosophie und nach dem Magisterexamen (1790) Theologie. 1793-1800 zunächst Hauslehrer in Bern und Frankfurt, wird er 1801 in Jena Dozent und nach Schließung der Universität 1807/08 Zeitungsredakteur in Bamberg. 1808-1816 Gymnasialdirektor in Nürnberg, erhält er den Lehrstuhl seines Gegners Jakob Friedrich Fries in Heidelberg und wird 1818 nach Berlin berufen, wo er bis zu seinem Tod am 14. November 1831 als Haupt einer einflussreichen Schule lehrt.

BERLIN

Eine Philosophie mit Folgen

Hegel wird zum Systematiker des absoluten Idealismus und der einflussreichste deutsche Philosoph nach Immanuel Kant.

1818: Georg Wilhelm Friedrich Hegel wird als Nachfolger von Johann Gottlieb Fichte, dem ersten Rektor der 1810 dort eröffneten Universität, nach Berlin berufen.

Neben Fichte und Friedrich Wilhelm Joseph Schelling zählt Hegel zu den Hauptvertretern des Deutschen Idealismus, der spekulativ die Wirklichkeit aus einem geistigen Prinzip zu erklären versucht. Mit seinen Schriften »Phänomenologie des Geistes« (1807) und »Wissenschaft der Logik« (1812-1816) entwickelt Hegel das umfassendste System der deutschen Philosophie. Er begreift die Wirklichkeit als Selbstentwicklung und -entfaltung des absoluten Geistes und geht davon aus, dass alles Wirkliche vernünftig und nur das Vernünftige auch wirklich ist. Auf Hegel und seine Dialektik – die Entwicklung in Gegensätzen und Widersprüchen – berufen sich die verschiedenen Richtungen der Hegelianer, wobei sich aus dem Spektrum der Links- oder Jung-Hegelianer der Radikalismus des Vormärz entwickelt, der auch Karl Marx und Friedrich Engels beeinflusst.

Der Philosoph Hegel

MEXIKO

Instabilität nach der Unabhängigkeit

Widerstrebende Interessengruppen verhindern eine Stabilisierung des souveränen Staates Mexiko.

24. 2. 1821: Mit dem »Plan von Iguala« erklärt Mexiko seine Unabhängigkeit von Spanien.

Aufstand gegen Spanien: Unter Führung des katholischen Priesters Miguel Hidalgo y Costilla und des Offiziers Ignazio José Allende brach 1810 in Zentralmexiko ein Aufstand gegen die Kolonialherrschaft aus, der im Gegensatz zum übrigen Lateinamerika vor allem von der indianischen Bevölkerung getragen wurde. Die Revolte wurde blutig niedergeschlagen, ihr Anführer 1811 hingerichtet.

Hidalgo, Anhänger der Französischen Revolution, kämpfte nicht nur für die Unabhängigkeit, sondern verfolgte auch sozialrevolutionäre Ziele: Er plante u.a. die Rückgabe des Landes an die Indianer, die Befreiung von Tributen und das Ende der Sklaverei. Sein Nachfolger an der Spitze der Unabhängigkeitsbewegung, José María Morelos y Pavón, ein Priester europäisch-indianischer Abstammung, erklärte 1813 auf dem Kongress von Chilpancingo die Unabhängigkeit Mexikos von Spanien. Er ließ eine republikanische Verfassung ausarbeiten, die jedoch nie in Kraft trat. 1815 wurde Morelos hingerichtet.

Erschießung von Morelos y Pavón in San Christobal

Gemäßigte Revolution: Mit dem Plan von Iguala bemüht sich General Agustín de Itúrbide, der bis 1820 auf Seiten Spaniens gegen die Aufständischen in Mexiko eingesetzt war, um eine Abkehr von den sozialrevolutionären Zielen. Vorgesehen sind die Unabhängigkeit Mexikos, die Einführung des Katholizismus als Staatsreligion sowie die Gleichheit aller vor dem Gesetz. Nachdem die spanischen Cortés, die Ständevertretung in Madrid, den Plan abgelehnt haben, lässt sich Itúrbide am 19. Mai 1822 als Agustín I. zum Kaiser von Mexiko ausrufen, dankt jedoch 1823 unter dem Druck der Militärs ab.

Schwache Republik: In Mexiko wird 1824 die Republik ausgerufen; das Land erhält eine bundesstaatliche Verfassung. Doch führen die Rivalitätskämpfe innerhalb der militärischen Führungsschicht zu dauernden Unruhen und behindern die politische Stabilisierung des jungen Staates.

1833 wird General Antonio López de Santa Anna, der 1823 maßgeblich am Sturz Kaiser Agustíns I. beteiligt war und 1829 einen spanischen Rückeroberungsversuch abgewehrt hat, Präsident und bleibt dies mit Unterbrechungen bis 1855. Er errichtet einen zentralistischen Staat und stützt sich auf Heer und klerikale konservative Kräfte. Unter seiner Herrschaft verliert Mexiko die Hälfte seines Territoriums.

AYACUCHO

Freiheitskampf der spanischen Kolonien in Südamerika

Auch nach dem Ende der spanischen Kolonialherrschaft erlangen die jungen südamerikanischen Staaten keine wirkliche Unabhängigkeit.

9. 12. 1824: Mit seinem Sieg bei Ayacucho in Peru beendet Simón Bolívar praktisch die spanische Kolonialherrschaft in Südamerika.

Kreolen streben nach Autonomie: Der politische Emanzipationsprozess der Kolonien in Südamerika wurde weitgehend von den Kreolen vorangetrieben, der in Hispanoamerika geborenen spanisch-stämmigen Oberschicht. Ursache war zum einen die wachsende Entfremdung der Kreolen zum Mutterland. Zum anderen bereiteten die Ideen der Aufklärung, der erfolgreiche Unabhängigkeitskrieg der USA und die Französische Revolution den Boden. Zum Auslöser wurde die Krise im spanischen Mutterland. Die Abdankung der Könige Karl IV. und Ferdinand VII. sowie die Besetzung Spaniens durch napoleonische Truppen 1808 schwächten die Autorität der Kolonialbehörden. In der Folge kam es 1810 in fast allen Teilen Hispanoamerikas zu Aufständen.

Kolumbien, Venezuela und Ecuador: Im Vizekönigreich Neugranada rief 1811 ein Kongress in Caracas die Unabhängigkeit Venezuelas aus. Spanien reagierte mit der Verhängung einer Seeblockade und stellte 1812 seine Herrschaft in Venezuela ebenso wie in Ecuador mit Waffengewalt wieder her. Auch in Kolumbien beendete ein spanisches Expeditionsheer unter Pablo Morfillo im Jahr 1815 vorerst die Unabhängigkeit.

Unter Führung des charismatischen Freiheitskämpfers Simón Bolívar (1783-1830) nahm die Freiheitsbewegung jedoch den Kampf im Norden Südamerikas wieder auf: 1819 wurde Kolumbien endgültig befreit, 1821 auch Venezuela und 1822 Ecuador. Alle drei Staaten schlossen sich zur Republik Großkolumbien zusammen. In der Verfassungsdiskussion setzte sich Bolívars Zentralismus gegenüber den Befürwortern eines föderalen Systems durch. In der Frage der Sklaverei fand man einen Kompromiss, wonach jedes nach 1821 geborene Kind für frei erklärt wurde.

Der südamerikanische Freiheitskämpfer Simón Bolívar in der Schlacht von Zacatecas

Chile, Peru und Bolivien: Während Bolívar im Norden des Kontinents die entscheidenden Kämpfe gegen die spanientreuen Royalisten führte, unterstützte Argentinien die Unabhängigkeitsbewegung in den übrigen Ländern. Von Argentinien aus überquerte José de San Martín (1778-1850) 1817 die Anden und errang 1818 bei Maipó den entscheidenden Sieg über die Royalisten.

Mit der Vertreibung der Spanier aus Chile war der entscheidende Schritt für die Befreiung Perus, der letzten Bastion der spanischen Kolonialherrschaft, getan. Doch dauerten hier die Kämpfe auch noch an, nachdem Peru sich 1821 für unabhängig erklärt hatte. Erst mit dem Sieg in der Schlacht bei Ayacucho ist die Eigenständigkeit des Landes endgültig gesichert.

Dies bedeutet auch das Ende für den letzten Stützpunkt der Royalisten in Altó Peru. Am 6. August 1825 wird die Unabhängigkeit des Landes ausgerufen, das zu Ehren Bolívars Bolivien heißt.

Argentinien, Paraguay und Uruguay: Im Vizekönigzeich Rio de la Plata gelang die Vertreibung der Spanier zwischen 1810 und 1813.

IPIRANGA

Portugal gibt Brasilien frei

Portugal beweist bei der friedlichen Loslösung seiner Kolonie Brasilien politische Weitsicht.

7. 9. 1822: Brasilien erklärt seine Unabhängigkeit von der Kolonialmacht Portugal. Der neue Staat wird zu einem Kaiserreich, an dessen Spitze der geflüchtete portugiesische Kronprinz Dom Pedro steht.

Portugals König im Exil: Auslöser der Entwicklung war 1807 die Flucht des portugiesischen Hofes nach Rio de Janeiro, nachdem die Truppen des französischen Kaisers Napoleon I. Lissabon besetzt hatten. Unter der Regentschaft des Königs Johann VI. (1769-1826) erlebte Brasilien einen Aufschwung. Am 16. Dezember 1815 wurde die Kolonie dem Mutterland durch die Erhebung zum Königreich rechtlich und politisch gleichgestellt. Da Johann VI. in Brasilien blieb, erstarkte in Portugal die liberale, konstitutionalistische Bewegung. Sie forderte eine neue Verfassung und die Rückkehr des Königs. Der britische Oberbefehlshaber, Relikt des gemeinsamen Kampfes gegen das napoleonische Frankreich, wurde abgesetzt; 1821 kehrte Johann VI. nach Portugal zurück. Dort sah er sich gezwungen, die 1820 ausgearbeitete Verfassung anzuerkennen, die bürgerliche Freiheiten garantiert und die Rechte des Parlaments gegenüber dem Monarchen stärkt.

Kaiser von Brasilien: Nach der Abreise seines Vaters übernahm Dom Pedro die Regentschaft in Brasilien. Als die Cortés, das Parlament in Lissabon, den kolonialen Status wiederherzustellen versuchten, wuchs die Unabhängigkeitsbewegung in Rio de Janeiro. Dom Pedro schloss sich ihr an, um der Dynastie Bragança den Thron zu erhalten. Nach der Erklärung von Ipiranga wird er am 1. Dezember 1822 als Pedro I. zum Kaiser von Brasilien gekrönt. Damit ist Brasilien das einzige südamerikanische Land, das seine Souveränität ohne kriegerische Auseinandersetzungen erlangt. 1825 erkennt Portugal die Unabhängigkeit Brasiliens offiziell an.

Grundlage des modernen Brasilien: Anhaltende innere Unruhen veranlassen Pedro I. 1831 zugunsten seines fünfjährigen Sohnes abzudanken, für den er allerdings noch bis 1840 die Regentschaft übernimmt. In der Regierungszeit Pedros II. wird die wirtschaftliche Basis für das moderne Brasilien gelegt. Die verkehrstechnische Erschließung des Landes vollzieht sich durch den Bau von Eisenbahnlinien und Straßen sowie das Schiffbarmachen von Flüssen und die Einrichtung von Telegrafenverbindungen. Die staatlich geförderte Einwanderung aus Europa stärkt die Ökonomie des Landes. Wichtigste Säule der brasilianischen Wirtschaft ist der Export. Die Gold- und Diamantvorkommen des Landes werden ausgebeutet. Auch der Anbau von Kaffee und Kautschuk gewinnt an Bedeutung.

Kampf zwischen Indianern und Soldaten (Bild von Jean Julien Deltil)

1816 wurde die Unabhängigkeit der Vereinigten Staaten am Rio de la Plata verkündet. Die Hoffnung auf einen dauerhaften staatlichen Zusammenschluss von Uruguay, Paraguay und Argentinien erfüllte sich nicht.

Unabhängigkeit: Besonders in wirtschaftlicher Hinsicht haben die jungen Staaten nach Erlangung der Selbstständigkeit mit Schwierigkeiten zu kämpfen, da sie als Kolonien vollkommen von Spanien abhängig waren. Die sozialen Gegensätze zwischen Kreolen und indianischer Bevölkerung verschärfen noch die innenpolitische Situation, zumal die Unabhängigkeit der breiten Masse der Bevölkerung kaum Vorteile gebracht hat, denn die Privilegien der Oberschicht bleiben unangetastet.

Zudem wird die Basis für spätere politische Grundkonflikte Lateinamerikas gelegt: Zum einen entzieht sich das Militär nach den siegreichen Kämpfen gegen die Kolonialmacht der zivilen Kontrolle und versteht sich als eigenständiger Machtfaktor, der sich einer politischen Kontrolle entzieht. Zum anderen kommt es immer wieder zu Auseinandersetzungen zwischen instabilen Zentralregierungen und mächtigen Lokalgewalten.

LIBERIA

»Rückführung« früherer Sklaven

Die »Repatriierung« von US-Sklaven nach Afrika bleibt erfolglos.

1822: Auf der Insel Providence vor der Küste des heutigen Liberia treffen die ersten freigelassenen Sklaven aus den USA ein. Nachdem in den Nordstaaten der USA die Sklaverei abgeschafft worden ist, ergeben sich Probleme bei der gesellschaftlichen Integration der Freigelassenen. Viele US-Bürger europäischer Herkunft sprechen den Afroamerikanern die Fähigkeit zur Eingliederung ab. 1816 wurde deshalb die »American Colonization Society« gegründet, die an der westafrikanischen Küste Land aufkauft, um dort freigelassene Sklaven anzusiedeln. Dem Unternehmen ist allerdings nur wenig Erfolg beschieden: Bis 1830 gelangen nicht einmal 2000 Schwarze aus den USA nach Afrika. Die sog. Repatriierung wird als Abschiebung der Schwarzen empfunden. Die Bevölkerung der westafrikanischen Küste wehrt sich gegen die Neuankömmlinge. 1847 wird Liberia zu einer selbstständigen Republik, bleibt aber politisch und wirtschaftlich von den USA abhängig.

USA

Amerika den Amerikanern

Die Monroe-Doktrin begründet den Hegemonieanspruch der USA auf dem Kontinent und die bis 1917 aufrecht erhaltene Neutralität gegenüber europäischen Konflikten.

2. 12. 1823: US-Präsident James Monroe verkündet den Grundsatz der Nichteinmischung von Amerikanern und Europäern in die Interessensphäre des jeweils anderen.

Der Präsident fordert eine strikte Trennung zwischen Alter und Neuer Welt. Die USA werden sich demnach nicht in europäische Verhältnisse einmischen, andererseits aber auch keinem europäischen Staat die Einmischung in amerikanische Verhältnisse oder die Schaffung von Kolonien in Amerika gestatten. »Amerika den Amerikanern«, erklärt Monroe, wobei er auch den südlichen Teil des Doppelkontinents einschließt. Konkreter Anlass für die Formulierung des außenpolitischen Grundsatzes ist die Interventionsandrohung der Heiligen Allianz (Preußen, Österreich, Russland und Frankreich) in die Unabhängigkeitskämpfe in Lateinamerika zugunsten der Kolonialmacht Spanien. Eine Restauration der spanischen Herrschaft würde den Handel mit Mittel- und Südamerika erneut monopolisieren, liefe also den wirtschaftlichen Interessen Washingtons zuwider. Zudem hoffen die USA, ihr Territorium in die ehemaligen spanischen Gebiete hinein ausdehnen zu können.

James Monroe

Wegen der militärischen Schwäche der USA wird die Monroe-Doktrin in Europa vorerst kaum zur Kenntnis genommen. Dass eine Intervention in Lateinamerika unterbleibt, ist eher auf die Ankündigung Großbritanniens zurückzuführen, es werde mit Waffengewalt zugunsten aufständischer Kolonien in den Konflikt eingreifen. Die Monroe-Doktrin ist auch als Warnung an den russischen Zaren gedacht, der Gebietsansprüche auf Alaska bis zum 51. Breitengrad (bis zur heutigen kanadisch-US-amerikanischen Grenze) erhebt. In diesem Punkt kommt es 1824 zu einer Einigung: Die Südgrenze Alaskas wird auf den 54. Breitengrad festgesetzt.

BRAUNSCHWEIG

Goethe und »Faust« – lebenslang verbunden

Der Fauststoff hat Johann Wolfgang von Goethe sein ganzes Leben hindurch begleitet.

19. 1. 1829: Goethes Drama »Faust. Der Tragödie erster Teil« wird erstmals aufgeführt.

Als fünfjähriger Junge sah er das »Puppenspiel des Dr. Faust«, vermutlich in einer Fassung des englischen Schauspieldichters Christopher Marlowe, der das deutsche Volksbuch von »Johann Fausten, dem weltbeschreyten Zauberer und Schwartzkünstler« (erschienen 1587) dramatisierte.

Faust erscheint darin als wissensdurstiger und ruhmsüchtiger Gelehrter, der sich dem Teufel verschreibt, damit dieser ihm 24 Jahre lang zu Diensten ist. Sein Versuch, nach der Hälfte der Zeit den Pakt mit der Hölle zu lösen, scheitert. Vielmehr gelingt es dem Teufel durch einen Trick, sein Opfer schon vor der Zeit in die ewige Verdammnis zu holen.

Einen ersten dramatischen Entwurf von nicht miteinander verbundenen Szenen, den sog. Urfaust, verfasste Goethe zwischen 1772 und 1775. Diese Fassung erscheint erst über 100 Jahre später. Danach arbeitete er weiter an dem Stück, doch schien er die Hoffnung auf eine Vollendung des Werks aufgegeben zu haben. 1790 veröffentlichte er die fertigen Szenen als Faust-Fragment.

Erst durch die Bekanntschaft mit Friedrich Schiller, der ihn immer wieder mahnte, die Arbeit am »Faust« fortzuführen, wurde Goethe zur Wiederaufnahme des Stoffes bewegt. 1797 entwarf er einen Plan für die Gesamtkonzeption des Stückes und schrieb binnen weniger Tage die »Zueignung«.

Zwischen 1798 und 1806 vollendete er schließlich den ersten Teil der Tragödie, der 1808 im achten Band der Cottaschen Werkausgabe erschien. Bereits zuvor hatte er erste Texte für den zweiten Teil verfasst. Bis zur Uraufführung vergehen noch einmal über 20 Jahre. 1829 erlebt »Faust I« – zu Goethes 80. Geburtstag – auch seine Erstaufführung in Weimar. Den zweiten Teil vollendet der Autor 1831. Erstmals auf der Bühne zu sehen ist »Faust II« 1854.

Goethe lässt seinen Faust keinen zeitlich begrenzten Pakt mit dem Teufel eingehen, sondern eine Wette: Wenn Fausts Erkenntnisdrang durch den Wunsch nach Lebensgenuss überlagert wird, verfällt er dem Teufel.

In das Geschehen fügt Goethe die Figur des Gretchens ein. Von Faust verführt wird sie zur Kindsmörderin. Doch als er sie im Kerker zur Flucht drängt, wendet sie sich trotz ihrer geistigen Verwirrung ab und erlangt so Gottes Gnade.

Goethe, seit 1775 Beamter am Hof zu Weimar, gilt als der bedeutendste deutsche Autor. Sein umfangreiches Œuvre, das in der kritischen Ausgabe 133 Bände umfasst, bildet zusammen mit dem Schillers das Zentrum der klassischen deutschen Literatur mit internationaler Wirkung. Goethes Werk weist ihn als universellen Geistes- und Naturwissenschaftler aus. Die vielschichtigen Themen werden von dem einheitlichen Ziel getragen, die Ordnung der Dinge und ihre organische Entwicklung zu erkennen.

Goethe diktiert seinem Schreiber John (Ölgemälde von Josef Schmeller, 1831)

ZUR PERSON

Weimarer Dichterfürst schafft ein universales Werk

Goethe wurde 1749 in Frankfurt am Main in eine gutbürgerliche Familie geboren. Er studierte Jura, befasste sich aber auch mit Philosophie, Philologie und Medizin und lernte zeichnen. Außerdem beschäftigte er sich intensiv mit Literatur und begann ab 1771 mit eigenen literarischen Arbeiten.

»Goethe in der Campagna« (Johann Heinrich Tischbein, 1787)

Die unerwiderte Liebe zu Charlotte Buff reflektierte er in »Die Leiden des jungen Werthers« (1774). Der durchaus auch gesellschaftskritische Briefroman wurde mit den Dramen »Götz von Berlichingen« (1773) und »Clavigo« (1774) eines der Hauptwerke des Sturm und Drang.

Auf Einladung des Herzogs Karl August von Sachsen-Weimar reiste Goethe 1775 nach Weimar und trat dort in den Staatsdienst ein. Das erste Jahrzehnt in der kleinen Residenz war ausgefüllt mit administrativen Aufgaben, unvollendeten literarischen Versuchen und intensiven Forschungen auf den Gebieten der Mineralogie und der Anatomie. Mit der Entdeckung des Zwischenkieferknochens machte Goethe 1784 seinen bedeutendsten naturwissenschaftlichen Fund.

Von der höfischen Enge und seinen persönlichen Beziehungen bedrängt, brach Goethe 1786 zu seiner ersten italienischen Reise auf. Nach der Rückkehr begann seine Beziehung zu Christiane Vulpius, die er 1806 nach 18 Jahren des Zusammenlebens heiratete.

Aus der Freundschaft und Zusammenarbeit mit Friedrich Schiller heraus wurden in der folgenden Zeit viele Werke vollendet. Höhepunkt dieser Epoche war der Abschluss des »Faust«. Goethes Roman »Die Wahlverwandtschaften« (1809) löste noch einmal leidenschaftliche Diskussionen aus. Seine Lebenserinnerungen legte er in »Dichtung und Wahrheit« nieder (4 Teile 1811-1831). 1821 vollendete er »Wilhelm Meisters Wanderjahre«, deren ersten Teil, die »Lehrjahre«, er 26 Jahre zuvor niedergeschrieben hatte. Goethe starb 1832 in Weimar.

PETERSBURG

Putsch gegen Zar scheitert

Der sog. Dekabristen-Aufstand russischer Offiziere gegen die autokratische Zarenherrschaft gibt den Anstoß für spätere revolutionäre und liberale Bewegungen in Russland.

26. 12. 1825: Eine Gruppe liberal gesonnener Offiziere versucht, die unklare Thronfolgesituation, die nach dem überraschenden Tod von Zar Alexander I. am 1. Dezember 1825 entstanden ist, für einen Umsturz zu nutzen. Da Alexander keinen Sohn hatte, steht sein nächst älterer Bruder Konstantin in der Thronfolge obenan. Dieser hat 1822 zugunsten des jüngeren Bruders Nikolaus auf seinen Anspruch verzichtet, doch wurden seine Erklärung und ein entsprechendes Manifest Alexanders bislang nicht veröffentlicht. Der Versuch eines Staatsstreichs wird allerdings blutig niedergeschlagen.

Zar Alexander I. war zu Beginn seiner Regierungszeit liberalen Ideen gegenüber aufgeschlossen und leitete Reformen in Verwaltung und Rechtswesen in die Wege. Nach seinem Sieg über Napoleon öffnete er sein Reich gegenüber dem westlichen Europa, wandte sich nun aber stärker konservativem und christlich-mystischem Gedankengut zu. Die letzten zehn Jahre seiner Herrschaft waren durch Stagnation, religiösen Eifer und die Unterdrückung jeder Opposition gekennzeichnet.

Eine ganze Generation russischer Offiziere war inzwischen jedoch mit den Ideen der Französischen Revolution vertraut und hoffte auf größeres politisches Mitspracherecht. Diese Erwartungen wurden bitter enttäuscht.

1822 bildeten die liberal gesonnenen Offiziere in der Ukraine eine südliche und in Petersburg eine nördliche Gruppe. Beide streben nach dem Sturz der zaristischen Autokratie, der Befreiung der Bauern sowie einem großrussischen Nationalismus. Während die Petersburger Gruppe dies in einer konstitutionellen Monarchie verwirklichen will, fordert die Südgruppe eine zentralistische Republik.

Nach dem fehlgeschlagenen Dekabristenaufstand (von russisch dekabr=Dezember) greift der neue Zar Nikolaus I. hart gegen die Verschwörer durch. Eine Sonderkommission zur Bestrafung der Aufständischen wird eingesetzt: Fünf werden zum Tode, 121 zu Zwangsarbeit in Sibirien verurteilt. Nikolaus I. verschärft die Zensur und unterdrückt jegliche Opposition. Als Überwachungsinstrument richtet er 1826 eine Geheimpolizei ein.

FAYETTE (NEW YORK)

Smith gründet Kirche

Joseph Smith gründet die Kirche der Mormonen, die nach anfänglicher Verfolgung zu einer der einflussreichsten Religionsgemeinschaften der USA wird.

6. 4. 1830: Unter Berufung auf eine Offenbarung, bei der ihm der Engel Moroni erschienen sein soll, ruft Smith die »Kirche Jesu Christi der Heiligen der letzten Tage« ins Leben und gewinnt rasch Anhänger, die in Ohio und Missouri in stark abgegrenzten Gütergemeinschaften zusammenleben.

Joseph Smith liest aus dem »Buch Mormon« vor.

Die Mormonen haben ihre eigene Vorstellung vom Christentum: Ihrer Ansicht nach sind die übrigen christlichen Kirchen vom wahren Glauben abgefallen. Deshalb wollen sie den göttlichen Gesetzen in der menschlichen Gesellschaft wieder Geltung verschaffen.

Allerdings kommt es schon bald zu teilweise gewalttätigen Auseinandersetzungen mit Außenstehenden, die den Mormonen distanziert, teils auch feindselig begegnen. Zum größten Konfliktpunkt wird die ab 1843 vollzogene Praxis der Vielehe (Polygamie). Doch bleiben auch der konspirativ anmutende, auf die eigene Gruppe fixierte Lebensstil der Mormonen sowie deren Geschäftstüchtigkeit vielen Mitbürgern suspekt. Nach wiederholter Verfolgung und Abwanderung lassen sich die Mormonen 1847 in der Wüste am Großen Salzsee nieder. Dort gründen sie ihr eigenes Territorium, Utah, das 1896 als 45. Bundesstaat in die USA aufgenommen wird, mit der Hauptstadt Salt Lake City.

HINTERGRUND

Wettstreit um Rossinis Nachfolge

Gioacchino Rossini ist in den ersten Dekaden des 19. Jahrhunderts der unbestrittene Meister der italienischen Gesangsoper. Nach seinem Abgang von der Bühne wetteifern vor allem zwei italienische Komponisten um seine Nachfolge: Gaetano Donizetti (1797-1848), der u.a. mit der dramatischen »Lucia di Lammermoor« (1835) und der Komödie »La fille du régiment« (1840) triumphiert, sowie Vincenzo Bellini (1801-1835), zu dessen bekanntesten Werken »La Somnambula« und »Norma« (beide 1831) gehören. Zunehmender Beliebtheit erfreut sich die französische Grand Opéra (u.a. Spontini »Die Vestalin«, Meyerbeer »Die Hugenotten«), die in ungewohnter Monumentalität ernste Stoffe verarbeitet.

PARIS

Abschied mit dramatischer Oper

Der italienische Komponist Gioacchino Rossini verabschiedet sich mit »Wilhelm Tell« von seinem Publikum.

3. 8. 1829: Rossinis »Wilhelm Tell« wird an der Pariser Oper uraufgeführt. Die Oper nach Friedrich Schillers Drama findet zunächst zwiespältige Aufnahme, weil sie die spielerische Brillanz und Virtuosität von Rossinis bisherigen Werken – darunter »Die Italienerin in Algier« (1813), »Der Barbier von Sevilla« (1816), »La Cenerentola« und »Die diebische Elster« (beide 1817) – vermissen lässt. Der Komponist legt nun Wert auf Ernst und Dramatik.

Terzett Nr. 11 aus Rossinis »Wilhelm Tell« (kolorierter Stich)

Trotz des Misserfolgs bei der Uraufführung kann sich »Wilhelm Tell« rasch international durchsetzen. Rossini, der in den Jahren von 1808 bis 1829 insgesamt 39 Opern schrieb, widmet sich nach »Wilhelm Tell« nur noch der Sakralmusik.

Gioacchino Rossini

Kennzeichnend für seinen Opernstil sind Unterordnung der Sprache unter die Musik und ein Belcantogesang, bei dem alle Verzierungen auskomponiert sind.

PARIS

Großbürgertum kommt an die Macht

Die sog. Julirevolution gibt Freiheitsbewegungen auch in anderen europäischen Ländern Auftrieb.

27. 7. 1830: Das reaktionäre bourbonische Königshaus wird nach einem Aufstand gestürzt. Frankreich bleibt jedoch eine Monarchie.

Anlass für die Erhebung in Paris sind die sog. Juli-Ordonnanzen, die König Karl X. von Frankreich am 25. Juli erlassen hat. Darin werden die Pressefreiheit aufgehoben, die gerade erst gewählte Kammer, in der die Liberalen die Mehrheit haben, aufgelöst und das Wahlrecht zu Lasten des Bürgertums geändert. Dieser Versuch, die Verfassung auszuhebeln und die absolutistische Königsmacht zu restaurieren, führt zu einer Erhebung von Bürgertum, Arbeiterschaft, jakobinischen Intellektuellen und Studenten.

Kämpfe in Paris: In Paris werden zahlreiche Barrikaden errichtet. Karl X. setzt Truppen ein, die sich in den engen Straßen der Hauptstadt jedoch nicht gegen die Aufständischen durchsetzen können. In erbitterten Kämpfen zwingen die Revolutionäre, die ständig neuen Zulauf erhalten, am 29. Juli die königlichen Soldaten zum Rückzug. Die Rücknahme der Juli-Ordonnanzen und der Rücktritt des in der Bevölkerung verhassten Ministerpräsidenten Fürst Jules Armand de Polignac kommen zu spät. Am 2. August dankt Karl X. ab und flieht nach England.

König des Großbürgertums: Damit hat das Volk zwar zunächst gesiegt, doch fehlt ein Konzept für die Neugestaltung des Staates. Diese Situation nutzt das Großbürgertum, um Louis Philippe, den Herzog von Orléans, als neuen Monarchen zu präsentieren. Dieser habe sich als Gegner des Absolutismus erwiesen und er sei in der Lage, eine Intervention der anderen europäischen Mächte zu verhindern.

Louis Philippe, der »Bürgerkönig«

Am 3. August beschließt die Kammer eine Ausweitung des Wahlrechts auf alle Bürger mit einem Mindestvermögen von 200 Francs (bisher 300 Francs), wodurch sich die Zahl der Wahlberechtigten auf rd. 200 000 verdoppelt. Am 9. August wählen die Abgeordneten Louis Philippe zum König.

Großbürgertum ersetzt Adel: Mit dem Amtsantritt des »Bürgerkönigs« übernimmt das Großbürgertum an Stelle des Adels die Schlüsselpositionen in der Regierung. Ministerpräsident und Finanzminister wird der Bankier und Politiker Jacques Lafitte. Die breite Masse der Bevölkerung bleibt jedoch weiterhin vom politischen Leben ausgeschlossen. Die republikanische Opposition wird durch Repressionen geknebelt.

Freiheitsbestrebungen: Dennoch gibt die Julirevolution den Anstoß zu Unruhen im übrigen Europa. In verschiedenen Teilen Deutschlands erheben sich Bürger, Handwerker, Bauern und Arbeiter, um gegen Zensur und hohe Steuerlasten und für eine demokratische Verfassung zu kämpfen.

Ihren vereinzelten Aktionen bleibt der Erfolg jedoch versagt; lediglich in Braunschweig gelingt die Vertreibung des reaktionären Herzogs Karl III. Auch im südlichen Teil der Vereinigten Niederlande und in Polen regen sich Freiheitsbestrebungen.

Julirevolution 1830 in Paris; Kampf um den Louvre zwischen Aufständischen und königstreuen Soldaten

BRÜSSEL

Belgier bilden eigenen Staat

Das 1815 auf dem Wiener Kongress gebildete Vereinigte Königreich der Niederlande spaltet sich.

25. 8. 1830: In Brüssel kommt es zu einer Erhebung gegen die autoritäre Herrschaft des niederländischen Königs Wilhelm I. In den folgenden Wochen wird eine provisorische Regierung gebildet und am 18. November 1830 proklamiert der Nationalkongress in Brüssel ein unabhängiges Belgien. Am 4. Juni 1831 wird Prinz Leopold von Sachsen-Coburg-Gotha erster König der Belgier. Die Niederlande reagieren mit Rückeroberungsversuchen auf die Spaltung, doch die europäischen Großmächte billigen die Unabhängigkeit Belgiens im Londoner Protokoll vom 20. Januar 1831. Erst 1839 erkennen auch die Niederlande den neuen Staat an.

Die beiden Landesteile hatten sich höchst unterschiedlich entwickelt. Der protestantische Norden stützt sich wirtschaftlich auf Handel, Schifffahrt und die Ausbeutung der Kolonien. Der katholische Süden lebt von Schwer- und Textilindustrie sowie der Landwirtschaft.

Die Einnahme der Perte de Malines in Antwerpen am 27. Oktober 1830

GROSSBRITANNIEN

Eisenbahn macht Dampf

Mit der Eröffnung der Linie Liverpool–Manchester beginnt in Großbritannien das Zeitalter der Eisenbahn.

15. 9. 1830: Zwischen Liverpool und Manchester wird eine Dampfeisenbahnstrecke in Betrieb genommen, die nicht wie die bisherigen Linien auf stationäre Dampfmaschinen angewiesen ist, um Steigungen zu überwinden. Als Zugmaschine dient die Lokomotive »Rocket« des Ingenieurs George Stephenson, die 1829 aus einem Wettbewerb als Siegerin hervorgegangen ist.

Dank eines speziellen Röhrenkessels mit Feuerkasten erreicht die »Rocket« eine Spitzengeschwindigkeit von 50 km/h. Die ebenfalls von Stephenson konstruierte »Locomotion«, die auf der 1825 eröffneten ersten britischen Bahnstrecke zwischen Stockton und Darlington in der Industrieregion südlich von Newcastle eingesetzt wurde, brachte es zunächst lediglich auf 15 km/h.

Großbritannien ist die führende Eisenbahnnation, deren Vorbild überall in Europa und besonders in den USA übernommen wird. Im politisch zersplitterten Deutschland beginnt das Zeitalter der Eisenbahnen erst 1835 mit der Jungfernfahrt des »Adlers« auf der Strecke Nürnberg–Fürth.

Die Lokomotive »Rocket« vor ihrer Jungfernfahrt auf der Strecke Liverpool–Manchester

HINTERGRUND

Neues Zeitalter der Mobilität beginnt

Die Eisenbahn stellt ein Transportmittel von bis dahin unvorstellbarer Geschwindigkeit dar, das die Personen- und Güterbeförderung sowie die Nachrichtenübermittlung wesentlich beschleunigt. Der Bau von Lokomotiven, Waggons und Schienen fördert die Industrialisierung.

Die neue Eisenbahn dient in erster Linie zum Transport von Kohle und anderen Gütern. Große, schwere Lasten konnte man wegen der schlechten Straßenverhältnisse und der begrenzten Kapazitäten der Pferdewagen bislang kaum über Land befördern. Dies führte zum Ausbau des Wasserstraßennetzes durch Kanäle. Bezeichnenderweise wurde der Dampfantrieb zuerst bei Schiffen eingesetzt. Letztlich zeigt sich aber, dass Lokomotiven im Vergleich zu Dampfschiffen noch mehr Güter in noch kürzerer Zeit transportieren können.

Voraussetzung für das Aufkommen der Eisenbahn war die Entwicklung der Dampfmaschine auf Rädern durch Richard Trevithick 1802. Nach etlichen Experimenten bezüglich des Fahrweges setzten sich die Metallschienen durch. 1820 entwickelte John Birkinshaw aus Schmiedeeisen gewalzte Schienen.

Beim Bau der Waggons richten sich die Konstrukteure nach bewährten Vorbildern: Während in Europa die Personenwagen mit nach Klassen getrennten Abteilen an Postkutschen erinnern, bestehen in den USA die Wagen wie die Passagierkajüten der Dampfboote aus einem durchgehenden Raum.

WASHINGTON

Amerikaner rauben indianisches Land

Sioux-Zeremonie mit dem Rauchen der Friedenspfeife, Gemälde von George Catlin

US-Präsident Andrew Jackson schafft die gesetzliche Grundlage für die Vertreibung der Indianer aus allen Gebieten östlich des Mississippi.

28. 5. 1830: Der sog. »Indian Removal Act« sieht die Umsiedlung aller Indianer in Gebiete westlich des Mississippi vor.

Seit der Mitte des 18. Jahrhunderts sind weiße Siedler in Nordamerika über den östlichen Küstenstreifen hinaus immer stärker auf indianisches Gebiet vorgedrungen. Die Inbesitznahme weiterer Landstriche erfolgt gewaltsam – sei es durch erzwungene Verträge, wie das 1825 mit den Creek geschlossene Abkommen, in dem die Indianer ihr gesamtes Gebiet im Bundesstaat Georgia abtraten, sei es durch Feldzüge, wie dem gegen die Seminolen in Florida, den der spätere Präsident Zachary Taylor befehligte, oder durch Gesetze.

Zur Durchsetzung des »Indian Removal Act« dringen 1838 US-Truppen in das Gebiet der Cherokesen in den südlichen Appalachen ein und beginnen mit der Vertreibung dieses Indianerstammes.

Zachary Taylor

Die gewalttätige Evakuierung, bei der Schätzungen zufolge ein Viertel der rd. 18 000 Cherokesen an Hunger, Kälte, Erschöpfung und Krankheiten stirbt, geht als »Weg der Tränen« in die amerikanische Geschichte ein.

MADRID

Streit um Thronfolge spaltet Spanien

Nach dem Tod des spanischen Königs Ferdinand VII. beginnt der Kampf um die Thronfolge, in dem sich die Gegensätze zwischen dem konservativen und dem liberalen Spanien weiter vertiefen.

29. 9. 1833: Ferdinand VII. stirbt in Madrid. Der König, der 1813 den Thron bestiegen und nach der liberalen Periode von 1820 bis 1823 die absolute Monarchie wieder eingeführt hatte, war lange kinderlos geblieben. Als Thronfolger galt nach salischem Recht sein Bruder Carlos. 1829 heiratete Ferdinand VII. jedoch ein viertes Mal und erließ die Pragmatische Sanktion, die eine weibliche Thronfolge ermöglichte.

Isabella II., Königin von Spanien (1833-1870)

Nach Ferdinands Tod wird seine dreijährige Tochter Isabella Königin von Spanien. Die Regentschaft übernimmt die Königswitwe Maria Christina. Zugleich sammelt Carlos die Anhänger der männlichen Erbfolge, die nach ihm benannten Karlisten, um sich. Beide Lager stehen auch politisch auf entgegengesetzten Seiten. Maria Christina sucht Unterstützung bei den Gemäßigten und Liberalen; außerdem stehen Frankreich und Großbritannien auf ihrer Seite. Carlos repräsentiert die Konservativen. Den Kern der karlistischen Partei bilden neben dem Klerus die Landbevölkerung und die kleineren Städte in Navarra und im Baskenland, die um ihre regionalen Sonderrechte fürchten.

Die Karlisten stützen sich auf ein reguläres Heer von 30 000 Mann, die Regierung setzt im Norden rd. 70 000 Soldaten gegen sie ein. Der grausam geführte Bürgerkrieg findet am 31. August 1839 in Vergara ein vorläufiges Ende zugunsten der Regierungsseite. Carlos muss das Land verlassen.

Maria Christina gelingt es auch nach dem Ende des Karlistenkriegs nicht, die innenpolitische Lage zu beruhigen. Dank der Zugeständnisse, die sie den Liberalen gemacht hat, sind 1834 eine Verfassung erlassen und ein Zweikammersystem eingeführt worden. Die gemäßigten Liberalen unter Marschall Ramón Maria de Narváez akzeptieren das Statut, die radikaleren Progressisten um General Joaquín Baldomero Fernández Alvarez Espartero fordern eine tief greifende wirtschaftliche und politische Umgestaltung zugunsten des Bürgertums.

»Karlistenbanden«; Kreidelithographie von Theodor Hosemann (1849)

1836 übernehmen die Progressisten nach einem Militärputsch die Macht und stellen die liberale Ver-

KONGRESSPOLEN

Polen kämpfen für Nationalstaat

Der Versuch des polnischen Adels, einen eigenen Nationalstaat zu errichten, scheitert.

8. 9. 1831: Nach zehnmonatiger Erhebung müssen die Aufständischen in Warschau vor den zaristischen Verbänden kapitulieren. Den Polen ist mit der dritten Teilung ihres Landes 1795 die staatliche Existenz genommen worden.

Die Julirevolution in Frankreich gab der Befreiungsbewegung in Polen Auftrieb: Im November 1830 wurde auf den von Moskaus Gnaden in Warschau regierenden Großfürsten Konstantin ein Attentat verübt. Innerhalb einer Woche gelang es Freiwilligenverbänden, Kongresspolen von russischen Truppen zu befreien. Treibende Kraft des Aufstandes waren Teile des Offizierskorps, Studenten sowie liberal gesinnte Adlige. In Warschau wurde eine Regierung gebildet.

In den liberalen Kreisen Westeuropas wurde der Befreiungsversuch begeistert aufgenommen, doch jede materielle Hilfe und selbst der politische Rückhalt unterblieb. So hat die russisch-preußische Gegenoffensive bald Erfolg.

Nach dem Fall Warschaus verhängt Zar Nikolaus I. schwere Sanktionen: Das polnische Heer wird aufgelöst, die Güter des Adels konfisziert, die Warschauer Universität geschlossen und die katholische Kirche strenger Aufsicht unterstellt. Das Organische Statut von 1832 erklärt Polen zur russischen Provinz ohne Autonomie. Tausende polnischer Freiheitskämpfer fliehen ins Ausland. Wichtigster Zufluchtsort wird Paris, wo sich die Gruppe der Exilanten in konservativ-aristokratische »Weiße«, angeführt von Adam Jerzy Fürst Czartoryski, und demokratisch-revolutionäre »Rote« mit Ignacy Lelewel an der Spitze spaltet.

Nach gescheiterten Aufständen in Krakau 1846 und Posen 1848 zetteln die »Roten« im Januar 1863 noch einmal eine Revolte an. Doch gegen die rd. 30 000 militärisch kaum ausgebildeten Freischärler haben die russischen Truppen leichtes Spiel. Nach der Niederschlagung des Januaraufstandes werden die Aufrührer hingerichtet oder deportiert. Ihr Landbesitz wird unter den Bauern aufgeteilt. Eine Politik der totalen Russifizierung setzt ein.

STICHWORT

Die Buren

Die Buren (von niederländisch Boers, Boeren = Bauern) sind Nachfahren der seit dem 17. Jahrhundert im südafrikanischen Kapland angesiedelten Holländer und Rheinländer.

Die einheimische Bevölkerung – im westlichen Kapland khoisanide Völker (Buschmänner und Hottentotten) – wurde dezimiert und versklavt oder in Randgebiete abgedrängt. 1779 begannen an der Ostküste die sog. Kaffernkriege der Weißen gegen die Xhosa in Transkei, die nach 100 Jahren mit der Unterwerfung dieses Volkes enden. Die Buren leben teils als Viehzüchter halb nomadisch (»Trekkburen«), teils als sesshafte Farmer. Letztere nennen sich seit 1800 »Afrikaander«.

fassung von 1812 wieder her. 1840 übergibt Maria Christina gezwungenermaßen die Regentschaft an Espartero. Dessen diktatorisches Regime wird 1843 durch einen Putsch der Gemäßigten gestürzt. Nun übernimmt die für mündig befundene Isabella II. selbst die Herrschaft. Ihre Regierungszeit ist von ständigen Unruhen geprägt. Bis 1868 wird das Amt des Ministerpräsidenten 27-mal neu besetzt, wobei Liberale und Progressisten einander abwechseln. 1847 bricht erneut der Bürgerkrieg gegen die Karlisten aus; wiederum behalten die königlichen Truppen die Oberhand.

1868 wird Isabella durch eine Revolte unter dem Progressistenführer General Juan Prim y Prats gestürzt. 1870 wählen die Cortes den Sohn des italienischen Königs Viktor Emanuel II., Amadeus, zum König von Spanien. Dieser dankt bereits Anfang 1873 nach einem republikanischen Attentat ab. Daraufhin erklären die Cortes Spanien zur Republik, doch gelingt es nicht, diese Staatsform dauerhaft durchzusetzen. Im Norden bricht abermals ein Karlistenkrieg aus (bis 1876), in den großen Städten des Südens versuchen Kommunisten, Anarchisten und Regionalisten ihre Pläne durchzusetzen. Schließlich gelangen im Dezember 1874 die konservativ-monarchistischen Kräfte durch einen Staatsstreich an die Macht. Isabellas Sohn wird als Alfons XII. zum König proklamiert.

TEXAS

Mexiko muss Land an USA abtreten

Mit der Loslösung der Provinz Texas von Mexiko beginnt für die USA eine Phase der Expansion nach Süden und Westen. Bis 1848 verliert Mexiko rd. die Hälfte seines Territoriums an den nördlichen Nachbarn.

Einnahme Mexikos durch US-Soldaten; Holzschnitt aus der »Leipziger Illustrirten« (1847)

2. 3. 1836: Die überwiegend von Nordamerikanern besiedelte mexikanische Provinz Texas erklärt ihre Unabhängigkeit. Ausgangspunkt für das Zerwürfnis ist die Sklavenfrage: Mexiko hat die Sklaverei abgeschafft, die texanischen Farmer wollen sie beibehalten.

Der mexikanische Präsident Antonio López de Santa Anna schickte bereits am 22. Februar eine Armee von 6000 Mann nach Texas. Am 6. März erobern die mexikanischen Truppen die befestigte Missionsstation Alamo, die 187 texanische Siedler zwölf Tage lang gegen die Übermacht verteidigt haben. Doch letztlich setzen sich am 21. April am Rio San Jacinto die Texaner durch.

Der Antrag der neuen Republik auf Aufnahme in die USA wird allerdings zunächst abgewiesen, weil die Nordstaaten ein Übergewicht der Sklaven haltenden Südstaaten fürchten. Erst als das Interesse an einer Ausdehnung der Vereinigten Staaten nach Westen über Arkansas und Missouri hinaus wächst, wird Texas Ende 1845 in die Union aufgenommen. Zu diesem Zeitpunkt sind die Grenzen des nun 28. Bundesstaates noch ungeklärt.

1846 weiten sich die Grenzstreitigkeiten zu einem Krieg zwischen Mexiko und den USA aus, der mit einer empfindlichen Niederlage Mexikos endet. Im 1848 geschlossenen Vertrag von Guadalupe Hildalgo wird der Rio Grande als Grenze zwischen Mexiko und Texas festgeschrieben. Außerdem muss Mexiko seine gesamten Nordprovinzen – das Territorium der späteren Bundesstaaten Kalifornien, Nevada, Utah, New Mexico, Arizona sowie Teile von Wyoming und Colorado – an die USA abtreten. Dafür erhält das Land eine Entschädigung von 15 Mio. Dollar und einen Schuldenerlass.

SÜDAFRIKA

Buren »trekken« ins afrikanische Hinterland

Mit dem »Großen Trek«, dem Auszug der Buren aus der britischen Kapkolonie, beginnt die weiße Dominanz über das schwarzafrikanische Hinterland.

1835: Rd. 6000 als Viehzüchter in der britischen Kapkolonie lebende Buren begeben sich von der Südküste aus auf den »Großen Trek« nach Norden. In Natal, Transvaal und im Oranjegebiet gründen sie eigene Republiken.

Anlass für den »Großen Trek« ist das 1833 erlassene Verbot der Sklaverei in den britischen Kolonien. Die Anordnung gilt auch für das ursprünglich von der Niederländisch-Ostindischen Kompanie verwaltete Kapland, das 1806 von Großbritannien annektiert wurde. Die Buren können den Betrieb ihrer großflächigen Farmen jedoch nur mit Hilfe von Sklaven aufrecht erhalten. Weiße Arbeitskräfte zu finden ist kaum möglich, da die weißen Siedler selbst Land erwerben. Auf ihrem Zug nach Norden geraten die Buren besonders mit den Ndebele und den Zulu in blutige Konflikte. Der Zuluherrscher Dingan versucht 1838 vergeblich, die Eindringlinge aus dem fruchtbaren Natal zu vertreiben. In der Schlacht am Blood River können sich die Weißen dank ihrer überlegenen militärischen Ausrüstung behaupten und nehmen das Gebiet in Besitz. Andere Gruppen siedeln sich in Transvaal und im Oranjegebiet an. Schon 1843 wird Natal der britischen Kapkolonie eingegliedert. 1856 wird es zur Kronkolonie mit begrenzter Selbstverwaltung. Die Buren können ihre Eigenständigkeit vorerst bewahren: London erkennt 1852 Transvaal als Südafrikanische Republik und 1854 den Oranjefreistaat an. Mit der Entdeckung der Diamantenvorkommen von Kimberley 1867 melden die Briten ihre Ansprüche auf das Hinterland der Kapkolonie erneut an.

Angriff von Matabe-Kriegern auf einen Burentrek, Farbdruck nach Illustration von Louis-Charles Bomblet

GROSSBRITANNIEN

Das Viktorianische Zeitalter beginnt

In der Ära der Königin Viktoria wird das Ansehen des britischen Königshauses deutlich gestärkt. Großbritannien steigt zur bedeutendsten Wirtschaftsmacht auf.

20. 6. 1837: Mit dem Tod des kinderlosen Königs Wilhelm IV. (*21. 8. 1765) endet die Personalunion zwischen Großbritannien und Hannover: Im Königreich Hannover – wo das weibliche Erbrecht nicht gilt – folgt ihm sein absolutistisch gesinnter Bruder Ernst August II. (1771-1851), in England besteigt seine Nichte Viktoria den Thron.

Die am 24. Mai 1819 in London geborene Viktoria ist eine Tochter des Herzogs Edward von Kent (eines Sohnes von Georg III.) und der Prinzessin Viktoria von Sachsen-Coburg-Gotha. Durch ihr persönliches Vorbild und ihren puritanischen Lebenswandel vermag sie der Krone wieder das Ansehen zu verschaffen, welches ihre Vorfahren aus dem Haus Hannover verspielt hatten.

Erste Kronratssitzung mit Königin Viktoria und ihrem Premierminister William Lamb Viscount Melbourne (M., stehend); Gemälde, 1838

Politisch steht sie zunächst unter dem Einfluss des liberalen Premierministers William Lamb Viscount Melbourne (1834 und 1835-1841), den größten Einfluss auf die Königin gewinnt jedoch Prinz Albert von Sachsen-Coburg-Gotha.

Am 15. Oktober 1839 verlobt sich die 20-Jährige mit ihrem gleichaltrigen Vetter, am 10. Februar 1840 erfolgt die glanzvolle Hochzeit in London – eine Liebesheirat, auch im 19. Jahrhundert noch höchst ungewohnt in Adelskreisen.

Der vielseitig gebildete, aus der liberal-konstitutionellen Tradition des Hauses Coburg stammende Prinz Albert berät sie geschickt und prägt ihren Regierungsstil. Die Krone wird dabei zu einer parteipolitisch neutralen Institution. Ihre zunächst einseitige Parteinahme für die Whigs gibt die Königin auf und nimmt vor allem wegen der parteipolitischen Zersplitterung im Parlament immer wieder Einfluss auf die Regierungsbildung.

Prinz Albert erwirbt sich – obwohl er direkte politische Eingriffe vermeidet – großen Einfluss auf die Politik. Er setzt sich besonders für eine Reform des Schulwesens ein und wird Kanzler der Universität Cambridge. Er ist Initiator der ersten Weltausstellung in London. 1857 erfolgt seine Ernennung zum Prinzgemahl (Prince Consort).

Aus der als vorbildlich geltenden Ehe gehen neun Kinder hervor. Viktoria wird zur »Großmutter Europas«. Ihr erstes Kind, Prinzessin Viktoria, wird die Gemahlin des deutschen »99-Tage-Kaisers« Friedrich III. und Mutter von Kaiser Wilhelm II., das zweite Kind ist der Thronfolger Eduard (VII.), der eine Prinzessin von Dänemark heiratet und der von Viktoria lange von der politischen Verantwortung fern gehalten wird. Nachkommen von Viktoria und Albert heiraten u.a. in die Herrscherhäuser von Russland, Norwegen und Spanien ein.

Nach dem Tode Alberts (14. 12. 1861) zeigt sie sich bis Mitte der 1860er Jahre nur noch selten in der Öffentlichkeit, lässt sich aber von ihren Ministern genau informieren. Ihre Thronjubiläen 1887 und 1897 werden glanzvoll begangen. Viktoria stirbt am 22. Januar 1901 auf Schloss Osborne (Isle of Wight).

WAITANGI

Die britische Krone regiert Neuseeland

Großbritannien sichert sich die politische Herrschaft über Neuseeland.

6. 2. 1840: Durch einen Vertrag mit den Häuptlingen des auf der Nordinsel Neuseelands lebenden Eingeborenenstamms der Maori (Polynesier) übernimmt die britische Krone die politische Oberhoheit über den Inselstaat im Südpazifik. Die Briten versprechen, den Maori Schutz zu gewähren und ihren Landbesitz nicht anzutasten.

Die Ausdehnung der britischen Machtsphäre ist die Folge der britischen Präsenz auf Australien. Von dort aus wurde schon in den 1820er Jahren die Besiedlung Neuseelands in Angriff genommen. Jedoch missachteten die Europäer die ihnen unbekannte Kultur der Maori, deren Gesellschaftsgrundlagen durch den unkontrollierten Verkauf von Waffen und Alkohol an die Einheimischen zerstört zu werden drohte. Bereits in den 30er Jahren wurde in London über die Möglichkeiten des politischen Eingreifens diskutiert. Den letzten Anstoß gab die Tätigkeit des Kolonialpropagandisten Gibbon Wakefield.

Er rief 1837 einen Neuseeland-Verein ins Leben und warb erfolgreich um Siedler für dieses Gebiet. Wakefield kommt damit den Franzosen zuvor, die gleichfalls in dieser Region aktiv sind und auf Neuseeland eine Walfangstation errichten wollten. Stattdessen werden 1842 Tahiti und die Marquesas-Inseln unter französische Oberhoheit gestellt. Aus dem Zusammenleben von Weißen und Maori entstehen in den folgenden Jahren ständige Konflikte. Die Polynesier wehren sich gegen die zwangsweise Christianisierung und gegen den Landhunger der Kolonisten. Um 1870 müssen die Maori – nach kriegerischen Auseinandersetzungen – ihren Widerstand aufgeben.

Neuseeland: Unterwerfung des Tauranga-Stammes unter die britische Oberherrschaft (Holzstich)

Die Inbesitznahme Neuseelands durch Großbritannien ist typisch für den Kolonialismus der europäischen Großmächte zwischen 1815 und dem Beginn des Imperialismus um 1880. Die meisten Staaten Europas stehen in dieser Zeit dem Kolonialismus eher skeptisch gegenüber. Der Kolonialerwerb ist weniger Resultat einer zielbewussten Politik als vielmehr Reaktion auf die Artikulation privater Interessen.

AUSBLICK

Viktorianismus

Als Viktorianisches Zeitalter wird die fast 64-jährige Regierungszeit der Königin Viktoria bezeichnet. Typisch für diese Zeit sind ein geschlossenes, an den Moralprinzipien des Groß- und Mittelbürgertums ausgerichtetes Gesellschaftsbild sowie eine starke, nicht selten puritanisch gefärbte Religiosität und eine als »Tugendhaftigkeit« verstandene sexuelle Prüderie, die nicht frei ist von Heuchelei und Doppelmoral. Hinzu kommen ein ungebrochener Fortschrittsglaube und eine gefühlsbetonte Verankerung der Monarchie im Volk.

Die ersten Jahrzehnte sind ferner durch einen anhaltenden wirtschaftlichen Aufschwung geprägt. Erst in den 1870er Jahren wird auch Großbritannien von den internationalen Konjunkturwellen erfasst. Zu dieser Zeit beginnt eine betont imperiale Außenpolitik. Der wichtigste Protagonist dieser »Empire«-Politik ist der konservative Politiker Benjamin Disraeli, 1868 und 1874-1880 Premierminister. Er sichert England 1875 durch Aktienkauf maßgeblichen Einfluss auf den Suezkanal und veranlasst 1876 die Proklamation des Kaiserreichs Indien.

Prägt eine Ära: Königin Viktoria

Die weltweite Machtausdehnung vertieft jedoch noch die Kluft zwischen Arm und Reich. Innenpolitisch sind diese Jahre geprägt von einer Blüte des Parlamentarismus und der Umgestaltung des Parteiensystems in Richtung auf moderne Wählerparteien. Die Wahlrechtsreformen von 1867 und 1884 fördern vor allem die Integration der Mittelschicht, erst später wird durch die Anerkennung der Gewerkschaftsbewegung und der Labour Party auch die Arbeiterschaft an den Staat herangeführt.

LONDON

Königin ziert erste Marke

Von Großbritannien aus tritt die Briefmarke ihren weltweiten Siegeszug an.

Umschlag mit der One-Penny-Marke

6. 5. 1840: Die erste gummierte Briefmarke der Welt, die schwarze One-Penny, wird für den Postverkehr zugelassen. Sie zeigt ein Porträt der 21-jährigen Königin Viktoria. Das Markenbild bleibt in den folgenden 60 Jahren gleich.

Als »Väter der Briefmarke« gelten der Schulleiter Rowland Hill und der Zeitungsverleger James Chalmers. Hill hatte 1837 in einer Denkschrift eine durchgreifende Modernisierung des Postwesens und die Verbilligung und Vereinheitlichung des Briefportos verlangt: Künftig soll der Absender, nicht der Empfänger, die Zustellgebühr bezahlen; von Chalmers stammt die Anregung, farbige Papierstückchen als Quittung für die schon entrichtete Beförderungsgebühr herauszugeben.

Bis 1854 werden die Briefmarken beim Verkauf noch vom Postbeamten mit einer Schere von den Druckbogen abgetrennt. Dann wird die Zähnung erfunden, die das Heraustrennen der Marke erleichtert.

LONDON

Arbeiter organisieren sich

Mit dem Chartismus entsteht die erste britische Arbeiterbewegung.

8. 5. 1838: Die Chartisten, die Anhänger einer radikaldemokratischen Arbeiterbewegung, legen ihre »People's Charter« vor. Darin wird die demokratische Umgestaltung der britischen Gesellschaft verlangt.

Der Arbeiterführer William Lovett (1800-1877), 1836 Gründer der »London Workingmen's Association«, ist der Mitverfasser der »People's Charter«. Lovett zieht sich allerdings nach 1839 von der sich radikalisierenden Bewegung zurück.

Die Schrift enthält im Wesentlichen sechs Forderungen: Stimmrecht für alle Männer über 21 Jahre; gerechte Aufteilung der Wahlkreise, damit Stimmbezirke mit vergleichbaren Einwohnerzahlen entstehen; geheimes Wahlverfahren; jährliche Wahlen zum Unterhaus; Abschaffung des Zensus im passiven Wahlrecht und Einführung von Diäten für die Abgeordneten. Für die Arbeiter war die Wahlrechtsreform von 1832 eine Enttäuschung: Sie hatte den Kreis der Wahlberechtigten nur geringfügig von 220 000 auf 500 000 erhöht und lediglich der bürgerlichen Mittelschicht eine stärkere politische Vertretung gewährt, ohne die Vorherrschaft das Adels zu brechen.

Die Bewegung, die sich vor allem an die gebildete Arbeiterschaft wendet und ihr demokratisches Programm auf friedlichem Wege durch schrittweise Reformen verwirklichen will, entstand vor dem Hintergrund der Wirtschaftskrise von 1837/38. Im Februar 1839 tritt ein Nationalkonvent der Chartisten zusammen und beschließt eine Massenpetition an das Unterhaus. Doch das Parlament lehnt es ab, die von 1,3 Mio. Unterschriften unterzeichneten Forderungen auch nur zu diskutieren. Im September 1839 geht der Nationalkonvent auseinander. Vereinzelt kommt es zu Unruhen, zu den schwersten am 2. November 1839 in Newport (Südwales), wo bei einem Protestzug mehrere Personen getötet werden.

Als Folge dieser Unruhen werden führende Chartisten verhaftet. Nach der Gründung der »National Charter Association« (1840) unter der Führung von Feargus O'Connor – er vertritt den Gedanken einer sozialreformerischen Siedlungsbewegung als Alternative zur Industriegesellschaft – werden im Mai 1842 etwa 3,3 Mio. Unterschriften für eine zweite Massenpetition gesammelt, die das Parlament ebenfalls ablehnt. Eine dritte und letzte Massenpetition 1847/48 (2,2 Mio. Unterschriften) wird gleichfalls verworfen. Angesichts der verbesserten Wirtschaftslage Ende der 1840er Jahre verliert der Chartismus seine Stoßkraft. Er bringt keine einheitliche Organisation zustande und scheitert an den unterschiedlichen Interessen der (einigermaßen saturierten) Industriearbeiterschaft und den ständig vom Elend bedrohten unständig Beschäftigten. Allerdings hat der Chartismus großen Einfluss auf das Entstehen des politischen und sozialen Bewusstseins der englischen Arbeiterschaft.

Chartisten-Aufruhr in Newport 1839 (Holzstich)

MAILAND

Verdi stärkt Nationalgefühl

Giuseppe Verdi führt die Opernkunst des 19. Jahrhunderts auf einen Höhepunkt und ist der meistgespielte Komponist seiner Zeit in Europa.

9. 3. 1842: Die Oper »Nabucco« von Giuseppe Verdi wird im Teatro alla Scala uraufgeführt. Mit seinem mitreißenden Werk begeistert Verdi die Zuhörer und appelliert zugleich an ihre patriotischen Gefühle.

Mit »Nabucco«, seiner dritten Oper, findet Verdi zu seinem ernsten, dramatischen Personalstil. Die Handlung (Not und Befreiung der Juden unter Nebukadnezar) empfindet das Publikum als Spiegel für die Befreiungsbewegung in Italien. Der mit markanten Rhythmen versehene Gefangenenchor »Va pensiero sull'ali dorante« (Flieg Gedanke, auf goldenen Schwingen) wird zu einer Art Nationalhymne und Verdis Name – allerdings erst Ende der 1850er Jahre, als die politische Einigung Italiens tatsächlich auf der Tagesordnung steht – zu einem kämpferischen Symbol: VERDI »Vittorio Emanuele Re D'Italia«, gemünzt auf Viktor Emanuel II., König von Sardinien-Piemont und erster König von Italien.

Verdi wurde am 10. Oktober 1813 in La Roncole bei Parma geboren. 1839 hatte er mit »Oberto« seinen ersten Erfolg an der Mailänder Scala. Nach dem großen Erfolg von »Nabucco« folgen zwischen 1843 und 1850 noch ein Dutzend Opern von betont politischer Ausrichtung. In der mittleren Schaffensperiode – u.a. »Rigoletto« (Uraufführung Venedig, 1851), »Il Trovatore« (Rom, 1853) und »La Traviata« (Venedig, 1853) – treten die melodisch durchgearbeiteten Sologesänge stärker hervor; spätere Werke (»Ein Maskenball« 1859; »Die Macht des Schicksals« 1862; »Don Carlos« 1867, u.a.) zeigen Verdis Weg in Richtung auf das eher realistische Musikdrama mit der Kombination von Solo-, Ensemble- und Chorpassagen.

Am 24. Dezember 1871 findet – mit einjähriger Verspätung wegen des Deutsch-Französischen Krieges 1870/71 – aus Anlass der Eröffnung des Suezkanals die Uraufführung von »Aida« in Kairo statt.

Nach »Aida« komponierte Verdi 16 Jahre lang keine einzige Oper und widmete sich stattdessen vor allem der Landwirtschaft und seinen politischen Ambitionen. Seine späten Hauptwerke entstehen nach Bühnenstücken von William Shakespeare: »Otello« (Mailand, 1887) und »Falstaff« (Mailand, 1893). Verdi besitzt die Gabe, Melodien zu schreiben, die auf bewegende Weise die Gefühle der handelnden Personen vermitteln. Im Laufe einer langen Karriere erwirbt er eine souveräne Beherrschung der Instrumentation zur Charakterisierung von Personen. Am 27. Januar 1901 stirbt Verdi 87-jährig in Mailand.

Der Komponist und bedeutendste italienische Tonschöpfer Giuseppe Verdi

LONDON

Orientkrise beendet

Mit dem Dardanellenvertrag endet die sog. Orientkrise.

13. 7. 1841: Das Osmanische Reich, Österreich, Russland, Großbritannien, Frankreich und Preußen unterschreiben den Dardanellenvertrag. Er verbietet nicht türkischen Kriegsschiffen die Durchfahrt durch die Dardanellen. Handelsschiffe dürfen frei passieren. Die an ihrer engsten Stelle nur 1300 m breite Meerenge zwischen dem Ägäischen Meer und dem Marmarameer bildet zugleich die Ein- und Ausfahrt ins Schwarze Meer.

Seit dem Beginn des Niedergangs der Türkei durch mehrere verlustreiche Kriege gegen Russland Ende des 18. Jahrhunderts sind die Dardanellen ins Blickfeld der europäischen Politik geraten. Das Zarenreich konnte sich in mehreren Verträgen praktisch die Kontrolle sichern.

Neue Brisanz gewann dieses Problem durch den im März 1841 auf Druck der Großmächte beendeten Krieg des – mit Frankreich verbündeten – osmanischen Statthalters in Ägypten, Mehmet Ali, gegen das Osmanische Reich. Dieser Krieg drohte das europäische Gleichgewicht zu stören, da nicht nur die Interessen Russlands und Frankreichs, sondern auch Großbritanniens (das um die Verkehrswege nach Indien fürchtet) betroffen sind.

SAN SALVADOR

Konföderation in Hispanoamerika erfolglos

Mit dem Auseinanderfallen der Zentralamerikanischen Konföderation ist die Staatenbildung in Lateinamerika weitgehend abgeschlossen.

30. 1. 1841: Als letzter Staat der 1823 gebildeten Zentralamerikanischen Konföderation erklärt sich El Salvador formell für unabhängig und erhält mit Juan Lindo (bis 1842, 1847-1852 Präsident von Honduras) ein eigenes Staatsoberhaupt.

Die fünf Staaten der Zentralamerikanischen Föderation (außer El Salvador noch Nicaragua, Costa Rica, Guatemala und Honduras) gehörten als Provinzen des Generalkapitanats Guatemala gemeinsam mit Mexiko zum spanischen Vizekönigreich Neuspanien. Sie proklamierten am 15. September 1821 ihre Souveränität von Spanien und schlossen sich – nach einem Zwischenspiel eines gemeinsamen Staatswesens mit dem mexikanischen Kaiserreich – am 1. April 1823 zur Zentralamerikanischen Konföderation zusammen.

Jedoch verhinderten divergierende wirtschaftliche Interessen ein Zusammenwachsen der zuvor ökonomisch ganz auf die Kolonialmacht Spanien ausgerichteten Bundesglieder. Die Spannungen eskalierten schließlich zum Bürgerkrieg, an dem die Konföderation zerbrach.

Am 1. Februar 1839 erklärte der dritte und letzte gemeinsame Präsident (seit 1830) Francisco Morazán seinen Rücktritt. Zuvor hatten Nicaragua (am 30. 4. 1838), Honduras (26. 10. 1838) und Costa Rica (14. 11. 1838) ihren Austritt erklärt, Guatemala folgte am 13. April 1839.

Auch die am 7. August 1819 proklamierte Republik Groß-Kolumbien, der sich 1821 Panama und 1822 auch Ecuador anschlossen, zerfiel wieder. 1830 erklärten Venezuela und Ecuador ihre Unabhängigkeit.

Der Rest nannte sich Republik Neugranada, ab 1858 Granadische Konföderation und ab 1861 Kolumbien. Im Zusammenhang mit dem Bau des Panamakanals erklärt sich Panama 1903 mit Hilfe der USA für selbstständig.

Die von Bolivien 1836 gewaltsam erzwungene Union mit Peru zerfiel durch die Intervention Chiles bereits 1839.

Die Briten sichern sich gewaltsam im 19. Jahrhundert den ungehinderten Zugriff auf den Opiumhandel (zeitgenössische Lithographie)

NANKING

Westlicher Einfluss in China

Der Abschluss des ersten der sog. ungleichen Verträge mit einer europäischen Großmacht leitet die koloniale Ausplünderung Chinas ein.

29. 8. 1842: Ein Vertrag zwischen dem chinesischen Kaiserreich und Großbritannien beendet den 1839 begonnenen 1. Opiumkrieg. Die Folgen der Niederlage sind für die Chinesen schmerzhaft: So wird Hongkong an Großbritannien abgetreten, China muss 21 Mio. Silberdollar als Kriegsentschädigung zahlen, mit Fouchou, Amoy, Schanghai und Ning-Po werden weitere vier Häfen dem westlichen Handel geöffnet und feste Zollsätze eingeführt.

Wichtigster Exporteur von Opium nach China ist die britische East India Company, die seit 1786 in der Hafenstadt Kanton ansässig ist, der einzig geduldeten westlichen Handelsniederlassung. Opium war in China bereits im 16. Jahrhundert bekannt. Vergeblich bemühten sich die chinesischen Kaiser seit 1729 darum, den Gebrauch des Opiums durch Verbote zu unterbinden. 1796 sowie 1814 und 1815 ergingen weitere strenge Erlasse gegen den Opiumschmuggel.

Nun beauftragte Kaiser Hsüan tsung seinen Verwaltungsbeamten Lin Tse-hsü, energisch gegen den Opiumhandel einzuschreiten. Ein Edikt befahl am 18. März 1839 allen Ausländern, das in ihrem Besitz befindliche Opium den Behörden auszuliefern. Lin Tse-hsü erzwang von der britischen Faktorei in Kanton die Herausgabe des dort lagernden Opiums und ließ es vernichten. Es kam zum Krieg, in dem sich die Briten als waffentechnisch überlegen erwiesen. Als im August 1842 schließlich 80 britische Kriegsschiffe vor Nanking auftauchten, waren die Chinesen zum Einlenken bereit.

Der Friede von Nanking leitet eine anhaltende Schwächung Chinas ein. Großbritannien sichert sich in einem 1843 unterzeichneten Zusatzvertrag die sog. Meistbegünstigungsklausel, wonach die einem anderen Staat eingeräumten Handelsprivilegien automatisch auch Großbritannien zufallen. Im sog. 2. Opiumkrieg 1857/58 muss China zehn weitere Häfen für den Handel öffnen und an die siegreichen Staaten Großbritannien und Frankreich hohe Entschädigungssummen zahlen; Russland erzwingt 1858 die Abtretung chinesischen Gebietes am Amur, gegen Japan muss China 1894/95 eine Niederlage hinnehmen und auf Korea verzichten; Kiautschou wird 1897 vom Deutschen Reich besetzt.

KABUL

Afghanistan bewahrt Selbstständigkeit

Der erste Versuch der Briten, sich zur Abrundung ihres Kolonialbesitzes an der Ostgrenze Indiens auch Afghanistan einzuverleiben, scheitert am hartnäckigen Widerstand der Einheimischen.

1. 1. 1842: Generalmajor William Gilbert Keith Elphinstone unterzeichnet den Rückzug seiner Soldaten aus Afghanistan. Seine aus 18 000 Mann bestehende britisch-indische Invasionsarmee ist fast völlig aufgerieben worden.

Mit Russland, das seit Beginn des 19. Jahrhunderts seinen Machtbereich über Sibirien hinaus nach Zentralasien und Nordchina ausgedehnt hat, und Großbritannien haben gleich zwei europäische Großmächte Interesse an Afghanistan. Das Gebirgsland stand über Jahrhunderte hinweg unter Fremdherrschaft. Erst 1747 begründete ein einheimischer Fürst, Ahmed Schah aus der Durrani-Dynastie, ein unabhängiges – aber politisch nicht gefestigtes – Emirat. 1818 zerfiel das Gebiet für anderthalb Jahrzehnte in mehrere unabhängige Khanate. Erst 1834 gelang Dost Mohammad Khan die erneute Einigung.

Im August 1839 entsandte der britische Generalgouverneur von Indien, George Eden, Lord Auckland, ein Expeditionskorps. Kandahar, Kabul und andere Städte wurden besetzt. Doch der Versuch, die Bergstämme Afghanistans militärisch niederzuwerfen, führte nach Anfangserfolgen zu einem Debakel. Zwar ergab sich Dost Mohammed Khan am 5. November 1840 den Briten, doch die Ermordung des britischen Reisenden Alexander Burne am 2. November 1841 in Kabul bildete den Auftakt zum Volksaufstand gegen die Invasoren unter Führung von Mohammed Akbar Khan, dem Sohn des Herrschers. Am 6. Januar 1842 beginnt der britische Rückzug. Von den 4500 Soldaten und 12 000 Zivilisten erreichen nur 300 den Khaiber-Pass östlich von Kabul, den Übergang nach Britisch-Indien.

Die Briten erstürmen Ghazny (Lithographie 1842)

Im Verlauf des 19. Jahrhunderts kann Afghanistan dauerhaft seine Autonomie bewahren. Ein neuerlicher britischer Versuch, sich das Land einzuverleiben, schlägt 1878–1880 fehl. Die Afghanen verdanken ihre Unabhängigkeit nicht nur der Unzugänglichkeit ihres Landes, sondern auch der Rivalität zwischen Russland und Großbritannien.

PARIS

1848 – erneuter Umsturz in Frankreich

Die Februarrevolution in Frankreich leitet die Serie von revolutionären Unruhen ein, von der im Frühjahr 1848 fast alle Staaten Europas erfasst werden.

24. 2. 1848: Nach zweitägigen Straßenkämpfen zwingt ein von Arbeitern und Bürgern getragener Aufstand den Ministerpräsidenten François Guizot zum Rücktritt. Der seit 1830 herrschende »Bürgerkönig« Louis Philippe dankt daraufhin ab und geht nach Großbritannien ins Exil. Eine provisorische Regierung unter Jacques Charles Dupont de l'Eure wird gebildet und die Republik ausgerufen.

Die Unruhen waren durch das Verbot einer Kundgebung für eine Reform des Zensuswahlrechts am 21. Februar ausgelöst worden. Gegen die Regierung Guizot, die vor allem die Interessen der Großbourgeoisie vertrat, gingen das liberale Bürgertum und die Arbeiterschaft – zeitweilig – ein Bündnis ein. Die neue, unter dem Druck der Pariser Volksmassen gebildete Regierung, vereint ein breites politisches Spektrum. Fünf der elf Minister zählen zum gemäßigt-liberalen Flügel. Die Linke repräsentiert vor allem der Journalist Louis Blanc, Vertreter eines reformorientierten Sozialismus. Zu seinen Hauptanliegen zählt die Gründung von sog. Nationalwerkstätten zur Beschäftigung Arbeitsloser. Zwei der wichtigsten Positionen sind in der Hand gemäßigter Republikaner: Alphonse de Lamartine amtiert als Außenminister, der Anwalt und Journalist Alexandre Auguste Ledru-Rollin steht dem Innenministerium vor.

Angesichts der widerstrebenden Interessen der die Regierung stützenden Kräfte steuert die neue Staatsführung einen vorsichtigen Kurs: in der Außenpolitik konservativbewahrend, in der Innen- und Sozialpolitik mit vorsichtigen Reformen. Sie richtet Nationalwerkstätten ein, erkennt das Recht auf Arbeit an, hebt die Todesstrafe für politische Delikte auf und führt das allgemeine Wahlrecht sowie die Presse- und Versammlungsfreiheit ein.

Nach dem Sieg der gemäßigten Liberalen und Konservativen bei den Wahlen zur Verfassunggebenden Nationalversammlung am 4. Mai kommt es im Streit um die sog. Nationalwerkstätten zur bewaffneten Auseinandersetzung zwischen Bürgertum und Arbeitern. Die Werkstätten werden am 21. Juni durch Dekret der Nationalversammlung aufgelöst. Alle Arbeiter unter 25 Jahren sollen zur Armee einrücken, die übrigen sich für angeblich geplante Arbeiten in der Provinz bereithalten. Die Folge ist die sog. Junischlacht. Ein schlecht vorbereiteter Aufstand wird am 24. Juni nach zwei Tagen durch die von Kriegsminister General Eugène Cavaignac geführte Armee, Mobilgarde und die Nationalgarde niedergeworfen. Etwa 3000 Arbeiter werden getötet, rd. 15 000 in die Verbannung geschickt.

Der Sieg der Ordnungskräfte ist zugleich das Signal für den Triumph der reaktionären Kräfte in ganz Europa über die nationalen und demokratischen Bewegungen.

Eine am 4. November von der französischen Nationalversammlung gebilligte Verfassung sieht u.a. die Wahl eines Präsidenten als Staatsoberhaupt der Republik vor. Überraschend siegt am 10. Dezember mit 75% der Stimmen der aus London heimgekehrte Louis Napoleon Bonaparte. Auch viele Arbeiter geben dem Neffen des einstigen Kaisers die Stimme, um sich am Bürgertum für die Niederlage in der »Junischlacht« zu rächen.

Lamartine weist die rote Fahne der Sozialisten zugunsten der Trikolore zurück.

WASHINGTON

Morseapparat eröffnet das Telegrafenzeitalter

Mit dem Morsetelegrafen beginnt das Zeitalter der elektromagnetischen Datenübermittlung.

24. 5. 1844: Der Erfinder Samuel Morse (1791-1842) übermittelt zwischen Washington D.C. und Baltimore das erste Telegramm.

Morse – im Hauptberuf ein erfolgreicher Porträt- und Landschaftsmaler – hatte bereits 1837 das Modell eines ersten brauchbaren Maschinentelegrafen entwickelt. Im selben Jahr konstruierten die Briten William Cooke und Charles Wheatstone einen elektrischen Nadeltelegrafen, der aber Morses Gerät technisch unterlegen war.

Der Erfinder Samuel Morse

Der Morseapparat besteht (zum Senden) aus einer federnden Taste, mit der kurze und lange elektrische Impulse ausgesandt werden und (zum Empfangen) aus einem Elektromagneten mit Anker, der im Takt der Impulse einen Schreibstift gegen einen gleichmäßig bewegten Papierstreifen drückt und auf diese Weise Punkte oder Striche erzeugt.

Der Morseapparat und das Morsealphabet – ein von Morse entwickelter Code – werden rasch internationaler Standard, nachdem Morse zur Eröffnung der ersten Telegrafenlinie seine erste Nachricht über den Ticker schickt.

KALIFORNIEN

Goldrausch lockt Glücksritter

Die Nachricht von den ersten Goldfunden löst eine wahre Völkerwanderung nach Kalifornien aus.

24. 1. 1848: Bei Ausschachtungsarbeiten für ein Sägewerk in der Nähe von Coloma findet der Arbeiter James W. Marshall auf den Besitzungen des Deutschschweizers Johann August Suter erstmals Gold.

Es dauert über ein halbes Jahr, ehe die Welt davon erfährt: Der »New York Herald« berichtet am 19. August von den Goldfunden im Tal des Sacramento River. Am 5. Dezember 1848 bestätigt Präsident James Knox Polk die Nachricht. Etwa 40 000 Goldsucher machen sich nach Kalifornien auf.

Zwischen 1849 und 1859 werden unzählige Minen erschlossen und wieder aufgegeben, zahllose Städte gegründet und wieder verlassen. Im Laufe der Zeit ersetzen die fast schon industriellen Abbaumethoden kapitalkräftiger Unternehmer die zeitraubende Arbeit einzelner Goldsucher. Insgesamt wird im Verlauf eines Vierteljahrhunderts mehr Gold aus der Erde geholt als seit der Entdeckung Amerikas.

Goldsucher mit seiner Ausrüstung

Doch die meisten »Digger« bleiben arm wie zuvor: Ihre Suche bleibt erfolglos oder das, was sie dem Boden entreißen, wird ihnen von Kriminellen wieder abgenommen.

Einen ähnlichen Lauf nimmt der »Goldrausch« an anderen Stellen der Erde: In den australischen Provinzen Neusüdwales und Victoria (1851), im nordamerikanischen Montana (ab 1852), in Südafrika (1886) und in Alaska (1897).

Während einige reich werden, wird Suter zum armen Mann. Er war 1834 aus der Schweiz ins damals noch mexikanische Kalifornien gekommen und hatte eine Farmkolonie (»Neu Helvetica«) mit einer Grundfläche von rd. 5900 km² im Wert von 200 Mio. US-Dollar aufgebaut. Nun laufen ihm seine Arbeiter davon, Goldsucher verwüsten seine Äcker, seine Farmen und Werkstätten verfallen.

Vergeblich verklagt er den amerikanischen Staat auf Schadenersatz. 1880 stirbt Suter 77-jährig verarmt in Washington.

Kalifornische Goldsucher bei der Goldwäsche im Tal des Sacramento (Lith., 1870)

DUBLIN

Schwere Hungersnot entvölkert Irland

Eine schwere Hungersnot sucht Irland heim. Hunderttausende sterben oder wandern aus.

Herbst 1845: Eine Hungersnot als Folge der Kartoffelfäule, die als »Potato famine« bekannt wird, stürzt Irland in eine Katastrophe: Mindestens 700 000 Menschen sterben. Viele wandern aus.

Die aus den USA eingeschleppte Kartoffelkrankheit vernichtet das Hauptnahrungsmittel der Bevölkerung. Der ausschließliche Anbau der Erdfrüchte ohne überwachte Sortenzucht des Saatgutes begünstigt die Ausbreitung der Kartoffelfäule. Ein nasser Frühling macht 1846 zusätzlich einen großen Teil der Ernte zunichte. Ende 1846 essen die Menschen bereits das Saatgut, um nicht zu verhungern. Epidemien wie Typhus verschärfen noch das Elend.

Irische Auswanderer in Queenstown (heute Cobh)

Vor dem drohenden Hungertod fliehen Hunderttausende ins Ausland, vor allem in die USA, nach Kanada und nach Großbritannien, eine geringe Zahl auch nach Australien und Neuseeland. Durch den Hungertod und die Massenemigration verringert sich die Zahl der Einwohner von 8,2 Mio. im Jahr 1841 auf 6,5 Mio. im Jahr 1851. Allein in einer Januarwoche 1847 verlassen 130 000 Menschen das Land. Hunger und Emigration verschärfen die politische Situation in Irland, zumal die britischen Großgrundbesitzer mit Billigung der Behörden in großem Umfang die irischen Pächter vertreiben, die mit ihren Pachtzahlungen in Rückstand sind. Auf den so gewonnenen Flächen lassen die Großgrundbesitzer ihr Vieh weiden, was für sie sehr viel profitabler ist als der Ackerbau.

Die Regierung in London und die übrigen europäischen Staaten unterstützen im Frühjahr 1847 rd. 3 Mio. Iren mit Getreide- und Nahrungsmittellieferungen. Unmittelbare Folge der Hungersnot ist ein Aufstand der radikalen Young Irelanders im Juli 1848, der jedoch von den Briten blutig niedergeschlagen wird.

FRANKFURT AM MAIN

Hoffnung auf Demokratie wird enttäuscht

Die Hoffnungen der deutschen Demokraten, auf parlamentarischem Wege einen Nationalstaat zu gründen, scheitern am Widerstand der konservativen Großmächte Preußen und Österreich.

18. 5. 1848: In der Paulskirche konstituiert sich die erste gewählte Deutsche Nationalversammlung. In fast allen Staaten des Deutschen Bundes kam es im Frühjahr 1848 zu teilweise blutigen bürgerlich-demokratischen Erhebungen, die zwar die Wahl einer gesamtdeutschen Volksvertretung erzwangen, jedoch keinen dauerhaften Erfolg haben.

Nach dem Sieg der Februarrevolution in Frankreich erreichten die liberalen und demokratischen Kräfte zuerst in den süddeutschen Kleinstaaten die Verwirklichung vieler »Märzforderungen«. Verlangt wurden u.a. konstitutionelle Verfassungen, Gewährung der bürgerlichen Freiheitsrechte, allgemeines und gleiches Wahlrecht, Einrichtung von Schwurgerichten, Pressefreiheit und allgemeine Volksbewaffnung.

Die Frankfurter Nationalversammlung in der Paulskirche (zeitgenössische Lithographie)

General Friedrich von Gagern fällt im Gefecht gegen die Revolutionäre von Kandern (Lith., 1848)

Die Herrschenden reagierten unterschiedlich: Teils wurde Militär gegen die Opposition eingesetzt, wie am 13. März in Wien und am 18. März in Berlin, teils gingen die Monarchen zunächst auf die Forderungen ein, machten einige Zugeständnisse und ernannten sog. Märzministerien, die jedoch – nachdem die Revolution ihren ersten Schwung verloren hat – bald wieder entlassen werden.

An den Ende April und Anfang Mai in allen deutschen Staaten abgehaltenen Wahlen zur Nationalversammlung beteiligten sich zwischen 40 und 75% der zur Wahl zugelassenen volljährigen Männer. Unter den 830 Parlamentariern und Stellvertretern dominiert das Bildungsbürgertum. Nach der frühen Ausschaltung der radikalen Republikaner um Friedrich Hecker und Gustav von Struve (gescheiterter Aufstand in Baden nach der Schlacht bei Kandern am 20. 4. 1848) bestimmen gemäßigte Liberale wie Anton Ritter von Schmerling und Heinrich von Gagern sowie die liberal-konstitutionelle (nach ihrem Tagungslokal genannte) sog. Casino-Partei den Kurs, während – der im Oktober 1848 vom Militär in Wien erschossene – Robert Blum und die linken Demokraten des »Deutschen Hofs« die Opposition bilden.

Ihrer doppelten Aufgabe, einen Nationalstaat zu schaffen und eine Verfassung auszuarbeiten, ist das Parlament aufgrund der Obstruktionspolitik Österreichs und Preußens nicht gewachsen.

Die grundlegende Schwäche dieses »Professorenparlaments« liegt darin, dass es auf den guten Willen der einzelnen Staaten des Deutschen Bundes angewiesen ist und keinen unmittelbaren Zugriff auf das Militär der einzelnen Länder oder gar eigene Truppen in nennenswerter Größe besitzt. Auch die Wahl des österreichischen Erzherzogs Johann zum »Reichsverweser«, also eines provisorischen Reichsoberhaupts, am 29. Juni und die Benennung von »Reichsministern« bleiben wirkungslos.

Bereits ab Herbst 1848 zeichnet sich ein Sieg der Konterrevolution ab. Zwar billigt am 28. März 1849 die Nationalversammlung eine Verfassung, die den Bürgern grundlegende Freiheitsrechte gewährt und eine sog. kleindeutsche Lösung – ein Reich ohne Österreich unter Führung Preußens – vorsieht, doch wird diese Variante nicht verwirklicht: Der preußische König Friedrich Wilhelm IV. verweigert die ihm am 3. April 1849 angetragene Krone eines »Kaisers der Deutschen«.

Die folgenden Aufstände in mehreren deutschen Kleinstaaten (sog. Reichsverfassungskampagne) enden endgültig mit der Auflösung des von Frankfurt nach Stuttgart geflohenen Rumpfparlaments am 18. Juni und der Kapitulation der von den Revolutionären gehaltenen Bundesfestung Rastatt (Baden) am 23. Juli 1849. Gegen 40 der verhafteten »Aufrührer« ergehen Todesurteile. Die leitenden Politiker Gustav von Struve, Carl Schurz und Lorenz Brentano gehen in die USA und machen dort Karriere.

MÜNCHEN

Tänzerin kostet den Bayernkönig die Krone

Die Tänzerin Lola Montez

Als einziger deutscher Fürst wird König Ludwig I. von Bayern – mehr aus privaten Gründen – während der 48er-Revolution gestürzt.

20. 3. 1848: Der bayerische König Ludwig I. dankt zugunsten seines Sohnes Maximilian II. ab. Das Verhältnis zu einer Tänzerin hat – neben der erstarkten demokratischen Bewegung – den Thronwechsel bewirkt.

Die Frau mit dem Künstlernamen Lola Montez stammt allerdings nicht aus Spanien, sondern kam 1818 in Limerick (Irland) als illegitime Tochter eines schottischen Offiziers und einer Kreolin zur Welt. 1843 gab sie ihr gefeiertes Debüt in London. Am 10. Oktober 1846 trat »Demoiselle Lola Montez« erstmals in München auf und gewann bald die Gunst des Königs, der sie 1847 zur Gräfin von Landsfeld erhob. Diese sehr umstrittene Standeserhöhung rief alsbald harsche Kritik – vor allem von konservativer Seite – hervor.

Ludwig I., König von Bayern

Die revolutionären Ereignisse in den übrigen deutschen Staaten führten auch in München am 4. März zu Unruhen. Zwar ging Ludwig am 6. März auf viele der demokratischen Forderungen ein und berief am 11. März ein Kabinett mit einem liberaleren Innenminister, doch Gerüchte über eine Rückkehr der am selben Tag aus der Stadt verbannten Lola Montez führen erneut zu Unruhen, so dass der König – wie er später erklärt – die Macht aufgibt, um sich nicht »zum Unterschreiber degradieren« zu lassen.

Mit der Vertreibung aus München endet auch die glücklichste Zeit im Leben der Lola Montez: Die »bayerische Pompadour« geht 1849 nach London, dann nach Paris und schließlich 1851 in die USA. Nach diversen Affären und vier Eheschließungen stirbt sie 1861 verarmt in New York.

WIEN

Die Habsburger behaupten ihre Herrschaft

Die Habsburger-Monarchie behauptet die Herrschaft in Österreich und unterdrückt erfolgreich die Autonomiebestrebungen in Norditalien und Ungarn.

13. 3. 1848: Der österreichische Haus-, Hof- und Staatskanzler Klemens Wenzel Fürst Metternich tritt nach dem Ausbruch der Märzrevolution zurück und flieht nach Großbritannien.

Am 15. März verspricht Kaiser Ferdinand I. die »Aufhebung der Censur« und eine baldige »Constitution des Vaterlandes«. Ein solches Staatsgrundgesetz wird am 25. April – ohne Mitwirkung einer Volksvertretung – verkündet. Ein Aufstand in Wien erzwingt am 15. Mai die Rücknahme der Verfassung und das Versprechen zur Bildung eines Reichstags. Zwei Tage später flieht der Kaiser nach Innsbruck.

Am 22. Juli tritt in Wien ein konstituierender Reichstag der deutschen und slawischen Länder zusammen. Die Nachricht von den Ereignissen in Ungarn, wo der Nationalistenführer Lajos Kossuth am 12. September das Amt eines Ministerpräsidenten antritt und den Krieg gegen die kaiserlichen Truppen aufnimmt, führt am 6. Oktober zu einer erneuten Revolution. Doch von Prag aus rückt Feldmarschall Alfred Fürst zu Windischgraetz gegen Wien vor, von Osten der Banus von Kroatien, Josef von Jellačič. Am 31. Oktober ist Wien nach blutigen Kämpfen in der Hand der kaiserlichen Truppen. Ferdinand I. dankt am 2. Dezember 1848 zugunsten seines 18-jährigen Neffen Franz Joseph I. ab.

Ihm verweigert im Dezember 1848 der ungarische Reichstag die Anerkennung als König von Ungarn und erklärt am 14. April 1849 in Debrecen die Trennung von Österreich und die Gründung der Republik Ungarn. Aber die Staaten Europas erkennen die Regierung Kossuth nicht an. Mit Hilfe Russlands wird durch die Eroberung der Festung Komorn am 3. Oktober 1849 der Widerstand der Ungarn endgültig gebrochen.

Auch die durch Aufstände in Mailand erschütterte Herrschaft Österreichs in Norditalien wird wiederhergestellt. Am 9. August 1848 muss König Karl Albert von Sardinien, der sich an die Spitze der italienischen Einigungsbewegung stellen wollte, nach der Niederlage bei Custoza einen Waffenstillstand unterzeichnen. Im Frühjahr flammt der Krieg erneut auf, doch nach der Niederlage von Novara am 23. März 1849 dankt Karl Albert zugunsten seines Sohnes Viktor Emanuel II. ab. Am 24. August 1849 endet mit der Kapitulation von Venedig der letzte Aufstand gegen Österreich.

Barrikadenbau beim dritten Volksaufstand in Wien am 26. Mai 1848 (Kreidelithographie)

WASHINGTON

Streit um die Sklaverei spaltet die Vereinigten

Der Roman »Onkel Tom's Hütte« gibt der Anti-Sklaverei-Bewegung in den USA neuen Auftrieb.

12. 3. 1852: Die US-amerikanische Schriftstellerin Harriet Beecher-Stowe (1811-1896) klagt in ihrem Roman »Uncle Tom's cabin« die Sklaverei an. Sie schildert darin überaus sentimental das harte Schicksal von Sklaven in den Südstaaten der USA. Das Buch avanciert in kurzer Zeit zum internationalen Bestseller.

Seit dem 17. Jahrhundert war die Sklavenwirtschaft vor allem in den Tabakanbaustaaten Virginia und Maryland üblich. Später kamen South Carolina und Georgia (Reisanbau) hinzu, im 19. Jahrhundert dann die Zentren des Baumwollanbaus wie z.B. Georgia, Missouri, Louisiana, Mississippi, Alabama, Arkansas und später Texas.

1808 trat ein Beschluss des US-Kongresses in Kraft, der die Einfuhr von Sklaven verbot. Zu diesem Zeitpunkt waren bereits etwa 400 000 Sklaven in die Südstaaten gebracht worden, bis 1860 kommen – nunmehr illegal – etwa 250 000 hinzu.

Die Erschließung des Westens – teils durch sklavenhaltende Baumwollpflanzer aus den Südstaaten der Union, teils durch Kleinfarmer aus dem Norden – ließ einen sklavenhaltenden und einen sklavenfreien Siedlungsraum entstehen.

Der 1820 von Henry Clay gefundene Missouri-Kompromiss sorgte für das Gleichgewicht von sklavenhaltenden und sklavenfreien Staaten im Senat: Missouri wurde zwar als Sklavenhalterstaat in die Union aufgenommen, gleichzeitig jedoch die Sklaverei nördlich des Breitengrades 36° 30′ verboten. 1830 richteten Sklavereigegner (Abolitionisten) eine geheime »Underground Railroad« ein und ermöglichten bis 1860 etwa 50 000 Sklaven die Flucht in die Nordstaaten oder nach Kanada. 1831 scheiterte in Virginia der große Aufstand des Sklaven Nat Turner.

Nach Ausbruch des Krieges gegen Mexiko (1846-1848) – damals wurde das Gebiet der späteren Unionsstaaten New Mexico, Arizona, Colorado, Utah, Nevada und Kalifornien gewonnen – scheiterte im Senat der Vorschlag des demokratischen Kongressabgeordneten David Wilmot, in sämtlichen eroberten Gebieten die Sklaverei zu verbieten.

Erfolgsautorin Harriet Beecher-Stowe

Die Frage eines Beitritts des sklavenfreien Kalifornien drohte 1849 erneut, die Union zu spalten. Im »Kompromiss von 1850« wurde Kalifornien aufgenommen und den neuen Territorien New Mexiko und Utah freigestellt, ihren Status zu bestimmen. Ferner wurde der Sklavenhandel im District of Columbia um die Hauptstadt Washington verboten. Zugleich erlaubte jedoch der »Fugitive Slave Act« vom 18. September 1850 den Sklavenhaltern, sich ihr entlaufenes »Eigentum« auch aus sklavenfreien Gebieten zurückzuholen.

Vier Jahre später bricht der Konflikt erneut auf: Der Kansas-Nebraska-Act vom 30. Mai 1854 widerruft den sog. Missouri-Kompromiss. Nun werden durch den Willen des Gesetzgebers auf dem Gebiet von Kansas zwei neue Territorien – nämlich Kansas und Nebraska – gebildet, in denen es den Siedlern überlassen werden soll, ob sie die Sklaverei dulden wollen oder nicht.

Der Initiator des Gesetzes, der Senator Stephen A. Douglas aus Illinois, versprach sich von dieser Regelung einen gesunden Kompromiss: Sklaverei sollte dort erlaubt sein, wo sie wirtschaftlich sinnvoll

LONDON

Ausstellungswesen blüht in der Ära des Freihandels

Die »Exhibition of the Works of Industry of all Nations« ist die erste Weltausstellung von Erzeugnissen der Wissenschaft und Technik.

1. 5. 1851: Die erste Weltausstellung wird eröffnet. 13 937 Aussteller aus 15 Staaten sind nach London gekommen, die in sechs Branchengruppen und 30 Klassen ihre Erzeugnisse vorstellen. Insgesamt werden 5248 Auszeichnungen vergeben. Die internationale Leistungsschau hat bis zum 11. Oktober geöffnet und zieht 6 039 195 Besucher an.

Zu den Initiatoren zählt der britische Prinzgemahl Albert von Sachsen-Coburg-Gotha, der 1840 die 18 Jahre alte Königin Viktoria geheiratet hatte. Sein Interesse an wirtschaftlichen Fragen bewog den Prinzgemahl, sich an der Organisation der Weltausstellung zu beteiligen.

Der Kristallpalast, das Symbol der ersten Weltausstellung 1851 in London

Die Weltausstellung bietet neben dem Wettbewerb um Medaillen und Auszeichnungen – sei es für die Neuheit der Erfindung (»Große Medaille«) oder für die Nützlichkeit der Ausführung (»Preismedaille«) – auch ein Forum für die Diskussion wirtschafts- und handelspolitischer Fragen. Das größte Kontingent stellen die Gastgeber mit 6146 Ausstellern, danach rangieren die Franzosen (1760 Aussteller) und die Staaten des Deutschen Zollvereins (1563). Mit goldenen Preisen werden u.a. die Essener Firma Krupp für ihren Tiegelgussstahlblock von 40 Zentnern und die Firma Siemens für den Zeigertelegrafen ausgezeichnet.

Zahlreiche weitere Ausstellungen folgen. 1907 wird errechnet, dass weltweit ab 1851 insgesamt 374 internationale oder nationale Ausstellungen gewerblichen, industriellen oder technischen Inhalts stattgefunden haben, davon allein 147 zwischen 1851 und 1880, in der Blütezeit des Freihandels.

Zu den größten Attraktionen zählt die Ausstellungshalle selbst: Nach den Plänen des britischen Architekten Sir Joseph Paxton hatte der Bauunternehmer Lewis Cubitt den »Kristallpalast« errichtet, eine riesige verglaste Eisenskelettkonstruktion, die wegweisend für den Bau von Ausstellungshallen wird. Paytons »Kristallpalast« überdeckt als fünfschiffige Halle eine Fläche von 72 000 m². In der Mitte kreuzt ein 24 m hohes Querschiff die Anlage. Das Gerüst aus Gussstahl bilden vorgefertigte, gekrümmte Tragrippen und waagerechte Fachwerkträger. Abgedeckt ist der Kristallpalast mit einem gläsernen Faltwerk mit genormten Scheiben.

Der erste und lange Zeit größte Skelettbau der Welt wird 1854 aus London nach Sydenham versetzt. Das riesige Bauwerk brennt im Jahr 1936 ab.

Staaten

ist. Doch in Kansas beginnt ein blutiger Bürgerkrieg zwischen Sklavenhaltern und Sklavengegnern, der erst 1856 durch den Einsatz von Bundestruppen beendet werden kann. Ein Teilnehmer am Bürgerkrieg in Kansas (»Bleeding Kansas«) ist der radikale Abolitionist John Brown, der dort ein Freikorps befehligt. Brown versucht am 16. Oktober 1859 in Harper's Ferry (US-Bundesstaat Virginia), einen Sklavenaufstand zu entfesseln. Er wird jedoch beim Überfall auf ein Waffenarsenal der Armee von US-Milizen gefangen genommen und am 2. Dezember in Charlestown gehängt. Zwar billigen auch die meisten Sklavereigegner Browns Vorgehen (dessen Andenken im Volkslied »Battle Hymn of the Republic« fortlebt) nicht, dennoch wird er zu einem Märtyrer des Abolitionismus.

Baumwollplantage am Mississippi; der Abolitionist John Brown (o.l.) wird von der Antisklavereibewegung als Märtyrer verehrt.

STICHWORT

Abolitionismus

Der Abolitionismus ist eine in den Jahren 1831-1865 in den Vereinigten Staaten von Amerika tätige und einflussreiche Bewegung, die aus humanitären, sozialen und politischen Gründen die Sklaverei abschaffen will.

Ihr Vorkämpfer ist der Publizist William Lloyd Garrison (1805-1879), der im Jahr 1831 mit seiner Zeitung »Liberator« (Befreier) das einflussreichste Organ dieser Bewegung ins Leben ruft. Am 6. Juli 1854 wird in Jackson im US-Bundesstaat Michigan die Republikanische Partei gegründet, die sich klar und deutlich gegen die Sklaverei wendet. Sie vereinigt Vertreter verschiedener Parteirichtungen, die sich vor allem in ihrer Gegnerschaft zur Sklaverei einig sind. Im Jahr 1856 schließt sich auch Abraham Lincoln den Republikanern an. Sie bilden neben den schon länger existierenden Demokraten die zweite Säule des amerikanischen Parteiensystems.

Die u.a. vom Wiener Kongress 1815 unterstützte Abschaffung des Sklavenhandels (in Dänemark-Norwegen schon 1792, in England 1807, in den USA 1808, in Brasilien erst 1888) sowie der Sklaverei selbst – in Spanien und den spanischen Kolonien (1817), in Portugal und den Kolonien (1823), im britischen Kolonialreich (1833), in den dänischen und französischen Kolonien (jeweils 1848) sowie den niederländischen Besitzungen (1863) – gehen auf die Politik und den Einsatz des Abolitionismus zurück.

PARIS

Napoleons Neffe erneuert Kaiserreich

Der Staatsstreich von Charles Louis Napoleon Bonaparte macht den Weg frei für die Gründung des zweiten französischen Kaiserreichs.

2. 12. 1851: Der französische Präsident Charles Louis Napoleon Bonaparte lässt führende Oppositionspolitiker verhaften und löst die Nationalversammlung auf. Jeden Widerstand lässt er blutig niederwerfen.

Napoleon III., Kaiser der Franzosen, übernimmt die Macht in Frankreich.

Zugleich wird den Franzosen eine neue Verfassung versprochen und die Aufhebung des Wahlgesetzes von 1850 proklamiert, welches durch den Ausschluss der Unbemittelten die Zahl der Wahlberechtigten weiter verringert hatte.

Um seine Herrschaft zu legitimieren, lässt Bonaparte am 20. Dezember durch ein mit allen Mitteln der Wahlbeeinflussung gesteuertes Referendum den Putsch nachträglich billigen. 7,5 Mio. votieren mit »Ja«, 640 000 mit »Nein«, 1,5 Mio. enthalten sich der Stimme. Der »Prinz-Präsident« Bonaparte proklamiert am 14. Januar 1852 eine Verfassung, die ihm weitgehende Rechte gegenüber dem Parlament – einem 150-köpfigen ernannten Senat und einer 260 Mitglieder starken, nach dem Mehrheitswahlrecht gewählten Volksvertretung – verleiht.

Am 7. November 1852 lässt er den ihm ergebenen Senat eine Verfassungsänderung vorschlagen, mit der »die kaiserliche Würde« erneuert und Bonaparte als Napoleon III. zum Kaiser der Franzosen ernannt wird. Am 2. Dezember 1852 beginnt das Zweite Kaiserreich.

KONSTANTINOPEL

Krimkrieg stoppt Russlands Expansion

Im Krimkrieg (1853-1856) unterbinden Großbritannien und Frankreich das zu Lasten des vom Zerfall bedrohten Osmanischen Reiches gehende Expansionsstreben Russlands auf dem Balkan.

16. 10. 1853: Als Antwort auf den russischen Einmarsch in die Donaufürstentümer Moldau und Walachei (im Wesentlichen das heutige Rumänien) erklärt das Osmanische Reich dem Zarenreich den Krieg, der sich durch das Eingreifen von Frankreich, Großbritannien, Österreich und Sardinien-Piemont zu einem gesamteuropäischen Konflikt ausweitet. Gekämpft wird vor allem auf der russischen Halbinsel Krim.

Unmittelbarer Anlass für den Krieg war die Weigerung der Regierung in Konstantinopel, russische Protektoratsrechte über die orthodoxen Christen im Heiligen Land anzuerkennen. Daraufhin brach Russland am 21. Mai 1853 die diplomatischen Beziehungen ab. Am 3. Juli überschritten etwa 53 000 russische Soldaten den Grenzfluss Pruth und rückten am 15. Juli in Bukarest ein. Zunächst beschränkten sich die Osmanen darauf, ihre Truppen im heutigen Bulgarien zu sammeln und Russland am 9. Oktober ultimativ zum Rückzug aufzufordern.

Die Vernichtung eines türkischen Geschwaders durch die russische Schwarzmeerflotte in der Bucht von Sinope am 30. November 1853 veranlassen Frankreich und Großbritannien zum Eingreifen. Nach Abschluss eines Vertrages mit der Regierung des Osmanischen Reiches erklären sie am 27./28. März 1854 Russland den Krieg.

Die am 17. Mai begonnene Belagerung der türkischen Donaufestung Silistria durch rd. 40 000 russische Soldaten wird im September wieder aufgegeben, nachdem Österreich an der Grenze Truppen zusammenzieht. Nach Unterzeichnung eines Defensivbündnisses mit Preußen (20. 4. 1854) stärkt Österreich dem Osmanischen Reich den Rücken durch den Abschluss eines Vertrages am 14. Juni, der eine Zurückdrängung der Russen aus den Donaufürstentümern vorsieht. Zusätzlich verbindet sich Österreich am 2. Dezember 1854 in Wien mit Großbritannien und Frankreich.

Am 22. April 1854 beschießt die alliierte Flotte die Hafenstadt Odessa, erleidet jedoch durch das Feuer der Küstenbatterien starke Verluste. Zwar räumen die Russen am 31. Juli 1854 Bukarest und bis September die ganzen Donaufürstentümer, womit der eigentliche Kriegsgrund entfallen ist, doch landen am 14. September 1854 etwa 70 000 britische und französische Soldaten in Eupatoria auf der Krim.

Nach den blutigen Gefechten bei Balaklawa am 25. Oktober, bei dem die Briten eine vernichtende Niederlage erleiden, und bei Inkerman müssen sich die Russen am 5. November zurückziehen. Am 10. Oktober beginnt die Belagerung der

Der britische Generalleutnant Sir George Brown und sein Stab auf der Krim

ZUR PERSON

Florence Nightingale

Im Verlauf des Krimkrieges wird die britische Krankenschwester Florence Nightingale zum »Engel der Verwundeten«.

Die am 12. Mai 1820 als Tochter einer wohlhabenden Familie in Florenz geborene Nightingale erhielt eine Ausbildung zur Krankenschwester bei den Barmherzigen Schwestern in Paris sowie in der von Theodor Fliedner geleiteten Diakonissenanstalt Kaiserswerth bei Düsseldorf.

Zusammen mit 38 weiteren Krankenschwestern bricht sie 1854 nach Skutari (Türkei) auf, um in den dortigen Lazaretten den Verwundeten beizustehen. Dort reformiert sie grundlegend das unzureichende Versorgungs-, Betreuungs- und Sanitätswesen. Schon die Einführung der einfachsten Hygienemaßnahmen lässt die Sterblichkeitsziffer in den Lazaretten deutlich sinken.

Am 15. Juni 1860 gründet Nightingale in London die Nightingale School of Nurses und macht die Krankenpflege zum Lehrberuf. Ihre Prinzipien veröffentlicht sie in den folgenden Jahren in den Schriften »Notes on Hospitals« (1859) und »Notes on Nursing« (1860). Nightingale stirbt am 13. August 1910 in London.

Die zerstörte russische Festung Malakoff bei Sewastopol nach der Erstürmung am 8. September 1855

auf dem Balkan

Festung Sewastopol. Durch Hunger, Seuchen und Kälte verlieren die Alliierten einen großen Teil ihrer Streitmacht. Sardinien-Piemont verpflichtet sich am 26. Januar 1855 zur Entsendung von 15 000 Soldaten auf die Krim. Nach wiederholten, äußerst verlustreichen Offensiven gelingt am 8. September nach 349 Tagen Belagerung die Eroberung von Sewastopol. Damit ist der Krieg entschieden, woran auch die Eroberung der türkischen Festung Kars durch die Russen am 28. November nichts mehr ändert.

Angesichts von rd. 500 000 Kriegstoten sind beide Seiten friedensbereit. Am 30. März 1856 wird der Friede von Paris geschlossen. Russland und die Westmächte erklären sich bereit, das Osmanische Reich »teilhaftig der Vorteile des öffentlichen europäischen Rechts und des europäischen Konzerts« anzuerkennen und bestätigen damit die territoriale Integrität und Souveränität des Osmanischen Reiches.

Die schon 1841 vereinbarte Sperre der Durchfahrt von Kriegsschiffen durch die Dardanellen wird bekräftigt.

Die Neutralisierung des Schwarzen Meeres für Kriegsschiffe – mit Ausnahme russischer und türkischer Schiffe, deren Zahl jedoch begrenzt ist – und die Öffnung für Handelsschiffe (»Pontusklausel«) sowie das Verbot, am Ufer des Schwarzen Meeres Befestigungen anzulegen, bedeuten eine Einschränkung der russischen Hoheitsrechte (1871 wieder revidiert).

Russland tritt das südliche Bessarabien und die Donaumündungen an das Fürstentum Moldau ab und muss auf das Protektorat über die Donaufürstentümer und die orthodoxen Christen in der Türkei verzichten. Moldau und Walachei behalten ihre Privilegien und stehen weiter unter der Souveränität der osmanischen Regierung (»Hohe Pforte«) und unter der Garantie der vertragschließenden Mächte.

Langfristig führt der Krimkrieg zu einer neuen europäischen Mächtekonstellation: Die Heilige Allianz zwischen Österreich und Russland zerbricht, Russland wendet sich Frankreich zu, mit dem es durch das Interesse an einer Schwächung Österreichs verbunden ist. Sardinien-Piemont verschafft sich durch den Kriegseintritt einen Faustpfand für die Hilfe Frankreichs beim Kampf gegen Österreich um die Einheit Italiens. Zugleich kommt es zu einer Annäherung zwischen Russland und – dem im Konflikt neutral gebliebenen – Preußen.

HINTERGRUND

Fotoreporter an der Front

Der Krimkrieg ist nicht nur der erste Stellungskrieg der Militärgeschichte, sondern eröffnet auch der modernen Bild- und Wortpublizistik neue Möglichkeiten.

Erstmals kommen Fotos direkt von der Front. Der Brite Roger Fenton bringt 1855 von der fast einjährigen Belagerung Sewastopols etwa 350 belichtete Fotoplatten mit nach England. Sie werden als Originalabzüge veröffentlicht und dienen darüber hinaus vielen illustrierten Zeitschriften als Vorlagen für Holzschnitte. Fentons Fotos zeigen das Leben an der Front, allerdings nicht dessen Schattenseiten: Tote und Verwundete und die elenden sanitären Verhältnisse, denen weitaus mehr Soldaten zum Opfer fallen als durch die eigentlichen Kämpfe. Der Krimkrieg entwickelt sich zu einer der blutigsten Auseinandersetzungen im 19. Jh. Am 25. Oktober 1854 reitet die britische leichte Ka-vallerie eine äußerst verlustreiche Attacke auf Balaklawa. Die Presse macht aus dem Debakel einen heroischen »Todesritt«. Erst allmählich wird eingeräumt, dass die »altgedienten Soldaten« auf der Krim »täglich zu Hunderten« dahingerafft werden, wie Friedrich Engels am 22. Januar 1855 in der »New York Daily Tribune« schreibt.

Artilleristen in Mörserstellung, 1854

KANAGAWA

Japan öffnet sich

Nach über 200 Jahren selbst gewählter Isolierung lässt Japan – erzwungenerweise – westliche Einflüsse ins Land.

31. 3. 1854: Der US-Commodore Matthew Calbraith Perry erreicht in einem Vertrag mit der japanischen Regierung die Öffnung zweier japanischer Häfen (Shimoda und Hakodate) für den Handel mit den USA.

Der Vertrag von Kanagawa sieht ferner das Versprechen einer guten Behandlung von US-Seeleuten in Japan, die Zulassung eines US-Konsuls sowie eine Meistbegünstigungsklausel vor, wonach die USA im Handel mit Japan die gleichen Rechte erhalten, die auch anderen Staaten gewährt werden. Nach diesem Muster sichern sich Großbritannien (1854), Russland (1855), die Niederlande (1856) sowie Frankreich und Preußen (1861) dort ebenfalls Handelsprivilegien.

Seit 1639 hatte sich Japan von der übrigen Welt weitgehend abgeschlossen: Der geringe Handel mit dem Ausland wurde streng kontrolliert, den Japanern wurde das Verlassen der Inseln untersagt und gegebenenfalls eine Rückkehr verboten. Die im 19. Jahrhundert unternommenen Versuche von Russen (1804), Amerikanern (1837) und Niederländern (1844) zur Kontaktaufnahme blieben unbeantwortet.

Zu dieser Zeit befand sich Japan bereits in einer gesellschaftlichen Umbruchsituation: Die starre Reglementierung des öffentlichen Lebens unter der seit 1603 bestehenden erblichen Herrschaft der Tokugawa-Shogune (Inhaber der obersten Gewalt) wurde zunehmend als drückend empfunden, wiederholte Missernten und Geldentwertung raubten dem Shogunat immer mehr seine materielle Grundlage und es bildete sich eine Opposition der verarmten Samurai (Angehörige der Kriegerkaste) und unzufriedenen Gewerbetreibenden.

Am 8. Juli 1853 kam Perry zum ersten Mal nach Japan und landete mit vier US-Kanonenbooten in der Bucht von Edo (Tokio), um ein Schreiben seines Präsidenten Millard Fillmore zu übergeben, in dem u.a. die Öffnung eines japanischen Hafens für den Handel mit den USA verlangt wird. Nach Übergabe seines Briefes kündigte Perry seine Rückkehr im folgenden Jahr an, was in Japan hektische Beratungen der politischen Führungsschicht auslöste. Entgegen seiner ursprünglichen Absichten muss der von Abe Masahiro geführte Ältere Staatsrat den Amerikanern weitgehende Konzessionen machen.

Als erster Repräsentant einer fremden Macht nimmt im Jahr 1856 der US-Konsul Townsend Harris in Shimoda seine Arbeit auf. Im Jahr 1857 darf er nach Edo umziehen, wo sich zwei Jahre später auch eine britische und eine französische Vertretung niederlassen.

Jedoch führt die zunehmende Präsenz von Amerikanern und Westeuropäern in den japanischen Küstenstädten zu wachsenden Konflikten. Mehrfach versuchen patriotisch gesinnte Japaner, die »Barbaren« mit Waffengewalt zu vertreiben, woraufhin zwischen 1863 und 1865 wiederholt japanische Küstenstädte von Briten, Niederländern, Franzosen und US-Amerikanern beschossen werden.

Diese Auseinandersetzungen tragen zum Ende der Shogun-Herrschaft und dem Wiederaufleben des Kaisertums bei: Da der Kaiser die Verträge mit den westlichen Staaten nicht billigt, sammelt sich um den Hof eine fremdenfeindliche Opposition von Daimyos gegen das Shogunat.

Empfang für Matthew Calbraith Perry in Japan, zeitgenössische Farblithographie

Die oppositionellen Territorialherren bemächtigen sich der Person des politisch machtlosen Kaisers, zwingen den letzten Tokugawa-Shogun Yoshinubu am 9. November 1867 zum Rücktritt und setzen den 15-jährigen Tenno Mutsuhito (»Meiji-Tenno«) am 3. Januar 1868 als Herrscher ein. Damit beginnt die Reformära.

LONDON

Gussstahlbereitung in einem Siemens-Martin-Ofen; möglich wird nun auch die Stahlgewinnung aus Schrott und Roheisen

Stahlindustrie wächst rapide

Die Bessemer-Birne leitet die industrielle Stahlerzeugung ein und gibt den Anstoß für weitere Innovationen im Bereich der Schwerindustrie.

1855: Der britische Ingenieur und Erfinder Sir Henry Bessemer (1813-1898) entwickelt ein neues Verfahren zur Stahlproduktion. Es zieht in den folgenden Jahren eine zweite industrielle Revolution nach sich.

Bei dem von Bessemer erfundenen Windfrischverfahren wird schmelzflüssiges Roheisen in birnenförmigen, feuerfest ausgekleideten Stahlbehältern (Bessemer-Birnen) durch Hindurchblasen von Luft vom Kohlenstoff und anderen Beimengungen befreit und in schweißbaren Stahl mit einem Kohlenstoffanteil von nur noch 0,25% verwandelt. Er kostet lediglich 6 bis 7% des bisherigen Tiegelstahls. Die Bessemer-Birne stellt eine Verbesserung des bereits im Jahr 1783 von Henry Cort erfundenen Puddelverfahrens dar, mit dem Stahl und Schmiedeeisen aus Roheisen hergestellt wurde. Schon das Puddelverfahren hatte durch die Zufuhr von Frischluft zur Entkohlung des flüssigen Roheisens beigetragen. Ein einziger Bessemer-Konverter liefert in 20 Minuten so viel Stahl wie ein Puddelofen am Tag. Er erspart zudem den Arbeitern das mühsame Puddeln (Umrühren) des Metallbreis per Hand.

Das neue Verfahren setzt sich international rasch durch. 1862 nimmt Alfred Krupp in Essen sein erstes Bessemer-Stahlwerk in Dauerbetrieb.

Durch den von den Franzosen Emile und Pierre Martin und dem Deutschen Wilhelm (von) Siemens im Jahr 1864 entwickelten Siemens-Martin-Regenerativofen lassen sich auch minderwertigste Eisensorten, sogar Schrott in Verbindung mit kohlenstoffarmem Eisen, zu hochwertigem Stahl verarbeiten.

Den Beginn der Chemieindustrie markiert 1856 die Entdeckung des Mauvein (auch Perkinviolett), der ersten praktisch verwertbaren Anilinfarbe, durch den englischen Chemiestudenten William Henry Perkin. Später kommen mit Fuchsin (1858) und Anilinblau (1860) neue Chemiefarben hinzu.

Entkohlung des Roheisens im Bessemer-Konverter

TITUSVILLE

Erste Ölquelle

Die ersten Erdölfunde in den USA haben langfristig eine Revolution in der Energiewirtschaft zur Folge.

12. 8. 1859: Im Oil Creek im US-Bundesstaat Pennsylvania führt der arbeitslose Eisenbahnschaffner Edwin Laurentine Drake seine erste erfolgreiche Ölbohrung in 22 m Tiefe durch.

Drakes Quelle liefert 25 Fässer pro Tag. Für jedes Fass kassiert er etwa 20 US-Dollar. Der Fund löst einen Ölrausch aus, vergleichbar mit dem Goldrausch in Kalifornien. Scharen von Abenteurern und Spekulanten tauchen auf und graben Löcher in die Erde, um schnell reich zu werden. Viele haben Erfolg, doch Drake gehört nicht dazu: Er unterlässt es, Grundstücke und Bohrrechte zu erwerben, verliert vier Jahre später sein Vermögen an der Börse und stirbt 1880 als armer Mann.

Zunächst wird das geförderte Erdöl vor allem zu Beleuchtungszwecken genutzt. Es soll Tranlampen und Talglichter entbehrlich machen. Damit das Erdöl seinen weltweiten Siegeszug als Energieträger antreten kann, sind aber noch drei Dinge nötig: verbesserte Verarbeitungsmethoden, schnellere Vermarktung und vor allem eine Steigerung der Nachfrage.

John D. Rockefeller

In den Anfangsjahren wird Erdöl destilliert und mit Schwefelsäure, Soden und Bleicherde behandelt. Das so gewonnene Leuchtöl oder Petroleum findet auch als Heizöl und Lösungsmittel Anwendung.

Der US-Amerikaner Benjamin Silliman führte bereits 1855 zahlreiche fraktionierte Destillationen mit Rohölen aus. Er charakterisiert erstmals Teer, Schmieröl und Benzin. Um die Jahrhundertwende legt die Erfindung des sog. Crack-Prozesses im Rahmen der Petrochemie die Basis für die Herstellung von Chemikalien, Lacken und zahllosen Kunststoffproduk-

Erster Bohrturm bei Titusville in Pennsylvania, den Drake 1859 anlegte

ten aus Erdöl. Zwar werden auch in der übrigen Welt Ölquellen erschlossen, doch die USA werden zum führenden Erdölland. Auch der erfolgreichste Vermarkter des Erdöls ist ein Amerikaner: John Davison Rockefeller (1839-1937) gründet mit geliehenem Geld eine Raffinerie in Cleveland (Ohio), aus der am 10. Januar 1870 die Standard Oil Company of Ohio hervorgeht. Nach acht Jahren hat Rockefellers Firma durch Aufkauf oder Einverleibung 95% aller Raffinerien und Rohrleitungen in den USA unter Kontrolle. Am 2. Januar 1882 wird der Standard Oil Trust gegründet, der aber 1892 mit Blick auf die Anti-Trust-Gesetzgebung wieder aufgelöst und von der Standard Oil Company (New Jersey) abgelöst wird (seit 1972 Exxon Corporation).

Für den Transport wird das Erdöl zunächst noch mühsam in Fässer abgefüllt und dann auf Lastwagen oder Frachtschiffe verladen. Erst 1886 wird mit der »Glückauf« (2300 BRT) des deutschen Ölkaufmanns Wilhelm Anton Riedemann der erste Öltanker gebaut, der 3000 t Petroleum in 18 Tanks aufnehmen kann.

Lange Zeit dient Öl fast ausschließlich für Leuchtzwecke. Nachdem um 1900 die Elektrizität weltweit ihren Siegeszug antritt, reicht dies jedoch nicht mehr aus. Nach der Pariser Weltausstellung 1878 wird Paraffin – aus Erdöl gewonnen – erstmals in großem Umfang in Heizöfen verwendet. Ab der Jahrhundertwende dient Erdöl anstelle von Kohle auch zur Maschinenfeuerung.

Die stetig steigende Nachfrage nach Benzin- und Dieselmotoren und die zu Beginn des 20. Jahrhunderts einsetzende Massenmotorisierung machen das Erdöl schließlich zu einer Energiequelle ersten Ranges von weltweiter Bedeutung. Von 70 000 t im Jahr 1860 wächst die Erdölproduktion der gesamten Welt bis zum Jahr 1900 auf 20,6 Mio. t an.

LONDON

Darwins Abstammungslehre

Charles Darwin stürzt die Vorstellung von der Unabänderlichkeit der Arten und von der Rolle des Menschen als »Krone der Schöpfung«.

24. 11. 1859: Charles Darwin (1809-1882) lässt seine Schrift »On the Origin of Species by Means of Natural Selection; or the Preservation of Favoured Races in the Struggle for Life« erscheinen.

In diesem Grundwerk der Selektions- und Evolutionstheorie entwickelt der britische Naturforscher die Hypothese, dass alle Arten eine gemeinsame Abstammung haben und sich erst im Laufe eines langen Entwicklungsprozesses differenziert sowie verändert haben. Während seiner Weltreise mit dem Forschungsschiff »Beagle« (1831-1836) gewann er vor allem auf den Galápagosinseln entscheidende Erkenntnisse. Insbesondere die Entdeckung verschiedener Varianten von Tiergruppen – z.B. der in 13 Arten dort ansässigen Darwinfinken – nährten aufgrund der Anpassung an unterschiedliche Lebensbedingungen Zweifel an der Schöpfungslehre.

Charles Darwin

Darwin schreibt: »Ich bin vollkommen überzeugt, dass die Arten nicht unwandelbar sind, sondern dass die ein und derselben Gattung angehörenden in gerader Linie von anderen, gewöhnlich schon erloschenen Arten abstammen, ebenso wie die anerkannten Varietäten einer bestimmten Art von dieser Art abstammen. Ich bin ferner überzeugt, dass die natürliche Zuchtwahl das wichtigste, wenn auch nicht das einzige Mittel der Veränderung gewesen ist.« Die Entwicklung gilt Darwin als ständiger Prozess aus natürlicher Selektion und zufälliger Mutation (plötzliche Veränderung des Erbguts). Bei Individuen gibt es immer wieder Ausnahmen von der Norm. Erweisen sich diese Abweichungen in einer bestimmten Phase als Vorteil im Überlebenskampf, wächst die Wahrscheinlichkeit, dass diese Eigenschaften vererbt werden. Die Auslese der besseren Varianten führt fortschreitend zur Verbesserung der Anpassung und zum Wandel des Artenbildes.

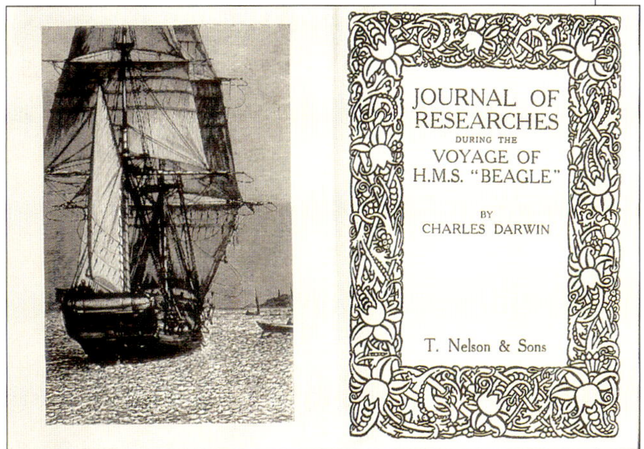

Der Bericht über Charles Darwins Reise mit der »Beagle«

Darwins Gedanken finden ein lebhaftes Echo. Orthodoxe Gläubige verdammen sie als Atheismus; auch bei vielen Wissenschaftlern stößt die Vorstellung, dass auch der Mensch von niederen Tierarten abstammen könnte, auf Widerspruch.

KALKUTTA

Sepoy-Aufstand gegen die Briten

Britisch-Indien wird direkt der britischen Krone unterstellt.

1. 11. 1858: Die britische Krone übernimmt nach der Niederschlagung des Sepoy-Aufstandes formell die Macht in Britisch-Indien. Das Mogul-Reich wird aufgelöst.

Die Annexion erbenloser indischer Fürstentümer sowie eine als ungerecht empfundene Agrarreform hatten am 10. Mai 1857 den Sepoy-Aufstand ausgelöst. Er erfasste große Teile Indiens. Träger des Aufstands sind mehrere indische Regimenter (Sepoys) in Meerut, Lucknow und Delhi. Den Briten gelingt es mit Hilfe ihnen loyal ergebener Sikhs (aus dem Pandschab) und Gurkha-Truppen (aus Nepal), die Aufruhr niederzuschlagen. Der 1837 inthronisierte letzte Großmogul Bahadur Schah II. wird abgesetzt. Die britische East India Company wird nach 258 Jahren aufgelöst. Ganz Britisch-Indien untersteht der Krone, der General-Gouverneur ist gleichzeitig der – mit großen Vollmachten versehene – Vizekönig der indischen Fürstentümer. In London wird ein Indienministerium eingerichtet, welches die Kontrolle über Indien sicherstellen soll.

Etwa drei Fünftel des Subkontinents mit seinen rd. 200 Mio. Menschen stehen Mitte des 19. Jahrhunderts unter direkter britischer Herrschaft. Den Rest regieren etwa 600 Fürsten, die allerdings ihre Außen- und Verteidigungspolitik an die Briten abgetreten haben. Zum 1. Januar 1877 nimmt Königin Viktoria den Titel »Empress of India« (Kaiserin von Indien) an.

Massaker an englischen Frauen und Kindern während des großen Sepoy-Aufstandes in Indien (Farblithographie)

CHARLESTON

Blutiger Bürgerkrieg nach Abspaltung des

An der Sklavenfrage entzündet sich der Amerikanische Bürgerkrieg zwischen den konföderierten Südstaaten und den Nordstaaten.

12. 4. 1861: Der Angriff der von General Pierre G. T. Beauregard befehligten Konföderierten auf Fort Sumter in South Carolina ist der Auftakt zum Sezessionskrieg. Nach der Kapitulation der Festung beruft US-Präsident Abraham Lincoln am 15. April 75 000 Milizionäre ein. Sie sollen die Abspaltung der Südstaaten unterbinden.

Die Ursache des Krieges ist der tief greifende wirtschaftliche und soziale Gegensatz zwischen dem agrarischen Süden und dem industrialisierten Norden. Zum Anlass für den Ausbruch des Kriegs wurde die Wahl des Republikaners Abraham Lincoln, eines Gegners der Sklaverei, zum 16. Präsidenten der USA am 9. November 1860. Alle 180 Wahlmänner, die Lincoln ihre Stimme gaben, kamen aus dem sklavenfreien Norden.

Als Reaktion auf Lincolns Wahl erklärte South Carolina am 24. Dezember 1860 seinen Austritt aus den USA (Sezession). Bis Mitte Mai 1861 folgten diesem Beispiel zehn weitere Südstaaten: Mississippi, Florida, Alabama, Georgia, Louisiana und Texas sowie nach Kriegsausbruch Arkansas, North Carolina, Virginia und Tennessee. Ihnen stehen 23 Nordstaaten gegenüber.

Am 8. Februar 1861 verabschiedeten die Abgeordneten der ersten sieben abtrünnigen Staaten in Montgomery (Alabama) die Verfassung der »Konföderierten Staaten von Amerika« und wählten einen Tag später den früheren Offizier und US-Kriegsminister Jefferson Davis zum Präsidenten.

Abraham Lincoln

Lincoln verweigert den Konföderierten die Anerkennung. Vermittlungsversuche scheitern: Zwar erklärte Lincoln nach Übernahme der Präsidentschaft am 4. März, er wolle nicht gegen die Sklaverei in den Staaten vorgehen, in denen sie bereits bestehe, betonte jedoch zugleich, dass er die Union als unteilbar betrachte. Für Lincoln hat dies den höchsten Stellenwert: »Mein vornehmstes Ziel bei dieser Auseinandersetzung«, so schreibt er 1862 dem Zeitungsverleger Horace Greeley, »besteht in der Rettung der Union und nicht in der Beibehaltung oder Abschaffung der Sklaverei. Wenn ich die Union retten könnte, ohne dass ein einziger Sklave frei würde, so würde ich es tun...«

Der Angriff des konföderierten Generals Pickett in der Schlacht von Gettysburg 1863

Die Weigerung der Regierung in Washington, die militärischen Anlagen im Süden zu räumen, führen letztlich zum Kriegsausbruch.

Schon am 21. Juli kommt es am Bull Run River in Virginia zur ersten Schlacht. Die Konföderierten unter Beauregard können eine Nordarmee unter Brigadegeneral Irvin McDowell zurückwerfen. Die Konföderierten sind in der ersten Phase des Krieges siegreich, nicht zuletzt deshalb, weil viele frühere Offiziere der Bundesarmee auf der Seite des Südens kämpfen.

Der Sezessionskrieg als einer der ersten »modernen« Kriege fördert auch die Weiterentwicklung der Waffentechnik. Am 9. März 1862 kommt es vor der Chesapeake Bay (Virginia) zum ersten – unentschieden verlaufenden – Gefecht zwischen zwei gepanzerten Schiffen: der US-»Monitor« und der Südstaaten-»Merrimack«. Beide Schiffe nehmen kaum Schaden, beweisen aber bei anderen Gelegenheiten ihre Überlegenheit gegenüber traditionell gebauten Kriegsschiffen.

Die Operationen der beiden Heere entwickeln sich auf zwei getrennten Kriegsschauplätzen: im Osten zwischen der Atlantikküste und den Allegheny-Bergen, im Westen zwischen den Alleghenies und dem Mississippi. Der Mittlere und der Ferne Westen bleiben vom Krieg fast unberührt.

Der maßgebende Stratege auf Seiten der Konföderierten ist General Robert E. Lee, zunächst als militärischer Berater von Präsident Davis, später Oberbefehlshaber der »Army of Virginia«.

Ihm gegenüber steht Ulysses Simpson Grant, 1863 Oberbefehlshaber der US-Armeen des Westens und 1864/65 Oberbefehlshaber der Potomac-Armee und des Bundesheeres.

Grant befehligt die US-Truppen in der Schlacht bei Shiloh (Tennessee), bei der am 6./7. April 1862 rd. 26 000 Soldaten ums Leben kommen und bei der sich die Unionstruppen nur mühsam aus der Umklammerung durch die Konföderierten befreien können.

Am 25. April 1862 können Unionstruppen von See her New Orleans (Louisiana) erobern und über den Mississippi nach Norden vordringen. Am 4. Juli 1863 zwingt Grant nach siebenwöchiger Belagerung Vicksburg zur Kapitulation und gewinnt die vollständige Kontrolle über den Mississippi. Damit sind die konföderierten Staaten geteilt. In der Schlacht von Chattanooga (Tennessee) vom 23. bis 25. 11. 1863 erobert Grant den wichtigsten Eisenbahnknotenpunkt der Südstaaten. Schließlich erbringt ein Feldzug des Unionsgenerals William T. Sherman, der mit einer 62 000 Mann starken Armee die Konföderierten am 15./16. Dezember 1864 bei Nashville (Tennessee) entscheidend besiegt, die endgültige Entscheidung auf dem westlichen Kriegsschauplatz. Shermans Feldzug zum Atlantik wird von ausgedehnten Plünderungen und Zerstörungen begleitet.

Unionstruppen siegen im Nov. 1863 bei Chattanooga

Die Entscheidung fällt jedoch im Osten: Bei Seven Pines (Virginia) werden am 31. Mai/1. Juni 1862 die Unionstruppen aufgehalten, in den sog. Sieben-

Südens

tageschlachten (26. 6.-2. 7. 1862) kann Lee den Versuch des Nordstaatengenerals George B. McClellan unterbinden, die Südstaaten-Hauptstadt Richmond zu erobern. Auch in der zweiten Schlacht am Bull Run River (29.-31. 8. 1862) bleiben die Konföderierten siegreich, deren Versuch, den Krieg in die Nordstaaten zu verlagern, bei Antietam (Maryland) von McClellan jedoch am 17. September 1862 abgewiesen wird.

Zwischen dem 1. und dem 3. Juli 1863 erringen die von George G. Meade geführten Unionstruppen in der größten Schlacht des Sezessionskrieges bei Gettysburg in Pennsylvania einen entscheidenden Sieg über Lees Konföderierte. Damit ist die letzte große Offensive des Südens abgewiesen. Auf dem Schlachtfeld von Gettysburg sterben 23 000 Unionssoldaten und 28 000 Konföderierte.

Zugleich ist Gettysburg das Signal dafür, dass der Norden die Überlegenheit seiner Menschen- und Maschinenreserven auch effektiv einsetzen kann. In den Nordstaaten wohnen rd. 22 Mio. Menschen, im agrarisch geprägten Süden nur 9 Mio., davon fast 4 Mio. Sklaven. Die Seeblockade der US-Marine führt zur wirtschaftlichen Auszehrung des Südens, der seine Baumwolle nicht mehr exportieren kann.

Bei Cold Harbor (Virginia) kann Lee am 1.-6. Juni 1864 unter hohen Verlusten (90 000 Tote auf beiden Seiten) Grant noch einmal aufhalten. Die Eroberung von Atlanta in Georgia (2. 9. 1864) durch Sherman verschafft Lincoln die entscheidenden Wählerstimmen für seine Wiederwahl am 8. November 1864. Vier Monate später ist der Krieg vorbei.

Gefallener nach der Schlacht von Gettysburg

TURIN

Italien auf dem Weg zur Einheit

Der größte Teil Italiens wird unter der Herrschaft des Königreiches Sardinien-Piemont vereinigt.

17. 3. 1861: König Viktor Emanuel II. von Sardinien-Piemont nimmt auf Beschluss des ersten italienischen Parlaments den Titel eines Königs von Italien an. Der seit 1849 herrschende Viktor Emanuel II. (1820-1878) hatte seinem Ministerpräsidenten Camillo Graf Benso di Cavour (1810-1861) trotz gewisser Vorbehalte freie Hand zur Einigung Italiens gegeben. Cavour ist Mitbegründer der liberalen Zeitschrift »Il Risorgimento« (»Wiedergeburt«, 1847), die ihrer Zeit den Namen gibt.

Camile Benso Graf di Cavour (1810-1861)

Giuseppe Garibaldi (1807-1882)

Als Verbündeter des Westens im Krimkrieg erwarb sich Sardinien internationale Anerkennung. Um Österreich aus der Lombardei zu vertreiben, gewann Cavour die Hilfe Napoleons III. (Vertrag von Plombières 1858). Im Krieg gegen Österreich wurde dann Sardinien von Frankreich unterstützt (Siege bei Magenta am 4. 6. und bei Solferino am 24. 6. 1859). Im Frieden von Zürich (10. 11. 1859) trat Österreich die Lombardei (noch ohne Mantua und Peschiera) an Frankreich ab, das sie wiederum an Sardinien weitergab. Dafür erhielt Frankreich von Sardinien Nizza und Savoyen.

Am 11. Mai 1860 landete der Freiheitskämpfer Giuseppe Garibaldi (1807-1882) mit 1076 Freiwilligen bei Marsala an der Westspitze von Sizilien, um das Königreich von der Bourbonenherrschaft befreien. Am 7. September zog er siegreich in Neapel ein, einen Tag zuvor war König Franz II. aus seiner Hauptstadt geflohen. Am 21. Oktober 1860 votierte die Bevölkerung für die Vereinigung mit dem Königreich Sardinien-Piemont. Auch die Bevölkerung in den Staaten Mittelitaliens und der Romagna stimmte für die Einheit.

Durch die Teilnahme am preußisch-österreichischen Krieg 1866 gewinnt Italien auch Venetien. Nach dem Abzug der seit 1848 im Kirchenstaat stationierten französischen Truppen wird am 20. September 1870 auch Rom besetzt, das neue Hauptstadt wird.

ST. PETERSBURG

Halbherzige Bauernbefreiung in Russland

Die Bauernbefreiung in Russland ändert nichts an der existenziellen Abhängigkeit großer Teile der bäuerlichen Bevölkerung.

3. 3. 1861: Der Zar erlässt das Manifest zur Bauernbefreiung. Während seiner 1855 begonnenen Herrschaft packt Alexander II. Reformen an, die jedoch die Grundlagen der autokratischen Herrschaft nicht ändern.

Hatte die Politik seines Vorgängers Alexander I. in Russland eine Kasernenhofatmosphäre geschaffen, tritt das Land nach dem Krimkrieg in eine liberalere Phase ein. Dazu zählen neben dem Ende der Leibeigenschaft u.a. die Einführung lokaler Selbstverwaltungskörperschaften (1864), eine Justizreform mit weitgehender Abschaffung der Standesgerichtsbarkeit (1864) und die allgemeine Wehrpflicht (1874). Für den Zaren ist die geringe Einsatzbereitschaft der russischen Soldaten im Krimkrieg eine Folge ihrer persönlichen Unfreiheit. Den rd. 23 Mio. gutsherrlichen Leibeigenen (bei einer Gesamtbevölkerung von 73,6 Mio.) wird nun die persönliche Freiheit zuerkannt. 1866 wird auch die Hörigkeit von fast 24 Mio. Staatsbauern abgeschafft. Doch die Aufhebung der Leibeigenschaft verschärft das soziale Problem, statt es zu lösen: Es befreit die Bauern, ohne ihnen genügend Land zu geben. Die Bauern haben grundsätzlich das Recht auf Landkauf. Es ist vorgesehen, dass 20% des vereinbarten Kaufpreises sofort an den Gutsbesitzer zu zahlen sind, die restlichen 80% werden vom Staat vorgestreckt, für die Rückzahlung gilt eine Frist von 49 Jahren. Allein zur Aufbringung des ersten Fünftels des Kaufpreises müssen sich die Bauern aber in der Regel verschulden und befinden sich somit weiter in Abhängigkeit. Hinzu kommt die enge Bindung der Bauern an ihre Dorfgemeinde, die die Umwandlung des Landes in Privatbesitz erschwert. Wegen dieser Beschränkungen wächst bis zur Revolution von 1905/06 der bäuerliche Grundbesitz lediglich um 10%.

Zar Alexander II.

WIEN

Kampf um Schleswig-Holstein

Durch den 2. Deutsch-Dänischen Krieg büßt Dänemark auf Dauer die Herrschaft in Schleswig, Holstein und Lauenburg ein.

30. 10. 1864: Der Wiener Friede zwischen Dänemark einerseits, Österreich und Preußen andererseits, beendet den Deutsch-Dänischen Krieg. Dänemark muss die Herzogtümer Schleswig, Holstein und Lauenburg an Österreich und Preußen abtreten, verliert zwei Fünftel seines gesamten Staatsgebietes und muss auf Schutzregelungen für die dänische Minderheit in Schleswig verzichten.

Das Londoner Protokoll vom 8. Mai 1852 hatte Schleswig-Holstein als Teil des dänischen Gesamtstaates bestätigt, die Herzogtümer blieben aber im Innern autonom. Am 30. März 1863 jedoch wurde durch eine neue dänische Verfassung Schleswig dem dänischen Königreich eingegliedert, Holstein und Lauenburg hingegen waren aus der gesamtstaatlichen Verfassung ausgeschieden.

Als am 15. November 1863 nach dem Tod des kinderlosen Königs Friedrich VII. der sog. Protokollprinz Christian IX. aus dem Hause Schleswig-Holstein-Sonderburg-Glücksburg auf den Thron gelangte, löste seine Zustimmung zu dieser sog. eiderdänischen Verfassung den Krieg aus. Die schleswig-holsteinischen Stände ernannten den Herzog von Augustenburg als Friedrich VIII. zum Herzog von Schleswig-Holstein, der sich mit Bitte um Unterstützung an den Bundestag des Deutschen Bundes wandte. Daraufhin kündigte der Bundestag am 12. Dezember 1863 gegen Dänemark die sog. Bundesexekution für Holstein und Lauenburg an, woraufhin die Dänen ihre Soldaten aus diesen Gebieten zurückzogen.

Der preußische Ministerpräsident Otto von Bismarck nutzt den komplizierten Schleswig-Holstein-Konflikt zu einem Doppelspiel: Einerseits klagt er Dänemark an, das Londoner Protokoll verletzt zu haben, zugleich bestreitet er mit Hinweis auf dieses Protokoll dem Augustenburger seinen Herrschaftsanspruch.

Am 1. Februar 1864 rücken Preußen und Österreicher in Schleswig ein, nach der Erstürmung der Düppeler Schanzen durch die Preußen am 18. April ist der Krieg entschieden. Auch Jütland wird besetzt, die Eroberung von Alsen durch die Preußen am 29. Juni bewegt schließlich Dänemark zum Friedensschluss. Das unterlegene Dänemark tritt im Wiener Frieden die Herzogtümer Schleswig, Holstein und Lauenburg an Österreich und Preußen ab.

Doch führt das sog. Kondominium, die gemeinsame Herrschaft über Schleswig-Holstein, bald zum Streit zwischen Berlin und Wien. Der endgültige Bruch wird durch die sog. Gasteiner Konvention (14. 8. 1865) noch einmal abgewendet: Österreich erhält die Verwaltung in Holstein, Preußen die in Schleswig und gegen eine Geldentschädigung an Österreich (2,5 Mio. dänische Taler) geht auch Lauenburg in preußischen Besitz über. Kiel soll Kriegshafen und Rendsburg Bundesfestung werden. Geplant ist ferner bereits der Bau eines Nord-Ostsee-Kanals (1895 als Kaiser-Wilhelm-Kanal eingeweiht).

Nach der Niederlage im sog. Deutschen Krieg gegen Preußen muss Österreich auf die Herzogtümer verzichten. 1867 wird Schleswig-Holstein preußische Provinz. Zwar hatten viele Schleswig-Holsteiner gehofft, unter einem liberalen Herzog von Augustenburg einen deutschen Kleinstaat bilden zu können, doch der preußische Ministerpräsident Otto von Bismarck hat andere Pläne. Die Eingliederung hat gravierende Folgen: Einführung einer allgemeinen Wehrpflicht, Gewerbefreiheit, Freizügigkeit, Anschluss an den Deutschen Zollverein, Verwaltungsneugliederung mit der Schaffung von 20 Landkreisen und Erhebung von Schleswig zur Provinzhauptstadt (1870). 1876 wird das Herzogtum Lauenburg formell in Preußen eingegliedert. Zu Spannungen führt im Landesteil Schleswig der Versuch der Behörden, die dänische Sprache und das dänische Vereinswesen zu unterdrücken.

Preußische Truppen erstürmen die Düppeler Schanzen.

HINTERGRUND

Staatsrechtlicher Sonderfall

1460 war der damalige dänische König Christian I. zum gemeinsamen Landesherrn von Schleswig und Holstein gewählt worden. Als Gegenleistung musste er versprechen, dass Schleswig und Holstein »ewig ungeteilt« bleiben sollten. Damit begann die bis 1864 währende Verbindung der Herzogtümer mit Dänemark. Die später (1490 und 1544) vereinbarte Landesteilung in einen königlichen und einen herzoglichen (Gottorfer) Anteil rückte im 18. Jahrhundert Schleswig-Holstein ins Blickfeld der internationalen Politik. Die Gottorfer Frage wurde 1773 gelöst: Der Zar von Russland verzichtete als Erbe von Gottorf zugunsten von Dänemark auf seine holsteinischen Gebiete. 1815 wurde Holstein Mitglied des Deutschen Bundes; Lauenburg kam auf dem Wiener Kongress unter dänische Hoheit. Dänemark bemühte sich, nicht nur Schleswig, sondern auch Holstein fest an den Gesamtstaat zu binden. Zugleich aber entwickelte sich bei den gebildeten Schichten der schleswig-holsteinischen Bevölkerung ein nationales Bewusstsein. 1846 erklärte Dänemark, es wolle aus erbfolgerechtlichen Gründen Schleswig von Holstein trennen und annektieren. Am 24. März 1848 proklamierten in Kiel Gelehrte und Advokaten eine provisorische Regierung. Der schleswig-holsteinische Aufstand wurde im Juli 1850 niedergeworfen.

BUKAREST

Rumänien entsteht

Die Donaufürstentümer Moldau und Walachei werden zum neuen Staat Rumänien zusammengefasst.

23. 12. 1861: Fürst Alexandru Ioan I. Cuza (1820-1873) proklamiert die Vereinigung von Moldau und der Walachei und wird der erste Fürst des vereinigten Fürstentums Rumänien. Am 24. Januar 1862 tritt in Bukarest, der bisherigen Hauptstadt der Walachei, die erste Nationalversammlung des neu geschaffenen Fürstentums zusammen.

Das Gebiet zwischen Donau und Pruth stand seit dem Rückgang der Macht des Osmanischen Reiches auf dem Balkan im 18. Jahrhundert im Spannungsfeld zwischen der Türkei, Österreich und Russland.

Das Zarenreich erhielt 1829 das Protektorat über Moldau und Walachei, verlor es aber nach dem Krimkrieg (1853-1856) wieder. Die Niederlage Russlands war somit die Voraussetzung für die Zusammenfassung der beiden Fürstentümer Moldau und Walachei, die am 17. Januar bzw. 5. Februar 1859 unter einem Fürsten verbunden wurden. Allerdings erwies sich die Personalunion und die damit verbundene Herrschaft in zwei Residenzen (Bukarest und Jassy) als wenig praktikabel.

Fürst Alexandru Ioan I. Cuza

Am 4. Dezember 1861 erlaubte das Osmanische Reich die Union der Donaufürstentümer. Cuza bleibt jedoch nur wenig mehr als vier Jahre Herrscher des vereinten Rumänien. Wegen seiner Reformen wird er am 23. Februar 1866 durch eine Verschwörung der Bojaren gestürzt. Karl von Hohenzollern-Sigmaringen folgt ihm am 22. Mai 1866 als Carol I. (bis 1914). Die Politik wird maßgeblich von dem liberalen Politiker Ion Bratianu bestimmt, der von 1876 bis 1888 fast ununterbrochen Ministerpräsident ist.

GENF

Rotes Kreuz wirbt für Humanität im Kriege

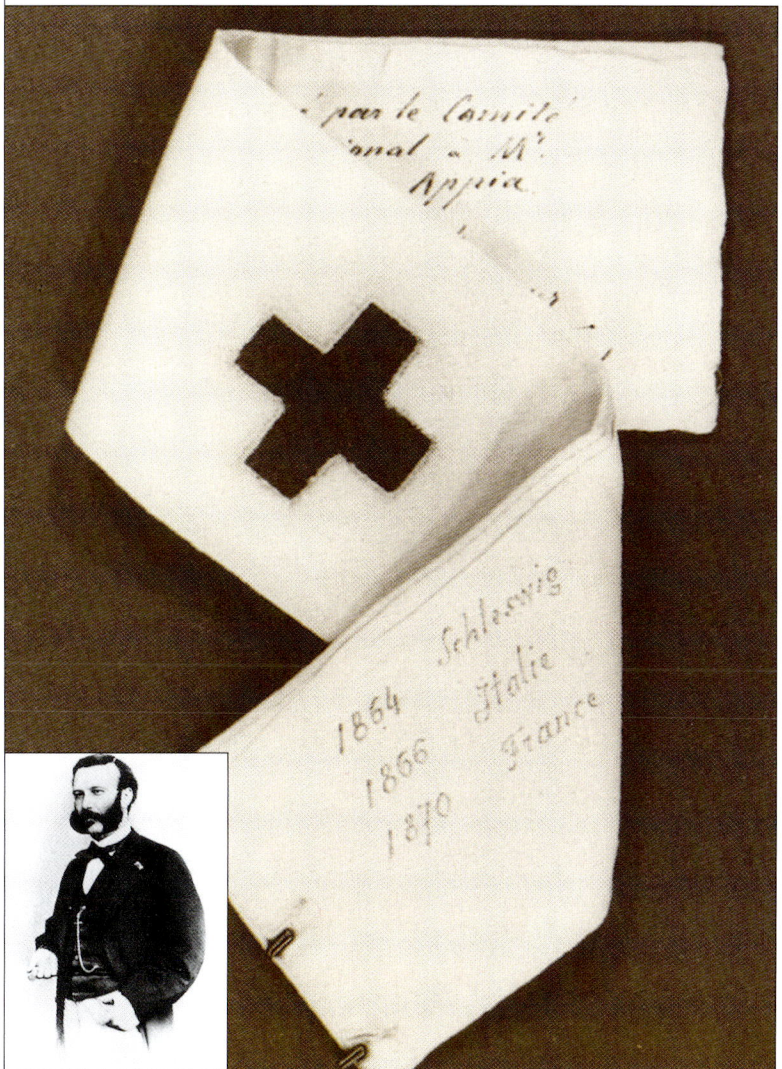

Das »Rote Kreuz« wird zum völkerrechtlichen Schutzzeichen; u.l.: Henri Dunant

Erstmals wird der staatlich unterstützte Versuch unternommen, die Leiden des Krieges zu mildern.

22. 8. 1864: Auf einer von 16 Staaten beschickten, vom Schweizer Bundesrat einberufenen Konferenz wird die Konvention über »die Verbesserung des Loses der Kranken und Verwundeten bei den Armeen im Felde« unterzeichnet. Zwölf Teilnehmerstaaten unterzeichnen die Konvention. Bis zum Ende des 19. Jahrhunderts treten 38 Nationen bei.

Die Genfer Konvention sieht u.a. vor, dass Militärspitäler und Krankenpersonal im Krieg als neutral gelten, dass Einwohner, die Verwundeten Hilfe leisten wollen, zu schonen sind und Soldaten ungeachtet ihrer Nationalität versorgt werden sollen.

Die Initiative ging von dem Schweizer Kaufmann und Philanthropen Henri Dunant (1828-1910) aus. Er war Augenzeuge der Schlacht von Solferino während des sardinisch-französisch-österreichischen Krieges.

Sein im Jahr 1862 erschienenes Buch »Un Souvenir de Solférino«, in dem er eindrücklich die Leiden der Kriegsverletzten beschrieb, unterstützte das Anliegen zur Schaffung eines Hilfswerks. 1863 entstand das Internationale Komitee vom Roten Kreuz (IKRK), das es sich fortan zur Aufgabe macht, im Krieg das Los der Kriegsopfer zu mildern.

AUSBLICK

Genfer Abkommen

Dem ersten Genfer Abkommen über die Versorgung der Verwundeten folgen weitere Vereinbarungen über das Verwundeten- und Kriegsgefangenenrecht in den Verträgen von 1899 (I. Haager Friedenskonferenz) sowie 1906/07 (II. Haager Friedenskonferenz) und 1929 (Genfer Verwundeten- und Kriegsgefangenen-Abkommen).

Die auf Antrag des russischen Zaren in Den Haag abgehaltenen Konferenzen führen zur Verabschiedung der Haager Landkriegsordnung, die sich allerdings in den beiden Weltkriegen als unzulänglich erweist. Sie wird ergänzt und teilweise abgeändert durch die vier Genfer Abkommen vom 12. August 1949 »zur Verbesserung des Loses der Verwundeten und Kranken der Streitkräfte im Felde« (I.), »zur Verbesserung des Loses der Verwundeten, Kranken und Schiffbrüchigen der Streitkräfte zur See« (II.), »über die Behandlung der Kriegsgefangenen« (III.) sowie »zum Schutze von Zivilpersonen in Kriegszeiten« (IV.).

Das IV. Abkommen enthält Regelungen über das Besatzungsrecht und führt die Errichtung von Schutz- und Sicherheitszonen ein.

BRÜNN

Grundlagen der Genetik

Die sog. Mendelschen Gesetze werden zur Grundlage der für alle geschlechtlichen Fortpflanzungsvorgänge geltenden Vererbungslehre.

Gregor Mendel (1822-1884)

8. 2. 1865: Der österreichische Mönch und Naturkundler Gregor Mendel trägt nach systematischen Kreuzungsversuchen mit Erbsen und Bohnen dem »Naturforschenden Verein« seine Abstammungslehren vor. Das erste nach ihm benannte Gesetz (Uniformitätsgesetz) besagt: Werden zwei in einem Erbmerkmal voneinander verschiedene reine Rassen (Elterngeneration) miteinander gekreuzt, so sind die Nachkommen in der ersten Generation (F1) unter sich gleich.

Ist ein Merkmal dominant, so bestimmt es das Aussehen der Nachkommen.

NANKING

Taiping-Aufstand in China

Der sozialrevolutionäre Taiping-Aufstand gegen die kaiserliche Herrschaft in China kündigt den Niedergang der Mandschu-Dynastie an, die unter dem Druck des Auslands steht.

19. 7. 1864: Mit dem Einmarsch chinesischer und britischer Truppen in Nanking endet der sozialrevolutionäre Taiping-Aufstand. Er hat mindestens rd. 2 Mio. Menschenleben gekostet.

17 der reichsten chinesischen Provinzen sind nach dem Ende des Aufstands weitgehend verwüstet. Ausgangspunkt der Taiping-Revolution (chin. Taiping, »allgemeiner Friede«) war die von Hung Hsiu-ch'üan (1814-1864) unter dem Einfluss christlicher Missionsschriften 1843 in Südchina gegründete »Gesellschaft der Gottesverehrer«. Der aus der Provinz Guangdong gebürtige Dorflehrer betrachtete sich selbst aufgrund einer Vision als »jüngeren Bruder Jesu«, vor die Aufgabe gestellt, den »Teufel auf Erden« zu bekämpfen.

1851 nahm Hung Hsiu-ch'üan den Titel Tianwang (»Himmlischer König«) an und proklamierte das T'ai-p'ing t'ien-kuo (»Himmlische Reich des allgemeinen Friedens«).

APPOMATTOX

Sezessionskrieg beendet

Der vierjährige Amerikanische Bürgerkrieg endet mit dem vollständigen Sieg der Nordstaaten.

9. 4. 1865: Der Oberkommandierende der konföderierten Armee in Virginia, General Robert E. Lee, kapituliert bei Appomattox Courthouse vor Unionsgeneral Ulysses S. Grant. Der Amerikanische Bürgerkrieg ist damit beendet.

Lee befehligt zuletzt noch knapp 30 000 Mann, Grant hat über 115 000 Mann unter Waffen. Am 26. April streckt auch der konföderierte General Joseph E. Johnston bei Durham (North Carolina) die Waffen. Der Südstaaten-Präsident Jefferson Davis gerät am 10. Mai bei Irvinsville (Georgia) in die Gewalt der Unionstruppen.

Der erste moderne Krieg der Weltgeschichte, bei der auf beiden Seiten alle personellen, ökonomischen und technologischen Reserven eingesetzt worden waren, kostete mehr als 600 000 Menschen das Leben: 360 000 auf Seiten der Union, 258 000 in den Südstaaten.

Neben der Einheit der Union ist das Ende der Sklaverei das wichtigste Ergebnis des Krieges. Am 1. Januar 1863 ist die »Emancipation Proclamation« in Kraft getreten, welche die Befreiung der Sklaven in den Südstaaten verkündet. Allerdings dauert es noch bis zum Ende des Krieges, ehe sie für die Betroffenen wirksam wird. Am 18. Dezember 1865 wird durch das Inkrafttreten des 13. Verfassungszusatzes in allen Bundesstaaten und Territorien die Sklaverei abgeschafft, wodurch rd. 4. Mio. Schwarze die Freiheit erhalten.

Abraham Lincoln, der 1864 wieder gewählte Präsident der siegreichen Union, legt nach der Kapitulation der Südstaaten ein Wiederaufbauprogramm für den Süden vor. Er kann es jedoch nicht verwirklichen: Am 15. April 1865 erliegt der am Vorabend bei einem Theaterbesuch durch ein Attentat schwer verwundete Lincoln (*12. 2. 1809) in Washington seinen Verletzungen. Ein fanatischer Südstaatler – der Schauspieler John Wilkes Booth – feuert in der Loge von Ford's Theatre den tödlichen Schuss auf Lincoln ab. Der ursprüngliche Plan – den Präsidenten zu entführen – ließ sich nicht verwirklichen. Booth wird am 26. April auf der Flucht aufgespürt und erschossen.

Als Lincolns Nachfolger wird Vizepräsident Andrew Johnson vereidigt. Der einzige im Sezessionskrieg der Union anhängende Senator der Südstaaten ist der 17. Präsident der USA (bis 1869). Lincoln strebte eine versöhnliche Politik gegenüber dem Süden an, um die Spaltung rasch zu überwinden. Sein Nachfolger kann zunächst die

Befreite Sklavenkinder in Louisiana

Rekonstruktionspläne seines Vorgängers weitgehend in die Tat umsetzen, da der während des Krieges gewählte Kongress zunächst nicht zusammentritt. Im Sommer 1865 setzt Johnson in den Südstaaten kommissarische Gouverneure ein. Bald darauf werden Parlamente und Gouverneure gewählt. Unter Anerkennung des 13. Verfassungszusatzes werden die Südstaaten wieder Mitglieder der Union.

Von voller Gleichberechtigung für die Schwarzen kann allerdings in vielen Staaten immer noch keine Rede sein. Durch sog. black codes werden ihre Rechte weiterhin beschränkt. Darauf reagieren die sog. Radical Republicans, die im neuen Kongress die Mehrheit innehaben, mit einer Obstruktionspolitik: Sie fordern, die Südstaaten als eroberte Provinzen zu behandeln und verweigern zunächst den Vertretern aus dem Süden den Zutritt zum Parlament. Ein 15-köpfiger Ausschuss (sog. Joint Committee on Reconstruction) wird gegründet, der die Lebensverhältnisse im Süden überprüfen soll.

Am 9. April 1866 verabschiedet der Kongress den Civil Rights Act, der allen in den USA geborenen Personen, auch den Schwarzen, jedoch nicht den Indianern, das Bürgerrecht verleiht. Durch den 14. Verfassungszusatz wird dieses Recht bekräftigt, der 1870 wirksam werdende 15. Verfassungszusatz legt ergänzend fest, dass das »Wahlrecht der Bürger der Vereinigten Staaten oder eines Einzelstaates nicht aufgrund der Rassenzugehörigkeit, der Hautfarbe oder des vormaligen Dienstbarkeitsverhältnisses« versagt oder beschränkt werden darf.

Durch die Kongresswahlen vom Herbst 1866 wird der radikale Anti-Südstaaten-Kurs bestätigt. Die Radikalen Republikaner gewinnen die Zweidrittelmehrheit im Senat und Repräsentantenhaus, können jedes Veto von Präsident Johnson überstimmen und machen die Rekonstruktionspolitik rückgängig.

Rachejustiz, Korruption, Demagogie und Wahlbetrug sind im Süden an der Tagesordnung und verzögern die Wiederherstellung der Union. Reaktionäre Weiße gründen daraufhin Geheimgesellschaften wie den Ku-Klux-Klan und terrorisieren die schwarze Bevölkerung. Die Wahl des Bürgerkriegsgenerals Grant zum Präsidenten (1869-1877) besänftigt den Widerstandsgeist in den Südstaaten lange Zeit nicht. Erst unter dem 19. US-Präsidenten Rutherford B. Hayes (1877-1881) macht die Aussöhnung mit den Südstaaten durch den Abzug aller dort stationierten Besatzungstruppen bis zum 24. April 1877 (zuletzt noch in Louisiana) allmählich Fortschritte.

Freudenkundgebung über die Sklavenbefreiung; die Farbigen sind in den Südstaaten nun formal den Weißen rechtlich gleichgestellt (zeitgenössischer Holzstich).

Deutscher

Preußens Sieg im sog. Deutschen Krieg gegen Österreich entscheidet das Ringen der beiden Großmächte um die Vorherrschaft in Deutschland.

3. 7. 1866: In der Schlacht bei Königgrätz in Ostböhmen fällt die Entscheidung in dem am 14. Juni begonnenen sog. Deutschen Krieg: Die preußischen Truppen unter dem Befehl von Helmuth Graf von (ab 1870) Moltke (1800-1891) besiegen die vereinigten Österreicher und Sachsen.

Der Entscheidungskampf um die Vorherrschaft in Deutschland war durch den Streit um die seit 1864 gemeinsam verwalteten Herzogtümer Schleswig und Holstein ausgelöst worden. Zielbewusst hatte der preußische Ministerpräsident Otto von Bismarck den Waffengang herbeigeführt, um sich die Herzogtümer einzuverleiben und gleichzeitig den preußisch-österreichischen Dualismus endgültig zu beenden.

KÖNIGGRÄTZ

Krieg sichert die Vormachtrolle Preußens

Als die preußischen Annexionstendenzen deutlich wurden, rief Österreich am 1. Juni die Vermittlung des Deutschen Bundestages an. Daraufhin rückten preußische Truppen unter Verletzung der mit Österreich geschlossenen Vereinbarungen am 9. Juni in Holstein ein. Zwei Tage später beantragte Österreich beim Bundestag die Mobilmachung des Bundesheeres. Dies wurde mit neun gegen sechs Stimmen gebilligt, was Preußen als Kriegserklärung auffasste.

Auf die Seite Preußens stellten sich Italien und 17 zumeist kleinere norddeutsche Staaten, auf die Seite Österreichs 13 deutsche Staaten, darunter die deutschen Mittelstaaten.

Die unerwartete Kriegsentscheidung zugunsten Preußens fällt vor allem durch die geschickte Kriegführung des preußischen Generalstabschefs Moltke. Die Preußen rücken überraschend schnell in Böhmen ein, wo es bei Königgrätz zur Entscheidungsschlacht kommt. 221 000 Preußen unter Moltke stehen 215 000 Österreichern und 21 000 Sachsen unter dem Befehl von Feldzeugmeister Ludwig August Ritter von Benedek gegenüber. Die Schlachtentscheidung erzwingt ein überraschender Flankenangriff der in Eilmärschen herangeführten 2. preußischen Armee des preußischen Kronprinzen und späteren Kaisers Friedrich (III.). Österreicher und Sachsen verzeichnen 5668 Tote, die Preußen – die mit modernen Zündnadelgewehren ausgerüstet sind – nur 1920 Gefallene. Nach dem Sieg bei Königgrätz setzen die Preußen ihren Vormarsch fort. Erst am 26. Juli wird der Krieg mit dem Vorfrieden von Nikolsburg beendet. Seine Bestimmungen werden durch den Frieden von Prag am 23. August im Wesentlichen bestätigt. Österreich – das auf Bismarcks Drängen maßvoll behandelt wird – verzichtet zugunsten Preußens auf seine Ansprüche in Schleswig-Holstein, zahlt eine Kriegsentschädigung und erkennt die Auflösung des 1815 gegründeten Deutschen Bundes an. Das bisherige Königreich Hannover sowie Kurhessen, Nassau, die Freie Stadt Frankfurt am Main und Schleswig-Holstein mit Lauenburg werden Preußen einverleibt.

Österreich muss am 3. Oktober 1866 im Wiener Frieden zugunsten Italiens, das auf Seiten Preußens am 20. Juni in den Krieg eingetreten ist, auf Venetien verzichten. Zwar waren die italienischen Truppen zu Lande bei Custoza (am 24. 6.) und zur See vor der dalmatinischen Küste bei Lissa (20. 7.) von den Österreichern geschlagen worden, doch müssen die Österreicher nach ihrer Niederlage gegen Preußen die italienischen Ansprüche erfüllen. Am 18. August entsteht unter Führung Preußens – als neues Machtzentrum in Mitteleuropa – der Norddeutsche Bund. In ihm vereinigen sich die 17 Staaten, die auf preußischer Seite am Deutschen Krieg beteiligt waren, mit Preußen. Durch Friedensverträge im Herbst 1866 treten auch Hessen-Darmstadt (nördlich des Mains), Reuß ältere Linie, Sachsen und Sachsen-Meiningen dem Norddeutschen Bund bei.

Wilhelm I. verleiht in Königgrätz dem Kronprinzen Friedrich den Orden Pour le mérite.

QUERÉTARO

Kaiser stirbt im Kugelhagel

Der Versuch des französischen Kaisers Napoleon III., in Mittelamerika eine »lateinische Monarchie« zu begründen, schlägt fehl.

19. 6. 1867: Mit der Hinrichtung von Kaiser Maximilian (*6. 7. 1832) endet das von Napoleon III. 1864 errichtete mexikanische Kaiserreich.

Nach dem von den USA erzwungenen Abzug der französischen Truppen konnte sich Maximilian gegen Präsident Benito Juárez García (1806-1872) nicht länger behaupten. Juárez García bestimmte seit 1858 (als Vizepräsident) bzw. seit 1861 (als Staatschef) die mexikanische Politik und war Mitverfasser der liberalen Verfassung von 1857 und verantwortlich für die Reformgesetze von 1859, die u.a. die Trennung von Staat und Kirche, die Zivilehe, die Säkularisierung der Klöster und die Religionsfreiheit einführten.

Diese Reformen riefen den Widerstand der katholischen Kirche hervor und lösten einen Bürgerkrieg (1858-1861) aus, der das Land ökonomisch ruinierte.

1861 stellte Mexiko die Zinszahlung für Auslandsschulden ein, was Frankreich sowie Spanien und Großbritannien zu einer Strafexpedition veranlasste. Briten und Spanier zogen sich bald zurück, doch Napoleon III. verfolgte weitergehende Pläne: Die Franzosen eroberten 1863 Mexiko-Stadt und proklamierten die Monarchie. Der französische Kaiser überredete Maximilian Ferdinand Joseph, den Erzherzog von Österreich und Bruder Kaiser Franz Josephs I., sich am 10. April 1864 zum Kaiser von Mexiko ausrufen zu lassen. Doch Juárez García setzte den Kampf gegen die Franzosen fort.

Hinrichtung von Kaiser Maximilian (Gemälde des französischen Impressionisten Édouard Manet, 1867)

PORT SAID

Suezkanal eröffnet

Feierlichkeiten anlässlich der Eröffnung des Suezkanals am 17. November 1869

Der Suezkanal verkürzt erheblich die Seewege zwischen Europa und Asien sowie Australien.

17. 11. 1869: Im Beisein geladener Gäste aus aller Welt eröffnet die französische Kaiserin Eugénie den Suezkanal. Die Wasserstraße zwischen dem Mittelmeer und dem Roten Meer verkürzt die Seewege z.B. von London nach Abadan (Iran) oder nach Bombay (Indien) um 42% und nach Mombasa (Kenia) oder Singapur um etwa 30%.

Eine Fahrt von Hamburg nach Bombay, auf der bisher um das Kap der Guten Hoffnung an der Südspitze Afrikas herum 11 200 km zurückzulegen waren, verkürzt sich um fast die Hälfte auf 6420 Seemeilen, was eine Zeitersparnis von 24 Tagen bedeutet.

Der Suezkanal ist 161 km lang. 38 km entfallen auf dazwischenliegende Binnenseen (Timsahsee, Großer und Kleiner Bittersee). Bei seiner Eröffnung ist der Kanal 22 m breit und 8 m tief, später wird er mehrmals ausgebaut.

1854 hatte der ägyptische Vizekönig Muhammad Said Pascha einen Konzessionsvertrag mit dem französischen Diplomaten und Financier Ferdinand de Lesseps geschlossen, unter dessen Leitung der Kanal seit 1859 nach den Plänen des (1858 verstorbenen) österreichischen Ingenieurs Alois Negrelli mit Kosten in Höhe von 19 Mio. Pfund Sterling errichtet wurde.

Die Pläne für den Bau eines Kanals durch die Landenge von Suez reichen bis in das 2. Jahrtausend v.Chr. zurück. Im 13. Jh. v.Chr. bauten Ägyptens Pharaonen Sethos I. und Ramses II. den ersten Kanal vom Nil zum Timsahsee. Durch diesen Wasserweg belebte sich der Handel zwischen dem Nildelta und den Ländern am Roten Meer. Pharao Necho II. begann im 7. Jahrhundert einen neuen Kanal von Bubastis im Nildelta bis in die Gegend von Pithom. Nachdem das Bauwerk bereits rd. 120 000 Menschenleben gekostet hatte, musste es aufgrund eines Orakelspruches eingestellt werden. Der Perserkönig Dareios I. (522-486 v.Chr.) vollendet den sog. Nechokanal, der erst unter der Araberherrschaft im 8. Jh. versandete.

Nach seiner Fertigstellung gerät der Suezkanal ins Blickfeld der Briten: Die Aktien der Suezkanal-Gesellschaft (Compagnie Universelle du Canal Maritime de Suez), die einen bis 1968 befristeten Konzessionsvertrag besitzt, waren ursprünglich zwischen Frankreich und Ägypten aufgeteilt. Großbritannien erwirbt am 24. November 1875 in einer spektakulären Finanztransaktion auf Drängen von Premierminister Benjamin Disraeli mit Hilfe eines Darlehens des Privatbankiers Lionel Rothschild den Aktienbesitz des bankrotten ägyptischen Vizekönigs und besetzt 1882 Ägypten und die Kanalzone.

WASHINGTON

Russen verkaufen Alaska

Mit dem Kauf von Alaska findet die Westexpansion der USA ihren Abschluss.

30. 3. 1867: Russland verkauft Alaska und die Aleüten, ein 1,3 Mio. km² großes Territorium, für 7,2 Mio. Dollar an die USA. Trotz vieler Widerstände wegen der hohen Geldsumme wird der Kaufvertrag am 9. April vom Kongress in Washington ratifiziert.

Entdeckt wurde Alaska auf der zweiten russischen Kamtschatka-Expedition (1733-1743) unter der Führung des Dänen Vitus Jonassen Bering. Am 27. Dezember 1799 erhielt die Russisch-Amerikanische Kompagnie ein auf zunächst 20 Jahre befristetes Privileg zur Besiedlung und wirtschaftlichen Ausbeutung. Die finanzielle Notlage Russlands nach dem Krimkrieg führt zum Verkauf. Ein erster Besiedlungsschub erfolgt Ende des 19. Jahrhunderts, als an der Küste und am Yukon-Fluss Gold gefunden wird. Allein im Jahr 1893 beläuft sich der Wert der Goldfunde auf 1,010 Mio. US-Dollar.

1912 wird Alaska zum Territorium und am 3. Januar 1959 zum 49. Staat der USA erhoben.

Goldgräber in Dawson im Yukonterritorium

KIOTO

Reformära beginnt in Japan

Mit der Meiji-Restauration endet in Japan die fast 700 Jahre dauernde Herrschaft des Shogunats.

Der japanische Kaiser Mutsuhito mit Familie

3. 1. 1868: Nach der Absetzung des letzten Tokugawa-Shoguns Yoshinubu übernimmt Kaiser Mutsuhito (1852-1912) formal die Selbstherrschaft. Für seine Regierungszeit wählt er die Devise Meiji (jap., »erleuchtete Regierung«). Sie wird ihm nach seinem Tode als persönlicher Name (»Meiji-Tenno«) übertragen und gibt der Modernisierungsepoche ihren Namen.

Die in der Meiji-Restauration eingeleiteten sozialen und politischen Reformen gleichen das Land äußerlich westlichen Vorbildern an. Getragen werden sie allerdings von den alten Familienclans und verfolgen das Ziel, Japan vor einer Dominanz durch westliche Staaten zu bewahren. Der nachhaltigste Einschnitt ist die Abschaffung des Feudalsystems 1871. Die etwa 2 Mio. Angehörigen der Samurai-Kriegerkaste verlieren ihre materielle Basis, viele übernehmen später aber führende Positionen in Wirtschaft und Verwaltung. Die Bevölkerung wird durch die Einführung eines allgemeinen Bildungswesens (1872) und der Wehrpflicht (1873) stärker an den Staat herangeführt.

HAMBURG

»Das Kapital«

Mit dem »Kapital« veröffentlicht Karl Max das grundlegende Werk der marxistischen Theorie.

11. 9. 1867: Im Hamburger Verlag Otto Meißner erscheint in einer Auflage von 1000 Exemplaren der erste Band von »Das Kapital. Kritik der politischen Ökonomie« von Karl Marx.

Die Abhandlung entstand in 25-jähriger Arbeit im Lesesaal des Britischen Museums in London. Marx' Freund und Mitstreiter Friedrich Engels schreibt in einer Rezension: »Solange es Arbeiter und Kapitalisten in der Welt gibt, ist kein Buch erschienen, welches für die Arbeiter von solcher Wichtigkeit wäre wie das vorliegende.«

Im April 1872 erscheint als erste fremdsprachige eine russische Ausgabe des »Kapitals« und bis Engels' Tod im Jahr 1895 kommen 17 Ausgaben in neun Sprachen heraus. Die beiden folgenden Bände erscheinen 1885 und 1894 postum in Engels' Bearbeitung. Der am 5. Mai 1818 in Trier geborene Marx schloss sich nach dem Studium der Rechtswissenschaften und der Philosophie (Promotion 1841 in Jena) in Berlin dem Kreis der radikalen Junghegelianer an. 1842/43 war er Mitarbeiter, dann Chefredakteur der liberal-oppositionellen »Rheinischen Zeitung« in Köln und ging nach ihrem Verbot nach Paris. 1847 traten er und Engels dem Bund der Kommunisten bei und verfassten im Februar 1848 das »Manifest der Kommunistischen Partei«. Darin wurde als Ergebnis eines gesetzmäßig verlaufenden Geschichtsprozesses die proletarische Revolution vorausgesagt.

Friedrich Engels

Die Revolution von 1848 erlaubte Marx die Rückkehr. 1848/49 war er Chefredakteur der Kölner »Neuen Rheinischen Zeitung«, 1849 musste er jedoch – diesmal für immer – nach London emigrieren. 1864 war Marx maßgebend an der Gründung der Internationalen Arbeiterassoziation beteiligt, die im Jahr 1872 wegen der Gegensätze zu den Anarchisten unter Michail Bakunin die Arbeit einstellt.

Nach der Theorie von Marx und Engels liegen die Kräfte, die eine Gesellschaft prägen, nicht im Bewusstsein, sondern im Sein, welches die Voraussetzung für das menschliche Bewusstsein und daraus entstehende geistige Bewegungen ist. Die Basis sind die ökonomischen Strukturen der bürgerlichen Gesellschaft. Sie sind das Ergebnis einer historischen Entwicklung, die entstanden ist durch den aus der Arbeitsteilung hervorgegangenen Klassengegensatz. Diejenigen Klassen, die im Besitz der Produktionsmittel sind, eignen sich den größten Teil des entstehenden gesellschaftlichen Reichtums an. Den besitzlosen Klassen bleibt nur die Befriedigung ihrer grundlegenden Existenzbedürfnisse. Durch Klassenkampf und Revolution erfolgt die Ablösung einer Gesellschaft durch eine andere, sofern die Produktionsverhältnisse in Widerspruch zur Entwicklung der Produktivkräfte geraten sind.

Mit der Entwicklung der kapitalistischen Gesellschaft wird nach Marx jenes geschichtliche Stadium erreicht, in dem es die Möglichkeiten von Technik und Wissenschaft erlauben, eine neue klassenlose Gesellschaft aufzubauen. Darin soll dann jeder seine materiellen und kulturellen Bedürfnisse voll befriedigen können.

Ausgehend von einer Analyse der Grundlagen der bürgerlichen Gesellschaft kommt Marx im »Kapital« zum Begriff des Mehrwerts in der Produktionssphäre, nämlich dem Teil des Arbeitsergebnisses, den sich der Kapitalist ohne Gegenleistung aneignet. Um einen möglichst hohen Profit zu erzielen, versucht das Kapital seine Mehrwertproduktion zu steigern. Eine gleichzeitige Steigerung der Produktivkräfte (neue Technologien, höhere Arbeitsproduktivität) führt jedoch zum Abbau von Arbeitsplätzen. Weil immer weniger Arbeitskräfte benötigt werden, sinkt der erzielte Mehrwert im Verhältnis zum eingesetzten Kapital. Zugleich stagniert bzw. sinkt die Konsumfähigkeit der Arbeiter. Die Folgen sind Überproduktion und eine Reihe von zyklisch auftretenden Krisen, begleitet von einer zunehmenden Konzentration des Kapitals bei gleichzeitiger Verelendung der Arbeiterklasse. Das zwangsläufige Ergebnis ist laut Marx der Zusammenbruch des kapitalistischen Systems aufgrund seiner eigenen Widersprüche.

Der deutsche Philosoph und Politiker Karl Marx (1818-1883), undatierte Aufnahme

Ihre größte Wirksamkeit entfalten Marx' Ideen allerdings erst nach seinem Tod am 14. März 1883 in London. Sie werden zu einem wesentlichen theoretischen Fundament der internationalen Arbeiterbewegung und prägen die Programme vieler sozialistischer und aller kommunistischer Parteien. Sie beeinflussen darüber hinaus große Bereiche des sozialwissenschaftlichen Denkens im 20. Jahrhundert.

ZITAT

Tauschwert und Gebrauchswert

Im ersten Band des »Kapitals« erläutert Karl Marx den Charakter der Ware und die Begriffe Tauschwert und Gebrauchswert (Auszug):

»Die Ware ist zunächst ein äußerer Gegenstand, ein Ding, das durch seine Eigenschaften menschliche Bedürfnisse irgendeiner Art befriedigt... Die Nützlichkeit eines Dings macht es zum Gebrauchswert... Der Gebrauchswert verwirklicht sich nur im Gebrauch oder der Konsumtion. Gebrauchswerte bilden den stofflichen Inhalt des Reichtums, welches immer seine gesellschaftliche Form sei. In der von uns zu betrachtenden Gesellschaftsform bilden sie zugleich die stofflichen Träger des Tauschwerts. Der Tauschwert erscheint zunächst als das qualitative Verhältnis, die Proportion, worin sich Gebrauchswerte einer Art gegen Gebrauchswerte anderer Art austauschen... Es ist... das Quantum gesellschaftlich notwendiger Arbeit oder die zur Herstellung eines Gebrauchswerts gesellschaftlich notwendige Arbeitszeit, welche seine Wertgröße bestimmt... Waren, worin gleich große Arbeitsquanta enthalten sind oder die in derselben Arbeitszeit hergestellt werden können, haben daher dieselbe Wertgröße... Alle Arbeit ist einerseits Verausgabung menschlicher Arbeitskraft im physiologischen Sinn, und in dieser Eigenschaft... bildet sie den Warenwert. Alle Arbeit ist andererseits Verausgabung menschlicher Arbeitskraft in besonderer zweckbestimmter Form, und in dieser Eigenschaft konkreter nützlicher Arbeit produziert sie Gebrauchswerte...

Geld als Wertmaß ist notwendige Erscheinungsform des immanenten Wertmaßes der Waren, der Arbeitszeit.... Der Preis ist der Geldname der in der Ware vergegenständlichten Arbeit... Der Austauschprozess der Ware vollzieht sich... in zwei entgegengesetzten und einander ergänzenden Metamorphosen – Verwandlung der Waren in Geld und ihre Rückverwandlung aus Geld in Ware.«

ROM

Papst Pius IX. verliest auf dem 1. Vatikanischen Konzil (1869/70) Dekrete.

Ende des Kirchenstaats

Mit der Eroberung Roms durch italienische Truppen endet die Existenz des Kirchenstaates (Patrimonium Petri).

20. 9. 1870: Italienische Truppen ziehen in Rom ein, das 1871 zur Hauptstadt Italiens wird. Papst Pius IX. erkennt dies nicht an und bezeichnet sich selbst als »Gefangener im Vatikan«. 1929 wird mit den Lateranverträgen völkerrechtlich ein päpstliches Territorium um Petersdom und Vatikan geschaffen.

Die nördliche Hälfte des Kirchenstaats hatte sich 1860 dem Königreich Italien angeschlossen, der Rest stand unter dem Schutz französischer Truppen, die aber wegen des Krieges 1870/71 abzogen.

Pius IX. hatte bereits 1854 das Dogma der Unbefleckten Empfängnis Mariens verkündet und mit dem »Syllabus« und der Enzyklika »Quanta Cura« (1864) die Kirche gegenüber den »Irrtümern der Zeit« abgegrenzt. Das 1. Vatikanische Konzil (1869/70), das die päpstliche Unfehlbarkeit in Glaubens- und Sittenlehre definiert, führt die Lehre vom Primat des Papstes auf einen Höhepunkt.

ZITAT

Dogma der Unfehlbarkeit

Im Dogma (griech., Meinung, Lehrsatz) von der Unfehlbarkeit des Papstes heißt es u.a.:

»Indem Wir daher an der vom Anbeginne des christlichen Glaubens überkommenen Überlieferung treu festhalten, lehren Wir, mit Zustimmung des heiligen Konzils, zur Ehre Gottes unseres Heilandes,... und erklären es als einen von Gott geoffenbarten Glaubenssatz: Dass der Römische Papst, wenn er von seinem Lehrstuhle aus spricht, das heißt, wenn er in Ausübung seines Amtes als Hirt und Lehrer aller Christen, kraft seiner höchsten apostolischen Gewalt, eine von der gesamten Kirche festzuhaltende, den Glauben oder die Sitten betreffende Lehre entscheidet, vermöge des göttlichen, im heiligen Petrus ihm verheißenden Beistandes jene Unfehlbarkeit besitzt, mit welcher der göttliche Erlöser seine Kirche in Entscheidung einer den Glauben oder die Sitten betreffenden Lehre ausgestattet wissen wollte; und dass daher solche Entscheidungen des Papstes aus sich selbst, nicht aber erst durch die Zustimmung der Kirche, unabänderlich sind.«

PARIS

Krieg um Führung in Europa

Der Deutsch-Französische Krieg hat den Zusammenbruch des zweiten französischen Kaiserreichs und die Gründung des deutschen Nationalstaats zur Folge.

19. 7. 1870: Wegen des Streits um die spanische Thronfolge, für die der deutsche Fürst Leopold von Hohenzollern-Sigmaringen (1835-1905) in Aussicht genommen worden war, erklärt Frankreich Preußen den Krieg.

Die Auseinandersetzung der beiden Großmächte um die Führung Europas hatte der preußische Kanzler Otto von Bismarck mit Absicht zum Krieg eskalieren lassen. Der preußische Machtzuwachs nach dem Deutsch-Dänischen Krieg 1864 und dem sog. Deutschen Krieg gegen Österreich 1866 wurde in Frankreich als Bedrohung empfunden. Angesichts der wachsenden Opposition im eigenen Land erstrebte Kaiser Napoleon III. einen außenpolitischen Erfolg, um Kompensationen für den preußischen Machtzuwachs zu erhalten. Der Versuch, dafür Bündnisse mit Österreich und Italien zu schließen, blieb aber erfolglos.

Unmittelbarer Anlass für den Krieg ist die spanische Thronkandidatur des Hohenzollernprinzen. Frankreich hatte am 6. Juli offiziell erklärt, es werde eine solche Störung des europäischen Gleichgewichts nicht dulden. Daraufhin verzichtete Prinz Leopold – auf Bitten des preußischen Königs Wilhelm I. – auf eine Kandidatur.

Am Tag darauf drängte jedoch der französische Botschafter Vincent Graf Benedetti den in Bad Ems zur Kur weilenden Wilhelm I., die Hohenzollern sollten auch künftig auf eine Kandidatur für den spanischen Thron verzichten. Dies lehnte der König ab.

Über diese Unterredung informierte der preußische Geheimrat Heinrich Abeken aus Bad Ems noch am 13. Juli Bismarck. Die Depesche wurde von Bismarck so gekürzt, dass die Ablehnung der französischen Forderung in überaus brüsker Form zum Ausdruck kam. Dies wurde in Frankreich als Demütigung aufgefasst und hat die Kriegserklärung an Preußen zur Folge, für »die Verteidigung ihrer Ehre und ihrer gefährdeten Interessen«.

Die Franzosen sind siegessicher: Neue eigene Waffen – wie das weit tragende Chassepotgewehr und die Mitrailleuse, ein Vorläufer des Maschinengewehrs –, ferner die Hoffnung auf die Unterstützung Dänemarks, Italiens und Österreichs sowie eine Neutralität der süddeutschen Staaten sollten den Erfolg verbürgen.

Napoleon III. (r.) wird bei Sedan gefangen genommen.

Doch das Ausland bleibt neutral und die mit dem Norddeutschen Bund durch Defensivbündnisse verbundenen süddeutschen Königreiche Bayern und Württemberg sehen den Bündnisfall als gegeben an und unterstellen ihre Streitkräfte dem preußischen Oberbefehl.

Gleich im ersten ernsthaften Kräftemessen bei Vionville und Mars-la-Tour am 16. August, bei der zum letzten Mal in der Kriegsgeschichte ein massiver Kavallerieeinsatz die Schlacht entscheidet, wird die französische Rheinarmee des Marschalls François Achille Bazaine besiegt. Zwei Tage später zwingen die deutsche I. (Generalfeldmarschall Karl Friedrich von Steinmetz) und II. Armee (Prinz

PARIS

Aufstand der Pariser Kommune

Die militärische Niederlage gegen Deutschland stößt Frankreich in eine schwere innenpolitische Krise.

4. 9. 1870: Nach der Niederlage von Sedan und der Gefangennahme von Kaiser Napoleon III. am 2. September wird Frankreich wieder zur Republik erklärt. Die republikanischen Abgeordneten Léon Gambetta und Jules Favre proklamieren die Thronenthebung des Kaisers. Die Gesetzgebende Körperschaft wird von den Republikanern auseinander gejagt und Kaiserin Eugénie zur Flucht ins britische Exil gezwungen.

Unter dem Vorsitz des Generalgouverneurs von Paris, Louis Jules Trochu, wird eine provisorische Regierung gebildet, der Favre als Außen- und Gambetta als Innenminister angehören. Die Dritte Republik proklamiert die Weiterführung des Krieges. Gambetta verlässt am 8. Oktober in einem Heißluftballon die mittlerweile von deutschen Truppen belagerte Hauptstadt und begibt sich nach Tours. Mit dem Appell an die patriotischen Gefühle der Franzosen organisiert er die Aufstellung neuer Volksarmeen.

Doch nach der Kapitulation von Toul und Straßburg sowie von Metz am 27. Oktober sind die letzten kaiserlichen Armeen ausgeschaltet, die deutschen Truppen können sich den neuen französischen Volksheeren entgegenwerfen. Paris muss am 28. Januar 1871 kapitulieren.

In der Hauptstadt entbrennt ein Machtkampf zwischen der Regierung unter Trochu und sozialistischen Gruppierungen. Die am 8. Februar 1871 gewählte Nationalversammlung, in der die Monarchisten die absolute Mehrheit gewinnen, tritt deshalb am 12. Februar in Bordeaux zusammen und wählt am 17. Februar den Republikaner Adolphe Thiers zum Inhaber der Exekutivgewalt.

Der Aufstand der Pariser Kommune: Barrikade in der Rue d'Allemagne (Foto: 18. März 1871)

Am 18. März übernimmt in Paris nach einem Aufstand der Arbeiterschaft und der Nationalgarde die Kommune die Macht. Sie ist zum einen Protest gegen die harten Friedensbedingungen, zum anderen ein sozialer und politischer Aufstand. Aus unterschiedlichen radikaldemokratischen und sozialistischen Gruppierungen zusammengesetzt, erstrebt der am 26. März gewählte, 85 Mitglieder zählende revolutionäre Gemeinderat (Kommune) programmatisch eine Umwandlung Frankreichs in einen Bund souveräner Gemeinden (Manifest vom 19. April). Die Kommune vereinigt exekutive und legislative Gewalt in einer Hand.

Nach längerer Belagerung und heftigen Bombardements wird die Kommune bis zum 29. Mai von Regierungstruppen unter Marschall Patrice Maurice Comte de MacMahon in blutigen Straßenkämpfen niedergeworfen. Nach dem Ende der Kämpfe werden rd. 20 000 Kommunarden standrechtlich erschossen. Mehr als 10 000 Kommune-Kämpfer werden zu Verbannung, Deportation oder Gefängnis verurteilt.

In der Dritten Republik kann sich der am 31. August von der Nationalversammlung in Versailles zum Präsidenten gewählte Thiers nur schwer gegen starke royalistische Kräfte durchsetzen. Als er im Mai 1873 ein Gesetz über die Verankerung der republikanischen Staatsform einbringt, wird er gestürzt und am 24. Mai 1873 MacMahon zum Präsidenten gewählt.

Die Erneuerung des Königtums scheint nur noch eine Frage der Zeit, doch der bourbonische Thronprätendent Henri Charles Graf von Chambord, Herzog von Bordeaux, vergibt die Chance durch überholte Forderungen: Er weigert sich, die parlamentarische Regierungsform zu akzeptieren und will die Trikolore wieder durch das Lilienbanner der Bourbonen ersetzen. Dies geht selbst den Monarchisten zu weit: 1875 erhält Frankreich eine konservativ-republikanische Verfassung.

Friedensschluss in Frankfurt am Main (Kreidelithogr., 1871)

Friedrich Karl von Preußen) Bazaine bei Gravelotte und Saint-Privat zum Rückzug auf die Festung Metz.

Die erste Phase des Krieges endet mit der Kapitulation der französischen Truppen unter dem Befehl von General Marie Edme Comte de MacMahon bei Sedan am 1. September 1870 vor der deutschen III. Armee und der Maasarmee (Kronprinz Albert von Sachsen) sowie der Gefangennahme Napoleons III. am folgenden Tag.

Damit ist zwar die von Generalstabschef Helmuth Graf von Moltke geplante Vernichtung des Gegners noch nicht erreicht, aber immerhin ist ein Teil der französischen Armee gefangen genommen und der andere bei Metz eingeschlossen. Daraufhin wird am 4. September das Zweite Kaiserreich gestürzt und die Republik ausgerufen. Frankreich führt den Krieg unter republikanischer Führung weiter. Er entwickelt sich nun zu einem verlustreichen Volkskrieg.

Am 27. Dezember 1870 beginnt die deutsche Artillerie mit dem Beschuss von Paris, das am 28. Januar 1871 kapituliert. Gekämpft wird nur noch im Osten Frankreichs, wo die Franzosen zum Entsatz der von den Deutschen belagerten Festung Belfort eine Ostarmee unter dem Befehl von Charles Denis Bourbaki aufgestellt haben. Doch eine deutsche Südarmee (Edwin Freiherr von Manteuffel) drängt die Franzosen in Richtung Schweiz ab. Am 1. Februar 1871 überschreitet die Bourbaki-Armee bei Les Verrières die Schweizer Grenze und wird interniert.

In 15 Schlachten und über 100 Gefechten fordert der Krieg rd. 49 400 Tote auf deutscher und 139 000 Tote auf französischer Seite, 370 000 Franzosen geraten in Kriegsgefangenschaft.

Der endgültige Friedensschluss erfolgt am 10. Mai 1871 in Frankfurt am Main. Frankreich muss das Elsass (ohne Belfort) und Lothringen (mit Metz) an Deutschland abtreten und innerhalb von drei Jahren eine Kriegsentschädigung in Höhe von 5 Mrd. Francs (4 Mrd. Mark) zahlen. Die Annexion von Elsass-Lothringen bleibt bis zum Ersten Weltkrieg der zentrale Streitpunkt zwischen den Nachbarländern.

VERSAILLES

Deutsches Kaiserreich in Versailles gegründet

Nach dem Sieg über Frankreich entsteht unter preußischer Führung der deutsche Nationalstaat.

18. 1. 1871: Im Spiegelsaal von Versailles wird der preußische König Wilhelm I. zum deutschen Kaiser ausgerufen. Während Paris noch von den deutschen Truppen belagert wird, entsteht in Versailles, einem Symbol der französischen Monarchie, das deutsche Kaiserreich – auf den Tag genau 170 Jahre nach der Krönung des ersten preußischen Königs.

Es bedurfte allerdings vielfältiger diplomatischer Winkelzüge seitens des preußischen Ministerpräsidenten Otto von Bismarck, ehe das Werk der Reichsgründung perfekt war. Zuletzt drohte noch Wilhelm I. wankelmütig zu werden, wie er nach der Kaiserproklamation seiner Frau anvertraut: »Ich kann Dir nicht sagen, in welcher morosen [verdrießlichen] Emotion ich in diesen letzten Tagen war,... vor allem über den Schmerz, den preußischen Titel verdrängt zu sehen... Erst nachdem ich in inbrünstigem Gebet mich an Gott gewendet habe, habe ich... Kraft gewonnen!«

Zuvor war es Bismarck gelungen, den Widerstand Bayerns gegen die deutsche Einigung mit preußischer Erbmonarchie zu überwinden. Die süddeutschen Staaten Bayern (am 8. 11. 1870), Hessen und Baden (15. 11.) und Württemberg (25. 11.) traten dem von Preußen geführten Norddeutschen Bund bei, der am 9. Dezember die Bezeichnung des erweiterten Staatenbundes in Deutsches Reich änderte.

König Ludwig II. von Bayern – ständig in Geldverlegenheiten wegen seiner großen Ausgaben für Schlossbauten (Herrenchiemsee, Neuschwanstein, Linderhof) – wurde mit der Aussicht auf finanzielle Unterstützungen zur Unterzeichnung eines sog. Kaiserbriefs gedrängt. In diesem von Bismarck und dem bayerischen Staatsmann Maximilian Graf von Holnstein entworfenen und am 30. Oktober 1870 abgesandten Schreiben ersuchte der Wittelsbacher den Hohenzollernherrscher im Namen der deutschen Fürsten und freien Städte um die Annahme der Würde eines deutschen Kaisers. Bayern und Württemberg sicherten sich allerdings Sonderrechte in Bezug auf das Militärwesen sowie die Post- und Telegrafenverwaltung.

Dieses kleindeutsche Kaiserreich ist ein konstitutionell-monarchischer Bundesstaat unter preußischer Führung. Die Verfassung des Deutschen Reiches vom 16. April 1871 ist fast gleichlautend mit der des Norddeutschen Bundes (17. 4. 1867). Das Reich besteht aus den 22 deutschen Fürsten und den drei freien Hansestädten und umfasst eine Fläche von 540 600 km² mit 41 Mio. Einwohnern, darunter auch das annektierte »Reichsland Elsass-Lothringen«.

Die Kaiserproklamation in der Spiegelgalerie von Versailles; der Künstler stellt Otto von Bismarck in den Mittelpunkt (Gemälde von Anton von Werner, 1885)

Durch den Bundesrat als Zentralbehörde und oberstem Regierungsorgan wirken die Einzelstaaten an der Reichsgesetzgebung mit. Er hat das Recht zur Gesetzesinitiative und ohne seine Zustimmung darf kein Reichsgesetz in Kraft treten. Ferner erlässt der Bundesrat alle zur Ausführung der Reichsverfassung erforderlichen Verwaltungsordnungen und verfügt über eine Reihe von Sonderrechten (u.a. Entscheidung über außenpolitische Verträge und die Auflösung des Reichstages).

Mit 17 von 58 Stimmen verfügt Preußen über das Vetorecht im Bundesrat, den Vorsitz hat der von Preußen zu ernennende Reichskanzler, von 1871 bis 1890 ist dies Bismarck. Er ist der einzige Minister des Reiches, die Staatssekretäre der später geschaffenen Reichsämter sind ihm ebenso unterstellt wie alle anderen Reichsbeamten. Der Reichskanzler benötigt lediglich das Vertrauen des Kaisers.

Das Präsidium des Deutschen Reiches mit dem Oberbefehl über die Streitkräfte und die Leitung der auswärtigen Politik steht dem Kaiser selbst zu.

Die Reichsverfassung von 1871 übernimmt ohne wesentliche Änderung auch das Wahlgesetz des Norddeutschen Bundes. Der Reichstag wird somit nach allgemeinem, gleichem und geheimem Wahlrecht gewählt, während in Preußen von 1849 bis 1918 für die Wahlen zum Abgeordnetenhaus das Dreiklassenwahlrecht gilt, bei dem die Stimmberechtigten (»Urwähler«) nach der Höhe der von ihnen gezahlten direkten Steuern in drei verschieden große Klassen eingeteilt wird und das die einkommensschwachen Schichten erheb-

ZUR PERSON

»Eiserner Kanzler« Bismarck

Fast 30 Jahre lang bestimmt Otto von Bismarck-Schönhausen (*1. 4. 1815) die preußische bzw. deutsche Politik. Er begann seine politische Laufbahn auf dem äußersten rechten Flügel des preußischen Vereinigten Landtags 1847. 1849/50 war er Mitglied der zweiten Kammer des preußischen Landtags und des Erfurter Unionsparlaments, dann 1851-1859 Gesandter Preußens beim Bundestag in Frankfurt am Main, später 1859-1862 Gesandter in St. Petersburg und 1862 kurzfristig Botschafter in Paris. Am 24. September 1862 zum preußischen Ministerpräsidenten ernannt, regierte er budgetlos gegen das Parlament, das die verlangte Heeresreform ablehnt. In drei Einigungskriegen – 1864 gegen Dänemark, 1866 gegen Österreich und 1870/71 gegen Frankreich – setzt er strategisch geschickt das Ziel eines deutschen Nationalstaats unter preußischer Führung durch.

Außenpolitisch versucht er zunächst, Koalitionen gegen Deutschland zu verhindern. Die nach dem Berliner Kongress (1878) auftretende Krise im Verhältnis zu Russland bewegt ihn zum Abschluss eines Zweibundes mit Österreich-Ungarn (1879), des sog. Dreikaiservertrages (mit Österreich-Ungarn und Russland, 1881), des Dreibunds 1882 (Zweibund plus Italien) und des geheimen Rückversicherungsvertrages mit Russland (1887). Im Innern stützt er sich bis 1878/79 auf die Nationalliberalen und versucht im sog. Kulturkampf die katholische Zentrumspartei zu schwächen; nach zwei Attentaten auf Wilhelm I. 1878 setzt er das (bis 1890 mehrfach verlängerte) Sozialistengesetz durch, um die 1875 gegründete Sozialistische Arbeiterpartei Deutschlands auszuschalten. Vergeblich bleibt der Versuch, durch Einführung einer Krankenversicherung (1883), Unfallversicherung (1884), Alters- und Invalidenversicherung (1889) die Arbeiter der SPD zu entfremden.

Am 18. März 1890 wird Bismarck von dem seit 1888 regierenden Kaiser Wilhelm II. entlassen. Er stirbt am 30. Juli 1898 in Friedrichsruh.

PARIS

Neue Sicht der Dinge

Die Maler des Impressionismus wollen in ihren Bildern augenblickliche Erscheinungsformen und zufällige Ausschnitte erfassen.

15. 4. 1874: Im Atelier des Fotografen Nadar zeigt der französische Maler Claude Monet (1840-1926) sein Gemälde »Impression – Soleil levant« (»Eindruck – aufgehende Sonne«). Dieses Bild gibt dem Impressionismus seinen Namen, einer Kunstrichtung, die mit ihrer skizzenhaften Malweise in krassem Gegensatz zu den gefälligen Werken der populären Salonmaler steht und auf bisherige Normen wie geschlossener Bildaufbau und Zentralperspektive verzichtet.

Pierre Auguste Renoir

Claude Monet

Zunächst ist diese Bezeichnung abfällig gemeint. Der Kunstkritiker Louis Leroy schreibt im »Charivari« am 25. April herablassend: »Das sollen Furchen sein? Das soll Rauhreif sein? Das sind doch Farbkleckse, eintönig auf einer schmutzigen Leinwand angeordnet. Es hat weder Kopf noch Schwanz, weder Hände noch Füße, weder Anfang noch Ende...was für eine komische Empfindung!« Diese Konzentration auf das leicht Vergängliche führt vorzugsweise zu einer Freilichtmalerei, welche die feingetönte Farbpalette unter dem weitgehenden Verzicht auf Braun, Grau und Schwarz sichtlich aufhellt. Selbst Schatten werden farbig dargestellt. Die Grenzen zwischen Vorder- und Hintergrund geraten – insbesondere in den Landschaftsbildern – fließend. Auf scharfe Farbkontraste wird bei der schnappschussartigen Komposition weitgehend verzichtet. Der französische Impressionismus verfügt weder über eine ästhetische Theorie noch über ein einmal festgelegtes künstlerisches Programm. Zu den Wegbereitern zählt Édouard Manet (1832-1883), der im Mai 1863 mit seinem Gemälde »Frühstück im Freien« – es zeigt zwei vornehm angezogene Herren in Begleitung einer unbekleideten Dame – für Aufsehen und öffentliche Entrüstung gesorgt hatte.

»Impression – Soleil levant« (Sonnenaufgang, 1872, Claude Monet)

Sein Werk wurde vom offiziellen Kunstsalon zurückgewiesen und im »Salon des Refusés« ausgestellt. Mit dieser Präsentation wurde erstmals der Versuch unternommen, den prägenden Normvorstellungen der offiziellen Kunstwelt zu entkommen.

Neben Monet und Manet zählen Edgar Degas (1834-1917), der seine Themen vor allem im pulsierenden Großstadtleben findet, sowie Camille Pissarro (1831-1903), Alfred Sisley (1839-1899) und – der mit Monet in ungewöhnlich enger künstlerischer Partnerschaft verbundene – Pierre-Auguste Renoir (1841-1919) zu den wichtigsten Malern des französischen Impressionismus. In der Spätphase entwickelt sich ab etwa 1885 der Neoimpressionismus oder Pointillismus, vertreten vor allem durch Georges Seurat (1859-1891) und Paul Signac (1863-1935). Sie setzten ungemischte Farben punkt- oder kommaförmig so nebeneinander, dass sie in ihrem Gesamteindruck das gewählte Motiv bilden.

Auch in der Literatur (in der Lyrik u.a. bei Charles Baudelaire und Paul Verlaine) sowie in der Musik (besonders in Frankreich zwischen 1890 und 1920 bei Claude Debussy) finden sich Stilelemente des Impressionismus und die Vorliebe für atmosphärische Wirkungen.

lich benachteiligt. Die Reichstagsabgeordneten werden nach dem Mehrheitswahlsystem gewählt: Erreicht im ersten Wahlgang kein Kandidat mehr als 50% der Stimmen, so entscheidet eine Stichwahl zwischen den beiden erfolgreichsten Kandidaten. Im ersten Deutschen Reichstag sind die Nationalliberalen die stärkste Kraft, vor dem katholischen Zentrum, den Deutsch-Konservativen und der liberalen Fortschrittspartei.

Zwar hat der Reichstag kein Selbstversammlungsrecht und wird vom Kaiser einberufen, vertagt oder (mit Zustimmung des Bundesrates) aufgelöst; er kann auch den Reichskanzler nicht zum Rücktritt zwingen und hat als einzige Aufgabe die Mitwirkung bei der Gesetzgebung. Dennoch wird das Parlament das wichtigste Forum der politischen Auseinandersetzung.

WIEN

Überproduktion führt zur »Gründerkrise«

Die überhitzte Konjunktur führt zu einer weltweit spürbaren Wirtschaftskrise.

9. 5. 1873: Der Wiener Börsenkrach löst die sog. Gründerkrise aus. Sie mündet in die »Große Depression«, eine bis 1895/96 dauernde Weltwirtschaftskrise.

Als Folge des Sieges über Frankreich 1870/71 waren rd. 4 Mrd. Mark Kriegsentschädigung ins Deutsche Reich geflossen. Das Geld wurde vor allem für die Schuldentilgung benutzt, das frei werdende Kapital und die sinkenden Kreditzinsen führten zu einem wahren »Gründungsfieber« bei Aktiengesellschaften. Dem Nachlassen der Aktienkurse im Mai folgt im Oktober ein weiterer Kurssturz an der Börse. Er wird ausgelöst durch Bankzusammenbrüche in Ungarn, Österreich und den USA, wo durch den Konkurs des im Eisenbahngeschäft als Kreditgeber tätigen Bankhauses Jay Cooke & Co. (18. 9. 1873) die »Panik von 1873« ausgelöst wird.

Die strukturelle Ursache der bisher größten Wirtschaftskrise ist die anhaltende Überproduktion, mit der die Nachfrage nicht Schritt halten konnte.

Der Beginn der Krise: Börsenkrach in Wien am 9. Mai 1873

Die imperialen Weltreiche

19./20. Jahrhundert

Wettlauf um die Aufteilung der Welt

Der Begriff Imperialismus bezeichnet die Politik der industrialisierten europäischen Mächte, der USA und Japans seit Ende des 19. Jahrhunderts. Deren Streben war darauf gerichtet, durch koloniale Erwerbungen, militärische Intervention, Kapitalexport und kulturelle Beeinflussung andere Länder und ihre Bewohner abhängig zu machen, auszubeuten und direkt oder indirekt zu beherrschen. Der Imperialismus beschränkte sich nicht auf Kolonialpolitik; auch nominell selbstständige und souveräne Staaten wie das Osmanische Reich, China oder südamerikanische Republiken gerieten wegen ihrer wirtschaftlichen Schwäche und politischen Ohnmacht in Abhängigkeit vom europäischen, nordamerikanischen und japanischen Imperialismus.

In der Zeit zwischen 1874/80 und 1914 herrschte eine von extremem Nationalismus geprägte Form des Imperialismus. Im Unterschied zu den älteren europäischen Kolonialreichen nach 1492/98 sollte die Landnahme mehr als nur wirtschaftliche Ausbeutung und Besiedlung ermöglichen. Imperialistische Politik wollte die Machtfülle der eigenen Nation ausweiten, um den Status einer Weltmacht zu erlangen. Zwei Faktoren spielten eine wesentliche Rolle bei der Entstehung imperialistischer Politik: Der Kampf um Absatzmärkte und Rohstoffquellen und – eng damit verbunden – übertriebener Nationalismus, der mit Sendungsbewusstsein und Rassismus zur imperialistischen Ideologie verschmolz.

Die »Große Depression« seit 1873 hatte die wirtschaftliche Hochkonjunkturphase beendet. Die Grenzen wirtschaftlicher Entwicklung schienen absehbar zu sein. Da Europas Märkte mit fortschreitender Industrialisierung und wachsendem Protektionismus enger wurden, gewannen die überseeischen Gebiete an Bedeutung. Imperialistische Politik wurde als die Sicherung von Rohstoff- und Absatzmärkten verstanden. Es war ein einseitiges Geschäft der Ausbeutung durch die industrialisierten Großmächte. Aus Konkurrenzgründen galt es auch, Gebiete zu sichern, die wirtschaftlich keinen Nutzen hatten.

Zu diesen wirtschaftlichen Motiven kamen bei der »Erwerbung« von Kolonien militärische oder machtpolitische Überlegungen. Darüber hinaus bot die Expansion unter dem Banner nationaler Größe die Möglichkeit, von inneren Problemen abzulenken.

»Die Bürde des weißen Mannes«

Die Idee des Imperialismus lebte von einem missionarischen Sendungsbewusstsein und dem Glauben an die grundsätzliche Überlegenheit der weißen Rasse und ihrer Zivilisation (»Die Bürde des weißen Mannes«). Daraus wurde die Mission abgeleitet, Fortschritt und Zivilisation über alle Gebiete der Erde zu verbreiten und Aberglaube, Despotismus und Korruption zu beseitigen. Cecil Rhodes sprach von der angelsächsischen als der vornehmsten Rasse, die über alle anderen Völker zu herrschen habe. Verstärkt und wesentlich beeinflusst wurde dieser latente Rassismus durch die das Zeitalter beherrschende populäre Philosophie des Sozialdarwinismus, die erst das geistig-gesellschaftliche Klima schuf, welches imperiale Machtpolitik ermöglichte.

Der Sozialdarwinismus beruhte auf dem Begriff der natürlichen Auslese. Im »Kampf ums Dasein« sollten sich die überlegenen Völker ihren Platz erstreiten. Diese Vorstellung führte zum Verlust der Humanität und zur wachsenden Brutalisierung der Politik. Der Sozialdarwinismus wurde immer mehr zur Triebkraft und zur Rechtfertigung nackter Gewalt in der politischen Auseinandersetzung. Der Aggressivität der imperialen Politik der Großmächte entsprach die Unfähigkeit der meisten betroffenen Länder zum wirksamen Widerstand. Die Gründe dafür lagen in der wirtschaftlichen und technischen Rückständigkeit sowie im Fehlen eines politischen Ordnungssystems, das geeignet gewesen wäre, der Besitzergreifung der Großmächte Einhalt zu gebieten. Wo sich Widerstand regte (Burenkrieg, Boxeraufstand), wurde er blutig und grausam niedergeschlagen.

Der Imperialismus setzte um die Mitte der 1870er Jahre in Großbritannien ein und erfasste in den folgenden Jahrzehnten wie in einem Rausch die Großmächte der Welt. Neben den traditionellen Kolonialmächten Großbritannien, Frankreich und Russland beteiligten sich neue, aufstrebende imperiale Mächte – die USA, das Deutsche Reich, Belgien, Italien, Japan – an dem Konkurrenzkampf um die Aufteilung der Welt. Die Berliner Afrikakonferenz 1885 legitimierte den Wettlauf nach Kolonien und heizte ihn an. Die Jahrhundertwende markierte den Höhepunkt der imperialistischen Expansion.

1914 standen 72 Mio. km² und über 560 Mio. Menschen unter kolonialer Herrschaft, das waren mehr als die Hälfte der festen Erdoberfläche und ein Drittel der Weltbevölkerung. Kontrollierten die europäischen Mächte 1870 nur ein Zehntel Afrikas, so waren es 1890 bereits neun Zehntel. In China sicherten sich alle Großmächte politische und wirtschaftliche Einflusssphären, nur das gegenseitige Misstrauen der imperialen Staaten verhinderte die Gebietsaufteilung des Reichs.

»British Empire« – Seeweg nach Indien

Unter Premierminister Benjamin Disraeli (1868/1874-1880) begann die imperiale Expansionspolitik Großbritanniens, welche der beherrschenden Seemacht das mit Abstand größte Kolonialreich einbrachte (1913: 33 Mio. km², 400 Mio. Einwohner). Vordringlichste Aufgabe der britischen Weltpolitik war die Sicherung des Seewegs nach Indien, der wichtigsten und wertvollsten Kolonie Großbritanniens. Der Erwerb Zyperns 1878 und die Besetzung Ägyptens 1882 dienten diesem außenpolitischen Ziel. Im Wettlauf um die Aufteilung Afrikas gewann der britische Imperialismus in den folgenden Jahren Richtung und Ziel im sog. Kap-Kairo-Plan, der Eroberung und Beherrschung eines geschlossenen Kolonialgebiets in Afrika. Von Norden (Ägypten) und Süden (Kapkolonie) gleichzeitig vorstoßend, eroberten die Briten Somaliland 1884, Kenia 1886, Rhodesien 1891, Uganda 1895 und den Sudan 1899.

Machtpolitische Grundlage des »British Empire« bildete die Flotte, deren Überlegenheit die angelsächsische Herrschaft über die Weltmeere sicherte, während sich gleichzeitig die Überzeugung verbreitete, die Herrschaft der »Pax Britannica« müsse für die beherrschten Völker eine allgemeine, segensreiche Wohlfahrt bringen. Vertragliche Absprachen mit den konkurrierenden Weltmächten – nach der Faschodakrise mit Frankreich, Panamakanal-Regelung mit den USA, Persien-Ausgleich mit Russland – sollten kriegerische Konflikte begrenzen.

Führender Imperialist und Wegbereiter des Commonwealth-Gedankens war der britische Kolonialminister Joseph Chamberlain. Er propagierte die Idee eines föderativen Weltreiches, dessen einzelne Länder sich eigenverantwortlich regieren und mit dem Mutterland Großbritannien militärisch, finanziell und handelspolitisch eng verbunden sein sollten (1867 Dominion Kanada, 1901 Australien, 1907 Neuseeland, 1910 Südafrikanische Union).

Franzosen in Afrika und Indochina

Der französische Imperialismus konzentrierte sich im Wesentlichen auf zwei Regionen: die Erschließung des schwarzafrikanischen Kontinents und die Eroberung Indochinas. Eingeleitet wurde die imperiale Politik Frankreichs in den 1880er Jahren von Ministerpräsident Jules Ferly. Ausgangspunkt der Eroberungen bildete der bereits vorhandene französische Kolonialbesitz in Nordafrika (Algerien) und Cochinchina (Saigon).

In beiden Regionen geriet der französische Imperialismus mit den Briten in Konflikt, der jedoch beigelegt werden konnte. Stoßrichtung der französischen Afrikapolitik war die Eroberung des schwarzen Kontinents von Nordwesten und Osten her (Tunesien, West- und Äquatorialafrika sowie Madagaskar). 1910 verfügte Frankreich über ein zusammenhängendes Gebiet in West- und Zentralafrika. Der Plan Frankreichs, Ägypten von Westen und Süden her einzukreisen, führte zur Faschodakrise von 1898 mit Großbritannien. Ein drohender Kolonialkrieg konnte jedoch vermieden werden. In langjährigen Kämpfen gegen China sicherte sich Frankreich den Besitz von Tongking, Annam und Laos. Zusammen mit Kambodscha errichteten die Franzosen 1887 die Indochinesische Union. Dies führte zu Konflikten mit Großbritannien, das um Indien fürchtete.

Die gesamte imperialistische Politik Frankreichs stand unter dem Eindruck der Niederlage gegen Deutschland 1870/71 und der damit verbundenen außenpolitischen Isolation. In der internationalen Politik als Weltmacht wieder anerkannt zu werden, war das erklärte Ziel des französischen Imperialismus. Höhepunkt dieser angestrebten Politik bildete die »Entente cordiale« mit Großbritannien (1904), welche die kolonialpolitischen Differenzen zwischen beiden Weltmächten endgültig beendete. Stattdessen verschärften sich die politischen Auseinandersetzungen mit dem Weltmachtstreben des Deutschen Kaiserreiches (Marokkokrisen 1906 und 1911).

Deutschlands »Platz an der Sonne«

Die Kolonialpolitik des Deutschen Reiches begann noch unter Reichskanzler Otto von Bismarck 1884/85, als Deutsch-Südwestafrika, Kamerun, Togo, Deutsch-Ostafrika und Deutsch-Neuguinea »unter den Schutz des Reiches« gestellt wurden.

Mit dem »persönlichen Regiment« Kaiser Wilhelms II. trat das Deutsche Reich in die imperiale Politik ein. Die militärischen und politischen Führungsschichten des Kaiserreiches betrachteten Weltpolitik als Aufgabe, Weltmacht als Ziel und die Flottenrüstung als Instrument zur Durchsetzung dieses Ziels. Der Satz von der »zu spät gekommenen Nation« machte die Runde. Erst seit 13 Jahren eine geeinte Nation, glaubte Deutschland, weltpolitisch etwas zu versäumen, wenn es sich nicht rechtzeitig am imperialen Wettlauf um die Aufteilung der Welt beteiligte.

Die politische, militärische und wirtschaftliche Bedeutung der kolonialen Erwerbungen (in Afrika 1884 und 1885, Kiautschou 1898, Deutsch-Neuguinea 1885–1899) stand in keinem Verhältnis zum proklamierten »Griff nach der Weltmacht«. Die weltpolitischen Aktivitäten, vor allem Kaiser Wilhelms II. unkluge und unbedachte Einmischung in fremde Angelegenheiten (Krüger-Depesche 1898, »Daily-Telegraph«-Affäre 1908) führten letztlich zur außenpolitischen Isolation des Reiches.

Die Flottenrüstung, die zur nationalen Prestigeangelegenheit aufgebauschte Lieblingsidee des Kaisers, endete mit einer Krise der deutsch-britischen Beziehungen und der Annäherung Großbritanniens an Frankreich. Der deutsche Anspruch auf Weltmachtpolitik wurde von der nationalen Publizistik und den imperialistischen Agitationsverbänden lautstark unterstützt. Der »Alldeutsche Verband« und der »Flottenverein« (über eine Million Mitglieder) nährten mit der Idee vom deutschen Sendungsbewusstsein in breiten Bevölkerungskreisen einen übersteigerten Nationalismus und radikalen Chauvinismus, der dem Deutschen Reich den Vorwurf der Überheblichkeit und Ignoranz eintrug.

Der »Dollar-Imperialismus« der USA

Der Sieg im Spanisch-Amerikanischen Krieg von 1898 machte aus der bisherigen Kontinentalmacht USA eine imperiale Großmacht mit verstreutem Inselbesitz in der Karibik und im Pazifik. Die ehemals spanischen Besitzungen Kuba und Puerto Rico sowie Guam und die Philippinen wurden zu US-Protektoraten, Mittelamerika, der »Hinterhof der USA«, und der Ferne Osten zu zentralen Schauplätzen imperialer Politik der USA.

Als zugleich atlantische und pazifische Macht konnten die USA ihren weit gestreuten Besitz auf Dauer nur durch zwei starke Flotten sichern. Enorme Rüstungsanstrengungen unter Präsident Theodore Roosevelt machten die USA bis 1907 hinter Großbritannien zur zweitstärksten Seemacht der Welt. Der Bau des strategisch bedeutsamen Panamakanals, der beide Weltmeere miteinander verband, bildete die Basis des US-amerikanischen Imperialismus und ermöglichte eine effektive Kontrolle des kolonialen Besitzes. Um die politische und militärische Sicherheit des Landes auf Dauer gewährleisten zu können, proklamierte Roosevelt das Recht der USA, in mittelamerikanischen Staaten zu intervenieren, wenn US-amerikanische politische oder wirtschaftliche Interessen auf dem Spiel stehen sollten.

Während die »Dollardiplomatie«, d.h. die indirekte politische Einflussnahme mit finanziellen Mitteln, in Mittelamerika erfolgreich war (Panama 1904, Dominikanische Republik 1905, Nicaragua 1909), scheiterte sie in China. Die Fernostpolitik der USA beruhte auf dem Mythos des umfassenden Handels mit China, das reale Handelsvolumen betrug jedoch nur 3%. Die imperiale Machtpolitik der USA und die Forderung nach ökonomischer Chancengleichheit (sog. Politik der offenen Tür) im Fernen Osten und im Pazifikraum schürte den Interessenkonflikt mit der aufstrebenden Großmacht Japan. Dieser machtpolitische Gegensatz belastete die Beziehungen bis zum Zweiten Weltkrieg.

Rivalität Japans und Russlands

Nach der Öffnung Japans für die westliche Welt Mitte des 19. Jahrhunderts entwickelte sich das Inselreich auf Grund seiner Expansionspolitik schnell zu einer führenden Großmacht in Ostasien. Die rasche Industrialisierung und der starke Bevölkerungsanstieg (1867: 26 Mio., 1913: 52 Mio. Einwohner) schufen in dem kleinen Land die Grundlagen für imperialistische Ideologien und Machtpolitik.

In zwei siegreichen Kriegen (gegen China 1894/95, gegen Russland 1904/05) eroberte Japan Formosa und Korea, gewann die wegen ihrer Bodenschätze begehrte Mandschurei und sicherte sich politischen und ökonomischen Einfluss in China. Japans Großmachtstellung, international anerkannt, beruhte auf der militärischen Schlagkraft seines Heeres und seiner Flotte sowie seiner wirtschaftlichen Leistungsfähigkeit.

Im Gegensatz zu den anderen Weltmächten war Russlands Imperialismus kontinentaler Art. Getrieben vom zaristischen Machtwillen, von der »Jagd nach einer Grenze im ewigen Sibirien«, richtete sich der russische Imperialismus auf zwei Ziele: In Ostasien eisfreier Zugang zu den Weltmeeren und im Vorderen Orient die Beherrschung der Dardanellen (Zugang zum Mittelmeer). Große Rüstungsanstrengungen und der Bau der militärstrategisch lebensnotwendigen Transsibirischen Eisenbahn (1891-1904) sollten dieses Ziel verwirklichen helfen. Die Besetzung der begehrten Mandschurei im Jahr 1900 führte zum Krieg mit Japan. Die Ideologie des russischen Imperialismus war der Panslawismus, die Idee der politischen Einigung aller Slawen unter russischer Führung.

Abhängigkeit auch nach Auflösung der Kolonialreiche

Mit dem Niedergang der europäischen Mächte nach dem Zweiten Weltkrieg und der Auflösung ihrer Kolonialreiche ging die Epoche des kolonialen Imperialismus zu Ende. Dennoch spielte der Begriff des politischen Imperialismus weiterhin eine Rolle, einerseits im Zusammenhang mit der Politik der USA und der westeuropäischen Staaten, die durch Kreditvergabe, Handelsabkommen und Militärhilfe ihren Einfluss auf ehemalige Kolonien und abhängige Staaten in Afrika, Asien und Südamerika aufrechterhalten und ausbauen wollten, andererseits bis zum Ende der 1980er Jahre im Hinblick auf die sowjetische Herrschaft in Osteuropa und die Versuche der Sowjetunion, durch Unterstützung nationaler Befreiungsbewegungen ihrerseits Einfluss auf die Staaten der »Dritten Welt« zu nehmen.

MONTANA

Letzter Sieg der Sioux

Mit dem Sieg der Sioux über die US-Kavallerie im südlichen Montana erzielen die nordamerikanischen Indianer einen letzten Erfolg im Kampf gegen die in ihren Lebensraum vordringenden weißen Siedler. Der Triumph bleibt jedoch Episode.

»General Custers verzweifelter Widerstand« (Holzstich von Waud, Ende des 19. Jahrhunderts)

25. 6. 1876: Sioux-Indianer unter Führung ihrer Häuptlinge Tatanka Yotanka, genannt Sitting Bull, und Tashunca-Uitko, genannt Crazy Horse, schlagen eine Offensive der US-Kavallerie unter Generalmajor George Armstrong Custer zurück und besiegen die Angreifer in einer Gegenattacke.

General Custer, 1875

Sitting Bull, 1885

Keiner der Weißen, die das Sioux-Lager angegriffen haben, überlebt. Spätere Untersuchungen legen nahe, dass viele der über 250 gefallenen Soldaten sich selbst getötet haben, da sie nach dem sich abzeichnenden Sieg der Indianer Grausamkeiten befürchteten. In den USA wird das Gefecht jedoch zum »Custer Massaker« uminterpretiert, am Little Bighorn River werden ein »Nationalfriedhof« und ein »Nationaldenkmal« errichtet.

Der Feldzug gegen die Indianer war eine Reaktion auf die Weigerung der im Black-Hill-Gebiet lebenden Sioux, sich in Reservate umsiedeln zu lassen. Aus den Black Hills, die von den Indianern als heiliger Boden verehrt werden, waren 1865/66 große Goldfunde gemeldet worden. Seither strömten immer mehr Siedler und Goldgräber in das Gebiet.

Die indianischen Freiheitskriege begannen 1861 mit dem Aufstand der Cheyenne und Arapahos gegen die weißen Siedler und Goldgräber in Colorado. 1862 erhoben sich die Sioux unter Little Crow in Minnesota. 1866 wurden Cheyenne und Arapahos besiegt. 1877 erfolgt die Ausrottung der Nez-Percé-Indianer in Oregon. Die Apachen kämpfen seit 1871 um das Überleben ihres Stammes. Einzig die Sioux können sich vorläufig behaupten.

BAYREUTH

»Ring«-Zyklus wird uraufgeführt

Das Bayreuther Festspielhaus wird mit Richard Wagners Operntetralogie »Der Ring des Nibelungen«, für die es eigens errichtet worden ist, eingeweiht.

13.-17. 8. 1876: Der »Ring«, Wagners umfassendste und zugleich umstrittenste Komposition, an der er seit 1848 gearbeitet hat, erklingt erstmals vollständig. Während »Das Rheingold« (Vorabend) und »Die Walküre« (Erster Tag) schon 1869 bzw. 1870 Premiere hatten, werden »Siegfried« (Zweiter Tag) und »Götterdämmerung« (Dritter Tag) zum ersten Mal in Szene gesetzt.

Wagner, der wie stets das Libretto selbst schrieb, formte sein Nibelungenepos zu einem Drama, in dem sein von den utopischen Sozialisten beeinflusstes Denken zum Ausdruck kommt. Die gesamte Tetralogie ist durchzogen vom System der Leitmotive – Tonfolgen, die mit einer Person, einer Sache oder einer Idee verknüpft sind und miteinander zur »Unendlichen Melodie« verwoben werden, die als polyphone Struktur Gesangspartien und Instrumentalsatz durchzieht.

Richard Wagner

AUSBLICK

Mythos Bayreuth

Von Beginn an sind die Bayreuther Festspiele nicht nur ein musikalisches, sondern auch ein gesellschaftliches Ereignis, wie die illustre Gästeliste der ersten Saison zeigt: Neben dem deutschen Kaiser Wilhelm I. und dem brasilianischen Kaiser Dom Pedro II. finden sich zahlreiche Vertreter des europäischen Hochadels am »Grünen Hügel« ein. Die Musiker sind u.a. durch die Komponisten Camille Saint-Saëns, Anton Bruckner und Peter Tschaikowski vertreten. Eine Besonderheit des Festspielhauses ist der mit einem Schalldeckel gegen das Publikum abgegrenzte Orchestergraben. Die Konstruktion war aus optischen Gründen entstanden, doch erzeugt sie auch einen veränderten – »mystischen« – Orchesterklang. Auch wenn Wagner das Bestreben hat, den »Ring« ausschließlich in Bayreuth aufführen zu lassen, kann er dies nicht lange durchhalten. Nach der finanziell verlustreichen ersten Saison gibt er sein Einverständnis für eine Aufführung an der Wiener Hofoper.

Szene aus »Parsifal«

USA

Der Alltag wird bequemer

Zu den bahnbrechenden Erfindungen in der zweiten Hälfte des 19. Jahrhunderts zählen das Telefon und die Glühbirne.

14. 2. 1876: Unabhängig voneinander melden der schottische Gehörlosenlehrer Alexander Graham Bell und der amerikanische Telegrafist Elisha Gray Fernsprechapparate zum Patent an. Obwohl Grays Entwicklung technisch gleichwertig ist, erhält am 7. März nur Bell das Patent und geht als Erfinder des ersten praktisch einsetzbaren Telefons in die Geschichte ein. Er erschließt damit die bedeutendste Technik zur Kommunikation über größere Entfernungen neben der Telegrafie.

Alexander G. Bell

Reis entwickelt Telefon: Die ersten Versuche zur Fernübertragung von Lautäußerungen begannen Mitte des 19. Jahrhunderts: 1849 konstruierte der französische Telegrafist Charles Bourseul einen Sender, der Schallwellen in elektrische Impulse umwandelte. In Deutschland stellte der Physiklehrer Johann Philipp Reis 1861 das erste funktionstüchtige Telefon vor, bei dem allerdings eine verständliche Sprachwiedergabe nur über sehr kurze Entfernungen möglich war.

Johann Philipp Reis

Impulse aus Schallwellen: Bell wurde von der Idee Bourseuls zum Prinzip des modernen Telefons geführt: Die beim Sprechen verursachten Schallwellen versetzen über eine Membran ein frei bewegliches Eisenstück im Rhythmus der Tonfrequenz in Vibrationen. So entstehen Impulse in der Sendespule, die am Ende der Leitung im Empfänger über eine Membran wieder in Schallwellen zurückverwandelt werden.

Thomas A. Edison

Rasche Verbreitung: Das erste, 1876 geführte Überlandgespräch verbindet Boston mit Cambridge in Massachusetts und überbrückt knapp 3200 m. 1884 kommt die erste Verbindung New York–Boston über rd. 350 km zustande. Eine erhebliche Vereinfachung des Telefonierens bringt die 1889 erfundene automatische oder elektromechanische Vermittlung, bei der die Verbindung nicht mehr per Hand »gestöpselt« werden muss. Die Kommunikationstechnik verbreitet sich nun rasch: 1900 gibt es in den USA bereits 3 Mio. Telefonanschlüsse.

Vielfach-Erfinder Edison: Dem amerikanischen Erfinder Thomas Alva Edison gelingt 1879 der Dauerbetrieb einer neuen Lichtquelle, der ersten technisch und wirtschaftlich brauchbaren Glühbirne. Edison ist es auch, der die Voraussetzungen für eine öffentliche Stromversorgung schafft, indem er die dafür nötigen Einrichtungen vom Kraftwerk über Leitungen bis hin zum Verbraucher praxisreif entwickelt.

Bogenlampe: 1813 hatte der britische Chemiker Humphry Davy bei seinen elektrochemischen Arbeiten herausgefunden, dass sich zwischen zwei Kohlestäben, durch die elektrischer Strom fließt, ein Lichtbogen bildet, wenn die Stäbe langsam auseinandergezogen werden. Die Nutzung des Lichtbogens als Beleuchtungsquelle wurde aber erst durch die Erfindung des Generators 1866 durch Werner Siemens möglich. Als Leuchtkörper wurde ab 1876 die erste verwendbare Bogenlampe, die »Jablotschkow-Kerze« (nach ihrem Erfinder Pawel N. Jablotschkow) eingesetzt, die sich allerdings nur für weiträumige Beleuchtung eignete.

Experimente mit Glühfaden: Schon im Jahr 1854 hatte der deutsche Optiker Heinrich Goebel den Urtyp der Glühbirne entwickelt, der mit verkohlten Bambusfasern als Glühfaden arbeitete. Auch andernorts wurde mit diversen Materialien experimentiert, die über eine längere Zeit der Hitze bei der Lichterzeugung standhalten mussten. Edisons Glühbirne (s. Abb.) mit einem dünnen verkohlten Baumwollfaden brennt schließlich in der Regel weit mehr als 40 Stunden.

Praxisgebrauch: Edison kümmert sich nun auch um die praktische Einsetzbarkeit des neuen Leuchtkörpers. Er konstruiert eine geeignete Form des Glaskolbens und erfindet den Schraubensockel (Edison-Gewinde), der beim Eindrehen den Kontakt mit den Zuleitungen herstellt.

Das von Philipp Reis entwickelte Telefon funktioniert nur auf kurze Distanz.

BERLIN

Berliner Kongress widmet sich dem Balkan

Die europäischen Großmächte revidieren auf dem Berliner Kongress den osmanisch-russischen Vorfrieden von San Stefano und ordnen die Verhältnisse auf dem Balkan neu.

13. 6.-13. 7. 1878: Die Beschlüsse kommen unter Vermittlung des deutschen Reichskanzlers Otto von Bismarck zustande. Sie wenden zwar die Gefahr eines großen europäischen Krieges ab, die der 8. russisch-türkische Waffengang heraufbeschworen hat; die grundlegenden Probleme auf dem Balkan bleiben jedoch ungelöst.

Der Berliner Kongress

Nach den Beschlüssen des Kongresses muss Russland Machteinbußen hinnehmen und sich u.a. mit Bessarabien und Teilen Armeniens begnügen. Das vom Zarenreich neu geschaffene Fürstentum Bulgarien wird auf den Nordteil des Landes und den Bereich um Sofia beschränkt. Die nationalen Wünsche der Balkanvölker berücksichtigt der Kongress allerdings nicht.

BERLIN

Bazillus entdeckt

Das letzte Drittel des 19. Jahrhunderts wird zum »goldenen Zeitalter der Bakteriologie«. Durch die Entdeckung der Erreger vieler Infektionskrankheiten eröffnen sich neue Wege der Prävention und einer kausalen Therapie.

24. 3. 1882: Auf einer Sitzung der Berliner Physiologischen Gesellschaft gibt Robert Koch seine Entdeckung des Tuberkelbazillus bekannt. Er nimmt für sich in Anspruch, den ersten vollkommenen Beweis für die »parasitische Natur« einer menschlichen Infektionskrankheit geführt zu haben.

Die Tuberkulose ist eine der gefährlichsten Krankheiten der Zeit: In Deutschland sind fast jeder zweite Todesfall in der Altersgruppe zwischen 15 und 40 Jahren und etwa ein Siebtel der Gesamtsterblichkeit auf die »Schwindsucht« zurückzuführen.

»Kochsche Postulate«: Um auch seine Kritiker vom Ergebnis seiner Forschungen zu überzeugen, hat Koch für den Nachweis des Tuberkelbazillus Prinzipien erarbeitet, die später als »kochsche Postulate« ein Grundgesetz der bakteriologischen Forschung werden:

- Ein Mikroorganismus darf erst dann als Erreger einer Krankheit betrachtet werden, wenn er bei ihr konstant nachzuweisen ist, bei anderen Erkrankungen aber fehlt
- Er muss außerhalb des Organismus getrennt von anderen Bakterien gezüchtet werden

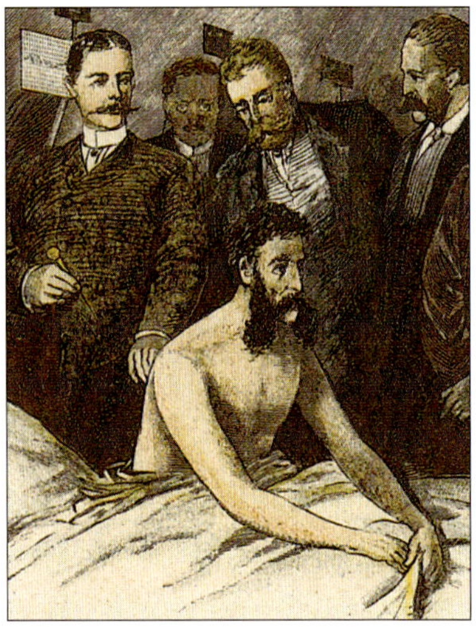

Koch demonstriert eine Injektion mit dem vermeintlichen Heilmittel Tuberkulin.

- Die Übertragung der Reinkultur muss bei Versuchen die gleiche Krankheit auslösen.

Für seine Arbeit nutzte Koch neueste Entwicklungen aus Naturwissenschaft und Technik, darunter die von Carl Zeiss und Ernst Abbe verbesserte Mikroskoptechnik sowie die neu entwickelten Anilinfarben zum Einfärben der Präparate.

Wegbereiter Louis Pasteur: Der entscheidende Anstoß für die Bakteriologie ging um die Jahrhundertmitte von dem französischen Chemiker Louis Pasteur aus, der in den 1850er Jahren Gärungsvorgänge als Ergebnis mikroorganischer Tätigkeit beschrieb und die Theorie der Urzeugung widerlegte. Er wies nach, dass Mikroben nur von Mikroben erzeugt werden. Pasteur kam u.a. den Mikroorganismen bei der Milchgärung auf die Spur, entdeckte aber auch, dass bestimmte Keime Lebensmittel verderben lassen. Aus dieser Erkenntnis heraus entwickelte er die »Pasteurisierung«, das kurz-

Robert Koch (1843-1910) erhält 1905 den Medizin-Nobelpreis.

ALEXANDRIA

Ägypten in britischer Hand

Großbritannien übernimmt faktisch die Macht in Ägypten. Die Briten wollen ihr Kolonialreich in Afrika »vom Kap bis Kairo« ausdehnen.

Britisch-ägyptische Truppen im Kampf gegen Nationalisten bei Omdurman

11. 7. 1882: Britische Kriegsschiffe eröffnen das Feuer auf die Forts der ägyptischen Hafenstadt Alexandria. Der Angriff ist als Strafaktion gegen ägyptische Nationalisten gedacht, nachdem es im Juni zu antieuropäischen Ausschreitungen gekommen ist. Die Attacke führt jedoch zur dauerhaften Besetzung Ägyptens durch die Briten als Ausgangsbasis für die Erweiterung ihrer Besitzungen auf dem afrikanischen Kontinent. Diese wollen durch ihre Präsenz am Sueskanal den Seeweg nach Indien sichern. So wird Ägypten de facto und ab 1914 auch formell zum britischen Protektorat.

PETERSBURG

Anschlag auf den Zaren

Der Mord an Zar Alexander II. beendet die Reform-Ära in Russland.

13. 3. 1881: Der russische Zar Alexander II. fällt 62-jährig einem Bombenanschlag der sozialistisch-revolutionären Gruppe »Narodnaja Wolja« (Volkswille) zum Opfer. Seine Regierungszeit war von dem Versuch geprägt, durch innenpolitische Reformen den wachsenden gesellschaftlichen Spannungen entgegenzuwirken und den Anschluss an die westeuropäische Entwicklung herzustellen. Der neue Herrscher Alexander III. beschneidet die Neuerungen aus der Regierungszeit seines Vaters in wesentlichen Punkten und betont sein Festhalten an der autokratischen Regierungsform.

Der schwer verletzte Zar wird zum Winterpalais gebracht.

zeitige Erwärmen zunächst von Wein in einer geschlossenen Flasche, das Bakterien abtötet und so eine spätere Zersetzung verhindert. Auch auf medizinischem Gebiet lieferte Pasteur wichtige Erkenntnisse: 1877 stellte er fest, dass drei Bakterienarten, die versehentlich in eine gemeinsame Schale mit Nährlösung geraten waren, einander am Gedeihen hinderten. 1881 bewies er am Milzbrand, dass durch andere Bakterien geschwächte Erreger den Körper gegen die Krankheit immunisieren können. Damit legte Pasteur den Grundstein für die Entwicklung von Impfstoffen gegen ansteckende Krankheiten.

Entstehung der Bakteriologie: Noch im 19. Jahrhundert werden eine Reihe weiterer Erreger erstmals nachgewiesen, darunter Leprabakterien, der Milzbrandbazillus, die Erreger von Diphtherie, Cholera, Tetanus, Lungenentzündung, Hirnhautentzündung und Pest sowie die Salmonellen. Ein direktes Vorgehen gegen die Krankheitserreger ist allerdings vorläufig nicht möglich. Erst die Entdeckung des Penicillins 1928 durch den britischen Bakteriologen Alexander Fleming schafft die Voraussetzung für die Entwicklung von Medikamenten, die das Bakterienwachstum hemmen.

Dennoch weckt Kochs Entdeckung des Tuberkelbazillus Hoffnungen auf die Eindämmung der Krankheit. Die neuen diagnostischen Möglichkeiten ermöglichen die frühzeitige Isolierung der Kranken und die Vorbereitungsmaßnahmen werden verbessert.

SANTIAGO DE CHILE

Krieg um Salpeter

Im Krieg um die Salpetervorkommen in der Atacama-Wüste erringt Chile das Weltmonopol an Natursalpeter, Bolivien verliert seinen Zugang zum Meer.

5. 4. 1879: Unter seinem Präsidenten Aníbal Pinto erklärt Chile der peruanisch-bolivianischen Allianz den Krieg. Anlass sind die Streitigkeiten um die Salpeter-Vorkommen in der nahezu unbewohnten Atacama-Wüste. Salpeter wird u.a. bei der Herstellung von Sprengstoffen, Schießpulver und Farbstoffen, beim Lösen und Beizen von Metallen sowie als Ätzmittel benötigt.

Nachdem in der teils zu Bolivien, teils zu Peru gehörenden Wüste gewaltige Salpeterlager entdeckt worden waren, erhob Chile Anspruch auf die Atacama südlich des 23. Breitengrads. In Verträgen mit Bolivien (1866 und 1874) verzichtete Chile auf die nördliche Atacama, sicherte sich aber das Recht zum Abbau von Salpeter, Guano und Silber. Bolivien verpflichtete sich, 25 Jahre lang keine neuen Ausfuhrzölle auf Salpeter zu erheben.

Während Chile bei der Ausbeutung der Salpeterlager höchst erfolgreich war, hielt sich die Ausbeute Boliviens und Perus in bescheidenen Grenzen. Aus wirtschaftlichen und innenpolitischen Gründen belegte der bolivianische Präsident Hilarión Daza die chilenischen Werke und Fabriken Anfang 1879 mit einer Sondersteuer. Als die Zahlung verweigert wurde, ließ Daza die Anlagen konfiszieren. Chile marschierte in die Atacama ein und besetzte mehrere bolivianische Hafenstädte. Als Bolivien daraufhin ein Bündnis mit Peru schließt, erklärt Chile der Allianz den Krieg.

Im nun folgenden »Salpeterkrieg« erobern chilenische Truppen Anfang 1881 die peruanische Hauptstadt Lima und besetzen das Land. Im 1883 geschlossenen Frieden von Ancón muss Peru seine Salpeterprovinzen Tarapacá, Arica und Tacna für zehn Jahre Chile überlassen. Bolivien tritt im Abkommen von Valparaíso 1884 seine kupferreiche Küstenprovinz Antofagasta an Chile ab und wird zum Binnenstaat. Chile verpflichtet sich seinerseits zum Bau einer Eisenbahnlinie von Arica nach La Paz, über die Bolivien Zugang zum Pazifik hat.

Nach dem »Salpeterkrieg« in chilenischem Besitz: die Atacama-Wüste

BERLIN

Der Kongo wird Privatbesitz

Zum Abschluss der Kongokonferenz einigen sich die europäischen Kolonialmächte auf »Spielregeln« für die Aufteilung des Kontinents. Die Folge ist eine »Balkanisierung« Afrikas.

Leopold II.

26. 2. 1885: Nach dreimonatiger Dauer endet in Berlin die sog. Kongokonferenz, an der Vertreter von 14 europäischen Staaten auf Einladung des deutschen Reichskanzlers Otto von Bismarck teilgenommen haben. Anlass des Treffens war der Streit um das Kongobecken.

Der britische Journalist Henry Morton Stanley erkundete zwischen 1874 und 1877 in einer Aufsehen erregenden Expedition den Verlauf des Flusses Kongo. Auf einer weiteren Reise von 1879 bis 1884 erwarb er im Auftrag des belgischen Königs Leopold II. Ansprüche auf das bis dahin von den Europäern nicht erforschte Gebiet in Zentralafrika für die internationale Kongo-Gesellschaft des Monarchen.

In Berlin wird ein neutraler Kongostaat als Privatbesitz König Leopolds begründet. Die Freiheit des Handels und der Schifffahrt auf dem Kongo werden garantiert. Bismarck erreicht als Initiator des Treffens, dass das Deutsche Reich in den Kreis der Kolonialmächte aufgenommen wird.

Für die Zukunft einigt man sich auf die Inbesitznahme weiterer Gebiete in Afrika. Erhebt ein Land Anspruch auf eine bestimmte Region, so sind die anderen Kolonialmächte zu unterrichten. Außerdem wird ihnen in diesem Gebiet freier Handel gewährt. Diese Regelung führt dazu, dass Afrika nicht den ursprünglichen Herrschaftsgebieten entsprechend aufgeteilt, sondern in eine Vielzahl kleinerer Regionen zerschlagen wird.

Erforschung der Kongoregion durch belgische Industrielle (um 1900)

NEW YORK

Freiheitsstatue – Symbol der USA

Die Freiheitsstatue im Hafen von New York, ein Geschenk Frankreichs an die USA, wird für Millionen Einwanderer zum Symbol der »Neuen Welt« und der mit ihr verknüpften Hoffnungen. Sie steht auch für das Selbstverständnis der Amerikaner als »Hüter der Freiheit«.

28. 10. 1886: US-Präsident Stephen Grover Cleveland enthüllt auf Bedloe's Island in der New Yorker Hafeneinfahrt die monumentale Statue »Freiheit, die Welt erleuchtend« (s. Abb.).

Es handelt sich um ein auf einem 47 m hohen Sockel aus Granit stehendes, 46 m hohes weibliches Standbild, dessen in der rechten Hand emporgestreckte Fackel als Leuchtfeuer dient. Die Idee für die Freiheitsstatue geht auf den französischen Journalisten und Politiker Edouard Lefebvre de Laboulaye und den Bildhauer Frédéric Bartholdi zurück, die damit den ihrer Ansicht nach politisch fortschrittlichsten Staat der Erde würdigen wollen. Finanziert wurde das Projekt durch private Spenden und Lotterien.

MANNHEIM

Startschuss für »Benzinkutschen«

Mit der Präsentation des ersten benzingetriebenen Kraftwagens beginnt das automobile Zeitalter.

29. 1. 1886: Der Ingenieur Carl Friedrich Benz erhält das Patent auf den »Patent-Motor-Wagen Benz«, die erste funktionelle Einheit eines Benzinmotors mit einem Fahrgestell. Das eigens für den Straßenverkehr konzipierte stählerne Dreirad erreicht mit seinem 0,88 PS starken einzylindrigen Viertaktmotor eine Höchstgeschwindigkeit von rd. 15 km/h. Der Antrieb erfolgt über eine Vorlegewelle und von dort über Ketten auf die Hinterräder.

Nachbildung von Nikolaus Ottos erstem Viertaktgasmotor aus dem Jahr 1876

Im Gegensatz zu seinem Konkurrenten Gottlieb Daimler, dem es beim Bau von vierrädrigen »Benzin-Kutschen« zunächst nur um die Erprobung der von Wilhelm Maybach konstruierten Motoren geht, ist Benz von Anfang an einzig und allein an der Schaffung eines modernen Verkehrsmittels interessiert. Damit »erfindet« Benz zwar nicht das Automobil – dieses Verdienst gebührt dem Franzosen Joseph Cugnot, der 1769 ein mit Dampfantrieb bewegtes Fahrzeug konstruierte –, er begründet aber durch den Handel mit seinen Fahrzeugen die Automobilindustrie.

Nikolaus A. Otto

Carl Friedrich Benz

Nikolaus August Otto, der 1876 erstmals einen stationären Viertaktmotor konstruierte, dachte bereits an dessen Einsatz in Fahrzeugen. Doch erst seinen ehemaligen Mitarbeitern Daimler und Maybach gelang es 1883 in ihrer Werkstatt in Cannstatt bei Stuttgart, Gewicht und Ausmaß des Motors auf Fahrzeuggröße zu verringern. Zugleich schufen sie durch die Umstellung von Gas- auf Benzinbetrieb ein schnelllaufendes und ortsunabhängiges Antriebsaggregat.

Als Versuchsobjekt diente ihnen 1885 ein hölzernes Fahrrad mit zwei seitlichen Stützrädern, ein Jahr später eine Pferdekutsche. Es folgen erfolgreiche Versuche mit einem Motorboot auf dem Neckar, einer motorisierten Straßenbahn und einem motorgetriebenen Ballon im Jahr 1888.

Carl Benz beschäftigte sich seit 1879 mit der Verbesserung von Viertaktmotoren. Die Arbeiten verliefen so erfolgreich, dass er 1885 eine Maschine eigener Konstruktion in ein Dreirad einbauen konnte: Es ist die Geburtsstunde des ersten benzingetriebenen Automobils der Welt. Mit eben solchen Aggregaten stattet er seine, ab 1892 vierrädrigen, Automobile aus und bietet sie weltweit zum Verkauf an.

1901 entwickelt Maybach den ersten »Mercedes« mit gänzlich neuem und wesentlich eleganterem Aussehen, das richtungweisend für die gesamte Branche wird. Der Wagen hat einen Frontmotor, einen davor angebrachten Kühler sowie eine lang gestreckte Motorhaube. Damit ist endgültig die vom Kutschen- und Fahrradbau beeinflusste Formgebung im Automobilbau überwunden.

Zwar ist Benz' Patentwagen das erste benzingetriebene Auto, doch wird auch in vielen anderen Ländern mit Fahrzeugen und Motoren experimentiert. In den USA rollt 1893 das erste Auto, eine Konstruktion der Brüder Frank und Charles E. Duryea, durch die Straßen von Springfield/Massachusetts. In Frankreich knüpft man zunächst an die Tradition der dampfgetriebenen Autos an, bis die Firma Peugeot zu Benzinmotoren übergeht. In Großbritannien experimentiert man mit einem Auto mit Elektromotor.

Das erste von Daimler konstruierte Motorrad

Allen Unternehmungen gemeinsam ist die Schwierigkeit, das neue Verkehrsmittel auch durchzusetzen, denn das Interesse an den Automobilen ist zunächst gering.

Ab 1894 veranstalten die Autohersteller regelmäßig Straßenrennen, um ihre Produkte vorzuführen. Bei der ersten Wettfahrt zwischen Paris und Rouen sind 120 Wagen mit 20 verschiedenen Motortypen am Start. Das Ziel erreichen jedoch nur 13 (von 14 gestarteten) »Benziner« sowie zwei (von sieben) dampfgetriebene Wagen.

Die Werbung macht sich bezahlt: Bald schon tritt das Auto seinen Siegeszug an. Während es 1891 weltweit noch vier Autohersteller gibt – Benz, Daimler, Peugeot und Panhard & Levassor –, sind es acht Jahre später bereits 190 in Europa sowie über 50 in den USA.

PARIS

Architektur aus Stahl

Blick auf die Weltausstellung 1900 in Paris: Zu erkennen sind die Parks und das Marsfeld mit dem Eiffelturm.

Auf der Pariser Weltausstellung wird der Eiffelturm zum viel bestaunten Wahrzeichen der funktionalen Stahlbauarchitektur.

15. 5. 1889: Zur Eröffnung der Weltausstellung – zugleich Hundertjahrfeier der Französischen Revolution – wird der von dem französischen Ingenieur Gustave Eiffel errichtete 300 m hohe Eiffeltum eingeweiht.

Er ruft wie seinerzeit der für die Londoner Weltschau 1851 errichtete Glaspalast, einem Vorläufer der Glas- und Eisenkonstruktionen des 20. Jahrhunderts, Bewunderung hervor. Vor allem Ingenieure sind im 19. Jahrhundert die Schöpfer einer neuen funktionalen Architektur, deren Formen industriellen Bedürfnissen entsprechen und keiner ästhetischen Absicht entspringen. In den USA hat seit der Mitte des 19. Jahrhunderts besonders der Stahlbau große Fortschritte gemacht – Beispiele sind die Niagara-Brücke und die Brooklynbrücke in New York (beide 1869). Der Eiffelturm gilt als ein Höhepunkt der Frühentwicklung des Stahlbaus.

HANNOVER

Die Schallplatte

Die von Emil Berliner entwickelte Schallplatte setzt sich gegen den Walzen-Phonographen durch.

8. 11. 1887: Berliner erhält ein Patent auf das Grammofon mit drehbarer Schallplatte. Das Gerät ist eine Weiterentwicklung der 1877 von Thomas Alva Edison erfundenen »Sprechmaschine«, die Töne aufnehmen und wiedergeben konnte. Berliner verwendet jedoch runde Platten statt eines Zylinders und sein Grammophon ist nur zur Wiedergabe von Tönen konzipiert.

Emil Berliner (1851-1928)

AUVERS-SUR-OISE

Wegbereiter der Expressionisten

Das Werk des Niederländers Vincent van Gogh ist für die Malerei des 20. Jahrhunderts von grundlegender Bedeutung.

29. 7. 1890: Der niederländische Maler und Grafiker Vincent van Gogh stirbt 37-jährig an den Folgen eines zwei Tage zuvor verübten Selbstmordversuchs. Der Sohn eines Pfarrers aus Brabant hatte seit 1869 zunächst als Gehilfe in Kunsthandlungen in Den Haag, London und Paris gearbeitet, später war er – nach kurzen theologischen Studien – als freier Missionar im belgischen Grubengebiet Borinage tätig.

1880 begann er zu malen, blieb aber Autodidakt, da er den akademischen Studienbetrieb ablehnte. Seine ersten Bilder sind von eintönig dunklen Farben geprägt. Das Leben der Bauern und Arbeiter in seiner Umgebung lieferte die Vorlagen für seine düsteren Bilder, darunter die »Kartoffelesser« aus dem Jahr 1885. Seine Landschaftsbilder aus dieser Zeit zeigen eine eigenwillige, herb-realistische Zeichnung. 1886 ging van Gogh zu seinem als Kunsthändler tätigen Bruder Theo nach Paris. Hier lernte er zum einen die japanischen Farbholzschnitte kennen, von denen er Flächigkeit und Umrisslinie übernahm, zum anderen die Werke der französischen Impressionisten und Pointillisten. Besonders beeinflusst wurde er von Paul Gauguin und Paul Cézanne. Van Goghs Malweise wurde nach dem Vorbild der Impressionisten lockerer, die Farbgebung gewann an Helligkeit.

Vincent van Gogh

1888 siedelte er aus der Großstadt ins südfranzösische Arles über. Hier fand er zu einem ausdrucksstarken, farbenglühenden Stil.

Van Gogh plante die Gründung einer Künstlerkolonie und konnte Gauguin für sein Projekt gewinnen. Doch schon nach wenigen Monaten zerbrach die Gemeinschaft an van Goghs zeitweiliger geistiger Verwirrung. Nach tätlichen Angriffen auf Gauguin und nachdem er sich selbst ein Ohr abgeschnitten hatte, wurde van Gogh in der Anstalt in St.-Rémy untergebracht; im Mai 1890 kam er in Auvers in Pflege. In van Goghs künstlerischer Arbeit blieb stets die Farbe das primäre Ausdrucksmittel, das er meist in einem ungemischt grellen, die Farbigkeit der gegenständlichen Welt übersteigenden Kolorit einsetzte. Folgende Künstlergenerationen, besonders die Fauves und die Expressionisten, greifen diesen Umgang mit Farbe wieder auf.

SOUTH DAKOTA

Gruppenaufnahme der Sioux-Krieger um Häuptling »Big Foot« im Reservat in Süd-Dakota (1890)

Massaker am Wounded Knee

Das Massaker von US-Soldaten an rd. 200 Sioux am Wounded Knee Creek wird zum Symbol für die Vertreibung und Vernichtung der nordamerikanischen Indianerstämme durch die Weißen.

29. 12. 1890: Nach dem Tod des Sioux-Häuptlings Sitting Bull bei einem Handgemenge mit der Indianerpolizei im Standing-Rock-Reservat am 15. Dezember 1890 fliehen die restlichen Stammesangehörigen aus Furcht vor Repressalien aus dem Reservat. Eine Armeeabteilung stellt die Gruppe von 100 Kriegern und 240 Frauen und Kindern kurz darauf am Wounded Knee Creek. Als es während der Entwaffnung der Indianer zu einem Zwischenfall kommt – es löst sich versehentlich ein Schuss – richten die Soldaten ein Massaker an. Von den etwa 200 getöteten Sioux sind zwei Drittel Frauen und Kinder.

In den USA sind seit dem ausgehenden 18. Jahrhundert Reservate eingerichtet worden, in denen Indianer zwangsweise angesiedelt werden. Dabei handelt es sich oft um Gebiete, an denen weiße Siedler wirtschaftlich nicht interessiert sind. Die Reservate sind von sehr unterschiedlicher Größe und Bodenqualität. Von den 57 Mio. ha Land, die 1896 in Reservaten für die ausschließliche Nutzung durch Indianer vorgesehen sind, sind nur 7 Mio. ha landwirtschaftlich nutzbar.

Oft werden die Indianer aus den ihnen zugewiesenen Gebieten wieder vertrieben: So sollte das 1837 gegründete Indianerterritorium in Oklahoma, in das die Cherokee und einige andere Stämme zwangsumgesiedelt wurden, den Indianern nach Aussage der Regierung »für immer« als Wohngebiet gehören. 1867 bestimmte der Kongress jedoch die Umsiedlung der sog. Fünf Zivilisierten Stämme (Cherokee, Creek, Chickasaw, Choctaw und Seminolen) in Reservate. 1887 wurde der Reservatsstatus aufgehoben, da immer mehr Weiße in das eigentlich Indianern vorbehaltene Gebiet kamen.

1875 gab Präsident Ulysses Simpson Grant das von den Nez-Percé-Indianern seit Generationen bewohnte Gebiet in Oregon zur Besiedelung durch Weiße frei. Als sich die Nez Percé gegen die Vertreibung wehrten, kam es zum Krieg. Die Nez Percé ergaben sich 1877 den US-Truppen unter der Bedingung, in ein Reservat in der Nähe ihrer alten Heimat gebracht zu werden. Aber die Regierung schickte den Stamm in ein malariaverseuchtes Reservat nach Oklahoma. Von den Nez Percé überlebten nur wenige.

1886 siegten US-Truppen über die letzten Apachen-Gruppen und nahmen den Chiricahua-Häuptling Goyakla (Geronimo) gefangen. Die Chiricahua-Apachen wurden zunächst nach Florida, dann nach Fort Sill in Oklahoma deportiert.

Die Sioux wehrten sich am längsten gegen den Landraub der Weißen. Zusammen mit anderen Präriestämmen hatten sie der US-Armee am 25. Juni 1876 in der Schlacht am Little Bighorn River eine letzte Niederlage beigebracht. Dennoch sahen sich die einzelnen Stammesgruppen bald gezwungen, in die Reservate zu gehen, da ihnen mit der Ausrottung der Bisons ihre wichtigste Nahrungsquelle genommen worden war.

1890 verschlechtert sich die Situation der Sioux weiter: Das große Reservat in South Dakota wird in sechs kleinere Reservate aufgeteilt, wodurch sie 44 000 km² Land verlieren. 1907 geht das gesamte »Indianer-Territorium« in dem neu gegründeten Bundesstaat Oklahoma auf. Damit verlieren 22 Indianerstämme ihr Siedlungsgebiet, das ihnen 1840 »auf ewig« zugesprochen wurde.

Das zweite große Reservatsgebiet, das früher den Sioux im Norden der USA gehörte, wird zwischen 1904 und 1920 in Parzellen aufgeteilt und für die Besiedelung freigegeben. Legale Grundlage für den Landraub ist der General Allotment Act von 1887.

Das Gesetz sieht die Aufteilung des gesamten Stammesbesitzes auf Einzelpersonen vor. Dieses Vorgehen widerspricht der traditionellen indianischen Lebensweise in Stämmen. Zudem wird nur ein Teil des Landes in Parzellen aufgeteilt, so dass sich der Landbesitz der Indianer infolge des General Allotment Act von 35 Mio. auf rd. 12,5 Mio. ha verringert.

NEW YORK

Einwanderer auf Ellis Island

Der seit den 1830er Jahren anhaltende Einwanderungsboom in die USA ist ungebrochen.

1. 1. 1892: Die US-Einwanderungsbehörde nimmt die neue Abfertigungsstation auf der Insel Ellis Island im New Yorker Hafen in Betrieb. Die Masseneinwanderung aus Europa in die USA hat in den 1830er Jahren eingesetzt. In dieser Dekade immigrierten rd. 600 000 Menschen, zwischen 1891 und 1900 sind es knapp 3,7 Mio. und im ersten Jahrzehnt des 20. Jahrhunderts erreicht die Einwanderungswelle mit etwa 8,8 Mio. Menschen ihren Höhepunkt.

Bis in die 1870er Jahre bildeten Briten, Iren, Deutsche und Skandinavier mit über 70% die größte Gruppe unter den Immigranten. Sie wurden zumeist mit offenen Armen empfangen, da sie sich relativ problemlos in die dominierende protestantisch-angelsächsische Kultur einpassten. Dagegen stießen andere Gruppen – etwa die katholischen Iren, aber auch die in den 1850er Jahren in größerer Zahl ins Land strömenden Chinesen – auf Vorbehalte.

Ab 1896 überwiegt die Zahl der Einwanderer aus Österreich-Ungarn, Russland, Italien und Polen. Diese Immigranten sorgen in vielen Großstädten der USA für tief greifende Veränderungen: Ganze Wohnviertel werden von jeweils einer ethnischen Gruppe dominiert. So entsteht gegen Ende des 19. Jahrhunderts der für die USA so typische kulturelle Pluralismus.

Italienische Familie bei der Ankunft auf Ellis Island

PARIS

Bilder lernen laufen

Mit der Vorführung »lebender Bilder« vor zahlendem Publikum beginnt der Siegeszug des neuen Mediums Film.

28. 12. 1895: Im »Salon Indien« des Pariser »Grand Café« geben die Brüder Louis Jean und Auguste Lumière die erste, etwa 20 Minuten dauernde öffentliche Filmvorstellung. Nach anfänglich nur zögerlichem Besuch strömen immer mehr Menschen in die Vorstellungen, um das Wunder der lebenden Bilder mit eigenen Augen kennen zu lernen. Nach wenigen Wochen führen die Lumières ihr Programm täglich 20mal vor.

Die Filme zeigen Momentaufnahmen aus dem Alltagsleben – ein Baby wird gefüttert, die Teilnehmer eines Kongresses für Fotografie kommen an, eine Straßenszene aus Lyon. Besonders beeindruckt ist das Publikum von dem Kurzfilm über die Ankunft eines Zuges, in dem eine Lokomotive dicht an der Kamera vorbeirast. Gleich zur Premiere des neuen Mediums findet die Tricktechnik Anwendung: Der Abriss einer Mauer wird auch rückwärts gezeigt, so dass sie vor den staunenden Zuschauern neu ersteht.

Innerhalb dieses dokumentarischen Programms fällt ein kurzer Film mit Spielhandlung aus dem Rahmen: »L'arroseur arrosé« (Der begossene Begießer) zeigt, wie ein Junge einen Gärtner mit einem Wasserschlauch ärgert, so dass diesem unvermutet ein Wasserstrahl ins Gesicht spritzt – die erste Filmburleske auf der Leinwand.

Den ersten Film drehte Louis Lumière am 19. März 1895: Er nahm Arbeiter beim Verlassen der Fabrik seines Vaters auf. Hierbei benutzte er bereits den bis heute üblichen perforierten Filmstreifen, allerdings noch nicht aus Zelluloid, sondern aus einem beschichteten Spezialpapier. Der Streifen wurde mittels eines Greifers vor das Bildfenster gezogen, dort für die Belichtung zum Stillstand gebracht und anschließend weitertransportiert.

Vorläufer des Films waren das 1832 erfundene Lebensrad und das Stroboskop, bei denen durch Reihung von Phasenbildern die Illusion der Bewegung erzeugt wurde. Am Ende des 19. Jahrhunderts experimentieren Erfinder in Großbritannien, Frankreich, Deutschland und den USA mit Geräten zur Aufnahme und Wiedergabe »lebender« fotografischer Bilder. Die Brüder Lumière betreten mit ihrem Kinematografen also keine Neuland, doch führen sie mit ihrem System von Greifzähnen zum Transport des Films eine wichtige Neuerung ein. Die Franzosen gelten als »Väter« des Films, da sie sich – wegen der technischen Ausgereiftheit ihres Filmapparats, aber auch dank ihrer finanziellen Möglichkeiten – gegenüber der Konkurrenz dauerhaft durchsetzen.

Werbeplakat für das Lumière-Kino aus dem Jahr 1895

Der Filmprojektor Kinematograf

WÜRZBURG

Röntgen weist der Medizin neue Wege

Die Entdeckung der Röntgenstrahlen eröffnet Medizin, Naturwissenschaften und Technik eine Vielzahl neuer Möglichkeiten.

8. 11. 1895: Der deutsche Physiker Wilhelm Conrad Röntgen entdeckt bei einem Experiment mit Kathodenstrahlen extrem energiereiche Strahlen mit kürzeren Wellen als das Licht, die Materie durchdringen bzw. durchleuchten können. Er nennt sie wegen ihrer geradlinigen Ausbreitung X-Strahlen, später werden sie nach ihrem Entdecker als Röntgenstrahlen bezeichnet. Für seine Entdeckung erhält Röntgen 1901 den ersten Physik-Nobelpreis.

In der Medizin eröffnen sich neue Diagnosemöglichkeiten, bei denen die Tatsache ausgenutzt wird, dass Knochen die Strahlen stärker absorbieren als das Gewebe: Der Arzt erhält Einblick in das Innere des Körpers, ohne dass dafür eine Operation nötig wäre. Zahlreiche Krebs-, Tuberkulose- und Herzerkrankungen können nun frühzeitiger erkannt und behandelt werden.

Das Echo auf die neue Methode ist außerordentlich. Die erste Röntgenabteilung entsteht 1906 am Berliner Rudolf-Virchow-Krankenhaus. Ab 1921 werden die diagnostischen Verfahren durch das Einbringen von Kontrastmitteln in die Blutbahn und Körperhöhlen bereichert. Der Wiener Arzt Leopold Freund bestrahlt im November 1896 ein Mädchen mit einem entstellenden behaarten Muttermal. Folge der Behandlung sind Hautgeschwüre. Solchen Veränderungen und Schädigungen wird anfangs keine große Bedeutung beigemessen, auch nicht, als sich weitere Strahlenschäden, schwer oder nicht heilende Verbrennungen, einstellen, die z.T. zu Amputationen führen. Vor allem Ärzte, Physiker und Techniker, die sich ungeschützt den Strahlen aussetzen, erleiden schwerste, oft tödliche Schäden. Viele von ihnen erkranken an Leukämie. Erst im 20. Jahrhundert werden Schutzmaßnahmen eingeführt.

Über die medizinische Anwendung hinaus löst die Entdeckung der Röntgenstrahlen in den Naturwissenschaften geradezu eine Revolution aus: Die Untersuchung der Eigenschaften von Röntgenstrahlen führt 1896 Antoine Becquerel unmittelbar zur Entdeckung der Radioaktivität. Biochemiker geben sie eine Methode in die Hand, um Mutationen, also Veränderungen der Erbanlagen, herbeizuführen. Ab 1908 wird dieses Verfahren zum direkten Eingriff in die Natur genutzt – es ist die Geburtsstunde der Gentechnik. Im Bereich der Technik ermöglichen Röntgenstrahlen in erster Linie die zerstörungsfreie Materialprüfung.

Wilhelm C. Röntgen in seinem Labor

Judentum und Zionismus

19./20. Jahrhundert

Eine neue Nationalbewegung

In Basel trat Ende August 1897 ein ungewöhnlicher Kongress zusammen. Abgesandte von Judengemeinden aller Länder vereinigten sich, um über die Zukunft der Juden in einem noch zu schaffenden Staatswesen zu beraten. Entstehen sollte der »Judenstaat« auf dem Boden, von dem die Römer einst die Juden vertrieben hatten. »Zion« – gleichbedeutend mit Jerusalem (wo der von David und Salomo bebaute nordöstliche Hügel diesen Namen trägt) – sollte das Zentrum bilden. Die Seele des politischen Zionismus war bis zu seinem Tod 1904 der aus Budapest stammende Jurist und Journalist Theodor Herzl. Er griff zeitgenössische zionistische Ideen auf und machte sie politisch wirksam. Die zionistischen Weltkongresse, die als eine Art Parlament der Juden fungierten, wurden von ihm geleitet. Sein Plan war es, durch Verhandlungen mit dem osmanischen Sultan in Konstantinopel und mit den europäischen Großmächten eine international abgesicherte Anerkennung für die Gründung eines Judenstaats auf dem Boden Palästinas zu erreichen. Als Gegenleistung sollte ein Teil der Staatsschulden des Osmanischen Reiches getilgt werden.

Die neue Bewegung war eine Antwort auf das seit dem Aufkommen des Antisemitismus gescheiterte Experiment der Judenemanzipation. Hinzu kam der Schock wieder aufflammender Judenpogrome in Russland. Dem Nationalismus trat so im Zionismus eine durchaus verwandte Bewegung entgegen, auch wenn die Juden über viele Nationen, mit denen sie sich z.T. zu identifizieren begonnen hatten, verstreut lebten, auch wenn sie nur eine religiös-kulturelle Tradition zusammenhielt und sie ein Territorium für ihren Staat noch erwerben mussten. In Russland bildete sich eine Bewegung, die die Rückkehr nach Palästina und die Rückwendung zur Landarbeit als Mittel zur Erneuerung des jüdischen Volkes ansah. Aus ihr ging die erste Einwanderungswelle (hebräisch Aliya, »Aufstieg« [nach Zion]) hervor, die in den Jahren 1881 bis 1903 rd. 25 000 Juden, meist aus Osteuropa, nach Palästina brachte. Auch die zweite Aliya (1904-1914, 40 000 Einwanderer, meist wieder Osteuropäer) war von einem in sozialrevolutionärer Gesinnung wurzelnden Pioniergeist geprägt. Sie schuf die Grundlagen der modernen wirtschaftlichen Entwicklung. Die Siedler beschäftigten nicht mehr billige einheimische Lohnarbeiter, sondern entwickelten neue Formen der Gemeinschaftssiedlung (1909 erster Kibbuz Deganya). Der Boden für die Siedlungen wurde arabischen Großgrundbesitzern abgekauft; die dazu erforderlichen Mittel stammten hauptsächlich aus Spenden, die der 1905 gegründete Jüdische Nationalfonds verwaltete. Zur gleichen Zeit entstanden die ersten Institutionen einer jüdischen Selbstverwaltung.

Von der Balfour-Deklaration zur Gründung des Staates Israel

Am 2. November 1917 gab der britische Außenminister Lord Arthur Balfour seine berühmte Erklärung ab, die den Juden eine Heimstätte in Palästina zusicherte, allerdings mit dem Vorbehalt, dass die bürgerlichen und religiösen Rechte der nicht jüdischen Bevölkerung gewahrt bleiben müssten. Die Deklaration mitten im Ersten Weltkrieg sollte der Sympathiewerbung unter den z.T. recht einflussreichen britischen und US-amerikanischen Juden dienen. Zuvor hatte London aber bereits dem Sherif von Mekka, Husain Ibn Ali (1908-1925), Zusicherungen im Hinblick auf ein nationales arabisches Königreich gemacht, das auch Palästina umfassen sollte. Mit diesem Widerspruch mussten die Briten fertig werden, als sie 1922/23 vom Völkerbund Palästina als Mandatsgebiet zur Verwaltung erhielten (1923 wurde vom ursprünglichen Mandatsgebiet das Emirat Transjordanien abgetrennt). Mit der dritten Aliya (1919-1923) kamen 35 000 Einwanderer. Bald zeigte sich jedoch, dass Juden und Briten die Balfour-Deklaration unterschiedlich interpretierten. Die Araber sahen sich in ihren nationalen Hoffnungen ebenfalls enttäuscht und begannen sich gegen die jüdischen Einwanderer zu wenden. 1920/21 kam es zu ersten Überfällen auf jüdische Siedlungen.

Während die vierte Aliya (1924-1931) rd. 80 000 Juden, meist von der antisemitischen Wirtschaftspolitik vertriebene Angehörige des Mittelstands aus Polen, ins Land brachte, war die fünfte Aliya (1932-1939, 250 000 Einwanderer) überwiegend ein Ergebnis der nationalsozialistischen Judenverfolgung in Deutschland. Sie gab der Wirtschaft bedeutende Impulse. Der relativ hohe Lebensstandard hatte gleichzeitig eine starke Einwanderung von Arabern aus den Nachbarländern zur Folge. 1939 gab die britische Regierung ihren Plan bekannt, dass binnen zehn Jahren ein von Arabern und Juden gemeinsam regierter Staat errichtet werden solle, bis dahin seien Einwanderung und Landkauf rigoros zu beschränken. Mit Hilfe der jüdischen Selbstschutztruppe Hagana und verschiedener Untergrundorganisationen kamen zwischen 1940 und Mai 1948 etwa 100 000 weitere Immigranten illegal nach Palästina. Als auch nach Kriegsende die Einwanderung nicht freigegeben wurde, richtete sich der bewaffnete Kampf der jüdischen Organisationen gegen die Mandatsmacht.

Die britische Regierung, die keine Handhabe gegen Terror und Gegenterror fand, gab ihr Mandat 1947 an die Vereinten Nationen zurück. Deren Vollversammlung beschloss die Aufteilung Palästinas in ein jüdisches und ein arabisches Staatsgebiet (bei internationaler Verwaltung Jerusalems), was von jüdischer Seite angenommen, jedoch von arabischer abgelehnt wurde.

Am Abend vor dem Erlöschen des britischen Mandats (14. 5. 1948) verkündeten die Juden daher einen unabhängigen Staat Israel, der sofort von den beiden Weltmächten USA und UdSSR anerkannt wurde. Er umfasste 56% des Mandatsgebiets (mit dem Osten Jerusalems), aus dem von den etwa eine Million Arabern rund 850 000 flohen, weil sie eine Unterdrückung durch die Juden befürchteten. Diese großenteils in Flüchtlingslagern untergebrachten Palästinenser, die sich zunehmend militarisierten, bilden bis heute das politische Hauptproblem des Staates Israel.

Krieg, Bewährung und Krise

Von den Nachbarstaaten wurden die 1948 etwa 600 000 Israelis sofort angegriffen, konnten sich aber in ihrem Staatsgebiet behaupten. Die Unterstützung durch das Judentum in den USA sowie nicht zuletzt die Finanzhilfe der Bundesrepublik im Rahmen von Wiedergutmachungsleistungen für die nationalsozialistischen Verbrechen stabilisierten den Staat ebenso wie hoch qualifizierte Einwanderer. Die Urbarmachung öder Landstriche wurde fortgesetzt. 1983 lebten in Israel 3,37 Mio. Juden.

1956 und 1967 kam es zu Kriegen mit den Nachbarstaaten, wobei zuletzt die Sinai-Halbinsel, das nicht zum Judenstaat gehörige Westjordanland mit Ost-Jerusalem und die syrischen Golanhöhen besetzt wurden. Dauernden Frieden brachten diese Erfolge nicht, zudem trieb der Unterhalt der hoch gerüsteten Armee das Wirtschaftsleben an den Rand des Ruins. Im »Jom-Kippur-Krieg« 1973 konnte Israel sich nur mit Mühe behaupten. 1977/79 kam es zur Normalisierung mit Ägypten, das die Sinai-Halbinsel zurückerhielt, aber die Spannungen mit der übrigen arabischen Welt dauerten fort.

Die Besatzungspolitik im Nordwesten und am Jordan wurde zur Annexionspolitik, die auch auf den südlichen Libanon übergriff. Seit Menachem Begins Amtszeit als Premierminister (1977-1983) wurden von der Regierung Siedlungen religiöser Fundamentalisten im Besatzungsgebiet begünstigt. Mit der im Dezember 1987 ausgerufenen »Intifada«, dem Aufstand der Palästinenser in den besetzten Gebieten, verschärfte sich die Lage weiter. Erst nach der Regierungsübernahme einer Mitte-Links-Koalition unter Führung von Ministerpräsident Yitzak Rabin im Sommer 1992 vollzog sich in der israelischen Politik ein tief greifender Wandel. Nach dem Grundsatz »Land für Frieden« nahm Israel mit den arabischen Nachbarstaaten und der Palästinensischen Befreiungsorganisation PLO Verhandlungen auf. Im September 1993 besiegelten Rabin (der 1995 deshalb von einem jüdischen Fanatiker ermordet wurde) und PLO-Führer Jasir Arafat das Gaza-Jericho-Abkommen, das zunächst die Autonomie der Palästinenser im Westjordanland und im Gazastreifen vorsah. Die PLO erkannte die Existenz des Staates Israel an und verzichtete auf ihre Forderung nach dessen Vernichtung. Allerdings zeigte sich in den folgenden Jahren, dass die Fortsetzung des Friedensprozesses immer noch stark von der jeweiligen Regierung in Israel abhängt.

Der Traum von der Vergangenheit und ihrer Größe

Nach wie vor streben einzelne Gruppierungen nach der Erreichung jener Grenzen, bis zu denen sich einst das Land Israel (»Erez Israel«) unter seinen großen Königen David und Salomo (1004-926 v.Chr.) erstreckte. Damals reichte Israel vom Golf von Akaba bis nach Damaskus und weit hinein ins Ostjordanland. Entstanden war es durch Einwanderung verschiedener Nomadenstämme aus Mesopotamien, die im »Land Kanaan« seit dem 14. Jahrhundert v.Chr. sesshaft wurden. Zu ihnen stieß um 1200 v.Chr. ein ursprünglich nach Ägypten gewanderter Stamm, der dort Fronarbeiten hatte leisten müssen und geflohen war. Dessen Führer mit dem ägyptischen Namen Mose vermittelte seiner Schar den Kult des Gottes Jahwe, den er wohl im nordwestlichen Arabien kennen gelernt hatte. Dieser Kult wurde von den übrigen Stämmen nach der Landnahme in Palästina übernommen. Aus dem Kultverband wurde – in steter Auseinandersetzung mit den nicht dazugehörigen Völkerschaften – Ende des 11. Jahrhunderts v.Chr. ein unter einem König stehendes Staatswesen.

Möglich war das nur, weil durch die zeitweilige Schwäche Ägyptens und Assyriens in dieser Mittelmeerregion ein Machtvakuum herrschte. Die inneren Gegensätze des Israelitenreichs waren jedoch so stark, dass es nach Salomos Tod 926 v. Chr. auseinander brach. Seine Dynastie hielt sich nur im Südreich Juda. Der erneuten Ausdehnung Assyriens fiel 722/21 v.Chr. das Nordreich Israel zum Opfer. Juda verschwand 587 v.Chr. nach der Zerstörung Jerusalems durch die Babylonier von der Landkarte, seine Bevölkerung wurde nach Mesopotamien deportiert, durfte aber nach der Eroberung dieses Gebiets durch den persischen Großkönig Kyros II., den Großen, seit 538 v.Chr. zurückkehren und den Jahwetempel in Jerusalem wieder aufbauen. Die Zeit der »Babylonischen Gefangenschaft« war für die Ausgestaltung des jüdischen Glaubens und seiner strengen, der Identifikation in der Fremde dienenden Riten von entscheidender Bedeutung. Ihre Beachtung erwies sich auch nach der Rückkehr gegenüber der zurückgebliebenen und der zugewanderten Bevölkerung als Notwendigkeit zum Fortbestand einer unverwechselbaren Glaubens- und Volksgemeinschaft. Die persischen Beamten jüdischer Herkunft, Nehemia als Statthalter und Esra als Gesetzgeber, schufen so das eigentliche Judentum, dessen heilige Schriften, die »Thora« (die sog. fünf Bücher Moses), 445 v.Chr. als verbindliche Richtschnur für das gesamte Leben vorgeschrieben wurden.

Im Perserreich unter Alexander dem Großen und auch während ihrer Zugehörigkeit zum Ptolemäerreich (320-198 v.Chr.) wurden die Juden von den jeweiligen Herrschern nicht behelligt. Nach der Einverleibung ins Seleukidenreich setzten jedoch Verfolgungen ein, zudem bedrohte die zunehmende Hellenisierung der Bevölkerung das Judentum von innen. Während dieser Zeit vertiefte sich der an ältere Verheißungen anknüpfende Glaube an einen »Messias« (Gesalbten, griechisch »Christos«), der als Heilskönig das jüdische Volk zur Höhe von Davids Zeit zurückführen sollte. 167 v.Chr. begann ein Freiheitskampf unter der Führung der Familie der Makkabäer (Hasmonäer). Die römische – im Orient eine Vielzahl kleiner Staaten begünstigende – Politik ermöglichte zwischen 135 und 63 v.Chr. die Existenz eines unabhängigen jüdischen Staatswesens. Zugleich blühten die seit längerem bestehenden auswärtigen Gemeinden: in Babylon, wo der »Talmud« (eine Zusammenfassung der jüdischen Lehren, Vorschriften und Traditionen) entstand, und in Alexandria, wo die heiligen Schriften ins Griechische übersetzt und den gebildeten Menschen in der Mittelmeerwelt zugänglich gemacht wurden (sog. Septuaginta, die griechische Fassung des Alten Testaments).

Untergang und Verstreuung, Verfolgung und Diskriminierung

Die römische Expansion nach Osten führte schließlich zum Verlust der Selbstständigkeit: Im Jahr 6 wurde Judäa Bestandteil der Provinz Syrien. Ein Aufstand, der wegen zu harter Besteuerung 66 ausbrach, führte vier Jahre später zur Eroberung Jerusalems und zur Zerstörung des Tempels. Ein zweiter Aufstand (132-135) unter dem sich als Messias ausgebenden Bar-Kochba wurde ebenfalls blutig niedergeschlagen. Wer von der jüdischen Bevölkerung überlebt hatte, wurde in andere Reichsteile vertrieben, das jüdische Volk wurde heimatlos und bewahrte sein Gemeinsamkeitsbewusstsein in der »Diaspora« (Verstreuung) nur noch durch Festhalten an den traditionellen Glaubensinhalten und Vorschriften. Ärgste Feinde der nun hauptsächlich in Städten lebenden, vielfach Handel treibenden oder als Ärzte tätigen Juden wurden aber die Christen, die ihnen den Mord an Jesus Christus anlasteten; zugleich sah man ihren Weiterbestand als heilsgeschichtliche Notwendigkeit an, um den Gläubigen ein von Gott abgefallenes Volk, dessen Strafe die Verstreuung war, vor Augen führen zu können. Zeiten der relativen Toleranz – wie in der Karolingerzeit oder auf der Iberischen Halbinsel im späten Mittelalter – wechselten mit solchen grausamer Verfolgung – wie im Rheingebiet bei Beginn des Ersten Kreuzzugs 1096 oder in West- und Mitteleuropa beim Einsetzen der großen Pest Mitte des 14. Jahrhunderts. Stereotype Auslöser des Judenhasses waren Gerüchte von Hostienschändung, Ritualmord an christlichen Kindern oder Brunnenvergiftungen. Während in islamischen Staaten die Judengemeinden weitgehend unbehelligt blieben, mussten sie im christlichen Abendland unter den besonderen Schutz des Landesherrn gestellt werden, Schutzsteuern entrichten und in abgesonderten städtischen Bezirken meist unerträglich zusammengepfercht leben (Ghettos). Die Aufklärung verfocht schließlich mit Vehemenz die Emanzipation der jüdischen Minderheiten in Europa mit dem Argument, dass der rechtlose Zustand gerade die Eigenschaften begünstige, die man als Grund für den Hass ausgab. Die Französische Revolution brachte zuerst in einem europäischen Land die Gleichberechtigung der Juden, die sich im 19. Jahrhundert allmählich überall formal durchsetzte. Der dadurch erleichterte Aufstieg vieler Juden im Wirtschaftsleben sowie in Kunst und Wissenschaft belebte die alten Vorurteile jedoch neu und dies in einer Zeit, als die Industrialisierung das gewohnte gesellschaftliche Gefüge in Frage stellte. Obwohl rechtlich gleichgestellt, sahen sich die Juden nun einer Fortsetzung des alten Hasses gegenüber, der vorausschauende Geister bereits um die Wende zum 20. Jahrhundert davon überzeugte, dass die Juden nur in einem eigenen Staat eine Zukunft haben würden. Der Hass gipfelte in der systematischen Verfolgung und Ermordung der Juden während der nationalsozialistischen Herrschaft im Deutschen Reich und in den besetzten Ländern, der etwa 6 Mio. Juden zum Opfer fielen.

PARIS

Dreyfus-Affäre spaltet Frankreich

Die sog. Dreyfus-Affäre um die unrechtmäßige Verurteilung eines jüdischen Offiziers stürzt die französische Dritte Republik in ihre schwerste Krise und spaltet die Nation in zwei politische Lager.

13. 1. 1898: Unter der Überschrift »J'accuse!« (Ich klage an) protestiert der französische Schriftsteller Émile Zola auf der Titelseite der Zeitschrift »L'Aurore« gegen die Verurteilung des jüdischen Offiziers Alfred Dreyfus wegen angeblicher Spionage. Der Artilleriehauptmann Dreyfus war 1894 beschuldigt worden, militärische Geheimnisse an das Deutsche Reich weitergegeben zu haben. Unter dem Druck der antisemitischen Presse wurde er von einem Kriegsgericht zu lebenslanger Haft verurteilt und nach Französisch-Guayana verbannt.

Alfred Dreyfus

Zwei Jahre später stellte sich heraus, dass die Beweise gegen Dreyfus gefälscht worden waren. Diese Erkenntnis wurde jedoch unterdrückt, um das Militär nicht zu kompromittieren. Eine Revision des Prozesses gegen den Offizier wurde abgelehnt.

Im Dezember 1897 ergriff Zola erstmals öffentlich Partei für den zu Unrecht Verurteilten. In seiner Streitschrift »J'accuse!« kritisiert er nun vor allem die Militärjustiz. Dies bleibt nicht folgenlos: In einem Aufsehen erregenden Prozess wird Zola im Februar 1898 zu einem Jahr Gefängnis und einer Geldstrafe verurteilt. Der Inhaftierung entzieht er sich durch die Flucht nach England.

Cinq Centimes

L'AURORE

Littéraire, Artistique, Sociale

J'Accuse...!

LETTRE AU PRÉSIDENT DE LA RÉPUBLIQUE

Par ÉMILE ZOLA

LETTRE A M. FÉLIX FAURE

Président de la République

Zolas Anklageschrift vom 13. Januar 1898

Die Beweisfälschungen im Fall Dreyfus lassen sich indes nicht länger vertuschen, so dass ein Revisionsprozess unausweichlich wird. Dieser endet im September 1899 vor dem Kriegsgericht in Rennes mit einer juristisch unhaltbaren Verurteilung zu zehn Jahren Festungshaft. Allerdings begnadigt Präsident Émile Loubet den Verurteilten rasch. Erst 1906 wird Alfred Dreyfus rehabilitiert.

Die Dreyfus-Affäre führt zu einer starken Polarisierung der politischen Lager in Frankreich. Die konservative Rechte verliert an Boden. Die Sozialisten beteiligen sich 1899 erstmals an der Regierung.

Olympia

Die ersten Olympischen Spiele der Neuzeit geben dem Sport und dem Publikumsinteresse an sportlichen Veranstaltungen starken Auftrieb.

6. 4. 1896: Vor mehr als 60 000 Zuschauern eröffnet der griechische König Georg I. die ersten Olympischen Spiele der Neuzeit in dem auf antiken Fundamenten neu erbauten Stadion. 295 (ausschließlich männliche) Sportler aus 13 Nationen – darunter 230 Griechen – kämpfen zehn Tage lang an den historischen Stätten von Olympia um sportliche Ehren. Neun Sportarten stehen auf dem Programm – Turnen, Fechten, Schießen, Segeln, Rudern, Schwimmen, Radrennen, Tennis und Leichtathletik. Geschwommen wird in der Meeresbucht vor Piräus, die ebenfalls dort angesetzten Wettkämpfe im Segeln und Rudern fallen wegen des schlechten Wetters aus. Das Kricket-Turnier wird mangels Teilnehmer abgesagt.

Den ersten Olympiasieg erringt der US-Amerikaner James B. Conolly im Dreisprung (13,71 m). Der Student erringt außerdem noch einen zweiten Platz im Hochsprung (1,65 m) und wird Dritter im Weitsprung (6,11 m). Einen der Höhepunkte der Olympischen Spiele bildet der Marathonlauf, der zur Erinnerung an den Botenlauf nach der Schlacht von Marathon

BASEL

Juden wollen eigenen Staat

Auf dem ersten Zionistischen Weltkongress verlangen die Delegierten »für das jüdische Volk die Schaffung einer öffentlich-rechtlichen Heimstätte in Palästina«.

31. 8. 1897: In Basel geht der erste Zionistenkongress zu Ende, an dem auf Einladung des österreichischen Journalisten Theodor Herzl 197 jüdische Delegierte aus der ganzen Welt teilgenommen haben.

Unter dem Eindruck des Willkürprozesses gegen den jüdischen Offizier Alfred Dreyfus in Frankreich hat Herzl die Schrift »Der Judenstaat« verfasst, in der er die Auffassung vertritt, dass der Antisemitismus in den europäischen Gesellschaften trotz aller Assimilisierungsversuche der Juden nicht aus der Welt zu schaffen sei. Daher müssten die Juden sich als Nation konstituieren und einen eigenen Staat gründen.

Theodor Herzl

Die Delegierten in Basel teilen Herzls Ansicht; sie wählen ihn zum Vorsitzenden der neu geschaffenen Zionistischen Weltorganisation. Die Rückkehr ins »Gelobte Land« ist seit ihrer Vertreibung aus Palästina im Jahr 70 gemeinsamer Wunsch der Juden. Dieser religiös motivierte Zionismus wurde im 19. Jahrhundert zu einer politischen Bewegung.

PARIS

Kuba unter US-Kontrolle

Im spanisch-amerikanischen Krieg verliert Spanien sein Kolonialreich in der Karibik und im Pazifik an die USA und büßt damit auch seine Weltmachtstellung ein.

10. 12. 1898: Der Pariser Frieden beendet den im Frühjahr ausgebrochenen Krieg zwischen Spanien und den USA, der zu Ungunsten Spaniens verläuft. Gegen eine Kompensation von 20 Mio. US-Dollar tritt Spanien die Philippinen an die USA ab, verzichtet auf Kuba und übergibt Puerto Rico und Guam als Kriegsentschädigung an die Vereinigten Staaten.

Ein spanisches Regiment rückt zum Kampf gegen die USA aus; (Zeitungstitel 1898)

ATHEN

neu belebt

ins olympische Programm aufgenommen worden ist. Der Grieche Spyridon Louis beendet die rd. 40 km lange Strecke als Sieger in 2:58,50 h. Insgesamt bleiben die Leistungen der Leichtathleten unter dem internationalen Niveau. So hält seit 1891 Luther Cary (USA) den Weltrekord über 100 m mit 10,8 sec. Sein Landsmann Thomas Burke sichert sich den Olympiasieg mit einer Zeit von 12,0 sec.

Bei der Abschlussfeier erhalten die Sieger eine silberne Medaille, einen Ölzweig sowie eine Urkunde. Die Zweitplatzierten werden mit einer kupfernen Medaille und einem Lorbeerzweig geehrt.

Die Initiative für die internationalen Wettkämpfe ist von dem Franzosen Baron Pierre de Coubertin ausgegangen, der nicht nur den Sport fördern und antike Ideale neu beleben will, sondern sich von den Olympischen Spielen auch einen Beitrag zur Völkerverständigung verspricht: »Lassen Sie uns Ruderer, Läufer, Fechter ins Ausland senden; das ist das Freihandelssystem der Zukunft und an dem Tag, an dem es in die Sitten des alten Europas eingedrungen sein wird, wird der Sache des Friedens eine neue und mächtige Stütze erwachsen sein.«

Die Olympischen Spiele der Antike wurden in Griechenland vermutlich von 776 v.Chr. bis 396 v. Chr. alle vier Jahre veranstaltet. Obwohl sie in Europa seit der Renaissance als Ideal für die sportliche Betätigung galten, fand Coubertin nur wenig Unterstützung, als er in den 1880er Jahren – inspiriert von Ausgrabungen deutscher Archäologen im griechischen Olympia – erstmals die Wiederaufnahme der Spiele forderte.

Das Zuschauerinteresse hält sich in Grenzen: Ringkampf bei Olympia 1896; kleines Bild: Baron Pierre de Coubertin (1863-1937)

Erst im Jahr 1894 gelang es dem Franzosen, auf einem Pariser Sportkongress ein Organisationskomitee für die Spiele zu gründen. In sportlicher Hinsicht wird Coubertins Initiative zu einem gewaltigen internationalen Erfolg. Seine immer wieder geäußerte Hoffnung, der friedliche Wettkampf der Sportler aus verschiedenen Nationen könnte den Weltfrieden stärken, bleibt allerdings vergebens.

SÜDAFRIKA

Grausamer Burenkrieg tobt am Kap

Die niederländisch stämmige Bevölkerung Südafrikas kann ihre Unabhängigkeit von Großbritannien nicht durchsetzen, bewahrt aber politische Eigenständigkeit.

11. 10. 1899: Die Burenregierung der »Südafrikanischen Republik« (Transvaal) erklärt Großbritannien den Krieg. Nach anfänglichen militärischen Erfolgen der Buren gewinnen die Briten im folgenden Jahr dank ihrer zahlenmäßigen Überlegenheit und der besseren Ausrüstung die Oberhand. Oranjefreistaat und Transvaal werden annektiert.

Daraufhin gehen die Buren zu einer Guerillataktik über, die der Führer der britischen Armee, Horation Lord Kitchener, mit äußerster Härte beantwortet. Er verfolgt eine Taktik der »verbrannten Erde« und zieht bewusst die Zivilbevölkerung in den Krieg hinein. Er lässt Farmen zerstören und die Bewohner – hauptsächlich Frauen und Kinder – in Lagern internieren. Über 42 000 Menschen sterben während der Haft.

Erst der Friede von Vereeniging beendet im Mai 1902 den Krieg. Die Burenrepubliken werden dem britischen Kolonialreich einverleibt. Mit Rücksicht auf die Weltmeinung, die sich über die Kriegstaktik der Briten empört hat, werden den Unterlegenen relativ milde Friedensbedingungen zugestanden. Sie erhalten u.a. großzügige Kredite für den Wiederaufbau.

In Stellung gegangene Buren wehren einen Angriff ab.

STICHWORT

Krüger-Depesche

Mit der Krüger-Depesche hat der deutsche Kaiser Wilhelm II. schon 1896 in den britisch-burischen Auseinandersetzungen eindeutig Stellung bezogen. Wilhelm beglückwünschte am 3. Januar 1896 telegrafisch den Präsidenten von Transvaal, Paulus »Ohm« Krüger, zur Niederschlagung der sog. Jameson Raid, eines mit Billigung Großbritanniens von Rhodesien (Simbabwe) aus gestarteten Umsturzversuchs. Dem Kaiser ging es dabei vor allem um die deutschen Wirtschaftsinteressen in Transvaal: 20% der ausländischen Investitionen in der selbstständigen Burenrepublik stammten aus Deutschland, 15 000 Deutsche hatten sich bereits dort angesiedelt.

1900-1904

1. 1. 1900
Deutschland
Das Bürgerliche Gesetzbuch und das Handelsgesetzbuch treten in Kraft.

9. 2. 1900
USA
Dwight Filley Davis (1879-1945) stiftet den nach ihm benannten Tennis-Wanderpokal.

28. 2. 1900
Großbritannien
Als parlamentarische Vertretung der Arbeiterschaft wird das Labour Representation Committee (ab 1906 Labour Party) gegründet.

14. 4. 1900
Frankreich
In Paris beginnt die erste Weltausstellung des Jahrhunderts. Auf die bis zum 12. November andauernde Leistungsschau, die alle Gebiete der Technik, Wissenschaft, Landwirtschaft, der Kunst und des Kunstgewerbes umfasst, strömen mehr als 47 Mio. Besucher.

20. 6. 1900
China
Mitglieder der chinesischen Geheimorganisation I-ho-ch'üan (Fäuste der Rechtlichkeit und Eintracht) ermorden den deutschen Gesandten in Peking, Klemens Freiherr von Ketteler (*22. 11. 1853). Russland, Japan, Großbritannien, Frankreich und das Deutsche Reich werfen den »Boxer-Aufstand« nieder. → S. 546

2. 7. 1900
Deutschland
Ferdinand Graf von Zeppelin (8. 7. 1838-8. 3. 1917) unternimmt mit seinem lenkbaren Starrluftschiff LZ 1 die erste Probefahrt. → S. 547

29. 7. 1900
Italien
König (seit 1878) Umberto I. (*14. 3. 1844) wird in Monza von einem Anarchisten erschossen. Sein Sohn Viktor Emanuel III. (11. 11. 1869-28. 12. 1947) tritt die Nachfolge an (bis 1946).

6. 9. 1900
Deutschland
Der russische Revolutionär Wladimir I. Lenin trifft in München ein, wo er unter dem Namen Meyer illegal wohnt.

14. 12. 1900
Deutsches Reich
Der deutsche Physiker Max Planck (23. 4. 1858-4. 10. 1947) stellt seine Quantentheorie vor, für die er 1918 mit dem Nobelpreis ausgezeichnet wird.

1900
Österreich
Der Psychiater Sigmund Freud (6. 5. 1856-23. 9. 1939) veröffentlicht sein Buch über die Traumdeutung, die Grundlegung der Psychoanalyse. → S. 546

1. 1. 1901
Australien
Die sechs Kolonien Neusüdwales, Victoria, Queensland, Südaustralien, Westaustralien und Tasmanien schließen sich zum Bundesstaat Australien im britischen Empire (»Dominion«) zusammen.

22. 1. 1901
Großbritannien
Die britische Königin Viktoria (*24. 5. 1819) stirbt. Neuer König wird ihr ältester Sohn Eduard VIII. (9. 11. 1841-6. 5. 1910). → S. 546

25. 2. 1901
USA
Mit der US. Steel Corporation entsteht unter Leitung des Bankiers John Pierpont Morgan senior (17. 4. 1837-31. 3. 1913) der größte Stahlkonzern der Welt.

21. 6. 1901
Österreich
Dem Schriftsteller Arthur Schnitzler (5. 5. 1862-21. 10. 1931) wird die militärische Standesehre als Reserveoffizier aberkannt. Anlass ist die Veröffentlichung seiner Novelle »Lieutenant Gustl«.

6. 9. 1901
USA
William McKinley (*29. 1. 1843), 25. Präsident der USA (seit 1897), wird bei einem Attentat schwer verwundet und stirbt am 14.9. in Buffalo. McKinleys Nachfolger wird sein Vizepräsident Theodore Roosevelt (27. 10. 1858-6. 1. 1919), der bis 1909 amtiert.

18. 11. 1901
USA
Die Vereinigten Staaten und Großbritannien schließen einen Vertrag, der den USA das Alleinrecht für Verwaltung und Bau des Panamakanals einräumt.

10. 12. 1901
Schweden
Aufgrund einer testamentarischen Verfügung des Chemikers und Industriellen Alfred Nobel (21. 10. 1833-10. 12. 1896) werden erstmals die Nobelpreise vergeben. → S. 547

12. 12. 1901
Kanada
Dem italienischen Ingenieur Guglielmo Marchese Marconi (25. 4. 1874-20. 7. 1937) gelingt erstmals eine funktechnische Verbindung über den Atlantischen Ozean. In Saint John's auf Neufundland empfängt er drahtlos Telegrafie-Signale von einer 3400 km entfernten Funkstation in Poldhu (Cornwall).

5. 1. 1902
Deutschland
Im Belle-Alliance-Theater in Berlin findet die Uraufführung von Georg Büchners »Dantons Tod« statt.

29. 3. 1902
Vatikanstadt
In einer Enzyklika verurteilt Papst Leo XIII. die »modernen Irrlehren« und die Ehescheidung.

1. 5. 1902
Frankreich
Der Regisseur Georges Méliès (8. 12. 1861-21. 1. 1938) präsentiert in Paris den ersten »Spielfilm« der Filmgeschichte: »Die Reise zum Mond«.

8. 5. 1902
Martinique
Etwa 30 000 Menschen kommen auf der französischen Antilleninsel beim Ausbruch des Vulkans Mt. Pelé ums Leben.

31. 5. 1902
Südafrika
Der Friede von Vereeniging beendet den 1899 begonnenen Krieg zwischen den Burenstaaten Transvaal und Oranjefreistaat sowie dem britischen Empire. Die Burenrepubliken werden britische Kolonien.

1. 11. 1902
Frankreich/Italien
Frankreich und Italien schließen einen Geheimvertrag über die Interessen in Marokko und Tripolis ab, der die Neutralität beim Angriff einer dritten Macht vorsieht. Er steht im Widerspruch zum Dreibund zwischen Deutschland, Österreich-Ungarn und Italien (seit 1882).

10. 12. 1902
Ägypten
In Assuan findet die Einweihung des 10 Mio. t Wasser fassenden Staudamms statt. Mit ihm wird erstmals die Bewässerung des Niltals regulierbar.

3. 1. 1903
Venezuela
Großbritannien, das Deutsche Reich und Italien verschärfen ihre Seeblockade gegen Venezuela.

19. 4. 1903
Russland
In Kischinew werden im Verlauf eines drei Tage dauernden Pogroms 49 Juden getötet und mehrere hundert verletzt.

12. 5. 1903
Österreich
Der Architekt Josef Hoffmann, der Designer Koloman Moser und der kunstbegeisterte Finanzier Fritz Waerndorfer gründen in Wien die Wiener Werkstätte.

11. 6. 1903
Serbien
König Alexander von Serbien, seine Frau Draga und Mitglieder der Regierung werden in Belgrad von Offizieren ermordet.

1. 7. 1903
Frankreich
Die erste »Tour de France«, ein Rad-Etappenrennen quer durch Frankreich, wird gestartet. → S. 546

20. 7. 1903
Vatikanstadt
Im Alter von 93 Jahren stirbt Papst (ab 1878) Leo XIII. (eigtl. Vincenzo Gioacchino Pecci, *2. 3. 1810). Zu seinem Nachfolger wird am 4. 8. Kardinal Giuseppe Sarto (2. 6. 1835-20. 8. 1914) gewählt. Er nimmt den Namen Pius X. an.

23. 8. 1903
Russland
Die 2. Parteikonferenz der Sozialdemokratischen Arbeiterpartei Russlands (SDAPR) endet in London mit der Spaltung in Bolschewiki (»Mehrheitler«) unter Wladimir Iljitsch Lenin (22. 4. 1870-21. 1. 1924) und Menschewiki (»Minderheitler«) von Georgi W. Plechanow (11. 2. 1856-30. 5. 1918).

10. 10. 1903
Großbritannien
Emmeline Pankhurst (14. 7. 1858-14. 6. 1928) gründet in Manchester zur Durchsetzung des Frauenwahlrechts die radikale »Women's Social and Political Union« (Suffragetten).
→ S. 547

3. 11. 1903
Panama
Panama erklärt sich von Großkolumbien für unabhängig. Zuvor hatte sich Kolumbien geweigert, den Hay-Herrán-Vertrag über die Abtretung einer Kanalzone an die USA zu ratifizieren.

17. 12. 1903
USA
Orville (19. 8. 1871-30. 1. 1948) und Wilbur (16. 4. 1867-30. 5. 1912) Wright unternehmen mit ihrem Flugzeug in Kitty Hawk (North Carolina) die ersten gesteuerten Motorflüge. → S. 548

17. 2. 1904
Italien
Ohne große Resonanz beim Publikum bringt der italienische Komponist Giacomo Puccini (22. 12. 1858-29. 11. 1924) seine zweiaktige Oper »Madame Butterfly« an der Mailänder Scala zur Uraufführung.

8. 4. 1904
Frankreich/Großbritannien
Die Entente cordiale (»herzliches Einverständnis«), ein mit mehreren geheimen Zusatzklauseln versehener Vertrag, soll Interessenkonflikte zwischen beiden Ländern in Asien und Nordafrika verhindern.

3. 8. 1904
Tibet
Eine britische Militärexpedition besetzt – vom Nachbarland Indien aus angreifend – die tibetische Hauptstadt Lhasa. London nutzt die politische Ohnmacht Chinas, um sich gewaltsam Einfluss in dem unter chinesischem Protektorat stehenden Himalajaland zu sichern.

6. 12. 1904
USA
US-Präsident Theodore Roosevelt bekräftigt das Recht der USA, in Lateinamerika Polizeigewalt auszuüben. Er reagiert damit auf die Blockade Venezuelas durch britische, deutsche und italienische Kriegsschiffe (1902/03), mit der die Rückzahlung von Schulden erzwungen werden sollte.

1905-1909

22. 1. 1905
Russland
Eine friedliche Demonstration von etwa 30 000 Arbeitern vor dem Winterpalast in St. Petersburg wird durch das Militär blutig niedergeschlagen.
→ S. 549

31. 3. 1905
Marokko
Der deutsche Kaiser (1888-1918) Wilhelm II. (27. 1. 1859-4. 6. 1941) landet in Tanger, um gegen das Vordringen Frankreichs in Marokko zu protestieren. Der Besuch löst die erste Marokkokrise aus.

27. 5. 1905
Russland/Japan
In der Straße von Korea fällt bei Tsushima die Entscheidung im Russisch-Japanischen Krieg (1904/05). Die russische Baltische Flotte büßt 20 ihrer 38 Schiffe ein.

7. 6. 1905
Norwegen/Schweden
Durch einen Beschluss des norwegischen Parlaments (Storting) in Kristiania (Oslo) und eine gleichzeitige Volksabstimmung wird die seit 1814 bestehende Union zwischen Schweden und Norwegen aufgelöst. Zum König von Norwegen (1905-1957) wird der dänische Prinz Carl als Håkon VII. (3. 8. 1872-21. 9. 1957) gekrönt.

7. 6. 1905
Deutsches Reich
Die Studenten Erich Heckel (31. 7. 1883-27. 1. 1970), Ernst Ludwig Kirchner (6. 5. 1880-15. 6. 1938) und Karl Schmidt-Rottluff (1. 12. 1884-10. 8. 1976) gründen in Dresden die expressionistische Künstlervereinigung »Die Brücke« (bis 1913).

27. 6. 1905
Russland
Unter der Besatzung des Panzerkreuzers »Potemkin«, eines Schiffes der russischen Schwarzmeerflotte, bricht eine Meuterei aus.

5. 9. 1905
USA
Im Frieden von Portsmouth erkennt Russland die Vorherrschaft Japans in Korea an und tritt Port Arthur und Südsachalin sowie die Kurilen ab. → S. 549

18. 10. 1905
Frankreich
Mit einer Ausstellung in Paris betreten die nachimpressionistischen Fauvisten (»die Wilden«) die Kunstszene.

4. 11. 1905
Russland
Zar (1894 bis 1917) Nikolaus II. (18. 5. 1868-16. 7. 1918) stellt die Verfassung des autonomen Großfürstentums Finnland wieder her.

10. 12. 1905
Norwegen
Die österreichische Schriftstellerin Bertha Freifrau von Suttner (9. 6. 1843-21. 6. 1914) erhält als erste Frau den Friedensnobelpreis. Mit ihrem Roman »Die Waffen nieder!« (1889) wurde sie zur Mitbegründerin der modernen Friedensbewegung.

28. 12. 1905
Österreich
Im Theater an der Wien hat »Die lustige Witwe« Weltpremiere. Mit dieser Operette feiert Komponist Franz Léhar (30. 4. 1870-24. 10. 1948) seinen ersten großen Erfolg.

10. 2. 1906
Großbritannien
In Portsmouth läuft die »Dreadnought«, das mit zehn 30,5-cm-Geschützen bestückte und mit 17 900 t Wasserverdrängung derzeit größte Kriegsschiff der Welt, vom Stapel.

7. 4. 1906
Spanien
Die erste Marokkokrise wird durch die Unterzeichnung der Algeciras-Akte beigelegt. Die deutsche Diplomatie, die sich eine Sprengung des französisch-britischen Bündnisses erhofft hatte, wird enttäuscht.

18. 4. 1906
USA
Ein Erdbeben und nachfolgende Brände zerstören einen Großteil von San Francisco. 498 Menschen kommen ums Leben. → S. 549

6. 5. 1906
Russland
Zar Nikolaus II. oktroyiert eine Verfassung. Die am 10. 5. zusammengetretene erste Reichsduma wird jedoch wegen allzu radikaler Forderungen am 21. 7. wieder aufgelöst.

26. 5. 1906
USA
Der US-Senat verabschiedet ein Gesetz zur Verschärfung der Fleischbeschau und reagiert damit auf die Missstände in den Großschlächtereien von Chicago, die der Schriftsteller Upton Sinclair (20. 9. 1878-25. 11. 1968) in seinem Roman »Der Dschungel« (1906) angeprangert hat.

1. 6. 1906
Schweiz/Italien
Der längste Eisenbahntunnel der Welt, der 19,8 km lange Simplontunnel zwischen dem Schweizer Kanton Wallis und Italien, wird eröffnet.

3. 7. 1906
Finnland
Eine vom Landtag des russischen Großherzogtums Finnland gebilligte Parlamentsreform bringt u.a. Frauen das allgemeine Wahlrecht.

1906
Schweden
Der Roman »Die wunderbare Reise des kleinen Nils Holgersson« macht die Schriftstellerin Selma Lagerlöf (20. 11. 1858-16. 3. 1940) weltberühmt. Als erste Frau erhält Lagerlöf 1909 den Nobelpreis für Literatur.

6. 1. 1907
Italien
In Rom eröffnet die Ärztin und Pädagogin Maria Montessori (31. 8. 1870-6. 5. 1952) die Erziehungsstätte »Casa dei bambini«. In ihrem »Kinderhaus« erprobt sie erfolgreich das von ihr entwickelte Prinzip einer »selbsttätigen Erziehung« an noch nicht schulpflichtigen Kindern.

17. 4. 1907
Schweden
Im Svenska Teatern in Stockholm wird das Schauspiel »Ein Traumspiel« von August Strindberg (22. 1. 1849-14. 5. 1912) uraufgeführt.

7. 5. 1907
Deutsches Reich
In Stellingen bei Hamburg eröffnet der Tierhändler Carl Hagenbeck (10. 6. 1844-14. 4. 1913) seinen neuartigen Tierpark. Sein Konzept der Freigehege findet Nachahmer in aller Welt.

29. 7. 1907
Großbritannien
General Robert Stephenson Smyth Baden-Powell (22. 2. 1857-8. 1. 1941) veranstaltet auf Brownsea Island mit Jugendlichen aus unterschiedlichen Gesellschaftsschichten das erste Pfadfinderlager.

31. 8. 1907
Großbritannien/Russland
Durch einen Vertrag über die Abgrenzung der Gebietsinteressen in Afghanistan, Tibet und Persien wird die 1904 beschlossene »Entente cordiale« zu einer Tripelallianz erweitert.

26. 9. 1907
Neuseeland
Die britische Kolonie erhält den Status eines »Dominion of New Zealand« und gewinnt damit praktisch die staatliche Unabhängigkeit.

1907
Frankreich
Pablo Picasso (25. 10. 1881-8. 4. 1973) mit seinem Gemälde »Les Demoiselles d'Avignon« und Georges Braque (*13. 5. 1882-31. 8. 1963) begründen den Kubismus. → S. 548

1. 2. 1908
Portugal
Radikale Republikaner ermorden König (seit 1889) Karl I. von Portugal (*28. 9. 1863). Sein Sohn tritt als Emanuel II. (15. 11. 1889-2. 7. 1932) die Nachfolge an (1908-1910).

24. 7. 1908
Osmanisches Reich
Auf Druck der von Enver Pascha (9. 3. 1881-4. 8. 1922) geführten sog. Jungtürken setzt Sultan (1876-1909) Abdul Hamid II. (21. 9. 1842-10. 2. 1918) die Verfassung von 1876 wieder in Kraft.

7. 8. 1908
Österreich
Im niederösterreichischen Willendorf wird die 11 cm große »Venus von Willendorf« (etwa von 20 000 v.Chr.) ausgegraben.

1. 10.1908
USA
Der Autohersteller Henry Ford (30. 7. 1863-7. 4. 1947) bringt sein Ford Modell T (Tin Lizzy) heraus. → S. 551

5. 10. 1908
Bulgarien
Fürst (seit 1887) Ferdinand (26. 2. 1861-14. 8. 1948) proklamiert Bulgarien zu einem vom Osmanischen Reich unabhängigen Königreich und nimmt den Zarentitel an.

5. 10. 1908
Österreich-Ungarn
Der österreichische Kaiser (1848-1916) Franz Joseph I. (18. 8. 1830-21. 11. 1916) erklärt die seit 1878 okkupierten Provinzen Bosnien und Herzegowina für annektiert. Das mit Russland verbündete Serbien protestiert scharf gegen diesen Schritt.

28. 10. 1908
Deutsches Reich
Ein von der Londoner Tageszeitung »The Daily Telegraph« veröffentlichtes Interview mit Kaiser Wilhelm II. löst eine innenpolitische Krise und eine Abkühlung im Verhältnis zu Großbritannien aus. Der Text des Interviews war zuvor nicht mit der Reichsregierung abgestimmt.

26. 12. 1908
Australien
Als erster Schwarzer wird Jack Johnson (31. 3. 1878-10. 6. 1946) Box-Weltmeister im Schwergewicht. Er schlägt Tommy Burns (17. 6. 1881-10. 5. 1955, beide USA) in Sydney in der 14. Runde k. o. In den folgenden Jahren ist Johnson den Anfeindungen weißer Rassisten ausgesetzt.

28. 12. 1908
Italien
Ein Erdbeben zerstört die Städte Messina (Sizilien) und Reggio di Calabria (Kalabrien). 100 000 Menschen finden den Tod.

22. 1. 1909
Deutsches Reich
In München gründen der russische Maler Wassilij Kandinsky (4. 12. 1866-13. 12. 1944) u.a. die »Neue Künstlervereinigung«.

21. 3. 1909
Deutsches Reich
In der Ausstellungshalle am Zoologischen Garten in Berlin wird das erste in Europa ausgetragene Sechstagerennen gestartet. »Six-Days« wurden Ende des 19. Jahrhunderts in den USA eingeführt.

6. 4. 1909
Nordpol
Der US-amerikanische Polarforscher Robert Edwin Peary (6. 5. 1856-20. 2. 1920) erreicht nach eigenen Angaben als Erster das Gebiet um den Nordpol. → S. 551

27. 4. 1909
Osmanisches Reich
Sultan Abdul Hamid II. tritt auf Druck der sog. Jungtürken zurück. Nachfolger wird sein Bruder Reschad als Muhammad V. (3. 11. 1844-2. 7. 1918).

2. 5. 1909
Deutsches Reich
Der deutsche Mediziner Paul Ehrlich (4. 3. 1854-20. 8. 1915) stellt in Frankfurt am Main das gemeinsam mit dem Japaner Sahachiro Hata (23. 3. 1873-22. 11. 1938) entwickelte Medikament »Salvarsan 606« vor. Es macht eine Heilung der ansteckenden Geschlechtskrankheit Syphilis möglich.

25. 7. 1909
Frankreich/Großbritannien
Der Franzose Louis Blériot (1. 7. 1872-1. 8. 1936) überfliegt als Erster den Ärmelkanal.

2. 8. 1909
Spanien
Militäreinheiten schlagen in Barcelona einen anarcho-syndikalistischen Aufstand blutig nieder. Bei den Straßenkämpfen kommen mehrere hundert Menschen ums Leben.

1910-1914

19. 2. 1910
Monaco
Der russische Bassist Fjodor I. Schaljapin (13. 2. 1873-12. 4. 1938) singt die Titelrolle bei der Uraufführung der Oper »Don Quichotte« von Jules Massenet (2. 5. 1842-13. 8. 1912) in Monte Carlo.

10. 3. 1910
China
Die kaiserliche chinesische Regierung genehmigt den Gesetzentwurf über die Abschaffung der Sklaverei: Der Handel mit Menschen ist künftig verboten.

11. 4. 1910
Italien
Der italienische Maler Umberto Boccioni (19. 10. 1882-16. 8. 1916) veröffentlicht das »Technische Manifest der futuristischen Malerei«.

6. 5. 1910
Großbritannien
Im Alter von 68 Jahren stirbt in London Eduard VII. (*9. 11. 1841), König von Großbritannien und Irland sowie Kaiser von Indien (seit 1901). Sein Nachfolger wird Georg V. (3. 6. 1865-20. 1. 1936), der am 22. 6. 1911 gekrönt wird.

20. 5. 1910
Nicaragua
Die USA intervenieren mit Marinesoldaten. Sie bleiben mit Unterbrechungen bis 1933 in dem mittelamerikanischen Land, in dem der US-Konzern United Fruit Company ausgedehnte Geschäftsinteressen hat.

31. 5. 1910
Südafrika
Die britischen Kolonien Kapkolonie, Natal, Oranjefreistaat und Transvaal schließen sich zur Südafrikanischen Union zusammen. Premierminister wird der ehemalige Burengeneral Louis Botha (27. 9. 1862-27. 8. 1919).

25. 6. 1910
Frankreich
Im Théâtre National de l'Opéra in Paris wird das Ballett »Der Feuervogel« von Michail M. Fokin (26. 4. 1880-22. 8. 1942) durch die »Ballets Russes« von Sergei Diaghilew (31. 3. 1872-19. 8. 1929) uraufgeführt. Die Musik komponierte der Russe Igor Strawinsky (17. 6. 1882-6. 4. 1971).

28. 8. 1910
Montenegro
Fürst (seit 1860) Nikola I. von Montenegro (7. 10. 1841-1. 3. 1921) nimmt den Königstitel an (bis 1918).

5. 10. 1910
Portugal
Ein Aufstand von Marine und Armee führt zur Ausrufung der Republik. König Emanuel II. flieht nach Gibraltar, die seit 1640 regierende Dynastie Bragança wird für immer verbannt. Der Literaturprofessor Teófilo Fernandes Braga (24. 2. 1843-28. 1. 1924) übernimmt das Amt des Ministerpräsidenten (ab 15.10. Staatspräsident).

8. 1. 1911
Monaco
Das Riviera-Fürstentum Monaco erhält als letzte Monarchie in Europa eine Verfassung.

19. 3. 1911
Deutsches Reich
Auf dem ersten Internationalen Frauentag demonstrieren im Deutschen Reich, in Dänemark, Österreich und der Schweiz mehr als 1 Mio. Frauen (und Männer) für das Frauenwahlrecht.

15. 5. 1911
USA
Durch ein Urteil des Obersten Bundesgerichts wird die Standard Oil Company of New Jersey, eine Holdinggesellschaft des Ölmagnaten John D. Rockefeller (8. 7. 1839-23. 5. 1937), die zwei Drittel der US-Raffineriekapazität beherrscht, aufgelöst. Fortan besteht der Rockefeller-Konzern aus einer Vielzahl rechtlich selbstständiger Firmen.

25. 5. 1911
Mexiko
Der im Jahr 1910 ausgebrochene Bürgerkrieg zwingt den Diktator Porfirio Díaz (15. 9. 1830-2. 7. 1915) zum Rücktritt. → S. 550

1. 7. 1911
Deutsches Reich/Marokko:
Die Entsendung des deutschen Kanonenboots »Panther« nach Agadir löst die zweite Marokkokrise aus. Mit dem »Panthersprung nach Agadir« reagiert das Deutsche Reich auf die französische Besetzung von Fez. Im Marokko-Kongo-Abkommen vom 4. 11. wird der Konflikt beigelegt. Deutschen Kompensationsforderungen wird mit einer Gebietserweiterung Deutsch-Kameruns entsprochen.

14. 9. 1911
Russland
Ministerpräsident (seit 1906) Pjotr A. Stolypin (*14. 4. 1862) wird bei einem Attentat in Kiew schwer verletzt. Er stirbt vier Tage später. Der Mörder kommt aus den Reihen der sog. Sozialrevolutionäre. Sie streben das Ende der Zarenherrschaft durch Individualterror an.

10. 10. 1911
China
Die Erhebung von Teilen der Armee führt die Revolution herbei. Am 29. 12. wählt das provisorische Revolutionsparlament in Nanking den aus dem Exil in den USA zurückgekehrten Arzt Sun Yat-sen (12. 11. 1866-12. 3. 1925) zum Präsidenten der Republik China. → S. 550

14. 12. 1911
Südpol
Der Norweger Roald Amundsen (6. 7. 1872-Juni 1928) und seine vier Begleiter gelangen als erste Menschen zum Südpol. Ihr britischer Rivale Robert Falcon Scott (6. 6. 1868-29. 3. 1912) erreicht den Pol am 18. 1. 1912 und findet auf dem Rückweg mit seiner Expedition den Tod. → S. 554

18. 12. 1911
Deutsches Reich
Die »Redaktion des Blauen Reiters«, eine in München von Wassily Kandinsky und Franz Marc (8. 2. 1880-4. 3. 1916) begründete Vereinigung expressionistischer Künstler, veranstaltet ihre erste Ausstellung. → S. 550

8. 2. 1912
Großbritannien/Deutsches Reich
Der britische Kriegsminister Richard Burdon Haldane (30. 7. 1856-19. 8. 1928) beginnt in Berlin Gespräche zur Entschärfung der Flottenrivalität. Sie bleiben ergebnislos. Am 14. 5. billigt der Deutsche Reichstag die neue Flottenvorlage, die u.a. den Bau von 41 Schlachtschiffen und Schlachtkreuzern vorsieht.

15. 2. 1912
China
Nach dem Rücktritt Sun Yat-sens wählt die Nationalversammlung in Nanking Yüan Shih-k'ai (20. 8. 1859-6. 6. 1916) zum Präsidenten der Republik. Am 13. 2. war der Rücktritt des letzten Mandschu-Kaisers (seit 1908) Hsün Ti (Pu Yi; 7. 2. 1906-17. 10. 1967) verkündet worden.

15. 4. 1912
Atlantik
Vor der Küste von Neufundland sinkt der britische Luxusliner »Titanic« auf der Jungfernfahrt, 1503 Menschen kommen ums Leben. → S. 554

1. 8. 1912
Schweiz
Die 3457 m hoch gelegene Bahnstation am Jungfraujoch wird dem Verkehr übergeben.

8. 10. 1912
Montenegro
Das Königreich erklärt dem Osmanischen Reich den Krieg. Am 18. 10. schließen sich die mit Montenegro im Balkanbund vereinigten Staaten Bulgarien, Griechenland und Serbien an (Erster Balkankrieg). Das Osmanische Reich muss im Frieden zu London am 30. 5. 1913 auf alle Gebietsansprüche westlich der Linie Enos–Midia verzichten.

18. 10. 1912
Nordafrika
Der Friede von Lausanne beendet den am 29. 9. 1911 begonnenen Krieg zwischen Italien und der Türkei. Das geschwächte Osmanische Reich muss auf Tripolis und die Cyraneika (Libyen) sowie auf die rd. 50 Inseln des Dodekanes im Ägäischen Meer verzichten.

5. 11. 1912
USA
Der Demokrat Woodrow Wilson (28. 12. 1856-3. 2. 1924) wird mit 42% der Stimmen zum 28. US-Präsidenten gewählt (1913-1921). Zuvor hatten sich die Republikaner gespalten: Der frühere Präsident Theodore Roosevelt trat für die neue Progressive Party an, die konservativen Republikaner hatten den bisherigen (27.) Präsidenten (1909-1913) William Howard Taft (15. 9. 1857-8. 3. 1930) nominiert.

2. 2. 1913
USA
In New York wird der für die Central-Railroad-Eisenbahngesellschaft erbaute größte Bahnhof der Welt, die Grand Central Station, eingeweiht. In dem pompösen zweistöckigen Gebäude liegen im oberen Stockwerk 42 Gleispaare für den Fernverkehr, die untere Etage ist für Vorortzüge reserviert.

3. 2. 1913
Deutsches Reich
Der Österreicher Rudolf Steiner (7. 2. 1861-30. 3. 1925) gründet in Berlin die Anthroposophische Gesellschaft. Ihr Zentrum wird das »Goetheanum« in Dornach bei Basel. Pädagogischen Einfluss übt sie u.a. mit den von ihr gegründeten Freien Waldorfschulen aus.

3. 4. 1913
Deutsches Reich
Auf der Hamburger Werft Blohm & Voss läuft der für die Hamburg-Amerika-Linie gebaute 54 282 BRT große Turbinendampfer »Vaterland« als größtes Passagierschiff der Welt vom Stapel. Es ist 276 m lang und 30,5 m breit.

6. 5. 1913
Schweiz
Auf seinem fünften Olympischen Kongress in Lausanne disqualifiziert das Internationale Olympische Komitee (IOC) den US-Amerikaner James Thorpe, 1912 in Stockholm Sieger im Fünf- und Zehnkampf. Er hatte 1909 vorüber-

gehend professionell Baseball gespielt. 1982 wird Thorpe vom IOC postum rehabilitiert.

29. 6. 1913
Bulgarien
Der Zweite Balkankrieg um die Aufteilung des im Ersten Balkankrieg (1912) vom Osmanischen Reich gewonnenen Makedonien beginnt mit einem Angriff Bulgariens auf Serbien. Im Frieden von Bukarest am 10. 8. muss Bulgarien große Gebietsverluste hinnehmen. → S. 555

30. 6. 1913
Deutsches Reich
Der Reichstag billigt eine Wehrvorlage, die eine stufenweise Erhöhung der Sollstärke des Heeres bis Oktober 1915 auf 816 000 Mann vorsieht.

15. 7. 1913
Schweiz
Der erste fahrplanmäßige Zug durchfährt den 14 612 m langen Lötschbergtunnel, der Bern mit der Simplon-Bahn und Italien verbindet.

6. 11. 1913
Deutsches Reich
Das Bekanntwerden von diskriminierenden Äußerungen deutscher Offiziere gegenüber der Bevölkerung in der elsässischen Garnisonsstadt Zabern führt zu öffentlichen Protesten.

6. 11. 1913
Südafrika
Der indische Freiheitskämpfer Mohandas Karamchand (gen. Mahatma) Gandhi (2. 10. 1869-30. 1. 1948) protestiert mit mehr als 2200 Anhängern gegen die anhaltende Rassendiskriminierungspolitik gegenüber den indischen Einwanderern.

28. 6. 1914
Österreich-Ungarn
Der österreichisch-ungarische Thronfolger Erzherzog Franz Ferdinand (*18. 12. 1863) und seine Frau Sophie von Hohenberg (*1. 3. 1868) sterben bei einem Attentat in Sarajevo. Das Deutsche Reich und Österreich-Ungarn machen Serbien für den Anschlag verantwortlich.
→ S. 555

28. 7. 1914
Erster Weltkrieg
Österreich-Ungarn erklärt Serbien den Krieg und beginnt gleichzeitig mit der Mobilmachung.

31. 7. 1914
Frankreich
In Paris wird der französische Sozialistenführer und Pazifist Jean Jaurès (*3. 9. 1859) von einem Rechtsradikalen ermordet.

3. 8. 1914
Erster Weltkrieg
Das Deutsche Reich erklärt Frankreich den Krieg. Der deutsche Einmarsch in Luxemburg (2. 8) und Belgien (4. 8.) leitet die Westoffensive ein. Diese Verletzung der belgischen Neutralität führt zum Kriegseintritt Großbritanniens gegen das Deutsche Reich (4. 8.). → S. 556

4. 8. 1914
Erster Weltkrieg
Der Deutsche Reichstag billigt einstimmig die von Reichskanzler (1909-1917) Theobald von Bethmann Hollweg (29. 11. 1856-2. 1. 1921) geforderten Kriegskredite.

15. 8. 1914
Panama
Der unter US-Aufsicht stehende Panamakanal wird eröffnet. → S. 557

20. 8. 1914
Vatikanstadt
Papst (ab 1903) Pius X. (eigentl. Giuseppe Sarto, *2. 6. 1835) stirbt. Zu seinem Nachfolger wird am 3. 9. Giacomo Giovanni Battista della Chiesa (21. 11. 1851-22. 1. 1922) bestimmt, der den Namen Benedikt XV. annimmt.

23. 8. 1914
Erster Weltkrieg
Japan erklärt dem Deutschen Reich den Krieg. Am 18. 9. beginnen die Japaner mit der Belagerung des deutschen Kolonialgebiets (seit 1898) im chinesischen Kiautschou. Der deutsche Stützpunkt Tsingtau muss am 7. 11. 1914 kapitulieren.

31. 8. 1914
Erster Weltkrieg
Bei Tannenberg in Ostpreußen wird die russische Narew-Armee von der 8. deutschen Armee – unter Führung des reaktivierten Generals Paul von Beneckendorff und von Hindenburg (2. 10. 1847-2. 8. 1934) und mit Erich Ludendorff (9. 4. 1865-20. 12. 1937) als Generalstabschef – eingeschlossen und vernichtet.

9. 9. 1914
Erster Weltkrieg
Unter dem Eindruck örtlicher Misserfolge bei der 2. Armee erlässt der Chef des deutschen Generalstabs Helmuth Graf von Moltke (25. 5. 1848-18. 6. 1916) den Rückzugsbefehl für die gesamte Front (»Wunder an der Marne«).

29. 10. 1914
Erster Weltkrieg
Mit einem Kreuzerangriff auf russische Schwarzmeerhäfen tritt das Osmanische Reich an der Seite des Deutschen Reiches und Österreich-Ungarns in den Ersten Weltkrieg ein.

2. 12. 1914
Erster Weltkrieg
Der Deutsche Reichstag bewilligt unter Zustimmung aller Parteien einen zweiten Kriegskredit in Höhe von 5 Mrd. Mark. Als einziger Abgeordneter lehnt der Sozialdemokrat Karl Liebknecht (13. 8. 1871-15. 1. 1919) die geforderte Bewilligung ab.

1915-1919

7. 2. 1915
Erster Weltkrieg
Ein Angriff osmanischer Truppen gegen britische Stellungen am Sueskanal schlägt nach drei Tagen fehl. Das 20 000 Mann starke Expeditionskorps muss den Rückmarsch antreten.

7. 2. 1915
Erster Weltkrieg
In der Winterschlacht in Masuren werden die Russen von den deutschen Truppen bis Ende des Monats aus ganz Ostpreußen vertrieben.

18. 2. 1915
Erster Weltkrieg
Die deutsche Marine beginnt den U-Boot-Krieg gegen die Handelsschifffahrt in der Nordsee.

3. 3. 1915
USA
Der dreieinhalbstündige Monumentalfilm »The Birth of a Nation« (Die Geburt einer Nation) von David Wark Griffith (22. 1. 1875-23. 7. 1948) über das Schicksal zweier Familien während des Amerikanischen Bürgerkriegs hat in New York Premiere.

5. 4. 1915
Kuba
Jess Willard (1881-1969) wird in Havanna durch einen K.o.-Sieg in der 26. Runde über den schwarzen Titelverteidiger Jack Johnson (beide USA) neuer Boxweltmeister im Schwergewicht.

22. 4. 1915
Erster Weltkrieg
An der Front bei Ypern sterben durch den Einsatz von 168 t giftigem Chlorgas von deutscher Seite aus 5000 alliierte Soldaten, etwa 10 000 erleiden schwere Vergiftungen.

25. 4. 1915
Erster Weltkrieg
Britische und französische Truppen landen auf der osmanischen Halbinsel Gallipoli. Die auf Veranlassung des britischen Marineministers Winston Churchill (30. 11. 1874-24. 1. 1965) unternommene Dardanellenoffensive scheitert am 19. 12. unter hohen Verlusten.

2. 5. 1915
Erster Weltkrieg
Den Truppen der Mittelmächte unter dem Kommando von General August von Mackensen (12. 1849-8. 11. 1945) gelingt bei Gorlice und Tarnów ein entscheidender Durchbruch durch die russischen Linien.

3. 5. 1915
Erster Weltkrieg
Italien kündigt den seit 1882 bestehenden Dreibund auf und tritt am 23. 5. in den Krieg gegen die Mittelmächte ein. Die italienische Armee konzentriert ihre Angriffe auf die Gegend am Isonzo, um von dort auf Triest vorstoßen zu können.

7. 5. 1915
Erster Weltkrieg
Der britische Passagierdampfer »Lusitania« (rd. 30 000 BRT) wird von einem deutschen U-Boot südlich von Irland versenkt. 1198 Menschen ertrinken, darunter 128 US-Amerikaner. Am 18. 9. stellt das Deutsche Reich den U-Boot-Krieg vorübergehend ein, um eine Zuspitzung des Konflikts mit den USA zu vermeiden.

27. 5. 1915
Erster Weltkrieg
Unter dem Vorwand eines angeblich geplanten Aufstandes beschließt die osmanische Regierung die Deportation christlicher Armenier aus ihren Wohngebieten in Anatolien in die Wüste von Mesopotamien. Auf dem Transport werden hunderttausende der insgesamt 1,4 Mio. deportierten Armenier von den osmanischen Truppen ermordet, ein Großteil stirbt an Hunger und Seuchen, etwa 200 000 Kinder und Frauen werden verschleppt.

9. 7. 1915
Erster Weltkrieg
Deutsch-Südwestafrika wird an den südafrikanischen General Louis Botha übergeben. Die rd. 3500 Mann starke Schutztruppe muss kapitulieren. Auch in Togo (26. 8. 1914) und Kamerun (19. 2. 1916) erlischt der deutsche Widerstand.

29. 7. 1915
Haiti
US-Marineinfanteristen landen auf Haiti. Die Intervention wird mit dem Schutz wirtschaftlicher und politischer Interessen der USA begründet. Ein Vertrag, der Haiti für zunächst zehn Jahre zum US-Protektorat macht, wird am 16. 9. unterzeichnet.

5. 8. 1915
Erster Weltkrieg
Die deutschen Truppen besetzen Warschau. Bis Anfang September wird ganz Polen von den Mittelmächten erobert.

6. 10. 1915
Erster Weltkrieg
Deutsche und österreichisch-ungarische Truppen beginnen eine Offensive gegen Serbien, in deren Verlauf sie am 9. 10. Belgrad einnehmen und bis Anfang Dezember ganz Serbien erobern. Den am 5. 10. unter Verletzung der griechischen Neutralität in Saloniki gelandeten britischen und französischen Truppen gelingt es nicht, die Verbindung mit der serbischen Armee herzustellen.

14. 10. 1915
Erster Weltkrieg
Auf Seiten der Mittelmächte tritt Bulgarien in den Krieg ein.

5. 2. 1916
Schweiz
In Zürich wird das »Cabaret Voltaire« eröffnet, das zum Ausgangspunkt der Kunstrichtung »Dada« wird. Die Dadaisten lehnen die bisher geltenden ästhetischen Wertmaßstäbe ab und proklamieren die Freiheit der Kunst.

8. 2. 1916
Erster Weltkrieg
Bewaffnete Handelsschiffe der Entente-Staaten sollen, so erklärt das Deutsche Reich, künftig ohne Warnung angegriffen werden. Nach einem Ultimatum der USA verbietet Kaiser Wilhelm II. am 4. 5. den uneingeschränkten U-Boot-Krieg. Aus Protest tritt Alfred von Tirpitz (9. 3. 1849-6. 3. 1930) als Chef des Reichsmarineamtes zurück.

21. 2. 1916
Erster Weltkrieg
Mit dem Angriff auf Verdun im Nordosten Frankreichs beginnt eine der verlustreichsten Materialschlachten des Krieges. Der deutsche Generalstabschef Erich von Falkenhayn (1. 9. 1861-8. 4. 1922) will den Gegner »ausbluten«. Nach der französischen Gegenoffensive am 16. 12. stehen die Linien etwa wieder in der Ausgangsposition. Die Bilanz: 335 000 Tote auf deutscher und 350 000 Tote auf französischer Seite.

24. 4. 1916
Irland
Die Untergrundarmee Irish Volunteers besetzt die wichtigsten Plätze und Gebäude von Dublin mit dem Ziel, eine von Großbritannien unabhängige irische Republik auszurufen. Der »Osteraufstand« wird innerhalb einer Woche vom britischen Militär niedergeschlagen.

29. 4. 1916
Erster Weltkrieg
Osmanische Truppen stoppen das Vordringen der Briten in Mesopotamien. Die britisch-indischen Verbände in Kut-el-Amara kapitulieren.

15. 5. 1916
Dominikanische Republik
US-Truppen landen in Santo Domingo und übernehmen bis 1924 die Macht.

16. 5. 1916
Großbritannien/Frankreich
Im Sykes-Picot-Abkommen vereinbaren Großbritannien und Frankreich eine Regelung der Interessensphären im Nahen Osten. Mesopotamien wird dem britischen Einflussbereich zugeordnet, Syrien wird französisches Interessengebiet.

31. 5./1. 6. 1916
Erster Weltkrieg
Die Seeschlacht am Skagerrak (Nordsee) zwischen der deutschen und der britischen Hochseeflotte endet ohne einen Sieger.

4. 6. 1916
Erster Weltkrieg
Der russische General Alexei A. Brussilow (19. 8. 1853-17. 3. 1926) eröffnet zur Entlastung der westlichen Verbündeten eine erfolgreiche Offensive an der russischen Südwestfront gegen Österreich-Ungarn.

6. 6. 1916
China
Nach dem Tod des Staatspräsidenten Yüan Shih-k'ai (*20. 9. 1859) in Peking, der sich im Dezember 1915 selbst zum Kaiser von China proklamiert hat, kämpfen verschiedene, miteinander rivalisierende Gruppen mit ihren Privatarmeen um die Macht.

1. 7. 1916
Erster Weltkrieg
Nach einwöchigem Artilleriebombardement der Alliierten gegen deutsche Stellungen eröffnen Briten und Franzosen die Somme-Schlacht. Obwohl die Briten am 15. 9. erstmals Panzer einsetzen, bleiben die Geländegewinne gering. Die Schlacht kommt Ende November zum Erliegen.

27. 8. 1916
Erster Weltkrieg
Nach Portugal (9. 3.) tritt Rumänien auf Seiten der Entente in den Krieg gegen die Mittelmächte ein. Am 6. 12. erobert die deutsche Heeresgruppe Mackensen die rumänische Hauptstadt Bukarest.

4. 9. 1916
Erster Weltkrieg
Die Briten erobern Daressalam, die Hauptstadt von Deutsch-Ostafrika. Die deutsche Afrika-Truppe unter Oberstleutnant Paul von Lettow-Vorbeck (20. 3. 1870-9. 3. 1964) weicht in die portugiesische Kolonie Moçambique aus.

15. 9. 1916
Erster Weltkrieg
Das britische Militär setzt an der Somme-Front erstmals gepanzerte Kettenfahrzeuge, die sog. Tanks ein.

21. 11. 1916
Österreich-Ungarn
Im Alter von 86 Jahren stirbt Kaiser (seit 1848) Franz Joseph I. von Österreich (*18. 8. 1830) in Wien. Nachfolger (bis 1918) wird sein Großneffe Karl I. Franz Joseph (17. 8. 1887-1. 4. 1922). Er strebt einen Separatfrieden mit der Entente cordiale an.

25. 11. 1916
Erster Weltkrieg
Der frühere griechische Regierungschef (1910-1915) Eleftherios Weniselos (23. 8. 1864-18. 3. 1936) errichtet in Opposition zum König in Saloniki eine Gegenregierung, deren Truppen auf Seiten der Entente kämpfen (Salonikifront).

30. 12. 1916
Russland
Der Wunderheiler und Mönch Grigori J. Rasputin (*1864 oder 1865) wird in Petrograd (St. Petersburg) ermordet. Er hatte durch sein Versprechen, den an Bluterkrankheit leidenden Thronfolger zu heilen, seit 1907 einen ständig wachsenden Einfluss am Zarenhof.

5. 2. 1917
Mexiko
Mit der vom Präsidenten (1915-1920) Venustiano Carranza (1859-1920) verkündeten Verfassung wird das Ende der Revolution eingeleitet: Die Bodenschätze werden verstaatlicht, die Enteignung des bäuerlichen Grundbesitzes rückgängig gemacht und die Privilegien der Kirche beschränkt.

2. 3. 1917
USA
Der Kongress verabschiedet ein Gesetz, wonach die Insel Puerto Rico US-Territorium wird.

15. 3. 1917
Russland
Nach landesweiten Streiks und Demonstrationen dankt Zar Nikolaus II. ab. Eine bürgerliche Provisorische Regierung übernimmt die Staatsführung.

6. 4. 1917
Erster Weltkrieg
Mit dem Kriegseintritt der USA auf Seiten der Entente-Mächte weitet sich der 1914 in Europa ausgebrochene Konflikt endgültig zum Weltkrieg aus. Anlass ist die Wiederaufnahme des uneingeschränkten deutschen U-Boot-Krieges im Januar 1917. Mit den USA treten auch China (14. 8.) und andere amerikanische Staaten in den Krieg ein. → S. 558

16. 4. 1917
Russland
Aus dem Schweizer Exil trifft der Revolutionär Wladimir I. Lenin mit Hilfe der deutschen Heeresleitung in Petrograd ein. Der im Juli unternommene Versuch, durch Massendemonstrationen an die Macht zu gelangen, wird von der Provisorischen Regierung niedergeschlagen. Lenin flieht nach Finnland.

2. 5. 1917
Erster Weltkrieg
Ein schlecht vorbereiteter französischer Angriff gegen die Deutschen in der Champagne (Nivelle-Offensive) führt zu Meutereien in der französischen Armee. Die Unruhen werden von General Philippe Pétain (24. 4. 1856-23. 7. 1951), dem neuen französischen Oberbefehlshaber, niedergeschlagen.

17. 7. 1917
Großbritannien
Wegen des Krieges mit dem Deutschen Reich ändert der britische König Georg V. den Namen seines Hauses von Sachsen-Coburg-Gotha in Windsor.

15. 10. 1917
Erster Weltkrieg
Wegen Spionage für das Deutsche Reich wird die niederländische Tänzerin Mata Hari (eigentl. Margarethe Geertruida Zelle, *7. 8. 1876) in Vincennes/Frankreich hingerichtet.

24. 10. 1917
Erster Weltkrieg
In der 12. Isonzoschlacht brechen die Österreicher bei Karfreit (Caporetto) in Slowenien durch und erobern anschließend Udine. Am Piave hält die italienische Front mit britisch-französischer Unterstützung stand.

2. 11. 1917
Großbritannien
Der britische Außenminister Arthur James Balfour (25. 7. 1848-19. 3. 1930) verspricht den Juden eine Heimstätte in Palästina (Balfour-Deklaration).

7. 11. 1917
Russland
Die von Wladimir I. Lenin geführten Bolschewiki stürzen am 7. 11. (= 25. 10. nach julianischer Zeitrechnung) die Provisorische Regierung und übernehmen die Macht. → S. 558

20. 11. 1917
Erster Weltkrieg
Während der Kämpfe bei Cambrai vom 20. 11. bis 6. 12. setzt Großbritannien erstmals größere Verbände von Tanks (Panzer) ein, ohne einen entscheidenden Einbruch in die deutschen Linien zu erzielen.

9. 12. 1917
Erster Weltkrieg
Eine von General Edmund Henry Allenby (23. 4. 1861-14. 5. 1936) geführte britische Offensive in Palästina zwingt die osmanischen Truppen zur Räumung von Jerusalem.

18. 12. 1917
Deutschland
Auf Betreiben von General Erich Ludendorff, der sich davon »die planmäßige und nachträgliche Beeinflussung der großen Massen im staatlichen Interesse« erhofft, wird in Berlin ein Großteil der deutschen Filmindustrie zur Universum Film AG (Ufa) zusammengefasst.

8. 1. 1918
USA
Präsident Woodrow Wilson legt vor dem Kongress ein Friedensprogramm in 14 Punkten vor. Es beeinhaltet u.a. die Wiederherstellung der Unabhängigkeit Belgiens, die Rückgabe von Elsass-Lothringen an Frankreich, die Räumung der besetzten Gebiete in Russland und auf dem Balkan, die Bildung eines unabhängigen polnischen Staates sowie die Autonomie für die Völker in Österreich-Ungarn und im Osmanischen Reich.

25. 1. 1918
Russland
In Petrograd (St. Petersburg) wird auf dem seit 23. 1. tagenden III. Allrussischen Kongress der Arbeiter- und Soldatendeputierten die Bildung der Russischen Föderativen Sowjetrepublik proklamiert.

28. 1. 1918
Deutsches Reich
Nach vorangegangenen Massenstreiks in Österreich-Ungarn treten auf einen Appell von linken Sozialdemokraten hin etwa 1 Mio. Arbeiter in den Ausstand. Nachdem die Militärbehörden den Streikenden mit Kriegsgericht drohen, wenn sie nicht bis zum 4. 2. die Arbeit wieder aufnehmen, wird der Streik abgebrochen.

9. 2. 1918
Erster Weltkrieg
Die Mittelmächte schließen in Brest-Litowsk einen Sonderfrieden mit der Ukraine (»Brotfrieden«) und erkennen die antibolschewistische Ukrainische Volksrepublik als unabhängigen Staat an.

23. 2. 1918
Sowjetrussland
Außenminister Leo D. Trotzki (eigentl. Bronstein, 7. 11. 1879-21. 8. 1940) gründet die Rote Armee. Der Bürgerkrieg gegen die bürgerliche Opposition (»Weiße Armee«) dauert bis 1921 an.

3. 3. 1918
Erster Weltkrieg
Die Mittelmächte zwingen Sowjetrussland durch eine am 18. 2. begonnene erneute Offensive zum Abschluss des »Diktatfriedens« von Brest-Litowsk. Sowjetrussland verzichtet auf seine Hoheitsrechte in Finnland, Livland, Estland und Kurland, Polen, Litauen, der Ukraine, Georgien und den armenischen Gebieten Kars, Ardahan und Batum.

10. 3. 1918
Sowjetrussland
Die Regierung siedelt von Petrograd (St. Petersburg) in die alte russische Hauptstadt Moskau über.

21. 3. 1918
Erster Weltkrieg
Unter dem Decknamen »Michael« beginnt zwischen Cambrai und Saint-Quentin die letzte große deutsche Westoffensive. Die Deutschen brechen mit 59 Divisionen und 6600 Geschützen durch die feindlichen Linien. Am 5. 4. kommt der Vormarsch zum Stillstand.

21. 4. 1918
Erster Weltkrieg
Manfred Freiherr von Richthofen (*2. 5. 1892) fällt im Luftkampf bei Vaux-sur-Somme. Der erfolgreichste deutsche Jagdflieger im Ersten Weltkrieg (80 Abschüsse) wurde nach der Farbe seines Flugzeugs der »rote Baron« genannt.

7. 5. 1918
Erster Weltkrieg
Die Mittelmächte und Rumänien schließen den Frieden von Bukarest. Rumänien tritt die Dobrudscha an Bulgarien ab und ermöglicht dem Deutschen Reich Zugang zu den rumänischen Erdölquellen.

16./17. 7. 1918
Sowjetrussland
Der letzte russische Zar (1894-1917) Nikolaus II. (*18. 5. 1868) wird mit seiner Familie in seinem Verbannungsort Jekaterinburg (Swerdlowsk) von Bolschewisten erschossen.

8. 8. 1918
Erster Weltkrieg
Ein alliierter Angriff wird zum »schwarzen Tag« des deutschen Heeres und zwingt die Oberste Heeresleitung zwischen Lys und Chemin des Dames zum Rückzug in breiter Front.

18./19. 9. 1918
Erster Weltkrieg
Mit Unterstützung arabischer Truppenverbände gelingt den Briten in der sog. Palästinaschlacht ein entscheidender Erfolg über die Osmanen. Am 2. 10. erobert der britische Agent Thomas Edward Lawrence, genannt »Lawrence von Ara-

bien« (15. 8. 1888-19. 5. 1935), mit arabischen Truppen Damaskus.

29. 9. 1918
Erster Weltkrieg
Bulgarien schließt einen Waffenstillstand mit den Alliierten. Zar (1908-1918) Ferdinand I. dankt am 3. 10. ab. Nachfolger wird sein Sohn Boris III. (30. 1. 1894-28. 8. 1943), der bis 1943 auf dem Thron bleibt.

3. 10. 1918
Erster Weltkrieg
Der deutsche Reichskanzler Max Prinz von Baden (10. 7. 1867-6. 11. 1929) ersucht US-Präsident Woodrow Wilson, »die Herstellung des Friedens in die Hand zu nehmen«. Er entspricht damit einer Forderung der Obersten Heeresleitung (OHL), die auf einen Waffenstillstand drängt.

28. 10. 1918
Tschechoslowakei
Als Republik der Tschechen und Slowaken löst sich die Tschechoslowakei aus dem Staatenbund der Donaumonarchie. Erster Präsident (bis 1935) wird am 7. 11. der Philosoph und Politiker Tomás Garrigue Masaryk (7. 3. 1850-14. 9. 1937).

30. 10. 1918
Erster Weltkrieg
Das Osmanische Reich und die Alliierten schließen den Waffenstillstand von Mudros. Die Alliierten erhalten freien Zugang zu den Dardanellen und Operationsfreiheit im Gebiet des Osmanischen Reiches.

3. 11. 1918
Erster Weltkrieg
In der Villa Giusti bei Padua wird der Waffenstillstand zwischen Österreich-Ungarn und den Alliierten unterzeichnet. Die Österreicher müssen u.a. Tirol bis zum Brenner und das Pustertal bis Toblach räumen, ebenso das Tarviser Becken, das Isonzogebiet, Istrien samt Triest, Westkrain sowie Dalmatien mit allen Adria-Inseln.

9. 11. 1918
Deutsches Reich
Reichskanzler Max Prinz von Baden verkündet in Berlin die Abdankung von Kaiser Wilhelm II. und ernennt den Führer der Mehrheitssozialdemokraten, Friedrich Ebert (4. 2. 1871-28. 2. 1925), zum neuen Reichskanzler. → S. 562

11. 11. 1918
Erster Weltkrieg
In einem Eisenbahnwaggon im Wald von Compiègne unterzeichnen der Leiter der deutschen Waffenstillstandskommission, Matthias Erzberger (20. 9. 1875-26. 8. 1921), und der französische Marschall Ferdinand Foch (2. 10. 1851-20. 3. 1929) die Waffenstillstandsbedingungen der alliierten Sieger. → S. 562

11. 11. 1918
Österreich
Karl I. Kaiser von Österreich (1916-1918) legt die Regierungsgeschäfte nieder, ohne formell abzudanken. Die Reichstagsabgeordneten der deutschen Parteien, die sich bereits am 21. 10. als Provisorische Nationalversammlung konstituiert hatten, erklären am 12. 11. Deutsch-Österreich zu einer demokratischen Republik als Bestand der »Deutschen Republik«.

14. 11. 1918
Polen
Der Anfang November aus deutscher Festungshaft entlassene Jósef Klemens Pilsudski (5. 12. 1867-12. 5. 1935) übernimmt in Warschau aus den Händen des Regentschaftsrates die politische Macht.

16. 11. 1918
Ungarn
Regierungschef Mihály Graf Károlyi (4. 3. 1875-18. 3. 1955) proklamiert in Budapest die Ungarische Republik und das Ende der österreichischen Herrschaft über Ungarn nach über 200 Jahren.

1. 12. 1918
Island
Mit Inkrafttreten der am Vortag beschlossenen Unionsakte wird Island als selbstständiger Staat in Personalunion mit Dänemark anerkannt.

1. 12. 1918
Jugoslawien
Die südslawischen Völker gründen das »Königreich der Serben, Kroaten und Slowenen« (ab 3. 10. 1929 »Jugoslawien«). Der serbische König Peter I. (1844-16. 8. 1921) wird Staatsoberhaupt.

14. 12. 1918
Großbritannien
Bei den britischen Unterhauswahlen haben erstmals alle Männer ab dem 21. und alle Frauen ab dem 30. Lebensjahr Wahlrecht. David Lloyd George (17. 1. 1863-26. 03. 1945) regiert mit seinem liberalkonservativen Kabinett weiter.

5. 1. 1919
Deutsches Reich
Mit der Besetzung des Berliner Zeitungsviertels beginnt der sog. Spartakusaufstand gegen die Regierung der Volksbeauftragten. Am 11./12. 1. wird der Aufstand niedergeschlagen. Am 15. 1. ermorden Freikorpsoffiziere in Berlin Rosa Luxemburg (*5. 3. 1870 oder 1871) und Karl Liebknecht (*13. 8. 1871), die Führer der am 30. 12. 1918 in Berlin gegründeten Kommunistischen Partei Deutschlands (Spartakusbund).

5. 2. 1919
Ukraine
Sowjetrussische Truppen erobern die Hauptstadt Kiew. Die Ukraine hatte sich Anfang 1918 für unabhängig erklärt.

11. 2. 1919
Deutsches Reich
Die in Weimar tagende Nationalversammlung wählt Friedrich Ebert (SPD) zum ersten Reichspräsidenten (bis 1925). → S. 564

1. 3. 1919
Korea
Etwa 2 Mio. Menschen demonstrieren für die Selbstständigkeit Koreas, das 1910 von Japan unter dem Namen Provinz Chosen annektiert worden ist. Japanisches Militär schlägt die Demonstrationen nieder. In der Folgezeit formiert sich eine passive Widerstandsbewegung, die sog. Bewegung des 1. März (»Samil-undong«). Im April 1919 gründet Syngman Rhee (26. 3. 1875-19. 7. 1965) eine koreanische Exilregierung in Shanghai.

21. 3. 1919
Ungarn
Unter Führung von Béla Kun (20. 2. 1886-30. 11. 1939) proklamiert der Budapester Arbeiterrat die Räterepublik. Nach einer Intervention Rumäniens dankt die ungarische Regierung am 1. 8. ab. Am 16. 11. zieht Miklós Horthy von Nagybánya (18. 6. 1868-9. 2. 1957) mit der gegenrevolutionären ungarischen Nationalarmee in Budapest ein. Horthy ist Staatschef (Reichsverweser) von 1920 bis 1944.

10. 4. 1919
Mexiko
Der Bauernrevolutionär Emiliano Zapata (*1879 oder 1883) wird im südmexikanischen Chinameca von Regierungssoldaten ermordet. Als armer Bauer indianischer Herkunft schloss er sich der Revolutionsbewegung um Francisco Madero (30. 10. 1873-22. 2. 1913) an, die 1910 den Sturz des Diktators Porfirio Díaz herbeiführte.

13. 4. 1919
Indien
Der britische General Reginald Edward Harry Dyer lässt in der Stadt Amritsar im Pandschab das Feuer auf eine unbewaffnete Protestversammlung eröffnen. Bei dem »Massaker von Amritsar« werden 400 Zivilisten getötet und fast 1200 verletzt. Der Protest richtet sich gegen die Verlängerung des 1915 über Britisch-Indien verhängten Ausnahmezustands und das Ausbleiben von Reformen.

17. 4. 1919
USA
Die Schauspieler Charles Chaplin (16. 4. 1889-25. 12. 1977), Douglas Fairbanks (23. 5. 1883-12. 12. 1939), Mary Pickford (8. 4. 1893-29. 5. 1979) und der Regisseur und Produzent David Wark Griffith gründen die Produktions- und Verleihgesellschaft United Artists Corporation.

28. 4. 1919
Frankreich
Die Friedenskonferenz der Siegermächte des Ersten Weltkriegs billigt die Satzung des Völkerbundes. Die USA, deren Präsident Woodrow Wilson die Idee des Völkerbundes entwickelt hatte, müssen fernbleiben, da der isolationistisch gestimmte US-Senat die Versailler Verträge nicht ratifiziert. → S. 565

4. 5. 1919
China
Im Zuge der Nachricht, dass gemäß dem Friedensvertrag von Versailles die deutschen Privilegien in China auf Japan übergehen sollen, kommt es in Peking zu Studentenprotesten. Die dadurch ausgelöste sog. Vierte-Mai-Bewegung gegen die japanische Hegemonie in Ostasien ist die erste chinesische Nationalbewegung.

15. 5. 1919
Griechenland/Türkei
Griechische Truppen besetzen im Auftrag der alliierten Siegermächte die osmanische Hafenstadt Smyrna (Izmir) und lösen damit den griechisch-türkischen Krieg aus (bis 1922). Dagegen formiert sich in der Türkei eine Unabhängigkeitsbewegung unter Führung von Mustafa Kemal (ab 1934 Kemal Atatürk, 19. 5. 1881-10. 11. 1938).

28. 6. 1919
Frankreich
Die deutsche Delegation unterzeichnet den Friedensvertrag von Versailles. → S. 564

31. 7. 1919
Deutsches Reich
Die in Weimar tagende Nationalversammlung billigt die neue Reichsverfassung. Sie tritt am 14. 8. in Kraft.

8. 8. 1919
Afghanistan
Der Vertrag von Rawalpindi beendet den im Mai 1919 ausgebrochenen dritten Afghanisch-Britischen Krieg. Großbritannien erkennt die Unabhängigkeit Afghanistans in der auswärtigen Politik an, die seit 1879 in den Händen der Briten lag, stellt dafür aber die bisher geleistete Zahlung von sog. Jahrgeldern an Afghanistan ein.

10. 9. 1919
Frankreich
In Saint-Germain-en-Laye wird der Friedensvertrag der Alliierten mit Österreich unterzeichnet. Der Anschluss an Deutschland wird dem Land verwehrt; Südtirol, Triest, Istrien und Dalmatien gehen verloren.

27. 11. 1919
Frankreich
Im Frieden von Neuilly-sur-Seine bei Paris mit den Alliierten verliert Bulgarien durch Gebietsabtretungen an Griechenland den Zugang zur Ägäis.

1920-1924

16. 1. 1920
USA
Durch Inkrafttreten des Verfassungszusatzes über die Prohibition (gilt bis 1933) sind in den USA Herstellung, Vertrieb und Konsum von Getränken mit mehr als 0,5% Alkoholgehalt bei Strafe verboten.

10. 2. 1920
Deutsches Reich
Bei der Volksabstimmung in der nördlichen Zone Nordschleswigs votieren drei Viertel der Bevölkerung für einen Anschluss an Dänemark. Der südliche Teil entscheidet sich am 14. 3. für Deutschland.

13. 3. 1920
Deutsches Reich
Ein rechtsgerichteter Putsch unter Führung von Wolfgang Kapp (24. 7. 1858-12. 6. 1922) und des Generals Walther Freiherr von Lüttwitz (2. 2. 1859-20. 9. 1942) scheitert nach vier Tagen am Generalstreik der Gewerkschaften.

4. 6. 1920
Frankreich
Im Frieden von Trianon muss Ungarn über zwei Drittel des Staatsgebiets aufgeben: Die Slowakei (Oberungarn) fällt an die Tschechoslowakei, ein Teil des Burgenlands an Österreich, Kroatien und Slawonien an Jugoslawien, das Banat an Jugoslawien und Rumänien, Siebenbürgen an Rumänien.

4. 7. 1920
Großbritannien
In den Einzelfinals des Tennisturniers von Wimbledon setzen sich der US-Amerikaner William (»Big Bill«) T. Tilden (10. 2. 1893-5. 6. 1953) und die Französin Suzanne Lenglen (24. 5. 1899-4. 7. 1938) durch.

11. 7. 1920
Deutsches Reich
Bei einem Plebiszit in den Abstimmungsgebieten in Ost- und Westpreußen sprechen sich 97,8 bzw. 93,4% der Bevölkerung für einen Verbleib beim Deutschen Reich aus.

16. 8. 1920
Polen/Sowjetrussland
Eine polnische Gegenoffensive, das »Wunder an der Weichsel«, bringt die Wende im polnisch-russischen Krieg, der am 26. 4. durch den polnischen Angriff begonnen hatte. Im Frieden von Riga (18. 3. 1921) erreicht Polen eine Ostgrenze, die mehr als 200 km östlich der von den Alliierten vorgeschlagenen sog. Curzon-Linie (1919) verläuft.

22. 8. 1920
Österreich
Das religiöse Mysterienspiel »Jedermann« von Hugo von Hofmannsthal (1. 2. 1874-15. 7. 1929) bildet den Auftakt für die ersten Salzburger Festspiele.

26. 8. 1920
USA
Mit der Ratifikation des 19. Verfassungszusatzes wird das allgemeine Frauenwahlrecht eingeführt.

14. 10. 1920
Finnland
Im Frieden von Dorpat erkennt Sowjetrussland die Selbstständigkeit Finnlands an, das mit dem Hafen Petsamo einen Zugang zum Eismeer erhält.

2. 11. 1920
USA
Der Republikaner Warren G. Harding (2. 11. 1865-2. 8. 1923) wird zum 29. US-Präsidenten (1921-1923) gewählt.

2. 11. 1920
USA
Der Sender KDKA in Pittsburgh strahlt das erste regelmäßige Rundfunkprogramm der Welt aus.

11. 11. 1920
Sowjetrussland
Mit der Flucht der weißrussischen Truppen unter General Pjotr N. Baron von Wrangel (27. 8. 1878-25. 4. 1928) in die Türkei endet der Bürgerkrieg mit dem endgültigen Sieg der Roten Armee.

1. 3. 1921
Tschechoslowakei
In Prag erscheint der erste von vier Bänden des Schelmenromans »Die Abenteuer des braven Soldaten Schwejk während des Weltkrieges« von Jaroslav Hašek (30. 4. 1883-3. 1. 1923).

2. 3. 1921
Sowjetrussland
Auf der Petrograd (St. Petersburg) vorgelagerten Seefestung Kronstadt gründen 16 000 revoltierende Matrosen ein »Provisorisches Revolutionskomitee«, das die »Befreiung von der Gewaltherrschaft der Kommunisten« fordert. Die Sowjetregierung lässt den Aufstand am 18. 3. niederschlagen.

7. 3. 1921
Deutsches Reich
Nach dem Scheitern der Reparationsverhandlungen besetzen alliierte Soldaten Düsseldorf, Duisburg und Ruhrort. Am 11. 5. akzeptiert die deutsche Seite das von den Alliierten am 5. 5. überreichte Londoner Ultimatum und die Festlegung der Reparationsschuld auf 132 Mrd. Goldmark.

8. 3. 1921
Sowjetrussland
Auf dem X. Parteikongress wird mit der »Neuen Ökonomischen Politik« (NEP) eine Wende zur Marktwirtschaft vollzogen. Kleinere und mittlere Betriebe sowie die Agrarwirtschaft können weitgehend freien Handel treiben.

20. 3. 1921
Deutsches Reich
Beim Referendum in Oberschlesien stimmen 40,4% der Einwohner für Polen und 59,6% für das Deutsche Reich. Ein anschließender polnischer Aufstand wird von deutschen Milizen niedergeworfen. Der Völkerbund entscheidet am 20. 10., Oberschlesien zu teilen: Der größte Teil des Industriereviers fällt an Polen.

28. 4. 1921
Kuba
Bei der Schachweltmeisterschaft in Havanna schlägt der Kubaner José Raoul Capablanca (19. 11. 1888-8. 3. 1942) den Deutschen Emanuel Lasker (24. 12. 1868-13. 11. 1941), der seit 1894 ununterbrochen Weltmeister war.

1. 7. 1921
China
In Shanghai gründen zwölf junge Intellektuelle die Kommunistische Partei Chinas. Unter den Mitbegründern ist Mao tse-tung (26. 12. 1893-9. 9. 1976), der am 6. 1. 1935 die Führung der Partei übernimmt.

27. 7. 1921
Kanada
Dem kanadischen Mediziner Frederick Grant Benting und seinem Assistenten Charles Herbert Best gelingt es an der Universität von Toronto, das Bauchspeicheldrüsenhormon Insulin zu isolieren. Sie beweisen damit die Existenz eines den Blutzuckergehalt senkenden Hormons.

2. 8. 1921
Italien
In seinem Geburtsort Neapel stirbt der populäre Tenor Enrico Caruso (*27. 2. 1873).

23. 8. 1921
Irak
Mit britischer Unterstützung wird Faisal I. (20. 5. 1885-8. 9. 1933) zum König des Irak gekrönt (1921-1933).

5. 12. 1921
Frankreich
In Paris wird Henri Désiré Landru zum Tode verurteilt. Das Gericht hält ihn für schuldig, zwischen Januar 1915 und Januar 1919 zehn Frauen ermordet zu haben. Er wird am 25. 2. 1922 hingerichtet.

10. 12. 1921
Schweden
Der deutsche Physiker Albert Einstein (14. 3. 1879-18. 4. 1955) erhält den Nobelpreis. → S. 565

6. 2. 1922
USA
Die USA, Großbritannien, Japan, Frankreich und Italien unterzeichnen das Washingtoner Flottenabkommen. Es gilt bis 1934 und legt die Flottenstärke der Unterzeichnerländer im Verhältnis von 5:5:3:1,75:1,75 fest.

6. 2. 1922
Vatikanstadt
Der Erzbischof von Mailand, Achille Ratti (31. 5. 1857-10. 2. 1939), wird als Pius XI. neues Oberhaupt der katholischen Kirche. Er folgt dem am 22. 1. verstorbenen Papst Benedikt XV. (*21. 11. 1854) nach.

16. 4. 1922
Italien
In Rapallo vereinbaren Deutschland und Sowjetrussland in einem Vertrag u.a. den gegenseitigen Verzicht auf Reparationsansprüche.

24. 6. 1922
Deutsches Reich
Außenminister Walther Rathenau (*29. 9. 1867) wird von Mitgliedern der rechtsextremen Organisation Consul in Berlin ermordet. → S. 564

1. 9. 1922
Frankreich
Die vollständige, aber zensierte Fassung des »Ulysses« des irischen Schriftstellers James Joyce (2. 2. 1882-13. 1. 1941) erscheint in Paris. → S. 565

9. 9. 1922
Türkei
Türkische Truppen erobern Smyrna (heute Izmir) und entscheiden den griechisch-türkischen Krieg für sich. Mustafa Kemal Pascha erreicht im Frieden von Lausanne (24. 7. 1923) die fast vollständige Räumung Kleinasiens durch die Griechen.

28. 10. 1922
Italien
Durch den »Marsch auf Rom« zwingt der italienische Faschist Benito Mussolini (29. 7. 1883-28. 4. 1945) König Viktor Emanuel III. dazu, ihm am 30. 10. die Regierungsgewalt zu übertragen. → S. 566

1. 11. 1922
Türkei
Die Nationalversammlung schafft die Monarchie ab und zwingt damit Sultan (seit 1918) Muhammad VI. zum Rücktritt. Er dankt am 17. 11. ab. Damit endet das Osmanische Reich.

14. 11. 1922
Großbritannien
Die private British Broadcasting Company wird gegründet. Sie wird 1927 in die öffentlich-rechtliche British Broadcasting Corporation (BBC) umgewandelt. → S. 565

6. 12. 1922
Irland
Nach Abtretung der Provinz Ulster (Nordirland) 1921 wird Irland Freistaat, zunächst noch mit Dominionstatus. → S. 566

30. 12. 1922
Sowjetrussland
Die Union der Sozialistischen Sowjetrepubliken (UdSSR) wird gegründet.

11. 1. 1923
Deutsches Reich
Wegen ausstehender Kohlelieferungen im Rahmen der Reparationszahlungen besetzen belgische und französische Truppen das Ruhrgebiet. Die Reichsregierung reagiert mit dem Aufruf zum passiven Widerstand, der bis zum 23. 9. aufrecht erhalten wird.

28. 4. 1923
Großbritannien
In dem mit 127 000 Zuschauern gefüllten Londoner Wembley-Stadion wird erstmals das englische Fußball-Pokalfinale ausgetragen. Die Bolton Wanderers besiegen West Ham United 2:0.

2. 8. 1923
USA
Nach dem Tod von Warren G. Harding (*2. 11. 1865) wird sein Vizepräsident, der Republikaner Calvin Coolidge (4. 7. 1872-5. 1. 1933), 30. US-Präsident (1923–1929).

1. 9. 1923
Japan
Ein schweres Erdbeben, dem Brände und eine Flutwelle folgen, fordert 143 000 Tote.

13. 9. 1923
Spanien
Der General Miguel Primo de Rivera y Orbaneja, Marqués de Estella (8. 1. 1870-16. 3. 1930), macht sich mit Einverständnis von König Alfons' XIII. (17. 5. 1886-28. 2. 1941) zum Diktator.

29. 10. 1923
Türkei
Die Nationalversammlung in Angora (heute Ankara) erklärt die Türkei zur Republik. Mustafa Kemal Pascha wird Staatspräsident. → S. 566

8. 11. 1923
Deutsches Reich
NSDAP-Führer Adolf Hitler (20. 4. 1889-30. 4. 1945) verkündet im Münchner Bürgerbräu-Keller die »nationale Revolution«. Ein am 9. 11. von Hitler und Erich Ludendorff angeführter Demonstrationszug wird von der Polizei aufgelöst.

15. 11. 1923
Deutsches Reich
Mit der Einführung der Rentenmark wird die Inflation überwunden. → S. 567

21. 1. 1924
UdSSR
Wladimir Iljitsch Lenin (*22. 4. 1870), der Gründer Sowjetrusslands, stirbt 53-jährig an den Folgen eines Schlaganfalls in Gorki. → S. 569

25. 3. 1924
Griechenland
Die griechische Nationalversammlung proklamiert die Republik und erklärt die Dynastie Glücksburg (seit 1863) für abgesetzt. König (1922-1924) Georg II. (19. 7. 1890-1. 4. 1947) geht nach Rumänien ins Exil, ohne auf seinen Thronanspruch zu verzichten.

10. 6. 1924
Italien
Der Mord an dem sozialistischen Politiker Giacomo Matteotti (*22. 5. 1885) in Rom durch Parteigänger Benito Mussolinis führt zu einer schweren Krise des faschistischen Systems. Mussolini errichtet daraufhin die Einparteiendiktatur.

23. 6. 1924
Deutsches Reich
In Hannover wird Fritz Haarmann (25. 10. 1879-15. 4. 1925) verhaftet. Er gesteht, 27 junge Männer umgebracht zu haben. Haarmann wird zum Tode verurteilt und hingerichtet.

16. 8. 1924
Großbritannien
Die Alliierten und das Deutsche Reich einigen sich auf eine Neuregelung der Reparationszahlungen. Nach dem sog. Dawes-Plan soll Deutschland bis 1927 jährlich 1 bis 1,75 Mrd. Mark zahlen, danach jährlich 2,5 Mrd. Mark, erhält jedoch ausländische Kredite.

Oktober 1924
Frankreich
Der französische Schriftsteller André Breton (18. 2. 1896-28. 9. 1966) veröffentlicht sein »Manifeste du surréalisme«. → S. 568

1925-1929

20. 3. 1925
China
Nach dem Tod von Sun Yat-sen (eigentl. Sun Wen, 12. 11. 1866-12. 3. 1925), des Gründers der Kuomintang (Nationale Volkspartei), übernimmt General Chiang Kai-shek (31. 10. 1887-5. 4. 1975) die Führung der Partei.

26. 4. 1925
Deutsches Reich
Bei den Wahlen zum Reichspräsidenten siegt im zweiten Wahlgang der von der bürgerlichen Rechten und der NSDAP unterstützte Paul von Hindenburg (14,7 Mio. Stimmen) gegen den ehemaligen Reichskanzler Wilhelm Marx (13,8 Mio.), dem Kandidaten von SPD, DDP und katholischer Zentrumspartei.

1. 10. 1925
Deutsches Reich
Der Komponist Arnold Schönberg (13. 9. 1874-13. 7. 1951), der Begründer der Zwölftonmusik, wird Leiter der Meisterklasse für Komposition an der Preußischen Akademie der Künste zu Berlin.

7. 10. 1925
Frankreich
Die »schwarze Perle« Joséphine Baker (3. 6. 1906-12. 4. 1975) ist Attraktion der »Revue Nègre« im Musiktheater an den Pariser Champs-Elysées. → S. 569

16. 10. 1925
Italien
Im Locarnopakt verzichten das Deutsche Reich, Belgien und Frankreich auf eine gewaltsame Grenzrevision. Die Deutschen verzichten endgültig auf Elsass-Lothringen sowie auf Eupen und Malmedy. Eine endgültige Festlegung der Ostgrenzen lehnt Deutschland hingegen ab.

31. 10. 1925
Iran
Das Parlament in Teheran erklärt das bisherige Staatsoberhaupt (1909-1925) Ahmed Schah (20. 1. 1898-27. 2. 1930) für abgesetzt und überträgt dessen Befugnisse auf Ministerpräsident Resa Khan (16. 3. 1878-26. 7. 1944). Am 12. 12. wird seine Machtübernahme mit der Krönung zum Schah Resa Pahlawi (bis 1941) besiegelt.

13. 11. 1925
Frankreich
In der Pariser Galerie Pierre wird die erste Gruppenausstellung des Surrealismus eröffnet. Künstler wie Max Ernst (2. 4. 1891-1. 4. 1976), Joan Miró (20. 4. 1893-25. 12. 1983) und Pablo Picasso (25. 10. 1881-8. 4. 1973) stellen ihre visionäre Bildsprache vor.

21. 12. 1925
UdSSR
In Moskau hat Sergej M. Eisensteins (23. 1. 1898-11. 2. 1948) Film »Panzerkreuzer Potemkin« Premiere. Das Werk schildert die Meuterei auf einem Panzerkreuzer während der gescheiterten Revolution von 1905.

1925
USA
Der Jazztrompeter Louis Daniel »Satchmo« Armstrong (4. 8. 1900-6. 7. 1971) begründet seinen Ruhm als Leader der Ensembles »Hot Five« und »Hot Seven« (bis 1928). → S. 569

8. 1. 1926
Hedschas
Abd Al Asis Ibn Saud (24. 11. 1880-9. 11. 1953), der Emir eines Stammes des Nadschd, erklärt sich zum König des Hedschas. 1932 gibt Ibn Saud seinem Königreich den Namen Saudi-Arabien.

16. 3. 1926
USA
In Auburn (Massachusetts) startet der US-Physiker Robert Hutchinson Goddard die erste, mit flüssigem Treibstoff angetriebene Rakete. Sie legt eine Strecke von 56 m bei 12,5 m maximaler Flughöhe zurück.

12.-14. 5. 1926
Polen
Marschall Jósef Klemens Pilsudski übernimmt nach einem Militärputsch de facto die Macht und errichtet ein diktatorisches Regime.

28. 5. 1926
Portugal
Ein Militärputsch beendet die Zeit der Ersten Republik (seit 1910). General António Oscar de Fragoso Carmona (4. 11. 1869-18. 4. 1951) übernimmt am 9. 7. das Amt des Ministerpräsidenten (bis 1928, anschließend bis 1951 Staatspräsident).

23. 8. 1926
USA
In New York stirbt der US-Schauspieler Rudolph Valentino (eigentl. Rudolfo Guglielmi, *6. 5. 1895). Mit nur wenigen Filmen – u. a. »Blood and Sand« (1922), »Der Sohn des Scheichs« (1926) – wurde Valentino zur Kino-Legende der Stummfilm-Ära.

10. 9. 1926
Deutsches Reich
Das Deutsche Reich wird in den Völkerbund aufgenommen.

23. 9. 1926
USA
Vor 120 000 Zuschauern in Philadelphia besiegt Herausforderer Gene Tunney über zehn Runden den seit 1919 als Champion amtierenden Jack Dempsey (beide USA) nach Punkten und ist neuer Boxweltmeister im Schwergewicht.

4. 12. 1926
Deutsches Reich
In Dessau wird das Bauhaus eröffnet. → S. 568

10. 12. 1926
Norwegen
Die Außenminister des Deutschen Reiches und Frankreichs, Gustav Stresemann (10. 5. 1878-3. 10. 1929) und Aristide Briand (28. 3. 1862-7. 3. 1932), erhalten den Friedensnobelpreis.

17. 12. 1926
Litauen
Durch einen Militärputsch von Antanas Smetona (1874-1944) wird die republikanische Verfassung aufgehoben. Smetona regiert bis 1940 autoritär.

22. 12. 1926
USA
»The General« kommt in die Kinos, einer der größten Stummfilmerfolge des US-amerikanischen Schauspielers und Regisseurs Joseph Francis »Buster« Keaton (4. 10. 1895-1. 3. 1966).

25. 12. 1926
Japan
Nach dem Tod seines Vater Yoshihito wird Hirohito (29. 4. 1901-7. 1. 1989), seit 1921 bereits Regent, der 124. Tenno.

1926
USA
Die Zeichentrickfigur Mickey Mouse begründet im Stummfilm den Erfolg von Walt Disney (5. 12. 1901-15. 12. 1966) als Animationsfilmer. → S. 569

20. 2. 1927
Norwegen
Die 14-jährige Norwegerin Sonja Henie (8. 4. 1912-12. 10. 1969) wird in Oslo erstmals Eiskunstlauf-Weltmeisterin.

21. 5. 1927
Frankreich
Dem US-amerikanischen Postflieger Charles A. Lindbergh (4. 2. 1902-26. 8. 1974) gelingt der erste Alleinflug über den Ozean. → S. 570

15. 7. 1927
Österreich
Bei Auseinandersetzungen zwischen Arbeitern und der Polizei kommen in Wien 84 Demonstranten und Unbeteiligte sowie fünf Polizisten ums Leben. Der Justizpalast brennt nieder.

15. 7. 1927
China
Der Kuomintang-Führer Chiang Kai-shek vollzieht nach der Niederwerfung der Kommunisten in Schanghai den Bruch mit der Kommunistischen Partei.

23. 10. 1927
USA
Mit »The Jazz Singer« wird der erste Tonfilm uraufgeführt. → S. 571

19. 12. 1927
UdSSR
In Moskau endet der XV. Parteitag der KPdSU (seit 2. 12.). Die Delegierten billigen den Parteiausschluss von Leo D. Trotzki, Lew B. Kamenew (22. 7. 1883-25. 8. 1936) und Grigori J. Sinowjew (11. 9. 1883-25. 8. 1936), die sich gegen die Politik von Josef W. Stalin gestellt haben.

27. 8. 1928
Frankreich
15 Staaten unterzeichnen in Paris den sog. Briand-Kellogg-Pakt zur Ächtung des Krieges in internationalen Streitfällen. Erstmals in der Geschichte der Menschheit wird der Angriffskrieg für völkerrechtswidrig erklärt.

31. 8. 1928
Deutsches Reich
Im Berliner Theater am Schiffbauerdamm wird »Die Dreigroschenoper« von Bertolt Brecht (1898-1956) und Kurt Weill (1900-1950) uraufgeführt. → S. 570

1. 9. 1928
Albanien
Der bisherige Staats- und Ministerpräsident (seit 1925) Achmed Bey Zogu (1895-1961) lässt sich als Zogu I. zum König von Albanien proklamieren.

5. 9. 1928
Großbritannien
Der britische Bakteriologe Sir Alexander Fleming (6. 8. 1881-11. 3. 1955) entdeckt das Penicillin, wofür ihm 1945 der Nobelpreis für Medizin verliehen wird. → S. 571

6. 11. 1928
USA
Der Republikaner Herbert C. Hoover (10. 8. 1874-20. 10. 1964) gewinnt die Präsidentschaftswahlen und wird der 31. US-Präsident (1929-1933).

10. 11. 1928
Deutsches Reich
Die »Vossische Zeitung« in Berlin beginnt mit dem Vorabdruck des Anti-Kriegsromans »Im Westen nichts Neues« von Erich Maria Remarque (22. 6. 1898-25. 9. 1970).

5. 1. 1929
Jugoslawien
König (seit 1921) Alexander I. Karadordevic (17. 12. 1888-9. 10. 1934) setzt die Verfassung außer Kraft und benennt am 3. 10. das Königreich der Serben, Kroaten und Slowenen in Jugoslawien um.

11. 2. 1929
Italien/Vatikan
Durch die mit Italien geschlossenen Lateranverträge wird Vatikanstadt ein eigenständiger Staat mit dem Papst als Staatsoberhaupt. Die Souveränität des Heiligen Stuhls in internationalen Beziehungen wird garantiert.

14. 2. 1929
USA
Im sog. Valentinstag-Massaker lässt der Chicagoer Gangsterboss Al Capone (17. 1. 1899-25. 1. 1947) seine Rivalen ermorden. → S. 570

16. 5. 1929
USA
Erstmals wird der »Oscar« für herausragende Leistungen der Filmkunst verliehen. → S. 571

7. 6. 1929
Frankreich
Der Young-Plan zur Regelung der Reparationen sieht die Zahlung von 112 Mrd. Goldmark bis 1987 vor. → S. 572

25. 10. 1929
USA
Mit dem sog. Schwarzen Freitag an der New Yorker Aktienbörse beginnt die Weltwirtschaftskrise. → S. 573

10. 12. 1929
Schweden
Der deutsche Schriftsteller Thomas Mann (6. 6. 1875-12. 8. 1955) erhält, insbesondere für seinen Roman »Buddenbrooks. Verfall einer Familie« (1901), den Literaturnobelpreis.

1930-1934

28. 1. 1930
Spanien
Ministerpräsident und Diktator (seit 1923) Miguel Primo de Rivera y Orbaneja tritt zurück. Spanien wird wieder eine konstitutionelle Monarchie.

1. 2. 1930
UdSSR
Staats- und Parteichef Josef W. Stalin ordnet die Enteignung und Deportation der sog. Kulaken (Großbauern) an, die sich der seit 1927 betriebenen Kollektivierung der Landwirtschaft widersetzt haben.

3. 2. 1930
Hongkong
Unter der Führung von Ho Chi Minh (19. 5. 1890-3. 9. 1969) wird die Kommunistische Partei Vietnams gegründet. Ihr Ziel ist die Vertreibung der französischen Kolonialherren.

12. 3. 1930
Indien
Mohandas Karamchand (gen. Mahatma) Gandhi eröffnet mit einem 24-tägigen sog. Salzmarsch den passiven Widerstand gegen die britische Kolonialmacht. → S. 572

13. 3. 1930
USA
Der US-Astronom Clyde William Tombaugh (*4. 2. 1906) entdeckt den neunten Planeten unseres Sonnensystems, den Pluto.

1. 4. 1930
Deutsches Reich
In Berlin hat der Film »Der blaue Engel« von Josef von Sternberg (9. 5. 1894-22. 12. 1969) Premiere. Die Hauptrollen spielen Emil Jannings (23. 7. 1884-2. 1. 1950) und Marlene Dietrich (27. 12. 1901-6. 5. 1992), die damit über Nacht zum Star wird.

12. 6. 1930
USA
Der deutsche Schwergewichtsboxer Max Schmeling (*28. 9. 1905) wird in New York durch die Disqualifikation seines Gegners Jack Sharkey Boxweltmeister aller Klassen (bis 1932).

30. 7. 1930
Uruguay
Bei der ersten Fußball-Weltmeisterschaft in Uruguay besiegt die Nationalelf des Gastgeberlandes im Finale Argentinien 4:2. Nur 13 Teams waren angereist.

3. 3. 1931
USA
Der US-Kongress erhebt das 1814 verfasste Gedicht »The Star-Spangled Banner«, unterlegt mit der Melodie des Liedes »To Anacreon in Heaven«, zur Nationalhymne.

14. 4. 1931
Spanien
Die Republik wird ausgerufen. König Alfons XIII. verlässt das Land ohne formelle Rücktrittserklärung. → S. 573

1. 5. 1931
USA
Das 381 m hohe Empire State Building in New York wird eingeweiht. → S. 572

20. 6. 1931
USA
US-Präsident Herbert Hoover schlägt vor, alle Zahlungen von Reparationen und Kriegsschulden für ein Jahr einzustellen. Das sog. Hoover-Moratorium tritt im Dezember in Kraft.

13. 7. 1931
Deutsches Reich
Das drittgrößte deutsche Kreditinstitut, die Darmstädter und Nationalbank (Danatbank), ist zahlungsunfähig. Um einen Zusammenbruch des gesamten deutschen Kreditwesens zu verhindern, erklärt die Reichsregierung den 14. und 15. 7. zu Bankfeiertagen.

18. 9. 1931
Mandschurei
Die Japaner besetzen die Stadt Mukden und erobern anschließend die Mandschurei. Sie ernennen Pu Yi, den letzten Kaiser von China, 1932 zum Präsidenten und 1934 zum Kaiser ihres Satellitenstaates Mandschukuo. → S. 574

11. 10. 1931
Deutsches Reich
In Bad Harzburg formiert sich die Rechtsopposition (Stahlhelm, Deutschnationale Volkspartei, Vereinigung Vaterländischer Verbände und NSDAP) zur »Harzburger Front«.

11. 12. 1931
Großbritannien
Das vom britischen Unterhaus gebilligte Statut von Westminster erklärt die britischen Dominions zu gleichberechtigten Mitgliedern innerhalb des britischen Commonwealth.

2. 3. 1932
USA
Der 20 Monate alte Sohn des Atlantikfliegers Charles Lindbergh wird entführt. Die Entführung löst in der Öffentlichkeit große Betroffenheit aus. Am 12. 5. wird das Baby tot aufgefunden.

25. 3. 1932
USA
Johnny Weissmuller (2. 6. 1904-20. 1. 1984) verkörpert in dem Film »Tarzan, der Affenmensch« erstmals den Urwaldmenschen Tarzan. Als Schwimmer stellte Weissmuller 67 Weltrekorde (1922-1928) auf und gewann fünf olympische Goldmedaillen (1924 und 1928).

28. 5. 1932
Niederlande
Nach zwölfjähriger Bauzeit wird der 30 km lange Damm geschlossen, der die Zuidersee von der Nordsee trennt. Das durch die Eindeichung entstandene Binnengewässer wird nach seinem größten Zufluss in IJsselmeer umbenannt.

5. 7. 1932
Portugal
Der bisherige Finanzminister Antonio de Oliveira Salazar (28. 4. 1889-27. 7. 1970) wird zum Ministerpräsidenten ernannt (bis 1968). 1933 führt er mit Hilfe einer neuen Verfassung einen autoritären Ständestaat ein (»Estado novo«).

9. 7. 1932
Schweiz
Auf der Konferenz von Lausanne erreicht das Deutsche Reich das Ende der Reparationszahlungen gegen eine Abfindung von 3 Mrd. Goldmark.

6. 8. 1932
Italien
Erstmals finden die vom Magistrat der Stadt Venedig veranstalteten Filmfestspiele statt.

6. 11. 1932
Deutsches Reich
Bei den zweiten Reichstagswahlen des Jahres muss die NSDAP schwere Verluste hinnehmen; sie erhält lediglich 33,1% der abgegebenen Stimmen. Der allein auf das Vertrauen des Reichspräsidenten von Hindenburg gestützte Reichskanzler Franz von Papen tritt am 17. 11. zurück und wird am 3. 12. durch General Kurt von Schleicher ersetzt.

30. 1. 1933
Deutsches Reich
Reichspräsident Paul von Hindenburg ernennt Adolf Hitler, den Führer der NSDAP, zum Regierungschef. → S. 574

2. 3. 1933
USA
Der Film »King Kong und die weiße Frau« von Merian C. Cooper und Ernest Beaumont Schoedsack läuft an. Neben »Dracula« (1931) und »Frankenstein« (1931) gilt der Streifen als der klassische Hollywood-Horrorfilm, verbunden mit Elementen des Abenteuer- und des Katastrophenfilms.

4. 3. 1933
USA
Der am 8. 11. 1932 gewählte Demokrat Franklin D. Roosevelt (30. 1. 1882-12. 4. 1945) tritt sein Amt als 32. US-Präsident an (bis 1945). → S. 575

7. 3. 1933
Österreich
Bundeskanzler (seit 1932) Engelbert Dollfuß (4. 10. 1892-25. 7. 1934) nutzt die faktische Selbstblockade des Parlaments zur Etablierung einer autoritären Herrschaft.

13. 3. 1933
Deutsches Reich
NSDAP-Reichspropagandaleiter Joseph Goebbels (29. 10. 1897-1. 5. 1945) wird Leiter des neu geschaffenen Reichsministeriums für Volksaufklärung und Propaganda.

23. 3. 1933
Deutsches Reich
Mit 441 gegen 94 Stimmen der SPD-Fraktion beschließt der Reichstag das »Gesetz zur Behebung der Not von Volk und Reich« (Ermächtigungsgesetz), das der Reichsregierung fast unbeschränkte Vollmachten verleiht.

27. 3. 1933
Japan
Die japanische Regierung verlässt den Völkerbund und reagiert damit auf die Kritik an seiner Expansionspolitik in China. Am 19.10. verlässt auch Deutschland den Völkerbund.

1. 4. 1933
Deutsches Reich
Der Judenboykott markiert den Beginn der Vertreibung der deutschen Staatsbürger jüdischen Glaubens aus dem öffentlichen Leben.

10. 9. 1933
Kuba
Ramón Grau San Martin (1889-1969) wird als Führer einer linksliberalen Junta neuer Staatschef von Kuba (bis 1934). Der »starke Mann« ist jedoch Generalstabschef Fulgencio Batista y Zaldívar (16. 1. 1901-6. 8. 1973).

29. 10. 1933
Spanien
José Antonio Primo de Rivera y Saenz de Heredia (24. 4. 1903-20. 11. 1936) gründet die antiliberale und nationalistische Bewegung Falange Española.

12. 3. 1934
Estland
Nach bürgerkriegsähnlichen Unruhen errichtet Konstantin Päts (23. 2. 1874-18. 1. 1956) als Regierungschef (nach einer Verfassungsänderung ab 24. 4. 1938 Staatspräsident) eine Diktatur (bis 1940).

16. 5. 1934
Lettland
Ministerpräsident Karlis Ulmanis (4. 9. 1877-nach 1941) begründet eine autoritär-nationalistische Herrschaft (ab 11. 4. 1936 als Staatspräsident).

30. 6./1. 7. 1934
Deutsches Reich
Angebliche Putschpläne des Stabschefs der SA, Ernst Röhm (*28. 11. 1887), nimmt Reichskanzler Adolf Hitler zum Vorwand, die Führungsriege der SA sowie andere politische Gegner zu ermorden.

25. 7. 1934
Österreich
Bei einem Putschversuch der NSDAP wird der christlich-soziale Bundeskanzler Engelbert Dollfuß (*4. 10. 1892) ermordet. → S. 575

2. 8. 1934
Deutsches Reich
Reichspräsident Paul von Beneckendorf und von Hindenburg (*2. 10. 1847) stirbt auf seinem Gut Neudeck in Westpreußen. Adolf Hitler übernimmt als Führer und Reichskanzler beide Ämter in Personalunion.

9. 10. 1934
Frankreich
Jugoslawiens König (seit 1921) Alexander I. Karadordevic (*17. 12. 1888) wird in Marseille von einem kroatischen Extremisten ermordet. Nachfolger (bis 1945) wird sein Sohn, Peter II. Karadordevic (6. 9. 1923-3. 11. 1970.).

16. 10. 1934
China
90 000 Mann der Roten Armee beginnen unter Führung von Mao Tse-tung den sog. Langen Marsch. → S. 577

1935-1939

1. 3. 1935
Saarland
Nach dem Ergebnis einer Volksabstimmung am 13. 1. wird das Saargebiet dem Deutschen Reich eingegliedert.

12. 5. 1935
Polen
In Warschau stirbt Jósef Klemens Pilsudski (*5. 12. 1867), als Kriegsminister und Generalstabschef (1926-1935) das faktische Staatsoberhaupt. Das Land wird weiterhin autoritär regiert.

25. 5. 1935
USA
In Ann Arbor (US-Bundesstaat Michigan) stellt der 21-jährige Jesse Owens (12. 9. 1913-31. 3. 1980) binnen 45 Minuten vier Leichtathletik-Weltrekorde auf. Seine Bestmarke im Weitsprung (8,13 m) hat bis 1960 Bestand.

12. 6. 1935
Bolivien/Paraguay
Der dreijährige Chaco-Krieg wird durch einen Waffenstillstand beendet. Ein Friedensvertrag, in dem Paraguay der größte Teil des ölreichen Chaco-Gebietes zugesprochen wird, folgt 1938. Der Konflikt kostet rd. 100 000 Menschen das Leben.

15. 9. 1935
Deutsches Reich
Die auf dem Reichsparteitag der NSDAP verkündeten sog. Nürnberger Gesetze, das »Reichsbürgergesetz« und das »Gesetz zum Schutze des deutschen Blutes und der deutschen Ehre«, bedeuten die legale Festschreibung der seit 1933 von den Nationalsozialisten praktizierten öffentlichen Diskriminierung der Juden.

12. 10. 1935
Griechenland
Die Royalisten proklamieren nach einem Staatsstreich die Wiedereinführung der Monarchie. Nach einem Plebiszit kehrt der frühere König (1920-1922) Georg II. am 3. 11. auf den Thron zurück (bis 1947). Er ermächtigt am 8. 8. 1936 General Ioannis Metaxas (1871-1941) zur Errichtung einer Diktatur.

14. 12. 1935
Tschechoslowakei
Der 85-jährige Staatspräsident (seit 1918) Tomás Garrigue Masaryk tritt von seinem Amt zurück. Ihm folgt am 18. 12. Eduard Benesch (28. 5. 1884-3. 9. 1948) nach.

20. 1. 1936
Großbritannien
Auf Schloss Sandringham stirbt Georg V. (*3. 6. 1865), König von Großbritannien (ab 1910) und Kaiser von Indien (ab 1911). Als Nachfolger wird sein Sohn Edward VIII. (23. 6. 1894-28. 5. 1972) ausgerufen. Er muss jedoch am 11. 12. zugunsten seines Bruders Georg VI. (14. 12. 1895-6. 2. 1952) abdanken, weil er beabsichtigt, die geschiedene Amerikanerin Wallis Simpson zu heiraten. → S. 580

16. 2. 1936
Spanien
Bei den Parlamentswahlen siegt die Volksfront der Linksparteien.

9. 5. 1936
Italien
Mit der Verkündung der Annexion von Abessinien (Äthiopien) nimmt der italienische König Viktor Emanuel III. den Titel eines Kaisers von Abessinien an. Äthiopiens Kaiser (1930-1974) Haile Selassie I. (23. 7. 1892-27. 8. 1975) begibt sich ins britische Exil. Am 3. 10. 1935 waren italienische Truppen in Abessinien eingerückt.

4. 6. 1936
Frankreich
Nach dem Wahlsieg der Linken am 3. 5. bildet der Sozialist Léon Blum (9. 4. 1872-30. 3. 1950) eine Volksfrontregierung. → S. 577

19. 6. 1936
USA
Der deutsche Berufsboxer Max Schmeling besiegt den bis dahin ungeschlagenen »Braunen Bomber« Joe Louis (13. 5. 1914-12. 4. 1981) durch K.o. in der zwölften Runde. → S. 576

18. 7. 1936
Spanien
Ein Militärputsch der Rechten gegen die Regierung in Madrid, der am 17. 7. in Spanisch-Marokko beginnt, weitet sich zum Bürgerkrieg aus (bis 1939).

25. 10. 1936
Deutsches Reich/Italien
Ein geheimer Kooperationsvertrag zwischen Italien und dem Deutschen Reich begründet die »Achse Berlin–Rom«.

23. 11. 1936
Norwegen
Dem seit 1933 inhaftierten deutschen Pazifisten und Publizisten Carl von Ossietzky (3. 10. 1889-4. 5. 1938) wird nachträglich der Friedensnobelpreis für 1935 zuerkannt. Ossietzky darf den Preis jedoch nicht annehmen.

5. 12. 1936
UdSSR
In Moskau wird die sog. Stalinsche Verfassung verkündet. → S. 580

1936
Großbritannien
Der Nationalökonom John Maynard Keynes (5. 6. 1883-21. 4. 1946) veröffentlicht sein Hauptwerk »The general theory of employment, interest and money« (Allgemeine Theorie der Beschäftigung, des Zinses und des Geldes).

17. 2. 1937
USA
Der Chemiekonzern Du Pont de Nemours meldet die Kunstfaser Nylon zum Patent an.

26. 4. 1937
Spanien
Bomber der deutschen Legion »Condor« zerstören die baskische Stadt Guernica. Noch im selben Jahr entsteht das gleichnamige Bild von Pablo Picasso. → S. 576

6. 5. 1937
USA
Das deutsche Luftschiff LZ 129 »Hindenburg« explodiert bei einem Landemanöver über Lakehurst. 36 Menschen werden getötet. Das Unglück bedeutet das Ende der Zeppelin-Ära.

7. 7. 1937
China
Mit dem Angriff Japans auf die Marco-Polo-Brücke südwestlich von Peking beginnt der Chinesisch-Japanische Krieg (bis 1945), in dem Japan seinen Machtbereich auf China ausdehnen will.

10. 11. 1937
Brasilien
Präsident (1930-1945) Getúlio Vargas (19. 4. 1883-24. 8. 1954) proklamiert den »Estado Novo« (Neuen Staat) nach portugiesischem Vorbild. Die neue Verfassung räumt dem Präsidenten diktatorische Vollmachten ein.

12. 3. 1938
Österreich
Deutsche Truppen marschieren in Österreich ein. Am 13. 3. verkündet Adolf Hitler den »Anschluss« Österreichs an das Deutsche Reich.

28. 4. 1938
Schweiz
Die Oper »Mathis, der Maler« des aus Deutschland emigrierten Komponisten Paul Hindemith (16. 11. 1895-28. 12. 1963) wird in Zürich uraufgeführt.

25. 9. 1938
USA
Als erster Tennisspieler gewinnt der US-Amerikaner Donald Budge (13. 6. 1915-26. 1. 2000) den Grand Slam, den Titel bei den vier bedeutendsten Turnieren der Welt in Melbourne, Paris, Wimbledon und New York.

30. 9. 1938
Deutsches Reich
Die Regierungschefs von Deutschland, Großbritannien, Italien und Frankreich – Adolf Hitler, Neville Chamberlain, Benito Mussolini und Édouard Daladier – unterzeichnen das Münchener Abkommen, mit dem die Tschechoslowakei zur Abtrennung des Sudetengebiets gezwungen wird. → S. 581

30. 10. 1938
USA
Mit der Ausstrahlung des äußerst realistisch wirkenden Hörspiels »Invasion vom Mars« löst der Schauspieler und Regisseur Orson Welles (6. 5. 1915-10. 10. 1985) in den Oststaaten der USA eine Massenhysterie aus.

9. 11. 1938
Deutsches Reich
Als Reaktion auf den »jüdischen Meuchelmord« an dem deutschen Diplomaten Ernst vom Rath am 7. 11. in Paris organisieren die Nationalsozialisten ein reichsweites Pogrom gegen Juden und jüdische Einrichtungen.

22. 12. 1938
Deutsches Reich
Den deutschen Physikern Otto Hahn (8. 3. 1879-28. 7. 1968) und Fritz Straßmann (22. 2. 1902-22. 4. 1980) gelingt der Nachweis der Kernspaltung. → S. 581

10. 2. 1939
Italien
In Rom stirbt Papst (seit 1922) Pius XI. (eigent. Achille Ratti, *31. 5. 1857). Ihm folgt am 2. 3. 1939 Eugenio Pacelli (2. 3. 1876- 9. 10. 1958) als Pius XII. nach.

3. 3. 1939
USA
Mit dem Western »Stagecoach« (Höllenfahrt nach Santa Fé) gelingt Regisseur John Ford (1. 2. 1895-31. 8. 1973) ein Welterfolg. Sein Hauptdarsteller John Wayne (26. 5. 1907-11. 6. 1979) wird zum Star.

14. 3. 1939
Slowakei
Der slowakische Landtag erklärt das Land für unabhängig und stellt sich am 23. 3. unter deutschen Schutz. Jozef Tiso (13. 10. 1887-18. 4. 1947) wird Ministerpräsident und am 26. 10. Staatspräsident.

15. 3. 1939
Tschechoslowakei
Aufgrund eines deutschen Ultimatums stellt die Staatsführung das Land »unter den Schutz des Deutschen Reiches«. Daraufhin rücken deutsche Truppen in Prag ein. Am 16. 3. proklamiert Adolf Hitler in Prag das Protektorat Böhmen und Mähren.

23. 3. 1939
Memelland
Nach einem Ultimatum an Litauen besetzen deutsche Truppen das Memelland.

31. 3. 1939
Großbritannien
Angesichts der Annexion der sog. Rest-Tschechei und des Memellandes verkündet der britische Premierminister (1937-1940) Arthur Neville Chamberlain (18. 3. 1869-9. 11. 1940) in Abkehr von der bisherigen »Appeasement«(Beschwichtigungs)-Politik gegenüber Deutschland eine britisch-französische Garantie für Polen.

1. 4. 1939
Spanien
Drei Tage nach dem Einmarsch in Madrid endet der Spanische Bürgerkrieg mit dem Sieg der von Francisco Franco Bahamonde (4. 12. 1892-20. 11. 1975) geführten Nationalisten.

7. 4. 1939
Albanien
Italienische Truppen landen an der albanischen Küste und besetzen am 8. 4. Tirana. Zogu I., König der Albaner (seit 1928), flieht nach Griechenland. Am 12. 4. konstituiert sich in Tirana eine Italien-freundliche Nationalversammlung und überträgt die albanische Krone an König Viktor Emanuel III. von Italien.

23. 8. 1939
Deutsches Reich/UdSSR
In Moskau wird der deutsch-sowjetische Nichtangriffspakt unterzeichnet. Als Reaktion darauf wird am 25. 8. in London ein britisch-polnisches Militärbündnis geschlossen. → S. 582

27. 8. 1939
Deutsches Reich
In Rostock startet das erste Strahlturbinenflugzeug, die fast 700 km/h schnelle Heinkel He 178.

1. 9. 1939
Zweiter Weltkrieg
Mit dem deutschen Einmarsch in Polen beginnt der Zweite Weltkrieg. → S. 582

3. 9. 1939
Zweiter Weltkrieg
Frankreich und Großbritannien treten in den Krieg gegen das Deutsche Reich ein. Am selben Tag folgen die Kriegserklärungen Australiens, Britisch-Indiens und Neuseelands. Am 6. 9. folgt die Südafrikanische Union, am 10. 9. Kanada.

17. 9. 1939
Zweiter Weltkrieg
Die Sowjetarmee marschiert im östlichen Polen ein. Angesichts der aussichtslosen Lage emigriert am selben Tag Polens Staats- und Armeeführung nach Rumänien.

6. 10. 1939
Zweiter Weltkrieg
Bei Kock und Lublin kapitulieren die letzten polnischen Truppen. Polen (bis auf die von der UdSSR besetzten Gebiete) wird am 25. 10. zum deutschen Generalgouvernement erklärt. Danzig, Westpreußen, der Warthegau und das östliche Oberschlesien werden von Deutschland annektiert.

4. 11. 1939
USA
US-Präsident Franklin D. Roosevelt unterzeichnet eine revidierte Neutralitätsakte. Sie erlaubt Kriegführenden gegen Barzahlung Waffen zu kaufen und auf eigenen Schiffen abzutransportieren (»Cash and Carry«).

30. 11. 1939
Finnland
Die Sowjetarmee greift Finnland an, das erbitterten Widerstand leistet. Am 12. 3. 1940 werden das Kriegsende und die Abtretung einiger Gebiete um Viborg (Karelien) und am Eismeer an die UdSSR vereinbart.

15. 12. 1939
USA
In Atlanta hat der Film »Gone with the Wind« (Vom Winde verweht) nach dem gleichnamigen Roman von Margaret Mitchell (8. 11. 1900-16. 8. 1949) Premiere, der 1940 mit acht Oscars ausgezeichnet wird.

1940-1944

9. 4. 1940
Zweiter Weltkrieg
Unter dem Decknamen »Weserübung Nord« besetzen deutsche Truppen Dänemark und Norwegen. Während sich Dänemark kampflos ergibt, leisten die Norweger bis zum 10. 6. Widerstand. Am 5. 5. gehen König Håkon VII. und die Regierung nach London.

10. 5. 1940
Zweiter Weltkrieg
Unter Verletzung der Neutralität von Belgien, Luxemburg und den Niederlanden beginnt die deutsche Westoffensive. Die Niederlande kapitulieren am 15. 5., Königin Wilhelmina und die Regierung begeben sich ins Exil nach London; am 28. 5. kapituliert Belgien, König Leopold III. geht in Kriegsgefangenschaft.

10. 5. 1940
Großbritannien
Premierminister Arthur Neville Chamberlain tritt ab. Sein Nachfolger als Chef eines parteiübergreifenden Kriegskabinetts wird Winston Churchill.

10. 6. 1940
Italien
An der Seite des Deutschen Reiches tritt Italien in den Krieg gegen Frankreich und Großbritannien ein.

15. 6. 1940
Baltikum
Die Sowjetarmee besetzt Litauen und am 17. 6. Estland und Lettland. Die drei baltischen Staaten werden am 21. 7. von der UdSSR annektiert.

18. 6. 1940
Zweiter Weltkrieg
General Charles de Gaulle (22. 11. 1890-9. 11. 1970), Gründer des »Französischen Komitees der Nationalen Befreiung«, ruft in einer Rundfunkrede in London zur Fortführung des Kriegs gegen die Deutschen auf.

22. 6. 1940
Zweiter Weltkrieg
Zwischen dem Deutschen Reich und der neuen französischen Regierung unter Philippe Pétain wird der Waffenstillstand unterzeichnet. Pétain, seit dem 17. 6. »Chef des französischen Staates« (Etat Français), verlegt am 1. 7. den Regierungssitz nach Vichy.

28. 6. 1940
Rumänien
Die Sowjetarmee besetzt die rumänischen Gebiete Bessarabien und Nordbukowina. Sie werden der UdSSR am 2. 8. als »Moldauische Sozialistische Sowjetrepublik« eingegliedert.

13. 8. 1940
Zweiter Weltkrieg
Mit dem »Adlertag« eröffnet die deutsche Luftwaffe den verschärften Luftkrieg gegen Großbritannien. Aufgrund hoher Verluste wird am 15. 9. die »Luftschlacht um England« abgebrochen und am 17. 9. die geplante Invasion (Unternehmen »Seelöwe«) gestoppt. → S. 583

21. 8. 1940
Mexiko
In Coyoacán ermordet ein sowjetischer Agent den emigrierten Gründer der Roten Armee, Leo Trotzki (*7. 11. 1879).

2. 9. 1940
Zweiter Weltkrieg
Die USA überlassen Großbritannien 50 Zerstörer aus dem Ersten Weltkrieg. Als Gegenleistung erhalten die USA in Pacht militärische Stützpunkte in Neufundland und im karibischen Raum.

13. 9. 1940
Zweiter Weltkrieg
Italienische Truppen überschreiten die libysche Grenze zu Ägypten. Der Angriff kommt bereits nach drei Tagen wegen Nachschubproblemen zum Stehen. Am 9. 12. treten die Briten zum Gegenangriff an.

27. 9. 1940
Zweiter Weltkrieg
In Berlin wird der Dreimächtepakt Deutsches Reich, Japan und Italien geschlossen. Zwischen dem 20. und 24. 11. treten Ungarn, Rumänien und die Slowakei dem Pakt bei. Am 1. 3. 1941 schließt sich Bulgarien, am 25. 3. Jugoslawien und am 15. 6. Kroatien dem Pakt an.

14. 11. 1940
Zweiter Weltkrieg
Durch einen deutschen Luftangriff wird das Zentrum der britischen Stadt Coventry schwer getroffen.

12. 2. 1941
Zweiter Weltkrieg
Nach den Niederlagen der Italiener treffen deutsche Soldaten in Libyen ein. Die Führung des deutschen Afrika-Korps übernimmt Generalleutnant Erwin Rommel (15. 11. 1891-14. 10. 1944). Er erobert mit seinen Panzertruppen die Cyrenaika zurück.

25. 2. 1941
Zweiter Weltkrieg
Britische Einheiten erobern Mogadischu, die Hauptstadt von Italienisch-Somaliland. Am 5. 5. ist Äthiopien in britischer Hand.

11. 3. 1941
USA
Die Verabschiedung des Leih-und-Pacht-Gesetzes im US-Kongress ermöglicht die Verpfändung oder Überlassung amerikanischer Kriegsmaterials an kriegsteilnehmende Länder.

27. 3. 1941
Jugoslawien
Der deutschfreundliche jugoslawische Prinzregent Paul wird durch einen Staatsstreich gestürzt. Der 17-jährige König Peter II. (1923-1970) wird für volljährig erklärt und tritt an seine Stelle.

6. 4. 1941
Zweiter Weltkrieg
Deutsche Truppen beginnen mit dem Angriff auf Jugoslawien und Griechenland. Jugoslawien kapituliert am 17. 4., die griechischen Verbände am 21. 4. König Georg II. und die britischen Hilfstruppen fliehen nach Kreta, das gleichfalls von den Deutschen erobert wird.

10. 4. 1941
Zweiter Weltkrieg
Die Achsenmächte proklamieren den Staat Kroatien unter der Regierung des rechtsradikalen Politikers Ante Pavelić (14. 7. 1889-28. 12. 1959).

1. 5. 1941
USA
Der Film »Citizen Kane« wird uraufgeführt. Regisseur Orson Welles spielt die Titelrolle des Pressetycoons Charles Foster Kane.

27. 5. 1941
Zweiter Weltkrieg
Das modernste deutsche Schlachtschiff, die »Bismarck«, sinkt nach Gefechten mit britischen Luft- und Seestreitkräften sowie – angesichts der aussichtslosen Lage – einer Eigensprengung.

22. 6. 1941
Zweiter Weltkrieg
In einem Überraschungsangriff (Unternehmen »Barbarossa«) überfällt die deutsche Wehrmacht die Sowjetunion. → S. 584

4. 7. 1941
Zweiter Weltkrieg
Die Kommunistische Partei Jugoslawiens unter Generalsekretär Josip Tito (25. 5. 1892-4. 5. 1980) ruft zum Aufstand gegen die deutschen Besatzer auf.

14. 8. 1941
Zweiter Weltkrieg
In der sog. Atlantikcharta verabschieden der britische Premier Winston Churchill und US-Präsident Franklin D. Roosevelt Richtlinien für die Kriegführung und Ziele für einen zukünftigen Frieden.

5. 12. 1941
Zweiter Weltkrieg
Die sowjetischen Streitkräfte beginnen vor Moskau mit einer Gegenoffensive.

7. 12. 1941
Zweiter Weltkrieg
Mit dem japanischen Überfall auf Pearl Harbor beginnt der Krieg im Pazifik. Am 8. 12. erklären die USA und Großbritannien Japan den Krieg. Das Deutsche Reich erklärt den USA am 11. 12. den Krieg. → S. 585

11. 1. 1942
Zweiter Weltkrieg
Mit der Operation »Paukenschlag« beginnt die deutsche U-Boot-Offensive im Atlantik. Zwischen August 1942 und Mai 1943 werden 3 857 705 BRT alliierten Schiffsraums versenkt.

20. 1. 1942
Deutsches Reich
Auf der »Wannsee-Konferenz« beraten auf Einladung von Reinhard Heydrich (7. 3. 1904-4. 6. 1942), Chef der Sicherheitspolizei und des Sicherheitsdienstes, Vertreter aus SS und der Reichsregierung über die »Endlösung der Judenfrage«. Bis 1945 werden etwa 6 Mio. Menschen ermordet. → S. 585

15. 2. 1942
Zweiter Weltkrieg
Die britische Festung Singapur kapituliert vor den Japanern, die bis zum Frühsommer Malaya, Thailand, Birma, die Philippinen, Indonesien, die Gilbertinseln, Guam, Teile Neuguineas, die Admiralitätsinseln, den Bismarckarchipel und große Teile der Salomonen erobern.

23. 2. 1942
Brasilien
In Petropolis begeht der österreichische Schriftsteller Stefan Zweig (*28. 11. 1881) Selbstmord. Die 1941 entstandene »Schachnovelle« ist Ausdruck seiner rigorosen Ablehnung des Nationalsozialismus.

28./29. 3. 1942
Zweiter Weltkrieg
Bei einem ersten britischen Flächenbombardement wird die Innenstadt von Lübeck fast völlig zerstört. Am 30./31. 5. fliegen die Briten den ersten 1000-Bomber-Angriff auf Köln.

4.-7. 6. 1942
Zweiter Weltkrieg
Die See-Luft-Schlacht bei den Midway-Inseln bringt die Wende im Pazifik-Krieg. Die Japaner verlieren neben vier Flugzeugträgern auch 322 Flugzeuge.

10. 6. 1942
Reichsprotektorat Böhmen und Mähren
Als Vergeltung für das Attentat auf den SS-Obergruppenführer Reinhard Heydrich, der am 4. 6. seinen Verletzungen erliegt, wird das nahe Prag gelegene Dorf Lidice von deutschen Truppen dem Erdboden gleichgemacht.

23. 10. 1942
Zweiter Weltkrieg
Die britische 8. Armee unter Generalleutnant Bernard Law Montgomery (17. 11. 1887-24. 3. 1976) eröffnet eine Großoffensive bei El Alamain und zwingt die deutschen und italienischen Truppen zum Rückzug. → S. 586

8. 11. 1942
Nordafrika
Britische und US-Truppen unter dem Oberbefehl von General Dwight D. Eisenhower (14. 10. 1890-28. 3. 1969) landen in Marokko und Algerien (Operation »Torch«).

26. 11. 1942
USA
In New York wird der von Michael Curtiz (24. 12. 1888-11. 4. 1962) inszenierte Film »Casablanca« mit Humphrey Bogart (25. 12. 1899-14. 1. 1957) und Ingrid Bergman (29. 8. 1915-29. 8. 1982) uraufgeführt.

14.-26. 1. 1943
Zweiter Weltkrieg
Auf der Konferenz in Casablanca legen sich US-Präsident Franklin D. Roosevelt und der britische Premierminister Winston Churchill darauf fest, den Kampf bis zur bedingungslosen Kapitulation der Achsenmächte zu führen.

31. 1. 1943
Zweiter Weltkrieg
Generalfeldmarschall Friedrich Paulus (23. 9. 1890-1. 2. 1957) kapituliert mit der Südgruppe der 6. Armee in Stalingrad, am 2. 2. kapituliert die Nordgruppe. Insgesamt fallen bei Stalingrad über 146 000 deutsche Soldaten und Paulus geht mit rd. 90 000 Mann in sowjetische Kriegsgefangenschaft. → S. 586

18. 2. 1943
Zweiter Weltkrieg
Reichspropagandaminister Joseph Goebbels propagiert im Berliner Sportpalast den »totalen Krieg«.

19. 4. 1943
Zweiter Weltkrieg
Im Warschauer Ghetto beginnt der jüdische Aufstand. Er wird von der SS am 16. 5. blutig niedergeschlagen.

13. 5. 1943
Zweiter Weltkrieg
Die Reste der deutschen Heeresgruppe Afrika kapitulieren in Tunesien.

17. 5. 1943
Italien
Der Film »Ossessione« (Besessenheit) des italienischen Regisseurs Luchino Visconti (2. 11. 1906-17. 3. 1976) markiert den Beginn des sog. Neorealismus.

24. 5. 1943
Zweiter Weltkrieg
Großadmiral Karl Dönitz (16. 9. 1891-24. 12. 1980) bricht den deutschen U-Boot-Krieg im Atlantik ab.

5. 7. 1943
Zweiter Weltkrieg
Eine deutsche Großoffensive bei Kursk bleibt unter großen Verlusten stecken, am 12. 7. gehen die sowjetischen Verbände zum Gegenangriff über. Kiew wird am 6. 11. erobert.

10. 7. 1943
Zweiter Weltkrieg
Britische und US-Truppen landen auf Sizilien, das bis zum 17. 8. erobert ist.

26. 7. 1943
Zweiter Weltkrieg
Der italienische Marschall Pietro Badoglio (28. 9. 1871-1. 11. 1956) bildet eine Regierung ohne Beteiligung der Faschisten. Zuvor hatte am 24. 7. der Faschistische Großrat Benito Mussolini das Misstrauen ausgesprochen, am 25. 7. ließ König Viktor Emanuel III. Mussolini verhaften. Am 3. 9. kapituliert Italien. → S. 586

3. 9. 1943
Zweiter Weltkrieg
Alliierte Truppen landen in Kalabrien auf dem italienischen Festland und am 9. 9. bei Salerno in Kampanien.

12. 9. 1943
Zweiter Weltkrieg
Deutsche Fallschirmjäger befreien den auf dem Gran Sasso internierten Benito Mussolini. Der Machtbereich seiner am 15. 9. proklamierten Italienischen Sozialen Republik von Salò beschränkt sich auf Norditalien.

28. 11. 1943
Iran
US-Präsident Franklin D. Roosevelt, der britische Premierminister Winston Churchill und der sowjetische Staatschef Josef W. Stalin treffen in Teheran zusammen.

14. 1. 1944
Zweiter Weltkrieg
Sowjetische Truppen beginnen eine Großoffensive gegen die deutsche Heeresgruppe Nord. Am 28. 1. wird Leningrad (St. Petersburg) von der Blockade durch die Deutschen (seit 1941) befreit.

22. 1. 1944
Zweiter Weltkrieg
US-Truppen landen bei Anzio und Nettuno südlich von Rom im Rücken der deutschen Front.

18. 5. 1944
Zweiter Weltkrieg
Alliierte Truppen erobern das erbittert verteidigte Kloster Montecassino. Am 4. 6. ziehen die Alliierten in das zur »offenen Stadt« erklärte Rom ein.

6. 6. 1944
Zweiter Weltkrieg
Mit der Invasion der westlichen Alliierten in der Normandie beginnt die von der UdSSR schon lange verlangte Errichtung einer zweiten Front. → S. 587

10. 6. 1944
Zweiter Weltkrieg
Verbände der SS zerstören den französischen Ort Oradour-sur-Glane als »Vergeltung« für die Entführung eines SS-Offiziers. 642 Menschen werden ermordet.

12. 6. 1944
Zweiter Weltkrieg
Die erste als »Vergeltungswaffe« apostrophierte deutsche Flügelbombe »V 1« wird gegen London eingesetzt. Bis zum August werden etwa 8000 Exemplare auf England abgefeuert. Am 8. 9. wird die erste von über 3000 gestarteten »V2«-Raketen abgeschossen.

17. 6. 1944
Island
Unter Auflösung der Personalunion mit Dänemark erklärt sich Island zur »Freien Unabhängigen Republik«.

22. 6. 1944
Zweiter Weltkrieg
Die sowjetischen Truppen treten zu ihrer Sommeroffensive an, in deren Verlauf die deutschen Armeen fast völlig aus dem Gebiet der Sowjetunion vertrieben werden.

1. 7. 1944
USA
In Bretton Woods (US-Bundesstaat New Hampshire) wird auf einer von Vertretern aus 44 Nationen besuchten Konferenz die Errichtung eines Internationalen Währungsfonds und einer Weltbank für Wiederaufbau und Entwicklung beschlossen.

20. 7. 1944
Zweiter Weltkrieg
Im Führerhauptquartier »Wolfsschanze« in Ostpreußen scheitert ein Bombenattentat auf den Führer und Reichskanzler Adolf Hitler. → S. 588

31. 7. 1944
Zweiter Weltkrieg
Der französische Schriftsteller Antoine de Saint-Exupéry (eigentl. Antoine-Marie-Roger Graf von Saint-Exupéry, *29. 6. 1900) kehrt von einem Aufklärungsflug bei Korsika nicht zurück. Populär wurde seine von ihm selbst illustrierte Erzählung »Der kleine Prinz« (1943).

1. 8. 1944
Zweiter Weltkrieg
Unter General Tadeusz Bór-Komorowski (1. 6. 1895-24. 8. 1966) beginnt in Warschau ein Aufstand der polnischen Heimatarmee. Hilfe durch die sowjetischen Truppen bleibt jedoch aus, der Aufstand wird bis zum 2. 10. niedergeschlagen.

4. 8. 1944
Niederlande
Anne Frank (12. 6. 1929-März 1945), die Tochter eines jüdischen Bankiers, wird zusammen mit ihrer Familie in ihrem Versteck in Amsterdam von der Gestapo verhaftet. Die 15-Jährige stirbt im KZ Bergen-Belsen.

15. 8. 1944
Zweiter Weltkrieg
Die Alliierten landen östlich von Toulon und Marseille (Eroberung am 28. 8.), stoßen durch das Rhônetal nach Norden vor und erreichen am 3. 9. Lyon.

23. 8. 1944
Rumänien
König (1940-1947) Michael I. (*25. 10. 1921) lässt Staatschef Ion Antonescu (2. 6. 1882-1. 6. 1946) verhaften und den Krieg gegen die Sowjetunion einstellen. Am 25. 8. erklärt Rumänien dem Deutschen Reich den Krieg.

25. 8. 1944
Zweiter Weltkrieg
US-Truppen und freifranzösische Truppen von Charles de Gaulle rücken in Paris ein.

17. 9. 1944
Zweiter Weltkrieg
Der Versuch der Alliierten, bei Arnheim und Nimwegen Waal und Lek (Rhein) zu überqueren, wird von den Deutschen vereitelt.

19. 9. 1944
Zweiter Weltkrieg
Finnland unterzeichnet einen Waffenstillstand mit der UdSSR.

15. 10. 1944
Ungarn
Der Faschist Ferenc Szálasi (6. 1. 1897-12. 3. 1946) putscht gegen den Reichsverweser Miklós Horthy, der einen Waffenstillstand mit den Alliierten schließen wollte.

28. 10. 1944
Zweiter Weltkrieg
Nach einem Umsturz in Bulgarien schließt die neue Regierung einen Waffenstillstand mit den Alliierten und verpflichtet sich zur Beteiligung am Krieg gegen das Deutsche Reich.

16. 12. 1944
Zweiter Weltkrieg
Mit der Ardennenoffensive beginnt die letzte, vergebliche Offensive der Wehrmacht. Bereits am 3. 1. 1945 gehen die Westalliierten zum Gegenangriff über.

16. 12. 1944
Großbritannien
Bei einem Flugzeugabsturz über dem Ärmelkanal kommt der US-Jazzmusiker Glenn Miller (*1. 3. 1904) ums Leben. Er war einer der stilprägenden Musiker des Swing.

1945-1949

1. 1. 1945
Polen
Das kommunistische Lubliner Komitee erklärt sich unter Protest der polnischen Exilregierung in London zur Provisorischen Regierung Polens.

12. 1. 1945
Zweiter Weltkrieg
Von dem südlich von Warschau gelegenen Baranow-Brückenkopf beginnt die sowjetische Winteroffensive.

23. 1. 1945
Zweiter Weltkrieg
Die Evakuierung von Soldaten und Flüchtlingen aus Ostpreußen und der Danziger Bucht durch die deutsche Kriegsmarine beginnt. Bis Kriegsende werden mehr als 2 Mio. Menschen über die Ostsee in Sicherheit gebracht.

27. 1. 1945
Zweiter Weltkrieg
Sowjetische Truppen befreien das Konzentrations- und Vernichtungslager Auschwitz.

4. 2. 1945
Zweiter Weltkrieg
In Jalta auf der Krim beginnt eine Konferenz der »großen Drei«: US-Präsident Franklin D. Roosevelt, der britische Premier Winston Churchill und der sowjetische Staatschef Josef W. Stalin einigen sich bis zum 11. 2. auf die Aufteilung Deutschlands in Besatzungszonen unter Beteiligung Frankreichs.

13./14. 2. 1945
Zweiter Weltkrieg
Dresden wird durch alliierte Luftangriffe fast vollkommen zerstört. Mehr als 35 000 Menschen kommen ums Leben.

12. 4. 1945
USA
In Warm Springs (US-Bundesstaat Georgia) stirbt Franklin D. Roosevelt (*30. 1. 1882), der 32. US-Präsident (seit 1933). Der bisherige Vizepräsident Harry S. Truman (8. 5. 1884-26. 12. 1972) folgt ihm als 33. US-Präsident (bis 1953) nach.

13. 4. 1945
Österreich
Sowjetische Truppen erobern Wien. Der Sozialdemokrat Karl Renner (14. 12. 1870-31. 12. 1950) bildet am 27. 4. eine Regierung. Am 1. 5. wird die österreichische Verfassung von 1920 wieder in Kraft gesetzt.

25. 4. 1945
Zweiter Weltkrieg
Bei Torgau an der Elbe treffen erstmals sowjetische und US-Einheiten zusammen.

28. 4. 1945
Italien
In Giulino di Mezzegra bei Como wird der frühere italienische Ministerpräsident und Duce Benito Mussolini (*29. 7. 1883) zusammen mit seiner Geliebten Clara Petacci von Partisanen ermordet.

30. 4. 1945
Deutsches Reich
Führer und Reichskanzler Adolf Hitler (*20. 4. 1889) begeht in Berlin Selbstmord. Am 2. 5. kapituliert Berlin vor den sowjetischen Truppen.

7. 5. 1945
Frankreich
Generaloberst Alfred Jodl (10. 5. 1890-16. 10. 1946) unterzeichnet in Reims im Hauptquartier des westalliierten Oberbefehlshabers General Dwight D. Eisenhower die bedingungslose Gesamtkapitulation. Am 9. 5. wird in Berlin-Karlshorst die Unterzeichnung durch den Chef des Oberkommandos der Wehrmacht (OKW), Generalfeldmarschall Wilhelm Keitel (22. 9. 1882-16. 10. 1946), gegenüber den sowjetischen Truppen wiederholt. → S. 588

26. 6. 1945
USA
Vertreter von 51 Staaten unterzeichnen in San Francisco die Verfassung der Vereinten Nationen (UNO).

2. 8. 1945
Deutschland
Auf Schloss Cecilienhof endet die sog. Potsdamer Konferenz (seit 17. 7.), an der US-Präsident Harry Spencer Truman, der seit dem 28. 7. amtierende neue britische Premierminister Clement Richard Attlee (3. 1. 1883-8. 10. 1967) und der sowjetische Staats- und Parteichef Josef W. Stalin teilgenommen haben.

6. 8. 1945
Zweiter Weltkrieg
Über Hiroshima wird die erste Atombombe abgeworfen. Am 9. 8. folgt der Abwurf einer zweiten auf Nagasaki. Am 14. 8. erklärt Kaiser Hirohito die japanische Kapitulation, die am 2. 9. unterzeichnet wird. → S. 589

17. 8. 1945
Indonesien
Achmed Sukarno (6. 6. 1901-20. 6. 1970), der Führer der indonesischen Freiheitsbewegung, ruft die von den Niederlanden unabhängige Republik Indonesien aus und wird zum ersten Präsidenten des Landes gewählt.

30. 8. 1945
Deutschland
In Berlin nimmt der Alliierte Kontrollrat als oberste Regierungsbehörde der Besatzungsmächte seine Arbeit auf.

13. 11. 1945
Frankreich
Die Verfassunggebende Versammlung bestätigt General Charles de Gaulle einstimmig als Ministerpräsidenten und vorläufiges Staatsoberhaupt.

29. 11. 1945
Jugoslawien
Die am 11. 11. gewählte Verfassunggebende Versammlung beschließt die Abschaffung der Monarchie und proklamiert die Föderative Volksrepublik Jugoslawien. Regierungschef ist Josip Broz Tito (1953-1980 Staatspräsident).

11. 1. 1946
Albanien
Enver Hoxha (16. 10. 1908-11. 4. 1985) proklamiert das Ende der Monarchie und die Gründung einer Volksrepublik. Auch in Ungarn, das am 1. 2. zur Republik erklärt wird, regieren Kommunisten.

1. 2. 1946
Vereinte Nationen
Die erste UNO-Vollversammlung in London wählt den norwegischen Außenminister Trygve Halvdan Lie (6. 7. 1896-30. 12. 1968) zum ersten Generalsekretär der Weltorganisation (bis 1952). Als ständiger Sitz der UNO wird New York bestimmt.

24. 2. 1946
Argentinien
Der bisherige Innen- und Sozialminister Juan Domingo Perón (8. 10. 1895-1. 7. 1974) wird zum Präsidenten gewählt (bis 1955). Unter dem Einfluss seiner charismatischen Frau »Evita« (Eva Maria Duarte, 7. 5. 1919-26. 7. 1952) strebt er mit seiner populistischen Bewegung einen

»dritten Weg« zwischen Kommunismus und Kapitalismus an.

5. 3. 1946
USA
Der ehemalige britische Premierminister Winston Churchill prägt in einer Grundsatzrede in Fulton (US-Bundesstaat Missouri) den Begriff des »Eisernen Vorhangs«, der sich von Stettin an der Ostsee bis nach Triest an der Adria über den europäischen Kontinent gesenkt habe. → S. 592

22. 4. 1946
Deutschland
Auf Druck der Sowjetischen Militäradministration (SMAD) in der Sowjetzone erfolgt in Berlin der Zusammenschluss von SPD und KPD zur Sozialistischen Einheitspartei Deutschlands (SED).

25. 5. 1946
Jordanien
Der Haschemitenherrscher Abdallah (1882-20. 7. 1951) wird zum ersten König von Jordanien gekrönt, nachdem sich die Mandatsmacht Großbritannien aus dem Emirat Transjordanien zurückgezogen hat.

2. 6. 1946
Italien
Ein Referendum über die zukünftige Staatsform ergibt eine Mehrheit für die Schaffung einer Republik. Der erst am 9. 5. zum König ausgerufene Umberto II. (15. 9. 1904-18. 3. 1983) dankt daraufhin ab und geht am 13. 6. außer Landes.

8. 9. 1946
Bulgarien
Ein Referendum ergibt eine Mehrheit für die Gründung einer Volksrepublik, die am 15. 9. proklamiert wird. König (seit 1943) Simeon II. (*16. 6. 1937) muss abdanken.

20. 9. 1946
Cannes
Erstmals finden die Filmfestspiele statt.

27. 9. 1946
Griechenland
Die Rückkehr König Georg II. aus seinem Exil aufgrund einer Volksabstimmung (1. 9.) löst einen bis 1949 dauernden Bürgerkrieg zwischen Monarchisten und Kommunisten aus. Die Monarchisten gehen mit Hilfe der USA als Sieger hervor. Nach dem Tod von Georg II. (*19. 7. 1890) am 1. 4. 1947 besteigt sein Bruder Paul I. (14. 12. 1901-6. 3. 1964) den Thron (bis 1964).

1. 10. 1946
Deutschland
Der seit dem 20. 11. 1945 in Nürnberg tagende Internationale Militärgerichtshof verkündet die Urteile im Prozess gegen die nationalsozialistischen Hauptkriegsverbrecher. Zwölf Angeklagte werden zum Tode und sieben weitere zu langjährigen Freiheitsstrafen verurteilt, drei werden freigesprochen

3. 10. 1946
Japan
Durch eine neue Verfassung wird eine konstitutionelle Monarchie eingeführt. Der bisherige Gottkaiser (Tenno) ist nur noch ein repräsentatives Symbol des Staates.

24. 10. 1946
Tschechoslowakei
Die Ausweisung der Sudetendeutschen gilt offiziell als beendet. Etwa 2,8 Mio. Menschen wurden seit 1945 vertrieben.

27. 10. 1946
Frankreich
Die Verfassung der IV. Republik (bis 1958) tritt in Kraft. Sie gibt dem Parlament eine starke Stellung gegenüber dem Präsidenten.

10. 2. 1947
Frankreich
Die vier alliierten Siegermächte unterzeichnen Friedensverträge mit Rumänien, Bulgarien, Ungarn, Finnland und Italien. Die UdSSR weitet ihr Staatsgebiet durch Ostkarelien (von Finnland), Bukowina und Bessarabien (von Rumänien) aus. Rumänien erhält Siebenbürgen zurück, Bulgarien bekommt die Süddobrudscha. Italien verliert alle Kolonien sowie die Inselgruppe des Dodekanes in der Ägäis und Istrien.

25. 2. 1947
Deutschland
Als »Träger des Militarismus und der Reaktion« wird der Staat Preußen durch das Kontrollratsgesetz Nr. 46 aufgelöst.

5. 6. 1947
USA
US-Außenminister George C. Marshall (31. 12. 1880-16. 10. 1959) schlägt in einer Rede in der Harvard University ein wirtschaftliches Aufbauprogramm der USA für das im Krieg zerstörte Europa, insbesondere für Deutschland, vor.

7. 8. 1947
Polynesien
Der norwegische Naturforscher Thor Heyerdahl (*6. 10. 1914) trifft nach einer 7200 km langen Fahrt über den Pazifik von Peru kommend mit seinem nach alten Vorbildern gebauten Balsafloß »Kon-Tiki« am Ziel ein. Mit der 101 Tage langen Reise wollte er beweisen, dass eine Besiedlung der Polynesischen Inseln von Südamerika aus bereits in vorkolumbischer Zeit möglich war.

15. 8. 1947
Indien/Pakistan
Mit der Unabhängigkeit von Britisch-Indien erfolgt die Teilung in den Hindustaat Indien und den Muslimstaat Pakistan. Sie führt zur Massenflucht von Hindus und Sikhs aus Pakistan und Muslimen aus der Indischen Union. → S. 592

30. 10. 1947
Schweiz
Zur Liberalisierung des Welthandels schließen zunächst 23 Staaten das Allgemeine Zoll- und Handelsabkommen GATT.

30. 12. 1947
Rumänien
König (seit 1940) Michael I. (*25. 10. 1921) dankt ab, Rumänien wird zur Volksrepublik.

4. 1. 1948
Birma
Die Republik Union Birma (Birmanische Union) wird von Großbritannien unabhängig, am 4. 2. erklärt sich Ceylon für selbstständig.

30. 1. 1948
Indien
In Delhi wird der indische Freiheitskämpfer Mohandas Karamchand (gen. »Mahatma«) Gandhi (*2. 10. 1869) von einem hinduistischen Fanatiker ermordet.

4. 2. 1948
UdSSR
Als Reaktion auf das Zusammenrücken der westlichen Staaten schließt die Sowjetunion Freundschafts- und Beistandsverträge mit Rumänien sowie Ungarn (18. 2.) und Bulgarien (18. 3.). Ein am 6. 4. unterzeichneter Freundschaftspakt mit Finnland sichert zugleich die finnische Neutralität.

16. 4. 1948
Frankreich
Die Organisation für europäische wirtschaftliche Zusammenarbeit (OEEC) mit Sitz in Paris wird gegründet. Hauptaufgabe dieses Wirtschaftsrats, dem neben den westdeutschen Besatzungszonen Belgien, Dänemark, Frankreich, Österreich, die Schweiz und Schweden angehören, ist die Verteilung der Mittel aus dem Marshallplan.

9. 5. 1948
Tschechoslowakei
Nach dem Staatsstreich der Kommunisten vom Februar erklärt eine neue Verfassung das Land zur Volksdemokratie. Staatspräsident Eduard Benesch tritt am 7. 6. zurück, sein Nachfolger wird der bisherige Ministerpräsident Klement Gottwald (23. 11. 1896-14. 3. 1953).

14. 5. 1948
Israel
Der jüdische Nationalrat unter dem Vorsitz von David Ben Gurion (16. 10. 1886-1. 12. 1973) proklamiert den Staat Israel. Der erste israelisch-arabische Krieg beginnt, in dem sich Israel behaupten kann. Im Frühjahr 1949 werden Waffenstillstandsabkommen unterzeichnet. → S. 593

21. 6. 1948
Deutschland
In den drei Westzonen wird mit der Währungsreform die Reichsmark (RM) auf Deutsche Mark (DM) umgestellt. Am 23. 6. zieht die sowjetische Zone mit einer eigenen Währungsreform nach. Am 24. 6. sperrt die UdSSR die Land- und Wasserwege für den Personen- und Güterverkehr zwischen den Westsektoren Berlins und Westdeutschland. Die Westalliierten richten daraufhin eine Luftbrücke zur Versorgung Berlins ein.

26. 6. 1948
Rumänien
Die KP Jugoslawiens, die unter Josip Broz Tito einen sozialistischen Sonderweg gehen will, wird auf der Bukarester Konferenz aus dem am 22. 9. 1947 gegründeten Kommunistischen Informationsbüro (Kominform) ausgeschlossen.

15. 8. 1948
Korea
Im Süden des Landes wird die Republik Korea ausgerufen, deren erster Präsident Syngman Rhee wird. In Nordkorea wird am 9. 9. die Demokratische Volksrepublik Korea proklamiert. Aufgrund alliierter Absprache war Korea 1945 am 38. Breitengrad geteilt worden.

1. 1. 1949
Indien/Pakistan
Ein von der UNO vermittelter Waffenstillstand beendet die seit Oktober 1947 andauernden Kämpfe um den Besitz des Fürstenstaats Kaschmir. Die beiden Staaten erkennen die Waffenstillstandslinie als vorläufige Grenze an: Süd-Kaschmir (138 991 km²) fällt an Indien, Nord-Kaschmir (83 806 km²) an Pakistan.

25. 1. 1949
UdSSR
In Moskau gründen Vertreter der UdSSR, Bulgariens, Polens, Rumäniens, der Tschechoslowakei und Ungarns den Rat für gegenseitige Wirtschaftshilfe (RGW, englische Bezeichnung COMECON). Noch 1949 tritt Albanien, 1950 die DDR bei.

4. 4. 1949
USA
Belgien, Dänemark, Frankreich, Großbritannien, Island, Italien, Kanada, Luxemburg, die Niederlande, Norwegen, Portugal und die USA gründen in Washington die North Atlantic Treaty Organization (NATO), den Nordatlantikpakt zur gemeinsamen Verteidigung der demokratischen Staatsordnung. 1952 treten Griechenland und die Türkei bei, 1955 die Bundesrepublik, 1982 Spanien. → S. 594

18. 4. 1949
Irland
Am 33. Jahrestag des gescheiterten Osteraufstands von 1916 scheidet der irische Freistaat aus dem Commonwealth aus und wird unabhängige Republik.

9. 5. 1949
Monaco
Rainier III. (*31. 5. 1923) wird Fürst von Monaco.

12. 5. 1949
Deutschland
Die seit dem 24. 6. 1948 andauernde Berlin-Blockade wird beendet.

23. 5. 1949
Bundesrepublik Deutschland
Mit dem Grundgesetz, das am 24. 5. in Kraft tritt, erhalten die zur Bundesrepublik zusammengefassten drei westlichen Besatzungszonen eine demokratische Verfassung. Am 10. 5. hat der Parlamentarische Rat Bonn zum Regierungssitz bestimmt. → S. 594

19. 7. 1949
Laos
Einen Tag nach der Aufnahme des Landes in die Französische Union konstituiert sich Laos als unabhängiges Königreich.

15. 9. 1949
Bundesrepublik Deutschland
Nach der ersten Wahl zum Deutschen Bundestag (14. 8.) wird der CDU-Vorsitzende Konrad Adenauer (5. 1. 1876-19. 4. 1967) zum Bundeskanzler gewählt.

1. 10. 1949
China
Mao Tse-tung proklamiert auf dem Tor des Himmlischen Friedens in Peking die Volksrepublik China. Der Bürgerkrieg zwischen den Kommunisten und der Kuomintang von Chiang Kaishek ist beendet. Chiang flieht im Dezember mit den Resten seiner Armee auf die Insel Taiwan (Formosa), wo er am 1. 3. 1950 die Republik China ausruft. → S. 595

7. 10. 1949
DDR
In Berlin (Ost) tritt der vom Dritten Deutschen Volkskongress gewählte Zweite Deutsche Volksrat zusammen. Er erklärt sich zur Provisorischen Volkskammer der Deutschen Demokratischen Republik (DDR).

2. 11. 1949
Niederlande/Indonesien
Die Niederlande verpflichten sich, auf ihre Souveränitätsrechte in Indonesien am 27. 12. 1949 zu verzichten. Nur West-Neuguinea bleibt niederländisch. Achmed Sukarno (6. 6. 1901-20. 6. 1970), seit 1945 Präsident der von ihm proklamierten Republik Indonesien, hat damit nach langwierigen und blutigen Auseinandersetzungen die Anerkennung der Souveränität durchgesetzt.

1949
Großbritannien
Der Schriftsteller George Orwell (eigentl. Eric Blair, 25. 1. 1903-21. 1. 1950) entwirft in seinem Roman »1984« eine Zukunftsvision vom totalitären Staat. Das Werk wird als »Buch des Jahres« in den USA ausgezeichnet.

1950-1954

8. 3. 1950
USA
Der republikanische Senator Joseph McCarthy (14. 11. 1909-2. 5. 1957) eröffnet einen Feldzug gegen eine angebliche Unterwanderung hoher und höchster US-Staatsämter durch Kommunisten und deren Agenten (McCarthy-Ära, bis 1955).

13. 6. 1950
Südafrika
Das Repräsentantenhaus billigt den Group Areas Act, der die Apartheidpolitik der weißen Regierung verschärft. Künftig sind für die schwarze Bevölkerungsmehrheit getrennte Siedlungsgebiete vorgesehen.

25. 6. 1950
Korea
Mit dem Einmarsch in Südkorea löst Nordkorea den bisher schwersten bewaffneten Konflikt seit 1945 aus. Der UNO-Sicherheitsrat beschließt die Entsendung von UN-Truppen unter Führung des US-General Douglas MacArthur. Am 15. 9. beginnen sie eine erfolgreiche Gegenoffensive. Ende November greifen Soldaten aus der Volksrepublik China in die Kämpfe ein. → S. 595

24. 10. 1950
Tibet
Truppen der Volksrepublik China rücken in das Nachbarland ein. Am 23. 5. 1951 wird die »Rückkehr« Tibets nach China in einem Unterwerfungsvertrag formell besiegelt.

18. 4. 1951
Frankreich
Die Bundesrepublik Deutschland, Frankreich, Italien und die Benelux-Länder gründen die Europäische Gemeinschaft für Kohle und Stahl (EGKS, Montanunion) als ersten Schritt zur europäischen Einigung.

16. 7. 1951
Belgien
Der aufgrund seiner Rolle während des Krieges umstrittene König Leopold III. wird zur Abdankung gezwungen. Er überträgt seine Rechte auf seinen ältesten Sohn Baudouin I. (7. 9. 1930-31. 7. 1993), der am 17. 7. 1951 König der Belgier wird. Zwar hatte eine Volksabstimmung am 12. 3. 1950 eine knappe Mehrheit für Leopold ergeben, seine Rückkehr aus dem Exil löste jedoch heftige Proteste aus.

8. 9. 1951
USA
In San Francisco unterzeichnen 49 Staaten den Friedensvertrag mit Japan, das auf seine Grenzen von 1868 beschränkt wird.

6. 2. 1952
Großbritannien
In Sandringham stirbt König (seit 1936) Georg VI. (*14. 12. 1895). Seine Tochter Elisabeth II. (*21. 4. 1926) folgt ihm auf den Thron. Ihre Krönung am 2. 6. 1953 ist das erste große Fernsehereignis. → S. 595

23. 7. 1952
Ägypten
Der 1949 gegründete Geheimbund der »Freien Offiziere« zwingt König (seit 1936) Faruk I. zur Abdankung. Am 18. 6. 1953 wird die Republik Ägypten proklamiert.

20. 10. 1952
Kenia
Großbritannien verhängt den Ausnahmezustand über die ostafrikanische Kronkolonie. Dort versucht der Geheimbund Mau-Mau die weiße Minderheit gewaltsam aus dem Land zu vertreiben. Bis 1956 schlägt Großbritannien den Aufstand blutig nieder.

1. 11. 1952
USA
US-amerikanische Kernphysiker zünden auf dem Eniwetok-Atoll im Pazifik die erste Wasserstoff-Bombe (H-Bombe). Am 12. 8. 1953 zündet auch die Sowjetunion ihre erste H-Bombe.

4. 11. 1952
USA
Der Republikaner Dwight D. Eisenhower wird zum 34. Präsidenten der USA gewählt. Er löst am 20. 1. 1953 Harry S. Truman ab.

5. 3. 1953
UdSSR
Der 73-jährige sowjetische Partei- und Regierungschef Josef W. Stalin (*21. 12. 1879) erliegt den Folgen eines Schlaganfalls. Zu seinem Nachfolger als Parteichef wird am 13. 9. nach einem internen Machtkampf Nikita S. Chruschtschow (17. 4. 1894-11. 9. 1971) gewählt.

29. 5. 1953
Tibet/Nepal
Der Neuseeländer Edmund Percival Hillary (*20. 7. 1919) und der nepalesische Sherpa Tenzing Norgay bezwingen als erste Menschen den 8850 m hohen Mount Everest. → S. 595

17. 6. 1953
DDR
Sowjetische Truppen schlagen einen Arbeiteraufstand gegen das kommunistische Regime nieder. Im Ostteil Berlins und zahlreichen anderen Städten der DDR kommt es – zunächst aus Protest gegen die Erhöhung der Arbeitsnormen – zu spontanen Streiks und Demonstrationen. → S. 596

27. 7. 1953
Korea
Mit einem in Panmunjom unterzeichneten Waffenstillstand endet nach mehr als drei Jahren Dauer der Korea-Krieg. Eine Demarkationslinie mit einer jeweils 2 km breiten entmilitarisierten Zone auf beiden Seiten teilt das Land nördlich des 38. Breitengrades. Die Grenzziehung entspricht dem Frontverlauf, der sich in den Kämpfen seit Anfang 1951 nur noch geringfügig verändert hatte. Mehr als 2 Mio. gefallene und verwundete Soldaten und mindestens ebenso viele Zivilopfer sind die Bilanz des Krieges.

7. 5. 1954
Vietnam
Die Kapitulation der französischen Truppen in Dien Bien Phu bedeutet das Ende der französischen Kolonialherrschaft in Indochina und den Sieg der kommunistisch orientierten Vietminh unter Führung von Ho Chi Minh. Das Genfer Indochina-Abkommen vom 21. 7. teilt Vietnam entlang des 17. Breitengrades, Laos und Kambodscha erhalten die volle Souveränität. → S. 597

4. 7. 1954
Schweiz
Die deutsche Fußballnationalelf wird in Bern durch ein 3:2 über Ungarn überraschend Weltmeister. Weitere Titelgewinne folgen 1974 und 1990.

11. 7. 1954
Paraguay
Nach einem Militärputsch übernimmt General Alfredo Stroessner (*3. 11. 1912) die Macht. Als Staatspräsident (bis 1989) setzt er die demokratischen Institutionen weitgehend außer Kraft.

23. 10. 1954
Frankreich
In den Pariser Verträgen der Westalliierten und der Bundesrepublik Deutschland wird die Souveränität der Bundesrepublik und ihr NATO-Beitritt beschlossen. Der bereits am 17. 3. 1948 geschlossene Brüsseler Vertrag, ein Beistandspakt zwischen Großbritannien, Frankreich und den Benelux-Staaten, wird mit der Aufnahme Italiens und der Bundesrepublik zur Westeuropäischen Union (WEU) erweitert. Die Einbindung in die WEU schafft die Voraussetzung für den Beitritt in die NATO.

1. 11. 1954
Algerien
Mit dem Aufstand der algerischen nationalen Befreiungsfront FLN (Front de Libération Nationale) unter Mohammed Ahmed Ben Bella (*25. 12. 1916) beginnt der Krieg gegen die Kolonialmacht Frankreich.

1955-1959

5. 5. 1955
Bundesrepublik Deutschland
Mit dem Inkrafttreten der Pariser Verträge endet das Besatzungsregime. Am 9. 5. tritt die Bundesrepublik als 15. Mitgliedsland der NATO bei.

14. 5. 1955
Polen
Als Gegengewicht zur NATO wird in Warschau unter Beteiligung von Albanien, Bulgarien, Polen, Rumänien, der Tschechoslowakei, der UdSSR, der DDR und Ungarn der Warschauer Pakt gegründet. → S. 597

15. 5. 1955
Österreich
In Wien unterzeichnen Regierungsvertreter der Westmächte, der Sowjetunion und Österreichs den Staatsvertrag. Österreich erhält die volle Souveränität in den Grenzen vom 1. 1. 1938 zurück, verpflichtet sich jedoch zur Neutralität.

8. 9. 1955
UdSSR
Bundeskanzler Konrad Adenauer trifft zu einem Staatsbesuch in Moskau ein (bis 14. 9.). Am 12. 9. wird eine Vereinbarung über die Aufnahme diplomatischer Beziehungen sowie über die Rückführung der letzten deutschen Kriegsgefangenen (9628 sog. Spätheimkehrer und etwa 20 000 Zivilinternierte) getroffen.

30. 9. 1955
USA
Bei einem Autounfall in Salinas (US-Bundesstaat Kalifornien) stirbt der Filmschauspieler James Dean (*8. 2. 1931), der mit nur drei Filmen zu einem Idol der Jugend aufgestiegen war.

23. 10. 1955
Saarland
Die Bevölkerung des Saarlands lehnt das zwischen der Bundesregierung und Frankreich ausgehandelte Saarstatut ab, mit dem das Saarland unter die Aufsicht des Rates der Westeuropäischen Union (WEU) gestellt werden sollte.

26. 10. 1955
Südvietnam
Der im Pariser Exil lebende bisherige Staatschef Bao Dai wird nach einer Volksabstimmung abgesetzt. Ministerpräsident Ngô Dinh Diêm (3. 1. 1901-2. 11. 1963) erklärt als dessen Nachfolger Südvietnam zur Republik.

9. 12. 1955
Bundesrepublik Deutschland
Die Bundesregierung teilt mit, dass sie ihre diplomatischen Beziehungen mit allen Staaten, die ihrerseits diplomatische Beziehungen zur DDR aufnehmen oder unterhalten, abbrechen werde, mit Ausnahme der UdSSR. Diese sog. Hallstein-Doktrin – benannt nach dem Staatssekretär im Auswärtigen Amt, Walter Hallstein (17. 11. 1901-29. 3. 1982) – prägt die deutsche Außenpolitik bis Ende der 60er Jahre.

1. 1. 1956
Sudan
Der Sudan, der seit 1898 unter ägyptisch-britischer Verwaltung gestanden hatte, wird unabhängig.

25. 2. 1956
UdSSR
Auf dem XX. Parteitag der KPdSU (14.-25. 2.) enthüllt deren Erster Sekretär, Nikita S. Chruschtschow, in einer Geheimrede die vom ehemaligen Staats- und Parteichef Josef W. Stalin begangenen Verbrechen. → S. 596

1. 3. 1956
Finnland
Urho Kaleva Kekkonen (3. 9. 1900-31. 8. 1986) wird Staatspräsident (bis 1981). Er vertritt eine konsequente Neutralitätspolitik unter Wahrung gutnachbarlicher Beziehungen zur UdSSR.

3. 3. 1956
Nordafrika
Frankreich entlässt Marokko (zunächst Sultanat, ab 14. 8. 1957 Königreich) und am 20. 3. Tunesien (zunächst Monarchie, ab 25. 7. 1957 Republik) in die Unabhängigkeit.

26. 7. 1956
Ägypten
Staatspräsident (seit 1954) Gamal Abd el Nasser (15. 1. 1918-28. 9. 1970) erklärt den Suezkanal zum nationalen Eigentum.

9. 9. 1956
USA
Der US-amerikanische Rock-'n'-Roll-Star Elvis Presley (8. 1. 1935-16. 8. 1977) tritt erstmals in der Ed Sullivan Show auf. → S. 598

21. 10. 1956
Polen
Der reformwillige Wladyslaw Gomulka (6. 2. 1905-1. 9. 1982) übernimmt die Führung der kommunistischen Partei Polens (bis 1970). Zuvor hatte die wachsende Unzufriedenheit der Bevölkerung am 28. 6. in Posen zu einem Arbeiteraufstand geführt, der durch den Einsatz von Militär innerhalb von zwei Tagen gewaltsam niedergeworfen wurde.

23. 10. 1956
Ungarn
Mit einer Demonstration der Studenten in Budapest bricht die ungarische Revolution aus. Imre Nagy (7. 6. 1896-16. 6. 1958) übernimmt am 24. 10. die Regierung, erklärt Ungarns Austritt aus dem Warschauer Pakt und verspricht eine politische Liberalisierung. → S. 599

29. 10. 1956
Ägpyten
Im Konflikt um die Verstaatlichung des Suezkanals überschreiten israelische Streitkräfte auf der Sinai-Halbinsel die Grenze zu Ägypten. Nach Ablehnung eines britischen und französischen Ultimatums am 30. 10. landen britische und französische Fallschirmjäger in Port Said. Die Militärintervention muss jedoch am 6. 11. unter dem Druck der USA und der UdSSR beendet werden. → S. 596

4. 11. 1956
Ungarn
Sowjetische Truppen schlagen die Revolution nieder. Die zehntägigen Kämpfe fordern mehrere hundert Todesopfer. János Kádár (22. 5. 1912-6. 7. 1989) bildet eine neue moskautreue Regierung.

1. 1. 1957
Bundesrepublik Deutschland
Durch Inkrafttreten des sog. Luxemburger Saarvertrages (27. 10. 1956) wird das Saarland Teil der Bundesrepublik.

6. 3. 1957
Westafrika
Aus den ehemaligen britischen Kolonien Goldküste und Britisch-Togo wird der Staat Ghana gebildet (ab 1. 7. 1960 Republik).

25. 3. 1957
Italien
Durch den Abschluss der Römischen Verträge wird die Europäische Wirtschaftsgemeinschaft (EWG) und die Europäische Atomgemeinschaft (Euratom) geschaffen. Ihr gehören die sechs Mitgliedsstaaten der Montanunion an. → S. 599

25. 9. 1957
USA
Präsident Dwight D. Eisenhower beordert 1000 Mann der 101. Luftlandedivision nach Little Rock (US-Bundesstaat Arkansas). Sie sollen in der dortigen High School neun schwarze Schüler vor Übergriffen schützen und die rassische Integration in der Schule überwachen.

4. 10. 1957
UdSSR
Der erste künstliche Erdsatellit »Sputnik 1« wird gestartet. Dieser Erfolg löst im Westen, vor allem in den USA, einen regelrechten Schock aus.

1. 1. 1958
EWG
Die Verträge über die Europäische Wirtschaftsgemeinschaft (EWG) und die Europäische Atomgemeinschaft (EURATOM) treten in Kraft. Walter Hallstein wird erster Präsident der EWG-Kommission (bis 1967).

1. 2. 1958
Ägypten/Syrien
Unter der Bezeichnung Vereinigte Arabische Republik (VAR) schließen sich Ägypten und Syrien zusammen. In einer am 21. 2. durchgeführten Volksabstimmung billigt die Bevölkerung die Verfassung und wählt den ägyptischen Staatschef Gamal Abd el Nasser zum Präsidenten. 1961 zerfällt die Föderation.

19. 3. 1958
EWG
In Straßburg konstituiert sich das Europäische Parlament, gemeinsames Organ von Montanunion, Europäischer Wirtschaftsgemeinschaft und Europäischer Atomgemeinschaft. Erster Präsident ist der Franzose Robert Schuman (29. 6. 1886-4. 9. 1963).

13. 5. 1958
Algerien
Im sog. Putsch von Algier, einer von der Armee unterstützten Rebellion, protestieren die Algerienfranzosen gegen die geplanten Verhandlungen mit der Nationalen Befreiungsfront (FLN). Der Putsch führt zum Sturz der IV. Republik in Frankreich.

17. 5. 1958
Frankreich
Nachdem die Unruhen in Algerien auf das Mutterland übergegriffen haben, wird der Notstand ausgerufen. Gemäß den Forderungen der Algerienfranzosen wird Charles de Gaulle am 1. 6. zum Ministerpräsidenten berufen.

14. 7. 1958
Irak
Bei einem Staatsstreich der Armee wird König (seit 1939) Faisal II. (*2. 5. 1935) ermordet. Brigadegeneral Abd Al Karim Kassem (1914-9. 2. 1963) proklamiert die Republik. Die Arabische Föderation, die die haschimitischen Monarchien Irak und Jordanien am 14. 2. gebildet hatten, wird einen Tag später aufgelöst.

4. 10. 1958
Frankreich
Die Verfassung der V. Republik tritt in Kraft. Charles de Gaulle wird am 21. Dezember zum ersten Staatspräsidenten gewählt. Er tritt am 8. 1. 1959 das Amt an. → S. 598

9. 10. 1958
Vatikanstadt
In Castel Gandolfo stirbt Papst (seit 1939) Pius XII. (eigentl. Eugenio Pacelli, *2. 3. 1876). Ihm folgt am 28. 10. Angelo Giuseppe Roncalli (22. 11. 1881-3. 6. 1963) nach, der den Namen Johannes XXIII. annimmt.

27. 10. 1958
Pakistan
Durch einen Militärputsch macht sich Mohammed Ayub Khan (14. 5. 1907-20. 4. 1974) zum Staats- und Regierungschef (bis 1969).

1. 1. 1959
Kuba
Nach jahrelangem Guerillakrieg gegen das Regime (seit 1952) des Diktators Fulgencio Batista y Zaldívar übernimmt der Revolutionär Fidel Castro (*13. 8. 1927) die Macht. → S. 598

3. 1. 1959
USA
Mit dem Beitritt von Alaska und Hawaii (21. 8.) wächst die Zahl der US-Bundesstaaten auf 50 an.

10. 3. 1959
Tibet
In dem seit 1950 von der Volksrepublik China kontrollierten Tibet kommt es zu Demonstrationen für die Unabhängigkeit. Die chinesische Besatzungsmacht verhängt das Kriegsrecht. Der 14. Dalai-Lama, das geistliche und weltliche Oberhaupt der Tibeter, flieht am 17. 3. nach Indien.

25. 9. 1959
USA/UdSSR
In Camp David (Maryland) beginnen Gespräche zwischen US-Präsident Dwight D. Eisenhower und dem sowjetischen Partei- und Regierungschef Nikita S. Chruschtschow, der erstmals die USA besucht (15.-27. 9.).

1960-1964

4. 1. 1960
Schweden
In Stockholm wird der Vertrag über die Bildung der Europäischen Freihandelszone (EFTA) unterzeichnet. Gründungsmitglieder sind Schweden, Norwegen, Dänemark, Großbritannien, Portugal, Österreich und die Schweiz.

1. 5. 1960
USA/UdSSR
Der Abschuss eines US-Spionageflugzeugs vom Typ Lockheed U2 im Gebiet von Swerdlowsk am Ural führt zu einer schweren Belastung des Verhältnisses zwischen den Supermächten. Die UdSSR boykottiert daraufhin die für den 16. 5. geplante Ost-West-Gipfelkonferenz in Paris.

27. 5. 1960
Türkei
Der seit 1950 als Ministerpräsident amtierende Adnan Menderes (*1899) wird wegen seines autoritären Führungsstils gestürzt und am 17. 9. 1961 wegen Verfassungsbruchs hingerichtet. Bis zur Verabschiedung einer neuen Verfassung (9. 7. 1961) übernimmt General Cemal Gürsel (1895-14. 9. 1966) das Amt des Regierungschefs (1961-1966 Staatspräsident).

23. 6. 1960
China/UdSSR
Die schon seit 1958 schwelenden ideologischen Auseinandersetzungen kommen offen zum Ausbruch: Die KP Chinas weist die sowjetische These von der »friedlichen Koexistenz« zurück und fordert eine Politik der Stärke im Kampf gegen den Kapitalismus. Im August werden die sowjetischen Wirtschaftsexperten aus China abgezogen.

30. 6. 1960
Kongo
Nach der Unabhängigkeitserklärung der belgischen Kolonie Kongo-Léopoldville (1971-1997 Republik Zaire) beginnt dort ein blutiger Bürgerkrieg. Im Verlauf des Jahres entlässt Frankreich alle west- und zentralafrikanischen Kolonien in die Unabhängigkeit. Unabhängig werden ferner Somalia (Großbritannien/Italien) und Nigeria (Großbritannien). → S. 600

16. 8. 1960
Zypern
Die Mittelmeerinsel wird eine unabhängige Republik unter Führung des Staatspräsidenten Erzbischof Makarios III. (13. 8. 1913-3. 8. 1977).

12. 9. 1960
DDR
Nach dem Tod des ersten Präsidenten (seit 1949) Wilhelm Pieck (3. 1. 1876-7. 9. 1960) wird dieses Amt abgeschafft und durch einen Staatsrat unter Vorsitz von Walter Ulbricht (30. 6. 1893-1. 8. 1973) ersetzt. Ulbricht lenkt als Generalsekretär (ab 1953: 1. Sekretär) der SED (1950-1971) die Geschicke der DDR im Geiste eines orthodoxen Kommunismus.

14. 9. 1960
Irak
In Bagdad wird die Organisation der Erdöl exportierenden Länder (OPEC) gegründet. Gründungsmitglieder sind Iran, Irak, Kuwait, Saudi-Arabien und Venezuela.

8. 11. 1960
USA
Der Demokrat John F. Kennedy (29. 5. 1917-22. 11. 1963) wird zum 35. Präsidenten der USA gewählt. Er ist mit 43 Jahren nicht nur das bisher jüngste, sondern auch das erste katholische Staatsoberhaupt.

20. 12. 1960
Südvietnam
Die Widerstandsgruppen gegen den proamerikanischen Staatschef Ngô Dinh Diêm schließen sich zur Nationalen Befreiungsfront (Front National de Libération du Vietnam-Sud, FNL) zusammen, die wegen der kommunistischen Führung auch als Vietcong bezeichnet wird (Viet Nam Cong San = »vietnamesische Kommunisten«).

21. 3. 1961
Großbritannien
Die Rockgruppe »The Beatles« tritt erstmals im Cavern-Club in Liverpool auf. → S. 600

12. 4. 1961
UdSSR
Der Kosmonaut Juri Gagarin (9. 3. 1934-27. 3. 1968) umrundet in seinem Raumschiff »Wostok« als erster Mensch die Erde. → S. 600

20. 4. 1961
Kuba
Eine vom US-Geheimdienst CIA organisierte Invasion von Exilkubanern scheitert. Die Truppe war am 17. 4. in der kubanischen Schweinebucht gelandet. Sie sollten den auf einen prosowjetischen Kurs eingeschwenkten kubanischen Ministerpräsidenten Fidel Castro stürzen.

19. 6. 1961
Kuwait
Das Emirat erlangt seine Unabhängigkeit. Die politische Führung liegt schon seit 1756 in den Händen der Familie As Sabah.

13. 8. 1961
DDR
An der Demarkationslinie zwischen Berlin (Ost) und Berlin (West) lässt die DDR eine Mauer errichten, um die steigende Fluchtbewegung zu unterbinden. → S. 601

6. 9. 1961
Jugoslawien
In Belgrad endet die am 1. 9. eröffnete erste Konferenz blockfreier Staaten. Der Zusammenschluss, dem 25 Länder angehören, erfolgte 1955 als Gegengewicht zu den Militärbündnissen NATO und Warschauer Pakt.

30. 9. 1961
Syrien
Nach dem Zerfall der Vereinigten Arabischen Republik (1958-1961) mit Ägypten wird die Arabische Republik Syrien proklamiert.

1. 10. 1961
Frankreich
Als Nachfolgerin der zur Verteilung der Marshallplan-Gelder 1948 gegründeten Organisation für Europäische Zusammenarbeit (OEEC) wird in Paris die Organisation für Wirtschaftliche Zusammenarbeit und Entwicklung (OECD) ins Leben gerufen.

15. 12. 1961
Israel
Im Prozess gegen den ehemaligen deutschen SS-Obersturmbannführer und Organisator der sog. Endlösung, Adolf Eichmann, fällt ein israelisches Gericht wegen Verbrechen gegen das jüdische Volk, Verbrechen gegen die Menschlichkeit und Kriegsverbrechen das Todesurteil.

2. 3. 1962
Birma
General Ne Win (*14. 5. 1911) stürzt die Regierung und übernimmt als Vorsitzender eines Revolutionsrats die Macht (bis 1981 Staatspräsident, bis 1974 gleichzeitig auch Ministerpräsident). Die Verfassung wird außer Kraft gesetzt. Am 30. 4. verabschiedet der Revolutionsrat die politische Deklaration »Der birmanische Weg zum Sozialismus«. Der Staatsname wird 1989 in Myanmar geändert.

24. 3. 1962
Südkorea
General Park Chung Hee (30. 9. 1917-26. 10. 1979), der bereits im Juli 1961 nach einem Militärputsch als Leiter eines Obersten Rats für den Nationalen Wiederaufbau die absolute Macht übernommen hatte, wird von den Militärs zum Staatspräsidenten bestimmt. Park wird 1963, 1967 und 1971 als Präsident bestätigt und nach einer Verfassungsänderung zweimal wieder gewählt (1972 und 1978).

31. 5. 1962
Israel
Adolf Eichmann (*19. 3. 1906), als Leiter des Judenreferats im Reichssicherheitshauptamt verantwortlich für die Durchführung des Holocaust, wird gehängt. Der nach 1945 in Südamerika untergetauchte Eichmann war dort vom israelischen Geheimdienst aufgespürt und nach Israel entführt worden. Am 15. 12. 1961 verurteilte ihn ein Jerusalemer Gericht wegen Verbrechen gegen das jüdische Volk und die Menschlichkeit zum Tode.

23. 6. 1962
Laos
In dem seit 1945 von Unruhen erschütterten Land bilden die kommunistisch orientierte Pathet-Lao-Bewegung und die Royalisten eine Koalitionsregierung unter Suvanna Phouma (7. 10. 1901-10. 1. 1984), die bis 1975 im Amt bleibt. Laos ist faktisch geteilt: Den Norden kontrolliert die Pathet-Lao-Bewegung, das Mekong-Tal die Royalisten.

1. 7. 1962
Ostafrika
Ruanda und Burundi, bisher belgische UNO-Treuhandgebiete, werden selbstständige Staaten.

3. 7. 1962
Algerien
Nachdem am 1. 7. in einer Volksabstimmung 99,7% der Algerier für die Unabhängigkeit gestimmt hatten, wird die unabhängige Republik Algerien ausgerufen. Die FLN übernimmt als Einheitspartei die Führung des neuen Staates.

27. 9. 1962
Jemen
Durch einen Militärputsch wird die Monarchie beseitigt.

1. 10. 1962
USA
Unter dem Schutz von Bundestruppen kann sich James H. Meredith entgegen einer Verfügung von Gouverneur Ross Barnett als erster schwarzer Student an der Universität Mississippi einschreiben. Während gewalttätiger Auseinandersetzungen um seine Person werden zwei Menschen getötet und fast 400 verletzt.

9. 10. 1962
Uganda
Als Monarchie (1963 Republik) im Commonwealth wird das ostafrikanische Land unabhängig.

11. 10. 1962
Vatikanstadt
Papst Johannes XXIII. eröffnet im Petersdom das 2. Vatikanische Konzil. Es soll innere Reformen erarbeiten, um den gesellschaftlichen Veränderungen seit dem 1. Vatikanischen Konzil (1869/70) gerecht zu werden. Das Konzil endet am 8. 12. 1965.

23. 10. 1962
USA
Mit seiner Forderung nach Rücktransport der sowjetischen Mittelstreckenraketen aus Kuba und dem Abbau der dort installierten Abschussrampen löst US-Präsident John F. Kennedy die Kubakrise aus. Kennedy verhängt eine Seeblockade gegen Kuba und erreicht am 28. 10. die Zusage der UdSSR, die Raketenbasen abzubauen. → S. 601

14. 11. 1962
Äthiopien
Kaiser Haile Selassie I. löst die Föderation mit Eritrea und annektiert es als 14. Provinz Äthiopiens. In dem überwiegend von Muslimen bewohnten Landesteil nimmt daraufhin die Eritrean Liberation Front (ELF) mit Unterstützung der Arabischen Liga den Kampf um die Unabhängigkeit auf.

22. 1. 1963
Frankreich/Bundesrepublik Deutschland
In Paris unterzeichnen Staatspräsident Charles de Gaulle und Bundeskanzler Konrad Adenauer den sog. Elysée-Vertrag über die deutsch-französische Zusammenarbeit und bekräftigen in einer gemeinsamen Erklärung die Versöhnung beider Völker und das Ende einer jahrhundertelangen Rivalität.

3. 6. 1963
Vatikanstadt
Papst (ab 1958) Johannes XXIII. (eigentl. Angelo Giuseppe Roncalli, *22. 11. 1881) stirbt. Ihm folgt am 21. 6. Giovanni Battista Montini (26. 9. 1897- 6. 8. 1978), der den Namen Paul VI. annimmt.

8. 8. 1963
Großbritannien
Britische Posträuber erbeuten umgerechnet 30. Mio. DM. Bei dem Raub, der auch als Filmvorlage dient, wird nur der Hilfslokführer verletzt.

27. 8. 1963
USA
Mit einem Marsch für Arbeit und Frieden, an dem in Washington über 200 000 schwarze und weiße US-Bürger teilnehmen, erlebt die Bürgerrechtsbewegung der USA ihren bisherigen Höhepunkt.

16. 10. 1963
Bundesrepublik Deutschland
Einen Tag nach der Verabschiedung von Bundeskanzler (seit 1949) Konrad Adenauer (CDU) wählt der Bundestag den bisherigen Bundeswirtschaftsminister Ludwig Erhard (CDU, 4. 2. 1897-5. 5. 1977) zum neuen Regierungschef.

2. 11. 1963
Südvietnam
Ngô Dinh Diêm, seit 1955 diktatorisch regierender Staatspräsident von Südvietnam, wird während eines Militärputsches in Saigon ermordet.

22. 11. 1963
USA
Während eines Besuchs in Dallas wird US-Präsident John F. Kennedy (*29. 5. 1917) von Gewehrkugeln tödlich getroffen. Der mutmaßliche Attentäter Lee Harvey Oswald wird am 24. 11. gleichfalls ermordet. Als Kennedys Nachfolger wird Vizepräsident Lyndon B. Johnson (27. 8. 1908-23. 1. 1973) als 36. Präsident vereidigt. → S. 603

5. 12. 1963
Italien
Der Christdemokrat Aldo Moro (23. 9. 1916-9. 5. 1978) bildet ein Kabinett der linken Mitte aus Christdemokraten, Sozialisten, Sozialdemokraten, Republikanern und Liberalen. Dies bleibt unter Moro (Ministerpräsident 1963-1968 und 1974-1976) und seinen Nachfolgern die für Italien bis 1993 typische Regierungskonstellation.

12. 12. 1963
Kenia
Nach 68 Jahren britischer Herrschaft wird Kenia als 34. Staat Afrikas unabhängig. Erster Ministerpräsident (ab 12. 12. 1964 Staatspräsident) wird Jomo Kenyatta (20. 10. 1891 oder 1899-22. 8. 1978).

25. 2. 1964
USA
In Miami Beach entthront der US-Amerikaner Cassius Clay (*17. 1. 1942, ab 1965 Muhammad Ali) seinen Landsmann Sonny Liston und ist mit 22 Jahren der bisher jüngste Weltmeister im Schwergewichtsboxen. → S. 602

4. 3. 1964
USA
Der Sicherheitsrat der Vereinten Nationen beschließt die Entsendung einer internationalen Friedenstruppe nach Zypern. Seit Ende 1963 bekämpfen sich auf der Mittelmeerinsel griechische Bevölkerungsmehrheit und türkische Minderheit.

27. 4. 1964
Tansania
Die Republiken Tanganjika und Sansibar schließen sich zusammen. Der neue Staat erhält am 29. 10. den Namen Vereinigte Republik Tansania. Erster Präsident (bis 1985) wird Julius Nyerere (1. 3. 1922-14. 10. 1999).

14. 7. 1964
Frankreich
Der französische Radrennfahrer Jacques Anquetil gewinnt als erster Radrennfahrer zum vierten Mal hintereinander und zum fünften Mal insgesamt die Tour de France.

2. und 4. 8. 1964
USA/Vietnam
Nach US-Angaben beschießen nordvietnamesische Patrouillenboote US-Kriegsschiffe. Präsident Lyndon B. Johnson nimmt den sog. Tongking-Zwischenfall zum Anlass, 1965 die Bombardierung des kommunistischen Nordvietnam zu befehlen.

21. 9. 1964
Malta
Die britische Kronkolonie wird als Monarchie unabhängig (ab 13. 12. 1974 Republik).

14. 10. 1964
UdSSR
Parteichef (seit 1953) und Ministerpräsident (seit 1958) Nikita Chruschtschow wird vom Zentralkomitee der KPdSU seiner Ämter enthoben. Neuer Regierungschef (bis 1980) wird Alexej N. Kossygin (21. 2. 1904-18. 12. 1980), zum Chef der KPdSU (bis 1982) wird Leonid Breschnew (19. 12. 1906-10. 11. 1982) gewählt, der von 1960 bis 1964 und von 1977 bis 1982 auch das Amt des Staatsoberhaupts bekleidet.

15. 10. 1964
Großbritannien
Nach 13 Jahren in der Opposition gewinnt die Labour Party die Unterhauswahlen. Neuer Premierminister (bis 1970) wird Harold Wilson (11. 3. 1916-24. 5. 1995).

1965-1969

24. 1. 1965
Großbritannien
In London stirbt der Staatsmann und Historiker Sir (seit 1953) Winston Churchill (*30. 11. 1874), britischer Premierminister 1940-1945 und 1951-1955.

18. 2. 1965
Gambia
Die bisherige britische Kronkolonie erhält die staatliche Unabhängigkeit im Commonwealth (ab 24. 4. 1970 Republik).

21. 2. 1965
USA
Malcolm X, der Führer der »Organisation für Afroamerikanische Einheit« wird während einer Rede in Harlem durch mehr als zehn Schüsse getötet. Der einflussreiche Vorkämpfer des militanten Widerstands gegen die Weißen wird das Opfer rivalisierender Schwarzengruppen.

9. 8. 1965
Singapur
Die frühere britische Kronkolonie verlässt den 1963 gegründeten Staatenbund Malaysia, erklärt ihre Unabhängigkeit und wird unabhängiger Stadtstaat unter der Regierung (bis 1990) von Lee Kuan Yew (*1923).

11. 8. 1965
USA
Die desolate soziale Lage in den Schwarzenvierteln führt in Los Angeles zu schweren Rassenkrawallen. Die radikale Schwarzenorganisation der »Black Muslims« findet zunehmend mehr Anhänger. Der langjährige Führer (bis 1963) dieser islamischen Sekte, Malcolm X (eigentl. Malcolm Little, *19. 5. 1925), wurde am 21. 2. in New York von schwarzen Fanatikern ermordet.

6. 9. 1965
Indien/Pakistan
Der Konflikt um das geteilte Kaschmir eskaliert zu einem offenen Krieg, der erst am 29. 9. unter internationaler Vermittlung beendet wird. Die Truppen werden auf den bisherigen Grenzverlauf zurückgezogen.

30. 9. 1965
Indonesien
General Kemusu Suharto (*8. 6. 1921) schlägt einen Putsch linker Militärs gegen die konservative Armeeführung nieder und leitet den Sturz des charismatischen Staatsgründers Achmed Sukarno ein. Die Kommunistische Partei wird zerschlagen, die chinesische Minderheit verfolgt. Etwa 500 000 Menschen kommen ums Leben.

11. 11. 1965
Rhodesien
Die britische Kolonie erklärt unter Premierminister (1964-1979) Ian Smith (*8. 4. 1919), einem entschiedenen Vertreter der Apartheid, einseitig die Unabhängigkeit von Großbritannien.

25. 11. 1965
Republik Kongo (Zaire)
Durch einen Staatsstreich reißt General Sese Seko Mobutu Sésé-Séko (14. 10. 1930-7. 9. 1997) die Macht an sich und schaltet alle politischen Gegner aus. Mit der Machtübernahme Mobutus gilt der seit 1960 andauernde Bürgerkrieg im Kongo als beendet.

30. 12. 1965
Philippinen
Der Vorsitzende der Nationalistischen Partei, Ferdinando Edralin Marcos (11. 9. 1917-28. 9. 1989), wird als Staatspräsident (bis 1986) vereidigt.

19. 1. 1966
Indien
Indira Gandhi, einzige Tochter des indischen Staatsgründers Jawaharlal Nehru, wird zur neuen Ministerpräsidentin gewählt. Nach Sirimawo Bandaranaike, die von 1960 bis 1965 Ceylon regierte, ist sie erst die zweite Frau an der Spitze eines Staates.

11. 3. 1966
Indonesien
Nach blutigen Auseinandersetzungen zwischen revoltierenden, antikommunistischen Studenten und Polizeikräften übernehmen Militärs unter General Kemusu Suharto die Macht.

4. 5. 1966
China
In Peking beginnt eine Tagung der Führungsspitze der KP Chinas, auf der Parteichef Mao Tse-tung die »Große Proletarische Kulturrevolution« gegen die Parteibürokratie einleitet, um sein politisches Erbe zu sichern.

6. 9. 1966
Südafrika
Ministerpräsident (seit 1958) Hendrik Frensch Verwoerd (*8. 9. 1901) wird in Pretoria bei einem Attentat getötet. Nachfolger Verwoerds, der als Minister für Eingeborenenfragen (1950-1958) für die Ausführung zahlreicher Gesetze zur Verschärfung der Rassentrennung (Apartheid) verantwortlich war, als Premier (bis 1978) wird am 13. 9. Balthasar Johannes Vorster (13. 12. 1915-10. 9. 1983).

1. 12. 1966
Bundesrepublik Deutschland
Der Bundestag wählt den CDU-Politiker Kurt Georg Kiesinger (6. 4. 1904-9. 3. 1988) zum Bundeskanzler, nachdem Ludwig Erhard (CDU) am 30. 11. wegen mangelnden Rückhalts in seiner Partei den Rücktritt erklärt hat. Kiesinger bildet eine große Koalition mit der SPD.

21. 4. 1967
Griechenland
Rechtsgerichtete Militärs unter Georgios Papadopulos (5. 5. 1919-27. 6. 1999) übernehmen die Macht. König Konstantin II. (*1940) flieht am 14. 12. nach einem gescheiterten Gegenputsch außer Landes. Das Obristen-Regime, das sich zahlreicher Menschenrechtsverletzungen schuldig macht, bleibt bis 1974 an der Macht.

30. 5. 1967
Nigeria
Die erdölreiche Ostprovinz Biafra erklärt ihre Unabhängigkeit von der Zentralregierung in Lagos. Der Krieg endet mit der Kapitulation Biafras am 12. 1. 1970. Etwa 1,5 Mio. Menschen sind in dieser Zeit in Biafra verhungert.

5. 6. 1967
Naher Osten
Israel greift Ägypten und Syrien an, die von Jordanien unterstützt werden, und besetzt im sog. Sechstagekrieg die ägyptische Sinai-Halbinsel, den von Ägypten verwalteten Gazastreifen, die syrischen Golanhöhen und das von Jordanien annektierte Westjordanland mit dem Ostteil Jerusalems. → S. 602

1. 7. 1967
Europa
Die Europäische Wirtschaftsgemeinschaft (EWG), die Europäische Atomgemeinschaft (EURATOM) und die Europäische Gemeinschaft für Kohle und Stahl (EGKS) werden zur Europäischen Gemeinschaft (EG) mit gemeinsamem Ministerrat und gemeinsamer Kommission mit Sitz in Brüssel vereinigt.

9. 10. 1967
Bolivien
Im Kampf mit Regierungstruppen wird der aus Argentinien gebürtige kubanische Revolutionär Ernesto »Che« Guevara (*14. 6. 1928) erschossen. Guevara wollte durch einen erfolgreichen Guerillakrieg in Bolivien ein Signal für die Revolution in Lateinamerika geben.

3. 12. 1967
Südafrika
Der südafrikanische Arzt Christiaan Barnard (*8. 11. 1922) verpflanzt in Kapstadt erstmals ein Herz. → S. 605

5. 1. 1968
Tschechoslowakei
Alexander Dubček (27. 11. 1921-7. 11. 1992) wird Erster Sekretär des Zentralkomitees der KPČ. Er leitet ein Reformprogramm ein (sog. Prager Frühling).

30. 1. 1968
Vietnam
Vietcong und nordvietnamesische Truppen eröffnen die sog. Tet-Offensive, die langfristig den militärischen Zusammenbruch der USA in Vietnam einleitet. → S. 604

4. 4. 1968
USA
Der schwarze Bürgerrechtler und Friedensnobelpreisträger von 1964, Martin Luther King (*15. 1. 1929), fällt in Memphis (US-Bundesstaat Tennessee) dem Anschlag eines weißen Attentäters zum Opfer. → S. 603

11. 4. 1968
Bundesrepublik Deutschland
Rudi Dutschke (7. 3. 1940-24. 12. 1979), der Führer der außerparlamentarischen Opposition (APO), wird bei einem Anschlag in West-Berlin schwer verletzt.

13. 5. 1968
Frankreich
Die durch Studentenproteste ausgelöste soziale und politische Bewegung erfasst weite Teile der Arbeiterschaft. Erst am 27. 5. wird durch eine Übereinkunft zwischen der Regierung und den Sozialpartnern die Lage beruhigt.

6. 6. 1968
USA
In Los Angeles (US-Bundesstaat Kalifornien) stirbt der Präsidentschaftskandidat der Demokratischen Partei, Robert Kennedy (*20. 11. 1925), an den Folgen eines Attentats.

20./21. 8. 1968
Tschechoslowakei
Die militärische Intervention von fünf Staaten des Warschauer Pakts beendet den Kurs eines »Sozialismus mit menschlichem Antlitz«.
→ S. 604

26. 9. 1968
Portugal
Marcelo Caetano (17. 8. 1906-26. 10. 1980) löst als Ministerpräsident (bis 1974) den schwer kranken António de Oliveira Salazar ab. Eine Liberalisierung des Regimes bleibt aus.

5. 11. 1968
USA
Der Republikaner Richard M. Nixon (9. 1. 1913-22. 4. 1994) wird zum 37. Präsidenten der USA gewählt.

2. 3. 1969
UdSSR/China
Am Grenzfluss Ussuri kommt es zu bewaffneten Auseinandersetzungen, die bis zum 13. 3. andauern und auf beiden Seiten viele Tote und Verletzte fordern.

17. 3. 1969
Israel
Golda Meir, die frühere israelische Außenministerin, wird zur Ministerpräsidentin ihres Landes gewählt.

28. 4. 1969
Frankreich
Nach dem negativen Ausgang eines Volksentscheids über die von ihm gewünschte Reform der Regionalbefugnisse und des Senats tritt Staatschef (seit 1958) Charles de Gaulle zurück. Am 15. 6. gewinnt der Gaullist Georges Pompidou (5. 7. 1911-2. 4. 1974) die Präsidentschaftswahlen.

20. 7. 1969
USA
Der Astronaut Neil Armstrong (*5. 8. 1930) betritt als erster Mensch die Mondoberfläche. Nach achtjähriger Vorbereitungszeit ist damit das »Apollo-11«-Unternehmen erfolgreich beendet worden. → S. 605

12. 8. 1969
Nordirland
Anlässlich einer protestantischen Parade kommt es in Londonderry zu heftigen Auseinandersetzungen zwischen Protestanten und Katholiken. Bei einer Ausweitung der Kämpfe werden neun Menschen erschossen.

15.-17. 8. 1969
USA
Mit dem von über 400 000 Zuschauern besuchten Woodstock-Rockfestival auf einer Farm im US-Bundesstaat New York erreicht die sog. Hippiebewegung ihren Höhepunkt.

1. 9. 1969
Libyen
In einem unblutigen Putsch stürzen linke Offiziere unter Führung von Muammar al-Gaddhafi (*September 1942) König (seit 1951) Idris I. (12. 3. 1890-25. 5. 1983).

21. 10. 1969
Bundesrepublik Deutschland
Willy Brandt (18. 12. 1913-8. 10. 1992) wird von der nach der Bundestagswahl am 28. 9. gebildeten sozial-liberalen Koalition zum ersten sozialdemokratischen Bundeskanzler gewählt.

1970-1974

12. 1. 1970
Nigeria
Mit dem Sieg der Bundestruppen endet der 1967 ausgebrochene Bürgerkrieg. Biafra, die Ostprovinz des Landes, verliert den Kampf um die Unabhängigkeit.

1. 3. 1970
Österreich
Mit einem sensationellen Erfolg für die Sozialistische Partei Österreichs (SPÖ) enden die Wahlen zum Nationalrat. Die konservative Österreichische Volkspartei (ÖVP), die seit 25 Jahren die Bundeskanzler stellt, muss zum ersten Mal seit Kriegsende in die Opposition. Neuer Bundeskanzler wird Bruno Kreisky.

12. 8. 1970
Bundesrepublik Deutschland/UdSSR
Der von den Regierungschefs und Außenministern der beiden Staaten in Moskau unterzeichnete deutsch-sowjetische Vertrag legt den Verzicht auf Gewalt und auf Gebietsansprüche außerhalb der bestehenden Grenzen fest.

7. 12. 1970
Bundesrepublik Deutschland/Polen
In Warschau wird der Vertrag über die Normalisierung der Beziehungen zwischen der Bundesrepublik Deutschland und Polen (Warschauer Vertrag) unterzeichnet. → S. 605

20. 12. 1970
Polen
Nach blutigen Unruhen in Danzig (Gdansk) und anderen Städten tritt Parteichef (seit 1956) Wladyslaw Gomulka zurück. Sein Nachfolger ist Edward Gierek (*6. 1. 1913).

26. 3. 1971
Pakistan/Indien
Die seit der Teilung Britisch-Indiens schwelende Krise zwischen Ost- und Westpakistan führt zur Unabhängigkeitserklärung Ostpakistans als Bangladesch. Im nachfolgenden Bürgerkrieg stellt sich Indien auf die Seite Ostpakistans, ein am 3. 12. beginnender Krieg endet am 16. 12. mit der pakistanischen Kapitulation. → S. 607

3. 5. 1971
DDR
Walter Ulbricht wird zum Rücktritt als Erster Sekretär des Zentralkomitees (ZK) der SED genötigt. Er bleibt vorerst Staatsratsvorsitzender. Sein Nachfolger im höchsten Parteiamt (ab 1976 auch Staatsratsvorsitzender) wird Erich Honecker (*25. 8. 1912-29. 5. 1994).

3. 9. 1971
Bundesrepublik Deutschland/DDR
Die Botschafter der vier Siegermächte unterzeichnen einen Vertrag, der den Status Berlins festlegt. Er tritt nach der Unterzeichnung eines deutsch-deutschen Verkehrsvertrages (11. 12.) am 3. 6. 1972 in Kraft.

10. 10. 1971
Österreich
Bei den Nationalratswahlen erhält die SPÖ unter Bruno Kreisky (22. 1. 1911-29. 7. 1990) mit 50,04% der Stimmen die absolute Mehrheit. Kreisky amtierte seit dem 20. 4. 1970 mit einem SPÖ-Minderheitskabinett.

30. 1. 1972
Nordirland
Am »Blutigen Sonntag« erschießen die seit August 1969 in Nordirland stationierten britischen Soldaten in Londonderry 13 Teilnehmer einer nicht genehmigten Demonstration. Damit beginnt die Radikalisierung des Nordirland-Konflikts. → S. 606

26. 5. 1972
USA/UdSSR
Während des Besuchs von US-Präsident Richard M. Nixon in Moskau wird das erste SALT-Abkommen (SALT I) unterzeichnet. Es begrenzt den Umfang der Raketenabwehrsysteme (ABM-Systeme) und die Zahl der Interkontinentalraketen beider Seiten.

5. 9. 1972
Bundesrepublik Deutschland
Während der XX. Olympischen Sommerspiele (26. 8.-11. 9.) in München überfallen arabische Freischärler das Quartier der israelischen Olympiamannschaft. Elf Israelis kommen ums Leben, ebenso fünf Araber und ein deutscher Polizeibeamter. → S. 607

1. 1. 1973
Europa
Dänemark, Großbritannien und Irland werden aufgrund der am 22. 1. 1972 geschlossenen Beitrittsverträge Mitglieder der Europäischen Gemeinschaft.

27. 1. 1973
USA/Vietnam
In Paris unterzeichnen die vier Krieg führenden Parteien (USA, Nord- und Südvietnam und der Vietcong) einen Waffenstillstandsvertrag. Die USA verpflichten sich zum vollständigen Truppenrückzug (bis zum 29. 3.). Die Kämpfe gehen jedoch weiter.

17. 7. 1973
Afghanistan
Unter Führung des ehemaligen Ministerpräsidenten Mohammed Daud Khan (1909-27. 4. 1978) wird die Monarchie gestürzt und die Republik ausgerufen.

11. 9. 1973
Chile
Der sozialistische Staatschef (seit 1970) Salvador Allende (*26. 7. 1908) wird von der Armeeführung in einem blutigen Putsch gestürzt und kommt ums Leben. Neuer Machthaber ist Armeechef Augusto Pinochet (*25. 11. 1915), nach dem Putsch Vorsitzender der Militärjunta und von 1980 bis 1990 Staatspräsident. → S. 606

6. 10. 1973
Naher Osten
Mit einem koordinierten Angriff Ägyptens und Syriens beginnt der vierte israelisch-arabische Krieg (Jom-Kippur-Krieg). Den syrischen Angriff auf die Golanhöhen kann Israel zurückwerfen, die Ägypter können sich am Ostufer des Suezkanals festsetzen. Am 25. 10. kommt ein Waffenstillstand zustande. → S. 608

28. 10. 1973
Arabien
Sieben arabische Ölländer verhängen einen Lieferboykott gegen die USA und Niederlande wegen ihrer Israel freundlichen Haltung. Am 5. 11. wird beschlossen, die Ölförderung um 25% zu senken.

11. 12. 1973
Bundesrepublik Deutschland/Tschechoslowakei
Ein in Prag unterzeichnetes Abkommen erklärt das Münchner Abkommen von 1938 über die Abtrennung des Sudetenlands für nichtig und die bestehenden Grenzen als unverletzlich.

12. 2. 1974
UdSSR
Der Schriftsteller und Regimekritiker Alexander I. Solschenizyn (*11. 12. 1918), Literatur-Nobelpreisträger von 1970 und Verfasser des »Archipel Gulag« (1973-1975) über die Verbrechen des Stalinismus, wird verhaftet und ausgewiesen.

25. 4. 1974
Portugal
Ein unblutiger Militärputsch (»Nelkenrevolution«) beendet die insgesamt 41 Jahre währende Diktatur. Der ehemalige stellvertretende Generalstabschef Antonio de Spínola (*11. 4. 1910) tritt an die Spitze der revolutionären Junta. → S. 608

6. 5. 1974
Bundesrepublik Deutschland
Als Konsequenz aus der Spionageaffäre Guillaume tritt Bundeskanzler Willy Brandt (SPD) zurück. Zu seinem Nachfolger wird am 16. 5. der als Wirtschaftsexperte geltende Helmut Schmidt (*23. 12. 1918) gewählt.

19. 5. 1974
Frankreich
Als Nachfolger des am 2. 4. verstorbenen Georges Pompidou (*5. 7. 1911) wird der Unabhängige Republikaner Valéry Giscard d'Estaing (*2. 2. 1926) zum französischen Staatsoberhaupt gewählt.

20. 7. 1974
Zypern
Nach dem Staatsstreich der griechisch-zyprischen Nationalgarde, die am 15. 7. mit Unterstützung der griechischen Militärjunta den Staatspräsidenten Zyperns, Erzbischof Makarios III. gestürzt hat, landen türkische Streitkräfte auf Zypern. Sie besetzen den Nordteil der Insel, der am 3. 2. 1975 zu einem eigenen Staat erklärt wird.

24. 7. 1974
Griechenland
Wegen der Zypernkrise tritt das seit 1967 herrschende Militärregime zurück. Der langjährige (1955-1963) konservative Regierungschef Konstantin Karamanlis (*8. 3. 1923) wird erneut zum Ministerpräsidenten gewählt (1980-1985, von 1990 bis 1995 Staatspräsident).

9. 8. 1974
USA
Richard Nixon tritt wegen der Watergate-Affäre und einem ihm drohenden Amtsenthebungsverfahren als erster US-Präsident zurück. Vizepräsident Gerald R. Ford (*14. 7. 1913) wird als neuer Präsident vereidigt. → S. 609

12. 9. 1974
Äthiopien
Kaiser Haile Selassie I. wird nach 44-jähriger Herrschaft vom Militär abgesetzt. Ein Koordinierungsausschuss der Streitkräfte setzt eine Militärregierung ein.

1975-1979

17. 4. 1975
Kambodscha
Die kommunistischen Roten Khmer erobern die Hauptstadt Phnom Penh.

30. 4. 1975
Südvietnam
Einheiten des Vietcong besetzen Saigon. Damit endet der seit 1946 anhaltende Vietnamkrieg, in den zeitweise auch die Nachbarstaaten Laos und Kambodscha hineingezogen wurden. Am 2. 7. 1976 werden Nord- und Südvietnam vereinigt. → S. 609

1. 8. 1975
Europa
Die Staats- und Regierungschefs der 35 Teilnehmerstaaten unterzeichnen in Helsinki die Schlussakte der Konferenz über Sicherheit und Zusammenarbeit in Europa (KSZE). Ihre Kernpunkte sind ein umfassender Gewaltverzicht und die Anerkennung der bestehenden Grenzen.

11. 11. 1975
Angola
Das von Portugal in die Unabhängigkeit entlassene Land wird von einem Bürgerkrieg erschüttert. Die beiden westlich orientierten Befreiungsorganisationen FNLA und Unita sowie die marxistische MPLA, die mit Antonio Agostinho Neto den Präsidenten (1975-1979) stellt, kämpfen um die Macht. Auch die übrigen vier Afrika-Provinzen – Guinea-Bissau (9. 9. 1974), Kap Verde (5. 7. 1975), Moçambique (25. 6. 1975) sowie São Tomé und Principe (12. 7. 1975) – werden unabhängig.

20. 11. 1975
Spanien
In Madrid stirbt der spanische Diktator Francisco Franco Bahamonde (*4. 12. 1892). Gemäß den zuvor getroffenen Vereinbarungen wird die Monarchie wieder hergestellt und am 22. 11. Juan Carlos I.(eigentl. Juan Carlos Victor Maria de Borbón y Borbón, *5. 1. 1938) zum König von Spanien ausgerufen. → S. 608

3. 12. 1975
Laos
In der Hauptstadt Vientiane wird die Volksrepublik Laos ausgerufen.

24. 3. 1976
Argentinien
Eine Militärjunta stürzt Argentiniens Staatspräsidentin (seit 1974) Isabel Perón (*4. 2. 1931) und übernimmt die Macht. Heeresgeneral Jorge Rafael Videla (*2. 8. 1925) wird neuer Präsident (bis 1981). Das neue Regime unterdrückt mit brutaler Gewalt alle oppositionellen Regungen.

14. 4. 1976
Kambodscha
Prinz Norodom Sihanouk (*31. 10. 1922) wird als Staatschef von Khieu Samphan (*1931) abgelöst. Der Führer der radikalen kommunistischen Roten Khmer, Pol Pot (19. 5. 1928-15. 4. 1998), wird Ministerpräsident. Nach der Machtergreifung Pol Pots beginnt eine radikale Umgestaltung von Staat und Gesellschaft, in deren Verlauf etwa 1 Mio. Menschen ermordet werden.

27. 6. 1976
Portugal
Aus den ersten freien und direkten Präsidentschaftswahlen seit 50 Jahren geht der Kandidat der Sozialisten, General Antonio Ramalho Eanes (*25. 1. 1935), als klarer Sieger hervor. Unter seiner Präsidentschaft (bis 1986) erlangt Portugal stabile demokratische Strukturen.

10. 7. 1976
Italien
Durch eine Explosion in einem Chemiewerk kommt es im oberitalienischen Seveso zu einer der größten Umweltkatastrophen dieses Jahrhunderts: Hochgiftiges TCDD (Dioxin) wird freigesetzt.

9. 9. 1976
China
Der 82-jährige Parteichef der KP Chinas, Mao Tse-tung, (*26. 12. 1893), stirbt an den Folgen der Parkinsonkrankheit. Nach seinem Tod entbrennt ein Streit um Maos Nachfolge. Hua Guofeng übernimmt mit Hilfe linksradikaler Kreise um Mao-Witwe Jiang Qing den Parteivorsitz. Doch schon im Oktober wird die sog. Viererbande um Jiang Qing verhaftet, die pragmatisch-gemäßigte Linie setzt sich durch.

2. 11. 1976
USA
Der Demokrat James Earl »Jimmy« Carter (*1. 10. 1924) wird zum 39. Präsidenten der USA gewählt. Er beendet die acht Jahre währende republikanische Herrschaft im Weißen Haus.

5. 7. 1977
Pakistan
Nach einem Militärputsch übernimmt Mohammad Zia ul-Haq (12. 8. 1924-17. 8. 1988) die Macht in Pakistan (ab 1978 als Staatspräsident). Ministerpräsident (1971-1977) Zulfikar Ali-Khan Bhutto (*5. 1. 1928) wird inhaftiert und trotz internationaler Proteste am 4. 4. 1979 in Rawalpindi hingerichtet.

5. 9. 1977
Bundesrepublik Deutschland
Nach der Ermordung von Generalbundesanwalt Siegfried Buback (7. 4.) und des Vorstandsvorsitzenden der Dresdner Bank, Erich Ponto (30. 7.), markieren die Entführung von Arbeitgeberpräsident Hanns-Martin Schleyer und einer Lufthansa-Maschine nach Mogadischu in Somalia (13. 10.) den Höhepunkt des Terrorismus der sog. Roten-Armee-Fraktion (RAF). → S. 610

16. 3. 1978
Italien
Der frühere italienische christdemokratische Ministerpräsident Aldo Moro wird in Rom von einem Kommando der terroristischen »Roten Brigaden« entführt. Seine Leiche wird am 9. 5. in Rom aufgefunden.

16. 3. 1978
Frankreich
Der unter liberianischer Flagge fahrende Supertanker »Amoco Cadiz« strandet vor der bretonischen Küste. Rund 220 000 t auslaufendes Rohöl verursachen eine Ölpest.

16. 10. 1978
Vatikanstadt
Zum zweiten Mal innerhalb eines Jahres erhält die katholische Kirche ein neues Oberhaupt mit dem Polen Karol Wojtyla (*18. 5. 1920), der als Papst Johannes Paul II. die Nachfolge des am 28. 9. nach einer nur 34-tägigen Amtszeit verstorbenen Johannes Paul I. antritt: Albino Luciani (*17. 10. 1912) war am 26. 8. zum Nachfolger des am 6.8. verstorbenen Papstes (ab 1963) Paul VI. (eigentl. Giovanni Battista Montini, *26. 9. 1897) gewählt worden. → S. 611

7. 1. 1979
Kambodscha
Vietnamesische Truppen erobern nach einem zweiwöchigen Feldzug die Hauptstadt Phnom Penh und beenden die Schreckensherrschaft der »Steinzeitkommunisten« unter Pol Pot.

16. 1. 1979
Iran
Nach fast 37-jähriger unumschränkter Herrschaft verlässt Schah Mohammad Resa Pahlawi den Iran. Am 1. 2. kehrt der Schiitenführer Ayatollah Ruhollah Khomeini (*24. 9. 1902-4. 6. 1989) nach 15-jährigem Exil in den Iran zurück. Die von ihm verkündete Islamische Republik wird am 30. 3. in einer Volksabstimmung angenommen. → S. 611

26. 3. 1979
USA
Der ägyptische Staatschef (1954-1070) Muhammad Anwar As Sadat (25. 12. 1918-6. 10. 1981) und der israelische Ministerpräsident (1977-1983) Menachem Begin (16. 8. 1913-9. 3. 1992) unterzeichnen in Washington einen unter Vermittlung von US-Präsident Jimmy Carter ausgehandelten Friedensvertrag, der in der arabischen Welt auf Ablehnung stößt. Die vollständige Rückgabe des Sinai an Ägypten erfolgt im April 1982. → S. 610

28. 3. 1979
USA
Im Kernkraftwerk Three Mile Island (US-Bundesstaat Pennsylvania) kommt es zum »Beinahe-GAU«. Nach Zusammenbruch des Kühlsystems wird das automatische Ersatzsystem von der Bedienungsmannschaft abgeschaltet, worauf radioaktiver Dampf und radioaktives Wasser austreten.

11. 4. 1979
Uganda
Ugandische Exiltruppen übernehmen mit Hilfe tansanischer Militärs die Macht in Uganda. Der seit 1971 herrschende Diktator Idi Amin Dada (*1. 1. 1928) flieht nach Libyen. In den acht Jahren seiner Gewaltherrschaft kamen mindestens 300 000 Menschen ums Leben.

3. 5. 1979
Großbritannien
Bei den Unterhauswahlen erringen die Konservativen einen überwältigenden Wahlsieg. Ihre Parteivorsitzende Margaret Thatcher (*13. 10. 1925) wird erste Premierministerin Großbritanniens. Sie bleibt bis zum 22. 11. 1990 im Amt.

7.-10. 6. 1979
Europa
In den neun Mitgliedsstaaten der Europäischen Gemeinschaft finden erstmals Direktwahlen zum Europäischen Parlament statt. Die Sozialisten werden mit 112 Sitzen die stärkste Fraktion im Parlament (insgesamt 410 Sitze).

18. 6. 1979
Österreich
Zum Abschluss ihres dreitägigen Gipfels in Wien unterzeichnen US-Präsident James E. »Jimmy« Carter und der sowjetische Staats- und Parteichef Leonid I. Breschnew den zweiten Vertrag über die Begrenzung der Strategischen Waffen (SALT II).

17. 7. 1979
Nicaragua
Mit der Flucht von Anastasio Somoza Debayle (5. 12. 1925-17. 9. 1980) ins Exil nach Florida endet die 42-jährige Gewaltherrschaft der Somoza-Familie. Am 19. 7. übernimmt eine Junta des Nationalen Wiederaufbaus, der Vertreter der verschiedenen Oppositionsbewegungen angehören, die Herrschaft.

12. 12. 1979
NATO
Die Außen- und Verteidigungsminister der NATO beschließen die Modernisierung der Mittelstreckenraketen in Westeuropa durch Raketen vom Typ Pershing II und Cruise Missile. Gleichzeitig bieten sie Moskau Verhandlungen über eine kontrollierte Begrenzung der strategischen Waffen in Ost und West an (sog. Doppelbeschluss).

27. 12. 1979
Afghanistan
Sowjetische Truppen überschreiten die Grenze nach Afghanistan und erobern die Hauptstadt Kabul. Die sowjetische Invasion führt zu einer schweren Krise zwischen Ost und West (u.a. Boykott der Olympischen Spiele 1980 in Moskau). → S. 610

1980-1984

18. 4. 1980
Simbabwe
Als letzte britische Kolonie in Afrika erlangt das frühere Rhodesien seine Unabhängigkeit. Der Führer der Afrikanischen Nationalunion (ZANU), Robert G. Mugabe (*21. 2. 1924), ist erster Regierungschef (ab 1987 Staatspräsident).

30. 4. 1980
Niederlande
Königin (seit 1948) Juliana (*30. 4. 1909) dankt zugunsten ihrer Tochter Beatrix (*31. 1. 1938) ab.

4. 5. 1980
Jugoslawien
Staatspräsident Josip Tito (*25. 2. 1892) stirbt in Ljubljana. An die Stelle des Staatsgründers tritt eine kollektive Staatsführung, die jedoch keine allgemein akzeptierte Autorität erlangen kann.

6. 9. 1980
Polen
Parteichef (seit 1970) Edward Gierek wird durch Stanislaw Kania (*8. 3. 1927) ersetzt. Am 14.8. legten die 17 000 Beschäftigten der Danziger Leninwerft ihre Arbeit nieder und erreichten unter Führung von Lech Walesa (*6. 7. 1923) am 31. 8. im »Danziger Abkommen« u.a. das Streikrecht und das Recht zur Gründung unabhängiger Gewerkschaften. Am 17. 9. wird die Gewerkschaft »Solidarnosc« gegründet.

12. 9. 1980
Türkei
Nach einem unblutigen Militärputsch wird am 19. 9. Generalstabschef Kenan Evren (*1. 1. 1917) Staatspräsident (bis 1989). Eine am 7. 11. 1982 in einer Volksabstimmung gebilligte Verfassung bestätigt die starke Stellung des Militärs.

22. 9. 1980
Irak/Iran
Mit dem Einfall irakischer Truppen in den Iran beginnt der bis 1988 andauernde erste Golfkrieg. → S. 613

1. 1. 1981
Europa
Griechenland wird zehntes Mitglied der Europäischen Gemeinschaft.

20. 1. 1981
Iran/USA
Die 52 US-Geiseln, die seit dem 4. 11. 1979 in der Teheraner US-Botschaft festgehalten worden waren, werden freigelassen.

20. 1. 1981
USA
Der Republikaner Ronald Reagan (*6. 2. 1911) wird als 40. Präsident der USA vereidigt. Bei der Wahl am 5. 11. 1980 hatte er den demokratischen Amtsinhaber Jimmy Carter geschlagen. → S. 612

4. 2. 1981
Norwegen
Als erste Frau übernimmt die Sozialdemokratin Gro Harlem Brundtland (*20. 4. 1939) das Amt des Ministerpräsidenten (bis 14. 10. 1981 und erneut 1986-1989, 1990-1996).

10. 5. 1981
Frankreich
Der Sozialist François Mitterrand (16. 10. 1916-8. 1. 1996) wird zum Staatspräsidenten gewählt. Er löst den Amtsinhaber Valéry Giscard d'Estaing ab. Damit endet die gaullistisch-liberale Regierungsära (seit 1958). → S. 613

6. 10. 1981
Ägypten
Bei einer Militärparade in Kairo wird Staatspräsident (seit 1970) Anwar As Sadat (*25. 12. 1918) von radikalen Muslimen ermordet. Zu seinem Nachfolger wird Hosni Mubarak (*4. 5. 1928) bestimmt.

13. 12. 1981
Polen
Staats- und Parteichef General Wojciech Jaruzelski (*6. 7. 1923) verhängt das Kriegsrecht (bis Juni 1983) und beendet vorerst den mit der Gründung der Gewerkschaft Solidarnosc 1981 eingeleiteten Demokratisierungsprozess.

31. 12. 1981
USA
Es häufen sich die ersten Fälle der Immunschwächekrankheit Aids. In San Francisco sind inzwischen 24 Aidsfälle bei Homosexuellen bekannt.

2. 4. 1982
Argentinien/Großbritannien
Argentinien besetzt die britische Kronkolonie der Falkland-Inseln, auf die es seit der Inbesitznahme des Archipels durch Großbritannien (1833) Ansprüche erhebt. Die britische Regierung entsendet einen 36 Schiffe starken Flottenverband in die Krisenregion im Südpazifik. Am 14. 6. kapitulieren die Argentinier, nachdem die Briten die Inselhauptstadt Port Stanley eingenommen haben.

1. 10. 1982
Bundesrepublik Deutschland
Durch ein konstruktives Misstrauensvotum gegen SPD-Bundeskanzler Helmut Schmidt wird der CDU-Politiker Helmut Kohl (*3. 4. 1930) mit Hilfe der FDP zum Bundeskanzler gewählt. Die FDP hatte am 17. 9. das seit 1969 bestehende Bündnis mit der SPD aufgekündigt.

28. 10. 1982
Spanien
Bei den Parlamentswahlen erreichen die Sozialisten die absolute Mehrheit. Felipe González Márquez (*5. 3. 1942) bildet am 2. 12. die erste sozialistische Regierung in Spanien nach über 40 Jahren (bis 1996).

12. 11. 1982
UdSSR
Der 68-jährige Jurij Andropow (*15. 6. 1914) wird vom Zentralkomitee der KPdSU einstimmig zum Nachfolger des am 10. 11. verstorbenen Parteichefs (seit 1964) Leonid Breschnew (*19. 12. 1906) gewählt. Andropow wird am 16. 6. 1983 auch Nachfolger Breschnews im Amt des Staatsoberhaupts.

27. 12. 1982
USA
Das US-Nachrichtenmagazin »Time« wählt den Computer zur »Maschine des Jahres« 1982. → S. 613

24. 4. 1983
Österreich
Die seit 13 Jahren allein regierende Sozialistische Partei Österreichs (SPÖ) verliert bei den Parlamentswahlen mit 47,65% der Stimmen ihre absolute Mehrheit. Bundeskanzler Bruno Kreisky tritt zurück, sein Nachfolger Fred Sinowatz (*5. 2. 1929) bildet eine Koalition mit der rechtsliberalen Freiheitlichen Partei Österreichs (FPÖ).

4. 8. 1983
Italien
Erstmals tritt mit Bettino Craxi (24. 2. 1934-19. 1. 2000) ein Sozialist an die Spitze der Mitte-Links-Regierung. Craxi bleibt bis 1987 Regierungschef. 1994 flieht er nach Tunesien, weil die Justiz wegen der Annahme von Schmiergeldern gegen ihn ermittelt.

9. 2. 1984
UdSSR
Partei- und Staatschef Jurij Andropow (*15. 6. 1914) stirbt. Am 13. 2. folgt ihm Konstantin U. Tschernenko (24. 9. 1911-10. 3. 1985) nach.

31. 10. 1984
Indien
Ministerpräsidentin (1966-1977 und seit 1980) Indira Gandhi (*19. 11. 1917) wird in Neu Delhi von zwei Mitgliedern ihrer Leibwache erschossen. Die Täter gehören der Religionsgemeinschaft der Sikhs an, deren Nationalheiligtum, der Goldene Tempel in Amritsar, am 5. 6. auf dem Höhepunkt der Auseinandersetzungen zwischen Hindus und Sikhs von Regierungstruppen erstürmt worden war. Indira Gandhi war die Tochter des früheren Ministerpräsidenten (1947-1964) Jawaharlal (Pandit) Nehru (14. 11. 1889-27. 5. 1964).

3. 12. 1984
Indien
2000 Menschen sterben an den Folgen einer Giftgaskatastrophe in der Stadt Bhopal. Aus einem undichten Ventil einer Pflanzenschutzmittelfabrik des US-Konzerns Union Carbide entströmen hochgiftige Gase.

1985-1989

1. 3. 1985
Uruguay
Der im November 1984 gewählte Staatspräsident Julio Maria Sanguinetti (*1936) tritt sein Amt an. Damit kehrt Uruguay nach fast zwölf Jahren Militärherrschaft zur Zivilregierung zurück.

11. 3. 1985
UdSSR
Michail S. Gorbatschow (*2. 3. 1931) wird zum neuen Generalsekretär der KPdSU gewählt (ab 1. 10. 1988 auch Staatsoberhaupt). Nach knapp einjähriger Amtszeit war am 10. 3. Staats- und Parteichef Konstantin U. Tschernenko (*24. 9. 1911) verstorben. Gorbatschow leitet eine wirtschaftliche und soziale Reformpolitik (»Perestroika«) sowie eine liberalere Informationspolitik (»Glasnost«) ein. → S. 612

15. 3. 1985
Brasilien
Die 21-jährige Militärdiktatur endet mit der Vereidigung von José de Ribamar Sarney (*24. 4. 1930) als Vizepräsident. Er übernimmt zugleich die Aufgaben des Staatschefs, da der von einem Wahlmännergremium gewählte Amtsinhaber Tancredo de Almeida Neves (*1910) am 21. 4. stirbt.

11. 4. 1985
Albanien
Nach dem Tod von KP-Chef Enver Hoxha (*16. 10. 1908), der durch seinen stalinistischen Kurs das Land in die völlige Isolation geführt hatte, tritt der bisherige Staatspräsident (seit 1982) Ramiz Alia (*18. 10. 1925) an die Spitze der Kommunistischen Partei Albaniens. Er beginnt eine vorsichtige Reformpolitik.

29. 5. 1985
Belgien
Vor Anpfiff des Europacup-Endspiels der Landesmeister zwischen Juventus Turin und dem FC Liverpool in Brüssel kommt es zu Ausschreitungen, die 38 Menschen das Leben kosten. Das Spiel wird dennoch angepfiffen, Turin siegt 1:0. Als Reaktion auf die Krawalle schließt die UEFA (Europäische Fußballunion) die englischen Vereine bis 1990 von allen europäischen Wettbewerben aus.

7. 7. 1985
Großbritannien
Als erster Deutscher, erster ungesetzter und mit 17 Jahren jüngster Spieler gewinnt Boris Becker (*22. 11. 1967) das Tennisturnier von Wimbledon (erneut 1986 und 1989).

1. 1. 1986
Europa
Durch den Beitritt Spaniens und Portugals erhöht sich die Mitgliederzahl der EG auf zwölf.

28. 1. 1986
USA
Kurz nach dem Start in Cape Canaveral explodiert die US-Raumfähre »Challenger« mit sieben Astronauten an Bord. Es ist das bislang schwerste Unglück in der bemannten Raumfahrt.
→ S. 612

7. 2. 1986
Haiti
Nach monatelangen Unruhen wird Präsident (seit 1971) Jean-Claude Duvalier, genannt »Baby Doc« (*3. 7. 1951), vertrieben. Er hatte die Macht von seinem Vater François (»Papa Doc«, 14. 4. 1907-21. 4. 1971) übernommen, der seit 1957 Präsident war und jede Opposition mit Hilfe der paramilitärischen Tonton Macoutes (»Schreckgespenster«) unterdrückte.

25. 2. 1986
Philippinen
Präsident (seit 1965) Ferdinando E. Marcos wird in einem unblutigen Putsch gestürzt und geht ins Exil nach Hawaii. Corazon Aquino (*25. 1. 1933) wird neue Staatspräsidentin (bis 1992).

28. 2. 1986
Schweden
Ministerpräsident (1969-1976 und seit 1982) Olof Palme (*30. 1. 1927) wird in Stockholm erschossen. Der Attentäter entkommt unerkannt. Nachfolger wird der Sozialdemokrat Ingvar Carlsson (*9. 11. 1934), der 1986-1991 und 1994-1996 regiert.

16. 3. 1986
Frankreich
Aus den Parlamentswahlen geht die bürgerlich-liberale Opposition als Sieger hervor. Neuer Premier (1986-1988) wird der Neogaullist Jacques Chirac (*29. 11. 1932). Damit gehören erstmals in der V. Republik Präsident und Regierungschef unterschiedlichen Lagern an. Das neue System wird »Cohabitation« genannt.

15. 4. 1986
USA/Libyen
US-Kampfflugzeuge bombardieren Tripolis und Bengasi, rd. 100 Menschen kommen ums Leben. Der Angriff gilt als Vergeltung für den Anschlag auf die vorwiegend von US-Soldaten besuchte Diskothek »La Belle« in Berlin (West), bei der am 5. 4. drei Menschen ums Leben kamen.

26. 4. 1986
UdSSR
Im ukrainischen Kernkraftwerk Tschernobyl kommt es aufgrund von Bedienungsfehlern zum bisher schwersten Unfall in der Geschichte der friedlichen Nutzung von Atomenergie. → S. 614

8. 6. 1986
Österreich
Bei der Stichwahl um das Amt des Bundespräsidenten setzt sich der Kandidat der Österreichischen Volkspartei (ÖVP), Kurt Waldheim (*21. 12. 1918), durch. Dem ehemaligen UN-Generalsekretär (1972-1981) wird vom Jüdischen Weltkongress eine Mitwisser- und täterschaft bei NS-Kriegsverbrechen auf dem Balkan angelastet.

16. 6. 1986
Österreich
Als Nachfolger des am 9. 6. wegen der Waldheim-Wahl als Bundeskanzler zurückgetretenen Fred Sinowatz bildet Franz Vranitzky (SPÖ, *4. 10. 1937) ein Kabinett mit der FPÖ (ab 16. 1. 1987 große Koalition mit der ÖVP).

4. 10. 1986
Niederlande
An der Oosterschelde wird das größte bewegliche Sturmflutwehr der Welt eingeweiht. Die Sperrmauer, mit der sich die Niederlande vor den Fluten der Nordsee schützen will, verfügt über 65 Betonpfeiler von 65 m Höhe.

4. 7. 1987
Frankreich
Ein Gericht in Lyon verurteilt den ehemaligen Gestapochef der Stadt, Klaus Barbie (25. 10. 1913-25. 9. 1991), zu lebenslanger Haft. Er wird in 17 Fällen des Verbrechens gegen die Menschlichkeit für schuldig befunden. Der »Schlächter von Lyon« war 1983 von Bolivien nach Frankreich ausgeliefert worden.

19. 10. 1987
USA
An der Wallstreet sinkt der Dow-Jones-Index, der den Wert der 30 führenden Industrieaktien zusammenfasst, um 508 Punkte (22,6%). Auch an anderen internationalen Aktienbörsen kommt es zu einem Kursrutsch.

8. 12. 1987
USA/UdSSR
US-Präsident Ronald Reagan und Parteichef Michail Gorbatschow unterzeichnen in Washington den Vertrag über den vollständigen Abbau aller atomaren Mittelstreckenwaffen (INF-Vertrag).

8. 12. 1987
Israel
In den besetzten Gebieten Gazastreifen und Westjordanland beginnt ein Aufstand der Palästinenser (»Intifada«). Hunderttausende protestieren mit Streiks, zivilem Ungehorsam und auch gewalttätig gegen die israelische Besatzungsmacht.

20. 8. 1988
Iran/Irak
Unter Vermittlung von UN-Generalsekretär (1982-1991) Javier Pérez de Cuellar (*19. 1. 1920) tritt in dem seit acht Jahren andauernden Golfkrieg ein Waffenstillstand in Kraft. Eine UN-Beobachtertruppe bezieht entlang der fast 1200 km langen Frontlinie Stellung.

8. 11. 1988
USA
Der Republikaner George Bush (*12. 6. 1924) wird als Nachfolger von Ronald Reagan zum 41. Präsidenten gewählt.

17. 11. 1988
Pakistan
Die von Benazir Bhutto (*21. 6. 1953) geführte Pakistanische Volkspartei (PPP) siegt bei den ersten freien Parlamentswahlen seit 1977. Der damals durch einen Putsch an die Macht gekommene Mohammad Zia ul-Haq (*12. 8. 1924) starb am 17. 8. bei einem Flugzeugabsturz. Bhutto wird am 4. 12. als Ministerpräsidentin vereidigt, wird allerdings am 6. 8. 1990 nach Korruptionsvorwürfen ihres Amtes enthoben.

21. 12. 1988
Großbritannien
Nach einer Bombenexplosion an Bord stürzt ein Großraumflugzeug vom Typ Boeing 747 der US-Fluggesellschaft Pan Am auf die schottische Ortschaft Lockerbie. Bei dem Unglück sterben 258 Menschen.

14. 2. 1989
Iran
Revolutionsführer Ayatollah Ruhollah Khomeini »verurteilt« den britisch-indischen Schriftsteller Salman Rushdie (*15. 6. 1947) wegen einiger als blasphemisch empfundener Passagen seines Buches »Satanische Verse« (1988) zum Tode.

15. 2. 1989
Afghanistan
Gemäß dem Genfer Afghanistan-Abkommen (14. 4. 1988) endet mit dem Abzug der letzten sowjetischen Truppen die am 27. 12. 1979 begonnene Militärintervention der UdSSR.

24. 3. 1989
USA
Vor der Südküste Alaskas läuft der mit 206 000 t Rohöl beladene Super-Tanker »Exxon Valdez« auf ein Riff. 44 000 t Rohöl laufen aus und verseuchen die Küste.

4. 6. 1989
China
Die seit Wochen andauernden Massendemonstrationen auf dem Platz des Himmlischen Friedens in Peking beendet das Militär mit einem Blutbad. Nach inoffiziellen Schätzungen gibt es 3600 Tote. → S. 614

24. 8. 1989
Polen
Nach dem Wahlerfolg der Opposition bei den ersten freien Parlamentswahlen am 4. 6. bestimmt das Parlament den Kandidaten des »Bürgerkomitees Solidarität«, Tadeusz Mazowiecki (*18. 4. 1927), zum ersten nicht kommunistischen Regierungschef (bis 1990) Polens seit mehr als 40 Jahren.

18. 10. 1989
DDR
Unter dem Druck der Ausreisewelle und der Demokratiebewegung in der DDR tritt der seit 18 Jahren amtierende Staats- und Parteichef Erich Honecker zurück. Zum neuen SED-Chef wird Egon Krenz (*19. 3. 1937) gewählt. Er folgt Honecker am 24. 10. auch im Amt des Staatsratsvorsitzenden nach.

23. 10. 1989
Ungarn
Das Land erhält eine neue Verfassung und wird zu einer Republik.

9. 11. 1989
DDR
In der Nacht zum 10. 11. öffnet die DDR überraschend ihre Grenzen zur Bundesrepublik und nach West-Berlin. → S. 614

10. 11. 1989
Bulgarien
Parteichef (seit 1954) Todor Schiwkow (*7. 9. 1911) wird vom bisherigen Außenminister Petar Mladenow als Vorsitzender der Kommunistischen Partei abgelöst. Mladenow übernimmt von Schiwkow am 17. 11. auch das Amt des Staatsratsvorsitzenden.

1. 12. 1989
DDR
Die Volkskammer streicht den Führungsanspruch der SED aus der Verfassung. Am 3. 12. tritt die SED-Führung mit Egon Krenz an der Spitze zurück. Krenz verzichtet am 6. 12. auch auf das Amt des Staatsratsvorsitzenden.

10. 12. 1989
Tschechoslowakei
Staatspräsident (seit 1975) Gustav Husák vereidigt eine neue, überwiegend aus Nichtkommunisten bestehende Regierung und tritt dann zurück. Die »samtene Revolution« war am 24. 11. mit dem Rücktritt der kommunistischen Parteiführung eingeleitet worden. Am 19. 12. wird der Schriftsteller Václav Havel, (*5. 10. 1936) zum Staatspräsidenten gewählt.

20. 12. 1989
Panama
Mit dem Ziel, Machthaber General Manuel Antonio Noriega (*1934) zu stürzen, intervenieren US-Truppen in dem mittelamerikanischen Land. Noriega, dem die USA Drogenschmuggel zur Last legen, stellt sich am 3. 1. 1990 den US-Behörden.

25. 12. 1989
Rumänien
Staats- und Parteichef Nicolae Ceausescu (*26. 1. 1918) wird nach seiner Verurteilung durch ein Militärgericht hingerichtet. Am 26. 12. wird der Altkommunist Ion Iliescu (*3. 3. 1930) Staatspräsident (bis 1996).

1990-1994

11. 2. 1990
Südafrika
Nach über 27 Jahren Haft wird der Schwarzenführer Nelson Mandela (*18. 7. 1918) in die Freiheit entlassen. Staatspräsident (seit 1989) Frederik Willem de Klerk (*18. 3. 1936) leitet das Ende der Rassendiskriminierung ein. → S. 617

11. 3. 1990
UdSSR
Der litauische Oberste Rat erklärt die Unabhängigkeit der Republik Litauen und damit den Austritt aus dem Staatsverband der UdSSR. Die beiden anderen Baltenrepubliken, Lettland und Estland, erklären sich am 4. 5. und am 8. 5. ebenfalls für unabhängig. Verwirklicht wird die Unabhängigkeit jedoch erst am 6. 9. 1991.

21. 3. 1990
Namibia
Nach 25-jährigem Freiheitskampf erhält Namibia mit der Vereidigung des ersten Präsidenten Sam Nujoma (*12. 5. 1929) die Unabhängigkeit. Die frühere deutsche Kolonie Südwestafrika stand seit dem Ersten Weltkrieg unter südafrikanischer Verwaltung.

25. 4. 1990
Nicaragua
Violeta Chamorro (*18. 10. 1929) wird als neue Präsidentin vereidigt. Mit dem Wahlsieg ihres konservativen Oppositionsbündnisses am 25. 2. wurde die seit 1979 amtierende linke Regierung der Sandinistischen Befreiungsfront unter Daniel Ortega Saavedra (*11. 11. 1945) abgelöst.

29. 5. 1990
UdSSR
Der Volksdeputiertenkongress wählt den Radikalreformer Boris Jelzin (*1. 2. 1931) zum Präsidenten Russlands.

9. 6. 1990
Tschechoslowakei
Bei den ersten freien Wahlen seit 1946 siegen die Bürgerrechtsparteien »Bürgerforum« und »Öffentlichkeit gegen Gewalt«. Sie erreichen im Bundesparlament zusammen 170 von 300 Sitzen, während die Kommunisten nur 47 Abgeordnete stellen.

12. 9. 1990
UdSSR
Die Außenminister der UdSSR, der USA, Großbritanniens, Frankreichs, der Bundesrepublik und der DDR unterzeichnen das Abschlussdokument der Zwei-plus-Vier-Gespräche. Damit sind die Grenzen Deutschlands völkerrechtlich verbindlich geregelt; am 3. 10. 1990 wird das vereinte Deutschland souverän. Am 31. 8. war der Einigungsvertrag zwischen beiden deutschen Staaten unterzeichnet worden.

2. 8. 1990
Irak/Kuwait
Irakische Truppen besetzen das Emirat Kuwait, das am 28. 8. zum 19. Verwaltungsbezirk des Landes erklärt wird. Am 29. 11. droht der UN-Sicherheitsrat mit Vergeltung, falls irakische Truppen Kuwait nicht bis zum 15. 1. 1991 verlassen.

3. 10. 1990
Bundesrepublik Deutschland
Mit dem Beitritt der DDR zur Bundesrepublik endet die 41 Jahre lange Teilung. → S. 616

22. 11. 1990
Großbritannien
Margaret Thatcher kündigt ihren Rücktritt als Premierministerin und Vorsitzende der Konservativen an. Ihr Nachfolger wird am 27. 11. Schatzkanzler John Major (*29. 3. 1943).

9. 12. 1990
Polen
Gewerkschaftsführer Lech Walesa wird zum Präsidenten gewählt. Er ist Nachfolger des seit 1985 amtierenden Wojciech Jaruzelski.

17. 1. 1991
Irak
19 Stunden nach Ablauf des UN-Ultimatums zur Räumung Kuwaits greift eine multinationale Truppe unter Führung der USA den Irak an. Nach massiven Luftangriffen setzt am 24. 2. die Landoffensive ein, am 28. 2. ist der Krieg vorbei. → S. 616

26. 1. 1991
Somalia
Nach drei Jahren Bürgerkrieg wird der seit 1969 diktatorisch herrschende Staatschef Mohammed Siad Barre (1919-2. 1. 1995) gestürzt. Nach der Entmachtung des Diktators kämpfen rivalisierende Milizenführer um die Macht.

1. 5. 1991
Libanon
Christliche und drusische Milizen erkennen den 1989 gewählten Präsidenten Elias Hrawi (*4. 9. 1926) an. Der 16-jährige Bürgerkrieg im Libanon ist beendet. Er hatte mit dem Versuch der christlich-maronitischen Oberschicht, die PLO aus dem Süden des Landes zu vertreiben, am 10. 4. 1975 begonnen.

21. 5. 1991
Indien
Der ehemalige Ministerpräsident (1984-1989) und Vorsitzende der Kongresspartei, Rajiv Gandhi (*20. 8. 1944), wird auf einer Wahlkampfveranstaltung bei Madras ermordet.

28. 5. 1991
Äthiopien
Nach 26-jähriger Herrschaft wird das linksgerichtete Militärregime unter Mengistu Haile Mariam (*1937) gestürzt. Neuer Staatschef wird am 22. 7. Meles Zenawi (*9. 5. 1955).

25. 6. 1991
Jugoslawien
Die Teilrepubliken Slowenien und Kroatien erklären ihren Austritt aus dem Vielvölkerstaat. Damit beginnt ein Bürgerkrieg zwischen dem von Serben dominierten Restjugoslawien und den ehemaligen Republiken, der hauptsächlich auf dem Gebiet Kroatiens und Bosnien-Herzegowinas ausgetragen wird. → S. 617

31. 7. 1991
USA/UdSSR
Die Präsidenten George Bush und Michail Gorbatschow unterzeichnen den START-Vertrag zur Reduzierung der Atomwaffen, die eine Reichweite von mehr als 5500 km haben. Die beiden Großmächte dürfen bis 1999 nicht mehr als 6000 Sprengköpfe auf maximal 1600 Trägersystemen besitzen.

19. 8. 1991
UdSSR
Einen Tag vor der geplanten Unterzeichnung eines neuen Unionsvertrags erklärt in Moskau ein achtköpfiges Notstandskomitee Staatspräsident Michail Gorbatschow für abgesetzt. Der Putsch scheitert nach drei Tagen am Widerstand der Bevölkerung und an der schwankenden Haltung des Militärs. Am 22. 8. kehrt der auf der Krim festgehaltene Gorbatschow nach Moskau zurück, ist jedoch in seiner Position geschwächt.

30. 9. 1991
Haiti
Das Militär stürzt den demokratisch gewählten Präsidenten Jean Bertrand Aristide (*15. 7. 1953). Er geht nach New York ins Exil und kann erst am 15. 10. 1994 auf massiven Druck der USA nach Haiti zurückkehren.

9. 12. 1991
Europa
Die Staats- und Regierungschefs beschließen in Maastricht die Gründung einer Europäischen Union. Kernstück ist die Errichtung einer Wirtschafts- und Währungsunion (WWU) mit Einführung einer europäischen Währung bis 1999.

21. 12. 1991
UdSSR
Elf von 15 ehemaligen Sowjetrepubliken schließen sich zur Gemeinschaft unabhängiger Staaten (GUS) zusammen. Nach 69 Jahren hört die 1922 gegründete Sowjetunion auf zu existieren, ihr Präsident Michail Gorbatschow tritt am 25. 12. zurück. → S. 620

11. 1. 1992
Algerien
Präsident (seit 1979) Chadli Bendjedid (*14. 4. 1929) tritt zurück. Das Militär verhindert den zweiten Wahlgang der Parlamentswahlen, nachdem am 26. 12. 1991 im ersten Wahlgang die Islamische Heilsfront (FIS) die Mehrheit der Stimmen erreicht hatte. Es beginnt ein blutiger Bürgerkrieg, der bis Frühjahr 1999 etwa 100 000 Todesopfer fordert.

15. 1. 1992
Europa
Kroatien und Slowenien werden als unabhängige Staaten anerkannt. Der Bürgerkrieg geht jedoch weiter. Am 21. 2. beschließt der UN-Sicherheitsrat die Entsendung einer Friedenstruppe nach Jugoslawien.

22./29. 3. 1992
Albanien
Bei vorgezogenen Neuwahlen erringt die Demokratische Partei die Macht. Der kommunistische Staatspräsident Ramiz Alia tritt am 3. 4. zurück, am 9. 4. wird Sali Berisha (*11. 7. 1944) Staatsoberhaupt.

7. 4. 1992
Europa
Die Staaten der EG erkennen Bosnien-Herzegowina als selbstständigen Staat an. Der bosnische Präsident Alija Izetbegovic (*8. 8. 1925) hatte am 3. 3. nach einem Referendum die Unabhängigkeit erklärt. Daraufhin verlagert sich das Kriegsgeschehen in diese Region.

27. 4. 1992
Jugoslawien
Die Republiken Serbien und Montenegro gründen die »Bundesrepublik Jugoslawien«, die von den EG-Staaten erst 1996 anerkannt wird.

29. 4. 1992
USA
Als Reaktion auf das Urteil eines Geschworenengerichtes, das trotz Videobeweises vier weiße Polizeibeamte vom Vorwurf der Körperverletzung an einem schwarzen Autofahrer freigesprochen hatte, brechen in Los Angeles schwere Rassenunruhen aus, in deren Verlauf 58 Menschen getötet werden.

3. 11. 1992
USA
Der Demokrat Bill Clinton (*19. 8. 1946) gewinnt die Präsidentschaftswahl gegen den 68-jährigen Amtsinhaber George Bush und den texanischen Milliardär Ross Perot (*27. 6. 1930). Clinton, bisher Gouverneur von Arkansas, wird der 42. Präsident der USA (bis 2001).

9. 12. 1992
Somalia
Die ersten Soldaten einer multinationalen Truppe unter US-Führung landen in Mogadischu. Sie sollen im Auftrag des Weltsicherheitsrates die Hilfslieferungen für die hungernde Bevölkerung sichern. Eine Befriedung des Landes gelingt jedoch nicht, am 27. 2. 1995 rücken die letzten UN-Soldaten ab.

1. 1. 1993
Tschechien/Slowakei
Die Tschechische und Slowakische Föderative Republik (ČSFR) wird in zwei unabhängige Staaten aufgespalten.

1. 1. 1993
Europa
Der Europäische Binnenmarkt tritt in Kraft.

3. 1. 1993
USA/Russland
US-Präsident George Bush und der russische Präsident Boris Jelzin unterzeichnen das START-II-Abkommen zur Verringerung der strategischen Atomwaffen. Es sieht einen Abbau der Gefechtsköpfe auf 3000 (Russland) bzw. 3500 (USA) vor.

17. 4. 1993
Türkei
Staatspräsident (seit 1989) Turgut Özal (*13. 10. 1927) stirbt in Ankara. Zu seinem Nachfolger wählt das Parlament am 16. 5. den bisherigen Regierungschef Süleyman Demirel (*6. 10. 1924).

18. 5. 1993
Dänemark
Die zweite Abstimmung über den Beitritt Dänemarks zum Maastricht-Vertrag ergibt eine Zustimmung von 56,8%. Am 2. 6. 1992 hatte sich eine knappe Mehrheit dagegen entschieden.

24. 5. 1993
Eritrea
Die frühere äthiopische Provinz wird unter Führung von Issais Afewerki (*1946) unabhängig. Nach dem Sturz des Mengistu-Regimes 1991 hatte die neue äthiopische Regierung den Anspruch Eritreas auf Souveränität anerkannt.

31. 7. 1993
Belgien
König Baudouin I. (*7. 9. 1930) stirbt in Montril bei Granada. Sein Bruder Prinz Albert von Lüttich (*6. 6. 1934) wird am 9. 8. als neuer Monarch Albert II. vereidigt.

13. 9. 1993
USA/Israel
In Washington unterzeichnen die Palästinensische Befreiungsorganisation PLO und Israel das Gaza-Jericho-Abkommen über eine Teilautonomie der Palästinenser. Am 10. 9. haben sich beide Seiten nach jahrzehntelanger Feindschaft gegenseitig anerkannt. Die Autonomie tritt nach Unterzeichnung eines Durchführungsabkommens am 4. 5. 1994 in Kraft. → S. 620

4. 10. 1993
Russland
Regierungstreue Truppen werfen in Moskau einen am 3. 10. unternommenen Putschversuch gegen Präsident Boris Jelzin nieder.

1. 1. 1994
Nordamerika
Das Nordamerikanische Freihandelsabkommen (NAFTA) zwischen den USA, Kanada und Mexiko wird wirksam.

27. 3. 1994
Italien
Bei den Parlamentswahlen erreicht das von dem Medienunternehmer Silvio Berlusconi (*29. 9. 1936) angeführte rechte Wahlbündnis »Pol der Freiheit« die absolute Mandatsmehrheit. Am 11. 5. wird Berlusconi als Regierungschef vereidigt.

26. 4. 1994
Südafrika
Bei den ersten freien Parlamentswahlen verpasst der Afrikanische Nationalkongress (ANC) nur knapp die Zweidrittelmehrheit. Am 9. 5. wird ANC-Chef Nelson Mandela zum ersten schwarzen Präsidenten gewählt.

6. 5. 1994
Frankreich/Großbritannien
Staatspräsident François Mitterrand und Königin Elisabeth II. eröffnen den nach siebenjähriger Bauzeit fertig gestellten Eurotunnel unter dem Ärmelkanal. Die Strecke zwischen Calais und Folkestone ist 50,5 km lang, davon 37 km unter dem Kanal.

23. 6. 1994
Ruanda/Frankreich
Mit Zustimmung des UN-Sicherheitsrates startet Frankreich die sog. Operation Türkis zum Schutz der vom Bürgerkrieg betroffenen Zivilbevölkerung. Die im April ausgebrochenen Kämpfe zwischen Hutu und Tutsi fordern etwa 500 000 Menschenleben.

8. 7. 1994
Nordkorea
Im Alter von 82 Jahren stirbt der nordkoreanische Staats- und Parteichef Kim Il Sung (*15. 4. 1912). Zu seinem Nachfolger hat er bereits 1992 seinen Sohn Kim Jong Il (*16. 12. 1942) bestimmt.

26. 10. 1994
Israel/Jordanien
Im Beisein von rd. 5000 Ehrengästen aus aller Welt wird an der Grenze zwischen beiden Ländern ein Friedensvertrag unterzeichnet. Er beendet den formell seit 1948 andauernden Kriegszustand.

1995-1999

1. 1. 1995
EU
Durch den Beitritt von Finnland, Österreich und Schweden wird die Europäische Union (EU) eine Gemeinschaft von 15 Ländern.

7. 5. 1995
Frankreich
Mit 52,6% der Stimmen setzt sich der Gaullist Jacques Chirac bei der Wahl zum Staatspräsidenten gegen den sozialistischen Kandidaten Lionel Jospin (*12. 7. 1937) durch.

4.-6. 8. 1995
Kroatien
Die kroatische Armee erobert die sog. Serbische Republik Krajina. Die 1991 für selbstständig erklärte Region wird wieder in kroatisches Staatsgebiet eingegliedert.

4. 11. 1995
Israel
Während einer Friedensdemonstration in Tel Aviv wird Regierungschef Yitzhak Rabin (*1. 3. 1922) von einem jüdischen Rechtsextremisten ermordet. Sein Nachfolger wird am 22. 11. der bisherige Außenminister Shimon Peres (*15. 8. 1923).

19. 11. 1995
Polen
Der Ex-Kommunist Aleksander Kwasniewski (*14. 11. 1954) wird in der Stichwahl gegen Amtsinhaber Lech Walesa zum neuen Präsidenten gewählt.

21. 11. 1995
USA/Bosnien-Herzegowina
Das in Dayton (USA) paraphierte Friedensabkommen beendet den Bürgerkrieg. → S. 620

21. 4. 1996
Italien
Bei der Parlamentswahl erringt das Mitte-Links-Bündnis »Ulivo« (Ölbaum) unter Führung des parteilosen Romano Prodi (*9. 8. 1939) eine Mehrheit. Am 18. 5. bildet Prodi die 55. Nachkriegsregierung.

29. 5. 1996
Israel
Der konservative Politiker Benjamin Netanjahu (*21. 10. 1949) setzt sich bei der ersten Direktwahl des Ministerpräsidenten mit 50,49% gegen Shimon Peres (Arbeitspartei) durch. Am 18. 6. bildet Netanjahu eine Koalition aus seinem Likud-Block und vier religiösen Parteien.

29. 6. 1996
Türkei
Erstmals wird mit Neçmettin Erbakan (*1920), dem Führer der Wohlfahrtspartei, ein Islamist Ministerpräsident. Er hält sich jedoch nur bis zum 30. 6. 1997 im Amt.

27. 7. 1996
USA
Die Explosion einer Rohrbombe in einem Park von Atlanta, dem Austragungsort der XXVI. Olympischen Sommerspiele (19. 7.-4. 8.), fordert zwei Tote und 111 Verletzte.

31. 8. 1996
Russland
Der Krieg zwischen Russland und der nach Selbstständigkeit strebenden Kaukasusrepublik Tschetschenien wird durch Unterzeichnung eines Abkommens beendet. Der Krieg hatte am 11. 12. 1994 mit einem russischen Angriff auf Tschetschenien begonnen.

27. 9. 1996
Afghanistan
Die Hauptstadt Kabul fällt in die Hände der radikal-islamischen Taliban-Milizen, die in den folgenden Wochen und Monaten weitere Teile des Landes erobern. Der frühere kommunistische Präsident (1986-1992) Mohammad Nadschibullah (*1947), der sich seit 1992 unter dem Schutz der UNO in Kabul aufgehalten hatte, wird verschleppt und hingerichtet.

28. 1. 1997
Österreich
Als Nachfolger des am 18. 1. zurückgetretenen Franz Vranitzky wird der Sozialdemokrat Viktor Klima (*4. 6. 1947) als Bundeskanzler an der Spitze einer großen Koalition vereidigt.

23. 2. 1997
Großbritannien
Gen-Experten des Roslin-Institutes in Edinburgh teilen mit, dass sie erstmals ein erwachsenes Säugetier geklont haben. Die erzeugte Kopie ist das jetzt sieben Monate alte Schaf »Dolly«. → S. 621

1. 5. 1997
Großbritannien
Bei der Wahl zum Unterhaus erringt die Labour Party die absolute Mehrheit der Sitze. Tony Blair (*6. 5. 1953) löst am 2. 5. den konservativen Premier (seit 1990) John Major ab. → S. 621

7. 5. 1997
USA/Schweiz
In einem Bericht der US-Regierung wird der Schweiz vorgeworfen, durch die Annahme von sog. Raubgold der »Hauptbankier des Nazi-Regimes« gewesen zu sein und damit indirekt zur Verlängerung des Zweiten Weltkriegs beigetragen zu haben.

17. 5. 1997
Zaire
Nach 32-jähriger Herrschaft wird Mobutu Sésé-Séko als Staatschef von Zaire gestürzt. Mobutu (*14. 10. 1930) stirbt am 7. 9. in Rabat. Der neue Machthaber Laurent-Desiré Kabila (*1. 1. 1958) benennt das Land in Demokratische Republik Kongo um.

1. 6. 1997
Frankreich
Das linke Bündnis erringt bei der von Staatspräsident Jacques Chirac vorzeitig angesetzten Wahl zur Nationalversammlung die absolute Mehrheit der Sitze. Neuer Premierminister wird am 2. 6. der Sozialist Lionel Jospin.

1. 7. 1997
Hongkong
Die britische Kolonialmacht gibt die Stadt nach 156 Jahren an China zurück. Gemäß dem Prinzip »Ein Land – zwei Systeme« soll das kapitalistische Wirtschaftssystem in der künftigen Sonderwirtschaftszone mindestens 50 Jahre erhalten bleiben. → S. 622

31. 8. 1997
Frankreich
Die britische Prinzessin Diana (*1. 7. 1961) kommt in Paris bei einem Autounfall ums Leben. Ihr Unfalltod löst weltweite Anteilnahme aus. → S. 623

28. 2. 1998
Jugoslawien
Serbische Einheiten beginnen eine Offensive gegen die sog. Kosovo-Befreiungsarmee (UCK) in der mehrheitlich von Albanern bewohnten Provinz Kosovo. Die Kämpfe lösen eine Flüchtlingswelle aus. Am 13. 10. erzwingt die NATO ein vorläufiges Einlenken des jugoslawischen Präsidenten Slobodan Milosevic (*29. 8. 1941).

10. 4. 1998
Großbritannien
Katholiken und Protestanten in Nordirland einigen sich auf einen Friedensplan (»Karfreitagsabkommen«). Am 22. 5. stimmt eine breite Mehrheit der Bevölkerung in beiden Teilen Irlands dem Friedensplan zu, die nordirische Bevölkerung wählt am 25. 6. eine Regionalvertretung. Die Umsetzung der Übereinkunft scheitert jedoch zunächst am Streit um den Beginn der Abrüstung unter den Paramilitärs.

11. 5. 1998
Indien/Pakistan
Erstmal seit 1974 unternimmt Indien insgesamt drei unterirdische Atombomben-Tests und sieht sich dadurch scharfer internationale Kritik ausgesetzt. Am 28. 5. unternimmt der Nachbar Pakistan gleichfalls Atombomben-Tests.

21. 5. 1998
Indonesien
Präsident (seit 1968) Kemusu Suharto erklärt nach wochenlangen, regierungsfeindlichen Unruhen seinen Rücktritt. Sein bisheriger Vizepräsident Jusuf Habibie (*25. 5. 1936) tritt seine Nachfolge an. Am 20. 10. 1999 wird der Muslimführer Abdurrahman Wahid zum Staatschef gewählt.

27. 9. 1998
Deutschland
Bei den Wahlen zum 14. Deutschen Bundestag wird erstmals eine amtierende Regierung abgelöst. SPD und Bündnis 90/Die Grünen erringen zusammen die absolute Mehrheit der Stimmen. Am 27. 10. wird Gerhard Schröder (SPD, *7. 4. 1944) als Bundeskanzler vereidigt.
→ S. 623

16. 12. 1998
USA/Irak
Die USA und Großbritannien beginnen eine viertägige Luftoffensive gegen den Irak wegen des Streits um die UN-Rüstungskontrolle. Die Angriffe enden am Abend des 19. 12., ohne dass der irakische Staatschef Saddam Hussein zum Einlenken gezwungen werden kann.

1. 1. 1999
Europa
Für rd. 291 Mio. Menschen in elf Ländern Europas ist der Euro die gemeinsame Währung. Euro-Münzen und -Scheine werden allerdings erst 2002 ausgegeben. → S. 622

7. 2. 1999
Jordanien
König (seit 1952) Hussein II. (*14. 11. 1935) stirbt im Alter von 63 Jahren. Sein ältester Sohn Abdallah II. (*30. 1. 1962) wird als neuer König vereidigt.

12. 2. 1999
USA
Der US-Senat spricht Präsident Bill Clinton von den Vorwürfen des Meineids und der Behinderung der Justiz in der Lewinsky-Affäre frei. Das von den Republikanern eingeleitete und am 19. 12. 1998 vom Kongress beschlossene Amtsenthebungsverfahren ist damit gescheitert.
→ S. 623

12. 3. 1999
NATO
Polen, Ungarn und Tschechien treten als Mitglieder bei.

24. 3. 1999
NATO/Jugoslawien
Die NATO beginnt wegen des Kosovo-Konflikts mit Luftangriffen auf Jugoslawien. Der Krieg wird am 10. 6. beendet, nachdem sich die Serben mit der Stationierung einer Friedenstruppe im Kosovo einverstanden erklärt haben. Zum ersten Mal seit ihrer Gründung ist die NATO offizielle Kriegspartei. → S. 622

17. 5. 1999
Israel
Bei der Direktwahl des Ministerpräsidenten setzt sich Ehud Barak (*12. 2. 1942), der Kandidat der Arbeitspartei, gegen Benjamin Netanjahu durch. Barak tritt am 7. 7. sein Amt an und belebt den Friedensprozess mit den Palästinensern.

11. 8. 1999
Europa
Millionen Menschen in Europa und Asien beobachten fasziniert eine totale Sonnenfinsternis.

17. 8. 1999
Türkei
Ein Erdbeben der Stärke 7,4 fordert über 17 200 Todesopfer. Weitere Beben folgen.

10. 12. 1999
Stockholm
Der deutsche Autor Günther Grass nimmt den Literatur-Nobelpreis entgegen. Den Friedensnobelpreis erhält in Oslo die 1971 in Frankreich gegründete Organisation »Ärzte ohne Grenzen«.

31. 12. 1999
Russland
Boris Jelzin legt überraschend sein Amt als Präsident (seit 1990) nieder. Der seit dem 9. 8. als Ministerpräsident amtierende Wladimir Putin (*7. 10. 1952) übernimmt vorübergehend die Amtsgeschäfte und gewinnt am 26. 3. 2000 die Präsidentschaftswahl.

31. 12. 1999
Auf der ganzen Welt finden – jeweils nach Zeitzonen gestaffelt – Millenniumsfeiern statt. Der Übergang ins neue Jahrtausend verläuft ausgelassen und friedvoll.

13. 12. 2000
USA
Das Oberste Gericht der Vereinigten Staaten in Washington entscheidet, dass die Nachzählungen im wahlentscheidenden Bundesstaat Florida nicht verfassungskonform sind. Damit ist der seit der Wahl am 7. November andauernde Gerichtsstreit entschieden. Der in Florida nach Stimmen nur knapp zurück liegende Präsidentschaftskandidat und amtierende Vizepräsident Al Gore steigt aus dem Rennen um die Präsidentschaft aus. 43. US-Präsident wird der Republikaner George W. Bush. → S. 623

15. 12. 2000
Ukraine
Das ukrainische Atomkraftwerk Tschernobyl, weltweites Symbol für die unkalkulierbaren Risiken der Kernenergie, wird vom Netz genommen. Am 26. April 1986 war dort ein Reaktorblock explodiert. Als unmittelbare Folge der radioaktiven Verstrahlung sind in der Ukraine nach Expertenschätzungen rd. 30 000 Menschen gestorben.

18. 12. 2000
Mexiko
Mit der stärksten Eruption seit rd. 500 Jahren bricht der 5452 m hohe mexikanische Vulkan Popocatepetl aus. 20 000 Menschen werden evakuiert.

PEKING

China zum Kotau gezwungen

Gegen die Ausbeutung Chinas durch imperialistische Mächte und die Tätigkeit westlicher Missionare erhebt sich ein Aufstand, der jedoch nach kurzer Zeit von einem internationalen Expeditionskorps niedergeschlagen wird.

20. 6. 1900: Mitglieder der chinesischen Geheimorganisation I-ho-ch'üan (Fäuste der Rechtlichkeit und Eintracht), in Europa ironisch als »Boxer« bezeichnet, ermorden in Peking den deutschen Gesandten, Klemens Freiherr von Ketteler. Sie geben damit das Signal zu einer gewaltsamen Erhebung. Sie wird durch die fremdenfeindliche Haltung der Kaiserinwitwe Tzu Hsi unterstützt, die seit ihrem Staatsstreich von 1898 die Richtlinien der Politik bestimmt.

Die Chinesen weigern sich, weitere Gebiete abzutreten. China hatte zuletzt im Jahr 1898 der Verpachtung von Kiautschou (an das Deutsche Reich), Port Arthur (an Russland) und der sog. New Territories von Hongkong (an Großbritannien) zustimmen müssen.

Nach dem Ketteler-Mord belagern die Aufständischen das Gesandtschaftsviertel, wo etwa 1000 Europäer und Japaner eingeschlossen sind. Russland, Japan, Großbritannien, Frankreich und das Deutsche Reich reagieren sofort und schicken mehr als 20 000 Soldaten nach China. Sie erobern am 15. August Peking und unternehmen anschließend unter dem Kommando des preußischen Generalfeldmarschalls Alfred Graf von Waldersee, der am 27. September den Oberbefehl übernimmt, ausgedehnte Strafexpeditionen.

Gemäß dem internationalen »Boxerprotokoll« vom 7. September 1901 muss China u.a. eine in 39 Jahresraten zu entrichtende Kriegsentschädigung von fast 3 Mrd. Mark zahlen, das Gesandtschaftsviertel erweitern und befestigen und eine als besonders demütigend empfundene sog. Sühnemission nach Deutschland entsenden, die dort Abbitte für den Aufstand zu leisten hat.

Ein gefangener Rebell wird enthauptet.

WIEN

Freud deutet Träume

Der österreichische Arzt Sigmund Freud begründet in seinem Werk »Die Traumdeutung« die analytische Psychologie.

1900: Mit seinen Thesen über das Unbewusste, die Verdrängung und seiner Konzeption des Ödipuskomplexes entwirft Freud eines der wichtigsten Theoriegebäude des 20. Jahrhunderts.

Er geht davon aus, dass menschliche Handlungen von unterdrückten und verdrängten Trieben beeinflusst sind. Freuds Psychoanalyse will die Bedeutungen von Handlungen, Worten und Bildvorstellungen entschlüsseln, um den Menschen zu heilen. Therapeutische Mittel sind dabei die Traumdeutung und das freie Assoziieren des Patienten. Von 1902 an ist Freud Professor in Wien; 1938 emigriert er nach London.

Sigmund Freud

ISLE OF WIGHT

Edward VII. auf dem Thron

Der Tod der britischen Königin Viktoria nach fast 64-jähriger Regierungszeit beendet das nach ihr benannte Viktorianische Zeitalter, in dem das Kolonialreich Großbritannien seine größte Machtentfaltung erlebte.

22. 1. 1901: Der Tod der Königin erschüttert Großbritannien. Ihr Nachfolger, der schon 59 Jahre alte König Edward VII., ist das zweite von neun Kindern Viktorias aus ihrer Ehe mit dem 1861 verstorbenen Albert von Sachsen-Coburg-Gotha.

Als Kronprinz erwarb sich Edward den Ruf eines Frauenhelden und modebewussten Lebemanns. Trotz dieses Vorlebens setzt Edward unerwartet starke politische Akzente und unterstützt durch Auslandsreisen die britische Bündnispolitik und das Zustandekommen der sog. Triple-Entente (mit Frankreich und Russland).

Zugleich beginnt mit Edward VII. die Herrschaft des Hauses Sachsen-Coburg-Gotha (1917 in Haus Windsor umbenannt).

Der neue König besucht die Pferderennbahn in Godwood.

PARIS

Start zur Tour de France

Mit der ersten Frankreich-Rundfahrt beginnt aus bescheidenen Anfängen die Geschichte des bedeutendsten Rad-Etappenrennens der Welt.

1. 7. 1903: Der Startschuss zur ersten Tour de France fällt in Paris. Veranstalter Henri Desgrange will damit die Auflage seiner Zeitschrift »L' Auto-Vélo« steigern. Sieger des ersten Sechs-Etappen-Rennens über 2428 km wird der Franzose Maurice Garin. Die mit Ersatzreifen und Pannenmaterial bestückten Räder wiegen mehr als 16 kg. Von 60 Teilnehmern erreichen nur 21 das Ziel Paris. 1913 wird das gelbe Trikot für den Ersten der Gesamtwertung eingeführt, 1953 das grüne Trikot für den Sieger der Punktewertung.

Erfolgreichste Fahrer der Tourgeschichte sind mit jeweils fünf Siegen die Franzosen Jacques Anquetil und Bernard Hinault, der Belgier Eddy Merckx und der Spanier Miguel Indurain.

Sieger Maurice Garin (M.) schreibt Radsportgeschichte.

FRIEDRICHSHAFEN

Der erste Zeppelin

Das Starrluftschiff »LZ 1« von Konstrukteur Ferdinand Graf von Zeppelin (kl. Bild) erhebt sich über den Bodensee.

Der Start der ersten »fliegenden Zigarre« läutet die glanzvolle Ära der Luftschiffe ein.

2. 7. 1900: Auf dem Bodensee startet das erste lenkbare Starrluftschiff »LZ 1«. Die riesigen Gleiter gelten als Wunder der Luftfahrt. Anders als Motorflugzeuge basieren sie auf dem Prinzip »leichter als Luft«: Sie werden durch den statischen Auftrieb eines Gases (zunächst Wasserstoff, später unbrennbares Helium) getragen, durch Motoren angetrieben und über Heckruder gesteuert.

Die 128 m lange Konstruktion des ehemaligen Offiziers Ferdinand Graf von Zeppelin erhält durch die stoffüberzogenen Aluminiumgitter ihre zigarrenähnliche Form. Unter dem Ballonkörper befinden sich zwei durch einen Laufsteg verbundene Gondeln mit Einrichtungen für die Schiffsführung und den beiden 16-PS-Benzinmotoren. Mit den in Friedrichshafen gebauten Luftschiffen (113 Schiffe bis 1918) nimmt die Deutsche Luftschifffahrt-Aktiengesellschaft (DELAG) 1910 planmäßige Passagierdienste auf. Bis 1914 werden 27 773 Fahrgäste befördert. Neben den »Zeppelin« mit dem Gerüst aus Leichtmetall tritt 1910 das sog. Schütte-Lanz-Luftschiff. Hier besteht das Traggerüst aus Holz. 1913 werden Luftschiffe – obwohl groß und damit leicht verwundbar – erstmals für militärische Zwecke eingesetzt und fliegen im Ersten Weltkrieg viele Angriffe auf Großbritannien.

MANCHESTER

Kampf für Frauenwahlrecht

Statt des bislang praktizierten friedlichen Kampfes für die Emanzipation der Frau setzen in Großbritannien die Suffragetten auf öffentlichkeitswirksame Aktionen.

Emmeline Pankhurst (M.) bei einer Festnahme

10. 10. 1903: Emmeline Pankhurst und ihre Tochter Christabel gründen die »National Women's Social and Political Union« mit dem Ziel, das Wahlrecht für Frauen durchzusetzen. Massendemonstrationen, Hunger- und Sitzstreiks und sogar die Belagerung des Parlaments sind die Mittel, mit denen die rhetorisch begabte Pankhurst und ihre Mitstreiterinnen auf sich aufmerksam machen. Dafür nehmen sie Festnahmen und Gefängnisstrafen in Kauf.

Der Kampf der Suffragetten ist erfolgreich: Am 19. Juni 1917 gewährt das britische Unterhaus Frauen über 30 Jahren das Wahlrecht, sofern sie einen eigenen Hausstand haben oder Ehefrauen eines Haushaltsvorstandes sind. Aber erst 1928 sind sie auch rechtlich den Männern gleichgestellt.

Seit 1893 gilt das Frauenwahlrecht bereits in Neuseeland, es folgen u.a. Finnland (1906), Norwegen (1913) sowie Schweden, die Niederlande und das Deutsche Reich (alle 1919) sowie die Vereinigten Staaten (1920).

STOCKHOLM/OSLO

Nobelpreise verliehen

Zum ersten Mal werden die Nobelpreise vergeben. Die Auszeichnung zählt weltweit zu den höchsten Ehrungen in den Bereichen Wissenschaft, Kunst und Kultur.

10. 12. 1901: Als Auszeichnung für diejenigen, »die im verflossenen Jahr der Menschheit den größten Nutzen geleistet haben«, werden die Nobelpreise an die Deutschen Wilhelm Conrad Röntgen (Physik) und Emil von Behring (Medizin) sowie an den Niederländer Jacobus van't Hoff (Chemie) verliehen. Der Literaturnobelpreis geht an den französischen Dichter René François Armand Sully Prudhomme. Der Schweizer Henri Dunant, Gründer des Roten Kreuzes, und der Franzose Frédéric Passy, Initiator der Internationalen Friedensliga, erhalten gemeinsam den Friedensnobelpreis.

Der schwedische Chemiker und Industrielle Alfred Nobel (1833-1896), der Stifter der Preise, war der Erfinder des Dynamits. In seinem Testament schrieb er vor, dass das Einkommen aus seinem Vermögen, welches bei seinem Tode am 10. Dezember 1896 33,2 Mio. Schwedenkronen betrug, jährlich in fünf gleiche Teile geteilt und »in der Form von Preisen« verteilt werden sollte.

Die Wahl der Friedenspreisträger übertrug Nobel einem vom norwegischen Parlament (Storting) zu wählenden Komitee. Die Schwedische Akademie der Wissenschaften benennt die Preisträger der Physik und Chemie. Der Preisträger für Medizin wird vom Karolinska Institut in Stockholm ausgesucht, der Preisträger für Literatur von der Schwedischen Akademie. Die Schwedische Reichsbank stiftet 1968 einen Preis für Wirtschaftswissenschaft, dessen Dotierung dem der übrigen Preise entspricht.

Einen »Alternativen Nobelpreis« richtet 1980 der deutsch-schwedische Journalist Jakob von Uexküll ein. Er wird von der Stiftung »Right Livelihood« für Leistungen zur Bewältigung »wirklicher Menschheitsprobleme« vergeben.

KITTY HAWK

Das Zeitalter des Motorflugs beginnt

17. 12. 1903: In Kitty Hawk (US-Bundesstaat North Carolina) an der Atlantikküste gelingt den Brüdern Wright der erste gesteuerte Motorflug mit ihrem 12 PS starken und 272 kg schweren »Flyer I«. Der aus Holz, Draht und Stoff gefertigte Zweidecker bleibt 12 Sek. in der Luft und legt eine Strecke von 36 m zurück. Insgesamt werden an diesem Tag vier Flüge absolviert. Beim letzten legt Wilbur Wright die Rekordentfernung von 260 m zurück und bleibt 59 Sekunden in der Luft.

Orville und Wilbur Wright leiten mit ihren flugfähigen Maschinen ein neues Kapitel der Luftfahrt sowie die Industrialisierung des Flugzeugbaus ein.

Sehr bequem hat es der Pilot im »Flyer I« nicht: Er liegt ausgestreckt, bedient mit der linken Hand das Höhenruder und mit den Hüften das Seitenruder.

Die erfolgreichen Testflüge in Kitty Hawk sind das Ergebnis jahrelangen Forschens und Tüftelns. Bereits 1899 unternahmen die Wrights erste Experimente mit Drachen, denen bald Versuche mit Gleitermodellen folgten.

Den Flügen von Kitty Hawk folgt eine Reihe weiterer Pionierleistungen der Luftfahrt: 1904 führen die Wrights mit dem »Flyer II« den ersten exakt gesteuerten Kurvenflug aus. 1907 bereisen die Brüder Europa und stellen im folgenden Jahr dort ihre Fluggeräte vor. Am 31. Dezember 1908 erreicht Wilbur Wright in Frankreich eine Flugzeit von über zwei Stunden.

Die Vorführungen der Wrights ermutigen auch in Europa die Luftfahrtpioniere. Am 25. Juli 1909 gelingt dem Franzosen Louis Blériot als erstem Piloten die Überquerung des Ärmelkanals. Er bewältigt die 36 km lange Strecke von Calais nach Dover in rd. 27 Minuten. Für seine Leis-

Wilbur Wright fotografiert 1909 in Fort Myers einen Testflug seines Bruders Orville.

PARIS

Aufbruch in der Kunst

Zu Beginn des 20. Jahrhunderts wird die bildende Kunst von der Auflehnung gegen jede Form des Naturalismus geprägt. Neben eine subjektivistische Sicht der Dinge, die Gegenstände, Figuren und Räume in vereinfachter Form mit ungestüm aufgetragener Farbe darstellt, tritt der Objektivismus, der die in der Natur entdeckte Ordnung in geometrische Formen verwandelt.

1907: Eine Gedächtnisausstellung für Paul Cézanne (1839-1906) wird zur Geburtsstunde für den »Kubismus«, für den der Spanier Pablo Picasso und der Franzose Georges Braque die Impulse geben. Ausgehend von Cézannes Gebot, die Natur in Begriffen von Kugel, Zylinder und Kegel zu sehen, entsteht Picassos Gemälde »Les Demoiselles d'Avignon«; der erste Versuch, eine zugleich gegenständliche und antinaturalistische Kunst zu schaffen.

Im Jahr 1905 hatte eine Gruppe von jungen Künstlern um Henri Matisse und Maurice de Vlaminck für Aufsehen gesorgt: Bei einem Besuch ihrer Ausstellung im Pariser Salon d'Automne hatte sich der Kunstkritiker Louis Vauxelles »parmi les fauves« (frz.: »mitten unter Wilden«) gefühlt. Er gab damit dieser von schrillen Farben, wilder Pinselführung und verzerrt antinaturalistischer Darstellung geprägten Kunstrichtung ihren Namen »Fauvismus«.

»Les Demoiselles d'Avignon« (1907) des spanischen Malers Pablo Picasso

Orville und Wilbur Wright (v.l.).

tung erhält er 1000 Pfund Sterling, die der britische Verleger Lord Alfred Charles Northcliffe für den ersten Motorflug vom Kontinent nach England gestiftet hat. Blériots Eindecker hat eine Spannweite von 7,80 m und einen 25 PS starken Motor.

Schon in Vergessenheit geraten ist, dass der deutsche Einwanderer Gustave Whitehead (eigentl. Weißkopf) in Bridgeport wohl bereits am 14. August 1901 mit einem Eindecker, ausgestattet mit einem selbst gebauten Acetylenmotor, gut 850 m weit geflogen ist. Anders als die Wrights hat er seine Flüge nicht dokumentiert. Erst im Jahr 1964 wird die Pionierleistung Whiteheads bekannt.

SAN FRANCISCO

Beben in Kalifornien

Ein Erdbeben der Stärke 8,3 auf der Richter-Skala und die nachfolgenden Brände zerstören einen Großteil der 300 000-Einwohner-Stadt San Francisco an der US-Pazifikküste.

18. 4. 1906: Zwei schwere Erdstöße erschüttern die Region um 5.12 Uhr. 498 Menschen kommen ums Leben, etwa 30 000 Gebäude werden zerstört. Die Beben dauern 40 und 25 Sekunden. Die Erschütterungen übersteht die Stadt noch relativ gut. Die neuen Hochhäuser mit ihrem flexiblen Stahlskelett halten den Beben stand, die alten Backsteinbauten fallen allerdings wie Kartenhäuser in sich zusammen. Kurzschlüsse an zerstörten Stromleitungen und geborstene Gasrohre verursachen jedoch Brände, die sich rasch ausbreiten. Dreieinhalb Tage steht die Stadt in Flammen.

San Francisco liegt in einem der erdbebengefährdetsten Gebiete der Erde, südlich des San-Andreas-Grabens, einer Störung in der Erdkruste, die sich im südlichen Kalifornien über 1000 km von San Francisco bis zur mexikanischen Grenze hinzieht.

Noch weitaus mehr Opfer fordert am 28. Dezember 1908 ein Beben in Süditalien: Die Städte Messina (Sizilien) und Reggio di Calabria (Kalabrien) werden zerstört, die Zahl der Todesopfer wird auf über 100 000 geschätzt.

Vom »Russian Hill« beobachten Überlebende das brennende San Francisco.

PORTSMOUTH

Japans Sieg demütigt Russland

Der Sieg Japans über Russland ist der erste Triumph einer asiatischen Macht über eine europäische Großmacht und begründet die japanische Hegemonie in Ostasien.

5. 9. 1905: Im Frieden von Portsmouth (USA) muss Russland unter Vermittlung von US-Präsident Theodore Roosevelt (der dafür 1906 den Friedensnobelpreis erhält) den Japanern nur das überlassen, was es ohnehin verloren hatte: Das Kwantung-Pachtgebiet in China mit dem eisfreien Hafen Port Arthur (heute Lüda) und den Süden der Insel Sachalin (bis zum 50. Breitengrad). Russland erkennt Korea als japanisches Interessengebiet an und zieht seine Truppen aus der Mandschurei ab, wo sie wegen des »Boxeraufstands« eingerückt waren. Russland zahlt allerdings keine Kriegsentschädigung und behält den nördlichen Teil der mandschurischen Eisenbahn. Diese als zu milde empfundenen Bedingungen lösen in Japan Proteste aus, während im Zarenreich die Niederlage den Missmut über das Regime verstärkt.

Eine schweres japanisches Geschütz

Mit einem Angriff japanischer Torpedoboote auf Port Arthur hatte der Krieg am 9. Februar 1904 begonnen. Erst am Tag darauf erklärte Japan den Krieg. Russland wurde durch mehrere militärische Niederlagen zum Einlenken gezwungen: Nach 157 Tagen Belagerung kapitulierte Port Arthur am 2. Januar 1905. Im März siegten die Japaner bei Mukden. Am 27. Mai unterlag zudem die russische Ostseeflotte, die eigens nach Ostasien beordert worden war, in der Schlacht von Tsushima in der Koreastraße den japanischen Streitkräften.

ST. PETERSBURG

1000 Tote am »Blutsonntag«

Die gewaltsame Auflösung einer friedlichen Kundgebung löst die erste russische Revolution im Zarenreich aus.

22. 1. 1905: Arbeiter wollen unter Führung des Popen Georgi A. Gapon Zar Nikolaus II. eine Petition übergeben. In dieser werden u.a. der Achtstundentag und Erlass eines Arbeiterschutzgesetzes gefordert. Der Krieg gegen Japan und die dadurch entstandene Teuerung hat die Lage der Arbeiter weiter verschlechtert.

Der Zar lässt seine Soldaten jedoch das Feuer eröffnen, etwa 1000 Menschen finden den Tod. Im ganzen Land kommt es zu Unruhen. Am 30. Oktober verspricht der Zar die Einberufung eines Parlaments.

Namengebend: Wassily Kandinskys »Der blaue Reiter« entstand im Jahr 1903 (Slg. Bührle).

MÜNCHEN

»Der blaue Reiter«

Mit dem Expressionismus stellt sich eine neue Kunstform vor, die mit allen Traditionen bricht.

18. 12. 1911: In der Münchner Galerie Heinrich Thannhauser wird die erste Ausstellung der »Redaktion des blauen Reiters« eröffnet. Sie gilt als Gegenveranstaltung zu einer Werkschau der – von den »Fauvisten« angeregten – Neuen Künstlervereinigung.

Aus ihr waren der Russe Wassily Kandinsky und der Deutsche Franz Marc kurz zuvor ausgetreten. Der blaue Reiter versteht sich als Vertreter einer neuen, geistigen Kunst, die – so Kandinsky – einem »inneren Bedürfnis« des Künstlers entspringt und von allen Beziehungen zur äußeren Welt befreit ist. Hier entstehen erste völlig abstrakte Kunstwerke, die alle traditionellen Maßstäbe der Bildkomposition hinter sich lassen.

Wassily Kandinsky

Die Namengebung der Künstlervereinigung erklärt Kandinsky so: »Den Namen erfanden wir (Kandinsky und Marc) am Kaffeetisch...; beide liebten wir Blau – Marc Pferde, ich Reiter.« Neben dem blauen Reiter zählt die am 7. Juni 1905 in Dresden von Ernst Ludwig Kirchner und anderen begründete »Die Brücke« zur wichtigsten Künstlervereinigung in der Frühphase des Expressionismus. In ihr entwickelt sich ein flächig bezogener, stark farbiger Mal- und Zeichenstil in einfacher und ungestümer Bildsprache, die eindrucksvoll in der Grafik zur Geltung kommt.

MEXIKO CITY

Revolution in Mexiko

Ein Bürgerkrieg beendet die 30-jährige Herrschaft von Diktator Porfirio Díaz, von dessen Herrschaft vor allem Großgrundbesitzer und US-Konzerne profitiert hatten. Die Revolution dauert bis 1917 an.

25. 5. 1911: Präsident Díaz tritt auf Druck der Revolution zurück. Die Unruhen hatten im Juni 1910, bei Díaz' siebter »Wiederwahl«, begonnen. Seine Gegner sind in einer heterogenen Koalition vereinigt, die nach Díaz' Sturz zerfällt: Francisco Indalecio Madero (1873-1913) steht für das liberale Großbürgertum, Francisco »Pancho« Villa (1878-1923) führt die Bauern im Vieh züchtenden Norden, Emiliano Zapata (1879-1919), ein Kleinbauer, fordert die Verwirklichung eines radikalen Agrarprogramms.

Mexiko 1914: Zapatistas kämpfen für »Tierra y Libertad« (Land und Freiheit), Emiliano Zapata wird 1919 ermordet.

Erst die am 5. Februar 1917 von Präsident Venustiano Carranza verkündete Verfassung, welche u.a. die Verstaatlichung der Bodenschätze und die Trennung von Kirche und Staat vorsieht, beendet die Unruhen.

WUHAN

China wird Republik

Eine Truppenmeuterei leitet den Sturz der Mandschu-Dynastie ein, die seit 1644 das »Reich der Mitte« beherrscht. China wird zur Republik, die allerdings über keine stabile Ordnung verfügt.

10. 10. 1911: Zuerst meutert in Wuhan ein unter dem Einfluss republikanischer Ideen stehendes Pionierbataillon. Der Garnisonsaufstand breitet sich in wenigen Tagen über weite Teile Chinas aus.

Die kaiserliche Regierung steht der Revolution weitgehend machtlos gegenüber. Sie ernennt den 1909 wegen seiner Reformbestrebungen aus dem kaiserlichen Großrat entlassenen General Yüan Shih-k'ai zum Ministerpräsidenten und gibt ihm diktatorische Vollmachten.

Am 29. Dezember wählt ein provisorisches Revolutionsparlament in Nanking den aus dem Exil zurückgekehrten Arzt Sun Yat-sen zum Präsidenten der Republik China. Zugleich kommt in Schanghai eine Einigung zwischen Unterhändlern Yüan Shih-k'ais und des Revolutionsgenerals Li Yüan-hung zustande: Eine Nationalversammlung soll über die künftige Regierungsform entscheiden.

Am 13. Februar 1912 wird die Abdankung des letzten Kaisers Pu Yi verkündet, der am 2. Dezember 1908 als Zweijähriger den Thron bestiegen hatte. Damit endet eine gut 2000-jährige Monarchie, deren Staatsdoktrin konfuzianisches Gedankengut gewesen ist.

Am 15. Februar wählt die Nationalversammlung in Nanking – nach dem Verzicht Sun Yat-sens – Yüan Shih-k'ai zum Präsidenten der provisorischen Regierung.

Doch das Land kommt nicht zur Ruhe: Yüan Shih-k'ai zeigt diktatorische Neigungen und ernennt sich 1915 selbst zum Kaiser. Nach seinem Tod am 6. Juni 1916 kommt es erneut zu Unruhen, als verschiedene Milizenführer um die vakanten Machtpositionen in dem riesigen Land kämpfen.

NORDPOL

Pionierleistung: Peary am Nordpol

Eines der letzten geografischen Geheimnisse wird mit der Ankunft des Forschers Robert E. Peary am Nordpol gelüftet.

6. 4. 1909: Nach mehr als 20-jährigen Vorbereitungen gelangt der US-Amerikaner Robert E. Peary unter großen Entbehrungen in unmittelbare Nähe des Nordpols.

Ab 1886 hatte der ehrgeizige Polarforscher mehrere Expeditionen durch die Arktis unternommen. Zweimal durchquerte er Grönland und erreichte 1892 als erster Weißer die Nordküste der Insel. 1895 entdeckte er das nach ihm benannte Peary-Land, die nördliche Halbinsel von Grönland. 1901 gelang ihm der Nachweis des Inselcharakters von Grönland und 1905 erforschte er das Grinnell- und Grantland.

Im Juli 1908 war Peary mit seiner Mannschaft, zu der auch 17 Inuit mit 133 Schlittenhunden zählten, aufgebrochen. Mit dem Schiff »Roosevelt« fuhr er zur rd. 670 km vom Nordpol entfernt gelegenen Ellesmere-Insel.

Um sein Ziel endlich zu erreichen, nutzt Peary (mit Erfolg) als erster Forscher die Erfahrungen der Inuit und übernimmt ihre praktische Ausrüstung: wärmende Pelzkleidung, Schneeschuhe und Hundeschlitten.

Anders als all die Abenteurer vor ihm trat Peary seine Expedition im polaren Winter an: Er glaubte, dass im Sommer das weiche Eis ein rasches Fortkommen behindern würde. Am 6. April erreichen Peary, sein Begleiter Matthew Henson und vier Inuit, die Position 89° 57' nördlicher Breite und befinden sich damit in unmittelbarer Nähe des Nordpols, dem eisbedeckten Nordpunkt der Erdachse über einer Meerestiefe von 4087 m.

Das Sternenbanner ist gehisst: Robert E. Peary und seine Begleiter am Nordpol.

Bei der Rückkehr in die USA erlebt Peary jedoch eine unliebsame Überraschung: Am 2. September erklärt der mehrere Monate verschollen geglaubte US-amerikanische Forscher Frederick A. Cook, er habe bereits am 21. April 1908 gemeinsam mit Inuit von Grönland aus den Nordpol erreicht.

Dies wird jedoch von der Royal Geographical Society in London ebenso wie von Wissenschaftlern der Universität in Kopenhagen angezweifelt. Auch Peary, der erklärt, er habe am Nordpol keine Spuren einer früheren Expedition entdeckt, bezichtigt Cook der Unwahrheit. Es wäre nicht das erste Mal: 1906 hatte Cook bereits zu Unrecht behauptet, er habe den 6193 m hohen Mount McKinley in Alaska bestiegen.

Der Ruhm wird Peary zuerkannt, der 1910 seinen Reisebericht über »Die Entdeckung des Nordpols« verfasst. Cook gerät ins wissenschaftliche und gesellschaftliche Abseits.

Das Interesse der Forscher am Nordpol ist weiterhin groß: Am 11. Mai 1926 überfliegen der Italiener Umberto Nobile und der Norweger Roald Amundsen mit dem Luftschiff »Norge« als Erste den Pol.

ZUR PERSON

Henry Ford

Henry Ford (*30. 7. 1863) ist der erfolgreichste Automobilbauer seiner Zeit. Bis 1919 und 1943-1945 ist er Firmenchef, dazwischen führt sein Sohn Edsel die Ford Motor Company in Detroit. Henry Ford stirbt am 7. April 1947.

DETROIT

Modell T – das Auto für jedermann

Henry Ford baut in den USA das erste Auto für den »kleinen Mann«.

1. 10. 1908: Das Modell T wird offiziell präsentiert: Das robuste Auto hat einen Vierzylindermotor mit 21 PS und 2892 ccm Hubraum, zwei Vorwärtsgänge und einen Rückwärtsgang und ist mit einem Preis von 850 Dollar relativ leicht erschwinglich.

Um die »Tin Lizzy« (»Blechliesl«) in großer Stückzahl und billig produzieren zu können, revolutioniert Ford die Produktion durch neuartige Konzepte der Betriebsorganisation, die noch über die von Frederick Winslow Taylor (1856-1915) begründete sog. wissenschaftliche Betriebsführung hinausgehen. Durch eine Anhebung des Tageslohns für Arbeiter von 2,30 auf 5 US-Dollar (1914) stärkt er die Arbeitsmoral, durch die Einführung des Montagefließbands (1913) sorgt er für Massenproduktion: Der Produktionsrekord mit über 15 Mio. Exemplaren (bis 1927) wird erst 1972 vom VW-Käfer aus Wolfsburg überboten.

Das Ford-Modell T läuft vom Fließband.

Der Erste Weltkrieg und die Krise des

1914-1928

Neue Dimension der Kriegführung

Mit dem Krieg von 1914 bis 1918 weitete sich erstmals ein militärisches Ringen vom europäischen Schauplatz auf alle fünf Kontinente aus: Gekämpft wurde in Mitteleuropa ebenso wie in den deutschen Kolonien Afrikas, bei den Falklandinseln vor der Küste Argentiniens, auf den Weiten des Indischen Ozeans und in den Wüsten Mesopotamiens.

Folgende Mächtekonstellationen standen einander gegenüber: Auf der einen Seite der Dreibund, bestehend aus dem Deutschen Reich, Österreich-Ungarn und Italien (das sich allerdings zunächst neutral verhielt und 1915 dann in der Hoffnung auf territorialen Zugewinn auf die Seite der Gegner wechselte) sowie den Bündnispartnern Osmanisches Reich und Bulgarien (die sog. Mittelmächte); auf der anderen Seite die Triple-Entente aus Großbritannien, Frankreich, Russland sowie ihre Verbündeten Serbien, Belgien, Japan, denen sich bis Kriegsende auch noch Italien, Portugal, Rumänien, Griechenland, die USA, China und die meisten lateinamerikanischen Staaten anschlossen.

Der Krieg führte der erschreckten Welt eine technisierte Vernichtungsstrategie von nie geahnten Dimensionen vor Augen, mit Schlachten, die Zehntausende das Leben kosten, mit dem Einsatz neuer Waffen wie Tanks (Panzer) und Flugzeugen sowie dem chemischen Kampfstoff Giftgas; er bezog die Zivilbevölkerung durch Lebensmittelrationierung, Frauenarbeit in der Rüstungsindustrie, Dienstverpflichtung und Luftangriffe in sehr viel stärkerem Maße als bisher in die Kriegführung ein.

Vor allem zerfiel die politisch-gesellschaftliche Struktur des alten Europa. Die Monarchien des Deutschen Reichs, des Vielvölkerstaates Österreich-Ungarn und Russlands brachen zusammen, ebenso das in den letzten Jahren vor Kriegsbeginn schon stark geschwächte Osmanische Reich. Die Oktoberrevolution in Russland 1917 setzte erstmals sozialistische Vorstellungen in die Praxis um. In Deutschland und in den Nachfolgestaaten der Habsburger-Monarchie erfolgte der Übergang zu demokratisch-republikanischen Staatsformen. Der Eintritt der USA in den Weltkrieg verschob das Schwergewicht der Weltpolitik. Die Vereinigten Staaten wurden durch die massiven Finanzhilfen für ihre Verbündeten zum »Gläubiger Europas« und stiegen zur führenden Finanz- und Wirtschaftsmacht der Welt auf.

Im Fernen Osten ging Japan gestärkt aus dem Krieg hervor und richtete seine imperialistischen Bestrebungen auf China. In den Kolonien der europäischen Großmächte begann der Kampf um die Unabhängigkeit. Zuerst in Indien, wo Mahatma Gandhi als Führer einer auf festen moralischen Prinzipien gründenden Widerstandsbewegung die Strategie des gewaltlosen Widerstands und der Verweigerung der Zusammenarbeit mit der Kolonialmacht entwickelte und das scheinbar übermächtige Großbritannien zum Aufgeben zwang – wenn auch erst nach einem zweiten, noch weitaus blutigeren Weltkrieg.

Ursachen und Verlauf des Ersten Weltkriegs

Die Ursachen für die allgemeine Kriegsbegeisterung im August 1914 – ganz gleich, ob in Berlin oder London, in St. Petersburg oder in Wien – liegen psychologisch gesehen sicherlich in der ungewöhnlich langen Friedenszeit begründet: Deutschland hatte z.B. über 40 Jahre lang keinen Krieg mehr geführt, der Waffengang – von dem fast alle überzeugt waren, er sei ohnehin bis Weihnachten beendet – erschien vielen als willkommene Abwechslung vom Alltagstrott. »Auferstanden ist er, welcher lange schlief, aufgestanden unten aus Gewölben tief«, hieß es schon vorausschauend in dem Gedicht »Der Krieg« des 1912 tödlich verunglückten deutschen Lyrikers Georg Heym.

Das Deutsche Reich trat in den Wettlauf um die Aufteilung der Welt erst ein, als sich Großbritannien und Frankreich ihren Besitz bereits gesichert hatten. Es fühlte sich, ähnlich wie Österreich-Ungarn, teils durch »Einkreisung« bedroht, teils in seinen Entfaltungsmöglichkeiten als »Weltmacht« behindert und forderte nun seinen »Platz an der Sonne«.

Es gab eine Vielzahl von Interessengegensätzen und Spannungen zwischen den europäischen Mächten. Sie resultierten aus der wirtschaftlichen Rivalität, dem Streben nach Kolonialbesitz und einem wachsenden Nationalismus. Dazu zählen die Flottenrivalität zwischen Großbritannien und dem Deutschen Reich seit 1898 ebenso wie die Marokkokrisen von 1905/06 und 1911 zwischen dem Deutschen Reich und Frankreich; die bosnische Annexionskrise von 1908/09 während der Expansion Österreich-Ungarns auf den Balkan und nicht zuletzt die beiden Balkankriege von 1912 und 1913, die das gewachsene slawische Nationalbewusstsein und Unabhängigkeitsstreben ebenso demonstrierten wie die verhängnisvolle Zerstrittenheit der Balkanvölker untereinander.

Die Spannungen zwischen den europäischen Mächten bewirkten den Abschluss einer Reihe von Defensivbündnissen, die schließlich – als das Attentat von Sarajevo auf den österreichischen Thronfolger Erzherzog Franz Ferdinand am 28. Juni 1914 und das österreichisch-ungarische Ultimatum an Serbien den Stein erst einmal ins Rollen brachten – den Krieg gleichsam mit der Zuverlässigkeit eines Eisenbahnfahrplans unausweichlich werden ließen.

In den ersten Kriegswochen ging die strategische Initiative von den Mittelmächten aus, später lag sie zunehmend bei den Alliierten, vor allem deshalb, weil Deutschland und Österreich-Ungarn an der Ostfront, auf dem Balkan und (ab Mai 1915) an der Italienfront gebunden waren. Der uneingeschränkte U-Boot-Krieg, der Anfang 1917 das Blatt noch einmal wenden und die britische Seeblockade beenden sollte, bewirkte nicht unerwartet im April 1917 den Eintritt der USA in den Krieg. Die Revolution in Russland und der Friede von Brest-Litowsk (1918) brachte den Mittelmächten zu spät die erhoffte Entlastung: Als die deutschen Armeen im Frühjahr 1918 im Westen zur letzten großen Offensive antraten, war ihre Kraft bereits entscheidend geschwächt. Im Sommer und Herbst sorgten über 2 Mio. gut ausgerüstete US-Soldaten für den Durchbruch durch die deutsche Front.

Revolutionäre Veränderungen

Die militärische Niederlage, die katastrophale Ernährungssituation, die Erbitterung über die diktatorische Regierungsform und das Beispiel der Russischen Revolution führten in Deutschland und Österreich zu revolutionären Unruhen, in deren Verlauf im November 1918 überall die Monarchien gestürzt und Republiken ausgerufen wurden. Aus Furcht vor »russischen Zuständen« gingen die Mehrheitssozialdemokraten Kompromisse mit dem Militär und später Bündnisse mit bürgerlichen Parteien ein. Sie lehnten weitergehende revolutionäre Forderungen wie Vergesellschaftung der Schwerindustrie und des Großgrundbesitzes sowie die Übertragung der Herrschaft an die Arbeiter-und Soldatenräte ab und lenkten Deutschland auf den Weg der parlamentarischen Demokratie. Kurzfristige Erfolge erzielten die z.T. kommunistisch geführten Arbeiter- und Soldatenräte in der Münchner Räterepublik (1919) und in der ungarischen Räterepublik (1919), die jedoch mit Hilfe monarchistisch gesinnter Offiziere blutig niedergeschlagen wurden.

1918/19 entstanden in fast allen europäischen Ländern kommunistische Parteien. In Deutschland bildete sich im April 1917 als Opposition gegen die kriegsunterstützende Haltung der sozialdemokratischen Parteiführung und die mit der Billigung der Kriegskredite verbundene »Burgfriedenspolitik« die Unabhängige Sozialdemokratische Partei (USPD). Aus der linken USPD entstand Ende 1918 die Kommunistische Partei Deutschlands, der rechte Flügel schloss sich 1922 wieder der SPD an.

Bürgertums

Während die sozialdemokratischen Parteien in vielen Ländern – allein oder in Koalitionen – zur Regierungspartei wurden und sich dem Weg der Reformpolitik verschrieben, gerieten die kommunistischen Parteien immer stärker unter die Hegemonie der 1919 gegründeten Kommunistischen Internationale, die mit ihren wechselnden Direktiven – zunächst Anfang der 20er Jahre die Propagierung des bewaffneten Aufstands, dann Ende der 20er Jahre der Kampf gegen die »sozialfaschistischen« Sozialdemokraten, in den 30er Jahren dann der Aufruf zur linken »Volksfront« – die nationalen Parteien in ihrer eigenen Entwicklung hemmte.

Wirtschaftliche und politische Neuordnung Europas

Die sog. Pariser Vorortverträge von 1919 und 1920, die Friedensschlüsse der Alliierten mit den Staaten bzw. Nachfolgestaaten der Mittelmächte, ließen viele Konflikte offen, die sich in regionalen Auseinandersetzungen fortsetzten. Spannungen zwischen den Nationalitäten prägten das politische Klima in den aus der zusammengebrochenen Habsburger-Monarchie hervorgegangenen Staaten Tschechoslowakei, Ungarn, Polen und Jugoslawien (bis 1929 Reich der Serben, Kroaten und Slowenen). Umstrittene Grenzziehungen führten zu bewaffneten Auseinandersetzungen u.a. zwischen Italienern und Slowenen, Polen und Deutschen, Armeniern und Türken. In dem ehemals zum Osmanischen Reich gehörenden Palästina, welches unter britisches Völkerbundsmandat kam, entstand der Konflikt zwischen eingewanderten jüdischen Siedlern und Arabern, die beide (historisch begründete) Ansprüche auf den Besitz des Landes erhoben.

Der Versailler Vertrag mit seiner einseitigen Kriegsschuldzuweisung, den erheblichen Gebietsverlusten und hohen Reparationsforderungen an Deutschland löste Empörung und ein Gefühl der Schmach aus. Er lieferte – zusammen mit der sog. Dolchstoßlegende, wonach das deutsche Heer, im »Felde unbesiegt«, nur wegen der wankelmütigen Heimat habe die Waffen strecken müssen – Konfliktstoff für die innenpolitischen Auseinandersetzungen der kommenden Jahre und gab der nationalistischen Bewegung zusätzlichen Auftrieb.

Die USA zogen sich nach Kriegsende, insbesondere nach dem republikanischen Wahlsieg vom November 1920, aus der europäischen Politik zurück. Sie wurden auch nicht Mitglied des 1920 gegründeten Völkerbundes, obwohl dieser nach einem Vorschlag aus dem 14-Punkte-Programm von Präsident Woodrow Wilson ins Leben gerufen worden war, um den Weltfrieden zu sichern und die Zusammenarbeit zwischen den Nationen zu fördern.

Die Außenpolitik der europäischen Staaten stand vor allem im Zeichen des Streits um die von Deutschland geforderten Reparationen, die – nach der offenen Konfrontation während der Ruhrbesetzung in der Verfolgung des von Frankreich geprägten Prinzips der Politik der »produktiven Pfänder« 1923 – mit dem Dawes-Plan von 1924 erstmals verbindlich geregelt wurde.

Erst allmählich wurde Deutschland – das sich im Rapallo-Vertrag von 1922 überraschend mit dem gleichfalls in eine Paria-Rolle gedrängten Sowjetrussland verständigte – durch den Locarno-Vertrag von 1925 und die Aufnahme in den Völkerbund 1926 wieder in die europäische Politik einbezogen.

Die innenpolitische Entwicklung der europäischen Staaten waren als Folge der hohen Kriegskosten bis in die 20er Jahre hinein von Wirtschaftskrisen und Inflation (in Deutschland 1923 infolge hoher Reparationszahlungen) und Arbeitslosigkeit geprägt. Großbritannien, Frankreich und Italien waren aufgrund des Krieges in den USA verschuldet. Erst die vorläufige Lösung der Reparationen 1924, verbunden mit amerikanischen Krediten für das Deutsche Reich, leitete eine Phase der Prosperität ein (»Roaring Twenties«). Die Zeit zwischen 1925 und 1928 war eine Zeit des Aufschwungs und bescheidenen Wohlstands – allerdings finanziert durch Kredite aus den USA und somit abhängig von der Konjunktur in Nordamerika.

Entstehung des Faschismus

Die Krisensituation nach dem Ersten Weltkrieg führte in fast allen europäischen Staaten zur Gründung faschistischer Bewegungen, also politischer Gruppierungen, die dem Führerprinzip huldigten und extrem nationalistische, antiliberale und antimarxistische sowie expansionistische Ziele verfolgten. Diese Gruppierungen proklamierten ein Einparteiensystem und versuchten, mit Terror an die Macht zu gelangen.

Ihre Anhänger kamen zum größten Teil aus dem Mittelstand. Handwerker, Bauern, Angestellte, Beamte und Kaufleute fühlten sich durch Wirtschaftskrise, Inflation und Arbeitslosigkeit, der fortschreitenden Industrialisierung und Monopolisierung sowie der damit verbundenen Gefährdung der Kleinbetriebe und des Anwachsens der Arbeiterbewegung in ihrer materiellen Existenz und in ihrem Statusbewusstsein gefährdet.

In ihrer Frühphase benutzten die faschistischen Parteien antikapitalistische Parolen, gingen jedoch schnell Bündnisse mit Industriellen, Bankiers, dem Militär und rechtsbürgerlichen Parteien ein, die von einer faschistischen Herrschaft die Zerschlagung der Arbeiterparteien und der Gewerkschaften, Senkung der Lohnkosten und die Erschließung neuer Märkte durch Expansion erwarteten.

In den einzelnen Ländern hing die Entstehung faschistischer Bewegungen zudem mit den jeweils spezifischen Bedingungen zusammen, in Deutschland z.B. mit der fehlenden Einübung in die parlamentarische Demokratie, mit einer militaristischen und autoritätsgläubigen Tradition und dem Unmut über die zudiktierte Kriegsschuld. An die Macht gelangten die faschistischen Bewegungen in Italien (1922), Deutschland (1933) und Spanien (1936). In den anderen europäischen Ländern blieben sie eine Randerscheinung, wobei sich allerdings in Polen, Ungarn, Rumänien und Portugal sowie in den 30er Jahren auch in den baltischen Staaten autoritäre Regime durchsetzten.

Kultur im Zeitalter der Krise

Krieg, imperialistische Bestrebungen, verschärfte Klassenauseinandersetzungen, Wirtschaftskrisen, der Zerfall der traditionellen bürgerlichen Werte, der Zweifel an Politik und Normen der Vätergeneration stürzten die bürgerliche Gesellschaft in eine tief greifende Krise. Das Ende der bürgerlichen Epoche schien gekommen, die Jugend fühlte sich als »lost generation« (verlorene Generation). Dieses Lebensgefühl der Verunsicherung ging jedoch einher mit der Suche nach neuen Lebensformen: Kameradschaftsehe, Jugendbewegung, beginnende Emanzipation der Frau. Der Sport wurde in den 20er Jahren zu einem Massenphänomen.

Die Bemühungen um eine Neuorientierung, vor allem in der Anknüpfung an revolutionäre Traditionen, führten in der Kunst zu neuen Formen und Inhalten: Zur Zerstörung der Körper, des symmetrischen Bildaufbaus in der kubistischen, surrealistischen und abstrakten Malerei (Pablo Picasso), zum Aufbrechen der Tonalität und Melodik in der Zwölftonmusik (Arnold Schönberg), zur Zerstörung der linearen Romanhandlung durch Montage und Bewusstseinsstrom (James Joyce), zur Auflösung des Spannungsbogens und der Identifikation im Drama durch Stationenfolge und Verfremdungseffekt (Bertolt Brecht), zur Sprachzertrümmerung in der dadaistischen und surrealistischen Lyrik.

Zu den vorherrschenden Themen zählten die Darstellung des Großstadtmilieus mit der Faszination und Bedrohung durch Massengesellschaft und technischen Fortschritt (Alfred Döblin, Upton Sinclair), der Isolierung und Entfremdung des Individuums (Franz Kafka), der Suche nach existenzieller Selbsterfahrung in der Bewährung im Abenteuer (Ernest Hemingway), der Auseinandersetzung mit dem Ersten Weltkrieg (Henri Barbusse, Arnold Zweig, Erich Maria Remarque) und der Revolution (Wladimir Majakowski, Maxim Gorki). Entscheidenden Einfluss gewann darüber hinaus das neue Medium Film, das zunächst der bloßen Unterhaltung diente, zunehmend aber eine eigene künstlerisch anspruchsvolle Sprache entwickelte und den Versuch darstellte, Kunst für ein Massenpublikum zu schaffen.

SÜDPOL

Amundsen gewinnt den Wettlauf zum Südpol

Um die Entdeckung des Südpols entwickelt sich ein dramatisches Rennen im ewigen Eis.

14. 12. 1911: Der Norweger Roald Amundsen und seine vier Begleiter erreichen als Erste den Südpol. Ihr britischer Rivale Robert Falcon Scott trifft dort erst einen Monat später ein und kommt auf dem Rückmarsch ums Leben.

Amundsen und seine Expedition waren am 20. Oktober 1911 mit 52 Schlittenhunden von der Walbucht auf die 1100 km lange Strecke gestartet und hatten unterwegs in relativ geringem Abstand zehn Depots angelegt. Die Verwendung grönländischer Schlittenhunde erwies sich als vorteilhaft: Die Hunde konnten unterwegs leicht mit Fleisch ernährt werden.

Als Amundsen den Pol erreicht, hat er gegenüber Scott vier Wochen Vorsprung. Der Brite war am 24. Oktober mit seinen Begleitern von Kap Evans aufgebrochen. Er setzte Motorschlitten ein, die jedoch bald wegen technischer Defekte ausfielen. Die neben Hunden als Zugtiere mitgeführten Ponys waren untauglich, sie mussten am 9. Dezember allesamt erschossen werden.

Als Scott mit seinen zwei Begleitern am 17. Januar 1912 den Südpol erreicht und Amundsens Spuren vorfindet, ist die Enttäuschung groß. Trotz Nahrungsrationierung überlebt keiner die entbehrungsreiche Rückkehr. Scotts letzte Tagebuchaufzeichnung datiert vom 29. März 1912. Die Leichen der Männer werden am 12. November 1912 gefunden.

Nach dem Wettlauf zum Südpol kann sich Amundsen wieder seinem eigentlichen Ziel zuwenden, dem Nordpol. Im Mai 1926 überquert er mit Lincoln Ellsworth und Umberto Nobile als Erster mit dem Luftschiff den Nordpol. Im Juni 1928 stirbt der Polarforscher, als er bei einer Rettungsaktion für den vermissten Nobile mit dem Flugzeug über der Arktis abstürzt.

Roald Amundsen erreicht als Erster den Südpol. Hier sein Begleiter Oscar Wisting mit einem Schlittenhundegespann unter der norwegischen Flagge.

ATLANTIK

Luxusliner »Titanic« sinkt nach Kollision mit

Der Untergang der »Titanic« zählt zu den größten Katastrophen des 20. Jahrhunderts.

15. 4. 1912: Auf seiner Jungfernreise versinkt der britische Luxusdampfer »Titanic« um 2.20 Uhr nahe der Neufundlandbank nach der Kollision mit einem Eisberg. Der Untergang fordert 1503 Menschenleben.

Die 268,98 m lange und 28,19 m breite »Titanic« (46 329 BRT), für die White Star Line gebaut bei Harland & Wolff in Belfast, ist das größte Schiff der Welt. Der Dampfer ist luxuriöser ausgestattet als alle anderen Schiffe auf der Nordatlantikroute. Bei einer Besatzung von 898 Mann kann die erste Klasse bis zu 730 Passagiere aufnehmen, die zweite 560 und die dritte Klasse 1200.

Aufgrund ihrer Bauweise mit Doppelboden und 16 wasserdichten Schotten, die vertikal durch das Schiff führten, soll die »Titanic« (fast) unsinkbar sein.

Auf eine Katastrophe wie am 14. April ist die »Titanic« aber nicht vorbereitet, als sie sich unter dem Kommando von Kapitän Edward J. Smith trotz mehrerer Eiswarnungen zügig mit ca. 22 Knoten (41 km/h) auf dem Weg nach New York befindet: Um 23.40 Uhr kollidiert der Luxusliner mit einem (vom Ausguck mangels Fernglas zu spät entdeckten) Eisberg. Der Rumpf wird aufgeschlitzt und Wasser dringt ein.

Der an Bord befindliche Konstrukteur Thomas Andrews berechnet sofort, dass das Schiff sinken wird: Weil die Schotten nicht bis zum Oberdeck hinaufreichen, schwappt das Wasser von Abteilung

Untergang der »Titanic« (Illustration von 1930)

SOFIA

Krieg auf dem Balkan

Der Streit um die Aufteilung Makedoniens löst 1913 den Zweiten Balkankrieg aus, knapp einen Monat nachdem der Londoner Frieden am 30. Mai 1913 den Ersten Balkankrieg beendet hat.

29. 6. 1913: Der Angriff Bulgariens auf Serbien führt zur Auflösung des Balkanbundes (Bulgarien, Serbien, Griechenland und Montenegro). Bulgarien überschätzt seine militärischen Kräfte und verliert nach den Friedensschlüssen von Bukarest am 10. August und Konstantinopel am 29. September alle Gebietsgewinne. Serbien und Griechenland teilen den größten Teil Makedoniens unter sich auf, Albanien wird Fürstentum. Kreta fällt an Griechenland.

Den Ersten Balkankrieg hatte der Balkanbund 1912/13 gegen das Osmanische Reich geführt. Er beendete die osmanische Herrschaft auf dem Balkan.

Eisberg

zu Abteilung über und drückt den Bug in die Tiefe.

Für die 2206 Menschen an Bord gibt es 20 Rettungsboote mit Platz für 1178 Menschen, dies sind noch gut 200 Plätze mehr, als von den Sicherheitsvorschriften verlangt wird. Gerettet werden 315 Männer sowie – gemäß dem Befehl »Frauen und Kinder zuerst« – 336 Frauen und 52 Kinder.

Die 32 km von der Unglücksstelle entfernte »California« empfängt die Notrufe – sowohl das gängige »CQD« (Come quick danger) als auch das neue »SOS – nicht, weil die Funkstation nicht durchgehend besetzt ist. Als die weiter entfernte »Carpathia« um 4.10 Uhr erste Überlebende aufnimmt, liegt die in zwei Teile zerbrochene »Titanic« schon auf dem Meeresgrund.

Bis 1914 werden verbindliche Regeln im Bereich der Telegrafie, für die Ausstattung mit Rettungsbooten, für navigatorische Sicherheitsmaßnahmen und für die Fixierung von sicheren Dampferrouten aufgestellt.

SARAJEVO

Attentat ist Signal für Kriegsausbruch

Das Attentat auf den österreichisch-ungarischen Thronfolger Franz Ferdinand wird – vor dem Hintergrund politischer Spannungen unter den Großmächten – zum Auslöser des Ersten Weltkriegs.

28. 6. 1914: Erzherzog Franz Ferdinand besucht mit seiner Frau, Herzogin Sophie von Hohenberg, die Hauptstadt des 1908 von Österreich-Ungarn annektierten Bosnien. Ein erster Bombenanschlag scheitert, das Thronfolgerpaar setzt die Stadtrundfahrt dennoch fort. Der 19-jährige Gavrilo Princip, ein Anhänger der Bewegung »Junges Bosnien«, die von serbischen Panslawisten unterstützt wird, feuert kurz darauf zwei tödliche Schüsse auf das Thronfolgerpaar ab.

Dem Mord folgt die sog. Juli-Krise, eine diplomatische, politische und militärische Krisensituation in ganz Europa. Österreich-Ungarn versichert sich der Unterstützung Deutschlands und stellt am 23. Juli ein scharfes Ultimatum an Serbien. Wien macht die Serben für das Attentat mitverantwortlich und fordert, jede antiösterreichische Agitation zu unterbinden und Schuldige festzunehmen. Wie erwartet, lehnt die Regierung in Belgrad die Erfüllung aller Forderungen ab. Die österreichisch-ungarische Kriegserklärung an Serbien vom 28. Juli führt direkt in den Weltkrieg, denn der Mechanismus des europäischen Bündnissystems verhindert einen lokal begrenzten Waffengang auf dem Balkan.

Am 30. Juli um 18 Uhr schreitet Russland zur Generalmobilmachung. Am 1. August um 16 Uhr befiehlt auch Frankreich die Mobilmachung. Eine Stunde später folgt das Deutsche Reich und erklärt zugleich Russland den Krieg. Zum selben Zeitpunkt ordnet Großbritannien die Kriegsbereitschaft seiner Flotte an. Die deutsche Westoffensive und die Verletzung der Neutralität Luxemburgs und Belgiens am 2./4. August ziehen schließlich Frankreich und Großbritannien vollends in den Krieg hinein.

Kurz vor dem Attentat: Das österreichisch-ungarische Thronfolgerpaar in Sarajevo

HINTERGRUND

Bündnissysteme der Großmächte

Am Vorabend des Ersten Weltkriegs ist die politische und militärische Situation in Europa vor allem durch die Bündnissysteme Dreibund und Triple-Entente bestimmt.

Der erstmals am 20. Mai 1882 vertraglich geregelte Dreibund zwischen dem Deutschen Reich, Österreich-Ungarn und Italien sieht eine Neutralität Italiens bei einem Krieg zwischen Österreich-Ungarn und Russland sowie eine deutsch-italienische Unterstützung bei einem Krieg mit Frankreich vor.

Italien hat sich dem Bündnis entfremdet. 1902 kam ein Geheimvertrag mit Frankreich über Kolonialinteressen zustande, der die gegenseitige Neutralität der Staaten im Fall eines Angriffs einer dritten Macht vorsieht.

Die Triple-Entente entstand 1907 mit einem Vertrag zwischen Großbritannien und Russland über die Interessenabgrenzung in Afghanistan, Tibet und Persien. Vorläufer waren zum einen das französisch-russische Militärbündnis von 1892 und zum anderen die »Entente cordiale« zwischen Großbritannien und Frankreich aus dem Jahr 1904.

Regent auf dem krisengeschüttelten Balkan: Ferdinand I. von Bulgarien (r.)

Die zur See unterlegenen Mittelmächte sind auch bei den Landstreitkräften im Nachteil: Das Deutsche Reich hat 3,8 Mio. Soldaten, Österreich-Ungarn 2,5 Mio.; Russland hat 4,8 Mio. Mann, Frankreich 3,6 Mio. und Großbritannien 350 000 Mann unter Waffen.

Größter Krisenherd ist der Balkan. Die Gegensätze der Machtblöcke haben sich während der beiden Balkankriege 1912/13 noch verschärft.

FRANKREICH

Deutscher Vormarsch endet im Stellungskrieg

Nach dem Scheitern der deutschen Umfassungsoffensive tritt im Westen an die Stelle des Bewegungskrieges der zermürbende Stellungskrieg mit gelegentlichen Durchbruchsversuchen.

Deutsche Truppen marschieren während ihrer Anfangsoffensive in Brüssel ein.

3. 8. 1914: Das Deutsche Reich erklärt Frankreich den Krieg. Mit dem deutschen Einmarsch in Luxemburg am 2. August und in Belgien am 4. August beginnen die Kriegshandlungen. Der vom früheren Generalstabschef Alfred Graf von Schlieffen 1905 entworfene Operationsplan sieht die Umfassung und Vernichtung der französischen Armee mittels einer durch das neutrale Belgien führenden weit ausgreifenden Offensive vor. Die Verletzung der belgischen Neutralität führt zum Kriegseintritt Großbritanniens. Am 20. August ziehen die deutschen Truppen in Brüssel ein.

Das »Wunder von der Marne« durchkreuzt die deutsche Offensivstrategie: In der Marneschlacht (5.-12. 9. 1914) bringen Briten und Franzosen den deutschen Vormarsch zum Stehen. Der deutsche Generalstabschef Helmuth von Moltke befiehlt daraufhin den Rückzug hinter die Aisne. Diese strategische Niederlage führt zur Ablösung Moltkes als Generalstabschef durch Erich von Falkenhayn.

1915 bleiben die Angriffe der Franzosen in der Champagne (16. 2.-10. 3.) und der Briten bei Neuve Chapelle (10.-14. 3.) ebenso erfolglos wie der Durchbruchsversuch in der Loretto-Schlacht bei Arras (9. 5. bis Mitte Juni) und die Angriffe im Artois und in der Champagne (25. 9. bis Mitte Oktober). Mit dem giftigen Chlorgas setzen die deutschen Truppen am 22. April bei Ypern erstmals in großem Ausmaß chemische Kampfstoffe ein.

Der deutsche Angriff auf Verdun am 21. Februar 1916 soll den Gegner nach dem Willen Falkenhayns durch eine Materialschlacht »ausbluten«. Der Angriff bringt zwar taktische Erfolge und Geländegewinne, am 16. Dezember sind aber nach einer Gegenoffensive der Franzosen die Ausgangsstellungen wieder erreicht. Die Bilanz: 335 000 Tote auf deutscher und 350 000 auf französischer Seite. An die Stelle Falkenhayns treten daraufhin Paul von Hindenburg als Chef des Generalstabs und Erich Ludendorff als Erster Generalquartiermeister.

Am 1. Juli beginnen Briten und Franzosen die Sommeschlacht, die ihnen keinen bedeutsamen Durchbruch erbringt und die bis Ende November zum Erliegen kommt.

Im Februar 1917 ziehen sich die deutschen Truppen in Erwartung eines Großangriffs im Sommegebiet auf die sog. Siegfriedlinie zurück. Die Frühjahrsoffensive der Entente an der Aisne und bei Arras (April/Mai) bricht unter schweren Verlusten zusammen.

Die britischen Truppen setzen von Juni bis Dezember die Materialschlachten in Flandern mit geringem Geländegewinn fort. Während der Kämpfe bei Cambrai (20. 11.) setzen die Briten erstmals größere Panzerverbände ein.

Im Frühjahr 1918 suchen beide Seiten die Entscheidung: Das Ende des Krieges im Osten erlaubt die Heranführung neuer deutscher Kräfte, auf alliierter Seite sind jedoch bereits die Verstärkungen aus den USA zur Stelle.

V.l: Deutsche Maschinengewehrkompanie im Graben vor Verdun; französische Soldaten erwarten einen Gasangriff.

HINTERGRUND

Mittelmächte geraten in die Defensive

Durch das internationale Bündnissystem weitet sich der europäische Konflikt rasch zum weltweiten Konflikt aus.

Kriegsteilnehmer: Zu den Mittelmächten Deutsches Reich und Österreich-Ungarn stoßen das Osmanische Reich (2.11. 1914) und Bulgarien (14. 10. 1915) hinzu. Ihre Gegner sind Serbien (28. 7.), Russland (1. 8.), Luxemburg (2. 8.), Frankreich (3. 8.), Belgien (4. 8.), Großbritannien (4. 8.), Montenegro (7. 8.) und Japan (23. 8.). Hinzu kommen Italien (23. 5. 1915), Portugal (9. 3. 1916), Rumänien (27. 8. 1916), Griechenland (25. 11. 1916), und die USA, Panama, Kuba, (6., 8., 10. 4. 1917), Siam (22. 7. 1917), Liberia, China (4. und 14. 8. 1917), Brasilien (26. 10. 1917), Guatemala (23. 4. 1918), Nicaragua, Costa Rica (8., 23. 5 1918), Haiti (12. 6. 1918) und Honduras (19. 7. 1918).

Westfront: Ab Herbst 1914 erstarrt die Front auf einer Linie vom Meer bis zur Schweizer Grenze. 1918 führt das Eintreffen von US-Truppen die Entscheidung herbei.

Ostfront: Die in Ostpreußen eingerückten Russen werden im August/September 1914 unter dem Befehl von General Paul von Hindenburg und Erich Ludendorff bei Tannenberg und an den Masurischen Seen, 1915 in der Winterschlacht in Masuren und später in Galizien (Gorlice und Tarnow) geschlagen. Gegenangriffe (Brussilow-Offensive 1916, Kerenski-Offensive 1917) werden aufgefangen. Das deutsche Vordringen ab Herbst 1917 nötigt nach der Oktoberrevolution die Sowjetregierung zum Diktatfrieden von Brest-Litowsk (3. 3. 1918).

Paul von Hindenburg, Kaiser Wilhelm II. und Erich Ludendorff (v.l.) beraten sich

Balkanfront: Die Mittelmächte erobern im Herbst 1915 Serbien, Montenegro und Albanien; Rumänien wird bis Ende 1916 niedergeworfen. Unter dem Druck der Entente, die im Herbst 1915 in Saloniki Truppen gelandet hat, scheidet Bulgarien aus dem Krieg aus (29. 9. 1918).

Italienfront: Die Italiener bleiben in elf Isonzoschlachten relativ erfolglos. Nach dem Durchbruch der Mittelmächte im Oktober 1917 wird der Zusammenbruch Italiens mühsam verhindert. Eine Gegenoffensive gegen die von den Ungarn verlassene österreichische Front führt zum Waffenstillstand (4. 11. 1918).

Osmanisches Reich: Türkische Angriffe gegen Ägypten und im Kaukasus scheitern. Die alliierte Offensive auf Gallipoli wird 1915 abgeschlagen. Die Briten besetzen mit arabischer Hilfe Palästina und Damaskus. Am 30. Oktober 1918 beendet die Türkei den Krieg.

Krieg in den Kolonien: Die deutschen Kolonien werden bald erobert: 1914 Tsingtau und Togo, 1915 Deutsch-Südwestafrika und 1916 Kamerun. Die deutsche Schutztruppe kann zwar Deutsch-Ostafrika nicht halten, leistet aber bis Kriegsende Widerstand.

Seekrieg: Der U-Boot-Krieg ruft 1917 den Kriegseintritt der USA hervor. Die deutsche Schlachtflotte kommt bis auf die unentschieden verlaufende Schlacht am Skagerrak (31. 5./1. 6. 1916) nicht zum Einsatz.

Luftkrieg: Die deutsche Luftüberlegenheit im Westen endet mit Ankunft der Amerikaner 1917. Der mit 80 Abschüssen erfolgreichste Jagdflieger, der »Rote Baron« Manfred Freiherr von Richthofen, fällt am 21. April 1918.

PANAMA

Pazifik und Atlantik per Kanal verbunden

Mit dem Panamakanal geht einer der wichtigsten Schifffahrtswege in Betrieb. Er wird neben dem Suez- und dem Nord-Ostsee-Kanal eine der meistbefahrenen Wasserstraßen der Welt.

15. 8. 1914: Der Panamakanal wird für die Schifffahrt freigegeben. 1881 hatte eine französische Gesellschaft unter Ferdinand de Lesseps, die 1889 bankrott ging, mit dem Bau begonnen.

1903 erklärte Panama mit US-Hilfe seine Unabhängigkeit von Kolumbien und räumte den USA in einem Vertrag großzügigste Konditionen ein. 1904 setzten die USA den Kanalbau fort.

Links: Schleusenanlage bei Gatún; Rechts oben: Bau des Kanalbeckens

Der Panamakanal verkürzt den Seeweg von der Ostküste zur Westküste Nordamerikas um 15 000 km. Er ist ein Süßwasserkanal, der die Landenge zwischen Nord- und Südamerika auf einer Höhe von 26 m über dem Meeresspiegel kreuzt. Fast die Hälfte der 81,6 km langen Strecke führt durch einen riesigen Stausee, den Gatúnsee. Über Schleusen werden die Schiffe bei der Einfahrt auf dessen Niveau emporgehoben und bei der Ausfahrt wieder auf den Meeresspiegel abgesenkt.

1977 unterzeichnen US-Präsident Jimmy Carter und Panamas Machthaber Omar Torrijos einen Vertrag, wonach der Kanal am 31. Dezember 1999 in das Eigentum Panamas übergeht. Die Kanalzone, welche das Land in zwei Teile spaltet, wird 1979 aufgelöst.

Wladimir I. Lenin bei einer Rede auf dem Roten Platz in Moskau zum ersten Jahrestag der Russischen Revolution

Die USA

6. 4. 1917: Die Vereinigten Staaten von Amerika erklären dem Deutschen Reich den Krieg. Die USA haben bisher offiziell ihre Neutralität gewahrt, jedoch die Entente, vor allem Großbritannien und Frankreich, mit Kriegsanleihen und Waffenlieferungen unterstützt. Der wichtigste Grund für die Aufgabe der Neutralitätspolitik der USA liegt in der U-Boot-Kriegführung des Deutschen Reiches.

Am 18. Februar 1915 eröffnete die deutsche Marine den U-Boot-Krieg gegen die Handelsschifffahrt in der Nordsee. Das Deutsche Reich hatte die Nordsee rund um die Britischen Inseln am 4. Februar zum Kriegsgebiet erklärt: Dort würden feindliche Handelsschiffe entgegen dem geltenden Seerecht auch ohne vorherige Warnung und eine Frist zur Rettung von Passagieren und Besatzung versenkt werden. Als das deutsche Boot »U 20« am 7. Mai den britischen Pas-

PETROGRAD

Oktoberrevolution lässt ersten sozialistischen

Die bolschewistische Revolution leitet eine neue Phase der Weltgeschichte ein: Erstmals übernimmt eine proletarische Bewegung die Macht in einem Staat.

7. 11. 1917: Die Oktoberrevolution (der 7. November entspricht nach russischer Zeitrechnung dem 25. Oktober) führt zur Gründung des ersten sozialistischen Staates. Die Partei der Bolschewiki ergreift unter der Führung von Wladimir I. Lenin die Macht. Das Winterpalais in Petrograd (St. Petersburg) wird erstürmt und die provisorische bürgerliche Regierung mit Ausnahme des Ministerpräsidenten Alexandr F. Kerenski gefangen genommen.

Nach Beginn eines Generalstreiks in Petrograd am 10. März 1917 und der Verbrüderung der Petrograder Garnison mit den Arbeitern hatte Zar Nikolaus II. am 15. März abdanken und die Macht einer Regierung unter Fürst Georgi J. Lwow überlassen müssen. Es entstand eine »Doppelherrschaft« der bürgerlichen Regierung mit den Sowjets (Räten) der Arbeiter und Bauerndeputierten.

Am 16. April traf Lenin in Russland ein. Seine Reise aus dem Schweizer Exil nach Petrograd hatte die deutsche Oberste Heeresleitung möglich gemacht. Sie erhoffte sich von einem Sieg der Revolution das rasche Ende des Krieges im Osten.

Am 17. April forderte Lenin in seinen »Aprilthesen« den Kampf gegen die Regierung und die Machtübernahme durch die Räte. Doch der »Juli-Putsch« scheiterte, Lenin floh nach Finnland.

Am 21. Juli wurde der rechte Sozialrevolutionär Kerenski Ministerpräsident. Während die Bolschewiki ein schnelles Ende des Krieges verlangten, setzte Kerenski den Krieg auf der Seite der Entente fort.

Nach der Entscheidung der Bolschewiki für den gewaltsamen Umsturz ließ am 6. November Leo D. Trotzki, Vorsitzender des Militärrevolutionären Exekutivkomitees des Petrograder Sowjets, alle strategisch wichtigen Punkte durch bolschewistische Truppen und übergelaufenes Militär besetzen.

Nach dem Putsch am 7. November verlassen aus Protest die rechten Sozialrevolutionäre und Menschewiki (gemäßigte Sozialdemokraten) den gerade einberufenen II. Allrussischen Sowjetkongress. Wladimir I. Lenin wird zum Vorsitzenden des Rates der Volkskommissare (Regierungschef) bestimmt. Die neue Regierung steht jedoch vor zahlreichen Problemen: Zum einen ist der Krieg gegen die Mittelmächte noch nicht beendet, dann fehlt eine Massenbasis der Bolschewiki innerhalb der Bevölkerung und schließlich formieren sich bereits gegenrevolutionäre Truppen.

Aufgrund der militärischen Unterlegenheit gegenüber den Mittelmächten muss Sowjetrussland am 3. März 1918 das Friedensdiktat von Brest-Litowsk unterzeichnen. Es verzichtet auf seine Hoheitsrechte in Finnland, Livland, Estland und Kurland, Polen, Litauen, der Ukraine, Georgien und den armenischen

Der Sturm auf das Winterpalais: Soldaten feuern in den Hof des Palastes.

WASHINGTON

treten in den Ersten Weltkrieg ein

Mit dem Kriegseintritt der USA weitet sich der 1914 in Europa ausgebrochene Konflikt endgültig zum Weltkrieg aus. Er verbessert entscheidend die militärische Situation der Entente-Mächte, beschleunigt die Niederlage der Mittelmächte und legt die Grundlage für den Aufstieg der Vereinigten Staaten zur Weltmacht im 20. Jahrhundert.

sagierdampfer »Lusitania« versenkte, wobei 1198 Menschen – darunter 120 US-Bürger – ums Leben kamen, drohte bereits der Kriegseintritt der USA. Nach der Versenkung des Dampfers »Arabic« am 19. August und dem Tod von drei US-Bürgern, stellte gegen den Widerstand der Marineleitung die Reichsführung den U-Boot-Krieg am 18. September vorübergehend ein. Als das Deutsche Reich am 1. Februar 1917 den uneingeschränkten U-Boot-Krieg erklärte, antworteten die USA zunächst am 3. Februar mit dem Abbruch der diplomatischen Beziehungen und schließlich mit der Kriegserklärung. Mit den USA treten auch China (14. 8.) und die Mehrzahl der amerikanischen Staaten in den Krieg gegen das Deutsche Reich ein.

US-Präsident Wilson

Den Kriegseintritt begründet US-Präsident Woodrow Wilson nicht nur mit dem U-Boot-Krieg, sondern auch mit den deutschen Versuchen, ein Bündnis mit Mexiko abzuschließen: Am 17. Januar 1917 bot der deutsche Staatssekretär des Auswärtigen Amtes, Arthur Zimmermann, Mexiko für den Fall des Kriegseintritts der USA in einem Telegramm ein Bündnis zur Wiedergewinnung der schon Mitte des 19. Jahrhunderts an die USA verlorenen Gebiete Arizona, Texas und Neu-Mexiko an. Die Botschaft wurde jedoch vom britischen Geheimdienst entschlüsselt und sorgte für eine drastische Verschlechterung des Verhältnisses zwischen Berlin und Washington.

Frankreich, 20. Mai 1918: US-Truppen rücken bei einem Gasangriff vor.

Bereits das Erscheinen der ersten größeren Kontingente unter General John J. Pershing am 7. Juni 1917 in Frankreich stärkt deutlich die Kampfmoral der Entente. Am 21. Oktober kommt es zum ersten Fronteinsatz von US-Soldaten.

Die USA sind auf den Krieg schlecht vorbereitet. Erst nach dem Kriegseintritt beginnen in größerem Umfang Werbemaßnahmen für die freiwillige Rekrutierung. Am 18. Mai billigt der US-Kongress die Wehrerfassung für Männer im Alter von 21 bis 30 Jahren. Über 2 Mio. junge Männer werden für wehrtauglich befunden und nach Frankreich geschickt, 126 000 kommen an der Front ums Leben.

Präsident Wilson legt am 8. Januar 1918 dem Kongress ein Friedensprogramm in 14 Punkten vor, das zugleich eine Neuordnung der Welt vorsieht: Wiederherstellung der Unabhängigkeit Belgiens, Rückgabe von Elsass-Lothringen an Frankreich, Räumung der besetzten Gebiete in Russland und auf dem Balkan, Bildung eines unabhängigen polnischen Staates, Autonomie für die einzelnen Völker in Österreich-Ungarn und im Osmanischen Reich. Die Forderung nach Autonomie erweitert Wilson später zum Grundsatz des Selbstbestimmungsrechts der Völker und Nationen.

Der Passagierdampfer »Lusitania« wird von einem deutschen U-Boot versenkt.

Staat entstehen

Gebieten Kars, Ardahan und Batum. Teils werden diese Länder – gemäß dem von den Sowjets proklamierten Recht auf Selbstbestimmung der Völker – selbstständig, teils werden sie von den Mittelmächten besetzt.

Bei den Wahlen zur verfassunggebenden Versammlung erhalten die Bolschewiki nur ein Viertel der Stimmen; Sozialrevolutionäre und Menschewiki bilden die Mehrheit. Als sich am 18. Januar 1918 diese Konstituante weigert, die Sowjetmacht anzuerkennen, lässt Lenin sie auflösen. Stattdessen billigt ein III. Allrussischer Sowjetkongress am 25. Januar 1918 die Gründung der Russischen Sozialistischen Föderativen Sowjetrepublik.

Im Kampf gegen die »Weißen« (Zaristen und Bürgerliche) gründet Trotzki am 23. Februar 1918 eine Rote Armee. Eine langjährige, blutige Auseinandersetzung entbrennt. Der Bürgerkrieg endet im November 1920 mit der Flucht der weißrussischen Truppen unter General Pjotr N. Baron von Wrangel, der über das Schwarze Meer nach Konstantinopel übersetzt. Am 30. Dezember 1922 beschließen die Sowjetrepubliken Russland, Ukraine, Weißrussland und Transkaukasien die Gründung der Union der Sozialistischen Sowjetrepubliken (UdSSR).

Die russische Zarenfamilie, v.l.: Olga, Zar Nikolaus II., Anastasia, Zarewitsch Alexej, Tatjana, Zarin Alexandra Fjodorowna, Maria (Foto von 1907). Sie werden am 16. 7. 1918 in Jekaterinburg (später Swerdlowsk) von Bolschewisten erschossen. Der Zar klammerte sich an die Prinzipien seiner autokratischen Herrschaft.

Oktoberrevolution und Kommunismus

1917-1991

Russland auf dem Weg zur Oktoberrevolution

Die Oktoberrevolution bedeutete den Abschluss eines revolutionären Prozesses, der in den 80er Jahren des 19. Jahrhunderts mit individuellem Terror begonnen hatte. Neben Zar Alexander II. (1881) kostete der Kampf der illegalen Gruppen zahlreichen anderen Repräsentanten des Staates das Leben. Unter den Verfolgungen der zaristischen Polizei konnte sich politisches Leben nur vorsichtig entfalten, erst 1898 bildete sich illegal die Sozialdemokratische Arbeiterpartei Russlands (SDAPR).

Zwar hatte sich zwischen 1890 und 1900 die Zahl der Fabrikarbeiter von 1,4 auf 2,4 Mio. erhöht, doch die Mehrzahl der 126 Mio. Russen waren nach wie vor Bauern. Unter diesen Bedingungen schien in Russland eine Revolution unmöglich, es fehlten die Voraussetzungen, die nach Ansicht von Karl Marx und Friedrich Engels eine Revolution ermöglichen würden. Weder stand der Kapitalismus auf einer ausreichend hohen Stufe, noch bildete die Arbeiterklasse einen bedeutenden Teil der Bevölkerung.

Dennoch war es Russland, das zum Schauplatz der ersten, wenn auch erfolglosen Revolution im Europa des 20. Jahrhunderts wurde: 1905 kam es, ausgelöst durch die Niederlage gegen Japan, zu einer umfangreichen Streikbewegung, die nur mit massivem Militäreinsatz niedergeschlagen werden konnte.

Drei Jahre zuvor hatte sich der zunächst im deutschen, später im Schweizer Exil lebende Wladimir I. Lenin bemüht, auch für sein rückständiges Heimatland die Möglichkeit einer Revolution zu begründen: In seinem Buch »Was tun?« (1902) analysierte er die ungleichmäßige Entwicklung des Kapitalismus in verschiedenen Ländern und zog daraus die Folgerung, dass auch in Russland eine Revolution möglich sei, sofern sich eine Partei von entschlossenen Berufsrevolutionären eine »revolutionäre Situation« zunutze machen könne. Ohne den Sieg der Revolution in anderen Ländern sei allerdings die Errichtung des Sozialismus in Russland unmöglich. Mit diesem Programm gelang ihm auf der Parteikonferenz in London 1903 die Spaltung der SDAPR: Der Linie Lenins folgten die Bolschewiki (Mehrheitler, so genannt, weil bei einer Abstimmung die Mehrheit errungen wurde), abseits blieben die Menschewiki, die am bisherigen Konzept der Massenpartei festhalten wollten.

Die Bolschewiki an der Macht

Im Verlauf des Ersten Weltkrieges hatte sich die Lage Russlands nach anfänglichen Erfolgen ständig verschlechtert. Militärische Fehlschläge und die Unzufriedenheit mit dem Regime des Zaren Nikolaus II. lösten im März 1917 Massenstreiks in der Hauptstadt Petrograd (St. Petersburg) aus, denen sich auch die Garnison anschloss. Nach der Abdankung des Zaren bestand praktisch eine »Doppelherrschaft« zwischen der bürgerlichen Regierung und den Räten (Sowjets) der »Arbeiter- und Bauerndeputierten«, unter denen die Bolschewiki – wenn auch langsam – an Einfluss gewannen.

Bereits unmittelbar nach der Rückkehr aus dem Züricher Exil hatte Lenin in seinen »April-Thesen« den Kampf gegen die Regierung und die Übergabe der Macht an die Räte gefordert. Nachdem im Juli zunächst ein Putschversuch gescheitert war, gelang in der Oktoberrevolution am 7./8. November (25./26. 10. nach altem Kalender) der Sturz der Regierung und die Bildung des aus Bolschewiki bestehenden »Rates der Volkskommissare« unter Lenins Führung.

Die neue Regierung sah sich einer schwierigen Lage gegenüber: Russland befand sich nach wie vor im Krieg mit den Mittelmächten und im Land formierten sich die zarentreuen Generäle. Als eine der ersten Maßnahmen wurden die Dekrete »Über den Frieden« und »Über den Boden« erlassen, mit denen den Krieg führenden Mächten ein sofortiger Frieden angeboten und den Bauern eine Aufteilung des Großgrundbesitzes versprochen wurde.

Der Krieg gegen die westlichen Interventionstruppen (März 1918 bis Oktober 1919) und gegen die »weißen« Generäle (1918-1920) führte zusammen mit überstürzten Sozialisierungsmaßnahmen im »Kriegskommunismus« zu einer total zentralisierten Verwaltungswirtschaft. Sie brachte den Menschen in Russland Hunger und dem Land fast den wirtschaftlichen Ruin ein.

Erst durch die im März 1921 verkündete »Neue Ökonomische Politik« gelang es – mit teilweiser Zulassung privatwirtschaftlicher Betätigung – in der Industrie 1927 wenigstens wieder den Vorkriegsstand zu erreichen. Inzwischen hatte sich jedoch gezeigt, dass weder mit der parlamentarischen Demokratie noch mit der Übertragung der Macht auf die Arbeiter- und Bauernräte der Führungsanspruch der Bolschewiki zu gewährleisten war. Der Aufstand der Kronstädter Matrosen im März 1921 gegen die Wirtschaftsmisere und die Vorherrschaft der Partei wurde blutig niedergeschlagen und verhärtete die Fronten innerhalb der Partei. Jede Opposition gegen die »Generallinie« wurde nun als »Fraktionalismus« verdammt, die Partei im Juni 1921 erstmals »gesäubert« und dabei ein Viertel der Mitglieder ausgeschlossen.

Nach Lenins Tod am 21. Januar 1924 entbrannte der Kampf um die Nachfolge, den schließlich Josef W. Stalin – seit April 1922 Generalsekretär der KPdSU – für sich entschied. Unnachsichtig ging er gegen diejenigen vor, die seinem Führungsanspruch und seiner Doktrin vom »Aufbau des Sozialismus in einem Land« gegenüberstanden: Leo D. Trotzki, erfolgreicher Führer der »Roten Armee« im Bürgerkrieg, wurde 1927 ins Exil getrieben und 1940 in Mexiko von einem sowjetischen Agenten ermordet; andere in den 30er Jahren in Aufsehen erregenden Schauprozessen zum Tode verurteilt. Unter Stalin erfolgte jedoch durch eine rücksichtslose Industrialisierungspolitik auch die Entwicklung der Sowjetunion zum Industriestaat. Nach dem Leninschen Motto »Kommunismus ist Sowjetmacht plus Elektrifizierung des Landes« wollte Stalin in zehn Jahren das schaffen, wozu die kapitalistischen Länder 50 Jahre gebraucht hatten.

»Der wissenschaftliche Sozialismus«

Nach Stalins Tod am 5. März 1953 wurde der XX. Parteitag 1956 zu einem Tribunal gegen den Stalinismus: In einer Geheimrede brandmarkte der neue Generalsekretär Nikita S. Chruschtschow den Stalinismus und verurteilte den Personenkult und den ausgeübten Terror. Er vermied jedoch die Frage, wie es bei einer auf den »wissenschaftlichen Sozialismus« begründeten Politik überhaupt zu einem solchen Fehlverhalten kommen konnte.

1961 verabschiedete der XXII. Parteikongress ein Parteiprogramm und einen »Zwanzigjahresplan« für den Aufbau des Kommunismus: Bis 1981 wollte man nicht nur die kapitalistischen Länder wirtschaftlich überholt, sondern auch die Grundlagen für den Aufbau des Kommunismus gelegt haben, einer Gesellschaftsordnung, in der das Prinzip »Jedem nach seinen Bedürfnissen« verwirklicht worden ist. In der Praxis erwies sich jedoch, dass dieses Vorhaben nicht verwirklicht werden konnte. Auch die »Fünf-Jahres-Pläne« – die von der zentralen Planbehörde erarbeiteten Vorgaben für die wirtschaftliche Entwicklung – wurden in der Realität zumeist kaum oder nur unzureichend erfüllt.

Außenpolitisch ging die UdSSR bereits ab 1961 von der »friedlichen Koexistenz« mit dem Westen aus. Durch die Existenz von sozialistischen und blockfreien Staaten sei ein internationales »Friedenslager« entstanden und die Sowjetunion nicht mehr – wie noch zu Stalins Zeiten – vom Kapitalismus »eingekreist«.

Gerade die Existenz anderer sozialistischer Staaten schwächte jedoch die Führungsrolle der KPdSU. Als erstes Land wandte sich im Juni 1948 Jugoslawien vom Sowjetsystem ab. Nachdem 1956 bereits das »Kommunistische Informationsbüro« – Nachfolgeorganisation der »Kommunistischen Internationale« (1919-1943) – aufgelöst worden war, zeigte sich auf der »Berliner Konferenz der Kommunistischen und Arbeiterparteien« im Juni 1976 endgültig eine ideologische Spaltung der kommunistischen Weltbewegung in Sowjetkommunismus, jugoslawisches und chinesisches System und den Eurokommunismus, der jedoch gleichfalls nie einen geschlossenen Block bilden konnte.

Der jugoslawische Selbstverwaltungskommunismus

Ausgangspunkt des jugoslawischen Sonderweges war vor allem die Kritik an den Entartungen des Stalinismus. Die jugoslawischen Kommunisten hatten sich unter Führung von Josip (Broz) Tito 1945 aus eigener Kraft von der deutschen Okkupation befreit und vertraten selbstbewusst den Anspruch auf einen eigenständigen Weg zum Sozialismus. Mit ihrer 1950 eingeführten »Arbeiterselbstverwaltung« stellten sie ein Wirtschaftsmodell vor, das bürokratisch-zentralistische Tendenzen verhindern sollte. Den Betrieben wurden weitgehende Entscheidungsfreiheiten übertragen, den Einfluss der Belegschaft sicherte der Arbeiterrat, der die Betriebsleitung und den Direktor wählte.

Das Prinzip der betrieblichen Selbstverwaltung wurde in der Verfassung von 1974 verankert und auf alle Bereiche der Gesellschaft übertragen. An die Stelle der bisherigen Abgeordnetenwahl trat ein neues Delegiertensystem, durch das die gesellschaftlich-betrieblichen Grundorganisationen ihre Vertreter in übergeordneten Gremien entsenden.

Dem sozialistischen Staat, in dem die Vorherrschaft des »Bundes der Kommunisten Jugoslawiens« nach dem Willen des Parteiprogramms von 1958 allmählich verschwinden sollte, wurde vor allem die Aufgabe zugewiesen, die sozialen Errungenschaften zu sichern und an der Weiterentwicklung des Wirtschaftssystems mitzuwirken. Elf Jahre nach Titos Tod (1980) zerbrach der Vielvölkerstaat an seinen inneren nationalen Widersprüchen: Slowenien, Kroatien, Bosnien-Herzegowina und – als einzige friedlich – Mazedonien lösten sich von der Zentrale in Belgrad, nunmehr Bundesrepublik Jugoslawien (Serbien und Montenegro).

Der chinesische Weg

Die Politik der 1921 gegründeten Kommunistischen Partei Chinas wurde von den Bedingungen eines wirtschaftlich zurückgebliebenen Landes geprägt. Anders als in Russland vollzog sich die Revolution jedoch nicht als Handstreich weniger, sondern durch die Mobilisierung der bäuerlichen Massen. Bereits 1927 hatte Mao Tsetung (Mao Zedong) erkannt, dass nur durch eine Strategie der Bauernbefreiung eine revolutionäre Veränderung der Gesellschaft möglich sein würde. Bedeutsam für die ideologische Entwicklung Chinas in den 50er Jahren wurde Maos Lehre von den »Widersprüchen«. Bei der Festigung der Revolution galt es demnach mit zwei Arten von gesellschaftlichen Widersprüchen umzugehen: Widersprüche zwischen »uns und unseren Feinden«, die prinzipiell nicht zu lösen sind und Widersprüche »im Volke«, die grundsätzlich überwunden werden können und in der kommunistischen Partei – als dem Kristallisationskern der Gesellschaft – im »Kampf der zwei Linien« ihren Ausdruck finden sollen. In der Wirtschaftspolitik bemühte man sich mit dem Programm des »Auf-zwei-Beinen-Gehens« um einen gleichzeitigen Aufbau von Industrie und Landwirtschaft, in der die »Volkskommunen« zum prägenden Element wurden.

Der »Große Sprung nach vorn«, mit dem die Industrieproduktion innerhalb kürzester Zeit gesteigert werden sollte, wurde 1958/59 zu einem Fehlschlag und bereitete durch den Abzug sowjetischer Berater den 1962/63 vollzogenen Bruch mit Moskau vor.

In der von Mao geforderten »Kulturrevolution« (1966-1969) wurde der Versuch unternommen, die Kluft zwischen Bürokratie, Intelligenz und Volksmassen zu überwinden. Die Erfahrungen aus dieser »Großen Unordnung« führten jedoch zu einer gegenläufigen Entwicklung, die im 1978 verkündeten Programm der »Vier Modernisierungen« (Landwirtschaft, Industrie, Landesverteidigung, Wissenschaft und Technik) ihren wirtschaftlichen und im Kampf gegen »ultralinke Kräfte« – nach Maos Tod 1976 gegen die »Viererbande« – ihren politischen Ausdruck fand.

Den Machtkampf nach Maos Tod entschied letztlich der 1967 während der »Kulturrevolution« aus allen Ämtern gejagte Deng Xiaoping für sich. 1977 erhielt er alle seine Partei- und Regierungsämter zurück, wurde Vizevorsitzender der KP Chinas und Generalstabschef (bis 1990). Die von Deng begonnenen und seinen Nachfolgern fortgesetzten Wirtschaftsreformen waren geprägt durch die Abkehr von der zentralen Planwirtschaft sowie durch eine Dezentralisierung der ökonomischen Macht und die Auflösung der Landwirtschaftskollektive, bedeuteten aber auch wachsende Arbeitslosigkeit. Der 1997 verstorbene Deng war jedoch auch mit verantwortlich für die Niederschlagung der Demokratiebewegung am 4. Juni 1989.

»Eurokommunismus« als Suche nach dem »Dritten Weg«

Der Begriff »Eurokommunismus« wurde 1975 geprägt und bezeichnet das theoretische Selbstverständnis und das politische Programm derjenigen kommunistischen Parteien in Westeuropa – insbesondere Italiens, Frankreichs und Spaniens –, die ein pluralistisches Modell des Sozialismus vertraten. Zwar bildeten diese keinen geschlossenen Block und in einzelnen Parteien zeigten sich auch Tendenzen zur teilweisen Wiederannäherung an die KPdSU, doch in wesentlichen Punkten gab es Übereinstimmungen: Die Eurokommunisten vertraten den Grundsatz einer eigenständigen Außenpolitik und verurteilten einhellig den Einmarsch der Truppen des Warschauer Paktes 1968 in die Tschechoslowakei; eine sozialistische Wirtschaftspolitik sollte in erster Linie durch Kontrolle der Schlüsselindustrien und durch eine demokratische Planung erfolgen; die Eurokommunisten lehnten den Begriff der »Diktatur des Proletariats« als Bezeichnung für die Hegemonie der kommunistischen Partei ab. Die KP Italiens propagierte ab 1973 den »historischen Kompromiss« – Zusammenarbeit mit allen demokratischen Kräften, insbesondere den Christdemokraten –, Frankreichs Kommunisten traten 1981 in eine Koalitionsregierung unter Führung der Sozialisten ein. Nach dem Ende der Sowjetunion 1991 und der damit verbundenen Auflösung des Weltkommunismus setzten sich in der KP Frankreichs die Reformer durch und erneuerten 1997 das Linksbündnis (mit Sozialisten und Grünen). Italiens Kommunisten spalteten sich 1991 auf: Es entstand die Demokratische Linkspartei, die 1996 mit einem Wahlbündnis der linken Mitte erstmals Regierungsverantwortung übernahm, und die altkommunistische »Rifondazione Comunista«, die immer noch am Ideal der Weltrevolution festhält.

Das Ende der KPdSU

Bis 1989 bestimmten die Folgen des Zweiten Weltkrieges die politische Landschaft. Die Grenzen zwischen Ost und West schienen fest gefügt. Erst die Wahl von Michail Gorbatschow zum Generalsekretär der KPdSU am 11. März 1985 löste eine politische Reformbewegung aus, die unter den Schlagworten »Perestroika« (Umgestaltung) und »Glasnost« (Liberalisierung der Informationspolitik) zuerst zu einer Liberalisierung in der Sowjetunion führte, dann die Herrschaft der kommunistischen Parteien in den Ländern des Warschauer Paktes insgesamt untergrub, schließlich 1989 den Fall der Berliner Mauer und das Ende der DDR bewirkte und zuletzt auch am 25. Dezember 1991 die Auflösung der Sowjetunion zur Folge hatte.

Der politische Wandel in Osteuropa war auch eine Folge der verfehlten Wirtschaftspolitik. Die sozialistische Zentralverwaltungswirtschaft (Planwirtschaft) hatte den Wettstreit mit den kapitalistischen Industrieländern endgültig verloren. Damit war auch das Ende des Staatssozialismus gekommen. Nur noch in wenigen Ländern wie in der Volksrepublik China, in Kuba und in Nordkorea wurde am Ende des 20. Jahrhunderts immer noch am Alleinvertretungsanspruch kommunistischer Prinzipien festgehalten.

COMPIÈGNE

Frankreich diktiert harten Frieden

Die Unterzeichnung des Waffenstillstandsvertrags zwischen dem Deutschen Reich und dem alliierten Oberkommando sowie der vorausgegangene Waffenstillstand Österreich-Ungarns besiegeln die Niederlage der Mittelmächte.

11. 11. 1918: In einem Eisenbahnwaggon im Wald von Compiègne wird der Waffenstillstandsvertrag zwischen dem Deutschen Reich und den Alliierten unterzeichnet. Die von Marschall Ferdinand Foch dem Leiter der deutschen Waffenstillstandskommission, Matthias Erzberger, vorgelegten Waffenstillstandsbedingungen haben ultimativen Charakter. Sie sollen es den Deutschen unmöglich machen, den Krieg neu zu beginnen.

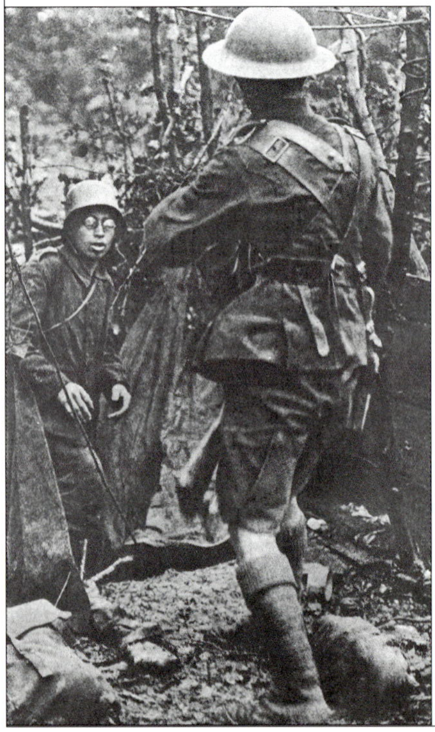

Ein britischer Soldat nimmt einen Deutschen gefangen.

So sollen u.a. große Mengen Kriegsmaterial abgeliefert und die besetzten ausländischen und die deutschen linksrheinischen Gebiete geräumt werden; bei Mainz, Koblenz und Köln fordert die Entente rechtsrheinische Brückenköpfe. Die für Deutschland besonders belastende Seeblockade dauert an.

Erzberger hatte seinen Verhandlungsauftrag noch von der kaiserlichen Regierung erhalten. Die deutsche Oberste Heeresleitung (OHL) überlässt es den Zivilisten, die Niederlage zu akzeptieren. Reaktionäre Kreise können so den Zusammenbruch und die harten Bedingungen des Waffenstillstands den revolutionären Veränderungen anlasten. Mit der Offensive am 21. März 1918 unter dem Decknamen »Michael« zwischen Cambrai und Saint-Quentin hatten die Deutschen noch einmal versucht, den Sieg zu erzwingen, bevor die USA voll in den Krieg eingreifen können. Die Deutschen brachen mit 59 Divisionen und 6600 Geschützen durch die gegnerischen Linien. Nach anfänglichen Geländegewinnen kam der Vormarsch aber am 5. April zum Stillstand.

Am 8. August, dem »Schwarzen Tag« des deutschen Heeres, brach die deutsche Westfront zusammen. Der mit Panzerwagen und Luftunterstützung vorgetragene Angriff führte auf deutscher Seite teilweise zu heilloser Flucht. In den folgenden Wochen wurde das deutsche Heer unablässig zurückgedrängt.

Auf dringenden Wunsch der OHL bat am 3. Oktober der neue Reichskanzler Max Prinz von Baden den US-Präsidenten Woodrow Wilson, auf der Basis seiner »14 Punkte« vom 8. Januar 1918 »die Herstellung des Friedens in die Hand zu nehmen«. Doch davon ist in den Gesprächen zwischen Erzberger und Foch keine Rede mehr. Der Waffenstillstand gilt bis zum Abschluss des Friedens von Versailles 1919.

Neben Österreich-Ungarn (am 3. 11.) haben zuvor bereits Bulgarien (am 29. 9.) und das Osmanische Reich (am 30. 10.) ein Waffenstillstandsabkommen geschlossen.

Revolution

Mit der Novemberrevolution tritt in Deutschland die Demokratie das schwere Erbe der Monarchie an.

9. 11. 1918: Im Deutschen Reich vollzieht sich der Übergang von der Monarchie zur parlamentarischen Demokratie. Der Kaiser und König von Preußen, die Könige von Bayern und Württemberg und die übrigen Großherzöge, Herzöge und Fürsten entsagen im November dem Thron.

Gegen 12 Uhr verkündet Reichskanzler Prinz Max von Baden eigenmächtig die Abdankung von Wilhelm II. als Kaiser und König. Zunächst will der Monarch noch die Krone Preußens retten, dann jedoch geht er am folgenden Tag ins niederländische Exil.

In Berlin überstürzen sich am 9. November die Ereignisse: Gegen 13 Uhr ernennt Prinz Max von Baden den Führer der Mehrheitssozialdemokraten (MSPD), Friedrich Ebert, zum Reichskanzler und tritt selbst zurück. Um 14 Uhr ruft Eberts Parteifreund Philipp Scheidemann von einem Balkon des Reichstags die parlamentarische Republik aus.

Gegen 16 Uhr proklamiert Karl Liebknecht vor dem Berliner Schloss die sozialistische Republik. Der von Liebknecht und Rosa Luxemburg

BILANZ

USA werden Weltmacht – Europa wird neu geordnet

Die Zerstörung des alten Europa und der Aufstieg der USA stehen am Ende des vier Jahre dauernden Mordens.

Mit dem Ende des 49 Monate dauernden Ersten Weltkriegs bricht das Staatensystem des alten Europa zusammen. Das Deutsche Reich verliert seine Stellung als Großmacht, Österreich-Ungarn zerbricht in neue Nationalstaaten, die nominellen Sieger Großbritannien und Frankreich verlieren ihren Rang als führende Weltmächte. Das politische und wirtschaftliche Machtpotenzial in der Welt verlagert sich in die USA. Wegen des Zusammenbruchs der europäischen Mächte kündigt sich in der Dritten Welt das Ende des Kolonialismus an.

Der Krieg verändert grundlegend die Landkarte Europas. Das Deutsche Reich wird zur Republik, Kaiser Wilhelm II. geht ins Exil ins niederländische Doorn.

Das Deutsche Reich verliert – teils durch Abtrennung, teils aufgrund von Volksabstimmungen infolge des Versailler Vertrages – neben all seinen Kolonien die Gebiete Elsass-Lothringen, Nordschleswig, Posen, Teile von Oberschlesien sowie einen Teil von Westpreußen. Das Habsburger-Reich löst sich gänzlich auf. Ungarn und die Tschechoslowakei werden selbstständig, Serbien schließt sich mit Kroatien und Slowenien zu einem Königreich zusammen (ab 3. 10. 1929 Jugoslawien) und Siebenbürgen fällt an Rumänien.

Das deutschsprachige österreichische Kernland – dem die Entente den Anschluss an das Deutsche Reich untersagt – wird am 12. November 1918 zur Republik erklärt. Erster Kanzler wird der Sozialdemokrat Karl Renner. Mit dem Verzicht des österreichischen Kaisers Karl I. auf seinen Anteil an der Regierung endet die über 600 Jahre dauernde Herrschaft der Habsburger-Dynastie. Auch als König von Ungarn muss Karl abdanken; das Land wird am 16. November Republik. 1921 versucht Karl zweimal vergebens, den ungarischen Thron wiederzugewinnen. Er muss ins Exil nach Madeira gehen und stirbt dort bereits 1922.

Britischer Panzer bei Cambrai

Die zum ehemaligen Russischen Reich gehörenden baltischen Länder Estland, Lettland, Litauen und Finnland werden selbstständige Staaten. Das von deutschen und österreichischen Truppen besetzte Polen erhält ebenfalls seine Unab-

BERLIN

in Deutschland – der Kaiser muss fliehen

Rosa Luxemburg

Karl Liebknecht

geführte Spartakusbund hatte ursprünglich – zusammen mit den in den Betrieben tätigen sog. Revolutionären Obleuten – für den 11. November einen Aufstand geplant.

Die zweifache Ausrufung der Republik dokumentiert die Widersprüchlichkeit der Novemberrevolution und die unterschiedlichen Ziele der sie tragenden Parteien. Die MSPD will Deutschland vor Bürgerkrieg und Hungersnot bewahren und eine Radikalisierung der Revolution verhindern. Sie arbeitet deshalb mit der kaiserlichen Verwaltung und dem alten Militärapparat zusammen.

Die im April 1917 aus Opposition gegen die Kriegsunterstützung gegründete Unabhängige Sozialdemokratische Partei (USPD) will die Räte und die anderen revolutionären Errungenschaften festigen. Der Spartakusbund, der am Jahresende die USPD verlässt, fordert eine Rätedemokratie nach russischem Vorbild. Ausgangspunkt für die Revolution, die in radikalerer Form die Streikbewegung des Frühjahrs 1918 fortsetzt, war der Aufstand der Kieler Matrosen vom 1. bis 7. November 1918. Die Matrosen weigerten sich, einem – sinnlosen – Befehl zum Auslaufen der Flotte zum letzten Gefecht gegen die Briten zu folgen. Dem Kieler Vorbild folgend, rissen überall im Reich Arbeiter- und Soldatenräte die Macht an sich.

Revolutionäre Soldaten und Matrosen ergreifen am 5. November in Hamburg die Macht

Die Räte verstehen sich als eigenständige, von Parteien und Gewerkschaften unabhängige Organisation. Spontan entstanden, verfügen sie über kein einheitliches Konzept für die Umgestaltung des Staates, befürworten jedoch in ihrer Mehrheit eine Zusammenarbeit von MSPD und USPD.

Am 9. November erreicht die Revolution Berlin, Arbeiter und Soldaten besetzen wichtige öffentliche Gebäude. Arbeiter- und Soldatenräte werden gewählt, die am 10. November die Regierungsgewalt des – kurz zuvor von SPD und USPD gegründeten – Rates der Volksbeauftragten bestätigen.

Zwar treten die drei USPD-Volksbeauftragten – nach der Niederschlagung einer Matrosenmeuterei am 24. Dezember – schon am 29. Dezember zurück, doch die Regierung Ebert/Scheidemann bleibt im Amt und führt Deutschland mit der Wahl zur ersten Nationalversammlung (19. 1. 1919) auf den Weg der parlamentarischen Demokratie.

Daran ändert auch der sog. Spartakusaufstand (5. 1. 1919) nichts. Nach dessen Niederschlagung – mit Hilfe des alten Militärs – werden am 15. Januar 1919 Luxemburg und Liebknecht, die am 30. Dezember 1918 die Kommunistische Partei Deutschlands gegründet haben, von Soldaten ermordet.

---

hängigkeit zurück. Das Osmanische Reich büßt seine Vormacht im vorderasiatischen Raum ein. Europa wird in seiner weltpolitischen Bedeutung insgesamt auf die Dimension eines kleinen Kontinents zurückgedrängt.

Die USA und Japan sind die Sieger eines Krieges, der durch das komplizierte Bündnissystem und den Imperialismus der alten europäischen Staaten ausgelöst wurde. Zugleich förderte der Krieg das Entstehen und die Ausbreitung revolutionärer Bewegungen, die sich in Russland in der Revolution 1917 sogar als neue sowjetische Herrschaft etablieren können

Der Schwerpunkt der wirtschaftlichen Macht verlagert sich in die USA, insbesondere Großbritannien verliert seine bisherige Vormachtstellung. Während die europäischen Länder vier Jahre lang die Investition im privaten Verbrauch zugunsten der Rüstungsindustrie zurückgedrängt hatten, gewannen die USA eine einzigartige Position als Lieferant von Rohstoffen, Lebensmitteln und Fertigwaren, was im Verlauf des Krieges zu einem beträchtlichen Exportüberschuss führte. Der hoch technisierte Krieg mit dem Einsatz neuer Kampfmittel wie Flugzeuge und Panzer hat in Frankreich und Belgien ganze Landstriche in Zonen des Todes verwandelt. Unmittelbar im Kampf starben insgesamt 8 538 315 Soldaten, 21 219 452 wurden verwundet. In den Kriegsgefangenenlagern sind 6 490 500 Soldaten bei Kriegsende interniert. Hinzu kommen die Todesopfer durch Hunger, Krankheiten und Angriffe auf die Zivilbevölkerung.

links: Österreichs Kaiserfamilie; rechts: Der deutsche Ex-Kaiser Wilhelm II. mit Familie im Exil

Seitens der Entente und der Mittelmächte kämpften insgesamt etwa 65 Mio. Soldaten. Die größten Menschenverluste beklagt das Deutsche Reich mit 1,773 Mio. Gefallenen, gefolgt von Russland mit 1,700 Mio. Toten sowie Frankreich (1,376 Mio.), Österreich-Ungarn (1,2 Mio.), Großbritannien (908 371), Italien (650 000), Rumänien (335 706), Osmanisches Reich (325 000) und USA (126 000).

VERSAILLES

Versailler Vertrag beendet Ersten Weltkrieg

Die harten Vertragsbedingungen für das Deutsche Reich, das zahlreiche Gebiete abtreten muss, sind eine schwere Hypothek für die Republik.

28. 6. 1919: Die Unterzeichnung des Friedensvertrags von Versailles, der am 10. Januar 1920 in Kraft tritt, beendet endgültig den Ersten Weltkrieg für das Deutsche Reich.

Die Bestimmungen des Vertrages lösen in Deutschland Empörung und ein Gefühl der Schmach aus, sie liefern Konfliktstoffe für die politischen Auseinandersetzungen der kommenden Jahre und geben der nationalistischen Bewegung zusätzlichen Auftrieb. Der Kampf gegen »Versailles« wird in der Folgezeit zu einem Kristallisationspunkt ihrer Agitation und richtet sich gegen die Regierungen der Weimarer Republik, die sich um eine schrittweise Revision der harten Friedensbedingungen bemühen und dafür als »Erfüllungspolitiker« diffamiert werden.

Besonders heftig reagiert die deutsche Öffentlichkeit auf die These von der Alleinschuld Deutschlands am Kriegsausbruch (Art. 231), mit der die Alliierten die juristische Rechtfertigung ihrer Forderung nach Reparationen belegen wollen. Die Höhe der Reparationen ist jedoch noch nicht festgelegt. An Sachleistungen fordert der Vertrag die Auslieferung des größten Teils der deutschen Handelsflotte, die Abtretung fast aller deutschen Strom- und Telegrafenkabel sowie Kohle und Kohleprodukte.

Aus Protest legte am 20. Juni die Regierung des Mehrheitssozialdemokraten Philipp Scheidemann ihre Arbeit nieder.

Am 23. Juni ermächtigte die in Weimar tagende Nationalversammlung den neuen Regierungschef Gustav Bauer (gleichfalls MSPD), den Vertrag unterzeichnen zu lassen. Reichsaußenminister Hermann Müller (MSPD) führt die zur Unterzeichnung angereiste deutsche Delegation an.

Das 440 Artikel umfassende Vertragswerk ist von den Vorstellungen des französischen Ministerpräsidenten Georges Clemenceau und seines britischen Amtskollegen David Lloyd George geprägt, Deutschland für lange Zeit jede wirtschaftliche und politische Machtenfaltung unmöglich zu machen.

Deutschland verliert alle Kolonien und rd. 70 000 km² seines Staatsgebiets. Es tritt folgende Gebiete – teils nach Volksabstimmungen – ab: Das Memelgebiet an Litauen, Teile Posens, Westpreußens und Oberschlesiens an Polen, das Hultschiner Ländchen (nordwestlich von Ostrau) an die Tschechoslowakei, Elsass-Lothringen an Frankreich, das ehemalige Kondominium Moresnet und Eupen-Malmédy an Belgien, Nordschleswig an Dänemark.

Danzig kommt als Freie Stadt unter die Hoheit des Völkerbundes; das Saargebiet wird für 15 Jahre der Verwaltung des Völkerbundes unterstellt. Die Stärke des deutschen Heeres wird auf 100 000 Mann, die der Marine auf 15 000 Mann beschränkt. Militärflugzeuge, Panzer und schwere Artillerie sind untersagt. Auf linksrheinischem Gebiet und in einer 50-km-Zone rechts des Rheins darf Deutschland keine Truppen stationieren; das linksrheinische Gebiet wird zeitweise von alliierten Truppen besetzt.

Der Versailler Vertrag steht inhaltlich im Zusammenhang mit der Gründung des Völkerbundes (dessen Satzung einen Bestandteil des Vertrags bildet) und einem Frankreich von den USA und Großbritannien versprochenen Beistandspakt. Da jedoch der US-Senat den Völkerbund ablehnt, entfällt dieser Pakt. Die USA schließen 1921 einen Separatfrieden mit dem Deutschen Reich.

WEIMAR

Ebert erster Reichspräsident

Die verfassunggebende Nationalversammlung lässt die erste demokratische Verfassung ausarbeiten.

11. 2. 1919: Die Nationalversammlung wählt den Mehrheitssozialdemokraten Friedrich Ebert (s. Abb.) zum Reichspräsidenten.

Ebert, seit 1918 quasi Regierungschef, beauftragt Philipp Scheidemann mit der Bildung des Kabinetts aus Politikern der sog. Weimarer Koalition (MSPD, Zentrum, linksliberale DDP), die über eine Dreiviertelmehrheit in der am 19. Januar 1919 gewählten Nationalversammlung verfügt. Unter Innenminister Hugo Preuß (DDP) wird nunmehr eine Verfassung erarbeitet, die am 14. August in Kraft tritt.

Ebert trägt viel zur relativen Stabilisierung der Republik bei, seine antirevolutionäre Ordnungspolitik bedeutet aber auch den Verzicht auf eine republikanische Durchdringung von Heer und Verwaltung. Der in seinen letzten Amtsjahren rechtsradikaler Hetze ausgesetzte Ebert stirbt am 28. Februar 1925.

BERLIN

Terror gegen die Republik

Rechte Gruppierungen kämpfen mit individuellem Terror gegen die Weimarer Republik.

24. 6. 1922: Reichsaußenminister Walther Rathenau wird von Mitgliedern der rechtsextremen Organisation Consul ermordet.

Wie auch der am 26. August 1921 ermordete Zentrumspolitiker Matthias Erzberger, der sich vor allem durch die Unterzeichnung des Waffenstillstandsvertrags Feinde gemacht hatte, zählte Rathenau wegen seines Eintretens für die Erfüllung der Reparationen zu den Hauptfeinden der Rechtsextremisten. Als Folge des Rathenau-Mordes erlässt die Reichsregierung am 26. Juni die »Notverordnung zum Schutz der Republik«, die am 21. Juli zum »Republikschutzgesetz« erweitert wird.

Walther Rathenau (r.) 1922 in Genua

STICHWORT

Relativitätstheorie

Mit seiner speziellen (1905) Relativitätstheorie leitete Albert Einstein eine Revolutionierung der Grundlagen bisheriger Physik ein. Einstein erklärt, dass die Lichtgeschwindigkeit von der Bewegung eines Systems unabhängig ist. Es gibt keinen physikalischen Versuch, durch den bei gleichförmig-geradlinig bewegten Bezugssystemen eine absolute Bewegung festgestellt werden kann; nur relative Bewegungen sind beobachtbar. Einem ruhenden Beobachter erscheint eine Zeitspanne in einem bewegten System größer und die Länge eines bewegten Gegenstands in Bewegungsrichtung erscheint ihm verkürzt. Zeit und Raum sind also relative Begriffe. Eine Erweiterung auf beschleunigte Bezugssysteme ist die allgemeine Relativitätstheorie (1915). Nach ihr ist es nicht möglich, die Wirkung von Gravitation und Beschleunigung zu unterscheiden; vorausgesetzt ist die Wesensgleichheit von schwerer und träger Masse.

STOCKHOLM

Zeit und Raum sind relative Begriffe

Das Jahrhundert-Genie Albert Einstein revolutioniert mit seiner Relativitätstheorie die Grundlagen der Physik.

10. 12. 1921: Der deutsche Physiker Albert Einstein wird mit dem Nobelpreis geehrt. Einstein erhält den Preis allerdings nicht für die Aufstellung der Relativitätstheorie, sondern für seine Deutung des physikalisch ungeklärten Photoeffekts, bei dem durch einfallendes Licht bei verschiedenen Metallen unterschiedliche Emissionen von Elektronen freigesetzt werden, aus dem Jahr 1905. Den Photoeffekt erklärt Einstein mit der 1900 von Max Planck aufgestellten Quantentheorie: Licht, das nach Einsteins Lichtquantenhypothese gleichfalls aus Quanten besteht, setzt (je nach seiner Wellenlänge mehr oder weniger) Elektronen frei, wobei kurze Wellen mit höherenergetischen Quanten auch höherenergetische Elektronen erzeugen.

Der am 14. März 1879 in Ulm geborene Einstein relativierte die Begriffe von absolutem Raum und absoluter Zeit – wie sie seit Isaac Newton im 18. Jahrhundert bestanden hatten. Raum und Zeit, so Einstein, sind erst mit der Materie und dem Kosmos entstanden, jede Bewegung ist relativ zu einem bestimmten Bezugssystem zu sehen. Die von Einstein formulierte Beziehung zwischen Energie und Masse wurde bald von der Atomphysik bestätigt.

Albert Einstein mit seiner Frau Mileva Maric (1921)

Ab 1920 ist Einstein – Direktor des Kaiser-Wilhelm-Instituts für Physik (1914-1932) – in Deutschland heftigen antisemitisch beeinflussten Angriffen ausgesetzt. Er legt deshalb 1932 seine Ämter nieder und emigriert in die USA.

1939 weist er US-Präsident Franklin D. Roosevelt auf die Möglichkeit hin, Kernwaffen zu entwickeln, und warnt vor einer möglichen deutschen Atombombe. Er regt damit das »Manhattan«-Projekt an, ist jedoch an der Entwicklung der Kernwaffen in den USA als überzeugter Pazifist selbst nicht beteiligt.

Am 18. April 1955 stirbt Einstein in Princeton (US-Bundesstaat New Jersey).

PARIS

Geburt des modernen Romans

Mit »Ulysses« begründet James Joyce die moderne Belletristik.

1. 9. 1922: Die zensierte Fassung der vollständigen Ausgabe des »Ulysses« erscheint. Das Werk von James Joyce gilt mit seiner Abkehr von einer kontinuierlichen Erzählweise als stilbildend für den modernen Roman. Das Buch (Abb.: Titel), an dem der irische Schriftsteller sieben Jahre gearbeitet hat, erzählt vordergründig die Erlebnisse von drei Menschen am 16. Juni im Jahr 1904 in Dublin, erweitert aber Ort und Zeit ständig durch mythische und historische Bezüge. Ins Deutsche übersetzt liegt das Buch 1927 vor.

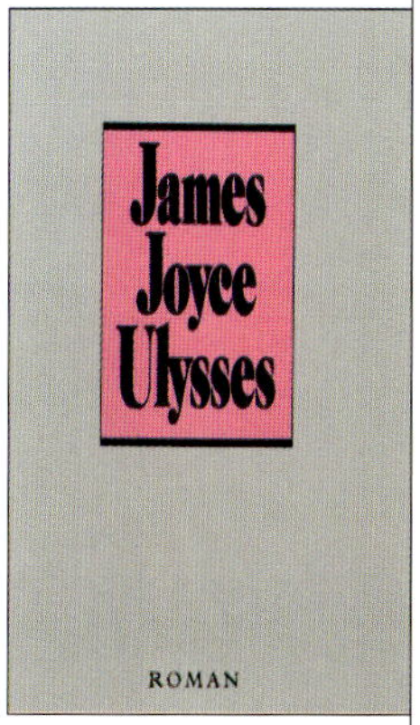

VERSAILLES

Friede soll sicherer werden

Mit dem Ziel der Wahrung des internationalen Rechts und Friedens wird der Völkerbund gegründet.

28. 4. 1919: Die in Versailles tagende Friedenskonferenz der Siegermächte des Ersten Weltkrieges nimmt die Völkerbunds-Satzung an. Gründer des Völkerbundes sind 32 alliierte Kriegsgegner der Mittelmächte und 13 neutrale Staaten. Der Gedanke der Völkergemeinschaft beruht auf einem Vorschlag von US-Präsident Woodrow Wilson in seinen »14 Punkten« vom 8. Januar 1918.

Wilson erleidet jedoch eine schwere Abstimmungsniederlage: Der von seinen republikanischen Gegnern beherrschte US-Senat ratifiziert die Versailler Verträge nicht; damit treten die USA neben Ecuador und Saudi-Arabien dem Völkerbund nicht bei.

Die seit dem Jahr 1815 zu immerwährender Neutralität verpflichtete Schweiz hingegen wird Mitglied, was 1920 in einer Volksabstimmung bewilligt wird. Allerdings verpflichtet sich die Schweiz nur zur Teilnahme an wirtschaftlichen, nicht jedoch an kriegerischen Sanktionen gegen einen Friedensstörer.

Am 15. November 1920 tagt der Völkerbund erstmals in Genf. Organe des Völkerbunds sind das Generalsekretariat, die Völkerbundsversammlung, der ständig tagende Völkerbundsrat und der Internationale Gerichtshof. 1926 tritt das Deutsche Reich bei, 1934 auch die Sowjetunion. Seine ihm selbst gestellten Hauptaufgaben (Abrüstung, Verhinderung von Aggressionen) kann der Völkerbund nicht erfüllen.

Erfolgreich ist er dagegen in der Bewältigung internationaler Verwaltungsaufgaben, so durch seine Hohen Kommissare in Danzig und im Saargebiet, durch die Überwachung der Mandatsgebiete sowie besonders in der Arbeit der ihm angeschlossenen internationalen Verwaltungsorganisation.

Die späteren Achsenmächte verlassen 1933 (Japan und Deutschland) bzw. 1937 (Italien) den Völkerbund; 1940 wird die UdSSR wegen ihres Angriffs auf Finnland ausgeschlossen. 1946 löst sich der Völkerbund auf.

LONDON

BBC gegründet

Der Rundfunk wird zum Massenmedium.

14. 11. 1922: Mit der Gründung der »British Broadcasting Company« (BBC) erhält Großbritannien einen nationalen Radiosender. Die Sendelizenz wird am 18. Januar 1923 erteilt.

Im Januar 1923 beginnt das regelmäßige Programm. 1927 wird die BBC von einer privaten AG in

Rundfunkpionier Guglielmo Marconi

eine öffentlich-rechtliche Anstalt mit königlicher Charter umgewandelt. Im Deutschen Reich erfolgt die Gründung des öffentlichen Rundfunks am 29. Oktober 1923.

Begründer des drahtlosen Nachrichtenverkehrs war 1901 der Italiener Guglielmo Marchese Marconi.

ANGORA

Türkei wird Republik

Durch die von Mustafa Kemal Pascha eingeleiteten Reformen wird die Türkei zum modernen Staat nach westlichem Vorbild.

29. 10. 1923: Die in Angora (heute Ankara) tagende Nationalversammlung erklärt die Türkei zur Republik. Kemal Pascha wird erster Staatspräsident. Am 20. April 1924 erhält das Land eine Verfassung.

Als Verlierer an der Seite der Mittelmächte wurde die Türkei im Frieden von Sèvres 1920 auf Teile Anatoliens verkleinert, Smyrna (Izmir) wurde griechisch. Dies gab der nationalen Bewegung Auftrieb. Kemal Pascha vertrieb die Griechen aus Anatolien und zog am 9. September 1922 in Smyrna ein. Frankreich verzichtete 1921 auf Kilikien, die UdSSR auf Kars und Ardahan. 1922 wurde Sultan Mehmed VI. abgesetzt. Sein Nachfolger Abd ül-Medschid II. bleibt noch bis 1924 Kalif.

Der Friede von Lausanne (24. 7. 1923) beließ der Türkei ganz Anatolien und Teile Ostthrakiens. Die Alliierten hoben die seit 1919 bestehende Militär- und Finanzkontrolle auf und zogen ihre Truppen aus Istanbul zurück. Die etwa 1,2 Mio. Griechen mussten Kleinasien verlassen.

Im türkischen Nationalstaat werden grundlegende Reformen eingeleitet. Dazu zählen die Übernahme westeuropäischer Rechtssysteme, die strikte Trennung von Staat und Religion, Einführung der Lateinschrift und der Familiennamen, rechtliche Gleichstellung der Frau sowie der Aufbau einer eigenen Industrie unter Zurückdrängung des ausländischen Einflusses. Eine durchgreifende Agrarreform bleibt allerdings aus. Einzig zugelassene Partei ist die von Kemal Pascha gegründete Republikanische Volkspartei.

Nach dem Tod Kemal Paschas (seit 1934 Atatürk) 1938 wird Ismet Inönü Staatspräsident und führt dessen Politik fort. Vor allem die Armee versteht sich in der Folge als Hüter des sog. Kemalismus.

ZUR PERSON

Kemal Pascha

Mustafa Kemal Pascha (*19. 5. 1881) erhält 1934 den Ehrentitel Atatürk (»Vater der Türken«). Vor dem Ersten Weltkrieg in der jungtürkischen Bewegung aktiv und während des Krieges in verschiedenen Kommandostellungen tätig, setzt er sich 1919 an die Spitze der nationalen Erhebung. Ab 1923 Präsident der Republik, formt er die rückständige Türkei zu einem modernen, westlich orientierten Land, in dem die Trennung von Religion und Staat gilt. Sein Programm, der Kemalismus, wird zumindest formell von allen politischen Kräften als verbindlich anerkannt. Atatürk stirbt am 10. November 1938 in Istanbul.

Kemal Pascha

Mussolini

Mit einem »Marsch auf Rom« erzwingt Faschistenführer Benito Mussolini seine Ernennung zum italienischen Ministerpräsidenten.

28. 10. 1922: Faschistische Kampfbünde marschieren auf die italienische Hauptstadt. Der Aufmarsch von rd. 40 000 »Schwarzhemden« ist der Höhepunkt einer Welle von terroristischer Gewalt gegen Mitglieder der Kommunistischen und Sozialistischen Partei.

Mussolini gehörte von 1902 bis 1914 selbst zu den Sozialisten und war von 1912 bis 1914 Chefredakteur ihres Parteiorgans »Avanti«. 1914 wurde er wegen der Forderung nach einem raschen Kriegseintritt Italiens ausgeschlossen. Er gründete die Zeitung »Popolo d'Italia«, die später das faschistische Kampfblatt wurde, und diente als Unteroffizier an der Front.

Am 23. März 1919 rief Mussolini, der sich »Il Duce« (der Führer) nennen lässt, in Mailand den ersten

DUBLIN

Süden Irlands auf dem Weg zur Republik

Die Iren unternehmen den ersten Schritt in die Unabhängigkeit, der sie im Verlauf des 20. Jh.s zur vollen Souveränität und zum Austritt aus dem Commonwealth führt.

6. 12. 1922: Der britische König George V. proklamiert den Irischen Freistaat. Der von den Briten blutig niedergeschlagene sog. Osteraufstand von 1916, ein von der Irisch-Republikanischen Armee (IRA) unter Führung von Michael Collins geführter Kleinkrieg gegen die von London ausgeschickte Polizeispezialtruppe Royal Irish Constabulary (1919-1921) und schließlich ein inneririscher Bürgerkrieg zwischen den Anhängern und Gegnern des Kompromisses mit Großbritannien (1921/22) waren der Gründung des »Irish Free State« vorangegangen.

Um die Jahreswende 1918/19 hatten sich die bei den britischen Unterhauswahlen gewählten Abgeordneten der irischen radikal-nationalistischen Sinn Féin (gälisch: Wir selbst) als eigenes Parlament in Dublin konstituiert (»Dail Eireann«) und Eamon de Valera zum Präsidenten einer noch zu gründenden Republik Irland gewählt. Großbritannien reagierte darauf mit der Verabschiedung der Government of Ireland Act im Unterhaus. Das Gesetz, welches am 23. Dezember 1920 in Kraft trat, sieht die Trennung des Landes in ein überwiegend protestantisches Nordirland (sechs der neun Grafschaften von Ulster bleiben bei Großbritannien) und ein katholisches Südirland vor.

Eamon de Valera ist (mit Unterbrechungen) von 1932 bis 1959 Regierungschef

Nach langwierigen Verhandlungen willigte die Sinn Féin am 6. Dezember 1921 in London in einen Kompromiss ein: Er besiegelt zwar die Teilung, gewährt jedoch dem Süden einen Dominion-Status.

Das südirische Parlament nahm den Vertrag am 21. Januar 1922 an. Die Wahlen im Freistaat endeten am 16. Juni mit einem Sieg der »Treatyisten«, der Anhänger des Vertrags, über die radikalen Sinn Féiners unter de Valera. In den nachfolgenden Unruhen wird u.a. im August 1922 Michael Collins erschossen.

De Valera gründet 1926 seine eigene Partei Fianna Fáil (»Schicksalskrieger«), die von 1932 bis März 1973 mit Ausnahme der Jahre 1949/50 und 1955/56 ununterbrochen die Regierung bildet. 1937 macht eine republikanische Verfassung Irland zum souveränen, unabhängigen und demokratischen Freistaat Éire, mit einem Präsidenten an der Spitze.

ROM

und seine Faschisten ergreifen die Macht

Fascio di combattimento (»Kampfbund«) als antisozialistische Bewegung ins Leben.

Mussolini nutzte die Enttäuschung über den Frieden von Saint-Germain 1919, der Italien nicht die erhofften Gebietsgewinne einbrachte, und die wachsenden wirtschaftlichen Schwierigkeiten für seine Propaganda. In seinem Kampf gegen die Linke wurde er von großen Teilen des Bürgertums, der Industrie und des Militärs unterstützt.

Auch König Viktor Emanuel III., der eine Verteidigung Roms durch das Militär ablehnt, verspricht sich Vorteile von den neuen Machthabern. Er beauftragt deshalb Mussolini am 30. Oktober mit der Kabinettsbildung.

Mussolini festigte seine Macht im Innern durch Errichtung eines autoritären Staates. Nur durch die sog. Matteotti-Krise wird seine Herrschaft noch einmal bedroht: Am 10. Juni 1924 ermordet ein faschistisches Schlägerkommando den Sozialistenführer Giacomo Matteotti. Die Mehrheit der nicht faschistischen Opposition nimmt deshalb aus Protest nicht mehr an den Parlamentsverhandlungen teil und begibt sich demonstrativ auf den Aventinischen Hügel, auf dem sich in der Antike die römischen Plebejer während einer Auseinandersetzung mit den Patriziern zurückgezogen hatten. Die Forderungen der sog. Aventinianer: Aufklärung des Mordes, Auflösung der Miliz, Beendigung des Staatsterrors.

Mussolini antwortet auf diese Herausforderung mit dem Staatsstreich vom 3. Januar 1925, der ein Jahr später gesetzlich legalisiert wird. Er sichert sich diktatorische Vollmacht als Duce und Capo del Governo (»Regierungschef«).

Zur Sicherung der Macht im Innern dient auch die Aussöhnung mit Papst Pius XI. und die Bereinigung des Verhältnisses zur Kirche in den sog. Lateranverträgen (11. 2. 1929), durch die die Vatikanstadt als ein eigenständiger Staat anerkannt wird. Die weitgehende Beseitigung der Arbeitslosigkeit und die Urbarmachung der Pontinischen Sümpfe sichern ihm weit in die Arbeiterschaft hinein Unterstützung.

Benito Mussolini (M.) schreitet in Neapel die Front der marschbereiten Schwarzhemden ab.

Außenpolitisch gilt Italien lange Zeit als verlässlicher Partner der westlichen Demokratien. Eine Wende bringt erst der Überfall auf Äthiopien 1935/1936. Er endet zwar mit der Eroberung des ostafrikanischen Kaiserreichs und der Annahme des Titels »Kaiser von Äthiopien« durch König Viktor Emanuel III., führt jedoch aufgrund der Sanktionen des Völkerbunds zum Austritt Italiens aus der Organisation (1937) und zu einer Entfremdung im Verhältnis zu den westlichen Demokratien.

Die gemeinsame Beteiligung Deutschlands und Italiens am Spanischen Bürgerkrieg 1936 bis 1939, die Gründung der »Achse Berlin–Rom« 1936 und der Abschluss des »Stahlpakts« im Mai 1939 bringen Mussolini in Abhängigkeit von Adolf Hitler. Am 10. Juni 1940 tritt Italien auf deutscher Seite in den Zweiten Weltkrieg ein.

BERLIN

Währungsreform beendet die galoppierende Inflation

In Deutschland beginnt die Rückkehr zur stabilen Währung.

15. 11. 1923: Der Austausch der Papiermark durch die Rentenmark beendet die Pase der Hyperinflation. In den vorangegangenen Monaten hat die Geldentwertung ein solches Ausmaß angenommen, dass jedermann bestrebt war, die mit einem immer größeren Nominalwert ausgegebenen Geldscheine (s. Abb.) so schnell wie möglich in Sachgüter umzutauschen.

Verlierer der Inflation, die durch die ungehemmte staatliche Schuldenpolitik der Kriegsjahre ausgelöst wurde, waren sowohl die Inhaber staatlicher Schuldtitel als auch Hypothekengläubiger und Sparer; zu den Gewinnern zählen der Staat, der sich seiner Kriegsschulden fast ganz entledigen kann, und private Schuldner. Wichtigster Inflationsindikator ist der Wert der Mark zum US-Dollar: Vor Kriegsausbruch im Juli 1914 kostete der US-Dollar 4,20 Mark, im Januar 1919 dann 8,90 Mark, im Februar 1923 schließlich 42 000 Mark und im November 4,2 Billionen Mark. Mit der Einführung der Rentenmark (= 1 Billion Papiermark), deren Deckung auf industriellem und landwirtschaftlichem Grundbesitz beruht, gelingt die Währungsstabilisierung. Im Prinzip bestehen nun zwei Währungen nebeneinander. Durch Gesetz vom 30. August 1924 wird die Reichsmark Zahlungsmittel (bis 1948).

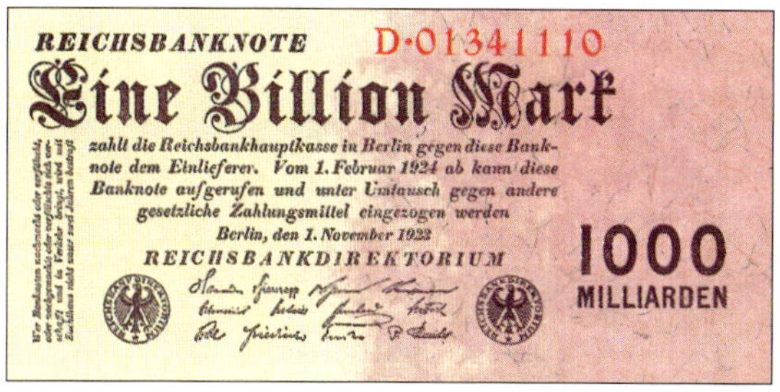

PARIS

Bretons Programm für den Surrealismus

Der Surrealismus erstrebt die Ausschaltung von Logik und Rationalität und gibt der Literatur und Kunst wichtige Impulse.

Oktober 1924: Der französische Nervenarzt und Kunsttheoretiker André Breton veröffentlicht sein »Manifeste du surréalisme«. Der Surrealismus ist ähnlich antibürgerlich wie die 1916 in Zürich entstandene Dada-Bewegung, aus dem viele Surrealisten hervorgehen, äußert sich allerdings weniger anarchistisch-spontan. Beeinflusst von der Psychoanalyse Sigmund Freuds, strebt er eine geistige Revolution im Sinne einer Öffnung des Geistes für das Unbewusste und den Traum an. Bei Breton heisst es dazu u.a. »Wir leben noch unter der Herrschaft der Logik... Unter dem Vorwand der Zivilisation, des Fortschritts, gelang es schließlich, alles aus dem Geist zu verbannen, was mit Recht oder Unrecht als Aberglaube, als Hirngespinst gilt, jede Art der Wahrheitssuche zu verurteilen, die nicht der herkömmlichen entspricht... Der Surrealismus beruht auf dem Glauben an die höhere Wirklichkeit gewisser, bis heute vernachlässigter Assoziations-Formen, an die Allgewalt des Traums, an das absichtsfreie Spiel des Gedankens.«

Max Ernst; als Maler Autodidakt, wird er im Jahr 1924 zum Mitbegründer des Surrealismus.

Die erste Gruppenausstellung des Surrealismus wird am 13. November 1925 in der Pariser Galerie Pierre eröffnet. An ihr beteiligten sich neben den früheren Dadaisten Hans Arp und Max Ernst auch Giorgio de Chirico sowie Künstler, die sich bald wieder vom Surrealismus trennen oder sich ihm in der Folgezeit nur lose verbunden fühlen: Pablo Picasso, Paul Klee und Joan Miró, nach Bretons Meinung der »am meisten surrealistische von allen«, der einen »reinen übersinnlichen Automatismus« entwickelt. Später treten Salvador Dalí und Yves Tanguy hervor, die in ihrer fast übergenauen Malerei traumhaft Erlebtes in phantastischen Räumen darstellen und sich grundlegend vom Subjektivismus dadaistischer Kunst unterscheiden. Dalí nennt seine schöpferische Methode »den paranoischen und aktiven Fortschritt des Gemüts«. Er dreht mit Luis Buñuel die als skandalös empfundenen Filme »Ein andalusischer Hund« (1928) und »Das goldene Zeitalter« (1930). Ab etwa 1930 dringt der Surrealismus über die Grenzen Frankreichs hinaus. Im Januar 1938 ist Paris Gastgeber der ersten internationalen Surrealisten-Ausstellung, auf der 70 Künstler aus 14 Ländern vertreten sind.

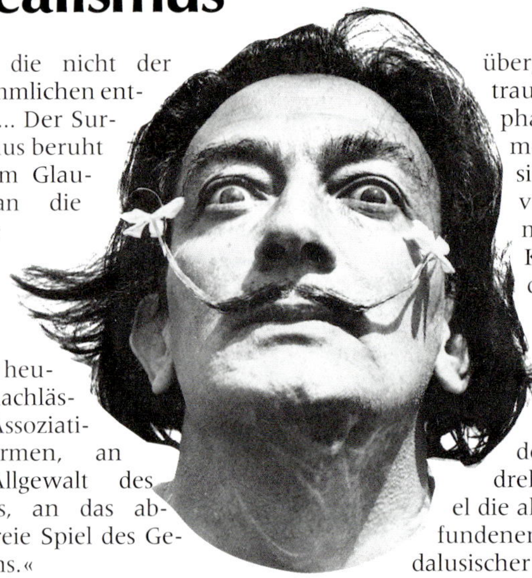

Salvador Dalí

Wenig später setzt in Europa schon die Auflösung der Bewegung ein, der Schwerpunkt der abstrakten Malerei verlagert sich von Paris nach New York. Die dort tätigen Surrealisten bereiten den Boden für die amerikanischen Nachkriegsbewegungen, besonders den Abstrakten Expressionismus.

DESSAU

Das Bauhaus versöhnt Technik und Kunst

Vom Bauhaus gehen nachhaltige Wirkungen auf die moderne Architektur, Wohnraumgestaltung und Industrieform aus.

4. 12. 1926: Das nach Entwürfen von Walter Gropius entworfene Bauhaus wird eröffnet. Im Frühjahr 1919 in Weimar durch Zusammenschluss der dortigen Hochschule für Bildende Künste mit der Kunstgewerbeschule unter Hinzufügung einer Architekturabteilung gegründet, wurde das Bauhaus aufgrund von Anfeindungen der politischen Rechten 1925 nach Dessau verlegt. Die Organisation des Lehrbetriebs folgt mittelalterlicher Bauhüttentradition. Die Lehrer tragen den Titel »Meister am Bauhaus«.

Das Bauhausgebäude in Dessau, erbaut nach den Plänen von Walter Gropius

Das Bauhausgebäude, ein Komplex aus Stahl, Beton und Glas, zeigt bereits die hier gepflegte Philosophie: Das Bauhaus (»Hochschule für Bau und Gestaltung«) strebt die Versöhnung von Technik und Kunst an und betont dabei die Rückgewinnung der handwerklichen Grundlagen der bildenden Künste. Eine nur dekorative Kunst wird ebenso abgelehnt wie ein aus rein wirtschaftlichen Motiven heraus gestaltetes Produkt. Grundlage von Technik und Gestaltung ist jeweils die Funktion eines Gegenstandes: »Jedes Ding ist bestimmt durch sein Wesen. Um es zu gestalten, dass es richtig funktioniert, muss sein Wesen erforscht werden, denn es soll... seine Funktionen praktisch erfüllen, dauerhaft, billig und ›schön‹ sein.«

1932 siedelt das Bauhaus nach Berlin über, 1933 wird es von den Nationalsozialisten aufgelöst.

GORKI

Stalin tritt das Erbe Lenins an

Mit dem Tod von Wladimir Iljitsch Lenin beginnt in der UdSSR eine neue Phase hart ausgetragener innerparteilicher Machtkämpfe.

21. 1. 1924: Nach längerem Siechtum stirbt der russische Revolutionsführer Lenin. Den Kampf um seine Nachfolge als bestimmender Politiker der Sowjetunion entscheidet Josef W. Stalin für sich.

Der am 22. April 1870 in Simbirsk geborene Lenin (eigentl. Uljanow) wird in einem eigenen Mausoleum auf dem Roten Platz in Moskau beigesetzt. Er war bereits seit 1922 durch mehrere Schlaganfälle in seiner Handlungsfähigkeit eingeschränkt.

Wladimir Iljitsch Lenin wird auf dem Roten Platz in Moskau beigesetzt

So konnte er auch die 1922 erfolgte Ernennung Stalins zum Generalsekretär nicht mehr korrigieren. Zwar wird Lenins Brief während des XIII. Parteitags, auf dem Stalin im Mai 1924 seine Macht festigt, verlesen, doch die mahnenden Worte beeinflussen die Delegierten nicht: »Genosse Stalin hat... eine unermessliche Macht in seinen Händen konzentriert und ich bin nicht überzeugt, dass er es immer verstehen wird, von dieser Macht vorsichtig genug Gebrauch zu machen... Stalin ist grob und dieser Mangel... kann in der Funktion des Generalsekretärs nicht geduldet werden.«

Es gelingt Stalin auf der Parteikonferenz Ende 1925, seine These vom »Aufbau des Sozialismus in einem Lande« gegen Leo Trotzkis Theorie der »permanenten Revolution« durchzusetzen. Ab 1928 ist Stalin der unumschränkte Diktator und leitet im ersten Fünfjahresplan 1928 die Umwandlung der UdSSR vom Agrar- zum Industriestaat ein. Für die Sowjetbürger bedeutet dies allerdings einen erzwungenen Konsumverzicht.

PARIS

»Schwarze Perle« Joséphine Baker

Barbusig, nur mit einem Rock aus Bananen bekleidet, gelingt der dunkelhäuigen Tänzerin Joséphine Baker der Aufstieg zum Weltstar.

7. 10. 1925: Die »schwarze Perle« Joséphine Baker ist die Attraktion der »Revue Nègre« im Musiktheater an den Champs-Elysées. Die aus St. Louis (US-Bundesstaat Missouri) stammende Tänzerin, die mit der Tanzgruppe »Black Birds« und ihren Darbietungen des Charleston für Furore sorgt, hat nicht nur maßgeblichen Anteil am Siegeszug des Jazz in Europa, sondern wird zu einer Ikone der »Goldenen Zwanziger«. Diese Phase relativer Stabilisierung dauert fünf Jahre, von 1924 bis zum Beginn der Weltwirtschaftskrise Ende 1929.

Joséphine Baker

Die Menschen sind gerne bereit, den Schock des Weltkriegs mit neuen Idolen, Konsum und Unterhaltung zu kompensieren. Die Fortschritte der Technik – Schallplatte, Hörfunk und Tonfilm – ermöglichen die Entstehung einer Unterhaltungsindustrie, von der sich vor allem der neue Arbeitnehmertypus des Angestellten angesprochen fühlt.

Fortschrittsgläubigkeit bestimmt das Hoffen und Denken, das Zauberwort heisst »Neu«: Begriffe wie »Neue Form«, »Neues Heim«, »Neue Musik«, »Neue Sachlichkeit«, »Neue Stadt« kennzeichnen die Trends in Design, Kultur und Städtebau.

Glanz, Glamour und kulturelle Vielfalt – repräsentiert durch Metropolen wie Berlin, Paris und New York – sind die »goldene« Seite dieser Epoche. Die Schattenseite bilden die Arbeitslosenzahlen, die in Deutschland zwischen 1926 und 1936 nie unter 1,3 Mio. fallen.

HOLLYWOOD

Mickey Mouse tritt Siegeszug an

Die Zeichentrickfigur »Mickey Mouse« begründet zuerst im Stummfilm den Erfolg von Walt Disney als Animationsfilmer.

1926: In der Zeichentrick-Filmserie »Alice in Cartoonland« aus Disneys Zeichenstudio in Hollywood taucht erstmals eine kleine Maus mit runden schwarzen Ohren auf: Mickey Mouse – gezeichnet von Disneys Mitarbeiter Ub Iwerks – tritt ihren Siegeszug an.

In »Steamboat Willy« ist Mickey Mouse 1928 erstmals Star in einem vertonten Trickfilm. 1930 erscheint in den USA der erste Mickey-Mouse-Comic in den Zeitungen. Nach der über 70-teiligen Zeichentrickserie »Silly Symphonies« (1929-1938) hat 1937 Disneys erster abendfüllender Animationsfilm »Schneewittchen und die 7 Zwerge« Premiere.

CHICAGO

»King of Jazz«

Als Leader der Ensembles »Hot Five« (1925-1928) und »Hot Seven« (1927/28) begründet der Jazztrompeter und Sänger Louis Daniel »Satchmo« Armstrong seinen Ruhm.

1925: Die »Hot Five« spielen ihre ersten Aufnahmen ein. Der am 4. August 1900 in New Orleans geborene Armstrong spielte vor Gründung eigener Ensembles bei King Oliver und Fletcher Henderson, mit deren Namen die Weiterentwicklung des um 1895 von Buddy Bolden begründeten sog. New-Orleans-Stil durch die Verschmelzung des Jazz mit dem Blues in Chicago verbunden ist.

Mit seinen »Hot Five«, zu denen u.a. auch der Posaunist Kid Ory zählt, wertet Armstrong den Jazz zur Kunstmusik auf. 1944 gastiert er als erster Jazzmusiker in der Metropolitan Opera in New York. Von 1947 bis 1963 spielt Armstrong, der auch das Scat Singing im Jazz populär macht, in wechselnder Besetzung mit den »All Stars«.

Louis Armstrong, einer der Stil bildenden Musiker des Jazz

PARIS

Die Welt feiert Lindberghs Atlantikflug

Nur mit Kompass und Karte navigierend, gelingt dem US-Postflieger Charles Lindbergh der erste Nonstop-Alleinflug über den Atlantik. Die in den USA und Europa gefeierte Pionierleistung macht ihn zum Nationalhelden.

21. 5. 1927: Nach einer Flugzeit von 33 Stunden und 29 Minuten landet der in New York gestartete Lindbergh in der französischen Hauptstadt, wo ihn eine jubelnde Menschenmenge empfängt. Seine rd. 5800 km lange Strecke führt ihn über Neuschottland und Neufundland, dann über das offene Meer nach Irland und über den Süden Englands nach Paris. Mit seinem Präzisionsflug wird der zuvor von der Groschenpresse als »flying fool« (fliegender Narr) verspottete Lindbergh zum Vorboten des weltumspannenden Luftverkehrs.

Seine Maschine, einen leichten einmotorigen Schulterdecker mit der Bezeichnung »Spirit of St. Louis«, hatte Lindbergh sich mit dem Geld risikobereiter Geschäftsleute aus St. Louis bei einer kleinen Konstruktionsfirma in San Diego (Kalifornien) bauen lassen.

Mehr als die Hälfte des Fluggewichts – 25 von 48 Zentnern – entfallen auf den Treibstoff. Lindbergh hat das Glück, dass sich alle seine navigatorischen Berechnungen als ebenso zuverlässig erweisen wie sein 237 PS starker Whirlwind-Motor, obwohl er über offener See in einen schweren Schneesturm gerät. Am 11. April 1928 gelingt es den deutschen Piloten Hermann Köhl und Ehrenfried Günther Freiherr von Hünefeld mit dem Iren James C. Fitzmaurice, den Atlantik auf der – gegen den Wind – schwierigeren Ost-West-Route zu überfliegen. Sie verdienen sich ebenso wie Lindbergh – der am 13. Juni 1927 in die Heimat zurückkehrt – eine Konfettiparade in New York. Durch diese Pionierleistungen rücken Amerika und Europa ein Stück näher.

Ozeanflieger Charles Lindbergh mit seiner »Spirit of St. Louis«

BERLIN

Die »Dreigroschenoper«

Die Uraufführung der »Dreigroschenoper« von Bertolt Brecht im Theater am Schiffbauerdamm unter der Regie von Erich Engel leitet einen der größten Theatererfolge in der Weimarer Republik ein.

31. 8. 1928: Bertolt Brecht und Kurt Weill üben – erstmals in der zeitgenössischen Oper – Kritik an gesellschaftlichen Zuständen. Das Werk geht auf die »Beggar's Opera« (1728) von John Gay zurück. Brecht bringt die Kehrseite einer Großstadt auf die Bühne und erzählt die Geschichte des Räubers Macheath, genannt Mackie Messer, der in Konflikt mit dem Bettlerkönig Peachum gerät, weil er dessen Tochter Polly geheiratet hat. Am Beispiel von Huren, Bettlern und anderen Hinterhofexistenzen will er bürgerlich-kapitalistische Vorstellungen entlarven.

Die Musik von Weill geht auf die Tradition der Bänkelsänger zurück, nimmt Elemente des Jazz und der Unterhaltungsmusik auf und verarbeitet Parodien auf Opern und Operetten. Populär wird der Mackie-Messer-Song »Und der Haifisch, der hat Zähne«.

Der Schriftsteller Bertolt Brecht

Ähnlich erfolgreich ist die Oper »Aufstieg und Fall der Stadt Mahagonny«, die bei ihrer Uraufführung in Leipzig 1930 Tumulte auslöst.

CHICAGO

Gangsterkrieg in Chicago

Das »Massaker am Valentinstag« ist der blutige Höhepunkt der Gangsterkriege während der sog. Prohibition.

14. 2. 1929: Sieben Mitglieder der im illegalen Alkohol-Geschäft tätigen Dion-O´Banion-Gang werden von als Polizisten verkleideten Mitgliedern einer rivalisierenden Bande in einer Garage in Chicago regelrecht hingerichtet.

Der Sieger der Bandenkriege ist der auch »Scarface« (Narbengesicht) genannte Al Capone, der mit seiner Familie 1914 aus Neapel in die USA eingewandert war.

Für Capone und andere Unterweltgrößen bedeutete die am 16. Januar 1920 in den USA verfügte (bis 1933 auf Bundesebene gültige) Prohibition – das Verbot der Herstellung und des Verkaufs von alkoholischen Getränken – die Chance, durch Alkoholhandel, dem Betrieb illegaler Kneipen (»speak easies«), Glücksspiel und Schutzgeld-Erpressung reich zu werden. Capone können seine Gewalttaten nie nachgewiesen werden. Verurteilt wird er 1931 lediglich wegen Steuerhinterziehung zu elf Jahren Haft und 50 000 Dollar Geldstrafe.

Al Capone beim Verlassen des Gerichts

1939 wird der ehemalige »Boss der Bosse« wegen einer Erkrankung vorzeitig entlassen und stirbt 1947 in Miami (Florida).

NEW YORK

Tonfilm krempelt Filmwelt um

Mit dem von Warner Brothers produzierten Streifen »The Jazz Singer« beginnt 1927 der Siegeszug des Tonfilms, der binnen kurzem die Filmlandschaft von Grund auf wandelt.

23. 10. 1927: Der Tonfilm löst die bis dahin in Kinos übliche Unterlegung mit Live-Musik ab. Allerdings dauert es noch etwa fünf Jahre, bis sich der Tonfilm endgültig durchsetzt, denn die Kosten für die Umrüstung in den Filmstudios und den Lichtspieltheatern sind hoch. In »The Jazz Singer« kommt der Schauspieler Al Jolson mit kurzen Dialogen und Gesangseinlagen zu Wort. Grundlage ist das sog. Vitaphone-Verfahren: Die Tonspur befindet sich auf Schallplatten (Nadelton), die synchron mit dem projizierten Film abgespielt werden. Erst 1928 kommt der erste vollständige Tonfilm heraus, »Lights of New York« von Bryan Foy.

Dabei hatten bereits am 17. September 1922 die deutschen Ingenieure Hans Vogt, Jo Benedict Engl und Joseph Massolle in Berlin mit »Der Brandstifter« den ersten Film mit integrierter Lichttonspur vorgestellt und mit ihrem sog. Tri-Ergon-Verfahren die erste zufrieden stellende Lösung für das Problem gefunden, Bild und Ton auf dem Filmstreifen zu vereinen. Die Produzenten waren damals noch nicht am Tonfilm interessiert. Sie hielten an Stummfilmen mit Zwischentiteln fest, da diese einfach übersetzt und problemlos weltweit verkauft werden konnten.

Der Sieg des Tonfilms bedeutet das Karriereende für viele Stummfilmstars, sofern sie Stimm- oder Sprechschwächen haben. Auch Orchestermusiker und Pianisten, die für die musikalische Begleitung in den Kinos zuständig waren, verlieren ihre Arbeit. In den 30er Jahren setzt sich das sog. Movietone-Verfahren durch, welches die Töne auf ein Band aufnimmt. Dann werden die Tonsignale über die sog. Lichttonkamera zusammen mit den Bildern auf eine Filmrolle übertragen. Bild- und Tonspur liegen getrennt voneinander auf je einem Filmnegativ vor, können aber in einem Arbeitsgang kopiert werden. Mit diesem Verfahren bringt der Produzent William Fox seine Wochenschauen heraus, die rasch ein fester Bestandteil des Kinoprogramms werden.

Walt Disney wendet 1940 in »Fantasia« erstmals Stereoton in kommerzieller Qualität an. »Becky Sharp« (1935) von Rouben Mamoulian ist der erste Spielfilm in Dreifarben-Technicolor.

Werbung für »The Jazz Singer« in New York

HOLLYWOOD

»Premiere für den »Oscar«

Der 35 cm hohe und 4 kg schwere »Oscar« wird zur begehrtesten Filmtrophäe. Sie krönt Karrieren und garantiert den Kassenerfolg.

16. 5. 1929: Im Roosevelt Hotel übergibt der US-Schauspieler Douglas Fairbanks erstmals den Academy Award. Erste Träger der von der »Academy of Motion Picture Arts and Sciences« gestifteten Auszeichnung sind der seit 1926 in Hollywood arbeitende Deutsche Emil Jannings und die Amerikanerin Janet Gaynor. Die Jury kürt den Film »Flügel« (Wings) von William A. Wellman zum besten Film des Jahres. Er schildert die Geschichte zweier Weltkriegspiloten und wurde zum Großteil in der Luft gedreht.

LONDON

Fleming entdeckt das Penizillin

Mit der Entdeckung des Penizillins beginnt die Ära der Antibiotika, die auf viele Krankheitserreger wachstumshemmend oder abtötend wirken.

5. 9. 1928: Der britische Bakteriologe Sir (ab 1944) Alexander Fleming (s. Abb.) kommt dem Penizillin durch einen Zufall auf die Spur. Es handelt sich um ein Stoffwechselprodukt verschiedener Arten des Pinselschimmels, der eine antibakterielle Substanz bildet. Den Bakterien vernichtenden Schimmelpilz identifiziert Fleming als Penicillium notatum und nennt 1929 den Extrakt Penizillin. Es gehört zu einer Klasse antibakterieller Substanzen, die von lebenden Organismen gebildet werden und die schon im Jahr 1889 Antibiotika genannt wurden.

Penizillin wird als erstes Antibiotikum in die Heilkunde eingeführt und kann fast 90 verschiedene Arten von Bakterien vernichten und 16 weitere in geringem Umfang angreifen. Es bekämpft eine Reihe von Infektionen und Krankheiten, die zuvor in der Regel tödlich verliefen. Allerdings kann erst 1941/42 in den USA Penizillin in einer ausreichender Menge hergestellt werden.

1945 erhält Fleming gemeinsam mit dem Briten Ernst Boris Chain und dem Australier Howard Walter Florey, die seinen Extrakt zur Therapiereife weiterentwickeln, den Medizin-Nobelpreis.

PARIS

Reparationen gemildert

Auf der Basis des Young-Plans wird die Gesamtsumme der vom Deutschen Reich zu leistenden Reparationen festgelegt, die in jährlichen Raten abzuzahlen sind.

7. 6. 1929: Der Sachverständigenausschuss zur Neuregelung der Reparationszahlungen unterzeichnet den Bericht des Vorsitzenden Owen D. Young (USA), der die deutschen Zahlungen auf Jahresraten von jeweils durchschnittlich 2,05 Mrd. Goldmark bis 1988 festlegt.

Die Neuverhandlung der Zahlungen waren nötig geworden, als deutlich wurde, dass Deutschland seine Verpflichtungen nicht erfüllen konnte.

Damit ist die dritte Phase der Auseinandersetzungen um die Höhe der vom Versailler Vertrag 1919 geforderten Kriegsentschädigungen erreicht.

Zunächst waren im Mai 1921 die Reparationen auf 132 Mrd. Goldmark fixiert worden. Nach dem Ende der Inflation erfolgte im Dawes-Plan 1924 eine Neuregelung. Die Reparationen (ab 1928/29 unbefristet jährlich rd. 2,4 Mrd. Goldmark) wurden an die Gewährung von US-Krediten gekoppelt.

Mit dem Young-Plan verzichten die Gläubiger auf die Kontrolle der Deutschen Reichsbahn und der Deutschen Reichsbank. Die Aufgaben des Reparationsagenten Seymour Parker Gilbert (USA) gehen an die neue »Bank für Internationalen Zahlungsausgleich« (BIZ) in Basel über.

Die NSDAP und andere rechte Parteien erzwingen durch ein Volksbegehren einen Volksentscheid gegen den Young-Plan, der zwar am 22. Dezember an mangelnder Beteiligung scheitert, der rechten Propaganda jedoch Auftrieb gibt.

Als Gegenleistung für die Annahme des Young-Plans erreicht das Deutsche Reich auf den Haager Konferenzen (20. 1. 1930) die vorzeitige Räumung des Rheinlands. Auf der Konferenz von Lausanne wird schließlich am 9. Juli 1932 das gänzliche Ende der Zahlungen vereinbart.

NEW YORK

Neue »Wolkenkratzer«

Hohe Grundstückspreise und der Wunsch nach Repräsentation bringen in Manhattan immer höhere Büro- und Verwaltungsbauten hervor.

Bauarbeiter auf dem Empire State Building

1. 5. 1931: US-Präsident Herbert C. Hoover eröffnet an der Fifth Avenue das Empire State Building, das mit 381 m und 102 Stockwerken höchste Gebäude der Welt. Ein Landeturm für Luftschiffe krönt den Wolkenkratzer, in dem neben 10 Mio. Ziegelsteinen auch 60 000 t Stahl verbaut wurden. In nur 13 Monaten wurde das von dem Architekten William F. Lamb entworfene Gebäude fertig.

1973 wird das Empire State Building in der Rangfolge der höchsten Gebäude vom World Trade Center (417 m) und 1974 vom Chicagoer Sears Tower (443 m) verdrängt.

AHMEDABAD

Ziviler Ungehorsam gegen Briten

Salzmarsch: Gandhi und Dichterin Sarojini Naidu

Der von Mohandas Karamchand (»Mahatma«) Gandhi initiierte »Salzmarsch« leitet eine neue Phase des gewaltlosen Widerstands der indischen Unabhängigkeitsbewegung gegen die britische Kolonialherrschaft ein.

12. 3. 1930: In Ahmedabad, etwa 450 km nördlich von Bombay, bricht Gandhi mit 78 Begleitern auf und erreicht am Morgen des 6. April Dandi den Golf von Cambay, wo er vor Tausenden seiner Anhänger eine winzige Menge Salz aufhebt. Dies ist die symbolische Aufforderung, Salz in eigener Regie zu gewinnen und das britische Salzmonopol zu boykottieren. In den folgenden Wochen beginnen viele Bauern, sich ihr Salz selbst zu bereiten. Die Briten reagieren mit Massenverhaftungen, in deren Verlauf auch Jawaharlal »Pandit« Nehru und Gandhi selbst inhaftiert werden. Sie zählen zu den Leitfiguren des 1885 gegründeten Indischen Nationalkongresses. Im Kampf gegen die Kolonialmacht organisierte Gandhi seit 1919 wiederholt Massenkampagnen nach dem Prinzip der Gewaltlosigkeit. 1919 propagierte er den Generalstreik gegen die Ausnahmegesetze (sog. Rowlatt Bill), 1921 rief er zum häuslichen Spinnen als Kampfmittel gegen britische Wirtschaftsinteressen auf.

Unmittelbare Folge des Salzmarsches ist eine sog. Round-Table-Konferenz (1930/31), zu der Gandhi im September 1931 nach London reist. Sie endet jedoch ergebnislos, weil sich die Inder nicht über die Vertretungen der Minderheiten einigen können.

ZUR PERSON

Mahatma Gandhi

Mohandas Karamchand »Mahatma« Gandhi (*2. 10. 1869, Porbandar; s. Abb. r., mit Nehru) entwickelte bereits als Rechtsanwalt in Südafrika (1893-1914), wo er für die Rechte der eingewanderten

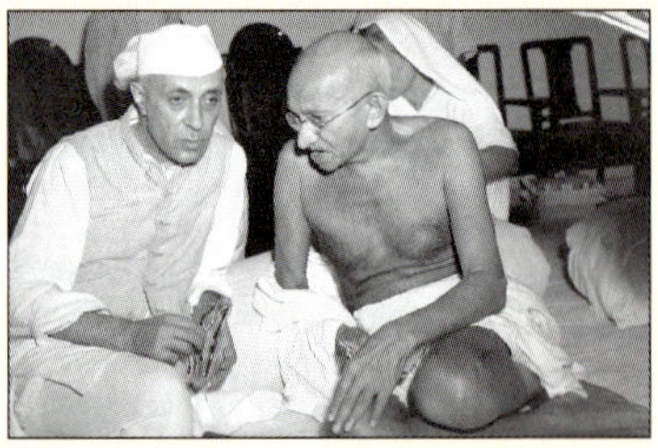

Inder kämpfte, die Prinzipien des gewaltlosen Widerstands. Für gezielte Gesetzesübertretungen nimmt er Haftstrafen in Kauf und sitzt insgesamt 2089 Tage hinter Gittern. Er setzt sich für eine Milderung der Kastengegensätze sowie zwischen den verfeindeten Moslems und Hindus ein, wobei ihm eine Aufwertung der »Parias« (»Unberührbaren«) am Herzen liegt. Am 30. Januar 1948 erschießt ihn ein hinduistischer Fanatiker in Delhi.

NEW YORK

Börsenkrach leitet Wirtschaftskrise ein

Ein heftiger Kurssturz an der New Yorker Aktienbörse markiert den Beginn der Weltwirtschaftskrise, einer weltweiten Rezession mit Massenarbeitslosigkeit und Produktionsrückgang.

25. 10. 1929: Der »Schwarze Freitag« beendet abrupt eine seit 1919 andauernde, nur selten unterbrochene Aufwärtsbewegung der Börsenkurse. Er hatte die Anleger zu dem Glauben verleitet, dass es wesentliche Konjunkturschwankungen wie zwischen 1850 und 1914 nicht mehr geben würde. Dieser ungehemmte Fortschrittsglaube wird nun schwer erschüttert.

Zwar geht der Börsenkrach an der Wall Street als »Schwarzer Freitag« in die Geschichte ein, jedoch wurde der Kurssturz bereits am 23. Oktober eingeleitet. Bis zum 29. Oktober werden rd. 16,5 Mio. Aktien verkauft und die Kurse fallen um durchschnittlich 40%. Der »Crash« vernichtet neben zahlreichen Firmen auch die Guthaben von Millionen von Kleinanlegern. Ursachen für den Kursverfall sind neben der lebhaften Spekulation u.a. das Ungleichgewicht in der Weltwirtschaft und des Weltwährungssystems sowie die Absatzkrise in der US-Landwirtschaft.

In Europa sind die Folgen des Börsenkrachs ab Ende 1929 durch den Abzug US-amerikanischer Kredite spürbar, zuerst in Frankreich und Großbritannien, ab Ende 1930 auch in Österreich und im Deutschen Reich. Der Abfluss ausländischer Gelder macht im Mai 1931 die Österreichische Creditanstalt, im Juli 1931 die Darmstädter- und Nationalbank zahlungsunfähig. Ein drohender Zusammenbruch des Kreditwesens wird durch das Eingreifen des Staates verhindert.

Der auf den »Schwarzen Freitag« folgende Konjunktureinbruch mit einem Rückgang der industriellen Produktion von 44% in den USA (1929-1932) und 26% in Deutschland (1928-1932), wo die Rezession schon früher eingesetzt, zeigt sich insbesondere in den rapide anwachsenden Arbeitslosenzahlen. Sie erreichen in Deutschland im Februar 1932 mit 6,13 Mio. (sowie rd. 3 Mio. Kurzarbeiter) einen absoluten Höhepunkt. Das Deutsche Reich weist im internationalen Vergleich mit 18% eine der höchsten Arbeitslosenquoten auf.

Die negativen Auswirkungen von Arbeitslosigkeit und Kurzarbeit werden noch durch sinkende Reallöhne verschärft und führen in vielen Ländern Europas zu einer Radikalisierung, von der vor allem rechtsextreme Parteien profitieren.

Großes Bild: Börsenkrach an der Wall Street; kleines Bild: Arbeitslose in Hannover

MADRID

In Spanien ist die Monarchie am Ende

Nach mehr als 400-jähriger Herrschaft der Habsburger und Bourbonen wird Spanien zum zweiten Mal in seiner Geschichte (nach 1873/74) Republik.

14. 4. 1931: Der seit dem Jahr 1902 regierende König Alfons XIII. erklärt nach dem für die monarchistischen Parteien negativen Ausgang der Gemeindewahlen vom 12. April den Verzicht auf die Regierungsgewalt und verlässt das Land.

Neuer Regierungschef wird der gemäßigt konservative Politiker Niceto Alcalá Zamora y Torres. Seiner Regierung gehören – gemäß der im Pakt von San Sebastián (1930) erreichten Verständigung zwischen den bürgerlich-republikanischen Parteien und den Sozialisten – auch sozialistische und linksliberale Politiker an.

Die Monarchie hat es in den zurückliegenden Jahren nicht geschafft, dem ökonomisch und sozial rückständigen Spanien wirtschaftlichen Anschluss an das übrige Europa zu verschaffen. Von den etwa 11 Mio. Erwerbstätigen gelten rd. 8 Mio. als arm. 50 000 Großgrundbesitzer verfügen über etwa die Hälfte des Bodens, dagegen beackern 1,5 Mio. Kleinbauern jeweils weniger als 1 ha Land.

Den Anfang vom Ende der Monarchie bildete am 28. Januar 1930 der Rücktritt von Diktator Miguel Primo de Rivera y Orbaneja. Der General hatte am 13. September 1923 mit Billigung des Königs die Cortes aufgelöst, die Verfassung außer Kraft gesetzt und unter Ausschaltung des Parlaments regiert.

BERLIN

NS-Diktatur in Deutschland

Innerhalb weniger Monate beseitigt Hitler die Ergebnisse von 14 Jahren Demokratie und errichtet einen Einparteienstaat.

30. 1. 1933: Reichspräsident Paul von Hindenburg ernennt NSDAP-Führer Adolf Hitler zum Reichskanzler. Hitlers Ernennung wird möglich durch den Einfluss konservativer Kreise auf den greisen Hindenburg. Hitlers Präsidialkabinett gehören nur drei Nationalsozialisten an. Seine konservativen Bundesgenossen glauben daher, sie könnten Hitler für ihre Ziele einspannen. Doch bereits am 1. Februar erzwingt Hitler die Auflösung des Reichstages und erreicht am 4. Februar den Erlass der Notverordnung »zum Schutz des deutschen Volkes«, die der massiven Wahlkampfbehinderung der republikanischen Parteien dient. Der Brand des Berliner Reichstagsgebäudes (27. 2.) ist das Signal für eine vorbereitete Verhaftungswelle.

Der Reichstagsbrand; angeblich ist der Niederländer Marinus van der Lubbe der Brandstifter.

Die am 28. Februar erlassene Verordnung »zum Schutz von Volk und Staat« setzt zahlreiche Grundrechte außer Kraft. Trotz erheblicher Wahlbeeinflussung verfehlt die NSDAP am 5. März mit 288 von 647 Mandaten die absolute Mehrheit. Hitler lässt die 81 Mandate der KPD annullieren und leitet die »Gleichschaltung« des gesamten politischen und öffentlichen Lebens ein. In der Woche nach den Wahlen werden alle nicht von der NSDAP geführten Länderregierungen abgelöst und im April Reichsstatthalter eingesetzt. Am 23. März sichert sich Hitler durch das sog. Ermächtigungsgesetz, dem im Reichstag nur die SPD die Zustimmung verweigert, nahezu unbegrenzte Befugnisse.

Am 2. Mai folgt das Verbot der freien Gewerkschaften. Die SPD wird am 22. Juni verboten, bis zum 5. Juli erfolgt die durch den NS-Terror erzwungene Selbstauflösung der übrigen Parteien mit Ausnahme der NSDAP. Am 6. Juli erklärt Hitler die »Machtübernahme« für beendet.

Missliebige Personen werden aus dem Beruf gedrängt, verhaftet, getötet oder – wie zahlreiche Angehörige von Kultur und Wissenschaft – zur Emigration gezwungen. Am 21. und 22. März entstehen erste Konzentrationslager in Oranienburg und Dachau, wo vor allem Kommunisten, Sozialdemokraten und Juden der Willkür ihrer Bewacher ausgesetzt sind.

Hitlers Einparteienstaat beruht jedoch nicht nur auf Unterdrückung und Gewalt, er stützt sich auf eine wachsende Zustimmung breiter Schichten des Volkes. Vor 1933 waren es vor allem die vom Abstieg bedrohten Mittelschichten, die Hitlers Partei ihre Stimme gaben, nun dringen die Nationalsozialisten auch in die Wählerschichten des katholischen Zentrums und der Arbeiterparteien ein. Der Abschluss des Reichskonkordats mit dem Vatikan am 20. Juli besänftigt die Katholi-

ZUR PERSON

Adolf Hitler

Adolf Hitler (*20. 4. 1889 in Braunau) schaffte innerhalb von 14 Jahren den Aufstieg vom berufslosen Reichswehrsoldaten zum Reichskanzler. Geprägt vom antijüdischen Klima in Wien vor 1914, legte er sich eine völkisch-antisemitische »Weltanschauung« zurecht, auf deren Grundlage er nach der Entlassung aus dem Militärdienst im März 1920 als Vorsitzender (ab Juli 1921) der Nationalsozialistischen Deutschen Arbeiterpartei eine Schlüsselfigur der rechten Szene wurde. Der Versuch eines Staatsstreichs scheiterte am 9. November 1923. In der Festungshaft (1923/24) verfasste er seine Programmschrift »Mein Kampf«. 1939 beginnt er mit dem Überfall auf Polen den Zweiten Weltkrieg. Am 30. April 1945 begeht Hitler Selbstmord.

MUKDEN

Japaner setzen sich in der Mandschurei fest

Unter einem Vorwand beginnen japanische Truppen mit der Eroberung der Mandschurei und installieren dort einen Satellitenstaat.

18. 9. 1931: Eine von der japanischen Kwantung-Armee eigenmächtig inszenierte Bombenexplosion an der Südmandschurischen Eisenbahnlinie dient als Begründung für die Eroberung der Stadt Mukden (Shenyang) und die nachfolgende planmäßige Besetzung der Mandschurei gegen den hinhaltenden chinesischen Widerstand.

Nach der Niederlage im Krieg gegen Japan 1905 hatte sich Russland aus dem Süden der Mandschurei zurückziehen müssen. Ausgehend von der Kontrolle der Südmandschurischen Eisenbahn (von Port Arthur nach Harbin) hat sich Japan immer mehr in der Mandschurei festgesetzt.

Die mit dem Mukden-Zwischenfall einsetzenden chinesisch-japanischen Auseinandersetzungen sind der Beginn einer Expansionspolitik und gleichzeitig des bestimmenden Einflusses des Militärs auf die japanische Politik.

Der von China angerufene Völkerbund schickt die sog. Lytton-Kommission in die Mandschurei. Sie verlangt die weitgehende Wiederherstellung der chinesischen Souveränität. Dies hat aber lediglich den Austritt Japans aus dem Völkerbund (27. 3. 1933) zur Folge. 1932 proklamieren die Japaner den Satellitenstaat Mandschukuo (»Mandschu-Reich«), zuerst als Republik, 1934 dann als Kaiserreich. Als Präsident und später Kaiser wird der letzte chinesische Kaiser Pu Yi wieder eingesetzt. Tatsächlich regiert in Mandschukuo die japanische Armee.

Durch ihre reichen Rohstoffvorkommen, die hohen Agrarüberschüsse und den beschleunigten Ausbau einer eigenen Schwerindustrie wird die planmäßig ausgebeutete Mandschurei zu einem der wichtigsten Lieferanten und zur Rüstungsschmiede Japans.

Chinesen müssen für die japanischen Streitkräfte arbeiten.

Am 10. Mai werden in Berlin durch Angehörige der Deutschen Studentenschaft Bücher jüdischer und antifaschistischer Autoren verbrannt.

ken; die von großem Propagandaaufwand begleiteten Arbeitsbeschaffungsmaßnahmen sorgen für mehr Akzeptanz bei den Arbeitern. Der Preis für die allmähliche Anhebung des Lebensstandards auf das Niveau vor der Wirtschaftskrise ist aber der Verlust der Arbeitnehmerrechte.

Am 1. April gibt Hitler dem lange geschürten Antisemitismus seiner Anhänger freien Lauf. Im ganzen Reichsgebiet werden jüdische Kaufleute, Ärzte und Rechtsanwälte boykottiert. Damit beginnt die allmähliche Entrechtung der rd. 500 000 Deutschen jüdischen Glaubens. Durch den Austritt aus dem Völkerbund und der Genfer Abrüstungskonferenz am 14. Oktober demonstriert Hitler seine Entschlossenheit, die in Versailles verlorenen Gebiete notfalls auch gewaltsam zurückzugewinnen. Beim Tode Hindenburgs am 2. August 1934 vereinigt Hitler in seiner Person das Kanzler- und das Präsidentenamt, womit er als Oberster Befehlshaber auch die Wehrmacht in seine Hand bekommt.

WIEN

Nazis ermorden Dollfuß

Bei einem gescheiterten Putsch der österreichischen Nationalsozialisten wird Bundeskanzler Engelbert Dollfuß ermordet.

25. 7. 1934: Die Putschisten besetzen das Gebäude der Rundfunkgesellschaft RAVAG und das Bundeskanzleramt, wo Dollfuß niedergeschossen wird und nach drei Stunden seinen Verletzungen erliegt. Der Putsch bricht rasch zusammen, zwei der an Dollfuß' Tod Beteiligten werden am 31. Juli hingerichtet.

Der 1932 mit der Regierung betraute Dollfuß hatte am 4. März 1933 das zeitweise handlungsunfähig gewordene Parlament ausgeschaltet und am 19. Juni die NSDAP verboten. Der vom ebenfalls verbotenen sozaldemokratischen Republikanischen Schutzbund ausgelöste Aufstandsversuch wurde zwischen dem 12. und 15. Februar 1934 von Heimwehr und Militär blutig niedergeworfen. Eine am 30. April verkündete »Verfassung 1934« erklärte Österreich zu einem Ständestaat auf christlicher Grundlage.

Die deutsche Führung weist jede Verantwortung für den Juliputsch zurück und greift nicht ein, auch weil sich Italiens Diktator Benito Mussolini schützend vor Österreich stellt. Neuer Bundeskanzler wird am 30. Juli Kurt Schuschnigg, der an der Idee seines Vorgängers von einem konservativ-christlichen Ständestaat festhält.

WASHINGTON

Im Zeichen des »New Deal«

Mit dem Amtsantritt von Franklin D. Roosevelt treten die USA in eine neue Phase ein. Im Kampf gegen die nach dem Börsenkrach 1929 begonnene Wirtschaftskrise greift der Staat erstmals in großem Umfang lenkend in die Wirtschaft ein.

4. 3. 1933: Roosevelt wird als US-Präsident vereidigt. Der Enttäuschung der Wähler über die Tatenlosigkeit Washingtons bei der Überwindung der Bankenkrise und der Arbeitslosigkeit verdankte der Demokrat am 8. November 1932 seinen Wahlsieg über den Amtsinhaber Herbert C. Hoover.

Der am 30. Januar 1882 in Hyde Park (US-Bundesstaat New York) geborene Roosevelt kann den Amerikanern wieder Mut und Zuversicht vermitteln.

Im Wahlkampf hatte er einen »New Deal« versprochen, eine »Neuverteilung der Spielkarten«, um die Beziehungen zwischen Arbeitern und Arbeitgebern, Konsumenten und Produzenten auf eine neue, gerechtere Grundlage zu stellen. Staatsaufträge helfen die Wirtschaft anzukurbeln, Gesetze sorgen für eine staatliche Überwachung der Banken und Börsen. Durch ein Ausfuhrverbot für Gold vollziehen die USA im April 1933 die Abkehr vom Goldstandard. Die Folge ist eine faktische Abwertung des US-Dollars, was wiederum dem Außenhandel zugute kommt.

Die Farmer profitieren von einer Neuregelung der Schuldentilgung, ihnen wird durch Stützpreise für Farmprodukte ein Mindesteinkommen garantiert; die Zahlung von Prämien für stillgelegte Betriebsflächen hilft beim Abbau der Überproduktion.

Erstmals werden für Arbeiter und Angestellte Höchstarbeitszeiten und garantierte Mindestlöhne festgesetzt. Im Rahmen eines Programms zur Wirtschaftsbelebung werden in verschiedenen Branchen Preisabsprachen erlaubt, die nicht den strengen Antitrustgesetzen gegen Monopole unterliegen. Die Schaffung eines zivilen Arbeitskorps gibt nicht nur hunderttausenden jüngeren Erwerbslosen wieder Beschäftigung, sondern dient auch der Aufforstung geschädigter Waldgebiete. Mit der Gründung der Tennessee Valley Authority, die mit ihrer Arbeit in die Rechte von sieben US-Bundesstaaten eingreift, wird im Mai 1933 eine viel beachtete Initiative gestartet, bei der durch den Bau von Stauwerken das Notstandsgebiet im Tal des Tennessee River in den folgenden Jahren in eine wirtschaftlich blühende Landschaft verwandelt wird.

Der »New Deal« stößt aber auf vielfache Widerstände, sowohl bei Interessengruppen als auch im Kongress und beim Obersten Gerichtshof, der im Mai 1935 die Wirtschaftsgesetzgebung zum großen Teil für verfassungswidrig erklärt. Gemeinsam mit Vizepräsident John N. Garner unternimmt Roosevelt deshalb Werbereisen durch die USA.

Außenpolitisch befürwortet der Präsident eine Politik strikter Neutralität, die erst ab 1937 angesichts der vom Deutschen Reich, Italien und Japan ausgehenden Aggression modifiziert wird.

Roosevelt (r.) mit Vizepräsident Garner

NEW YORK

Schmeling schlägt Louis K.o.

Eine der größten Überraschungen in der Geschichte des Schwergewichtsboxens ist der K.o.-Sieg des deutschen Ex-Weltmeisters Max Schmeling über den »Braunen Bomber« Joe Louis im Yankee-Stadium.

19. 6. 1936: In der zwölften Runde besiegelt in diesem Schaukampf eine rechte Gerade ans Kinn das Aus für den bis dahin ungeschlagenen Louis. Schmeling verlässt als der gefeierte Sieger den Ring (s. Abb.).

Louis war über die ersten drei Runden im Vorteil. In der vierten Runde jedoch musste Louis, von Schmelings Rechter getroffen, erstmals zu Boden. Der 22-jährige Louis hatte von 28 Profikämpfen bisher 24 vorzeitig beendet. Der Kampf gegen den 30-jährigen Schmeling galt lediglich als Vorbereitung auf den Titelkampf gegen Weltmeister James J. Braddock.

Schmeling hatte sich am 12. Juni 1930 umstritten den Titel geholt: Sein Gegner Jack Sharkey war wegen Tiefschlags disqualifiziert worden. Schmeling war der erste Europäer, der die höchste Krone des Faustkampfes erringen konnte. Öffentliche Anerkennung fand Schmeling aber erst durch seine souveräne

GUERNICA

Bürgerkrieg in Spanien

Der Luftangriff auf Guernica wird zum Symbol des faschistischen Terrors im Spanischen Bürgerkrieg.

26. 4. 1937: Während des Spanischen Bürgerkrieges wird die baskische Stadt Guernica durch einen schweren Luftangriff der auf Seiten der Franco-Truppen kämpfenden deutschen »Legion Condor« völlig zerstört.

Der Luftangriff, der Hunderte das Leben kostet, veranlasst Pablo Picasso zur Schaffung des gleichnamigen Bildes »Guernica« für den Pavillon der spanischen Republik auf der Pariser Weltausstellung im Juli 1937.

Gegen die aus den Wahlen im Februar 1936 siegreich hervorgegangene Volksfront aus Republikanern, Sozialisten, Syndikalisten und Kommunisten sowie die von ihnen gebildete Regierung hatten sich unter Führung mehrerer Generäle, darunter Francisco Franco Bahamonde, am 17. Juli 1936 die Garnisonen in Spanisch-Marokko erhoben. Der Militärputsch erfasste ganz Spanien und weitete sich zum Bürgerkrieg aus. Franco bildete eine Gegenregierung in Burgos und wurde wirksam unterstützt durch die faschistischen Regime in Deutschland und Italien, das eine faschistische Miliz nach Spanien schickte.

Frankreich beschränkt sich überwiegend auf Solidaritätsbekundungen, Großbritannien plädiert für Nichteinmischung. Nur die Sowjetunion, Mexiko sowie Sozialisten und Kommunisten aus aller Welt (Internationale Brigaden) leisten der Republik militärische und wirtschaftliche Hilfe.

Am 19. April 1937 fasst Franco die rechtsnationale Falange und die monarchistischen Requetés per Dekret zur Sammelbewegung Falange Española zusammen.

Nach verlustreichen Kämpfen bei Teruel (Dezember 1937 bis Februar 1938) erreichen die Franco-Truppen am 15. April 1938 die Mittelmeerküste. Damit ist das Gebiet der Republik in eine nördliche Hälfte um Barcelona und eine größere südliche Hälfte mit der Hauptstadt Madrid geteilt. Nach der gescheiterten Offensive der Republikaner an der Ebro-Front (Juli-November 1938) werden die Internationalen Brigaden am 15. November nach Hause geschickt. Im März 1939 ziehen Francos Truppen in Madrid ein. Franco bleibt als Caudillo (»Führer«) bis 1975 an der Spitze des faschistisch aufgebauten Staates.

Franco-Soldaten in den Ruinen Guernicas nach der Eroberung der Stadt (Oktober 1937)

ZUR PERSON

Mao Tse-tung

Bereits 1927 hatte Mao Tse-tung (*26. 12. 1893 in Shaoshan) erkannt, dass nur durch eine Strategie der Bauernbefreiung eine revolutionäre Veränderung in China möglich sein würde. Mao nahm 1921 an der Gründung der KP teil und errichtete 1931 in Kiangsi einen »Sowjestaat«. Nach dem japanischen Überfall auf China im Jahr 1937 verbündet er sich mit dem Führer der nationalistischen Kuomintang, Chiang Kai-shek. Das Zweckbündnis zerbricht 1946 wieder, im Oktober 1949 ruft Mao die Volksrepublik China aus. Er wird Vorsitzender der Volksregierung und 1954 Staatsoberhaupt. Unter seiner Leitung wird China ein sozialistischer Staat. Nach wirtschaftlichen Rückschlägen und innerparteilichen Machtkämpfen tritt er 1959 als Staatschef zurück, behält aber seine Parteiämter. In der Kulturrevolution (1966-1969) gelingt es ihm, seine auf eine gemäßigte Politik dringenden innerparteilichen Gegner auszuschalten. Am 9. September 1976 stirbt Mao in Peking.

Titelverteidigung gegen William Young Stribling (USA) am 3. Juli 1931. In der Revanche gegen Sharkey verlor Schmeling am 21. Juni 1932 den Titel durch ein umstrittenes Kampfrichterurteil.

Mit dem K.o. über den »Braunen Bomber« feiert Schmeling ein glanzvolles Comeback. Am 22. Juni 1938 erhält er wieder die Chance auf den Titel, geht jedoch gegen Louis in der ersten Runde K.o. Er holt sich dann noch einmal 1939 die Europameisterschaft, dann verhindert der Krieg weitere Kämpfe. 1948 tritt er zurück.

Louis aber bleibt nach seiner sensationellen Niederlage gegen Schmeling 13 Jahre lang ungeschlagen. 25-mal verteidigt er seinen Titel (davon 22-mal durch K.o.) und verliert als Profi nur drei von 71 Kämpfen.

PARIS

Die Volksfront regiert

Aufgrund des Versagens der bürgerlichen Parteien in Finanz- und Währungsfragen gelangt in Frankreich eine Linksregierung an die Macht.

4. 6. 1936: Einen Monat nach dem Wahlsieg der Linken erhält Frankreich erstmals einen sozialistischen Regierungschef. Bei den Wahlen zur Deputiertenkammer (26. 4. und 3. 5.) hatte das 1935 gegründete Bündnis der Sozialisten, Kommunisten und Linksliberalen 378 von 614 Sitzen errungen. Die stärkste Partei sind die Sozialisten (146 Mandate), die mit Léon Blum auch den Ministerpräsidenten stellen. Der Linksrutsch resultiert aus dem Versagen der bürgerlichen Parteien bei der Sanierung der Staatsfinanzen und der Währung, die Frankreich im Februar 1934 an den Rande einer Staatskrise geführt hat. Blum setzt ein sozialpolitisches Reformpaket durch, das u.a. die 40-Stunden-Woche, kollektive Arbeitsverträge, bezahlten Jahresurlaub, Wahl von Arbeitervertretern in Betrieben von mehr als zehn Beschäftigten und Lohnerhöhungen beinhaltet. Doch die anhaltende Wirtschaftskrise entzieht dem Reformprogramm den Boden. Blums Regierung stürzt am 21. Juni 1937. Im April 1938 bricht die Volksfront endgültig auseinander.

Interview mit Sozialistenführer L. Blum

KIANGSI

Kommunisten bestehen »Langen Marsch«

Mit einem groß angelegten strategischen Rückzug nach Norden entgehen Chinas Kommunisten der militärischen Umklammerung durch die nationalistische Kuomintang. Der »Lange Marsch« wird später zur Legende und Geburtsstunde des maoistischen Chinas verklärt.

16. 10. 1934: Etwa 90 000 Kommunisten treten den rd. 12 500 km »Langen Marsch« an, etwa 15 000 Menschen schließen sich unterwegs an. Ihr Weg führt durch zwölf verschiedene Provinzen mit häufig wechselnden klimatischen und geografischen Bedingungen.

Schwer zugängliche Sümpfe, 24 Flüsse und unwegsame Berge sind zu überwinden. Unter unsäglichen Strapazen erreichen etwa 7000 Kämpfer am 20. Oktober 1935 die Stadt Yenan in der nordwestlichen Provinz Schensi. Hier baut die Rote Armee eine neue Basis auf.

1931 hatten die Kommunisten in Kiangsi eine Sowjetrepublik gegründet und eine Bodenreform durchgeführt. Ihre Gebiete in Südchina konnten sich jedoch nicht gegen die Angriffe der Kuomintang-Truppen von Chiang Kai-shek behaupten, der 1927 sein Bündnis mit den Kommunisten aufgekündigt hatte. Im fünften sog. Einkreisungs- und Ausrottungsfeldzug gelingt ihm die Zerschlagung der Sowjetrepublik. Trotz der japanischen Bedrohung sieht Chiang hier den Hauptgegner. Für ihn sind die »Japaner eine Hautkrankheit, die Kommunisten aber ein Herzleiden«.

Während des »Langen Marsches« wird am 6. Januar 1935 Mao Tse-tung zum Vorsitzenden des Politbüros der Kommunistischen Partei Chinas (KPCh) gewählt. Er hat sich damit nach jahrelangen Machtkämpfen als dominierende Persönlichkeit behauptet. Im Gegensatz zur offiziellen Parteilinie sah Mao stets in den Bauern die Hauptkraft der Revolution und propagierte den – auf der Basis ländlicher Stützpunkte geführten – Partisanenkrieg gegen die Kuomintang und gegen die sog. Warlords, Militärmachthaber, die – nur durch Waffengewalt legitimiert – in verschiedenen Landesteilen unumschränkt herrschten. Mit ihrem »Langen Marsch« gelingt der Roten Armee nicht nur die Flucht vor den Kuomintang-Truppen; sie machen auch Millionen armer Bauern erstmals mit kommunistischen Ideen bekannt. Zugleich wird er zum verbindenden Gemeinschaftserlebnis, zahlreiche Teilnehmer spielen noch Jahrzehnte später eine wichtige politische Rolle. In Yenan entsteht eine politische Ordnung, die wegweisend für das künftige kommunistische China wird. Demgegenüber nimmt die Autorität der Kuomintang in ihren Gebieten immer mehr ab.

In der maoistischen Terminologie gilt die Yenan-Periode als »neudemokratisch«, denn nicht eine einzige Klasse, sondern Arbeiter, Bauern, Kleinbürger und nationale Bourgeoisie insgesamt sind aufgefordert, gegen die sog. antipatriotischen Kräfte zu kämpfen. Gemeint sind die Japaner und ihre chinesischen Verbündeten. Die soziale Revolution steht vorerst hinter dem nationalen Ringen um die Einheit und Unabhängigkeit Chinas zurück.

Mao Tse-tung zu Pferde mit Soldaten der Roten Armee auf dem »Langen Marsch«

Weltwirtschaftskrise und Zweiter

1929-1945

Der »Schwarze Freitag«

Der 25. Oktober 1929 ging als »Schwarzer Freitag« in die Geschichte ein: Er markierte das Ende der »Goldenen Zwanziger Jahre«, in denen in den USA selbst der kleine Mann im Vertrauen auf immer weitere Kurssteigerungen an der Börse spekulierte. Dies hatte die Aktienkurse hochschnellen lassen und den nordamerikanischen Kreditmarkt stark aufgebläht. Viele Wertpapierkäufe waren in der Hoffnung auf steigende Kurse mit Krediten finanziert werden. Als die berufsmäßigen Spekulanten im August 1929 begannen, ihre Papiere abzustoßen, schlug die allgemeine Kaufeuphorie in kürzester Zeit in eine hektische Verkaufshysterie um. Die Folge waren Kurseinbrüche von bisher unbekanntem Ausmaß.

Zwischen dem 23. und dem 29. Oktober gab der seit 1896 börsentäglich ermittelte Dow-Jones-Index von 381 auf 261 Punkte nach. In weniger als einer Woche brach der Aktienmarkt an der Wall Street regelrecht zusammen. Aktiengestützte Kredite wurden gekündigt und lösten immer weitere Aktienverkäufe zur Geldbeschaffung aus. Eine Liquiditätspanik erfasste selbst die Banken. 1932 notierte der Dow-Jones-Index nur noch bei 41,2 Punkten. Die Zeit der Prosperität in den USA wich einer Phase schwerer Depression, die den Auftakt zu einer weltweiten Wirtschaftskrise darstellte.

Die amerikanische Finanzkrise zeigte schon bald ihre Auswirkungen in Europa. Vor allem Deutschland und Österreich hatten zwischen 1924 und 1929 erheblichen Kapitalzufluss aus den USA erhalten. Knapp die Hälfte der deutschen Nettoinvestitionen wurden durch Auslandsgelder finanziert. Als die US-amerikanischen Geldgeber notgedrungen ihre kurzfristig kündbaren Kredite aus Mitteleuropa abriefen, zeigte sich, wie unzureichend die Rücklagen der deutschen und österreichischen Banken waren. Am 11. Mai 1931 alarmierte der Zusammenbruch der Österreichischen Credit-Anstalt die Öffentlichkeit, am 13. Juli muss die Darmstädter und Nationalbank als erste deutsche Großbank ihre Schalter schließen. Der Kollaps des gesamten Bankensystems konnte nur mit Hilfe von Notverordnungen und Staatsintervention abgewendet werden.

Der Überlebenskampf der Banken verschärfte allerdings die Wirtschaftskrise: In Deutschland ging die Wirtschaftsleistung zwischen 1928 und 1932 um 26% zurück, die Arbeitslosenzahl stieg bis Februar 1932 auf 6,128 Mio. an (sowie rd. 3 Mio. Kurzarbeiter). Im Jahresdurchschnitt 1932 lag die Arbeitslosenquote in Deutschland bei 29,9%. In den USA waren Anfang 1933 sogar 15 Mio. Menschen – ein Drittel aller Erwerbstätigen – ohne Arbeit.

Die politischen Auswirkungen waren erheblich; in Deutschland stärkte die Deflationspolitik des Zentrumspolitikers Heinrich Brüning (Reichskanzler von März 1930 bis Mai 1932) die politische Linke (KPD) und Rechte (NSDAP), während die Parteien der sog. Weimarer Koalition (SPD, Zentrum und linksliberale DDP) zusehends an Stimmen und Einfluss verloren.

Im Schatten des Faschismus

Im Oktober 1922 wurde der Führer der »Partito Nazionale Fascista«, Benito Mussolini, nach einem weder wohl durchdachten noch hinreichend organisierten »Marsch auf Rom» vom italienischen König Viktor Emanuel III. zum Ministerpräsidenten ernannt. Die Furcht vor der »roten Revolution« ließ König und Kirche, Liberale und Demokraten vor dem Machtanspruch der Faschisten zurückweichen, so dass Mussolini eine Alleinherrschaft seiner Partei errichten konnte. 1929 war die Etablierung der faschistischen Herrschaft in Italien abgeschlossen, die Versöhnung mit den Katholiken durch den Abschluss der Lateran-Verträge mit dem Vatikan vollzogen und der Führungsanspruch des »Duce« (Führer) Mussolini von einem großen Teil der Bevölkerung akzeptiert. Die alten Oppositionsparteien, vor allem die der Kommunisten und Sozialisten, waren aufgelöst, ihre Führer verhaftet oder im Untergrund, ihre Zeitungen verboten.

Die Erfolge der italienischen Faschisten dienten den deutschen Nationalsozialisten als Vorbild. Am 9. November 1923 scheiterte jedoch in München ein dilettantischer Putschversuch; ihr »Führer« Adolf Hitler nutzte die anschließende – überaus milde – einjährige Festungshaft allerdings zur Niederschrift seines politischen Programms (»Mein Kampf«) und schürte den Mythos vom Märtyrer für die nationale Sache. Sein Ziel blieb unverändert die »Machtergreifung« in Deutschland, nur die Taktik änderte sich: Nicht mit Gewalt, sondern auf »legalem« Weg (durch Wahlen) sollte die NSDAP an die Regierung kommen. Dieses Ziel blieb aber vorerst unerreicht.

Erst 1930 verhalf die Wirtschaftskrise den Nationalsozialisten zum politischen Durchbruch. Im Juli (37,3%) sowie November 1932 (33,1%) wurde die NSDAP sogar stärkste Fraktion im Reichstag, erlangte allerdings nie die erhoffte absolute Mehrheit. So waren es nicht die Wähler, die Hitler schließlich doch zum Reichskanzler machten, sondern einflussreiche Kreise der Großgrundbesitzer und -industriellen. Sie schwenkten Ende 1932 auf den Führer der NSDAP ein und veranlassten den schon 85-jährigen Reichspräsidenten Paul von Hindenburg, Hitler am 30. Januar 1933 zum Kanzler eines Präsidialkabinetts zu ernennen. Es war das 24. und letzte Kabinett in 14 Jahren Republik.

Innerhalb der folgenden nur fünf Monate schuf die NSDAP die Grundlagen für die nationalsozialistische Gewaltherrschaft der folgenden zwölf Jahre: Die meisten Grundrechte wurden außer Kraft gesetzt, die politische Opposition unterdrückt, die ersten Konzentrationslager eingerichte, und die »Gleichschaltung« aller Bereiche des öffentlichen Lebens begann. Bereits am 6. Juli 1933 erklärte Hitler die zur »nationalsozialistischen Revolution« hochstilisierte Machtübernahme für abgeschlossen; das NS-Terrorregime hatte sich etabliert.

Mehr oder weniger stark ausgeprägte faschistische Bewegungen gab es in den 30er Jahren in fast allen europäischen Ländern, so die »Rexisten«-Bewegung in Belgien, die »Storm-Afdelinger« in Dänemark, die »Action Française« in Frankreich, die »British Union of Fascicts« in Großbritannien, die »Nationalgarde« (auch Blue Shirts) in Irland, die »Nationalsozialistische Bewegung« der Niederlande, die »Nasjonal Samling« in Norwegen, die »Eiserne Garde« in Rumänien, die »Falange« in Spanien und die »Pfeilkreuzler« in Ungarn. Obgleich sie die Entstehung von Rechtsdiktaturen forderten, gelangten sie nur noch in einem weiteren Land an die Macht: in Spanien, wo Francisco Franco (mit massiver deutsch-italienischer Waffenhilfe) nach einem Militärputsch und darauffolgendem dreijährigem Bürgerkrieg (1936–1939) einen zentralistisch-autoritären Staat errichtete, der bis zu seinem Tod 1975 Bestand hatte.

Die japanische Expansion in Ostasien

Als Ende 1926 der 25-jährige Prinzregent Hirohito als 123. Tenno den Kaiserthron bestieg, stand Japan vor dem wachsenden Problem der Übervölkerung. Unter dem Einfluss radikaler Offizierskreise breitete sich ein extremer Nationalismus sowohl in der Bevölkerung als auch in der Staatsführung aus. Eine Lösung der ökonomischen und bevölkerungspolitischen Schwierigkeiten des Landes schien allein durch eine militärische Expansion möglich. Am 18. September 1931 diente ein von japanischen Militärs inszenierter Zwischenfall bei Mukden als Vorwand für die Besetzung der drei mandschurischen Provinzen Chinas, die 1932 zu einem neuen Staat Mandschukuo zusammengefasst wurden. Da die Großmächte die Anerkennung dieses japanischen Vasallenstaates verweigerten, kündigte Japan 1933 seine Mitgliedschaft im Völkerbund auf.

Weltkrieg

Diese außenpolitische Spannungssituation führte zu einer Destabilisierung der innenpolitischen Lage Japans. Zwar scheiterte 1936 ein von jüngeren Offizieren getragener Militärputsch, doch übernahm die Armee in der Folge die entscheidenden Machtpositionen im Land. Außenpolitisch näherte sich das Kaiserreich den Achsenmächten Deutschland und Italien, mit denen es Ende 1936 den »Antikominternpakt« unterzeichnete und 1940 einen Dreimächtepakt schloss. Ein Feuerwechsel zwischen japanischen und chinesischen Truppen bei Peking eröffnete am 7. Juli 1937 den offenen Krieg zwischen beiden Ländern, der bis 1945 andauerte. Zu einem Zeitpunkt also, als man in Europa voller Zuversicht darauf hoffte, einen neuerlichen Krieg abwenden zu können, war dieser in Ostasien bereits in vollem Gange.

»Seit 5.45 Uhr wird zurückgeschossen«

Am 1. September 1939, um 4.45 Uhr in der Frühe eröffnet das Schlachtschiff »Schleswig-Holstein« das Feuer auf die Westerplatte vor Danzig. In der Folge marschierten deutsche Truppen in Polen ein, ohne dass zuvor eine Kriegserklärung erfolgt war. Bis zuletzt hatte Hitler versucht, Polen durch massive Propaganda von den Westmächten zu isolieren, um den beabsichtigten Krieg zunächst auf die Ostfront zu beschränken. Er ließ zu diesem Zweck von der SS polnische Grenzverletzungen und einen angeblichen Überfall auf den Rundfunksender Gleiwitz inszenieren, die den Vorwand für das deutsche »Zurückschießen« bieten sollten. Doch die Weltöffentlichkeit ließ sich nicht länger täuschen: Am 3. September erklärten Frankreich und Großbritannien dem Deutschen Reich den Krieg; während der fast sechsjährigen Kampfhandlungen stieg die Zahl der deutschen Kriegsgegner auf insgesamt 51, auch die anfänglichen Verbündeten wechselten im Lauf des Krieges die Fronten (Italien 1943, Bulgarien, Rumänien und Ungarn 1944, Finnland 1945).

Das nationalsozialistische Deutschland hatte sich zuvor systematisch auf den Krieg vorbereitet: Zwischen 1933 und 1939 waren die jährlichen Rüstungsausgaben von 0,7 auf 25,9 Mrd. Reichsmark (RM) gestiegen und ihr Anteil am Reichshaushalt damit von 8,6% auf 61,4% angewachsen. Die Folge war ein rapider Anstieg der Reichsschuld von 11,7 auf 42,6 Mrd. RM. Zugleich stieg der Geldumlauf von 5,7 auf 14,5 Mrd. RM (bis 1945 auf 56,7 Mrd. RM). Die Folge war eine aufgestaute Inflation. Ihre Folgen wurden am Ende allen jenen aufgebürdet, die in der Währungsreform von 1948 die Masse ihrer Ersparnisse verloren.

Am 16. März 1935 verkündete Hitler die Wiedereinführung der allgemeinen Wehrpflicht und die Aufstellung eines 36 Divisionen starken Heeres, bei Kriegsbeginn hatte sich diese Zahl beinahe verdreifacht (106 Divisionen). Unter dem Eindruck der politisch-militärischen Zurückhaltung der Westmächte angesichts der japanisch chinesischen Auseinandersetzung und des Spanischen Bürgerkrieges schritt Hitler zur Verwirklichung seiner Expansionspläne: Im März 1938 proklamierte er nach massiven Drohungen in Richtung Wien den »Anschluss« Österreichs, im Oktober 1938 folgte – nach dem Einlenken Großbritanniens und Frankreichs – der Einmarsch ins Sudetenland, im März 1939 wurde auch die sog. Rest-Tschechei besetzt, dort das »Reichsprotektorat Böhmen und Mähren« errichtet und das Memelgebiet »heim ins Reich« geholt, im Herbst 1939 wollte Hitler Polen durch Gebietsabtretungen (Danzig und exterritoriale Verkehrswege durch den sog. Korridor nach Ostpreußen) in eine enge Abhängigkeit zum Deutschen Reich bringen.

Als die polnische Regierung jedoch die deutschen Forderungen ablehnte, entschied Hitler sich – durch einen Nichtangriffspakt mit dem einstigen »Erzfeind« Sowjetunion am 23. August abgesichert – für die offene Gewalt. In einem Blitzkrieg sollte die polnische Wehrmacht vernichtet werden, um für einen deutschen Angriff gegen Frankreich freie Hand zu erhalten. Hitler nahm dabei das Risiko einer Kriegserklärung seitens Großbritanniens in Kauf, obwohl das Deutsche Reich für einen längeren europäischen Krieg noch nicht ausreichend gerüstet war. Der deutsche Angriff auf Polen war für London und Paris endgültiger Beweis für das Scheitern ihrer sog. Appeasement-(»Besänftigungs«-)Politik; ihr Nachgeben hatte Hitlers Expansionsstreben noch ermutigt.

Vom europäischen zum weltweiten Krieg

Der mit dem deutschen Angriff auf Polen begonnene Krieg lässt sich im Wesentlichen in vier Phasen unterteilen:

1. Der europäische Krieg (1939-1941), der mit erfolgreichen Blitzfeldzügen der deutschen Wehrmacht gegen Polen, Dänemark und Norwegen, Belgien, Luxemburg und die Niederlande sowie Frankreich begann und Italien im Juni 1940 zum Kriegseintritt veranlasste; Mitte 1940 verlagerte sich das Kriegsgeschehen nach Osten, vor allem auf den Balkan (Jugoslawien und Griechenland), aber auch nach Nordafrika. Die beabsichtigte Landung auf den Britischen Inseln musste Hitler jedoch nach dem überaus verlustreichen Scheitern der »Luftschlacht um England« (August/September 1940) »bis auf weiteres« verschieben.

2. Die Ausweitung vom europäischen zum weltweiten Krieg erfolgte 1941 und wurde vor allem durch zwei Ereignisse markiert: den seit Dezember 1940 aktiv vorbereiteten deutschen Überfall auf die Sowjetunion (22. 6. 1941) und den Angriff der japanischen Luftwaffe auf die US-amerikanische Flotte in Pearl Harbor (Hawaii, 7. 12. 1941), in deren Folge der europäische mit dem asiatischen Kriegsschauplatz zusammenwuchs und die USA in den Krieg eintraten. Ende 1941 war Hitlers Ziel, »die UdSSR in einem schnellen Feldzug niederzuwerfen«, vor Moskau gescheitert, jedoch war er durch das Ausbleiben einer »Zweiten Front« der Westalliierten zu neuen Offensiven im Osten in der Lage.

3. Während der dritten Kriegsphase ging die militärische Initiative von den Achsenmächten auf die neue »Anti-Hitler-Koalition« (Großbritannien, Sowjetunion und USA) über. An der Ostfront verlor Hitler bei Stalingrad zwischen November 1942 und Februar 1943 etwa 250 000 Soldaten, die britische Luftwaffe begann mit Flächenbombardements auf deutsche Städte (März 1942), die Niederlage der Japaner in der See-Luft-Schlacht um die Midway-Inseln (Juni 1942) leitete die Wende im Kampf um die Vorherrschaft im Pazifik ein. Im November 1942 wurden die deutsch-italienischen Truppen in Nordafrika von den Briten zum Rückzug gezwungen und im Mai 1943 musste Deutschland den U-Boot-Krieg im Atlantik abbrechen. Der Ruf nach dem »totalen Krieg«, propagandistisch verzerrte Durchhalteparolen und das (vergebliche) Hoffen auf Hitlers »Wunderwaffen« ersetzten in Deutschland die im schmetternden Ton vorgetragenen »Sondermeldungen« der ersten Kriegsjahre.

4. Mit der Landung alliierter Truppen in der Normandie (D-Day) am 6. Juni 1944 begann die letzte Phase des Zweiten Weltkrieges, an deren Ende die völlige Niederwerfung Deutschlands und Japans stehen sollte (Italien hatte bereits nach dem Sturz Mussolinis im Juli 1943 die Fronten gewechselt). Das Deutsche Reich war wirtschaftlich und militärisch am Ende, die allgemeine Kapitulation der Rest-Wehrmacht am 7./8. Mai 1945 unausweichlich.

Dem Ende im asiatischen Krieg ging das nach dem nationalsozialistischen Holocaust am jüdischen Volk, dem in den NS-Vernichtungslagern fast 6 Mio. Juden zum Opfer fielen, grausamste Kapitel des Zweiten Weltkrieges voraus: Am 6. August 1945 erteilte der neue US-Präsident Harry S. Truman (Roosevelt war am 12. 4. 1945 gestorben) die Erlaubnis zum Abwurf einer Atombombe auf die japanische Hafenstadt Hiroshima, die 115 000 Menschen das Leben kostete drei Tage später forderte eine zweite Atombombe in Nagasaki noch einmal mehr als 80 000 Todesopfer. Das Kaiserreich Japan kapitulierte bedingungslos, der Krieg war zu Ende.

70 Monate dauerte der bislang schrecklichste Krieg der Menschheit, der rund 55 Mio. Menschen das Leben kostete (in der Mehrheit Zivilisten). Die größten Verluste beklagten die Sowjetunion (20,6 Mio. Tote), Polen (6,02 Mio.) und Deutschland (5,25 Mio.). Die Zahl der chinesischen Kriegsopfer ist unbekannt, wird aber auf mehr als 13 Mio. geschätzt.

LONDON

Thronverzicht aus Liebe

Der Thronverzicht von König Eduard VIII. aus Zuneigung zu einer Amerikanerin stürzt die britische Monarchie in eine schwere Krise.

20. 1. 1936: In London stirbt König Georg V. Zum Nachfolger wird am 21. Januar Eduard VIII. ausgerufen. Er bleibt jedoch nur bis zum 10. Dezember 1936 auf dem Thron. Dann gibt der konservative Premierminister Stanley Baldwin im Unterhaus die Abdankung des Monarchen bekannt. Eduard VIII. zieht damit die Konsequenz aus seiner Verbindung mit der zweimal geschiedenen US-Amerikanerin Wallis Simpson, die vom Parlament missbilligt wird.

Der Regierung Baldwin kommt die Abdankung nicht ungelegen: Der neue Monarch hat Sympathien für die faschistischen Staaten Deutschland und Italien geäußert. Entscheidend ist jedoch, dass Baldwin befürchtet, eine solche Heirat des Königs würde der Monarchie Schaden zufügen.

Weil die britische Thronfolgeordnung einen Thronverzicht nicht vorsieht, bringt die Regierung im Parlament ein Abdankungsgesetz ein. Es wird am 11. Dezember angenommen, schließt Eduard und seine Nachkommen von der Thronfolge aus und bestimmt Eduards Bruder Albert, den Herzog von York, zu dessen Nachfolger. Albert besteigt als Georg VI. am 12. Dezember den Thron. Damit rückt seine älteste Tochter Elisabeth in der Thronfolge ganz nach oben.Eine der ersten Amtshandlungen des neuen Königs ist die Ernennung seines Bruders Eduard zum Herzog von Windsor. Er verlässt bereits am 12. Dezember Großbritannien. Am 3. Juni 1937 ehelicht er Wallis Simpson im Schloss Candé (Frankreich). Das Paar lebt in den folgenden Jahren überwiegend in Frankreich.

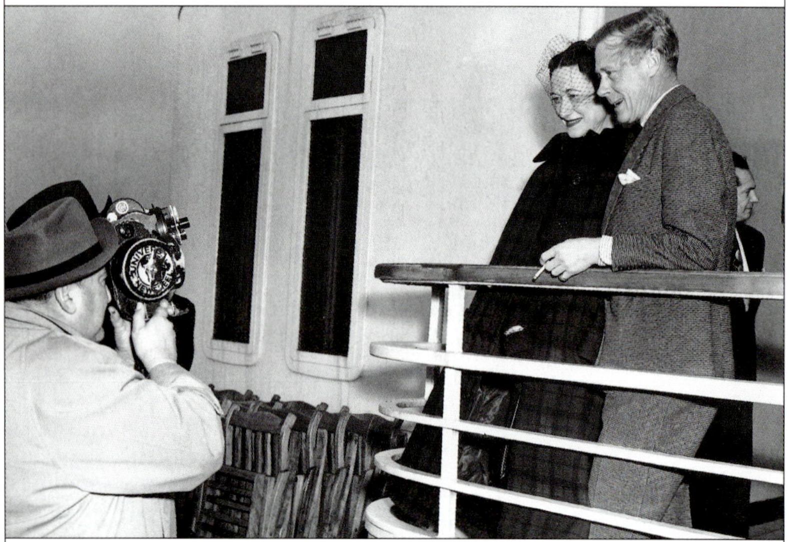

Das Ehepaar Windsor bei der Ankunft in New York 1949

HINTERGRUND

Juden unter Ausnahmerecht

Der Antisemitismus zählte von Beginn an zum menschenverachtenden Programm der NSDAP.

Die Forderungen, dass »kein Jude Volksgenosse sein« könne und er »unter Fremdengesetzgebung stehen« solle, bereiten nach 1933 eine schrankenlose Rassenpolitik vor.

In Wien werden Juden gezwungen, Straßen zu schrubben.

Nach 1933 wurde der Lebenskreis der etwa 500 000 Bürger jüdischen Glaubens (0,8% der Reichsbevölkerung) eingeengt. Dem sog. Judenboykott vom 1. April folgte noch 1933 u.a. die Entlassung jüdischer Beamter (7. 4.), das Zulassungsverbot jüdischer Rechtsanwälte (10. 4.) und die Ausschließung jüdischer Ärzte von der Kassenzulassung (22. 4.).

Die sog. Nürnberger Gesetze (15. 9. 1935) erklärten Juden zu Menschen minderen Rechts. Das sog. Blutschutzgesetz verbot unter Androhung von Zuchthausstrafen die Eheschließung und den außerehelichen Verkehr zwischen Juden und »Staatsangehörigen deutschen oder artverwandten Blutes«. Das Reichsbürgergesetz schloss alle Staatsbürger nicht »deutschen oder artverwandten Blutes« von der Reichsbürgerschaft aus. Nach dem Einmarsch in Österreich 1938 werden auch dort Juden verfolgt und öffentlich gedemütigt. Nach dem Tod des deutschen Botschaftssekretärs Ernst vom Rath am 9. November 1938 in Paris nach einem Attentat des polnischen Juden Herschel Grynszpan, dessen Eltern im Oktober aus Deutschland abgeschoben worden waren, werden in der Nacht vom 9. auf den 10. November über 250 Synagogen, mehr als 8000 Geschäfte und zahlreiche Wohnungen jüdischer Bürger zerstört und geplündert, 91 jüdische Bürger ermordet und über 25 000 Menschen in Konzentrationslager verschleppt.

Am 12. November verpflichtet die Regierung die deutschen Juden zu 1 Mrd. Reichsmark »Sühne« und zur Beseitigung der Schäden auf eigene Kosten.

Immer mehr Juden – von 1933 bis 1939 rd. 247 000 – emigrieren aus Deutschland, wo die Verfolgung durch die Pflicht zur Annahme der Vornamen Sara und Israel (ab 1. 1. 1939) und zum Tragen des Judensterns (ab 19. 9. 1941) immer schärfer wird.

MOSKAU

Stalin lässt seine Widersacher beseitigen

Die sog. stalinsche Verfassung erklärt die Sowjetunion zu einem formal demokratischen und föderativen Staat, der jedoch tatsächlich ein autoritärer Einparteienstaat ist.

5. 12. 1936: Die verkündete neue Verfassung gewährt formal allen Staatsbürgern die gleichen Rechte, das allgemeine, gleiche, direkte Wahlrecht ist garantiert, das Vorschlagsrecht für Kandidaten liegt jedoch bei der KPdSU und den Massenorganisationen. Die UdSSR ist formal ein Bundesstaat aus elf gleichberechtigten Sowjetrepubliken, tatsächlich jedoch hat die russische Sowjetrepublik eine eindeutige Vorrangstellung. Mit der Propagierung eines »Sowjetpatriotismus« wird seit 1934 ein großrussisch orientiertes Geschichtsbild aufgebaut.

Die Diktatur von Josef W. Stalin, der seit 1928 der unumschränkte Herrscher ist, gipfelt in den Säuberungen der Jahre 1936 bis 1938, denen alle gestürzten und potenziellen Gegner zum Opfer fallen. Einstige Parteigrößen wie Grigori J. Sinowjew und Lew B. Kamenew (beide 1936) oder Alexei I. Rykow und Nikolai I. Bucharin (beide 1938) werden gemeinsam mit ihren Anhängern in sog. Schauprozessen unter fadenscheinigen Beschuldigungen zum Tode verurteilt und hingerichtet.

Auch ein großer Teil des Offizierskorps fällt der Säuberung zum Opfer. Marschall Michail N. Tuchatschewski – ein Held des Bürgerkriegs – und weitere sieben hohe Militärführer werden am 11. Juni 1937 von einem militärischen Sondergericht des Hochverrats und der Spionage für schuldig befunden.

MÜNCHEN

Hitler besetzt Österreich und das Sudetenland

Mit dem Münchner Abkommen gewinnt Adolf Hitler – ohne einen Schuss abzugeben – das Sudetenland. Zugleich ist dies der Höhepunkt der sog. Appeasement-Politik, mit dem die Westmächte Großbritannien und Frankreich versuchen, Hitlers Expansionsstreben zu besänftigen.

30. 9. 1938: Um 0.28 Uhr unterzeichnen Adolf Hitler, der britische Premierminister Neville Chamberlain, Italiens Regierungschef Benito Mussolini und Frankreichs Ministerpräsident Édouard Daladier das Münchener Abkommen, das der Tschechoslowakei auferlegt, das Sudetenland bis zum 10. Oktober an das Deutsche Reich zu übergeben sowie ungarischen und polnischen Gebietsansprüchen zu genügen.

Am 1. Oktober 1938 rückt die Wehrmacht in das Sudetenland ein. Die Tschechoslowakei verliert ein Fünftel ihres Staatsgebiets. Der seit 1935 als Staatspräsident amtierende Eduard Benesch tritt am 5. Oktober zurück.

Ein halbes Jahr zuvor hatte Hitler bereits Österreich annektiert. Zunächst hatte er Bundeskanzler Kurt Schuschnigg am 12. Februar 1938 nach Berchtesgaden bestellt und ihn mit Drohungen genötigt, den Nationalsozialisten Arthur Seyß-Inquart zum Innenminister zu ernennen. Als Schuschnigg am 9. März eine Volksbefragung für »ein freies und unabhängiges Österreich« ankündigte, ließ Hitler mobil machen. Angesichts der deutschen Drohungen trat Schuschnigg am 11. März zurück.

Sein Nachfolger Seyß-Inquart bat Berlin um Hilfe und am 12. März rückten deutsche Soldaten ein. Am 13. März proklamierte Hitler den »Anschluss« seiner Heimat an das Deutsche Reich.

Hitlers nächstes Ziel war das Sudetenland: In der 1918 entstandenen Tschechoslowakei waren die Deutschen mit rd. 22% die zweitgrößte Bevölkerungsgruppe. Im Einvernehmen mit Berlin forderte Konrad Henlein, der Führer der Sudetendeutschen Partei (SdP), am 24. April eine weitreichende Autonomie, was Prag ablehnte.

Am 12. September verlangte Hitler das Recht der Sudetendeutschen auf Selbstbestimmung und ermunterte sie insgeheim zum bewaffneten Aufstand. Um zu vermitteln, reiste am 15. und 22. September Chamberlain nach Deutschland. Auf seine Bitte hin drängte Mussolini am 28. September Hitler zu Verhandlungen. Entgegen Hitlers Zusage, das Sudetenland sei seine »letzte territoriale Forderung in Europa«, zwingt er am 15. März 1939 den nach Berlin beorderten tschechischen Staatschef Emil Hácha, eine Erklärung zu unterschreiben, wonach er »das Schicksal des tschechischen Volkes und Landes vertrauensvoll in die Hände« Hitlers legt. Am 14. März hatte Jozef Tiso eine unabhängige Slowakei proklamiert, die ein deutscher Satellitenstaat wird.

Nach dem Einmarsch der deutschen Truppen in Prag am 16. März wird die Errichtung des Reichsprotektorats Böhmen und Mähren als »autonomer« Teil des Großdeutschen Reiches unter eigenem Staatsoberhaupt und einem Reichsprotektor verkündet.

Am 23. März 1939 besetzen deutsche Truppen das zu Litauen gehörende, 1919 abgetrennte, früher ostpreußische Memelgebiet, zu dessen Rückgabe an das Deutsche Reich die litauische Regierung am 22. März genötigt worden war.

Deutsche Truppen marschieren in Prag ein (l.); Begeisterung beim Einmarsch in Österreich (r.)

Chamberlain (l.) und Hitler (r.)

BERLIN

Sensation im Verborgenen: Kernspaltung gelungen

Der Arbeitstisch von Otto Hahn

Den deutschen Wissenschaftlern Otto Hahn und Fritz Straßmann gelingt der experimentelle Nachweis für die Kernspaltung.

22. 12. 1938: In einem Artikel für die Zeitschrift »Die Naturwissenschaft« beschreiben die am Kaiser-Wilhelm-Institut tätigen Physiker ihre Ergebnisse. Sie hatten Uran (Atomgewicht 238) mit einem Strahl von Neutronen (elektrisch neutralen Atomteilchen) beschossen. Dabei entsteht radioaktives Barium (Atomgewicht 116).

Dies erscheint den beiden im Grund unmöglich und sie wollen sich »zu diesem, allen bisherigen Erfahrungen der Kernphysik widersprechenden Sprung noch nicht entschließen. Es könnten doch noch vielleicht eine Reihe seltsamer Zufälle unsere Ergebnisse vorgetäuscht haben.«

Zu diesem Zeitpunkt allerdings erfasst noch niemand die Tragweite dieser Entdeckung. Am selben Tag informiert Hahn seine langjährige, im Juli 1938 nach Schweden emigrierte Kollegin Lise Meitner. Sie erkennt noch früher als Hahn, dass die Kernspaltung gelungen ist und dabei eine bisher ungekannte Energie freigesetzt wird.

DANZIG

Hitler-Deutschland überfällt Polen – Zweiter

Mit dem deutschen Überfall auf Polen beginnt der Zweite Weltkrieg.

1. 9. 1939: Ab 4.45 Uhr dringen deutsche Soldaten in Polen ein. Als Anlass für den Überfall dient die Weigerung Polens, einer Rückkehr Danzigs zum Reich und exterritorialen Verkehrswegen durch den »Korridor« nach Ostpreußen zuzustimmen. Zuvor hatte Polen sich geweigert, mit Deutschland eine gemeinsame Politik gegenüber der Sowjetunion zu betreiben.

Polenfeldzug: Die polnische Armee ist bis zum 6. Oktober vollständig besiegt. Am 17. September überschreiten sowjetische Truppen die Ostgrenze Polens. Ein am 28. September in Moskau unterzeichneter deutsch-sowjetischer Vertrag verlegt die Grenze zwischen den beiden Interessensphären von der Weichsel an den Bug. Die überwiegend von Ukrainern und Weißrussen bewohnten Gebiete fallen an die UdSSR. Die ehemals deutschen Ostgebiete werden dem »Großdeutschen« Reich eingegliedert und das sog. Restpolen zum Generalgouvernement (Hauptstadt Krakau) erklärt.

Kriegseintritt der Westmächte: Nach Ablauf eines Ultimatums, die deutschen Truppen aus Polen zurückzuziehen, erklären am 3. September Großbritannien und Frankreich dem Deutschen Reich den Krieg. Am selben Tag folgen Australien, Britisch-Indien und Neuseeland; am 6. September treten die Südafrikanische Union, am 10. September Kanada in den Krieg ein. Eine wirksame Entlastung zur Unterstützung Polens durch eine französische Offensive bleibt jedoch aus, im Westen beginnt der sog. Blitzkrieg,

Der Seekrieg: Am 3. September torpediert das deutsche U-Boot U-30 den britischen Dampfer »Athenia«. Unter den 128 Toten sind 28 US-Bürger. Am 14. Oktober versenkt das in den britischen Kriegshafen Scapa Flow eingedrungene U 47 (Kapitänleutnant Günther Prien) das Schlachtschiff »Royal Oak«. Von Juni 1940 bis Dezember 1941 versenken deutsche U-Boote über 3,8 Mio. BRT und erweisen sich als

italienische Flotte erleidet im Mittelmeer erhebliche Verluste gegen die Briten.

USA neutral: US-Präsident Franklin D. Roosevelt proklamiert am 5. September 1939 die Neutralität. Am 2. September 1940 überlässt er jedoch den Briten 50 Zerstörer aus dem Ersten Weltkrieg, Als Gegenleistung erhalten die USA in Pacht militärische Stützpunkte in Neufundland und in der Karibik. Am 11. März 1941 folgt das sog. Leih- und-Pacht-Gesetz. Es ermöglicht die Verpfändung oder Überlassung ameri-

Der Krieg beginnt: Deutsche Truppen überschreiten die polnische Grenze

Hitler inspiziert das besetzte Paris.

wachsende Gefahr für die Versorgung Großbritanniens. Als das Schlachtschiff »Bismarck« am 27. Mai 1941 im Gefecht mit britischen Einheiten sinkt, endet der Einsatz deutscher Überwasserschiffe im Atlantik. Die

kanischen Kriegsmaterials an kriegsteilnehmende Länder und kommt vor allem Großbritannien zugute.

Sowjetische Expansion: Mit einem Luftangriff auf Helsinki und einer sowjetischen Offensive auf der Karelischen Landenge beginnt am 30. November 1939 der Finnisch-

MOSKAU

Hitler paktiert mit Stalin

V.l.: von Ribbentrop, Stalin, Molotow

Da Briten und Franzosen zu zögerlich mit den Sowjets über ein antideutsches Militärbündnis verhandelten und das von Moskau geforderte Durchmarschrecht durch Polen nicht gewährt werden konnte, setzt Stalin auf die deutsche Karte.

23. 8. 1939: Durch den Nichtangriffspakt mit der Sowjetunion verschafft sich Adolf Hitler Rückendeckung für den Angriff auf Polen. Beide Diktatoren stimmen ihre territorialen Interessen in Osteuropa ab. Hitler lässt Stalin durch ein geheimes Zusatzabkommen freie Hand im Baltikum, in Ostpolen und im rumänischen Bessarabien. Im Kreml unterzeichnen die Außenminister Joachim von Ribbentrop und Wjatscheslaw M. Molotow den deutsch-sowjetischen Nichtangriffspakt.

Angesicht der westlichen Beschwichtigungspolitik gegenüber Hitler hatte Stalin zunächst eine antisowjetische Koalition der kapitalistischen Staaten befürchtet und seine Fühler nach Westen ausgestreckt.

Ab April ließ er jedoch gleichzeitig in Berlin sondieren, denn anders als die Westmächte kann das Dritte Reich die russischen Expansionsansprüche erfüllen.

Weltkrieg beginnt

Sowjetische Winterkrieg. Im Frieden von Moskau (12. 3. 1940) tritt Finnland u.a. die Karelische Landenge und Teile Ostkareliens an die UdSSR ab. Gemäß der Absprachen mit Deutschland besetzt die Rote Armee am 15. Juni 1940 Litauen und am 17. Juni Lettland und Estland. Am 28. Juni 1940 rücken sowjetische Truppen in die rumänischen Gebiete Bessarabien und Nordbukowina ein, die der UdSSR am 2. August als »Moldauische Sozialistische Sowjetrepublik« eingegliedert werden.

Besetzung Dänemarks und Norwegens: Um einer alliierten Landung zuvorzukommen, besetzen deutsche Truppen am 9. April 1940 die neutralen Länder Dänemark und Norwegen. Dänemark fügt sich unter Protest, König Christian X. und die Regierung amtieren weiter. Norwegens König Håkon VII. ruft zum Widerstand auf und geht mit der Regierung nach London. Nach der Besetzung Narviks durch die Deutschen erfolgt am 10. Juni die norwegische Kapitulation. Britische Versuche, in die Kämpfe einzugreifen, bleiben erfolglos.

Deutscher Luftangriff auf Dünkirchen (1940)

Westoffensive: Mit einem Angriff auf Frankreich und die neutralen Staaten Niederlande, Belgien und Luxemburg beginnt am 10. Mai 1940 der deutsche Westfeldzug. Die niederländische Königin Wilhelmina und die Regierung gehen nach London, am 15. Mai strecken die Niederlande die Waffen. Am 28. Mai kapituliert auch Belgien, König Leopold III. geht in Kriegsgefangenschaft. Das britische Expeditionskorps entkommt bei Dünkirchen über den Ärmelkanal. Am 14. Juni wird Paris besetzt. Das Deutsche Reich und die Regierung unter Marschall Philippe Pétain unterzeichnen am 22. Juni 1940 den Waffenstillstand. In der unbesetzten Zone amtiert die Vichy-Regierung unter Pétain – seit dem 17. Juni »Chef des französischen Staates« (Etat Français) – und kollaboriert mit den Deutschen. General Charles de Gaulle ruft am 18. Juni in einer Rundfunkrede in London zur Fortführung des Krieges auf.

Kriegseintritt Italiens: Italien erklärt am 10. Juni 1940 Frankreich und Großbritannien den Krieg und nimmt an der letzten Phase des Frankreich-Feldzuges teil. Italienische Truppen überschreiten am 13. September die libysch-ägyptische Grenze, werden jedoch von den Briten zurückgeworfen. Am 28. Oktober 1940 greifen die Italiener Griechenland an, werden aber im November 1940 und im Frühjahr 1941 bis nach Albanien zurückgedrängt. Am 11. Februar 1941 treffen deutsche Truppen in Libyen ein.

ZUR PERSON

Winston Churchill

Im Zweiten Weltkrieg wird Churchill zum Symbol des britischen Durchhaltewillens. Über sechs Jahrzehnte im politischen Leben, gehört er zu den herausragenden Persönlichkeiten der britischen Geschichte.

»Ich habe nichts zu bieten als Blut, Mühsal, Tränen und Schweiß«, verkündet Winston Churchill (*30. 11. 1874 in Blenheim Palace) den Briten bei seiner ersten Rundfunkrede nach der Ernennung zum Premierminister am 10. Mai 1940. Sein Aufstieg begann 1904 mit seinem Übertritt von den Konservativen zu den Liberalen. 1911-1915 Erster Lord der Admiralität (Marineminister), war er verantwortlich für die verlustreiche Dardanellenoffensive, diente dann bis 1917 als Offizier an der Westfront und bekleidete bis 1922 erneut Ministerposten. 1924 zu den Konservativen zurückgekehrt, war er bis 1929 Schatzkanzler. 1939 wird der scharfe Kritiker der Appeasementpolitik wieder Erster Lord der Admiralität. Er tritt am 10. Mai 1940 nach dem Rücktritt von Arthur Neville Chamberlain als Premier und Verteidigungsminister an die Spitze einer Allparteienregierung.

Im Juli 1945 abgewählt, verfasst er sein sechsbändiges Werk »Der zweite Weltkrieg« (1948-1954), für das der im gleichen Jahr geadelte Churchill 1953 den Literatur-Nobelpreis erhält. 1951-1955 nochmals Premierminister, stirbt Churchill am 24. Januar 1965 in London.

LONDON

England trotzt der Luftwaffe

Nach der Eroberung Frankreichs plant Adolf Hitler die Landung in Großbritannien und eröffnet die »Luftschlacht um England«.

13. 8. 1940: Mit dem Ziel, die Luftverteidigung niederzukämpfen, beginnen am »Adlertag« deutsche Luftangriffe auf Großbritannien. Schon nach den ersten Angriffstagen am 13. und 15. August zeigt sich, dass die Hoffnung des Luftwaffen-Oberbefehlshabers, Reichsmarschall Hermann Göring, auf rasche Erfolge enttäuscht wird.

Der Jagdschutz für die Bomberverbände ist unzureichend, die – von Radaraufklärung unterstützten – britischen Jagdflieger können sich immer wieder erfolgreich den deutschen Angreifern entgegenwerfen.

Schwerer noch als der Verlust an Flugzeugen wiegt für die deutsche Luftwaffe der Verlust der Piloten, während abgeschossene Jagdflieger der Royal Air Force nach einem geglückten Fallschirmabsprung bald wieder einsatzfähig sind. Militärische Ziele sind die britische Rüstungsindustrie und die Zerstörung der Flugplätze; hinzu kommen Angriffe auf Wirtschaftszentren, Hafen- und Industrieanlagen sowie gegen die Zivilbevölkerung. Am 17./18. August werfen 568 deutsche Flugzeuge 684 t Sprengbomben und 1019 Brandschüttkästen auf London. Nach britischen Gegenangriffen auf Berlin (25./26. und 29. 8.) wird am 7. September erneut London schwer bombardiert.

Die Wende im Luftkrieg bringt der 15. September (»Battle-of-Britain«-Tag), an dem die Luftwaffe 57 Maschinen einbüßt. Zwei Tage später verschiebt Reichskanzler Adolf Hitler die geplante Invasion (Unternehmen »Seelöwe«) »bis auf weiteres«. Die deutsche Luftwaffe beschränkt sich fortan auf einen »Zermürbungskrieg«. Am 14. November wird die mittelenglische Stadt Coventry zum größten Teil zerstört, 568 Menschen kommen ums Leben. Die Briten greifen am 28./29. März 1942 erstmals massiv eine deutsche Großstadt an: Die Innenstadt von Lübeck wird fast völlig zerstört.

BERLIN

Hitler befiehlt Angriffskrieg gegen die UdSSR

Der Russlandfeldzug soll dem Deutschen Reich »Lebensraum im Osten« und Zugang zu den sowjetischen Rohstoffquellen verschaffen, verstrickt jedoch die Wehrmacht in einen Zweifrontenkrieg.

22. 6. 1941: Ohne Kriegserklärung eröffnet Adolf Hitler mit 3,05 Mio. Soldaten den Krieg gegen seinen bisherigen Verbündeten Josef W. Stalin. Aufgrund des Balkanfeldzugs beginnt mit zwei Monaten Verspätung um 3.15 Uhr der deutsche Vernichtungskrieg gegen die UdSSR. 152 deutsche Divisionen treten zum »Unternehmen Barbarossa« an und überschreiten überfallartig die sowjetische Grenze.

Moskau wird von dem deutschen Angriff überrascht, obwohl dem Kreml aufgrund von Geheimdienstmeldungen die deutschen Kriegsvorbereitungen nicht verborgen geblieben sind. Rumänien (mit dem Gros seiner Armee) und Italien (mit einem Expeditionskorps) schließen sich dem Krieg gegen die Sowjetunion an. Finnland tritt am 26. Juni auf der Seite des Deutschen Reiches in den Krieg gegen die Sowjetunion ein, ebenso Ungarn am 27. Juni. Spaniens Staatschef Francisco Franco Bahamonde entsendet den Freiwilligenverband Blaue Division, der bis 1943 besonders am Wolchow und am Ilmensee eingesetzt wird.

Ein russischer Soldat ergibt sich.

Weltanschauungskrieg: Hitler befiehlt, den Krieg mit äußerster Härte zu führen. Das Oberkommando der Wehrmacht (OKW) erlässt bereits am 6. Juni den sog. Kommissarbefehl, wonach alle politischen Kommissare der Roten Armee nach ihrer Gefangennahme zu ermorden seien. In diesem Krieg sei »Schonung und völkerrechtliche Rücksichtnahme diesen Elementen gegenüber falsch«. Zugleich werden SS- und Polizeieinheiten eingesetzt, die Massenmorde an Juden und der Zivilbevölkerung der UdSSR verüben. Allein in der Stadt Kischinjow werden zwischen dem 17. und dem 31. Juli von Angehörigen der sog. Einsatzgruppe D des Sicherheitsdienstes der SS etwa 12 300 Juden ermordet. Insgesamt vier Einsatzgruppen mit rd. 3000 Mann erfüllen mit Wissen, teilweise auch Unterstützung der Wehrmachtsführung ihre Mordaufträge hinter der Front.

Wende vor Moskau: Deutsche Truppen erobern das Baltikum und drängen die sowjetischen Armeen in großen Kesselschlachten immer weiter zurück. Bei Bialystok und Minsk geraten am 9. Juli rd. 328 000 sowjetische Soldaten in deutsche Hand, am 5. August bei Smolensk 310 000. Am 8. September wird Leningrad von der deutschen Heeresgruppe Nord eingeschlossen und anschließend 900 Tage lang belagert. In der Kesselschlacht von Kiew macht die 6. deutsche Armee am 19. September rd. 650 000 Gefangene.

Am 2. Oktober tritt die deutsche Heeresgruppe Mitte zum Angriff auf Moskau an. In der Doppelschlacht von Wjasma und Brjansk werden am 20. Oktober noch einmal rd. 673 000 Kriegsgefangene gemacht, dann erschweren Schneefall und Schlamm ein schnelles Vorrücken auf Moskau. Dort wird am 5. Dezember die deutsche Offensive durch einen Gegenangriff gestoppt. Bis Jahresende müssen sich die durch zunehmende Erschöpfung sowie mangelnde Ausrüstung und Versorgung geschwächten deutschen Truppen zurückziehen.

Balkanfeldzug: Vor dem Angriff auf die UdSSR sah sich Hitler genötigt, Italien beizustehen, das seit Oktober 1940 vergeblich versucht hatte, Griechenland zu erobern.

Wintereinbruch: Ein deutscher Geländewagen wird von einem Kettenfahrzeug aus dem Schlamm gezogen.

Ohne Kriegserklärung begann am 6. April 1941 von bulgarischem und ungarischem Territorium aus der Angriff auf Jugoslawien und Griechenland. Am 10. April proklamierten die Achsenmächte den unabhängigen Staat Kroatien unter Führung des rechtsradikalen Politikers Ante Pavelić, Jugoslawien kapitulierte am 17. April.

Griechenland musste am 21. April kapitulieren. König Georg II. und die britischen Hilfstruppen flohen auf die Mittelmeerinsel Kreta. Dort begann am 20. Mai die Landung deutscher Fallschirmjäger. Am 27. Mai war der Kampf gegen die Briten und die kretischen Partisanen gewonnen und die Insel erobert. Die britischen Truppen wurden aus Kreta evakuiert.

Kriegsverlauf 1942: Da die Alliierten entgegen Stalins ausdrücklichen Forderungen keine zweite Front im Westen errichten, können die Deutschen ihre Offensive im Frühjahr 1942 fortsetzen. Am 16. Mai erobert die Wehrmacht die Halbinsel Kertsch zurück, erreicht in der Schlacht von Charkow den Donez als Ausgangsbasis und erstürmt am 4. Juli nach 250-tägiger Belagerung die Festung Sewastopol auf der Halbinsel Krim.

Am 28. Juni treten sechs Armeen und zwei Panzerarmeen zu einer Großoffensive am Südabschnitt an. Am 19. November geht jedoch die Sowjetarmee bei Stalingrad zur Gegenoffensive über und schließt am 22. November 284 000 deutsche und rumänische Soldaten ein.

HINTERGRUND

Partisanen kämpfen im Hinterland

Militärische Bedeutung gewinnt der Kampf gegen die deutsche Besatzungsmacht vor allem durch den Partisanenkrieg in der UdSSR, in Jugoslawien und Griechenland.

Sowjetunion: Am 3. Juli 1941 ruft Parteichef Josef W. Stalin im Rundfunk die Bevölkerung zum Partisanenkrieg auf. Zwar können die Störaktionen den deutschen Vormarsch nicht aufhalten, sie binden jedoch starke deutsche Kräfte zur Sicherung im rückwärtigen Gebiet.

Jugoslawien: Am 4. Juli 1941 beschließt die Kommunistische Partei unter Generalsekretär Josip Tito den bewaffneten Aufstand gegen die deutschen Besatzer. Begünstigt durch die geografischen Verhältnisse binden die Partisanen hier jahrelang stärkere deutsche Kräfte.

Erste Sitzung des Politbüros der jugoslawischen KP (1944) mit Generalsekretär Josep Tito (M.)

Griechenland: Nach Abschluss der deutschen Besetzung (30. 4. 1941) vereinbaren im Juli Kommunistenführer Lefteris Apostolu und General Stafanos Sarafis den landesweiten Widerstand. Die Partisanen werden vom großen Teil der Bevölkerung unterstützt.

West- und Nordeuropa: Die Verbitterung gegenüber den Deutschen wird durch Repressalien der Besatzungsmacht, Geiselerschießungen und Deportationen gesteigert. In Paris bildet am 27. Mai 1943 Jean Moulin, der Repräsentant von General Charles de Gaulle in Frankreich, den nationalen Widerstandsrat »Conseil National de la Résistance«, der sich – im Kontakt mit alliierten Geheimdiensten – um die Gewinnung von Informationen sowie Sabotageaktionen bemüht.

BERLIN

Konferenz zur »Endlösung der Judenfrage«

Auf der sog. Wannseekonferenz wird eines der unvorstellbarsten Verbrechen der Menschheit bürokratisch geregelt: die »Endlösung der Judenfrage«, der planmäßige Mord an den im deutschen Machtbereich lebenden Juden. Fast 6 Mio. europäische Juden werden systematisch vergast, erschossen, erschlagen, in den Selbstmord getrieben, zu Tode gequält oder durch Hunger und Seuchen ausgerottet.

20. 1. 1942: Auf Einladung von Reinhard Heydrich, Chef der Sicherheitspolizei und des Sicherheitsdienstes (SD), nehmen an der Tagung im Interpol-Gebäude am Großen Wannsee Vertreter von SS und Reichsregierung teil. Heydrich war am 31. Juli 1941 vom Vorsitzenden des Ministerrats für Reichsverteidigung, Hermann Göring, mit einem »Gesamtentwurf« für den Vernichtungskrieg beauftragt worden. Der »Endlösung« sollen nach Heydrichs Berechnungen »rund 11 Mio. Juden« zum Opfer fallen, im »Zuge der praktischen Durchführung der Endlösung« werde »Europa vom Westen nach Osten durchgekämmt«.

Mit Beginn des Feldzugs gegen die Sowjetunion wurde die systematische Ausrottung der Juden zum Ziel erklärt. Eine Reihe bürokratischer Maßnahmen gingen dem Massenmord voraus. So wurde am 19. September 1941 der Judenstern im Reichsgebiet eingeführt und später der jüdischen Bevölkerung auch im übrigen besetzen Europa zur Pflicht gemacht. Nur in Dänemark widersetzen sich König Christian X. und die Bevölkerung erfolgreich dieser Kennzeichnungspflicht. Fast alle dänischen Juden können nach Schweden gerettet werden. Finnland weigert sich, seine Juden auszuliefern; auch Italien sabotiert nach Möglichkeit die Judenverfolgung.

Dennoch fällt der größte Teil des europäischen Judentums der Vernichtung anheim: Etwa 3 Mio. polnische Juden (90% der jüdischen Bevölkerung von 1939) werden im Laufe des Krieges ermordet, etwa 900 000 Juden aus der Sowjetunion (28%), 310 000 aus dem Deutschen Reich, Österreich und der Tschechoslowakei (50%), 300 000 aus Ungarn (75%), 270 000 aus Rumänien (34%) und 130 000 aus Belgien, den Niederlanden und Luxemburg (56%). Besonders hoch ist mit jeweils 60 000 auch der Anteil der ermordeten Juden in Griechenland und Jugoslawien. Dies entspricht einem Anteil von 81% bzw. 80% an der jüdischen Bevölkerung. Aus Frankreich und Italien werden rd. 70 000 Juden deportiert (22%), aus Norwegen 750 (38%).

Polnische Juden an der Verladerampe in Auschwitz; Bürger mit Judenstern (kl. B.)

Der bereits von Oktober 1941 an durchgeführte rassenideologisch motivierte Massenmord in Polen (»Vernichtung durch Arbeit«, Massenerschießungen, Ermordung in Gaswagen wird auf der Wannsee-Konferenz, nur noch bürokratisch nachvollzogen. Geschätzt wird, dass allein in den Lagern etwa 4 Mio., bei sog. Sondereinsätzen weit mehr als 1,5 Mio. Juden umgebracht werden. Im Warschauer Getto, aus dem bis Januar 1943 fast 317 000 Juden zur Vergasung deportiert worden waren, beginnt am 19. April 1943 ein verzweifelter Aufstand gegen die SS-Verbände, die das Getto endgültig räumen wollen. Erst am 16. Mai gilt der Aufstand als niedergeschlagen, vereinzelte Kämpfe halten bis zum 23. Mai an. Der Aufstand fordert 56 065 Tote.

PEARL HARBOR

Krieg im Pazifik

Mit dem japanischen Überfall auf Pearl Harbor beginnt der Krieg im Pazifik. Die bisher offiziell neutralen USA werden nun Kriegsgegner der Achsenmächte. Der bislang auf Europa beschränkte Konflikt weitet sich zum Weltkrieg aus.

7. 12. 1941: Gegen 8.00 Uhr beginnt der japanische Luftangriff auf den US-Militärstützpunkt Pearl Harbor auf der Hawaii-Insel Oahu. 360 japanische Flugzeuge versenken fünf Schlachtschiffe, zahlreiche Kriegsschiffe werden schwer beschädigt. Vier moderne US-Flugzeugträger entgehen jedoch – weil noch nicht in Pearl Harbor angelangt – der Vernichtung.

Am 8. Dezember folgt die Kriegserklärung der USA gegen Japan. Das Deutsche Reich erklärt den USA am 11. Dezember den Krieg.

Der Angriff kommt für die USA überraschend, aber nicht gänzlich unerwartet: Am 26. Juli hatte US-Präsident Franklin D. Roosevelt ein Handelsembargo über Japan verhängt. Die am 16. April 1941 begonnenen amerikanisch-japanischen Gespräche über eine Interessenabgrenzung blieben ohne Ergebnis, daraufhin entschloss sich das dringend auf die Einfuhr von Rohstoffen angewiesene Japan zum Angriff.

Pearl Harbor leitet zugleich eine Großoffensive gegen die südostasiatischen Besitzungen der USA, Großbritanniens und der Niederlande ein. Am 8. Dezember beginnt der japanische Angriff auf die Philippinen. Am 10. Dezember versenkt die japanische Luftwaffe die britischen Schlachtschiffe »Prince of Wales« und »Repulse«, die US-Insel Guam wird erobert. Thailand wird besetzt und am 14. Dezember zum Bündnis mit Japan gezwungen. Am 26. Dezember kapituliert die britische Kronkolonie Hongkong.

Am 15. Februar 1942 kapituliert Singapur vor den japanischen Angreifern, die bis zum Frühsommer u.a. Malaya, die Philippinen, Indonesien, die Gilbertinseln, Guam, Teile Neu-Guineas, die Admiralitätsinseln, den Bismarckarchipel und Teile der Salomonen erobern.

Brennende und gesunkene US-Kriegsschiffe nach dem japanischen Angriff auf Pearl Harbor

Die See-Luft-Schlacht bei den Midway-Inseln bringt die Wende im Pazifik-Krieg. Am 4. Juni 1942 versuchen japanische See-Luft-Streitkräfte die Midway-Inseln im Nordpazifik zu erobern, unterliegen aber der US-Streitmacht. Die Japaner verlieren vier Flugzeugträger, die USA nur den Träger »Yorktown«. Midway markiert das Ende der japanischen Überlegenheit in Ostasien.

EL ALAMAIN

Rommel auf dem Rückzug

Ein britischer Gegenangriff bei El Alamain und die alliierte Landung im Rücken der Deutschen leitet das Ende des Krieges in Afrika ein.

23. 10. 1942: Die britische 8. Armee unter dem Oberbefehl von Generalleutnant Bernard Law Montgomery eröffnet mit überlegenen Kräften eine Großoffensive gegen die deutsch-italienischen Streitkräfte in der El-Alamain-Stellung. Am 3. November ordnet Generalfeldmarschall Erwin Rommel, Befehlshaber des deutschen Afrika-Korps, gegen den Befehl Adolf Hitlers den Rückzug an.

El Alamain: Britische Soldaten überwältigen eine deutsche Panzerbesatzung.

Zur Unterstützung der italienischen Truppen war Rommel am 12. Februar 1941 in Tripolis (Libyen) eingetroffen, hatte ab März 1941 die Cyrenaika von den Briten zurückerobert, sich nach einer Gegenoffensive im November 1941 aber wieder zurückziehen müssen. Eine erneute Offensive führte am 21. Juni zur Einnahme der strategisch wichtigen Stadt Tobruk. Rommel stieß weiter in Richtung Ägypten vor. Sein Ziel war Kairo.

Am 30. Juni erreichte er die nordägyptische Bahnstation El Alamein. Am 7./8. November 1942 landen britische und US-Truppen in Marokko und Algerien. Die Reste der deutschen Heeresgruppe Afrika kapitulieren am 13. Mai 1943.

ROM

Italien wechselt die Front

Zwei Wochen nach der alliierten Landung auf Sizilien wird Italiens Duce, Benito Mussolini, gestürzt und verhaftet.

26. 7. 1943: Marschall Pietro Badoglio bildet am Tag nach dem Sturz Mussolinis eine neue Regierung ohne Beteiligung der Faschisten. Italien kapituliert am 3. September vor den Alliierten, die nach der Invasion auf Sizilien (10. 7.) am selben Tag auf dem Festland landen.

Am 12. September befreien deutsche Fallschirmjäger den auf dem Gran Sasso internierten Mussolini, der auf Befehl Adolf Hitlers in Norditalien die Republik von Salò proklamiert. Mehr als zwei Drittel Italiens befinden sich noch in deutscher Hand. Am 13. Oktober erklärt Italien dem Deutschen Reich den Krieg.

Am 28. April 1945 werden Mussolini und seine Geliebte Clara Petacci von Partisanen am Comer See erschossen. Einen Tag später kapitulieren die deutschen Truppen in Italien.

Hingerichteter Mussolini (2. v.l.)

STALINGRAD

Stalingrad leitet die Wende des Krieges ein

Die Kapitulation der 6. deutschen Armee bei Stalingrad bedeutet die Wende des Krieges gegen die Sowjetunion und damit des Zweiten Weltkrieges insgesamt.

31. 1. 1943: Im Südkessel von Stalingrad ergibt sich der soeben zum Generalfeldmarschall beförderte Armeeoberbefehlshaber Friedrich Paulus den sowjetischen Truppen. Am 2. Februar endet mit der Kapitulation der Nordgruppe der 6. Armee unter General Karl Strecker die monatelange Schlacht, die von der deutschen Propaganda zum »größten Heroenkampf unserer Geschichte« hochstilisiert worden ist.

Straßenkampf vor dem Fabrikgebäude »Roter Oktober« in Stalingrad

Nachdem die 6. Armee im September 1942 Stalingrad erreicht hatte, eroberte sie in erbitterten Häuserkämpfen den größten Teil des Wirtschafts- und Verkehrszentrums an der Wolga. Als sich die südlichen Stadtteile weitgehend in deutscher Hand befanden, entbrannte ab 14. Oktober der Kampf um die längst zerstörten Industrieanlagen im Norden der Stadt.

Am 19. November begann die sowjetische Gegenoffensive: Sowjetische Truppen durchbrachen im Nordwesten und Süden die deutsche Front. Am 22. November waren etwa 284 000 deutsche und rumänische Soldaten eingekesselt. Paulus versuchte mehrfach die Zustimmung der obersten Heeresleitung zu einem Ausbruchsversuch zu erwirken. Hitler, der vom Luftwaffen-Oberbefehlshaber Hermann Göring die Zusage erhalten hatte, die Luftwaffe werde die Versorgung übernehmen, lehnte ab.

Am 25. November begann die Luftversorgung, jedoch gelangte höchstens ein Drittel der benötigten Mengen an Versorgungsgütern in den Kessel. Eine am 12. Dezember begonnene Entsatzoffensive unter dem Befehl des Generalfeldmarschalls Erich von Manstein musste am 24. Dezember erfolglos abgebrochen werden.

In den folgenden Wochen verschlechterte sich die Lage durch ausbleibenden Nachschub und die Kälte. Nach der Teilung des Kessels durch sowjetische Truppen am 25. Januar folgt die Kapitulation.

Nach sowjetischen Angaben fielen in Stalingrad 146 300 deutsche und 46 700 sowjetische Soldaten. Die Luftwaffe verlor über 8000 Mann. Bis Weihnachten konnten 34 000 Verwundete und Spezialisten ausgeflogen werden. Von den 107 800 überlebenden Soldaten, die in Kriegsgefangenschaft geraten, kehren bis 1956 nur 6000 nach Deutschland zurück. Die deutsche Bevölkerung glaubt – so die Erkenntnisse des Sicherheitsdienstes der SS – dass »Stalingrad einen Wendepunkt des Krieges bedeute«.

Am 18. Februar ruft Reichspropagandaminister Joseph Goebbels im Berliner Sportpalast vor einer ausgewählten Zuhörerschaft die Bevölkerung zur restlosen Mobilisierung für den Krieg auf. Die Frage: »Wollt ihr den totalen Krieg?« wird von der fanatisierten Menge mit begeistertem »Ja« beantwortet.

CAEN

Tag der Entscheidung

In der Normandie setzen die Alliierten zum Sturm auf die »Festung Europa« an und eröffnen die von der UdSSR seit langem geforderte zweite Front im Westen. Gleichzeitig wird auch in Italien und im Osten der deutsche Machtbereich immer kleiner.

Alliierte Truppen sind in breiter Front an der Küste der Normandie gelandet: Fesselballone sollen vor Luftangriffen schützen, künstliche Häfen (sog. mulberries) erlauben die rasche Heranführung von Nachschub.

6. 6. 1944: Eine Flotte von etwa 6000 Schiffen setzt die Streitmacht der Alliierten im Küstenabschnitt zwischen Cherbourg und Caen an Land. Nicht – wie von den Deutschen erwartet – in der Gegend von Calais, sondern an der Küste der Normandie erfolgt die Invasion. Die Gesamtleitung des Unternehmens »Overlord« hat US-General Dwight D. Eisenhower, die Leitung der Bodentruppen liegt beim britischen Feldmarschall Bernard Law Montgomery.

Zwar ist die Normandie von Großbritannien aus weiter entfernt als die Region um Calais, doch sind die Strände und Gezeitenverhältnisse hier für eine amphibische Operation besonders gut geeignet und die deutsche Befestigung, der sog. Atlantikwall, weist Schwachstellen auf.

Während am ersten Invasionstag die US-Truppen in ihren Landeabschnitten (Utah und Omaha Beach) nur mit Mühe zwei kleine Brückenköpfe behaupten können, errichten Briten und Kanadier (Invasionsabschnitte Gold, Juno, Sword) in kurzer Zeit eine Front von 30 km Länge und zehn Kilometern Tiefe. Am Abend des ersten Invasionstages befinden sich bereits 83 115 Briten und 73 000 US-Amerikaner auf französischem Boden.

Unterstützt wird die Landung an der Küste durch das Absetzen von Fallschirmjägern sowie Luftlandetruppen mit Lastenseglern im Rücken der deutschen Front.

Da die deutsche Führung immer noch an einen Scheinangriff glaubt, werden die eigenen Truppen zunächst nicht verstärkt. Darüber hinaus erschwert die massive alliierte Luftüberlegenheit die Heranführung von Einsatzkräften, vor allem der noch in Reserve gehaltenen Panzertruppen.

US-Streitkräfte nehmen bis Ende Juni die Halbinsel Cotentin ein. Am 25. Juli gelingt den Alliierten der Durchbruch durch die deutsche Front bei St. Lô, am 31. Juli erfolgt bei Avranches der Ausbruch aus dem inzwischen stark erweiterten Landeraum. Bis zu diesem Zeitpunkt sind mehr als eine Million alliierter Soldaten in Frankreich gelandet und stoßen auf Paris, Belgien und den Rhein vor.

Im Kessel von Falaise werden etwa 125 000 deutsche Soldaten eingeschlossen, von denen jedoch bis zum 19. August noch etwa 50 000 Mann unter Zurücklassung ihres Materials entkommen können. Am 25. August ziehen freifranzösische und US-Truppen in die französische Hauptstadt Paris ein, die von den Deutschen nicht verteidigt wird.

Am 15. August landen US-amerikanische und freifranzösische Truppen zwischen Toulon und Cannes in Südfrankreich und vereinigen sich am 11. September bei Dijon mit der US-Nordarmee.

Am 3. September erobern die Briten Brüssel, einen Tag später Antwerpen. Mitte September kommt der breite Vormarsch der Alliierten auf der Linie Antwerpen–Aachen–Nancy–Belfort zum Stehen. Der alliierte Versuch, am 17. September bei Arnheim und Nimwegen Waal und Lek zu überqueren, wird in einer verlustreichen Schlacht von den Deutschen vereitelt. Am 21. Oktober erobern US-Truppen als erste deutsche Großstadt Aachen. Am 23. November besetzen US-Einheiten Straßburg und stehen damit am Rhein.

Die am 16. Dezember beginnende deutsche Ardennenoffensive, mit der Antwerpen erobert und die alliierten Truppen in Belgien und den Niederlanden eingeschlossen werden sollen, bleibt nach wenigen Tagen stecken, weil die US-Amerikaner den strategisch wichtigen Ort Bastogne halten können. Bald gehen die Westalliierten zur Gegenoffensive über und schlagen die deutschen Verbände zurück.

RASTENBURG

Attentat auf Hitler scheitert

Militärische und zivile Widerstandskämpfer entschließen sich zum Attentat auf Adolf Hitler, um das NS-Regime zu beseitigen und den Krieg zu beenden.

20. 7. 1944: Im Führerhauptquartier »Wolfsschanze« in Ostpreußen explodiert gegen 12.42 Uhr eine vom Generalstabschef des Ersatzheeres, Claus Graf Schenk von Stauffenberg gelegte Bombe. Hitler wird aber nur leicht verletzt.

Stauffenberg ist der entscheidende Mann: Weil er als einziger Verschwörer direkten Zugang zu Hitler hat, wird ihm die Durchführung des Attentats übertragen, zugleich soll er jedoch in Berlin den Aufstand leiten, dem ein Regierungswechsel folgen soll. Der Putsch wird durch in sich widersprüchliche Erfolgsnachrichten verzögert.

Kurz nach der Explosion in der Lagebaracke fliegen Stauffenberg und sein Mitverschwörer, Oberstleutnant Werner Karl von Haeften, nach Berlin. Erst nachdem sie dort um 15.45 Uhr landen, wird Unternehmen »Walküre« ausgelöst.

Als feststeht, dass Hitler überlebt hat, setzt der Kommandeur des Wachbataillons, Major Otto E. Remer, die Putschisten fest. Stauffenberg wird gegen Mitternacht zusammen mit Oberst Albrecht Mertz von Quirnheim, Oberleutnant Werner Karl von Haeften und General Friedrich Olbricht erschossen, General Ludwig Beck begeht Selbstmord. Im Zusammenhang mit dem 20. Juli werden etwa 170 Menschen hingerichtet, u.a. die Generäle Erwin von Witzleben und Erich Hoepner sowie die Politiker Carl Friedrich Goerdeler, Wilhelm Leuschner und Ulrich von Hassell.

V.l.: Graf Stauffenberg, General F. Fromm, Hitler, W. Keitel

REIMS

Deutschland

Mit der bedingungslosen Kapitulation der deutschen Wehrmacht endet der Zweite Weltkrieg in Europa. Die totale militärische und moralische Niederlage Deutschlands ist besiegelt.

7. 5. 1945: Im Hauptquartier von US-General Dwight D. Eisenhower unterzeichnen Generaloberst Alfred Jodl, Generaladmiral Hans-Georg von Friedeburg und General Wilhelm Oxenius die Gesamtkapitulation. Sie tritt am 8. Mai um 23.01 Uhr in Kraft.

Auf Wunsch der Sowjetunion wird die Zeremonie am 9. Mai in Berlin-Karlshorst wiederholt. Am 30. April beging

Die Teilnehmer der Potsdamer Konferenz (vorne v.l.): Clement Attlee, Harry S. Truman, Josef Stalin

HINTERGRUND

Gigantischer Blutzoll: 55 Millionen Todesopfer in 70

Der Zweite Weltkrieg wurde von Deutschland mit dem Ziel des Erwerbs von »Lebensraum« als rassenideologischer Weltanschauungskrieg geführt. Deshalb kam es vor allem in Osteuropa zu einer neuen, besonders Menschen verachtenden Form von Kriegführung. Briten und Amerikaner forderten seit der Konferenz von Casablanca im Januar 1943 die bedingungslose Kapitulation (»unconditional surrender«) der Achsenmächte.

Ausschlaggebend für den Erfolg waren nicht mehr nur Schlachten, sondern die wirtschaftliche Potenz. Hier waren die Alliierten nach dem Scheitern der deutschen »Blitzkriegsstrategie« 1941 immer mehr überlegen. In bisher unbekanntem Maße wurde die Zivilbevölkerung betroffen.

Zwischen 1939 und 1945 standen etwa 110 Mio. Menschen unter Waffen. Etwa 55 Mio. verloren ihr Leben. Die Sowjetunion verlor 20,6 Mio. Menschen (davon rd. 7 Mio. Zivilisten), Polen 6,02 Mio. (5,7 Mio.), Deutschland 5,25 Mio. (500 000), Japan 1,8 Mio. (600 000), Jugoslawien 1,69 Mio. (1,28 Mio.), Frankreich 810 000 (470 000), Ungarn 420 000 (280 000), Italien 415 000 (85 000), Großbritannien 386 000 (62 000), die USA 259 000. Die Höhe der chinesischen Kriegsopfer wird auf mehr als 13 Mio. geschätzt.

Die Siegermächte USA und UdSSR, die sich durch ihre militärischen Erfolge einen erheblichen Einflussbereich in

kapituliert

der deutsche Reichskanzler Adolf Hitler im Bunker unter der Berliner Reichskanzlei kurz vor seiner Gefangennahme Selbstmord.

Nach Festnahme der sog. geschäftsführenden Reichsregierung unter Großadmiral Karl Dönitz in Mürwik am 23. Mai hört das Deutsche Reich auf zu existieren. Am 5. Juni übernehmen die USA, die UdSSR, Großbritannien und Frankreich die oberste Regierungsgewalt und teilen in der Folgezeit Deutschland in vier Zonen ein. Jede der Siegermächte ist für ihre Besatzungszone allein zuständig.

Auf der Potsdamer Konferenz (17.7.-2.8.) vereinbaren der neue britische Premier Clement Attlee, US-Präsident Harry S. Truman und Kreml-Chef Josef Stalin Grundsätze der Nachkriegsordnung. Die deutsche Bevölkerung soll danach »entnazifiziert«, Kriegsverbrecher verurteilt und Deutschland vollständig »entmilitarisiert« sowie demokratisiert werden. Sämtliche Fragen, die Deutschland als Ganzes betreffen, entscheidet der Alliierte Kontrollrat, dem auch Frankreich angehört.

Stalin verzichtet in den Verhandlungen auf eine festgelegte Reparationssumme, wenn dafür die Westmächte bis zu einem Friedensvertrag der Verschiebung der polnischen Westgrenze zustimmen. Östlich der Flüsse Oder und Neiße müssen daraufhin etwa 7 Mio. Menschen ihre Heimat verlassen.

Monaten

Ost- und Mitteleuropa verschaffen, gehen gestärkt aus dem Krieg hervor. Der endgültige Aufstieg beider Länder zu Weltmächten deutet aber bereits in den letzten Kriegsjahren den kommenden Konflikt zwischen den Einflusssphären des sowjetischen und des US-amerikanischen Machtbereichs an. Großbritannien und Frankreich büßen ihre Vorrangstellung ein, was die Unabhängigkeitsbewegungen in den Kolonien stärkt. Die Kapitulation Japans begünstigt den Aufstieg Chinas.

Das fast völlig zerstörte Dresden

HIROSHIMA

Atombombe über Hiroshima

Der Abwurf der Atombomben über Japan offenbart erstmals die ungeheure Zerstörungskraft dieser Waffe, die Japan in kurzer Zeit zur Kapitulation zwingt.

6. 8. 1945: Um 8.16 Uhr wirft ein auf den Namen »Enola Gay« – der Mädchenname der Mutter des Piloten Paul W. Tibbets – getaufter US-Bomber vom Typ Boeing B 29 die 4 t schwere Atombombe »Little Boy« mit einer Sprengkraft von 12 500 t TNT (Trinitrotoluol) über der Hafenstadt Hiroshima ab. Die Explosion und der anschließende Feuersturm kostet mindestens 110 000 Menschen das Leben.

US-Präsident Harry S. Truman hat den Einsatz befohlen, um angesichts steigender Menschenverluste beim Vormarsch im Pazifik die Japaner zur sofortigen Kapitulation zu zwingen. Er erhält auf dem US-Kreuzer »Augusta« die Depesche mit der Erfolgsmeldung: »Wirkung in jeder Hinsicht deutlich erfolgreich. Sichtbare Ergebnisse größer als bei allen Versuchen.«

Seit 1942 hatten im Atomforschungszentrum in Los Alamos (US-Bundesstaat Neu Mexiko) im Rahmen des streng geheimen »Manhattan«-Projekts etwa 5000 hoch qualifizierte Wissenschaftler aus aller Welt am Bau der Atombombe gearbeitet, darunter der Ungar Edward Teller, der Deutsche Hans Albrecht Bethe und der Italiener Enrico Fermi. Am 16. Juli wurde die Atombombe erstmals getestet.

Als die japanische Regierung, die über die Art der Bombe nicht informiert wird, nicht reagiert, wird am 9. August um 11.52 Uhr Nagasaki angegriffen. Der Abwurf der Bombe »Fat Man« fordert mindestens 36 000 Todesopfer und 40 000 Schwerverletzte. Beide Städte sind völlig zerstört.

Am 14. August nimmt die japanische Regierung die Kapitulationsbedingungen an. Die bei der Explosion freigewordene radioaktive Strahlung führt noch Jahrzehnte später zu tödlichen Erkrankungen. Truman dient der Angriff auch als Demonstration militärischer Stärke gegenüber der Sowjetunion, die am 8. August den Krieg gegen die Japaner eröffnet und innerhalb von zwei Wochen die Mandschurei erobert. Am 15. August erklärt der japanische Kaiser Hirohito in einer Rundfunkansprache das Ende des Krieges und die Kapitulation Japans.

Am 2. September wird der Waffenstillstand unterzeichnet. Japan wird von US-Truppen unter General Douglas MacArthur besetzt. Der 1937 mit dem Angriff auf China begonnene Pazifikkrieg hat Japan mindestens 1,8 Mio. Menschenleben gekostet. Die Alliierten verloren beim Kampf gegen die Japaner etwa 120 000 Soldaten.

In San Francisco wird am 8. September 1951 ein Friedensvertrag zwischen Japan und 48 Staaten unterzeichnet. Japan verzichtet auf alle territorialen Erwerbungen der letzten 80 Jahre (Korea, Taiwan, Sachalin, die Kurilen, die Ryukyu-Inseln mit Okinawa, die Völkerbundmandate über die Südseeinseln) und stellt sich zugleich unter den militärischen Schutz der USA.

Ruine des Museums für Wissenschaft und Industrie in Hiroshima

Blockbildung und Supermächte

1945-1989

Neue Grundkonstellation: Bipolarität

Der Zweite Weltkrieg und die Niederlage der Achsenmächte veränderte die weltpolitische Lage grundlegend. Deutschland, Italien und Japan schieden aus dem Kreis der Großmächte aus. Das alte Europa büßte seine einstmals führende Rolle in der Weltpolitik endgültig ein.

In dieses machtpolitische Vakuum stießen die aufstrebenden Weltmächte USA und UdSSR. Sie bestimmten vor allem die künftigen weltpolitischen Entscheidungen. Beide Staaten stellten eine Macht ganz neuer Qualität dar: Die USA verfügten seit 1945 über Atomwaffen, die UdSSR seit 1949. Der Weg zur Supermacht – in rüstungstechnischer Hinsicht – führte über die Entwicklung der Wasserstoffbombe (1952 USA; 1953 UdSSR) bis zu Interkontinentalraketen. Diesen Weg konnten die anderen drei Siegermächte Großbritannien, Frankreich und China trotz ihres gleichfalls vorhandenen Nuklearpotenzials (1952, 1960 und 1964) nicht nachvollziehen (1964 kam Indien hinzu, 1998 Pakistan) und blieben deshalb deutlich unterhalb des Status einer Supermacht.

Nach 1945 stand die Weltpolitik ganz im Zeichen dieses Wandels von der Multipolarität (Mehrpoligkeit) zur Bipolarität (Zweipoligkeit). Diese Wandlung zur »Herrschaft der zwei Blöcke« vollzog sich nicht friedlich, sondern in harter Konfrontation (Kalter Krieg). Eine zusätzliche Dimension erhielt diese bipolare Politik durch die beiden ideologisch grundsätzlich verschiedenen Gesellschaftssysteme.

Vom Modell der »Einen Welt« zum Kalten Krieg

Als sich am 25. April 1945 in Torgau an der Elbe sowjetische und amerikanische Soldaten die Hände reichten, glaubte die kriegsmüde Welt an einen Neubeginn im Zeichen des Friedens und der Versöhnung. Torgau galt als der augenfällige Ausdruck des alliierten Sieges über den Nationalsozialismus, wurde aber auch als ein Ansatzpunkt für eine über den Krieg hinaus gültige Kooperation der Alliierten verstanden. Doch der Schein trog. Die Anti-Hitler-Koalition war in sich zerstritten. Die Spannungen, die sich an der Frage der Friedensregelung entzündeten, reichten bis ins Jahr 1943 zurück.

Die USA traten für die Schaffung einer liberalen Weltwirtschaftsordnung ein, in der der USA als weitaus stärkster Wirtschaftsmacht die politische Führung zugefallen wäre; die UdSSR dagegen vertrat das Prinzip der internationalen Friedenssicherung durch Hegemoniebildung.

Als Grundlage der amerikanischen liberalen, in Freiheit und Frieden lebenden »einen Welt« galten die von Präsident Franklin D. Roosevelt 1941 gemeinsam mit dem britischen Premierminister Winston Churchill formulierten Grundsätze der Atlantik Charta: Die USA als »Arsenal der Demokratie« forderten das Selbstbestimmungsrecht der Völker, Gewaltverzicht, internationale Abrüstung, Freihandel und internationale Kooperation auf allen Gebieten. Dieses Modell der »Einen Welt« sollte für alle Völker Geltung haben und einen neuen Konsens in der Weltpolitik herbeiführen.

Das Modell der »Einen Welt« stieß bei der UdSSR, soweit es ihren Machtbereich betraf, auf Ablehnung. Im April 1945 erklärte Stalin: »Der Krieg ist anders als die früheren; wer ein Gebiet erobert, zwingt ihm auch sein eigenes Gesellschaftssystem auf, so weit seine Armee kommt. Es kann nicht anders sein.« Die UdSSR schickte sich, entsprechend ihres Sicherheitsverständnisses seit 1943 (Teheran-Konferenz: Westverschiebung Polens auf Kosten Deutschlands) an, ihren Einfluss in Osteuropa auszudehnen und nach Kriegsende an der sowjetischen Westgrenze sowjetfreundliche Satellitenstaaten zu schaffen.

Dies zeigte sich zuerst bei der Politik Stalins gegenüber Polen. Die Einsetzung des prosowjetischen Lubliner Komitees und die Ausschließung der seit 1939 bestehenden bürgerlichen polnischen Exilregierung in London bedeutete bereits die Wende hin zum Kalten Krieg. Die ungelöste deutsche Frage wurde zum Testfall der Konfrontation. Der Kalte Krieg besiegelte die deutsche Teilung. Der 1952 in der sog. Stalin-Note gemachte sowjetische Vorschlag, Deutschland zu einigen und gleichzeitig zu neutralisieren, stieß im Westen auf sofortige Ablehnung.

Kollektive Friedensstiftung: die Vereinten Nationen

Zur Gewährleistung und Sicherung des Friedens« gründeten die Alliierten unter Federführung der USA – einschließlich der UdSSR – am 26. Juni 1945 die UNO (Vereinte Nationen). Anders als der weitgehend machtlose Völkerbund der 20er und 30er Jahre kann er seine Aufgaben – Sicherung des Weltfriedens durch Vermittlung und schiedsgerichtliche Entscheidung, durch Beobachtung und Untersuchung von Konflikten – nicht nur durch diplomatische, wirtschaftliche und militärische Sanktionen, sondern auch durch Entsendung von UN-Streitkräften erfüllen. Die UNO ist zugleich Weltparlament und permanente diplomatische Konferenz mit Stimmblöcken und wechselnden Koalitionen. Politisch wichtigstes Organ ist der Sicherheitsrat mit primärer Zuständigkeit für die Wahrung des Friedens und seinen ständigen Mitgliedern USA, UdSSR (ab 1991 Russland) und China. Mit mehr oder minder großem Erfolg schickte die UNO seit 1948 Friedenstruppen (sog. Blauhelme) in die Krisengebiete der Welt, u.a. 1948 nach Palästina, 1949 nach Kaschmir, 1958 in den Libanon, 1960 in den Kongo, 1964 nach Zypern, 1992 nach Somalia und Kroatien sowie Bosnien-Herzegowina. Auch der Koreakrieg (1950-1953), vor allem durch Truppen der USA, und der Golfkrieg gegen den Irak (1991) wurden mit einem Mandat der UNO geführt.

Der Kalte Krieg – Konfrontation statt Kooperation

Der sowjetischen Politik der militärischen Sicherung und politischen Abschließung des eigenen Herrschaftsbereichs vor allem in Osteuropa stellte die USA die »Containment«-Politik (Eindämmung des sowjetischen Machtstrebens) gegenüber. Die Außenpolitik der USA stand fortan ganz im Zeichen des Antikommunismus.

Die 1947 verkündete Truman-Doktrin stellte den Grundsatz auf, dass die USA mit den ihr zur Verfügung stehenden wirtschaftlichen, aber auch militärischen Mitteln bereit seien, die freie Welt vor der totalitär beherrschten sowjetischen Welt zu sichern und zu schützen. Die McCarthy-Ära (1950-1955) mit ihrer antikommunistischen Gesinnungsschnüffelei war das innenpolitische Pendant in den USA.

Materielle Basis der »Containment«-Politik bildete der Marshall-Plan, ein von Außenminister George C. Marshall formuliertes Wiederaufbauprogramm für das wirtschaftlich marode, aber dem Westen zuneigende Europa. Die Sowjetunion antwortete 1947 mit der Gründung des Kommunistischen Informationssystems (Kominform). Folgen des sog. Kalten Krieges waren auch die Gründung der beiden deutschen Staaten Bundesrepublik Deutschland und DDR (1949) sowie der 1950 beginnende Koreakrieg, der 1953 auch dort die Teilung des Landes festschrieb.

Der politische und ideologische Konflikt der beiden feindlichen Blöcke wurde zur bestimmenden Größe der Weltpolitik in den 50er Jahren. Die Blockbildung wirkte auf die Blockmitglieder systemstabilisierend (NATO 1949; RWG 1949; Warschauer Pakt 1955; EWG 1957). Gelegentliche freiheitliche Bestrebungen im Ostblock (DDR 1953; Polen und Ungarn 1956; Tschechoslowakei 1968) wurden unterdrückt. Gegenseitiges Misstrauen lähmte die internationale Gesprächsbereitschaft, Verhandlungslösungen wurden nicht angestrebt.

Der Kalte Krieg bedeutete jedoch neben der Konfrontationsbereitschaft bis an den Rand eines Krieges zu gehen (»Roll-back«-Strategie der USA), auch zugleich Formen der Koexistenz zu finden. Der sowjetische Parteichef Nikita Chruschtschow prägte 1956 die Formel von der »friedlichen Koexistenz von Staaten verschiedener sozialer Ordnung«. Testfälle waren die Berlin-Krisen seit 1958 und die Kuba-Krise 1962, welche die Welt an den Rand – aber eben auch nur bis dorthin – eines Atomkrieges führte.

Die 60er Jahre – Zeit des Übergangs

Vor dem Hintergrund der Konsolidierung der sowjetischen Vormachtstellung in Osteuropa (1968 gewaltsames Ende des Prager Frühlings) und dem vergeblichen militärischen Engagement der USA in Vietnam (1964-1973) gemäß der sog. Dominotheorie, wonach bei einem Fall Vietnams ein südostasiatischer Staat nach dem anderen kommunistisch werden würde, änderte sich gegen Ende der 60er Jahre das bilaterale politische Verhältnis der beiden Supermächte. Die Konfrontations-Strategie des Kalten Krieges wich allmählich einer auf Entspannung ausgerichteten Politik.

Die tieferen Ursachen der Entspannungspolitik lagen im Schock der Kuba-Krise 1962, in den militärstrategischen Überlegungen, dass das »Gleichgewicht des Schreckens« der Supermächte eine weitere Anhäufung von Militärmaterial sinnlos mache und in der Erkenntnis, dass die Machtpolitik der Blöcke kontrollierbar und berechenbar bleiben müsse. Wichtige Schritte in Richtung Entspannung waren das Atomtest-Abkommen 1963 (Verbot von Atomwaffenversuchen im Weltraum, in der Atmosphäre und unter Wasser) und die Unterzeichnung des Vertrages über die Nichtverbreitung von Kernwaffen 1968. Hinzu kamen neue politische Faktoren, die zur Aufweichung der politischen Machtblöcke beitrugen: Westeuropa und Japan etablierten sich als neue wirtschaftliche Zentren in der Welt und die Volksrepublik China – einerseits Entwicklungsland, andererseits seit 1964 Atommacht – gab ihre weltpolitische Selbstisolierung nach der »Kulturrevolution« (1966-1969) auf. Neben dem politisch »konkurrierenden Dreieck« USA–UdSSR–China stand das wirtschaftliche »kooperative Dreieck« USA–Japan–Westeuropa.

Politik im Zeichen der Entspannung

Entspannungspolitik bedeutete direkte Vertragspolitik, sowohl zwischen den Supermächten wie auch zwischen den Blockmitgliedern in Ost und West. Entspannung ging von der beiderseitigen Anerkennung des politischen Status quo aus. Wesentliche Ziele der Entspannungspolitik waren die Sicherung der Stabilität der Ost-West-Beziehungen, der Abbau von Konfrontationen und die Schaffung von Vertrauen durch Verhandlungsbereitschaft. Neben Rüstungskontrollfragen bezog die Entspannung vor allem wirtschaftliche und kulturelle Bereiche in den Ost-West-Ausgleich ein. Die internationale Zusammenarbeit entschärfte die weiterhin bestehenden machtpolitischen und ideologischen Gegensätze, ohne sie jedoch als gegebene Grundtatsache zu leugnen. Entspannungspolitik, oft missverstanden, war eben nicht Liberalisierung der gesellschaftlichen Systeme der Ostblockstaaten oder die Auflösung der jeweiligen Militärbündnisse, sie war schlicht pragmatische Politik im Zeichen des Vertrauens.

Die Vertragspolitik der Supermächte erreichte am 26. Mai 1972 mit dem Abkommen zur Begrenzung der strategischen Waffen (SALT-I) ihren Höhepunkt. Die sowjetisch-amerikanischen Vereinbarungen waren ein wichtiger Schritt in Richtung einer pragmatischen Rüstungskontrolle zur Beendigung des Wettrüstens. SALT II folgte am 18. Juni 1979 in Wien. Dieses Abkommen sah eine weitere Begrenzung der strategischen Offensivwaffen vor. Am 31. Juli 1991 wurde in Moskau der START-Vertrag unterzeichnet, der u.a. eine Reduzierung der atomaren Gefechtsköpfe auf eine Obergrenze von jeweils 6000 beinhaltet.

Vor dem Hintergrund dieser auf Ausgleich zwischen den USA und der UdSSR gerichteten Politik nutzte seit 1969 die sozialliberale Koalition der Bundesrepublik die Großwetterlage zu einer Aussöhnungs- und Normalisierungspolitik mit dem Osten (Verträge mit Polen und der UdSSR 1970) sowie der DDR (Transitabkommen 1971 und Grundlagenvertrag 1973). Diese Ostpolitik bewirkte mit ihrem Gewaltverzicht und ihrer Versöhnungsbereitschaft den politischen Ausgleich auf der Basis des Status quo im Nachkriegseuropa, ermöglichte das Viermächteabkommen über Berlin und brachte den Ostdeutschen humanitäre Erleichterungen.

Die KSZE-Konferenz in Helsinki (1973-1975) unterstrich zum einen die Bedeutung Europas im internationalen Entspannungsprozess, zum anderen die Wichtigkeit des ständigen Meinungsaustausches der Macht- und Weltanschauungssysteme. Mit ihrer Forderung nach Achtung der Menschenrechte und den vertrauensbildenden Maßnahmen gab sie der Opposition in den sozialistischen Staaten erheblichen Auftrieb.

Die sowjetische Besetzung Afghanistans Ende 1979 und die amerikanische Politik seit der Nichtratifizierung von SALT II (das Abkommen wurde allerdings informell von beiden Vertragspartnern als gültig betrachtet) bewirkte jedoch eine merkliche Abkühlung.

Die Bewegung der Blockfreien und der Nord-Süd-Konflikt

Für die Weltpolitik von Bedeutung wurde die 1955 gegründete Bewegung der Blockfreien, die das starre bipolare Ost-West-System in Bewegung brachte. Wesentliche Anstöße erhielten die Blockfreien, die sich seit 1961 regelmäßig auf Gipfelkonferenzen trafen, vom jugoslawischen Staatspräsidenten Josip Broz Tito. Die über 100 Mitgliedsstaaten der Blockfreien verfolgten keine einheitliche politische Linie. Die minimale Basis ihrer Zusammenarbeit bildete jedoch die Forderung nach Antikolonialismus, friedlicher Koexistenz und internationaler Abrüstung sowie Respektierung der Integrität und Souveränität der Staaten.

Eng verbunden mit der Bewegung der Blockfreien war die Emanzipation der Dritten Welt: Durch die allmähliche Entkolonialisierung nach dem Zweiten Weltkrieg Mitte der 70er Jahre setzte sich langsam die Erkenntnis durch, dass sich neben dem bisherigen, die Weltpolitik bestimmenden Ost-West-Gegensatz für die Zukunft als weitere große weltpolitische Konfliktformation der Nord-Süd-Konflikt herauszubilden begann.

Der Nord-Süd-Konflikt wurde geprägt von dem sehr unterschiedlichen Entwicklungsstand zwischen Entwicklungsländern und Industrienationen. Dem »reichen Norden« der Industriestaaten stand der »arme Süden« der Dritten Welt gegenüber.

Das Nord-Süd-Gefälle bezog sich auf die Entwicklungsdifferenzen in wirtschaftlich-sozialer und politisch-kultureller Hinsicht. Stichworte waren u.a. Überbevölkerung, Unterernährung, Rohstofflieferant, Verteilungsproblematik. Die formelle Herrschaft über Kolonialgebiete früherer Zeiten war einer differenzierten informellen Abhängigkeit der Entwicklungsländer der Dritten Welt von den Industrienationen gewichen. Die zuerst von Willy Brandt (SPD) geleitete Nord-Süd-Kommission bemühte sich seit 1977 um eine Verbesserung des Verhältnisses der Länder der Dritten Welt mit den Industriestaaten.

Dabei forderten die Entwicklungsländer die Errichtung einer neuen Weltwirtschaftsordnung, mit der die bestehenden Ungerechtigkeiten des Weltwirtschaftssystems beseitigt werden sollten. Dieses Ziel sollte über eine völlige Neu- und Umverteilung der wirtschaftlichen Ressourcen erreicht werden, der sich die Industrieländer aber weitgehend widersetzten.

Von der erhofften neuen Weltwirtschaftsordnung wurde bis Ende der 90er Jahre nur wenig realisiert. Die globalen Probleme von Migration und Umweltzerstörung gaben dem Nord-Süd-Konflikt zusätzliche Brisanz.

Noch 1990 verfügte die sog. Dritte Welt über 74% der Bevölkerung, stellte aber nur 22% der Produktion und verbrauchte nur 19% der Energie. Die koloniale Herrschaft wurde durch langfristige ökonomische Abhängigkeit ersetzt, die vielfach einseitige Produktionsstruktur führte in die Verschuldung und zwang die Länder zum Import von Lebensmitteln, selbst wachsende Industrialisierung brachte diesen Ländern keine Entlastung, weil die unterentwickelten Staaten nur die Rolle von Billiglohnländern und Absatzhinterhöfen einnahmen.

FULTON

Europa durch »eisernen Vorhang« geteilt

Die Allianz der vier Siegermächte (USA, UdSSR, Großbritannien und Frankreich) zerfällt bald nach dem Sieg über Hitler-Deutschland. Europa wird in eine westliche und östliche Einflusssphäre geteilt. Die Grenze verläuft quer durch Deutschland und Berlin.

5. 3. 1946: Der ehemalige britische Premierminister Winston Churchill prägt in einer Grundsatzrede im US-Bundesstaat Missouri den Begriff vom »Eisernen Vorhang«, der sich von Stettin an der Ostsee bis nach Triest an der Adria über den europäischen Kontinent gesenkt habe.

Sowjetisierung Osteuropas: Am 11. Januar 1946 erklärt Albanien die Monarchie für abgeschafft. Unter Führung des Kommunisten Enver Hoxha wird das Land zur Volksrepublik. In Ungarn wird am 1. Februar 1946 die Republik ausgerufen. Zunächst regiert die Kleinlandwirtepartei von Z. Tildy. Gestützt auf die sowjetische Besatzungsarmee, übernimmt schrittweise die Kommunistische Partei unter Mátyás Rákosi die Macht. 1949 wird Ungarn Volksrepublik.

Bulgarien wird am 15. September 1946 zur Volksrepublik erklärt, nachdem durch Volksabstimmung die Monarchie abgeschafft worden ist. Maßgeblicher Politiker ist bis zum Jahr 1949 der Kommunist Georgi Dimitrow.

Nach den Wahlen in der Tschechoslowakei stellen am 3. Juli 1946 die Kommunisten mit Klement Gottwald den Regierungschef. Im Februar 1948 ergreifen sie die Macht, das Land wird am 9. Mai 1948 eine Volksdemokratie.

In Rumänien wird mit der Abschaffung der Monarchie am 30. Dezember 1947 die Volksrepublik proklamiert. Parteichef der Kommunisten ist bis 1965 Gheorghe Gheorghiu-Dej.

»Containment« und Marshallplan: Die Ernennung von George C. Marshall zum US-Außenminister am 21. Januar 1947 bedeutet den Beginn der Eindämmung (»Containment«) des sowjetischen Machtbereichs. Marshall schlägt am 5. Juni 1947 ein Wirtschaftsaufbauprogramm für Europa vor, das auf der sog. Marshallplan-Konferenz, an der die UdSSR nicht teilnimmt, in Paris beschlossen wird (12. 7.-22. 9.). Auf kommunistischer Seite wird am 22. bis 27. September 1947 das sog. Kommunistische Informationsbüro (Kominform) gegründet.

Währungsreform und Berlin-Krise: Am 21. Juni 1948 wird in den drei Westzonen die Reichsmark (RM) auf Deutsche Mark (DM) umgestellt. Die Währungsreform erhöht schlagartig das Warenangebot. Am 23. Juni erfolgt auch in der sowjetischen Zone und Berlin eine Währungsreform.

Am 24. Juni sperrt die Sowjetunion die Land- und Wasserwege für den Personen- und Güterverkehr zwischen den Westsektoren Berlins und Westdeutschland (Berlinblockade), um Berlin unter ihre Kontrolle zu bringen. Durch eine Luftbrücke stellen die USA und Großbritannien die Versorgung der Westsektoren sicher. Die Blockade endet am 12. Mai 1949.

Berlinblockade 1948/49: Kinder warten ungeduldig auf die Landung der alliierten »Rosinenbomber«.

Der jugoslawische Politiker Josip Tito

Am 20. März 1948 tagt zum letzten Mal der Alliierte Kontrollrat, weil der sowjetische Vertreter die Sitzung verlässt. Ab dem 1. Januar 1947 bilden die britische und US-Zone als »Bizone« ein einheitliches Wirtschaftsgebiet.

Bruch Jugoslawien/UdSSR: Der ideologische Streit zwischen der UdSSR und Jugoslawien, das unter Josip Broz Tito ein eigenes Sozialismusmodell zu verwirklichen sucht, erreicht am 26. Juni 1948 einen ersten Höhepunkt: Die KP Jugoslawiens wird auf der Bukarester Konferenz aus dem Kominform ausgeschlossen.

Kennzeichnend für den Titoismus ist u.a. eine Dezentralisierung und die Einführung der Arbeiterselbstverwaltung.

Griechischer Bürgerkrieg: Der Gegensatz zwischen kommunistischen und monarchistischen Partisanen, die zwischen 1941 und 1945 gegen die deutsche Besatzung kämpften, führt 1946 zum Bürgerkrieg. Die im Norden des Landes kämpfenden prokommunistischen Gruppen (sog. Demokratische Armee Griechenlands) werden von der UdSSR, Bulgarien und Jugoslawien, die prowestliche Regierung zunächst von Großbritannien, dann von den USA unterstützt. Die Einstellung der jugoslawischen Hilfe ermöglicht 1949 den Sieg der Regierungstruppen in Griechenland.

Briten

Britisch-Indien zerfällt in zwei Staaten, die Indische Union und Pakistan, die als Dominions dem britischen Commonwealth angehören.

15. 8. 1947: Großbritannien entlässt die größte Kolonie der Welt in die Unabhängigkeit. Das britische Vizekönigreich, ein Land mit mehr als 320 Mio. Einwohnern, mehr als 45 Volksgruppen und über 200 Sprachen, wird in zwei Staaten aufgeteilt, das hinduistische Indien und den Muslim-Staat Pakistan, der sei-

TEL AVIV

Israel kämpft

Die Gründung des Staates Israel erfüllt den Traum der Juden von der Rückkehr nach Palästina und löst zugleich jahrzehntelange Spannungen und bewaffnete Konflikte mit den arabischen Nachbarn aus.

14. 5. 1948: Nach dem Abzug der letzten britischen Truppen und der Beendigung des britischen Mandats in Palästina proklamiert der jüdische Nationalrat unter dem Vorsitz von David Ben Gurion den Staat Israel.

Schon einen Tag später greifen arabische Truppen jüdische Siedlungen an, es kommt zum ersten Israelisch-Arabischen Krieg. Die israelische Regierung erklärt die Hagana, eine paramilitärische Geheimorganisation, zur regulären Armee. Geheimverhandlungen zwischen israelischen und ägyptischen Delegierten in Paris scheitern im Oktober an der Weigerung Israels, auf die Besetzung arabischer Gebiete zu verzichten. Die Auseinandersetzungen führen zu einer Massenflucht arabischer Palästinenser aus den von Israel beherrschten Gebieten. Die von den Arabern erhoffte Vernichtung Israels gelingt trotz militärischer Überlegenheit nicht, im Frühjahr und Sommer 1949 unterzeichnen die arabischen Staaten einen Waffenstillstand. Am 17. Februar 1949 wird Chaim Weizmann von der Verfassunggebenden Versammlung zum ersten Präsidenten des Staates Israel gewählt, der am 11. Mai 1949 in die Vereinten Nationen (UNO) aufgenommen wird.

Im Ersten Weltkrieg hatten die Briten das Land erobert und seit 1922 als Völkerbundsmandat verwaltet. In der sog. Balfour-Deklaration versprach Großbritannien 1917 den Juden Unterstützung bei der Errichtung einer »nationalen Heimstätte« in Palästina und machte gleichzeitig den Arabern Hoffnung auf die Einbeziehung Palästinas in ein arabisches Staatswesen.

Am 29. November 1947 hatte die UN-Generalversammlung die Teilung Palästinas in einen arabischen und einen jüdischen Staat empfohlen. Es kam zu bürgerkriegsähnlichen Unruhen. Palästina wird von 1,2 Mio. Arabern und 650 000 Juden bewohnt, deren Zahl allerdings durch die Einwanderung aus Europa wächst.

Oben: David Ben Gurion verabschiedet die letzten britischen Truppen aus Israel. Links: Araber im Feuergefecht mit israelischen Einheiten

Die UNO sah in der Teilung die einzige Möglichkeit, die Probleme zu lösen. Bei den Verhandlungen waren Palästinenser und Juden zwar befragt, aber bei der Entscheidung übergangen worden.

INDIEN

entlassen Indien und Pakistan in die Freiheit

nerseits aus den mehr als 1500 km weit auseinander liegenden Landesteilen Ost- und Westpakistan besteht. Pakistan ist ein reines Agrarland, die Indische Union hingegen verfügt über reiche Bodenschätze und viele Industrieanlagen.

Nach Erlangen der Souveränität treten die meisten der 562 indischen Fürsten der Union bei und erhalten dafür Privilegien. Nur Hyderabad, das von einem islamischen Maharadscha regiert wird, mehrheitlich aber hinduistisch ist, muss 1949 zum Anschluss genötigt werden.

Die Teilung des Subkontinents folgt einem Vorschlag des letzten britischen Vizekönigs Lord Mountbatten. Die Spannungen zwischen den beiden großen Religionsgruppen haben sich in der letzten Phase des Unabhängigkeitskampfes noch verstärkt. Die Teilung führt zur Massenflucht von Hindus und Sikhs aus Pakistan sowie Muslimen aus der Indischen Union. Im Pandschab und in Ostbengalen, wo die endgültigen Grenzen noch umstritten sind, brechen Kämpfe zwischen Hindus, Muslimen und Sikhs aus.

Pakistanische Flüchtlinge in Neu Delhi

Zankapfel wird vor allem Kaschmir: Beide Staaten beanspruchen den seit 1846 bestehenden Fürstenstaat mit seiner überwiegend muslimischen Bevölkerung für sich. Der hinduistische Maharadscha Hari Singh erklärt im Oktober 1947 den Anschluss Kaschmirs an die Indische Union. Im darauf folgenden Kaschmirkonflikt besetzt Indien 60% und Pakistan 40% des Landes.

1949 wird von der UNO eine Demarkationslinie ausgehandelt.

BONN/OST-BERLIN

Konrad Adenauer unterzeichnet das Grundgesetz.

Kundgebung anlässlich der Gründung der DDR

Zwei Staaten im geteilten Deutschland

Die Gründung zweier deutscher Staaten, die unterschiedlichen Machtblöcken angehören, besiegelt für die folgenden 41 Jahre die Spaltung Deutschlands.

23. 5. 1949: Mit der Verkündung des Grundgesetzes werden die zur Bundesrepublik Deutschland zusammengefassten drei westlichen Besatzungszonen ein demokratischer und sozialer Bundesstaat mit einem Parlament (Bundestag) und einer Ländervertretung (Bundesrat). Im Unterschied zur Weimarer Verfassung hat das Staatsoberhaupt (Bundespräsident) nur repräsentative Aufgaben, der Regierungschef (Bundeskanzler) kann nur gestürzt werden, wenn gleichzeitig ein neuer gewählt wird, und der Katalog der Grundrechte ist erheblich präziser gefasst.

Bei der ersten Bundestagswahl am 14. August wird die christlich-konservative CDU/CSU stärkste Kraft. Der liberale Politiker Theodor Heuss wird am 12. September zum ersten Bundespräsidenten, der 73-jährige CDU-Chef Konrad Adenauer am 15. September zum ersten Bundeskanzler gewählt.

Daraufhin erklärt sich in Berlin (Ost) am 7. Oktober der sog. Zweite Deutsche Volksrat zur Provisorischen Volkskammer im Sinne der Verfassung der Deutschen Demokratischen Republik vom 30. Mai 1949. An der Spitze der DDR stehen mit Otto Grotewohl (als Ministerpräsident) und Wilhelm Pieck (als Staatspräsident) zwei Mitglieder der 1946 durch Zwangsvereinigung von KPD und SPD entstandenen Sozialistischen Einheitspartei Deutschlands (SED), deren Vizevorsitzender Walter Ulbricht der eigentliche Machthaber ist.

WASHINGTON

Westbündnis NATO

Die Ost-West-Konfrontation führt zur Gründung der NATO.

4. 4. 1949: Belgien, Dänemark, Frankreich, Großbritannien, Island, Italien, Kanada, Luxemburg, die Niederlande, Norwegen, Portugal und die USA gründen die North Atlantic Treaty Organization (NATO). Sie vereinbaren gegenseitigen Beistand im Fall eines Angriffs, Lieferung von Waffen an die Paktstaaten durch die USA und die Koordinierung durch einen Ständigen Rat. Am 18. Februar 1952 treten Griechenland und die Türkei bei, am 9. Mai 1955 die Bundesrepublik Deutschland und am 30. Mai 1982 Spanien. Als Reaktion auf den westdeutschen Beitritt zum Nordatlantikpakt entsteht 1955 der Warschauer Pakt.

Am 26. September 1950 beschließt der NATO-Rat gemeinsame Armeen mit zentralem Oberkommando zu schaffen. Am 9. Dezember 1952 wird die massive Vergeltung, d.h. jeden Angriff durch einen atomaren Gegenschlag zu erwidern, offizielle Militärstrategie. Diese Doktrin wird erst am 14. Dezember 1967 von der Strategie des »flexible Response« abgelöst, welche die Beantwortung einer militärischen Aggression durch eine angemessene und abgestufte Reaktion vorsieht. Bis zur Kosovo-Krise 1999 tritt das Bündnis nicht offiziell als Kriegspartei auf.

PEKING

China wird Volksrepublik

Der jahrzehntelange Bürgerkrieg im bevölkerungsreichsten Land der Erde endet mit dem Sieg der Kommunisten.

1. 10. 1949: Der Vorsitzende der Kommunistischen Partei Chinas, Mao Tse-tung, proklamiert auf einer Massenkundgebung vor dem Kaiserpalast die Volksrepublik China und gibt die Bildung einer Zentralen Volksregierung bekannt. Mao wird Vorsitzender des Volksregierungsrates, Chou En-lai amtiert als Ministerpräsident und Außenminister.

Mao proklamiert die Volksrepublik.

Der seit den 30er Jahren andauernde Bürgerkrieg zwischen den Kommunisten und der Kuomintang von Chiang Kai-shek ist beendet. Chiang flieht auf die Insel Taiwan, wo er am 1. März 1950 die Republik China ausruft.

SEOUL

Ost-West-Konfrontation in Korea

Der drei Jahre dauernde Koreakrieg ist der bis dahin schwerste bewaffnete Konflikt seit 1945.

25. 6. 1950: Soldaten des kommunistisch regierten Nordkorea überschreiten den 38. Breitengrad, der seit 1945 die Grenze zwischen der sowjetischen und US-amerikanischen Einflusssphäre bildet.

Am selben Tag erklärt der UNO-Sicherheitsrat – in Abwesenheit der UdSSR – Nordkorea zum Aggressor und empfiehlt am 27. Juni allen UNO-Mitgliedern, Südkorea Hilfe zu leisten. Dabei stellen die USA das mit Abstand größte militärische Kontingent und mit General Douglas MacArthur (ab 8. 7.) auch den Oberbefehlshaber.

Zunächst besetzen die Nordkoreaner fast ganz Südkorea. Vom 15. September an eröffnen die UN-Truppen eine Gegenoffensive und stehen im November kurz vor der chinesischen Grenze. Am 28. November greifen etwa 200 000 »Freiwillige« aus der Volksrepublik China in die Kämpfe ein und dringen im Januar 1951 über die Hauptstadt Seoul hinaus weiter nach Südkorea ein. In den folgenden Monaten stabilisiert sich die Front am 38. Breitengrad.

US-Präsident Harry S. Truman, der den Konflikt begrenzen will, löst am 11. April 1951 MacArthur als Oberbefehlshaber ab. Dieser hatte gefordert, Truppen aus Nationalchina (Taiwan) in den Kampf zu schicken und chinesische Luftbasen in der Mandschurei zu bombardieren.

Im Juli 1951 beginnen Waffenstillstandsgespräche. Sie führen am 27. Juli 1953 zum Abkommen von Panmunjon. Eine Demarkationslinie mit einer jeweils 2 km breiten entmilitarisierten Zone teilt das Land nördlich des 38. Breitengrades.

43 000 Südkoreaner, rd. 24 000 Soldaten der USA und mehr als 2000 weitere Angehörige der UN-Truppen fanden den Tod. Etwa 250 000 wurden verletzt. Die Verluste der Armeen Chinas und Nordkoreas werden auf 1,7 Mio. Tote und Verwundete geschätzt. Nach Schätzungen fanden in Nord- und Südkorea rd. 3 Mio. Zivilisten den Tod.

Südkoreanische Soldaten nehmen einen Angreifer fest.

MOUNT EVEREST

Höchster Berg bezwungen

Ein Neuseeländer und ein Nepalese ersteigen als erste Menschen das »Dach der Welt« im tibetisch-nepalesischen Grenzgebiet.

29. 5. 1953: Der Neuseeländer Edmund Percival Hillary und der nepalesische Sherpa Tenzing Norgay setzen gegen 11.30 Uhr als erste Bergsteiger ihren Fuß auf den Gipfel des 8848 m hohen Mount Everest, des höchsten Berges der Erde im Massiv des Himalayagebirges. Sie sind Mitglieder einer von John Hunt geleiteten britischen Expedition, der noch elf weitere Bergsteiger sowie rd. 350 einheimische Träger angehören.

Seit 1921 war die Besteigung des Bergs versucht worden. Unbekannt ist, ob die 1924 tödlich verunglückten Briten George Mallory und Andrew Irvine erfolgreich waren.

Tenzing Norgay und Edmund Hillary

SANDRINGHAM

Elisabeth wird Königin

Nach dem Tod von Georg VI. folgt ihm seine Tochter Elisabeth II. auf den Thron.

6. 2. 1952: In Sandringham stirbt im Alter von 56 Jahren König Georg VI. Seine 25-jährige Tochter Elisabeth tritt die Nachfolge an. Sie wird am 2. Juni 1953 in der Londoner Westminster Abbey vor 7600 geladenen Gästen vom Erzbischof von Canterbury zur Königin von Großbritannien und Nordirland gekrönt. Die auch im deutschen Fernsehen ausgestrahlte Direktübertragung der Krönungsfeierlichkeiten ist die erste Eurovisions-Sendung.

Elisabeth II. und ihr Mann, Prinz Philip

MOSKAU

Stalins Verbrechen enthüllt

Drei Jahre nach dem Tod des sowjetischen Parteichefs Josef W. Stalin erreicht die sog. Entstalinisierung ihren Höhepunkt.

25. 2. 1956: In einer Geheimrede vor den Delegierten des XX. Parteitags der KPdSU enthüllt deren Erster Sekretär, Nikita S. Chruschtschow, die von dem am 5. März 1953 verstorbenen Stalin begangenen Verbrechen.

Verurteilt werden vor allem der Personenkult um Stalin, die »Verletzungen der sozialistischen Gesetzlichkeit« und die Verfolgung sog. Volksfeinde. Über Stalins Wesen sagt Chruschtschow: »Der krankhafte Argwohn erzeugte in ihm ein allgemeines Misstrauen selbst gegenüber hervorragenden Parteifunktionären, die er seit Jahren kannte.« Zahlreiche Opfer der »Säuberungen« werden rehabilitiert. Eine Untersuchung der Ursachen des Stalinismus erfolgt angesichts der Proteste nicht. Nach Chruschtschows Sturz als Parteichef (1964) erlahmen die Ansätze zur Überwindung des Stalinismus.

Chruschtschow hält eine Rede vor der UN-Generalversammlung in New York.

OST-BERLIN

Sowjetpanzer gegen

Mit der ersten Volkserhebung gegen ein kommunistisches Regime im Ostblock protestieren die Menschen in der DDR gegen die Verschlechterung der Lebensbedingungen und die als drückend empfundene politische Unfreiheit.

17. 6. 1953: Die am 16. Juni begonnenen Streiks der Bauarbeiter der Stalinallee greifen auf die ganze DDR über. Die Streikenden verlangen die Rücknahme der am 28. Mai 1953 verfügten Erhöhung der Arbeitsnormen um mindestens 10%. Zwar gab das SED-Politbüro in der Normenfrage noch am gleichen Abend nach, konnte damit aber die Bewegung nicht mehr aufhalten.

In 272 Orten der DDR, auch in ländlichen Gebieten, kommt es am 17. Juni zu Unruhen; an Streiks in rd. 600 Betrieben nehmen etwa 300 000 bis 400 000 Personen teil. Streikzentren sind neben Ostberlin auch Magdeburg, Halle und Leipzig sowie das Industriegebiet zwischen Bitterfeld, Merseburg und Leuna.

Teilweise werden sogar Rathäuser, SED-Büros und Gefängnisse gestürmt und politische Häftlinge befreit. In einigen Orten werden Streikleitungen und Aktionsausschüsse gebildet, insgesamt ist die Bewegung aber spontan und führerlos. Gefordert werden u.a. Rücktritt der Regierung, freie Wahlen, Freilassung politischer Gefangener, Auflösung der Armee und die Herstellung der Einheit Deutschlands.

Gegen 13 Uhr verhängt die sowjetische Besatzungsmacht in Ostberlin und 167 von 217 Kreisen den Ausnahmezustand. Sowjetische Panzer schlagen den Aufstand nieder und retten das Regime.

Etwa 20 000 Personen werden festgenommen und rd. 3000 zu Freiheitsstrafen verurteilt. Etwa 200 Demonstranten kommen ums Leben, 21 werden wegen des 17. Juni standrechtlich zum Tode verurteilt und hingerichtet. SED-

SINAI

Kontrolle über Suezkanal

Der Konflikt um die Verstaatlichung des Suezkanals führt zur militärischen Konfrontation von Ägypten mit Israel, Großbritannien und Frankreich. Die Intervention der einstigen europäischen Großmächte bleibt jedoch erfolglos.

29. 10. 1956: Israelische Streitkräfte überschreiten auf der Sinai-Halbinsel die Grenze zu Ägypten. Nach Ablehnung eines britischen und französischen Ultimatums an beide Seiten, das Feuer einzustellen, beginnen Briten und Franzosen eine Luftoffensive gegen Ägypten und schicken am 5. November Fallschirmjäger nach Port Said und Port Fuad. Die Militärintervention muss jedoch am 6. November unter dem Druck der USA und der UdSSR beendet werden. Unter Kontrolle der UNO rücken die Alliierten bis zum 16. Dezember wieder ab, auch Israel zieht sich bis März 1957 zurück. Der Kanal ist noch bis April 1957 durch versenkte Schiffe gesperrt.

Am 26. Juli hatte der ägyptische Staatspräsident Gamal Abd el Nasser die Nationalisierung des Suezkanals erklärt. Er begründete dies mit der Weigerung Großbritanniens und der USA, sich an der Finanzierung des Assuan-Staudamms zu beteiligen. Noch vor dem Abzug der letzten britischen Soldaten aus der Suezkanal-Zone (18. 6.) hatte sich Ägypten in einem mit Großbritannien am 19. Oktober 1954 geschlossenen Abkommen verpflichtet, den freien Schiffsverkehr auf dem Kanal, der unter Hoheit der Internationalen Suezkanalgesellschaft steht, zu garantieren. Im Juli 1959 werden die Aktionäre der Kanalgesellschaft entschädigt.

Nasser war am 23. Juli 1952 als Mitglied des Geheimbunds der »Freien Offiziere« führend am Staatsstreich gegen den seit 1936 amtierenden König Faruk I. beteiligt. Am 18. Juni 1953 wurde Ägypten zur Republik erklärt. 1954 stürzte Nasser General Ali Mohammed Nagib und wurde selbst Staatspräsident. Als Exponent eines »arabischen Sozialismus« wird Nasser – nicht zuletzt dank des Erfolgs in der Suezkrise – zum anerkannten Führer der panarabischen Bewegung.

Jubel um den erfolgreichen Staatspräsidenten Gamal Abd el Nasser in Port Said

Arbeiter

Parteichef Walter Ulbricht kann durch den Aufstand mit Rückendeckung aus Moskau seine Macht festigen. Er war verantwortlich für die auf der II. Parteikonferenz am 12. Juli 1952 von der SED proklamierte Losung vom »Aufbau der Grundlagen des Sozialismus«, der mit verschärfter Repression und verschlechterten Lebensbedingungen durch die Förderung der Schwerindustrie einherging.

17. Juni: Demonstranten mit schwarzrotgoldenen Fahnen marschieren durch das Brandenburger Tor nach West-Berlin.

WARSCHAU

Östliches Militärbündnis

Als Antwort auf den Beitritt der Bundesrepublik Deutschland zur NATO entsteht das unter Führung der UdSSR stehende Militärbündnis Warschauer Pakt.

14. 5. 1955: Unter Beteiligung von Albanien, Bulgarien, Polen, Rumänien, der Tschechoslowakei, der UdSSR, der DDR und Ungarn wird in der polnischen Hauptstadt der Warschauer Pakt gegründet. Dieses kollektive Verteidigungsbündnis sieht eine automatische Beistandspflicht durch die dem Vereinigten Oberkommando unterstellten Pakttruppen vor.

Die Weichen für das Militärbündnis der sozialistischen Staaten unter Ausschluss Jugoslawiens waren im Dezember 1954 auf der Sicherheitskonferenz in Moskau gestellt worden.

Um den Anspruch der UdSSR als östliche Führungsmacht zu legitimieren, erhalten die kleineren Staaten ein beschränktes Mitspracherecht, wichtige Fragen der Europa- und Bündnispolitik werden im Rahmen der politischen Gremien des Vertrages diskutiert und formal auch beschlossen. Sowjetische Oberbefehlshaber und Berater sowie die Ausrichtung der Streitkräfte nach sowjetischem Vorbild sichern auch auf militärischem Gebiet die Vormachtstellung der UdSSR in der Organisation.

1968 kommt es im Warschauer Pakt zum Ernstfall: Die Beendigung des »Prager Frühlings« ist die gemeinsame Angelegenheit der Pakt-Staaten mit Ausnahme Rumäniens und Albaniens, das am 13. September 1968 formell seinen Austritt erklärt.

Die Reformbewegung in der Sowjetunion und der politische Umbruch in Osteuropa machen das Bündnis überflüssig. Am 1. Juli 1991 beschließen die nach dem Austritt der DDR 1990 verbliebenen Mitgliedstaaten in Prag die Aufhebung des Warschauer Vertrages. Damit endet die während des »Kalten Krieges« begründete Aufteilung der Welt in zwei einander feindlich gegenüberstehende Blöcke. Diese Konstellation verhindert zwar den Dritten Weltkrieg, sorgt aber bis in die 70er Jahre für Hochrüstung.

DIEN BIEN PHU

Sieg für Ho Chi Minh

Die Kapitulation der französischen Truppen in Dien Bien Phu bedeutet das Ende der französischen Kolonialherrschaft in Indochina.

7. 5. 1954: Nach 56-tägiger Belagerung durch den Vietminh müssen sich die französischen Verteidiger der 300 km westlich von Hanoi gelegenen Dschungelfestung Dien Bien Phu ergeben. Damit endet der seit 1946 geführte Indochinakrieg mit dem Sieg der kommunistisch orientierten Vietminh unter Führung von Ho Chi Minh. Auf der Genfer Indochinakonferenz wird am 21. Juli 1954 ein Waffenstillstand geschlossen, der die Teilung Vietnams am 17. Breitengrad und allgemeine, freie Wahlen für das Jahr 1956 vorsieht. Die bisher von Frankreich abhängigen Königreiche Laos und Kambodscha werden unter Wahrung strenger Neutralität souverän.

Die USA unterzeichnen das Abkommen nicht. Da die südvietnamesische Regierung von Ngo Dinh Diem Verhandlungen mit Nordvietnam ablehnt, brechen erneut Kämpfe aus.

Staatschef von Nordvietnam: Ho Chi Minh

PARIS

V. Republik und Algerienkrise

Der Krieg in Algerien führt zur Gründung der V. Republik in Frankreich.

4. 10. 1958: In Frankreich tritt die neue Verfassung in Kraft, die am 28. September durch ein Referendum gebilligt worden ist und die V. Republik begründet. Charles de Gaulle wird am 21. Dezember zum ersten Staatschef gewählt.

Der neue Präsident Charles de Gaulle

Die Unruhen in Algerien hatten nach dem von der Armee unterstützten Putsch von Algier (13. 5.) auf das Mutterland übergegriffen. Die französischen Siedler forderten de Gaulles Berufung zum Regierungschef. Er gilt als Verfechter eines »französischen Algerien«. Präsident René Coty kam der Forderung am 1. Juni nach.

Im algerischen Aurèsgebirge hatte am 1. November 1954 ein Aufstand der Nationalen Befreiungsfront (FLN) begonnen, den Frankreich zunächst niederzuwerfen versuchte. Die FLN proklamierte am 19. September 1958 in Kairo eine Provisorische Regierung mit Ferhat Abbas an der Spitze.

De Gaulle bietet den Algeriern am 16. September 1959 die Selbstbestimmung an. Am 18. März 1962 kommt in Evian der Waffenstillstand zustande. Putschversuche der radikalen »Geheimarmee« (OAS) der europäischen Siedler werden unterdrückt. Am 1. Juli 1962 votieren in einer Volksabstimmung 99,7% der Algerier für die Unabhängigkeit, am 3. Juli 1962 wird die Republik ausgerufen.

HAVANNA

Castros Revolution siegreich

Auf der Antilleninsel Kuba, nur durch die 145 km breite Floridastraße von den USA getrennt, ergreift der Sozialrevolutionär Fidel Castro die Macht.

1. 1. 1959: Diktator Fulgencio Batista y Zaldívar flieht ins Ausland. Castro wird am 16. Februar zum Regierungschef gewählt. Castro versuchte bereits 1953 mit dem Sturm auf die Moncada-Kaserne in Havanna einen Putsch gegen das Batista-Regime und wurde zu 15 Jahren Zwangsarbeit verurteilt. Nach einer Amnestie ging er ins Exil in die USA und nach Mexiko. Im Dezember 1956 kehrte er zurück und führte mit seinen Anhängern in den Bergen der Sierra Maestra den erfolgreichen Guerillakampf.

Fidel Castro (2.v.l.) mit Ernesto Guevara

Zunächst begegnen die USA der Revolution mit Sympathie. Dies ändert sich, als Castro schon im Juni 1960 Agrarreformen einleitet, die u.a. die Enteignung der Großgrundbesitzer vorsehen. Castros Bemühungen um eine Minderung des starken US-Einflusses auf die kubanische Wirtschaft und seine Annäherung an die UdSSR führen 1961 zum Abbruch der diplomatischen Beziehungen mit den USA.

NEW YORK

Mit Hüftkreisen zum Superstar: Elvis Presley in seinem Film »Jailhouse Rock«.

King of Rock 'n' Roll

Elvis Presley erobert die Fernsehschirme der USA. Im Zeichen des Aufbegehrens der jungen Generation wird der Rock ´n´ Roll zum Massenphänomen.

9. 9. 1956: Mit seinem ersten Fernsehauftritt in Ed Sullivans »Toast of the Town Show« bricht Presley alle Rekorde: Über 86% aller TV-Zuschauer, etwa 54 Mio. Menschen, erleben das Teenageridol.

Der am 8. Januar 1935 in East Tupelo (US-Bundesstaat Mississippi) geborene Presley verdiente sein Geld als Lastwagenfahrer, als er im August 1954 seine erste Platte »That´s all right, Mama« aufnahm. 1956 landet er mit »Heartbreak Hotel«, »Blue suede shoes«, »Hound Dog« und »Love me tender«, später mit »All shook up« (1957) und »Jailhouse Rock« (Abb.: Plakat) eine Serie von Hits.

Der Rock ´n´ Roll – eine vorwiegend von weißen Musikern geprägte Verbindung von Elementen des schwarzen Blues und der Country-Music – wird Ausdruck jugendlichen Lebensgefühls.

Am 24. März 1958 tritt Presley zum Wehrdienst an (ab 1.10.1958 in der Bundesrepublik Deutschland). Ab 1960 dreht er mehrere Unterhaltungsfilme mit Gesangseinlagen. Am 16. August 1977 stirbt Presley in Memphis an Herzversagen.

ROM

Gemeinsamer Markt für Europa vereinbart

Durch die Unterzeichnung der Römischen Verträge und die Gründung der Europäischen Wirtschaftsgemeinschaft (EWG) rückt Europa stärker zusammen.

25. 3. 1957: Vertreter Belgiens, der Niederlande und Luxemburgs sowie Frankreichs, Italiens und der Bundesrepublik Deutschland vereinbaren die Gründung der EWG. Der gemeinsame Markt für Agrar- und Industrieprodukte tritt am 1. Januar 1958 in Kraft.

Vorläufer war die Europäische Gemeinschaft für Kohle und Stahl (EGKS), der am 18. April 1951 von Deutschland, Frankreich, Italien und den Benelux-Ländern gegründete gemeinsame Markt für Kohle und Stahl. Mit der EWG wird die Europäische Atomgemeinschaft (EURATOM) für Kernforschung gegründet. Durch einen Fusionsvertrag ab 1. Juli 1967 werden gemeinsame Organe der Europäischen Gemeinschaft (EG) gebildet.

Die wichtigsten Ziele der EWG sind ein einheitlicher Wirtschaftsraum durch Bildung einer Zollunion und Einführung eines gemeinsamen Außenzolls (in Kraft 1.7.1968), freier Personen-, Dienstleistungs-, Güter- sowie Kapitalverkehr (1.1.1993), gemeinsame Politik auf dem Gebiet der Landwirtschaft (14.1.1962) sowie Außenhandels- (1.1.1970) und Währungspolitik (13.3.1979; EWS). Die wichtigsten Führungsorgane der EG sind die EG-Kommission und der EG-Ministerrat mit Sitz in Brüssel.

Als wirtschaftspolitisches Gegengewicht zur EWG entsteht am 4. Januar 1960 die Europäische Freihandelsassoziation (EFTA), der Norwegen, Großbritannien, Portugal, Österreich, Schweiz, Dänemark, Schweden angehören. Die EFTA hat die stufenweise Beseitigung der Zölle im gegenseitigen Handel mit Industrieerzeugnissen zum Ziel, die 1969 erreicht wird.

Die EG wird erweitert durch die früheren EFTA-Länder Dänemark und Großbritannien sowie Irland (zum 1. 1. 73), Griechenland (zum 1. 1. 1981), Spanien (ohne Andorra) und Portugal (ohne Macao) zum 1. Januar 1986. Zum 1. Januar 1995 treten der Europäischen Gemeinschaft Finnland, Schweden und Österreich bei.

Staatsmänner aus sechs Ländern unterzeichnen die Gründungsabkommen, die »Römischen Verträge«.

BUDAPEST

Volksaufstand in Ungarn brutal niedergeschlagen

Der Versuch, in Ungarn demokratische Verhältnisse herzustellen, wird von sowjetischen Panzern in wenigen Tagen beendet.

23. 10. 1956: Eine Massendemonstration von Studenten in Budapest für demokratische Freiheitsrechte löst einen bewaffneten Volksaufstand gegen das stalinistische Regime aus. Vier Monate nach der gewaltsamen Niederschlagung des Posener Aufstandes in Polen (28. 6.) führt die mit der Entstalinisierung in der UdSSR einsetzende politische Gärung im Ostblock nun in Ungarn zur bisher massivsten Herausforderung des sowjetischen Herrschaftsanspruchs.

Nach der friedlich verlaufenden Kundgebung kommt es zu Kämpfen zwischen Demonstranten und sowjetischen Panzern vor dem Parlamentsgebäude. Zugleich bemüht sich die kommunistische Führung darum, die Lage zu beruhigen.

Am 24. Oktober wird der Reformkommunist Imre Nagy zum Ministerpräsidenten, am Tag darauf wird János Kádár zum Parteichef ernannt. In den folgenden Tagen finden vor allem in Budapest schwere Kämpfe zwischen Regimegegnern und Angehörigen des Staatssicherheitsdienstes AVH statt.

Am 4. November greifen die sowjetischen Streitkräfte ein. Der ungleiche Kampf dauert bis zum 15. November. Dann bricht der Widerstand in Budapest zusammen.

Budapest, 2. November: der vom Sockel gerissene Kopf des Stalindenkmals

BAIKONUR

Juri Gagarin fliegt als erster Mensch durch

Juri Gagarin fliegt als erster Mensch durch den Weltraum. Wie beim ersten unbemannten Raketenstart 1957 haben die Sowjets beim Wettlauf ins All die Nase vorn.

12. 4. 1961: Um 9.07 Uhr Moskauer Zeit startet Juri Gagarin in der Raketenbasis Baikonur mit dem 4725 kg schweren Raumschiff »Wostok« (Osten) ins All. Der 27-jährige sowjetische Kosmonaut umrundet die Erde auf einer elliptischen Bahn in einer Höhe zwischen 175 und 327 km und erreicht dabei eine Geschwindigkeit von 29 000 km/h. Gagarins Flug dauert 108 Minuten, wobei der Luftwaffenmajor 70 Minuten im Zustand der Schwerelosigkeit verbringt. Durch in der Kapsel installierte Fernsehkameras, deren Bilder live übertragen werden, kann Gagarin von der Erde aus beobachtet werden. Um 10.55 Uhr landet die Raumkapsel, deren Flug in der letzten Phase mit Fallschirmen abgebremst wird, in der Gegend von Saratow an der Wolga. In der Sowjetunion finden daraufhin öffentliche Freudenkundgebungen statt.

Juri Gagarin in dem Film »Erste Reise zu den Sternen«

Nach 1945 hat in den USA und der UdSSR die Entwicklung der modernen Raketentechnik begonnen, die auf den Erfahrungen der rein militärisch ausgerichteten deutschen Großraketenentwicklungen (A 4, sog. V-Waffen) des Zweiten Weltkriegs aufbaute.

Für die USA bedeutet Gagarins spektakuläre Pionierleistung nach dem »Sputnik-Schock«, dem Start des ersten künstlichen Satelliten »Sputnik I« am 4. Oktober 1957, eine weitere Niederlage im prestigeträchtigen Weltraum-Wettlauf. Präsident John F. Kennedy erklärt vor der Presse, er sei es leid, »im Weltraumwettlauf mit der Sowjetunion immer an der zweiten Stelle zu stehen«. Am 3. November wurde mit »Sputnik II« die Hündin Laika als erstes Lebewesen ins All befördert. Die USA brachten erst am 1. Februar 1958 ihren ersten Satelliten ins All. Der Sowjetunion gelang es am 2. Januar 1959 erstmals, mit einem künstlichen Himmelskörper das Schwerefeld der Erde zu verlassen. »Lunik I« flog in einer Entfernung von 7500 km am Mond vorbei. Am 4. Oktober 1959 fotografierte »Lunik III« die erdabgewandte Seite des Mondes.

Militärische Überlegungen und nationales Prestigedenken sorgen dafür, dass beide Seiten enorme Beträge in die Raumtechnologie stecken. Erst allmählich wird an den nachrichtentechnischen und kommerziellen Nutzen dieser Entwicklung gedacht. Am 5. Mai 1961 startet Alan B. Shepard als erster Ame-

LÉOPOLDVILLE

Krieg im Kongo

1960 ist das Jahr Afrikas: 17 Staaten werden unabhängig. Die Souveränität bedeutet allerdings nicht Freiheit von ökonomischer Abhängigkeit und Lösung grundlegender Probleme.

Patrice Lumumba (r.) mit Vizepräsident Okito

30. 6. 1960: In der Demokratischen Republik Kongo (Kongo-Léopoldville, von 1971 bis 1997 Republik Zaire), von Belgien überstürzt in die Unabhängigkeit entlassen, beginnt ein blutiger Bürgerkrieg. Neben Joseph Kasawubu als Staats- und Patrice Emergy Lumumba als Regierungschef ist Moïse Tschombé, der am 11. Juli die Bergbauprovinz Katanga für unabhängig erklärt, die dritte politische Kraft. Lumumba und Kasawubu werden am 14. September von Armeechef Joseph Désiré Mobutu abgesetzt. Lumumba wird 1961 ermordet. 1963 beenden UNO-Truppen die Sezession Katangas. Sieger im Machtkampf ist schließlich Mobutu, der am 25. November 1965 die Macht ergreift. Im Verlauf des Jahres 1960 entlässt Frankreich alle west- und zentralafrikanischen Kolonien in die Unabhängigkeit: Kamerun, Togo, Madagaskar, Benin/Dahomey, Niger, Obervolta, Elfenbeinküste, Tschad, Zentralafrikanische Republik, Kongo-Brazzaville, Gabun, Senegal, Mali und Mauretanien. Unabhängig werden ferner auch Somalia (Großbritannien/Italien) und Nigeria (Großbritannien).

LIVERPOOL

»Beatles« umjubelt

Ihre Musik, ihr ungezwungenes Benehmen und ihre langen Haare machen »The Beatles« aus Liverpool in den 60er Jahren zu Idolen für Jugendliche in der ganzen Welt.

21. 3. 1961: Die Rockgruppe »The Beatles« tritt erstmals im legendären Cavern-Club auf. Im Oktober 1962 folgt ihr erster Hit »Love me do«.

John Lennon, Paul McCartney, Ringo Starr und George Harrison sind bis zum letzten öffentlichen Auftritt am 29. August 1966 in San Francisco die Stars auf den Konzertbühnen der Welt und erobern mit »A hard day's night« (1964) und »Help!« (1965) auch die Leinwand. Zunächst dem Rock ´n´ Roll verhaftet, sprengen die Beatles mit ihren Aufnahmen ab 1965 die üblichen Grenzen der Popmusik und avancieren zur einflussreichsten Band der Musikgeschichte. Mit über 100 Mio. verkauften Singles und Langspielplatten zählen sie zu den erfolgreichsten Künstlern aller Zeiten. Als McCartney am 10. April 1970 das Ende der Gruppe verkündet, trauern Millionen Fans weltweit. Die Ermordung Lennons durch einen fanatischen Fan am 8. Dezember 1980 in New York macht endgültig alle Hoffnung auf eine Wiedervereinigung des Quartetts zunichte.

V.l.: Lennon, McCartney, Starr, Harrison in New York

HINTERGRUND

Flüchtlingsströme bedrohen Existenz

Mit dem Mauerbau will die DDR die Flüchtlingsströme stoppen und den wirtschaftlichen Zusammenbruch verhindern.

Von September 1949 bis August 1961 hatten 3,1 Mio Menschen das Land verlassen. Darunter waren viele Facharbeiter, Ärzte, Handwerker und Volksarmisten (Flucht in letzter Minute: Ein DDR-Grenzposten überwindet die Barriere), die sich im Westen nicht nur ein Leben in der Freiheit, sondern vor allem auch eine bessere Existenz versprachen. Einen weiteren Exodus hätte die DDR nicht überlebt. Grund genug für die UdSSR, durch die Mauer einen ihrer wichtigsten Verbündeten am Leben zu erhalten. Bis 1989 sterben bei Fluchtversuchen an der Mauer in Berlin 78 Menschen.

das All

rikaner zu einem ballistischen Flug ins All. In der Satellitenkapsel »Liberty 7« steigt er bis etwa 185 km Höhe auf und wassert nach einem 15-minütigen Flug in der Nähe der Bahamas. Eine Erdumrundung gelingt erst am 20. Februar 1962 John Glenn, der mit seinem Raumschiff »Friendship 7« – trotz diverser technischer Pannen – vier Stunden und 50 Minuten unterwegs ist.

Für die US-Raumfahrtorganisation NASA wird nun die Landung auf dem Mond als nächstes Ziel ausgegeben. Die Programme Mercury (1962/63) und Gemini (1965/66) dienen als Vorbereitung für das spektakuläre Apollo-Mondlandeprogramm.

Mit Apollo 7 beginnen im Oktober 1968 die bemannten Apollo-Flüge. Apollo 11 bringt am 20./21. Juli 1969 erstmals Menschen auf den Mond.

WASHINGTON

Nuklearer Krieg um Kuba droht

Der Konflikt zwischen den USA und der UdSSR um die Stationierung sowjetischer Raketen auf Kuba wird zur ernsten Bedrohung des Weltfriedens.

23. 10. 1962: US-Präsident John F. Kennedy fordert den Rücktransport sowjetischer Mittelstreckenraketen sowie den Abbau der auf Kuba installierten Abschussrampen und gibt die Verhängung einer Seeblockade gegen sowjetische Frachter bekannt.

Die US-Luftwaffe hatte militärische Anlagen auf Kuba fotografiert, die am 15. Oktober als Raketenbasen identifiziert wurden. Von Kuba aus liegt der Südosten der USA in der Reichweite eines Angriffs. Seit dem Abbruch der diplomatischen Beziehungen zu den USA (3. 1. 1961) hat sich Kubas Regierungschef Fidel Castro enger an die Sowjetunion angeschlossen. Die Spannungen zwischen Kuba und den USA haben sich durch die gescheiterte, vom US-Geheimdienst CIA unterstützte Landung von Exil-Kubanern in der Schweinebucht am 20. April 1961 weiter verschärft. Bereits im September hatten sich beide Supermächte gegenseitig die Schuld an der Zuspitzung der Krise angelastet und die jeweils andere Seite vor militärischen Schritten gewarnt.

US-Präsident Kennedy verwirft die Option eines Luftangriffs oder einer Invasion auf Kuba. Eine Seeblockade der Insel durch amerikanische Schiffe und Flugzeuge wird eingerichtet. Kennedy bezeichnet diese Aktion als »Quarantäne«, um so ihren Verteidigungscharakter zu unterstreichen.

Da allerdings sowjetische Schiffe und U-Boote auf die Sperrzone zusteuern, droht die Gefahr einer militärischen Konfrontation. Die Schiffe drehen jedoch ab oder stoppen ihre Fahrt.

UNO-Generalsekrätar U Thant übermittelt auf Wunsch von 45 blockfreien Staaten den drei Regierungschefs in Moskau, Havanna und Washington einen Vermittlungsvorschlag. Die Situation entschärft sich, als der sowjetische Ministerpräsident Nikita S. Chruschtschow überraschend diesen Vorschlag annimmt. In einem Notenwechsel gelingt Kennedy und Nikita S. Chruschtschow schließlich die Beilegung der Krise.

Die USA geben eine Garantieerklärung ab, in Zukunft keine Invasion auf Kuba zu unternehmen; Chruschtschow erteilt am 28. Oktober den Befehl, die sowjetischen Raketenbasen abzubauen. Die Kuba-Krise ist zugleich der Beginn eines neuen Ost-West-Krisenmanagements.

BERLIN

Die Mauer macht Berlin zur geteilten Stadt

Mit dem Bau der Mauer quer durch das geteilte Berlin beginnt eines der bedrückendsten Kapitel deutscher Geschichte.

13. 8. 1961: In den frühen Morgenstunden riegeln zunächst bewaffnete DDR-Volkspolizisten und Betriebskampfgruppen den Ostsektor der geteilten Stadt an der Demarkationslinie gegen die drei Westsektoren ab. Am 14. August wird das Brandenburger Tor zum Westen hin geschlossen, am 15. August beginnt – unter Verwendung von Betonplatten – der eigentliche Bau der Mauer zwischen Ost- und West-Berlin. Bis dahin passierten rd. 53 000 Arbeitnehmer sowie über 1600 Schüler und Studenten aus Ost-Berlin täglich die Sektorengrenze auf dem Weg zu ihren Arbeits- und Ausbildungsplätzen im Westteil der Stadt.

Wie von der UdSSR erwartet, belassen es die drei westlichen Schutzmächte – die von der Abriegelung überrascht werden – am 17. August bei heftigen Protesten, weil ihre Interessen durch die Absperrung des Ostsektors nicht direkt berührt sind.

Die Entscheidung für den Mauerbau fiel endgültig am 5. August während eines Treffens der Generalsekretäre der kommunistischen Parteien der Warschauer Pakt-Staaten in Moskau.

Zunächst nur aus einfachen Hohlblocksteinen errichtet, wird die innerstädtische Grenzbefestigung in den folgenden Jahren immer weiter perfektioniert. Die Westgrenze der DDR und die Berliner Mauer gelten – neben dem 38. Breitengrad zwischen Nord- und Südkorea – als die am besten bewachten Grenzen der Welt. Für die DDR ist die Mauer offiziell ein »antifaschistischer Schutzwall«, obwohl vom ersten Tage an klar ist, dass hier nicht eine Befestigung zum Schutz vor feindlichen Angriffen gebaut wird, sondern um die eigene Bevölkerung an der Flucht zu hindern.

Die etappenweise verstärkten Absperrungen bestehen aus 12 km Mauer, 137 km Stacheldrahtverhau sowie fast 500 000 km Schneisen. Rund um West-Berlin errichtet die DDR 116 Wachtürme, 32 davon entlang der Sektorengrenze. Insgesamt 193 Haupt- und Nebenstraßen werden zu Sackgassen. Die Absperrungen unterbrechen den Durchgangsverkehr von vier U- und acht S-Bahn-Linien, für den Verkehr nach Osten bleibt allein der Bahnhof Friedrichstraße geöffnet. Von den ehemals 81 Übergangsstellen zwischen Ost und West bleiben nur sieben offen.

Mit Panzerfahrzeugen und Stacheldrahtsperren wird der Ostsektor Berlins abgeriegelt.

Sekunden nach den tödlichen Schüssen auf John F. Kennedy in Dallas: Ein Sicherheitsmann springt auf das Fahrzeug des Präsidenten und eilt Jackie Kennedy zu Hilfe.

MIAMI

Die Ära Muhammad Ali

Der US-Boxer beginnt mit dem Gewinn seines ersten WM-Titels im Schwergewicht eine einzigartige Karriere.

25. 2. 1964: In der Convention Hall entthront der 22-jährige Cassius Clay (s. Abb.) den Titelverteidiger Sonny Liston. Mit arrogant klingenden Sprüchen (»Ich bin der Größte«) machte Clay vor dem Kampf gegen Liston seinem Spitznamen »Großmaul« alle Ehre. Bis 1967 beherrscht der Halbschwergewichts-Goldmedaillengewinner der Olympischen Spielen von Rom (1960) das internationale Schwergewichtsboxen.

Noch 1964 tritt er zur Black-Muslim-Sekte über, legt seinen »Sklavennamen« Cassius Clay ab und nennt sich fortan Muhammad Ali.

Nach zehn erfolgreichen WM-Kämpfen wird ihm wegen seiner strikten Weigerung, den Wehrdienst abzuleisten, der Weltmeistertitel aberkannt.

Im Jahr 1974 holt er sich im Alter von 32 Jahren in Kinshasa (Zaire) den Weltmeistertitel gegen den sieben Jahre jüngeren George Foreman zurück. Nach insgesamt zwei Dutzend WM-Kämpfen – wovon er 22 gewonnen und zwei nach Punkten verloren hat – nimmt Ali 1979 Abschied vom Ring.

NAHER OSTEN

Israelischer Sieg

In einem Präventivkrieg gegen seine arabischen Nachbarn besetzt Israel ein Territorium, das viermal größer ist als Israel selbst.

5. 6. 1967: Um 9.00 Uhr Ortszeit (7 Uhr MEZ) greifen israelische Luftstreitkräfte Ägypten, Syrien und Jordanien an und besetzen in sechs Tagen die ägyptische Sinai-Halbinsel, den von Ägypten verwalteten Gazastreifen, die syrischen Golanhöhen und das von Jordanien annektierte Westjordanland mit dem Ostteil Jerusalems. Die Strategie eines Dreifrontenkrieges geht auf eine Idee des israelischen Verteidigungsministers Moshe Dayan zurück.

Am Abend des 10. Juni ist der dritte israelisch-arabische Krieg nach 1948/49 und 1956 beendet.

HINTERGRUND

Gleiche Rechte

Mit einem Marsch für Arbeit und Frieden erlebt die US-Bürgerrechtsbewegung am 27. August 1963 ihren Höhepunkt. Vor den 250 000 schwarzen und weißen Amerikanern in Washington trägt Martin Luther King seine Vision einer freien und gleichen Gesellschaft vor (»I have a dream«). Die Bürgerrechtsbewegung erstrebt die volle Gleichberechtigung der Schwarzen durch konsequente Verwirklichung geltender Gesetze und höchstrichterlicher Entscheidungen. Wichtigster Träger ist die National Association for the Advancement of Colored People (NAACP). 1954 erklärte das Oberste Bundesgericht die Rassentrennung in Schulen und Universitäten für ungesetzlich. Nach einem von King geleiteten Boykott wurde

DALLAS

Tödliche Schüsse auf John F. Kennedy

US-Präsident John F. Kennedy, für viele Menschen ein Hoffnungsträger, wird von einem Attentäter erschossen.

22. 11. 1963: Um 12.30 Uhr werden Kennedy und der texanische Gouverneur John Connally auf der Elm Street von mehreren Schüssen getroffen, eine halbe Stunde später erliegt Kennedy im Parkland Memorial Hospital seinen Verletzungen.

Um 13.50 Uhr wird der mutmaßliche Mörder Lee Harvey Oswald, der bei seiner Verfolgung einen Polizisten tötet, festgenommen. Zwei Tage später wird er während seiner Überführung ins Gefängnis vom Nachtclubbesitzer Jack Ruby erschossen.

Die Spekulationen über mögliche Hintermänner des Attentats dauern bis heute an, auch wenn die zur Untersuchung der Todesumstände eingesetzte sog. Warren-Kommission zu dem Ergebnis kommt, dass Oswald als Alleintäter gehandelt hat.

Kennedy ist der vierte US-Präsident, der ermordet wird, nach Abraham Lincoln (1865), James A. Garfield (1881) und William McKinley (1901).

An Bord des Präsidentenflugzeugs »Air Force One« legt um 14.38 Uhr Vizepräsident Lyndon B. Johnson seinen Amtseid als 36. Präsident der USA ab. Johnson bekennt sich zur Fortsetzung von »Kennedys« Politik, die außenpolitisch auf die eine Entspannung im Ost-West-Verhältnis und innenpolitisch auf die Beseitigung der Rassentrennung zielte. Am 25. November wird Kennedy auf dem Heldenfriedhof Arlington beigesetzt.

Der bei seinem Amtsantritt im Januar 1961 erst 43 Jahre alte Kennedy setzt es sich zum Ziel, durch eine Wiederbelebung der Grundwerte der amerikanischen Demokratie die Probleme der Gegenwart zu lösen. Mit seiner Politik der »New Frontier« (neue Grenze) versuchte er der Gesellschaft durch innenpolitische Reformen neue Ziele zu weisen. Er fand damit vor allem bei der Jugend großen Anklang.

Seine Reformvorhaben in der Bürgerrechtsfrage, beim Kampf gegen die Armut sowie der Verbesserung des Bildungswesens und der sozialen Sicherheit stießen beim mehrheitlich von Republikanern besetzten Kongress auf Widerstand.

In der Außenpolitik bemühte sich Kennedy um eine Beendigung des »Kalten Krieges«. Seine Reise nach West-Berlin im Juni 1963 sollte jedoch auch die Entschlossenheit der USA demonstrieren, ihren Verbündeten beizustehen.

Durch eine »Allianz für den Fortschritt« versuchte Kennedy das Verhältnis zu den Staaten Lateinamerikas zu verbessern. Die Unterstützung wirtschaftlicher und sozialer Reformen sollte die Lateinamerika-Politik der USA wieder beleben und die Gefahr des Kommunismus abwenden. Zugleich ließ er jedoch einen Landeversuch von Exil-Kubanern zu (April 1961) und führte die USA durch die Entsendung von Militärberatern nach Südvietnam in den Vietnamkrieg.

ZUR PERSON

John F. Kennedy

John Fitzgerald Kennedy (*29. 5. 1917 in Brookline bei Boston) stammte aus einer reichen Bostoner Familie irischer Herkunft. Neben John gingen auch seine jüngeren Brüder Robert F. (ermordet am 6.6.1968) und Edward M. Kennedy in die Politik. Der Volkswirtschaftler und Journalist diente 1941 bis 1945 als hoch dekorierter Offizier bei der Marine (1943 Kommandant eines Torpedoboots), war 1946-1953 Mitglied des Repräsentantenhauses für die Demokraten, von 1953 bis 1961 Senator von Massachusetts und wurde im Jahr 1960 gegen Richard M. Nixon zum 35. US-Präsidenten gewählt. Seit 1953 war er mit Jacqueline Kennedy, geborene Bouvier, verheiratet. Für sein Buch »Profiles of Courage« (dt. »Zivilcourage«) erhielt er 1957 den Pulitzer-Preis.

John F. Kennedy und seine Frau Jackie

für Schwarze

1956 das Ende der getrennten Beförderung in den öffentlichen Verkehrsmitteln von Montgomery (s. Abb.) erzwungen. Den entscheidenden Durchbruch stellt das Bürgerrechtsgesetz vom 2. Juli 1964 dar, das jede Rassentrennung im öffentlichen Bereich verbietet.

MEMPHIS

Bürgerrechtler King ermordet

Mit Martin Luther King verliert die schwarze Bürgerrechtsbewegung in den USA ihre Leitfigur.

4. 4. 1968: Der schwarze Bürgerrechtler Martin Luther King fällt im US-Bundesstaat Tennessee dem Mordanschlag eines weißen Fanatikers zum Opfer. Der am 15. Januar 1929 in Atlanta geborene King, seit 1954 Baptisten-Pfarrer in Montgomery (US-Bundesstaat Alabama) und Gründer der Bürgerrechtsorganisation Southern Christian Leadership Conference (SCLC), propagierte wie sein Vorbild Mahatma Gandhi den gewaltlosen Widerstand. Er organisierte zahlreiche Protestdemonstrationen, darunter den legendären Marsch auf Washington (1963) und Aufrufe zum passiven Widerstand gegen die Rassentrennung. Mehrfach wurde er von der Polizei verhaftet.

1964 bekam er den Friedensnobelpreis zuerkannt. In den folgenden Jahren schwand allerdings sein Einfluss unter dem Eindruck des Vietnamkriegs und dem Auftreten extrem militanter schwarzer Gruppen (»Black power«) zunehmend.

Kings Mörder James Earl Ray wird am 8. Juni in London von der Polizei gefasst und am 10. März 1969 in Memphis zu 99 Jahren Zuchthaus verurteilt.

Martin Luther King beim »Marsch auf Washington«

SAIGON

Vietnamkrieg eskaliert

Im Vietnamkrieg behaupten sich die in Südvietnam kämpfenden kommunistischen Vietcong und Nordvietnam gegen die militärische Übermacht der USA.

30. 1. 1968: Mit Beginn des buddhistischen Neujahrsfestes beginnt die sog. Tet-Offensive des Vietcong. Gekämpft wird vor allem in Hué, in Da Nang und in der Hauptstadt Saigon.

Seit 1961 sind die USA mit Militärberatern, seit 1964 auch mit Streitkräften in Südvietnam präsent. Die Zahl der Soldaten stieg von 23 000 im Januar 1965 auf 550 000 im Juni 1968. Die USA greifen seit August 1964 auch Ziele in Nordvietnam an.

Nachdem die fortwährend gesteigerte Bombardierung Nordvietnams die Gegenseite nicht verhandlungsbereit macht, ordnet US-Präsident Lyndon B. Johnson einen Bombardierungsstopp an. Der Oberbefehlshaber der US-Truppen in Vietnam, General William C. Westmoreland, wird am 2. Juli abgelöst.

Am 13. Mai beginnen langwierige, mehrfach unterbrochene amerikanisch-nordvietnamesische Verhandlungen in Paris.

Dennoch eskaliert der Krieg weiter. In Laos unterstützt die US-Luftwaffe die royalistischen Regierungstruppen gegen den kommunistischen Pathet Lao und bombardiert den durch laotisches und kambodschanisches Gebiet entlang der Grenze zu Südvietnam verlaufenden sog. Ho-Chi-Minh-Pfad, den wichtigen Verbindungs- und Versorgungsweg des Vietcong.

Am 30. April 1970 rücken auf Befehl des neuen US-Präsidenten Richard M. Nixon Truppen der USA und Südvietnams in Kambodscha ein. Zwar werden die Truppen bis Ende Juni wieder abgezogen, aber Kambodscha ist nun endgültig Teil des Vietnamkonflikts. Ebenso erfolglos ist im Februar/März 1971 ein Vorstoß südvietnamesischer Soldaten nach Südlaos.

Die Ausweitung des Vietnamkriegs stößt auf internationale Proteste und starke Kritik in den USA, wo die seit 1964 vor allem von Studenten getragene Anti-Kriegs-Bewegung immer mehr Anhänger findet. Bei der bislang größten Friedensdemonstration fordern in Washington am 24. April 1971 rd. 300 000 Menschen den sofortigen Abzug der US-Truppen aus Vietnam.

Trang Bang (Südvietnam) 1972: Kinder flüchten nach einem Bombenangriff.

HINTERGRUND

Protest gegen »Establishment«

Der Protest gegen den Krieg in Vietnam und gegen die erstarrten politischen Verhältnisse im eigenen Land ruft in der Bundesrepublik Deutschland, in Frankreich und anderen Ländern Proteste der Studenten hervor. Rudi Dutschke, der führende Kopf des Sozialistischen Deutschen Studentenbundes (SDS), wird am 11. April 1968 in Berlin, bei einem Anschlag schwer verletzt. Das Attentat führt in 27 Städten der Bundesrepublik während der folgenden Ostertage zu Auseinandersetzungen mit der Polizei, die zwei Tote fordern. Die Proteste richten sich vor allem gegen Einrichtungen des Verlagshauses Axel Springer, das wegen seiner Hetze gegen die sog. Außerparlamentarische Opposition (APO) für das Attentat indirekt verantwortlich gemacht wird.

Rudi Dutschke (4. v.l.) auf einer Demonstration gegen den Vietnamkrieg in Berlin

In Frankreich kommt es im Mai 1968 nach Protesten gegen die Schließung der Philosophischen Fakultät der Universität Nanterre zu bürgerkriegsähnlichen Zuständen. Zeitweise streiken bis zu 10 Mio. Franzosen für mehr Lohn und kürzere Arbeitszeiten. Die Abkehr der Gewerkschaften und Linksparteien von den Studenten und der Abschluss eines »protocole d'accord« vom 27. Mai zwischen Regierung und Sozialpartnern beruhigen die Lage.

PRAG

»Prager Frühling«

Die militärische Intervention von fünf Staaten des Warschauer Pakts beendet in der Tschechoslowakei den Versuch eines »Sozialismus mit menschlichem Antlitz«.

20./21. 8. 1968: Truppen der Warschauer-Pakt-Staaten UdSSR, Polen, Ungarn, Bulgarien und der DDR besetzen die Tschechoslowakei. Damit findet der »Prager Frühling«, das international mit großem Interesse verfolgte Experiment einer Demokratisierung von Partei, Staat und Wirtschaft, ein gewaltsames Ende.

Nach der Ablösung von Antonin Novotný durch die Wahl Alexander Dubčeks am 5. Januar 1968 zum Ersten Sekretär des Zentralkomitees der Kommunistischen Partei der Tschechoslowakei (KPC) hatte eine von der Bevölkerung unterstützte Phase der politischen Liberalisierung begonnen, die in den übrigen sozialistischen Staaten – vor allem in der UdSSR sowie in den Nachbarländern Polen und der DDR – mit zunehmender Sorge betrachtet wurde.

An die Stelle Moskau treuer Politiker traten Reformer wie Josef Spaček (ab 6. 3. Chefideologe der Partei), Ludvik Svoboda (ab 22. 3. Staatspräsident) und Josef Smrkovský (ab 18. 4. Parlamentspräsident). Der neue Kurs sah die Abschaffung der Präventivzensur, die Erlaubnis öffentlicher Diskussionen über die nationalen Angelegenheiten, die Trennung von Partei und Staat sowie die Zulassung einer legalen Opposition vor. Die wirtschaftliche Krise sollte durch die Schaffung einer »sozialistischen Marktwirtschaft« behoben werden.

Am 27. Juni erschien in mehreren Zeitungen das weithin beachtete »Manifest der 2000 Worte« des Schriftstellers Ludvík Vaculík, das eine Beschleunigung des Demokratisierungsprozesses forderte. Daraufhin wurde die KPC-Führung von Moskau verstärkt unter Druck gesetzt. Auf einer Konferenz in Bratislava, auf der die Partei- und Regierungschefs der ČSSR und der späteren Interventionsstaaten teilnahmen, wurde am 3. August zwar die Souveränität der ČSSR bekräftigt, zugleich aber indirekt mit »brüderlicher Hilfe« gedroht.

Nach der Niederschlagung des »Prager Frühlings« müssen führende Politiker der ČSSR auf Druck der Sowjetunion im sog. Moskauer

MOND

Der Mensch betritt den Mond

Mit der ersten Mondlandung der USA geht ein alter Menschheitstraum in Erfüllung.

20. 7. 1969: US-Astronaut Neil A. Armstrong verlässt die Mondlandefähre und setzt (um 3.56 Uhr MEZ am 21. Juli) als erster Erdbewohner den Fuß auf die Mondoberfläche. Er begleitet dies mit den Worten »That's one small step for man, one giant leap for mankind« (»Ein kleiner Schritt für einen Menschen, aber ein gewaltiger Sprung für die Menschheit«).

18 Minuten nach Armstrong verlässt auch Edwin E. Aldrin den Mond. Beide enthüllen eine 22,5 x 19 cm große Metallplakette. Sie trägt die Inschrift: »Hier setzten Menschen vom Planeten Erde zum erstenmal ihren Fuß auf den Mond – Juli 1969 A. D. Wir kamen in Frieden für die gesamte Menschheit.« Auch ein Sternenbanner wird aufgezogen. Der Aufenthalt auf dem Mond dauert insgesamt 21 Stunden und 37 Minuten. Am 24. Juli landet die »Columbia« mit ihren drei Passagieren Armstrong, Aldrin und Michael Collins im Pazifik.

Am 16. Juli war »Apollo 11« zum Mond gestartet. Nach einer Reise von mehr als 350 000 km setzten Aldrin und Armstrong mit der Landefähre »Eagle« auf dem Mond auf, während Collins mit dem Mutterschiff den Erdtrabanten umkreist.

Das geglückte »Apollo-11«-Unternehmen ist der Abschluss einer acht Jahre währenden Vorbereitungsphase. Am 25. Mai 1961 hatte der damalige US-Präsident John F. Kennedy die Nation zu verstärkten Anstrengungen aufgerufen, um noch vor Ende des Jahrzehnts den Mond zu erreichen.

Mit dem »Apollo«-Programm ist der prestigeträchtige Wettlauf der Supermächte zugunsten der USA entschieden. Für die »Apollo-11«-Mission wurden Kosten von etwa 350 Mio. US-Dollar veranschlagt. Weltweit verfolgen etwa 600 Mio. Menschen die Mondlandung im Fernsehen. Die USA starten noch sechs weitere Mondexpeditionen.

Der Astronaut Aldrin verlässt die Fähre.

KAPSTADT

Barnard verpflanzt Herz

Der Medizin gelingt es , die scheinbar endgültige Trennungslinie zwischen Leben und Tod zu verschieben.

3. 12. 1967: Der 55 Jahre alte Südafrikaner Louis Washkansky ist der erste Mensch, dem ein fremdes menschliches Herz eingepflanzt wird. Das Spenderorgan kommt von einer bei einem Autounfall tödlich verunglückten 25-jährigen Frau. An der Operation im Groote-Schuur-Krankenhaus unter Leitung von Christiaan N. Barnard sind 20 Ärzte beteiligt. Zwar gelingt der Eingriff, doch stirbt Washkansky 18 Tage später an einer Lungenentzündung. Barnard führt bis 1980 noch 42 Herzverpflanzungen durch. Zu den wichtigsten Voraussetzungen für die Herztransplantation zählte die Erfindung der Herz-Lungen-Maschine (1953).

Symbolfigur: Parteichef Alexander Dubček (l.)

Protokoll am 26. August die seit Frühjahr eingeleiteten Reformen zurücknehmen. Neuer Parteichef der KPČ wird am 17. April 1969 Gustav Husák, der bis zu seiner Ablösung im Jahr 1987 jegliche Neuerungen unterdrückt. Die Leitfigur der Bewegung, Alexander Dubček, wird kurze Zeit Botschafter in der Türkei. 1970 wird er aller Ämter enthoben und aus der Partei ausgeschlossen.

Im Westen, aber auch bei den sog. Eurokommunisten in Italien und Frankreich, stößt das Vorgehen auf teilweise herbe Kritik. Auch Rumänien, Jugoslawien, die Volksrepublik China sowie Kuba distanzieren sich mehr oder weniger deutlich.

WARSCHAU

Brandts Ostpolitik

Mit ihrer 1969 eingeleiteten Ostpolitik gelingt es der SPD/FDP-Koalition unter Willy Brandt und Walter Scheel, das Sonderverhältnis der Bundesrepublik Deutschland zu den sozialistischen Staaten Osteuropas zu entkrampfen.

7. 12. 1970: In Warschau wird der deutsch-polnische Vertrag über die Normalisierung der beiderseitigen Beziehungen unterzeichnet. Die Oder-Neiße-Linie wird als Westgrenze Polens anerkannt. Die Fotos von dem vor dem Mahnmal für die Opfer des Warschauer Gettos knienden Bundeskanzler Brandt gehen um die Welt und werden zum Symbol der Entspannungspolitik.

Frühere CDU-geführte Bundesregierungen hatten am westdeutschen Alleinvertretungsanspruch festgehalten und – mit Ausnahme der UdSSR – keine Beziehungen zu Staaten aufgenommen, welche die DDR anerkannten.

Der deutsch-sowjetische Vertrag (Moskauer Vertrag) vom 12. August 1970 erklärte die Grenzen aller europäischen Staaten, auch die Oder-Neiße-Linie und die deutsch-deutsche Grenze, für unverletzlich. In einem »Brief zur deutschen Einheit« stellte die Bundesregierung gleichzeitig fest, dass der Vertrag nicht im Widerspruch zum politischen Ziel der Wiedervereinigung stehe.

Die Ratifizierung der Verträge erfolgt im Bundestag am 17. Mai 1972 nach heftigen Kontroversen und einem (gescheiterten) konstruktiven Misstrauensvotum der CDU/CSU gegen Bundeskanzler Brandt am 27. April 1972. Bei vorgezogenen Bundestagswahlen am 19. November 1972 wird das sozialliberale Bündnis bestätigt. Der am 21. Dezember 1972 unterzeichnete deutsch-deutsche Grundlagenvertrag sieht u.a. die Anerkennung der bestehenden Grenzen, aber keine völkerrechtliche Anerkennung der DDR sowie eine Zusammenarbeit auf vielen Gebieten vor. Der deutsch-tschechoslowakische Vertrag vom 11. Dezember 1973 erklärt das Münchner Abkommen für nichtig.

Willy Brandt kniet nach der Kranzniederlegung vor dem Mahnmal für die Opfer des Warschauer Gettos.

LONDONDERRY

Bürgerkrieg in Nordirland

Die Proteste der Katholiken gegen ihre wirtschaftliche und politische Benachteiligung in Nordirland eskalieren zu Terror und Gewalt.

30. 1. 1972: Britische Soldaten feuern in eine nicht genehmigte Demonstration von Bürgerrechtlern. 13 Zivilisten kommen am »Blutigen Sonntag« ums Leben.

Die britischen Truppen werden immer mehr zu einem Teil des Problems, welches sie hatten lösen sollen: Zwischen 1969 und 1999 tun über 200 000 Soldaten Dienst in Nordirland; rd. 500 von ihnen verlieren ihr Leben, etwa 300 Zivilisten werden von der Armee getötet.

Die Schüsse von Londonderry geben den Aktivitäten der sog. Provisonal IRA Auftrieb, die sich im Dezember 1969 von der irisch-republikanischen Bewegung abgespalten und im Sommer 1970 mit ihrem Bombenterror begonnen hat.

Alle politischen Bemühungen um eine Lösung des Konflikts bleiben zunächst erfolglos. So scheitert die auf der britisch-irischen »Sunningdale-Konferenz« (6.-9. 12. 1973) vereinbarte Bildung einer Ulster-Selbstregierung 1974 am Widerstand der protestantischen »Loyalisten«. Sie lehnen jede Mitsprache der Republik Irland in Nordirland ab. Am 5. Mai 1981 stirbt der prominente IRA-Terrorist Bobby Sands bei einem Hungerstreik, mit dem die IRA-Häftlinge ihre Anerkennung als politische Gefangene durchsetzen wollen. In der Folgezeit kommt es immer wieder zu Gewalttaten, Einigungsversuche auf politischer Ebene zwischen London und Dublin erbringen keine Lösung. Erst am 10. April 1998 kommt es zum Abschluss eines Abkommens, das erstmals die Bildung einer nordirischen Regierung möglich macht.

Als Ermutigung friedensstiftender Bemühungen in Nordirland erhalten zwei Politiker, der Katholik John Hume und der Protestant David Trimble, im Jahr 1998 den Friedensnobelpreis.

Alltag in Belfast: katholische Jugendliche attackieren ein Armeefahrzeug.

HINTERGRUND

30 Jahre blutige Unruhen

Irland kam 1601 ganz unter englische Herrschaft und wurde am 1. Januar 1801, nach Wales (1536) und Schottland (1707), Teil des Vereinigten Königreichs. Der nordöstliche Teil, Ulster, wurde im 17. Jahrhundert durch schottisch-presbyterianische Einwanderer von seinen katholischen Landbesitzern »gereinigt«. Immer wieder kam es zu Aufständen – vor allem der Katholiken – gegen die ökonomische und politische Unterdrückung. Am 6. Dezember 1922 wurde Irland (bis auf die sechs Ulster-Grafschaften) unabhängig.

Im Herbst 1968 eröffnete die katholische Bevölkerung Nordirlands, die sich von den Protestanten benachteiligt fühlt, eine Bürgerrechtskampagne.

Nachdem am 14./15. August 1969 protestantische Extremisten das katholische Falls-Road-Viertel in Belfast gestürmt hatten, ohne dass die Polizei eingriff, schickte der damalige britische Premier Harold Wilson Truppen nach Nordirland, um die Unruhen in den Griff zu bekommen. Damit begann der Bürgerkrieg, der bis 1999 über 3600 Todesopfer fordert.

SANTIAGO DE CHILE

Sozialist Allende gestürzt – Pinochet an der Macht

Ein Putsch rechtsgerichteter Militärs beendet in Chile den Versuch, ein System des demokratischen Sozialismus durchzusetzen.

11. 9. 1973: Der generalstabsmäßig vorbereitete Putsch beginnt in den frühen Morgenstunden im Marinestützpunkt Valparaiso. Gleichzeitig schließen sich die anderen Truppenteile des Landes unter Leitung des erst wenige Tage zuvor zum Oberbefehlshaber des Heeres ernannten Generals Augusto Pinochet Ugarte zusammen.

Die Militärjunta erklärt die Regierung für abgesetzt und fordert, nachdem Truppen den Regierungssitz in Santiago umstellt haben, den sozialistischen Präsidenten Salvador Allende zur Kapitulation auf. Als sich Allende weigert, beschießen zwei Düsenjäger das Gebäude, während Truppen das Gebäude stürmen. Allende kommt ums Leben. Die Junta ruft den Ausnahmezustand aus und hebt die Verfassung auf. Alle politischen Freiheiten werden suspendiert.

In den folgenden Monaten erlebt das Land eine Welle von politischen Verfolgungen, Deportationen, Folterungen und Erschießungen. Das auf brutaler Gewalt begründete Herrschaftssystem unter Pinochet etabliert sich. Nach einem später erstellten offiziellen Regierungsbericht werden unter der Diktatur rd. 3000 Menschen ermordet, etwa 1200 »verschwinden«, Tausende werden brutal gefoltert.

1970 gewann Allende mit einer Volksfrontkoalition (Unidad Popular) die Präsidentschaftswahl. Er strebte eine sozialistische Umgestaltung auf parlamentarischem Weg an. Schlüsselindustrien wurden verstaatlicht, Großgrundbesitz enteignet und die Einkommen der unteren Bevölkerungsschichten erhöht.

Nach anfänglichen Erfolgen kam es jedoch zu wirtschaftlichen Rückschlägen. Mitte 1972 begann der Mittelstand aus Furcht vor weiteren Verstaatlichungen mit Streikaktionen gegen die sozialistische Regierung. Kapitalflucht, der Wirtschaftsboykott durch die USA sowie nachlassende Unterstützung seitens der westlichen Demokratien führten Chile an den Rand des Zusammenbruchs.

Pinochet wird Chef der neuen Militärjunta. Er setzt sich gegen gemäßigte Militärs durch und regiert Chile als Präsident 16 Jahre lang mit diktatorischen Vollmachten. 1988 wird in einer Volksabstimmung eine weitere Verlängerung seiner Amtszeit abgelehnt.

Die Präsidentenwahl 1989 gewinnt der oppositionelle Kandidat, der Christdemokrat Patricio Aylwin.

Gefangene im Fußballstadion von Santiago

MÜNCHEN

Anschlag auf Olympische Sommerspiele

Die XX. Olympischen Sommerspiele (26. 8.-11. 9.) werden durch den Überfall arabischer Freischärler auf das israelische Mannschaftsquartier überschattet. Die Geiselnahme kostet 17 Menschen das Leben.

Maskierter Terrorist auf einem Balkon des Olympiageländes; gesprengter Hubschrauber in Fürstenfeldbruck (kleines Bild)

5. 9. 1972: In den frühen Morgenstunden dringt eine Gruppe arabischer Terroristen in die Unterkunft der israelischen Sportler im olympischen Dorf ein. Zwei Israelis werden erschossen, neun weitere als Geiseln genommen. Die Terroristen fordern die Freilassung von 200 Häftlingen aus israelischen Gefängnissen. Ein zunächst bis 12 Uhr befristetes Ultimatum wird später bis 17 Uhr verlängert. Gegen 22 Uhr werden die Palästinenser und ihre Geiseln in zwei Hubschraubern zum Flugplatz Fürstenfeldbruck gebracht.

Nach der Landung dort eröffnen Scharfschützen der Polizei das Feuer. Im Verlauf des Schusswechsels werden alle neun israelischen Geiseln, fünf Araber und ein Polizist getötet. Die Hubschrauber werden von den Geiselnehmern mit Handgranaten gesprengt. Drei Terroristen werden gefangen genommen.

Am 6. September steht das Olympiastadion im Zeichen der Trauerfeier für die ermordeten israelischen Sportler. Dabei erklärt der Präsident des Internationalen Olympischen Komitees (IOC), Avery Brundage, man könne es nicht zulassen, »dass eine Handvoll von Terroristen diesen Kern internationaler Zusammenarbeit und guten Willens zerstört, den die Olympischen Spiele darstellen. Die Spiele müssen fortgesetzt werden!« Am 7. September gehen die Spiele weiter.

Schwimmstar Mark Spitz

Schon vor der Eröffnung jedoch gab es politische Kontroversen: Unter dem Druck von 27 schwarzafrikanischen Staaten, die mit Boykott gedroht hatten, untersagte das IOC vier Tage vor Beginn der gemischtrassigen Mannschaft von Rhodesien (heute Simbabwe) die Teilnahme.

Unbestrittener Superstar der Spiele ist der US-Schwimmer Mark Spitz, der sich sieben Goldmedaillen (vier in Einzel-, drei in Staffelrennen) erschwimmt. Mit dreimal Gold und zweimal Silber folgt der Turner Sawao Kato (Japan). Hinter der UdSSR (50 Gold-, 27 Silber- und 22 Bronzemedaillen) und den USA (33-31-30) belegen die Mannschaften der DDR (20-23-23) und der Bundesrepublik Deutschland (13-11-16) in der Nationenwertung die Plätze drei und vier.

Der größte Überraschungserfolg gelingt der 16-jährigen deutschen Hochspringerin Ulrike Meyfarth, die mit der Weltrekordhöhe von 1,92 m gewinnt.

DACCA

Pakistan zerfällt – Bangladesch unabhängig

Auf dem indischen Subkontinent kommt es zu schweren Kämpfen um die Unabhängigkeit Ostpakistans.

26. 3. 1971: Der Führer der ostpakistanischen Awami-Liga, Mujib Rahman, proklamiert die »Souveräne Republik Bangladesch«. Damit tritt der Konflikt um die beiden durch die Indische Union getrennten Teile Pakistans in seine entscheidende Phase. Der dicht besiedelte arme Ostteil fühlte sich schon immer durch die Zentralregierung in dem über 1600 km entfernten Islamabad benachteiligt. Nicht unerwartet hatte bei den Wahlen zur verfassunggebenden Nationalversammlung am 7. Dezember 1970 die Unabhängigkeitspartei fast alle Sitze in Ostpakistan gewonnen.

Der pakistanische Präsident Aga Muhammad Yahya Khan verhängt das Kriegsrecht über Ostpakistan, verbietet die Awami-Liga und lässt Rahman verhaften. In den nachfolgenden Kämpfen unterdrückt die reguläre pakistanische Armee mit brutaler Gewalt den bengalischen Aufstand. Bis Jahresende fliehen rd. 10 Mio. Bengalen nach Indien, das am 3./4. Dezember auf Seiten der Bengalen in den Krieg eingreift.

Der dritte indisch-pakistanische Krieg endet bereits nach zwei Wochen mit der Kapitulation der pakistanischen Truppen in Ostpakistan. Aufgrund der militärischen Niederlage muss der pakistanische Präsident Yahya Khan am 20. Dezember 1971 zurücktreten, sein Nachfolger wird Zulfikar Ali-Khan Bhutto.

Nun ist der Weg frei für die Unabhängigkeit von Bangladesch. Unter Mujib Rahman konstituiert sich am 12. Januar 1972 die bengalische Regierung. 1975 wird ein Präsidialregime eingeführt.

LISSABON

Die »Nelkenrevolution«

In einer unblutigen Revolution vollzieht Portugal nach 41 Jahren Diktatur den Übergang zur Demokratie und wendet sich Europa zu.

25. 4. 1974: Die oppositionelle »Bewegung der Streitkräfte« stürzt die Regierung des seit 1968 amtierenden Ministerpräsidenten Marcelo Caetano. Mit dem Staatsstreich wird die Parteidiktatur aufgehoben, die Caetanos Vorgänger Antonio de Oliveira Salazar 1933 begründet hatte.

Der ehemalige stellvertretende Generalstabschef Antonio de Spínola tritt am 15. Mai für viereinhalb Monate an die Spitze der revolutionären Junta. Auf Grundlage einer neuen Verfassung wird Portugal 1976 Republik. Zwischen 1974 und 1987 bemühen sich 14 Regierungen um soziale und wirtschaftliche Reformen. Lange Zeit gilt Portugal als das Armenhaus Europas. Der Aufschwung beginnt erst mit dem Beitritt zur Europäischen Gemeinschaft 1986.

Die sog. Nelkenrevolution bedeutet auch die Freiheit für die »überseeischen Provinzen« in Afrika, an denen Portugal länger als die anderen europäischen Kolonialmächte festgehalten hatte.

Portugiesisch-Guinea (Guinea-Bissau, 9. 9. 1974), Moçambique (25. 6. 1975), die Kapverdischen Inseln (5. 7. 1975), São Tomé und Principe (12. 7. 1975) sowie Angola (11. 11. 1975) werden unabhängig.

Sozialistenführer Mario Soares (M.)

NAHER OSTEN

Im Jom-Kippur-Krieg

Im vierten israelisch-arabischen Krieg nutzen die Araber erstmals die Abhängigkeit des Westens vom Öl politisch aus.

6. 10. 1973: Am Versöhnungstag Jom-Kippur starten ägyptische und syrische Truppen einen Überraschungsangriff gegen Israel. Die Ägypter überschreiten in nur wenigen Stunden den Suezkanal und erobern die israelische Bar-Lev-Linie. Die Ägypter unterlassen es jedoch, bis zu den strategischen Pässen im Sinai vorzustoßen. Die Syrer nehmen durch einen Panzerangriff die Golanhöhen ein.

Allerdings beginnt schon einen Tag später der Gegenangriff Israels, der letztlich erfolgreich ist. Die israelische Luftwaffe bombardiert militärische Ziele in Ägypten und vernichtet einen Großteil der syrischen Boden-Luft-Raketenbatterien. Als

Israelische Soldaten schlagen die Angreifer zurück.

MADRID

Nach Francos Tod beginnt eine neue Ära

Nach dem Ende der fast vier Jahrzehnte dauernden Diktatur wird Spanien wieder eine Monarchie mit demokratischen Freiheitsrechten.

20. 11. 1975: Im Alter von 82 Jahren stirbt der spanische Diktator Francisco Franco Bahamonde. Gemäß der schon früher getroffenen Vereinbarungen wird Juan Carlos I. aus der spanischen Linie der Bourbonen am 22. November zum König von Spanien ausgerufen. Er ist der Enkel des am 14. April 1931 gestürzten Königs Alfons XIII.

Juan Carlos I. und sein Premier Adolfo Suárez (ab 1976) beginnen mit der Auflösung franquistischer Einrichtungen und der Durchsetzung demokratischer Reformen. Eine neue Verfassung wird ausgearbeitet, das Ständeparlament in ein Zweikammersystem umgewandelt und mit den Wahlen am 15. Juni 1977 der Bruch mit der Diktatur vollzogen.

Der Putschversuch von Angehörigen der Guardia civil am 23./24. Februar 1981, der nicht zuletzt an der konsequenten Haltung des Königs scheitert, ist der letzte Versuch, das Rad der Geschichte zurückzudrehen.

König Juan Carlos I. vor dem Parlament in Madrid

ZUR PERSON

Franco

Das Militär und die Kirche waren die wichtigsten Stützen der Herrschaft von Francisco Franco Bahamonde (*4. 12. 1892), der von 1936 bzw. 1939 bis zu seinem Tode als »Caudillo« und letzter Diktator Westeuropas die Macht in Händen hielt. 1940 widerstand er dem Druck Adolf Hitlers und blieb im Zweiten Weltkrieg neutral. Im Jahr 1947 erklärte er Spanien zur »katholischen Monarchie«. Durch ein Stützpunktabkommen mit den USA konnte er im Jahr 1953 die Isolation Spaniens durchbrechen.

wird Öl zur Waffe

sich für Araber wie Israelis kein unmittelbarer Sieg mehr abzeichnet, erklären sich beide Seiten zu einer Feuerpause bereit. Am 11. November unterzeichnen Israel und Ägypten ein förmliches Waffenstillstandsabkommen.

Am 17. Oktober beschließen die arabischen Erdölminister eine schrittweise Drosselung der Produktion, solange die israelische Besetzung der arabischen Gebiete andauert. Die USA und die Niederlande werden nicht mehr, andere westliche Länder wie die Bundesrepublik Deutschland nur noch mit einem Teil der bisherigen Menge beliefert.

Die Ölpreise ziehen daraufhin scharf an. Als Sofortmaßnahme gilt am 25. November in der Bundesrepublik und anderen EG-Staaten erstmals ein Sonntagsfahrverbot. Der Öllieferboykott wird bis zum März 1974 schrittweise wieder aufgehoben.

Leere Autobahnen in Deutschland als Folge der Ölpreiskrise

WASHINGTON

Die »Watergate«-Affäre

Die »Watergate«-Affäre zwingt mit Richard M. Nixon erstmals in der US-Geschichte einen Präsidenten zum Rücktritt.

9. 8. 1974: Nach dem Rücktritt von Richard M. Nixon wird der bisherige Vizepräsident Gerald R. Ford als neuer Präsident vereidigt. Nixon, der 37. Präsident der USA, hat am 8. August seinen Amtsverzicht angekündigt und ist damit einem ihm drohenden Amtsenthebungsverfahren entgangen.

Anlass ist die »Watergate-Affäre«: Am 17. Juni 1972 war im Washingtoner Watergate-Hotel, dem damaligen Wahlkampfquartier der Demokraten, eingebrochen worden. Die Polizei ertappte fünf Helfershelfer des »Komitees zur Wiederwahl des Präsidenten« mit Minikameras und Abhörgeräten.

Der Politkrimi führte zu einer Belastung engster Mitarbeiter Nixons. Ins Zwielicht gerieten u.a. Nixons innenpolitischer Berater John N. Ehrlichman, der Stabschef im Weißen Haus Harry R. Haldeman sowie Nixons Wahlkampfberater Jeb Stuart Magruder. Alle drei sowie Nixons Rechtsberater John Dean wurden am 30. April 1973 vom Präsidenten entlassen. Zugleich geriet auch der Präsident selbst ins Blickfeld der Ermittler, obwohl »Tricky Dick« – so Nixons Spitzname – für sich selbst, die Republikanische Partei und seine Vertrauten jede Verantwortung für den Einbruch verneinte.

Den Recherchen einiger ehrgeiziger Journalisten – Carl Bernstein und Robert Woodward von der

Nixon bei seiner Abschiedsrede

»Washington Post« – war es zu verdanken, dass die politischen Hintergründe bekannt wurden. Für ihren vorbildlichen Aufklärungsjournalismus wurden sie 1973 mit dem renommierten Pulitzer-Preis ausgezeichnet.

Einen Wendepunkt nahm die Affäre im Juli 1973: Damals wurde bekannt, dass es Tonbandaufzeichnungen von allen im Weißen Haus geführten Gesprächen gab. Die Herausgabe der Bänder verweigerte Nixon zunächst. Zwar entließ Nixon am 20. Oktober 1973 den Obersten Ankläger in der Watergate-Affäre, Archibald Cox, doch auch der Eingriff in die Justiz konnte die Ermittlungen nicht aufhalten. Zehn Tage später begann der Rechtsausschuss des Repräsentantenhauses auf Antrag der Demokratischen Partei mit einer Untersuchung über ein Amtsenthebungsverfahren.

Aufgrund der dort angestellten Ermittlungen wurde am 29. Juli 1974 formell der Antrag auf Amtsenthebung erhoben. Nixon habe früher als zunächst eingeräumt von dem Einbruch gewusst und anschließend versucht, die Sache zu vertuschen.

Die erdrückenden Beweise führten dazu, dass Nixon am 6. August seine Mitschuld eingestand und damit gänzlich an Rückhalt verlor. Strafrechtliche Konsequenzen braucht Nixon jedoch nicht zu fürchten: Sein Nachfolger Ford gewährt Nixon am 8. September – zur Empörung der Öffentlichkeit – völlige Amnestie für alle Vergehen.

SAIGON

USA müssen Südostasien aufgeben

Der 30 Jahre andauernde Konflikt in Vietnam endet mit dem Sieg des kommunistischen Vietcong und Nordvietnams.

30. 4. 1975: Einheiten des Vietcong rücken in die südvietnamesische Hauptstadt Saigon ein. Die Regierung übergibt alle Macht den Kommunisten. Südvietnams Präsident Nguyen Van Thieu hatte bereits am 21. April seinen Rücktritt erklärt.

Dieser Ausgang war durch die sog. Vietnamisierung des Konflikts ausgelöst worden. In Paris hatten in fünfjährigen, mehrfach unterbrochenen Gesprächen US-Sicherheitsberater Henry Kissinger und das nordvietnamesische Politbüro-Mitglied Le Duc Tho einen am 27. Januar 1973 von den USA, Nord- und Südvietnam sowie dem Vietcong unterzeichneten Waffenstillstand ausgehandelt. Nachdem am 29. März 1973 die letzten US-Truppen das Land verlassen hatten, flackerten die Kämpfe erneut auf. Das Ende des Krieges leitete der im Frühjahr 1975 befohlene überstürzte Rückzug aus dem Hochland ein. Der Vietcong rückte nach und besetzte schnell das aufgegebene Terrain.

Massengrab in Kambodscha

Auch in Kambodscha, wo die »Steinzeitkommunisten« Pol Pots eine vierjährige Terrorherrschaft mit etwa 2 Mio. Toten errichten, und im benachbarten Laos ergreifen die Guerillakämpfer im April und Dezember 1975 die Macht.

Der Vietnamkrieg forderte rd. 3 Mio. Tote und Verwundete, allein rd. 58 000 US-Soldaten kamen ums Leben. Durch rd. 7 Mio. t Bomben und Herbizide (Entlaubungsmittel) wurden beide Teile Vietnams weithin verwüstet.

KÖLN

Politik, Justiz und Wirtschaft im Visier

Der Terrorismus wird in den 70er und 80er Jahren zu einem internationalen Phänomen.

5. 9. 1977: Die sog. Rote-Armee-Fraktion (RAF) entführt den Präsidenten der Bundesvereinigung der Deutschen Arbeitgeberverbände und des Bundesverbandes der Deutschen Industrie, Hanns-Martin Schleyer. Drei Sicherheitsbeamte und Schleyers Fahrer werden dabei erschossen. In einem Bekennerbrief fordern die Terroristen die Freilassung von elf RAF-Mitgliedern.

Zuvor waren im Jahr 1977 bereits Generalbundesanwalt Siegfried Buback (7. 4.) und der Vorstandssprecher der Dresdner Bank, Jürgen Ponto (30. 7.), Anschlägen zum Opfer gefallen. Am 10. November 1974 war Günter von Drenkmann, der Präsident des Kammergerichts in Westberlin, ermordet worden. Die RAF hatte sich 1970 aus radikalisierten Kreisen der studentischen Protestbewegung entwickelt. Die Gründer der RAF (u.a. Andreas Baader, Ulrike Meinhof, Gudrun Ensslin) wurden bereits 1972 gefasst. Obwohl die sog. zweite Generation mit ihrer Strategie, durch Angriffe auf Repräsentanten des »repressiven Systems« den Staat zu erschüttern, bei der Bevölkerung keine Sympathie findet, führt sie den Kampf weiter.

Mord an Generalbundesanwalt Siegfried Buback

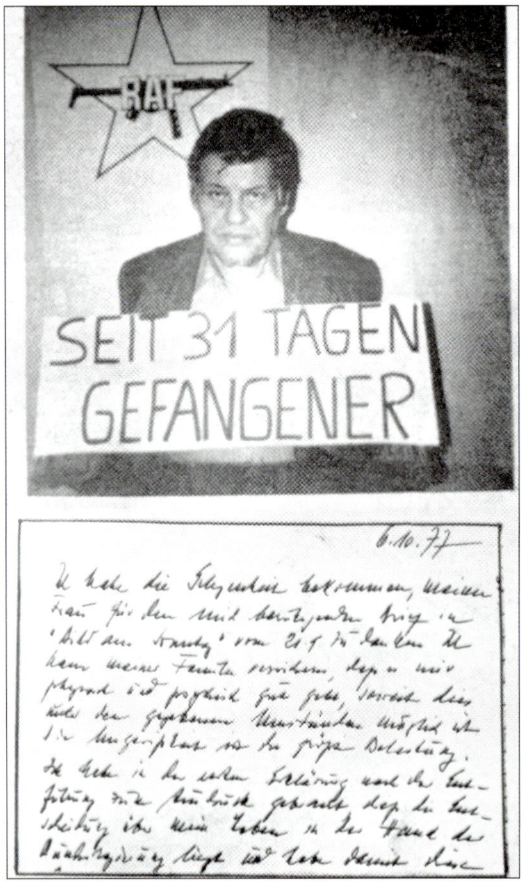

Bild und Brief des entführten Schleyer

Die Bundesregierung unter Kanzler Helmut Schmidt (SPD) geht auf die Forderungen nicht ein. Sie versucht aber Zeit zu gewinnen und erfragt bei den inhaftierten RAF-Mitgliedern die gewünschten Zielländer für eine Ausreise. Zugleich sucht die Polizei fieberhaft nach den Schleyer-Entführern.

Um die Bundesregierung unter Druck zu setzen, entführen vier palästinensische Terroristen am 13. Oktober die Lufthansa-Maschine »Landshut« mit 82 Passagieren und fünf Besatzungsmitgliedern an Bord auf dem Flug von Mallorca nach Frankfurt am Main. Nach einem Irrflug landet die Maschine in der somalischen Hauptstadt Mogadischu.

Am Abend des 18. Oktober befreit die Bundesgrenzschutzeinheit

KABUL

Sowjets kämpfen in Afghanistan

In Afghanistan verstrickt sich die Sowjetunion in einen Guerillakrieg, der – ähnlich wie der Vietnamkrieg der USA – von ihr nicht gewonnen werden kann.

V.l.: Mudschaheddin; sowjetischer Konvoi

27. 12. 1979: Sowjetische Soldaten besetzen die Hauptstadt Afghanistans. Staatschef Hafizullah Amin wird vermutlich ermordet. Zu seinem Nachfolger wird am 28. Dezember Babrak Karmal ausgerufen.

Die Sowjetunion begründet ihre Intervention mit der Gefahr einer von den USA organisierten »Konterrevolution«. Die Lage im Land ist seit Jahren instabil. Die Monarchie wurde 1973 beseitigt, der neue Machthaber Mohammed Daud Khan im April 1978 von der prosowjetischen Demokratischen Volkspartei Afghanistans gestürzt. Nach einem Machtkampf gegen Karmal und Nur Muhammad Taraki setzte sich Amin durch. Der Westen protestiert heftig gegen die Invasion. Unmittelbare Folge ist der Boykott der Olympischen Spiele 1980 in Moskau. Gegen die Sowjets und die Regierungstruppen kämpfen über 15 Widerstandsgruppen, die sog. Mudschaheddin. Sie kontrollieren weitgehend die ländlichen Provinzen und erhalten über Pakistan westliche Waffen.

Mindestens 14 000 Sowjetsoldaten fallen in Afghanistan. Gemäß eines 1988 mit Hilfe der UNO ausgehandelten Friedensplans, rücken am 15. Februar 1989 die Sowjets ab. Der prokommunistische Präsident Mohammed Nadschibullah hält sich bis April 1994, dann erobern die Rebellen Kabul. 1996 besetzen die radikalislamischen Taliban Kabul.

WASHINGTON

Friede Israels

Als erster ehemaliger Kriegsgegner schließt Ägypten Frieden mit Israel und gewinnt dadurch die Sinai-Halbinsel zurück.

26. 3. 1979: Im Beisein von US-Präsident Jimmy Carter unterzeichnen Ägyptens Staatspräsident

Freude über die Verständigung: Begin, Sadat und Carter (v.l.)

der RAF

»GSG 9« die Geiseln, drei Entführer kommen ums Leben, eine vierte wird schwer verletzt. Die Geiseln sind unversehrt, der Pilot der Maschine, Jürgen Schumann, wurde bei einer Zwischenlandung in Aden erschossen.

Die inhaftierten Terroristen erfahren über ein eingeschmuggeltes Radio von der missglückten Freipressung. Baader, Gudrun Ensslin und Jan-Carl Raspe begehen daraufhin im Gefängnis von Stuttgart-Stammheim Selbstmord. Schleyers Leiche wird am 19. Oktober im Kofferraum eines Autos in Mülhausen (Elsass) aufgefunden.

Anfang der 80er Jahre setzen sich etliche RAF-Mitglieder in die DDR ab.

Auf das Konto der Terroristen der »dritten Generation« gehen die Ermordung des hessischen Wirtschaftsministers Heinz Herbert Karry (11. 5. 1981), der Industriemanager Ernst Zimmermann (1. 2. 1985) und Karl-Heinz Beckurts (9. 7. 1986), des Diplomaten Gerold von Braunmühl (10. 10. 1986), des Deutsche-Bank-Vorstandssprechers Alfred Herrhausen (30. 11. 1989) und des Chefs der Treuhandanstalt Detlev Karsten Rohwedder (1. 4. 1991).

Am 20. April 1998 erklärt sich die RAF für aufgelöst.

mit Ägypten

Anwar As Sadat und Israels Regierungschef Menachem Begin ein Friedensabkommen zwischen beiden Staaten. Begin und Sadat hatten sich auf Vermittlung Carters bereits am 17. September 1978 in Camp David über eine Friedensregelung verständigt.

Der Vertrag sieht u.a. vor, dass der Kriegszustand beendet wird und Israel bis März 1982 seine Streitkräfte und Zivilisten aus dem Sinai schrittweise hinter die internationalen Grenzen zwischen Ägypten und dem früheren britischen Mandatsgebiet Palästina zurückzieht. Danach soll die Aufnahme diplomatischer Beziehungen erfolgen. Beide Länder erklären sich zu Verhandlungen über das Westjordanland und den Gazastreifen bereit.

IRAN

Islamische Revolution

Nach dem Ende des autokratischen Schahregimes setzt sich im Iran innerhalb kurzer Zeit die islamische Revolution durch.

16. 1. 1979: Schah Mohammad Resa Pahlawi verlässt nach 37 Jahren autokratischer Herrschaft in Begleitung von Kaiserin Farah Diba das Land. Am 1. Februar kehrt der 78-jährige Schiitenführer Ayatollah Ruhollah Khomeini nach 15-jährigem Exil zurück.

1 Mio. Menschen begrüßen Khomeini in Teheran. Er ist die unumstrittene Autorität der Revolution.

Am 5. Februar proklamiert Khomeini eine »Revolutionsregierung« unter Führung von Mehdi Basargan. Die von Khomeini verkündete Islamische Republik wird am 30. März in einer Volksabstimmung angenommen. Viele ehemalige Schah-Anhänger werden von sog. Volksgerichten zum Tode verurteilt.

Um die USA zur Auslieferung des gestürzten Schah zu zwingen, der sich am 22. Oktober zur Behandlung seines Krebsleidens nach New York begibt, besetzen Khomeini-Anhänger am 4. November die US-Botschaft in Teheran und nehmen das Personal als Geiseln. Die Botschaftsbesetzung, die erst am 20. Januar 1981 beendet wird, verschärft die Spannungen zwischen dem Iran und den USA.

RÜCKBLICK

Herrscher auf dem Pfauenthron

Eine Verbindung von Industrialisierung und Feudalherrschaft – dies war das ehrgeizige Ziel von Mohammad Resa Pahlawi.

Er kam am 26. Oktober 1919 in Teheran zur Welt, als ältester Sohn des Kosakenoffiziers Resa Khan, der 1921 die Macht übernahm und 1925 die seit 1794 im Iran herrschende Kadscharen-Dynastie ablöste. Am 16. September 1941 wurde er anstelle seines Vaters, den Briten und Sowjets wegen seiner Deutschfreundlichkeit zum Abdanken zwangen, zum Schah proklamiert.

Durch eine Umwälzung der Gesellschaft, die ihn wegen der damit verbundenen Agrarreform in Konflikt mit der Geistlichkeit brachte, und gestützt auf die Ölmilliarden versuchte er den Iran zur vierten Weltmacht zu erheben. Er krönte sich am 26. Oktober 1967 zum König und ließ am 12. Oktober 1971 in Persepolis das 2500-jährige Bestehen der Monarchie feiern. Doch die negativen Folgen der Industrialisierung – Inflation, Landflucht, Mietenexplosion – führten seit Ende 1977 zu Unruhen.

Der Schah krönt sich selbst.

Schah Reza Pahlawi stirbt am 27. Juli 1980 im Exil in Kairo.

VATIKANSTADT

Drei-Päpste-Jahr

Zum dritten Mal innerhalb eines Jahres erhält die römisch-katholische Kirche ein neues Oberhaupt.

16. 10. 1978: Erstmals seit 1522 wählt das Kardinalskonklave einen Nichtitaliener zum Papst. Neues Kirchenoberhaupt ist der Pole Karol Wojtyla, der als Papst den Namen Johannes Paul II. annimmt. Karol Wojtyla war 1958 zum Weihbischof von Krakau ernannt worden, 1967 folgte die Ernennung zum Kardinal.

Zahlreiche Auslandsreisen, bei denen der Papst mehr Religiosität und Besinnung auf das ursprüngliche Christentum anmahnt, führen Johannes Paul II. u.a. auch als ersten Papst seit 198 Jahren nach Deutschland (1980). Von großer Bedeutung sind seine drei Reisen in sein Heimatland (1979, 1983, 1987), die den Klerus gegenüber dem kommunistischen Regime stärken.

Papst Johannes Paul II.

Die Verurteilung der künstlichen Geburtenregelung durch den Papst stößt jedoch in den 80er Jahren weltweit ebenso auf Unverständnis wie die strikte Beibehaltung des Zölibats und die Zurückstellung der Frau im kirchlichen Leben. Am 13. Mai 1981 wird Johannes Paul II. bei einem Attentat schwer verletzt.

Am 6. August war Papst Paul VI. verstorben, der durch seine diplomatischen Beziehungen zu den Regierungen sozialistischer Staaten die Einsetzung von Bischöfen im Ostblock und die Gründung neuer Bistümer erreicht hatte, bei innerkirchlichen Streitfragen in seinem 1963 begonnenen Pontifikat jedoch einen restriktiven Führungsstil zeigte.

Zu seinem Nachfolger war am 26. August Albino Luciani, der Kardinal von Venedig, gewählt worden. Sein Pontifikat dauerte nur gut einen Monat: Er starb bereits am 28. September.

MOSKAU

Gorbatschow will die UdSSR erneuern

Mit dem Beginn der »Ära Gorbatschow« tritt die Sowjetunion in die letzte Phase ihrer Geschichte ein.

11. 3. 1985: Das Zentralkomitee (ZK) der Kommunistischen Partei der Sowjetunion (KPdSU) wählt einen Tag nach dem Tod von Staats- und Parteichef Konstantin U. Tschernenko den 54 Jahre alten Michail S. Gorbatschow zum neuen Generalsekretär. Bei der Verjüngung der Führungsspitze folgen die Spitzengenossen vor allem den Argumenten von Außenminister Andrej Gromyko.

Michail Gorbatschow in Washington

Der am 2. März 1931 in Priwolnoje geborene Gorbatschow hatte Jura und Landwirtschaft studiert, trat 1952 der KPdSU bei und rückte 1971 als Vollmitglied in das ZK ein. 1978 wurde er mit der Leitung der Abteilung Agrarwirtschaft betraut und stieg 1980 ins Politbüro auf.

In den ersten Monaten seiner Amtszeit entlässt Gorbatschow ein Drittel aller Minister und 60 der 158 Gebietsparteisekretäre. Dabei stützt er sich vor allem auf den KGB: Der Geheimdienst ist durch drei Personen im 13-köpfigen Politbüro vertreten. Den früheren Parteichef von Georgien, Eduard Schewardnadse, macht Gorbatschow am 2. Juli zum Außenminister anstelle seines Mentors Gromyko, der nach 18 Jahren im Außenamt auf den Posten des Staatsoberhaupts abgeschoben wird.

Gorbatschow pflegt mit seiner selbstbewussten Frau Raissa einen neuen Führungsstil. Er will die Wirtschaft erneuern, Meinungsfreiheit dulden, den Rüstungswettlauf mit den USA beenden, den Republiken der UdSSR und den sozialistischen Bruderstaaten mehr Eigenständigkeit gewähren und dennoch am Führungsanspruch der KPdSU festhalten.

Zwar fördert Gorbatschow die Leistungs- und Verantwortungsbereitschaft in der Wirtschaft, hebt das staatliche Außenhandelsmonopol auf, erlaubt den Bauern, zeitlich begrenzt Boden zu pachten und will durch Subventionsabbau und teilweise freie Preise einen regulierten Markt entstehen lassen. Doch die Probleme beim Umbau der Zentralverwaltungswirtschaft in eine gemischte Ökonomie, die wachsenden Versorgungsengpässe, die Nationalitätenkämpfe im Süden der UdSSR und das Autonomiestreben der baltischen Staaten erweisen sich als zu schwere Hypothek.

Gorbatschow und Reagan (r.) beim zweitägigen Gipfeltreffen in Genf: Das erste Gipfeltreffen seit 1979 eröffnet einen neuen Dialog der beiden Supermächte.

WASHINGTON

Reagan stärkt Amerika

In den acht Jahren der Reagan-Präsidentschaft kehren die USA zur Politik der Stärke zurück.

20. 1. 1981: Der Republikaner Ronald Reagan (s. Abb.) wird als 40. Präsident der USA vereidigt. Bei der Wahl am 4. November 1980 hatte er den demokratischen Amtsinhaber Jimmy Carter geschlagen.

Zur Politik der Stärke zählen Aufrüstung, Hilfe für die Rebellen in Nicaragua und Afghanistan, Entsendung von US-Truppen nach Grenada (1983) und Bombenangriffe auf Libyen (1986). Abrüstungsgespräche mit der UdSSR scheitern im Jahr 1986 an Reagans Programm der Raketenabwehr im Weltraum.

Umstritten ist seine Wirtschaftspolitik mit ihrem rigiden Abbau von Steuern und Staatsausgaben (»Reaganomics«), die das Haushalts- und Außenhandelsdefizit in enormen Maßen steigen lässt.

ZUR PERSON

Ronald Reagan

Ronald Reagan (*6. 2. 1911 in Tampico/Illinois) war Sportreporter beim Rundfunk (1932-1937), Filmschauspieler (1937-1942 und 1945-1957) und Präsident der Schauspielergewerkschaft (1947-1952), ehe er – vormals ein liberaler Demokrat – 1962 der Republikanischen Partei beitrat. 1966 wurde er zum Gouverneur von Kalifornien gewählt (bis 1973). Nach zwei erfolglosen Anläufen als Präsidentschaftsbewerber (1968, 1976) setzte er sich 1980 gegen George Bush durch, den er zum Vizepräsidenten macht. Am 30. März 1981 überlebt er einen Mordanschlag.

STICHWORT

Glasnost und Perestroika

Mit den Stichworten »Glasnost« und »Perestroika« verbindet sich die von Michail Gorbatschow eingeleitete Reformpolitik.

Glasnost bedeutet »Öffentlichkeit« und ist ein von Gorbatschow benutztes Schlagwort für das von ihm geförderte Prinzip der öffentlichen Information und Diskussion. Insbesondere die Medien sollen Transparenz in die politischen und wirtschaftlichen Vorgänge bringen.

Perestroika bedeutet im Russischen »Umbau« oder auch »Umgestaltung« und steht für Demokratisierung, Entstalinisierung, Zulassung marktwirtschaftlicher Elemente und begrenzter Formen privaten Eigentums bei Aufrechterhaltung der Führungsrolle der Kommunistischen Partei.

Gorbatschow mit Frau Raissa

Gorbatschows Reformprogramm weckt große Hoffnungen auf eine überlebensfähige und menschlichere Gesellschaftsform innerhalb des Sozialismus.

CAPE CANAVERAL

»Challenger« explodiert

Die Explosion der US-Raumfähre »Challenger« (s. Abb.) ist das bislang schwerste Unglück in der bemannten Raumfahrt.

28. 1. 1986: Die »Challenger« explodiert 73 Sekunden nach dem Start. Die Besatzung, sechs Berufsastronauten und die als Mitfahrerin ausgesuchte Lehrerin Christa McAuliffe, kommt bei dem Unglück ums Leben. Eine Feststoffrakete hatte sich aus ihrer Halterung gelöst und brach in den Außentank ein, der explodierte.

NEW YORK

Computer setzt zum Siegeszug an

In den 80er Jahren leitet die Entwicklung leistungsfähiger Computer für den Hausgebrauch eine Revolution in der Informationstechnik ein.

27. 12. 1982: Das US-Magazin »Time« wählt den Computer zur »Maschine des Jahres« 1982. Seit den Anfängen in den 40er Jahren sind die Geräte zur elektronischen Datenverarbeitung wesentlich leistungsfähiger, kleiner und billiger geworden.

1941 nahm der deutsche Bauingenieur Konrad Zuse mit dem »Zuse Z 3« den ersten arbeitsfähigen programmgesteuerten elektromechanischen Digitalrechner der Welt in Betrieb. Im Sommer 1946 war an der Pennsylvania University der »ENIAC« arbeitsfähig. Das 30 t schwere, mit fast 18 000 Elektronenröhren bestückte Ungetüm konnte in etwa 3/100 Sekunden zwei zehnstellige Zahlen miteinander multiplizieren.

Zu Beginn der 70er Jahre wurden Mikroprozessoren entwickelt, auf deren Grundlage der Computer zum Massenprodukt aufsteigen konnte. 1981 brachte IBM die ersten Mikrocomputer auf den Markt. Ein damals kleines, von Bill Gates 1974 gegründetes Unternehmen namens Microsoft entwickelte zeitgleich das Betriebssystem MS-DOS (Disk Operating System). Intel konstruierte den Prozessor, einen 8088 mit 4 MHz Taktfrequenz.

Microsoft-Chef Bill Gates (*28. 10. 1955)

Als Konkurrenz zu IBM bringt die Firma Apple Computer Inc. den Macintosh mit Motorolaprozessor auf den Markt. Bis Mitte der 80er Jahre nimmt Apple eine technologische Spitzenstellung ein, die grafische Oberfläche der Mac ist anwenderfreundlicher als die der Personal Computer (PC) mit DOS-Betriebssystem.

Die ersten ab 1990 vorgestellten Versionen von Windows sind grafisch gestaltete Masken für das Betriebssystem MS-DOS. Microsoft lanciert damit wirtschaftlich erfolgreich ein Konkurrenzprodukt zur Apple-Oberfläche.

NAHER OSTEN

Krieg zwischen Irak und Iran

Der erste Golfkrieg, der bis 1988 dauert, fordert etwa 600 000 Tote.

22. 9. 1980: Der seit Jahren schwelende Grenzkonflikt eskaliert mit dem Angriff irakischer Truppen auf iranisches Gebiet zum offenen Krieg. Unmittelbares Ziel des Überfalls ist eine Grenzkorrektur am Schatt-al Arab. Zugleich erhofft der irakische Staats- und Regierungschef Saddam Hussein eine Annexion der Ölprovinz Chusestan.

Nach anfänglichen Gebietsgewinnen der Irakis mündet der Konflikt in einen erbitterten, von hohen Verlusten begleiteten Stellungskrieg. Gegen den besser gerüsteten Irak setzt der Iran ab 1981 zur Rückeroberung verlorener Gebiete erstmals »Menschenwellen« ein. Dies kostet unzählige Soldaten und religiös motivierte »Freiwillige« das Leben.

Nachdem irakische Flugzeuge im März 1983 iranische Ölfelder und Bohrinseln bombardieren, droht der Iran den Krieg auf die gesamte Golfregion auszuweiten. Zu einer weiteren Eskalation kommt es ab 1984, als der Irak mit iranischem Erdöl beladene Tanker versenkt und der Iran seinerseits internationale Schifffahrtswege im Persischen Golf vermint.

Am 20. August 1988 tritt ein von UN-Generalsekretär Javier Pérez de Cuellar vermittelter Waffenstillstand in Kraft, der den Rückzug auf die international anerkannten Grenzen vorsieht. Der während des Krieges von Golfstaaten und westlichen Industrienationen unterstützte Irak geht aus dem Konflikt gestärkt hervor.

PARIS

Die »Ära Mitterrand« beginnt

Mit der Präsidentenwahl endet die seit 1958 andauernde gaullistisch-liberale Regierungsära in Frankreich.

10. 5. 1981: François Mitterrand wird im zweiten Wahlgang zum Präsidenten gewählt. Der Chef der Sozialistischen Partei löst mit 51,75% der Stimmen den Amtsinhaber Valéry Giscard d'Estaing ab.

Mitterrand (s. Abb.) ist schon seit 1944 im politischen Leben aktiv. Bis zur Gründung der V. Republik 1958 war er elfmal Minister. Zweimal war er bei Präsidentschaftswahlen gescheitert: Im Jahr 1965 an de Gaulle und 1974 an Giscard d'Estaing.

Mitterrand schreibt Neuwahlen aus, bei denen im Juni 1981 die Linke gestärkt wird. Nachdem die Linksregierung ihre Forderungen nach Verstaatlichung durchgesetzt und mit Sozialausgaben den Haushalt aufgebläht hat, drängt Mitterrand 1983 die vier Kommunisten aus der Regierung und schwenkt auf eine Sparpolitik um.

1988 gelingt ihm die Wiederwahl. In seiner 14-jährigen Amtszeit wird das Land politisch und ökonomisch modernisiert.

PEKING

Brutales Vorgehen in China

Gewaltsam beendet die chinesische Armee die Demonstrationen der Demokratiebewegung.

4. 6. 1989: Auf dem Platz des Himmlischen Friedens (Tiananmen-Platz) beendet das Militär mit dem Einsatz von Panzern die seit Wochen andauernden Massendemonstrationen mit einem Blutbad.

Nach inoffiziellen Schätzungen fordert das Massaker 3600 Tote und 60 000 Verletzte.

Seit Mitte April hatten Studenten in Peking, Schanghai und anderen chinesischen Großstädten für mehr Freiheit und Demokratie demonstriert. Immer lauter wurden auch die Kritik an Korruption und Wirtschaftsmisere sowie die Rufe nach demokratischen Reformen. Am 13. Mai traten zusätzlich mehrere tausend Studenten in den Hungerstreik. Immer mehr Bürger schlossen sich den Protesten an.

Wochenlang herrschte in der Parteiführung Uneinigkeit darüber, wie mit den Protesten zu verfahren sei. Am 19. Mai besuchte Parteichef Zhao Ziyang die Studenten und bekundete seine Sympathie. Schließlich siegten die Hardliner um Deng Xiaoping, bis zum 9. November Vorsitzender der mächtigen zentralen Militärkommission. Er lässt Truppen aus dem ganzen Land zusammenziehen und auf die friedlichen Demonstranten schießen.

Ein Pekinger Bürger stellt sich den Panzern der Volksbefreiungsarmee entgegen.

Während der »Säuberungswelle« nach dem Massaker werden rund 120 000 Menschen verhaftet und bis Anfang August mindestens 34 Todesurteile vollstreckt. Zhao Ziyang wird als KP-Chef vom Schanghaier Bürgermeister Jiang Zemin abgelöst, der als Nachfolger Dengs auch das Amt des Vorsitzenden der zentralen Militärkommission übernimmt.

In der Weltöffentlichkeit löst das Massaker vom Tiananmen-Platz Abscheu und Entsetzen aus. Die westlichen Staaten kehren jedoch bald zu einer »normalen« Politik gegenüber China zurück.

In den folgenden Jahren wird zwar Chinas Wirtschaft vorsichtig liberalisiert, jegliche Opposition jedoch unnachsichtig unterdrückt.

TSCHERNOBYL

»Super-GAU« für die Kernenergie

In einem ukrainischen Kernkraftwerk kommt es zum bisher schwersten Unfall in der Geschichte der zivilen Nutzung von Atomenergie.

26. 4. 1986: Um 1.24 Uhr gerät im Kernreaktor in Tschernobyl durch Bedienungsfehler ein Testprogramm außer Kontrolle: Eine Wasserstoffexplosion zerstört das Reaktorgehäuse, die Brennstäbe beginnen zu schmelzen und Strahlungen von 50 Mio. Curie werden frei, 30-40-mal mehr Radioaktivität als beim Abwurf der Hiroshima-Bombe.

Der Unfallreaktor ist ein Hochleistungs-Druckröhren-Reaktor mit einer thermischen Leistung von 3200 Megawatt (MW). Größte Sicherheitsmängel sind ein träges Abschaltsystem und der fehlende Sicherheitsbehälter aus Stahl.

Erst nach 36 Stunden beginnt die Evakuierung von rd. 135 000 Menschen aus knapp 200 Dörfern und Städten. Offiziell werden 32 Unfalltote zugegeben, 180 000 Menschen werden umgesiedelt. Rd. 580 000 Sowjetbürgern wird bescheinigt, dass sie an den Folgen der Katastrophe leiden. Eine Fläche von rd. 200 000 km² ist verseucht. Die radioaktive Wolke breitet sich bis nach Nord- und Mitteleuropa aus.

Die KKW-Anlage in Tschernobyl; der Unglücksreaktor wird zum Schutz mit Beton ummantelt

Die Mauer

1989 bricht die über 40 Jahre fest zementierte Nachkriegsordnung in Europa zusammen. Die Bürger der sozialistischen Staaten Osteuropas beenden mit ihrem Verlangen nach Demokratie das Machtmonopol der Kommunisten.

9. 11. 1989: In einer vom DDR-Fernsehen live übertragenen Pressekonferenz verkündet das SED-Politbüromitglied Günter Schabowski um 18.57 Uhr den Beschluss des DDR-Ministerrats über die kurzfristige Genehmigung von »Privatreisen und ständigen Ausreisen in das Ausland«. Zunächst erfasst kaum jemand die Bedeutung der Nachricht, ab 21 Uhr drängen sich aber vor den Ostberliner Kontrollstellen die Menschen. Zu Beginn erfolgt die Abfertigung schleppend, um 23.14 Uhr werden die Schlagbäume geöffnet.

Ungarische Soldaten bauen Grenzanlagen ab.

Als am 2. Mai ungarische Soldaten damit begannen, den »Eisernen Vorhang« zu Österreich niederzureißen, öffnete sich ein neuer Fluchtweg für DDR-Bürger. Am 11. September ließ Ungarn alle dort befindlichen etwa 57 000 DDR-Bürger ausreisen. Die über 6000 Flüchtlinge in den bundesdeutschen Botschaften in Prag und Warschau konnten in der Nacht zum 1. Oktober ausreisen.

Seit September nahmen die Demonstrationen für Freiheit und Demokratie in der DDR ständig zu. Zur festen Einrichtung wurden die wöchentlichen Friedensgebete in der Leipziger Nikolaikirche mit den »Montagsdemonstrationen«: Am 23. Oktober demonstrierten mehr als 200 000 Menschen.

Auch während der Feier zum 40-jährigen Staatsjubiläum am 7. Oktober in Ost-Berlin hatte es Proteste gegeben. Am 18. Oktober trat der seit 18 Jahren amtierende Staats- und Parteichef Erich Honecker zurück. Zum neuen

BERLIN

fällt – Osteuropa auf dem Weg der Demokratie

Die Mauer und das Brandenburger Tor werden nach 28 Jahren Teilung zu Begegnungsstätten für Ost und West.

SED-Chef wurde Egon Krenz gewählt, der aber am 3. Dezember gleichfalls zurücktritt. Mit der Wende in der DDR kommt die deutsche Einheit wieder auf die Tagesordnung.

Ungarn: Nachdem bereits am 23. Mai 1988 eine Konferenz der Ungarischen Sozialistischen Arbeiterpartei (USAP) Reformen beschlossen hatte und Parteichef János Kádár gehen musste, billigte die KP im Februar 1989 die Schaffung eines Mehrparteiensystems.

Am 8. Oktober löste sich die USAP auf und gab sich als nicht kommunistische USP neue Statuten. Die Abschaffung der »Volksrepublik« als Staatsform wurde am 23. Oktober mit der Proklamation der Republik Ungarn vollzogen.

Polen: Die seit 1981 verbotene Gewerkschaft »Solidarnosc« (Solidarität) wurde im April wieder zugelassen, Regierung und Opposition trafen sich am »Runden Tisch«. Eine Reform der politischen Institutionen ermöglichte es den Polen, ein Drittel der Abgeordneten des Parlaments (Sejm) und alle Vertreter des neu geschaffenen Senats

Die tschechischen Politiker Alexander Dubček (M.) und Václav Havel (r.) sind die Garanten der Demokratisierung.

zu wählen. Bei den ersten freien Parlamentswahlen seit 1945 erhielt am 4. Juni das »Bürgerkomitee Solidarität« die Stimmenmehrheit. Am 24. August bestimmte das Parlament den »Solidarnosc«-Politiker Tadeusz Mazowiecki zum Regierungschef.

Bulgarien: Am 10. November wird der seit 1954 amtierende Parteichef Todor Schiwkow von Außenminister Petar Mladenow als Vorsitzender der Kommunistischen Partei (BKP) abgelöst. Mladenow übernimmt von Schiwkow am 17. November auch das Amt des Staatsratsvorsitzenden, das dieser 18 Jahre lang innehatte. Mladenow leitet umgehend Reformschritte ein, bekräftigt aber gleichzeitig sein Festhalten am sozialistischen Herrschaftssystem. In den ersten freien Wahlen am 17. Juni 1990 kann sich die frühere kommunistische Staatspartei behaupten.

Tschechoslowakei: Am 10. Dezember vereidigt der seit 1975 amtierende Staatspräsident Gustav Husák eine neue, überwiegend aus Nichtkommunisten bestehende Regierung und tritt dann selbst zurück. Die »samtene Revolution« wird am 24. November mit dem Rücktritt der kommunistischen Parteiführung eingeleitet. Am 29. Dezember wird der Schriftsteller Václav Havel zum Staatschef gewählt.

Rumänien: Am 25. Dezember wird Staats- und Parteichef Nicolae Ceausescu nach seiner Verurteilung durch ein Militärtribunal hingerichtet. Einen Tag später wird der Altkommunist Ion Iliescu Staatschef. Der offene Widerstand gegen das Regime, dem nach offiziellen Angaben 1038 Menschen zum Opfer gefallen sind, beginnt am 16. Dezember in den Städten Temesvar und Arad. Trotz des Vorgehens von Armee und Sicherheitspolizei Securitate wird der Protest nach Budapest getragen, wo sich die Armee auf die Seite der Regimegegner stellt.

Der »Runde Tisch« in Polen

BERLIN

Deutschland gewinnt seine Einheit wieder

Mit dem Beitritt der DDR zur Bundesrepublik endet die 41 Jahre lange Teilung der deutschen Staaten.

3. 10. 1990: Deutschland feiert seine Einheit und seine volle Souveränität. Hunderttausende nehmen an den Feierlichkeiten zwischen Reichstag und Alexanderplatz teil.

Nachdem die friedliche Revolution in der DDR die Mauer zu Fall gebracht hatte, ging es um eine Erneuerung der DDR: Die SED nannte sich unter Führung von Gregor Gysi zunächst SED-PDS und ab Februar 1990 Partei des Demokratischen Sozialismus (PDS). Die bisherigen Blockparteien wurden selbstständig, am »Runden Tisch« erzielten Parteivertreter und Bürgerrechtsgruppen Einigkeit darüber, politischen Pluralismus, Rechtsstaat und Marktwirtschaft einzuführen.

Die Forderung nach Wiedervereinigung wurde zuerst auf Demonstrationen in der DDR laut. Bei der ersten freien Volkskammerwahl am 18. März 1990 wurde die CDU stärkste Partei. Eine Regierung der Großen Koalition unter Lothar de Maizière wurde gebildet. Sie verkündete als Ziel den Beitritt der DDR zur Bundesrepublik nach Artikel 23 des Grundgesetzes.

Am 21. Juni verabschiedeten Bundestag und Volkskammer den deutsch-deutschen Staatsvertrag über die Schaffung einer Wirtschafts-, Währungs- und Sozialunion. Am 1. Juli 1990 wurde die DM in der DDR offizielles Zahlungsmittel. Löhne, Gehälter, Renten, Mieten, Pachten und Stipendien wurden im Verhältnis 1:1 umgestellt, ebenso Guthaben bis zu bestimmten Höchstgrenzen.

Die 1952 aufgelösten fünf Länder in der DDR wurden wiederhergestellt, die Bezirkseinteilung aufgehoben. Am 31. August wurde der »Einigungsvertrag« der beiden deutschen Staaten unterzeichnet.

Die vier Siegermächte des Zweiten Weltkrieges reagierten ganz unterschiedlich auf den Wiedervereinigungsprozess: die USA positiv, Frankreich und Großbritannien zurückhaltend, die UdSSR zunächst ablehnend. Nach längeren Verhandlungen unterzeichneten am 12. September in Moskau die Außenminister der UdSSR, der USA, Großbritanniens, Frankreichs, der BRD und der DDR das Abschlussdokument der sog. Zwei-plus-Vier-Gespräche: Unter Fortfall aller Siegerrechte erlangte Deutschland seine volle Souveränität wieder. Die UdSSR stimmte der NATO-Mitgliedschaft des vereinigten Deutschlands zu. Die DDR verließ den Warschauer Pakt.

Mit Unterzeichnung des Vertrages wurden die Grenzen Deutschlands völkerrechtlich verbindlich geregelt. Am 4. Oktober findet im Berliner Reichstag die erste gesamtdeutsche Bundestagssitzung statt. Mit den 144 Abgeordneten der ehemaligen DDR steigt die Zahl der Parlamentarier auf 663. Der 3. Oktober wird anstelle des 17. Juni als »Tag der deutschen Einheit« Feiertag. Aus den ersten gesamtdeutschen Bundestagswahlen am 2. Dezember 1990 geht die Regierungskoalition aus CDU/CSU und FDP als Sieger hervor. Die CDU/CSU (43,8%) wird unter Bundeskanzler Helmut Kohl stärkste politische Kraft. Die Sozialdemokraten mit ihrem saarländischen Spitzenkandidaten Oskar Lafontaine erzielen mit 33,5% das schlechteste Ergebnis seit 1957.

Hans-Dietrich Genscher, Hannelore und Helmut Kohl sowie Richard von Weizsäcker in Berlin (v.l.)

BAGDAD

Krieg gegen den Irak

Eine multinationale Truppe unter Führung der USA stoppt den Expansionsdrang des irakischen Staatschefs Saddam Hussein.

17. 1. 1991: Gegen 0.40 MEZ beginnt die am Persischen Golf stationierte internationale Truppe mit Luftangriffen auf den Irak. Nach dem Scheitern aller diplomatischen Bemühungen soll nun militärisch die Freigabe Kuwaits erzwungen werden, das am 2. August 1990 von irakischen Truppen besetzt worden ist. Der UNO-Sicherheitsrat hatte am 29. November 1990 den Irak ultimativ zum Rückzug bis zum 15. Januar 1991 aufgefordert.

Der Irak hat rd. 545 000 Mann unter Waffen, ihnen gegenüber stehen rd. 690 000 Soldaten aus 26 Ländern, darunter über 425 000 US-Amerikaner.

Nach fünfwöchigen Luftangriffen beginnt am 24. Februar die Bodenoffensive, die den Krieg nach 100 Stunden entscheidet. Am 28. Februar enden alle Kampfhandlungen in Kuwait und Irak. Der Irak akzeptiert die Auflagen der UNO. Etwa 100 000-120 000 irakische Soldaten sind gefallen, auf alliierter Seite nur 343. Etwa 5000-15 000 irakische und 2000-5000 kuwaitische Zivilisten kommen ums Leben.

Verheerend sind die von den Irakis angerichteten Umweltschäden: In Kuwait stehen 727 Bohrlöcher in Flammen, etwa 500 Mio. l Öl flossen ins Meer.

Brennende Ölquelle in Kuwait. Die riesigen Rauchwolken der mehr als 600 brennenden Ölquellen machen in Kuwait den Tag zur Nacht.

ZUR PERSON

Nelson Mandela

Nelson Mandela (*18. 7. 1918 in Umtata) ist Sohn eines Xhosa-Häuptlings in der Transkei. Nach einem Jurastudium wurde er als einer der ersten Schwarzen in Südafrika Rechtsanwalt. Ab 1944 Mitglied im Afrikanischen Nationalkongress (ANC), gründete er 1961 die Bewegung Umkhonto we Sizwe (»Speer der Nation«) und ging in den Untergrund, wurde 1962 verhaftet und 1964 zu lebenslanger Haft verurteilt. Am 11. Februar 1990 freigelassen, wird Mandela am 9. Mai 1994 erstes schwarzes Staatsoberhaupt.

KAPSTADT

Apartheid in Südafrika am Ende

In den 90er Jahren vollzieht Südafrika die Abkehr von der Rassentrennung.

11. 2. 1990: Nach fast 28 Jahren Haft wird der Schwarzenführer Nelson Mandela in die Freiheit entlassen.

Der im August 1989 zum Staatspräsidenten berufene Frederik Willem de Klerk leitet das Ende der Rassendiskriminierung ein und verkündet die Legalisierung der schwarzen Opposition sowie das Ende des Ausnahmezustandes. Bis Ende Juni 1991 werden alle wesentlichen Apartheidgesetze aufgehoben.

Im Dezember 1991 tagt erstmals der Konvent für ein demokratisches Südafrika, wo Weiße und Schwarze über die politische Zukunft beraten.

Am 27. April 1994 tritt eine Übergangsverfassung in Kraft, welche die weiße Alleinherrschaft beendet und die zehn sog. Homelands für bestimmte Volksgruppen, von denen vier formell selbstständig sind (Boputhatswana 1977, Ciskei 1981, Transkei 1976 und Venda 1979), wieder zu einem Teil Südafrikas erklärt. Gleichzeitig abgehaltene Wahlen führen zu einem überwältigenden Sieg des ANC. Nelson Mandela wird neuer Staatschef und sorgt für einen weitgehend friedlichen Übergang. Eine Regierung der nationalen Einheit, an der sich neben dem ANC auch de Klerks Nationalpartei und die Inkatha-Freiheitspartei beteiligten, bildet bis 1999 die Exekutive.

Nelson Mandela nach der Freilassung mit seiner Ehefrau Winnie

LJUBLJANA/ZAGREB

Jugoslawien zerfällt in blutigem Bürgerkrieg

Elf Jahre nach dem Tod des Staatsgründers Josip Broz Tito zerbricht der Vielvölkerstaat Jugoslawien am aufflammenden Nationalismus.

25. 6. 1991: Die Republiken Slowenien und Kroatien erklären einseitig ihre Unabhängigkeit. Dieser Schritt führt zum Krieg mit dem von Serbien dominierten Bundesheer und serbischen Freischärlern.

Wahrend der Krieg in Slowenien bereits am 3. Juli beendet ist, eskalieren in den drei von Serben bewohnten kroatischen Regionen Ostslawonien, Bajina und Krajina die Gefechte zwischen kroatischen Volksmilizen und Kommandos der serbischen Minderheit.

Nach Slowenien und Kroatien stimmt die Bevölkerung von Makedonien am 8. September für die Unabhängigkeit ihrer Republik. Am 15. Januar 1992 erkennt die EG Slowenien und Kroatien als unabhängig an. Daraufhin billigt der UN-Sicherheitsrat die Entsendung einer Friedenstruppe nach Kroatien.

Nach der Ausrufung der Republik Bosnien-Herzegowina am 3. März beginnen dort heftige Kämpfe zwischen Serben, Kroaten und Muslimen. Am 27. März rufen die bosnischen Serben eine Serbische Republik aus. Am 3. Juli proklamieren die bosnischen Kroaten eine Kroatische Republik Herceg-Bosna.

Mit der Ankunft der ersten Blauhelme im von Serben belagerten Sarajevo (29./30. 6. 1992) beginnt eine Luftbrücke. Pläne einer politischen Lösung, die eine Teilung Bosniens vorsehen, scheitern am Einspruch und der harten Haltung der Serben.

Gegen die Serben verbünden sich am 18. März 1994 die bosnische Regierung und die bosnischen Kroaten und gründen gemeinsam eine Föderation Bosnien-Herzegowina.

1995 erobert die kroatische Armee die von den Serben besetzten Gebiete zurück, zunächst am 1. Mai Westslawonien, dann am 4. August die sog. Republik Serbische Krajina.

Am 11. Juli rücken die Serben in die 1993 zur UN-Schutzzone erklärte ostbosnische Muslim-Enklave Srebrenica ein, am 25. Juli fällt auch Zepa. Dies kostet Tausende Muslime das Leben.

Nach einem serbischen Luftangriff auf einen Marktplatz in Sarajevo, bei dem 37 Menschen sterben, reagiert die NATO-Führung auf ein Ersuchen der UNO. Am 30. August 1995 bombardieren 60 NATO-Flugzeuge Radar- und Fernmeldeeinrichtungen, Flugabwehrstellungen und Munitionsdepots der bosnischen Serben. Erst am 14. September, nachdem von Seiten der Serben ein Einlenken signalisiert wird, enden die Luftangriffe. Am 21. November 1995 wird in Dayton (USA) der Grundstein für ein Friedensabkommen gelegt. Ein Friedensvertrag wird am 14. Dezember 1995 in Paris unterzeichnet.

Auf dem Weg ins 21. Jahrhundert

Europa wächst weiter zusammen

Auf der Grundlage des 1991 vereinbarten Vertrages von Maastricht entstand mit Wirkung vom 1. November 1993 die Europäische Union (EU) der 12 EG-Mitglieder Belgien, Dänemark, Deutschland, Frankreich, Griechenland, Großbritannien, Irland, Italien, Luxemburg, Niederlande, Portugal und Spanien. Mit dem Maastrichter Vertrag wurde die europäische Integration beschleunigt und eine abermalige Erweiterung der EG-Gründungsverträge vollzogen.

Diese Erweiterung beinhaltete neben dem Ziel einer gemeinsamen Außen- und Sicherheitspolitik (GASP), der Einführung einer Unionsbürgerschaft sowie der Weiterentwicklung der Sozialpolitik vor allem die stufenweise Errichtung einer Wirtschafts- und Währungsunion und die Gründung einer Europäischen Zentralbank. Im gleichen Jahr vereinbarten die EG und die EFTA die Bildung eines Europäischen Wirtschaftsraumes (EWR, 1994).

Bereits 1987 trat die Einheitliche Europäische Akte in Kraft, die u.a. die Errichtung eines Europäischen Binnenmarktes (seit 1. 1. 1993) festlegte. 1995 traten Finnland, Österreich und Schweden der EU bei.

Im Mai 1998 beschlossen elf der 15 EU-Staaten die Teilnahme an der gemeinsamen Währung Euro, die am 1. Januar 1999 – zunächst im bargeldlosen Verkehr – eingeführt wurde, die nationalen Währungen sollen ab 2002 endgültig dem Euro weichen.

Der Balkan bleibt ein Krisenherd

Wie zu Beginn des 20. Jahrhunderts sorgte auch in den 90er Jahren die politische Situation auf dem Balkan für Krisen europäischen Ausmaßes. 1991 zerfiel der Vielvölkerstaat Jugoslawien gewaltsam. Zentren des Krieges waren Kroatien und insbesondere Bosnien-Herzegowina, wo jahrzehntelang drei Volksgruppen – Bosniaken (Muslime), Kroaten und Serben – Seite an Seite zusammenlebten. Mit der Unabhängigkeitserklärung Bosnien-Herzegowinas im März 1992 entwickelte sich ein blutiger Bürgerkrieg. Die bosnischen Serben eroberten mit Unterstützung »Rest-Jugoslawiens« bis Oktober 1992 rd. 70% des Staatsgebiets von Bosnien-Herzegowina. Auch zwischen den zunächst gemeinsam operierenden Truppen der bosnischen Kroaten und bosnischen Muslime kam es zu Kämpfen. Internationale Vermittlungsbemühungen, der Einsatz von UN-Truppen und die Einrichtung von Schutzzonen für die muslimische Bevölkerung in serbisch kontrollierten Gebieten verhinderten nicht die Eskalation der Gewalt.

Vor allem die bosnischen Serben vertrieben Angehörige der anderen Volksgruppen aus den von ihnen eroberten Gebieten (sog. ethnische Säuberungen). Dabei wurde die Zivilbevölkerung Opfer von Massakern und Massenvergewaltigungen. Große Teile der Einwohner Bosniens flohen aus ihren angestammten Wohngebieten. Im Februar 1994 unterzeichneten die bosnische Regierung und die bosnischen Kroaten ein Waffenstillstandsabkommen und später einen Vertrag zur Bildung einer Föderation. 1995 erzielten die bosnischen Regierungstruppen im Zusammenwirken mit Kroatien erhebliche Geländegewinne in West- und Mittelbosnien.

Politischer Druck der USA sowie Militärschläge der NATO gegen die bosnischen Serben führten im Oktober 1995 zu einem Waffenstillstand und im November 1995 zum Frieden von Dayton (USA). Bosnien-Herzegowina blieb ein gemeinsamer Staat der drei Volksgruppen, doch von einem friedlichen Zusammensein konnte noch lange keine Rede sein.

Knapp dreieinhalb Jahre nach dem Bosnien-Krieg brannte es wieder auf dem Balkan: Am Abend des 24. März 1999 begann mit den Luftangriffen der NATO, die in diesem Jahr ihr 50-jähriges Bestehen feierte, auf Ziele in Jugoslawien auch der erste Kampfeinsatz deutscher Soldaten seit 1945.

Um die Unterdrückung der albanischstämmigen Bevölkerungsmehrheit im Kosovo zu beenden, denen die Serben schon 1989 die ihnen unter Josip Tito gewährte Autonomie entzogen hatten, führte die NATO Krieg gegen den jugoslawischen Präsidenten Slobodan Milošević – zur Durchsetzung der Menschenrechte mit dem Anspruch einer »humanitären Intervention«, aber ohne ein Mandat der Vereinten Nationen und gegen die Buchstaben des Völkerrechts. »Kollateralschäden« – wie die NATO zivile Opfer nannte – wurden dabei in Kauf genommen.

Als nach 79-tägigem Luftkrieg am 10. Juni Frieden am Himmel über Jugoslawien herrschte, stand die NATO vor der schwierigen Aufgabe, den Frieden zu gewinnen. Die Stationierung einer 50 000 Mann starken internationalen KFOR-Schutztrupppe im Kosovo und ein Ende Juli beschlossener milliardenschwerer »Balkan-Stabilitätspakt« sollten das »Pulverfass Balkan« dauerhaft entschärfen.

Der Fall Irak – Krieg als Mittel der Politik

Der irakische Staatschef Saddam Hussein, im ersten Golfkrieg (1980-1988) gegen den Iran noch von den westlichen Staaten militärisch aufgepäppelt, wurde in den 90er Jahren für die USA zum »Staatsfeind Nr. 1«.

Nachdem am 2. August 1990 irakische Truppen in Kuwait einmarschiert waren, verhängte am 6. August die UNO einen Wirtschaftsboykott gegen den Irak. Als alle Drohungen und Ultimaten nicht zum irakischen Rückzug aus Kuwait führten, eröffneten mit Rückendeckung der UNO am 17. Januar 1991 Flugzeuge einer multinationalen Truppe unter Führung der USA eine Serie von Angriffen auf strategische Ziele im Irak und in Kuwait.

Die am 24. Februar eingeleitete Bodenoffensive führte rasch zur völligen Niederlage der irakischen Truppen sowie zur Befreiung Kuwaits. Nach der am 28. Februar vereinbarten Waffenruhe trat am 11. April 1991 ein Waffenstillstandsabkommen in Kraft.

Doch seit Ende des Golfkrieges kam es immer wieder zum Kräftemessen zwischen den USA und dem Irak sowie zwischen dem Irak und der Unscom, der im Mai 1991 vom UN-Sicherheitsrat gegründeten UN-Kommission für die Abrüstung des Irak, welche die Zerstörung der dortigen Massenvernichtungswaffen kontrollieren sollte. Erst dann sollten – so die UNO – die im Zusammenhang mit dem Golfkrieg verhängten Sanktionen aufgehoben werden.

Im August verhängten die USA und andere Golfkriegsalliierte über dem Süden Iraks eine Flugverbotszone für die irakische Luftwaffe, um Luftangriffe gegen die Schiiten zu stoppen. Als am 31. August 1996 irakische Soldaten in das gleichfalls zur Schutzzone erklärte Gebiet der Kurden im Norden Iraks vorrückten, feuerten am 3./4. September 1996 US-Kriegsschiffe und Flugzeuge mehrere Marschflugkörper auf militärische Ziele im Irak ab; US-Präsident Bill Clinton dehnte die Flugverbotszone im Süden bis in die Vororte Bagdads aus. Im Oktober 1997 verfügte der Irak die Ausweisung aller amerikanischen UN-Kontrolleure.

Wurde Ende 1997 ein drohender US-Luftangriff auf den Irak noch in letzter Minute gestoppt, führte der Streit um die Rüstungskontrolle am 16. Dezember 1998 zu erneuten, vier Tage andauernden Luftangriffen von US-Amerikanern und Briten auf Bagdad, ohne dass Saddam Hussein zum Einlenken hätte gezwungen werden können. Bei diesem erneuten Waffengang wurde die UNO düpiert – ähnlich wie bald darauf in der Kosovo-Krise, als die NATO ebenfalls ohne Mandat der UNO zum Mittel der Gewalt griff.

Friedlicher Wandel in Südafrika

Die jahrzehntelange Politik der Rassentrennung hatte Südafrika zunehmend international politisch isoliert. Zu einer radikalen Wende in der südafrikanischen Innenpolitik kam es erst, als Staatspräsident Pieter Willem Botha 1989 das Vertrauen seiner Partei verlor und zurücktreten musste. Sein Nachfolger Frederik Willem de Klerk veranlasste 1990 die Freilassung Nelson Mandelas, die Legalisierung der schwarzen Opposition sowie die Aufhebung der wesentlichen Apartheidgesetze. Im Dezember 1991 tagte erstmals der neu gebildete Konvent für ein demokratisches Südafrika, wo Regierung und schwarze Opposition über die politische Zukunft verhandelten. In einem Referendum stimmte die weiße Bevölkerung am 17. März 1992 einer Fortsetzung des Reformprozesses zu. 1993 konnte eine Übergangsverfassung verabschiedet werden, mit der die Alleinherrschaft der weißen Bevölkerung beendet wurde. Im April 1994 fanden freie Wahlen auf Grundlage der Übergangsverfassung statt, die zu einem überwältigenden Sieg des ANC führten.

Nelson Mandela, der fast 28 Jahre lang für seine Überzeugungen im Gefängnis saß, wurde neuer Staatschef. Eine Regierung der nationalen Einheit, an der sich neben dem ANC die weiße Nationalpartei und die Inkatha-Freiheitspartei beteiligten, bildete die Exekutive. Südafrika wurde Mitglied der OAU und trat auch wieder dem Commonwealth bei.

Weg zum Nahostfrieden bleibt steinig

Nach Jahrzehnten der Konfrontation leiteten die 90er Jahre die allmähliche, immer wieder ins Stocken geratene Verständigung zwischen Israel und den Palästinensern ein. Wichtigste, bis zum Ende des Jahrhunderts nicht gelöste Streitpunkte waren die von den Palästinensern geforderte Eigenständigkeit und der künftige Status Jerusalems, das sowohl Israelis als auch Palästinenser für sich reklamierten.

Am 13. September 1993 unterzeichneten Palästinenserchef Jasir Arafat und Israels Regierungschef Yitzhak Rabin in Washington eine »Prinzipienerklärung« über die Autonomie der besetzten Gebiete (sog. Gaza-Jericho-Abkommen). Am 4. Mai 1994 folgte in Kairo der Abschluss eines Abkommens zur Umsetzung der Autonomie im Gazastreifen und in Jericho.

Arafat wurde am 20. Januar 1996 zum »Rais« (Vorsitzenden) des Palästinensischen Autonomierates gewählt, zuständig u.a. für die lokale und regionale Verwaltung, für Wirtschaft, Gesundheit und Erziehung und für die Polizei im Autonomiegebiet. Das von Rabin, der im November 1995 in Tel Aviv dem Mordanschlag eines jüdischen Rechtsextremisten zum Opfer fiel, und Arafat am 28. September 1995 unterzeichnete erweiterte Autonomieabkommen hatte diese erste demokratische Wahl ermöglicht. Vorangegangen war der zwischen Mitte Oktober und Ende Dezember 1995 erfolgte Abzug von Israels Armee aus den palästinensischen Städten und Dörfern im Westjordanland.

Eine Ausnahme bildete die biblische Stadt Hebron, wo zum Schutz der dort lebenden rd. 350 radikalen jüdischen Siedler Militär stationiert blieb. Der Streit um den Termin für die Räumung von Hebron belastete in den folgenden Monaten den Friedensprozess, der durch den Wahlsieg des konservativen Politikers Benjamin Netanjahu im Mai 1996 für die folgenden drei Jahre weitgehend zum Erliegen kam.

Umweltpolitik zwischen Ökologie und Ökonomie

Angesichts der zunehmenden Vernichtung natürlicher Ressourcen wurde der Schutz der Umwelt bereits seit den 70er Jahren zu einem politischen Anliegen. Die gewonnenen Erfahrungen zeigten jedoch, dass die Industriestaaten als die Hauptverursacher von Umweltschäden nur schwer zu überzeugen sind, auf umweltschonendere Technologien umzusteigen, wenn dies Mehrkosten verursacht.

Auf der mit viel Hoffnung begonnenen Umweltkonferenz von Rio de Janeiro im Juni 1992 berieten fast 100 Staats- und Regierungschefs sowie 3000 Diplomaten aus 170 Ländern über die brennendsten Umweltprobleme. Die verabschiedeten Dokumente hatten jedoch keinen bindenden Charakter und waren allenfalls Orientierungshilfen. Die Industriestaaten einigten sich auf eine Erhöhung ihrer Entwicklungshilfe auf 0,7% des Bruttosozialprodukts. 140 Staaten unterzeichneten die Klimaschutzkonvention, die eine weltweite Verringerung der Kohlendioxydemissionen auf den Stand von 1990 vorsah. Die Festlegung auf einen Zeitpunkt scheiterte am Einspruch der USA, die 1991 für 22% des weltweiten Ausstoßes dieses sog. Treibhausgases verantwortlich war.

Die UNO-Klimaschutzkonferenz im japanischen Kyoto beschloss im Dezember 1997 ein Abkommen zur Reduzierung der Treibhausgase. Die meisten Industrieländer sollten bis 2012 den Ausstoß klimaschädlicher Stoffe um bis zu 8% senken. Die Reduzierungen betrafen vor allem die für das Klima der Erde schädlichsten Gase Kohlendioxid, Methan und Lachgas. Die Beschlüsse von Kyoto waren – anders als die Papiere von Rio und Berlin (1995) – zwar bindend, doch ihre Umsetzung wurde abhängig gemacht von der Zustimmung der nationalen Parlamente.

Am Ende des 20. Jahrhunderts waren die Folgen der Vernichtung natürlicher Lebensräume, z.B. die Abholzung der tropischen Regenwälder und der sog. Treibhauseffekt, global spürbar. In Afrika und Südamerika schritt auch in den 90er Jahren die Vernichtung großer Waldflächen fort.

Im Oktober 1997 trat erstmals El Niño (spanisch: das Christkind) ins Bewusstsein der Weltöffentlichkeit. Mit diesem poetischen Namen bezeichnen peruanische Fischer das Naturphänomen, das alle vier bis neun Jahre gegen Jahresende auftritt. Normalerweise treiben die Passatwinde das warme, nährstoffreiche Oberflächenwasser des Pazifiks vom südamerikanischen Kontinent weg. Kaltes Wasser aus der Tiefe kommt dann nach oben. Fehlen die Winde, wird es an der Küste Südamerikas ungewöhnlich warm. Weltweite Wetterveränderungen sind die Folgen: sintflutartige Regenfälle in Peru, Wirbelstürme in den USA, längere Trockenzeiten in Indien, Dürre und Missernten in Brasilien, Südasien und Südafrika.

Chancen und Risiken der Globalisierung

Die Globalisierung, die weltumspannende Verflechtung des Wirtschaftslebens, die zur Entstehung eines einzigen, den Globus umspannenden Marktes führt, zählte am Ende des 20. Jahrhunderts zu den wichtigsten Themen von Wirtschaft und Politik.

Die großen Unternehmen nutzten schon lange die Möglichkeiten der Globalisierung und ließen ihre Waren zunehmend dort herstellen, wo die Kosten am geringsten waren. So führte die Verlagerung der Textilproduktion nach Asien zum weitgehenden Verschwinden dieses einst bedeutenden Industriezweiges aus Europa. Die Globalisierung förderte den Wettbewerb um die besten Standortbedingungen und hatte vor allem in den 90er Jahren eine Welle von Unternehmensfusionen zur Folge, wodurch die großen Weltkonzerne immer unabhängiger von Entscheidungen der staatlichen Wirtschaftspolitik wurden.

In den nächsten Jahrzehnten werden – so die Prognosen der Zukunftsforscher – eine Explosion des Wissens und das weltumspannende Datennetz Internet die Weltwirtschaft vorantreiben. Mit dem Rückzug des Staates aus der Wirtschaft wächst der Spielraum für die private Initiative. Über 3 Mrd. Menschen in ehemals planwirtschaftlichen Ländern machen sich auf den mühsamen Weg in die Marktwirtschaft. Aus dem einstigen Wettlauf der Systeme wurde ein Wettlauf der Regionen.

Die bis 1989 zweigeteilte Welt wächst zusammen mit dem Internet als Kommunikationsmittel und mit dem Englischen als Weltsprache. Dies führte bereits in den 90er Jahren zu einer kulturellen Globalisierung, nationale Traditionen könnten so weiter an Bedeutung verlieren.

Wirtschaftliche Wachstumsschübe werden vor allem von der Informations- und Kommunikationstechnik erwartet, von der Gentechnik, neuen Werkstoffen sowie vom Umwelt- und Energiebereich. In der neuen »Wissensökonomie« wird vermutlich der Industriesektor, der schon seit den 60er Jahren immer mehr auf dem Rückzug ist, noch weiter an Boden verlieren.

Zugleich neigt sich die Ära der Massenerzeugung, die Anfang des 20. Jahrhunderts durch Henry Ford eingeführte Arbeit am Fließband in hierarchisch geführten Betrieben, dem Ende zu. Der Trend geht eher zu einer stärkeren Individualisierung. Der künftige Arbeitsmarkt verlangt Mobilität, Vielseitigkeit sowie selbstständiges Denken und Handeln. Der lebenslange Job, die einheitlichen Lohn- und Arbeitsbedingungen sind passé, was auch für die Gewerkschaften neue Herausforderungen bedeutet.

DAYTON

USA erzwingen den Frieden

Nach über vier Jahren Krieg, Vertreibung und Völkermord wird der Friede für den Balkan vereinbart.

21. 11. 1995: Sechs Wochen nach Inkrafttreten eines Waffenstillstandes in Bosnien (12. 10.) und drei Wochen nach Beginn ihrer Verhandlungen auf dem Luftwaffenstützpunkt Wright-Patterson bei Dayton (US-Bundesstaat Ohio) paraphieren die Präsidenten Slobodan Milošević (Serbien), Alija Izetbegović (Bosnien-Herzegowina) und Franjo Tudjman (Kroatien) ein Friedensabkommen. Es wird am 14. Dezember in Paris unterzeichnet.

V.l.: Milošević, Izetbegović, Tudjman

Nach vier Jahren Krieg, über 250 000 Toten und Hunderttausenden Flüchtlingen sollen nun die Waffen in Bosnien-Herzegowina schweigen. Massive, am 30. August beginnende, zweiwöchige NATO-Luftangriffe hatten die Serben zum Einlenken gezwungen. Bosnien-Herzegowina bleibt in seinen gegenwärtigen Grenzen als einheitlicher Staat erhalten. Er besteht aus zwei Teilen: Die muslimische-kroatische Föderation, der 51% des Landes zugewiesen wird, und die Serbische Republik in Bosnien, die 49% erhält. Dazu gehören auch die Serben-Hochburg Pale sowie die von den Serben eroberten ehemaligen UN-Schutzzonen Srebrenica und Zepa.

Sarajevo bleibt die Hauptstadt Bosniens und ist Sitz der Zentralregierung, des aus Unterhaus (42 Abgeordnete) und Oberhaus (15) bestehenden Parlaments und einer Präsidentschaft mit Vertretern der drei Volksgruppen.

Das Abkommen wird von einer internationalen Friedenstruppe (IFOR) überwacht, welche die bisherige UN-Schutztruppe (UNPROFOR) ersetzt. Geplant ist eine Stärke von insgesamt rd. 60 000 Mann, wobei die USA allein 20 000 Soldaten stellen.

Zu den schwierigsten Aufgaben zählt die Rückführung der rd. 2,8 Mio. Flüchtlinge aus dem früheren Jugoslawien. Zunächst sollen die rd. 1,3 Mio. Vertriebenen, die in Bosnien selbst Zuflucht gefunden haben, zurückkehren, dann die rd. 820 000 in Serbien und Kroatien, schließlich die rd. 700 000 Flüchtlinge in Ländern Westeuropas.

Die GUS

Nach 69 Jahren hört die 1922 gegründete Sowjetunion zu existieren auf.

21. 12. 1991: Elf von 15 ehemaligen Sowjetrepubliken schließen sich zur Gemeinschaft unabhängiger Staaten (GUS) zusammen. Der bisherige sowjetische Präsident Michail Gorbatschow tritt am 25. Dezember zurück. Damit ist das Ende der UdSSR besiegelt.

Mit der für den 20. August geplanten Unterzeichnung eines »Vertrags über die Union souveräner Staaten« hatte Gorbatschow versucht, die auseinander strebende UdSSR auf eine neue demokratische Grundlage zu stellen. Den Unionsstaaten wurde das Recht auf staatliche Unabhängigkeit und Selbstbestimmung zugestanden. Sie sollten ihren politischen und territorialen Aufbau selbst bestimmen.

Doch am 19. August versuchten orthodox-kommunistische reformfeindliche Kräfte einen Staatsstreich: Ein achtköpfiges sog. Notstandskomitee erklärte Gorbatschow für abgesetzt und hielt ihn an seinem Urlaubsort auf der Krim

WASHINGTON

Markstein auf dem Weg zum Nahostfrieden

Nach 45 Jahren der Feindschaft zwischen Arabern und Juden wächst die Hoffnung auf Frieden und Versöhnung.

13. 9. 1993: Israels Ministerpräsident Yitzhak Rabin und PLO-Chef Jasir Arafat unterzeichnen im Beisein von US-Präsident Bill Clinton das Gaza-Jericho-Abkommen über eine Teilautonomie der Palästinenser und reichen sich anschließend demonstrativ die Hand.

Am 10. September haben sich beide Seiten nach jahrzehntelanger Feindschaft gegenseitig anerkannt. Erstmals akzeptiert nun die PLO formell das Existenzrecht Israels, während im Gegenzug Israel die PLO als Interessenvertreterin des palästinensischen Volkes anerkennt. Den Weg zum Friedensschluss ebneten Geheimverhandlungen unter norwegischer Vermittlung in Oslo.

Das Abkommen sieht u.a. vor, dass die Palästinenser im Gazastreifen und in Jericho für eine bis April 1999 dauernde Übergangsperiode das Recht auf Selbstverwaltung erhalten. Bis April 1994 soll Israel seine Truppen aus dem Gazastreifen und Jericho abziehen.

Dies geschieht jedoch erst nach der Unterzeichnung eines Durchführungsabkommens am 4. Mai 1994 in Kairo. Dort wird vereinbart, dass die Autonomiegebiete von einer israelischen »Sicherheitshülle« umgeben werden. Während Israel für deren Siedlungen verantwortlich bleibt, sorgen die Palästinenser für die öffentliche Ordnung und die innere Sicherheit der Palästinenser. Am 13. Mai 1994 wird das Gebiet um Jericho an die Palästinenser übergeben, am 18. Mai räumen die Israelis Gaza-Stadt. Die Verwaltung geht an eine palästinensische Regierungsbehörde als Exekutivorgan über. Ihr unterstehen u.a. das Erziehungs-, Gesundheits- und Sozialwesen sowie Wirtschaft, Arbeit und Soziales, Umweltschutz und Tourismus. Nach 27 Jahren im Exil besucht Arafat am 1. Juli wieder den Gazastreifen, am 5. Juli setzt er in Jericho die Regierung ein. Von einem eigenen Staat mit einer Hauptstadt Jerusalem, wie er von ihnen erhofft wird, sind die Palästinenser allerdings noch weit entfernt.

Händedruck nach der Unterzeichnung des Abkommens (Rabin, Clinton, Arafat)

ALMA ATA

tritt das Erbe der zerfallenen Sowjetunion an

Boris Jelzin ruft vor dem Weißen Haus in Moskau zum Widerstand auf.

fest. Der Putsch scheiterte nach drei Tagen am Widerstand der Bevölkerung und an der schwankenden Haltung des Militärs. Am 22. August kehrte Gorbatschow nach Moskau zurück. Nutznießer des Putsches war der russische Präsident Boris Jelzin, der sich als Verteidiger der Demokratie profilierte, zum Generalstreik aufrief und loyale Armee-Einheiten auf seine Seite brachte.

Am 23. August unterzeichnete Jelzin in Anwesenheit Gorbatschows ein Dekret, mit dem die Aktivitäten der Kommunistischen Partei in Russland verboten wurden. Gorbatschow trat als Generalsekretär der KPdSU zurück.

Mit Zweidrittelmehrheit billigte der Kongress der Volksdeputierten am 5. September in Moskau das von Gorbatschow vorgeschlagene »Gesetz über die Organe der Staatsmacht und der Leitung der UdSSR in der Übergangsperiode«. Damit wurde die Rolle der Moskauer Zentrale zu Gunsten der einzelnen Unionsrepubliken stark geschwächt.

Der Zerfall der UdSSR machte für die 1940 von der Sowjetunion annektierten baltischen Staaten den Weg zur Wiederherstellung der staatlichen Unabhängigkeit frei. Zunächst jedoch versuchten sowjetische Truppen im Januar gewaltsam das Autonomiestreben in Litauen und Lettland zu unterbinden. Am 6. September wird die Unabhängigkeit der baltischen Republiken Litauen, Lettland und Estland von Moskau endgültig anerkannt.

In den folgenden Wochen versuchte Gorbatschow vergebens, zentrale Institutionen zu erhalten. Doch am 1. Dezember votierte die Bevölkerung der Ukraine mit überwältigender Mehrheit für die Unabhängigkeit und gab damit das Signal für den Zerfall der UdSSR.

Der am 21. Dezember gegründeten GUS gehören alle Sowjetrepubliken mit Ausnahme der drei baltischen Staaten und des vom Bürgerkrieg erschütterten Georgien an. Das höchste Organ der GUS ist der Rat der Staatsoberhäupter.

Führendes Mitglied ist die Russische Föderation, die als Nachfolger der UdSSR ständiges Mitglied im UN-Sicherheitsrat wird. Russland, die Ukraine, Kasachstan und Weißrussland erben das nukleare Potenzial der UdSSR.

Die GUS-Staatschefs in Alma Ata mit Boris Jelzin (M.)

LONDON

Labour-Sieg in England

Nach 18 Jahren an der Regierung schicken die britischen Wähler die Konservativen in die Opposition.

1. 5. 1997: Mit dem höchsten Sieg in ihrer Parteigeschichte schafft die Labour Party den politischen Wechsel. Parteichef Tony Blair kann am 2. Mai mit seiner Familie den Regierungssitz in der Downing Street Nr. 10 beziehen.

Mit einem Stimmenanteil von 43,4% erringt Labour aufgrund des Mehrheitswahlrechts 419 der 659 Sitze. Mit Blair, der Labour konsequent auf Reformkurs getrimmt hat, erreicht der jüngste Premier seit 1812 den größten Erfolg einer britischen Partei seit 1935 und mit landesweit durchschnittlich 10,9% den größten Wählerumschwung seit 1945. Die Torys müssen die schwerste Wahlniederlage seit 1832 einstecken. Der bisherige Premier John Major, der 1990 die seit 1979 regierende Margaret Thatcher abgelöst hat, legt auch den Vorsitz der Konservativen nieder.

Familie Blair in der Downing Street

EDINBURGH

Schaf erstmals geklont

Ein Durchbruch auf dem Gebiet der Gentechnik weckt weltweit Besorgnis über Missbrauchsmöglichkeiten durch eine Übertragung des Prinzips auf den Menschen.

23. 2. 1997: Gen-Experten des Roslin-Institutes teilen mit, dass sie erstmals ein erwachsenes Säugetier geklont haben. Die erzeugte Kopie ist das jetzt sieben Monate alte Schaf »Dolly«.

Die Forscher entnahmen eine Zelle, deren Kern die gesamte genetische Information des Schafes enthält, aus dem Euter eines erwachsenen Schafes. Einem zweiten Schaf wurde eine unbefruchtete Eizelle entnommen und der Zellkern entfernt. In die leere Eihülle setzten sie nun den Zellkern des ersten Schafes. Die komplette Eizelle verpflanzten sie in den Uterus eines dritten Schafes. Es brachte »Dolly« zur Welt.

Das geklonte Schaf »Dolly« in seinem Stall

BELGRAD

Die NATO führt Krieg um das Kosovo

Im 50. Jahr ihres Bestehens beginnt für die Verteidigungsallianz NATO mit den Luftangriffen auf Jugoslawien der Ernstfall.

24. 3. 1999: Die NATO beginnt wegen des Kosovo-Konflikts mit Luftangriffen auf Jugoslawien. Zuvor war am 18. März der letzte Versuch, die Krise in der serbischen Provinz Kosovo auf diplomatischem Wege zu bewältigen, auf den Friedenskonferenzen von Rambouillet und Paris gescheitert.

Der Konflikt im Kosovo, wo etwa 90% der rd. 2 Mio. Einwohner ethnische Albaner sind, hatte bereits 1998 an den Rand eines Krieges geführt. Eine sog. Befreiungsarmee des Kosovo (UÇK) propagierte den bewaffneten Kampf gegen die serbischen Militär- und Polizeikräfte. Die im Februar 1998 begonnenen Kämpfe lösten eine erste Flüchtlingswelle aus. Nach einem NATO-Ultimatum stimmte am 13. Oktober Jugoslawiens Präsident Slobodan Milošević einem Truppenrückzug und einer internationalen Kontrolle der Menschenrechtssituation zu. Der Krieg flammte aber im Dezember erneut auf.

Ursprünglich wollten die Kosovo-Albaner die volle Unabhängigkeit von Serbien, das zusammen mit Montenegro die Bundesrepublik Jugoslawien bildet, erreichen. Sie wurden darin aber von der internationalen Staatengemeinschaft und der NATO nicht unterstützt. Diese wollen den Autonomiestatus wiederherstellen, den die Serben dem Kosovo 1989 aberkannt hatten.

Die NATO begründet ihre (völkerrechtlich umstrittenen) Angriffe mit der Verpflichtung, im Kosovo – wo die Serben im Februar/März offenkundig mit der systematischen Vertreibung der Kosovo-Albaner begonnen haben – eine humanitäre Katastrophe abzuwenden.

US-amerikanische »Blackhawk«-Kampfhubschrauber in Albanien

Auf Eisenbahnschienen ziehen Kosovo-Albaner zur makedonischen Grenze.

Im Verlauf des Luftkrieges werden etwa 15 000 Bomben und Raketen auf Ziele in Jugoslawien gelenkt. Bei versehentlichen Bombardements, u.a. eines Personenzuges, eines Flüchtlingskonvois sowie der chinesischen Botschaft in Belgrad (7. 5.), sterben nach jugoslawischen Angaben mehrere hundert Menschen. Zugleich kommen nach Schätzungen der britischen Regierung bei ethnischen Morden der serbischen Sicherheitskräfte mindestens 10 000 Menschen um. Zwischen März und Mitte Juni verlassen etwa 860 000 Kosovo-Albaner ihre Heimat. Nach 79 Tagen setzt die NATO am 10. Juni die Angriffe aus, nachdem Milošević eingelenkt und den Abzug der serbischen Sicherheitskräfte aus dem Kosovo befohlen hat. Nun rücken rd. 50 000 Soldaten der Kosovo-Friedenstruppe (KFOR) unter NATO-Kommando in die Provinz ein, um beim Aufbau einer friedlichen Zukunft zu helfen.

HONGKONG

Hongkong wird rot

Nach 156 Jahren in britischem Besitz wird Hongkong wieder ein Teil von China.

1. 7. 1997: Um Mitternacht geht die britische Kronkolonie Hongkong an die Volksrepublik China über und erhält den Status einer Sonderverwaltungszone (SZR). Gemäß dem Prinzip »Ein Land – zwei Systeme« soll das kapitalistische Wirtschaftssystem in dem international bedeutenden Handels- und Wirtschaftszentrum mindestens 50 Jahre erhalten bleiben.

Am 20. Januar 1841 hatte die damalige kaiserliche Regierung den Briten die Insel Hongkong verpachten müssen. Nach dem ersten sog. Opiumkrieg (1839-1842) musste China im Vertrag von Nanking (29. 8. 1842) sogar das »ewige Besitzrecht« der Briten über die Insel Hongkong akzeptieren, die 1843 zur Kolonie erklärt wurde.

1860 wurde auch die benachbarte Halbinsel Kowloon für »ewig« britisch. Am 1. Juli 1898 pachtete Großbritannien die »New Territories« und über 200 kleine Inseln für 99 Jahre. Diese Gebiete machen rd. 90% der heutigen Gesamtfläche der Kronkolonie Hongkong aus. Am 19. Dezember 1984 wurde die Rückgabe Hongkongs mit Auslaufen des Pachtvertrages vereinbart.

FRANKFURT AM MAIN

Neue Währung in Europa

Für rd. 291 Mio. Menschen in elf Ländern Europas beginnt das Euro-Zeitalter.

1. 1. 1999: Im bargeldlosen Zahlungsverkehr wird der Euro die gemeinsame Währung. Euro-Münzen (s. Abb.) und -Scheine gibt es aber erst 2002. Den Umrechnungskurs zu den anderen nationalen Währungen hatten die EU-Finanzminister am 31. Dezember 1998 festgelegt. Ein Euro ist 1,95583 DM wert.

In Maastricht hatten 1991 die EG-Staats- und Regierungschefs eine Europäische Union mit dem Kernstück einer Wirtschafts- und Währungsunion beschlossen. Zur Teilnahme mussten vier sog. Konvergenzkriterien erfüllt werden: Inflation, Neuverschuldung, Höhe der Staatsschulden und langfristige Zinsen durften bestimmte Grenzwerte nicht überschreiten.

PARIS

Weltweite Trauer um Diana

Der Unfalltod von Prinzessin Diana löst Trauer und Bestürzung aus.

31. 8. 1997: Die britische Prinzessin Diana stirbt bei einem Autounfall. Bei hoher Geschwindigkeit kommt ihr Wagen in einem Tunnel ins Schleudern und prallt gegen einen Betonpfeiler. Wie später bekannt wird, stand der Chauffeur unter Alkoholeinfluss. Am 6. September nimmt Großbritannien mit einer Trauerfeier in der Westminster Abtei von der populären Prinzessin Abschied. Beigesetzt wird sie auf dem Familiengut Althorp Park auf einer Insel in einem künstlich angelegten See. Dianas am 29. Juli 1981 geschlossene, von Affären belastete Ehe mit dem britischen Thronfolger Prinz Charles war am 28. Juni 1996 geschieden worden.

Medienereignis: Diana in London

BONN

Schröder löst Kohl ab

Nach 16 Regierungsjahren wird Helmut Kohl (CDU) als Bundeskanzler der Bundesrepublik abgewählt.

27. 9. 1998: Die Wahl zum 14. Deutschen Bundestag leitet in Deutschland einen Machtwechsel ein. Die SPD mit Kanzlerkandidat Gerhard Schröder erringt 40,9% der Stimmen und wird mit 298 Sitzen die stärkste Kraft im Parlament. Zusammen mit Bündnis 90/Die Grünen (6,7%), die 47 Mandate erreichen, verfügt die neue rot-grüne Mehrheit im Bundestag über einen Vorsprung von 21 Sitzen. Nach 16 Jahren stellt die SPD wieder den Regierungschef.

Schröder ist der erste Kanzlerkandidat, der einen amtierenden Regierungschef aus der Opposition heraus ablösen kann. Die bisherige Koalition mit Bundeskanzler Helmut Kohl verliert massiv an Stimmen. CDU/CSU müssen mit 35,1% das zweitschlechteste Ergebnis ihrer Geschichte hinnehmen. Kohl wurde als »Kanzler der Einheit« und Motor der europäischen Einigung im In- und Ausland hoch geschätzt. Nach seinem Abgang wird Kohl allerdings zur Schlüsselfigur in der Parteispendenaffäre, die die CDU in eine Krise stürzt.

Das Wahlergebnis zeigt den deutlichen Willen zur politischen Veränderung. Mit seiner Profilierung als Kandidat der »neuen Mitte« und seinem Versprechen, »nicht alles anders, aber vieles besser« zu machen, bot der medienwirksam agierende Schröder den Wählern die Aussicht eines Wechsels ohne Risiko. Am 27. Oktober wählt der Deutsche Bundestag den niedersächsischen Ministerpräsidenten (seit 1990) zum siebten Bundeskanzler seit 1949.

Probleme bei der Umsetzung der Reformen führen die Regierung bald in eine Krise. Höhepunkt ist der Rücktritt von Oskar Lafontaine als Finanzminister und SPD-Chef im März 1999. Mit einem radikalen Sparkurs und der Verabschiedung der Steuerreform fasst die rot-grüne Regierung wieder Tritt.

Gerhard Schröder nach seinem Wahlsieg 1998, hinten Oskar Lafontaine; er tritt im März 1999 zurück

WASHINGTON

Bush wird Präsident

Mit dem Sieg des Republikaners George W. Bush über den Demokraten Al Gore geht die wohl spektakulärste und umstrittenste Wahlauseinandersetzung in der Geschichte der USA zu Ende.

13. 12. 2000: Fünf Wochen nach der Stimmabgabe und nach heftigen juristischen und politischen Auseinandersetzungen fällt der Bundesgerichtshof eine Entscheidung, die Bush zum Sieger macht.

Amerikas höchste Richter entscheiden, dass die nachträgliche Stimmen-Auszählung in Florida nicht verfassungskonform, eine neuerliche Zählung zeitlich nicht möglich sei. Nachzählungen waren nach Auffassung der Demokraten unabdingbar, weil die Erstzählung in Teilen unkorrekt verlief, bzw. Stimmzettel missverständlich gestaltet waren. Mit der höchstrichterlichen Entscheidung rettet Bush seinen hauchdünnen Vorsprung im wahlentscheidenden Bundesstaat Florida von 537 Stimmen ins Ziel. Er gewinnt jene 25 Wahlmännerstimmen, die ihm den Sieg über Gore bescheren.

Die Bundesrichter, die mit fünf gegen vier Stimmen entschieden, zeigten sich in der Frage der Stimmen-Nachzählung so zerstritten wie die gesamte amerikanische Öffentlichkeit. Sechs Richter schrieben einen eigenen Kommentar. Niemals zuvor in der US-Geschichte fällte der Bundesgerichtshof ein Urteil, das den Ausgang der Präsidentschaftswahlen direkt beeinflusste. Mit seiner Entscheidung setzte sich das mehrheitlich konservativ besetzte Gericht der Kritik aus, nicht juristische, sondern parteipolitische Kriterien berücksichtigt zu haben. Die Unabhängigkeit der Gerichte ist damit für viele Beobachter gefährdet. Auch von anderer Seite steht die Wahl in der Kritik: Beobachter vermeldeten, dass in Florida schwarze Wähler systematisch von der Wahl ausgegrenzt wurden.

Nach dem Gerichtsurteil gesteht Gore seine Niederlage ein. Er betont, dass er nicht mit dem Urteil des Obersten Gerichtshofs übereinstimme, ruft jedoch dazu auf, den neuen Präsidenten zu unterstützen.

Bush zieht nach dem Demokraten Bill Clinton als 43. US-Präsident ins Weiße Haus ein. Der Sohn des früheren Präsidenten George Bush gilt als außenpolitisch weitgehend unerfahren. Die Verteidigungsausgaben sollen insgesamt steigen. Ein Teststoppabkommen für Atomwaffen lehnt Bush ab. Innenpolitisch steht der Texaner für einen gemäßigt konservativen Kurs. Bush übernimmt traditionell am 20. Januar 2001 das Amt von seinem Vorgänger.

Der neue Präsident kann sich nicht auf eine Mehrheit im Senat stützen. Demokraten und Republikaner verfügen über je 50 Sitze, so dass Beratungen und Abstimmungen über die meisten Gesetzesvorlagen jeweils von der Gegenseite verhindert werden können.

George W. Bush (links) triumphiert über Al Gore (rechts)

Personenregister

In diesem Register sind alle in der Chronik der Weltgeschichte erwähnten Personen alphabetisch aufgeführt.

Die in normaler Schrift gedruckten Ziffern (89, 276) verweisen auf die Seite, auf der die entsprechende Person erwähnt wird. Kursiv gedruckte Ziffern (*147, 459*) geben den Hinweis, dass die Person auch im Bild zu sehen ist. Fettgedruckte Ziffern (**23, 167**) verweisen auf Artikel »Zur Person«.

A

B

C

H

I

J

K

L

Q, R

S

T

U

V

W

X, Y, Z

Sachregister

Abbildungsnachweis

Agence photographique Réunion des Musées Nationaux, Paris 440 u.; aisa, Barcelona: 44 o., 45 o., 47 o., 47 u., 48 , 50 , 51 o., 51 u.l., 52, 54, 56 o.M., 57 o., 58 r.o., 58 u. (3), 59 o., 59 u.r., 60 u., 61 o.r., 64 u. (2), 66 , 69 o. (2), 70 (2), 71 o., 71 u.r., 75 o.M., 75 o.r., 76 l., 79 o.l., 81 o., 82 u., 84 u.l., 85 u., 88, 91 (2), 92 M.l., 96 (3), 97, 98 u.r., 99 o., u.l., 100, 102 u. (2), 103 l.u., 103 r.o., 103 r.u., 104 (2), 108 o., 113 o., 119, 122 r., 123 (4), 124, 126, 127 u., 130 u.l., 131 r.o., r.u., 132 o. (2), 134 o., 135 r., 138 o.r., 139 (3), 140, 143 u., 149 r., 185 u., 187 o., 191 r., 195 u., 196 u.l., u.r., 197 o.l., 197 u., 199 o.l., 204, 207 o., 209 o., 209 u.l., 211 u., 212 o., 212 u.l., 214 u.l., 216 (2), 217 o., 219 u.r., 229 u.r., 239 o., 243, 245 o., 245 u.r., 247 u. (2), 252 u., 253 o.r., u.l., 254 o. (2), 257 o., 258 u., 259 o., 260 r., 262 o., 264, 266 u. (2), 270, 273 u. (2), 275 u.r., 278, 279 o.l., 282, 284 l., 339 o. (2), 341 u.l., 341 u.r., 347 o. (2), 347 u.l., 349 u., 350 o.l., 353 o., 356 u., 358 o., 359 u., 362 u., 364, 366 o., 367 o., 369 l., 370 (2), 372 o.r., 373 o., 375 u.r., 377 o.r., u., 379 o.r., 380, 385 (2), 389 o.r., 390 o., 392 u., 394 o., 395 o., 396 u., 397 u., 398 r., 402, 405 o. (2), 406 u., 411 u.r., 416 o., 417 o.r., 417 u., 419 o.M., o.r., 422 u., 423 u.r., 424 , 426 u., 427 o.l., 429 o.l., 430 o.r., 431 (2), 432 o.l., u., 433 (3), 434 o., 439 u.l., 442 (2), 443 u., 446 o., 447 o., 451 o., 452 o., 453 r., 458, 460 o.l., u., 462 o., 464 u., 467 u.r., 468 o.l., 469 u.l., 481 u., 485 o.r. (2), 487 o.l., o.r., 493 l., 494 r., 497 o.r., 501 o.r., 503 o., 504 o.l., 507 u., 567 o.; **Alinari, Florenz:** 118 u.; **Archiv für Kunst und Geschichte, Berlin:** 44 u.l., 44 u.r., 46 r., 56 u., 61 o.l., 62 u., 74 u., 80 o., 90 (2), 92 u., 93 u.r., 95 r., 99 u.r., 102 o., 106 l., 107 u.l., 109 o.r., 110 , 113 u., 114 (2), 115 u.r., 116 l., 117 o., 118 o., 120 l., 121 o., u.l., 128 r.o., 129 u., 133 , 138 o.l., 143 o.r., 145 o.l., 145 u., 148 u., 149 l., 150 o.l., u., 192 u., 197 o.r., 198 o., 200 (2), 207 u., 209 u.r., 210 u., 213 r., 220 u.r., 221 u., 222 , 223 u. (2), 224 u. (2), 228 u., 230 , 231 u., 232 o., 234 o. (2), 239 u. (2), 240 (2), 242 u.l., 246 (2), 248 o., 249, 252 o.r., 253 u.r., 254 u., 256 o., 258 o., 260 l., 261, 263 o., 263 u.r., 267 (2), 271 o., 272 l., 273 o., 276 , 277 o., 279 o.r., 280 , 283 u., 285 , 338 u., 340 l., 341 o.l., 344 (2), 345 u., 346 o., u.l., 348 o., 350 o.r., 351 , 351 (2), 355 (2), 356 o., 357 o., 357 u., 360 o., 363 u., 367 u., 368 l., 369 r., 371 o.l., 373 u., 374 , 375 u.l., 376 (2), 377 o.l., 383 (2), 384 (2), 387 l., 388 (2), 390 u.l., 392 o., 393 u., 394 u., 395 u., 397 o., 399 u. (2), 400 , 403 o., 404 o., 406 o. (2), 407 (2), 408 , 409 l., 410 (2), 412 o.l., 414 l., 415 (2), 416 u., 420 o., u.r., 422 o., 426 o., 428 o., 429 u., 430 u., 435 (3), 438 o.l., u., 440 o., 441 , 444 , 445 (4), 447 u., 448, 450 o., 451 u., 454 , 455 (2), 456 o.l., u., 460 o.M., o.r., 461 u., 463 u., 464 o., 465 (2), 466 u., 467 o., 469 o., u.r., 470 r., 471 u., 472 (2), 476 o., 478 u., 479 u., 482 o., 484 u.l., 486 u.r., 487 u.l., 488 l., 489 u., 490 u., 491 o., 492 u.r., 495 u., 497 r.u., 500 o.l., 502 o.l., 550 o.r., 559 o.l., 573 l., 585 o.r., 588 o.l., 593 M., 594 r., 601 , 602 o., 604 o., 607 o.r., , Forman 59 u.l., 73 o., 134 u.l., 136 u., 137 r.o., 138 u., 184 u., 208 u., 250 , , Lessing 45 u., 60 o.l., o.M., 74 o., 75 l.o., l.u., 94 l., M., 109 o.l., 112 (2), 128 l., 134 u.r., 135 l., 183 o., 193 o., 208 o., 225 u., 229 u.l., 248 u., 266 o.r., 275 u.l., 372 u., 378 u., 391 u.; **Arthothek, Peissenberg - Alte Pinakothek, München:** 363 o.; **Associated Press, Frankfurt:** 623 r.; **Bauhaus-Archiv, Berlin:** 568 u.; **Lothar Baur, Heidelberg:** 228 o.; **Bertelsmann Lexikon Verlag, Gütersloh:** 53 , 60 o.r., 73 u.l., 81 u., 86 o.l., 86 u., 87 o., 92 o., 92 M.r., 94 r., 95 l., 98 o., u.l., 107 o., 111 l.o., l.u., r.o., 115 o., 115 u.l., 116 r., 121 u.r., 122 l., 128 r.u., 131 l., 137 l., 142 u.l., 144 , 145 o.r., 150 o.r., 151 u., 194 u., 201 , 202 u.r., 213 l. (3), 218 , 224 o., 225 o., 231 o.r., 232 u., 233 u. (2), 234 u.l., 241 o., 242 u.r., 253 o.l., 262 u., 271 u., 272 r., 275 o.l., 277 u., 284 r., 338 o. (2), 339 u., 346 u.r., 347 u.r., 354 u., 358 u., 371 u., 379 o.l., u.l., u.r., 390 u.r., 391 o., 393 o., 398 l., 403 u., 409 r., 411 l. (2), 413 (2), 417 o.l., 419 u.l., r.M., u.r., 428 u., 438 o.r., 439 o.l., 449 u., 450 u., 452 u. (2), 453 l., 463 M., 468 o.r., 474 , 478 o., 479 o.r., 480 o., 486 u.l., 488 r., 494 l., 496 o., 497 l.u., 500 u.M., 501 M.l., 502 o.r., 504 M.u., 505 u.r., 546 o.r., 550 o.l., 554 o., 556 u.r., 559 u.r., 562 l., 563 l.o., 565 u. (2), 574 o.r., 582 o.l., 584 u., 586 u., 595 u.r., 600 u.r. - **NASA:** 605 o.; **Klaus Günter Beyer, Weimar:** 466 o.; **Biblioteca Apostolica Vaticana:** 231 o.l.; **Biblioteca d'Arte Beato Angelico, Rom:** 229 o.; **Biblioteca Nazionale Centrale, Florenz:** 266 o.l.; **Bildarchiv Preußischer Kulturbesitz, Berlin:** 51 u.r., 71 u.l., 129 o., 136 o., 146 , 148 o., 182 , 184 o., 185 o., 187 u., 191 l., 194 o., 198 u., 199 u., 202 u.l., 203 u., 211 o.r., 214 u.r., 219 u.l., 220 u.l., 221 o., 238 , 241 u., 242 o. (2), 251 , 252 o.l., 256 u., 257 u., 259 u., 275 o.r., 279 u., 283 o., 341 o.r., 348 u., 349 o., 350 u., 359 o., 360 u., 361 u., 362 o. (2), 366 u., 368 r., 371 o.r., 372 o.l., 375 o.l., 378 o., 382 u., 386 u., 389 o.l., 396 o., 401 u., 405 u., 411 o.r., 412 u., 420 u.l., 421 , 423 o., 427 o.r., 427 u., 430 o.l., 432 o.r., 449 o., 456 o.r., 457 , 461 o., 462 u., 463 o., 468 u., 470 l., 471 o., 473 u. (2), 475 (2), 477 (3), 480 u., 481 o.l., 482 u., 483 l., 484 o., 485 u., 486 o., 487 u.r., 490 o., 491 u., 495 o., 496 u., 500 o.r., 501 u., 502 u.r., 504 o.r., 506 o., 510 u.r., 511 u., 546 o.l.; Bodleian Library, Oxford: 142 u.r.; **British Museum, London:** 69 u.; **Bundesarchiv Koblenz:** 595 o.l.; **Cinetext, Frankfurt:** 598 o.r.; **Bruce Coleman Ltd., Uxbridge - McDonald:** 62 o.r.; **Corbis UK, London:** 56 o.l., 72 u., 78 u. - Alamany: 77 - Asian Art & Archaeology, Inc.: 57 u. - Burstein Coll.: 76 o.r. - de Luca: 93 o.l. - Ecoscene: 111 u.r. - Freeman: 217 u. - Hellier: 79 o.r., 83 r. - Historical Picture Archive: 79 u. - Horner: 215 u. - Muench: 107 u.r. - Orti: 75 u., 87 u., 93 o.r. - Vanni: 58 r.u., 65 l., 202 o.; **Corbis-Bettmann, New York:** 61 u., 62 o.l., 64 o., 65 r., 68 , 73 u.r., 82 o., 83 l., 84 u.r., 85 o., 103 l.o., 117 u., 120 r., 130 u.r., 429 o.r., 434 u., 439 u.r., 481 o.r., 484 u.r., 492 o., u.l., 493 r., 497 o.l., 498 , 500 u.l., u.r., 501 o.l., o.M., 503 u.r., 504 u.r., 505 o., 506 u., 507 o.l., 510 u.l., 511 o.l., 547 o.l., 548 o., 548 u., 549 (3), 551 (3), 552 , 556 o., u.l., 557 (3), 558 (2), 559 o.r., 560 , 562 r., 563 l.M., l.u., r.o., r.u., 566 o., 568 o.r., 569 o.r., 570 o., u.l., 571 (2), 572 (3), 575 u., 576 o., u.r., 581 o.l., 583 r., 592 o., 595 o.r., 598 u.r., 600 u.M., 603 u.r., 609 o.r., 612 o.l., 616 u., 617 o.r. - AFP: 623 o. - Reuters: 569 o.l., 611 o.r., 614 (3), 618 - Springer: 569 u. - UPI: 63 o., 108 u., 195 o., 473 o., 547 u., 550 u., 554 u., 555 (2), 564 (2), 565 o., 568 o.l., 570 u.r., 573 r., 574 o.l., u., 575 o., 576 u.l., 577 o., 580 (2), 581 o.r., u.r., 582 o.r., u., 583 l., 584 o.l., o.r., 585 o.l., u., 586 o.r., 587 , 588 o.r., u., 589 , 592 u., 593 o., u., 594 l., 595 u.l. 596 (2), 597 (2), 598 o.l., u.l., 599 (2), 600 o., u.l., 602 u., 603 o., u.l., 604 u., 605 u.l., u.r., 606 (2), 607 o.l., u., 608 (4), 610 o.r., u.r., 611 o.l., u.; **Deutsche Bundesbank, Frankfurt:** 567 u. - **Deutsches Inst. f. Filmkunde, Frankfurt:** 507 o.r.; **Deutsches Museum, München:** 476 u., 504 M.o., 547 o.r., 581 u.l.; **Deutsches Rotes Kreuz, Bonn:** 489 o. (2); **DIZ München GmbH:** 510 o.r., 546 u.l., 559 u.l., 566 u., 577 u., 586 o.l., 609 o.l.; **Document-Vortragsring e.V., München -** Blasy: 86 o.r., 130 o., 143 o.l., 151 o., 196 o., 199 o.r., 203 o., 223 o., 354 o. - Haberland: 183 u., , Hey 268 - Matthäi-Latocha: 192 o. - Trobitzsch: 210 o. - Utzerath: 46 l., 106 r., 109 u.; **dpa, Frankfurt:** 590 , 610 o.l. - Kumm: 616 o. - Nelson: 622 o.l.; **Foto Marburg, Marburg:** 226; **Gabinetto Fotografico Nazionale, Rom:** 93 u.l.; **Archiv Gerstenberg, Wietze:** 502 u.l.; **Georg Goerlipp, Donaueschingen:** 233 o.; **Goethe-Universität, Frankfurt/Inst. für Jugendbuchforschung:** 418; **Ruth Greve, Lübeck-Travemünde:** 236; **Kulturgeschichtliches Bildarchiv Hansmann, München:** 63 u.; **Herzog Anton-Ulrich-Museum, Braunschweig;** 386 o., 340 r.; **Markus Hilbich, Berlin:** 137 r.u.; **House of Lords, London:** 401 o.; **Hulton Getty Picture Library, London:** 235 o., 375 o.r., 399 o., 485 o.l.; **Imperial War Museum, London:** 578; **Interfoto, München:** 42, 84 o., 190 , 263 u.l., 412 o.r., 479 o.l., 503 u.l.; **Jürgens Ost + Europa-Photo, Berlin:** 342, 345 o.; **Katechetisches Amt, Heilbronn:** 361 o.; **Europa Farbbild-Archiv Klammet, Ohlstadt:** 215 o.: **D. Lezama-Natur Press:** 247 o.; **Linden-Museum, Stuttgart:** 193 u.; **Lotos Film, Kaufbeuren:** 206; **Mauritius, Mittenwald -** Mehlig 404 u.; **Metropolitan Museum of Art, New York:** 212 u.r.; **Musée d'Histoire de la Médicine, Paris:** 387 r.; **Niedersächsische Staats- u. Universitätsbibliothek, Göttingen:** 353 u.; **Österr. Nationalbibliothek, Wien:** 467 u.l., 214 o., 382 o., 510 o.l.; **Pix Giraudon, Paris:** 419 o.l.; **Polydor International GmbH:** 505 u.l.; **Rapho, Paris:** 220 o.; **Roger Viollet, Paris:** 78 o.; **Hans Roßdeutscher, Bielefeld:** 186; **Lic. Maria Sanchez Proano and Betina Sanchez:** 6; **Scala, Antella:** 234 u.r.; **Schirner Sportfoto, Berlin:** 546 u.r., 511 o.r.; **Toni Schneiders, Lindau:** 235 u.; **Sigloch Edition, Künzelsau:** 501 M.r.; **Silvestris, Kastl** - Korall: 127 o.; **Sipa Press, Paris:** 436, 439 o.r., 443 o., 613 o.l., o.r., 615 u.r., 617 o.l. - Alfred: 508, 615 o. - Boulat: 622 o.r. - Cairns: 621 u.l. - Chesnot: 622 u. - East News: 621 o.l., o.r. - Hernandez: 609 u. - Knowles: 612 u.l. - Lauron: 620 o. - Melde Press: 623 u. - Setboun: 610 u.l., u.M. - Sichov: 612 o.r. - Sisson: 612 u.r. - Tschaen: 274 - Villard: 620 u., 621 u.r. - Wallis: 615 u.l. - Witt: 613 u.; **Staatliche Antikensammlung und Glyptothek, München:** 80 u.; **D.-H. Teuffen, Bielefeld:** 245 u.l., 483 r.; **The Wellcome Trust, London:** 446 u.; **Theatermuseum, München:** 423 u.l.; **Ungarisches Nationalmuseum, Budapest:** 211 o.l.; **Uni-Dia-Verlag:** 56 o.r.; **Westfäl. Landesmuseum, Münster:** 414 r.; WHO, Genf: 389 u.; **Zentralbibliothek, Zürich:** 244.

Schutzumschlag: **aisa, Barcelona** (Relief); **Archiv für Kunst und Geschichte, Berlin** (Globus); **DIZ München GmbH, München** (New York)